The Common Law Library

Bullen & Leake & Jacob's Precedents of Pleadings

VOLUMES IN THE COMMON LAW LIBRARY

Arlidge, Eady & Smith on Contempt
Benjamin's Sale of Goods
Bowstead & Reynolds on Agency
Bullen & Leake & Jacob's Precedents of Pleadings
Charlesworth & Percy on Negligence
Chitty on Contracts
Clerk & Lindsell on Torts
Gatley on Libel and Slander
Goff & Jones, The Law of Restitution
Jackson & Powell on Professional Negligence
McGregor on Damages
Phipson on Evidence

The Common Law Library

BULLEN & LEAKE & JACOB'S PRECEDENTS OF PLEADINGS

VOLUME 2

NINETEENTH EDITION

GENERAL EDITORS

THE HON. SIR WILLIAM BLAIR
Professor of Financial Law and Ethics, Centre for Commercial Law Studies, Queen Mary, University of London; Associate Member, 3 Verulam Buildings

LORD BRENNAN QC
A Barrister of Matrix Chambers, Gray's Inn

THE RT. HON. PROFESSOR SIR ROBIN JACOB
Sir Hugh Laddie Chair in Intellectual Property; Director, Institute of Brand & Innovation Law, University College, London

THE HON. SIR BRIAN LANGSTAFF
Chair of the Infected Blood Inquiry; formerly Judge of the Queen's Bench Division of the High Court; former President of the Employment Appeal Tribunal

with Specialist Contributors

SWEET & MAXWELL

Published in 2020 by Thomson Reuters, trading as Sweet & Maxwell.
Thomson Reuters is registered in England & Wales, Company No. 1679046.
Registered office and address for service:
5 Canada Square, Canary Wharf, London E14 5AQ.

For further information on our products and services,
visit *http://www.sweetandmaxwell.co.uk*.

Computerset by Sweet & Maxwell.
Printed and bound by CPI Group (UK) Ltd, Croydon, CR0 4YY
No natural forests were destroyed to make this product; only farmed timber was used and replanted.
A CIP catalogue record of this book is available from the British Library.

ISBN: 9780414071247

Crown copyright material is reproduced with the permission of the Controller of HMSO and the Queen's Printer for Scotland.

All rights reserved. No part of this publication may be reproduced or transmitted in any form or by any means, or stored in any retrieval system of any nature, without prior written permission, except for permitted fair dealing under the Copyright, Designs and Patents Act 1988, or in accordance with the terms of a licence issued by the Copyright Licensing Agency in respect of photocopying and/or reprographic reproduction. Application for permission for other use of copyright material, including permission to reproduce extracts in other published works, should be made to the publishers. Full acknowledgement of author, publisher and source must be given.

The commentary and precedents contained in this publication are not tailored to any particular factual situation. They may be used as a guide for the drafting of legal documents but not otherwise reproduced. The publishers and the author cannot accept any responsibility for loss occasioned to any person acting or refraining from action as a result of the material in this publication.

Thomson Reuters, the Thomson Reuters Logo and Sweet & Maxwell ® are trademarks of Thomson Reuters.

© 2020 Thomson Reuters

TITLE HISTORY

Bullen and Leake

First Edition	(1860)	By E. Bullen and S. M. Leake
Second Edition	(1863)	By E. Bullen and S. M. Leake
Third Edition	(1868)	By E. Bullen and S. M. Leake
Fourth Edition	(1882)	By T. J. Bullen and C. Dodd
Fifth Edition	(1897)	By E. Bullen and S. M. Leake
Sixth Edition	(1905)	By E. Bullen and S. M. Leake
Seventh Edition	(1915)	By W. Blake Odgers and Walter Blake Odgers
Eighth Edition	(1924)	By W. Wyatt Paine
Ninth Edition	(1935)	By Alfred T. Denning and Arthur Grattan-Bellew
Tenth Edition	(1950)	By George Kirkhouse Jenkins
Eleventh Edition	(1959)	By L. L. Loewe assisted by Master R. F. Burnand and Master I. H. Jacob

Bullen and Leake and Jacob

Twelfth Edition	(1975)	By Master I. H. Jacob
Second Impression	(1978)	
Third Impression	(1980)	
Fourth Impression	(1982)	
Thirteenth Edition	(1990)	By Sir Jack I. H. Jacob, QC and Iain S. Goldrein with Specialist Contributors
Fourteenth Edition	(2001)	By Lord Brennan QC, William Blair QC with Advisory Editors and Specialist Contributors
Fifteenth Edition	(2004)	By Lord Brennan QC, William Blair QC with Advisory Editors and Specialist Contributors
Sixteenth Edition	(2008)	By William Blair QC, Lord Brennan QC, The Rt. Hon. Lord Justice Jacob, The Hon. Mr Justice Langstaff with Specialist Contributors
Seventeenth Edition	(2012)	By The Hon. Mr Justice Blair, Lord Brennan QC, The Rt. Hon. Professor Sir Robin Jacob, The Hon. Mr Justice Langstaff with Specialist Contributors
Eighteenth Edition	(2016)	By The Hon. Mr Justice Blair, Lord Brennan QC, The Rt. Hon. Professor Sir Robin Jacob, The Hon. Mr Justice Langstaff with Specialist Contributors

Nineteenth Edition (2019) By The Hon. Sir William Blair, Lord Brennan QC, The Rt. Hon. Professor Sir Robin Jacob, The Hon. Sir Brian Langstaff with Specialist Contributors

SPECIALIST CONTRIBUTORS

INTRODUCTION

RYAN FERRO
a Barrister of 3 Verulam Buildings
Gray's Inn

ARBITRATION

DAVID JOSEPH QC
a Barrister of Essex Court Chambers
Lincoln's Inn

JERN-FEI NG QC
a Barrister of Essex Court Chambers
Lincoln's Inn

ADAM WOOLNOUGH
a Barrister of Essex Court Chambers
Lincoln's Inn

STEPHEN DONNELLY
a Barrister of Essex Court Chambers
Lincoln's Inn

WEI JIAN CHAN
a Barrister of Essex Court Chambers
Lincoln's Inn

ASSAULT, FALSE IMPRISONMENT & MALICIOUS PROSECUTION

PAUL SPENCER
a Barrister of Serjeants' Inn Chambers

ASSIGNMENT OF CONTRACTUAL RIGHTS

THE HON. MR JUSTICE MARCUS SMITH
a Judge of the Chancery Division of the High Court

AVIATION

PAUL SINCLAIR QC
a Barrister of Fountain Court Chambers
Temple
Aviation

AKHIL SHAH QC
a Barrister of Fountain Court Chambers
Temple

Carriage by Air

BANKING & FINANCIAL SERVICES

IAN WILSON QC
a Barrister of 3 Verulam Buildings
Gray's Inn

Banking

Bonds

Money Lent

Equitable Remedies (Introduction)

Receivers

JONATHAN MARK PHILLIPS
a Barrister of 3 Verulam Buildings
Gray's Inn

Bills of Exchange, Cheques & Promissory Notes

ALEXIA KNIGHT
a Barrister of 3 Verulam Buildings
Gray's Inn

Rectification

Rescission

TOM DE VECCHI
a Barrister of 3 Verulam Buildings
Gray's Inn

Sale of Shares

THEODOR VAN SANTE
a Barrister of 3 Verulam Buildings
Gray's Inn

Stock Exchange

Injunction

TENIOLA ONABANJO
a Barrister of 3 Verulam Buildings
Gray's Inn

Financial Services

IAN HIGGINS
a Barrister of 3 Verulam Buildings
Gray's Inn

Guarantees

Mortgages and Charges

Undue Influence

MARK WASSOUF
*a Barrister of 3 Verulam Buildings
Gray's Inn*

Specific Performance

SOPHIA DZWIG
*a Barrister of 3 Verulam Buildings
Gray's Inn*

Accounts

BUSINESS LAW

RICHARD MAWREY QC, DL (Buckingham)
*a Barrister of Henderson Chambers
Temple*

ANDREW KINNIER QC
*a Barrister of Henderson Chambers
Temple*

COMPETITION

JAMES SEGAN
*a Barrister of Blackstone Chambers
Temple*

TOM RICHARDS
*a Barrister of Blackstone Chambers
Temple*

COMPUTERS & I.T.

MATTHEW LAVY
*a Barrister of 4 Pump Court
Temple*

RICHARD OSBORNE
*a Barrister of 4 Pump Court
Temple*

IAIN MUNRO
*a Barrister of 4 Pump Court
Temple*

CONSTRUCTION

ELIZABETH REPPER
a Barrister of Keating Chambers

THOMAS LAZUR
a Barrister of Keating Chambers

CHARLIE THOMPSON
a Barrister of Keating Chambers

DEFAMATION

JANE PHILLIPS
a Barrister of 5RB
Gray's Inn

KATE WILSON
a Barrister of 5RB
Gray's Inn

BEN GALLOP
a Barrister of 5RB
Gray's Inn

EDUCATION

PHILIP ENGELMAN
a Barrister of Cloisters Chambers
Temple

EMPLOYMENT

PAUL MICHELL
a Barrister of Cloisters Chambers
Temple

RACHEL BARRETT
a Barrister of Cloisters Chambers
Temple

Employment Tribunal

Proceedings in the High Court and County Courts

LORD HENDY QC
a Barrister of Old Square Chambers
Gray's Inn

Industrial Action

ANTONY WHITE QC
a Barrister of Matrix Chambers
Gray's Inn

Trade Unions

JAMES LADDIE QC
a Barrister of Matrix Chambers
Gray's Inn

Discrimination in Employment

ENTERTAINMENT LAW

RICHARD EDWARDS QC
a Barrister of 3 Verulam Buildings
Gray's Inn

RICHARD HANKE
a Barrister of 3 Verulam Buildings
Gray's Inn

ENVIRONMENTAL CLAIMS

MAURICE SHERIDAN
a Barrister at E&A Law Ltd

FRAUD

LAURA JOHN
*a Barrister of Fountain Court Chambers
Temple*

GEORGES CHALFOUN
*a Barrister of 3 Verulam Buildings
Gray's Inn*

HARASSMENT

JAMES LADDIE QC
*a Barrister of Matrix Chambers
Gray's Inn*

HUMAN RIGHTS & REFERENCES TO THE CJEU

SHERYN OMERI
*a Barrister of Cloisters Chambers
Temple*

IMMIGRATION

MELANIE PLIMMER AND DECLAN O'CALLAGHAN
Judges of the Upper Tribunal (Immigration and Asylum Chamber)

INSURANCE

NATHANIEL BIRD
*a Barrister of 3 Verulam Buildings
Gray's Inn*

INTELLECTUAL PROPERTY

JAMES MELLOR QC
*a Barrister of 8 New Square
Lincoln's Inn*

QUENTIN CREGAN
*a Barrister of 8 New Square
Lincoln's Inn*

INVASION OF PRIVACY

ANTONY WHITE QC
a Barrister of Matrix Chambers
Gray's Inn

JUDICIAL REVIEW

SAM KARIM QC
(Sheikh Mohammed Samiul Karim QC)
a Barrister of Kings Chambers

PERSONAL INJURY

CASPAR GLYN QC
a Barrister of Cloisters Chambers
Temple

SARAH FRASER BUTLIN
a Barrister of Cloisters Chambers
Temple

TAMAR BURTON
a Barrister of Cloisters Chambers
Temple

Personal Injury

ROBERT LAZARUS
a Barrister of 39 Essex Chambers

EMMA CORKILL
a Barrister of 39 Essex Chambers

Clinical Negligence

CHARLES CORY-WRIGHT QC
a Barrister of 39 Essex Chambers

ROBERT LAZARUS
a Barrister of 39 Essex Chambers

Product Liability

HARRY LAMBERT
a Barrister of Crown Office Chambers

Multi-Party Actions

PROFESSIONAL NEGLIGENCE

BRIAN DOCTOR QC
a Barrister of Fountain Court Chambers
Temple

PATRICIA ROBERTSON QC
a Barrister of Fountain Court Chambers
Temple

PATRICK GOODALL QC
a Barrister of Fountain Court Chambers
Temple

GILES ROBERTSON
a Barrister of Fountain Court Chambers
Temple

PROPERTY

ALISON OAKES
a Barrister of Landmark Chambers
Inner Temple

RESTITUTION

THE HON. MR JUSTICE MARCUS SMITH
a Judge of the Chancery Division of the High Court

HENRY KING QC
a Barrister of Fountain Court Chambers
Temple

NICO LESLIE
a Barrister of Fountain Court Chambers
Temple

NICOLAS DAMNJANOVIC
a Barrister of Fountain Court Chambers
Temple

SPORTS LAW

JONATHAN BELLAMY
a Barrister of 39 Essex Chambers

TABLE OF CONTENTS

VOLUME 1

Publisher's Note to the Nineteenth Edition	xvii
Preface to the Sixteenth Edition	xix
Preface to the Fifteenth Edition	xxi
Preface to the Fourteenth Edition	xxiii
Foreword to the Fourteenth Edition	xxv
Table of Cases	xxxiii
Table of Cases before the ECJ and CFI	clxvii
Table of Cases before the ECTHR and ECommHR	clxxiii
Table of Statutes	clxxvii
Table of Statutory Instruments	cci
Table of Civil Procedure Rules	ccxi
Table of EC Legislation	ccxix
Table of Foreign Legislation	ccxxiii
Table of International Conventions	ccxxv

1.	INTRODUCTION	1-01

PART A ARBITRATION

2.	JURISDICTION AND SERIOUS IRREGULARITY	2-01
3.	APPEALS ON POINTS OF LAW (SECTION 69)	3-01
4.	ANTI-SUIT INJUNCTIONS	4-01

PART B ASSAULT, FALSE IMPRISONMENT AND MALICIOUS PROSECUTION

5.	ASSAULT, FALSE IMPRISONMENT AND MALICIOUS PROSECUTION	5-01

PART C ASSIGNMENT OF CONTRACTUAL RIGHTS

6.	ASSIGNMENT OF CONTRACTUAL RIGHTS	6-01

PART D AVIATION

7.	AVIATION	7-01
8.	CARRIAGE BY AIR	8-01

PART E BANKING AND FINANCIAL SERVICES

9.	BANKING	9-01
10.	BILLS OF EXCHANGE, CHEQUES AND PROMISSORY NOTES	10-01
11.	BONDS	11-01

12.	FINANCIAL SERVICES	12-01
13.	GUARANTEES	13-01
14.	MONEY LENT	14-01
15.	MORTGAGES AND CHARGES	15-01
16.	SALE OF SHARES	16-01
17.	STOCK EXCHANGE	17-01
18.	UNDUE INFLUENCE	18-01

PART F BUSINESS LAW

19.	INTRODUCTION	19-01
20.	CREDIT, FINANCE AND LEASING	20-01
21.	COMMISSION AGENTS	21-01
22.	FACTORING	22-01
23.	LIEN	23-01
24.	SET-OFF	24-01
25.	SUPPLY OF GOODS AND DIGITAL CONTENT	25-01
26.	TITLE TO GOODS—TORTS AGAINST GOODS	26-01
27.	SURETY	27-01

PART G COMPETITION LAW

28.	INTRODUCTION	28-01
29.	PRIVATE LAW HIGH COURT CLAIMS	29-01
30.	JUDICIAL REVIEW IN THE HIGH COURT	30-01
31.	PRIVATE ACTIONS IN THE COMPETITION APPEAL TRIBUNAL	31-01
32.	APPEALS AND REVIEW IN THE COMPETITION APPEAL TRIBUNAL	32-01

PART H COMPUTERS AND INFORMATION TECHNOLOGY

33.	COMPUTERS AND INFORMATION TECHNOLOGY	33-01

PART I CONSTRUCTION LAW

34.	CONSTRUCTION LAW	34-01

| 35. | Disputes Involving Homeowners | 35-01 |
| 36. | Adjudication | 36-01 |

PART J DEFAMATION

| 37. | Libel and Slander | 37-01 |
| 38. | Malicious Falsehood | 38-01 |

PART K EDUCATION

| 39. | Education | 39-01 |

PART L EMPLOYMENT

40.	Employment Tribunal	40-01
41.	Proceedings in the High Court and County Court	41-01
42.	Industrial Action	42-01
43.	Trade Unions	43-01
44.	Discrimination at Work	44-01

PART M ENTERTAINMENT LAW

| 45. | Entertainment Law | 45-01 |

PART N ENVIRONMENTAL CLAIMS

46.	Introduction	46-01
47.	Nuisance	47-01
48.	Rylands v Fletcher	48-01
49.	Trespass	49-01

VOLUME 2

PART O EQUITABLE REMEDIES

50.	Introduction	50-01
51.	Injunction	51-01
52.	Specific Performance	52-01
53.	Rectification	53-01
54.	Rescission	54-01

| 55. | Accounts | 55-01 |
| 56. | Receivers | 56-01 |

PART P FRAUD

57.	Civil Claims in Fraud: An Introduction	57-01
58.	Fraudulent Misrepresentation or Deceit	58-01
59.	Conspiracy	59-01
60.	Intentional Economic Torts	60-01
61.	Bribery	61-01
62.	Constructive Trust and Tracing	62-01

PART Q HARASSMENT

| 63. | Harassment | 63-01 |

PART R HUMAN RIGHTS AND REFERENCES TO THE COURT OF JUSTICE OF THE EUROPEAN UNION

| 64. | Human Rights Act 1998 | 64-01 |
| 65. | References to the Court of Justice of the European Union | 65-01 |

PART S IMMIGRATION

| 66. | Immigration | 66-01 |

PART T INSURANCE

67.	General Introduction	67-01
68.	Motor Insurance	68-01
69.	Miscellaneous Non-Marine Insurance	69-01
70.	Marine Insurance	70-01
71.	Life Insurance	71-01

PART U INTELLECTUAL PROPERTY

72.	Introduction	72-01
73.	Patents	73-01
74.	Confidential Information and Trade Secrets	74-01
75.	Copyright, Related Rights and the Database Right	75-01

Contents

76.	Designs	76-01
77.	Registered Trade Marks	77-01
78.	Passing Off	78-01

PART V INVASION OF PRIVACY

79.	Invasion of Privacy	79-01

PART W JUDICIAL REVIEW

80.	Applications for Judicial Review	80-01

PART X PERSONAL INJURY

81.	Personal Injury	81-01
82.	Clinical Negligence	82-01
83.	Product Liability	83-01
84.	Multi-Party Actions	84-01

PART Y PROFESSIONAL NEGLIGENCE

85.	Professional Negligence	85-01

PART Z PROPERTY

86.	Introduction	86-01
87.	Adverse Possession	87-01
88.	Business Tenancies	88-01
89.	Common, Rights of	89-01
90.	Construction and Rent Review	90-01
91.	Co-ownership	91-01
92.	Recovery of Unpaid Rent: The Commercial Rent Arrears Recovery Scheme	92-01
93.	Easements and Drainage	93-01
94.	Fences, Boundaries and Access to Neighbouring Land	94-01
95.	Landlord and Tenant—Covenants Against Assignment	95-01
96.	Landlord and Tenant—Other Covenants	96-01
97.	Landlord and Tenant—Flats	97-01

Contents

98.	Landlord and Tenant—Possession Proceedings	98-01
99.	Landlord and Tenant—Protection from Eviction	99-01
100.	Landlord and Tenant—Rent and Service Charges	100-01
101.	Landlord and Tenant—Repairs and Improvements	101-01
102.	Landlord and Tenant—Third Party Rights and Obligations	102-01
103.	Mesne Profits and Use and Occupation	103-01
104.	Mortgages and Charges	104-01
105.	Restrictive Covenants	105-01
106.	Sale of Land	106-01
107.	Trespass to Land	107-01

PART ZA RESTITUTION

108.	Restitution	108-01

PART ZB SPORT

109.	Sports Law	109-01
Index		1189

TABLE OF CASES

1967 Ltd v British Sky Broadcasting Ltd [2014] EWHC 3444 (Ch); [2015] E.C.C. 3; [2015] E.M.L.R. 8. 75-10
2019 Rail Franchising Litigation, Re; sub nom. Arriva Rail East Midlands Ltd v Secretary of State for Transport, West Coast Trains Partnership Ltd v Secretary of State for Transport, Stagecoach South Eastern Trains Ltd v Secretary of State for Transport, Stagecoach East Midlands Trains Ltd v Secretary of State for Transport [2019] EWHC 2047 (TCC); [2019] 7 WLUK 587; 185 Con. L.R. 163 80-03
6, 8, 10 & 12 Elm Avenue, New Milton, Re, Ex p. New Forest DC [1984] 1 W.L.R. 1398; [1984] 3 All E.R. 632; 83 L.G.R. 87; (1984) 48 P. & C.R. 381 Ch D 105-02
89 Holland Park (Management) Ltd v Hicks [2013] EWHC 391 (Ch) 105-1
A Company, Re [1985] B.C.L.C. 37 Ch D 14-02
A Fulton Co Ltd v Totes Isotoner (UK) Ltd [2003] EWCA Civ 1514; [2004] R.P.C. 16; (2004) 27(2) I.P.D. 27010; (2003) 147 S.J.L.B. 1306. 76-06
A Schroeder Music Publishing Co Ltd v Macaulay (formerly Instone); sub nom. Macaulay (formerly Instone) v A Schroeder Music Publishing Co Ltd [1974] 1 W.L.R. 1308; [1974] 3 All E.R. 616; (1974) 118 S.J. 734 HL 45-01
A v B (Arbitration: Security) [2010] EWHC 3302 (Comm); [2011] 2 All E.R. (Comm) 935; [2011] Bus. L.R. 1020; [2011] 1 Lloyd's Rep. 363; [2010] 2 C.L.C. 944 4-06
A v B [2018] EWHC 2325 (Comm); [2019] 1 Lloyd's Rep. 385; [2018] 9 WLUK 465 3-02
A v B Plc; sub nom. B and C v A; A v B (A Firm) [2002] EWCA Civ 337; [2003] Q.B. 195; [2002] 3 W.L.R. 542; [2002] 2 All E.R. 545; [2002] E.M.L.R. 21; [2002] 1 F.L.R. 1021; [2002] 2 F.C.R. 158; [2002] H.R.L.R. 25; [2002] U.K.H.R.R. 457; 12 B.H.R.C. 466; [2002] Fam. Law 415; (2002) 99(17) L.S.G. 36; (2002) 152 N.L.J. 434; (2002) 146 S.J.L.B. 77. .... 79-03, 79-05, 79-09
A v C (No.1); sub nom. A & B v C, D, E, F, G and H (No.1) [1981] Q.B. 956; [1981] 2 W.L.R. 629; [1980] 2 All E.R. 347; [1980] 2 Lloyd's Rep. 200 QBD (Comm). 62-17
A v East Midlands Ambulance Service NHS [2015] EWHC 3930 (QB); [2015] 11 WLUK 778. 82-05
A v Essex CC; B v Suffolk CC; S v Hertfordshire CC; J v Worcestershire CC [2010] UKSC 33; [2011] 1 A.C. 280; [2010] 3 W.L.R. 509; [2010] P.T.S.R. 1332; [2010] 4 All E.R. 199; [2010] H.R.L.R. 32; [2010] U.K.H.R.R. 937; 30 B.H.R.C. 1; [2010] E.L.R. 531; (2010) 13 C.C.L. Rep. 314; (2010) 154(28) S.J.L.B. 30 .... 39-02, 39-07, 84-X5, 84-X6
A v Headteacher and Governors of Lord Grey School. See Ali v Lord Grey School Governors 39-07
A v Hoare; X v Wandsworth LBC; H v Suffolk CC; C v Middlesbrough Council; Young v Catholic Care (Diocese of Leeds) [2008] UKHL 6; [2008] 1 A.C. 844; [2008] 2 W.L.R. 311; [2008] 2 All E.R. 1; [2008] 1 F.L.R. 771; [2008] 1 F.C.R. 507; (2008) 11 C.C.L. Rep. 249; (2008) 100 B.M.L.R. 1; [2008] Fam. Law 402; (2008) 105(6) L.S.G. 27; (2008) 158 N.L.J. 218; (2008) 152(6) S.J.L.B. 28. .... 5-02, 39-02, 81-07, 84-X5
A v Leeds Teaching Hospitals NHS Trust; sub nom. AB v Leeds Teaching Hospitals NHS Trust; Organ Retention Group Litigation, Re [2004] EWHC 644 (QB); [2005] Q.B. 506; [2005] 2 W.L.R. 358; [2004] 2 F.L.R. 365; [2004] 3 F.C.R. 324; [2005] Lloyd's Rep. Med. 1; (2004) 77 B.M.L.R. 145; [2004] Fam. Law 501; (2004) 101(16) L.S.G. 28; (2004) 154 N.L.J. 497. .... 46-03, 84-X1
A v National Blood Authority (No.1); sub nom. Hepatitis C Litigation (No.1), Re [2001] 3 All E.R. 289; [2001] Lloyd's Rep. Med. 187; (2001) 60 B.M.L.R. 1 QBD 83-13, 83-17, 84-08, 84-09, 84-10, 84-11, 84-X2, 84-X3, 84-X4
A v Secretary of State for the Home Department; sub nom. X v Secretary of State for the Home Department [2004] UKHL 56; [2005] 2 A.C. 68; [2005] 2 W.L.R. 87; [2005] 3 All E.R. 169; [2005] H.R.L.R. 1; [2005] U.K.H.R.R. 175; 17 B.H.R.C. 496; [2005] Imm. A.R. 103; (2005) 155 N.L.J. 23; (2005) 149 S.J.L.B. 28 64-03
AA v TUI UK Ltd [2005] EWHC 90017 (Costs) 42-03
AAA v Associated Newspapers Ltd [2013] EWCA Civ 554 .... 79-08, 79-13
Aaron's Reefs v Twiss [1896] A.C. 273 HL (UK-Irl) 58-05
AB Contractors v Flaherty Bros (1978) 16 B.L.R. 10 CA (Civ Div) 24-08
AB v British Coal Corp [2004] EWHC 1372 (QB) 46-02
AB v CD [2001] I.R.L.R. 808 Ch D 43-04

[xxiii]

TABLE OF CASES

AB v John Wyeth & Brother Ltd (No.4) [1994] P.I.Q.R. P109; [1994] 5 Med. L.R. 149; (1993) 18 B.M.L.R. 38; (1994) 91(4) L.S.G. 45; (1994) 138 S.J.L.B. 12 CA (Civ Div) 46-03, 84-X2
AB v Leeds Teaching Hospitals NHS Trust. *See* A v Leeds Teaching Hospitals NHS Trust .. 46-03, 84-X1
AB v Liverpool City Council (Costs) [2003] EWHC 1539 (QB) 84-X1
AB v Ministry of Defence. *See* B v Ministry of Defence ... 2-02, 5-02, 82-06, 84-10, 84-13, 84-X1
Abbahall Ltd v Smee [2002] EWCA Civ 1831; [2003] 1 W.L.R. 1472; [2003] 1 All E.R. 465; [2003] H.L.R. 40; [2003] 2 E.G.L.R. 66; [2003] 28 E.G. 114; [2003] 2 E.G. 103 (C.S.); (2003) 100(10) L.S.G. 28; (2003) 147 S.J.L.B. 58; [2002] N.P.C. 168 47-08
Abbassy v Commissioner of Police of the Metropolis [1990] 1 W.L.R. 385; [1990] 1 All E.R. 193; (1990) 90 Cr. App. R. 250; [1990] R.T.R. 164; (1989) 139 N.L.J. 1266 CA (Civ Div) 5-13
Abbey National Building Society v Mewton [1995] 9 C.L. 346 CA 104-12
Abbey National Mortgages Plc v Bernard (1996) 71 P. & C.R. 257; [1995] N.P.C. 118 CA (Civ Div) 104-12
Abbey National Plc v JSF Finance & Currency Exchange Co Ltd; sub nom. Abbey National Plc v JSF Financial & Currency Exchange Co Ltd [2006] EWCA Civ 328 10-15
ABC v St George's Healthcare NHS Trust [2017] EWCA Civ 336; [2017] 5 WLUK 360; [2017] P.I.Q.R. P15; [2017] Med. L.R. 368; (2018) 160 B.M.L.R. 19................... 82-08
ABC v Telegraph Media Group Ltd [2018] EWCA Civ 2329; [2019] 2 All E.R. 684; [2018] 10 WLUK 357; [2019] E.M.L.R. 5... 64-12
Aberavon & Port Talbot Rugby Football Club v Welsh Rugby Union Ltd [2003] EWCA Civ 584 109-02
Aberdeen City Council v McNeill; sub nom. McNeill v Aberdeen City Council [2013] CSIH 102; 2014 S.C. 335; 2014 S.L.T. 312; [2015] I.C.R. 27; [2014] I.R.L.R. 113; 2014 G.W.D. 1-15 41-05
Abertawe Bro Morgannwg University Local Health Board v Morgan [2018] EWCA Civ 640; [2018] 3 WLUK 714; [2018] I.C.R. 1194; [2018] I.R.L.R. 1050................... 44-35
Abingdon Corp v James; Abingdon Corp v Thane [1940] Ch. 287 Ch D 51-02
Abingdon Rural DC v O'Gorman [1968] 2 Q.B. 811; [1968] 3 W.L.R. 240; [1968] 3 All E.R. 79; (1968) 19 P. & C.R. 725; (1968) 112 S.J. 584 CA (Civ Div)..................... 92-05
Abnett v British Airways Plc; Sidhu v British Airways Plc [1997] A.C. 430; [1997] 2 W.L.R. 26; [1997] 1 All E.R. 193; [1997] 2 Lloyd's Rep. 76; 1997 S.C. (H.L.) 26; 1997 S.L.T. 492; 1997 S.C.L.R. 114; [1996] 12 WLUK 269; (1997) 94(2) L.S.G. 26; (1996) 146 N.L.J. 1851; (1997) 141 S.J.L.B. 26 HL 8-01, 8-05
Abou-Rahmah v Abacha [2006] EWCA Civ 1492; [2007] Bus. L.R. 220; [2007] 1 All E.R. (Comm) 827; [2007] 1 Lloyd's Rep. 115; [2007] W.T.L.R. 1; (2006-07) 9 I.T.E.L.R. 401 .... 9-15, 9-19, 62-13, 108-17
Abouzaid v Mothercare (UK) Ltd [2000] EWCA Civ 348; [2000] All E.R. (D) 246 83-14
Abraha v Secretary of State for the Home Department [2015] EWHC 1980 (Admin); [2015] 5 WLUK 435; [2015] A.C.D. 140... 80-25
Abraham v Commissioner of Police of the Metropolis; sub nom. Abrahams v Commissioner of Police of the Metropolis [2001] 1 W.L.R. 1257; (2001) 98(5) L.S.G. 37; (2001) 145 S.J.L.B. 20 CA (Civ Div)... 5-16
Abrahams v Performing Right Society Ltd [1995] 5 WLUK 301; [1995] I.C.R. 1028; [1995] I.R.L.R. 486 CA (Civ Div) 41-02
Abramova v Oxford Institute of Legal Practice [2011] EWHC 613 (QB); [2011] 3 WLUK 631; [2011] E.L.R. 385... 39-03
Absolute Lofts South West London Ltd v Artisan Home Improvements Ltd [2015] EWHC 2608 (IPEC); [2015] 9 WLUK 269; [2017] E.C.D.R. 6........................... 75-09
Abu Dhabi Investment Co v H Clarkson and Co Ltd [2007] EWHC 1267 (Comm) 58-09
Abu v MGN Ltd [2002] EWHC 2345 (QB); [2003] 1 W.L.R. 2201; [2003] 2 All E.R. 864; [2003] E.M.L.R. 21.. 37-50
AC Electrical Wholesale Plc v IGW Services Ltd *Times* 25 January 2000 1-43
Accurist Watches Ltd v Wadher (UKEAT/0102/09/MAA) unreported 23 March 2009 EAT ... 44-35
ACD (Landscape Architects) Ltd v Overall [2012] EWHC 100 (TCC); [2012] T.C.L.R. 4; 140 Con. L.R. 82; [2013] 2 Costs L.O. 133; [2012] P.N.L.R. 19...................... 85-09
Ackroyds (London) v Islington Plastics [1962] R.P.C. 97 74-05
Actavis UK Ltd v Merck & Co Inc [2008] EWCA Civ 444; [2009] 1 W.L.R. 1186; [2009] Bus. L.R. 573; [2008] 1 All E.R. 196; [2008] R.P.C. 26; (2008) 102 B.M.L.R. 125; (2008) 31(6) I.P.D. 31038; (2008) 158 N.L.J. 824 .... 73-02, 73-03, 73-11, 73-20

[xxiv]

Table of Cases

Action Storage Systems Ltd v G-Force Europe.Com Ltd [2016] EWHC 3151 (IPEC); [2016] 12 WLUK 174; [2017] F.S.R. 18 76-09
Actionstrength Ltd (t/a Vital Resources) v International Glass Engineering IN.GL.EN SpA [2003] UKHL 17; [2003] 2 A.C. 541; [2003] 2 W.L.R. 1060; [2003] 2 All E.R. 615; [2003] 2 All E.R. (Comm) 331; [2005] 1 B.C.L.C. 606; [2003] 1 C.L.C. 1003; [2003] B.L.R. 207; 88 Con. L.R. 208; (2003) 153 N.L.J. 563; (2003) 147 S.J.L.B. 418 13-05
Adam v Ward [1917] A.C. 309 HL 37-43
Adams v McKenzie (1863) 32 L.J.C.P. 92 70-18
Addis v Burrows [1948] 1 K.B. 444; [1948] 1 All E.R. 177; 64 T.L.R. 169; [1948] L.J.R. 1033; (1948) 92 S.J. 124 CA 98-08
Adelson v Associated Newspapers Ltd [2007] EWCA Civ 701; [2008] 1 W.L.R. 585; [2007] 4 All E.R. 330; [2007] C.P. Rep. 40; [2008] E.M.L.R. 9 37-05
ADM Asia-Pacific Trading PTE Ltd v PT Budi Semesta Satria [2016] EWHC 1427 (Comm); [2016] 6 WLUK 477 4-03
Advent Capital Plc v GN Ellinas Imports-Exports Ltd [2005] EWHC 1242 (Comm); [2006] 1 All E.R. (Comm) 81; [2005] 2 Lloyd's Rep. 607; [2005] 1 C.L.C. 1058; [2005] I.L.Pr. 57 4-03
Aerospace Publishing Ltd v Thames Water Utilities Ltd [2007] EWCA Civ 3; [2007] Bus. L.R. 726; 110 Con. L.R. 1; [2007] C.I.L.L. 2429; (2007) 104(4) L.S.G. 32; (2007) 151 S.J.L.B. 123; [2007] N.P.C. 5 33-12
Aerostar Maintenance International Ltd v Wilson [2010] EWHC 2032 (Ch) ... 59-06, 62-03, 62-13
AES Ust-Kamenogorsk Hydropower Plant LLP v Ust-Kamenogorsk Hydropower Plant JSC [2013] UKSC 35; [2013] 1 W.L.R. 1889; [2014] 1 All E.R. 335; [2014] 1 All E.R. (Comm) 1; [2013] Bus. L.R. 1357; [2013] 2 Lloyd's Rep. 281; [2013] 1 C.L.C. 1069 ... 4-01, 4-02
AFD Software v DCML Ltd [2015] EWHC 453 (Ch) 33-09
Afolabi v Southwark LBC; sub niom. Southwark LBC v Afolabi [2003] EWCA Civ 15; [2003] 1 WLUK 475; [2003] I.C.R. 800; [2003] I.R.L.R. 220; (2003) 100(11) L.S.G. 32; (2003) 147 S.J.L.B. 115 44-34
Afrika v Cape Plc. *See* Sayers v SmithKline Beecham Plc (Costs Sharing Order) 46-03, 84-X1
Aftersoil v Stevens (1808) 1 Taunt. 183 49-05
AG Spalding & Bros v AW Gamage Ltd; sub nom. Spalding v Gamage [1914-15] All E.R. Rep. 147; (1915) 32 R.P.C. 273; (1915) 84 L.J. Ch. 449 HL 78-03
Agapitos v Agnew (The Aegeon) (No.1); Aegeon, The (No.1) [2002] EWCA Civ 247; [2003] Q.B. 556; [2002] 3 W.L.R. 616; [2002] 1 All E.R. (Comm) 714; [2002] 2 Lloyd's Rep. 42; [2002] C.L.C. 886; [2002] Lloyd's Rep. I.R. 573; (2002) 99(16) L.S.G. 38; (2002) 146 S.J.L.B. 66 70-15
Aggeliki Charis Compania Maritima SA v Pagnan SpA (The Angelic Grace); Angelic Grace, The [1995] 1 Lloyd's Rep. 87 CA (Civ Div) 4-01, 4-03, 51-01
Agile Holdings Corp v Essar Shipping Ltd [2018] EWHC 1055 (Comm); [2018] Bus. L.R. 1513; [2018] 5 WLUK 206 3-02
Agip (Africa) Ltd v Jackson [1991] Ch. 547; [1991] 3 W.L.R. 116; [1992] 4 All E.R. 451; (1991) 135 S.J. 117 CA (Civ Div) 9-13, 9-17, 62-03, 62-06, 62-07, 62-13, 62-18
Agnew v Inland Revenue Commissioner. *See* Brumark Investments Ltd, Re 23-04
Agra & Masterman's Bank Ltd v Leighton; sub nom. Agra & Masterman's Bank, Re (1866-67) L.R. 2 Ex. 56 Ex Ct 24-09
AH v AB. *See* H v B 5-16
Ahmad v Secretary of State for the Home Department [2014] EWCA Civ 988; [2015] 1 W.L.R. 593; [2015] 1 All E.R. 933; [2014] 7 WLUK 566; [2014] 3 C.M.L.R. 45; [2015] Imm. A.R. 51 39-07
Ahmed v Landstone Leisure Ltd [2009] EWHC 125 (Ch); [2009] B.P.I.R. 227 10-27
Ahsan v Secretary of State for the Home Department; Kaur (India) v Secretary of State for the Home Department; Faruk v Secretary of State for the Home Department; Kaur (Pakistan) v Secretary of State for the Home Department [2017] EWCA Civ 2009; [2017] 12 WLUK 73; [2018] H.R.L.R. 5; [2018] Imm. A.R. 531; [2018] I.N.L.R. 207 80-11
Ahuja v Politika Novine I Magazini Doo [2015] EWHC 3380 (QB); [2016] 1 W.L.R. 1414; [2015] 11 WLUK 561; [2016] E.M.L.R. 8 37-12
AIC Ltd v ITS Testing Services (UK) Ltd (The Kriti Palm); Kriti Palm, The [2006] EWCA Civ 1601; [2007] 1 All E.R. (Comm) 667; [2007] Lloyd's Rep. 555; [2007] 2 C.L.C. 223 .... 58-02, 58-03
Aiken v Short 156 E.R. 1180; (1856) 1 Hurl. & N. 210 Ex Ct 108-07
Aiolos, The. *See* Central Insurance Co Ltd v Seacalf Shipping Corp (The Aiolos) . 6-08, 6-C1, 6-C2
Air France v Saks 105 S.Ct. 1338 (1985); 470 U.S. 392 US Ct 8-06

[xxv]

Table of Cases

Airport Industrial GP Ltd v Heathrow Airport Ltd [2015] EWHC 3753 (Ch); [2015] 12 WLUK 722 52-01
Aitkin Agencies Ltd v Richardson [1967] N.Z.L.R. 65 26-03
Ajinomoto Sweeteners Europe SAS v Asda Stores Ltd [2010] EWCA Civ 609; [2011] Q.B. 497; [2011] 2 W.L.R. 91; [2010] 4 All E.R. 1029; [2010] E.M.L.R. 23; [2010] F.S.R. 30; (2010) 107(24) L.S.G. 17; (2010) 160 N.L.J. 842 . . . . 38-06, 38-10
AKAS Jamal v Moolla Dawood Sons & Co [1916] 1 A.C. 175 PC (Burma) 16-04
Akbar Khan v Attar Singh [1936] 2 All E.R. 545 PC (Ind) 10-14
Akerman-Livingstone v Aster Communities Ltd (formerly Flourish Homes Ltd) [2015] UKSC 15; [2015] A.C. 1399; [2015] 2 W.L.R. 721; [2015] 3 All E.R. 725; [2015] H.L.R. 20; [2015] 2 P. & C.R. 10 . . . . 44-21, 47-23
Akhtar v Boland (Costs) [2014] EWCA Civ 943; [2014] C.P. Rep. 41 84-14
Akinosun v Certification Officer [2013] I.R.L.R. 937 43-01
Al Amoudi v Brisard [2006] EWHC 1062 (QB); [2007] 1 W.L.R. 113; [2006] 3 All E.R. 294; (2006) 150 S.J.L.B. 856. . . . . 37-10, 37-16
Al Khudairi v Abbey Brokers Ltd [2010] EWHC 1486 (Ch); [2010] P.N.L.R. 32 62-13
AL Underwood Ltd v Bank of Liverpool and Martins; AL Underwood Ltd v Barclays Bank [1924] 1 K.B. 775 CA 10-17
Al-Fagih v HH Saudi Research & Marketing (UK) Ltd [2001] EWCA Civ 1634; [2002] E.M.L.R. 13 37-39
Al-Fayed v Al-Tajir [1988] Q.B. 712; [1987] 3 W.L.R. 102; [1987] 2 All E.R. 396; [1987] 1 F.T.L.R. 441; (1987) 84 L.S.G. 1055; (1987) 131 S.J. 744 CA (Civ Div). 37-41
Al-Fayed v Commissioner of Police of the Metropolis (No.3) [2004] EWCA Civ 1579; (2004) 148 S.J.L.B. 1405 5-12
Al-Medenni v Mars UK Ltd [2005] EWCA Civ 1041 1-15
Alanov v Chief Constable of Sussex [2012] EWCA Civ 234; [2012] 3 WLUK 3 5-04
Alcoa Minerals of Jamaica Inc v Broderick [2002] 1 A.C. 371; [2000] 3 W.L.R. 23; [2000] B.L.R. 279; (2000) 2 T.C.L.R. 850; [2000] Env. L.R. 734; (2000) 144 S.J.L.B. 182 PC (Jam) 47-19
Alcock v Chief Constable of South Yorkshire; Penk v Wright; Jones v Chief Constable of South Yorkshire; Copoc v Chief Constable of South Yorkshire; sub nom. Jones v Wright [1992] 1 A.C. 310; [1991] 3 W.L.R. 1057; [1991] 4 All E.R. 907; [1992] P.I.Q.R. P1; (1992) 89(3) L.S.G. 34; (1991) 141 N.L.J. 166; (1992) 136 S.J.L.B. 9. 84-04
Aldavon Co Ltd v Deverill [1999] 2 E.G.L.R. 69; [1999] 32 E.G. 92 . . . . 97-05, 97-Z18
Alder Hey and Nationwide Organ Group Litigation. See A v Leeds Teaching Hospitals NHS Trust. 46-03, 84-X1
Aldin v Latimer Clark Muirhead & Co [1894] 2 Ch. 437 Ch D 96-07
Alexander Devine Children's Cancer Trust v Millgate Developments Ltd; sub nom. Millgate Developments Ltd v Alexander Devine Children's Cancer Trust [2018] EWCA Civ 2679; [2019] 1 W.L.R. 2729; [2018] 11 WLUK 441; [2019] 2 P. & C.R. 2; [2019] R.V.R. 278; [2019] J.P.L. 471; [2019] 1 P. & C.R. DG11. 47-25
Alexander v Mercouris [1979] 1 W.L.R. 1270; [1979] 3 All E.R. 305; (1979) 252 E.G. 911; (1979) 123 S.J. 604 CA (Civ Div) 35-03
Alexander v Secretary of State for the Home Department; sub nom. Alexander v Home Office [1988] 1 W.L.R. 968; [1988] 2 All E.R. 118; [1988] 2 WLUK 149; [1988] I.C.R. 685; [1988] I.R.L.R. 190; (1988) 85(40) L.S.G. 45 CA (Civ Div) 63-Q6
Alexander v Southey 106 E.R. 1183; (1821) 5 B. & Ald. 247 KB 26-05
Alford v Chief Constable of Cambridgeshire [2009] EWCA Civ 100 5-12
Ali & Aslam v Channel 5 Broadcasting [2019] EWCA Civ 677; [2019] 4 WLUK 255 79-05
Ali v Bradford MDC [2010] EWCA Civ 1282; [2012] 1 W.L.R. 161; [2011] 3 All E.R. 348; [2011] P.T.S.R. 1534; [2011] R.T.R. 20; [2011] P.I.Q.R. P6; [2010] N.P.C. 113 47-10
Ali v Lord Grey School Governors; sub nom. A v Headteacher and Governors of Lord Grey School [2006] UKHL 14; [2006] 2 A.C. 363; [2006] 2 W.L.R. 690; [2006] 2 All E.R. 457; [2006] 3 WLUK 568; [2006] H.R.L.R. 20; [2006] U.K.H.R.R. 591; 20 B.H.R.C. 295; [2006] E.L.R. 223 39-07
Ali v Office of National Statistics; sub nom. Office of National Statistics v Ali [2004] EWCA Civ 1363; [2005] I.R.L.R. 201; (2004) 148 S.J.L.B. 1250. 44-31
Ali v Secretary of State for the Home Department; sub nom. HA (Iraq) v Secretary of State for the Home [2016] UKSC 60; [2016] 1 W.L.R. 4799; [2017] 3 All E.R. 20; [2016] 11 WLUK 440; [2017] Imm. A.R. 484; [2017] I.N.L.R. 109 . . . . 66-01, 66-03
Allan v Liverpool Overseers; Inman v Kirkdale Overseers (1873-74) L.R. 9 Q.B. 180 QB . . . 49-06
Allcard v Skinner (1887) L.R. 36 Ch. D. 145 CA 18-03, 18-04, 18-08
Allen v Deputy International Ltd [2014] EWHC 753 (QB); [2015] 2 W.L.R. 442 . . . . . . 83-15, 84-05

Allen v Deputy International Ltd [2015] EWHC 926 (QB); [2015] 4 WLUK 18 84-05
Allen v Flood; sub nom. Flood v Jackson [1898] A.C. 1; [1897] 12 WLUK 56 HL 59-01
Allen v Gulf Oil Refining Ltd [1981] A.C. 1001; [1981] 2 W.L.R. 188; [1981] 1 All E.R.
  353; [1981] J.P.L. 353; (1981) 125 S.J. 101 HL 47-05, 47-10
Allen v Southwark LBC [2008] EWCA Civ 1478 .... 63-03, 63-03
Alliance & Leicester Building Society v Edgestop Ltd (Application for Leave); Alliance &
  Leicester Building Society v Dhanoa; Alliance & Leicester Building Society v Samra;
  Mercantile Credit Co Ltd v Lancaster; Alliance & Leicester Building Society v
  Hamptons [1993] 1 W.L.R. 1462; [1994] 2 All E.R. 38; [1994] 2 E.G.L.R. 229; [1993]
  E.G. 93 (C.S.); [1993] N.P.C. 79 Ch D.. 58-05
Allianz Insurance Co Egypt v Aigaion Insurance Co SA; Ocean Dirk, The [2008] EWCA
  Civ 1455; [2009] 2 All E.R. (Comm) 745; [2008] 2 C.L.C. 1013; [2009] Lloyd's Rep.
  I.R. 533 70-13
Allied Dunbar Assurance Plc v Homebase Ltd; sub nom. Homebase Ltd v Allied Dunbar
  Assurance Plc [2002] EWCA Civ 666; [2003] 1 P. & C.R. 6; [2002] L. & T.R. 27;
  [2002] 2 E.G.L.R. 23; [2002] 27 E.G. 144; [2002] 22 E.G. 134 (C.S.); (2002) 99(24)
  L.S.G. 38 95-03
Allied Dunbar Assurance Plc v Ireland [2001] EWCA Civ 1129 57-03
Allnutt v Wilding; sub nom. Strain (Deceased), Re; Allnutt v Allnutt [2007] EWCA Civ
  412; [2007] B.T.C. 8003; [2007] W.T.L.R. 941; (2006-07) 9 I.T.E.L.R. 806................ 53-01
Allsop v Church of England Newspapers [1972] 2 Q.B. 161; [1972] 2 W.L.R. 600; [1972]
  2 All E.R. 26; (1972) 116 S.J. 222 CA (Civ Div)....................................... 37-18
Allwood v Clifford [2002] E.M.L.R. 3 Ch D 61-12
Alpstream AG v PK Airfinance Sarl; sub nom. PK Airfinance Sarl v Alpstream AG [2015]
  EWCA Civ 1318; [2015] 12 WLUK 712; [2016] 1 C.L.C. 135; [2016] 2 P. & C.R. 2 13-06
Alyson Austin v Miller Argent (South Wales) Ltd. See Austin v Miller Argent (South
  Wales) Ltd 46-02, 84-02
Amalgamated Industrials v Johnson & Firth Brown *Times* 15 April 1981 QBD 61-03
Amalgamated Metal Corp Plc v Wragge & Co (A Firm) [2011] EWHC 887 (Comm);
  [2011] P.N.L.R. 24 .... 84-X1
Amann v Damm 141 E.R. 1300; (1860) 8 C.B. N.S. 597 CCP 37-21
AMB Imballaggi Plastici Srl v Pacflex Ltd [1999] 2 All E.R. (Comm) 249; [1999] C.L.C.
  1391; [2000] E.C.C. 381; [1999] Eu. L.R. 930; (1999) 18 Tr. L.R. 153; (1999) 96(27)
  L.S.G. 34 CA (Civ Div) 21-02
AMEC Capital Projects Ltd v Whitefriars City Estates Ltd [2004] EWCA Civ 1418;
  [2005] 1 All E.R. 723; [2005] B.L.R. 1; 96 Con. L.R. 142; (2005) 21 Const. L.J. 249;
  (2004) 154 N.L.J. 1690; (2004) 148 S.J.L.B. 1285 36-03
Amec Developments Ltd v Jury's Hotel Management (UK) Ltd [2002] T.C.L.R. 13;
  (2001) 82 P. & C.R. 22; [2001] 1 E.G.L.R. 81; [2001] 07 E.G. 163; [2000] E.G. 138
  (C.S.); [2000] N.P.C. 125 Ch D 105-03, 107-02
AMEC Group Ltd v Secretary of State for Defence [2013] EWHC 110 (TCC); [2013] 2
  WLUK 266; 146 Con. L.R. 152 3-02
AMEC Properties v Planning Research & Systems [1992] 1 WLUK 540; [1992] B.C.L.C.
  1149; [1992] 1 E.G.L.R. 70; [1992] 13 E.G. 109 CA (Civ Div)........................ 106-06
American Airlines Inc v Hope; sub nom. Banque Sabbag SAL v Hope [1974] 2 Lloyd's
  Rep. 301 HL 70-05
American Cyanamid Co (No.1) v Ethicon Ltd [1975] A.C. 396; [1975] 2 W.L.R. 316;
  [1975] 1 All E.R. 504; [1975] F.S.R. 101; [1975] R.P.C. 513; (1975) 119 S.J. 136 HL . 37-27, 42-08
American International Specialty Lines Insurance Co v Abbott Laboratories [2002]
  EWHC 2714 (Comm); [2003] 1 Lloyd's Rep. 267; [2004] Lloyd's Rep. I.R. 815 4-03
Ames v Spamhaus Project Ltd [2015] EWHC 127 (QB); [2015] 1 W.L.R. 3409; [2015]
  E.M.L.R. 13 .... 37-03, 37-09
AMP Inc v Utilux Pty Ltd [1971] F.S.R. 572; [1972] R.P.C. 103 HL 76-15
Ampleforth Abbey Trust v Turner & Townsend Project Management Ltd [2012] EWHC
  2137 (TCC).. 33-08
Ampurius Nu Homes Holdings Ltd v Telford Homes (Creekside) Ltd [2013] EWCA Civ
  577; [2013] 4 All E.R. 377; [2013] B.L.R. 400; 148 Con. L.R. 1; [2013] 23 E.G. 76
  (C.S.)... 34-06
An NHS Trust v Y; sub nom. NHS Trust v Y [2018] UKSC 46; [2018] 3 W.L.R. 751;
  [2019] 1 All E.R. 95; [2018] 7 WLUK 690; [2018] C.O.P.L.R. 371; (2018) 21 C.C.L.
  Rep. 410; (2018) 163 B.M.L.R. 1... 49-01
Anangel Atlas Compania Naviera SA v Ishikawajima-Harima Heavy Industries Co (No.1)
  [1990] 1 Lloyd's Rep. 167 QBD (Comm)............................... 61-01, 61-03, 61-12

TABLE OF CASES

Anchor Brewhouse Developments Ltd v Berkley House (Docklands Developments) Ltd
  38 B.L.R. 82; (1987) 284 E.G. 625; [1987] 2 E.G.L.R. 173; (1988) 4 Const. L.J. 29 Ch
  D 49-02, 107-01
Anderson v Gorrie [1895] 1 Q.B. 668 CA 5-09
Anderson v Thornton 155 E.R. 1415; (1853) 8 Ex. 425 Ex Ct 67-15
Andreae v Selfridge & Co Ltd [1938] Ch. 1; [1937] 3 All E.R. 255 CA 47-03
Angel v Merchants' Marine Insurance Co [1903] 1 K.B. 811 CA 70-18
Angelic Grace, The. *See* Aggeliki Charis Compania Maritima SA v Pagnan SpA (The
  Angelic Grace)... 4-01, 4-03, 51-01
Anglian Water Services Ltd v Crawshaw Robbins & Co Ltd [2001] B.L.R. 173; [2001]
  N.P.C. 32... 47-11
Anglian Windows Ltd v GMB [2007] EWHC 917 (QB); [2007] 4 WLUK 517 42-05
Anglo Group Plc v Winther Browne & Co Ltd; sub nom. Winther Brown & Co Ltd v
  Anglo Group Plc 72 Con. L.R. 118; [1999-2000] Info. T.L.R. 61; [2000] I.T.C.L.R. 559;
  [2000] Masons C.L.R. 13; (2000) 144 S.J.L.B. 197 QBD (TCC) 33-03, 33-04, 33-05, 33-11
Annabel's (Berkeley Square) Ltd v G Schock (t/a Annabel's Escort Agency) [1972] F.S.R.
  261; [1972] R.P.C. 838 CA (Civ Div)... 78-03
Anslow v Norton Aluminium Ltd unreported 26 May 2010 QBD 46-02, 84-02
Antaios Compania Naviera SA v Salen Rederierna AB (The Antaios); Antaios, The [1985]
  A.C. 191; [1984] 3 W.L.R. 592; [1984] 3 All E.R. 229; [1984] 2 Lloyd's Rep. 235;
  (1984) 81 L.S.G. 2776; (1984) 128 S.J. 564 HL... 33-11
Anthony v Coal Authority [2005] EWHC 1654 (QB); [2006] Env. L.R. 17 ... 47-12, 47-14, 47-17,
                                                                                 48-02
Anufrijeva v Southwark LBC; R. (on the application of N) v Secretary of State for the
  Home Department; R. (on the application of M) v Secretary of State for the Home
  Department; sub nom. R. (on the application of Anufrijeva) v Southwark LBC [2003]
  EWCA Civ 1406; [2004] Q.B. 1124; [2004] 2 W.L.R. 603; [2004] 1 All E.R. 833;
  [2004] 1 F.L.R. 8; [2003] 3 F.C.R. 673; [2004] H.R.L.R. 1; [2004] U.K.H.R.R. 1; 15
  B.H.R.C. 526; [2004] H.L.R. 22; [2004] B.L.G.R. 184; (2003) 6 C.C.L. Rep. 415;
  [2004] Fam. Law 12; (2003) 100(44) L.S.G. 30 .... 64-R3, 84-X5
Apcoa Parking (UK) Ltd v Galhenage Aruna Sathyajith Perera (t/a Arun Perera)
  unreported 14 October 2010 Ch D 62-04
Applause Store Productions Ltd v Raphael [2008] EWHC 1781 (QB); [2008] Info. T.L.R.
  318.. 37-07
Aqaba Container Terminal (Pvt) Co v Soletanche Bachy France SAS [2019] EWHC 471
  (Comm); [2019] 1 Lloyd's Rep. 431; [2019] 3 WLUK 6; [2019] B.L.R. 234............. 4-03
Aquarius Financial Enterprises Inc v Lloyd's Underwriters (The Delphine); Delphine, The
  [2001] 2 Lloyd's Rep. 542; (2001) 151 N.L.J. 694 QBD (Comm)................ 70-05, 70-06
Arab Bank v Ross [1952] 2 Q.B. 216; [1952] 1 All E.R. 709; [1952] 1 T.L.R. 811; (1952)
  96 S.J. 229 CA.. 10-23
Araci v Fallon [2011] EWCA Civ 668; [2011] L.L.R. 440; (2011) 155(23) S.J.L.B. 39 51-01
Archer v Brown [1985] Q.B. 401; [1984] 3 W.L.R. 350; [1984] 2 All E.R. 267; (1984) 81
  L.S.G. 2770; (1984) 134 N.L.J. 235; (1984) 128 S.J. 532 QBD 58-06
Archer v Hudson 49 E.R. 1180; (1844) 7 Beav. 551 Ct of Chancery 18-03
Architects of Wine Ltd v Barclays Bank Plc [2007] EWCA Civ 239; [2007] 2 All E.R.
  (Comm) 285; [2007] 2 Lloyd's Rep. 471; (2007) 151 S.J.L.B. 431; [2007] Bus. L.R.
  D37... 10-21
Ardern v Bank of New South Wales [1956] V.L.R. 569 Sup Ct (Vic) 9-09
Argo Caribbean Group v Lewis [1976] 2 Lloyd's Rep. 289 CA (Civ Div) 13-03
Argo Systems FZE v Liberty Insurance Pte Ltd; Copa Casino, The [2011] EWHC 301
  (Comm); [2011] 1 All E.R. (Comm) 1111; [2011] 2 Lloyd's Rep. 61; [2011] 1 C.L.C.
  341; [2011] Lloyd's Rep. I.R. 427 67-19
Argos Ltd v Unite the Union [2017] EWHC 1959 (QB); [2017] 5 WLUK 625 .... 42-04, 42-05
Argyle UAE Ltd v Par-La-Ville Hotel and Residences Ltd (In Provisional Liquidation)
  [2018] EWCA Civ 1762; [2018] 7 WLUK 625 108-05
Argyll Group Plc v Distillers Co Plc 1987 S.L.T. 514; [1986] 1 C.M.L.R. 764 OH 51-01
Aribisala v St James Homes (Grosvenor Dock) Ltd [2007] EWHC 1694 (Ch); [2007] 6
  WLUK 233; [2007] 3 E.G.L.R. 39; [2007] 37 E.G. 234; [2007] 25 E.G. 183 (C.S.);
  [2007] 2 P. & C.R. DG25 106-08
Aribisala v St James Homes (Grosvenor Dock) Ltd [2008] EWHC 456 (Ch); [2009] 1
  W.L.R. 1089; [2008] 3 All E.R. 762; [2008] 3 WLUK 345; [2008] 2 E.G.L.R. 65;
  [2008] 19 E.G. 206; [2008] 12 E.G. 96 (C.S.); (2008) 105(14) L.S.G. 29; [2008] N.P.C.
  32... 106-08

Table of Cases

Arkwright v Newbold (1881) L.R. 17 Ch. D. 301 CA 58-02
Arlett v Ellis 108 E.R. 752; (1827) 7 B. & C. 346 KB 89-03
Armagas Ltd v Mundogas SA (The Ocean Frost); Ocean Frost, The [1986] A.C. 717;
  [1986] 2 W.L.R. 1063; [1986] 2 All E.R. 385; [1986] 2 Lloyd's Rep. 109; (1986) 2
  B.C.C. 99197; (1986) 83 L.S.G. 2002; (1986) 130 S.J. 430 HL 58-09, 61-09, 61-10
Armes v Nottinghamshire CC [2017] UKSC 60; [2018] A.C. 355; [2017] 3 W.L.R. 1000;
  [2018] 1 All E.R. 1; [2017] P.T.S.R. 1382; [2017] 10 WLUK 395; [2018] 1 F.L.R. 329;
  (2017) 20 C.C.L. Rep. 417; [2018] P.I.Q.R. P4. .... 39-02, 81-03
Armitage v Nurse [1998] Ch. 241; [1997] 3 W.L.R. 1046; [1997] 2 All E.R. 705; (1997)
  74 P. & C.R. D13 CA (Civ Div) 58-12
Armstrong DLW GmbH v Winnington Networks Ltd [2012] EWHC 10 (Ch); [2013] Ch.
  156; [2012] 3 W.L.R. 835; [2012] 3 All E.R. 425; [2012] Bus. L.R. 1199; (2012) 109(5)
  L.S.G. 20; (2012) 162 N.L.J. 181; [2012] Env. L.R. D4 .... 9-31, 62-08, 108-20
Armstrong v Strain [1952] 1 K.B. 232; [1952] 1 All E.R. 139; [1952] 1 T.L.R. 82 CA 58-08
Arnold & Butler v Bottomley [1908] 2 K.B. 151 CA 37-34
Arnold v Bainbridge (1859) 9 Ex. 153; 23 L.J. Ex. 59 24-09
Arnold v Britton [2015] UKSC 36; [2015] A.C. 1619; [2015] 2 W.L.R. 1593; [2016] 1 All
  E.R. 1; [2015] 6 WLUK 320; [2015] H.L.R. 31; [2015] 2 P. & C.R. 14; [2015] L. &
  T.R. 25; [2015] C.I.L.L. 3689. 13-03
Arnold v Central Electricity Generating Board [1988] A.C. 228; [1987] 3 W.L.R. 1009;
  [1987] 3 All E.R. 694; (1987) 84 L.S.G. 3416; (1987) 131 S.J. 1487 .... 81-X51
Aron & Co v Miall. *See* J Aron & Co Inc v Miall 70-14
Arriva The Shires Ltd v London Luton Airport Operations Ltd [2014] EWHC 64 (Ch);
  [2014] U.K.C.L.R. 313. 28-03
Arroyo v BP Exploration Co (Colombia) Ltd unreported 6 May 2010 QBD 84-X1
Arscott v Coal Authority [2004] EWCA Civ 892; [2005] Env. L.R. 6; (2004) 148 S.J.L.B.
  880; [2004] N.P.C. 114 .... 47-03, 47-12
Arthur JS Hall & Co v Simons; Barratt v Woolf Seddon; Cockbone v Atkinson Dacre &
  Slack; Harris v Scholfield Roberts & Hill; sub nom. Harris v Scholfield Roberts & Hall;
  Barratt v Ansell (t/a Woolf Seddon) [2002] 1 A.C. 615; [2000] 3 W.L.R. 543; [2000] 3
  All E.R. 673; [2000] B.L.R. 407; [2000] E.C.C. 487; [2000] 2 F.L.R. 545; [2000] 2
  F.C.R. 673; [2001] P.N.L.R. 6; [2000] Fam. Law 806; [2000] E.G. 99 (C.S.); (2000)
  97(32) L.S.G. 38; (2000) 150 N.L.J. 1147; (2000) 144 S.J.L.B. 238; [2000] N.P.C. 87
  HL 85-10, 85-Y9
Arthur v Attorney General of the Turks and Caicos Islands [2012] UKPC 30 62-08
Ashington Piggeries Ltd v Christopher Hill Ltd; Christopher Hill Ltd v Fur Farm Supplies
  Ltd, Norsildmel (Third Parties); sub nom. Christopher Hill Ltd v Ashington Piggeries
  Ltd [1972] A.C. 441; [1971] 2 W.L.R. 1051; [1971] 1 All E.R. 847; [1971] 1 Lloyd's
  Rep. 245; (1971) 115 S.J. 223 HL 25-29
Ashley Guarantee (formerly Gulf Guarantee Bank) v Zacaria [1993] 1 W.L.R. 62; [1993]
  1 All E.R. 254 CA (Civ Div). 13-08, 104-14
Ashley v Chief Constable of Sussex [2008] UKHL 25; [2008] 1 A.C. 962; [2008] 2
  W.L.R. 975; [2008] 3 All E.R. 573; (2008) 158 N.L.J. 632; (2008) 152(17) S.J.L.B. 29 . 5-05, 5-26,
  49-01
Ashworth Frazer Ltd v Gloucester City Council [2001] UKHL 59; [2001] 1 W.L.R. 2180;
  [2002] 1 All E.R. 377; [2002] L. & T.R. 2; [2002] 1 E.G.L.R. 15; [2002] 05 E.G. 133;
  [2001] 46 E.G. 180 (C.S.); (2001) 98(45) L.S.G. 27; (2001) 151 N.L.J. 1695 95-03
Ashworth Hospital Authority v MGN Ltd; sub nom. Ashworth Security Hospital v MGN
  Ltd [2002] UKHL 29; [2002] 1 W.L.R. 2033; [2002] 4 All E.R. 193; [2002] C.P.L.R.
  712; [2002] E.M.L.R. 36; [2002] H.R.L.R. 41; [2002] U.K.H.R.R. 1263; 12 B.H.R.C.
  443; [2003] F.S.R. 17; (2002) 67 B.M.L.R. 175; (2002) 99(30) L.S.G. 37; (2002) 146
  S.J.L.B. 168 .... 74-18, 74-21
Ashworth Security Hospital v MGN Ltd. *See* Ashworth Hospital Authority v MGN Ltd 74-18,
  74-21
Askey v Golden Wine Co Ltd [1948] 2 All E.R. 35; 64 T.L.R. 379; (1948) 92 S.J. 411
  KBD 27-06
Asprey & Garrard Ltd v WRA (Guns) Ltd (t/a William R Asprey Esquire) [2001] EWCA
  Civ 1499; [2002] E.T.M.R. 47; [2002] F.S.R. 31; (2002) 25(1) I.P.D. 25001 78-10
Asset Management Corp of Nigeria v Qatar National Bank [2018] EWHC 2218 (Comm);
  [2018] 7 WLUK 808. 2-18
Assetco Plc v Shannon [2011] EWHC 816 (Ch) 51-02

TABLE OF CASES

Assicurazioni Generali SpA v Arab Insurance Group (BSC) [2002] EWCA Civ 1642; [2003] 1 W.L.R. 577; [2003] 1 All E.R. (Comm) 140; [2003] 2 C.L.C. 242; [2003] Lloyd's Rep. I.R. 131; (2003) 100(3) L.S.G. 34 .... 67-12, 67-18

Associated British Ports v CH Bailey Plc [1990] 2 A.C. 703; [1990] 2 W.L.R. 812; [1990] 1 All E.R. 929; (1990) 60 P. & C.R. 211; [1990] 16 E.G. 65; [1990] E.G. 41 (C.S.); (1990) 87(17) L.S.G. 35; (1990) 140 N.L.J. 441 HL 98-14, 101-01

Associated British Ports v Ferryways NV [2009] EWCA Civ 189; [2009] 1 Lloyd's Rep. 595; [2009] 1 C.L.C. 350. .... 13-03, 13-15

Associated Japanese Bank (International) Ltd v Credit du Nord SA [1989] 1 W.L.R. 255; [1988] 3 All E.R. 902; [1989] Fin. L.R. 117; (1989) 86(8) L.S.G. 43; (1988) 138 N.L.J. Rep. 109; (1989) 133 S.J. 81 QBD 13-06

Associated Leisure Ltd (formerly Phonographic Equipment Co Ltd) v Associated Newspapers Ltd [1970] 2 Q.B. 450; [1970] 3 W.L.R. 101; [1970] 2 All E.R. 754; (1970) 114 S.J. 551 CA (Civ Div) 57-02

Associated Newspapers Ltd v Dingle; sub nom. Dingle v Associated Newspapers Ltd [1964] A.C. 371; [1962] 3 W.L.R. 229; [1962] 2 All E.R. 737; (1962) 106 S.J. 488 HL 37-35

Associated Oil Carriers Ltd v Union Insurance Society of Canton Ltd [1917] 2 K.B. 184 KBD 67-12

Associated Society of Locomotive Engineers and Firemen v Lee (UKEAT/0625/03/RN) unreported 24 February 2004 EAT 43-08

Astea (UK) Ltd v Time Group Ltd [2003] EWHC 725 (TCC) 33-06

Astellas Pharma v Stop Huntingdon Animal Cruelty [2011] EWCA Civ 752; (2011) 155(26) S.J.L.B. 27. 63-06

Aston Cantlow and Wilmcote with Billesley Parochial Church Council v Wallbank; sub nom. Wallbank v Aston Cantlow and Wilmcote with Billesley Parochial Church Council [2003] UKHL 37; [2004] 1 A.C. 546; [2003] 3 W.L.R. 283; [2003] 3 All E.R. 1213; [2003] H.R.L.R. 28; [2003] U.K.H.R.R. 919; [2003] 27 E.G. 137 (C.S.); (2003) 100(33) L.S.G. 28; (2003) 153 N.L.J. 1030; (2003) 147 S.J.L.B. 812; [2003] N.P.C. 80 64-09

Aston v Kelsey [1913] 3 K.B. 314 CA 15-03

Astra Asset Management UK Ltd v Co-operative Bank Plc [2019] EWHC 897 (Comm); [2019] 4 WLUK 161. 108-10

AstraZeneca UK Ltd v Albemarle International Corp [2011] EWHC 1574 (Comm); [2011] 2 C.L.C. 252; [2012] Bus. L.R. D1. 33-07

Astrovlanis Compania Naviera SA v Linard [1972] 2 Q.B. 611; [1972] 2 W.L.R. 1414; [1972] 2 All E.R. 647; [1972] 1 Lloyd's Rep. 331; (1972) 116 S.J. 176 CA (Civ Div). 70-23

ATB Sales Ltd v Rich Energy Ltd [2019] EWHC 1207 (IPEC); [2019] 5 WLUK 174 75-07

Athletic Union of Constantinople (AEK) v National Basketball Association (Application to Strike Out); sub nom. National Basketball Association v Athletic Union of Constantinople (AEK) (Application to Strike Out); Athletic Union of Constantinople (AEK) v National Basketball Association (No.2) [2002] EWCA Civ 830; [2002] 1 W.L.R. 2863; [2002] 3 All E.R. 897; [2002] 2 All E.R. (Comm) 385; (2002) 99(29) L.S.G. 33; (2002) 146 S.J.L.B. 153 .... 2-10, 2-19, 109-05

Atkinson v Community Gateway Association [2014] 8 WLUK 331; [2015] I.C.R. 1; [2014] I.R.L.R. 834 EAT 41-05

Atlas Power Ltd v National Transmission and Despatch Co Ltd [2018] EWHC 1052 (Comm); [2019] 1 All E.R. (Comm) 931; [2018] 2 Lloyd's Rep. 113; [2018] 5 WLUK 100. 4-02

Atomic Veterans Litigation. See B v Ministry of Defence .. 2-02, 5-02, 82-06, 84-10, 84-13, 84-X1

Attack v Bramwell 122 E.R. 196; (1863) 3 B. & S. 520 KB 92-03

Atterbury v Jarvie 157 E.R. 47; (1857) 2 Hurl. & N. 114 Ex Ct 14-02

Attheraces Ltd v British Horseracing Board Ltd [2005] EWHC 3015 (Ch); [2006] U.K.C.L.R. 167; [2006] E.C.C. 24; [2006] Eu. L.R. 654; [2006] E.C.D.R. 13; [2006] Info. T.L.R. 423; [2006] F.S.R. 20; (2006) 29(2) I.P.D. 29011........................ 109-01

Attorney General and Newton Abbot Rural DC v Dyer [1947] Ch. 67; [1946] 2 All E.R. 252; 62 T.L.R. 632; 115 L.J. Ch. 232; 175 L.T. 387; (1946) 90 S.J. 370 93-04

Attorney General of Hong Kong v Reid [1994] 1 A.C. 324; [1993] 3 W.L.R. 1143; [1994] 1 All E.R. 1; (1993) 143 N.L.J. 1569; (1993) 137 S.J.L.B. 251; [1993] N.P.C. 144 PC (NZ) 61-01, 61-08, 62-04

Attorney General v Antrobus [1905] 2 Ch. 188 Ch D 93-04

Attorney General v Blake [2001] 1 A.C. 268; [2000] 3 W.L.R. 625; [2000] 4 All E.R. 385; [2000] 2 All E.R. (Comm) 487; [2001] I.R.L.R. 36; [2001] Emp. L.R. 329; [2000] E.M.L.R. 949; (2000) 23(12) I.P.D. 23098; (2000) 97(32) L.S.G. 37; (2000) 150 N.L.J. 1230; (2000) 144 S.J.L.B. 242 HL 74-12, 107-02, 108-25, 108-27

Table of Cases

Attorney General v Blake [2001] 1 A.C. 268; [2000] 3 W.L.R. 625; [2000] 4 All E.R. 385; [2000] 2 All E.R. (Comm) 487; [2000] 7 WLUK 824; [2001] I.R.L.R. 36; [2001] Emp. L.R. 329; [2000] E.M.L.R. 949; (2000) 23(12) I.P.D. 23098; (2000) 97(32) L.S.G. 37; (2000) 150 N.L.J. 1230; (2000) 144 S.J.L.B. 242 74-12
Attorney General v Corke [1933] Ch. 89 Ch D 48-02
Attorney General v De Keyser's Royal Hotel. *See* De Keyser's Royal Hotel Ltd, Re 103-02
Attorney General v Gastonia Coaches [1977] R.T.R. 219 Ch D 47-23
Attorney General v Guardian Newspapers Ltd (No.2); Attorney General v Observer Ltd (No.2); Attorney General v Times Newspapers Ltd (No.2) [1990] 1 A.C. 109; [1988] 3 W.L.R. 776; [1988] 3 All E.R. 545; [1989] 2 F.S.R. 181; (1988) 85(42) L.S.G. 45; (1988) 138 N.L.J. Rep. 296; (1988) 132 S.J. 1496 HL 74-12, 74-17, 79-09
Attorney General v Mayor of Preston (1897) 13 T.L.R. 14 47-25
Attorney General v Metropolitan Railway Co; sub nom. Hare v Metropolitan Railway Co [1894] 1 Q.B. 384 CA 49-N11
Attorney General v MGN Ltd (Contempt: Appropriate Penalty) [2002] EWHC 907 (QB) ... 64-12
Attorney General v Nissan; sub nom. Nissan v Attorney General [1970] A.C. 179; [1969] 2 W.L.R. 926; [1969] 1 All E.R. 629; (1969) 113 S.J. 207 HL......................... 5-09
Attorney General's Reference (No.1 of 1985) 1986 J.C. 137; 1987 S.L.T. 187; 1986 S.C.C.R. 329... 61-0408
Attwood v Lamont [1920] 3 K.B. 571 CA 41-05
Atwood v Monger 82 E.R. 793; (1653) Sty. 378; [1653] 1 WLUK 55 KB 5-16, 5-18
Austin v Commissioner of Police of the Metropolis [2009] UKHL 5; [2009] 1 A.C. 564; [2009] 2 W.L.R. 372; [2009] 3 All E.R. 455; [2009] H.R.L.R. 16; [2009] U.K.H.R.R. 581; 26 B.H.R.C. 642; (2009) 153(4) S.J.L.B. 29 5-10
Austin v Dowling (1869-70) L.R. 5 C.P. 534 CCP 5-09
Austin v Miller Argent (South Wales) Ltd [2011] EWCA Civ 928; [2011] Env. L.R. 32 ..... 46-02, 84-02
Austin v Miller Argent (South Wales) Ltd [2014] EWCA Civ 1012; [2015] 1 W.L.R. 62; [2015] 2 All E.R. 524; [2015] Env. L.R. 6; [2014] 3 E.G.L.R. 1; [2014] L.L.R. 663; (2014) 164(7618) N.L.J. 20; (2014) 158(30) S.J.L.B. 41.............................. 46-04
Austin v Zurich General Accident & Liability Insurance Co Ltd [1945] K.B. 250; (1945) 78 Ll. L. Rep. 185 CA.. 68-02, 68-03
Australian Newspaper Co Ltd v Bennett [1894] A.C. 284 PC (Aus) 37-18
Author of a Blog v Times Newspapers Ltd [2009] EWHC 1358 (QB); [2009] E.M.L.R. 22; (2009) 106(26) L.S.G. 18; (2009) 159 N.L.J. 924; (2009) 153(24) S.J.L.B. 33 .... 79-05, 79-09
Avenell v Croker 173 E.R. 1120; (1828) Mood. & M. 172 Assizes 92-04
Avon CC v Howlett [1983] 1 W.L.R. 605; [1983] 1 All E.R. 1073; [1983] I.R.L.R. 171; 81 L.G.R. 555; (1983) 133 N.L.J. 377; (1983) 127 S.J. 173 CA (Civ Div).............. 9-15, 108-16
Avonridge Property Co Ltd v Mashru; sub nom. Mashru v Avonridge Property Co Ltd; Avonridge Property Co Ltd v London Diocesan Fund; London Diocesan Fund v Avonridge Property Co Ltd; London Diocesan Fund v Phithwa [2005] UKHL 70; [2005] 1 W.L.R. 3956; [2006] 1 All E.R. 127; [2006] 1 P. & C.R. 25; [2006] L. & T.R. 4; [2006] 1 E.G.L.R. 15; [2006] 01 E.G. 100; [2005] 49 E.G. 88 (C.S.); (2006) 103(1) L.S.G. 16; (2006) 150 S.J.L.B. 28; [2005] N.P.C. 138 HL............................. 102-03
Awuah v Secretary of State for the Home Department; sub nom. Awuah (Wasted Costs Order: HOPOs: Tribunal Powers), Re [2017] UKFTT 555 (IAC); [2017] 6 WLUK 522; [2017] 4 Costs L.R. 615; [2017] I.N.L.R. 858; [2018] P.N.L.R. 7........................ 66-05
AXA General Insurance Ltd, Petitioners [2011] UKSC 46; [2012] 1 A.C. 868; [2011] 3 W.L.R. 871; 2012 S.C. (U.K.S.C.) 122; 2011 S.L.T. 1061; [2012] H.R.L.R. 3; [2011] U.K.H.R.R. 1221; (2011) 122 B.M.L.R. 149; (2011) 108(41) L.S.G. 22................. 80-14
AXA Sun Life Services Plc v Campbell Martin Ltd; AXA Sun Life Services Plc v Harry Bennett & Associates Ltd; AXA Sun Life Services Plc v Ideal Financial Planning Ltd; AXA Sun Life Services Plc v Kymin Mortgage Services Ltd [2011] EWCA Civ 133; [2012] Bus. L.R. 203; [2011] 2 Lloyd's Rep. 1; [2011] 2 WLUK 620; [2011] 1 C.L.C. 312; 138 Con. L.R. 104.. 13-08, 33-08
Axel Johnson Petroleum AB v MG Mineral Group [1992] 1 W.L.R. 270; [1992] 2 All E.R. 163; (1991) 135 S.J.L.B. 60 CA (Civ Div).. 24-02
AXL Resources Ltd v Antares Underwriting Services Ltd [2010] EWHC 3244 (Comm); [2011] Lloyd's Rep. I.R. 598 70-05
AXN v Worboys [2012] EWHC 1730 (QB); [2013] Lloyd's Rep. I.R. 207; [2013] L.L.R. 256... 68-02
Axon v Ministry of Defence [2016] EWHC 787 (QB); [2016] 4 WLUK 172; [2016] E.M.L.R. 20; [2016] F.S.R. 32 79-05

Axton v GE Money Mortgages Ltd [2015] EWHC 1343 (QB); [2015] C.T.L.C. 117 14-05
Ayrey v British Legal & United Provident Assurance Co Ltd [1918] 1 K.B. 136 KBD 67-22
AZ (Error of Law: Jurisidiction: PTA Practice: Iran), Re; sub nom. Secretary of State for
  the Home Department v AZ [2018] UKUT 245 (IAC); [2018] 6 WLUK 704; [2018]
  Imm. A.R. 1418; [2019] I.N.L.R. 251. 66-05
Aziz v FDA [2010] EWCA Civ 304; [2010] 3 WLUK 167; (2010) 154(14) S.J.L.B. 29 44-34
Azov Shipping Co v Baltic Shipping Co (No.1) [1999] 1 All E.R. 476; [1999] 1 Lloyd's
  Rep. 68; [1998] 5 WLUK 136; [1998] C.L.C. 1240 QBD 2-04
Azov Shipping Co v Baltic Shipping Co (No.2) [1999] 1 All E.R. (Comm.) 716; [1999] 2
  Lloyd's Rep. 39; [1999] C.L.C. 624 4-05
Azov Shipping Co v Baltic Shipping Co (No.3) [1999] 2 All E.R. (Comm) 453; [1999] 2
  Lloyd's Rep. 159; [1999] C.L.C. 1425 .... 2-A1, 2-A2
B (A Child) v McDonald's Restaurants Ltd [2002] EWHC 490 (QB) 83-08
B Liggett (Liverpool) Ltd v Barclays Bank Ltd [1928] 1 K.B. 48 KBD 9-10, 10-21
B v J [1999] E.M.L.R. 490 QBD 37-35
B v Ministry of Defence; sub nom. Ministry of Defence v AB, AB v Ministry of Defence
  [2012] UKSC 9; [2013] 1 A.C. 78; [2012] 2 W.L.R. 643; [2012] 3 All E.R. 673; [2012]
  3 WLUK 431; [2012] P.I.Q.R. P13; [2012] Med. L.R. 306; (2012) 125 B.M.L.R. 69;
  (2012) 109(22) L.S.G. 19; (2012) 156(11) S.J.L.B. 31 ..... 2-02, 5-02, 82-06, 84-10, 84-13, 84-X1
B v Nugent Care Society; R v Wirral MBC; sub nom. GR v Wirral MBC; AB v Nugent
  Care Society [2009] EWCA Civ 827; [2010] 1 W.L.R. 516; [2010] 1 F.L.R. 707; [2010]
  P.I.Q.R. P3; [2009] LS Law Medical 524; [2009] Fam. Law 1045; (2009) 153(30)
  S.J.L.B. 28 .... 5-02, 84-X5
B, N, O Q, R, U & V v The Chief Constable of the Police Service of Northern Ireland
  [2015] EQHC 3691. 5-06
Babula v Waltham Forest College [2007] EWCA Civ 174; [2007] 3 WLUK 159; [2007]
  I.C.R. 1026; [2007] I.R.L.R. 346; (2007) 104(12) L.S.G. 32; (2007) 151 S.J.L.B. 396 40-09
Bacchiocchi v Academic Agency Ltd [1998] 1 W.L.R. 1313; [1998] 2 All E.R. 241; (1999)
  78 P. & C.R. 276; [1998] L. & T.R. 151; [1998] 3 E.G.L.R. 157; (1998) 95(12) L.S.G.
  27; (1998) 142 S.J.L.B. 85; [1998] N.P.C. 25; (1998) 75 P. & C.R. D43 CA (Civ Div) 88-05
BACONGO v Department of the Environment. *See* Belize Alliance of Conservation Non-
  Governmental Organisations v Department of the Environment 46-04
Baden v Societe Generale pour Favoriser le Developpement du Commerce et de
  l'Industrie en France SA [1993] 1 W.L.R. 509; [1992] 4 All E.R. 161; [1983] B.C.L.C.
  325 Ch D 9-18, 62-08
Bahamas Hotel Maintenance and Allied Workers Union v Bahamas Hotel Catering and
  Allied Workers Union [2011] UKPC 4 .... 47-24, 80-24
Bailey v GlaxoSmithKline UK Ltd [2019] EWHC 1167 (QB); [2019] 5 WLUK 177;
  [2019] Med. L.R. 359 .... 46-03, 83-13
Bailey v Ministry of Defence [2008] EWCA Civ 883; [2009] 1 W.L.R. 1052; [2008] LS
  Law Medical 481; (2008) 103 B.M.L.R. 134. 82-06
Bain Clarkson v Owners of the Sea Friends (The Sea Friends); Sea Friends, The [1991] 2
  Lloyd's Rep. 322 CA (Civ Div) 70-13
Bain v Fothergill; Paterson v Hankey (1874-75) L.R. 7 H.L. 158 HL 106-05
Baird v Hastings (t/a Hastings and Co Solicitors) [2015] NICA 22; [2015] 5 WLUK 107 85-07
Baker v Australia and New Zealand Bank [1958] N.Z.L.R. 907 9-12
Baker v Barclays Bank Ltd [1955] 1 W.L.R. 822; [1955] 2 All E.R. 571; (1955) 99 S.J.
  491 Assizes (Birmingham). 26-02
Baker v British Boxing Board of Control [2014] EWHC 2074 (QB) 109-03
Baker v Commissioner of Police of the Metropolis (UKEAT/0201/09/CEA) [2010] 2
  WLUK 170; 5 February 2010 EAT. 44-31
Baker v KTM Sportmotorcycle UK Ltd [2017] EWCA Civ 378; [2017] 5 WLUK 32;
  [2018] E.C.C. 35. 84-03
Baker v Sims [1959] 1 Q.B. 114; [1958] 3 W.L.R. 546; [1958] 3 All E.R. 326; (1958) 102
  S.J. 776 CA. 101-01
Bakewell Management Ltd v Brandwood; sub nom. Brandwood v Bakewell Management
  Ltd [2004] UKHL 14; [2004] 2 A.C. 519; [2004] 2 W.L.R. 955; [2004] 2 All E.R. 305;
  [2004] R.T.R. 26; [2005] 1 P. & C.R. 1; [2004] 2 E.G.L.R. 15; [2004] 20 E.G. 168;
  [2004] 15 E.G. 104 (C.S.); (2004) 101(18) L.S.G. 34; (2004) 154 N.L.J. 553; (2004)
  148 S.J.L.B. 418; [2004] N.P.C. 53; [2004] 2 P. & C.R. DG6 .... 93-03, 93-05
Bakkali v Greater Manchester Buses (South) Ltd (t/a Stage Coach Manchester) [2018] 5
  WLUK 181; [2018] I.C.R. 1481; [2018] I.R.L.R. 906 EAT. 63-09
Balden v Shorter [1933] Ch. 427 Ch D 38-07

Baldwin v Berryland Books. *See* Berryland Books Ltd v BK Books Ltd 59-04
Balfour Beatty Construction Ltd v Lambeth LBC [2002] EWHC 597 (TCC); [2002]
  B.L.R. 288; [2002] T.C.L.R. 25; 84 Con. L.R. 1; (2002) 18 Const. L.J. 405............... 36-03
Balfour Beatty Engineering Services Ltd v Unite the Union [2012] EWHC 267 (QB);
  [2012] I.C.R. 822; [2012] I.R.L.R. 452 42-05
Ballard (Kent) Ltd v Oliver Ashworth (Holdings) Ltd; sub nom. Oliver Ashworth
  (Holdings) v Ballard (Kent) Ltd [2000] Ch. 12; [1999] 3 W.L.R. 57; [1999] 2 All E.R.
  791; [1999] L. & T.R. 400; [1999] 2 E.G.L.R. 23; [1999] 19 E.G. 161; (1999) 96(16)
  L.S.G. 36; (1999) 149 N.L.J. 521; [1999] N.P.C. 36 103-03
Bamberger v Commercial Credit Mutual Assurance Society 139 E.R. 590; (1855) 15 C.B.
  676 CCP 11-04
Bamburi, The. *See* Owners of the Bamburi v Compton (The Bamburi) 70-T8
Bamford v Turnley 122 E.R. 27; (1862) 3 B. & S. 66 KB 47-07
Banbury v Bank of Montreal [1918] A.C. 626 HL 58-07
Bank of America National Trust and Savings Association v Chrismas (The Kyriaki);
  Kyriaki, The [1994] 1 All E.R. 401; [1993] 1 Lloyd's Rep. 137 QBD (Comm) 70-18
Bank of Baroda v Mahomed; sub nom. Mahomed v Bank of Baroda [1999] Lloyd's Rep.
  Bank. 14; [1999] C.L.C. 463; (1998) 95(47) L.S.G. 29 CA (Civ Div)...................... 9-04
Bank of Boston Connecticut (formerly Colonial Bank) v European Grain & Shipping Ltd
  (The Dominique); Dominique, The; sub nom. Colonial Bank v European Grain &
  Shipping Ltd [1989] A.C. 1056; [1989] 2 W.L.R. 440; [1989] 1 All E.R. 545; [1989] 1
  Lloyd's Rep. 431; (1989) 86(11) L.S.G. 43; (1989) 133 S.J. 219HL........................ 24-03
Bank of Credit and Commerce International (Overseas) Ltd v Akindele; sub nom. BCCI v
  Chief Labode Onadimaki Akindele [2001] Ch. 437; [2000] 3 W.L.R. 1423; [2000] 4 All
  E.R. 221; [2000] Lloyd's Rep. Bank. 292; [2000] B.C.C. 968; [2000] W.T.L.R. 1049;
  (1999-2000) 2 I.T.E.L.R. 788; (2000) 97(26) L.S.G. 36; (2000) 150 N.L.J. 950 CA (Civ
  Div) 9-17, 62-08
Bank of Credit and Commerce International SA (In Liquidation) (No.8), Re; sub nom.
  Morris v Rayners Enterprises Inc; Morris v Agrichemicals Ltd; Bank of Credit and
  Commerce International SA (No.3), Re [1998] A.C. 214; [1997] 3 W.L.R. 909; [1997] 4
  All E.R. 568; [1998] Lloyd's Rep. Bank. 48; [1997] B.C.C. 965; [1998] 1 B.C.L.C. 68;
  [1998] B.P.I.R. 211; (1997) 94(44) L.S.G. 35; (1997) 147 N.L.J. 1653; (1997) 141
  S.J.L.B. 229 HL 14-02
Bank of Credit and Commerce International SA (In Liquidation) v Ali (No.3); sub nom.
  BCCI SA v Ali; Husain v Bank of Credit and Commerce International SA [2002]
  EWCA Civ 82; [2002] 3 All E.R. 750; [2002] I.C.R. 1258; [2002] I.R.L.R. 460; [2002]
  Emp. L.R. 406... 41-04
Bank of Credit and Commerce International SA (In Liquidation) v Ali (No.4) (1999) 149
  N.L.J. 1734 Ch D... 84-X1
Bank of Credit and Commerce International SA v Aboody [1990] 1 Q.B. 923; [1989] 2
  W.L.R. 759; [1992] 4 All E.R. 955; [1990] 1 F.L.R. 354; [1989] C.C.L.R. 63; [1989]
  Fam. Law 435; (1988) 132 S.J. 1754 CA (Civ Div).. 18-10
Bank of Credit and Commerce International SA v Blattner unreported 20 November 1986
  CA (Crim Div) 14-02
Bank of England v Vagliano Bros; sub nom. Vagliano Bros v Bank of England [1891]
  A.C. 107 HL 1-17, 9-10
Bank of India v Morris. *See* Morris v Bank of India 58-09
Bank of Ireland v Joseph Walker [2013] NICA 2 .... 15-02, 15-14
Bank of Ireland v Pexxnet Ltd [2010] EWHC 1872 (Comm) 62-05
Bank of Montreal v Stuart [1911] A.C. 120 PC (Can) 18-10
Bank of New South Wales v Laing (Walter Richard James) [1954] A.C. 135; [1954] 2
  W.L.R. 25; [1954] 1 All E.R. 213; (1954) 98 S.J. 26PC (Australia) 10-18
Bank of New Zealand v Greenwood (1984) N.Z.L.R. 525 47-14
Bank of Nova Scotia v Hellenic Mutual War Risk Association (Bermuda) Ltd (The Good
  Luck); Good Luck, The [1992] 1 A.C. 233; [1991] 2 W.L.R. 1279; [1991] 3 All E.R. 1;
  [1991] 2 Lloyd's Rep. 191; (1991) 141 N.L.J. 779 HL.................................. 67-06, 67-19
Bank of Scotland Plc v Greville Development Co (Midlands) Ltd [2014] EWHC 128 (Ch) .. 13-05
Bank of Scotland Plc v Watson [2013] EWCA Civ 6 13-08
Bank of Scotland Plc v Zinda. *See* Zinda v Bank of Scotland Plc 15-04, 15-12, 104-12
Bank of Scotland v Bennett [1999] Lloyd's Rep. Bank. 145; [1999] 1 F.L.R. 1115; [1999]
  1 F.C.R. 641; (1999) 77 P. & C.R. 447; [1999] Fam. Law 307; [1999] E.G. 1 (C.S.);
  (1999) 96(3) L.S.G. 33 CA (Civ Div)... 18-07

Bank of Scotland v Grimes [1985] Q.B. 1179; [1985] 3 W.L.R. 294; [1985] 2 All E.R. 254; [1985] F.L.R. 322; [1985] Fam. Law 314; (1985) 82 L.S.G. 1857; (1985) 136 N.L.J. 411; (1985) 129 S.J. 331 CA (Civ Div) 15-12, 104-12
Bank of Scotland v Henry Butcher & Co [2003] EWCA Civ 67; [2003] 2 All E.R. (Comm) 557; [2003] 1 B.C.L.C. 575; (2003) 100(13) L.S.G. 29. 13-05
Bank of Scotland v Hill [2002] EWCA Civ 1081; [2002] 29 E.G. 152 (C.S.); [2003] 1 P. & C.R. DG7 . . . . 18-02, 18-05
Bank of Scotland v Hussain [2010] EWHC 2812 (Ch) 18-08
Bank of Tokyo-Mitsubishi UFJ Ltd v Baskan Gida Sanayi Ve Pazarlama AS [2009] EWHC 1276 (Ch); [2010] Bus. L.R. D1 59-03
Bankers Trust Co v Shapira [1980] 1 W.L.R. 1274; [1980] 3 All E.R. 353; (1980) 124 S.J. 480 CA (Civ Div) 57-04
Banks v Ablex Ltd [2005] EWCA Civ 173; [2005] I.C.R. 819; [2005] I.R.L.R. 357; (2005) 149 S.J.L.B. 269 63-02
Bannister v Bannister [1948] 2 All E.R. 133; [1948] W.N. 261; (1948) 92 S.J. 377 CA 91-03
Banque Bruxelles Lambert SA v Eagle Star Insurance Co Ltd. *See* South Australia Asset Management Corp v York Montague Ltd 58-06, 85-08
Banque Cantonale de Geneve v Sanomi [2016] EWHC 3353 (Comm); [2016] 12 WLUK 644. . . . . 10-08, 10-14, 10-15, 10-24, 10-27
Banque Financiere de la Cite SA (formerly Banque Kayser Ullmann SA) v Westgate Insurance Co (formerly Hodge General & Mercantile Co Ltd); sub nom. Banque Kayser Ullmann SA v Skandia (UK) Insurance Co; Skandia (UK) Insurance Co v Chemical Bank; Skandia (UK) Insurance Co v Credit Lyonnais Bank Nederland NV [1991] 2 A.C. 249; [1990] 3 W.L.R. 364; [1990] 2 All E.R. 947; [1990] 2 Lloyd's Rep. 377; (1990) 87(35) L.S.G. 36; (1990) 140 N.L.J. 1074; (1990) 134 S.J. 1265 HL. 67-06, 67-15
Banque Populaire de Bienne v Cave (1895) 1 Com. Cas. 67 10-25
Banwaitt v Dewji [2014] EWCA Civ 67 108-28
Barbados Trust Co Ltd (formerly CI Trustees (Asia Pacific) Ltd) v Bank of Zambia [2007] EWCA Civ 148; [2007] 2 All E.R. (Comm) 445; [2007] 1 Lloyd's Rep. 495; [2007] 1 C.L.C. 434; (2006-07) 9 I.T.E.L.R. 689 6-04
Barber v NWS Bank Plc [1996] 1 W.L.R. 641; [1996] 1 All E.R. 906; [1996] R.T.R. 388; [1996] C.C.L.R. 30; (1995) 145 N.L.J. 1814 CA (Civ Div). 25-23
Barclay v British Airways Plc [2008] EWCA Civ 1419; [2010] Q.B. 187; [2009] 3 W.L.R. 369; [2009] 1 All E.R. 871; [2009] 2 All E.R. (Comm) 841; [2009] 1 Lloyd's Rep. 297; [2008] 12 WLUK 541; [2008] 2 C.L.C. 995 8-07
Barclay v British Airways Plc. *See* Laroche v Spirit of Adventure 8-02
Barclays Bank International Ltd v Levin Bros (Bradford) Ltd [1977] Q.B. 270; [1976] 3 W.L.R. 852; [1976] 3 All E.R. 900; [1977] 1 Lloyd's Rep. 51; (1976) 120 S.J. 801 QBD (Comm.) 10-24
Barclays Bank International Ltd v Queen, The; Bank of Scotland London Nominees Ltd v Queen, The; Uberior Trustees Ltd v Queen, The; Bank of Scotland Edinburgh Nominees Ltd v Queen, The; Bank of Scotland v Queen, The; Glasgow Bank of Scotland Nominees Ltd v Queen, The; Greater London Council v Queen, The; Barclays Bank Trust Co Ltd v Queen, The [1974] Q.B. 823; [1973] 3 W.L.R. 627; [1974] 1 All E.R. 305; (1973) 117 S.J. 543 QBD 16-02
Barclays Bank Ltd v Quistclose Investments Ltd; Quistclose Investments Ltd v Rolls Razor Ltd (In Voluntary Liquidation) [1970] A.C. 567; [1968] 3 W.L.R. 1097; [1968] 3 All E.R. 651; (1968) 112 S.J. 903 HL. 23-03
Barclays Bank Ltd v WJ Simms Son & Cooke (Southern) Ltd [1980] Q.B. 677; [1980] 2 W.L.R. 218; [1979] 3 All E.R. 522; [1980] 1 Lloyd's Rep. 225; (1979) 123 S.J. 785 QBD (Comm). 9-14, 9-15, 108-07
Barclays Bank Plc v Alcorn [2002] EWCA Civ 817 . . . . 15-12, 104-Z9
Barclays Bank Plc v Boulter [1999] 1 W.L.R. 1919; [1999] 4 All E.R. 513; [2000] Lloyd's Rep. Bank. 29; [2000] C.P. Rep. 16; [1999] 2 F.L.R. 986; [1999] 3 F.C.R. 529; (2000) 32 H.L.R. 170; [1999] 3 E.G.L.R. 88; [1999] 49 E.G. 97; [2000] Fam. Law 25; [1999] E.G. 121 (C.S.); (1999) 96(42) L.S.G. 44; (1999) 96(42) L.S.G. 41; (1999) 149 N.L.J. 1645; (1999) 143 S.J.L.B. 250; [1999] N.P.C. 124; (2000) 79 P. & C.R. D1 HL . . 1-06, 1-22, 18-07
Barclays Bank Plc v Guardian News and Media Ltd [2009] EWHC 591 (QB); (2009) 153(13) S.J.L.B. 30. 64-12
Barclays Bank Plc v Kapur [1991] 2 A.C. 355; [1991] 2 W.L.R. 401; [1991] 1 All E.R. 646; [1991] I.C.R. 208; [1991] I.R.L.R. 136 HL 44-34
Barclays Bank Plc v Kingston [2006] EWHC 533 (QB); [2006] 1 All E.R. (Comm) 519; [2006] 2 Lloyd's Rep. 59; [2006] 12 E.G. 223 (C.S.). 13-06

TABLE OF CASES

Barclays Bank Plc v McMillan [2015] EWHC 1596 (Comm) 14-05
Barclays Bank Plc v O'Brien [1994] 1 A.C. 180; [1993] 3 W.L.R. 786; [1993] 4 All E.R.
  417; [1994] 1 F.L.R. 1; [1994] 1 F.C.R. 357; (1994) 26 H.L.R. 75; (1994) 13 Tr. L.R.
  165; [1994] C.C.L.R. 94; [1994] Fam. Law 78; [1993] E.G. 169 (C.S.); (1993) 143
  N.L.J. 1511; (1993) 137 S.J.L.B. 240; [1993] N.P.C. 135 HL. 18-02, 18-07, 18-09, 104-15, 104-Z5,
  104-Z6
Barclays Bank Plc v Quincecare Ltd [1992] 4 All E.R. 363; [1988] 1 F.T.L.R. 507; [1988]
  Fin. L.R. 166 QBD (Comm).. 9-11
Barclays Bank Plc v Svizera Holdings BV [2014] EWHC 1020 (Comm); [2015] 1 All
  E.R. (Comm) 788; [2014] 4 WLUK 288... 9-24, 9-25
Barclays Bank v Green unreported 17 May 1996 CA 9-03
Barclays Private Bank Ltd v Austin [2003] EWCA Civ 1502 104-02
Barham v Lord Huntingfield [1913] 2 K.B. 193 CA 37-16, 37-17
Barker v Baxendale Walker Solicitors (A Firm) [2017] EWCA Civ 2056; [2018] 1 W.L.R.
  1905; [2018] S.T.C. 310; [2017] 12 WLUK 203; [2018] P.N.L.R. 16; [2018] B.T.C. 6 85-07
Barker v Corus UK Ltd; Murray (Deceased) v British Shipbuilders (Hydrodynamics) Ltd;
  Patterson (Deceased) v Smiths Dock Ltd; sub nom. Barker v Saint Gobain Pipelines Plc
  [2006] UKHL 20; [2006] 2 A.C. 572; [2006] 2 W.L.R. 1027; [2006] 3 All E.R. 785;
  [2006] I.C.R. 809; [2006] P.I.Q.R. P26; (2006) 89 B.M.L.R. 1; (2006) 103(20) L.S.G.
  27; (2006) 156 N.L.J. 796; (2006) 150 S.J.L.B. 606; [2006] N.P.C. 50 85-08
Barlow Clowes International Ltd (In Liquidation) v Eurotrust International Ltd [2005]
  UKPC 37; [2006] 1 W.L.R. 1476; [2006] 1 All E.R. 333; [2006] 1 All E.R. (Comm)
  478; [2006] 1 Lloyd's Rep. 225; [2005] W.T.L.R. 1453; (2005-06) 8 I.T.E.L.R. 347;
  (2005) 102(44) L.S.G. 32; [2006] 1 P. & C.R. DG16 .... 9-19, 62-13
Barnes v Addy (1873-74) L.R. 9 Ch. App. 244; (1874) 22 W.R. 505; (1874) 43 L.J. Ch.
  513; (1874) 30 L.T. 4 CA in Chancery... 62-10
Barnes v Black Horse Ltd [2012] EWHC 1950 (QB) 9-25
Barnes v Black Horse Ltd; McIlquham v Black Horse Ltd [2012] EWHC 1950 (QB);
  [2012] 6 WLUK 252.. 9-25
Barnes v Eastenders Cash & Carry Plc. See Crown Prosecution Service v Eastenders
  Group 108-03, 108-08, 108-10
Barnes v Loach (1878-79) L.R. 4 Q.B.D. 494 QBD 93-02
Barnes v Nayer *Times* 19 December 1986 CA (Civ Div) 5-05
Barr v Biffa Waste Services Ltd [2009] EWHC 2444 (TCC); [2010] 3 Costs L.R. 317;
  (2009) 159 N.L.J. 1513.. 84-X1
Barr v Biffa Waste Services Ltd [2012] EWCA Civ 312; [2013] Q.B. 455; [2012] 3
  W.L.R. 795; [2012] 3 All E.R. 380; [2012] P.T.S.R. 1527; [2012] B.L.R. 275; 141 Con.
  L.R. 1; [2012] H.L.R. 28; [2012] 2 P. & C.R. 6; [2012] 2 E.G.L.R. 157; [2012] L.L.R.
  567; [2012] 13 E.G. 90 (C.S.); (2012) 109(14) L.S.G. 21; (2012) 156(12) S.J.L.B. 31 47-01,
  47-03, 47-05
Barrett v Enfield LBC [2001] 2 A.C. 550; [1998] 1 W.L.R. 277; [1999] 3 W.L.R. 79;
  [1999] 3 All E.R. 193; [1999] 2 F.L.R. 426; [1999] 2 F.C.R. 434; (1999) 1 L.G.L.R.
  829; [1999] B.L.G.R. 473; (1999) 11 Admin. L.R. 839; [1999] Ed. C.R. 833; (1999) 2
  C.C.L. Rep. 203; [1999] P.I.Q.R. P272; (1999) 49 B.M.L.R. 1; [1999] Fam. Law 622;
  (1999) 96(28) L.S.G. 27; (1999) 143 S.J.L.B. 183 HL 39-02, 84-X6
Barrett v Jermy 154 E.R. 957; (1849) 3 Ex. 535 Ex Ct 67-19
Barretts & Baird (Wholesale) Ltd v Institution of Professional Civil Servants [1987]
  I.R.L.R. 3; [1987] 1 F.T.L.R. 121 QBD... 60-11
Barron v Collins [2015] EWHC 1125 (QB) 37-04
Barros Mattos Junior v MacDaniels Ltd; Barros Mattos Junior v General Securities &
  Finance Co Ltd; sub nom. Mattos Junior v MacDaniels Ltd [2004] EWHC 1188 (Ch);
  [2005] 1 W.L.R. 247; [2004] 3 All E.R. 299; [2004] 2 All E.R. (Comm) 501; [2004] 2
  Lloyd's Rep. 475.. 108-17
Barry v Davies (t/a Heathcote Ball & Co); sub nom. Barry v Heathcote Ball & Co
  (Commercial Auctions) Ltd; Heathcote Ball & Co (Commercial Auctions) Ltd v Barry
  [2000] 1 W.L.R. 1962; [2001] 1 All E.R. 944; [2000] 3 E.G.L.R. 7; [2000] 47 E.G. 178;
  (2000) 97(39) L.S.G. 41; (2000) 150 N.L.J. 1377; (2000) 144 S.J.L.B. 249 CA (Civ
  Div) 25-42
Barry v Midland Bank Plc [1999] 1 W.L.R. 1465; [1999] 3 All E.R. 974; [1999] I.C.R.
  859; [1999] I.R.L.R. 581; (1999) 96(31) L.S.G. 36; (1999) 149 N.L.J. 1253; (1999) 143
  S.J.L.B. 221 HL 44-17
Barry v The Stoney Point Canning Co (1917) 55 C.R. 51 61-03

[xxxv]

Table of Cases

Bartlett v Sidney Marcus Ltd [1965] 1 W.L.R. 1013; [1965] 2 All E.R. 753; (1965) 109 S.J. 451 CA... 25-29
Barton v County Natwest Ltd; sub nom. County Natwest Ltd v Barton [2002] 4 All E.R. 494 (Note); [1999] Lloyd's Rep. Bank. 408; [1999] E.G. 103 (C.S.); (1999) 96(33) L.S.G. 31 CA (Civ Div) 13-12
Barton v Wright Hassall LLP [2018] UKSC 12; [2018] 1 W.L.R. 1119; [2018] 3 All E.R. 487; [2018] 2 WLUK 454.. 1-02
Bartram & Sons v Lloyd (1904) 90 L.T. 357 61-12
Basildon and Thurrock NHS Foundation Trust v Weerasinghe [2015] 7 WLUK 912; [2016] I.C.R. 305 EAT 44-20
Bate v Aviva Insurance UK Ltd [2014] EWCA Civ 334; [2014] Lloyd's Rep. I.R. 527 67-12
Baten's Case (1610) 9 Co Rep 53b 47-01
Bates v Pilling 108 E.R. 367; (1826) 6 B. & C. 38 KB 5-09
Bates v Post Office Ltd (No.5: Common Issues Costs) [2019] EWHC 1373 (QB); [2019] 6 WLUK 80; [2019] Costs L.R. 857 46-04
Bateson v Gosling (1871-72) L.R. 7 C.P. 9 CCP 10-16
Baturina v Times Newspapers Ltd [2011] EWCA Civ 308; [2011] 1 W.L.R. 1526; [2011] E.M.L.R. 19; [2011] H.R.L.R. 22; 5 A.L.R. Int'l 877 .... 37-11, 37-13, 37-18, 37-19
Baxter International Inc v Nederlands Produktielaboratorium voor Bloedtransfusiapparatuur BV [1998] R.P.C. 250; (1997) 20(9) I.P.D. 20091 Ch D (Patents Ct) 6-11
Baxter v Camden LBC (No.2) [2001] Q.B. 1; [1999] 2 W.L.R. 566; [1999] 1 All E.R. 237; [1999] Env. L.R. 561; (1999) 31 H.L.R. 356; [1999] B.L.G.R. 239; [1999] L. & T.R. 136; [1998] E.G. 157 (C.S.); (1998) 95(45) L.S.G. 41; (1999) 143 S.J.L.B. 11; [1998] N.P.C. 147; [1999] E.H.L.R. Dig. 205 CA 47-03, 47-20
Baxter v Camden LBC. See Southwark LBC v Mills 47-01, 47-03, 47-07, 47-17, 96-06, 96-07
Bay City Rollers Ltd v McKeown unreported 22 November 1991 45-10
Bayley v George Elliot Hospital NHS Trust [2017] EWHC 3398 (QB); [2017] 12 WLUK 670.. 82-07
Bayliss v Fisher 131 E.R. 59; (1830) 7 Bing. 153 CCP 92-03
Baynton v Morgan (1889) L.R. 22 Q.B.D. 74 CA 102-02
Bayview Motors Ltd v Mitsui Marine & Fire Insurance Co Ltd; sub nom. Mitsui Marine & Fire Insurance Co Ltd v Bayview Motors Ltd [2002] EWCA Civ 1605; [2002] 2 All E.R. (Comm) 1095; [2003] 1 Lloyd's Rep. 131; [2003] Lloyd's Rep. I.R. 117; (2003) 100(1) L.S.G. 23.. 70-20
BCCI v Ali (Costs BCCI Employees No.4). See Bank of Credit and Commerce International SA (In Liquidation) v Ali (No.4) 84-X1
BCCI v Hussain unreported 15 December 1999 18-07
Beach v Freeson [1972] 1 Q.B. 14; [1971] 2 W.L.R. 805; [1971] 2 All E.R. 854; (1971) 115 S.J. 145 QBD 37-43
Bear Scotland Ltd v Fulton [2015] 1 C.M.L.R. 40; [2015] I.C.R. 221; [2015] I.R.L.R. 15 ... 40-11, 40-L44
Beaulane Properties Ltd v Palmer [2005] EWHC 817 (Ch); [2006] Ch. 79; [2005] 3 W.L.R. 554; [2005] 4 All E.R. 461; [2005] H.R.L.R. 19; [2005] 3 E.G.L.R. 85; [2005] 14 E.G. 129 (C.S.); [2005] 2 P. & C.R. DG13 49-09
Beck Interiors Ltd v Russo [2009] EWHC 3861 (TCC); [2010] B.L.R. 37; 132 Con. L.R. 56... 13-15
Beckham v News Group Newspapers Ltd unreported 24 April 2005 79-09
Beckhuson & Gibbs v Hamblet [1901] 2 K.B. 73 CA 15-03
Beckingham v Hodgens; sub nom. Hodgens v Beckingham [2003] EWCA Civ 143; [2004] E.C.D.R. 6; [2003] E.M.L.R. 18.. 45-09
Bedfordshire Police Authority v Constable [2009] EWCA Civ 64; [2009] 2 All E.R (Comm) 200; [2009] Lloyd's Rep. I.R. 607; [2009] Po. L.R. 90 48-01
Beesly v Hallwood Estates Ltd [1961] Ch. 105; [1961] 2 W.L.R. 36; [1961] 1 All E.R. 90; (1961) 105 S.J. 61 CA.. 106-10
Begraj v Secretary of State for Justice [2015] EWHC 250 (QB) 5-09
Behzadi v Shaftesbury Hotels Ltd [1992] Ch. 1; [1991] 2 W.L.R. 1251; [1991] 2 All E.R. 477; (1991) 62 P. & C.R. 163; [1990] E.G. 111 (C.S.); (1990) 140 N.L.J. 1385 106-03
Belize Alliance of Conservation Non-Governmental Organisations v Department of the Environment [2004] UKPC 6; [2004] Env. L.R. 38................................ 46-04
Belize Bank Ltd v Association of Concerned Belizeans [2011] UKPC 35PC (Belize) 10-13
Bell v Northumbrian Water Ltd [2016] EWHC 133 (TCC); [2016] 4 WLUK 18 47-07

Bella Casa Ltd v Vinestone Ltd; Bella Casa Ltd v Duffy Construction Ltd; Bella Casa Ltd
 v Paxton Locher Architects Ltd [2005] EWHC 2807 (TCC); [2006] B.L.R. 72; [2006]
 T.C.L.R. 2; 108 Con. L.R. 148; [2006] C.I.L.L. 2344 35-03
Bellis (A Firm) v Challinor. *See* Challinor v Juliet Bellis & Co 108-023
Belmont Finance Corp Ltd v Williams Furniture Ltd (No.2) [1980] 1 All E.R. 393 CA
 (Civ Div) 62-03, 62-06
Belmont Finance Corp Ltd v Williams Furniture Ltd [1979] Ch. 250; [1978] 3 W.L.R.
 712; [1979] 1 All E.R. 118; (1978) 122 S.J. 743 CA (Civ Div) 1-22, 57-023, 58-12, 62-14
Belvoir Finance Co Ltd v Harold G Cole & Co Ltd [1969] 1 W.L.R. 1877; [1969] 2 All
 E.R. 904 QBD 25-09
Benaim (UK) Ltd v Davies Middleton & Davies Ltd (No.2) [2005] EWHC 1370 (TCC);
 [2005] 6 WLUK 295; 102 Con. L.R. 1 3-02
Bence Graphics International Ltd v Fasson UK Ltd [1998] Q.B. 87; [1997] 3 W.L.R. 205;
 [1997] 1 All E.R. 979; [1997] C.L.C. 373; (1996) 93(40) L.S.G. 24; (1996) 146 N.L.J.
 1577; (1996) 140 S.J.L.B. 227 CA (Civ Div) 25-20, 25-46, 25-55
Benedetti v Sawiris [2013] UKSC 50; [2014] A.C. 938; [2013] 3 W.L.R. 351; [2013] 4 All
 E.R. 253; [2013] 2 All E.R. (Comm) 801; 149 Con. L.R. 1 .... 108-04, 108-06, 108-09
Beningfield v Baxter (1887) L.R. 12 App. Cas. 167 PC (Natal) 18-03
Bennett (Electrical) Services Ltd v Inviron Ltd [2007] EWHC 49 (TCC) 36-01
Berent v Family Mosaic Housing [2012] EWCA Civ 961; [2012] B.L.R. 488; [2012]
 C.I.L.L. 3213 .... 35-03, 47-07, 47-13, 47-15
Berezovsky v Forbes Inc (No.1); Glouchkov v Forbes Inc; sub nom. Berezovsky v
 Michaels; Glouchkov v Michaels [2000] 1 W.L.R. 1004; [2000] 2 All E.R. 986; [2001]
 I.L.Pr. 21; [2000] E.M.L.R. 643; (2000) 97(22) L.S.G. 44; (2000) 150 N.L.J. 741 HL 37-20
Berezovsky v Forbes Inc (No.2) [2001] EWCA Civ 1251; [2001] E.M.L.R. 45 37-35
Berghoff Trading Ltd v Swinbrook Developments Ltd [2009] EWCA Civ 413; [2009] 2
 Lloyd's Rep. 233 13-05
Berk v Style [1956] 1 Q.B. 180; [1955] 3 W.L.R. 935; [1955] 3 All E.R. 625; [1955] 2
 Lloyd's Rep. 382; (1955) 99 S.J. 889 QBD 70-05
Bernard v Enfield LBC. *See* R. (on the application of Bernard) v Enfield LBC 84-X5
Berry v British Transport Commission [1962] 1 Q.B. 306; [1961] 3 W.L.R. 450; [1961] 3
 All E.R. 65; (1961) 105 S.J. 587 CA 5-18
Berryland Books Ltd v BK Books Ltd [2010] EWCA Civ 1440 59-04
Best v Charter Medical of England Ltd [2001] EWCA Civ 1588; [2002] E.M.L.R. 18;
 (2001) 98(47) L.S.G. 27 37-15
Bestobell Paints Ltd v Bigg [1975] F.S.R. 421; (1975) 119 S.J. 678 Ch D 37-27, 38-13
Bevan v Waters 173 E.R. 1143; (1828) Mood. & M. 235 Assizes 23-04
Beverley v Lincoln Gas Light and Coke Co 112 E.R. 318; (1837) 6 Ad. & El. 829; [1837]
 1 WLUK 292 KB 103-02
Bewry v Reed Elsevier (UK) Ltd; Reed Elsevier (UK) Ltd v Bewry [2014] EWCA Civ
 1411; [2015] 1 W.L.R. 2565; [2014] 10 WLUK 915; [2015] E.M.L.R. 6 37-02
Bexhill UK Ltd v Razzaq [2012] EWCA Civ 1376; [2012] 10 WLUK 745 .... 6-04, 6-09
Biddle & Co v Tetra Pak Ltd; sub nom. Tetra Pak Ltd v Biddle & Co [2010] EWHC 54
 (Ch); [2010] 1 W.L.R. 1466 1-36
Biffa Waste Services Ltd v Maschinenfabrik Ernst Hese GmbH [2008] EWCA Civ 1257;
 [2009] Q.B. 725; [2009] 3 W.L.R. 324; [2009] Bus. L.R. 696; [2009] B.L.R. 1; 122
 Con. L.R. 1; [2009] P.N.L.R. 12; (2008) 152(45) S.J.L.B. 25 47-17
Biggins v Goode 149 E.R. 155; (1832) 2 Cr. & J. 364 Ex Ct 92-04
Biguzzi v Rank Leisure Plc [1999] 1 W.L.R. 1926; [1999] 4 All E.R. 934; [2000] C.P.
 Rep. 6; [1999] C.P.L.R. 675; [2000] 1 Costs L.R. 67 CA (Civ Div) 1-17, 1-18, 1-19
Bilbie v Lumley 102 E.R. 448; (1802) 2 East 469 KB 108-07
Bilsbrough v Berry Marketing Services Ltd unreported 5 July 2019 40-10
Bilta (UK) Ltd (In Liquidation) v Nazir; sub nom. Jetivia SA v Bilta (UK) Ltd (In
 Liquidation) [2015] UKSC 23; [2015] 2 W.L.R. 1168; [2015] 2 All E.R. 1083; [2015] 2
 All E.R. (Comm) 281; [2015] 2 Lloyd's Rep. 61; [2015] B.C.C. 343; [2015] 1 B.C.L.C.
 443; [2015] B.V.C. 20 58-09
Binks v Securicor Omega Express Ltd [2003] EWCA Civ 993; [2003] 1 W.L.R. 2557;
 [2004] C.P. Rep. 4; [2004] P.I.Q.R. P13; (2003) 147 S.J.L.B. 991 1-23
Biogen Inc v Medeva Plc [1997] R.P.C. 1; (1997) 38 B.M.L.R. 149; (1997) 20(1) I.P.D.
 20001 HL 73-17
Bircham & Co Nominees (No.2) Ltd v Worrell Holdings Ltd [2001] EWCA Civ 775;
 (2001) 82 P. & C.R. 34; [2001] 3 E.G.L.R. 83; [2001] 47 E.G. 149; [2001] 22 E.G. 153
 (C.S.); [2001] N.P.C. 94; (2001) 82 P. & C.R. DG18 106-10

TABLE OF CASES

Bird v Defonville (1846) 2 Car. & Kir. 415 98-08
Bird v Jones 115 E.R. 668; (1845) 7 Q.B. 742 KB 5-06
Birdi v Specsavers Optical Group Ltd [2015] EWHC 2870 (Ch); [2015] 10 WLUK 314 16-02
Birdlip Ltd v Hunter [2016] EWCA Civ 603; [2017] 1 P. & C.R. 1 105-01
Birkbeck Building Society v Birkbeck (1913) 29 T.L.R. 218 24-03
Birmingham City Council v Bradney. *See* Bradney v Birmingham City Council 98-07
Birmingham Development Co Ltd v Tyler [2008] EWCA Civ 859; [2008] B.L.R. 445; 122
    Con. L.R. 207 .... 46-07, 47-14
Birmingham Dudley & District Banking Co v Ross (1888) L.R. 38 Ch. D. 295 CA 96-07
Bishopsgate Investment Management Ltd (In Liquidation) v Homan [1995] Ch. 211;
    [1994] 3 W.L.R. 1270; [1995] 1 All E.R. 347; [1994] B.C.C. 868; (1994) 91(36) L.S.G.
    37; (1994) 138 S.J.L.B. 176 CA (Civ Div)................................... 62-18
Black v Homersham (1878-79) L.R. 4 Ex. D. 24 Ex Div 16-02
Blackburn v ARC Ltd [1998] Env. L.R. 469 QBD (OR) 47-N2
Blackburn v Mason (1893) L.T. 511 15-03
Blair-Ford v CRS Adventures Ltd [2012] EWHC 2360 (QB) 109-02
Blanche v EasyJet Airline Co Ltd [2019] EWCA Civ 69; [2019] Bus. L.R. 1258; [2019] 1
    Lloyd's Rep. 286; [2019] 2 WLUK 50; [2019] C.T.L.C. 154 8-10
Bland v Yates (1914) 58 S.J. 612 47-03
Blay v Pollard; sub nom. Blay v Pollard and Morris [1930] 1 K.B. 628 CA 1-22
Blayney (t/a Aardvark Jewellery) v Clogau St Davids Gold Mines Ltd; sub nom. Blayney
    (t/a Aardvark Jewelry) v Clogau St David's Gold Mines Ltd [2002] EWCA Civ 1007;
    [2003] F.S.R. 19 75-11
Bliss v Hall 132 E.R. 758; (1838) 4 Bing. N.C. 183 CCP 47-20
Bliss v South East Thames RHA [1985] 4 WLUK 164; [1987] I.C.R. 700; [1985] I.R.L.R.
    308 CA (Civ Div) 99-02
Block v Compagnie Nationale Air France 386, F2d 323 (5th Cir, 1967); 10 Avi 17, 518 8-02
Bloomberg LP v Sandberg (A Firm) [2016] EWHC 488 (TCC); [2016] 3 WLUK 352;
    [2017] 1 Costs L.O. 1 34-02
Bloy v Motor Insurers' Bureau [2013] EWCA Civ 1543; [2014] Lloyd's Rep. I.R. 75;
    [2014] P.I.Q.R. P9; (2013) 157(47) S.J.L.B. 37 68-07
Blue Circle Industries Plc v Ministry of Defence; sub nom. Ministry of Defence v Blue
    Circle Industries Plc [1999] Ch. 289; [1999] 2 W.L.R. 295; [1998] 3 All E.R. 385;
    [1999] Env. L.R. 22; [1998] E.G. 93 (C.S.); [1998] N.P.C. 100 CA (Civ Div) 47-14
Blue Manchester Ltd v North West Ground Rents Ltd [2019] EWHC 142 (TCC); [2019] 1
    WLUK 347; [2019] T.C.L.R. 2; 182 Con. L.R. 59; [2019] L. & T.R. 13; [2019] 2 P. &
    C.R. DG3 52-01
Blyth v Blyth (No.2); sub nom. Blyth v Blyth and Pugh [1966] A.C. 643; [1966] 2 W.L.R.
    634; [1966] 1 All E.R. 524; (1966) 110 S.J. 148 HL 57-03
Blyth v Dennett 138 E.R. 1165; (1853) 13 C.B. 178 CCP 98-07
BMW Financial Services (GB) Ltd v Bhagwanani [2007] EWCA Civ 1230 26-11
Boake Allen Ltd v Revenue and Customs Commissioners; sub nom. NEC Semi
    Conductors Ltd v Revenue and Customs Commissioners [2007] UKHL 25; [2007] 1
    W.L.R. 1386; [2007] 3 All E.R. 605; [2007] S.T.C. 1265; [2007] 3 C.M.L.R. 6; [2007]
    B.T.C. 414; 9 I.T.L. Rep. 995; [2007] S.T.I. 1585; (2007) 104(23) L.S.G. 30; (2007) 151
    S.J.L.B. 707 .... 46-02, 46-03, 84-X1
Bobbett v Pinkett (1875-76) L.R. 1 Ex. D. 368 Ex Div 10-17
Bocardo SA v S&M Hotels Ltd [1980] 1 W.L.R. 17; [1979] 3 All E.R. 737; (1980) 39 P. &
    C.R. 287; (1979) 252 E.G. 59; (1979) 123 S.J. 569 CA (Civ Div)................... 95-02
Bocardo SA v Star Energy UK Onshore Ltd; sub nom. Star Energy UK Onshore Ltd v
    Bocardo SA; Star Energy Weald Basin Ltd v Bocardo SA [2010] UKSC 35; [2011] 1
    A.C. 380; [2010] 3 W.L.R. 654; [2010] 3 All E.R. 975; [2011] B.L.R. 13; [2010] 3
    E.G.L.R. 145; [2010] R.V.R. 339; [2010] 31 E.G. 63 (C.S.); [2010] N.P.C. 88 .. 7-01, 49-01, 49-05,
    107-02
Bode v Mundell [2016] EWHC 2533 (QB); [2016] 10 WLUK 410 37-15
Boegli-Gravures SA v Darsail-ASP Ltd [2009] EWHC 2690 (Pat) 73-05
Boehringer Ingelheim KG v Swingward Ltd; Eli Lilly & Co v Dowelhurst Ltd;
    SmithKline Beecham Plc v Dowelhurst Ltd; Glaxo Group Ltd v Dowelhurst Ltd; Glaxo
    Group Ltd v Swingward Ltd [2008] EWCA Civ 83; [2008] 2 WLUK 526; [2008] 2
    C.M.L.R. 22; [2008] E.T.M.R. 36; (2008) 101 B.M.L.R. 132; (2008) 31(4) I.P.D.
    31022; (2008) 152(9) S.J.L.B. 30.. 77-08

Boehringer Ingelheim Ltd v Vetplus Ltd [2007] EWCA Civ 583; [2007] Bus. L.R. 1456;
[2007] 6 WLUK 431; [2007] E.T.M.R. 67; [2007] H.R.L.R. 33; [2007] F.S.R. 29;
(2007) 97 B.M.L.R. 1; (2007) 30(8) I.P.D. 30052; (2007) 30(9) I.P.D. 30055 64-12
Bognor Regis Urban DC v Campion [1972] 2 Q.B. 169; [1972] 2 W.L.R. 983; [1972] 2
All E.R. 61; 12 K.I.R. 313; 70 L.G.R. 313 QBD 37-05
Bokova v Associated Newspapers Ltd [2018] EWHC 2032 (QB); [2019] Q.B. 861; [2019]
2 W.L.R. 232; [2018] 7 WLUK 739; [2019] E.M.L.R. 6 . . . . 37-04, 37-32
Bolam v Friern Hospital Management Committee [1957] 1 W.L.R. 582; [1957] 2 All E.R.
118; [1955-95] P.N.L.R. 7; (1957) 101 S.J. 357 QBD 39-02, 82-04, 82-05, 82-07, 85-06
Bole v Huntsbuild Ltd [2009] EWCA Civ 1146; 127 Con. L.R. 154 35-03
Bolitho (Deceased) v City and Hackney HA [1998] A.C. 232; [1997] 3 W.L.R. 1151;
[1997] 4 All E.R. 771; [1998] P.I.Q.R. P10; [1998] Lloyd's Rep. Med. 26; (1998) 39
B.M.L.R. 1; [1998] P.N.L.R. 1; (1997) 94(47) L.S.G. 30; (1997) 141 S.J.L.B. 238 HL 82-04,
82-05, 85-06
Bolivinter Oil SA v Chase Manhattan Bank NA [1984] 1 W.L.R. 392; [1984] 1 Lloyd's
Rep. 251; (1984) 128 S.J. 153 CA (Civ Div) 11-05
Bolkiah v KPMG; sub nom. HRH Prince Jefri Bolkiah v KPMG [1999] 2 A.C. 222;
[1999] 2 W.L.R. 215; [1999] 1 All E.R. 517; [1999] 1 B.C.L.C. 1; [1999] C.L.C. 175;
[1999] P.N.L.R. 220; (1999) 149 N.L.J. 16; (1999) 143 S.J.L.B. 35 HL 74-07
Bolton v Stone; sub nom. Stone v Bolton [1951] A.C. 850; [1951] 1 All E.R. 1078; [1951]
1 T.L.R. 977; 50 L.G.R. 32; (1951) 95 S.J. 333 HL 47-11
Bonar, Manager of the Edinburgh and Glasgow Bank v Mitchell 155 E.R. 181; (1850) 5
Ex. 415 Ex Ct 10-12
Bone v North Essex Partnership NHS Foundation Trust. See North Essex Partnership NHS
Foundation Trust v Bone 43-01
Bone v Seale [1975] 1 W.L.R. 797; [1975] 1 All E.R. 787; (1974) 119 S.J. 137 CA (Civ
Div) 47-N1
Bongrain SA's Trade Mark Application (No.2134604) [2004] EWCA Civ 1690; [2005]
E.T.M.R. 47; [2005] R.P.C. 14 77-16
Bonnard v Perryman [1891] 2 Ch. 269; [1891-94] All E.R. Rep. 965 CA 37-27, 38-13, 79-05
Bonnick v Morris [2002] UKPC 31; [2003] 1 A.C. 300; [2002] 3 W.L.R. 820; [2002]
E.M.L.R. 37; 12 B.H.R.C. 558; (2002) 146 S.J.L.B. 161 37-40
Bony v Kacou [2017] EWHC 2146 (Ch); [2017] 9 WLUK 19 109-02
Boscawen v Bajwa; Abbey National Plc v Boscawen [1996] 1 W.L.R. 328; [1995] 4 All
E.R. 769; (1995) 70 P. & C.R. 391; (1995) 92(21) L.S.G. 37; (1995) 139 S.J.L.B. 111
CA (Civ Div) 62-07, 62-17
Boston Deep Sea Fishing & Ice Co v Ansell (1888) L.R. 39 Ch. D. 339 CA 61-09, 61-10
Bosworth-Smith v Gwynnes (1920) 89 L.J. Ch. 368 47-05
Bottomley v East Midlands Strategic Health Authority. See Nottinghamshire CC v
Bottomley 82-13
Boulter v Clark (1747) Buller N.P. 16 5-05
Boulton v Houlder Bros & Co [1904] 1 K.B. 784 CA 67-21
Bovale Ltd v Secretary of State for Communities and Local Government; sub nom.
Secretary of State for Communities and Local Government v Bovale Ltd [2009] EWCA
Civ 171; [2009] 1 W.L.R. 2274; [2009] 3 All E.R. 340; [2009] C.P. Rep. 27; [2009] 2 P.
& C.R. 7; [2009] J.P.L. 1453; [2009] A.C.D. 31; (2009) 106(12) L.S.G. 16 46-01
Bowring Services Ltd v Scottish Widows Fund & Life Assurance Society [1995] 1
E.G.L.R. 158; [1995] 16 E.G. 206 Ch D 93-02
Bowring v Shepherd (1870-71) L.R. 6 Q.B. 309 Ex Ch 16-02
Bowyer v Cook 136 E.R. 496; (1847) 4 C.B. 236 CCP 49-03, 107-03
Box v Barclays Bank Plc; Brown v Barclays Bank Plc; Jacobs v Barclays Bank Plc [1998]
Lloyd's Rep. Bank. 185; (1998) 95(18) L.S.G. 33; [1998] N.P.C. 52 Ch D 62-05
Box v Midland Bank [1998] Lloyd's L.R. Bank 185 9-03
Boxfoldia v National Graphical Association (1982) (NGA) [1988] I.C.R. 752; [1988]
I.R.L.R. 383 EAT 60-06
Boyd v Ineos Upstream Ltd [2019] EWCA Civ 515; [2019] 4 W.L.R. 100; [2019] 4 All
E.R. 699; [2019] 4 WLUK 60; [2019] H.R.L.R. 11; [2019] J.P.L. 1061; [2019] Env.
L.R. D1 46-07
Boyd v Lett 135 E.R. 524; (1845) 1 C.B. 222 CCP 25-49
Boyle v SCA Packaging Ltd. See SCA Packaging Ltd v Boyle 39-02, 44-04
Boyle v Tamlyn 108 E.R. 473; (1827) 6 B. & C. 329 KB 94-01
Boys v Chaplin; sub nom. Chaplin v Boys [1971] A.C. 356; [1969] 3 W.L.R. 322; [1969]
2 All E.R. 1085; [1969] 2 Lloyd's Rep. 487; (1969) 113 S.J. 608 HL 37-20

TABLE OF CASES

BP Exploration Co (Libya) Ltd v Hunt (No.2) [1983] 2 A.C. 352; [1982] 2 W.L.R. 253;
  [1982] 1 All E.R. 925 HL 108-09
BP v Secretary of State for the Home Department [2011] EWCA Civ 276; [2011] 1 W.L.R.
  3187; [2011] C.P. Rep. 30; [2011] A.C.D. 85 80-12
Bradburn v Lindsay [1983] 2 All E.R. 408; (1983) 268 E.G. 152 Ch D 47-17
Bradbury Investments Ltd v Hicklane Properties Ltd; sub nom. Hicklane Properties Ltd v
  Bradbury Investments Ltd [2008] EWCA Civ 691; [2009] 1 P. & C.R. 2; [2008] N.P.C.
  69 53-01
Bradbury v Cooper (1883-84) L.R. 12 Q.B.D. 94 QBD 37-17
Bradford & Bingley Plc v Rashid [2006] UKHL 37; [2006] 1 W.L.R. 2066; [2006] 4 All
  E.R. 705; [2006] 2 All E.R. (Comm) 951; [2006] 29 E.G. 132 (C.S.); (2006) 103(30)
  L.S.G. 30; (2006) 156 N.L.J. 1172; (2006) 150 S.J.L.B. 983 15-05
Bradford MDC v Yorkshire Water Services Ltd [2001] EWHC Admin 687; [2002] Env.
  L.R. 16; [2002] 1 E.G.L.R. 85; [2002] 10 E.G. 159; [2002] E.H.L.R. Dig. 1 DC 47-23
Bradford Old Bank Ltd v Sutcliffe [1918] 2 K.B. 833 CA 9-08
Bradford Third Equitable Benefit Building Society v Borders [1941] 2 All E.R. 205 HL 58-01
Bradford-Smart v West Sussex CC [2002] EWCA Civ 7; [2002] 1 F.C.R. 425; [2002]
  B.L.G.R. 489; [2002] E.L.R. 139; (2002) 99(10) L.S.G. 32; (2002) 152 N.L.J. 142;
  (2002) 146 S.J.L.B. 46 .... 39-01, 39-02
Bradley v Eagle Star Insurance Co Ltd [1989] A.C. 957; [1989] 2 W.L.R. 568; [1989] 1
  All E.R. 961; [1989] 1 Lloyd's Rep. 465; [1989] B.C.L.C 469; [1989] I.C.R. 301;
  [1989] Fin. L.R. 253; (1989) 86(17) L.S.G. 38; (1989) 86(3) L.S.G. 43; (1989) 139
  N.L.J. 330; (1989) 133 S.J. 359 HL 67-24, 67-26
Bradley v Jockey Club [2005] EWCA Civ 1056; [2005] 7 WLUK 253; [2006] L.L.R. 1 109-03
Bradney v Birmingham City Council; Birmingham City Council v McCann [2003]
  EWCA Civ 1783; [2004] H.L.R. 27; (2004) 148 S.J.L.B. 144 98-07
Bradshaw v Waterlow & Sons Ltd [1915] 3 K.B. 527 CA 5-17
Bradstock Trustee Services Ltd v Nabarro Nathanson [1995] 1 W.L.R. 1405; [1995] 4 All
  E.R. 888; [1995] C.L.C. 1495; [1996] O.P.L.R. 247 Ch D 6-04
Brady v Norman [2008] EWHC 2481 (QB) 37-10
Brady v Norman [2011] EWCA Civ 107; [2011] C.P. Rep. 23; [2011] E.M.L.R. 16 37-02
Braithwaite v South Durham Steel Co [1958] 1 W.L.R. 986; [1958] 3 All E.R. 161; (1958)
  102 S.J. 655 Assizes (York) 49-01
Bramwell v Bramwell [1942] 1 K.B. 370 CA 98-13, 103-01
Branchett v Beaney [1992] 3 All E.R. 910; (1992) 24 H.L.R. 348; [1992] 28 E.G. 107;
  [1992] E.G. 15 (C.S.); [1992] N.P.C. 14 99-02
Brandeaux Advisers (UK) Ltd v Chadwick [2010] EWHC 3241 (QB); [2011] I.R.L.R. 224 ... 41-05
Brando v Barnett 8 E.R. 1622; (1846) 3 C.B. 519; (1846) 12 Cl. & F. 787 HL 23-03
Branson v Bower (No.1) [2001] EWCA Civ 791; [2001] E.M.L.R. 32 37-38
Branwhite v Worcester Works Finance Ltd [1969] 1 A.C. 552; [1968] 3 W.L.R. 760;
  [1968] 3 All E.R. 104; (1968) 112 S.J. 758 HL 20-34
Bray v Deutsche Bank AG [2008] EWHC 1263 (QB); [2009] E.M.L.R. 12 .... 37-56, 38-10
Brazil v Durant International Corp [2015] UKPC 35; [2016] A.C. 297; [2015] 3 W.L.R.
  599; [2016] 1 All E.R. (Comm) 722; [2015] 2 Lloyd's Rep. 460; [2015] 8 WLUK 8;
  [2015] Lloyd's Rep. F.C. 593; [2015] W.T.L.R. 1323; 18 I.T.E.L.R. 334; [2015] 2 P. &
  C.R. DG24 62-18
Bremer Vulkan Schiffbau und Maschinenfabrik v South India Shipping Corp Ltd; Gregg v
  Raytheon; sub nom. Bremer Vulcan Schiffbau und Maschinenfabrik v South India
  Shipping Corp [1981] A.C. 909; [1981] 2 W.L.R. 141; [1981] 1 All E.R. 289; [1981] 1
  Lloyd's Rep. 253; [1981] Com. L.R. 19; [1981] E.C.C. 151; (1981) 125 S.J. 114 HL 51-01
Brent LBC v Davies [2018] EWHC 2214 (Ch); [2018] 8 WLUK 168 .... 59-06, 62-08, 62-09
Brest v Lever 151 E.R. 904; (1841) 7 M. & W. 593 Ex Ct 49-N9
Brice v JH Wackerbarth (Australasia) Pty Ltd [1974] 2 Lloyd's Rep. 274 CA (Civ Div) 67-24
Bridlington Relay v Yorkshire Electricity Board [1965] Ch. 436; [1965] 2 W.L.R. 349;
  [1965] 1 All E.R. 264; (1965) 109 S.J. 12 Ch D 47-06
Briggs v Earl of Oxford (1855) 1 Jur. M.S. 817 23-05
Briggs v Oates [1991] 1 All E.R. 407; [1990] I.C.R. 473; [1990] I.R.L.R. 472; (1990) 140
  N.L.J. 208 Ch D 41-05
Brinks Ltd v Abu-Saleh (No.3) [1996] C.L.C. 133 Ch D 62-12
Bristol & West Building Society v Mothew (t/a Stapley & Co); sub nom. Mothew v
  Bristol & West Building Society [1998] Ch. 1; [1997] 2 W.L.R. 436; [1996] 4 All E.R.
  698; [1997] P.N.L.R. 11; (1998) 75 P. & C.R. 241; [1996] E.G. 136 (C.S.); (1996) 146
  N.L.J. 1273; (1996) 140 S.J.L.B. 206; [1996] N.P.C. 126 CA (Civ Div) 45-01, 45-06

[xl]

Bristol & West Plc v Bartlett; Paragon Finance Plc v Banks; Halifax Plc v Grant [2002] EWCA Civ 1181; [2003] 1 W.L.R. 284; [2002] 4 All E.R. 544; [2002] 2 All E.R. (Comm) 1105; [2003] H.L.R. 22; [2003] 1 E.G.L.R. 85; [2003] 01 E.G. 69; [2002] 33 E.G. 97 (C.S.); (2002) 99(38) L.S.G. 34; [2002] N.P.C. 109 15-05
Bristol Alliance Ltd Partnership v Williams; sub nom. EUI Ltd v Bristol Alliance Ltd Partnership [2012] EWCA Civ 1267; [2013] Q.B. 806; [2013] 2 W.L.R. 1029; [2013] 1 All E.R. (Comm) 257; [2013] R.T.R. 9; [2013] Lloyd's Rep. I.R. 351 68-03
Bristol and West of England Bank v Midland Railway Co [1891] 2 Q.B. 653 CA 26-10
Bristol Tramways Carriage Co Ltd v Fiat Motors Ltd [1910] 2 K.B. 831 CA 25-29
British & Commonwealth Holdings Plc v Barclays Bank Plc [1996] 1 W.L.R. 1; [1996] 1 All E.R. 381; [1995] 7 WLUK 360; [1996] 5 Bank. L.R. 47; [1995] B.C.C. 1059; [1996] 1 B.C.L.C. 1; (1995) 139 S.J.L.B. 194 CA (Civ Div).......................... 13-03
British & Foreign Marine Insurance Co Ltd v Gaunt; sub nom. Gaunt v British & Foreign Marine Insurance Co Ltd (No.3) [1921] 2 A.C. 41; (1921) 7 Ll. L. Rep. 62 HL............ 70-05
British & Foreign Marine Insurance Co Ltd v Wilson Shipping Co Ltd; sub nom. Wilson Shipping Co Ltd v British & Foreign Marine Insurance Co Ltd [1921] 1 A.C. 188; (1920) 4 Ll. L. Rep. 371 HL.. 70-17
British Airways Board v Laker Airways Ltd; British Caledonian Airways Ltd v Laker Airways Ltd; sub nom. Laker Airways Ltd v Secretary of State for Trade and Industry [1985] A.C. 58; [1984] 3 W.L.R. 413; [1984] 3 All E.R. 39; [1985] E.C.C. 49; (1984) 81 L.S.G. 2849; (1984) 134 N.L.J. 746; (1984) 128 S.J. 531 HL 51-01
British Airways Plc v British Airline Pilots' Association [2019] EWHC 2302 (QB); [2019] 7 WLUK 577.. 42-05
British Airways Plc v Unite the Union [2009] EWHC 3541 (QB); [2010] I.R.L.R. 423 42-05
British Airways Plc v Unite the Union [2010] EWCA Civ 669; [2010] I.C.R. 1316; [2010] I.R.L.R. 809; (2010) 107(22) L.S.G. 19.. 42-05
British American Continental Bank v British Bank for Foreign Trade [1926] 1 K.B. 328 CA.. 9-18
British Anzani (Felixstowe) Ltd v International Marine Management (UK) Ltd [1980] Q.B. 137; [1979] 3 W.L.R. 451; [1979] 2 All E.R. 1063; (1980) 39 P. & C.R. 189; (1978) 250 E.G. 1183; (1979) 123 S.J. 64 QBD....................................... 24-06
British Celanese Ltd v AH Hunt (Capacitors) Ltd [1969] 1 W.L.R. 959; [1969] 2 All E.R. 1252; (1969) 113 S.J. 368 QBD 47-11, 48-03
British Chiropractic Association v Singh [2010] EWCA Civ 350; [2011] 1 W.L.R. 133; [2011] E.M.L.R. 1; (2010) 107(15) L.S.G. 17; (2010) 160 N.L.J. 547; (2010) 154(14) S.J.L.B. 28... 37-38
British Coal Corp v Keeble [1997] 3 WLUK 586; [1997] I.R.L.R. 336 EAT 44-34
British Horseracing Board Ltd v William Hill Organisation Ltd [2001] EWCA Civ 1268; [2002] E.C.C. 24; [2002] E.C.D.R. 4; [2002] Masons C.L.R. 1; (2001) 24(9) I.P.D. 24059.. 75-24
British Leyland Motor Corp Ltd v Armstrong Patents Co Ltd [1986] A.C. 577; [1986] 2 W.L.R. 400; [1986] 1 All E.R. 850; [1986] E.C.C. 534; [1986] F.S.R. 221; [1986] R.P.C. 279; (1986) 5 Tr. L.R. 97; (1986) 83 L.S.G. 1971; (1986) 83 L.S.G. 974; (1986) 136 N.L.J. 211; (1986) 130 S.J. 203 HL 76-05
British Motor Trade Association v Salvadori [1940] 1 All E.R. 479; 58 R.P.C. 1; 162 L.T. 313 HL 60-03
British Motor Trade Association v Salvadori [1949] Ch. 556; [1949] 1 All E.R. 208; 65 T.L.R. 44; [1949] L.J.R. 1304 Ch D.. 60-06
British Railway Traffic & Electric Co Ltd v CRC Co Ltd; British Railway Traffic & Electric Co Ltd v London CC [1922] 2 K.B. 260 KBD 38-07, 46-07
British Sky Broadcasting Group Plc v Digital Satellite Warranty Cover Ltd (In Liquidation) [2012] EWHC 2642 (Ch).. 73-05
British Steel Corp v Cleveland Bridge & Engineering Co Ltd [1984] 1 All E.R. 504; [1981] 12 WLUK 236; [1982] Com. L.R. 54; 24 B.L.R. 94 QBD...................... 108-10
British Telecommunications Plc v Communication Workers Union [2003] EWHC 937 (QB); [2004] I.R.L.R. 58.. 42-04, 42-05
British Telecommunications Plc v Office of Communications [2011] EWCA Civ 245; [2011] 4 All E.R. 372; [2012] Bus. L.R. 113..................................... 32-02
British Telecommunications Plc v One in a Million Ltd; Marks & Spencer Plc v One in a Million Ltd; Virgin Enterprises Ltd v One in a Million Ltd; J Sainsbury Plc v One in a Million Ltd; Ladbroke Group Plc v One in a Million Ltd [1999] 1 W.L.R. 903; [1998] 4

TABLE OF CASES

All E.R. 476; [1999] E.T.M.R. 61; [1997-98] Info. T.L.R. 423; [1998] I.T.C.L.R. 146; [2001] E.B.L.R. 2; [1999] F.S.R. 1; [1998] Masons C.L.R. 165; (1998) 95(37) L.S.G. 37; (1998) 148 N.L.J. 1179 CA (Civ Div).. 77-07, 78-04
British Telecommunications Plc v Sun Life Assurance Society Plc [1996] Ch. 69; [1995] 3 W.L.R. 622; [1995] 4 All E.R. 44; (1997) 73 P. & C.R. 475; [1995] 2 E.G.L.R. 44; [1995] 45 E.G. 133; (1995) 145 N.L.J. 1366; (1995) 139 S.J.L.B. 203; [1995] N.P.C. 140 CA (Civ Div) 101-03
British Telecommunications Plc v Ticehurst [1992] B.C.L.C. 383; [1992] I.C.R. 383; [1992] I.R.L.R. 219; (1992) 136 S.J.L.B. 96 CA.. 42-01
British Thomson Houston Co Ltd v Sterling Accessories Ltd; British Thomson Houston Co Ltd v Crowther & Osborn Ltd [1924] 2 Ch. 33 Ch D.................................... 73-05
British Trade Corp Ltd, Re [1932] 2 Ch. 1 CA 10-16
Broad & Co Ltd v Graham Building Supplies Ltd (No.1) [1969] F.S.R. 153; [1969] R.P.C. 285 Ch D 78-03
Broad v Ham [1839] 5 Bing. N.C. 722 5-17
Broadway Approvals Ltd v Odhams Press Ltd [1965] 1 W.L.R. 805; [1965] 2 All E.R. 523; (1965) 109 S.J. 294 CA 37-56
Broadwick Financial Services Ltd v Spencer [2002] EWCA Civ 35; [2002] 1 All E.R. (Comm) 446; (2002) 99(11) L.S.G. 36; (2002) 146 S.J.L.B. 53 14-05
Bromage v Prosser 107 E.R. 1051; (1825) 4 B. & C. 247 KB 37-14
Broome v Cassell & Co Ltd (No.1) [1972] A.C. 1027; [1972] 2 W.L.R. 645; [1972] 1 All E.R. 801; (1972) 116 S.J. 199 HL... 37-25
Brown Shipley & Co v Alicia Hosiery [1966] 1 Lloyd's Rep. 668; 116 N.L.J. 1144 CA 24-04
Brown v Bennett (Wasted Costs) [2002] 1 W.L.R. 713; [2002] 2 All E.R. 273; [2002] Lloyd's Rep. P.N. 155; [2002] P.N.L.R. 17; (2002) 99(2) L.S.G. 27; (2001) 151 N.L.J. 1733; (2001) 145 S.J.L.B. 267 Ch D... 1-34, 57-02
Brown v Bennett [1999] B.C.C. 525; [1999] 1 B.C.L.C. 649 CA (Civ Div) 62-07, 62-12
Brown v Commissioner of Police of the Metropolis [2019] EWCA Civ 1724; [2019] 10 WLUK 265 39-03
Brown v Hawkes [1891] 2 Q.B. 718 CA 5-17
Brown v Innovatorone Plc [2009] EWHC 1376 (Comm); [2010] 2 All E.R. (Comm) 80; [2010] C.P. Rep. 2; (2009) 153(25) S.J.L.B. 27 46-01
Brown v Innovatorone Plc [2012] EWHC 1321 (Comm) 9-23
Brown v Jones (1846) 15 M. & W. 191 5-09
Brown v North Lanarkshire Council [2010] CSOH 156; 2011 S.L.T. 150; [2010] 11 WLUK 602; 2011 Rep. L.R. 4; 2010 G.W.D. 40-820 OH 39-01
Brown v Russell Young & Co [2007] EWCA Civ 43; [2008] 1 W.L.R. 525; [2007] 2 All E.R. 453; [2007] 4 Costs L.R. 552; (2007) 157 N.L.J. 222; (2007) 151 S.J.L.B. 196 .... 84-X1
Brown v Westminster Bank Ltd [1964] 2 Lloyd's Rep. 187 QBD 9-10
Browne v Associated Newspapers Ltd [2007] EWCA Civ 295; [2008] Q.B. 103; [2007] 3 W.L.R. 289; [2007] C.P. Rep. 29; [2007] E.M.L.R. 20; (2007) 157 N.L.J. 671 . 37-27, 64-12, 74-10, 79-04, 79-05, 79-16, 79-17, 79-18, 79-19
Browne v Dawson 113 E.R. 950; (1840) 12 Ad. & El. 624 .... 49-05, 49-N9, 107-01
Brownlie v Campbell (1879-80) L.R. 5 App. Cas. 925 HL 58-02
Brownsville Holdings Ltd v Adamjee Insurance Co Ltd (The Milasan); Milasan, The [2000] 2 All E.R. (Comm) 803; [2000] 2 Lloyd's Rep. 458 QBD (Comm)............. 70-05
Brownton Ltd v Edward Moore Inbucom Ltd [1985] 3 All E.R. 499; (1985) 82 L.S.G. 1165 CA (Civ Div).. 6-17
Bruce v Caulfield (1918) 34 T.L.R. 204 47-08
Bruce v TTA Management Ltd [2018] EWHC 2718 (Ch); [2018] 10 WLUK 351 1-22
Brugger v Medicaid Ltd (No.1) [1996] F.S.R. 362; (1996) 19(4) I.P.D. 19026 Ch D (Patents Ct)... 76-13
Brumark Investments Ltd, Re; sub nom. Inland Revenue Commissioner v Agnew; Agnew v Inland Revenue Commissioner [2001] UKPC 28; [2001] 2 A.C. 710; [2001] 3 W.L.R. 454; [2001] Lloyd's Rep. Bank. 251; [2001] B.C.C. 259; [2001] 2 B.C.L.C. 188........... 23-04
Bryan v Whistler 108 E.R. 1050; (1828) 8 B. & C. 288 KB 49-04
Bryanston Finance Ltd v De Vries (No.1) [1975] Q.B. 703; [1975] 2 W.L.R. 718; [1975] 2 All E.R. 609; (1975) 119 S.J. 287 CA (Civ Div) 37-43
Bryant v Foot; sub nom. Bryant v Foot, Clerk (1867-68) L.R. 3 Q.B. 497 Ex Ch 49-N8
BS Wembley Park Estate Co Ltd's Transfer, Re. See Wembley Park Estate Co Ltd's Transfer, Re 105-02

[xlii]

BSkyB Ltd v HP Enterprise Services UK Ltd (formerly t/a Electronic Data Systems Ltd)
[2010] EWHC 86 (TCC); [2010] B.L.R. 267; 129 Con. L.R. 147; (2010) 26 Const. L.J.
289; [2010] C.I.L.L. 2841 .... 33-08, 33-09, 33-10
BSS Group Plc v Makers (UK) Ltd (t/a Allied Services) [2011] EWCA Civ 809; [2011]
T.C.L.R. 7 83-03
Buchan v Ortho Pharmaceuticals (Canada) Ltd (1986) 25 D.L.R. (4th) 658 .... 84-X2
Buckinghamshire CC v Moran [1990] Ch. 623; [1989] 3 W.L.R. 152; [1989] 2 All E.R.
225; 88 L.G.R. 145; (1989) 58 P. & C.R. 236; [1989] E.G. 21 (C.S.); (1989) 139 N.L.J.
257; (1989) 133 S.J. 849 CA (Civ Div)....................................... 87-02, 87-03
Buckinghamshire Constabulary Widows and Orphans Fund Friendly Society (No.2), Re;
sub nom. [1979] 1 W.L.R. 936; [1979] 1 All E.R. 623; (1978) 122 S.J. 557 Ch D 43-10
Buckley v Chief Constable of Thames Valley [2009] EWCA Civ 356; [2009] Po. L.R. 181 ... 5-12
Buckley v Dalziel [2007] EWHC 1025 (QB); [2007] 1 W.L.R. 2933; [2007] E.M.L.R. 23 ... 37-41
Bull v Pitney Bowes Ltd [1967] 1 W.L.R. 273; [1966] 3 All E.R. 384; 1 K.I.R. 342; (1967)
111 S.J. 32 QBD 41-05
Bullard v Harrison 105 E.R. 877; (1815) 4 M. & S. 387 KB 93-03
Bullock v Lloyds Bank Ltd [1955] Ch. 317; [1955] 2 W.L.R. 1; [1954] 3 All E.R. 726;
(1955) 99 S.J. 28 Ch D 18-08
Bunt v Tilley [2006] EWHC 407 (QB); [2006] 3 All E.R. 336; [2006] E.M.L.R. 18; [2006]
Info. T.L.R. 151; (2006) 103(14) L.S.G. 29; [2007] 1 W.L.R. 1243 .... 37-09, 37-49
Burdon v Steel unreported 9 September 2013 45-10
Burger v Office of the Independent Adjudicator for Higher Education [2013] EWHC 172
(Admin); [2013] 2 WLUK 126; [2013] E.L.R. 331 39-05
Burger v Office of the Independent Adjudicator for Higher Education [2013] EWCA Civ
1803.. 39-05
Burgess v Lejonvarn [2017] EWCA Civ 254; [2017] 4 WLUK 185; [2017] B.L.R. 277;
[2017] T.C.L.R. 5; 171 Con. L.R. 118; [2017] P.N.L.R. 25 34-02
Burgess v Lejonvarn [2018] EWHC 3166 (TCC); [2018] 11 WLUK 438; 181 Con. L.R.
204.. 34-02
Burgess v UNISON D/5-20/17-18 22 May 2017 43-08
Burne v A [2006] EWCA Civ 24 82-04
Buron v Denman (1848) 2 Ex. 167 5-09
Burris v Azadani [1995] 1 W.L.R. 1372; [1995] 4 All E.R. 802; [1996] 1 F.L.R. 266;
[1996] 1 F.C.R. 618; [1996] Fam. Law 145; (1995) 145 N.L.J. 1330 CA (Civ Div)......... 63-01
Burstein v Times Newspapers Ltd [2001] 1 W.L.R. 579; [2001] E.M.L.R. 14; (2001) 98(8)
L.S.G. 44; (2001) 145 S.J.L.B. 30 CA (Civ Div)....................................... 37-52
Burton Group v Smith [1977] I.R.L.R. 351 EAT 43-05
Busby v Berkshire Bed Co Ltd [2018] EWHC 2976 (QB); [2018] 11 WLUK 167 83-13
Butlin's Settlement Trusts (Rectification), Re; sub nom. Butlin v Butlin (Rectification)
[1976] Ch. 251; [1976] 2 W.L.R. 547; [1976] 2 All E.R. 483; (1975) 119 S.J. 794 Ch D 53-01
Butt v Secretary of State for the Home Department [2019] EWCA Civ 933; [2019] 6
WLUK 299; [2019] E.M.L.R. 23 37-38
Butterworth v Kingsway Motors Ltd [1954] 1 W.L.R. 1286; [1954] 2 All E.R. 694; (1954)
98 S.J. 717 Assizes (Liverpool) 25-23
Butterworth v Police and Crime Commissioner's Office for Greater Manchester; sub nom.
Butterworth v Greater Manchester Police and Crime Commissioner's Office [2015] 11
WLUK 364; [2016] I.C.R. 456; [2016] I.R.L.R. 280 44-28
BV Nederlandse Industrie Van Eiprodukten v Rembrandt Entreprises Inc [2019] EWCA
Civ 596; [2019] 4 All E.R. 612; [2019] 2 All E.R. (Comm) 501; [2019] 1 Lloyd's Rep.
491; [2019] 4 WLUK 117... 58-04
BV Scheepswerf Damen Gorinchem v Marine Institute; Celtic Explorer, The [2015]
EWHC 1810 (Comm); [2015] 2 Lloyd's Rep. 351; [2015] 6 WLUK 765; [2016] 1
C.L.C. 616.. 2-13
Bybrook Barn Garden Centre Ltd v Kent CC; sub nom. Bybrook Barn Centre Ltd v Kent
CC [2001] B.L.R. 55; [2001] Env. L.R. 30; (2001) 3 L.G.L.R. 27; [2001] B.L.G.R. 239;
(2001) 98(14) L.S.G. 39; [2000] N.P.C. 135. CA (Civ Div)........................... 47-08
Byford v Oliver; sub nom. SAXON Trade Mark [2003] EWHC 295 (Ch); [2003]
E.M.L.R. 20; [2003] F.S.R. 39 45-10
C (A Child), Re; sub nom. P, Re; P v South Gloucestershire Council; C (Breach of Human
Rights: Damages), Re [2007] EWCA Civ 2; [2007] 1 F.L.R. 1957; [2007] 3 F.C.R. 288;
[2007] H.R.L.R. 14; [2007] U.K.H.R.R. 602; [2007] Fam. Law 393; (2007) 104(3)
L.S.G. 28; (2007) 151 S.J.L.B. 61 .... 84-X5

TABLE OF CASES

C Evans & Son Ltd v Spritebrand Ltd [1983] Q.B. 310; [1985] 1 W.L.R. 317; [1985] 2 All
  E.R. 415; (1985) 1 B.C.C. 99316; [1985] P.C.C. 109; [1985] F.S.R. 267; (1985) 82
  L.S.G. 606; (1985) 129 S.J. 189 CA (Civ Div).................................... 73-05
C v D [2006] EWHC 166 (QB) 47-15, 47-18
C v D [2007] EWCA Civ 1282; [2008] 1 All E.R. (Comm) 1001; [2008] Bus. L.R. 843;
  [2008] 1 Lloyd's Rep. 239; [2007] 12 WLUK 51; [2008] C.P. Rep. 11; [2007] 2 C.L.C.
  930; 116 Con. L.R. 230... 4-02
C v D1 [2015] EWHC 2126 (Comm); [2015] 7 WLUK 729 2-02
C v Governing Body of a School [2018] UKUT 269 (AAC); [2019] P.T.S.R. 857; [2018] 8
  WLUK 88; [2018] E.L.R. 554 39-07
C v T BC [2014] EWHC 2482 (QB); [2015] E.L.R. 1 39-07
C&H Engineering v F Klucznik & Sons Ltd (No.1) [1992] F.S.R. 421 Ch D 76-06
CA and X v Y. *See* X Health Authority v Y 74-20
Cadbury Schweppes Inc v FBI Foods Ltd [2000] F.S.R. 491 Sup Ct (Can) 74-13
Cadbury Schweppes Pty Ltd v Pub Squash Co Pty Ltd [1981] 1 W.L.R. 193; [1981] 1 All
  E.R. 213; [1981] R.P.C. 429; (1981) 125 S.J. 96 PC (Aus)................... 78-02, 78-03
Cadogan Estates Ltd v Morris. *See* Viscount Chelsea v Morris 97-05
Cadogan v Morris. *See* Viscount Chelsea v Morris 97-05
Caetano v Commissioner of Police of the Metropolis [2013] EWHC 375 (Admin); [2013]
  2 WLUK 820; (2013) 177 J.P. 314; [2013] A.C.D. 60............................. 5-04
Cairns v Modi [2010] EWHC 2859 (QB); [2010] 11 WLUK 258 .... 37-07, 37-11
Calabar Properties Ltd v Stitcher [1984] 1 W.L.R. 287; [1983] 3 All E.R. 759; (1984) 11
  H.L.R. 20; (1984) 47 P. & C.R. 285; (1983) 268 E.G. 697; (1983) 80 L.S.G. 3163;
  (1983) 127 S.J. 785 CA (Civ Div) 101-03
Caldwell v Maguire; Caldwell v Fitzgerald [2001] EWCA Civ 1054; [2002] P.I.Q.R. P6 ... 109-02
Caledonia North Sea Ltd v British Telecommunications Plc. *See* Caledonia North Sea Ltd
  v London Bridge Engineering Ltd 67-04
Caledonia North Sea Ltd v London Bridge Engineering Ltd; sub nom. Caledonia North
  Sea Ltd v BT Plc; Caledonia North Sea Ltd v British Telecommunications Plc;
  Caledonia North Sea Ltd v Norton (No.2) Ltd (In Liquidation); EE Caledonia Ltd v
  London Bridge Engineering Ltd [2002] UKHL 4; [2002] 1 All E.R. (Comm) 321;
  [2002] 1 Lloyd's Rep. 553; 2002 S.C. (H.L.) 117; 2002 S.L.T. 278; 2002 S.C.L.R. 346;
  [2002] C.L.C. 741; [2002] B.L.R. 139; [2002] Lloyd's Rep. I.R. 261; 2002 G.W.D.
  6-178... 67-04
Calvet v Tomkies [1963] 1 W.L.R. 1397; [1963] 3 All E.R. 610; (1963) 107 S.J. 791 CA 38-12
Cambridge Water Co Ltd v Eastern Counties Leather Plc; Cambridge Water Co Ltd v
  Hutchings & Harding Ltd [1994] 2 A.C. 264; [1994] 2 W.L.R. 53; [1994] 1 All E.R. 53;
  [1994] 1 Lloyd's Rep. 261; [1994] Env. L.R. 105; [1993] E.G. 211 (C.S.); (1994) 144
  N.L.J. 15; (1994) 138 S.J.L.B. 24 HL.... 47-01, 47-03, 47-07, 47-09, 47-12, 47-14, 47-N2, 47-N7,
                                                              48-01, 48-02, 48-03, 48-05
Camdex International Ltd v Bank of Zambia (No.1) [1998] Q.B. 22; [1996] 3 W.L.R. 759;
  [1996] 3 All E.R. 431; [1996] C.L.C. 1477 CA (Civ Div)........................ 6-17
Camelot Group Plc v Centaur Communications Ltd [1999] Q.B. 124; [1998] 2 W.L.R.
  379; [1998] 1 All E.R. 251; [1998] I.R.L.R. 80; [1998] E.M.L.R. 1; (1997) 94(43)
  L.S.G. 30; (1997) 147 N.L.J. 1618; (1998) 142 S.J.L.B. 19 CA (Civ Div) 74-18
Camerata Property Inc v Credit Suisse Securities (Europe) Ltd [2012] EWHC 7 (Comm);
  [2012] 1 C.L.C. 234; [2012] P.N.L.R. 15 9-26
Cameron v Network Rail Infrastructure Ltd (formerly Railtrack Plc) [2006] EWHC 1133
  (QB); [2007] 1 W.L.R. 163; [2007] 3 All E.R. 241; [2006] H.R.L.R. 31; [2007]
  U.K.H.R.R. 245; [2006] P.I.Q.R. P28; (2006) 156 N.L.J. 881; (2006) 150 S.J.L.B. 739 ..... 84-X6
Campaign to Protect Rural England - Kent Branch v Secretary of State for Communities
  and Local Government [2019] EWCA Civ 1230; [2019] 7 WLUK 206 80-22
Campbell v Bromley Magistrates Court. *See* R. (on the application of Campbell) v
  Independent Police Complaints Commission 5-14
Campbell v Frisbee [2002] EWCA Civ 1374; [2003] I.C.R. 141; [2003] E.M.L.R. 3;
  (2002) 146 S.J.L.B. 233 64-12
Campbell v Mirror Group Newspapers Ltd; sub nom. Campbell v MGN Ltd [2004]
  UKHL 22; [2004] 2 A.C. 457; [2004] 2 W.L.R. 1232; [2004] 2 All E.R. 995; [2004]
  E.M.L.R. 15; [2004] H.R.L.R. 24; [2004] U.K.H.R.R. 648; 16 B.H.R.C. 500; (2004)
  101(21) L.S.G. 36; (2004) 154 N.L.J. 733; (2004) 148 S.J.L.B. 572 ... 64-08, 74-01, 74-10, 74-11,
                                     79-01, 79-03, 79-04, 79-05, 79-06, 79-09, 79-17, 79-23
Campbell-James v Guardian Media Group Plc [2005] EWHC 893 (QB); [2005] E.M.L.R.
  24.. 37-50

[xliv]

TABLE OF CASES

Campden Hill Ltd v Chakrani [2005] EWHC 911 (Ch); [2005] N.P.C. 65 62-18
Camurat v Thurrock BC. *See* C v T BC 39-07
Canadian Pacific Railway Co v Roy [1902] A.C. 220 PC (Can) 49-N11
Canas Property Co v KL Television Services [1970] 2 Q.B. 433; [1970] 2 W.L.R. 1133; [1970] 2 All E.R. 795; (1970) 21 P. & C.R. 601; (1970) 114 S.J. 337 CA (Civ Div) .. 98-16, 103-01
Cancino v Secretary of State for the Home Department; sub nom. Cancino (Costs: First-tier Tribunal: New Powers), Re [2015] UKFTT 59 (IAC); [2015] 1 WLUK 612; [2015] Imm. A.R. 574; [2015] I.N.L.R. 731. 66-05
Canniffe v East Riding of Yorkshire Council [2017] EWHC 2467 (Ch); [2017] 3 WLUK 799. 63-10
Cannock Chase DC v Kelly [1978] 1 W.L.R. 1; [1978] 1 All E.R. 152; 76 L.G.R. 67; (1978) 36 P. & C.R. 219; (1977) 244 E.G. 211; [1977] J.P.L. 655; (1977) 121 S.J. 593 CA (Civ Div). 59-03
Cantor Fitzgerald International v Bird [2002] I.R.L.R. 867; [2002] Emp. L.R. 1171 QBD ... 41-05
Caparo Industries Plc v Dickman [1990] 2 A.C. 605; [1990] 2 W.L.R. 358; [1990] 1 All E.R. 568; [1990] B.C.C. 164; [1990] B.C.L.C. 273; [1990] E.C.C. 313; [1955-95] P.N.L.R. 523; (1990) 87(12) L.S.G. 42; (1990) 140 N.L.J. 248; (1990) 134 S.J. 494 HL 85-03
Capital Markets Co (UK) Ltd v Tarver [2017] EWHC 2467 (Ch); [2017] 3 WLUK 799 .... 57-03, 106-03
Car Giant Ltd v Hammersmith and Fulham LBC [2017] EWHC 197 (TCC); [2017] 2 WLUK 359 101-02
Cardinal Financial Investment Corp v Central Bank of Yemen (No.1); sub nom. Central Bank of Yemen v Cardinal Financial Investments Corp [2001] Lloyd's Rep. Bank. 1 CA (Civ Div). 10-13
Carillion Construction Ltd v Hussain and Hunt (Joint Liquidators of Simon Carves Ltd) [2013] EWHC 685 (Ch); [2013] 2 B.C.L.C. 100 13-03
Carr-Saunders v Dick McNeil Associates Ltd [1986] 1 W.L.R. 922; [1986] 2 All E.R. 888; (1987) 53 P. & C.R. 14; [1986] 2 E.G.L.R. 181; (1986) 279 E.G. 1359; (1986) 83 L.S.G. 2331; (1986) 130 S.J. 525 Ch D 93-02
Carradine Properties Ltd v Aslam [1976] 1 W.L.R. 442; [1976] 1 All E.R. 573; (1976) 32 P. & C.R. 12; (1976) 120 S.J. 166 Ch D 98-08
Carrie v Tolkien [2009] EWHC 29 (QB); [2009] 1 WLUK 161; [2009] E.M.L.R. 9 37-46
Carter v Boehm 97 E.R. 1162; (1766) 3 Burr. 1905 KB 67-06, 70-07, 70-25
Carter v Cole [2009] EWCA Civ 410; [2009] 2 E.G.L.R. 15; [2009] 33 E.G. 66; [2009] 21 E.G. 103 (C.S.). 96-07
Cartier International AG v British Telecommunications Plc; sub nom. Cartier International AG v British Sky Broadcasting Ltd [2018] UKSC 28; [2018] 1 W.L.R. 3259; [2018] 4 All E.R. 373; [2018] 2 All E.R. (Comm) 1057; [2018] Bus. L.R. 1417; [2018] 6 WLUK 226; [2018] E.C.C. 29; [2018] E.T.M.R. 32; [2018] E.C.D.R. 16; [2018] E.M.L.R. 22; [2018] R.P.C. 11 51-01
Carty v Croydon LBC [2005] EWCA Civ 19; [2005] 1 W.L.R. 2312; [2005] 2 All E.R. 517; [2005] 1 F.C.R. 554; [2005] B.L.G.R. 319; [2005] E.L.R. 104; (2005) 102(10) L.S.G. 30 .... 39-01, 39-02
Casey's Patents, Re; sub nom. Stewart v Casey [1892] 1 Ch. 104 CA 6-11
Cassa di Risparmio della Republica di San Marino SpA v Barclays Bank Ltd [2011] EWHC 484 (Comm); [2011] 1 C.L.C. 701. 58-02
Cassa di Risparmio di Parma e Piacenza SpA v Rals International Pte Ltd [2015] SGHC 264. 10-27
Cassie Creations Ltd v Blackmore [2014] EWHC 2941 (Ch) 76-03
Cassley v GMP Securities Europe LLP [2015] EWHC 722 (QB); [2015] 3 WLUK 925 8-02
Castellain v Preston (1882-83) L.R. 11 Q.B.D. 380 CA 67-03, 67-04
Castle Insurance Co v Hong Kong Islands Shipping Co (The Potoi Chau); Potoi Chau, The [1984] A.C. 226; [1983] 3 W.L.R. 524; [1983] 3 All E.R. 706; [1983] Lloyd's Rep. 376; (1983) 127 S.J. 616 PC (HK) 70-19
Castle v Commissioner of Police of the Metropolis [2011] EWHC 2317 (Admin); [2012] 1 All E.R. 953; (2011) 108(36) L.S.G. 18; (2011) 161 N.L.J. 1252 5-11
Castle v St Augustine Links Ltd (1922) 38 T.L.R. 615 .... 47-11, 47-23
Castorina v Chief Constable of Surrey (1996) 160 L.G. Rev. 241; (1988) 138 N.L.J. Rep.180 CA (Civ Div) 5-12
Caswell v Powell Duffryn Associated Collieries Ltd [1940] A.C. 152 HL 12-15
Catlin Syndicate v Weyerhaeuser Co [2018] EWHC 3609 (Comm); [2018] 12 WLUK 446; [2019] Lloyd's Rep. I.R. 427 4-03

[xlv]

Catlin v Cyprus Finance Corp (London) Ltd [1983] Q.B. 759; [1983] 2 W.L.R. 566; [1983] 1 All E.R. 809; (1983) 80 L.S.G. 153; (1982) 126 S.J. 744 QBD.................... 9-09
Cator v Croydon Canal Co (1843) 4 Y. & C. Ex. 593 6-06
Cave v Robinson Jarvis & Rolf; sub nom. Robinson Jarvis & Rolf v Cave; Cave v Robinson Jarvis & Rolfe [2002] UKHL 18; [2003] 1 A.C. 384; [2002] 2 W.L.R. 1107; [2002] 2 All E.R. 641; [2003] 1 C.L.C. 101; 81 Con. L.R. 25; [2002] P.N.L.R. 25; [2002] 19 E.G. 146 (C.S.); (2002) 99(20) L.S.G. 32; (2002) 152 N.L.J. 671; (2002) 146 S.J.L.B. 109... 45-07
Cavendish Munro Professional Risks Management Ltd v Geduld [2010] I.C.R. 325; [2010] I.R.L.R. 38 EAT 40-09
Caxton Publishing Co Ltd v Sutherland Publishing Co Ltd (No.1); Caxton Publishing Co Ltd v Sutherland Publishing Co Ltd (No.2); sub nom. Sutherland Publishing Co Ltd v Caxton Publishing Co Ltd [1939] A.C. 178; [1938] 4 All E.R. 389 HL..................... 26-02
CBS Songs Ltd v Amstrad Consumer Electronics Plc [1988] A.C. 1013; [1988] 2 W.L.R. 1191; [1988] 2 All E.R. 484; [1988] 2 F.T.L.R. 168; [1988] R.P.C. 567; (1988) 132 S.J. 789 HL 73-05
CBS United Kingdom Ltd v Lambert [1983] Ch. 37; [1982] 3 W.L.R. 746; [1982] 3 All E.R. 237; [1983] F.S.R. 127; (1983) 80 L.S.G. 36; (1982) 126 S.J. 691 CA (Civ Div)....... 26-20
CC v AB [2006] EWHC 3083 (QB); [2007] E.M.L.R. 11; [2007] Fam. Law 591 ..... 63-04, 79-01
Cebora SNC v SIP (Industrial Products) [1976] 1 Lloyd's Rep. 271 CA (Civ Div) 10-27
Celanese International Corp v BP Chemicals Ltd [1999] R.P.C. 203; (1999) 22(1) I.P.D. 22002 Ch D (Patents Ct)... 75-11
Cellactite and British Uralite v HH Robertson Co Inc *Times* 23 July 1957 CA 38-07
Cellular Clothing Co v G White & Co (1953) 70 R.P.C. 9 78-06
Celsteel Ltd v Alton House Holdings Ltd (No.1) [1986] 1 W.L.R. 512; [1986] 1 All E.R. 608; (1986) 83 L.S.G. 700; (1986) 130 S.J. 204 CA (Civ Div) 93-03
Celtic Bioenergy Ltd v Knowles Ltd [2017] EWHC 472 (TCC); [2018] 1 All E.R. (Comm) 608; [2017] 1 Lloyd's Rep. 495; [2017] 3 WLUK 415; [2017] B.L.R. 312; 171 Con. L.R. 160; [2017] C.I.L.L. 3961 2-13
Celtic Explorer, The. *See* BV Scheepswerf Damen Gorinchem v Marine Institute 2-13
Central Bank of Ecuador v Conticorp SA [2015] UKPC 11; [2015] 3 WLUK 617; [2016] 1 B.C.L.C. 26; [2015] Bus. L.R. D7... 108-28
Central Insurance Co Ltd v Seacalf Shipping Corp (The Aiolos); Aiolos, The [1983] 2 Lloyd's Rep. 25 CA (Civ Div) 6-08, 6-C1, 6-C2
Central Trading & Exports Ltd v Fioralba Shipping Co [2014] EWHC 2397 (Comm); [2015] 1 All E.R. (Comm) 580; [2014] 2 Lloyd's Rep. 449; [2014] 2 C.L.C. 25; (2014) 164(7616) N.L.J. 21; [2014] Bus. L.R. D19... 2-05
CF Partners (UK) LLP v Barclays Bank Plc [2014] EWHC 3049 (Ch) 74-01, 74-07, 74-08
CGL Group Ltd v Royal Bank of Scotland Plc; Bartles v Barclays Bank Plc; WW Property Investments Ltd v National Westminster Bank Plc [2017] EWCA Civ 1073; [2018] 1 W.L.R. 2137; [2017] 7 WLUK 537; [2017] 2 C.L.C. 86; [2017] C.T.L.C. 97................ 85-03
Chabba v Turbogame Ltd [2001] EWCA Civ 1073; [2001] N.P.C. 110; (2001) 82 P. & C.R. DG24 88-08
Chagos Islanders v Attorney General [2004] EWCA Civ 997 46-03
Challinor v Juliet Bellis & Co; sub nom. Bellis (A Firm) v Challinor [2015] EWCA Civ 59; [2015] 2 P. & C.R. DG3 108-023
Chalmers v Pardoe [1963] 1 W.L.R. 677; [1963] 3 All E.R. 552; (1963) 107 S.J. 435 PC (Fiji) 23-05
Chambers v British Olympic Association [2008] EWHC 2028 (QB) 109-02
Chambers v Donaldson 103 E.R. 929; (1809) 11 East 65 KB 49-N9
Chan Wai Tong v Li Ping Sum; sub nom. Li Ping Sum v Chan Wai Tong and Wong Shok Ting [1985] A.C. 446; [1985] 2 W.L.R. 396; [1985] 1 Lloyd's Rep. 87; (1985) 82 L.S.G. 117; (1985) 129 S.J. 153 PC (HK) 81-16
Chandhok v Tirkey [2015] I.C.R. 527; [2015] I.R.L.R. 195 EAT 44-08
Chandler v Doulton 159 E.R. 648; (1865) 3 Hurl. & C. 553 Ex Ct 92-04
Chandris v Argo Insurance Co Ltd [1963] 2 Lloyd's Rep. 65; (1963) 107 S.J. 575 QBD (Comm)... 70-19
Chaplair Ltd v Kumari [2015] EWCA Civ 798; [2015] 7 WLUK 822; [2015] C.P. Rep. 46; [2015] H.L.R. 39; [2016] L. & T.R. 1 104-13
Chapman v Barclays Bank Plc [1997] 6 Bank. L.R. 315; [1998] P.N.L.R. 14 CA (Civ Div) 9-05
Chapman v Barking and Dagenham LBC unreported 13 July 1998 CA (Civ Div) 47-14
Chapman v Ellesmere; sub nom. Chapman v Lord Ellesmere [1932] 2 K.B. 431 CA 37-46
Chapman v Simon [1994] I.R.L.R. 124 CA (Civ Div) 44-32

TABLE OF CASES

Charge Card Services Ltd (No.2), Re [1989] Ch. 497; [1988] 3 W.L.R. 764; [1988] 3 All E.R. 702; (1988) 4 B.C.C. 524; [1988] B.C.L.C. 711; [1988] P.C.C. 390; [1988] Fin. L.R. 308; (1989) 8 Tr. L.R. 86; (1988) 85(42) L.S.G. 46; (1988) 138 N.L.J. Rep. 201; (1988) 132 S.J. 1458 CA (Civ Div) 10-18, 10-29, 10-E28, 20-11
Charles (Human Rights Appeal: Scope), Re; sub nom. Secretary of State for the Home Department v Charles [2018] UKUT 89 (IAC); [2018] 2 WLUK 104; [2018] Imm. A.R. 911 66-04
Charles Rickards Ltd v Oppenheim; sub nom. Rickards (Charles) v Oppenhaim [1950] 1 K.B. 616; [1950] 1 All E.R. 420; 66 T.L.R. (Pt. 1) 435; (1950) 94 S.J. 161 CA 33-06
Charles Semon & Co Ltd v Bradford Corp [1922] 2 Ch. 737 Ch D 93-02
Charleston v News Group Newspapers Ltd [1995] 2 A.C. 65; [1995] 2 W.L.R. 450; [1995] 2 All E.R. 313; [1995] E.M.L.R. 129; (1995) 145 N.L.J. 490; (1995) 139 S.J.L.B. 100 HL 37-04, 37-14
Charlesworth v Relay Roads Ltd (No.2); sub nom. Cavendish v Relay Roads Ltd [2000] 1 W.L.R. 230; [1999] 4 All E.R. 397; [2000] C.P. Rep. 37; [2000] C.P.L.R. 109; [2000] R.P.C. 300; (1999) 22(11) I.P.D. 22104; (1999) 96(32) L.S.G. 33; (1999) 149 N.L.J. 1254; (1999) 143 S.J.L.B. 222 Ch D 1-43
Charlton v Fisher; sub nom. Churchill Insurance v Charlton [2001] EWCA Civ 112; [2002] Q.B. 578; [2001] 3 W.L.R. 1435; [2001] 1 All E.R. (Comm) 769; [2001] R.T.R. 33; [2001] Lloyd's Rep. I.R. 387; [2001] P.I.Q.R. P23; (2001) 98(10) L.S.G. 45 68-03
Charman v Orion Publishing Group Ltd [2007] EWCA Civ 972; [2008] 1 All E.R. 750; [2008] E.M.L.R. 16; (2007) 104(41) L.S.G. 26 37-40
Chartbrook Ltd v Persimmon Homes Ltd [2009] UKHL 38; [2009] 1 A.C. 1101; [2009] 3 W.L.R. 267; [2009] Bus. L.R. 1200; [2009] 4 All E.R. 677; [2010] 1 All E.R. (Comm) 365; [2009] B.L.R. 551; 125 Con. L.R. 1; [2010] 1 P. & C.R. 9; [2009] 3 E.G.L.R. 119; [2009] C.I.L.L. 2729; [2009] 27 E.G. 91 (C.S.); (2009) 153(26) S.J.L.B. 27; [2009] N.P.C. 87; [2009] N.P.C. 86 53-01
Charter Plc v City Index Ltd. *See* City Index Ltd v Gawler 62-08
Charterhouse Clinical Research Unit Ltd v Richmond Pharmacology Ltd (Defamatory Meaning) [2003] EWHC 1099 QBD 38-06
Chase v News Group Newspapers Ltd; sub nom. Chase v Newsgroup Newspapers Ltd [2002] EWCA Civ 1772; [2003] E.M.L.R. 11; (2002) 146 S.J.L.B. 279 37-35
Chater v Mortgage Agency Services Number Two Ltd; sub nom. Charter v Mortgage Agency Services; Mortgage Agency Services Number Two Ltd v Chater [2003] EWCA Civ 490; [2003] H.L.R. 61; [2004] 1 P. & C.R. 4; [2003] 15 E.G. 138 (C.S.); (2003) 147 S.J.L.B. 417; [2003] N.P.C. 48; [2003] 2 P. & C.R. DG9 18-06
Chatterton v Secretary of State for India in Council [1895] 2 Q.B. 189 CA 37-41
Cheetham v Hampson (1794) 4 T.R. 318 94-03
Cheltenham & Gloucester Building Society v Norgan [1996] 1 W.L.R. 343; [1996] 1 All E.R. 449; [1996] 2 F.L.R. 257; [1996] 3 F.C.R. 621; (1996) 28 H.L.R. 443; (1996) 72 P. & C.R. 46; [1996] Fam. Law 610; [1995] E.G. 198 (C.S.); (1996) 93(2) L.S.G. 29; (1995) 145 N.L.J. 1849; (1996) 140 S.J.L.B. 11; [1995] N.P.C. 192; (1996) 71 P. & C.R. D25 CA (Civ Div) 15-12, 104-12
Cheltenham & Gloucester Plc v Krausz [1997] 1 W.L.R. 1558; [1997] 1 All E.R. 21; (1997) 29 H.L.R. 597; (1996) 93(43) L.S.G. 26; (1996) 146 N.L.J. 1813; (1996) 140 S.J.L.B. 260; [1996] N.P.C. 144; (1997) 73 P. & C.R. D16. CA (Civ Div). 15-12, 104-12
Chern v Apiloa Corp [2018] EWHC 3025 (TCC); [2018] 10 WLUK 232; [2019] B.L.R. 128 34-02
Chester v Afshar [2004] UKHL 41; [2005] 1 A.C. 134; [2004] 3 W.L.R. 927; [2004] 4 All E.R. 587; [2005] P.I.Q.R. P12; [2005] Lloyd's Rep. Med. 109; (2005) 81 B.M.L.R. 1; [2005] P.N.L.R. 14; (2004) 101(43) L.S.G. 34; (2004) 154 N.L.J. 1589; (2004) 148 S.J.L.B. 1215 .... 82-08, 82-X6
Chesterton Global Ltd (t/a Chestertons) v Nurmohamed [2017] EWCA Civ 979; [2018] 1 All E.R. 947; [2017] 7 WLUK 174; [2018] I.C.R. 731; [2017] I.R.L.R. 837 40-09
Cheung v Southwark LBC [2007] All E.R. (D) 285 (Dec); [2008] L.L.R. 34 DC 47-16
Chic Fashions (West Wales) v Jones; sub nom. Chic Fashions v Chief Constable of Carmarthenshire and Cardiganshire [1968] 2 Q.B. 299; [1968] 2 W.L.R. 201; [1968] 1 All E.R. 229; (1968) 132 J.P. 175; (1968) 112 S.J. 16 CA (Civ Div) 49-02
Chief Constable of Greater Manchester v Wigan Athletic AFC Ltd [2008] EWCA Civ 1449; [2009] 1 W.L.R. 1580 .... 108-04, 108-06
Chief Constable of Hertfordshire v Van Colle. *See* Van Colle v Chief Constable of Hertfordshire 5-03, 84-X5, 84-X6
Chief Constable of Lincolnshire v Caston [2009] EWCA Civ 1298; [2010] I.R.L.R. 327 44-35

[xlvii]

TABLE OF CASES

Chief Constable of Norfolk v Coffey [2019] EWCA Civ 1061; [2019] 6 WLUK 327; [2019] I.R.L.R. 805. 44-14
Chief Constable of Northern Ireland v Agnew [2019] NICA 32; [2019] 6 WLUK 232; [2019] I.R.L.R. 782. 40-11
Chief Constable of West Yorkshire v Khan; sub nom. Khan v Chief Constable of West Yorkshire [2001] UKHL 48; [2001] 1 W.L.R. 1947; [2001] 4 All E.R. 834; [2001] 10 WLUK 345; [2001] I.C.R. 1065; [2001] I.R.L.R. 830; [2001] Emp. L.R. 1399; (2001) 98(42) L.S.G. 37; (2001) 145 S.J.L.B. 230. 44-19
Chief Inspector of Education, Children's Services and Skills v Interim Executive Board of Al-Hijrah School; sub nom. R. (on the application of Interim Executive Board of Al-Hijrah School) v Chief Inspector of Education, Children's Services and Skills [2017] EWCA Civ 1426; [2018] 1 W.L.R. 1471; [2018] 1 All E.R. 1024; [2017] 10 WLUK 333; [2018] I.R.L.R. 334; [2018] E.L.R. 25 39-07
Chillingworth v Esche; sub nom. Challingworth v Esche [1924] 1 Ch. 97; [1923] All E.R. Rep. 97 CA 106-08
China Shipping Development Co Ltd v State Bank of Saurashtra [2001] 2 Lloyd's Rep. 691 QBD (Comm). 1-15
Chittock v Woodbridge School; sub nom. Woodbridge School v Chittock [2002] EWCA Civ 915; [2002] E.L.R. 735; [2003] P.I.Q.R. P6; (2002) 99(32) L.S.G. 33; (2002) 146 S.J.L.B. 176. 109-02
Chliaifchtein v Jessop [2015] EWHC 3167 (TCC); [2015] 11 WLUK 3 .... 34-02, 46-01
Chocosuisse Union des Fabricants Suisses de Chocolat v Cadbury Ltd [1999] E.T.M.R. 1020; [1999] R.P.C. 826; (1999) 22(8) I.P.D. 22079 CA (Civ Div) 78-02
Christie v Leachinsky; sub nom. Leachinsky v Christie [1947] A.C. 573; [1947] 1 All E.R. 567; 63 T.L.R. 231; (1947) 111 J.P. 224; [1947] L.J.R. 757; 176 L.T. 443 HL 5-13
Christofi v Barclays Bank Plc [2000] 1 W.L.R. 937; [1999] 4 All E.R. 437; [1999] 2 All E.R. (Comm) 417; [1999] Lloyd's Rep. Bank. 469; [2000] 1 F.L.R. 163; [1999] B.P.I.R. 855; [2000] Fam. Law 161; (1999) 96(29) L.S.G. 29 CA (Civ Div) 9-03
Chubb and Bruce v Dean [2013] EWHC 1282 (Ch) 15-05
Chudley v Clydesdale Bank Plc (t/a Yorkshire Bank) [2019] EWCA Civ 344; [2019] 3 W.L.R. 661; [2019] 2 All E.R. (Comm) 293; [2019] 1 Lloyd's Rep. 333; [2019] 3 WLUK 67. .... 9-03, 9-16, 9-16
Church of Scientology of California v Johnson-Smith [1972] 1 Q.B. 522; [1971] 3 W.L.R. 434; [1972] 1 All E.R. 378; (1971) 115 S.J. 658 QBD. 37-41
Church of Scientology of California v Kaufman (No.2) [1973] R.P.C. 635 74-20
Churchill Insurance Co Ltd v Fitzgerald; Evans v Cockayne; sub nom. Wilkinson v Churchill Insurance Co Ltd, Evans v Equity Claims Ltd, Wilkinson v Fitzgerald [2012] EWCA Civ 1166; [2013] 1 W.L.R. 1776; [2013] 1 All E.R. 1146; [2013] 1 All E.R. (Comm) 881; [2012] 8 WLUK 297; [2013] R.T.R. 1; [2012] 3 C.M.L.R. 49; [2013] Lloyd's Rep. I.R. 137; (2012) 109(34) L.S.G. 23; (2012) 162 N.L.J. 1217. 81-04
Churchill v Evans (1809) 1 Taunt. 529 94-02
Churchill v Gardiner 101 E.R. 1151; (1798) 7 Term Rep. 596 10-23
Churchill v Temple [2010] EWHC 3369 (Ch); [2011] 17 E.G. 72 105-03
Churchward v Ford 157 E.R. 184; (1857) 2 Hurl. & N. 446 Ex Ct 103-02
Churston Golf Club Ltd v Haddock [2019] EWCA Civ 544; [2019] 4 W.L.R. 60; [2019] 4 WLUK 17; [2019] 2 P. & C.R. 17; [2019] 2 P. & C.R. DG8 94-01
Cia de Seguros Imperio v Heath (REBX) Ltd (formerly CE Heath & Co (America) Ltd); sub nom. Companhia de Seguros Imperio v Heath (REBX) Ltd [2001] 1 W.L.R. 112; [2000] 2 All E.R. (Comm) 787; [2000] C.L.C. 1543; [2001] Lloyd's Rep. I.R. 109; [2000] Lloyd's Rep. P.N. 795; (2000-01) 3 I.T.E.L.R. 134 CA (Civ Div) 45-06
CIBC Mortgages Plc v Pitt [1994] 1 A.C. 200; [1993] 3 W.L.R. 802; [1993] 4 All E.R. 433; [1993] 10 WLUK 222; [1994] 1 F.L.R. 17; [1994] 1 F.C.R. 374; (1994) 26 H.L.R. 90; (1994) 13 Tr. L.R. 180; [1994] C.C.L.R. 68; [1993] Fam. Law 79; [1993] E.G. 174 (C.S.); (1993) 143 N.L.J. 1514; (1993) 137 S.J.L.B. 240; [1993] N.P.C. 136 HL 18-04, 104-15
CIMC Raffles Offshore (Singapore) Ltd v Schahin Holding SA [2013] EWCA Civ 644; [2013] 2 All E.R. (Comm) 760; [2013] 2 Lloyd's Rep. 575; [2013] 6 WLUK 134; [2013] B.L.R. 458. 13-15
Cinnamond v British Airports Authority [1980] 1 W.L.R. 582; [1980] 2 All E.R. 368; [1980] R.T.R. 220; 78 L.G.R. 371; (1980) 124 S.J. 221 CA (Civ Div) 49-02
CIP Properties (AIPT) Ltd v Galliford Try Infrastructure Ltd [2015] EWHC 481 (TCC); [2015] 3 WLUK 161; [2015] B.L.R. 285; 158 Con. L.R. 229; [2015] 2 Costs L.R. 363; [2015] C.I.L.L. 3641. 34-02

TABLE OF CASES

CIP Properties (AIPT) Ltd v Galliford Try Infrastructure Ltd [2014] EWHC 3546 (TCC); [2015] 1 All E.R. (Comm) 765; [2014] 10 WLUK 865; 156 Con. L.R. 202; [2014] 6 Costs L.R. 1026 .... 34-02, 34-03
Citizens Life Assurance Co Ltd v Brown [1904] A.C. 423 PC (Aus) 5-16
City Index Ltd v Gawler; sub nom. Charter Plc v City Index Ltd [2007] EWCA Civ 1382; [2008] Ch. 313; [2008] 2 W.L.R. 950; [2008] 3 All E.R. 126; [2008] 2 All E.R. (Comm) 425; [2007] 2 C.L.C. 968; [2008] P.N.L.R. 16; [2008] W.T.L.R. 1773; (2008) 105(2) L.S.G. 27 62-08
City of London Building Society v Flegg [1988] A.C. 54; [1987] 2 W.L.R. 1266; [1987] 3 All E.R. 435; [1988] 1 F.L.R. 98; (1987) 19 H.L.R. 484; (1987) 54 P. & C.R. 337; [1988] Fam. Law 17; (1987) 84 L.S.G. 1966; (1987) 137 N.L.J. 475; (1987) 131 S.J. 806 HL 15-15, 104-15
City of London Corp v Appleyard [1963] 1 W.L.R. 982; [1963] 2 All E.R. 834; (1963) 107 S.J. 650 QBD 49-05
City of London Corp v Bovis Construction Ltd [1992] 3 All E.R. 697; 49 B.L.R. 1; 84 L.G.R. 660; (1988) 4 Const. L.J. 203; [1989] J.P.L. 263; (1989) 153 L.G. Rev. 166; [1988] E.G. 56 (C.S.) CA (Civ Div) 47-26
City of York Council v Grosset [2018] EWCA Civ 1105; [2018] 4 All E.R. 77; [2018] 5 WLUK 256; [2018] I.C.R. 1492; [2018] I.R.L.R. 746; [2018] E.L.R. 445 .... 44-20, 44-22
Claimants in the Corby Litigation v Group Corby BC. See Corby Group Litigation Claimants v Corby BC 47-12, 47-22
Clapp v Enron (Thrace) Exploration & Production BV (No.2). See Enron (Thrace) Exploration & Production BV v Clapp (No.2) 58-09
Clark v TDG Ltd (t/a Novacold Ltd); sub nom. Clark v Novacold Ltd [1999] 2 All E.R. 977; [1999] I.C.R. 951; [1999] I.R.L.R. 318; [1999] Disc. L.R. 240; (1999) 48 B.M.L.R. 1 CA (Civ Div) 39-03
Clark v University of Lincolnshire and Humberside [2000] 1 W.L.R. 1988; [2000] 3 All E.R. 752; [2000] Ed. C.R. 553; [2000] E.L.R. 345; [2000] C.O.D. 293; (2000) 150 N.L.J. 616; (2000) 144 S.J.L.B. 220 CA (Civ Div) 39-03, 80-03
Clarke (t/a Elumina Iberica UK) v Bain [2008] EWHC 2636 (QB) 37-24
Clarke v Chief Constable of North Wales Times, 22 May 2000 CA (Civ Div) 5-13
Clarke v Davey [2002] EWHC 2342 (QB) 37-08
Clarke v Grant [1950] 1 K.B. 104; [1949] 1 All E.R. 768; 65 T.L.R. 241; [1949] L.J.R. 1450; (1949) 93 S.J. 249 CA 98-10
Clarke v Hull City Council [2019] EWHC 486 (QB); [2019] 3 WLUK 21 39-01
Clarke v Marlborough Fine Art (London) Ltd (Amendments) [2002] 1 W.L.R. 1731; [2002] C.P. Rep. 17; (2002) 99(3) L.S.G. 26; (2001) 145 S.J.L.B. 278 Ch D 1-23
Clarke v Norton [1910] V.L.R. 494 37-38
Clarke v Wilson 150 E.R. 1118; (1838) 3 M. & W. 208 Ex Ct 10-12
Claudius Ash v Invicta (1912) 29 R.P.C. 465 78-05
Clausen & Sons Ltd v Theo Hamm Brewing Co (1968) 395 F.2d 388 (CA Minn) 1-14
Claydon Architectural Metalwork Ltd v DJ Higgins & Sons Ltd [1997] F.S.R. 475; (1997) 20(3) I.P.D. 20026 75-09
Claydon v Bradley [1987] 1 W.L.R. 521; [1987] 1 All E.R. 522; [1987] F.L.R. 111; (1987) 84 L.S.G. 1571; (1987) 137 N.L.J. 57; (1987) 131 S.J. 593 CA (Civ Div) 10-14
Clayton v Le Roy [1911] 2 K.B. 1031 CA 26-05
Cleadon Trust Ltd, Re [1939] Ch. 286 CA 9-10, 10-21
Cleaver v Mutual Reserve Fund Life Association [1892] 1 Q.B. 147 CA 71-02
Cleese v Clark [2003] EWHC 137 (QB); [2004] E.M.L.R. 3 37-50
Clements v Ohrly (1847) 2 C. & K. 686 5-16
Clemons v Stewart (1969) 113 S.J. 427 DC 47-14
Clifford v Chief Constable of Hertfordshire [2009] EWCA Civ 1259; [2009] 12 WLUK 16 ... 5-18
Clifford v Chief Constable of Hertfordshire [2011] EWHC 815 (QB); [2011] 4 WLUK 7 5-18
Clifford v Clifford; sub nom. Practice Note (PDAD: Adultery) [1961] 1 W.L.R. 1274; [1961] 3 All E.R. 231; [1961] 6 WLUK 56; (1961) 105 S.J. 709 PDAD 57-03
Clift v Slough BC [2010] EWCA Civ 1484; [2011] 1 W.L.R. 1774; [2011] P.T.S.R. 990; [2011] 3 All E.R. 118; [2011] E.M.L.R. 13; [2011] U.K.H.R.R. 248; (2011) 155(1) S.J.L.B. 30 37-43
Clinicare Ltd (formerly known as Strasbourgeoise UK Private Health Insurance Services Ltd) v Orchard Homes & Developments Ltd [2004] EWHC 1694 (QB) 58-02
Clissold v Cratchley [1910] 2 K.B. 244 CA 5-09
Clough v London & North Western Railway Co (1871-72) L.R. 7 Ex. 26 Ex Ch 58-10
Clubb v Wimpey & Co [1936] 1 All E.R. 69 5-07

[xlix]

Clydesdale Bank Plc v Workman [2016] EWCA Civ 73; [2016] 2 WLUK 194; [2016]
P.N.L.R. 18 62-13
CMI Centers for Medical Innovation GmbH v Phytopharm Plc [1999] F.S.R. 235; (1998)
21(11) I.P.D. 21123 Ch D 74-01, 74-14
CMOC Sales and Marketing Ltd v Persons Unknown [2018] EWHC 2230 (Comm);
[2018] 7 WLUK 651; [2019] Lloyd's Rep. F.C. 6 .... 59-04, 62-05, 62-13
Coaker v Willcocks [1911] 2 K.B. 124 CA 94-02
Coal Mining Contractors v Davies; sub nom. Davies v Department of Trade and Industry
[2006] EWCA Civ 1360; [2007] 1 All E.R. 518; [2007] C.P. Rep. 17; [2007] P.I.Q.R.
P13; (2006) 150 S.J.L.B. 1428 84-01
Coal Pension Properties Ltd v Nu-Way Ltd [2009] EWHC 824 (TCC); 124 Con. L.R. 50;
[2009] N.P.C. 65 83-08
Cobb v Stokes 103 E.R. 380; (1807) 8 East 358 KB 103-02
Cobbe v Yeoman's Row Management Ltd; sub nom. Yeoman's Row Management Ltd v
Cobbe [2008] UKHL 55; [2008] 1 W.L.R. 1752; [2008] 4 All E.R. 713; [2009] 1 All
E.R. (Comm) 205; [2008] 7 WLUK 928; [2008] 3 E.G.L.R. 31; [2008] 35 E.G. 142;
[2008] 36 E.G. 142; [2008] W.T.L.R. 1461; (2008-09) 11 I.T.E.L.R. 530; [2008] 31
E.G. 88 (C.S.); (2008) 152(31) S.J.L.B. 31; [2008] N.P.C. 95 .... 108-03, 108-10
Cobbold v Greenwich LBC unreported 9 August 1999 CA (Civ Div) 1-43
Coca-Cola Financial Corp v Finsat International Ltd (The Ira); Ira, The [1998] Q.B. 43;
[1996] 3 W.L.R. 849; [1996] 2 Lloyd's Rep. 274; [1996] 2 B.C.L.C. 626; [1996] C.L.C.
1564 CA (Civ Div) 13-08, 24-07
Cochrane (Decorators) v Sarabandi; sub nom. Cochrane (Decorators) v Sarabanoi [1983]
1 WLUK 89; (1983) 133 N.L.J. 588 QBD 106-03
Cochrane v Green 142 E.R. 176; (1860) 9 C.B. N.S. 488 CCP 24-09
Cocking v Eacott [2016] EWCA Civ 140; [2016] Q.B. 1080; [2016] 3 W.L.R. 125; [2016]
3 WLUK 250; [2016] Env. L.R. 26; [2016] H.L.R. 15; [2016] 2 P. & C.R. DG11 ..... 47-14, 47-17
Coco v AN Clark (Engineers) Ltd [1968] F.S.R. 415; [1969] R.P.C. 41 Ch D .. 74-01, 74-02, 74-17
Coflexip SA v Stolt Comex Seaway MS Ltd [2001] 1 All E.R. 952 (Note); [2001] R.P.C.
9; (2000) 23(10) I.P.D. 23081 CA (Civ Div) 73-12
Cohen v Daily Telegraph [1968] 1 W.L.R. 916; [1968] 2 All E.R. 407; (1968) 112 S.J. 356
CA (Civ Div)... 37-36
Cohen v Hale (1877-78) L.R. 3 Q.B.D. 371 QBD 10-18
Coldunell v Gallon [1986] Q.B. 1184; [1986] 2 W.L.R. 466; [1986] 1 All E.R. 429; [1986]
F.L.R. 183; (1986) 83 L.S.G. 520; (1986) 130 S.J. 88 CA (Civ Div)............. 18-10
Coleman v British Gas Services Ltd unreported 27 February 2002 47-12
Collett v Smith [2009] EWCA Civ 583; (2009) 106(26) L.S.G. 18; (2009) 153(24)
S.J.L.B. 34... 109-02
Collins Stewart Ltd v Financial Times Ltd (No.1) [2004] EWHC 2337 (QB); [2005]
E.M.L.R. 5; (2004) 101(43) L.S.G. 33 .... 37-26, 38-12
Collins v Jones [1955] 1 Q.B. 564; [1955] 2 W.L.R. 813; [1955] 2 All E.R. 145; (1955) 99
S.J. 258 CA 37-14, 37-15
Colls v Home & Colonial Stores Ltd; sub nom. Home & Colonial Stores Ltd v Colls
[1904] A.C. 179 HL 93-06
Colonial Finance, Mortgage, Investment and Guarantee Corpn Ltd (1905) 6 S.R.N.S.W. 6 ... 14-02
Colour Quest Ltd v Total Downstream UK Plc [2009] EWHC 823 (Comm); [2009] 4
WLUK 342; [2010] 2 Costs L.R. 140 .... 47-04, 47-07, 47-11
Colour Quest Ltd v Total Downstream UK Plc; sub nom. Shell UK Ltd v Total UK Ltd
[2010] EWCA Civ 180; [2011] Q.B. 86; [2010] 3 W.L.R. 1192; [2010] 3 All E.R. 793;
[2010] 2 Lloyd's Rep. 467; [2010] 1 C.L.C. 343; 129 Con. L.R. 104; [2010] 10 E.G.
117 (C.S.) 47-22
Colour Quest Ltd v Total Downstream UK Plc; Total UK Ltd v Chevron Ltd; sub nom.
Shell UK Ltd v Total UK Ltd [2010] EWCA Civ 180; [2011] Q.B. 86; [2010] 3 W.L.R.
1192; [2010] 3 All E.R. 793; [2010] 2 Lloyd's Rep. 467; [2010] 3 WLUK 127; [2010] 1
C.L.C. 343; 129 Con. L.R. 104; [2010] 10 E.G. 117 (C.S.) 47-22, 48-01
Coltrane v Day; sub nom. Day v Coltrane [2003] EWCA Civ 342; [2003] 1 W.L.R. 1379;
[2003] H.L.R. 56; [2003] L. & T.R. 23; [2003] 2 E.G.L.R. 21; [2003] 30 E.G. 146;
[2003] 17 E.G. 146 (C.S.); (2003) 100(19) L.S.G. 30; (2003) 147 S.J.L.B. 355; [2003]
N.P.C. 36 .... 10-18, 10-29, 10-E28
Combe International Ltd v Scholl (UK) Ltd [1977] F.S.R. 464; [1980] R.P.C. 1 Ch D 78-03
Commercial First Business Ltd v Munday [2014] EWCA Civ 1296; [2014] 10 WLUK
228; [2015] 1 P. & C.R. 7 104-05
Commercial First Business Ltd v Munday [2014] EWCA Civ 1296; [2015] 1 P. & C.R. 7 ... 13-16,

[1]

TABLE OF CASES

                                                                                                                    15-05, 104-06
Commerzbank AG v IMB Morgan Plc [2004] EWHC 2771 (Ch); [2005] 2 All E.R. (Comm) 564; [2005] 1 Lloyd's Rep. 298; [2005] W.T.L.R. 1485; [2005] 1 P. & C.R. DG17 .... 9-15, 62-05
Commerzbank AG v Price-Jones. *See* Jones v Commerzbank AG 9-15
Commissioner of Police of the Metropolis v Brown. *See* Brown v Commissioner of Police of the Metropolis 39-03
Commissioner of Police of the Metropolis v Hendricks; sub nom. Hendricks v Commissioner of Police of the Metropolis [2002] EWCA Civ 1686; [2003] 1 All E.R. 654; [2003] I.C.R. 530; [2003] I.R.L.R. 96; (2003) 100(5) L.S.G. 30; (2002) 146 S.J.L.B. 274 44-34
Commissioner of Police of the Metropolis v MR [2019] EWHC 888 (QB); [2019] 4 WLUK 137 5-13
Commissioner of Police of the Metropolis v Shaw [2011] 11 WLUK 789; [2012] I.C.R. 464; [2012] I.R.L.R. 291 .... 63-Q6
Commissioner of the Police for the Metropolis v Reilly [2008] EWHC 2217 (QB); [2008] Po. L.R. 199 5-05
Commissioners of Sewers of the City of London v Glasse (Pleadings: Right of Common) (1871-72) L.R. 7 Ch. App. 456 CA in Chancery 93-02
Commissioners of the Inland Revenue v Thomas Cook (NZ) Ltd [2003] 2 N.Z.L.R. 296 CA (NZ) 10-19
Compagnie Noga D'Importation et D'Exportation SA v Australia & New Zealand Banking Group Ltd [2005] EWHC 225 (Comm) 62-18
Companhia de Seguros Imperio v Heath (REBX) Ltd. *See* Cia de Seguros Imperio v Heath (REBX) Ltd (formerly CE Heath & Co (America) Ltd) 45-06
Compania Maritima San Basilio SA v Oceanus Mutual Underwriting Association (Bermuda) Ltd [1977] Q.B. 49; [1976] 3 W.L.R. 265; [1976] 3 All E.R. 243; [1976] 2 Lloyd's Rep. 171; (1976) 120 S.J. 486 CA (Civ Div) 70-02, 70-T10
Compania Naviera Vascongada v British & Foreign Marine Insurance Co Ltd (The Gloria); Gloria, The (1936) 54 Ll. L. Rep. 35 KBD 70-06
Company's Application, Re [1989] Ch. 477; [1989] 3 W.L.R. 265; [1989] 2 All E.R. 248; [1989] B.C.L.C. 462; [1989] I.C.R. 449; [1989] I.R.L.R. 477; [1989] Fin. L.R. 345; (1989) 139 N.L.J. 542; (1989) 133 S.J. 917 Ch D 74-20
Compass Group UK and Ireland Ltd (t/a Medirest) v Mid Essex Hospital Services NHS Trust; sub nom. Mid Essex Hospital Services NHS Trust v Compass Group UK and Ireland Ltd (t/a Medirest) [2013] EWCA Civ 200; [2013] 3 WLUK 391; [2013] B.L.R. 265; [2013] C.I.L.L. 3342 33-11
Computer Associates UK Ltd v Software Incubator Ltd [2018] EWCA Civ 518; [2018] 2 All E.R. (Comm) 398; [2019] Bus. L.R. 522; [2018] 1 Lloyd's Rep. 613; [2018] 3 WLUK 423; [2018] 1 C.L.C. 456; [2018] B.L.R. 307; [2018] E.C.C. 25; [2018] F.S.R. 25; [2018] C.T.L.C. 145 .... 21-02, 33-03
Concorde Graphics v Andromeda Investments SA (1983) 265 E.G. 386; [1983] 1 E.G.L.R. 53 92-03
Conlon v Royal Sun Alliance Insurance Plc [2015] EWCA Civ 92; [2015] C.P. Rep. 23; [2015] 2 Costs L.O. 319 84-14
Conn v Sunderland City Council; sub nom. Sunderland City Council v Conn [2007] EWCA Civ 1492; [2008] I.R.L.R. 324 63-04
Connaught Restaurants Ltd v Indoor Leisure Ltd [1994] 1 W.L.R. 501; [1994] 4 All E.R. 834; [1993] 46 E.G. 184; [1993] E.G. 143 (C.S.); (1993) 143 N.L.J. 1188; [1993] N.P.C. 118 CA (Civ Div) 24-06, 92-06
Connect Shipping Inc v Sveriges Angfartygs Assurans Forening (The Swedish Club); Renos, The [2016] EWHC 1580 (Comm); [2017] 2 All E.R. (Comm) 1122; [2016] Bus. L.R. 1184; [2016] 2 Lloyd's Rep. 364; [2016] 7 WLUK 23; [2016] 2 C.L.C. 58; [2016] Lloyd's Rep. I.R. 601 70-18
Consafe Engineering (UK) Ltd v Emtunga UK Ltd [1999] R.P.C. 154; (1998) 21(11) I.P.D. 21121 Ch D (Patents Ct) 73-16
Consorzio del Prosciutto di Parma v Marks & Spencer Plc [1991] R.P.C. 351 CA (Civ Div) 78-01, 78-02
Constable of West Yorkshire unreported 24 April 1997 5-12
Constantin Medien AG v Ecclestone [2014] EWHC 387 (Ch) 109-01
Container Transport International Inc v Oceanus Mutual Underwriting Association (Bermuda) Ltd (No.1) [1984] 1 Lloyd's Rep. 476 CA (Civ Div) 67-16

[li]

Contex Drouzhba Ltd v Wiseman [2007] EWCA Civ 1201; [2008] B.C.C. 301; [2008] 1
  B.C.L.C. 631; (2007) 157 N.L.J. 1695 58-09
Conticorp SA v Central Bank of Ecuador [2007] UKPC 40 PC (Bah) 1-44
Continental Caoutchouc and Gutta Percha Co v Kleinwort Sons & Co (1904) 90 L.T. 474;
  9 Com. Cas. 240 9-18
Conway v Jam Factory Freehold Ltd [2013] UKUT 592 (LC); [2014] 1 E.G.L.R. 111 100-03
Cook v Alexander [1974] Q.B. 279; [1973] 3 W.L.R. 617; [1973] 3 All E.R. 1037; (1973)
  117 S.J. 618 CA (Civ Div) 37-43
Coope v Ward. *See* Ward v Coope 47-08, 47-16
Cooper Tire & Rubber Co Europe Ltd v Shell Chemicals UK Ltd [2010] EWCA Civ 864;
  [2010] Bus. L.R. 1697; [2011] C.P. Rep. 1; [2010] 2 C.L.C. 104; [2010] U.K.C.L.R.
  1277; (2010) 160 N.L.J. 1116.. 28-05
Cooper v Joel 45 E.R. 350; (1859) 1 De G.F. & J. 240 Ct of Chancery 13-04
Cooper v National Westminster Bank Plc [2009] EWHC 3035 (QB); [2010] 1 Lloyd's
  Rep. 490 9-11
Cooper v Pure Fishing (UK) Ltd (formerly Outdoor Technology Group (UK) Ltd) [2004]
  EWCA Civ 375; [2004] 2 Lloyd's Rep. 518; [2004] 2 C.L.C. 412; [2005] E.C.C. 6;
  [2004] Eu. L.R. 664 CA (Civ Div) 21-02
Cooper v Railway Executive (Southern Region) [1953] 1 W.L.R. 223; [1953] 1 All E.R.
  477; (1953) 97 S.J. 65 Assizes (Hampshire).. 12-178, 94-02
Cooper v Turrell [2011] EWHC 3269 (QB) 79-17
Cooperative Group (CWS) Ltd v International Computers Ltd [2003] EWCA Civ 1955;
  [2004] Info. T.L.R. 25; (2004) 27(3) I.P.D. 27023; (2004) 148 S.J.L.B. 112............... 33-05
Cooperative Group (CWS) Ltd v Pritchard [2011] EWCA Civ 329; [2012] Q.B. 320;
  [2011] 3 W.L.R. 1272; [2012] 1 All E.R. 205.. 5-05
Cooperative Insurance Society Ltd v Argyll Stores (Holdings) Ltd [1998] A.C. 1; [1997] 2
  W.L.R. 898; [1997] 3 All E.R. 297; [1997] C.L.C. 1114; [1997] 1 E.G.L.R. 52; [1997]
  23 E.G. 141; [1997] E.G. 81 (C.S.); (1997) 94(26) L.S.G. 30; (1997) 147 N.L.J. 845;
  (1997) 141 S.J.L.B. 131; [1997] N.P.C. 79 HL.. 51-02, 52-01
Cope v Sharpe (No.1) [1910] 1 K.B. 168 KBD 49-01
Corbett v Burge Warren (1932) 48 T.L.R. 626 5-18
Corby Group Litigation Claimants v Corby BC [2008] EWCA Civ 463; [2009] Q.B. 335;
  [2009] 2 W.L.R. 609; [2009] 4 All E.R. 44; [2008] C.P. Rep. 32; [2008] B.L.R. 411;
  [2009] Env. L.R. 2; [2008] P.I.Q.R. P16; [2008] C.I.L.L. 2597; [2009] J.P.L. 64; [2008]
  19 E.G. 204 (C.S.); (2008) 152(21) S.J.L.B. 32; [2008] N.P.C. 58........................ 47-12, 47-22
Corby Group Litigation v Corby DC [2009] EWHC 2109 (TCC) 84-X1
Corp of London v Riggs. *See* London Corp v Riggs 93-03
Correia v University Hospital of North Staffordshire NHS Trust [2017] EWCA Civ 356;
  [2017] 5 WLUK 285; [2017] E.C.C. 37; [2017] Med. L.R. 292 82-08
Corrigan v GMB Union (No.1) [2001] I.C.R. 197 EAT 43-08
Cosmichome Ltd v Southampton City Council [2013] EWHC 1378 (Ch); [2013] 1 W.L.R.
  2436; [2013] 2 P. & C.R. 13; [2014] 1 E.G.L.R. 171...................................... 106-10
Cossman v West; Cossman v British America Assurance Co (1888) L.R. 13 App. Cas. 160
  PC (Can).. 70-17
Costello v Chief Constable of Derbyshire [2001] EWCA Civ 381; [2001] 1 W.L.R. 1437;
  [2001] 3 All E.R. 150; [2001] 2 Lloyd's Rep. 216; [2001] Po. L.R. 83.................... 26-10
Cottrill v Steyning and Littlehampton Building Society [1966] 1 W.L.R. 753; [1966] 2 All
  E.R. 295; 184 E.G. 253; (1962) 106 S.J. 736 QBD 106-05
Coudrat v Revenue and Customs Commissioners [2005] EWCA Civ 616; [2005] S.T.C.
  1006; [2005] Po. L.R. 301; [2005] S.T.I. 1018.. 5-12
Coulson & Sons v James Coulson & Co (1887) 3 T.L.R. 846 37-27
Coulthard v Disco Mix Club Ltd [2000] 1 W.L.R. 707; [1999] 2 All E.R. 457; [1999]
  E.M.L.R. 434; [1999] F.S.R. 900 Ch D.. 45-06, 55-01
Country & Metropolitan Homes Surrey Ltd v Topclaim Ltd [1996] Ch. 307; [1996] 3
  W.L.R. 525; [1997] 1 All E.R. 254 Ch D.. 106-08
County Natwest Ltd v Barton. *See* Barton v County Natwest Ltd 13-12
Court v Van Dijk [2016] EWCA Civ 483; [2016] 5 WLUK 484 .... 47-03, 47-07, 47-12
Courtney v Taylor 134 E.R. 1135; (1843) 6 Man. & G. 851 CCP 14-02
Courtwood Holdings SA v Woodley Properties Ltd [2018] EWHC 2163 (Ch); [2018] 10
  WLUK 168.. 62-07
Coventry (t/a RDC Promotions) v Lawrence; sub nom. Lawrence v Fen Tigers Ltd [2014]
  UKSC 13; [2014] A.C. 822; [2014] 2 W.L.R. 433; [2014] 2 All E.R. 622; [2014]

[lii]

Table of Cases

P.T.S.R. 384; [2014] B.L.R. 271; 152 Con. L.R. 1; [2014] Env. L.R. 25; [2014] H.L.R. 21; [2014] 2 P. & C.R. 2; [2014] 1 E.G.L.R. 147; [2014] L.L.R. 423; (2014) 158(9) S.J.L.B. 37 .... 47-03, 47-05, 47-14, 47-17, 47-20, 47-25, 105-03, 108-26
Coventry City Council v Nicholls; Nicholls v Coventry City Council [2009] I.R.L.R. 345 EAT 43-03
Coventry City Council v PGO; sub nom. B (Children) (Adoption), Re [2011] EWCA Civ 729; [2011] 3 F.C.R. 38; [2011] Fam. Law 921; (2011) 108(27) L.S.G. 23; (2011) 161 N.L.J. 952 51-01
Coventry School Foundation Trustees v Whitehouse 2013] EWCA Civ 885; [2014] 1 P. & C.R. 4; [2013] 3 E.G.L.R. 85; [2013] 2 P. & C.R. DG24 105-01
Coventry v Lawrence [2014] UKSC 46; [2015] A.C. 106; [2014] 3 W.L.R. 555; [2014] 4 All E.R. 517; [2014] P.T.S.R. 1014; [2014] 5 Costs L.O. 759; [2014] H.L.R. 42; [2014] 2 P. & C.R. 19; [2015] L. & T.R. 2; [2014] 3 E.G.L.R. 71 96-06
Coward v Motor Insurers Bureau [1963] 1 Q.B. 259; [1962] 2 W.L.R. 663; [1962] 1 All E.R. 531; [1962] 1 Lloyd's Rep. 1; (1962) 106 S.J. 34 CA 68-06
Cox v English Scottish and Australian Bank Ltd [1905] A.C. 168 PC (Aus) 5-17
Cox v Glue 136 E.R. 987; (1848) 5 C.B. 533 CCP 49-04, 49-05
Cox v Ministry of Justice [2016] UKSC 10; [2016] A.C. 660; [2016] 2 W.L.R. 806; [2017] 1 All E.R. 1; [2016] 3 WLUK 91; [2016] I.C.R. 470; [2016] I.R.L.R. 370; [2016] P.I.Q.R. P8 81-03
Crane v Sky In-Home Service Ltd; sub nom. Crane v Sky In-Home Services Ltd [2007] EWHC 66 (Ch); [2007] 2 All E.R. (Comm) 599; [2007] 1 C.L.C. 389; [2007] E.C.C. 25; [2007] Eu. L.R. 549; [2007] Bus. L.R. D47 21-01
Crantrave Ltd (In Liquidation) v Lloyds Bank Plc [2000] Q.B. 917; [2000] 3 W.L.R. 877; [2000] 4 All E.R. 473; [2000] 2 All E.R. (Comm) 89; [2000] Lloyd's Rep. Bank. 181; [2000] C.L.C. 1194; [2001] B.P.I.R. 57; (2000) 97(20) L.S.G. 42; (2000) 144 S.J.L.B. 219 CA (Civ Div) 9-10, 10-21
Cranwell v Cullen (UKEATPAS/0046/14/SM) [2015] 3 WLUK 608; 20 March 2015 EAT ... 40-03
Craven (Builders) Ltd v Secretary of State for Health [2000] 1 E.G.L.R. 128; [1999] E.G. 126 (C.S.) Ch D 101-02
Crawfordsburn Inn Ltd v Graham [2013] NIQB 79 99-02
Cream Holdings Ltd v Banerjee [2004] UKHL 44; [2005] 1 A.C. 253; [2004] 3 W.L.R. 918; [2004] 4 All E.R. 617; [2005] E.M.L.R. 1; [2004] H.R.L.R. 39; [2004] U.K.H.R.R. 1071; 17 B.H.R.C. 464; (2005) 28(2) I.P.D. 28001; (2004) 101(42) L.S.G. 29; (2004) 154 N.L.J. 1589; (2004) 148 S.J.L.B. 1215 .... 63-04, 64-12, 79-17
Credit Agricole Corporate and Investment Bank v Wardle; sub nom. Wardle v Credit Agricole Corporate and Investment Bank [2011] EWCA Civ 545; [2011] I.C.R. 1290; [2011] I.R.L.R. 604; [2011] Eq. L.R. 787; (2011) 161 N.L.J. 743 40-04
Credit Agricole Indosuez v Muslim Commercial Bank Ltd [2000] 1 All E.R. (Comm) 172; [2000] 1 Lloyd's Rep. 275; [2000] Lloyd's Rep. Bank. 1; [2000] C.L.C. 437 CA (Civ Div) 9-09
Credit Lyonnais Bank Nederland NV (now Generale Bank Nederland NV) v Export Credits Guarantee Department; sub nom. Generale Bank Nederland NV (formerly Credit Lyonnais Bank Nederland NV) v Export Credits Guarantee Department [2000] 1 A.C. 486; [1999] 2 W.L.R. 540; [1999] 1 All E.R. 929; [1999] 1 Lloyd's Rep. 563; [1999] C.L.C. 823; (1999) 96(10) L.S.G. 30; (1999) 143 S.J.L.B. 89 HL 13-13, 58-08, 73-06
Credit Suisse AG v Arabian Aircraft & Equipment Leasing Co EC [2013] EWCA Civ 1169; [2014] C.P. Rep. 4 46-02
Credit Suisse International v Ramot Plana OOD [2010] EWHC 2759 (Comm) 24-07
Credit Suisse v Beegas Nominees Ltd [1994] 4 All E.R. 803; (1995) 69 P. & C.R. 177; [1994] 12 E.G. 189; [1994] 11 E.G. 151; [1993] E.G. 157 (C.S.); [1993] N.P.C. 123 Ch D 101-03
Crescendo Maritime Co v Bank of Communications Co Ltd; Alpha Bank AE v Bank of Communications Co Ltd [2015] EWHC 3364 (Comm); [2016] 1 Lloyd's Rep. 414; [2015] 11 WLUK 623; [2015] 2 C.L.C. 916 4-02
Cressman v Coys of Kensington (Sales) Ltd; sub nom. Coys of Kensington (Sales) Ltd v McDonald; McDonald v Coys of Kensington Holdings Ltd [2004] EWCA Civ 47; [2004] 1 W.L.R. 2775; (2004) 101(10) L.S.G. 29; (2004) 148 S.J.L.B. 182 .... 108-03, 108-04
Crest Nicholson Residential (South) Ltd v McAllister [2004] EWCA Civ 410; [2004] 1 W.L.R. 2409; [2004] 2 All E.R. 991; [2004] 2 P. & C.R. 26; [2004] 2 E.G.L.R. 79; [2004] 24 E.G. 150; [2004] 15 E.G. 105 (C.S.); (2004) 148 S.J.L.B. 420; [2004] N.P.C. 54 105-01

Crestfort Ltd v Tesco Stores Ltd [2005] EWHC 805 (Ch); [2005] L. & T.R. 20; [2005] 3
 E.G.L.R. 25; [2005] 37 E.G. 148; [2005] N.P.C. 74.. 95-03
Crestsign Ltd v National Westminster Bank Plc [2014] EWHC 3043 (Ch); [2015] 2 All
 E.R. (Comm) 133... 9-21, 9-24, 9-26
Criterion Properties Plc v Stratford UK Properties LLC [2004] UKHL 28; [2004] 1
 W.L.R. 1846; [2004] B.C.C. 570; [2006] 1 B.C.L.C. 729; (2004) 101(26) L.S.G. 27;
 (2004) 148 S.J.L.B. 760; [2004] N.P.C. 96 HL 9-17, 62-06, 62-07
Crofter Hand Woven Harris Tweed Co Ltd v Veitch [1942] A.C. 435; [1942] 1 All E.R.
 147; 1942 S.C. (H.L.) 1; 1943 S.L.T. 2 HL.. 59-04, 59-08
Crofton v NHS Litigation Authority [2007] EWCA Civ 71; [2007] 1 W.L.R. 923; [2007]
 B.L.G.R. 507; (2007) 10 C.C.L. Rep. 123; [2007] P.I.Q.R. Q3; [2007] LS Law Medical
 254; (2007) 104(8) L.S.G. 36; (2007) 151 S.J.L.B. 262 .... 81-20, 82-13
Croockewit v Fletcher 156 E.R. 1463; (1857) 1 Hurl. & N. 893 Ex Ct 11-04
Cropper v Smith. *See* Smith v Cropper (t/a HS Cropper & Co)
Cross v Kirkby *Times* 5 April 2000 CA (Civ Div) 5-05
Crossley Bros Ltd v Lee [1908] 1 K.B. 86 KBD 92-03
Crow v Wood [1971] 1 Q.B. 77; [1970] 3 W.L.R. 516; [1970] 3 All E.R. 425; (1970) 21 P.
 & C.R. 929; (1970) 114 S.J. 474 CA (Civ Div) 94-01
Crowley v Surrey CC [2008] EWHC 1102 (QB); [2008] E.L.R. 349 39-02
Crown Bidco Ltd v Vertu Holdings OY [2017] EWCA Civ 67; [2017] 2 WLUK 57;
 [2018] 3 Costs L.R. 455.. 57-03
Crown Dilmun v Sutton [2004] EWHC 52 (Ch); [2004] 1 B.C.L.C. 468; [2004] W.T.L.R.
 497; (2004) 101(7) L.S.G. 34 Ch D 62-03
Crown Estate Commissioners v Town Investments [1992] 1 E.G.L.R. 61; [1992] 08 E.G.
 111.. 101-02
Crown Prosecution Service v Eastenders Group; sub nom. Barnes v Eastenders Cash &
 Carry Plc [2014] UKSC 26; [2015] A.C. 1; [2014] 2 W.L.R. 1269; [2014] 3 All E.R. 1;
 [2014] 2 Cr. App. R. 19; [2014] H.R.L.R. 15; [2014] Lloyd's Rep. F.C. 461; [2014]
 B.P.I.R. 867 .... 108-03, 108-08, 108-10
Crown River Cruises Ltd v Kimbolton Fireworks Ltd [1996] 2 Lloyd's Rep. 533; [1996]
 C.L.C. 1214 QBD (Comm) 47-11, 47-16
Croydon Health Services NHS Trust v George (UKEAT/0139/15) [2016] 2 WLUK 452;
 17 February 2016 EAT 44-13
Cruddas v Calvert [2015] EWCA Civ 171; [2015] E.M.L.R. 16 .... 37-36, 38-08, 38-10
Cruise v Burke [1919] 2 L.R. 182 5-17
Cruise v Express Newspapers Plc [1999] Q.B. 931; [1999] 1 W.L.R. 327; [1998] E.M.L.R.
 780 CA (Civ Div) 37-36
Cruse v Paine (1868-69) L.R. 4 Ch. App. 441 CA in Chancery 16-02
Cukurova Finance International Ltd v Alfa Telecom Turkey Ltd [2013] UKPC 25; [2015]
 2 W.L.R. 875; [2013] 4 All E.R. 989 PC (British Virgin Islands) 15-13
Cumbernauld and Kilsyth DC v Dollar Land (Cumbernauld) Ltd 1993 S.C. (H.L.) 44;
 1993 S.L.T. 1318; 1993 S.C.L.R. 798; [1993] E.G. 146 (C.S.) HL........................... 93-04
Cundall v Leeds City Council unreported 24 January 2017 39-01
Cunliffe-Owen v Teather & Greenwood; Cunliffe Owen v Schaverien Habermann, Simon
 & Co; Cunliffe Owen v LA Seligmann & Co [1967] 1 W.L.R. 1421; [1967] 3 All E.R.
 561; (1967) 111 S.J. 866 Ch D 15-03
Cunningham v Collett & Farmer (A Firm) (Costs) [2006] EWHC 148 (TCC); [2006]
 B.L.R. 97 .... 84-X1
Curistan v Times Newspapers Ltd [2008] EWCA Civ 432; [2009] Q.B. 231; [2009] 2
 W.L.R. 149; [2008] 3 All E.R. 923; [2008] E.M.L.R. 17...................................... 37-44
Curran v Derbyshire and Lancashire Gliding Club [2004] EWHC 687 (QB); [2004] All
 E.R. (D) 526 (Mar) 7-05
Curran v Derbyshire and Lancashire Gliding Club; Curran v Robertshaw; Curran v
 Roberts [2004] EWCA Civ 955; [2004] 7 WLUK 61 7-05
Curtis v Pulbrook [2009] EWHC 782 (Ch); [2009] 4 WLUK 243; [2011] W.T.L.R. 1503 18-04
Customs and Excise Commissioners v Barclays Bank Plc [2006] UKHL 28; [2007] 1 A.C.
 181; 2006] 3 W.L.R. 1; [2006] 4 All E.R. 256; [2006] 2 All E.R. (Comm) 831; [2006] 2
 Lloyd's Rep. 327; [2006] 1 C.L.C. 1096; (2006) 103(27) L.S.G. 33; (2006) 156 N.L.J.
 1060; (2006) 150 S.J.L.B. 859.. 9-03, 85-03
Customs and Excise Commissioners v Total Network SL; sub nom. Revenue and Customs
 Commissioners v Total Network SL; Total Network SL v Revenue and Customs
 Commissioners [2008] UKHL 19; [2008] 1 A.C. 1174; [2008] 2 W.L.R. 711; [2008] 2

TABLE OF CASES

All E.R. 413; [2008] S.T.C. 644; [2008] Lloyd's Rep. F.C. 275; [2008] B.P.I.R. 699; [2008] B.T.C. 5216; [2008] B.V.C. 340; [2008] S.T.I. 938; (2008) 152(12) S.J.L.B. 29 ..... 59-04, 59-06
Cutler v Southern (1667) 1 Wms. Saund. 1871 Ed. 133 27-04
Cutsforth v Mansfield Inns Ltd; sub nom. Cutsforth (t/a for Amusement Only) v Mansfield Inns Ltd [1986] 1 W.L.R. 558; [1986] 1 All E.R. 577; [1986] 1 C.M.L.R. 1; (1986) 83 L.S.G. 1232; (1986) 130 S.J. 31 QBD 51-01
Czarnikow-Rionda Sugar Trading Inc v Standard Bank London Ltd [1999] 1 All E.R. (Comm) 890; [1999] 2 Lloyd's Rep. 187; [1999] Lloyd's Rep. Bank. 197; [1999] C.L.C. 1148 QBD (Comm)... 11-05
D (A Child) v Walker; sub nom. Walker v D (A Child) [2000] 1 W.L.R. 1382; [2000] 5 WLUK 38; [2000] C.P.L.R. 462; [2001] H.R.L.R. 1; [2000] U.K.H.R.R. 648; [2000] P.I.Q.R. P193; (2000) 97(22) L.S.G. 44 CA (Civ Div)............................... 1-31
D Pride & Partners (A Firm) v Institute for Animal Health [2009] EWHC 685 (QB); [2009] N.P.C. 56 47-07
D v Commissioner of Police of the Metropolis; V v Commissioner of Police of the Metropolis; sub nom. NBV v Commissioner of Police of the Metropolis, DSD v Commissioner of Police of the Metropolis [2014] EWHC 2493 (QB); [2015] 1 W.L.R. 1833; [2015] 2 All E.R. 272; [2014] 7 WLUK 872 64-14
D v East Berkshire Community NHS Trust. See JD v East Berkshire Community Health NHS Trust 84-X6
D v L [2003] EWCA Civ 1169; [2004] E.M.L.R. 1 79-05
D, Re; sub nom. CD's Application for Judicial Review, Re; R. (on the application of D) v Life Sentence Review Commissioners; Life Sentence Review Commissioners v D [2008] UKHL 33; [2008] 1 W.L.R. 1499; [2008] 4 All E.R. 992; [2008] N.I. 292; [2009] 1 F.L.R. 700; [2008] Prison L.R. 219; [2009] Fam. Law 192; (2008) 105(29) L.S.G. 36; (2008) 152(25) S.J.L.B. 32 .... 5-16, 70-06
D&D Wines International Ltd (In Liquidation), Re; sub nom. Angove Pty Ltd v Bailey, Bailey v Angove's Pty Ltd [2016] UKSC 47; [2016] 1 W.L.R. 3179; [2017] 1 All E.R. 773; [2017] 1 All E.R. (Comm) 583; [2016] 2 Lloyd's Rep. 409; [2016] 7 WLUK 719; [2016] B.C.C. 594; [2017] 1 B.C.L.C. 1; [2016] 2 C.L.C. 228; [2016] E.C.C. 28; [2016] B.P.I.R. 1361; [2016] W.T.L.R. 1309; [2017] 1 P. & C.R. DG2........................ 21-03
Dadourian Group International Inc v Simms (Damages) [2009] EWCA Civ 169; [2009] 1 Lloyd's Rep. 601... 13-12
Daejan Investments Ltd v Benson [2013] UKSC 14; [2013] 1 W.L.R. 854; [2013] 2 All E.R. 375; [2013] 3 WLUK 107; [2013] H.L.R. 21; [2013] 2 P. & C.R. 2; [2013] L. & T.R. 17; [2013] 2 E.G.L.R. 45; [2013] R.V.R. 164; [2013] 11 E.G. 80 (C.S.); (2013) 157(10) S.J.L.B. 31.. 100-02
Daewoo Shipbuilding and Marine Engineering Co Ltd v Songa Offshore Equinox Ltd [2018] EWHC 538 (Comm); [2019] 1 All E.R. (Comm) 161; [2018] 1 Lloyd's Rep. 443; [2018] 3 WLUK 388; [2018] 1 C.L.C. 613; [2018] B.L.R. 393 .... 2-07, 2-15, 3-01
Dakhyl v Labouchere [1908] 2 K.B. 325 (Note) HL 37-18
Dalby v India and London Life Assurance Co 139 E.R. 465; (1854) 15 C.B. 365 CCP 71-01
Dalgleish v Lowther [1899] 2 Q.B. 590 CA 37-16
Dalkia Utilities Services Plc v Celtech International Ltd [2006] EWHC 63 (Comm); [2006] 1 Lloyd's Rep. 599; [2006] 2 P. & C.R. 9.................................... 33-11
Dallah Real Estate & Tourism Holding Co v Government of Pakistan [2010] UKSC 46; [2011] 1 A.C. 763; [2010] 3 W.L.R. 1472; [2011] 1 All E.R. 485; [2011] 1 All E.R. (Comm) 383; [2011] Bus. L.R. 158; [2010] 2 Lloyd's Rep. 691; [2010] 2 C.L.C. 793; 133 Con. L.R. 1; (2010) 160 N.L.J. 1569... 2-04
Dallhold Estates (UK) Pty (In Administration) v Lindsey Trading Properties Inc; sub nom. Lindsey Trading Properties Inc v Dallhold Estates (UK) Pty Ltd (1995) 70 P. & C.R. 332; [1994] 17 E.G. 148; [1993] E.G. 195 (C.S.); [1993] N.P.C. 158 CA (Civ Div)........ 100-01
Dallison v Caffery [1965] 1 Q.B. 348; [1964] 3 W.L.R. 385; [1964] 2 All E.R. 610; (1964) 128 J.P. 379; (1964) 108 S.J. 560 CA 5-02, 5-12, 5-17
Dance v Savery [2011] EWHC 16 (Ch); [2011] 1 WLUK 166; [2011] 2 P. & C.R. 1; [2011] N.P.C. 5 89-01
Daniels v Chief Constable of South Wales [2015] EWCA Civ 680 5-20
Daniels v Fielding 153 E.R. 1159; (1846) 16 M. & W. 200 Ex Ct 5-19
Danko International v Faucon Investment Co [2006] EWHC 1104 (Comm) 4-07
Daraydan Holdings Ltd v Solland International Ltd [2004] EWHC 622 (Ch); [2005] Ch. 119; [2004] 3 W.L.R. 1106; [2005] 4 All E.R. 73; [2004] W.T.L.R. 815; [2004] N.P.C. 49 Ch D 61-01, 61-08, 62-04

[lv]

Table of Cases

Dardana Ltd v Yukos Oil Co (No.1) [2002] EWCA Civ 543; [2002] 1 All E.R. (Comm) 819; [2002] 2 Lloyd's Rep. 326; [2002] C.L.C. 1120. 4-06
Dare v Pulham (1982) 148 C.L.R. 658 Hugh Ct (Aus) 1-10
Darker v Chief Constable of the West Midlands; sub nom. Docker (Deceased) v Chief Constable of the West Midlands [2001] 1 A.C. 435; [2000] 3 W.L.R. 747; [2000] 4 All E.R. 193; (2000) 97(32) L.S.G. 38; (2000) 150 N.L.J. 1421; (2000) 144 S.J.L.B. 243 HL 5-20
Darnley v Croydon Health Services NHS Trust [2018] UKSC 50; [2019] A.C. 831; [2018] 3 W.L.R. 1153; [2019] 1 All E.R. 27; [2018] 10 WLUK 181; [2019] P.I.Q.R. P4; [2018] Med. L.R. 595; (2019) 165 B.M.L.R. 1 82-03
Davenport v Queen, The (1877-78) L.R. 3 App. Cas. 115 PC 98-12
Daves v Hawaiian Dredging Co (1953) 114 F. Supp. 643 (DC Hawaii) 1-14
Davey v Bentinck [1893] 1 Q.B. 185 CA 37-16
Davey v Harrow Corp [1958] 1 Q.B. 60; [1957] 2 W.L.R. 941; [1957] 2 All E.R. 305; [1957] 4 WLUK 45; (1957) 101 S.J. 405 CA 47-01
David Blackstone Ltd v Burnetts (West End) Ltd [1973] 1 W.L.R. 1487; [1973] 3 All E.R. 782; (1974) 27 P. & C.R. 70; (1973) 117 S.J. 894 QBD. 98-15
Davidson v Barclays Bank Ltd [1940] 1 All E.R. 316 KBD 9-12
Davidson v Chief Constable of North Wales [1994] 2 All E.R. 597 CA (Civ Div) ... 5-07
Davies (Joseph Owen) v Eli Lilly & Co (No.1) [1987] 1 W.L.R. 1136; [1987] 3 All E.R. 94; [1987] 2 F.T.L.R. 154; (1987) 84 L.S.G. 2042; (1987) 137 N.L.J. 1183 CA (Civ Div) 84-01, 83-04, 84-X1
Davies v AIB Group (UK) Plc [2012] EWHC 2178 (Ch); [2012] 7 WLUK 877; [2012] 2 P. & C.R. 19. .... 18-01, 18-06
Davies v London and Provincial Marine Insurance Co (1878) L.R. 8 Ch. D. 469; (1878) 26 W.R. 794 Ch D. 58-02
Davies v Property and Reversionary Investments Corp Ltd [1929] 2 K.B. 222 KBD 92-03
Davies v Snead (1869-70) L.R. 5 Q.B. 608 QB 37-43
Davy v Garrett (1877-78) L.R. 7 Ch. D. 473 CA 1-34, 57-02, 58-12
Dawes v Harness (1874-75) L.R. 10 C.P. 166 CCP 58-10
Dawson v Thomson Airways Ltd [2014] EWCA Civ 845; [2015] 1 W.L.R. 883; [2014] 4 All E.R. 832; [2015] 1 All E.R. (Comm) 193; [2014] 2 Lloyd's Rep. 399; [2014] 1 C.L.C. 1018; [2014] 3 C.M.L.R. 35; (2014) 164(7612) N.L.J. 18 8-11
Day (t/a Appledore Clinical Services) v Barclays Bank Plc [2018] EWHC 393 (QB); [2018] 2 WLUK 129. 12-15
Day v Tiuta International Ltd [2014] EWCA Civ 1246; [2015] 1 P. & C.R. DG10 .... 13-09, 15-14, 104-14
DC Thomson & Co Ltd v Deakin [1952] Ch. 646; [1952] 2 All E.R. 361; [1952] 2 T.L.R. 105 CA 59-08
DD Growth Premium 2X Fund (In Liquidation) v RMF Market Neutral Strategies (Master) Ltd [2017] UKPC 36; [2018] Bus. L.R. 1595; [2017] 11 WLUK 567; [2018] B.C.C. 152; [2018] 1 B.C.L.C. 453. .... 108-03, 108-06
DDSA Pharmaceuticals Ltd v Times Newspapers Ltd [1973] Q.B. 21; [1972] 3 W.L.R. 582; [1972] 3 All E.R. 417; (1972) 116 S.J. 585 CA (Civ Div) 37-14
De Beers Abrasive Products Ltd v International General Electric Co of New York Ltd; De Beers Industrial Diamonds (Ireland) Ltd v International General Electric Co of New York Ltd; Diamond Products (Sales) Ltd v International General Electric Co of New York Ltd [1975] 1 W.L.R. 972; [1975] 2 All E.R. 599; [1975] F.S.R. 323; (1975) 119 S.J. 439 Ch D 38-06
De Beers UK Ltd (formerly Diamond Trading Co Ltd) v Atos Origin IT Services UK Ltd [2010] EWHC 3276 (TCC); [2011] B.L.R. 274; 134 Con. L.R. 151 .... 33-06, 33-12
De Keyser's Hotel Ltd v Spicer Bros (1914) 30 T.L.R. 257 47-25
De Keyser's Royal Hotel Ltd, Re [1920] A.C. 508 103-02
De Maudsley v Palumbo [1996] E.M.L.R. 460; [1996] F.S.R. 447 Ch D 74-03
De Souza v Vinci Construction UK Ltd. See Pereira de Souza v Vinci Construction UK Ltd
Dean and Chapter of the Cathedral and Metropolitan Church of Christ Canterbury v Whitbread Plc (1996) 72 P. & C.R. 9; [1995] 1 E.G.L.R. 82; [1995] 24 E.G. 148; [1995] E.G. 13 (C.S.); [1995] N.P.C. 15; (1995) 69 P. & C.R. D34 Ch D 103-02
Dean v Walker (1997) 73 P. & C.R. 366; [1996] N.P.C. 78 CA (Civ Div) 94-05
Dearlove (t/a Diddy) v Combs (t/a Sean Puffy Combs, Puffy and P Diddy) [2007] EWHC 375 (Ch); [2007] 2 WLUK 691; [2008] E.M.L.R. 2; [2007] Info. T.L.R. 295; (2007) 30(4) I.P.D. 30029. 45-10

TABLE OF CASES

Debeck Ductwork Installation Ltd v TE Engineering Ltd unreported 14 January 2002 36-01
Debtor (No.627 of 1936), Re [1937] Ch. 156 CA 27-13
Decorum Investments Ltd v Atkin (The Elena G); Elena G, The [2001] 2 Lloyd's Rep.
  378; [2002] Lloyd's Rep. I.R. 450 QBD (Comm).............................. 67-12, 70-07
Deep Vein Thrombosis and Air Travel Group Litigation, Re [2005] UKHL 72; [2006] 1
  A.C. 495; [2005] 3 W.L.R. 1320; [2006] 1 All E.R. 786; [2006] 1 All E.R. (Comm) 313;
  [2006] 1 Lloyd's Rep. 231; [2005] 2 C.L.C. 1083; [2006] P.I.Q.R. P14; (2006) 87
  B.M.L.R. 1; (2006) 103(3) L.S.G. 26; (2005) 155 N.L.J. 1925; (2006) 150 S.J.L.B. 29 . 8-07, 46-03
Delaney v Secretary of State for Transport [2015] EWCA Civ 172; [2015] 3 All E.R. 329;
  [2015] C.P. Rep. 25; [2015] R.T.R. 19; [2015] 2 C.M.L.R. 30; [2015] Lloyd's Rep. I.R.
  441; [2015] P.I.Q.R. P17 .... 68-05, 68-06, 81-04
Delaney v TP Smith Ltd [1946] K.B. 393 CA 49-05, 49-N9, 107-01
Delaware Mansions Ltd v Westminster City Council; sub nom. Flecksun Ltd v
  Westminster City Council [2001] UKHL 55; [2002] 1 A.C. 321; [2001] 3 W.L.R. 1007;
  [2001] 4 All E.R. 737; [2002] B.L.R. 25; [2002] T.C.L.R. 8; 79 Con. L.R. 39; [2002]
  B.L.G.R. 1; [2001] 44 E.G. 150 (C.S.); (2001) 98(45) L.S.G. 26; (2001) 151 N.L.J.
  1611; (2001) 145 S.J.L.B. 259; [2001] N.P.C. 151 .... 47-01, 47-07, 47-14, 47-16, 47-17
Delegal v Highley (1837) 3 Bing. N.C. 950 5-17
Dell Emerging Markets (EMEA) Ltd v IB Maroc.com SA [2017] EWHC 2397 (Comm);
  [2017] 10 WLUK 67; [2017] 2 C.L.C. 417 4-02
Dell Emerging Markets (EMEA) Ltd v Systems Equipment Telecommunications Services
  SAL [2018] EWHC 702 (Comm); [2018] 4 WLUK 305............................ 4-03
Deman v Associated Newspapers Ltd [2016] EWHC 2819 (QB); [2016] 11 WLUK 180 37-02
Denmark Productions v Boscobel Productions [1969] 1 Q.B. 699; [1968] 3 W.L.R. 841;
  [1968] 3 All E.R. 513; (1968) 112 S.J. 761 CA (Civ Div) 45-05
Denning v Greenhalgh Financial Services Ltd [2017] EWHC 143 (QB); [2017] 2 WLUK
  87; [2017] 2 B.C.L.C. 526; [2017] P.N.L.R. 19 85-07
Dennis v McDonald [1982] Fam. 63; [1982] 2 W.L.R. 275; [1982] 1 All E.R. 590; (1982)
  12 Fam. Law 84; (1982) 126 S.J. 16 CA (Civ Div) 49-06, 49-N12
Dennis v Ministry of Defence [2003] EWHC 793 (QB); [2003] Env. L.R. 34; [2003]
  E.H.L.R. 17; [2003] 2 E.G.L.R. 121; [2006] R.V.R. 45; [2003] J.P.L. 1577; [2003] 19
  E.G. 118 (C.S.); (2003) 153 N.L.J. 634; [2003] N.P.C. 55 .... 7-02, 47-03, 47-18
Dennis v Tag Group Ltd [2017] EWHC 919 (Ch); [2017] 4 WLUK 210 4-03
Deposit & General Life Insurance Co. v Ayscough 119 E.R. 1048; (1856) 6 El. & Bl. 761
  KB... 58-10
Derbyshire CC v Times Newspapers Ltd [1993] A.C. 534; [1993] 2 W.L.R. 449; [1993] 1
  All E.R. 1011; 91 L.G.R. 179; (1993) 143 N.L.J. 283; (1993) 137 S.J.L.B. 52 HL ... 37-05, 43-03,
                                                                              64-02
Derry v Peek; sub nom. Peek v Derry (1889) L.R. 14 App. Cas. 337; (1889) 5 T.L.R. 625
  HL 58-01, 58-03
Design Progression Ltd v Thurloe Properties Ltd [2004] EWHC 324 (Ch); [2005] 1
  W.L.R. 1; [2004] 2 P. & C.R. 31; [2004] L. & T.R. 25; [2004] 1 E.G.L.R. 121; [2004]
  10 E.G. 184 (C.S.); (2004) 101(12) L.S.G. 36 95-03
Designers Guild Ltd v Russell Williams (Textiles) Ltd (t/a Washington DC) [2000] 1
  W.L.R. 2416; [2001] 1 All E.R. 700; [2001] E.C.D.R. 10; [2001] F.S.R. 11; (2001)
  98(3) L.S.G. 42; (2000) 144 S.J.L.B. 290 HL 75-07
Desmond v Chief Constable of Nottingham Police [2009] EWHC 2362 (QB) 5-22
Desouza v Waterlow [1999] R.T.R. 71; [1998] P.I.Q.R. P87 CA (Civ Div) 68-03
Deutsche Bank AG v Highland Crusader Offshore Partners LP [2009] EWCA Civ 725;
  [2010] 1 W.L.R. 1023; [2009] 2 All E.R. (Comm) 987; [2010] Bus. L.R. 515; [2009] 2
  Lloyd's Rep. 617; [2009] C.P. Rep. 45; [2009] 2 C.L.C. 45............................ 4-03
Deutsche Bank AG v Unitech Global Ltd [2013] EWHC 2793 (Comm); [2014] 2 All E.R.
  (Comm) 268; [2013] 2 Lloyd's Rep. 629; [2014] U.K.C.L.R. 15 13-13
Deutsche Bank AG v Unitech Global Ltd [2016] EWCA Civ 119; [2016] 1 W.L.R. 3598;
  [2017] 1 All E.R. 570; [2016] 2 All E.R. (Comm) 689; [2016] 3 WLUK 141; [2016] 1
  C.L.C. 453... 13-13
Deutsche Morgan Grenfell Group Plc v Inland Revenue Commissioners; sub nom.
  Deutsche Morgan Grenfell Group Plc v Revenue and Customs Commissioners; Inland
  Revenue Commissioners v Deutsche Morgan Grenfell Group Plc [2006] UKHL 49;
  [2006] 3 W.L.R. 781; [2007] 1 All E.R. 449; [2007] S.T.C. 1; [2007] 1 C.M.L.R. 14;
  [2007] Eu. L.R. 226; [2006] B.T.C. 781; 9 I.T.L. Rep. 201; [2006] S.T.I. 2386; (2006)
  103(43) L.S.G. 29; (2006) 150 S.J.L.B. 1430; [2007] 1 A.C. 558........... 9-04, 108-06, 108-07

[lvii]

TABLE OF CASES

Devenish Nutrition Ltd v Sanofi-Aventis SA [2008] EWCA Civ 1086; [2009] Ch. 390; [2009] 3 W.L.R. 198; [2009] Bus. L.R. 858; [2009] 3 All E.R. 27; [2008] U.K.C.L.R. 783; (2008) 152(41) S.J.L.B. 32 .... 31-G2, 108-23, 108-26
Dewar v DPP [2010] EWHC 1050 (Admin) 5-05
Dextra Bank & Trust Co Ltd v Bank of Jamaica [2001] UKPC 50; [2002] 1 All E.R. (Comm) 193 PC (Jam) 9-15, 10-07, 108-07, 108-17
Dhir v Saddler [2017] EWHC 3155 (QB); [2018] 4 W.L.R. 1; [2017] 12 WLUK 117 37-34
Di Luca v Juraise (Springs) Ltd (2000) 79 P. & C.R. 193; [1998] 2 E.G.L.R. 125; [1998] 18 E.G. 131; (1998) 75 P. & C.R. D15 CA (Civ Div) 106-03, 106-10
Diab v Regent Insurance Co Ltd [2006] UKPC 29; [2007] 1 W.L.R. 797; [2006] 2 All E.R. (Comm) 704; [2007] Bus. L.R. 915; [2006] 1 C.L.C. 1084; [2006] Lloyd's Rep. I.R. 779. 67-22
Diamandis v Wills [2015] EWHC 312 (Ch); [2015] 2 WLUK 490 108-06
Diamantides v JP Morgan Chase Bank [2005] EWCA Civ 1612 9-03
Diamond Stylus Co Ltd v Bauden Precision Diamonds Ltd [1972] F.S.R. 177; [1973] R.P.C. 675 Ch D 74-14
Diamond v Bank of London and Montreal [1979] Q.B. 333; [1979] 2 W.L.R. 228; [1979] 1 All E.R. 561; [1979] 1 Lloyd's Rep. 335; (1978) 122 S.J. 814 CA (Civ Div) 58-07, 58-11
Diamond v Campbell Jones [1961] Ch. 22; [1960] 2 W.L.R. 568; [1960] 1 All E.R. 583; 53 R. & I.T. 502; (1960) 39 A.T.C. 103; [1960] T.R. 131; (1960) 104 S.J. 249 Ch D 106-03
Diamond v Royal Devon and Exeter NHS Foundation Trust [2019] EWCA Civ 585; [2019] 4 WLUK 93; [2019] P.I.Q.R. P12; [2019] Med. L.R. 273 82-08
Dicas v Lord Brougham 172 E.R. 1228; (1833) 6 Car. & P. 249 Assizes 5-09
Dies v British & International Mining and Finance Corp Ltd [1939] 1 K.B. 724 KBD 108-08
Digicel (St Lucia) Ltd v Cable & Wireless Plc [2010] EWHC 888 (Ch); [2010] 5 Costs L.R. 709. .... 59-05, 59-06
Digital Satellite Warranty Cover Ltd, Re [2013] UKSC 7; [2013] 1 W.L.R. 605; [2013] 2 All E.R. 202; [2013] 1 All E.R. (Comm) 625; [2013] Bus. L.R. 292; [2013] 1 C.L.C. 378; [2013] Lloyd's Rep. I.R. 236; (2013) 163 N.L.J. 207 67-02
Dimond v Lovell [2002] 1 A.C. 384; [2000] 2 W.L.R. 1121; [2000] 2 All E.R. 897; [2000] 5 WLUK 296; [2000] R.T.R. 243; [2000] C.C.L.R. 57; 2000 Rep. L.R. 62; (2000) 97(22) L.S.G. 47; (2000) 150 N.L.J. 740 HL 108-03
Dingle v Associated Newspapers Ltd. *See* Associated Newspapers Ltd v Dingle 37-35
Diplock, Re. *See* Ministry of Health v Simpson 62-08
Disley v Levine (t/a Airtrak Levine Paragliding) [2001] EWCA Civ 1087; [2002] 1 W.L.R. 785; [2001] C.L.C. 1694; (2001) 98(33) L.S.G. 29 8-02
Dixon v Stansfield (1850) 10 C.B. 398 23-03
DKH Retail Ltd v H Young Operations Ltd [2014] EWHC 4034 (IPEC); [2015] F.S.R. 21 ... 76-06
DL v Newham LBC [2011] EWHC 1127 (Admin); [2011] Fam. Law 922; (2011) 108(24) L.S.G. 19. 64-10
DN v Greenwich LBC [2004] EWCA Civ 1659; [2005] 1 F.C.R. 112; [2005] B.L.G.R. 597; [2005] E.L.R. 133; (2005) 149 S.J.L.B. 25 .... 39-01, 39-02
Dobson v Thames Water Utilities Ltd [2009] EWCA Civ 28; [2009] 3 All E.R. 319; [2009] B.L.R. 287; 122 Con. L.R. 32; [2009] H.R.L.R. 19; [2009] U.K.H.R.R. 617; [2010] H.L.R. 9; [2009] 1 E.G.L.R. 167; [2009] A.C.D. 21; [2009] 5 E.G. 106 (C.S.); [2009] N.P.C. 18. .... 47-02, 47-07, 47-10, 47-16, 47-17, 47-18, 47-19, 84-X5, 84-X6
Dobson v Thames Water Utilities Ltd (No.2) [2011] 12 WLUK 213; 140 Con. L.R. 135 42-02
Dodd Properties (Kent) Ltd v Canterbury City Council [1980] 1 W.L.R. 433; [1980] 1 All E.R. 928; 13 B.L.R. 45; (1979) 253 E.G. 1335; (1980) 124 S.J. 84 CA 35-02, 47-19
Doe d. Hull v Wood 153 E.R. 649; (1845) 14 M. & W. 682 Ex Ct 103-02
Doe d. Lyster v Goldwin 114 E.R. 57; (1841) 2 Q.B. 143 QB 98-07
Doe d. Mitchinson v Carter 101 E.R. 1264; (1798) 8 Term Rep. 57 KB 95-01
Doe v Wright 113 E.R. 289; (1839) 10 Ad. & El. 763 QB 49-N7
Doheny v New India Assurance [2004] EWCA Civ 1705; [2005] 1 All E.R. (Comm) 382; [14. 67-14
Doherty v Allman (1877-78) L.R. 3 App. Cas. 709 HL 51-01
Doherty v Birmingham City Council; sub nom. Birmingham City Council v Doherty [2008] UKHL 57; [2009] 1 A.C. 367; [2008] 3 W.L.R. 636; [2009] 1 All E.R. 653; [2008] H.R.L.R. 47; [2008] U.K.H.R.R. 1022; [2008] H.L.R. 45; [2008] B.L.G.R. 695; [2009] 1 P. & C.R. 11; [2008] 31 E.G. 89 (C.S.); (2008) 105(32) L.S.G. 16; (2008) 152(31) S.J.L.B. 30; [2008] N.P.C. 91 98-07
Domb v Isoz [1980] Ch. 548; [1980] 2 W.L.R. 565; [1980] 1 All E.R. 942; (1980) 40 P. & C.R. 516; (1979) 123 S.J. 838 CA (Civ Div) 106-05

[lviii]

TABLE OF CASES

Domicrest Ltd v Swiss Bank Corp [1999] Q.B. 548; [1999] 2 W.L.R. 364; [1998] 3 All E.R. 577; [1999] 1 Lloyd's Rep. 80; [1998] C.L.C. 1451; [1999] I.L.Pr. 146 QBD 58-11
Dominion Corporate Trustees Ltd v Debenhams Properties Ltd [2010] EWHC 1193 (Ch); [2010] 23 E.G. 106 (C.S.); [2010] N.P.C. 63 33-11
Dominion Mosaics & Tile Co v Trafalgar Trucking Co [1990] 2 All E.R. 246; 26 Con. L.R. 1; [1989] 16 E.G. 101; (1989) 139 N.L.J. 364 CA (Civ Div)...................... 49-08
Don King v Lennox Lewis *See* King v Lewis 37-20
Donelien v Liberata UK Ltd [2018] EWCA Civ 129; [2018] 2 WLUK 196; [2018] I.R.L.R. 535 44-25
Donoghue v Stevenson; sub nom. McAlister v Stevenson [1932] A.C. 562; 1932 S.C. (H.L.) 31; 1932 S.L.T. 317; [1932] W.N. 139 HL 83-07
Donohue v Armco Inc [2001] UKHL 64; [2002] 1 All E.R. 749; [2002] 1 All E.R. (Comm) 97; [2002] 1 Lloyd's Rep. 425; [2002] C.L.C. 440 4-03
Dooba Developments Ltd v McLagan Investments Ltd [2016] EWHC 2944 (Ch); [2016] 11 WLUK 605.. 54-01
Dora, The. *See* Inversiones Manria SA v Sphere Drake Insurance Co, Malvern Insurance Co and Niagara Fire Insurance Co (The Dora)... 67-18
Dornoch Ltd v Westminster International BV; WD Fairway, The [2009] EWHC 889 (Admlty); [2009] 2 All E.R. (Comm) 399; [2009] 2 Lloyd's Rep. 191; [2009] 1 C.L.C. 645; [2009] Lloyd's Rep. I.R. 573 70-18
Doughty v Rolls Royce Plc; sub nom. Rolls Royce Plc v Doughty [1992] 1 C.M.L.R. 1045; [1992] I.C.R. 538; [1992] I.R.L.R. 126 CA (Civ Div)............................ 81-10
Douglas v Hello! Ltd (No.1) [2001] Q.B. 967; [2001] 2 W.L.R. 992; [2001] 2 All E.R. 289; [2001] E.M.L.R. 9; [2001] 1 F.L.R. 982; [2002] 1 F.C.R. 289; [2001] H.R.L.R. 26; [2001] U.K.H.R.R. 223; 9 B.H.R.C. 543; [2001] F.S.R. 40 CA (Civ Div)..... 47-02, 47-03, 64-08, 64-12
Douglas v Hello! Ltd (No.6); sub nom. Douglas v Hello! Ltd (Trial Action: Breach of Confidence) (No.3) [2005] EWCA Civ 595; [2006] Q.B. 125; [2005] 3 W.L.R. 881; [2005] 4 All E.R. 128; [2005] E.M.L.R. 28; [2005] 2 F.C.R. 487; [2005] H.R.L.R. 27; (2005) 28(8) I.P.D. 28057; (2005) 155 N.L.J. 828 .... 79-03, 79-05, 79-06, 79-07, 79-18
Douglas v Hello! Ltd. *See* OBG Ltd v Allan 10-20, 26-02, 42-02, 42-03, 47-15, 59-04, 60-01, 60-03, 60-04, 60-05, 60-07, 60-08, 60-09, 60-10, 60-11, 74-01, 74-10, 74-11, 79-07
Douglas v MGN. *See* OBG Ltd v Allan .. 10-20, 26-02, 42-02, 42-03, 47-15, 59-04, 60-01, 60-03, 60-04, 60-05, 60-07, 60-08, 60-09, 60-10, 60-11, 74-01, 74-10, 74-11, 79-07
Doyle v Olby (Ironmongers) Ltd [1969] 2 Q.B. 158; [1969] 2 W.L.R. 673; [1969] 2 All E.R. 119; (1969) 113 S.J. 128 CA (Civ Div) 58-06
DPP v Barrington Fearon [2010] EWHC 340 (Admin); [2010] 2 Cr. App. R. 22; (2010) 174 J.P. 145; [2010] Crim. L.R. 646; [2010] A.C.D. 39................................. 47-23
DPP v Jones (Margaret) [1999] 2 A.C. 240; [1999] 2 W.L.R. 625; [1999] 2 All E.R. 257; [1999] 2 Cr. App. R. 348; (1999) 163 J.P. 285; 6 B.H.R.C. 513; [1999] Crim. L.R. 672; (1999) 163 J.P.N. 355; [1999] E.G. 36 (C.S.); (1999) 96(13) L.S.G. 31; (1999) 96(11) L.S.G. 71; (1999) 143 S.J.L.B. 98; [1999] N.P.C. 17 HL.............................. 49-02
DPP v Marshall; sub nom. Mills v Marshall [1998] 2 WLUK 191; [1998] I.C.R. 518; [1998] I.R.L.R. 494 EAT 44-34
DPP v Ray; sub nom. Ray v Sempers [1974] A.C. 370; [1973] 3 W.L.R. 359; [1973] 3 All E.R. 131; (1974) 58 Cr. App. R. 130; [1974] Crim. L.R. 181; (1973) 117 S.J. 663 HL....... 58-02
Dr Andrew James Higgins v Marchant & Eliot Underwriting Ltd. *See* Marchant & Eliot Underwriting Ltd v Higgins 28-04
Drake Insurance Plc (In Provisional Liquidation) v Provident Insurance Plc [2003] EWCA Civ 1834; [2004] Q.B. 601; [2004] 2 W.L.R. 530; [2004] 2 All E.R. (Comm) 65; [2004] 1 Lloyd's Rep. 268; [2004] 1 C.L.C. 574; [2004] R.T.R. 19; [2004] Lloyd's Rep. I.R. 277... 67-09, 67-12
Drake v Bedfordshire CC [1944] K.B. 620 KBD 49-03
Drane v Evangelou [1978] 1 W.L.R. 455; [1978] 2 All E.R. 437; [1977] 11 WLUK 87; (1978) 36 P. & C.R. 270; (1977) 246 E.G. 137; (1977) 121 S.J. 793 CA (Civ Div) 107-02
Drew v Daniel; sub nom. Daniel v Drew [2005] EWCA Civ 507; [2005] 2 F.C.R. 365; [2005] W.T.L.R. 807; [2005] 2 P. & C.R. DG14 18-03
Drew-Morgan v Hamid-Zadeh (2000) 32 H.L.R. 316; (2000) 32 H.L.R. 216; [1999] L. & T.R. 503; [1999] 2 E.G.L.R. 13; [1999] 26 E.G. 156; [1999] E.G. 72 (C.S.) CA (Civ Div) 100-01
Drummond v S&U Stores (1980) 258 E.G. 1293 101-02
Drury v Secretary of State for the Environment, Food and Rural Affairs; sub nom. Secretary of State for the Environment, Food and Rural Affairs v Drury [2004] EWCA

Table of Cases

Civ 200; [2004] 1 W.L.R. 1906; [2004] 2 All E.R. 1056; [2004] 3 E.G.L.R. 85; [2004] 37 E.G. 142; (2004) 101(12) L.S.G. 35; (2004) 148 S.J.L.B. 269; [2004] N.P.C. 32 46-07
Dry Bulk Handy Holding Inc v Fayette International Holdings Ltd (The Bulk Chile); Bulk Chile, The [2012] EWHC 2107 (Comm); [2013] 1 All E.R. (Comm) 177; [2012] 2 Lloyd's Rep. 594; [2012] 7 WLUK 744 108-06
DSG Retail Ltd v Comet Group Plc 2002] EWHC 116 (QB); [2002] U.K.C.L.R. 557; [2002] F.S.R. 58 38-06
DSV Silo und Verwaltungsgesellschaft mbH v Owners of the Sennar (The Sennar) (No.2); Sennar, The (No.2) [1985] 1 W.L.R. 490; [1985] 2 All E.R. 104; [1985] 1 Lloyd's Rep. 521; (1985) 82 L.S.G. 1863; (1985) 135 N.L.J. 316; (1985) 129 S.J. 248 HL 51-01
Dubai Aluminium Co Ltd v Salaam; Dubai Aluminium Co Ltd v Amhurst; Dubai Aluminium Co Ltd v Amhurst Brown Martin & Nicholson [2002] UKHL 48; [2003] 2 A.C. 366; [2002] 3 W.L.R. 1913; [2003] 1 All E.R. 97; [2003] 2 All E.R. (Comm) 451; [2003] 1 Lloyd's Rep. 65; [2003] 1 B.C.L.C. 32; [2003] 1 C.L.C. 1020; [2003] I.R.L.R. 608; [2003] W.T.L.R. 163; (2003) 100(7) L.S.G. 36; (2002) 146 S.J.L.B. 280 62-01
Duce v Worcestershire Acute Hospitals NHS Trust [2018] EWCA Civ 1307; [2018] 6 WLUK 96; [2018] P.I.Q.R. P18; [2018] Med. L.R. 499; (2018) 164 B.M.L.R. 1 82-08
Duchess of Argyll v Duke of Argyll [1967] Ch. 302; [1965] 2 W.L.R. 790; [1965] 1 All E.R. 611 79-01
Dudley MBC v Willetts (UKEAT/0334/16/JOJ) [2017] 7 WLUK 780; [2018] I.C.R. 31; [2017] I.R.L.R. 870 EAT 40-11
Dunbar Assets Plc v Dorcas Holdings Ltd [2013] EWCA Civ 864 .... 13-08, 15-14
Dunbar v Plant [1998] Ch. 412; [1997] 3 W.L.R. 1261; [1997] 4 All E.R. 289; [1998] 1 F.L.R. 157; [1997] 3 F.C.R. 669; [1998] Fam. Law 139; (1997) 94(36) L.S.G. 44; (1997) 141 S.J.L.B. 191 CA (Ci Div) 71-02
Duncan v Hill; Duncan v Beeson (1872-73) L.R. 8 Ex. 242 Ex Ch 15-03
Dunlop v Customs and Excise Commissioners (1998) 95(17) L.S.G. 31; (1998) 142 S.J.L.B. 135 CA (Civ Div) 5-18
Dunn v Glass Systems (UK) Ltd [2007] EWHC B2 (QB) 1-26
Dunn v Parole Board [2008] EWCA Civ 374; [2009] 1 W.L.R. 728; [2008] H.R.L.R. 32; [2008] U.K.H.R.R. 711; [2009] Prison L.R. 67 .... 84-X6
Dunnachie v Kingston upon Hull City Council; Williams v Southampton Institute; Dawson v Stonham Housing Association; sub nom. Kingston Upon Hull City Council v Dunnachie (No.1) [2004] UKHL 36; [2005] 1 A.C. 226; [2004] 3 W.L.R. 310; [2004] 3 All E.R. 1011; [2004] I.C.R. 1052; [2004] I.R.L.R. 727; (2004) 101(33) L.S.G. 34; (2004) 154 N.L.J. 1156; (2004) 148 S.J.L.B. 909 40-06
Dunne v North Western Gas Board; Lambert v North Western Gas Board; Doyle v North Western Gas Board [1964] 2 Q.B. 806; [1964] 2 W.L.R. 164; [1963] 3 All E.R. 916; 62 L.G.R. 197; (1963) 107 S.J. 890 CA 48-03
Dunnett v Railtrack Plc [2002] EWCA Civ 303; [2002] 1 W.L.R. 2434; [2002] 2 All E.R. 850; [2002] C.P. Rep. 35; [2002] C.P.L.R. 309; (2002) 99(16) L.S.G. 37 1-22
Duport Steels Ltd v Sirs [1980] 1 W.L.R. 142; [1980] 1 All E.R. 529; [1980] I.C.R. 161; [1980] I.R.L.R. 116; (1980) 124 S.J. 133 HL 42-04
Durant v Financial Services Authority (Disclosure) [2003] EWCA Civ 1746; [2004] F.S.R. 28 79-23
Durham Bros v Robertson [1898] 1 Q.B. 765 CA 6-07
Durkin v DSG Retail Ltd [2014] UKSC 21; [2014] 1 W.L.R. 1148; [2014] 2 All E.R. 715; [2014] 1 All E.R. (Comm) 929; 2014 S.C. (U.K.S.C.) 139; 2014 S.L.T. 468; 2014 S.C.L.R. 403; [2014] 3 WLUK 747; [2014] E.C.C. 20; 2014 G.W.D. 12-211 20-34
Durrheim v Ministry of Defence [2014] EWHC 1960 (QB) 46-02, 84-02
Dusek v Stormharbour Securities LLP [2015] EWHC 37 (QB); [2015] 1 WLUK 290 8-02
Dwek v Macmillan Publishers Ltd; Dwek v Associated Newspapers Ltd [2000] E.M.L.R. 284 CA (Civ Div) 37-13
Dwr Cymru Cyfyngedig (Welsh Water) v Barratt Homes Ltd [2013] EWCA Civ 233; [2013] 1 W.L.R. 3486; 147 Con. L.R. 1; [2013] Env. L.R. 30 .... 47-08, 47-11, 47-13, 47-14
Dymond v Pearce [1972] 1 Q.B. 496; [1972] 2 W.L.R. 633; [1972] 1 All E.R. 1142; [1972] R.T.R. 169; (1972) 116 S.J. 62 CA (Civ Div) 47-14
Dyson Technology Ltd v Curtis [2010] EWHC 3289 (Ch) 61-08, 62-04
E (A Child), Re; sub nom. E (A Child) v Chief Constable of Ulster [2008] UKHL 66; [2009] 1 A.C. 536; [2008] 3 W.L.R. 1208; [2009] 1 All E.R. 467; [2009] N.I. 141; [2009] H.R.L.R. 8; [2009] U.K.H.R.R. 277; 25 B.H.R.C. 720; (2008) 152(45) S.J.L.B. 27 .... 84-X5

TABLE OF CASES

E Hobbs (Farms) Ltd v Baxenden (Chemical Co) Ltd; Gerber Foods (Holdings) Ltd v E
 Hobbs (Farms) Ltd [1992] 1 Lloyd's Rep. 54 QBD................................. 47-07
E v English Province of Our Lady of Charity; sub nom. JGE v English Province of Our
 Lady of Charity [2012] EWCA Civ 938; [2013] Q.B. 722; [2013] 2 W.L.R. 958; [2012]
 4 All E.R. 1152; [2013] P.T.S.R. 565; [2012] I.R.L.R. 846; [2012] P.I.Q.R. P19.......... 84-X5
Eaglesfield v Marquis of Londonderry (1876-77) L.R. 4 Ch. D. 693 CA 58-08
Earl of Lonsdale v Rigg 156 E.R. 1475; (1857) 1 Hurl. & N. 923 Ex Ct 49-05
Earle v Charalambous [2006] EWCA Civ 1090; [2007] H.L.R. 8; (2006) 150 S.J.L.B.
 1056; [2006] N.P.C. 92; [2007] 1 P. & C.R. DG10................................. 101-03
East England Schools CIC (t/a 4MySchools) v Palmer [2013] EWHC 4138 (QB); [2014]
 I.R.L.R. 191 60-03
East Fremantle Corp v Annois [1902] A.C. 213 PC (Aus) 49-N11
East Sussex CC v Sussex Central Area Justices [2019] EWHC 164 (Admin); [2019] 1
 WLUK 105; [2019] A.C.D. 39.. 39-07
Eastgate Ex p. Ward, Re [1905] 1 K.B. 465 KBD 54-02
Eastwood v Kenyon 113 E.R. 482; (1840) 11 Ad. & El. 438 QB 27-08
Eastwood v Magnox Electric Plc; McCabe v Cornwall CC [2004] UKHL 35; [2005] 1
 A.C. 503; [2004] 3 W.L.R. 322; [2004] 3 All E.R. 991; [2004] I.C.R. 1064; [2004]
 I.R.L.R. 733; (2004) 101(32) L.S.G. 36; (2004) 154 N.L.J. 1155; (2004) 148 S.J.L.B.
 909.. 40-05
Eaton Mansions (Westminister) Ltd v Stinger Compania de Inversion SA [2013] EWCA
 Civ 1308; [2014] C.P. Rep. 12; [2014] H.L.R. 4; [2014] 1 P. & C.R. 5; [2014] 1
 E.G.L.R. 89; [2013] 45 E.G. 74 (C.S.)....................................... 48-09, 107-02
EBR Attridge Law LLP (formerly Attridge Law) v Coleman [2010] 1 C.M.L.R. 28; [2010]
 I.C.R. 242; [2010] I.R.L.R. 10; (2009) 153(42) S.J.L.B. 28 EAT.................. 44-13, 63-10
Ecobank Transnational Inc v Tanoh [2015] EWCA Civ 1309; [2016] 1 W.L.R. 2231;
 [2016] 1 Lloyd's Rep. 360; [2015] 12 WLUK 609; [2016] 1 C.L.C. 65 4-03
Economides v Commercial Union Assurance Co Plc [1998] Q.B. 587; [1997] 3 W.L.R.
 1066; [1997] 3 All E.R. 636; [1997] C.L.C. 1169; [1998] Lloyd's Rep. I.R. 9 CA (Civ
 Div).. 58-02, 67-18
Economou v de Freitas [2018] EWCA Civ 2591; [2018] 11 WLUK 320; [2019] E.M.L.R.
 7.. 37-39, 37-40
Edem v Information Commissioner [2014] EWCA Civ 92; [2014] 2 WLUK 236 79-23
Edge v Gallon (1900) 17 R.P.C. 557 78-09
Edge v Strafford 148 E.R. 1474; (1831) 1 Cr. & J. 391; [1831] 1 WLUK 18 Ex Ct 103-04
Edgington v Fitzmaurice (1885) L.R. 29 Ch. D. 459 CA 58-05, 67-18
Edlington Properties Ltd v JH Fenner & Co Ltd [2006] EWCA Civ 403; [2006] 1 W.L.R.
 1583; [2006] 3 All E.R. 1200; [2006] L. & T.R. 19; [2006] 2 E.G.L.R. 18; [2006] 22
 E.G. 178; [2006] 13 E.G. 141 (C.S.)... 102-03
EDO Technology Ltd v Campaign to Smash EDO [2006] EWHC 598 (QBD) 1-21, 1-43
Edward Wong Finance Co Ltd v Johnson Stokes & Master [1984] A.C. 296; [1984] 2
 W.L.R. 1; (1983) 80 L.S.G. 3163; (1983) 127 S.J. 784 PC (HK)..................... 85-06
Edwards v Ashik [2014] EWHC 2454 (Ch); [2014] 7 WLUK 923 13-12
Edwards v Halliwell [1950] 2 All E.R. 1064; [1950] W.N. 537; (1950) 94 S.J. 803 CA 43-07
Edwards v Kumarasamy [2016] UKSC 40; [2016] A.C. 1334; [2016] 3 W.L.R. 310;
 [2017] 2 All E.R. 624; [2016] 7 WLUK 298; [2016] H.L.R. 32; [2017] 1 P. & C.R. 2;
 [2016] L. & T.R. 25.. 101-03
Egan v Static Control Components (Europe) Ltd [2004] EWCA Civ 392; [2004] 2 Lloyd's
 Rep. 429; (2004) 148 S.J.L.B. 507.. 13-03
Egerton v Harding [1975] Q.B. 62; [1974] 3 W.L.R. 437; [1974] 3 All E.R. 689; (1974) 28
 P. & C.R. 369; (1974) 118 S.J. 565 CA (Civ Div) 94-01
Egger v Viscount Chelmsford; sub nom. Egger v Davies [1965] 1 Q.B. 248; [1964] 3
 W.L.R. 714; [1964] 3 All E.R. 406; (1964) 108 S.J. 619 CA 37-25, 37-56
Eide UK Ltd v Lowndes Lambert Group Ltd [1999] Q.B. 199; [1998] 3 W.L.R. 643;
 [1998] 1 All E.R. 946; [1998] 1 Lloyd's Rep. 389; [1998] C.L.C. 266; (1998) 95(4)
 L.S.G. 34; (1998) 148 N.L.J. 86 CA (Civ Div).................................... 70-13
Eiles v Southwark LBC [2006] EWHC 1411 (TCC) 35-03, 47-14, 47-15
El Ajou v Dollar Land Holdings Plc (No.1) [1994] 2 All E.R. 685; [1994] B.C.C. 143;
 [1994] 1 B.C.L.C. 464; [1993] N.P.C. 165 CA (Civ Div) 9-17, 62-02, 62-17
Electrical, Electronic, Telecommunication and Plumbing Union v Times Newspapers
 [1980] Q.B. 585; [1980] 3 W.L.R. 98; [1980] 1 All E.R. 1097; (1980) 124 S.J. 31 QBD..... 43-03
Electricity Supply Nominees Ltd v National Magazine Co Ltd (2000) 2 T.C.L.R. 169;
 [1999] 1 E.G.L.R. 130; [1998] E.G. 162 (C.S.) QBD (TCC)........................ 101-03

[lxi]

Electrosteel Castings Ltd v Scan Trans Shipping & Chartering Sdn Bhd [2002] EWHC
    1993 (Comm); [2002] 2 All E.R. (Comm) 1064; [2003] 1 Lloyd's Rep. 190; 87 Con.
    L.R. 50 2-05
Elguzouli-Daf v Commissioner of Police of the Metropolis; McBrearty v Ministry of
    Defence [1995] Q.B. 335; [1995] 2 W.L.R. 173; [1995] 1 All E.R. 833; (1995) 7 Admin.
    L.R. 421; (1995) 145 N.L.J. 151 CA (Civ Div) 5-18
Elias v George Sahely & Co (Barbados) [1983] 1 A.C. 646; [1982] 3 W.L.R. 956; [1982] 3
    All E.R. 801; (1982) 126 S.J. 708 PC (Bar) 27-07
Elite Property Holdings Ltd v Barclays Bank Plc [2017] EWHC 2030 (QB); [2017] 7
    WLUK 520 57-02
Elkington v DPP [2012] EWHC 3398 (Admin) 5-04
Eller v Grovecrest Investments Ltd [1995] Q.B. 272; [1995] 2 W.L.R. 278; [1994] 4 All
    E.R. 845; (1995) 70 P. & C.R. 350; [1994] 27 E.G. 139; [1994] E.G. 28 (C.S.); (1994)
    144 N.L.J. 390; [1994] N.P.C. 21 CA (Civ Div).. 92-06
Elliott v Islington LBC; sub nom. Islington LBC v Elliott [2012] EWCA Civ 56; [2012] 7
    E.G. 90 (C.S.) 46-07
Ellis & Co's Trustee v Dixon-Johnson [1925] A.C. 489 HL 16-05
Ellis v Barker (1871-72) L.R. 7 Ch. App. 104 CA in Chancery 18-03
Ellison v Ministry of Defence 81 B.L.R. 101 QBD (OR) 47-03, 47-12, 48-01, 48-05
Elstone v BP Plc. *See* BP Plc v Elstone
Elton John v Dick James. *See* John v James 45-01, 45-06
Elvington Park Ltd v York City Council [2009] EWHC 1805 (Admin); [2010] Env. L.R.
    10; [2010] J.P.L. 331.. 47-25
Elvington Park Ltd v York City Council. *See* R. (on the application of Elvington Park Ltd)
    v York Crown Court 47-25
Emerald Construction Co v Lowthian [1966] 1 W.L.R. 691; [1966] 1 All E.R. 1013; 1
    K.I.R. 200; (1966) 110 S.J. 226 CA 60-03
Emerald Meats (London) Ltd v AIB Group (UK) Plc [2002] EWCA Civ 460 9-05
Emerald Supplies Ltd v British Airways Plc [2010] EWCA Civ 1284; [2011] 2 W.L.R.
    203; [2011] C.P. Rep. 14; [2011] U.K.C.L.R. 20; (2010) 160 N.L.J. 1651 ..... 46-02, 63-05, 84-02
Emerald Supplies Ltd v British Airways Plc [2015] EWCA Civ 1024; [2016] Bus. L.R.
    145; [2015] 10 WLUK 353; [2016] U.K.C.L.R. 567 .... 59-06, 60-08
Emerson Electric Co v Mersen UK Portslade Ltd (formerly Le Carbone (Great Britain)
    Ltd) [2012] EWCA Civ 1559; [2013] Bus. L.R. 342; [2013] U.K.C.L.R. 81 31-02
Emirates Trading Agency LLC v Prime Mineral Exports Private Ltd [2014] EWHC 2104
    (Comm); [2015] 1 W.L.R. 1145; [2014] 2 Lloyd's Rep. 457; [2014] 2 C.L.C. 1; (2014)
    164(7615) N.L.J. 19 34-03
Emmett v Sisson [2014] EWCA Civ 64; [2014] 2 P. & C.R. 3 93-03
Enfield LBC v Outdoor Plus Ltd [2012] EWCA Civ 608; [2012] 5 WLUK 256; [2012]
    C.P. Rep. 35; [2012] 2 E.G.L.R. 105; [2012] 29 E.G. 86 .... 49-02, 49-08
English Churches Housing Group v Shine; sub nom. English Churches Housing Group v
    Shrine, Shine v English Churches Housing Group [2004] EWCA Civ 434; [2004] 4
    WLUK 223; [2004] H.L.R. 42; [2005] L. & T.R. 7; (2004) 101(20) L.S.G. 35; (2004)
    148 S.J.L.B. 476; [2004] N.P.C. 61.. 101-03
English v Darley 126 E.R. 1156; (1800) 2 Bos. & P. 61 CCP 10-12
English Welsh & Scottish Railway Ltd v National Union of Rail Maritime & Transport
    Workers [2004] EWCA Civ 1539; [2004] 10 WLUK 393; (2004) 148 S.J.L.B. 1246........ 42-05
Enron (Thrace) Exploration & Production BV v Clapp (No.2); sub nom. Clapp v Enron
    (Thrace) Exploration & Production BV (No.2) [2005] EWCA Civ 1511; [2005] 12
    WLUK 206; [2006] 1 C.L.C. 94; (2006) 103(2) L.S.G. 31 58-09
Enterprise Holdings Inc v Europcar Group UK Ltd [2015] EWHC 17 (Ch); [2015]
    E.T.M.R. 16; [2015] F.S.R. 22 77-07
Environment Agency v Rowan [2008] I.C.R. 218; [2008] I.R.L.R. 20 EAT 44-24
Equity Syndicate Management Ltd v GlaxoSmithKline Plc; AXA Corporate Solutions
    Assurance SA v Josiah [2015] EWHC 2163 (Comm); [2015] 7 WLUK 750; [2016]
    Lloyd's Rep. I.R. 155 53-01
Erdenet Mining Corp LLC v ICBC Standard Bank Plc [2017] EWHC 1090 (Comm);
    [2018] 1 All E.R. (Comm) 691; [2017] 2 Lloyd's Rep. 25; [2017] 5 WLUK 290; [2017]
    1 C.L.C. 927 .... 4-06, 4-07
Erlanger v New Sombrero Phosphate Co (1878) 3 App. Cas. 1218; [1878] 7 WLUK 90
    HL 108-20
ERY v Associated Newspapers Ltd [2016] EWHC 2760 (QB); [2016] 11 WLUK 133;
    [2017] E.M.L.R. 9; [2017] Lloyd's Rep. F.C. 40 79-14

TABLE OF CASES

Escalus Properties Ltd v Robinson; Escalus Properties Ltd v Dennis; Escalus Properties Ltd v Cooper-Smith; Sinclair Gardens Investments (Kensington) Ltd v Walsh [1996] Q.B. 231; [1995] 3 W.L.R. 524; [1995] 4 All E.R. 852; (1996) 28 H.L.R. 338; (1996) 71 P. & C.R. 47; [1995] 2 E.G.L.R. 23; [1995] 31 E.G. 71; [1995] E.G. 65 (C.S.); (1995) 92(18) L.S.G. 36; (1995) 139 S.J.L.B. 111; [1995] N.P.C. 62; (1995) 70 P. & C.R. D7 CA (Civ Div) 100-01
Essar Oilfield Services Ltd v Norscot Rig Management Pvt Ltd [2016] EWHC 2361 (Comm); [2017] Bus. L.R. 227; [2016] 2 Lloyd's Rep. 481; [2016] 9 WLUK 299; [2016] 2 C.L.C. 419 3-01
Essar Shipping Ltd v Bank of China Ltd [2015] EWHC 3266 (Comm); [2016] 1 Lloyd's Rep. 427; [2015] 11 WLUK 341; [2016] 1 C.L.C. 393 4-03
Esso Petroleum Co Ltd v Alstonbridge Properties Ltd [1975] 1 W.L.R. 1474; [1975] 3 All E.R. 358; (1975) 30 P. & C.R. 170; (1975) 237 E.G. 881; (1975) 119 S.J. 727 Ch D 13-06
Esso Petroleum Co Ltd v Gardner unreported 8 July 1988 28-05
Esso Petroleum Co Ltd v Kingswood Motors (Addlestone) Ltd [1974] Q.B. 142; [1973] 3 W.L.R. 780; [1973] 3 All E.R. 1057; [1973] C.M.L.R. 665; (1973) 117 S.J. 852 QBD 95-03
Esso Petroleum Co Ltd v Milton [1997] 1 W.L.R. 938; [1997] 1 W.L.R. 1060; [1997] 2 All E.R. 593; [1997] C.L.C. 634; (1997) 16 Tr. L.R. 250 CA (Civ Div) 24-03, 24-04
Esso Petroleum Co Ltd v Niad Ltd [2001] EWHC Ch 458; [2001] All E.R. (D) 324 (Nov) .. 108-27
Esso Petroleum Co Ltd v Southport Corp [1956] A.C. 218; [1956] 2 W.L.R. 81; [1955] 3 All E.R. 864; [1955] 2 Lloyd's Rep. 655; (1956) 120 J.P. 54; 54 L.G.R. 91; (1956) 100 S.J. 32 HL 46-05, 47-23, 49-02
Essop v Home Office (UK Border Agency)
ETK v News Group Newspapers Ltd. *See* K v News Group Newspapers Ltd 79-13
EUI Ltd v Bristol Alliance Ltd Partnership. *See* Bristol Alliance Ltd Partnership v Williams 68-03
Eurodynamics Systems Plc v General Automation Ltd unreported 6 September 1988 . 33-03, 33-05
Euromoney Institutional Investor Plc v Aviation News Ltd [2013] EWHC 1505 (QB); [2013] 6 WLUK 237 38-06
Europcar UK Ltd v Revenue and Customs Commissioners [2008] EWHC 1363 (Ch); [2008] S.T.C. 2751; [2008] B.T.C. 681; [2008] S.T.I. 1570 .... 84-X1
European Asian Bank AG v Punjab & Sind Bank (No.2) [1983] 1 W.L.R. 642; [1983] 2 All E.R. 508; [1983] 1 Lloyd's Rep. 611; [1983] Com. L.R. 128; (1983) 127 S.J. 379 CA (Civ Div) 9-09
Evans v London Hospital Medical College (University of London) [1981] 1 W.L.R. 184; [1981] 1 All E.R. 715; (1981) 125 S.J. 48 QBD 5-16
Evans v Manchester, Sheffield & Lincolnshire Railway Co (1887) L.R. 36 Ch. D. 626 Ch D 49-N11
Evans v South Ribble BC [1992] Q.B. 757; [1992] 2 W.L.R. 429; [1992] 2 All E.R. 695; 89 L.G.R. 1042; [1991] R.A. 191; [1991] C.O.D. 465; [1991] E.G. 74 (C.S.); (1991) 135 S.J.L.B. 124; [1991] N.P.C. 88 QBD 92-01
Evans v Spritebrand. *See* C Evans & Son Ltd v Spritebrand Ltd 73-05
EWQ v GFD [2012] EWHC 2182 (QB) 79-15, 79-18
Exchange Telegraph Co Ltd v Gregory & Co [1896] 1 Q.B. 147 CA 60-06
Experience Hendrix LLC v PPX Enterprises Inc [2003] EWCA Civ 323; [2003] 1 All E.R. (Comm) 830; [2003] E.M.L.R. 25; [2003] F.S.R. 46; (2003) 26(7) I.P.D. 26046; (2003) 100(22) L.S.G. 29; (2003) 147 S.J.L.B. 509 108-27
Expert Clothing Service & Sales Ltd v Hillgate House Ltd [1987] 1 E.G.L.R. 65; (1987) 282 E.G. 715 HL 98-15
F (A Child) v Sandwell MBC unreported 10 June 2015 39-01
Faccenda Chicken Ltd v Fowler; Fowler v Faccenda Chicken Ltd [1987] Ch. 117; [1986] 3 W.L.R. 288; [1986] 1 All E.R. 617; [1986] I.C.R. 297; [1986] I.R.L.R. 69; [1986] F.S.R. 291; (1986) 83 L.S.G. 288; (1986) 136 N.L.J. 71; (1986) 130 S.J. 573 CA (Civ Div) 41-07, 74-08
Fairchild v Glenhaven Funeral Services Ltd (t/a GH Dovener & Son); Pendleton v Stone & Webster Engineering Ltd; Dyson v Leeds City Council (No.2); Matthews v Associated Portland Cement Manufacturers (1978) Ltd; Fox v Spousal (Midlands) Ltd; Babcock International Ltd v National Grid Co Plc; Matthews v British Uralite Plc [2002] UKHL 22; [2003] 1 A.C. 32; [2002] 3 W.L.R. 89; [2002] 3 All E.R. 305; [2002] I.C.R. 798; [2002] I.R.L.R. 533; [2002] P.I.Q.R. P28; [2002] Lloyd's Rep. Med. 361; (2002) 67 B.M.L.R. 90; (2002) 152 N.L.J. 998 .... 47-13, 82-06, 85-08
Fairfield Sentry Ltd (In Liquidation) v Migani [2014] UKPC 9; [2014] 1 C.L.C. 611 108-06
Faiz Siddiqui v University of Oxford. *See* Siddiqui v University of Oxford 39-03

TABLE OF CASES

Famatina Development Corp Ltd, Re [1914] 2 Ch. 271 CA 27-05
Family Management v Gray (1979) 253 E.G. 369 CA (Civ Div) 101-02
Fanti, The. *See* Firma C-Trade SA v Newcastle Protection and Indemnity Association (The
    Fanti).. 67-26
Farley v Skinner (No.2); sub nom. Skinner v Farley [2001] UKHL 49; [2002] 2 A.C. 732;
    [2001] 3 W.L.R. 899; [2001] 4 All E.R. 801; [2002] B.L.R. 1; [2002] T.C.L.R. 6; 79
    Con. L.R. 1; [2002] H.L.R. 5; [2002] P.N.L.R. 2; [2001] 3 E.G.L.R. 57; [2001] 48 E.G.
    131; [2001] 49 E.G. 120; [2001] 42 E.G. 139 (C.S.); (2001) 98(40) L.S.G. 41; (2001)
    145 S.J.L.B. 230; [2001] N.P.C. 146.. 47-18
Farmers Build Ltd (In Liquidation) v Carier Bulk Materials Handling Ltd [2000] E.C.D.R.
    42; [1999] I.T.C.L.R. 297; [1999] R.P.C. 461; (1999) 22(3) I.P.D. 22031 CA (Civ Div) 76-06,
                                                                                        76-12
Farrar v Leongreen Ltd [2017] EWCA Civ 2211; [2017] 12 WLUK 612; [2018] 1 P. &
    C.R. 17; [2018] 1 P. & C.R. DG16.. 98-16
Farrell (formerly McLaughlin) v Secretary of State for Defence [1980] 1 W.L.R. 172;
    [1980] 1 All E.R. 166; (1980) 70 Cr. App. R. 224; (1980) 124 S.J. 133 HL 1-06
Fawcett v Phoenix Inns Ltd [2003] EWCA Civ 128 47-25
Fay v Prentice 135 E.R. 769; (1845) 1 C.B. 828; [1845] 1 WLUK 12 CCP 46-06, 47-01
Fearn v Tate Gallery Board of Trustees [2019] EWHC 246 (Ch); [2019] Ch. 369; [2019] 2
    W.L.R. 1335; [2019] 2 WLUK 152; [2019] J.P.L. 776............... 46-06, 47-02, 47-12, 47-15
Fearns (t/a Autopaint International) v Anglo-Dutch Paint & Chemical Co Ltd [2010]
    EWHC 2366 (Ch); [2011] 1 W.L.R. 366; [2011] Bus. L.R. 579; (2010) 154(37) S.J.L.B.
    29.. 24-01
Feasey v Sun Life Assurance Co of Canada; Steamship Mutual Underwriting Association
    (Bermuda) Ltd v Feasey [2003] EWCA Civ 885; [2003] 2 All E.R. (Comm) 587; [2004]
    1 C.L.C. 237; [2003] Lloyd's Rep. I.R. 637; (2003) 100(34) L.S.G. 30; (2003) 147
    S.J.L.B. 813 .... 67-05, 70-09, 71-01
Featherstonhaugh v Johnston 129 E.R. 374; (1818) 8 Taunt. 237 CCP 26-05
Fecitt v NHS Manchester [2011] EWCA Civ 1190; [2011] 10 WLUK 690; [2012] I.C.R.
    372; [2012] I.R.L.R. 64; (2011) 108(43) L.S.G. 20 40-10
Federated Homes Ltd v Mill Lodge Properties Ltd [1980] 1 W.L.R. 594; [1980] 1 All E.R.
    371; (1980) 39 P. & C.R. 576; (1979) 254 E.G. 39; (1980) 124 S.J. 412 CA (Civ Div) 105-01
Fehn Schiffahrts GmbH & Co KG v Romani SpA; Fehn Heaven, The [2018] EWHC 1606
    (Comm); [2018] 2 Lloyd's Rep. 385; [2018] 6 WLUK 552.......................... 3-02
Feldarol Foundry Plc v Hermes Leasing (London) Ltd; Feldarol Foundry Plc v Amari Sant
    Agata Classics; sub nom. Feldaroll Foundry Plc v Hermes Leasing (London) Ltd [2004]
    EWCA Civ 747; (2004) 101(24) L.S.G. 32; (2004) 148 S.J.L.B. 630 .... 25-03, 25-38
Felicia Andrina George (Administratrix of the Estate of Hughes Williams, Deceased) v
    Eagle Air Services. *See* George v Eagle Air Services Ltd (Damages)....................... 7-05
Fellowes v Clyde Helicopters Ltd; sub nom. Herd v Clyde Helicopters Ltd [1997] A.C.
    534; [1997] 2 W.L.R. 380; [1997] 1 All E.R. 775; 1997 S.C. (H.L.) 86; 1997 S.L.T. 672;
    1997 S.C.L.R. 308; (1997) 94(12) L.S.G. 22; (1997) 141 S.J.L.B. 64; 1997 G.W.D.
    9-360 HL 8-01, 8-05, 8-14
Fenning Film Service Ltd v Wolverhampton Walsall & District Cinemas Ltd [1914] 3
    K.B. 1171 KBD.. 75-09
Fenty v Arcadia Group Brands Ltd [2015] EWCA Civ 38; [2015] 1 W.L.R. 3291 79-07
Ferguson v British Gas Trading Ltd [2009] EWCA Civ 46; [2010] 1 W.L.R. 785; [2009] 3
    All E.R. 304; (2009) 106(8) L.S.G. 18; (2009) 153(7) S.J.L.B. 34................ 63-03, 63-04
Fern Computer Consultancy Ltd v Intergraph Cadworx & Analysis Solutions Inc [2014]
    EWHC 2908 (Ch); [2014] Bus. L.R. 1397; [2015] 1 Lloyd's Rep. 1; [2014] 2 C.L.C.
    326.. 33-03
Fernando v Bilton [2015] EWCA Civ 1098; [2015] 10 WLUK 874 .... 47-06, 47-N5, 47-N7
Ferryways NV v Associated British Ports (The Humber Way); Humber Way, The [2008]
    EWHC 225 (Comm); [2008] 2 All E.R. (Comm) 504; [2008] 1 Lloyd's Rep. 639;
    [2008] 1 C.L.C. 117 13-15
Fetal Anti-Convulsant Litigation. *See* Multiple Claimants v Sanifo-Synthelabo Ltd . 84-04, 84-X1,
                                                                                    84-X3, 84-X4
FHR European Ventures LLP v Cedar Capital Partners LLC; sub nom. FHR European
    Ventures LLP v Mankarious [2015] AC 250; [2014] UKSC 45; [2015] A.C. 250; [2014]
    3 W.L.R. 535; [2014] 4 All E.R. 79; [2014] 2 All E.R. (Comm) 425; [2014] 2 Lloyd's
    Rep. 471; [2014] 2 B.C.L.C. 145; [2014] Lloyd's Rep. F.C. 617; [2014] 3 E.G.L.R. 119;
    [2014] W.T.L.R. 1135; [2015] 1 P. & C.R. DG1.................................. 61-08, 62-04

[lxiv]

TABLE OF CASES

Field Common Ltd v Elmbridge BC [2008] EWHC 2079 (Ch); [2009] 1 P. & C.R. 1; (2008) 105(34) L.S.G. 21; [2008] N.P.C. 101................................. 49-03, 107-02
Field v Firmenich & Co [1971] 1 W.L.R. 555; [1971] 1 All E.R. 1104 Ch D 6-04
Figurasin v Central Capital Ltd [2014] EWCA Civ 504 20-32
Filross Securities Ltd v Midgeley (1999) 31 H.L.R. 465; [1998] 3 E.G.L.R. 43; [1998] 43 E.G. 134; [1998] E.G. 124 (C.S.); (1998) 95(30) L.S.G. 26 CA (Civ Div) 24-02
Finn-Kelcey v Milton Keynes BC; sub nom. R. (on the application of Finn-Kelcey) v Milton Keynes BC [2008] EWCA Civ 1067; [2008] 10 WLUK 247; [2009] Env. L.R. 17; [2009] J.P.L. 493; [2008] 41 E.G. 157 (C.S.); [2008] N.P.C. 108 80-07
Finn-Kelcey v Milton Keynes BC; sub nom. R. (on the application of Finn-Kelcey) v Milton Keynes BC [2008] EWHC 1650 (Admin); [2009] Env. L.R. 4 80-07
Fiona Trust & Holding Corp v Privalov [2010] EWHC 3199 (Comm); (2011) 108(3) L.S.G. 17.. 59-06, 62-11, 62-13, 62-16
Fiona Trust & Holding Corp v Skarga [2013] EWCA Civ 275 61-11
Fiorentino Comm Giuseppe Srl v Farnesi [2005] EWHC 160 (Ch); [2005] 1 W.L.R. 3718; [2005] 2 All E.R. 737; [2005] 1 All E.R. (Comm) 575; [2005] B.C.C. 771................ 10-18
Firma C-Trade SA v Newcastle Protection and Indemnity Association (The Fanti); Socony Mobil Oil Co Inc v West of England Shipowners Mutual Insurance Association (London) Ltd (The Padre Island) (No.2); Fanti, The [1991] 2 A.C. 1; [1990] 3 W.L.R. 78; [1990] 2 All E.R. 705; [1990] 2 Lloyd's Rep. 191; [1990] B.C.L.C. 625; 1991 A.M.C. 607; (1990) 134 S.J. 833 HL 67-26
First City Monument Bank Plc v Zumax Nigeria Ltd [2019] EWCA Civ 294; [2019] 3 WLUK 13; [2019] W.T.L.R. 511; [2019] 2 P. & C.R. DG2; [2019] 8 C.L. 326......... 9-03, 9-16
First National Bank Plc v Achampong [2003] EWCA Civ 487; [2004] 1 F.C.R. 18; (2003) 147 S.J.L.B. 419; [2003] N.P.C. 46; [2003] 2 P. & C.R. DG11 18-06
First National Bank Plc v Walker [2001] 1 F.L.R. 505; [2001] 1 F.C.R. 21; [2001] Fam. Law 182 CA (Civ Div).. 18-08
First Subsea Ltd v Balltec Ltd [2014] EWHC 866 (Ch) 60-05
First Tower Trustees Ltd v CDS (Superstores International) Ltd [2018] EWCA Civ 1396; [2019] 1 W.L.R. 637; [2018] 6 WLUK 334; 178 Con. L.R. 35; [2019] 1 P. & C.R. 6......... 9-24
Fishenden v Higgs (1935) 153 L.T. 128 93-02
Fisher v Brooker [2009] UKHL 41; [2009] 1 W.L.R. 1764; [2009] Bus. L.R. 1334; [2009] 4 All E.R. 789; [2009] E.C.D.R. 17; [2010] E.M.L.R. 2; [2009] F.S.R. 25; (2009) 32(9) I.P.D. 32061; (2009) 153(31) S.J.L.B. 29.. 45-09
Fitzgerald v Firbank [1897] 2 Ch. 96 CA 49-04
Fladgate Fielder (A Firm) v Smith [2005] All E.R. (D) 264 (May) Ch D 18-12
Flaherty v National Greyhound Racing Club Ltd; sub nom. National Greyhound Racing Club Ltd v Flaherty [2005] EWCA Civ 1117; (2005) 102(37) L.S.G. 31 109-03
Flannery Construction Ltd v M Holleran (2007) Ltd [2007] EWHC 825 (TCC) 36-01
Flashing Badge Co Ltd v Groves (t/a Flashing Badges by Virgo and Virgo Distribution) [2007] EWHC 1372 (Ch) 75-04, 76-05
Fleetwood Mac Promotions Ltd v Clifford Davis Management Ltd [1975] F.S.R. 150 Ch D 45-10
Fleetwood Wanderers Ltd (t/a Fleetwood Town Football Club) v AFC Fylde Ltd [2018] EWHC 3318 (Comm); [2019] 1 Lloyd's Rep. 247; [2018] 11 WLUK 540 2-13
Fletcher v Brent LBC [2006] EWCA Civ 960; [2007] H.L.R. 12; (2006) 150 S.J.L.B. 920; [2006] N.P.C. 81 98-07
Fletcher v Marshall 153 E.R. 1055; (1846) 15 M. & W. 755 Ex Ct 15-03
Flex-E-Vouchers Ltd v Royal Bank of Scotland [2016] EWHC 2604 (QB); [2016] 9 WLUK 235 9-26
Flint v Tittensor [2015] EWHC 466 (QB); [2015] 1 W.L.R. 4370; [2015] 2 WLUK 817; [2016] R.T.R. 2... 5-01
Flood v Times Newspapers Ltd [2012] UKSC 11; [2012] 2 A.C. 273; [2012] 2 W.L.R. 760; [2012] 4 All E.R. 913; [2012] E.M.L.R. 21; [2012] H.R.L.R. 18; (2012) 162 N.L.J. 463; (2012) 156(12) S.J.L.B. 31 .... 37-39, 37-40
FM Capital Partners Ltd v Marino [2018] EWHC 1768 (Comm); [2018] 7 WLUK 219 62-10
Foley v Hill 9 E.R. 1002; (1848) 2 H.L. Cas. 28 QB 9-03
FoodCo UK LLP (t/a Muffin Break) v Henry Boot Developments Ltd [2010] EWHC 358 (Ch) 58-02, 58-03
Football Association Premier League Ltd v British Telecommunications Plc [2017] EWHC 480 (Ch); [2017] 3 WLUK 305; [2017] E.C.C. 17; [2017] E.C.D.R. 17; [2018] L.L.R. 738... 109-01

[lxv]

TABLE OF CASES

Football Dataco Ltd v Brittens Pools Ltd; Football Dataco Ltd v Yahoo! UK Ltd; Football
  Dataco Ltd v Stan James (Abingdon) Ltd [2010] EWHC 841 (Ch); [2010] 4 WLUK
  384; [2010] 3 C.M.L.R. 25; [2010] E.C.C. 31; [2010] R.P.C. 17. 75-04
Football Dataco Ltd v Sportradar GmbH; Football Dataco Ltd v Stan James (Abingdon)
  Ltd [2013] EWCA Civ 27; [2013] Bus. L.R. 837; [2013] 2 C.M.L.R. 36; [2013] E.C.C.
  12; [2013] F.S.R. 30. . . . . 73-06, 75-24, 75-26, 75-33, 109-02
Footwear Corp Ltd v Amplight Properties Ltd [1999] 1 W.L.R. 551; [1998] 3 All E.R. 52;
  (1999) 77 P. & C.R. 418; [1998] L. & T.R. 30; [1998] 2 E.G.L.R. 38; [1998] 25 E.G.
  171; [1998] E.G. 52 (C.S.); (1998) 95(13) L.S.G. 29; [1998] N.P.C. 53 Ch D 95-03
Force India Formula One Team Ltd v 1 Malaysia Racing Team Sdn Bhd; sub nom. Force
  India Formula One Team Ltd v Aerolab Srl [2013] EWCA Civ 780; [2013] R.P.C. 36 74-04,
                                                                                                74-16, 74-17
Force India Formula One Team Ltd v Aerolab Srl. *See* Force India Formula One Team Ltd
  v 1 Malaysia Racing Team Sdn Bhd 74-04, 74-16, 74-17
Force India Formula One Team Ltd v Etihad Airways PJSC [2010] EWCA Civ 1051;
  [2011] E.T.M.R. 10; (2010) 107(40) L.S.G. 22 109-01
Ford v Malaysian Airline Systems Berhad [2013] EWCA Civ 1163; [2014] 1 Lloyd's Rep.
  301. 8-07
Forney v Dominion Insurance Co [1969] 1 W.L.R. 928; [1969] 3 All E.R. 831; [1969] 1
  Lloyd's Rep. 502; (1969) 113 S.J. 326 QBD (Comm) 67-24
Forsikringsaktieselskapet Vesta v Butcher [1989] A.C. 852; [1989] 2 W.L.R. 290; [1989] 1
  All E.R. 402; [1989] 1 Lloyd's Rep. 331; [1989] Fin. L.R. 223; (1989) 133 S.J. 184 HL 33-10,
                                                                                                   85-10
Forsyth-Grant v Allen [2008] EWCA Civ 505; [2008] All E.R. (D) 110 (Apr); [2008] Env.
  L.R. 41; [2008] 2 E.G.L.R. 16; [2008] 27 E.G. 118; [2008] 15 E.G. 172 (C.S.) 47-19, 108-26
Fortis Bank SA/NV v Indian Overseas Bank [2011] EWHC 538 (Comm); [2011] 2
  Lloyd's Rep. 190. 108-13
Forward Trust Plc v Whymark [1990] 2 Q.B. 670; [1989] 3 W.L.R. 1229; [1989] 3 All
  E.R. 915; (1991) 10 Tr. L.R. 54; [1990] C.C.L.R. 1; (1989) 86(46) L.S.G. 37; (1989)
  133 S.J. 1577 CA (Civ Div) 20-F13, 20-F14
Foskett v McKeown [2001] 1 A.C. 102; [2000] 2 W.L.R. 1299; [2000] 3 All E.R. 97;
  [2000] Lloyd's Rep. I.R. 627; [2000] W.T.L.R. 667; (1999-2000) 2 I.T.E.L.R. 711;
  (2000) 97(23) L.S.G. 44 HL 23-05, 62-17, 108-21, 108-22
Foss v Harbottle 67 E.R. 189; (1843) 2 Hare 461 Ct of Chancery 43-07
Foster v Biosil (2001) 59 B.M.L.R. 178 CC (Central London) 84-08
Fouldes v Wolloughby 151 E.R. 1153; (1841) 1 Dowl. N.S. 86; (1841) 5 Jur. 534; (1841) 8
  M. & W. 540; (1841) 10 L.J. Ex. 364 Ex Ct. 26-03
Four-maids Ltd v Dudley Marshall (Properties) Ltd [1957] Ch. 317; [1957] 2 W.L.R. 931;
  [1957] 2 All E.R. 35; (1957) 101 S.J. 408 Ch D 15-04, 104-04
Fowley Marine (Emsworth) Ltd v Gafford [1968] 2 Q.B. 618; [1968] 2 W.L.R. 842;
  [1968] 1 All E.R. 979; [1968] 1 Lloyd's Rep. 343; (1968) 112 S.J. 114 CA (Civ Div) 49-05,
                                                                                                   107-01
Fox v Ocean City Recruitment Ltd (UKEAT/0035/11/JOJ) [2011] 6 WLUK 208; 13 June
  2011 EAT 63-10
Francis v Brown [1997] 4 WLUK 445; (1998) 30 H.L.R. 143 CA (Civ Div) 99-03
Francotyp-Postalia Ltd v Mailing Room Ltd [2015] EWCA Civ 1167; [2015] 11 WLUK
  463. 38-13
Franklin Mint Ltd v Baxtergate Investment Co [1998] EWCA Civ 442 . 47-25, 49-02, 49-05, 49-N1
Frans Maas (UK) Ltd v Habib Bank AG Zurich [2001] Lloyd's Rep. Bank. 14; [2001]
  C.L.C. 89 QBD 13-06
Fraser v HLMAD Ltd [2006] EWCA Civ 738; [2007] 1 All E.R. 383; [2006] I.C.R. 1395;
  [2006] I.R.L.R. 687; (2006) 103(26) L.S.G. 29; (2006) 150 S.J.L.B. 809 40-06
Fraser v Thames Television Ltd [1984] Q.B. 44; [1983] 2 W.L.R. 917; [1983] 2 All E.R.
  101; (1983) 133 N.L.J. 281; (1983) 127 S.J. 379 QBD 74-03
Frasers Islington Ltd v Hanover Trustee Co Ltd [2010] EWHC 1514 (Ch); [2010] 6
  WLUK 601; [2010] 27 E.G. 85 (C.S.); [2010] 2 P. & C.R. DG720 106-06
Freer v Zeb [2008] EWHC 212 (QB); [2008] 2 WLUK 344 37-17
French v Elliott [1960] 1 W.L.R. 40; [1959] 3 All E.R. 866; (1960) 104 S.J. 52 QBD 103-02
Fresenius v Carefusion [2011] WCA Civ 1288; [2012] 1 All E.R. 794 73-19
Freshwater v Western Australian Assurance Co Ltd [1933] 1 K.B. 515; (1932) 44 Ll. L.
  Rep. 282 CA 68-02
Friend v Civil Aviation Authority [1998] T.L.R. 57; [1998] I.R.L.R. 253 CA (Civ Div) 37-46

Friends Provident Life & Pensions Ltd v Sirius International Insurance Corp [2005] EWCA Civ 601; [2005] 2 All E.R. (Comm) 145; [2005] 2 Lloyd's Rep. 517; [2005] 1 C.L.C. 794; [2006] Lloyd's Rep. I.R. 45. .... 67-22, 69-01
Frost v Aylesbury Dairy Co Ltd [1905] 1 K.B. 608 CA 25-29
Frost v James Finlay Bank Ltd [2002] EWCA Civ 667; [2002] Lloyd's Rep. I.R. 503; [2002] Lloyd's Rep. P.N. 473; [2002] 25 E.G. 150 (C.S.) 9-03
Fruhauf v Grosvenor & Co (1892) 61 L.J.Q.B. 717 10-23
Fujitsu Services Ltd v IBM United Kingdom Ltd [2014] EWHC 752 (TCC); [2014] 1 C.L.C. 353; 153 Con. L.R. 203. 33-07
Fuld (Deceased) (No.4), In the Estate of; sub nom. Hartley v Fuld (Costs: Taxation) [1968] P. 727; [1967] 3 W.L.R. 314; [1967] 2 All E.R. 649; (1967) 111 S.J. 458 PDAD 23-01
Fullam v Newcastle Chronicle & Journal Ltd [1977] 1 W.L.R. 651; (1977) 121 S.J. 376 CA (Civ Div). 37-18, 37-19
Fuller v Happy Shopper Markets Ltd [2001] 1 W.L.R. 1681; [2001] 2 Lloyd's Rep. 49; [2001] L. & T.R. 16; [2001] 2 E.G.L.R. 32; [2001] 25 E.G. 159; [2001] 9 E.G. 226 (C.S.); (2001) 98(11) L.S.G. 43; (2001) 145 S.J.L.B. 62; [2001] N.P.C. 35 Ch D 92-01, 92-06
Fusion Interactive Communication Solutions Ltd v Venture Investment Placement Ltd (No.2) [2005] EWHC 736 (Ch); [2006] B.C.C. 187; [2005] 2 B.C.L.C. 571 . . 10-18, 10-29, 10-E28
Future Express, The [1993] 2 Lloyd's Rep. 542 CA (Civ Div) 26-10
FW Woolworth & Co Ltd v Lambert. *See* Lambert v FW Woolworth & Co Ltd (No.1) 95-01, 101-04
Fyffes Group Ltd v Templeman [2000] 2 Lloyd's Rep. 643; (2000) 97(25) L.S.G. 40 QBD (Comm). 61-07
G v Chief Constable of West Yorkshire [2006] EWHC 3485 (Admin); [2007] A.C.D. 41 DC. 5-14, 5-18
G v St Gregory's Catholic Science College Governors [2011] EWHC 1452 (Admin); [2011] Eq. L.R. 859; [2011] E.L.R. 446; [2011] A.C.D. 91 39-07
G-Star Raw CV v Rhodi Ltd [2015] EWHC 216 (Ch); [2015] 2 WLUK 211 .... 76-06, 76-19
Gabriel v Little; Hughes-Holland v BPE Solicitors; Gabriel v Little (t/a High Tech Design & Build Ltd); BPE Solicitors v Gabriel [2017] UKSC 21; [2018] A.C. 599; [2017] 2 W.L.R. 1029; [2017] 3 All E.R. 969; [2017] 3 WLUK 531; 171 Con. L.R. 46; [2017] P.N.L.R. 23. 85-08
Gahan v Emirates; Buckley v Emirates [2017] EWCA Civ 1530; [2018] 1 W.L.R. 2287; [2018] 1 Lloyd's Rep. 341; [2017] 10 WLUK 299; [2018] C.T.L.C. 7 8-09
Gallaher Ltd v Gallaher Pensions Ltd [2005] EWHC 42 (Ch); [2005] 1 WLUK 363; [2005] O.P.L.R. 57; [2005] Pens. L.R. 103. 53-01
Gallop v Newport City Council [2013] EWCA Civ 1583; [2014] I.R.L.R. 211; [2014] Eq. L.R. 141 44-25
Galoo Ltd v Bright Grahame Murray [1994] 1 W.L.R. 1360; [1995] 1 All E.R. 16; [1994] B.C.C. 319 CA (Civ Div) 85-08
Gamatronic (UK) Ltd v Hamilton [2016] EWHC 2225 (QB); [2016] 9 WLUK 208; [2017] B.C.C. 670. 54-02
Gamlen Chemical Co (UK) Ltd v Rochem Ltd (No.1) [1980] 1 W.L.R. 614; [1980] 1 All E.R. 1049; [1983] R.P.C. 1; (1979) 123 S.J. 838 CA (Civ Div). 58-12
Garden Cottage Foods Ltd v Milk Marketing Board [1984] A.C. 130; [1983] 3 W.L.R. 143; [1983] 2 All E.R. 770; [1983] Com. L.R. 198; [1983] 3 C.M.L.R. 43; [1984] F.S.R. 23; (1983) 127 S.J. 460 HL. 28-04, 51-01
Garden Neptune Shipping v Occidental Worldwide Investment Corp and Concord Petroleum Corp [1990] 1 Lloyd's Rep. 330 CA (Civ Div). 57-02
Garner v Salford City Council [2013] EWHC 1573 (QB); [2013] 6 WLUK 292 84-10
Garnett v M'Kewan; sub nom. Garnett v McEwan (1872-73) L.R. 8 Ex. 10 Ex Ct 9-08
Gartside v Outram (1856) 26 L.J. Ch. 113 Ch D 74-20, 79-09
Gate Gourmet London Ltd v Transport and General Workers Union [2005] EWHC 1889 (QB); [2005] I.R.L.R. 881; (2005) 102(35) L.S.G. 41 42-11
Gaughran's Application for Judicial Review, Re [2012] NIQB 88; [2014] N.I. 1; affirmed [2015] UKSC 29; [2015] 2 W.L.R. 1303; [2015] 3 All E.R. 655; [2015] N.I. 55; [2015] Crim. L.R. 809. .... 5-15, 5-24
Gavin v One Housing Group (formerly Community Housing Association Ltd) [2013] EWCA Civ 580; [2013] 6 Costs L.O. 757; [2013] 2 P. & C.R. 17; [2013] 24 E.G. 100 (C.S.); [2013] 2 P. & C.R. DG12. .... 47-07, 48-01
GB Gas Holdings Ltd v Accenture (UK) Ltd [2010] EWCA Civ 912; [2010] 7 WLUK 1003. .... 33-07, 33-12
GB v Home Office [2015] EWHC 819 (QB); [2015] 3 WLUK 880 82-03

[lxvii]

GEC Alsthom Ltd's Patent [1996] F.S.R. 415 Ch D (Patents Ct) 73-19
Gee v DePuy International Ltd [2018] EWHC 1208 (QB); [2018] 5 WLUK 394; [2018]
    Med. L.R. 347 . . . . 83-13, 84-08, 84-09
Geest Plc v Fyffes Plc [1999] 1 All E.R. (Comm) 672 QBD (Comm) 13-13
Geldof Metaalconstructie NV v Simon Carves Ltd [2010] EWCA Civ 667; [2010] 4 All
    E.R. 847; [2011] 1 Lloyd's Rep. 517; [2010] 1 C.L.C. 895; [2010] B.L.R. 401; [2010]
    T.C.L.R. 6; 130 Con. L.R. 37; [2010] C.I.L.L. 2880; [2011] Bus. L.R. D61 24-03
Genentech Inc's Patent (Human Growth Hormone) [1989] R.P.C. 147 CA 73-17
General Aviation Services (UK) v Transport and General Workers Union (TGWU) [1985]
    I.C.R. 615; [1976] I.R.L.R. 224, HL 42-10
General Billposting Co Ltd v Atkinson [1909] A.C. 118 HL 41-05
General Tire & Rubber Co Ltd v Firestone Tyre & Rubber Co Ltd (No.2) [1975] 1 W.L.R.
    819; [1975] 2 All E.R. 173; [1975] 4 WLUK 30; [1975] F.S.R. 273; [1976] R.P.C. 197;
    (1975) 119 S.J. 389 HL 108-25
Generale Bank Nederland NV (formerly Credit Lyonnais Bank Nederland NV) v Export
    Credits Guarantee Department. *See* Credit Lyonnais Bank Nederland NV (now
    Generale Bank Nederland NV) v Export Credits Guarantee Department 13-13, 58-08, 73-06
Generics (UK) Ltd (t/a Mylan) v Yeda Research and Development Co Ltd [2017] EWHC
    2629 (Pat); [2017] 10 WLUK 635; [2018] R.P.C. 2 73-03
Generics (UK) Ltd v H Lundbeck A/S; sub nom. H Lundbeck A/S v Generics (UK) Ltd
    [2009] UKHL 12; [2009] Bus. L.R. 828; [2009] 2 All E.R. 955; [2009] R.P.C. 13;
    (2009) 107 B.M.L.R. 121; (2009) 32(5) I.P.D. 32033; (2009) 153(8) S.J.L.B. 30 73-17
Genesis Housing Association Ltd v Liberty Syndicate Management Ltd [2013] EWCA
    Civ 1173 67-13
Gentoo Group Ltd (formerly Sunderland Housing Co Ltd) v Hanratty [2008] EWHC 627
    (QB); [2008] 4 WLUK 163 37-02
Geoffrey Inc's Trade Mark Application (No.12244); sub nom. Felix Tena Comadran's
    Trade Mark No.1567081; IMAGINARIUM Trade Mark [2004] R.P.C. 30 TMR 77-17
George Hensher Ltd v Restawile Upholstery (Lancs) Ltd [1976] A.C. 64; [1974] 2 W.L.R.
    700; [1974] 2 All E.R. 420; [1974] F.S.R. 173; [1975] R.P.C. 31; (1974) 118 S.J. 329
    HL 76-05
George Hunt Cranes Ltd v Scottish Boiler & General Insurance Co Ltd [2001] EWCA Civ
    1964; [2002] 1 All E.R. (Comm) 366; [2003] 1 C.L.C. 1; [2002] Lloyd's Rep. I.R. 178;
    (2003) 147 S.J.L.B. 60 67-22
George v Eagle Air Services Ltd (Damages) [2009] UKPC 35; [2009] 7 WLUK 414; 27
    B.H.R.C. 498 7-05
George v Eagle Air Services Ltd [2009] UKPC 21; [2009] 1 W.L.R. 2133; [2009] 1 C.L.C.
    736 PC (St Lucia) 8-02
George Wimpey & Co v Sohn [1967] Ch. 487; [1966] 2 W.L.R. 414; [1966] 1 All E.R.
    232; (1966) 110 S.J. 15 CA 49-N10, 87-02
George, Re; sub nom. Francis v Bruce (1890) L.R. 44 Ch. D. 627 Ch D 14-02
Gerling Konzern General Insurance Co v Polygram Holdings Inc; Copenhagen
    Reinsurance Co (UK) Ltd v Polygram Holdings Inc [1998] 2 Lloyd's Rep. 544 QBD
    (Comm) 71-01
Gezer v Secretary of State for the Home Department. *See* R. (on the application of Gezer)
    v Secretary of State for the Home Department 84-X5
Giambrone v JMC Holidays Ltd (formerly t/a Sunworld Holidays Ltd) (Costs) [2002]
    EWHC 2932 (QB); [2003] 1 All E.R. 982; [2003] 2 Costs L.R. 189; (2003) 153 N.L.J.
    58 46-03
Gibbons v Westminster Bank Ltd [1939] 2 K.B. 882 KBD 9-12
Gibbs v Lakeside Developments Ltd [2018] EWCA Civ 2874; [2019] 4 W.L.R. 6; [2018]
    12 WLUK 416; [2019] H.L.R. 19; [2019] 2 P. & C.R. 6; [2019] L. & T.R. 15 108-06
Giblan v National Amalgamated Labourers Union of Great Britain and Ireland [1903] 2
    K.B. 600 CA 59-03
Gibson v Douglas [2016] EWCA Civ 1266; [2016] 12 WLUK 208; [2017] H.L.R. 11;
    [2017] 1 P. & C.R. DG21 . . . . 49-N6
Gibson v Kirk 113 E.R. 1357; (1841) 1 Q.B. 850 QB 103-02
Gibson v Pride Mobility Products Ltd [2017] CAT 9; [2017] 3 WLUK 808; [2017] Comp.
    A.R. 257; [2017] 4 C.M.L.R. 33 31-02
Gibson v Winter 110 E.R. 728; (1833) 5 B. & Ad. 96 KB 6-07
Giedo van der Garde BV v Force India Formula One Team Ltd (formerly Spyker F1 Team
    Ltd (England)) [2010] EWHC 2373 (QB) 108-08

TABLE OF CASES

Gilbert Ash (Northern) Ltd v Modern Engineering (Bristol) Ltd; sub nom. Modern Engineering (Bristol) Ltd v Gilbert Ash (Northern) Ltd [1974] A.C. 689; [1973] 3 W.L.R. 421; [1973] 3 All E.R. 195; 1 B.L.R. 73; 72 L.G.R. 1; (1973) 117 S.J. 745 HL 24-07
Gilchrist v Chief Constable of Greater Manchester Police [2019] EWHC 1233 (QB); [2019] 5 WLUK 202 5-05
Gillingham BC v Medway (Chatham Docks) Co Ltd [1993] Q.B. 343; [1992] 3 W.L.R. 449; [1992] 3 All E.R. 923; [1993] Env. L.R. 98; 91 L.G.R. 160; (1992) 63 P. & C.R. 205; [1992] 1 P.L.R. 113; [1992] J.P.L. 458; [1991] E.G. 101 (C.S.); [1991] N.P.C. 97 QBD 47-05
Gimex International Groupe Import Export v Chill Bag Co Ltd [2012] EWPCC 31; [2012] E.C.D.R. 25 76-16
Glamorgan Coal Co Ltd v South Wales Miners Federation. *See* South Wales Miners Federation v Glamorgan Coal Co Ltd 59-08, 60-07
Glasgow & South Western Railway Co v Boyd & Forrest (A Firm) (No.3); sub nom. Boyd & Forrest (A Firm) v Glasgow & South Western Railway Co (No.3) [1915] A.C. 526; 1915 S.C. (H.L.) 20; 1915 1 S.L.T. 114; [1915] 1 WLUK 80 HL 108-20
Glen Dimplex Home Appliances v Smith [2012] EWCA Civ 1154 9-19
Glen v Korean Airlines Co Ltd [2003] EWHC 643 (QB); [2003] Q.B. 1386; [2003] 3 W.L.R. 273; [2003] 3 All E.R. 621; [2003] P.I.Q.R. P32; (2003) 153 N.L.J. 516 ...... 7-04, 7-D10
Glencore Energy UK Ltd v Revenue and Customs Commissioners [2017] EWHC 1476 (Admin); [2017] S.T.C. 1824; [2017] 6 WLUK 625; [2017] B.T.C. 20 80-11
Glencore International AG v Ryan (The Beursgracht) (No.1); Glencore International AG v Ryan (The Beursgracht) (No.2); Beursgracht, The (No.2); Beursgracht, The (No.1) [2001] EWCA Civ 2051; [2002] 1 Lloyd's Rep. 574; [2002] C.L.C. 547; [2002] Lloyd's Rep. I.R. 335 70-03
Glicksman v Lancashire & General Assurance Co Ltd [1927] A.C. 139; (1926) 26 Ll. L. Rep. 69 HL 70-07
Glinski v McIver [1962] A.C. 726; [1962] 2 W.L.R. 832; [1962] 1 All E.R. 696; (1962) 106 S.J. 261 HL 5-17
Global Knafaim Leasing Ltd v Civil Aviation Authority [2010] EWHC 1348 (Admin); [2011] 1 Lloyd's Rep. 324; [2010] 6 WLUK 179; [2010] U.K.C.L.R. 1459; [2010] A.C.D. 68 .... 7-07, 30-01
Global Process Systems Inc v Syarikat Takaful Malaysia Bhd (The Cendor Mopu); Cendor Mopu, The; sub nom. Syarikat Takaful Malaysia Bhd v Global Process Systems Inc [2011] UKSC 5; [2011] Bus. L.R. 537; [2011] 1 All E.R. 869; [2011] 1 Lloyd's Rep. 560; [2011] 1 C.L.C. 1; [2011] Lloyd's Rep. I.R. 302; 2011 A.M.C. 305 70-16
Gloria, The. *See* Compania Naviera Vascongada v British & Foreign Marine Insurance Co Ltd (The Gloria) 70-06
Gloystarne & Co Ltd v Martin [2001] I.R.L.R. 15 EAT 43-05
GMAC Commercial Credit Development Ltd v Sandhu [2001] EWCA Civ 1209; [2001] 2 All E.R. (Comm) 782 13-06
GMB v Allen [2008] EWCA Civ 810; [2008] I.C.R. 1407; [2008] I.R.L.R. 690; (2008) 105(30) L.S.G. 14; (2008) 152(29) S.J.L.B. 30 43-06
GMB v Corrigan. *See* Corrigan v GMB Union (No.1) 43-08
Go West Ltd v Spigarolo [2003] EWCA Civ 17; [2003] Q.B. 1140; [2003] 2 W.L.R. 986; [2003] 2 All E.R. 141; [2003] 1 WLUK 746; [2003] L. & T.R. 24; [2003] 1 E.G.L.R. 133; [2003] 7 E.G. 136 (C.S.); (2003) 147 S.J.L.B. 236; [2003] 2 P. & C.R. DG3 95-03
Godfrey v Conwy CBC [2001] Env. L.R. 38; [2001] E.H.L.R. 10; [2001] J.P.L. 1162; [2000] E.G. 131 (C.S.) DC 47-06
Godfrey v Demon Internet Ltd (Application to Strike Out) [2001] Q.B. 201; [2000] 3 W.L.R. 1020; [1999] 4 All E.R. 342; [1999] E.M.L.R. 542; [1998-99] Info. T.L.R. 252; [1999] I.T.C.L.R. 282; [1999] Masons C.L.R. 267; (1999) 149 N.L.J. 609 QBD 37-09, 37-49
Godfrey v Lees [1995] E.M.L.R. 307 Ch D 45-09
Godley v Perry [1960] 1 W.L.R. 9; [1960] 1 All E.R. 36; (1960) 104 S.J. 16 QBD 25-40
Goetz v Rogers; sub nom. Rogers v Von Goetz unreported 29 July 1998 CA (Civ Div) 10-13
Goldcorp Exchange Ltd (In Receivership), Re; sub nom. Kensington v Liggett; Goldcorp Finance Ltd, Re [1995] 1 A.C. 74; [1994] 3 W.L.R. 199; [1994] 2 All E.R. 806; [1994] 2 B.C.L.C. 578; [1994] C.L.C. 591; (1994) 13 Tr. L.R. 434; (1994) 91(24) L.S.G. 46; (1994) 144 N.L.J. 792; (1994) 138 S.J.L.B. 127 PC (NZ) 62-18
Golden Ocean Group Ltd v Salgaocar Mining Industries Pvt Ltd [2012] EWCA Civ 265; [2012] 1 W.L.R. 3674; [2012] 3 All E.R. 842; [2012] 2 All E.R. (Comm) 978; [2012] 1 Lloyd's Rep. 542; [2012] 1 C.L.C. 497; [2012] C.I.L.L. 3161; (2012) 162 N.L.J. 425 13-05

TABLE OF CASES

Goldman v Hargrave [1967] 1 A.C. 645; [1966] 3 W.L.R. 513; [1966] 2 All E.R. 989; [1966] 2 Lloyd's Rep. 65; [1966] 6 WLUK 31; (1966) 110 S.J. 527 PC 47-01
Goldman v Hargrave; sub nom. Hargrave v Goldman [1967] 1 A.C. 645; [1966] 3 W.L.R. 513; [1966] 2 All E.R. 989; [1966] 2 Lloyd's Rep. 65; (1966) 110 S.J. 527 PC (Aus). . 47-08, 47-09
Goldman v Thai Airways International [1983] 1 W.L.R. 1186; [1983] 3 All E.R. 693; (1983) 127 S.J. 441 CA (Civ Div) 8-14
Goldmile Properties Ltd v Lechouritis; sub nom. Lechouritis v Goldmile Properties Ltd [2003] EWCA Civ 49; [2003] 2 P. & C.R. 1; [2003] L. & T.R. 25; [2003] 1 E.G.L.R. 60; [2003] 15 E.G. 143; [2003] 14 E.G. 121 (C.S.); (2003) 100(13) L.S.G. 31; (2003) 147 S.J.L.B. 144; [2003] N.P.C. 10; [2003] 1 P. & C.R. DG23 96-06
Goldschmidt v Constable [1937] 4 All E.R. 293 37-34
Goldsmith v Sperrings Ltd; Goldsmith v Various Distributors [1977] 1 W.L.R. 478; [1977] 2 All E.R. 566; (1977) 121 S.J. 304 CA (Civ Div) 37-09
Goldsworthy v Brickell [1987] Ch. 378; [1987] 2 W.L.R. 133; [1987] 1 All E.R. 853; (1987) 84 L.S.G. 654; (1987) 131 S.J. 102 CA (Civ Div) 18-08
Goldtrail Travel Ltd (In Liquidation) v Aydin [2014] EWHC 1587 (Ch); [2015] 1 B.C.L.C. 89 62-11
Gomba Holdings (UK) Ltd v Minories Finance Ltd (No.2) [1993] Ch. 171; [1992] 3 W.L.R. 723; [1992] 4 All E.R. 588; [1992] B.C.C. 877; (1992) 136 S.J.L.B. 54; [1992] N.P.C. 12 CA (Civ Div) 15-13, 104-13
Good Luck, The. *See* Bank of Nova Scotia v Hellenic Mutual War Risk Association (Bermuda) Ltd (The Good Luck) 67-06, 67-19
Goodale v Ministry of Justice unreported 5 November 2009 .... 84-X1
Goodchild v Bradbury [2006] EWCA Civ 1868; [2007] W.T.L.R. 463 18-05
Goodwin v News Group Newspapers Ltd [2011] EWHC 1437 (QB); [2011] E.M.L.R. 27; [2011] H.R.L.R. 31; (2011) 161 N.L.J. 850 64-08
Goody v Odhams Press [1967] 1 Q.B. 333; [1966] 3 W.L.R. 460; [1966] 3 All E.R. 369; (1966) 110 S.J. 793 CA. 37-52
Gordon v Street [1899] 2 Q.B. 641 CA 58-10
Gore v Naheed [2017] EWCA Civ 369; [2017] 5 WLUK 565; [2017] 3 Costs L.R. 509; [2018] 1 P. & C.R. 1; [2017] 2 P. & C.R. DG17. 34-03
Gore v Stannard (t/a Wyvern Tyres); sub nom. Stannard (t/a Wyvern Tyres) v Gore [2012] EWCA Civ 1248; [2014] Q.B. 1; [2013] 3 W.L.R. 623; [2013] 1 All E.R. 694; [2012] 10 WLUK 97; [2013] Env. L.R. 10; [2012] 3 E.G.L.R. 129; [2012] 42 E.G. 133 (C.S.) 48-01, 48-02, 48-03, 48-05
Gorman v Moss Empires Ltd 1913 S.C. 1; 1912 2 S.L.T. 271 IH (2 Div) 5-16
Goss v Chilcott [1996] A.C. 788; [1996] 3 W.L.R. 180; [1997] 2 All E.R. 110; (1996) 93(22) L.S.G. 26; (1996) 140 S.J.L.B. 176; [1996] N.P.C. 93 PC (NZ). 108-08
Gott v Lawrence [2016] EWHC 68 (Ch); [2016] 1 WLUK 151 47-25
Gould v Mount Oxide Mines Ltd (1916) 22 C.L.R. 490 High Ct (Aus) 1-10
Gouldbourn v Balkan Holidays Ltd [2010] EWCA Civ 372; (2010) 154(11) S.J.L.B. 30 109-02
Gouldsmith v Mid Staffordshire General Hospitals NHS Trust [2007] EWCA Civ 397 82-05
Goulston Discount Co v Clark [1967] 2 Q.B. 493; [1966] 3 W.L.R. 1280; [1967] 1 All E.R. 61; (1966) 110 S.J. 829 CA 13-03
Gouriet v Union of Post Office Workers; sub nom. Attorney General v Gouriet [1978] A.C. 435; [1977] 3 W.L.R. 300; [1977] 3 All E.R. 70; (1977) 121 S.J. 543 HL 47-24
Government Security Fire Insurance Co, Re; sub nom. Mudford's Claim, Re (1880) L.R. 14 Ch. D. 634 Ch D 16-03
Govia Thameslink Railway Ltd v Associated Society of Locomotive Engineers and Firemen [2016] EWCA Civ 1309; [2017] 4 All E.R. 982; [2016] 12 WLUK 527; [2017] 2 C.M.L.R. 24; [2017] I.C.R. 497; [2017] I.R.L.R. 246 .... 42-02, 42-03
Gowers v Lloyds & National Provincial Foreign Bank Ltd [1938] 1 All E.R. 766 CA 9-18
GPF GP Sarl v Poland [2018] EWHC 409 (Comm); [2018] 2 All E.R. (Comm) 618; [2018] Bus. L.R. 1203; [2018] 1 Lloyd's Rep. 410; [2018] 3 WLUK 51; [2018] 1 C.L.C. 337. 2-06
GR v Greater Glasgow and Clyde Health Board [2018] CSOH 109; 2019 S.L.T. 133; [2018] 11 WLUK 412; (2019) 167 B.M.L.R. 228; 2018 G.W.D. 40-497 84-08
Grabowski v Grangemore Investments Ltd. *See* Grabowski v Scott 62-17
Grabowski v Scott; Grabowski v Conway; sub nom. Grabowski v Grangemore Investments Ltd [2002] EWCA Civ 1885. 62-17
Gracie v Rose [2019] EWHC 1176 (Ch); [2019] 5 WLUK 134 2-11
Graham v Western Australian Insurance Co Ltd (1931) 40 Ll. L. Rep. 64 KBD 67-18

TABLE OF CASES

Graigola Merthyr Co Ltd v Swansea Corp; sub nom. Graigola Merthyr Co Ltd v Mayor,
  Aldermen and Burgesses of Swansea [1929] A.C. 344 HL 46-07
Grainger Plc v Nicholson; sub nom. Nicholson v Grainger Plc [2010] 2 All E.R. 253;
  [2010] I.C.R. 360; [2010] I.R.L.R. 4; (2009) 159 N.L.J. 1582 EAT 44-08
Grainger v Hill (1838) 4 Bing. N.C. 212 5-19
Grand Metropolitan Plc v William Hill Group Ltd [1997] 1 B.C.L.C. 390 Ch D 53-01
Grant Estates Ltd v Royal Bank of Scotland Plc [2012] CSOH 133; 2012 G.W.D. 29-588 9-26
Grant v Gold Exploration and Development Syndicate Ltd [1900] 1 Q.B. 233 CA 61-04
Grappelli v Derek Block (Holdings) Ltd [1981] 1 W.L.R. 822; [1981] 2 All E.R. 272;
  (1981) 125 S.J. 169 CA (Civ Div) 37-09
Gravil v Carroll; sub nom. Gravil v Redruth Rugby Football Club [2008] EWCA Civ 689;
  [2008] I.C.R. 1222; [2008] I.R.L.R. 829; (2008) 105(26) L.S.G. 26; (2008) 158 N.L.J.
  933 109-02
Gray v Avadis (No.1) [2003] EWHC 1830 (QB); (2003) 100(36) L.S.G. 43 37-41
Great Australian Gold Mining Co Ex p. Appleyard, Re (1880-81) L.R. 18 Ch. D. 587 Ch
  D 16-03
Great Western Insurance Co v Cunliffe (1873-74) L.R. 9 Ch. App. 525 CA in Chancery 14-03
Green and Rowley v Royal Bank of Scotland Plc [2013] EWCA Civ 1197; [2014] Bus.
  L.R. 168; [2013] 2 C.L.C. 634; [2014] P.N.L.R. 6 9-26
Green Lane Products Ltd v PMS International Group Plc; sub nom. Green Lane Products
  Ltd v PMS International Group Ltd [2008] EWCA Civ 358; [2008] Bus. L.R. 1468;
  [2008] E.C.C. 28; [2008] E.C.D.R. 15; [2008] F.S.R. 28 76-16
Green v Lord Somerleyton [2003] EWCA Civ 198; [2004] 1 P. & C.R. 33; [2003] 11 E.G.
  152 (C.S.); (2003) 100(10) L.S.G. 31; [2003] N.P.C. 29 47-07
Greene King Plc v Stanley [2001] EWCA Civ 1966; [2002] B.P.I.R. 491 .... 13-14, 13-15
Greene v Associated Newspapers Ltd; sub nom. Green v Associated Newspapers Ltd
  [2004] EWCA Civ 1462; [2005] Q.B. 972; [2005] 3 W.L.R. 281; [2005] 1 All E.R. 30;
  [2005] E.M.L.R. 10; (2004) 101(45) L.S.G. 31; (2004) 148 S.J.L.B. 1318 .... 37-27, 38-13
Greene Wood McLean LLP (In Administration) v Templeton Insurance Ltd [2010] EWHC
  2679 (Comm); [2011] 2 Costs L.R. 205 84-02
Greenhill v Federal Insurance Co Ltd [1927] 1 K.B. 65; (1926) 24 Ll. L. Rep. 383 CA 67-14
Greenlands Trading Ltd v Pontearso [2019] EWHC 278 (Ch); [2019] 1 WLUK 102;
  [2019] C.T.L.C. 73 14-05
Greenwood Reversions Ltd v World Environment Foundation Ltd [2008] EWCA Civ 47;
  [2008] 2 WLUK 99; [2008] H.L.R. 31; [2009] L. & T.R. 2 98-15
Greenwood v Goodwin [2014] EWHC 227 (Ch) 46-02, 43-03, 84-X1
Greenwood v Martins Bank Ltd [1933] A.C. 51 HL 9-10
Gregg v Scott [2005] UKHL 2; [2005] 2 A.C. 176; [2005] 2 W.L.R. 268; [2005] 4 All E.R.
  812; [2005] P.I.Q.R. P24; [2005] Lloyd's Rep. Med. 130; (2005) 82 B.M.L.R. 52;
  (2005) 149 S.J.L.B. 145 82-06
Gregory v Piper 109 E.R. 220; (1829) 9 B. & C. 591 .... 49-02, 107-01
Gregory v Portsmouth City Council [2000] 1 A.C. 419; [2000] 2 W.L.R. 306; [2000] 1 All
  E.R. 560; (2000) 2 L.G.L.R. 667; [2000] B.L.G.R. 203; (2000) 97(6) L.S.G. 36; (2000)
  150 N.L.J. 131; (2000) 144 S.J.L.B. 82 HL 5-17
Gretton and Starkey v British Millerain Co Ltd 29 July 1998 33-03
Grieves v FT Everard & Sons Ltd; Quinn v George Clark & Nem Ltd; Mears v RG Carter
  Ltd; Jackson v Brock Plc; Rothwell v Chemical & Insulating Co Ltd; Downey v
  Charles Evans Shopfitters Ltd; Storey v Clellands Shipbuilders Ltd; Topping v
  Benchtown Ltd (formerly Jones Bros (Preston) Ltd); Johnston v NEI International
  Combustion Ltd; Hindson v Pipe House Wharf (Swansea) Ltd [2007] UKHL 39; [2008]
  1 A.C. 281; [2007] 3 W.L.R. 876; [2007] 4 All E.R. 1047; [2007] I.C.R. 1745; [2008]
  P.I.Q.R. P6; [2008] LS Law Medical 1; (2008) 99 B.M.L.R. 139; (2007) 104(42) L.S.G.
  34; (2007) 157 N.L.J. 1542; (2007) 151 S.J.L.B. 1366 .... 81-X4
Griffiths v Chief Constable of Suffolk [2018] EWHC 2538 (QB); [2018] 10 WLUK 186;
  [2019] Med. L.R. 1; (2019) 168 B.M.L.R. 166 5-22
Griffiths v Fleming [1909] 1 K.B. 805 CA 71-01
Griffiths v Secretary of State for Work and Pensions [2015] EWCA Civ 1265; [2015] 12
  WLUK 330; [2017] I.C.R. 160; [2016] I.R.L.R. 216 44-24
Grimme Landmaschinenfabrik GmbH & Co KG v Scott (t/a Scotts Potato Machinery)
  [2010] EWCA Civ 1110; [2011] F.S.R. 7; [2011] Bus. L.R. D129 73-20
Grinham v Willey [1859] 4 H. & N. 496 5-07
Gross Ex p. Kingston, Re (1870-71) L.R. 6 Ch. App. 632 CA in Chancery 9-08
Grosvenor Hotel Co v Hamilton [1894] 2 Q.B. 836 CA 47-14, 47-19

[lxxi]

Table of Cases

Group Seven Ltd v Notable Services LLP; Equity Trading Systems v Notable Services LLP; LLB Verwaltung (Switzerland) AG (formerly Liechtensteinische Landesbank (Switzerland) Ltd) v Group Seven Ltd; LLB Verwaltung (Switzerland) AG (formerly Liechtensteinische Landesbank (Switzerland) Ltd) v Equity Trading Systems Ltd; Louanjli v Group Seven Ltd; Louanjli v Equity Trading Systems Ltd [2019] EWCA Civ 614; [2019] 4 WLUK 170; [2019] Lloyd's Rep. F.C. 319; [2019] P.N.L.R. 22; [2019] W.T.L.R. 803 .... 62-08, 62-13, 62-15, 62-16
Groves v Lord Wimborne [1898] 2 Q.B. 402 CA 12-17
Grubb v Bristol United Press [1963] 1 Q.B. 309; [1962] 3 W.L.R. 25; [1962] 2 All E.R. 380; (1962) 106 S.J. 262 CA 37-18
Grupo Torras SA v Al-Sabah (No.5); Bonafonte v Grupo Torras SA; sub nom. Al-Sabah v Grupo Torras SA [1999] C.L.C. 1469 QBD (Comm) 62-15
GSK Project Management Ltd (In Liquidation) v QPR Holdings Ltd [2015] EWHC 2274 (TCC); [2015] 7 WLUK 918; [2015] B.L.R. 715; [2015] T.C.L.R. 9; [2015] 4 Costs L.R. 729; [2015] C.I.L.L. 3724 34-02
Guardian Assurance Co v Sutherland [1939] 2 All E.R. 246 68-02
Guardian News & Media Ltd, Re; sub nom. Ahmed v HM Treasury; Al-Ghabra v HM Treasury; HM Treasury v Youssef [2010] UKSC 1; [2010] 2 A.C. 697; [2010] 2 W.L.R. 325; [2010] 2 All E.R. 799; [2010] E.M.L.R. 15; [2010] H.R.L.R. 14; [2010] U.K.H.R.R. 181; (2010) 107(6) L.S.G. 18; (2010) 154(4) S.J.L.B. 29; [2010] N.P.C. 8 ..... 37-01, 64-12
Gulati v MGN Ltd [2015] EWCA Civ 1291; [2017] Q.B. 149 79-17
Gulliver v Cosens 135 E.R. 753; (1845) 1 C.B. 788 QB 92-04
Gurtner v Beaton [1993] 2 Lloyd's Rep. 369; [1992] 3 WLUK 201 CA (Civ Div) 8-02
Gurtner v Circuit [1968] 2 Q.B. 587; [1968] 2 W.L.R. 668; [1968] 1 All E.R. 328; [1968] 1 Lloyd's Rep. 171; (1968) 112 S.J. 73; (1968) 112 S.J. 63 CA (Civ Div) 68-06
Gutsole v Mathers 150 E.R. 530; (1836) 1 M. & W. 495 Ex Ct 38-10
H (Minors) (Sexual Abuse: Standard of Proof), Re [1996] A.C. 563; [1996] 2 W.L.R. 8; [1996] 1 All E.R. 1; [1996] 1 F.L.R. 80; [1996] 1 F.C.R. 509; [1996] Fam. Law 74; (1995) 145 N.L.J. 1887; (1996) 140 S.J.L.B. 24 67-21
H Cousins & Co v D&C Carriers [1971] 2 Q.B. 230; [1971] 2 W.L.R. 85; [1971] 1 All E.R. 55; [1970] 2 Lloyd's Rep. 397; (1970) 114 S.J. 882 CA (Civ Div) 67-04
H Meyer & Co Ltd v Jules Decroix Verley et Cie; sub nom. Decroix Verley & Cie v Meyer & Co Ltd [1891] A.C. 520 HL 10-10
H v B [2009] EWCA Civ 1092 5-16
H v News International Group Newspapers Ltd. See JIH v News International Group Newspapers Ltd 79-19
H v Tomlinson [2008] EWCA Civ 1258; [2009] E.L.R. 14; (2008) 105(45) L.S.G. 19; (2008) 152(45) S.J.L.B. 26 39-07
H v Western Education and Library Board [2015] NIQB 38; [2015] 4 WLUK 107 39-01
Habas Sinai Ve Tibbi Gazlar Istihsal Endustrisi v VSC Steel Co Ltd [2013] EWHC 4071 (Comm); [2014] 1 Lloyd's Rep. 479 2-05
Habib Bank Ltd v Habib Bank AG [1981] 1 W.L.R. 1265; [1981] 2 All E.R. 650; [1982] R.P.C. 1; (1981) 125 S.J. 512 CA (Civ Div) 49-03, 78-09, 78-10, 78-11
Habib Bank Ltd v Tailor [1982] 1 W.L.R. 1218; [1982] 3 All E.R. 561; (1982) 44 P. & C.R. 365; (1982) 126 S.J. 448 CA (Civ Div) 15-12, 104-12
Habib Bank Ltd v Tufail [2006] EWCA Civ 374; [2006] 4 WLUK 225; [2006] 2 P. & C.R. DG14 54-02
Habinteg Housing Association v James (1995) 27 H.L.R. 299; [1994] E.G. 166 (C.S.); [1994] N.P.C. 132 CA (Civ Div) 47-17
Hackney Empire Ltd v Aviva Insurance UK Ltd (formerly t/a Norwich Union Insurance Ltd) [2012] EWCA Civ 1716; [2013] 1 W.L.R. 3400; [2013] B.L.R. 57; 146 Con. L.R. 1; [2013] 1 E.G.L.R. 101; [2013] 2 E.G. 66 (C.S.) 13-15
Hackney LBC v Issa; sub nom. Issa v Hackney LBC [1997] 1 W.L.R. 956; [1997] 1 All E.R. 999; [1997] Env. L.R. 157; (1997) 29 H.L.R. 640; [1996] E.G. 184 (C.S.); (1997) 94(1) L.S.G. 24; (1996) 140 S.J.L.B. 262; [1996] N.P.C. 167 CA (Civ Div) 47-14
Hadley v Baxendale 156 E.R. 145; (1854) 9 Ex. 341 Ex Ct 16-03
Hadley v Kemp [1999] E.M.L.R. 589 Ch D 45-09
Hague Plant Ltd v Hague [2014] EWCA Civ 1609; [2015] C.P. Rep. 14 ..... 1-15, 1-16, 1-34, 1-43
Halesowen Presswork & Assemblies v Westminster Bank Ltd. See National Westminster Bank Ltd v Halesowen Presswork and Assemblies Ltd 9-08
Halifax Building Society v Thomas [1996] Ch. 217; [1996] 2 W.L.R. 63; [1995] 4 All E.R. 673; [1995] N.P.C. 112 CA (Civ Div) 62-05

Halifax Plc v Omar [2002] EWCA Civ 121; [2002] 2 P. & C.R. 26; [2002] 16 E.G. 180
  (C.S.)...13-09
Hall v Bank of England [2000] Lloyd's Rep. Bank. 186 CA (Civ Div) 5-20
Hall v Beckenham Corp [1949] 1 K.B. 716; [1949] 1 All E.R. 423; 65 T.L.R. 146; (1949)
  113 J.P. 179; 47 L.G.R. 291; 42 R. & I.T. 247; [1949] L.J.R. 965; (1949) 93 S.J. 219
  KBD..47-17
Hall v Burnell [1911] 2 Ch. 551 Ch D 106-04
Hall v Everton Football Club Co Ltd [2013] EWHC 1625 (QB) 109-02
Hall v Pim. *See* R&H Hall Ltd v WH Pim Junr & Co Ltd 25-20
Hallett's Estate, Re; sub nom. Knatchbull v Hallett (1879-80) L.R. 13 Ch. D. 696 CA 62-17
Halley v Law Society [2003] EWCA Civ 97; [2003] W.T.L.R. 845; (2003-04) 6 I.T.E.L.R.
  40; (2003) 153 N.L.J. 262..62-05
Halliburton Co v Chubb Bermuda Insurance Ltd [2018] EWCA Civ 817; [2018] 1 W.L.R.
  3361; [2018] 3 All E.R. 709; [2018] 2 All E.R. (Comm) 819; [2018] 1 Lloyd's Rep.
  638; [2018] 4 WLUK 297; [2018] 1 C.L.C. 751; [2018] B.L.R. 375; 180 Con. L.R. 23;
  [2018] Lloyd's Rep. I.R. 402; [2018] C.I.L.L. 4137..2-13
Halliday v Holgate (1867-68) L.R. 3 Ex. 299 Ex Chamber 26-11
Halpern v Halpern [2007] EWCA Civ 291; [2008] Q.B. 195; [2007] 3 W.L.R. 849; [2007]
  3 All E.R. 478; [2007] 2 All E.R. (Comm) 330; [2007] 2 Lloyd's Rep. 56; [2007] 4
  WLUK 35; [2007] 1 C.L.C. 527..108-20
Halsey v Brotherhood (1881-82) L.R. 19 Ch. D. 386 CA 38-07
Halsey v Esso Petroleum Co Ltd [1961] 1 W.L.R. 683; [1961] 2 All E.R. 145; (1961) 105
  S.J. 209 QBD...47-05, 48-02
Halsey v Milton Keynes General NHS Trust [2004] EWCA Civ 576; [2004] 1 W.L.R.
  3002; [2004] 4 All E.R. 920; [2004] C.P. Rep. 34; [2004] 3 Costs L.R. 393; (2005) 81
  B.M.L.R. 108; (2004) 101(22) L.S.G. 31; (2004) 154 N.L.J. 769; (2004) 148 S.J.L.B.
  629...34-03
Hamed v Mills [2015] EWHC 298 (QB) 109-02
Hamed v Tottenham Hotspur FC Ltd. *See* Hamed v Mills 109-02
Hamilton v Papakura DC [2002] UKPC 9; (2002) 146 S.J.L.B. 75 PC (NZ) 47-12
Hamilton-Smith v CMS Cameron Mckenna LLP [2016] EWHC 1115 (Ch); [2016] 5
  WLUK 276...4-03
Hammersmith and Fulham LBC v Monk; Barnet LBC v Smith [1992] 1 A.C. 478; [1990]
  3 W.L.R. 1144; [1992] 1 All E.R. 1; [1992] 1 F.L.R. 465; (1992) 24 H.L.R. 206; 90
  L.G.R. 38; (1992) 63 P. & C.R. 373; [1992] 1 E.G.L.R. 65; [1992] 09 E.G. 135; [1992]
  Fam. Law 292; (1992) 156 L.G. Rev. 481; [1991] E.G. 130 (C.S.); (1992) 89(3) L.S.G.
  32; (1991) 141 N.L.J. 1697; (1992) 136 S.J.L.B. 10; [1991] N.P.C. 132 HL................98-07
Hammond & Co v Bussey (1888) L.R. 20 Q.B.D. 79 CA 25-40
Hammond v Haigh Castle & Co Ltd [1973] 2 All E.R. 289; [1973] I.C.R. 148; [1973]
  I.R.L.R. 91; 14 K.I.R. 407; [1973] I.T.R. 199 NIRC 44-31
Hammond v Osborn [2002] EWCA Civ 885; [2002] W.T.L.R. 1125; (2002) 99(34) L.S.G.
  29; (2002) 146 S.J.L.B. 176; [2002] 2 P. & C.R. DG20...................................18-05
Hampton Capital Ltd, Re; sub nom. Murphy v Elite Performance Cars Ltd, Hampton
  Capital Ltd v Elite Performance Cars Ltd [2015] EWHC 1905 (Ch); [2015] 7 WLUK
  316; [2016] 1 B.C.L.C. 374...108-17
Hampton v Minns [2002] 1 W.L.R. 1; [2002] 1 All E.R. (Comm) 481; (2001) 98(20)
  L.S.G. 41 Ch D..13-07
Hamptons Residential Ltd v Field [1998] 2 Lloyd's Rep. 248; (1998) 95(23) L.S.G. 28 CA
  (Civ Div)...69-01
Hanak v Green [1958] 2 Q.B. 9; [1958] 2 W.L.R. 755; [1958] 2 All E.R. 141; 1 B.L.R. 1;
  (1958) 102 S.J. 329 CA..24-02
Handelsbanken ASA v Dandridge (The Aliza Glacial); Aliza Glacial, The; sub nom.
  Svenska Handelsbanken AB v Dandridge [2002] EWCA Civ 577; [2002] 2 All E.R.
  (Comm) 39; [2002] 2 Lloyd's Rep. 421; [2002] C.L.C. 1227; [2003] Lloyd's Rep. I.R.
  10..70-05, 70-20
Hanina v Morland [2000] 11 WLUK 654; (2000) 97(47) L.S.G. 41 CA (Civ Div) 107-02
Hanning v Top Deck Travel Group Ltd; Top Deck Maintenance v Repair Centre (1994) 68
  P. & C.R. 14; [1993] E.G. 84 (C.S.); (1993) 90(22) L.S.G. 37; (1993) 137 S.J.L.B. 172;
  [1993] N.P.C. 73 CA (Civ Div)..93-03
Hanningfield v Chief Constable of Essex [2013] EWHC 243 (QB); [2013] 1 W.L.R. 3632 5-04
Hannon v News Group Newspapers Ltd [2014] EWHC 1580 (Ch); [2015] E.M.L.R. 1 79-05,
                                                                                                                    79-14

[lxxiii]

Table of Cases

Harakas v Baltic Mercantile and Shipping Exchange Ltd [1982] 1 W.L.R. 958; [1982] 2 All E.R. 701; (1982) 126 S.J. 414 CA (Civ Div) 37-27
Harbottle (Mercantile) Ltd v National Westminster Bank Ltd. *See* RD Harbottle (Mercantile) Ltd v National Westminster Bank Ltd 11-05
Harbro Supplies Ltd v Hampton [2014] EWHC 1781 (Ch) 41-06
Harburg India Rubber Comb Co v Martin [1902] 1 K.B. 778 CA 27-08
Hardy v Griffiths [2014] EWHC 3947 (Ch); [2015] Ch. 417; [2015] 2 W.L.R. 1239; [2015] 1 P. & C.R. 16 106-08
Hardy v Pembrokeshire CC (Permission to Appeal) [2006] EWCA Civ 240; [2006] Env. L.R. 28; [2007] J.P.L. 284; [2006] N.P.C. 34 80-07
Hardys & Hansons Plc v Lax; sub nom. Hardy & Hansons Plc v Lax [2005] EWCA Civ 846; [2005] 7 WLUK 203; [2005] I.C.R. 1565; [2005] I.R.L.R. 726; (2005) 102(29) L.S.G. 31 44-18
Hare v Nicoll; sub nom. Hare v Nichol [1966] 2 Q.B. 130; [1966] 2 W.L.R. 441; [1966] 1 All E.R. 285; (1966) 110 S.J. 11 CA 106-10
Harlingdon and Leinster Enterprises Ltd v Christopher Hull Fine Art Ltd [1991] 1 Q.B. 564; [1990] 3 W.L.R. 13; [1990] 1 All E.R. 737; (1991) 10 Tr. L.R. 65; [1989] E.G. 176 (C.S.); (1990) 140 N.L.J. 90 CA (Civ Div) 25-25
Harmer v Jumbil (Nigeria) Tin Areas Ltd [1921] 1 Ch. 200 CA 96-07
Harold Stephen & Co Ltd v Post Office [1977] 1 W.L.R. 1172; [1978] 1 All E.R. 939; (1977) 121 S.J. 707 CA (Civ Div) 51-02
Harooni v Rustins Ltd [2011] EWHC 1632 (TCC) 48-05
Harper v GN Haden & Sons Ltd; sub nom. Harper v GN Hayden & Sons [1933] Ch. 298; 86 A.L.R. 89 CA 47-25
Harrath v Stand For Peace Ltd [2016] EWHC 665 (QB); [2016] 4 WLUK 55 37-52
Harris v Bolt Burdon [2000] C.P. Rep. 70; [2000] C.P.L.R. 9 CA (Civ Div) 1-18
Harris v Richard Lawson Autologistics Ltd [2002] EWCA Civ 442; [2002] I.C.R. 765; [2002] I.R.L.R. 476; (2002) 99(18) L.S.G. 36; (2002) 146 S.J.L.B. 99 43-05
Harris v Warre (1878-79) L.R. 4 C.P.D. 125 CPD 37-14
Harrison v Bloom Camillin (No.2) [1999] 10 WLUK 845; [2000] Lloyd's Rep. P.N. 89; [2001] P.N.L.R. 7; (1999) 96(45) L.S.G. 32 Ch D 85-08
Harrison v Bloom Camillin (No.2) [2000] 2 WLUK 448; [2000] Lloyd's Rep. P.N. 404 Ch D 85-08
Harrison v Madejski [2014] EWCA Civ 361; [2014] 3 WLUK 857 108-17
Harrison v Shepherd Homes Ltd [2011] EWHC 1811 (TCC); (2011) 27 Const. L.J. 709 35-03
Harrison v Southwark and Vauxhall Water Co [1891] 2 Ch. 409 Ch D 49-N11
Harrison's Trade Mark Application. *See* Harrison v Teton Valley Trading Co Ltd
Harrisons & Crossfield Ltd v London & North Western Railway Co [1917] 2 K.B. 755 9-10
Harrod v Chief Constable of West Midlands; Chief Constable of West Midlands v Fowkes [2017] EWCA Civ 191; [2017] 3 WLUK 596; [2017] I.C.R. 869; [2017] I.R.L.R. 539; [2017] Pens. L.R. 11 44-17
Harrods Ltd v Harrodian School [1996] R.P.C. 697; (1996) 19(10) I.P.D. 19090 CA (Civ Div) 78-03, 78-08
Harrods Ltd v Times Newspapers Ltd [2006] EWCA Civ 294; [2006] E.M.L.R. 13 .... 79-09, 79-19
Harrold v Watney [1898] 2 Q.B. 320 CA 47-23
Harrop v Hirst (1868-69) L.R. 4 Ex. 43; [1868] 11 WLUK 122 Ex Ct 47-01
Harrow LBC v Qazi. *See* Qazi v Harrow LBC 47-02, 47-16, 98-07
Harse v Pearl Life Assurance Co [1904] 1 K.B. 558 CA 71-01
Hart (Inspector of Taxes) v Sangster; sub nom. Sangster v Hart (Inspector of Taxes) [1957] Ch. 329; [1957] 2 W.L.R. 812; [1957] 2 All E.R. 208; 50 R. & I.T. 349; 37 T.C. 231; (1957) 36 A.T.C. 63; [1957] T.R. 73; (1957) 101 S.J. 356 CA 9-03
Hartley v King Edward VI College [2017] UKSC 39; [2017] 1 W.L.R. 2110; [2017] 4 All E.R. 637; [2017] 5 WLUK 535; [2017] I.C.R. 774; [2017] I.R.L.R. 763; [2017] E.L.R. 395 42-01
Harvey v Dunbar Assets Plc [2013] EWCA Civ 952; [2013] B.P.I.R. 722; [2013] 32 E.G. 57 (C.S.) 13-03
Hasham v Zenab (Executrix of Harji) [1960] A.C. 316; [1960] 2 W.L.R. 374; (1960) 104 S.J. 125 PC (EA) 106-06
Hashwani v Jivraj. *See* Jivraj v Hashwani 65-03
Hatch v Hatch 32 E.R. 615; (1804) 9 Ves. Jr. 292 Ct of Chancery 18-08
Hatton v Harris [1892] A.C. 547 HL 11-02, 13-03
Haugesund Kommune v Depfa ACS Bank [2010] EWCA Civ 579; [2011] 1 All E.R. 190; [2011] 1 All E.R. (Comm) 985; [2010] 1 C.L.C. 770 .... 108-11, 108-17, 108-19

[lxxiv]

TABLE OF CASES

Havelberg v Brown [1905] SALR 1 47-08
Havering College of Further and Higher Education, Re [2006] P.L.S.C.S. 215 105-03
Haviland v Long [1952] 2 Q.B. 80; [1952] 1 All E.R. 463; [1952] 1 T.L.R. 576; (1952) 96
    S.J. 180 CA 101-02
Haye v General Teaching Council for England [2013] 4 WLUK 16; (2013) 157(16)
    S.J.L.B. 35 QBD 39-07
Hayes v Chief Constable of Merseyside [2011] EWCA Civ 911; [2012] 1 W.L.R. 517;
    [2011] 2 Cr. App. R. 30; [2012] Crim. L.R. 35 5-13
Hayes v Willoughby [2013] UKSC 17; [2013] 1 W.L.R. 935; [2013] 2 All E.R. 405;
    [2013] 2 Cr. App. R. 11; [2013] E.M.L.R. 19; (2013) 163(7554) N.L.J. 25 63-05
Hayim v Citibank NA [1987] A.C. 730; [1987] 3 W.L.R. 83; (1987) 84 L.S.G. 1573;
    (1987) 131 S.J. 660 PC (HK) 6-04
Hayward v Zurich Insurance Co Plc; sub nom. Zurich Insurance Co Plc v Hayward [2016]
    UKSC 48; [2017] A.C. 142; [2016] 3 W.L.R. 637; [2016] 4 All E.R. 628; [2016] 2 All
    E.R. (Comm) 755; [2016] 7 WLUK 721; [2016] 2 C.L.C. 246; [2017] Lloyd's Rep. I.R.
    84; [2016] C.I.L.L. 3865 .... 49-01, 58-04, 81-20
Heap v Ind, Coope & Allsopp [1940] 2 K.B. 476 CA 47-17
Heath Lambert Ltd v Sociedad de Corretaje de Seguros [2004] EWCA Civ 792; [2004] 1
    W.L.R. 2820; [2005] 1 All E.R. 225; [2004] 2 All E.R. (Comm) 656; [2005] 1 Lloyd's
    Rep. 597; [2005] 2 C.L.C. 366; [2004] Lloyd's Rep. I.R. 905; (2004) 101(28) L.S.G.
    34; (2004) 148 S.J.L.B. 793 70-13
Heath v Keys (1984) 134 N.L.J. 888 QBD 47-19
Heather v Leonard Cheshire Foundation. See R. (on the application of Heather) v Leonard
    Cheshire Foundation 64-09
Heatons Transport (St Helens) Ltd v Transport and General Workers Union; Craddock
    Bros v Transport and General Workers Union (Non-Payment of Fine: Accountability of
    Union); Panalpina Services Ltd v Transport and General Workers Union [1973] A.C.
    15; [1972] 3 W.L.R. 431; [1972] 3 All E.R. 101; [1972] I.C.R. 308; [1972] I.R.L.R. 25;
    14 K.I.R. 48; (1972) 116 S.J. 598 HL 42-02, 42-10, 43-03, 43-04
Hebditch v MacIlwaine [1894] 2 Q.B. 54 CA 37-43
Heckman v Isaac (1862) 6 L.T. 383 96-03
Hedley Byrne & Co Ltd v Heller & Partners Ltd [1964] A.C. 465; [1963] 3 W.L.R. 101;
    [1963] 2 All E.R. 575; [1963] 1 Lloyd's Rep. 485; (1963) 107 S.J. 454 HL 9-03, 57-05
Heeps v Mayor and Corporation of Oldham (1923) 40 R.P.C. 68 74-15
Heilbut Symons & Co v Buckleton [1913] A.C. 30 HL 57-06
Heinl v Jyske Bank (Gibraltar) Ltd [1999] Lloyd's Rep. Bank. 511; (1999) 96(34) L.S.G.
    33 CA (Civ Div) 62-06
Helden v Strathmore Ltd [2011] EWCA Civ 542; [2011] Bus. L.R. 1592; [2011] 5 WLUK
    259; [2011] 2 B.C.L.C. 665; [2011] 3 Costs L.O. 289; [2011] H.L.R. 41; [2011] 2
    E.G.L.R. 39; [2011] 33 E.G. 64; [2011] C.T.L.C. 158; [2011] 20 E.G. 112 (C.S.); [2011]
    N.P.C. 48; [2011] 2 P. & C.R. DG12 12-10
Hellwig v Mitchell [1910] 1 K.B. 609 KBD 37-08
Helmet Integrated Systems Ltd v Tunnard [2006] EWCA Civ 1735; [2007] I.R.L.R. 126;
    [2007] F.S.R. 16 41-06
Helmville Ltd v Yorkshire Insurance Co Ltd (The Medina Princess); Medina Princess, The
    [1965] 1 Lloyd's Rep. 361 QBD (Comm) 70-18, 70-T2
Hemingway Securities Ltd v Dunraven Ltd (1996) 71 P. & C.R. 30; [1995] 1 E.G.L.R. 61;
    [1995] 09 E.G. 322 Ch D 95-03
Henderson v All Around the World Recordings Ltd [2014] EWHC 3087 (IPEC) 75-09, 75-11
Henderson v Merrett Syndicates Ltd (No.1); Deeny v Gooda Walker Ltd (Duty of Care);
    Feltrim Underwriting Agencies Ltd v Arbuthnott; Hughes v Merrett Syndicates Ltd;
    Hallam-Eames v Merrett Syndicates Ltd; sub nom. Arbuthnott v Fagan; McLarnon
    Deeney v Gooda Walker Ltd; Gooda Walker Ltd v Deeny [1995] 2 A.C. 145; [1994] 3
    W.L.R. 761; [1994] 3 All E.R. 506; [1994] 2 Lloyd's Rep. 468; [1994] C.L.C. 918;
    (1994) 144 N.L.J. 1204 HL 33-10, 34-02, 74-04
Henderson v Preston (1888) L.R. 21 Q.B.D. 362 CA 5-06
Hendricks v Commissioner of Police of the Metropolis. See Commissioner of Police of the
    Metropolis v Hendricks 44-34
Heneghan v Manchester Dry Docks Ltd [2016] EWCA Civ 86; [2016] 1 W.L.R. 2036;
    [2016] 2 WLUK 376; [2016] I.C.R. 671 82-06

Table of Cases

Henriksens Rederi A/S v Centrala Handlu Zagranicznego (CHZ) Rolimpex (The Brede); Brede, The; sub nom. Henriksens Rederi A/S v THZ Rolimpex (The Brede) [1974] Q.B. 233; [1973] 3 W.L.R. 556; [1973] 3 All E.R. 589; [1973] 2 Lloyd's Rep. 333; (1973) 117 S.J. 600 CA (Civ Div) 24-02
Henry v News Group Newspapers Ltd [2011] EWHC 1058 (QB) 37-24
Herbage v Times Newspapers *Times* 1 May 1981 CA (Civ Div) 37-27
Herd v Weardale Steel Coal & Coke Co Ltd [1915] A.C. 67 HL 5-09
Heritage Oil and Gas Ltd v Tullow Uganda Ltd. *See* Tullow Uganda Ltd v Heritage Oil and Gas Ltd... 67-22
Herniman v Smith [1938] A.C. 305 HL 5-17
Hersi & Co Solicitors v Lord Chancellor [2018] EWHC 946 (QB); [2018] 4 WLUK 491 1-34
Hewett v First Plus Financial Group Plc; sub nom. First Plus Financial Group Plc v Hewett [2010] EWCA Civ 312; [2010] 3 WLUK 656; [2010] 2 F.L.R. 177; [2010] 2 P. & C.R. 22; [2010] 2 E.G.L.R. 51; [2010] 23 E.G. 108; [2010] Fam. Law 589; [2010] 13 E.G. 83 (C.S.); (2010) 107(14) L.S.G. 17; (2010) 160 N.L.J. 497 .... 18-03, 18-10
Hewison v Guthrie 132 E.R. 290; (1836) 2 Bing. N.C. 755 CCP 23-03
Hewitt Bros v Wilson [1915] 2 K.B. 739 CA 70-01
Hexter v Pearce [1900] 1 Ch. 341; [1899] 12 WLUK 53 Ch D 106-06
Heyman v Darwins Ltd [1942] A.C. 356; [1942] 1 All E.R. 337; (1942) 72 Ll. L. Rep. 65 HL... 34-06
Heythrop Zoological Gardens Ltd (t/a Amazing Animals) v Captive Animals Protection Society [2016] EWHC 1370 (Ch); [2016] 5 WLUK 472; [2017] E.C.D.R. 22; [2017] F.S.R. 10 64-08
Heywood v Wellers (A Firm) [1976] Q.B. 446; [1976] 2 W.L.R. 101; [1976] 1 All E.R. 300; [1976] 2 Lloyd's Rep. 88; (1975) 120 S.J. 9 CA (Civ Div) 85-08
HFC Bank Plc v HSBC Bank Plc (formerly Midland Bank Plc) [1999] 7 WLUK 701; [2000] F.S.R. 176; (1999) 22(12) I.P.D. 22119 Ch D............................ 78-03
Hichens Harrison Woolston & Co v Jackson & Sons [1943] A.C. 266 HL 15-03
Hickman v Maisey [1900] 1 Q.B. 752 CA 49-05, 94-03
Hicks v Faulkner (1881-82) L.R. 8 Q.B.D. 167 QBD 5-17
Hicks v Young [2015] EWHC 1144 (QB) 5-05
Higgins (Dr Andrew James) v Marchant & Eliot Underwriting Ltd [1996] 2 Lloyd's Rep. 31; [1996] C.L.C. 327; [1996] 3 C.M.L.R. 349; [1997] E.C.C. 47; [1996] 5 Re. L.R. 63..... 28-04
Higgins v Home Office [2015] I.C.R. D19 EAT 44-31
High Commissioner for Pakistan in the United Kingdom v Prince Mukkaram Jah [2016] EWHC 1465 (Ch); [2016] 6 WLUK 486; [2016] W.T.L.R. 1763 108-18
Highlands Insurance Co v Continental Insurance Co [1987] 1 Lloyd's Rep. 109 (Note) QBD (Comm).. 67-06
HIH Casualty & General Insurance Ltd v Axa Corporate Solutions (formerly Axa Reassurance SA); HIH Casualty & General Insurance Ltd v New Hampshire Insurance Co [2002] EWCA Civ 1253; [2002] 2 All E.R. (Comm) 1053; [2002] 7 WLUK 683; [2003] Lloyd's Rep. I.R. 1 67-19
HIH Casualty & General Insurance Ltd v Chase Manhattan Bank; Chase Manhattan Bank v HIH Casualty & General Insurance Ltd [2003] UKHL 6; [2003] 1 All E.R. (Comm) 349; [2003] 2 Lloyd's Rep. 61; [2003] 1 C.L.C. 358; [2003] Lloyd's Rep. I.R. 230; (2003) 147 S.J.L.B. 264.. 67-09, 67-15
Hilda's Montessori Nursery Ltd v Tesco Stores Ltd [2006] EWHC 1054 (QB) 47-14
Hill & Sons v London Central Markets Cold Storage Co (1910) 102 L.T. 715 23-03
Hill v Chief Constable of West Yorkshire [1989] A.C. 53; [1988] 2 W.L.R. 1049; [1988] 2 All E.R. 238; (1988) 152 L.G. Rev. 709; (1988) 85(20) L.S.G. 34; (1988) 138 N.L.J. Rep. 126; (1988) 132 S.J. 700 HL 5-03
Hill v UNISON (D/69-37/01) unreported 18 July 2001 Certification Officer 43-08
Hillen v ICI (Alkali) Ltd; Pettigrew v ICI (Alkali) Ltd [1936] A.C. 65; (1935) 52 Ll. L. Rep. 179; [1935] 7 WLUK 7 HL.. 107-01
Hines v Winnick [1947] Ch. 708; [1947] 2 All E.R. 517; 63 T.L.R. 520; (1947) 64 R.P.C. 113; [1948] L.J.R. 187; (1947) 91 S.J. 560 Ch D............................ 45-10
Hinton v University of East London; sub nom. University of East London v Hinton [2005] EWCA Civ 532; [2005] I.C.R. 1260; [2005] I.R.L.R. 552....................... 40-07
Hiort v Bott (1873-74) L.R. 9 Ex. 86 Ex Ct 26-04
Hirose Electrical UK Ltd v Peak Ingredients Ltd [2011] EWCA Civ 987; [2011] Env. L.R. 34; [2011] N.P.C. 94 .... 47-03, 47-06
Hitchings & Coulthurst Co v Northern Leather Co of America and Doushkess [1914] 3 K.B. 907 10-15

HKRUK II (CHC) Ltd v Heaney; sub nom. HXRUK II (CHC) Ltd v Heaney [2010]
EWHC 2245 (Ch); [2010] 3 E.G.L.R. 15; [2010] 44 E.G. 126 93-02
HLB Kidsons (A Firm) v Lloyd's Underwriters [2008] EWCA Civ 1206; [2009] Bus. L.R.
759; [2009] 2 All E.R. (Comm) 81; [2009] 1 Lloyd's Rep. 8; [2008] 2 C.L.C. 617;
[2009] Lloyd's Rep. I.R. 178... 67-22, 69-01
Hobson v Ashton Morton Slack Solicitors [2006] EWHC 1134 (Admin); (2006) 103(24)
L.S.G. 30 .... 84-02, 84-04
Hobson v Todd 100 E.R. 900; (1790) 4 Term Rep. 71; [1790] 11 WLUK 34 KB 89-03
Hodgkinson & Corby Ltd v Wards Mobility Services Ltd (No.1) [1994] 1 W.L.R. 1564;
[1995] F.S.R. 169; (1995) 14 Tr. L.R. 79 Ch D 78-03
Hodgson v Imperial Tobacco Ltd unreported 9 February 1999 84-04
Hoechst UK Ltd v Inland Revenue Commissioners [2003] EWHC 1002 (Ch); [2004]
S.T.C. 1486; [2003] S.T.I. 884 1-44
Hofer v Strawson [1999] 2 B.C.L.C. 336; [1999] B.P.I.R. 501; (1999) 96(13) L.S.G. 31;
(1999) 143 S.J.L.B. 95 Ch D 10-27
Holbeck Hall Hotel Ltd v Scarborough BC [2000] Q.B. 836; [2000] 2 W.L.R. 1396;
[2000] 2 All E.R. 705; [2000] B.L.R. 109; (2000) 2 T.C.L.R. 865; 69 Con. L.R. 1;
[2000] B.L.G.R. 412; [2000] E.G. 29 (C.S.); (2000) 97(9) L.S.G. 44; (2000) 97(11)
L.S.G. 36; (2000) 150 N.L.J. 307; (2000) 144 S.J.L.B. 109; [2000] N.P.C. 17 CA (Civ
Div)... 47-08, 47-09
Holderness v Collinson 108 E.R. 702; (1827) 7 B. & C. 212 KB 23-03
Holland v London Society of Compositors (1924) 40 T.L.R. 440 43-05
Hollins v Fowler; sub nom. Fowler v Hollins (1874-75) L.R. 7 H.L. 757 HL 26-02, 26-08
Hollins v Verney (1883-84) L.R. 13 Q.B.D. 304; (1884) 48 J.P. 580; (1884) 53 L.J. Q.B.
430; (1884) 51 L.T. 753 CA 93-03
Hollister Inc v Medik Osotomy Supplies Ltd [2012] EWCA Civ 1419; [2013] Bus. L.R.
428; [2013] E.T.M.R. 10; [2013] F.S.R. 24; (2013) 129 B.M.L.R. 173 75-11
Holloway v Transform Medical Group (CS) Ltd [2014] EWHC 1641 (QB) 84-03
Hollywood Silver Fox Farm Ltd v Emmett [1936] 2 K.B. 468 KBD 47-15
Holme v Brunskill (1877-78) L.R. 3 Q.B.D. 495 CA 13-15, 102-04
Holmes v Mather (1874-75) L.R. 10 Ex. 261 Ex Ct 5-01
Holmes v Wilson 113 E.R. 190; (1839) 10 Ad. & El. 503 KB 49-03
Holroyd v Marshall 11 E.R. 999; (1862) 10 H.L. Cas. 191 HL 6-11, 6-12
Holtham v Commissioner of Police of the Metropolis *Independent* 26 November 1987 CA
(Civ Div).. 5-28
Holtum v Lotun 172 E.R. 1437; (1834) 6 Car. & P. 726 Assizes 5-09
Holyoake v Candy [2017] EWHC 3397 (Ch); [2017] 12 WLUK 608 18-02
Holyoake v Candy; sub nom. Candy v Holyoake [2016] EWHC 970 (Ch); [2016] 3
W.L.R. 357; [2016] 2 All E.R. (Comm) 711; [2016] 4 WLUK 693...................... 56-01
Home Brewery Co v William Davis & Co (Leicester); sub nom. Home Brewery Co v
William Davis & Co (Loughborough); Home Brewery Plc v William Davis & Co
(Loughborough) Ltd; Home Brewery Co v Davis (William) & Co (Loughborough)
[1987] Q.B. 339; [1987] 2 W.L.R. 117; [1987] 1 All E.R. 637; (1987) 84 L.S.G. 657;
(1987) 131 S.J. 102 QBD... 46-05, 47-14, 49-02
Hong Kong and Shanghai Banking Corp v GD Trade Co Ltd [1998] C.L.C. 238 CA (Civ
Div).. 10-04
Hong Kong and Shanghai Banking Corp v Lo Lee Shi [1928] A.C. 181; [1928] 1 W.W.R.
593 PC (HK).. 11-04
Hongkong Fir Shipping Co Ltd v Kawasaki Kisen Kaisha Ltd (The Hongkong Fir);
Hongkong Fir, The [1962] 2 Q.B. 26; [1962] 2 W.L.R. 474; [1962] 1 All E.R. 474;
[1961] 2 Lloyd's Rep. 478; (1961) 106 S.J. 35 CA 33-11
Honourable Society of the Middle Temple v Lloyds Bank Plc [1999] 1 All E.R. (Comm)
193; [1999] Lloyd's Rep. Bank. 50; [1999] C.L.C. 664 QBD (Comm) 10-20, 10-21
Hook v British Airways Plc; Stott v Thomas Cook Tour Operators Ltd [2012] EWCA Civ
66; [2012] 2 All E.R. (Comm) 1265; [2012] 1 Lloyd's Rep. 386; [2012] Eq. L.R. 351;
affirmed [2014] UKSC 15; [2014] A.C. 1347; [2014] 2 W.L.R. 521; [2014] 2 All E.R.
461; [2014] 1 All E.R. (Comm) 849; [2014] 2 Lloyd's Rep. 207; [2014] 3 C.M.L.R. 7;
[2014] Eq. L.R. 287; (2014) 158(10) S.J.L.B. 37...................................... 8-01, 8-12
Hooper v Oates [2013] EWCA Civ 91; [2014] Ch. 287; [2014] 2 W.L.R. 743; [2013] 3 All
E.R. 211; [2013] 1 E.G.L.R. 93; [2013] 16 E.G. 108; [2013] 9 E.G. 93 (C.S.); (2013)
157(8) S.J.L.B. 31; [2013] 1 P. & C.R. DG22 106-05
Hooper v Rogers [1975] Ch. 43; [1974] 3 W.L.R. 329; [1974] 3 All E.R. 417; (1974) 28 P.
& C.R. 272; (1974) 118 S.J. 600 CA (Civ Div) 46-07

TABLE OF CASES

Hopper Group Ltd v Parker (1987) 1 P.R.N.Z. 363 CA (NZ) 1-06, 1-12
Horace Holman Group Ltd v Sherwood International Group Ltd [2001] Masons C.L.R. 72 .. 33-03
Horace Holman Group Ltd v Sherwood International Group Ltd (No.2) [2002] Masons
 C.L.R. 9; [2001] All E.R. (D) 83 (Nov) 33-12
Hornal v Neuberger Products [1957] 1 Q.B. 247; [1956] 3 W.L.R. 1034; [1956] 3 All E.R.
 970; (1956) 100 S.J. 915 CA... 57-03, 70-06
Horrobin v Majestic Hotel (Cheltenham) (1973) 227 E.G. 993 16-02
Horrocks v Lowe [1975] A.C. 135; [1974] 2 W.L.R. 282; [1974] 1 All E.R. 662; 72 L.G.R.
 251; (1974) 118 S.J. 149 HL 37-43, 37-56, 38-07
Horsford v Bird; sub nom. Horsfold v Bird [2006] UKPC 3; [2006] 1 E.G.L.R. 75; [2006]
 15 E.G. 136; (2006) 22 Const. L.J. 187; (2006) 103(6) L.S.G. 34 PC (Ant). . 49-08, 103-01, 107-02
Horsham Properties Group Ltd v Clark [2008] EWHC 2327 (Ch); [2009] 1 W.L.R. 1255;
 [2009] 1 All E.R. (Comm) 745; [2009] 1 P. & C.R. 8; [2008] 3 E.G.L.R. 75; [2008] 47
 E.G. 114; [2008] 41 E.G. 156 (C.S.); (2008) 158 N.L.J. 1458; [2008] N.P.C. 107 ... 15-12, 104-Z9
Hortons Estate Ltd v James Beattie Ltd [1927] 1 Ch. 75 Ch D 47-05
Hotson v East Berkshire HA; sub nom. Hotson v Fitzgerald [1987] A.C. 750; [1987] 3
 W.L.R. 232; [1987] 2 All E.R. 909; [1955-95] P.N.L.R. 330; (1987) 84 L.S.G. 2365;
 (1987) 131 S.J. 975 HL.. 82-06
Hough v Annear 119 Con. L.R. 57 CC (Truro) 47-19
Hough v Bolton (1885) 1 T.L.R. 606 61-12
Hounslow LBC v Cumar [2012] EWCA Civ 1426; [2012] 10 WLUK 28; [2013] H.L.R.
 17... 84-01
Hounslow LBC v Jenkins [2004] EWHC 315 (QB); [2004] 2 WLUK 265 10-20
Hounslow LBC v Powell [2011] UKSC 8; [2011] 2 A.C. 186; [2011] 2 W.L.R. 287; [2011]
 2 All E.R. 129; [2011] P.T.S.R. 512; [2011] H.R.L.R. 18; [2011] U.K.H.R.R. 548;
 [2011] H.L.R. 23; [2011] B.L.G.R. 363; [2011] 1 P. & C.R. 20; [2011] 9 E.G. 164
 (C.S.); (2011) 155(8) S.J.L.B. 31; [2011] N.P.C. 24................................ 64-09
Hounslow LBC v Thames Water Utilities Ltd [2003] EWHC 1197 (Admin); [2004] Q.B.
 212; [2003] 3 W.L.R. 1243; [2004] Env. L.R. 4; [2003] E.H.L.R. 18; [2004] J.P.L. 301;
 [2003] 24 E.G. 162 (C.S.); (2003) 100(27) L.S.G. 37 47-23
Hourani v Thomson [2017] EWHC 432 (QB); [2017] 3 WLUK 28 .... 37-09, 37-40
House Property of London v London Country and Westminster Bank (1915) 84 L.J.K.B.
 1846.. 10-17
Hovenden & Sons v Millhof (1900) 83 L.T. 41 61-01
Howard E Perry & Co Ltd v British Railways Board [1980] 1 W.L.R. 1375; [1980] 2 All
 E.R. 579; [1980] I.C.R. 743; (1980) 124 S.J. 591 Ch D.............................. 26-20
Howard v Howard-Lawson [2012] EWHC 3258 (Ch) 18-08
Howard-Jones v Tate [2011] EWCA Civ 1330; [2012] 2 All E.R. 369; [2012] 1 All E.R.
 (Comm) 1136; [2011] 11 WLUK 669; [2012] 1 P. & C.R. 11; [2011] N.P.C. 121; [2012]
 Bus. L.R. D89... 54-02
Howe v Smith (1884) 27 Ch. D. 89; [1884] 5 WLUK 77 CA 106-05
Howes Percival LLP v Page [2013] EWHC 4104 (Ch); [2013] 12 WLUK 681 108-08
Howlett v Davies [2017] EWCA Civ 1696; [2018] 1 W.L.R. 948; [2017] 10 WLUK 683;
 [2017] 6 Costs L.O. 761; [2018] R.T.R. 3; [2018] P.I.Q.R. Q3 81-19
Howlett v Holding [2006] EWHC 41 (QB); (2006) 150 S.J.L.B. 161 63-04
HP Bulmer Ltd v J Bollinger SA (No.3) [1977] 2 C.M.L.R. 625; [1978] R.P.C. 79 CA (Civ
 Div) 78-05, 78-11
HPC Productions Ltd, Re [1962] Ch. 466; [1962] 2 W.L.R. 51; [1962] 1 All E.R. 37;
 (1962) 106 S.J. 36 Ch D... 14-02
HRH Prince of Wales v Associated Newspapers Ltd; sub nom. Associated Newspapers Ltd
 v HRH Prince of Wales [2006] EWCA Civ 1776; [2008] Ch. 57; [2007] 3 W.L.R. 222;
 [2007] 2 All E.R. 139; [2008] E.M.L.R. 4; [2007] Info. T.L.R. 267; (2007) 104(2)
 L.S.G. 30; (2007) 157 N.L.J. 106; (2007) 151 S.J.L.B. 63 ..... 64-12, 74-01, 74-10, 79-04, 79-05,
                                                                                79-09, 79-16
HSBC Bank Plc v 5th Avenue Partners Ltd [2009] EWCA Civ 296; [2009] 1 C.L.C. 503;
 [2009] Lloyd's Rep. F.C. 338 9-03
HSBC Bank Plc v Liberty Mutual Insurance Co (UK) Ltd; Liberty Mutual Insurance Co
 (UK) Ltd v HSBC Bank Plc [2002] EWCA Civ 691 13-09
HSBC Rail (UK) Ltd v Network Rail Infrastructure Ltd (formerly Railtrack Plc) [2005]
 EWCA Civ 1437; [2006] 1 W.L.R. 643; [2006] 1 All E.R. 343; [2006] 1 All E.R.
 (Comm) 345; [2006] 1 Lloyd's Rep. 358; [2006] 1 C.L.C. 991; (2006) 103(1) L.S.G. 17 26-16
Hubbard v Pitt [1976] Q.B. 142; [1975] 3 W.L.R. 201; [1975] 3 All E.R. 1; [1975] I.C.R.
 308; (1975) 119 S.J. 393 CA (Civ Div) 42-11, 47-14, 47-23, 49-02

[lxxviii]

TABLE OF CASES

Hubbard v Vosper [1972] 2 Q.B. 84; [1972] 2 W.L.R. 389; [1972] 1 All E.R. 1023; (1972) 116 S.J. 95 CA (Civ Div) 74-20
Hufford v Samsung Electronics (UK) Ltd [2014] EWHC 2956 (TCC); [2014] B.L.R. 633 ... 84-08, 84-10
Hughes v Riley; sub nom. Woods v Riley [2005] EWCA Civ 1129; [2006] Env. L.R. 12; [2006] 1 P. & C.R. 29 .... 47-05, 47-12
Huguenin v Baseley 33 E.R. 526; (1807) 14 Ves. Jr. 273 Ct of Chancery 18-01, 18-03
Humphreys v Humphreys [2004] EWHC 2201 (Ch); [2005] 1 F.C.R. 712; [2004] W.T.L.R. 1425.. 18-05
Hunt v Bell 130 E.R. 1; (1822) 1 Bing. 1 CCP 37-08
Hunt v Evening Standard Ltd [2011] EWHC 272 (QB) 37-35, 37-52
Hunter v Canary Wharf Ltd; sub nom. Hunter v London Docklands Development Corp [1997] A.C. 655; [1997] 2 W.L.R. 684; [1997] 2 All E.R. 426; [1997] C.L.C. 1045; 84 B.L.R. 1; 54 Con. L.R. 12; [1997] Env. L.R. 488; [1997] 2 F.L.R. 342; (1998) 30 H.L.R. 409; [1997] Fam. Law 601; [1997] E.G. 59 (C.S.); (1997) 94(19) L.S.G. 25; (1997) 147 N.L.J. 634; (1997) 141 S.J.L.B. 108; [1997] N.P.C. 64 HL 46-01, 47-01, 47-02, 47-05, 47-06, 47-10, 47-12, 47-14, 47-15, 47-16, 47-18, 47-19, 47-N5, 48-04, 49-05, 63-01, 79-21, 81-01
Hurst v Hampshire CC [1997] 2 E.G.L.R. 164; [1997] 44 E.G. 206; (1998) 14 Const. L.J. 204; (1997) 94(30) L.S.G. 30; (1997) 147 N.L.J. 1025; (1997) 141 S.J.L.B. 152; [1997] N.P.C. 99 CA (Civ Div) 47-14
Hurst v Kelly [2013] I.C.R. 1225 EAT 63-10
Hurst v Picture Theatres [1915] 1 K.B. 1 CA 5-09
Hurstanger Ltd v Wilson [2007] EWCA Civ 299; [2007] 1 W.L.R. 2351; [2007] 4 All E.R. 1118; [2007] 2 All E.R. (Comm) 1037; [2008] Bus. L.R. 216; [2007] 4 WLUK 83; [2007] C.T.L.C. 59; (2007) 104(16) L.S.G. 23; (2007) 157 N.L.J. 555; (2007) 151 S.J.L.B. 467; [2007] N.P.C. 41 61-12
Hussain v Chief Constable of Mercia [2008] EWCA Civ 1205; *Times* 17 November 2008 5-21
Hussain v Lancaster City Council [2000] Q.B. 1; [1999] 2 W.L.R. 1142; [1999] 4 All E.R. 125; [1998] E.H.L.R. 166; (1999) 31 H.L.R. 164; (1999) 1 L.G.L.R. 37; (1999) 77 P. & C.R. 89; [1998] E.G. 86 (C.S.); (1998) 95(23) L.S.G. 27; (1998) 142 S.J.L.B. 173; [1998] N.P.C. 85; (1998) 76 P. & C.R. D31 CA (Civ Div)................................ 47-17
Hussain v Sarkar [2010] EWCA Civ 301; [2010] 1 WLUK 582 1-34
Hussain v Singh [1993] 31 E.G. 75 CA (Civ Div) 100-01
Hussein v Chong Fook Kam. *See* Shaaban bin Hussien v Chong Fook Kam 5-12
Hutcheson v News Group Newspapers Ltd; sub nom. KGM v News Group Newspapers Ltd [2011] EWCA Civ 808; [2011] 7 WLUK 516; [2012] E.M.L.R. 2; [2011] U.K.H.R.R. 1329.. 79-05
Hutcheson v News Group Newspapers Ltd. *See* KGM v News Group Newspapers Ltd 74-10, 79-05
Hutchison 3G UK Ltd v Office of Communications [2008] CAT 11 32-02
Hutchison v Westward Television Ltd [1976] 12 WLUK 134; [1977] I.C.R. 279; [1977] I.R.L.R. 69; (1976) 12 I.T.R. 125.. 44-34
Huth v Huth [1915] 3 K.B. 32 CA 37-10
Hutson v Tata Steel UK Ltd (Formerly Corus UK Ltd) [2016] EWHC 3031 (QB); [2016] 7 WLUK 700.. 84-02
Hutson v Tata Steel UK Ltd (Formerly Corus UK Ltd) [2017] EWHC 2647 (QB); [2017] 10 WLUK 636; [2017] 6 Costs L.O. 753.. 46-02
Huzar v Jet2.com Ltd [2014] EWCA Civ 791; [2014] 4 All E.R. 581; [2014] 2 All E.R. (Comm) 914; [2014] Bus. L.R. 1324; [2014] 2 Lloyd's Rep. 368; [2014] 1 C.L.C. 969....... 8-10
Hyde Park Residence Ltd v Yelland [2001] Ch. 143; [2000] 3 W.L.R. 215; [2000] E.C.D.R. 275; [2000] E.M.L.R. 363; [2000] R.P.C. 604; (2000) 23(5) I.P.D. 23040; (2000) 97(8) L.S.G. 35 CA (Civ Div).. 74-20
Hylton v Hylton 28 E.R. 349; (1754) 2 Ves. Sen. 547 Ct of Chancery 18-03
Hynes v Vaughan (1985) 50 P. & C.R. 444 DC 106-06
Ian Stephen Liennard v Slough BC. *See* Liennard v Slough BC 39-02
IBL v Coussens [1991] 2 All E.R. 133 CA (Civ Div) 26-13
IBM v Web-Sphere Ltd [2004] EWHC 529 (Ch); [2004] E.T.M.R. 94; [2004] Info. T.L.R. 163; [2004] F.S.R. 39; (2004) 27(7) I.P.D. 27070.. 38-05
Icescape v IceWorld [2018] EWCA Civ 2219; [2019] F.S.R. 5 73-03
ICI Fibres v Mat Transport [1987] 1 Lloyd's Rep. 354; [1987] 1 F.T.L.R. 145 70-18
Ide v ATB Sales Ltd; Lexus Financial Services (t/a Toyota Financial Services (UK) Plc) v Russell [2008] EWCA Civ 424; [2009] R.T.R. 8; [2008] P.I.Q.R. P13; (2008) 152(18) S.J.L.B. 32.. 84-08, 84-10

TABLE OF CASES

IFE Fund SA v Goldman Sachs International [2007] EWCA Civ 811; [2007] 2 Lloyd's
  Rep. 449; [2007] 2 C.L.C. 134; (2007) 104(32) L.S.G. 24 .... 9-22, 58-04
Ikerigi Compania Naviera SA v Palmer (The Wondrous); Global Transeas Corp v Palmer;
  Wondrous, The [1992] 2 Lloyd's Rep. 566 CA (Civ Div) 70-20
Imageview Management Ltd v Jack [2009] EWCA Civ 63; [2009] Bus. L.R. 1034; [2009]
  2 All E.R. 666; [2009] 1 All E.R. (Comm) 921; [2009] 1 Lloyd's Rep. 436; [2009] 1
  B.C.L.C. 724 .... 61-02, 61-07
IMAGINARIUM Trade Mark. *See* Geoffrey Inc's Trade Mark Application (No.12244) 77-17
Inche Noriah v Shaik Allie bin Omar [1929] A.C. 127; [1928] All E.R. Rep. 189; (1929)
  45 T.L.R. 1; (1928) 98 L.J. P.C. 1 PC (Sing) 18-05
Indata Equipment Supplies Ltd (t/a Autofleet) v ACL Ltd [1998] 1 B.C.L.C. 412; [1998]
  F.S.R. 248; (1997) 141 S.J.L.B. 216 CA (Civ Div) 74-17
Industrial Furnaces v Reaves [1970] R.P.C. 605 .... 74-16, 74-17
Industries and General Mortgage Co Ltd v Lewis [1949] 2 All E.R. 573; [1949] W.N. 333;
  (1949) 93 S.J. 577 KBD 61-01
Initial Services v Putterill [1968] 1 Q.B. 396; [1967] 3 W.L.R. 1032; [1967] 3 All E.R.
  145; 2 K.I.R. 863; (1967) 111 S.J. 541 CA (Civ Div) 74-20, 79-09
Integral Petroleum Ltd v Melars Group Ltd [2016] EWCA Civ 108; [2016] 2 Lloyd's Rep.
  141; [2016] 1 WLUK 322; [2016] 1 C.L.C. 235 .... 2-01, 2-06, 2-10, 2-19
Interflora Inc v Marks & Spencer Plc [2009] EWHC 1095 (Ch); [2009] E.T.M.R. 54;
  [2009] R.P.C. 22; (2009) 32(7) I.P.D. 32049 77-05
Interflora Inc v Marks & Spencer Plc [2012] EWCA Civ 1501; [2013] 2 All E.R. 663;
  [2012] 11 WLUK 582; [2013] E.T.M.R. 11; [2013] F.S.R. 21; [2013] Bus. L.R. D46 78-08
Interflora Inc v Marks & Spencer Plc [2013] EWCA Civ 319; [2013] F.S.R. 26 78-08
Interlego AG v Tyco Industries Inc [1989] A.C. 217; [1988] 3 W.L.R. 678; [1988] 3 All
  E.R. 949; 1 B.L.R. 271; [1988] 2 F.T.L.R. 133; [1988] R.P.C. 343; (1988) 132 S.J. 698
  PC (HK) 76-05, 76-15
International Distillers and Vintners Ltd v JF Hillebrand (UK) Ltd *Times* 25 January 2000 1-44
International Drilling Fluids Ltd v Louisville Investments (Uxbridge) Ltd [1986] Ch. 513;
  [1986] 2 W.L.R. 581; [1986] 1 All E.R. 321; (1986) 51 P. & C.R. 187; [1986] 1
  E.G.L.R. 39; (1985) 277 E.G. 62; (1986) 83 L.S.G. 436 CA (Civ Div) 95-03, 96-02
International Factors v Rodriguez [1979] Q.B. 351; [1978] 3 W.L.R. 877; [1979] 1 All
  E.R. 17; (1978) 122 S.J. 680 CA (Civ Div) 10-20
International Lottery Management Ltd v Dumas [2002] Lloyd's Rep. I.R. 237 QBD 67-12
International Management Group (UK) Ltd v Simmonds; sub nom. International
  Management Group (UK) Ltd v Simmons [2003] EWHC 177 (Comm); [2004] Lloyd's
  Rep. I.R. 247 109-01
Internet Broadcasting Corp Ltd (t/a NETTV) v MAR LLC (t/a MARHedge) [2009]
  EWHC 844 (Ch); [2010] 1 All E.R. (Comm) 112; [2009] 2 Lloyd's Rep. 295 33-07
Inversiones Manria SA v Sphere Drake Insurance Co, Malvern Insurance Co and Niagara
  Fire Insurance Co (The Dora); Dora, The [1989] 1 Lloyd's Rep. 69 QBD (Comm) 67-18
Inverugie Investments Ltd v Hackett [1995] 1 W.L.R. 713; [1995] 3 All E.R. 841; [1996] 1
  E.G.L.R. 149; [1996] 19 E.G. 124; [1995] E.G. 37 (C.S.); [1995] N.P.C. 36; (1995) 69
  P. & C.R. D48 PC (Bah) 49-08, 103-01
Investment Trust Companies v Revenue and Customs Commissioners [2017] UKSC 29;
  [2018] A.C. 275 .... 108-02, 108-05, 108-22
Investors Compensation Scheme Ltd v West Bromwich Building Society (No.2) [1999]
  Lloyd's Rep. P.N. 496 9-22
IPCO (Nigeria) Ltd v Nigerian National Petroleum Corp; sub nom. Nigerian National
  Petroleum Corp v IPCO (Nigeria) Ltd [2017] UKSC 16; [2017] 1 W.L.R. 970; [2018] 1
  All E.R. 738; [2018] 1 All E.R. (Comm) 191; [2017] 1 Lloyd's Rep. 508; [2017] 3
  WLUK 32; [2017] 1 C.L.C. 195 4-06
Iqbal v Prison Officers Association; sub nom. Prison Officers Association v Iqbal [2009]
  EWCA Civ 1312; [2010] Q.B. 732; [2010] 2 W.L.R. 1054; [2010] 2 All E.R. 663;
  (2010) 107(1) L.S.G. 14 5-06
Iqbal v Thakrar [2004] EWCA Civ 592; [2004] 3 E.G.L.R. 21; [2004] 36 E.G. 122 ... 96-04, 96-05,
                                                                                   101-04
Iran v Barakat Galleries Ltd [2007] EWCA Civ 1374; [2009] Q.B. 22; [2008] 3 W.L.R.
  486; [2008] 1 All E.R. 1177; [2008] 2 All E.R. (Comm) 225; [2007] 2 C.L.C. 994;
  (2008) 152(2) S.J.L.B. 29 26-10
Iranian Offshore Engineering and Construction Co v Dean Investment Holdings SA
  (formerly Dean International Trading SA) [2019] EWHC 472 (Comm); [2019] 3
  WLUK 9 .... 62-08, 62-10

[lxxx]

Table of Cases

Irontrain Investments Ltd v Ansari [2005] EWCA Civ 1681 47-07
Irvine v Talksport Ltd (No.2) unreported March 2002 Ch D 78-07
Irvine v Talksport Ltd [2002] EWHC 367 (Ch); [2002] 1 W.L.R. 2355; [2002] 2 All E.R.
   414; [2002] E.M.L.R. 32; [2002] F.S.R. 60; (2002) 25(6) I.P.D. 25039; (2002) 99(18)
   L.S.G. 38; (2002) 152 N.L.J. 553; (2002) 146 S.J.L.B. 85............................ 78-05
Irving v GMB Union [2008] I.R.L.R. 202 EAT 43-08
IS Innovative Software Ltd v Howes [2004] EWCA Civ 275; (2004) 101(13) L.S.G. 35 59-03
Isaac Oren v Red Box Toy Factory Ltd. *See* Oren v Red Box Toy Factory Ltd 60-10
Islam Expo Ltd v Spectator (1828) Ltd [2010] EWHC 2011 (QB); (2010) 154(32) S.J.L.B.
   28... 37-13
Island Records Ltd v Tring International Plc [1996] 1 W.L.R. 1256; [1995] 3 All E.R. 444;
   [1995] F.S.R. 560 Ch D 73-12, 74-16, 75-11, 76-08, 77-13, 78-07
Isle of Wight Council v Platt [2017] UKSC 28; [2017] 1 W.L.R. 1441; [2017] 3 All E.R.
   623; [2017] 4 WLUK 148; [2017] 2 Cr. App. R. 13; (2017) 181 J.P. 237; [2017] E.L.R.
   413... 39-07
Islington LBC v Elliott. *See* Elliott v Islington LBC 46-07
Isovel Contracts Ltd (In Administration) v ABB Building Technologies Ltd (formerly
   ABB Steward Ltd) [2002] 1 B.C.L.C. 390; [2002] B.P.I.R. 525 Ch D 10-27
Issa v Hackney LBC. *See* Hackney LBC v Issa 47-14
Italia Express, The (No.3). *See* Ventouris v Mountain (The Italia Express) (No.3) 67-21
Ittihadieh v 5-11 Cheyne Gardens RTM Co Ltd; Deer v University of Oxford; University
   of Oxford v Deer [2017] EWCA Civ 121; [2018] Q.B. 256; [2017] 3 W.L.R. 811;
   [2017] 3 WLUK 119.. 79-23
Ivey v Genting Casinos UK Ltd [2017] UKSC 67; [2017] 3 W.L.R. 1212 .... 9-19, 62-13
J Aron & Co Inc v Miall (1928) 31 Ll. L. Rep. 242 CA 70-14
J Choo (Jersey) Ltd v Towerstone Ltd [2008] EWHC 346 (Ch); [2008] E.C.C. 20; [2009]
   E.C.D.R. 2; [2008] F.S.R. 19; (2008) 31(3) I.P.D. 31017............................ 76-17
J Pereira Fernandes SA v Mehta; sub nom. Metha v J Pereira Fernandes SA [2006] EWHC
   813 (Ch); [2006] 1 W.L.R. 1543; [2006] 2 All E.R. 891; [2006] 1 All E.R. (Comm) 885;
   [2006] 2 Lloyd's Rep. 244; [2006] Info. T.L.R. 203............................... 13-05
J Rothschild Assurance Plc v Collyear [1998] C.L.C. 1697; [1999] Lloyd's Rep. I.R. 6;
   [1999] Pens. L.R. 77 QBD (Comm) 67-22, 69-01
J Trevor & Sons v Solomon (1978) 248 E.G. 779 CA (Civ Div) 37-27
J&E Hall v Barclay [1937] 3 All E.R. 620 CA 26-13
J&H Ritchie Ltd v Lloyd Ltd; sub nom. JH Ritchie Ltd v Lloyd Ltd [2007] UKHL 9;
   [2007] Bus. L.R. 944; [2007] 1 W.L.R. 670; [2007] 2 All E.R. 353; [2007] 1 All E.R.
   (Comm) 987; [2007] 1 Lloyd's Rep. 544; 2007 S.C. (H.L.) 89; 2007 S.L.T. 377; [2007]
   1 C.L.C. 208; (2007) 157 N.L.J. 403; (2007) 151 S.J.L.B. 397; 2007 G.W.D. 9-171 25-15
J20 v Facebook Ireland Ltd 7 September 2017 CA (NI) 79-05
JA Pye (Oxford) Ltd v Graham [2002] UKHL 30; [2003] 1 A.C. 419; [2002] 3 W.L.R.
   221; [2002] 3 All E.R. 865; [2002] H.R.L.R. 34; [2003] 1 P. & C.R. 10; [2002] 28 E.G.
   129 (C.S.); [2002] N.P.C. 92; [2002] 2 P. & C.R. DG22 .... 87-02, 87-03, 87-04
Jacklin v Chief Constable of West Yorkshire [2007] EWCA Civ 181; (2007) 151 S.J.L.B.
   261... 51-01
Jackson v BBC [2017] NIQB 51; [2017] 1 WLUK 20 79-14
Jackson v Oxfordshire County Council [2013] EWHC 1309 (QB) 39-07
Jackson v Pilgrim (Charles A). *See* Pilgrim (Charles A) v Jackson 101-01
Jacobs v Motor Insurers' Bureau [2010] EWCA Civ 1208; [2011] 1 W.L.R. 2609; [2011] 1
   All E.R. 844; [2011] 1 All E.R. (Comm) 445; [2011] R.T.R. 2; [2011] Lloyd's Rep. I.R.
   355... 68-07
Jacobs v Seward (1868-69) L.R. 4 C.P. 328 CCP 49-N12
Jacques v Amalgamated Union of Engineering Workers (AUEW) (Engineering Section)
   [1987] 1 All E.R. 621; [1986] I.C.R. 683 Ch D 43-04
Jacques v Millar (1877) 6 Ch. D. 153 106-03
Jaggard v Sawyer [1995] 1 W.L.R. 269; [1995] 2 All E.R. 189; [1995] 1 E.G.L.R. 146;
   [1995] 13 E.G. 132; [1994] E.G. 139 (C.S.); [1994] N.P.C. 116 CA (Civ Div)....... 51-02, 52-02,
                                                                                     108-26
Jain v Trent SHA; sub nom. Trent SHA v Jain [2007] EWCA Civ 1186; [2008] Q.B. 246;
   [2008] 2 W.L.R. 456; [2007] 11 WLUK 563; (2008) 11 C.C.L. Rep. 79; [2008] LS Law
   Medical 139 39-02
Jamaica Mutual Life Assurance Society v Hillsborough [1989] 1 W.L.R. 1101; (1989) 133
   S.J. 1032 PC (Jam) 105-01

[lxxxi]

TABLE OF CASES

Jameel v Wall Street Journal Europe SPRL (No.3) [2006] UKHL 44; [2007] 1 A.C. 359; [2007] Bus. L.R. 291; [2006] 3 W.L.R. 642; [2006] 4 All E.R. 1279; [2007] E.M.L.R. 2; [2006] H.R.L.R. 41; 21 B.H.R.C. 471; (2006) 103(41) L.S.G. 36; (2006) 156 N.L.J. 1612; (2006) 150 S.J.L.B. 1392. .... 37-40, 43-03
Jameer v Paratus AMC [2012] EWCA Civ 1924; [2013] H.L.R. 18 .... 15-12, 104-12
James Roscoe (Bolton) Ltd v Winder [1915] 1 Ch. 62 Ch D 62-18
James v Crown Prosecution Service; sub nom. James v DPP [2009] EWHC 2925 (Admin); [2009] 11 WLUK 59; [2010] Crim. L.R. 580; (2009) 153(42) S.J.L.B. 29 63-02
James v Williams 153 E.R. 347; (1845) 13 M. & W. 828 Ex Ct 10-29, 10-E28
Jane (Publicity), Re [2010] EWHC 3221 (Fam); [2011] 1 F.L.R. 1261; [2011] Fam. Law 228. 64-12
Janred Properties Ltd v Ente Nazionale Italiano per il Turismo (ENIT) (No.2) [1989] 2 All E.R. 444; [1987] 2 F.T.L.R. 179 CA (Civ Div). 106-05
Januzi v Secretary of State for the Home Department [2006] UKHL 5; [2006] 2 A.C. 426; [2006] 2 W.L.R. 397; [2006] 3 All E.R. 305; 21 B.H.R.C. 65; [2006] Imm. A.R. 252; [2006] I.N.L.R. 118; (2006) 103(11) L.S.G. 25; (2006) 150 S.J.L.B. 223. .... 66-S1
Januzi v Secretary of State for the Home Department; Mohammed v Secretary of State for the Home Department; Gaafar v Secretary of State for the Home Department; Hamid v Secretary of State for the Home Department [2006] UKHL 5; [2006] 2 A.C. 426; [2006] 2 W.L.R. 397; [2006] 3 All E.R. 305; [2006] 2 WLUK 303; 21 B.H.R.C. 65; [2006] Imm. A.R. 252; [2006] I.N.L.R. 118; (2006) 103(11) L.S.G. 25; (2006) 150 S.J.L.B. 223. ... 66-S1
Janvier v Sweeney [1919] 2 K.B. 316 CA 63-03
Jaroo v Attorney General of Trinidad and Tobago [2002] UKPC 5; [2002] 1 A.C. 871; [2002] 2 W.L.R. 705; (2002) 146 S.J.L.B. 44. 26-10
Javad v Aqil [1991] 1 W.L.R. 1007; [1991] 1 All E.R. 243; (1991) 61 P. & C.R. 164; [1990] 41 E.G. 61; [1990] E.G. 69 (C.S.); (1990) 140 N.L.J. 1232 CA (Civ Div) 98-10
Jay Bola, The. *See* Payabi v Armstel Shipping Corp (The Jay Bola) 8-20
Jayson v Midland Bank Ltd [1968] 1 Lloyd's Rep. 409 CA (Civ Div) 9-12
Jazztel Plc v Revenue and Customs Commissioners [2017] EWHC 677 (Ch); [2017] 1 W.L.R. 3869; [2017] 4 All E.R. 470; [2017] S.T.C. 1422; [2017] 4 WLUK 14; [2017] B.T.C. 7. 108-07
JD v East Berkshire Community Health NHS Trust; RK v Oldham NHS Trust; K v Dewsbury Healthcare NHS Trust; sub nom. D v East Berkshire Community NHS Trust; MAK v Dewsbury Healthcare NHS Trust [2005] UKHL 23; [2005] 2 A.C. 373; [2005] 2 W.L.R. 993; [2005] 2 All E.R. 443; [2005] 2 F.L.R. 284; [2005] 2 F.C.R. 81; (2005) 8 C.C.L. Rep. 185; [2005] Lloyd's Rep. Med. 263; (2005) 83 B.M.L.R. 66; [2005] Fam. Law 615; (2005) 155 N.L.J. 654 .... 84-X6
JD v Mather [2012] EWHC 3063 (QB); [2013] Med. L.R. 291 82-06
JD Wetherspoon Plc v Van de Berg & Co Ltd [2009] EWHC 639 (Ch); [2009] 16 E.G. 138 (C.S.). 62-11
JE (Jamaica) v Secretary of State for the Home Department [2014] EWCA Civ 192; [2014] C.P. Rep. 24. 84-14
Jeancharm Ltd (t/a Beaver International) v Barnet Football Club Ltd [2003] EWCA Civ 58; 92 Con. L.R. 26. 9-07
Jefford v Gee [1970] 2 Q.B. 130; [1970] 2 W.L.R. 702; [1970] 1 All E.R. 1202; [1970] 1 Lloyd's Rep. 107; (1970) 114 S.J. 206 CA (Civ Div). 81-16
Jeffs v Wood 24 E.R. 668; (1723) 2 P. Wms. 128 Ct of Chancery 24-03
Jelks v Hayward [1905] 2 K.B. 460 KBD 26-11
Jenkins v Phillips 173 E.R. 1045; (1841) 9 Car. & P. 766 Assizes 37-21
Jenson v Faux [2011] EWCA Civ 423; [2011] T.C.L.R. 4; [2011] H.L.R. 30; [2011] 2 P. & C.R. 11; [2011] C.I.L.L. 3025; [2011] N.P.C. 42 35-03
Jeremy D Stone Consultants Ltd v National Westminster Bank Plc [2013] EWHC 208 (Ch); [2013] 2 WLUK 279 .... 9-18, 9-19
Jervis v Harris [1996] Ch. 195; [1996] 2 W.L.R. 220; [1996] 1 All E.R. 303; [1996] 1 E.G.L.R. 78; [1996] 10 E.G. 159; [1995] E.G. 177 (C.S.); (1996) 93(3) L.S.G. 30; (1996) 140 S.J.L.B. 13; [1995] N.P.C. 171 CA (Civ Div) 101-01
Jessemey v Rowstock Ltd. *See* Rowestock Ltd v Jessemey 44-19, 44-28
Jetivia SA v Bilta (UK) Limited (In Liquidation). *See* Bilta (UK) Ltd (In Liquidation) v Nazir 58-09
Jewson Ltd v Boyhan; sub nom. Jewsons Ltd v Boykan; Jewson Ltd v Kelly [2003] EWCA Civ 1030; [2004] 1 Lloyd's Rep. 505; [2004] 1 C.L.C. 87; [2004] B.L.R. 31. 83-02
Jewson Ltd v Kelly. *See* Jewson Ltd v Boyhan 83-02
Jeynes v News Magazines Ltd [2008] EWCA Civ 130 37-04

JG Pears (Newark) Ltd v Omega Proteins Ltd; sub nom. Webster Thompson Ltd v JG
Pears (Newark) Ltd [2009] EWHC 1070 (Comm); [2009] 2 Lloyd's Rep 339 83-02
JGE v English Province of Our Lady of Charity. *See* E v English Province of Our Lady of
Charity 84-X5
JH Rayner (Mincing Lane) Ltd v Department of Trade and Industry; Maclaine Watson &
Co Ltd v Department of Trade and Industry; Maclaine Watson & Co Ltd v International
Tin Council; TSB England and Wales v Department of Trade and Industry;
Amalgamated Metal Trading Ltd v International Tin Council [1990] 2 A.C. 418; [1989]
3 W.L.R. 969; [1989] 3 All E.R. 523; (1989) 5 B.C.C. 872; [1990] B.C.L.C. 102; (1990)
87(4) L.S.G. 68; (1989) 139 N.L.J. 1559; (1989) 133 S.J. 1485 HL 27-05
JIH v News Group Newspapers Ltd; Goodwin (formerly MNB) v News Group
Newspapers; ETK v News Group Newspapers Ltd; MJN v News Group Newspapers
Ltd; TSE v News Group Newspapers Ltd; XJA v News Group Newspapers Ltd; NOM v
News Group Newspapers Ltd [2012] EWHC 2179 (QB); [2012] 7 WLUK 940. 79-18
JIH v News International Group Newspapers Ltd [2011] EWCA Civ 42; [2011] 1 W.L.R.
1645; [2011] 2 All E.R. 324; [2011] C.P. Rep. 17; [2011] E.M.L.R. 15; [2011] 2 F.C.R.
95; (2011) 108(7) L.S.G. 18; (2011) 161 N.L.J. 211 79-19
Jivraj v Hashwani; sub nom. Hashwani v Jivraj [2011] UKSC 40; [2011] 1 W.L.R. 1872;
[2012] 1 All E.R. 629; [2012] 1 All E.R. (Comm) 1177; [2012] Bus. L.R. 1182; [2012] 2
Lloyd's Rep. 513; [2011] 2 C.L.C. 427; [2012] 1 C.M.L.R. 12; [2011] I.C.R. 1004;
[2011] I.R.L.R. 827; [2011] Eq. L.R. 1088; [2011] Arb. L.R. 28; [2011] C.I.L.L. 3076;
[2011] 32 E.G. 54 (C.S.) 65-03
JL Lyons & Co Ltd v May and Baker Ltd [1923] 1 K.B. 68 KBD 23-02
Joachimson (A Firm) v Swiss Bank Corp (Costs). *See* N Joachimson (A Firm) v Swiss
Bank Corp (Costs) 9-03, 9-04, 9-09, 13-06, 14-02, 20-09
Joe Hall Ltd v Barclay. *See* J&E Hall v Barclay 26-13
John D Hope & Co v Glendinning; sub nom. Glendinning v Hope & Co; Glendinning v
John D Hope & Co [1911] A.C. 419; 1911 S.C. (H.L.) 73; 1911 2 S.L.T. 161 HL 23-03
John Kaldor Fabricmaker UK Ltd v Lee Ann Fashions Ltd [2014] EWHC 3779 (IPEC);
[2015] E.C.D.R. 2 75-04
John Lancaster Radiators v General Motor Radiator Co [1946] 2 All E.R. 685; 176 L.T.
178; (1946) 90 S.J. 613 CA 59-08
John Lewis & Co v Tims; sub nom. Tims v John Lewis & Co [1952] A.C. 676; [1952] 1
All E.R. 1203; (1952) 116 J.P. 275; (1952) 96 S.J. 342 HL 5-12
John Reid Enterprises Ltd v Pell [1999] E.M.L.R. 675 Ch D 74-20
John Sisk & Son Ltd v Carmel Building Services Ltd (In Administration) [2016] EWHC
806 (TCC); [2016] 4 WLUK 331; [2016] B.L.R. 283; [2016] T.C.L.R. 6; 166 Con. L.R.
23; [2016] C.I.L.L. 3821 34-08
John Smith & Co (Edinburgh) Ltd v Hill [2010] EWHC 1016 (Ch); [2010] 5 WLUK 212;
[2010] 2 B.C.L.C. 556 47-16
John Trenberth Ltd v National Westminster Bank Ltd (1980) 39 P. & C.R. 104; (1979) 253
E.G. 151; (1979) 123 S.J. 388 Ch D 47-26, 51-02
John v James [1991] F.S.R. 397 Ch D 45-01, 45-06
John v MGN Ltd [1997] Q.B. 586; [1996] 3 W.L.R. 593; [1996] 2 All E.R. 35; [1996]
E.M.L.R. 229; (1996) 146 N.L.J. 13 CA (Civ Div) 37-25
John Zink Co Ltd v Wilkinson; sub nom. John Zinc v Wilkinson [1973] F.S.R. 1; [1973]
R.P.C. 717 CA (Civ Div) 74-01, 74-14, 74-15
Johnson v Agnew [1980] A.C. 367; [1979] 2 W.L.R. 487; [1979] 1 All E.R. 883; (1979) 38
P. & C.R. 424; (1979) 251 E.G. 1167; (1979) 123 S.J. 217 HL . . 16-03, 16-04, 54-01, 54-02, 58-10,
106-05, 106-06, 106-07
Johnson v Emerson; Johnson v Sparrow (1870-71) L.R. 6 Ex. 329; (1871) 40 L.J. Ex. 201;
(1871) 25 L.T. 337 Ex Ct 5-19
Johnson v Havering LBC. *See* L v Birmingham City Council 64-09, 84-X5
Johnson v Kearley [1908] 2 K.B. 514 CA 15-03
Johnson v Medical Defence Union Ltd [2007] EWCA Civ 262; [2007] 3 C.M.L.R. 9;
(2007) 96 B.M.L.R. 9 79-23
Jolley v Sutton LBC [2000] 1 W.L.R. 1082; [2000] 3 All E.R. 409; [2000] 2 Lloyd's Rep.
65; [2000] 2 F.C.R. 392; (2001) 3 L.G.L.R. 2; [2000] B.L.G.R. 399; [2000] P.I.Q.R.
P136; (2000) 97(23) L.S.G. 42 HL 47-12
Jolliffe v Willmett & Co [1971] 1 All E.R. 478; (1970) 114 S.J. 619 QBD 49-08
Jonathan Cape Ltd (Third Party). *See* Attorney General v Blake . . . 74-12, 107-02, 108-25, 108-27
Jonathan Wren & Co Ltd v Microdec Plc 65 Con. L.R. 157 QBD (TCC) 33-03

TABLE OF CASES

Jones (Insurance Brokers) Ltd v Portsmouth City Council. *See* LE Jones (Insurance
 Brokers) Ltd v Portsmouth City Council 47-17
Jones Brothers (Hunstanton) v Stevens [1955] 1 Q.B. 275; [1954] 3 W.L.R. 953; [1954] 3
 All E.R. 677; (1954) 98 S.J. 870 CA 60-06
Jones v Bangor Mutual (1889) 61 L.T. 727 67-19
Jones v Chapman 154 E.R. 717; (1849) 2 Ex. 803 Ex Ct 49-N9
Jones v Churcher [2009] EWHC 722 (QB); [2009] 2 Lloyd's Rep. 94 108-18
Jones v Commerzbank AG; sub nom. Commerzbank AG v Jones; Commerzbank AG v
 Price-Jones; Price-Jones v Commerzbank AG [2003] EWCA Civ 1663; (2003) 147
 S.J.L.B. 1397; [2004] 1 P. & C.R. DG15 9-15
Jones v Herxheimer [1950] 2 K.B. 106; [1950] 1 All E.R. 323; 66 T.L.R. (Pt. 1) 403;
 (1950) 94 S.J. 97 CA... 101-02
Jones v Kaney [2011] UKSC 13; [2011] 2 W.L.R. 823; [2011] 2 All E.R. 671; [2011]
 B.L.R. 283; 135 Con. L.R. 1; [2011] 2 F.L.R. 312; (2011) 119 B.M.L.R. 167; [2011]
 P.N.L.R. 21; [2011] C.I.L.L. 3037; [2011] 14 E.G. 95 (C.S.); (2011) 108(15) L.S.G. 19;
 (2011) 161 N.L.J. 508; (2011) 155(13) S.J.L.B. 30 .... 85-10, 85-Y9
Jones v Link Financial Ltd [2012] EWHC 2402 (QB); [2013] 1 W.L.R. 693; [2013] 1 All
 E.R. (Comm) 572; [2012] E.C.C. 23; [2012] C.T.L.C. 54 22-02
Jones v Miah (1992) 24 H.L.R. 578; [1992] 2 E.G.L.R. 50; [1992] 33 E.G. 59; [1992]
 E.G. 51 (C.S.); (1992) 136 S.J.L.B. 146; [1992] N.P.C. 54 CA (Civ Div) 99-03
Jones v Phipps (1867-68) L.R. 3 Q.B. 567 QB 98-07
Jones v Post Office; sub nom. Post Office v Jones [2001] EWCA Civ 558; [2001] I.C.R.
 805; [2001] I.R.L.R. 384; [2001] Emp. L.R. 527.. 44-22
Jones v Powys Local Health Board [2008] EWHC 2562 (Admin); (2009) 12 C.C.L. Rep.
 68... 80-03
Jones v Price [1965] 2 Q.B. 618; [1965] 3 W.L.R. 296; [1965] 2 All E.R. 625; (1965) 109
 S.J. 415 CA... 94-01
Jones v Ricoh UK Ltd [2010] EWHC 1743 (Ch); [2010] U.K.C.L.R. 1335 108-27
Jones v Ruth [2011] EWCA Civ 804; [2012] 1 W.L.R. 1495; [2012] 1 All E.R. 490; [2011]
 7 WLUK 312; [2011] C.I.L.L. 3085 .... 52-02, 63-05, 81-09
Jones v Secretary of State for Energy and Climate Change [2012] EWHC 2936 (QB);
 [2012] 10 WLUK 697.. 84-10
Jones v Secretary of State for Energy and Climate Change [2014] EWCA Civ 363; [2014]
 3 All E.R. 956; [2014] 3 WLUK 809; [2014] C.P. Rep. 33; [2014] 3 Costs L.O. 541 . . 84-03, 84-10,
84-13
Jones v Sherwood [1942] 1 K.B. 127 KBD 5-01
Jones v Stones [1999] 1 W.L.R. 1739; (1999) 78 P. & C.R. 293; [1999] 3 E.G.L.R. 81;
 [1999] 42 E.G. 135; (1999) 96(22) L.S.G. 34 CA (Civ Div) 49-03
Jordy v Vanderpump (1920) 64 S.J. 324 61-12
Joyce v Morrissey [1999] E.M.L.R. 233; (1998) 95(47) L.S.G. 29 CA (Civ Div) 45-08
Joyce v Motor Surveys Ltd [1948] Ch. 252; [1948] L.J.R. 935; (1948) 92 S.J. 125 Ch D 38-07
Joyce v Sengupta [1993] 1 W.L.R. 337; [1993] 1 All E.R. 897; (1992) 142 N.L.J. 1306;
 (1992) 136 S.J.L.B. 274 CA (Civ Div).. 38-12
Joyner v Weeks [1891] 2 Q.B. 31; [1891] 5 WLUK 10 CA 101-02
JP Morgan Bank (formerly Chase Manhattan Bank) v Springwell Navigation Corp [2008]
 EWHC 1186 (Comm); affirmed [2010] EWCA Civ 1221; [2010] 2 C.L.C. 705 . . . 9-21, 9-22, 9-23,
9-24, 9-24
JR38's Application for Judicial Review, Re [2015] UKSC 42; [2016] A.C. 1131; [2015] 3
 W.L.R. 155; [2015] 4 All E.R. 90; [2015] N.I. 190; [2015] 7 WLUK 41; [2015]
 E.M.L.R. 25; [2015] H.R.L.R. 13; 39 B.H.R.C. 657 .... 5-15, 79-04, 79-07, 79-20
JSC AMC Ingosstrakh-Investments v BNP Paribas SA [2012] EWCA Civ 644; [2012] 1
 Lloyd's Rep. 649; [2012] 2 C.L.C. 312.. 4-01, 4-03
JSC Bank of Moscow v Kekhman [2015] EWHC 3073 (Comm); [2015] 10 WLUK 776 1-34,
57-02
JSC BTA Bank v Khrapunov; sub nom. JSC BTA Bank v Ablyazov [2018] UKSC 19;
 [2018] 2 W.L.R. 1125; [2018] 3 All E.R. 293; [2018] 2 All E.R. (Comm) 479; [2018] 3
 WLUK 494; [2018] 1 C.L.C. 479; [2018] I.L.Pr. 26 59-06
JSC Zestafoni G Nikoladze Ferroalloy Plant v Ronly Holdings Ltd [2004] EWHC 245
 (Comm); [2004] 2 Lloyd's Rep. 335; [2004] 1 C.L.C. 1146 2-05
Jugheli v Georgia (38342/05) 13 July 2017 47-02
JW Spear v Zynga Inc [2015] EWCA Civ 290; [2016] 1 All E.R. 226; [2015] E.T.M.R. 27;
 [2015] F.S.R. 19... 77-15, 77-16

[lxxxiv]

K v News Group Newspapers Ltd [2011] EWCA Civ 439; [2011] 1 W.L.R. 1827; [2011]
E.M.L.R. 22; (2011) 108(18) L.S.G. 18 79-13
K v S; sub nom. Yegiazaryan v Smagin [2015] EWHC 1945 (Comm); [2015] 2 Lloyd's
Rep. 363; [2015] 7 WLUK 307; [2015] 2 C.L.C. 231 3-01
K/S Merc-Scandia XXXXII v Lloyd's Underwriters (The Mercandian Continent);
Mercandian Continent, The; sub nom. K/S Merc-Scandia XXXXII v Underwriters of
Lloyd's Policy 25T 105487 (The Mercandian Continent) [2001] EWCA Civ 1275;
[2001] 2 Lloyd's Rep. 563; [2001] C.L.C. 1836; [2001] Lloyd's Rep. I.R. 802 67-22
K/S Victoria Street v House of Fraser (Stores Management) Ltd [2011] EWCA Civ 904;
[2012] Ch. 497; [2012] 2 W.L.R. 470; [2011] 2 P. & C.R. 15; [2011] L. & T.R. 28;
[2011] 2 E.G.L.R. 11; [2011] 32 E.G. 56; [2011] 31 E.G. 52 (C.S.); [2011] N.P.C. 93 102-03
KA v East Midlands Ambulance Service NHS. *See* A v East Midlands Ambulance Service
NHS... 82-05
Kacianoff v China Traders Insurance Co Ltd [1914] 3 K.B. 1121 CA 70-17
Kalford Ltd v Peterborough City Council [2001] 13 E.G. 150 (C.S.); [2001] N.P.C. 60 Ch
D 96-02, 101-04
Kalma v African Minerals Ltd [2017] EWHC 1471 (QB); [2017] 6 WLUK 415 84-14
Kaltenbach v Mackenzie (1877-78) L.R. 3 C.P.D. 467 CA 70-18
Kalu v Brighton and Sussex University Hospitals NHS Trust [2014] 5 WLUK 586; [2014]
Eq. L.R. 488 EAT 44-13
Kanchenjunga, The. *See* Motor Oil Hellas (Corinth) Refineries SA v Shipping Corp of
India (The Kanchenjunga) 67-16
Kaneria v England and Wales Cricket Board Ltd (ECB) [2014] EWHC 1348 (Comm);
(2014) 164(7606) N.L.J. 16 .... 109-02, 109-05
Kapoor v National Westminster Bank Plc [2010] EWHC 2986 (Ch); [2010] 7 WLUK 351 ... 18-05
Karafarin Bank v Mansoury-Dara [2009] EWHC 3265 (Comm); [2010] 1 Lloyd's Rep.
236.. 10-24
Karagozlu v Commissioner of Police of the Metropolis [2006] EWCA Civ 1691; [2007] 1
W.L.R. 1881; [2007] 2 All E.R. 1055; [2006] Po. L.R. 166; [2007] Prison L.R. 115;
(2007) 151 S.J.L.B. 29... 5-20, 5-21
Karflex Ltd v Poole [1933] 2 K.B. 251 KBD 25-23
Kaschke v Gray [2010] EWHC 690 (QB); [2011] 1 W.L.R. 452 37-49
Kastor Navigation Co Ltd v AGF MAT (The Kastor Too); Kastor Too, The; sub nom.
Kastor Navigation Co Ltd v Axa Global Risks (UK) Ltd (The Kastor Too) [2004]
EWCA Civ 277; [2005] 2 All E.R. (Comm) 720; [2004] 2 Lloyd's Rep. 119; [2004] 2
C.L.C. 68; [2004] 4 Costs L.R. 569; [2004] Lloyd's Rep. I.R. 481 70-18
Kaupthing Singer & Friedlander Ltd (In Administration), Re; sub nom. Newcastle
Building Society v Mill [2009] EWHC 740 (Ch); [2009] 2 Lloyd's Rep. 154; [2009] 2
B.C.L.C. 137 24-01
Kaur v S Russell & Sons Ltd [1973] Q.B. 336; [1973] 2 W.L.R. 147; [1973] 1 All E.R.
617; [1972] 12 WLUK 74; (1972) 117 S.J. 91 CA (Civ Div)............................ 37-02
Kaye v Lawrence [2010] EWHC 2678 (TCC); [2011] 1 W.L.R. 1948; [2011] 1 All E.R.
1088; [2011] B.L.R. 77; [2011] 1 E.G.L.R. 47; [2011] 1 E.G. 66; [2011] C.I.L.L. 2955;
[2010] 44 E.G. 124 (C.S.); [2010] N.P.C. 106 35-04
Kaye v Robertson [1991] F.S.R. 62 CA (Civ Div) 79-01
Kazeminy v Siddiqi [2009] EWHC 3207 (Comm) 10-15
KD (A Minor) (Ward: Termination of Access), Re [1988] A.C. 806; [1988] 2 W.L.R. 398;
[1988] 1 All E.R. 577; [1988] 2 F.L.R. 139; [1988] F.C.R. 657; [1988] Fam. Law 288;
(1988) 152 J.P.N. 558; (1988) 132 S.J. 301 64-02
KD v Chief Constable of Hampshire [2005] EWHC 2550 (QB); [2005] 11 WLUK 631;
[2005] Po. L.R. 253 .... 5-01, 5-02, 79-22, 84-X5
Kearns v General Council of the Bar [2003] EWCA Civ 331; [2003] 1 W.L.R. 1357;
[2003] 2 All E.R. 534; [2003] E.M.L.R. 27; (2003) 153 N.L.J. 482; (2003) 147 S.J.L.B.
476.. 37-43
Keck v Faber (1915) 60 S.J. 253 106-05
Keefe v Amor [1965] 1 Q.B. 334; [1964] 3 W.L.R. 183; [1964] 2 All E.R. 517; (1964) 108
S.J. 334 CA.. 93-03
Keegan v Newcastle United Football Co Ltd [2010] I.R.L.R. 94 109-05
Kelly and Roberts v UNISON (D/4-5/01) unreported 11 December 2000 43-08
Kelly and Roberts v UNISON (D77-78/01) unreported 31 July 2001 Certification Officer ... 43-08
Kelly v Chief Constable of South Yorkshire (No.1) [2001] EWCA Civ 1632; [2001] 10
WLUK 640; [2001] Po. L.R. 399 1-23
Kelly v Solari 152 E.R. 24; (1841) 9 M. & W. 54 Ex Ct 108-07

TABLE OF CASES

Kelly v UNISON. *See* UNISON v Kelly 43-02
Kelsen v Imperial Tobacco Co [1957] 2 Q.B. 334; [1957] 2 W.L.R. 1007; [1957] 2 All
  E.R. 343; (1957) 101 S.J. 446; (1957) 101 S.J. 528 QBD 47-01, 49-02, 107-01
Kemp v Christmas (1898) 79 L.T. 233 92-05
Kempson v Ashbee (1874-75) L.R. 10 Ch. App. 15 LC 18-03
Kendall v Southwark BC [2007] EWHC 2089 (QB) 39-02
Kennaway v Thompson [1981] Q.B. 88; [1980] 3 W.L.R. 361; [1980] 3 All E.R. 329;
  [1980] J.P.L. 515; (1980) 124 S.J. 378 CA (Civ Div) 47-26
Kennedy v Cordia (Services) LLP [2016] UKSC 6; [2016] 1 W.L.R. 597; 2016 S.C.
  (U.K.S.C.) 59; 2016 S.L.T. 209; 2016 S.C.L.R. 203; [2016] 2 WLUK 287; [2016]
  I.C.R. 325; [2016] P.I.Q.R. P9; (2016) 149 B.M.L.R. 17; 2016 G.W.D. 4-97 .... 66-S2
Kenny v Preen [1963] 1 Q.B. 499; [1962] 3 W.L.R. 1233; [1962] 3 All E.R. 814; (1962)
  106 S.J. 854 CA 96-06
Kent v Griffiths (No.3) [2001] Q.B. 36; [2000] 2 W.L.R. 1158; [2000] 2 All E.R. 474;
  [2000] P.I.Q.R. P57; [2000] Lloyd's Rep. Med. 109; (2000) 97(7) L.S.G. 41; (2000) 150
  N.L.J. 195; (2000) 144 S.J.L.B. 106 CA (Civ Div) 1-20, 84-X6
Kesabo v African Barrick Gold Plc [2013] EWHC 3198 (QB); [2013] 6 Costs L.R. 954 46-02
Kew v Bettamix Ltd (formerly Tarmac Roadstone Southern Ltd) [2006] EWCA Civ 1535;
  [2006] 11 WLUK 280; [2007] 4 Costs L.R. 527; [2007] P.I.Q.R. P16; (2006) 103(46)
  L.S.G. 30; (2006) 150 S.J.L.B. 1534 39-02
Keys v Boulter (No.2); Williamson v Bennett [1972] 1 W.L.R. 642; [1972] 2 All E.R. 303;
  (1972) 116 S.J. 353 Ch D 43-10
KGM v News Group Newspapers Ltd; sub nom. Hutcheson v News Group Newspapers
  Ltd [2011] EWCA Civ 808; [2012] E.M.L.R. 2 .... 74-10, 79-05
Khan v Harrow LBC [2013] EWHC 2687 (TCC); [2013] B.L.R. 611; [2013] C.I.L.L.
  3421 .... 47-07, 47-14, 47-15
Khodaparast v Shad [2000] 1 W.L.R. 618; [2000] 1 All E.R. 545; [2000] E.M.L.R. 265
  CA (Civ Div) 38-12
Khorasandjian v Bush [1993] Q.B. 727; [1993] 3 W.L.R. 476; [1993] 3 All E.R. 669;
  [1993] 2 F.L.R. 66; (1993) 25 H.L.R. 392; [1993] Fam. Law 679; (1993) 137 S.J.L.B.
  88 CA (Civ Div) 47-17, 63-01, 79-21
Khuja v Times Newspapers Ltd. *See* PNM v Times Newspapers Ltd ... 64-12, 79-04, 79-05, 79-14
Kiam v MGN Ltd [2002] EWCA Civ 43; [2003] Q.B. 281; [2002] 3 W.L.R. 1036; [2002]
  2 All E.R. 219; [2002] E.M.L.R. 25; (2002) 99(11) L.S.G. 35 37-24
Kidd v Axa Equity & Law Life Assurance Society Plc [2000] I.R.L.R. 301 QBD 41-03
Kidgill v Moor, Clerk 137 E.R. 934; (1850) 9 C.B. 364 CCP 93-03
Kidner, Re; sub nom. Kidner v Kidner [1929] 2 Ch. 121 Ch D 16-02
Kigen v Secretary of State for the Home Department. *See* R. (on the application of Kigen)
  v Secretary of State for the Home Department 80-07
Killen v Horseworld Ltd [2011] EWHC 1600 (QB) 108-10
Kilraine v Wandsworth LBC [2018] EWCA Civ 1436; [2018] 6 WLUK 412; [2018] I.C.R.
  1850; [2018] I.R.L.R. 846 40-09
Kimathi v Foreign and Commonwealth Office [2017] EWHC 939 (QB); [2017] 4 WLUK
  479 42-02
King (Deceased), Re; sub nom. Robinson v Gray [1963] Ch. 459; [1963] 2 W.L.R. 629;
  [1963] 1 All E.R. 781; [1963] R.V.R. 245; (1963) 107 S.J. 134 102-02
King Berebon v Shell Petroleum Development Co of Nigeria Ltd [2017] EWHC 1579
  (TCC); [2017] 7 WLUK 39 34-02
King v Bristow Helicopters Ltd; Morris v KLM Royal Dutch Airlines; sub nom.
  Hammond v Bristow Helicopters Ltd [2002] UKHL 7; [2002] 2 A.C. 628; [2002] 2
  W.L.R. 578; [2002] 2 All E.R. 565; [2002] 1 All E.R. (Comm) 385; [2002] 1 Lloyd's
  Rep. 745; 2002 S.C. (H.L.) 59; 2002 S.L.T. 378; 2002 S.C.L.R. 499; [2002] 2 WLUK
  759; [2002] C.L.C. 820; [2002] P.I.Q.R. P29; (2002) 99(13) L.S.G. 25; (2002) 146
  S.J.L.B. 61; 2002 G.W.D. 9-274 8-06
King v Environment Agency [2018] EWHC 65 (QB); [2018] 1 WLUK 262; [2018] Env.
  L.R. 19; [2018] R.V.R. 201 47-02
King v Lewis; sub nom. Lewis v King [2004] EWCA Civ 1329; [2005] I.L.Pr. 16; [2005]
  E.M.L.R. 4; (2004) 148 S.J.L.B. 1248 37-20
King v Liverpool City Council [1986] 1 W.L.R. 890; [1986] 3 All E.R. 544; (1986) 18
  H.L.R. 307; 84 L.G.R. 871; [1986] 1 E.G.L.R. 181; (1986) 278 E.G. 278; (1986) 83
  L.S.G. 2492; (1986) 136 N.L.J. 334; (1986) 130 S.J. 505 CA (Civ Div) 47-21
King v T Tunnock Ltd 2000 S.C. 424; 2000 S.L.T. 744; [2001] E.C.C. 6; [2000] Eu. L.R.
  531; [2000] I.R.L.R. 569; 2000 G.W.D. 12-408 IH (Ex Div) 21-02

TABLE OF CASES

Kingsway Hall Hotel Ltd v Red Sky IT (Hounslow) Ltd [2010] EWHC 965 (TCC); (2010) 26 Const. L.J. 542 .... 33-08, 33-12
Kinloch (James) v HM Advocate [2012] UKSC 62; [2013] 2 A.C. 93; [2013] 2 W.L.R. 141; 2013 S.C. (U.K.S.C.) 257; 2013 S.L.T. 133; 2013 S.C.L. 96; 2013 S.C.C.R. 100; [2013] H.R.L.R. 13; 2013 G.W.D. 1-18 .... 79-07, 79-20
Kinnear v Department of Health and Social Security unreported 1 January 1989 84-04
Kiriacoulis Lines SA v Compagnie d'Assurances Maritimes Aeriennes et Terrestres (CAMAT) (The Demetra K); Demetra K, The [2002] EWCA Civ 1070; [2002] 2 Lloyd's Rep. 581; [2003] 1 C.L.C. 579; [2002] Lloyd's Rep. I.R. 795 70-05
Kirin-Amgen Inc v Hoechst Marion Roussel Ltd (No.2). *See* Kirin-Amgen Inc v Transkaryotic Therapies Inc (No.2)
Kirk v Brent LBC [2005] EWCA Civ 1701; [2006] Env. L.R. D7 47-07
Kirkwood v Carroll [1903] 1 K.B. 531 CA 10-14
Kitchen v HSBC Bank Plc [2000] 1 All E.R. (Comm) 787; [2000] Lloyd's Rep. Bank. 173 CA (Civ Div)... 14-03
Kleinwort Benson Ltd v Lincoln City Council; Kleinwort Benson Ltd v Birmingham City Council; Kleinwort Benson Ltd v Southwark LBC; Kleinwort Benson Ltd v Kensington and Chelsea RLBC [1999] 2 A.C. 349; [1998] 3 W.L.R. 1095; [1998] 4 All E.R. 513; [1998] Lloyd's Rep. Bank. 387; [1999] C.L.C. 332; (1999) 1 L.G.L.R. 148; (1999) 11 Admin. L.R. 130; [1998] R.V.R. 315; (1998) 148 N.L.J. 1674; (1998) 142 S.J.L.B. 279; [1998] N.P.C. 145 HL 9-13, 108-07
Kleinwort Benson Ltd v Malaysia Mining Corp Bhd [1989] 1 W.L.R. 379; [1989] 1 All E.R. 785; [1989] 1 Lloyd's Rep. 556; (1989) 5 B.C.C. 337; (1989) 86(16) L.S.G. 35; (1989) 139 N.L.J. 221; (1989) 133 S.J. 262 CA (Civ Div)..................... 13-03, 27-08
Kleinwort Sons & Co v Comptoir National d'Escompte de Paris [1894] 2 Q.B. 157 QBD ... 26-09
Kleinwort Sons & Co v Dunlop Rubber Co (1907) 97 L.T. 263 9-18
KME Yorkshire Ltd v Toshiba Carrier UK Ltd [2012] EWCA Civ 1190 28-05
Knauer v Ministry of Justice [2016] UKSC 9; [2016] A.C. 908 81-24
Knight v Egerton 155 E.R. 1007; (1852) 7 Ex. 407 Ex Ct 92-04
Knight v Faith 117 E.R. 605; (1850) 14 Jur. 1114; (1850) 15 Q.B. 649; (1850) 19 L.J. Q.B. 509; (1850) 15 L.T. O.S. 277 KB 70-18
Knowsley Housing Trust v White; Porter v Shepherds Bush Housing Association; Honeygan-Green v Islington LBC; sub nom. White v Knowsley Housing Trust [2008] UKHL 70; [2009] 1 A.C. 636; [2009] 2 W.L.R. 78; [2009] P.T.S.R. 281; [2009] 2 All E.R. 829; [2009] H.L.R. 17; [2009] 1 P. & C.R. 22; [2009] L. & T.R. 13; [2009] 1 E.G.L.R. 131; [2008] 50 E.G. 73 (C.S.); (2009) 153(1) S.J.L.B. 32; [2008] N.P.C. 137...... 47-16
Knuppfer v London Express Newspaper Ltd [1944] A.C. 116 HL 37-13
KO (Nigeria) v Secretary of State for the Home Department; IT (Jamaica) v Secretary of State for the Home Department; NS (Sri Lanka) v Secretary of State for the Home Department; Pereira v Secretary of State for the Home Department; sub nom. KMO (section 117: Unduly Harsh: Nigeria), Re, R. (on the application of MA (Pakistan)) v Upper Tribunal (Immigration and Asylum Chamber) [2018] UKSC 53; [2018] 1 W.L.R. 5273; [2019] 1 All E.R. 675; [2018] 10 WLUK 380; [2019] H.R.L.R. 1; [2019] Imm. A.R. 400; [2019] I.N.L.R. 41 .... 66-03, 66-S1
Koninklijke Philips Electronics NV v Harvard International Plc [2009] EWHC 1600 (Pat) ... 28-04
Koninklijke Philips Electronics NV v Remington Consumer Products Ltd; Koninklijke Philips Electronics NV v Rayovac Europe Ltd [2006] EWCA Civ 16; [2006] E.T.M.R. 42; [2006] F.S.R. 30; (2006) 29(4) I.P.D. 29029.................................. 77-16
Konkola Copper Mines Plc v U&M Mining Zambia Ltd [2014] EWHC 2146 (Comm); [2014] 2 Lloyd's Rep. 507 .... 4-05, 4-06, 4-07
Konskier v B Goodman Ltd [1928] 1 K.B. 421 CA 49-02
Kookmin Bank v Rainy Sky SA. *See* Rainy Sky SA v Kookmin Bank 11-01
Kosmar Villa Holidays Plc v Trustees of Syndicate 1243 [2008] EWCA Civ 147; [2008] Bus. L.R. 931; [2008] 2 All E.R. (Comm) 14; [2008] 1 C.L.C. 307; [2008] Lloyd's Rep. I.R. 489; (2008) 105(11) L.S.G. 24...................................... 67-16
Koufos v C Czarnikow Ltd (The Heron II); Heron II, The; sub nom. C Czarnikow Ltd v Koufos (The Heron II) [1969] 1 A.C. 350; [1967] 3 W.L.R. 1491; [1967] 3 All E.R. 686; [1967] 2 Lloyd's Rep. 457; (1967) 111 S.J. 848 HL 25-20
KPMG v Network Rail Infrastructure Ltd [2007] EWCA Civ 363; [2007] Bus. L.R. 1336; [2008] 1 P. & C.R. 11; [2007] L. & T.R. 32; (2007) 151 S.J.L.B. 611; [2007] N.P.C. 51 53-01
Kpohraror v Woolwich Building Society [1996] 4 All E.R. 119; [1996] 5 Bank. L.R. 182; [1996] C.L.C. 510; (1996) 93(1) L.S.G. 22; (1996) 140 S.J.L.B. 28 CA (Civ Div)........... 9-12

[lxxxvii]

TABLE OF CASES

KR v Bryn Alyn Community (Holdings) Ltd (In Liquidation) [2003] EWCA Civ 85;
[2003] Q.B. 1441; [2003] 3 W.L.R. 107; [2004] 2 All E.R. 716; [2003] 1 F.L.R. 1203;
[2003] 1 F.C.R. 385; [2003] Lloyd's Rep. Med. 175; [2003] Fam. Law 482 .... 84-X5
KR v Royal Sun Alliance Plc [2006] EWCA Civ 1701 .... 84-X1
Kraus v Penna Plc [2003] 11 WLUK 569; [2004] I.R.L.R. 260 EAT 40-09
Kuddus v Chief Constable of Leicestershire [2001] UKHL 29; [2002] 2 A.C. 122; [2001]
2 W.L.R. 1789; [2001] 3 All E.R. 193; (2001) 3 L.G.L.R. 45; (2001) 98(28) L.S.G. 43;
(2001) 151 N.L.J. 936; (2001) 145 S.J.L.B. 166 .... 5-27, 5-28, 64-R3, 84-X5
Kupeli v Kibris Turk Hava Yollari Sirketi (t/a Cyprus Turkish Airlines) [2016] EWHC 930
(QB); [2016] 4 WLUK 525. 8-09
Kuwait Airways Corp v Iraqi Airways Co (No.6); Kuwait Airways Corp v Iraqi Airways
Co (No.5); sub nom. Kuwait Airways Corp v Iraq Airways Co (No.6) [2002] UKHL 19;
[2002] 2 A.C. 883; [2002] 2 W.L.R. 1353; [2002] 3 All E.R. 209; [2002] 1 All E.R.
(Comm) 843; [2003] 1 C.L.C. 183 HL 26-02, 26-03, 26-13
Kuwait Oil Tanker Co SAK v Al-Bader (No.3) [2000] 2 All E.R. (Comm) 271; (2000)
97(23) L.S.G. 44 CA (Civ Div). 59-02, 59-03
KV (Sri Lanka) v Secretary of State for the Home Department [2019] UKSC 10; [2019] 1
W.L.R. 1849; [2019] 3 All E.R. 727; [2019] 3 WLUK 49; [2019] H.R.L.R. 9; [2019]
Imm. A.R. 836; [2019] I.N.L.R. 424 .... 66-S1
Kvaerner John Brown Ltd v Midland Bank Plc [1998] C.L.C. 446 QBD 11-05
Kwei Tek Chao (t/a Zung Fu Co) v British Traders & Shippers Ltd [1954] 2 Q.B. 459;
[1954] 2 W.L.R. 365; [1954] 1 All E.R. 779; [1954] 1 Lloyd's Rep. 16; (1954) 98 S.J.
163 QBD 58-10
Kynance Sailing Ship Co v Young (1911) 11 Asp. M.L.C. 596; 16 Com. Cas. 123; 104
L.T. 397; 27 T.L.R. 306 KBS 70-02
Kyrgyz Republic v Stans Energy Corp [2017] EWHC 2359 (Comm); [2018] 2 All E.R.
(Comm) 244; [2018] 1 Lloyd's Rep. 66; [2017] 10 WLUK 346 2-06
Kyzuna Investments Ltd v Ocean Marine Mutual Insurance Association (Europe) [2000] 1
All E.R. (Comm) 557; [2000] 1 Lloyd's Rep. 505; [2000] C.L.C. 925; [2000] Lloyd's
Rep. I.R. 513; (2000) 97(12) L.S.G. 44; (2000) 144 S.J.L.B. 142 70-04
L v Birmingham City Council; YL v Birmingham City Council; sub nom. R. (on the
application of Johnson) v Havering LBC; Johnson v Havering LBC [2007] UKHL 27;
[2008] 1 A.C. 95; [2007] 3 W.L.R. 112; [2007] 3 All E.R. 957; [2007] H.R.L.R. 32;
[2008] U.K.H.R.R. 346; [2007] H.L.R. 44; [2008] B.L.G.R. 273; (2007) 10 C.C.L. Rep.
505; [2007] LS Law Medical 472; (2007) 96 B.M.L.R. 1; (2007) 104(27) L.S.G. 29;
(2007) 157 N.L.J. 938; (2007) 151 S.J.L.B. 860; [2007] N.P.C. 75 .... 64-09, 84-X5
L v Incorporated Froebel Educational Institute [1999] EWHC (Admin) 28; [1999] E.L.R.
488. 39-02
L'Oreal SA v eBay International AG [2009] EWHC 1094 (Ch); [2009] E.T.M.R. 53;
[2009] R.P.C. 21; (2009) 32(7) I.P.D. 32050; (2009) 106(23) L.S.G. 18 77-05
La Chemise Lacoste SA v Sketchers USA Ltd [2006] EWHC 3642 (Ch) 1-44
Laboratoires Goemar SA's Trade Mark (No.1); sub nom. Laboratories Goemar SA's Trade
Mark; LABORATOIRE DE LA MER Trade Mark (No.1) [2002] E.T.M.R. 34; [2002]
F.S.R. 51 Ch D 77-17
Lac Minerals Ltd v International Corona Resources Ltd [1990] F.S.R. 441 Sup Ct (Can) 74-06,
74-17
Lachaux v Independent Print Ltd; Lachaux v Evening Standard Ltd [2019] UKSC 27;
[2019] 3 W.L.R. 18; [2019] 4 All E.R. 485; [2019] 6 WLUK 127; [2019] E.M.L.R. 22 37-03,
37-35
Lady Archer v Williams [2003] EWHC 1670 (QB); [2003] E.M.L.R. 38 79-17
Laiqat v Majid [2005] EWHC 1305 (QB); [2005] All E.R. (D) 231 (Jun); [2005] 26 E.G.
130 (C.S.); [2005] N.P.C. 81. 49-01
Laird v Pim 151 E.R. 852; (1841) 7 M. & W. 474 Ex Ct 106-05
Lake v Simmons [1927] A.C. 487; (1927) 27 Ll. L. Rep. 377 HL 58-10
Laker Vent Engineering Ltd v Templeton Insurance Co Ltd [2009] EWCA Civ 62; [2009]
2 All E.R. (Comm) 755; [2009] Lloyd's Rep. I.R. 704. .... 67-22, 69-01
Lamb Head Shipping Co Ltd v Jennings (The Marel); Marel, The [1994] 1 Lloyd's Rep.
624 CA (Civ Div) 70-05
Lambert v Barratt Homes Ltd [2010] EWCA Civ 681; [2010] B.L.R. 527; 131 Con. L.R.
29; [2011] H.L.R. 1; [2010] 2 E.G.L.R. 59; [2010] 33 E.G. 72; [2010] J.P.L. 1625;
[2010] 25 E.G. 103 (C.S.); [2010] N.P.C. 69; [2010] Env. L.R. D8 47-14
Lambert v FW Woolworth & Co Ltd (No.1); sub nom. FW Woolworth & Co Ltd v
Lambert [1937] Ch. 37; [1936] 2 All E.R. 1523 CA 95-01, 101-04

Lambert v FW Woolworth & Co Ltd (No.2) [1938] Ch. 883; [1938] 2 All E.R. 664 . . 96-04, 101-04
Lambert v Stroother 125 E.R. 1140; (1740) Willes 218 CCP 49-N7
Lambeth LBC v Blackburn [2001] EWCA Civ 912; (2001) 33 H.L.R. 74; (2001) 82 P. &
 C.R. 39; (2001) 98(26) L.S.G. 46.. 87-03
Lambeth LBC v Loveridge; sub nom. Loveridge v Lambeth LBC [2014] UKSC 65;
 [2014] 1 W.L.R. 4516; [2015] 1 All E.R. 513; [2015] H.L.R. 12; [2015] L. & T.R. 20....... 99-03
Lambretta Clothing Co Ltd v Teddy Smith (UK) Ltd; Lambretta Clothing Co Ltd v Next
 Retail Plc [2004] EWCA Civ 886; [2005] R.P.C. 6; (2004) 148 S.J.L.B. 911 .... 75-04, 76-05
Lancashire & Yorkshire Railway v MacNicoll (1919) 88 L.J.K.B. 601 26-02
Lancashire CC v Taylor; sub nom Taylor v Lancashire CC [2005] EWCA Civ 284; [2005]
 1 W.L.R. 2668; [2005] H.R.L.R. 17; [2005] U.K.H.R.R. 766; [2005] L. & T.R. 26;
 [2005] 2 E.G.L.R. 17; [2005] 23 E.G. 142; [2005] N.P.C. 43.................... 64-20, 80-14
Lancashire Fires Ltd v SA Lyons & Co Ltd [1997] I.R.L.R. 113; [1996] F.S.R. 629; (1996)
 19(8) I.P.D. 19068 CA (Civ Div) 74-09
Land Registry v Grant; sub nom. Grant v Land Registry [2011] EWCA Civ 769; [2011] 7
 WLUK 28; [2011] I.C.R. 1390; [2011] I.R.L.R. 748; [2011] Eq. L.R. 872................ 63-08
Landmaster Properties Ltd v Thackeray Property Services Ltd [2003] EWHC 959 (QB);
 [2004] L. & T.R. 4; [2003] 2 E.G.L.R. 30; [2003] 35 E.G. 83...................... 101-01
Lands Allotment Co, Re [1894] 1 Ch. 616 CA 62-03
Lane v Holloway [1968] 1 Q.B. 379; [1967] 3 W.L.R. 1003; [1967] 3 All E.R. 129; (1967)
 111 S.J. 655 CA (Civ Div) 5-05
Lane v Robinson [2010] EWCA Civ 384; [2010] 3 WLUK 97 106-08
Langen & Wind Ltd v Bell [1972] Ch. 685; [1972] 2 W.L.R. 170; [1972] 1 All E.R. 296;
 (1971) 115 S.J. 966 Ch D 16-02, 16-E3
Laroche v Spirit of Adventure [2009] EWCA Civ 12; [2009] Q.B. 778; [2009] 3 W.L.R.
 351; [2009] Bus. L.R. 954; [2009] 2 All E.R. 175; [2009] 2 All E.R. (Comm) 1149;
 [2009] 1 Lloyd's Rep. 316; [2009] 1 C.L.C. 1; [2009] P.I.Q.R. P12; (2009) 159 N.L.J.
 157... 8-02
Latimer v Carney [2006] EWCA Civ 1417; [2007] 1 P. & C.R. 13; [2006] 50 E.G. 86;
 [2006] 45 E.G. 191 (C.S.); (2006) 103(44) L.S.G. 31; [2006] N.P.C. 117; [2007] L. &
 T.R. 5... 101-02
Lau v DPP [2000] 1 F.L.R. 799; [2000] Crim. L.R. 580; [2000] Fam. Law 610 DC 63-03
Laughton v Lord Bishop of Sodor and Man (1871-73) L.R. 4 P.C. 495 PC (IoM) 37-43
Lavin v Johnson [2002] EWCA Civ 1138 15-02
Law Debenture Trust Corp v Ural Caspian Oil Corp Ltd [1995] Ch. 152; [1994] 3 W.L.R.
 1221; [1995] 1 All E.R. 157; [1994] C.L.C. 299 CA (Civ Div)........................ 60-05
Law v London Indisputable Life Policy 69 E.R. 439; (1855) 1 Kay & J. 223 Ct of
 Chancery.. 71-01
Lawal v Circle 33 Housing Trust [2014] EWCA Civ 1514; 2015] H.L.R. 9; [2015] 1 P. &
 C.R. 12.. 64-09
Lawrence v Fen Tigers Ltd. See Coventry (t/a RDC Promotions) v Lawrence . 47-03, 47-05, 47-14,
 47-17, 47-20, 47-25, 105-03, 108-26
Lawrence v Pembrokeshire CC; sub nom. L v Pembrokeshire CC; SL v Pembrokeshire
 CC [2007] EWCA Civ 446; [2007] 1 W.L.R. 2991; [2007] 2 F.L.R. 705; [2007] 2
 F.C.R. 329; [2007] H.R.L.R. 30; (2007) 10 C.C.L. Rep. 367; (2007) 96 B.M.L.R. 158;
 [2007] Fam. Law 804; (2007) 104(22) L.S.G. 24 .... 84-X5
Lawton v BOC Transhield Ltd [1987] 2 All E.R. 608; [1987] I.C.R. 7; [1987] I.R.L.R. 404
 QBD 57-05
LB (Plastics) Ltd v Swish Products Ltd [1979] F.S.R. 145; [1979] R.P.C. 551 HL 76-05
LBI HF (formerly Landsbanki Islands hf) v Stanford [2014] EWHC 2916 (Ch); [2014] 9
 WLUK 149 1-34
LBI HF v Stanford [2015] EWHC 3130 (Ch); [2015] 9 WLUK 71 15-12
LE Jones (Insurance Brokers) Ltd v Portsmouth City Council [2002] EWCA Civ 1723;
 [2003] 1 W.L.R. 427; [2003] B.L.R. 67; 87 Con. L.R. 169; [2003] 1 E.G.L.R. 99;
 [2003] 15 E.G. 139; [2002] 47 E.G. 146 (C.S.); (2003) 100(2) L.S.G. 32; (2002) 146
 S.J.L.B. 255... 47-17
Lea Valley Developments Ltd v Derbyshire [2017] EWHC 1353 (TCC); [2017] 4 W.L.R.
 120; [2017] 6 WLUK 337; [2017] 2 P. & C.R. DG21 35-04
Leah Bradford-Smart v West Sussex CC. See Bradford-Smart v West Sussex CC 39-01, 39-02
Leakey v National Trust for Places of Historic Interest or Natural Beauty [1980] Q.B. 485;
 [1980] 2 W.L.R. 65; [1980] 1 All E.R. 17; [1979] 7 WLUK 277; 78 L.G.R. 100; (1979)
 123 S.J. 606 CA (Civ Div) 47-01, 47-08, 47-09, 47-N7

TABLE OF CASES

Lee v Chartered Properties (Buildings) Ltd [2010] EWHC 1540 (TCC); [2010] B.L.R.
  500; (2011) 27 Const. L.J. 191; [2010] C.I.L.L. 2896 36-03
Leeder v Stevens. *See* Stevens v Newey 18-05
Leeds Industrial Cooperative Society Ltd v Slack. *See* Slack v Leeds Industrial
  Cooperative Society Ltd (No.1) 93-02
Leeds Utd 2007 Ltd v The Football League Ltd 1 May 2008 109-04
Lees v Patterson (1877-78) L.R. 7 Ch. D. 866 Ch D 5-19
Legal & General Assurance Co Ltd v Kirk 203628; sub nom. Legal & General Assurance
  Ltd v Kirk [2001] EWCA Civ 1803; [2002] I.R.L.R. 124; [2002] Emp. L.R. 585 41-03
Legg v Sterte Garage Ltd [2016] EWCA Civ 97; [2016] 2 WLUK 619; [2016] 2 Costs
  L.O. 167; [2016] Lloyd's Rep. I.R. 390; [2016] Env. L.R. D2....................... 46-04
Lehain v Philpott (1874-75) L.R. 10 Ex. 242 Ex Ct 100-Z5
Lehman Brothers International (Europe) (In Administration), Re [2010] EWHC 2914 (Ch) . . 16-05
Leibo v Buckman (D) [1952] 2 All E.R. 1057; [1952] 2 T.L.R. 969; [1952] W.N. 547;
  (1952) 96 S.J. 865 CA.. 5-17
Leisure Leagues UK Ltd v Maconnachie. *See* Maconnachie v Leisure Leagues UK Ltd 40-L44
Lemmon v Webb [1895] A.C. 1; [1897] 11 WLUK 122 HL 47-01, 47-14
Lemon v Lardeur [1946] K.B. 613 CA 98-09
Leni Gas and Oil Investments Ltd v Malta Oil Pty Ltd [2014] EWHC 893 (Comm);
  [2014] 3 WLUK 774... 58-05
Leonard James Glen v Korean Airlines Co Ltd. *See* Glen v Korean Airlines Co Ltd ... 7-04, 7-D10
Leslie v Farrar Construction Ltd [2016] EWCA Civ 1041; [2016] 11 WLUK 33; [2017]
  B.L.R. 21; 169 Con. L.R. 1; [2016] C.I.L.L. 3906.................................108-07
Lesotho Highlands Development Authority v Impregilo SpA [2005] UKHL 43; [2006] 1
  A.C. 221; [2005] 3 W.L.R. 129; [2005] 3 All E.R. 789; [2005] 2 All E.R. (Comm) 265;
  [2005] 2 Lloyd's Rep. 310; [2005] 2 C.L.C. 1; [2005] B.L.R. 351; 101 Con. L.R. 1;
  [2005] 27 E.G. 220 (C.S.); (2005) 155 N.L.J. 1046 .... 2-12, 2-13, 3-01, 3-A2
Lessees and Management Co of Herons Court v Heronslea Ltd [2018] EWHC 3309
  (TCC); [2018] 10 WLUK 677; [2019] B.L.R. 401................................... 35-03
Leuckhart v Cooper 132 E.R. 347; (1836) 3 Bing. N.C. 99 CCP 23-03
Level Properties Ltd v Balls Brothers Ltd [2007] EWHC 744 (Ch); [2007] 23 E.G. 166;
  [2007] 15 E.G. 146 (C.S.)... 95-02
Levett v Barclays Bank Plc [1995] 1 W.L.R. 1260; [1995] 2 All E.R. 615 QBD 13-13
Levi Strauss & Co v Tesco Stores Ltd; Levi Strauss & Co v Tesco Stores Plc; Levi Strauss
  & Co v Costco Wholesale UK Ltd; Levi Strauss (UK) Ltd v Tesco Stores Plc; Levi
  Strauss (UK) Ltd v Costco Wholesale UK Ltd [2002] EWHC 1625 (Ch); [2003] R.P.C.
  319; [2002] 3 C.M.L.R. 11; [2002] Eu. L.R. 610; [2002] E.T.M.R. 95; [2003] R.P.C. 18;
  (2002) 25(9) I.P.D. 25062... 77-08, 77-11, 77-15
Levi v Bates [2015] EWCA Civ 206; [2015] 3 W.L.R. 769; [2015] 2 Cr. App. R. 19;
  [2015] E.M.L.R. 22 .... 63-05, 79-22
Lewis v Averay (No.1) [1972] 1 Q.B. 198; [1971] 3 W.L.R. 603; [1971] 3 All E.R. 907;
  (1971) 115 S.J. 755 CA (Civ Div) 25-09
Lewis v Daily Telegraph Ltd. *See* Rubber Improvement Ltd v Daily Telegraph Ltd 37-18
Lewis v Thomas [1950] 1 K.B. 438; [1950] 1 All E.R. 116; 66 T.L.R. (Pt. 1) 256; (1950)
  114 J.P. 81; (1950) 94 S.J. 130 CA... 93-04
Lewis v Tindale [2018] EWHC 2376 (QB); [2019] 1 W.L.R. 1785; [2019] 1 All E.R. 870;
  [2019] 1 All E.R. (Comm) 747; [2018] 9 WLUK 175; [2019] R.T.R. 10; [2019] 3
  C.M.L.R. 4; [2019] Lloyd's Rep. I.R. 324; [2019] P.I.Q.R. P5 64-09
Lewisham LBC v Malcolm. *See* Malcolm v Lewisham LBC 39-02, 44-20, 44-22
Lewisham LBC v Masterson (2000) 80 P. & C.R. 117; [2000] 1 E.G.L.R. 134 CA (Civ
  Div)... 103-02
Lexi Holdings (In Administration) v Pannone & Partners [2010] EWHC 1416 (Ch) 1-41
Lexi Holdings Plc (In Administration) v Luqman [2009] EWCA Civ 117; [2009] 2 WLUK
  709; [2009] B.C.C. 716; [2009] 2 B.C.L.C. 1..................................... 1-23
Lexington Insurance Co v Multinacional de Seguros SA [2008] EWHC 1170 (Comm);
  [2009] 1 All E.R. (Comm) 35; [2009] Lloyd's Rep. I.R. 1......................... 67-16
Lexus Financial Services t/a Toyota Financial Services (UK) Plc v Russell [2007] EWCA
  Civ 1344; [2007] 11 WLUK 688 84-10
Lexus Financial Services v Russell. *See* Ide v ATB Sales Ltd 84-08, 84-10
Liberty Mutual Insurance Co (UK) Ltd v HSBC Bank Plc. *See* HSBC Bank Plc v Liberty
  Mutual Insurance Co (UK) Ltd 13-09
Libyan Investment Authority v Goldman Sachs International [2016] EWHC 2530 (Ch);
  [2016] 10 WLUK 301 .... 18-01, 18-02, 18-03, 18-04, 18-10

TABLE OF CASES

Liennard v Slough BC [2002] EWHC 398 (QB); [2002] E.L.R. 527 39-02
Light v Ty Europe Ltd [2003] EWCA Civ 1238; [2004] 1 Lloyd's Rep. 693; [2004] 1
  C.L.C. 71; [2004] E.C.C. 39; [2003] Eu. L.R. 858; (2003) 100(38) L.S.G. 33 21-01
Liles v Terry [1895] 2 Q.B. 679 CA 18-03
Limit No.2 Ltd v Axa Versicherung AG (formerly Albingia Versicherung AG) [2008]
  EWCA Civ 1231; [2008] 2 C.L.C. 673; [2009] Lloyd's Rep. I.R. 396; [2009] Bus. L.R.
  D41 67-18
Limpgrange v Bank of Credit and Commerce International SA; Bank of Credit and
  Commerce International SA v Smith [1986] Fin. L.R. 36 9-04
Lincoln v Daniels [1962] 1 Q.B. 237; [1961] 3 W.L.R. 866; [1961] 3 All E.R. 740; (1961)
  105 S.J. 647 CA 37-41
Lindsay v O'Loughnane [2010] EWHC 529 (QB); [2010] 3 WLUK 515; [2012] B.C.C.
  153 13-05
Lindsey Trading Properties Inc v Dallhold Estates (UK) Property Ltd. *See* Dallhold
  Estates (UK) Pty (In Administration) v Lindsey Trading Properties Inc 100-01
Linklaters v HSBC Bank Plc [2003] EWHC 1113 (Comm); [2003] 2 Lloyd's Rep. 545;
  [2003] 2 C.L.C. 162 10-21
Lion Laboratories Ltd v Evans [1985] Q.B. 526; [1984] 3 W.L.R. 539; [1984] 2 All E.R.
  417; (1984) 81 L.S.G. 2000; (1984) 81 L.S.G. 1233; (1984) 128 S.J. 533 CA (Civ Div) 74-20
Lipkin Gorman v Karpnale Ltd [1991] 2 A.C. 548; [1991] 3 W.L.R. 10; [1992] 4 All E.R.
  512; (1991) 88(26) L.S.G. 31; (1991) 141 N.L.J. 815; (1991) 135 S.J.L.B. 36 HL . 9-11, 9-15, 9-17,
                                                                   10-20, 62-14, 62-17, 108-17
Lippiatt v South Gloucestershire Council [2000] Q.B. 51; [1999] 3 W.L.R. 137; [1999] 4
  All E.R. 149; (1999) 31 H.L.R. 1114; (1999) 1 L.G.L.R. 865; [1999] B.L.G.R. 562;
  (1999) 96(15) L.S.G. 31 CA (Civ Div).......................... 47-08, 47-14, 47-17, 47-21
Liqwd Inc v L'Oreal (UK) Ltd [2018] EWHC 1394 (Pat); [2018] 6 WLUK 165 73-03
Lishman v Northern Maritime Insurance Co (1874-75) L.R. 10 C.P. 179 Ex Ch 67-21
Lisle-Mainwaring v Associated Newspapers Ltd [2017] EWHC 543 (QB); [2017] 3
  WLUK 43 37-26
Lister v Hesley Hall Ltd [2001] UKHL 22; [2002] 1 A.C. 215; [2001] 2 W.L.R. 1311;
  [2001] 2 All E.R. 769; [2001] I.C.R. 665; [2001] I.R.L.R. 472; [2001] Emp. L.R. 819;
  [2001] 2 F.L.R. 307; [2001] 2 F.C.R. 97; (2001) 3 L.G.L.R. 49; [2001] E.L.R. 422;
  [2001] Fam. Law 595; (2001) 98(24) L.S.G. 45; (2001) 151 N.L.J. 728; (2001) 145
  S.J.L.B. 126; [2001] N.P.C. 89 .... 63-03, 81-03, 84-X5
Lister v Perryman. *See* Perryman v Lister 5-17
Lister v Romford Ice and Cold Storage Co Ltd; sub nom. Romford Ice & Cold Storage Co
  v Lister [1957] A.C. 555; [1957] 2 W.L.R. 158; [1957] 1 All E.R. 125; [1956] 2 Lloyd's
  Rep. 505; (1957) 121 J.P. 98; (1957) 101 S.J. 106 HL................................. 27-05
Living Design (Home Improvements) Ltd v Davidson 1994 S.L.T. 753; [1994] I.R.L.R. 67
  OH 41-05
Llewellin v Grossman (1949-50) 83 Ll. L. Rep. 462 KBD 16-02
Lloyd v Crispe 128 E.R. 685; (1813) 5 Taunt. 249 CCP 95-01
Lloyd v Fleming; Lloyd v Spence (1871-72) L.R. 7 Q.B. 299 QB 70-14
Lloyd v Google LLC [2019] EWCA Civ 1599; [2019] 10 WLUK 6 79-23
Lloyd v Grace Smith & Co [1912] A.C. 716 HL 58-08
Lloyd v Rosbee 170 E.R. 1216; (1810) 2 Camp. 453 Assizes 103-02
Lloyds Bank Ltd v Chartered Bank of India Australia and China [1929] 1 K.B. 40; [1928]
  All E.R. Rep. 285 CA... 10-20
Lloyds Bank Plc v Hawkins [1998] Lloyd's Rep. Bank. 379; [1998] 3 E.G.L.R. 109;
  [1998] 47 E.G. 137; (1999) 77 P. & C.R. D15 CA (Civ Div) 13-16, 15-05, 104-05
Lloyds Bank Plc v Lampert [1999] 1 All E.R. (Comm.) 161; [1999] Lloyd's Rep. Bank.
  138; [1999] B.C.C. 507 CA (Civ Div) 9-05
Lloyds Bank Plc v Rogers (No.2) [1999] 3 E.G.L.R. 83; [1999] 38 E.G. 187; [1999] E.G.
  106 (C.S.); (1999) 96(30) L.S.G. 30 CA (Civ Div) 13-16
Lloyds Bank Plc v Rosset [1991] 1 A.C. 107; [1990] 2 W.L.R. 867; [1990] 1 All E.R.
  1111; [1990] 2 F.L.R. 155; (1990) 22 H.L.R. 349; (1990) 60 P. & C.R. 311; (1990) 140
  N.L.J. 478 HL 91-03
Lloyds Bank Plc v Voller; sub nom. Voller v Lloyds Bank Plc [2000] 2 All E.R. (Comm)
  978; [2001] Lloyd's Rep. Bank. 67 CA (Civ Div)......................... 9-05, 9-09, 14-03
Lloyds TSB Bank Plc v Hayward [2005] EWCA Civ 466 13-15
Lloyds TSB Bank Plc v Shorney [2001] EWCA Civ 1161; [2002] 1 F.L.R. 81; [2002] 1
  F.C.R. 673; [2002] Fam. Law 18; (2001) 98(37) L.S.G. 38; [2001] N.P.C. 121 13-15

TABLE OF CASES

LMS International Ltd v Styrene Packaging & Insulation Ltd (Costs) [2005] EWHC 2113
 (TCC); [2006] B.L.R. 50. 48-01
LNS v Persons Unknown; sub nom. Terry v Persons Unknown [2010] EWHC 119 (QB);
 [2010] E.M.L.R. 16; [2010] 2 F.L.R. 1306; [2010] 1 F.C.R. 659; [2010] Fam. Law 453;
 (2010) 107(7) L.S.G. 18 37-27
Lock v Ashton 116 E.R. 1097; (1848) 12 Q.B. 871 QB 5-09
Loftus-Brigham v Ealing LBC [2003] EWCA Civ 1490; 103 Con. L.R. 102; (2004) 20
 Const. L.J. 82. .... 47-13, 47-14
Logicrose Ltd v Southend United Football Club Ltd (No.2) [1988] 1 W.L.R. 1256; [1988]
 E.G. 114 (C.S.) Ch D 61-02, 61-04, 61-06, 61-09
Lomax Leisure Ltd (In Liquidation) v Miller [2007] EWHC 2508 (Ch); [2008] 1 B.C.L.C.
 262; [2007] B.P.I.R. 1615. 10-18
Lombard North Central Plc v Automobile World (UK) Ltd [2010] EWCA Civ 20; [2010]
 1 WLUK 486. 1-22
London Allied Holdings Ltd v Lee [2007] EWHC 2061 (Ch); [2007] 9 WLUK 30 62-05
London and Counties Securities v Caplan unreported 26 May 1978 CA 62-17
London and Globe Finance Corp, Re [1902] 2 Ch. 416 Ch D 23-03
London Association for the Protection of Trade v Greenlands Ltd; sub nom. Greenlands
 Ltd v Wilmshurst [1916] 2 A.C. 15 HL. 37-05, 37-43
London CC v Hackney BC [1928] 2 K.B. 588 KBD 92-05
London Corp v Riggs; sub nom. Corp of London v Riggs (1879-80) L.R. 13 Ch. D. 798
 Ch D 93-03
London County Commercial Reinsurance Office Ltd, Re [1922] 2 Ch. 67; (1922) 10 Ll. L.
 Rep. 370 Ch D. 71-01
London Diocesan Fund v Phithwa. See Avonridge Property Co Ltd v Mashru 102-03
London Founders Association Ltd v Clarke (1888) L.R. 20 Q.B.D. 576 CA 16-02
London Hamburg and Continental Exchange Bank, Re; sub nom. Emmerson's Case
 (1865-66) L.R. 1 Ch. App. 433 CA in Chancery 16-02
London Intercontinental Trust v Barclays [1980] 1 Lloyd's Rep. 241 QBD (Comm) 9-09
London Joint Stock Bank Ltd v Macmillan; sub nom. Macmillan v London Joint Stock
 Bank Ltd [1918] A.C. 777 HL. 9-10, 10-17
London Passenger Transport Board v Upson; sub nom. Upson v London Passenger
 Transport Board; London Transport Executive v Upson [1949] A.C. 155; [1949] 1 All
 E.R. 60; 65 T.L.R. 9; 47 L.G.R. 333; [1949] L.J.R. 238; (1949) 93 S.J. 40 HL. 12-15
London Regional Transport v Mayor of London [2001] EWCA Civ 1491; [2003]
 E.M.L.R. 4 79-09
London Underground Ltd v National Union of Railwaymen, Maritime and Transport Staff
 [1996] I.C.R. 170; [1995] I.R.L.R. 636; [1995] E.G. 636 (C.S.); (1995) 139 S.J.L.B.
 211 CA (Civ Div) 42-05
Long Leys Co Pty Ltd v Silkdale Pty Ltd (1991) 5 B.P.R. 11 6-07
Long v Southwark LBC. See Southwark LBC v Long 47-03, 47-25, 47-26
Longrigg Burrough & Trounson v Smith [1979] 2 E.G.L.R. 42; (1979) 251 E.G. 847 CA
 (Civ Div). 98-10
Lonrho Ltd v Shell Petroleum Co Ltd (No.2) [1982] A.C. 173; [1981] 3 W.L.R. 33; [1981]
 2 All E.R. 456; (1981) 125 S.J. 429 HL 42-02, 59-07
Lonrho Plc v Al-Fayed (No.1); sub nom. Lonrho Plc v Fayed [1992] 1 A.C. 448; [1991] 3
 W.L.R. 188; [1991] 3 All E.R. 303; [1991] B.C.C. 641; [1991] B.C.L.C. 779; (1991)
 141 N.L.J. 927; (1991) 135 S.J.L.B. 68 HL. 59-04, 59-08, 60-09
Lonrho Plc v Al-Fayed (No.5) [1993] 1 W.L.R. 1489; [1994] 1 All E.R. 188; (1993) 143
 N.L.J. 1571; (1993) 137 S.J.L.B. 189 CA (Civ Div). 59-07, 60-06
Lonsdale (t/a Lonsdale Agencies) v Howard & Hallam Ltd [2007] UKHL 32; [2007] 1
 W.L.R. 2055; [2008] Bus. L.R. 788; [2007] 4 All E.R. 1; [2007] 2 All E.R. (Comm)
 621; [2008] 1 Lloyd's Rep. 78; [2007] 2 C.L.C. 1; [2008] E.C.C. 11; [2007] Eu. L.R.
 799; [2007] I.C.R. 1338; [2007] I.R.L.R. 825; (2007) 151 S.J.L.B. 922 21-03
Loosemore v Financial Concepts [2001] Lloyd's Rep. P.N. 235 9-26
Lord Ashcroft v Foley [2011] EWHC 292 (QB) 37-33
Lord Bernstein v Skyviews and General Ltd [1978] Q.B. 479; [1977] 3 W.L.R. 136;
 [1977] 2 All E.R. 902; (1977) 241 E.G. 917; (1977) 121 S.J. 157; (1977) 121 S.J. 437
 QBD 7-01
Lord v Price (1873-74) L.R. 9 Ex. 54 Ex Ct 26-10
Lordsvale Finance Plc v Bank of Zambia [1996] Q.B. 752; [1996] 3 W.L.R. 688; [1996] 3
 All E.R. 156; [1996] C.L.C. 1849 QBD. 9-07, 11-03, 14-04

[xcii]

Louis v Sadiq 59 Con. L.R. 127; (1997) 74 P. & C.R. 325; [1997] 1 E.G.L.R. 136; [1997] 16 E.G. 126; [1996] E.G. 180 (C.S.); (1996) 93(46) L.S.G. 29; (1997) 141 S.J.L.B. 6; [1996] N.P.C. 164 CA (Civ Div).. 35-04
Love v Halfords Ltd [2014] EWHC 1057 (QB); [2014] R.T.R. 32; [2014] P.I.Q.R. P20 84-10
Loveday v Renton (No.1) [1989] 1 Med. L.R. 117 QBD 84-05
Loveridge v Healey [2004] EWCA Civ 173; [2004] 2 WLUK 541; [2004] C.P. Rep. 30; (2004) 148 S.J.L.B. 264; [2004] N.P.C. 27.. 1-31
Loveridge v Lambeth LBC. *See* Lambeth LBC v Loveridge 99-03
Lowe v W Machell Joinery Ltd [2011] EWCA Civ 794; [2012] 1 All E.R. (Comm) 153; [2011] B.L.R. 591; 138 Con. L.R. 48; [2011] N.P.C. 72............................ 83-03, 83-20
Lownds v Home Office [2002] EWCA Civ 365; [2002] 1 W.L.R. 2450; [2002] 4 All E.R. 775; [2002] C.P. Rep. 43; [2002] C.P.L.R. 328; [2002] 2 Costs L.R. 279; (2002) 99(19) L.S.G. 28; (2002) 146 S.J.L.B. 86... 84-14
Lucas v Tarleton 157 E.R. 409; (1858) 3 Hurl. & N. 116 Ex Ct 92-04
Lucasfilm Ltd v Ainsworth [2011] UKSC 39; [2011] 3 W.L.R. 487; [2011] Bus. L.R. 1211; (2011) 161 N.L.J. 1098.. 76-05
Lucena v Craufurd 127 E.R. 630; (1806) 2 Bos. & P. N.R. 269 CCP 70-10
Ludsin Ovrseas Ltd v Eco3 Capital Ltd [2013] EWCA Civ 413 58-01
Lumbermans Mutual Casualty Co v Bovis Lend Lease Ltd (Preliminary Issues); sub nom. [2004] EWHC 2197 (Comm); [2005] 2 All E.R. (Comm) 669; [2005] 1 Lloyd's Rep. 494; [2005] 2 C.L.C. 617; [2005] B.L.R. 47; 98 Con. L.R. 21; [2005] Lloyd's Rep. I.R. 74; [2004] 42 E.G. 160 (C.S.).. 67-23
Luminar Leisure Ltd v Apostole [2001] 3 E.G.L.R. 23; [2001] 42 E.G. 140 Ch D 96-02
Lumley v Gye 118 E.R. 749; (1853) 2 El. & Bl. 216 QB 42-02, 60-01, 60-01
Luton BC v Haque [2018] 4 WLUK 134; [2018] I.C.R. 1388 40-03
Luxe Holding Ltd v Midland Resources Holding Ltd [2010] EWHC 1908 (Ch) 108-27
LXD v Chief Constable of Merseyside Police. *See* R. (on the application of LXD) v Chief Constable of Merseyside 5-22
Lyons Sons & Co v Gulliver [1914] 1 Ch. 631 CA 47-23
M (Children), Re [2019] EWCA Civ 1364; [2019] 4 W.L.R. 115; [2019] 7 WLUK 534; [2019] 3 F.C.R. 141.. 5-26
M v Croydon LBC; sub nom. R. (on the application of M) v Croydon LBC [2012] EWCA Civ 595; [2012] 1 W.L.R. 2607; [2012] 3 All E.R. 1237; [2012] 5 WLUK 245; [2012] 4 Costs L.R. 689; [2012] 3 F.C.R. 179; [2012] B.L.G.R. 822................ 80-09, 80-30
M v Secretary of State for Work and Pensions; Langley v Bradford MDC; sub nom. Secretary of State for Work and Pensions v M [2006] UKHL 11; [2006] 2 A.C. 91; [2006] 2 W.L.R. 637; [2006] 4 All E.R. 929; [2006] 2 F.L.R. 56; [2006] 1 F.C.R. 497; [2006] H.R.L.R. 19; [2006] U.K.H.R.R. 799; 21 B.H.R.C. 254; [2006] Fam. Law 524; (2006) 150 S.J.L.B. 363... 79-05
Macbeth & Co Ltd v Maritime Insurance Co Ltd [1908] A.C. 144 HL 70-18
Maccaba v Lichtenstein (Summary Judgment) [2004] EWHC 1580 (QB) 37-08
MacIntyre v Chief Constable of Kent; MacIntyre v Pugash; sub nom. MacIntyre v Phillips [2002] EWCA Civ 1087; [2003] E.M.L.R. 9; [2002] Po. L.R. 24; (2002) 99(37) L.S.G. 36... 37-42
Macklin v Dowsett [2004] EWCA Civ 904; [2004] 2 E.G.L.R. 75; [2004] 34 E.G. 68; [2005] W.T.L.R. 1561; [2004] 26 E.G. 193 (C.S.)....................................... 18-04
Macmillan Inc v Bishopsgate Investment Trust Plc (No.4); sub nom. MCC Proceeds Inc v Bishopsgate Investment Trust Plc (No.4) [1999] C.L.C. 417 CA (Civ Div) 10-20, 16-05, 26-10
Maconnachie v Leisure Leagues UK Ltd; sub nom. Leisure Leagues UK Ltd v Maconnachie [2002] I.R.L.R. 600; [2002] Emp. L.R. 1085 EAT 40-L44
Madan v Secretary of State for the Home Department; R. (on the application of Kapoor) v Secretary of State for the Home Department [2007] EWCA Civ 770; [2007] 1 W.L.R. 2891; [2008] 1 All E.R. 973; [2007] 7 WLUK 725; [2007] I.N.L.R. 531; (2007) 151 S.J.L.B. 1023.. 80-34
Madine (t/a NICO) v Phillips (t/a Leanne Alexandra) [2017] EWHC 3268 (IPEC); [2017] 12 WLUK 312.. 76-06
Maga v Birmingham Roman Catholic Archdiocese Trustees; sub nom. Maga v Archbishop of Birmingham [2010] EWCA Civ 256; [2010] 1 W.L.R. 1441; [2010] P.T.S.R. 1618; (2010) 107(13) L.S.G. 15; (2010) 154(11) S.J.L.B. 28.......................... 84-X3, 84-X5
Magellan Spirit ApS v Vitol SA; Magellan Spirit, The [2016] EWHC 454 (Comm); [2017] 1 All E.R. (Comm) 241; [2016] 2 Lloyd's Rep. 1; [2016] 3 WLUK 180; [2016] 1 C.L.C. 480... 4-03

Magmatic Ltd v PMS International Ltd; sub nom. Magmatic Ltd v PMS International Group Plc [2013] EWHC 1925 (Pat); [2013] 7 WLUK 381; [2013] E.C.C. 29; [2014] R.P.C. 23 76-04
Maguire v Senior Coroner for Blackpool & Fylde. *See* R. (on the application of Maguire) v HM Senior Coroner for Blackpool and Fylde 82-09
Mahant Singh v U B) Yi [1939] A.C. 601PC (Burma) 13-14
Mahesan S/O Thambiah v Malaysia Government Officers' Cooperative Housing Society [1979] A.C. 374; [1978] 2 W.L.R. 444; [1978] 2 All E.R. 405; (1978) 122 S.J. 31 PC (Mal)... 61-01, 61-05, 61-09
Mahon v Rahn (No.2) [2000] 1 W.L.R. 2150; [2000] 4 All E.R. 41; [2000] 2 All E.R. (Comm) 1; [2000] E.M.L.R. 873; (2000) 97(26) L.S.G. 38; (2000) 150 N.L.J. 899 CA (Civ Div) 5-16, 37-41
Mahon v Sims [2005] 3 E.G.L.R. 67; [2005] 39 E.G. 138 QBD 105-03
Mahood v Irish Centre Housing Ltd (UKEAT/0228/10) [2011] 3 WLUK 693; [2011] Eq. L.R. 586 EAT 63-10
Maier v ASOS Plc [2015] EWCA Civ 220; [2015] E.T.M.R. 26; [2015] F.S.R. 20 77-15
Main v Swansea City Council (1985) 49 P. & C.R. 26; [1985] J.P.L. 558 80-06
Mainstream Properties Ltd v Young [2005] EWCA Civ 861; [2005] I.R.L.R. 964; (2005) 102(30) L.S.G. 31 60-07
Maisel v Financial Times Ltd [1915] 3 K.B. 336 CA 37-18, 37-36
Majrowski v Guy's and St Thomas's NHS Trust; sub nom. Majorowski v Guy's and St Thomas's NHS Trust [2006] UKHL 34; [2007] 1 A.C. 224; [2006] 3 W.L.R. 125; [2006] 4 All E.R. 395; [2006] I.C.R. 1199; [2006] I.R.L.R. 695; (2006) 91 B.M.L.R. 85; (2006) 156 N.L.J. 1173; (2006) 150 S.J.L.B. 986 .... 5-02, 63-03, 63-04, 81-09, 84-X5
Makanjuola v Commissioner of Police of the Metropolis (1990) 2 Admin. L.R. 214; (1990) 154 L.G. Rev. 248; (1989) 139 N.L.J. 468.................................... 84-X5
Makdessi v Cavendish Square Holdings BV; ParkingEye Ltd v Beavis; sub nom. Cavendish Square Holding BV v Makdessi, El Makdessi v Cavendish Square Holdings BV [2015] UKSC 67; [2016] A.C. 1172; [2015] 3 W.L.R. 1373; [2016] 2 All E.R. 519; [2016] 2 All E.R. (Comm) 1; [2016] 1 Lloyd's Rep. 55; [2015] 11 WLUK 78; [2015] 2 C.L.C. 686; [2016] B.L.R. 1; 162 Con. L.R. 1; [2016] R.T.R. 8; [2016] C.I.L.L. 3769 . 9-07, 11-03, 14-04, 106-08
Makin v Watkinson (1870-71) L.R. 6 Ex. 25; [1861-73] All E.R. Rep. 281 Ex Ct 101-03
Malcolm v Lewisham LBC; sub nom. Lewisham LBC v Malcolm [2008] UKHL 43; [2008] 1 A.C. 1399; [2008] 3 W.L.R. 194; [2008] 4 All E.R. 525; [2008] I.R.L.R. 700; [2008] H.L.R. 41; [2008] B.L.G.R. 549; (2008) 11 C.C.L. Rep. 573; (2008) 102 B.M.L.R. 170; [2008] 2 P. & C.R. 18; [2008] L. & T.R. 29; [2008] 26 E.G. 117 (C.S.); (2008) 105(26) L.S.G. 23; (2008) 152(26) S.J.L.B. 29; [2008] N.P.C. 76...... 39-02, 44-20, 44-22
Malgar Ltd v RE Leach (Engineering) Ltd [2000] C.P. Rep. 39; [2000] F.S.R. 393; (2000) 23(1) I.P.D. 23007 Ch D 1-23
Malik (Deceased) v Shiekh [2018] EWHC 973 (Ch); [2018] 4 W.L.R. 86 18-02
Malik v Bank of Credit and Commerce International SA (In Liquidation); sub nom. Mahmud v Bank of Credit and Commerce International SA (In Liquidation); BCCI SA, Re [1998] A.C. 20; [1997] 3 W.L.R. 95; [1997] 3 All E.R. 1; [1997] I.C.R. 606; [1997] I.R.L.R. 462; (1997) 94(25) L.S.G. 33; (1997) 147 N.L.J. 917 HL 41-04
Mallory Metallurgical Products v Black Sivalls & Bryson Inc [1977] R.P.C. 321 CA (Civ Div)... 73-07
Maloco v Littlewoods Organisation Ltd; sub nom. Smith v Littlewoods Organisation Ltd [1987] A.C. 241; [1987] 2 W.L.R. 480; [1987] 1 All E.R. 710; 1987 S.C. (H.L.) 37; 1987 S.L.T. 425; 1987 S.C.L.R. 489; (1987) 84 L.S.G. 905; (1987) 137 N.L.J. 149; (1987) 131 S.J. 226 HL.. 47-17
Malone v Commissioner of Police of the Metropolis (No.2) [1979] Ch. 344; [1979] 2 W.L.R. 700; [1979] 2 All E.R. 620; (1979) 69 Cr. App. R. 168; (1979) 123 S.J. 303 Ch D 64-02
Malz v Rosen [1966] 1 W.L.R. 1008; [1966] 2 All E.R. 10; (1966) 110 S.J. 332 QBD 5-16
Manchester Advance Co Ltd v Walton (1892) 62 L.J.Q.B. 158 10-21
Manchester Airport Plc v Dutton [2000] Q.B. 133; [1999] 3 W.L.R. 524; [1999] 2 All E.R. 675; [1999] 2 WLUK 377; (2000) 79 P. & C.R. 541; [1999] 1 E.G.L.R. 147; [1999] E.G. 31 (C.S.); (1999) 96(11) L.S.G. 69; (1999) 96(9) L.S.G. 34; (1999) 149 N.L.J. 333; (1999) 143 S.J.L.B. 89; [1999] Env. L.R. D19 CA (Civ Div) 107-01
Manchester City Council v Pinnock [2011] UKSC 6; [2011] 2 W.L.R. 220; [2011] 2 All E.R. 586; 31 B.H.R.C. 699; (2011) 155(6) S.J.L.B. 31; [2011] N.P.C. 16.................. 64-09

TABLE OF CASES

Manchester College v Hazel [2013] EWCA Civ 281; [2013] C.P. Rep. 28; [2013] 3 Costs
L.R. 395; [2013] I.R.L.R. 563. 84-14
Manchester Corp v Farnworth; sub nom. Farnworth v Lord Mayor of Manchester [1930]
A.C. 171 HL 47-14
Manchester Corp v Williams [1891] 1 Q.B. 94 QBD 37-05
Mandrake Holdings Ltd v Countrywide Assured Group Plc [2005] EWCA Civ 840; [2005]
All E.R. (D) 432 67-21
Manifest Shipping Co Ltd v Uni-Polaris Insurance Co Ltd (The Star Sea); Star Sea, The;
sub nom. Manifest Shipping Co Ltd v Uni-Polaris Shipping Co Ltd (The Star Sea)
[2001] UKHL 1; [2003] 1 A.C. 469; [2001] 2 W.L.R. 170; [2001] 1 All E.R. 743;
[2001] 1 All E.R. (Comm) 193; [2001] 1 Lloyd's Rep. 389; [2001] C.L.C. 608; [2001]
Lloyd's Rep. I.R. 247 .... 67-15, 67-21, 70-15, 70-25
Manley v Commissioner of Police of the Metropolis [2006] EWCA Civ 879; [2006] Po.
L.R. 117; (2006) 150 S.J.L.B. 889 5-27
Manley v New Forest DC [2007] EWHC 3188 (Admin); [2007] All E.R. (D) 76 (Nov);
[2008] Env. L.R. 26. 47-14
Mann v Goldstein [1968] 1 W.L.R. 1091; [1968] 2 All E.R. 769; (1968) 112 S.J. 439 Ch D . . 51-01
Mann v Shelfside Holdings Ltd [2015] EWHC 2583 (QB); [2015] 9 WLUK 279 49-01
Mannai Investment Co Ltd v Eagle Star Life Assurance Co Ltd [1997] A.C. 749; [1997] 2
W.L.R. 945; [1997] 3 All E.R. 352; [1997] C.L.C. 1124; [1997] 1 E.G.L.R. 57; [1997]
25 E.G. 138; [1997] 24 E.G. 122; (1997) 16 Tr. L.R. 432; [1997] E.G. 82 (C.S.); (1997)
94(30) L.S.G. 30; (1997) 147 N.L.J. 846; (1997) 141 S.J.L.B. 130; [1997] N.P.C. 81 HL. . . . 98-08,
106-10
Manson v Associated Newspapers Ltd [1965] 1 W.L.R. 1038; [1965] 2 All E.R. 954;
(1965) 109 S.J. 457 QBD 37-25
Maple Flock Co Ltd v Universal Furniture Products (Wembley) Ltd [1934] 1 K.B. 148 CA . . 25-10
Marathon Asset Management LLP v Seddon [2017] EWHC 300 (Comm); [2017] 2
WLUK 594; [2017] 2 C.L.C. 182; [2017] I.C.R. 791; [2017] I.R.L.R. 503; [2017]
F.S.R. 36 .... 49-08, 74-08, 74-17, 108-25
Marathon Mutual Ltd v Waters [2009] EWHC 1931 (QB); [2010] E.M.L.R. 3 38-03
Marchant & Eliot Underwriting Ltd v Higgins [1996] 2 Lloyd's Rep. 31; [1996] C.L.C.
327; [1996] 3 C.M.L.R. 349; [1997] E.C.C. 47; [1996] 5 Re. L.R. 63 CA (Civ Div) 28-04
Marcic v Thames Water Utilities Ltd; sub nom. Thames Water Utilities Ltd v Marcic
[2003] UKHL 66; [2004] 2 A.C. 42; [2003] 3 W.L.R. 1603; [2004] 1 All E.R. 135;
[2004] B.L.R. 1; 91 Con. L.R. 1; [2004] Env. L.R. 25; [2004] H.R.L.R. 10; [2004]
U.K.H.R.R. 253; [2003] 50 E.G. 95 (C.S.); (2004) 101(4) L.S.G. 32; (2003) 153 N.L.J.
1869; (2003) 147 S.J.L.B. 1429; [2003] N.P.C. 150. .... 47-07, 47-10, 47-19, 47-26
Marengo v Daily Sketch and Daily Graphic Ltd [1992] F.S.R. 1 CA 78-03
Marfani & Co v Midland Bank [1968] 1 W.L.R. 956; [1968] 2 All E.R. 573; [1968] 1
Lloyd's Rep. 411; (1968) 112 S.J. 396 CA (Civ Div). 10-21
Margereson v JW Roberts Ltd [1996] Env. L.R. 304; [1997] 6 Re. L.R. 74; [1996] P.I.Q.R.
P358; (1996) 93(22) L.S.G. 27 .... 81-X24
Maridive & Oil Services SAE v CNA Insurance Co (Europe) Ltd [2002] EWCA Civ 369;
[2002] 1 All E.R. (Comm) 653; [2002] 2 Lloyd's Rep. 9; [2002] C.P. Rep. 45; [2002]
C.L.C. 972. 1-44
Marine Trade SA v Pioneer Freight Futures Co Ltd BVI [2009] EWHC 2656 (Comm);
[2010] 1 Lloyd's Rep. 631; [2009] 2 C.L.C. 657 .... 108-06, 108-07
Mark Rowlands Ltd v Berni Inns Ltd [1986] Q.B. 211; [1985] 3 W.L.R. 964; [1985] 3 All
E.R. 473; [1985] 2 Lloyd's Rep. 437; [1985] 2 E.G.L.R. 92; (1985) 276 E.G. 191 CA
(Civ Div). 70-10
Mark Stannard (T/A Wyvern Tyres) v Gore. *See* Gore v Stannard (t/a Wyvern Tyres) 48-01,
48-02, 48-03, 48-05
Marks & Spencer Plc v BNP Paribas Securities Services Trust Co (Jersey) Ltd [2015]
UKSC 72; [2016] A.C. 742; [2015] 3 W.L.R. 1843; [2016] 4 All E.R. 441; [2015] 12
WLUK 67; 163 Con. L.R. 1; [2016] 1 P. & C.R. 13; [2016] L. & T.R. 8; [2016] C.I.L.L.
3779. 33-04
Marks & Spencer Plc v Freshfields Bruckhaus Deringer [2004] EWCA Civ 741; [2005]
P.N.L.R. 4; (2004) 148 S.J.L.B. 788. 74-07
Marks v Lilley [1959] 1 W.L.R. 749; [1959] 2 All E.R. 647; (1959) 103 S.J. 658 Ch D 106-06
Marme Inversiones 2007 SL v Natwest Markets Plc [2019] EWHC 366 (Comm); [2019] 2
WLUK 338 .... 13-12, 58-02
Marquess of Bute v Barclays Bank Ltd [1955] 1 Q.B. 202; [1954] 3 W.L.R. 741; [1954] 3
All E.R. 365; (1954) 98 S.J. 805 QBD 10-20

[xcv]

TABLE OF CASES

Marr v Collie [2017] UKPC 17; [2018] A.C. 631; [2017] 3 W.L.R. 1507; [2017] 5 WLUK
    598; [2017] 2 F.L.R. 674; [2018] 1 P. & C.R. 5; 20 I.T.E.L.R. 602 91-04
Marrinan v Vibart [1963] 1 Q.B. 528; [1962] 3 W.L.R. 912; [1962] 3 All E.R. 380; (1962)
    106 S.J. 649 CA 59-07
Mars UK Ltd v Teknowledge Ltd (Costs) [1999] 2 Costs L.R. 44; [2000] F.S.R. 138;
    (1999) 22(10) I.P.D. 22097 Ch D 77-12
Marseille Fret SA v D Oltmann Schiffahrts GmbH & Co KG (The Trado); Trado, The
    [1982] 1 Lloyd's Rep. 157; [1981] Com. L.R. 277 QBD (Comm).................. 106-10
Marsh v Ministry of Justice [2017] EWHC 1040 (QB); [2017] 7 WLUK 514 5-19
Marshall v Green (1875-76) L.R. 1 C.P.D. 35 CPD 49-N6
Marta Stefan v General Medical Council. *See* Stefan v General Medical Council (No.3) 109-04
Martin v Kogan [2017] EWCA 2927 (IPEC); [2017] 11 WLUK 512; [2018] F.S.R. 9 45-09
Martin v Watson [1996] A.C. 74; [1995] 3 W.L.R. 318; [1995] 3 All E.R. 559; (1995) 145
    N.L.J. 1093; (1995) 139 S.J.L.B. 190 HL 5-16
Martindale v Smith 113 E.R. 1181; (1841) 1 Q.B. 389 QB 26-04
Martins v Choudhary [2007] EWCA Civ 1379; [2008] 1 W.L.R. 617; [2008] P.I.Q.R. Q1;
    (2008) 105(1) L.S.G. 24; (2008) 152(2) S.J.L.B. 30 47-17
Masefield AG v Amlin Corporate Member Ltd; Bunga Melati Dua, The [2011] EWCA Civ
    24; [2011] 1 W.L.R. 2012; [2011] Bus. L.R. 1082; [2011] 3 All E.R. 554; [2011] 1
    Lloyd's Rep. 630; [2011] 1 C.L.C. 97; [2011] Lloyd's Rep. I.R. 338; 2011 A.M.C. 1447;
    (2011) 108(6) L.S.G. 18 .... 70-17, 70-18
Mason v Clarke [1955] A.C. 778; [1955] 2 W.L.R. 853; [1955] 1 All E.R. 914; (1955) 99
    S.J. 274 HL 49-04
Mason v Sainsbury 99 E.R. 538; (1782) 3 Doug. K.B. 61 KB 67-04
Masri v Consolidated Contractors International Co SAL [2008] EWCA Civ 625; [2009]
    Q.B. 503; [2009] 2 W.L.R. 669; [2008] 2 All E.R. (Comm) 1146; [2009] Bus. L.R. 216;
    [2008] 2 Lloyd's Rep. 301; [2008] 1 C.L.C. 887; [2008] B.L.R. 391; [2008] I.L.Pr. 48 4-03
Mastercigars Direct Ltd v Hunters & Frankau Ltd; Corporacion Habanos SA v
    Mastercigars Direct Ltd [2007] EWCA Civ 176; [2007] E.T.M.R. 44; [2007] R.P.C. 24;
    (2007) 30(4) I.P.D. 30026; (2007) 104(12) L.S.G. 32 77-08
Masterman-Lister v Jewell; Masterman-Lister v Brutton & Co [2002] EWCA Civ 1889;
    [2003] 1 W.L.R. 1511; [2003] 3 All E.R. 162; [2003] C.P. Rep. 29; (2004) 7 C.C.L.
    Rep. 5; [2003] P.I.Q.R. P20; [2003] Lloyd's Rep. Med. 244; (2003) 73 B.M.L.R. 1;
    [2003] M.H.L.R. 166; [2003] W.T.L.R. 259; (2003) 147 S.J.L.B. 60 .... 84-X3
Masters v Brent LBC [1978] Q.B. 841; [1978] 2 W.L.R. 768; [1978] 2 All E.R. 664; 76
    L.G.R. 379; (1977) 245 E.G. 483; (1978) 122 S.J. 300 QBD 47-16
Matania v National Provincial Bank Ltd [1936] 2 All E.R. 633 CA 96-06
Matthew v Ollerton 90 E.R. 438; (1693) Comb. 218 KB 5-05
Matthews v Kuwait Bechtel Corp [1959] 2 Q.B. 57; [1959] 2 W.L.R. 702; [1959] 2 All
    E.R. 345; (1959) 103 S.J. 393 CA 81-09
Maudling v Stott *Times* 18 March 1978 37-25
Maxted v Investec Bank Plc [2017] EWHC 1997 (Ch); [2017] 7 WLUK 181 13-15
May v Chidey [1894] 1 Q.B. 451 QBD 10-23
Mayer v Jadis 174 E.R. 84; (1833) 1 Mood. & R. 247 Assizes 10-22
Mayfair Property Co v Johnston [1894] 1 Ch. 508 Ch D 49-05
Mayhew v Suttle 119 E.R. 133; (1854) 4 El. & Bl. 347 QB 49-N7
Mayson v Clouet [1924] A.C. 980; [1924] 3 W.W.R. 211 PC (Sing) 106-08
Mbasogo v Logo Ltd (No.1) [2006] EWCA Civ 1370; [2007] Q.B. 846; [2007] 2 W.L.R.
    1062... 79-21
MCA East Ltd, Re [2002] EWHC 1684 (Ch); [2002] 7 WLUK 640; [2003] 1 P. & C.R. 9 ... 105-02
MCA Records Inc v Charly Records Ltd (No.5) [2001] EWCA Civ 1441; [2002] B.C.C.
    650; [2003] 1 B.C.L.C. 93; [2002] E.C.D.R. 37; [2002] E.M.L.R. 1; [2002] F.S.R. 26 73-05
McAlpine Humberoak Ltd v McDermott International Inc (No.1) 58 B.L.R. 1; 28 Con.
    L.R. 76; (1992) 8 Const. L.J. 383 CA (Civ Div)................................. 33-06
McAuliffe v Department of Energy and Climate Change [2013] Eq. L.R. 738 44-21
MCC Proceeds Inc v Lehman Bros International (Europe). *See* Macmillan Inc v
    Bishopsgate Investment Trust Plc (No.4) 10-20, 16-05, 26-10
McCall Bros Ltd v Hargreaves [1932] 2 K.B. 423 KBD 10-16
McCall v Poulton [2008] EWCA Civ 1313; [2009] C.P. Rep. 15; [2009] R.T.R. 11; [2009]
    1 C.M.L.R. 45; [2009] Eu. L.R. 383; [2009] Lloyd's Rep. I.R. 454; [2009] P.I.Q.R. P8 64-09,
                                                                                              68-05
McCarrick v Liverpool Corp [1947] A.C. 219; [1946] 2 All E.R. 646; 62 T.L.R. 730;
    (1947) 111 J.P. 6; [1947] L.J.R. 56; 176 L.T. 11; (1947) 91 S.J. 41 HL................. 101-03

[xcvi]

TABLE OF CASES

McCarthy v Chief Constable of Merseyside [2016] EWCA Civ 1257; [2016] 12 WLUK
  267. 5-01
McClaren v News Group Newspapers Ltd [2012] EWHC 2466; [2012] E.M.L.R. 33;
  (2012) 109(35) L.S.G. 20; (2012) 162 N.L.J. 1156 79-11
McDonald v McDonald [2016] UKSC 28; [2017] A.C. 273; [2016] 3 W.L.R. 45; [2017] 1
  All E.R. 961; [2016] 6 WLUK 351; [2016] H.R.L.R. 18; [2017] B.P.I.R. 728; [2016]
  H.L.R. 28; [2017] L. & T.R. 9; [2016] 2 P. & C.R. DG22 . . . . 64-09, 98-07
McDonald's Hamburgers Ltd v Burgerking (UK) Ltd [1986] 6 WLUK 236; [1987] F.S.R.
  112 CA (Civ Div) 78-07
McDonald's Corp v Steel (No.1) [1995] 3 All E.R. 615; [1995] E.M.L.R. 527 CA (Civ
  Div) 37-35, 37-38
McDonnell v Commissioner of Police of the Metropolis [2015] EWCA Civ 573; [2015] 5
  WLUK 327 5-05
McGaughey v Sunday Newspapers Ltd [2011] NICA 51 79-17
McGill v Sports and Entertainment Media Group [2016] EWCA Civ 1063; [2017] 1
  W.L.R. 989; [2016] 11 WLUK 145 109-02
McGlinchey v General Motors UK Ltd [2012] CSIH 91; 2013 G.W.D. 1-47 84-10
McGrath v Chief Constable of the Royal Ulster Constabulary [2001] UKHL 39; [2001] 2
  A.C. 731; [2001] 3 W.L.R. 312; [2001] 4 All E.R. 334; [2001] N.I. 303. 5-09
McGrath v Dawkins unreported 30 March 2012 37-49
McGuffick v Royal Bank of Scotland Plc [2009] EWHC 2386 (Comm); [2010] Bus. L.R.
  1108; [2010] 1 All E.R. 634; [2010] 1 All E.R. (Comm) 48; [2010] E.C.C. 11 27-10
McKenna v British Aluminium Ltd; sub nom. McKenna v British Aluminum Ltd [2002]
  Env. L.R. 30 Ch D 47-02, 47-03, 47-19
McKennitt v Ash; sub nom. Ash v McKennitt [2006] EWCA Civ 1714; [2008] Q.B. 73;
  [2007] 3 W.L.R. 194; [2007] E.M.L.R. 4; (2007) 151 S.J.L.B. 27 . . . . . 79-01, 79-03, 79-04, 79-05,
  79-09, 79-17, 79-18, 79-19
McKie v Swindon College [2011] EWHC 469 (QB); [2011] I.R.L.R. 575 41-03
McLaughlin v Lambeth LBC [2010] EWHC 2726 (QB); [2011] E.M.L.R. 8; [2011]
  H.R.L.R. 2; [2011] E.L.R. 57 37-05
McLean v Buchanan; sub nom. Buchanan v McLean [2001] UKPC D 3; [2001] 1 W.L.R.
  2425; 2002 S.C. (P.C.) 1; 2001 S.L.T. 780; 2001 S.C.C.R. 475; [2001] H.R.L.R. 51;
  [2001] U.K.H.R.R. 793; (2001) 98(28) L.S.G. 44; (2001) 145 S.J.L.B. 158; 2001
  G.W.D. 19-720 PC (Sc) 64-04
McLoughlin v Grovers; sub nom. McLoughlin v Jones; McCloughlin v Grovers [2001]
  EWCA Civ 1743; [2002] Q.B. 1312; [2002] 2 W.L.R. 1279; [2002] P.I.Q.R. P20; [2002]
  P.N.L.R. 21. . . . . 84-X6
McLoughlin v O'Brian [1983] 1 A.C. 410; [1982] 2 W.L.R. 982; [1982] 2 All E.R. 298;
  [1982] R.T.R. 209; (1982) 79 L.S.G. 922; (1982) 126 S.J. 347 HL 5-21
McManus v Beckham [2002] EWCA Civ 939; [2002] 1 W.L.R. 2982; [2002] 4 All E.R.
  497; [2002] E.M.L.R. 40; (2002) 99(35) L.S.G. 36; (2002) 146 S.J.L.B. 183 37-11
McManus v Fortescue [1907] 2 K.B. 1 CA 25-40
McMaster v Byrne [1952] 1 All E.R. 1362; [1952] W.N. 239; (1952) 96 S.J. 325 PC (Can) . . 18-03
McNeill v Aberdeen City Council. See Aberdeen City Council v McNeill 41-05
McPhilemy v Times Newspapers Ltd (Costs) [2001] EWCA Civ 933; [2002] 1 W.L.R.
  934; [2001] 4 All E.R. 861; [2002] C.P. Rep. 9; [2001] 2 Costs L.R. 295; [2001]
  E.M.L.R. 35 1-19
McPhilemy v Times Newspapers Ltd (Re-Amendment: Justification) [1999] 3 All E.R.
  775; [1999] C.P.L.R. 533; [1999] E.M.L.R. 751 CA (Civ Div). 1-15, 1-16, 1-26, 1-32, 37-24, 37-34
McQuade v Chief Constable of Humberside; sub nom. Chief Constable of Humberside v
  McQuade [2001] EWCA Civ 1330; [2002] 1 W.L.R. 1347; (2001) 165 J.P. 729; (2001)
  98(35) L.S.G. 33 5-02
McVitae v UNISON [1996] I.R.L.R. 33 Ch D 43-04
Meade v Haringey LBC [1979] 1 W.L.R. 637; [1979] 2 All E.R. 1016; [1979] I.C.R. 494;
  77 L.G.R. 577; (1979) 123 S.J. 216 CA 42-02
Meadow Schama & Co v C Mitchell & Co (1973) 228 E.G. 1511 CA (Civ Div) 61-03, 61-09,
  61-10
Medcalf v Mardell (Wasted Costs Order); sub nom. Medcalf v Weatherill [2002] UKHL
  27; [2003] 1 A.C. 120; [2002] 3 W.L.R. 172; [2002] 3 All E.R. 721; [2002] C.P. Rep.
  70; [2002] C.P.L.R. 647; [2002] 3 Costs L.R. 428; [2002] P.N.L.R. 43; (2002) 99(31)
  L.S.G. 34; (2002) 152 N.L.J. 1032; (2002) 146 S.J.L.B. 175; [2002] N.P.C. 89. . . 1-34, 9-19, 57-02
Mediterrania Raffineria Siciliana Petroli SpA v Mabanaft GmbH unreported 1 December
  1978 CA (Civ Div) 62-17

[xcvii]

TABLE OF CASES

Medivance Instruments Ltd v Gaslane Pipework Services Ltd [2002] EWCA Civ 500 83-03
Medsted Associates Ltd v Canaccord Genuity Wealth (International) Ltd [2019] EWCA
    Civ 83; [2019] 1 W.L.R. 4481; [2019] 2 All E.R. 959; [2019] 2 All E.R. (Comm) 486;
    [2019] 2 WLUK 28...61-12
Mee v Cruickshank (1902) 86 L.T. 708 5-06
Meering v Graham White Aviation Co (1920) 122 L.T. 44 ....5-06, 5-09
Mehta v Royal Bank of Scotland Plc (2000) 32 H.L.R. 45; [1999] L. & T.R. 340; [1999] 3
    E.G.L.R. 153; (1999) 78 P. & C.R. D11 QBD 99-03
Melton Medes v Securities and Investments Board [1995] Ch. 137; [1995] 2 W.L.R. 247;
    [1995] 3 All E.R. 880 Ch D 12-14
Menelaou v Bank of Cyprus Plc; sub nom. Bank of Cyprus UK Ltd v Menelaou;
    Menelaou v Bank of Cyprus UK Ltd [2015] UKSC 66; [2016] A.C. 176; [2015] 3
    W.L.R. 1334; [2016] 2 All E.R. 913; [2016] 2 All E.R. (Comm) 259; [2015] 2 Lloyd's
    Rep. 585; [2015] 11 WLUK 82; [2016] 1 B.C.L.C. 335........................108-02, 108-05
Mengesha v Commissioner of Police of the Metropolis [2013] EWHC 1695 (Admin);
    [2013] A.C.D. 120..5-11
Mercantile Marine Service Association v Toms [1916] 2 K.B. 243 CA 37-05
Mercers Co v New Hampshire Insurance Co Ltd. See Wardens and Commonalty of the
    Mystery of Mercers of the City of London v New Hampshire Insurance Co Ltd
Merck Sharpe & Dohme (Australia) PTY Ltd v Peterson [2011] FCAFC 128 84-10
Mercury Communications Ltd v Director General of Telecommunications [1996] 1 W.L.R.
    48; [1996] 1 All E.R. 575; [1995] C.L.C. 266; [1998] Masons C.L.R. Rep. 39 HL 80-03
Merelie v Newcastle Primary Care Trust [2004] EWHC 2554 (QB) 79-22
Meretz Investments NV v ACP Ltd [2007] EWCA Civ 1303; [2008] Ch. 244; [2008] 2
    W.L.R. 904..59-04, 59-05, 59-06, 60-05, 60-07
Merger Action Group v Secretary of State for Business, Enterprise and Regulatory Reform
    [2008] CAT 36; 2009 S.L.T. 10; [2009] Comp. A.R. 133; [2009] Bus. L.R. D9 32-02
Meritz Fire & Marine Insurance Co Ltd v Jan de Nul NV [2011] EWCA Civ 827; [2012] 1
    All E.R. (Comm) 182; [2011] 2 Lloyd's Rep. 379; [2011] 2 C.L.C. 842; [2011] B.L.R.
    535; 137 Con. L.R. 41...11-01, 14-06
Merlin Entertainments LPC v Cave [2014] EWHC 3036 (QB); [2014] 9 WLUK 543;
    [2015] E.M.L.R. 3...64-12
Merrett v Babb [2001] EWCA Civ 214; [2001] Q.B. 1174; [2001] 3 W.L.R. 1; [2001] 2
    WLUK 452; [2001] B.L.R. 483; (2001) 3 T.C.L.R. 15; 80 Con. L.R. 43; [2001] Lloyd's
    Rep. P.N. 468; [2001] P.N.L.R. 29; [2001] 1 E.G.L.R. 145; [2001] 8 E.G. 167 (C.S.);
    (2001) 98(13) L.S.G. 41; (2001) 145 S.J.L.B. 75...........................39-01
Merricks v Mastercard Inc [2019] EWCA Civ 674; [2019] 4 WLUK 253; [2019] 5
    C.M.L.R. 4..28-04, 31-02
Merricks v Nott-Bower [1965] 1 Q.B. 57; [1964] 2 W.L.R. 702; [1964] 1 All E.R. 717;
    (1964) 128 J.P. 267; (1964) 108 S.J. 116 CA 37-41
Merstham Manor Ltd v Coulsdon and Purley Urban DC [1937] 2 K.B. 77 KBD 93-04
Merthyr (South Wales) Ltd v Cwmbargoed Estates Ltd [2019] EWHC 704 (Ch); [2019] 3
    WLUK 484...3-02
Metall und Rohstoff AG v Donaldson Lufkin & Jenrette Inc [1990] 1 Q.B. 391; [1989] 3
    W.L.R. 563; [1989] 3 All E.R. 14; (1989) 133 S.J. 1200 CA (Civ Div)...........5-19
Metrobus Ltd v Unite the Union [2009] EWCA Civ 829; [2010] I.C.R. 173; [2009]
    I.R.L.R. 851..42-03, 42-05
Metropolitan Asylum District Managers v Hill (No.2); Metropolitan Asylum District
    Managers v Lund (1880-81) L.R. 6 App. Cas. 193; [1881-85] All E.R. Rep. 536 HL........47-10
Metropolitan International Schools Ltd (t/a SkillsTrain and/or Train2Game) v
    Designtechnica Corp (t/a Digital Trends) [2009] EWHC 1765 (QB); [2011] 1 W.L.R.
    1743; [2010] 3 All E.R. 548; [2009] E.M.L.R. 27; [2010] Info. T.L.R. 357..........37-09, 37-49
Metropolitan International Schools Ltd (t/a Skillstrain and/or Train2game) v
    Designtechnica Corp (t/a Digital Trends) [2010] EWHC 2411 (QB)..................37-24
Metropolitan Properties Co (Regis) Ltd v Bartholomew; Metropolitan Properties Co
    (Regis) Ltd v Dillon (1996) 72 P. & C.R. 380; [1996] 1 E.G.L.R. 82; [1996] 11 E.G.
    134; [1995] E.G. 178 (C.S.); [1995] N.P.C. 172 CA (Civ Div) 102-04
Mexfield Housing Co-operative Ltd v Berrisford; sub nom. Berrisford v Mexfield Housing
    Co-operative Ltd [2010] EWCA Civ 811; [2011] Ch. 244; [2011] 2 W.L.R. 423; [2011]
    P.T.S.R. 236; [2011] 2 All E.R. 273; [2010] H.L.R. 44; [2010] L. & T.R. 25; [2010] 2
    E.G.L.R. 137; [2010] 29 E.G. 87 (C.S.)....................................6-11
Meyer v Delacroix. See H Meyer & Co Ltd v Jules Decroix Verley et Cie 10-10

[xcviii]

TABLE OF CASES

Michael Fielding Wolff v Trinity Logistics USA Inc. *See* Wolff v Trinity Logistics USA Inc 60-03, 60-05
Michael Gerson (Leasing) Ltd v Wilkinson [2001] Q.B. 514; [2000] 3 W.L.R. 1645; [2001] 1 All E.R. 148; [2000] 2 All E.R. (Comm) 890; [2000] C.L.C. 1720; (2000) 97(35) L.S.G. 37 CA (Civ Div)... 25-09
Michael v Chief Constable of South Wales [2012] EWCA Civ 981; [2012] H.R.L.R. 30; affirmed [2015] UKSC 2; [2015] A.C. 1732; [2015] 2 W.L.R. 343; [2015] 2 All E.R. 635; [2015] H.R.L.R. 8; [2015] Med. L.R. 171................................. 5-03, 5-22
Michael Wilson & Partners Ltd v Emmott; sub nom. Emmott v Michael Wilson & Partners Ltd [2018] EWCA Civ 51; [2018] 2 All E.R. (Comm) 737; [2018] 1 Lloyd's Rep. 299; [2018] 1 WLUK 527; [2018] 1 C.L.C. 77 4-03
Michaels v Harley House (Marylebone) Ltd; sub nom. [2000] Ch. 104; [1999] 3 W.L.R. 229; [1999] 1 All E.R. 356; [1999] B.C.C. 967; [1999] 1 B.C.L.C. 670; (1999) 31 H.L.R. 990; [1999] L. & T.R. 374; [1998] E.G. 159 (C.S.); [1998] N.P.C. 150 CA (Civ Div)... 97-Z6
Micron Computer Systems Ltd v Wang unreported 9 May 1990 QBD 33-05
Microsoft Corp v Plato Technology Ltd [1999] Masons C.L.R. 370; (1999) 22(11) I.P.D. 22108 CA (Civ Div)... 73-12, 75-10, 77-11, 77-13, 78-05
Mid Suffolk DC v Clarke [2006] EWCA Civ 71; [2007] 1 W.L.R. 980; [2006] 2 WLUK 331; [2006] Env. L.R. 38; [2006] L.L.R. 284; [2006] 8 E.G. 174 (C.S.); [2006] N.P.C. 15 .... 47-05, 47-22, 47-26
Midco Holdings v Piper [2004] EWCA Civ 476; [2004] N.P.C. 59 58-06
Middlesbrough Football & Athletic Co (1986) Ltd v Liverpool Football & Athletic Grounds Plc; sub nom. Middlesborough Football & Athletic Co (1986) Ltd v Liverpool Football & Athletic Grounds Plc; Middlesbrough Football Club v Liverpool Football Club [2002] EWCA Civ 1929.. 109-01
Midill (97PL) Ltd v Park Lane Estates Ltd [2008] EWCA Civ 1227; [2009] 1 W.L.R. 2460; [2009] 2 All E.R. 1067; [2009] 2 All E.R. (Comm) 561; [2009] 2 P. & C.R. 6; [2009] 1 E.G.L.R. 65; [2009] 7 E.G. 92; [2008] 46 E.G. 114 (C.S.); (2008) 152(45) S.J.L.B. 28; [2008] N.P.C. 120 106-08
Midland Bank Ltd v Reckitt [1933] A.C. 1 HL 10-20, 26-09
Midland Bank Ltd v Seymour [1955] 2 Lloyd's Rep. 147 QBD 9-09
Midland Bank Trust Co Ltd v Green (No.1) [1981] A.C. 513; [1981] 2 W.L.R. 28; [1981] 1 All E.R. 153; (1981) 42 P. & C.R. 201; (1981) 125 S.J. 33 HL............................ 106-10
Midland Bank Trust Co Ltd v Green (No.3) [1982] Ch. 529; [1982] 2 W.L.R. 1; [1981] 3 All E.R. 744; [1981] 6 WLUK 83; (1981) 125 S.J. 554 CA (Civ Div) 59-07
Midnight Marine Ltd v Thomas Miller Speciality Underwriting Agency Ltd (formerly Osprey Underwriting Agency Ltd); Labhauler, The [2018] EWHC 3431 (Comm); [2019] 1 Lloyd's Rep. 399; [2018] 12 WLUK 157........................... 2-18, 3-03
Midtown Ltd v City of London Real Property Co Ltd; Joseph v City of London Real Property Co Ltd [2005] EWHC 33 (Ch); [2005] 1 E.G.L.R. 65; [2005] 14 E.G. 130; [2005] J.P.L. 1220; [2005] 4 E.G. 166 (C.S.); (2005) 102(14) L.S.G. 26; [2005] N.P.C. 13.. 47-14
Migotti v Colvill (1878-79) L.R. 4 C.P.D. 233 CA 5-06
Milgate v Kebble 133 E.R. 1073; (1841) 3 Man. & G. 100 CCP 26-10
Millar v Bassey [1994] E.M.L.R. 44 CA (Civ Div) 60-04
Millenium Commodity Trading Ltd v BS Tech Pte Ltd [2017] SGHC 58 10-27
Miller v Associated Newspapers Ltd [2012] EWHC 3721 (QB) 37-35
Miller v Independent Assessor. *See* R. (on the application of Miller) v Independent Assessor 5-28
Miller v Jackson [1977] Q.B. 966; [1977] 3 W.L.R. 20; [1977] 3 All E.R. 338 CA (Civ Div)... 47-20, 47-25, 47-26
Millharbour Management Ltd v Weston Homes Ltd [2011] EWHC 661 (TCC); [2011] 3 All E.R. 1027; (2011) 161 N.L.J. 509... 84-02
Mills v Brooker [1919] 1 K.B. 555 KBD 26-09
Mills v Winchester Diocesan Board of Finance [1989] Ch. 428; [1989] 2 W.L.R. 976; [1989] 2 All E.R. 317; (1989) 133 S.J. 725 Ch D.. 57-05
Milne v Express Newspapers Ltd (No.1) [2004] EWCA Civ 664; [2005] 1 W.L.R. 772; [2005] 1 All E.R. 1021; [2004] E.M.L.R. 24; (2004) 148 S.J.L.B. 696.................. 37-59
Milton Keynes BC v Nulty [2013] EWCA Civ 15; [2013] 1 W.L.R. 1183; [2013] B.L.R. 134; [2013] Lloyd's Rep. I.R. 243... 67-22
Milton Keynes BC v Viridor (Community Recycling MK) Ltd [2017] EWHC 239 (TCC); [2017] 2 WLUK 595; [2017] B.L.R. 216; 170 Con. L.R. 147........................ 53-01

[xcix]

TABLE OF CASES

Minister of Finance (Inc) v International Petroleum Investment Co [2019] EWHC 1151 (Comm); [2019] Bus. L.R. 1827; [2019] 5 WLUK 303.................................. 2-02
Minister of Health v Bellotti; Minister of Health v Holliday [1944] K.B. 298; [1944] 1 All E.R. 238 CA.. 49-N6
Ministry of Defence v Ashman (1993) 25 H.L.R. 513; (1993) 66 P. & C.R. 195; [1993] 40 E.G. 144; [1993] N.P.C. 70 CA (Civ Div).. 103-01, 103-25
Ministry of Defence v Ashman [1993] 2 E.G.L.R. 102; [1993] 4 WLUK 13; (1993) 25 H.L.R. 513; (1993) 66 P. & C.R. 195; [1993] 40 E.G. 144; [1993] N.P.C. 70 CA (Civ Div).. 108-25
Ministry of Defence v Thompson (1993) 25 H.L.R. 552; [1993] 40 E.G. 148 CA (Civ Div) . 103-01
Ministry of Health v Simpson; Diplock v Wintle; Simpson v Lilburn; sub nom. Diplock's Estate, Re [1951] A.C. 251; [1950] 2 All E.R. 1137; 66 T.L.R. (Pt. 2) 1015; (1950) 94 S.J. 777 HL.. 62-08
Ministry of Housing and Local Government v Sharp [1970] 2 Q.B. 223; [1970] 2 W.L.R. 802; [1970] 1 All E.R. 1009; 68 L.G.R. 187; (1970) 21 P. & C.R. 166; (1970) 114 S.J. 109 CA (Civ Div).. 57-05
Ministry of Justice v Prison Officers Association; sub nom. Ministry of Justice v POA (formerly Prison Officers' Association) [2008] EWHC 239 (QB); [2008] I.C.R. 702; [2008] I.R.L.R. 380... 42-08
Ministry of Justice v Prison Officers' Association [2017] EWHC 1839 (QB); [2017] 7 WLUK 408; [2018] I.C.R. 181; [2017] I.R.L.R. 1121 .... 42-01, 42-08
Minkin v Landsberg [2015] EWCA Civ 1152; [2016] 1 W.L.R. 1489; [2015] 11 WLUK 416; [2015] 6 Costs L.R. 1025; [2016] 2 F.L.R. 948; [2016] 1 F.C.R. 584; [2016] P.N.L.R. 14; [2016] Fam. Law 167.. 85-07
Mint v Good [1951] 1 K.B. 517; [1950] 2 All E.R. 1159; 49 L.G.R. 495; (1950) 94 S.J. 822 CA... 47-17
Mionis v Democratic Press SA [2017] EWCA Civ 1194; [2018] Q.B. 662; [2018] 2 W.L.R. 565; [2017] 7 WLUK 776; [2018] E.M.L.R. 4...................................... 37-62, 64-12
Mirvahedy v Henley [2003] UKHL 16; [2003] 2 A.C. 491; [2003] 2 W.L.R. 882; [2003] 2 All E.R. 401; [2003] R.T.R. 26; [2003] P.I.Q.R. P25; (2003) 100(19) L.S.G. 31; (2003) 153 N.L.J. 483; (2003) 147 S.J.L.B. 352; [2003] N.P.C. 38........................... 81-06
Mistry v Thakor [2005] EWCA Civ 953; [2005] All E.R. (D) 56 (Jul) 47-23
Mitchell v Ealing LBC [1979] Q.B. 1; [1978] 2 W.L.R. 999; [1975] 2 All E.R. 779; 76 L.G.R. 703; (1978) 122 S.J. 213 QBD.. 26-06
Mitchell v Glasgow City Council [2009] UKHL 11; [2009] 1 A.C. 874; [2009] 2 W.L.R. 481; [2009] P.T.S.R. 778; [2009] 3 All E.R. 205; 2009 S.C. (H.L.) 21; 2009 S.L.T. 247; 2009 S.C.L.R. 270; [2009] H.R.L.R. 18; [2009] H.L.R. 37; [2009] P.I.Q.R. P13; 2009 Hous. L.R. 2; (2009) 153(7) S.J.L.B. 33; [2009] N.P.C. 27; 2009 G.W.D. 7-122..... 84-X5, 84-X6
Mitchell v Homfray (1881-82) L.R. 8 Q.B.D. 587 CA 18-03, 18-08
Mitsui Osk Lines Ltd v Salgaocar Mining Industries Private Ltd; Unta, The [2015] EWHC 565 (Comm); [2015] 2 Lloyd's Rep. 518; [2015] 2 WLUK 510 13-05
ML v Tonbridge Grammar School; SB v West Bridgford Academy [2012] UKUT 283 (AAC); [2012] E.L.R. 508... 39-02
MMR and MR Vaccine Litigation (No 12), Re; Sayers v Smithkline Beecham Plc [2005] EWHC 539 (QB); [2005] All E.R. (D) 60 (Apr).. 46-03
MMR and MR Vaccine Litigation (No.11), Re. See Sayers v SmithKline Beecham Plc (Withdrawal of Funding for Group Personal Injury Action) 46-03
Moat Housing Group-South Ltd v Harris [2005] EWCA Civ 287; [2006] Q.B. 606; [2005] 3 W.L.R. 691; [2005] 4 All E.R. 1051; [2005] 2 F.L.R. 551; [2005] 3 F.C.R. 123; [2005] H.L.R. 33; [2005] Fam. Law 544; [2005] N.P.C. 40 .... 98-Z17
Mobile Telecommunications Co KSC v HRH Prince Hussam Bin Abdulaziz Au Saud [2018] EWHC 3749 (Comm); [2018] 8 WLUK 109 4-03
Mobile Telecommunications Co Ltd v Al Saud (t/a Saudi Plastic Factory) [2018] EWHC 1469 (Comm); [2018] 2 Lloyd's Rep. 192; [2018] 5 WLUK 380 4-03
Modahl v British Athletic Federation Ltd (No.2) [2001] EWCA Civ 1447; [2002] 1 W.L.R. 1192; (2001) 98(43) L.S.G. 34; (2001) 145 S.J.L.B. 238 109-02
Mogul Steamship Co Ltd v McGregor Gow & Co [1892] A.C. 25; [1891-4] All E.R. Rep. 263 HL... 59-08
Mohamed Amin v Bannerjee [1947] A.C. 322; 63 T.L.R. 433; [1947] L.J.R. 963; 177 L.T. 451 PC (Ind)... 5-18
Mohamud v Wm Morrison Supermarkets Plc [2016] UKSC 11; [2016] A.C. 677; [2016] 2 W.L.R. 821; [2017] 1 All E.R. 15; [2016] 3 WLUK 90; [2016] I.C.R. 485; [2016] I.R.L.R. 362; [2016] P.I.Q.R. P11.. 63-03, 81-03

TABLE OF CASES

Mohidin v Commissioner of Police of the Metropolis [2016] EWHC 105 (QB); [2016] 1
  WLUK 498; [2016] 1 Costs L.R. 71. 5-01
Monir v Wood [2018] EWHC 3525 (QB); [2018] 12 WLUK 367 . . . . 37-19, 37-28
Monk v PC Harrington Ltd [2008] EWHC 1879 (QB); [2009] P.I.Q.R. P3 84-04
Monsanto Plc v Tilly [1999] EWCA Civ 3044; [1999] 11 WLUK 843; [2000] Env. L.R.
  313; [1999] E.G. 143 (C.S.); (1999) 149 N.L.J. 1833; [1999] N.P.C. 147. 49-04
Monsanto v Transport and General Workers Union [1987] 1 W.L.R. 617; [1987] 1 All E.R.
  358; [1987] I.C.R. 269; [1986] I.R.L.R. 406; (1987) 84 L.S.G. 1572; (1986) 136 N.L.J.
  917; (1987) 131 S.J. 690 CA (Civ Div) 42-05
Montebianco Industrie Tessili SpA v Carlyle Mills (London) [1981] 1 Lloyd's Rep. 509
  CA (Civ Div). 24-04
Montgomery v Lanarkshire Health Board [2015] UKSC 11; [2015] A.C. 1430; [2015] 2
  W.L.R. 768; [2015] 2 All E.R. 1031; 2015 S.C. (U.K.S.C.) 63; 2015 S.L.T. 189; 2015
  S.C.L.R. 315; [2015] P.I.Q.R. P13; [2015] Med. L.R. 149; (2015) 143 B.M.L.R. 47;
  2015 G.W.D. 10-179. . . . . 81-06, 82-07, 82-07, 82-X6, 85-07
Montgomery v Thompson; sub nom. STONE ALES Trade Mark; Joule's Trade Marks
  [1891] A.C. 217; (1891) 8 R.P.C. 361 HL 78-07
Montreal Light Heat & Power Co v Sedgwick [1910] A.C. 598 PC (Can) 70-17
Moondance Maritime Enterprises SA v Carbofer Maritime Trading APS [2012] EWHC
  3618 (Comm); [2013] 1 Lloyd's Rep. 269 . . . . 4-05, 4-06
Moonsar v Fiveways Express Transport Ltd [2004] 9 WLUK 326; [2005] I.R.L.R. 9 EAT . . . 63-10
Moore v News of the World [1972] 1 Q.B. 441; [1972] 2 W.L.R. 419; [1972] 1 All E.R.
  915; (1971) 116 S.J. 137 CA (Civ Div) 37-35
Moore v Piretta PTA Ltd [1999] 1 All E.R. 174; [1998] C.L.C. 992; [1998] E.C.C. 392;
  [1999] Eu. L.R. 32; (1998) 17 Tr. L.R. 161 QBD. 21-02
Moorgate Mercantile Co v Finch and Read [1962] 1 Q.B. 701; [1962] 3 W.L.R. 110;
  [1962] 2 All E.R. 467; (1962) 106 S.J. 284 CA 26-07
Moreno v Motor Insurers' Bureau [2016] UKSC 52; [2017] 4 All E.R. 28 68-07
Morgan Stanley & Co International Plc v China Haisheng Juice Holdings Co Ltd [2009]
  EWHC 2409 (Comm); [2010] 2 All E.R. (Comm) 514; [2010] 1 Lloyd's Rep. 265;
  [2011] 2 B.C.L.C. 287; [2012] 2 C.L.C. 263 4-03
Morgan v Hamid-Zadeh. See Drew-Morgan v Hamid-Zadeh 100-01
Morgan v Hinton Organics (Wessex) Ltd [2009] EWCA Civ 107; [2009] C.P. Rep. 26;
  [2010] 1 Costs L.R. 1; [2009] Env. L.R. 30; [2009] 2 P. & C.R. 4; [2009] J.P.L. 1335. 46-04
Morgan v Ministry of Justice [2010] EWHC 2248 (QB) 84-X6
Morgan v Odhams Press [1971] 1 W.L.R. 1239; [1971] 2 All E.R. 1156; (1971) 115 S.J.
  587 HL 37-13
MORI v BBC unreported 37-49
Morison v London County & Westminster Bank Ltd [1914] 3 K.B. 356 CA 10-20
Morison v Moat 68 E.R. 492; (1851) 9 Hare 241 Ct of Chancery 74-05
Morley v Elmaleh [2009] EWHC 1196 (CH); [2009] 7 WLUK 95 . . . . 18-01, 18-03
Moroak (t/a Blake Envelopes) v Cromie [2005] 4 WLUK 406; [2005] I.C.R. 1226; [2005]
  I.R.L.R. 353 44-36
Morrant v Gough 108 E.R. 700; (1827) 7 B. & C. 206 KB 11-01
Morrells of Oxford Ltd v Oxford United Football Club Ltd [2001] Ch. 459; [2001] 2
  W.L.R. 128; [2000] 7 WLUK 610; (2001) 81 P. & C.R. 13; [2001] 1 E.G.L.R. 76;
  [2001] 04 E.G. 147; [2000] E.G. 96 (C.S.); (2000) 144 S.J.L.B. 248; [2000] N.P.C. 86;
  (2001) 81 P. & C.R. DG3 CA (Civ Div). 105-02
Morris v Bank of America National Trust (Appeal against Striking Out) [2000] 1 All E.R.
  954; [2000] B.C.C. 1076; [2001] 1 B.C.L.C. 771; [2000] B.P.I.R. 83; (2000) 97(3)
  L.S.G. 37; (2000) 144 S.J.L.B. 48 CA (Civ Div). 1-02, 1-26, 1-32
Morris v Bank of India; sub nom. Bank of Credit and Commerce International SA (In
  Liquidation) (No.15), Re; Bank of India v Morris [2005] EWCA Civ 693; [2005]
  B.C.C. 739; [2005] 2 B.C.L.C. 328; [2005] B.P.I.R. 1067. 58-09
Morris v Jones [2002] EWCA Civ 1790 58-02
Morris v KLM Royal Dutch Airlines. See King v Bristow Helicopters Ltd 8-06
Morris v Langdale 126 E.R. 1284; (1800) 2 Bos. & P. 284 CCP 37-08
Morris v Tarrant [1971] 2 Q.B. 143; [1971] 2 W.L.R. 630; [1971] 2 All E.R. 920; (1970)
  115 S.J. 204 QBD 103-02
Morris-Garner v One Step (Support) Ltd; sub nom. One Step (Support) Ltd v
  Morris-Garner [2018] UKSC 20; [2019] A.C. 649; [2018] 2 W.L.R. 1353; [2018] 3 All
  E.R. 659; [2018] 2 All E.R. (Comm) 769; [2018] 1 Lloyd's Rep. 495; [2018] 4 WLUK
  243; [2018] 1 C.L.C. 778; [2018] I.R.L.R. 661 . . . . . 47-18, 49-08, 105-03, 108-23, 108-25, 108-26,

[ci]

TABLE OF CASES

	108-27, 108-29
Morriss v Winter [1930] 1 K.B. 243 KBD	5-06
Morse v Royal 33 E.R. 134; (1806) 12 Ves. Jr. 355 Ct of Chancery	18-08
Mortgage Agency Services Number Two Ltd v Chater. *See* Chater v Mortgage Agency Services Number Two Ltd	18-06
Mortgage Corp v Shaire; Mortgage Corp v Lewis Silkin (A Firm) [2001] Ch. 743; [2001] 3 W.L.R. 639; [2001] 4 All E.R. 364; [2000] 1 F.L.R. 973; [2000] 2 F.C.R. 222; [2000] B.P.I.R. 483; (2000) 80 P. & C.R. 280; [2000] 3 E.G.L.R. 131; [2000] W.T.L.R. 357; [2000] Fam. Law 402; [2000] E.G. 35 (C.S.); (2000) 97(11) L.S.G. 37 Ch D	18-06
Mortgage Insurance Corp Ltd v Inland Revenue Commissioners (1888) L.R. 21 Q.B.D. 352 CA	10-14
Mosley v News Group Newspapers Ltd [2008] EWHC 1777 (QB); [2008] E.M.L.R. 20; (2008) 158 N.L.J. 1112	64-08, 79-05, 79-10, 79-17
Motor and General Insurance Co v Cox [1990] 1 W.L.R. 1443; [1991] R.T.R. 67; (1990) 134 S.J. 1190 PC (Bar)	68-02
Motor and General Insurance Co v Pavey [1994] 1 W.L.R. 462; [1994] 1 Lloyd's Rep. 607 PC (Trin)	67-22
Motor Insurers' Bureau v Lewis [2019] EWCA Civ 909; [2019] 3 All E.R. 1064; [2019] 6 WLUK 26; [2019] Lloyd's Rep. I.R. 390; [2019] P.I.Q.R. P19	81-04
Motor Oil Hellas (Corinth) Refineries SA v Shipping Corp of India (The Kanchenjunga); Kanchenjunga, The [1990] 1 Lloyd's Rep. 391 HL	67-16
Moule v Garrett (1871-72) L.R. 7 Ex. 101 Ex Ch	108-14
Moulton v Chief Constable of the West Midlands Police [2010] EWCA Civ 524	5-18
Moulton v Roberts [1977] Qd. R. 135	13-07
Mount Carmel Investments Ltd v Thurlow; sub nom. Mount Carmel Investments Ltd v Peter Thurlow Ltd [1988] 1 W.L.R. 1078; [1988] 3 All E.R. 129; (1989) 57 P. & C.R. 396 CA (Civ Div)	49-09
Mount Eden Land Ltd v Bolsover Investments Ltd [2014] EWHC 3523 (Ch); [2014] 6 WLUK 659	96-05
Mount Eden Land Ltd v Towerstone Ltd [2003] L. & T.R. 4; [2002] 31 E.G. 97 (C.S.) Ch D	95-01
Mountford v Newlands School; sub nom. M v Newlands Manor School [2007] EWCA Civ 21; [2007] E.L.R. 256; (2007) 151 S.J.L.B. 164	109-02
Mountford v Scott [1975] Ch. 258; [1975] 2 W.L.R. 114; [1975] 1 All E.R. 198; (1975) 29 P. & C.R. 401; (1974) 118 S.J. 755 CA (Civ Div)	106-10
Mowan v Wandsworth LBC (2001) 33 H.L.R. 56; [2001] B.L.G.R. 228; [2001] 3 E.G. 133 (C.S.); [2001] E.H.L.R. Dig. 5 CA (Civ Div)	47-17, 96-06
MSM Consulting Ltd v Tanzania [2009] EWHC 121 (QB); [2009] 1 WLUK 581; 123 Con. L.R. 154	108-10
Mukhtar v Saleem [2018] EWHC 1729 (QB); [2018] 3 WLUK 514; [2018] B.P.I.R. 1386	1-22, 57-02
Multiple Claimants v Sanifo-Synthelabo Ltd [2007] EWHC 1860 (QB); (2007) 98 B.M.L.R. 192	84-04, 84-X1, 84-X3, 84-X4
Multiple Claimants v TUI UK Ltd (2005) 102(39) L.S.G. 29 Sup Ct Costs Office	84-X1
Mur Joint Ventures Bv v Compagnie Monegasque de Banque [2016] EWHC 3107 (Comm); [2017] 1 Lloyd's Rep. 186; [2016] 12 WLUK 69	13-06
Murdoch v Glacier Metal Co Ltd [1998] Env. L.R. 732; [1998] E.H.L.R. 198; [1998] E.G. 6 (C.S.); (1998) 95(7) L.S.G. 31 CA (Civ Div)	47-06, 47-N5, 47-N7
Murphy v Brentwood DC [1991] 1 A.C. 398; [1990] 3 W.L.R. 414; [1990] 2 All E.R. 908; [1990] 2 Lloyd's Rep. 467; 50 B.L.R. 1; 21 Con. L.R. 1; (1990) 22 H.L.R. 502; 89 L.G.R. 24; (1991) 3 Admin. L.R. 37; (1990) 6 Const. L.J. 304; (1990) 154 L.G. Rev. 1010; [1990] E.G. 105 (C.S.); (1990) 87(30) L.S.G. 15; (1990) 134 S.J. 1076, HL	34-02
Murphy v Culhane [1977] Q.B. 94; [1976] 3 W.L.R. 458; [1976] 3 All E.R. 533; (1976) 120 S.J. 506 CA (Civ Div)	5-05
Murray v Big Pictures (UK) Ltd. *See* Murray v Express Newspapers Plc	79-04, 79-06, 79-23
Murray v Express Newspapers Plc; sub nom. Murray v Big Pictures (UK) Ltd [2008] EWCA Civ 446; [2009] Ch. 481; [2008] 3 W.L.R. 1360; [2008] E.C.D.R. 12; [2008] E.M.L.R. 12; [2008] 2 F.L.R. 599; [2008] 3 F.C.R. 661; [2008] H.R.L.R. 33; [2008] U.K.H.R.R. 736; [2008] Fam. Law 732; (2008) 105(20) L.S.G. 23; (2008) 158 N.L.J. 706; (2008) 152(19) S.J.L.B. 31	79-04, 79-06, 79-23
Murray v Hall 137 E.R. 175; (1849) 7 C.B. 441 CCP	49-06
Murray v McCullough [2016] NIQB 52; [2016] 6 WLUK 163	39-01

[cii]

Murray v Yorkshire Fund Managers Ltd [1998] 1 W.L.R. 951; [1998] 2 All E.R. 1015; [1998] F.S.R. 372; (1998) 95(4) L.S.G. 33; (1998) 95(3) L.S.G. 24; (1998) 142 S.J.L.B. 45 CA (Civ Div) 74-06
Muscat v Smith; sub nom. Smith v Muscat [2003] EWCA Civ 962; [2003] 1 W.L.R. 2853; [2004] H.L.R. 6; [2004] L. & T.R. 7; [2003] 3 E.G.L.R. 11; [2003] 40 E.G. 148; [2003] 30 E.G. 144 (C.S.); (2003) 100(35) L.S.G. 37; (2003) 147 S.J.L.B. 900; [2003] N.P.C. 88. 102-02
Museprime Properties, Ltd v Adhill Properties, Ltd (1991) 61 P. & C.R. 111; [1990] 36 E.G. 114; [1990] E.G. 29 (C.S.) Ch D 58-04
Musgrove v Pandelis [1919] 2 K.B. 43 CA 48-02
Musselwhite v CH Musselwhite & Son Ltd [1962] Ch. 964; [1962] 2 W.L.R. 374; [1962] 1 All E.R. 201; (1962) 106 S.J. 37 Ch D 16-02
Mustad v Dosen; sub nom. O Mustad & Son v S Allcock & Co [1964] 1 W.L.R. 109 (Note); [1963] 3 All E.R. 416; [1963] R.P.C. 41 HL 74-12
Mutua v Foreign and Commonwealth Office [2011] EWHC 1913 (QB) 84-X6
Muuse v Secretary of State for the Home Department [2010] EWCA Civ 453; (2010) 107(19) L.S.G. 24 .... 5-21, 5-28, 64-R3
MW Kellogg Ltd v Tobin; sub nom. MW Kellog Ltd v Tobin [1999] L. & T.R. 513 QBD .. 102-Z8
My Kinda Town Ltd (t/a Chicago Pizza Pie Factory) v Soll and Grunts Investments [1983] R.P.C. 407 CA (Civ Div) 78-03
Mylan v Yeda. See Generics (UK) Ltd (t/a Mylan) v Yeda Research and Development Co Ltd. 73-03
Mylcrist Builders Ltd v Buck [2008] EWHC 2172 (TCC); [2009] 2 All E.R. (Comm) 259; [2008] B.L.R. 611; [2008] C.I.L.L. 2624; (2008) 105(39) L.S.G. 22; (2008) 152(38) S.J.L.B. 29. 35-01
N Joachimson (A Firm) v Swiss Bank Corp (Costs) [1921] 3 K.B. 110; (1921) 6 Ll. L. Rep. 435 CA. 9-03, 9-04, 9-09, 13-06, 14-02, 20-09
Naeem v Secretary of State for Justice; sub nom. Home Office (UK Border Agency) v Essop [2017] UKSC 27; [2017] 1 W.L.R. 1343; [2017] 3 All E.R. 551; [2017] 4 WLUK 75; [2017] I.C.R. 640 44-18
Nagarajan v London Regional Transport; sub nom. Swiggs v Nagarajan (No.2) [2000] 1 A.C. 501; [1999] 3 W.L.R. 425; [1999] 4 All E.R. 65; [1999] 7 WLUK 331; [1999] I.C.R. 877; [1999] I.R.L.R. 572; (1999) 96(31) L.S.G. 36; (1999) 149 N.L.J. 1109; (1999) 143 S.J.L.B. 219 HL 44-13, 44-19
Nail v News Group Newspapers Ltd; Nail v Jones [2004] EWCA Civ 1708; [2005] 1 All E.R. 1040; [2005] E.M.L.R. 12; (2005) 155 N.L.J. 111 37-50
Nalder v Ilford Corp [1951] 1 K.B. 822; [1950] 2 All E.R. 903; 66 T.L.R. (Pt. 2) 949; (1950) 114 J.P. 594; (1949-51) 1 P. & C.R. 413; (1950) 94 S.J. 840 KBD 49-08
Nam Kwong Medicines & Health Products Co Ltd v China Insurance Co Ltd [2002] 2 Lloyd's Rep. 591 CFI (HK) 70-T12
Naomi Campbell v MGN Ltd. See Campbell v Mirror Group Newspapers Ltd 64-08, 74-01, 74-10, 74-11, 79-01, 79-03, 79-04, 79-05, 79-06, 79-09, 79-17, 79-23
Napp Pharmaceutical Group Ltd v Asta Medica Ltd [1999] F.S.R. 370 Ch D (Patents Ct) 73-06
Nash v Eli Lilly & Co [1993] 1 W.L.R. 782; [1993] 4 All E.R. 383; [1992] 3 Med. L.R. 353 CA (Civ Div) 84-03
Nata Lee Ltd v Abid [2014] EWCA Civ 1652; [2015] 2 P. & C.R. 3 49-01
National & Provincial Building Society v Lloyd [1996] 1 All E.R. 630; (1996) 28 H.L.R. 459; [1995] N.P.C. 193 CA (Civ Div) 15-12, 104-12
National Bank of Commerce v National Westminster Bank Plc [1990] 2 Lloyd's Rep. 514 QBD (Comm) 9-04
National Bank of Greece SA v Pinios Shipping Co No.1; Maira, The (No.3); sub nom. Pinios Shipping Co No.1 v National Bank of Greece SA [1990] 1 A.C. 637; [1989] 3 W.L.R. 1330; [1990] 1 All E.R. 78; [1990] 1 Lloyd's Rep. 225; [1988] 2 F.T.L.R. 9; [1988] Fin. L.R. 249; [1990] C.C.L.R. 18; (1990) 87(4) L.S.G. 33; (1989) 139 N.L.J. 1711; (1990) 134 S.J. 261 HL. 14-03
National Bank of Wales Ltd (No.1), Re; sub nom. Taylor's Case; Phillips Case; Rickards Case [1897] 1 Ch. 298 CA 16-02
National Coal Board v Galley [1958] 1 W.L.R. 16; [1958] 1 All E.R. 91; (1958) 102 S.J. 31. 42-01
National Coal Board v JE Evans & Co (Cardiff) Ltd; National Coal Board v Maberley Parker [1951] 2 K.B. 861 CA 5-01, 26-15
National Coal Board v Neath BC [1976] 2 All E.R. 478 DC 47-01

TABLE OF CASES

National Commercial Bank (Jamaica) Ltd v Hew's Executors; sub nom. National
 Commercial Bank (Jamaica) Ltd v Hew [2003] UKPC 51; [2004] 2 L.R.C. 396 ..... 18-01, 18-04
National Crime Agency v Robb [2014] EWHC 4384 (Ch); [2015] Ch. 520; [2015] 3
 W.L.R. 23; [2015] Lloyd's Rep. F.C. 161... 108-11
National Employers Mutual General Insurance Association v Jones; sub nom. NEMG
 Insurance Association v Jones [1990] 1 A.C. 24; [1988] 2 W.L.R. 952; [1988] 2 All E.R.
 425; [1988] R.T.R. 289; (1989) 8 Tr. L.R. 43; (1988) 138 N.L.J. Rep. 118; (1988) 132
 S.J. 658 HL... 25-09
National Greyhound Racing Club Ltd v Flaherty. *See* Flaherty v National Greyhound
 Racing Club Ltd 109-03
National Grid Electricity Transmission Plc v McKenzie [2009] EWHC 1817 (Ch) 62-07
National Grid Plc v Gas and Electricity Markets Authority [2009] CAT 14; [2009] Comp.
 A.R. 282... 32-04
National Iranian Oil Co v Crescent Petroleum Co International Ltd [2016] EWHC 510
 (Comm); [2016] 2 Lloyd's Rep. 146; [2016] 3 WLUK 172; [2016] 1 C.L.C. 508; [2017]
 Lloyd's Rep. F.C. 53..2-13, 61-10
National Justice Compania Naviera SA v Prudential Assurance Co Ltd (The Ikarian
 Reefer) (No.1); Ikarian Reefer, The (No.1) [1995] 1 Lloyd's Rep. 455 CA (Civ Div)..70-05, 70-06
National Phonographic Co Ltd v Edison-Bell Consolidated Phonographic Co Ltd [1908] 1
 Ch. 335 CA.. 60-09
National Savings Bank Association Ltd v Tranah (1866-67) L.R. 2 C.P. 556 CCP ...10-29, 10-E28
National Telephone Co v Baker [1893] 2 Ch. 186 Ch D 48-02
National Union of General and Municipal Workers v Gillian [1946] K.B. 81; [1945] 2 All
 E.R. 593 CA... 43-03
National Union of Rail, Maritime and Transport Workers v Serco Ltd (t/a Serco
 Docklands); Associated Society of Locomotive Engineers and Firemen (ASLEF) v
 London and Birmingham Railway Ltd (t/a London Midland); sub nom. London and
 Birmingham Railway Ltd (t/a London Midland) v Associated Society of Locomotive
 Engineers and Firemen (ASLEF) [2011] EWCA Civ 226; [2011] 3 All E.R. 913; [2011]
 I.C.R. 848; [2011] I.R.L.R. 399; (2011) 108(11) L.S.G. 18............................. 42-05
National Union of Teachers v St Mary's Church of England (Aided) Junior School
 Governing Body; sub nom. Fidge v Governing Body of St Mary's Church of England
 (Aided) Junior School; National Union of Teachers v Governing Body of St Mary's
 Church of England (Aided) Junior School [1997] 3 C.M.L.R. 630; [1997] Eu. L.R. 221;
 [1997] I.C.R. 334; [1997] I.R.L.R. 242; [1997] E.L.R. 169............................. 64-09
National Westminster Bank Ltd v Halesowen Presswork and Assemblies Ltd; sub nom.
 Halesowen Presswork & Assemblies v Westminster Bank Ltd [1972] A.C. 785; [1972]
 2 W.L.R. 455; [1972] 1 All E.R. 641; [1972] 1 Lloyd's Rep. 101; (1972) 116 S.J. 138
 HL.. 9-08
National Westminster Bank Plc v Kitch [1996] 1 W.L.R. 1316; [1996] 4 All E.R. 495;
 [1996] C.L.C. 1581; (1997) 74 P. & C.R. 98; (1996) 93(18) L.S.G. 37; (1996) 146
 N.L.J. 1349; (1996) 140 S.J.L.B. 139; [1996] N.P.C. 71 CA (Civ Div) 14-02, 15-02, 104-02
National Westminster Bank Plc v Lucas [2014] EWCA Civ 1632; [2015] B.P.I.R. 450;
 [2015] W.T.L.R. 635... 84-03
National Westminster Bank Plc v Morgan [1985] A.C. 686; [1985] 2 W.L.R. 588; [1985] 1
 All E.R. 821; [1985] F.L.R. 266; (1985) 17 H.L.R. 360; (1985) 82 L.S.G. 1485; (1985)
 135 N.L.J. 254; (1985) 129 S.J. 205 HL.. 18-04
National Westminster Bank Plc v Skelton [1993] 1 W.L.R. 72; [1993] 1 All E.R. 242 CA
 (Civ Div) 13-08, 15-14, 104-14
National Westminster Bank Plc v Somer International (UK) Ltd [2001] EWCA Civ 970;
 [2002] Q.B. 1286; [2002] 3 W.L.R. 64; [2002] 1 All E.R. 198; [2001] Lloyd's Rep.
 Bank. 263; [2001] C.L.C. 1579...9-15, 108-16
Nationwide Building Society v Various Solicitors (No.4) [1999] C.P.L.R. 606; [2000]
 Lloyd's Rep. P.N. 71 Ch D.. 84-X1
Nawaz v Crowe Insurance Group [2003] EWCA Civ 316; [2003] C.P. Rep. 41; [2003]
 R.T.R. 29; [2003] Lloyd's Rep. I.R. 471; [2003] P.I.Q.R. P27.......................... 68-03
Naylor v Preston AHA; Foster v Merton and Sutton HA; Thomas v North West Surrey
 HA; Ikumelo v Newham HA [1987] 1 W.L.R. 958; [1987] 2 All E.R. 353; (1987) 84
 L.S.G. 1494; (1987) 137 N.L.J. 474; (1987) 131 S.J. 596 CA (Civ Div)................. 82-14
NCR Ltd v Riverland Portfolio No.1 Ltd (No.2) [2005] EWCA Civ 312; [2005] 2 P. &
 C.R. 27; [2005] L. & T.R. 25; [2005] 2 E.G.L.R. 42; [2005] 22 E.G. 134; [2005] 13
 E.G. 135 (C.S.); [2005] N.P.C. 46; [2005] 2 P. & C.R. DG11 95-03
Neaverson v Peterborough Rural DC [1902] 1 Ch. 557 CA 93-03, 93-05

[civ]

TABLE OF CASES

Nederlandse Reassurantie Groep Holding NV v Bacon & Woodrow (No.3) [1997]
  L.R.L.R. 678; [1996] 8 WLUK 10 QBD 85-09
NEJ v Wood [2011] EWHC 1972 (QB) 79-05
Nelson v Rye [1996] 1 W.L.R. 1378; [1996] 2 All E.R. 186; [1996] E.M.L.R. 37; [1996]
  F.S.R. 313 Ch D 45-06
Neptune (Europe) Ltd v Devol Kitchens Ltd [2017] EWHC 2172 (Pat); [2017] 8 WLUK
  291; [2017] E.C.D.R. 25; [2018] F.S.R. 3. 76-06
Network Rail Infrastructure Ltd v Conarken Group Ltd; Network Rail Infrastructure Ltd v
  Farrell Transport Ltd; sub nom. Conarken Group Ltd v Network Rail Infrastructure Ltd
  [2011] EWCA Civ 644; [2011] B.L.R. 462; 136 Con. L.R. 1; (2011) 108(24) L.S.G. 19..... 47-19,
                                                                                      19-01
Network Rail Infrastructure Ltd v Handy [2015] EWHC 1175 (TCC) 49-01
Network Rail Infrastructure Ltd v Morris (t/a Soundstar Studio) [2004] EWCA Civ 172;
  [2004] Env. L.R. 41; (2004) 148 S.J.L.B. 266 .... 47-06, 47-07, 47-12
Network Rail Infrastructure Ltd v Williams [2018] EWCA Civ 1514; [2019] Q.B. 601;
  [2018] 3 W.L.R. 1105; [2018] 7 WLUK 18; [2018] B.L.R. 684; [2018] Env. L.R. 35;
  [2018] C.I.L.L. 4169 .... 46-06, 46-07, 47-01, 47-02, 47-06, 47-08, 47-12, 47-18, 47-N5
Neutrogena Corp v Golden Ltd (t/a Garnier) [1996] R.P.C. 473; (1996) 19(4) I.P.D. 19028
  CA (Civ Div). 78-03
New London Credit Syndicate Ltd v Neale [1898] 2 Q.B. 487 CA 10-15
Newcastle Building Society v Mill. *See* Kaupthing Singer & Friedlander Ltd (In
  Administration), Re 24-01
Newcastle under Lyme Corp v Wolstanton Ltd [1947] Ch. 427; [1947] 1 All E.R. 218; 63
  T.L.R. 162; (1947) 111 J.P. 102; [1947] L.J.R. 1311; 176 L.T. 242 CA. 47-16
Newham LBC v Kibata [2003] EWCA Civ 1785; [2004] 1 F.L.R. 690; [2003] 3 F.C.R.
  724; [2004] H.L.R. 28; [2004] L. & T.R. 32; [2004] 1 E.G.L.R. 56; [2004] 15 E.G. 106;
  [2004] Fam. Law 175; (2004) 148 S.J.L.B. 144; [2003] N.P.C. 152 98-07
Newham LBC v NALGO [1993] I.C.R. 189; [1993] I.R.L.R. 83 CA (Civ Div) 42-04
Newland Shipping and Forwarding Ltd v Toba Trading FZC [2014] EWHC 661 (Comm) .. 108-08
Newport (Mon) Slipway Dry Dock and Engineering Co v Paynter (1887) L.R. 34 Ch. D.
  88 CA 58-12
News Group Newspapers Ltd v Society of Graphical and Allied Trades (SOGAT) 1982
  [1987] I.C.R. 181; [1986] I.R.L.R. 337; (1986) 136 N.L.J. 893 QBD......... 42-10, 42-11, 47-23
Newsat Holdings Ltd v Zani [2006] EWHC 342 (Comm); [2006] 1 All E.R. (Comm) 607;
  [2006] 1 Lloyd's Rep. 707 58-11
Newspaper Licensing Agency Ltd v Marks & Spencer Plc [2001] UKHL 38; [2003] 1
  A.C. 551; [2001] 3 W.L.R. 290; [2001] 3 All E.R. 977; [2001] E.C.C. 52; [2001]
  E.C.D.R. 28; [2001] E.M.L.R. 43; [2002] R.P.C. 4; (2001) 24(9) I.P.D. 24055; (2001)
  98(33) L.S.G. 32 75-07
Newspaper Licensing Agency Ltd v Meltwater Holding BV [2011] EWCA Civ 890;
  [2012] Bus. L.R. 53; [2012] R.P.C. 1 75-04
Ng v Ashley King (Developments) Ltd [2010] EWHC 456 (Ch); [2011] Ch. 115; [2010] 3
  W.L.R. 911; [2010] 4 All E.R. 914; [2010] 3 WLUK 352; [2011] 1 P. & C.R. 4 106-05
NHS Luton Clinical Commissioning Group v Amanah Health Ltd [2014] EWHC 2943
  (QB). 60-05, 60-11
Niazi Services Ltd v Van der Loo [2004] EWCA Civ 53; [2004] 1 W.L.R. 1254; [2004]
  H.L.R. 34; [2004] 1 E.G.L.R. 62; [2004] 17 E.G. 130; [2004] 8 E.G. 134 (C.S.); (2004)
  148 S.J.L.B. 232; [2004] N.P.C. 18; [2004] 1 P. & C.R. DG23 101-03
Niche Products Ltd v MacDermid Offshore Solutions LLC [2013] EWHC 3540 (IPEC);
  [2014] E.M.L.R. 9; [2014] F.S.R. 24 .... 38-03, 38-12, 38-13
Nicholas v Parsonage; sub nom. Nicholas v DPP [1987] R.T.R. 199; [1987] Crim. L.R.
  474 DC 5-13
Nicholl v Ryder [2000] E.M.L.R. 632 CA (Civ Div) 45-03
Nicholls v Ely Beet Sugar Factory Ltd [1936] Ch 343 47-01
Nicholson v Mansfiled & Co (1901) 17 T.L.R. 259 .... 61-09, 61-10
Nicol's Trustees v Sutherland [1951] SC (HL) 21 LDAB 184 10-15
Nigel Upchurch Associates v Aldridge Estates Investment Co [1993] 1 Lloyd's Rep. 535
  QBD 67-26
Nima Sarl v Deves Insurance Public Co Ltd (The Prestrioka); Prestrioka, The [2002]
  EWCA Civ 1132; [2002] 2 All E.R. (Comm) 449; [2003] 2 Lloyd's Rep. 327; [2003] 1
  C.L.C. 600; [2002] Lloyd's Rep. I.R. 752; (2002) 99(38) L.S.G. 34. .... 70-T12

[cv]

Table of Cases

Niru Battery Manufacturing Co v Milestone Trading Ltd (No.1) [2003] EWCA Civ 1446; [2004] Q.B. 985; [2004] 2 W.L.R. 1415; [2004] 1 All E.R. (Comm) 193; [2004] 1 Lloyd's Rep. 344; [2004] 1 C.L.C. 647; [2004] W.T.L.R. 377; (2003) 100(44) L.S.G. 33 ..... 9-15, 9-17, 108-17
Nittan (UK) v Solent Steel Fabrications [1981] 1 Lloyd's Rep. 633 CA (Civ Div) 53-01
Noble Assurance Co v Gerling-Konzern General Insurance Co [2007] EWHC 253 (Comm); [2007] 2 WLUK 564; [2007] 1 C.L.C. 85; [2008] Lloyd's Rep. I.R. 1 4-02
Noble Resources SA v Gross [2009] EWHC 1435 (Comm) 59-07
Noble v Edwardes; Edwardes v Noble (1877) L.R. 5 Ch. D. 378 CA 106-05
Noble v Harrison [1926] 2 K.B. 332; 49 A.L.R. 833 KBD 47-14
Nokia Corp v AU Optronics Corp [2012] EWHC 731 (Ch); [2012] U.K.C.L.R. 245 28-05
Nomura International Plc v Granada Group Ltd [2007] EWHC 642 (Comm); [2007] 1 C.L.C. 479 .... 1-17, 1-18
Norfolk Capital Group Ltd v Cadogan Estates Ltd [2004] EWHC 384 (Ch); [2004] 1 W.L.R. 1458; [2004] 3 All E.R. 889; [2004] L. & T.R. 33; [2004] 2 E.G.L.R. 50; [2004] 32 E.G. 64 101-04
Nori Holding Ltd v Public Joint-Stock Co Bank Otkritie Financial Corp [2018] EWHC 1343 (Comm); [2018] 2 All E.R. (Comm) 1009; [2019] Bus. L.R. 146; [2018] 2 Lloyd's Rep. 80; [2018] 6 WLUK 54; [2018] 2 C.L.C. 9; [2018] B.P.I.R. 1402 .... 4-02, 4-03
Norris v United States [2008] UKHL 16; [2008] 1 A.C. 920; [2008] 2 W.L.R. 673; [2008] 2 All E.R. 1103; [2008] U.K.C.L.R. 69; [2008] Lloyd's Rep. F.C. 332; [2008] Extradition L.R. 159; (2008) 152(12) S.J.L.B. 28 28-04
North Eastern Properties Ltd v Coleman & Quinn Conveyancing [2010] EWCA Civ 277; [2010] 1 W.L.R. 2715; [2010] 3 All E.R. 528; [2010] 2 All E.R. (Comm) 494; [2010] B.L.R. 579; [2010] T.C.L.R. 4; [2011] 1 P. & C.R. 3; [2010] 2 E.G.L.R. 161; [2010] 12 E.G. 97 (C.S.); [2010] N.P.C. 39 106-03
North Essex Partnership NHS Foundation Trust v Bone; sub nom. Bone v North Essex Partnership NHS Foundation Trust [2014] EWCA Civ 652; [2014] 3 All E.R. 964; [2014] I.C.R. 1053; [2014] I.R.L.R. 635 43-01
North London Central Mosque Trust v Policy Exchange unreported 29 November 2009 37-05
North Shore Ventures Ltd v Anstead Holdings Inc [2011] EWCA Civ 230; [2011] 2 Lloyd's Rep. 45 13-13
North Star Shipping Ltd v Sphere Drake Insurance Plc [2006] EWCA Civ 378; [2006] 2 All E.R. (Comm) 65; [2006] 2 Lloyd's Rep. 183; [2006] 1 C.L.C. 606; [2006] Lloyd's Rep. I.R. 519 70-07
North v Loomes [1919] 1 Ch. 378 13-05
Northumbrian Water Ltd v Sir Robert McAlpine Ltd [2014] EWCA Civ 685; [2014] B.L.R. 605; 154 Con. L.R. 26; [2014] Env. L.R. 28 .... 47-03, 47-07, 48-01
Norton v Ellam 150 E.R. 839; (1837) 2 M. & W. 461; (1837) 6 L.J. Ex. 121 Ex Ct 14-02
Norwich Pharmacal Co v Customs and Excise Commissioners; sub nom. Morton-Norwich Products Inc v Customs and Excise Commissioners [1974] A.C. 133; [1973] 3 W.L.R. 164; [1973] 2 All E.R. 943; [1973] F.S.R. 365; [1974] R.P.C. 101; (1973) 117 S.J. 567 HL 57-04, 77-13, 80-24
Norwich Union Life & Pensions v Linpac Mouldings Ltd; sub nom. Aviva Life & Pensions UK Ltd v Linpac Mouldings Ltd [2010] EWCA Civ 395; [2010] L. & T.R. 10; [2010] 17 E.G. 95 (C.S.); [2010] N.P.C. 48; [2010] 2 P. & C.R. DG16 95-03
Nottinghamshire CC v Bottomley [2010] EWCA Civ 756; [2010] Med. L.R. 407 82-13
Nottinghamshire Healthcare NHS Trust v News Group Newspapers Ltd [2002] EWHC 409 (Ch); [2002] E.M.L.R. 33; [2002] R.P.C. 49; (2002) 99(18) L.S.G. 36; (2002) 146 S.J.L.B. 92; [2002] E.C.D.R. CN5 75-11
Nova (Jersey) Knit Ltd v Kammgarn Spinnerei GmbH [1977] 1 W.L.R. 713; [1977] 2 All E.R. 463; [1977] 1 Lloyd's Rep. 463; (1977) 121 S.J. 170 HL 10-27, 24-04
Novaknit Hellas SA v Kumar Bros International Ltd [1998] Lloyd's Rep. Bank. 287; [1998] C.L.C. 97 CA (Civ Div) 10-15
Novartis Grimsby Ltd v Cookson [2007] EWCA Civ 1261; [2007] 11 WLUK 761 84-10
Novoship (UK) Ltd v Mikhaylyuk; Novoship (UK) Ltd v Nikitin [2014] EWCA Civ 908; [2015] Q.B. 499; [2015] 2 W.L.R. 526; [2014] W.T.L.R. 1521; (2014) 158(28) S.J.L.B. 37 .... 61-03, 62-16, 108-28
NT1, NT2 v Google LLC [2018] EWHC 261 (QB); [2018] 2 WLUK 335 .... 79-19, 79-23
NT1, NT2 v Google LLC [2018] EWHC 799 (QB); [2019] Q.B. 344; [2018] 3 W.L.R. 1165; [2018] 3 All E.R. 581; [2018] 4 WLUK 158; [2018] E.M.L.R. 18; [2018] H.R.L.R. 13; [2018] F.S.R. 22 79-05

TABLE OF CASES

Nugent v Michael Goss Aviation Ltd [2000] 2 Lloyd's Rep. 222; [2000] C.L.C. 1228; [2000] P.I.Q.R. P175 CA (Civ Div) 8-14
NUGMWU v Gillian. *See* National Union of General and Municipal Workers v Gillian 43-03
Nur v John Wyeth & Brother Ltd [1994] P.I.Q.R. P72 CA (Civ Div) 84-X2
Nurdin & Peacock Plc v DB Ramsden & Co Ltd [1999] 1 W.L.R. 1249; [1999] 1 All E.R. 941; [1999] 1 E.G.L.R. 15; [1999] 10 E.G. 183; [1999] 09 E.G. 175; [1999] E.G. 19 (C.S.); (1999) 96(8) L.S.G. 29; (1999) 149 N.L.J. 251; [1999] N.P.C. 17 Ch D 108-07
NWL Ltd v Woods (The Nawala) (No.2); NWL Ltd v Nelson and Laughton [1979] 1 W.L.R. 1294; [1979] 3 All E.R. 614; [1980] 1 Lloyd's Rep. 1; [1979] I.C.R. 867; [1979] I.R.L.R. 478; (1979) 123 S.J. 751 HL 42-08
Nwokorie v Mason; sub nom. Mason v Nwokorie (1994) 26 H.L.R. 60; [1994] 05 E.G. 155; [1993] E.G. 161 (C.S.); (1993) 137 S.J.L.B. 239; [1993] N.P.C. 133 CA (Civ Div) 99-03
O Mustad & Son v S Allcock & Co. *See* Mustad v Dosen 74-12
O v A [2015] UKSC 32; [2015] 2 W.L.R. 1373; [2015] 4 All E.R. 1; [2015] E.M.L.R. 20; [2015] H.R.L.R. 11 79-05
O v A; sub nom. O (A Child) v Rhodes, Rhodes v OPO, OPO v MLA, OPO v Rhodes [2015] UKSC 32; [2016] A.C. 219; [2015] 2 W.L.R. 1373; [2015] 4 All E.R. 1; [2015] 5 WLUK 538; [2015] E.M.L.R. 20; [2015] H.R.L.R. 11; 39 B.H.R.C. 543 79-21
O v Rhodes. *See* O v A 79-21
O'Hare v Coutts and Co [2016] EWHC 2224 (QB); [2016] 9 WLUK 160 85-07
O'Brien v Ministry of Defence [2010] EWHC 3444 (QB) 7-01, 15-E2
O'Brien v Ministry of Justice [2010] UKSC 34; [2010] 4 All E.R. 62; [2011] 1 C.M.L.R. 36; [2010] I.R.L.R. 883; [2010] Pens. L.R. 399 65-02
O'Brien v Robinson [1973] A.C. 912; [1973] 2 W.L.R. 393; [1973] 1 All E.R. 583; (1984) 13 H.L.R. 7; (1973) 25 P. & C.R. 239; (1973) 117 S.J. 187 101-03
O'Byrne v Aventis Pasteur MSD Ltd; sub nom. OB v Aventis Pasteur SA; O'Byrne v Aventis Pasteur SA [2010] UKSC 23; [2010] 1 W.L.R. 1412; [2010] Bus. L.R. 1381; [2010] 4 All E.R. 1; [2010] 3 C.M.L.R. 35; [2010] E.C.C. 19; (2010) 114 B.M.L.R. 170; (2010) 154(21) S.J.L.B. 28 83-16
O'Hara v Chief Constable of the Royal Ulster Constabulary [1997] A.C. 286; [1997] 2 W.L.R. 1; [1997] 1 All E.R. 129; [1996] N.I. 8; [1997] 1 Cr. App. R. 447; [1997] Crim. L.R. 432; (1997) 94(2) L.S.G. 26; (1996) 146 N.L.J. 1852; (1997) 141 S.J.L.B. 20 HL 5-12
O'Keefe v Walsh [1903] 2 I.R. 681 59-03
O'Neil v Gale [2013] EWCA Civ 1554; [2014] Lloyd's Rep. F.C. 202 9-15
O'Reilly v Mackman; Millbanks v Secretary of State for the Home Department; Derbyshire v Mackman; Dougan v Mackman; Millbanks v Home Office [1983] 2 A.C. 237; [1982] 3 W.L.R. 1096; [1982] 3 All E.R. 1124; (1982) 126 S.J. 820 HL 80-03, 80-24
O'Shea v MGN Ltd [2001] E.M.L.R. 40 QBD 37-13
O'Sullivan v Management Agency and Music Ltd [1985] Q.B. 428; [1984] 3 W.L.R. 448; [1985] 3 All E.R. 351 CA (Civ Div) 45-07
O2 Holdings Ltd (formerly O2 Ltd) v Hutchison 3G Ltd [2006] EWCA Civ 1656; [2007] 2 C.M.L.R. 15; [2007] E.T.M.R. 19; [2007] R.P.C. 16; [2007] E.C.C. 14 77-15
Oak Property Co v Chapman [1947] K.B. 886; [1947] 2 All E.R. 1; 63 T.L.R. 338; [1947] L.J.R. 1327; 177 L.T. 364; (1947) 91 S.J. 324 CA 98-15
Oakes v Turquand; Peek v Turquand; sub nom. Overend Gurney & Co Ex p. Oakes and Peek, Re; Overend Gurney & Co, Re (1867) L.R. 2 H.L. 325 HL 54-02, 58-10
OB v Aventis Pasteur SA. *See* O'Byrne v Aventis Pasteur MSD Ltd 83-16
OBG Ltd v Allan; Mainstream Properties Ltd v Young; Douglas v Hello! Ltd [2007] UKHL 21; [2008] 1 A.C. 1; [2007] 2 W.L.R. 920; [2007] Bus. L.R. 1600; [2007] 4 All E.R. 545; [2008] 1 All E.R. (Comm) 1; [2007] I.R.L.R. 608; [2007] E.M.L.R. 12; [2007] B.P.I.R. 746; (2007) 30(6) I.P.D. 30037; [2007] 19 E.G. 165 (C.S.); (2007) 151 S.J.L.B. 674; [2007] N.P.C. 54 .... 10-20, 26-02, 42-02, 42-03, 47-15, 59-04, 60-01, 60-03, 60-04, 60-05, 60-07, 60-08, 60-09, 60-10, 60-11, 74-01, 74-10, 74-11, 79-07
Ockenden v Henley 120 E.R. 590; (1858) El. Bl. & El. 485 QB 106-05
Octavia Hill Housing Trust v Brumby [2010] EWHC 1793 (QB) 47-17, 96-06
Ocular Sciences Ltd v Aspect Vision Care Ltd (No.2) [1997] R.P.C. 289; (1997) 20(3) I.P.D. 20022 Ch D (Patents Ct) 74-03, 74-09, 74-14
Odelola v Secretary of State for the Home Department [2009] UKHL 25; [2009] 1 W.L.R. 1230; [2009] 3 All E.R. 1061; [2009] 5 WLUK 466; [2010] Imm. A.R. 59; [2009] I.N.L.R. 401 66-01
Office Angels v Rainer-Thomas [1991] I.R.L.R. 214 CA (Civ Div) 41-05
Office Cleaning Services Ltd v Westminster Window & General Cleaners Ltd (1946) 63 R.P.C. 39 HL 78-02

[cvii]

TABLE OF CASES

Office of Fair Trading v Abbey National Plc; sub nom. Abbey National Plc v Office of
Fair Trading [2009] UKSC 6; [2010] 1 A.C. 696; [2009] 3 W.L.R. 1215; [2010] 1 All
E.R. 667; [2010] 2 All E.R. (Comm) 945; [2010] 1 Lloyd's Rep. 281; [2010] 1
C.M.L.R. 44; [2010] Eu. L.R. 309; (2009) 159 N.L.J. 1702; (2009) 153(45) S.J.L.B. 28...... 9-06
Office of Fair Trading v Lloyds TSB Bank Plc [2007] UKHL 48; [2008] 1 A.C. 316;
[2007] 3 W.L.R. 733; [2008] Bus. L.R. 450; [2008] 1 All E.R. 205; [2008] 1 All E.R.
(Comm) 113; [2008] 1 Lloyd's Rep. 30; (2007) 104(44) L.S.G. 31; (2007) 157 N.L.J.
1614; (2007) 151 S.J.L.B. 1432 20-11
Officer L, Re [2007] UKHL 36; [2007] 1 W.L.R. 2135; [2007] 4 All E.R. 965; [2007] N.I.
277; [2007] H.R.L.R. 42; [2007] U.K.H.R.R. 1023; 26 B.H.R.C. 169; [2007] Inquest
L.R. 214; (2007) 157 N.L.J. 1274; (2007) 151 S.J.L.B. 1061 .... 82-09, 84-X5, 84-X6
Offshore (Singapore) Ltd v Schahin Holding SA. See CIMC Raffles Offshore (Singapore)
Ltd v Schahin Holding SA 13-15
Ofulue v Bossert [2008] EWCA Civ 7; [2009] Ch. 1; [2008] 3 W.L.R. 1253; [2008] 1
WLUK 498; [2008] H.R.L.R. 20; [2008] U.K.H.R.R. 447; [2008] N.P.C. 8 49-09
Ofulue v Bossert [2009] UKHL 16; [2009] 1 A.C. 990; [2009] 2 W.L.R. 749; [2009] 3 All
E.R. 93; [2010] 1 F.L.R. 475; [2009] 2 P. & C.R. 17; [2009] 2 E.G.L.R. 97; [2009] Fam.
Law 1042; [2009] 11 E.G. 119 (C.S.); (2009) 106(12) L.S.G. 15; (2009) 153(11)
S.J.L.B. 29; [2009] N.P.C. 40 87-03
Ogiehor v Belinfantie [2018] EWCA Civ 2423; [2018] 11 WLUK 13; [2018] 6 Costs L.R.
1329... 1-02
Ohpen Operations UK Ltd v Invesco Fund Managers Ltd [2019] EWHC 2246 (TCC);
[2019] 8 WLUK 115... 34-03
OJSC Oil Co Yugraneft v Abramovich [2008] EWHC 2613 (Comm) 62-12
Oldcorn v Southern Water Services Ltd [2017] EWHC 62 (TCC); [2017] 1 WLUK 357;
[2017] Env. L.R. 25 .... 47-07, 47-08, 47-10
Oldham v Sheffield Corporation (1927) 43 T.L.R. 222 93-04
Oliver Ashworth (Holdings) v Ballard (Kent) Ltd. See Ballard (Kent) Ltd v Oliver
Ashworth (Holdings) Ltd 103-03
Oliver v Williams [2013] EWHC 600 (QB); [2013] 2 WLUK 787; [2013] Med. L.R. 344 ... 82-06
Ollosson v Lee [2019] EWHC 784 (QB); [2019] 3 WLUK 562; [2019] Med. L.R. 287 82-07
Olympic Airways v Husain 124 S.Ct. 1221 (2004) 8-07
Olympic Delivery Authority v Persons Unknown [2012] EWHC 1012 (Ch); [2012] 4
WLUK 123 .... 47-16, 47-17
Omar v El-Wakil; sub nom. Omar v Wakil [2001] EWCA Civ 1090; [2002] 2 P. & C.R. 3;
(2001) 98(30) L.S.G. 40; [2001] N.P.C. 114.. 106-08
Omega Proteins Ltd v Aspen Insurance UK Ltd [2010] EWHC 2280 (Comm); [2011] 1
All E.R. (Comm) 313; [2010] 2 C.L.C. 370; [2011] Lloyd's Rep. I.R. 183; (2010)
107(37) L.S.G. 17; (2010) 160 N.L.J. 1260 67-23
OMV Petrom SA v Glencore International AG [2017] EWCA Civ 195; [2017] 1 W.L.R.
3465; [2018] 1 All E.R. 703; [2018] 1 All E.R. (Comm) 210; [2017] 2 Lloyd's Rep. 93;
[2017] 3 WLUK 622; [2017] C.P. Rep. 24; [2017] 2 Costs L.R. 287 13-12
Ontulmus v Collett [2013] EWHC 980 (QB) 37-12, 37-20
Onu v Akwiwu. See Taiwo v Olaigbe 44-08, 44-13
OOO v Commissioner of Police of the Metropolis [2011] EWHC 1246 (QB); [2011]
U.K.H.R.R. 767... 64-14
Opren litigation. See Davies (Joseph Owen) v Eli Lilly & Co (No.1) 84-01, 83-04, 84-X1
Oracle America Inc (formerly Sun Microsystems Inc) v M-Tech Data Ltd [2012] UKSC
27; [2012] 1 W.L.R. 2026; [2012] 4 All E.R. 338; [2012] Bus. L.R. 1631; [2012] 3
C.M.L.R. 28; [2012] E.C.C. 27; [2012] Eu. L.R. 727; [2012] E.T.M.R. 43; [2012] Info.
T.L.R. 173; [2013] F.S.R. 14... 28-04
Oral Contraceptive Pill Litigation. See X v Schering Health Care Ltd 46-03, 84-X1
Orange v Chief Constable of West Yorkshire [2001] EWCA Civ 611; [2002] Q.B. 347;
[2001] 3 W.L.R. 736; [2001] Inquest L.R. 36; [2001] Prison L.R. 263; [2001] Po. L.R.
126; (2001) 98(24) L.S.G. 44; (2001) 145 S.J.L.B. 125................................. 5-07
Orascom TMT Investments Sarl (formerly Weather Investments II Sarl) v Veon Ltd
(formerly VimpelCom Ltd) [2018] EWHC 985 (Comm); [2018] Bus. L.R. 1787; [2018]
3 WLUK 571... 2-16
Oren v Red Box Toy Factory Ltd; Tiny Love Ltd v Martin Yaffe International Ltd; Tiny
Love Ltd v Red Box Toy Factory Ltd; Tiny Love Ltd v Red Box Toy (UK) Ltd; Tiny
Love Ltd v Index Ltd [1999] F.S.R. 785; (1999) 22(4) I.P.D. 22038 Ch D 60-10
Oriental Financial Corp v Overend Gurney & Co. See Overend Gurney & Co Ltd
(Liquidators) v Oriental Financial Corp Ltd (Liquidators) 54-02, 58-10

Osborn v Thomas Boulter & Son [1930] 2 K.B. 226 CA 37-10, 37-43
Oscar Chess v Williams [1957] 1 W.L.R. 370; [1957] 1 All E.R. 325; (1957) 101 S.J. 186
 CA.. 25-25
Osei Bonsu v Wandsworth LBC; sub nom. Wandsworth LBC v Osei Bonsu [1999] 1
 W.L.R. 1011; [1999] 1 All E.R. 265; [1999] 1 F.L.R. 276; [1999] 3 F.C.R. 1; (1999) 31
 H.L.R. 515; [1999] L. & T.R. 246; [1999] 1 E.G.L.R. 26; [1999] 11 E.G. 167; [1998]
 E.G. 148 (C.S.); (1998) 95(42) L.S.G. 34; (1998) 95(45) L.S.G. 40; (1998) 148 N.L.J.
 1641; (1999) 143 S.J.L.B. 12; [1998] N.P.C. 141 CA (Civ Div) 99-03
Osibanjo v Seahive Investments Ltd; sub nom. Seahive Investments Ltd v Osibanjo
 [2008] EWCA Civ 1282; [2009] 2 P. & C.R. 2; [2009] L. & T.R. 16; [2009] 1 E.G.L.R.
 32; [2009] 9 E.G. 194; [2008] 47 E.G. 112 (C.S.); [2008] N.P.C. 127; [2009] 1 P. &
 C.R. DG7 98-15
OT Computers Ltd (In Administration), Re; sub nom. First National Tricity Finance Ltd v
 Ellis; First National Tricity Finance Ltd v OT Computers Ltd (In Administration);
 Nagra v OT Computers Ltd [2004] EWCA Civ 653; [2004] Ch. 317; [2004] 3 W.L.R.
 886; [2004] 2 All E.R. (Comm) 331; [2004] 2 B.C.L.C. 682; [2004] 2 C.L.C. 863;
 [2004] B.P.I.R. 932; [2004] Lloyd's Rep. I.R. 669.................................... 67-26
Othman v English National Resistance [2013] EWHC 1421 (QB) 63-05
Otkritie International Investment Management Ltd v Urumov [2014] EWHC 191 (Comm) ... 9-17,
 62-13
Ottercroft Ltd v Scandia Care Ltd; Ottercroft Ltd v Rahimian [2016] EWCA Civ 867;
 [2016] 7 WLUK 115... 51-01
Otuo v Watch tower Bible and Tract Society of Britain [2017] EWCA Civ 136; [2017] 3
 WLUK 244; [2017] C.P. Rep. 22; [2017] E.M.L.R. 15 37-02
Overend Gurney & Co Ltd (Liquidators) v Oriental Financial Corp Ltd (Liquidators)
 (1871-72) L.R. 7 Ch. App. 142.. 10-16
Overseas Tankship (UK) Ltd v Miller Steamship Co Pty Ltd (The Wagon Mound); Wagon
 Mound, The (No.2); sub nom. Miller Steamship Co Pty Ltd v Overseas Tankship (UK)
 Ltd; RW Miller & Co Pty Ltd v Overseas Tankship (UK) Ltd [1967] 1 A.C. 617; [1966]
 3 W.L.R. 498; [1966] 2 All E.R. 709; [1966] 1 Lloyd's Rep. 657; (1966) 110 S.J. 447
 PC (Aus).. 47-12
Overweg, Re; sub nom. Haas v Durant [1900] 1 Ch. 209 Ch D 15-03
Owen v Amec Foster Wheeler Energy Ltd [2019] EWCA Civ 822; [2019] 5 WLUK 154 39-02
Owen v Ministry of Defence [2006] EWHC 990 (QB) 84-X1
Owen v Wilkinson 141 E.R. 213; (1858) 5 C.B. N.S. 526 CCP 24-09
Owners of the Bamburi v Compton (The Bamburi); Bamburi, The [1982] 1 Lloyd's Rep.
 312; [1982] Com. L.R. 31 Arbitration 70-T8
Oxigen Environmental Ltd v Mullan [2012] NIQB 17 10-27
Oxley v Hiscock; sub nom. Hiscock v Oxley [2004] EWCA Civ 546; [2005] Fam. 211;
 [2004] 3 W.L.R. 715; [2004] 3 All E.R. 703; [2004] 2 F.L.R. 669; [2004] 2 F.C.R. 295;
 [2004] W.T.L.R. 709; (2003-04) 6 I.T.E.L.R. 1091; [2004] Fam. Law 569; [2004] 20
 E.G. 166 (C.S.); (2004) 101(21) L.S.G. 35; (2004) 148 S.J.L.B. 571; (2004) N.P.C. 70;
 [2004] 2 P. & C.R. DG14 91-04
Oxus Gold Plc v Templeton Insurance Ltd [2007] EWHC 770 (Comm) 16-03
P Perl (Exporters) Ltd v Camden LBC [1984] Q.B. 342; [1983] 3 W.L.R. 769; [1983] 3
 All E.R. 161; (1980) 80 L.S.G. 2216; (1980) 77 L.S.G. 2216; (1983) 127 S.J. 581 CA
 (Civ Div)... 47-17
P Samuel & Co Ltd v Dumas; sub nom. P Samuel & Co Ltd v Motor Union Insurance Co
 Ltd [1924] A.C. 431; (1924) 18 Ll. L. Rep. 211 HL..................................... 70-24
P v B (2001) 1 F.L.R. 1641 58-06
P v D [2019] EWHC 1277 (Comm); [2019] 2 Lloyd's Rep. 150; [2019] 5 WLUK 525;
 [2019] B.L.R. 422... 2-13
P v National Association of School Masters Union of Women Teachers (NASUWT); sub
 nom. P v National Association of Schoolmasters Union of Women Teachers
 (NASUWT); P (FC), Re [2003] UKHL 8; [2003] 2 A.C. 663; [2003] 2 W.L.R. 545;
 [2003] 1 All E.R. 993; [2003] I.C.R. 386; [2003] I.R.L.R. 307; [2003] E.L.R. 357;
 (2003) 100(17) L.S.G. 27; (2003) 153 N.L.J. 350 HL 42-04, 42-05
P v Quigley [2008] EWHC 1051 (QB) 79-18
P, Re. See C (A Child), Re 84-X5
P&A Swift Investments v Combined English Stores Group Plc [1989] A.C. 632; [1988] 3
 W.L.R. 313; [1988] 2 All E.R. 885; (1989) 57 P. & C.R. 42; [1988] 43 E.G. 73; [1988]
 E.G. 104 (C.S.); (1988) 138 N.L.J. Rep. 202 102-05

TABLE OF CASES

P&S Platt Ltd v Crouch [2003] EWCA Civ 1110; [2003] 7 WLUK 700; [2004] 1 P. & C.R. 18; [2003] 32 E.G. 67 (C.S.); (2003) 147 S.J.L.B. 934; [2003] N.P.C. 97; [2003] 2 P. & C.R. DG19. 93-04
PA Thomas & Co v Mould [1968] 2 Q.B. 913; [1968] 2 W.L.R. 737; [1968] 1 All E.R. 963; (1967) 112 S.J. 216 QBD 74-14
Page Motors v Epsom and Ewell BC 80 L.G.R. 337; [1982] J.P.L. 572; (1981) 125 S.J. 590 CA (Civ Div) 47-14, 47-17, 47-21
Palamisto General Enterprises SA v Ocean Marine Co Ltd (The Dias); Dias, The [1972] 2 Q.B. 625; [1972] 2 W.L.R. 1425; [1972] 2 All E.R. 1112; [1972] 2 Lloyd's Rep. 60; (1972) 116 S.J. 485 CA (Civ Div) 70-23, 70-24
Palmer (Sigismund) v Queen, The; Irving (Derrick) v Queen, The [1971] A.C. 814; [1971] 2 W.L.R. 831; [1971] 1 All E.R. 1077; (1971) 55 Cr. App. R. 223; (1971) 115 S.J. 264 PC (Jam) 5-05
Palmer Birch (A Partnership) v Lloyd [2018] EWHC 2316 (TCC); [2018] 4 W.L.R. 164; [2018] 9 WLUK 274; [2018] B.L.R. 722; 180 Con. L.R. 50 . . . . 59-06, 60-05, 60-06
Palmer v Guadagni [1906] 2 Ch. 494 Ch D 49-N8
Pamplin v Express Newspapers Ltd (No.2) [1988] 1 W.L.R. 116; [1988] 1 All E.R. 282 CA (Civ Div) 37-36
Pan Atlantic Insurance Co Ltd v Pine Top Insurance Co Ltd [1995] 1 A.C. 501; [1994] 3 W.L.R. 677; [1994] 3 All E.R. 581; [1994] 2 Lloyd's Rep. 427; [1994] C.L.C. 868; (1994) 91(36) L.S.G. 36; (1994) 144 N.L.J. 1203; (1994) 138 S.J.L.B. 182 HL 58-04, 67-06, 67-12
Pan Ocean Co Ltd v China-Base Group Co Ltd [2019] EWHC 982 (Comm) 4-03
Panama & South Pacific Telegraph Co v India Rubber, Gutta Percha & Telegraph Works Co (1874-75) L.R. 10 Ch. App. 515 CA in Chancery 61-09, 61-10
Panamanian Oriental Steamship Corp v Wright (The Anita); Anita, The [1971] 1 W.L.R. 882; [1971] 2 All E.R. 1028; [1971] 1 Lloyd's Rep. 487; (1971) 115 S.J. 345 CA (Civ Div) 70-05, 70-T2
Panayiotou v Kernaghan; sub nom. Panayiotou v Chief Constable of Hampshire [2014] 4 WLUK 653; [2014] I.R.L.R. 500; [2014] I.C.R. D23 40-09
Panayiotou v Sony Music Entertainment (UK) Ltd [1994] E.C.C. 395; [1994] E.M.L.R. 229; (1994) 13 Tr. L.R. 532 Ch D 45-03
Pantelli Associates Ltd v Corporate City Developments Number Two Ltd [2010] EWHC 3189 (TCC); [2011] P.N.L.R. 12 . . . . 82-14, 85-09
Papamichael v National Westminster Bank Plc (No.2) [2003] EWHC 164 (Comm); [2003] 1 Lloyd's Rep. 341 . . . . 9-15, 62-05, 62-08
Paragon Finance Plc (formerly National Home Loans Corp) v Hare *Times* 1 April 1999 CA (Civ Div) 59-03
Paragon Finance Plc (formerly National Home Loans Corp) v Nash; Paragon Finance Plc v Staunton; sub nom. Nash v Paragon Finance Plc; Staunton v Paragon Finance Plc [2001] EWCA Civ 1466; [2002] 1 W.L.R. 685; [2002] 2 All E.R. 248; [2001] 2 All E.R. (Comm) 1025; [2002] 2 P. & C.R. 20; (2001) 98(44) L.S.G. 36; (2001) 145 S.J.L.B. 244; [2002] 1 P. & C.R. DG13 . . . . 9-07, 14-05
Paragon Finance Plc (formerly National Home Loans Corp) v Pender [2005] EWCA Civ 760; [2005] 1 W.L.R. 3412; [2005] N.P.C. 84; [2005] 2 P. & C.R. DG18 . . . . 9-07, 14-05
Paragon Finance Plc v DB Thakerar & Co; Paragon Finance Plc v Thimbleby & Co [1999] 1 All E.R. 400; (1998) 95(35) L.S.G. 36; (1998) 142 S.J.L.B. 243 CA (Civ Div) 45-06, 62-01
Paragon Mortgages Ltd v McEwan-Peters [2011] EWHC 2491 (Comm) 9-05
Parker Knoll Plc v Knoll Overseas Ltd [1985] F.S.R. 349 Ch D 78-07
Parker v McKenna (1874-75) L.R. 10 Ch. App. 96 LC 57-06
Parker v Taswell 44 E.R. 1106; (1858) 2 De G. & J. 559 Ct of Chancery 6-11
Parker-Knoll Ltd v Knoll International Ltd (No.2) [1962] R.P.C. 265 HL 78-10
Parker-Knoll v Knoll International [1962] R.P.C. 243 CA 78-07
ParkingEye Ltd v Beavis [2015] EWCA Civ 402; [2015] R.T.R. 27; [2015] C.T.L.C. 82 . . . . 9-07, 14-04
ParkingEye Ltd v Beavis. *See* Makdessi v Cavendish Square Holdings BV 9-07, 11-03, 14-04, 106-08
Parkins v Sodexho Ltd [2002] I.R.L.R. 109 EAT 40-09
Parks v Clout [2003] EWCA Civ 893 57-03
Parks v Esso Petroleum Co Ltd; sub nom. Parkes v Esso Petroleum Co Ltd [1999] 7 WLUK 518; [2000] E.C.C. 45; [2000] Eu. L.R. 25; (1999) 18 Tr. L.R. 232 28-05
Parry v Duncan 131 E.R. 94; (1831) 7 Bing. 243 CCP 92-05

TABLE OF CASES

Patel v Mirza [2016] UKSC 42; [2017] A.C. 467; [2016] 3 W.L.R. 399; [2017] 1 All E.R.
  191; [2016] 2 Lloyd's Rep. 300; [2016] 7 WLUK 518; [2016] Lloyd's Rep. F.C. 435; 19
  I.T.E.L.R. 627; [2016] L.L.R. 731 .... 108-06, 108-11, 108-17, 108-20
Patel v Patel [2019] EWHC 298 (Ch); [2019] Bus. L.R. 1066; [2019] 2 WLUK 246 3-03
Patel v Standard Chartered Bank [2001] Lloyd's Rep. Bank. 229 QBD (Comm) ... 9-09, 9-10, 9-11
Patel v WH Smith (Eziot) Ltd [1987] 1 W.L.R. 853; [1987] 2 All E.R. 569; (1987) 84
  L.S.G. 2049; (1987) 131 S.J. 888 CA (Civ Div) 51-02, 107-02
Patel v Windsor Life Assurance Co Ltd [2008] EWHC 76 (Comm); [2008] Lloyd's Rep.
  I.R. 359 71-02
Paterson v Humberside CC (1996) 12 Const. L.J. 64; [1995] E.G. 39 (C.S.); [1995] N.P.C.
  37 QBD 47-13
PatSystems Holdings Ltd v Neilly; sub nom. Pat Systems v Neilly [2012] EWHC 2609
  (QB); [2012] 6 WLUK 475; [2012] I.R.L.R. 979 41-05
Pauling's Settlement Trusts (No.1), Re; sub nom. Younghusband v Coutts & Co (No.1)
  [1964] Ch. 303; [1963] 3 W.L.R. 742; [1963] 3 All E.R. 1; (1963) 107 S.J. 492 CA 18-08
Paull v Paull [2018] EWHC 2520 (Ch); [2018] 11 WLUK 431 18-03
Pawson v Watson 98 E.R. 1361; (1778) 2 Cowp. 785 KB 67-18
Payabi v Armstel Shipping Corp (The Jay Bola); Baker Rasti Lari v Armstel Shipping
  Corp (The Jay Bola); Jay Bola, The [1992] Q.B. 907; [1992] 2 W.L.R. 898; [1992] 3 All
  E.R. 329; [1992] 2 Lloyd's Rep. 62; (1992) 136 S.J.L.B. 52 QBD (Comm) 8-20
Peaceform Ltd v Cussens [2006] EWHC 2657 (Ch); [2006] 10 WLUK 404; [2006] 3
  E.G.L.R. 67; [2006] 47 E.G. 182; [2006] 43 E.G. 178 (C.S.); [2006] N.P.C. 116; [2007]
  2 P. & C.R. DG1 106-10
Peacock v Imagine Property Developments Ltd [2018] EWHC 1113 (TCC); [2018] 5
  WLUK 196 108-06
Pearce v Accident Compensation Corp (1991) 5 P.R.N.Z. 297 1-12
Pearson v North Western Gas Board [1968] 2 All E.R. 669 Assizes (Manchester) 48-03
Pearson v Spencer 121 E.R. 827; (1861) 1 B. & S. 571 KB 93-03
Pech v Tilgals (1994) 28 A.T.R. 197 85-05
Peekay Intermark Ltd v Australia & New Zealand Banking Group Ltd [2006] EWCA Civ
  386; [2006] 2 Lloyd's Rep. 511; [2006] 1 C.L.C. 582 9-24
Pegler Ltd v Wang (UK) Ltd (No.1) [2000] B.L.R. 218; 70 Con. L.R. 68; [2000]
  I.T.C.L.R. 617; [2000] Masons C.L.R. 19 QBD (Comm) 33-12
Peires v Bickerton's Aerodromes Ltd [2017] EWCA Civ 273; [2017] 1 W.L.R. 2865;
  [2017] 2 Lloyd's Rep. 330; [2017] 4 WLUK 285; [2017] Env. L.R. 32; [2017] L.L.R.
  594 .... 7-01, 47-10
Pell Frischmann Engineering Ltd v Bow Valley Iran Ltd [2009] UKPC 45; [2011] 1
  W.L.R. 2370; [2009] 11 WLUK 664; [2010] B.L.R. 73; [2011] Bus. L.R. D1 47-18
Pemberton v Inwood [2018] EWCA Civ 564; [2018] 3 WLUK 550; [2018] I.C.R. 1291;
  [2018] I.R.L.R. 542 .... 44-14, 63-09
Pemberton v Southwark LBC [2000] 1 W.L.R. 1672; [2000] 3 All E.R. 924; [2001] Env.
  L.R. 6; (2000) 32 H.L.R. 784; [2000] 2 E.G.L.R. 33; [2000] 21 E.G. 135; [2000] E.G.
  56 (C.S.) CA (Civ Div) 47-16
Pena Copper Mines Ltd v Pena Copper Mines Ltd v Rio Tinto Co Ltd (1911) 105 L.T. 846 ... 4-01
Pendarves v Monro [1892] 1 Ch. 611 Ch D 93-02
Pendragon Plc (t/a CD Bramall Bradford) v Copus [2005] 7 WLUK 236; [2005] I.C.R.
  1671 EAT 44-36
Penney v East Kent HA [2000] Lloyd's Rep. Med. 41; (2000) 55 B.M.L.R. 63; [2000]
  P.N.L.R. 323; (1999) 96(47) L.S.G. 32; (1999) 143 S.J.L.B. 269 85-06
Penniall v Harborne 116 E.R. 514; (1848) 11 Q.B. 368 96-03
Pennington & Owen Ltd, Re [1925] Ch. 825 CA 24-09
Penny v Wimbledon Urban DC [1899] 2 Q.B. 72 CA 47-23
Pentonville Shipping Ltd v Transfield Shipping Inc (The Jonny K); Jonny K, The [2006]
  EWHC 134 (Comm); [2006] 1 Lloyd's Rep. 666; [2006] 2 WLUK 231 3-02
Peregrine Systems Ltd v Steria Ltd [2005] EWCA Civ 239; [2005] Info. T.L.R. 294 .. 33-06, 33-11
Performing Right Society Ltd v Ciryl Theatrical Syndicate Ltd [1924] 1 K.B. 1 CA 73-05
Performing Right Society Ltd v London Theatre of Varieties Ltd [1924] A.C. 1 HL 6-08
Perharic v Hennessey unreported 9 June 1997 CA 47-17, 47-18
Perl (Exporters) Ltd v Camden LBC. See P Perl (Exporters) Ltd v Camden LBC 47-17
Perry v Barnett (1884-85) L.R. 15 Q.B.D. 388 CA 15-03
Perry v Kendricks Transport [1956] 1 W.L.R. 85; [1956] 1 All E.R. 154; (1956) 100 S.J.
  52 CA 48-02

[cxi]

Table of Cases

Perry v Raleys Solicitors [2019] UKSC 5; [2019] 2 W.L.R. 636; [2019] 2 All E.R. 937; [2019] 2 WLUK 169; [2019] P.N.L.R. 17 85-08
Perry v Sidney Phillips & Son [1982] 1 W.L.R. 1297; [1982] 3 All E.R. 705; 22 B.L.R. 120; (1982) 263 E.G. 888; (1982) 79 L.S.G. 1175; (1982) 126 S.J. 626 CA (Civ Div) . 47-19, 49-08
Perryman v Lister; sub nom. Lister v Perryman (1869-70) L.R. 4 H.L. 521 HL 5-17
Personal Management Solutions Ltd v Brakes Bros [2014] EWHC 3495 (QB) 74-12
Pesticcio v Huet; sub nom. Niersmans v Pesticcio [2004] EWCA Civ 372; [2004] W.T.L.R. 699; (2004) 154 N.L.J. 653; (2004) 148 S.J.L.B. 420; [2004] N.P.C. 55 .... 18-02, 18-05
Peter Pan Manufacturing Corp v Corsets Silhouette Ltd [1964] 1 W.L.R. 96; [1963] 3 All E.R. 402; [1963] R.P.C. 45; (1964) 108 S.J. 97 Ch D 74-05
Peters v East Midlands SHA; East Midlands SHA v Nottingham City Council [2009] EWCA Civ 145; [2010] Q.B. 48; [2009] 3 W.L.R. 737; (2009) 12 C.C.L. Rep. 299; [2009] P.I.Q.R. Q1; [2009] LS Law Medical 229; (2009) 153(9) S.J.L.B. 30 . 81-20, 82-13, 82-X17
Peterson Farms Inc v C&M Farming Ltd (Payment into Court) [2003] EWHC 2298 (Comm); [2004] 1 Lloyd's Rep. 614 .... 4-06, 4-07
Petrotrade Inc v Smith (Vicarious Liability) [2000] 1 Lloyd's Rep. 486; [2000] C.L.C. 916 QBD (Comm) 61-02, 61-03, 61-06, 61-09
Petter v EMC Europe Ltd [2015] EWCA Civ 828; [2015] C.P. Rep. 47; [2015] I.R.L.R. 847 51-01
Peyman v Lanjani [1985] Ch. 457; [1985] 2 W.L.R. 154; [1984] 3 All E.R. 703; (1984) 48 P. & C.R. 398; (1985) 82 L.S.G. 43; (1984) 128 S.J. 853 CA (Civ Div) 58-10
PGF II SA v OMFS Co 1 Ltd [2013] EWCA Civ 1288; [2014] 1 W.L.R. 1386; [2014] 1 All E.R. 970; [2013] 10 WLUK 734; [2014] C.P. Rep. 6; [2014] B.L.R. 1; 152 Con. L.R. 72; [2013] 6 Costs L.R. 973; [2013] 3 E.G.L.R. 16; [2013] 44 E.G. 98 (C.S.); (2013) 157(42) S.J.L.B. 37 34-03
PGF II SA v Royal & Sun Alliance Insurance Plc [2010] EWHC 1459 (TCC); [2010] 7 WLUK 386; [2011] 1 P. & C.R. 11 101-02
Phelps v Hillingdon LBC; Anderton v Clwyd CC; G (A Child) v Bromley LBC; Jarvis v Hampshire CC; sub nom. G (A Child), Re [2001] 2 A.C. 619; [2000] 3 W.L.R. 776; [2000] 4 All E.R. 504; [2000] 3 F.C.R. 102; (2001) 3 L.G.L.R. 5; [2000] B.L.G.R. 651; [2000] Ed. C.R. 700; [2000] E.L.R. 499; (2000) 3 C.C.L. Rep. 156; (2000) 56 B.M.L.R. 1; (2000) 150 N.L.J. 1198; (2000) 144 S.J.L.B. 241 HL 39-01, 39-02, 39-03, 84-X6
Philip Collins Ltd v Davis [2000] 3 All E.R. 808; [2001] E.C.D.R. 17; [2000] E.M.L.R. 815 Ch D 9-15
Philipps v Philipps (1878-79) L.R. 4 Q.B.D. 127 CA 1-04, 1-22
Phillips v Crawford 72 L.G.R. 199 DC 47-14
Phillips v Homfray (No.1); Fothergill v Phillips (1870-71) L.R. 6 Ch. App. 770 LC 49-08
Phillips v Howell [1901] 2 Ch. 773 Ch D 24-09
Phillips v Price Intended action between Phillips and Price, Re [1959] Ch. 181; [1958] 3 W.L.R. 616; [1958] 3 All E.R. 386; (1958) 102 S.J. 827 Ch D 101-01
Phillips v Rafiq; sub nom. Motor Insurers Bureau v Phillips; Phillips (Deceased), Re [2007] EWCA Civ 74; [2007] 1 W.L.R. 1351; [2007] 3 All E.R. 382; [2007] 2 All E.R. (Comm) 484; [2007] R.T.R. 33; [2007] Lloyd's Rep. I.R. 413; [2007] P.I.Q.R. P21; (2007) 151 S.J.L.B. 263 68-06
Phonographic Performance Ltd v Ellis (t/a Bla Bla Bar) [2018] EWCA Civ 2812; [2019] Bus. L.R. 542; [2018] 12 WLUK 284; [2019] E.C.D.R. 12; [2019] E.M.L.R. 13; [2019] F.S.R. 15 .... 49-08, 75-09
Phonographic Performance Ltd v Hagan (t/a Lower Ground Bar and Brent Tavern) [2016] EWHC 3076 (IPEC); [2016] 11 WLUK 794; [2017] F.S.R. 24 75-09
Phonographic Performance Ltd v Nash (t/a Charlie Wrights International) [2014] EWHC 3986 (Ch); [2015] L.L.R. 373 75-10
Photo Production Ltd v Securicor Transport Ltd [1980] A.C. 827; [1980] 2 W.L.R. 283; [1980] 1 All E.R. 556; [1980] 1 Lloyd's Rep. 545; (1980) 124 S.J. 147 HL 34-06
PIB Breast Implant Litigation [2014] EWHC 1641 (QB) 46-02
Pickering v Rudd 171 E.R. 400; (1815) 1 Stark. 56; [1815] 6 WLUK 81 Assizes 49-02
Pickett v Roberts; sub nom. Pickett v Motor Insurers Bureau [2004] EWCA Civ 6; [2004] 1 W.L.R. 2450; [2004] 2 All E.R. 685; [2004] R.T.R. 28; [2004] Lloyd's Rep. I.R. 513; [2004] P.I.Q.R. P24; (2004) 148 S.J.L.B. 117 68-06
Piercy v Fynney (1871) L.R. 12 Eq. 69 Ct of Chancery 24-09
Piermay Shipping Co SA v Chester (The Michael); Michael, The [1979] 2 Lloyd's Rep. 1 CA (Civ Div) 70-06, 70-23
Piggott v Birtles 150 E.R. 507; (1836) 1 M. & W. 441 Ex Ct 92-04

Pigot's Case; sub nom. Winchcombe v Pigot [1558-1774] All E.R. Rep. 50; 77 E.R. 1177;
  (1614) 2 Bulst. 246; (1614) 11 Co. Rep. 26b KBD............................. 11-04, 13-05
Pilgrim (Charles A) v Jackson (1975) 29 P. & C.R. 328; (1975) 119 S.J. 235 101-01
Pioneer Concrete (UK) Ltd v National Employers Mutual General Insurance Association
  Ltd [1985] 2 All E.R. 395; [1985] 1 Lloyd's Rep. 274; [1985] Fin. L.R. 251 QBD
  (Comm).. 67-22
Pitt v Holt [2013] UKSC 26; [2013] 2 A.C. 108; [2013] 2 W.L.R. 1200; [2013] 3 All E.R.
  429; [2013] S.T.C. 1148; [2013] Pens. L.R. 195; 81 T.C. 912; [2013] B.T.C. 126; [2013]
  W.T.L.R. 977; 15 I.T.E.L.R. 976; [2013] S.T.I. 1805; [2013] 2 P. & C.R. DG14 108-07
PJS v News Group Newspapers Ltd [2016] UKSC 26; [2016] A.C. 1081; [2016] 2 W.L.R.
  1253; [2016] 4 All E.R. 554; [2016] 5 WLUK 438; [2016] E.M.L.R. 21; [2016] 2 F.L.R.
  251; [2016] H.R.L.R. 13; 42 B.H.R.C. 111; [2016] F.S.R. 33; [2016] Fam. Law 963. . 79-04, 79-11,
                                                                                        79-13
Plato Films Ltd v Speidel; sub nom. Speidel v Plato Films Ltd; Speidel v Unity Theatre
  Society [1961] A.C. 1090; [1961] 2 W.L.R. 470; [1961] 1 All E.R. 876; (1961) 105 S.J.
  230 HL 37-52
Platt v London Underground Ltd [2001] 2 E.G.L.R. 121; [2001] 20 E.G. 227 (C.S.);
  (2001) 98(17) L.S.G. 37 Ch D 96-07
Playboy Club London Ltd v Banca Nazionale del Lavoro SpA [2018] UKSC 43; [2018] 1
  W.L.R. 4041; [2019] 2 All E.R. 478; [2019] 1 All E.R. (Comm) 693; [2018] 7 WLUK
  619; 179 Con. L.R. 17; [2018] P.N.L.R. 35; [2018] L.L.R. 657 .... 9-03, 85-03
Plevin v Paragon Personal Finance Ltd [2014] UKSC 61; [2014] 1 W.L.R. 4222; [2015] 1
  All E.R. 625; [2015] 1 All E.R. (Comm) 1007; [2014] Bus. L.R. 1257; [2015] E.C.C. 2;
  [2015] Lloyd's Rep. I.R. 247 .... 9-06, 14-05, 20-31, 27-11
PLG Research Ltd v Ardon International Ltd [1995] F.S.R. 116; [1995] R.P.C. 287 CA
  (Civ Div)... 73-05
Pnaiser v NHS England [2015] 12 WLUK 178; [2016] I.R.L.R. 170 EAT 44-20
PNM v Times Newspapers Ltd; sub nom. M v Times Newspapers Ltd, Khuja v Times
  Newspapers Ltd [2017] UKSC 49; [2019] A.C. 161; [2017] 3 W.L.R. 351; [2017] 7
  WLUK 430; [2018] 1 Cr. App. R. 1; [2017] E.M.L.R. 29; [2017] Crim. L.R. 998 .... 64-12, 79-04,
                                                                                  79-05, 79-14
Polaris Shipping Co Ltd v Sinoriches Enterprises Co Ltd [2015] EWHC 3405 (Comm);
  [2015] 11 WLUK 739.. 3-02
Pollard v Chief Constable of West Yorkshire [1999] P.I.Q.R. P219 CA (Civ Div) 5-02
Polly Peck (Holdings) Plc v Trelford [1986] Q.B. 1000; [1986] 2 W.L.R. 845; [1986] 2 All
  E.R. 84 CA (Civ Div) 37-36
Polly Peck International Plc (In Administration) (No.5), Re; Marangos Hotel Co Ltd v
  Stone [1998] 3 All E.R. 812; [1998] 2 B.C.L.C. 185 CA (Civ Div) 50-01, 62-05
Polly Peck International Plc v Nadir (Asil) (No.2) [1992] 4 All E.R. 769; [1992] 2 Lloyd's
  Rep 238; [1993] B.C.L.C. 187; (1992) 142 N.L.J. 671 CA (Civ Div) 9-17, 62-06, 62-07, 62-18
Pomphrey v Secretary of State for Health [2019] 4 WLUK 483; [2019] Med. L.R. 424
  QBD 82-08
Pook v Rossall School [2018] EWHC 522 (QB); [2018] 3 WLUK 393; [2018] E.L.R. 40 39-01
Poole BC v GN [2019] UKSC 25; [2019] 2 W.L.R. 1478; [2019] 4 All E.R. 581; [2019] 6
  WLUK 28; [2019] H.L.R. 39; (2019) 22 C.C.L. Rep. 111; [2019] P.I.Q.R. P20 39-01
Poole v Huskinson 152 E.R. 1039; (1843) 11 M. & W. 827 Ex Ct 93-04
Poplar Housing & Regeneration Community Association Ltd v Donoghue; sub nom.
  Donoghue v Poplar Housing & Regeneration Community Association Ltd; Poplar
  Housing & Regeneration Community Association Ltd v Donaghue [2001] EWCA Civ
  595; [2002] Q.B. 48; [2001] 3 W.L.R. 183; [2001] 4 All E.R. 604; [2001] 2 F.L.R. 284;
  [2001] 3 F.C.R. 74; [2001] U.K.H.R.R. 693; (2001) 33 H.L.R. 73; (2001) 3 L.G.L.R.
  41; [2001] B.L.G.R. 489; [2001] A.C.D. 76; [2001] Fam. Law 588; [2001] 19 E.G. 141
  (C.S.); (2001) 98(19) L.S.G. 38; (2001) 98(23) L.S.G. 38; (2001) 145 S.J.L.B. 122;
  [2001] N.P.C. 84 64-09
Port of London Authority v Ashmore [2010] EWCA Civ 30; [2010] 1 All E.R. 1139;
  [2010] N.P.C. 14 49-09
Portland Managements v Harte; sub nom. Portland Managements v Persons Unknown
  [1977] Q.B. 306; [1976] 2 W.L.R. 174; [1976] 1 All E.R. 225; (1975) 119 S.J. 760 CA
  (Civ Div)... 98-02
Portland Stone Firms Ltd v Barclays Bank Plc [2018] EWHC 2341 (QB); [2018] 9
  WLUK 168 57-03
Posner v Scott-Lewis [1987] Ch. 25; [1986] 3 W.L.R. 531; [1986] 3 All E.R. 513; [1986] 1
  E.G.L.R. 56; (1985) 277 E.G. 859; (1986) 83 L.S.G. 359; (1986) 130 S.J. 14 Ch D 52-01

TABLE OF CASES

Post Office v Jones. *See* Jones v Post Office 44-22
Post Office v Norwich Union Fire Insurance Society Ltd [1967] 2 Q.B. 363; [1967] 2
  W.L.R. 709; [1967] 1 All E.R. 577; [1967] 1 Lloyd's Rep. 216; (1967) 111 S.J. 71 CA
  (Civ Div) 67-24, 67-26
Post Office v Union of Communication Workers [1990] 1 W.L.R. 981; [1990] 3 All E.R.
  199; [1990] I.C.R. 258; [1990] I.R.L.R. 143 CA (Civ Div) 42-05
Potter v Mole Valley DC (1983) 80 L.S.G. 158 QBD 47-10, 47-17
Potter v Rankin (1873) L.R. 6 H.L. 83 HL 70-18
Potter v UNISON (UKEAT/0626/03/RN) [2004] 3 WLUK 19; 1 March 2004 EAT 43-08
Potton Ltd v Yorkclose Ltd [1990] F.S.R. 11 Ch D 75-11
Powell v McFarlane (1979) 38 P. & C.R. 452 Ch D 87-02
Powell v Powell [1900] 1 Ch. 243 Ch D 18-03
Powell v Rees 112 E.R. 530; (1837) 7 Ad. & El. 426 KB 108-25
Powerscreen International Ltd v J Finlay (Engineering) Ltd and Sure Equipment Ltd
  [1979] F.S.R. 108 Ch D. 73-19
Poynter v Buckley 172 E.R. 1076; (1833) 5 Car. & P. 512 92-04
PP v Leicester Grammar School Trustees [2014] UKUT 520 (AAC); [2015] E.L.R. 86 39-02
PPL v Hagan. *See* Phonographic Performance Ltd v Hagan (t/a Lower Ground Bar and
  Brent Tavern) 75-09
PR (Sri Lanka) v Secretary of State for the Home Department [2011] EWCA Civ 988;
  [2012] 1 W.L.R. 73; [2011] C.P. Rep. 47; [2011] Imm. A.R. 904; [2012] I.N.L.R. 92 66-04
Practice Direction (Admin Ct: Uncontested Proceedings) [2008] 1 W.L.R. 1377; [2009] 1
  All E.R. 651; [2008] 6 WLUK 39 QBD. 80-03
Practice Direction (CA: Citation of Authorities) [2001] 1 W.L.R. 1001; [2001] 2 All E.R.
  510; [2001] 1 Lloyd's Rep. 725; [2001] 4 WLUK 229; [2001] C.P.L.R. 301; [2001] 1
  F.C.R. 764; (2001) 145 S.J.L.B. 132 CA 47-09
Practice Guidance (Family Court: Children: Arbitration) [2018] 1 W.L.R. 4155; [2018] 7
  WLUK 646; [2018] 2 F.L.R. 1398 Fam Div. 2-08
Practice Statement (Admin Ct: Administration of Justice); sub nom. Practice Statement
  (Admin Ct: Listing and Urgent Cases) [2002] 1 W.L.R. 810; [2002] 1 All E.R. 633;
  [2002] 2 WLUK 14; [2002] A.C.D. 64 QBD 80-03, 80-10
Pratt v British Medical Association [1919] 1 K.B. 244; [1918] 10 WLUK 4 KBD 60-06
Pratt v DPP [2001] EWHC Admin 483; [2001] 6 WLUK 442; (2001) 165 J.P. 800; [2002]
  A.C.D. 2; (2001) 165 J.P.N. 750. 63-02
Precision Dippings Ltd v Precision Dippings Marketing Ltd [1986] Ch. 447; [1985] 3
  W.L.R. 812; (1985) 1 B.C.C. 99539; [1986] P.C.C. 105; (1985) 129 S.J. 683 CA (Civ
  Div). 62-06
Preist v Last [1903] 2 K.B. 148 CA 25-29
Premier Brands UK Ltd v Typhoon Europe Ltd [2000] E.T.M.R. 1071; [2000] F.S.R. 767;
  (2000) 23(5) I.P.D. 23038; (2000) 97(5) L.S.G. 35 Ch D 77-15, 77-17
Premier Model Management Ltd v Bruce [2012] EWHC 3509 QB 60-05
Premium Nafta Products Ltd v Fili Shipping Co Ltd [2007] UKHL 40; [2007] 4 All E.R.
  951; [2007] 2 All E.R. (Comm) 1053; [2007] Bus. L.R. 1719; [2008] 1 Lloyd's Rep.
  254; [2007] 2 C.L.C. 553; 114 Con. L.R. 69; [2007] C.I.L.L. 2528; (2007) 104(42)
  L.S.G. 34; (2007) 151 S.J.L.B. 1364 2-06
President of India v La Pintada Compania Navigacion SA (The La Pintada); La Pintada,
  The [1985] A.C. 104; [1984] 3 W.L.R. 10; [1984] 2 All E.R. 773; [1984] 2 Lloyd's Rep.
  9; [1984] C.I.L.L. 110; (1984) 81 L.S.G. 1999; (1984) 128 S.J. 414 HL 67-21
President of India v Lips Maritime Corp (The Lips) [1988] A.C. 395; [1987] 3 W.L.R.
  572; [1987] 3 All E.R. 110; [1987] 2 Lloyd's Rep. 311; [1987] 2 F.T.L.R. 477; [1987]
  Fin. L.R. 313; (1987) 84 L.S.G. 2765; (1987) 137 N.L.J. 734; (1987) 131 S.J. 1085 67-21
Preston v Hunting Air Transport [1956] 1 Q.B. 454; [1956] 2 W.L.R. 526; [1956] 1 All
  E.R. 443; [1956] 1 Lloyd's Rep. 45; (1956) 100 S.J. 150 QBD. 8-08
Price Meats Ltd v Barclays Bank Plc [2000] 2 All E.R. (Comm) 346 Ch D 9-10
Price v Price 153 E.R. 1174; (1847) 16 M. & W. 232 Ex Ct 10-29, 10-E28
Primary Group (UK) Ltd v Royal Bank of Scotland Plc [2014] EWHC 1082 (Ch); [2014]
  2 All E.R. (Comm) 1121; [2014] R.P.C. 25 .... 74-04, 74-12, 74-20
Prince Albert v Strange (1849) 1 Mac. & G. 25; (1849) 18 L.J. Ch. 120 79-01
Prince Eze v Conway [2019] EWCA Civ 88; [2019] 2 WLUK 3 61-02
Prince Plc v Prince Sports Group Inc [1997-98] Info. T.L.R. 329; [1998] F.S.R. 21; [1998]
  Masons C.L.R. 139 Ch D. 73-10, 77-11
Prince Radu of Hohenzollern v Houston [2009] EWHC 398 (QB) 37-35
Printers & Finishers Ltd v Holloway (No.1) [1961] R.P.C. 77 CA 74-15

[cxiv]

TABLE OF CASES

Printers & Finishers Ltd v Holloway (No.2) [1965] 1 W.L.R. 1; [1964] 3 All E.R. 731;
  [1965] R.P.C. 239; (1965) 109 S.J. 47 Ch D... 74-15
Prison Officers Association v Iqbal. *See* Iqbal v Prison Officers Association 5-06
Pritchard & Constance (Wholesale) Ltd v Amata Ltd (1925) 42 R.P.C. 63 73-05
Pritchard v Briggs [1980] Ch. 338; [1979] 3 W.L.R. 868; [1980] 1 All E.R. 294; (1980) 40
  P. & C.R. 1; (1979) 123 S.J. 705 CA (Civ Div).................................... 106-10
Proactive Sports Management Ltd v Rooney [2011] EWCA Civ 1444; [2012] 2 All E.R.
  (Comm) 815; [2011] 12 WLUK 2; [2012] I.R.L.R. 241; [2012] F.S.R. 16 45-03
Probatina Shipping Co Ltd v Sun Insurance Office Ltd (The Sageorge); Sageorge, The
  [1974] Q.B. 635; [1974] 2 W.L.R. 666; [1974] 2 All E.R. 478; [1974] 1 Lloyd's Rep.
  369; (1974) 118 S.J. 331 CA (Civ Div) 70-25
Procter & Gamble Co v Reckitt Benckiser (UK) Ltd [2007] EWCA Civ 936; [2008] Bus.
  L.R. 801; [2008] E.C.D.R. 3; [2008] F.S.R. 8; (2007) 104(41) L.S.G. 28 ...... 76-04, 76-07, 76-17
Procter & Gamble Phillipine Manufacturing Corp v Peter Cremer GmbH & Co (The
  Manila); Manila, The [1988] 3 All E.R. 843 QBD.................................. 108-04
Proctor v Hodgson 156 E.R. 674; (1855) 10 Ex. 824 Ex Ct 93-03
Professional Reprographic Services v DPS Typecraft unreported 15 February 1993 CA 33-09
Progas Energy Ltd v Pakistan [2018] EWHC 209 (Comm); [2018] 2 All E.R. (Comm)
  287; [2018] 1 Lloyd's Rep. 252; [2018] 2 WLUK 236; [2018] 1 C.L.C. 126; [2018] 1
  Costs L.R. 137... 4-05
Property Alliance Group Ltd v Royal Bank of Scotland Plc [2018] EWCA Civ 355; [2018]
  1 W.L.R. 3529; [2018] 2 All E.R. (Comm) 695; [2018] 3 WLUK 42; [2018] 2 B.C.L.C.
  322... 9-02, 9-21, 13-13, 58-02
Prout v British Gas Plc [1994] F.S.R. 160 CA (Civ Div) 74-12
Prudential Assurance Co Ltd v Revenue and Customs Commissioners [2018] UKSC 39;
  [2018] 3 W.L.R. 652; [2019] 1 All E.R. 308; [2018] S.T.C. 1657; [2018] 7 WLUK 580;
  [2018] B.T.C. 31; [2018] S.T.I. 1499 .... 1-06, 1-11, 1-16, 1-21, 108-03, 108-05, 108-29
Prudential Insurance Co v Inland Revenue Commissioners [1904] 2 K.B. 658 KBD 67-02
Pullman v Walter Hill & Co Ltd [1891] 1 Q.B. 524 CA 37-09, 37-10
PulseOn Oy v Garmin (Europe) Ltd [2019] EWCA Civ 138; [2019] 2 WLUK 168; [2019]
  E.C.C. 24... 76-04, 76-07, 76-17, 109-02
Pulvers (A Firm) v Chan [2007] EWHC 2406 (Ch); [2008] P.N.L.R. 9 Ch D 62-07
Purdy v Cambran [2000] C.P. Rep. 67; [1999] C.P.L.R. 843 CA (Civ Div) 1-17
Purple Parking Ltd v Heathrow Airport Ltd [2011] EWHC 987 (Ch); [2011] U.K.C.L.R.
  492... 28-03
Pusey v Somerset CC [2012] EWCA Civ 988; [2012] 7 WLUK 660; [2013] L.L.R. 59 47-05,
  47-06
Q v L Ltd (UKEAT/0209/18) [2019] EWCA Civ 1417; [2019] 8 WLUK 37 44-22
Qazi v Harrow LBC; sub nom. Harrow LBC v Qazi; Harrow LBC v Quazi [2003] UKHL
  43; [2004] 1 A.C. 983; [2003] 3 W.L.R. 792; [2003] 4 All E.R. 461; [2003] 2 F.L.R.
  973; [2003] 3 F.C.R. 43; [2003] H.R.L.R. 40; [2003] U.K.H.R.R. 974; [2003] H.L.R.
  75; [2004] 1 P. & C.R. 19; [2004] L. & T.R. 9; [2003] 3 E.G.L.R. 109; [2003] Fam. Law
  875; (2003) 100(38) L.S.G. 34; (2003) 147 S.J.L.B. 937; [2003] N.P.C. 101 . . . 47-02, 47-16, 98-07
QBE Management Services (UK) Ltd v Dymoke [2012] EWHC 80 (QB); [2012] 1
  WLUK 616; [2012] I.R.L.R. 458; (2012) 162 N.L.J. 180....................... 5-17, 41-07
Qingdao Huiquan Shipping Co v Shanghai Dong He Xin Industry Group Co Ltd [2018]
  EWHC 3009 (Comm); [2019] 1 Lloyd's Rep. 520; [2018] 9 WLUK 389................. 4-03
Quantum Corp Inc v Plane Trucking Ltd; sub nom. Quantum Corp Ltd v Plane Trucking
  Ltd [2002] EWCA Civ 350; [2002] 1 W.L.R. 2678; [2003] 1 All E.R. 873; [2002] 2 All
  E.R. (Comm) 392; [2002] 2 Lloyd's Rep. 25; [2002] C.L.C. 1002; (2002) 99(20) L.S.G.
  31... 8-08
Quartz Hill Consolidated Gold Mining Co v Eyre (1882-83) L.R. 11 Q.B.D. 674 CA ... 5-18, 5-19
Quinn v Leathem [1901] A.C. 495 HL (UK-Irl) 59-07
Quorum A/S v Schramm (Damage) [2002] 2 All E.R. (Comm) 147; [2002] 1 Lloyd's Rep.
  249; [2002] C.L.C. 77; [2002] Lloyd's Rep. I.R. 292 QBD (Comm).................... 67-03
R. (Griffiths) v Care Quality Commission 80-13
R. (on the application of A (A Child)) v Kingsmead School Governors; R. (on the
  application of D) v St George's Catholic School Head Teacher; sub nom. R. (on the
  application of DR) v St George's Catholic School Head Teacher; R. (on the application
  of AM) v Kingsmead School Governors [2002] EWCA Civ 1822; [2003] B.L.G.R. 371;
  [2003] E.L.R. 104... 39-07
R. (on the application of A) v Chief Constable of Kent [2013] EWCA Civ 1706; [2013] 12
  WLUK 817; (2014) 135 B.M.L.R. 22 39-07

[cxv]

TABLE OF CASES

R. (on the application of AD) v Hackney LBC [2019] EWHC 943 (Admin); [2019] 4
WLUK 228; [2019] E.L.R. 296; [2019] A.C.D. 65 39-02
R. (on the application of Adam) v Secretary of State for the Home Department. *See* R. (on
the application of Limbuela) v Secretary of State for the Home Department 84-X5
R. (on the application of Al-Sweady) v Secretary of State for Defence [2009] EWHC 2387
(Admin); [2010] H.R.L.R. 2; [2010] U.K.H.R.R. 300 80-24
R. (on the application of Ames) v Lord Chancellor [2018] EWHC 2250 (Admin); [2018] 8
WLUK 216; [2018] Lloyd's Rep. F.C. 545; [2018] A.C.D. 115 64-09
R. (on the application of B (A Child)) v Alperton Community School Head Teacher and
Governing Body; R. (on the application of C (A Child)) v Cardinal Newman Roman
Catholic School Governing Body; R. (on the application of T (A Child)) v Wembley
High School Head Teacher; sub nom. R. v Secretary of State for Education and
Employment Ex p. B; R. (on the application of B) v Secretary of State for Education
and Employment [2001] EWHC Admin 229; [2002] B.L.G.R. 132; [2001] E.L.R. 359;
[2002] A.C.D. 15. 39-07
R. (on the application of B) v DPP [2009] EWHC 106 (Admin); [2009] 1 W.L.R. 2072;
[2009] 1 Cr. App. R. 38; [2009] U.K.H.R.R. 669; (2009) 106 B.M.L.R. 152; [2009]
M.H.L.R. 61; [2009] Crim. L.R. 652; [2009] A.C.D. 19; (2009) 153(5) S.J.L.B. 29 5-03
R. (on the application of B) v Secretary of State for the Home Department [2008] EWHC
3189 (Admin) 64-R3
R. (on the application of Bahta) v Secretary of State for the Home Department [2011]
EWCA Civ 895; [2011] C.P. Rep. 43; [2011] 5 Costs L.R. 857; [2011] A.C.D. 116 80-09
R. (on the application of Barrett) v Lambeth LBC [2012] EWHC 4557 (Admin); [2012]
B.L.G.R. 299 80-14
R. (on the application of Beer (t/a Hammer Trout Farm)) v Hampshire Farmers Markets
Ltd; sub nom. Hampshire CC v Beer (t/a Hammer Trout Farm) [2003] EWCA Civ
1056; [2004] 1 W.L.R. 233; [2004] U.K.H.R.R. 727; [2003] 31 E.G. 67 (C.S.); (2003)
100(36) L.S.G. 40; (2003) 147 S.J.L.B. 1085; [2003] N.P.C. 93 .... 30-01, 64-09
R. (on the application of Begum) v Denbigh High School Governors; sub nom. R. (on the
application of SB) v Denbigh High School Governors [2006] UKHL 15; [2007] 1 A.C.
100; [2006] 2 W.L.R. 719; [2006] 2 All E.R. 487; [2006] 1 F.C.R. 613; [2006] H.R.L.R.
21; [2006] U.K.H.R.R. 708; [2006] E.L.R. 273; (2006) 103(14) L.S.G. 29; (2006) 156
N.L.J. 552 39-07
R. (on the application of Ben-Abdelaziz) v Haringey LBC [2001] EWCA Civ 803; [2001]
1 W.L.R. 1485; [2001] A.C.D. 88; (2001) 98(26) L.S.G. 44; (2001) 145 S.J.L.B. 150 64-18
R. (on the application of Beresford) v Sunderland City Council; sub nom. R. v Sunderland
City Council Ex p. Beresford [2003] UKHL 60; [2004] 1 A.C. 889; [2003] 3 W.L.R.
1306; [2004] 1 All E.R. 160; [2004] 2 P. & C.R. 23; [2004] 1 P.L.R. 85; [2004] 1
E.G.L.R. 94; [2004] J.P.L. 1106; [2003] 47 E.G. 155 (C.S.); (2003) 147 S.J.L.B. 1365;
[2003] N.P.C. 139 93-04
R. (on the application of Bernard) v Enfield LBC [2002] EWHC 2282 (Admin); [2003]
H.R.L.R. 4; [2003] U.K.H.R.R. 148; [2003] H.L.R. 27; [2003] B.L.G.R. 423; (2002) 5
C.C.L. Rep. 577; [2003] A.C.D. 26; (2002) 99(48) L.S.G. 27 .... 84-X5
R. (on the application of Bhatti) v Bury MBC [2013] EWHC 3093 (Admin); (2014) 17
C.C.L. Rep. 64 80-26
R. (on the application of Birmingham Care Consortium) v Birmingham City Council
[2002] EWHC 2188 (Admin); [2003] B.L.G.R. 119; (2002) 5 C.C.L. Rep. 600 .... 80-W4
R. (on the application of Booker) v NHS Oldham [2010] EWHC 2593 (Admin); (2011) 14
C.C.L. Rep. 315; [2011] Med. L.R. 10 82-13
R. (on the application of Broadway Care Centre Ltd) v Caerphilly CBC [2012] EWHC 37
(Admin); [2012] 1 WLUK 358; (2012) 15 C.C.L. Rep. 82 64-09
R. (on the application of Brookes) v Secretary of State for Work and Pensions; sub nom.
Brookes v Secretary of State for Work and Pensions [2010] EWCA Civ 420; [2010] 1
W.L.R. 2448; [2010] 4 WLUK 544; [2010] 2 F.L.R. 1038; [2010] 3 F.C.R. 262; [2010]
Fam. Law 910; (2010) 154(18) S.J.L.B. 29 80-17
R. (on the application of Broxbourne BC) v North and East Hertfordshire Magistrates'
Court [2009] EWHC 695 (Admin); [2009] L.L.R. 493; [2009] N.P.C. 60 47-01
R. (on the application of Burger) v Office of the Independent Adjudicator for Higher
Education. *See* Burger v Office of the Independent Adjudicator for Higher Education 39-05
R. (on the application of Burkett) v Hammersmith and Fulham LBC (No.1); sub nom.
Burkett, Re; R. v Hammersmith and Fulham LBC Ex p. Burkett [2002] UKHL 23;
[2002] 1 W.L.R. 1593; [2002] 3 All E.R. 97; [2002] C.P. Rep. 66; [2003] Env. L.R. 6;

[cxvi]

TABLE OF CASES

[2003] 1 P. & C.R. 3; [2002] 2 P.L.R. 90; [2002] J.P.L. 1346; [2002] A.C.D. 81; [2002] 22 E.G. 136 (C.S.); (2002) 99(27) L.S.G. 34; (2002) 152 N.L.J. 847; (2002) 146 S.J.L.B. 137; [2002] N.P.C. 75 .... 80-07, 80-24

R. (on the application of Byndloss) v Secretary of State for the Home Department; sub nom. R. (on the application of Kiarie) v Secretary of State for the Home Department [2017] UKSC 42; [2017] 1 W.L.R. 2380; [2017] 4 All E.R. 811; [2017] 6 WLUK 236; [2017] H.R.L.R. 7; [2017] Imm. A.R. 1299; [2017] I.N.L.R. 909 .... 66-04, 80-11

R. (on the application of C) v Commissioner of Police of the Metropolis [2012] EWHC 1681 (Admin); [2012] 1 W.L.R. 3007; [2012] 4 All E.R. 510; [2012] H.R.L.R. 26; [2012] A.C.D. 103; (2012) 109(28) L.S.G. 21 .... 5-24, 5-25

R. (on the application of C) v Financial Services Authority; sub nom. R. (on the application of Willford) v Financial Services Authority [2013] EWCA Civ 677; [2013] 6 WLUK 339... 80-11

R. (on the application of C) v Nottingham City Council [2010] EWCA Civ 790; [2011] 1 F.C.R. 127 80-11

R. (on the application of Campbell) v Independent Police Complaints Commission; R. (on the application of Campbell) v Bromley Magistrates' Court; R. (on the application of Campbell) v Commissioner of Police of the Metropolis; Also known as: Campbell v Commissioner of Police of the Metropolis CAmpbell v Bromley Magistrates' Court [2017] EWCA Civ 1161; [2017] 7 WLUK 734; [2017] Lloyd's Rep. F.C. 598; [2017] Crim. L.R. 987 5-14

R. (on the application of Cart) v Upper Tribunal [2011] UKSC 28; [2012] 1 A.C. 663; [2011] 3 W.L.R. 107; [2011] 4 All E.R. 127; [2011] P.T.S.R. 1053; [2011] S.T.C. 1659; [2012] 1 F.L.R. 997; [2011] Imm. A.R. 704; [2011] M.H.L.R. 196; [2012] Fam. Law 398; [2011] S.T.I. 1943; (2011) 161 N.L.J. 916; (2011) 155(25) S.J.L.B. 35............... 39-06

R. (on the application of Catt) v Association of Chief Police Officers of England, Wales and Northern Ireland [2015] UKSC 9; [2015] A.C. 1065; [2015] 2 W.L.R. 664; [2015] 2 All E.R. 727; [2015] H.R.L.R. 4 .... 5-23, 79-07, 79-20

R. (on the application of Chan) v Brentford General Cssrs. See R. v Brentford General Commissioners Ex p. Chan.. 80-11

R. (on the application of Chandler) v Secretary of State for Children, Schools and Families [2009] EWCA Civ 1011; [2010] P.T.S.R. 749; [2010] 1 C.M.L.R. 19; [2010] Eu. L.R. 232; [2010] B.L.G.R. 1; [2010] E.L.R. 192; [2010] A.C.D. 7 80-14

R. (on the application of Citizens UK) v Secretary of State for the Home Department [2018] EWCA Civ 1812; [2018] 4 W.L.R. 123; [2019] 1 All E.R. 416; [2018] 7 WLUK 730; [2019] Imm. A.R. 86; [2019] I.N.L.R. 84.. 80-25

R. (on the application of CL) v Chief Constable of Greater Manchester [2018] EWHC 3333 (Admin); [2018] 12 WLUK 69; [2019] A.C.D. 20 5-25

R. (on the application of Corner House Research) v Secretary of State for Trade and Industry [2005] EWCA Civ 192; [2005] 1 W.L.R. 2600; [2005] 4 All E.R. 1; [2005] C.P. Rep. 28; [2005] 3 Costs L.R. 455; [2005] A.C.D. 100; (2005) 102(17) L.S.G. 31; (2005) 149 S.J.L.B. 297 46-04

R. (on the application of Countryside Alliance) v Attorney General; R. (on the application of Derwin) v Attorney General; R. (on the application of Friend) v Attorney General [2007] UKHL 52; [2008] 1 A.C. 719; [2007] 3 W.L.R. 922; [2008] 2 All E.R. 95; [2008] Eu. L.R. 359; [2008] H.R.L.R. 10; [2008] U.K.H.R.R. 1; (2007) 104(48) L.S.G. 23; (2007) 157 N.L.J. 1730; (2007) 151 S.J.L.B. 1564; [2007] N.P.C. 127................ 65-02

R. (on the application of Cowl) v Plymouth City Council; sub nom. Cowl v Plymouth City Council; Cowl (Practice Note), Re [2001] EWCA Civ 1935; [2002] 1 W.L.R. 803; [2002] C.P. Rep. 18; (2002) 5 C.C.L. Rep. 42; [2002] A.C.D. 11; [2002] Fam. Law 265; (2002) 99(8) L.S.G. 35; (2002) 146 S.J.L.B. 27......................... 80-11, 80-20, 80-W4

R. (on the application of Cukurova Finance International Ltd) v HM Treasury [2008] EWHC 2567 (Admin); [2009] Eu. L.R. 317... 80-06

R. (on the application of D) v Life Sentence Review Commissioners. See D, Re 5-16, 70-06

R. (on the application of Daly) v Secretary of State for the Home Department [2001] UKHL 26; [2001] 2 A.C. 532; [2001] 2 W.L.R. 1622; [2001] 3 All E.R. 433; [2001] H.R.L.R. 49; [2001] U.K.H.R.R. 887; [2001] Prison L.R. 322; [2001] A.C.D. 79; (2001) 98(26) L.S.G. 43; (2001) 145 S.J.L.B. 156... 80-W2

R. (on the application of Douglas) v North Tyneside MBC; sub nom Douglas v North Tyneside MBC [2003] EWCA Civ 1847; [2004] 1 W.L.R. 2363; [2004] 1 All E.R. 709; [2004] H.R.L.R. 14; [2004] U.K.H.R.R. 425; [2004] E.L.R. 117; [2004] A.C.D. 25; (2004) 154 N.L.J. 56; (2004) 148 S.J.L.B. 58 39-07

TABLE OF CASES

R. (on the application of E) v Islington LBC [2017] EWHC 1440 (Admin); [2018]
P.T.S.R. 349; [2017] 6 WLUK 673; [2017] E.L.R. 458; (2017) 20 C.C.L. Rep. 148 . . . 39-02, 39-07
R. (on the application of E) v JFS Governing Body; R. (on the application of E) v Office
of the Schools Adjudicator [2008] EWHC 1535 (Admin); [2008] 7 WLUK 91; [2008]
E.L.R. 445; [2008] A.C.D. 87; (2008) 152(30) S.J.L.B. 29 39-07
R. (on the application of E) v JFS Governing Body; R. (on the application of E) v Office
of the Schools Adjudicator [2009] UKSC 15; [2010] 2 A.C. 728; [2010] 2 W.L.R. 153;
[2010] P.T.S.R. 147; [2010] 1 All E.R. 319; [2010] I.R.L.R. 136; 27 B.H.R.C. 656;
[2010] E.L.R. 26; (2010) 160 N.L.J. 29; (2009) 153(48) S.J.L.B. 32 39-07
R. (on the application of Easybus Ltd) v Stansted Airport Ltd [2015] EWHC 3833
(Admin); [2015] 11 WLUK 332.. 30-01
R. (on the application of Edwards) v Environment Agency (No.1) [2004] EWHC 736
(Admin); [2004] 3 All E.R. 21; [2004] Env. L.R. 43; [2004] 2 P. & C.R. 20; [2004]
J.P.L. 1691; [2004] A.C.D. 82; [2004] N.P.C. 56 80-14
R. (on the application of Elvington Park Ltd) v York Crown Court; Elvington Park Ltd v
York City Council [2011] EWHC 2213 (Admin); [2011] 8 WLUK 325; [2012] Env.
L.R. 10; [2011] L.L.R. 833; [2012] J.P.L. 173; [2011] A.C.D. 121 47-25
R. (on the application of Ewing) v Office of the Deputy Prime Minister [2005] EWCA Civ
1583; [2006] 1 W.L.R. 1260 .... 80-09, 80-19
R. (on the application of F) v Wirral BC [2009] EWHC 1626 (Admin); [2009] B.L.G.R.
905; (2009) 12 C.C.L. Rep. 452 80-03
R. (on the application of G) v Chief Constable of West Yorkshire [2008] EWCA Civ 28;
[2008] 1 W.L.R. 550; [2008] 4 All E.R. 594; [2008] 2 Cr. App. R. 5; [2008] Po. L.R.
191; [2008] Crim. L.R. 558; (2008) 105(7) L.S.G. 32 5-14
R. (on the application of G) v Independent Appeal Panel for Tom Hood School. See R. (on
the application of V) v Independent Appeal Panel for Tom Hood School 39-07
R. (on the application of Gezer) v Secretary of State for the Home Department; sub nom.
Gezer v Secretary of State for the Home Department [2004] EWCA Civ 1730; [2005]
H.R.L.R. 7; [2005] Imm. A.R. 131; [2005] H.L.R. 16; (2005) 102(7) L.S.G. 26 .... 84-X5
R. (on the application of Godmanchester Town Council) v Secretary of State for the
Environment, Food and Rural Affairs; R. (on the application of Drain) v Secretary of
State for the Environment, Food and Rural Affairs [2007] UKHL 28; [2008] 1 A.C. 221;
[2007] 3 W.L.R. 85; [2007] 4 All E.R. 273; [2008] 1 P. & C.R. 12; [2007] 3 E.G.L.R.
119; [2007] J.P.L. 1691; [2007] 26 E.G. 163 (C.S.); (2007) 104(27) L.S.G. 29; (2007)
151 S.J.L.B. 858; [2007] N.P.C. 74.. 93-04
R. (on the application of Grace) v Secretary of State for the Home Department [2014]
EWCA Civ 1091; [2014] 1 W.L.R. 3432; [2014] 6 WLUK 199; [2015] Imm. A.R. 10....... 80-22
R. (on the application of Greenfield) v Secretary of State for the Home Department [2005]
UKHL 14; [2005] 1 W.L.R. 673; [2005] 2 All E.R. 240; [2005] H.R.L.R. 13; [2005]
U.K.H.R.R. 323; 18 B.H.R.C. 252; [2005] 2 Prison L.R. 129; (2005) 102(16) L.S.G. 30;
(2005) 155 N.L.J. 298.. 5-28, 84-X5
R. (on the application of Griffiths) v Lewisham College [2007] EWHC 809 (Admin) 39-05
R. (on the application of Hammerton) v London Underground Ltd [2002] EWHC 2307
(Admin); [2003] J.P.L. 984; [2002] 47 E.G. 148 (C.S.); [2002] N.P.C. 139 80-14
R. (on the application of Heather) v Leonard Cheshire Foundation [2002] EWCA Civ 366;
[2002] 2 All E.R. 936; [2002] H.R.L.R. 30; [2002] U.K.H.R.R. 883; [2002] H.L.R. 49;
(2002) 5 C.C.L. Rep. 317; (2003) 69 B.M.L.R. 22; [2002] A.C.D. 43................... 64-09
R. (on the application of Hicks) v Commissioner of Police of the Metropolis; R. (on the
application of M) v Commissioner of Police of the Metropolis; R. (on the application of
Pearce) v Commissioner of Police of the Metropolis; R. (on the application of
Middleton) v Bromley Magistrates' Court [2017] UKSC 9; [2017] A.C. 256; [2017] 2
W.L.R. 824; [2018] 1 All E.R. 374; [2017] 2 WLUK 377; 43 B.H.R.C. 254............ 5-08, 5-10
R. (on the application of Hollow) v Surrey CC [2019] EWHC 618 (Admin); [2019] 3
WLUK 262; [2019] E.L.R. 329 39-02
R. (on the application of Holmcroft Properties Ltd) v KPMG LLP [2016] EWHC 323
(Admin); [2017] Bus. L.R. 932; [2016] 2 WLUK 648; [2016] 2 B.C.L.C. 545; [2016]
A.C.D. 67 64-09
R. (on the application of Huddleston) v Lancashire County Council. See R. v Lancashire
CC Ex p. Huddleston 80-24
R. (on the application of Hussain) v Crown Prosecution Service [2006] EWHC 2467
(Admin).. 5-09

[cxviii]

TABLE OF CASES

R. (on the application of Interim Executive Board of Al-Hijrah School) v Chief Inspector of Education, Children's Services and Skills. *See* Chief Inspector of Education, Children's Services and Skills v Interim Executive Board of Al-Hijrah School 39-07

R. (on the application of JL) v Secretary of State for the Home Department; sub nom. R. (on the application of JL) v Secretary of State for Justice [2007] EWCA Civ 767; [2008] 1 W.L.R. 158; [2007] H.R.L.R. 39; [2007] Inquest L.R. 202; [2007] A.C.D. 95 5-07

R. (on the application of Kambadzi) v Secretary of State for the Home Department [2011] UKSC 23; [2011] 1 W.L.R. 1299; [2011] 4 All E.R. 975; (2011) 108(23) L.S.G. 18 5-13

R. (on the application of KB) v Mental Health Review Tribunal (Damages); R. (on the application of MK) v Mental Health Review Tribunal (Damages); R. (on the application of JR) v Mental Health Review Tribunal (Damages); R. (on the application of GM) v Mental Health Review Tribunal (Damages); R. (on the application of PD) v Mental Health Review Tribunal (Damages); R. (on the application of TB) v Mental Health Review Tribunal (Damages); R. (on the application of B) v Mental Health Review Tribunal (Damages); sub nom. R. (on the application of KB) v South London and South West Region Mental Health Review Tribunal (Damages) [2003] EWHC 193 (Admin); [2004] Q.B. 936; [2003] 3 W.L.R. 185; [2003] 2 All E.R. 209; [2003] U.K.H.R.R. 499; (2003) 6 C.C.L. Rep. 96; [2003] P.I.Q.R. Q3; [2003] M.H.L.R. 29; [2003] A.C.D. 43; (2003) 100(14) L.S.G. 27 .... 47-19, 84-X5

R. (on the application of Kemp) v Denbighshire Local Health Board [2006] EWHC 181 (Admin); [2007] 1 W.L.R. 639; [2006] 3 All E.R. 141; (2006) 9 C.C.L. Rep. 354; [2006] A.C.D. 63. 80-09

R. (on the application of Khan) v Secretary of State for the Home Department [2016] EWCA Civ 416; [2016] 5 WLUK 19 80-25

R. (on the application of Kigen) v Secretary of State for the Home Department [2015] EWCA Civ 1286; [2016] 1 W.L.R. 723; [2015] 12 WLUK 366; [2016] C.P. Rep. 15; [2016] Imm. A.R. 390; [2016] I.N.L.R. 645. 80-07

R. (on the application of KR) v Secretary of State for the Home Department [2012] EWCA Civ 1555; [2012] 10 WLUK 529 80-30

R. (on the application of L (A Child)) v J School Governors; R. (on the application of W (A Child)) v B School Governors; sub nom. R. v B School Governors Ex p. W; R. v J School Governors Ex p. L; L v J; W v B; L (A Child), Re [2003] UKHL 9; [2003] 2 A.C. 633; [2003] 2 W.L.R. 518; [2003] 1 All E.R. 1012; [2003] 1 F.C.R. 548; [2003] B.L.G.R. 343; [2003] E.L.R. 309; (2003) 100(18) L.S.G. 34. 39-07

R. (on the application of L) v Chief Constable of Cumbria [2013] EWHC 869 (Admin); [2014] 1 W.L.R. 601; [2013] A.C.D. 73 39-07

R. (on the application of Lamari) v Secretary of State for the Home Department [2013] EWHC 3130 (QB). 5-28, 64-R3

R. (on the application of Laporte) v Chief Constable of Gloucestershire [2006] UKHL 55; [2007] 2 W.L.R. 46; [2007] 2 All E.R. 529; [2007] H.R.L.R. 13; [2007] U.K.H.R.R. 400; 22 B.H.R.C. 38; [2007] A.C.D. 25; (2007) 151 S.J.L.B. 26 .... 5-09, 5-10

R. (on the application of Lewis) v Redcar and Cleveland BC [2010] UKSC 11; [2010] 2 A.C. 70; [2010] 2 W.L.R. 653; [2010] 2 All E.R. 613; [2010] 3 WLUK 84; [2010] B.L.G.R. 295; [2010] 2 P. & C.R. 16; [2010] 1 E.G.L.R. 153; [2010] J.P.L. 1135; [2010] 10 E.G. 116 (C.S.); (2010) 160 N.L.J. 390; (2010) 154(9) S.J.L.B. 30; [2010] N.P.C. 27 93-03

R. (on the application of Lewisham LBC) v Assessment and Qualifications Alliance (AQA) [2013] EWHC 211 (Admin); [2013] E.L.R. 281; [2013] A.C.D. 52; [2013] P.T.S.R. D18 39-05

R. (on the application of Limbuela) v Secretary of State for the Home Department; R. (on the application of Tesema) v Secretary of State for the Home Department; R. (on the application of Adam) v Secretary of State for the Home Department [2005] UKHL 66; [2006] 1 A.C. 396; [2005] 3 W.L.R. 1014; [2007] 1 All E.R. 951; [2006] H.R.L.R. 4; [2006] H.L.R. 10; (2006) 9 C.C.L. Rep. 30; (2005) 102(46) L.S.G. 25; (2005) 149 S.J.L.B. 1354 .... 84-X5

R. (on the application of Logan) v Havering LBC [2015] EWHC 3193 (Admin); [2016] P.T.S.R. 603; [2015] 11 WLUK 146. 80-13

R. (on the application of London College of Finance and Accounting) v Secretary of State for the Home Department [2015] EWHC 1688 (Admin); [2015] 6 WLUK 466 80-17

R. (on the application of LXD) v Chief Constable of Merseyside [2019] EWHC 1685 (Admin); [2019] 7 WLUK 40. 5-22

R. (on the application of M) v Croydon LBC. *See* M v Croydon LBC 80-09, 80-30

[cxix]

TABLE OF CASES

R. (on the application of M) v Secretary of State for Work and Pensions [2008] UKHL 63; [2009] 1 A.C. 311; [2008] 3 W.L.R. 1023; [2009] 2 All E.R. 556; [2009] P.T.S.R. 336; [2009] H.R.L.R. 5; [2009] U.K.H.R.R. 117; 26 B.H.R.C. 587.................................73-20
R. (on the application of Macleod) v Peabody Trust Governors [2016] EWHC 737 (Admin); [2016] 4 WLUK 124; [2016] H.L.R. 27.................................64-09
R. (on the application of Madan) v Secretary of State for the Home Department. See Madan v Secretary of State for the Home Department.................................80-34
R. (on the application of Madden) v Bury MBC [2002] EWHC 1882 (Admin); [2002] 8 WLUK 142; (2002) 5 C.C.L. Rep. 62.................................80-W4
R. (on the application of Maguire) v HM Senior Coroner for Blackpool and Fylde [2019] EWHC 1232 (Admin); [2019] 5 WLUK 220; [2019] Med. L.R. 342; [2019] A.C.D. 80 82-09
R. (on the application of McDonald) v Kensington and Chelsea RLBC [2011] UKSC 33; [2011] P.T.S.R. 1266; (2011) 14 C.C.L. Rep. 341; (2011) 121 B.M.L.R. 164; (2011) 108(29) L.S.G. 17; (2011) 161 N.L.J. 1026; (2011) 155(27) S.J.L.B. 39.................84-X5
R. (on the application of McGraw) v City of Westminster Magistrates' Court.............46-04
R. (on the application of McIntyre) v Gentoo Group Ltd [2010] EWHC 5 (Admin); (2010) 154(2) S.J.L.B. 29; [2010] 2 P. & C.R. DG6.................................64-09
R. (on the application of Miller) v Independent Assessor [2009] EWCA Civ 609; [2009] 6 WLUK 556.................................5-28
R. (on the application of Moos) v Commissioner of Police of the Metropolis [2011] EWHC 957 (Admin); [2011] H.R.L.R. 24; [2011] U.K.H.R.R. 851; [2011] A.C.D. 82; reversed [2012] EWCA Civ 12.................................5-10
R. (on the application of Mott) v Environment Agency [2018] UKSC 10; [2018] 1 W.L.R. 1022; [2018] 2 All E.R. 663; [2018] 2 WLUK 299; [2018] Env. L.R. 20; [2018] L.L.R. 356.................................47-02
R. (on the application of Mount Cook Land Ltd) v Westminster City Council [2003] EWCA Civ 1346; [2004] C.P. Rep. 12; [2004] 2 Costs L.R. 211; [2004] 2 P. & C.R. 22; [2004] 1 P.L.R. 29; [2004] J.P.L. 470; [2003] 43 E.G. 137 (C.S.); (2003) 147 S.J.L.B. 1272; [2003] N.P.C. 117.................................80-20, 80-30
R. (on the application of Mudie) v Dover Magistrates Court [2003] EWCA Civ 237; [2003] Q.B. 1238; [2003] 2 W.L.R. 1344; [2003] 2 All E.R. 631; [2003] R.T.R. 25; (2003) 100(12) L.S.G. 31; (2003) 147 S.J.L.B. 355.................................64-06
R. (on the application of Mullins) v Jockey Club Appeal Board (No.1) [2005] EWHC 2197 (Admin); [2006] A.C.D. 2.................................64-09
R. (on the application of Naing) v Immigration Appeal Tribunal; R. (on the application of Eyaz) v Immigration Appeal Tribunal [2003] EWHC 771 (Admin); [2003] 3 WLUK 621.................................80-18
R. (on the application of Nash) v Barnet LBC [2013] EWHC 1067 (Admin); [2013] B.L.G.R. 515; [2013] P.T.S.R. D31.................................80-05, 80-07
R. (on the application of Ngole) v University of Sheffield [2017] EWHC 2669 (Admin); [2017] 10 WLUK 661; [2018] H.R.L.R. 1; [2018] E.L.R. 87.................................39-07
R. (on the application of O) v Parkview Academy Governors; sub nom. R. (on the application of O) v Governing Body of Park View Academy [2007] EWHC 730 (Admin); [2007] 3 WLUK 393; [2007] E.L.R. 388.................................39-07
R. (on the application of O) v Parkview Academy Governors; sub nom. R. (on the application of O) v Governing Body of Park View Academy [2007] EWCA Civ 592; [2007] E.L.R. 454.................................39-07
R. (on the application of Omar) v Secretary of State for Foreign and Commonwealth Affairs [2011] EWCA Civ 1587.................................80-24
R. (on the application of Parkinson) v HM Senior Coroner for Kent [2018] EWHC 1501 (Admin); [2018] 4 W.L.R. 106; [2018] 4 All E.R. 517; [2018] 6 WLUK 291; (2019) 169 B.M.L.R. 74; [2018] Inquest L.R. 125; [2018] A.C.D. 81.................................82-09
R. (on the application of Pearce) v Commissioner of Police of the Metropolis [2013] EWCA Civ 866.................................5-14
R. (on the application of Phillips) v Walsall MBC [2001] EWHC Admin 789; [2001] 4 WLUK 469; (2002) 5 C.C.L. Rep. 383.................................80-W4
R. (on the application of Playfoot (A Child)) v Millais School Governing Body [2007] EWHC 1698 (Admin).................................39-07
R. (on the application of Privacy International) v Investigatory Powers Tribunal [2019] UKSC 22; [2019] 2 W.L.R. 1219; [2019] 4 All E.R. 1; [2019] 5 WLUK 188; [2019] H.R.L.R. 13.................................39-06
R. (on the application of Q) v Secretary of State for the Home Department; R. (on the application of D) v Secretary of State for the Home Department; R. (on the application

of J) v Secretary of State for the Home Department; R. (on the application of M) v Secretary of State for the Home Department; R. (on the application of F) v Secretary of State for the Home Department; R. (on the application of B) v Secretary of State for the Home Department [2003] EWCA Civ 364; [2004] Q.B. 36; [2003] 3 W.L.R. 365; [2003] 2 All E.R. 905; [2003] H.R.L.R. 21; [2003] U.K.H.R.R. 607; 14 B.H.R.C. 262; [2003] H.L.R. 57; (2003) 6 C.C.L. Rep. 136; [2003] A.C.D. 46; (2003) 100(21) L.S.G. 29 .... 84-X5
R. (on the application of Quark Fishing Ltd) v Secretary of State for Foreign and Commonwealth Affairs (No.1); sub nom. Secretary of State for Foreign and Commonwealth Affairs v Quark Fishing Ltd [2002] EWCA Civ 1409; [2002] 10 WLUK 792 80-24
R. (on the application of Rafique-Aldawery) v St George's, University of London. See St George's, University of London v Rafique-Aldawery 39-05
R. (on the application of Rathakrishnan) v Secretary of State for the Home Department [2011] EWHC 1406 (Admin) 80-12
R. (on the application of Raw) v Lambeth LBC [2010] EWHC 507 (Admin) 80-11
R. (on the application of RD (A Child)) v Worcestershire CC [2019] EWHC 449 (Admin); [2019] 2 WLUK 431 39-07
R. (on the application of Roberts) v Commissioner of Police of the Metropolis [2012] EWHC 1977 (Admin); [2012] H.R.L.R. 28; [2012] A.C.D. 104 5-07
R. (on the application of Roche Registration Ltd) v Secretary of State for Health [2015] EWCA Civ 1311; [2016] 4 W.L.R. 46; [2015] 12 WLUK 718; (2016) 149 B.M.L.R. 178 ... 30-01, 80-12
R. (on the application of Royal Society for the Protection of Birds) v Secretary of State for Justice; sub nom. Royal Society for the Protection of Birds (RSPB) v Secretary of State for Justice [2017] EWHC 2309 (Admin); [2017] 9 WLUK 240; [2017] 5 Costs L.O. 691; [2018] Env. L.R. 13; [2018] J.P.L. 271; [2017] A.C.D. 126 46-04
R. (on the application of S) v YP School [2003] EWCA Civ 1306; [2003] 7 WLUK 335; [2004] E.L.R. 37 39-07
R. (on the application of SB (Afghanistan)) v Secretary of State for the Home Department [2018] EWCA Civ 215; [2018] 1 W.L.R. 4457; [2018] 2 WLUK 363 80-34
R. (on the application of Scarfe) v Governor of Woodhill Prison [2017] EWHC 1194 (Admin); [2017] 5 WLUK 505; [2017] Inquest L.R. 234; [2017] A.C.D. 92 82-10
R. (on the application of Shah) v Central Criminal Court [2013] EWHC 1747 (Admin); [2013] A.C.D. 105 5-08
R. (on the application of Sisangia) v Director of Legal Aid Casework [2014] EWHC 3706 (Admin); [2015] 1 W.L.R. 1891; [2015] 1 Costs L.R. 59; [2015] A.C.D. 39 5-18
R. (on the application of Sivasubramaniam) v Wandsworth County Court [2002] EWCA Civ 1738; [2003] 1 W.L.R. 475; [2003] 2 All E.R. 160; [2003] C.P. Rep. 27; (2003) 100(3) L.S.G. 34 30-01
R. (on the application of Speed Medical Examination Services Ltd) v Secretary of State for Justice. See Speed Medical Examination Services Ltd v Secretary of State for Justice 30-01
R. (on the application of Spurrier) v Secretary of State for Transport; Also known as: R. (on the application of Hillingdon LBC) v Secretary of State for Transport, R. (on the application of Friends of the Earth Ltd) v Secretary of State for Transport, R. (on the application of Plan B Earth Ltd) v Secretary of State for Transport [2019] EWHC 1070 (Admin); [2019] 4 WLUK 424; [2019] J.P.L. 1163 7-02
R. (on the application of Staff Side of the Police Negotiating Board) v Secretary of State for Work and Pensions; sub nom. Staff Side of the Police Negotiating Board v Secretary of State for Work and Pensions, R. (on the application of FDA) v Secretary of State for Work and Pensions [2011] EWHC 3175 (Admin); [2011] 12 WLUK 97; [2012] Eq. L.R. 124; [2012] Pens. L.R. 31; [2012] A.C.D. 39 64-08
R. (on the application of Stott) v Secretary of State for Justice [2018] UKSC 59; [2018] 3 W.L.R. 1831; [2019] 2 All E.R. 351; [2018] 11 WLUK 455; [2019] 1 Cr. App. R. (S.) 47; [2019] Crim. L.R. 251 64-04
R. (on the application of Sturnham) v Parole Board for England and Wales [2013] UKSC 23; [2013] 2 A.C. 254; [2013] 2 W.L.R. 1157; [2013] 2 All E.R. 1013; [2013] H.R.L.R. 24; 35 B.H.R.C. 378; (2013) 157(18) S.J.L.B. 31 5-28
R. (on the application of TD) v Commissioner of Police of the Metropolis [2014] EWCA Civ 585; [2014] 2 WLUK 858 .... 5-24, 5-25
R. (on the application of the Association of Pharmaceutical Importers) v Secretary of State for Health; R. (on the application of the Association of Pharmaceutical Importers) v

Table of Cases

Dowelhurst Ltd; sub nom. R. (on the application of API) v Secretary of State for Health; R. v Secretary of State for Health Ex p. British Association of European Pharmaceutical Distributors [2001] EWCA Civ 1896; [2002] U.K.C.L.R. 305; [2002] Eu. L.R. 197 30-01

R. (on the application of the Law Society) v Legal Services Commission [2010] EWHC 2550 (Admin); [2011] Costs L.R. Online 57; [2011] A.C.D. 16; (2010) 107(40) L.S.G. 22... 80-07

R. (on the application of Tigere) v Secretary of State for Business, Innovation and Skills [2014] EWHC 2452 (Admin); [2014] 7 WLUK 701; [2014] H.R.L.R. 22 39-07

R. (on the application of Tigere) v Secretary of State for Business, Innovation and Skills [2015] UKSC 57.. 39-07

R. (on the application of Tinsley) v Manchester City Council; sub nom. Tinsley v Manchester City Council [2017] EWCA Civ 1704; [2018] Q.B. 767; [2018] 2 W.L.R. 973; [2017] 11 WLUK 7; (2017) 20 C.C.L. Rep. 455; (2018) 159 B.M.L.R. 154; [2017] M.H.L.R. 381 82-13

R. (on the application of TP) v Secretary of State for Work and Pensions; sub nom. R. (on the application of P) v Secretary of State for Work and Pensions [2018] EWHC 1474 (Admin); [2019] P.T.S.R. 238; [2018] 6 WLUK 257; [2018] A.C.D. 79 39-07

R. (on the application of Unison) v Lord Chancellor [2017] UKSC 51; [2017] 3 W.L.R. 409; [2017] 4 All E.R. 903; [2017] 7 WLUK 601; [2017] 4 Costs L.R. 721; [2018] 1 C.M.L.R. 35; [2017] I.C.R. 1037; [2017] I.R.L.R. 911; [2017] H.R.L.R. 11 .... 40-02, 44-30

R. (on the application of V) v Commissioner of the City of London Police [2012] EWHC 3430 (Admin) 5-24

R. (on the application of V) v Independent Appeal Panel for Tom Hood School; sub nom. R. (on the application of G) v Independent Appeal Panel for Tom Hood School [2010] EWCA Civ 142; [2010] P.T.S.R. 1462; [2010] H.R.L.R. 21; [2010] U.K.H.R.R. 637; [2010] E.L.R. 291; (2010) 154(9) S.J.L.B. 28 39-07

R. (on the application of Vella) v Lambeth LBC; sub nom. Vella v Lambeth LBC [2005] EWHC 2473 (Admin); [2006] Env. L.R. 33; [2006] H.L.R. 12; [2006] J.P.L. 1373; [2005] 47 E.G. 144 (C.S.)... 47-14

R. (on the application of Vetterlein) v Hampshire CC [2001] EWHC Admin 560; [2002] Env. L.R. 8; [2002] 1 P. & C.R. 31; [2002] J.P.L. 289 47-06

R. (on the application of W) v Secretary of State for Education [2011] EWHC 3256 (Admin); [2012] E.L.R. 172; [2012] A.C.D. 24 39-07

R. (on the application of W) v Secretary of State for the Home Department; R. (on the application of Hossain) v Secretary of State for the Home Department; Also known as: W v Secretary of State for the Home Department, Hossain v Secretary of State for the Home Department [2016] EWCA Civ 82; [2016] 1 W.L.R. 2793; [2016] 2 WLUK 247; [2016] Imm. A.R. 585; [2016] I.N.L.R. 697....................................... 80-22

R. (on the application of Watch Tower Bible & Tract Society of Britain) v Charity Commission; sub nom. Watch Tower Bible & Tract Society of Britain v Charity Commission [2016] EWCA Civ 154; [2016] 1 W.L.R. 2625; [2016] 3 WLUK 383 80-11

R. (on the application of Watkins-Singh) v Aberdare Girls' High School Governors [2008] EWHC 1865 (Admin); [2008] 3 F.C.R. 203; [2008] E.L.R. 561; [2008] A.C.D. 88 39-07

R. (on the application of Weaver) v London & Quadrant Housing Trust; sub nom. London & Quadrant Housing Trust v Weaver [2009] EWCA Civ 587; [2010] 1 W.L.R. 363; [2010] P.T.S.R. 1; [2009] 4 All E.R. 865; [2009] H.R.L.R. 29; [2009] U.K.H.R.R. 1371; [2009] H.L.R. 40; [2009] B.L.G.R. 962; [2009] L. & T.R. 26; [2009] 25 E.G. 137 (C.S.); (2009) 153(25) S.J.L.B. 30; [2009] N.P.C. 81 .... 64-09, 84-X5

R. (on the application of Westminster City Council) v Mayor of London [2002] EWHC 2440 (Admin); [2003] B.L.G.R. 611... 80-W4

R. (on the application of Willford) v Financial Services Authority. See R. (on the application of C) v Financial Services Authority 80-11

R. (on the application of Williamson) v Secretary of State for Education and Employment; sub nom. Williamson v Secretary of State for Education and Employment [2005] UKHL 15; [2005] 2 A.C. 246; [2005] 2 W.L.R. 590; [2005] 2 All E.R. 1; [2005] 2 F.L.R. 374; [2005] 1 F.C.R. 498; [2005] H.R.L.R. 14; [2005] U.K.H.R.R. 339; 19 B.H.R.C. 99; [2005] E.L.R. 291; [2005] Fam. Law 456; (2005) 102(16) L.S.G. 27; (2005) 155 N.L.J. 324; (2005) 149 S.J.L.B. 266 39-07

R. (on the application of Wood) v Commissioner of Police of the Metropolis; sub nom. Wood v Commissioner of Police of the Metropolis [2009] EWCA Civ 414; [2010] 1

TABLE OF CASES

W.L.R. 123; [2009] 4 All E.R. 951; [2010] E.M.L.R. 1; [2009] H.R.L.R. 25; [2009] U.K.H.R.R. 1254; [2009] A.C.D. 75; (2009) 106(22) L.S.G. 24; (2009) 153(21) S.J.L.B. 30. .... 5-15, 79-02, 79-06, 79-20
R. (on the application of Yam) v Central Criminal Court [2015] UKSC 76; [2016] A.C. 771; [2016] 2 W.L.R. 19; [2017] 1 All E.R. 462; [2015] 12 WLUK 523; [2016] 1 Cr. App. R. 17; [2016] H.R.L.R. 3; [2017] Crim. L.R. 235 64-02
R. (on the application of Z) v Croydon LBC [2011] EWCA Civ 59; [2011] P.T.S.R. 748; [2011] 1 F.L.R. 2081; [2011] H.L.R. 22; [2011] B.L.G.R. 445; (2011) 14 C.C.L. Rep. 289; [2011] Fam. Law 355; (2011) 108(7) L.S.G. 16. 80-33
R. (on the application of Zoolife International Ltd) v Secretary of State for the Environment, Food and Rural Affairs [2007] EWHC 2995 (Admin); [2007] 12 WLUK 442; [2008] L.L.R. 136; [2008] A.C.D. 44. 80-12
R. v Banaster (Michael) (1979) 68 Cr. App. R. 272; [1979] R.T.R. 113 CA (Crim Div) 58-02
R. v Birmingham City Council Ex p. Ferrero [1993] 1 All E.R. 530; (1991) 155 J.P. 721; 89 L.G.R. 977; (1991) 3 Admin. L.R. 613; (1991) 10 Tr. L.R. 129; [1991] C.O.D. 476; (1991) 155 J.P.N. 522; (1991) 155 L.G. Rev. 645 80-11
R. v Board of Visitors of Gartree Prison Ex p. Sears *Times* 20 March 1985 QBD 5-06
R. v Brentford General Commissioners Ex p. Chan [1986] S.T.C. 65; 57 T.C. 651 80-11
R. v British Council Ex p. Oxford Study Centre Ltd *See* R. (on the application of Oxford Study Centre Ltd) v British Council
R. v Brosch [1988] Crim. L.R. 743 CA (Crim Div) 5-01
R. v Chief Constable of North Wales Ex p. Evans [1982] 1 W.L.R. 1155; [1982] 3 All E.R. 141; (1983) 147 J.P. 6; (1982) 79 L.S.G. 1257; (1982) 126 S.J. 549 80-01
R. v Chief Constable of the British Transport Police Ex p. Farmer [1999] C.O.D. 518 CA (Civ Div). 80-03
R. v Criminal Injuries Compensation Board Ex p. A [1999] 2 A.C. 330; [1999] 2 W.L.R. 974; [1999] C.O.D. 244; (1999) 96(17) L.S.G. 25; (1999) 149 N.L.J. 522; (1999) 143 S.J.L.B. 120 HL 80-06
R. v Dairy Produce Quota Tribunal for England and Wales Ex p. Caswell [1990] 2 A.C. 738; [1990] 2 W.L.R. 1320; [1990] 2 All E.R. 434; (1990) 2 Admin. L.R. 765; [1990] C.O.D. 243; (1990) 140 N.L.J. 742 HL 80-06
R. v Debnath (Anita) [2005] EWCA Crim 3472; [2006] 2 Cr. App. R. (S.) 25; [2006] Crim. L.R. 451 63-04
R. v Department of Transport Ex p. Presvac Engineering (1992) 4 Admin. L.R. 121 80-04
R. v Deputy Governor of Parkhurst Prison Ex p. Hague; Weldon v Home Office, sub nom. Hague v Deputy Governor of Parkhurst Prison [1992] 1 A.C. 58; [1991] 3 W.L.R. 340; [1991] 3 All E.R. 733; (1993) 5 Admin. L.R. 425; [1992] C.O.D. 69; (1991) 135 S.J.L.B. 102 HL 12-15
R. v Devon CC Ex p. Baker [1995] 1 All E.R. 73; 91 L.G.R. 479; (1994) 6 Admin. L.R. 113; [1993] C.O.D. 253. .... 80-W2
R. v Disciplinary Committee of the Jockey Club Ex p. Aga Khan [1993] 1 W.L.R. 909; [1993] 2 All E.R. 853; [1993] C.O.D. 234; (1993) 143 N.L.J. 163 CA (Civ Div) ... 109-03, 109-04
R. v Falmouth and Truro Port HA Ex p. South West Water Ltd; sub nom. Falmouth and Truro Port HA v South West Water Ltd [2001] Q.B. 445; [2000] 3 W.L.R. 1464; [2000] 3 All E.R. 306; [2000] Env. L.R. 658; [2000] E.H.L.R. 306; (2000) 2 L.G.L.R. 1061; [2000] J.P.L. 1174 (Note); [2000] E.G. 50 (C.S.); (2000) 97(23) L.S.G. 41; [2000] N.P.C. 36 CA (Civ Div) 47-25
R. v Football Association Ex p. Football League Football Association v Football League; sub nom. Football Association v Football League [1993] 2 All E.R. 833; (1992) 4 Admin. L.R. 623; [1992] C.O.D. 52 QBD 109-03
R. v George; R. v Crawley; R. v Burnett; R. v Burns [2010] EWCA Crim 1148; [2010] 1 W.L.R. 2676; [2010] 4 All E.R. 984; [2010] U.K.C.L.R. 1383; [2010] 2 Cr. App. R. 17; (2010) 174 J.P. 313; [2010] Lloyd's Rep. F.C. 495. 28-04
R. v Governor of Brockhill Prison Ex p. Evans (No.2); sub nom. Evans v Governor of Brockhill Prison [2001] 2 A.C. 19; [2000] 3 W.L.R. 843; [2000] 4 All E.R. 15; [2000] U.K.H.R.R. 836; (2000) 97(32) L.S.G. 38; (2000) 144 S.J.L.B. 241 HL. 5-06
R. v Governors of Haberdashers Aske's Hatcham College Trust Ex p. Tyrell; sub nom. R. v Governors of Haberdashers Aske's Hatcham College Trust Ex p. T [1994] 10 WLUK 88; [1995] E.L.R. 350; [1995] C.O.D. 399. 39-05
R. v Hillingdon LBC Ex p. Puhlhofer [1986] A.C. 484; [1986] 2 W.L.R. 259; [1986] 1 All E.R. 467; [1986] 1 F.L.R. 22; (1986) 18 H.L.R. 158; [1986] Fam. Law 218; (1986) 83 L.S.G. 785; (1986) 136 N.L.J. 140; (1986) 130 S.J. 143 80-01
R. v Humberside CC Ex p. Bogdal (No.2) [1992] C.O.D. 467 80-11

[cxxiii]

TABLE OF CASES

R. v Independent Television Commission Ex p. TV NI *Times* 30 December 1991 80-06
R. v Inland Revenue Commissioners Ex p. National Federation of Self Employed and
  Small Businesses Ltd; sub nom. Inland Revenue Commissioners v National Federation
  of Self Employed and Small Businesses Ltd [1982] A.C. 617; [1981] 2 W.L.R. 722;
  [1981] 2 All E.R. 93; [1981] S.T.C. 260; 55 T.C. 133; (1981) 125 S.J. 325 HL....... 80-14, 80-20
R. v International Sailing Federation Ex p. International RSX Class Association Ltd
  unreported 2013 109-03
R. v Jockey Club Licensing Committee Ex p. Wright (Barrie John) [1991] C.O.D. 306 80-24
R. v Kansal (Yash Pal) (Change of Law); sub nom. R. v Kansal (Yash Pal) (No.2) [2001]
  UKHL 62; [2002] 2 A.C. 69; [2001] 3 W.L.R. 1562; [2002] 1 All E.R. 257; [2002] 1 Cr.
  App. R. 36; [2002] H.R.L.R. 9; [2002] U.K.H.R.R. 169; [2002] B.P.I.R. 370; [2002]
  Crim. L.R. 498; (2002) 99(3) L.S.G. 25; (2001) 145 S.J.L.B. 275..................... 64-02
R. v Kavanagh (Paul Thomas) [2008] EWCA Crim 855; [2008] 2 Cr. App. R. (S.) 86 47-23
R. v Kensington Income Tax Commissioners Ex p. Princess Edmond de Polignac [1917] 1
  KB 486 80-24
R. v Lancashire CC Ex p. Huddleston [1986] 2 All E.R. 941; (1986) 136 N.L.J. 562 80-24
R. v Liverpool City Council Ex p. Muldoon; R. v Liverpool City Council Ex p. Kelly; R. v
  Rent Officer Service Ex p. Kelly; sub nom. R. v Rent Officer Service Ex p. Muldoon
  [1996] 1 W.L.R. 1103; [1996] 3 All E.R. 498; (1997) 29 H.L.R. 163; (1996) 8 Admin.
  L.R. 552; [1996] C.O.D. 495; (1996) 160 J.P. Rep. 875; (1996) 93(33) L.S.G. 25;
  (1996) 146 N.L.J. 1057; (1996) 140 S.J.L.B. 184 HL 80-18
R. v Liverpool City Council Ex p. Newman (1993) 5 Admin. L.R. 669; [1993] C.O.D. 65
  QBD 39-05
R. v Lloyd's of London Ex p. Briggs [1993] 1 Lloyd's Rep. 176; [1993] C.O.D. 66 80-24
R. v Lord Saville of Newdigate Ex p. B (No.2) [2000] 1 W.L.R. 1855; [1999] 4 All E.R.
  860; [1999] 7 WLUK 615; [1999] C.O.D. 436; (1999) 149 N.L.J. 1201 CA (Civ Div) 64-02
R. v Manchester City Justices Ex p. Davies (Barry); sub nom. R. v Manchester City
  Magistrates Court Ex p. Davies; Davies v Manchester City Justices; R. v Manchester
  City Justices Ex p. Davies (No.2) [1988] 1 W.L.R. 667; [1988] 1 All E.R. 930; (1988)
  152 J.P. 227; [1988] R.V.R. 31; (1988) 152 J.P.N. 302; (1988) 85(19) L.S.G. 41; (1987)
  137 N.L.J. 1112; (1988) 132 S.J. 853 CA (Civ Div)................................. 5-09
R. v Ministry of Agriculture, Fisheries and Food Ex p. Dairy Trade Federation Ltd [1994]
  9 WLUK 130; [1998] Eu. L.R. 253; [1995] C.O.D. 237; [1995] C.O.D. 3 QBD 30-01
R. v Ministry of Defence Ex p. Smith; R. v Admiralty Board of the Defence Council Ex p.
  Lustig-Prean; R. v Admiralty Board of the Defence Council Ex p. Beckett; R. v
  Ministry of Defence Ex p. Grady [1996] Q.B. 517; [1996] 2 W.L.R. 305; [1996] 1 All
  E.R. 257; [1996] I.C.R. 740; [1996] I.R.L.R. 100; (1996) 8 Admin. L.R. 29; [1996]
  C.O.D. 237; (1995) 145 N.L.J. 1689 CA (Civ Div)................................... 64-02
R. v Monopolies and Mergers Commission Ex p. Milk Marque Ltd [2000] C.O.D. 329 80-18
R. v North West Lancashire HA Ex p. A; R. v North West Lancashire HA Ex p. D; R. v
  North West Lancashire HA Ex p. G [2000] 1 W.L.R. 977; [2000] 2 F.C.R. 525; (1999) 2
  C.C.L. Rep. 419; [1999] Lloyd's Rep. Med. 399; (2000) 53 B.M.L.R. 148 CA (Civ Div).... 1-31,
                                                                              64-04
R. v Patel (Nitin) [2004] EWCA Crim 3284; [2004] 11 WLUK 311; [2005] 1 Cr. App. R.
  27; (2005) 169 J.P. 93; [2005] 1 F.L.R. 803; [2005] Crim. L.R. 649; [2005] Fam. Law
  209; (2004) 101(46) L.S.G. 33 63-02
R. v Rahman (Mohammed Moqbular); sub nom. R v Mohammed Moqbular Rahman
  (1985) 81 Cr. App. R. 349; [1985] Crim. L.R. 596; (1985) 82 L.S.G. 2500; (1985) 129
  S.J. 431 CA (Crim Div)... 5-06
R. v Rent Officer Service Ex p. Muldoon. *See* R. v Liverpool City Council Ex p. Muldoon ... 80-18
R. v Rimmington (Anthony); R. v Goldstein (Harry Chaim) [2005] UKHL 63; [2006] 1
  A.C. 459; [2005] 3 W.L.R. 982; [2006] 2 All E.R. 257; [2006] 1 Cr. App. R. 17; [2006]
  H.R.L.R. 3; [2006] U.K.H.R.R. 1; [2006] Crim. L.R. 153; (2005) 102(43) L.S.G. 28;
  (2005) 155 N.L.J. 1685; [2006] Env. L.R. D3 47-22
R. v Secretary of State for Foreign and Commonwealth Affairs Ex p. Lord Rees-Mogg
  [1994] Q.B. 552; [1994] 2 W.L.R. 115; [1994] 1 All E.R. 457; [1993] 3 C.M.L.R. 101;
  [1994] C.O.D. 119; (1993) 143 N.L.J. 1153; (1993) 137 S.J.L.B. 195 80-14
R. v Secretary of State for Foreign and Commonwealth Affairs Ex p. World Development
  Movement Ltd [1995] 1 W.L.R. 386; [1995] 1 All E.R. 611; [1995] C.O.D. 211; (1995)
  145 N.L.J. 51... 80-14
R. v Secretary of State for Home Department. *See* R. (on the application of B) v Secretary
  of State for the Home Department 64-R3

[cxxiv]

TABLE OF CASES

R. v Secretary of State for the Home Department Ex p. Begum (Angur) [1990] Imm. A.R.
1; [1990] C.O.D. 107 80-20
R. v Secretary of State for the Home Department Ex p. Boybeyi [1997] Imm.A.R. 491;
[1997] I.N.L.R. 130; [1997] C.O.D. 455; (1997) 94(23) L.S.G. 27; (1997) 141 S.J.L.B.
130 .... 66-S2
R. v Secretary of State for the Home Department Ex p. Brind [1991] 1 A.C. 696; [1991] 2
W.L.R. 588; [1991] 1 All E.R. 720; (1991) 3 Admin. L.R. 486; (1991) 141 N.L.J. 199;
(1991) 135 S.J. 250 HL.. 64-02
R. v Secretary of State for the Home Department Ex p. Swati; R. v Secretary of State for
the Home Department Ex p. Butt (Nasir); sub nom. Swati v Secretary of State for the
Home Department [1986] 1 W.L.R. 477; [1986] 1 All E.R. 717; [1986] Imm. A.R. 88;
(1986) 83 L.S.G. 780; (1986) 136 N.L.J. 189; (1986) 130 S.J. 186 CA (Civ Div) 80-11
R. v Secretary of State for Transport. See R. (on the application of Spurrier) v Secretary of
State for Transport. 7-02
R. v Somerset CC Ex p. Dixon [1998] Env. L.R. 111; (1998) 75 P. & C.R. 175; [1997]
J.P.L. 1030; [1997] C.O.D. 323; [1997] N.P.C. 61 80-14
R. v St Edmundsbury and Ipswich Diocese (Chancellor) Ex p. White [1948] 1 K.B. 195;
[1947] 2 All E.R. 170; 63 T.L.R. 523; [1947] 6 WLUK 44; 177 L.T. 488; (1947) 91 S.J.
369 CA 80-13
R. v Williams (Gladstone) [1987] 3 All E.R. 411; (1984) 78 Cr. App. R. 276; [1984] Crim.
L.R. 163; (1984) 81 L.S.G. 278 CA (Crim Div)......................... 5-05
R&B Customs Brokers Co Ltd v United Dominions Trust Ltd [1988] 1 W.L.R. 321;
[1988] 1 All E.R. 847; [1988] R.T.R. 134; (1988) 85(11) L.S.G. 42; (1988) 132 S.J. 300
CA (Civ Div).. 25-38
R&H Hall Ltd v WH Pim Junr & Co Ltd; sub nom. Arbitration Between R&H Hall Ltd
and WH Pim Junior & Co Ltd, Re (1928) 30 Ll. L. Rep. 159 HL...................... 25-20
R&S Pilling (t/a Phoenix Engineering) v UK Insurance Ltd; sub nom. UK Insurance Ltd v
Holden [2019] UKSC 16; [2019] 2 W.L.R. 1015; [2019] 3 All E.R. 917; [2019] 2 All
E.R. (Comm) 793; [2019] 3 WLUK 442; [2019] R.T.R. 28; [2019] Lloyd's Rep. I.R.
404 .... 68-02, 81-04
Rabone v Pennine Care NHS Foundation Trust [2012] UKSC 2; [2012] 2 A.C. 72; [2012]
2 W.L.R. 381; [2012] 2 All E.R. 381; [2012] P.T.S.R. 497; [2012] H.R.L.R. 10; 33
B.H.R.C. 208; (2012) 15 C.C.L. Rep. 13; [2012] Med. L.R. 221; (2012) 124 B.M.L.R.
148; [2012] M.H.L.R. 66; (2012) 162 N.L.J. 261; (2012) 156(6) S.J.L.B. 31 . . 82-09, 82-10, 84-X5
Racing Partnership Ltd v Done Brothers (Cash Betting) Ltd; Racing Partnership Ltd v
Ladbrokes Betting and Gaming Ltd [2019] EWHC 1156 (Ch); [2019] 3 W.L.R. 779;
[2019] 5 WLUK 112; [2019] E.C.D.R. 17; [2019] F.S.R. 33 .... 59-05, 75-24
Rackham v Sandy [2005] EWHC 482 (QB) 37-56
Racz v Home Office [1994] 2 A.C. 45; [1994] 2 W.L.R. 23; [1994] 1 All E.R. 97; (1994)
144 N.L.J. 89; (1994) 138 S.J.L.B. 12 HL.............................. 84-X5
Radcliffe v Price (1902) 18 T.L.R. 466 18-03
Radio Taxicabs (London) Ltd (t/a Radio Taxis) v Owner Drivers Radio Taxi Services Ltd
(t/a Dial-a-Cab) [2004] R.P.C. 19; [2002] Masons C.L.R. 29 Ch D..................... 78-02
Radu v Houston. See Prince Radu of Hohenzollern v Houston 37-35
Rae v Yorkshire Bank Plc [1988] B.C.L.C. 35 CA (Civ Div) 9-12
Rahman v Arearose Ltd [2001] Q.B. 351; [2000] 3 W.L.R. 1184; (2001) 62 B.M.L.R. 84
CA (Civ Div) 84-X3
Rahman v HSBC Bank Plc [2012] EWHC 11 (Ch) 9-05
Rahme v Smith and Williamson Trust Corp Ltd (Administrators of the Estate of Stephen
John Voice) [2009] EWHC 911 (Ch) 61-07
Raiffeisen Zentralbank Osterreich AG v Crossseas Shipping Ltd [2000] 1 W.L.R. 1135;
[2000] 3 All E.R. 274; [2000] 1 All E.R. (Comm) 76; [2000] Lloyd's Rep. Bank. 108;
[2000] C.L.C. 553 CA (Civ Div)................................ 11-04, 13-05
Raiffeisen Zentralbank Osterreich AG v Five Star General Trading LLC (The Mount I);
Mount I, The; sub nom. Raiffeisen Zentralbank Osterreich AG v Five Star General
Trading LLC (The Mount I); Raiffeisen Zentral Bank Osterreich AG v An Feng Steel
Co Ltd [2001] EWCA Civ 68; [2001] Q.B. 825; [2001] 2 W.L.R. 1344; [2001] 3 All
E.R. 257; [2001] 1 All E.R. (Comm) 961; [2001] 1 Lloyd's Rep. 597; [2001] C.L.C.
843; [2001] Lloyd's Rep. I.R. 460; (2001) 98(9) L.S.G. 38; (2001) 145 S.J.L.B. 45 70-14
Raiffeisen Zentralbank Osterreich AG v Royal Bank of Scotland Plc [2010] EWHC 1392
(Comm); [2011] 1 Lloyd's Rep. 123; [2011] Bus. L.R. D65 .... 58-02, 58-05

[cxxv]

TABLE OF CASES

Rainbow Estates Ltd v Tokenhold Ltd; sub nom. Gaynes Park Mansion, Epping, Essex, Re
  [1999] Ch. 64; [1998] 3 W.L.R. 980; [1998] 2 All E.R. 860; [1998] L. & T.R. 116;
  [1998] 2 E.G.L.R. 34; [1998] 24 E.G. 123; (1998) 95(15) L.S.G. 30; (1998) 142
  S.J.L.B. 116; [1998] N.P.C. 33 Ch D 101-01
Raineri v Miles [1981] A.C. 1050; [1980] 2 W.L.R. 847; [1980] 2 All E.R. 145; (1981) 41
  P. & C.R. 71; (1980) 124 S.J. 328 HL 106-03, 106-05
Rainham Chemical Works Ltd (In Liquidation) v Belvedere Fish Guano Co Ltd; Ind
  Coope & Co v Rainham Chemical Works Ltd; sub nom. Belvedere Fish Guano Co Ltd
  v Rainham Chemical Works Ltd [1921] 2 A.C. 465 HL 48-02, 73-05
Rainy Sky SA v Kookmin Bank [2011] UKSC 50; [2011] 1 W.L.R. 2900; [2012] 1 All
  E.R. 1137; [2012] 1 All E.R. (Comm) 1; [2012] Bus. L.R. 313; [2012] 1 Lloyd's Rep.
  34; [2011] 2 C.L.C. 923; [2012] B.L.R. 132; 138 Con. L.R. 1; [2011] C.I.L.L. 3105 11-01
Ramdath v Daley (t/a D&E Auto Spares); sub nom. Daley v Ramdath (1993) 25 H.L.R.
  273; [1993] 20 E.G. 123; [1993] E.G. 7 (C.S.) CA (Civ Div) 99-02
Ramsingh v Attorney General of Trinidad & Tobago [2012] UKPC 16PC (Trinidad and
  Tobago) 5-06
Ramzan v Brookwide Ltd [2011] EWCA Civ 985; [2012] 1 All E.R. 903; [2012] 1 All
  E.R. (Comm) 979; [2011] 2 P. & C.R. 22; [2011] N.P.C. 95 .... 49-02, 49-03, 49-08, 103-01
Rand v Vaughan 131 E.R. 1313; (1835) 1 Bing. N.C. 767 CCP 92-05
Rankin v Potter. *See* Potter v Rankin 70-18
Ratcliffe v Evans [1892] 2 Q.B. 524 CA 38-04
Rathbone Bros Plc v Novae Corporate Underwriting Ltd [2014] EWCA Civ 1464; [2015]
  Lloyd's Rep. I.R. 95; [2015] W.T.L.R. 301 13-09
Ray v Classic FM Plc [1998] E.C.C. 488; [1999] I.T.C.L.R. 256; [1998] F.S.R. 622;
  (1998) 21(5) I.P.D. 21047; (1998) 95(17) L.S.G. 32; (1998) 148 N.L.J. 445 Ch D 75-06
Ray v Sempers. *See* DPP v Ray 58-02
Raymond v Young [2015] EWCA Civ 456; [2015] 5 WLUK 359; [2015] H.L.R. 41 .. 47-15, 47-17,
                                                                                      47-18, 47-25, 47-N5, 49-08
RBC Trustees (CI) Ltd v Stubbs [2017] EWHC 180 (Ch); [2017] 2 WLUK 169; [2017]
  W.T.L.R. 1399; [2017] 2 P. & C.R. DG5 53-01
RCA Corp v Pollard [1983] Ch. 135; [1982] 3 W.L.R. 1007; [1982] 3 All E.R. 771; [1983]
  F.S.R. 9 CA (Civ Div).. 60-10
RD Harbottle (Mercantile) Ltd v National Westminster Bank Ltd; Harbottle (Mercantile)
  Ltd v National Westminster Bank Ltd [1978] Q.B. 146; [1977] 3 W.L.R. 752; [1977] 2
  All E.R. 862; (1977) 121 S.J. 745 QBD 11-05
RDF Media Group Plc v Clements [2007] EWHC 2892 (QB); [2008] I.R.L.R. 207 41-05
Read v J Lyons & Co Ltd [1947] A.C. 156; [1946] 2 All E.R. 471; (1947) 80 Ll. L. Rep. 1;
  (1946) 62 T.L.R. 646; [1947] L.J.R. 39; 175 L.T. 413 HL 48-04, 48-05
Reckitt & Colman Products Ltd v Borden Inc (No.3); sub nom. Jif Lemon case [1990] 1
  W.L.R. 491; [1990] 1 All E.R. 873; [1990] R.P.C. 341; (1990) 134 S.J. 784 HL 78-01
Reckitt v Barnett Pembroke & Slater Ltd [1929] A.C. 176 HL 58-09
Red Bull GmbH v Sun Mark Ltd [2012] EWHC 1929 (Ch); [2013] E.T.M.R. 53 77-16
Reddaway v Banham [1896] A.C. 199; (1896) 13 R.P.C. 218 HL 78-03
Redgrave v Hurd (1881-82) L.R. 20 Ch. D. 1 CA 58-05
Redmond v Allied Irish Bank Plc [1987] F.L.R. 307; [1987] 2 F.T.L.R. 264 QBD 10-21
Reed Executive Plc v Reed Business Information Ltd [2004] EWCA Civ 159; [2004]
  E.T.M.R. 56; [2004] Info. T.L.R. 55; [2004] R.P.C. 40; [2004] Masons C.L.R. 29;
  (2004) 27(6) I.P.D. 27058; (2004) 148 S.J.L.B. 298 .... 77-05, 78-10
Reed v Madon [1989] Ch. 408; [1989] 2 W.L.R. 553; [1989] 2 All E.R. 431; (1989) 86(15)
  L.S.G. 42; (1989) 133 S.J. 360 Ch D 49-01
Rees v Berrington 30 E.R. 765; (1795) 2 Ves. Jr. 540 Ct of Chancery 27-12
Rees v Skerrett; sub nom. Rees v Skeret; Rees v Skerret [2001] EWCA Civ 760; [2001] 1
  W.L.R. 1541; (2001) 3 T.C.L.R. 27; [2001] 3 E.G.L.R. 1; [2001] 40 E.G. 163; [2001] 24
  E.G. 162 (C.S.) 47-09, 47-17
Rees v Watts 156 E.R. 891; (1855) 11 Ex. 410 Ex Ct 24-09
Reese River Silver Mining Co Ltd v Smith; sub nom. Reese River Silver Mining Co, Re
  (1869-70) L.R. 4 H.L. 64 HL 58-10
Regalian Properties Plc v London Docklands Development Corp [1995] 1 W.L.R. 212;
  [1995] 1 All E.R. 1005; [1994] 11 WLUK 32; 45 Con. L.R. 37; (1995) 11 Const. L.J.
  127; [1994] E.G. 176 (C.S.); (1995) 92(4) L.S.G. 34; [1994] N.P.C. 139; (1994) 68 P. &
  C.R. D29 Ch D 108-10

Regan v Paul Properties Ltd [2006] EWCA Civ 1391; [2007] Ch. 135; [2006] 3 W.L.R.
  1131; [2007] 4 All E.R. 48; [2007] B.L.R. 56; [2007] 2 P. & C.R. 14; [2006] 3 E.G.L.R.
  94; [2006] 46 E.G. 210; [2007] C.I.L.L. 2411; [2006] 44 E.G. 197 (C.S.); (2006)
  103(43) L.S.G. 27; [2007] 2 P. & C.R. DG5.................................... 47-14, 93-02
Regan v Taylor [2000] E.M.L.R. 549; (2000) 150 N.L.J. 392 CA (Civ Div) 37-43
Regen Lab SA v Estar Medical Ltd [2019] EWHC 63 (Pat); [2019] 1 WLUK 13 73-03
Reinhardt v Mentasti (1889) L.R. 42 Ch. D. 685 Ch D 47-07
Relfo Ltd (In Liquidation) v Varsani [2014] EWCA Civ 360; [2015] 1 B.C.L.C. 14 .. 62-17, 62-18,
                                                                        108-05, 108-21
Reliance Industries Ltd v Enron Oil and Gas India Ltd [2002] 1 All E.R. (Comm) 59;
  [2002] 1 Lloyd's Rep. 645; [2002] B.L.R. 36..................................... 3-01
Reliance Industries Ltd v Union of India [2018] EWHC 822 (Comm); [2018] 2 All E.R.
  (Comm) 1090; [2018] 1 Lloyd's Rep. 562; [2018] 4 WLUK 189 3-02
Rendlesham Estates Plc v Barr Ltd [2014] EWHC 3968 (TCC); [2015] 1 W.L.R. 3663;
  [2015] B.L.R. 37; [2015] T.C.L.R. 1; 157 Con. L.R. 147; [2015] C.I.L.L. 3604........... 35-03
Republic of Kazakhstan v Istil Group Inc [2005] EWCA Civ 1468; [2006] 1 W.L.R. 596;
  [2006] 2 All E.R. (Comm) 26; [2006] C.P. Rep. 12 4-05
Residents Against Waste Site Ltd v Lancashire CC [2007] EWHC 2558 (Admin); [2008]
  Env. L.R. 27; [2008] J.P.L. 644.. 80-14
Revenue and Customs Commissioners v Epson Telford Ltd [2008] EWCA Civ 567 65-02
Revenue and Customs Commissioners v GKN Group [2012] EWCA Civ 57; [2012] 1
  W.L.R. 2375; [2012] 3 All E.R. 111; [2012] S.T.C. 953; [2012] C.P. Rep. 20; [2012]
  B.T.C. 35; [2012] S.T.I. 217 84-03
Revett v Brown 130 E.R. 961; (1828) 5 Bing. 7 CCP 49-N9
Rex Stewart Jeffries Parker Ginsberg Ltd v Parker [1988] I.R.L.R. 483 CA (Civ Div) 41-02
Reynell v Sprye 42 E.R. 710; (1852) 1 De G.M. & G. 660; [1852] 3 WLUK 94 Ct of
  Chancery... 58-05
Reynolds v Shipping Federation Ltd; sub nom. Reynolds v Shipping Federation Ltd, and
  National Sailors and Firemen's Union [1924] 1 Ch. 28; (1923) 16 Ll. L. Rep. 402 Ch D..... 59-08
Reynolds v Times Newspapers Ltd [2001] 2 A.C. 127; [1999] 3 W.L.R. 1010; [1999] 4 All
  E.R. 609; [2000] E.M.L.R. 1; [2000] H.R.L.R. 134; 7 B.H.R.C. 289; (1999) 96(45)
  L.S.G. 34; (1999) 149 N.L.J. 1697; (1999) 143 S.J.L.B. 270 HL.................. 37-39, 37-40
RH v University Hospitals Bristol NHS Foundation Trust (formerly United Bristol
  Healthcare NHS Trust) [2013] EWHC 299 (QB); [2013] P.I.Q.R. P12; (2013) 131
  B.M.L.R. 155.. 81-26, 81-X56, 82-12
RH Willis & Son (A Firm) v British Car Auctions Ltd [1978] 1 W.L.R. 438; [1978] 2 All
  E.R. 392; [1978] R.T.R. 244; (1978) 246 E.G. 134; (1978) 122 S.J. 62 CA (Civ Div) 26-04
Rhesa Shipping Co SA v Edmunds (The Popi M); Rhesa Shipping Co SA v Fenton
  Insurance Co Ltd; Popi M, The [1985] 1 W.L.R. 948; [1985] 2 All E.R. 712; [1985] 2
  Lloyd's Rep. 1; (1985) 82 L.S.G. 2995; (1985) 129 S.J. 503 HL................. 70-05, 84-10
Rhone v Stephens [1994] 2 A.C. 310; [1994] 2 W.L.R. 429; [1994] 2 All E.R. 65; [1994] 3
  WLUK 266; [1994] 37 E.G. 151; [1994] E.G. 50 (C.S.); (1994) 138 S.J.L.B. 77; [1994]
  N.P.C. 43 HL.. 105-02
Ribee v Norrie; sub nom. Ribbee v Norrie (2001) 33 H.L.R. 69; [2001] P.I.Q.R. P8;
  [2001] L. & T.R. 23; [2000] N.P.C. 116; (2001) 81 P. & C.R. DG18 CA (Civ Div) 47-17
Richard Holden Ltd v Bostock & Co Ltd (1902) 18 T.L.R. 317 25-40
Richard v BBC [2018] EWHC 1837 (Ch); [2019] Ch. 169; [2018] 3 W.L.R. 1715; [2019]
  2 All E.R. 105; [2018] 7 WLUK 398; [2018] E.M.L.R. 26; [2018] H.R.L.R. 16 ..... 64-08, 74-21,
                                                                         79-05, 79-14
Richards (t/a Colin Richards & Co) v Hughes [2004] EWCA Civ 266; [2004] 3 WLUK
  243; [2004] P.N.L.R. 35; [2011] W.T.L.R. 997; (2004) 148 S.J.L.B. 353 39-02
Richards v Bromley LBC [2012] EWCA Civ 1476; [2013] E.L.R. 66 39-01
Richards v James 154 E.R. 577; (1848) 2 Ex. 471 Ex Ct 24-10
Richards v Worcestershire CC [2017] EWCA Civ 1998; [2018] P.T.S.R. 1563; [2017] 12
  WLUK 251; (2018) 21 C.C.L. Rep. 376; [2018] Med. L.R. 131; (2018) 160 B.M.L.R.
  40; [2017] M.H.L.R. 388.. 39-03, 108-03
Richardson v Glencore Energy UK Ltd [2014] EWHC 3990 (Comm); [2014] 11 WLUK
  193... 1-21
Richardson v LRC Products Ltd [2000] P.I.Q.R. P164; [2000] Lloyd's Rep. Med. 280;
  (2001) 59 B.M.L.R. 185 QBD 84-08
Riches v DPP [1973] 1 W.L.R. 1019; [1973] 2 All E.R. 935; (1973) 117 S.J. 585 CA (Civ
  Div)... 5-17

Table of Cases

Riches v News Group Newspapers Ltd [1986] Q.B. 256; [1985] 3 W.L.R. 43; [1985] 2 All E.R. 845; (1985) 82 L.S.G. 2088; (1985) 135 N.L.J. 391; (1985) 129 S.J. 401 CA (Civ Div) 37-25
Richmond Pharmacology Ltd v Dhaliwal [2009] 2 WLUK 317; [2009] I.C.R. 724; [2009] I.R.L.R. 336 EAT 63-09
Rickards v Lothian [1913] A.C. 263 PC (Aus) 48-05
Ricketts v The East and West India Docks and Birmingham Junction Railway 138 E.R. 863; (1852) 12 C.B. 160 CCP 94-03
Rigby v Chief Constable of Northamptonshire [1985] 1 W.L.R. 1242; [1985] 2 All E.R. 985; (1986) 83 L.S.G. 46 QBD 48-02, 48-04, 49-01
Rigby v Decorating Den Systems Ltd Lawtel 15 March 1999 CA (Civ Div) 57-03, 58-12
Riker Laboratories Inc's Patents [1997] F.S.R. 714; (1997) 20(4) I.P.D. 20031 Ch D (Patents Ct) 73-11
Risegold Ltd v Escala Ltd [2008] EWCA Civ 1180; [2008] 10 WLUK 708; [2009] 2 P. & C.R. 1; [2009] 1 E.G.L.R. 5; [2009] 2 E.G. 82; [2008] 44 E.G. 115 (C.S.); [2008] N.P.C. 116; [2009] 1 P. & C.R. DG10 94-05
Risk v Rose Bruford College [2013] EWHC 3869 (QB); [2014] E.L.R. 157 39-01
Rixon v Chief Constable of Kent; sub nom. Chief Constable of Kent v Rixon *Times* 11 April 2000 1-32
RJ v HB [2018] EWHC 2833 (Comm); [2019] Bus. L.R. 175; [2018] 2 Lloyd's Rep. 613; [2018] 10 WLUK 418 .... 2-13, 2-14
RJT Consulting Engineers Ltd v DM Engineering (Northern Ireland) Ltd [2002] EWCA Civ 270; [2002] 1 W.L.R. 2344; [2002] C.L.C. 905; [2002] B.L.R. 217; [2002] T.C.L.R. 21; 83 Con. L.R. 99; (2002) 18 Const. L.J. 425; [2002] C.I.L.L. 1841; (2002) 99(15) L.S.G. 33; (2002) 146 S.J.L.B. 78 36-01
RK v Chief Constable of South Yorkshire; sub nom. R. (on the application of RK) v Chief Constable of South Yorkshire [2013] EWHC 1555 (Admin); [2013] 6 WLUK 184; [2013] A.C.D. 121 5-23
Robbins v Bexley LBC [2013] EWCA Civ 1233; [2014] B.L.R. 11 82-05
Roberts (t/a Rapid Fixings of Chester) v Northwest Fixings [1980] 11 WLUK 91; [1993] F.S.R. 281 CA (Civ Div) 74-09
Roberts v Bank of Scotland Plc [2013] EWCA Civ 882 63-04
Roberts v Chief Constable of Cheshire; sub nom. Roberts v Jones (Chief Constable of Cheshire) [1999] 1 W.L.R. 662; [1999] 2 All E.R. 326; [1999] 2 Cr. App. R. 243; (1999) 96(7) L.S.G. 36; (1999) 149 N.L.J. 165 CA (Civ Div) 5-13
Roberts v Chief Constable of Kent [2008] EWCA Civ 1588 5-02
Roberts v Countryside Residential (South West) Ltd [2017] UKUT 386 (LC); [2017] 12 WLUK 690 100-03
Roberts v Gable [2007] EWCA Civ 721; [2008] Q.B. 502; [2008] 2 W.L.R. 129; [2007] E.M.L.R. 16; (2007) 151 S.J.L.B. 988 37-39
Roberts v Plant [1895] 1 Q.B. 597 CA 10-23
Robertson v Bexley Community Centre (t/a Leisure Link); sub nom. Bexley Community Centre (t/a Leisure Link) v Robertson [2003] EWCA Civ 576; [2003] I.R.L.R. 434 44-35
Robertson v Hartopp (1889) 43 Ch. D. 484 89-03
Robertson v Petros M Nomikos Ltd; sub nom. Petros M Nomikos Ltd v Robertson [1939] A.C. 371; (1939) 64 Ll. L. Rep. 45 HL 70-18
Robinson v Gray. *See* King (Deceased), Re 102-02
Robinson v Kilvert (1889) L.R. 41 Ch. D. 88 CA 47-06
Robinson v PE Jones (Contractors) Ltd [2011] EWCA Civ 9; [2012] Q.B. 44; [2011] 3 W.L.R. 815; [2011] B.L.R. 206; 134 Con. L.R. 26; [2011] 1 E.G.L.R. 111; (2011) 27 Const. L.J. 145; [2011] C.I.L.L. 2972; [2011] 4 E.G. 100 (C.S.) 33-10, 34-02
Robinson v St Helens MBC [2002] EWCA 1099; [2002] E.L.R. 681; [2003] P.I.Q.R. P9; (2002) 99(39) L.S.G. 39 39-02
Rock Refrigeration Ltd v Jones [1997] 1 All E.R. 1; [1997] I.C.R. 938; [1996] I.R.L.R. 675; (1996) 93(41) L.S.G. 29; (1996) 140 S.J.L.B. 226 CA (Civ Div) 41-05
Roden v Eyton 136 E.R. 1315; (1848) 6 C.B. 427 CCP 92-04
Rogan v Woodfield Building Services Ltd (1995) 27 H.L.R. 78; [1995] 1 E.G.L.R. 72; [1995] 20 E.G. 132; [1994] E.G. 145 (C.S.) CA (Civ Div) 100-01
Roger Bullivant Ltd v Ellis [1987] I.C.R. 464; [1987] I.R.L.R. 491; [1987] F.S.R. 172 CA (Civ Div) 41-07, 74-17
Rogers v Von Goetz. *See* Goetz v Rogers 10-13
Rolled Steel Products (Holdings) Ltd v British Steel Corp [1986] Ch. 246; [1985] 2 W.L.R. 908; [1985] 3 All E.R. 52; (1984) 1 B.C.C. 99158 CA (Civ Div) 43-07, 62-06

Rollerteam Ltd v Riley [2016] EWCA Civ 1291; [2017] Ch. 109; [2017] 2 W.L.R. 870;
[2016] 12 WLUK 449; [2017] 1 P. & C.R. 14 106-02
Rolls Royce Plc v Doughty. *See* Doughty v Rolls Royce Plc 81-10
Rondel v Worsley; sub nom. Rondel v W [1969] 1 A.C. 191; [1967] 1 W.L.R. 142; [1967]
3 W.L.R. 1666; [1967] 3 All E.R. 993; (1967) 111 S.J. 927 HL 85-Y9
Rookes v Barnard (No.1) [1964] A.C. 1129; [1964] 2 W.L.R. 269; [1964] 1 All E.R. 367;
[1964] 1 Lloyd's Rep. 28; (1964) 108 S.J. 93 HL............. 5-21, 37-25, 42-02, 99-02, 107-02
Rooth v Wilson 106 E.R. 22; (1817) 1 B. & Ald. 59 KB 94-03
Ropaigealach v Barclays Bank Plc [2000] Q.B. 263; [1999] 3 W.L.R. 17; [1999] 4 All
E.R. 235; (2000) 32 H.L.R. 234; [1998] E.G. 189 (C.S.); (1999) 96(6) L.S.G. 35; (1999)
149 N.L.J. 121; [1998] N.P.C. 167; (1999) 77 P. & C.R. D32 CA (Civ Div) 15-12, 104-12
Rosen v Texas Co (1958) 161 F. Supp. 55 (SDNY) 1-14
Ross v Caunters [1980] Ch. 297; [1979] 3 W.L.R. 605; [1979] 3 All E.R. 580 Ch D 57-05
Ross v Ryanair Ltd [2004] EWCA Civ 1751; [2005] 1 W.L.R. 2447; (2005) 8 C.C.L. Rep.
360; (2005) 155 N.L.J. 112... 8-12
Ross v Stanbridge Earls School [2002] EWHC 2255 (QB); [2003] E.L.R. 400 39-02
Rothwell v Chemical & Insulating Co Ltd. *See* Grieves v FT Everard & Sons Ltd 81-X24
Roura & Forgas v Townend [1919] 1 K.B. 189 KBD 70-18
Rouse v Bradford Banking Co Ltd [1894] A.C. 586 HL 10-16, 10-18
Roussel Uclaf v ICI (No.2) [1990] R.P.C. 45 CA (Civ Div) 74-14
Roux Restaurants Ltd v Jaison Property Development Co Ltd; sub nom. Jaison Property
Development Co Ltd v Roux Restaurants Ltd (1997) 74 P. & C.R. 357; [1996] E.G. 118
(C.S.); [1996] N.P.C. 111 CA (Civ Div)... 95-03
Rover International Ltd v Cannon Film Sales Ltd [1989] 1 W.L.R. 912; [1989] 3 All E.R.
423; [1988] B.C.L.C. 710 CA (Civ Div)................................. 108-08, 108-20
Rowe v Kingston upon Hull City Council [2003] EWCA Civ 1281; [2003] E.L.R. 771;
[2004] P.I.Q.R. P16... 39-02
Rowe v Roach 105 E.R. 114; (1813) 1 M. & S. 304 KB 38-10
Rowestock Ltd v Jessemey; Jessemey v Rowestock Ltd [2014] EWCA Civ 185; [2014] 1
W.L.R. 3615; [2014] 3 All E.R. 409; [2014] 3 C.M.L.R. 24; [2014] I.C.R. 550; [2014]
I.R.L.R. 368; [2014] Eq. L.R. 230; (2014) 158(9) S.J.L.B. 37...................... 44-19, 44-28
Rowland v Divall [1923] 2 K.B. 500 CA 25-23
Rowlands v Chief Constable of Merseyside [2006] EWCA Civ 1773; [2007] 1 W.L.R.
1065; [2006] Po. L.R. 187; (2007) 151 S.J.L.B. 28; (2007) 151 S.J.L.B. 64 .... 84-X5
Roy v Kensington and Chelsea and Westminster Family Practitioner Committee [1992] 1
A.C. 624; [1992] 2 W.L.R. 239; [1992] 1 All E.R. 705; [1992] I.R.L.R. 233; (1992) 4
Admin. L.R. 649; [1992] 3 Med. L.R. 177; (1992) 142 N.L.J. 240; (1992) 136 S.J.L.B.
63 HL 80-03
Roy v MR Pearlman Ltd 1999 S.C. 459; 2000 S.L.T. 727; 1999 S.C.L.R. 803; [1999] 2
C.M.L.R. 1155; 1999 G.W.D. 11-486 OH 21-02
Roy v Prior [1971] A.C. 470; [1970] 3 W.L.R. 202; [1970] 2 All E.R. 729; (1970) 114 S.J.
552 HL 5-19
Royal & Sun Alliance Insurance Plc v T&N Ltd (In Administration); Smith v T&N Ltd (In
Administration) [2002] EWCA Civ 1964; [2003] P.I.Q.R. P26 .... 84-X1
Royal Aquarium & Summer & Winter Garden Society Ltd v Parkinson [1892] 1 Q.B. 431
CA... 37-41
Royal Bank of Canada v Stangl 91992 32 ACWS (3d) 17, Ontario Court, General Division ... 9-09
Royal Bank of Scotland Plc v Ashton [2010] 12 WLUK 546; [2011] I.C.R. 632 44-24
Royal Bank of Scotland Plc v Chandra 2011] EWCA Civ 192; [2011] 3 WLUK 115;
[2011] N.P.C. 26; [2011] Bus. L.R. D149; [2011] 2 P. & C.R. DG1............... 18-03, 18-05
Royal Bank of Scotland Plc v Etridge (No.2); Barclays Bank Plc v Coleman; Barclays
Bank Plc v Harris; Midland Bank Plc v Wallace; National Westminster Bank Plc v Gill;
UCB Home Loans Corp Ltd v Moore; Bank of Scotland v Bennett; Kenyon-Brown v
Desmond Banks & Co (Undue Influence) (No.2) [2001] UKHL 44; [2002] 2 A.C. 773;
[2001] 3 W.L.R. 1021; [2001] 4 All E.R. 449; [2001] 2 All E.R. (Comm) 1061; [2002] 1
Lloyd's Rep. 343; [2001] 2 F.L.R. 1364; [2001] 3 F.C.R. 481; [2002] H.L.R. 4; [2001]
Fam. Law 880; [2001] 43 E.G. 184 (C.S.); (2001) 151 N.L.J. 1538; [2001] N.P.C. 147;
[2002] 1 P. & C.R. DG14 .. 18-02, 18-03, 18-04, 18-05, 18-06, 18-07, 18-09, 18-E6, 27-12, 45-04,
104-15, 104-Z7
Royal Bank of Scotland Plc v Fielding; sub nom. Fielding v Royal Bank of Scotland Plc
[2003] EWHC 986 (Ch); [2003] 5 WLUK 57; (2003) 100(26) L.S.G. 35; (2003) 147
S.J.L.B. 598.. 18-04

TABLE OF CASES

Royal Bank of Scotland Plc v Miller [2001] EWCA Civ 344; [2002] Q.B. 255; [2001] 3
 W.L.R. 523; (2001) 82 P. & C.R. 31 CA (Civ Div) 15-12
Royal Bank of Scotland v O'Donnell [2013] CSOH 78; 2013 G.W.D. 19-388 13-12
Royal Brunei Airlines Sdn Bhd v Tan; sub nom. Royal Brunei Airlines Sdn Bhd v Philip
 Tan Kok Ming [1995] 2 A.C. 378; [1995] 3 W.L.R. 64; [1995] 3 All E.R. 97; [1995]
 B.C.C. 899; (1995) 92(27) L.S.G. 33; (1995) 145 N.L.J. 888; [1995] 139 S.J.L.B. 146;
 (1995) 70 P. & C.R. D12 PC (Bru) 9-16, 9-18, 9-19, 61-07, 62-10, 62-11, 62-13, 74-11
Royal Exchange Assurance Corp v Sjoforsakrings AB Vega; sub nom. Royal Exchange
 Assurance Corp v Sjorforsakrings Aktiebolaget Vega [1902] 2 K.B. 384 CA 70-02
Royal Products v Midland Bank [1981] 2 Lloyd's Rep. 194; [1981] Com. L.R. 93 QBD 9-11
RSPB v Secretary of State for Justice. *See* R. (on the application of Royal Society for the
 Protection of Birds) v Secretary of State for Justice... 46-04
Rubber Improvement Ltd v Daily Telegraph Ltd; Lewis v Daily Telegraph Ltd; Lewis v
 Associated Newspapers Ltd; Rubber Improvement Ltd v Associated Newspapers Ltd
 [1964] A.C. 234; [1963] 2 W.L.R. 1063; [1963] 2 All E.R. 151; (1963) 107 S.J. 356 HL..... 37-18
Rubenstein v HSBC Bank Plc [2012] EWCA Civ 1184; [2013] 1 All E.R. (Comm) 915;
 [2012] 9 WLUK 183; [2012] 2 C.L.C. 747; [2013] P.N.L.R. 9; (2012) 156(35) S.J.L.B.
 31 .... 9-22, 12-07
Rudd v Lascelles [1900] 1 Ch. 815; [1900] 3 WLUK 57 Ch D 106-06
Rudge v Bowman (1867-68) L.R. 3 Q.B. 689 QB 16-02
Rugby Football Union v Viagogo Ltd [2011] EWHC 764 (QB); [2011] N.P.C. 37 109-01
Rugby Football Union v Viagogo Ltd; sub nom. Rugby Football Union v Consolidated
 Information Services (formerly Viagogo Ltd) [2012] UKSC 55; [2012] 1 W.L.R. 3333;
 [2013] 1 All E.R. 928; [2012] 11 WLUK 635; [2013] 1 C.M.L.R. 56; [2013] E.M.L.R.
 25; [2013] H.R.L.R. 8; [2012] Info. T.L.R. 353; [2013] F.S.R. 23; (2012) 162 N.L.J.
 1504; (2012) 156(45) S.J.L.B. 31 43-02
Rushworth v Taylor 114 E.R. 674; (1842) 3 Q.B. 699 QB 26-05
Russell v Bank of America National Trust and Savings Association unreported 1977 9-12
Russell v Barnet LBC 83 L.G.R. 152; (1984) 271 E.G. 699 QBD 47-08, 47-14
Russell v Shenton 114 E.R. 579; (1842) 3 Q.B. 449 QB 94-03
Russell v Stubbs Ltd [1913] 2 K.B. 200 HL 37-16
Rustenburg Platinum Mines Ltd v South African Airways and Pan American World
 Airways Inc [1979] 1 Lloyd's Rep. 19 CA (Civ Div)..................................... 8-14
Rutherford v Acton-Adams [1915] A.C. 866 PC (NZ) 106-06
Ruxley Electronics & Construction Ltd v Forsyth; Laddingford Enclosures Ltd v Forsyth
 [1996] A.C. 344; [1995] 3 W.L.R. 118; [1995] 3 All E.R. 268; [1995] C.L.C. 905; 73
 B.L.R. 1; 45 Con. L.R. 61; (1995) 14 Tr. L.R. 541; (1995) 11 Const. L.J. 381; [1995]
 E.G. 11 (C.S.); (1995) 145 N.L.J. 996; (1995) 139 S.J.L.B. 163 HL 35-02, 47-18
RWDSU Local 558 v Pepsi-Cola Canada Beverages (West) Ltd 2002 SCC 8 42-11
Ryan v Clark 117 E.R. 26; (1849) 14 Q.B. 65 QB 49-N7, 49-N9
Ryder v Nicholl [2000] E.M.L.R. 632 CA (Civ Div) 18-08
Rylands v Fletcher; sub nom. Fletcher v Rylands (1868) L.R. 3 H.L. 330 HL ... 26-19, 46-05, 47-04,
 47-07, 47-07, 47-08, 47-16, 48-01, 48-02, 48-03, 48-04, 48-05, 48-N1, 48-N2, 81-01
S (A Child) (Identification: Restrictions on Publication), Re; sub nom. S (A Child)
 (Identification: Restriction on Publication), Re [2004] UKHL 47; [2005] 1 A.C. 593;
 [2004] 3 W.L.R. 1129; [2004] 4 All E.R. 683; [2005] E.M.L.R. 2; [2005] 1 F.L.R. 591;
 [2004] 3 F.C.R. 407; [2005] H.R.L.R. 5; [2005] U.K.H.R.R. 129; 17 B.H.R.C. 646;
 [2005] Crim. L.R. 310; (2004) 154 N.L.J. 1654; (2004) 148 S.J.L.B. 1285 79-04
S (Deceased) (Forfeiture Rule), Re [1996] 1 W.L.R. 235; [1996] 1 F.L.R. 910; [1996] 3
 F.C.R. 357; [1996] Fam. Law 352 Ch D... 71-02
S v A [2016] EWHC 846 (Comm); [2017] 1 All E.R. (Comm) 121; [2016] 1 Lloyd's Rep.
 604; [2016] 4 WLUK 434; [2016] 1 C.L.C. 638 2-13
S&D Property Investments Ltd v Nisbet [2009] EWHC 1726 (Ch) 84-X5
S&T (UK) Ltd v Grove Developments Ltd; sub nom. Grove Developments Ltd v S&T
 (UK) Ltd [2018] EWCA Civ 2448; [2019] Bus. L.R. 1847; [2018] 11 WLUK 65;
 [2019] B.L.R. 1; 181 Con. L.R. 66; [2019] C.I.L.L. 4236............................... 34-01
Saab Seaeye Ltd v Atlas Elektronik GmbH [2017] EWCA Civ 2175; [2017] 12 WLUK
 486.. 73-03
Saad v Southampton University Hospitals NHS Trust [2018] 8 WLUK 211; [2019] I.C.R.
 311; [2018] I.R.L.R. 1007... 44-19
Sabaf SpA v MFI Furniture Centres Ltd; sub nom. Sabaf SpA v Meneghetti SpA [2004]
 UKHL 45; [2005] R.P.C. 10; (2004) 148 S.J.L.B. 1217................................. 73-06
Sadgrove v Hole [1901] 2 K.B. 1 CA 37-10

[cxxx]

TABLE OF CASES

Safa Ltd v Banque du Caire [2000] 2 All E.R. (Comm) 567; [2000] 2 Lloyd's Rep. 600;
  [2000] Lloyd's Rep. Bank. 323; [2000] C.L.C. 1556 CA (Civ Div) 10-27
Sagal (trading as Bunz UK) v Atelier Bunz GmbH [2009] EWCA Civ 700; [2009] 4 All
  E.R. 1253 21-02
Saif Ali v Sydney Mitchell & Co [1980] A.C. 198; [1978] 3 W.L.R. 849; [1978] 3 All E.R.
  1033; [1955-95] P.N.L.R. 151; (1978) 122 S.J. 761 HL........................ 85-06, 85-Y9
Salford Van Hire (Contracts) Ltd v Bocholt Developments Ltd [1995] C.L.C. 611; [1996]
  R.T.R. 103; [1995] 2 E.G.L.R. 50; [1995] 47 E.G. 153; (1995) 92(18) L.S.G. 35; (1995)
  139 S.J.L.B. 117; [1995] N.P.C. 65; (1995) 70 P. & C.R. D6 CA (Civ Div) 92-01
Salmon v Chief Constable for Northern Ireland [2013] NIQB 10; [2013] 1 WLUK 328 5-07
Salsbury v Woodland [1970] 1 Q.B. 324; [1969] 3 W.L.R. 29; [1969] 3 All E.R. 863;
  (1969) 113 S.J. 327 CA (Civ Div) 47-17
Saltman Engineering Co v Campbell Engineering Co (1948) [1963] 3 All E.R. 413 (Note);
  (1948) 65 R.P.C. 203 CA 74-01, 74-02, 74-03
Salvage Association v CAP Financial Services Ltd [1995] F.S.R. 654 QBD 33-07, 33-12
SAM Business Systems Ltd v Hedley & Co [2002] EWHC 2733 (TCC); [2003] 1 All E.R.
  (Comm) 465; [2003] Masons C.L.R. 11; (2003) 147 S.J.L.B. 57....... 33-03, 33-05, 33-08, 33-11
Samarenko v Dawn Hill House Ltd [2011] EWCA Civ 1445; [2013] Ch. 36; [2012] 3
  W.L.R. 638; [2012] 2 All E.R. 476; [2012] 2 All E.R. (Comm) 240; [2011] 12 WLUK
  51; [2012] 1 P. & C.R. 14; [2011] 49 E.G. 98 (C.S.); [2011] N.P.C. 125................ 33-06
Samia W v Secretary of State for the Home Department. See R. (on the application of W)
  v Secretary of State for the Home Department 80-22
Sampson v Hodson-Pressinger [1981] 3 All E.R. 710; (1984) 12 H.L.R. 40; (1982) 261
  E.G. 891; (1981) 125 S.J. 623 CA (Civ Div) 47-17
Sampson v Wilson [1996] Ch. 39; [1995] 3 W.L.R. 455; (1997) 29 H.L.R. 18; (1995) 70 P.
  & C.R. 359 CA (Civ Div)... 99-03
Samsung Electronics (UK) Ltd v Apple Inc [2012] EWCA Civ 729; [2012] Bus. L.R.
  1889; [2013] F.S.R. 8.. 76-04, 76-08
Samuel (Professionally known as Seal) v Wadlow. See Wadlow v Samuel (aka Seal) . 18-06, 45-03,
                                                                            45-04
Samuels v Commissioner of Police of the Metropolis unreported 3 March 1999 CA 5-12
Sansom v Gardner [2009] EWHC 3369 (QB) 62-08
Santander UK Plc v Fletcher [2018] EWHC 2778 (Ch); [2018] 10 WLUK 365; [2019] 2 P.
  & C.R. 4; [2019] 1 P. & C.R. DG5... 18-06
Santos Gomes v Higher Level Care Ltd [2018] EWCA Civ 418; [2018] 2 All E.R. 740;
  [2018] 3 WLUK 274; [2018] I.C.R. 1571; [2018] I.R.L.R. 440....................... 40-05
SAP UK Ltd v Diageo Great Britain Ltd [2017] EWHC 189 (TCC); [2017] 2 WLUK 467 ... 33-13
Saphena Computing Ltd v Allied Collection Agencies [1995] F.S.R. 616 CA (Civ Div) 33-03,
                                                                            33-05
Sarjantson v Chief Constable of Humberside [2013] EWCA Civ 1252; [2014] Q.B. 411;
  [2013] 3 W.L.R. 1540; [2014] 1 All E.R. 960; [2013] 10 WLUK 611; [2014] Med. L.R.
  63; [2013] Inquest L.R. 252 5-11
SAS Institute Inc v World Programming Ltd [2010] EWHC 1829 (Ch); [2010] E.C.D.R.
  15; [2010] Info. T.L.R. 157; [2011] R.P.C. 1 75-01
SAS Institute Inc v World Programming Ltd [2013] EWCA Civ 1482; [2013] 11 WLUK
  538; [2015] E.C.D.R. 17; [2013] Info. T.L.R. 35; [2014] R.P.C. 8.................... 75-04
Sasea Finance Ltd (In Liquidation) v KPMG (formerly KPMG Peat Marwick McLintock)
  (No.2) [2000] 1 All E.R. 676; [2000] B.C.C. 989; [2000] 1 B.C.L.C. 236; [2000]
  Lloyd's Rep. P.N. 227 CA (Civ Div) 85-08
Satnam Investments Ltd v Dunlop Heywood & Co Ltd [1999] 3 All E.R. 652; [1999] 1
  B.C.L.C 385; [1999] F.S.R. 722; [1999] Lloyd's Rep. P.N. 201; [1998] E.G. 190 (C.S.);
  (1999) 96(6) L.S.G. 33; (1999) 96(2) L.S.G. 30; [1998] N.P.C. 169 CA (Civ Div) 62-03, 74-11
Saulle v Nouvet [2007] EWHC 2902 (QB); [2008] LS Law Medical 201; [2008]
  M.H.L.R. 59; [2008] W.T.L.R. 729 .... 84-X3
Saunders v Vautier 49 E.R. 282; (1841) 4 Beav. 115 Ct of Chancery 91-06
Savage v South Essex Partnership NHS Foundation Trust [2008] UKHL 74; [2009] 1 A.C.
  681; [2009] 2 W.L.R. 115; [2009] P.T.S.R. 469; [2009] 1 All E.R. 1053; [2009]
  H.R.L.R. 12; [2009] U.K.H.R.R. 480; 27 B.H.R.C. 57; (2009) 12 C.C.L. Rep. 125;
  [2009] LS Law Medical 40; (2009) 105 B.M.L.R. 180; [2008] Inquest L.R. 126; [2009]
  M.H.L.R. 41; (2009) 153(1) S.J.L.B. 34 .... 82-09, 84-X5
Savage v South Essex Partnership NHS Foundation Trust [2010] EWHC 865 (QB); [2010]
  H.R.L.R. 24; [2010] U.K.H.R.R. 838; [2010] P.I.Q.R. P14; [2010] Med. L.R. 292;
  [2010] M.H.L.R. 311 .... 84-X5

[cxxxi]

Saville v Central Capital Ltd [2014] EWCA Civ 337; [2014] 3 WLUK 662; [2014]
C.T.L.C. 97 20-32
Savoye v Spicers Ltd [2015] EWHC 33 (TCC); [2015] 1 WLUK 188; [2015] 1 Costs L.R.
99; [2015] C.I.L.L. 3629 34-02
Sayers v SmithKline Beecham Plc (Costs Sharing Order); X v Schering Health Care Ltd;
Afrika v Cape Plc [2001] EWCA Civ 2017; [2002] 1 W.L.R. 2274; [2003] 3 All E.R.
631; [2002] C.P. Rep. 23; [2003] 4 Costs L.R. 503; (2002) 99(10) L.S.G. 28; (2002) 146
S.J.L.B. 31 .... 46-03, 84-X1
Sayers v SmithKline Beecham Plc (Withdrawal of Funding for Group Personal Injury
Action) [2004] EWHC 1899 (QB); [2005] P.I.Q.R. P8 46-03
SCA Packaging Ltd v Boyle; sub nom. Boyle v SCA Packaging Ltd [2009] UKHL 37;
[2009] 4 All E.R. 1181; [2009] N.I. 317; [2009] 7 WLUK 2; [2009] I.C.R. 1056; [2009]
I.R.L.R. 746; (2009) 109 B.M.L.R. 53; (2009) 153(26) S.J.L.B. 27 .... 39-02, 44-04
Scala Ballroom (Wolverhampton) v Ratcliffe [1958] 1 W.L.R. 1057; [1958] 3 All E.R.
220; (1958) 102 S.J. 75 CA 59-08
Scandecor Development AB v Scandecor Marketing AB (Reference to ECJ) [2001]
UKHL 21; [2001] 2 C.M.L.R. 30; [2001] E.T.M.R. 74; [2002] F.S.R. 7; (2001) 24(9)
I.P.D. 24056 77-17
Scandinavian Trading Tanker Co AB v Flota Petrolera Ecuatoriana (The Scaptrade);
Scaptrade, The [1983] 2 A.C. 694; [1983] 3 W.L.R. 203; [1983] 2 All E.R. 763; [1983]
2 Lloyd's Rep. 253 HL 106-04
Scarfe v Morgan 150 E.R. 1430; (1838) 4 M. & W. 270 Ex Ct 23-02
Schering Chemicals Ltd v Falkman Ltd [1982] Q.B. 1; [1981] 2 W.L.R. 848; [1981] 2 All
E.R. 321; (1981) 125 S.J. 342 CA (Civ Div) 74-10
Schneider v Heath 170 E.R. 1462; (1813) 3 Camp. 505 Assizes 58-02
Scholefield Goodman & Sons v Zyngier [1986] A.C. 562; [1985] 3 W.L.R. 953; [1985] 3
All E.R. 105; [1986] F.L.R. 1; (1985) 82 L.S.G. 3529; (1985) 135 N.L.J. 985; (1985)
129 S.J. 811 PC (Aus) 10-12
Scholten v Foundation Sanquin of Blood Supply H 98.0896 3 February 1999 County Ct
(Amsterdam) 84-09
Schoolman v Hall [1951] 1 Lloyd's Rep. 139 CA 67-14, 67-12
Schutz (UK) Ltd v Werit UK Ltd [2011] EWCA Civ 927 73-21
Scicluna v Zippy Stitch Ltd [2018] EWCA Civ 1320; [2018] 6 WLUK 123 1-21
SCM (United Kingdom) Ltd v WJ Whittall & Son Ltd [1971] 1 Q.B. 337; [1970] 3 W.L.R.
694; [1970] 3 All E.R. 245; (1970) 114 S.J. 706 CA (Civ Div) 47-11
Scomadi Ltd v RA Engineering Co Ltd; Changzhou Hanwei Vehicle Science and
Technology Ltd Co v Scomadi Ltd [2017] EWHC 2658 (IPEC); [2017] 10 WLUK 656;
[2018] F.S.R. 14 76-04
Scott v Lifford 170 E.R. 945; (1808) 1 Camp. 246 Assizes 10-08
Scott v Sampson (1881-82) L.R. 8 Q.B.D. 491 QBD 37-52
Scottish & Newcastle Plc v Raguz [2008] UKHL 65; [2008] 1 W.L.R. 2494; [2009] 1 All
E.R. 763; [2009] 2 All E.R. (Comm) 447; [2009] Bus. L.R. 72; [2009] 1 P. & C.R. 7;
[2009] L. & T.R. 7; [2008] 3 E.G.L.R. 115; [2008] 44 E.G. 114 (C.S.); (2008) 158
N.L.J. 1567; (2008) 152(42) S.J.L.B. 30; [2008] N.P.C. 117 102-03
Scottish Equitable Plc v Derby; sub nom. Derby v Scottish Equitable Plc [2001] EWCA
Civ 369; [2001] 3 All E.R. 818; [2001] 2 All E.R. (Comm) 274; [2001] O.P.L.R. 181;
[2001] Pens. L.R. 163; (2001) 151 N.L.J. 418 .... 9-15, 14-06, 108-16
Scottish Equitable Plc v Thompson [2003] EWCA Civ 225; [2003] H.L.R. 48; [2003] 7
E.G. 137 (C.S.) 15-05
Scottish Petroleum Co (No.2), Re (1883) L.R. 23 Ch. D. 413 CA 54-02
Scottish Power UK Plc v Talisman North Sea Ltd [2016] EWHC 3569 (Comm); [2016] 9
WLUK 386 1-22
Scragg v United Kingdom Temperance & General Provident Institution [1976] 2 Lloyd's
Rep. 227 QBD (Comm) 71-02
Seager v Copydex Ltd (No.1) [1967] 1 W.L.R. 923; [1967] 2 All E.R. 415; 2 K.I.R. 828;
[1967] F.S.R. 211; [1967] R.P.C. 349; (1967) 111 S.J. 335 CA (Civ Div) 74-02, 74-12
Sealy v First Caribbean National Bank (Barbados) [2010] 2 LRC 750, Barbados CA 9-12
Searle v Wallbank [1947] A.C. 341; [1947] 1 All E.R. 12; 63 T.L.R. 24; [1947] L.J.R. 258;
176 L.T. 104; (1947) 91 S.J. 83 HL 94-03
Seashore Marine SA v Phoenix Assurance Plc (The Vergina) (No.2); Vergina, The (No.2)
[2002] 1 All E.R. (Comm) 152; [2001] 2 Lloyd's Rep. 698; [2001] C.L.C. 1441; [2002]
Lloyd's Rep. I.R. 51 QBD (Comm) 70-05
Seaton v Seddon [2012] EWHC 735 (Ch); [2012] 1 W.L.R. 3636; [2013] 1 All E.R. 29 57-02

Table of Cases

Secretary of State for Communities and Local Government v Bovale Ltd. *See* Bovale Ltd v Secretary of State for Communities and Local Government 46-01
Secretary of State for Communities and Local Government v Venn. *See* Venn v Secretary of State for Communities and Local Government 46-04
Secretary of State for Employment v ASLEF (No.2). *See* Secretary of State for Employment v Associated Society of Locomotive Engineers and Firemen (No.2) 42-01
Secretary of State for Employment v Associated Society of Locomotive Engineers and Firemen (No.2); sub nom. Secretary of State for Employment v ASLEF (No.2) [1972] 2 Q.B. 455; [1972] 2 W.L.R. 1370; [1972] 2 All E.R. 949; [1972] I.C.R. 19; 13 K.I.R. 1; (1972) 116 S.J. 467 CA. 42-01
Secretary of State for Foreign and Commonwealth Affairs v HM Assistant Deputy Coroner for Inner North London [2013] EWHC 1786 (Admin); [2014] A.C.D. 24 80-18
Secretary of State for Health v Servier Laboratories Ltd [2019] EWCA Civ 1160; [2019] 7 WLUK 170 .... 42-03, 60-10
Secretary of State for Justice v Prison Officers Association [2018] EWHC 2897 (QB); [2018] 10 WLUK 271. 42-08
Secretary of State for Justice v Topland Group Plc; Secretary of State for Justice v LSM Professional Ltd (t/a LSM Partners) [2011] EWHC 983 (QB). 61-12
Secretary of State for the Environment, Food and Rural Affairs v Meier [2009] UKSC 11; [2009] 1 W.L.R. 2780; [2010] P.T.S.R. 321; [2010] 1 All E.R. 855; [2010] H.L.R. 15; [2010] 2 P. & C.R. 6; [2010] 1 E.G.L.R. 169; [2009] 49 E.G. 70 (C.S.); (2009) 153(46) S.J.L.B. 34; [2010] N.P.C. 3 46-07
Securum Finance Ltd v Ashton (No.1); sub nom. Ashton v Securum Finance Ltd [2001] Ch. 291; [2000] 3 W.L.R. 1400; (2000) 97(27) L.S.G. 38 CA (Civ Div). 13-16
Seddon v Smith (1877) 36 L.T. 168 .... 49-N10, 87-02
Sedleigh-Denfield v O'Callagan (Trustees for St Joseph's Society for Foreign Missions) [1940] A.C. 880; [1940] 3 All E.R. 349; [1940] 6 WLUK 40 HL. 47-01, 47-07, 47-14, 47-17, 47-21
Sel-Imperial Ltd v British Standards Institution [2010] EWHC 854 (Ch); [2010] U.K.C.L.R. 493. 28-05
Seldon v Davidson [1968] 1 W.L.R. 1083; [1968] 2 All E.R. 755; (1968) 112 S.J. 463 CA (Civ Div). 14-02
Seligmann v Young [1884] W.N. 93 58-12
Semayne's Case 77 E.R. 194; (1604) 5 Co. Rep. 91 QB 35-01
Sempra Metals Ltd (formerly Metallgesellschaft Ltd) v Inland Revenue Commissioners [2007] UKHL 34; [2008] 1 A.C. 561; [2008] Bus. L.R. 49; [2007] 3 W.L.R. 354; [2007] 4 All E.R. 657; [2007] S.T.C. 1559; [2008] Eu. L.R. 1; [2007] B.T.C. 509; [2007] S.T.I. 1865; (2007) 104(31) L.S.G. 25; (2007) 157 N.L.J. 1082; (2007) 151 S.J.L.B. 985 . . 14-03, 31-G1, 31-G2, 67-21, 108-02, 108-03, 108-05, 108-29
Sennar, The. *See* DSV Silo und Verwaltungsgesellschaft mbH v Owners of the Sennar (The Sennar) 51-01
Serafin v Malkiewicz [2019] EWCA Civ 852; [2019] 5 WLUK 284; [2019] E.M.L.R. 21 37-40
Sewell v National Telephone Co Ltd [1907] 1 K.B. 557 CA 5-07
Seymour v Caroline Ockwell & Co [2005] EWHC 1137 (QB); [2005] P.N.L.R. 39 9-26
SG v St Gregory's Catholic Science College Governors. *See* G v St Gregory's Catholic Science College Governors. 39-07
Shaaban bin Hussien v Chong Fook Kam; sub nom. Hussien v Kam; Hussein v Kam (Chong Fook); Hussien (Shaabin Bin) v Kam (Chong Fook) [1970] A.C. 942; [1970] 2 W.L.R. 441; [1969] 3 All E.R. 1626; (1970) 114 S.J. 35 PC (Mal) 5-12
Shah v HSBC Private Bank (UK) Ltd [2012] EWHC 1855 (QB) 9-11
Shah v Standard Chartered Bank [1999] Q.B. 241; [1998] 3 W.L.R. 592; [1998] 4 All E.R. 155; [1998] E.M.L.R. 597; (1998) 142 S.J.L.B. 164 37-35
Shakil-Ur-Rahman v ARY Network Ltd [2016] EWHC 3110 (QB); [2017] 4 W.L.R. 22; [2016] 12 WLUK 42; [2017] E.M.L.R. 10. 63-06
Shalson v Russo; sub nom. Mimran v Russo [2003] EWHC 1637 (Ch); [2005] Ch. 281; [2005] 2 W.L.R. 1213; [2003] W.T.L.R. 1165; (2005-06) 8 I.T.E.L.R. 435; (2003) 100(35) L.S.G. 37 Ch D. 62-05, 62-17, 108-21
Shamoon v Chief Constable of the Royal Ulster Constabulary [2003] UKHL 11; [2003] 2 All E.R. 26; [2003] N.I. 174; [2003] I.C.R. 337; [2003] I.R.L.R. 285; (2003) 147 S.J.L.B. 268 HL (NI). 44-13
Sharma v Simposh Ltd [2011] EWCA Civ 1383; [2013] Ch. 23; [2012] 3 W.L.R. 503; [2012] 2 All E.R. (Comm) 288; [2011] 11 WLUK 659; [2012] 1 P. & C.R. 12; [2012] 1 E.G.L.R. 113; [2012] 6 E.G. 92; [2011] 48 E.G. 87 (C.S.); [2012] 1 P. & C.R. DG12 108-11

TABLE OF CASES

Sharp v Harrison [1922] 1 Ch. 502 Ch D 51-02
Shaw v Earl of Jersey (1878-79) L.R. 4 C.P.D. 359 CA 92-06
Shaw v Holland 153 E.R. 794; (1846) 15 M. & W. 136 Ex Ct 16-03
Shaw v Kovac [2017] EWCA Civ 1028; [2017] 1 W.L.R. 4773 82-08
Shawton Engineering Ltd v DGP International Ltd (t/a Design Group Partnership) [2005]
    EWCA Civ 1359; [2006] B.L.R. 1; (2006) 22 Const. L.J. 129. 33-06
Sheffield City Council v Fairhall [2017] EWHC 2121 (QB); [2018] P.T.S.R. 719; [2017] 8
    WLUK 179; [2018] R.T.R. 11; [2018] Env. L.R. 12; [2017] L.L.R. 890................ 107-01
Sheffield Corp v Barclay [1905] A.C. 392 HL 10-21, 27-06
Sheffield United Football Club Ltd v West Ham United Football Club Plc [2008] EWHC
    2855 (Comm); [2009] 1 Lloyd's Rep. 167; [2008] 2 C.L.C. 741....................... 109-05
Sheffield v Pickfords Ltd [1997] C.L.C. 648; (1997) 16 Tr. L.R. 337 CA (Civ Div) 33-08
Sheikholeslami v Edinburgh University [2018] 10 WLUK 117; [2018] I.R.L.R. 1090 44-21
Shelfer v City of London Electric Lighting Co (No.1); Meux's Brewery Co v City of
    London Electric Lighting Co [1895] 1 Ch. 287 CA..................... 47-25, 51-01, 105-03
Shell Egypt West Manzala GmbH v Dana Gas Egypt Ltd (formerly Centurion Petroleum
    Corp) [2009] EWHC 2097 (Comm); [2010] 2 All E.R. (Comm) 442; [2010] 1 Lloyd's
    Rep. 109; [2009] 2 C.L.C. 481; 127 Con. L.R. 27; [2009] C.I.L.L. 2773; [2010] Bus.
    L.R. D53.. 3-01
Shell UK Ltd v Total UK Ltd. *See* Colour Quest Ltd v Total Downstream UK Plc ... 47-04, 47-07,
    47-11
Shephard v Turner [2006] EWCA Civ 8; [2006] 2 P. & C.R. 28; [2006] 2 E.G.L.R. 73;
    [2006] 20 E.G. 294; [2006] R.V.R. 299; (2006) 103(7) L.S.G. 26; [2006] 150 S.J.L.B.
    166; [2006] N.P.C. 6... 105-03
Shepherd v Collect Investments Ltd [2018] EWCA Civ 162; [2018] 2 WLUK 223 ... 47-18, 19-08
Shields v Chief Constable of Merseyside Police [2010] EWCA Civ 1281; *Times* 3 March
    2011.. 5-07
Shinedean Ltd v Alldown Demolition (London) Ltd (In Liquidation) [2006] EWCA Civ
    939; [2006] 1 W.L.R. 2696; [2006] 2 All E.R. (Comm) 982; [2006] 2 C.L.C. 98; [2006]
    B.L.R. 309; [2006] Lloyd's Rep. I.R. 846... 67-22
Shipowners' Mutual Protection and Indemnity Association (Luxembourg) v
    Containerships Denizcilik; Nakliyat ve Ticaret AS; Yusuf Cepnioglu, The [2016]
    EWCA Civ 386; [2016] 2 All E.R. (Comm) 851; [2016] 2 All E.R. (Comm) 933; [2016]
    Bus. L.R. 755; [2016] 1 Lloyd's Rep. 641; [2016] 4 WLUK 427 4-02
Shipway v Broadwood [1899] 1 Q.B. 369 CA 61-01, 61-04
Showerings Ltd v Blackpool Tower Co Ltd [1975] F.S.R. 40 Ch D 78-06
Shuttleworth v Clews [1910] 1 Ch. 176; [1909] 12 WLUK 11 Ch D 106-05
Sibree v Tripp 153 E.R. 745; (1846) 15 M. & W. 23 Ex Ct 10-14
Sick and Funeral Society of St John's Sunday School, Golcar, Re [1973] Ch. 51; [1972] 2
    W.L.R. 962; [1972] 2 All E.R. 439; (1972) 116 S.J. 355 Ch D 43-10
Siddiqui v University of Oxford [2016] EWHC 3150 (QB); [2016] 12 WLUK 86 39-03
Sidebotham v Holland [1895] 1 Q.B. 378 CA 98-09
Sidhu v British Airways Plc. *See* Abnett v British Airways Plc 8-01, 8-05
Sienkiewicz v Greif (UK) Ltd; Knowsley MBC v Willmore; sub nom. Costello
    (Deceased), Re; Willmore v Knowsley MBC [2011] UKSC 10; [2011] 2 W.L.R. 523;
    [2011] 2 All E.R. 857; [2011] I.C.R. 391; [2011] P.I.Q.R. P11; (2011) 119 B.M.L.R. 54;
    (2011) 108(12) L.S.G. 21; (2011) 155(10) S.J.L.B. 30. .... 47-13, 70-05, 84-10, 85-08
Sight & Sound Education Ltd v Books Etc Ltd [2000] L. & T.R. 146; [1999] 3 E.G.L.R.
    45; [1999] 43 E.G. 161 Ch D... 88-05
Silcott v Commissioner of Police of the Metropolis (1996) 8 Admin. L.R. 633 CA (Civ
    Div).. 5-20
Silkman v Heard unreported 28 February 2001 QBD 37-60
Silverburn Shipping (IoM) Ltd v Ark Shipping Co LLC; Arctic, The [2019] EWHC 376
    (Comm); [2019] 1 Lloyd's Rep. 554; [2019] 2 WLUK 330........................... 3-02
Sim v Stretch [1936] 2 All E.R. 1237 HL 37-04
Simmons v Castle [2012] EWCA Civ 1288; [2013] 1 W.L.R. 1239; [2013] 1 All E.R. 334;
    [2013] C.P. Rep. 3; [2012] 6 Costs L.R. 1150; [2013] E.M.L.R. 4; [2013] P.I.Q.R. P2;
    [2013] Med. L.R. 4; (2012) 162 N.L.J. 1324; (2012) 156(39) S.J.L.B. 31............ 81-16, 84-13
Simon Carves Ltd v Ensus UK Ltd [2011] EWHC 657 (TCC); [2011] B.L.R. 340; 135
    Con. L.R. 96 11-05
Simpson v Chief Constable of South Yorkshire (1991) 135 S.J. 383 CA (Civ Div) 5-02
Sinclair Gardens Investments (Kensington) Ltd v Wang unreported 23 May 2006 Land Tr .. 100-02

TABLE OF CASES

Sinclair Investment Holdings SA v Versailles Trade Finance Ltd (In Administrative Receivership) [2007] EWHC 915 (Ch); [2007] 2 All E.R. (Comm) 993; (2007-08) 10 I.T.E.L.R. 58 .... 62-05, 62-16
Sinclair Investments (UK) Ltd v Versailles Trade Finance Ltd (In Administration) [2011] EWCA Civ 347; [2011] Bus. L.R. 1126; [2011] 4 All E.R. 335; [2011] W.T.L.R. 1043; [2011] 2 P. & C.R. DG6................................. 61-08, 62-03, 62-04, 62-18, 108-11
Sinclair v Brougham [1914] A.C. 398; [1914-15] All E.R. Rep. 622, HL 9-04, 9-16
Singularis Holdings Ltd (In Liquidation) v Daiwa Capital Markets Europe Ltd [2019] UKSC 50; [2019] 10 WLUK 424 .... 9-11, 9-19
Sir Robert McAlpine Ltd v Alfred McAlpine Plc [2004] EWHC 630 (Ch); [2004] R.P.C. 36; (2004) 27(7) I.P.D. 27071 .... 78-02, 78-07
Sirius International Insurance Co (Publ) v FAI General Insurance Ltd; sub nom. Sirius International Insurance Corp Ltd v FAI General Insurance Co Ltd [2003] EWCA Civ 470; [2003] 1 W.L.R. 2214; [2004] 1 All E.R. 308; [2003] 1 All E.R. (Comm) 865; [2003] 1 C.L.C. 1124; [2004] Lloyd's Rep. I.R. 47; (2003) 147 S.J.L.B. 477................ 11-05
Sirros v Moore [1975] Q.B. 118; [1974] 3 W.L.R. 459; [1974] 3 All E.R. 776; (1974) 118 S.J. 661 CA (Civ Div)... 5-09
Sivanandan v Executive Committee of Hackney Action for Racial Equality [2002] EWCA Civ 111 1-22
Six Carpenters Case 77 E.R. 695; (1610) 8 Co. Rep. 146a QB 49-02
SK Properties (Midlands) Ltd v Byrne [2018] UKUT 394 (LC); [2018] 11 WLUK 342 106-03
SKA v CRH [2012] EWHC 766 (QB) 79-15
Skandia Property (UK) Ltd v Thames Water Utilities Ltd [1999] B.L.R. 338 CA (Civ Div) .. 47-19
Skelton v DBS Homes (Kings Hill) Ltd [2017] EWCA Civ 1139; [2018] 1 W.L.R. 362; [2017] 7 WLUK 702; [2017] H.L.R. 38; [2018] L. & T.R. 10; [2017] 2 P. & C.R. DG25 ... 100-03
Skinner v City of London Marine Insurance Corp (1884-85) L.R. 14 Q.B.D. 882 CA 16-02
Skipton Building Society v Bratley; sub nom. Stott v Skipton Building Society [2001] Q.B. 261; [2000] 3 W.L.R. 1031; [2000] 2 All E.R. 779; [2000] 1 All E.R. (Comm) 257; [2000] Lloyd's Rep. Bank. 34; [1999] N.P.C. 158 CA (Civ Div) 13-15, 27-13
Skrzynski v Commissioner of Police of the Metropolis [2014] EWCA Civ 9; [2014] 1 WLUK 670.. 1-22
Skype Technologies SA v Joltid Ltd [2009] EWHC 2783 (Ch); [2011] I.L.Pr. 8; [2009] Info. T.L.R. 104.. 4-03
Slack v Leeds Industrial Cooperative Society Ltd (No.1); sub nom. Leeds Industrial Cooperative Society Ltd v Slack [1924] A.C. 851; [1924] All E.R. Rep. 264 HL........... 93-02
Slater v Wimmer [2012] EWPCC 7; [2012] 2 WLUK 475 75-06
Slazenger v Feltham (1889) 6 R.P.C. 531 78-03
Slim v Daily Telegraph [1968] 2 Q.B. 157; [1968] 2 W.L.R. 599; [1968] 1 All E.R. 497; (1968) 112 S.J. 97 CA (Civ Div).................................... 37-18, 38-10
Slipper v BBC [1991] 1 Q.B. 283; [1990] 3 W.L.R. 967; [1990] 1 All E.R. 165; (1990) 134 S.J. 1042 CA (Civ Div) 37-11
Smart v Forensic Science Service Ltd [2013] EWCA Civ 783; [2013] P.N.L.R. 32 5-16
Smiley v Townshend [1950] 2 K.B. 311; [1950] 1 All E.R. 530; 66 T.L.R. (Pt. 1) 546; (1950) 155 E.G. 110 CA.. 101-02
Smith (Administrator of Cosslett (Contractors) Ltd) v Bridgend CBC; sub nom. Cosslett (Contractors) Ltd (In Administration) (No.2), Re [2001] UKHL 58; [2002] 1 A.C. 336; [2001] 3 W.L.R. 1347; [2002] 1 All E.R. 292; [2001] B.C.C. 740; [2002] 1 B.C.L.C. 77; [2002] B.L.R. 160; [2002] T.C.L.R. 7; 80 Con. L.R. 172; [2001] N.P.C. 161 .... 24-01, 26-10
Smith New Court Securities Ltd v Citibank NA; sub nom. Smith New Court Securities Ltd v Scrimgeour Vickers (Asset Management) Ltd [1997] A.C. 254; [1996] 3 W.L.R. 1051; [1996] 4 All E.R. 769; [1997] 1 B.C.L.C. 350; [1996] C.L.C. 1958; (1996) 93(46) L.S.G. 28; (1996) 146 N.L.J. 1722; (1997) 141 S.J.L.B. 5 HL 58-06
Smith New Court Securities Ltd v Scrimgeour Vickers (Asset Management) Ltd. See Smith New Court Securities Ltd v Citibank NA 58-06
Smith v ADVFN Plc [2008] EWHC 1797 (QB) 37-07
Smith v Baxter [1900] 2 Ch. 138 Ch D 93-02, 93-Z10
Smith v British Boxing Board of Control Ltd unreported 13 April 2015 109-05
Smith v Brudenell-Bruce [2002] 2 P. & C.R. 4; [2001] 28 E.G. 143 (C.S.) 93-Z10
Smith v Chadwick (1883-84) L.R. 9 App. Cas. 187 HL 58-06
Smith v Chief Constable of Sussex Police [2008] EWCA Civ 39; [2008] H.R.L.R. 23; [2008] U.K.H.R.R. 551; [2008] P.I.Q.R. P12................................... 5-03
Smith v Cooper [2010] EWCA Civ 722; [2010] 2 F.L.R. 1521; [2010] 2 F.C.R. 551; [2011] W.T.L.R. 691; [2010] Fam. Law 1179; [2011] 1 P. & C.R. DG1............ 18-04, 108-11

[cxxxv]

Smith v Enright (1893) 63 L.J.Q.B. 220 92-05
Smith v Hughes (1870-71) L.R. 6 Q.B. 597; [1861-73] All E.R. Rep. 632; (1871) 19 W.R.
  1059 QB 58-02
Smith v Kay 11 E.R. 299; (1859) 7 H.L. Cas. 750 HL 18-01
Smith v Lancashire Teaching Hospitals NHS Foundation Trust; sub nom. Bulloch
  (Deceased), Re [2017] EWCA Civ 1916; [2018] Q.B. 804; [2018] 2 W.L.R. 1063;
  [2017] 11 WLUK 606; [2018] P.I.Q.R. P5; (2018) 162 B.M.L.R. 1; [2017] W.T.L.R.
  1469... 81-24
Smith v Lloyds TSB Bank Plc; Harvey Jones Ltd v Woolwich Plc; sub nom. Smith v
  Lloyds TSB Group Plc [2001] Q.B. 541; [2000] 3 W.L.R. 1725; [2001] 1 All E.R. 424;
  [2000] 2 All E.R. (Comm) 693; [2000] Lloyd's Rep. Bank. 334; (2000) 97(36) L.S.G.
  42; (2000) 150 N.L.J. 1337; (2000) 144 S.J.L.B. 24 CA (Civ Div) 10-20, 26-09
Smith v Ministry of Defence [2011] EWHC 1676 (QB) 84-X5
Smith v Police Service for Northern Ireland [2019] NIQB 39; [2019] 4 WLUK 520 5-08
Smith v Royston 151 E.R. 1086; (1841) 8 M. & W. 381 Ex Ct 49-N9
Smith v Scott [1973] Ch. 314; [1972] 3 W.L.R. 783; [1972] 3 All E.R. 645; (1972) 116
  S.J. 785 Ch D 48-02
Smith v Secretary of State for Health [2002] EWHC 200 (QB); [2002] Lloyd's Rep. Med.
  333; (2002) 67 B.M.L.R. 34 83-09
Smith v Sorby (1875) 3 Q.B.D. 552 QBD 61-12
Smith v Southampton University Hospitals NHS Trust [2007] EWCA Civ 387; (2007) 96
  B.M.L.R. 79 85-06
Smith v Spaul [2002] EWCA Civ 1830; [2003] Q.B. 983; [2003] 2 W.L.R. 495; [2003] 1
  All E.R. 509; [2003] H.L.R. 38; [2003] 2 P. & C.R. 21; [2003] L. & T.R. 17; [2003] 1
  E.G.L.R. 70; [2003] 17 E.G. 148; [2003] 3 E.G. 125 (C.S.); (2003) 100(9) L.S.G. 28;
  (2003) 147 S.J.L.B. 27; [2002] N.P.C. 164; [2003] 1 P. & C.R. DG19 101-01
Smith v Trafford Housing Trust [2012] EWHC 3221 (Ch); [2013] I.R.L.R. 86; (2012) 162
  N.L.J. 1467 64-09
Smith v Wallace [1895] 1 Ch. 385 Ch D 54-01
Smithkline Beecham Plc v Avery [2009] EWHC 1488 (QB); [2011] Bus. L.R. D40 63-05
Smoldon v Whitworth [1997] E.L.R. 249; [1997] P.I.Q.R. P133 CA (Civ Div) 109-02
Snell v Robert Young & Co Ltd [2002] EWCA Civ 1644; [2003] C.P. Rep. 25; (2002) 146
  S.J.L.B. 270 .... 46-03, 84-02
Sobczak v DPP [2012] EWHC 1319 (Admin); (2012) 176 J.P. 575; [2013] Crim. L.R.
  515; [2012] A.C.D. 73... 5-14
Sobrany v UAB Transtira [2016] EWCA Civ 28; [2016] 1 WLUK 604; [2016] R.T.R. 18;
  [2016] Lloyd's Rep. I.R. 266 1-23
Societe Generale v Metropolitan Bank Ltd (1873) 27 L.T. 849 9-10
Socimer International Bank Ltd (In Liquidation) v Standard Bank London Ltd (No.2)
  [2008] EWCA Civ 116; [2008] Bus. L.R. 1304; [2008] 1 Lloyd's Rep. 558............ 9-07
Socomex Ltd v Banque Bruxelles Lambert SA [1996] 1 Lloyd's Rep. 156 QBD (Comm) 9-03
Software Incubator Ltd v Computer Associates UK Ltd. See Computer Associates UK Ltd
  v Software Incubator Ltd.. 21-02, 33-03
Soleh Boneh International v Uganda and National Housing Corp [1993] 2 Lloyd's Rep.
  208.. 4-06
Soletanche Bachy France SAS v Aqaba Container Terminal (Pvt) Co [2019] EWHC 362
  (Comm); [2019] 1 Lloyd's Rep. 423; [2019] 1 WLUK 441........................... 2-02
Solloway v Hampshire CC 79 L.G.R. 449; (1981) 258 E.G. 858 CA (Civ Div) 47-14
Solloway v McLaughlin [1938] A.C. 247 PC (Can) 26-13
Solo Industries UK Ltd v Canara Bank [2001] EWCA Civ 1059; [2001] 1 W.L.R. 1800;
  [2001] 2 All E.R. (Comm) 217; [2001] 2 Lloyd's Rep. 578; [2001] Lloyd's Rep. Bank.
  346; [2001] C.L.C. 1651; (2001) 98(29) L.S.G. 37; (2001) 145 S.J.L.B. 168 10-27
Soulsby v Neving 103 E.R. 592; (1808) 9 East 310 KB 103-02
Sousa v Waltham Forest LBC [2011] EWCA Civ 194; [2011] 1 W.L.R. 2197; [2011] 4
  Costs L.R. 584; [2011] Lloyd's Rep. I.R. 631; [2011] 10 E.G. 107 (C.S.); (2011)
  108(11) L.S.G. 19; (2011) 161 N.L.J. 435; [2011] N.P.C. 28......................... 67-04
South Australia Asset Management Corp v York Montague Ltd; United Bank of Kuwait
  Plc v Prudential Property Services Ltd; Nykredit Mortgage Bank Plc v Edward Erdman
  Group Ltd [1997] A.C. 191; [1996] 3 W.L.R. 87; [1996] 3 All E.R. 365; [1996] 5 Bank.
  L.R. 211; [1996] C.L.C. 1179; 80 B.L.R. 1; 50 Con. L.R. 153; [1996] P.N.L.R. 455;
  [1996] 2 E.G.L.R. 93; [1996] 27 E.G. 125; [1996] E.G. 107 (C.S.); (1996) 93(32)
  L.S.G. 33; (1996) 146 N.L.J. 956; (1996) 140 S.J.L.B. 156; [1996] N.P.C. 100 HL ... 58-06, 85-08

South Carolina Insurance Co v Assurantie Maatshappij De Zeven Provincien NV [1987]
A.C. 24; [1986] 3 W.L.R. 398; [1986] 3 All E.R. 487; [1986] 2 Lloyd's Rep. 317;
[1987] E.C.C. 1; (1986) 83 L.S.G. 2659; (1986) 136 N.L.J. 751; (1986) 130 S.J. 634,
HL 4-03
South Wales Miners Federation v Glamorgan Coal Co Ltd; sub nom Glamorgan Coal Co
Ltd v South Wales Miners Federation [1905] A.C. 239 HL 59-08, 60-07
South West Water Services Ltd v International Computers Ltd [1999] B.L.R. 420; [1999-
2000] Info. T.L.R. 1; [1998-99] Info. T.L.R. 154; [1999] I.T.C.L.R. 439; [2001] Lloyd's
Rep. P.N. 353; [1999] Masons C.L.R. 400 QBD (TCC)................................. 33-06
Southern Gas Networks Plc v Thames Water Utilities Ltd [2018] EWCA Civ 33; [2018] 1
W.L.R. 5977; [2018] 2 All E.R. 717; [2018] 1 WLUK 388; 176 Con. L.R. 13 47-10
Southern Livestock Producers, Re [1964] 1 W.L.R. 24; [1963] 3 All E.R. 801; (1964) 108
S.J. 15 Ch D 23-04
Southport Corp v Esso Petroleum. *See* Esso Petroleum Co Ltd v Southport Corp 46-05, 47-23,
49-02
Southwark LBC v Afolabi. *See* Afolabi v Southwark LBC 44-34
Southwark LBC v IBM UK Ltd [2011] EWHC 549 (TCC) 33-03, 33-08
Southwark LBC v Long; sub nom. Long v Southwark LBC [2002] EWCA Civ 403;
[2002] H.L.R. 56; [2002] B.L.G.R. 530; [2002] 3 E.G.L.R. 37; [2002] 47 E.G. 150;
[2002] 15 E.G. 133 (C.S.); (2002) 99(19) L.S.G. 30; [2002] N.P.C. 48 .... 47-03, 47-25, 47-26
Southwark LBC v Mills; Baxter v Camden LBC (No.2); sub nom. Southwark LBC v
Tanner [2001] 1 A.C. 1; [1999] 3 W.L.R. 939; [1999] 4 All E.R. 449; [2000] Env. L.R.
112; (2000) 32 H.L.R. 148; [2000] B.L.G.R. 138; [2000] L. & T.R. 159; [1999] 3
E.G.L.R. 35; [1999] 45 E.G. 179; [1999] E.G. 122 (C.S.); (1999) 96(42) L.S.G. 41;
(1999) 96(42) L.S.G. 45; (1999) 149 N.L.J. 1618; (1999) 143 S.J.L.B. 249; [1999]
N.P.C. 123; (2000) 79 P. & C.R. D13 HL 47-01, 47-03, 47-07, 47-17, 96-06, 96-07
Southwark LBC v Transport for London [2018] UKSC 63; [2018] 3 W.L.R. 2059; [2019]
2 All E.R. 271; [2019] P.T.S.R. 1; [2018] 12 WLUK 20; [2019] 1 P. & C.R. 14............ 49-05
Spalding v Gamage. *See* AG Spalding & Bros v AW Gamage Ltd 78-03
Speciality Shops Ltd v Yorkshire & Metropolitan Estates Ltd [2002] EWHC 2969 (Ch);
[2003] 2 P. & C.R. 410 106-10
Specsavers International Healthcare Ltd v Asda Stores Ltd [2012] EWCA Civ 24; [2012]
E.T.M.R. 17; [2012] F.S.R. 19.. 77-06, 77-15
Spedding v Fitzpatrick (1888) L.R. 38 Ch. D. 410 CA 93-06
Speed Medical Examination Services Ltd v Secretary of State for Justice [2015] EWHC
3585 (Admin); [2015] 12 WLUK 337; [2016] E.C.C. 13; [2016] P.I.Q.R. P7; [2016]
A.C.D. 25 30-01
Speed Seal Products Ltd v Paddington [1985] 1 W.L.R. 1327; [12; [1986] F.S.R. 309;
(1985) 135 N.L.J. 935 CA (Civ Div)... 5-19, 74-12
Spelman v Express Newspapers [2012] EWHC 355 (QB) 79-11, 79-13
Spence v Crawford [1939] 3 All E.R. 271; 1939 S.C. (H.L.) 52; 1939 S.L.T. 305 HL 58-10
Spencer v Ashworth Partington & Co [1925] 1 K.B. 589; 45 A.L.R. 160 CA 16-02
Spencer v Marchington [1988] I.R.L.R. 392 Ch D 41-05
SPI North Ltd v Swiss Post International (UK) Ltd [2019] EWCA Civ 7; [2019] 1 W.L.R.
2865; [2019] 2 All E.R. 512; [2019] 1 WLUK 80 1-37
Spicer v Smee [1946] 1 All E.R. 489 KBD 47-11, 47-17
Spiro v Glencrown Properties Ltd [1991] Ch. 537; [1991] 2 W.L.R. 931; [1991] 1 All E.R.
600; (1991) 62 P. & C.R. 402; [1991] 02 E.G. 167; [1990] E.G. 148 (C.S.); (1991) 141
N.L.J. 124; (1990) 134 S.J. 1479 Ch D... 106-10
Spring v Guardian Assurance Plc [1995] 2 A.C. 296; [1994] 3 W.L.R. 354; [1994] 3 All
E.R. 129; [1994] C.L.C. 766; [1994] I.C.R. 596; [1994] I.R.L.R. 460; (1994) 91(40)
L.S.G. 36; (1994) 144 N.L.J. 971; (1994) 138 S.J.L.B. 183 HL....................... 38-07, 41-03
Sprung v Royal Insurance (UK) Ltd [1997] C.L.C. 70; [1999] 1 Lloyd's Rep. I.R. 111 CA
(Civ Div) 67-24, 67-25
Spurling's Will Trusts, Re; sub nom. Philpot v Philpot [1966] 1 W.L.R. 920; [1966] 1 All
E.R. 745; (1966) 110 S.J. 408 Ch D... 23-05
Sri Lanka Omnibus Co v Perera [1952] A.C. 76; [1951] 2 T.L.R. 1184 PC (Cey) 16-03
Srivatsa v Secretary of State for Health [2018] EWCA Civ 936; [2018] 4 WLUK 476;
[2018] I.C.R. 1660 40-06
St Albans City and District Council v International Computers Ltd [1996] 4 All E.R. 481;
[1996] 7 WLUK 443; [1997-98] Info. T.L.R. 58; [1997] F.S.R. 251; (1996) 15 Tr. L.R.
444; [1998] Masons C.L.R. Rep. 98; (1997) 20(2) I.P.D. 20020 CA (Civ Div) 25-01, 33-03
St Anne's Well Brewery Co v Roberts (1928) 140 L.T. 1 47-17

TABLE OF CASES

St George v Home Office [2008] EWCA Civ 1068; [2009] 1 W.L.R. 1670; [2008] 4 All
E.R. 1039; (2008) 105(40) L.S.G. 19; (2008) 152(39) S.J.L.B. 31 .... 82-X11
St George's, University of London v Rafique-Aldawery; University of Leicester v
Sivasubramaniyam; sub nom. R. (on the application of Rafique-Aldawery) v St
George's, University of London, R. (on the application of Sivasubrammaniyam) v
University of Leicester [2018] EWCA Civ 2520; [2019] 2 All E.R. 703; [2019] P.T.S.R.
658; [2018] 11 WLUK 161; [2019] E.L.R. 119 39-05
St Helens Smelting Co v Tipping 11 E.R. 1483; (1865) 11 H.L. Cas. 642 HL 47-05, 47-14
ST Microelectronics NV v Condor Insurance Ltd [2006] EWHC 977; [2006] 2 Lloyd's
Rep. 525 QBD (Comm) 13-15
St Paul Fire & Marine Insurance Co (UK) Ltd v McConnell Dowell Constructors Ltd; sub
nom. St Paul Fire & Marine Insurance Co (UK) Ltd v McDonnell Dowell Constructors
Ltd [1996] 1 All E.R. 96; [1995] 2 Lloyd's Rep. 116; [1995] C.L.C. 818; 74 B.L.R. 112;
45 Con. L.R. 89; [1995] 4 Re. L.R. 293 CA (Civ Div)........................... 58-04, 67-12
Stablewood Properties Ltd v Virdi [2010] EWCA Civ 865; [2011] W.T.L.R. 723 16-02
Stack v Dowden; sub nom. Dowden v Stack [2007] UKHL 17; [2007] 2 A.C. 432; [2007]
2 W.L.R. 831; [2007] 2 All E.R. 929; [2007] 1 F.L.R. 1858; [2007] 2 F.C.R. 280; [2007]
B.P.I.R. 913; [2008] 2 P. & C.R. 4; [2007] W.T.L.R. 1053; (2006-07) 9 I.T.E.L.R. 815;
[2007] Fam. Law 593; [2007] 18 E.G. 153 (C.S.); (2007) 157 N.L.J. 634; (2007) 151
S.J.L.B. 575; [2007] N.P.C. 47; [2007] 2 P. & C.R. DG11........................... 91-04
Stadium Capital Holdings (No.2) Ltd v St Marylebone Property Co Plc [2011] EWHC
2856 (Ch); [2012] 1 P. & C.R. 7; [2012] 1 E.G.L.R. 103; [2012] 4 E.G. 108 107-02
Staffordshire Financial Co v Hill (1909) 53 S.J. 446 58-08
Staffs Motor Guarantee Ltd v British Wagon Co Ltd [1934] 2 K.B. 305 KBD 20-05
Stagecoach South Western Trains Ltd v Hind [2014] EWHC 1891 (TCC); [2014] 6
WLUK 259; [2014] 3 E.G.L.R. 59; [2014] C.I.L.L. 3540........................... 47-14
Stammers v Dixon 103 E.R. 77; (1806) 7 East 200 KB 49-05
Standard Bank Plc v Via Mat International Ltd [2013] EWCA Civ 490; [2013] 2 All E.R.
(Comm) 1222; [2013] C.P. Rep. 40... 1-16, 1-26
Standard Chartered Bank v Pakistan National Shipping Corp (No.2); Standard Chartered
Bank v Mehra [2002] UKHL 43; [2003] 1 A.C. 959; [2002] 3 W.L.R. 1547; [2003] 1
All E.R. 173; [2002] 2 All E.R. (Comm) 931; [2003] 1 Lloyd's Rep. 227; [2002] B.C.C.
846; [2003] 1 B.C.L.C. 244; [2002] C.L.C. 1330; (2003) 100(1) L.S.G. 26; (2002) 146
S.J.L.B. 258.. 33-09, 58-03, 58-05, 58-09
Stange & Co v Lowitz (1898) 14 T.L.R. 468 .... 61-09, 61-10
Stanley v Benning (t/a Temptation Clothing & Charlie Browns Menswear) unreported 14
July 1998 CA (Civ Div)... 5-12
Star Energy Weald Basin Ltd v Bocardo SA. See Bocardo SA v Star Energy UK Onshore
Ltd... 7-01, 49-01, 49-05, 107-02
Star Sea, The. See Manifest Shipping Co Ltd v Uni-Polaris Insurance Co Ltd (The Star
Sea)... 67-15, 67-21, 70-15, 70-25
Starbucks (HK) Ltd v British Sky Broadcasting Group Plc [2015] UKSC 31; [2015] 1
W.L.R. 2628; [2015] 3 All E.R. 469; [2015] E.C.C. 19; [2015] E.T.M.R. 31; [2015]
F.S.R. 29 78-02
Starglade Properties Ltd v Nash [2010] EWCA Civ 1314; [2011] Lloyd's Rep. F.C. 102;
[2011] 1 P. & C.R. DG17... 62-13
Starsight v Virgin Media Ltd [2014] EWHC 828 (Pat) 73-16
State Bank of India v Sood [1997] Ch. 276; [1997] 2 W.L.R. 421; [1997] 1 All E.R. 169;
[1997] 6 Bank. L.R. 74; (1998) 76 P. & C.R. 47; (1996) 93(42) L.S.G. 28; (1996) 140
S.J.L.B. 255; [1996] N.P.C. 152 CA (Civ Div)............................... 15-15, 104-15
State Bank of New South Wales (t/a Colonial State Bank) v Harrison [2002] EWCA Civ
363.. 15-12
State Government Insurance Commission v Sharpe (1996) 126 F.L.R. 341 Sup Ct (Aus) 1-10
State of Queensland v JL Holdings Pty Ltd [1999] C.P.L.R. 1; [1999] C.L.Y.B. 498 High
Ct (Aus).. 1-43
State Trading Corp of India Ltd v ED&F Man (Sugar) Ltd [1981] Com. L.R. 235 CA (Civ
Div).. 11-05
Steeden v Walden [1910] 2 Ch. 393 Ch D 27-06
Steedman v BBC [2001] EWCA Civ 1534; [2002] E.M.L.R. 17; (2001) 98(47) L.S.G. 27;
(2001) 145 S.J.L.B. 260... 37-02
Steel Linings v Bibby & Co Ltd [1993] R.A. 27; (1993) 143 N.L.J. 511 CA (Civ Div) 92-06
Steel Wing Co Ltd, Re [1921] 1 Ch. 349 Ch D 6-08
Steel-Maitland v British Airways Board 1981 S.L.T. 110 OH 7-01

TABLE OF CASES

Stefan v General Medical Council (No.3) [2002] UKPC 10 109-04
Stephens v Avery [1988] Ch. 449; [1988] 2 W.L.R. 1280; [1988] 2 All E.R. 477; [1988]
　F.S.R. 510; (1988) 85(25) L.S.G. 45; (1988) 138 N.L.J. Rep. 69; (1988) 132 S.J. 822 Ch
　D 74-20, 79-01
Stephens v Myers (1830) 4 C. & P. 349 5-01
Steria Ltd v Sigma Wireless Communications Ltd [2007] EWHC 3454 (TCC); [2008]
　B.L.R. 79; 118 Con. L.R. 177; [2008] C.I.L.L. 2544 33-06
Sterling v Rand [2019] EWHC 1034 (Ch); [2019] 4 WLUK 167 2-16
Stern v Piper [1997] Q.B. 123; [1996] 3 W.L.R. 715; [1996] 3 All E.R. 385; [1996]
　E.M.L.R. 413; (1996) 93(22) L.S.G. 27; (1996) 140 S.J.L.B. 175 CA (Civ Div) 37-35
Stevedoring Services Ltd v Burgess [2002] UKPC 39; [2002] 1 W.L.R. 2838; [2002]
　I.R.L.R. 810 42-01
Stevens v Biller (1884) L.R. 25 Ch. D. 31 CA 23-03
Stevens v Newey; sub nom. Stevens v Leeder; Leeder v Stevens [2005] EWCA Civ 50;
　(2005) 149 S.J.L.B. 112 18-05
Stevenson v Blakelock 105 E.R. 200; (1813) 1 M. & S. 535 KB 23-03
Stevenson v Rogers [1999] Q.B. 1028; [1999] 2 W.L.R. 1064; [1999] 1 All E.R. 613;
　(1999) 96(2) L.S.G. 29; (1999) 149 N.L.J. 16; (1999) 143 S.J.L.B. 21 CA (Civ Div) .. 25-26, 25-29
Stevenson v United Road Transport Union [1977] 2 All E.R. 941; [1977] I.C.R. 893 CA
　(Civ Div) 43-04
Stewart-Brady v Express Newspapers Plc [1997] E.M.L.R. 192 QBD 38-05
Stichting BDO v BDO Unibank Inc [2013] EWHC 418 (Ch); [2013] E.T.M.R. 31; [2013]
　F.S.R. 35 .... 77-04, 77-17
Stickney v Keeble [1915] A.C. 386 HL 106-03
Stimpson v Smith [1999] Ch. 340; [1999] 2 W.L.R. 1292; [1999] 2 All E.R. 833; [1999]
　Lloyd's Rep. Bank. 131; (1999) 96(15) L.S.G. 29; (1999) 149 N.L.J. 414; [1999] N.P.C.
　35 CA (Civ Div) 13-07
Stobart Group Ltd v Tinkler [2019] EWHC 258 (Comm); [2019] 2 WLUK 235 59-05
Stocker v Stocker [2019] UKSC 17; [2019] 2 W.L.R. 1033; [2019] 3 All E.R. 647; [2019]
　4 WLUK 27; [2019] E.M.L.R. 18 .... 37-04, 37-07, 37-41
Stockport MBC v British Gas Plc. *See* Transco Plc v Stockport MBC .. 46-07, 47-03, 47-07, 47-08,
　　　　　　　　　　　　　　　　　　　　　　　47-16, 47-19, 48-01, 48-02, 48-03, 48-04, 48-05
Stockton on Tees BC v Aylott; sub nom. Aylott v Stockton on Tees BC [2010] EWCA Civ
　910; [2010] I.C.R. 1278; [2010] I.R.L.R. 994 39-02
Stoke on Trent City Council v W&J Wass Ltd (No.1) [1988] 1 W.L.R. 1406; [1988] 3 All
　E.R. 394; [1988] 7 WLUK 377; 87 L.G.R. 129; (1989) 153 L.G. Rev. 586; [1988] E.G.
　121 (C.S.); (1988) 85(40) L.S.G. 44; (1988) 132 S.J. 1458 CA (Civ Div) 108-25
Stoke-on-Trent College v Pelican Rouge Coffee Solutions Group Ltd [2017] EWHC 2829
　(TCC); [2017] 11 WLUK 204 .... 83-03, 83-18
Stollmeyer v Petroleum Development Co Ltd [1918] A.C. 485 PC 47-26
Stone v South East Coast Strategic Health Authority (Formerly Kent and Medway
　Strategic Health Authority) [2006] EWHC 1668 (Admin); [2007] U.K.H.R.R. 137;
　[2006] M.H.L.R. 288 79-23
Stonegate Securities Ltd v Gregory [1980] Ch. 576; [1980] 3 W.L.R. 168; [1980] 1 All
　E.R. 241; (1980) 124 S.J. 495 CA (Civ Div) 51-01
Strand Electric and Engineering Co Ltd v Brisford Entertainments Ltd [1952] 2 Q.B. 246;
　[1952] 1 All E.R. 796; [1952] 1 T.L.R. 939; [1952] 3 WLUK 41; (1952) 96 S.J. 260 CA ... 108-25
Strange v Westbury Homes (Holdings) Ltd [2009] EWCA Civ 1247; 128 Con. L.R. 26 35-02
Stretford v Football Association Ltd [2007] EWCA Civ 238; [2007] Bus. L.R. 1052;
　[2007] 2 All E.R. (Comm) 1; [2007] 2 Lloyd's Rep. 31; [2007] 1 C.L.C. 256; (2007)
　151 S.J.L.B. 437 .... 109-04, 109-05
Stringfellow v McCain Foods (GB) Ltd (1984) R.P.C. 501; (1984) 81 L.S.G. 2464; (1984)
　128 S.J. 701 CA (Civ Div) 78-08
Stuart v Barrett [1994] E.M.L.R. 448 Ch D 45-09
Stubbings v Webb [1993] A.C. 498; [1993] 2 W.L.R. 120; [1993] 1 All E.R. 322; [1993] 1
　F.L.R. 714; [1993] P.I.Q.R. P86; [1993] Fam. Law 342; (1993) 137 S.J.L.B. 32 HL ... 5-02, 84-X5
Stunt v Associated Newspapers Ltd [2018] EWCA Civ 1780; [2018] 1 W.L.R. 6060;
　[2018] 7 WLUK 700; [2018] E.M.L.R. 28 79-23
Sturges v Bridgman; sub nom. Sturge v Bridgman (1879) L.R. 11 Ch. D. 852; (1879) 43
　J.P. 716; (1879) 48 L.J. Ch. 785; (1879) 41 L.T. 219 CA 47-05
Stych v Dibble [2012] EWHC 1606 (QB); [2013] Lloyd's Rep. I.R. 80 81-04
Suez Fortune Investments Ltd v Talbot Underwriting Ltd [2015] EWHC 42 (Comm);
　[2015] 1 Lloyd's Rep. 651; [2015] Lloyd's Rep. I.R. 388 70-18

Table of Cases

Sugarman v Porter [2006] EWHC 331 (Ch); [2006] 2 P. & C.R. 14; [2006] 11 E.G. 195 (C.S.) 105-01
Sulamerica Cia Nacional de Seguros SA v Enesa Engenharia SA [2012] EWCA Civ 638; [2013] 1 W.L.R. 102; [2012] 2 All E.R. (Comm) 795; [2012] 1 Lloyd's Rep. 671; [2012] 2 C.L.C. 216; [2012] Lloyd's Rep. I.R. 405 34-03
Sullivan v Henderson [1973] 1 W.L.R. 333; [1973] 1 All E.R. 48; (1972) 116 S.J. 969 Ch D 16-02
Sunlife Europe Properties Ltd v Tiger Aspect Holdings Ltd [2013] EWCA Civ 1656; [2013] 12 WLUK 580; [2014] 1 E.G.L.R. 30; [2014] Bus. L.R. D1; [2014] 1 P. & C.R. DG14 101-02
Sunport Shipping Ltd v Tryg Baltica International (UK) Ltd (The Kleovoulos of Rhodes); Kleovoulos of Rhodes, The; sub nom. Sunport Shipping Ltd v Atkin (The Kleovoulos of Rhodes) [2003] EWCA Civ 12; [2003] 1 All E.R. (Comm) 586; [2003] 1 Lloyd's Rep. 138; [2003] 1 C.L.C. 772; [2003] Lloyd's Rep. I.R. 349; (2003) 100(11) L.S.G. 33 70-20
Supreme Petfoods Ltd v Henry Bell & Co (Grantham) Ltd [2015] EWHC 256 (Ch); [2015] E.T.M.R. 20; [2015] R.P.C. 22 77-05
Suresh v Samad [2016] EWHC 2704 (QB); [2016] 10 WLUK 689 37-20
Suriya & Douglas v Midland Bank Plc [1999] 1 All E.R. (Comm.) 612; [1999] Lloyd's Rep. Bank. 103; (1999) 96(12) L.S.G. 33 CA (Civ Div) 9-03
Surrey Asset Finance Ltd v National Westminster Bank [2001] EWCA Civ 60 10-20
Surrey CC and Mole DC v Bredero Homes Ltd [1993] 1 W.L.R. 1361; [1993] 3 All E.R. 705; [1993] 4 WLUK 96; [1993] 25 E.G. 141; [1993] E.G. 77 (C.S.); (1993) 137 S.J.L.B. 135; [1993] N.P.C. 63 CA (Civ Div) 106-05
Sutherland Professional Funding Ltd v Bakewells [2013] EWHC 2685 (QB); [2013] 9 WLUK 28; [2014] C.T.L.C. 1 13-03
Sutherland v V2 Music Ltd [2002] EWHC 14 (Ch); [2002] E.M.L.R. 28 45-10
Swainland Builders Ltd v Freehold Properties Ltd [2002] EWCA Civ 560; [2002] 2 E.G.L.R. 71; [2002] 23 E.G. 123; [2002] 17 E.G. 154 (C.S.) 53-01
Swale v Ipswich Tannery Ltd (1906) 11 Com. Cas. 88 .... 61-09, 61-10
Sweet v Sommer; sub nom. Sommer v Sweet [2005] EWCA Civ 227; [2005] 2 All E.R. 64 (Note) 93-03
Swift v Jewsbury; sub nom. Swift v Winterbotham (1873-74) L.R. 9 Q.B. 301 Ex Ch 58-07
Swinfen v Bacon 58 E.R. 349; (1861) 6 Hurl. & N. 846 Ex Ct 103-02
Swiss Bank Corp v Brink's-MAT Ltd (Interest) [1986] Q.B. 853; [1986] 3 W.L.R. 12; [1986] 2 All E.R. 188; [1986] 2 Lloyd's Rep. 99 (Note); (1986) 130 S.J. 446 QBD (Comm) 8-13, 8-19
Swordheath Properties Ltd v Tabet [1979] 1 W.L.R. 285; [1979] 1 All E.R. 240; (1979) 37 P. & C.R. 327; (1978) 249 E.G. 439; (1978) 122 S.J. 862 CA (Civ Div) 49-08, 98-16, 103-01, 107-02
Swotbooks.com Ltd v Royal Bank of Scotland Plc [2011] EWHC 2025 (QB) 9-10
Swynson Ltd v Lowick Rose LLP (In Liquidation) (formerly Hurst Morrison Thomson LLP); sub nom. Lowick Rose LLP (In Liquidation) v Swynson Ltd [2017] UKSC 32; [2018] A.C. 313; [2017] 2 W.L.R. 1161; [2017] 3 All E.R. 785; [2017] 4 WLUK 238; [2017] 1 C.L.C. 764; 171 Con. L.R. 75; [2017] P.N.L.R. 18 .... 108-03, 108-05
SX Holdings Ltd v Synchronet Ltd *Times* 10 October 2000 1-43
Syeds v Hay 100 E.R. 1008; (1791) 4 Term Rep. 260 KB 26-04
Sykes v Holmes [1985] Crim. L.R. 791 DC 47-14
Symonds v Kurtz (1889) 61 L.T. 559 92-03
Symons (HJ) & Co v Barclays Bank Plc [2003] EWHC 1249 (Comm) 9-09
T (formerly H) v Nugent Care Society (formerly Catholic Social Services) [2004] EWCA Civ 51; [2004] 1 W.L.R. 1129; [2004] 3 All E.R. 671; (2004) 101(6) L.S.G. 33; (2004) 148 S.J.L.B. 114 .... 46-03, 84-X1
T v An NHS Trust [2009] EWCA Civ 409; [2009] All E.R. (D) 142 (May) 84-X6
T v V [2018] EWHC 1492 (Comm); [2018] 2 Lloyd's Rep. 215; [2018] 5 WLUK 316 3-02
T-Mobile (UK) Ltd v Office of Communications; Telefonica O2 UK Ltd v Office of Communications [2008] EWCA Civ 1373; [2009] 1 W.L.R. 1565; [2009] Bus. L.R. 794 .... 30-01, 32-01, 32-02
T&N Ltd (In Administration) v Royal & Sun Alliance Plc [2003] EWHC 1016 (Ch); [2003] 2 All E.R. (Comm) 939; [2004] Lloyd's Rep. I.R. 106; (2003) 153 N.L.J. 750 67-26
Tablet Investments (Guernsey) Ltd v Brahma Finance (BVI) Ltd 7 October 2016 38-12
Tackey v Mcbain [1912] A.C. 186 PC (Shanghai) 58-04
Tacon v National Standard Mortgage and Investment Co (1887) 56 L.J. Ch. 529 23-05
Tahir v Haringey HA [1998] Lloyd's Rep. Med. 104 CA (Civ Div) 82-06

Table of Cases

Tai Hing Cotton Mill Ltd v Liu Chong Hing Bank Ltd (No.1) [1986] A.C. 80; [1985] 3
   W.L.R. 317; [1985] 2 All E.R. 947; [1985] 2 Lloyd's Rep. 313; [1986] F.L.R. 14; (1985)
   82 L.S.G. 2995; (1985) 135 N.L.J. 680; (1985) 129 S.J. 503 PC (HK) 9-10
Tailby v Official Receiver; sub nom. Official Receiver as Trustee of the Estate of Izon (A
   Bankrupt) v Tailby (1888) L.R. 13 App. Cas. 523 HL 6-11, 6-12
Taiwo v Olaigbe; Onu v Akwiwu [2016] UKSC 31; [2016] 1 W.L.R. 2653; [2017] 1 All
   E.R. 985; [2016] 6 WLUK 554; [2016] I.C.R. 756; [2016] I.R.L.R. 719; 43 B.H.R.C. 54 ... 44-08,
   44-13
Tajik Aluminium Plant v Hydro Aluminium AS [2006] EWHC 1135 (Comm); [2006] 5
   WLUK 525 4-06
Tamares (Vincent Square) Ltd v Fairpoint Properties (Vincent Square) Ltd [2007] EWHC
   212 (Ch); [2007] 14 E.G. 106; [2007] 7 E.G. 143 (C.S.); [2007] 1 W.L.R. 2167 Ch D 93-02
Tameside and Glossop Acute Services NHS Trust v Thompstone; sub nom. Thompstone v
   Tameside & Glossop Acute Services NHS Trust [2008] EWCA Civ 5; [2008] 1 W.L.R.
   2207; [2008] 2 All E.R. 537; [2008] P.I.Q.R. Q2; [2008] LS Law Medical 282; (2008)
   100 B.M.L.R. 113; (2008) 105(4) L.S.G. 25; (2008) 158 N.L.J. 146; (2008) 152(5)
   S.J.L.B. 29 .... 82-X9
Tamiz v Google Inc [2013] EWCA Civ 68; [2013] 1 W.L.R. 2151; [2013] E.M.L.R. 14 37-09,
   37-49
Tancred v Delagoa Bay & East Africa Railway (1889) L.R. 23 Q.B.D. 239 QBD 6-10
Tang Man Sit (Deceased) v Capacious Investments Ltd [1996] A.C. 514; [1996] 2 W.L.R.
   192; [1996] 1 All E.R. 193 PC (HK) 10-21
Tanks and Drums v Transport and General Workers Union [1992] I.C.R. 1; [1991]
   I.R.L.R. 372; (1991) 135 S.J.L.B. 68 CA (Civ Div).................................. 42-05
Tarbuck v Avon Insurance Plc [2002] Q.B. 571; [2001] 3 W.L.R. 1502; [2001] 2 All E.R.
   503; [2001] 1 All E.R. (Comm) 422; [2001] B.P.I.R. 1142; [2002] Lloyd's Rep. I.R.
   393; (2001) 151 N.L.J. 18 QBD (Comm)....................................... 67-26
Tarbuck v Sainsbury Supermarkets Ltd [2006] 6 WLUK 131; [2006] I.R.L.R. 664 44-25
Tarleton v McGawley 170 E.R. 153; (1794) Peake 270 Assizes 60-11
Tasarruf Mevduati Sigorta Fonu v Merrill Lynch Bank & Trust Co (Cayman) Ltd [2011]
   UKPC 17; [2012] 1 W.L.R. 1721; [2011] 4 All E.R. 704; [2011] B.P.I.R. 1743; [2011]
   W.T.L.R. 1249; 14 I.T.E.L.R. 102.. 56-01
Tate & Lyle Industries Ltd v Greater London Council; sub nom. Tate & Lyle Food &
   Distribution Ltd v Greater London Council [1983] 2 A.C. 509; [1983] 2 W.L.R. 649;
   [1983] 1 All E.R. 1159; [1983] 2 Lloyd's Rep. 117; 81 L.G.R. 4434; (1983) 46 P. &
   C.R. 243 HL.. 47-10, 47-23
Tatlock v Harris (1789) 3 T.R. 174 14-06
Tattersall v Drysdale [1935] 2 K.B. 174; (1935) 52 Ll. L. Rep. 21 KBD 68-02
Taylor v Chief Constable of Thames Valley [2004] EWCA Civ 858; [2004] 1 W.L.R.
   3155; [2004] 3 All E.R. 503; (2004) 101(32) L.S.G. 36; (2004) 148 S.J.L.B. 877 5-13
Taylor v Director of the Serious Fraud Office; sub nom. Taylor v Serious Fraud Office
   [1999] 2 A.C. 177; [1998] 3 W.L.R. 1040; [1998] 4 All E.R. 801; [1999] E.M.L.R. 1 HL.... 37-41
Taylor v Ishida (Eurpoe) Ltd (Costs) [2000] FSR 224 73-16
Taylor v Johnston (1881-82) L.R. 19 Ch. D. 603 Ch D 18-03
Taylor v Lancashire CC. *See* Lancashire CC v Taylor 64-20, 80-14
Taylor v National Union of Mineworkers (Derbyshire Area) (Injunction) [1985] I.R.L.R.
   99 HC.. 42-02, 43-04, 43-09
Taylor v Nugent Care Society. *See* T (formerly H) v Nugent Care Society (formerly
   Catholic Social Services) 46-03, 84-X1
Taylor v Walker [1958] 1 Lloyd's Rep. 490 QBD 61-04
Taylor, Stileman & Underwood, Re [1891] 1 Ch. 590 CA 23-03
Tchenguiz v Director of the Serious Fraud Office [2014] EWCA Civ 472; [2014] C.P. Rep.
   35; [2014] Lloyd's Rep. F.C. 519... 49-N11
Tchenguiz v Grant Thornton UK LLP [2015] EWHC 405 (Comm); [2015] 1 All E.R.
   (Comm) 961 .... 1-06, 1-16, 1-18, 57-03
Tchenguiz v Imerman; Imerman v Imerman; sub nom. Imerman v Tchenguiz [2010]
   EWCA Civ 908; [2011] Fam. 116; [2011] 2 W.L.R. 592; [2011] 1 All E.R. 555; [2010]
   2 F.L.R. 814; [2010] 3 F.C.R. 371; [2010] Fam. Law 1177; (2010) 154(30) S.J.L.B. 32 74-01,
   74-02, 74-03, 74-14, 79-03, 79-04, 79-18
Team Y&R Holdings Hong Kong Ltd v Ghossoub; Cavendish Square Holding BV v
   Ghossoub [2017] EWHC 2401 (Comm); [2017] 10 WLUK 152...................... 4-02
Technetix BV v Teleste Ltd [2019] EWHC 126 (IPEC); [2019] 1 WLUK 363; [2019]
   F.S.R. 19 73-03

TABLE OF CASES

Technomed Ltd v Bluecrest Health Screening Ltd [2017] EWHC 2142 (Ch); [2017] 8 WLUK 268; [2018] E.C.D.R. 1; [2018] F.S.R. 8 .... 75-04, 75-24
Ted Baker Plc v Axa Insurance UK Plc [2017] EWCA Civ 4097; [2017] 8 WLUK 144; [2017] Lloyd's Rep. I.R. 682 67-22
Teekay Tankers Ltd v STX Offshore and Shipbuilding Co Ltd [2017] EWHC 253 (Comm); [2018] 1 All E.R. (Comm) 279; [2017] 1 Lloyd's Rep. 387; [2017] 2 WLUK 402. 106-10
Telefonica O2 UK Ltd v British Telecommunications Plc [2014] UKSC 42; [2014] 4 All E.R. 907; [2014] 2 All E.R. (Comm) 877; [2014] Bus. L.R. 765. 32-02
Telnikoff v Matusevitch [1992] 2 A.C. 343; [1991] 3 W.L.R. 952; [1991] 4 All E.R. 817; [1991] 11 WLUK 172; (1991) 141 N.L.J. 1590 HL. 37-38
Tempest v Kilner 136 E.R. 100; (1846) 3 C.B. 249 CCP 16-03
Tempest v Snowden [1952] 1 K.B. 130; [1952] 1 All E.R. 1; [1951] 2 T.L.R. 1201; (1952) 116 J.P. 28; (1951) 95 S.J. 817 CA. 5-17
Terna Bahrain Holding Co WLL v Al Shamsi [2012] EWHC 3283 (Comm); [2013] 1 All E.R. (Comm) 580; [2013] 1 Lloyd's Rep. 86; [2013] 2 C.L.C. 1; 145 Con. L.R. 114. . . . 2-07, 2-15, 3-A2
Terrapin Ltd v Builders Supply Co (Hayes) Ltd [1967] R.P.C. 375 74-12
Terrapin v Builders Supply Co (Hayes) (No.1) [1960] R.P.C. 128; (1959) 174 E.G. 1033 CA. 74-05
Terry v Persons Unknown. See LNS v Persons Unknown 37-27
Tesco Stores Ltd v [2006] EWCA Civ 393 83-13
Tesco Stores Ltd v Guardian News & Media Ltd [2009] E.M.L.R. 5; (2008) 105(34) L.S.G. 24; (2008) 152(34) S.J.L.B. 29 QBD. 37-50, 37-59
Tesla Motors Ltd v BBC [2013] EWCA Civ 152; (2013) 163 N.L.J. 290 .... 38-05, 38-12
Test Claimants in the FII Group Litigation v Revenue and Customs Commissioners; Also known as: Test Claimants in the Franked Investment Income Group Litigation v Revenue and Customs Commissioners, Test Claimants in the Franked Investment Group Litigation v Inland Revenue Commissioners [2012] UKSC 19; [2012] 2 A.C. 337; [2012] 2 W.L.R. 1149; [2012] 3 All E.R. 909; [2012] Bus. L.R. 1033; [2012] S.T.C. 1362; [2012] 5 WLUK 700; [2012] B.T.C. 312; [2012] S.T.I. 1707 .... 108-12, 108-17
Test Claimants in the FII Group Litigation v Revenue and Customs Commissioners [2014] EWHC 4302 (Ch); [2015] S.T.C. 1471; [2015] B.T.C. 3; [2015] S.T.I. 49 108-17
Tetley v Chitty [1986] 1 All E.R. 663; (1985) 135 N.L.J. 1009 QBD 47-17
Tetra Pak Ltd v Biddle & Co. See Biddle & Co v Tetra Pak Ltd 1-36
Tett v Phoenix Property & Investment Co Ltd (1986) 2 B.C.C. 99140; [1986] P.C.C. 210; (1986) 83 L.S.G. 116; (1985) 129 S.J. 869 CA (Civ Div) 16-02
Tew v BoS (Shared Appreciation Mortgages) No.1 Plc [2010] EWHC 203 (Ch) 84-02, 84-04, 84-X1
Tewkesbury BC v Secretary of State for Communities, Housing and Local Government [2019] EWHC 1775 (Admin); [2019] 7 WLUK 375 80-12
TFL Management Ltd v Lloyds TSB Bank Plc [2013] EWCA Civ 1415; [2014] 1 W.L.R. 2006; [2013] 2 C.L.C. 810. .... 9-13, 108-05
Thacker v Crown Prosecution Service Times 29 December 1997 CA (Civ Div) 5-18
Thacker v Hardy (1878-79) L.R. 4 Q.B.D. 685 CA 27-05
Thackwell v Barclays Bank Plc [1986] 1 All E.R. 676 QBD 10-21
Thake v Maurice [1986] Q.B. 644; [1986] 2 W.L.R. 337; [1986] 1 All E.R. 479; (1986) 83 L.S.G. 123; (1986) 136 N.L.J. 92 CA (Civ Div). 82-03
Thames Cleaning and Support Services Ltd v United Voices of the World [2016] EWHC 1310 (QB); [2016] 6 WLUK 27; [2016] I.R.L.R. 695 42-11
Thames Trains Ltd v Health and Safety Executive; sub nom. Health and Safety Executive v Thames Trains Ltd [2003] EWCA Civ 720; (2003) 147 S.J.L.B. 661 .... 84-X6
Thanakharn Kasikorn Thai Chamkat (Maha Chon) v Akai Holdings Ltd [2010] HKCFA 64. .... 62-08, 62-09
The Earl of Plymouth v Rees. See
Themehelp Ltd v West [1996] Q.B. 84; [1995] 3 W.L.R. 751; [1995] 4 All E.R. 215; [1995] C.L.C. 703 CA (Civ Div) 11-05
Thetford Corp v Tyler 115 E.R. 810; (1845) 8 Q.B. 95; [1845] 11 WLUK 42 KB 108-03
Thirunavukkrasu v Brar [2018] EWHC 2461 (Ch); [2018] 9 WLUK 272; [2019] 1 P. & C.R. 11; [2019] L. & T.R. 11; [2019] 1 P. & C.R. DG1. 92-02
Thomas Bates & Son Ltd v Wyndham's (Lingerie) Ltd [1981] 1 W.L.R. 505; [1981] 1 All E.R. 1077; (1981) 41 P. & C.R. 345; (1980) 257 E.G. 381; (1981) 125 S.J. 32 CA (Civ Div). 53-01

TABLE OF CASES

Thomas Cook (New Zealand) Ltd v Inland Revenue Commissioner [2004] UKPC 53; [2005] S.T.C. 297; 77 T.C. 197; [2004] S.T.I. 2378 10-19
Thomas Cook Airlines Ltd v British Airline Pilots Association [2017] EWHC 2253 (QB); [2017] 9 WLUK 62; [2017] I.R.L.R. 1137 42-05
Thomas v Farr Plc [2007] EWCA Civ 118; [2007] I.C.R. 932; [2007] I.R.L.R. 419; (2007) 151 S.J.L.B. 296 41-05
Thomas v Hugh James Ford Simey Solicitors [2017] EWCA Civ 1303; [2017] 9 WLUK 11; [2017] 5 Costs L.O. 643; [2018] E.C.C. 37; [2018] P.N.L.R. 5 85-07
Thomas v Merthyr Tydfil Car Auction Ltd [2013] EWCA Civ 815; 149 Con. L.R. 105; [2014] Env. L.R. 4; [2014] L.L.R. 550 47-05
Thomas v Mould. *See* PA Thomas & Co v Mould 74-14
Thomas v National Union of Mineworkers (South Wales Area) [1986] Ch. 20; [1985] 2 W.L.R. 1081; [1985] 2 All E.R. 1; [1985] I.C.R. 886; (1985) 82 L.S.G. 1938; (1985) 129 S.J. 416 HC 42-02, 42-10
Thomas v News Group Newspapers Ltd; Thomas v News Group International Ltd; Thomas v Hughes [2001] EWCA Civ 1233; [2002] E.M.L.R. 4; (2001) 98(34) L.S.G. 43; (2001) 145 S.J.L.B. 207 .... 63-03, 79-21
Thomas v Taylor Wimpey Developments Ltd [2019] EWHC 1134 (TCC); [2019] 5 WLUK 131; [2019] B.L.R. 382; 184 Con. L.R. 1; [2019] P.N.L.R. 26 34-02
Thomas v Triodos Bank NV [2017] EWHC 314 (QB); [2017] 3 WLUK 75; [2018] 1 B.C.L.C. 530; [2017] 1 C.L.C. 536 .... 9-26, 85-07
Thomas, Raymond Bailey, MTR Bailey Trading Ltd v Barclays Bank Plc [2014] EWHC 2882 (QB) 9-25
Thompson v Commissioner of Police of the Metropolis; Hsu v Commissioner of Police of the Metropolis [1998] Q.B. 498; [1997] 3 W.L.R. 403; [1997] 2 All E.R. 762; (1998) 10 Admin. L.R. 363; (1997) 147 N.L.J. 341 CA (Civ Div) 5-27, 5-28, 64-R3
Thompson v Foy; Mortgage Business v Foy [2009] EWHC 1076 (Ch); [2009] 5 WLUK 475; [2010] 1 P. & C.R. 16; [2009] 22 E.G. 119 (C.S.) 18-01, 18-03, 18-04
Thornbridge Ltd v Barclays Bank Plc [2015] EWHC 3430 (QB); [2015] 11 WLUK 768 9-24
Thompson v James [2013] EWHC 515 (QB) 37-43
Thompson v Park [1944] K.B. 408 CA 49-02
Thompstone v Tameside & Glossop Acute Services NHS Trust. *See* Tameside and Glossop Acute Services NHS Trust v Thompstone 82-X9
Thompstone v Tameside Hospital NHS Foundation Trust; Corbett v Yorkshire and Humber SHA; RH v University Hospitals Bristol Healthcare NHS Foundation Trust; BB v NHS Litigation Authority; Adam v Royal Free Hampstead NHS Trust [2008] EWHC 2948 (QB); [2009] P.I.Q.R. P9 81-26
Thor Navigation Inc v Ingosstrakh Insurance Co Ltd [2005] EWHC 19 (Comm); [2005] 1 Lloyd's Rep. 547; [2005] 1 C.L.C. 12; [2005] Lloyd's Rep. I.R. 490 67-03
Thornhill v Sita Metal Recycling Cambridge Ltd [2009] EWHC 2037 (QB); [2009] Env. L.R. 35 47-01
Thornton v Adams 105 E.R. 965; (1816) 5 M. & S. 38 KB 92-05
Thornton v Telegraph Media Group Ltd [2010] EWHC 1414 (QB); [2011] 1 W.L.R. 1985; [2010] E.M.L.R. 25 37-04
Thornton v Telegraph Media Group Ltd [2011] EWHC 1884 (QB); [2012] E.M.L.R. 8 37-50
Thorogood v Robinson 115 E.R. 290; (1845) 6 Q.B. 769 QB 26-03
Thorp v Holdsworth (1876) L.R. 3 Ch. D. 637 Ch D 1-06
Three Rivers DC v Bank of England (No.1) [1996] Q.B. 292; [1995] 3 W.L.R. 650; [1995] 4 All E.R. 312; [1995] C.L.C. 99 CA (Civ Div) 6-08
Three Rivers DC v Bank of England (No.3) [2001] UKHL 16; [2003] 2 A.C. 1; [2001] 2 All E.R. 513; [2001] 3 WLUK 627; [2001] Lloyd's Rep. Bank. 125; (2001) 3 L.G.L.R. 36 .... 1-34, 5-20, 12-14, 57-02, 62-14, 84-X5
Through Transport Mutual Insurance Association (Eurasia) Ltd v New India Assurance Co Ltd (The Hari Bhum) (No.1) [2004] EWCA Civ 1598; [2005] 1 All E.R. (Comm) 715; [2005] 1 Lloyd's Rep. 67; [2004] 2 C.L.C. 1189; [2005] I.L.Pr. 30; (2004) 148 S.J.L.B. 1435 4-02
Tiger Aspect Holdings v Sunlife Europe Properties. *See* Sunlife Europe Properties Ltd v Tiger Aspect Holdings Ltd 101-02
Tillman v Egon Zehnder Ltd; sub nom. Egon Zehnder Ltd v Tillman [2019] UKSC 32; [2019] 3 W.L.R. 245; [2019] 7 WLUK 10; [2019] 2 B.C.L.C. 143; [2019] I.C.R. 1223; [2019] I.R.L.R. 838; [2019] F.S.R. 39 41-05
Timis v Osipov; sub nom. International Petroleum Ltd v Osipov [2018] EWCA Civ 2321; [2018] 10 WLUK 337; [2019] I.C.R. 655; [2019] I.R.L.R. 52 40-10

TABLE OF CASES

Timothy James Consulting Ltd v Wilton [2015] I.C.R. 764; [2015] I.R.L.R. 368 ..... 63-09, 63-13
Tinkler v Ferguson [2019] EWCA Civ 819; [2019] 5 WLUK 203 38-10
Tins Industrial Co Ltd v Kono Insurance Ltd 42 B.L.R. 110; (1988) 4 Const. L.J. 157 CA
  (HK) 11-01
Tinseltime Ltd v Roberts [2011] EWHC 1199 (TCC); [2011] B.L.R. 515 47-17
Titan Steel Wheels Ltd v Royal Bank of Scotland Plc [2010] EWHC 211 (Comm); [2010]
  2 Lloyd's Rep. 92; [2012] 1 C.L.C. 191 .... 9-24, 9-26
Tithe Redemption Commissioners v Runcorn Urban DC [1954] Ch. 383; [1954] 2 W.L.R.
  518; [1954] 1 All E.R. 653; (1954) 118 J.P. 265; 52 L.G.R. 231; (1954) 98 S.J. 212 CA 49-05
Tito v Waddell (No.2); Tito v Attorney General [1977] Ch. 106; [1977] 3 W.L.R. 972;
  [1977] 2 W.L.R. 496; [1977] 3 All E.R. 129 (Note) Ch D 1-39
Tolley v JS Fry & Sons Ltd [1931] A.C. 333 HL 37-18
Torkington v Magee [1903] 1 K.B. 644 CA 6-01
Torquay Hotel Co Ltd v Cousins [1969] 2 Ch. 106; [1969] 2 W.L.R. 289; [1969] 1 All
  E.R. 522; 6 K.I.R. 15; (1968) 113 S.J. 52 CA (Civ Div) 60-05
Total Liban SA v Vitol Energy SA [2001] Q.B. 643; [2000] 3 W.L.R. 1142; [2000] 1 All
  E.R. 267; [1999] 2 All E.R. (Comm) 65; [1999] 2 Lloyd's Rep. 700; [1999] C.L.C.
  1301 QBD (Comm) 25-20, 25-40, 25-55
Total Network SL v Revenue and Customs Commissioners. *See* Customs and Excise
  Commissioners v Total Network SL 59-04, 59-06
Toth v Emirates [2012] EWHC 517 Ch; [2012] 2 All E.R. (Comm) 1302; [2012] F.S.R.
  26; [2013] Bus. L.R. D13 .... 77-10, 78-01
Tournier v National Provincial and Union Bank of England [1924] 1 K.B. 461 CA 9-03, 37-15
Trade Indemnity Co Ltd v Workington Harbour and Dock Board (No.1); sub nom.
  Workington Harbour and Dock Board v Trade Indemnity Co Ltd [1937] A.C. 1; (1936)
  54 Ll. L. Rep. 103 HL 11-01, 13-15
Trafalgar House Construction (Regions) Ltd v General Surety & Guarantee Co Ltd [1996]
  A.C. 199; [1995] 3 W.L.R. 204; [1995] 3 All E.R. 737; [1995] C.L.C. 925; 73 B.L.R.
  32; 44 Con. L.R. 104; (1995) 92(28) L.S.G. 39; (1995) 145 N.L.J. 1221; (1995) 139
  S.J.L.B. 177 HL 11-01
Transco Plc v Stockport MBC; Stockport MBC v Reddish Vale Golf Club; sub nom.
  British Gas Plc v Stockport MBC; Stockport MBC v British Gas Plc [2003] UKHL 61;
  [2004] 2 A.C. 1; [2003] 3 W.L.R. 1467; [2004] 1 All E.R. 589; 91 Con. L.R. 28; [2004]
  Env. L.R. 24; [2003] 48 E.G. 127 (C.S.); (2003) 153 N.L.J. 1791; (2003) 147 S.J.L.B.
  1367; [2003] N.P.C. 143; [2004] 1 P. & C.R. DG12 ..... 46-07, 47-03, 47-07, 47-08, 47-16, 47-19,
                                                                     48-01, 48-02, 48-03, 48-04, 48-05
Transfield Shipping Inc v Chiping Xinfa Huayu Alumina Co Ltd [2009] EWHC 3629
  (QB) 4-03
Transport and Trading Co Ltd v Indemnity Mutual Marine Assurance Co Ltd [1919] W.N.
  48 CA 70-22
Transvaal & Delagoa Bay Investment Co Ltd v Atkinson [1944] 1 All E.R. 579 KBD ... 9-15, 9-18
Trapp v Mackie [1979] 1 W.L.R. 377; [1979] 1 All E.R. 489; 1979 S.C. (H.L.) 38; 1979
  S.L.T. 126; (1979) 123 S.J. 202 HL 37-41
Treasure Cot Co Ltd v Hamley Bros Ltd (1950) 67 R.P.C. 89 Ch D 78-07
Trebor Bassett Holdings Ltd v ADT Fire & Security Plc [2012] EWCA Civ 1158; [2012]
  B.L.R. 441; 144 Con. L.R. 1 83-03
Tremayne v English Clays Lovering Pochin & Co [1972] 1 W.L.R. 657; [1972] 2 All E.R.
  234; (1972) 116 S.J. 297 Ch D 49-N8, 93-06
Trendtex Trading Corp v Credit Suisse [1982] A.C. 679; [1981] 3 W.L.R. 766; [1981] 3
  All E.R. 520; [1981] Com. L.R. 262; (1981) 125 S.J. 761 HL 6-17
Trim v North Dorset DC [2010] EWCA Civ 1446; [2011] 1 W.L.R. 1901; [2011] P.T.S.R.
  1110; [2011] 2 P. & C.R. 7; [2011] 1 E.G.L.R. 61; [2011] 8 E.G. 120; [2011] J.P.L. 1039 80-03
Trimingham v Associated Newspapers Ltd [2012] EWHC 1296 (QB); [2012] 4 All E.R.
  717; (2012) 109(25) L.S.G. 21 .... 63-03, 79-09, 79-21
Triodos Bank NV v Dobbs; sub nom. Triodosbank NV v Dobbs [2005] EWCA Civ 630;
  [2005] 2 Lloyd's Rep. 588; [2005] 2 C.L.C. 95 13-15
Triple Point Technology Inc v PTT Public Co Ltd [2017] EWHC 2178 (TCC); [2017] 8
  WLUK 247 33-04
TRM Copy Centres (UK) Ltd v Lanwall Services Ltd [2009] UKHL 35; [2009] 1 W.L.R.
  1375; [2009] 4 All E.R. 33; [2010] 1 All E.R. (Comm) 1098; [2009] Bus. L.R. 1069;
  [2009] 2 Lloyd's Rep. 332; (2009) 153(24) S.J.L.B. 31 20-12
Trollope & Colls Ltd v North West Metropolitan Regional Hospital Board [1973] 1
  W.L.R. 601; [1973] 2 All E.R. 260; 9 B.L.R. 60; (1973) 117 S.J. 355 HL 33-06

TABLE OF CASES

Truscott v The Master and Wardens of The Merchant Tailors' Co 156 E.R. 1079; (1856) 11
Ex. 855 Ex Ct 93-06
Trustee of the Property of FC Jones & Sons (A Firm) v Jones [1997] Ch. 159; [1997] 1
W.L.R. 51; [1996] 3 W.L.R. 703; [1996] 4 All E.R. 721; [1996] B.P.I.R. 644; (1996)
93(19) L.S.G. 29; (1996) 140 S.J.L.B. 123 CA (Civ Div) 62-17
Trustor AB v Smallbone (No.4) [2001] 1 W.L.R. 1177; [2001] 3 All E.R. 987; [2002]
B.C.C. 795; [2001] 2 B.C.L.C. 436; (2001) 98(20) L.S.G. 40; (2001) 151 N.L.J. 457;
(2001) 145 S.J.L.B. 99 Ch D 62-07
Try Build Ltd v Invicta Leisure (Tennis) Ltd 71 Con. L.R. 140 QBD (OR) 33-12
TTI Team Telecom International Ltd v Hutchison 3G UK Ltd [2003] EWHC 762 (TCC);
[2003] 1 All E.R. (Comm) 914 11-05
Tulk v Moxhay 41 E.R. 1143; (1848) 2 Ph. 774; (1848) 18 L.J. Ch. 83 Ch D 105-02
Tullett Prebon Plc v BGC Brokers LP; BGC Brokers LP v Tullett Prebon Plc [2011]
EWCA Civ 131; [2011] I.R.L.R. 420 41-05
Tullow Uganda Ltd v Heritage Oil and Gas Ltd; sub nom. Heritage Oil and Gas Ltd v
Tullow Uganda Ltd [2014] EWCA Civ 1048; [2014] 2 C.L.C. 61. 67-22
Turkan v Turkey [2018] 7 WLUK 833; [2019] E.L.R. 63 39-07
Turkey v Awadh [2005] EWCA Civ 382; [2005] 2 F.C.R. 7; [2005] 2 P. & C.R. 29; [2006]
W.T.L.R. 553. 18-03
Turner v Collins (1871-72) L.R. 7 Ch. App. 329 LC 18-08
Turner v East Midlands Trains Ltd [2012] EWCA Civ 1470; [2013] 3 All E.R. 375; [2013]
I.C.R. 525; [2013] I.R.L.R. 107 64-09
Turner v Grovit (Reference to ECJ) [2001] UKHL 65; [2002] 1 W.L.R. 107; [2002] 1 All
E.R. 960 (Note); [2002] 1 All E.R. (Comm) 320 (Note); [2001] 12 WLUK 384; [2002]
C.L.C. 463; [2002] I.L.Pr. 28; [2002] I.C.R. 94; [2002] I.R.L.R. 358; (2002) 99(7)
L.S.G. 34; (2002) 146 S.J.L.B. 20 4-03
Turner v Moon [1901] 2 Ch. 825 Ch D 106-09
Turner v News Group Newspapers Ltd [2006] EWCA Civ 540; [2006] 1 W.L.R. 3469;
[2006] 4 All E.R. 613; [2006] E.M.L.R. 24; (2006) 103(22) L.S.G. 26 .... 37-50, 37-51, 37-52
TW Logistics Ltd v Essex CC [2018] EWCA Civ 2172; [2019] Ch. 243; [2018] 3 W.L.R.
1926; [2019] 3 All E.R. 312; [2018] 10 WLUK 114; [2019] 1 P. & C.R. 20 47-22
Twibell v London Suburban Bank [1869] W.N. 127 9-09
Twinsectra Ltd v Sander [2016] 9 WLUK 167; 10 September 2016 Ch D 52-01
Twinsectra Ltd v Yardley [2002] UKHL 12; [2002] 2 A.C. 164; [2002] 2 W.L.R. 802;
[2002] 2 All E.R. 377; [2002] P.N.L.R. 30; [2002] W.T.L.R. 423; [2002] 38 E.G. 204
(C.S.); (2002) 99(19) L.S.G. 32; (2002) 152 N.L.J. 469; (2002) 146 S.J.L.B. 84; [2002]
N.P.C. 47 HL 62-05, 62-12, 62-13
Ty Nant Spring Water Ltd's Trade Mark Application (No.2162950) [1999] E.T.M.R. 981;
[2000] R.P.C. 55 App Person 77-16
Tyne and Wear Autistic Society v Smith; sub nom. Smith v Tyne and Wear Autistic
Society [2005] 4 All E.R. 1336; [2005] I.C.R. 663; [2005] I.R.L.R. 336 EAT 44-31
Tyrie v Fletcher 98 E.R. 1297; (1777) 2 Cowp. 666 KB 67-15
UBAF Ltd v European American Banking Corp (The Pacific Colocotronis); Pacific
Colocotronis, The; Illustrious Colocotronis, The [1984] Q.B. 713; [1984] 2 W.L.R. 508;
[1984] 2 All E.R. 226; [1984] 1 Lloyd's Rep. 258; (1984) 81 L.S.G. 429; (1984) 128
S.J. 243 CA (Civ Div) 45-07, 58-07
UBS AG (London Branch) v Kommunale Wasserwerke Leipzig GmbH [2014] EWHC
3615 (Comm) 61-09
UBS AG (London Branch) v Kommunale Wasserwerke Leipzig GmbH; sub nom. UBS
AG (London Branch) v Landesbank Baden-Württemberg [2017] EWCA Civ 1567;
[2017] 2 Lloyd's Rep. 621; [2017] 10 WLUK 360; [2017] 2 C.L.C. 584. .... 61-09, 108-05
UBS AG New York v Fairfield Sentry Ltd (In Liquidation) [2019] UKPC 20; [2019] 5
WLUK 296; [2019] B.C.C. 966; [2019] 2 B.C.L.C. 1; [2019] B.P.I.R. 1054 4-03
UCB Corporate Services Ltd (formerly UCB Bank Plc) v Halifax (SW) Ltd (In
Liquidation) (Valuation) [2000] 1 E.G.L.R. 87; [2000] 16 E.G. 137; [2000] E.G. 28
(C.S.) CA (Civ Div) 1-17
UCB Corporate Services Ltd v Williams; sub nom. Williams v UCB Corporate Services
[2002] EWCA Civ 555; [2002] 3 F.C.R. 448; [2003] 1 P. & C.R. 12; [2002] 19 E.G. 149
(C.S.); (2002) 99(24) L.S.G. 34; (2002) 146 S.J.L.B. 151; [2002] N.P.C. 63; [2002] 2 P.
& C.R. DG17 .... 18-01, 18-04, 18-10
UK Oil and Gas Investments Plc v Persons Unknown [2018] EWHC 2252 (Ch); [2018] 9
WLUK 3; [2019] J.P.L. 161 47-23

[cxlv]

TABLE OF CASES

Ultraframe (UK) Ltd v Fielding; Burnden Group Plc v Northstar Systems Ltd (In Liquidation); Northstar Systems Ltd (In Liquidation) v Fielding [2005] EWHC 1638 (Ch); [2006] F.S.R. 17; [2007] W.T.L.R. 835; (2005) 28(9) I.P.D. 28069. 1-22, 61-07, 62-02, 62-03, 62-07, 62-09, 62-12, 62-16, 62-17
Umeyor v Ibe [2016] EWHC 862 (QB); [2016] 4 WLUK 410 37-21
Undre v Harrow LBC [2016] EWHC 2761 (QB); [2016] 11 WLUK 80; [2017] E.M.L.R. 8 .. 37-50
Unilever Plc v Gillette (UK) Ltd (Joinder) [1989] R.P.C. 583 CA (Civ Div) 73-06
Unilever Plc v Griffin [2010] EWHC 899 (Ch); [2010] F.S.R. 33 78-03
Union Eagle Ltd v Golden Achievement Ltd [1997] A.C. 514; [1997] 2 W.L.R. 341; [1997] 2 All E.R. 215; (1997) 141 S.J.L.B. 56; [1997] N.P.C. 16 PC (HK)............... 106-04
Union Lighterage Co v London Graving Dock Co [1902] 2 Ch. 557 CA 93-03
Union Marine Classification Services v Comoros [2016] EWCA Civ 239; [2016] 2 Lloyd's Rep. 193; [2016] 2 WLUK 348... 2-02
UNISON v Bakhsh; UNISON v Staunton [2009] I.R.L.R. 418 EAT 43-08
UNISON v Kelly [2012] EWCA Civ 1148; [2012] 7 WLUK 498; [2012] I.R.L.R. 951 43-02
UNISON v Kelly [2012] I.R.L.R. 442 EAT 43-02
UNISON v Street (UKEAT/0256/13/LA) [2013] 11 WLUK 810; 28 November 2013 EAT ... 43-04
UNISON v Westminster City Council [2001] EWCA Civ 443; [2001] I.C.R. 1046; [2001] I.R.L.R. 524; [2001] Emp. L.R. 1052; [2001] B.L.G.R. 378; (2001) 98(20) L.S.G. 41...... 42-04
Unite the Union v Mills [2017] 2 WLUK 249; [2017] I.C.R. 693 EAT 43-08
Unite the Union v Nailard [2016] 9 WLUK 466; [2017] I.C.R. 121; [2016] I.R.L.R. 906 EAT... 43-03
United Australia Ltd v Barclays Bank Ltd [1941] A.C. 1; [1940] 4 All E.R. 20 HL .. 10-21, 108-25
United Bank Ltd v Hussein [2000] 3 C.P.L.R. 270 57-03
United Carriers Ltd v Heritage Food Group (UK) Ltd [1996] 1 W.L.R. 371; [1995] 4 All E.R. 95; [1995] 2 Lloyd's Rep. 269; [1995] C.L.C. 364; (1995) 139 S.J.L.B. 83 QBD 24-05
United Closures and Plastics Ltd v Unite the Union [2011] CSOH 114; 2011 S.L.T. 1105; [2012] I.R.L.R. 29; 2011 G.W.D. 24-531.. 42-05
United Dominions Trust (Commercial) v Eagle Aircraft Services; sub nom. United Dominions Trust (Commercial) v Eagle Aviation [1968] 1 W.L.R. 74; [1968] 1 All E.R. 104; (1967) 111 S.J. 849 CA (Civ Div).................................... 106-03, 106-10
United Overseas Bank Ltd v Jiwani [1976] 1 W.L.R. 964; [1977] 1 All E.R. 733; [1976] 3 WLUK 158; (1976) 120 S.J. 329 QBD.. 9-15
United Pan Europe Communications NV v Deutsche Bank AG [2000] 2 B.C.L.C. 461 CA (Civ Div).. 9-03
United Scientific Holdings Ltd v Burnley BC; Cheapside Land Development Co Ltd v Messels Service Co [1978] A.C. 904; [1977] 2 W.L.R. 806; [1977] 2 All E.R. 62; 75 L.G.R. 407; (1977) 33 P. & C.R. 220; (1977) 243 E.G. 43; (1977) 121 S.J. 223 HL . 106-03, 106-10
United Trading Corp SA v Allied Arab Bank Ltd; Murray Clayton v Rafidair Bank [1985] 2 Lloyd's Rep. 554 CA (Civ Div).. 11-05
Universal Cargo Carriers Corp v Citati (No.1) [1957] 1 W.L.R. 979; [1957] 3 All E.R. 234; [1957] 2 Lloyd's Rep. 191; (1957) 101 S.J. 762 CA 33-06
Universal Corp v Five Ways Properties [1979] 1 All E.R. 552; (1979) 38 P. & C.R. 687; (1978) 250 E.G. 447; (1979) 123 S.J. 33 CA (Civ Div)............................. 106-08
University College London Hospitals NHS Trust v Unison [1999] I.C.R. 204; [1999] I.R.L.R. 31; (1998) 95(41) L.S.G. 45; (1998) 142 S.J.L.B. 270 CA 42-04
University of Central England v National and Local Government Officers' Association [1993] I.R.L.R. 81 QBD.. 42-05
University of East London Higher Education Corp v Barking and Dagenham LBC [2004] EWHC 2710 (Ch); [2005] Ch. 354; [2005] 2 W.L.R. 1334; [2005] 3 All E.R. 398; [2004] 12 WLUK 219; [2005] 1 P. & C.R. 31; [2004] N.P.C. 186..................... 106-10
Unwired Planet International Ltd v Huawei Technologies Co Ltd [2018] EWCA Civ 2344; [2018] 10 WLUK 355; [2018] R.P.C. 20....................................... 28-04, 73-04
Urban I (Blonk Street) Ltd v Ayres [2013] EWCA Civ 816; [2014] 1 W.L.R. 756; [2013] B.L.R. 505; [2014] 1 P. & C.R. 1; [2013] 3 E.G.L.R. 91; [2013] 29 E.G. 105 (C.S.) .. 33-06, 34-06, 106-03
Urquhart v Macpherson (1877-78) L.R. 3 App. Cas. 831 PC (Aus) 58-10
Uzinterimpex JSC v Standard Bank Plc [2008] EWCA Civ 819; [2008] Bus. L.R. 1762; [2008] 2 Lloyd's Rep. 456; [2008] 2 C.L.C. 80 .... 62-07, 62-08
V v R [2011] EWHC 822 (QB) 84-X3
Valilas v Januzaj [2014] EWCA Civ 436; [2015] 1 All E.R. (Comm) 1047; [2014] 4 WLUK 242; 154 Con. L.R. 38.. 34-06
Valmoria v Hynes [2012] EWHC 193 (QB); [2012] 2 WLUK 301 37-20

[cxlvi]

TABLE OF CASES

Van Colle v Chief Constable of Hertfordshire; Smith v Chief Constable of Sussex; sub nom. Chief Constable of Hertfordshire v Van Colle [2008] UKHL 50; [2009] 1 A.C. 225; [2008] 3 W.L.R. 593; [2008] 3 All E.R. 977; [2009] 1 Cr. App. R. 12; [2008] H.R.L.R. 44; [2008] U.K.H.R.R. 967; [2009] P.I.Q.R. P2; [2009] LS Law Medical 1; [2008] Inquest L.R. 176; (2008) 152(32) S.J.L.B. 31 .... 5-03, 84-X5, 84-X6
Vandepitte v Preferred Accident Insurance Corp of New York; sub nom. Vandepitte v Preferred Accident Insurance Co of New York [1933] A.C. 70; (1932) 44 Ll. L. Rep. 41 PC (Can) 6-04
Vanderpant v Mayfair Hotel Co Ltd [1930] 1 Ch. 138 Ch D 47-23
Various Claimants v Institute of the Brothers of the Christian Schools; sub nom. Catholic Child Welfare Society v Various Claimants, Various Claimants v Catholic Child Welfare Society [2012] UKSC 56; [2013] 2 A.C. 1; [2012] 3 W.L.R. 1319; [2013] 1 All E.R. 670; [2012] 11 WLUK 630; [2013] I.R.L.R. 219; [2013] E.L.R. 1; [2013] P.I.Q.R. P6; (2012) 162 N.L.J. 1505; (2012) 156(45) S.J.L.B. 31 81-03
Various Claimants v Institute of the Brothers of the Christian Schools [2010] EWCA Civ 1106 .... 84-X5
Various Claimants v Ministry of Defence; sub nom. Iraqi Civilian Litigation v Ministry of Defence [2016] EWHC 1221 (QB); [2016] 5 WLUK 563; [2016] 3 Costs L.O. 477 84-10
Various Ledward Claimants v Kent and Medway HA [2003] EWHC 2551 (QB); [2003] All E.R. (D) 12 (Nov); [2004] 1 Costs L.R. 101 .... 46-03, 84-X1
Various v Barking, Havering & Redbridge University Hospitals NHS Trust unreported 21 May 2014 84-02
Varney v Ford Motor Co Ltd [2013] EWHC 1226 (Ch) 84-04
Vastint Leeds BV v Persons Unknown [2018] EWHC 2456 (Ch); [2019] 4 W.L.R. 2; [2018] 9 WLUK 273 46-07
Vella v Lambeth LBC. See R. (on the application of Vella) v Lambeth LBC 47-14
Vellino v Chief Constable of Greater Manchester [2001] EWCA Civ 1249; [2002] 1 W.L.R. 218; [2002] 3 All E.R. 78; [2002] P.I.Q.R. P10; (2001) 151 N.L.J. 1441 5-05
Venetico Marine SA v International General Insurance Co Ltd [2013] EWHC 3644 (Comm); [2014] 1 Lloyd's Rep. 349; [2014] Lloyd's Rep. I.R. 243 70-16
Venn v Secretary of State for Communities and Local Government; sub nom. Secretary of State for Communities and Local Government v Venn [2014] EWCA Civ 1539; [2015] 1 W.L.R. 2328; [2015] C.P. Rep. 12; [2015] 1 C.M.L.R. 52; [2015] Env. L.R. 14; [2015] J.P.L. 573 46-04
Vento v Chief Constable of West Yorkshire [2002] EWCA Civ 1871; [2003] I.C.R. 318; [2003] I.R.L.R. 102; [2003] Po. L.R. 171; (2003) 100(10) L.S.G. 28; (2003) 147 S.J.L.B. 181 40-05
Ventouris v Mountain (The Italia Express) (No.3); Italia Express, The (No.3) [1992] 2 Lloyd's Rep. 281 QBD (Comm) 67-21
Vercoe v Rutland Fund Management Ltd [2010] EWHC 424 (Ch); [2010] Bus. L.R. D141 .. 74-06, 108-27
Verdin v Harrods Ltd [2006] I.C.R. 396; [2006] I.R.L.R. 339 40-06
Vergara v Ryanair Ltd 2014 S.L.T. (Sh Ct) 119; 2014 G.W.D. 26-511 8-11
Verity Shipping SA v NV Norexa (The "Skier Star") [2008] EWHC 213 (Comm); [2008] 1 Lloyd's Rep. 652; [2008] 1 C.L.C. 45 4-03
Verity v Lloyds Bank Plc [1995] C.L.C. 1557; [1995] N.P.C. 148 9-21
Verjee v CIBC Bank & Trust Co (Channel Islands) Ltd [2001] Lloyd's Rep. Bank. 279; [2001] B.P.I.R. 1149 Ch D 9-09, 9-11
Vernon Knight Associates v Cornwall Council [2013] EWCA Civ 950; [2013] 7 WLUK 982; [2013] B.L.R. 519; [2014] Env. L.R. 6; [2013] 3 E.G.L.R. 69 47-08
Verrall v Great Yarmouth BC [1981] Q.B. 202; [1980] 3 W.L.R. 258; [1980] 1 All E.R. 839 CA (Civ Div) 52-01
Versloot Dredging BV v HDI Gerling Industrie Versicherung AG [2016] UKSC 45; [2017] A.C. 1; [2016] 3 W.L.R. 543; [2016] 4 All E.R. 907; [2016] 2 All E.R. (Comm) 955; [2016] 2 Lloyd's Rep. 198; [2016] 7 WLUK 512; [2016] 2 C.L.C. 177; [2016] Lloyd's Rep. I.R. 468 .... 67-21, 70-15, 70-16
Vestergaard Frandsen S/A (now called MVF3 APS) v Bestnet Europe Ltd [2013] UKSC 31; [2013] 1 W.L.R. 1556; [2013] 4 All E.R. 781; [2013] I.C.R. 981; [2013] I.R.L.R. 654; [2013] E.M.L.R. 24; [2013] R.P.C. 33; (2013) 157(21) S.J.L.B. 31 ...... 74-08, 74-11, 74-11, 74-13, 74-16, 74-17
Viagogo Ltd v Myles [2012] EWHC 433 (Ch) 64-12
Vidal-Hall v Google Inc [2015] EWCA Civ 311; [2016] Q.B. 1003; [2015] 3 W.L.R. 409; [2015] C.P. Rep. 28; [2015] 3 C.M.L.R. 2; [2015] E.M.L.R. 15; [2015] F.S.R. 25 .... 43-02, 74-03,

TABLE OF CASES

Villarosa v Ryan [2018] EWHC 1914 (Ch); [2019] 1 W.L.R. 515; [2018] 7 WLUK 592; [2018] H.L.R. 38; [2019] 1 P. & C.R. 7; [2018] L. & T.R. 33 .... 74-10, 79-05, 79-18, 79-23, 97-05
Vining v Wandsworth LBC. *See* Wandsworth LBC v Vining 43-02
Viscount Chelsea v Morris; Cadogan Estates Ltd v Morris; Earl Cadogan v Morris (1999) 31 H.L.R. 732; (1999) 77 P. & C.R. 336; [1999] L. & T.R. 154; [1999] 1 E.G.L.R. 59; [1999] 04 E.G. 155; [1998] E.G. 156 (C.S.); (1998) 95(45) L.S.G. 40; (1999) 143 S.J.L.B. 11; [1998] N.P.C. 146; (1999) 77 P. & C.R. D13 CA (Civ Div)................. 97-05
Viscount Chelsea v Muscatt; sub nom. Cadogan v Muscatt [1990] 35 E.G. 63 CA (Civ Div)... 51-02
Viscount De L'Isle v Times Newspapers [1988] 1 W.L.R. 49; [1987] 3 All E.R. 499; (1988) 85(6) L.S.G. 38; (1988) 132 S.J. 54 CA (Civ Div)............................ 37-32
Visscherrij Maatschappij Nieuwe Onderneming v Scottish Metropolitan Assurance Co (1922) 10 Ll. L. Rep. 579 CA.. 70-07
Vizetelly v Mudie's Select Library Ltd [1900] 2 Q.B. 170 CA 37-49
Vodafone Group Plc v Orange Personal Communications Services Ltd [1997] E.M.L.R. 84; [1997-98] Info. T.L.R. 8; [1997] F.S.R. 34; (1996) 19(10) I.P.D. 19091 Ch D 38-06
Vowles v Evans [2003] EWCA Civ 318; [2003] 1 W.L.R. 1607; [2003] E.C.C. 24; [2003] P.I.Q.R. P29; (2003) 100(20) L.S.G. 28 109-02
W Hanson (Harrow) Ltd v Rapid Civil Engineering Ltd 38 B.L.R. 106; 11 Con. L.R. 119 QBD 26-03
W Ltd v M Sdn Bhd [2016] EWHC 422 (Comm); [2017] 1 All E.R. (Comm) 981; [2016] 1 Lloyd's Rep. 552; [2016] 3 WLUK 92; [2016] 1 C.L.C. 437; 164 Con. L.R. 66; [2016] C.I.L.L. 3828.. 2-13
W v Egdell [1990] Ch. 359; [1990] 2 W.L.R. 471; [1990] 1 All E.R. 835; (1990) 87(12) L.S.G. 41; (1990) 134 S.J. 286 CA (Civ Div).................................... 74-20
W v Independent Appeal Panel of Bexley LBC [2008] EWHC 758 (Admin); [2008] E.L.R. 301... 39-05
W v Westminster City Council [2005] EWHC 102 (QB); [2005] 4 All E.R. 96 (Note) 79-20
Wadham Stringer Finance Ltd v Meaney [1981] 1 W.L.R. 39; [1980] 3 All E.R. 789; [1980] Com. L.R. 7; [1981] R.T.R. 152; (1980) 124 S.J. 807 QBD...................... 20-07
Wadlow v Samuel (aka Seal) [2007] EWCA Civ 155; (2007) 151 S.J.L.B. 331 . 18-06, 45-03, 45-04
Wadsworth v Lydell [1981] 1 W.L.R. 598; [1981] 2 All E.R. 401; (1981) 125 S.J. 309 CA (Civ Div).. 106-03
Wagenaar v Weekend Travel Ltd t/a SkiWeekend [2014] EWCA Civ 1105; [2015] 1 W.L.R. 1968; [2014] C.P. Rep. 46; [2014] 5 Costs L.O. 803; [2014] P.I.Q.R. P23 84-13
Waghorn v George Wimpey & Co Ltd [1969] 1 W.L.R. 1764; [1970] 1 All E.R. 474; (1969) 113 S.J. 671 QBD.. 1-22
Wainwright v Home Office; sub nom. Wainwright v Secretary of State for the Home Department; Secretary of State for the Home Department v Wainwright [2003] UKHL 53; [2004] 2 A.C. 406; [2003] 3 W.L.R. 1137; [2003] 4 All E.R. 969; [2004] U.K.H.R.R. 154; 15 B.H.R.C. 387; (2003) 100(45) L.S.G. 30; (2003) 147 S.J.L.B. 1208 .... 47-15, 79-01, 79-21, 84-X6
Wake v Page. *See* Wake v Wylie 68-03
Wake v Wylie; sub nom. Wylie v Wake; Wake v Page [2001] R.T.R. 20; [2001] P.I.Q.R. P13 CA (Civ Div) 68-03
Walker v Hicks (1877-78) L.R. 3 Q.B.D. 8 QBD 10-22
Wallace v Korean Air 214 F 3d 296 (2nd Cir 2000) US Ct 8-06
Wallace v Manchester City Council (1998) 30 H.L.R. 1111; [1998] L. & T.R. 279; [1998] 3 E.G.L.R. 38; [1998] 41 E.G. 223; [1998] E.G. 114 (C.S.); [1998] N.P.C. 115 CA (Civ Div)... 101-03
Wallbank v Aston Cantlow and Wilmcote with Billesley Parochial Church Council. *See* Aston Cantlow and Wilmcote with Billesley Parochial Church Council v Wallbank 64-09
Wallshire v Advertising Sites [1988] 33 E.G. 51 CA (Civ Div) 49-N6
Walsh v Lonsdale (1882) L.R. 21 Ch. D. 9 CA 6-11
Walsh v Shanahan [2013] EWCA Civ 411; [2013] 2 P. & C.R. DG7 108-27
Walter Lilly & Co Ltd v Mackay [2012] EWHC 1773 (TCC); [2012] B.L.R. 503; 143 Con. L.R. 79; (2012) 28 Const. L.J. 622; [2012] C.I.L.L. 3229 .... 33-06, 34-08
Walter v Selfe 64 E.R. 849; (1851) 4 De G. & Sm. 315 QB 47-06
Walters v WH Smith & Son Ltd [1914] 1 K.B. 595 KBD 5-07, 5-17

TABLE OF CASES

Wandsworth LBC v Railtrack Plc; sub nom. Railtrack Plc v Wandsworth LBC [2001] EWCA Civ 1236; [2002] Q.B. 756; [2002] 2 W.L.R. 512; [2002] Env. L.R. 9; [2002] E.H.L.R. 5; [2001] B.L.G.R. 544; [2001] 32 E.G. 88 (C.S.); (2001) 98(37) L.S.G. 38; (2001) 145 S.J.L.B. 219; [2001] N.P.C. 13 .... 47-22, 47-23
Wandsworth LBC v Vining [2017] EWCA Civ 1092; [2017] 7 WLUK 726; [2018] I.C.R. 499; [2017] I.R.L.R. 1140. 43-02
Ward v Cannock Chase DC [1986] Ch. 546; [1986] 2 W.L.R. 660; [1985] 3 All E.R. 537; 84 L.G.R. 898; (1986) 83 L.S.G. 1553; (1986) 130 S.J. 316 Ch D 47-19
Ward v Coope; sub nom. Coope v Ward [2015] EWCA Civ 30; [2015] 1 W.L.R. 4081 ...... 47-08, 47-16
Ward v Guinness Mahon & Co Ltd; Koppel v Guinness Mahon & Co Ltd; Evans v Guinness Mahon & Co Ltd [1996] 1 W.L.R. 894; [1996] 4 All E.R. 112; [1996] C.L.C. 1199 CA (Civ Div). 84-X1
Ward v Kirkland [1967] Ch. 194; [1966] 1 W.L.R. 601; [1966] 1 All E.R. 609; [1965] 11 WLUK 47; (1966) 110 S.J. 289 Ch D. 94-05
Ward v Lewis [1955] 1 W.L.R. 9; [1955] 1 All E.R. 55; (1955) 99 S.J. 27 CA 37-23
Wardle v Credit Agricole Corporate and Investment Bank. *See* Credit Agricole Corporate and Investment Bank v Wardle 40-04
Warner Bros Records Inc v Rollgreen Ltd [1976] Q.B. 430; [1975] 2 W.L.R. 816; [1975] 2 All E.R. 105; (1974) 119 S.J. 253 CA (Civ Div) 6-07
Warner v Riddiford (1858) C.B. (N.S.) 180 5-06
Warner v Sampson [1959] 1 Q.B. 297; [1959] 2 W.L.R. 109; [1959] 1 All E.R. 120; (1959) 103 S.J. 91 CA 1-27
Warner-Lambert Co LLC v Generics (UK) Ltd (t/a Mylan); sub nom. Generics (UK) Ltd (t/a Mylan) v Warner-Lambert Co LLC [2018] UKSC 56; [2019] 3 All E.R. 95; [2019] Bus. L.R. 360; [2018] 11 WLUK 177; [2018] R.P.C. 21; (2019) 165 B.M.L.R. 14. 73-17
Warner-Lambert Co v Glaxo Laboratories Ltd [1975] R.P.C. 354 CA (Civ Div) 74-14
Warren v Random House Group Ltd [2008] EWCA Civ 834; [2009] Q.B. 600; [2009] 2 W.L.R. 314; [2009] 2 All E.R. 245; [2009] E.M.L.R. 1 .... 37-50, 37-54
Warwickshire v Wallbank. *See* Aston Cantlow and Wilmcote with Billesley Parochial Church Council v Wallbank 64-09
Wasson v Chief Constable of the Royal Ulster Constabulary [1987] 8 N.I.J.B. 34; (1987) 6 B.N.I.L. 140 5-05
Waterman v Boyle [2009] EWCA Civ 115; [2009] 2 E.G.L.R. 7; [2009] 21 E.G. 104; [2009] 10 E.G. 111 (C.S.); [2009] N.P.C. 33 47-14
Watford Electronics Ltd v Sanderson CFL Ltd [2001] EWCA Civ 317; [2001] 1 All E.R. (Comm) 696; [2001] B.L.R. 143; (2001) 3 T.C.L.R. 14; [2002] F.S.R. 19; [2001] Masons C.L.R. 57; (2001) 98(18) L.S.G. 44. .... 33-03, 33-08
Watkins v Home Office. *See* Watkins v Secretary of State for the Home Department ... 5-20, 5-21, 5-27, 84-X5, 84-X6
Watkins v Secretary of State for the Home Department; sub nom. Watkins v Home Office [2006] UKHL 17; [2006] 2 A.C. 395; [2006] 2 W.L.R. 807; [2006] 2 All E.R. 253 ..... 5-20, 5-21, 5-27, 84-X5, 84-X6
Watson v British Boxing Board of Control Ltd [2001] Q.B. 1134; [2001] 2 W.L.R. 1256; [2001] P.I.Q.R. P16; (2001) 98(12) L.S.G. 44; (2001) 145 S.J.L.B. 31 CA (Civ Div). 109-02
Watson v Croft Promo-Sport Ltd; sub nom. Watson v Croft Promosport Ltd [2009] EWCA Civ 15; [2009] 3 All E.R. 249; [2009] 2 E.G.L.R. 57; [2009] 18 E.G. 86; [2009] J.P.L. 1178; [2009] N.P.C. 15 .... 47-05, 51-02
Watson v Watchfinder.co.uk Ltd [2017] EWHC 1275 (Comm); [2017] Bus. L.R. 1309; [2017] 5 WLUK 591. 52-02
Wattleworth v Goodwood Road Racing Co Ltd [2004] EWHC 140 (QB); [2004] P.I.Q.R. P25 109-02
Watts v Morrow [1991] 1 W.L.R. 1421; [1991] 4 All E.R. 937; 54 B.L.R. 86; 26 Con. L.R. 98; (1991) 23 H.L.R. 608; [1991] 2 E.G.L.R. 152; [1991] 43 E.G. 121; (1992) 8 Const. L.J. 73; [1991] E.G. 88 (C.S.); (1992) 89(14) L.S.G. 33; (1991) 141 N.L.J. 1331; [1991] N.P.C. 98 CA (Civ Div) 99-02
Watts v Times Newspapers Ltd [1997] Q.B. 650; [1996] 2 W.L.R. 427; [1996] 1 All E.R. 152; [1996] E.M.L.R. 1 CA (Civ Div) 37-43
Weaver v Ward (1616) 39 Hob. 134 5-01
Webb v Barclays Bank Plc; Webb v Portsmouth Hospitals NHS Trust [2001] EWCA Civ 1141; [2002] P.I.Q.R. P8; [2001] Lloyd's Rep. Med. 500. .... 84-X3
Webb v EMO Air Cargo (UK) Ltd [1995] 1 W.L.R. 1454; [1995] 4 All E.R. 577; [1996] 2 C.M.L.R. 990; [1995] I.C.R. 1021; [1995] I.R.L.R. 645 HL 44-16

[cxlix]

TABLE OF CASES

Webster Thompson Ltd v JG Pears (Newark) Ltd. *See* JG Pears (Newark) Ltd v Omega
  Proteins Ltd. 83-02
Webster v Ridgeway Foundation School [2010] EWHC 157 (QB); [2010] E.L.R. 694 ...... 84-X5
Weddell v JA Pearce & Major (A Firm) [1988] Ch. 26; [1987] 3 W.L.R. 592; [1987] 3 All
  E.R. 624; (1988) 85(32) L.S.G. 33; (1987) 131 S.J. 1120 Ch D 6-08
Weir v Bell; Weir v Barnett (1877-78) L.R. 3 Ex. D. 238 CA 58-08
Weld-Blundell v Stephens [1920] A.C. 956 HL 27-06
Welford v Graham [2017] UKUT 297 (TCC); [2017] 7 WLUK 302 93-03
Wellaway v Courtier [1918] 1 K.B. 200 KBD 49-04
Wellcome v Genentech. *See* Genentech Inc's Patent (Human Growth Hormone) 73-17
Weller v Associated Newspapers Ltd [2015] EWCA Civ 1176; [2016] 1 W.L.R. 1541 79-07,
                                                                          79-08, 79-14, 79-17
Wells v First National Commercial Bank [1998] P.N.L.R. 552 9-03
Wells v Moody 173 E.R. 26; (1835) 7 Car. & P. 59 Assizes 92-04
Wembley National Stadium Ltd v Wembley (London) Ltd [2007] EWHC 756 (Ch); [2008]
  1 P. & C.R. 3; [2007] L. & T.R. 36; [2007] 2 E.G.L.R. 115; [2007] 16 E.G. 191 (C.S.);
  [2007] N.P.C. 43 102-03
Wembley Park Estate Co Ltd's Transfer, Re; London Sephardi Trust v Baker [1968] Ch.
  491; [1968] 2 W.L.R. 500; [1968] 1 All E.R. 457; [1967] 11 WLUK 70; (1968) 112 S.J.
  152 Ch D 105-02
West (t/a Eastenders) v Fuller Smith & Turner Plc [2003] EWCA Civ 48; [2003] F.S.R.
  44; (2003) 26(4) I.P.D. 26021; (2003) 147 S.J.L.B. 179 77-16
West Bromwich Building Society v Crammer [2002] EWHC 2618 (Ch); [2003] B.P.I.R.
  783; (2003) 147 S.J.L.B. 58; [2002] N.P.C. 131 15-05
West Bromwich Building Society v Wilkinson; sub nom. Wilkinson v West Bromwich
  Building Society [2005] UKHL 44; [2005] 1 W.L.R. 2303; [2005] 4 All E.R. 97; [2005]
  27 E.G. 221 (C.S.); (2005) 102(28) L.S.G. 32; [2005] 2 P. & C.R. DG20 15-05
West Country Cleaners (Falmouth) Ltd v Saly [1966] 1 W.L.R. 1485; [1966] 3 All E.R.
  210; 119 E.G. 563; (1966) 110 S.J. 634 CA 106-10
West Country Renovations Ltd v McDowell [2012] EWHC 307 (TCC); [2013] 1 W.L.R.
  416; [2012] 3 All E.R. 106; [2012] B.L.R. 255; 141 Con. L.R. 112; [2012] C.I.L.L.
  3158 34-02
West Midlands Travel Ltd v Transport and General Workers Union [1994] I.C.R. 978;
  [1994] I.R.L.R. 578 CA (Civ Div) 42-05
West Sussex CC v Pierce [2013] EWCA Civ 1230; [2014] E.L.R. 62; [2014] P.I.Q.R. P5 ... 39-01
West v Ian Finlay and Associates [2014] EWCA Civ 316; [2014] B.L.R. 324; 153 Con.
  L.R. 1; [2014] 2 E.G.L.R. 63; [2014] C.I.L.L. 3507 34-08
Westbrook Resources Ltd v Globe Metallurgical Inc [2009] EWCA Civ 310; [2009] 2 All
  E.R. (Comm) 1060; [2009] 2 Lloyd's Rep. 224; [2009] 4 WLUK 224 1-11
Westcott v Westcott [2008] EWCA Civ 818; [2009] Q.B. 407; [2009] 2 W.L.R. 838;
  [2009] 1 All E.R. 727; [2009] E.M.L.R. 2; (2008) 105(30) L.S.G. 17 37-41
Westdawn Refurbishments Ltd v Roselodge Ltd [2006] Adj. L.R. 04/25 QBD (TCC) 36-01
Westdeutsche Landesbank Girozentrale v Islington LBC; Kleinwort Benson Ltd v
  Sandwell BC; sub nom. Islington LBC v Westdeutsche Landesbank Girozentrale [1996]
  A.C. 669; [1996] 2 W.L.R. 802; [1996] 2 All E.R. 961; [1996] 5 Bank. L.R. 341; [1996]
  C.L.C. 990; 95 L.G.R. 1; (1996) 160 J.P. Rep. 1130; (1996) 146 N.L.J. 877; (1996) 140
  S.J.L.B. 136 HL 9-13, 62-05
Western Bank Ltd v Schindler [1977] Ch. 1; [1976] 3 W.L.R. 341; [1976] 2 All E.R. 393;
  (1976) 32 P. & C.R. 352; (1976) 120 S.J. 301 CA (Civ Div) 15-12, 104-12
Western Digital Corp v British Airways Plc [2001] Q.B. 733; [2000] 3 W.L.R. 1855;
  [2001] 1 All E.R. 109; [2000] 2 All E.R. (Comm) 647; [2000] 2 Lloyd's Rep. 142;
  [2000] C.L.C. 1276; (2000) 144 S.J.L.B. 273 CA (Civ Div) 8-15, 8-20
Westfields Construction Ltd v Lewis [2013] EWHC 376 (TCC); [2013] 1 W.L.R. 3377;
  [2013] 2 WLUK 753; [2013] B.L.R. 223; 147 Con. L.R. 148; [2013] C.I.L.L. 3332;
  [2013] 10 E.G. 146 (C.S.) 35-01
Westminster Bank Ltd v Arlington Overseas Trading Co [1952] 1 Lloyd's Rep. 211 9-14
Westpac Banking Corp v MM Kembla New Zealand Ltd [2001] 2 N.Z.L.R. 298 9-17
WH Newson Holding Ltd v IMI Plc [2013] EWCA Civ 1377; [2014] 1 All E.R. 1132;
  [2014] Bus. L.R. 156; [2013] 11 WLUK 299; [2014] E.C.C. 8; (2013) 163(7585) N.L.J.
  16; [2014] C.L.Y. 541 31-02
Wharfland Ltd v South London Cooperative Building Co Ltd [1995] 2 E.G.L.R. 21;
  [1995] E.G. 19 (C.S.); [1995] N.P.C. 25 QBD 92-03

TABLE OF CASES

Wheeldon v Burrows (1879) 12 Ch. D. 31; [1874-90] All E.R. Rep. 669; [1879] 6 WLUK
29; (1879) 48 L.J. Ch. 853; (1879) 41 L.T. 327 CA.................................. 93-04
Wheeler v Keeble (1914) Ltd [1920] 1 Ch. 57 Ch D 49-03
Wheeler v Whiting 173 E.R. 828; (1840) 9 Car. & P. 262 Assizes 5-07
Whiffen v Bailey; Whiffen v Romford Urban DC; sub nom. Wiffen v Bailey and Romford
Urban DC [1915] 1 K.B. 600 CA 5-18
Whirlpool Corp v Kenwood Ltd [2009] EWCA Civ 753; [2010] E.T.M.R. 7; [2010] R.P.C.
2. 77-11
Whitbread & Co Ltd v Watt [1902] 1 Ch. 835 CA 106-08
Whitby Specialist Vehicles Ltd v Yorkshire Specialist Vehicles Ltd [2014] EWHC 4242
(Pat); [2015] E.C.D.R. 11 76-04
White Arrow Express Ltd v Lamey's Distribution Ltd [1995] C.L.C. 1251; (1996) 15 Tr.
L.R. 69; (1995) 145 N.L.J. 1504. 33-11
White v Governor of Pentonville Prison [2015] EWHC 1886 (Admin) 5-06
White v Jameson (1874) L.R. 18 Eq. 303 Ct of Chancery 47-17
White v Morris 138 E.R. 778; (1852) 11 C.B. 1015 CCP 26-16
White v Southampton University Hospitals NHS Trust [2011] EWHC 825 (QB); [2011]
Med. L.R. 296; (2011) 120 B.M.L.R. 81 37-41
White v White [2001] UKHL 9; [2001] 1 W.L.R. 481; [2001] 2 All E.R. 43; [2001] 1 All
E.R. (Comm) 1105; [2001] 1 Lloyd's Rep. 679; [2001] R.T.R. 25; [2001] 2 C.M.L.R. 1;
[2001] Lloyd's Rep. I.R. 493; [2001] P.I.Q.R. P20; (2001) 98(15) L.S.G. 33; (2001) 151
N.L.J. 350; (2001) 145 S.J.L.B. 67 .... 68-05, 68-06
Whitehouse v Jordan [1981] 1 W.L.R. 246; [1981] 1 All E.R. 267; (1981) 125 S.J. 167 HL .. 85-06
Whiteside v Whiteside [1950] Ch. 65; [1949] 2 All E.R. 913; 66 T.L.R. (Pt. 1) 126; [1949]
T.R. 457 CA 53-01
Wilchick v Marks [1934] 2 K.B. 56 KBD 47-17
Wilcox v Kettel [1937] 1 All E.R. 223 49-02
Wilde v Waters 139 E.R. 909; (1855) 16 C.B. 637; (1855) 24 L.J.C.P. 193 CCP 49-02
Wildtree Hotels Ltd v Harrow LBC [2001] 2 A.C. 1; [2000] 3 W.L.R. 165; [2000] 3 All
E.R. 289; [2000] B.L.G.R. 547; (2001) 81 P. & C.R. 9; [2000] 2 E.G.L.R. 5; [2000]
R.V.R. 235; [2000] E.G. 80 (C.S.); (2000) 97(28) L.S.G. 31; (2000) 150 N.L.J. 984;
[2000] N.P.C. 71; (2001) 81 P. & C.R. DG9 HL 47-02
Wilkes v DePuy International Ltd [2016] EWHC 3096 (QB); [2018] Q.B. 627; [2018] 2
W.L.R. 531; [2017] 3 All E.R. 589; [2016] 12 WLUK 134; [2018] E.C.C. 16; (2017)
153 B.M.L.R. 91 .... 83-13, 83-14, 84-08, 84-09
Wilkin-Shaw v Fuller [2013] EWCA Civ 410; [2013] E.L.R. 400; (2013) 157(17) S.J.L.B.
31. 39-01
Wilkins v Boutcher 133 E.R. 1364; (1842) 3 Man. & G. 807 CCP 49-N9
Wilkinson v Colley 98 E.R. 414; (1771) 5 Burr. 2694 KB 103-02
Wilkinson v Downton [1897] 2 Q.B. 57 QBD 79-21
Wilkinson v Hall 132 E.R. 506; (1837) 3 Bing. N.C. 508 CCP 103-02
Wilkinson v London and County Banking Co (1884) 1 T.L.R. 63 27-13
William Brandt's Sons & Co v Dunlop Rubber Co Ltd [1905] A.C. 454 HL 6-08
William Hare Ltd v Shepherd Construction Ltd; Reynolds v Shepherd Construction Ltd
[2010] EWCA Civ 283; [2010] B.L.R. 358; 130 Con. L.R. 1; [2010] 2 E.G.L.R. 10;
[2010] 22 E.G. 108; [2010] C.I.L.L. 2825; [2010] 12 E.G. 96 (C.S.) 53-01
William Lacey (Hounslow) Ltd v Davis [1957] 1 W.L.R. 932; [1957] 2 All E.R. 712;
[1957] 2 WLUK 56; (1957) 101 S.J. 629 QBD 108-10
Williams & Glyn's Bank Ltd v Barnes [1981] Com. L.R. 205 High Ct 9-03, 9-05
Williams & Glyn's Bank Ltd v Boland; Williams & Glyn's Bank Ltd v Brown [1981] A.C.
487; [1980] 3 W.L.R. 138; [1980] 2 All E.R. 408; (1980) 40 P. & C.R. 451; (1980) 124
S.J. 443 HL 15-15, 104-15
Williams Bros v Ed T Agius Ltd [1914] A.C. 510 HL 16-03, 25-20
Williams v Atlantic Assurance Co Ltd [1933] 1 K.B. 81; (1932) 43 Ll. L. Rep. 177 CA 6-07
Williams v Central Bank of Nigeria [2014] UKSC 10; [2014] A.C. 1189; [2014] 2 W.L.R.
355; [2014] 2 All E.R. 489; [2014] W.T.L.R. 873; 16 I.T.E.L.R. 740; (2014) 164(7596)
N.L.J. 16. .... 62-01, 62-06, 62-11
Williams v Mason (1873) 28 L.T. 232 58-07
Williams v Natural Life Health Foods Ltd [1998] 1 W.L.R. 830; [1998] 2 All E.R. 577;
[1998] B.C.C. 428; [1998] 1 B.C.L.C. 689; [1998] 17 Tr. L.R. 152; (1998) 95(21)
L.S.G. 37; (1998) 148 N.L.J. 657; (1998) 142 S.J.L.B. 166 HL................... 33-09, 58-05
Williams v North China Insurance Co (1875-76) L.R. 1 C.P.D. 757 CA 70-12

[cli]

TABLE OF CASES

Williams v Trustees of Swansea University Pension and Assurance Scheme; sub nom.
 Trustees of Swansea University Pension and Assurance Scheme v Williams [2018]
 UKSC 65; [2019] 1 W.L.R. 93; [2019] 2 All E.R. 1031; [2018] 12 WLUK 265; [2019]
 I.C.R. 230; [2019] I.R.L.R. 306; [2019] Pens. L.R. 11. 44-18
Williamson v Attorney General of Trinidad and Tobago [2014] UKPC 29PC (Trinidad and
 Tobago). 5-18
Williamson v Freer (1873-74) L.R. 9 C.P. 393 CCP 37-10
Williamson v Rider [1963] 1 Q.B. 89; [1962] 3 W.L.R. 119; [1962] 2 All E.R. 268; (1962)
 106 S.J. 263 CA 10-14
Willis v Barron; sub nom. Barron v Willis [1902] A.C. 271 HL 18-03
Willis v Derwentside DC [2013] EWHC 738 (Ch); [2013] Env. L.R. 31 ...... 47-14, 47-16, 47-18,
 47-19, 48-02, 48-05
Willis v MRJ Rundell & Associates Ltd [2013] EWHC 2923 (TCC); [2013] 6 Costs L.R.
 924; [2013] 3 E.G.L.R. 13; [2013] C.I.L.L. 3428. 34-02
Willmore v Knowsley MBC. *See* Sienkiewicz v Greif (UK) Ltd 47-13, 70-05, 84-10, 85-08
Willoughby v Backhouse 107 E.R. 587; (1824) 2 B. & C. 821 KB 92-04
Willoughby v Eckstein [1937] Ch. 167 Ch D 93-02
Wilsher v Essex AHA [1988] A.C. 1074; [1988] 2 W.L.R. 557; [1988] 1 All E.R. 871;
 (1988) 138 N.L.J. Rep. 78; (1988) 132 S.J. 418 HL 85-06, 85-09
Wilson v Lombank [1963] 1 W.L.R. 1294; [1963] 1 All E.R. 740 Assizes (Somerset) 26-15
Wilson v London & Globe Finance Corp (1897) 14 T.L.R. 15 16-03
Wilson v Mackreth 97 E.R. 1119; (1766) 3 Burr. 1824 KB 49-04
Wilson v Pringle [1987] Q.B. 237; [1986] 3 W.L.R. 1; [1986] 2 All E.R. 440; (1986) 83
 L.S.G. 2160; (1986) 136 N.L.J. 416; (1986) 130 S.J. 468 CA (Civ Div). 5-01
Wilson v United Counties Bank Ltd [1920] A.C. 102 HL 9-12
Wilsons & Clyde Coal Co Ltd v English; sub nom. English v Wilsons & Clyde Coal Co
 Ltd [1938] A.C. 57; 1937 S.C. (H.L.) 46; 1937 S.L.T. 523 HL 81-09
Wimbush, Re; Richards v Wimbush [1940] Ch. 92 Ch D 16-02
Winch v Mid Bedfordshire DC [2002] All E.R. (D) 380 QBD 47-17
Windle v Andrews 106 E.R. 519; (1819) 2 B. & Ald. 696 KB 10-12
Windsor-Clive, Earl of Plymouth v Rees [2019] EWHC 1008 (Ch); [2019] 4 W.L.R. 74;
 [2019] 4 WLUK 348; [2019] L. & T.R. 29. 46-07
Winkfield, The [1902] P. 42; [1900-03] All E.R. Rep. 346 CA 26-10
Winstanley v Sleeman [2013] EWHC 4792 (QB); [2013] 12 WLUK 479 39-03
Winter Garden Theatre (London) Ltd v Millennium Productions Ltd; sub nom.
 Millennium Productions Ltd v Winter Garden Theatre (London) Ltd [1948] A.C. 173;
 [1947] 2 All E.R. 331; 63 T.L.R. 529; [1947] L.J.R. 1422; 177 L.T. 349; (1947) 91 S.J.
 504 HL. 5-09
Winter v Hockley Mint Ltd; sub nom. Hockley Mint Ltd v Ramsden [2018] EWCA Civ
 2480; [2019] 1 W.L.R. 1617; [2019] 2 All E.R. 1054; [2018] 11 WLUK 208. 58-08
WISE Underwriting Agency Ltd v Grupo Nacional Provincial SA [2004] EWCA Civ 962;
 [2004] 2 All E.R. (Comm) 613; [2004] 2 Lloyd's Rep. 483; [2004] 2 C.L.C. 1098;
 [2004] Lloyd's Rep. I.R. 764; (2004) 148 S.J.L.B. 913. 67-14
Wissa v Associated Newspapers Ltd [2014] EWHC 1518 (QB) 37-14, 37-16
Witt Ex p. Shubrook, Re (1875-76) L.R. 2 Ch. D. 489 CA 23-03
WM (Democratic Republic of Congo) v Secretary of State for the Home Department
 [2006] EWCA Civ 1495; [2007] Imm. A.R. 337; [2007] I.N.L.R. 126; (2006) 103(45)
 L.S.G. 27. .... 66-03, 66-S2
Wolff v Trinity Logistics USA Inc [2018] EWCA Civ 2765; [2019] 1 W.L.R. 3997; [2018]
 12 WLUK 130. .... 60-03, 60-05
Wolmershausen v Gullick [1893] 2 Ch. 514 Ch D 13-07
Wolverhampton Corp v Emmons [1901] 1 Q.B. 515 CA 52-01
Wong v Parkside Health NHS Trust [2001] EWCA Civ 1721; [2003] 3 All E.R. 932;
 (2002) 99(2) L.S.G. 28; (2001) 145 S.J.L.B. 276. 79-21
Wood v Commissioner of Police of the Metropolis. *See* R. (on the application of Wood) v
 Commissioner of Police of the Metropolis. 5-15, 79-02, 79-06, 79-20
Wood v Manley 113 E.R. 325; (1839) 11 Ad. & El. 34 QB 49-N6
Woodar Investment Development Ltd v Wimpey Construction UK Ltd [1980] 1 W.L.R.
 277; [1980] 1 All E.R. 571; [1980] 2 WLUK 157; (1980) 124 S.J. 184 HL 99-02
Woodeson v Credit Suisse (UK) Ltd [2018] EWCA Civ 1103; [2018] 5 WLUK 336 15-14
Woodland v Essex CC. *See* Woodland v Swimming Teachers Association 39-01, 48-01, 81-03,
 82-02, 82-03

TABLE OF CASES

Woodland v Swimming Teachers Association; sub nom. Woodland v Essex CC [2013]
UKSC 66; [2014] A.C. 537; [2013] 3 W.L.R. 1227; [2014] 1 All E.R. 482; [2014]
E.L.R. 67; (2013) 16 C.C.L. Rep. 532; [2014] P.I.Q.R. P6; (2013) 163(7582) N.L.J. 15;
(2013) 157(41) S.J.L.B. 39 .... 39-01, 48-01, 81-03, 82-02, 82-03
Woodlands v Hinds [1955] 1 W.L.R. 688; [1955] 2 All E.R. 604; (1955) 99 S.J. 418 Ch D ... 16-02
Woods v Chaleff unreported 28 May 1999 1-43
Woodward v Earl of Dudley [1954] Ch. 283; [1954] 1 W.L.R. 476; [1954] 1 All E.R. 559;
52 L.G.R. 269; (1954) 98 S.J. 162 Ch D 98-08
Woodward v Hutchins [1977] 1 W.L.R. 760; [1977] 2 All E.R. 751; (1977) 121 S.J. 409
CA (Civ Div).. 74-20
Woollerton and Wilson Ltd v Richard Costain Ltd; Woolerton and Wilson v Richard
Costain [1970] 1 W.L.R. 411; [1970] 1 All E.R. 483; (1970) 114 S.J. 170 Ch D............. 49-05
Woolwich Building Society v Dickman [1996] 3 All E.R. 204; (1996) 28 H.L.R. 661;
(1996) 72 P. & C.R. 470; [1996] E.G. 33 (C.S.); [1996] N.P.C. 22; (1996) 72 P. & C.R.
D13 CA (Civ Div).. 15-15, 104-15
Woolwich Equitable Building Society v Inland Revenue Commissioners [1993] A.C. 70;
[1992] 3 W.L.R. 366; [1992] 3 All E.R. 737; [1992] S.T.C. 657; [1992] 7 WLUK 268;
(1993) 5 Admin. L.R. 265; 65 T.C. 265; (1992) 142 N.L.J. 1196; (1992) 136 S.J.L.B.
230 HL.. 108-12, 108-17
Wootton v Sievier [1913] 3 K.B. 499 CA 37-34
Workers Trust & Merchant Bank Ltd v Dojap Investments Ltd [1993] A.C. 573; [1993] 2
W.L.R. 702; [1993] 2 All E.R. 370; (1993) 66 P. & C.R. 15; [1993] 1 E.G.L.R. 203;
[1993] E.G. 38 (C.S.); (1993) 143 N.L.J. 616; (1993) 137 S.J.L.B. 83; [1993] N.P.C. 33
PC (Jam).. 106-08
Workington Harbour and Dock Board v Trade Indemnity Co Ltd. See Trade Indemnity Co
Ltd v Workington Harbour and Dock Board (No.1) 11-01, 13-15
Wormald v Cole [1954] 1 Q.B. 614; [1954] 2 W.L.R. 613; [1954] 1 All E.R. 683; (1954)
98 S.J. 232 CA 94-02
Wren v Weild (No.2) (1868-69) L.R. 4 Q.B. 730 QB 38-07
Wright (A Child) v Cambridge Medical Group (A Partnership) [2011] EWCA Civ 669;
[2013] Q.B. 312; [2012] 3 W.L.R. 1124; [2011] Med. L.R. 496 82-05
Wright v Van der Plank (1855) T.K.&J. 1 18-04
Wroth v Tyler [1974] Ch. 30; [1973] 2 W.L.R. 405; [1973] 1 All E.R. 897; (1973) 25 P. &
C.R. 138; (1972) 117 S.J. 90 Ch D 106-07
Wrotham Park Estate Co Ltd v Parkside Homes Ltd [1974] 1 W.L.R. 798; [1974] 2 All
E.R. 321; (1974) 27 P. & C.R. 296; (1973) 118 S.J. 420 Ch D 51-02, 105-03, 108-27
Wuhan Guoyu Logistics Group Co Ltd v Emporiki Bank of Greece SA [2012] EWHC
1715 (Comm); [2012] 2 All E.R. (Comm) 685; [2013] 1 Lloyd's Rep. 161; [2012]
C.I.L.L. 3208... 11-01
Wuta-Ofei v Danquah [1961] 1 W.L.R. 1238; [1961] 3 All E.R. 596; (1961) 105 S.J. 806
PC (West Africa)... 49-05, 107-01
WWF World Wide Fund for Nature (formerly World Wildlife Fund) v World Wrestling
Federation Entertainment Inc [2007] EWCA Civ 286; [2008] 1 W.L.R. 445; [2008] 1
All E.R. 74; [2008] 1 All E.R. (Comm) 129; [2007] Bus. L.R. 1252................... 107-02
Wyatt v Palmer [1899] 2 Q.B. 106 CA 5-19
X (A Child) v Dartford and Gravesham NHS Trust [2015] EWCA Civ 96; [2015] 1 W.L.R.
3647; [2015] C.P. Rep. 22; [2015] E.M.L.R. 14; [2015] P.I.Q.R. P14; [2015] Med. L.R.
103; (2015) 143 B.M.L.R. 166... 81-14
X (Minors) v Bedfordshire CC; M (A Minor) v Newham LBC; E (A Minor) v Dorset CC
(Appeal); Christmas v Hampshire CC (Duty of Care); Keating v Bromley LBC (No.2)
[1995] 2 A.C. 633; [1995] 3 W.L.R. 152; [1995] 3 All E.R. 353; [1995] 2 F.L.R. 276;
[1995] 3 F.C.R. 337; 94 L.G.R. 313; (1995) 7 Admin. L.R. 705; [1995] Fam. Law 537;
(1996) 160 L.G. Rev. 123; (1996) 160 L.G. Rev. 103; (1995) 145 N.L.J. 993 HL 39-01, 84-X6
X Health Authority v Y [1988] 2 All E.R. 648; [1988] R.P.C. 379; (1987) 137 N.L.J. 1062 ... 74-20
X v Hounslow LBC [2009] EWCA Civ 286; [2009] P.T.S.R. 1158; [2009] 2 F.L.R. 262;
[2009] 3 F.C.R. 266; [2010] H.L.R. 4; (2009) 12 C.C.L. Rep. 254; [2009] Fam. Law
487; (2009) 153(14) S.J.L.B. 30; [2009] N.P.C. 63.. 84-X6
X v Persons Unknown [2006] EWHC 2783 (QB); [2007] E.M.L.R. 10; [2007] 1 F.L.R.
1567; [2007] H.R.L.R. 4 QBD.. 79-05
X v Schering Health Care Ltd; sub nom. XYZ v Schering Health Care Ltd [2002] EWHC
1420 (QB); [2002] All E.R. (D) 437 (Jul); (2003) 70 B.M.L.R. 88 .... 84-10, 84-11, 84-X3
X v Y [2013] EWHC 1104 (Comm); [2013] 2 Lloyd's Rep. 230 .... 4-05, 4-06
X v Y [2018] EWHC 741 (Comm) 2-11

[cliii]

XL Insurance Co SE v Peter Little [2019] EWHC 1284 (Comm); [2019] 5 WLUK 113 . . 4-01, 4-03
XVW v Gravesend Grammar School for Girls [2012] EWHC 575 (QB); [2012] E.L.R.
   417. 39-01
XW v XH [2018] EWFC 44; [2018] 6 WLUK 348; [2019] 1 F.L.R. 559; [2018] 3 F.C.R.
   777. 64-08
XYZ v Schering Health Care Ltd. *See* X v Schering Health Care Ltd 46-03, 84-X1
XYZ v Various Companies [2013] EWHC 3643; [2014] 2 Costs L.O. 197; 2014] Lloyd's
   Rep. I.R. 431. 84-14
Yankwood Ltd v Havering LBC [1998] E.G. 75 (C.S.) Ch D 46-06
Yapp v Foreign and Commonwealth Office [2014] EWCA Civ 1512; [2015] I.R.L.R. 112;
   [2015] I.C.R. D13. 81-10
Yarmouth v France (1887) L.R. 19 Q.B.D. 647 QBD 35-02
Yasin, The [1979] 2 Lloyd's Rep. 45 QBD (Comm) 70-10, 70-12
Yegiazaryan v Smagin; sub nom. A v B [2016] EWCA Civ 1290; [2017] 1 All E.R.
   (Comm) 1103; [2017] 1 Lloyd's Rep. 102; [2016] 12 WLUK 487. . . . . 2-10, 2-19
Yelloly v Morley (1910) 27 T.L.R. 20 49-01
Yeoman Credit v Latter [1961] 1 W.L.R. 828; [1961] 2 All E.R. 294; (1961) 105 S.J. 300
   CA. 13-03
Yeung Kai Yung v Hong Kong and Shanghai Banking Corp [1981] A.C. 787; [1980] 3
   W.L.R. 950; [1980] 2 All E.R. 599; (1980) 124 S.J. 591 PC (HK) 10-21
Yorkshire Bank Plc v Lloyds Bank Plc [1999] 1 All E.R. (Comm) 154; [1999] Lloyd's
   Rep. Bank. 19 QBD 10-20
Yorkshire Bank Plc v Tinsley [2004] EWCA Civ 816; [2004] 1 W.L.R. 2380; [2004] 3 All
   E.R. 463; [2004] 2 F.L.R. 1079; [2004] Fam. Law 719; [2004] 28 E.G. 176 (C.S.);
   (2004) 101(27) L.S.G. 32; (2004) 148 S.J.L.B. 822; [2004] 2 P. & C.R. DG19. . . . . . 18-03, 18-06
Yorkshire Insurance Co Ltd v Nisbet Shipping Co Ltd [1962] 2 Q.B. 330; [1961] 2 W.L.R.
   1043; [1961] 2 All E.R. 487; [1961] 1 Lloyd's Rep. 479; (1961) 105 S.J. 367 QBD
   (Comm). 67-04
Yorkshire Provident Life Assurance Co v Gilbert & Rivington [1895] 2 Q.B. 148 CA 37-34
Young v Austen (1868-69) L.R. 4 C.P. 553 10-14
Young v Bristol Aeroplane Co Ltd [1946] A.C. 163; (1946) 79 Ll. L. Rep. 35 HK 73-20
Young v Macrae 122 E.R. 100; (1862) 3 B. & S. 264 KB 38-06, 38-10
Young v Robson Rhodes (A Firm) [1999] 3 All E.R. 524; [1999] Lloyd's Rep. P.N. 641 Ch
   D. 74-07
Your Response Ltd v Dateteam Business Media Ltd [2014] EWCA Civ 281; [2015] Q.B.
   41; [2014] 3 W.L.R. 887; [2014] 4 All E.R. 928; [2014] 2 All E.R. (Comm) 899; [2014]
   C.P. Rep. 31; [2014] 1 C.L.C. 915; [2015] F.S.R. 23. 23-02
Youssoupoff v Metro-Goldwyn-Mayer Pictures Ltd (1934) 50 T.L.R. 581; 99 A.L.R. 864
   CA. 37-07
Yuanda (UK) Co Ltd v WW Gear Construction Ltd [2010] EWHC 720 (TCC); [2011] 1
   All E.R. (Comm) 550; [2011] Bus. L.R. 360; [2010] 1 C.L.C. 491; [2010] B.L.R. 435;
   [2010] T.C.L.R. 5; 130 Con. L.R. 133; [2010] C.I.L.L. 2849 34-08
Yusuf Cepnioglu, The. *See* 4-02
YXB v TNO [2015] EWHC 826 (QB) 74-10
Z v News Group Newspapers Ltd [2013] EWHC 1150 (Fam); [2013] Fam. Law 1130 64-08
Zabihi v Janzemini [2009] EWHC 3471 (Ch) 6-17
Zagora Management Ltd v Zurich Insurance Plc [2019] EWHC 205 (TCC); [2019] 2
   WLUK 88; 182 Con. L.R. 240 34-08
ZAM v CFW [2011] EWHC 476 (QB) 37-27, 63-03
Zang Tumb Tuum Records Ltd v Johnson [1993] E.M.L.R. 61 CA (Civ Div) 45-03
ZCCM Investments Holdings Plc v Kansanshi Holdings Plc [2019] EWHC 1285 (Comm);
   [2019] 2 Lloyd's Rep. 29; [2019] 5 WLUK 494 2-01
Zee Entertainment Enterprises Ltd v Zeebox Ltd [2014] EWCA Civ 82; [2014] F.S.R. 26 . . . 78-08
Zenati v Commissioner of Police of the Metropolis [2015] EWCA Civ 80; [2015] Q.B.
   758; [2015] 2 W.L.R. 1563; [2015] 4 All E.R. 735; [2015] 2 WLUK 355 . . . . 5-07, 5-09
Zenobio v Axtell (1795) C.T.R. 162 37-21
ZH (Tanzania) v Secretary of State for the Home Department [2011] UKSC 4; [2011] 2
   W.L.R. 148; [2011] 2 All E.R. 783; [2011] 1 F.L.R. 2170; [2011] 1 F.C.R. 221; [2011]
   H.R.L.R. 15; [2011] U.K.H.R.R. 371; [2011] Imm. A.R. 395; [2011] I.N.L.R. 369;
   [2011] Fam. Law 468; (2011) 108(7) L.S.G. 17; (2011) 155(5) S.J.L.B. 30 66-03
ZH v Commissioner of Police of the Metropolis [2012] EWHC 604 (QB); [2012] Eq. L.R.
   425; (2012) 15 C.C.L. Rep. 392. 5-07
Zierenberg v Labouchere [1893] 2 Q.B. 183 CA 37-34

Zinda v Bank of Scotland Plc; sub nom. Bank of Scotland Plc v Zinda [2011] EWCA Civ 706; [2012] 1 W.L.R. 728; [2011] 2 All E.R. (Comm) 839; [2011] C.P. Rep. 40; [2011] B.P.I.R. 1802; [2011] H.L.R. 40; [2011] 3 E.G.L.R. 61; [2011] 38 E.G. 106; [2011] 26 E.G. 85 (C.S.); [2011] N.P.C. 65 .... 15-04, 15-12, 104-12
Zurich General Accident & Liability Insurance Co Ltd v Morrison [1942] 2 K.B. 53; (1942) 72 Ll. L. Rep. 167 CA 67-11
Zurich Insurance Plc UK v International Energy Group Ltd [2015] UKSC 33; [2015] 2 W.L.R. 1471 13-07
ZXC v Bloomberg LP [2017] EWHC 328 (QB); [2017] 2 WLUK 614; [2017] E.M.L.R. 21; [2017] Lloyd's Rep. F.C. 206 .... 64-12, 79-14
ZXC v Bloomberg LP [2019] EWHC 970 (QB); [2019] 4 WLUK 308; [2019] E.M.L.R. 20 .... 79-05, 79-14

TABLE OF CASES BEFORE THE ECJ AND CFI

Adam Opel AG v Autec AG (C-48/05) EU:C:2007:55; [2007] E.C.R. I-1017; [2007] 1
 WLUK 518; [2007] C.E.C. 204; [2007] E.T.M.R. 33 77-05
Air Baltic Corp AS v Lietuvos Respublikos specialiuju tyrimu tarnyba (C-429/14)
 EU:C:2016:88; [2016] Bus. L.R. 623; [2016] 1 Lloyd's Rep. 407; [2016] 2 WLUK 458;
 [2016] 3 C.M.L.R. 1; [2016] C.E.C. 1375 8-06
Allianz SpA (formerly Riunione Adriatica di Sicurta SpA) v West Tankers Inc (C-185/07)
 [2008] 2 Lloyd's Rep. 661; [2009] E.C.R. I-663; [2008] 9 WLUK 51 4-02
Anheuser-Busch Inc v Budéjoveicky Budvar Národni Podnik (C-245/02) EU:C:2004:717;
 [2004] E.C.R. I-10989; [2004] 11 WLUK 412; [2005] E.T.M.R. 27 .... 77-05, 77-15
Ansul BV v Ajax Brandbeveiliging BV (C-40/01) EU:C:2003:145; [2005] Ch. 97; [2004]
 3 W.L.R. 1048; [2003] E.C.R. I-2439; [2003] 3 WLUK 233; [2005] 2 C.M.L.R. 36;
 [2003] E.T.M.R. 85; [2003] R.P.C. 40; (2005) 28(4) I.P.D. 28022 77-17
Arsenal Football Club Plc v Reed (C-206/01) [2003] Ch. 454; [2003] 3 W.L.R. 450;
 [2002] E.C.R. I-10273; [2003] 1 C.M.L.R. 12; [2003] All E.R. (EC) 1; [2003] C.E.C. 3;
 [2003] E.T.M.R. 19; [2003] R.P.C. 9; (2002) 152 N.L.J. 1808 77-05
Association de médiation sociale v Union locale des syndicats CGT (C-176/12)
 EU:C:2014:2; [2014] 1 WLUK 187; [2014] 2 C.M.L.R. 41; [2014] All E.R. (EC) 501;
 [2014] I.C.R. 411; [2014] I.R.L.R. 310 43-02
Bacardi-Martini SAS v Newcastle United Football Co Ltd (C-318/00) EU:C:2003:41;
 [2003] E.C.R. I-905; [2003] 1 WLUK 333; [2003] 1 C.M.L.R. 26; [2003] C.E.C. 248 65-04
Backaldrin Osterreich The Kornspitz Co GmbH v Pfahnl Backmittel GmbH (C-409/12)
 EU:C:2014:130; [2014] Bus. L.R. 320; [2014] 3 WLUK 123; [2014] E.T.M.R. 30 77-17
Baumbast v Secretary of State for the Home Department (C-413/99) EU:C:2002:493;
 [2002] E.C.R. I-7091; [2002] 9 WLUK 150; [2002] 3 C.M.L.R. 23; [2003] I.C.R. 1347;
 [2003] I.N.L.R. 1 39-07
Bayerische Motoren Werke AG v Acacia Srl (C-433/16) EU:C:2017:550; [2018] Bus. L.R.
 419; [2017] 7 WLUK 248; [2018] C.E.C. 226; [2017] E.C.D.R. 18; [2017] I.L.Pr. 33 76-08
Bayerische Motorenwerke AG v Deenik (C-63/97); sub nom. BMW AG v Deenik (C-63/
 97) EU:C:1999:82; [1999] E.C.R. I-905; [1999] 2 WLUK 399; [1999] 1 C.M.L.R.
 1099; [1999] All E.R. (EC) 235; [1999] C.E.C. 159; [1999] E.T.M.R. 339 .... 76-05, 77-15
Bjornekulla Fruktindustrier AB v Procordia Food AB (C-371/02) EU:C:2004:275; [2004]
 E.C.R. I-5791; [2004] 4 WLUK 534; [2005] 3 C.M.L.R. 16; [2004] E.T.M.R. 69;
 [2004] R.P.C. 45 77-17
BMW AG v Deenik (C-63/97). See Bayerische Motorenwerke AG v Deenik (C-63/97) 76-08
Böck v Air France SA (C-432/07). See Sturgeon v Condor Flugdienst GmbH (C-402/07) 8-10
Boehringer Ingelheim KG v Swingward Ltd (C-143/00); Boehringer Ingelheim KG v
 Dowelhurst Ltd (C-143/00); Glaxo Group Ltd v Swingward Ltd (C-143/00); Glaxo
 Group Ltd v Dowelhurst Ltd (C-143/00); SmithKline Beecham Plc v Dowelhurst Ltd
 (C-143/00); Eli Lilly & Co v Dowelhurst Ltd (C-143/00) Dowelhurst Ltd (C-143/00);
 Eli Lilly & Co v Dowelhurst Ltd (C-143/00) EU:C:2002:246; [2003] Ch. 27; [2002] 3
 W.L.R. 1697; [2002] E.C.R. I-3759; [2002] 4 WLUK 378; [2002] 2 C.M.L.R. 26;
 [2002] All E.R. (EC) 581; [2002] C.E.C. 378; [2002] E.T.M.R. 78; [2002] F.S.R. 61;
 (2002) 65 B.M.L.R. 177 77-08
Boehringer Ingelheim KG v Swingward Ltd (C-348/04) [2007] Bus. L.R. 1100; [2007]
 E.C.R. I-3391; [2007] 2 C.M.L.R. 52; [2008] All E.R. (EC) 411; [2007] C.E.C. 652;
 [2007] E.T.M.R. 71; (2007) 98 B.M.L.R. 16 77-08
Boston Scientific Medizintechnik GmbH v AOK Sachsen-Anhalt - Die Gesundheitskasse
 (C-503/13); Boston Scientific Medizintechnik GmbH v Betriebskrankenkasse RWE (C
 504/13) EU:C:2015:148; [2015] 3 C.M.L.R. 6; (2015) 144 B.M.L.R. 225 .... 84-08, 84-09
Bristol Myers Squibb Co v Paranova A/S (C-427/93); CH Boehringer Sohn v Paranova
 A/S (C-429/93); Bayer AG v Paranova A/S (C-436/93) EU:C:1996:282; [2003] Ch. 75;
 [2002] 3 W.L.R. 1746; [1996] E.C.R. I-3457; [1996] 7 WLUK 225; [1997] 1 C.M.L.R.
 1151; [1996] C.E.C. 716; [1996] E.T.M.R. 1; [1997] F.S.R. 102; (1997) 34 B.M.L.R. 59 77-08
British Airways Plc v European Commission (T-48/11) EU:T:2015:988; [2015] 12 WLUK
 485; [2016] 4 C.M.L.R. 12 29-02

TABLE OF CASES BEFORE THE ECJ AND CFI

British Horseracing Board Ltd v William Hill Organisation Ltd (203/02) EU:C:2004:695; [2009] Bus. L.R. 932; [2004] E.C.R. I-10415; [2004] 11 WLUK 206; [2005] 1 C.M.L.R. 15; [2005] C.E.C. 68; [2005] E.C.D.R. 1; [2005] Info. T.L.R. 157; [2005] R.P.C. 1 75-24
Canon Kabushiki Kaisha v Metro Goldwyn Meyer Inc (C-39/97) EU:C:1998:442; [1998] E.C.R. I-5507; [1998] 9 WLUK 285; [1999] 1 C.M.L.R. 77; [1998] All E.R. (EC) 934; [1998] C.E.C. 920; [1999] E.T.M.R. 1; [1999] F.S.R. 332; [1999] R.P.C. 117 77-06
Cartesio Oktato es Szolgaltato bt (C-210/06); sub nom. Application Brought by Cartesio Oktato es Szolgaltato bt (C-210/06) EU:C:2008:723; [2009] Ch. 354; [2009] 3 W.L.R. 777; [2009] Bus. L.R. 1233; [2009] All E.R. (EC) 269; [2008] E.C.R. I-9641; [2009] B.C.C. 232; [2010] 1 B.C.L.C. 523; [2009] 1 C.M.L.R. 50; [2009] C.E.C. 557 65-02
Celine Sarl v Celine SA (C-17/06) EU:C:2007:497; [2007] E.C.R. I-7041; [2007] 9 WLUK 109; [2007] E.T.M.R. 80 77-05
Chocoladefabriken Lindt & Sprungli AG v Franz Hauswirth GmbH (C-529/07) EU:C:2009:361; [2010] Bus. L.R. 443; [2009] E.C.R. I-4893; [2009] 6 WLUK 265; [2009] E.T.M.R. 56 77-16
CILFIT Srl v Ministero della Sanita (283/81); sub nom. CILFIT Srl v Ministro della Sanita (283/81) EU:C:1982:335; [1982] E.C.R. 3415; [1982] 10 WLUK 48; [1983] 1 C.M.L.R. 472 65-03
Coleman v Attridge Law (A Firm) (C-303/06) EU:C:2008:415; [2008] E.C.R. I-5603; [2008] 7 WLUK 504; [2008] 3 C.M.L.R. 27; [2008] All E.R. (EC) 1105; [2008] C.E.C. 986; [2008] I.C.R. 1128; [2008] I.R.L.R. 722 .... 44-13, 63-10
Commission of the European Communities v France (232/78). *See* Restrictions on Imports of Lamb (No.1), Re (232/78) 1-08
Commission of the European Communities v United Kingdom (C-127/05) EU:C:2007:338; [2007] E.C.R. I-4619; [2007] 6 WLUK 276; [2007] 3 C.M.L.R. 20; [2007] All E.R. (EC) 986; [2007] I.C.R. 1393; [2007] I.R.L.R. 720 81-10
Commission of the European Communities v United Kingdom (C-300/95); sub nom. Product Liability Directive, Re (C-300/95) EU:C:1997:255; [1997] E.C.R. I-2649; [1997] 5 WLUK 511; [1997] 3 C.M.L.R. 923; [1997] All E.R. (EC) 481 84-11
Consorzio Industrie Fiammiferi (CIF) v Autorita Garante della Concorrenza e del Mercato (C-198/01) EU:C:2003:430; [2003] E.C.R. I-8055; [2003] 9 WLUK 129; [2003] 5 C.M.L.R. 16; [2004] All E.R. (EC) 380 28-04
Criminal Proceedings against Lyckeskog (C-99/00); sub nom. Lyckeskog v Aklagarkammaren i Uddevalla (C-99/00) EU:C:2002:329; [2003] 1 W.L.R. 9; [2002] E.C.R. I-4839; [2002] 6 WLUK 9; [2004] 3 C.M.L.R. 29 65-02
Cuadrench More v Koninklijke Luchtvaart Maatschappij NV (C-139/11) EU:C:2012:741; [2013] 2 All E.R. (Comm) 1152; [2013] 1 Lloyd's Rep. 341; [2012] 11 WLUK 675; [2013] 2 C.M.L.R. 4 8-11
DHL Express France SAS v Chronopost SA (C-235/09) EU:C:2011:238; [2011] 4 WLUK 271; [2012] C.E.C. 22; [2011] E.T.M.R. 33; [2011] F.S.R. 38 77-13
Directmedia Publishing GmbH v Albert-Ludwigs-Universitat Freiburg (C-304/07) [2009] Bus. L.R. 908; [2008] E.C.R. I-7565; [2008] 7 WLUK 312; [2009] 1 C.M.L.R. 7; [2009] C.E.C. 166; [2009] E.C.D.R. 3; [2009] E.M.L.R. 6; [2008] Info. T.L.R. 373; [2009] R.P.C. 10 75-25
Dumitra v BRD Groupe Société Generale (C-534/15) EU:C:2016:700, 14 September 2016 .. 27-11
Elliniki Radiophonia Tileorassi AE and Panellinia Omospondia Syllogon Prossopikou v Dimotiki Etairia Pliroforissis and Sotirios Kouvelas and Nicolaos Avdellas (C-260/89) EU:C:1991:254; [1991] E.C.R. I-2925; [1991] 6 WLUK 200; [1994] 4 C.M.L.R. 540 64-02
Environmental Manufacturing LLP v Office for Harmonisation in the Internal Market (Trade Marks and Designs) (OHIM) (T-570/10) [2012] E.T.M.R. 54 77-07
Erich Gasser GmbH v MISAT Srl (C-116/02) EU:C:2003:657; [2005] Q.B. 1; [2004] 3 W.L.R. 1070; [2005] 1 All E.R. (Comm) 538; [2004] 1 Lloyd's Rep. 222; [2003] E.C.R. I-14693; [2003] 12 WLUK 236; [2005] All E.R. (EC) 517; [2004] I.L.Pr. 7 4-02
European Commission v United Kingdom (C-530/11) EU:C:2014:67; [2014] Q.B. 988; [2014] 3 W.L.R. 853; [2014] 2 WLUK 461; [2014] 3 C.M.L.R. 6; [2014] Env. L.R. D2 46-04
Evans v Secretary of State for the Environment, Transport and the Regions (C-63/01) EU:C:2003:650; [2003] E.C.R. I-14447; [2003] 12 WLUK 129; [2004] R.T.R. 32; [2004] 1 C.M.L.R. 47; [2005] All E.R. (EC) 763; [2004] Lloyd's Rep. I.R. 391 68-06
F Hoffmann La Roche & Co AG v Commission of the European Communities (85/76) EU:C:1979:36; [1979] E.C.R. 461; [1979] 2 WLUK 87; [1979] 3 C.M.L.R. 211; [1980] F.S.R. 13 28-03

TABLE OF CASES BEFORE THE ECJ AND CFI

Farrell and Whitty v Motor Insurers Bureau of Ireland (C-356/05) EU:C:2007:229; [2007]
E.C.R. I-3067; [2007] 4 WLUK 250; [2007] 2 C.M.L.R. 46; [2007] C.E.C. 718; [2007]
Lloyd's Rep. I.R. 525 68-06
Foster v British Gas Plc (C-188/89) EU:C:1990:313; [1991] 1 Q.B. 405; [1991] 2 W.L.R.
258; [1990] 3 All E.R. 897; [1990] E.C.R. I-3313; [1990] 7 WLUK 174; [1990] 2
C.M.L.R. 833; [1991] I.C.R. 84; [1990] I.R.L.R. 353; [1990] Pens. L.R. 189 .... 64-09, 81-10
Gazprom OAO v Lithuania (C-536/13) [2015] 1 Lloyd's Rep. 610; [2015] All E.R. (EC)
711; [2015] I.L.Pr. 31 4-02
General Motors Corp v Yplon SA (C-375/97) [1999] All E.R. (EC) 865; [1999] E.C.R.
I-5421; [1999] 3 C.M.L.R. 427; [1999] C.E.C. 528; [1999] E.T.M.R. 950; [2000] R.P.C.
572; (1999) 22(11) I.P.D. 22112 77-15
Germanwings GmbH v Henning (C-452/13) EU:C:2014:2141; [2014] 9 WLUK 91;
[2015] C.E.C. 661 8-09
Infopaq International A/S v Danske Dagblades Forening (C-5/08) EU:C:2009:465; [2012]
Bus. L.R. 102; [2009] E.C.R. I-6569; [2009] 7 WLUK 441; [2009] E.C.D.R. 16; [2010]
F.S.R. 20 75-04
INNO-BM NV v Vereniging van de Kleinhandelaars in Tabak (C-13/77) EU:C:1977:185;
[1977] E.C.R. 2115; [1977] 11 WLUK 115; [1978] 1 C.M.L.R. 283 28-04
Intel Corp Inc v CPM United Kingdom Ltd (C-252/07) EU:C:2008:655; [2009] Bus. L.R.
1079; [2008] E.C.R. I-8823; [2008] 11 WLUK 723; [2009] C.E.C. 668; [2009]
E.T.M.R. 13; [2009] R.P.C. 15 77-07
Intermodal Transports BV v Staatssecretaris van Financien (C-495/03) EU:C:2005:552;
[2005] E.C.R. I-8151; [2005] 9 WLUK 209; [2006] 1 C.M.L.R. 32 65-02
International Transport Workers' Federation v Viking Line ABP (C-438/05)
EU:C:2007:772; [2007] E.C.R. I-10779; [2007] 12 WLUK 202; [2008] 1 C.M.L.R. 51;
[2008] All E.R. (EC) 127; [2008] C.E.C. 332; [2008] I.C.R. 741; [2008] I.R.L.R. 143 42-03
Johnston v Chief Constable of the Royal Ulster Constabulary (222/84) EU:C:1986:206;
[1987] Q.B. 129; [1986] 3 W.L.R. 1038; [1986] 3 All E.R. 135; [1986] E.C.R. 1651;
[1986] 5 WLUK 132; [1986] 3 C.M.L.R. 240; [1987] I.C.R. 83; [1986] I.R.L.R. 263;
(1987) 84 L.S.G. 188; (1986) 130 S.J. 953 64-02
Kainz v Pantherwerke AG (C-45/13) EU:C:2014:7; [2015] Q.B. 34; [2014] 3 W.L.R.
1292; [2014] 1 All E.R. (Comm) 433; [2014] 1 WLUK 198; [2014] C.E.C. 954; [2014]
I.L.Pr. 16 84-05
Kampelmann v Landschaftsverband Westfalen-Lippe (C-253/96); Stadtwerke Witten
GmbH v Schade (C-57/96); Haseley v Stadtwerke Altena GmbH (C-258/96)
EU:C:1997:585; [1997] E.C.R. I-6907; [1997] 12 WLUK 97; [1998] 2 C.M.L.R. 131;
[1998] I.R.L.R. 333 81-10
Kanal 5 Ltd v Föreningen Svedska Tonsättares Internationella Musikbyrå (STIM) UPA (C-
52/07) EU:C:2008:703; [2008] E.C.R. I-9275; [2008] 12 WLUK 335; [2009] 5
C.M.L.R. 18; [2010] All E.R. (EC) 579; [2010] C.E.C. 159; [2009] E.C.D.R. 5 28-03
Karen Millen Fashions Ltd v Dunnes Stores (C-345/13) EU:C:2014:2013; [2014] Bus.
L.R. 756; [2014] 6 WLUK 560; [2015] C.E.C. 572; [2016] E.C.D.R. 13 76-07
Koninklijke Philips Electronics NV v Remington Consumer Products Ltd (C-299/99); sub
nom. Philips Electronics NV v Remington Consumer Products Ltd (C-299/99)
EU:C:2002:377; [2003] Ch. 159; [2003] 2 W.L.R. 294; [2002] E.C.R. I-5475; [2002] 6
WLUK 287; [2002] 2 C.M.L.R. 52; [2002] All E.R. (EC) 634; [2002] C.E.C. 525;
[2002] E.T.M.R. 81; [2003] R.P.C. 2; (2002) 25(9) I.P.D. 25060 77-16
Krüsemann v TUIfly GmbH (C-195/17) EU:C:2018:258; [2018] Bus. L.R. 1191; [2018] 4
WLUK 202; [2018] 3 C.M.L.R. 22; [2019] C.E.C. 184 8-10
L'Oreal SA v Bellure NV (C-487/07) EU:C:2009:378; [2010] Bus. L.R. 303; [2009]
E.C.R. I-5185; [2009] 6 WLUK 482; [2010] All E.R. (EC) 28; [2010] C.E.C. 453;
[2009] E.T.M.R. 55; [2010] R.P.C. 1 77-05
La Mer Technology Inc v Laboratoires Goemar SA (C-259/02); sub nom. Laboratories
Goemar SA's Trade Marks (Nos.1338514 and 1402537) (C-259/02) EU:C:2004:50;
[2004] E.C.R. I-1159; [2004] 1 WLUK 518; [2004] E.T.M.R. 47; [2004] F.S.R. 38 77-17
Laval un Partneri Ltd v Svenska Byggnadsarbetareforbundet (C-341/05); sub nom. Laval
v Byggnads (C-341/05) [2008] All E.R. (EC) 166; [2007] E.C.R. I-11767; [2008] 2
C.M.L.R. 9; [2008] C.E.C. 438; [2008] I.R.L.R. 160 42-03
Leidseplein Beheer BV v Red Bull GmbH (C-65/12) EU:C:2014:49; [2014] Bus. L.R.
280; [2014] 2 WLUK 206; [2014] E.T.M.R. 24 77-07
Levi Strauss & Co v Casucci SpA (C-145/05) EU:C:2006:264; [2006] E.C.R. I-3703;
[2006] 4 WLUK 451; [2006] E.T.M.R. 71; [2007] F.S.R. 8 77-04

[clix]

Levi Strauss & Co v Tesco Stores Ltd (C-414/88). *See* Zino Davidoff SA v A&G Imports
Ltd (C-414/99) 77-08
Libertel Groep BV v Benelux-Merkenbureau (C-104/01) EU:C:2003:244; [2004] Ch. 83;
[2004] 2 W.L.R. 1081; [2003] E.C.R. I-3793; [2003] 5 WLUK 133; [2005] 2 C.M.L.R.
45; [2003] E.T.M.R. 63; [2004] F.S.R. 4 77-16
Linde AG's Trade Mark Application (C-53/01); Winward Industrie Inc's Trade Mark
Application (C-54/01); Rado Uhren AG's Trade Mark Application (C-55/01); sub nom.
Linde AG v Deutsches Patent- und Markenamt (C-53/01) EU:C:2003:206; [2003]
E.C.R. I-3161; [2003] 4 WLUK 196; [2005] 2 C.M.L.R. 44; [2003] E.T.M.R. 78;
[2003] R.P.C. 45 77-16
Lock v British Gas Trading Ltd (C-539/12) EU:C:2014:351; [2014] 5 WLUK 820; [2014]
3 C.M.L.R. 53; [2014] All E.R. (EC) 1194; [2014] I.C.R. 813; [2014] I.R.L.R. 648. . 40-11, 40-L44
lohn v An Bord Pleanala (C-167/17) EU:C:2018:833; [2019] P.T.S.R. 1574; [2018] 10
WLUK 277; [2019] 1 C.M.L.R. 33; [2019] Env. L.R. 12 46-04
LTJ Diffusion SA v Sadas Vertbaudet SA (C-291/00) EU:C:2003:169; [2003] E.C.R.
I-2799; [2003] 3 WLUK 605; [2003] C.E.C. 283; [2003] E.T.M.R. 83; [2003] F.S.R. 34 77-05
Malaysia Dairy Industries Pte Ltd v. Ankenaevnet for Patenter og Varemaerker (C-320/12)
EU:C:2013:435; [2013] Bus. L.R. 1106; [2013] 6 WLUK 799; [2013] E.T.M.R. 36 77-16
Meca-Medina & Majcen v Commission for European Communities EU:T:2004:282;
[2004] E.C.R. II-3291; [2004] 9 WLUK 372; [2004] 3 C.M.L.R. 60; [2005] C.E.C. 176.... 109-01
Nelson v Deutsche Lufthansa AG (C-581/10); R. (on the application of TUI Travel Plc) v
Civil Aviation Authority (C-629/10) EU:C:2012:657; [2013] 1 All E.R. (Comm) 385;
[2013] 1 Lloyd's Rep. 49; [2012] 10 WLUK 707; [2013] 1 C.M.L.R. 42; [2013] All
E.R. (EC) 603 ECtHR 8-11
North East Pylon Pressure Campaign Ltd v An Bord Pleanala (C-470/16) EU:C:2018:185;
[2018] 3 WLUK 346; [2018] 3 C.M.L.R. 6; [2018] Env. L.R. 28 46-04
O2 Holdings Ltd v Hutchison 3G UK Ltd (C-533/06) EU:C:2008:339; [2009] Bus. L.R.
339; [2008] E.C.R. I-4231; [2008] 6 WLUK 279; [2008] 3 C.M.L.R. 14; [2008] C.E.C.
899; [2008] E.T.M.R. 55; [2008] R.P.C. 33; (2009) 32(1) I.P.D. 32001................ 77-06
Office for Harmonisation in the Internal Market (Trade Marks and Designs) (OHIM) v
Wm Wrigley Jr Co (C-191/01 P); sub nom. Wm Wrigley Jr Co v Office for
Harmonisation in the Internal Market (Trade Marks and Designs) (OHIM) (T-193/99)
EU:C:2003:579; [2004] 1 W.L.R. 1728; [2003] E.C.R. I-12447; [2003] 10 WLUK 654;
[2005] 3 C.M.L.R. 21; [2004] All E.R. (EC) 1040; [2004] E.T.M.R. 9; [2004] R.P.C. 18 77-16
Owusu v Jackson (t/a Villa Holidays Bal Inn Villas) (C-281/02) EU:C:2005:120; [2005]
Q.B. 801; [2005] 2 W.L.R. 942; [2005] 2 All E.R. (Comm) 577; [2005] 1 Lloyd's Rep.
452; [2005] E.C.R. I-1383; [2005] 3 WLUK 73; [2005] 1 C.L.C. 246; [2005] I.L.Pr. 25 37-12
Pallikaropoulos (C-260/11). *See* R. (on the application of Edwards) v Environment
Agency; sub nom. Edwards v Environment Agency (C-260/11) 46-04
Pari Pharma GmbH v European Medicines Agency (EMA) (T-235/15) EU:T:2018:65, 5
February 2018 74-02
Peskova v Travel Service as (C-315/15) EU:C:2017:342; [2017] Bus. L.R. 1134; [2017] 5
WLUK 60 8-10
Proceedings against Melki (C-188/10) EU:C:2010:363; [2010] E.C.R. I-5667; [2010] 6
WLUK 484; [2011] 3 C.M.L.R. 45; [2012] C.E.C. 567 65-02
Procter & Gamble Co v Office for Harmonisation in the Internal Market (Trade Marks and
Designs) (OHIM) (C-383/99 P); sub nom. Procter & Gamble Co v Office for
Harmonisation in the Internal Market (Trade Marks and Designs) (OHIM) (T-163/98)
EU:C:2001:461; [2002] Ch. 82; [2002] 2 W.L.R. 485; [2001] E.C.R. I-6251; [2001] 9
WLUK 284; [2002] All E.R. (EC) 29; [2001] C.E.C. 325; [2002] E.T.M.R. 3; [2002]
R.P.C. 17; (2001) 24(12) I.P.D. 24076 77-16
Puligienica Facility Esco SpA (PFE) v Airgest SpA (C-689/13) EU:C:2016:199; [2017]
P.T.S.R. 13.. 65-02
R. (on the application of Edwards) v Environment Agency; sub nom. Edwards v
Environment Agency (C-260/11) EU:C:2013:221; EU:C:2013:221; [2013] 1 W.L.R.
2914; [2013] 4 WLUK 169; [2013] 3 C.M.L.R. 18; [2014] All E.R. (EC) 207 46-04
R. (on the application of International Air Transport Association (IATA)) v Department of
Transport (C-344/04) EU:C:2006:10; [2006] E.C.R. I-403; [2006] 1 WLUK 34; [2006]
2 C.M.L.R. 20; (2006) 156 N.L.J. 113 8-10
R. (on the application of TUI Travel Plc) v Civil Aviation Authority (C-629/10). *See*
Nelson v Deutsche Lufthansa AG (C-581/10) 8-11

R. v Secretary of State for the Environment Ex p. Royal Society for the Protection of Birds (RSPB) (C-44/95) EU:C:1996:297; [1997] Q.B. 206; [1997] 2 W.L.R. 123; [1996] E.C.R. I-3805; [1996] 7 WLUK 226; [1996] 3 C.M.L.R. 411; [1997] Env. L.R. 442; [1997] 2 P.L.R. 1; [1996] J.P.L. 844 65-03
Rehder v Air Baltic Corp (C-204/08) EU:C:2009:439; [2010] Bus. L.R. 549; [2009] E.C.R. I-6073; [2009] 7 WLUK 228; [2010] C.E.C. 54; [2009] I.L.Pr. 44 8-11
Restrictions on Imports of Lamb (No.1), Re (232/78); sub nom. Commission of the European Communities v France (232/78) EU:C:1979:215; [1979] E.C.R. 2729; [1979] 9 WLUK 95; [1980] 1 C.M.L.R. 418 1-08
Sabel BV v Puma AG (C-251/95) EU:C:1997:528; [1997] E.C.R. I-6191; [1997] 11 WLUK 183; [1998] 1 C.M.L.R. 445; [1998] C.E.C. 315; [1998] E.T.M.R. 1 .... 77-06, 77-11
Shevill v Presse Alliance SA (C-68/93) EU:C:1995:61; [1995] 2 A.C. 18; [1995] 2 W.L.R. 499; [1995] E.C.R. I-415; [1995] 3 WLUK 87; [1995] All E.R. (E.C.) 289; [1995] I.L.Pr. 267; [1995] E.M.L.R. 543 37-12
Shield Mark BV v Kist (t/a Memex) (C-283/01) EU:C:2003:641; [2004] Ch. 97; [2004] 2 W.L.R. 1117; [2003] E.C.R. I-14313; [2003] 11 WLUK 751; [2005] 1 C.M.L.R. 41; [2004] All E.R. (EC) 277; [2004] C.E.C. 228; [2004] E.T.M.R. 33; [2004] R.P.C. 17 77-16
Silhouette International Schmied GmbH & Co KG v Hartlauer Handelsgesellschaft mbH (C-355/96) EU:C:1998:374; [1999] Ch. 77; [1998] 3 W.L.R. 1218; [1998] E.C.R. I-4799; [1998] 7 WLUK 350; [1998] 2 C.M.L.R. 953; [1998] All E.R. (EC) 769; [1998] C.E.C. 676; [1998] E.T.M.R. 539; [1998] F.S.R. 729; (1998) 21(10) I.P.D. 21110 77-08
Specsavers International Healthcare Ltd v Asda Stores Ltd (C-252/12) ECLI:EU:C:2013:497; [2013] Bus. L.R. 1277; [2013] 7 WLUK 611; [2013] E.T.M.R. 46; [2014] F.S.R. 4 77-17
Sturgeon v Condor Flugdienst GmbH (C-402/07); Böck v Air France SA (C-432/07) EU:C:2009:716; [2010] 2 All E.R. (Comm) 983; [2010] Bus. L.R. 1206; [2010] 1 Lloyd's Rep. 522; [2009] E.C.R. I-10923; [2009] 11 WLUK 450; [2010] 2 C.M.L.R. 12; [2010] All E.R. (EC) 660; [2010] C.E.C. 692 ECJ............................... 8-10
Turner v Grovit (C-159/02) EU:C:2004:228; [2005] 1 A.C. 101; [2004] 3 W.L.R. 1193; [2004] 2 All E.R. (Comm) 381; [2004] 2 Lloyd's Rep. 169; [2004] E.C.R. I-3565; [2004] 4 WLUK 460; [2004] 1 C.L.C. 864; [2004] All E.R. (EC) 485; [2004] I.L.Pr. 25; [2005] I.C.R. 23; [2004] I.R.L.R. 89 .... 4-02, 51-01
UDV North America Inc v Brandtraders NV (C-62/08) EU:C:2009:111; [2009] E.C.R. I-1279; [2009] 2 WLUK 549; [2010] E.T.M.R. 25 77-05
Union Laitière Normande v French Dairy Farmers (244/78) EU:C:1979:198; [1979] E.C.R. 2663; [1979] 7 WLUK 108; [1980] 1 C.M.L.R. 314 .... 65-R1
Union Royale Belge des Societes de Football Association (ASBL) v Bosman (C-415/93); sub nom. Royal Club Liegois SA v Bosman (C-415/93); Union des Associations Europeennes de Football (UEFA) v Bosman (C-415/93) EU:C:1995:463; [1995] E.C.R. I-4921; [1995] 12 WLUK 308; [1996] 1 C.M.L.R. 645; [1996] All E.R. (EC) 97; [1996] C.E.C. 38 109-01
United Brands Co v Commission of the European Communities (27/76) EU:C:1978:22; [1978] E.C.R. 207; [1978] 2 WLUK 102; [1978] 1 C.M.L.R. 429 28-03
UsedSoft GmbH v Oracle International Corp (C-128/11) EU:C:2012:407; [2013] Bus. L.R. 911; [2012] 7 WLUK 43; [2012] 3 C.M.L.R. 44; [2012] All E.R. (EC) 1220; [2013] C.E.C. 323; [2012] E.C.D.R. 19; [2013] R.P.C. 6 33-13
Van der Lans v Koninklijke Luchtvaart Maatschappij NV (C-257/14) EU:C:2015:618; [2015] Bus. L.R. 1107; [2015] 2 Lloyd's Rep. 694; [2015] 9 WLUK 354; [2016] 1 C.M.L.R. 33; [2016] C.E.C. 539.. 8-10
Vnuk v Zavarovalnica Triglav dd (C-162/13) EU:C:2014:2146; [2014] 9 WLUK 139; [2016] R.T.R. 10; [2015] Lloyd's Rep. I.R. 142 .... 68-02, 81-04
Wallentin-Hermann v Alitalia - Linee Aeree Italiane SpA (C-549/07) EU:C:2008:771; [2009] Bus. L.R. 1016; [2009] 1 Lloyd's Rep. 406; [2008] E.C.R. I-11061; [2008] 12 WLUK 696; [2009] 2 C.M.L.R. 9 8-09
Windsurfing Chiemsee Produktions- und Vertriebs GmbH v Boots- und Segelzubehor Walter Huber (C-108/97); Windsurfing Chiemsee Produktions und Vertriebs GmbH v Attenberger (C-109/97) EU:C:1999:230; [2000] Ch. 523; [2000] 2 W.L.R. 205; [1999] E.C.R. I-2779; [1999] 5 WLUK 16; [1999] E.T.M.R. 585 77-16
Zino Davidoff SA v A&G Imports Ltd (C-414/99); Levi Strauss & Co v Tesco Stores Ltd (C-415/99); Levi Strauss & Co v Costco Wholesale UK Ltd (C-416/99) EU:C:2001:617; [2002] Ch. 109; [2002] 2 W.L.R. 321; [2001] E.C.R. I-8691; [2001] 11 WLUK 509; [2002] 1 C.M.L.R. 1; [2002] All E.R. (EC) 55; [2002] C.E.C. 154; [2002] E.T.M.R. 9; [2002] R.P.C. 20 77-08

TABLE OF CASES BEFORE THE ECTHR AND ECOMMHR

A v Norway (28070/06) 9 April 2009 ECtHR 37-01
A v United Kingdom [1998] 9 WLUK 219; [1998] 2 F.L.R. 959; [1998] 3 F.C.R. 597;
    (1999) 27 E.H.R.R. 611; 5 B.H.R.C. 137; 1998 Fam. L.R. 118; [1998] Crim. L.R. 892;
    [1998] H.R.C.D. 870; [1998] Fam. Law 73 ECtHR 84-X5
AD v United Kingdom (28680/06) [2010] 3 WLUK 440; [2010] 2 F.L.R. 1; (2010) 51
    E.H.R.R. 8; (2010) 160 N.L.J. 457 ECtHR 84-X5
Al-Fayed v United Kingdom (A/294-B) [1994] 9 WLUK 101; (1994) 18 E.H.R.R. 393
    ECtHR.. 1-20
Ali v United Kingdom (40385/06) [2011] 1 WLUK 54; (2011) 53 E.H.R.R. 12; 30
    B.H.R.C. 44; [2011] E.L.R. 85 ECtHR.. 39-07
Altug Taner Akcam v Turkey (27520/07) [2011] 10 WLUK 687; (2016) 62 E.H.R.R. 12
    ECtHR.. 64-09
Animal Defenders International v United Kingdom (48876/08) [2013] 4 WLUK 468;
    [2013] E.M.L.R. 28; (2013) 57 E.H.R.R. 21; 34 B.H.R.C. 137; (2013) 163(7564) N.L.J.
    20... 64-12
Artico v Italy (A/37) [1980] 5 WLUK 116; (1981) 3 E.H.R.R. 1 ECtHR 64-04
Associated Society of Locomotive Engineers and Firemen (ASLEF) v United Kingdom
    (11002/05) [2007] 2 WLUK 659; [2007] I.R.L.R. 361; (2007) 45 E.H.R.R. 34; 22
    B.H.R.C. 140 ECtHR.. 43-02, 43-08
August v United Kingdom (Admissibility) (36505/02) [2003] 1 WLUK 357; (2003) 36
    E.H.R.R. CD115 ECtHR 84-X5
Austin v United Kingdom (39692/09) [2012] 3 WLUK 484; (2012) 55 E.H.R.R. 14; 32
    B.H.R.C. 618; [2012] Crim. L.R. 544 ECtHR 5-11
Axel Springer AG v Germany (39954/08) [2012] 2 WLUK 194; [2012] E.M.L.R. 15;
    (2012) 55 E.H.R.R. 6; 32 B.H.R.C. 493.............................. 79-11, 79-12, 79-14
B v United Kingdom (53760/00); sub nom. BB v United Kingdom (53760/00) [2004] 2
    WLUK 205; (2004) 39 E.H.R.R. 30 ECtHR 84-X5
Catt v United Kingdom (43514/15) [2019] 1 WLUK 241; (2019) 69 E.H.R.R. 7 ECtHR 5-25
Costello-Roberts v United Kingdom (A/247-C) [1993] 3 WLUK 388; [1994] 1 F.C.R. 65;
    (1995) 19 E.H.R.R. 112 ECtHR... 84-X5
CP v United Kingdom (Admissibility) (300/11) [2016] 9 WLUK 53; (2016) 63 E.H.R.R.
    SE14 ECtHR... 39-07
Cyprus v Turkey (6780/74 and 6950/75) [1976] 7 WLUK 62; (1975) 2 D. & R. 125;
    (1982) 4 E.H.R.R. 482 Eur Comm HR 84-X5
DH v Czech Republic (57325/00) [2007] 11 WLUK 289; (2008) 47 E.H.R.R. 3; 23
    B.H.R.C. 526; [2008] E.L.R. 17 ECtHR... 39-07
Dogru v France (27058/05) [2008] 12 WLUK 119; (2009) 49 E.H.R.R. 8; [2009] E.L.R.
    77 ECtHR.. 39-07
DP v United Kingdom (38719/97) [2002] 10 WLUK 283; [2003] 1 F.L.R. 50; [2002] 3
    F.C.R. 385; (2003) 36 E.H.R.R. 14; [2003] Fam. Law 23 ECtHR 84-X5, 84-X6
Dubetska v Ukraine (30499/03) 10 February 2011 .... 47-02, 47-17
Dzemyuk v Ukraine (42488/02) 4 September 2014 .... 47-02, 47-17
E v United Kingdom (33218/96) [2002] 11 WLUK 738; [2003] 1 F.L.R. 348; [2002] 3
    F.C.R. 700; (2003) 36 E.H.R.R. 31; [2003] Fam. Law 157 ECtHR 84-X5
Eiseman-Renyard v United Kingdom (Admissibility) (57884/17) [2019] 3 WLUK 702;
    (2019) 68 E.H.R.R. SE12 ECtHR... 5-10
Fadeyeva v Russia [2005] E.C.H.R. 376 ECtHR 47-17
Fernandez Martinez v Spain (56030/07) [2014] 6 WLUK 386; (2015) 60 E.H.R.R. 3; 37
    B.H.R.C. 1; [2014] E.L.R. 467 ECtHR.. 39-07
Financial Times Ltd v United Kingdom (821/03) [2009] 12 WLUK 451; [2010] E.M.L.R.
    21; (2010) 50 E.H.R.R. 46; 28 B.H.R.C. 616..................................... 74-21
Fox v United Kingdom (A/182); Campbell v United Kingdom (A/182); Hartley v United
    Kingdom (A/182) [1990] 8 WLUK 119; (1991) 13 E.H.R.R. 157 ECtHR 5-13
Fressoz v France (29183/95) [1999] 1 WLUK 615; (2001) 31 E.H.R.R. 2; 5 B.H.R.C. 654
    ECtHR... 74-21
Giacomelli v Italy (59909/00) [2006] 11 WLUK 53; (2007) 45 E.H.R.R. 38 ECtHR .. 47-02, 47-17
Gillow v United Kingdom (A/109); sub nom. Gillow v United Kingdom (9063/80) [1986]

Table of Cases before the ECtHR and ECommHR

11 WLUK 225; (1989) 11 E.H.R.R. 335 ECtHR 47-02
Goodwin v United Kingdom (17488/90) [1996] 3 WLUK 409; (1996) 22 E.H.R.R. 123; 1
    B.H.R.C. 81 ECtHR. 74-18, 74-21
Handyside v United Kingdom (A/24) [1976] 12 WLUK 53; (1979-80) 1 E.H.R.R. 737
    ECtHR. 64-12
Hatton v United Kingdom (36022/97) [2001] 10 WLUK 38; [2002] 1 F.C.R. 732; (2002)
    34 E.H.R.R. 1; 11 B.H.R.C. 634 ECtHR 7-02
Hatton v United Kingdom (36022/97) [2003] 7 WLUK 212; (2003) 37 E.H.R.R. 28; 15
    B.H.R.C. 259 ECthR. 7-02
Hoire v United Kingdom (31845/10) [2011] E.C.H.R. 289 ECtHR 46-07
Iordachi v Moldova (25198/02) [2009] 2 WLUK 196; (2012) 54 E.H.R.R. 5 64-10
Ireland v United Kingdom (A/25) [1978] 1 WLUK 793; (1979-80) 2 E.H.R.R. 25 ECtHR ... 84-X5
JA Pye (Oxford) Ltd v United Kingdom (44302/02) [2005] 11 WLUK 453; (2006) 43
    E.H.R.R. 3; 19 B.H.R.C. 705; [2005] 3 E.G.L.R. 1; [2005] 49 E.G. 90; [2006] R.V.R.
    188; [2005] 47 E.G. 145 (C.S.); [2005] N.P.C. 135 ECtHR. 49-09
Keegan v United Kingdom (28867/03) [2006] 7 WLUK 494; (2007) 44 E.H.R.R. 33; 21
    B.H.R.C. 189 ECtHR. 5-09, 5-18
Kennedy v United Kingdom (26839/05) [2010] 5 WLUK 411; (2011) 52 E.H.R.R. 4; 29
    B.H.R.C. 341; [2010] Crim. L.R. 868 ECtHR 64-10
Khatun v United Kingdom (38387/97) [1998] 7 WLUK 21; (1998) 26 E.H.R.R. CD212
    Eur Comm HR. 47-02, 47-16
Klass v Germany (A/28) [1978] 9 WLUK 11; (1979-80) 2 E.H.R.R. 214 ECtHR 64-10
Konrad v Germany (Admissibility) (35504/03) [2006] 9 WLUK 117; [2007] E.L.R. 435;
    (2007) 44 E.H.R.R. SE8 ECtHR. 39-07
Kontrova v Slovakia (7510/04) [2007] 5 WLUK 737; [2007] Inquest L.R. 286; [2007] Po.
    L.R. 154 ECtHR. 84-X5
Kuznetsov v Russia (10877) 23 January 2009 ECtHR 42-11
Lautsi v Italy (30814/06) [2011] 3 WLUK 626; (2012) 54 E.H.R.R. 3; 30 B.H.R.C. 429;
    [2011] Eq. L.R. 633; [2011] E.L.R. 176 ECtHR 39-07
Lillo-Stenberg v Norway (13258/09) 16 January 2014 ECtHR 79-07
Lopez Ostra v Spain (A/303-C) [1994] 12 WLUK 133; (1995) 20 E.H.R.R. 277 ECtHR 47-17, 84-X5
MAK v United Kingdom (45901/05); RK v United Kingdom (40146/06); sub nom. K v
    United Kingdom (45901/05) [2010] 3 WLUK 645; [2010] 2 F.L.R. 451; (2010) 51
    E.H.R.R. 14; 28 B.H.R.C. 762; (2010) 13 C.C.L. Rep. 241; [2010] Fam. Law 582 ... 84-X5
Malone v United Kingdom (A/82) [1984] 8 WLUK 7; (1985) 7 E.H.R.R. 14 ECtHR 64-02
Marckx v Belgium (A/31) [1979] 6 WLUK 79; (1979-80) 2 E.H.R.R. 330 ECtHR 64-04
McCann v United Kingdom (19009/04) [2008] 5 WLUK 241; [2008] 2 F.L.R. 899; [2009]
    1 F.C.R. 390; (2008) 47 E.H.R.R. 40; [2008] H.L.R. 40; [2008] B.L.G.R. 474; [2009] L.
    & T.R. 4; [2008] 2 E.G.L.R. 45; [2008] 28 E.G. 114; [2008] Fam. Law 729; [2008] 20
    E.G. 136 (C.S.) ECtHR. 98-07
MGN Ltd v United Kingdom (39401/04); sub nom. Mirror Group Newspapers Ltd v
    United Kingdom (39401/04) [2011] 1 WLUK 236; [2011] 1 Costs L.O. 84; [2011]
    E.M.L.R. 20; (2011) 53 E.H.R.R. 5; 29 B.H.R.C. 686 ECtHR 79-05
Mosley v United Kingdom (48009/08) [2011] 5 WLUK 215; [2012] E.M.L.R. 1; [2012] 1
    F.C.R. 99; (2011) 53 E.H.R.R. 30; 31 B.H.R.C. 409; (2011) 161 N.L.J. 703 ECtHR 64-08
Mursel Eren v Turkey (60856/00) [2006] 2 WLUK 151; (2007) 44 E.H.R.R. 28; [2006]
    E.L.R. 155 ECtHR 39-07
National Union of Rail, Maritime and Transport Workers v United Kingdom (31045/09)
    [2014] 4 WLUK 283; [2014] I.R.L.R. 467; (2015) 60 E.H.R.R. 10; 37 B.H.R.C. 145
    ECtHR. 42-03, 43-02
Norris v Ireland (A/142); sub nom. Norris v Ireland (10581/83) [1988] 10 WLUK 245;
    (1991) 13 E.H.R.R. 186 ECtHR 64-10
Ognevenko v Russia (44873/09) [2018] 11 WLUK 694; [2019] I.R.L.R. 195; (2019) 69
    E.H.R.R. 9 ECtHR 43-02
Osman v United Kingdom (23452/94) [1998] 10 WLUK 513; [1999] 1 F.L.R. 193; (2000)
    29 E.H.R.R. 245; 5 B.H.R.C. 293; (1999) 1 L.G.L.R. 431; (1999) 11 Admin. L.R. 200;
    [1999] Crim. L.R. 82; [1998] H.R.C.D. 966; [1999] Fam. Law 86; (1999) 163 J.P.N.
    297 ECtHR 1-20, 5-03, 84-X5
Ostendorf v Germany (15598/08) [2013] 3 WLUK 193; 34 B.H.R.C. 738; [2013] Crim.
    L.R. 601 ECtHR. 5-08
Palomo Sanchez v Spain (28955/06) [2011] 9 WLUK 203; [2011] I.R.L.R. 934; (2012) 54
    E.H.R.R. 24 ECtHR 43-02

Peck v United Kingdom (44647/98) [2003] E.M.L.R. 15; (2003) 36 E.H.R.R. 41; 13
B.H.R.C. 669; [2003] Info. T.L.R. 221 ECtHR 79-06
Powell v United Kingdom (Admissibility) (45305/99) [2000] 5 WLUK 76; [2000] Inquest
L.R. 19; (2000) 30 E.H.R.R. CD362 82-09
Pretty v United Kingdom (2346/02); sub nom. R. (on the application of Pretty) v DPP
(2346/02) [2002] 4 WLUK 606; [2002] 2 F.L.R. 45; [2002] 2 F.C.R. 97; (2002) 35
E.H.R.R. 1; 12 B.H.R.C. 149; (2002) 66 B.M.L.R. 147; [2002] Fam. Law 588; (2002)
152 N.L.J. 707 ECtHR 84-X5
Purcell v Ireland (1991) 70 D.R. 262 64-10
Reklos v Greece (1234/05) [2009] 1 WLUK 145; [2009] E.C.H.R. 200; [2009] E.M.L.R.
16; 27 B.H.R.C. 420 ECtHR... 79-06
RMT v United Kingdom. *See* National Union of Rail, Maritime and Transport Workers v
United Kingdom 42-03, 43-02
Roche v United Kingdom (32555/96) [2005] 10 WLUK 538; (2006) 42 E.H.R.R. 30; 20
B.H.R.C. 99 ECtHR... 84-X5
S v United Kingdom (30562/04); Marper v United Kingdom (30566/04) [2008] 12 WLUK
117; (2009) 48 E.H.R.R. 50; 25 B.H.R.C. 557; [2008] Po. L.R. 403; [2009] Crim. L.R.
355; (2008) 158 N.L.J. 1755 ECtHR 5-15
Saaristo v Finland (184/06) 12 October 2010 ECtHR 79-09
Silih v Slovenia (71463/01) [2009] 4 WLUK 274; (2009) 49 E.H.R.R. 37; [2009] Inquest
L.R. 117 ECtHR 64-04
Sindicatul 'Păstorul cel Bun' v Romania (2330/09) [2013] 7 WLUK 239; [2014] I.R.L.R.
49; (2014) 58 E.H.R.R. 10 ECtHR 43-02
Szabo v Hungary (37138/14) [2016] 1 WLUK 80; (2016) 63 E.H.R.R. 3 ECtHR 64-09
Szima v Hungary (29723/11) [2012] 10 WLUK 269; [2013] I.R.L.R. 59 ECtHR 43-02
Tsezar v Ukraine (73590/14) [2018] 2 WLUK 713; (2018) 67 E.H.R.R. 35 ECtHR 64-04
Tyrer v United Kingdom (A/26) [1978] 4 WLUK 119; (1979-80) 2 E.H.R.R. 1 ECtHR 64-04
Unite the Union v United Kingdom (Admissibility) (65397/13) [2016] 5 WLUK 621;
[2017] I.R.L.R. 438; (2016) 63 E.H.R.R. SE7 ECtHR... 43-02
Van Colle v United Kingdom (7678/09) 2012] 11 WLUK 340; (2013) 56 E.H.R.R. 23
ECtHR.. 5-03
Van der Mussele v Belgium (8919/80) (1984) 6 E.H.R.R. 163 ECtHR 84-X5
Von Hannover v Germany (40660/08 and 60641/08) [2012] 2 WLUK 191; [2012]
E.M.L.R. 16; (2012) 55 E.H.R.R. 15; 32 B.H.R.C. 527.............. 79-06, 79-07, 79-11, 79-12
Von Hannover v Germany (59320/00) [2004] 6 WLUK 538; [2004] E.M.L.R. 21; (2005)
40 E.H.R.R. 1; 16 B.H.R.C. 545 ECtHR 79-07, 79-09, 79-11
Von Hannover v Germany (No.3) (8772/10) 19 September 2013 79-07
Wainwright v United Kingdom (12350/04) [2006] 9 WLUK 350; (2007) 44 E.H.R.R. 40;
22 B.H.R.C. 287; (2006) 156 N.L.J. 1524 ECtHR................. 79-01, 79-24, 84-X5, 84-X6
X v Netherlands (A/91); Y v Netherlands (A/91); sub nom. X and Y v Netherlands (8978/
80) [1985] 3 WLUK 230; (1986) 8 E.H.R.R. 235 ECtHR.. 84-X5
Young v United Kingdom (A/44); James v United Kingdom (A/44); Webster v United
Kingdom (A/44) [1981] 6 WLUK 247; [1982] E.C.C. 264; [1981] I.R.L.R. 408; (1982)
4 E.H.R.R. 38 ECtHR... 64-10
Z v United Kingdom (29392/95) [2001] 5 WLUK 297; [2001] 2 F.L.R. 612; [2001] 2
F.C.R. 246; (2002) 34 E.H.R.R. 3; 10 B.H.R.C. 384; (2001) 3 L.G.L.R. 51; (2001) 4
C.C.L. Rep. 310; [2001] Fam. Law 583 ECtHR 1-20, 84-X5, 84-X6
Zakharov v Russia (47143/06) [2015] 12 WLUK 174; (2016) 63 E.H.R.R. 17; 39
B.H.R.C. 435 ECtHR 64-09

TABLE OF STATUTES

1267 Statute of Marlborough 1267 (52 Hen. 3)
.... 92-Z4
s.4 92-04
1677 Statute of Frauds 1677 (29 Car. 2, c.3)
.... 13-03, 13-05, 27-07, 27-08
s.4 .... 13-05, 27-07, 27-F6
1689 Distress for Rent Act 1689 (2 Will. & Mar., c.5) 92-Z5
s.1 .... 92-Z4
s.3 .... 92-05, 92-Z6
s.4 92-03
1705 Administration of Justice Act 1705 (4 & 5 Ann., c.3) 11-02
s.12 11-02
1730 Landlord and Tenant Act 1730 (4 Geo. 2, c.28) 103-Z5
s.1 103-02
1737 Distress for Rent Act 1737 (11 Geo. 3, c.19) 92-Z9, 103-Z6
s.1 92-05
s.18 103-03
s.19 .... 92-04, 92-06
s.20 92-04
1774 Life Assurance Act 1774 (14 Geo. 3, c.48)
s.1 71-01
s.2 71-02
s.3 71-02
1832 Prescription Act 1832 (2 & 3 Will., c.71)
. 93-02, 93-03, 93-06, 93-Z1, 93-Z12
s.2 .... 93-02, 93-03
s.3 .... 93-02, 93-Z9, 93-Z14
s.4 .... 93-Z9
1828 Statute of Frauds Amendment Act 1828 (9 Geo. 4, c.14)
s.6 .... **58-07**, 58-P6, 58-P7
1838 Judgments Act 1838 (1 & 2 Vict., c.110)
s.17 10-25
1845 Gaming Act 1845 (8 & 9 Vict., c.109)
s.18 67-05
1847 Waterworks Clauses Act 1847 (10 & 11 Vict., c.17
s.12 .... 49-N11
Cemeteries Clauses Act 1847 (10 & 11 Vict., c.66) 49-01
1852 Common Law Procedure Act 1852 (15 & 16 Vict., c.76) 1-01, 1-04
1854 Common Law Procedure Act 1854 (17 & 18 Vict., c.125) 1-01, 1-04
1856 Mercantile Law Amendment Act 1856 (19 & 20 Vict., c.97)
s.3 27-07
s.5 27-13
1858 Chancery Amendment Act 1858 (22 & 21 Vict., c.27)
s.2 52-02

1870 Apportionment Act 1870 (c.35)
s.2 42-01
1873 Supreme Court of Judicature Act 1873 (36 & 37 Vict., c.66) .. 1-04, 1-06, 6-03, 50-01
s.25(6) 6-09
1874 Infants Relief Act 1874 (37 & 38 Vict., c.62)
s.20 45-04
1875 Supreme Court of Judicature Act 1875 (38 & 39 Vict., c.77) .. 1-01, 1-04, 1-06, 1-10, 50-01
Sch.1 Ord.XIX r.4 1-04
1876 Commons Act 1876 (39 & 40 Vict., c.56)
s.30 89-03
1882 Bills of Exchange Act 1882 (45 & 46 Vict., c.61) 9-01, 10-02, 15-01
Pt III 10-17
Pt IV 10-11, 10-15
s.2 10-06
s.3 10-17
  (1) 10-03
s.4 10-03
s.5 10-05
  (2) 10-15
s.6 10-03
s.7 10-05
s.8(3) 10-05
  (4) 10-05
s.9 10-16
  (3) 10-25
s.16 10-04
s.17 10-04
s.18 10-10
s.19 10-04
  (2) 10-10
s.21(1) 10-07, 10-23
  (2) 10-07
  (3) 10-07, 10-23
s.22 10-04
s.23 10-04
s.24 .... 9-09, 9-10, 10-04
s.25 10-04
s.26 10-04
s.27(1) 10-08
  (2) 10-08
  (3) 10-08
s.28(1) 10-08
  (2) 10-08
s.29(1) 10-09
  (2) 10-09
  (3) 10-09
s.30(1) 10-08, 10-23
  (2) 10-23
s.31(2) 10-05
  (3) 10-05
  (5) 10-05

Table of Statutes

1882 Bills of Exchange Act 1882 (45 & 46 Vict., c.61)—*cont.*
- s.32 10-05
- s.33 10-05
- s.34 10-05
  - (4) 10-05
- s.35 10-05
- s.38(1) 10-06
  - (2) 10-09
- s.39 10-10
  - (1) 10-10
- s.40 10-10
- s.41 .... 10-10, 10-E6
  - (2) 10-10
- s.42 10-10
- s.43 10-10
- s.44 10-10
- s.45 .... 10-11, 10-18, 10-19
- s.46 .... 10-11, 10-18
- s.47 10-11
- s.48 10-12
- s.49 10-12
- s.50 .... 10-12, 10-19, 10-E2
- s.51 10-12
  - (9) 10-12
- s.52(1) 10-11
  - (2) 10-11
  - (3) 10-12
- s.54 10-26
  - (1) 10-04
- s.55 .... 10-12, 10-26
  - (1) 10-18
    - (a) 10-04
  - (2) 10-06
    - (b) 10-06
    - (c) 10-06
- s.56 10-08
- s.57 .... 10-24, 10-25
  - (1) . 10-E2, 10-E16, 10-E17, 10-E24, 10-E25
- s.58 10-06
- s.59(3) 10-08
- s.62 .... 10-E15
- s.63 .... 10-E15
- s.64 .... 10-08, 10-20, 10-E8
  - (2) 10-08
- s.70 10-23
- s.72 10-05
- s.73 10-17
- s.74 10-19
- ss.76—78 10-17
- s.79 10-17
- s.80 10-17
- s.81 10-17
- s.81A 10-02, 10-17
  - (1) 10-17
- s.83(1) 10-14
- s.84 10-15
- s.85 10-16
- s.86 10-16
- s.87 10-16
- s.88 10-15
- ss.89A—89F 10-11
- s.89(1) 10-15
  - (2) 10-15
- s.97 10-02

1888 Law of Distress Amendment Act 1888 (51 & 52 Vict., c.21) 92-03
- s.6 .... 92-04, 92-Z4
- s.7 92-03

1889 Factors Act 1889 (52 & 53 Vict., c.45)
- s.1(1) 26-F25
- s.2(1) 19-07, 25-09
- s.8 .... 25-F39

1890 Partnership Act 1890 (53 & 54 Vict., c.39)
- s.10 37-05
- s.24 45-08
- s.28 .... 45-M9
- s.46 44-27

1893 Sale of Goods Act 1893 (56 & 57 Vict., c.41) 25-01, 25-02
Public Authorities protection Act 1893 (56 & 57 Vict., c.61)
- s.1 .... 81-X51

1906 Marine Insurance Act 1906 (6 Edw. 7, c.41) 70-01, 71-02
- s.1 70-01
- s.5 70-09
  - (2) 67-05, 70-09
- s.6(1) 70-11
  - (2) 70-11
- s.10 70-09
- s.11 70-09
- s.12 70-09
- s.13 70-09
- s.14 70-09
- s.16 70-04
- s.17 70-25
- ss.17–20 67-06
- s.18 67-10
  - (2) 67-10, 67-12
  - (3)(c) 67-14
- s.19 .... 67-09, 67-10
- s.20(1) 67-18
  - (5) 67-18
- s.22 .... 70-01, 70-23
- ss.22—30 67-01
- s.23 .... 70-01, 70-23
- s.26 70-01
- s.27 70-04
  - (2) 70-04
- s.28 70-04
- s.34(3) 67-19
- s.39(1) 70-15
  - (4) 70-15
  - (5) 70-15, 70-T10
- s.44 .... 70-T12
- s.45 .... 70-T12
- s.46 .... 70-T12
- s.50(1) 70-14
  - (2) 70-14
- s.51 70-14
- s.53(1) 70-13
  - (2) 70-13
- s.55 70-16
  - (1) 70-16

1906 Marine Insurance Act 1906 (6 Edw. 7, c.41)—*cont.*
 (2)(a) 70-24
  (c) 70-T11
 s.56(4) 70-16
 s.57 .... 70-T2
  (1) 70-16, 70-17
  (2) 70-T2
 s.58 70-16
 s.60 .... 70-T2
  (1) 70-18, 70-T2
  (2)(ii) 70-18
 s.62(1) 70-18, 70-T2
  (7) 70-18
 s.66
  (4) 70-19, 70-T7, 70-T14
 s.84(1) 67-15
 Trade Disputes Act 1906 (6 Edw. 7 c.47)
  42-04
1908 Law of Distress Amendment Act 1908 (8 Edw. 7, c.53)
 s.1 .... 92-04, 92-Z3
 s.2 92-04
 s.4 92-04
 s.4A 92-04
 s.6 .... 100-Z3
1925 Law of Property Act 1925 (15 & 16 Geo. 5, c.20)
 s.1(6) 91-02
 s.2(1)(ii) 91-05
 s.27(2) 91-05
 s.34 91-05
 s.36 91-05
  (2) 91-02
 s.40 106-02
 s.47 70-14
 s.49(2) 106-08
 s.53(1)(c) 6-C1
 s.54(2) 106-02
 s.56 105-01
 s.62 93-04
 s.78 105-01
 s.79 105-02
 s.84(1) 105-03
  (2) 105-02, 105-Z1
  (a) 105-02
 s.87 .... 15-02, 104-01
 s.136 ..... 6-04, 6-07, 6-09, 6-10, 6-11, 6-14, 6-18, 6-C2
 s.138 86-04
 s.141 .... 102-02, 102-Z11
 s.142 102-02
 s.146 ..... 97-03, 98-11, 98-13, 98-14, 98-Z30, 98-Z33, 101-01
  (1) 98-13, 103-Z3
  (3) 101-Z1
  (4) 98-03
  (8)–(10) 98-13
  (11) 98-13
 s.193 93-03
 s.194 89-02
 s.199(1)(ii)(b) 18-09
 s.203(2) 105-02

 s.205 23-01
Land Registration Act 1925 (15 & 16 Geo. 5, c.21)
 s.70(1)(g) 15-15
 s.75 .... 49-N10, 107-Z4
  (1) 87-04, 87-Z3
 s.82 94-04
 s.138 94-04
Supreme Court of Judicature (Consolidation) Act 1925 (15 & 16 Geo. 5, c.49) 50-01
1927 Landlord and Tenant Act 1927 (17 & 18 Geo. 5, c.36) .. 86-06, 88-05, 95-Z6, 96-05, 101-05
 Pt I 96-05, 101-04, 101-Z6
 s.1 96-05
  (1) 101-04
 s.3 .... 96-05, 93-W6
  (1) 101-04, 101-Z6
  (4) 101-04
 s.18
  (1) 101-01, 101-02, 101-Z8
 s.19(1) 95-01, 95-02, 95-04, 95-Z8
  (1A) 95-02, 95-04, 95-Z6
  (1C) 95-04, 95-Z7
  (2) 96-04, 101-04, 101-Z10
  (3) 96-02
  (4) 95-01, 96-04
1930 Third Party (Rights against Insurers) Act 1930 (20 & 21 Geo. 5, c.25)
  .... 46-04, 67-22
 s.1 67-22
1932 Carriage by Air Act 1932 (22 & 23 Geo.5, c.36) 8-01
1934 Law Reform (Miscellaneous Provisions) Act 1934 (24 & 25 Geo. 5, c.41)
 .... 8-13, 8-D6, 81-24, 81-24, 81-X2
 s.1(2)(a)(ii) 8-08
1937 Factories Act 1937 (1 Edw. 8 & 1 Geo. 6, c.67) 81-X24
1938 Trade Marks Act 1938 (1 & 2 Geo. 6, c.22) 77-U13
Leasehold Property (Repairs) Act 1938 (1 & 2 Geo. 6, c.34) 86-06, 98-14, 98-Z30, 98-Z34, 101-01, 101-05
 s.1(1) 101-01
  (2) 101-01
  (3) 101-Z1, 101-Z2
  (4) 98-14, 101-01
  (5) 98-14, 101-01
 s.6 101-01
1939 Limitation Act 1939 (2 & 3 Geo. 6 c.21)
 s.21 .... 81-X51
1943 Law Reform (Frustrated Contracts) Act 1943 (6 & 7 Geo. 6, c.40) ... 108-07
 s.1(2), (3) 108-07, 108-ZA7
1945 Law Reform (Contributory Negligence) Act 1945 (8 & 9 Geo. 6, c.28)
 .... 5-05, 85-07
 s.1 83-03
1947 Crown Proceedings Act 1947 (10 & 11 Geo. 6, c.44) 64-06

1949 Registered Designs Act 1949 (12, 13 & 14
  Geo. 6, c.88) 76-01, 76-03,
  76-05—76-07, 76-06, 76-13, 76-16
  s.1 .... 76-13, 76-U7
    (1) 76-02, 76-13
      (b)(i), (ii) 76-16
    (2) 76-16
    (3) 76-13
    (4) 76-16, 76-U7
  s.1B 76-16, 76-U8
    (2) 76-16
    (3) 76-16, 76-17
  s.1C 76-16, 76-U8
  s.1D 76-U8
  s.7 76-03
    (2) 76-03
  s.7A(2) 76-16
  s.20(3) 76-21
  s.24B 76-16
  s.26 76-03
  ss.26—26F 76-03
1952 Defamation Act 1952 (15 & 16 Geo. 6 & 1
  Eliz. 2, c.66)
  s.2 .... 37-08, 37-23, 38-05
  s.3 .... 38-01, 38-09, 38-12
    (1) 38-04
  s.5 37-35
  s.12 37-53
1954 Landlord and Tenant Act 1954 (2 & 3 Eliz.
  2, c.56) . 86-06, 88-06, 97-03, 98-06,
                                   101-01
  Pt II 88-02, 88-04, 88-Z2, 88-Z5,
    92-Z12, 98-10, 100-01, 101-02,
                           98-Z25, 103-01
  s.23 88-02
    (1A) 88-07, 88-09, 88-10, 88-Z1
    (3) 88-08
  s.24 ...... 88-02, 88-03, 88-06, 88-07,
    88-08, 88-Z1, 88-Z3, 88-Z4, 88-Z7
    (1) 88-02, 98-Z25
  ss.24—28 ...... 88-04, 88-Z6, 98-Z15
  s.24A 88-03, 88-Z3, 88-Z4
  s.24C 88-03
    (2) 88-11
    (3) 88-11
  s.24D 88-03
  s.25 ...... 88-02, 88-03, 88-05, 88-07,
    88-11, 98-Z25, 88-Z1, 88-Z2, 88-Z3,
                    88-Z5, 88-Z7, 100-Z7
  s.26 ...... 88-02, 88-03, 88-05, 88-07,
             88-11, 88-Z1, 88-Z3, 88-Z5
  s.27 88-02
    (2) 101-Z3
  s.29(2) 88-02, 88-06, 88-08, 88-10
  s.29A 88-02
    (2) 88-02, 88-07, 88-Z1
  s.29B(1) 88-07, 88-Z1
    (2) 88-07, 88-Z1
  s.30 88-02
    (1) 88-05
      (e)-(g) 88-05
    (1A) 88-05
    (1B) 88-05

(1C) 88-05
s.31A 88-07, 88-Z1
s.32 .... 88-Z3
  (2) 88-10, 88-Z3
s.35(7) 88-05
s.37 .... 88-05, 88-Z5
  (1) 88-05
  (2) 88-05
  (3) 88-05
  (3A) 88-05
  (3B) 88-05
  (8) 88-05, 88-Z5
s.37A 88-05
s.38(1), (4) 88-04
s.38A 88-04, 88-Z6, 98-Z15
s.41 .... 88-10, 88-Z1
s.42 .... 88-10, 88-Z1
Mines and Quarries Act 1954 (2 & 3 Eliz.
  2, c.70) 81-10
  s.85 .... 81-X17
1956 Copyright Act 1956 (4 & 5 Eliz. 2, c.74)
  .... 75-01, 75-09, 76-05
  s.10 76-05
1957 Cheques Act 1957 (5 & 6 Eliz. 2, c.36)
  10-02
  s.4 .... 10-17, 10-21
  (2) 10-21
  Occupiers Liability Act 1957 (5 & 6 Eliz.
    2, c.31) 81-08, 81-X13, 81-X24,
              81-X49, 109-ZB8, 109-ZB9
  s.2 .... 81-08, 81-X33
  (4)(a) 109-ZB16
1959 Rights of Light Act 1959 (7 & 8 Eliz. 2,
  c.56) 93-02
1961 Carriage by Air Act 1961 (9 & 10 Eliz. 2,
  c.27) 8-08
  s.1 8-01
  s.3 8-08
  s.4(1) 8-13
  Sch.1 .... 8-01, 8-D4
  Sch.1A . 8-D5, 8-D6, 8-D7, 8-D8, 8-D9
  Sch.1B 8-D4, 8-D5, 8-D6, 8-D7,
                               8-D8, 8-D9
  Factories Act 1961 (9 & 10 Eliz. 2, c.34)
    .... 81-10, 81-X13, 81-X23, 81-X24
  ss.22, 23, 25—27 .... 81-X17
1962 Carriage by Air (Supplementary
  Provisions) Act 1962 (10 & 11 Eliz.
  2, c.43) 8-01
  Sch. 8-01
1963 Stock Transfer Act 1963 (c.18) 16-01
1964 Hire Purchase Act 1964 (c.53)
  Pt III . . 19-07, 20-F65, 20-F66, 20-F70,
                     20-F71, 25-09, 25-F39
  s.27 .... 26-F2, 26-F26
1965 Compulsory Purchase Act 1965 (c.56)
  s.10 47-02
  Commons Registration Act 1965 (c.64)
    .... 89-Z1
  s.15 .... 89-Z2
1967 Misrepresentation Act 1967 (c.7)
  .... 17-E5

[clxx]

1967 Misrepresentation Act 1967 (c.7)—*cont.*
    s.2 .... 13-13, 57-05, **57-06**, 58-P1
      (1) 8-09, 33-H1, 54-02, 57-06,
                             58-07, 58-12
      (2) 54-02
  Parliamentary Commissioner Act 1967 (c.13)
    s.10 37-41
  Criminal Law Act 1967 (c.58)
    s.3 5-01
  Matrimonial Homes Act 1967 (c.75)
    s.2(7) 104-07
  Leasehold Reform Act 1967 (c.88)
    86-06
    s.30(2) 95-01
      (5) 95-01
1968 Theatres Act 1968 (c.54)
    s.4(1) 37-07
  Theft Act 1968 (c.60)
    s.1 .... 69-T7
  Civil Evidence Act 1968 (c.64)
    s.11 .... 5-28, 69-T7
    s.13 .... 37-37, 37-J10
1970 Administration of Justice Act 1970 (c.31)
    .... 15-E5, 104-Z9
    s.36 ..... 15-12, 15-12, 15-12, 104-08,
                  104-11, 104-12, 104-Z9
      (1)—(4) 15-12, 104-12
      (2) 15-12
    s.44A 10-25
1971 Animals Act 1971 (c.22) . 81-06, 81-X40,
                                94-02
    s.4 94-02
      (1) 94-02
    s.5(1) 94-02
      (6) 94-02
  Misuse of Drugs Act 1971 (c.38)
    .... 5-B14, 5-B24, 5-B28
    s.4 .... 5-B24
  Fire Precautions Act 1971 (c.40)
    81-10
  Immigration Act 1971 (c.77) 66-01
    s.1 66-01
    s.2 66-01
    s.3 66-01
      (2) 66-01
    s.3A 66-03
    s.3B 66-03
    s.3C 66-03
    s.4 66-03
    s.5(1), (2) 66-03
1972 Defective Premises Act 1972 (c.35)
    .... 34-02, 35-03, 81-08, 81-X35
    s.1(1) 35-03, 35-I1
    s.4 .... 47-17, 81-X35
  Land Charges Act 1972 (c.61) .. 106-Z12
    s.2(4) 106-Z13
    s.10 57-05
  European Communities Act 1972 (c.68)
    .... 12-08, 65-02
    s.2 .... 65-02, 65-R1
      (1) 28-01
    s.3 .... 65-02, 65-R1

1973 Supply of Goods (Implied Terms) Act 1973 (c.13) 20-33
    s.10 ... 20-F28, 20-F31, 20-F46, 25-02
  Administration of Justice Act 1973 (c.15)
    .... 15-E5
    s.8 .... 15-12, 104-12, 104-Z9
      (1) 15-12, 104-12
      (2) 15-12, 104-12
      (4) 15-12, 104-12
1974 Health and Safety at Work etc Act 1974 (c.37)
    s.16 81-10
    s.47 .... 81-10, 81-X9, 81-X41
      (2) 81-10
  Consumer Credit Act 1974 (c.39)
    ... 9-02, 10-13, 13-01, 14-01, 15-02,
        19-03, 19-06, 19-07, 19-09, 20-03,
        20-04, 20-04, 20-05, 20-08, 20-11,
        20-15, 20-16, 20-17, 20-18, 20-21,
        20-23, 20-54, 20-F1, 20-F3, 20-F4,
        20-F6, 20-F7, 20-F8, 20-F9,
        20-F11, 20-F54, 20-F55, 22-02,
        25-13, 25-13, 25-15, 25-45, 25-50,
        25-56, 27-01, 27-07, 27-09, 27-10,
                                104-02
    s.8(2) 20-F1, 20-F6
    s.9(3) 20-18
    s.10(3) 20-18
    s.12 .... 20-34, 20-F45
    s.14(1) 20-11
    s.15 .... 20-12, 20-18
    s.16 .... 20-18, 20-F45
      (6A) 20-F45
      (6B) 20-F45
      (6C) 9-05, 14-01, 20-F45
    s.16A 20-18, 20-F1, 20-F6, 20-F45
    s.16B 20-18, 20-F1, 20-F6, 20-F45
    s.16C 20-18, 20-F1, 20-F6, 20-F45
    s.17 20-18
    s.19 104-02
    s.20 .... 13-01, 15-02, 25-13
      (1) 20-19
    s.40 20-19
      (1) 20-F48
    s.55 .... 20-F52
      (2) 20-F52
    s.55A—55C 20-20, 20-F52
    s.56 20-34
      (2) 20-F31
    s.57 .... 20-20, 20-F50
    s.58 .... 20-20, 20-21
    s.59 .... 20-20, 20-F50, 20-F51
    s.60(1)(b), (c) 20-F54
    s.61 .... 20-F22, 20-F54, 20-F55
      (1) 20-21, 20-F53, 20-F54
      (2) 20-20
    s.61A 20-F56
    s.62 .... 20-21, 20-F56
    s.63 .... 20-21, 20-F56
    s.64 .... 20-21, 20-F57
    s.65 . 20-F52, 20-F53, 20-F54, 20-F55,
                                  20-F57
      (1) 20-F53

1974 Consumer Credit Act 1974 (c.39)—*cont.*
  s.66A . 20-22, 20-F10, 20-F40, 20-F59,
                27-F14
    (2) 20-F10
    (7) 20-F59, 27-F14
    (9) 20-F10
    (10) 20-F10
  s.67 ....20-21, 20-F40, 20-F58
  s.69 ....20-F40, 20-F58
  s.70 ....20-F58
  s.73(2) 20-F40
  s.75 ...... 20-33, 20-34, 20-34, 20-F24,
      20-F25, 20-F33, 20-F34, 20-F35,
              20-F40, 20-F45
    (1) 20-F24, 20-F25, 20-F26,
        20-F27, 20-F33, 20-F34, 20-F35
    (2) .. 20-34, 20-F24, 20-F25, 20-F26,
                  20-F27
    (3) 20-34
    (5) 20-34
  s.75A ... 20-33, 20-34, 20-34, 20-F24,
            20-F33, 20-F35, 20-F45
    (1), (2) 20-F33
  s.76 ..... 15-09, 20-26, 98-04, 104-08
    (1) 20-F1, 20-F3, 20-F4, 20-F5,
                  20-F19
  s.77(1), (4) 20-F60
  s.77A 20-F60
    (6) 20-F60
  s.77B 20-F60
    (3)—(5) 20-F60
  s.78(1), (4), (4A), (6) 20-F60
  s.78A 20-F61
  s.82A 20-F66, 22-02
  s.84 ....20-F18
  s.86 ....20-F22
    (2) 20-50
  ss.86A—86E 20-F60
  s.87 ..... 15-09, 20-26, 20-26, 20-F44,
          20-F69, 98-04, 104-08
    (1) 20-F62
  s.88 ....20-26, 20-26, 20-F62
    (1) 20-F62, 20-F69
    (2) 20-F62, 20-F69
    (3)
    (4) 20-F62
    (4A) 20-F62
  s.88B 20-F38
  s.88C 20-F38
  s.89 20-26
  s.90 ....20-26, 20-40, 20-F22
    (1) 20-45
  s.91 ....20-26, 20-F32
  s.92 ....20-40, 20-F22, 20-F36
  s.93 ....20-F64
  ss.94—97 20-27
  s.98 20-26
    (1) 20-F1, 20-F3, 20-F4, 20-F5,
                  20-F19
  s.98A 20-F63
  s.99 20-27
    (1) 20-F5
  s.100 20-27

  s.101 20-27
  s.105 ....20-21, 20-F69
  s.111 ....20-26, 20-F69
  s.114(1) 20-28
    (2) 20-28
    (3) 20-28
  s.116 20-28
  s.117 ....20-28, 20-F37
  s.120 20-28
  s.121 ....20-28, 20-F37
  s.123 ....20-F65
    (1) 20-29
    (2) 20-29
    (3) 20-29
  s.124 ....20-29, 20-F65
  s.125 20-29
  s.127 ....20-F22, 20-F52
    (1) 20-23, 20-F53
    (3) 20-23, 20-F53
    (4) 20-23, 20-F53
    (5) 20-F53
  s.129 ....20-55, 20-F38, 98-04
    (1)(b) 20-36
    (ba) 20-47
  s.129A 20-55, 20-F38
    (1)(a) 20-47
  s.132 ....20-F36
  ss.137—140 ..... 20-30, 20-31, 20-49
  s.139 20-49
  s.140A 14-05, 20-31
    (1) 14-05
    (a) 9-07
    (2) 9-07, 14-05, 20-31
  ss.140A—140C .. 20-31, 20-32, 20-49,
                20-F68, 27-11
  ss.140A—140D 9-05, 9-07, 14-01,
                14-05, 14-E7
  s.140B 20-31, 20-F68
    (4)(a) 20-31
    (9) 14-E7, 20-31
  s.140C
    (1) 14-E7
  s.140D
  s.141 .... 15-09, 20-40, 98-04, 104-08
    (1) 20-36, 20-52
    (5) 20-50
  s.145(1)(a)—(d) 20-19
    (da) 20-19
    (db) 20-19
    (e) 20-19
  s.149 20-19
    (1) 20-F48
  s.155 ....20-F41
  s.189(1) ... 20-06, 20-08, 20-31, 22-02
  Sch.3 para.10 20-26
  Rehabilitation of Offenders Act 1974
    (c.53) 37-37
  s.8(5) 37-60
1975 Sex Discrimination Act 1975 (c.65)
    .... 63-08, 63-13, 81-01
  s.3A 44-16
1976 Fatal Accidents Act 1976 (c.30)
    .... 8-08, 8-13, 81-24, 81-X2

1976	Fatal Accidents Act 1976 (c.30)—*cont.*
	s.1(3) 84-12
	s.1A 8-D6, 81-24, 82-10
	s.2(4) 8-D6
	Race Relations Act 1976 (c.74) ... 39-07, 44-08, 63-01, 63-08, 63-12, 63-13, 81-01
	Rent (Agriculture) Act 1976 (c.80)
	s.8 .... 92-03, 98-Z19
1977	Torts (Interference with Goods) Act 1977 (c.32) 19-07, 26-01, 26-20
	s.1 26-01
	s.2(2) 26-08
	s.3(2) 26-12
	(3) 26-12
	(4) 26-12
	(5) 26-12
	s.4 26-20
	s.5 .... 26-14, 26-F21, 26-F31
	s.6 26-14
	s.7(2) 26-13
	(3) 26-13
	(4) 26-13
	s.8(1) 26-11
	s.10 .... 26-11, 26-16
	s.12 .... 23-01, 26-F14
	s.13 23-01
	s.14 10-20
	(1) 26-09
	Patents Act 1977 (c.37) 73-01
	s.1 73-17
	(2) 73-17
	s.2 73-17
	s.3 73-17
	ss.7—23 73-01
	s.8(3) 73-17
	s.12 73-17
	s.15(9) 73-17
	s.33 73-02
	s.37(4) 73-17
	s.44 73-18
	(3) 73-18
	s.60 .... 73-02, 77-U1
	s.61 73-02
	(1) 73-12
	(2) 73-12
	ss.62—68 73-15
	s.61(1)(b) 73-10
	s.67 73-02
	(3) 73-02
	s.68 .... 73-02, 73-21
	s.69(1) 73-02
	(2) 73-02
	(3) 73-02
	s.70 .... 73-10, 73-U13
	ss.70—70F 73-10
	s.70A 73-10
	(2)—(4) 73-10
	s.70B 73-10
	s.70C 73-10
	s.70D 73-10
	s.70E 73-10
	s.70F 73-10

	s.71 73-07
	s.72(1) 73-17
	s.74A 73-08
	s.74B 73-08
	s.77 73-01
	s.88A 73-01
	s.88B 73-01
	s.89 73-01
	s.128B 73-01
	s.130(1) 73-01
	Sch.4A 73-01
	Rent Act 1977 (c.42) 98-06, 98-10, 103-01, 104-12
	s.2(1) 98-Z16
	s.147 92-03
	Sch.15 .... 98-Z16, 98-Z22
	Pt I 98-Z16
	Pt II 98-Z17
	Protection from Eviction Act 1977 (c.43)
	s.3 .... 63-01, 103-01
	s.5 .... 98-08, 98-09
	(1) 103-03
	Unfair Contract Terms Act 1977 (c.50) .. 9-03, 13-08, 19-07, 20-F43, 25-01, 25-02, 33-07, 33-08
	s.2 33-07
	s.3 ...... 9-24, 25-F51, 25-F70, 33-07
	s.6 ..... 25-39, 25-F51, 25-F70, 33-07
	s.7 33-07
	s.11 .... 9-24, 25-39, 33-08
	(5) 33-08
	s.12 25-38
	(1) 25-38
	(2) 25-38
	s.26 .... 25-38, 25-F50
	Sch.1 para.1(c) 33-07
	Sch.2 .... 20-F43, 25-39
1978	Interpretation Act 1978 (c.30)
	Sch.1 .... 80-33, 94-05
	Protection of Children Act 1978 (c. 37) 5-25
	Civil Liability (Contribution) Act 1978 (c.47) 13-07
	s.1(1) 31-G3, 85-Y9
	s.3 13-07
1979	Sale of Goods Act 1979 (c.54) ... 20-07, 20-33, 24-01, 25-01, 25-03, 25-41, 28-03, 33-03, 83-02
	Pt 5A 20-33, 25-12, 25-21, 25-24, 25-34, 25-35, 25-47, 25-55, 25-F67
	s.2(1) 25-04
	(4) 25-04
	(5) 25-04
	s.3 25-04
	s.5 25-05
	s.8 25-07
	(2) 25-F57
	s.9 25-07
	(1) 25-F3, 25-F57
	s.11
	(2) 25-22
	(3) 25-22, 25-25
	(4) 25-22, 25-25, 25-F43

1979 Sale of Goods Act 1979 (c.54)—*cont.*
   s.12 ... 25-54, 20-F26, 20-F27, 25-F39
     (1) 25-23, 25-F60
     (2) 25-F16, 25-F61
     (3) 25-23
     (4) 25-F16
     (5) 25-F16
   ss.12—15 . 25-39, 25-41, 25-55, 25-56,
                       25-F70, 33-07
   s.13 ...... 20-33, 25-21, 25-24, 25-25,
          25-33, 25-F21, 25-F68, 25-F69
     (3) 25-25
   ss.13—15 . 25-21, 25-39, 25-55, 25-F46
   s.14 ... 20-33, 20-F24, 20-F25, 20-F28,
        20-F34, 25-21, 25-24, 25-25, 25-26,
        25-33, 25-F18, 25-F19, 25-F20,
        25-F22, 25-F23, 25-F40, 25-F43,
        25-F47, 25-F48, 25-F49, 25-F64,
        25-F65, 25-F66, 25-F67, 33-03
     (1) 25-26
     (2) 25-26, 25-27, 25-27, 25-F42
     (2)—(3) 33-03
     (2A) 25-27, 25-30
     (2B) 25-27
     (2B)—(2F) 25-26
     (2C) 25-F42
     (2D) . 25-25, 25-27, 25-F19, 25-F43,
                           25-F65
     (2E) 25-27, 25-F43
     (2F) 25-27
     (3) 25-26, 25-28, 25-47, 25-F42
     (4) 25-26
     (5) 25-26
   s.15 ...... 20-33, 25-21, 25-24, 25-30,
              25-33, 25-F21, 25-F68
     (2)(a) 25-30
        (c) 25-30
   s.15A 25-33, 25-F46
   s.16 25-08
   s.17 25-08
   s.18 .... 25-08, 25-49, 25-F34
   s.20 25-08
     (2) 25-08
     (4) 25-08
   s.20A 25-08
   s.21 25-09
   s.23 .... 25-09, 26-F22
   s.24 .... 25-09, 25-F39
   s.25(1) ... 20-07, 25-09, 25-13, 25-F39
   s.26(1) 26-F23, 26-F24
   s.27 25-06
   s.28 25-06
   s.29(1) 25-10
     (2) 25-10
     (3) 25-10
     (4) 25-10
     (5) 25-10
     (6) 25-10
   s.30 25-10
     (2A) 25-10
   s.31(1), (2) 25-11
   s.32 25-11
     (4) 25-11

   s.35 .... 25-12, 25-F43, 33-11
     (1) 25-12
     (2) 25-12
   s.35A 25-12, 25-22
   s.36 25-12
   s.38 25-53
   s.39 23-01
   s.41 .... 23-01, 25-53, 25-F37
   s.42 .... 23-01, 25-53
   s.43 25-53
   s.44 .... 25-53, 26-F29
   ss.44—46 .... 25-F37
   s.46 25-53
   s.48(1) 25-53
     (3) 25-53
   s.48A 25-F22, 25-F23, 25-F67
   ss.48A—48F 25-34
   s.48B 25-F22, 25-F23, 25-F67
     (1) 25-34
     (2) 25-34
     (3) 25-34, 25-34, 25-F47
     (4) 25-34
     (5) 25-34
   s.48C 25-F23
     (1) 25-34
     (2) 25-34
     (3) 25-34
   s.48D 25-34, 25-F48
   s.48E 25-34
   s.48F 25-24
   s.49 25-16
   s.50 25-17
   s.51 25-20
   s.52 25-20
   s.53(1) 25-40, 25-55
     (2) 25-55
     (3) 25-40, 25-55
   s.55(1) 25-40
   s.57(1) 25-41
     (2) 25-41
     (3) 25-42, 25-43
     (4) 25-42, 25-43
     (5) 25-43
     (6) 25-43
   s.61 .... 25-05, 25-43
1980 Competition Act 1980 (c.21)
   s.16(2) 37-41
   Housing Act 1980 (c.51)
   s.81 96-04
   Limitation Act 1980 (c.58) ... 5-02, 5-B8,
        9-04, 47-16, 81-15, 85-01, 87-Z1,
                          87-Z2
   s.2 5-02
   s.3(2) 26-F27
   s.4 38-02
   s.4A 37-02
   s.5 67-24
     (2) 87-02
   s.5A 67-25
   s.8 13-10
   s.9 8-11
   s.11 ... 81-X54, 84-X5, 85-Y6, 85-Y14
   s.11A 83-16, 84-X4

1980 Limitation Act 1980 (c.58)—cont.

s.12 .... 81-X54
s.14 .... 33-10, 81-X53, 82-11, 84-X4, 84-X5
s.15 .... 49-N10, 87-02
   (1) 49-09
s.17 87-03
s.19 .... 100-01, 100-Z10
s.23 55-01
s.28 .... 49-N10, 84-X6, 87-02
s.29 15-05
   (3) 15-05
   (5) 15-05
s.32 ..... 49-N10, 45-07, 67-24, 87-02
s.32A 37-02, 38-02
s.33 ..... 5-02, 44-34, 81-07, 81-X53, 84-04, 84-X4, 85-Y6
   (3) 84-X6
s.35 24-10
   (1) 1-44
Sch.1
  Pt II 49-09
  para.4 87-02
Highways Act 1980 (c.66) 81-X48
s.31 93-04
s.41 .... 81-04, 81-X29
   (1A) 81-04
s.58 .... 81-X48
s.130 .... 81-X31

1981 Water Act 1981 (c.12)

s.6(1) 47-19
Contempt of Court Act 1981 (c.49)
s.10 .... 74-18, 74-21, 74-U8
Senior Courts Act 1981 (c.54)
s.30 80-03
s.31 .... 80-01, 80-29
   (1) 80-03
   (2) 80-03
   (3) 80-14, 80-20
   (3C)—(3F) 80-13
   (4) 5-28
   (6) 80-35
s.31A 17-E4, 80-33
s.32A 81-25
s.33(2) 39-02
s.35A .. 5-28, 5-B8, 6-C1, 6-C2, 7-D1,
7-D2, 7-D3, 7-D4, 7-D5, 7-D6, 7-D7,
8-D1, 8-D2, 8-D4, 8-D5, 8-D6, 8-D8,
8-D9, 9-E4, 9-E5, 9-E6, 9-E9, 9-E10,
9-E12, 10-E2, 10-E4, 10-E16,
10-E17, 10-E24, 10-E25, 11-E1,
11-E2, 11-E3, 11-E4, 11-E5, 12-E2,
12-E3, 14-E1, 16-E1, 17-E2, 17-E3,
20-F1, 20-F2, 20-F43, 20-F67,
21-F1, 21-F2, 21-F3, 21-F4, 21-F5,
21-F6, 21-F7, 21-F8, 21-F9, 21-F15,
22-F1, 22-F2, 22-F3, 23-F1, 23-F2,
24-F1, 24-F2, 24-F4, 25-F1, 25-F2,
25-F3, 25-F4, 25-F5, 25-F6, 25-F7,
25-F8, 25-F9, 25-F10, 25-F11,
25-F12, 25-F13, 25-F14, 25-F15,
25-F16, 25-F17, 25-F18, 25-F19,
25-F20, 25-F21, 25-F22, 25-F23,
25-F24, 25-F25, 25-F26, 25-F27,
25-F28, 25-F29, 25-F30, 25-F31,
25-F37, 25-F61, 25-F63, 25-F66,
25-F69, 25-F73, 26-F1, 26-F2,
26-F3, 26-F4, 26-F5, 26-F6, 26-F7,
26-F8, 26-F9, 26-F10, 26-F11,
26-F12, 26-F13, 27-F1, 27-F2,
27-F3, 27-F4, 29-G1, 29-G3, 33-H1,
33-H3, 33-H4, 34-08, 37-J3, 38-J1,
38-J2, 38-J3, 41-L1, 41-L2, 41-L3,
41-L5, 41-L7, 42-L1, 42-L2, 45-M1,
45-M5, 45-M7, 45-M9, 47-N1,
47-N2, 47-N3, 47-N4, 48-N1, 51-O1,
51-O2, 51-O3, 51-O4, 51-O5, 51-O6,
52-O1, 52-O2, 54-O1, 54-O2, 55-O1,
55-O2, 58-P1, 58-P2, 59-P2, 60-P1,
60-P3, 61-P1, 62-P2, 68-T1, 68-T2,
68-T3, 68-T4, 69-T1, 69-T2, 69-T5,
69-T7, 70-T1, 71-T1, 71-T2, 73-U1,
73-U5, 73-U7, 74-U1, 74-U2, 75-U1,
75-U2, 75-U3, 75-U4, 75-U5, 75-U6,
75-U7, 75-U8, 75-U9, 76-U1, 76-U2,
76-U3, 76-U4, 77-U1, 77-U6, 78-U1,
78-U2, 78-U3, 78-U4, 79-V1, 79-V6,
79-V8, 81-15, 81-X2, 81-X9, 83-X2,
83-X3, 83-X4, 83-X5, 84-X2, 84-X5,
85-Y1, 85-Y2, 85-Y3, 85-Y4, 85-Y5,
85-Y6, 85-Y7, 85-Y8, 85-Y10,
85-Y11, 88-Z5, 88-Z6, 88-Z7, 92-Z1,
92-Z4, 93-Z1, 93-Z2, 95-Z1, 95-Z5,
96-Z3, 96-Z5, 96-Z6, 96-Z10,
98-Z30, 101-Z3, 103-Z1, 103-Z3,
105-Z2, 106-Z4, 106-Z7, 106-Z8,
106-Z9, 106-Z12, 108-ZA1,
108-ZA3, 108-ZA4, 108-ZA5,
108-ZA6, 108-ZA7, 108-ZA8,
108-ZA9, 108-ZA10, 108-ZA11,
108-ZA12, 109-ZB1, 109-ZB5
s.37 .... 4-02, 4-A3, 51-01
   (1) 4-02, 4-A1, 63-01
s.38 98-03
s.39 10-05
s.49 50-01
s.50 .... 52-02, 108-26
s.51 80-30
   (3) 46-04

1982 Civil Aviation Act 1982 (c.16)

s.76 7-02
   (1) 7-01, 7-02, 7-D8
   (2) 7-04, 7-D4, 7-D7, 7-D10
s.88 .... 7-07, 7-D9
Civil Jurisdiction and Judgments Act 1982
  (c.27) 1-35
s.1(1) 65-01
   (3) 1-35
s.25(1) 51-01
Supply of Goods and Services Act 1982
  (c.29) ... 20-33, 25-02, 33-03, 83-02
s.3 .... 81-X7
s.4 33-03
   (2)—(6) 33-03
s.9 33-03
s.13 .... 9-03, 9-22, 33-04, 81-X7

1982 Supply of Goods and Services Act 1982
(c.29)—*cont.*
s.14 33-04
Stock Transfer Act 1982 (c.41) 16-01
Administration of Justice Act 1982 (c.53)
s.4 8-08
1983 Matrimonial Homes Act 1983 (c.19)
.... 15-09
s.2(7) 98-04
(8) 98-04, 104-07
s.8(3) 98-04, 104-07
1984 Occupiers Liability Act 1984 (c.3)
.... 81-08, 81-X34
County Courts Act 1984 (c.28)
s.15 12-13
s.16 12-13
s.18 12-23
s.23 104-06
s.38 .... 51-01, 63-01
s.51 81-25
s.69 .. 5-28, 5-B2, 5-B9, 5-B17, 5-B27,
6-C1, 8-D3, 8-D4, 8-D5, 8-D6,
20-56, 20-F1, 20-F2, 20-F3, 20-F4,
20-F5, 20-F7, 20-F8, 20-F9, 20-F10,
20-F11, 20-F19, 20-F23, 20-F24,
20-F25, 20-F26, 20-F27, 20-F28,
20-F31, 20-F32, 20-F33, 20-F34,
20-F35, 20-F36, 20-F37, 20-F39,
20-F40, 20-F41, 20-F43, 20-F46,
20-F67, 20-F68, 21-F1, 21-F2,
21-F3, 21-F4, 21-F5, 21-F6, 21-F7,
21-F8, 21-F9, 21-F15, 22-F1, 22-F2,
22-F3, 23-F1, 23-F2, 24-F1, 24-F2,
25-F1, 25-F2, 25-F3, 25-F4, 25-F5,
25-F6, 25-F7, 25-F8, 25-F9, 25-F10,
25-F11, 25-F12, 25-F13, 25-F14,
25-F15, 25-F16, 25-F17, 25-F18,
25-F19, 25-F20, 25-F21, 25-F22,
25-F23, 25-F24, 25-F25, 25-F26,
25-F27, 25-F28, 25-F29, 25-F30,
25-F31, 25-F37, 25-F61, 25-F63,
25-F66, 25-F69, 25-F73, 26-F1,
26-F2, 26-F3, 26-F4, 26-F5, 26-F6,
26-F7, 26-F8, 26-F9, 26-F10, 26-F11,
26-F12, 26-F13, 27-F1, 27-F2,
27-F3, 27-F4, 34-08, 34-I1, 34-I2,
39-K1, 63-Q2, 63-Q5, 63-Q6, 81-15,
81-X29, 81-X38, 82-X1, 82-X2,
82-X3, 82-X4, 82-X5, 82-X6, 82-X7,
82-X8, 83-X2, 83-X3, 83-X4, 83-X5,
88-Z5, 88-Z6, 88-Z7, 89-Z1, 89-Z3,
92-Z1, 92-Z3, 92-Z6, 92-Z7, 93-Z4,
94-Z1, 94-Z2, 95-Z1, 95-Z5, 96-Z3,
96-Z5, 96-Z6, 96-Z10, 98-Z14,
98-Z15, 98-Z20, 98-Z31, 99-Z1,
99-Z2, 100-Z1, 100-Z2, 100-Z12,
101-Z2, 101-Z5, 102-Z1, 102-Z4,
103-Z2, 103-Z4, 103-Z5, 103-Z6,
107-Z1, 107-Z2, 107-Z3, 108-ZA6,
108-ZA7, 108-ZA8, 108-ZA9,
108-ZA10, 108-ZA11, 108-ZA12
s.138(9C) 98-03, 108-ZA1
Sch.1 para.2 92-05

Building Act 1984 (c.55)
s.38 35-02
Police and Criminal Evidence Act 1984
(c.60) 5-09, 5-B17
s.24 .... 5-12, 5-13
(2), (4) 5-13
(5)(e) 5-13
ss.24—25 5-12
ss.24—33 5-12
s.24A 5-02, 5-12
s.25(3)(a) 5-B23
s.28 .... 5-13, 5-27, 5-B14, 5-B24
s.30 5-12
s.32 5-04
s.37 .... 5-14, 5-27, 5-B15, 5-B25
s.37A 5-14
s.38 .... 5-B16, 5-B26
s.40 .... 5-13, 5-27
s.63 .... 5-B10
s.64A(1) 5-24
s.117 .... 5-01, 5-B2
1985 Companies Act 1985 (c.6) ... 1-45, 16-01,
23-01
s.349(4) 10-18
Prosecution of Offences Act 1985 (c.23)
.... 5-18
Housing Act 1985 (c.68) ... 95-01, 98-06
s.97 96-04
Landlord and Tenant Act 1985 (c.70)
. 81-08, 81-X35, 86-06, 97-01, 97-05,
100-02, 100-05
s.11 .... 101-03, 101-05, 101-Z5
(1)(b) 24-F2
(1A) 101-03
s.11A 81-X35
s.18 .... 100-02, 100-03
(1) 98-14, 92-04
s.19 96-03
(1) 100-02
(a) 100-Z17
(b) 100-Z17
s.20 .... 100-Z16
(1) 100-02
s.20A 100-03
s.20B 100-03, 100-Z15
s.20C 100-03, 100-Z18, 100-Z19,
100-Z20
s.21 100-03
s.21A 100-03
s.21B 100-03
s.22 100-03
s.27 98-14
s.27A 100-02, 100-04, 100-05
s.97 88-05
1986 Agricultural Holdings Act 1986 (c.5)
.... 95-01, 97-04, 98-06
s.18 92-03
s.25 98-09
Insolvency Act 1986 (c.45) 98-14
s.11 .... 92-03, 92-Z1
s.127 16-02
s.128 92-03
s.213 58-09

1986 Insolvency Act 1986 (c.45)—*cont.*
s.324 24-08
Financial Services Act 1986 (c.60)
.... 12-02, 17-01
Pt IV 17-01
Pt V 17-01
Public Order Act 1986 (c.64) 49-02
s.3 .... 5-B29, 5-B32
s.4 .... 5-B16, 5-B26, 63-01
s.4A 63-01
s.5 .... 5-B15, 5-B25, 63-01
1987 Minors' Contracts Act 1987 (c.13)
.... 45-04
Landlord and Tenant Act 1987 (c.31)
.... 86-06, 97-02, 97-03, 97-05
Pt I 97-02, 97-Z1, 97-Z3, 97-Z6
Pt II 97-02, 97-05
Pt III 97-02, 97-05, 97-Z9
Pt IV 97-02, 97-05, 97-Z9
s.1 .... 97-Z1, 97-Z5
s.3 .... 97-Z3, 97-Z4
s.4 .... 97-Z2
s.5 .... 97-Z3, 97-Z4, 97-Z5
s.5A 97-Z4
s.5D 97-Z6
s.11A 97-Z6
s.12B 97-Z6, 97-Z6
s.19 .... 97-Z6
s.22 .... 97-Z8
s.24 .... 97-Z8
s.28 .... 97-Z9
s.31 .... 97-Z9
s.38 .... 97-Z10
s.40 .... 97-Z10
s.42 100-03
s.42A 100-03
s.42B 100-03
s.46(1) 100-01
s.47 100-03
s.48 .... 100-01, 100-03
s.58(2) 97-Z1
Consumer Protection Act 1987 (c.43)
.. 83-01, 83-12, 83-22, 83-24, 84-05,
83-X3, 84-X3
s.1(2) 83-13
s.2 ...... 83-13, 83-15, 83-X1, 83-X2,
83-X3, 83-X4
(1) 83-15, 84-10, 84-X4
s.3 ..... 83-X1, 83-X2, 83-X3, 83-X4,
84-9A, 84-X2
(1) 83-13, 84-X3
(2) 83-13, 84-08
s.4 .... 83-13, 83-14, 83-X6
(1)(a) 84-X4
(d) 84-10
(e) 83-14, 84-X3
(2) 84-11
s.5(2) 83-17
(3) 83-17
(4) 83-17
s.6(4) 84-X3
s.7 .... 84-X4
s.11 .... 83-18, 83-X5

s.41 83-18
1988 Immigration Act 1988 (c.14)
s.7 66-02
Landlord and Tenant Act 1988 (c.26)
.... 95-03
s.1 .... 95-Z5
(6)(c) 95-03
Malicious Communications Act 1988 (c.27)
s.1 63-01
Copyright, Designs and Patents Act 1988
(c.48) .. 75-01, 75-03, 76-01, 76-05,
76-13, 76-18
Pt I 75-U4
Pt II 75-18, 75-19
Ch IV 75-19
Pt III 76-01, 76-06
s.1 .... 75-04, 75-05
(1) 75-06
s.3 75-04
s.3A 75-24
(2) 75-04, 75-23
s.4 75-04
s.5A 75-04
s.5B 75-04
s.6 75-04
s.8 75-04
s.9 75-06
s.10(1) 75-06
s.10A(1) 75-06
s.11 75-06
(2) 75-06, 75-14
s.16 .... 75-07, 76-05
(3) 75-07
s.17 .... 75-07, 76-05
s.18 .... 75-07, 76-05
s.18A 75-07, 76-05
s.19 75-07
s.20 75-07
s.20A 75-33
s.21 75-07
s.22 .... 75-07, 76-05
s.23 .... 75-07, 76-05
s.24 76-05
ss.24—26 75-07
s.27 .... 75-07, 76-05
ss.28—76 .... 75-07, 75-32
ss.28—76A 75-29
s.28B 75-29
s.29 75-29
s.29A 75-29
s.30 75-29
s.30A 75-29
s.31 75-29
s.51 .... 75-30, 76-05
s.52 .... 75-30, 76-05, 76-18
s.77 75-14
s.78 75-31
s.79 75-31
(3) 75-U20
s.80 75-14
(2) 75-U19
s.81 75-31

1988 Copyright, Designs and Patents Act 1988
(c.48)—cont.
s.82 75-31
    (2) 75-U20
s.84 75-14
s.85 75-14
    (2) 75-31
s.87(1) 75-31
    (2) 75-31
    (3) 75-31
    (4) 75-31
s.90(1) 75-06
ss.90—93 75-06
s.96 76-11
    (1) 75-07
    (2) 75-10
ss.96—100 75-10
s.97 76-11
    (1) 75-11, 75-29
    (2) 75-09, 75-11, 75-16, 75-U5,
                    76-U2, 96-11
s.97A 75-10
s.99 .... 75-09, 75-13, 76-11
s.100 .... 75-13, 76-05, 76-11
s.101 75-07
s.102 75-07
s.103 75-16
    (2) 75-16
ss.104—106 75-08
s.113 .... 75-09, 75-10
s.114 .... 75-10, 67-14
s.144 75-29
ss.153—156 75-05
s.159 75-05
s.178 75-29
s.182 75-20
    (3) 75-32
s.182A 75-20
s.182B 75-20
s.182C 75-20
s.183 75-20
s.184 75-20
s.186(2) 75-32
ss.186—188 75-20
s.190 75-32
ss.191A—191E 75-18
s.191HA 75-18
s.191I 75-21
s.192A 75-18
s.192B 75-18
s.193 75-32
s.194 75-21
s.195 75-21
s.196 75-21
s.213 .... 76-U3, 76-U12
    (1) 76-06
    (2) 76-06
    (3) 76-19
    (4) 76-06, 76-19
ss.214—215 76-06
s.216 76-06
s.225 76-06
s.226(1) 76-06
    (2) 76-06, 76-19
s.227 76-06
s.229(3) 76-U3
ss.229—231 76-11
s.237 76-06
ss.237—239 76-19
s.239 .... 76-U12
s.244A 76-19
Sch.1 75-01
    para.5(1) 75-01
    para.19 76-05
Sch.2 75-32
Housing Act 1988 (c.50) ... 95-01, 98-05,
    98-10, 99-01, 99-03, 99-04, 99-Z3,
                    103-Z7, 104-12
Pt I 103-01
s.5(2) 103-Z7
s.8 .... 98-Z21
s.15(2) 95-01
s.17(1) 98-Z28
s.19 92-03
s.21 98-05
s.27 .... 63-01, 99-03, 99-Z2, 99-Z3
    (7)(a), (b) 99-Z3
s.28 .... 99-03, 99-Z2
Sch.2 .... 98-Z22
    Pt I 98-Z21
    Pt II 98-Z22
Road Traffic Act 1988 (c.52) 68-02
Pt VI 67-01, 68-02, 68-T4
s.92(10) 79-V9
s.143 68-02
s.145 .... 68-02, 68-T3
    (2) 68-T3
    (3)(a) 68-02
s.147 68-02
s.148(1) 68-02
    (2) 68-02
    (5) 68-02
    (7) 68-02
s.151 .... 68-02, 68-03, 68-T3
    (2)(a) 68-02
    (5) 68-02
s.152 68-02
    (1)(a) 68-02
    (b) 68-02
    (c) 68-02
    (2) 68-02
Sch.1 para.19 68-04
1989 Law of Property (Miscellaneous
    Provisions) Act 1989 (c.34)
s.2 .... 106-02, 106-10, 106-Z2
    (1) 106-02
    (5) 106-02
s.3 106-05
1990 Contracts (Applicable Law) Act 1990
    (c.36)
s.1 65-01
Courts and Legal Services Act 1990 (c.41)
s.1(10) 80-16
Broadcasting Act 1990 (c.42)
s.166 37-07
    (2) 38-01

Table of Statutes

Environmental Protection Act 1990 (c.43)
  Pt I 47-N1
  s.70 47-14
  s.78A 47-N2
  s.79 .... 47-01, 47-14
    (1)(a), (d) 47-23
  s.79(10) 47-N1
  s.80 .... 47-N1
  s.82 46-03
1991 Civil Jurisdiction and Judgments Act 1991 (c.12)
  s.3 51-01
  Sch.2 para.12 51-01
New Roads and Street Works Act 1991 (c.22) 81-X32
  s.65 .... 81-X32
  s.66 .... 81-X32
  s.67 .... 81-X32
  s.70 .... 81-X32
  s.71 .... 81-X32
Criminal Justice Act 1991 (c.53)
  s.34A 5-B27
    (1)(a) 5-B27
1992 Social Security Contributions and Benefits Act 1992 (c.4) 98-03
Access to Neighbouring Land Act 1992 (c.23) 49-04, 94-05
  s.1 .... 94-07, 94-Z4
    (1) 94-05
    (2) 94-05
    (3) 94-05
    (4) 94-05
    (5) 94-05
  s.2 94-06
    (1) 94-06
    (2) 94-06
    (3) 94-06
    (4) 94-06
  s.4(4) 94-05
  s.6 94-06
  s.8(3) 94-05
Cheques Act 1992 (c.32) ... 10-02, 10-17, 10-20
Digital Economy Act 1992 (c. 30)
  s.87 32-01
Transport and Works Act 1992 (c.42)
  80-32
Trade Union and Labour Relations (Consolidation) Act 1992 (c.52)
  .... 43-01, 43-02
  Pt IV 40-L16
  Pt V 40-L8, 42-L1, 42-L2, 42-L4, 42-L8, 43-03
  s.1 43-01
  ss.2—8 43-01
  s.10 43-01
    (1)(b) 42-02
  s.12(1) 43-09
  s.15 43-09
    (3) 43-07
  s.16 .... 43-08, 43-09, 43-L3
  ss.20—21 43-03
  s.20 42-10

    (2) 42-10
    (3)(b) 42-10
    (4) 42-10
    (6) 42-08
    (7) 42-10
  s.21(1)—(7) 42-10
  s.22 ..... 42-08, 42-09, 42-L2, 42-L7, 43-03
  s.23 43-03
  s.24 43-08
  s.24A 43-08
  s.24ZA 43-08
  s.27 43-08
  s.30 43-08
  s.50 43-08
  s.62 43-08
  s.63 43-08
  s.64 .... 43-08, 43-L4
  s.65 .... 43-02, 43-L3
  s.68 43-08
  s.69 43-08
  s.71 .... 43-L3
  s.76 43-08
  s.84 43-08
  s.100B 43-08
  s.108A 43-08
  s.119 42-05
  s.121 43-08
  ss.137—168A 43-08
  s.146 .... 40-L28
  s.152 .... 40-L15
  s.161 .... 40-L15
  s.174 .... 43-02, 43-08
  ss.174—176 43-08
  s.188 .... 40-L54, 40-L55
  s.188A 40-L54
  s.189 .... 40-L54
  s.199 .... 40-04, 40-L6, 40-L14
  s.207A 40-04, 40-L6, 40-L14
  s.219 ..... 42-04, 42-05, 42-L2, 42-L7
  s.220 .... 42-11, 42-L3
  s.221 42-07
    (2) 42-08
  s.222 42-04
  s.223 42-04
  s.224 42-04
    (1) 42-11
  s.225 42-04
  ss.226—235 42-05
  s.226A 42-04
    (2E) 42-05
  s.229 42-05
    (d) 42-05
  s.231A 42-05
  s.232B 42-04
  s.234A 42-05
    (3E) 42-05
    (3F) 42-05
  s.235A 42-02
  s.236 42-01
  s.237 .... 42-10, 40-L27
  s.238 .... 40-L27
  ss.237—239 42-01

Table of Statutes

1992 Trade Union and Labour Relations (Consolidation) Act 1992 (c.52)—*cont.*
    s.244 42-04
    (1), (5) 42-04
    Sch.2A 40-04
1993 Trade Union Reform and Employment Rights Act 1993 (c.19) 43-01
  Leasehold Reform, Housing and Urban Development Act 1993 (c.28)
    .... 86-06, 97-02, 97-03, 97-05
    s.13 .... 97-Z11, 97-Z15, 97-Z16
    s.22(1), (2) 97-Z17
    s.23(1) 97-Z14
    s.24(3) 97-Z15
    s.25(1), (3) 97-Z16
    s.29 .... 97-Z17
    s.39 .... 97-Z12
    s.42 . 97-Z11, 97-Z12, 97-Z13, 97-Z14, 97-Z16, 97-Z18
    s.43(3) 97-Z18
    s.45 .... 97-Z18
    s.47(1) 97-Z14
    s.48 .... 97-Z15, 97-Z17
    s.49(1), (2) 97-Z16
    s.53 .... 97-Z17
1994 Trade Marks Act 1994 (c.26) 77-02, 77-03, 77-10, 77-14, 77-15
    s.2(2) 77-03
    s.5(1)—(3) 77-16
    (4) 77-16
    s.9(3) 77-03
    s.10 77-03
    (1) 77-03, 77-05, 77-11, 77-15
    (2) . 77-03, 77-06, 77-11, 77-, 77-15, 77-U10
    (3) 77-03, 77-07, 77-11, 77-15, 77-U11
    (6) 77-15, 77-U12
    s.11 77-15
    (1) 77-15
    (2) 77-15, 77-U12
      (a)—(c) 77-15
    s.12 77-08
    s.16 77-09
    s.16(1) 77-13, 77-U1
    s.19 77-09
    s.21 77-09
    ss.21—21F 77-09
    ss.21—21B 77-09
    s.21A 77-09
    s.21B 77-09
    s.21C 77-09
    s.21D 77-09
    s.21E 77-09
    s.30 77-15
    ss.30—31 77-03
    s.31 77-15
    s.46 77-17
    s.47 77-16
    s.56 77-10
    s.57 77-10
    s.60 77-10

    s.72 77-16
    Sch.3 para.4 .... 77-15, 77-U13
  Criminal Justice and Public Order Act 1994 (c.33)
    s.60 .... 5-07, 5-09, 5-10
  Law of Property (Miscellaneous Provisions) Act 1994 (c.36)
    s.1 .... 106-Z7
    (4) 106-09
    s.3(1) 106-Z7
1995 Agricultural Tenancies Act 1995 (c.8)
    95-01
    s.6 98-09
  Environment Act 1995 (c.25)
    s.111(3) 47-N5
  Landlord and Tenant (Covenants) Act 1995 (c.30) 95-04, 102-03
    s.1 .... 95-02, 102-03
    s.2 102-03
    s.3 102-03
    s.5 .... 102-03, 102-Z7
    ss.6—8 102-03
    s.12 102-05
    (3) 102-Z10
    s.16 .... 102-03, 102-Z7
    s.17 .... 102-03, 102-Z2, 102-Z9
    (2) 102-03, 102-Z3
    s.18 .... 102-03, 102-04, 102-Z5
    s.19 .... 102-03, 102-Z9
    (2)—(4) 102-Z9
    s.20 102-03
    s.23 102-03
    s.25 .... 102-03, 102-Z7
  Civil Evidence Act 1995 (c.38) 37-35
  Private International Law (Miscellaneous Provisions) Act 1995 (c.42)
    84-05
    s.1 10-25
    s.11 61-11
    s.12 61-11
    s.13 37-12
  Disability Discrimination Act 1995 (c.50)
    .. 44-13, 44-20, 44-22, 44-23, 63-08, 63-09, 63-12, 63-13, 81-01, 81-X1
    s.3B 63-09
    s.18B(1) 44-23
1996 Police Act 1996 (c.16)
    s.88 .... 5-B7
    s.89(1) 5-14
    (2) 5-04
  Employment Tribunals Act 1996 (c.17)
    s.18A 40-03
    ss.18A—18C 40-07
  Employment Rights Act 1996 (c.18)
    .... 44-L9
    Pt II 40-L40
    s.1 .... 40-L2, 40-L56
    Pt VIIIA 44-L8
    ss.1-3 .... 40-L1
    s.4 .... 40-L1
    s.11(2) 40-L2
    s.13 ... 40-11, 40-L40, 40-L44, 40-L47
    s.18(1) 40-L40

Table of Statutes

1996 Employment Rights Act 1996 (c.18)—
cont.
- s.23(3) 40-L47
- s.43A 40-L19
- ss.43A—43B 40-09
- ss.43A—43L 40-L30
- s.43B . 40-09, 40-L19, 40-L22, 40-L30, 41-L11
  - (1) 40-09
    - (a) 40-L19
    - (b) 40-09, 40-L19
    - (e) 40-L19
    - (f) 40-L19
- s.43C 40-L30, 41-L11
- ss.43C—43H 40-09
- s.43F 40-L33
- s.43G 40-L22, 40-L34
- s.43K 40-09
- s.47B .. 40-09, 40-10, 40-L31, 40-L32, 40-L33, 40-L34, 44-L9, 41-L11, 41-L12
  - (1A) 40-10
  - (1B) 40-10
- s.47C(bb) 40-12
- s.44 .... 40-L29
- s.49(6A) 40-L34, 41-L12
- s.92 .... 40-L3
- s.94 .. 40-L16, 40-L17, 40-L19, 41-L11
- s.98 .... 40-03, 40-L24, 44-L1
- s.99(3)(bb) 40-12
- s.103 .... 40-L16
- s.103A . 40-09, 40-10, 40-L19, 40-L22, 40-L32, 40-L33, 40-L34, 41-L11, 41-L12
- s.104A 40-L17
- s.111A 40-07
- s.108 .... 40-L24
- s.114 .... 40-L19
- s.115 .... 40-L19
- s.122(2) 41-L12
- s.123(1) 40-05
  - (6A) 40-L22, 41-L12
- s.128 .... 40-L19
- s.203(1) 40-07
  - (2)(e) 40-07
  - (3) 40-07
    - (b) 40-07
  - (5) 40-07
- ss.221—224 .... 40-L44
- Arbitration Act 1996 (c.23) ... 2-12, 3-01, 4-07, 34-03, 90-02, 109-04
  - s.1(a) 4-05
  - s.9 90-02
  - s.30 2-02
  - s.44 4-02
  - s.57 .... 2-07, 2-15, 2-A1, 3-01
  - s.67 .... 2-01, 2-A1, 4-A3, 2-04, 2-06, 2-08, 2-09, 2-11, 2-16, 2-A1, 4-05, 4-06, 4-07
    - (1)(a), (b) 2-03
    - (3) 2-01
    - (4) 2-10
  - s.68 . 2-11, 2-13, 2-14, 2-16, 2-17, 2-18, 2-A2, 4-05, 4-06, 4-07, 4-A3, 90-01
    - (2) 2-12, 2-A2
      - (a)—(i) 2-12
    - (3) 2-14
    - (4) 2-19
  - s.69 .... 3-A1, 3-A2, 4-05, 4-06, 4-A3, 90-01, 90-Z3
    - (1) 3-01, 3-02
    - (2) 3-01
    - (3) 3-A1
      - (a) 3-02, 3-A2, 3-A3
      - (b) 3-02, 3-A3
      - (c) 3-02, 3-A2, 3-A3
      - (d) 3-02, 3-A2, 3-A3
    - (4) 3-02
  - s.70 .... 2-A1, 2-A2
    - (2) 3-02
    - (3) 2-A1, 2-A2, 3-02
    - (6) 4-05, 4-A3
    - (7) 4-05, 4-06, 4-07, 4-A3
  - s.73 2-05
  - s.80(5) 2-07, 2-15, 3-A1, 3-A2
  - s.82(1) 2-02, 3-01
    - (2) 4-02
  - s.103(5) 4-06
- Family Law Act 1996 (c.27) 15-10
  - s.31(10) 98-04, 104-07
- Defamation Act 1996 (c.31) 37-09
  - s.1 .. 37-05, 37-09, 37-11, 37-49, 37-J4, 37-J8, 37-J18
  - s.2 .... 37-44, 37-50, 37-J11, 37-J20
    - (1) 37-J10
    - (2) 37-J20
    - (3) 37-50, 37-J10, 37-J20
    - (4) 37-J20
  - s.3 .... 37-J11
    - (2) 37-J21
  - s.4 37-13
    - (2) 37-50
    - (3) 37-50
    - (4) 37-50
  - s.5(2) 37-02, 38-02
    - (4) 37-02, 38-04
  - s.7 .... 37-J12
  - s.12 .... 37-37, 37-J3, 37-J10
  - s.13(1) 37-41
  - s.14 .... 37-41, 37-43, 37-J12
  - s.15 .... 37-44, 37-44, 37-J12
    - (3) 37-44
    - (4) 37-44
  - Sch.1 .... 37-44, 37-J12
  - Pt II 37-57, 37-J21
- Party Wall etc. Act 1996 (c.40) ... 34-02, 35-04, 94-05
  - s.1
    - (7) 35-04
  - s.2 35-04
    - (2) 35-04
  - s.3 35-04
  - s.4 35-04
  - s.5 35-04
  - s.6 35-04
  - s.8 49-01

1996 Party Wall etc. Act 1996 (c.40)—cont.
   s.10 35-04
     (16) 35-04
   s.20 35-04
  Trusts of Land and Appointment of Trustees Act 1996 (c.47) 91-05
   s.6 91-05
   s.12 91-05
   s.14 ...... 18-06, 91-05, 91-06, 91-Z2, 91-Z5, 91-Z6, 91-Z10
   s.25(1) 91-05
   Sch.3 91-05
  Damages Act 1996 (c.48)
   s.2 .... 81-26, 82-12
  Housing Act 1996 (c.52) ... 97-02, 97-03, 101-03
   s.19 .... 92-Z1
   ss.81, 82 98-14
   s.143D 98-05
   s.143E 98-05
  Housing Grants, Construction and Regeneration Act 1996 (c.53)
   ... 34-01, 34-05, 34-07, 35-01, 36-01
   Pt II 34-01, 35-01
   s.104(1), (2) 36-01
   ss.104—106 34-01
   s.105(1), (2) 36-01
   s.106 .... 35-01, 36-01
   s.106A 35-01
   s.107 34-01
   s.108 .... 34-01, 34-03, 36-01
     (2) 36-01, 36-02
       (a)—(f) 36-02
   s.109 34-05
     (3) 34-05
   ss.109—113 34-01
   s.112 34-07
1997 Firearms (Amendment) Act 1997 (c.5)
   s.34(1) 5-B27
  Social Security (Recovery of Benefits) Act 1997 (c.27) 1-35
  Protection from Harassment Act 1997 (c.40) ... 5-02, 63-01, 63-02, 63-06, 63-07, 79-01, 79-21, 79-24
   s.1 ...... 63-02, 63-Q2, 81-10, 81-X21
     (1) **63-02**, 63-05
     (1A) **63-02**, 63-05
       (c) 63-05
     (2) **63-02**
     (3) **63-04**
   s.3 ...... 63-05, 63-06, 63-Q2, 81-10, 81-X21
     (1) 63-05
     (2) 63-05
   s.3A 63-05
   s.7
     (3) 63-02
     (4) 63-03
     (5) 63-05
  Special Immigration Appeals Commission Act 1997 (c.68) 66-03
1998 Late Payment of Commercial Debts (Interest) Act 1998 (c.20) 20-56,

    20-F1, 20-F2, 20-F6, 25-48, 34-08
   s.1 34-08
   s.2 34-08
   s.2(5) 20-56
   s.4 34-08
     (5B) 34-08
   s.5A 19-12, 20-F1, 20-F2, 20-F12, 20-F42, 20-F43, 21-F2, 21-F3, 21-F5, 22-F1, 23-F2, 24-F1, 25-F1, 25-F2, 25-F3, 25-F4, 25-F5, 25-F6, 25-F9, 25-F26, 25-F29, 33-H4, 34-08, 34-I1
     (2A) 19-12
   s.8 34-08
  Data Protection Act 1998 (c.29)
   .... 5-B9, 79-01, 79-23, 79-V9, 79-V810
   s.1 .... 79-V8
   s.2 .... 79-V8
   s.4(4) 79-23, 79-V8
   s.13 .... 5-B10, 79-V8
   s.14 .... 79-V8
   s.32 .... 79-V9
   Sch.2 .... 79-V8
   Sch.3 .... 79-V8
  School Standards and Framework Act 1998 (c.31)
   s.84 .... 39-K3
   s.89(4) 39-K3
   s.90(1) 39-K3
   s.100 .... 39-K3
   s.102 .... 39-K3
     (2) 39-K3
  National Minimum Wage Act 1998 (c.39)
   .... 40-L17, 40-L20
  Competition Act 1998 (c.41) 31-G2, 32-03, 73-18
   Pt I 37-41
   Ch I 31-G2, 29-G1
   Chs I, II 28-04
   s.2 .... 28-02, 29-G1
     (8) 28-02
   s.18 28-03
     (4) 28-03
   s.31 29-02
   s.46 .... 32-01, 32-02
   s.47 .... 32-01, 32-02
   s.47A 31-01, 31-02, 31-05, 31-07, 31-08, 31-09, 31-G3
     (1) 31-02
     (2) 31-02
   s.47B 31-02, 31-08
   ss 47A—47E 28-04
   s.47E 31-06
   s.57 37-41
   s.58A 29-02, 31-03, 31-07, 31-08
  Human Rights Act 1998 (c.42) ..... 1-31, 1-37, 2-22, 5-02, 5-09, 5-26, 37-43, 38-05, 39-07, 38-13, 46-01, 47-17, 49-09, 64-01—64-03, 64-07, 64-11, 64-14, 64-15, 64-17, 64-20, 66-03, 74-10, 79-01, 79-24, 80-17, 82-09, 82-10, 82-11, 88-Z1,

1998 Human Rights Act 1998 (c.42)—*cont.*
88-Z2, 88-Z5, 90-Z1, 97-Z3,
97-Z6, 109-04
s.1 .... 64-03, 64-20, 64-R1, 64-R2
(3) 79-17
s.2 .... 64-04, 64-19
(2) 64-19
s.3 .. 5-02, 64-04, 64-07, 64-09, 64-R1
s.4 .... 64-05, 64-15, 64-R2, 80-33
s.5(1) 64-06
(2) 64-06
(3) 64-06
s.6 ... 5-11, 37-J15, 64-02, 64-07, 64-02,
64-07, 64-09, 64-18, 64-R3, 64-R4,
66-03, 66-04, 66-S1, 79-03, 80-14,
84-X5
(1) 12-14, 47-17, 64-07, 64-09,
64-10, 64-16, 84-X5, 84-X6
(2) 64-07
(3) 64-09
(b) 64-09
(4) 64-09
(5) 109-04
(6) 64-09
ss.6—8 .... 79-20, 79-24
s.7 .... 12-14, 47-17
(1) 64-07, 64-10, 64-16, 64-18,
80-14
(a) 64-18, 64-R3
(3) 64-10
(5) 64-10
(a) 84-X6
(b) 84-X6
(7) 64-10, 80-14
s.8 82-09
(2) 64-14
(3) 64-14, 84-X5
(4) 64-14, 84-X5
s.9 .... 64-15, 64-17, 64-18
(3) 64-14, 64-15, 64-18, 64-R3
(3)—(5) 64-18
(4) 64-18
s.10 64-05
s.11 64-04
s.12 ...... 37-27, 64-12, 64-13, 64-R4,
71-08
(2) 64-12
(3 64-12
(4) 38-06, 64-12, 79-05, 79-09
s.13 .... 64-13, 64-R4
(2) 64-13
ss.14—17 64-03
s.22(4) 64-02
Sch.1 .... 64-03, 64-20, 64-R1, 84-X5,
84-X6, 109-04
Sch.3 64-03
Scotland Act 1998 (c.46) 80-17
Northern Ireland Act 1998 (c.47)
.... 80-17
1999 Access to Justice Act 1999 (c.22)
s.54(4) 80-21
Pollution Prevention and Control Act 1999
(c.24) 47-N1

Employment Relations Act 1999 (c.26)
.... 43-01
Contracts (Rights of Third Parties) Act
1999 (c.31) 68-02, 68-04
Immigration and Asylum Act 1999 (c.33)
.... 66-01
Pt VI 80-33
s.4 80-33
s.10 66-03
2000 Financial Services and Markets Act 2000
(c.8) 9-01, 12-01, 12-02, 12-07,
12-15, 12-16, 12-21, 12-24, 12-E2,
17-01, 19-07, 19-08, 20-03,
20-F30, 27-11, 106-2
Pt I 12-01
Pt IA 12-01
Pt IV 12-06, 12-07, 12-09, 12-16,
12-11
Pt IVA 12-10, 12-12, 20-F48
Pt VI 17-01
Pt XIII 12-11
s.1—18 12-01
s.1A 17-01
s.1A(1) 12-02
s.1A—3S 12-01
s.1B(2) 12-02
s.1B(6) 12-02
s.1C 12-02
s.1D 12-02
s.10A 12-06
s.19 .... 12-E1, 20-F48
s.20 .... 12-13, 12-15
(1) 12-09, 12-16
(1A) 12-09
(2)(b) 12-09
(3) 12-10
s.21 .... 12-E3
(1) 12-06
(2) 12-06
s.22 .... 12-03, 12-04, 12-05
(1) 12-03, 11-05
(1A) 12-03
(5) 12-05
s.22A 12-04
s.23
(1B) 12-09, 12-10
s.26 ...... 12-13, 12-24, 12-E1, 20-19,
20-F48
(A) 12-09
s.26A 20-19
s.27 ..... 12-09, 12-13, 12-24, 20-F48
(1) 12-10
s.28 12-10
s.28A 12-10, 20-19, 20-F49
s.29 .... 12-09, 12-13
s.30 .... 12-13, 12-24, 12-E3
s.38 12-06
(2) 12-06, 12-07
s.39 12-07
s.56 .... 12-E2
(2) 12-10, 12-11
(6) 12-10, 12-11, 12-15, 12-26
s.59(1) 12-10, 12-11, 12-15, 12-26

TABLE OF STATUTES

2000 Financial Services and Markets Act 2000 (c.8)—*cont.*
 (2) 12-10, 12-11, 12-15, 12-26
 s.71 . 12-10, 12-11, 12-13, 12-16, 12-E2
  (1) 12-11
  (2) 12-11
 s.84 12-12
 s.85(1) 12-12
  (5) 12-20
 s.138D 9-26, 12-14, 12-15, 12-16, 20-32, 20-32, 20-39, 20-F30, 27-11, 85-Y15
  (1) 12-12
  (2) 12-12, 20-F30
  (3) 12-12
  (5) 12-12
 s.138E 12-14
 s.150 .... 17-E5, 20-32, 20-39, 20-F30, 27-11
  (1) 12-11, 20-F30
  (3) 12-11
 s.196 12-26
 s.200(5) 12-26
 s.202(2) 12-11
 s.222(1B) 12-03
 s.285(2) 12-07
  (3) 12-07
 s.314A 12-07
 s.315 12-06
 s.326 12-06
 s.327 .... 12-06, 12-07
 s.347 .... 12-E2
 s.367 12-13
 s.419 12-04
 Sch.1ZA
  para.25 12-14
 Sch.1ZB 12-14
 Sch.2 12-03
  para.19 12-25
 Sch.3 .... 12-06, 12-07
 Sch.4 .... 12-06, 12-07
Terrorism Act 2000 (c.11) 5-09
Limited Liability Partnerships Act 2000 (c.12) 44-27
Countryside and Rights of Way Act 2000
 Pt 1 Ch 3 89-03
Transport Act 2000 (c.38)
 s.73(1) 7-07
2002 Land Registration Act 2002 (c.9)
 .... 23-05, 87-01, 87-04, 94-04
 s.58 .... 97-Z18
 s.60 .... 107-Z5
 s.65 .... 87-Z5, 94-04, 94-Z3
 s.67 104-11
 s.96(1) 87-04
 s.97 87-04
 s.98 ...... 87-04, 87-05, 87-Z4, 87-Z5
  (1) 85-Z5, 107-Z5
  (3) 87-Z4
  (5) 87-Z4, 87-Z5
 s.115 106-10
 Sch.3 para.2 .... 15-15, 104-15, 15-E4, 104-Z8

 Sch.4 94-04
 Sch.6 para.1 .... 87-Z5, 107-Z5
  (1) 87-04
  (3) 87-04
  paras 2—4 87-04
  para.5 87-04
  (4) 87-Z5
  para.6 .... 87-04, 87-05, 87-Z4
  para.7 .... 87-04, 87-05, 87-Z4
  para.11 87-04
 Sch.12 para.18 .... 87-04, 87-Z3
Commonhold and Leasehold Reform Act 2002 (c.15) 86-06, 97-01, 97-02, 97-03, 100-02, 100-04
 Pt I 97-03
 Pt II 97-03
 s.42A 100-03
 s.42B 100-03
 s.121 .... 97-Z15, 97-12, 100-03
 s.167 98-14
 s.168 98-14
 s.176A 100-04
 Sch.12
  para.3 100-04
Employment Act 2002 (c.22) 43-01
Proceeds of Crime Act 2002 (c.29)
 s.238 9-11
 s.335 9-11
 s.338 9-11
Enterprise Act 2002 (c.40) 32-03
 s.120 32-02
  (1) 32-01
 s.179 32-01
 s.188 28-04
 s.188A 28-04
 s.188B 28-04
 s.189 28-04
 s.190 28-04
 s.190A 28-04
Nationality, Immigration and Asylum Act 2002 (c.41) 66-01
 Pt II 80-33
 Pt III 80-33
 s.78 58-03
 s.79 58-03
 s.82 .... 66-03, 66-04, 66-04
  (1) 66-03
 s.84 66-03
  (1)(a) 66-03
  (c) 66-03
 ss.92—97A 66-04
 s.94 66-04
 s.94B 66-04
 s.118 66-03
2003 Railways and Transport Safety Act 2003 (c. 20)
 s.111 81-04
Communications Act 2003 (c.21)
 .... 32-01, 32-03
 s.192(2) 30-01, 32-01
 s.317 32-01
 Sch.8 30-01

Sexual Offences Act 2003 (c. 42)
.... 5-25
Criminal Justice Act 2003 (c.44)
.... 5-14
 s.329 5-05
2004 Asylum and Immigration (Treatment of Claimants, etc.) Act 2004 (c.19)
.... 66-01
 Pts 2—5 66-04
 s.8(4) 66-S1
 s.94 66-04
 Sch.3 66-04
Employment Relations Act 2004 (c.24)
.... 43-01
Children Act 2004 (c.31)
 s.11 5-11
Housing Act 2004 (c.34)
 s.214 86-06
2005 Constitutional Reform Act 2005 (c.4)
 Sch.2 Pt 1 80-33
Mental Capacity Act 2005 (c.9)
 ss.2—3 .... 84-X3
Serious Organised Crime and Police Act 2005 (c.15) 5-02, 5-12
 s.125 63-02
2006 Companies Act 2006 (c.6) ... 7-03, 16-01, 85-Y1
 Pt 21 Ch 2 16-01
 s.3(1) 16-01
 ss.69—74 .... 77-10, 78-01
 ss.171—175 ..... 59-P1, 62-P1, 62-P2
 s.543 16-01
 s.544 16-01
 s.770 16-01
 s.895 16-02
 s.994 16-02
Immigration, Asylum and Nationality Act 2006 (c.13) 66-01
Consumer Credit Act 2006 (c.14)
.. 10-13, 20-03, 20-13, 20-17, 20-24, 20-26, 20-26, 20-54, 20-55, 22-02, 25-13, 25-50
 s.14
 (1) 20-26
 s.15 20-23
 s.16 20-55
Commons Act 2006 (c.26) .. 89-01, 89-02
 Pt 1 89-02
 Pt 2 89-02
 Pt 3 89-02
 Pt 4 89-02
 Pt 5 89-02
 s.6 89-02
 s.38(1) 89-Z3
 s.41(1), (2) 89-03, 89-Z3
Health Act 2006 (c.28) 81-10
 s.2 .... 81-X30
 s.6 .... 81-X30
 s.8(1) 81-X30
Government of Wales Act 2006 (c.32)
.... 80-17
Animal Welfare Act 2006 (c.45)
.... 41-L11

Police and Justice Act 2006 (c.48)
.... 5-14
 s.11 5-14
2007 Tribunals, Courts and Enforcement Act 2007 (c.15) ... 66-03, 92-01, 100-01
 Pt 1 97-01
 Pt 3 100-01
 s.11 66-05
 s.13(6) 66-06
 s.15 80-34
 (1), (3) 80-46
 (4), (5) 80-46
 s.16(2) 80-42
 (3)—(5) 80-35
 (6) 80-46
 s.17 80-46
 s.18
 (6) 80-33
 s.19 66-06
 s.32 66-03
 Sch.12 100-01
 para.2(1) 92-Z12
 para.66 .... 92-Z12
Corporate Manslaughter and Corporate Homicide Act 2007 (c.19) 81-10
UK Borders Act 2007 (c.30) 66-01
2008 Criminal Justice and Immigration Act 2008 (c.4) 66-01
Employment Act 2008 (c.24) 43-01
 s.19 43-08
2009 Banking Act 2009 (c.1)
 s.2 .... 41-L5
Borders, Citizenship and Immigration Act 2009 (c.11) 66-01
 s.55 66-03
Local Democracy, Economic Development and Construction Act 2009 (c.20)
 Pt 8 .... 34-01, 36-01
 s.139 .... 34-01, 36-02
 s.149 34-01
2010 Third Parties (Rights against Insurers) Act 2010 (c.10) 67-22
Equality Act 2010 (c.15) ... 44-01, 44-03, 44-04, 44-07, 44-08, 44-13, 44-18, 44-38, 44-L10, 63-01, 63-08, 63-10, 81-04
 Pt 2 Ch.1 .... 44-17, 63-08
 Ch.2 63-08
 Pts 2—8 44-02
 Pt 3 .... 63-11, 63-12, 63-Q5
 Pts 3—7 .... 44-27, 63-08
 Pts 4—6 .... 63-11, 63-12
 Pt 5 .... 44-27, 44-29, 63-13
 Pt 6 63-14
 s.4 44-07
 s.5 44-03
 (2) 44-03
 s.5—12 44-07
 s.6 .... 44-04, 44-L12, 44-L13, 44-L14
 (1) 44-04, 44-L11
 (5) 44-04
 s.7 44-05

2010 Equality Act 2010 (c.15)—*cont.*
- (1) 44-16
- (2) 44-05
- s.8 44-06
- s.9 .... 44-08, 67-26
  - (1) 44-08
    - (c) 44-08
  - (4) 44-08
- s.10 44-09
  - (2) 44-09
- s.11 44-10
- s.12 44-11
- s.13 ..... 44-13, 44-14, 44-L9, 44-L11, 63-10, 63-11, 63-12, 63-Q4, 63-Q5, 63-Q6
  - (1) 44-L2, 44-L3, 63-09
  - (2) 44-14
- s.15 ...... 39-02, 44-20, 44-21, 44-25, 40-L14
  - (1) 39-02
    - (b) 44-21
  - (2) 44-22
- s.16 44-15
  - (2) 44-L3
  - (3) 44-16
- s.18 .... 44-07, 44-16
  - (2) 44-L4
  - (2)—(4) 44-16
  - (7) 44-16
- s.19 ..... 44-17, 44-25, 44-L7, 44-L8
- s.20 .... 44-23, 44-24, 44-L12, 44-L13
  - (3)—(5) 44-23
- s.23(1) 44-13
- s.26 ..... **63-08**, 63-13, 63-Q4, 63-Q5, 63-Q6
  - (1) 63-09
  - (1)(a) 63-09
  - (1)(b) 63-08, 63-09
  - (1)—(3) 63-Q4
  - (4) 63-08
  - (5) 63-10, 63-14
- s.27 .... 44-19, 44-L9, 44-L10
- s.28(1), (2) 63-11
- s.29 .... 63-Q5
  - (1) 63-11
  - (3) 63-11
  - (8) 63-11
- s.31(2), (3) 63-11
- s.32(1)—(3) 63-12
- s.33(3) 63-12
- s.34(2) 63-12
- s.35(2) 63-12
- s.38(3), (4) 63-12
- s.39 ..... 44-27, 44-L2, 44-L3, 44-L4, 44-L6, 44-L7, 44-L9, 44-L11, 44-L12
  - (1)—(5) 44-27
  - (2)(d) 63-Q4
- s.40 .... 63-Q4
  - (1) 63-Q4
  - (1)—(4) **63-13**
  - (2)—(4) 63-13
- s.41 44-27

- (2) 63-13
- (5) 44-27
- s.44 44-27
  - (3), (4) 63-13
- s.45 44-27
  - (3), (4) 63-13
- s.46(2), (4) 44-27
- s.47 44-27
  - (3) 63-13
- s.48(3) 63-13
- s.49 44-27
  - (2) 44-27
  - (4) 63-13
- s.50 44-27
  - (2) 44-27
  - (4) 63-13
- s.51 44-27
  - (2) 63-13
- s.52(6) 44-27
- s.53 44-27
  - (3) 63-13
- s.54(2) 63-13
  - (3) 63-13
  - (4) 44-27
- s.55 44-27
  - (3) 63-13
- s.56(2) 44-27, 63-13
- s.57 .... 43-08, 44-27
  - (3) 63-13
  - (7) 44-27
- s.58 44-27
  - (2) 63-13
- s.60 .... 44-26, 44-L11
  - (1)—(3), (6) 44-26
- s.83(2) 44-27, 44-L5
- s.84 63-14
- s.85(3) 63-14
- s.90 63-14
- s.91 .... 63-Q6
  - (5) 63-14
- s.92 .... 63-Q6
  - (3), (8) 63-14
- s.93(3) 63-14
- s.95 63-14
- s.96(3) 63-14
- s.97(2), (3), (7) 63-14
- s.108 .... 44-28, 44-29
  - (1), (2) 44-28
- s.109 .... 63-Q5, 63-Q6
  - (1), (2), (4) 44-28, 63-03, 63-10
- s.110 .... 44-28, 63-Q6
  - (1), (3) 44-28
- s.111 .... 44-28, 44-29
  - (5), (6) 44-28
- s.112 44-29
  - (1), (2) 44-28
- s.113 44-29
- s.120 44-29
  - (1) 44-33
- s.121(1) 44-29
- s.123(1) 44-35
  - (a) 44-34
  - (b) 44-34, 44-35

2010	Equality Act 2010 (c.15)—*cont.*		(7) 37-38
	(3)(a) 44-34		s.4 .... 37-39, 37-58, 37-J16
	s.124(1) 44-33		(1) 37-39
	s.138 44-38		(b) 37-39
	s.149 .... 44-L12		(2) 37-39, 37-59
	s.199 91-03		(3) 37-39, 37-59
	s.212(1) 44-23		(4) 37-39
	(2), (3) 44-28		(5) 37-39
	Sch.1 44-04		s.5 .... 37-47, 37-J19, 37-J22
	para.6 .... 44-04, 44-L14		(2) 37-47
	para.8 44-04		(11) 37-47
	Sch.8 .... 44-27, 44-L12		(12) 37-47
	Pt 3 para.20(1) 44-25		s.6 37-45
	Sch.9 Pt 1 .... 44-L6		s.7 .... 37-41, 37-43, 37-44
	paras.1—3 44-14		s.8 .... 37-02, 37-09
	Mortgage Repossessions (Protection of Tenants etc) Act 2010 (c.19)		(4) 37-02
			s.9 37-12
	 104-12		s.10 . 37-05, 37-09, 37-47, 37-48, 37-49
	Sunbeds (Regulation) Act 2010 (c.20)		s.11 37-04
	 81-10		s.12 .... 37-28, 37-J2
2011	Postal Services Act 2011 (c.5) 12-06		(2)—(4) 37-28
2012	Consumer Insurance (Disclosure and Representations) Act 2012 (c.6)		s.13 37-29
			s.14 37-08
	.... 67-07, 71-02	2014	Mesothelioma Act 2014 (c.1) 81-11
	s.1 67-07		Transparency of Lobbying, Non-Party Campaigning and Trade Union Administration Act 2014 (c.4)
	s.2 .... 71-T3		
	(2), (4) 67-07		
	s.3 67-07		.... 43-01, 43-08
	Protection of Freedoms Act 2012 (c.9)		Children and Families Act 2014 (c.6)
	s.25 5-24		 40-12
	Legal Aid, Sentencing and Punishment of Offenders Act 2012 (c.10) 1-01, 5-18		Intellectual Property Act 2014 (c.18) .. 73-01, 73-08, 73-23, 76-06, 76-17, 76-19
	s.46 84-12		Immigration Act 2014 (c.22) 66-01, 66-05, 66-06
	Sch.1 Pt 3 para.21(4) 5-18		
	Financial Services Act 2012 (c.21)	2015	Criminal Justice and Courts Act 2015 (c.2)
	 12-01		s.57 81-19
	s.6 17-01		Insurance Act 2015 (c.4) ... 67-01, 67-08, 67-09, 67-13, 67-17, 67-19, 67-20, 69-TB, 70-01, 70-08, 75-02, 81-19, 81-20
	s.7 12-03		
2013	Crime and Courts Act 2013 (c.22)		
	s.22 66-06		
	s.34(3), (5) 37-25		s.2(2) 67-21
	ss.34—38 37-25		s.3 .... 67-08, 67-11, 69-T8
	Enterprise and Regulatory Reform Act 2013 (c.24) .. 28-04, 40-07, 40-L30, 40-L31, 40-L32, 43-01, 44-38, 75-30, 76-05, 76-18		s.4
			(2)—(3) 67-09
			(6)—(7) 67-09
			(8) 67-09
	s.7(1) 40-03		s.7
	s.15(8) 40-08		(3), (4) 67-12
	s.69 81-10		s.8 .... 67-11, 67-13
	s.74 76-05		(5) 67-17
	Defamation Act 2013 (c.26) 37-34, 37-35, 37-38		(6) 67-17
			s.9 67-13
	s.1 . 37-01, 37-03, 37-04, 37-08, 37-13, 37-19, 37-26, 37-30, 37-34, 37-35, 37-51, 37-J1, 37-J2		s.10 67-19
			s.11 .... 69-T8
			s.12 67-21
	(1) 37-01, 37-03		s.13A 67-25, 69-T8
	(2) 37-01, 37-03, 37-05		(2)—(3) 67-25
	s.2 .... 37-36, 37-59, 37-60		(4) 67-25
	(3) 37-35		s.14(1) 67-08
	s.3 .... 37-38, 37-53, 37-57, 37-60		Sch.1 67-17
	(5) 37-38, 37-53		para.2 67-17
	(6) 37-38		paras.3—6 67-17

[clxxxvii]

Table of Statutes

Consumer Rights Act 2015 (c.15)
.. 17-03, 17-05, 19-07, 20-03, 20-06, 20-33, 25-01, 25-F41, 25-F43, 31-01, 31-02, 31-06, 33-08, 35-01, 83-02
- Pt 1 .... 25-38, 25-55
- Ch.3 25-32
- Pt 2 ..... 20-F43, 24-01, 25-38, 27-11
- Pt 3 .... 25-F25
- s.2(3) 25-03, 35-01
  - (5) 25-03, 25-44
  - (6) 25-03
  - (8) 25-05
- s.3 83-02
- s.5(3) 25-13
- s.9 .. 20-F24, 20-F25, 20-F28, 20-F31, 20-F34, 20-F46, 25-27, 25-35, 25-F19, 25-F22, 25-F23, 25-F47, 25-F48, 25-F49, 25-F64, 25-F65, 25-F66, 25-F67
  - (1) 83-02
  - (3)(a) 83-02
  - (4) 83-02
  - (2)—(7) 25-27
  - (4) 25-27
  - (7) 25-F43
  - (8) 25-26
- ss.9—16 .... 25-F70
- s.10 ..... 20-F25, 25-28, 25-35, 25-47, 25-F20, 25-F23, 25-F47, 25-F48, 25-F49, 25-F65, 25-F66
  - (3) 83-02, 83-03
  - (4) 83-03
- s.11 ..... 25-24, 25-30, 25-35, 25-F21, 25-F64, 25-F68, 25-F679, 83-02
  - (2) 25-30
  - (3) 25-24
  - (4) ... 25-03, 25-24, 25-F17, 25-F43
  - (5) 25-03
- s.12 .... 25-35, 25-F63
- s.13 .... 25-30, 25-35, 25-F21
  - (2) 25-30
- s.14 .... 25-30, 25-35, 25-F21, 25-F69, 83-02
- s.15 .... 25-31, 25-35
- s.16 .... 25-32, 25-35
- s.17 .... 20-F26, 20-F27, 25-23, 25-35, 25-54, 25-F16, 25-F60, 25-F61
  - (1)(b) 25-23
  - (2) 25-23
  - (4) 25-23
- s.18 25-26
- s.19 ..... 25-35, 25-56, 25-F23, 25-F67
  - (2) 25-35
  - (3) 25-35
  - (5) 25-35
  - (6) 25-35
  - (9)—(15) 25-35
- s.20 25-35
  - (5) 25-35
  - (6) 25-35
- s.21 25-35
- s.22(1)—(4) 25-36
- s.23 ... 25-36, 25-F23, 25-F48, 25-F67
  - (3)(a), (b) 25-F47
  - (4) 25-F47
  - (7) 25-36
  - (9) 25-36
- s.24 .... 25-36, 25-F23
  - (2) 25-36
  - (5) 25-36
- s.25 .... 25-10, 25-36
- s.26 .... 25-11, 25-36
  - (1) 25-11
- s.28 ..... 25-03, 25-10, 25-20, 25-36, 25-F10, 25-F71
- s.29 .... 25-03, 25-11
  - (3) 25-20
  - (4) 25-20
  - (9) 25-20
  - (11)—(13) 25-20
- s.30 .... 25-37, 25-F24
- s.31 ..... 25-23, 25-25, 25-27, 25-29, 25-30, 25-31
- s.33 25-04
  - (2) 25-32
- s.34—37 .... 25-32, 25-F25
- s.39 25-08
- s.41 25-32
- ss.42—45 25-36
- s.46 .... 25-36, 25-F25
- s.47 25-32
- s.49
  - (1) 83-03
- s.59(1) 25-03
- s.62(1) 35-01
  - (5) 35-01
- s.81 28-04
- Sch.2
  - para.8 17-03
  - para.11 17-03
  - para.15 17-03
  - para.18 24-01
  - para.22 17-03
  - para.24 17-03
- Sch.8 .... 28-04, 31-02
  - s.4(2) 31-02
  - (3) 31-02

Deregulation Act 2015 (c.20)
- s.2(1)(a), (b) 44-33
- Sch.23 Pt 8, para.44 37-41

Small Business, Enterprise and Employment Act 2015 (c.26)
.... 88-06
- ss.13(2) 10-11
- s.164(4) 10-11

2016 Enterprise Act 2016 (c. 12) 67-25

Trade Union Act 2016 (c. 15) 43-01, 43-02
- s.11 43-08

2017 Intellectual Property (Unjustified Threats) Act 2017 (c. 14) 73-10, 76-03, 77-09

2018 Financial Guidance and Claims Act 2018 (c. 10)
- s.27 12-03

2018 Data Protection 2018 (c. 12)
  Sch.2 Pt 5
    para.26(2)(b) 79-10
      s.170(3)(c)(iii) 79-10
2018 European Union (Withdrawal) Act 2018
  (c. 16) 12-08

TABLE OF STATUTORY INSTRUMENTS

1834 New Pleading Rules of Hilary Term 1834 1-04
1931 Asbestos Industry Regulations 1931 (SR & O 1931/1140) 81-X24
1948 Building (Safety, Health & Welfare) Regulations 1948 (SI 1948/1145) 81-X24
1960 Shipbuilding and Ship-repairing Regulations 1960 (SI 1960/1932) 81-X24
1961 Construction (General Provisions) Regulations 1961 (SI 1961/1580) 81-X24
   Construction (Lifting Operations) Regulations 1961 (SI 1961/1581) 81-X17
1965 Rules of the Supreme Court (Revision) 1965 (SI 1965/1776) 1-18
   O.15 1-42
   O.18 r.7(1) 1-26, 1-30
   r.12(a) 1-36
   r.13 1-28
   (6) 1-27
   O.20 1-42
   r.3 1-42
   O.29 r.2A 26-20
   O.72 r.7 1-26
   O.88 .... 57-02, 86-05
1967 Carriage by Air Acts (Application of Provisions) Order 1967 (SI 1967/480)
   art.4 8-01
   art.5 8-01
   Sch.1 8-01
   Sch.2 8-01
1968 Offices, Shops and Railway Premises (Hoists and Lifts) Regulations 1968 (SI 1968/849) 81-09, 81-X17
1969 Asbestos Regulations 1969 (SI 1969/690) 81-X24
1972 Highly Flammable Liquids and Liquefied Petroleum Gases Regulations 1972 (SI 1972/917) 81-09
1983 Consumer Credit (Agreements to enter Prospective Agreements) (Exemptions) Regulations 1983 (SI 1983/1552)
   reg.2 .... 20-F51
   Consumer Credit (Agreements) Regulations 1983 (SI 1983/1553) 20-21, 20-22, 20-23, 20-F52, 20-F53, 20-F54, 20-F55, 20-F56
   reg.2 .... 20-F54
   (1) 20-F56
   (4) 20-F54
   regs.2, 5 .... 20-F22
   reg.3 .... 20-F52
   (1) 20-F56
   reg.5(1)—(3) 20-F57
   Sch.1 paras.1—5 .... 20-F54
   paras.9, 11, 15, 18, 21, 22 ... 20-F54
   Sch.2 .... 20-F22
   paras.3, 5, 9 .... 20-F54
   Sch.5 para.1 .... 20-F54
   Sch.6 20-23
   Consumer Credit (Guarantees and Indemnities) Regulations 1983 (SI 1983/1556) 20-21
   reg.3 .... 20-F69
   reg.4 .... 20-F69
   Sch Pts I—IV 20-F69
   Consumer Credit (Enforcement, Default and Termination Notices) Regulations 1983 (SI 1983/1561) 20-26, 20-F43
   reg.2(2)(a)—(c) 20-F62
   (4)—(6) 20-F62
   Sch.2 paras.1—11 .... 20-F62
1987 Court Funds Rules 1987 (SI 1987/821) 5-B8
   Control of Asbestos at Work Regulations 1987 (SI 1987/2115) 81-X24
1988 Docks Regulations 1988 (SI 1988/1655) 81-09
   Control of Substances Hazardous to Health Regulations 1988 (SI 1988/1657) 81-X27
   Mines (Safety of Exit) Regulations 1988 (SI 1988/1729) 81-09
   Distress for Rent Rules 1988 (SI 1988/2050)
   r.12 .... 92-03, 92-Z4
   Form 5 92-03
   Notices to Quit etc. (Prescribed Information) Regulations 1988 (SI 1988/2201) 98-08
1989 Electricity at Work Regulations 1989 (SI 1989/635) 81-09
   Construction Contracts (England and Wales) Regulations 1989 (SI 1998/649) 34-03, 36-02
   Health and Safety Information for Employees Regulations 1989 (SI 1989/682) 81-X21
   Consumer Credit (Exempt Agreements) Order 1989 (SI 1989/869) ... 20-18, 20-F45
   Consumer Credit (Quotations) Regulations 1989 (SI 1989/1126) 20-F51
   Noise at Work Regulations 1989 (SI 1989/1790) 81-X23

[cxci]

Road Vehicles Lighting Regulations 1989 (SI 1989/1796)
    reg.23(2)(b)(ii) 5-B23
Construction (Head Protection) Regulations 1989 (SI 1989/2209)
    .... 81-X16

1990 Landlord and Tenant Act 1954 (Appropriate Multiplier) Order 1990 (SI 1990/363)
    reg.3 88-05
    reg.4 88-05
Public Service Vehicles (Conduct of Drivers, Inspectors, Conductors and Passengers) Regulations 1990 (SI 1990/1020) 81-X2
Control of Substances Hazardous to Health (Amendment) Regulations 1990 (SI 1990/2026) 81-X27

1991 High Court and County Courts Jurisdiction Order 1991 (SI 1991/724)
    art.6A 94-07
Control of Substances Hazardous to Health (Amendment) Regulations 1991 (SI 1991/2431) 81-X27

1992 Management of Health and Safety at Work Regulations 1992 (SI 1992/2051)
    ...... 81-10, 81-X1, 81-X9, 81-X21
Control of Substances Hazardous to Health (Amendment) Regulations 1992 (SI 1992/2382) 81-X27
Health and Safety (Display Screen Equipment) Regulations 1992 (SI 1992/2792) 81-09, 81-X12
    regs.2—7 .... 81-X12
Manual Handling Operations Regulations 1992 (SI 1992/2793) . 81-09, 81-X9, 81-X18, 81-X25, 81-X41
    reg.4 .... 81-X9, 81-X54
    reg.5 .... 81-X41
Provision and Use of Work Equipment Regulations 1992 (SI 1992/2932)
    ... 81-09, 81-X15, 81-X22, 81-X24, 81-X25
Personal Protective Equipment at Work Regulations 1992 (SI 1992/2966)
    ... 81-09, 81-X11, 81-X22, 81-X23, 81-X24, 81-X25, 81-X27, 81-X42
    regs.4—7, 9, 10 .... 81-X1
    reg.10 .... 81-X42, 81-X44
    reg.11 .... 81-X42
Workplace (Health, Safety and Welfare) Regulations 1992 (SI 1992/3004)
    ... 81-09, 81-X13, 81-X22, 81-X23, 81-X24, 81-X25, 81-X30
    reg.5—25 .... 81-X13
Asbestos (Prohibitions) Regulations 1992 (SI 1992/3067) 81-X24
Genetically Modified Organisms (Contained Use) Regulations 1992 (SI 1992/3217) 81-09
Package Travel, Package Holidays and Package Tours Regulations 1992 (SI 1992/3288) 81-X36
    reg.15(1) 81-X36
    (8) 81-X36

1993 Mines (Shafts and Winding) Regulations 1993 (SI 1993/302) 81-09
Health and Safety (Miscellaneous Modifications) Regulations 1993 (SI 1993/745) 81-X27
Management and Administration of Safety and Health at Mines Regulations 1993 (SI 1993/1897) 81-09
Commercial Agents (Council Directive) Regulations 1993 (SI 1993/3053)
    .... 21-01—21-03, 21-F2, 33-03
Pt III 21-02
Pt IV 21-02
    reg.2(1) 21-02
    reg.3 .... 21-01, 21-F16
    reg.4 .... 21-01, 21-F2, 21-F9
    reg.6 .... 21-F2, 21-F12
    reg.7 .... 21-F2
    reg.10 .... 21-F2
    reg.12 .... 21-F2
    reg.15 .... 21-F6, 21-F16
    reg.17 .... 21-02, 21-F6, 21-F16
    reg.22 .... 21-F6

1994 Railways (Safety Critical Work) Regulations 1994 (SI 1994/299)
    81-09
Employment Tribunals Extension of Jurisdiction (England and Wales) Order 1994 (SI 1994/1623)
    40-06
    art.7 41-02
    art.3 41-02
    art.10 .... 40-06, 41-02
Construction (Design and Management) Regulations 1994 (SI 1994/3140)
    .... 81-X16
Unfair Terms in Consumer Contracts Regulations 1994 (SI 1994/3159)
    33-07
Chemicals (Hazard Information and Packaging for Supply) Regulations 1994 (SI 1994/3247) 81-X27
Electrical Equipment (Safety) Regulations 1994 (SI 1994/3260) 81-10

1995 Toys (Safety) Regulations 1995 (SI 1995/204) 83-X5
    regs.4, 13 .... 83-X5
Reporting of Injuries, Diseases and Dangerous Occurrences Regulations 1995 (SI 1995/3163) 81-X1

1996 Equipment and Protective Systems Intended for Use in Potentially Explosive Atmospheres Regulations 1996 (SI 1996/192) 81-09
Chemicals (Hazard Information and Packaging for Supply) (Amendment) Regulations 1996 (SI 1996/1092)
    .... 81-X27
Health and Safety (Consultation with Employees) Regulations 1996 (SI

1996 Health and Safety (Consultation with Employees) Regulations 1996 (SI —cont.
1996/1513) 81-10, 81-X21
Community Trade Mark Regulations 1996 (SI 1996/1908)
    reg.4 77-08
Carriage of Dangerous Goods (Classification, Packaging and Labelling) and Use of Transportable Pressure Receptacles Regulations 1996 (SI 1996/2092) 81-X24, 81-X27
Carriage of Dangerous Goods by Road Regulations 1996 (SI 1996/2095)
    .... 81-X24

1997 Civil Jurisdiction and Judgments Act 1982 (Interim Relief) Order 1997 (SI 1997/302) 51-01
Railway Safety (Miscellaneous Provisions) Regulations 1997 (SI 1997/553) 81-09
Lifts Regulations 1997 (SI 1997/831)
    81-09
Chemicals (Hazard Information and Packaging for Supply) (Amendment) Regulations 1997 (SI 1997/1460)
    .... 81-X27
Confined Spaces Regulations 1997 (SI 1997/1713) 81-10
Leasehold Valuation Tribunals (Service Charges, Insurance or Appointment of Managers Applications) Order 1997 (SI 1997/1853)
    art.2(2) 100-Z20
Zebra, Pelican and Puffin Pedestrian Crossings Regulations and General Directions 1997 (SI 1997/2400)
    reg.12(1) 81-X2
    reg.13 .... 81-X2
    reg.24 .... 81-X2
    reg.25 .... 81-X2
    reg.26 .... 81-X2
Copyright and Rights in Databases Regulations 1997 (SI 1997/3032)
    .... 75-01, 75-23
    reg.12(1) 75-26
    reg.13(1) 75-24
    reg.14(1) 75-25
    reg.15 75-25
    reg.16(1) 75-26
    (2) 75-26
    reg.18 75-25
    reg.20(1) 75-33
    (2) 75-33
    reg.21 75-33
    reg.22 75-29
    reg.23 75-27
    Sch.1 75-33

1998 Consumer Credit (Further Increase of Monetary Amounts) Order 1998 (SI 1998/997) 20-F41
Air Carrier Liability Order 1998 (SI 1998/1751) 8-13
Working Time Regulations 1998 (SI 1998/1833) .. 40-11, 40-L47, 81-10, 81-X21
    reg.9 .... 40-L60
    reg.10(1) 40-L41
    reg.11(1) 40-L42
    reg.13 .... 40-L43
    reg.15 .... 40-L46
    reg.16 .... 40-L44
    reg.21 .... 40-L45
Provision and Use of Work Equipment Regulations 1998 (SI 1998/2306)
    ... 81-09, 81-X15, 81-X22, 81-X24, 81-X25
    regs.4—9 .... 81-X1
    regs.14—18 .... 81-X1
    regs.22—24 .... 81-X1
Lifting Operations and Lifting Equipment Regulations 1998 (SI 1998/2307)
    .... 81-X17
Chemicals (Hazard Information and Packaging for Supply) (Amendment) Regulations 1998 (SI 1998/3106)
    .... 81-X27
Civil Procedure Rules 1998 (SI 1998/3132) .. 18-11, 104-07, 105-02
    Pt 16 r.16.5 18-11
Control of Asbestos at Work (Amendment) Regulations 1998 (SI 1998/3235) 81-X24

1999 Education (School Premises) Regulations 1999 (SI 1999/2) 39-01, 81-08
Chemicals (Hazard Information and Packaging for Supply) (Amendment) Regulations 1999 (SI 1999/197)
    .... 81-X27
Control of Substances Hazardous to Health Regulations 1999 (SI 1999/437) 81-X26
Police (Health and Safety) Regulations 1999 (SI 1999/860) . 81-X11, 81-X42
Carriage by Air Acts (Implementation of Protocol No.4 of Montreal, 1975) Order 1999 (SI 1999/1312)
    8-01
Unfair Terms in Consumer Contracts Regulations 1999 (SI 1999/2083)
    .. 17-03, 25-02, 25-38, 25-39, 25-54, 27-11
    reg.5(1) 9-06
    (5) 17-03
    reg.6(2) 9-06
    Sch.2 para.1(g) 17-03
    (j) 17-03
    (l) 17-03
    (q) 35-01
    para.2 17-03
Asbestos (Prohibitions) (Amendment) Regulations 1999 (SI 1999/2373)
    .... 81-X24
Ionising Radiations Regulations 1999 (SI 1999/3232) 81-09

Management of Health and Safety at Work
 Regulations 1999 (SI 1999/3242)
 .... 81-09, 81-09, 81-X1, 81-X9,
 81-X21, 81-X25, 81-X30, 81-X41
 regs.3—6, 8, 9, 11 .... 81-X1
 regs.3—6, 10, 13 .... 81-X9
 reg.9 .... 81-X14
2000 Part-time Workers (Prevention of Less
 Favourable Treatment) Regulations
 2000 (SI 2000/1551)
 reg.2(1), (3) 40-L49
 reg.3 .... 40-L50
 reg.4(b) 40-L49
 reg.5 .... 40-L48, 40-L49, 40-L50
 reg.6 .... 40-L48
 reg.7(3) 40-L48
 reg.10 .... 40-L60
 Consumer Protection (Distance Selling)
 Regulations 2000 (SI 2000/2334)
 ..... 20-14, 20-F18, 20-F66, 25-14,
 26-21
 reg.10 . 20-14, 20-F66, 25-F71, 27-F14
 reg.15 .... 20-F66
 reg.20 .... 20-F66, 25-F71
 reg.21 .... 20-F18
 reg.24 26-21
 (2), (3) 26-F32
2001 Financial Services and Markets Act 2000
 (Regulated Activities) Order 2001 (SI
 2001/544) 12-03, 12-04, 12-05,
 12-08, 20-04, 20-F45, 25-13,
 27-11
 art.3 67-02
 art.5 12-03
 art.9B 12-03
 art.10 12-03
 arts.10—13 67-02
 art.13A 12-03
 art.14 .... 12-03, 17-01
 art.21 .... 12-03, 17-01
 art.24A 12-03
 art.25 12-03
 art.25A(1) 12-03
 (2) 12-03
 (2A) 12-03
 arts.25B, 53B and 63B 12-03
 arts.25C, 53C and 63F 12-03
 art.25D 12-03
 art.25DA 12-03
 arts.25E, 53D and 63J 12-03
 art.36A 12-03
 art.36D 12-03
 art.36E 12-03
 art.36F 12-03
 art.36G 12-03
 art.36H 12-03, 12-09
 art.36J 12-09
 art.37 12-03
 art.39A 12-03
 art.40 12-03
 art.45 12-03
 art.51ZA 12-03
 art.51ZB 12-03
 art.51ZC 12-03
 art.51ZD 12-03
 art.52 12-03
 art.52B 12-03
 (3) 12-03
 art.53 12-03
 art.53A 12-03
 art.53DA 12-03
 art.53E 12-03
 art.56 12-03
 art.57 12-03
 art.58 12-03
 art.59 12-03
 art.60B 12-03
 art.60C 20-18, 20-F1, 20-F45
 art.60D 20-18, 20-F1, 20-F45
 art.60E 20-18, 20-F1, 20-F45
 art.60F 20-18, 20-F1, 20-F45
 art.60G 20-18, 20-F1, 20-F45
 art.60H 20-18, 20-F1, 20-F45
 art.60L 12-09, 20-06, 20-F45
 art.60N 12-03, 20-12
 art.60O 20-18
 art.60P 20-18
 art.60Q 20-18
 art.61(1) 12-03
 (2) 12-03
 art.63N 12-03
 art.63O 12-03
 art.64 .... 12-03, 12-09
 art.72 12-09
 art.72A 12-09
 Pt III 12-05
 art.74 12-05
 art.74A 12-05
 art.75 12-05
 art.76 12-05
 art.77 12-05
 art.77A 12-05
 art.78 12-05
 art.79 12-05
 art.80 12-05
 art.81 12-05
 art.82 12-05
 art.82A 12-05
 art.82B 12-05
 art.83 12-05
 art.84 12-05
 art.85 12-05
 art.86 12-05
 art.87 .... 12-05, 17-01
 art.88 12-05
 art.88A 12-05
 art.88B 12-05
 art.88C 12-05
 art.88D 12-05
 art.88E 12-05
 art.89 .... 12-05, 17-01
 art.89A 12-03
 art.89B 12-03
 art.89G 12-03
 art.89H 12-03
 art.89I 12-03

2001 Financial Services and Markets Act 2000
 (Regulated Activities) Order 2001 (SI
 2001/544)—*cont.*
  art.89J 12-03
  art.89K 12-03
  art.89L 12-03
  art.89M 12-03
  Sch.5 12-05
 Financial Services and Markets Act 2000
 (Carrying on Regulated Activities by
 Way of Business) Order 2001 (SI
 2001/1177) 12-04
 Financial Services and Markets Act 2000
 (Exemption) Order 2001 (SI
 2001/1201) 12-07
  art.5A 12-07
 Financial Services and Markets Act 2000
 (Rights of Action) Regulations 2001
 (SI 2001/2256
  art.3 .... 12-09, 85-04
   (1) 20-32
   (1)(b) 12-09
  art.4 12-09
  art.5 12-11
  art.6 12-12
 Financial Services and Markets Act 2000
 (Transitional Provisions) (Authorised
 Persons etc.) Order 2001 (SI
 2001/2636) 17-01
 Financial Services and Markets Act 2000
 (Commencement No.7) Order 2001
 (SI 2001/3538) 12-02
 Civil Jurisdiction and Judgments Order
 2001 (SI 2001/3929) 51-01
 Registered Designs Regulations 2001 (SI
 2001/3949) 76-01, 76-U8
 Civil Procedure (Amendment No.5) Rules
 2001 (SI 2001/4015) 46-01
2002 Carriage by Air Acts (Implementation of
 the Montreal Convention 1999)
 Order 2002 (SI 2002/263) 8-01
 Personal Protective Equipment
 Regulations 2002 (SI 2002/1144)
 .... 81-X10
 Late Payment of Commercial Debts (Rate
 of Interest) (No.3) Order 2002 (SI
 2002/1675) 34-08
 Financial Services and Markets Act 2000
 (Regulated Activities) (Amendment)
 (No.2) Order 2002 (SI 2002/1776)
 .... 37-J19
 Electronic Commerce (EC Directive)
 Regulations 2002 (SI 2002/2013)
 .... 37-09, 37-47
  reg. 17 37-49
  reg.18 37-49
  reg.19 .. 37-49, 37-J19, 37-J22, 37-J18
   (a)(i) 37-49
 Fixed-term Employees (Prevention of
 Less Favourable Treatment)
 Regulations 2002 (SI 2002/2034)
  reg. 10 .... 40-L60, 40-L50
 Health and Safety (Miscellaneous
 Amendments) Regulations 2002 (SI
 2002/2174) 81-X9, 81-X11,
 81-X12, 81-X13, 81-X15, 81-X17
 Control of Asbestos at Work Regulations
 2002 (SI 2002/2675) 81-X24
  reg.3 81-12
 Control of Lead at Work Regulations 2002
 (SI 2002/2676) 81-12
 Control of Substances Hazardous to
 Health Regulations 2002 (SI
 2002/2677) .. 81-09, 81-12, 81-X26,
 81-X27
  reg.7 .... 81-X45
  reg.8 .... 81-X45
 Sale and Supply of Goods to Consumers
 Regulations 2002 (SI 2002/3045)
 .... 25-F24
  reg.2 25-37
  reg.14 25-38
  reg.15 25-37
 European Communities (Rights against
 Insurers) Regulations 2002 (SI
 2002/3061) 68-03
  reg.2 .... 68-T2
  reg.3 .... 68-03, 68-T2
2003 Motor Vehicles (Compulsory Insurance)
 (Information Centre and
 Compensation Body) Regulations
 2003 (SI 2003/37) 68-03, 68-05,
 68-07
  regs 11—13 68-05
 Immigration (Notices) Regulations 2003
 (SI 2003/658) 66-05
 Employment Equality (Religion or Belief)
 Regulations 2003 (SI 2003/1660)
 .... 44-09, 63-08
  reg.35 .... 40-L60
 Employment Equality (Sexual
 Orientation) Regulations 2003 (SI
 2003/1661) 63-08
  reg.35 .... 40-L60
 Land Registration Act 2002
 (Commencement No. 4) Order 2003
 (SI 2003/1725) 106-10
 Service Charges (Consultation
 Requirements) (England) Regulations
 2003 (SI. 2003/1987)
  r.4(1) 100-02
  r.6 100-02
 Regulatory Reform (Business Tenancies)
 (England and Wales) Order 2003 (SI
 2003/3096) 80-Z8
2004 Carriage of Dangerous Goods and Use of
 Transportable Pressure Equipment
 Regulations 2004 (SI 2004/568)
 81-09
 Child Trust Funds Regulations 2004 (SI
 2004/1450) 12-03
 Consumer Credit (Disclosure of
 Information) Regulations 2004 (SI
 2004/1481) 20-20, 20-F52
  reg.3 .... 20-F52
  reg.47 .... 20-F52

Consumer Credit (Agreements) (Amendment) Regulations 2004 (SI 2004/1482) .. 20-21, 20-F53, 20-F54
Financial Services (Distance Marketing) Regulations 2004 (SI 2004/2095)
.... 20-14
Work at Height Regulations 2005 (SI 2005/735) . 81-X13, 81-X14, 81-X16
regs.4—13 .... 81-X14
reg.14 .... 81-X43
Schs 1—6 .... 81-X14
Supply of Machinery (Safety) (Amendment) Regulations 2005 (SI 2005/831) 81-X17
2005 Financial Services and Markets Act 2000 (Financial Promotion) Order 2005 (SI 2005/1529) 12-06
Pt III 12-06
art.12 12-06
(3) 12-06
(4) 12-06
art.47 12-06
art.48(2) 12-06
art.49(8) 12-06
art.50 12-06
Regulatory Reform (Fire Safety) Order 2005 (SI 2005/1541) 81-09
Control of Noise at Work Regulations 2005 (SI 2005/1643) . 81-09, 81-X23
General Product Safety Regulations 2005 (SI 2005/1803)
reg.42 83-18
Community Design Regulations 2005 (SI 2005/2339) 76-17
art.2 76-04
Offshore Installations (Safety Case) Regulations 2005 (SI 2005/3117)
.... 81-09
2006 Transfer of Undertakings (Protection of Employment) Regulations 2006 (SI 2006/246) 40-L20
reg.3(1)(a), (b) 40-L56
reg.4 .... 40-L18, 40-L57
reg.5 .... 40-L56
reg.7(1) 40-L18
reg.9 .... 40-L16
reg.11 .... 40-L56, 40-L58
reg.13 .... 40-L16, 40-L57, 40-L59
reg.14 .... 40-L57, 40-L59
reg.15 .... 40-L16, 40-L57
reg.16 .... 40-L57
Intellectual Property (Enforcement, etc.) Regulations 2006 (SI 2006/1028)
.... 72-01, 75-09, 75-16, 75-27
reg.3 76-08
Sch.1 para.3 76-13
Employment Equality (Age) Regulations 2006 (SI 2006/1031)
reg.43 .... 40-L60
Merchant Shipping and Fishing Vessels (Provision and Use of Work Equipment) Regulations 2006 (SI 2006/2183) 81-09

2007 Construction (Design and Management) Regulations 2007 (SI 2007/320)
.... 81-X16
Consumer Credit (Information Requirements and Duration of Licences and Charges) Regulations 2007 (SI 2007/1167) . 20-26, 20-F60
Damages for Bereavement (Variation of Sum) (England and Wales) Order 2007 (SI 2007/3489) 81-24
2008 Consumer Protection from Unfair Trading Regulations 2008 (SI 2008/1277)
reg.27M 26-21
Supply of Machinery (Safety) Regulations 2008 (SI 2008/1597) 81-09
Cancellation of Contracts made in a Consumer's Home or Place of Work etc Regulations 2008 (2008/1816)
.... 20-15, 20-F67, 25-15, 27-12
reg.7 ...... 20-F67, 25-F72, 25-F73
reg.8(2) 20-F67, 25-F73, 27-F14
reg.10(1) 20-F73
reg.11(1), (2) 20-F67
Sch.3 .... 20-15, 25-15
Tribunal Procedure (Upper Tribunal) Rules 2008 (SI 2008/2698)
.... 66-05, 80-34
r.1(3) 80-34
r.5(3)(a) 80-35
r.28(2), (3) 80-35
(4)—(7) 80-38
(5) 80-39
(8) 80-39
r.29(1)—(3) 80-41
r.30(1), (4), (5) 80-41
r.31(1), (2) 80-43
r.32 80-44
r.33 80-45
r.34 80-45
r.35(1) 80-45
r.36 80-45
(2) 80-45
(a) 80-42
r.39 80-45
2009 Environmental Damage (Prevention and Remediation) Regulations 2009 (SI 2009/153) 46-04
Payment Services Regulations 2009 (SI 2009/209) 9-09
Carriage of Dangerous Goods and Use of Transportable Pressure Equipment Regulations 2009 (SI 2009/1348)
.... 81-09
School Staffing (England) Regulations 2009 (SI 2009/2680)
reg.8 39-02
reg.8A 39-02
Carriage by Air (Revision of Limits of Liability under the Montreal Convention) Order 2009 (SI 2009/3018) 8-25

2010 Agency Workers Regulations 2010 (SI 2010/93)
reg.3 .... 40-L52, 40-L53
reg.5 .... 40-L52, 40-L53
reg.7 .... 40-L53
reg.13 .... 40-L53
reg.15 .... 40-L60
reg.17 .... 40-L52
reg.18 .... 40-L52
Equality Act 2010 (Disability) Regulations 2010 (SI 2010/2128)
reg.3 .... 44-L13
Consumer Credit (Disclosure of Information) Regulations 2010 (SI 2010/1013) 20-20, 20-22, 20-23, 20-28, 20-F52
Consumer Credit (Agreements) Regulations 2010 (SI 2010/1014)
.... 20-22, 20-23, 20-28
reg.3(1), (2), (4), (5) 20-F54
Sch.1 .... 20-F54
Sch.2 .... 20-F54
Control of Artificial Optical Radiation at Work Regulations 2010 (SI 2010/1140).............. 81-09
Building Regulations 2010 (SI 2010/2214)
.... 35-02
Procedure (Upper Tribunal) (Lands Chamber) Rules 2010 (SI 2010/2600)
Pt.6 105-03
2011 Equality Act 2010 (Guidance on the Definition of Disability) Appointed Day Order 2011 (SI 2011/1159)
.... 44-04
Carriage of Dangerous Goods and Use of Transportable Pressure Equipment (Amendment) Regulations 2011 (SI 2011/1885).............. 81-09
Supply of Machinery (Safety) (Amendment) Regulations 2011 (SI 2011/2157).............. 81-09
Scheme for Construction Contracts (England and Wales) Regulations 1998 (Amendment) (England) Regulations 2011 (SI 2011/2333)
.... 34-03
reg.1(2) 34-03
2012 Reporting of Injuries, Diseases and Dangerous Occurrences (Amendment) Regulations 2012 (SI 2012/199) 81-09
Control of Asbestos Regulations 2012 (SI 2012/632)................ 81-10
Health and Safety (Miscellaneous Revocations) Regulations 2012 (SI 2012/1537) 81-09
School Staffing (England) (Amendment) Regulations 2012 (SI 2012/1740)
.... 39-02
Merchant Shipping (Accident Reporting and Investigation) Regulations 2012 (SI 2012/1743)............. 81-09
Dwelling Houses (Execution of Possession Orders by Mortgagees) Regulations 2010 (SI 2010/1809)
.... 104-12
Merchant Shipping and Fishing Vessels (Health and Safety at Work) (Chemical Agents) (Amendment) Regulations 2012 (SI 2012/1844)
.... 81-10
School Premises (England) Regulations 2012 (SI 2012/1943) 39-01
2013 Financial Services Act 2012 (Commencement No.1) Order 2013 (SI 2013/113).............. 12-01
Late Payment of Commercial Debts Regulations 2013 (SI 2013/395)
.... 34-08
reg.1..................... 34-08
Financial Services Act 2012 (Commencement No. 2) Order 2013 (SI 2013/423).............. 12-01
Financial Services and Markets Act 2000 (PRA-regulated Activities) Order 2013 (SI 2013/556) 12-04
Health and Safety (Miscellaneous Repeals, Revocations and Amendments) Regulations 2013 (SI 2013/448) 81-X16
Financial Services Act 2012 (Commencement No. 3) Order 2013 (SI 2013/651).............. 12-01
Late Payment of Commercial Debts (No.2) Regulations 2013 (SI 2013/908) 34-08
Transfer of Tribunal Functions Order 2013 (SI 2013/1036).............. 97-01
Tribunal Procedure (First-tier Tribunal) (Property Chamber) Rules 2013 (SI 2013/1169) ... 97-04, 97-05, 100-05
r.13(1)(b) 100-04
r.26...................... 97-04
First-tier Tribunal (Property Chamber) Fees Order 2013 (SI 2013/1179)
.... 97-Z8, 100-Z11, 100-Z18
Employment Tribunals (Constitution and Rules of Procedure) Regulations 2013 (SI 2013/1237)
Sch.1 .... 40-01, 44-29
r.4(1) 44-36
r.9 .... 40-01, 44-30
r.10 44-31
(1) 40-01, 44-30
(14) 40-01
r.12 44-18
r.14 40-10
r.16(1) 40-01
(2) 40-01, 44-36
(3) 44-36
r.17(1) 40-01, 44-36
(2) 44-37
r.18 .... 40-01, 44-37
r.19 44-37
r.20 40-01
r.21 40-01

2013 Employment Tribunals (Constitution and Rules of Procedure) Regulations 2013 (SI 2013/1237)—cont.
   r.31 44-38
Financial Services and Markets Act 2000 (Regulated Activities) (Amendment) (No.2) Order 2013 (SI 2013/1881)
   12-03
Employment Tribunals and the Employment Appeal Tribunal Fees Order 2013 (SI 2013/1893)
   .... 40-02, 44-30
Taking Control of Goods Regulations 2013 (SI 2013/1894) 92-02
   reg.6 .... 92-Z11
     (1) 92-Z11
     (3) 92-Z11
   reg.13 .... 92-Z12
Unfair Dismissal (Variation of the Limit of Compensatory Award) Order 2013 (2013/1949) 40-08
Defamation (Operators of Websites) Regulations 2013 (SI 2013/3028)
   .... 37-47, 37-J22
   reg.5 37-47
   Sch para.4 .... 37-J22
Consumer Contracts (Information, Cancellation and Additional Charges) Regulations 2013 (SI 2013/3134)
   . 20-14, 20-15, 20-F67, 25-14, 25-15, 25-25, 25-F17, 25-F25, 25-F63, 27-12
   Pt 3 .... 20-14, 25-14
   regs.9—14 .... 25-F72
   reg.10 .... 25-F72
   reg.16 .... 25-F72
   reg.18 .... 25-F72
   reg.29 ...... 20-F66, 20-F67, 25-F71, 25-F73
   reg.33 .... 20-F67, 25-F71, 25-F73, 27-F14
   reg.34 .... 20-F67, 25-F73
   regs.34—38 .... 25-F71, 27-F14
   reg.38 .... 20-F66, 20-F67
   reg.42 .... 20-F66
   Sch.2 .... 25-F72
   Sch.3 .... 25-F72
2014 Taking Control of Goods (Fees) Regulations 2014 (SI 2014/1)
   92-02
Employment Tribunals (Early Conciliation: Exemptions and Rules of Procedure) Regulations 2014 (SI 2014/254) 40-03
   reg.3 .... 40-03, 44-30
County Court Jurisdiction Order 2014 (SI 2014/503) 104-06
Tribunals, Court and Enforcement Act 2007 (Commencement No. 11) Order 2014 (SI 2014/768) 100-01
High Court and County Court Jurisdiction (Amendment) Order 2014 (SI 2014/821) 94-07

Community Design (Amendment) Regulations 2014 (SI 2014/2400)
   76-17
Public Interest Disclosure (Prescribed Persons) Order 2014 (SI 2014/2418)
   40-10
   Sch.1 40-10
Tribunal Procedure (First-tier Tribunal) (Immigration and Asylum Chamber) Rules 2014 (SI 2014/2604)
   66-05
   r.19 66-05
   r.33 .... 66-03, 66-05, 80-33
Health and Social Care Act 2008 (Regulated Activities) Regulations 2014 (SI 2014/2936)
   reg.20 81-05
Shared Parental Leave Regulations 2014 (SI 2014/3050)
   regs.42, 43 40-12
Deduction from Wages (Limitation) Regulations 2014 (SI 2014/3322)
   40-11
2015 Construction (Design and Management) Regulations 2015 (SI 2015/51)
   .... 34-02, 81-X16
Rules of the Air Regulations 2015 (SI 2015/840) 7-05, 7-D6
Mortgage Credit Directive Order 2015 (SI 2015/910) 12-03, 20-04, 20-18
Late Payment of Commercial Debts (Amendment) Regulations 2015 (2015/1336) 34-08
Competition Appeal Tribunal Rules 2015 (2015/1648) 31-05
   Pt II and III 32-03
   r.9 32-03
     (3) 32-03
     (4) 32-03
     (4)(e) 32-03
     (5) 32-03
     (6) 32-03
   rr.9(1), 25(2) 32-03
   r.15 32-03
   r.16 32-03
   r.18 .... 31-07, 31-18, 32-03
   r.19 32-03
   r.25 32-03
     (1) 32-03
   r.26 32-03
   r.27 32-03
   r.30 31-07
   r.30(2) 31-07
     (3) 31-07
     (4) 31-07
     (5) 31-07
   r.35(1) 31-08
     (2) 31-08
   r.39(1) 31-09
     (2) 31-09
     (3)—(4) 31-09
   r.111 32-03
   r.112 32-03

2015 Competition Appeal Tribunal Rules 2015 (2015/1648)—*cont.*
r.119 31-06
2016 Air Navigation Order 2016 (SI 2016/765)
.... 7-03, 7-05
art.95 7-03
Pubs Code etc. Regulations 2016 (SI 2016/790) 88-06
Environmental Permitting (England and Wales) Regulations 2016 (SI 2016/1154) 47-N1, 47-N2
2017 Claims in respect of Loss or Damage arising from Competition Infringements (Competition Act 1998 and Other Enactments (Amendment)) Regulations 2017 (SI 2017/385)
.... 31-06
Sch.2, para.5 31-06
Payment Services Regulations 2017 (SI 2017/752) 9-09
2018 Financial Services and Markets Act 2000 (Benchmarks) Regulations 2018 (SI 2018/135)
reg.38 12-03
reg.39(b) 12-03
Trade Secrets (Enforcement etc) Regulations 2018 (SI 2018/597)
.... 74-01
Package Travel and Linked Travel Arrangements Regulations 2018 (SI 2018/634) 8-21
reg.15(2) 8-21
reg.16(5) 8-21
Electronic Presentment of Instruments (Evedence of Payment and Compensation for Loss) Regulations 2018 (SI 2018/832) ... 10-11, 10-19, 10-21
Financial Services and Markets Act 2000 (Claims Management Activity) Order 2018 (SI 2018/1253)
art.4 12-06
2019 Air Navigation (Amendment) Order 2019 (SI 2019/261) 7-03
Financial Services and Markets Act 2000 (Amendment) (EU Exit) Regulations 2019 (SI 2019/632) 12-08

TABLE OF CIVIL PROCEDURE RULES

1998 Civil Procedure Rules 1998 (SI 1998/3132) .. 1-01, 1-05, 1-06, 1-10, 1-15, 1-17, 1-18, 1-19, 1-21, 1-22, 1-23, 1-24, 1-26, 1-27, 1-28, 1-30, 1-32, 1-34, 1-35, 1-37, 1-38, 1-40, 1-42, 2-08, 2-16, 10-23, 10-26, 13-01, 13-16, 13-11, 19-03, 19-11, 20-35, 20-37, 37-52, 37-59, 39-06, 39-K3, 46-03, 57-03, 67-24, 70-21, 70-24, 73-09, 73-11, 73-13, 74-15, 76-12, 76-22, 78-08, 80-04, 81-19, 81-22, 84-01, 105-02
Pt 1 1-02
r.1.1 . . . . 1-22, 1-37
  (2) 1-42
    (a) 81-X55
    (c) 1-41, 81-X55
    (e) 1-02, 84-14
    (f) 1-19
r.1.2 1-42
r.1.4(1) 1-21
  (2) 1-21
    (b) 1-18, 1-21, 1-42, 73-11
Pt 2 PDB para.7B.1(b) 72-02
para.8.1 63-06
Pt 3 . . . . 1-18, 34-02
r.3.1(2)(a) 80-05
  (k) 1-42
  (m) 84-14
  (3) 80-05
    (b) 1-19
  (4) 85-11
  (5) 85-11
r.3.4 . . . . 1-18, 1-19, 49-01
  (2) 1-18
    (a) 1-18, 1-36
r.3.9 84-03
  (e) 85-11
Pt 3A PD 1-18
para.1.2 1-18
para.1.4 1-18
para.3.1 1-18
Pt 4 104-07
r.4(2) 98-05
  (3) 98-05
r.4.4(2) 98-Z24, 98-Z32
Pt 4 PD 80-04
Table 1 . . . 15-15, 80-04, 80-10, 90-02, 98-02
Table 2 80-04
Table 3 80-04
r.5.6 80-17
Pt 6 85-05
r.6.15 . . . . 2-09, 2-17
  (1) 2-A1, 2-A2
r.6.20(8)(b) 58-11
r.6.36 . . . . 4-A1

r.6.37(1)(b) 4-A2
  (3) 4-A2
Pt 6 PDB para.3.1(6)(c) . . . 4-A1, 4-A2
Pt 7 . . . . 1-35, 2-09, 2-17, 5-22, 20-43, 20-44, 20-F38, 80-03, 83-24, 88-08, 89-03, 93-06, 94-04, 95-Z5, 95-Z6, 97-03, 100-05, 101-05
r.7.1 41-01
rr.7.1–7.6 83-24
r.7.2 41-01
Pt 7 PD 1-45
para.3.1 1-35
para.3.5 1-35
para.7A.2 20-36
Pt 7A PD 20-35
para.2 . . . . 20-36, 76-08
para.2.1 75-03
Pt 7B PD 20-35, 20-40, 20-F42, 20-F43, 20-F59
para.3.2 20-40
para.3.3 . . . . 20-40, 20-41
para.4.1 20-36
para.4.2 20-36
para.4.3 20-36
para.5 20-42
para.6 20-42
para.7.2 . . . . . . 20-F3, 20-F4, 20-F19
para.7.2.2 20-45
para.7.3 . . . . 20-47, 20-F38
para.7.3A 20-47
para.7.4 20-48
para.8 20-45
para.9.1 20-50
para.9.2 20-50
para.9.3 20-50
para.9.4 20-50
para.10 20-49
Pt 8 . 1-35, 41-01, 63-06, 63-07, 80-01, 80-03, 86-04, 88-06, 88-11, 88-Z1, 88-Z5, 90-02, 90-Z1, 90-Z2, 90-Z4, 93-06, 94-04, 94-07, 95-02, 96-05, 97-03, 97-Z3, 97-Z4, 97-Z6, 97-Z10, 97-Z12, 97-Z13, 97-Z15, 97-Z16, 100-05, 100-Z11, 101-01, 101-05, 101-Z1, 101-Z6, 101-Z7, 104-06, 105-02
r.8.1 . . . . 89-03, 100-05, 105-02
  (2) 90-02, 93-06
    (a) 1-35
r.8.2 . . . . . . 63-07, 63-07, 80-17, 90-02, 94-07, 100-05
r.8.3 . . . . 63-07, 95-Z6, 97-03
r.8.4 . . . . 63-07, 88-10
r.8.5 . . . . 90-02, 97-03, 97-Z3
  (1) 63-07, 90-02, 100-05
  (2) 90-02, 100-05
  (3) 63-07

1998 Civil Procedure Rules 1998 (SI 1998/3132)—*cont.*

(5) 63-07
r.8.6 63-07
r.8.8 63-08
r.8.9(a)(ii) 94-07, 95-Z6
Pt 8 PD 1-35, 97-03
   para.5.2 97-03
   para.21 12-13
   para.21.4 12-16
Pt 8A PD para.4.2 90-02
   para.7.2 63-07
Pt 12 20-52
Pt 13 PD para.3 1-37
Pt 14 14-07
r.14.5 81-26
Pt 15 94-07
r.15.2 1-39
r.15.4 104-10
r.15.5(3) 81-19
r.15.9 1-38
Pt 16 .... 1-06, 1-25, 1-29, 1-31, 1-36,
    1-37, 1-41, 15-09, 18-11, 20-46,
    41-01, 47-N1, 64-16, 64-18, 67-28,
    70-24, 81-18, 81-22, 83-24, 104-07,
    109-ZB1
r.16.2 .... 1-35, 100-05
   (1) 98-Z37
    (a) 47-N1, 81-16
    (b) 81-16
   (2) 81-16, 98-Z37
   (3) 81-16
   (4) 81-16
   (5) 109-ZB3
r.16.3(2) 81-16, 102-06
   (3) 1-35, 70-T2, 81-16
   (4) 1-35, 101-05, 101-Z11
   (5) 109-ZB1, 109-ZB5
    (a) 100-05, 102-06
   (6) 1-35
    (a) 102-Z2
   (7) 1-35
r.16.4 .. 47-N1, 84-X3, 98-02, 109-ZB1
   (1)(a) . 1-26, 1-30, 1-36, 5-27, 46-02,
    57-02, 73-13, 81-18, 84-X3
    (b) 5-28, 13-16, 47-N1
    (c) 1-36, 5-27, 38-13, 84-X5
    (e) 47-N1, 57-02, 58-12
   (2) .. 1-36, 5-28, 8-19, 10-25, 13-16,
    14-03, 47-N1, 67-27, 67-23,
    100-05, 102-06, 103-04
    (b) 9-E1, 13-E1, 13-E2
   (4) 58-12
r.16.5 .. 1-28, 1-29, 1-37, 10-26, 18-11,
    38-14, 47-N5, 47-N6, 48-N2, 67-27,
    70-23, 77-18, 84-X3, 81-X55,
    100-05, 109-ZB15
   (1) 81-X54
    (a) 81-19
    (b) ... 1-37, 47-N5, 47-N7, 48-N2,
    81-19
    (c) 81-19
   (2) 1-37, 37-52, 47-N5, 67-27,

    69-T8, 70-T9, 70-T14, 73-19,
    75-30, 75-31, 75-32, 75-33, 82-14
   (a) 1-27, 1-28, 70-23, 71-T6,
    78-08, 81-X54, 81-X55
   (b) 1-37, 81-19, 81-X55
   (3) 1-28, 1-37
   (4) 1-28, 1-37, 81-19
   (5) 1-28, 1-37, 81-19
   (6) 47-N5, 81-20
r.16.6 .... 1-37, 24-01, 24-08
r.16.7 .... 71-T6
   (1) 1-38
   (2) 1-38
Pt 16 PD . 1-06, 1-25, 1-31, 1-36, 1-37,
    1-41, 47-N1, 57-02, 70-23, 70-T9,
    109-ZB1
   para.1.2 .... 47-N1
   para.1.4 .... 1-26, 1-29
   para.3.1 ..... 10-22, 83-24, 100-05
   para.3.2 100-05
   para.3.4 .... 47-N1, 109-ZB1
   para.3.6 .... 109-ZB1
   para.3.8 1-29
   para.4 1-36
   para.4.1 5-26
    (1) 47-N1
    (2) 47-N1
   paras 4.1-4.3 .... 8-23, 109-ZB5,
    84-X2, 84-X5
   para.4.2 ..... 47-N1, 84-X2, 84-X5
   para.4.3 .... 5-26, 47-N1, 84-X2
   para.5 1-36
   paras 5.1-5.3 8-23
   para.6 .... 1-36, 20-43, 20-F59
   para.6.1 .... 20-43, 20-45, 20-F1
   para.6.2 ...... 20-44, 20-F6, 20-F8,
    20-F9, 20-F10
   para.7.1 ...... 47-N1, 86-07, 98-05
   para.7.3 .. 1-32, 1-36, 13-01, 100-05,
    103-Z1
    (1) 15-09, 70-T1, 98-02
   para.7.4 1-36
   para.8.1 .... 47-N1, 69-T7
   para.8.2 . 57-02, 58-12, 62-08, 67-27,
    69-T8, 70-24, 75-09
    (1)-(7) 1-34, 1-36
    (8) 1-36
   para.8.3 .... 10-22, 67-27
   para.9.1 .... 5-28, 70-T2
   para.9.2 1-33
   para.10 .... 47-N5
   paras 10–13 .... 48-N2
   para.11 .... 47-N6, 48-N2
   para.12 1-37
   para.12.1 .... 8-25, 47-N5
   para.12.2 .... 8-25, 47-N5
   Para.13 100-05
   para.13.1 ..... 1-37, 5-26, 109-ZB12
   para.13.2 1-37
   para.13.3 .... 1-32, 1-36
    (1) 1-31, 47-N2
    (3) 47-N1
   para.14.1 .... 109-ZB12

1998 Civil Procedure Rules 1998 (SI 1998/ 3132)—*cont.*
   (3) 109-ZB12
   para.14.2 .... 109-ZB12
   para.15 .... 1-37, 5-28, 80-17
   para.15.1 64-15
   para.16.6 20-45
   para.16.6.1 .... 20-44, 20-46
   para.16.3(2), (3) .. 47-N1, 109-ZB17
   Pt 17 .... 1-22, 1-25, 1-42
   r.17.1(1) 1-42
      (3) 1-42
   r.17.4 1-44
      (2) 1-42
      (3) 1-42
      (4) 1-42
   Pt 17 PD para.2.2 1-42
   Pt 18 ..... 1-40, 47-N5, 48-N2, 81-18, 81-22, 84-14, 84-X3, 87-05, 87-Z6
   r.18.1................... 1-40, 73-11
      (1) 84-X1
   Pt 18 PD para.1.2 .... 1-40, 1-41
   para.1.4 1-41
   para.4 1-40
   Pt 19 ...... 1-42, 46-02, 47-N2, 64-18, 84-01, 84-02, 84-03
   r.19 III 46-02, 84-01, 84-02, 84-04, 84-X2, 84-X5
   r.19.4 1-42
   r.19.4A 64-06
      (1) 64-06
   r.19.5 .... 1-42, 1-44
   r.19.6 ..... 63-05, 63-06, 84-02, 89-03
      (4)(b) 63-06
   r.19.10 84-02
   r.19.11(3)(a) 84-X1
      (b) 84-X1
      (c) 46-02, 84-X1
   r.19.12 84-03
   r.19.13 84-03
      (a) 84-X1
      (b) 84-04, 84-06, 84-X1
      (d) 84-06, 84-X1, 84-X3, 84-X6
      (e) 84-X1
   r.19.14 .... 84-03, 84-X1
   r.19.15 .... 84-04, 84-X1
   Pt 19A PD 64-18
   para.6.1 64-06
   para.6.6(2) 64-18
   Pt 19B PD 46-02, 47-N2
   para.2.2 .... 84-X1
   para.3 .... 84-X1
   para.3.1 46-02
   para.3.3 46-02
   paras 3.3-3.7 .... 84-X1
   para.3.4 46-02
   para.4 .... 84-X1
   para.6.1A 46-02, 84-X1
   para.6.4 .... 84-X1
   para.6.5 .... 84-X1
   para.9 .... 84-X1
   para.10 .... 84-X1
   para.13 .... 84-X1
   para.14 .... 84-X1
   para.14.2 .... 47-N2
   para.16.2 .... 84-X1
   Pt 20 .... 1-37, 1-39, 10-22, 12-E4, 20-F25, 20-F27, 20-F42, 20-F43, 20-F44, 20-F46, 73-09, 73-19, 77-18, 85-10, 85-Y9
   r.20.2 1-39
   r.20.3(1) 1-39
   r.20.4(2)(a) 1-39
   r.20.5(1) 1-39
      (2) 1-39
   r.20.6 1-39
      (2) 1-39
   r.20.7(3) 1-39
   Pt 20 PD para.2.1 1-39
   para.4.1 1-39
   para.6.1 1-39
   para.6.2 1-39
   para.7 1-39
   paras 7.1-7.11 .... 85-Y9
   r.21.1(2)(d) 84-X2
   Pt 22 ...... 1-23, 41-L1, 41-L2, 41-L3, 41-L4, 41-L5, 41-L6, 41-L17, 41-L8, 41-L9, 41-L10, 47-N1, 47-N6, 48-N2
   r.22.1 .... 63-Q2, 73-13, 78-08
      (1) 98-Z31
      (a) 1-23
      (b) 1-23
      (4) 1-23
   r.22.2 1-23
   Pt 22 PD 1-23
   para.2.1 1-23
   paras 3.1-3.7 1-23
   paras 3.4-3.5 1-23
   para.3.6 1-23
   para.3.6A 1-23, 67-27
   para.3.6B 1-23
   Pt 23 . 1-39, 4-A3, 20-50, 63-07, 65-04, 65-R1, 79-V7, 88-11, 92-02, 92-Z12, 92-Z13
   r.23.2 92-02
   r.23.7(b) 42-07
   r.23.12 80-02
   Pt 24 .... 24-08, 36-02, 52-02
   r.24.2 1-18
   r.24.3(2) 52-02
      (a) 15-05
   r.24.4 .... 84-X1
      (3) 16-06, 52-02
   Pt 24 PD para.7 16-06
   para.7.1(2) 16-06
   para.7.2 16-06
   para.7.3 16-06
   para.24.7 52-02
   Pt 25 .... 42-07, 57-04
   r.25.1(1)(e) 26-20
      (n) 45-07, 55-01
      (p) 72-01
      (4) 63-07
   r.25.2(1) 63-07
      (2) 63-07
      (3) 63-Q1

1998 Civil Procedure Rules 1998 (SI 1998/ 3132)—*cont.*
r.25.3 63-07
　(1) 63-07
　(3) 63-Q1
r.25.5 42-07
r.25.7(1) 84-03
r.25.12 4-05
r.25.13 4-05
Pt 25 PD 57-04
　para.9.2 79-19
Pt 26 46-01
Pt 29 46-01
r.30.8 28-04
Pt 30 PD para.9.1 73-22
Pt 31 .... 57-04, 73-22
Pt 31B PD 84-X1
r.31 .... 84-X1
r.31.12 70-25
r.31.22 .... 74-14, 74-U1, 79-V7
r.32.4 1-23
r.32.6(2)(a) 1-23
r.32.13(3)(d) 79-19
r.32.14(1) 1-23
r.32.15 1-23
r.32.18 73-14
Pt 32 .... 92-Z11, 92-Z12, 92-Z13
Pt 32 PD 92-Z11, 92-Z12, 92-Z13
　para.17 .... 63-Q1
Pt 33 .... 37-35, 64-18
r.33.9 64-18
Pt 35 .... 47-N1
Pt 36 ...... 11-04, 14-07, 46-02, 84-12
r.36.13(3)(a) 11-04
r.36.16(3)(a) 14-07
r.37.2 .... 11-04, 14-07
　(1) 25-F56, 25-F57
r.37.3 1-37
Pt 37 PD para.2 1-37
r.39.2 79-19
　(3) 79-V7
Pt 39A PD para.8.1 64-19
Pt 40 .... 47-N2
r.40.20 .... 49-N4
Pt 40 PD 40B para.10 10-24
Pt 41 81-25
r.41.5 82-12
r.41.7 .... 81-26, 82-12
r.41.8 81-26
Pt 41 PD 81-25
Pt 41B PD 82-12
Pts 43-48 PD para.6 .... 84-X1
Pt 44 .... 46-04, 84-14
r.44.2 80-30
r.44.3(2) 84-14
　(5) 80-09, 84-14
　　(a) 85-11
r.44.4(1) 104-13
r.44.5 104-13
r.44.13 84-12
r.44.14 84-12
r.44.15 84-12
rr.44.15–44.16 .... 84-12, 84-13

r.44.16 84-12
rr.45.30–45.32 73-22
r.45.31(1)(A) 75-03
Pt 46 46-04
r.46.6 46-04
Pt 48 46-02
r.48.3 104-13
r.48.6A 84-01, 84-X1
　(2)(a) 84-X1
　(b) 84-X1
　(3) 84-X1
　(5) 84-X1
　(6) 84-X1
　(7) 84-X1
Pt 48 PD 46-02
Pt 49 1-45
Pt 51U PD 15-09
Pt 52 .... 64-16, 64-17
r.52.8(1) 80-21
　(3) 80-21
　(5) 80-21
　(6) 80-21
r.52.9A 84-12, 84-14
r.52.16 80-22
Pt 52A PD para.4.2 80-21
Pt 53 .... 1-36, 1-45
Pt 53 PD para.2.1 .... 37-24, 37-35
　para.2.3 .... 37-18, 37-J1
　para.2.4 .... 37-15, 37-17
　para.2.5 37-34
　para.2.6 37-38
　para.2.7 .... 37-40, 37-42
　para.2.8 37-58
　para.2.9 37-56
　para.2.10(1) 37-24
　　(2) 37-25
　para.2.11 37-50
　para.6 38-13
Pt 54 ...... 39-04, 39-06, 80-01, 80-03
r.54.1(2) 5-28
　(a) 80-03
　(f) 80-18
　(g) 80-16
r.54.2 80-03
r.54.3(1) 80-03
　(2) 80-03
r.54.4 .... 80-03, 80-20
r.54.5 .... 80-03, 80-08
　(1) 80-05, 80-07
　(2) 80-05
　(3) 80-05
　(5) 80-05
　(6) 80-05
r.54.6 .... 39-04, 80-03, 80-17
r.54.7 .... 39-04, 80-03
　(a) 80-18
　(b) 80-18, 80-19
r.54.8 80-20
　(1) 80-19
　(2) 39-06, 80-19
　　(a) 80-19
　(3) 80-19
　(4)(a)(i), (ii) 80-19

1998 Civil Procedure Rules 1998 (SI 1998/ 3132)—cont.
   (b) 80-19
  rr.54.8–54.9 80-03
  r.54.9(1)(a) 80-19, 80-20
   (b) 80-19
   (2) 80-19
  r.54.10 .... 80-03, 80-21
  rr.54.10–45.13 80-03
  r.54.11 .... 80-20, 80-21
  r.54.12 80-20
   (4) 80-20
   (5) 80-20
   (7) 80-02, 80-22
  r.54.13 .... 80-03, 80-21
  r.54.14 .... 80-03, 80-23
  r.54.15 .... 80-03, 80-26
  r.54.16 .... 80-03, 80-17
  r.54.17 80-03
   (1) 80-27
   (2) 80-27
  r.54.18 .... 70-25, 80-03, 80-27
  r.54.19 80-03
   (2) 80-29
  r.54.20 80-03
  r.54.21(2) 80-32
  r.54.22(1) 80-32
   (2) 80-32
  Pt 54 PD 80-03
   para.8.5 80-20
   para.16.2 80-27
  Pt 54A PD 39-06, 80-03, 80-17
   para.4 80-03
   para.5.1 .... 80-17, 80-18
   para.5.2 .... 80-17, 80-18
   para.5.3 80-17
   para.5.4 80-11
   para.5.5 80-11
   para.5.6 .... 80-03, 80-11
   para.5.7 .... 80-03, 80-11
   para.5.8 80-11
   para.5.9 80-17
   para.8.4 80-20
   para.8.5 80-03
   para.8.6 80-03
   para.10.1 80-24
   para.11 80-03
   para.11.1 80-26
   para.12 .... 80-03, 80-24
   para.15 .... 39-06, 80-03
   para.15.1 80-27
   para.15.2 80-27
   para.15.3 80-27
   para.16 80-03
   para.16.1 80-27
   para.16.2 80-27
   para.17 80-03
   para.17.1 80-27
   para.17.2 80-27
   para.17.3 80-27
   para.17.4 80-27
   para.18 80-34
  Pt 54C PD 80-03

Pt 54D PD 80-03, 80-15
  para.2.1 80-15
  para.3.1 80-15
  para.4.1 80-16
  para.4.2 80-16
  para.5.2 80-15
  para.5.4 80-16
  para.5.5 80-16
Pt 54E PD 80-03
  para.2.1 80-32
  para.3.1 80-32
Pt 55 ...... 1-36, 15-01, 15-16, 49-07,
   86-02, 86-03, 98-02, 98-03, 104-01,
   104-06, 104-07, 104-09, 104-10,
   107-03
  Pt II 98-Z11
  r.55.1(b) 49-07, 98-Z21
   (c) 104-01, 104-06
  r.55.2 104-06
   (1) 15-01
  r.55.3 86-02
   (1) 98-02
   (2) 98-02, 98-Z31
   (3) 15-08, 98-02
   (5) 98-02
  r.55.4 98-02
  r.55.5(3)(a) 104-09
   (b) 104-09
  r.55.7(3) 104-10
  r.55.7(3), (4) 15-05
  r.55.8(2) 49-07
  r.55.10 .... 15-11, 104-01, 104-11
  r.55.10A 98-05
  rr.55.11–55.28 98-05
  rr.5.11–55.19 98-05
  r.55.21 49-07
Pt 55 PD 86-03, 98-05
  para.1.5 14-17
Pt 55 PD 55A ... 86-02, 86-03, 104-06
  para.1 86-02
  para.1.1 98-02
  paras 1.1–1.4 15-07
  para.1.2 .... 98-Z31
  para.1.3 .... 98-02, 98-Z31
  para.1.4 .... 98-Z31
  para.1.5 ...... 15-08, 15-15, 98-02
  para.2.1 .... 15-09, 98-03
   (1) 104-07
   (2) 104-07
   (3) 104-07
   (4) 104-07
   (5) 104-07
  para.2.3 98-03
  para.2.4 98-03
  para.2.4A 98-03
  para.2.4B 98-03
   (4) 15-10
   (5) 15-10
   (7) 15-10
  para.2.5 .... 98-04, 104-01, 104-06,
   104-07
  paras 2.5–2.5A 15-10
  para.2.6 98-04

TABLE OF CIVIL PROCEDURE RULES

1998 Civil Procedure Rules 1998 (SI 1998/
3132)—*cont.*
  para.2.7 98-05
  para.5.5 15-06
 Pt 55 PD 55B 98-05
  para.6.3C 98-05
 Pt 56 ...... 1-36, 86-06, 88-06, 95-02,
    95-Z5, 96-05, 97-03, 97-Z6, 101-01,
    101-04, 101-05, 101-Z1, 101-Z6,
    101-Z7, 102-06
 Pt II 97-03
 r.56.1 .... 97-03, 101-01, 102-06
 r.56.2 97-04
  (1) 88-06
  (2) 88-06
  (3) 88-06
 r.56.4 97-03
 Pt 56 PD 86-06, 97-03
  para.2.1 97-03
  (A) 97-03
  para.2.2 .... 88-06, 101-01
  para.2.3 .... 88-06, 97-04
  para.2.4 .... 88-06, 97-04
  para.2.5 .... 88-06, 97-04
  para.2.6 97-04
  para.3.4 88-07
  para.3.5 88-07
  para.3.6 88-07
  para.3.7 88-08
  para.3.8 88-08
  para.3.9 88-08
  para.3.11 88-09
  para.3.12 88-09
  para.3.13 88-10
  para.3.14 88-10
  para.3.15 88-10
  para.3.16 88-10
  para.3.17 88-11
  paras 3.22–3.24 88-07
  para.3.26 88-09
  para.3.27 88-10
  para.3.28 88-10
  para.3.29 88-10
  para.3.30 88-11
  para.3.31 88-11
  para.3.32 88-11
  para.5.2 101-05
  para.8 .... 97-Z9
  para.9 .... 97-Z10
  para.11.1 94-07
  para.11.2 94-07
  para.11.3 94-07
  para.14 97-03
  para.14.2 .... 97-Z14
  para.15 97-04
 Pt 57 1-36
 Pt 57A 72-01, 76-08
 Pt 57AA 72-01, 75-03, 76-08
  para.1.1 75-03
  para.1.3(2) 75-03
  para.1.4 72-01
  (2) 72-02
  para.1.6 72-01

r.58.1(2) 67-28
r.58.13 1-21
Pt 58 PD 1-21
Pt 59 1-45
r.59.4 1-45
r.59.9 1-45
Pt 60 .... 46-01, 47-N1
r.60.1(2) 47-N1
  (3) 46-01
r.60.6 46-01
Pt 60 PD 46-01
  para.2.1 46-01
  para.2.2 46-01
  para.6.1 46-01
  para.8.1 46-01
Pt 61 1-45
Pt 62 .... 1-45, 90-02
  Section I 90-02
r.62.3(1) 90-02
  (2) 90-02
r.62.4 .... 1-45, 90-02
  (2) 2-09, 2-17
r.62.5(1)(a)(i) 2-A1, 2-A2
  (c) 4-A1, 4-A2
r.62.9 .... 3-A1, 3-A2
r.62.10(2) 3-03
r.62.14(3) 73-09
r.62.15 1-45
Pt 62 PD para.2.2 90-02
  paras 2.2–2.3 2-08
  para.2.3A 90-02
  para.3.1 .... 2-09, 2-17, 2-A1, 2-A2
  para.6.1 .... 2-09, 2-16
  para.12.1 .... 3-03, 90-02
  paras 12.2–12.3 3-03
  para.12.4 .... 3-03, 90-02
  para.12.6 3-03
  para.12.7 3-03
  para.12.8 3-03
  para.12.9 3-03
Pt 63 .... 72-01, 73-13, 76-08
r.63.2(1)(a)(ii) 76-08
  (b)(i) 76-08
r.63.5(a) 73-09
  (b) 73-09
r.63.6 .... 73-09, 73-11, 73-19
r.63.7(a) 73-19
r.63.9 .... 73-16, 73-19
r.63.13 .... 72-01, 72-02, 75-03, 77-11
  (a) 72-01
r.63.14 76-21
r.63.15 .... 76-21, 77-18
r.63.17A(1) 75-03
r.63.20 73-22
r.63.23(1) 73-22
r.63.24 73-22
r.63.25 73-22
r.63.27(1)(b) 75-03
Pt 63 PD 73-13, 76-08
  para.4.1 73-11
  (1) 73-11
  para.4.2 .... 73-06, 76-21
  (2) 73-09, 73-19

1998 Civil Procedure Rules 1998 (SI 1998/ 3132)—cont.
    (3) 73-09, 73-16
    para.4.3(3) 76-21
    paras.4.3-4.6 73-19
    para.4.4 76-21
    para.4.6 73-14
    para.6.1(1) 73-16
    para.6.3 73-14
    para.16.1 .... 72-01, 72-01
    para.16.2 72-01
    Para.17.1 72-02
    para.21.1 77-18
    para.22.1 .... 75-09, 76-13
    para.23.1 76-13
    para.29.1 .... 73-19, 73-22
    para.30.1 73-22
Pt 64 1-45
Pt 64B PD 2 1-45
r.65.27-65.30 63-06
r.65.28(b)(ii) 63-06
Pt 66 34-06
Pt 68 65-01
rr.68.1–68.4 65-01
r.68.2 65-04
r.68.3 65-04
r.68.4 65-05
Pt 68 PD 65-01
Pt 69 56-01
Pt 69 PD 56-01
    para.4 56-01
Pt 73 .... 104-01, 104-06
r.73.10C 86-04
Pt 73 PD para.4.3 ...... 86-04, 104-06
Pt 84 92-02
r.84.3 92-02
r.84.4 .... 92-Z11, 92-Z12
    (b) 92-Z11, 92-Z12
r.84.13 92-02
Pt 85 92-02
2001 Civil Procedure (Amendment) Rules 2001 (SI 2001/256)
    para.31 88-06
2005 Civil Procedure (Amendment No.4) Rules 2005 (SI 2005/3515) 1-39
2013 Civil Procedure (Amendment) Rules 2013 (SI 2013/262)
    Sch s.II 84-12

TABLE OF EC LEGISLATION

TREATIES

1957 EC Treaty (Treaty of Rome)
    art.81 .... 28-02, 28-04
    art.82 .... 28-03, 28-04
    art.85 28-02
    art.86 28-03
    art.234 .... 1-09, 65-01
1957 Treaty establishing the European Atomic Energy Community (Euratom)
    art.106a 65-01
1991 Rules of Procedure of the Court of Justice of the European Communities [1991] OJ L 176/7 1-08
    art.38 1-08
    art.127(1) 1-08
1992 Protocol on the Statute of the Court of Justice
    art.23 .... 1-09, 65-05
1993 Treaty on European Union (TEU)
    art.4(3) 28-04
    art.19(3)(b) 65-01
2000 EU Charter of Fundamental Rights
    79-01
    art.12 43-02
2007 Treaty on the Functioning of the European Union (TFEU)
    Pt III Title V 65-06
    art.49 42-03
    art.56 42-03
    art.101 .... 28-02, 28-03, 28-04, 29-02, 29-G1, 29-G2
    (1) 28-02, 29-02
    (2) 28-02, 28-04
    (3) 28-02
    art.102 ... 28-03, 28-04, 29-02, 29-G3, 29-G4
    art.106(1) 28-04
    art.267 ..... 1-09, 65-01, 65-03, 65-04, 65-R1
2012 Rules of Procedure of the Court of Justice of the European Union [2012] OJ L 265/1 .... 1-07, 65-05
    art.51 65-05
    arts 93–94 1-09
    art.94(c) 65-R1
    art.105 65-06
    art.107 65-06
    art.120 1-08
    art.127(1) 1-08
2012 Unitary Patent Convention 73-01
2014 Supplementary Rules of the Court of Justice [2014] OJ L 32/37 65-05

REGULATIONS

1992 Reg.1768/92 concerning the creation of a supplementary protection certificate for medicinal products [1992] OJ L182/1 73-01
1992 Reg. 2407/92 on licensing of air carriers [1992] OJ L 240/1 8-13
1994 Reg.40/94 on the Community trade mark [1994] OJ L 11/1 77-02
1997 Reg. 2027/97 on air carrier liability in the event of accidents [1997] OJ L 285/1 .... 8-13, 8-15
    art.5(1) 8-22
2001 Reg.44/2001 on jurisdiction and the recognition and enforcement of judgments in civil and commercial matters (Brussels I Regulation) [2001] OJ L 12/1 . 8-11, 37-20, 51-01
2002 Reg.6/2002 on Community designs (Design Regulation) [2002] OJ L 3/1 .... 76-01, 76-07, 76-08, 76-U4
    art.3 .... 76-04, 76-17
    art.4 76-17
    art.5 ...... 76-04, 76-17, 76-18, 76-U9
    art.6 ...... 76-04, 76-17, 76-18, 76-U9
    art.3 .... 76-18, 76-U9
    (1) 76-17
    (2) 76-17
    art.9 .... 76-17, 76-18, 76-U9
    art.10 76-04
    (1) 76-18
    art.11 76-07
    (2) 76-07
    art.12 76-04
    art.19 76-04
    (2) 76-07, 76-18
    art.20 76-17
    art.81 .... 76-04, 76-08
    art.89 76-13
    art.91 76-08
2002 Reg. 889/2002 amending Council Regulation (EC) No 2027/97 on air carrier liability in the event of accidents [2002] OJ L 140/2
    8-01
2003 Reg.1/2003 on the implementation of the rules on competition laid down in Articles 81 and 82 of the Treaty [2003] OJ L1/1
    art.1(2) 28-02
    art.2 28-02
2004 Reg.261/2004 establishing common rules on compensation and assistance to passengers in the event of denied

boarding and of cancellation or long delay of flights, and repealing Regulation (EEC) No 295/91 [2004] OJ L 46/1 .... 8-09, 8-11
art.3(2) 8-09
art.4 .... 8-D3
art.5 .... 8-D3
   (3) 8-09, 8-D10
arts 5–7 8-11
arts 5–9 .... 8-D3A
art.6 .... 8-09, 8-D3A
art.7 .... 8-10, 8-D3, 8-D10
art.8 .... 8-D10
   (1)(a) 8-D3A
art.9 .... 8-D3, 8-D3A

2006 Reg.1107/2006 concerning the rights of disabled persons and persons with reduced mobility when travelling by air [2006] OJ L204/1 8-12
art.10 8-12
art.16 8-12

2007 Reg.864/2007 on the law applicable to non-contractual obligations (Rome II) [2007] OJ L199/40 . 31-G1, 84-05
art.25(1) 31-G1
art.31 84-05

2009 Reg.469/2009 concerning the supplementary protection certificate for medicinal products [2009] OJ L152/1 73-01

2012 Reg.1215/2012 on jurisdiction and the recognition and enforcement of judgments in civil and commercial matters [2012] OJ L351/1 .... 4-02, 37-12, 37-20, 51-01

2016 Reg.2016/679 on the protection of natural persons with regard to the processing of personal data and on the free movement of such data, and repealing Directive 95/46/EC (General Data Protection Regulation) [2016] OJ L119/1 ..... 79-01, 79-23

2016 Reg.2016/1011 n indices used as benchmarks in financial instruments and financial contracts or to measure the performance of investment funds and amending Directives 2008/48/EC and 2014/17/EU and Regulation (EU) No 596/2014 (EU Mortgage Credit Directive 2014) [2016] OJ L171/1 .... 12-07, 17-02, 19-08

2017 Reg.2017/1001 on the European Union trade mark [2017] OJ L154/1
.... 77-02
art.8(1) 77-16
art.9
   (1) 77-03
     (a) 77-03, 77-15
     (b) 77-03, 77-15
     (c) 77-03
   (3) 77-03
art.13 77-08

art.14 77-15
   (a) 77-15
   (b) 77-15
art.58 77-17
art.59 77-16
art.60 77-16

DIRECTIVES

1985 Dir.85/374 on the approximation of the laws, regulations and administrative provisions of the Member States concerning liability for defective products [1985] OJ L 210/29
.... 84-09, 84-X3
art.6 .... 84-X2, 84-X3
   (1) 84-08
art.7(d) 84-X4
   (e) 84-X3
art.8(1) 84-X4
   (2) 84-X3
art.12 .... 84-X4

1986 Dir. 86/653 on the coordination of the laws of the Member States relating to self-employed commercial agents [1986] OJ L 382/12 21-01

1987 Dir.87/54 on the legal protection of topographies of semiconductor products [1987] OJ L24/36
.... 75-01

1989 Dir.89/104 to approximate the laws of the Member States relating to trade marks [1989] OJ L 40/1 77-02

1989 Dir.89/391 on the introduction of measures to encourage improvements in the safety and health of workers at work [1989] OJ L 183/1 81-10
art.16(1) 81-10

1989 Dir.89/654 concerning the minimum safety and health requirements for the workplace [1989] OJ L 393/1
.... 81-10

1989 Dir.89/655 concerning the minimum safety and health requirements for the use of work equipment by workers at work [1989] OJ L 393/13 81-10

1989 Dir.89/656 on the minimum health and safety requirements for the use by workers of personal protective equipment at the workplace [1989] OJ L 393/18 81-10

1990 Dir.90/269 on the minimum health and safety requirements for the manual handling of loads where there is a risk particularly of back injury to workers [1990] OJ L 156/9
.... 81-10, 81-X9
arts 3, 4, 6 .... 81-X9
Annex 1 .... 81-X9

1990 Dir.90/270 on the minimum safety and health requirements for work with display screen equipment [2003] OJ

L 156/14 81-10
1990 Dir.90/394 on the protection of workers from the risks related to exposure to carcinogens at work [1990] OJ L 196/1 81-10
1990 Dir.90/679 on the protection of workers from risks related to exposure to biological agents at work [1990] OJ L 374/1 81-10
1992 Dir.92/57 on the implementation of minimum safety and health requirements at temporary or mobile construction sites [1992] OJ L 245/6 81-10
1992 Dir.92/58 on the minimum requirements for the provision of safety and/or health signs at work [1992] OJ L 245/23 81-10
1992 Dir.92/85 on the introduction of measures to encourage improvements in the safety and health at work of pregnant workers and workers who have recently given birth or are breastfeeding [1992] OJ L 348/1 81-10
1992 Dir.92/91 concerning the minimum requirements for improving the safety and health protection of workers in the mineral-extracting industries through drilling [1992] OJ L 348/9 81-10
1992 Dir.92/104 on the minimum requirements for improving the safety and health protection of workers in surface and underground mineral-extracting industries [1992] OJ L404/10 81-10
1993 Dir.93/83 concerning copyright and rights related to copyright applicable to satellite broadcasting and cable retransmission [1993] OJ L248/15 75-01
1993 Dir.93/88 on the protection of workers from risks related to exposure to biological agents at work [1993] OJ L 268/71 81-10
1993 Dir.93/104 concerning certain aspects of the organisation of working time [1993] OJ L 307/18 81-10
1994 Dir.94/55 on the approximation of the laws of the Member States with regard to the transport of dangerous goods by road [1994] OJ L 319/7 81-10
1995 Dir.95/16 on the approximation of the laws of the Member States relating to lifts [1995] OJ L 213/1 81-10
1995 Dir.95/46 on the protection of individuals with regard to the processing of personal data and on the free movement of such data [1995] OJ L 281/31 79-23

1996 Dir.96/9 on the legal protection of databases [1996] OJ L 77/20 75-01
1996 Dir.96/54 on the approximation of the laws, regulations and administrative provisions relating to the classification, packaging and labelling of dangerous substances [1996] OJ L248/1 81-10
1996 Dir.96/58 on the approximation of the laws of the Member States relating to personal protective equipment [1996] OJ L 236/44 81-10
1996 Dir.96/82 on the control of major-accident hazards involving dangerous substances [1996] OJ L 10/13 81-10
1998 Dir.98/24 on the protection of the health and safety of workers from the risks related to chemical agents at work [1998] OJ L 131/11 81-10
1998 Dir.98/71 on the legal protection of designs (Design Directive) [1998] OJ L 289/28 ...... 76-01, 76-02, 76-04
1999 Dir.99/92 on minimum requirements for improving the safety and health protection of workers potentially at risk from explosive atmospheres [199] OJ L 23/57 81-10
2000 Dir.2000/31 on certain legal aspects of information society services, in particular electronic commerce, in the Internal Market ('Directive on electronic commerce') [2000] OJ L 178/1 12-09
2000 Dir.2000/78 establishing a general framework for equal treatment in employment and occupation [2000] OJ L 303/16 .... 44-13, 44-14
art.6(1) 44-14
2001 Dir.2001/29 on the harmonisation of certain aspects of copyright and related rights in the information society [2001] OJ L167/10 .... 75-01, 75-29
2001 Dir.2001/84/EC on the resale right for the benefit of the author of an original work of art [2001] OJ L272/32 75-01
2002 Dir.2002/44 on the minimum health and safety requirements regarding the exposure of workers to the risks arising from physical agents (vibration) [2003] OJ L 177/13 81-10
2003 Dir.2003/10 on the minimum health and safety requirements regarding the exposure of workers to the risks arising from physical agents (noise) [2003] OJ L 42/38 81-10
2003 Dir.2003/35providing for public participation in respect of the

drawing up of certain plans and programmes relating to the environment and amending with regard to public participation and access to justice Council Directives 85/337/EEC and 96/61/EC - Statement by the Commission [2003] OJ L156/17 46-04

2003 Dir.2003/88 concerning certain aspects of the organisation of working time [2003] OJ L 299/9 .... 40-11, 81-10

2004 Dir.2004/35 on environmental liability with regard to the prevention and remedying of environmental damage [2004] OJ L 143/56 46-05

2004 Dir.2004/38 on the right of citizens of the Union and their family members to move and reside freely within the territory of the Member States [2004] OJ L158/77 66-02

2004 Dir.2004/39 on markets in financial instruments amending Council Directives 85/611/EEC and 93/6/EEC and Directive 2000/12/EC of the European Parliament and of the Council and repealing Council Directive 93/22/EEC [2004] OJ L 145/1 12-03

2004 Dir.2004/48 on the enforcement of intellectual property rights (Enforcement Directive) [2004] OJ L157/45 ...... 51-01, 72-01, 74-16, 75-01, 75-10
art.11 51-01

2006 Dir.2006/25 on the minimum health and safety requirements regarding the exposure of workers to risks arising from physical agents (artificial optical radiation) [2006] OJ L114/38 81-10

2006 Dir.2006/114 concerning misleading and comparative advertising [2006] OJ L376/21
art.4 77-165

2006 Dir.2006/115 on rental right and lending right and on certain rights related to copyright in the field of intellectual property [2006] OJ L376/28
.... 75-01

2006 Dir.2006/116 on the term of protection of copyright and certain related rights [2006] OJ L372/12 75-01

2008 Dir.2008/48 on credit agreements for consumers and repealing Council Directive 87/102/EEC (Consumer Credit Directive) [2008] OJ L133/66 .... 20-03, 27-10

2008 Dir.2008/95 to approximate the laws of the Member States relating to trade marks [2008] OJ L299/25 77-02
art.5 77-03
art.7 77-08

2009 Dir.2009/24 on the legal protection of computer programs [2009] OJ L111/16 75-01

2009 Dir.2009/103 relating to insurance against civil liability in respect of the use of motor vehicles, and the enforcement of the obligation to insure against such liability [2009] OJ L263/11
.... 68-04

2009 Dir.2009/104 concerning the minimum safety and health requirements for the use of work equipment by workers at work [2009] OJ L260/5 81-10

2009 Dir.2009/148/EC on the protection of workers from the risks related to exposure to asbestos at work [2009] OJ L330/28 81-10

2011 Dir.2011/77 amending Directive 2006/116/EC on the term of protection of copyright and certain related rights [2011] OJ L265/1 75-01

2014 Dir.2014/17 on credit agreements for consumers relating to residential immovable property and amending Directives 2008/48/EC and 2013/36/EU and Regulation (EU) No 1093/2010 (EU Mortgage Credit Directive 2014) [2014] OJL60/34
.... 20-04

2014 Dir.2014/104 on certain rules governing actions for damages under national law for infringements of the competition law provisions of the Member States and of the European Union [2014] OJ L349/1 31-06
Recital 14 28-05
art.3(1) 28-04
art.13 28-02
art.17(2) 28-02

2014 Dir.2016/943 on the protection of undisclosed know-how and business information (trade secrets) against their unlawful acquisition, use and disclosure (Trade Secrets Directive) [2016] OJ L157/1 .... 74-01, 74-16, 74-17
Recitals 6–29 74-11
Recital 30 74-11
Recital 39 74-16
art.6(1) 74-17

2015 Dir.2015/2436 to approximate the laws of the Member States relating to trade marks [2015] OJ L336/1
art.14(1)(a) 77-15

TABLE OF FOREIGN LEGISLATION

1888 Dominion Railway Act (Canada) 49-N11
1893 Bills of Exchange Act (Jamaica)
    s.21(2)(a) 10-07
1912 Equity Rules (USA) 1-13
1934 Rules Enabling Act (USA) 1-13
1934 Securities Exchange Act (USA)
    Title I 1-14
    s.21(D)(9)(b) 1-14
1937 Federal Rules of Civil Procedure (USA)
    1-13
    r.7(a) 1-13
    rr.7-16 1-13
    r.8 1-13
      (a) 1-13
      (b) 1-13
      (2)–(6) 1-13
      (6) 1-13, 1-14
      (d) 1-13
      (1) 1-14
    r.9 1-14
    r.10 1-14
    r.11(b) 1-14
1971 Unclaimed Money Act (New Zealand)
    10-16
2016 High Court Rules 2016 (LI 2016/225) (NZ)
    r.1.2 1-12
    rr.5.25–5.35 1-12
    r.5.26 1-12

TABLE OF INTERNATIONAL CONVENTIONS

1883 Paris Convention for the Protection of Industrial Property 77-10
1929 Convention for the Unification of Certain Rules Relating to International Carriage by Air (Warsaw Convention) . 8-01, 8-02, 8-04, 8-05, 8-09, 8-13, 8-14, 8-15, 8-23, 8-24, 8-D8
   Ch.III 8-06
   art.1 ... 8-04, 8-D4, 8-D6, 8-D7, 8-D11
     (1) 8-04
     (2) 8-04
     (3) 8-01, 8-04, 8-17, 8-18
   art.3(1)(c) 8-14
     (2) 8-14
   art.17 ... 8-05, 8-06, 8-07, 8-08, 8-D6, 8-D11
   arts 17–30 8-06
   art.18 .... 8-05, 8-08, 8-D7, 8-D8
     (3) 8-08
   art.19 .... 8-02, 8-05, 8-08, 8-09, 8-D9
   art.20 .... 8-25, 8-D11
   art.21 .... 8-D12
   art.22 .... 8-24, 8-D7
     (1) 8-13, 8-14, 8-19, 8-24
     (2) 8-D8, 8-D9
       (a) 8-15
   art.23 8-16
   art.24(2) 8-08
   art.25 ... 8-14, 8-15, 8-23, 8-D7, 8-D8, 8-D9
   art.28 8-19
   art.29 .... 8-11, 8-24
     (1) 8-20
   art.30 8-18
     (2) 8-17
1950 European Convention on Human Rights ... 1-31, 39-04, 39-07, 42-11, 63-04, 64-01, 64-02, 64-14, 64-19, 80-29, 109-04
   art.1 .... 7-07, 64-03
   art.2 .... 5-03, 5-11, 5-22, 5-27, 39-07, 64-03, 82-09, 82-10
   arts 2–12 64-03
   art.3 .... 5-03, 5-07, 5-11, 5-22, 64-03, 64-08, 66-S1, 82-09, 84-X5
   art.4 .... 64-03, 64-08
   art.5 ... 5-07, 5-08, 5-10, 64-03, 64-14, 64-18, 64-R3
     (1) 5-07, 5-11, 5-18
       (b) 5-08
       (c) 5-08
     (3) 5-07
     (5) 64-14, 64-18
   art.6 ...... 39-07, 64-03, 92-01, 98-07, 109-04
     (1) 1-20, 39-07, 80-07

   art.7 .... 64-03, 64-08
   art.8 ..... 5-07, 5-15, 5-18, 5-22, 5-23, 5-24, 5-25, 7-02, 37-02, 39-07, 46-07, 47-02, 47-10, 47-16, 47-17, 63-04, 63-05, 64-03, 64-08, 64-R1, 66-01, 66-03, 66-S1, 74-03, 74-10, 74-13, 74-20, 79-03, 79-04, 79-05, 79-06, 79-07, 79-09, 79-10, 79-11, 79-12, 79-13, 79-14, 79-16, 79-17, 79-20, 79-23, 79-24, 79-V4, 82-09, 84-X5, 84-X6, 92-01, 98-07, 104-Z9
     (1) 47-01, 47-19, 79-02, 79-06, 80-W4
     (2) . 5-16, 5-24, 79-02, 79-03, 79-06, 80-W4, 84-X6
   art.9 ...... 39-07, 64-03, 64-11, 64-13, 64-R4
   art.10 ...... 5-09, 38-06, 42-11, 43-02, 63-04, 64-03, 64-08, 64-11, 64-12, 64-13, 74-10, 74-18, 74-20, 74-21, 74-U8, 79-03, 79-04, 79-05, 79-09, 79-10, 79-11, 79-12, 79-13, 79-16, 79-17, 79-V2, 79-V3, 79-V4, 79-V5,
     (2) 64-12, 79-03
   art.11 ...... 5-09, 42-03, 42-11, 43-02, 43-03, 43-08, 64-03
     (1) 43-02
     (2) 42-03, 43-02
   art.12 .... 64-03, 64-08, 74-13
   art.13 . 5-18, 7-02, 64-03, 64-20, 79-24, 84-X6
   art.14 .... 39-07, 64-03
   art.16 64-03
   arts 16-18 64-03
   art.17 .... *64-03*, 64-08
   art.18 64-03
   art.34 .... 64-10, 80-14
   art.35 64-20
   art.41 .... 64-14, 64-15
   Protocol 1 art.1 ..... 46-07, 47-02, 49-11, 64-03, 92-01, 104-Z9
     arts 1-3 64-03
     art.2 .... 39-07, 64-03
     art.3 64-03
     art.8 .... 104-Z9
   Protocol 6 art.1 .... 64-03, 64-08
     art.2 64-03
   Protocol 11 64-02
1955 Protocol to Amend the Convention for the Unification of Certain Rules Relating to International Carriage by Air (Amended Convention) (28 September 1955) 8-01
1961 Convention supplementary to the 1929 Warsaw Convention on International Carriage by Air Performed by a Person other than the Contracting

[ccxv]

Table of International Conventions

Carrier (Guadalajara Convention)
.... 8-01, 8-17, 8-24
   art.II 8-24
   art.III(2) 8-24
   art.VIII 8-17
1966 International Covenant on Civil and Political Rights
   art.3 39-07
   art.18 39-07
   art.26 39-07
1968 Brussels Convention on Jurisdiction and Enforcement of Judgments in Civil and Commercial Matters 37-12
1974 Convention relating to the Carriage of Passengers and their Luggage by Sea
   art.16 .... 81-X52
1975 Additional Protocol No.1 to amend the 1929 Warsaw Convention on International Carriage by Air
.... 8-01
1975 Additional Protocol No.2 to amend the 1929 Warsaw Convention on International Carriage by Air (as amended in 1955) 8-01, 8-13
1975 Additional Protocol No.4 to amend the 1929 Warsaw Convention on International Carriage by Air (as amended in 1955) . 8-01, 8-15, 8-22, 8-24, 8-25
   art.18 8-25
   (3) 8-24, 8-D15
1988 Convention on Access to Information, Public Participation in Decision-Making and Access to Justice in Environmental Matters (Aarhus Convention) 80-08
1988 Lugano Convention 37-12

1994 Agreement on Trade-Related Aspects of Intellectual Property Rights (TRIPS)
   art.40 74-11
1995 Intercarrier Agreement on Passenger Liability (IATA) 8-13, 8-14
1996 Intercarrier Implementation Agreement (IATA) 8-13, 8-14
1999 Montreal Convention on International Carriage by Air ... 8-01, 8-03, 8-22, 8-23, 8-25
   art.1 ... 8-D4, 8-D6, 8-D7, 8-D8, 8-D9
   art.17 .... 8-D4, 8-D5
   (1) 8-07, 8-22
   (2) 8-22, 8-D7
   art.18(3) 8-24
   art.20 .... 8-24, 8-25, 8-D13
   art.21 .... 8-22, 8-24, 8-25
   art.22 .... 8-22, 8-D5, 8-D7, 8-D9
   (1) 8-D9
   (2) 8-22, 8-25, 8-D7, 8-D14
   (3) 8-D14
   (5) 8-22, 8-25, 8-D7, 8-D9
   art.23 8-22
   art.24 .... 8-22, 8-25
   art.25 .... 8-22, 8-D7, 8-D9
   art.26(2) 8-24, 8-D15
   (4) 8-D15
   art.28 .... 8-22, 8-24
   art.98 .... 8-11, 8-24
   (1) 8-D16
   art.30(2) 8-24
   art.31(2) 8-D15
   (4) 8-D15
   art.33(2) 8-23, 8-25
   art.35 8-11
   (1) 8-D16
   art.55 8-01

PART O EQUITABLE REMEDIES

SECTION 50:

INTRODUCTION

50-01 This section deals with the remedies administered formerly by the Court of Chancery in the exercise of the Chancellor's jurisdiction to supplement the common law. Until the Judicature Acts 1873 and 1875, the equity judges (the Lord Chancellor, the Vice-Chancellors and the Lord Justices of the Court of Appeal in Chancery), administered equity and its remedies as separate courts. After 1875, the Supreme Court of Judicature was created with power to administer all the remedies previously given by the separate courts of common law and of chancery. The unified jurisdiction thus created was embodied in the Supreme Court of Judicature (Consolidation) Act 1925 and the relevant provisions are now found in the Senior Courts Act 1981. Section 49 imposes the duty on any court exercising jurisdiction in England and Wales in a civil cause or matter to "administer law and equity on the basis that, wherever there is any conflict or variance between the rules of equity and the rules of the common law with reference to the same matter, the rules of equity shall prevail".

The principal equitable remedies are:

(a) injunction;
(b) specific performance;
(c) rectification;
(d) rescission;
(e) account;
(f) appointment of a receiver.

These remedies may be regarded as the "traditional" remedies administered by Courts of Equity. Equity, however, is a flexible system of jurisprudence and has been continuously developed. As a result, in many legal systems based upon the English system of common law and equity, the courts have recognised new remedies, including the use of the equitable concept of a constructive trust as a remedy for cases of unjust enrichment (particularly in Canada: see the authorities referred to in *Re Polly Peck (No.5)*[1]), so that a constructive trust is imposed retrospectively in order to give effect to valid restitutionary claims. The use of a claim for a constructive trust as a means of asserting priority over the creditors of an insolvent defendant is dealt with in this work under the title restitution.

The jurisdiction of the courts in England and Wales to grant equitable remedies is, strictly-speaking, discretionary. Nevertheless, the discretion must be exercised judicially according to established rules, the application of which leads to a high degree of certainty whether, in any given case, the equitable remedy will be granted.

---

[1] *Re Polly Peck (No.5)* [1998] 3 All E.R. 812.

Section 51:

INJUNCTION

Table of Contents

Claim for an Injunction to Restrain the Commission of a Tort	51-O1
Claim for an Injunction to Restrain a Breach of Contract	51-O2
Claim for an Injunction to Restrain Breach of Restrictive Covenant on Sale of Business	51-O3
Claim for a Mandatory Injunction	51-O4
Claim for a Tracing Injunction	51-O5
Points of Claim in an Inquiry as to Damages Pursuant to Cross-undertakings in Damages	51-O6

51-01 The source of the jurisdiction of the High Court to grant an injunction (whether interim or final) is s.37 of the Senior Courts Act 1981 and of the county court to do so is s.38 of the County Courts Act 1984. The jurisdiction is exercisable even where it interferes with the exercise of statutory powers expressly conferred on one of the parties.[1]

An injunction may be granted in support of any legal or equitable right known to English law (including directly enforceable rights arising under EU law). Such rights include, in addition to causes of action at common law or under statute, directly enforceable rights arising out of the treaties constituting the EU and Directives issued by the Commission pursuant to the treaties.[2] An injunction may also be granted:

(i) As an interim remedy under s.25(1) of the Civil Jurisdiction and Judgments Act 1982 (as amended by the Civil Jurisdiction and Judgments Act 1991 s.3 and Sch.2 para.12 and the Civil Jurisdiction and Judgments Order 2001 (SI 2001/3929) made in pursuance of Council Regulation (EC) No. 44/2001 (now recast as Regulations (EU) No. 1215/2012),[3] and extended by the Civil Jurisdiction and Judgments Act 1982 (Interim Relief) Order 1997 (SI 1997/302)).

(ii) To restrain the commencement of threatened or intended and the continuation of actual proceedings before courts in England and Wales, or before

---

[1] *Coventry City Council v O* [2011] EWCA Civ 729; [2012] Fam. 210.
[2] *Garden Cottage Foods Ltd v Milk Marketing Board* [1984] A.C. 130; *Argyll Group Plc v Distillers Co Plc* [1986] 1 C.M.L.R. 764; *Cutsforth v Mansfield Inns Ltd* [1986] 1 W.L.R. 558.
[3] Council Regulation (EC) No 44/2001 of 22 December 2000 on jurisdiction and the recognition and enforcement of judgments in civil and commercial matters [2001] OJ L12/1 (Brussels I Regulation) and Regulation (EU) No 1215/2012 of the European Parliament and of the Council of 12 December 2012 on jurisdiction and the recognition and enforcement of judgments in civil and commercial matters (recast) [2012] OJ L351/1.

foreign courts, or arbitration proceedings.[4] A court in a EU Member State has no power to restrain proceedings in another Member State where jurisdiction has been established under the terms of the EU regulation 1215/2012.[5] Based on the principle that anti-suit injunctions are inimical to the policy of the Regulation, it has been held at first instance that a claimant who has established jurisdiction in England under the Regulation against his employer domiciled in Massachusetts was not entitled to an injunction restraining proceedings in that State where the relevant contract also conferred jurisdiction on the courts of that State.[6] The claimant was granted an anti-suit injunction on appeal because the defendant had sought to render the Court of Appeal's judgment pointless by attempting to obtain its own anti-suit injunction from the US District Court between the close of argument and the delivery of judgment.[7]

(iii) To prevent the infringement of intellectual property rights. In *Cartier International AG v British Sky Broadcasting*[8] it was held there was jurisdiction in equity (as well as under art.11 of Directive 2004/48[9]) to make orders for website blocking injunctions against internet service providers, requiring them to block access to websites whose operators were infringing intellectual property rights, subject to indemnifying them as to the costs of compliance.

The discretion to grant or withhold an injunction is exercised after a trial on settled principles.

(i) An injunction to restrain a threatened breach of a clear negative obligation (such as a negative covenant in a lease) will be granted to a claimant almost as of right.[10] The reason is that the injunction amounts to an order for specific performance of a negative bargain between the parties. See also *Araci v Fallon*.[11] In that case, a jockey had entered into an agreement with a racehorse owner that placed him under a positive obligation to ride the owner's horse when asked, and a negative obligation not to ride a rival horse. The court granted an interim injunction preventing him from breaching his obligations by riding a rival owner's horse in the Epsom Derby.

(ii) In other cases, there are certain factors which are recognised as affecting the discretion to grant or withhold an injunction. In *Shelfer v City of London Electric Lighting Co*,[12] Smith, LJ said that an injunction may be refused if: (1) the injury to the plaintiff's legal rights is small; and (2) it is one which is capable of being estimated in money; and; (3) it is one which can adequately be compensated by a small money payment; and (4) the

---

[4] *Mann v Goldstein* [1968] 1 W.L.R. 1091; *Stonegate Securities Ltd v Gregory* [1980] Ch. 576—restraint of presentation of winding up petition; *British Airways Board v Laker Airways Ltd* [1985] A.C. 58; *The Sennar* [1985] 1 W.L.R. 490; *The Angelic Grace* [1995] 1 Lloyd's Rep. 87; *Bremer Vulcan v South India Shipping Corporation Ltd* [1981] A.C. 909—arbitration.
[5] *Turner v Grovit* (C-159/02) EU:C:2004:228; [2005] 1 A.C. 101.
[6] *Petter v EMC Europe Ltd* [2015] EWHC 1498 (QB).
[7] *Petter v EMC Europe Ltd* [2015] EWCA Civ 828; [2015] C.P. Rep. 47.
[8] *Cartier International AG v British Sky Broadcasting* [2018] UKSC 28; [2018] 1 W.L.R. 3259.
[9] European Parliament and Council Directive 2004/48/EC Of the European Parliament and of the Council of 29 April 2004 on the enforcement of intellectual property rights [2004] OJ L45/157.
[10] *Docherty v Allman* (1878) 3 App. Cas. 709.
[11] *Araci v Fallon* [2011] EWCA Civ 668; [2011] L.L.R. 440.
[12] *Shelfer v City of London Electric Lighting Co* [1895] 1 Ch. 287 at 322–323.

case is one in which it will be oppressive to the defendant to grant an injunction. These four factors are cumulative and all must be present before the court can order damages in lieu of an injunction.[13] But, even where these four factors are present, the court still retains its discretion. In *Ottercroft Ltd v Scandia Care Ltd*[14] the Court of Appeal held that a decision to grant a mandatory injunction, rather than award damages, to alter a staircase that was causing a minor infringement of a neighbour's right to light was correct where the tortfeasors' conduct had been high-handed and the staircase had been constructed in breach of their undertakings.

51-02 These principles are not to be treated as an exhaustive statement of the circumstances in which damages may be awarded instead of an injunction.[15] However, damages in lieu of an injunction should only be awarded in very exceptional circumstances.[16] The slightness of the damage may, if the defendant threatens to repeat his wrongful act indefinitely, be "the very reason why an injunction should be granted".[17] Where title is not an issue, a landowner is prima facie entitled to an injunction to restrain a trespass even if the trespass did not or will not harm him. Only if the defendant can show an arguable case that he had a right to do what the plaintiff sought to prevent, should the court go on to consider the balance of convenience, the preservation of the status quo and the adequacy of damages as a remedy.[18]

Mandatory injunctions may be granted after a trial to compel the performance of an act. This remedy is closely related to the remedy of specific performance, but the principles applied in granting or withholding a mandatory injunction differ slightly. In particular, the court is more ready to grant damages in lieu of a mandatory injunction, particularly in cases where the remedy would be disproportionate to the injury suffered by the claimant and the claimant has delayed in seeking relief. So, a mandatory injunction to require the demolition of houses built in breach of covenant is unlikely to be granted where the claimant has stood by without seeking a negative interim injunction at an early stage.[19] A mandatory injunction will be granted, however, if the consequences of withholding it are sufficiently serious.[20] See also *Assetco Plc v Shannon*,[21] where a company was granted an interim mandatory injunction to compel a shareholder to vote in favour of an equity placement in circumstances where it was likely that the company would otherwise be put into administration.

Some situations preclude the grant of a mandatory injunction:

(i) A covenant in a lease to carry on a business will not usually be so enforced.[22]

(ii) Where the damage to the claimant is trivial: *Sharp v Harrison*.[23] In that case, the plaintiff was complaining of an act by the defendant in breach

---

[13] *Jacklin v Chief Constable of West Yorkshire* [2007] EWCA Civ 181.
[14] *Ottercroft Ltd v Scandia Care Ltd* [2016] EWCA Civ 867.
[15] *Jaggard v Sawyer* [1995] 1 W.L.R. 269 at 287.
[16] *Watson v Croft Promo-Sport Ltd* [2009] EWCA Civ 15; [2009] 3 All E.R. 249.
[17] *John Trenberth Ltd v National Westminster Bank Ltd* (1980) 39 P. & C.R. 104.
[18] *Patel v WH Smith (Eziot) Ltd* [1987] 1 W.L.R. 853.
[19] *Wrotham Park Estate Co v Parkside Homes Ltd* [1974] 1 W.L.R. 798.
[20] *Abingdon Corporation v James* [1940] Ch. 287 (houses wrongfully built over a water main).
[21] *Assetco Plc v Shannon* [2011] EWHC 816 (Ch).
[22] *Cooperative Insurance v Argyll Stores* [1998] A.C. 1.
[23] *Sharp v Harrison* [1922] 1 Ch. 502.

of covenant which had been done on the defendant's own land. Compare with *Viscount Chelsea v Muscatt*,[24] where a tenant had lowered a parapet wall in clear defiance both of an absolute covenant and of the landlord's refusal to consent—the court granted summary judgment for a mandatory injunction for reinstatement of the parapet.

(iii) Where considerations of public policy and political controversy arise.[25]

CLAIM FOR AN INJUNCTION TO RESTRAIN THE COMMISSION OF A TORT

51-O1 [*The Particulars of Claim should set out the relevant facts relied on to support the cause of action in question, for example, passing-off, trespass, nuisance, inducement of breach of contract, etc., and then continue.*]

The defendant [threatens and] intends, unless restrained by this Honourable Court, to continue and repeat the wrongful acts above complained of.

[*Damages paragraph.*]
[*Interest paragraph.*]

AND the claimant claims:
1. An injunction to restrain the defendant by itself its directors, servants, agents or otherwise howsoever from [*here state the precise act or acts or conduct in respect of which the injunction is sought*].
2. Damages and interest thereon pursuant to s.35A of the Senior Courts Act 1981.

[Statement of truth]

CLAIM FOR AN INJUNCTION TO RESTRAIN A BREACH OF CONTRACT

51-O2 1. The claimant is a distributor of software and the defendant is a software design and progamming house.

2. By an agreement in writing dated [date], a copy of which is annexed to these Particulars of Claim, the defendant agreed with the claimant to appoint the claimant as its exclusive wholesale distributor of the defendant's software in the Territory as defined in clause [number] of the agreement, including the United Kingdom, in a period ending on [date] ("the exclusivity period").

3. On the true construction of the agreement and/or as an implied term necessary to give the agreement business efficacy, it was a term of the agreement that the defendant would not during the exclusivity period sell the defendant's software to any other person within the Territory.

4. By a letter dated [date] the defendant has wrongfully and in breach of contract asserted a right to supply and have supplied the following companies with its software for distribution within the United Kingdom:-
[*specify*]

5. The claimant is unable to specify the quantity of software products so sup-

---

[24] *Viscount Chelsea v Muscatt* [1990] 35 E.G. 63.
[25] *Harold Stephen & Co v Post Office* [1977] 1 W.L.R. 1172.

plied by the defendant or whether the defendant has already supplied its software to any other party, until disclosure and the provision of further information. The claimant has suffered loss and damage which it cannot until then fully quantify.

6. Further, the claimant will claim interest upon such damages at such rate and for such period as may be just pursuant to s.35A of the Senior Courts Act 1981.

7. The defendant threatens and intends unless restrained by this Honourable Court to commit or continue to commit the breach of contract above complained of.

AND the claimant claims:
(1) An injunction to restrain the defendant by its directors, servants or agents or otherwise howsoever from supplying any of the defendant's software to any person, firm or company within the Territory other than the claimant.
(2) Damages and interest thereon pursuant to the said statute.

[Statement of truth]

CLAIM FOR AN INJUNCTION TO RESTRAIN BREACH OF RESTRICTIVE COVENANT ON SALE OF BUSINESS

1. The claimant is a grocer carrying on business at 13 High Street, Wimbledon, London, SW19 under the name of Watson & Sons. The defendant prior to the contract referred to in paragraph 2 below carried on business as a grocer under that name at that address and now seeks to carry on business as a grocer at 150 High Street, Wimbledon, London SW19 under the name of Watson & Co.   **51-O3**

2. By a contract in writing dated [date], the claimant agreed to purchase from the defendant and the defendant agreed to sell to the claimant for the sum of £[..........], the shop fittings, stock in trade, assets and goodwill of the grocery business at 13 High Street, Wimbledon, London, SW19 and the benefit of the lease thereof, which said lease was duly assigned by the defendant to the claimant who thereupon entered into possession and has ever since carried on business at the said premises under the name of Watson & Sons.

3. It was an express term of the said contract by clause 5 thereof that the defendant covenanted that he would not carry on or engage in or be concerned with the business of a grocer either alone or in partnership in the said High Street, Wimbledon, London SW19 for a period of three years from the date of the said contract.

4. In breach of the said covenant the defendant became at a date presently unknown to the claimant tenant of premises at 150 High Street aforesaid and within 200 yards of the claimant's shop and on or about [date] commenced to carry on and is still carrying on business as a grocer there.

5. Since the said date the defendant has wrongfully in breach of contract and in derogation of the rights granted by him to the claimant by the sale of the former business carried on his present business under the name of Watson & Co, a name which is calculated to deceive and in relation to at least those particularised hereunder has in fact deceived members of the public and customers of the claimant into believing that his present business is a branch or continuation of the business which the defendant sold to the claimant and/or has otherwise passed off his business as that of the claimant.

Particulars

[*Set them out.*]

6. The defendant intends, unless restrained by this Honourable Court, to continue the breach of covenant referred to in paragraph 5 above and to continue and repeat the wrongful acts complained of in paragraph 5 above.

7. The claimant has suffered loss and damage. The following are the particulars of loss so far as the claimant is able to give them:-
[*Give particulars.*]

8. Further, the claimant is entitled to interest thereon pursuant to s.35A of the Senior Courts Act 1981 at such rate as to the Court shall seem fit.

AND the claimant claims:
(1) Injunctions restraining the defendant by himself, his servants or agents or otherwise from:
  (a) carrying on business as a grocer at the premises 150 High Street, Wimbledon, London, SW19 or otherwise at 150 High Street, Wimbledon, London, SW19 at any time until [three years from date of contract];
  (b) carrying on the said or any business under the name Watson & Co or any name colourably similar thereto, or representing in any way the said or any business as a branch or continuation of the business formerly carried on by him at 13 High Street, Wimbledon, London, SW19 or otherwise passing of his business as that of the Claimant;
  (c) in any manner directly or indirectly soliciting customers who used to deal with him when he formerly carried on business at 13 High Street, Wimbledon, London, SW19.
(2) Damages and interest thereon pursuant to the said statute.

[Statement of truth]

CLAIM FOR A MANDATORY INJUNCTION

51-O4 1. At all material times the claimant has been the owner of the freehold premises 18 Snodgrass Road, Cheltenham in the County of Gloucester. The claimant was also formerly the freehold owner of the adjoining property, namely 16 Snodgrass Road (no. 16), until he sold that property to the defendant.

2. No. 16 was offered for sale by auction on [date], by the claimant and it was one of the conditions of the sale by clause 14 thereof that the purchaser of the same would observe the building line indicated on the map attached to such conditions.

3. No. 16 was purchased by the defendant at auction and was transferred to him by a transfer dated [date]. The transfer contained a covenant by the defendant with the claimant that no building or erection of any kind (other than dwarf walls not exceeding 4 feet in height) should be erected beyond the building line specified in the conditions of sale and indicated on the plan attached to the transfer.

Claim for a Tracing Injunction

4. During April [year], the defendant began to erect a garage and first floor studio on the site of no. 16 in a position which extended beyond the building line as so defined. The claimant was not aware that the defendant had begun to build any structure on the site of no. 16 until April 30, [year], when the walls of the garage were built to a height of about 2.5 feet.

5. On May 2, [year], the claimant wrote to the defendant complaining of the erection of the said garage and requiring the defendant to cease the erection of the said garage and to pull down and remove such parts of the structure as extended beyond the building line.

6. In breach of the said covenant and in spite of the claimant's protests the defendant did not so cease, but continued with the erection of the said garage to the height of about 15 feet.

7. The defendant intends, unless restrained by this Honourable Court from doing so, to complete the erection of the said garage and to leave the said garage erected beyond the said building line.

8. The claimant is entitled in respect of such damages as he may be awarded to interest at such rate as to this Honourable Court shall seem just pursuant to s.35A of the Senior Courts Act 1981.

AND the claimant claims:
(1) An order that the defendant do forthwith pull down and remove so much of the said garage as is erected beyond the said building line.
(2) An injunction to restrain the defendant by himself, his servants or agents or otherwise from erecting or continuing to erect upon 16 Snodgrass Road aforesaid any building (other than dwarf walls not exceeding four feet in height) beyond the said building line.
(3) Damages and interest pursuant to the said statute.

[Statement of truth]

Claim for a Tracing Injunction

[1.–9. *The statement of claim should set out the relevant facts relied on to establish, e.g. misappropriation and constructive trust and then continue*]   **51-O5**

10. In the premises the claimant is entitled at common law or in equity to trace and recover from the first defendant, and the other defendants in so far as they remain in possession of such money or assets, all money misappropriated from the claimant as set out above, or assets acquired directly or indirectly with such money.

11. Further, the first defendant holds on constructive trust for the claimant all money misappropriated from the claimant or any assets acquired directly or indirectly with such money, or is liable to account to the claimant for all such money or assets.

12. The second and third defendants are liable to the claimant as constructive trustees in that they:
(i) assisted in the dishonest and fraudulent breach of trust of the first defendant with actual or constructive knowledge; and/or

(ii) received trust property with actual or constructive knowledge of the dishonest and fraudulent breach of trust of the first defendant.

Particulars

[*Set these out with as much particularity as possible.*]

13. In the premises the second and third defendants are liable to the claimant to deliver up all property in their possession derived directly or indirectly from money misappropriated by the first defendant and are further liable in damages for breach of trust.

14. The claimant is entitled to interest on such sums as he recovers herein in equity and/or pursuant to s.35A of the Senior Courts Act 1981 at such rate as to the Court may seem just.

AND the claimant claims:
(1) damages.
(2) a declaration that the defendants and each of them hold on constructive trust for the claimant or are liable to account for all assets now or previously in their possession acquired directly or indirectly with the claimant's assets.
(3) all necessary accounts and inquiries to enable the claimant to trace and recover the assets referred to in (2) above.
(4) orders for the delivery up or transfer to the claimant of the assets referred to in (2) above.
(5) an injunction restraining the defendants and each of them by themselves their servants or agents or otherwise from disposing of the assets referred to in (2) above otherwise than by delivery up or transfer to the claimant.
(6) interest in equity and/or pursuant to the said statute.

[Statement of truth]

Points of Claim in an Inquiry as to Damages Pursuant to Cross-undertakings in Damages

51-O6 **1.** Mr Smith, the claimant in the action, is defendant in this inquiry and is hereinafter called Smith. Mr Jones, the defendant in the action and claimant in this inquiry, is hereinafter called Jones.

2. By order of the Honourable Mr Justice Quick upon the application without notice of Smith on [date], without notice to Jones, Jones was restrained until further order by himself, his servants or agents or otherwise from disposing of the property Cheats Court, Much Hadham in the County of [..........].

3. The said order was discharged on [date] by order of the Honourable Mr Justice Cross upon the grounds of material non-disclosure.

4. At the date of the said order Jones had been negotiating with Taxhaven Anstalt for the sale of the said property and draft contracts had been exchanged between their respective solicitors for its sale in the sum of £[..........].

5. By virtue of the said order Jones was unable to pursue or enter into the said contract and the said Taxhaven Anstalt was as a result of the said order unable and thereafter un-willing to contract with Jones.

6. In the premises by virtue of the making of the said order Jones has suffered loss and damage namely:
- (i) the loss of the said sale to Taxhaven Anstalt. The property was marketed thereafter for six months without any other purchaser being found and on [date] the same was sold by public auction for the sum of £[..........], whereby Jones suffered both the loss of the difference in the sale price of £[..........] and the loss of interest on such difference in the interim;
- (ii) legal and auctioneers' and other out-of-pocket expenses, namely [*give particulars*].

And Mr Jones claims:
- (1) an Order for payment by Mr Smith of such sums as are found due upon the inquiry;
- (2) interest pursuant to s.35A of the Senior Courts Act 1981 or otherwise at such rate as to this Honourable Court shall seem just.

[Statement of truth]

SECTION 52:

SPECIFIC PERFORMANCE

TABLE OF CONTENTS

Claim for Specific Performance: Sale of Land 52-O1
Claim for Specific Performance: Joint Venture in Limited Company 52-O2

Specific performance of a contract is granted where: **52-01**

(i) damages for breach of the contract are an inadequate remedy to the innocent party;
(ii) the obligations of the defendant under the contract are sufficiently clear to permit an order for its performance (for example, building works defined in detailed plans);
(iii) the interest of the claimant in the subject matter is sufficiently substantial, because "equity does nothing in vain": but a licence to occupy land for a period as short as two days has been enforced.[1]

Orders for specific performance are usually granted in circumstances where the respondent has already breached its contractual obligation, however that need not necessarily be the case. In *Airport Industrial GP Ltd v Heathrow Airport Ltd*,[2] the court ordered specific performance of a construction contract prior to the date on which the relevant obligation fell due. The court held that it had the power to give directions as to the steps which one or more of the parties should take in order to bring about performance of that obligation.

The basis of the discretionary grant of specific performance is that it will be ordered if the contract obliges the defendant to secure a defined result (e.g. the provision of a resident porter in a block of flats: *Posner v Scott-Lewis*[3]; the construction of a defined building or other work: *Wolverhampton Corporation v Emmons*[4]; the provision of repairs by a landlord, where there is no doubt at all as to what those repairs are: *Blue Manchester Ltd v North West Ground Rents Ltd*[5]) but not if the defendant's obligation is to carry on an activity which would require the court's constant supervision, such as the conduct of a particular business: *Co-operative Insurance v Argyll Stores*.[6]

Orders of specific performance are most frequently made in relation to contracts for the sale and purchase of land. Although the vendor of land can normally be compensated in damages for the purchaser's failure to take the land, specific

---

[1] *Verrall v Great Yarmouth BC* [1981] Q.B. 202.
[2] *Airport Industrial GP Ltd v Heathrow Airport Ltd* [2015] EWHC 3753 (Ch).
[3] *Posner v Scott-Lewis* [1987] Ch. 25.
[4] *Wolverhampton Corporation v Emmons* [1901] 1 K.B. 515.
[5] *Blue Manchester Ltd v North West Ground Rents Ltd* [2019] EWHC 142 (TCC); [2019] T.C.L.R. 2.
[6] *Co-operative Insurance v Argyll Stores* [1998] A.C. 1 at 13.

performance is granted as a matter of course to vendor and purchaser alike, because the court will not grant the equitable remedy solely in favour of one party to the contract. See, for example, *Twinsectra Ltd v Sander*[7] where the court ordered specific performance of a contract for the sale of a property where there was no possibility of an effective defence to the claimant's application for summary judgment. The contract had been completed in practice, resulting in the property being held on trust for the claimant.

52-02 Orders for specific performance can also be made in respect of contracts for the sale of other property, provided that the property is not obtainable in the open market (so that damages will be a sufficient remedy to buyer or seller). Thus, a contract for the sale of a share listed on the Stock Exchange will not be specifically enforced (as the buyer can obtain substitute shares in the market), but contracts for joint ventures involving private companies may be so enforced. In *Watson v Watchfinder.co.uk Ltd*,[8] three individuals successfully claimed for specific performance of a written share option agreement made with a company that had retained their services, notwithstanding the company had used a clause in the agreement to veto the option. Under the true meaning of the clause, the company's right of veto was discretionary, not absolute, and such discretion had to be exercised in a way which was not unreasonable, arbitrary, capricious or perverse.

Damages can be awarded instead of specific performance (Chancery Amendment Act 1858 s.2 re-enacted as Senior Courts Act 1981 s.50) and the court may award damages for breach of contract at common law in addition to granting specific performance.

The procedure for summary judgment under CPR Pt 24 is modified in the case of claims for specific performance. By PD 24.7, if the remedies sought by the claimant include a claim for specific performance of an agreement (in writing or not) for the sale, purchase, exchange or charge of any property or the grant or assignment of a lease or tenancy of any property, with or without a claim for damages, then:

(i) The claimant may apply for summary judgment at any time after the claim form has been served, whether or not the defendant has acknowledged the claim form and whether or not particulars of claim have been served;

(ii) The application notice must have attached to it the text of the order sought by the claimant.

(iii) The time for service of evidence in support of the application and any exhibit is not less than four days before the hearing (instead of 14 days as provided by CPR r.24.4(3)).

In *Jaggard v Sawyer*[9] the Court of Appeal agreed that, where a house was built in a private cul de sac in breach of a restrictive covenant, damages in lieu of injunctive relief was an appropriate remedy.[10]

CLAIM FOR SPECIFIC PERFORMANCE: SALE OF LAND

52-O1 1. By a contract in writing, incorporating The Standard Conditions of Sale, 4th edition, dated [date] and made between the Claimant and the Defendants the Claimant agreed to grant to the Defendants a lease of the property known as Flat 29, Block

---

[7] *Twinsectra Ltd v Sander* unreported 10 September 2019 Ch.
[8] *Watson v Watchfinder.co.uk Ltd* [2017] EWHC 1275 (Comm); [2017] Bus. L.R. 1309.
[9] *Jaggard v Sawyer* [1995] 1 W.L.R. 269.
[10] See also *Jones v Ruth* [2011] EWCA Civ 804; [2012] 1 W.L.R. 1495.

A, [address] (hereinafter "the Property") for a term of 125 years from [date] on the terms set out in the Lease in consideration of the payment by the Defendants to the Claimant of the sum of [purchase price].

2. By clause 3 of the contract the Claimant agreed to construct and finish the premises and instal fixtures and fittings in the property in accordance with certain planning, listed building and other consents, and in accordance with the plan and specification relating to the property. By clause 3(3) it was provided that the Claimant would use its best endeavours to complete the construction and finish the property and instal fixtures and fittings with all reasonable despatch.

3. Clause 3 of the contract further provided:
   3-01 That the Claimant and its servants would not be liable for any delay, whatever its cause, and that delay should not annul the contract.
   3-02 That the Claimant reserved the right to make minor modifications or variations to the plan and specification of the Property from time to time as might be necessary and as the Claimant may in its absolute discretion think fit and to amend or modify the general specification of the Property.

4. Clause [] of the contract provided that the date for completion should be not later than 14 days after the Defendants or their solicitor had been sent notice that the premises had been completed in accordance with the contract and were ready for occupation.

5. The Defendants have paid a deposit of 5% of the purchase price, amounting to [amount]. By a rider to the contract the Defendants are obliged to pay to the Claimant the difference between the deposit actually paid and 10 per cent of the purchase price which at all times remains due from them to the Claimant.

6. By a notice dated [date] the Claimant required the Defendants in accordance with clause [] of the contract to complete the transaction on or before [date].

7. The Defendants have failed and refused to complete the contract notwithstanding a further notice by the Claimant dated [date] requiring the Defendants to complete the transaction within 14 days. Completion thereby became due on [date] when the Defendants were liable to pay to the Claimant the balance of the purchase price amounting to [amount] plus ground rent and service charge apportioned up to completion and interest amounting to [amount]. Interest continues to accrue until completion at the rate of [amount] per day.

8. Further or alternatively the Defendants are in breach of contract by reason of their failure to complete the contract either on or before [date of expiry of first notice] or on or before [date of expiry of second notice].

9. By reason of the Defendants' breach of contract the Claimant has suffered loss and damage.

10. The Claimant will claim interest on all damages awarded pursuant to s.35A of the Senior Courts Act 1981 at such rate and for such period as may be just.

AND the Claimant claims:
(1) Specific performance of the contract.

(2) Damages in lieu of or in addition to specific performance.
(3) Alternatively to (1) and (2) [amount of unpaid deposit] as liquidated damages pursuant to contract and damages for breach of contract.
(4) Interest on all sums found due to the Claimant either pursuant to contract or pursuant to s.35A of the Senior Courts Act 1981.
(5) Costs.
(6) Further or other relief.

[Statement of truth]

CLAIM FOR SPECIFIC PERFORMANCE: JOINT VENTURE IN LIMITED COMPANY

52-O2 1. By an oral agreement made between [date] and [date] ("the shareholders' agreement") the Claimant agreed with the First and Second Defendants (who are nephews of the Claimant) that:
   (a) The First and Second Defendants would incorporate a private company limited by shares and would procure the purchase by that company from XY Limited ("the vendor") of 2 freehold and 1 leasehold nightclub premises at [addresses] trading under the name "Calpurnia's", the goodwill of that business, and the stock in trade fixtures and fittings in those premises ("the assets").
   (b) The purchase price of the assets would be £6,500,000 which would be financed by:
      (i) share capital of £300,000 provided by the Claimant;
      (ii) share capital of £300,000 provided by AB;
      (iii) share capital of £1,000,000 provided by the First and Second Defendants;
      (iv) loans from X Bank and Y Brewery for the balance of the price secured by charges on the assets.
   (c) The First and Second Defendants would procure or co-operate in procuring that 1,600,000 voting shares in the Third Defendant would be issued and that 30% of the issued voting shares were issued to the Claimant.

2. In pursuance of the shareholders' agreement the First and Second Defendants procured the incorporation of the Third Defendant with a share capital of £2,000,000 divided into 2,000,000 shares of £1 each.

3. The purchase of the relevant assets by the Third Defendant from the vendor was completed on [date]. On that date the Claimant paid to the solicitors for the Third Defendant and for the account of the Third Defendant the sum of £300,000.

4. The unaudited opening balance sheet of the Third Defendant on completion of the purchase of the assets by it on 15 November 1991 shows that:
   (a) the purchase of the relevant assets included terms by which part of the consideration for the purchase (£300,000) was deferred;
   (b) The First and Second Defendants (who are the directors of the Third Defendant) have loan accounts with the Company amounting to £303,000;
   (c) Although the share capital of the Third Defendant of £800,000 is fully paid up, the First and Second Defendants have not invested or lent to the Third Defendant the sum of £1,000,000.

The Claimant is unable to give fuller particulars of the terms of the purchase or the means by which the Third Defendant has been financed until after disclosure.

5. In breach of the shareholders' agreement the First and Second Defendants have:
   (a) failed to invest £1,000,000 in the Third Defendant;
   (b) failed to procure or co-operate in procuring or to take any step to procure that 30% of the issued shares (240,000 shares of £1 each) or any shares in the Third Defendant be allotted and issued to the Claimant.

6. By reason of the First and Second Defendants' breach of contract the Claimant has suffered loss and damage, in that he has been deprived of any shares in the Third Defendant. Further particulars of loss will be given after discovery.

7. The Claimant has performed the shareholders' agreement and is ready and willing to take 240,000 fully paid shares of £1 each in the Third Defendant.

8. Further or alternatively the Third Defendant has received the sum of £300,000 from the Claimant as the intended consideration for the issue and allotment to the Claimant of 240,000 shares of £1 each in the Third Defendant. The Third Defendant has not issued or allotted any shares to the Claimant.

9. In the premises the Third Defendant is liable to repay to the Claimant the sum of £300,000 as money had and received to the use of the Claimant.

10. The Claimant will claim interest on all money and damages found due to him at such rate and for such period as may be just pursuant to s.35A of the Senior Courts Act 1981.

AND the Claimant claims:
A. Against the First and Second Defendants
   (1) An order by way of specific performance of the shareholders' agreement that the First and Second Defendants do procure the allotment to the Claimant of 240,000 shares in the Third Defendant.
   (2) Damages in lieu of or in addition to specific performance.
B. Against the Third Defendant
   (1) Repayment of the sum of £300,000.
C. Against all Defendants
   (1) Interest pursuant to statute.
   (2) Costs.
   (3) Further or other relief.

Section 53:

RECTIFICATION

Table of Contents

Claim for Rectification of a Commercial Contract 53-O1
Claim for Rectification of a Unilateral Document 53-O2

Rectification is the process by which the court makes a written instrument conform with the true agreement between the parties, where the instrument, by a mistake, does not express that agreement. Rectification is a discretionary remedy.[1] It may be granted if: **53-01**

(1) There is no other effective remedy. If the contract put forward by the claimant can be enforced as a separate contract, collateral to the main contract, there will be no need to rectify the main contract. If the parties agree that their contract should be rectified, i.e. there is no live issue, the court will not make an order for rectification, even though the retrospective operation of the court's order will confer some advantage, such as a tax advantage.[2]

(2) The true contract cannot be ascertained by the process of construing the written instrument. This process may include the correction of obvious errors of expression in the written document itself, such as ignoring the word "not", or correction of mistakes of nomenclature.[3]

(3) There has been a mistake which justifies the intervention of the court. The mistake must normally be common to both parties. In some cases of bilateral contracts, the mistake may be the mistake of only one party, if (a) the other party has been guilty of fraud; or (b) one party knows that the other is labouring under the mistake and has not corrected it, in circumstances which amount to "sharp practice" or which "affect the conscience of the party who has suppressed the fact that he has recognised the mistake".[4] If the transaction is unilateral, such as a declaration of trust, the instrument may be rectified on proof of a mistake by the maker of the instrument alone.[5]

In *Milton Keynes BC v Viridor (Community Recycling MK) Ltd*,[6] it was held that rectification of a contract, either on the basis of common mistake or, alternatively, on the basis of unilateral mistake, was appropriate where payment terms offered in a tender had been unequivocally accepted but the wrong tender document had mistakenly been incorporated into the contract.

---

[1] *Equity Syndicate Management Ltd v Glaxosmithkline Plc* [2015] EWHC 2163 (Comm); [2016] Lloyd's Rep. I.R. 155.
[2] *Whiteside v Whiteside* [1950] Ch. 65.
[3] *Nittan (UK) Ltd v Solent Steel Fabrication Ltd* [1981] 1 Lloyd's Rep. 633.
[4] *Thomas Bates & Son Ltd v Wyndham's (Lingerie) Ltd* [1981] 1 W.L.R. 505.
[5] *Re Butlin's Settlement Trusts* [1976] Ch. 251.
[6] *Milton Keynes BC v Viridor (Community Recycling MK) Ltd* [2017] EWHC 239 (TCC); [2017] B.L.R. 216.

In relation to trust deeds, rectification is a remedy designed to "put the record straight" and bring a trust document into line with the true intentions of the settlor. Accordingly, where the settlor had executed the settlement he had intended to execute but was mistaken as to its tax consequences, such a mistake was not capable of being remedied by rectification.[7] This distinction between a flaw in the document which records the settlor's intentions and a flaw in those intentions was upheld in *RBC Trustees (CI) Ltd v Stubbs*.[8]

There is no limit to the amount of "red ink" or verbal rearrangement or correction which the court is allowed in order to get as close as possible to the meaning which the parties intended. All that is required is that it should be clear that something had gone wrong with the language and that it should be clear what a reasonable person would have understood the parties to have meant.[9] But see also *William Hare Ltd v Shepherd Construction Ltd*,[10] in which the Court of Appeal indicated that the principles identified by Lord Hoffman in *Chartbrook Ltd v Persimmon Homes Ltd* would apply only in rare cases.

In *Gallaher Ltd v Gallaher Pensions Ltd*[11] it was held that the court could, in appropriate circumstances, make an order for rectification to bring an amendment to a pension scheme into line with the true intentions of the parties to the deed of amendment. Rectification was in principle available where the claimant could show convincingly a continuing common intention by the principal employer and the trustee which, by mistake, was not given effect to by the deed of amendment, and objective manifestation or outward expression of the continuing common intention was not a separate requirement. It was permissible in claims for rectification to have regard to events after the transaction as evidence of the parties' intentions at the time of the transaction and (where required) as objectively manifesting that intention.

(4) The claimant proves that there has been a prior agreement between the parties. This need not itself be an enforceable contract; a common intention is sufficient, provided that it continues up to the time of the making of the instrument, and is proved by some external expression of accord between the parties (oral or written). If the parties deliberately omit a term from the written instrument in the belief that it is not necessary, the requisite continuity of intention will not be present. Likewise, if the parties deliberately include a term in the instrument which has an effect different from that which they believe it has, rectification cannot be granted. Where rectification is not available but it is clear that the words had been omitted and what the gist of those words was, the court can supply the omission as a matter of construction.[12]

(5) There is clear and unambiguous evidence that the instrument does not, or probably does not, express the parties' true intention. The matter to be

---

[7] *Allnut v Wilding* [2007] EWCA Civ 412; [2007] B.T.C. 8003.
[8] *RBC Trustees (CI) Ltd v Stubbs* [2017] EWHC 180 (Ch); [2017] 2 P. & C.R. DG5.
[9] *Chartbrook Ltd v Persimmon Homes Ltd* [2009] UKHL 38; [2009] 1 A.C. 1101.
[10] *William Hare Ltd v Shepherd Construction Ltd* [2010] EWCA Civ 283; [2010] B.L.R. 358.
[11] *Gallaher Ltd v Gallaher Pensions Ltd* [2005] EWHC 42 (Ch).
[12] *KPMG v Network Rail Infrastructure Ltd* [2007] EWCA Civ 363; [2007] Bus. L.R. 1336.

inserted or substituted in the written document does not need to have been expressly formulated in words, provided that the parties had and have a common intention as to the substance of their agreement.[13]

The burden of proof rests on the party seeking rectification. Evidence in a rectification claim must be convincing, which means that, although the ordinary standard of proof on the balance of probabilities applies, the evidence must be sufficient to overcome the inherent probability that a written document signed or acknowledged by a party contains a text with which that party agreed.

53-02

Evidence of pre-contractual negotiations is admissible to establish that a fact which may be relevant as background was known to the parties or to otherwise support a claim for rectification.[14]

The necessity for the remedy of rectification is slowly reducing, with the progress of decisions of the appellate courts on the principles of construction of documents, including instruments transferring property, contracts, and statutes. Where the court would once have refused to correct any but obvious (and in many cases petty) mistakes of transcription and the like which could be characterised as "clerical errors", it is now established that the task of a court construing a document is to ascertain its objective meaning, even if the language chosen does not literally have that meaning. In this relatively new state of the law, the only evidence which is positively excluded from the purview of the court is subjective evidence of the intentions of the parties. It is sometimes thought that a rectification action can circumvent this restriction, but the true principle in cases of rectification is that the parties must have objectively agreed on terms which are different from those contained in the document to be rectified.

The references to *Chartbrook Ltd v Persimmon Homes Ltd* in this section illustrate how far the House of Lords and now the Supreme Court have gone: Lord Hoffman's reference to the quantity of "red ink" which may be used was made in dealing with a question of construction, and he determined the claim in that way and not by reference to the claim for rectification, which was unnecessary.

It is clear from *Chartbrook* that subjective evidence of what a party thought had been agreed prior to the recording of the agreement in writing may be admissible, though it would be of minimal weight if the prior agreement and negotiations had all been in writing (at [65] of Lord Hoffman's speech).

CLAIM FOR RECTIFICATION OF A COMMERCIAL CONTRACT

1. During the period from [date] to [date] the Claimant and the Defendant negotiated the terms of a contract, intended to have a duration of not less than 10 years, for the supply by the Claimant to the Defendant of North Sea gas from the Claimant's coastal gas terminal.

53-O1

2. On [date] the Claimant's contracts office sent to the Defendant's buying department a draft (number 7) of the contract including a draft of schedule 13 relating to the calculation of the price of the gas to be supplied by the Claimant over the term of the contract, which was intended to start on January 1, [year], the date incorporated in draft number 7.

---

[13] *Grand Metropolitan Plc v The William Hill Group Ltd* [1997] 1 B.C.L.C. 390. See also *Swainland Builders Ltd v Freehold Properties Ltd* [2002] EWCA Civ 560; [2002] 2 E.G.L.R. 71 and *Bradbury Investments Ltd v Hicklane Properties Ltd* [2008] EWCA Civ 691; [2009] 1 P. & C.R. 2.
[14] *Chartbrook Ltd v Persimmon Homes Ltd* [2009] 1 A.C. 1101.

3. The price computation set out in schedule 13 (a copy of which is annexed) was effected by reference to the time elapsed since the date of the written agreement of which it formed part, so that the price of the gas supplied rose by both a fixed percentage and in line with an index of energy prices published by the DTI.

4. By reason of numerous delays in the further course of the negotiations the next draft (number 8) was not sent by the Claimant's contracts office to the Defendant's buying department until January 28, [year]. Draft number 8 incorporated schedule 13 in the form which it had taken in draft number 7.

5. At a meeting on February 15, [year] representatives of the Claimant and the Defendant met to consider and approve draft number 8. At that meeting the Defendant's representatives stated to the Claimant's representatives (who agreed with them) that the pricing basis under the agreement would be calculated by reference to the price of gas prevailing on January 1, [year].

6. The Defendant and the Claimant signed the engrossment of the agreement, which was in the form of draft number 8, on March 2, [year].

7. By an oversight, common to both parties, the effect of the executed agreement incorporating schedule 13 in the form of schedule 13 to draft number 7 was to cause the price of gas supplied over the term of the agreement to be calculated by reference to the price of gas prevailing on March 2, [year] and not on January 1, [year].

8. At all times up to and including the execution of the agreement it was the common intention of the Claimant and the Defendant that the price of gas supplied under the agreement should be calculated by reference to the price of gas prevailing on January 1, [year] and on no later date.

9. In the circumstances the agreement should be rectified by deleting from schedule 13 the words "the price of gas prevailing on the date of this agreement" wherever they appear and substituting the words "the price of gas prevailing on January 1, [year]".

AND the Claimant claims:
(1) Rectification of the agreement accordingly.
(2) An order that the Defendant pay to the Claimant its costs of this action.

[Statement of truth]

Claim for Rectification of a Unilateral Document

53-O2 **1.** In or about [date] the Claimant acting on the advice of English solicitors and accountants desired to create a settlement for the benefit of his two minor daughters born in 20[..........] and 20[..........] respectively and any future children which he might have.

2. In the light of the advice which he received the Claimant intended and instructed his English advisers that the settlement which he created should:
(1) Be subject to the laws of the Island of Jersey;
(2) Constitute an accumulation and maintenance settlement for the purposes of United Kingdom income tax law;

(3) Be a settlement under which no income of the settlement would be paid or become payable to the Claimant or his spouse and no part of the property comprised in the settlement could be paid or applied to or for the benefit of the Claimant or his spouse so that such income would not be treated for the purposes of United Kingdom income tax law as the income of the Claimant.

3. By a letter dated [date] the accountants accordingly instructed The Offshore Trust Company of Jersey Limited (hereinafter called "the Trustees") to instruct Jersey advocates to prepare a draft instrument of trust incorporating the provisions set out in the annexes to the letter using the advocates' standard forms of trust deed for an accumulation and maintenance settlement.

4. The Claimant's advocates accordingly prepared a draft instrument of trust which they sent with other documents to the Trustees under cover of a letter of [date].

5. The Claimant executed the above-mentioned instrument of trust (hereinafter "the settlement") dated [date] and made between the Claimant (therein called "the Settlor") of the one part and the Trustees of the other part in the form of the draft prepared by the Claimant's advocates.

6. By the settlement it was recited that the Claimant was desirous of creating the settlement and had transferred the sum of £500 to the Trustees and that further money investments or other property might be paid or transferred to the Trustees to be held on the trusts of the settlement.

7. Clause 1 of the settlement provides that the proper law of the settlement was the law of the Island of Jersey.

8. By the settlement the Trustees were to hold the property subject to the settlement (therein and hereinafter called "the Trust Fund") and the income thereof upon trust for such of the beneficiaries named in part II of the second schedule to the settlement (therein and hereinafter called "the Beneficiaries") who were the two minor daughters of the settlor and all other children of the settlor born to him after the date of the settlement by any wife as should attain the age of 25 years and if more than one in such shares and proportions as the Trustees should select subject to the restrictions contained in clause 6 of the settlement.

9. The settlement conferred discretion on the Trustees to pay or apply the capital of the Trust Fund for the advancement or benefit as they thought fit of any person entitled thereto or any part thereof.

10. By virtue of clause 11 of the settlement the Trustees had the powers conferred by the first schedule of the settlement in the following (among other) terms (hereinafter "the relevant powers"):
(1) (Paragraph 2(5)) In the event of any probate succession estate or other duties or fees or of any taxed upon capital income or wealth or of any other taxes of whatsoever nature and wheresoever arising becoming payable in the Island of Jersey or in any other parts of the world in respect of the Trust Fund or any parts thereof or in respect of any property transferred by or to or under the control of the Trustees or any person interested under this Trust

to pay all or any part of such duties fees and taxed out of the Trust Fund and to have entire discretion as to the time and manner in which the said duties fees and taxes shall be paid (whether or not any such payment shall be capable of being enforced by law) and no person interested under this Trust shall be entitled to make any claim whatsoever against the Trustees by reason of them making such a payment.

(2) (Paragraph 2(28)) to lend or let or hire any property immovable or movable form the Trust Fund to any persons (whether or not being persons interested under this Trust) either gratuitously or for such consideration and upon such terms and for such periods as the Trustees shall in their discretion think fit.

(3) (Paragraph 10) The expenses in connection with the preparation establishment and administration of this Trust including without prejudice to the generality of the foregoing the remuneration and charge of the Trustees hereinafter provided for and of the investment and re-investment of any parts of the Trust Fund and the collection of income and other sums derivable therefrom may be paid out of the Trust Fund and may be charged against capital or income or partly out of one and partly out of the other at the discretion of the Trustees.

11. The inclusion in the settlement of the relevant powers without the inclusion of a clause in the settlement providing that such powers are not to be exercised in favour of the Claimant or the spouse for the time being of the Claimant (hereinafter "an exclusion clause") has the consequence that for the purposes of Chapter 5 of the Income Tax (Trading and Other Income) Act 2005 (and statutory predecessors in the same form) that the income of the Trust Fund is arguably to be treated as the income of the settlor and the United Kingdom Inland Revenue have made a claim to that effect.

12. The omission of an exclusion clause in the settlement was the consequence of a mistake on the part of one or more of the professional firms advising the Claimant and in consequence of that mistake the settlement did not comply or conform with the instructions which the Claimant had given to to his English solicitors and accountants.

13. The settlement ought accordingly to be rectified by the inclusion of an exclusion clause in the following form:

"Notwithstanding anything herein contained or implied no discretion or power by this Trust or by law conferred on the Trustees or any other person shall be exercised and no provision of the Trust shall operate so as directly or indirectly to cause or permit any part of the capital or income of the Trust Fund to become in any way payable to or applicable for the benefit of the Settlor or any other person or persons who shall previously have added property to the Trust Fund to the spouse for the time being of the Settlor or any such person or persons and the Trustees shall not exercise any of their powers so as to conflict with the beneficial provisions of the Trust."

AND the Claimant claims:
(1) A Declaration that the settlement ought to be rectified and read and construed as if it contained and had at the time of its execution contained the clause which is set out in paragraph 13 above.
(2) An Order providing for the costs of this Application.

[Statement of truth]

Section 54:

RESCISSION

Table of Contents

Claim for Rescission for Mistake 54-O1
Claim for Rescission for Misrepresentation 54-O2

54-01 Rescission is the process by which a party reverses the effect of a contract on the ground of fraud by the other party, innocent misrepresentation, constructive or equitable fraud (such as undue influence or overreaching), mistake, or misdescription of land the subject of a contract for sale. It is regarded as an equitable remedy because the common law courts could not, while the courts of equity could, provide the machinery (such as taking of accounts) which rescission required.

Rescission may also be effected as a consequence of a term of the contract conferring an express right to rescind, for example if the purchaser of land persists in an objection to the vendor's title. Reliance on such a term depends on the vendor having acted in good faith: the vendor will not be permitted to rely on a rescission clause if he has knowingly entered into the contract without any title to the property or part of it, and there must have been no failure of the vendor to act in good faith in relation to the contract. The vendor must not, for example, attempt to keep the right of rescission in suspense while attempting to resell the property to a third party.[1] The wording of rescission clauses in contracts needs to be carefully considered. In *Dooba Developments Ltd v McLagan Investments Ltd*[2] it was held that, on its correct construction, a clause in a conditional sale agreement which entitled either party to rescind "if all of the Conditions have not been discharged ... by the Longstop Date" meant that the power to rescind arose only if none of the conditions had been discharged by that date. This was contrasted to another rescission clause in the contract which was worded "if any of the Conditions have not been discharged" by a different date.

The right to rescind may also arise from the breach by one party of the duty of utmost good faith (uberrima fides) which is imposed on parties to contracts of insurance, contracts for family settlements, and contracts of partnership.

The use of the term "rescission" may be used to describe the process which follows the acceptance of a repudiatory breach of contract or the discharge of an order of specific performance on the ground of non-compliance, but such use may be misleading. In those events, the innocent party remains entitled to enforce secondary liabilities of the offending party to pay damages at common law.[3] Where the remedy of rescission properly so called is invoked, the contract is discharged ab initio (from the beginning). Money paid and property transferred pursuant to the contract is restored to the payer or transferor, with a view to restoring both parties

---

[1] *Smith v Wallace* [1895] 1 Ch. 385.
[2] *Dooba Developments Ltd v McLagan Investments Ltd* [2016] EWHC 2944 (Ch).
[3] *Johnson v Agnew* [1980] A.C. 367.

to the position in which they were before the contract was made (restitutio in integrum).

54-02 There is a critical distinction between rescission and discharge by breach in relation to contracts for the sale of land. In the case of an accepted repudiatory breach, the contract will have come into existence but been put to an end or discharged: the acceptance of a repudiatory breach does not bring about rescission ab initio as per *Johnson v Agnew*. Rescission ab initio is very different from a failure of performance which entitles the innocent party to treat the contract as discharged. While that latter situation is sometimes referred to as "rescission", it does not have the consequence that the contract is treated as never having come into existence. Rather, the parties are absolved from future performance and the innocent party might claim damages for breach.[4]

Damages at common law or pursuant to statute may be claimed in addition to rescission:

(i) where the defendant is guilty of fraud;

(ii) where the contract was induced by the defendant's innocent misrepresentation, and the defendant fails to prove that he had reasonable grounds to believe, and did believe, up to the time when the contract was made, that the representation was true: Misrepresentation Act 1967 s.2(1). In that event, the defendant is liable for damages as if the representation had been made fraudulently;

(iii) where the court decides pursuant to the Misrepresentation Act 1967 s.2(2) that it is equitable to declare the contract still subsisting notwithstanding that the claimant was induced to enter into it by the misrepresentation of the defendant. The court must have regard to the nature of the misrepresentation and balance the loss which would be caused to the claimant if the contract were upheld with the loss which would be caused to the defendant if it were rescinded; or

(iii) in cases of undue influence.

The right to rescind may be lost:

(i) Where the party claiming rescission has knowledge of the facts giving rise to the right to rescind and the existence of the right, and has affirmed the contract or waived the right to rescind. Such affirmation may occur if the claimant demands further performance of the contract by the other party. Waiver may be inferred if the claimant delays making his claim after acquiring knowledge of the right to rescind, particularly in the case of a sale of shares or other property whose market value is volatile: *Re Scottish Petroleum Co (No.2)*[5] (14 days too long, though the sale of shares is an area where particular promptness is required).

(ii) Where the party claiming rescission has unequivocally led the other to believe that he intends to affirm the contract, and where the other party has acted, to his detriment, on the statement or conduct, he will be estopped from claiming rescission. Whilst knowledge is not a strict requirement, one doubts that a sufficiently clear indication of intention can be given without

---

[4] *Howard-Jones v Tate* [2011] EWCA Civ 1330; [2012] 2 All E.R. 369.
[5] *Re Scottish Petroleum Co (No.2)* (1883) L.R. 23 Ch. D. 413.

(iii) Where the parties cannot be restored to their original positions (restitutio in integrum is impossible). This may occur if the performance of the contract has substantially altered the subject matter, or if the conduct of one of the parties has made restitution impossible. See for example *Gamatronic (UK) Ltd v Hamilton*[7] where rescission was potentially available because of the defendants' conduct. There was no obstacle to restoration, but fairness called for the return of certain shares to the defendants in the event of rescission. The claimants' refusal to return the shares meant rescission would be refused. The court does not, however, require exact restitution. A person who has agreed to become a partner in a business on the faith of misrepresentations as to its value may rescind even though the business has become worthless in the meantime; a party who has enjoyed benefits from the contract may be required to compensate the other party for the value of the benefits by making a payment.

(iv) Where a third party has acquired rights in relation to the subject matter of the contract for value. Thus, where a shareholder wishes to obtain rescission of the allotment of shares to him on the ground of fraudulent misstatements in the prospectus, he must repudiate the contract before the company is wound-up, as the company's creditors will be treated as purchasers of the company's assets for value.[8] On the other hand, a third party's rights will not prevent rescission if they were not acquired for value. A defendant would not be entitled to resist rescission of a sale to him of property on the ground that he had transferred the property to the trustees of a settlement as a gift to the beneficiaries. Equally, a trustee in bankruptcy of the defendant is not a purchaser for value of the property of the bankrupt.[9]

CLAIM FOR RESCISSION FOR MISTAKE

1. On or about [date] the Claimant orally agreed to purchase and the Defendant agreed to sell to him an oil painting called "Grey Clouds" for the sum of £[..........], which the Claimant then paid to the Defendant.

54-O1

2. The contract of sale was entered into by mutual mistake of the parties in that both the Claimant and the Defendant erroneously believed that the painting was by J.M.W. Turner when in fact it was not by him [but was by YY].

3. As soon as he discovered the truth about the painting, the Claimant, as he was entitled to do, by letter to the Defendant of [date] rescinded the said contract, refused to take delivery of the said painting and claimed repayment of the price of £[..........].

---

[6] *Habib Bank Ltd v Tufail* [2006] EWCA Civ 374; [2006] 2 P. & C.R. DG14.
[7] *Gamatronic (UK) Ltd v Hamilton* [2016] EWHC 2225 (QB); [2017] B.C.C. 670.
[8] *Oakes v Turquand* (1867) L.R. 2 H.L. 325.
[9] *Re Eastgate Ex p. Ward* [1905] 1 K.B. 465.

4. In the premises, the consideration for the payment of the price has wholly failed or alternatively, the Defendant has had and received the said sum to the use of the Claimant.

5. The Claimant claims interest on the amount found to be due to him from [date of payment] until payment or judgment herein pursuant to s.35A of the Senior Courts Act 1981 at such rate as the Court thinks just.

And the Claimant claims.
(1) Rescission of the contract of sale.
(2) Repayment of the said sum of £[..........].
(3) Interest on the said sum from [date of payment] until payment or judgment herein pursuant to s.35A of the Senior Courts Act 1981 at such rate as the Court thinks just.

[Statement of truth]

Claim for Rescission for Misrepresentation

54-O2 1. By an agreement dated [date] a copy of the material parts of which is annexed, the Claimant agreed to purchase from the Defendant 10,000 shares of £1 each in AB Limited for the price of £[..........] per share amounting to £[..........] to be paid as to [..........] forthwith and as to the balance 3 months thereafter.

2. The agreement contains as schedule 3 a list of representations by the Defendant including the following:
   (a) that the assets of the company on the completion date were worth £[amount];
   (b) that the liabilities of the company on the completion date amounted to £[amount];
   (c) that comprised in the assets of the said company were the following properties namely [specify the same];
   (d) that the said properties were free from all charges and encumbrances save as follows [specify the same].

3. Acting in reliance on the said representations and induced thereby, and not otherwise, the Claimant entered into the agreement, and duly completed it. The Defendant transferred the said shares to the Claimant, and the Claimant paid to the Defendant the initial instalment of £[..........] of the purchase price.

4. Each of the said representations were untrue in that [specify in relation to each representation the precise nature and extent of its untruth].

5. As soon as he discovered that the said representations were untrue, the Claimant as he was entitled to do, by letter [from his solicitors] to the Claimant of [date], rescinded the said agreement.

6. In the premises, the consideration for the payment of the said sum of has wholly failed and the Defendant has had and received the said sum to the use of the Claimant, who became and is entitled to be repaid the said sum.

7. Further or in the alternative, by reason of the matters aforesaid, the Claimant has suffered loss and damage.

Particulars

[Give full particulars of the loss and damage claimed.]

8. Further, the Claimant is entitled to and claims interest under s.35A of the Senior Courts Act 1981 on the amount found to be due to him at such rate and for such period as the Court shall think fit.

AND the Claimant claims:
(1) Rescission of the said contract (or damages in lieu).
(2) Repayment of the said sum of £[..........].
(3) Damages for misrepresentation.
(4) Interest under paragraph 8 from [date of payment of consideration] until payment or judgment herein at such rate as the Court thinks just.

[Statement of truth]

Section 55:

ACCOUNTS

Table of Contents

Claim for an Account of Money and Goods Received 55-O1
Claim for an Account of Share of Profits 55-O2
Claim for account on the basis of constructive trust 55-O3

Although accounts were sometimes ordered in the common law courts, the remedy of an account is chiefly the creation of the courts of equity. By an order for an account, the court compels the defendant to produce the documents and records of his dealings with the relevant property and explain such dealings by sworn witness statement.

The essential feature of the cause of action for an account is that the defendant is an "accounting party", someone who is or has been in such a relation to the claimant that he is obliged to render an account. Such a person may be an agent, a broker, a trustee, or a person who has rendered himself liable to account as a constructive trustee by reason of his dealings with property the subject of a trust or fiduciary obligation. The circumstances in which the many types of account may be ordered are almost infinitely variable.

An order that a party prepare and file accounts relating to the dispute is included in the list of interim remedies which may be granted before trial of an action: CPR r.25.1(1)(n). Likewise, CPR r.25.1(1)(o) states that any order directing an account or an inquiry may be made at the interim stage. A party can apply for summary judgment for an account under CPR r.24.2 if the remedy which the claimant seeks in the claim form includes taking an account: PD 24 para.6.

Practical provisions for taking accounts (and conducting inquiries) under a judgment or order are found in PD 40A and Ch.23 of the *Chancery Guide*.

By s.23 of the Limitation Act 1980, an action for an account is subject to the limitation period applicable to the underlying cause of action; thus, for example, in a claim for an account resulting from a breach of contract the limitation period will be six years.[1]

55-01

Claim for an Account of Money and Goods Received

1. By an agreement in writing ("the Agreement") dated [date] and made between the Claimant and the Defendant, the Claimant and the Defendant agreed:
  (1) that the Defendant would offer for sale to members of the public, and as the Claimant's agent, 1,000 [*specify item*] supplied by the Claimant ("the Goods");
  (2) that the Defendant was entitled to retain a commission equal to 15 per cent of the gross sale price achieved on the sale of each of the Goods;

55-O1

---

[1] *Coulthard v Disco Mix Club Ltd* [2000] 1 W.L.R. 707 at 727.

(3) that the Defendant would on request by the Claimant:
  (a) render to the Claimant a true and full account of all sales of the Goods achieved; and
  (b) pay over to the Claimant the gross sale price achieved on the sale of each of the Goods (less the commission that the Defendant was entitled to retain in accordance with (2) above); and
  (c) return to the Claimant each of the Goods that remained, at the date of the request, unsold by the Defendant.

2. On or about [date] the Claimant supplied the Goods to the Defendant.

3. By letter dated [date] the Claimant requested the Defendant:
  (1) to render to the Claimant a true and full account of all sales of the Goods achieved; and
  (2) to pay over to the Claimant the gross sale price achieved on the sale of each of the Goods (less the commission that the Defendant was entitled to retain); and
  (3) to return to the Claimant each of the Goods that remained, at the date of the request, unsold by the Defendant.

4. Wrongfully and in breach of the Agreement the Defendant failed:
  (1) to render the true and full account requested or any account to the Claimant or at all; and
  (2) to pay to the Claimant the gross sale price achieved on any sale of the Goods (less the commission that the Defendant was entitled to retain);
  (3) to return to the Claimant each of the Goods that remained, at the date of the request, unsold by the Defendant.

5. By reason of the matters pleaded the Claimant has suffered loss and damage. The Claimant is unable to give particulars of loss and damage until after discovery and inspection and/or interrogatories in this action.

6. The Claimant further claims against the Defendant interest (to be assessed), pursuant to s.35A of the Senior Courts Act 1981, on the sums claimed at such rate and for such period as to the Court shall seem just.

AND the Claimant claims:
(1) An account as at [date of request at paragraph 3 above], of all sales of the Goods achieved by the Defendant, of the proceeds of those sales and of the Goods remaining unsold by the Defendant.
(2) An order for payment by the Defendant to the Claimant of all sums found to be due from the Defendant to the Claimant on the taking of the account under (1) above.
(3) An order for delivery-up by the Defendant to the Claimant of those of the Goods found to be unsold by the Defendant on the taking of the account under (1) above [or for payment of their value].
(4) Damages.
(5) Interest (to be assessed), pursuant to s.35A of the Senior Courts Act 1981, on the sums claimed at such rate and for such period as to the Court shall seem just.

(6) Further or other relief, including all further necessary or appropriate accounts, inquiries and directions.

Claim for an Account of Share of Profits

1. By an agreement in writing ("the Agreement") dated [date] and made between the Claimant and the Defendant the Claimant and the Defendant agreed: 55-O2
  (a) that the Claimant would advise the Defendant in relation to the marketing of a property development ("the development") by the Defendant
  (b) that the Claimant would be entitled to a commission equal to [amount] per cent of the gross profit achieved by the Defendant on the sale by the Defendant of the development (that gross profit to be calculated by subtracting £[..........] from the gross sale price achieved by the Defendant on the sale by the Defendant of the development).

2. Between about [date] and [date] the Claimant advised the Defendant in relation to the marketing of the development by the Defendant.

3. On a date unknown to the Claimant the Defendant achieved a sale of the development at a price exceeding £[..........]. The Claimant is unable to give further particulars of the sale until after discovery or interrogatories in this action.

4. By letter dated [date] the Claimant requested the Defendant to account to the Claimant for the commission to which the Claimant became, in the circumstances pleaded above, entitled in accordance with the terms, pleaded at paragraph 1(b) above, of the Agreement.

5. Wrongfully and in breach of the Agreement the Defendant has failed to account to the Claimant in the manner requested by the Claimant or at all.

6. The Claimant further claims against the Defendant interest (to be assessed), pursuant to s.35A of the Senior Courts Act 1981, on the sums claimed at such rate and for such period as to the Court shall seem just.

AND the Claimant claims:
(1) An account of all sums due from the Defendant to the Claimant in respect of the sale by the Defendant of the development.
(2) An order for payment by the Defendant to the Claimant of all sums found to be due from the Defendant to the Claimant on the taking of the account under (1) above.
(3) Interest (to be assessed), pursuant to s.35A of the Senior Courts Act 1981, on the sums claimed at such rate and for such period as to the Court shall seem just.
(4) Further or other relief, including all further necessary or appropriate accounts, inquiries and directions.

[Statement of truth]

Claim for Account on the Basis of Constructive Trust

1. The Claimant is a company incorporated in the British Virgin Islands. 55-O3

2. At all relevant times the First Defendant was a director of the Claimant. The

Second Defendant is the wife of the First Defendant. The Third Defendant is a company incorporated in the Cayman Islands and has at all relevant times been the trustee of the Orion Settlement created by the First Defendant by a deed dated [date].

3. By a series of cash transfers dated as set out in the schedule hereto the First Defendant caused funds belonging to the Claimant standing to its credit at the First Offshore Bank to be paid to accounts in the name of the Second Defendant with the Main Channel Islands Bank and in the name of the Third Defendant with the Second Offshore Bank as shown in the third column of the schedule.

4. Each of the transfers was made by the First Defendant in breach of his fiduciary duty to the Claimant and was a misfeasance, in that:
   (1) The First Defendant gave no consideration for the transfers.
   (2) The transfers were not authorised by the board of directors of the Claimant.

5. Each of the Second and Third Defendants are liable to account to the Claimant for the sums respectively received by them on the grounds that:
   (1) Each of them received the said sums as volunteers and gave no consideration therefor.
   (2) Each of them knew that the transfers had been made from accounts of the Claimant (by reason of the transfer notifications given to each of them by the First Offshore Bank).
   (3) Each of them knew or ought to have known that the First Defendant had procured the payments without giving any consideration therefor and without the authority of the board of directors of the Claimant because:
      (a) each of them had supported in writing an attempt by the First Defendant to procure an individual voluntary arrangement with his creditors in the period of 2 months prior to the first transfer and each of them knew that the First Defendant asserted that he was insolvent, with practically no assets;
      (b) the directors of the Claimant had notified both the Second and Third Defendants in writing before the date of the first transfer that the First Defendant had no authority to effect any transactions on the accounts of the Claimant.

6. The Defendants have failed and neglected to account to the Claimant for the amounts of the transfers or the proceeds of such sums.

AND the Claimant claims:
(1) An order that the Second and Third Defendants account to the Claimant for the sums received by them set out in the schedule hereto.
(2) An inquiry what assets in the hands of the Second and Third Defendants represent the said sums.
(3) An account of all sums received by the Second and Third Defendants representing income or proceeds of the said sums and all such assets or any part thereof.
(4) Interest by way of equitable relief at a commercial rate on all sums found due to the Claimant.

[Statement of truth]

Section 56:

RECEIVERS

Table of Contents

Claim for a Receiver over Partnership Property 56-O1

The appointment by the court of a receiver is a flexible remedy which enables the court to appoint its own officer to safeguard and administer property pending a dispute, or to give effect to the court's judgment after a trial. The effect of the appointment of a receiver depends on the specific terms of the order of appointment, but the following general propositions apply: **56-01**

(i) The receiver has no authority to manage a business over which he is appointed unless the order of appointment so provides.
(ii) The appointment of the receiver operates as a kind of injunction against any other intermeddling with the assets the subject of the appointment, so that interference with the performance of the receiver's duties is a contempt of court.
(iii) The receiver will usually be obliged to provide security for the due performance of his duties, but he may be authorised to act before giving security, or without providing any security at all, by the terms of the order of appointment.
(iv) The receiver has no recourse to the parties to the action or the party securing the appointment for his remuneration, costs and expenses, but he is entitled, like a trustee, to be indemnified out of the assets where he has acted for the benefit of the property.
(v) The receiver is personally liable to those with whom he contracts in the course of the receivership.

The critical matter that determines whether the court should appoint a receiver is whether the claimant has shown a claim to assets which are in jeopardy either from depredations by the defendant or by reason of deterioration over time. Receivers have been appointed by the court to protect partnership assets, the assets of joint ventures, and deteriorating leasehold property. A power of revocation of a trust is property over which a receiver may be appointed to secure execution of a judgment.[1]

The extent of the court's power to appoint a receiver was examined in detail in *Holyoake v Candy*,[2] where it was held that it included power to make a freestanding order (called a "notification order") requiring a party to proceedings to notify another prior to entering into a transaction by which property is to be disposed of.

---

[1] *Tasarruf Mevduati Sigorta Fonu v Merrill Lynch Bank &Trust Co (Cayman) Ltd* [2011] UKPC 17; [2012] 1 W.L.R. 1721.
[2] *Holyoake v Candy* [2016] 3 W.L.R. 357; [2016] EWHC 970 (Ch).

The appointment of a receiver is governed by CPR Pt 69 and the terms of PD 69, which together provide a comprehensive procedural code.

An application for a court appointed receiver must include the following information: (a) details of the property it is proposed that the receiver should manage, including estimates of the value of the property and the amount of income it is likely to produce; (b) whether the receiver is to act with or without giving security, asking for the receiver to act without security, or before security is given, give the reason why; (c) identification of an individual whom the court will appoint as the receiver, including their name, address and position, include evidence by a person that knows the nominee, stating the reasons why he believes they are suitable to be appointed; and (d) the written consent, signed by the nominee, to act as receiver if appointed.[3]

Claim for a Receiver over Partnership Property

56-O1 1. The Claimant and the Defendant have since [date] carried on business in partnership as [business] under a partnership at will whose terms are evidenced in letters between the Claimant and the Defendant dated [date] and [date] and in the annual accounts of the partnership dated [date] and [date].

2. By a notice dated [date] the Claimant gave notice to the Defendant to dissolve the partnership between them.

3. Notwithstanding such notice the Defendant has continued to carry on the former partnership business using the assets thereof or a majority of them and threatens and intends to retain such assets for his own benefit and dissipate them.

AND the Claimant claims:
(1) A declaration that the partnership between the Claimant and the Defendant has been dissolved with effect from [date].
(2) The appointment of a receiver of the partnership assets with power to manage and continue the partnership business with a view to its sale as a going concern.
(3) All necessary and usual partnership accounts and inquiries.
(4) Such orders as may be necessary to secure the winding up of the said partnership.
(5) Costs.

[Statement of truth]

---

[3] See PD 69 para.4.

PART P FRAUD

Section 57:

CIVIL CLAIMS IN FRAUD: AN INTRODUCTION

Causes of action

An action in fraud will usually include one or more of the following distinct causes of action:　　**57-01**

(1) fraudulent misrepresentation or deceit;
(2) conspiracy;
(3) unlawful interference/inducing breach of contract;
(4) bribery;
(5) money had and received; or
(6) constructive trusts: knowing receipt and dishonest assistance.

There are also likely to be claims to trace assets in equity or, perhaps, at common law. The essential elements of each of these claims are dealt with below.

Pleading fraud

Before pleading fraud the pleader should have regard to the material and evidence available, in the light of the requirements of the pleader's professional code of conduct, the Practice Direction to CPR Pt 16 at para.8.2 and the standard of proof which will be required at trial.　　**57-02**

Barristers and solicitors may not draft any originating process, pleading, affidavit, witness statement or notice of appeal containing any allegation of fraud unless they have clear instructions to make such an allegation and have before them reasonably credible material which as it stands establishes a prima facie case of fraud: see the Code of Conduct for the Bar in particular C2 and C9.2 and the Solicitor's Code of Conduct in which the relevant provision is to be found at IB(5.7) and IB(5.8).

It is the duty of counsel not to put a plea of fraud on the record "unless he has clear and sufficient evidence to support it".[1] The effect of the relevant provision in the Bar Code of Conduct was discussed in *Medcalf v Weatherill*.[2] In that case Lord Bingham stated that at a preparatory stage the requirement is not that counsel should necessarily have evidence in admissible form, but that he should have "material of such a character as to lead responsible counsel to conclude that serious allegations could properly be based upon it". A pleader may be entitled to take into account that

---

[1] *Associated Leisure Ltd v Associated Newspapers Ltd* [1970] 2 Q.B. 450, per Lord Denning MR at 456.
[2] *Medcalf v Weatherill* [2002] UKHL 27; [2003] 1 A.C. 120.

further facts and evidence of dishonesty may turn up before trial, or even during trial.[3]

Where he wishes to rely on them in support of his claim, a claimant is required specifically to set out in his particulars of claim any allegation of fraud, details of any misrepresentation, details of all breaches of trust and notice or knowledge of facts (CPR r.16.4(e), note 16.4.4 and CPR Pt 16 PD 8.2). The facts must be so stated as to show distinctly that fraud is charged.[4] Where any inference of fraud or dishonesty is alleged, the party must list the facts on the basis of which the inference is alleged.[5] In *Seaton v Seddon*,[6] Roth J was asked to decide an issue in dispute between the parties as to whether an allegation of fraud has to be particularised setting out its factual foundation. Although he considered the drafting of CPR PD 16 could be improved, he found that the obligation it imposes to "specifically set out ... any allegation of fraud" read together with CPR r.16.4(1)(a), is to be interpreted as meaning more than a simple statement that fraud is alleged, but also the specific basis of the allegation, i.e. the facts relied upon.

A pleading of fraud does not have to plead primary facts which are only consistent with dishonesty. Instead the question is whether, on the basis of the primary facts pleaded, an inference of dishonesty is more likely than one of innocence or negligence.[7] The court again cited *Three Rivers v Bank of England (No.3)*, this time Lord Millett—namely that there had to be some fact "which tilts the balance and justifies an inference of dishonesty". At the interlocutory stage, when the court is considering whether the plea of fraud is a proper one or whether to strike it out the court is not concerned with whether the evidence at trial would establish fraud, but only with whether facts were pleaded which would justify the plea of fraud.[8]

57-03   As to particulars of knowledge, it has been said that it is sufficient when alleging fraud that the pleading expressly states that the defendant had the relevant knowledge, it being open to the defendant then to seek particulars if necessary.[9] It should be noted, however, that *Rigby* was a pre-CPR case; it is suggested that the better course post-CPR will be to set out full particulars of knowledge at the outset. A "rolled up" plea of the "knew or ought to have known" variety is not a clear and unequivocal allegation of actual knowledge and will not support a finding of fraud.[10]

In *Portland Stone Firms Ltd v Barclays Bank Plc*,[11] Mr Justice Stuart-Smith recently summarised the relevant principles for pleading fraud at [25]–[32]. In *Tchenguiz v Grant Thornton UK LLP*,[12] Leggatt J, at [6] in particular, gave guidance in a fraud case as to pleading in compliance with the Commercial Court Guide and generally as to content, structure and length. Although, it is clear that in practice the acceptable length, structure and content of a pleading in fraud will depend on

---

[3]   *Brown v Bennett (No.2)* [2002] 2 All E.R. 273; [2002] 1 W.L.R. 713 per Neuberger J at 750, [112], discussing the effect of the observations of Lords Hope and Hutton in *Three Rivers District Council v Bank of England (No.3)* [2001] UKHL 16; [2003] 2 A.C. 1.
[4]   *Garden Neptune v Occidental* [1989] 1 Lloyd's Rep. 305, 308; *Davy v Garrett* (1878) 7 Ch. D. 473 at 489.
[5]   Chancery Guide at 10.1 and 10.2; Queen's Bench Guide at 6.7.3; Commercial Court Guide at C1.3.c.
[6]   *Seaton v Seddon* [2012] EWHC 735 (Ch); [2012] 1 W.L.R. 3636.
[7]   *JSC Bank of Moscow v Vladimir Abramovich Kekhman* [2015] EWHC 3073 (Comm) per Flaux J at [20] to [22].
[8]   See also *Mukhtar v Saleem* [2018] EWHC 1729 (QB); [2018] B.P.I.R. 1386 and *Elite Property Holdings Ltd v Barclays Bank* [2017] EWHC 2030 (QB).
[9]   *Rigby v Decorating Den Systems Ltd* unreported 15 March 1999 CA.
[10] *Belmont Finance Corp Ltd v Williams Furniture Ltd* [1979] Ch 250 per Millett LJ at 268.
[11] *Portland Stone Firms Ltd v Barclays Bank Plc* [2018] EWHC 2341 (QB).
[12] *Tchenguiz v Grant Thornton UK LLP* [2015] EWHC 405 (Comm); [2015] 1 All E.R. (Comm) 961.

the circumstances of the particular case: see for example *Capital Markets Co (UK) Ltd v Tarver*.[13]

The standard of proof required at trial is the civil standard of a preponderance of probability. It is not an absolute standard. A civil court, when considering a charge of fraud, will naturally require for itself a higher degree of probability than that which it would require when asking if negligence is established. It does not adopt so high a degree as a criminal court, but it still does require a degree of probability commensurate with the occasion.[14]

On an application for summary judgment an allegation of fraud must be proved to a high standard and there must be a clear and plain case, particularly where the party accused of fraud has filed an affidavit denying the allegation.[15]

Although the standard of proof required at trial will not be applied on any interim application, such as an application for a freezing order, on such an application the claimant will have to show the court that it has a good arguable case on the evidence available.[16]

The importance of properly analysing a case and pleading fraud (in order to ensure that issues are properly evidenced and witnesses can be cross-examined) was underlined by the Court of Appeal in *Crown Bidco Ltd v Vertu Holdings OY*, citing *Clifford v Clifford*.[17]

Pre-emptive remedies

Often in claims based in fraud the claimant will seek injunctive relief before or at the outset of the action. The relief is likely to take the form of claims to preserve assets pending judgment and enforcement, to preserve evidence or for information and evidence required to formulate properly the claim against the prospective defendant. The most common forms of injunctions obtained are freezing orders (formerly called *Mareva* injunctions), search orders (*Anton Piller* orders) and orders to produce information and evidence under the *Norwich Pharmacal Co v Customs and Excise Commissioners* and *Bankers Trust Co v Shapira* jurisdictions.[18] It is outside the scope of this section to set out a detailed analysis of the principles on which the courts will grant relief of this nature: for this see the commentary to CPR Pts 25 and 31 in the *White Book* Service; also *Gee Commercial Injunctions*.[19] The drafting process is somewhat simplified by the requirement to use standard form draft freezing and search orders: see CPR Pt 25 PD; and the standard forms in Appendix 11 to the Commercial Court Guide.

57-04

Misrepresentation Misrepresentation straddles negligence and fraud, and may arise under any of the following separate sets of circumstances:

57-05

(a) where the misrepresentation is made dishonestly, i.e. fraudulently, in a common law action of deceit;

---

[13] *Capital Markets Co (UK) Ltd v Tarver* [2017] EWHC 2467 (Ch) per Rose J at [46] to [51].
[14] *Hornal v Neuberger Products Ltd* [1957] 1 Q.B. 247; *Blyth v Blyth* [1966] A.C. 643; *Parks v Clout* [2003] EWCA Civ 893.
[15] *Allied Dunbar v Ireland* [2001] EWCA Civ 1129.
[16] *United Bank Ltd v Hussein* [2000] 3 C.P.L.R. 270.
[17] *Crown Bidco Ltd v Vertu Holdings OY* [2017] EWCA Civ 67; [2018] 3 Costs L.R. 455, citing *Clifford v Clifford* [1961] 1 W.L.R. 1274
[18] *Norwich Pharmacal Co v Customs and Excise Commissioners* [1974] A.C. 133 and *Bankers Trust Co v Shapira* [1980] 1 W.L.R. 1274.
[19] *White Book* (London: Sweet & Maxwell); also *Gee Commercial Injunctions*, 6th edn (London: Sweet & Maxwell, 2016).

(b) where the misrepresentation is made innocently, i.e. not fraudulently, under s.2 of the Misrepresentation Act 1967;
(c) where the misrepresentation is made negligently, in a common law action for negligent misrepresentation under the doctrine of *Hedley Byrne*[20];
(d) where the misrepresentation is made in breach of statutory duty, in an action for breach of such duty, e.g. under s.10 of the Land Charges Act 1972.[21]

The action in deceit is dealt with below.

57-06 **Non-fraudulent misrepresentations** Where the representation is not made fraudulently, an action for damages may nevertheless lie under s.2 of the Misrepresentation Act 1967, which, to the extent to which it applies, has altered the former principle of law that no such action would lie for a mere innocent misrepresentation, not made negligently and not amounting to a warranty.[22] Section 2(1) of the Misrepresentation Act 1967 provides as follows:

> "Where a person has entered into a contract after a misrepresentation has been made to him by another party thereto and as a result thereof he has suffered loss, then, if the person making the misrepresentation would be liable to damages in respect thereof had the misrepresentation been made fraudulently, that person shall be so liable notwithstanding that the misrepresentation was not made fraudulently, unless he proves that he had reasonable ground to believe and did believe up to the time the contract was made that the facts represented were true."

The extension of liability for misrepresentation to innocent misstatements under s.2 of the Misrepresentation Act 1967 and to negligent misstatements under the doctrine of *Hedley v Byrne* may well mean that, in many cases, the claimant need not and perhaps should not undertake the heavier burden of pleading and proving a charge of fraud. Where charges of fraud are made which are not sustained, the judge has power to order the party making such charges to pay the costs occasioned thereby.[23]

---

[20] *Hedley Byrne & Co Ltd v Heller & Partners Ltd* [1964] A.C. 465.
[21] *Ministry of Housing and Local Government v Sharp* [1970] 2 Q.B. 223, applied in *Ross v Caunters* [1980] Ch. 297; *Lawlon v BOC Transhield Ltd* [1987] I.C.R. 7; *Mills v Winchester Diocesan Board of Finance* [1989] Ch. 428.
[22] *Heilbut, Symons & Co v Buckleton* [1913] A.C. 30.
[23] *Parker v McKenna* (1874) 10 Ch. App. 96.

Section 58:

FRAUDULENT MISREPRESENTATION OR DECEIT

Table of Contents

Claim for Rescission of Contract and Damages for Fraudulent Misrepresentation or Misrepresentation under Misrepresentation Act 1967	58-P1
Claim for Fraudulent Misrepresentation as to Credit	58-P2
Defence denying representations (Defence to precedent 50-N1, paragraph 6(b))	58-P3
Defence denying inducement (Defence to precedent 50-N1, paragraph 7)	58-P4
Defence denying damage (Defence to precedent 50-N1, paragraphs 13 and 14)	58-P5
Fraudulent misrepresentation as to credit: defence denying representation in writing	58-P6
Fraudulent misrepresentation as to credit: defence denying defendant's signature	58-P7
Defence of deceit to claim on a contract and counterclaim for declaration that contract validly rescinded	58-P8
Reply to defence of deceit to claim on a contract: remedy of rescission lost through delay/affirmation	58-P9

Necessary elements of an action in deceit In order to sustain the common law action of deceit, the following facts must be established, i.e. they must be pleaded and proved, namely: 58-01

(1) there must be a representation of fact made by words or by conduct and mere silence is not enough;

(2) the representation must be made with knowledge that it is false, i.e. it must be wilfully false or at least made in the absence of any genuine belief that it is true or recklessly, i.e. without caring whether his representation is true or false[1];

(3) the representation must be made with the intention that it should be acted upon by the claimant, or by a class of persons which will include the claimant, in the manner which resulted in damage to him;

(4) it must be proved that the claimant acted upon the false statements; and

(5) it must be proved that the claimant has sustained damage by so doing.[2]

See *Ludsin Overseas Ltd v Eco3 Capital Ltd* at [70] to [82] per Jackson LJ.[3]

---

[1] *Derry v Peek* [1889] 14 App. Cas. 337.
[2] *Bradford Third Equitable Benefit Building Society v Borders* [1941] 2 All E.R. 205 at 211, per Viscount Maugham.
[3] *Ludsin Overseas Ltd v Eco3 Capital Ltd* [2013] EWCA Civ 413 at [70] to [82] per Jackson LJ.

58-02 The representation The decision of Christopher Clarke J in *Raiffesisen Zentralbank v RBS Plc*[4] contains a useful discussion of aspects of the law of misrepresentation, including the representation. See also the judgment of Hamblen J in *Cassa di Risparmio della Republica di San Marino SpA v Barclays Bank Ltd*.[5]

The representation must usually be a matter of fact or law, not opinion or intention. However, in certain circumstances a statement of opinion or of intention may be regarded as a statement of fact. If it can be proved that the person who expressed the opinion did not hold it, or could not, as a reasonable man having his knowledge of the facts, honestly have held it, the statement may be regarded as a statement of fact.[6]

The representation can be a statement which is implied from the context in which words are spoken,[7] or by conduct,[8] if it is intended to induce the other party to believe a certain fact. In this regard context is everything: see *AIC Ltd v ITS Testing Services (UK) Ltd (The Kriti Palm)* per Rix LJ.[9]

Implied representations by conduct have been considered in a recent strain of authority, in particular by the Court of Appeal in *Property Alliance Group Ltd v Royal Bank of Scotland*[10] and by the Commercial Court in *Marme Inversiones 2007 SL v Natwest Markets Plc*.[11] In short, the English courts have held that while it was possible for a representation to be implied from even passive conduct (e.g. a representor accepting a proposal from the representee) passivity and natural assumption were not, without more, sufficient. The broader and more complex the alleged representations, the more active and specific the conduct had to be to give rise to the implication (see *Marme* at [137]–[158]).

Active concealment of a material fact, whether in whole or in part, may operate as a misrepresentation[12] (equally, partial disclosure), but mere non-disclosure of facts will not give a cause of action[13] unless there is a duty of disclosure, e.g. where there is a fiduciary relationship. Where a statement is made which is true when it is made but, subsequently and before it is acted upon by the claimant, it ceases to be true to the knowledge of the defendant, there may be an action in fraudulent misrepresentation.[14] The court will examine whether a subsequent statement made to the claimant or information provided to him is sufficiently complete to correct the misrepresentation.[15]

58-03 Dishonesty The essence of the action of deceit is dishonesty, though not

---

[4] *Raiffesisen Zentralbank v RBS Plc* [2010] EWHC 1392 (Comm); [2011] 1 Lloyd's Rep 123.
[5] *Cassa di Risparmio della Republica di San Marino SpA v Barclays Bank Ltd* [2011] EWHC 484 (Comm); [2011] 1 C.L.C. 701 at [210] to [233].
[6] *Economides v Commercial Union Assurance Co Ltd* [1998] Q.B. 587 at 598, per Simon Brown LJ.
[7] *R. v Banaster* [1979] R.T.R. 113.
[8] *Ray v Sempers* [1974] A.C. 370.
[9] *AIC Ltd v ITS Testing Services (UK) Ltd (The Kriti Palm)* [2007] 1 All E.R. (Comm) 667 at [252] per Rix LJ.
[10] *Property Alliance Group Ltd v Royal Bank of Scotland* [2018] EWCA Civ 355; [2018] 1 W.L.R. 3529.
[11] *Marme Inversiones 2007 SL v Natwest Markets Plc* [2019] EWHC 366 (Comm).
[12] *Schneider v Heath* (1813) 3 Camp. 506.
[13] *Smith v Hughes* (1871) L.R. 6 Q.B. 597.
[14] *Davies v London Provincial Marine Insurance Co* (1878) 8 Ch. D. 469; *Brownlie v Campbell* (1879–80) L.R. 5 App. Cas. 925; *Arkwright v Newbold* (1881) 17 Ch. D. 301.
[15] *Morris v Jones* [2002] EWCA Civ 1790, applied in *Clinicare Ltd (formerly known as Strasbourgeoise UK Private Health Insurance Services Ltd) v Orchard Homes & Developments Ltd* [2004] EWHC 1694 (QB), Moses J, and *FoodCo UK Llp (t/a Muffin Break) v Henry Boot Development Ltd* [2010] EWHC 358 (Ch) at [193] to [207].

dishonesty in the criminal sense. The relevant intention is that the false statement shall be acted upon by the person to whom it is addressed.[16] The action will lie where the defendant, in order to induce the claimant to act upon his representation, fraudulently or recklessly, (i.e. without caring whether his representation is true or false) represents as true a matter of which he knows nothing and which is in reality untrue, if the claimant is thereby induced to act upon such representation to his loss.[17] It is not enough to show that the representation was made without any reasonable ground for believing it to be true, and that it was in fact false; it must be proved to have been made dishonestly. For a reinstatement of the relevant principles see *AIC Ltd v ITS Testing Services (UK) Ltd (The Kriti Palm)* and *FoodCo UK Llp (t/a Muffin Break) v Henry Boot Development Ltd*.[18]

It should be noted that in *PAG*, the Court of Appeal observed (obiter) that it may well be the case that where there is an implied representation that is not present to the representor's mind it will never or rarely be fraudulent—given the normal rule that for a finding of fraud the representor must have intended to make a representation he knew to be false (see [158]).

Inducement A statement made by the defendant without an intention to induce the claimant to act upon it is not sufficient ground for an action.[19] In cases of fraud there is said to be an inference of fact, sometimes called a "presumption of inducement", where the representation is of facts obviously material to a reasonable person.[20] The inference is rebutted by proof that the representee knew the true facts, or did not in fact rely on the representation. If the representation was one which was unlikely to influence a reasonable person, the representee may still succeed if he can show that he was in fact induced by the statement.[21]

58-04

However, if a representation did not affect the representee's mind, because he was unaware that it had been made, or because he was not influenced by it, or because he knew that it was false, the representee has no remedy (*IFE Fund SA v Goldman Sachs International* at [78] citing *Chitty on Contracts*). As such, awareness of the implied representation is critical, see *Marme* [281]–[288].

In the recent case of *BV Nederlandse Industrie Van Eiprodukten v Rembrandt Enterprises Inc*,[22] as regards inducement, the Court of Appeal summarised what the representee had to prove: (i) that he had been materially "influenced" by the representations in the sense that it was "actively present to his mind"; (ii) that whereas there is a presumption that a statement, likely to induce a representee to enter into a contract, did so induce him, that is merely a presumption of fact which is to be taken into account along with all the evidence; and (iii) there is no requirement as a matter of law, that the representee should state in terms that he would not have made the contract but for the misrepresentation, but the absence of such a

---

[16] *Standard Chartered Bank v Pakistan National Shipping Corporation (No.2)* [2000] 1 Lloyd's Rep. 218 (reversed but not on this point).
[17] *Derry v Peek* (1889) 14 App. Cas, 337 at 359, per Lord Herschell.
[18] *AIC Ltd v ITS Testing Services (UK) Ltd (The Kriti Palm)* [2006] EWCA Civ 1601; [2007] 1 All E.R. (Comm) 667 at [256] to [259] per Rix LJ, and *FoodCo UK Llp (t/a Muffin Break) v Henry Boot Development Ltd* [2010] EWHC 358 (Ch) at [186] to [192].
[19] *Tackey v McBain* [1912] A.C. 186.
[20] *Pan Atlantic Insurance Ltd v Pine Top Ltd* [1995] 1 A.C. 501 at 542; *St Paul Fire and Marine Insurance Co Ltd v McConnell Dowell Constructors Ltd* [1996] 1 All E.R. 96 at 112.
[21] *Museprime Properties Ltd v Adhill Properties Ltd* [1990] 2 E.G.L.R. 196.
[22] *BV Nederlandse Industrie Van Eiprodukten v Rembrandt Enterprises Inc* [2019] EWCA Civ 596; [2019] 2 All E.R. (Comm) 501.

statement was part of the overall evidential picture from which the judge had to ascertain whether there was inducement or not.

In *Hayward v Zurich Insurance Co Plc*[23] the Supreme Court considered the nature of inducement in a claim for rescission of a settlement agreement on the basis of fraudulent misrepresentation. The Supreme Court, overturning the Court of Appeal, held that in order to show the necessary influence by or reliance on the misrepresentation in a claim to set aside a settlement agreement on the basis of fraudulent misrepresentation, the defrauded representee did not have to prove that it settled because it believed that the misrepresentation was true. The representee's state of mind would usually be relevant to the issue of inducement and a representee may have serious difficulty in establishing that he had been induced to enter into the contract or that he had suffered a loss if he did not believe that the representation was true.

58-05 When considering this causation aspect of inducement/reliance, a thorny issue in the case law has been: what is the correct question for the representee—is it "what would you have done if no representation had been made?", or is it "what would you have done if you had been told the truth?" This issue was considered at length by Christopher Clarke J in a much cited excerpt from *Raiffeisen*, at [178]–[187]. The judge held that in many, but not all, cases, the answer to the two questions will be the same. In particular the question of what the representee would have done if it had been told the truth is a relevant inquiry if the position is that it would have acted in the same way even had the truth been known—plainly that is evidence which weighs against a conclusion that there was the requisite reliance.

There has been a live issue in cases on deceit as to whether the correct causal test for inducement is that the representee "would" or "might" have acted in a particular way. In *Raiffeisen, Cassa di Risparmio, Leni Gas and Oil v Malta Oil*[24] and *BV Nederlandse Industrie Van Eiprodukten v Rembrandt*, the judges of the Commercial Court considered that in cases of fraud, "might" is the appropriate test but in non-fraud cases, the "would" test applies. However, in *Marme*, Picken J remarked (obiter) at [317] that it was his view that the "would" test should operate in all cases (whether fraud or otherwise).

The position was resolved to a certain extent by the Court of Appeal in *BV Nederlandse Industrie Van Eiprodukten v Rembrandt Enterprises Inc*, which dealt with this issue together with the issue of the rebuttable presumption (see para.58-04). The Court of Appeal found at [43] that there is an evidential presumption of fact (not law) that a representee will have been induced by a fraudulent representation intended to cause him to enter the contract and that the inference will be very difficult to rebut. As to might vs would—Longmore LJ held at [45] if "might":

> "means no more than being actively present in the mind of the representee it is perhaps a convenient shorthand. But if it means that the court cannot make up its mind on inducement and therefore decides as a matter of law to give the representee the benefit of the doubt, it is not a helpful concept because that would be contrary to the law as I conceive it to be."

It is immaterial that a party who acted on a misrepresentation may have (i) had other reasons for entering into the contract (see BV Nederlandse Industrie Van

---

[23] *Hayward v Zurich Insurance Co Plc* [2016] UKSC 48; [2016] 3 W.L.R. 637.
[24] *Leni Gas and Oil v Malta Oil Pty Ltd* [2014] EWHC 893 (Comm).

Eiprodukten at [32] applying *Reynell v Sprye*[25]) or (ii) been influenced by his own mistake as well.[26] Contributory fault does not give rise to apportionment of damages in a claim in deceit.[27] The reasoning in *Williams v Natural Life Health Foods*[28] was that negligent misrepresentation did not apply to liability for fraud.[29]

Damage The claimant must prove that in consequence of acting upon the misrepresentation he has suffered damage which is the gist of the action.[30] The applicable measure of damages is the tort measure and not the contract measure (i.e. not the "bargain" or "expectation" measure). The court compares the position the claimant was in before the fraudulent inducement to that which he is in after the fraudulent inducement. The measure of damages is all the loss which directly flows from the fraud perpetrated, whether or not foreseeable, and includes consequential losses.[31] However, this may involve difficult questions of causation. The defendant is not liable for losses which the claimant would have suffered even if he had not entered into the transaction or for losses attributable to causes which negative the causal effect of the misrepresentation.[32] Once the fraud has been discovered the claimant is obliged reasonably to mitigate its loss; and in "any case where the person deceived has not himself behaved with reasonable prudence, reasonable common sense, or can in any true sense be said to have been the author of his own misfortune" he will not recover those losses attributable to his own conduct (*Doyle v Olby (Ironmongers) Ltd Smith New Court Securities Ltd. v Scrimgeour Vickers (Asset Management) Ltd*). *P v B*[33] sort of deceit applies between cohabiting couples. In assessing the measure of his loss, a claimant will also be required to give credit for any benefit received from the fraud.[34]

58-06

A person who has been induced to enter into a contract by the fraudulent misrepresentation(s) of the counterparty to the contract may rescind the contract or claim damages, or both.[35]

Fraudulent misrepresentation as to credit Any claim in deceit (or under s.2(1) Misrepresentation Act 1967) where a representation is alleged to have been made as to the credit or creditworthiness of a third party is only actionable if the representation has been made in writing, signed by the defendant. Section 6 of the Statute of Frauds Amendment Act, 1828 (Lord Tenterden's Act) provides:

58-07

> "no action shall be brought whereby to charge any person upon or by reason of any representation or assurance made or given concerning or relating to the character, conduct,

---

[25] *Reynell v Sprye* 42 E.R. 710.
[26] *Edgington v Fitzmaurice* (1886) 29 Ch. D. 459.
[27] *Redgrave v Hurd* (1881) 20 Ch. D. 1 at 13; *Aarons Reefs v Twiss* [1896] A.C. 273 at 279; *Standard Chartered Bank v Pakistan National Shipping Corp* [2002] 3 W.L.R. 1547; [2003] 1 A.C. 959 approved *Alliance & Leicester Building Society v Edgestop Ltd* [1993] 1 W.L.R. 1462.
[28] *Williams v Natural Life Health Foods* [1998] 2 All E.R. 577.
[29] *Alliance & Leicester Building Society v Edgestop Ltd* [1993] 1 W.L.R. 1462 at 1477; *Standard Chartered Bank v Pakistan National Shipping Corp (Nos 2 and 4)* [2003] 1 A.C. 959 at [10]–[18] per Lord Hoffmann, approving the majority of the Court of Appeal.
[30] *Smith v Chadwick* (1884) 9 App. Cas. 187 at 196, per Lord Blackburn.
[31] *Doyle v Olby (Ironmongers) Ltd* [1969] 2 Q.B. 153; *Smith New Court Securities Ltd v Scrimgeour Vickers (Asset Management) Ltd* [1997] A.C. 254.
[32] *Banque Bruxelles Lambert SA v Eagle Star Asset Management* [1997] A.C. 191 at 216, per Lord Hoffmann.
[33] *P v B* (2001) 1 F.L.R. 1641.
[34] *Midco Holdings v Piper* [2004] EWCA Civ 476.
[35] *Archer v Brown* [1985] Q.B. 401.

credit, ability, trade, or dealings of any other person, to the intent or purpose that such other person may obtain credit, money, or goods upon, unless such representation or assurance be made in writing, signed by the party to be charged therewith."

The scope of the Lord Tenterden's Act applies only to fraudulent representations[36] which relate in some way to the credit or creditworthiness of a person. The Act does not cover, e.g. a representation as to the availability of a quantity of sugar for sale.[37]

The signature of an agent of an individual will not satisfy the section.[38] Nor will the signature of a non-signing partner be sufficient against his co-partner.[39] However, a representation signed on behalf of a limited company by its duly authorised agent acting within the scope of his authority constitutes the company's signature for the purposes of the section.[40]

58-08 **Frauds by agents** The fraud alleged in the pleading must be the fraud of the defendant, and not of a third person.[41] In addition to the servant or agent, who will be personally responsible for his own fraud,[42] a master or principal will be liable for the wrong of his servant or agent if the wrong is committed in the case of a servant in the course of his employment, and in the case of an agent in the course of his actual or ostensible authority. The ingredients of vicarious liability must be established namely (i) a holding-out by the principal to the claimant; (ii) which was intended to be acted upon; and (iii) which was in fact acted upon; (iv) that the agent had authority to do what he did, including acts falling within the usual scope of his ostensible authority.[43]

If the agent made the misrepresentation innocently without the knowledge of the principal (i.e. that was in fact no fraud or dishonesty on the part of the principal), then the principal will not be liable on a claim in deceit even if the principal knew the facts which made the representation false.[44] In order for the master or principal to be liable, all the features of the wrong which are necessary to make the employee liable have to have occurred in the course of the employment. If the acts of the servant which have occurred in the course of the employment do not in themselves amount to a tort but only amount to a tort when linked to other acts which were not performed in the course of the employee's employment (whether the other acts are performed by the same person or a different person, who may or may not be a fellow employee) the master or principal will not be liable.[45] The claimant should have altered his position to his detriment in reliance on the belief that the servant's activities were part of his job.[46]

The fact that a company director makes a fraudulent misrepresentation on behalf

---

[36] *Banbury v Bank of Montreal* [1918] A.C. 626.
[37] *Diamond v Bank of London & Montreal Ltd* [1979] 1 Lloyd's Rep. 335 at 338 and 340.
[38] *Swift v Jewsbury and Goddard* L.R. 9 Q.B. 301; *UBAF Ltd v European American Banking Corp* [1984] 1 Q.B. 713.
[39] *Williams v Mason* (1873) 28 L.T. 232.
[40] *UBAF Ltd v European American Banking Corp* [1984] 1 Q.B. 713.
[41] *Staffordshire Financial Co v Hill* (1909) 53 S.J. 446.
[42] *Weir v Bell* (1878) 3 Ex. D. 238 at 248; *Eaglesfield v Marquess of Londonderry* (1876) 4 Ch. D. 693 at 708.
[43] *Winter v Hockley Mint Ltd* [2018] EWCA Civ 2480; [2019] 1 W.L.R. 1617.
[44] *Armstrong v Strain* [1952] 1 K.B. 232.
[45] *Lloyd v Grace, Smith & Co* [1912] A.C. 716; *Generale Bank Nederland NV v Export Credits Guarantee Department* [1999] 2 W.L.R. 540.
[46] *Armagas v Mundogas (The Ocean Frost)* [1986] A.C. 717 at 781.

of a company and that is relied on as being on behalf of that company is irrelevant to the personal liability of that director. Unlike in negligent misrepresentation no personal assumption of liability by the director needs to be pleaded or proven. Lord Hoffmann stated in the *Standard Chartered* case at [22] (overturning the findings of the Court of Appeal on this issue):

> "No one can escape liability for his fraud by saying: 'I wish to make it clear that I am committing this fraud on behalf of someone else and I am not to be personally liable'."

Once all the necessary elements of the tort of fraudulent misrepresentation are established against a director, he will be liable for the loss that the claimant incurred as a consequence. For cases applying this principle of Standard Chartered see for example *Abu Dhabi Investment Co v H Clarkson and Co Ltd*,[47] where the quote from Lord Hoffmann above was referred to by Mr Justice Tomlinson as "the by now hallowed words" (at [4] of the judgment), and the decision of the Court of Appeal of *Contex Drouzhba Ltd v Wiseman*.[48]

A third party dealing with a fraudulent agent may be liable to the principal if he ought to have known that the agent was exceeding his authority.[49]

58-09

The knowledge of a subordinate employee or agent of the falsity of the representations fixes a corporate defendant with vicarious liability as principal where the representations were made with the actual or ostensible authority of the defendant. Primary liability of the defendant may be alleged where the individuals constituting the "directing will and mind" of the corporate entity knew (or were reckless as to) the falsity of the representations that were innocently made on the company's behalf by other, more subordinate employees or agents. For a discussion of the pleading of the two different allegations, see *Enron (Thrace) Exploration and Production BV v Clapp (No.2)* upheld by the CA—*Clapp v Enron (Thrace) Exploration and Provision BV*.[50] The Supreme Court recently considered the issue of attribution of the knowledge of directors to the company in the difficult case of *Bilta (UK) Ltd (In Liquidation) v Nazir*.[51]

On the attribution to a company of the knowledge of its agent for the purposes of s.213 of the Insolvency Act 1986 (liability for fraudulent trading), see *Bank of India v Christopher Morris*.[52]

Deceit as a defence to an action on a contract A contract procured by fraud is voidable at the election of the party defrauded, but it remains valid until he has duly disaffirmed it.[53] The effect of a rescission for fraud is that "the contract is treated in law as never having come into existence" (*Johnson v Agnew* at 393, per Lord Wilberforce).

58-10

The defence should explicitly plead that the defendant has duly disaffirmed the

---

[47] *Abu Dhabi Investment Co v H Clarkson and Co Ltd* [2007] EWHC 1267 (Comm).
[48] *Contex Drouzhba Ltd v Wiseman* [2008] 1 B.C.L.C. 631.
[49] *Reckitt v Barnett* [1929] A.C. 176.
[50] *Enron (Thrace) Exploration and Production BV v Clapp (No.2)* [2005] EWHC 401 (Comm) upheld by the CA—[2006] 1 C.L.C. 94.
[51] *Bilta (UK) Ltd (In Liquidation) v Nazir* [2015] UKSC 23; [2016] A.C. 1.
[52] *Bank of India v Christopher Morris* [2005] B.C.C. 739; [2005] EWCA Civ 693.
[53] *Deposit Life Assurance Co v Ayscough* (1856) 6 E.&B. 761; *Oakes v Turquand* (1867) L.R. 2 H.L. 325; referred to in *Reese River Co v Smith* (1869) L.R. 4 H.L. 64.

contract.⁵⁴ The right to disaffirm must be exercised without unreasonable delay after the discovery of the fraud, and while the parties remain in, or can be restored to, their original position.⁵⁵

Unreasonable delay is strong evidence that the defrauded party has elected to affirm the contract. Where a party alleges that the remedy is lost by delay he must show when the claimant had sufficient knowledge of the facts constituting the title to relief and that he was aware of his right to elect to rescind or affirm.⁵⁶ If the position of the parties has been changed, the party seeking to disaffirm the contract must be able to show that he has in effect restored the original state of things or taken all necessary steps for that purpose.⁵⁷ In many cases, however, the right of disaffirming the contract will be subject to rights acquired by innocent third parties through or under the contract before any disaffirmance of it.⁵⁸

58-11 Jurisdiction When a fraudulent misrepresentation is made by letter, message sent by word-of-mouth, telephone or telex, fraud is committed at the place where the message is received.⁵⁹ However, it should be noted that for the purposes of CPR r.6.20(8)(b) in order to found jurisdiction for a claim in tort, damage must be sustained as a result of "an act committed within the jurisdiction". The relevant "act" is the misrepresentation and the place where the act is committed (or "the harmful event occurred") is the place where the misrepresentation was made rather than where it was received.⁶⁰

58-12 Pleading fraudulent misrepresentation Where he wishes to rely on them in support of his claim, a claimant is required to set out specifically in his particulars of claim any allegation of fraud and details of any misrepresentation (CPR Pt 16.4(i)(e) see also note 16.4.4 and PD 16 8.2).

It may not be necessary in all cases to use the word "fraud".⁶¹. An allegation that the defendant made to the claimant representations on which he intended the claimant to act, which representations were untrue, and known to the defendant to be untrue, is sufficient.⁶²

The particulars of claim must show the nature and extent of each alleged misrepresentation⁶³ and contain particulars showing when, where (if relevant) by whom and to whom it was made, and how it was made, whether orally or in writing, and if in writing, identifying the relevant document.⁶⁴

There is no rule that requires that particulars of knowledge must be pleaded where a fraudulent intention is alleged, so long as the actual knowledge is unequivo-

---

⁵⁴ *Dawes v Harness* (1875) L.R. 10 C.P. 166.
⁵⁵ *Gordon v Street* [1899] 2 Q.B. 641 at 649; *Lake v Simmons* [1927] A.C. 501; *Spence v Crawford* [1939] 3 All E.R. 288.
⁵⁶ *Peyman v Lanjani* [1985] Ch. 457.
⁵⁷ *Deposit Life Assurance Co v Ayscough* (1856) 6 E.&B. 761; *Urquhart v Macpherson* (1878) 3 App. Cas. 831.
⁵⁸ *Clough v London & North Western Ry* (1871) L.R. 7 Exch. 26, applied in *Kwei Tek Chao v British Traders and Shippers* [1954] 2 Q.B. 459.
⁵⁹ *Diamond v Bank of London & Montreal Ltd* [1979] 1 Lloyd's Rep. 335 at 337.
⁶⁰ *Domicrest LTd v Swiss Bank Corp* [1999] Q.B. 548, Rix J and *Newsat Holdings Ltd v Zani* [2006] EWHC 342 (Comm); [2006] 1 Lloyd's Rep 707, David Steel J.
⁶¹ *Gamlen Chemical Co (UK) Ltd v Rochem* [1980] 1 W.L.R. 614; [1980] 1 All E.R. 1049
⁶² *Davy v Garrett* [1878] 7 Ch. D. 473 at 479, per Thesiger LJ.
⁶³ *Newport (Monmouth) Slipway Dry Dock and Engineering Co Ltd v Paynter* (1886) 34 Ch.D. 88.
⁶⁴ *Seligmann v Young* [1884] W.N. 93.

cally pleaded.[65] Nevertheless it is better practice to plead details of the grounds on which it is alleged that the defendant had knowledge. However, if there is a pleading that a person "knew or ought to have known", that "rolled-up" plea should be particularised, at any rate in relation to a case where dishonesty is alleged.[66]

In addition, such a "rolled up" pleading is not a clear and unequivocal allegation of actual knowledge and will not support a finding of fraud. See Millet LJ in *Armitage v Nurse*,[67] who stated that this form of pleading "is not treated as making two alternative allegations, i.e. an allegation (i) that the defendant actually knew with an alternative allegation (ii) that he ought to have known; but rather a single allegation that he ought to have known (and may even have known—though it is not necessary to allege this)".

It should be noted that if an allegation of fraud is not sufficiently made, a claimant claiming misrepresentation may still be able to obtain the remedy he seeks without establishing fraud; e.g. a claim under s.2(1) of the Misrepresentation Act 1967 is for damages on the deceit measure and, in accordance with the statute, proof of all the elements of deceit apart from fraud are necessary (the "fiction of fraud").

CLAIM FOR RESCISSION OF CONTRACT AND DAMAGES FOR FRAUDULENT MISREPRESENTATION OR MISREPRESENTATION UNDER MISREPRESENTATION ACT 1967

1. The Defendant was at all material times the owner of a landscape gardening business, which he carried on from freehold premises at [..........] ("the freehold premises"). **58-P1**

2. In or about [date], the Defendant advertised for sale the freehold premises together with the fixtures and fittings, the goodwill of his landscape gardening business, and the stock in hand and work in progress at the date of the sale (the "Business").

3. In [date], the Claimant entered into negotiations with the Defendant, with a view to purchasing the freehold premises and the Business.

4. By a contract in writing dated [date] (a copy of which is attached) (the "Contract"), the Claimant agreed to purchase from the Defendant and the Defendant agreed to sell to the Claimant the freehold premises and the Business, for the total sum of £[..........]. The value attributable to the Business was £[..........].

5. The Contract was completed on [date] and on that day the Claimant paid to the Defendant £[..........].

6. During their negotiations, in order to induce the Claimant to enter into the Contract, the Defendant made the following representations to the Claimant:
   (a) in a document entitled "Property and Business for sale at [..........]" compiled by the Defendant and provided to the Claimant by the Defendant's selling agents, AB, on about [date] that the turn-over of the Business for the year ending December 31, [year] was £[..........];
   (b) in a conversation between the Defendant [*or* the Defendant's agent, AB] and

---

[65] *Rigby v Decorating Den Systems Ltd* unreported 15 March 1999.
[66] *Belmont Finance Corp Ltd v Williams Furniture Ltd* [1979] Ch. 250 at 268.
[67] *Armitage v Nurse* [1998] 1 Ch. 241 at p.257.

the Claimant at the freehold premises on about [date], that the Business had made a net profit of £[..........] in the year ending December 31, [year]; and
(c) in the same conversation, that net profit represented a 15% increase in net profit on the previous twelve months.

7. Induced by and acting in reliance upon each of the representations, the Claimant entered into the Contract and paid the sum of £[..........].

8. In fact each of the representations was false in that:
    (a) the turnover of the Business did not amount to £[..........] for the year ending December 31, [year] but was £[..........];
    (b) the Business had made not made a net profit of £[..........] in the year ending December 31, [year] but had made a loss of £[..........] in that period;
    (c) the profit for the year ending December 31, [year] did not represent a 15% increase in profit on the previous year but a £[..........]% decrease in net profit.

9. The Defendant made the representations fraudulently in that he knew they were false or was reckless, not caring whether they were true or false. The Defendant had in his possession no later than March 31, [year] accounts relating to the Business prepared by [..........], Chartered Accountants, in respect of the year ended December 31, [year] which showed turnover of £[..........], a loss of £[..........] and a 5% decrease in net profit on the previous twelve months. Further, as he well knew, the Defendant had derived no income from the Business since [month] [year].

10. Further or in the alternative, if (contrary to the Claimant's primary case) each or any of the representations was not made fraudulently, the Claimant will rely upon the provisions of s.2 of the Misrepresentation Act 1967 as entitling him to the relief claimed.

11. The Claimant discovered that each of the representations was false when [insert details of discovery of misrepresentations]. As soon as he discovered the true facts, the Claimant, by letter to the Defendant dated [date], rescinded the Contract.

12. As a result of the matters set out above, the Claimant has suffered loss and damage. The Business was worthless or worth far less than £[..........] and the Business can only be run at a loss. The Claimant has lost the sum of £[..........] in addition to expenses involved in acquiring the Business and negotiating the Contract.

13. Further the Claimant claims and is entitled to interest pursuant to the equitable jurisdiction of the Court, alternatively pursuant to s.35A of the Senior Courts Act 1981 on the amount found to be due to the Claimant at such rate and for such period as the Court thinks fit.

AND the Claimant claims:
(1) A declaration that he has validly rescinded the Contract; alternatively rescission of the Contract.
(2) Return of the sum of £[..........]; and
(3) Damages.
(4) Further or alternatively, damages for fraudulent misrepresentation.
(5) Alternatively, damages for misrepresentation pursuant to s.2 of the Misrepresentation Act 1967.

(6) Interest on the amount found to be due to the Claimant at such rate and for such period as the Court thinks fit pursuant to the equitable jurisdiction of the Court or pursuant to s.35A of the Senior Courts Act 1981.

Claim for Fraudulent Misrepresentation as to Credit

1. The Claimant is a bank carrying on business from branches in England and Wales including its branch at [..........]. The Defendant is a bank carrying on business from branches in England and Wales including its branch at [..........].

2. On about [date], [..........] Ltd ("the borrower") applied to the Claimant for a loan facility of £20 million in order to construct a sports stadium pursuant to a contract with [..........] Ltd ("the purchaser"), a company which banked with the Defendant at the material time. The price payable by the purchaser to the borrower under the contract was £25 million.

3. On [date], in order to decide whether to grant the loan facility to the borrower, the manager of the Claimant's [..........] branch, Mr [..........], telephoned the Defendant's branch in [..........] to request a credit reference in respect of the purchaser. Mr [..........] spoke to Mrs [..........], the relevant account manager at the Defendant's branch, and asked whether the purchaser was good for £25 million.

4. In order to induce the Claimant to grant the loan facility to the borrower, the Defendant, by a letter signed by Mrs [..........] faxed to the Claimant's [..........] branch on [date], represented that the purchaser was "good for the liability to which you refer: viz £25 million". The letter sent by the Defendant to the Claimant was accompanied by a document containing a sample signature of Mrs [..........], stating that Mrs [..........] was duly authorised to sign credit references on behalf of the Defendant and that her sole signature was sufficient for this purpose.

5. In fact, the representation was false because the purchaser was not good for the sum of £25 million but was insolvent or almost insolvent at that time.

6. The Defendant knew that the representations were false when the letter of [date] was written. Mrs [..........] of the Defendant had been fully informed of the purchaser's true financial position at a meeting with the directors of the purchaser one week before the letter of [date] was written, on [date].

7. Induced by and acting in reliance on the Defendant's representation, the Claimant agreed to loan to the borrower £20 million. The loan facility was drawndown by the borrower on [date].

8. The borrower used the £20 million to build the sports stadium pursuant to the contract with the purchaser. However, the purchaser has failed and is unable to pay the borrower the consideration for the contract, or any sums. In consequence the borrower has defaulted on the repayments of principal and interest to be made under the loan facility and the sum of £24 million remains outstanding and unpaid.

9. As a result of the matters set out above, the Claimant has suffered loss and damage, being the sums outstanding under the loan facility granted to the borrower.

10. Further the Claimant claims and is entitled to interest pursuant to the equitable

jurisdiction of the Court, alternatively pursuant to s.35A of the Senior Courts Act 1981 on the amount found to be due to the Claimant at such rate and for such period as the Court thinks fit.

AND the Claimant claims:
(1) Damages.
(2) Interest on the amount found to be due to the Claimant at such rate and for such period as the Court thinks fit pursuant to the equitable jurisdiction of the Court or pursuant to s.35A of the Senior Courts Act 1981.

DEFENCE DENYING REPRESENTATIONS (DEFENCE TO PRECEDENT 58-P1, PARAGRAPH 6(B))

58-P3 1. It is admitted that a conversation took place between the Defendant and the Claimant at the freehold premises on about [date]. It is denied that the Defendant or anyone on his behalf made the representation alleged or made any representation in the nature of or equivalent to the representation alleged, whether during that conversation or at any time.

DEFENCE DENYING INDUCEMENT (DEFENCE TO PRECEDENT 58-P1, PARAGRAPH 7)

58-P4 1. It is admitted that the Claimant entered into the Contract and paid the sum of £[..........]. Otherwise paragraph 7 of the particulars of claim is denied. In respect of paragraph 6(a), it is admitted that the Defendant's brochure entitled "Property and Business for sale at[..........]" contained a statement that the turn-over of the Business for the year ending December 31, [year] was £[..........] whereas it should have been £[..........]. However, inducement and fraudulent intention are denied. The statement in the Defendant's brochure was a typographical error. The error was subsequently corrected by the Defendant and the error and the correction were notified to the Claimant's agents in a letter dated [date]. By a letter dated [date], the Claimant's agents confirmed receipt of the Defendant's letter of [date] and accordingly the Claimant had knowledge of the true figure for turnover of the Business for the year ending December 31, [year] prior to completion of the Contract.

DEFENCE DENYING DAMAGE (DEFENCE TO PRECEDENT 58-P1, PARAGRAPHS 12 AND 13)

58-P5 1. Causation, loss and damage are denied. Without prejudice to that denial, it is denied that the Claimant has taken all reasonable steps to mitigate his loss. In about [date] the Claimant received an offer to purchase the freehold premises and the business for £[..........], which the Claimant should have accepted.

FRAUDULENT MISREPRESENTATION AS TO CREDIT: DEFENCE DENYING REPRESENTATION IN WRITING

58-P6 1. [Without prejudice to the matters set out above] It is denied that the Claimant's Particulars of Claim disclose any valid or sustainable claim in law. The misrepresentation alleged related to the credit or the creditworthiness of [the third party] but is not alleged to have been made in writing. The Defendant relies on s.6 of the Statute of Frauds Amendment Act 1828.

Fraudulent misrepresentation as to credit: defence denying defendant's signature

1. [Without prejudice to the matters set out above] It is denied that the Claimant's Particulars of Claim disclose any valid or sustainable claim in law. The alleged misrepresentation was not signed by the Defendant, but by [name agent or other person]. The Defendant relies on s.6 of the Statute of Frauds Amendment Act 1828. **58-P7**

Defence of deceit to claim on a contract and counterclaim for declaration that contract validly rescinded

1. The Claimant's claim is denied. The Defendant has validly rescinded the contract which he entered into in reliance on and induced by the Claimant's fraudulent representation. **58-P8**

2. [Set out the details of the representation, falsity, inducement, dishonesty of claimant and claim for declaration alternatively damages as set out in fraudulent misrepresentation—Particulars of Claim.]

Reply to defence of deceit to claim on a contract: remedy of rescission lost through delay/affirmation

1. [Without prejudice to the matters set out above] It is denied that the Defendant was entitled to rescind or has validly rescinded the contract. The Defendant has affirmed the contract, alternatively lost the right to rescind through delay. In a telephone conversation on [date], more than [12 months] prior to the date of the Defendant's letter purporting to rescind the contract, the Defendant told the Claimant that he had discovered the matters complained of and stated that, notwithstanding that discovery, he did not intend to seek rescission of the contract. **58-P9**

SECTION 59:

CONSPIRACY

TABLE OF CONTENTS

Conspiracy to defraud/injure by unlawful means (unlawful means: breach of fiduciary duty, secret profits, dishonest assistance) 59-P1
Claim for conspiracy to injure 59-P2
Conspiracy to defraud/injure by unlawful means: defence denying party to conspiracy 59-P3
Conspiracy to defraud/injure by unlawful means: defence asserting good faith in interests of claimant 59-P4

Different types of conspiracy Historically, there are two kinds of conspiracy, the elements of which are distinct: 59-01

(1) an "unlawful means" conspiracy in which the participants combine together to perform acts which are themselves unlawful; and
(2) a combination to perform acts which, although not themselves per se unlawful, are done with the sole or predominant purpose of injuring the claimant: "it is in the fact of the conspiracy that the unlawfulness resides", per Lord Watson in *Allen v Flood*.[1]

Necessary elements of an action in conspiracy The claimant must plead and prove the following necessary elements[2]: 59-02

(i) a combination or agreement between two or more individuals (required for both types of conspiracy);
(ii) an intent to injure (required for both types of conspiracy but must be shown as the sole or predominant purpose for type (2) above);
(iii) pursuant to which combination or agreement and with that intention certain acts were carried out;
(iv) resulting loss and damage to the claimant.

Combination or agreement It is not necessary to show that there was anything in the nature of an express agreement, whether formal or informal. The court looks at the overt acts of the conspiracy and infers from those acts that there was agreement to further the common object of the combination. It is sufficient that two or more persons combine with the necessary intention or that they deliberately co-operate, albeit tacitly, to achieve a common end. Neither is it necessary that all those involved should have joined the conspiracy at the same time, but all those said to be parties to the conspiracy should be sufficiently aware of the surrounding 59-03

---

[1] *Allen v Flood* [1898] A.C. 1 at 108.
[2] See *Kuwait Oil Tanker Co SAK v Al Bader* [2000] 2 All E.R. Comm 271 at [108].

circumstances and share the same object for it properly to be said that they are acting in concert. The question in relation to any particular scheme or enterprise in which only one or some of the alleged conspirators can be shown to have directly participated is whether that enterprise fell within the overall scope of their common design.³

It is possible for a conspirator to join later. However, a person is only liable for the damage that is suffered from the time that he joins the conspiracy: he is not liable retrospectively for the damage that has been suffered prior to his joining.⁴

How much of the principal fraudster's scheme must the defendant know before incurring liability for the whole or part of the consequences? Where two or more persons combine with a view to stealing from the claimant wherever possible it is unnecessary to show that the defendant conspirators knew of or planned every specific subsequent theft.⁵ However, where a bit-part player in a multifaceted fraud knows of only one aspect of the fraud and is ignorant of the others he may not be liable for anything more than the loss properly attributable to that part of the fraud of which he is aware.⁶ In *Bank of Tokyo-Mitsubishi UFJ Ltd v Baskan*⁷ Briggs J suggested (at [847]) the answer in each case lay in a:

"painstaking analysis of the extent to which the particular defendant shared a common objective with the primary fraudsters and the extent to which the achievement of that objective was to the particular defendant's knowledge to be achieved by unlawful means intended to injure the claimant".

Should the names of all conspirators not be known it is acceptable to plead a conspiracy between "A, B and [other] persons whose names are presently unknown to the claimant".⁸ An allegation of conspiracy must be properly particularised. It is essential that the facts on which reliance is to be placed in support of the existence of a conspiracy are clearly identified and that the logical connection between those facts and the substantive allegations in the pleadings is made clear. This means the claimant must both plead the primary facts on which he relies and set out clearly how they give rise to the inference that the defendants were parties to a conspiracy.⁹

59-04 **Intention to injure** For an "unlawful means" conspiracy (type (1) at para.59-01), it is not necessary to show a predominant intent to injure, but there must be alleged and proved some intention to injure.¹⁰

For a conspiracy of type (2), a "lawful means" conspiracy, it is necessary to plead and prove that the conspirators had the sole or predominant intention of injuring the claimant.¹¹

In either type of conspiracy, it is not necessary to show that the conspirators knew

---

3   *Kuwait Oil Tanker Co SAK v Al Bader* [2000] 2 All E.R. (Comm) 271 at [111]–[112].
4   *O'Keefe v Walsh* [1903] 2 I.R. 681.
5   *Kuwait Oil Tanker Co SAK v Al Bader* [2000] 2 All E.R. (Comm) 271.
6   *IS Innovative Software Ltd v Howes* [2004] EWCA Civ 275.
7   *Bank of Tokyo-Mitsubishi UFJ Ltd v Baskan* [2009] EWHC 1276 (Ch); [2010] Bus. L.R. D1.
8   *Giblan v National Amalgamated Labourers Union of Great Britain and Ireland* [1903] 2 K.B. 600.
9   *Cannock Chase DC v Kelly* [1978] 1 W.L.R. 1; *Paragon Finance Plc v Hare, The Times*, 1 April 1999.
10 *Lonrho v Fayed* [1992] 1 A.C. 448; *Customs and Excise Commissioners v Total Network SL* [2008] UKHL 19; [2008] 1 A.C. 1174 per Lord Scott at [56].
11 *Crofter Hand Woven Harris Tweed Co v Veitch* [1942] A.C. 435 at 445, per Lord Simon LC; *Lonrho v Fayed* [1992] 1 A.C. 448 at 467, per Lord Bridge. See also *Customs and Excise Commissioners v Total Network SL* [2008] 1 A.C. 1174 at [41] and [56].

the precise identity of the claimant, but rather it is sufficient "that the defendant should appreciate the conspiracy is aimed at a target".[12] The mental element of intention to injure the claimant will be satisfied where the defendant intends to injure the claimant either as an end in itself or as a means to an end such as to enrich himself or protect or promote his own economic interests. It will not be satisfied where injury to the claimant is neither a desired end nor a means of attaining it but merely a foreseeable consequence of the defendant's actions. Where a defendant seeks to advance his own business by pursuing a course of conduct which he knows will, in the very nature of things, necessarily be injurious to the claimant, that is where loss to the claimant is "the obverse side of the coin from gain to the defendant" the defendant's gain and the claimant's loss are to the defendant's knowledge inseparably linked. The defendant cannot obtain one without bringing about the other. If the defendant goes ahead in such a case in order to obtain the gain he seeks his state of mind will satisfy the mental ingredient of the tort: see *OBG Ltd v Allan*[13] per Lord Hoffman at [62] and per Lord Nicholls at [164]–[167] regarding intent to injure within the context of the economic tort of interference with the claimant's business by unlawful means. No distinction can be drawn between what was held in *OBG* about intention to cause loss by unlawful means and conspiracy.[14] *OBG* is authority that in this context what is required is actual intention or reckless indifference. The same applies to knowledge. Relevant knowledge is actual knowledge or reckless indifference. Reckless indifference in this context means a conscious decision not to inquire into the existence of a fact.[15]

Knowledge of unlawfulness In *Meretz Investments NV v ACP Ltd* the Court of Appeal held that it was a condition of liability that the defendant knows that the claimant's loss was to be caused by the use of unlawful means: "A defendant should not be liable for conspiracy to injure by unlawful means if he believes that he has a lawful right to do what he is doing" per Toulson LJ at [174], see also *Digicel (St Lucia) Ltd v Cable & Wireless Plc*.[16] Note however that a number of recent authorities have arrived at different conclusions as to whether knowledge of unlawfulness is indeed a condition of liability.[17]

59-05

Unlawful means This has two elements. The first is a requirement that the acts involved are "unlawful". The second is a requirement that the unlawful acts were the means of inflicting harm on the claimant:.[18]

59-06

It is not a necessary ingredient of unlawful means conspiracy that the unlawful means must be actionable at the suit of the claimant against at least one of the conspirators. In *Customs and Excise Commissioners v Total Network SL* the House of Lords held that criminal conduct at common law or by statute can constitute unlawful means in unlawful means conspiracy, provided that it is indeed the means

---

[12] *CMOC Sales & Marketing Ltd v Person Unknown* [2018] EWHC 2230 (Comm); [2019] Lloyd's Rep. F.C. 62 at [124].
[13] *OBG Ltd v Allan* [2008] 1 A.C. 1.
[14] *Meretz Investments NV v ACP Ltd* [2007] EWCA Civ 1303; [2008] Ch. 244 at [146].
[15] *Baldwin v Berryland Books* [2010] EWCA Civ 1440 at [48].
[16] *Digicel (St Lucia) Ltd v Cable & Wireless Plc* [2010] EWHC 774 (Ch) at Annex I, [86]–[119].
[17] Contrast *Stobart Group Ltd v William Andrew Tinkler* [2019] EWHC 258 (Comm) and *The Racing Parntnership Ltd v Done Brothers (Cash Betting) Ltd* [2019] EWHC 1156 (Ch); [2019] E.C.D.R. 17.
[18] *Customs and Excise Commissioners v Total Network SL* [2008] UKHL 19; [2008] 1 A.C. 1174 at [96], [119].

whereby the relevant loss is intentionally inflicted upon the claimant (see per Lord Walker at [95]–[96]). To this extent "unlawful means" has a wider meaning in the tort of conspiracy than it has in the tort of intentionally causing harm by unlawful means.[19]

However, the precise scope of what constitutes an unlawful act for the purposes of unlawful means conspiracy is uncertain. It is not clear whether every crime will constitute an unlawful act for these purposes or whether the tort extends to crimes directed against third parties or even torts committed against third parties: see *Total Network SL* at [43], [96], [116]–[117], [124], [222]–[223]. In *Digicel (St Lucia) Ltd v Cable & Wireless Plc*, Morgan J concluded that a breach of a statutory obligation which was not an actionable breach and which was not a criminal offence did not constitute "unlawful means" for the purpose of the tort of conspiracy to injure by unlawful means (see Annex I at paras 56–62). In *JSC BTA Bank v Ablyazov*,[20] the Supreme Court sought to clarify the test for establishing what would constitute an unlawful act for the purpose of the tort. Per Lord Sumption and Lord Lloyd-Jones at [11], the "real test is whether there is a just cause or excuse for combining to use unlawful means". This requires an assessment of the nature of the unlawfulness and its relationship with the resultant damage to the claimant. On the facts of *JSC BTA Bank*, a contempt of court where the contempt related to the breach of a freezing injunction causing loss to the claimant was sufficient. However, the Supreme Court recognised (see per Lord Sumption and Lord Lloyd-Jones at [23]) that there may well exist certain rules of public policy, such as witness immunity, that would prevent what would otherwise be an unlawful act to constitute one for the purposes of unlawful means conspiracy.

It has generally been assumed in a number of cases that breach of fiduciary duty and breach of contract are unlawful means for the tort of conspiracy to injure by unlawful means (e.g. *Palmer Birch (a partnership) v Michael Lloyd*; also see *Fiona Trust & Holding Corp v Privalov*,[21] where the unlawful means included breach of fiduciary duty, bribery, dishonest assistance and knowing receipt) but the desirability of this has been questioned since there already exists accessory liability for dishonest assistance in a breach of fiduciary duty and the tort of inducing breach of contract: see the discussion in *Digicel* at Annex I paras 63–69 and *Aerostar Maintenance International Ltd v Wilson*.[22] In *Meretz Investments NV v ACP Ltd*, the Court of Appeal held that where a party does something which he is entitled to do because of his contractual right conferred by A, the fact that it results in a breach of B's contract with A cannot constitute unlawful means of which A can complain in an action for unlawful means conspiracy. The court has to look at the whole of the means used by the alleged tortfeasor and not simply its effect on the party rendered in breach (see [148], [167]–[170]).

59-07 Damage Damage is the gist of a civil action for conspiracy. The tort is complete only if the agreement is carried into effect so as to damage the claimant.[23]

In conspiracy damages are at large in the sense that they are not limited to a

---

[19] See *Emerald Supplies Ltd v British Airways Plc* [2015] EWCA Civ 1024; [2016] Bus. L.R. 145 at [131] and *Brent LBC v Davies* [2018] EWHC 2214 (Ch).
[20] *JSC BTA Bank v Ablyazov* [2018] UKSC 19; [2018] 2 W.L.R. 1125.
[21] *Palmer Birch (a partnership) v Michael Lloyd* [2019] EWHC 2316 (TCC) at [234]; also see *Fiona Trust & Holding Corp v Privalov* [2010] EWHC 3199 (Comm); (2011) 108(3) L.S.G. 17 at [69].
[22] *Aerostar Maintenance International Ltd v Wilson* [2010] EWHC 2032 (Ch) at [170]–[172].
[23] *Marrinan v Vibart* [1963] 1 Q.B. 234; *Midland Bank v Green (No.3)* [1979] 1 Ch. 496, affirmed by

precise calculation of the amount of the actual pecuniary loss actually proved.[24] In coming to a view as to the level of damages which a defendant ought to pay, the court will consider all the circumstances of the case, including the conduct of a defendant and the nature of his wrongdoing.[25] However, that damages are at large does not mean that it is sufficient simply to plead, without any particulars, that loss and damage has been suffered. Such a pleading has been described as grossly inadequate.[26]

Defences to an action in conspiracy The defendants may deny the conspiracy generally so long as the defence makes clear that every allegation of fact in the particulars of claim is denied,[27] or the defendants may serve separate defences or join in a common defence and deal separately with the allegations made against each of them individually. Plainly it is advisable to deal specifically with the allegations if this can be done. 59-08

It is for the claimant to establish that the defendants conspired together with the object or purpose of injuring or causing damage to him and that he has thereby suffered loss.[28]

If the defendants desire to contend, not only that this was not their object or purpose, but that the purpose of the combination between them was bona fide to promote or forward or defend their own interests or the interests of those they represent, each ground of justification or lawful excuse should be expressly pleaded, and the facts and matters relied on should be fully set out. However, such a defence of justification is not available in the case of an "unlawful means" conspiracy (type (1) in para.59-01).[29]

For two or more persons to agree together to induce others not to enter into any contracts with the claimant is not an actionable tort when such advice is given justifiably and bona fide for the good of the persons advised,[30] or from motives of self interest in fair trade competition,[31] or where the predominant purpose of the combination was the legitimate promotion of the interests of the persons combining.[32]

Trade union objectives may be a legitimate justification. In *Crofter Hand Woven Harris Tweed Co Ltd v Veitch*, Lord Wright said (at 469) that "The true contrast is, I think, between the case where the object is the legitimate benefit of the combiners and the case where the object is deliberate damage without any such just cause".

The following agreements have been held to be justified:

(a) a campaign against a colour bar in a club: *Scala Ballroom (Wolverhampton) Ltd*;

Lord Denning M.R. in the Court of Appeal [1982] 1 Ch. 529; *Lonrho v Shell Petroleum Co. Ltd (No.2)* [1982] A.C. 173.
[24] *Quinn v Leathem* [1901] A.C. 495.
[25] *Noble Resources SA v Gross* [2009] EWHC 1435 (Comm).
[26] *Lonrho Plc v Fayed (No.5)* [1993] 1 W.L.R. 1489 at 1494 (Dillon LJ).
[27] *John Lancaster Radiators Ltd v General Motors Radiators Co Ltd* [1946] All E.R. 685.
[28] See *Crofter Hand Woven Harris Tweed Co Ltd v Veitch* [1942] A.C. 435.
[29] *Lonrho v Fayed* [1992] 1 A.C. 448; *Crofter v Veitch* [1942] A.C. 435.
[30] See *South Wales Miners' Federation v Glamorgan Coal Co* [1905] A.C. 239 at 245, 251.
[31] *Mogul Steamship Co v McGregor* [1892] A.C. 25.
[32] *Crofter Hand Woven Harris Tweed Co Ltd v Veitch*, above; *Scala Ballroom (Wolverhampton) Ltd v Ratcliffe* [1958] 1 W.L.R. 1057.

(b) the enforcement of a closed shop[33];
(c) attempts to force an employer to employ trade unionists.[34]

CONSPIRACY TO DEFRAUD/INJURE BY UNLAWFUL MEANS (UNLAWFUL MEANS: BREACH OF FIDUCIARY DUTY, SECRET PROFITS, DISHONEST ASSISTANCE)

59-P1 1. At all material times:
(1) The Claimant, a company incorporated in England, carried on business as [..........].
(2) From [date] to [date], the First Defendant was a Director of the Claimant, employed as its managing director.
(3) From [date] to [date] the Second Defendant was a director of the Claimant, employed as its finance director.
(4) The Third Defendant carried on business from offices at [address], providing legal, financial and administrative services to individuals and companies including the First and Second Defendants and the Fourth Defendant. In relation to the matters pleaded at 9(2) and 9(3) below the Third Defendant acted and continues to act as agent for and on behalf of the First, Second and Fourth Defendants.
(5) The Fourth Defendant was a company incorporated in [..........] which was beneficially owned by the First and/or Second Defendants. The beneficial ownership of the Fourth Defendant by the First and/or Second Defendants was concealed by a structure whereby the shares of the Fourth Defendant were held by a further company administered by the Third Defendant, [..........] Ltd, for and on behalf of the First and/or Second Defendants.

2. In their capacities as its directors, the First and Second Defendants and each of them owed the Claimant the general duties specified in ss.171 to 175 of the Companies Act 2006 including fiduciary duties to:
(1) only exercise his powers for the purposes for which they were conferred;
(2) act in the way he considered in good faith would be most likely to promote the success of the Claimant for the benefit of its members as a whole;
(3) avoid a situation in which he had or could have a direct or indirect interest that conflicted or possibly may have conflicted with the interest of the Claimant;
(4) not accept a benefit from a third party conferred by reason of his being a director or his doing or not doing anything as a director.

3. Further or alternatively, the First and Second Defendants as directors of the Claimant were trustees of such of the Claimant's assets and property as were in their possession or control.

4. Further or alternatively, as employees of the Claimant the First and Second Defendants owed the following duties to the Claimant:
(1) an equitable duty and a contractual duty (implied as a matter of law) of fidelity to act faithfully in the best interests of the Claimant;
(2) express contractual duties, including:
    (a) [Set out any duties contained in the contract of employment.]

---

[33] *Reynolds v Shipping Federation* [1924] 1 Ch. 28.
[34] *DC Thomson & Co v Deakin* [1952] Ch. 646.

5. On about [date] the Claimant acting by the First Defendant entered into a contract with K Co, a company manufacturing [..........] equipment, for the purchase of [..........] equipment by the Claimant from K Co ("the equipment contract") at a price of £2,000,000.

6. On [date] pursuant to the terms of the equipment contract K Co delivered to the Claimant the [..........] equipment. On the same day K Co invoiced the Claimant for the sum of £2,000,000.

7. By a fax dated [date] the Second Defendant instructed the Claimant's bankers, [..........] Ltd, to pay to K Co £2,000,000 from the Claimant's account number [number] in respect of the equipment contract. However, by an administrative error, £4,000,000 was paid from the Claimant's account to K Co on [date].

8. Thereafter, on or before [date], the First, Second, Third, and Fourth Defendants (or any two or more together) wrongfully and with intent to injure the Claimant by unlawful means conspired and combined together to defraud the Claimant and to conceal such fraud and the proceeds of such fraud from the Claimant.

9. Pursuant to and in furtherance of the conspiracy pleaded in paragraph [8] above the First, Second, Third and Fourth Defendants carried out the following unlawful acts and means by which the Claimant was injured:
   (1) On or about [date], the First and Second Defendants instructed K Co to make a payment of £2,000,000, purportedly by way of reimbursement to the Claimant of the Claimant's mistaken overpayment in respect of the equipment contract. However, in breach of their fiduciary, equitable and contractual duties set out in paragraphs 2 to 4 above the First and Second Defendants procured that this payment was not made to the Claimant (which they knew to be the party entitled to it) but to the Fourth Defendant.
   (2) The Fourth Defendant received the sum of £2,000,000 from K Co on about [date], knowing (by its agent the Third Defendant) that the sum had been paid to it in breach of the First and Second Defendant's fiduciary duties to the Claimant.
   (3) On about [date], the Third Defendant instructed the Fourth Defendant's bank to make two payments each of £1,000,000 from the account of the Fourth Defendant to the First Defendant at his account at [..........] and the Second Defendant at his account at [..........]. In doing so the Third Defendant acted dishonestly and in the knowledge that the sum of £2,000,000 had been paid to the Fourth Defendant in breach of the First and Second Defendant's duties to the Claimant as set out above.
   (4) The First and Second Defendants received the payments of £1,000,000 each in further breach of their fiduciary, equitable and contractual duties set out in paragraphs 2 to 4 above and in fraud of the Claimant.
   (5) Throughout, the First, Second, Third and Fourth Defendants have concealed and continue to conceal the matters set out in this paragraph and the fact of and the whereabouts of the proceeds of their fraud from the Claimant.

10. As a result of the matters set out in paragraphs 8 and 9 above the Claimant has suffered loss and damage in the sum of £2,000,000.

11. By reason of the conspiracy to defraud and injure the Claimant and by reason

of the unlawful means as pleaded in paragraphs 8 and 9 above:
(1) The First and Second Defendants:
   (a) are each liable to compensate the Claimant in equity for their breaches of fiduciary duty and breach of their equitable duty of fidelity;
   (b) are each liable to account to the Claimant for the sums misappropriated by them and paid away by them or at their direction from the Claimant;
   (c) are each liable to account to the Claimant for the sums received by them and/or the Fourth Defendant which were secret profits received in fraud of the Claimant;
   (d) are liable to the Claimant in damages for breach of contract.
(2) The Third Defendant is liable to account to the Claimant as a constructive trustee on the ground of dishonest assistance in the breach of fiduciary duty by the First and Second Defendants.
(3) The First, Second, Third and Fourth Defendants are jointly and severally liable to the Claimant in damages for conspiracy.

12. Further, the Claimant claims and is entitled to interest, whether or not compounded, on all sums found to be due to it at such rates as the Court shall deem just pursuant to the Court's equitable jurisdiction and/or s.35A of the Senior Courts Act 1981.

AND the Claimant claims:
(1) Against the First and Second Defendants:
   (i) An order that the First and Second Defendants each compensate the Claimant in equity under paragraph 11(1)(a) above.
   (ii) An account of all sums misappropriated by the First and Second Defendants and each of them and paid away by them or at their direction from the Claimant under paragraph 11(1)(b) above and an order for payment to the Claimant of all sums found due on the taking of the account.
   (iii) An account of all sums received by the First and Second Defendants and each of them and/or the Fourth Defendant which were secret profits received in fraud of the Claimant under paragraph 11(1)(c) above and an order for payment to the Claimant of all sums found due on the taking of the account.
   (iv) Damages for breach of contract under paragraph 11(1)(d) above.
(2) Against the Third Defendant a declaration under paragraph 11(2)(a) above that the Third Defendant is liable to account to the Claimant as constructive trustee on the ground of dishonest assistance in the breach of fiduciary duty by the First and Second Defendants and an order that he pay those sums found due on the taking of the account to the Claimant.
(3) Against all the Defendants:
   (i) Damages for conspiracy;
   (ii) Interest under paragraph 12 above.

Claim for Conspiracy to Injure

1. The Claimant owns and occupies shop premises at [..........] from where he conducts a business as a newsagent and grocer ("the shop").

2. The Defendants live at various addresses within a one mile radius of the shop.

3. On or before [date], the Defendants (or any two or more together) conspired and combined together wrongfully and with the sole or predominant intention of injuring the Claimant and/or of causing loss to the Claimant by damaging or destroying his business. The motivation of the Defendants was a wholly unreasonable and unjustified victimisation and hatred of the Claimant.

4. Pursuant to and in furtherance of the conspiracy pleaded in paragraph 3 above the Defendants (or one or more of them) on numerous occasions between [dates] did the following by which the Claimant was injured:
   (1) insulted and cold-shouldered the Claimant, his wife and children and customers approaching and entering the shop;
   (2) congregated and caused others to congregate near the shop so as to prevent or discourage customers from entering the shop;
   (3) parked their vehicles so as to block the entrance to the shop and obscure the shop from the street;
   (4) through their children, encouraged pupils at the nearby school to go to another shop further away from the school instead of the Claimant's shop.

5. As a result of the Defendants' conspiracy as set out in paragraphs 3 and 4 above the Claimant has suffered loss and damage in that the turnover of his business has reduced from £[..........] per year in the period up to [date of the conspiracy] to £[..........] per year since [date of the conspiracy] and the Claimant will continue to suffer loss and damage until the volume of business and turnover of the shop is restored to its former level.

6. Further, the Claimant claims and is entitled to interest at such rate as the Court thinks fit pursuant to s.35A of the Senior Courts Act 1981.

AND the Claimant claims:
(1) Damages for conspiracy.
(2) Interest under paragraph 6 above.

Conspiracy to Defraud/Injure by Unlawful Means: Defence Denying Party to Conspiracy

1. It is denied that the Second Defendant was a party to the alleged or any conspiracy. On [date before alleged conspiracy] the Second Defendant told the First Defendant that he was extremely unhappy with the progress of his career with the Claimant and that he intended to resign as a director and employee of the company. Thereafter the Second Defendant did not attend the offices of the Claimant or communicate with the First Defendant or any other employee of the Claimant at any time, although his formal resignation was not given for one month after that date. For those reasons, paragraph 8 is denied.

2. It is further denied that the Second Defendant carried out or had any knowledge

of any of the facts or matters set out in paragraph 9, whether pursuant to any conspiracy (which is denied) as alleged or otherwise. The Second Defendant repeats paragraph 1 above. It is denied that the Second Defendant has or had at any time any beneficial ownership, control or association with the Fourth Defendant or the Third Defendant.

CONSPIRACY TO DEFRAUD/INJURE BY UNLAWFUL MEANS: DEFENCE ASSERTING GOOD FAITH IN INTERESTS OF CLAIMANT

59-P4 1. In respect of paragraphs 8 and 9:
   (1) It is admitted that:
      (a) on or about [date], the First and Second Defendants instructed K Co to make a payment of £2,000,000 to the Fourth Defendant;
      (b) the Fourth Defendant received the sum of £2,000,000 from K Co on about [date];
      (c) on about [date], the Third Defendant instructed the Fourth Defendant's bank to make two payments each of £1,000,000 from the account of the Fourth Defendant to the First Defendant at his account at [..........] and the Second Defendant at his account at [..........];
      (d) the First and Second Defendants received the payments of £1,000,000 each on about [date].
   (2) Otherwise paragraphs 8 and 9 are denied. The alleged or any conspiracy, breach of duty, fraud and/or concealment are denied. The First and Second Defendants were entitled to the payments of £1,000,000 each which were bonuses paid in recognition of their contribution to the significant increase in profits which the Claimant enjoyed in the year [year], which rose £[..........] on profits in the previous year. The bonuses were authorised by the Claimant in a meeting of its board on [date], at which the Claimant's legal advisers were present. At all times the First and Second Defendants acted in good faith and in the best interests of the Claimant.

Section 60:

INTENTIONAL ECONOMIC TORTS

Table of Contents

Claim for procuring breach of contract	60-P1
Defence: no intention to procure breach	60-P2
Claim for causing loss by unlawful means	60-P3

There has been for some years a degree of confusion as to the proper identification of the economic torts of inducing breach of contract and unlawful interference causing loss; they have frequently been classed and discussed together, through the use of such concepts as "direct" or "indirect" interference. This confusion has been swept aside by the House of Lords case of *OBG Ltd v Allan*[1] in which the House of Lords comprehensively reviewed these torts, concluding that they were separate causes of action, with separate and distinct requirements: "... it is time for the unnatural union between the *Lumley v Gye* tort and the tort of causing loss by unlawful means to be dissolved" (*OBG*, per Lord Hoffman at [38]). **60-01**

Inducing breach of contract

The case establishing liability for inducing breach of contract was *Lumley v Gye*,[2] in which the person procuring a breach of contract was held liable as accessory to the liability of the contracting party. The essential elements of this tort are accordingly as follows: **60-02**

(1) Knowledge by the defendant that he is inducing a breach of contract.
(2) Intention to procure a breach of contract.
(3) Breach of contract.
(4) Damage.

Knowledge A party must be shown to have known that they were inducing a breach of contract. It is not enough that a defendant knows that he is procuring an act which, as a matter of law or construction of the contract, is a breach, nor that he ought reasonably to have known that it is a breach: *OBG v Allan* per Lord Hoffman at [39].[3] **60-03**

As in other areas of the law, a deliberate decision not to take up the means of acquiring the relevant knowledge ("turning a blind eye") will suffice: *Emerald v Lowthian*[4]; *OBG v Allan* per Lord Hoffman at [40]. See also *Michael Fielding Wolff v Trinity Logistics USA Inc*,[5] whereby reckless indifference would be sufficient. In

---

[1] *OBG Ltd v Allan* [2007] UKHL 21; [2008] 1 A.C. 1.
[2] *Lumley v Gye* (1853) 2 E&B 216.
[3] *British Industrial Plastics Ltd v Ferguson* [1940] 1 All E.R. 479.
[4] *Emerald v Lowthian* [1966] 1 W.L.R. 691 per Lord Denning MR at 700–701.
[5] *Michael Fielding Wolff v Trinity Logistics USA Inc* [2018] EWCA Civ 2765; [2019] 1 W.L.R. 3997,

East England Schools CIC (t/a 4MySchools) v Palmer,[6] it was held that the second defendant knew that it was likely that the first defendant was subject to some form of restrictive covenant, but had failed to take reasonable steps to make himself aware of the precise nature of those restrictions. Further, the second defendant knew that his instructions could well require the first defendant to act in breach (and in fact they did). As such, the second defendant was liable for procuring the first defendant's breach.

60-04 **Intention** The defendant is liable if he intended to persuade the contracting party to breach the contract. Intentional interference presupposes knowledge of the contract. With that knowledge the defendant proceeded to induce the other contracting party to act in a way the defendant knew was a breach of that party's obligations under the contract. If the defendant deliberately turned a blind eye and proceeded regardless he may be treated as having intended the consequence he brought about. A desire to injure the claimant is not an essential ingredient of this tort: *OBG* per Lord Nicholls at [192]. It is necessary for the claimant to have been "targeted" or "aimed at". The breach of contract must have been either itself the object of the defendant's activity, or the means by which the defendant's actual object was to be accomplished, as opposed to being merely a foreseeable consequence. In *OBG* (at [43]) Lord Hoffman expressed the view that *Millar v Bassey*[7] was for this reason wrongly decided.

60-05 **Breach of contract** A breach of an existing contract is a fundamental requirement of this tort. Accordingly authorities which appear to expand the tort of inducing breach to include a liability for preventing or hindering performance,[8] or for violating rights other than those arising pursuant to contract[9] are now better seen as cases of causing loss by unlawful means. More recent authorities have expressly confirmed that the tort is limited to inducement of a breach of contractual obligations. In *First Subsea Ltd v Balltec Ltd*[10] it was confirmed that there is no general tort of inducing breach of fiduciary duty, and in *NHS Luton Clinical Commissioning Group v Amana Health Ltd*[11] it was held that procuring a breach of private rights arising from a non-contractual relationship was not sufficient to give rise to an action for procuring breach of contract.

A positive act of inducement or procurement is essential to the wrong. Examples of such acts include encouragement, threats or acts of persuasion (see *OBG* per Lord Hoffmann at [36]; also see *Michael Fielding Wolff v Trinity Logistics USA Inc*[12]). Failing to stop a breach is not enough: see *OBG* per Lord Nicholls at [189]. However, in *Premier Model Management Ltd v Bruce*[13] it was held that mere receipt by a defendant of confidential information in breach of contract may, depending on

---

per Longmore LJ at [51].
[6] *East England Schools CIC (t/a 4MySchools) v Palmer* [2013] EWHC 4138 (QB); [2014] I.R.L.R. 191.
[7] *Millar v Bassey* [1994] E.M.L.R. 44.
[8] See e.g. *Torquay Hotel v Cousins* [1969] 2 Ch. 106.
[9] See e.g. *Law Debenture Trust Corp v Ural Caspian Oil Corp* [1995] Ch. 152 (inducing a breach of a director's fiduciary duty).
[10] *First Subsea Ltd v Balltec Ltd* [2014] EWHC 866 (Ch).
[11] *NHS Luton Clinical Commissioning Group v Amana Health Ltd* [2014] EWHC 2943 (QB).
[12] *Michael Fielding Wolff v Trinity Logistics USA Inc* [2018] EWCA Civ 2765; [2019] 1 W.L.R. 3997, per Longmore LJ at [44]–[45].
[13] *Premier Model Management Ltd v Bruce* [2012] EWHC 3509 (QB).

the circumstances, amount to an encouragement of the breach of contract by the defendant, even if that information is received in silence. Equally, in *Palmer Birch (a partnership) v Lloyd*,[14] it was held that the tort can be made out even where the contract breaker is a willing party to a breach without the need for persuasion by the defendant, as long as the defendant has dealings with the contract breaker which he knows to be inconsistent with the contract. To prevent the performance of a contractual obligation is not the same thing in law as inducing its breach. The former may give rise to the tort of causing loss by unlawful means; the latter requires the defendant's conduct to have operated on the will of the contracting party: *OBG* per Lord Nicholls at [174]–[180] and discussion in *Meretz Investments NV v ACP Ltd* at [129]–[140], [177].

Damage The claimant must prove that the actions of the defendant have caused him loss. Thus where it is clear that the contract-breaker would have taken the same steps anyway, the actions of the defendant will not have been the effective cause of the loss.[15] However, query the position where the defendant has dealings with the contract breaker inconsistent with the contract, as in *Palmer Birch (a partnership) v Lloyd*.

60-06

If the breach is such that, in the ordinary course of business, it must cause loss, it is unnecessary to demonstrate and prove particular items of loss. In this sense, damages are "at large".[16] This does not mean that the court has a general discretion to award damages unrelated to pecuniary loss, or to ignore matters of causation; rather it means that the court is not only limited to damages which can strictly be proven (*Palmer Birch (a partnership) v Lloyd* at [245]). Where damage can be proved, or inferred, the claimant can recover subject to ordinary principles of remoteness.[17] It may be possible also to claim for non-pecuniary loss such as injured feelings (this would be consistent with *Pratt v BMA*[18], but see *Lonrho v Fayed (No.5)*).

Defences An honest belief by the defendant that the outcome will not involve a breach of contract is inconsistent with him intending to induce a breach of contract, so a defendant can escape liability by relying on his own mistaken assessment of the legal position:.[19] It is sufficient to avoid liability for inducing breach of contract that a person believes they were entitled to act as they did. A person who intended to produce a result which they believed they were entitled to produce does not have the requisite intention to cause harm for the purposes of the tort of inducing breach of contract: *Meretz Investments NV* at [122]–[127].

60-07

There may be a defence of justification to this tort, however it defies precise definition and will depend upon the circumstances of the particular case (see *OBG* per Lord Nicholls at [193]; *Meretz Investments NV* at [142]). It has been said that regard must be had to the parties to the contract, the grounds for the breach, the

---

[14] *Palmer Birch (a partnership) v Lloyd* [2018] EWHC 2316 (TCC); [2018] 4 W.L.R. 164.
[15] *Jones Bros (Hunstanton) Ltd v Stevens* [1955] 1 Q.B. 275.
[16] *Exchange Telegraph Co v Gregory* [1896] 1 Q.B. 147; *British Motor Trade Association v Salvadori* [1949] Ch. 556.
[17] *British Motor Trade Association v Salvadori* [1949] Ch. 556; *Boxfoldia Ltd v NGA* [1988] I.R.L.R. 383.
[18] *Pratt v BMA* [1919] 1 K.B.
[19] *Mainstream Properties Ltd v Young* [2005] EWCA Civ 861; [2005] I.R.L.R. 964; *OBG Ltd v Allan* per Lord Nicholls at [201]–[202]; *Meretz Investments NV v ACP Ltd* [2007] EWCA Civ 1303; [2008] Ch. 244 at [118]–[119].

means employed to break it, the relation of the person procuring to the person breaking it, and the object of the person procuring the breach: per Romer LJ in *Glamorgan Coal Co Ltd v S. Wales Miners' Federation*, decision upheld in the House of Lords.[20]

CAUSING LOSS BY UNLAWFUL MEANS

60-08 Following the *OBG* case referred to above, the essential elements of this tort may be identified as follows:

(1) Use by the defendant of unlawful means, thereby
(2) interfering with the actions of a third party in relation to the claimant.
(3) Intention to cause loss to the claimant.
(4) Damage.

per Lord Hoffman in the *OBG* case at [45]–[47]. See also *Emerald Supplies Ltd v British Airways Plc*[21] at [124]–[130].

60-09 **Unlawful means** To qualify as "unlawful means", acts against a third party must be actionable by the third party, subject only where they are not actionable because no loss has been suffered: per Lord Hoffman in *OBG* at [49], referring to *National Phonographic Co Ltd v Edison-Bell Consolidated Phonographic Co Ltd*[22] and *Lonrho v Fayed*.

60-10 **Interference** In *OBG*, Lord Hoffman emphasised the importance of establishing that the actions of the defendant have interfered with the freedom of the third party to deal with the claimant. It is not enough that the acts can be shown to have been actionable by the third party if they do not impact upon his liberty of action in relation to the claimant.[23]

60-11 **Intention to cause loss** The concept of intention is as above in relation to an intention to procure breach: it is necessary to show something more than loss as a foreseeable consequence. Loss must either be shown to be the end in itself, or the means to some other desired end, such as the defendant's own enrichment: *OBG* at [62], referring to *Tarleton v McGawley*.[24] See also *Emerald Supplies Ltd v British Airways Plc* at [134]–[140]. For cases where there was insufficient intention see *Barretts & Baird (Wholesale) Ltd v Institution of Professional Civil Servants* and *NHS Luton Clinical Commissioning Group v Amana Health Ltd*.[25]

60-12 **Damage** The usual rules as to causation and remoteness apply.

---

[20] *Glamorgan Coal Co Ltd v S Wales Miners' Federation* [1903] 2 K.B. 545 at 574–5, decision upheld in the House of Lords at [1905] A.C. 239.
[21] *Emerald Supplies Ltd v British Airways Plc* [2015] EWCA Civ 1024; [2016] Bus. L.R. 145.
[22] *National Phonographic Co Ltd v Edison-Bell Consolidated Phonographic Co Ltd* [1908] 1 Ch. 335.
[23] *RCA Corporation v Pollard* [1983] Ch 135; *Isaac Oren v Red Box Toy Factory Ltd* [1999] F.S.R. 785. See also *Secretary of State for Health v Servier Laboratories Ltd* [2017] EWHC 2006 (Ch); [2017] 5 C.M.L.R. 17.
[24] *Tarleton v McGawley* (1794) 1 Peake 270.
[25] *Barretts & Baird (Wholesale) Ltd v Institution of Professional Civil Servants* [1987] I.R.L.R. 3 and *NHS Luton Clinical Commissioning Group v Amana Health Ltd* [2014] EWHC 2943 (QB).

Claim for Procuring Breach of Contract

1. At all material times A was employed by the Claimant, a company incorporated in England.

60-P1

2. The Claimant's business was the purchase and development of land for housing. A was employed by the Claimant as a surveyor identifying suitable properties and negotiating with the vendors

3. As an employee of the Claimant, A owed it the following duties:
  (1) An equitable duty and a contractual duty (implied as a matter of law) of fidelity to act faithfully in the best interests of the Claimant;
  (2) express contractual duties including [set out any duties contained in contract of employment]

4. In or about, A identified a suitable development plot at [address] ("the Plot").

5. On or about [date], unknown to the Claimant, the Defendant and A entered into a joint venture pursuant to which the Defendant provided £ for the purchase of the Plot.

6 At all material times the Defendant knew of A's employment by the Claimant and in particular of A's role at the company, namely to identify and negotiate the purchase of suitable development land.

PARTICULARS OF KNOWLEDGE
[identify matters relied on]

7. The Defendant and A together acquired the Plot on [date], using funds provided by the Defendant.

8. In arranging for the purchase of the Plot on behalf of himself and the Defendant, A acted in breach of his contractual duties owed to the Claimant. It is to be inferred that, by providing the funds and jointly purchasing the Plot with A, the Defendant knew and intended that A should so act.

9. By reason of the matters aforesaid the Claimant has suffered loss.

PARTICULARS OF LOSS
[set out sums claimed]

10. Further the Claimant is entitled to and claims interest on all sums which are found due pursuant to s.35A of the Senior Courts Act 1981 at such rate and for such period as the Court shall think fit.

AND the Claimant claims:
(1) Damages.
(2) The aforementioned interest pursuant to section 35A of the Senior Courts Act 1981 to be assessed.

Defence: No Intention to Procure Breach

60-P2 1. As to paragraph 6, it is admitted and averred that:
   (1) The Defendant knew of A's employment as a surveyor at the Claimant.
   (2) Knowing of his employment at the Claimant, the Defendant specifically asked A whether there was a conflict of interest in his negotiating for the purchase of, and purchasing the Plot. A told him that there was no conflict as the Claimant had been offered the Plot and had decided not to go ahead with its purchase.
   (2) In the premises it is denied that the Defendant (a) knew that A was acting in breach of contract or (b) that he intended that A should so act.

Claim for Causing Loss by Unlawful Means

60-P3 1. A is and was at all material times a company incorporated in England whose business includes research and development of treatments for cancer and other life-threatening conditions.

2. The Defendants are members of X, a well-known animal-rights organisation.

3. In [date] A was negotiating with Q Bank for financing in order to develop its business. By letter dated Q Bank offered to make financing available.

4. During the period [dates] the Defendants repeatedly threatened and harassed directors and employees at Q Bank as follows:
   [set out activities relied upon]

5. By letter dated, Q Bank notified A that by reason of the repeated intimidation and harassment of its staff it could not further consider A's application and that it was withdrawing the offer of finance. A has tried but failed to obtain financing on similar terms from other banks.

6. In the premises of paragraphs 4 and 5 above the Defendants intended to, and have, caused loss to A by unlawful means.

Particulars of Loss

11. Further the Claimant is entitled to and claims interest on all sums which are found due pursuant to s.35A of the Senior Courts Act 1981 at such rate and for such period as the Court shall think fit.

   AND the Claimant claims:
   (3) Damages.
   (4) The aforementioned interest pursuant to section 35A of the Senior Courts Act 1981 to be assessed.

Section 61:

BRIBERY

Table of Contents

Action against agent and third party for bribery 61-P1
Defence to action for bribery: gift made after conclusion of
  transaction/principal's knowledge of bribe 61-P2

Elements of the cause of action "[A] bribe consists in a commission or other inducement, which is given by a third party to an agent as such, and which is secret from his principal".[1] 61-01
The claimant must plead and prove the following:

(i) payment or other inducement;
(ii) made (or promised) to an agent of the other person with whom the briber is dealing;
(iii) who is known to the briber to be an agent; and
(iv) that the payments are unknown to the principal.[2]

For other useful statements of general principles see *Novoship (UK) Ltd v Mikhaylyuk* at [104]–[110] per Christopher Clarke J and *Daraydan Holdings Ltd v Solland International Ltd*,[3] in which it was held that in proceedings against the payer of a bribe that there is no need for a claimant to prove that:

(i) the payer of the bribe acted with a corrupt motive;
(ii) the agent's mind was actually affected by the bribe;
(iii) the payer knew or suspected that the agent would conceal the payment from the principal;
(iv) the principal suffered any loss or that the transaction was in some way unfair: the law is intended to operate as a deterrent against the giving of bribes, and it will be assumed that the true price of any goods bought by the principal was increased by at least the amount of the bribe, but any loss beyond the amount of the bribe itself must be proved; or
(v) the bribe was given specifically in connection with a particular contract, since a bribe may also be given to an agent to influence his mind in favour

---

[1] Per Leggatt J in *Anangel Atlas Compania Navieva SA v Ishikawajima-Harima Heavy Industries* [1990] 1 Lloyd's Rep. 167 at 171.
[2] See generally *Hovenden and Sons v Millhoff* (1900) 83 L.T. 41; *Industries and General Mortgage Co Ltd v Lewis* [1949] 2 All E.R. 573; *Mahesan v Malaysian Govt Officers' Co-operative Housing Society Ltd* [1979] A.C. 374; *Attorney General for Hong Kong v Reid* [1994] 1 A.C. 324.
[3] *Novoship (UK) Ltd v Mikhaylyuk* [2012] EWHC 3586 (Comm) at [104]–[110] per Christopher Clarke J and *Daraydan Holdings Ltd v Solland International Ltd* [2004] EWHC 622 (Ch); [2005] Ch. 119 (at [53]–[54]).

of the payer generally (e.g. in connection with the granting of future contracts)."

61-02 There are two main tests of whether a payment amounts to a bribe:

(i) *Conflict of interests:* whether the payment or other benefit resulted in the agent having a personal interest which conflicted (or might have conflicted) with his duty to the principal.[4] A principal is entitled to have his agent's disinterested advice; a bribe undermines that entitlement. This principle was recently restated by the Court of Appeal in *Prince Eze v Conway*.[5] See the judgment of Asplin LJ at [39]–[43] in which she emphasised that for the law of bribery and secret commissions to be engaged, there had to be a relationship of trust and confidence between the recipient of the benefit and the principal which put the recipient in a real position of potential conflict between his interest and his duty, and that not every person described as an "agent" was the subject of fiduciary duties.

(ii) *Secrecy:* whether the payment or other benefit was kept secret from the principal. See, for example, *Logicrose* at 1262, quoting Chitty LJ in *Shipway v Broadwood* at 373: "The real evil is not the payment of money, but the secrecy attending it."

In *Imageview Management Ltd v Jack*,[6] the Court of Appeal underscored in strong terms the centrality of the conflict of interest test. The court rejected an argument that a payment by a football club to an agent was a "harmless" collateral payment and emphasised that the strict non-profit rule was necessary as a matter of policy "as a real deterrent to betrayal" (at [50]).

61-03 **What constitutes a bribe/secret commission** A secret commission or bribe need not be a payment. The principles in relation to secret commission/bribery apply to bribes in other forms, for example gifts, an arrangement to pay or other inducements.[7] The key to the determination of the question as to whether or not a payment or other inducement constitutes a bribe is to ask whether the making of it puts the agent into a position where his duty to his principal and his interest (in receiving the payment) conflict.[8]

It is not necessary that the bribe actually induces a contract. The focus is not on the outcome of the payment but on the fact that it is made with a view to perverting the judgment or conduct of the recipient (*Petrotrade Inc v Smith*). Accordingly, the promise of a payment, even if it is not eventually paid, can amount to a bribe or secret commission (see *Novoship* at [106]).

61-04 **Who may be sued** Both the agent and the briber are jointly and severally liable to the principal. In relation to the payer of the bribe, it should be noted that a third party briber is regarded as a party to the agent's breach of duty even where: (i) he

---

[4] *Petrotrade Inc v Smith* [2000] 1 Lloyd's Rep 486 at [17]; *Logicrose Ltd v Southend United Football Club Ltd* [1988] 1 W.L.R. 1256, 160F–H.
[5] *Prince Eze v Conway* [2019] EWCA Civ 88.
[6] *Imageview Management Ltd v Jack* [2009] EWCA Civ 63; [2009] 1 Lloyd's Rep 436.
[7] *Amalgamated Industrials Ltd v Johnson & Firth Brown Ltd*, *The Times*, 15 April 1981 an offer of employment was treated as a bribe.
[8] *Anangel v IHI* [1990] 1 Lloyd's Rep. 167; *Meadow Schama and Co v Mitchell and Co Ltd* (1973) 228 E.G. 1511; *Barry v The Stoney Point Canning Co* (1917) 55 C.R. 51.

thought that the agent would tell or had told the principal of the payment[9]; or (ii) he was not aware of the agent's interest in the transaction but he did know that the agent did not intend to disclose the dealing to the principal (*Logicrose Ltd v Southend United FC* at 1260–1262).

Remedies A principal may choose its remedy or remedies, both against the agent, and the third party briber from the following (as applicable):   **61-05**

(i) restitution of the amount of the bribe or secret commission;
(ii) damages in deceit for any loss suffered by the principal as a result of the fraud;
(iii) an account of profits;
(iv) a declaration that the defendant holds the bribe/amount of the bribe on trust for the principal;
(v) rescission.

Note that the principal cannot recover under all heads and must elect prior to judgment which remedy to take.[10]

Restitution of the amount of the briber or damages for loss suffered See *Mahesan*; *Bowstead & Reynolds on Agency*, 19th edn, arts 49 and 96[11]; and *Petrotrade Inc v Smith*). The restitutionary claim is available against the third party briber although he has paid, rather than received the bribe, on the basis that the principal "is entitled to treat the benefit obtained by or promised to the agent as part of the consideration which should have been received by the principal (if he is a vendor) or as excess consideration provided by the principal (if he is a purchaser)" (per Millett J in the Logicrose case). It has been suggested that the restitutionary liability of a third party derives from the imposition of a constructive trust for "dishonest assistance" in the agent's breach of fiduciary duty—but this was not followed in the *Petrotrade* case. The remedy in deceit for damages is clearly preferable if the amount of the loss exceeds the bribe, or if the property acquired with it has decreased in value; obviously, also, against an agent who never in fact received the bribe.   **61-06**

Account of profits See *Fyffes Group Ltd v Templeman*, Toulson J; *Ultraframe (UK) Ltd v Fielding*, Lewison J at [1589]–[1594] (see further *Goff & Jones* at para.33-002).[12] The 19th edition of *Bowstead & Reynolds On Agency* (art.96) suggests that a briber's liability may now be better classified under the head of accessory liability (as clarified in *Brunei v Tan*). It should be noted that in *Fyffes* the remedy of account of profits from the briber was not in fact awarded. Toulson J adopted a broad merits-based approach to the remedy of account of profits. He found that it was highly probable that the claimant would have entered into a service agreement with the third party even if the relevant fiduciary had not been dishonest. In *Imageview v Jack* the Court of Appeal dealt with the circumstances in which a   **61-07**

---

[9] *Shipway v Broadwood* [1899] 1 Q.B. 369 at 373; *Grant v Gold Exploration and Development Syndicate Ltd* [1900] 1 Q.B. 233 at 248–250; and *Taylor v Walker* [1958] 1 Lloyd's Rep. 490 at 509–513.

[10] See *Mahesan v Malaysian Govt Officers Co-operative Housing Society Ltd* [1979] A.C. 374.

[11] *Bowstead & Reynolds on Agency*, 19th edn (London: Sweet & Maxwell, 2010), arts 49 and 96.

[12] *Fyffes Group Ltd v Templeman* [2000] 2 Lloyd's Rep. 643, Toulson J; *Ultraframe (UK) Ltd v Fielding* [2005] EWHC 1638; [2006] F.S.R. 17, Lewison J at [589]–[1594] (see further *Goff & Jones* (London: Sweet & Maxwell) at para.33-002).

fiduciary who has acted in breach of fiduciary duty and against whom an account of profit is ordered may be given an allowance for skill and effort. Four points were emphatically restated in the judgment: (i) it must be inequitable for the beneficiaries to take the profit from the fiduciary without paying for the skill and labour; (ii) the power to grant such an allowance to fiduciaries is to be exercised sparingly out of concern not to encourage fiduciaries to act in breach of fiduciary duty; (iii) such an allowance is unlikely to be allowed where the fiduciary has been involved in surreptitious dealings; and (iv) the burden is on the fiduciary to convince the court that an accounting of his or her entire profits was in appropriate in the circumstances (paras 52 and 56).[13] In *Novoship (UK) Ltd v Mikhaylyuk* Christopher Clarke J held that a Venezuelan businessman who had paid bribes and had bribes paid on his behalf was liable (as a dishonest assistant) to account for profits made on relevant sub-charters.

61-08 **Constructive trust**   Prior to the Court of Appeal decision in *Sinclair Investments (UK) Ltd v Versailles Trade Finance Ltd (In Administration)*[14] there had been widespread support for the view that under English law unauthorised profits acquired by fiduciaries in breach of fiduciary duty are held upon constructive trust for the principal: following the Privy Council decision in *Attorney General for Hong Kong v Reid*[15]; see also *Daraydan Holdings Ltd v Solland International Ltd*[16]; and *Ultraframe* at 1490. So bribes were held to be trust property for the purposes of a knowing receipt claim.[17] However, in *Sinclair Investments*, the Court of Appeal declined to follow the Privy Council decision in *Reid* and instead followed five previous decisions of the Court of Appeal and upheld the First Instance decision of Lewison J[18] that unauthorised profits made by a fiduciary, otherwise than by acquiring and exploiting property formally owned (or treated as owned) by the principal itself, give rise only to a personal obligation to account rather than a constructive trust. This would mean that such unauthorised profits cannot be traced e.g. into proceeds of sales nor can a proprietary claim be asserted to such proceeds. The recent Supreme Court decision of *FHR European Ventures v Cedar Capital Partners LLC*[19] (sometimes referred to as *FHR v Mankarious*) reviewed and sought to resolve the conflicting lines of authorities and academic schools of thought as regards the imposition of a constructive trust in this area of law. The question for the panel was whether the amount of a bribe/secret commission and/or any unauthorised profits acquired by fiduciaries in breach of fiduciary duty are held upon constructive trust for the principal, thereby conferring proprietary rights (and allowing for example the principal to trace such sums). In essence, the Supreme Court (judgment delivered by Lord Neuberger) decided that a constructive trust could and should be imposed and that the law took a wrong turn in *Heiron* and *Lister* such that those decisions and any subsequent decisions (*Powell & Thomas, Attorney General's Ref (No.1 of 1985)* and *Sinclair*), at least in so far as they relied on or followed Heiron and Lister, should be treated as overruled.

---

[13] See also *Rahme v Smith and Williamson Trust Corp Ltd (Administrators of the Estate of Stephen John Voice)* [2009] EWHC 911 (Ch).
[14] *Sinclair Investments (UK) Ltd v Versailles Trade Finance Ltd (In Administration)* [2011] EWCA Civ 347; [2012] Ch. 453.
[15] *Attorney General for Hong Kong v Reid* [1994] 1 A.C. 324.
[16] *Daraydan Holdings Ltd v Solland International Ltd* [2005] Ch. 119.
[17] *Dyson Technology Ltd v Curtis* [2010] EWHC 3289 (Ch).
[18] *Sinclair Investments (UK) Ltd v Versailles Trade Finance Ltd (In Administration)* [2010] EWHC 1614 (Ch); [2011] 1 B.C.L.C. 202.
[19] *FHR European Ventures v Cedar Capital Partners LLC* [2014] UKSC 45; [2015] A.C. 250.

Rescission If a contract has been concluded with the third party briber, the **61-09** principal may rescind it ab initio, alternatively it may be terminated for the future.[20] See *UBS AG (London Branch) v Kommunale Wasserwerke Leipzig GmbH*,[21] in which rescission (inter alia) on grounds of bribery and conflict of interest was granted [707], along with damages or an indemnity [716]. The court dealt with the consequences of rescission [717]–[731], with the judge proceeding on the basis that the purpose of rescission is to restore the parties, so far as possible, to the position in which they were before the contract in question was concluded. While there may come a point at which restitution *in integrum* is impossible, such that the remedy of rescission is no longer available, the court has a degree of flexibility in order to ensure that practical justice is achieved [720]. See also the Court of Appeal decision in the same case,[22] in which the majority of the Court of Appeal (Gloster LJ dissenting) reversed the judge on his findings as to agency ([79]–[102]), but upheld his judgment on the issues of enforceability ([106]–[121]) and rescission ([136]–[164]).

The agent who takes a bribe may forfeit his right to any remuneration or commission,[23] and lose his right to an indemnity[24]; a principal may also be justified in dismissing him without notice.[25]

The restitutionary claim is available against the third party briber although he has paid, rather than received the bribe, on the basis that the principal "is entitled to treat the benefit obtained by or promised to the agent as part of the consideration which should have been received by the principal (if he is a vendor) or as excess consideration provided by the principal (if he is a purchaser)" (per Millett J in the *Logicrose* case). It has been suggested that the restitutionary liability of a third party derives from the imposition of a constructive trust for "dishonest assistance" in the agent's breach of fiduciary duty—but this was not followed in the *Petrotrade* case.

The remedy in deceit for damages is clearly preferable if the amount of the loss exceeds the bribe, or if the property acquired with it has decreased in value; obviously, also, against an agent who never in fact received the bribe.

Note that the principal cannot recover under all heads and must elect prior to judgment which remedy to take (*Mahesan* case).

If a contract has been concluded with the third party briber, the principal may **61-10** rescind it ab initio, alternatively it may be terminated for the future.[26]

The agent who takes a bribe may forfeit his right to any remuneration or commission,[27] and lose his right to an indemnity[28]; a principal may also be justified in dismissing him without notice.[29]

---

[20] *Panama & South Pacific Telegraph Co v India Rubber, etc., Co* (1875) L.R. 10 Ch. App. 515; *Armagas Ltd v Mundogas S.A. (The Ocean Frost)* [1986] A.C. 717.
[21] *UBS AG (London Branch) v Kommunale Wasserwerke Leipzig GmbH* [2014] EWHC 3615 (Comm) Males J.
[22] *UBS AG (London Branch) v Kommunale Wasserwerke Leipzig GmbH* [2017] EWCA Civ 1567; [2017] 2 Lloyd's Rep 621.
[23] *Meadow Schama &Co v C Mitchell &Co* (1973) 228 E.G. 1511.
[24] *Stange & Co v Lowitz* (1898) 14 T.L.R. 468; *Nicholson v Mansfield & Co* (1901) 17 T.L.R. 259.
[25] *Swale v Ipswich Tannery Ltd* (1906) 11 Com. Cas. 88; *Boston Deep Sea Fishing & Ice Co v Ansell* (1888) 39 Ch. D. 339.
[26] *Panama & South Pacific Telegraph Co v India Rubber, etc., Co.* (1875) L.R. 10 Ch. App. 515; *Armagas Ltd v Mundogas S.A. (The Ocean Frost)* [1986] A.C. 717.
[27] *Meadow Schama and Co. v Mitchell and Co. Ltd* (1973) 228 E.G. 1511.
[28] *Stange & Co v Lowitz* (1898) 14 T.L.R. 468; *Nicholson v Mansfiled & Co* (1901) 17 T.L.R. 259.
[29] *Swale v Ipswich Tannery Ltd* (1906) 11 Com. Cas. 88; *Boston Deep Sea Fishing & Ice Co v Ansell*

In *National Iranian Oil Co v Crescent Petroleum*,[30] the court held (amongst other things) (i) that English public policy did not require that a court should refuse to enforce a contract which had been procured by bribery, but that a court might decide to enforce the contract at the instance of one of the parties; and (ii) that there was no English public policy to refuse to enforce a contract which has been preceded but is unaffected by a failed attempt to bribe. See in particular [39] to [49].

61-11 **Jurisdiction** There is a line of case law considering conflicts of laws issues in relation to bribery. In particular see the recent Court of Appeal decision in *Fiona Trust & Holding Corp v Skarga*.[31] Longmore LJ considered the application of ss.11 and 12 of the Private International Law (Miscellaneous Provisions) Act 1998 in cases concerning conspiracy and bribery. As regards bribery and s.11, it was held that as bribery includes the promise or payment or provision of benefits as well as the actual performance of that promise, the place where arrangements and promises were made is relevant to the determination of the place where the tort took place. As to s.12, there is a useful analysis of the relevant arguments as to appropriate forum, although each case will of course turn on its own facts.

61-12 **Defences** It is a defence that the principal knew of the payment, or would have known if he had thought about it. The principal must have sufficient knowledge to understand the implications of the arrangement so a partial disclosure will be insufficient.[32] The burden of proving that the principal knew is on the agent/third party[33] and therefore this must be specifically pleaded in the defence. It is not a defence that there was no dishonesty. The principle in *Anangel* also applies where there has been no improper conduct or motivation on the part of the agent.[34]

If the principal knows there is a commission being paid by the third party but does not know the amount of such commission, the scope of the fiduciary duty owed is more limited and whether there has been a breach will depend on the facts of the case.[35]

The pleading of and evidence as to a market practice for commissions to be payable may be relevant to the issue of "secrecy.[36]

Payments made after the conclusion of the transaction will not be regarded as bribes unless it appears that such gifts were expected or arranged at the outset, or were made to influence future transactions.[37]

ACTION AGAINST AGENT AND THIRD PARTY FOR BRIBERY

61-P1 1. At all material times:
   (1) the Claimant was a company incorporated in England, owning land at [..........] ("the property");

(1888) 39 Ch. D. 339.
[30] *National Iranian Oil Co v Crescent Petroleum* [2016] EWHC 510 (Comm); [2016] 2 Lloyd's Rep. 146 per Burton J.
[31] *Fiona Trust & Holding Corp v Skarga* [2013] EWCA Civ 275.
[32] *Bartram & Sons v Lloyd* (1904) 90 L.T. 357.
[33] *Jordy v Vanderpump* (1920) 64 S.J. 324.
[34] *Allwood v Clifford* [2002] E.M.L.R. 3.
[35] See the recent Court of Appeal decision of *Medsted Associates Ltd v Canaccord Genunity Wealth (International) Ltd* [2019] EWCA Civ 83; [2019] 2 All E.R. 959 at [34]–[47] citing and applying *Hurstanger Ltd v Wilson* [2001] 1 W.L.R. 2351.
[36] *Secretary of State for Justice v Topland Group Plc* [2011] EWHC 983 (QB), King J.
[37] *Smith v Sorby* (1875) 3 Q.B.D. 552; *Hough v Bolton* (1885) 1 T.L.R 606.

(2) the First Defendant was until [date] retained by the Claimant as its land agent, responsible in particular for managing the property;
(3) the Second Defendant was a company incorporated in England, whose business was the operation of markets at appropriate sites.

2. In his capacity as land agent, the Defendant owed the following fiduciary duties to the Claimant:
(1) a duty to act in good faith and in the best interests of the Claimant;
(2) a duty not to act so as to place himself in a position in which his personal interests would conflict with the interests of the Claimant;
(3) a duty not to make any secret profit or receive any secret payment from any third party with whom he was dealing in his capacity as the Claimant's land agent or otherwise;
(4) a duty to account for any such secret profit or secret payment.

3. Further or alternatively, it was an express and/or implied term of the First Defendant's retainer that he would:
(1) act faithfully in the best interests of the Claimant;
(2) use his best endeavours to promote the interests of the Claimant.

4. On or before [date], X, the managing director of the Second Defendant agreed with the First Defendant to pay to him the sum of £[..........] upon the successful conclusion of negotiations with the Claimant for the grant of a licence to operate a market at the property. The Claimant was at all material times unaware of this agreement.

5. Subsequently, the Claimant, acting by the First Defendant, granted the Second Defendant a licence dated [date] for the operation of a weekly market at the property for the sum of £[..........] per quarter ("the licence").

6. On or about [date] the First Defendant received from the Second Defendant the sum of £[..........]. The Claimant was at all material times unaware of this payment.

7. The First Defendant made the agreement set out in paragraph 4 above and received the said £[..........] in breach of his fiduciary and contractual duties set out in paragraphs [..........] above and in fraud of the Claimant. The Second Defendant was all material times aware that the First Defendant had not disclosed to the Claimant the agreement set out in paragraph 4 above and/or the receipt of the sum referred to in paragraph 6 above.

8. As a result of the matters set out in paragraphs 4 to 7 above the Claimant is entitled to recover from the First and the Second Defendants the sum of £[..........] as money had an received.

9. Alternatively, by reason of the matters set out in paragraphs 4 to 6 above the Claimant has sustained loss and damage as follows:
[Give details of loss and damage.]

10. Alternatively, on the basis pleaded above, all profits or other benefits obtained by the Defendants were procured by the Second Defendant's bribery of the First Defendant or by the payment of the secret commission. Accordingly, the Defend-

ants are liable to account to the Claimant for any profits and/or benefits obtained thereunder.

11. Further or alternatively, on the basis pleaded above, the Claimant seeks a declaration that the secret commission and/or all profits or other benefits obtained by the Defendants procured by the Second Defendant's bribery of the First Defendant or by the payment of the secret commission, are held on constructive trust for the Claimant.

12. Further the Claimant was entitled to and did, by letter dated [date], alternatively does hereby, terminate the licence.

13. Further, the Claimant claims and is entitled to interest, whether or not compounded, on all sums found to be due to it at such rates as the Court shall deem just pursuant to the Court's equitable jurisdiction and/or s.35A of the Senior Courts Act 1981.

AND the Claimant claims:
(1) Against the Second Defendant, a declaration that the Claimant was and is entitled to terminate the licence dated [date].
(2) Against the First and Second Defendants, payment of the sum of £[..........] as money had and received to their use; alternatively damages for deceit under paragraph 9 above; alternatively all necessary accounts, inquiries and orders to enable the Claimant to recover compensation for its loss and/or the profits obtained by the Defendants; and payment of all monies found due on the taking of accounts.
(3) Interest under paragraph 11 above.

[Statement of truth]

DEFENCE TO ACTION FOR BRIBERY: GIFT MADE AFTER CONCLUSION OF TRANSACTION/
PRINCIPAL'S KNOWLEDGE OF BRIBE

61-P2 **1.** It is denied that the sum referred to in paragraph [..........] was in the nature of a bribe or a secret commission. It is denied that there was any agreement for the payment of a bribe or commission by the Second Defendant to the First Defendant whether as alleged in paragraph [..........] or at all. The First Defendant admits receiving the sum of £[..........] on [date] but contends that the said payment was a gift made to him by the Second Defendant after the conclusion of the licence, in respect of services which were unrelated to the negotiation of the licence. These services were: [give particulars].

2. Further or alternatively, the Claimant was at all material times aware of the Second Defendant's intention to make a gift to the First Defendant upon the conclusion of negotiations for the licence. The First and Second Defendants will rely in this respect on:
[Give particulars.]

[Statement of truth]

Section 62:

CONSTRUCTIVE TRUST AND TRACING

Table of Contents

Claim against director to account for breach of fiduciary duty/breach of trust and equitable proprietary claim—claim against stranger for knowing receipt 62-P1
Dishonest assistance claim 62-P2
Defence to knowing receipt claim: no knowledge—defence to paragraphs 5 and 6 of knowing receipt claim 62-P3
Defence to knowing receipt claim: no beneficial receipt—defence to paragraph 4 of knowing receipt claim 62-P4

62-01 The claims considered in this section are claims for dishonest assistance in a breach of trust or fiduciary duty (also referred to as accessory liability) and for knowing receipt of funds transferred in breach of trust or fiduciary duty. They are cases where equity gives relief against fraud (and other breaches of trust or fiduciary duty) by making any person sufficiently implicated in the fraud (or other breach of trust or fiduciary duty) accountable in equity as if they were trustees or fiduciaries. They are commonly referred to as cases of constructive trust liability, although this expression has been described as misleading, for there is no trust and usually no possibility of a proprietary remedy. Expressions "constructive trust" and "constructive trustee" in this context have been said to be "nothing more than a formula for equitable relief" and it has been suggested that English law should discard the words "accountable as constructive trustee" in this context and substitute the words "accountable in equity".[1] In *Williams v Central Bank of Nigeria*[2] the intervention of equity in cases involving "ancillary liability" in respect of the misapplication of trust assets was described as "purely remedial". Even in cases of knowing receipt, where the constructive trustee receives the trust assets, no trust is imposed: the constructive trustee's "sole obligation of any practical significance is to restore the assets immediately" (*Williams v Central Bank of Nigeria* [31]).

Knowing Receipt

62-02 The essential ingredients for a claim in knowing receipt which the claimant must plead and prove are:

(a) a disposal of his assets in breach of trust or fiduciary duty;
(b) the beneficial receipt by the defendant of assets which are traceable as representing the claimant's own assets;

---

[1] *Paragon Finance Plc v DB Thakerar & Co* [1999] 1 All E.R. 400 at 409; *Dubai Aluminium Co Ltd v Salaam* [2003] 2 A.C. 366 at [141]–[142].
[2] *Williams v Central Bank of Nigeria* [2014] UKSC 10; [2014] A.C. 1189.

(c) knowledge on the part of the defendant that the assets are traceable to a breach of fiduciary duty or breach of trust.[3]

Liability for knowing receipt of trust property is a personal liability which extends to a liability to account for property or its value which the knowing recipient no longer has. If the recipient has retained it, or if he has retained property which is an identifiable substitute for the original trust property, then the claimant is entitled simply to assert his proprietary rights in that property. He does this by invoking the principles of following and tracing. If the original recipient has passed on the property or its substitute to another person then, subject to any defence which that other may be entitled to raise, the principles of following or tracing continue to apply to the property or its substitute in the hands of that other. A proprietary claim can be maintained against anyone in possession or control of the trust property or its traceable proceeds except a bona fide purchaser for value without notice. If a recipient has not retained the trust property, and its proceeds are no longer identifiable, then the claimant may have a personal remedy against the recipient in knowing receipt.[4]

62-03 **Company property** In consequence of the fiduciary character of their duties, the directors of a limited company are treated as if they were trustees of those funds of the company which are in their hands or under their control, and if they misapply them they commit a breach of trust.[5] Similarly, a person entrusted with another person's money for a specific purpose has fiduciary duties to the other person in respect of the use to which those monies are put.[6] So where the company's property has been misapplied by its directors in breach of fiduciary duty, third parties who receive that property with the requisite knowledge of the breach of duty will be liable for knowing receipt.[7] This is equally the case when a company's funds are misapplied by any person whose fiduciary position gave him control of them or enabled him to misapply them.[8]

Confidential information and a corporate opportunity may be regarded as trust property for these purposes, although there may be difficulties in tracing them into any resulting chose in action.[9] So where a director diverts a corporate opportunity away from the company to a third party, the contracts entered into by the third party enabling it to exploit that opportunity may be regarded in law as the property of the company or the traceable proceeds of the property of the company, being the business opportunity available to the company, for the purposes of a knowing receipt claim against the third party.[10]

---

[3] See *El Ajou v Dollar Land Holdings Plc* [1994] 2 All E.R. 685 at 700.
[4] See the discussion in *Ultraframe (UK) Ltd v Fielding* [2005] EWHC 1638 (Ch); [2006] F.S.R. 17 at [1486].
[5] In *Re Lands Allotment Co* [1894] 1 Ch. 616, 638 per Lindley and Kay LJJ.
[6] *Sinclair Investments (UK) Ltd v Versailles Trade Finance Ltd (In Administration)* [2011] EWCA Civ 347; [2012] Ch. 453 at [34].
[7] *Belmont Finance Corp v Williams Furniture Ltd (No.2)* [1980] 1 All E.R. 393 at 405.
[8] *Agip (Africa) Ltd v Jackson* [1990] Ch. 265 at 290.
[9] *Satnam Investments Ltd v Dunlop Heywood* [1999] 3 All E.R. 652; *Ultraframe* at [1491].
[10] *Crown Dilmun v Sutton* [2004] EWHC 52 (Ch); [2004] 1 B.C.L.C. 468 at [202]–[204]; *Aerostar Maintenance International Ltd v Wilson* [2010] EWHC 2032 (Ch) at [193]–[194].

Unauthorised profits acquired by a fiduciary Following the Privy Council decision in *Attorney General for Hong Kong v Reid*,[11] there has been support for the view that under English law unauthorised profits acquired by fiduciaries in breach of fiduciary duty are held upon constructive trust for the principal.[12] So bribes have been held to be trust property for the purposes of a knowing receipt claim.[13] However, in *Sinclair Investments UK Ltd v Versailles Trade Finance Ltd*[14] the Court of Appeal declined to follow the Privy Council decision in *Reid* and held that, at least in the present state of English law, a beneficiary of a fiduciary's duties cannot claim a proprietary interest, but is entitled to an equitable account, in respect of any money or asset acquired by a fiduciary in breach of his duties to the beneficiary, unless the asset or money is or has been beneficially the property of the beneficiary or the trustee acquired the asset or money by taking advantage of an opportunity or right which was properly that of the beneficiary. So unauthorised profits made by a company director otherwise than by acquiring and exploiting property formally owned (or treated as owned) by the company itself give rise only to a personal obligation to account. This is insufficient for a claim in knowing receipt. This approach was followed in *Apcoa Parking (UK) Ltd v Galhenage Aruna Sathyajith Perera (t/a Arun Perera)*,[15] where it was held that because such profits are not held on trust, the fiduciary is free to dispose of them without restriction and receipt by a third party gives rise to no liability.

62-04

In *FHR European Ventures LLP v Mankarious*,[16] the Supreme Court looked at what it described as 200 years' worth of "inconsistent judicial decisions" on the issue of whether a bribe or secret commission received by an agent is held by the agent on trust for his principal, or whether the principal merely has a claim for equitable compensation in a sum equal to the value of the bribe or commission. The Supreme Court considered the scope of the rule that an agent who receives benefits in breach of his fiduciary duty to his principal holds those benefits on trust for his principal, and concluded that it is wide in scope, and covers bribes and secret commissions as well as benefits which were derived from assets which are or should be the property of the principal.

Constructive trust Knowing receipt claims may also arise where there is no pre-existing trust or fiduciary relationship between the wrongdoer and the victim of fraud but property has been stolen or obtained by fraud in circumstances where equity imposes a constructive trust on the wrongdoer.[17]

62-05

There is support for the view that when property is obtained by fraud equity imposes a constructive trust on the fraudulent recipient, at least in the absence of a supervening barrier such as a contract which was not itself the instrument of fraud. In the case of a non-consensual transfer (such as theft) it has been said that equity

---

[11] *Attorney General for Hong Kong v Reid* [1994] 1 A.C. 324.
[12] *Daraydan Holdings Ltd v Solland International Ltd* [2004] EWHC 622 (Ch); [2005] Ch. 119; *Ultraframe* at [1490].
[13] *Dyson Technology Ltd v Curtis* [2010] EWHC 3289 (Ch).
[14] *Sinclair Investments UK Ltd v Versailles Trade Finance Ltd* [2011] EWCA Civ 347; [2012] Ch. 453.
[15] *Apcoa Parking (UK) Ltd v Galhenage Aruna Sathyajith Perera (t/a Arun Perera)* 14 October 2010 Ch (David Donaldson QC).
[16] *FHR European Ventures LLP v Mankarious* [2014] UKSC 45; [2015] A.C. 250.
[17] See e.g. *Twinsectra Ltd v Yardley* [1999] Lloyd's Rep. Bank 438 CA; *Papamichael v National Westminster Bank Plc (No.2)* [2003] 1 Lloyds Rep. 341; *Bank of Ireland v Pexxnet Ltd* [2010] EWHC 1872 (Comm); *CMOC Sales & Marketing Ltd v Person Unknown* [2018] EWHC 2230 (Comm); [2019] Lloyd's Rep. F.C. 62.

imposes an immediate constructive trust on the transferor. Where property is transferred pursuant to a contract voidable for fraudulent misrepresentation no trust arises unless and until the transferor elects to avoid the transaction. A constructive trust may also arise where money is paid under a mistake to a third party who seeks to retain the money after it has learned of the mistake.[18]

62-06 **Disposal of assets in breach of trust or fiduciary duty** This requirement is readily satisfied in most cases of commercial fraud, since the embezzlement of a company's funds almost inevitably involves a breach of fiduciary duty on the part of one of the company's employees or agents: *Agip* at 290. However, liability in knowing receipt does not require that the breach of trust or fiduciary duty should be fraudulent or dishonest.[19]

Liability for knowing receipt may arise where in breach of fiduciary duty the directors cause a company to make a transfer which is contrary to company law or under a contract which is void for want of authority.[20] However, if in breach of fiduciary duty the directors cause the company to make a transfer under an agreement which is binding on the company questions of knowing receipt do not arise. If under the principles of agency and company law the agreement is valid and not set aside then so far as the recipient is concerned there can be no question of the assets having been misapplied since they were acquired from the legal and beneficial owner under a valid agreement.[21]

62-07 **Receipt** The claimant must establish in accordance with the normal rules of tracing in equity that the trust property or its substitute was received by the defendant.[22] The receipt must be a direct consequence of the alleged breach of trust or fiduciary duty of which the defendant is said to have knowledge.[23] The disposition of the assets itself must be in breach of trust, and it will not be enough that the disposition (and receipt) simply follows from other breaches of trust or fiduciary duty.[24] The creation by a contract of contractual rights does not constitute a "receipt" of assets in the sense that a "knowing receipt" involves a receipt of assets: *Criterion* at [27].

Receipt by an agent is the equivalent of receipt by the principal since the agent has no interest of any kind in the property himself and must simply account to his principal for it.[25] A court is also entitled to "pierce the corporate veil" and recognise the receipt of a company as that of the individual(s) in control of it if the company

---

[18] See *Westdeutsche Landesbank Girozentrale v Islington LBC* [1996] A.C. 669 at 714, 716; *Halley v The Law Society* [2003] EWCA Civ 97; [2003] W.T.L.R. 845; *Commerzbank AG v IMB Morgan Plc* [2005] 1 Lloyd's Rep. 298; *London Allied Holdings Ltd v Lee* [2007] EWHC 2061 (Ch); but compare *Halifax Building Society v Thomas* [1996] Ch. 217; *Box v Barclays Bank Plc* [1998] Lloyd's Rep. Bank. 185; *Re Polly Peck (No.2)* [1998] 3 All E.R. 812; *Shalson v Russo* [2005] Ch. 281 and *Sinclair Investment Holdings SA v Versailles Trade Finance Ltd (In Administrative Receivership)* [2007] EWHC 915 (Ch); [2007] 2 All E.R. (Comm) 993.

[19] *Agip* at 292; *Polly Peck International Plc v Nadir (Asil) (No.2)* [1992] 4 All E.R. 769 at 777; *Williams v Central Bank of Nigeria* [2014] UKSC 10; [2014] A.C. 1189 at [35].

[20] *Belmont v Williams (No.2)*; *Precision Dippings Ltd v Precision Dippings Marketing Ltd* [1986] Ch. 447; *Heinl v Jyske Bank (Gibraltar) Ltd* [1999] Lloyds Rep. Bank 511.

[21] *Criterion Properties Plc v Stratford UK Properties LLC* [2004] UKHL 28; [2004] 1 W.L.R. 1846 at [4]; but compare *Rolled Steel Products (Holdings) Ltd v British Steel Corp* [1986] Ch. 246 at 298.

[22] *Boscawen v Bajwa* [1996] 1 W.L.R. 328 at 334.

[23] *Brown v Bennett* [1999] 1 B.C.L.C. 649 at 655.

[24] *Courtwood Holdings SA v Woodley Properties Ltd* [2018] EWHC 2163 (Ch) at [190].

[25] *Uzinterimpex JSC v Standard Bank Plc* [2008] EWCA Civ 819; [2008] 2 Lloyd's Rep. 456 at [39].

was used as a device or facade to conceal the true facts thereby avoiding or concealing any liability of those individual(s.[26] Similarly, receipt by companies controlled by the defendant which he caused to be to be paid over in breach of trust may be regarded as receipt by a nominee of the defendant and therefore receipt by the defendant personally for the purposes of personal liability for knowing receipt.[27] But the mere fact that a fiduciary has a substantial interest in a company which knowingly receives trust property does not make the fiduciary personally accountable for the receipt.[28]

Receipt by the defendant should be for his own benefit or in his own right in the sense of setting up a title of his own to the property so received: *Trustor* at [19]. In the case of banks a distinction has been drawn between a bank collecting money for a customer whose account is in credit (where the bank is said to receive funds merely as agent of its customer and not in any beneficial capacity) and a bank collecting money for a customer whose account is overdrawn so that it receives the money for its own benefit: *Agip* at 292. This distinction has been criticized on the grounds that the nature of the relationship between banker and customer is such that the bank always has the benefit of using the customer's money for its own purposes until such time as it is called upon to repay the debt see e.g. *Uzinterimpex* at [38]–[40]. A bank will receive money beneficially where it is transferred to it for the purpose of foreign exchange transactions: *Polly Peck v Nadir (No.2)* at 776.

Knowledge Although a knowing recipient will often be found to have acted dishonestly, dishonesty is not a prerequisite to liability under knowing receipt. In order to be liable for knowing receipt the recipient's state of knowledge of the circumstances of the payment must be such as to make it unconscionable for him to retain the benefit of the receipt.[29] Knowledge for that purpose is to be distinguished from mere notice, and requires at least "a clear suspicion": see *Uzinterimpex* at [44]. See also *Arthur v Attorney General of Turks and Caicos Islands*,[30] in which the Privy Council noted the importance of the difference between notice of an equitable interest, on the one hand, and knowledge such as to give rise to personal liability for knowing receipt, on the other hand. That difference reflects the difference between a proprietary remedy, where notice is relevant to priority as between competing property interests, and the imposition of personal duties as a constructive trustee, where knowledge is a prerequisite for liability. Even where the defendant's knowledge did not go so far as to show that funds were traceable to a breach of fiduciary duty, dishonest receipt of funds in circumstances where they were in fact traceable to a breach of fiduciary duty makes it unconscionable for the recipient to retain the benefit: *Papamichael* at [248].

Lord Neuberger of Abbotsbury (sitting in the Hong Kong Court of Final Appeal) has recently stated that, in a commercial context, the test which equity applies to a claim in knowing receipt of an asset is effectively identical to the test of want of honest or rational belief (which includes turning a blind eye and being reck-

62-08

---

[26] *Trustor AB v SmallBone (No.4)* [2001] 1 W.L.R. 1177.
[27] *Pulvers (A Firm) v Chan* [2007] EWHC 2406 (Ch); [2008] P.N.L.R. 9 at [379].
[28] *Ultraframe* at [1576]; *National Grid Electricity Transmission Plc v McKenzie Harbour Management Resources Ltd* [2009] EWHC 1817 (Ch) at [118].
[29] *BCCI (Overseas) Ltd v Akindele* [2001] 1 Ch. 437; *Charter Plc v City Index Ltd* [2008] Ch. 313; *Brent LBC v Davies* [2018] EWHC 2214 (Ch); *Iranian Offshore Engineering and Construction Company v Dean Investment Holdings SA* [2019] EWHC 472 (Comm).
[30] *Arthur v Attorney General of Turks and Caicos Islands* [2012] UKPC 30 at [36].

less) which the common law would apply to determine whether there was reliance on the apparent authority of an alleged agent to commit the principal to handing over the asset. So if a recipient's reliance on the alleged agent's apparent authority, when accepting the asset from the alleged agent on behalf of the principal, was dishonest or irrational it would be unconscionable for the recipient to retain the asset against the wishes of the principal. If the reliance was negligent then it is doubtful that the unconscionability test would normally be satisfied.[31] In *Armstrong DLW GmbH v Winnington Networks Ltd*,[32] Stephen Morris QC sitting as a deputy High Court judge observed that the tests for notice (for the purposes of establishing whether a volunteer receives funds bona fide and without notice) and knowledge overlap considerably. Five types of knowledge were identified in *Baden v Societe Generale pour Favoriser le Developpement du Commerce et de l'Industrie en France SA*,[33] namely (i) actual knowledge; (ii) wilfully shutting one's eyes to the obvious; (iii) wilfully and recklessly failing to make such inquiries as an honest and reasonable man would make; (iv) knowledge of circumstances which would indicate the facts to an honest and reasonable man; (v) knowledge of circumstances which would put an honest and reasonable man on inquiry. The judge held that *Baden* types (i) to (iii) constitute "notice" so as to defeat the defence, and it is not necessary to show that the defendant realised that the transaction was "obviously" or "probably" improper or fraudulent; the possibility of impropriety or the claimant's interest is sufficient. *Baden* types (iv) and (v) constitute "notice" such as to defeat this defence only if, on the facts actually known to this defendant, a reasonable person would either have appreciated that the transaction was probably fraudulent or improper, or would have made inquiries or sought advice which would have revealed the probability of impropriety. Note however that in *Brent LBC v Davies*[34] at [563], it was suggested that, given the decision in *Akindele*, rigid adherence to the *Baden* classification was not appropriate although it is useful as guidance. Also see *Group Seven Ltd v Notable Services LLP*[35] albeit in the context of dishonest assistance.

A volunteer who receives funds bona fide and without notice of trust but who has retained funds or their traceable proceeds and subsequently acquires knowledge of the breach of trust at a time when the funds (or their traceable proceeds) are still in his or her hands will become liable for knowing receipt thereof at the time he or she acquires that knowledge.[36]

Allegations of knowledge must be specifically set out in the particulars of claim: CPR PD 16 para.8.2.

62-09 **Remedies** The claimant has a personal remedy for an account against the knowing recipient for any benefit he has received or acquired as a result of the knowing receipt. A knowing recipient is liable to restore or make good the money or value of the property received and to account for any profit he has made from the assets received, but not to account for a benefit received by someone else: *Ultraframe*

---

[31] *Thanakharn Kasikorn Thai Chamkat (Maha Chon) v Akai Holdings Ltd* [2010] HKCFA 64 at [135]–[137].
[32] *Armstrong DLW GmbH v Winnington Networks Ltd* [2012] EWHC 10 (Ch); [2013] Ch. 156 at [131].
[33] *Baden v Societe Generale pour Favoriser le Developpement du Commerce et de l'Industrie en France SA* [1993] 1 W.L.R. 509; [1992] 4 All E.R. 161.
[34] *Brent LBC v Davies* [2018] EWHC 2214 (Ch).
[35] *Group Seven Ltd v Notable Services LLP* [2019] EWCA Civ 614; [2019] Lloyd's Rep. F.C. 319 at [87].
[36] *Re Diplock* [1948] Ch. 465; *Sansom v Gardner* [2009] EWHC 3369 (QB).

1577. In *Brent LBC v Davies* at [19] to [21], defendants received funds net of PAYE and National Insurance: the claimant could only recover the net receipt by the defendants rather than the grossed-up amount.

Where the assets received consist of property such as shares which were subsequently sold by the defendant, equitable compensation for knowing receipt may be assessed not by reference to the value of the shares as at the date of receipt but by reference to the proceeds of sale of the shares. So the claimant would be entitled to elect between receiving a sum equal to the proceeds of sale of the shares or (unless it is impossible to obtain them) an equivalent number of the shares.[37]

Dishonest assistance

The claimant must plead and prove: 62-10

(a) that there has been breach of trust or fiduciary obligation owed to the claimant;
(b) in which the defendant has assisted or which she/he has procured;
(c) the defendant has acted dishonestly;
(d) resulting loss to the claimant.[38]

Breach of trust or fiduciary obligation It is not necessary that the trustee or fiduciary was acting dishonestly, although this will usually be so where the third party who is assisting him is acting dishonestly: *Royal Brunei Airlines Sdn Bhd v Tan* at 392; *Williams v Central Bank of Nigeria* at [35]. Nor is it necessary that the breach of duty should involve property held on trust or its misapplication or misappropriation.[39] 62-11

Assistance There can be dishonest assistance after the original breach of trust. In those cases where the breach consists in misappropriation of assets the breach will not end when assets have been initially removed from the trust fund but when they have been hidden away beyond the reach of the beneficiaries who might seek their recovery.[40] Liability for dishonest assistance is not restricted to those who assist in the original disposal of funds in breach of trust or fiduciary duty. It extends to everyone who consciously assists in the continuing diversion of the money. Most of the cases have been concerned, not with assisting in the original breach, but in covering it up afterwards by helping to launder the money.[41] 62-12

The assistance must have had some causative significance. In *Group Seven Ltd v Notable Services LLP*, the test was described as requiring evidence that "the assistance given must be more than minimal". In *Brink's Ltd v Abu-Saleh*[42] a wife accompanying her husband on trips to Switzerland to bank monies pursuant to what

---

[37] *Thanakharn Kasikorn Thai Chamkat (Maha Chon) v Akai Holdings Ltd* [2010] HKCFA 63 at [148]–[155].
[38] See *Barnes v Addy* (1873–74) L.R. 9 Ch. App. 244 at 251–252; *Royal Brunei Airlines Sdn Bhd v Tan* [1995] 2 A.C. 378; *FM Capital Partners Ltd v Marino* [2018] EWHC 1768 (Comm); *Iranian Offshore Engineering and Construction Company v Dean Investment Holding SA* [2019] EWHC 472 (Comm).
[39] *Fiona Trust v Privalov* [2010] EWHC 3199 (Comm); (2011) 108(3) L.S.G. 17 at [61]; *JD Wetherspoon Plc v Van de Berg & Co Ltd* [2009] EWHC 639 (Ch); [2009] 16 E.G. 138 (C.S.) at [518] and *Goldtrail Travel Ltd v Aydin* [2014] EWHC 1587 (Ch) at [125] to [129].
[40] *OJSC Oil Co Yugraneft v Abramovich* [2008] EWHC 2613 (Comm) at [390].
[41] *Twinsectra Ltd v Yardley* [2002] 2 A.C. 164 at [107].
[42] *Brink's Ltd v Abu-Saleh* [1996] C.L.C. 133.

they thought was a tax evasion exercise was not "assisting" because she was merely going to keep him company and to visit Switzerland and not to provide cover for his trip. The defendant will not be liable if he did not assist in the alleged breach but only in a later transaction which was not itself in breach of trust.[43]

To plead a claim in dishonest assistance the particulars of claim should identify what it was the defendant did to assist the breaches of fiduciary duty: *Ultraframe* at [1761].

62-13 **Dishonesty** In the context of accessory liability, dishonesty simply means not acting as an honest person would in the circumstances. This is an objective standard, requiring an assessment of the circumstances known to the defendant at the time (as distinct from what a reasonable person would have known or appreciated), his personal attributes such as his experience and his intelligence, and the reason why he acted as he did: *Royal Brunei Airlines Sdn Bhd v Tan* at 391.

The decisions of the House of Lords in *Twinsectra* and of the Privy Council in *Barlow Clowes International Ltd (in Liquidation) v Eurotrust International Ltd*[44] gave rise to some uncertainty as to whether in addition to the defendant's conduct being dishonest by the ordinary standards of reasonable and honest people (an objective test), it was necessary to show that the defendant was aware that his conduct would be regarded as dishonest by those standards (a subjective test).[45] In *Barlow Clowes* the Privy Council advanced an objective test alone (see [10] and [16]): "If by ordinary standards a defendant's mental state would be characterised as dishonest, it is irrelevant that the defendant judges by different standards". The test required "consciousness of those elements of the transaction which made participation transgress ordinary standards of honest behaviour. It did not also require him to have thought about what those standards were". This approach was followed by the English courts.[46] In *Clydesdale Bank Plc v Workman*[47] the Court of Appeal held that recklessness is undoubtedly evidence of dishonesty, but it is not equivalent to dishonesty in this area of law. Just as the subjective understanding of the person concerned as to whether his conduct is dishonest is irrelevant, so also is it irrelevant that there may be a body of opinion which regards the ordinary standard of behaviour as being set too high.[48]

The apparent state of uncertainty as to the proper test for dishonesty has now been settled by the Supreme Court decision in *Ivey v Genting Casinos UK Ltd (t/a Crockfords Club)*.[49] Establishing dishonesty thus requires the court to ascertain (subjectively) the defendant's state of knowledge or belief as to the facts, and then assess (objectively) whether, given that knowledge, the conduct was honest or dishonest by reference to the standards of ordinary decent people: per Lord Hughes at [74]. Also see *Group Seven Ltd*, applying *Ivey* specifically in the context of dishonest assistance.

The defendant's knowledge of the transaction must have been such as to render

---

[43] : *Brown v Bennett* [1999] 1 B.C.L.C. 649.
[44] *Barlow Clowes International Ltd (in Liquidation) v Eurotrust International Ltd* [2006] 1 W.L.R. 1476.
[45] See the discussion in *Abou-Rahmah v Abacha* [2007] 1 Lloyd's Rep. 115.
[46] See e.g. *Al Khudairi v Abbey Brokers Ltd* [2010] EWHC 1486 (Ch); [2010] P.N.L.R. 32 at [134]; *Aerostar* at [184]; *Fiona Trust* at [1437] and *Otkritie International Investment Management Ltd v Urumov* [2014] EWHC 191 (Comm) at [75].
[47] *Clydesdale Bank Plc v Workman* [2016] EWCA Civ 73; [2016] P.N.L.R. 18.
[48] *Starglade Properties Ltd v Nash* [2010] EWCA Civ 1314; [2011] Lloyd's Rep. F.C. 102 at [32].
[49] *Ivey v Genting Casinos UK Ltd (t/a Crockfords Club)* [2017] UKSC 67; [2018] A.C. 391.

his participation contrary to normally acceptable standards of honest conduct. Such a state of mind may involve knowledge that the transaction is one in which he cannot honestly participate (e.g. a misappropriation of other people's money), or it may involve suspicions combined with a conscious decision not to make enquiries which might result in knowledge: *Barlow Clowes* at [10] and [15]. Thus, blind-eye knowledge will be treated as knowledge for the purposes of establishing dishonesty: see at [58] to [60] of *Group Seven Ltd*. It is not necessary to show that the defendant knew of the existence of the trust or even the facts giving rise to the existence of the trust-someone can know and can certainly suspect, that he is assisting in a misappropriation of money without knowing that the money is held on trust or what a trust means: *Barlow Clowes* at [28]; *Abou-Rahmah* at [38]–[39]; *Agip* at 295. Nor is it necessary for the defendant to know the identity of a victim of a fraud, as long as they know of the existence of a victim of the fraud at large.[50] In *Group Seven Ltd*, the Court of Appeal suggested obiter at [103] that satisfying the test of dishonesty from *Ivey* is sufficient for the purpose of establishing dishonest assistance, without adding a requirement "minimum content of knowledge" in relation to the alleged dishonest scheme.

Pleading dishonesty An allegation of dishonesty must be pleaded clearly and with particularity.[51] The claimant must plead the facts, matters and circumstances relied on to show that the defendant was dishonest.[52] The knowledge relied on in support of the alleged dishonesty must be explicitly pleaded.[53] **62-14**

Each of the Court Guides requires a party to set out in any statement of case full particulars of any allegation of dishonesty and where any inference of dishonesty is alleged, the facts on the basis of which the inference is alleged: Chancery Guide at 10.1; Admiralty and Commercial Courts Guide at C.1.3(c); Circuit Commercial Court Guide at 5.3.

Loss In *Grupo Torras SA v Al-Sabah (No.5)*,[54] Mance LJ said that the requirement of dishonest assistance relates not to any loss or damage which may be suffered but to the breach of trust or fiduciary duty. The relevant enquiry is what loss or damage resulted from the breach of trust or fiduciary duty which has been dishonestly assisted. See *Group Seven Ltd* at [112]. **62-15**

Remedies The accessory is liable in equity to make good any loss which the beneficiary suffers as a result of the breach of trust or fiduciary obligation which has been dishonestly assisted or procured. **62-16**

It is now established that an account of profits is available under English law against one who dishonestly assists or procures a breach of fiduciary duty, at least as a personal not proprietary remedy.[55]

In *Novoship (UK) Ltd v Mikhaylyuk*, it was held that "the common law rules of causation, remoteness and measure of damages" should be applied by analogy to

---

[50] *CMOC Sales & Marketing Ltd v Person Unknown* [2018] EWHC 2230 (Comm); [2019] Lloyd's Rep. F.C. 62 at [125].
[51] *Belmont Finance Corp Ltd v Williams Furniture Ltd* [1979] Ch. 250 at 268.
[52] *Three Rivers DC v Bank of England (No.3)* [2001] UKHL 16; [2003] 2 A.C. 1 at [183]–[186].
[53] *Lipkin Gorman v Karpnale* [1989] 1 W.L.R. 1340 at 1352.
[54] *Grupo Torras SA v Al-Sabah (No.5)* [1999] C.L.C. 1469.
[55] *Fiona Trust* at [62]–[66]; *Sinclair Investment Holdings SA v Versailles Trade Finance Ltd (In Administrative Receivership)* [2007] EWHC 915 (Ch); [2007] 2 All E.R. (Comm) 993; *Novoship (UK) Ltd v Mikhaylyuk* [2014] EWCA Civ 908; [2015] 2 W.L.R. 526 at [75] to [84].

a claim for an account of profits against a dishonest assistant or knowing recipient (unlike in the case of a claim against a fiduciary sued for breach of a fiduciary duty): the court needs to establish whether the breach of fiduciary duty was the "real or effective cause of the profits" earned by the equitable wrongdoer. The court has a discretion whether to grant or withhold the remedy of an account of profits against a wrongdoer who is not a fiduciary (i.e. a dishonest assistant or knowing recipient. However, note that in *Group Seven Ltd* at [112(2)], the Court of Appeal cautioned against applying the test of *Novoship* to claims for losses arising out of dishonest assistance (rather than an account of profit).

The dishonest assistant is only liable to disgorge profits which he himself has made rather than profits made by the fiduciary or others from the scheme which was assisted: *Ultraframe* [1600]. There is some uncertainty as to whether the dishonest assistant can be made accountable for profits not derived personally but diverted to a third party (see the discussion in *Fiona Trust* at 1533–1540).

TRACING

62-17 Tracing is neither a claim nor a remedy. It is merely the process by which a claimant demonstrates what has happened to his property, identifies its proceeds and the persons who have handled or received them, and justifies his claim that the proceeds can properly be regarded as representing his property.[56] The successful completion of a tracing exercise may be preliminary to a personal claim (as in *El Ajou v Dollar Land Holdings* and *Lipkin Gorman (a firm) v Karpnale Ltd*) or a proprietary one, to the enforcement of a legal right (as in *Trustees of the Property of F.C. Jones & Sons v Jones*[57]) or an equitable one. In *Foskett v McKeown*[58] the House of Lords cast doubt on whether there was any sense in maintaining different rules for the tracing "at law" and "in equity", but did not sweep away the long recognised difference between common law and equitable tracing.[59] Any facts relied on to support a tracing "claim" should be fully and properly pleaded.[60]

In the context under discussion here, the claimant may need to seek to trace or follow assets in order to make the personal claim in knowing receipt, and, in addition, to assert an equitable proprietary interest in the assets received. An exercise in tracing or following assets with a view to establishing an equitable interest, if successful, enables the claimant to make a claim which is proprietary, rather than personal, in nature which fixes on the asset traced. An equitable proprietary claim entitles the claimant to assert beneficial ownership of the trust property and to claim a share of the traceable proceeds which is proportionate to the contribution his property made to the traceable asset.[61] In *Boscawen v Bajwa* at 334–335 Millett LJ treated every case in which a claimant traced his property into the hands of the defendant as one in which the court would treat the defendant as holding the property on a constructive trust. If the asset, whether property or investment, into which the trust property is traced has increased in value, the proprietary claim to that asset or a share in that asset is worth more to the claimant than the personal

---

[56] *Relfo Ltd (In Liquidation) v Varsani* [2014] EWCA Civ 360; [2015] 1 B.C.L.C. 14.
[57] *Trustees of the Property of F.C. Jones & Sons v Jones* [1997] Ch. 159.
[58] *Foskett v McKeown* [2001] 1 A.C. 102.
[59] *Shalson v Russo* [2003] EWHC 1637 (Ch); [2005] Ch. 281; *Ultraframe (UK) Ltd v Fielding* [2005] EWHC 1638 (Ch).
[60] *Grabowski v Scott* [2002] EWCA Civ 1885.
[61] *Re Hallett's Estate* (1879–80) L.R. 13 Ch. D. 696.

claim against the knowing recipient of the monies paid in consideration for the purchase of the asset. In the event of the defendant's insolvency, in contrast to a personal claim, the proprietary claim has priority over the defendant's general creditors. Where a trustee wrongfully uses trust money to provide part of the cost of acquiring an asset, the beneficiary is entitled at his option either to claim a proportionate share of the asset or to enforce a lien upon it to secure his personal claim against the trustee for the amount of the misapplied money. It does not matter whether the trustee mixed the trust money with his own in a single fund before using it to acquire the asset or made separate payments (whether simultaneously or sequentially) out of the differently owned funds to acquire a single asset: *Foskett* at 138.

Where the claimant asserts a proprietary claim, he may be able to obtain orders before proceedings are instituted, or before trial, which are designed to preserve the property and to facilitate the tracing exercise.[62]

The beneficiary's proprietary claims to the trust property or its traceable proceeds can be maintained against the wrongdoer and anyone who derives title from him except a bona fide purchaser for value without notice of the breach of trust. The same rules apply even where there have been numerous successive transactions, so long as the tracing exercise is successful and no bona fide purchaser for value without notice has intervened: *Foskett* at 130.

In *Sinclair Investments (UK) Ltd v Versailles Trade Finance Ltd (In Administration)* Lewison J held that where the issue is whether an equitable proprietary interest can be enforced against a person in possession of property or its identifiable substitute the test is lack of notice rather than the more stringent test of unconscionability that applies in knowing receipt (but compare *Polly Peck International Plc v Nadir (Asil) (No.2)* at 776 and 781–2). The notice required is notice of a right, rather than a mere claim. Notice includes both notice of the facts on which a claim is based and of the law applicable to those facts and includes both actual notice and constructive notice. Constructive notice means notice of those things that would have been discovered if proper steps had been taken but what are proper steps is dependent on the context in which the question arises. In a commercial context it must be obvious that the transaction was probably improper: *Sinclair Investments (UK) Ltd v Versailles Trade Finance Ltd (In Administration)* at [97]–[108].

62-18

In *Compagnie Noga D'importation et D'Exportation SA v Australia and New Zealand Banking Group*,[63] Langley J expressed the view that it was a "nice question" as to whether, where property has passed through a purchaser, a claimant must make an allegation of bad faith or whether he may wait to see if good faith is asserted in a defence.

The right to trace will be lost where the asset or its proceeds are no longer identifiable. When asserting a legal right, money cannot be traced at law through a mixed fund.[64] The general rule is that an equitable right is also lost upon payment of monies into an overdrawn account: *Re Goldcorp Exchange*; *Bishopsgate Invest-*

---

[62] *A v C (No.1)* [1981] Q.B. 956, referring to *London and Counties Securities v Caplan* unreported 26 May 1978, CA and *Mediterrania Raffineria Siciliana Petroli SpA v Mabanaft GmbH* unreported 1 December 1978, CA (Civ Div), Transcript No.816 of 1978.
[63] *Compagnie Noga D'importation et D'Exportation SA v Australia and New Zealand Banking Group* [2005] EWHC 225 (Comm).
[64] *Agip (Africa) Ltd v Jackson* [1990] Ch. 265 at 285.

ment Management v Homan,⁶⁵ and, where monies are paid into a mixed fund and some are later dissipated, the equitable right can only be traced into the remaining balance and not into any further funds subsequently deposited, unless it is shown that those funds were intended to restore the trust.⁶⁶ Where a defaulting fiduciary has mixed the funds held on trust with his own funds, the onus is on the fiduciary to establish on the balance of probabilities that part, and what part, of the mixed fund is his property. So, a proprietary claim will not be lost simply because the defaulting fiduciary has paid money held on trust into a maelstrom account: *Sinclair Investments (UK) Ltd v Versailles Trade Finance Ltd (In Administration)* at [135]–[141].

Monies paid away in breach of trust can be traced into other assets even if those other assets are passed on before the trust monies are paid to the person transferring them, provided that that person acted on the basis that he would receive reimbursement for the monies he transferred out of the trust funds—it is not necessary that the payments should occur in any particular order, let alone chronological order.⁶⁷ In *Brazil v Durant International Corp*,⁶⁸ the Privy Council considered the doctrine of tracing and, more specifically, "backward tracing" (the tracing of trust funds through the payment of a debt into assets acquired, before the payment was made, by incurring the debt), and concluded that backwards tracing is permissible if the claimant can establish a coordination between the depletion of the trust fund and the acquisition of the asset which is the subject of the tracing claim, looking at the whole transaction (i.e. a sufficient transactional link is required).

CLAIM AGAINST DIRECTOR TO ACCOUNT FOR BREACH OF FIDUCIARY DUTY/BREACH OF TRUST AND EQUITABLE PROPRIETARY CLAIM—CLAIM AGAINST STRANGER FOR KNOWING RECEIPT

62-P1 1. The Claimant is a company incorporated in England, which carries on business as [..........].

2. The First Defendant was a director of the Claimant for the period [..........]. In his capacity as a director of the Claimant, the First Defendant owed the Claimant the general duties specified in sections 171 to 175 of the Companies Act 2006 including fiduciary duties to:
   (1) only exercise his powers for the purposes for which they were conferred;
   (2) act in the way he considered in good faith would be most likely to promote the success of the Claimant for the benefit of its members as a whole;
   (3) avoid a situation in which he had or could have a direct or indirect interest that conflicted or possibly may have conflicted with the interest of the Claimant.

3. Further or alternatively, as a director of the Claimant the First Defendant was a trustee of such of the Claimant's assets and property as were in his possession or control.

4. On [date], in breach of fiduciary duty and/or in breach of trust, the First Defend-

---

⁶⁵ *Re Goldcorp Exchange* [1995] 1 A.C. 74; *Bishopsgate Investment Management v Homan* [1995] Ch. 211; [1995] 1 All E.R. 347.
⁶⁶ *Roscoe v Winder* [1915] 1 Ch. 62; *Campden Hill Ltd v Chakrani* [2005] EWHC 911 (Ch).
⁶⁷ *Relfo Ltd (In Liquidation) v Varsani* [2015] 1 B.C.L.C. 14 at [63].
⁶⁸ *Brazil v Durant International Corp* [2015] UKPC 35; [2016] A.C. 297.

ant drew on the Claimant's account a cheque in the sum of £20,000 ("the cheque") which the First Defendant gave to the Second Defendant in consideration for a painting entitled [Title]. The First Defendant retained the painting for himself and has never accounted to the Claimant for it or for the Claimant's funds with which it was purchased.

5. The Second Defendant was dishonest in relation to the First Defendant's breach of fiduciary duty/breach of trust. The Second Defendant's dishonesty is apparent alternatively is to be inferred from the following facts and matters:
   (1) The Second Defendant knew that the cheque was drawn on the Claimant's account and as such represented funds belonging to the Claimant.
   (2) The First Defendant agreed with the Second Defendant that the Second Defendant would produce a false invoice for the payment. The Second Defendant raised an invoice in the sum of £20,000 for "accountancy services provided to the Claimant" although, as the Second Defendant knew, no accountancy services had been provided to the Claimant in consideration for the cheque.

6. Accordingly, it is to be inferred that the Second Defendant knew that:
   (1) the First Defendant intended to and attempted to conceal from the Claimant and any person investigating the Claimant's affairs the real purpose of the cheque;
   (2) the First Defendant used the cheque intending to buy the painting for himself and not on behalf of the Claimant.

7. Further or alternatively, the circumstances set out in paragraphs 5(1) and 5(2) above indicated to the Second Defendant that the First Defendant transferred the cheque to him in breach of fiduciary duty and/or in breach of trust such that it was unconscionable for him to retain the benefit of the cheque.

8. As a result of the matters set out above the Claimant has suffered loss and damage, namely the sum of £20,000.

9. The First Defendant is liable to account to the Claimant for the sum of £20,000 on the ground of his breach of fiduciary duty/breach of trust as set out above.

10. The Second Defendant is liable to account to the Claimant for the sum of £20,000 as a constructive trustee on the ground of knowing receipt.

11. Further or alternatively, the Claimant is entitled to trace the sum of £20,000 into and claims equitable title to the painting, which the First Defendant holds on trust for the Claimant.

12. Further, the Claimant claims and is entitled to interest, whether or not compounded, on all sums found to be due to it at such rates as the Court thinks fit pursuant to the Court's equitable jurisdiction and/or s.35A of the Senior Courts Act 1981.

AND the Claimant claims:
(1) Against the First Defendant:
    (i) A declaration that the First Defendant is liable to account to the Claimant for the sum of £20,000 or such other sum as the Court

thinks fit on the ground of his breach of fiduciary duty/breach of trust.
  (ii) An order that the First Defendant pay to the Claimant £20,000 or such other sum as the Court thinks fit.
  (iii) Further or alternatively, a declaration that the Claimant is entitled to trace the sum of £20,000 into and claims equitable title to the painting, and that the First Defendant holds the painting on trust for the Claimant; and an order that the First Defendant deliver up the painting to the Claimant.
(2) Against the Second Defendant:
  (i) A declaration that the Second Defendant is liable to account to the Claimant for the sum of £20,000 or such other sum as the Court thinks fit on the ground of knowing receipt.
  (ii) An order that the Second Defendant pay to the Claimant £20,000 or such other sum as the Court thinks fit.
(3) Interest pursuant to paragraph 12.

DISHONEST ASSISTANCE CLAIM

62-P2 1. The Claimant is a company incorporated in England, which carries on business as [..........].

2. Mr M was a director of the Claimant for the period [..........]. In his capacity as a director of the Claimant, the First Defendant owed the Claimant the general duties specified in sections 171 to 175 of the Companies Act 2006 including fiduciary duties to:
  (1) only exercise his powers for the purposes for which they were conferred;
  (2) act in the way he considered in good faith would be most likely to promote the success of the Claimant for the benefit of its members as a whole;
  (3) avoid a situation in which he had or could have a direct or indirect interest that conflicted or possibly may have conflicted with the interest of the Claimant.

3. Further or alternatively, as a director of the Claimant Mr M was a trustee of such of the Claimant's assets and property as were in his possession or control.

4. Between [dates], in breach of fiduciary duty and/or in breach of trust, Mr M made 20 payments totalling £150,000 from funds belonging to the Claimant to an account in the name of ABC Ltd. The payments were not made for any legitimate commercial or other purpose of the Claimant's business or interests. The purpose of the payments was to put ABC Ltd in funds to pay for and on behalf of Mr M the personal indebtedness of Mr M to [..........] Bank Plc, his mortgagee. Details of the date, amount, source account and recipient account of each of the 20 payments are set out in a schedule to these Particulars of Claim.

5. The Defendant was a director of ABC Ltd for the period [..........]. He assisted Mr M in each of Mr M's breaches of fiduciary duty/breaches of trust. In relation to each, the Defendant instructed ABC Ltd's bank, [..........] Ltd, that upon receipt of the payment from the Claimant into the account of ABC Ltd it should pay an amount equivalent to the monies received from the Claimant to [..........] Bank Plc for the mortgage account of Mr M.

6. The Defendant acted dishonestly in assisting Mr M in relation to each of Mr M's breaches of fiduciary duty/breaches of trust. In support of this allegation of dishonesty the Claimant will rely on the following facts and matters:
  (1) The Defendant knew that the payments received by ABC Ltd as set out in paragraph 5 were made from an account belonging to the Claimant.
  (2) The Defendant knew and procured that on each occasion that a payment was received by ABC Ltd as set out in paragraph 5 monies equivalent to that payment were then paid to [..........] Bank Plc for the mortgage account of Mr M.
  (3) As the Defendant well knew, there was no legitimate commercial or other reason why the Claimant should pay Mr M's mortgage.
  (4) As the Defendant must have known the interposition of ABC Ltd to receive the payments from the Claimant before payment on to [..........] Bank Plc for the mortgage account of Mr M had no legitimate commercial or other purpose and was only consistent with an attempt to conceal from the Claimant and any person investigating the Claimant's affairs the true destination of the funds paid out.
  (5) The Defendant's knowledge above was such as to render his participation in the transactions contrary to normally acceptable standards of honest conduct.

7. As a result of the matters set out above the Claimant has suffered loss and damage, namely the total sum of £150,000.

8. The Defendant is liable to account to the Claimant for the sum of £150,000 as a constructive trustee on the ground of his dishonest assistance in each of Mr M's breaches of fiduciary duty/breaches of trust as set out above.

9. Further, the Claimant claims and is entitled to interest, whether or not compounded, on all sums found to be due to it at such rates as the Court thinks fit pursuant to the Court's equitable jurisdiction and/or s.35A of the Senior Courts Act 1981.

AND the Claimant claims:
  (1) A declaration that the Defendant is liable to account to the Claimant for the sum of £150,000 or such other sum as the Court thinks fit as a constructive trustee on the ground of his dishonest assistance in each of Mr M's breaches of fiduciary duty/breaches of trust.
  (2) An order that the Defendant pay to the Claimant £150,000 or such other sum as the Court thinks fit.
  (3) Interest pursuant to paragraph 9.

DEFENCE TO KNOWING RECEIPT CLAIM: NO KNOWLEDGE—DEFENCE TO PARAGRAPHS 5 AND 6 OF KNOWING RECEIPT CLAIM

1. In respect of paragraphs 5 and 6, it is denied that the Second Defendant was dishonest in relation to the alleged or any breach of fiduciary duty/breach of trust by the First Defendant (which is not admitted), whether as alleged or at all. It is further denied that the Second Defendant had at any material time any knowledge sufficient to render him liable as a constructive trustee or at all. Without prejudice to that general denial:

(1) It is admitted that the Second Defendant knew that the cheque was drawn on the Claimant's account. It is denied that the Second Defendant thereby knew or that it was indicated to him that the cheque was drawn on the Claimant's funds by the First Defendant in breach of fiduciary duty or breach of trust. The Second Defendant reasonably and honestly believed that the First Defendant purchased the painting for and on behalf of the Claimant.

(2) It is denied that the Second Defendant or EFG Ltd raised any invoice as alleged in paragraph 5(1) or at all.

Otherwise, for the reasons set out above, paragraphs 5 and 6 are denied.

DEFENCE TO KNOWING RECEIPT CLAIM: NO BENEFICIAL RECEIPT—DEFENCE TO PARAGRAPH 4 OF KNOWING RECEIPT CLAIM

62-P4   **1.**   In respect of paragraph 4:

(1) It is admitted that on [date], the First Defendant paid to EFG Ltd, a company of which the Second Defendant is a director, a cheque for the sum of £20,000 in consideration for the sale of the painting by EFG Ltd, the then owner of the painting. The Second Defendant reasonably and honestly believed that the First Defendant acted for and on behalf of the Claimant in relation to the sale.

(2) It is admitted that the cheque was drawn on an account in the name of the Claimant.

(3) The Second Defendant is unable to admit or deny whether the First Defendant acted in breach of fiduciary duty or breach of trust, whether as alleged or at all.

(4) The Second Defendant is unable to admit or deny any of the allegations contained in the second sentence of paragraph 4.

(5) Otherwise, paragraph 4 is denied. In particular it is denied that the Second Defendant beneficially received the funds represented by the cheque, which were collected for the account of EFG Ltd.

PART Q HARASSMENT

Section 63:

HARASSMENT

TABLE OF CONTENTS

Witness statement in support of an interim injunction (harassment)	63-Q1
Statement of Case: Protection from Harassment Act 1997	63-Q2
Defence asserting that course of conduct was in the particular circumstances reasonable	63-Q3
Harassment: employment tribunal claim	63-Q4
Particulars of Claim: racial harassment	63-Q5
Statement of Case: sexual harassment	63-Q6

The law relating to harassment is now primarily set out in statute. First, the Protection from Harassment Act 1997 (the PHA) creates two statutory torts of harassment and a criminal offence of harassment. Second, the Equality Act 2010 (the EqA) creates statutory torts of harassment in defined circumstances where the harassment is on the ground of one of the following protected characteristics: age, disability, gender reassignment, race, religion or belief, sex and sexual orientation. For the purposes of harassment, it should be noted that pregnancy or maternity and marriage or civil partnership are not protected characteristics. A claim of harassment related to pregnancy or maternity might well be brought as a claim of harassment related to sex. **63-01**

There are a number of other subject-specific Acts which provide protection against harassment in particular areas. These are outside the scope of this Section but include s.3 of the Protection from Eviction Act 1977; s.27 of the Housing Act 1988; ss.4, 4A and 5 of the Public Order Act 1986; and s.1 of the Malicious Communications Act 1988.

Harassment is recognised at common law, albeit indirectly, and protection will be afforded against it by the courts' powers to grant injunctive relief. In *Khorasandjian v Bush*,[1] the Court of Appeal dismissed an appeal against an order restraining the defendant from "using violence to, harassing, pestering or communicating with" the claimant by, among other things, "persecution by telephone calls", notwithstanding the claimant's lack of any proprietary interest in the property to which the calls were being made. In *Burris v Azadani*,[2] the Court of Appeal reviewed the law of harassment in the context of the Court's power to grant interlocutory injunctive relief and concluded that the jurisdiction derived from s.37(1) of the Supreme Court Act 1981 (now Senior Courts Act 1981) and s.38 of the County Courts Act 1984 was not limited to restraining conduct which is in itself tortious or otherwise unlawful but extends to the protection of "the legitimate

---

[1] In *Khorasandjian v Bush* [1993] Q.B. 727.
[2] *Burris v Azadani* [1995] 1 W.L.R. 1372.

interests of those who have invoked [the Court's] jurisdiction" (at 1377, per Sir Thomas Bingham MR).

Khorasandjian is an example of an act of harassment being prohibited via a different cause of action, in this case, nuisance. However, note that in *Hunter v Canary Wharf Ltd*,[3] the House of Lords clarified the scope of the law of private nuisance and emphasised that nuisance is a tort against land. The House of Lords held that *Khorasandjian* was wrongly decided in so far as it held that a mere licensee can sue in private nuisance. In *Khorasandjian*, the Court of Appeal appears to have been exploiting the law of private nuisance in order to create by the back door a tort of harassment. It should be noted that *Khorasandjian* was decided before the PHA came into force. An act of harassment might also constitute a tort via assault and battery.

63-02 **Protection from Harassment Act 1997** The primary tort of harassment is established by s.1 of the PHA:

"(1) A person must not pursue a course of conduct—
(a) which amounts to harassment of another, and
(b) which he knows or ought to know amounts to harassment of the other.
(2) For the purposes of this section, the person whose course of conduct is in question ought to know that it amounts to or involves harassment of another if a reasonable person in possession of the same information would think the course of conduct amounted to or involved harassment of the other."

In addition to the primary tort established under s.1, s.125 of the Serious Organised Crime and Police Act 2005 created a new tort at s.1(1A) of the PHA, designed to target animal rights and other protestors.[4] This provides:

"(1A) A person must not pursue a course of conduct—
(a) which involves harassment of two or more persons, and
(b) which he knows or ought to know involves harassment of those persons, and
(c) by which he intends to persuade any person (whether or not one of those mentioned above)—
(i) not to do something that he is entitled or required to do, or
(ii) to do something that he is not under any obligation to do."

Under both s.1 and s.1(1A), a claimant must prove a "course of conduct". This must involve conduct on at least two occasions (s.7(3)). In the case of a claim under s.1, the same person must be the victim on each occasion when harassment is alleged to have occurred.[5] In the case of a claim under s.1(1A), the harassment of "two or more persons" under s.1(1A)(a) must have occurred on at least two occasions, but the persons harassed on those different occasions need not be the same on each occasion. In all cases, the particular conduct relied on must be pleaded fully. The PHA does not specify what period of time can elapse between instances of harassment. This is fact-specific and determined on a case by case basis.[6] The issue is whether or not the incidents can properly be said to be so connected in type and in context as to justify the conclusion that they can amount to a course of

---

[3] *Hunter v Canary Wharf Ltd* [1997] A.C. 655.
[4] See further Home Office publication: *Animal Welfare-Human Rights: Protecting People from Animal Rights Extremists* (July 2004).
[5] *Banks v Ablex Ltd* [2005] EWCA Civ 173; [2005] I.C.R. 819.
[6] *James v Crown Prosecution Service* [2009] EWHC 2925 (Admin); [2010] Crim. L.R. 580.

conduct.⁷ Incidents need to be connected in type and context as to justify the conclusion that they could amount to a course of conduct.⁸

As a general rule, the further apart that the incidents are in time and/or the fewer of them there are, the less likely it will be that a finding that there was a necessary "course of conduct", although:

63-03

> "One can conceive of circumstances where incidents, as far apart as a year, could constitute a course of conduct and harassment ... racial harassment taking place outside a synagogue on a religious holiday, such as the day of atonement, and being repeated each year as the day of atonement came round. Another example might be a threat to do something once a year on a person's birthday. Nonetheless the broad position must be that if one is left with only two incidents you have to see whether what happened on those two occasions can be described as a course of conduct."⁹

There are no statutory restrictions on the nature of the conduct which may constitute harassment. "Conduct" includes speech (s.7(4)) and publication of written material may fall within the prohibition.¹⁰ See also *Trimingham v Associated Newspapers Ltd*¹¹ for a discussion of the principles to be applied in cases of alleged harassment via journalism. A claim of harassment based on the repeated issue of baseless orders for possession was permitted to proceed in *Allen v Southwark LBC*.¹² A claim based on the defendant's repeated billing of the claimant for the supply of energy which she was obtaining from a different energy supplier was allowed to proceed in *Ferguson v British Gas Trading Ltd*.¹³

The PHA may be used to bring claims in respect of harassment at work and an employer may be held vicariously liable for the harassment committed by an employee in breach of the statutory duty.¹⁴ Thus, the PHA may, depending on the facts, provide an additional remedy for employees experiencing harassment or indeed the sole remedy where the anti-discrimination remedies under the EqA are unavailable. Unlike liability for harassment under the EqA, the PHA provides no "reasonable steps" defence for the employer. It follows that claimants alleging that they have suffered workplace harassment, who are unable to succeed under the EqA because the employer has a defence under s.109(4), may have an alternative cause of action for damages in the civil courts under the PHA. In addition, while the EqA only covers harassment that is related to a relevant protected characteristic, the PHA can encompass conduct that is non-discriminatory.

Note that in relation to workplace harassment, the PHA only applies where the acts complained of took place "in the course of employment". In *Lister v Hesley Hall Ltd*,¹⁵ the House of Lords held that an employee is regarded as acting in the course of his employment where the act is "so closely connected with his employ-

---

[7] *R v Patel (Nitin)* [2004] EWCA Crim 3284; [2005] 1 Cr App. R. 27.
[8] *Pratt v DPP* [2001] EWHC Admin 483; (2001) 165 J.P. 800.
[9] *Lau v Director of Public Prosecutions* [2000] 1 F.L.R. 799, per Schiemann LJ at [15].
[10] *Thomas v News Group Newspapers Ltd* [2002] EWCA Civ 1233; [2002] E.M.L.R. 4; *ZAM v CFW* [2011] EWHC 476 (QB). In an action for harassment, words are actionable without proof of damage, cf. the common law position where words alone, not constituting an assault by themselves, are actionable only on proof of damage: *Janvier v Sweeney* [1919] 2 K.B. 316.
[11] *Trimingham v Associated Newspapers Ltd* [2012] EWHC 1296 (QB); [2012] 4 All E.R. 717.
[12] *Allen v Southwark LBC* [2008] EWCA Civ 1478.
[13] *Ferguson v British Gas Trading Ltd* [2009] EWCA Civ 46; [2010] 1 W.L.R. 785.
[14] *Majrowski v Guy's and St. Thomas' NHS Trust* [2007] 1 A.C. 224; [2006] I.C.R. 1199.
[15] *Lister v Hesley Hall Ltd* [2001] I.C.R. 665.

ment that it would be fair and just to hold the employer vicariously liable". This is commonly known as the "close connection test". This approach was affirmed by the Supreme Court in *Mohamud v Wm Morrison Supermarkets Plc*,[16] where it held that the employer was vicariously liable for an employee's unprovoked violent assault on a customer. The Supreme Court stated that when applying the "close connection" test, it was necessary to consider two matters: the nature of the job or "field of activities" entrusted by the employer to the employee (a broad approach must be taken to this question); and whether there was sufficient connection between that job and the wrongful conduct to make it right, as a matter of social justice, for the employer to be held liable.

63-04 In *Roberts v Bank of Scotland*,[17] harassment was constituted by 547 telephone calls in 14 months in relation to the claimant having exceeded her overdraft limit by a "modest" amount. The defendant had a legitimate reason for contacting the claimant, but the means employed amounted to harassment.

Not all distressing behaviour amounts to harassment, even if committed on at least two occasions. In *Majrowski*, Lord Nicholls observed, at [30]:

"... courts will have in mind that irritations, annoyances, even a measure of upset, arise at times in everybody's day-to-day dealings with other people. Courts are well able to recognise the boundary between conduct which is unattractive, even unreasonable, and conduct which is oppressive and unacceptable. To cross the boundary from the regrettable to the unacceptable the gravity of the misconduct must be of an order which would sustain criminal liability under section 2."

It is now well established that the threshold for whether the impugned conduct is harassment is whether it is "oppressive and unacceptable": *Majrowski*, *Allen*, and *Ferguson*).[18]

Whether a person ought to have known that his course of conduct amounts to harassment is an objective test, i.e. whether a reasonable person in possession of the same information would think that the conduct amounts to harassment.

A defence for what would otherwise be an unlawful course of conduct is provided by s.1(3), which provides:

"(1) Subsection (1) or (1A) does not apply to a course of conduct if the person who pursued it shows—
(a) that it was pursued for the purpose of preventing or detecting crime,
(b) that it was pursued under any enactment or rule of law or to comply with any condition or requirement imposed by any person under any enactment, or
(c) that in the particular circumstances the pursuit of the course of conduct was reasonable."[19]

In considering whether a course of conduct infringes the PHA, regard must be had as to whether the complaint engages rights arising under the European Convention on Human Rights. For example, a debate might well arise as to whether conduct alleged to be harassment is in fact a legitimate exercise of the right to freedom of expression (art.10, ECHR). For a detailed analysis of how to apply the ECHR in proceedings for injunctive relief, see *Cream Holdings Ltd v Banerjee*;

---

[16] *Mohamud v Wm Morrison Supermarkets Plc* [2016] UKSC 11; [2016] I.C.R. 485.
[17] *Roberts v Bank of Scotland* [2013] EWCA Civ 882.
[18] *Conn v Sunderland City Council* [2007] EWCA Civ 1492; [2008] I.R.L.R. 324.
[19] Precedent 63-Q3.

R. v Debnath; *Howlett v Holding*; and *CC v AB*.[20] The balance between privacy rights under art.8 and rights of expression under art.10 is in a regular state of flux and the pleader is advised to consider examples of recent cases when pleading a case in order to assess where the balance currently lies.

Particular importance will be given to the art.8 and other rights of children affected by harassment in determining whether a person ought to have known that his conduct amounts to harassment and to whether the s.1(3)(c) defence is made out.[21]

63-05

It is now established that a defendant relying on the defence in s.1(3)(a) must do more than merely assert that his conduct was pursued for the purpose of preventing or detecting crime. He must demonstrate that he sufficiently applied his mind to the matter, have thought rationally about the material suggesting the possibility of criminality, and formed the view that the conduct said to constitute harassment was appropriate for the purpose of preventing or detecting it.[22]

An actual or apprehended breach of s.1(1) founds an action under s.3 of the PHA. In such proceedings, damages might be awarded and injunctive relief granted (s.3(1) and (2), and s.3A). A claim for damages does not require the claimant to prove that the loss, injury or damage was foreseeable, and the defendant is liable for all injury flowing from a proven act of harassment.[23]

One effect of the addition of s.1(1A) into the PHA has been to permit an injunction to be sought by corporate claimants. A corporate claimant cannot be the victim of harassment because s.7(5) makes it clear that the victim of harassment must be an individual. However, s.1(1A) prohibits harassment of two or more such individuals where the harassment is intended to persuade "any person", whether or not that person is the victim of the harassment, either not to do something that he is entitled or required to do, or to do something that he is not under any obligation to do. In this context, "any person" means any legal person. Section 3A permits injunctive relief to be sought by the persons harassed, but also by the person whose behaviour is intended to be affected under s.1(1A)(c). So, harassment of a company's employees in order to affect the conduct of the company will allow the company to claim injunctive relief.[24] It remains good practice for claims involving corporate claimants to include an individual claimant, normally a senior employee, acting in a representative capacity for all other employees (and, potentially, other affected persons such as the families of those employees) under CPR r.19.6. It is not necessary for a representative claimant to obtain the formal consent of those whom he represents.[25]

A harassment claim may also be brought by someone who is not the target of the harassing defendant, but who is nonetheless foreseeably and directly harmed by the course of conduct perpetrated by the defendant, such that the person can properly be described as a victim of that conduct.[26] In that case, the claim was brought by the wife of the harasser's target.

Where, as in many of the "protestor" cases, most of the targets of the claim/

63-06

---

[20] *Cream Holdings Ltd v Banerjee* [2004] UKHL 44; [2005] 1 A.C. 253; *R. v Debnath* [2005] EWCA Crim 3472; [2006] Cr. App. R. (S.) 25; *Howlett v Holding* [2006] EWHC 41 (QB); (2006) 150 S.J.L.B. 161 and *CC v AB* [2006] EWHC 3083 (QB); [2007] E.M.L.R. 11.
[21] *Wife and Children of Omar Othman v English National Resistance* [2013] EWHC 1421 (QB) at [31].
[22] *Hayes v Willoughby* [2013] UKSC 17; [2013] 1 W.L.R. 935.
[23] *Jones v Ruth* [2011] EWCA Civ 804; [2012] 1 W.L.R. 1495.
[24] *Smithkline Beecham Plc v Avery* [2009] EWHC 1488 (QB); [2011] Bus. L.R. D40.
[25] *Emerald Supplies Ltd v British Airways Plc* [2009] EWHC 741 (Ch); [2009] 3 W.L.R. 1200.
[26] *Levi v Bates* [2015] EWCA Civ 206; [2016] Q.B. 91.

injunctive relief are unidentified members of an unincorporated association, the claimant should identify a single individual who is known to be a member of the body (preferably one holding an official position) and apply for that individual to be sued in a representative capacity, also under CPR r.19.6. Such an individual will be a personal defendant and will also be acting in a representative capacity: *Smithkline Beecham*.

Injunctive relief may be obtained, not merely against a representative defendant but also against persons unknown. So, in "protestor" cases, an order may be drafted so as to extend to "Protestors" provided such a group is capable of being defined. However, although such an order is possible, the court's permission is required to enforce the order against non-parties, as per CPR r.19.6(4)(b). Such permission is highly unlikely to be granted prospectively.[27] This leads to difficult problems for claimants who wish the police to arrest protestors breaching the terms of an injunction. It may be that it is possible to dispense with the representative defendant approach and instead to apply to the court for permission to add "Defendants unknown" to proceedings: see *Astellas* at [33]–[36].

The jurisdictional limits of the PHA are England and Wales. The course of conduct constituting harassment must take place in England and Wales, and the putative claimant must experience that conduct whilst in England and Wales. Where programmes which harassed the claimant were broadcast within the jurisdiction but the claimant was living in Dubai, the claim failed.[28]

The special time limit for claims in respect of personal injuries (see the Limitation Act 1980 s.11) does not apply to any claim for damages brought under the PHA (see PHA s.11(1A)).

Claimants bringing claims under the PHA s.3, must have regard to CPR r.65.27–30 (Proceedings under the Protection from Harassment Act 1997).

A claimant must use the Pt 8 procedure set out in CPR Pt 8. A claim must be issued in the Queen's Bench Division in the High Court or in the County Court. Where proceedings are issued in the county court they may be issued in the county court for the district in which the defendant resides or carries on business or in the county court for the district in which the claimant resides or carries on business.[29] A district judge has the power to order injunctive relief but does not have the power of committal consequent upon a breach of any such injunction.[30]

63-07 Claim Form N208 must be used, and the claimant must include those matters set out in CPR r.8.2, including the remedy which he is seeking and the legal basis for the claim to that remedy. He must specify that the proceedings are being brought under the Protection from Harassment Act 1997 and explain the capacity of either the claimant or the defendant if either is a party to the litigation in a representative capacity.[31] The claimant must file any written evidence on which he intends to rely when he files his claim form.[32] The written evidence may be in the form of a wit-

---

[27] *Astellas Pharma Ltd v Stop Huntingdon Animal Cruelty* [2011] EWCA Civ 752; (2011) 155(26) S.J.L.B. 27.
[28] *Shakil-Ur-Rahman v Ary Network* [2016] EWHC 3110 (QB); [2017] 4 W.L.R. 22.
[29] CPR r.65.28(b)(ii).
[30] CPR PD 2B para.8.1.
[31] CPR r.8.2.
[32] CPR r.8.5(1). See too: CPR r.8.6.

ness statement or affidavit, although the claimant may also rely on the contents of the claim form provided that it has been verified by a statement of truth.[33]

The defendant must file an acknowledgment of service within 14 days of service of the claim form.[34] Failure to do so will prevent him from participating in the hearing except with the court's permission.[35] He must also include any written evidence on which he proposes to rely.[36] The Pt 8 procedure is designed for cases where there is no substantial dispute of fact. Where the defendant considers that there is a substantial dispute of fact and that the Pt 8 procedure is inappropriate, he must state his reasons when he files his acknowledgment of service.[37] Where the defendant has included written evidence, the claimant has a further 14 days in which to file and serve evidence in reply.[38]

Applications for a final injunction or a perpetual injunction should be made in the claim form (CPR r.8.2). An application for an interim injunction should be made on the standard application form, Form N244, and in accordance with the general rules in Pt 23. A claim for an interim injunction may be made whether or not a claim for an injunction is included in the claim form (CPR r.25.1(4)). An interim injunction may be granted where proceedings have not yet been started (CPR r.25.2(1)), where the matter is urgent or it is necessary to do so in the interests of justice (CPR r.25(2)).[39]

An application for an interim injunction may be made without notice if it appears to the court that there are good reasons for not giving notice (CPR r.25.3(1)). The application must be supported by evidence unless the court orders otherwise, and where the application is made without giving notice, the evidence in support must state the reasons why notice has not been given (CPR r.25.3).

Discrimination and Harassment The protection against harassment formerly conferred by the Sex Discrimination Act 1975, the Race Relations Act 1976, the Disability Discrimination Act 1995, the Employment Equality (Religion or Belief) Regulations 2003, the Employment Equality (Sexual Orientation) Regulations 2003 and the Employment Equality (Age) Regulations 2006 has now been gathered in a single statute, the EqA 2010. The underlying substantive and procedural law has not been substantially altered and the case-law under the former statutory provisions will remain relevant. **63-08**

The definition of harassment is in the EqA s.26. The EqA does not make harassment on the grounds of protected characteristics unlawful in general terms. Not all protected characteristics are protected by the prohibition of harassment. In particular, the following are relevant "protected characteristics" (see the EqA s.26(5)): age; disability; gender reassignment; race; religion or belief; sex; and sexual orientation. There is no express prohibition of harassment related to any of pregnancy, maternity, or marital status. A claim of harassment related to pregnancy or maternity might well be brought as a claim of harassment related to sex. The different contexts in which harassment is prohibited are as follows: services and public

---

[33] CPR PD 8A para.7.2.
[34] CPR r.8.3.
[35] CPR r.8.4.
[36] CPR r.8.5(3).
[37] CPR r.8.8.
[38] CPR r.8.5(5).
[39] Precedent 63-Q1.

functions (Pt 3); premises (Pt 4); work (Pt 5); education (Pt 6); and associations (Pt 7). The ambit of the prohibition in each case is addressed in further detail in para.63-01. There is no requirement for a comparator in a harassment claim as it focuses on the treatment of one individual, instead of comparing the treatment of one individual with another as is the case in many other discrimination claims. Therefore, it is irrelevant for the purposes of a harassment claim that the perpetrator would treat other people in a similar way.

Section 26 establishes three types of harassment:

"(1) A person (A) harasses another (B) if—
    (a) A engages in unwanted conduct related to a relevant protected characteristic, and
    (b) the conduct has the purpose or effect of—
        (i) violating B's dignity, or
        (ii) creating an intimidating, hostile, degrading, humiliating or offensive environment for B.
(2) A also harasses B if—
    (a) A engages in unwanted conduct of a sexual nature, and
    (b) the conduct has the purpose or effect referred to in subsection (1)(b).
(3) A also harasses B if—
    (a) A or another person engages in unwanted conduct of a sexual nature or that is related to gender reassignment or sex,
    (b) the conduct has the purpose or effect referred to in subsection (1)(b), and
    (c) because of B's rejection of or submission to the conduct, A treats B less favourably than A would treat B if B had not rejected or submitted to the conduct."

Common to each type of harassment is the requirement that the conduct has the purpose or effect referred to in s.26(1)(b). In determining whether conduct has that effect, the following factors must be taken into account: (a) B's perception; (b) the other circumstances of the case; and (c) whether it is reasonable for the relevant conduct to have that effect (s.26(4)). Where the purpose of the conduct is the violation of B's dignity or the creation of an intimidating etc environment, s.26(4) has no application. In *Land Registry v Grant*,[40] Elias LJ commented on the words "intimidating, hostile, degrading, humiliating or offensive", noting as follows: "Tribunals must not cheapen the significance of these words. They are an important control to prevent trivial acts causing minor upsets being caught by the concept of harassment."

63-09 In *Richmond Pharmacology Ltd v Dhaliwal*,[41] the EAT held that, when considering harassment claims, employment tribunals should examine separately the three elements necessary to establish liability—the unwanted conduct; the effect of the conduct on the claimant; and the grounds for the conduct. Where the abuse was overtly racial, there was no need to examine the mental processes leading to the offensive conduct. Thus, an employment tribunal had been entitled to find that a remark to a female employee of Indian ethnic origin referring to the possibility of her being "married off in India" violated her dignity and constituted unlawful harassment. The EAT also noted that an individual's dignity would not necessarily be violated by things said or done which were trivial or transitory, particularly if it should have been clear that any offence was unintended.

---

[40] *Land Registry v Grant* [2011] I.R.L.R. 748; [2011] EWCA Civ 769.
[41] *Richmond Pharmacology Ltd v Dhaliwal* [2009] I.C.R. 724.

In the Court of Appeal case of *Pemberton v Inwood*,[42] Underhill LJ, who sat as the President of the EAT in *Dhaliwal*, revised his guidance and held that in order to decide whether any conduct falling within s.26(1)(a) has either of the proscribed effects under s.26(1)(b), the tribunal must consider both whether the claimant perceives themselves to have suffered the effect in question (the subjective question) and whether it was reasonable for the conduct to be regarded as having that effect (the objective question). The tribunal must also take into account all the other circumstances. The relevance of the subjective question is that if the claimant does not perceive their dignity to have been violated, or an adverse environment created, then the conduct should not be found to have had that effect. The relevance of the objective question is that, if it was not reasonable for the conduct to be regarded as violating the claimant's dignity or creating an adverse environment for them, then it should not be found to have done so.

Unwanted conduct covers a wide range of behaviour, including spoken or written words or abuse, imagery, graffiti, physical gestures, facial expressions, mimicry, jokes, pranks, acts affecting a person's surroundings or other physical behaviour. The Code of Practice on Employment (2011) (the Employment Code of Practice) issued by the Equality and Human Rights Commission advises that the word "unwanted" means essentially the same as "unwelcome" or "uninvited". "Unwanted" does not mean that express objection must be made to the conduct before it is deemed to be unwanted. A serious one-off incident can also amount to harassment.

Prior to the implementation of the EqA, harassment was rendered unlawful only where it was "on the grounds of" the relevant protected characteristic.[43] It is now clear that the formulation "related to ..." is broader, and potentially allows harassment to be found even where the nexus between the impugned conduct and the protected characteristic is indirect and/or remote.[44] In *Bakkali v Greater Manchester Buses (South) Ltd (t/a Stage Coach Manchester)*,[45] the EAT held that conduct "related to" in the test for harassment under s.26(1)) is wider in scope than conduct "because of" a protected characteristic (in the test for direct discrimination under s.13(1)). It requires a broader enquiry, involving "a more intense focus" on the context of the offending words or behaviour.

It is clear in any case that the protection is sufficiently broad to encompass "associative harassment", i.e. harassment of B in relation to a protected characteristic of C.[46] It is also broad enough to encompass harassment of B where the harasser perceives (whether or not correctly) that B has a particular protected characteristic. For example, a person who is harassed because they are wrongly perceived to be gay will have a potential claim. In order to bring a claim, a claimant need not have the relevant protected characteristic himself or herself; so, a male claimant may bring a claim in relation to being exposed to pornographic pictures of females in the workplace. Similarly, the impugned conduct need not be directed at the claim-

---

[42] *Pemberton v Inwood* [2018] EWCA Civ 564; [2018] I.C.R. 1291.
[43] The exception to this was the Disability Discrimination Act 1995 s.3B, which employed the formulation "... related to".
[44] *Timothy James Consulting Ltd v Wilton* [2015] I.C.R. 764; [2015] I.R.L.R. 368; and *Pemberton*.
[45] *Bakkali v Greater Manchester Buses (South) Ltd (t/a Stage Coach Manchester)* [2018] I.C.R. 1481.
[46] See *EBR Attridge LLP (formerly Attridge Law) v Coleman* [2010] I.C.R. 242 where the EAT held, in light of the ECJ's decision in *Coleman v Attridge Law* [2008] I.C.R. 1128, that the Disability Discrimination Act 1995 could be interpreted as protecting a non-disabled person from harassment "for a reason which relates to the disability of another person".

ant himself/herself, although the identity of the target of the behaviour may be relevant to whether the conduct has the relevant "purpose or effect".[47] In summary, by defining harassment as "unwanted conduct related to a relevant protected characteristic" (rather than related to the victim's protected characteristic), it is clear that the EqA covers harassment based on association and perception.

Although the EqA establishes nine protected characteristics (see above), there is no prohibition at all against harassment on the grounds of marriage and civil partnership or pregnancy or maternity.[48] However, harassment on either of these grounds would normally be capable of being framed as a direct discrimination claim under the EqA s.13 (see Section 44: Discrimination at work).

Vicarious liability of employer and principals is established by EqA s.109(1), (2). In proceedings against a person's employer in respect of "anything alleged to have been done" by the person in the course of his employment, it is a defence for the employer to show that he took "all reasonable steps" to prevent his employee from doing that thing or anything of that description: EqA s.109(4). The onus rests firmly on the employer to establish the defence. An employer can do so by showing either that he attempted to prevent the particular act of discrimination or that he attempted to prevent that kind of act in general. The defence is limited to steps taken before the discriminatory act occurred.[49] It is not sufficient for an employer to show that the discrimination was promptly remedied.[50] What amounts to "all reasonable steps" will depend on the circumstances but examples might include providing supervision or training and/or implementing an equal opportunities policy. The Employment Code of Practice notes that reasonable steps might include: implementing an equality policy; ensuring workers are aware of the policy; providing equal opportunities training; reviewing the equality policy as appropriate; and dealing effectively with employee complaints. In *Canniffe v East Riding of Yorkshire Council*,[51] the EAT set out guidance on the approach employment tribunals should adopt when looking at whether an employer has satisfied the "all reasonable steps" defence. The EAT held that the correct approach was, first, to identify whether the employer took any steps at all to prevent the employee from doing the act or acts complained of in the course of his employment and, secondly, having identified what steps, if any, the employer took, to consider whether there were any further steps that could have been taken that were reasonably practicable. The question as to whether such steps would in fact have been successful in preventing the act of discrimination in question was not determinative.

A claim of harassment may be brought against an individual, regardless of whether the employer is also a respondent to the claim.[52]

63-11 **Services and Public Functions**[53] The prohibition of discrimination (including harassment) in the case of services and public functions does not apply to the protected characteristics of age, insofar as relating to persons under the age of 18,

---

[47] *Moonsar v Fiveways Express Transport* [2005] I.R.L.R. 9.
[48] EqA s.26(5).
[49] *Mahood v Irish Centre Housing Ltd* (UKEAT/0228/10) [2011] Eq. L.R. 586.
[50] *Fox v Ocean City Recruitment Ltd* (UKEAT/0035/11).
[51] *Canniffe v East Riding of Yorkshire Council* [2000] I.R.L.R. 555.
[52] *Hurst v Kelly* [2013] I.C.R. 1225.
[53] EqA Pt 3.

and marriage and civil partnership.[54] Further, neither religion or belief nor sexual orientation is a protected characteristic for the purposes of harassment in the context of the provision of services.[55] Accordingly, in the case of provision of services, a claimant can bring a claim of harassment in relation to the following protected characteristics: age (if he has attained the age of 18); disability; gender reassignment; race; sex. S/he could also bring a direct discrimination claim under s.13 in the case of behaviour that would otherwise be regarded as harassment where the relevant protected characteristic is: pregnancy or maternity; religion or belief; and sexual orientation.

A person concerned with the provision of a service to the public or a section of the public is a "service-provider".[56] Where the EqA refers to "the provision of a service", it includes a reference to the provision of goods and services.[57] It also includes the provision of a service in the exercise of a public function.[58]

Section 29(3) states that:

"A service-provider must not, in relation to the provision of the service, harass—
   (a) a person requiring the service, or
   (b) a person to whom the service-provider provides the service."

The prohibition does not apply to unlawful conduct that is prohibited by Pt 4 (Premises), Pt 5 (Work) or Pt 6 (Education), or which would be so prohibited but for an express exception.[59]

Premises[60]   The prohibition of discrimination (including harassment) in the case of premises does not apply to the protected characteristics of age, marriage and civil partnership, or pregnancy and maternity.[61] Further, neither religion or belief nor sexual orientation is a protected characteristic for the purposes of harassment in the context of premises.[62] Accordingly, in the case of premises, a claimant can bring a claim of harassment in relation to the following protected characteristics: disability; gender reassignment; race; sex. S/he could also bring a direct discrimination claim under EqA s.13 in the case of behaviour that would otherwise be regarded as harassment where the relevant protected characteristic is: pregnancy or maternity; religion or belief; and sexual orientation.

Part 4 does not apply to any form of discrimination (including harassment) that is prohibited by Pt 5 (Work) or Pt 6 (Education), or that would be so prohibited but for an express exception.[63] It does not apply to the provision of accommodation if the provision is generally for the purpose of short stays by individuals who live elsewhere, or if the provision is for the purpose only of exercising a public function or providing a service to the public or a section of the public.[64] So, in the case

---

[54] EqA s.28(1).
[55] EqA s.29(8).
[56] EqA s.29(1).
[57] EqA s.31(2).
[58] EqA s.31(3).
[59] EqA s.28(2).
[60] EqA Pt 4.
[61] EqA s.32(1).
[62] EqA s.33(6).
[63] EqA s.32(2).
[64] EqA s.32(3).

of short-term lets or the provision of accommodation as a part of a public function, Pt 3 (Services and public functions) will apply.

First, a person who has the right to dispose of premises must not, in connection with anything done in relation to their occupation or disposal, harass a person who occupies the premises or a person who applies for them.[65] A reference to "disposing of premises" includes, in the case of premises subject to a tenancy, a reference to assigning, sub-letting or parting with possession of those premises.[66] A reference to "disposing of premises" also includes a reference to granting a right to occupy them.[67]

Second, a person whose permission is required for the disposal of premises must not, in relation to an application for permission to dispose of the premises, harass a person who applies for that permission or to whom the disposal would be made if permission were given.[68]

Third, a person who manages premises must not, in relation to their management, harass a person who occupies them or a person who applies for them.[69]

63-13 **Work**[70] In the case of employment, the primary form of harassment is established by EqA s.40(1):

"An employer (A) must not, in relation to employment by A, harass a person (B)—
(a) who is an employee of A's;
(b) who has applied to A for employment."

Although harassment may occur across an almost limitless range of scenarios, the definition of harassment has been held to exclude constructive dismissal.[71] However, an actual dismissal can amount to harassment.

Although constructive dismissal cannot be an act of harassment, an employee can claim damages for prior acts of harassment leading to the dismissal. Such damages may include the natural and ordinary consequences of those earlier acts of harassment, including financial losses flowing from the subsequent constructive dismissal.

A secondary form of liability for harassment by third parties was established by EqA s.40(2)–(4) although these provisions were repealed with effect from 1 October 2013.[72] The relevant provisions used to state:

"(2) The circumstances in which A is to be treated as harassing B under subsection (1) include those where—
(a) a third party harasses B in the course of B's employment, and
(b) A failed to take such steps as would have been reasonably practicable to prevent the third party from doing so.
(3) Subsection (2) does not apply unless A knows that B has been harassed in the course of B's employment on at least two other occasions by a third party; and it does not matter whether the third party is the same or a different person on each occasion.

---

[65] EqA s.33(3).
[66] EqA s.38(3).
[67] EqA s.38(4).
[68] EqA s.34(2).
[69] EqA s.35(2).
[70] EqA Pt 5.
[71] *Timothy James Consulting Ltd v Wilton* [2015] I.R.L.R. 368.
[72] Enterprise and Regulatory Reform Act 2013 s.65.

(4) A third party is a person other than—
 (a) A, or
 (b) an employee of A's."

Until their repeal on 1 October 2013, these provisions extended the liability of employers for persistent harassment of their employees by third parties—previously only applicable to sexual and sex-related harassment under the Sex Discrimination Act 1975—to all the protected characteristics covered by EqA s.26. The liability only arose if a third party harassed the employee in the course of the latter's employment; the employer knew that the employee had "been harassed in the course of ... employment on at least two other occasions by a third party" (whether or not by the same third party); and the employer had not taken reasonably practicable steps to prevent the third party from committing harassment. The Employment Code of Practice suggested the following steps that an employer might have taken to avoid liability for third party harassment: having a policy on harassment; notifying third parties that harassment of employees was unlawful and would not be tolerated, for example, by displaying a public notice; inclusion of a term in all contracts with third parties notifying them of the employer's policy on harassment and requiring them to adhere to it; encouraging employees to report any acts of harassment by third parties to enable the employer to support the employee and take appropriate action; and taking action on every complaint of harassment by a third party.

The repeal of s.40(2)–(4) means that employer liability for third party harassment returns to being governed by the caselaw on general liability for discrimination and harassment in employment. Note that the repealed provisions continued to apply to any third-party harassment that took place before 1 October 2013.

There are also provisions prohibiting harassment in the following contexts:

(a) harassment of contract workers by principals in relation to contract work[73];
(b) harassment by a partnership of partners or persons applying for partnership[74];
(c) harassment by a limited liability partnership of a member of that partnership or a person who has applied for that position[75];
(d) harassment by barristers and barristers' clerks of pupils or tenants or applicants for pupillage or tenancy[76];
(e) harassment by advocates and advocates' clerks of devils or members of advocates' stables or applicants for devil or membership[77];
(f) harassment by a person who has the power to make an appointment to a personal office of a person seeking, or being considered for, the appointment[78];
(g) harassment by a person who has the power to make an appointment to a public office of a person seeking, or being considered for, the appointment[79];

---

[73] EqA s.41(2).
[74] EqA s.44(3). There is also protection against harassment by a "proposed firm" i.e. persons proposing to form themselves into a partnership (s.44(4)).
[75] EqA s.45(3). There is also protection against harassment by a "proposed LLP" i.e. persons proposing to incorporate an LLP with themselves as members (s.45(4)).
[76] EqA s.47(3).
[77] EqA s.48(3).
[78] EqA s.49(4).
[79] EqA s.50(4).

(h) harassment by a person who has the power to make a recommendation for or give approval to an appointment to a public office of a person seeking or being considered for the recommendation or approval[80];
(i) harassment by a qualifications body, in relation to conferment by it of a relevant qualification, of a person who holds the qualification or a person who applies for it[81];
(j) harassment by employment service-providers, in relation to the provision of an employment service, of a person asking the service provider to provide the service or a person for whom the service-provider provides the service[82];
(k) harassment by a trade organisation, in relation to its membership, of a member or an applicant for membership[83];
(l) harassment of a member of a local authority by the authority in relation to his carrying out of official business.[84]

63-14 **Education**[85] The prohibition of discrimination (including harassment) in the field of education does not extend to the protected characteristics of marriage and civil partnership and pregnancy and maternity.[86] In the case of schools, age is excluded.[87] Further, the prohibition on harassment of pupils or prospective pupils in education does not extend to the protected characteristics of gender reassignment, religion or belief, and sexual orientation.[88] Accordingly, a claim for harassment may only be brought on the grounds of disability, race and sex. However, a claim of direct discrimination on the grounds of gender reassignment, maternity or pregnancy, religion or belief, and sexual orientation might be brought depending on the circumstances. By way of illustration, the Explanatory Notes to the EqA give the example of a school refusing to let a gay pupil become a prefect because of his sexual orientation and note that this would be direct discrimination.

A detailed treatment of education is found elsewhere in this work. The EqA prohibits harassment as follows:

(a) harassment by a responsible body of a school of a pupil or a person who has applied to be admitted as a pupil of that school[89];
(b) in relation to the responsible bodies of universities and other institutions in the further and higher education sectors, harassment of students, persons who apply for admission as students, and disabled persons who hold or who apply for a qualification conferred by the institution[90];
(c) harassment by a responsible body in relation to a further and/or higher education course, of a person who seeks enrolment or is enrolled on the course or is a user of services provided by the body in relation to the course[91];

---

[80] EqA s.51(2).
[81] EqA s.53(3). Definitions of "qualifications body" and "relevant qualification" are at s.54(2) and (3).
[82] EqA s.55(3). The definition of "employment service" is at s.56(2).
[83] EqA s.57(3).
[84] EqA s.58(2).
[85] EqA Pt 6.
[86] EqA ss.26(5), 84, 90 and 95.
[87] EqA s.84.
[88] EqA s.85(10).
[89] EqA s.85(3).
[90] EqA s.91(5).
[91] EqA s.92(3). "Responsible body" in this context is defined at s.92(8).

(d) in relation to the provision of recreational and training facilities by local authorities, harassment by the responsible body of a person seeking to use, or using, those facilities or a user of services provided by the body in relation to those facilities[92];

(e) harassment by a qualifications body of a person who holds a relevant qualification or who seeks that qualification.[93]

WITNESS STATEMENT IN SUPPORT OF AN INTERIM INJUNCTION (HARASSMENT)

Witness statement in support of interim injunction[94]

I, W.X., of [address], the above-named Claimant, state as follows: 63-Q1

1. I am the Claimant in these proceedings. The claim has not yet been issued because I am frightened to do so without the protection of an injunction.

2. I have not given the Defendant notice of this application which I make without notice. This is because I am frightened to give the Defendant notice without first having the protection of an injunction because of his conduct so far.[95] Although the Defendant has not threatened me with violence, his conduct is so unpredictable and so contrary to my stated wishes that I cannot be confident that he will continue to behave in a non-violent manner. In any case, his conduct is sinister and threatening.

3. The substance of my claim, and of this application, is within the jurisdiction of this Court: it is that the Defendant has pursued a course of conduct which amounts to harassment of me. I believe that the Defendant has engaged in this course of conduct as a result of my refusal to enter into a relationship with him.

4. The Defendant has telephoned me at my home and at my workplace on a daily basis since [date] when I met him at a party and told him that I did not want a relationship with him. I do not know how he obtained my contact numbers. He has called me at unpredictable times between approximately 7 a.m. and 11 p.m. Further, he has sent flowers to my workplace, causing me great embarrassment and discomfort. I have become frightened about the Defendant's conduct in recent weeks because he has begun to wait outside my house for me after work. Although I have tried to ignore him he frequently shouts at me from across the street that he will not "give up". Further, on three occasions this week and on every night the week commencing [date] the Defendant has stood outside my house for the whole night. He has also sent me large quantities of correspondence containing declarations of love. I refer to a bundle marked "W.X.1" containing letters, messages attached to flowers and a letter to him from me asking him to desist from such conduct (at pp).

---

[92] EqA s.93(3). The recreational and training facilities referred to are those defined at s.97(7).
[93] EqA s.96(3). "Qualifications body" is as defined at s.97(2) and "relevant qualification" is as defined at s.97(3).
[94] Pt 32—Practice Direction Written Evidence, para.17.
[95] The Claimant is required by CPR r.25.3(3) to state the reason why the Defendant has not been given notice.

5. I am becoming increasingly frightened of coming home after work and about what the Defendant might do during the course of the night. This has caused me stress and interference in my sleep.

6. I believe that the Defendant will persist in this conduct unless restrained by Court Order. This application is accompanied by a request for the issue of a claim. I undertake to start proceedings as soon as the Injunction is granted.[96] I attach draft Particulars of Claim at pp of the bundle marked W.X.1.

[Statement of truth]

STATEMENT OF CASE: PROTECTION FROM HARASSMENT ACT 1997

Particulars of Claim

63-Q2

1. The Claimant resides at [address] and is a former friend of the Defendant.

2. On [date] the Claimant refused the Defendant's invitation to enter into a relationship with him. Since then the Defendant has pursued a course of conduct which amounts to harassment of the Claimant.

Particulars

(a) The Defendant has telephoned the Claimant at her workplace and home telephone on a daily basis since [date].

(b) The Defendant has sent flowers to the Claimant's workplace on [date], causing her great embarrassment and discomfort.

(c) The Defendant has on numerous occasions since [date] waited outside the Claimant's house for her return from work.

(d) The Defendant has on numerous occasions since [date] shouted to the Claimant from across the street from the Claimant's house that he will not "give up".

(e) On three occasions during the week commencing [date] and on every night during the week commencing [date] the Defendant has stood outside the Claimant's house for the whole night.

(f) The Defendant has sent letters to the Claimant containing threats against her.

3. The Defendant's conduct amounts to harassment of the Claimant, contrary to ss 1 and 3 of the Protection from Harassment Act 1997, as the Defendant has at all times known or ought to have known. By letter dated [date], the Claimant informed the Defendant that he was frightening her and that he should desist from his conduct. The Defendant has thereby frightened the Claimant and caused her anxiety, distress and personal injury.

Particulars of Injury

The Claimant was born on [date]. She has suffered from a depressive illness in consequence of the matters set out above. Full particulars of her injuries are set out in the medical report of [identify] served herewith.

4. The Defendant intends to continue to harass the Claimant unless restrained by an Order of the Court.

---

[96] See CPR r.25.2(3).

5. Further the Claimant claims interest pursuant to s.69 of the County Courts Act 1984 at such rate and for such period as the Court thinks fit.

AND the Claimant claims:
(1) An Injunction restraining the Defendant from pursuing any conduct which amounts to harassment of her, including:
   (a) an order preventing the Defendant from communicating with the Claimant including by telephone, email, social network or other electronic communication, and in writing;
   (b) an order preventing the Defendant from approaching within 200 metres of the Claimant's home address;
   (c) an order preventing the Defendant from approaching within 100 metres of the Claimant's work address.
(2) Damages [include statement of value].
(3) The aforesaid interest pursuant to s.69 of the County Courts Act 1984.

[Statement of truth[97]]

DEFENCE ASSERTING THAT COURSE OF CONDUCT WAS IN THE PARTICULAR CIRCUMSTANCES REASONABLE

Defence

1. Paragraph 1 of the Particulars of Claim is admitted.   **63-Q3**

2. Save as aforesaid the Particulars of Claim are denied. In particular, it is denied that the Defendant has engaged in a course of conduct against the Claimant amounting to harassment as alleged or at all.

3. The Defendant is a member of a political party, namely the [..........] Party and has been engaged in political canvassing[98] on behalf of that party during the period [dates].

4. On numerous occasions during the period [date] to [date] the Defendant has been in the vicinity of the Claimant's house for reasons entirely related to his aforementioned canvassing.

5. The Defendant denies that he has sent letters threatening the Claimant or waited outside her house throughout the night. The Defendant admits sending letters to the Claimant but these letters contained details of his political party and their contents were entirely attributable to his role as a political canvasser.

6. In the circumstances the Defendant denies that he has harassed the Claimant as alleged or at all and avers that in the particular circumstances the pursuit of the course of conduct which the Defendant admits engaging in was reasonable.

7. Given the substantial dispute of fact, the Defendant considers that it is inappropriate to proceed with this claim under the Part 8 procedure.

---

[97] Particulars of Claim must be verified by a Statement of Truth: CPR r.22.1, para.2.1.
[98] See 287 H.C. Official Report, ser.6, col.784 (17 December 1997).

[Statement of truth]

HARASSMENT: EMPLOYMENT TRIBUNAL CLAIM

63-Q4 [For Claim Form ET1, please see *https://www.gov.uk/employment-tribunals/make-a-claim*]

1.–7. *[see Claim Form ET1 above]*

8.1. Fill in type and details of claim

Please indicate the type of claim you are making by ticking one or more of the boxes below. [Tick the "I was discriminated against on the grounds of" Box. Section 8.1 provides for the prohibited grounds of discrimination—the claimant should tick the box(es) that apply. Note that, since harassment is not statutorily defined as a species of discrimination, there is an argument to the effect that harassment should not be pleaded at section 8 of the ET1 at all. It is suggested, however, that harassment is so closely related to discrimination as statutorily defined, that it ought properly to be included at section 8. For the purposes of harassment, it should be noted that pregnancy or maternity and marriage or civil partnership are not protected characteristics. A claim of harassment related to pregnancy or maternity might well be brought as a claim of harassment related to sex.]

8.2. Please set out the background and details of your claim in the space below. The details of your claim should include the date(s) when the event(s) you are complaining about happened. Please use the blank sheet at the end of the form if needed.
1. I commenced employment with the Respondent on [date].
2. The first week of my employment was spent on an induction training course at the Respondent's head office. During the induction I was introduced to Mr X who is the Respondent's Managing Director.
3. On each of the five days of the induction training course Mr X insisted that I spent my lunch hour with him. On the first day I accepted because I was pleased to have the opportunity to meet with the Managing Director. However, during lunch, Mr X sexually harassed me by:
    3.1. Stroking my legs.
    3.2. Commenting upon my appearance in a lewd fashion
    3.3. Inviting me to spend the afternoon and evening with him in a hotel room.
4. On the following days I declined Mr X's invitations to lunch but on each occasion he insisted. I found it very difficult to refuse because I was anxious to retain this employment. I therefore accepted each of the lunch invitations and on each occasion Mr X sexually harassed me by behaving in the manner identified at paragraph 3 above. On [date], I refused his lunch invitation and Mr X harassed me by calling me a "tease" and a "strumpet".
5. By reason of the matters set out above, I believe that I have been subjected to harassment, contrary to s.26(1)–(3) and s.40(1) of the Equality Act 2010. Mr X's conduct has had the purpose and effect of violating my dignity and creating an intimidating, hostile, degrading, humiliating and offensive environment for me.
6. Further and in the alternative, I believe that by reason of the matters set out

above, I have been discriminated against because of my sex contrary to s.13 and s.39(2)(d) of the Equality Act 2010.

9.–15. *[See Claim Form ET1 above, Precedent 44-L1.]*

PARTICULARS OF CLAIM: RACIAL HARASSMENT

Particulars

1. The Claimant is black and of African Caribbean ethnic origin.

63-Q5

2. By an agreement dated [..........] the Defendant let premises known as [..........] to the Claimant under a secure tenancy.

3. The Defendant is a local authority and was at all material times engaged in the management of the aforesaid premises. The Defendant is a service-provider for the purpose of Part 3 of the Equality Act 2010 ("the Act").

4. On [date] the Claimant visited the Defendant's neighbourhood housing offices at [address] for the purposes of obtaining information about his tenancy. The Claimant was racially abused by Mr Y, a neighbourhood housing officer employed by the Defendant.

Particulars of racial harassment
[Include each incident of racial abuse.]

5. Such treatment constituted harassment of the Claimant related to his race, within the meaning of s.26(1) of the Act, alternatively less favourable treatment of the Claimant because of his race within the meaning of s.13(1) of the Act.

6. By reason of the matters aforesaid the Defendant, acting through its servant or agent, has harassed the Claimant in the provision of a service and/or discriminated against him in the provision of a service contrary to s.29(3) and s.29(2) of the Act read together with s.26 and s.13(1) of the Act.[99]

7. The Claimant has suffered serious distress, stress, upset, humiliation and injury to his feelings.

Particulars
[plead any particulars e.g. the abuse was in a public place, etc.]

8. The aforesaid treatment of the Claimant was a gross affront to his personal dignity and integrity for which aggravated damages should be awarded. In addition to the aforesaid facts and matters the Claimant will rely in support of his claim for aggravated damages on the fact that the Defendant has failed to apologise for the aforesaid treatment.

9. Further the Claimant claims interest pursuant to s.69 of the County Courts Act 1984 on such sums as are found to be due to the Claimant at such rate and for such period as the Court thinks fit.

---

[99] s.109 makes an employer vicariously liable for the acts of his employee where they were done in the course of his employment.

AND the Claimant claims:
(1) A declaration that the Defendant has discriminated against the Claimant contrary to s.29 read together with ss.26 and/or 13 and 109 of the Equality Act 2010.
(2) Damages, including aggravated damages, [include statement of value].
(3) The aforesaid interest pursuant to s.69 of the County Courts Act 1984.

[Statement of truth]

STATEMENT OF CASE: SEXUAL HARASSMENT
Particulars of Claim

63-Q6 1. The Claimant is a woman. At material times and from [date] the Claimant was a student on [identify the course] at the [..........] University ("the University").

2. The First Defendants are the Board of Governors of the University and were at material times the responsible body within the meaning of s.91 of the Equality Act 2010 (hereinafter referred to as "the Act").

3. The Second Defendant was at material times the course leader of the [..........] course.

4. On [date] at or around [time] during the course of a tutorial the Second Defendant touched the Claimant's leg and commented upon the size of her breasts.

5. The Claimant protested at the Second Defendant's conduct as described in paragraph [..........] above immediately. In response to the Claimant's protests the Second Defendant said the following words,

"I can make life very much easier for you here. If you scratch my back I will scratch yours. I cannot see why you should object to a little affection."

6. The Claimant understood the Second Defendant to be suggesting that her rejection or submission to the conduct described in paragraph [..........] above would be used by the Second Defendant as a basis for a decision in respect of her coursework and/or other matters material to her progress on the course.[100]

7. The aforesaid treatment of the Claimant amounted to harassment for the purposes of s.26 of the Act.

8. By reason of the matters aforesaid the First and/or Second Defendants have harassed the Claimant contrary to ss.91 and 92 read together with ss.109 and 110 of the Act.

9. By reason of the matters aforesaid the Claimant has suffered distress, anxiety, embarrassment, injury to her feelings, humiliation and loss of education and the benefits ancillary thereto.

---

[100] See para.2, Commission of Code of Practice on Protecting the Dignity of Men and Women at Work, annexed to Commission Recommendation on the protection of the Dignity of Women and Men at Work 91/131.

Particulars

The Claimant was caused such distress and embarrassment by the matters set out above that she was unable to return to the university after [date]. She was therefore denied the benefit of an education and qualification from the course.

The Claimant has further been denied the opportunity of pursuing her chosen career.[101]

10. Further the Claimant claims interest pursuant to s.69 of the County Courts Act 1984 on the amount found to be due at such rate and for such period as the Court may think fit.

AND the Claimant claims:
(1) A declaration that the First and/or Second Defendants have discriminated against the Claimant contrary to ss.91 and 92 of the Equality Act 2010 read together with s.13 and/or s.26 and s.109 and s.110 of that Act
(2) Damages, including damages for injury to feelings [and aggravated damages].[102]
(3) Interest as aforesaid pursuant to s.69 of the County Courts Act 1984.

[Statement of truth]

---

[101] Any pecuniary losses should be pleaded and fully particularised.
[102] Any claim should be fully particularised. In *Alexander v Home Office* [1998] I.R.L.R. 190, the Court of Appeal held that aggravated damages can be awarded in a discrimination case where the defendant has behaved "in a high-handed, malicious, insulting or oppressive manner in committing the act of discrimination". See also the EAT's decision in *Commissioner of Police of the Metropolis v Shaw* [2012] I.R.L.R. 291 for further discussion on aggravated damages. Aggravated damages are compensatory and should be awarded, not to punish a defendant for his conduct, but to reflect the extent to which aggravating features had increased the impact of the discriminatory conduct on the claimant.

PART R HUMAN RIGHTS AND REFERENCES TO THE COURT OF JUSTICE OF THE EUROPEAN UNION

SECTION 64:

HUMAN RIGHTS ACT 1998

TABLE OF CONTENTS

Pleading or Submission in Relation to the Interpretation of Legislation	64-R1
Claim for a Declaration of Incompatibility	64-R2
Pleading in Relation to Claim under Section 7(1) of the Human Rights Act	64-R3
Pleading in Relation to Defence of Claim under Section 7(1) of the Human Rights Act	64-R4

OUTLINE OF THE HUMAN RIGHTS ACT 1998

Introduction The Human Rights Act 1998 makes the majority of the rights in the European Convention on Human Rights available in municipal courts and tribunals. The Government decided that two years was needed between Royal Assent and the date on which the Human Rights Act 1998 was to be brought into force.[1] The reason for this delay was twofold: to allow sufficient time for the largest judicial training exercise that has ever taken place on a single topic, and to allow public authorities to prepare for implementation.[2] These steps derived from the expectation that the Human Rights Act 1998 would make a very great difference to the way in which litigation was conducted in future. Indeed it went on to affect almost every corner of the law and the Government has continued to monitor the workings of the Act and to provide guidance.[3] One major area which Convention rights have affected is criminal process. This is not dealt with in this work,[4] which considers the way in which Convention rights might be pleaded in civil proceedings including civil judicial review. Finally it considers applications to the European Court of Human Rights in Strasbourg.   64-01

The domestic approach to human rights before the Human Rights Act 1998 Since the Human Rights Act 1998 is not retrospective[5] it is still important in some cases to note the domestic approach to human rights before the implementation of the 1998 Act. The United Kingdom was one of the first signatories to the   64-02

---

[1] 2 October 2000.
[2] The lead was taken by the Home Office which set up a special Human Rights Act Task Force supported by a Human Rights Unit. The Unit then moved to the Department for Constitutional Affairs. This was subsequently re-named Ministry of Justice on 9 May 2007.
[3] The study guide to the Human Rights Act 1998 published by the Department for Constitutional Affairs can be found at *https://webarchive.nationalarchives.gov.uk/+/http:/www.dca.gov.uk/peoples-rights/human-rights/pdf/act-studyguide.pdf*.
[4] Reference should be made to standard text books such as Archbold or Blackstone.
[5] Save to a very limited extent see s.22(4) of the 1998 Act. See also *R. v Kansal (No. 2)* [2001] UKHL 62; [2002] 2 A.C. 69.

European Convention on Human Rights and many cases have been taken to the institutions of the Convention.[6] As the caseload of these institutions has increased, the time taken to conclude a case has increased considerably. Prior to this, attempts had been made to persuade the domestic courts to take into account the Convention. However, the Convention operated in the sphere of international law and since the UK operates a dualist system of law, it has been held that the Convention did not apply so as to overrule domestic law.[7] Courts devised different ways in which the growing recognition of the importance of respect for human rights might be taken into account in developing standards for judicial review[8] and also the common law,[9] but it was not uncommon for them to find that they were constrained or that their judgments did not meet with approval before the European Court of Human Rights.[10] At the same time the Court of Justice of the European Union and the institutions of the European Community were showing greater awareness of human rights norms and the standards set by the institutions of the Convention.[11] Accordingly there was a growing call for direct incorporation of the Convention into domestic law.[12]

The critical issue became how that should happen: should incorporation operate as a constitutional provision which would permit the courts to strike down statutes made by Parliament or should Parliament retain its sovereignty? Irrespective of the constitutional objections to the first approach the lack of legal certainty that it would engender in relation to pre-existing legislation was a powerful objection.

The Bill that was ultimately presented to Parliament has been universally recognised as a very subtle piece of drafting which retains Parliamentary sovereignty but combines it with a very strong requirement on courts, tribunals and other "public authorities"[13] to act compatibly with key Convention rights. As a result the fundamental nature of those rights has been emphasised, and as much legal certainty as can be consistent with such an important change has been secured.

---

[6] These include the Commission, Court and Council of Ministers. The Commission ceased to exist from November 1998 as a result of Protocol 11 to the Convention.

[7] *R. v Secretary of State for the Home Department Ex p. Brind* [1991] 1 A.C. 696 and *R. (on the application of Yam) v Central Criminal Court* [2016] A.C. 771.

[8] See in particular the approach taken by the Court of Appeal in *R. v Ministry of Defence Ex p. Smith and Grady* [1996] Q.B. 517 at 554 where it was held per Lord Bingham MR: "The more substantial the interference with human rights, the more the court will require by way of justification before it is satisfied that [a] decision is reasonable". See also *R v Lord Saville of Newdigate Ex p. B (No.2)* [2000] 1 W.L.R. 1855 at 1867.

[9] See, e.g. in *K D (A Minor) (Ward: Termination of Access), Re* [1988] A.C. 806; see also *Derbyshire County Council v Times Newspapers Ltd* [1992] Q.B. 770 at 812 and 830.

[10] e.g. in relation to telephone tapping compare *Malone v Metropolitan Police Commissioner (No.2)* [1979] Ch. 344 with *Malone v UK* (1985) 7 E.H.R.R. 14.

[11] See, e.g. *Johnston v Chief Constable of the Royal Ulster Constabulary* (Case 222/84) [1987] I.C.R. 83; [1987] Q.B. 129; [1986] 3 W.L.R. 1038; [1986] 3 All E.R. 135; [1986] E.C.R. 1651, ECJ and *Elliniki Radiophonia Tileorassi AE and Panellinia Omospondia Syllogon Prossopikou v Dimotiki Etairia Plioroforissis and Sotirios Kouvelas and Nicolaos Avdellas* [1991] E.C.R. I–2925 at para [41].

[12] See *"Rights Brought Home: the Human Rights Bill"* October 1997 CM 3782 at https://www.archive.official-documents.co.uk/document/hoffice/rights/rights.htm.

[13] See s.6 of the 1998 Act and discussed below.

The Scheme of the Human Rights Act 1998

Convention Rights The 1998 Act operates in two principal ways. First, it imposes an interpretative obligation in respect of all legislation and, secondly, it imposes special requirements on public authorities to act compatibly with "Convention rights".[14] These are the majority of the rights contained in the Convention being those contained in arts 2 to 12[15] and 14 of the Convention,[16] arts 1 to 3 of the First Protocol,[17] and arts 1 to 2 of the Sixth Protocol[18]; read with arts 16[19] to 18 of the Convention, and subject in all cases to any derogations or reservations.[20] These are the main rights contained in the Convention itself.[21] The effect of derogations or reservations has already proved important and could be more so in the future but a discussion of these possibilities is outside the scope of this work.[22]

64-03

Articles 17 and 18 are particularly important as they set the scope for the Convention as a whole. Article 17 says:

> "Prohibition of abuse of rights: Nothing in this Convention may be interpreted as implying for any State, group or person any right to engage in any activity or perform any act aimed at the destruction of any of the rights and freedoms set forth herein or at their limitation to a greater extent than is provided for in the Convention."

Article 18 says:

> "Limitation on use of restrictions on rights: The restrictions permitted under this Convention to the said rights and freedoms shall not be applied for any purpose other than those for which they have been prescribed."

The Interpretative Obligation The interpretative obligation found in s.3 requires that, "So far as it is possible to do so, primary legislation and subordinate legisla-

64-04

---

[14] See s.1 of, and Sch.1 to, the Act for the definition of Convention Rights.
[15] The rights and the Article numbers are: 2—Right to Life; 3—Prohibition of Torture; 4—Prohibition of Slavery and Forced Labour; 5—Right to Liberty and Security; 6—Right to a Fair Trial; 7—No Punishment Without Law; 8—Right to Respect for Private and Family Life; 9—Freedom of Thought, Conscience and Religion; 10—Freedom of Expression; 11—Freedom of Assembly and Association; 12—Right to Marry.
[16] This right is a Prohibition of Discrimination in the enjoyment of the rights and freedoms set forth in the Convention. It is an accessory and not a free-standing right, see, e.g. per Lord Woolf, C.J. in *A v Secretary of State for the Home Department* [2004] Q.B. 335; [2003] 2 W.L.R. 564; [2002] EWCA Civ 1502 at [8] and *A v Secretary of State for the Home Department* [2004] UKHL 56; [2005] 2 A.C. 68 at [46] per Lord Bingham of Cornhill.
[17] These rights and the Article and Protocol numbers are: 1 of 1—Protection of Property; 2 of 1—Right to Education; 3 of 1—Right to Free Elections.
[18] These rights and the Article and Protocol numbers are: 1 of 6—Abolition of the Death Penalty; 2 of 6—Death Penalty in time of War.
[19] Article 16 permits restrictions on the political activities of aliens in relation to Arts 10, 11 and 14.
[20] As to which see ss.14–17 and Sch.3 to the Act.
[21] The provisions of principal importance which have been excluded are art.1 (The Obligation to Respect Human Rights) and art.13 (The Right to an Effective Remedy) which the provisions of the 1998 Act are intended to provide.
[22] See, e.g. S. Grosz, J. Beatson and P. Duffy, *Human Rights—The 1998 Act and the European Convention* (Sweet and Maxwell, London, 2000), pp.366 et seq. and Beatson, Grusz, Singh and Palmer, *Human Rights: Judicial Protection in the United Kingdom* (Sweet and Maxwell London, 2008). See also *A v Secretary of State for the Home Department* [2004] Q.B. 335; [2003] 2 W.L.R. 564; [2002] EWCA Civ 1502.

tion must be read and given effect in a way which is compatible with the Convention rights".

Clearly, for courts or tribunals to afford better protection than the Convention requires would be to act compatibly, so this provision is sometimes said to provide a floor not a ceiling to the way in which fundamental human rights are to be afforded. The Act explicitly protects existing human rights.[23] Further, the Act does not require courts or tribunals slavishly to follow Convention jurisprudence, but to take it into account.[24] This reflects the way in which the institutions of the Convention have themselves operated; in particular the Convention is treated as a living instrument[25] to be used and applied in a modern context and to give practical and effective rights.[26]

Care should be taken in relation to such points since unfocused recourse to generalised propositions in the jurisprudence of the European Court of Human Rights is inappropriate.[27] There are clear rules as to the way in which these points should be taken which are discussed below. A typical pleading or submission can be found in Precedent 64-R1.

64-05 **Declarations of Incompatibility** In some circumstances where the court finds that it cannot interpret legislation compatibly it may make a "declaration of incompatibility"[28] which triggers certain remedial powers.[29] Applications for such a declaration are likely to be made by way of application for judicial review but they do not have to be. They can be made in relation to another claim and can be the subject of a claim for a declaration in ordinary civil proceedings. A failure to make an application for such a declaration may mean that no remedy is available.[30]

64-06 **Notice to the Crown** Section 5(1) of the Act provides that, "where a Court is considering whether to make a declaration of incompatibility, the Crown is entitled to notice in accordance with rules of court."[31] Normally this will be at least 21 days' notice, but it may be such other period of notice as the court directs.[32] It is intended that the Crown should be notified at the earliest time, rather than just before a declaration is made, but that the notification should be by the court. In practice an application for judicial review will put the Crown on notice at an early stage. While there is a requirement for the Crown to be notified, it should be noted that there is no requirement for the Crown to intervene.[33] The relevant person for notification

---

[23] See s.11.
[24] See s.2. Taking account of the jurisprudence is mandatory ("must").
[25] *Tyrer v UK* (1979–80) 2 E.H.R.R. 1 and *Silih v Slovenia* (2009) 49 E.H.R.R. 37.
[26] *Marckx v Belgium* (1979–80) 2 E.H.R.R. 330, *Artico v Italy* (1981) 3 E.H.R.R. 1 and *McLean v Buchanan* [2001] 1 W.L.R. 2425; [2001] UKPC D3 per Lord Clyde at [60], *Tsezar v Ukraine* (2018) 67 E.H.R.R. 35 at [48]. See also *R (on the application of Stott) v Secretary of State for Justice* [2018] 3 W.L.R. 1831.
[27] *R. v North West Lancashire Health Authority Ex p. A* [2000] 1 W.L.R. 977 at 995, and 1003.
[28] See s.4(2).
[29] See s.10. The exercise of these powers lies principally in the hands of the Government.
[30] *Regina (Mudie) v Dover Magistrates' Court* [2003] EWCA Civ 237; [2003] Q.B. 1238 at [10]–[11].
[31] See CPR PD 19A para.6.1 and following.
[32] CPR r.19.4A(1).
[33] In its consultation document the Lord Chancellor's Department said that, "Under Section 5(1), we propose that it will be the Court that provides notice to the Crown once it begins to consider making a declaration of incompatibility, rather than the parties. This is because it is the Court that is

is the person named in the list made by the Minister for the Civil Service under s.17 of the Crown Proceedings Act 1947.[34]

The notice should contain sufficient details to identify the claim, identify the parties to the claim, the court, the Convention rights under consideration and include a short statement of the issues which have led to the court considering making a declaration of incompatibility.

Once the court gives notice,[35] however, the court will need to allow the Crown a minimum period of time to determine whether it wishes to be joined.[36] It is likely that the Crown should be allowed 21 days in the first instance to state whether it wishes to be joined as a party, unless the circumstances of the case mean that the court orders otherwise, but that the Crown would, however, be able to apply, if necessary, for an extension of the time limit.

CLAIMS FOR RELIEF FOR BREACH OF THE HUMAN RIGHTS ACT 1998

The duty on Public Authorities to act compatibly By s.6 of the Act, "It is unlawful for a public authority to act in a way which is incompatible with a Convention right".[37] This is a stronger obligation than the interpretative obligation since it does not have the formula "so far as it is possible" found in s.3; nevertheless it does not require public authorities to give a different effect to legislation than that required by s.3.[38] Its additional effect will be felt where a public authority has a discretionary power since this must be exercised in a way which is compatible with Convention rights. Where an authority is under a conflicting legislative duty it will be able to do no more than that which is permitted by the interpretative obligation.[39] **64-07**

Qualified rights The pleader must remember that giving effect to the duty to act compatibly with Convention rights is by no means straightforward for two key reasons: first, not all Convention rights are absolute,[40] most are limited or qualified, so that the critical question will be the extent to which any limitation or qualification applies; secondly, Convention rights frequently come into conflict.[41] **64-08**

---

considering making the declaration and it is the Court that will be best placed to provide useful information to the Crown to enable it to determine whether it wishes to be joined as a party. This approach gives the Court prime responsibility for managing the case, as encouraged in the Civil Procedure Rules."

[34] The notice given under CPR r.19.4A must be served on the person named in the list published under s.17 of the Crown Proceedings Act 1947. The list is annexed to CPR Pt 66 (Crown Proceedings).

[35] The Lord Chancellor's Department has said that, "Where the Minister has nominated a person to be joined as a party the notice must be accompanied by the written nomination. Notice should be given to the relevant Government Department (or if none, or if the court is uncertain which is the relevant department, the Attorney General) even where the Crown is already party to the proceedings in some other capacity. This is to ensure that the specific issue of the fact that the Court is considering making a declaration of incompatibility is considered appropriately by the Crown": see the consultation on the rules referred to above.

[36] Section 5(3) provides that notice by the Crown under s.5(2) that it wishes to take up its entitlement to be joined can be given at any time during the proceedings.

[37] See s.6(1).

[38] See s.7(1).

[39] See s.6(2).

[40] The absolute Articles are arts 3, 4, 7, 12, 14 (though this Article does not create a free-standing prohibition of discrimination) and 17, and art.1 of the 13th Protocol.

[41] Most typically the right to respect for private life under art.8 may come into conflict with the right to freedom of expression under art.10; see *Mosley v News Group Newspapers Ltd* [2008] EWHC

Where rights are qualified the person or body who must act compatibly will need to consider whether any interference is "prescribed" or "in accordance" with law, has a legitimate aim, and is "necessary in a democratic society". In particular any interference must be proportionate; it must not use a sledgehammer to crack a nut. These are all necessary requirements for a legitimate interference with a Convention right. The privacy debate has dominated much recent case law concerning proportionality, with art.10 rights having significant weight in cases like *Mosley v UK*.[42] A detailed discussion of their application in specific cases is outside the scope of this work. However, an example of how such points might be pleaded is contained in the draft Defence set out in Precedent 64-R4.

64-09 **The nature of a public authority** The relevance of s.6(1) differs according to the nature of the public authority, since "public authority" is given an extended meaning. It includes all courts and tribunals and all persons whose functions are exclusively of a public nature,[43] save for either House of Parliament or a person exercising functions in connection with proceedings in Parliament, thereby preserving Parliamentary sovereignty.[44] However it also includes, "any person certain of whose functions are functions of a public nature".[45] The full extent of this extended meaning will be worked out by the courts.[46] It is certain that this is a large extension going further than the concept of "emanation of the State" in Community law.[47] It probably includes many privatised companies,[48] the utilities, some charities and

---

1777 (QB), *Douglas v Hello! Ltd (No.1)* [2001] Q.B. 967, *Campbell v MGN Ltd* [2003] Q.B. 633; [2002] EWCA Civ 1373, *Goodwin v News Group Newspapers Ltd* [2011] EWHC 1437 (QB) and *Z v News Group Newspapers Ltd* [2013] EWHC 1150 (Fam), *XW v XH* [2019] 1 F.L.R. 559; [2018] EWFC 44, *Richard v BBC* [2019] Ch 169; [2018] EWHC 1837 (Ch). The right to protection of property may also conflict with the right to freedom of expression: *Heythrop Zoological Gardens Ltd v Captive Animals Protection Society* [2016] EWHC 1370 (Ch).

[42] *Mosley v UK* (2011) 53 E.H.R.R. 30.
[43] See s.6(3).
[44] See *R. (on the application of Staff Side of Police Negotiating Board) v Secretary of State for Work and Pensions* [2012] Eq L.R. 124; [2011] EWHC 3175 (Admin) at [104]; see also s.6(6) which excludes certain failures to take legislative steps.
[45] See s.6(3)(b).
[46] See *Poplar Housing and Regeneration Community Association Ltd v Donoghue* [2002] Q.B. 48 [2001] EWCA Civ 595, *R. (on the application of Heather) v Leonard Cheshire Foundation* [2002] 2 All E.R. 936, *R. (on the application of Beer (t/a Hammer Trout Farm)) v Hampshire Farmers Markets Ltd* [2004] 1 W.L.R. 233; [2003] EWCA Civ 1056, *Parochial Church Council of the Parishes of Aston Cantlow and Wilmcote with Billesley, Warwickshire v Wallbank* [2004] 1 A.C. 546; [2003] UKHL 37, *R. (Mullins) v The Appeal Board of the Jockey Club and the Jockey Club* [2005] EWHC 2197 (Admin). Note also that the Supreme Court considered the nature of a hybrid authority in *L v Birmingham City Council* [2007] 3 W.L.R. 112, *R. (on the application of Weaver) v London & Quadrant Housing Trust* [2009] EWCA Civ 587; [2010] 1 W.L.R. 363, *R. (on the application of McIntyre) v Gentoo Group Ltd* [2010] EWHC 5 (Admin); *Manchester City Council v Pinnock* [2011] UKSC 6; [2011] 2 W.L.R. 220, *Hounslow LBC v Powell* [2011] UKSC 8; [2011] 2 A.C. 186, *Lawal v Circle 33 Housing Trust* [2014] EWCA Civ 1514, *R. (on the application of Macleod) v Peabody Trust Governors* [2016] EWHC 737 (Admin) and *R. (on the application of Ames) v Lord Chancellor* [2018] EWHC 2250
[47] See, e.g. *Foster v British Gas Plc* Case C-188/89 [1990] E.C.R. I–3313; [1990] 2 C.M.L.R. 833; [1991] I.C.R. 84, ECJ, and 463, HL. *National Union of Teachers v Governing Body of St Mary's Church of England Junior School* [1997] 3 C.M.L.R. 630 [1997] E.L.R. 169, *McCall v Poulton* [2008] EWCA Civ 1313 and *Lewis v Tindale* [2019] 1 W.L.R. 1785; [2018] EWHC 2376 (QB).
[48] In the House of Lords the Lord Chancellor indicated that a privatised company, such as Railtrack Ltd which has both commercial functions in relation to railway property and also public functions as a safety regulator, would be included within the definition of "public authority" in s.6(3)(b):

voluntary organisations, housing associations[49] (but not wholly private landlords[50]) businesses carrying out privatised functions under contract with local authorities, regulatory bodies,[51] the regulatory committees of professional organisations and private schools.

Section 3 requires the "reading down" of the wording of a statutory provision under attack, in order that it conform to Convention rights even where there is no "public authority" amongst the parties to the litigation. This, along with the requirement for courts as "public authorities" to act compatibly with the Convention when determining even private cases pursuant to s.6, means that the tension between "public authority" cases and "private" cases has diminished in significance. The principles underlying Convention rights have become sufficiently integrated in the common law to avoid having to grapple with the public/private divide when reaching a judgment in a dispute between private parties (see for example *Smith v Trafford Housing Trust* and *Turner v East Midlands Trains*[52]). However, it is unlikely that quasi-public authorities will be subject to a s.6 duty in relation to decisions concerning employment of their staff or ordinary commercial decisions such as where to obtain credit or take a lease.

Victims Only a person who is or would be "a victim of an unlawful act" may bring proceedings against a public authority for breach of s.6(1) or rely on the Convention rights in any proceedings.[53] The concept of a victim has a specific meaning[54] under art.34 of the Convention. In essence it means that the person concerned must either have been actually and directly affected or that there is a risk that they will be affected[55] by a breach of the Convention. Where a person is a "victim" it is conclusively presumed that they have sufficient interest[56] to seek permission to apply for judicial review. Subject to any stricter rule in relation to time limits for the proceedings in question, proceedings against a public authority must be brought within one year beginning with the date on which the act complained of was done or such longer period as the court or tribunal considers equitable having regard to all the circumstances.[57]

64-10

Hansard, H.L. Deb., Vol.583, col.811, 24 November 1997, and see also the Home Secretary, *Hansard*, H.C. Deb., Vol.306, col.775, 16 February 1998.

[49] But see *Poplar Housing and Regeneration Community Association Ltd v Donoghue* [2002] Q.B. 48; [2001] EWCA Civ 595.
[50] *McDonald v McDonald* [2015] Ch 357; [2014] EWCA Civ 1049.
[51] But see *R. (on the application of Holmcroft Properties Ltd) v KPMG LLP* [2016] EWHC 323 (Admin).
[52] *Smith v Trafford Housing Trust* [2012] EWHC 3221 (Ch); [2013] I.R.L.R. 86 and *Turner v East Midlands Trains* [2012] EWCA Civ 1470, Court of Appeal [2013] I.C.R. 525.
[53] s.7(1).
[54] s.7(7).
[55] See *Klass v Germany* (1979–80) 2 E.H.R.R. 214, *Young, James and Webster v United Kingdom* (1981) 3 E.H.R.R. 20, *Norris v Ireland* (1991) 13 E.H.R.R. 186, *Purcell v Ireland* (1991) 70 D.R. 262, *DL v Newham LBC* [2011] EWHC 1127 (Admin); *Kennedy v United Kingdom* (2011) 52 E.H.R.R. 4, *Iordachi v Moldova* (2012) 54 E.H.R.R. 5, *R. (on the application of Broadway Care Centre Ltd) v Caerphilly CBC* [2012] EWHC 37 (Admin) and *Altug Taner Akcam v Turkey* (2016) 62 E.H.R.R. 12, *Zakharov v Russia* (2016) 63 E.H.R.R. 17 and *Szabo v Hungary* (2016) 63 E.H.R.R. 3.
[56] See s.7(3).
[57] s.7(5).

64-11 **Special consideration of Convention rights** Two Convention rights are subject to special consideration and direction by the Human Rights Act 1998: freedom of expression under art.10[58] and freedom of thought conscience and religion under art.9.[59] Both of these are qualified rights.

64-12 **Claims which may affect the Right to Freedom of Expression** Section 12 of the Human Rights Act 1998 applies if a court is "considering whether to grant any relief which, if granted, might affect the exercise of the Convention right to freedom of expression". 'Typically' it will apply to attempts to secure a prior restraint on publication.[60]

The European Court of Human Rights is particularly active in ensuring that freedom of expression is preserved since it is one of the essential conditions for a democratic society.[61] Section 12 provides one procedural and three substantive protections of this right. The procedural protection is that no relief is to be granted unless the person against whom the relief is to be made is present.[62] Exceptionally relief may be granted in the absence of the relevant party where the court "is satisfied—(a) that the applicant has taken all practicable steps to notify the respondent, or (b) that there are compelling reasons why the respondent should not be notified".[63]

The first substantive protection is that "no such relief is to be granted so as to restrain publication before trial unless the court is satisfied that the applicant is likely to establish that publication should not be allowed".[64] Accordingly in such a case the pleader will need to assert that it is likely that one of the specific exceptions to art.10 will be established. These are contained in art.10(2) which says: "2. The exercise of these freedoms, since it carries with it duties and responsibilities, may be subject to such formalities, conditions, restrictions or penalties as are prescribed by law and are necessary in a democratic society, in the interests of national security, territorial integrity or public safety, for the prevention of disorder or crime, for the

---

[58] The principal right is that, "1. Everyone has the right to freedom of expression. This right shall include freedom to hold opinions and to receive and impart information and ideas without interference by public authority and regardless of frontiers. This Article shall not prevent States from requiring the licensing of broadcasting, television or cinema enterprises".

[59] The principal right is that, "1. Everyone has the right to freedom of thought, conscience and religion. This right includes freedom to change his religion or belief and freedom, either alone or in community with others and in public or private, to manifest his religion or belief, in worship, teaching, practice and observance".

[60] For recent examples of how the courts have considered the impact of s.12 see: *Barclays Bank Plc v Guardian News and Media Ltd* [2009] EWHC 591 (QB), *H M Attorney-General v MGN Ltd* [2002] EWHC 907, *Cream Holdings Ltd v Banerjee* [2004] UKHL 44; [2005] 1 A.C. 253, *Naomi Campbell v Vanessa Frisbee* [2002] EWCA Civ 1374; [2003] I.C.R. 141, *Douglas and Zeta-Jones & OK! v Hello! Ltd (No.1)* [2001] Q.B. 967; [2001] 2 W.L.R. 992, *HRH Prince of Wales v Associated Newspapers Ltd* [2008] Ch 57; [2006] EWCA Civ 1776, *Boehringer Ingelheim Ltd v Vetplus Ltd* [2007] EWCA Civ 583, *Browne v Associated Newspapers Ltd* [2008] Q.B. 103; [2007] EWCA Civ 295, *Viagogo Ltd v Myles* [2012] EWHC 433 (Ch), *Merlin Entertainments LPC v Cave* [2014] EWHC 3036 (QB), *Mionis v Democratic Press SA* [2018] Q.B. 662; [2017] EWCA Civ 1194 and *ABC v Telegraph Media Group Ltd* [2019] 2 All ER 684; [2018] EWCA Civ 2329

[61] See *Handyside v UK* (1979–80) 1 E.H.R.R. 737; but see also *Animal Defenders International v United Kingdom* (2013) 57 E.H.R.R. 21.

[62] See s.12(2).

[63] *Jane (Publicity), Re* [2010] EWHC 3221.

[64] See s.12(3) and *Cream Holdings Ltd v Banerjee* [2004] UKHL 44; [2005] 1 A.C. 253, *Guardian News and Media Ltd, Re* [2010] UKSC 1; [2010] 2 A.C. 697 and *PNM v Times Newspapers Ltd* [2014] EWCA Civ 1132.

protection of health or morals, for the protection of the reputation or rights of others, for preventing the disclosure of information received in confidence, or for maintaining the authority and impartiality of the judiciary."

Secondly s.12(4) requires the court to "have particular regard to the importance of the Convention right to freedom of expression". This refers to its central role in the maintenance of democratic freedoms.[65]

The third and cumulative substantive safeguard applies "to material which the respondent claims, or which appears to the court, to be journalistic, literary or artistic material (or to conduct connected with such material)". In such circumstances the court must have particular regard: "to (a) the extent to which (i) the material has, or is about to, become available to the public or (ii) it is, or would be, in the public interest for the material to be published, [and] (b) any relevant privacy code".[66]

An example of how the substantive protections might be pleaded is contained in the draft defence set out below in Precedent 64-R4.

Proceedings which may affect the Freedom of Thought Conscience and Religion   Section 13 applies: "If a court's[67] determination of any question arising under this Act might affect the exercise by a religious organisation (itself or its members collectively) of the Convention right to freedom of thought, conscience and religion".   **64-13**

In those circumstances it must have "particular regard to the importance" of that right. The right to freedom of thought conscience and religion in art.9 is sometimes described as a special example of the right under art.10. So it is possible that both ss.12 and 13 might apply. Typically s.13 will be relevant in cases concerned with religious institutions such as schools, housing associations, mosques, temples, churches and synagogues. The qualification to art.9 reflects that found in art.10: "2. Freedom to manifest one's religion or beliefs shall be subject only to such limitations as are prescribed by law and are necessary in a democratic society in the interests of public safety, for the protection of public order, health or morals, or for the protection of the rights and freedoms of others".

An example of how this protection might be pleaded is contained in the draft defence set out below in Precedent 64-R4.

Judicial Remedies   The Human Rights Act 1998 provides for what are described in s.8 as "judicial remedies". A court or tribunal may grant such relief or remedy as is within its jurisdiction in relation to any actual or proposed act which is (or would be) unlawful. However it is specifically stated that a court may only award damages or compensation if it otherwise has that power[68] and in any event there are limits on the power to award damages. These are that "no award of damages is to be made unless, taking account of all the circumstances of the case, including (a) any other relief or remedy granted, or order made, in relation to the act in question (by that or any other court), and (b) the consequences of any decision (of that or   **64-14**

---

[65] ibid.
[66] Section 12(4). The relevant codes include the Press Council Code and Broadcasting Standards Commission Code. For the practical application of this principle see *ZXC v Bloomberg* [2017] EWHC 328 (QB).
[67] This includes a tribunal: s.13(2).
[68] s.8(2).

any other court) in respect of that act, the court is satisfied that the award is necessary to afford just satisfaction to the person in whose favour it is made."[69]

The concept of just satisfaction derives from the European Convention on Human Rights.[70] This is made even clearer in the Act which requires both the decision whether to award damages and the amount of the award to take into account the principles applied by the European Court of Human Rights in relation to awards of compensation under art.41 of the Convention.[71] In practice this is likely to mean that damages and compensation will be moderate. It is important to remember that the aim is always full restitution and that pecuniary as well as non-pecuniary loss may be recovered,[72] as may costs and expenses. Other permitted items of loss include interest and awards for anxiety, distress and frustration. The court will always look to see if there is a clear causal link between the damages claimed and the interference which is in issue. In cases where damages are sought concerning judicial acts which are done in good faith, damages may not be awarded otherwise than to compensate a person to the extent required by art.5(5).[73] This article provides that everyone who has been the victim of arrest or detention in contravention of art.5 shall have an enforceable right to compensation. Accordingly damages will normally only be available in relation to judicial acts pertaining to an arrest or detention contrary to the Convention.

64-15 **The obligation to set out all Human Rights issues in a Statement of Case** A party must include any issues under the Human Rights Act 1998 in any statement of case. The obligation is comprehensive.[74] Thus a party who seeks to rely on any provision of or right arising under the Human Rights Act 1998 or seeks a remedy available under that Act must state that fact in his or her statement of case; and must in his or her statement of case give precise details of the Convention right which it is alleged has been infringed and details of the alleged infringement. The party must specify the relief sought and state if the relief sought includes a declaration of incompatibility in accordance with s.4 of the Act, or damages in respect of a judicial act to which s.9(3) of the Act applies. Where the relief sought includes a declaration of incompatibility in accordance with s.4 of the Act, the party must give precise details of the legislative provision alleged to be incompatible and details of the alleged incompatibility. Where the claim is founded on a finding of unlawfulness by another court or tribunal, the party must give details of the finding; and where the claim is founded on a judicial act which is alleged to have infringed a Convention right of the party as provided by s.9 of the Human Rights Act 1998, the party must state the judicial act complained of and the court or tribunal which is alleged to have made it.

64-16 **Proceedings for breach of s.6(1)** By s.7(1) of the Human Rights Act 1998 it is enacted that a person who claims that a public authority has acted (or proposes to act) in a way which is made unlawful by s.6(1) may bring proceedings against the

---

[69] See s.8(3).
[70] See art.41 of the European Convention on Human Rights and r.60 of the Rules of Court of the European Court of Human Rights.
[71] See s.8(4).
[72] See *OOO v Commissioner of Police of the Metropolis* [2011] EWHC 1246 at [184]–[190] and *D v Commissioner of Police of the Metropolis* [2015] 1 W.L.R. 1833; [2014] EWHC 2493.
[73] See s.9(3)
[74] See CPR PD16 para.15.1.

authority under the Act in the appropriate court or tribunal. Reference should be made to CPR Pt 16 in relation to statements of case and CPR Pt 52 in relation to appeals. The basic requirements are found in Precedent 64-R3.

Appeals A similar approach should be taken in relation to relief sought on appeal: CPR Pt 52. The appeal must state the fact that relief is sought under the Human Rights Act 1998 and give details of the Convention right which it is alleged has been infringed and of the infringement, and the finding of the court or tribunal, where there is a finding of unlawfulness by another court or tribunal, or the judicial act and the court or tribunal which made it, where it is the act of that court or tribunal which is complained of as provided by s.9 of the Human Rights Act 1998.   64-17

Claims under s.7(1)(a) for a remedy in relation to judicial acts Special provision is made in relation to claims under s.7(1) concerning judicial acts. This is because by s.6 courts and tribunals are themselves public authorities.[75] Section 9 requires claims in relation to judicial acts to be brought, if not by way of appeal, by way of an application for judicial review. Such claims are likely to occur at the interface of civil and criminal law, e.g. in cases where a person has been deprived of his or her liberty contrary to art.5. There is no requirement to prove bad faith, although if the judicial officer in question was acting in good faith, damages will be limited to the extent required by art.5(5) of the Convention.[76]   64-18

Any claim where the statement of case or a notice of appeal includes a claim under s.7(1) and s.9(3) of the Human Rights Act 1998 in respect of a judicial act which would be heard in the county court can be transferred to the High Court.[77] Practice Direction 19A to CPR Pt 19 provides for the Lord Chancellor to be joined as a party where the claim is in respect of a judicial act.[78] This is so that the proper Minister responsible for the court concerned may be before the court which is hearing the claim under s.7(1).[79] In some cases it may be that the evidence heard in the court in question may be reconsidered in these proceedings.[80]

Citing Convention jurisprudence There are rules about the way in which the jurisprudence of the European Court of Human Rights is to be taken into account. A party wishing to cite Strasbourg jurisprudence should give to the court and any other party a list of the Strasbourg authorities for citation and copies of the reports from which they are to be cited not less than three days before the hearing.[81]   64-19

---

[75] See above
[76] See s.9(3).
[77] CPR Pt 16.
[78] See s.9(3)–(5) and PD19A para.6.6(2)
[79] See s.9(4) and see *R. v Haringey LBC Ex p. Ben-Abdelaziz and Kryva* (2001) 1 W.L.R. 1485 (CA).
[80] See CPR r.33.9(2)(b).
[81] Section 2(2) of the Act permitted court rules to prescribe the manner in which evidence may be received in relation to any judgment, decision, declaration or opinion of which account may be taken. See generally the Index to the CPR under Human Rights. The directions in relation to the citation of authorities are at PD39A para.8.1. If it is necessary for a party to give evidence at a hearing of an authority referred to in s.2 of the Human Rights Act 1998 the authority to be cited should be an authoritative and complete report; and the party must give to the court and any other party a list of the authorities he or she intends to cite and copies of the reports not less than three days before the hearing, see PD39A para.8.1. Copies of the complete original texts issued by the European Court and Commission either paper based or from the Court's judgment database *https://hudoc.echr.coe.int/eng*, may be used.

REFERENCE TO THE EUROPEAN COURT OF HUMAN RIGHTS

64-20   Where a person has not obtained an effective remedy[82] for the breach of a Convention right through proceedings under the Human Rights Act 1998, they may make a complaint to the European Court of Human Rights. A complaint to the European Court of Human Rights can be made only by a victim[83] and then only when all domestic remedies have been exhausted.[84] This will mean that an application for a declaration of incompatibility will have to be made first in most cases.[85] However in some cases where it is clear (though this will frequently be disputed by the state) that there is no possibility of any remedy in municipal law this may not be necessary. Complaints must be made within six months of the date on which the final decision was taken.[86] Practitioners should be aware of, and may wish first to visit, the website for the European Court of Human Rights.[87] This is updated regularly and contains much useful information.

Where it is considered that a complaint concerns one of the rights guaranteed by the Convention or its Protocols, and all possibilities of domestic remedies are exhausted, a victim should complete an application form available on the court's website since 1 January 2014. Such application form must be downloaded, completed, printed out and sent by post to the Registrar together with supporting documents. Rule 47 of the Rules of Court indicates that no other form may be used. Sending the application form by any other means will not stop time running as only the hard copy application will be considered by the court.

The Registrar of the European Court of Human Rights may ask an applicant for more information or documents or for further explanation of the complaints. Proceedings will thenceforth be conducted in writing, oral hearings having become the exception. There are no court fees. The European Court of Human Rights encourages applicants to engage legal representatives once their application has been notified to the Government of the relevant state. However, this is preceded by a judicial determination of the admissibility of the application. A determination that an application is inadmissible is final. If an application, or part of it is declared admissible, and an applicant wishes to engage a legal representative, they may, at this stage, apply for legal aid, though this is not granted either automatically or immediately.

At the point when the observations on admissibility of the relevant state are received, an applicant may at this earlier stage, apply for legal aid, though this is not granted either automatically or immediately.[88]

At the time of publication, it was not clear if or how the UK's proposed exit from the EU would affect the ability of a person to seise the European Court of Human Rights.

---

[82]   See art.13 of the Convention. Note, this Article is not a Convention right for the purposes of the Human Rights Act: s.1 and Sch.1
[83]   See above and see *Taylor v Lancashire CC* [2005] 1 W.L.R. 2668 (CA).
[84]   art.35.
[85]   It is possible that such a declaration will provide an effective remedy. However this will depend on the steps taken by Government in the light of such a declaration, including perhaps the payment of extra-statutory compensation.
[86]   art.35.
[87]   *https://www.echr.coe.int*.
[88]   See rule 100 of the Rules of Court of 14 November 2016.

Pleading in Relation to Claim under Section 7(1) of the Human Rights Act

Pleading or Submission in Relation to the Interpretation of Legislation

1. Pursuant to s.3 of the Human Rights Act 1998 all legislation must be read and given effect in a way which is compatible with Convention rights, so far as possible. **64-R1**

2. Accordingly section/article [..........] of the [..........] Act/Regulations must be read so as to give effect to the right to respect for private life in Article 8 [or such other Article as is relevant] of the Convention pursuant to s.1 of and Schedule 1 to the Human Rights Act 1998.

3. Therefore the said section/article cannot be read so as to permit the interference with the Claimant's private life [or such other interference as may be relevant.]

Claim for a Declaration of Incompatibility

See application for permission for judicial review in Section S **64-R2**
Judgment, order, decision or other proceeding in respect of which relief is sought: Section/article [..........] of [..........] Act/Regulation.
Relief sought: A declaration pursuant to s.4 of the Human Rights Act 1998 that the said section/article is incompatible with Article [..........] of the European Convention on Human Rights being a Convention right within s.1 of the 1998 Act.
Grounds on which relief is sought: [Here set out the grounds on which it is alleged that the relevant enactment is incompatible with a Convention right. Reference should be made to any notification that has been given to the Crown in relation to the proceedings.]

Pleading in Relation to Claim under Section 7(1) of the Human Rights Act

1. This is a claim[89] pursuant to s.7(1)(a) of the Human Rights Act 1998. **64-R3**

2. The Respondent is a public authority within s.6 of the Human Rights Act 1998 in that [here set out the reasons why it is said that the Respondent is a public authority].

3. The Claimant alleges that his/her Convention rights have been infringed.

Particulars
(a) The Claimant is entitled to enjoy the Convention right to [here set out the rights in question].
(b) The Respondent has failed to respect the Claimant's right to respect for [e.g. his/her family and private life] in that ...
(c) [Where the claim is founded on a finding of unlawfulness by another court or tribunal details of the finding must be set out.]

4. The Claimant has suffered damage as a result of the actions of the Respondent.

Particulars
(a) [e.g. the Claimant has been very greatly distressed by the invasion of his fam-

---

[89] Note that the claim form must state that the claim is brought under s.7(1) of the Human Rights Act 1998.

ily and private life. His wife and children have been very distressed and have blamed him for what has happened, etc.]
(b) [Here make reference to any attached medical report.]

5. [Continue as in a claim for damages.][90]

PLEADING IN RELATION TO DEFENCE OF CLAIM UNDER SECTION 7(1) OF THE HUMAN RIGHTS ACT

64-R4 1. It is denied that the Respondent is a public authority for the purposes of s.6 of the Human Rights Act 1998. [Alternatively] It is admitted that the Respondent is a public authority for the purposes of s.6 of the Human Rights Act 1998, however the acts of which the Claimant complains are by their nature private acts in that [here set out why they are private acts] so that the 1998 Act does not apply to them.

2. It is denied that the Claimant is a victim within the meaning of the 1998 Act because [here set out why]. [Alternatively] It is admitted that the Claimant is entitled to respect for his/her Convention right under Article [here set out the Article].

3. It is admitted that the Respondent has interfered with the Claimant's rights under Article [here set out the relevant qualified right], however that interference was not unlawful.

Particulars
(a) The interference was [prescribed by/in accordance with] law pursuant to [here set out the rules of law which apply].
(b) The purpose of the interference was to [here set out why there was a legitimate aim for the interference].
(c) The interference was necessary in a democratic society [here set out why].
(d) In all respects the interference was the least possible and was appropriate because [here set out why].

4. [In an Article 10 case] Publication would not be in breach of the Privacy Code of [here set out the relevant code and explain how it applies]. The Respondent relies on s.12 of the Human Rights Act 1998.

5. [In an Article 9 case] The Respondent is a religious institution and its members are also entitled to respect for their rights under Article 9. The Respondent relies on s.13 of the 1998 Act. [Here set out the reasons why s.13 is particularly relevant.]

---

[90] The claim could be for aggravated damages in an appropriate case, see e.g. *R. (on the application of B) v Secretary of State for the Home Department* [2008] EWHC 3189 (Admin); *Thompson v Metropolitan Police* [1998] Q.B. 498; *R. (on the application of Lamari) v Secretary of State for the Home Department* [2013] EWHC 3130 (QB). Where exemplary damages are otherwise available (see *Kuddus v Chief Constable of Leicestershire* [2001] UKHL 29; [2002] 2 A.C. 122; *Muuse v Secretary of State for the Home Department* [2010] EWCA Civ 453) they might also be sought. It should be remembered that damages will not be available in relation to judicial acts in good faith save in relation to a breach of art.5; s.9(3) and above. See *Anufrijeva v Southwark LBC* [2003] EWCA Civ 1406; [2004] Q.B. 1124.

SECTION 65:

REFERENCES TO THE COURT OF JUSTICE OF THE EUROPEAN UNION

TABLE OF CONTENTS

Application for an Order that Questions be referred to the
Court of Justice of the European Union for a Preliminary
Ruling (CPR, Pt 23) 65-R1

INTRODUCTION

The following content is, of course, subject to review following clarification of the outcome of the UK's negotiation of its exit from the EU. As matters presently stand, references may be made to the Court of Justice of the European Union for a preliminary ruling under art.267 of the Treaty on the Functioning of the European Union (TFEU),[1] art.19(3)(b) of the Treaty on European Union (TEU) or art.106a of the Treaty establishing the European Atomic Energy Community, or for a ruling on interpretation of any of the Brussels Conventions (within the meaning of s.1(1) of the Civil Jurisdiction and Judgments Act 1982) or any of the instruments referred to in s.1 of the Contracts (Applicable Law) Act 1990. The procedure in relation to such references for a preliminary ruling or for a ruling on interpretation is set out in the Civil Procedure Rules Pt 68 and the Practice Direction. By the Civil Procedure (Amendment) Rules 2017 (SI 2017/95) certain amendments have been made to Pt 68 for the purpose of making clearer in rr.68.1 to 68.4 the difference between an "order" and a "reference." These amendments have effect in relation to requests to the CJEU for a preliminary ruling made on or after 6 April 2017. The Practice Direction to Pt 68 was also amended with effect from 4 April 2017. It now contains directions as to the wording of references which are more detailed than they have been previously. PD 68 should be consulted by practitioners considering seeking a reference.

65-01

This section of this work considers the most common reference, for a preliminary ruling under art.267 of the TFEU. It aims to give only a short overview of the procedure. For a more detailed discussion, the pleader is advised to consider specialist works.[2]

Article 267 TFEU This article, which has effect in the UK by reason of the European Communities Act 1972,[3] says that:

65-02

---

[1] Formerly art.234 of the EC Treaty.
[2] Such as D. Anderson, and M. Demetriou, *References to the European Court* (London: Sweet and Maxwell, 2002) and M. P. Broberg, and N. Fenger, *Preliminary References to the European Court of Justice* (London: OUP, 2014).
[3] See ss.2 and 3.

"The Court of Justice of the European Union shall have jurisdiction to give preliminary rulings concerning: (a) the interpretation of the Treaties; (b) the validity and interpretation of acts of the institutions, bodies, offices or agencies of the Union;
Where such a question is raised before any court or tribunal of a Member State, that court or tribunal may, if it considers that a decision on the question is necessary to enable it to give judgment, request the Court to give a ruling thereon.
Where any such question is raised in a case pending before a court or tribunal of a Member State against whose decisions there is no judicial remedy under national law, that court or tribunal shall bring the matter before the Court.
If such a question is raised in a case pending before a court or tribunal of a Member State with regard to a person in custody, the Court of Justice of the European Union shall act with the minimum of delay."

Accordingly in an ordinary case a reference can be made if a decision on the question is necessary for the court to give judgment, but where the court is a final court it must make a reference. This raises difficult and as yet not finally resolved issues in respect of the duty of any court which decides not to grant leave to appeal. In particular it raises the question what is the duty of the Supreme Court on an application for leave to appeal where a Community law point is properly raised. In practice the Supreme Court may give leave and then refer the question or alternatively, may order a reference to the Court of Justice before determining whether to grant permission to appeal.[4]

THE DOCTRINE OF ACTE CLAIR—WHEN REFERENCES WILL NOT BE MADE

65-03 Despite the apparently very wide terms of art.267 a body of jurisprudence has developed to limit its ambit to those cases where the question of European law is not acte clair. This means that if a provision is unequivocal it is unnecessary to interpret it. So where the correct application of Community law is so obvious as to leave no scope for any reasonable doubt as to the manner in which the question raised should be resolved, it is acte clair.[5] The approach to this test is not a domestic one since the Treaty, as a document having effect in international law, must be considered in that context. Accordingly the Court of Justice has ruled that:

"Before it comes to the conclusion that [the question is acte clair], the national court or tribunal must be convinced that the matter is equally obvious to the courts of the other member States and to the Court of Justice. Only if those conditions are satisfied, may the national court or tribunal refrain from submitting the question to the Court of Justice and take upon itself the responsibility for resolving it."[6]

Sometimes judges agree that a point is acte clair but disagree as to which is the

---

[4] See D. Anderson and M. Demetriou, *References to the European Court* (2002). Note also *Kenny Roland Lyckeskog* (C-99/00) [2003] 1 W.L.R. 9; *Intermodal Transports BV v Staatssecretaris van Financien* (C-495/03) [2005] E.C.R. I–8151; *Revenue and Customs Commissioners v Epson Telford Ltd* [2008] EWCA Civ 567; *Cartesio Oktato es Szolgaltato bt* (C-210/06) EU:C:2008:723; [2009] Ch. 354; *R. (on the application of Countryside Alliance) v Attorney General* [2007] UKHL 52; [2008] 1 A.C. 719; *O'Brien v Ministry of Justice* [2010] UKSC 34; [2010] I.R.L.R. 883, *Proceedings against Melki* (C-188/10) [2011] 3 C.M.L.R. 45; *Puligienica Facility Esco SpA v Airgest SpA* (C-689/13) EU:C:2016:199; [2017] P.T.S.R. 13. See also UKSC PD 11 para.11.1.3.
[5] *Hashwani v Jivraj* [2011] UKSC 40; [2011] 1 W.L.R. 1872 at [73] per Lord Clarke of Stone-cum-Ebony JSC.
[6] *CILFIT Srl v Ministry of Health* (C-283/81) [1982] E.C.R. 3415 at 3430, [16].

party that the proper interpretation should favour. A notable example was *R. v Secretary of State for the Environment Ex p. The Royal Society for the Protection of Birds*.[7] In such cases, and indeed in any case in which there is doubt as to application of the doctrine reference should be made to Advocate General Capotorti's opinion in *CILFIT Srl v Ministry of Health* (283/81).[8]

Commencing a Reference A reference cannot be made by consent since it is the decision of the court whether or not it needs a ruling and therefore whether to make a reference.[9] An application for a reference may be made before or at trial[10] or the court may make a reference of its own initiative at any stage in the proceedings. Whilst the Court of Justice is in principle bound to provide a ruling on the interpretation of Community law once the national court has referred a question, it can, however, examine the conditions in which the questions were referred in exceptional circumstances and decide not to give opinions on general or hypothetical questions.[11] Where an application for a reference is made before the trial or hearing, it shall be made in accordance with CPR Pt 23. 65-04

Transmission of the Reference Once the court has made an order for a reference it is the duty of the Senior Master to transmit the order to the Registrar of the Court of Justice.[12] Unless otherwise ordered to do so he or she will not so act until the time for appeal has been determined or any application for permission to appeal has been otherwise disposed of. In any event, the time taken for the act of transmission can be considerable. Practitioners need to note that there are absolute time limits for the submission of observations to the Court of Justice.[13] After the transmission of the reference, the Registrar will register the case and give it a reference. The Member States and parties are then notified of the reference by the Registrar. The date of receipt of the notification is the date from which a period of two months[14] runs for the submission of statements of case and written observations.[15] Reference should be made to standard works in relation to the drafting of such documents. 65-05

The Court of Justice amended its Rules of Procedure on 9 April 2019[16] and its Recommendations to National courts and tribunals in relation to the initiation of preliminary ruling proceedings on 20 July 2018 and then on 8 November 2019[17] to which pleaders should have regard in drafting applications for a reference. While the Recommendations are not binding, they provide helpful guidance as to whether

---

[7] *R. v Secretary of State for the Environment Ex p. The Royal Society for the Protection of Birds* (C-44/95) [1997] Q.B. 206 at 234–4.
[8] *CILFIT Srl v Ministry of Health* (283/81) EU:C:1982:335; [1982] E.C.R. 3415 at 3435–7.
[9] See the words of art.267 of TFEU and CPR r.68.3.
[10] CPR r.68.2.
[11] *Bacardi-Martini SAS and Cellier des Dauphins* (C-318/00) EU:C:2003:41; [2003] E.C.R. I–905.
[12] CPR r.68.4.
[13] Recommendations to national courts and tribunals in relation to the initiation of preliminary ruling proceedings and Practice directions to parties concerning cases brought before the Court can be found at *http://curia.europa.eu/jcms/jcms/Jo2_7031/* [Accessed 11 November 2019] and should always be checked.
[14] This period is extended by 10 days on account of distance: art.51 of the Rules of Procedure of the Court of Justice (1 May 2019).
[15] See art.23 of the Statute of the Court of Justice.
[16] See also supplementary Rules of 14 January 2014.
[17] Available at *http://curia.europa.eu/jcms/jcms/Jo2_7031/* [Accessed 1 October 2019].

it is appropriate for a court to make a reference for a preliminary ruling and practical information concerning the form and effect of such a reference.

65-06 **Urgent references for a preliminary ruling** In certain circumstances, the Court of Justice will deal with references for a preliminary ruling in accordance with an expedited procedure[18] or with its urgent preliminary ruling procedure.[19] While the Rules of Procedure do not limit the type of reference for preliminary ruling that may be dealt with in accordance with the expedited procedure, they do limit the type of reference that may be dealt with in accordance with the urgent preliminary procedure. The Court of Justice will only accede to a request that a reference be dealt with on an urgent basis where the reference concerns one or more of the areas covered by Title V of Part Three of the TFEU, namely, freedom, security and justice. In the recent past, all cases dealt with in accordance with this procedure have been completed in fewer than three months.[20]

APPLICATION FOR AN ORDER THAT QUESTIONS BE REFERRED TO THE COURT OF JUSTICE OF THE EUROPEAN UNION FOR A PRELIMINARY RULING (CPR, PT 23)

1. Order sought

65-R1 It should be noted, as set out in PD 68, that where the court intends to make a reference to the European Court, while it may direct the parties to produce a draft of the reference, responsibility for the terms of the reference lies with the referring court and not with the parties.

By this Application the Applicant seeks an order pursuant to Sections 2 and 3 of the European Communities Act 1972, Article 267 of the TFEU and CPR Part 68 that

(a) the questions set out in the Schedule to this Application be referred to the Court of Justice of the European Union [set out in a schedule the questions in relation to which the ruling of the Court of Justice is sought].

(b) These proceedings be stayed pending the ruling of the Court of Justice on the questions referred [this is the normal practice which will be followed unless the Court orders otherwise].

2. Grounds of this Application

(a) [21]

Particulars

[Here set out the point(s) in issue.]

(b) The above point(s) is(are) not acte clair and it will be necessary to have the

---

[18] Provided for in art.105 of the Rules of Procedure.
[19] Provided for in art.107 of the Rules of Procedure.
[20] See Report on the use of the urgent preliminary ruling procedure by the Court of Justice at *https://curia.europa.eu/jcms/upload/docs/application/pdf/2012-07/en_rapport.pdf* [Accessed 1 October 2019].
[21] The Court of Justice has said that the referring court should explain the reasons for the reference: *Union Laitière Normande v French Dairy Farmers Ltd* (C-244/78) [1979] E.C.R. 2663. See also (updated) Recommendations to national courts and tribunals in relation to the initiation of preliminary ruling proceedings: para.15 and Annex, para.5 (8 November 2019). This matter raises (a) novel point(s) of interpretation of Community Law.

ruling of the Court of Justice of the European Union on it (them) in order for the court to determine the issues that arise.
(c) [Here set out any other reasons why a reference should be made at this stage such as the inevitability of a reference at some stage and the need for an early decision on the issue(s).]
[Continue as for an Application made under CPR Part 23.]

PART 5 IMMIGRATION

Section 66:

IMMIGRATION

Table of Contents

Grounds of Appeal Part C 66-S1
Section 8 of Form T480: Statement of Facts relied on 66-S2
Section 6 of Form T480: Details of remedy 66-S3

Legal framework The fundamental structure of immigration law remains governed by the Immigration Act 1971 (the 1971 Act), which came into force on 1 January 1973, and the Immigration Rules made under it. S. 2 of the 1971 Act was substituted entirely by the British Nationality Act 1981 (the 1981 Act). This provides the relevant framework for the right of abode and citizenship. After this and particularly since 1993 there has been a steady proliferation of major new legislation in the field of immigration and asylum law. The 1971 Act did not deal with asylum, and rules made under it merely recorded that full account was to be taken of the obligations of the UK under the United Nations Convention and Protocol relating to the Status of Refugees (the 1951 Refugee Convention). The principal recent acts of primary legislation began with the Asylum and Immigration Appeals Act 1993 (the 1993 Act). This together with the Immigration Rules introduced in 1994 and asylum procedure rules, made up a statutory scheme for in country appeal rights for asylum seekers. The Asylum and Immigration Act 1996 (the 1996 Act) sought inter alia to reduce the rights of immigrants and asylum seekers. There then followed in quick succession, inter alia: the Immigration and Asylum Act 1999 (the 1999 Act); the Nationality, Immigration and Asylum Act 2002 (the 2002 Act); the Asylum and Immigration (Treatment of Claimants, etc) Act 2004 (the 2004 Act); the Immigration, Asylum and Nationality Act 2006 (the 2006 Act); the UK Borders Act 2007 (the 2007 Act), the Criminal Justice and Immigration Act 2008 (the 2008 Act); the Borders, Citizenship and Immigration Act 2009 (the 2009 Act); the Immigration Act 2014 (the 2014 Act) and the Immigration Act 2016 (the 2016 Act). The 2016 Act builds upon the 2014 Act to intensify the robust environment for those illegally in the United Kingdom by broadening criminal sanctions against employers of illegal workers and extending criminal and civil liabilities on landlords. A detailed examination of the provisions of those acts, and of the considerable secondary legislation made thereunder, is beyond the scope of this work.   **66-01**

Most persons who are not British citizens are subject to immigration control: the 1971 Act ss.1, 2. They need leave to enter or remain in the UK: the 1971 Act s.3. In certain cases, entry clearance is required, either because of the applicant's nationality or because of the purpose of his coming to the UK. The details are set out in the Immigration Rules. These are issued by the Secretary of State and laid before Parliament. A consolidated version of the current Immigration Rules is available on *https://www.gov.uk/guidance/immigration-rules*. The Rules set out how immigration control is to be administered: the 1971 Act, s.3(2). Immigration Rules existed before the enactment of the 1971 Act and the Act regulates rather that authorises the making and the changing of the Rules. The Rules set out in detailed form how the government exercises its executive power to control immigration and are therefore unusual and unique.[1] The Rules are not law but a statement of the Secretary of State's administrative practice.[2] They do not possess the same degree of democratic legitimacy as legislation made by Parliament but must nevertheless be carefully considered and applied when any application is made to the Secretary of State.

The Immigration Rules have been amended substantially and this continues at a steady and rapid pace. Provisions introduced on 9 July 2012 made sweeping changes to family migration. These set out the requirements for those seeking leave to enter or remain (including those subject to deportation) on the basis of their right to respect for private or family life under art.8 of the European Convention on Human Rights (the ECHR) by defining the criteria that a person is expected to fulfil. The Rules set out the requirements for obtaining leave to enter or remain, providing generally applicable rules (Pts 1 and 9 of the Rules), as well as rules specific to certain categories of individuals seeking leave to enter or remain, such as visitors (Pt 2); applicants under the Points-Based scheme (PBS) (Pt 6A); family members (Pt 8); and other categories including persons exercising rights of access to a UK resident child, EEA nationals, retired person of independent means, long residence and HM Forces/Gurkhas (Pt 7). Parts 3 to 5 deal with students, and those seeking leave to enter/remain for training or work. However, these categories are now largely dealt with under Pt 6A and the Guidance now included as part of the Rules in the Appendices. Parts 11–12 deal with those seeking asylum, humanitarian protection or temporary protection and Pt 13 deals with deportation and administrative removal. Appendixes A to H set out additional requirements to be met for different categories of applicants. Particularly noteworthy are: Appendix AR which provides for a system of administrative review against decisions to refuse applications under the Rules; Appendix FM: Family members and Appendix FM-SE which contained the specified evidence that must be relied upon, and; Appendix EU which sets out the basis on which an EEA citizen and their family members, and the family members of a qualifying British citizen, will, if they apply under it, be granted indefinite leave to enter or remain. The Rules and the Appendices are lengthy, prescriptive and largely inflexible. Particular care must be taken when making applications to ensure that all the requirements of the Rules are addressed and the requisite specified evidence provided.

66-02 It is important to note that not all the relevant information is contained in the Immigration Rules themselves. The Rules are not a comprehensive code regulating entry and remaining in the UK. Other sources provide an explanation of how some of the terms are interpreted and what processes and procedures are generally required, for example Entry Clearance Guidance, Immigration Directorate Instructions and Asylum Policy Instructions. It is essential to consider the relevant guidance alongside the Rules. The guidance as well as helpful checklists for applications may be found within the UK Visas and Immigration website at *https://www.gov.uk/browse/visas-immigration* as well as helpful checklists when making

---

[1] *Odelola v Secretary of State for the Home Department* [2009] UKHL 25; [2009] 1 W.L.R. 1230.
[2] See Lord Reed in *Ali (Iraq) v Secretary of State for the Home Department* [2016] UKSC 60; [2016] 1 W.L.R. 4799.

applications. However, the Secretary of State cannot adopt measures in the guidance which are inconsistent with the relevant Acts or the Immigration Rules.

Citizens of Members States of the European Union do not need leave to enter: Immigration Act 1988 s.7. However, they may be refused entry, or removed, on public policy grounds: Immigration (European Economic Area) Regulations 2016 (SI 2016/1052) (the 2016 Regulations). The 2016 Regulations sets out the position for EU qualifying persons and their family members. Where the UK fails to implement the Citizens Rights Directive (Directive 2004/38/EC)[3] correctly, the individual will be able to rely on the provisions of the Directive for direct effect. The position of EU nationals is in a state of flux given the UK's indication that it will leave the EU. The UK Government has indicated that it will protect the rights of EU citizens and their family members living in the UK. It has also reached an agreement with Norway, Iceland and Liechtenstein, and a separate agreement with Switzerland. A helpful step by step guide is contained at *https://www.gov.uk/staying-uk-eu-citizen*. However, careful consideration needs to be given to the requirements in Appendix EU and other related Appendices in the Immigration Rules.

Operation of legal framework The Secretary of State retains a prerogative power to grant leave outside the Immigration Rules. When taking decisions on leave to remain outside the Rules, the Secretary of State is (as in any decision) required by s.6 of the Human Rights Act 1998 (the 1998 Act) not to act incompatibly with the individual's rights under the ECHR. Section 55 of the 2009 Act provides that the Secretary of State must make arrangements for ensuring that immigration, asylum or nationality functions are discharged having regard to the need to safeguard and promote the welfare of children who are in the UK.[4]   66-03

Leave to enter is granted by immigration officers or the Secretary of State, and may be granted on or before arrival in the UK. Leave to remain is granted by the Secretary of State: the 1971 Act ss.3A, 3B, 4; the Secretary of State also has the power to cancel leave. If a person who has current limited leave applies for it to be varied, that leave continues until: (a) the application for variation is decided or withdrawn; or (b) during the period in which an appeal under s.82(1) of the 2002 Act can be brought against the decision on the application for variation; or (c) while an appeal under that section is pending: the 1971 Act s.3C, as amended by s.118 of the 2002 Act.

It is absolutely essential that when making applications the correct specified form is used and the correct fee paid, otherwise the application will be invalid: Immigration Rules r.34.

Immigrants who are liable to removal include: those refused leave to enter; illegal entrants; overstayers; those in breach of their conditions of stay; those using deception and family members of those liable to removal. The fact that a person is liable to be removed does not mean that he should be removed. In the case of those liable to removal under the 1999 Act s.10, the Immigration Rules set out the factors the Secretary of State must take into account at para.353B. Citizens of Member

---

[3] Directive 2004/38/EC of the European Parliament and of the Council of 29 April 2004 on the right of citizens of the Union and their family members to move and reside freely within the territory of the Member States amending Regulation (EEC) No 1612/68 and repealing Directives 64/221/EEC, 68/360/EEC, 72/194/EEC, 73/148/EEC, 75/34/EEC, 75/35/EEC, 90/364/EEC, 90/365/EEC and 93/96/EEC [2004] OJ L158/77.

[4] *ZH (Tanzania) v Secretary of State for the Home Department* [2011] UKSC 4; [2011] 2 W.L.R. 148.

States may be refused permission to enter the UK or may be removed from the UK on the basis of the issues set out in Pt 4 of the 2016 Regulations.

Deportation is the process whereby a non-British citizen can be compulsorily removed from the UK and prevented from returning unless the deportation order is revoked: Immigration Act 1971 s.5(1) and (2). A deportation order operates to cancel leave to remain. Only persons who are not British citizens or not within an exhaustive list of exemptions (including diplomats) may be deported on certain grounds: if the Secretary of State deems their deportation to be conducive to the public good; if a member of their family is being deported; if a court recommends their deportation; or if they are subject to the automatic deportation provisions in the 2007 Act s.32. This section introduces a statutory presumption that a deportation to which it applies is conducive to public good. The provisions are complicated but in general the section applies, inter alia, to foreign criminals sentenced to at least 12 months' imprisonment. The deportation regime changed substantially in 2012 when Pt 13 introduced a revised scheme which dictates how the balance should be struck between individual rights under art.8 of the ECHR and the public interest. This part of the Rules was further amended in 2014. These changes are reflected in the public interest considerations to be found in ss.117A–D of the 2002 Act (as amended by the 2014 Act). The current statutory framework sets a very high threshold for those foreign criminals who are subject to deportation, and seek to remain on the basis of art.8 of the ECHR.[5]

Claims for asylum are determined by the Secretary of State in accordance with the UK's obligations under the 1951 Refugee Convention, which defines a refugee as any person who:

"owing to well-founded fear of being persecuted for reasons of race, religion, nationality, membership of a particular social group or political opinion, is outside the country of his nationality and is unable or, owing to such fear, is unwilling to avail himself of the protection of that country; or who, not having a nationality and being outside the country of his former habitual residence ... is unable or, owing to such fear, is unwilling to return to it."

Human rights claims based upon art.8 of the ECHR are considered in the light of the public interest considerations set out at ss.117A and B of the 2002 Act (as amended by the 2014 Act).

A further or fresh human rights claim may be accepted if it meets the requirements of the Immigration Rules r.353.[6] A refusal to treat an asylum or human rights claim as a fresh one can only be challenged by way of judicial review.

In cases of national security, there is a special procedure that is beyond the scope of this work: see the Special Immigration Appeals Commission Act 1997 and the Special Immigration Appeals Commission (Procedure) Rules 2003, as amended.

66-04 **Appeals** The amendments to the appeal provisions in Pt 5 of the 2002 Act by the 2014 Act have now been brought fully into force. There is no longer an appeal against an "immigration decision", and the only appeal rights are against refusal of protection and human rights claims and revocation of protection status or depriva-

---

[5] See *Ali (Iraq) v Secretary of State for the Home Department and KO (Nigeria) v Secretary of State for the Home Department* [2018] UKSC 53; [2018] 1 W.L.R. 5273.
[6] See *WM (Democratic Republic of Congo) v Secretary of State for the Home Department* [2006] EWCA Civ 1495; [2007] Imm. A.R. 337.

tion of British citizenship s.82 of the 2002 Act (as amended by the 2014 Act). A protection claim is a claim that removal from the UK would breach its obligations under the 1951 Refugee Convention, or to a person eligible for protection status. A human rights claim involves the contention that removal from the UK would be unlawful under s.6 of the 1998 Act. The 2016 EEA Regulations provide a right of appeal against "an EEA decision", as defined: see regs 2 and 36. The 2016 Regulations have been amended so as to include appeal rights for extended family members.

The Tribunal structure pursuant to the Tribunals, Courts and Enforcement Act 2007 (TCEA 2007) remains the same. As such those with statutory appeal rights, appeal in the first instance to the Immigration and Asylum Chamber of the First-tier Tribunal (FTT) and then on a point of law only and with permission, to the Immigration and Asylum Chamber of the Upper Tribunal (UT). Where the Secretary of State refuses an asylum or a human rights claim, there will generally be a right of appeal to the FTT under ss.82 and 84 of the 2002 Act (as amended). It is fairly straightforward to discern when an asylum appeal is refused, but the refusal of a human rights claim can be more difficult to apply in practice and the definition in s.113 of the 2002 Act must be carefully considered. There will be no right of appeal where the Secretary of State proposes to remove the individual to a "safe third country" and has issued a certificate under Pts 2 to 5, Sch.3 of the 2004 Act. A refusal decision carrying a statutory right of appeal may generally be exercised from within the UK. There are exceptions to this, which require the appeal to be exercised "out of country". Those asylum and human rights claims, where the Secretary of State is satisfied that the claim is clearly unfounded and issues a certificate to that effect under s.94 of the 2002 Act, only give rise to "out of country" appeals, after removal. In addition, s.94B of the 2002 Act provides that a certificate (depriving the person of an in-country right of appeal) may be issued to those liable to deportation where the Secretary of State considers that removal pending the outcome of the appeal would not be unlawful under the 1998 Act.[7]

An appeal against the refusal of a human rights claim is not a vehicle for a free-standing challenge to the lawfulness of a decision. However, the unlawfulness of a decision may be relevant to the issue of whether an interference with an art.8 protected right is proportionate.[8] The Tribunal may only consider a "new matter" not raised before the Secretary of State or in the grounds to the FTT if the Secretary of State consents to it doing so: 2002 Act, as amended by the 2014 Act s.85(5).

Appeals to the FTT need to be made on the correct form. This will usually be Form IAFT-5, but for appeals against an entry clearance officer's decision Form IAFT-6 must be used and this will be issued at the same time as the refusal decision. Important categories of exceptions and limitations to the right of appeal are contained in ss.92 to 97A of the 2002 Act, as amended. The relevant updated appeal forms and guidance can be found at gov.uk and may be sent online. Many immigration appeals require a fee to be paid before they can be determined by the Tribunal. Some appeals (e.g. Asylum) do not require a fee to be paid. Details of these can be found in the guidance sent with the appeal form.

The time limit for appealing against any decision varies according to whether the

66-05

---

[7] In *R. (Kiarie and Blyndloss) v Secretary of State for the Home Department* [2017] UKSC 42; [2017] 1 W.L.R. 2380, the Secretary of State's approach to certifying human rights appeals under s.94B of the 2002 Act was held to be unlawful in that it breached the procedural requirements of art.8.

[8] *Re Charles (Human rights appeal: scope)* [2018] UKUT 89 (IAC).

appellant is in the UK or abroad when served with notice of the decision, and, if the appellant is in the UK, whether he is detained under the Immigration Acts, and if so whether under the fast track procedure. The notice of the immigration decision must be served in accordance with the Immigration (Notices) Regulations 2003, in order for time to begin to run against the appellant. The appellant has 14 days in the case of an in country appeal, and 28 days in the case of an out of country appeal (although there are detailed provisions to when the 28 days starts to run): see the Tribunal Procedure (First-tier Tribunal) (Immigration and Asylum Chamber) Rules 2014 (SI 2014/260) r.19 and r.33. The FTT may refuse to admit an application for permission to appeal to the UT where the application is made outside the relevant time limit and the FTT does not extend time. The renewed application for permission to appeal to the UT will be subject to r.21(7) of the Tribunal Procedure (Upper Tribunal) Rules 2008 (SI 2008/2698) (the 2008 Rules) whereby the UT must only admit the application made to it—whether or not that application is made in time—if the UT considers it in the interests of justice for it to do so.

There is a right of appeal to the UT on a point of law, with the permission of the FTT or UT, from decisions of the FTT which are not excluded decisions: TCEA 2007 s.11. An application for permission to appeal to the UT may be made to the UT only if the FTT has refused permission to appeal or has refused to admit an application for permission to appeal because it was made out of time. Permission to appeal to the UT may be granted on a ground not advanced by an applicant for permission, though only if a judge is satisfied that the ground s/he has identified is one which has a strong prospect of success for the original applicant or for the Secretary of State where the ground relates to a decision which, if undisturbed, would breach the UK's international Treaty obligations; or where the ground relates to an issue of general importance which the UT needs to address.[9]

If the UT finds an error of law, the UT may set aside the decision of the FTT and remake the decision: TCEA s.12(1) and (2). If there is no error of law in the FTT's decision, the decision will stand. Although "error of law" is widely defined, it is not the case that the UT is entitled to remake the decision of the FTT simply because it does not agree with it, or because it thinks it can produce a better one. The 2008 Rules governs the practice and procedure to be followed by the UT. If the UT finds that the making of the decision with which the appeal is concerned involved the making of an error of law it may, but need not, set aside the decision of the FTT. This tends to turn on the materiality of the error of law identified. If it does set aside the FTT's decision, the UT will generally re-make the decision itself, but may if appropriate and having applied para.7.2 of the relevant practice statement[10] remit the matter to the FTT.

The FTT and UT have limited costs jurisdictions in statutory appeals.[11]

66-06 **Judicial review and onward appeals** The UT also has a judicial review jurisdiction. After the introduction of the Crime and Courts Act 2013 s.22, most immigration judicial review applications were transferred to the UT on 1 November 2013 following the Direction of the Lord Chief Justice under s.19 of the TCEA

---

[9] *AZ (error of law; jurisdiction; PTA practice) Iran* [2018] UKUT 00245 (IAC).
[10] Practice Statement of the Immigration and Asylum Chambers of the First-tier and Upper Tribunal on or after 13 November 2014.
[11] see *Cancino (costs–First-tier Tribunal–new powers)* [2015] UKFTT 00059 (IAC) and *Awuah (Wasted Costs Orders–HOPOs–Tribunal powers)* [2017] UKFTT 00555 (IAC).

2017.[12] This provides that any judicial review applications in respect of decisions made under the Immigration Acts or otherwise relating to leave to enter or remain in the UK outside the Rules is to be heard in the UT save for, inter alia: challenges to primary or secondary legislation or the immigration rules, challenges to the lawfulness of detention, challenges as to citizenship, challenges to decisions of the UT/SIAC and challenges to asylum support decisions. Those excluded decisions can only be challenged in judicial review claims brought in or transferred (by the UT) to the Administrative Court. The majority of judicial review applications to the UT involve "fresh claim" claims or decisions in which the Secretary of State has certified a decision with the consequence that there is an out of country appeal only. A "fresh claim" judicial review is one which calls into question a decision of the Secretary of State not to treat submissions as an asylum claim or a human rights claim on the basis that they are not significantly different from material that has previously been considered—r.353 of the Immigration Rules.

Where the UT has refused permission to appeal against a decision of the FTT, its decision may be challenged by bringing a *Cart* judicial review. An appeal in respect of which a *Cart* judicial review has quashed a refusal of permission to appeal is again "pending" within the meaning of the 2002 Act s.104(2)(a). If permission of the Administrative Court to judicially review a decision to refuse permission to appeal is obtained, with the consequence that the decision is quashed, the UT's practice is generally to grant permission to appeal.

Any party to an appeal to the UT has a right of appeal, to the Court of Appeal or Court of Session on any point of law arising other than an excluded decision (excluded decisions include a decision of the UT on an application for permission to appeal from the FTT and procedural decisions). Permission, however, must be granted by either the UT or upon renewal by the Court of Appeal. Permission will not to be granted unless the UT or the court to which the application is made considers that the proposed appeal would raise some important point of principle or practice or there is some compelling reason for the appellate court to hear the appeal: TCEA 2007 s.13(6). The ambit of this additional requirement has thus far been interpreted narrowly and "compelling" has been held to mean legally compelling as opposed to compelling because of breaches to ECHR and International Convention Rights.[13]

---

[12] See the Consolidated Direction given in accordance with Pt 1 of Sch.2 to the Constitutional Reform Act 2005 and s.18 of the Tribunals, Courts and Enforcement Act 2007, "Jurisdiction of the Upper Tribunal under s.18 of the Tribunals, Courts and Enforcement Act 2007 and Mandatory Transfer of Judicial Review applications to the Upper Tribunal under s.31A(2) of the Senior Courts Act 1981" dated 21 August 2013 as amended on 17 October 2014.

[13] *PR (Sri Lanka) v Secretary of State for the Home Department* [2011] EWCA Civ 988; [2012] 1 W.L.R. 73.

66-07

IMMIGRATION

FIRST-TIER TRIBUNAL IMMIGRATION AND ASYLUM CHAMBER · Reset form

IAFT-1 **Part A**

Appeal against an In Country Decision –
Information sheet

Complete this form if you are appealing from **inside** the United Kingdom and you have the right to do so.
To help you complete this form, refer to the guidance provided.

Help can also be found at https://www.gov.uk/immigration-asylum-tribunal.

You can also lodge your appeal online and pay your fee at https://immigrationappealsonline.justice.gov.uk/IACFees

Please retain this information sheet

Completing the form
The completed form should be:

- Written in **English**
- Written in **BLOCK CAPITAL LETTERS** using black ink
- Received by the Tribunal at the address shown on bottom of Part B no later than **14 calendar days** after you are sent the Refusal Letter by the Home Office.

☑ Please tick the boxes where appropriate, to show your answer.

Checklist
Before you submit your appeal use the checklist below to ensure that we can successfully create your appeal.

☐ Have you provided credit/debit card details?
☐ Have you enclosed a copy of your **Refusal Letter**?
☐ Have you enclosed a copy of the **Reasons for Refusal** which were attached to your Refusal Letter?
☐ Have you provided details of the **Grounds** of your appeal?
☐ Have you provided us with **Out of Time reasons** (if applicable)?
☐ Have you provided us with photocopies of your documents?
    (Do not send original documents e.g. Passport, Marriage/Birth certificate/ID Card)
☐ Have you completed **all** the relevant sections?
☐ Have you signed the relevant declarations at page 1, page 11 and page 12?

Please Note: Incomplete appeal forms will be returned to addressee.

IAFT1 Information sheet - Part A (09.15)   © Crown copyright 2015

IMMIGRATION

FIRST-TIER TRIBUNAL IMMIGRATION AND ASYLUM CHAMBER

IAFT-1   **Part B**

Appeal against an In Country Decision – Information sheet

Returning the form

- Please detach this information sheet to keep for your records; please do not send it with the completed form.
- You must send **all pages** of a completed form to the First-tier Tribunal in the United Kingdom together with your fee (if applicable) by providing us with your credit/debit card details on page 1.
- **Please note, we are unable to accept cash, cheques or American Express.**
- To avoid delays to your appeal, you can submit your appeal online (see link on top of page 1) where you can pay your fee using a debit or credit card.
- If you submit your appeal without payment details, the Tribunal will write to you with further instructions about how you can pay your fee. This will delay the processing of your appeal.
- Send your completed appeal form **together with the copy of your Refusal Letter** and any other documents to the First-tier Tribunal either by **post** to:

  First-tier Tribunal (Immigration and Asylum Chamber)
  PO Box 6987
  Leicester
  LE1 6ZX
  United Kingdom   **Or** you can FAX to: 0044 (0)870 739 4053

- You can either post **or** fax your appeal but **do not do both**, as this could cause delays to your appeal and result in payment being taken more than once.

Documents to send

You must provide:

- The **signed and completed Appeal Form (IAFT-1) for each person wishing to appeal**
- A copy of your **refusal Letter** (if you do not send this you must explain why)
- A copy of the **Reasons for Refusal** (which you should have received with the Refusal Letter)
- **Photocopies** of any other documents in support of your appeal (in English or a certified translation)
- A completed **Application for Anonymity** form if you do not want the Tribunal to publish your name on any court documents which can be viewed publicly.

Please do not provide any original documents (e.g. Passports, Marriage/ birth Certificates, Identification cards).

Handling such documents results in a delay to our process. Alternatively, you can provide photocopies.

Changes and contacting us

You **must** notify the Tribunal in writing if you change your address or representative. If you need to contact us after you have made your appeal, the details are:

By **letter** to:
First-tier Tribunal
(Immigration and Asylum Chamber)
PO Box 6987
Leicester
LE1 6ZX

Telephone: 0044 (0)300 123 1711
By **fax** to: 0044 (0)870 739 5895
By **e-mail**: customer.service@hmcts.gsi.gov.uk

IMMIGRATION

FIRST-TIER TRIBUNAL IMMIGRATION AND ASYLUM CHAMBER

IAFT-1

Appeal against an In Country Decision – Paying your appeal fee

Unless your appeal is of a type exempt from payment, you are in receipt of Legal Aid or Asylum Support or support under Section 17 of the Children's Act 1989, or you have applied for and received a fee remission under the Lord Chancellor's exceptional power **you will need to pay a fee**. If you do not do so, your appeal will either be rejected or struck-out without a decision being made on it.

More information about the circumstances where you do not have to pay a fee can be found in our fees guidance leaflet T495 available from **http://hmctsformfinder.justice.gov.uk**.

To pay your fee using a payment card, please provide the details below. You should ensure that the payment card you provide has sufficient credit to cover the fee, which will be taken in Pounds Sterling. If your card is declined then your appeal will be delayed whilst we contact you for an alternative payment.

Please note that as an alternative to sending this form to the Tribunal, you can lodge and pay your appeal online at https://immigrationappealsonline.justice.gov.uk/IACFees

If you are unable to pay now using a payment card, you should send your appeal ensuring that you sign the declaration on page 11 to indicate that you understand that a fee is payable, and will pay the fee when given instructions to pay by alternative methods.

Tribunal staff, on behalf of the Lord Chancellor, will write to you once your appeal is received, providing you with details of the methods available for you to pay your fee.

Please note we are unable to accept cash, cheques or American Express.

Payment card details

If you are paying your fee by payment card, please enter the details below. You should ensure that you enter them carefully since if the Tribunal is unable to process these details it could delay your appeal. **Do not send in your credit card details to us more than once** unless we write to you asking that you submit further card details to us.

Once your payment has been processed, the Tribunal will destroy your card details.

By completing the details below, you authorise HM Courts and Tribunals Service to debit from the payment card the appropriate fee for your appeal.

Signed (cardholder)	
Date	/ /
Name	
Email receipt required? (if yes, please tick box)	☐ Email address
Card number	---- - ---- - ---- - ----
Name on the Card	
Start date (mm/yy)	/
Expiry date (mm/yy)	/
Issue or CVC Number (CVC number is the last 3 digits on signature strip)	

1

[158]

FIRST-TIER TRIBUNAL IMMIGRATION AND ASYLUM CHAMBER
IAFT-1

Blank page

This page has been left blank intentionally

IMMIGRATION

FIRST-TIER TRIBUNAL IMMIGRATION AND ASYLUM CHAMBER

Form IAFT-1
Appeal against an In Country Decision

					(tick one box)
a.	Do you want to have your appeal decided at an oral hearing or on the papers?				
	Oral Hearing	You should tick the 'oral hearing' box if you want to have an oral hearing that you and/or your representative plan to attend. You will need to pay the appropriate fee for an oral hearing.			☐
	Paper Hearing	You should tick the 'paper hearing' box if no one will attend and you want to have your case determined on the papers provided. You will need to pay the appropriate fee for a paper hearing.			☐

b. If you have chosen to have an oral hearing, please mark the box of anyone who will be attending your hearing.
   ☐ Sponsor   ☐ Your representative
   ☐ Witness

c. Are you in receipt of legal aid funding, Asylum Support Funding or support under s.17 of the Children Act 1989? Please tick as appropriate.
   ☐ No (If no, complete payment details on page 1)
   ☐ Legal Aid
   ☐ Asylum Support
   ☐ Section 17

You should provide a reference and any supporting documents. Failure to do so may result in a fee being required.

Legal Aid/Asylum support Ref Number: [   ]

d. Are you paying for the appeals of any member of your family or anyone planning to appeal against an immigration decision?
   ☐ Yes (If yes, give details in the table below)
   ☐ No

You should note that the total fee you pay will be calculated by the Tribunal based on this information (continue on a separate sheet if required).

Name	Relationship	Appeal number/ Post reference number

Please see page 1 for details of how to pay a fee

For Staff Use Only

☐ Lord Chancellor's Certificate of Fee Satisfaction issued   Date [/ /   ]
☐ No Lord Chancellor's Certificate of Fee Satisfaction issued Date [/ /   ]

[160]

FIRST-TIER TRIBUNAL IMMIGRATION AND ASYLUM CHAMBER

IAFT-1

Blank page

This page has been left blank intentionally

IMMIGRATION

FIRST-TIER TRIBUNAL IMMIGRATION AND ASYLUM CHAMBER

Form IAFT-1
Appeal against your Home Office decision

Appeal Lodged:
(For FTT(IAC) use only)

Type of Decision: (tick one box)

Asylum ☐

Immigration ☐

Section 1 – Personal Information

a. Family name or surname
   (for instance as shown on your passport)

b. Given or first name(s)
   (for instance as shown on your passport)

c. Title ☐ Mr ☐ Mrs ☐ Miss ☐ Ms or Other

d. Date of birth (Day/Month/Year)

e. Gender ☐ Male ☐ Female

f. Address where you can be contacted.
   Note: If you are detained, please provide the address where you are currently held (Prison, IRC or Detention centre)
   Notice: If you change your address, you **must** notify the First-tier Tribunal immediately in writing.

   Postcode:

g. Appellant's email address

h. Prison Reference (if applicable)

i. Nationality (if more than one, state all)

j. If you have chosen to have an oral hearing, who will be attending? ☐ Yourself ☐ Your representative ☐ Witness

k. Will anyone giving evidence at the hearing need an interpreter? If more than one language or interpreter is required, you may wish to indicate on a separate sheet.
   Please do not request an English interpreter.
   ☐ Yes If yes, give details below ☐ No
   Who:
   Language:
   Dialect:

l. If anyone attending the hearing has a disability, state any special requirements they have.

If you are detained under the Immigration Acts or in prison serving a criminal sentence, please provide the following information:

m.	Are removal directions currently set for your removal?	☐ Yes	☐ No
n.	Time of removal (insert time and circle AM or PM)	☐☐☐☐	AM / PM
o.	Date of removal	☐☐/☐☐/☐☐☐☐	
p.	Are you currently serving a criminal sentence?	☐ Yes	☐ No
q.	If yes, what date is your sentence due to end?	☐☐/☐☐/☐☐☐☐	
r.	What category prisoner are you?	A B C D (please circle as appropriate)	

Section 2 – Your Home Office Decision (refer to your Refusal Letter)

a.	Home Office reference number	
b.	Port reference	
c.	COHID reference	
d.	Home Office A-N reference	
e.	Date of application to Home Office	☐☐/☐☐/☐☐☐☐
f.	Date of Home Office Decision	☐☐/☐☐/☐☐☐☐
g.	Method of service of decision	☐ Post ☐ Fax/Personal service ☐ Courier ☐ Other (please specify)
h.	Date refusal letter sent by Home Office	☐☐/☐☐/☐☐☐☐
i.	Have you been served with a deportation decision?	☐ Yes ☐ No
j.	If you are **not** sending in your refusal letter please explain why in this box:	

Applying for Anonymity

The Tribunal will publish your name on documents relating to your case which can be viewed publicly. You can apply to the Tribunal for anonymity which, when granted, will result in the Tribunal removing your name from all published documents.

The Application for Anonymity form can be found online at http://hmctsformfinder.justice.gov.uk/HMCTS/FormFinder.do and should be completed and returned with this appeal form.

[163]

Section 3 – Your Appeal

Your appeal must be received at the **Tribunal via the address** shown on Part B of the information sheet no later than **14 Calendar days** after you are sent the Refusal Letter by the Home Office.

a. Late appeal

If you know your appeal is late, or you are not sure if it will be received in time, you must apply for an extension of time. Explain why your appeal is late in this box below. Attach any evidence/additional sheets if necessary.

b. If you are sending any other documents with this form to support your appeal, they must be in English or a certified translation. Please list them here:

c. If you are **intending** to send other documents which you intend to rely on at the hearing but have not yet been made available to you, please list them here:

IMMIGRATION

d. Grounds of your appeal

- You **must** let us know the reasons you disagree with the decision in the Refusal Letter.
- Include any information that has not been mentioned in the Refusal Letter and say whether you have raised these issues before.
- You **must** give as much detail as possible as you may not be allowed to mention any further grounds at a later date. Attach any evidence / additional sheets of paper if necessary.
- If your appeal relates in whole or in part to an **Asylum decision**, complete all of **boxes 1 to 6** that apply to you.
- If you are not sure which boxes apply to you or there are other points of the refusal letter that you disagree with, write your grounds in **box 7**.
- If your appeal relates to a **Non Asylum** decision complete **box 8**.

Asylum Decision

1. If you disagree with the Home Office's interpretation of **the situation in your country**, please explain why in this box, and give reasons to support your point of view.

2. If the Home Office has suggested that you could **live safely in another part of the country of origin**, and you disagree, please explain why in this box.

[165]

3. If the Home Office has stated that your claim is **not credible**, and you disagree, please explain why in this box.

4. If the Home Office has stated that you do not qualify as a refugee on grounds of race, religion, nationality, membership of a particular social group or political opinion (**under the criteria of the 1951 Geneva Convention**), and you disagree, please explain why in this box.

5. If the Home Office has stated that specific articles of the **European Convention on Human Rights (ECHR)** do not apply to your case, and you disagree, please explain why in this box.

6. If the Home Office has stated that you do not qualify as a person who is eligible for humanitarian protection (under the Refugee or Person in Need of International Protection Regulations 2006), and you disagree, please explain why in this box.

7. If there is anything else that you disagree with in the Home Office letter, please explain why in this box.

Non-Asylum Decision

8. If your appeal relates to a non-asylum decision with which you disagree, you must give your reasons below and refer to the paragraphs of the refusal letter. (Continue on a separate sheet if necessary.)

Statement of additional grounds

If your Refusal Letter requires you to make a **Statement of additional grounds**, you should make the statement in this box. If there are any **other reasons** why you think:
- you should be allowed to stay in the United Kingdom, including any reasons relating to the European Convention on Human Rights
- you should not be required to leave.

Do not repeat any grounds and reasons that you have already given in Section 3D.

e.	Have you appealed against any other immigration decision in the United Kingdom or overseas?	☐ Yes If yes, give details below	☐ No

Date	Appeal number (if known)
__/__/____	
__/__/____	
__/__/____	

f. To the best of your knowledge and belief has any member of your family, a Dependant or anyone planning to accompany you made an appeal or are they planning to appeal against a United Kingdom immigration decision?   ☐ Yes If yes, give details in the table below   ☐ No

Name	Relationship	Appeal number/ HO reference number

Section 4 – Your declaration

If you are the appellant and are completing this form yourself, you must sign and date this declaration.

Declaration by appellant

I, the appellant, believe the facts stated in this appeal form are true.

If a fee is payable for my appeal, if I have not provided fee payment or payment card details, I undertake to pay the fee in accordance with the instructions I receive from the Tribunal. I therefore apply for a Lord Chancellor's Certificate of Fee Satisfaction.

Signature: _____   Date: __/__/____

Data Protection statement

Information, including personal details that you have provided in this form will not be used by the First-tier Tribunal, for any purpose other than the determination of your application. The information may be disclosed to other government departments and public authorities only, for related immigration purposes.

Section 5 – Representative details (refer to guidance notes)

a. Name of Representative

b. Name of Representative's Organisation (if any)

c. Postal address for correspondence

   Postcode:

d. Reference for correspondence

e. Telephone number

f. Mobile telephone number

g. Fax number

h. Email address

i. Legal Aid reference number

j. Legal Aid Area

Declaration by the representative – to be completed only when signing on behalf of the person named in Section 1 of this form

I, the representative, am giving notice of appeal in accordance with the appellant's instructions and the appellant believes that the facts stated in this appeal form are true.

Representative's Signature: Date:

Legal Aid

I, the representative certify that the appellant is in receipt of Legal Aid and is therefore exempt from paying a fee on this appeal.

Representative's Signature: Date:

Notice to representatives

You must notify the First-tier Tribunal, and other parties, if you cease to represent the appellant. If the appellant changes representative, details of the new representative should be sent to the same address to which you are sending this form. Please give **the appellant's full name, address**, and **Post Reference number**.

GROUNDS OF APPEAL PART C

A. Introduction

1. The Appellant ("A") is a citizen of Glacier. He arrived in the United Kingdom ("UK") clandestinely on [date] in a lorry and was apprehended by the immigration authorities. He immediately claimed asylum. Immigration officials interviewed

66-S1

him on [date]. The Secretary of State ("SSHD") considered his claim for asylum substantively but refused it by way of a decision dated [date].

B. Factual basis for the claim of asylum

2. The basis for A's claim for asylum is explained in his asylum interview and in a witness statement dated [date]. In summary, A's case is that he has suffered persecution at the hands of local vigilante groups and has been imprisoned for reasons related to his imputed political opinion. When imprisoned for participating in demonstrations against the authorities, he was twice injured so badly that he had to be taken to hospital. After being released on bail, he continued to be regularly threatened. Due to pressure from members of a vigilante group, he was forced by his employer to leave his employment and prevented from enrolling in University.

3. In an attempt to improve his situation, on [date] he moved to a different city in another part of Glacier, where after some further time he succeeded in commencing a University course. However, on [date] the University explained that he was debarred from attending further studies due to his past record. He was unable to obtain employment for the same reason. After a further demonstration against the authorities, in which A did not participate, A was again arrested and detained for two days but released without charge. After this, on [date], A decided that he had no choice but to leave Glacier. He arrived in the UK after having passed through several other countries.

C. Reasons for SSHD's refusal

4. In a decision letter of [date] the SSHD:
  (a) Doubted A's credibility, stating that someone genuinely in fear of persecution would have claimed asylum in the first available country rather than waiting until arrival in the UK, relying on s.8(4) of the Asylum and Immigration (Treatment of Claimants, etc.) Act 2004.
  (b) Stated that A could have availed himself of the protection of the authorities in another part of Glacier; and
  (c) Stated that A could have availed himself of the internal relocation alternative by going elsewhere in Glacier to escape persecution.

D. Grounds of appeal

(1) Credibility

5. The SSHD erred in doubting A's credibility:
  (a) A did not claim asylum in any other country on his way to the UK because he believed he would obtain a fairer determination of his case in the UK and because an agent told him to completely follow his orders on the journey. The SSHD's doubt as to A's credibility on this basis alone was unreasonable. Insofar as this factor adversely affects A's credibility very little weight should be attached to it.
  (b) Further, the injuries suffered by A are now supported by a medical report dated [date] obtained from Dr Brown, a consultant accident and emergency physician at Binghampton General Hospital, whose report confirms the existence of the fractures A sustained in detention and that they are consist-

ent with blows from blunt objects. In concluding that his clinical findings were "highly consistent" with the appellant's account of torture, Dr. Brown framed his conclusion in accordance with the Manual on the Effective Investigation and Documentation of Torture and Other Cruel, Inhuman or Degrading Treatment or Punishment (the Istanbul Protocol) para.187(c) in a manner consistent with the Supreme Court judgment in *KV (Sri Lanka) v. SSHD* [2019] UKSC 10; [2019] 1 W.L.R. 1849. A copy of the report is attached to this form.

(c) The plausibility of A's claim must be considered in the context of the country background evidence (see below).

(2) Situation in country of origin

6. The 2018 US State Department Report (at para.3.10) and the Home Office's Country Policy and Information Note ("CPIN"), "Glacier: Country Background Note", January 2019, (at para.4.1) confirm the existence of frequent attacks on demonstrators by vigilante groups. CPIN "Glacier: Actors of Protection", December 2015, (at paras 3.1. to 3.2) confirms the arbitrary arrest and detention of demonstrators by the authorities at the relevant time.

7. A also relies upon the report prepared by a country expert on Glacier, Dr Smith, dated [date] which corroborates A's claim that those with previous records of participating in anti-regime demonstrations were being rounded up at the time of elections in November 2013.

(3) Internal relocation

8. The SSHD erred in stating that A could have relocated to another part of Glacier. A had moved to a different part of Glacier to escape the persecution, to no avail. None of the background country reports referred to above provide evidence of particular areas of Glacier where the threat from vigilante groups is lower than in the areas in which A resided.

9. In any event the authorities now have a record of A's arrests and detention and at the point of return will identify him as a person who is anti-regime. He will therefore be detained and ill-treated again.

10. Alternatively, it would have been unduly harsh to expect A to move to any other part of Glacier, given that he would be unable to obtain any work. Accordingly, he will not be able to lead a relatively normal life if he relocated, judged by the standards generally prevailing in Glacier: *Januzi v SSHD* [2006] UKHL 5; [2006] 2 A.C. 426.

(4) Convention reason

11. The SSHD does not expressly deal with whether or not a Convention reason exists in this claim. A submits that he has been ill-treated in the past and has a prospective well-founded fear of persecution for reasons relating to an anti-regime political opinion imputed to him.

(5) ECHR

12. Removal of A from the UK would be contrary to the SSHD's obligations under s.6 of the Human Rights Act 1998 because it would infringe his protected right under Article 3 of the European Convention on Human Rights ("ECHR") not to be subjected to torture, inhuman or degrading treatment. Were A to be returned to Glacier, he would be detained and arrested at the airport and suffer inhuman and degrading treatment for the reasons given above.

5. Statement of additional grounds

13. The SSHD has served upon the appellant a "section 120 notice" requiring him to state additional reasons for wishing to remain in this country, outside the scope of his initial asylum application. In OA and Others (human rights; "new matter"; s.120) Nigeria [2019] UKUT 00065 (IAC) the Upper Tribunal confirmed that there is no specific time limit for the production of such a statement, but it must be in writing.

14. The removal of A from the UK would infringe both the appellant's rights under Article 8 of the ECHR and those of his daughter, Z, a child aged 4. She is a British citizen and resides in this country. She has cerebral palsy and finds it difficult to travel. By way of a Family Court Order he sees her every other weekend and for half the school holidays. The SSHD has a duty to act in her best interests under section 55 Border, Citizenship and Immigration Act 2009 and it would not be in her best interests for her father to be removed to Glacier.

15. The public interest does not require A's removal from this country in circumstances where he has a genuine and subsisting parental relationship with a British citizen child, his daughter (Z), and it would not be reasonable to expect her to leave this country—s.117B(6) of the Nationality, Immigration and Asylum Act 2002. The SSHD is required to consider the reality of the situation, namely that it would not be reasonable to expect Z, a British citizen child suffering with a serious medical condition who enjoys appropriate treatment and care in this country, to accompany her father to Glacier: *KO (Nigeria) v. SSHD* [2018] UKSC 53; [2018] 1 W.L.R. 5273.

16. A has not previously relied upon Article 8 and/or the rights of his British Citizen child and attaches the following relevant documentation to support his claim that his removal would constitute a disproportionate interference with his Article 8 rights and those of his child.
   1. Witness statement from Ms. D, the child's mother dated [date].
   2. Medical Report from a Consultant Pediatrician, Dr. Green [date].
   3. Court Order from Binghampton Family Court dated [date].

GROUNDS OF APPEAL PART C

66-08

FIRST-TIER TRIBUNAL IMMIGRATION AND ASYLUM CHAMBER ▶ Reset form

Office stamp (date received)

IAFT-4

First-tier Tribunal Application for Permission to Appeal to Upper Tribunal

This form should be used when making an application to the First-tier Tribunal for permission to appeal to the Upper Tribunal. You **must** apply to the First-tier Tribunal for permission to appeal before you make an application/appeal to the Upper Tribunal.

Plese read the guidance notes before completing the application for permission to appeal. Use black ink and complete the form in CAPITALS or in typewriting.

Use another sheet of paper if there is not enough space for you to say everything. Please put your name at the top of any additional sheets.

A Applicant's details

Appeal number	
Home Office Ref No	
Full name	
Address	
Postcode	
Date of birth	/ /
Do you have a representative?	☐ Yes ☐ No

If 'Yes', please give your representative's details below:

Name of organisation or business (if applicable)	
Contact name	
Address	
Postcode	
Telephone number	
Reference number (if any)	

IAFT-4 Application for Permission to Appeal to Upper Tribunal (07.19)   © Crown copyright 2019

[173]

IMMIGRATION

B Time limit for making a First-tier application for permission to appeal

Date of First-tier
Tribunal Determination   ☐☐/☐☐/☐☐☐☐

The application **must be received** within whichever of the following periods is relevant in your case:

If the appellant before the First-tier Tribunal is **outside the United Kingdom**, **28 days** after the date on which you were sent the written reasons for the decision.

In all other cases, **14 days** after the date on which you were sent the written reasons for the decision.

If it is likely to reach us after this time you must ask the Tribunal to extend the time limit for making the application giving full reasons why it is late.

Reasons why the application is made late (if applicable):

[174]

Grounds of Appeal Part C

C Reasons for appealing

Please state what **error(s) of law** you consider the Tribunal has made **and the result you are seeking**:

Continue on another sheet if necessary

You should enclose with this form any documents you are relying on in this Part and which the First-tier Tribunal does not already have.

IMMIGRATION

D Application for Permission to Appeal to the Upper Tribunal

I apply for permission to appeal to the Upper Tribunal.

I authorise my representative named in **Part A** above to act on my behalf in all proceedings before the First-tier Tribunal.*

(*delete if you have no representative or you are a solicitor filling in this form on behalf of a client)

Signed

Applicant/Solicitor

Date

After you have filled in the form please send it to:

By post:
First-tier Tribunal (Immigration and Asylum Chamber)
PO Box 7866
Loughborough LE11 2XZ
United Kingdom

Or by Fax: 01264 347987
Or by e-mail to: IAFT4@hmcts.gsi.gov.uk
Any e-mail sent to this e-mail address must not exceed 17MB. You will receive an auto response e-mail to confirm receipt of your e-mail.

If you are detained at one of the centres listed below and were issued a Refusal Letter by the Home Office Detained Asylum Casework (DAC) team before appealing to the Tribunal, your completed applications should instead be sent or faxed to:

By post:
First-tier Tribunal (Immigration and Asylum Chamber)
IA Harmondsworth
Colnbrook By Pass
Harmondsworth
Middlesex UB7 0HD
Or by Fax: 0870 761 7721
Or by e-mail to: IAFT4Harmondsworth@hmcts.gsi.gov.uk
Any e-mail sent to this e-mail address must not exceed 17MB. You will receive an auto response e-mail to confirm receipt of your e-mail.

By post:
First-tier Tribunal (Immigration and Asylum Chamber)
IA Yarl's Wood
Hearing Centre A
Twinwoods Business Park
Thurleigh Road
Milton Ernest
Bedfordshire MK44 1FD
Or by Fax: 01264 347 997
Or by e-mail to: IAFT4Yarlswood@hmcts.gsi.gov.uk. Any e-mail sent to this e-mail address must not exceed 17MB. You will receive an auto response e-mail to confirm receipt of your e-mail.

Once your application is received, it will be considered by the Tribunal Judge and you will be informed of the outcome and the next steps to take.

If you have any enquiries, please contact the Tribunals Customer Service Centre on +44 (0)300 123 1711 or by email: Customer.Service@hmcts.gsi.gov.uk. Please quote your appeal number when you call.

GROUNDS OF APPEAL PART C

66-09

UPPER TRIBUNAL IMMIGRATION AND ASYLUM CHAMBER ▶ Reset form

Office stamp (date received)

IAUT-1
Application for Permission to Appeal
from First-tier Tribunal
(Immigration and Asylum Chamber)

You **must** apply to the First-tier Tribunal for permission to appeal before you fill in this form.

Use this form *either* (1) **to apply to the Upper Tribunal for permission** to appeal if the First-tier Tribunal refused your permission to appeal or your application was not admitted

or (2) the First-tier Tribunal gave you permission to appeal **only on limited grounds** and you also wish **to apply to the Upper Tribunal for permission** to appeal on any of the grounds.

Please use black ink and complete the form in **CAPITALS** or in typewriting. Use additional sheets of paper if there is not enough space for you to include everything. Please put your name and appeal number at the top of any additional sheets.

A About the Applicant

Full name

Address

Postcode

Telephone number

Date of birth

B About the Representative

Do you have a solicitor or other representative? ☐ Yes ☐ No (Go to Part C)

If 'yes', please give your representative's details below:

Name of representative

Organisation (if any)

On what basis is your representative authorised under s.84 of the Immigration and Asylum Act 1999?

IAUT-1 Application for Permission to Appeal - Immigration and Asylum Chamber (12.18)   © Crown copyright 2018

IMMIGRATION

Name of the relevant regulatory body	
Registration number with that regulatory body	
Address of Representative	
Postcode	☐☐☐☐ ☐☐☐
Telephone number	
Fax number	
Reference number (if any)	

C First-tier Tribunal Appeal details

Appeal number	
Home Office Ref No	
What was the date on which the First-tier Tribunal's decision was served on you?	☐☐ / ☐☐ / ☐☐☐☐ (This will be the date on the notice that came with it.)
Where did the First-tier Tribunal make the decision?	
What was the date of the application to the First-tier Tribunal for permission to appeal to the Upper Tribunal?	☐☐ / ☐☐ / ☐☐☐☐
Has the First-tier Tribunal granted permission to appeal?	☐ Yes ☐ No
If yes, is permission granted on limited grounds?	☐ Yes ☐ No

D Reasons for any delay

Did the First-tier Tribunal refuse to admit your application because it was late?	☐ Yes ☐ No
Are you seeking to make this application outside the time limit that applies to you (see below)?	☐ Yes ☐ No

If the person who appealed to the First-tier Tribunal is in the United Kingdom at the time this application is made, the period is:
- 14 days after the date on which notice of the First-tier Tribunal's refusal of permission was **sent to you**.

If the person who appealed to the First-tier Tribunal is outside the United Kingdom at the time this application is made, the period is:
- One month after the date on which notice of the First-tier Tribunal's refusal of permission was **sent to you**.

[178]

GROUNDS OF APPEAL PART C

If the answer to either of the questions in Part D is 'Yes', please apply for an extension of time by giving your reasons for the delay here:

E | **Statement of Truth (to be signed when Part D is completed)**

(I believe*)(The Applicant believes*) that the facts contained under Part D in this application notice are true

I am duly authorised by the Applicant to sign this statement*

(*delete if you have no representative or you are a solicitor filling in this form on behalf of a client)

Full Name	
Name of Applicant's Representatives' firm	
Position or office held	
Signed	
	Applicant/Representative
Date	__/__/____

continued over the page ➪

[179]

F Reasons for appealing

Note: You can only appeal if you think the First-tier Tribunal was wrong on one or more **points of law**.

Please state what error(s) of law you consider the First-tier Tribunal made

If the First-tier Tribunal gave you permission to appeal only on limited grounds and you also wish to apply for permission to appeal on any other grounds, please explain why you consider permission should be granted in respect of those grounds.

If you require more space, please use another sheet of paper

G Request for an oral hearing of an Application

If you are given permission to appeal by the Upper Tribunal, do you want that appeal to be dealt with at an oral hearing? ☐ Yes ☐ No

Do you want this application for permission (as opposed to the appeal itself) to be considered at an oral hearing? ☐ Yes ☐ No

If 'Yes', please say why in the box below:

[180]

GROUNDS OF APPEAL PART C

H Application for permission to Appeal

I apply for permission to appeal against the decision of the First-tier Tribunal.

I authorise my representative named in **Part B** above to act on my behalf in all proceedings before the Upper Tribunal.*

(*delete if you have no representative or you are a solicitor filling in this form on behalf of a client)

Signed

Applicant/Solicitor

Date

After you have filled in the form please send it to:

Upper Tribunal (Immigration and Asylum Chamber)
IA Field House
15 Breams Buildings
London
EC4A 1DZ   **Or by Fax** 0870 324 0111

If your appeal was heard at one of the centres listed below, your completed application should be handed to the person having custody of you, or sent to the Immigration and Asylum Chamber ('IAC') at the detention centre where your appeal was heard:

Upper Tribunal (Immigration and Asylum Chamber)
IA Harmondsworth
Colnbrook By Pass
Harmondsworth
Middlesex
UB7 0HD   **Or by Fax** 0870 761 7721

Upper Tribunal (Immigration and Asylum Chamber)
IA Yarl's Wood
Hearing Centre A
Twinwoods Business Park
Thurleigh Road
Milton Ernest
Bedfordshire
MK44 1FD   **Or by Fax** 01264 347 997

You must enclose the following documents with this form:
- A copy of the written statement of reasons of the First-tier Tribunal
- A copy of the notice of refusal of permission to appeal by the First-tier Tribunal or refusal to admit the application for permission.

If you do not send these documents your appeal may be delayed or not admitted.

You are also advised to enclose:
- A copy of the grounds of appeal to the First-tier Tribunal
- Any other documents relevant to the application that were before that Tribunal
- Any written evidence in support of Part D and/or Part F.

The Upper Tribunal will contact you when they have received this form.

If you have not received any correspondence within 5 working days contact the Tribunal Customer Service Centre on **+44 (0)300 123 1711** or by email fieldhousecorrespondence@hmcts.gsi.gov.uk.
Please quote your appeal number whenever you call.

[181]

IMMIGRATION

Appellant's notice
(All appeals except small claims track appeals and appeals to the Family Division of the High Court)

Click here to reset form	Click here to print form
For Court use only	
Appeal Court Ref. No.	
Date filed	

SEAL

Notes for guidance are available which will help you complete this form. Please read them carefully before you complete each section.

Section 1 — Details of the claim or case you are appealing against

Claim or Case no. [ ]

Fee Account no. (if applicable) [ ]

Help with Fees - Ref no. (if applicable) H W F - [ ] - [ ]

Name(s) of the   ☐ Claimant(s)   ☐ Applicant(s)   ☐ Petitioner(s)

[ ]

Name(s) of the   ☐ Defendant(s)   ☐ Respondent(s)

[ ]

Details of the party appealing ('The Appellant')

Name
[ ]

Address (including postcode)
[ ]

Tel No.	
Fax	
E-mail	

Details of the Respondent to the appeal

Name
[ ]

Address (including postcode)
[ ]

Tel No.	
Fax	
E-mail	

Details of additional parties (if any) are attached   ☐ Yes   ☐ No

N161 Appellant's notice (06.18)   © Crown copyright 2018

Grounds of Appeal Part C

Section 2 — Details of the appeal

From which court is the appeal being brought?

☐ The County Court at

☐ The Family Court at

☐ High Court
    ☐ Queen's Bench Division
    ☐ Chancery Division
    ☐ Family Division

☐ Other (please specify)

What is the name of the Judge whose decision you want to appeal?

What is the status of the Judge whose decision you want to appeal?

☐ District Judge or Deputy   ☐ Circuit Judge or Recorder   ☐ Tribunal Judge

☐ Master or Deputy   ☐ High Court Judge or Deputy   ☐ Justice(s) of the Peace

What is the date of the decision you wish to appeal against?

Is the decision you wish to appeal a previous appeal decision?   ☐ Yes   ☐ No

Section 3 Legal representation

Are you legally represented? ☐ Yes ☐ No

If Yes, is your legal representative (please tick as appropriate)

☐ a solicitor
☐ direct access counsel instructed to conduct litigation on your behalf
☐ direct access counsel instructed to represent you at hearings only

Name of your legal representative

The address (including postcode) of your legal representative

Tel No.	
Fax	
E-mail	
DX	
Ref.	

Are you, the Appellant, in receipt of a Civil Legal Aid Certificate? ☐ Yes ☐ No

Is the respondent legally represented? ☐ Yes ☐ No
If 'Yes', please give details of the respondent's legal representative below

Name and address (including postcode) of the respondent's legal representative

Tel No.	
Fax	
E-mail	
DX	
Ref.	

Grounds of Appeal Part C

Section 4 — Permission to appeal

Do you need permission to appeal? ☐ Yes ☐ No

Has permission to appeal been granted?

☐ **Yes** (Complete Box A) ☐ **No** (Complete Box B)

Box A

Date of order granting permission

Name of Judge granting permission

Box B

I

the Appellant('s legal representative) seek permission to appeal.

If permission to appeal has been granted **in part** by the lower court, do you seek permission to appeal in respect of the grounds refused by the lower court? ☐ Yes ☐ No

Section 5 — Other information required for the appeal

Please set out the order (or part of the order) you wish to appeal against

Have you lodged this notice with the court in time? (There are different types of appeal - see Guidance Notes N161A) ☐ Yes ☐ No

If **'No'** you must also complete **Part B of Section 10 and Section 11**

Section 6 — Grounds of appeal

Please state, in numbered paragraphs, **on a separate sheet** attached to this notice and entitled 'Grounds of Appeal' (also in the top right hand corner add your claim or case number and full name), why you are saying that the Judge who made the order you are appealing was wrong.

☐ I confirm that the grounds of appeal are attached to this notice.

Section 7 — Arguments in support of grounds for appeal

☐ I confirm that the arguments (known as a 'Skeleton Argument') in support of the 'Grounds of Appeal' are set out **on a separate sheet** and attached to this notice.

OR (in the case of appeals other than to the Court of Appeal)

☐ I confirm that the arguments (known as a 'Skeleton Argument') in support of the 'Grounds of Appeal' will follow within 14 days of filing this Appellant's Notice. A skeleton argument should only be filed if appropriate, in accordance with CPR Practice Direction 52B, paragraph 8.3.

Section 8 — Aarhus Convention Claim

For applications made under the Town and Country Planning Act 1990 or Planning (Listed Buildings and Conservation Areas) Act 1990

I contend that this claim is an Aarhus Convention Claim   ☐ Yes   ☐ No

If Yes, and you are appealing to the Court of Appeal, any application for an order to limit the recoverable costs of an appeal, pursuant to CPR 52.19, should be made in section 10.

If Yes, indicate in the following box if you do not wish the costs limits under CPR 45 to apply. If you have indicated that the claim is an Aarthus claim set out the grounds below

Section 9 — What are you asking the Appeal Court to do?

I am asking the appeal court to:-
(please tick the appropriate box)

☐ set aside the order which I am appealing

☐ vary the order which I am appealing and substitute the following order. Set out in the following space the order you are asking for:-

☐ order a new trial

Section 10 — Other applications

Complete this section **only** if you are making any additional applications.

Part A
☐ I apply for a stay of execution. (You must set out in Section 11 your reasons for seeking a stay of execution and evidence in support of your application.)

Part B
☐ I apply for an extension of time for filing my appeal notice. (You must set out in Section 11 the reasons for the delay and what steps you have taken since the decision you are appealing.)

Part C
☐ I apply for an order that:

(You must set out in Section 11 your reasons and your evidence in support of your application.)

Section 11 Evidence in support

In support of my application(s) in Section 10, I wish to rely upon the following reasons and evidence:

Statement of Truth – This must be completed in support of the evidence in Section 11
I believe (The appellant believes) that the facts stated in this section are true.

Full name

Name of appellant's legal representative firm

signed   position or office held
Appellant ('s legal representative)   (if signing on behalf of firm or company)

Section 12 Supporting documents

To support your appeal you should file with this notice all relevant documents listed below. To show which documents you are filing, please tick the appropriate boxes.

If you do not have a document that you intend to use to support your appeal complete the box over the page.

In the County Court or High Court:

- [ ] three copies of the appellant's notice for the appeal court and three copies of the grounds of appeal;
- [ ] one additional copy of the appellant's notice and grounds of appeal for each of the respondents;
- [ ] one copy of the sealed (stamped by the court) order being appealed;
- [ ] a copy of any order giving or refusing permission to appeal; together with a copy of the judge's reasons for allowing or refusing permission to appeal; and
- [ ] a copy of the Civil Legal Aid Agency Certificate (if legally represented).

In the Court of Appeal:

- [ ] three copies of the appellant's notice and three copies of the grounds of appeal on a separate sheet attached to each appellant's notice;
- [ ] one additional copy of the appellant's notice and one copy of the grounds of appeal for each of the respondents;
- [ ] one copy of the sealed (stamped by the court) order or tribunal determination being appealed;
- [ ] a copy of any order giving or refusing permission to appeal together with a copy of the judge's reasons for allowing or refusing permission to appeal;
- [ ] one copy of any witness statement or affidavit in support of any application included in the appellant's notice;
- [ ] where the decision of the lower court was itself made on appeal, a copy of the first order, the reasons given by the judge who made it and the appellant's notice of appeal against that order;
- [ ] in a claim for judicial review or a statutory appeal a copy of the original decision which was the subject of the application to the lower court;
- [ ] one copy of the skeleton arguments in support of the appeal or application for permission to appeal;
- [ ] a copy of the approved transcript of judgment; and
- [ ] a copy of the Civil Legal Aid Certificate (if applicable)
- [ ] where a claim relates to an Aarhus Convention claim, a schedule of the claimant's financial resources

IMMIGRATION

66-11

Judicial Review
Claim Form

Notes for guidance are available which explain how to complete the judicial review claim form. Please read them carefully before you complete the form.

In the Upper Tribunal
Immigration and Asylum Chamber

Help with Fees -
Ref no. (if applicable)

For Upper Tribunal use only	
Upper Tribunal Reference No.	
Date filed	

Seal

SECTION 1 Details of the applicant(s) and respondent(s)

Applicant(s) name and residental address(es)

Name

Home Office reference no.

Date of birth

Address

Telephone no.

Fax no.

E-mail address

Please note that only persons authorised under the Legal Services Act 2007 to undertake litigation in the High Court are permitted under Rule 11(5A) of the Tribunal Procedure (Upper Tribunal) Rules 2008 to be a representative in immigration judicial review proceedings.

Are you making this application as a representative?   ☐ Yes   ☐ No

If Yes, I am
☐ a Solicitor
☐ a Barrister with a licence to conduct litigation
☐ an other person entitled to conduct litigation in the High Court - please specify how

Regulatory body and registration number

Applicant's or applicant's representatives address to which documents will be sent.

Representative's name

Address

Representative's address

Telephone no.

Fax no.

Email address

Direction – If you have provided a 'care of' address or a representative's address you must also provide your residential address on this form pursuant to Rule 28(4)(a) of the Procedure Rules. If you do not provide this to the Upper Tribunal within 7 days of issue of the judicial review, it will be struck out automatically pursuant to Rule 8(1)(a). If you have a representative, service of documents on this person or entity will be treated as service on the applicant, see Rule 11(4) of the Tribunal Procedure (Upper Tribunal) Rules 2008.

T480 Judicial review claim form (12.18)   © Crown copyright 2018

[190]

GROUNDS OF APPEAL PART C

SECTION 1 Continued

1st Respondent
Name:

2nd Respondent
Name:

Respondent's or (where known) Respondent's solicitors' address to which documents should be sent.
Name:
Address:
Telephone no.:
Fax no.:
E-mail address:

Respondent's or (where known) Respondent's solicitors' address to which documents should be sent.
Name:
Address:
Telephone no.:
Fax no.:
E-mail address:

SECTION 2 Details of other interested parties

Include name and address and, if appropriate, details of DX, telephone or fax numbers and e-mail

Name:
Address:
Telephone no.:
Fax no.:
E-mail address:

Name:
Address:
Telephone no.:
Fax no.:
E-mail address:

SECTION 3 Details of the decision to be judicially reviewed

Decision:

Date of decision:

Name and address of the person or body who made the decision to be reviewed.
Name:
Address:

[191]

SECTION 4 Permission to bring Judicial Review proceedings

I am seeking permission to bring Judicial Review proceedings.

Is this application being made under the terms of Part 5 of the Senior President of Tribunals' Practice Directions entitled 'Immigration Judicial Review in the Immigration and Asylum Chamber of the Upper Tribunal'?	☐ Yes	☐ No
Are you making any other applications? If Yes, complete Section 7.	☐ Yes	☐ No
Is the applicant in receipt of a Civil Legal Aid certificate?	☐ Yes	☐ No
Are you claiming exceptional urgency, or do you need this application determined within a certain time scale? If Yes, complete form T483 and file this with your application.	☐ Yes	☐ No
Have you complied with the pre-action protocol? **If No,** give reasons for non-compliance in the box below.	☐ Yes	☐ No
Does this application challenge a Home Office Administrative Review decision?	☐ Yes	☐ No
Does this application include a challenge to the lawfulness of detention (other than challenging a decision in relation to bail)?	☐ Yes	☐ No

Please tick Yes or No to the following statement.

It is hereby certified that the application for permission to apply for judicial review falls within the jurisdiction of the Upper Tribunal (IAC), pursuant to the Consolidated Direction given by the Lord Chief Justice of England and Wales, in accordance with Part 1 of Schedule 2 to the Constitutional Reform Act 2005 and s.18 of Tribunals, Courts and Enforcement Act 2007.	☐ Yes	☐ No

GROUNDS OF APPEAL PART C

Does the claim include any issues arising from the Human Rights Act 1998?
If Yes, state the articles which you contend have been breached in the box below. ☐ Yes ☐ No

SECTION 5 Detailed statement of grounds

☐ set out below   ☐ attached

SECTION 6 Details of remedy (including any interim remedy) being sought

SECTION 7 Other applications

I wish to make an application for:-

[193]

SECTION 8 Statement of facts relied on

Statement of Truth
I believe that the facts stated in this claim form are true.

Full name _____

If signed by a representative the name of the firm or organisation _____

Signed _____ Position or office held _____
     Applicant ('s representative)   (if signing on behalf of firm or company)

GROUNDS OF APPEAL PART C

SECTION 9 Supporting documents

If you do not have a document that you intend to use to support your claim, identify it, give the date when you expect it to be available and give reasons why it is not currently available in the box below.

Please tick the papers you are filing with this claim form and any you will be filing later.

☐ Statement of grounds	☐ included	☐ attached
☐ Statement of the facts relied on	☐ included	☐ attached
☐ Application to extend the time limit for filing the claim form	☐ included	☐ attached
☐ Application for directions	☐ included	☐ attached

☐ Any written evidence in support of the claim or application to extend time

☐ Copies of any documents on which the claimant proposes to rely

☐ A copy of the Civil Legal Aid certificate *(if legally represented)*

☐ Copies of any relevant statutory material

☐ A list of essential documents for advance reading by the court *(with page references to the passages relied upon)*

If Part 5 of the Senior President of Tribunals' Practice Directions entitled 'Immigration Judicial Review in the Immigration and Asylum Chamber of the Upper Tribunal' applies, please tick the relevant box(es) below to indicate which papers you are filing with this claim form:

☐ a copy of the removal directions and the decision to which the application relates	☐ included	☐ attached
☐ a copy of the documents served with the removal directions including any documents which contains the UK Border Agency factual summary of the case	☐ included	☐ attached
☐ a detailed statement of the grounds	☐ included	☐ attached

[195]

SECTION 8 OF FORM T480: STATEMENT OF FACTS RELIED ON

66-S2   1.   By this judicial review application, the Applicant (A) challenges the decision of the Secretary of State for the Home Department (SSHD), by letter dated [date], refusing to accept that A's representations amount to a fresh asylum and human rights claim.

SECTION 8 OF FORM T480: STATEMENT OF FACTS RELIED ON

2. A, a national of Yland, arrived in the UK by lorry on [date] and claimed asylum on the same day. At an asylum interview A claimed asylum on the basis of her membership of and campaigning activities for the National Opposition Party ("NOP"). A stated she was an active member of the NOP. She was detained and severely beaten by the Yland authorities on a number of occasions and as a result has visible scars on her body and face. She reported these incidents to the police, but no action was taken.

3. Her claim was refused by the SSHD by letter dated [date].

4. A appealed this decision to the First-tier Tribunal (Immigration and Asylum Chamber) ("FTT"). The FTT dismissed A's appeal in a decision dated [date].
   (a) The FTT accepted that A was an active member of the NOP and that she had been detained and severely beaten by the Yland authorities several years ago.
   (b) The FTT concluded that while the objective country evidence documented numerous incidents of ill-treatment of NOP members occurring several years ago, there were no recent reports of similar incidents in respect of NOP members.
   (c) The FTT accordingly held that there was no current real risk to A of prohibited ill-treatment.

5. A applied for permission to appeal and the application was refused by the FTT on [date]. The Upper Tribunal (Immigration and Asylum Chamber) ("UT") refused A's renewed application for permission to appeal on [date].

6. Three months after the UT's decision, A obtained an expert report from Dr Green at Holden University, dated [date]. Dr Green, a distinguished academic on contemporary history and politics in Yland, concluded that:
   (a) The ruling party in Yland is becoming increasingly totalitarian and paranoid about staying in power [see paras 6–15 of the report];
   (b) This trend was exacerbated by a recent demonstration organised by the NOP. The demonstration was put down by the authorities using armed force. 50 NOP supporters were killed [para.16];
   (c) The authorities in Yland are now regularly detaining and torturing NOP members [paras 17–21];
   (d) There are increasing reports of failed asylum-seekers returning to Yland being questioned by the Yland authorities. Where the returnees are suspected of NOP involvement, such interrogation frequently involves torture [paras 22–26].

7. A made fresh representations to the SSHD, enclosing this report, and submitted that the representations amounted to a fresh claim for asylum under the Refugee Convention and Article 3 of the European Convention on Human Rights.

8. By letter dated [date], the SSHD refused to accept that the representations amounted to a fresh claim for asylum on the basis that A's claim, taking into account the report, did not have a realistic prospect of success. The SSHD reasoned that:
   (a) The fresh claim was in substance no different from that originally advanced and rejected by the FTT.

(b) Many of the sources relied on by Dr Green were oral; there was a lack of written, published and verifiable sources evidencing Dr Green's conclusions.

(c) Even if Dr Green's conclusions were accepted, there was no reason to think that on A's arrival in Yland airport the Yland authorities would suspect that she had previously been involved with the NOP.

9. In a letter before claim dated [date], A outlined why these reasons are irrational. There has been no response to this letter in breach of the Pre-Action Protocol.

LEGAL FRAMEWORK

10. Paragraph 353 of the Immigration Rules HC395, provides that fresh representations will amount to a fresh asylum claim if they are significantly different from the material that has previously been considered; the submissions will only be significantly different if the content: (a) had not already been considered; and (b) taken together with the previously considered material, created a realistic prospect of success, notwithstanding its rejection.

11. A later claim may be a fresh claim if it is supported by fresh evidence of the same persecution said to be feared as was alleged in support of the earlier claim: *R. v Secretary of State for the Home Department Ex p. Boybeyi* [1997] Imm.A.R. 491.

12. As regards the phrase "realistic prospect", Nourse L.J. said that "it is not a very high test": *Boybeyi* (above) at 497.

13. The Court of Appeal confirmed in *WM (DRC) v. SSHD* [2006] EWCA Civ 1495 that the fresh claim rule establishes a "somewhat modest test", a low threshold in relation to which the only issue is whether, in light of material not previously considered, the new representations are capable of succeeding. Provided that on a possible view of the law and the facts as a whole, the claim might succeed, the fresh claim criteria will be met, and the applicant entitled to, at the very least, an appeal to the FTT and a stay on removal pending that appeal.

14. The test outlined above is equally applicable to fresh human rights claims.

15. On review of the SSHD's decision, a court must ask itself two questions. First, has the SSHD asked himself the correct question? The question is not whether the SSHD himself thinks that the new claim is a good one or should succeed, but whether there is a realistic prospect of an immigration judge, applying the rule of anxious scrutiny, finding that the applicant will be exposed to a real risk of persecution on return. Second, in addressing that question, both in respect of the evaluation of the facts and in respect of the legal conclusions to be drawn from those facts, has the SSHD satisfied the requirement of anxious scrutiny?: *WM (DRC)* (above) at paragraph 11.

GROUNDS OF CHALLENGE

16. The SSHD's refusal to accept A's representations as amounting to a fresh asylum and human rights claim is (i) Wednesbury unreasonable; (ii) fails to take account of relevant factors; and (iii) fails to apply anxious scrutiny.

Section 6 of Form T480: Details of remedy

GROUND 1: COUNTRY EXPERT REPORT

17. Dr Green is a leading academic and acknowledged expert on contemporary Yland history, society and politics. He has made numerous field trips to Yland and through his work is in touch with academics, politicians, journalists and civil servants (see his full CV, a copy of which is attached). He is therefore an expert in the social and political conditions of Yland who is able to give skilled evidence of fact and by possessing such knowledge and experience he can draw on a general body of knowledge and understanding of such relevant expertise: *Kennedy v. Cordia (Services) Ltd* [2016] UKSC 6; [2016 1 W.L.R. 597, at [50]].

18. Whilst Dr Green's conclusions in respect of the interrogation of failed asylum-seekers rely to a large extent on oral accounts rather than published material this is not a lawful reason for rejecting his expert conclusions as the Yland authorities are notorious for press and media censorship, as the objective country evidence demonstrates. Dr Green's sources, as he explains in his report, are reliable and reputable. The SSHD has accordingly failed to take into account relevant considerations and acted irrationally.

GROUND 2: CHANGE IN CLAIM

19. The SSHD failed to appreciate that the evidence on the key point on which the first asylum claim was refused by the FTT (namely lack of risk to NOP members) had now fundamentally changed.

20. As a failed asylum seeker who, as the FTT accepted, was previously an active member of the NOP with visible scars on her face and body as a result of past beatings, there is a real risk that A would attract the adverse attention of the Yland authorities on return. The SSHD has failed to take into account a relevant consideration and acted irrationally.

GROUND 3: IRRATIONAL CONCLUSION

21. The evidence of Dr. Green when taken into account with the previous positive findings of the FTT, establish to the requisite low level that there is a realistic prospect of an immigration judge, applying the rule of anxious scrutiny, accepting that the applicant will be exposed to a real risk of persecution on return.

22. For these reasons, the SSHD's decision to refuse to accept A's representations as amounting a fresh asylum claim was unlawful.

Section 6 of Form T480: Details of remedy

The Applicant seeks an order: **66-S3**
(1)   quashing the decision under challenge;
(2)   requiring the SSHD to make a new decision;
(3)   costs against the SSHD.

Judicial Review
Application for urgent consideration

This form must be completed by the Applicant or the Applicant's advocate if exceptional urgency is being claimed and the application needs to be determined within a certain time scale.

The applicant, or the applicant's solicitors must serve this form on the respondent(s) and any interested parties with the form T480 Judicial Review claim form.

To the Respondent(s) and Interested Party(ies)
Representations as to the urgency of the claim may be made by respondents or interested parties to the Upper Tribunal Immigration and Asylum Chamber by fax to 0870 324 0185. For fax numbers of Welsh and regional offices, see www.justice.gov.uk/tribunals/immigration-asylum-upper

In the	Upper Tribunal Immigration and Asylum Chamber
Claim No.	
Applicant(s) (including ref.)	
Respondent(s)	
Interested Parties	

SECTION 1 Reasons for urgency

SECTION 2 Proposed timetable *(tick the boxes and complete the following statements that apply)*

☐ a) The application for interim relief should be considered within _____ hours/days

☐ b) The form T480 application for permission should be considered within _____ hours/days

☐ c) Abridgement of time is sought for the lodging of acknowledgments of service

☐ d) If permission for judicial review is granted, a substantive hearing is sought by _____ (date)

T483 Judicial review Application for urgent consideration (11.13)   1 of 3   © Crown copyright 2013

SECTION 6 OF FORM T480: DETAILS OF REMEDY

SECTION 3 Justification for request for immediate consideration

Date and time when it was first appreciated that an immediate application might be necessary.

Date: [   ]   Time: [   ]

Please provide reasons for any delay in making the application.

What efforts have been made to put the respondent and any interested party on notice of the application?

SECTION 4 Interim relief *(state what interim relief is sought and why in the box below)*

A draft order must be attached.

[201]

IMMIGRATION

SECTION 5 Service
A copy of this form of application was served on the respondent(s) and interested parties as follows:

Respondent	**Interested party**
☐ by fax machine to time sent	☐ by fax machine to time sent
Fax no. _____ time _____	Fax no. _____ time _____
☐ by handing it to or leaving it with	☐ by handing it to or leaving it with
name _____	name _____
☐ by e-mail to	☐ by e-mail to
e-mail address _____	e-mail address _____
Date served	Date served
Date _____	Date _____

Name of applicant's advocate   Applicant (applicant's advocate)
name _____   Signed _____

[202]

SECTION 6 OF FORM T480: DETAILS OF REMEDY

Statement under Upper Tribunal Rule 28A (2)(b)

Upper Tribunal Immigration and Asylum Chamber	UTIAC No.
Name of Applicant	
Name of Respondent	

Please note that under Rule 28A(2) of the Tribunal Procedure (Upper Tribunal) Rules 2008, you must **within 9 days** of making your application for judicial review - (a) provide a copy of the **application** (citing the case reference number) and any accompanying documents to each person named in the application as a **respondent or an interested party; and** (b) provide the **Upper Tribunal** with a **written statement** of when and how this was done.

Failure to comply with this may lead to your application for judicial review being struck out.

Therefore, you must provide this completed form to the Upper Tribunal within 9 days and you can do so by email to utiac.londonjr@justice.gov.uk. **If you need more time, you will have to make a (paid) application for extension of time.**

On what day did you provide a copy? ☐☐/☐☐/☐☐☐☐

What documents did you provide?
Please attach copies of the documents you have not already filed with the Upper Tribunal.

To whom did you provide copies?
(If appropriate include their position e.g. partner).

How did you provide the documents? *(please tick the appropriate box)*

☐ by first class post or other service which provides for delivery on the next business day

☐ by personally handing it to or leaving it with the respondent/interested party at

☐ by fax machine (for detainee applicants only) (.................. time sent, where document is other than a claim form) *(you should enclose a copy of the transmission sheet)*

please give the date and time when this was done.

Give the address where service effected, include fax (if appropriate).

Fax no.

I believe that the facts contained in this statement are true.

Full name	
Signed	
	(Applicant) (Respondent) ('s representative)

Position or office held	
	(If signing on behalf of firm or company)

Date ☐☐/☐☐/☐☐☐☐

You can email your completed form to **utiac.londonjr@justice.gov.uk**

T485 Statement under Upper Tribunal Rule 28A (2)(b) (04.19)   © Crown copyright 2019

[203]

Judicial Review
Claim Form

In the High Court of Justice
Administrative Court

Help with Fees -
Ref no. (if applicable) H W F - ☐☐☐ - ☐☐☐

Notes for guidance are available which explain how to complete the judicial review claim form. Please read them carefully before you complete the form.

Seal

For Court use only	
Administrative Court Reference No.	
Date filed	

Is your claim in respect of refusal of an application for fee remission? ☐ Yes ☐ No

SECTION 1 Details of the claimant(s) and defendant(s)

Claimant(s) name and address(es)
- name
- address
- Telephone no.
- Fax no.
- E-mail address

Claimant's or claimant's legal representatives' address to which documents should be sent.
- name
- address
- Telephone no.
- Fax no.
- E-mail address

Claimant's Counsel's details
- name
- address
- Telephone no.
- Fax no.
- E-mail address

1st Defendant
- name

Defendant's or (where known) Defendant's legal representatives' address to which documents should be sent.
- name
- address
- Telephone no.
- Fax no.
- E-mail address

2nd Defendant
- name

Defendant's or (where known) Defendant's legal representatives' address to which documents should be sent.
- name
- address
- Telephone no.
- Fax no.
- E-mail address

N461 Judicial review claim form (04.18) © Crown copyright 2018

SECTION 6 OF FORM T480: DETAILS OF REMEDY

SECTION 2 Details of other interested parties

Include name and address and, if appropriate, details of DX, telephone or fax numbers and e-mail

name

address

Telephone no.   Fax no.

E-mail address

name

address

Telephone no.   Fax no.

E-mail address

SECTION 3 Details of the decision to be judicially reviewed

Decision:

Date of decision:

Name and address of the court, tribunal, person or body who made the decision to be reviewed.

name

address

SECTION 4 Permission to proceed with a claim for judicial review

I am seeking permission to proceed with my claim for Judicial Review.

	Yes	No
Is this application being made under the terms of Section 18 Practice Direction 54 (Challenging removal)?	☐	☐
Are you making any other applications? If Yes, complete Section 8.	☐	☐
Is the claimant in receipt of a Civil Legal Aid Certificate?	☐	☐
Are you claiming exceptional urgency, or do you need this application determined within a certain time scale? If Yes, complete Form N463 and file this with your application.	☐	☐
Have you complied with the pre-action protocol? If No, give reasons for non-compliance in the box below.	☐	☐

Have you issued this claim in the region with which you have the closest connection? (Give any additional reasons for wanting it to be dealt with in this region in the box below). If No, give reasons in the box below.   ☐ Yes ☐ No

[205]

IMMIGRATION

Does the claim include any issues arising from the Human Rights Act 1998?
If Yes, state the articles which you contend have been breached in the box below. ☐ Yes ☐ No

SECTION 5 Detailed statement of grounds

☐ set out below   ☐ attached

SECTION 6 Aarhus Convention claim

I contend that this claim is an Aarhus Convention claim ☐ Yes ☐ No

If Yes, indicate in the following box if you do not wish the costs limits under CPR 45.43 to apply.

If you have indicated that the claim is an Aarhus claim set out the grounds below, including (if relevant) reasons why you want to vary the limit on costs recoverable from a party.

SECTION 7 Details of remedy (including any interim remedy) being sought

SECTION 8 Other applications

I wish to make an application for:-

[206]

SECTION 6 OF FORM T480: DETAILS OF REMEDY

SECTION 9 Statement of facts relied on

Statement of Truth

I believe (The claimant believes) that the facts stated in this claim form are true.

Full name _____

Name of claimant's solicitor's firm _____

Signed _____ Position or office held _____
   Claimant ('s solicitor)   (if signing on behalf of firm or company)

IMMIGRATION

SECTION 10 Supporting documents

If you do not have a document that you intend to use to support your claim, identify it, give the date when you expect it to be available and give reasons why it is not currently available in the box below.

Please tick the papers you are filing with this claim form and any you will be filing later.

☐ Statement of grounds	☐ included	☐ attached
☐ Statement of the facts relied on	☐ included	☐ attached
☐ Application to extend the time limit for filing the claim form	☐ included	☐ attached
☐ Application for directions	☐ included	☐ attached

☐ Any written evidence in support of the claim or application to extend time

☐ Where the claim for judicial review relates to a decision of a court or tribunal, an approved copy of the reasons for reaching that decision

☐ Copies of any documents on which the claimant proposes to rely

☐ A copy of the legal aid or Civil Legal Aid Certificate *(if legally represented)*

☐ Copies of any relevant statutory material

☐ A list of essential documents for advance reading by the court *(with page references to the passages relied upon)*

☐ Where a claim relates to an Aarhus Convention claim, a schedule of the claimant's significant assets, liabilities, income and expenditure.	☐ included	☐ attached

If Section 18 Practice Direction 54 applies, please tick the relevant box(es) below to indicate which papers you are filing with this claim form:

☐ a copy of the removal directions and the decision to which the application relates	☐ included	☐ attached
☐ a copy of the documents served with the removal directions including any documents which contains the Immigration and Nationality Directorate's factual summary of the case	☐ included	☐ attached
☐ a detailed statement of the grounds	☐ included	☐ attached

[208]

Section 6 of Form T480: Details of remedy

Reasons why you have not supplied a document and date when you expect it to be available:-

Signed _____ Claimant ('s Solicitor)_____

PART T INSURANCE

Section 67:

GENERAL INTRODUCTION

This is not the place for a detailed exposition of the law of insurance. There are a number of well-known general texts.[1] In addition, there are specialist books dealing with particular areas of insurance law. The comments made here are designed to assist the pleader to identify the essential elements of the cause of action and defence in various insurance situations.

The term "contract of insurance" has generally been used rather than "policy of insurance". This recognises that not all contracts of insurance are contained within policies. Sometimes policies are not issued, or losses occur before all the policy terms are issued or agreed. Sometimes the terms are contained in a slip. The exceptions to this general practice are motor and marine insurance, where specific statutory provisions using the term "policy" apply: see the Road Traffic Act 1988 Pt VI and the Marine Insurance Act 1906 ss.22 to 30.

On 12 August 2016, the Insurance Act 2015 (the 2015 Act) entered into force. The 2015 Act makes important changes to the law concerning insurance contracts that are entered into or varied after this date. The most significant of these changes are described further in this chapter.

67-01

Nature of insurance

A contract of insurance is one whereby one party (the insurer) promises, in return for a consideration (the premium), to pay to the other party (the insured) a sum of money or provide him with some corresponding benefit, upon the occurrence of one or more specified events.[2] There must be either uncertainty whether the event will happen or not, or, if the event is one which must happen at some time, uncertainty as to the time at which it will happen. Generally, it is a necessary part of making a recovery under a contract of insurance to prove that what caused the loss was a fortuity. The Supreme Court recently approved Channell J's definition as a correct statement of the position at common law.[3] For the purposes of statutory regulation of general insurance business under articles 10 to 13 of Financial Services and Markets Act 2000 (Regulated Activities) Order 2001 (SI 2001/544), see art.3 for a definition of "contract of insurance".

67-02

Contract of indemnity

Insurance contracts may be divided into non-indemnity insurance and indemnity insurance. Non-indemnity insurance includes life and personal accident insurance

67-03

---

[1] For example, M. Clarke, *The Law of Insurance Contracts* (looseleaf) (London: Informa) and *MacGillivray on Insurance Law*, 14th edn (London: Sweet & Maxwell, 2019).
[2] *Prudential Insurance Company v Inland Revenue Commissioners* [1904] 2 K.B. per Channell J at 663–664.
[3] *Digital Satellite Warranty Cover Ltd, Re* [2013] UKSC 7; [2013] 1 W.L.R. 605 per Lord Sumption at 614, [19].

where on the occurrence of an insured event the insured will be entitled to recover the amount set out in the policy. In indemnity insurance the insured is entitled to recover only the amount which he has lost and no more. The indemnity principle underlies the whole of this area of the law of insurance. Brett LJ in *Castellain v Preston* at 386 said[4]:

> "The very foundation, in my opinion, of every rule which has been applied to insurance law is this, namely, that the contract of insurance contained in a marine or fire policy is a contract of indemnity, and of indemnity only, and that this contract means that the assured, in case of a loss against which the policy has been made, shall be fully indemnified, but shall never be more than fully indemnified. That is the fundamental principle of insurance, and if ever a proposition is brought which is at variance with it, that is to say, which either will prevent the assured from obtaining a full indemnity, or which will give to the assured more than a full indemnity, that proposition must certainly be wrong."

The insured's loss is limited by the sum insured but is not calculated by reference to that sum. The fact that an article is insured for a particular sum will only entitle the insured to that sum if he produces proof that the article was actually worth that sum unless, as is common in marine insurance, it is a valued policy entitling a claimant to recover the agreed value of the damaged property.[5] The pleader therefore needs to include in his particulars the value of the article or building lost or destroyed and not merely the sum insured. If there has been a recovery from a third party that sum needs to be brought into account (and pleaded) to reduce the sum claimed from the insurer; otherwise the indemnity principle will be breached.

SUBROGATION

67-04 In insurance law "subrogation" describes the doctrine whereby the insurer who has indemnified the insured can then stand in the shoes of the insured and exercise the rights, and obtain the remedies, which would otherwise have been available to the insured.[6] The insurer is entitled to exercise rights of subrogation if (i) the insurance is an indemnity insurance; (ii) the insurer has made a payment under it; and (iii) the insurer's rights of subrogation are not contractually excluded. Any subrogated claim brought by an insurer to recover from a third party the loss suffered as a result of indemnifying the insured must be brought by the insurer in the name of the insured.[7] In that scenario, the third party cannot avoid liability on the ground that the assured has been (or will be) indemnified for his loss.[8] The fact that it is in reality a claim brought by the insurer should not appear on the face of the statement of case. Should an insurer, having paid out a claim, thereafter discover that the insured has made a recovery from a third party or has, for example, recovered the goods, that insurer may bring an action in its own name against the insured at common law for monies had and received to recover the money paid out,

---

[4] *Castellain v Preston* (1883) 11 Q.B.D. 380 at 386.
[5] *Quorum A/S v Schramm (Damage)* [2002] 1 Lloyd's Rep. 249 per Thomas J at 259 and *Thor Navigation Inc v Ingosstrakh Insurance Company Ltd* [2005] EWHC 19 (Comm); [2005] 1 Lloyd's Rep. 547, per Gloster J at [25].
[6] *H Cousins & Co Ltd v D&C Carriers Ltd* [1971] 2 Q.B. 230; and *Castellain v Preston* (1883) 11 Q.B.D. 380 at 388.
[7] *Mason v Sainsbury* (1782) 3 Doug. K.B. 61 at 63.
[8] *Sousa v London Borough of Waltham Forest* [2011] EWCA Civ 194; [2011] 1 W.L.R. 2197 at [44]–[45].

to the extent that there has been recovery in excess of the indemnity principle.[9] Where subrogation is dealt with in the contract of insurance, an insurer seeking to assert its rights under that clause should specifically plead the clause and its legal effect. For a modern confirmation of the law of subrogation where the old cases were revisited see *Caledonia North Sea Ltd v British Telecommunications Plc*.[10]

INSURABLE INTEREST

67-05 The insured must have an insurable interest in the event insured against. Insurance needs to be distinguished from a mere wagering contract where the risk is merely loss of the wager. Such contracts are void: s.18 of the Gaming Act 1845. The insured must plead the nature of the insurable interest held.

Insurable interest is defined in the Marine Insurance Act 1906 s.5(2):

> "In particular, a person is interested in a marine adventure where he stands in any legal or equitable relation to the adventure or to any insurable property at risk therein, in consequence of which he may benefit by the safety or due arrival of insurable property, or may be prejudiced by its loss or by damage thereto, or by detention thereof, or may incur liability in respect thereof."

There is no general definition of what constitutes an insurable interest applicable to all types of insurance. In *Feasey v Sun Life Assurance Co of Canada*,[11] the Court of Appeal conducted a survey of the relevant authorities—see [64] to [96] and the cases there cited. The court concluded (Ward LJ dissenting on the facts) that it was difficult to define "insurable interest" in words which would apply in all situations: context and the terms of the policy would be all-important. In general, a court would be reluctant to hold that a policy had failed to cover the insurable interest.

UTMOST GOOD FAITH AND DUTY OF DISCLOSURE

67-06 **The position at common law** Contracts of insurance are contracts of the utmost good faith. Under the common law, this gave rise to a legal obligation upon the insured, prior to the contract being made, to disclose to the insurer all material facts and circumstances known to the insured which affect the risk being run. Lord Mansfield's words in *Carter v Boehm* have stood the test of time[12]:

> "Insurance is a contract of speculation. The special facts upon which the contingent chance is to be computed lie most commonly in the knowledge of the assured only; the underwriter trusts to his representation, and proceeds upon confidence that he does not keep back any circumstance in his knowledge to mislead the underwriter into a belief that the circumstance does not exist and to induce him to estimate the *risque* as if it did not exist. The keeping back such circumstance is a fraud, and therefore the policy is void. Although the suppression should happen through mistake, without any fraudulent intention, yet still the underwriter is deceived and the policy is void; because the *risque* run is really different from the *risque* understood and intended to be run at the time of the agreement ... The policy would be equally void against the underwriter if he concealed...The

---

[9] *Yorkshire Insurance Co Ltd v Nisbet Shipping Co Ltd* [1961] 2 W.L.R. 1043, per Diplock J at 1049.
[10] *Caledonia North Sea Ltd v British Telecommunications Plc* [2002] UKHL 4; [2002] Lloyd's Rep. I.R. 261, particularly [11]–[16].
[11] *Feasey v Sun Life Assurance Co of Canada* [2003] EWCA Civ 885; [2003] 2 All E.R. (Comm) 587.
[12] *Carter v Boehm* (1766) Burr. 1905.

governing principle is applicable to all contracts and dealings. Good faith forbids either party, by concealing what he privately knows to draw the other into a bargain from his ignorance of the fact and his believing the contrary ...."

The obligation of good faith is mutual and owed by the insurer as well as the insured and if it is not observed by either party, the contract may in the case of non-consumer insurance contracts entered into prior to 12 August 2016 be avoided by the other party.[13] The legal basis of the obligation is not obvious and is perhaps best explained as "an incident of the contract of insurance" per Hobhouse J in *The Good Luck*.[14] It is settled law that the principles (given statutory form in the Marine Insurance Act 1906 ss.17–20) are equally applicable to marine and non-marine insurance, as they are to reinsurance.[15]

67-07 **Consumer insurance** In the case of a "consumer insurance contract", the insured's duty of utmost good of faith has been modified by the Consumer Insurance (Disclosure and Representations) Act 2012 (the 2012 Act), the material provisions of which came into force on 3 April 2013. For the purposes of the 2012 Act, a "consumer insurance contract" is defined under s.1 as "... a contract of insurance between (a) an individual who enters into the contract wholly or mainly for the purposes unrelated to the individual's trade, business or profession; and (b) a person who carries on the business of insurance and who becomes a party to the contract by way of that business)...". The 2012 Act abolishes the consumer's duty to volunteer material facts (see s.2(4)). Instead, under s.2(2), it is the duty of the consumer to take "reasonable care" not to make a misrepresentation to the insurer, which is to be determined in the light of all the relevant circumstances (see, generally, s.3).

67-08 **Non-consumer insurance contacts after 12 August 2016** In the case of non-consumer insurance contracts entered into after 12 August 2016, s.14(1) of the 2015 Act abolishes the right of either party to avoid the contract for a breach of the duty of utmost good faith, including by non-disclosure. In its place, the 2015 Act imposes a duty on the insured to make a "fair presentation of the risk" to the insurer prior to the contract being made, which encompasses both giving disclosure and the making of representations. Section 3 of the 2015 Act defines the duty of fair presentation:

"**The duty of fair presentation**
  3.—(1) Before a contract of insurance is entered into, the insured must make to the insurer a fair presentation of the risk.
  (2) The duty imposed by subsection (1) is referred to in this Act as "the duty of fair presentation":
    (3) A fair presentation of the risk is one—
      (a) which makes the disclosure required by subsection (4),
      (b) which makes that disclosure in a manner which would be reasonably clear and accessible to a prudent insurer, and

---

[13] *Banque Keyser SA v Skandia (UK) Insurance Co Ltd* [1990] 1 Q.B. 665 at 770F–G (affirmed [1991] 2 A.C. 249, reversed on another ground).
[14] *The Good Luck* [1988] 1 Lloyd's Rep. 514 at 546 (affirmed [1989] 2 Lloyd's Rep. 238, per May LJ at 264 reversed on other grounds [1992] 1 A.C. 233).
[15] *Pan Atlantic Insurance Co v Pine Top Insurance Co* [1995] A.C. 501 at 518D–E and 554D–G and *Highlands Insurance Co v Continental Insurance Co* [1987] 1 Lloyd's Rep. 109 at 113–114.

(c) in which every material representation as to a matter of fact is substantially correct, and every material representation as to a matter of expectation or belief is made in good faith.
(4) The disclosure required is as follows, except as provided in subsection (5)—
   (a) disclosure of every material circumstance which the insured knows or ought to know, or
   (b) failing that, disclosure which gives the insurer sufficient information to put a prudent insurer on notice that it needs to make further enquiries for the purpose of revealing those material circumstances.
(5) In the absence of enquiry, subsection (4) does not require the insured to disclose a circumstance if—
   (a) it diminishes the risk,
   (b) the insurer knows it,
   (c) the insurer ought to know it,
   (d) the insurer is presumed to know it, or
   (e) it is something as to which the insurer waives information.
(6) Sections 4 to 6 make further provision about the knowledge of the insured and of the insurer, and section 7 contains supplementary provision."

The remedies available to an insurer where the insured breaches the duty of fair presentation are set out in the 2015 Act and are described in para.67-17.

Duty of insured's broker The Film Finance litigation drew attention to the separate and independent duty of disclosure owed by an insured's broker under s.19 of the Marine Insurance Act 1906. Even if the insured is released from his duty of disclosure under the contract, where, for example, he is not aware of the detailed background to the adventure because it is a "broker product", that does not necessarily release the broker from his duty which is both separate and independent of the duty owed by the insured.[16] In *Drake Insurance Plc v Provident Insurance Plc*,[17] Pill LJ suggested at [177] that the insurer's duty of good faith required it, before taking the draconian step of avoiding, to tell the insured what it had in mind and offer the insured the opportunity to comment on the proposed grounds of avoidance.

67-09

The 2015 Act removes the broker's independent duty of disclosure. Instead *the insured*, in fulfilling its duty of fair presentation, is required to disclose all material circumstances which are known to any individual responsible for its insurance, which includes agents acting for the insured such as brokers (see ss.4(2)–(3) and 4(8) of the 2015 Act). Further, the insured must disclose any material circumstances that would have been revealed by a reasonable search of the information available to it, which includes information held by its agents (see ss.4(6)–(7) of the 2015 Act).

Non-disclosure At common law, in a non-disclosure defence the burden is on the insurer to prove:

67-10

   (i) that a *material circumstance*, which was *known to or ought in the ordinary course of his business to have been known to the insured* and which was

---

[16] See *HIH Casualty and General Insurance Ltd v Chase Manhattan Bank* [2003] UKHL 6; [2003] 2 Lloyd's Rep. I.R. 230 at 241–242, 247, 249 and 254.
[17] *Drake Insurance Plc v Provident Insurance Plc* [2003] EWCA Civ 1834; [2004] Q.B. 601.

not known to and not deemed to be known to the insurer, was *not disclosed*; and/or

(ii) that a person acting as an *agent to insure* failed to disclose a *material circumstance* which was *known to that agent* or which *ought in the ordinary course of business to have been known by him or ought to have been communicated to him* but which was *not known and not deemed to be known* to the insurer; and

(iii) that the insurer was *induced* by the non-disclosure to write the risk on the relevant terms.

(See the Marine Insurance Act 1906 ss.18, 19.) Each of the parts in italics should be specifically pleaded in the insurer's statement of case.

The common law test for materiality is set out in the Marine Insurance Act 1906 s.18(2):

"Every circumstance is material which would influence the judgment of a prudent insurer in fixing the premium or determining whether he will take the risk."

67-11 **Breach of duty of fair presentation** For non-consumer contracts of insurance entered into after 12 August 2016, an insurer wishing to allege that an insured breached its duty of fair presentation must prove:

(i) either that:
(a) a *material circumstance*, which was *known to or ought to have been known to the insured* and which was *not known to and ought not have been known to the insurer and is not presumed to be known by the insurer*, was not disclosed; or
(b) the *presentation given by the insured* did not *make the required disclosure in a manner which would be reasonably clear and accessible to a prudent insurer*; or
(c) a *material representation as to a matter of fact* was not *substantially correct* or a *material representation as to a matter of expectation or belief* was *not made in good faith*;
and

(ii) that *but for the insured's breach of the duty of fair presentation*, the insurer—
(a) *would not have entered into the contract of insurance at all*; or
(b) *would have done so only on different terms*.

(See the 2015 Act ss.3, 8.) Each part in italics should be specifically pleaded in the insurer's statement of case.

67-12 **Materiality and inducement** Under the common law rule, the materiality of information is a question of fact, determined at the time that disclosure is due, by reference to the judgment of the prudent insurer. For the purposes of materiality it is not necessary for the insurer to prove that he would not have written the risk or would have charged a higher premium. It is sufficient if the fact or circumstance not disclosed would have had an effect on the thought processes of the insurer in weighing up the risk.[18] Under s.18(2) of the Marine Insurance Act 1906, the relevant

---

[18] *Pan Atlantic Insurance Co v Pine Top Insurance Co* [1995] 1 A.C. 501 per Lord Mustill at 531.

insurer is not the particular insurer but a reasonable insurer in the relevant sector of the market at the time of the contract.[19]

For non-consumer contracts of insurance governed by the 2015 Act, the test of materiality is codified in s.7(3) of the Act as follows: "A circumstance or representation is material if it would influence the judgement of a prudent insurer in determining whether to take the risk and, if so, on what terms." Non-exhaustive examples of things which may be material circumstances are also provided in s.7(4) of the 2015 Act. Whether circumstances falling within the examples are in fact material will depend upon the facts in each case.

It is also necessary for the individual insurer to prove that he was induced, as a matter of fact, by the non-disclosure, i.e. that, but for the non-disclosure, he would not have entered the particular contract, at all or on the same terms.[20] It will therefore generally be necessary to call the individual underwriter who wrote the risk to give evidence of that inducement. However, it is open to the court to infer from the facts that a particular insurer was induced in particular circumstances.[21] Yet the mere fact that the non-disclosure was material does not give rise to an automatic presumption that its non-disclosure induced the particular underwriter to write the risk.[22] In order to be entitled to avoid a contract of insurance entered into prior to 12 August 2016, an insurer must prove on the balance of probabilities that he was induced to enter into the contract by a material non-disclosure or by a material misrepresentation: *Assicurazioni Generali SpA v ARIG* at [62]. Evidence of actual reliance and inducement by the underwriter, should be pleaded. As to when a following insurer can rely on a non-disclosure or misrepresentation made to a lead underwriter, see *International Lottery Management Ltd v Dumas*.[23] See also *Drake Insurance Plc v Provident Insurance Plc* in which the Court of Appeal held that insurers of a motor policy who operated a points system when deciding whether and on what terms to offer cover were not induced by the non-disclosure of a speeding conviction because if a full presentation had been made the insured would still have fallen within the same band of points.

For non-consumer contracts of insurance entered into after 12 August 2016, to be entitled to a remedy the insurer must prove that but for the insured's breach of the duty of fair presentation it would either (i) not have entered into the contract at all; or (ii) would have done so only on different terms (see 2015 Act s.8). The remedies available to the insurer depend upon whether the insured's breach was deliberate or reckless and, if the breach was not deliberate or reckless, what the insurer would have done had a fair presentation of the risk been made. The available remedies are listed in para.67-17.

67-13

For non-consumer contracts of insurance entered into prior to 12 August 2016, it was possible to include in the proposal form a declaration requiring the insured to state that the answers given in the proposal were correct and would form the basis of the contract of insurance. The effect of such a declaration was to convert all state-

---

[19] *Associated Oil Carriers Ltd v Union Insurance Society of Canton Ltd* [1917] 2 K.B. 184 at 191–192.
[20] *Decorum Investments Ltd v Atkin (The Elena G)* [2001] 2 Lloyd's Rep. 378, per David Steel J at 382.
[21] *St Paul Fire and Marine v McConnell Dowell Constructors Ltd* [1995] 2 Lloyd's Rep. 116 per Evans LJ at 127 and *Bate v Aviva Insurance UK Ltd* [2014] EWCA Civ 334; [2014] Lloyd's Rep. I.R. 527 per Tomlinson LJ at [35].
[22] *Pan Atlantic Insurance Co v Pine Top Insurance Co* [1995] A.C. 501 per Lord Mustill at 542 and 551 and *Assicurazioni Generali SpA v Arab Insurance Group (BSC)* [2002] EWCA Civ 1642; [2003] Lloyd's Rep. I.R. 131 at 148–149.
[23] *International Lottery Management Ltd v Dumas* [2002] Lloyd's Rep. I.R. 237 at [71]–[81].

ments made in the proposal form into warranties, entitling the insurer to avoid the contract for breach of warranty if any statement was false, irrespective of the materiality of the statement and whether the statement had induced it to enter into the contract.[24] The 2015 Act renders such declarations ineffective to convert statements made by the insured in connection with a proposed contract entered into after 12 August 2016 into warranties (see 2015 Act s.9). Such declarations had already been rendered ineffective in consumer insurance contracts entered into after 6 April 2013 by s.6 of the 2012 Act.

67-14 **Defence of waiver** In his response to the insurer's statement of case alleging that the policy has been avoided on the grounds of non-disclosure, the insured may be able to rely on a defence of waiver. Thus, if an insurer seeks certain limited information from the questions posed in the proposal form, he may be deemed to have waived further or wider disclosure.[25] Whether or not such a waiver is present depends on a true construction of the proposal form, the test being whether a reasonable man reading the proposal form would have been justified in thinking that the insurer had restricted his right to receive all material information, and consented to the omission of the particular information in issue.[26] Thus a motor insurer who seeks three years' claims history cannot complain if various claims made four years earlier are not disclosed, even though they might otherwise have been material to the risk. Similarly if an insurer by his words or actions makes it obvious to the insured's broker that he is not interested in a particular fact or circumstance then that may give rise to a waiver which disentitles the insurer from relying on the non-disclosure of that fact or circumstance. In this way the scope of the inquiry determines the scope of the duty of disclosure: cf. s.18(3)(c) of the Marine Insurance Act 1906. However, the insurer is not required to be a detective and will not easily be found to have been put on inquiry, lest the primary obligation of disclosure be undermined.[27]

67-15 **Remedy for non-disclosure: the common law position** The insurer's remedy for non-disclosure in the case of non-consumer contracts of insurance entered into prior to 12 August 2016 is a right to avoid the policy. In the absence of fraud on the part of the insured, the insured is entitled to return of the premium on avoidance.[28] There is no right to damages for breach of a duty of good faith but only a right to avoid the policy.[29] The point was not considered in the House of Lords in that case but the Court of Appeal's decision in *Banque Keyser* was followed in *HIH Casualty & General Insurance Ltd v Chase Manhattan Bank*.[30] Similarly, in *The Star Sea*[31] both counsel accepted (see [49]) that the Court of Appeal were right in *Banque Keyser*

---

[24] *Genesis Housing Association Ltd v Liberty Syndicate Management Ltd* [2013] EWCA Civ 1173; [2013] Bus. L.R. 1399.
[25] *Schoolman v Hall* [1951] 1 Lloyd's Rep. 139 per Asquith LJ at 143.
[26] *Doheny v New India Assurance* [2005] Lloyd's Rep. I.R. 251 per Longmore LJ at [17]–[20].
[27] For example, *Greenhill v Federal Insurance Co* [1927] 1 K.B. 65, per Scrutton LJ at 84–85; and *Wise (Underwriting Agency) Ltd v Grupo Nacional Provincial* [2004] Lloyd's Rep. I.R. 764, where the Court of Appeal considered the relationship between waiver and the obligation of the insured to make a fair presentation of the risk.
[28] Marine Insurance Act 1906 s.84(1); *Tyrie v Fletcher* (1777) 2 Cowp. 666 at 668, per Lord Mansfield and *Anderson v Thornton* (1853) 8 Ex. 425 per Parke B at 428–429.
[29] *Banque Keyser SA v Skandia (UK) Insurance Co Ltd* [1990] Q.B. 665 at 774–781.
[30] *HIH Casualty & General Insurance Ltd v Chase Manhattan Bank* [2003] Lloyd's Rep. I.R. 230, see [75].
[31] *The Star Sea* [2001] 1 Lloyd's Rep. 389.

in deciding that there is no right to damages for breach of a duty of good faith but only a right to avoid the policy.

If an insurer with full knowledge of a material non-disclosure on the part of an insured does an unequivocal act affirming the contract of insurance or waiving the non-disclosure, for example by paying a claim, he will not thereafter be able to rely on the non-disclosure.[32] On the distinction between waiver by election and waiver by estoppel, see *Kosmar Villa Holidays Plc v Trustees of Syndicate 1243*.[33] In *Lexington Insurance Co v Multinacional de Seguros SA*[34] it was held that no waiver by election had occurred where the reinsurers were not presented with a choice between two mutually inconsistent rights.

Remedy for failure to make a fair presentation: the 2015 Act For non-consumer contracts of insurance entered into after 12 August 2016, the insurer's remedy for an insured's failure to make a fair presentation of the risk is set out in Sch.1 to the 2015 Act. Where the insured's breach of the duty of fair presentation was deliberate or reckless (meaning that either the insured knew that it was breaching the duty or did not care whether or not it breached the duty: see s.8(5) of the 2015 Act), the insurer may avoid the contract and refuse all claims thereunder and need not return the premium paid by the insured (para.2 of Sch.1 to the 2015 Act). If it is intended to allege that a breach was deliberate or reckless, this must be pleaded by the insurer, who will bear the burden of proof in this regard (s.8(6) of the 2015 Act).

Where the insured's breach was not deliberate or reckless, the insurer's remedy depends on what the insurer would have done had it received a fair presentation of the risk (paras 3–6 of Sch.1 to the 2015 Act):

(i) if the insurer would not have entered into the contract on any terms, it may avoid the contract and refuse all claims thereunder, but must return the premium paid by the insured;

(ii) if the insurer would still have entered into the contract, but would have done so on *different terms* (for example by imposing an exclusion clause in respect of certain activities), the insurer may treat the contract as having been entered into on those different terms from the outset; and/or

(iii) in addition to (ii), if the insurer would have charged a higher premium for entering into the contract, the insurer may reduce the amount of any claims paid under the contract in proportion to the difference between the higher premium and the premium actually charged (e.g. if the premium actually charged was £50 but the insurer would have charged £100 had a fair presentation been made, it may reduce all claims by 50%).

It will be necessary for an insurer seeking to apply one of these remedies to plead what it would have done had a fair presentation been given and call evidence in this regard, preferably from the individual underwriter who write the risk.

---

[32] *Container Transport International v Oceanus Mutual Underwriting Association (Bermuda) Ltd (No.1)* [1984] 1 Lloyd's Rep. 476, per Kerr LJ at 498 and Stephenson LJ at 529 and *The Kanchenjunga* [1990] 1 Lloyd's Rep. 391, per Lord Goff at 398–399.

[33] *Kosmar Villa Holidays Plc v Trustees of Syndicate 1243* [2008] EWCA Civ 147; [2008] 2 All E.R. (Comm) 14 at [36]–[38].

[34] *Lexington Insurance Co v Multinacional de Seguros SA* [2009] 1 All E.R. (Comm) 35 at 61–68.

MISREPRESENTATION

67-18   The defences of non-disclosure and misrepresentation are frequently run together. An insurer is entitled to avoid a contract of insurance entered into prior to 12 August 2016 for misrepresentation by the insured.[35] The misrepresentation can be made fraudulently, negligently or innocently. Before an insurer can succeed in a defence of misrepresentation he must prove that the insured made a statement concerning a fact relating to the past or present which was untrue. It is not sufficient that the insured made an untrue statement or promise about the future or gave an opinion which turned out to be wrong.[36] A statement as to the future in which the insured has no belief may be a fraudulent misrepresentation.[37] For a recent application of this principle, see *Limit No.2 Ltd v Axa Versicherung AG (formerly Albingia Versicherung AG)*.[38] Normally a statement of opinion is coupled with the implication that the opinion is genuinely held. However, there may not be any implied representation that the insured had reasonable grounds for his belief.[39]

Except in a case of fraudulent misrepresentation, the misrepresentation must also be proved by the insurer to be material to the risk (as to materiality see para.67-12, in relation to non-disclosure). The misrepresentation must have been relied upon by the insurer such that he was induced to write the risk. As to inducement, it is sufficient if it was "actively present" in the mind of the insurer when he wrote the risk.[40] The misrepresentation has to be an effective cause of the particular insurer entering into the contract but it does not need to be the sole cause: *Assicurazioni SpA v ARIG* at [59]. As in the case of non-disclosure, the test here will be a higher one than for judging materiality and the insurer will have to prove on the balance of probabilities that he would not have written the risk, or at least not written it on the same terms. If it were otherwise the necessary reliance would be missing and it could not be said that the insurer had been induced to write the risk by the misrepresentation.

BREACH OF WARRANTY

67-19   In a contract of insurance a "warranty" is a (usually express) term of the contract by which an insured "warrants" that certain facts are true or are true and will remain so, or that he will perform some particular obligation. The scope of a warranty, like that of any other term of the contract of insurance, is determined by construing the warranty and, in so doing, the court is allowed to consider the purpose of the warranty. The warranty must be strictly adhered to. Under the common law, it was possible to turn any statement made by the insured in its proposal form into a warranty by inserting a so-called "basis clause" (see para.67-13). Such clauses have now been rendered ineffective for contracts governed by the 2012 and 2015 Acts.

For contracts of insurance entered into prior to 12 August 2016, the effect of a

---

[35] Marine Insurance Act 1906 s.20(1); *Graham v Western Australian Ins* (1931) 4 Lloyd's Rep. 64 at 66, per Roche J.
[36] *Pawson v Watson* (1778) 2 Cowp. 787, per Lord Mansfield at 788.
[37] *The Dora* [1989] 1 Lloyd's Rep. 69 at 90, per Phillips J.
[38] *Limit No.2 Ltd v Axa Versicherung AG (formerly Albingia Versicherung AG)* [2008] Lloyd's Rep. I.R. 396.
[39] See the differing judgments in *Economides v Commercial Union Assurance Co Plc* [1998] Q.B. 587 at 598–599 (Simon Brown LJ), 606 (Peter Gibson LJ) and 608–609 (Sir Iain Glidewell); see also s.20(5) of the Marine Insurance Act 1906.
[40] *Edgington v Fitzmaurice* (1885) 29 Ch. D. 459 at 483, per Bowen LJ.

breach of warranty is automatically to discharge the insurer's liability under the contract of insurance from the date of breach.[41] There is no requirement that the breach of warranty should be material to the loss claimed.

For contracts of insurance entered into after 12 August 2016, this rule is abolished by the 2015 Act (see s.10) and instead the effect of a breach of warranty is to suspend the insurer's liability in respect of any loss occurring, or attributable to something happening, while the warranty remains breached. If the breach of warranty is remedied, the insurer's liability will resume with effect from the date the breach is remedied.

An insurer may, either expressly or impliedly by conduct, render himself estopped from relying upon a breach of warranty: see s.34(3) of the Marine Insurance Act 1906. For a detailed discussion of the operation of estoppel in such cases, see *HIH Casualty & General Insurance Ltd v AXA Corporate Solutions*.[42] Thus payment of a claim or the acceptance of premium with full knowledge of the breach will often found such an estoppel.[43] In *Argo Systems FZE v Liberty Insurance (PTE)*[44] the Court of Appeal overturned the decision of Judge Mackie QC that an insurer was estopped from alleging the insured's breach of a no hold harmless warranty as a defence to a claim, having failed to raise that defence seven years previously at the time when the insurer first rejected the insured's claim. The Court of Appeal held that there were no special circumstances that were capable of turning the insurer's silence and inaction over the seven year period into an unequivocal representation to the insured that it did not intend to enforce its strict legal rights based on the insured's breach of the no hold harmless warranty.

The insurer must set out all the facts upon which he relies to establish the breach. The burden is on the insurer to prove a breach of warranty.[45]

DEFENCE TO NON-COMPLIANCE WITH CERTAIN TERMS

67-20 The 2015 Act introduces a new defence for insureds where there has been a failure to comply with certain terms in contracts of insurance entered into after 12 August 2016 (see s.11). If the insured can demonstrate that its non-compliance with a term tending to reduce the risk of loss of a particular kind, or at a particular location or time (but not a term defining the risk as a whole), could not have increased the risk of the loss which actually occurred in the circumstances in which it occurred, then the insurer may not rely on the non-compliance to refuse a claim in respect of that loss. Importantly, the insured will not satisfy this test simply by showing that the non-compliance was not causative of the loss that occurred; the insured must prove that compliance could not possibly have reduced the risk of the loss occurring. An insured wishing to rely on this new provision should plead it by way of reply to an insurer's defence alleging non-compliance with such a term.

---

[41] Marine Insurance Act 1906 s.33(3) and *The Good Luck* [1992] 1 A.C. 233, per Lord Goff at 262.
[42] *HIH Casualty & General Insurance Ltd v AXA Corporate Solutions* [2003] Lloyd's Rep. I.R. 1.
[43] *Jones v Bangor Mutual* (1889) 61 L.T. 727, per Mathew J at 729.
[44] *Argo Systems FZE v Liberty Insurance (PTE)* [2011] EWCA Civ 1572; [2012] 2 All E.R. (Comm) 126.
[45] *Barrett v Jermy* (1849) 3 Ex. 535, per Parke B at 542.

Post contract obligations of good faith

67-21 The parties to the insurance contract are bound to observe the utmost good faith throughout their dealings with one another.[46] While there is no obligation to make further disclosure once the contract is made, the obligation arises again whenever there is a contractual alteration or modification to the contract, e.g. by way of an endorsement. Where a non-consumer contract of insurance is altered or modified after 12 August 2016, the insured must fulfill the duty of fair presentation in relation to changes in the risk relevant to the proposed variation (see s.2(2) of the 2015 Act). When facts or circumstances relevant to that alteration or modification are material, they must be disclosed.[47] At renewal of the contract, the obligation to make full disclosure arises again. If it is necessary for the insured to make declarations to the insurer during the course of the contract which alter the risk insured, the duty will arise in relation to those declarations.

If the insured makes a claim which is fraudulent, because the claim is either fabricated or the amount of the loss is dishonestly exaggerated, the insurer may treat the claim as forfeited.[48] For contracts of insurance entered into prior to 12 August 2016, the better view appears to be that the fraudulent claims rule is to be regarded as contractual in nature (being either a term implied or inferred by law or at least an incident of the contract) rather than a manifestation of the duty of utmost good faith, with the consequence that the insurer may avoid the contract prospectively only from the date of the fraud rather than ab initio: *Versloot Dredging BV v HDI Gerling Industrie Versicherung AG*,[49] although the discussion was obiter, as the point was not required to be decided. For contracts of insurance entered into after 12 August 2016, the consequences of the insured making a fraudulent claim are set out in s.12 of the 2015 Act: the insurer is not liable to pay the fraudulent claim and may treat the contract of insurance as having been terminated from the date of the fraudulent act (but must pay any legitimate claims for losses occurring prior to the date of the fraudulent act).

Dishonesty in the presentation of an otherwise legitimate claim by the insured which is ultimately shown to be immaterial to the validity of the claim and the insured's right to be indemnified, such as a lie told in support of a legitimate claim in the hope that it will lead to a faster payment by the insurer (often referred to as a fraudulent device or a collateral lie), will not lead to the claim being forfeited: *Versloot Dredging BV* per Lord Sumption JSC at [36].[50]

The onus of proving fraud is on the party who alleges it. Since fraud most often arises as a defence to an action on the policy, that onus usually falls on the insurer. The standard of proof is the civil standard (i.e. the balance of probabilities). However, when assessing the likelihood of whether a particular event happened, the

---

[46] *Boulton v Houlder Brothers & Co* [1904] 1 K.B. 784, per Mathew LJ at 791–792; and *Manifest Shipping Co Ltd v Uni-Polaris Insurance Co Ltd (The Star Sea)* [2003] 1 A.C. 469, per Lord Hobhouse at 493, [48].
[47] *Lishman v Northern Maritime Insurance Co* (1875) L.R. 10 C.P. 179, per Bramwell B at 181–182.
[48] *Manifest Shipping Co Ltd v Uni-Polaris Insurance Co Ltd (The Star Sea)* [2003] 1 A.C. 469.
[49] *Versloot Dredging BV v HDI Gerling Industrie Versicherung AG* [2016] UKSC 45, per Lord Sumption JSC at [8].
[50] Reversing contrary decisions at both first instance (*Versloot Dredging BV v HDI Gerling Industrie Versicherung AG* [2013] EWHC 1666 (Comm); [2013] 2 All E.R. (Comm) 465 by Popplewell J) and by the Court of Appeal (*Versloot Dredging BV v HDI Gerling Industrie Versicherung AG* [2014] EWCA Civ 1349; [2015] Q.B. 608).

court will have in mind as a factor that the more serious the allegation, the less likely it is that the event occurred: see generally the remarks of Lord Nicholls in *Re H*.[51]

CONDITIONS PRECEDENT TO LIABILITY

Notification of loss or circumstances Whether a failure to provide timely notification of a loss, or of circumstances which may give rise to a loss, results in an insured being unable to recover in respect of that loss depends on the construction of the insurance contract. If it is a true condition precedent to liability, a breach of the notification clause will provide the insurer with a complete defence to the claim, even where no prejudice is caused thereby.[52] The same principle applies to claims co-operation clauses and the implied obligation to provide information to insurers within a reasonable time.[53] As to when a clause is to be construed as a condition precedent see *George Hunt Cranes Ltd v Scottish Boiler and General Insurance Co Ltd* and *Tullow Uganda Ltd v Heritage Oil and Gas Ltd*.[54] If the notification clause is not a condition precedent, it is unlikely to be construed as a condition subsequent allowing the insurer to treat the contract as a whole as repudiated; the only remedy available to the insurer for breach of the term is likely to be damages.[55] For a case in which damages were awarded for breach of an obligation to give immediate notification of an incident which could result in a claim, see *Milton Keynes Borough Council v Nulty*.[56] There is no rule of law that an insurer's repudiation of liability, on a ground unconnected with the insured's compliance with procedural requirements under the policy constituting conditions precedent to the insurer's liability, relieves the insured of the obligation to comply with those requirements.[57]

67-22

For a case which considers the various types of conditions and warranties and their effect in a policy of insurance see *K/S Merc-Skandia v Certain Lloyd's Underwriters*.[58] The notification to the insurer should be pleaded.

What amounts to a circumstance which may (or sometimes "is likely to") give rise to a claim will depend on the facts. In considering the interpretation of these clauses under claims made policies, the courts will often have regard to the difficulty of obtaining cover from new insurers where circumstances exist which may give rise to a claim. This makes notification to existing insurers more easy to justify.[59] In *HLB Kidsons (a firm) v Certain Lloyd's Underwriters*[60] a clause requiring notice to be given "as soon as practicable" was construed as a condition

---

[51] *Re H* [1996] A.C. 563 at 586–587.
[52] *Pioneer Concrete (UK) Ltd v National Employers Mutual General Ins Assn Ltd* [1985] 2 All E.R. 395 at 400 (approved by the Privy Council in *Motor and General Ins Co Ltd v Pavey* [1994] 1 Lloyd's Rep. 607.
[53] *Shinedean Ltd v Alldown Demolition London Ltd* [2006] Lloyd's Rep I.R. 846.
[54] *George Hunt Cranes Ltd v Scottish Boiler and General Insurance Co Ltd* [2002] Lloyd's Rep. I.R. 178 and *Tullow Uganda Ltd v Heritage Oil and Gas Ltd* [2014] EWCA Civ 1048; [2014] 2 C.L.C. 61.
[55] *Friends Provident Life and Pensions Ltd v Sirius International Ltd* [2006] Lloyd's Rep. I.R. 45.
[56] *Milton Keynes Borough Council v Nulty* [2011] EWHC 2847 (TCC); [2012] Lloyd's Rep. I.R. 453 per Edwards-Stuart J at [259]–[276].
[57] *Diab v Regent Insurance Co Ltd* [2006] UKPC 29; [2006] Lloyd's Rep. I.R. 779 at [23].
[58] *K/S Merc-Skandia v Certain Lloyd's Underwriters* [2001] Lloyd's Rep. I.R. 802 per Longmore LJ at 811–812.
[59] *J. Rothschild Assurance v Collyear* [1999] 1 Lloyd's Rep. I.R. 6 at 22, per Rix J.
[60] *HLB Kidsons (a firm) v Certain Lloyd's Underwriters* [2009] 2 All E.R. (Comm) 81; [2009] Lloyd's Rep. I.R. 178.

precedent. Whether or not the purported notification was effective depended upon what it reasonably conveyed to its recipient. In the same case, the Court of Appeal determined that the question of whether a relevant circumstance might give rise to a claim or loss against the assured, and therefore require notification by the assured to the insurer, was to be ascertained objectively: see the views expressed on this question by Rix LJ ([72]–[76]) and Toulson LJ ([137]–[141]). The objective test was approved by the Court of Appeal in *Laker Vent Engineering Ltd v Templeton Insurance Ltd*.[61]

The courts have applied the general rules of waiver and estoppel to the breach of procedural conditions in insurance contracts.[62] For an example of a successful reliance by an insured on the doctrine of estoppel by acquiesce in this context see *Ted Baker Plc v AXA Insurance UK Plc*.[63]

67-23 **Particulars of loss** An insured will generally be required, by the terms of the contract, to provide some particulars of loss and often proof of loss as well. Where these clauses are conditions precedent to liability the insured should plead the fact that particulars and/or proof of loss have been supplied. As to the effect of failure to comply with such clauses, see para.67-22.

Right of action/Limitation

67-24 Once an insured has suffered a loss as the result of an insured event a cause of action arises against an insurer: see, for example, *Sprung v Royal Insurance Co (UK) Ltd*.[64] This will be so even before any notice has been given to the insurer and before any obligations to supply particulars, or proof, of loss have been complied with. In indemnity insurance the action against the insurer will be for unliquidated damages and not debt.[65] While the CPR have the effect of requiring an insured to seek to reach agreement with his insurer prior to commencing proceedings, the cause of action arises from the moment of loss.

In liability insurance the cause of action generally arises once the liability has been established either by judgment, award or agreement.[66] In practice this does not mean that a Pt 20 claim cannot be brought against the defendant's insurer if there is a dispute on coverage which it is appropriate to have dealt with immediately following the determination of liability in the main proceedings.[67]

Actions based on a contract may not be brought more than six years after the date on which the cause of action accrued (Limitation Act 1980 s.5). In the absence of fraud or concealment this period will not be extended (Limitation Act 1980 s.32).

---

[61] *Laker Vent Engineering Ltd v Templeton Insurance Ltd* [2009] 2 All E.R. (Comm) 755 at 774, [82].
[62] See, e.g. *Ayrey v British Legal & United Provident Assurance Co Ltd* [1918] 1 K.B. 136, per Atkin LJ at 142.
[63] See *Ted Baker Plc v AXA Insurance UK Plc* [2017] EWCA Civ 4097; [2017] Lloyd's Rep. I.R. 682.
[64] *Sprung v Royal Insurance Co (UK) Ltd* [1991] 1 Lloyd's Rep. I.R. 111 at 115, per Evans LJ and at 119, Beldam LJ.
[65] See, for example, *Forney v Dominion Insurance Co Ltd* [1969] 1 Lloyd's Rep. 502 at 509.
[66] *Post Office v Norwich Union Fire Ins.* [1967] 2 Q.B. 363 at 373; *Bradley v Eagle Star* [1989] A.C. 957 at 966.
[67] *Brice v Wackerbarth* [1974] 2 Lloyd's Rep. 274.

Damages for late payment

67-25 Prior to 4 May 2017, there was no right to obtain damages for late payment by an insurer even where the insured has suffered loss and the insurer has behaved unreasonably.[68] This was because the law regards a claim under an insurance policy as a claim to damages for breach of contract (on which further damages are not payable), as opposed to a claim in debt (on which damages for late payment would be payable). However, the Enterprise Act 2016 inserted a new s.13A of the 2015 Act making it a term of every contract of insurance entered into after 4 May 2017 that the insurer must pay any sums due in respect of the claim within a reasonable time. What is a reasonable time will depend on the circumstances of each case and includes a reasonable time to investigate and assess the claim (ss.13A(2)–(3) of the 2015 Act). If the insurer has disputed the claim, it is for the insurer to show that it had reasonable grounds for doing so (s.13A(4)). An insured seeking to claim damages for breach by the insurer of this implied term must particularise the damage that it has suffered as a result of the insurer's unreasonable delay. Such a claim must be brought no later than one year from the date on which the insurer paid the claim (Limitation Act 1980 s.5A, inserted by Enterprise Act 2016 s.30).

Third Party rights

67-26 Where a person is liable to a third party and is insured in respect of that liability, the insured's rights under the contract of insurance will be transferred to the third party in the event that the insured becomes subject to a relevant insolvency process. Where either: (i) the liability was incurred; or (ii) the insolvency process commenced; on or after 1 August 2016, this transfer of rights is effected by the Third Parties (Rights Against Insurers) Act 2010. Where both the liability and the insolvency process pre-date 1 August 2016, the transfer of rights is governed by the Third Party (Rights Against Insurers) Act 1930.

Under the 2010 Act, the third party may bring proceedings directly against the insurer to establish both the insured and the insurer's liability (see s.2). The insurer may rely on any defence that would have been open to the insured if proceedings had been brought against the insured by the third party (see s.2(4)). Where the policy requires the insured to take certain steps as a condition to establishing liability under the contract of insurance, those steps may be taken by the third party and certain conditions are rendered inapplicable where rights are transferred pursuant to the 2010 Act (see s.9). A third party that believes it has a claim against an insured person and that it may have acquired rights under the 2010 Act can seek certain information from the insurer or a third party who is able to provide that information, such as the name of the insurer and the terms of the contract (see Sch.1).

Under the 1930 Act, by contrast, the third party cannot maintain an action against the insurer until he establishes the liability of the insured by judgment, by an award in arbitration or by agreement.[69] A third party claimant under the 1930 Act has vested in him such rights under the policy as the insured would have had. If the right of the insured to receive payment under the policy is subject to a condition

---

[68] See *Sprung v Royal Insurance* [1999] 1 Lloyd's Rep. I.R. 111.
[69] *Post Office v Norwich Union Fire Insurance Society Ltd* [1967] 2 Q.B. 363 per Denning LJ at 373–374; *Bradley v Eagle Star Insurance* [1989] A.C. 957.

precedent, the third party is subject to the same condition precedent.[70] The third party should plead the liability of the insured, the contract of insurance and the insured's right to be indemnified under it. The Act should then be invoked to prove that the insured's rights have vested in the third party entitling him to judgment against the insurers. As to the operation of the Act, see *OT Computers Ltd (In Administration), Re*[71] in which the Court of Appeal held that: (a) the statutory transfer applied to all forms of liability insurance and not just to insurance in respect of liability in tort or contract for negligence (overruling the first instance decisions *Tarbuck v Avon Insurance Plc* and *T&N Ltd v Royal & Sun Alliance Plc*[72]); and (b) the transfer took place at the date of the relevant "insolvency event" (overruling the first instance decision of *Nigel Upchurch & Associates v The Aldridge Investment Co Ltd*[73]).

Under both Acts, rights transferred to the third party are subject to all defences available to the insurer, whether they concern the avoidance of cover such as non-disclosure, the extent of cover such as exceptions, or (subject to s.9 of the 2010 Act) procedural conditions such as notice.

Pleading in insurance actions

67-27 The insured should plead briefly and succinctly the facts which it is necessary for him to prove to obtain judgment. Thus he should plead that the contract of insurance was made covering the particular interest of the insured. A copy of the written contractual document (policy, slip, etc.) should be attached to, or served with, the claim form or particulars of claim. He should plead that a loss has occurred caused by an event or peril within the cover provided by the contract; that the loss occurred or, as the case may be, the claim or circumstance was notified, within the period covered by the insurance contract; that the claim or circumstance has been notified, in accordance with the terms of the contract, to the insurers and that all other conditions precedent have been complied with. Finally the insured must plead the quantum of his claim and interest thereon, which must be quantified: CPR r.16.4(2). Any (a) allegation of fraud; and/or (b) the details of any allegation of misrepresentation in support of a claim must be specifically set out in the particulars of claim: PD 16 para.8(2) and (3). Under the Code of Conduct, counsel must not draft any statement of case containing an allegation of fraud unless he or she has (i) clear instructions to allege fraud; and (ii) reasonably credible material which establishes an arguable case of fraud: see *Bar Standards Board Handbook*, Part 2 C2 r.C9.2.c. Defences must comply with CPR r.16.5. In particular, reasons must be given for denials and the details of any positive case must be set out: CPR r.16.5(2). If necessary, an insurer or the Motor Insurers' Bureau (MIB) may sign a statement of truth in a statement of case on behalf of a party where the insurer or the MIB has a financial interest in the result of the proceedings brought by or against that party (PD 22 para.3.6A), for example, where the insurer makes a subrogated claim in the name of the insured.

---

[70] *The Fanti* [1991] 2 A.C. 1.
[71] *Re OT Computers Ltd (In Administration)* [2004] EWCA Civ 653; [2004] Ch. 317.
[72] *Tarbuck v Avon Insurance Plc* [2002] Q.B. 571 and *T&N Ltd v Royal & Sun Alliance Plc* [2003] EWHC 1016 (Ch); [2003] 2 All E.R. (Comm) 939.
[73] *Nigel Upchurch & Associates v The Aldridge Investment Co Ltd* [1993] 1 Lloyd's Rep. 535.

Forum for insurance actions

67-28 By CPR r.58.1(2) it is provided that "a "commercial claim" means any claim arising out of the transaction of trade and commerce and includes any claim relating to ... (e) insurance and reinsurance." Most insurance disputes between commercial insureds and their insurers are likely to be suitable for the Commercial Court. A dispute between a private individual and his insurer involving domestic insurance might be suitable for the Commercial Court, depending on the nature of the issues. It is more likely that such a claim is best suited to the ordinary Queen's Bench list. Where an action is proceeding in the Commercial Court, all statements of case must comply with the Commercial Court Guide, as well as with CPR Pt 16.

Specialist introductions

67-29 Short introductions are set out in the following sections in relation to the particular kinds of insurance covered in this section (motor, miscellaneous non-marine, marine and life), so as to alert the pleader to any special features of those topics which may be relevant to his or her drafting.

Section 68:

MOTOR INSURANCE

Table of Contents

Claim against insurers by motorist to be indemnified	68-T1
Claim against third party's insurers by victim	68-T2
Claim against third party's insurers for satisfaction of a judgment	68-T3
Claim against an Uninsured Driver with the Motor Insurers' Bureau as an Additional Defendant	68-T4
Defence by insurers alleging non-payment of premium	68-T5
Defence by insurers alleging use of the motor vehicle outside the scope of the Contract	68-T6
Defence by Motor Insurers' Bureau denying liability to satisfy judgment	68-T7

68-01 The modern motor vehicle policy covers a variety of risks. In respect of some of those risks, cover is compulsory.

The provisions of the Road Traffic Act 1988

68-02 The statutory provisions dealing with compulsory motor insurance are to be found in the Road Traffic Act 1988 Pt VI (RTA). Pursuant to the RTA s.143, and subject to certain limited exceptions, a person must not use a motor vehicle on a road or other public place (although this requirement is not sufficiently broad to comply with EU law, which requires certain uses of motor vehicles on private land to be covered by insurance[1]) unless there is in force in relation to the use of the vehicle by that person a policy of insurance which complies with the RTA requirements. Those are set out at RTA s.145. In short, the policy must be issued by an authorised insurer and it should provide certain levels of coverage against the risk of third party liability from death, bodily injury or property damage "caused by, or arising out of" the use of the vehicle on a road. "Third party" in this context includes any passenger. The meaning of "arising out of" in s.145(3)(a) was considered in *AXN v Worboys*.[2]

In order to be effective for the purposes of the RTA Pt VI, a certificate of insurance must be delivered by the insurer to the assured or his authorised agent (RTA s.147), although whether or not such a delivery has occurred is irrelevant to the enforceability of the contract at common law.[3] Once a certificate has been delivered,

---

[1] *Vnuk v Zavarovalnica Triglav* (C-162/13) EU:C:2014:2146; [2016] R.T.R. 10; and *R&S Pilling v UK Insurance Ltd* [2019] UKSC 16; [2019] 2 W.L.R. 1015.
[2] *AXN v Worboys* [2012] EWHC 1730 (QB); [2013] Lloyd's Rep. I.R. 207 per Silber J at [38].
[3] *Motor and General Insurance v Cox* [1990] 1 W.L.R. 1443: a decision of the Privy Council which involved the application of similar, but not identical, statutory provisions under the Laws of

certain exclusions or restrictions cannot be raised by the insurer to defeat a claim in respect of risks required to be covered by s.145 (ss.148(1) and (2)). Nor, in respect of the same risks, can an insurer seek to defeat a claim on the basis of a condition precedent to liability (s.148(5)).

By the RTA s.148(7) any person named as covered by a policy of compulsory motor insurance may bring a claim directly against the insurer in respect of any liability which the policy purports to cover in the case of that person. For these purposes, it does not matter whether the person is specifically named in the policy or simply falls within a class of persons which is named (such as persons driving the vehicle with the permission of the insured). But the entitlement to sue under the section confers no better right as against the insurer than the insured himself would have had.[4] Thus the insurer can avoid the policy for misrepresentation by the assured.[5]

It is an open question whether or not the entitlement to sue under s.148(7) extends beyond suing in respect of risks required to be covered by RTA s.145 to other risks which happen to be covered by the policy but in respect of which cover was not compulsory. The better view appears to be that it does.[6] In any event, it may now be possible to circumvent any problem by relying upon the Contracts (Rights of Third Parties) Act 1999, which came into force on 11 November 1999. The Act applies to all contracts entered into between 11 November 1999 and 10 May 2000 to the extent that the contracts so provide and to all contracts entered into on or after 11 May 2000. The Act entitles a person not a party to a contract to enforce its terms if the contract so provides or if the term purports to confer a benefit on that person. The entitlement is subject to and in accordance with any other relevant terms of the contract.

68-03 By RTA s.151, once a certificate of insurance has been delivered, a third party may enforce any judgment it has obtained in respect of liabilities required to be covered by RTA s.145, directly against the relevant insured's insurer. As against the third party, the insurer cannot rely upon the fact that it was entitled to, or even did, avoid the relevant policy: s.151(5). However, s.151(2)(a) only operates to entitle the third party to recover from the insurer where the liability is covered by the terms of the policy.[7] Further, the entitlement under RTA s.151 is subject to a number of other limitations contained in the RTA, s.152. Notice of the bringing of the proceedings in which the judgment was obtained must have been given to the insurer within seven days of their commencement (s.152(1)(a) and see *Desouza v Waterlow*[8]). The judgment must not be the subject of a stay (s.152(1)(b)). The policy must not have been cancelled or surrendered prior to the accident (s.152(1)(c)) and the insurer must not have obtained a declaration that he was entitled to avoid the policy in the circumstances set out in s.152(2). The Court of Appeal considered the requirements for an effective notice under the RTA s.152(1)(a) in *Wake v Page* and in

---

Barbados.
[4] *Tattersall v Drysdale* [1935] 2 K.B. 174 at 181–182; *Freshwater v Western Australian Assurance Co Ltd* [1933] 1 K.B. 515 at 522 and *Austin v Zurich General Accident* [1945] 1 K.B. 250 at 256.
[5] *Guardian Assurance Co v Sutherland* [1939] 2 All E.R. 246.
[6] *MacGillivray on Insurance Law*, 12th edn (London: Sweet & Maxwell, 2012) paras 30–019 to 30–020; *Austin v Zurich General Accident* [1944] 2 All E.R. 243 at 248A–F (Tucker J, no appeal on this issue); *Charlton v Fisher* [2002] Q.B. 578 per Rix LJ at 611, [99]–[100].
[7] *Bristol Alliance Ltd Partnership v Williams* [2012] EWCA Civ 1267; [2013] Q.B. 806 (reversing Tughendat J).
[8] *Desouza v Waterlow* [1999] R.T.R. 71.

Nawaz v Crowe Insurance.[9] Section 152(2) will be amended with effect from 1 November 2019 to remove the insurer's ability to obtain a declaration that it was entitled to avoid the policy after the accident has occurred.

The Court of Appeal considered the RTA ss.143, 145, 148(7) and 151 in *Charlton v Fisher*.[10] The insured caused deliberate damage to the claimant's car and injury to the claimant. The insured had no claim against his insurer because his acts were deliberate and any such claim would have failed on grounds of public policy. According to Kennedy and Laws LJ, the claimant had no claim against the insurer under the RTA s.151 because the damage occurred in a car park and not on "a road" and at the relevant times ss.143 and 145 extended to use of a vehicle on a road only and not any other public place. The claimant had no claim against the insurer under the RTA s.148(7) because she was not within the class of persons protected.

THE IMPLEMENTATION OF CONSOLIDATED MOTOR INSURANCE DIRECTIVE

The Consolidated Motor Directive (2009/103/EC),[11] which was adopted in October 2009, codifies the First to Fifth Directives, which were adopted between 1972 and 2005.

68-04

The main purpose of the Directives was to facilitate the bringing of claims by residents of the Member States if they had had a motor accident in a Member State other than their state of residence. To that end, each Member State was to ensure that injured parties had a direct right of action against the insurer of the vehicle concerned.

The key regulations implementing the Directives are (i) the Motor Vehicles (Compulsory Insurance) (Information Centre and Compensation Body) Regulations 2003 (SI 2003/37), which extended the obligations of the MIB (as to which see further para.68-05); and (ii) the European Communities (Rights against Insurers) Regulations 2002 (SI 2002/3061), which dealt with the direct right of action an injured party was to have against the insurer of the vehicle. In creating the direct right of action, the Government went further than the Directive required. Instead of simply providing that right where the accident occurred in a Member State other than the victim's state of residence, the right has been extended also to UK residents who are injured in accidents in the UK.

This is a significant innovation. The rationale for it was to avoid UK residents being in a worse position as regards accidents in the UK than residents of other Member States. The right is contained in reg.3 of the European Communities (Rights against Insurers) Regulations. It applies where A has a cause of action against B (an insured person) in tort or (as the case may be) delict arising out of an accident in the United Kingdom. In those circumstances, without prejudice to A's right to sue B, A can also sue B's insurer who "shall be directly liable to [A] to the extent that he is liable to [B]".

Significant though this innovation is, it will be apparent that it does not have the

---

[9] *Wake v Page* [2001] R.T.R. 291 and in *Nawaz v Crowe Insurance* [2003] EWCA Civ 316; [2003] R.T.R. 29.
[10] *Charlton v Fisher* [2001] EWCA Civ 112; [2002] Q.B. 578.
[11] Directive 2009/103/EC of the European Parliament and of the Council of 16 September 2009 relating to insurance against civil liability in respect of the use of motor vehicles, and the enforcement of the obligation to insure against such liability (Consolidated Motor Directive) [2009] OJ L263/11.

effect of completely bypassing or rendering redundant the scheme laid down by the RTA s.151. That is because a victim's rights under the RTA s.151 arise irrespective of the fact that the insurer was entitled to, or even had, avoided the relevant policy, whereas the victim's rights under the Regulations are only as good as the rights of the insured himself. The principal change brought about by the Fifth Directive is to enable claimants who have sustained injury in a motor accident abroad to sue the insurer of the foreign third party in the court of the claimant's domicile.

THE OBLIGATIONS OF THE MIB

68-05 The obligations of the Motor Insurers Bureau (MIB) derive from: (i) a series of agreements with the Ministry of Transport; and (ii) the Regulations implementing the EC Motor Insurance Directives. The agreements will be dealt with first. MIB agreements. By an agreement made in July 1946 between the Ministry of Transport and the MIB, the MIB undertook to compensate the accident victims of uninsured drivers. By a further agreement made in April 1969 between the Ministry of Transport and the MIB, the MIB undertook to compensate the accident victims of untraced drivers. These two agreements have subsequently been replaced and modified. Up-to-date information is available at the MIB website (*https://www.mib.org.uk*). The principle that domestic legislation is to be interpreted, so far as possible, in conformity with Community obligations was not thought to apply to private law agreements such as these.[12] However, this has since been doubted and a reference to the ECJ has been made.[13]

For victims of uninsured drivers, the relevant agreement in respect of accidents occurring on or after 1 August 2015 is now an agreement dated 3 July 2015 (the 2015 Uninsured Drivers Agreement) as supplemented in the case of accidents occurring after 1 March 2017 by a supplementary agreement dated 10 January 2017. For accidents which occurred prior to 1 August 2015, the relevant agreement will continue to be the previous agreement, dated 13 August 1999 (the 1999 Uninsured Drivers Agreement). The basic operation of the uninsured drivers scheme is the same under both agreements. By cl.3 of the 2015 Uninsured Drivers Agreement (cl.5 of the 1999 Uninsured Drivers Agreement), where a person obtains a judgment in a court in Great Britain in respect of any relevant liability, whether or not the defendant was in fact insured, if the judgment is not satisfied in full within seven days from the date upon which it becomes enforceable, the MIB will pay the amount outstanding (plus interest and costs). The 1999 Agreement contained a number provisions requiring notice to be given as a condition precedent to the MIB's liability. The 2015 Agreement simplifies matters by replacing these with a requirement to submit a notice in the prescribed form (see cl.12 of the 2015 Agreement). The 2015 Agreement also removes several exceptions to liability contained in the 1999 Agreement in the light of the decision in *Delaney v Secretary of State for Transport*,[14] but a number of other exceptions and limitations to the MIB's liability remain (see cll.4–11 of the 2015 Agreement).

Under the 2015 Uninsured Drivers Agreement, the MIB must be joined as an additional defendant from the outset of the proceedings, unless the claimant initially and reasonably believed the liability to be covered by a contract of insurance with

---

[12] *White v White* [2001] UKHL 9; [2001] 1W.L.R. 481.
[13] *McCall v Poulton* [2008] EWCA Civ 1313; [2009] C.P. Rep. 15.
[14] *Delaney v Secretary of State for Transport* [2015] EWCA Civ 172; [2015] 1 W.L.R. 5177.

an insurer whose identity could be ascertained, and notified the MIB promptly once that reasonable belief ceased (see cl.13). The guidance notes to cl.13 the 2015 Agreement prescribe a form of pleading for inclusion in the Particulars of Claim where the MIB is made a defendant.

For victims of untraced drivers, in the case of accidents occurring on or after 1 March 2017 the relevant agreement is the new agreement dated 28 February 2017. For accidents occurring between 14 February 2003 and 1 March 2017, the relevant agreement continues to be the agreement dated 7 February 2003 (as subsequently supplemented). Amongst the changes introduced in the new agreement is the removal of the exclusion in the 2003 agreement of claims for property damage by victims of accidents caused by untraced drivers where the victim's vehicle was also uninsured.

Recent cases have raised questions as to whether or not the framework of the MIB agreements amounts to proper implementation of the Second EC Motor Insurance Directive and the consequences if it does not. Five questions in that regard were referred to the ECJ in *Evans v Secretary of State for Environment* (C-63/01).[15] On the whole, the ECJ approved of the UK's implementation of the Second Directive, crucially ruling that the UK system by which the Second Directive is implemented through contractual agreements with a non-statutory body (the MIB) is a valid implementation of the Second Directive. Further, the ECJ largely endorsed the appeals system under the untraced drivers agreements which permits recourse on appeal to an arbitrator.

68-06

In *White v White*,[16] the House of Lords held by a majority that exclusions in the MIB agreements in relation to persons who allowed themselves to travel in vehicles in circumstances where they knew or ought to have known that, inter alia, the vehicle was stolen or that there was no policy of insurance in force had to be construed narrowly in the light of the Second EC Motor Insurance Directive. In particular, the exclusions were to be confined to circumstances where the relevant person had actual or blind eye knowledge only. In *Pickett v Roberts*,[17] it was held that consent can be withdrawn. In *Phillips v Rafiq*[18] it was held that the exclusion of claims by claimants who had knowingly allowed themselves to be carried in uninsured vehicles did not extend to claims brought by the personal representatives of such persons. In *Farrell and Whitty v Motor Insurers Bureau of Ireland* (C-356/05)[19] the ECJ held that for the purposes of the Third Motor Insurance Directive, "passenger" includes a person travelling in a vehicle not adapted for carrying people (e.g. a van not designed for passengers). In *Delaney v Secretary of State for Transport*[20] it was held that cl.6.1.(e)(iii) of the Uninsured Drivers' Agreement, which excludes the MIB's liability where a claimant injured in a road traffic accident knew or ought to have known that the vehicle was being used in the course or furtherance of a crime, was a serious breach of the UK's obligations under the First, Second and Third Directives. This exclusion (as well as the exclusion

---

[15] *Evans v Secretary of State for Environment* (C-63/01) EU:C:2003:650; [2003] E.C.R. I–14447 [2004] 1 C.M.L.R. 47.
[16] *White v White* [2001] 1 Lloyd's Rep. 679.
[17] *Pickett v Roberts* [2004] EWCA Civ 6; [2004] 2 All E.R. 685.
[18] *Phillips v Rafiq* [2007] EWCA Civ 74; [2007] 1 W.L.R. 1351.
[19] *Farrell and Whitty v Motor Insurers Bureau of Ireland* (C-356/05) EU:C:2007:229; [2007] E.C.R. I-3067.
[20] *Delaney v Secretary of State for Transport* [2015] EWCA Civ 172; [2015] 1 W.L.R. 5177.

contained in cl.6.1(e)(iv) of the 1999 Uninsured Agreement) has been removed in the 2015 Uninsured Drivers Agreement.

Notwithstanding the fact that the only parties to the MIB agreements are the MIB and a ministry, the practice has been for the MIB to be sued directly on the agreements by the victim of the accident and no point on lack of privity is taken.[21] In any event, the 2003 untraced drivers agreement now addresses this issue directly through the mechanism of the Contracts (Rights of Third Parties) Act 1999.

68-07 **Regulations** In addition to the above, the MIB is under further obligations as a result of the Motor Vehicles (Compulsory Insurance) (Information Centre and Compensation Body) Regulations 2003 (SI 2003/37), which came into force on 19 January 2003. Pursuant to regs 11–13, and in certain circumstances, a UK-resident victim of an accident in an EEA State or in a state whose national insurer's bureau has joined the Green Card System can claim compensation direct from the MIB. The compensation payable by the MIB is to be assessed in accordance with the law of the country in which the accident occurred, rather than the law of England and Wales.[22]

CLAIM AGAINST INSURERS BY MOTORIST TO BE INDEMNIFIED

68-T1 1. The Defendant is an insurance company.

2. By a contract of motor insurance made between the Claimant and the Defendant which incepted on [date], the Defendant agreed:
   (a) to indemnify the Claimant against any liability which might be incurred by him in respect of bodily injury to any person caused by or arising out of the use of a BMW motor car, registration no. V109 ABC ("the Car"), during the currency of the contract ("the Contract"); and
   (b) to pay the Claimant's costs of defending any proceedings brought against him if the costs were incurred with the written consent of the Defendant.

3. A copy of the policy containing the terms of the Contract is attached.

4. On [date], during the currency of the Contract, the Claimant was driving the Car along the Gray's Inn Road, London WC1, when he collided with AB and knocked him down. As a result AB suffered severe bodily injury.

5. On [date], AB commenced a claim against the Claimant in the High Court of Justice, Queen's Bench Division to recover damages in respect of the bodily injury he had suffered.

6. On [date], in accordance with the terms of the Contract, the Claimant notified the Defendant by letter of AB's claim.

7. On [date] judgment was given for AB against the Claimant for the sum of £[..........] with costs to be assessed, amounting to £[..........]. Accordingly, the Claim-

---

[21] *Coward v MIB* [1963] 1 Q.B. 259 at 265 and *Gurtner v Circuit* [1968] 2 Q.B. 587 at 599.
[22] *Moreno v The Motor Insurers' Bureau* [2016] UKSC 52; [2017] 4 All E.R. 28, overturning the contrary decisions of the Court of Appeal in *Jacobs v Motor Insurers' Bureau* [2010] EWCA Civ 1208; [2011] 1 W.L.R. 2609 and *Bloy v MIB* [2013] EWCA Civ 1543; [2014] Lloyd's Rep. I.R. 75.

ant became and is liable to pay AB the sum of £[..........]. Further, in defending AB's action against him, the Claimant incurred costs of £[..........] with the consent of the Defendant, such consent having been given in a letter from the Defendant to the Claimant dated [date].

8. Pursuant to the Contract the Defendant is liable to pay the Claimant the sums pleaded in paragraph 7 above but wrongfully and in breach of Contract the Defendant has refused to pay the Claimant those sums or any part of them and the Claimant has accordingly suffered loss and damage in those amounts.

9. Further, the Claimant claims interest pursuant to s.35A of the Senior Courts Act 1981 on the total sum of £[..........] at a rate of [..........] per annum from [date from which interest is claimed] to [date to which interest is calculated and not later than the date the claim form is issued], amounting to £[..........] and thereafter at a daily rate of £[..........] to judgment herein or sooner payment, alternatively on such other sum as the Court shall find due and/or at such rate and for such period as the Court shall think just.

AND the Claimant claims:
(1) The sum of £[..........] alternatively damages.
(2) Interest as set out above pursuant to s.35A of the Senior Courts Act 1981.

[Statement of truth]

CLAIM AGAINST THIRD PARTY'S INSURERS BY VICTIM

1. The Second Defendant is an insurance company.   **68-T2**

2. By a contract of motor insurance made between the Second Defendant and the First Defendant which incepted on [date], the Second Defendant agreed to indemnify the First Defendant against any liability which might be incurred by him in respect of bodily injury to any person caused by or arising out of the use of a BMW motor car, registration no. V110 ABC ("the Car") during the currency of the contract ("the Contract").

3. On [date] at about [time], the First Defendant was driving the Car along the Gray's Inn Road, London WC1, when he collided with the Claimant and knocked him down.

4. The collision was caused as a result of negligence on the part of the First Defendant [*particulars of negligence*].

5. As a result, the Claimant suffered severe bodily injury and has suffered loss and damage [*particulars of injury and loss and damage to be given*].

6. As against the First Defendant, the Claimant claims for the loss and damage pleaded above.

7. As against the Second Defendant, and pursuant to regulations 2 and 3 of the European Communities (Rights against Insurers) Regulations 2002 ("the Regulations"), the Claimant claims as follows:
(a) The First Defendant is and was at all material times an individual resident in the United Kingdom, for the purposes of reg.2 of the Regulations;

(b) By virtue of the Contract and the fact that the Car was registered in the United Kingdom, the Car is and was at all material times an insured vehicle, for the purposes of reg.2 of the Regulations;
(c) The collision referred to in paragraph 4 above was an accident, for the purposes of reg.2 of the Regulations;
(d) In the circumstances, the Claimant is entitled to and does claim for the loss and damage pleaded in paragraph 5 above, to the extent that the Second Defendant is or would be liable to indemnify the First Defendant in respect of the First Defendant's liability to the Claimant for the same.

8. Further, the Claimant claims interest pursuant to s.35A of the Senior Courts Act 1981 on such sum as the Court shall award and/or at such rate and for such period as the Court shall think just.

AND the Claimant claims
(1) As against the First Defendant, damages in excess of £50,000.
(2) As against the Second Defendant, such sum as the Court shall award.
(3) Interest as set out above pursuant to s.35A of the Senior Courts Act 1981.

[Statement of truth]

CLAIM AGAINST THIRD PARTY'S INSURERS FOR SATISFACTION OF A JUDGMENT

68-T3 1. The Defendant is an authorised insurer within the meaning of s.145(2) of the Road Traffic Act 1988.

2. By a contract of motor insurance made between CD and the Defendant which incepted on [date], the Defendant agreed to insure CD in respect of any liability which might be incurred by him in respect of bodily injury to any person caused by or arising out of the use on a road of a Rover motor car, registration no. V111 ABC ("the Car"), during the currency of the contract ("the Contract"). Accordingly, the Contract insured CD in respect of a liability required to be covered pursuant to s.145 of the Road Traffic Act 1988.

3. A copy of the policy containing the terms of the Contract is attached.

4. A certificate of insurance in respect of the Contract and in the prescribed form was delivered to CD by the Defendant on or about [date].

5. On [date], during the currency of the Contract, CD was driving the Car along the Gray's Inn Road, London WC1, when he collided with the Claimant and knocked him down. As a result the Claimant suffered severe bodily injury.

6. On [date] the Claimant commenced a claim against CD in the High Court of Justice, Queen's Bench Division to recover damages in respect of the bodily injury he had suffered.

7. On [date] judgment was given for the Claimant against CD in the sum of £[..........] with costs to be assessed. The costs have been assessed at £[..........].

8. CD's liability to the Claimant was covered by the terms of the Contract.

9. Pursuant to s.151 of the Road Traffic Act 1988, the Defendant became and is

liable to pay the Claimant the sums pleaded in paragraph 7 above but has failed and refused to pay those sums or any part of them.

10. Further, the Claimant claims interest pursuant to s.35A of the Senior Courts Act 1981 on the total sum of £[..........] at a rate of [..........] per annum from [date from which interest is claimed] to [date to which interest is calculated and not later than the date the claim form is issued], amounting to £[..........] and thereafter at a daily rate of £[..........] to judgment herein or sooner payment, alternatively on such other sum as the Court shall find due and/or at such rate and for such period as the Court shall think just.

AND the Claimant claims:
(1) The sum of £[..........] alternatively damages.
(2) Interest as set out above pursuant to s.35A of the Senior Courts Act 1981.

[Statement of truth]

CLAIM AGAINST AN UNINSURED DRIVER WITH THE MOTOR INSURERS' BUREAU AS AN ADDITIONAL DEFENDANT

1. The First Defendant is the driver of a BMW motor car, registration no. V110 ABC ("the Car").

68-T4

2. The Second Defendant, "MIB", is a company limited by guarantee under the Companies' Acts. Pursuant to an Agreement with the Secretary of State for Transport dated 3 July 2015 ("the Agreement"), MIB provides compensation in certain circumstances to persons suffering injury or damage as a result of the negligence of the uninsured motorist.

3. The Claimant has used all reasonable endeavours to ascertain the identity and liability of an insurer for the first defendant and, at the time of commencement of these proceedings, believes that the first defendant is not insured.

4. The Claimant accepts that, only if a final judgment is obtained against the First Defendant (which judgment has not been satisfied in full within seven days from the date upon which the claimant became entitled to enforce it), can MIB be required to satisfy the judgment and then only if the conditions and terms set out in the Agreement are satisfied. Until that time, any liability of MIB is only contingent. To avoid MIB having later to apply separately to join itself in this action, the claimant includes MIB from the outset, recognising fully MIB's position as reflected above and the rights of MIB fully to participate in the action to protect its position as a separate party to the action. The Claimant also acknowledges that such joinder of MIB does not alter in any way the requirement for the claimant to serve the first defendant by a method permitted under the Civil Procedure Rules.

5. With the above in mind, the Claimant seeks a declaration of MIB's contingent liability for damages to the Claimant in this action.[23]

6. [As per paras 3–6 of Precedent 68-T2, above.]

7. [As per para.8 of Precedent 68-T2, above.]

AND the Claimant claims:
(1) The sum of £[..........] alternatively damages.
(2) Interest as set out above pursuant to s.35A of the Senior Courts Act 1981.

[Statement of truth]

Defence by insurers alleging non-payment of premium

68-T5 1. By clause [..........] of the Contract it was a condition precedent to the Contract incepting that the Claimant pay the Defendant the premium requested.

2. In fact the Claimant failed to pay the Defendant the premium requested or any sum.

3. Accordingly, the Contract did not incept and the Defendant is not liable to the Claimant as alleged or at all.

Defence by insurers alleging use of the motor vehicle outside the scope of the Contract

68-T6 1. By clause [..........] of the Contract its scope extended only to use of the Car [for private purposes, including social, domestic and pleasure purposes].

2. At the time of the accident referred to in the Particulars of Claim the Car was being used for purposes outside the terms of the Contract in that [it was being used by the Claimant for the purposes of his business of [specify]].

3. Accordingly the Defendant is not liable to the Claimant as alleged or at all.

Defence by Motor Insurers' Bureau denying liability to satisfy judgment

68-T7 1. The Defendant admits that the Claimant obtained judgment as alleged.

2. Contrary to clause 13 of the agreement between the Defendant and the Secretary of State for Transport dated 3 July 2015 ("the Agreement"), the Claimant failed to join the Defendant as a defendant to the proceedings by which the judgment was obtained. In the premises, the Claimant is not entitled to recover any sum against the Defendant under the terms of the Agreement.

---

[23] Paragraphs 2–5 of this precedent are adapted from the guidance notes to the 2015 Uninsured Drivers Agreement.

Section 69:

MISCELLANEOUS NON-MARINE INSURANCE

Table of Contents

Claim against insurers in respect of theft	69-T1
Claim against insurers in respect of subsidence, landslip or heave	69-T2
Defence by insurers alleging breach of condition (theft claim, Precedent 69-T1)	69-T3
Defence by insurers alleging damage to property prior to coming on risk (subsidence claim, Precedent 69-T2)	69-T4
Claim against insurers by solicitors seeking indemnity in respect of third party claim	69-T5
Defence by insurers alleging late notification	69-T6
Claim against insurers in respect of theft	69-T7
Defence and Counterclaim by insurers alleging material non-disclosure	69-T8
Reply alleging waiver on placing due to terms of proposal form	69-T9
Reply by insured alleging term not relevant to the actual loss	69-T10
Claim for damages for late payment	69-T11

This section contains various forms dealing with some of the more common non-marine insurance disputes. Inevitably it represents a selection. The possible areas of dispute in relation to non-marine insurance are, if not infinite, certainly legion. It is hoped that what follows nonetheless provides useful general guidance which can be applied to disputes other than those specifically dealt with. To the extent that points of law are raised by these forms, they have been covered in Section 67: General Introduction. **69-01**

The first series of forms deals with disputes in relation to domestic household insurance contracts. In recent years the scope of such insurance has been developed by insurers so as to include a wide variety of related risks beyond contents and buildings (so that, for example, insurance may also be provided under the same contract in respect of public liability, legal expenses, travel, etc.). The provision of domestic household insurance is regulated by the Financial Conduct Authority: see the ICOBS rules.

The second series of forms deals with disputes in relation to liability contracts of insurance (that is contracts under which insurance is provided against legal liability to a third party). Insureds under such contracts will typically include the various kinds of professional: solicitors (as in Precedent 69-T5), accountants, surveyors, valuers, architects, engineers, etc. The issue of notification is raised in Precedent 69-T5. This is a common problem in connection with such contracts of insurance.[1]

Finally, forms have also been included dealing with claims under a fidelity contract of insurance (covering loss resulting from the dishonesty of an employee): see Precedent 69-T7. Precedent 69-T8 sets out a simple form of non-disclosure defence.

It will also be seen that in all the forms set out below it is the insured who is the claimant and the insurer who is the defendant. While this reflects the majority of cases, there are occasions when it is the insurer who takes the initiative and commences proceedings, claiming, for example, a declaration that the contract has been avoided, that the claim is invalid, etc. Where, as here, the insurer is the defendant, it is common for him to seek a declaration as to his rights by way of counterclaim: see Precedent 69-T8.

DOMESTIC HOUSEHOLD

CLAIM AGAINST INSURERS IN RESPECT OF THEFT

69-T1 1. The Claimant is and was at all relevant times the [owner and occupier/the occupier] of [identify property] ("the Premises").

2. The Defendant is an insurance company.

3. By a contract of insurance contained in a policy, reference no. 1234 and dated [date], a copy of which is attached ("the Contract"), the Defendant agreed to provide the Claimant with household insurance in respect of the Premises and their contents and in particular to indemnify the Claimant against loss resulting from theft of property belonging to the Claimant from the Premises during the period [date of inception] to [date on which policy period ended].

4. On [date], a burglary occurred at the Premises and items belonging to the Claimant with a value of £[..........] were stolen. Particulars of the items stolen and of their value are set out in Schedule A hereto.

5. The Claimant notified the Defendant of the burglary and of the loss resulting from the theft of the items set out in Schedule A hereto in a letter dated [date].

6. In the circumstances, the Claimant is entitled to be paid the sum of £[..........] by the Defendant pursuant to the Contract by way of indemnity in respect of his loss resulting from the burglary.

7. The Claimant has requested payment of the sum of £[..........] by the Defendant but in breach of the Contract the Defendant has failed and refused to pay that sum or any sum to the Claimant.

---

[1] See, for example, *Hamptons Residential v Field* [1998] 2 Lloyd's Rep. 248; *J Rothschild Assurance v Collyear* [1999] Lloyd's Rep. I.R. 6 and *Friends Provident Life & Pensions Ltd v Sirius International Insurance* [2006] Lloyd's Rep. I.R. 45; *HLB Kidsons (a firm) v Certain Lloyd's Underwriters* [2009] 2 All E.R. (Comm) 81; and *Laker Vent Engineering Ltd v Templeton Insurance Co Ltd* [2009] 2 All E.R. (Comm) 755.

8. Further, the Claimant claims interest pursuant to s.35A of the Senior Courts Act 1981 on the sum of £[..........] at a rate of [..........] per annum from [date from which interest is claimed] to [date to which interest is calculated and not later than the date the claim form is issued], amounting to £[..........] and thereafter at a daily rate of £[..........] to judgment herein or sooner payment, alternatively on such other sum as the Court shall find due and/or at such rate and for such period as the Court shall think just.

AND the Claimant claims:
(1) The sum of £[..........] alternatively damages.
(2) Interest as set out above pursuant to s.35A of the Senior Courts Act 1981.

[Statement of truth]

CLAIM AGAINST INSURERS IN RESPECT OF SUBSIDENCE, LANDSLIP OR HEAVE

1. [As in Precedent 69-T1, above.]   **69-T2**

2. [As in Precedent 69-T1, above.]

3. By a contract of insurance, contained in a policy, reference no. [1234], a copy of which is attached ("the Contract"), the Defendant agreed to provide the Claimant with household insurance in respect of the Premises and in particular to indemnify the Claimant against loss resulting from damage to the Property and its contents caused by subsidence, landslip or heave for the period [inception date of the policy period] to [date on which policy period ended].

4. The Contract provided in particular:
[set out material terms.]

5. The Premises and their contents have sustained damage from [insert insured cause, for example, heave], such damage occurring during the currency of the Contract.

Particulars
[Examples of particulars are given below.]
(a) On or about [date], cracking was observed to the Premises in [describe the location and nature of the damage initially observed].
(b) Such cracking was the result of heave caused by the re-hydration of the soil underlying the Premises. Before the Premises were built the soil had become dessicated as a result of the actions of the roots of an Elm tree growing near to the Premises. That tree was cut down before construction work on the Premises began.
(c) The heave began in or about [date] (some [..........] years after the Elm tree was cut down) and first caused damage to the Premises in about [date].
(d) The heave is continuing and has caused further damage to the Premises and their contents, as set out in Schedule A hereto.

6. In the circumstances, the Claimant is entitled to be indemnified by the Defendant under the Contract in respect of:
(a) the cost of repairing the damage to the Premises referred to above, cur-

rently estimated by the Claimant to be £[..........]. A breakdown of that estimated figure is set out in Part 1 of Schedule B hereto;
(b) the cost of repairing or replacing the damage to the contents of the Premises, currently estimate by the Claimant to be £[..........]. A breakdown of that estimated figure is set out in Part 2 of Schedule B hereto;
(c) the cost of alternative accommodation while such repairs are carried out, currently estimated by the Claimant to be £[..........]. A breakdown of that estimated figure is set out in Part 3 of Schedule B hereto.

7. The Claimant gave notice to the Defendant of a claim under the Contract in respect of the damage caused by heave referred to above by letter dated [date] but in breach of the Contract the Defendant has denied that such claim falls within the terms of the Contract or that it is liable to indemnify the Claimant as set out in paragraph 6 above or at all.

8. Further, the Claimant claims interest upon such sums as he may be awarded for such period and at such rate as the Court shall think just pursuant to s.35A of the Senior Courts Act 1981.

AND the Claimant claims:
(1) A declaration that the Claimant is entitled to be indemnified under the terms of the Contract in respect of the costs of incurred by him[2] in remedying the damage to the Premises and to the contents thereof caused by heave and referred to in paragraphs 5 and 6 above.
(2) An indemnity under the Contract in respect of those costs, alternatively damages amounting to such an indemnity.
(3) Interest as set out above, pursuant to s.35A of the Senior Courts Act 1981.

[Statement of truth]

DEFENCE BY INSURERS ALLEGING BREACH OF CONDITION (THEFT CLAIM, PRECEDENT 69-T1)

69-T3   1. The Defendant admits that a burglary occurred at the Premises on [date] but is unable to admit and requires the Claimant to prove (1) what items were stolen during the course of that burglary; and (2) the value of those items.

2. By clause [..........] of the Contract, it was a condition precedent to liability under the Contract that the burglar alarm at the Premises would be set and in operation at all times when the Premises were unoccupied.

3. At the time of the burglary, the Premises were unoccupied but in breach of the condition president referred to in paragraph 2 above, the burglar alarm was not set nor in operation.

4. In the circumstances, paragraph 5 of the Particulars of Claim is denied. By

---

[2] The indemnity afforded under this type of insurance contract will almost invariably extend only to those costs actually incurred by the insured. For that reason, the declaration sought is in terms of the costs "incurred by him". However, as appears from para.6, it is often the case that the statement of case will be served at a stage while the work is still in progress. For that reason and in order to give insurers at least some idea of the likely monetary value of the claim (not least for settlement purposes), estimated figures are often given.

reason of his breach of condition the Claimant is not entitled to be indemnified under the Contract in respect of such loss as he may have suffered as a result of the burglary.

5. It is admitted that the Claimant has requested payment of the sum of £[..........] by the Defendant and that the Defendant has refused to pay that sum or any sum to the Claimant as alleged in paragraph 6 of the Particulars of Claim. For the reasons set out above, it is denied that the Defendant's refusal was in breach of the Contract.

[Statement of truth]

DEFENCE BY INSURERS ALLEGING DAMAGE TO PROPERTY PRIOR TO COMING ON RISK
(SUBSIDENCE CLAIM, PRECEDENT 69-T2)

1. [3] The cover provided under the Contract was limited to damage to the Premises and their contents caused by subsidence, landslip or heave occurring during the currency of the Contract and the cost of repairing such damage.

69-T4

2. It is admitted that the Premises suffered damage from heave resulting from rehydration of the sub-soil beneath the Premises, following the felling of the Elm tree which grew near to the Premises. That damage first occurred on or before [a date before the inception of the Contract], by which date the heave had caused cracking to [insert details] and movement to [insert details].

3. It is admitted that the Claimant is entitled to be indemnified under the Contract in respect of the cost of repairing damage to the Premises and their contents occurring during the currency of the Contract. Those costs are limited to the cost of cutting out and repairing the various cracks which first appeared during the currency of the Contract. Those cracks are identified in Schedule 1 to this Defence.

4. It is denied that the Claimant is entitled to be indemnified under the Contract in respect of the cost of repairing damage to the Premises occurring before [date of the inception of the Contract]. Those costs include all costs of underpinning the Premises and all other costs incurred in preventing the heave causing any further damage to the Premises. As set out above, the heave first caused damage to the Premises before [date of the inception of the Contract].

5. It is also denied that the Claimant is entitled to be indemnified under the Contract in respect of the costs of alternative accommodation while repairs are carried out. To the extent that the Claimant requires alternative accommodation this is attributable to damage occurring before the inception of the Contract and the consequent need to carry out underpinning or other work to prevent the heave causing further damage to the Premises and is not attributable to damage occurring during the currency of the Contract.

[Statement of truth]

---

[3] The facts of this precedent give rise to the clear possibility of avoidance by insurers for nondisclosure by the claimant of the heave and of its impact on the premises before the inception of the first contract of insurance. However, as with all precedents in this section, the above defence is intended to illustrate how one point is to be pleaded rather than to deal with all possible defences.

Liability

Claim against insurers by solicitors seeking indemnity in respect of third party claim

69-T5

1. The Claimant is a firm and has at all relevant times carried on business as solicitors.

2. The Defendant is an insurance company.

3. By a contract of insurance contained in a policy, reference no. 1234 and dated [date], a copy of which is attached ("the Contract"), the Defendant agreed to provide the Claimant with professional indemnity insurance for the period [date] to [date] and in particular to indemnify the Claimant against:
   (a) civil liability (including liability for costs) in respect of claims relating to the Claimant's professional conduct of its business as solicitors and first made during the period [date] to [date]; and
   (b) costs incurred by the Claimant itself in defending such claims.

4. In a letter dated [date], [name], a former client of the Claimant, gave notice to the Claimant of a claim ("the claim") for damages in respect of the professional services provided to him by the Claimant.

5. In accordance with the terms of the Contract, the Claimant gave notice of the claim to the Defendant in a letter dated [date].

6. On [date], [name] began proceedings against the Claimant in the High Court of Justice, Queen's Bench Division, Action No [..........], in respect of the claim ("the proceedings").

7. On [date], [name] obtained judgment against the Claimant in the proceedings for damages in the sum of £[..........], together with his costs, which costs were later assessed in the sum of £[..........].

8. On [date] the Claimant paid those sums to [name].

9. Further, in the course of defending the proceedings, the Claimant itself incurred legal costs of £[..........].

10. In the circumstances, the Claimant is entitled to be indemnified by the Defendant under the Contract in the sum of £[..........] (being the total of £[..........] in respect of damages, £[..........] in respect of [name]'s costs and £[..........] in respect of the Claimant's own costs).

11. In breach of the Contract, the Defendant has denied that it is liable to indemnify the Claimant in respect of the claim and has failed and refused to pay to the Claimant the sum of £[..........] or any sum in respect of the claim.

12. Further, the Claimant claims interest pursuant to s.35A of the Senior Courts Act 1981 on the sum of £[..........] at a rate of [..........] per annum from [date from which interest is claimed] to [date to which interest is calculated and not later than

the date the claim form is issued], amounting to £[..........] and thereafter at a daily rate of £[..........] to judgment herein or sooner payment.

AND the Claimant claims:
(1) The sum of £[..........] alternatively damages.
(2) Interest as set out above pursuant to s.35A of the Senior Courts Act 1981.

[Statement of truth]

Defence by insurers alleging late notification

1. Clause [..........] of the Contract provided as follows: **69-T6**

"The Claimant shall as a condition precedent to its right to be indemnified under [the Contract] give notice to [the Defendant] as soon as practicable during the period of [the Contract]:
(a) of any circumstances of which [the Claimant] may become aware which may give rise to a claim against it;
(b) of the receipt of notice from any person whether written or oral of an intention to make any claim against it"

2. On [date] the Claimant was aware of circumstances which might give rise to a claim against it by [name].

Particulars

3. Further, in the course of a telephone conversation on [date], [name] informed Mr [..........], a partner in the Claimant, of his intention to bring a claim against the Claimant.

4. The Claimant failed to give notice to the Defendant that it was aware on [date] of circumstances which might give rise to a claim by [name] against it or that [name] had given oral notice of his intention to make such a claim on [date] at any time and first notified the Defendant of the possibility that [name] might make such a claim by its letter dated [date].

5. In the circumstances, the Claimant has failed to comply with the condition precedent contained in clause [..........] of the Contract and by reason of such failure is not entitled to be indemnified in respect of the Claim or its costs of defending the Claim.

[Statement of truth]

Fidelity

Claim against insurers in respect of theft

1. At all relevant times the Claimant carried on business as a manufacturer and   **69-T7** distributor of automotive parts.

2. The Defendant is an insurance company.

3. By a contract of fidelity insurance, reference no. [1234] and dated [date], a copy of which is attached ("the Contract"), the Defendant agreed to insure the Claimant against loss and damage resulting from theft by any of the Claimant's employees up to a maximum sum of £[limit of insurance cover] per theft occurring during the period [date of inception] to [date of expiry of cover].

4. On [date] Mr [name], then an employee of the Claimant stole stock belonging to the Claimant worth £[amount]. Particulars of the stock stolen by Mr [name] and its value are set out in Schedule A hereto.

5. Mr [name] was prosecuted at Wood Green Crown Court for the theft referred to in paragraph 4 above under s.1 of the Theft Act 1968 and was convicted of having committed the same on [date]. The Claimant will rely at trial upon this conviction as evidence of the fact that Mr [name] stole the stock referred to pursuant to s.11 of the Civil Evidence Act 1968.[4]

6. By reason of the above, the Claimant has suffered loss and damage, in the sum of £[amount].

7. The Claimant notified the Defendant of the loss and damage by letter dated [date] but wrongfully and in breach of contract the Defendant has not paid the Claimant the sum of £[amount] or any sum.

8. Further, the Claimant claims interest pursuant to s.35A of the Senior Courts Act 1981 on the sum of £[amount] at a rate of [..........] per annum from [date from which the interest is claimed] to [date to which interest is calculated and not later than the date the claim form is issued], amounting to £[..........] and thereafter at a daily rate of £[..........] to judgment herein or sooner payment, alternatively on such other sum as the Court shall find due and/or at such rate and for such period as the Court shall think just.

AND the Claimant claims:
(1) The sum of £[amount] alternatively damages.
(2) Interest as set out above pursuant to s.35A of the Senior Courts Act 1981.

[Statement of truth]

DEFENCE AND COUNTERCLAIM BY INSURERS ALLEGING MATERIAL NON-DISCLOSURE

69-T8 1. The Claimant carries on business as a retailer.

2. Pursuant to section 3 of the Insurance Act 2015 ("the 2015 Act"), the Claimant was under a duty to make a fair presentation of the risk to be insured to the Defendant before the Contract was entered into, in accordance with the provisions of the 2015 Act.

3. In breach of that duty, the Claimant failed to disclose to the Defendant the material fact that the Premises had been the subject of a burglary on [date], which was shortly before the Claimant occupied the Premises ("the Previous Burglary").

---

[4] Required by 16PD 8.1.

4. At all relevant times prior to the entering into the Contract, Miss [name], who was a person responsible for arranging the Claimant's insurance, was aware of the Previous Burglary because [insert particulars].

5. Alternatively, the Claimant ought to have known of the Previous Burglary because it would have been revealed by a reasonable search of [insert particulars].

6. But for the Claimant's breach, the Defendant would not have entered into the Contract or any contract of insurance in respect of the Premises. In the circumstances, the Contract was and is voidable and the Defendant is entitled to and hereby does avoid the same and tenders herewith the premium paid by the Claimant.

7. Alternatively, but for the Claimant's breach, the Defendant would only have insured the Premises upon terms that a burglar alarm would be set and in operation at all times when the Premises were unoccupied. In the circumstances the Defendant is entitled to and hereby does treat the Contract as having been entered into on such terms. At the time of the burglary that is the subject of the claim and in breach of those terms, the Premises were unoccupied but the burglar alarm was not set or in operation. Accordingly, the Defendant has no liability to the Claimant in respect of the claim.

Counterclaim

8. The Defence is repeated.

AND the Defendant counterclaims:
(1) A declaration that the Defendant was and is entitled to avoid the Contract and has validly avoided the same.
(2) Alternatively, a declaration that the Defendant is not liable to the Claimant for the claim.

[Statement of truth]

Reply alleging waiver on placing due to terms of proposal form

1. The Claimant admits that Mr [name] had been convicted of theft on two previous occasions before the placing of the Contract.

69-T9

2. The Claimant further admits that it knew of the two previous convictions and that it did not disclose the same to the Defendant either on the proposal form which the Claimant completed or at all. But the Claimant denies that the Defendant is entitled to avoid the Contract whether as alleged or at all for the reasons stated below:
(a) On [date] the Claimant completed the Defendant's standard proposal form for the insurance cover it was seeking and submitted it to the Defendant.
(b) By question [..........] on the proposal form the Claimant was asked to provide details of any convictions of servants or agents of the Claimant within 3 years of the date of the proposal form. The Claimant accurately answered that question. Mr [name] had no convictions within that period.
(c) In the premises, and by virtue of the fact that question [..........] was limited to the period of 3 years, the Defendant impliedly waived any obligation on the Claimant to provide details of any convictions of its servants or agents outside that period.

[Statement of truth]

Reply by insured alleging term not relevant to the actual loss

69-T10 1. The Claimant admits that at the time of the flood the Premises were unoccupied and the burglar alarm was not set or in operation.

2. The operation of the condition in the Contract that a burglar alarm would be set and in operation at all times when the Premises were unoccupied ("the Alarm Condition") is subject to section 11 of the Insurance Act 2015, because it is a term the compliance with which would tend to reduce the risk of loss of a particular kind, namely the risk of loss by theft.

3. Compliance with the Alarm Condition would not have prevented or in any way reduced the risk of the loss which is the subject of the claim, which was caused by flooding as set out in the Particulars of Claim. In the premises, it is denied that the Defendant is entitled to rely on the Alarm Condition to deny liability for the claim.

Claim for damages for late payment

69-T11 1. At all material times the Claimant carried on business as retailer at [identify premises] ("the Premises").

2. The Defendant is an insurance company.

3. By a contract of insurance contained in a policy, reference no. 1234 and dated [date] ("the Contract"), the Defendant agreed to provide the Claimant with insurance against (amongst other things) physical damage to stock and contents at the Premises during the period [date of inception] to [date on which policy period ended] resulting from (amongst other perils) fire.

4. Pursuant to section 13A of the Insurance Act 2015, it was an implied term of the Contract that the Defendant would pay any sums due in respect of a claim made under the Contract within a reasonable time.

5. On [date], a fire broke out at the Premises, causing the destruction of stock and contents at the Premises with a value of £[ ]. Particulars of the stock and contents destroyed and their value are set out in Schedule A hereto.

6. At the relevant time, the Claimant did not have sufficient funds to replace the stock and contents destroyed by the fire and was unable to recommence trading at the Premises prior to being indemnified by the Defendant.

7. On [date], the Claimant requested payment of the sum of £[ ] by the Defendant. In breach of the Contract, the Defendant failed to pay the claim within a reasonable time and payment was only made on [date]. The Claimant will say that the Defendant should reasonably have paid the claim by no later than [date].

8. By reason of the Defendant's breach, the Claimant was unable to recommence trading at the Premises until [date]. Had the claim been paid within a reasonable time, the Claimant would have been able to recommence trading at the Premises by no later than [date]. At the material times, the average monthly profit

made by the Claimant from trading at the Premises was £[ ]. In the premises, the Claimant has suffered loss and damage in the sum of £[ ], representing [ ] months' lost profits from trading at the Premises.

9. Further, the Claimant is entitled to and claims interest upon such sums as it may be awarded for such period and at such rate as the Court shall think just pursuant to section 35A of the Senior Courts Act 1981.

Counterclaim

AND the Claimant claims
(1) Damages in the sum of £[ ].
(2) Interest as set out above, pursuant to s.35A of the Senior Courts Act 1981.

[Statement of truth]

Section 70:

MARINE INSURANCE

Table of Contents

Claim against insurers for total loss of ship	70-T1
Claim against insurers for actual total loss or constructive total loss	70-T2
Claim for Total Loss of Ship by Mortgagee as Equitable Assignee under Policy of Marine Insurance	70-T3
Claim for Damage to Ship	70-T4
Claim for Damage to Cargo and Resulting Expenses	70-T5
Claim for Total Loss of Freight	70-T6
Shipowner's Claim for General Average Loss in respect of cargo	70-T7
Claim against insurers under a war risks clause	70-T8
Defence of Insurer Alleging Wilful Casting Away of the Vessel by the Insured	70-T9
Defence to Claim for Total Loss of Ship (Denying Loss Occasioned by Perils Insured against and Alleging Vessel Sent to Sea in Unseaworthy State with the Privity of the Insured)	70-T10
Defence to Claim for Damage to Cargo and Resulting Expenses	70-T11
Defence Alleging Deviation from Contemplated Voyage	70-T12
Defence to Claim for Total Loss of Freight	70-T13
Defence to Shipowner's Claim for General Average Loss	70-T14

A contract of marine insurance is one "whereby the insurer undertakes to indemnify the assured in a manner and to the extent thereby agreed, against marine losses, that is to say, the losses incident to marine adventure" (Marine Insurance Act 1906 s.1). **70-01**

The law of marine insurance is codified in the Marine Insurance Act 1906 (MIA 1906), save to the extent modified by the Insurance Act 2015: see Section 67: General Introduction. A contract of marine insurance is inadmissible in evidence unless it is embodied in a marine policy in accordance with the MIA 1906 s.22, although the policy may be issued and executed at the time the contract is concluded or afterwards. A marine policy must specify:

(a) the name of the assured or of some person who effects the insurance on his behalf (the MIA 1906 s.23);

(b) the subject-matter insured with reasonable certainty (the MIA 1906 s.26; *Hewitt v Wilson*[1]).

The sum(s) insured and the name(s) of the insurers, who generally subscribe at the foot of the policy their names and the percentages for which they agree to be respectively liable, are also usually specified.

Risk insured

70-02 The risk underwritten must be clearly defined in the policy. Thus in a voyage policy the destination must be stated,[2] and in a time policy the duration of the risk.[3] In the latter, the time period is sufficiently stated if the policy specifies a period, even if that period may be determined on notice or automatically renewed or extended in the absence of such determination.[4]

70-03 **Open cover** It is an implied term of a policy written on open cover against charterer's liability to the owners of vessels chartered by the insured charterers that they should make declarations within a reasonable time; nevertheless, it is in the nature of open cover that declarations of risks are made after the insurer comes on risk and a declaration is not creative of any rights or obligations; where the cover note does not expressly make the timing of declarations of the essence, the duty to make a timely declaration is an innominate term breach of which might entitle underwriters to a separate action for damages (in the form of interest on the premium not collected) or to reject the declaration; charterers' liability insurance comes into existence when the vessel starts to perform her duty under the charter although no declaration has been made at that stage.[5]

Valued/unvalued policies

70-04 If the policy specifies an agreed value for the subject-matter insured, it is called a "valued policy", and in the absence of fraud the value so fixed is conclusive "as between the insurer and assured" (MIA 1906 s.27). If no value is stated in the policy, it is called an "unvalued policy" and the insurable value is left to be subsequently ascertained in accordance with the MIA 1906 s.16, though it cannot exceed the limit of the sum insured (s.28).[6]

The interest may be valued in the policy at a fixed sum independently of its real value (s.27(2)). This is usually the case in most modern policies on the hull and machinery of vessels. Under a "valued" policy the insured is entitled to recover such fixed sum for a total loss, or a proportionate sum for a partial loss. With an "unvalued" policy the actual value of the vessel or goods lost must be pleaded and proved.

---

[1] *Hewitt v Wilson* [1915] 2 K.B. 739.
[2] *Royal Exchange Assurance Corporation v Sjoforsakring Akt Vega* [1902] 2 K.B. 382 per Collins MR at 392–393.
[3] *Kynance Sailing Ship Co v Young* (1911) 27 T.L.R. 306.
[4] *Compania Maritima San Basilio SA v Oceanus Mutual Underwriting Association (Bermuda) Ltd (The Eurysthenes)* [1977] Q.B. 49.
[5] *Glencore International A.G. v Ryan (The Beursgracht)* [2002] EWCA Civ 2051.
[6] *Kyzuna Investments Ltd v Ocean Marine Mutual Insurance Association (Europe)* [2000] Lloyd's Rep. I.R. 513.

Burden of Proof

Generally It is always for the insured to establish that the vessel (or cargo) was lost fortuitously and by a peril insured against or that the loss comes within the terms of the policy.[7] The claimant is required to prove his case on the "balance of probabilities only".[8] Where a policy covers "loss of or damage to the vessel" the burden rests upon the insured to establish its actual or constructive total loss.[9]

If, on the evidence, the insured fails to prove on the balance of probabilities the real cause of the loss, he has failed to prove his case. Although it is open to insurers to suggest and seek to prove some other cause of loss, against which the ship was not insured, there is no obligation on them to do so and if they choose to do so, there is no obligation on them to prove, even on the balance of probabilities, the truth of that alternative case.[10] The principle that it is not the duty of fact-finders to reach conclusions of fact, one way or the other, in every case, was re-affirmed by the Supreme Court (at [193]) in *Sienkiewicz v Greif (UK) Ltd; Willmore v Knowsley MBC*.[11]

However, where the policy covers all risks, not merely risks of a specified class or classes, "the [claimant] discharges his special onus when he has proved that the loss was caused by some event covered by the general expression, and he is not bound to go further and prove the exact nature of the accident or casualty which, in fact, occasioned his loss".[12] Further, where the defendants had agreed to insure the claimant under marine open cargo-cover, which included a clause excluding cover in respect of "mysterious disappearance and stability losses", the onus of establishing the fact that the loss fell within the exclusion clause rested on the insurer.[13]

Under an all risks policy which provides cover against accidental damage, the insured bears a burden to show on the balance of probabilities that the relevant loss was accidental but he does not necessarily have to explain what caused the damage; it is for underwriters who make a positive plea of arson to establish that the accusation is true.[14]

Where the insurer claims rectification of the policy terms, it bears the burden of proving "convincingly" that there was a common mistake in entering into the written policy.[15]

On an allegation of scuttling Where the insurers plead a positive defence that

70-05

70-06

---

[7] *Rhesa Shipping Co SA v Edmunds (The Popi M)* [1985] 1 W.L.R. 948; *Panamanian Oriental SS Corp v Wright* [1971] 2 All E.R. 1028; *Seashore Marine SA v Phoenix Assurance Plc (The Vergina) (No.2)* [2001] 2 Lloyd's Rep. 698; *Brownsville Holdings Ltd & Anor v Adamjee Insurance Co. Ltd (The Milasan)* [2000] 2 Lloyd's Rep. 458.
[8] *National Justice Compania Naviera SA v Prudential Assurance Co. Ltd (The Ikarian Reefer)* [1995] 1 Lloyd's Rep. 455 at 459.
[9] *Handelsbanken ASA v Dandridge* [2002] 2 All E.R. (Comm) 39 at 57.
[10] *The Popi M* (applied at first instance in *Lamb Head Shipping Co Ltd v Jennings (The Marel)* [1992] 1 Lloyd's Rep. 402 and considered in the Court of Appeal [1994] 1 Lloyd's Rep. 624).
[11] *Sienkiewicz v Greif (UK) Ltd; Willmore v Knowsley MBC* [2011] UKSC 10; [2012] 1 A.C. 776.
[12] *British and Foreign Marine Insurance Co v Gaunt* [1921] 2 A.C. 41, per Lord Birkenhead at 47; applied in *Berk & Co v Style* [1956] 1 Q.B. 180 at 187.
[13] *AXL Resources Ltd v Antares Underwriting Services Ltd* [2010] EWHC 3244 (Comm); [2011] Lloyd's Rep. I.R. 598.
[14] *Aquarius Financial Enterprises Inc v Certain Underwriters at Lloyd's (The Delphine)* [2001] 2 Lloyd's Rep. 542, 543 at [11].
[15] *Kiriacoulis Lines SA v Compagnie D'Assurances Maritime Aeriennes et Terrestres (CAMAT) (The Demetra K)* [2002] 2 Lloyd's Rep. 581; and see *American Airlines Inc v Hope* [1974] 2 Lloyd's Rep.

the vessel (or cargo) was wilfully cast away with the knowledge and connivance of the insured, the burden of proof rests with them. While the insurers are required to prove their case on the "balance of probabilities", the standard of proof is commensurate with the gravity of the allegation made—the burden on the insurers is heavier than that which rests upon the shipowners.[16] For an analysis of the case law in which the civil standard of proof is discussed, see the judgment of the House of Lords in *R. (on the application of D) v Life Sentence Review Commissioners*.[17]

70-07   **On an allegation of non-disclosure**   Where the insurer pleads that a material fact was not disclosed, he must adduce evidence to prove such non-disclosure.[18] On the importance of pleading the risk to which the alleged non-disclosure is said to be material, see *Decorum Investments Ltd v Atkin (The Elena G)*[19] in which it was said that the underwriters had to establish that there were facts or circumstances known to the assured (other than mere speculations, vague rumours or unreasoned fears: see *Carter v Boehm*[20]) which went to establish a real risk that a Russian enemy of the assured would seek to destroy or damage the assured's yacht within its trading limits or that it would be damaged or destroyed in the course of an attempt to kill or attack the assured or his family. However, in *North Star Shipping Ltd v Sphere Drake Insurance Plc*,[21] the Court of Appeal emphasised that whether or not a matter was "material" was a question of fact not law; and pointed out that usually recent allegations of serious dishonesty would be discloseable even if they were said to be wholly unfounded.

However, where there is prima facie evidence of non-disclosure, the onus shifts to the assured to prove that he disclosed the fact.[22]

DUTY OF INSURED TO DISCLOSE MATERIAL FACTS

70-08   A contract of marine insurance is a contract of utmost good faith and the general principles set out in Section 67: General Introduction, apply. For contracts entered into after 12 August 2016, the 2015 Act makes important changes to these principles.

INSURABLE INTEREST

70-09   Insurable interest is defined in the MIA 1906 s.5(2), as set out in Section 67: General Introduction. The owner or mortgagee of the ship or any portion of the cargo, the person to whom the freight is payable, the assured for the charges of

---

301.
[16] *The Gloria* (1936) 54 Ll. L. Rep. 35 at 50–51; *National Justice Compania Naviera SA. v Prudential Assurance Co Ltd (The Ikarian Reefer)* [1995] 1 Lloyd's Rep. 455 at 459, CA. See also *Hornal v Neuberger Products* [1957] 1 Q.B. 247; *Piermay Shipping Co SA v Chester* [1979] 2 Lloyd's Rep. 1 at 13; *Aquarius Financial Enterprises Inc v Certain Underwriters at Lloyd's (The Delphine)* [2001] 2 Lloyd's Rep. 542, 544 at [15].
[17] *R. (on the application of D) v Life Sentence Review Commissioners* [2008] UKHL 33; [2008] 4 All E.R. 992, per Lord Carswell at [23]–[29].
[18] *Visscherrij Maatschappij Nieuw Onderneming v Scottish Metropolitan Assurance Co* (1922) 38 T.L.R. 458, CA.
[19] *Decorum Investments Ltd v Atkin (The Elena G)* [2001] 2 Lloyd's Rep. 378, 382.
[20] *Carter v Boehm* (1766) 3 Burr. 1905.
[21] *North Star Shipping Ltd v Sphere Drake Insurance Plc* [2006] 2 Lloyd's Rep 183.
[22] *Glicksman v Lancashire and General Assurance Co Ltd* [1925] 2 K.B. 593; affirmed [1927] A.C. 139.

insurance, or the master or any member of the crew in respect of his wages all have an insurable interest (see the MIA 1906 ss.10, 11, 12, 13, 14). Likewise anyone who has an interest in the "marine adventure" i.e. anyone who is so placed with respect to the thing insured as to have either benefit from its safety or due arrival or suffer prejudice from loss or damage to it or its detention, or incur liability in respect of it (see s.5).[23]

Effecting a policy Broadly, no-one can effect a valid policy of marine insurance unless he has, at the time, either an interest in or lien on the ship, cargo or freight or else a bona fide expectation of acquiring such an interest or lien (see *Mark Rowlands Ltd v Berni Inns Ltd*[24] where Kerr LJ relies upon the definition of insurable interest by Lawrence J in *Lucena v Craufurd*[25]). A policy effected by owners may sometimes enure for the benefit of charterers.[26]   70-10

Claiming under a policy In order to recover under a contract of marine insurance, the insured must have an insurable interest in the subject matter insured (i.e. ship, cargo or freight) at the time of the loss, though he need not have had an interest at the time when the insurance was effected (s.6(1)). If, however, the policy is on "lost or not lost" terms, then the insured may recover if he acquired his interest after the loss unless at the time he effected the contract of insurance he was aware of the loss and the insurer was not: (s.6(1)). No one can acquire an insurable interest after he is aware that the subject-matter insured is lost (s.6(2)).   70-11

PARTIES CLAIMING

The action on a policy of marine insurance may be brought in the name of the party nominally effecting the insurance (i.e. the agent or insurance broker), or in the name of the principal or party interested. Where the insurance has been effected by an agent in his own name on behalf of his principal, the principal may sue on the policy, although it contains nothing to show the agency.[27]   70-12

PAYMENT OF PREMIUM

Unless otherwise agreed, where a broker effects a marine policy on behalf of the insured, the broker is directly responsible to the underwriter or insurer for the premiums (MIA 1906 s.53(1)) and entitled to sue the insured, by whom he is employed, for them.[28] The insured is liable to his broker for the premium, whether or not it has actually been paid to the insurer (see also *Bain Clarkson v Owners of Sea Friends*,[29] where the failure to pay premiums did not entitle the brokers to arrest the ship; see also *Allianz Insurance Co Egypt v Aigaion Insurance Co SA*,[30] per   70-13

---

[23] *Feasey v Sun Life Assurance Co of Canada* [2003] EWCA Civ 885; [2003] All E.R. (Comm) 587 per Waller LJ at [67]–[71].
[24] *Mark Rowlands Ltd v Berni Inns Ltd* [1986] Q.B. 211 at 228.
[25] *Lucena v Craufurd* (1806) 2 B. & P. (NR) 269, 302.
[26] *The Yasin* [1979] 2 Lloyd's Rep. 45.
[27] *Williams v North China Insurance Co* (1876) 1 C.P.D. 757; *The Yasin* [1979] 2 Lloyd's Rep. 45.
[28] *Heath Lambert Ltd v Sociedad de Corretaje de Seguros* [2004] EWCA Civ 792; [2005] 1 All E.R. 225.
[29] *Bain Clarkson v Owners of Sea Friends* [1991] 2 Lloyd's Rep. 322.
[30] *Allianz Insurance Co Egypt v Aigaion Insurance Co SA* [2008] EWHC 1127 (Comm); [2008] 2

Judge Chambers QC at [58]–[68][31]). Unless otherwise agreed, a broker has a lien upon the policy for the amount of the premium and his charges for effecting the policy (MIA 1906 s.53(2); see *Heath Lambert Ltd v Sociedad de Corretaje de Seguros*) and in respect of any balance on any insurance account due to him from a policyholder with whom he has dealt as principal. But, in the case of composite insurance, where a person placed insurance with a broker on behalf of both himself and other interests, the broker was not dealing with the co-insured "as a principal" and accordingly was not entitled to assert a lien against one co-insured in respect of the liability of another co-insured.[32]

Assignment

70-14 A marine policy is assignable either before or after loss, unless it contains terms expressly prohibiting such assignment (MIA 1906 s.50(1)). To identify when the beneficial interest passes, it is necessary to distinguish between situations of assignment before and after loss; an assured does not make an effective assignment where he retains an insurable interest e.g. as mortgagor or operator of a vessel, even if he has assigned the entire right to the benefit of any claims which arise in respect of his interest.[33] However, where the insured has parted with or lost his interest in the subject-matter insured, and has not, before or at the time of so doing, expressly or impliedly agreed to assign the policy, any subsequent assignment of the policy is inoperative (MIA 1906 s.51). "After loss, the interest in the damages, the chose in action, is the only property which is covered by the policy".[34] Where an assignment is in the ordinary form, the assignee has the right to sue in respect of any claim which the assignor has on the policy, although the assignee was not at the time of the loss interested in the subject matter.[35] Where a marine policy has been assigned, the insurer is entitled to raise any defence arising out of the contract which he would have been entitled to raise if the action had been brought in the name of the person by or on behalf of whom the policy was effected (MIA 1906 s.50(2)).

70-15 **Unseaworthiness** For voyage policies, there is an implied warranty (s.39(1) of the MIA 1906) that at the commencement of the voyage, the ship shall be seaworthy (i.e. reasonably fit in all respects to encounter the ordinary perils of the seas of the adventure insured (s.39(4)).

In a time policy, there is no implied warranty that the ship shall be seaworthy at any stage of the adventure, but s.39(5) MIA 1906 provides a defence to a claim under the policy where "with the privity of the assured, the ship is sent to sea in an unseaworthy state". If proven, the insurers will not be liable for any loss attributable to unseaworthiness. There are three elements to the defence: first, that there was unseaworthiness at the time the vessel was sent to sea, secondly, that the unseaworthiness was causative of the relevant loss and, thirdly, that the assured must have been privy to sending the ship to sea in that condition. An assured cannot be said to be privy to the unseaworthiness of his vessel by virtue of "blind eye

---

Lloyd's Rep. 595.
[31] Affirmed by the Court of Appeal at [2009] 2 All E.R. (Comm) 745.
[32] *Eide UK Ltd v Lowndes Lambert Group Ltd* [1999] Q.B. 199.
[33] *Raiffeisen Zentralbank Osterreich v Five Star Trading CA* [2001] 2 W.L.R. 1344, 1366–7. On the facts, it was held that the bank was an equitable assignee.
[34] *Lloyd v Fleming* (1872) L.R. 7 Q.B. 299.
[35] *Aron & Co v Miall* (1928) 139 L.T. 562; Law of Property Act 1925 s.47.

knowledge" unless it is shown that the assured had had a suspicion or belief that the vessel was unseaworthy and had deliberately refrained from making relevant enquiries.[36]

TOTAL LOSS/CONSTRUCTIVE TOTAL LOSS

A loss may be total or partial, or what is termed a "constructive total loss". Where the insured brings a claim for a total loss, but there is only evidence of a partial loss, then, unless the policy otherwise provides, the insured may recover for a partial loss (MIA 1906 s.56(4)). Section 55 indicates those losses included in and excluded from the insurer's liability, in the absence of express provisions in the policy. Generally an insurer is only liable for losses proximately caused by a peril insured against under the policy terms (s.55(1)). See also, the MIA 1906 ss.57(1), 58.

70-16

It is for the insurer to prove that the proximate cause of the loss is not a peril insured against. In a recent judgment of the Supreme Court, it was held that the destruction of an oil rig on a sea voyage was covered under a marine insurance policy which covered all risk of loss or damage to the subject matter but excluded "loss, damage or expense caused by the internal vice or nature of the subject matter insured".[37] In so deciding the court held that there was no authority for the proposition that inherent vice or nature of the subject matter insured was established by showing that the goods in question had not been capable of withstanding the normal incidents of the insured voyage, including the weather reasonably to be expected, but that where the only fortuity operating on the goods came from the goods themselves, the proximate cause of the loss could properly be said to be the inherent vice or nature of the subject-matter insured. For recent applications of this decision, see *Versloot Dredging BV v HDI Gerling Industrie Versicherung AG* and *Venetico Marine SA v International General Insurance Co Ltd*.[38]

Total Loss There may be a "total loss", although the ship does still exist, for instance, in the case of capture and sale upon condemnation, where capture is a peril insured against,[39] but not where cargo was not sent forward because it was reasonably expected to be lost by the perils insured against, and therefore abandoned before the cause of those perils had begun to operate.[40] Where a cargo was insured against total loss "by total loss of the vessel" and the cargo was totally lost and the vessel all but submerged, the total loss of the vessel was held to have resulted.[41] Where there is a partial loss covered by insurance, and, during the currency of the policy but before the damage is repaired, there is a total loss by a risk not covered by the policy, the insurer is not liable for the unrepaired partial loss.[42]

70-17

Where a vessel was seized by Somali pirates, then released six weeks afterwards,

---

[36] *Manifest Shipping Co Ltd v Uni-Polaris Shipping Co Ltd* [2001] UKHL 1; [2001] 2 W.L.R. 170, considered in *Agapitos v Agnew* [2003] 3 W.L.R. 616; see also *Versloot Dredging BV v HDI Gerling Industrie Versicherung AG* [2013] EWHC 1666 (Comm); [2013] Lloyd's Rep. I.R. 582 at [110].
[37] *Global Process Systems Inc v Syarikat Takaful Malaysia Berhad (The Cendor Mopu)* [2011] UKSC 5; [2011] Lloyd's Rep. I.R. 302.
[38] *Versloot Dredging BV v HDI Gerling Industrie Versicherung AG* [2013] Lloyd's Rep. I.R. 582 and *Venetico Marine SA v International General Insurance Co Ltd* [2013] EWHC 3644 (Comm); [2014] Lloyd's Rep. I.R. 243.
[39] *Cossman v West* (1887) 13 App. Cas. 160.
[40] *Kacianoff v China Traders Insurance Co* [1913] 3 K.B. 407.
[41] *Montreal Light, Heat and Power Co. v Sedgwick* [1910] A.C. 598.
[42] *British & Foreign Insurance Co v Wilson Shipping Co* [1921] A.C. 188.

the shipowners could not claim prior to that release that upon the removal of the vessel into Somali waters its cargo had become an "actual total loss" under MIA 1906 s.57(1) because, on the facts of the case, the insured had not been "irretrievably deprived" of its cargo.[43] In upholding the judgment of the court below, the Court of Appeal held, per Rix LJ at [56], that, in the circumstances of the case, piratical seizure was not an actual total loss because upon the seizure of the vessel there was not only a chance, but a strong likelihood, that payment of a ransom of a comparatively small sum, relative to the value of the vessel and her cargo, would secure recovery of both (as in fact happened).

70-18 Constructive Total Loss A "constructive total loss" (CTL) is defined by the MIA 1906 s.60(1). The concept is peculiar to marine insurance. It will not be applied in English law, outside that sphere, unless the particular terms of the policy require that it should be.[44] Section 61 provides that "where there is a constructive total loss the assured may either treat the loss as a partial loss, or abandon the subject-matter insured to the insurer and treat the loss as if it were an actual total loss."

There may be a constructive total loss where a prudent uninsured owner would not think it worthwhile to repair the damaged ship, in which case he is entitled to add the breakup value of the ship to the estimated cost of repairs.[45] Under a policy against "total loss only" a constructive total loss may be recovered.[46] The criteria for a constructive total loss, as defined by MIA 1906 s.60(1), was not met where shipowners had every intention of recovering a vessel seized by Somali pirates and there was no reasonable basis for regarding an actual total loss as unavoidable.[47] Where pirates boarded a vessel and detonated an explosive device causing considerable damage, the vessel would be treated as a CTL under s.60(2)(ii) because she was "... so damaged by a peril insured against that the cost of repairing the damage would exceed the value of the ship when repaired".[48]

Notice of abandonment is a condition precedent to the right of the assured to claim for a "constructive total loss"[49] and if the assured fails to give such notice, the loss can only be treated as a partial loss. For an example of a decision considering whether a notice of abandonment was given within a reasonable time, see *Connect Shipping Inc v Sverige Anfgartygs Assurans Forening (The Swedish Club)*.[50] But the notice is not an integral element of a constructive total loss,[51] but rather "a

---

[43] *Masefield AG v Amlin Corporate Member Ltd* [2010] 2 All E.R. 593 (affirmed on appeal [2011] EWCA Civ 24).
[44] *ICI Fibres SA v MAT Transport* [1987] 1 Lloyd's Rep. 354 at 358–359, per Staughton J.
[45] *Macbeth & Co Ltd v Maritime Insurance Co Ltd* [1908] A.C. 144, overruling, on the latter point, *Angel v Merchants Marine Insurance Co* [1903] 1 K.B. 811; see also *Helmville Ltd v Yorkshire Insurance Co Ltd (The Medina Princess)* [1965] 1 Lloyd's Rep. 361.
[46] *Adams v McKenzie* (1863) 32 L.J.C.P. 92.
[47] *Masefield AG v Amlin Corporate Member Ltd* [2010] EWHC 280 (Comm); [2010] 2 All E.R. 593 (affirmed on appeal: [2011] EWCA Civ 24.
[48] *Suez Fortune Investments Ltd v Talbot Underwriting Ltd* [2015] EWHC 42 (Comm); [2015] 1 Lloyd's Rep. 651 per Flaux J at [254].
[49] MIA 1906 s.62(1); *Knight v Faith* (1850) 15 Q.B. 649; *Kaltenbach v Mackenzie* (1878) 3 C.P.D. 467; Considered in *Kastor Navigation Co. Ltd v AGF MAT* [2003] 1 All E.R. (Comm) 277 (affirmed on appeal: [2004] EWCA Civ 277).
[50] *Connect Shipping Inc v Sverige Anfgartygs Assurans Forening (The Swedish Club)* [2016] EWHC 1580 (Comm); [2017] 2 All E.R. (Comm) 1122.
[51] *Roura & Fourgas v Townend* [1919] 1 K.B. 189; *Robertson v Petros M Nomikos Ltd* [1939] A.C. 371 at 381, per Lord Wright.

notification of an election between two alternative quantums of damage".[52] Where, however, there is substantially nothing to abandon and the insurer would gain nothing by the notice of abandonment, the giving of such notice is held excused or waived (s.62(7); *Rankin v Potter*[53]; cf. *Kaltenbach v Mackenzie*, where the omission to give notice was not excused by a subsequent justifiable sale of the ship).

Where a CTL caused by an insured peril of which the insured was unaware was followed, before the insured acquired such knowledge, by a total loss caused by an uninsured peril or excepted peril, the insured can still recover for the CTL. In such a case the abandonment of the insured vessel takes place by operation of law when the underwriter settles the claim. In any event, notice of abandonment was unnecessary where there was no possibility of benefit to the insurer if notice had been given to it.[54] For an analysis of the legal standing of a notice of abandonment, and consideration of the question of what interest insurers obtain following payment of a CTL without either claiming or disclaiming the insured's interest in the vessel, see *Dornoch Ltd v Westminster International BV*.[55]

General Average Loss

The cause of action for a claim on a policy of marine insurance in respect of a general average loss arises as soon as the events giving rise to the general average loss have occurred.[56]   **70-19**

Section 66(4) provides that, subject to any express provision in the policy, where the insured has incurred a general average expenditure, he may recover from the insurer in respect of the proportion of the loss which falls upon him. If the shipowner has financed the whole of the general average expenditure and the value of his ship represents a proportion of the total contributory values, the shipowner can proceed against the insurers for his proportion only and must recover the balance from the cargo interests.

By contrast, on a general average sacrifice (subject to any express provision in the policy), the insured may proceed directly and immediately against the insurers for the whole of his loss, without having enforced his right of contribution from the other parties liable to contribute (MIA 1906 s.66(4)). On payment, the insurers are subrogated to the general average contributions eventually recovered from the other parties to the common adventure.

Institute Clauses

Most marine insurance policies that are effected at Lloyd's or in the London market are subject to standard conditions which are universally accepted in the market. These "institute clauses" are produced by the Institute of London Underwriters (a body which merged with the International Underwriting Association of London (IUAL) on 1 January 1999) and are revised from time to time. The   **70-20**

---

[52] *Bank of America National Trust and Savings Association v Chrismas (The Kyriaki)* [1993] 1 Lloyd's Rep. 137 at 151, col.2, per Hirst J.
[53] *Rankin v Potter* (1873) L.R. 6 H.L. 83.
[54] *Kastor Navigation Co Ltd v AGF MAT* [2003] 1 All E.R. (Comm) 277 (affirmed on appeal [2004] EWCA Civ 277).
[55] *Dornoch Ltd v Westminster International BV* [2009] EWHC 889 (Admiralty Court).
[56] MIA 1906 s.66; *Chandris v Argo Insurance Co* [1963] 2 Lloyd's Rep. 65 approved by the House of Lords in *Castle Insurance Co Ltd v Hong Kong Islands Shipping Co. Ltd* [1984] A.C. 226 at 238.

most commonly used are the institute time clauses (hulls) (used in connection with a time policy on the hull and machinery of a vessel, which excludes war-type risks); the institute cargo clauses (of which there are several types), used in connection with insurance on cargo; and the institute time clauses (freight), used in connection with insurance on freight. There are three sets of hull clauses in current use in the London market: the Institute Time Clauses Hulls (1/10/83) and Voyage Clauses Hulls (1/10/83); the Institute Time Clauses Hulls (1/11/95) and Voyage Clauses Hulls (1/11/95); and the International Hull Clauses (1/11/03). The present institute cargo clauses (A, B and C) in use are those dated 1 January 1982. The clauses define the insured perils, set out the exceptions to cover and also define the terms on which the insurance is made and upon which claims can be made.

All the institute clauses (in addition to some American clauses) are contained in the *Reference Book of Marine Insurance Clauses*, published annually by Witherby & Co and in the *Markets Wordings Database* (available from Lloyd's Policy Signing Office, Commercial Services in CD-ROM format and online).

On the construction of policies incorporating the Institute Clauses see *Sunport Shipping Ltd v Tryg-Baltica International (UK) (The Kleovoulos of Rhodes)*; *Handelsbanken v Dandridge*; *Bayview Motors Ltd v Mitsui Marine & Fire Insurance*.[57] In relation to the incorporation of the Institute War Clauses in a policy, in the event of an ambiguity in the wording the provision will be construed against the assured.[58]

PLEADING

70-21 Actions on marine insurance contracts are usually heard in the Commercial Court and statements of case must therefore comply with the CPR and the Admiralty & Commercial Court Guide. In as much as general guidance on pleading may be derived from pre-CPR authorities, the following principles are relevant.

70-22 Particulars of Claim Where the insured is claiming constructive total loss, particulars must be provided of the general nature of the damage to the ship and the categories of expense relied upon, but there is no obligation to give detailed cost of repairs.[59]

70-23 Defence The matters required to be included in a defence are set out in CPR r.16.5 and in 16PD. In addition, as most claims concerning marine insurance policies are heard in the Commercial Court, defences should comply with the provisions of Part C of the Admiralty and Commercial Courts Guide.

Particulars must be given so that the insured may know the case he has to meet but evidence need not be pleaded, nor need particulars of circumstantial evidence from which an insurer will ask the court to draw particular inferences.[60]

In practice, however, important circumstantial evidence relied upon is pleaded,

---

[57] *Sunport Shipping Ltd v Tryg-Baltica International (UK) (The Kleovoulos of Rhodes)* [2003] 1 Lloyd's Rep. 138; *Handelsbanken v Dandridge* [2002] 2 All E.R. (Comm) 39; *Bayview Motors Ltd v Mitsui Marine & Fire Insurance* [2003] 1 Lloyd's Rep. 131.
[58] *Ikerigi Compania Naviera SA v Palmer (The Wondrous)* [1991] 1 Lloyd's Rep. 400 at 416.
[59] *Transport and Trading Co Ltd v Indemnity Mutual Marine Assurance Co Ltd* [1919] W.N. 48, CA.
[60] *Palamisto General Enterprises SA v Ocean Marine Insurance (The Dias)* [1972] 2 Q.B. 625 applying dicta of Edmund Davies and Stephenson LJJ in *Astrovlanis Compania Naviera SA v Linard* [1972] 2 Q.B. 611.

e.g. the unseaworthiness of the vessel; over-insurance; excessive over-valuation of the vessel; the fact that the vessel was trading at a substantial loss; the general insolvency of the actual or beneficial owners of the vessel; or that a particular crew member was a known committer of barratry.[61]

If the insurer defendant is intending to contest the fulfilment of any condition precedent to the policy (e.g. the sailing of the ship, the loss of the ship, the loading of the goods, and the loss of the goods, the interest of the claimant in the ship or goods, and also the compliance with warranties), this should be expressly denied and the reasons for such denial must be given (CPR r.16.5(2)(a)). If the policy sued on does not specify the name of the insured, or some other person who effects the insurance on his behalf (as required by the MIA 1906 s.23), the marine policy is inadmissible in evidence (s.22) and this matter should be specifically pleaded. Unseaworthiness, fraud (see further para.70-24), misrepresentation, concealment and deviation from specified route must all be specifically pleaded.

Fraud and Loss by Wilful Misconduct An insurer is not liable for any loss attributable to the wilful misconduct of the insured (s.55(2)(a)). So, where a vessel has been deliberately cast away by her master or crew with the knowledge or connivance of the insured ("scuttled"), then the insurer is not liable. Such a loss is not a loss by "perils of the seas".[62] A defence including an allegation of scuttling amounts to an allegation of fraudulent conduct which, accordingly, must be pleaded with particularity (*Palamisto General Enterprises* at 644D, applying the dicta of Edmund Davies LJ in *Astrovlanis Compania Naviera SA*). See also, in relation to particulars of claim, CPR note 16.4.4 to Pt 16 and PD 16 8.2, which would apply equally to a defendant advancing a positive defence of fraud by the claimants. **70-24**

Disclosure of Ship's Papers

In cases of marine insurance policies where, for example, an insurer intends to plead scuttling or other serious misconduct against an insured (either shipowner or cargo owner), the insurer can apply to the Commercial Court, at any stage of the proceedings, including in advance of pleading points of defence, for an order against the claimant for specific disclosure of "ship's papers" pursuant to CPR r.31.12 and r.58.14. The judge, if it appears to them to be necessary or expedient, has discretion to grant an order on such terms as they think fit. If they do so, the claimant may be obliged to disclose, on affidavit, a very wide range of documents concerning the vessel (or cargo), its ownership, insurance and related matters (e.g. insurance policies, slips, letters of instruction). The modern practice follows *Probatina Shipping Co v Sun Insurance Office*.[63] In cases where scuttling is alleged, an order for ship's papers before service of the defence should not be made automatically (*Probatina Shipping Co v Sun Insurance Office* at 648H). For a helpful discussion of the relevant categories of documents, see *Probatina Shipping Co v Sun Insurance Office*.[64] **70-25**

---

[61] *Piermay Shipping Co SA v Chester (The Michael)* [1978] 1 W.L.R. 411.
[62] *P Samuel & Co Ltd v Dumas* [1924] A.C. 431.
[63] *Probatina Shipping Co v Sun Insurance Office* [1974] Q.B. 635.
[64] *Probatina Shipping Co v Sun Insurance Office* [1973] 2 Lloyd's Rep. 520 (at first instance), per Kerr J at 526–530.

In *Manifest Shipping Co Ltd (The Star Sea)*,[65] Lord Hobhouse expressed the view that an order for ship's papers has become "obsolete", was recognised as "largely unnecessary even in scuttling cases"; and further "had become an instrument of unjust delay" (at 497; [58]). An order for disclosure of ship's papers was historically based on the assured's duty of good faith towards the underwriter, and accordingly to make full disclosure of all matters material to the claim. However, there is a distinction between the assured's duty to disclose material facts pre-contract and the duty to give disclosure of ship's papers. First, the enforcement of disclosure obligations is in the court's discretion; secondly, it requires a court order and, thirdly, breach of an order from the court does not give rise to the right to avoid the contract. Accordingly, the obligation to give disclosure of ship's papers is not the obligation referred to in s.17 of the MIA 1906 and "nor was it the subject matter of Lord Mansfield's judgment in *Carter v Boehm*" (per Lord Hobhouse in *The Star Sea* at 498).

CLAIM AGAINST INSURERS FOR TOTAL LOSS OF SHIP

70-T1 1. The Claimant is a company incorporated under the laws of [..........] and registered in [..........]. At all material times, the Claimant was the owner of the motor vessel "*Honolulu*" (the "vessel").

2. The Defendant is an underwriter at Lloyd's and is sued on his own behalf and on behalf of all members of the Syndicates comprising Consortium No. 0000 at Lloyd's (the "Consortium").

3. By a Lloyd's policy of marine insurance no. [..........] dated [date] (the "policy") and on the terms set out in Certificate no. [..........] (the "certificate"), the Consortium and others (together the "insurers") agreed to insure the vessel, valued at U.S.$6 million, to the extent of 75 per cent (namely U.S.$4,500,000) against the perils set out in the policy, including perils of the seas, for a period of 12 months beginning on [date]. A copy of the certificate and policy are attached.

4. The certificate [and policy], to which the Claimant will refer for its [their] full terms, meaning and effect, provide[s] as follows:[66] [Insert e.g. details of sum insured, relevant conditions, proportion insured, proportion self-insured, etc. to the extent not included in paragraph 3.].

---

[65] *Manifest Shipping Co Ltd (The Star Sea)* [2001] UKHL 1; [2003] 1 A.C. 469.
[66] This form illustrates the usual way of framing a claim against a Lloyd's Syndicate or, as in this case, a Consortium of Syndicates (i.e. an underwriting vehicle comprised of a number of Syndicates). It is established practice to name one underwriting member only and to sue him in a representative capacity. Of course, if more than one Syndicate subscribed to the risk other than via a consortium, it will often be necessary to use a representative underwriter for each syndicate. The basis on which the named defendant is sued is also set out in paragraph 2. It is advisable to ask the proposed defendant syndicate's solicitors which underwriter should be named a representative defendant. Any dispute as to the course taken by the claimant will fall to be resolved under CPR r.19.6.

CLAIM AGAINST INSURERS FOR TOTAL LOSS OF SHIP

5. The policy was subject to the "Institute Time Clauses: Hulls".[67] A copy of the applicable clauses is attached.[68]

6. Clause 6 of the "Institute Time Clauses: Hulls" (to which the Claimant will refer as necessary) provides:

> "This insurance covers loss of or damage to the subject-matter insured caused by 6.1.1 perils of the seas rivers lakes or other navigable waters"

7. The Claimant was at all material times fully interested in the policy.

8. The Consortium subscribed to the policy in the sum of U.S.$90,000, being 2% of the insured risk.

9. On [date], while insured under the policy, and on a voyage from Singapore to Cape Town, the vessel encountered a storm of exceptional violence and sank at an approximate position of [..........] longitude, [..........] latitude.

Particulars of heavy weather
[Give full particulars of the seas, wind and weather conditions relied upon.]

10. Accordingly, the vessel became a total loss by perils of the sea.

11. On [date], the Claimant reported the fact of the sinking to the insurers.

12. Accordingly, the Claimant's insured loss and damage is 75% of the agreed value of the vessel, namely U.S.$4,500,000.

13. As a result of the matters set out above, the Consortium is liable to indemnify the Claimant for its proportion of the risk in respect of the insured total loss of the vessel, namely U.S.$90,000.

14. Wrongfully and in breach of contract, the Consortium has failed and/or refused to indemnify the Claimant in the said amount or any amount.

15. As at the date of this statement of case, the sterling equivalent of U.S.$90,000 amounts to £[..........] (based on a U.S. dollar: pound sterling exchange rate of [..........] (source: [state source of exchange rate]). The claim is made in U.S. dollars because [dollars is the currency of the Claimant's operations and therefore the currency of the Claimant's loss].[69]

16. Further the Claimant is entitled to and claims interest, pursuant to s.35A of the Senior Courts Act 1981, upon the sum of U.S.$90,000 at a rate of [..........] per annum from [date from which interest is claimed] to [date to which interest is calculated and not later than the date the claim form is issued], amounting to U.S.$[..........] and thereafter at a daily rate of U.S.$[..........] to judgment herein or sooner payment, alternatively on such other sum as the Court shall find due and/or at such rate and for such period as the Court shall think just.

---

[67] Institute Time Clauses: Hulls, CL.280, 1/11/95 of Institute of London Underwriters (now amalgamated into the International Underwriting Association of London).
[68] Required by CPR 16PD para.7.3(1).
[69] See CPR note r.16.3.3; supplemented by 16PD para.9.1.

AND the Claimant claims:
(1) U.S.$90,000, alternatively damages.
(2) Interest as set out above pursuant to s.35A of the Senior Courts Act 1981.

[Statement of truth]

CLAIM AGAINST INSURERS FOR ACTUAL TOTAL LOSS OR CONSTRUCTIVE TOTAL LOSS

70-T2 1. The Claimant is a company incorporated under the laws of [..........] and registered in [..........]. At all material times, the Claimant was the owner of the motor yacht "*Sasporella*" (the "vessel"). The vessel was kept in the island of Bermuda.

2. The Defendant is an underwriter at Lloyd's and is sued on his own behalf and on behalf of all members of the Syndicates comprising Consortium No. 0000 at Lloyd's (the "Consortium").

3. By a Lloyd's policy of marine insurance no. [..........] dated [date] (the "policy") and on the terms set out in Certificate no. [..........] (the "certificate"), the Consortium and others (together the "insurers") agreed to insure the vessel, valued at U.S.$2,500,000, to the extent of 100% against actual total and/or constructive and/or arranged and/or compromised total loss including salvage and salvage charges caused by the insured perils, including perils of the seas, for a period of 12 months beginning on [date]. A copy of the policy and certificate are attached.

4. The certificate [and policy], to which the Claimant will refer for its [their] full terms, meaning and effect, provide[s] as follows: [insert e.g. details of sum insured, relevant conditions, proportion insured, self-insured, etc. to the extent not included in paragraph 3].

5. The policy was subject to the "Institute Time Clauses: Hulls". A copy of the applicable clauses is attached.

6. Clause 19 of the "Institute Time Clauses: Hulls" (to which the Claimant will refer as necessary) provides:

19.1 In ascertaining whether the Vessel is a constructive total loss, the insured value shall be taken as the repaired value and nothing in respect of the damaged or break-up value of the vessel or wreck shall be taken into account.
19.2 No claim for constructive total loss based upon the cost of recovery and/or repair of the vessel shall be recoverable hereunder unless such cost would exceed the insured value. In making this determination, only the cost relating to a single accident or sequence of damages arising from the same accident shall be taken into account."

7. The Claimant was, at all material times, the owner of the vessel and was and is, fully interested in the policy.

8. The Consortium subscribed to the policy in the sum of U.S.$1,500,000.

9. On [date], while insured under the policy and while moored at Admiral Bay, Bermuda, Hurricane Eric hit Bermuda. The vessel was severely damaged by Hurricane Eric as a result of which it sank.

Particulars of heavy weather/hurricane
[Give full particulars of the seas, wind and weather conditions relied upon.]

10. On [date], the Claimant reported the fact of the sinking to the insurers. The vessel was destroyed and/or became a constructive total loss by reason of the damage to the vessel.

Particulars of damage

11. [The vessel was recovered on [date] by the salvage tug "Steadfast".]

12. [The Claimant, by its agent [AB & Co.] gave notice of abandonment of the vessel in writing to the Consortium on [date][70]][71]

13. Accordingly, the vessel was totally lost by a peril insured against, namely perils of the sea, during the currency of the policy.

14. Alternatively, the vessel was reasonably abandoned on account of its actual total loss by reason of the vessel being so damaged by Hurricane Eric during the currency of the policy that the cost of repairing the damage would have exceeded the insured value, namely U.S.$2,500,000, and the vessel was rendered a constructive total loss.[72]

15. Accordingly, and/or by reason of ss.57 and 60 of the Marine Insurance Act 1906, the Claimant is entitled to recover the sum insured under the policy namely U.S.$2,500,000.

16. The Consortium is liable to indemnify the Claimant for its proportion of the risk in respect of the insured total loss of the vessel, such amount being U.S.$1,500,000. Wrongfully and in breach of contract, the Consortium has failed and/or refused to indemnify the Claimant in the said amount or any amount.

---

[70] MIA 1906 s.62(1) requires notice of abandonment to be given to the insurer, where the assured wishes to claim for a constructive total loss. If he fails to do so, the loss can only be treated as a partial loss. In the case of an actual total loss, no notice of abandonment need be given: MIA 1906 s.57(2). In the London insurance market it is the almost universal practice to reject a notice of abandonment tendered to insurers. However the insurers will, upon rejection, state that they will treat the insured as if he had issued a claim form. The effect of this is to fix the relevant date thereby rendering it irrelevant that the vessel or cargo may subsequently cease to be a constructive total loss (e.g. because of release from what had seemed to be an indefinite detention). This does not prevent later notices of abandonment being given (see *Panamanian Oriental Steamship Corpn. v Wright* [1970] 2 Lloyd's Rep. 365, reversed on its facts, [1971] 1 Lloyd's Rep. 487).

[71] The statement of case must aver the giving of notice of abandonment, stating by whom, to whom, when and how given. If notice was not given, the facts excusing it must be stated. If the "constructive total loss" is said to arise because the cost of recovering or regaining the vessel would exceed her value when recovered or repaired, then all the costs should be itemised in a Scott Schedule. For a comprehensive example see *The "Medina Princess"* [1965] 1 Lloyd's Rep. 361 at 364–383.

[72] MIA 1906 s.60(1).

17. As at the date of this statement of case, the sterling equivalent of U.S.$1,500,000 [continue as in Precedent 70-T1, above].

18. [Interest as in Precedent 70-T1, above].

AND the Claimant claims:
(1) U.S.$1,500,000, alternatively damages.
(2) [Interest as in Precedent 70-T1, above].

[Statement of truth]

CLAIM FOR TOTAL LOSS OF SHIP BY MORTGAGEE AS EQUITABLE ASSIGNEE UNDER POLICY OF MARINE INSURANCE

70-T3

1. The First Claimant was at all material times the owner of the motor vessel "*The Golden Orchid*" (the "vessel"). The Defendant is [identify Defendant].

2. By a Lloyd's policy of marine insurance no. [..........] (the "policy"), the Defendant, among others (together the "insurers"), agreed to insure the vessel against the perils set out in the policy, including perils of the sea for a period of 12 months beginning on [date]. A copy of the policy is attached.

3. Clause [..........] of the certificate provided that the value of the vessel was agreed to be U.S.$6 million and the insurers subscribed the policy in the proportion of 50%.

4. By a mortgage dated [date], the First Claimant granted a legal mortgage over the vessel to the Second Claimant in consideration of a loan made by the Second Claimant to the First Claimant against the value of the vessel.

5. On or about [date], the First Claimant assigned the policy and all of its rights under it to the Second Claimant.

6. The Second Claimant notified the Defendant of the assignment [orally on [date] or in writing by letter dated [date] [*as the case may be*].

7. Accordingly, the First and/or Second Claimant (together the "Claimants") are fully interested in the policy and will refer to the same for its full terms, meaning and effect.

8. On or about [date] and while insured under the policy, the vessel encountered Hurricane Mitch in [..........] latitude, [..........] longitude and sank with all hands.

Particulars
[Give full particulars of the seas, wind and weather conditions relied upon.]

9. Accordingly, the vessel became a total loss by perils of the seas.

10. In the premises the Defendant is liable to pay to the Claimants its proportion of the agreed value of the vessel, namely U.S.$3 million.

11. Wrongfully and in breach of the contract, the Defendant has failed and/or refused to pay the said sum or any sum to the Claimants.

12. As at the date of this statement of case, the sterling equivalent of U.S.$3 million [continue as in Precedent 70-T1, above].

13. [Interest as in Precedent 70-T1, above].

AND the Claimants claim:
(1) The sum of U.S.$3 million, alternatively damages.
(2) [Interest as in Precedent 70-T1, above].

[Statement of truth]

CLAIM FOR DAMAGE TO SHIP

1. The Claimant is a company incorporated under the laws of and registered in [..........]. At all material times, the Claimant was the owner of the motor vessel "*Halcyon Days*" ("the vessel").

70-T4

2. The Defendant is [identify Defendant].

3. By a Lloyd's policy of marine insurance no. [..........] dated [date] (the "policy") and on the terms of Certificate no. [..........] (the "certificate"), the Defendant agreed to insure the vessel against the perils set out in the policy, including fire, for a period of 12 months beginning on [date]. A copy of the policy and certificate is attached.

4. The Claimant was, at all material times, fully interested in the policy and certificate and will refer to the policy and certificate for their full terms, meaning and effect.

5. On [date], while insured under the policy and while lying at and loading cargo at Lisbon, a fire broke out in the vessel's engine room, as a result of which she was severely damaged and the Claimant suffered loss and expense.

6. The vessel was damaged by a peril insured against namely fire, during the currency of the policy. Full particulars showing the extent of the damage and the cost of repairing such damage, are set out in Schedules "A" and "B" hereto respectively.

7. Clause [..........] of the certificate provided that the value of the vessel was agreed to be U.S.$10 million. The cost of the said repairs was U.S.$1 million.

8. The Defendant (among others) subscribed to the policy in the sum of U.S.$500,000 (being 5% of the value of the vessel).

9. Accordingly, the Defendant has become liable to pay to the Claimant its 5% proportion of the loss, such proportion being U.S.$50,000. Wrongfully and in breach of the policy, the Defendant has failed and/or refused to pay the said sum or any sum to the Claimant.

10. As at the date of this statement of case, the sterling equivalent of U.S.$50,000 [continue as in Precedent 70-T1, above].

11. [Interest as in Precedent 70-T1, above].

AND the Claimant claims:

(1) The sum of U.S.$50,000, alternatively damages.
(2) [Interest as in Precedent 70-T1, above].

[Statement of truth]

CLAIM FOR DAMAGE TO CARGO AND RESULTING EXPENSES

70-T5 1. The Defendants are [identify Defendants].

2. By a policy of marine insurance no. [..........] dated [date] (the "policy") the Defendants agreed to insure 6,000 metric tonnes of cotton cloth (the "goods") against the perils enumerated in the policy, including perils of the sea, for a voyage from Bombay to Hamburg on board the motor vessel "*The Gilded Lily*" (the "vessel"). The vessel was due to sail from Bombay on or about [date]. A copy of the policy is attached.

3. The Claimants were at all material times the owners of the goods and fully interested in the policy to which they will refer for its full terms, meaning and effect.

4. The policy incorporated the Institute Cargo Clauses (A)[73] (a copy of which is attached). Clause 1 provides:

> "This insurance covers all risks of loss of or damage to the subject-matter insured except as provided in Clauses 4, 5, 6 and 7 below."

5. Further, Clause 16[74] of the Institute Cargo Clauses (A) provides:

> "It is the duty of the Assured and their servants and agents in respect of loss recoverable hereunder
> 16.1 to take such measures as may be reasonable for the purpose of averting or minimising such loss, and
> 16.2 to ensure that all rights against carriers, bailees or other third parties are properly preserved and exercised
> and the Underwriters will, in addition to any loss recoverable hereunder, reimburse the Assured for any charges properly and reasonably incurred in pursuance of these duties."

6. The goods were shipped on board the vessel at Bombay on or about [date] and packed in bales of 400 bags each.

7. On or about [date], the vessel arrived at Hamburg where the goods were discharged. During the course of the voyage and/or discharge, a number of bales in which the goods were packed, broke and a large quantity of the goods became loose in the vessel's holds and in lighters.

---

[73] Institute Cargo Clauses (A), 1/1/82 of Institute of London Underwriters (now amalgamated into the International Underwriting Association of London).

[74] Institute Cargo Clauses (A), 1/1/82: clause 16 (Minimising Losses) imposes a duty on the assured to protect the goods from loss or damage while in transit and requires the assured to make necessary claims against carriers and other bailees, to ensure that the underwriter's subrogation rights against such parties are not impaired. This clause effectively incorporates the provisions of a "sue and labour" clause.

8. The Claimants arranged for the goods to be rebaled and thereby incurred expense, amounting to U.S.$125,000 in respect of the cost of such rebaling and of the additional handling and landing charges incurred by reason of the condition of the goods.

Particulars

[Show details of how the total figure of U.S.$125,000 is calculated, e.g. additional handling charges incurred by reason of discharging direct onto quayside as opposed to trucks for transport from port, costs of rebaling, additional storage costs at port, etc.]

9. Accordingly, pursuant to clause 16 of the Institute of Cargo Clauses (A), the Claimants are entitled to recover from the Defendants the sum of U.S.$125,000, being the expenditure incurred by them in taking steps to safeguard and/or preserve the goods insured and to avoid what would otherwise have been loss or damage within the terms of the policy for which the Defendants would have had to indemnify them.

10. Further, on discharge, it was discovered that 1,000 bales of the goods stowed in Nos. 1 and 2 holds had been damaged by wetting.

Particulars of damage

[Set out the nature and extent of the damage.]

11. The damage to the goods occurred during the currency of the policy by reason of a peril or perils insured against, namely perils of the seas.

Particulars

(a) On the voyage between [..........] and [..........], the vessel encountered extremely heavy weather with storm force winds of up to force 12 on the Beaufort Scale and high, rough and pounding seas.
(b) The damaged cargo was situated in and beneath the hatch coamings and ventilator openings and was damaged by the inflow of sea water forced into the holds by the heavy weather.
(c) Further or alternatively, rainwater entered the holds when the vessel was berthed at Bombay during loading on [date].

12. Accordingly, the Claimants have suffered loss and damage and have incurred expense in respect of the goods in the sum of U.S.$50,000 by reason of a peril insured against, and are entitled to be indemnify against the said loss, damage and expense by the Defendants.

Particulars

[Show details of loss, damage and expense.]

13. Wrongfully and in breach of contract the Defendants have failed and/or refused to pay the sum of U.S.$125,000 and the sum of U.S.$50,000 or any part thereof.

14. As at the date of this statement of case, the sterling equivalent of U.S.$125,000 and U.S.$50,000 [continue as in Precedent 70-T1, above].

15. [Interest as in Precedent 70-T1, above, on sums of U.S.$125,000 and U.S.$50,000.]

AND the Claimants claim:
(1) Under paragraph 8, U.S.$125,000 alternatively damages.
(2) Under paragraph 11, U.S.$50,000 alternatively damages.
(3) [Interest on (1) and (2) above, as in Precedent 70-T1, above].

[Statement of truth]

CLAIM FOR TOTAL LOSS OF FREIGHT

70-T6 **1.** The Claimants are and were at all material times the owners of the motor tanker "*Manilla Maiden*" (the "vessel"). The Defendant is [identify the Defendant].

2. By a Lloyd's policy of marine insurance no. [..........] dated [date] (the "policy"), the Defendant and others agreed to insure the freight earned or expected to be earned by the vessel during the period [date] to [date] against the perils specified therein. Those perils included restraint of prices. A copy of the policy is attached.

3. By a charterparty dated [date] (the "charterparty"), it was agreed between the Claimants and Oil Suppliers Limited as charterers, that the vessel should proceed to Kharg Island and there load 22,000 metric tons of crude oil (min/max) for carriage to Rotterdam in consideration of a freight of U.S.$200 per metric ton to be paid by the charterers to the Claimants on signing bills of lading.

4. The vessel arrived about 100 miles off Kharg Island on or about [date]. While the vessel was approaching Kharg Island to load, a warship of the Iraqi Navy ordered the vessel to turn back immediately.

5. In consequence of this order, the vessel returned to Fujairah without having loaded any crude oil and no freight was paid to the Claimants under the charterparty.

6. Accordingly, there was a loss of freight within the terms of the policy and the Defendant has become liable to indemnify the Claimants for the proportion of the said loss underwritten by him, namely U.S.$1 million [or such other sum as the case may be].

7. Wrongfully and in breach of contract the Defendant has failed and/or refused to pay the sum of U.S.$1 million or any sum to the Claimants.

8. As at the date of this statement of case, the sterling equivalent of U.S.$1 million [continue as in Precedent 70-T1, above].

9. [Interest as in Precedent 70-T1, above].

AND the Claimants claim:
(1) The sum of U.S.$1 million alternatively damages.
(2) Interest [as in Precedent 70-T1, above].

[Statement of truth]

Shipowner's Claim for General Average Loss in respect of Cargo

70-T7

1. At all material times, the Claimants were the owners of the motor vessel "*The Good Luck*" (the "vessel"). The Defendant is [identify the Defendant].

2. By a Lloyd's policy of marine insurance no. [..........] dated [date] (the "policy") the Defendant agreed to insure the vessel against the perils set out in the policy, including perils of the seas, for a period of 12 months from [date]. A copy of the policy is attached.

3. The Claimants were at all material times fully interested in the policy and will refer to the same for its full terms, meaning and effect.

4. A cargo of drilling equipment was loaded on board the vessel in Rotterdam, Netherlands on [date]. Thereafter, the vessel sailed bound for Dubai.

5. On [date], the vessel encountered extremely heavy weather off the coast of France.

Particulars of heavy weather
[Give full particulars of the seas, wind and weather conditions relied upon.]

6. As a result of the said heavy weather [causing damage to the vessel, if relevant], the property involved in the common adventure was imperilled: the vessel's cargo shifted and was likely to shift further, rendering the vessel unstable if she continued on the voyage. The vessel declared General Average on [date].

Particulars of damage
[Set out, if relevant.]

7. The vessel put into Brest as a port of refuge. The decision to put into Brest was reasonable and voluntarily made by the Master for the common safety of the vessel and cargo and the act of so putting in was, accordingly, a general average sacrifice. Mr [name] of [company/firm name] was the appointed average adjuster.

8. The Claimants reasonably incurred extraordinary expenditure at Brest, full particulars of which are contained in a final adjustment, prepared by the average adjuster on [date], a copy of which is attached. By the adjustment the average adjuster found substantiated and certified the sum of U.S.$70,000 as being the ship's proportion of the loss arising from the general average expenditure.

9. In addition, cargo valued at U.S.$100,000 had to be jettisoned prior to putting into Brest. Accordingly, the Claimants incurred a general average sacrifice. Full particulars of the extraordinary expenditure reasonably incurred by the Claimants in connection with such general average sacrifice are contained in the said interim adjustment.

10. [As at the date of this statement of case, the Claimants have not received any contributions to the general average expenditure or general average sacrifice from the cargo interests.][75]

11. Pursuant to s.66(4) of the Marine Insurance Act 1906, the Claimants are entitled to recover the proportion of the said expenditure falling upon them, namely U.S.$70,000, as shown in the interim adjustment.

12. Pursuant to s.66(4) of the Marine Insurance Act 1906, the Claimants are entitled to recover the whole of the loss incurred by reason of the general average sacrifice, namely U.S.$100,000, as shown in the interim adjustment.

13. The Defendant subscribed to the policy in the sum of U.S.$[..........] [add details of proportion insured; proportion self-insured].

14. Accordingly, the Defendant is liable to pay the Claimants the sum of U.S.$[..........] being his proportion of the said sum of U.S.$70,000; and in addition, the sum of U.S.$100,000 in relation to the general average sacrifice. Wrongfully and in breach of the contract, the Defendant has failed and/or refused to pay the said sums or any sum to the Claimants.

15. As at the date of this statement of case, the sterling equivalent of U.S.$[..........] [continue as in Precedent 70-T1, above].

16. [Interest as in Precedent 70-T1, above upon the sum of U.S.$[..........] (proportion of U.S.$70,000) and the sum of U.S.$100,000].

AND the Claimant claims:
(1) U.S.$[..........] alternatively damages.
(2) U.S.$100,000 alternatively damages.
(3) [Interest on (1) and (2) above, as in Precedent 70-T1, above].

[Statement of truth]

CLAIM AGAINST INSURERS UNDER A WAR RISKS CLAUSE

70-T8

1. The Claimant is a company incorporated under the laws of, and registered in [..........]. At all material times, the Claimant was the owner of the vessel "*Golden Warrior*" (the "vessel").

2. The Defendant is [identify the Defendant].

3. By a Lloyd's policy of marine insurance no. [..........] dated [date] (the "policy") and on the terms set out in Certificate no. [..........] (the "certificate"), the Defendant and others (together the "insurers") agreed to insure the vessel to the extent of 100% against all risks caused by insured marine risks, including war risks, for a period of 12 months beginning on [date].

4. Pursuant to the policy and certificate, the vessel was valued at U.S.$10 million.

---

[75] This pleading is drafted on the basis that the shipowner has financed the ship's proportion of the general average expenditure. Where the shipowner has financed a greater proportion, he must recover the balance from the cargo-owners (see the introduction to this section at para.70-01 et seq. above).

A copy of the policy and certificate, to which the Claimant will refer for their full terms, meaning and effect, are attached. [Refer to any other details of sum insured, relevant conditions, relevant proportions insured and self-insured, etc. if not 100%.]

5. The policy was subject to the "Institute Wars and Strike Clauses: Hulls/Time".[76] A copy of the applicable causes is attached.

6. Clause 3 of the "Hulls/Time" (to which the Claimant will refer as necessary) provides:

> "*Detainment*
> In the event that the Vessel shall have been the subject of capture seizure arrest restraint detainment confiscation or expropriation, and the Assured shall thereby have lost the free use and disposal of the Vessel for a continuous period of 12 months then for the purpose of ascertaining whether the Vessel is a constructive total loss the Assured shall be deemed to have been deprived of the possession of the Vessel without any likelihood of recovery."

7. The Claimant was, at all material times, the owner of the vessel and was, and is, fully interested in the policy.

8. The Defendant wrote a 25% line on the policy.

9. On [date], while insured under the policy and whilst attempting to leave the Shat al Arab, navigation on the Shat al Arab ceased due to the outbreak of the Iran-Iraq war.

10. Accordingly the vessel became detained in the Shat al Arab.

Particulars of detainment
[Give full particulars of the type of detainment relied upon.]

11. On [date], the Claimant reported the fact of the detainment to the insurers.

12. The Claimant, by its agent [insert name] gave notice of abandonment of the vessel in writing to the Defendant on [date].[77]

13. The Claimant has been unable to recover the vessel from the Shat al Arab and has been deprived of the vessel for a period in excess of 12 months from the notice of abandonment.

14. Accordingly, the vessel was totally lost by a marine risk insured against, namely a war risk, during the currency of the policy.

15. By reason of the vessel being detained in the Shat al Arab during the currency of the policy for a period in excess of 12 months depriving the Claimant of

---

[76] Institute Wars and Strike Clauses: Hulls/Time, 1/11/95 of Institute of London Underwriters (now amalgamated into the International Underwriting Association of London).
[77] *The Bamburi* [1982] 1 Lloyd's Rep. 312. The court decided that the 12-month period of detainment was from the date of the notice of abandonment, without taking into account any period of detainment before the notice (aliter at common law).

the free use and disposal of the vessel, the vessel was rendered a constructive total loss.

16. Accordingly, and/or by reason of s.60 of the Marine Insurance Act 1906, the Claimant is entitled to recover the sum insured under the policy namely U.S.$2,500,000. Wrongfully and in breach of contract, the Defendant has failed and/or refused to indemnify the Claimant in the said amount or any amount.

17. [Interest as in Precedent 70-T1, above, on the sum of U.S.$2,500,000.]

AND the Claimant claims:
(1) U.S.$2,500,000, alternatively damages in the same amount.
(2) [Interest as in Precedent 70-T1, above].

[Statement of truth]

Defence of Insurer Alleging Wilful Casting Away of the Vessel by the Insured

70-T9

1. It is admitted only that:
   (a) In about early February [date] Hurricane Simon approached the island of Antigua.
   (b) During the said hurricane the vessel was moored in Neilson Bay, Antigua where she suffered damage when other craft collided with her and where, during the said hurricane, she remained safely afloat.
   (c) The vessel sank on the morning of 17 February [year] and was a constructive total loss.

2. By reason of the facts and matters set out in paragraph 4 below, it is denied that the sinking was caused by perils of the seas either as alleged or at all.

3. It is not admitted that the Claimant was at the material or any time interested in the policy and the Claimant is put to strict proof of its insurable interest.

4. The Claimant is put to strict proof that the loss was caused in the manner alleged and/or was fortuitous and/or of all the circumstances relating to the sinking of the vessel. Without prejudice to the Claimant's burden of proof, the Defendant will contend that the Court should draw the conclusion that, with the knowledge and/or connivance of the Claimant, the vessel was wilfully cast away.[78]

Particulars

Prior to disclosure and without prejudice to the generality of the foregoing or the Defendant's right to rely upon other matters at the trial, the Defendant will rely upon the following facts and matters:
   (a) The hurricane was spent by February 15 [year] at which time the vessel was lying safely to anchor at Neilson Bay without any leakages.
   (b) On the morning of February 17 [year] the vessel was found submerged and apparently resting on the bottom.

---

[78] See the commentary to this section, CPR r.16.5(2), 16PD and Part C of the Admiralty & Commercial Courts Guide.

(c) The weather and sea conditions on the date when the vessel is alleged to have sunk were good with wind force 3 on the Beaufort scale and seas calm.
(d) The coastguard intercepted a radio message to the vessel earlier in the day ordering the vessel to maintain strict radio silence.
(e) The vessel failed to make a mayday signal before sinking and made no call for salvage tug assistance although she was close to port.
(f) Upon salvage, no potential sources of water ingress were found.
(g) The vessel was insured for a value of U.S.$4 million, being considerably more than her actual market value. At the time of her loss she had a market value of only U.S.$500,000.
(h) The Claimant was insolvent at the time of the loss of the vessel. The Defendants will rely upon the fact that 19 petitions to wind-up the Claimant were pending in the [identify relevant Court] Court at as at [date]. [Insert any other matters to be relied upon in support of the allegation of insolvency.]

5. By reason of the matters set out above, the Defendant is entitled to and hereby does, and/or by letter dated [date] did avoid the contract of insurance.

6. It is admitted and averred that the insurers have refused to indemnify the Claimant in respect of the sinking of the vessel.

7. Save as expressly admitted or not admitted in this Defence, each and every allegation in the Particulars of Claim is denied.

8. It is further denied that the Claimant is entitled to the relief claimed or any relief.

[Statement of truth]

Defence to Claim for Total Loss of Ship (Denying Loss Occasioned by Perils Insured against and Alleging Vessel Sent to Sea in Unseaworthy State with the Privity of the Insured)

70-T10

1. It is denied that the vessel encountered a storm as alleged or at all. The weather conditions between [date] and [date] when the vessel was found to have sunk were good. The vessel sank in a calm sea, with wind force 3. Accordingly, the Claimant is put to strict proof that the loss was caused in the manner alleged and/or was fortuitous and/or of all the circumstances relating to the sinking of the vessel.

2. [If the defendant is seeking to rely upon an afirmative case that the loss was occasioned in some way other than by the perils insured against, the following should be added: The said loss (if any, which is denied) was caused solely in the following manner: (give details of the facts relied on)].[79]

---

[79] See the commentary to this section on the effect of pleading a positive case, together with Precedent 70-T9, above.

3. Alternatively, the vessel was sent to sea in an unseaworthy state with the privity of the Claimant. The alleged loss was due to such unseaworthiness and the Defendant relies on s.39(5) of the Marine Insurance Act 1906.[80]

Particulars

(a) The vessel's bulkheads were not fully watertight.
(b) The vessel's bilge pumps were out of order and could not be worked.
(c) The vessel's steering gear equipment had been damaged two weeks before the vessel set sail for [destination] and the Claimants had failed to repair such damage.
(d) The vessel's shell plating was wasted and worn in way of nos. 1 and 2 holds, with an average thickness of 0.5 cm to 1 cm over large areas between frames nos.[..........] to [..........].
(e) The vessel had had to have a cement box fitted in the lower part of no. 1 hold portside to counteract leakage one week before the commencement of the voyage.

4. Accordingly, the said alleged loss was not due to any peril insured against and the Defendant is under no liability either as alleged or at all.

[Statement of truth]

Defence to Claim for Damage to Cargo and Resulting Expenses

70-T11 1. The policy incorporated the Institute Cargo Clauses (A), clause 4.3 of which excluded liability for:

"loss damage or expense caused by insufficiency or unsuitability of packing or preparation of the subject matter insured (for the purpose of this Clause 4.3 'packing' shall be deemed to include stowage in a container or liftvan but only when such stowage is carried out prior to attachment of this insurance or by the Assured or their servants)."[81]

2. The goods were packed in bales which were defective and inadequate to withstand the ordinary incidents of the insured voyage in that the bale straps (being made of paper) were too weak to keep the bales and their contents secure, during ordinary and necessary handling and carriage.

3. Accordingly, if (which is not admitted) the Claimant incurred expenditure in respect of the rebaling and/or additional handling and landing charges, and/or additional storage costs, the same was due to inherent vice of the cargo and/or the insufficiency or unsuitability of its packing and the Defendants are not liable to the Claimant as alleged or at all by virtue of s.55(2)(c) of the Marine Insurance Act 1906. Further, the Defendants will rely on clauses 4.3 and 4.4 of the Institute Cargo Clauses (A).

---

[80] Insurers will only avoid liability for loss relying on MIA 1906 s.39(5) if they prove that the insured had personal knowledge of and concurrence in the ship being sent to sea in an unseaworthy state (see *Compania Maritime v Oceanus Mutual* [1977] 1 Q.B. 49).

[81] Institute Cargo Clauses (A), 1/1/82 of Institute of London Underwriters (now amalgamated into the International Underwriting Association of London).

4. Further or alternatively, the expenses were not incurred by the Claimant in order to avert any loss or damage to or in and about the safeguard or preservation of the goods. The expenses were incurred in order to discharge the goods or to discharge the same more easily from the vessel. Accordingly, such expenditure was not incurred for the purpose of averting or minimising the loss and does not fall within Clause 16 (Minimising Losses) of the Institute Cargo Clauses (A).

5. Further or alternatively, the goods were shipped on board wetted by rain before loading. Accordingly, the alleged loss or damage occurred by reason of the inherent vice or the nature of the goods and the Defendants are not liable to the Claimant in respect thereof.

[Statement of truth]

Defence Alleging Deviation from Contemplated Voyage

1. The policy specified that the vessel would sail from Singapore to Hudson Bay. **70-T12**

2. In fact the vessel sailed from Australia to Rotterdam. Accordingly, the risk did not attach pursuant to s.44 of the Marine Insurance Act 1906.[82] Further and/or alternatively, the Defendant is discharged from liability pursuant to ss.45 and 46 of the Marine Insurance Act 1906.

[Statement of truth]

Defence to Claim for Total Loss of Freight

1. The loss of freight was caused by the voluntary act of the master of the said vessel in sailing away from Kharg Island. Had the vessel disregarded the Iraqi warship (as to whose actions no admissions are made) and berthed at Kharg Island, her cargo could have been loaded and freight would have been earned. **70-T13**

2. Alternatively, the Defendant will rely upon clause 18.2 of the Institute Time Clauses: Freight,[83] which were incorporated in the said policy. If the inability of the vessel to berth at Kharg Island was caused by restraint of princes, the loss of freight was due to frustration of the charterparty voyage caused by such restraint and is consequently not within the terms of the policy.

[Statement of truth]

---

[82] On the effect of clause 8 of the Intitute Cargo Clauses (A) on s.44 of the MIA 1906 see *Nima Sarl v Deves Insurance Public Co Ltd (The Prestrioka)* [2002] Lloyd's Rep I.R. 752 and see the decision of the Hong Kong Court in *Nam Kwong Medicines & Health Products v China Insurance Co. Ltd* [2002] 2 Lloyd's Rep. 591.

[83] Institute Time Clauses: Freight, 1/11/95 of Institute of London Underwriters (now amalgamated into the International Underwriting Association of London).

Defence to Shipowner's Claim for General Average Loss

70-T14
1. It is denied that ship and cargo were at any material time in such danger as to necessitate a general average expenditure and/or sacrifice. [Give reasons for denial; state own version of events].[84]

2. Further and/or in the alternative:
   (a) In relation to the claim for general average expenditure, the Claimant is limited in its claim to the ship's proportion of the expenditure pursuant to s.66(4) of the Marine Insurance Act 1906;
   (b) In relation to the claim for general average sacrifice, the Claimant has received a contribution from cargo owners. Accordingly, the Claimant is limited to a claim for the ship's proportion of the sacrifice.

[Statement of truth]

---

[84] Required by CPR r.16.5(2).

Section 71:

LIFE INSURANCE

Table of Contents

Claim by a Personal Representative on a life insurance contract	71-T1
Claim on the life of a third party by a party to the insurance contract	71-T2
Defence and Counterclaim alleging misrepresentation by the insured	71-T3
Defence and Counterclaim alleging that assured committed suicide	71-T4
Defence and Counterclaim alleging breach of other condition	71-T5
Reply alleging waiver, affirmation and estoppel following knowledge by the insurer of the disease	71-T6

A contract of life insurance is a contract for the payment of a fixed or ascertainable sum of money upon a contingency, namely the death of a particular individual or the happening of another contingency dependent on the duration of a human life. It is to be contrasted with an indemnity policy where the obligation on the insurer is to pay a sum equal to the loss actually suffered.[1] **71-01**

No insurance may be made on the life of any person unless the person for whose use or benefit or on whose account the contract is made has an interest in that life (s.1 of the Life Assurance Act 1774 (the LAA).

The interest must exist at the time the contract is entered into but it is not necessary for it to continue until the time of death.[2] It is presumed that an individual has an unlimited interest in his/her own life and that spouses have an unlimited interest in the life of each other.[3] In other instances insurable interest will have to be proved. A pecuniary liability recognised by law which arises on the death of the life insured is likely to be sufficient. Precisely what short of that will suffice remains unclear following the Court of Appeal decision in *Feasey*. If no insurable interest can be proved, the contract is illegal and premiums paid under it are irrecoverable.[4]

The policy containing the terms of the contract must contain the name of the person(s) interested in it or for whose use or benefit or on whose account the contract was made (s.2 of the LAA), although it is sufficient if the description is

---

[1] *Dalby v India & London Life Assce* (1854) 15 C.B. 365; and *Feasey v Sun Life Assurance Co of Canada* [2003] EWCA Civ 885; 2 All E.R. (Comm), cf. *Gerling Konzern v Polygram* [1998] 2 Lloyd's Rep. 544 at 550–551.
[2] *Dalby v India & London Life Assce* (1854) 15 C.B. 365, *Law v London Indisputable Life Policy* (1855) 1 K.&J. 223.
[3] *Griffiths v Fleming* [1909] 1 K.B. 805.
[4] *Harse v Pearl Life Assce* [1904] 1 K.B. 558; *Re London County Commercial Reinsurance Office* [1922] 2 Ch. 67.

71-02 of a specific class of persons. Further, the insured cannot recover more than his interest in the life insured at the moment of making the contract (s.3 of the LAA), although if the interest is unlimited s.3 of the LAA is of no practical significance.

The liability to pay generally crystallises upon proof of death to the satisfaction of the insurer within the terms of the relevant contract. Proof normally requires at the least provision of a death certificate, although there can be instances where no death certificate is available. The personal representative of someone who has insured his own life can claim against the insurer, as can an assignee and a trustee in bankruptcy. Indeed, the simplest form of life insurance (own-life cover) is a covenant to pay the insured's executors, administrators or assigns.

There will be no liability to pay where the death occurs in a manner excluded from cover by the terms of the contract, for example by suicide or by participation in proscribed activities such as dangerous sports.[5] An assignee of a life policy can be in no better position than the insured. Thus where a policy of life insurance was proved to have been procured by fraud, the assignee's claim for payment failed.[6]

A consumer entering into a contract of life insurance after 6 April 2013 must comply with the duty to take reasonable care not to make a misrepresentation to the insurer created by s.2 of the Consumer Insurance (Disclosure and Representations) Act 2012 (replacing the previous rules on non-disclosure and misrepresentation contained in the Marine Insurance Act 1906, which continue to apply to contracts entered into before this date). Where a consumer takes out life insurance on the life of another individual, who is not a party to the contract, any information provided by that individual to the insurer is to be treated for the purposes of the 2012 Act as having been provided by the contracting party (s.8 of Consumer Insurance (Disclosure and Representations) Act). The remedies available to an insurer where this duty is breached are set in Sch.1 to the 2012 Act.

Where a non-consumer takes out life insurance in order to provide life cover for a consumer (such as in corporate group insurance schemes), any statements made by the policyholder to the insurer or non-disclosure by the policyholder will be treated under the rules applicable to a non-consumer (i.e. ss.17–20 of the Marine Insurance Act 1906 for contracts entered into prior to 12 August 2016; the 2015 Act for contracts entered into after this date), but any information provided by the consumer to the insurer will be treated as if it had been given in relation to a consumer insurance contract (see s.7 Consumer Insurance (Disclosure and Representations) Act).

An insured cannot benefit from a life insurance on another if the person whose life was insured has been murdered by the insured because a person cannot benefit from his own crime.[7] For examples of the exercise of the discretion under s.2 of the Forfeiture Act 1982 in connection with life policies see *Re S (Deceased)* and *Dunbar v Plant*.[8]

CLAIM BY A PERSONAL REPRESENTATIVE ON A LIFE INSURANCE CONTRACT

71-T1 1. The Claimant is the executor of the will [or the administrator of the estate] of AB deceased. The Defendant is an insurance company.

---

[5] See *Scragg v UK Temperance & General Provident* [1976] 2 L.L.R. 227.
[6] *Patel v Windsor Life Assurance Co Ltd* [2008] EWHC 76 (Comm); [2008] Lloyd's Rep. I.R. 359.
[7] *Cleaver v Mutual Reserve Fund Life Assoc* [1892] 1 Q.B. 147 and the Forfeiture Act 1982.
[8] *Re S (Deceased)* [1996] 1 W.L.R. 235 and *Dunbar v Plant* [1998] Ch. 412.

CLAIM ON THE LIFE OF A THIRD PARTY BY A PARTY TO THE INSURANCE CONTRACT

2. By a contract of life insurance made between AB and the Defendant which incepted on [date], the Defendant agreed to insure the life of AB during the currency of the contract in the sum of £[..........] [together with any sum which accrued by way of bonus] ("the Contract").

3. A copy of the Contract is attached.

4. It was an express term of the Contract that upon proof of AB's death while the Contract was still in force the Defendant would pay the sums pleaded in paragraph 2 above to his executors, administrators or assigns.

5. On [date] AB died while the Contract was still in force.

6. The Claimant duly notified the Defendant of AB's death by [details of notification].

7. Wrongfully and in breach of contract the Defendant has refused to pay the Claimant the sums pleaded in paragraph 2 above or any part of them and the Claimant has suffered loss and damage.

8. Further, the Claimant claims interest pursuant to s.35A of the Senior Courts Act 1981 on the total sum of £[..........] at a rate of [..........] per annum from [date from which interest is claimed] to [date to which interest is calculated and not later than the date the claim form is issued], amounting to £[..........] and thereafter at a daily rate of £[..........] to judgment herein or sooner payment, alternatively on such other sum as the Court shall find due and/or at such rate and for such period as the Court shall think just.

AND the Claimant claims:
(1) £[..........] alternatively damages.
(2) Interest as set out above pursuant to s.35A of the Senior Courts Act 1981.

[Statement of truth]

CLAIM ON THE LIFE OF A THIRD PARTY BY A PARTY TO THE INSURANCE CONTRACT

1. The Defendant is an insurance company. 71-T2

2. By a contract of life insurance made between the Claimant and the Defendant which incepted on [date], the Defendant agreed to insure the life of CD during the currency of the contract in the sum of £[..........] [together with any sum to accrue by way of bonus] for the use, benefit or on account of the Claimant ("the Contract").

3. A copy of the Contract is attached.

4. At the time the Contract was entered into the Claimant was interested in the life of CD to the full amount of the Contract in that [particulars of insurable interest to be given—insurable interest will be presumed for spouses.]

5. On [date] CD died while the Contract was still in force.

6. The Claimant duly notified the Defendant of CD's death by [details of notification].

7. Wrongfully and in breach of contract the Defendant has refused to pay the Claimant the sums pleaded in paragraph 2 above or any part of them and the Claimant has suffered loss and damage.

8. Further, the Claimant claims interest pursuant to s.35A of the Senior Courts Act 1981 on the total sum of £[..........] at a rate of [..........] per annum from [date from which interest is claimed] to [date to which interest is calculated and not later than the date the claim form is issued], amounting to £[..........] and thereafter at a daily rate of £[..........] to judgment herein or sooner payment, alternatively on such other sum as the Court shall find due and/or at such rate and for such period as the Court shall think just.

AND the Claimant claims:
(1) £[..........] alternatively damages.
(2) Interest as set out above pursuant to s.35A of the Senior Courts Act 1981.

[Statement of truth]

DEFENCE AND COUNTERCLAIM ALLEGING MISREPRESENTATION BY THE INSURED

71-T3 1. Pursuant to section 2 of the Consumer Insurance (Disclosure and Representations) Act 2012 ("the 2012 Act"), the Claimant was under a duty to take reasonable care not to make a misrepresentation to the Defendant before entering into the Contract.

2. In breach of that duty, the Claimant answered "No" to the question in the proposal form "Have you ever suffered from, or are you currently suffering from, any disease of the liver, kidneys or prostate?". This representation was false and the Claimant made the misrepresentation deliberately because at that time of completing the proposal form the Claimant was aware that he was suffering from [insert details of disease] because [insert particulars of knowledge] and he knew that this information was relevant to the Defendant (alternatively the Claimant did not care whether or not the information was relevant to the Defendant).

3. The Defendant was induced by the Claimant's misrepresentation pleaded above to enter into the Contract.

4. In the circumstances, the Contract was and is voidable and the Defendant is entitled to and hereby does avoid the same.

5. [Remainder as in Precedent 69-T8 above.]

DEFENCE AND COUNTERCLAIM ALLEGING THAT ASSURED COMMITTED SUICIDE

71-T4 1. It was a condition of the Contract (by clause [..........] thereof) that it would be void as against anyone claiming under it if the assured CD died as a result of committing suicide.

2. On [date] the assured CD did commit suicide in that [details].

3. Accordingly, the Contract is void and the Defendant is not liable to the Claimant as alleged or at all.

Counterclaim

4. The Defence is repeated.

And the Defendant counterclaims:
(1) A declaration that the Contract is void.

[Statement of truth]

DEFENCE AND COUNTERCLAIM ALLEGING BREACH OF OTHER CONDITION

1. It was a condition of the Contract (by condition [..........] thereof) that the Defendant would not be liable under the Contract if the insured CD died as a result of injuries sustained from taking part in one of a number of proscribed activities. The proscribed activities included hang-gliding.   **71-T5**

2. On [date] CD dies as a result of injuries sustained in a hang-gliding accident.

3. Accordingly, the Defendant is not liable to the Claimant as alleged or at all.

Counterclaim

4. The Defence is repeated.

And the Defendant counterclaims:
(1) A declaration that the Defendant is not liable.

[Statement of truth]

REPLY ALLEGING WAIVER, AFFIRMATION AND ESTOPPEL FOLLOWING KNOWLEDGE BY THE INSURER OF THE DISEASE

1. Save and in so far as it consists of admissions, the Claimant joins issue with the Defendant on its Defence.   **71-T6**

2. The Claimant admits that prior to entering into the Contract AB was suffering from [disease] and that he knew it but did not inform the Defendant.

3. The Claimant denies that the failure to inform the Defendant amounted to non-disclosure of a material fact entitling the Defendant to avoid the Contract. The disease was [insert reasons for denial].[9]

4. Without prejudice to paragraph 3 above, even if the failure to inform the Defendant could have entitled the Defendant to avoid the Contract, that entitle-

---

[9] Whilst CPR r.16.7 imposes no requirement on a claimant to set out in his reply the reasons for a specific denial of a case raised in the defence (cf. CPR r.16.5(2)(a) in relation to defences), it is consistent with the general policy of CPR to put the cards on the table. Thus, it is suggested that a claimant with a specific answer to a case raised in the defence should set out the matters relied upon in his reply.

ment was waived [and/or the Contract was affirmed by the Defendant and/or the Defendant was and is now estopped from relying upon the alleged nondisclosure] as a result of the following:
(a) On [date] [six months after the Contract was entered into] AB did inform the Defendant that he was suffering from [disease] by [details of how the Defendant was notified].
(b) Having become aware of that fact, and accordingly having become aware of its entitlement, if any, to avoid the Contract, the Defendant continued to receive and retain monthly payments of premium due under the terms of the Contract from AB. In particular, between [date] and [date] the Defendant received £[..........].
(c) In acting in that manner, the Defendant impliedly represented to AB that it would not seek to avoid the Contract as a result of the nondisclosure now alleged and/or affirmed the continuing validity of the Contract.
(d) In reliance on the Defendant's conduct as set out above, AB continued to pay premium to the Defendant as aforesaid and did not seek alternative life cover.

[Statement of truth]

PART U INTELLECTUAL PROPERTY

Section 72:

INTRODUCTION

Intellectual Property (IP) has been recognised for some time as comprising a distinct and specialised area of the law. As in previous editions, the six sections dealing with different parts of the law of intellectual property have been gathered together. This has two distinct advantages. The obvious one is ease of reference. The other advantage concerns cross-fertilisation of developments in pleading and practice amongst the various IP causes of action. Most cases involving these causes of action are dealt with in Business and Property Courts (Intellectual Property List), where there is a considerable body of experience in IP matters combined with a determination to run cases efficiently. Per CPR PD 57A and PD 57AA, the Business and Property Courts continue to be rolled out, though "Chancery Division" continues to be used in many places in the CPR: for example see CPR PD 57AA para.1.4 in contrast to CPR r.63.13(a). Practitioners ought to note that to the extent of any inconsistency between practice directions, PD 57AA prevails (per para.1.6).

72-01

Despite some common elements in IP statements of case and practice, at first sight there may appear to be a surprising diversity of approach, depending on the cause of action. Patent pleadings in particular are often brief and reading them without studying the underlying documents (the patent in suit and, usually, the pleaded prior art) will not give much idea of the real issues in the claim. However, various experiments have been undertaken with patent pleadings in the past (such as pleading the construction of the patent in suit) which only succeeded in increasing complexity and costs. The existing system of patent pleadings seems to work and the patents judges will readily order supplementary statements of case if they appear to be necessary.

Where relevant, reference should be made to the provisions of the Intellectual Property (Enforcement, etc) Regulations 2006 (SI 2006/1028) (which implements, inter alia, EU Directive 2004/48[1] on the enforcement of intellectual property rights), and to CPR Pt 63 (Intellectual Property Claims), each of which provide remedies above and beyond those that had been traditionally available (including, for example, CPR r.25.1(1)(p) for interim relief requiring the lodging of guarantees).

Note that pursuant to CPR PD 57AA intellectual property claims are to be brought in the Business & Property Courts, Intellectual Property List (Ch D). In London, the Business & Property Courts operate in the Rolls Building. Outside of London, they operate in the Business & Property Court District Registries: Birmingham, Bristol, Leeds, Liverpool, Manchester, Newcastle, and Cardiff. Practitioners should be conscious of the express rule of CPR r.63.13 in relation to the Chancery Division and CPR PD 63 paras 16.1/16.2, particularly the seemingly

---

[1] European Parliament and Council Directive 2004/48/EC Of the European Parliament and of the Council of 29 April 2004 on the enforcement of intellectual property rights [2004] OJ L45/157.

inconsistent positions of Caernafon and Mold. However—note per PD 57AA para.1.6—the B&PC PD applies over other practice directions.

72-02
1. Per CPR PD 57AA para.1.4(2), the Intellectual Property List comprises the following sub-lists:
   (a) Intellectual Property and Enterprise Court (IPEC);
   (b) Patents Court.
2. The following matters must be dealt with in either the Patents Court or the IPEC (multi-track):
   (1) claims under the Patents Act 1977;
   (2) claims under the Registered Designs Act 1949;
   (3) claims under the Defence Contracts Act 1958;
   (4) claims relating to Community registered designs, semiconductor topography rights or plant varieties (collectively "registered rights claims").
3. Claims under the Trade Marks Act 1994 and the other intellectual property claims set out at PD 63 para.16.1 (collectively "general intellectual property claims") must be dealt with in either the general Intellectual Property List or the IPEC.
4. There is no lower limit on the value of claims that may be commenced in the Intellectual Property List. Where, however, the damages or sums payable on an account of profits are likely to be £500,000 or less, consideration should be given to issuing the claim in the IPEC.
5. *Patents Court:* The Patents Court has its own procedural guide. With certain limited exceptions (as to which, see CPR PD 2B para 7B.1(b)), case management and interim applications are dealt with by a Patents Court judge, not a master.
6. *IPEC* Unless the parties agree otherwise, the IPEC's jurisdiction with regard to damages or an account of profits is limited to £500,000 (and costs caps apply).
7. In addition to the multi-track, the IPEC has a small claims track for general intellectual property claims (but not registered rights claims) with a value of £10,000 or less.
8. The IPEC has its own procedural guide.
9. *Intellectual property claims outside London* Intellectual property claims may be issued in BPCs District Registries. However, the case management and/or trial of a claim in the Patents Court or the IPEC in the BPCs District Registry in question will be dependent on an appropriate judge being made available in the district registry in question. Note further: CPR r.63.13, PD 63 para.17.1.

SECTION 73:

PATENTS

TABLE OF CONTENTS

Claim by Patentee for Infringement	73-U1
Claim by a Patentee for Infringement where the Patent Specification has been Amended	73-U2
Claim by Patentee for Infringement where the Patent has been Certified as Valid	73-U3
Claim by Patentee and Exclusive Licensee for Infringement	73-U4
Claim by Patentee for Infringement and for Proving Infringement against a Company and its Managing Director	73-U5
Claim for a Declaration of Non-Infringement	73-U6
Claim in an Action for Threats	73-U7
Claim for Royalties under a Patent Licence Agreement	73-U8
Defence Admitting Validity but Denying Infringement	73-U9
Defence Denying Infringement and Validity and Counterclaiming for Revocation	73-U10
Grounds of Invalidity	73-U11
Defence Alleging Licence to do Acts Complained of	73-U12
Defence to Threats Action and Counterclaim for Infringement	73-U13
Defence to Claim for Declaration of Non-Infringement	73-U14
Defence to an action for threats	73-U15

Rights of action A variety of claims can be brought relating to patents, the principal ones being: a claim for infringement, a claim for a declaration of non-infringement, a claim for revocation and a claim to restrain unjustified threats. On appropriate facts, combinations can create more elaborate claims such as an *Arrow* declaration (that the alleged infringement was known or obvious at the priority date of the patent). For a detailed treatment of the law see, generally, *Terrell on the Law of Patents*.[1]   73-01

Currently, patents for inventions take their force from the provisions of the Patents Act 1977 (as amended, most recently by the Intellectual Property Act 2014 (the Act)). Patents covering the UK can be granted in one of two ways: via the procedure through the UK Patent Office set out in the Act (ss.7–23, 89), or alternatively via the European Patent Office in Munich. The latter office was set up pursuant to the European Patent Convention and has its own system of application and grant (contained in the Convention and the Rules thereunder). A successful application there will result in the grant of a series of national patents for every state designated by the applicant in his application. Where the UK is designated, the

---

[1] *Terrell on the Law of Patents*, 18th edn & supplements (London: Sweet & Maxwell, 2019).

European application takes effect as though the application had been granted by the UK Patent Office (s.77) and the patent, so far as the UK is concerned, is called a "European Patent (UK)" (s.130(1)). So far as rights of action are concerned there is therefore no difference between the alternative procedures for grant.

Under certain conditions, the term of protection for a patent for a medicinal product may effectively be extended via a Supplementary Protection Certificate (SPC). The rules relating to SPCs were contained in Council Regulation 1768/92, now codified in Regulation 469/2009.[2] By s.128B of the Patents Act 1977 (and Sch.4A) most of the important sections of the Act apply to SPCs. The SPC Regulations have given rise to many difficulties of interpretation.

Provided certain obstacles can be overcome, the new unitary patent will be implemented in the UK under ss.88A and 88B of the Act, provisions inserted by the Intellectual Property Act 2014. Unitary Patents will have the same rights of action but they will be dealt with through the Unified Patent Court.

In 2012, 25 member states of the EU (all member states except Italy and Spain) agreed to implement a new, unified patent system, featuring a single patent and a new EU patent court. Applicants will be able obtain uniform patent protection across the 25 member states on the basis of a single application, offering potential cost and administrative savings. The new "unitary" patent will supplement rather than replace existing patent regimes. If or when the system commences the new UPC system will represent the biggest change in patent law and practice in many years, although opinions vary as to the rate at which the new system will gather momentum.

The UPC system cannot commence until certain countries have ratified the Unitary Patent Convention. The UK's decision to leave the EU has certainly delayed the process, even though the UK Government has signaled its intention to participate in the UPC, albeit outside the EU. It remains to be seen whether that is possible. Another cause for delay is an on-going legal challenge in Germany. At the time of writing, if the UPC commences at all, it is likely not to occur until 2020 at the earliest.

73-02   **Infringement**   In all cases the right of action for infringement is now set out in s.60 of the Act. Section 60 provides for what is frequently called direct infringement (e.g. making, disposing of, using or importing a patented product, or keeping a patented product) and for so-called indirect infringement (e.g. supplying a means relating to an essential element of the invention). It also contains a number of exceptions (e.g. private and non-commercial use). Reference should be made to the section for its full provisions.

The right of action is conferred upon the registered proprietor (s.61) and an exclusive licensee (s.67) though in the case of the latter the patentee must be joined as a party (s.67(3)). Where title is assigned or an exclusive license is granted this should be registered at the Patent Office under s.33. Failure to do so within six months may result in the denial of an award of "costs or expenses" (s.68, as amended, see further para.73-21).

A claim for infringement (whether for a UK Patent or a European Patent (UK)) can only be brought following grant (s.69(2)), though relief may be claimed in

---

[2] Regulation (EC) No 469/2009 of the European Parliament and of the Council of 6 May 2009 concerning the supplementary protection certificate for medicinal products [2009] OJ L152/1.

respect of acts done following publication of the application (s.69(1) but with the qualification of s.69(3) which provides for a reduction in damages to such amount as the court or comptroller thinks just).

In *Actavis UK Ltd v Eli Lilly & Co*,[3] the UK Supreme Court redefined the UK approach to determining patent infringement. In doing so, it has made the approach more permissive, purportedly seeking to align the UK approach with that taken in other European countries.

The Supreme Court held that the question of the interpretation of the claims of a patent is separate from the question of the scope of protection afforded by those claims. Accordingly, a patent claim will be infringed if the infringing product or process either: infringes under the normal interpretation of either (a) the wording of the claim; or (b) although being outside the meaning of the words of the claim, varies from the invention in a way or ways that are immaterial.

This suggests that the doctrine of equivalents under UK law is no longer directly bound by the wording of the claims.

73-03

When considering the scope of protection under (b), the Supreme Court held that "helpful assistance" was provided by the *Improver* questions, which it revised as follows:

1. Notwithstanding that it is not within the literal meaning of the relevant claim(s) of the patent, does the variant achieve substantially the same result in substantially the same way as the invention (i.e. the "inventive concept" revealed by the patent)?
2. Would it be obvious to the person skilled in the art, reading the patent at the priority date, but knowing that the variant achieves substantially the same result as the invention, that it does so in substantially the same way as the invention?
3. Would such a reader of the patent have concluded that the patentee nonetheless intended that strict compliance with the literal meaning of the relevant claim(s) of the patent was an essential requirement of the invention?

It is to be noted that the Supreme Court revised the second of these questions such that the skilled addressee is taken to know that the variant works to the extent that it does work. This means that the second question is capable of covering all variants, whether they were obvious, inventive or unknown at the priority date.

As usual, the consequences of *Actavis* are continuing to be worked out in subsequent judgments.[4]

Standard Essential Patents and FRAND Much litigation has arisen around Standard Essential Patents (SEP). These arise where a technology has developed and a technical standard has been put in place to allow interoperability and compatibility between products manufactured by competing organisations. As a general rule, any patented technology that is essential for a product to comply with the technical standard is required by the standards body in question to be declared a standard essential patent and the standard setting authority requires the patent owner

73-04

---

[3] *Actavis UK Ltd v Eli Lilly & Co* [2017] UKSC 48; [2018] 1 All E.R. 171.
[4] *Saab Seaeye v Atlas* [2017] EWCA Civ 2175; *Mylan v Yeda* [2017] EWHC 2629 (Pat); *Liqwd v L'Oreal* [2018] EWHC 1394 (Pat); *Icescape v IceWorld* [2018] EWCA Civ 2219; [2019] F.S.R. 5; *Regen v EStar* [2019] EWHC 63 (Pat); *Technetix v Teleste* [2019] EWHC 126 (IPEC) (in particular the discussion of the so-called *Formstein* defence i.e. the alleged infringement would have lacked novelty or inventive step over the prior art at the priority date of the patent).

to undertake to grant irrevocable licences to any organisation wishing to create products complying with the standard. Such licences must be granted on a fair, reasonable and non-discriminatory (FRAND) terms. Additionally, a patent owner is prevented from gaining an injunction against any organisation that offers to take a licence on FRAND terms. If a patent is declared to be an SEP then a defence to a claim for infringement exists if the patent owner has not offered a licence on FRAND terms or the terms offered are deemed not to be fair reasonable or are discriminatory, although these points may depend on the terms operated by the standards body in question. The UK Patents Court (Birss J) addressed, for the first time in Europe, the question of what is a FRAND licence to work an SEP.[5] See *Unwired Planet v Huawei* for the substantive judgment concerning the appropriate injunctive relief in such a case. Huawei's appeal was dismissed,[6] but a further appeal to the UK Supreme Court is underway involving, inter alia, the vexed question of whether the court has jurisdiction to decide that only a global licence of the entire portfolio of patents held by the SEP holder is FRAND.

73-05 **Liability of Directors and Controlling Shareholders** Caution should be exercised in suing any person who has not himself committed an infringing act. Corporations are, of course, vicariously liable as a general matter of employment law for infringements carried out by their servants in the course of their employment. In some cases, claimants wish to sue not only an infringing company (which may have no assets) but also the directors. That directors may be liable is settled, although the precise juridical nature of their liability is perhaps not clear.[7] It has been held that a director will not be liable unless his involvement would be such as to render him liable as a joint tortfeasor if the company had not existed.[8] Merely facilitating infringement is not sufficient.[9] It is necessary to show that such directors were personally involved in the infringing transactions in the sense that they personally directed or procured the company's infringing acts, or that the director and the company had in concert secured the infringing acts. Similar reasoning also limits the liability of a controlling shareholder who does no more than exercise his power of control through the constitutional organs of the company.[10] In such cases, where evidence of systematic infringement is available, a prayer for an injunction to restrain the directors from forming any company for the purpose of infringing may be included.

Directors as a general matter of principle are not liable for the acts of the company of which they are a director, and it is necessary to establish a separate personal infringement by the director, such as in tort or under statute.[11]

---

[5] See *Unwired Planet v Huawei* [2017] EWHC 711 (Pat); [2019] 4 C.M.L.R. 7, for the substantive judgment and [2017] EWHC 1304 (Pat); [2017] R.P.C. 20 concerning the appropriate injunctive relief in such a case.
[6] *Unwired Planet International Ltd v Huawei Technologies Co Ltd* [2018] EWCA Civ 2344.
[7] *Performing Right Society Ltd v Ciryl Theatrical Syndicate Ltd* [1924] 1 K.B. 1; *Rainham Chemical Works Ltd v Belvedere Fish Guano Co* [1921] 2 A.C. 465; *British Thomson-Houston Co Ltd v Sterling Accessories Ltd* [1924] 2 Ch. 33; *Pritchard & Constance (Wholesale) Ltd v Amata Ltd* (1925) 42 R.P.C. 63; *Evans v Spritebrand* [1985] F.S.R. 267.
[8] *PLG Research Ltd v Ardon* [1993] F.S.R. 197.
[9] *PLG* and *CBS Songs v Amstrad* [1988] A.C. 1013. See also *MCA Records Inc v Charly Records Ltd* [2002] F.S.R. 401.
[10] *Boegli-Gravures SA v Darsail-ASP Ltd* [2009] EWHC 2960 (Pat).
[11] See for example *British Sky Broadcasting Group Plc v Digital Satellite Warranty Cover Ltd (in liq)* [2012] EWHC 2462 (Ch).

Liability of foreign suppliers or manufacturers as joint tortfeasors The same principles apply, as above. The court is careful to ensure that foreign defendants are not brought unnecessarily into English proceedings. Mere assistance, even knowing assistance is not enough. Merely being the parent company of the primary infringer is not enough. Liability as a joint tortfeasor will only be imposed where the party has conspired with the primary infringer or procured or induced his infringements or joined in a common design pursuant to which the infringements were committed. [12]   73-06

Declaration of Non-Infringement By s.71 an application may be made for a declaration that certain acts do not infringe a patent, notwithstanding that no assertion to the contrary has been made. The party seeking such a declaration must first apply in writing for a written acknowledgement that the proposed acts do not infringe (and he must be specific as to the nature of such acts: *Mallory Metallurgical Products v Black Sivalls & Bryson Inc*[13]) and the patentee must have refused or failed to give such an acknowledgement.   73-07

Patents Opinion Service Alternatively a user may request an opinion from the Patents Opinion Service on the novelty, inventiveness or infringement of a UK patent. The opinion is not binding but may be persuasive in reaching an out of court settlement (see ss.74A and 74B of the Act (inserted by the Intellectual Property Act 2014).   73-08

Claim for Revocation of a Patent Most claims for revocation of a patent arise in existing claims for infringement and accordingly must be made by way of counterclaim or other Pt 20 claim (CPR r.63.5(b)). Such claims are dealt with in more detail under Patents Defences (see para.73-17). In the absence of an existing claim relating to the patent, a claim may be made for revocation: e.g. to "clear the way" for a product which might infringe. Under the CPR such a claim is commenced by the issue of a claim form (CPR r.63.5(a)). The statement of case (whether the defence and counterclaim or particulars of claim) must have a separate document annexed to it headed "Grounds of Invalidity" specifying the grounds on which validity of the patent is challenged and particulars that will clearly define every issue (including any challenge to any claimed priority date) which is intended to be raised (CPR r.63.6, PD para.4.2(2)). A copy of each document referred to in the grounds of invalidity together where necessary with a translation of such documents must also be served (PD para.4.2(3)). Since such claims may affect the Register of Patents, a copy of the claim form or Pt 20 claim (and any accompanying documents) must be served on the Comptroller of Patents (CPR r.62.14(3)). The requirements and precedents for grounds of invalidity are dealt with under Patents Defences (see para.73-17).   73-09

Unjustified Threats of Infringement By s.70 there is a statutory right for a person aggrieved by unjustified threats of patent infringement proceedings to sue for a declaration that the threats were unjustified, an injunction and damages. With   73-10

---

[12] *Unilever v Gillette* [1989] R.P.C. 583, *Credit Lyonnais v Export Credit Guarantee Dept* [1998] 1 Lloyd's Rep. 19; *Napp Pharmaceutical Group Ltd v Asta Medical Ltd* [1999] F.S.R. 370; *Sabaf SpA v MFI Furniture Centres Ltd* [2004] UKHL 45; [2005] R.P.C. 10 and *Football Dataco v Stan James* [2013] EWCA Civ 27; [2013] Bus. L.R. 837 (joint liability for material provided on websites).
[13] *Mallory Metallurgical Products v Black Sivalls & Bryson Inc* [1977] R.P.C. 321.

effect from 1 October 2017, by the Intellectual Property (Unjustified Threats) Act 2017, the old s.70 was replaced with new provisions in ss.70–70F. This Act has introduced uniform threats provisions applicable to many IP rights.

The new provisions start, in s.70 Patents Act, by effectively defining when a communication contains a threat. Section 70A then defines those threats that are actionable by any person aggrieved by the threat. The basic rule is that any threat is actionable, subject to two broad and important categories of exception. The first exclusion concerns essentially acts of "primary" infringement, but is broader than that—for the detail see s.70A(2)–(4). The second category of exclusion concerns a threat which is not an express threat if it is contained in a "permitted communication". Permitted communications are then defined in s.70B, by reference to the term "permitted purpose". In essence, a "permitted purpose" covers notification that the patent exists but also enquiries to find out the identity of primary infringers, provided the communications are limited to those purposes (for further detail, see s.70B). As before, there is the justification defence i.e. it is a defence to show that the act in respect of which proceedings were threatened constitutes or would constitute an infringement of the patent, but there is also a defence where no primary infringer can be found, despite the taking of reasonable steps to do so. Remedies and defences are provided in s.70C. There is a further and new exemption for regulated professional advisers in s.70D, provided they are acting in that capacity. Finally there are supplementary provisions in s.70E, applying ss.70 and 70B to published applications, and in s.70F, to include proceedings for delivery up and/or destruction of infringing goods under s.61(1)(b) of the Patents Act.

When pleading a claim to restrain threats, the tendency is to claim an inquiry as to damages, in common with claims for infringement of intellectual property rights. However, the facts may well justify a different approach. Some isolated threats may not cause actual damage (as in *Prince Plc v Prince Sports Group Inc*,[14] where the judge required evidence that more than nominal damage had been suffered before he would order an inquiry as to damages). In other cases, if the threats caused identifiable loss, it would seem appropriate to plead and claim special damage.

73-11 **Pleading: infringement** The particulars of claim merely have to allege the claimant's title, subsistence of the patent and infringement in general terms and damage (in general terms only, quantum normally being left to a subsequent inquiry). Normally a threat to infringe is also pleaded to justify the claim for an injunction. There is no need for the claimant to plead that the patent is valid, since the burden of proof of invalidity lies on the defendant. "The claim form must show which of the claims in the specification of the patent are alleged to be infringed and give at least one example of each type of infringement alleged." (CPR r.63.6, PD para.4.1(1)). Previously it was necessary to file a separate document called a Particulars of Infringement served with the Particulars of Claim, but this is no longer the case under PD 63 para.4.1.

See the comment on *Actavis UK Ltd v Eli Lilly & Co* at para.73-02. Although it may not be obligatory to plead out reliance on the revised *Improver* questions in every case, if the infringement case does depend on those questions, the patentee would be prudent to plead its case accordingly.

In appropriate cases, the parties may be required to supplement the pleadings with "statements of case" on particular points (e.g. on infringement, on essential-

---

[14] *Prince Plc v Prince Sports Group Inc.* [1998] F.S.R. 21.

ity to a standard, or to identify the relevant passages in a long piece of prior art), so as to ensure that the witness statements and experts' reports are directed to the real issues in the case. This practice was established before the CPR (e.g. *Riker Laboratories Inc's Patents*[15] and is amply covered by the CPR (e.g. CPR r.1.4(2)(b) (identifying issues as part of case management) CPR r.18.1 (further information)).

Relief claimed Section 61(1) of the 1977 Act sets out the relief obtainable, namely an injunction to restrain infringement, an order for delivery-up or destruction of an infringing product or of any article in which such product is inextricably comprised, damages, an account of profits and a declaration that the patent is valid and has been infringed. The form of the injunction granted may be tailored to match the infringements committed or threatened.[16] Under usual practice the claimant claims an inquiry as to damages or an account of profits. If he is successful at the trial of liability he must then elect between an inquiry as to damages or an account of profits (s.61(2)). In common with other intellectual property cases, the defendant may be ordered to make limited disclosure in order to allow the claimant to make an informed choice between these alternative remedies.[17]

73-12

Application of the CPR The CPR apply to Patents Court business, subject to the provisions of CPR Pt 63. In the normal way, particulars of claim and of infringements must be verified by a statement of truth (CPR r.22.1) and relevant documents (e.g. a copy of the patent in suit) should be attached to the particulars of claim. In certain respects (detailed earlier), the application of the general position of the CPR to patent claims are modified by CPR Pt 63 and the Practice Direction to Pt 63 (and see also the Patents Court Guide). There are apparent discrepancies between the general rules of the CPR relating to pleadings and CPR Pt 63 and the general practice which continues to apply in patent claims. For example, the requirement (CPR r.16.4(1)(a)) that the particulars of claim must include a concise statement of the facts on which the claimant relies would, at first sight, suggest that the CPR required radical changes in approach when pleading a claim for infringement, because this could be interpreted to mean that the claimant would have to plead what he said was the true construction of the relevant claims of his patent. In spite of this, the content of patent pleadings has continued much as before. This is explicable because the Patent Judges were effectively applying a CPR approach for some time before the CPR were introduced. Strict application of CPR r.16.4(1)(a) (in the manner suggested above) would not comply with the overriding objective, since the experiment of pleading contentions on construction was tried many years ago and found to result in much unnecessary work and costs.

73-13

Further pleadings/identification of issues involving the claimant Four points are worthy of mention. First, all parties are encouraged to make admissions in accordance with CPR r.32.18 at an early stage, even in the absence of a notice to admit facts (Patents Court Guide para.8). Secondly, where the defendant attacks the validity of the patent, the claimant should, as early as possible, identify to the other parties which of the claims are alleged to have independent validity and which of those claims are said to be infringed. The claimant should keep this position under

73-14

---

[15] *Riker Laboratories Inc's Patents* [1997] F.S.R. 714.
[16] *Coflexip SA v Stolt Comex Seaway MS Ltd* [1999] F.S.R. 473 and *Microsoft Corp v Plato Technology Ltd* [1999] Masons C.L.R. 370; (1999) 22 (11) I.P.D. 22108.
[17] Cf. *Island Records Ltd v Tring International Plc* [1995] F.S.R. 560.

constant review (Patents Court Guide paras 6.4 and 8.4). Thirdly, if the claimant wishes to rely on commercial success in answer to an allegation of obviousness, the claimant must state the grounds on which he relies (CPR Pt 63 PD para.4.6) in his statement of case (which will be in his defence to the claim for revocation, often the defence to counterclaim). Such a plea must be followed by service of a schedule containing the details prescribed (see CPR Pt 63 PD para.6.3). Fourthly, if the alleged infringer elects to provide a product or process description (PPD), the parties have a joint responsibility at any early stage to determine the nature of the case advanced so that the PPD is adequate to deal with that case (Patents Court Guide para.10.3).

73-15 **Grounds of defence** The two main grounds of defence to a claim for infringement are a denial of infringement and a denial of validity. There are other more specialised defences (some partial) provided in the Act (see ss.62–68).

73-16 **Non-infringement** Once a defence of non-infringement has been pleaded, identifying the main reasons for no infringement, it is often convenient for the defendant to prepare a Product or Process Description (and the Patents Court Guide para.10.2 encourages this course), containing full particulars of the product or process alleged to infringe and including any necessary drawings or other illustrations. The service of such particulars will remove the need for disclosure of documents relating to infringement (CPR r.63.9 PD para.6.1(1)). In this context, "full particulars" means particulars sufficient to enable all issues of infringement to be resolved and the description must be complete in all relevant areas.[18] If it is possible to do so, these particulars may be served with the defence.

73-17 **Validity** Where validity is disputed it is the practice to counterclaim for revocation of the patent. The burden of proof of invalidity lies on the defendant and accordingly he must set forth the grounds upon which he relies.

The grounds of attack available against a patent are contained in s.72(1) of the Patents Act 1977 (the Act). Section 72(1) of the Act provides an exhaustive list of grounds.[19] They are:

(a) the invention is not a patentable invention (see ss.1–3);
(b) the patent was granted to a person who was not entitled to be granted that patent (see ss.7–12);
(c) the specification of the patent does not disclose the invention clearly enough and completely enough for it to be performed by a person skilled in the art (cf. s.14(3). Note that this "insufficiency" ground also embraces the increasingly fashionable allegation in suitable cases that the invention claimed was not plausible at the priority date, as to which see the UK Supreme Court in *Warner-Lambert v Generics (t/a Mylan)*[20];
(d) the matter disclosed in the specification of the patent extends beyond that disclosed in the application for the patent, as tiled, or, if the patent was granted on a new application filed under ss.8(3), 12 or 37(4) above or as mentioned in s.15(9) above, in the earlier application, as filed;

---

[18] *Consafe Engineering v Emtunga* [1999] R.P.C. 154, *Taylor v Ishida (Europe) Ltd (Costs)* [2000] F.S.R. 224 and *Starsight Telecast Inc v Virgin Media Ltd* [2014] EWHC 828 (Pat).
[19] *Wellcome v Genentech* [1989] R.P.C. 147.
[20] *Warner-Lambert v Generics (t/a Mylan)* [2018] UKSC 56; [2019] 3 All E.R. 95.

(e) the protection conferred by the patent has been extended by an amendment which should not have been allowed.

"Not a patentable invention" covers the grounds of lack of novelty, obviousness, and "incapable of industrial application" (see ss.1, 2 and 3). It also covers the case of "not an invention" (see s.1(2)). Quite how far this ground may go is uncertain.[21]

There are a variety of detailed exceptions to invalidity (e.g. certain prior disclosures at certain types of exhibition) and reference to the Act should be made for these.

Other defences Section 44(3) of the Act used to provide a defence to infringement if the patentee had entered into a contract void for abuse of monopoly. Section 44 was repealed by the Competition Act 1998. The type of conduct previously caught by s.44 is now covered by the comprehensive provisions of the Competition Act, although no defence to infringement is provided. Any form of licence (including cases of imported goods put into free circulation in the EU/EEA by or with the consent of the proprietor) or conduct giving rise to an estoppel is of course also a defence. **73-18**

In the case of a threats action or a claim for a declaration of non-infringement the patentee frequently counterclaims for infringement—in effect the usual roles of claimant and defendant are then reversed.

Pleading A mere denial of infringement is contrary to CPR r.16.5(2) (where the defendant denies an allegation he must state his reasons for doing so), save in the most exceptional cases, since it covers both a denial that the defendant is responsible for the acts complained of and a denial that such acts amount in law to an infringement. It is impossible to tell from such a denial what the real nature of the defence is. The exact extent of the duty imposed by CPR r.16.5(2) in patent proceedings is open to debate (see below). It is probably acceptable for the defendant to plead specifically to the acts set out in the particulars of infringements whilst denying that they constitute infringement (not least because infringement may depend on a particular construction of the patent claims which has not yet been revealed). All pleas by way of licence, estoppel, etc. must be raised in the defence, as must any other special defence. In cases of counterclaims for infringement of patent (frequently to threats actions or claims for a declaration of non-infringement) the normal rules as to claims for infringement apply (see Patent Claims, at para.73-11). **73-19**

A party who either challenges the validity of the patent or applies by counterclaim or other Pt 20 claim for revocation of the patent must serve his defence, counterclaim or other Pt 20 claim together with "Grounds of Invalidity", specifying the grounds on which validity of the patent is challenged (CPR r.63.9, PD para.4.2(2)). In a claim for infringement, the period for service of the defence or Part 20 claim is 42 days after service of the claim form (CPR r.63.7(a)). The extended period of 42 days is given because investigating the validity of a patent takes time and must be done with care. There are detailed rules as to the details which must be pleaded in the Grounds of Invalidity, depending on the grounds be-

---

[21] See per Mustill LJ in Wellcome, and cf. *Biogen v Medeva* [1997] R.P.C. 1, per Lord Hoffmann at 41 and Lord Mustill at 31 and *Generics (UK) Ltd v H Lundbeck A/S* [2009] UKHL 12; [2009] 2 All E.R. 955.

ing raised. See CPR Pt 63 PD paras 4.3–4.6. As for grounds not specifically mentioned in those paragraphs of the practice direction, those grounds which raise issues of fact should be particularised, whereas others (e.g. "not capable of industrial application" or "not an invention") which do not, ought to be sufficiently particularised so that the point is clearly identified. In complex cases, the defendant may be ordered to identify the material parts in the cited prior art and relate them to claims in issue.[22]

Copies of documents referred to in the Grounds of Invalidity should be served with them. Where any such document requires translation, a translation should be served at the same time (CPR r.63.6, PD para.4.2(3)).

73-20 **Relationship between EU and UK Patent Law** In an important judgment, *Actavis UK Ltd v Merck & Co Inc*,[23] the Court of Appeal considered the interaction of the rules of precedent in this jurisdiction and the desire for the law of England and Wales to keep in line with changes in the law and practice of the European Patent Office. In this case the court held that there is a specialist exception to the rule in *Young v Bristol Aeroplane Company*, such that the court is free (but not bound) to depart from the ratio decidendi of one of its own earlier decisions (but not a decision of the Supreme Court or the House of Lords, see *R. (on the application of M) v Secretary of State for Work and Pensions*[24] at [67]) if it is satisfied that the EPO Boards of Appeal have formed a settled view of European Patent law which is inconsistent with that earlier decision. Advocates should draw such decisions of other EU courts to the attention of the Court.[25]

73-21 **Costs prior to registration** Section 68 of the Patents Act has the effect that on a claim which covers a period of time when a transaction relating to the patent (e.g. assignment, exclusive licence) was not registered and a period in which the transaction was registered, costs are not recoverable in respect of the former period but in respect of the latter period are recoverable in the usual way.[26]

73-22 **Proceedings in the Intellectual Property Enterprise Court** From 1 October 2010 the Patents County Court operated with modified procedures intended to reduce the cost of litigating lower value claims. On 1 October 2013, it was reconstituted as a specialist list in the Chancery Division to form the Intellectual Property Enterprise Court (IPEC). Part V of PD 63 modifies the rules and procedure in relation to IPEC, supplemented by the IPEC Guide. Summarised here are the principles applicable to the multi-track (where the cap on damages (excluding interest) is £500,000), although the IPEC also has a small claims track (claims up to £10,000), with its own Guide (still entitled Guide to the Patents County Court Small Claims Track). The IPEC Guide contains detailed guidance. A statement of and case filed under CPR r.63.20 in the IPEC must set out concisely all the facts and arguments upon which the party serving it relies, and whether the claimant has complied with para.7.1(1) and Annex A (para.2) of the Practice Direction (Pre-Conduct

---

[22] cf. *Powerscreen v Finlay* [1979] F.S.R. 108.
[23] *Actavis UK Ltd v Merck & Co Inc* [2008] EWCA Civ 444; [2008] R.P.C. 26.
[24] *R. (on the application of M) v Secretary of State for Work and Pensions* [2008] UKHL 63; [2009] 1 A.C. 311.
[25] *Grimme Landmaschinenfabrik GmbH & Co KG v Scott (t/a Scotts Potato Machinery)* [2010] EWCA Civ 1110; [2011] F.S.R. 7.
[26] *Schutz (UK) Ltd v Werit UK Ltd* [2011] EWCA Civ 927; [2012] F.S.R. 2.

Action). No further evidence, written argument or specific disclosure is to be filed unless approved by the judge at a Case Management Conference, at which the court will identify the issues and make any necessary further orders; CPR r.63.23(1) and PD para.29.1. CPR r.63.9 does not apply to proceedings in the Patents County Court, and CPR Pt 31 (Disclosure and Inspection of Documents) applies other than the provisions on standard disclosure: see CPR r.63.24. The Court will deal with any applications in the course of the proceedings without a hearing unless it is necessary to do so, and if there is such a hearing it will ordinarily be by telephone or video conference: CPR r.63.25 and PD para.30.1. Wherever possible, claims are decided solely on the basis of the parties' statements of case and oral submissions. Costs are ordinarily limited to £50,000 on the final determination of a claim in relation to liability, or £25,000 on an inquiry as to damages or an account of profits: CPR r.45.30–32, see also the IPEC Guide, para.1.1 & 2.12. An application to transfer proceedings from the IPEC to another part of the High Court or vice-versa must be made at the CMC (or earlier in the Patents Court). On such an application, the Court will have regard to the provisions of PD30 (transfer) and in particular para.9.1 which relates to transfers to and from the IPEC. See also IPEC Guide, para.2.7.

Unified Patent Court The Intellectual Property Act 2014 made provisions to bring a Division of the Unified Patent Court to the UK as one of the court locations is intended to be situated in London. If or when the system is finally brought into operation (see the discussion under para.73-01 above), the Unified Patent Court will handle all cases relating to the new Unitary Patent, but will be located in various Divisions across the EU. Proceedings relating to European patents (UK) and national patents (GB) will continue to be dealt with by the Patents Court and IPEC. See the note regarding the UPC under para.73-01 above. 73-23

CLAIM BY PATENTEE FOR INFRINGEMENT

1. The Claimant is and was at all material times the registered proprietor of UK Patent No.—concerning a method of producing gagglestoppers ("the Patent"). 73-U1

2. The Patent is and has at all material times been subsisting.

3. The Defendants have done the particular acts specified in paragraph 2 of the Particulars of Infringements served herewith and have thereby infringed and threaten and intend to continue to infringe the Patent in the manner appearing in the said Particulars of Infringements whereby the Claimant has suffered and will, unless the Defendant is restrained, suffer damage.

4. Subsequent to the publication of the specification of UK Patent No. [..........] and prior to the issue of the claim herein the Defendants have infringed the Patent by the making, keeping and disposal of gagglestoppers, [or as the case may be, following one or more of the forms of infringement in section 60 of the 1977 Act] made in accordance with the invention described in the said specification and claimed in claims 1, 4, 5 [as the case may be] thereof.

5. In particular the Claimant relies upon the following acts:
   (a) The sale by the Defendants on [date], to Messrs Sucker Ltd of three such gagglestoppers, made by the Defendants shortly before such date and kept

by the Defendants for such sale. Such sale was by the Defendants' invoice No. [..........] dated [date].
(b) The continued manufacture, keeping and sale of such gagglestoppers in the ordinary course of the Defendants' business.

6. The Claimant is unable until after disclosure to give particulars of all of the Defendants' acts of infringement of the Patent but will claim damages or an account of profits in respect of each and every such infringement.

7. The Claimant is entitled to interest pursuant to section 35A of the Senior Courts Act 1981 or under equitable jurisdiction of the Court.

AND the Claimant claims:
(1) An injunction to restrain the Defendants whether acting by their directors, officers, servants or agents, or any of them or otherwise howsoever from infringing UK Patent No. [..........].
(2) An order for the delivery up or destruction upon oath of all infringing articles in the Defendants' possession, power, custody or control.
(3) An inquiry as to damages or at the Claimant's option an account of profits and an order for payment of all sums due together with interest thereon pursuant to section 35A of the Senior Courts Act 1981 or under the equitable jurisdiction of the Court.
(4) Costs.
(5) Further or other relief.

[Statement of truth]

CLAIM BY A PATENTEE FOR INFRINGEMENT WHERE THE PATENT SPECIFICATION HAS BEEN AMENDED

73-U2
1. The Claimant is the registered proprietor of UK Patent No. [..........].
2. The Patent is and has at all material times been subsisting.
3. The specification of the Patent was duly amended in accordance with the order of this Honourable Court made [date]. The specification as originally published was framed in good faith and with reasonable skill and knowledge.
4. [As in paragraph 3 of Precedent 73-U1, above.]
5. [As in paragraph 4 of Precedent 73-U1, above.]

AND the Claimant claims:
[Conclude as in Precedent 73-U1, above.]

CLAIM BY PATENTEE FOR INFRINGEMENT WHERE THE PATENT HAS BEEN CERTIFIED AS VALID

73-U3
1. The Claimant is the registered proprietor of European Patent (UK) No. [..........].
2. The Patent is and has at all material times been subsisting. In proceedings for the revocation thereof entitled [..........], the reference to the record whereof is [refer-

ence], the Honourable Mr. Justice X granted a certificate that the validity of all the claims thereof had been unsuccessfully contested.

3. [As in paragraph 3 of Precedent 73-U1, above.]

4. [As in paragraph 4 of Precedent 73-U1, above.]

AND the Claimant claims:
[Conclude as in Precedent 73-U1, above.]

Claim by Patentee and Exclusive Licensee for Infringement

1. The First Claimant is and was at all material times the registered proprietor of UK Patent No. [..........]. The Second Claimant is and was at all material times the exclusive licensee under the Patent, the said exclusive licence having been duly registered at the Patent Office with effect from [date]. **73-U4**

2. [Continue as in Precedent 73-U1, above.]

Claim by Patentee for Infringement and for Proving Infringement against a Company and its Managing Director

1. The Claimant is the registered proprietor of European Patent (UK) No. [..........]. **73-U5**

2. The Patent is and has at all material times been subsisting.

3. The Second Defendant is and was at all material times the managing director of the First Defendants.

4. The First Defendant has infringed [continue as in paragraph 3 of Precedent 73-U1, above].

5. Further, the Second Defendant has directed, authorised, counselled or procured the First Defendant to infringe the Patent as aforesaid, and is liable jointly and severally therewith, and furthermore threatens and intends to continue to do so.

Particulars
[State all the facts and matters relied on to show that the Second Defendant is directly responsible for the acts complained of.]

6. Further or alternatively the Second Defendant formed the said company for the purpose, inter alia, of infringing the Patent.

Particulars
[State all the facts and matters relied on to support this allegation, e.g. that the Second Defendant systematically infringed the patent through various companies owned and controlled by him.]

7. [As in paragraph 4 of Precedent 73-U1, above.]

AND the Claimant claims:
(1) An injunction to restrain the First Defendant whether acting by its directors, officers, servants or agents or otherwise howsoever from infringing European Patent (UK) No. [..........].

(2) An injunction to restrain the Second Defendant from directing, authorising, counselling or procuring the First Defendants to infringe the Patent.
(3) An injunction to restrain the Second Defendant from forming any company for the purpose of infringing the Patent.
(4) An inquiry as to damages or at the Claimant's option an account of profits made by the Defendants and each of them by infringement of the Patent and an order for payment of all sums due with interest thereon pursuant to section 35A of the Senior Courts Act 1981 or under the equitable jurisdiction of the Court.
(5) An order for the delivery up or destruction upon oath of all infringing articles in the power, possession, custody or control of the Defendants and each of them.
(6) Further or other relief.
(7) Costs.

[Statement of truth]

CLAIM FOR A DECLARATION OF NON-INFRINGEMENT

73-U6 1. The Claimants are and were at all material times manufacturers and importers of gagglestoppers and in particular, they manufacture a two-pronged gagglestopper under the trade mark "Gaggled". An example of such a two-pronged gagglestopper is available for inspection at the Claimants' solicitors' offices.

2. The Defendants are the registered proprietors of UK Patent No. [..........] which are subsisting and which are entitled "Improvements in or relating to Two-Pronged Gagglestoppers".

3. The Claimants claim that the two-pronged gagglestopper manufactured by them as aforesaid does not constitute an infringement of any of the claims of the Defendants' Patent.

4. By a letter dated [date], the Claimants applied to the Defendants for a written acknowledgement to the effect that the said two-pronged gagglestopper manufactured by the Claimants does not constitute an infringement of any of the claims of the Patent. The said letter contained full particulars of the said two-pronged gagglestopper.

5. The Defendants have failed and refused [by letter from their solicitors dated [date],] to give the acknowledgement sought by the Claimants or any acknowledgement to the like effect.

AND the Claimants claim:
(1) A declaration that the two-pronged gagglestopper manufactured by them under the trade mark "Gaggled" does not infringe any of the claims of the Defendants' Patent No. [..........].
(2) Further or other relief.
(3) Costs.

[Statement of truth]

Claim in an Action for Threats

1. The Claimants are and were at all material times carrying on business at [..........] as manufacturers of toys, including toy gagglestoppers.

73-U7

2. The Defendants are and were at all material times carrying on business at [..........] as vendors of toys.

3. The Defendants have threatened and unless restrained from so doing by this Honourable Court they intend to continue to threaten the Claimants with an action for infringement of patent no.[] of the sale by the Claimants of toy gagglestoppers.

Particulars

(a) An advertisement caused to be inserted by the Defendants in the issue of [..........], dated [date], consisting of a statement to the effect that the Defendants owned Patent No. [..........] which gave them exclusive rights in all toy gagglestoppers and that any other manufacturer of toy gagglestoppers or dealer therein would be sued for infringement of the Patent. A copy of the advertisement is attached.

(b) A letter dated [date], sent to the Claimants by the Defendants' solicitors, stating that they would commence proceedings for infringement of Patent No. [..........] if the Claimants did not cease dealing in toy gagglestoppers forthwith. A copy of the letter is attached.

4. By reason of the matters aforesaid, the Claimants have suffered and will continue to suffer loss and damage.

5. In the premises the Claimants are persons aggrieved within the meaning of section 70A(1) of the Patents Act 1977.

6. The Claimant is entitled to interest pursuant to section 35A of the Senior Courts Act 1981 or under the equitable jurisdiction of the Court.

AND the Claimants claim:
(1) A Declaration that the threats made by the Defendants are unjustified.
(2) An injunction to restrain the Defendants, whether acting by their directors, officers, servants, agents or otherwise howsoever from continuing whether by letters, circulars, advertisements or otherwise howsoever to threaten the Claimants, their customers, agents or servants with any legal proceedings for infringement of any letters patent.
(3) An inquiry as to damages and an order for payment of all sums due with interest thereon pursuant to section 35A of the Senior Courts Act 1981 or under the equitable jurisdiction of the Court.
(4) Further or other relief.
(5) Costs.

[Statement of truth]

Claim for Royalties under a Patent Licence Agreement

1. By a patent licence agreement made between the Claimant and Defendants and dated [and issued on] [date] [and operative from [date]], the Claimants licensed the

73-U8

Defendants to exercise and use certain patents [and other articles developed from such patents]. The Claimants will refer at the trial herein to the said agreement for its full terms and the true purport thereof.

2. By the said agreement, it was expressly agreed, inter alia,
   (a) that the Defendants should pay to the Claimants from [said] [date], the following (minimum) royalties, namely [specify the royalties agreed];
   (b) that the Defendants should render to the Claimants a true and accurate monthly account on the 15th day of each month of the manufacture, production and sale of all articles made pursuant to the Patents;
   (c) that the Defendants should pay to the Claimants additional royalties calculated as set out in clause 14 of the said agreement;
   (d) [Set out any further express terms relied on.]

3. Pursuant to the said agreement, the Defendants have by themselves and/or by sub-licensees, manufactured, produced and sold articles made pursuant to the Patents, particulars whereof the Claimant cannot give until after discovery herein, and they have paid the Claimants the total sum of £[..........] in royalties.

4. In breach of the said agreement, the Defendants have wrongfully failed and refused [by letter dated [date]], despite requests from the Claimants [made by letters from them or their solicitors dated [date] and [date]]:
   (a) to pay to the Claimants the [minimum] royalties due under the said agreement amounting to the total sum of £[..........];
   (b) to render to the Claimants a true and accurate or any account of the manufacture, production and sale by them of articles made pursuant to the Patents;
   (c) to pay to the Claimants the said additional royalties or any part thereof.

AND the Claimants claim:
(1) Payment of the said sum of £[..........]
(2) An account of the manufacture, production and sale by the Defendants or by sub-licensees of articles made pursuant to the Patents.
(3) An account of the additional royalties payable to the Claimants under the terms of clause 14 of the said agreement and payment of the sums found to be due to the Claimants on the taking of such account with interest, etc.
(4) Further or other relief.
(5) Costs.

[Statement of truth]

Defence Admitting Validity but Denying Infringement

73-U9 1. The Defendant admits that the Claimant is and was at all material times the registered proprietor of Patent No. [..........] ("the Patent") and that the Patent is valid and subsisting as alleged in paragraphs 1 and 2 of the Particulars of Claim.

2. The Defendant admits that it has produced, offered for sale and sold quantities of tissue plasminogen activator ("t-PA") but denies that in so doing it used any process which is described or claimed in any claim of the Patent. Particulars of the process used by the Defendant are contained in a Confidential Process Description, which will be served once a suitable confidentiality regime has been agreed

between the parties or determined by the Court. Accordingly, the Defendant denies that it has infringed the patent or that it threatens or intends to infringe the patent in the manner alleged in the Particulars of Claim or at all.

3. In the premises, the Claimant is not entitled to the relief claimed or to any relief.

Defence Denying Infringement and Validity and Counterclaiming for Revocation

Defence

1. The Defendant admits the acts set out in Paragraph x of the Particulars of Infringement but denies that such acts amount to infringement of Patent No. [..........] ("the Patent") as alleged or at all. **73-U10**

2. The Patent is and always has been invalid by reason of the matters set out in the Grounds of Invalidity served herewith.

Counterclaim

3. The Defendant repeats paragraph 2 of the defence.

And the Defendant Counterclaims for:
Revocation of UK Patent No. [..........].

Grounds of Invalidity

[Heading as in Precedent 73-U9.]

The following are the Grounds of Invalidity of Patent No. [..........] which the Defendant relies upon in its Defence served herewith: **73-U11**

1. The alleged invention the subject of the patent in suit is not a patentable invention.

Particulars

A. Lack of Novelty

The alleged invention formed part of the state of the art prior to its priority date by reason of the following facts and matters:
(1) Prior publication.
    (a) The said alleged invention had been published in the United Kingdom prior to the priority date of the claims of the specification of the Patent:
        (i) United Kingdom Patent Specification No. [..........] J. Brown. The whole.
        (ii) [Identify the other documents referred to.]
    (b) by the distribution to users of thermoplastics by Messrs. XY & Co. in or about [date], of a circular entitled "Modern Thermoplastics," and in particular pp.22–25 thereof.
Copies of all such documents are annexed.

(2) Prior user, which enabled a skilled man to perform the invention
  (a) The manufacture and sale in the ordinary course of business by Messrs. XY & Co. of [..........], of plastic [..........] as described in the specification of the Patent and as claimed in all the claims thereof, from about [date], down to the said priority date. A plastic [..........] made as set out in the preceding sentence may be inspected at the offices of the Defendant's solicitor.
  (b) The use by AB of [..........], of plastic [..........] made according to the drawings served herewith, from about [date], to [date].
(3) Common general knowledge.

B. Lack of inventive step

The alleged invention was obvious having regard to the following matter forming part of the state of the art:
(1) All of the foregoing matter.
(2) [Continue with further items of prior art relied upon.]
   Copies of those documents are annexed.

C. Not an invention

The alleged invention is in substance merely a computer program and accordingly by virtue of section 1(2) of the Patent Act 1977 not an invention [or as the case may be.]

D. Not capable of industrial application

1. [Here set out the case.]

E. Insufficiency

The specification of the patent does not disclose the invention clearly enough and completely enough for it to be performed by a person skilled in the art.

Particulars
[Specify matters in respect of which the specification is deficient.]

F. Impermissible Amendments

1. The matter disclosed in the specification of the patent extends beyond that disclosed in the application for the patent as filed.

Particulars
As filed the specification disclosed only [..........]. By amendment the passage on page 3 lines 34–45 were inserted thereby extending the disclosure to [..........].

2. The protection conferred by the patent has been extended by an amendment which should not have been allowed.

Particulars

The claims of the patent now cover the following embodiment, namely [..........]. Prior to amendment whereby the following passage was deleted [give details] such embodiment was not covered.

DEFENCE ALLEGING LICENCE TO DO ACTS COMPLAINED OF

1. The Defendant denies that he has infringed the Patent as alleged or at all. At all material times, all the acts complained of herein were committed with the licence of the Claimant.

73-U12

Particulars

Hereunder the Defendant will rely upon the fact that all the articles complained of were purchased by the Defendant from XY. By the provisions of clause [..........] of a written agreement dated [date], made between the said XY and the Claimant, the said XY was licensed to manufacture and vend "licensed products" as defined in clause [..........] of the said agreement. All the articles complained of by the Claimant herein fall within the said definition of "licensed products".

DEFENCE TO THREATS ACTION AND COUNTERCLAIM FOR INFRINGEMENT

Defence

1. The Defendant admits making the statements alleged in the Particulars of Claim. The Defendant denies that such statements amount to threats within the meaning of section 70 of the Patents Act 1977. [*Alternatively* the threats alleged in the Particulars of Claim are admitted].

73-U13

2. It is denied that the Claimant has suffered any damage by such threats.

3. Further such threats were justified in that the article imported by the Defendant infringes Patent No. [..........] of which the Defendant is and was at all material times registered proprietor.

Counterclaim

4. Paragraph 3 is repeated.
   [Continue as in Particulars of Claim for Patent Infringement, Precedent 73-U1, para.2 et seq.]

DEFENCE TO CLAIM FOR DECLARATION OF NON-INFRINGEMENT

1. Receipt of the letter and description referred to in the Particulars of Claim is admitted.

73-U14

2. The said description consists of or includes within it a device which if made would infringe the Defendant's Patent No. [..........].

DEFENCE TO AN ACTION FOR THREATS

1. The Defendant admits the communications pleaded in Paragraph x of the Particulars of Claim.

73-U15

2. None of those communications contain an actionable threat because:

[state the reason e.g.]
- the communications were permitted communications made for a permitted purpose in that....;
- the infringement alleged consisted of making a product for disposal and the invention is a product;

OR:

3. The acts in respect of which proceedings were threatened in the communications constitute an infringement of the Patent.
[add the particulars of infringement].

SECTION 74:

CONFIDENTIAL INFORMATION AND TRADE SECRETS

TABLE OF CONTENTS

Claim for Injunction and Damages for Breach of
  Confidence 74-U1
Claim for Injunction and Damages for Breach of Confidence
  Involving an Ex-employee 74-U2
Defence Denying Information was Confidential/a Trade
  Secret 74-U3
Defence Denying Duty of Confidence 74-U4
Defence Denying Misuse of Confidential Information 74-U5
Defence Alleging Information was Public Knowledge 74-U6
Defence Alleging Publication was in the Public Interest ... 74-U7
Defence Resisting Disclosure of a Journalist's Source 74-U8

Right of action The existing UK classic right of action for breach of confidence has been supplemented through the bringing into force, with effect from 9 June 2018, of the Trade Secrets (Enforcement etc) Regulations 2018 (SI 2018/597) (TSER), implementing Directive 2016/943/EU on the protection of undisclosed know-how and business information (trade secrets) against their unlawful acquisition, use and disclosure (Trade Secrets Directive).[1] As the Explanatory Note to the TSER explains, significant parts of the Trade Secrets Directive were already reflected "by the principles in common law and equity relating to breach of confidence in confidential information, and by statute and court rules". It is for this reason that the TSER "address those areas where gaps occur or where the implementation of the provisions of the Directive in the United Kingdom, across its jurisdictions, may be made more transparent and coherent". In essence the TSER grafts its provisions onto the existing cause of action for breach of confidence. 74-01

In these notes we distinguish, where necessary, between the classic right of action and that supplemented by the TSER. Where specific reliance is placed on a provision in the TSER, it seems advisable to plead by reference to the provisions of the TSER.

The classic right of action lies for breach or infringement of the claimant's rights where the defendant is proved to have used confidential information, directly or indirectly obtained from the claimant, without the consent—express or implied—of the claimant.[2]

---

[1] Directive (EU) 2016/943 of the European Parliament and of the Council of 8 June 2016 on the protection of undisclosed know-how and business information (trade secrets) against their unlawful acquisition, use and disclosure [2016] OJ L157/1.

[2] Per Lord Greene MR in *Saltman Engineering Co Ltd v Campbell Engineering Co Ltd* (1948) 65 R.P.C. 203; [1963] 3 All E.R. 413.

Four requirements may be identified[3]:

1. The claimant must identify clearly the information which is alleged to be confidential.[4] Note, however, the level of identification can vary, particularly where that would be unnecessary, disproportionate, unfair, or oppressive to require specifics of documents and grounds of confidentiality claims.[5]
2. The information itself must have "the necessary quality of confidence about it".[6]
3. "that information must have been imparted in circumstances importing an obligation of confidence" (*Coco v Clark*). This may include circumstances where the recipient has implicit notice that the information is confidential, for example, where the recipient finds an obviously confidential document that had inadvertently been dropped in the street.[7]
4. "there must have been an unauthorised use of that information to the detriment of the party communicating it" (*Coco v Clark* and *Douglas v MGN*).[8]

74-02 As indicated in point 3, above, it is important to note that the obligation not to use confidential information or communications may arise independently of the existence of a contractual relationship between the parties (per Lord Greene M.R. in *Saltman Engineering Co Ltd v Campbell Engineering Co. Ltd*, above; *Seager v Copydex Ltd*; *Coco v Clark*).

This general position has been set out by the Court of Appeal in *Tchenguiz v Imerman*, [69][9]:

"It is of the essence of the claimant's right to confidentiality that he can choose whether, and, if so, to whom and in what circumstances and on what terms, to reveal the information which has the protection of the confidence. It seems to us, as a matter of principle, that, again in the absence of any defence on the particular facts, a claimant who establishes a right of confidence in certain information contained in a document should be able to restrain any threat by an unauthorised defendant to look at, copy, distribute any copies of, or to communicate, or utilise the contents of the document (or any copy), and also be able to enforce the return (or destruction) of any such document or copy. Without the court having the power to grant such relief, the information will, through the unauthorised act of the defendant, either lose its confidential character, or will at least be at risk of doing so. The claimant should not be at risk, through the unauthorised act of the defendant, of having the confidentiality of the information lost, or even potentially lost."

By the TSER, in a furthering of the domestic regime (reg.3(1)), a trade secret is (per reg.2) information that is (i) not known or accessible amongst people within circles who would tend to know it; (ii) has commercial value because of its secrecy; and (iii) has been subject to steps to keep it secret. At the time of writing, there are yet to be any reported decisions in the UK, though it has been subject to passing mention elsewhere, see e.g. *Pari Pharma GmbH v European Medicines Agency*

---

[3] See *CMI-Centers v Phytopharm* [1999] F.S.R. 235 at 243.
[4] *John Zink Co Ltd v Wilkinson* [1973] R.P.C. 717.
[5] *Tchenguiz v Imerman* [2010] EWCA Civ 908; [2011] 2 W.L.R. 592 at [78].
[6] Megarry J. in *Coco v Clark* [1969] R.P.C. 41 at 47, quoting Lord Greene MR in the *Saltman* case. See further *Tchenguiz v Imerman* [2011] 2 W.L.R. 592.
[7] See *Campbell v MGN Ltd* [2004] UKHL 22; [2004] 2 A.C. 457; *HRH Prince of Wales v Associated Newspapers* [2006] EWCA Civ 1776; [2008] Ch. 57 and *Douglas v MGN* [2007] UKHL 21; [2008] 1 A.C. 1.
[8] Though, note *CF Partners (UK) LLP v Barclays Bank Plc* [2014] EWHC 3049 (Ch) at [141]–[142], [981]–[984] regarding detriment.
[9] *Tchenguiz v Imerman* [2011] 2 W.L.R. 592 at [69].

(EMA) (T-235/15)[10] from [112], which includes noting that art.2 of the Trade Secrets Directive maps to and imports the definition in art.39(2) of the TRIPs Agreement.

TSER provides a series of EU law specific considerations for the grant of interim and final relief for infringements which practitioners ought to be aware of (for example regs 12, 15, 17) and pay particularly close attention to when pleading claims.

The Information For the classic right of action whether the information has the necessary quality of confidence about it has to be determined in all the circumstances. It must not be something which is public property and public knowledge, but it is perfectly possible to have a confidential document, be it a formula, a plan, or sketch or something of that kind, which is the result of work done by the maker on materials which may be available for the use of anybody (see per Lord Greene MR in *Saltman Engineering Co Ltd v Campbell Engineering Co Ltd*). In *Fraser v Thames Television*[11] it was held that an idea for something yet to be elaborated may attract legal protection as confidential information. To attract such protection the information may be simplistic but must have a sufficient degree of certainty, with a significant degree of originality and the idea must be clearly identifiable as that of the confider.[12] A mere non-selective list of publicly available information should not be treated as confidential even if putting it together involved some time and effort,[13] but that is in contrast to more selective lists and considerations.

74-03

Further—what is or is not a "trade secret" will be a matter of definition— harmonised on a pan-EU basis under the Trade Secrets Directive as implemented under TSER.

It should be noted that the law has developed a separation between claims and principles applying to breaches of confidence in a commercial context, and those that more properly constitute cases of misuse of personal information. As the Court of Appeal considered in *Google Inc v Vidal-Hall*,[14] these rest on separate foundations. In relation to privacy/private information, readers are referred to Section 79—Invasion of Privacy. That said, there can be overlaps in such claims and information—see e.g. *Tchenguiz v Imerman*, where files stored on a shared server were accessed. The Court of Appeal considered that "Communications which are concerned with an individual's private life, including his personal finances, personal business dealings, and (possibly) his other business dealings are the stuff of personal confidentiality, and are specifically covered by article 8 of the Convention, which confers the right to respect for privacy and expressly mentions correspondence."

Circumstances giving rise to an obligation of confidence The right of action is of general and flexible application. It is convenient to analyse the third requirement according to the different types of relationship in which an obligation of confidence commonly arises. In so doing, it should be kept in mind that the obligation of confidence is the same duty whatever the label attached to the relationship (although the consequences of breach of the duty may well vary). It is a duty which arises from the circumstances in which the information was imparted, and not from

74-04

---

[10] *Pari Pharma GmbH v European Medicines Agency (EMA)* (T-235/15) EU:T:2018:65.
[11] *Fraser v Thames Television* [1983] 2 All E.R. 101.
[12] See also *De Maudsley v Palumbo* [1996] F.S.R. 447.
[13] *Ocular Sciences Ltd v Aspect Vision Care Ltd* [1997] R.P.C. 289.
[14] *Google Inc v Vidal-Hall* [2015] EWCA Civ 311; [2016] Q.B. 1003 at [25].

the particular status of the parties or description of the relationship (cf. Lord Browne-Wilkinson in *Henderson v Merrett Syndicates*).[15]

74-05 **Relationships between traders** When information is given by one trader to another, in circumstances which make that information confidential, then the second trader is disentitled to make use of the confidential information for purposes of trade by way of competition with the first trader.[16]

74-06 **Business relationships** Increasingly, claims involve joint venture relationships, which need to be carefully analysed to determine whether the obligation of confidence is imposed and the consequences of breach. See *LAC Minerals Ltd v International Corona Resources Ltd*,[17] Supreme Court of Canada, where confidential information had been revealed to a competitor, only for the purposes of a joint business venture. The confidential information was misused, enabling the defendant to buy land containing very profitable resources. Although no fiduciary relationship existed between the parties, a fiduciary duty did exist not to misuse the information, as well as a duty of confidence. Industry practices were important in determining the nature of the obligation that had been imposed. A constructive trust was imposed. See also *Murray v Yorkshire Fund Managers Ltd*[18]—a joint business plan was created from shared information, where no contractual, fiduciary or special relationship existed between the members of the team. The information only belonged to all the members when it came into being to facilitate the project. The information was an adjunct to the relationship between the members and ceased to be the property of a single member once his membership was dissolved and therefore one ex-member could have no cause of action for breach of confidence.[19]

74-07 **Professional advisers** The growth of professional firms has given rise to claims to prevent firms acting against former clients for fear of disclosing confidential information.[20] The court's jurisdiction to intervene on behalf of a former client was based on the protection of confidential information and the duty was to keep that information confidential, not simply to take reasonable steps to do so. A professional adviser may be prevented from acting against a former client if it were necessary to avoid a significant risk of disclosure or misuse of the confidential information of the former client.[21] Reliance on Chinese walls will not be sufficient if the court concludes that the arrangements are unlikely to be effective in preventing the disclosure of confidential information.[22]

74-08 **Employment** The right of action is commonly asserted against ex-employees.

---

[15] *Henderson v Merrett Syndicates* [1995] 2 A.C. 145 at 205. And see generally *Force India Formula One Team Ltd v 1 Malaysia Racing Team Sdn Bhd* [2012] EWHC 616 (Ch); [2012] R.P.C. 29 at [224]; *Primary Group (UK) Ltd v Royal Bank of Scotland Plc* [2014] EWHC 1082 (Ch); [2014] 2 All E.R. (Comm) 1121, [210] and following.

[16] Per Lord Evershed MR in *Terrapin Ltd v Builders' Supply Co (Hayes) Ltd* [1960] R.P.C. 128 at 131, and see also *Morison v Moat* (1851) 9 Hare 241; *Ackroyds (London) Ltd v Islington Plastics Ltd* [1962] R.P.C. 97; *Peter Pan Manufacturing Corporation v Corsets Silhouette Ltd* [1964] 1 W.L.R. 96.

[17] *LAC Minerals Ltd v International Corona Resources Ltd* [1990] F.S.R. 441.

[18] *Murray v Yorkshire Fund Managers Ltd* [1998] 1 W.L.R. 951.

[19] See further *Vercoe v Rutland Fund Management* [2010] EWHC 424 (Ch); [2010] Bus. L.R. D141.

[20] See e.g. *Bolkiah v KPMG* [1999] 2 A.C. 222.

[21] See also *Young v Robson Rhodes* [1999] 3 All E.R. 524.

[22] *Marks & Spencer Plc v Freshfields Bruckhaus Deringer* [2004] EWCA Civ 741; [2005] P.N.L.R. 4. See further *CF Partners (UK) LLP v Barclays Bank* [2014] EWHC 3049 (Ch).

The principles applicable to confidential information and the contract of employment were summarised in *Faccenda Chicken v Fowler*.[23] For an application of these principles see *Vestergaard Frandsen A/S v Bestnet Europe Ltd*,[24] wherein Lord Neuberger noted at [33]:

> "Particularly in a modern economy, the law has to maintain a realistic and fair balance between (i) effectively protecting trade secrets (and other intellectual property rights) and (ii) not unreasonably inhibiting competition in the market place. The importance to the economic prosperity of the country of research and development in the commercial world is self-evident, and the protection of intellectual property, including trade secrets, is one of the vital contributions of the law to that end. On the other hand, the law should not discourage former employees from benefitting society and advancing themselves by imposing unfair potential difficulties on their honest attempts to compete with their former employers."

See further, earlier decisions in the case for further discussion on the law in this field.[25] The protection afforded to any particular piece of information depends upon how confidential it is and whether or not the employment has ended. The principles may be summarised as follows:

1. Where the parties are or have been linked by a contract of employment the obligations of the employee are to be determined by that contract, though scope may be in issue.[26]
2. In the absence of express terms the obligations of the employee, in respect of the use and disclosure of information, are the subject of implied terms. (Where express terms in the contract impose obligations that are more onerous than the implied terms set out below the doctrine of unreasonable restraint of trade ought to be considered).
3. Whilst the employment subsists the obligations of the employee with regard to confidential information are included within the general duty of good faith and fidelity. The extent of that duty will depend upon the nature of the employment.[27]
4. After the employment has ended only trade secrets or their equivalent will be capable of protection in the absence of express covenants. Use or disclosure of less confidential information, the disclosure of which during employment would have been a breach of the implied duty of good faith, will not be prevented by an implied term.
5. To determine whether any particular item of information can be protected it is necessary to consider all the circumstances including: the nature of the employment; the nature of the information; whether the confidentiality of the information was impressed upon the employee; the ease with which the information can be isolated from that which the employee is free to use.

Employers should outline to their employees what amounts to a trade secret or highly confidential information; however the degree of precision with which this should be done depends on the individual circumstances. In *Lancashire Fires Ltd*

---

[23] *Faccenda Chicken v Fowler* [1986] 3 W.L.R. 288 (see especially 299–301).
[24] *Vestergaard Frandsen A/S v Bestnet Europe Ltd* [2013] UKSC 31; [2013] 1 W.L.R. 1556.
[25] *Vestergaard Frandsen A/S v Bestnet Europe Ltd* [2009] EWHC 657 (Ch); [2011] EWCA Civ 424.
[26] See further *CF Partners (UK) LLP v Barclays Bank* [2014] EWHC 3049 (Ch) from [130].
[27] See *Marathon Asset Management LLP v. Seddon* [2017] EWHC 300 (Comm); [2017] F.S.R. 36 at [111].

v S.A. Lyons & Co Ltd[28] Sir Thomas Bingham MR discouraged taking too strict a view of the degree of precision that is required of an employer, in defining and pointing out what he seeks to protect as a trade secret.

The courts are careful to ensure that breach of confidence claims are not used oppressively against ex-employees, e.g. to restrain mere competition.[29] A balance must be struck between the right of the employer to restrain an unauthorised disclosure of information which was confidential and the right of the ex-employee to use and put to disposal of new employers all his acquired skill and knowledge no matter where he acquired it. The borderline is a question of feel and impression.[30] See further *Vestergaard Frandsen*.

74-10 **Personal relationships** Most people consider their intimate relationships as highly confidential and unauthorised disclosure will give the right of action. This is a fortiori since the introduction of the Human Rights Act 1998, and is now frequently encountered in the context of unauthorised disclosures of personal information, or photographs of personal events, in newspapers. In such circumstances it has been said that "the essence of the tort is better encapsulated now as misuse of private information",[31] and requires the court to balance the competing interests under arts 8 (the right to respect for privacy and family life) and 10 (the right to freedom of expression). Neither right has priority over the other, and the question is the extent to which it is necessary to qualify the one right in order to protect the underlying value which is protected by the other. The court should, however, give weight to the inherent public policy in requiring persons bound by a duty of confidence to respect that duty.[32] Thus the court will have to consider on a case by case basis the nature of the information, and whether there is a public interest in its dissemination. However, the law of confidence is not concerned with trivia or tittle tattle. For authoritative reviews see the House of Lords in *Campbell v MGN Ltd*; *Douglas v MGN*,[33] and the Court of Appeal in *Browne v Associated Newspapers*; *HRH Prince of Wales v Associated Newspapers*, and *Hutcheson v News Group Newspapers Ltd*.[34] However, do note that this field is now principally catered for as "misuse of private information", dealt with elsewhere in this text.[35]

74-11 **Third Party Recipients** In the classic right of action, the claimant in an action for breach of confidence may have a cause of action against a third party who had received the claimant's confidential information indirectly.[36] This is an area in which the law has made a number of advances. Older cases, usually in a business context, have stated that "mere knowledge that the opportunity has been afforded in breach

---

[28] In *Lancashire Fires Ltd v SA Lyons & Co Ltd* [1996] F.S.R. 629.
[29] *Roberts v Northwest Fixings* [1993] F.S.R. 281.
[30] *Ocular Sciences Ltd v Aspect Vision Care Ltd* [1997] R.P.C. 289.
[31] *Campbell v MGN Ltd* [2004] 2 A.C. 457.
[32] *HRH Prince of Wales v Associated Newspapers* [2008] Ch. 57.
[33] *Campbell v MGN Ltd* [2004] 2 A.C. 457; *Douglas v MGN* [2008] 1 A.C. 1.
[34] *Browne v Associated Newspapers* [2007] EWCA Civ 295; [2008] Q.B. 103; *HRH Prince of Wales v Associated Newspapers*, and *Hutcheson v News Group Newspapers Ltd* [2011] EWCA Civ 808; [2012] E.M.L.R. 2.
[35] See Section 79: Invasion of Privacy. See further *YXB v TNO* [2015] EWHC 826 (QB) and *Google Inc v Vidal-Hall* [2015] Q.B. 1003.
[36] *Schering Chemicals v Falkman Ltd* [1981] 2 All E.R. 321.

of someone else's fiduciary duty is not enough".[37] Similarly it has been said that the third party must act in some way dishonestly (a necessary requirement of accessory liability[38]) or with "conscious impropriety" (per Nourse LJ in *Satnam*) before equity imposes the duty. After the decisions in *Campbell v MGN Ltd* and *Douglas v MGN* the obligations upon third party recipients of confidential information appear more onerous, applying where a reasonable person in the third party's position would have realised that the original owner of the information had a reasonable expectation that the information would be kept confidential.

However, such would not be absolute. The Court of Appeal has stated that strict liability could not be implied into a confidentiality clause in an employment contract which would cause a partner of the ex-employee to be liable without their knowledge that the information used was confidential.[39]

Under TSER (reg.2), an "infringer" is someone who has unlawfully acquired, used, or disclosed a trade secret. The Trade Secrets Directive (recital 30) identifies that a person "with reasonable grounds for knowing" what they are doing (i.e. infringing) is liable not to benefit from their actions. However, the position of a good faith recipient—who finds out they have been provided with a trade secret in an unlawful manner—is also catered for. In recitals 6 and 29 the Directive identifies that alternative remedies should be available to avoid "disproportionate harm" to a good faith recipient, such that pecuniary compensation should be available to a trade secret holder in lieu of injunctive relief. That being said, once a person has knowledge that they are in a possession of a trade secret without authorisation, irrespective of how it had been acquired, it seems likely that such a person will be at risk of having "used" it by any further steps they take in relation to that information, after they have such knowledge, attracting primary liability.

Is the test objective or subjective? In the classic context, this issue was extensively considered in the decision of Arnold J in *Primary Group (UK) Ltd v Royal Bank of Scotland Plc*,[40] and adopted in *Personal Management Solutions Ltd v Brakes Bros Ltd*.[41] Following a survey of the authorities, Arnold J concluded (at [223]) that the test is an objective one: "an equitable obligation of confidence will arise not only where confidential information is disclosed in breach of an obligation of confidence (which may itself be contractual or equitable) and the recipient knows, or has notice, that that is the case, but also where confidential information is acquired or received without having been disclosed in breach of confidence and the acquirer or recipient knows, or has notice, that the information is confidential. Either way, whether a person has notice is to be objectively assessed by reference to a reasonable person standing in the position of the recipient."

The liability arises even if the information or communication, received in confidence, is made use of honestly (*Seager v Copydex Ltd*). If, however, the confidential information has, since it was given, become public, an injunction may

74-12

---

[37] Per Nourse LJ in *Satnam Investments Ltd v Dunlop Heywood & Co Ltd* [1999] 3 All E.R. 652.
[38] *Royal Brunei Airlines Sdn Bhd v Tan* [1995] 3 All E.R. 97.
[39] *Vestergaard Frandsen S/A (MVF3 APS) v Bestnet Europe Ltd* [2011] EWCA Civ 424; [2013] UKSC 31.
[40] *Primary Group (UK) Ltd v Royal Bank of Scotland Plc* [2014] EWHC 1082 (Ch); [2014] 2 All E.R. (Comm) 1121 from [210].
[41] *Personal Management Solutions Ltd v Brakes Bros Ltd* [2014] EWHC 3495 (QB) (HHJ Curran QC), [176].

be refused.[42] If the defendant himself makes the information public, he may not be released from the obligation of confidence.[43] Where the defendant is using information which was given to him under a duty of confidence as a "springboard for activities detrimental to the plaintiff" he can be found liable for breach even if the information has subsequently been published.[44] Also see *Prout v British Gas*[45] for an illustration of the springboard doctrine and a finding of an appropriate time at which the defendant's obligations should be extinguished. Even where there is no private cause of action for breach of confidence as the fiduciary relationship had been extinguished and the confidential information had ceased to be confidential there may still be a breach of contract.[46]

74-13 **Other influences** The classic right of action is essentially equitable, acting on the conscience of the defendant (*Vestergaard Frandsen A/S v Bestnet Europe* at [22] (Lord Neuberger)) (although described as sui generis by the Canadian Supreme Court in *Cadbury Schweppes Inc v FBI Foods Ltd*[47]). Of course, the existence of a contractual relationship often enables reliance to be placed on express or implied contractual terms. Often the analysis of the equitable obligation of confidence is complicated by the presence of other recognised obligations and duties, variously labelled "fiduciary relationships", "fiduciary duties", "duties of good faith", "loyalty" or "fidelity" which is why careful analysis is required to identify the nature of the relationship under which the information sought to be protected is imparted.

This has also seen more recent influence from the "growing pains" of the misuse of private information claims and their connection to breach of confidence actions—as influenced by arts 8 and 12 of the European Convention on Human Rights. As mentioned earlier, there has been an increased distinguishing between (commercial) "confidential" information and (personal) "private" information—the provisions of the ECHR being more strongly engaged in the latter.

The TSER arises from the Trade Secrets Directive, which itself correlates and (at least in part) maps to TRIPs (art.39).

PLEADING

74-14 The particulars of claim should define with some precision the information or communication which is alleged to be confidential.[48] That being said, circumstances can make overly-specific identification inappropriate, such is in *Tchenguiz v Imerman*, where significant quantities of documents (250,000+) were alleged to have been taken.

In the normal way, the particulars of claim must be verified by a statement of

---

[42] *O Mustad & Son v Dosen* [1964] 1 W.L.R. 109 and *Attorney General v Guardian Newspapers (No.2) (Spycatcher)* [1990] 1 A.C. 109.
[43] *Speed Seal v Paddington* [1986] 1 All E.R. 91, however this aspect of the decision was criticised by Lord Goff in the *Spycatcher* case at 285.
[44] *Terrapin Ltd v Builders' Supply Co (Hayes) Ltd* [1967] R.P.C. 375, approved in *Seager v Copydex Ltd* [1967] 1 W.L.R. 923.
[45] *Prout v British Gas* [1992] F.S.R. 478.
[46] *Att Gen v Blake, Jonathan Cape Ltd (Third Party)* [1998] Ch. 439.
[47] *Cadbury Schweppes Inc v FBI Foods Ltd* [2000] F.S.R. 491.
[48] *Diamond Stylus Co Ltd v Bauden Precision Diamonds Ltd* [1972] F.S.R. 177 (interlocutory injunction refused because confidential information not defined. And see also *Thomas v Mould* [1968] 2 Q.B. 913 (refusal to enforce by contempt general injunction against misusing confidential information), *Ocular Sciences Ltd v Aspect Vision Care Ltd (No.2)* (claim pleaded recklessly widely) and *CMI-Centres v Phytopharm Plc* [1999] F.S.R. 235.

truth. The requirement to attach relevant documents will be modified in appropriate cases to ensure that the confidentiality of the information is protected during proceedings. Thus, documents containing the allegedly confidential information may conveniently be identified or served in a confidential schedule and the defendants may be ordered expressly only to use the information for the purposes of the action.[49] Confidential information can also be protected by limited disclosure to a "confidentiality club" comprising lawyers, experts and particular nominated representatives of the parties, as appropriate.[50] See also CPR r.31.22, which limits the use of documents disclosed in proceedings.

Particulars

Particulars of the alleged confidential information may be ordered before defence.[51] Historically it has, however, been possible to dispense with particulars by appointing an expert agreed between the parties, or failing agreement, selected by the court, to inspect the alleged secret process or apparatus though in such case the claimant will be required to give all reasonable facilities for such inspection and to point out to the expert precisely what he says is secret or confidential about the process or apparatus,[52] or the court may order discovery before particulars.[53] This approach has, however, fallen from common use, and given the need under the CPR for fully pleaded cases it is doubtful whether the court would now countenance such save in most unusual factual circumstances.

74-15

Relief claimed

The court has considerable flexibility when determining the appropriate remedies for a breach of confidence. However, practitioners ought to closely consider the impact of the Trade Secrets Directive (particularly arts 6–16) as engaged under the TSER and more generally at law for post-June 2018 actions.

74-16

The traditional forms of relief in an action for breach of confidence include a declaration as to the confidentiality and the (lack of) entitlement to the use of the information, an injunction to restrain the use or further use of the confidential information and, in a proper case, a mandatory injunction or order to compel the disclosure of any infringing use made of the information, delivery up of any infringing materials (though not usually destruction upon oath, see *Industrial Furnaces v Reaves*[54]), damages or an account of profits. In appropriate cases the court may order the anonymity of the parties, or prevent the reporting of the proceeding at all (the so-called "super-injunction") as to which, see the High Court's Practice Guidance: Interim Non-Disclosure Orders.

While confidential information cases have previously been found to engage Directive 2004/48 on the enforcement of intellectual property rights (the Enforce-

---

[49] cf. *John Zink Co Ltd v Wilkinson* [1973] R.P.C. 717.
[50] In the context of patent actions, *Warner Lambert Co v Glaxo Laboratories Ltd* [1975] R.P.C. 354 and *Roussel Uclaf v ICI* [1990] R.P.C. 45.
[51] *John Zink Co. Ltd v Wilkinson* [1973] R.P.C. 717; *Heeps v Mayor and Corporation of Oldham* (1923) 40 R.P.C. 68 (particulars of confidential information ordered, subject to safeguards).
[52] *Printers and Finishers Ltd v Holloway* [1965] 1 W.L.R. 1.
[53] *Printers and Finishers Ltd v Holloway, Wessely, Penny Vita-Tex Ltd* [1961] R.P.C. 77.
[54] *Industrial Furnaces v Reaves* [1970] R.P.C. 605.

ment Directive),⁵⁵ the Trade Secrets Directive expressly notes that the Enforcement Directive is secondary to it and therefore of limited application (recital (39)). The Trade Secrets Directive and TSER provide specific EU law considerations for different forms of relief: see arts 6–16, and TSER regs 11–18.

In intellectual property cases, the trials of liability and quantum are very often (if not invariably) split. After liability has been found, the defendant is often ordered to make limited disclosure in order to enable the claimant to make an informed choice between seeking damages or an account of profits.⁵⁶

74-17 In appropriate circumstances, a receiver may be appointed to collect and receive any profits made from the use of the confidential information, or a constructive trust imposed to prevent the defendant benefiting unjustly from his breach of confidence.⁵⁷ Where the confidential information has been inseparably mixed up with non-confidential materials, courts have ordered the defendant to deliver up the entirety of the material.⁵⁸ In general, the court will grant such relief or remedy as may be necessary to give full effect to the claimant's right of confidence. For a discussion of the nature and availability of "spring board" and related relief, see *Vestergaard Frandsen A/S v BestNet Europe Ltd*.

In the classic context, the extent of the relief granted depends on the exact nature of the duty imposed between the parties. For example, in *Coco v Clarke*, it was held that the duty that had been imposed was merely a duty not to use the information without paying a reasonable sum for its use. The appropriate remedy was payment of a reasonable sum and no injunction. Obviously, more stringent enforcement is required in other cases. In cases involving personal confidences, an injunction may be granted even though the claimant cannot point to any detriment to himself, per Lord Keith at 255–256 in *Att Gen v Guardian Newspapers (No.2)*. It has been said that where there is no contractual basis for the duty of confidence the damages should be assessed on a tortious basis rather than a contractual one.⁵⁹ It should be noted that there has been a question of law as to whether damages are actually available at all for breach of confidence, or whether the remedy is properly considered as equitable compensation. In most cases this will, however, be of academic, rather than practical, relevance. For an extensive consideration of the authorities, see *Force India Formula One Team Ltd v 1 Malaysia Racing Team Sdn Bhd* at [374]. Ultimately, the relief must map to the wrong: *Marathon Asset Management LLP v Seddon*.⁶⁰

Now, however, the harmonising impact of, for example, art.6(1) of the Trade Secrets Directive (requiring fair and equitable, effective and dissuasive remedies that are not unnecessarily complicated, costly, delayed or entail unreasonable time-limits) ought to be borne in mind, along with the pre-conditions for interim and final relief that are set forth both in the Trade Secrets Directive, but also TSER. The Directive requires that damages "appropriate to the actual prejudice suffered" be available. That is a phrasing that has received some consideration in the context of copyright claims under the Enforcement Directive.

Again, in the classic context, damages have been recoverable in relation to

---

[55] *Vestergaard Frandsen* at [56]; *Force India Formula One Team Ltd v 1 Malaysia Racing Team Sdn Bhd* [2013] EWCA Civ 780 at [108] (assumed with some scepticism).
[56] se *Island Records Ltd v Tring International Plc* [1995] F.S.R. 560.
[57] e.g. *LAC Minerals Ltd v International Corona Resources Ltd* [1990] F.S.R. 441.
[58] *Industrial Furnaces v Reaves* [1970] R.P.C. 605, and *Roger Bullivant v Ellis* [1987] F.S.R. 172.
[59] *Indata Equipment Supplies Ltd v ACL Ltd* [1998] F.S.R. 248, CA.
[60] *Marathon Asset Management LLP v Seddon* [2017] EWHC 300 (Comm); [2017] F.S.R. 36 at [254].

"derived products", these being products derived from the products directly attributable to the breach of confidentiality. This is particularly important in that the derived products may not be covered by any injunction and may continue to be sold during the dispute leading to greater profits to be taken into account in the calculation of damages. Despite arguments that damages should only be calculated in relation to the goods covered by the injunction granted in the proceedings the Court of Appeal has stated that injunctions and damages were distinct remedies and the principles relating to when they applied were not the same.[61] However, post June-2018, under the TSER (reg.2), "infringing goods" are "goods, the design, functioning, production process, marketing or a characteristic of which significantly benefits from a trade secret unlawfully acquired, used or disclosed". That is: goods which have obtained a significant benefit from the breach are liable under the terms of the TSER to the full range of remedies.

Disclosure of sources If the claimant wishes to discover the source of leaked confidential information or documents, it is necessary to overcome two hurdles. The first is s.10 of the Contempt of Court Act 1981. The second is art.10 of the European Convention of Human Rights. Under s.10, it must be established to the satisfaction of the court that disclosure is necessary in the interests of justice or national security or for the prevention of disorder or crime. Under art.10, the exercise of the right to freedom of expression "carries with it duties and responsibilities and may be subject to such restrictions as are prescribed by law and are necessary in a democratic society ... for preventing the disclosure of information received in confidence". The onus is on the claimant to plead the circumstances which require disclosure in the face of these provisions, although a defendant will often rely on them in its defence in order to protect its sources (see further para.74-21 and Section 79: Invasion of Privacy).[62]

74-18

GROUNDS OF DEFENCE

Defences denying the title of the claimant to the confidential information or that the information was confidential or that the process was secret should be specially pleaded.

74-19

The Public Interest Defence A defence alleging that the information sought to be protected is of a nature or kind which it is claimed does not entitle the claimant to the protection of the court should be expressly pleaded. The defence originally depended upon wrongdoing, actual or threatened, on the part of the claimant.[63] In principle, equity would not enforce a duty of confidence relating to matters which had a grossly immoral tendency, nevertheless this would apply only where there was a generally accepted moral code. Therefore, in *Stephens v Avery*[64] it was held that the duty of confidence would be enforced over revelations about a lesbian relation-

74-20

---

[61] *Vestergaard Frandsen A/S (MVFP3 Aps) v Bestnet Europe Ltd* [2013] EWCA Civ 428.
[62] For examples, see e.g. *Goodwin v United Kingdom* 22 E.H.R.R. 123, *Camelot Group Plc v Centaur Communications Ltd* [1997] E.M.L.R. 532 and *Ashworth Security Hospital v MGN Ltd* [2002] UKHL 29; [2003] F.S.R. 17.
[63] *Gartside v Outram* (1856) 26 L.J. Ch. 113 "there is no confidence as to the disclosure of iniquity"; *Initial Services Ltd v Putterill* [1968] 1 Q.B. 396 (unlawful activities on the part of the claimant); *Hubbard v Vosper* [1972] 2 Q.B. 84 (public interest that information should be known); and *Church of Scientology of California v Kaufman* [1973] R.P.C. 635.
[64] *Stephens v Avery* [1988] F.S.R. 510.

ship because in today's society no standard code of behaviour existed that held any kind of sexual behaviour between consenting adults as grossly immoral.

The defence has broadened to one of "just cause or excuse".[65] The defence of "just cause or excuse" or that disclosure was in the public interest, requires the court to balance the public interest in maintaining the confidence against the public interest in the information being known.[66] Claims to have acted in the public interest are examined carefully.[67] The nature and extent of the disclosure must be proportionate to the cause or excuse. Motive will also be taken into account.[68]

In the context of private information pertaining to individuals, the court will also have to take into account arts 8 (right to privacy and family life) and 10 (right to freedom of expression) of the European Convention on Human Rights, bearing in mind the court's frequent comments that the interest of the public in a particular story does not necessarily equate to a public interest.

74-21 **Disclosure of sources** Where confidential documents or information have been published, particularly in the media, part of the relief sought is often for disclosure of the source of the leak. The claimant faces two obstacles: s.10 of the Contempt of Court Act 1981 and art.10 of the European Convention on Human Rights.

Although these provisions are not restricted to journalists or the media, it is they who invoke them most frequently. The European Court of Human Rights recognises the value of press freedom and has held[69] that an order to disclose a journalist's sources cannot be compatible with art.10 unless there is an overriding requirement in the public interest. If journalists are forced to disclose their sources the role of the press in acting as a public watchdog could be seriously undermined because of the chilling effect that such disclosure would have on the free flow of information. Press freedom will not be restricted lightly.[70]

CLAIM FOR INJUNCTION AND DAMAGES FOR BREACH OF CONFIDENCE

74-U1 1. The Claimants are and were at all material times the owners of or otherwise beneficially entitled to deal with certain information of a confidential character relating to their proposed marketing of a new product in the United Kingdom and Europe [or relating to a new mixture for applying to floor surfaces to retain their polish and cleanliness and other similar purposes or as the case may be, describing briefly the nature of the product, etc.]. [Insofar as the Claimants are asserted to be "trade secret holders" within the meaning of reg.2 of TSER, that ought to be set out.]

Particulars of Confidential Information

[Set out in full detail the particulars relied on to show that the information was

---

[65] *Lion Laboratories v Evans* [1985] Q.B. 526 and *X v Y* [1988] 2 All E.R. 648.
[66] See e.g. *Woodward v Hutchins* [1977] 1 W.L.R. 760.
[67] cf. *Hyde Park Residence Ltd v Yelland* [2001] Ch. 143; [2000] 3 W.L.R. 215 and see *John Reid Enterprises Ltd v Pell* [1999] E.M.L.R. 675—no public interest in disclosure of Elton John's finances.
[68] See e.g. *Re Company's Application* [1989] 3 W.L.R. 265 and *W v Egdell* [1989] 2 W.L.R. 689. See generally: *Primary Group (UK) Ltd v Royal Bank of Scotland Plc* [2014] EWHC 1082 (Ch); [2014] 2 All E.R. (Comm) 1121 at [246].
[69] *Goodwin v United Kingdom* 22 E.H.R.R. 123.
[70] *Fressoz v France* 5 B.H.R.C. 654, ECHR, see also *Ashworth Security Hospital v MGN Ltd* [2002] UKHL 29; [2003] F.S.R. 17; *Financial Times v United Kingdom* (2010) 50 E.H.R.R. 1153. More recently, see: *Richard v BBC* [2017] EWHC 1291 (Ch); [2017] E.M.L.R. 22.

confidential in character and/or otherwise meets the threshold/definitions of a "trade secret" under TSER (reg.2). Insofar as TSER definitions and provisions are being relied upon, those ought to be claimed and set out. If the Claimant claims that the confidential information should not be disclosed to the public, he may serve the particulars relied on separately and add that he will ask the court that at all stages of the action and particularly at the trial they should not be read out in open court or otherwise disclosed to the public (see CPR r.31.22).]

2. The First Defendant is and was at all material times a director of the Second Defendant and of the Third Defendant, which is and was, at all material times itself a subsidiary of the Second Defendant. In the premises, at all material times, the Defendants were, and each of them was, acting in concert and/or as mutual agents each for the other and/or under the control or direction of each other and the knowledge of each was the knowledge of all and communication to one was communication to all. By reason whereof the Defendants are, and each of them is, jointly and severally liable in respect of all the matters complained of in this action.

3. From about the [date], and until about the [date], [or as the case may be], the Claimants communicated the said confidential information and all of it to the First Defendant acting on his own behalf and for and on behalf of the Second and Third Defendants, all of whom received the said information well knowing the same to be confidential [and without giving any consideration therefor].

Particulars

[The said confidential information was communicated partly orally and partly in writing. In so far as it was oral, it was communicated by [name] acting on behalf of the Claimants to the First Defendant acting as aforesaid at dates between [date] and [date]; and in so far as it was in writing, it was communicated by the Claimant's letters dated the [date] and [date], and addressed to the First Defendant acting as aforesaid, or as the case may be.]

4. The said information was communicated to the Defendants for the sole and limited purpose of enabling the Defendants to quote the Claimants a price for manufacturing the said new product for and on behalf of the Claimants only [or for the purpose of negotiating an agreement to be entered into between the Claimants and the Second Defendant for the manufacturing and marketing of the said mixture, and for no other purpose, or as the case may be].

5. In the premises, the Defendants received the said information knowing the limited purpose for which it was communicated, by reason whereof they became and were at all material times and are under a duty of confidence towards the Claimants in respect of the said confidential information and each part thereof, and were not and are not entitled to use the said confidential information or any part thereof without the prior consent of the Claimants for any purpose other than for which it was supplied to them by the Claimants. [*In some circumstances a fiduciary duty will also have been imposed, and should be specifically pleaded*: Further or alternatively the industry practices were such that the revelation of confidential information by the Claimants to the Defendants carried with it the core duties of loyalty and fidelity and in the premises the Defendants were subject to a further fiduciary duty not to misuse the information.]

6. By [date], the Defendants failed to quote the Claimants an acceptable price for the manufacture of the said new product and all negotiations over the said quotation were terminated [*or*, the negotiations between the Claimants and the Second Defendant for the conclusion of an agreement for the manufacture and making of the said mixture terminated without any such agreement being concluded] [*or* if such an agreement was concluded, the Claimants should allege the said agreement and raise any claim arising from a breach of the agreement or any of the express or implied terms and conditions thereof.]

7. Thereafter, in breach of the said obligation of confidence and without the consent of the Claimants, the Defendants have unlawfully made use of the said confidential information otherwise than for the purpose for which it was supplied them, and have unlawfully made profits for themselves by the manufacture and marketing of the said product [or mixture, or as the case may be] and otherwise by exploiting the said confidential information by purporting to grant licences to other persons to manufacture or market the said product [or mixture].

Particulars

[Set out in full detail the particulars of breaches of confidence relied on and add:] The Claimants are unable to give [further] particulars of the full extent of the Defendants' breach of confidence until after disclosure herein.

8. Further the Defendants threaten and intend, unless restrained by this Honourable Court, to continue to use the said confidential information or part thereof otherwise than for the purpose for which it was supplied them.

9. By reason of the matters aforesaid, the Claimants have suffered loss and damage, and are entitled to and claim an inquiry into damage or, an account of profits. [Have regard here to the potential uplifts under the TSER, notably reg.17(1) and ensure they are properly pleaded and supported.]

10. The Claimants are entitled to interest pursuant to s.35A of the Senior Courts Act 1981 or under the equitable jurisdiction of the Court.

AND the Claimants claim:
(1) An injunction to restrain the Defendants and each of them by themselves, their servants or agents or otherwise howsoever from using the confidential information of the Claimants or any part thereof for any purpose other than for the purpose for which it was supplied, and from manufacturing or marketing the said product [or mixture, or as the case may be] or otherwise exploiting the said information or any part thereof.
(2) An inquiry as to damages for breach of confidence, further or alternatively, an account of all the profits made by the Defendants and each of them from the use of the said confidential information of the Claimants.
(3) An order for the appointment of a receiver to collect and receive all the profits made by the Defendants and each of them from the use of the confidential information of the Claimants and an order for the giving of all proper directions for that purpose.
(4) An order for payment of all sums found to be due to the Claimants together with interest pursuant to s.35A of the Senior Courts Act 1981 or under the equitable jurisdiction of the Court.

(5) Costs.
(6) Further or other relief.

[Statement of truth]

CLAIM FOR INJUNCTION AND DAMAGES FOR BREACH OF CONFIDENCE INVOLVING AN EX-EMPLOYEE

1. The Claimant is a company engaged in research, development and production of oil dispersants [or as the case may be]. For many years the Claimant has been the leader in oil dispersant technology.

74-U2

2. Between 2012 and July 2019 the First Defendant was employed by the Claimant as the Director of its Research and Development Division. In that capacity he was instrumental in the formulation and testing of a revolutionary new oil dispersant named Squaffo. The testing of Squaffo continued until it was first made available for sale in January 2017, in accordance with the Claimant's plans and intention.

3. The following were implied terms of the contract of employment between the Claimant and the First Defendant:
  (a) a duty of good faith and fidelity to the Claimant;
  (b) a duty so long as the contract of employment subsisted not to misuse any information confidential to the Claimant or to disclose such information to any third party;
  (c) a duty, following the termination of the contract of employment, not to use or disclose any trade secrets or other confidential information of the Claimant. [If any information was particularly identified to the employee as highly confidential and/or a trade secret that this should be specifically pleaded.]

4. The confidential information relevant to this action will be identified in a confidential schedule. The information relevant to the duties set out at (a) and (b) above will be identified in section A including test data relating to Squaffo. The trade secrets and confidential information relevant to duty (c), which include the formulation of Squaffo, will be identified in section B. [Particulars of the confidential information that is capable of protection should be pleaded as precisely as possible having particular regard to the requirements of the TSER definitions as appropriate.] The schedule will be served after receipt of undertakings to preserve the confidentiality of its contents.

5. Following the termination of his employment with the Claimant the First Defendant commenced employment with the Second Defendant. Prior to about August 2019 the Second Defendant was a company which produced marine paints but did not produce or sell oil dispersants.

6. In or about August 2019 the Second Defendant launched a new oil dispersant which has characteristics identical to Squaffo. The Second Defendant could not have developed, produced, launched or marketed its oil dispersant without:
  (a) the disclosure by the First Defendant to the Second Defendant of the secret formulation for Squaffo;
  (b) the disclosure by the First Defendant to the Second Defendant of the results of the tests of Squaffo.

7. Owing to the complexity of oil dispersant technology the Claimant will invite the inference that one or both of the foregoing disclosures must have taken place whilst the First Defendant's employment with the Claimant subsisted.

Particulars

[Give details.]

8. In all the circumstances the First and Second Defendants and each of them knew, alternatively reasonable persons in their position would have known, that the information supplied to the Second Defendant by the First Defendant and subsequently used by the Second Defendant, was confidential information owned by the Claimant.

9. In the premises and at all material times the First and Second Defendants and each of them were under a duty of confidence to the Claimant in respect of all the confidential information of the Claimant and were not and are not entitled to use or disclose such information or any part thereof.

10. By reason of his disclosures to the Second Defendant, the First Defendant acted in breach of each of the terms of his contract of employment set out above.

11. Further in breach of confidence and without the consent of the Claimant, by producing and selling its own oil dispersant the Second Defendant has unlawfully made use of the confidential information of the Claimant and has thereby unlawfully made profits for itself to the detriment of the Claimant.

Particulars

[Set out in as much detail as possible particulars of the breaches relied upon, if necessary in a confidential schedule or by reference to the Claimant's confidential information, and add:] The Claimant is unable to give further particulars of the Defendants' breaches until after disclosure herein.

12. By reason of the matters aforesaid, the Claimant has suffered loss and damage and is entitled to and claims an inquiry into damages or an account of profits.

13. Unless the Defendants and each of them are restrained by this Honourable Court they threaten and intend to continue the acts complained of whereby the Claimant will suffer further loss and damage.

14. The Claimant is entitled to interest pursuant to s.35A of the Senior Courts Act 1981 or under the equitable jurisdiction of the Court.

AND the Claimant claims:
(1) An injunction to restrain the First Defendant (whether acting by his servants or agents or any of them or otherwise howsoever) from doing the following acts or any of them that is to say:
    (i) using or disclosing any confidential information of the Claimant relating to its Squaffo oil dispersant [this term should be related to the schedule of confidential information] as defined in the attached schedule of confidential information;
    (ii) otherwise acting in further breach of his contract of employment with the Claimant;
    (iii) otherwise misusing the said confidential information or any of it.

(2) An injunction to restrain the Second Defendant (whether acting by its directors officers servants or agents or any of them or otherwise howsoever) from doing the following acts or any of them that is to say:
    (i) using or disclosing any of the Claimant's said confidential information;
    (ii) Otherwise misusing the said confidential information or any of it.
(3) Delivery up of all documents and/or materials in the possession, power, custody or control of the Defendants or either of them the use or disclosure of which would offend against the foregoing injunctions or any of them.
(4) An inquiry as to damages or an account of the profits by reason of the breaches of confidence.
(5) An order for the payment of all sums found to be due to the Claimant upon the taking of such inquiry or account together with interest pursuant to s.35A of the Senior Courts Act 1981 or under the equitable jurisdiction of the Court.
(6) Further or other relief.
(7) Costs.

Defence Denying Information was Confidential/a Trade Secret

1. The Defendants deny that the alleged or any information communicated by the Claimants to them or any of them was confidential in character [or constituted trade secrets of the Claimants, as the case may be] or was of a nature or of a kind as to entitle the Claimants to, or to require or be capable of, the protection of the Court.   **74-U3**

Particulars
[State in full the facts and matters relied on.]

Defence Denying Duty of Confidence

1. The Defendants deny that they received the alleged or any information from the Claimants in confidence or for the limited purpose alleged in the Particulars of Claim, or that there was at any time the alleged or any relationship of confidence between the Claimants and themselves or any of them as alleged in the Particulars of Claim or at all.   **74-U4**

Particulars
[state in full the facts and matters relied upon.]

Defence Denying Misuse of Confidential Information

1. The Defendants admit that they have manufactured and sold [the allegedly infringing product], but deny that they have used any information supplied to them by the Claimants for any purpose other than for which it was supplied, whether as alleged in the Particulars of Claim or at all.   **74-U5**

2. [The allegedly infringing product] was formulated in about [date] by [name], and employee of the First Defendant, following on from independent research carried out by him from [date] to [date].
   or
[The allegedly infringing product] was formulated in about [date] by [name], and employee of the First Defendant, using information provided to him by the Claim-

ant pursuant to a written licence agreement dated [date], a copy of which is attached hereto. In the premises the Defendants' use of the Claimant's information was licensed by the Claimant.

DEFENCE ALLEGING INFORMATION WAS PUBLIC KNOWLEDGE

74-U6 1. The matters and information claimed or alleged to be confidential were at all material times public knowledge or were generally known to numerous persons [to whom the Claimants had communicated the same], whom the Defendants cannot identify until after disclosure herein. In the premises it is denied that the Information relied upon by the Claimants is confidential.

DEFENCE ALLEGING PUBLICATION WAS IN THE PUBLIC INTEREST

74-U7 1. The publication by the Defendant was in the public interest which outweighed any interest which the Claimant might otherwise have had in maintaining confidentiality.

Particulars

[identify those aspects of the public interest relied upon to justify the publication of the information in question].

DEFENCE RESISTING DISCLOSURE OF A JOURNALIST'S SOURCE

74-U8 1. The Claimant is not entitled to disclosure of the source from which the Defendant obtained the information. The Claimant does not purport to, and cannot, identify any of the permitted grounds within s.10 of the Contempt of Court Act 1981 nor any requirement in the public interest consistent with Article 10 of the European Convention on Human Rights for disclosure which is sufficient to override the fundamental interest in a democratic society in ensuring and maintaining a free press with freedom of expression.

Section 75:

COPYRIGHT, RELATED RIGHTS AND THE DATABASE RIGHT

Table of Contents

Claim for infringement of copyright in a literary work	75-U1
Claim for infringement of copyright in artistic works	75-U2
Claim by the owner and an exclusive licensee for infringement of copyright in an existing dramatic work	75-U3
Claim for secondary infringement of copyright in a painting .	75-U4
Claim for additional damages for infringement of copyright .	75-U5
Claim for infringement of copyright in a computer program .	75-U6
Claim for infringement of an author's right to be identified and right of Integrity	75-U7
Claims for infringement of a private photograph	75-U8
Claim for infringement of Database Right	75-U9
Defence denying subsistence of copyright	75-U10
Defence alleging that the work does not qualify for copyright	75-U11
Defence denying ownership of copyright	75-U12
Defence alleging licence of the claimant	75-U13
Defence alleging assignment by the claimant	75-U14
Defence denying infringement of copyright	75-U15
Defence alleging fair dealing for the purposes of research .	75-U16
Defence alleging fair dealing for the purposes of criticism or review	75-U17
Defence alleging innocent infringement	75-U18
Defence of treatment not being derogatory—s.80(2)	75-U19
Defence based upon the author's employment—s.79(3) or s.82(2)	75-U20
Defence denying subsistence of database right	75-U21
Defence alleging that the database does not qualify for database right	75-U22
Defence alleging lawful user and fair dealing for the purposes of teaching or research	75-U23

The Legislative Framework The domestic law of copyright and related rights (rights in performances and moral rights) is to be found in the Copyright, Designs and Patents Act 1988 (referred to hereafter as the 1988 Act). However, practitioners should be aware of the extensive impact of EU directives, regulations and case law in this area of law. In particular, Directive 2001/29/EC (the Information Society Directive), Directive 2009/24/EC (regarding computer programs), Directive 2004/48/EC (enforcement of IP rights), Directives 2011/77/EU and 2006/116/EC (on the term of protection), Directive 93/83/EEC (on satellite and cable), 2006/115/EC (rental rights), Directive 2001/84/EC (resale rights over art), Council Directive 87/ **75-01**

54/EEC (legal protection of topographies of semiconductor products).[1] Pursuant to EU *Marleasing* obligations, the domestic regime must, in any event, be interpreted "as far as possible, in light of the wording and purpose of" appropriate EU provisions. A helpful discussion of the interaction between domestic, EU, and international instruments in this field is found in *SAS Institute Inc v World Programming Ltd* [2010] EWHC 1829 (Ch), [149] and following.[2] Along with the 1988 Act for database copyright, the law relating to database rights is also to be found in the Copyright and Rights in Databases Regulations 1997 (SI 1997/3032), which should be read in the light of Council Directive 96/9/EC on the legal protection of databases which it implements.[3]

For a detailed discussion on the law of copyright, related rights and the database right, the reader is referred to *Laddie, Prescott, and Vitoria on The Modern Law of Copyright* and *Copinger and Skone James on Copyright*.[4]

By virtue of the transitional provisions in Sch.1 to the 1988 Act, the Copyright Act 1956 will continue to apply to establish subsistence, ownership and duration of copyright in "existing works"—those made before commencement of the 1988 Act—since copyright subsists in an existing work after commencement only if copyright subsisted immediately before commencement (Sch.1, para.5(1)). Reference should be made to previous editions of this work for the position under the Copyright Act 1956.

75-02 **Intellectual Property Office Services** In 2013 the Intellectual Property Office introduced new measures to assist in IP disputes. The Copyright Notices Service allows IP users to complete an online application for clarification on an issue of copyright law. The IPO may (at its own discretion) choose to publish an opinion in the form of a copyright notice on its website. These opinions relate to law and procedure rather than actual cases but may assist in formulating a cause of action for further proceedings (*https://www.gov.uk/copyright-notices*).

---

[1] Directive 2001/29/EC of the European Parliament and of the Council of 22 May 2001 on the harmonisation of certain aspects of copyright and related rights in the information society [2001] OJ L167/10 (the Information Society Directive); Directive 2009/24/EC of the European Parliament and of the Council of 23 April 2009 on the legal protection of computer programs (regarding computer programs) [2009] OJ L111/16; European Parliament and Council Directive 2004/48/EC Of the European Parliament and of the Council of 29 April 2004 on the enforcement of intellectual property rights [2004] OJ L45/157 (enforcement of IP rights); Directive 2011/77/EU of the European Parliament and of the Council of 27 September 2011 amending Directive 2006/116/EC on the term of protection of copyright and certain related rights [2011] OJ L265/1; Directive 2006/116/EC of the European Parliament and of the Council of 12 December 2006 on the term of protection of copyright and certain related rights [2006] OJL372/12 (on the term of protection); Council Directive 93/83/EEC of 27 September 1993 on the coordination of certain rules concerning copyright and rights related to copyright applicable to satellite broadcasting and cable retransmission [1993] OJ L248/15 (on satellite and cable); Directive 2006/115/EC of the European Parliament and of the Council of 12 December 2006 on rental right and lending right and on certain rights related to copyright in the field of intellectual property [2006] OJ L376/28 (rental rights); Directive 2001/84/EC of the European Parliament and of the Council of 27 September 2001 on the resale right for the benefit of the author of an original work of art [2001] OJ L272/ (resale rights over art); and Council Directive 87/54/EEC of 16 December 1986 on the legal protection of topographies of semiconductor products [1987] OJ L24/36.

[2] *SAS Institute Inc v World Programming Ltd* [2010] EWHC 1829 (Ch) at [149] and following.

[3] Directive 96/9/EC of the European Parliament and of the Council of 11 March 1996 on the legal protection of databases [1996] OJ L77/20.

[4] *Laddie, Prescott, and Vitoria on The Modern Law of Copyright* (London: LexisNexis, 2018) and *Copinger and Skone James on Copyright*, 17th edn (London: Sweet & Maxwell, 2019).

The Intellectual Property Mediation service was instituted to act as flexible service to assist in dispute resolution. The service may be used to try to avoid court proceedings, or in conjunction with formal proceedings to deal with practical issues beyond the legal issues.

However, there are some situations where mediation would not be a suitable alternative to litigation. For example:

- trade mark disputes concerning the distinctiveness of the mark;
- trademark opposition and invalidation proceedings on absolute grounds; or
- disputes involving IPO decisions e.g. refusal of a patent application or request for extension of time.

A mediator will normally meet (in person or by telephone) with each of the parties separately before holding a joint meeting to discuss the issues. The discussions are deemed confidential and cannot be raised in court if the dispute continues to litigation (*https://www.gov.uk/intellectual-property-mediation*).

Procedure Proceedings under the 1988 Act, including those under the Database Regulations, are to be issued in the Business and Property Courts of the High Court, the Intellectual Property Enterprise Court (IPEC), or a county court where there is also a Chancery District Registry (CPR r.63.13), but note the discussion at paras 72-01, 72-02 and CPR PD 57AA. The Chancery Division and IPEC now are part of the Business and Property Courts (PD 57AA para.1.1). The Intellectual Property List (Ch D), includes sub-lists for the Patents Court and IPEC (PD 57AA para.1.3(2)). Proceedings under both the 1988 Act and the Database Regulations should only be started in the High Court if the value of the claim is more than £100,000 and/or the complexity of the facts, legal issues, remedies and procedures and/or the importance of the claim to the public in general is such that the claim ought to be dealt with by the High Court (PD 7A para 2.1). IPEC has a two-track system. The multi-track system deals with claims for damages up to £500,000 (CPR r.63.17A(1)) with a limit on recoverable costs of £50,000 (CPR r.45.31(1)(A)). The small claims track deals with claims for damages up to £10,000 with only very restricted costs recovery allowed (CPR r.63.27(1)(b)).

75-03

COPYRIGHT

Types of copyright work Section 1 of the 1988 Act provides for the subsistence of copyright in three groups of works, which are further defined in the sections mentioned:

(a) "original" literary, dramatic, musical (s.3) and artistic works (s.4);
(b) sound recordings (s.5A), films (s.5B), broadcasts (s.6); and
(c) typographical arrangements of published editions (s.8).

75-04

Thus s.3 defines literary, dramatic and musical works. Section 4 defines "artistic" works, i.e. graphic works (any painting, drawing, diagram, map, chart or plan, any engraving, etching, lithograph, woodcut or similar work), photographs, sculptures or collages, all irrespective of artistic quality; works of architecture being buildings or models for a building; and works of artistic craftsmanship. Where the work is, or consists of a depiction of, a three dimensional object, one has to have regard to the interaction between copyright works and design documents.[5] For Berne works, the CJEU has ruled that copyright requires the expression of the author's intellectual creation. See, in addition to *SAS* and *John Kaldor, Technomed Ltd v Bluecrest Health Screening (Technomed)*.[6]

Works must be "original" in order for copyright to subsist. This aspect of copyright protection has been the subject of extensive litigation and debate in the past few years, particularly following the CJEU's decision in *Infopaq International A/S v Danske Dagblades Forening* (C-5/08),[7] wherein the CJEU considered that it was the expression of the intellectual creation of the author that was entitled to protection. This stands in some contrast to the UK's earlier position requiring "skill, labour and judgment" as the test for originality. Domestic opinion has varied, particularly following in the *Meltwater* line of decisions at first instance and intermediate appeal[8] which seem to suggest "skill, labour and judgment" remains the test, though, that approach may be difficult to maintain following more recent decisions of the CJEU. In such a case, practitioners are urged to bear this in mind.[9] Also note that in relation to database copyright the test for originality requires a slightly higher level of creative input.[10] Copyright in these works is infringed by both reprographic (exact) and non-reprographic (inexact) copying. Sound recordings and films, which are defined in ss.5A and 5B, respectively, broadcasts, defined in s.6, respectively, and typographical arrangements, defined in s.8, do not have to be "original". They are sometimes referred to as works of first fixation. Copyright subsists in the first fixation of the sounds, images or signals, regardless of whether any skill or labour was required to produce them. They cannot be infringed except by the making of an exact copy of those sounds, images or signals.

75-05 **Subsistence** Copyright subsists in such works if the provisions for qualification for copyright protection in ss.153 to 156 are met. Generally works qualify for copyright protection if the author of the work is a British citizen, or is domiciled or resident in the UK or another country to which the Act extends or a country to which the relevant provisions of the Act have been applied by Order in Council under s.159, or is a body incorporated under the laws of such countries. Broadcasts can also qualify by reference to the place of their transmission. All other works (see s.1) can also qualify by reference to the country of first publication.

75-06 **Ownership** Generally the author of a work is the first owner (s.11). "Author" means the person who creates the work, but this is to be further interpreted within the parameters of s.9, namely, in the case of sound recordings (as the producer), in the case of films (as the producer and principal director), in the case of broadcasts (as the person making the broadcast), in the case of typographical arrangements (as

---

[5] See para.75-30, *Lambretta Clothing Co Ltd v Teddy Smith (UK) Ltd* [2004] EWCA Civ 886; [2005] R.P.C. 6, and *Flashing Badge Co Ltd v Groves* [2007] EWHC 1372 (Ch).

[6] *Technomed Ltd v Bluecrest Health Screening* [2017] EWHC 2142 (Ch) at [87]–[89].

[7] *Infopaq International A/S v Danske Dagblades Forening* (C-5/08) [2009] ECR I–6569; [2010] F.S.R. 20.

[8] *Newspaper Licensing Agency Ltd v Meltwater Holding BV* [2011] EWCA Civ 890; [2012] Bus. L.R. 53 and [2010] EWHC 3099 (Ch)

[9] See e.g. *SAS Institute Inc v World Programming Ltd* [2013] EWCA Civ 1482 at [29]–[37]; *John Kaldor Fabricmaker UK Ltd v Lee Ann Fashions Ltd* [2014] EWHC 3779 (IPEC) at [21]; *Technomed* [2017] EWHC 2142 (Ch) at [87]–[89].

[10] See: s.3A(2) of the Act, *Football Dataco Ltd v Brittens Pools Ltd* [2010] EWHC 841 (Ch); [2010] R.P.C. 17 and *Technomed* at [89].

the publisher) and in the case of literary, dramatic, musical or artistic works which are computer generated (as the person who makes the necessary arrangements for the creation of the work). If a literary, dramatic, musical or artistic work is made by an employee in the course of his or her employment, then the employer is the first owner, subject to any agreement to the contrary (s.11(2)). A work may have joint authors where it is produced by the collaboration of two or more authors and the contribution of each author is not distinct (s.10(1)). A work is "coauthored" if produced by collaboration of the author of a musical work and the author of a literary work where the two works are created in order to be used together (s.10A(1)). There is no express provision vesting the copyright in a commissioned work in the commissioner, although that may well be an express or implied term of the contract of commission.[11]

Both the prospective and subsequent ownership of copyright are provided for in ss.90 to 93 of the Act which deal with transmission of copyright by assignment, by testamentary disposition and by operation of law. Copyright is a form of property (s.1(1)) and may be conveyed as personal or moveable property (s.90(1)).

Rights of action The owner of a copyright has the right to sue for infringement of copyright (s.96(1)). So has an exclusive licensee (s.101), but where the owner and the exclusive licensee have concurrent rights of action, both must be parties except if the court gives leave, or for the purpose of obtaining interim relief (s.102). 75-07

Copyright in a work is infringed by any person who, not being the owner of the copyright and without the licence of the owner, does or authorises another person to do any of the "acts restricted by the copyright" in the UK (s.16). Restricted acts are further defined as copying the work (s.17), issuing copies of the work to the public (s.18), renting or lending the work to the public (s.18A), performing, showing or playing the work in public (s.19), communicating the work to the public (s.20), or making an adaptation of the work or doing any of the above in relation to an adaptation (s.21 and note the definition of "adaptation").

The importation or possession of or dealing with articles in the course of a business which are infringing copies (defined in s.27) constitutes secondary infringement of copyright if done by a person who knows or has reason to believe that the articles are infringing copies (ss.22 and 23). Sections 24 to 26 provide for other miscellaneous secondary infringements of copyright.

Infringement occurs if a substantial part of work is taken, whether directly or indirectly (s.16(3)). For guidance on the meaning of "substantial part", see *Designers Guild Ltd v Russell Williams (Textiles) Ltd*; and, for a more recent application, see more recently *ATB Sales Ltd v Rich Energy Ltd* for an application of the same.[12] In relation to typographical arrangements, see also *Newspaper Licensing Agency Ltd v Marks & Spencer Plc*.[13]

The Act provides numerous exceptions to the general rules on infringement—see ss.28 to 76 inclusive.

Statements of case The particulars of claim must contain the following allegations: 75-08

(a) the title of the claimant to sue, i.e. as owner or exclusive licensee;

---

[11] See e.g. *Robin Ray v Classic FM* [1998] F.S.R. 622; *Slater v Wimmer* [2012] EWPCC 7.
[12] See *Designers Guild Ltd v Russell Williams (Textiles) Ltd* [2001] F.S.R. 11; and, for a more recent application, see *ATB Sales Ltd v Rich Energy Ltd* [2019] EWHC 1207 (IPEC).
[13] *Newspaper Licensing Agency Ltd v Marks & Spencer Plc* [2002] R.P.C. 4.

(b) the subsistence of copyright in the work, which must be identified with precision;
(c) the infringement by the defendant; and
(d) the relief claimed.

The particulars of claim must be verified by a statement of truth. Relevant documents (for example, the copyright work and any written agreements relied upon) should be attached to the particulars of claim.

Under the ss.104 to 106 of the 1988 Act, certain presumptions arise which are relevant to literary, dramatic, musical and artistic works, sound recordings and films. The main presumptions are:

(a) if the name of the author or publisher of a literary, dramatic, musical or artistic work appears upon it, then that person is presumed, until the contrary is proven to be the author/publisher as appropriate;
(b) in the case of sound recordings, films and computer programs, where such works bear a statement that a named person was the owner of the copyright, or the director or producer of the film, or the principal director, the author of the screenplay, the author of the dialogue or the composer of music specifically created for and used in the film, or that the works were first published in a specified year or in a specified country, then that statement is admissible as evidence of the facts stated and is presumed to be correct unless the contrary is proven.

75-09 The allegation of infringement by the defendant should show that he has committed or authorised the commission of one or more of the "restricted acts" without the licence of the claimant. Where secondary infringement is relied upon it is essential to plead knowledge which is a necessary ingredient of infringement in such cases. In accordance with para.8.2 of the Practice Direction to Pt 16, particulars should be given. It is not strictly necessary to give particulars of those parts of the defendant's work which are alleged to infringe the claimant's copyright but it is highly desirable that this should be done and is probably essential where it is alleged that the defendant has taken only a (substantial) part of the claimant's work. The usual course is to give particulars of the main resemblances between the respective works, if necessary in a separate schedule to the particulars claim. This may be done by marking up a copy of the claimant's and defendant's works so as to identify the sections relied upon.

Damages for infringement of copyright are at large[14] but if the claimant claims damages in the action itself then a claim for special damage should be pleaded. If the claimant claims additional damages under s.97(2) then he must set out the grounds relied upon in support, e.g. that a benefit accrued to the defendant by a flagrant infringement (PD 63 22.1). Note that similar relief may be obtainable under the damages provisions in the Intellectual Property (Enforcement, etc) Regulations 2006 (SI 2006/1028), which allows claims in damages relating to the unfair profits made by the defendant and the "moral prejudice" suffered by the claimant.[15]

Infringing copies are no longer deemed to belong to the copyright owner (as was

---

[14] *Fenning Film Service Ltd v Wolverhampton, Walsall and District Cinemas Ltd* [1914] 3 K.B. 1171; *Claydon Architectural Metalwork Ltd v DJ Higgins & Sons Ltd* [1997] F.S.R. 475, 479–480 (Mann QC).
[15] See: *Henderson v All Around the World Recordings Ltd* [2014] EWHC 3087 (IPEC); *Absolute Lofts South West London Ltd v Artisan Home Improvements Ltd* [2015] EWHC 2608 (IPEC); *PPL v Hagan* [2016] EWHC 3076 (IPEC); *PPL v Ellis (t/a Bla Bla Bar)* [2018] EWCA Civ 2812; [2019]

the case under the 1956 Act). If delivery up of infringing copies is sought under s.99 it is necessary to plead the facts necessary for that section to apply, although they may coincide with those constituting a plea of secondary infringement. Delivery up is available where a person:

(a) has an infringing copy of a work in his possession, custody or control in the course of a business; or
(b) has in his possession, custody or control an article specifically designed or adapted for making copies of a particular copyright work, knowing or having reason to believe that it has been or is to be used to make infringing copies.

Generally, an application for an order for delivery up must be made within six years from the date on which the infringing copy or article was made (s.113).

Relief The remedies obtainable in an action for infringement of copyright are provided for in ss.96 to 100 and 113 and 114. Section 96(2) provides generally that "all such relief by way of damages, injunctions, accounts or otherwise is available to the claimant as is available in respect of the infringement of any other property right." The Act also provides some special rules relating to copyright alone. Practitioners are reminded to be aware of the importance of Directive 2004/48/EC in this area, and the requirement to read relevant remedies consistently with the Directive. **75-10**

An injunction This is the normal remedy and is granted even though the claimant has not proved actual damage. Continuing infringement has been said to be requirement for a final injunction.[16]

However, the form of injunction granted may be tailored to match the wrong committed and threatened.[17]

Note further the availability of blocking injunctions under s.97A against internet service providers and other service providers. For application of this section, see generally *1967 Ltd v British Sky Broadcasting Ltd*[18] and the cases cited therein.

(b) Damages for infringement These are at large. Any special damage or loss is claimed this should be specifically pleaded. For the principles in assessing damages, see *Blayney (t/a Aardvark Jewellery) v Clogau St David's Gold Mines Ltd*.[19] In addition s.97(2) provides that such additional damages as the justice of the case may require may be awarded, having regard to all the circumstances and in particular to the flagrancy of the infringement and any benefit accruing to the defendant. For the principles in assessing additional damages see *Nottinghamshire Healthcare v News Group Newspapers*; *Henderson v All Around the World Recordings Ltd*; *PPL v Hagan*.[20] See further the Intellectual Property (Enforcement, etc) Regulations 2006 referred to earlier. **75-11**

Bus. L.R. 542.
[16] *Phonographic Performance Ltd v Nash (t/a Charlie Wrights International)* [2014] EWHC 3986 (Ch).
[17] *Microsoft Corp v Plato Technology Ltd* [1999] F.S.R. 834.
[18] *1967 Ltd v British Sky Broadcasting Ltd* [2014] EWHC 3444 (Ch); [2015] E.C.C. 3.
[19] *Blayney (t/a Aardvark Jewellery) v Clogau St David's Gold Mines Ltd* [2002] EWCA Civ 1007; [2003] F.S.R. 19.
[20] *Nottinghamshire Healthcare v News Group Newspapers* [2002] EWHC 409; [2002] R.P.C. 49; *Henderson v All Around the World Recordings Ltd*; *PPL v Hagan*.

Section 97(1) protects an innocent infringer from a claim for damages, but not from any other remedy.

75-12 *An account of profits* This equitable remedy is granted at the claimant's option instead of damages. An election need not be made until the claimant has established infringement. The defendant may be ordered to provide limited disclosure in order to allow the claimant to make an informed choice as to the likely entitlement in the case of each of the alternative remedies.[21] The principles applicable to an account of profits are discussed in *Potton v Yorkclose Ltd* and *Celanese International Corp. v BP Chemicals Ltd*. See further *Hollister Inc v Medik Osotomy Supplies Ltd*.[22]

75-13 (d) *Delivery up* Section 99 provides that the copyright owner may apply to the court for the delivery up to him or such other person as the court may direct of infringing copies of his work and, subject to proof of the requisite knowledge, any articles "specifically designed or adapted for making infringing copies." Section 100 provides a right to seize infringing copies in certain very limited circumstances. Section 114 provides that an application may be made for infringing copies or articles delivered up under s.99 or infringing copies seized under s.100 to be forfeited to the copyright owner or destroyed or otherwise dealt with. The court is obliged to consider whether remedies available in an action for infringement of copyright would be adequate to compensate the copyright owner and to protect his interests.

MORAL RIGHTS

75-14 The Act contains detailed provisions for four moral rights. Three are associated with certain copyright works namely literary, dramatic, musical or artistic works and films. The authors of such copyright works or the director of a copyright film have the right to be identified as such (s.77—right to be identified) and the right not to have their work subjected to derogatory treatment (s.80—the right of integrity). Any person also has the right not to have such works falsely attributed to him as author or, in the case of a copyright film, as director (s.84—the false attribution right).

The fourth right belongs to a person who for private and domestic purposes commissions the taking of a photograph or the making of a film (s.85—right to privacy). If copyright subsists in the resulting work, then the owner of the right, who need not own the copyright, has the right not to have copies of the work issued to the public, the work exhibited or communicated to the public.

The right to be identified and the rights of integrity and privacy last as long as copyright in the work. The false attribution right continues for 20 years after the person's death. Moral rights are not assignable but are transmissible upon death.

There are numerous exceptions and qualifications to all four rights which mean that in practice they are very much more limited rights than their brief descriptions suggest.

For example, there is no infringement of the right to be identified unless the right has been asserted, either specifically or generally. The right does not apply to anything done by the employer of an author where the employer is the first owner of copyright under s.11(2).

---

[21] *Island Records Ltd v Tring International Plc* [1995] F.S.R. 560.
[22] *Potton v Yorkclose Ltd* [1990] F.S.R. 11 and *Celanese International Corp. v BP Chemicals Ltd* [1999] R.P.C. 203. See further *Hollister Inc v Medik Osotomy Supplies Ltd* [2012] EWCA Civ 1419; [2013] Bus. L.R. 428.

The right to be identified and the right of integrity do not apply to works made for the purpose of reporting current events, or for publication in a newspaper, magazine or similar periodical, or in collective works of reference such as dictionaries. They do not apply to computer programs or computer-generated works.

Infringement Reference must be made to the appropriate section in order to ascertain the precise acts which constitute infringement of any particular moral right. 75-15

There are two elements necessary for infringement of each of the right to be identified, the right of integrity and the false attribution right. The first is the lack of identification, the derogatory treatment or the false attribution. The second is the act of putting the "adulterated work" before the public. Generally and in so far as the context allows, the infringing acts are publishing the work commercially, performing the work in public (exhibiting in the case of artistic works), communicates it to the public or issuing copies of a film or sound recording to the public which include the work, etc.

So far as the right to privacy is concerned in respect of private and domestic photographs and films, once the claimant has established his right in relation to a photograph or film, the right is infringed by anyone who issues copies of the work in question to the public, exhibits or shows the work in public or who communicates the work to the public.

Remedies Infringements of any of the moral rights are actionable as a breach of statutory duty owed to the owner of the right (s.103). In the normal way an injunction to restrain further infringement may be claimed. In relation to the right of integrity, s.103(2) expressly provides that the court may grant an injunction on terms prohibiting the doing of any act unless a suitable disclaimer is made. It appears that the right to claim additional damages under s.97(2) is confined to infringements of copyright and does not apply to moral rights, although it may be possible to mount a similar claim under the Intellectual Property (Enforcement, etc) Regulations 2006—see para.75-11. 75-16

Statements of case The particulars of claim must contain the following allegations: 75-17

(i) the subsistence of the right in the claimant;
(ii) the infringement by the defendant; and
(iii) the relief claimed.

The particulars of claim must be verified by a statement of truth. Due to the number of qualifications to each right reference must be made to the appropriate section of the Act for the necessary elements for subsistence of each right and for infringement.

Rights in Performances

Part II of the 1988 Act provides rights in performances which are independent of copyright or the moral rights. The rights are concerned not only with live performances but also recordings of them—both immediate and subsequent. 75-18

Rights are conferred upon both the performer and the person having the exclusive recordings in relation to the performance. Generally, rights are conferred upon the performer since his consent is required for the exploitation of his performance. The person with the recording rights gains an ability to protect those recordings.

The 1988 Act now confers upon the performer two types of rights: performers' property rights (which are transmissible, e.g. ss.191A–E, 191HA) and performers' non-property rights (as to transmissibility, see: ss.192A, 192B).

75-19 **Definitions and qualification** The rights apply to the following live performances: a dramatic performance (which includes dance and mime), a musical performance, a reading or recitation of a literary work, and a performance of a variety act or any similar performance. The rights are also concerned with the following recordings, whether film or sound recordings: those made directly from the live performance; those made from a broadcast including the performance; and those made directly or indirectly from another recording of the performance.

The rights arise in respect of qualifying performances—those given by a qualifying individual, meaning a citizen, subject of or resident in a qualifying country, or in a qualifying country which includes the United Kingdom, EEC (sic) and countries with reciprocal protection. A body corporate can be a qualifying person by being formed under the law of a qualifying country or having a place of business in such a country at which substantial business activity is carried on (see: the 1988 Act, Pt II, Ch.IV).

There are two types of qualifying countries: those which give protection in respect of all rights under Pt II of the 1988 Act and those which give protection only in respect of some of those rights. Those countries with either full or partial reciprocal protection are designated by Order in Council.

75-20 **Infringement** The performers' property rights can be infringed:

(a) by making a copy of a recording of a qualifying performance (s.182A);
(b) by issuing to the public copies of a recording of a qualifying performance (s.182B);
(c) by renting or lending to the public copies of a recording of a qualifying performance (s.182C).

Performers' non-property rights can be infringed:

(a) by making a recording of a qualifying performance or by transmitting such a performance live (s.182);
(b) by exploiting a recording of a qualifying performance (s.183);
(c) by importing, possessing or dealing with an illicit recording of a qualifying performance (s.184).

The rights of the person having the recording rights are infringed by essentially the same acts as the performers' non-property rights, except for the live transmission of a performance (ss.186 to 188).

75-21 **Remedies** In an action for infringement of performers' property rights, the performer is entitled to all such remedies as are available in respect of infringement of copyright (s.191I). Infringement of performers' non-property rights and rights of persons sharing recording rights are treated as a breach of statutory duty (s.194). The normal remedies will be an injunction and damages. There is power to order deliver up of illicit recordings of performances (s.195) and a limited power to seize illicit recordings being sold in public (s.196).

75-22 **Statements of case** The particulars of claim must contain the following allegations:

(i) the title of the claimant to the right;
(ii) subsistence of the right;
(iii) the infringement by the defendant;
(iv) the relief claimed.

Following the general rules for statements of case the particulars of claim must be verified by a statement of truth and relevant documents should be attached.

There are no presumptions relating to title or subsistence. It will be necessary to plead facts which provide title to the right and that the performance in question is a qualifying one.

Generally, performers' rights statements of case will be closely analogous to copyright statements of case. For that reason no examples will be given here.

The Database Right

75-23 Following the introduction of the Copyright and Rights in Databases Regulations 1997 (SI 1997/3032) (referred to hereafter as the Database Regulations), a database may now be protected either by copyright (as to which, see para.75-04), but only if it meets the requirement of originality laid down in s.3A(2) of the 1988 Act, or by the sui generis database right.

75-24 **Definition** A database is "a collection of independent works, data or other materials which—(a) are arranged in a systematic or methodical way, and (b) are individually accessible by electronic or other means." (s.3A of the 1988 Act). The sui generis database right subsists in a database if there has been substantial investment in obtaining, verifying or presenting the contents of the database (reg.13(1) of the Database Regulations). The nature of the investment required is in the collection, recording or presentation of the data, and excludes consideration of the investment in creating the data itself. This is an important distinction, as it potentially excludes protection under database rights from databases storing substantial amounts of information created by the database controller itself, as was the case in the decision of the ECJ in *British Horseracing Board Ltd v William Hill Organisation Ltd*.[23]

75-25 **Qualification and ownership** Sui generis database right does not subsist in the database unless at the time the database was made, its maker, or one or more of its makers (if it was jointly made) was an individual who was a national of an EEA state or habitually resident within the EEA; a body which was incorporated under the laws of an EEA state (with its central administration or principal place of business in the EEA or with its registered office in the EEA and its operations linked on an ongoing basis with the economy of an EEA state); or was a partnership or other unincorporated body formed under the laws of an EEA state and with its central administration or principal place of business within the EEA (reg.18).

The maker of a database is the person who takes the initiative in obtaining, verifying or presenting the contents of the database and assumes the risk of investing in that obtaining, verification or presentation (reg.14(1)). The first owner of the

---

[23] *British Horseracing Board Ltd v William Hill Organisation Ltd* [2005] R.P.C. 13. See generally: *Football Dataco Ltd v Sportradar GmbH* [2013] EWCA Civ 27; [2013] Bus. L.R. 837; *Technomed Ltd v Bluecrest Health Screening Ltd* [2017] EWHC 2142 (Ch); *The Racing Partnership Ltd v Done Brothers (Cash Betting) Ltd* [2019] EWHC 1156 (Ch); [2019] E.C.D.R. 17.

database right is its maker (reg.15). The necessary type of investment for the subsistence of database rights is as discussed earlier. An act of extraction does not require the physical copying of data—the use, for example, of a first database as a reference source to identify potential contents for a second database (which contents are then independently obtained and examined) may infringe the rights in the first database.[24]

75-26 **Infringement** The database right is infringed by the extraction or re-utilisation of a substantial part of the contents of the database (reg.16(1)); where extraction is defined as the permanent or temporary transfer of the contents of the database to another medium by any means or in any form and re-utilisation is defined as making the contents of the database available to the public by any means (reg.12(1)). The database right may also be infringed by the repeated and systematic extraction or re-utilisation of insubstantial parts of the contents of the database (reg.16(2)).[25]

75-27 **Remedies and rights of action** In an action for infringement of the database right, the owner of the right is entitled to the remedies available in an action for copyright infringement (reg.23, as amended by the Intellectual Property (Enforcement, etc.) Regulations 2006 (SI 2006/1028)). An exclusive licensee also has the right to sue for infringement of the database right (reg.23).

75-28 **Statements of case** The particulars of claim should contain the following allegations:

(a) the title of the claimant to sue;
(b) the subsistence of database right in the database;
(c) the infringement by the defendant; and
(d) the relief claimed.

Particulars of claim must be verified by a statement of truth and relevant documents should be attached.

Under reg.22 of the Database Regulations certain presumptions apply to the database right. The main presumptions are:

(a) where a name purporting to be that of the maker appeared on copies of the database as published, or on the database when it was made, the person whose name appeared shall be presumed, until the contrary is proved, to be the maker of the database;
(b) where copies of the database as published bear a label or mark stating that a named person was the maker of the database or that the database was first published in a specified year, the label or mark is admissible as evidence of

---

[24] See *Directmedia Publishing GmbH v Albert-Ludwigs-Universitat Freiburg* (C-304/07) [2009] R.P.C. 10.
[25] Again, see generally, *Football Dataco Ltd v Sportradar GmbH* [2013] Bus. L.R. 837.

the facts stated and shall be presumed to be correct until the contrary is proved.

DEFENCES

Copyright

Grounds of defence The range of possible defences includes: **75-29**

(i) There is no "work" in which copyright can subsist;
(ii) The alleged copyright work did not qualify for copyright protection;
(iii) Copyright has expired;
(iv) The claimant cannot establish title to copyright;
(v) The defendant is entitled to the copyright, either at law or in equity;
(vi) The alleged infringement was licensed, expressly or impliedly, directly or indirectly, by the copyright owner;
(vii) The alleged infringement is an act expressly permitted under copyright legislation;
(viii) The claimant does not establish infringement; i.e. copying is alleged, the defence is one of independent origin or copying is established, but a substantial part is not reproduced;
(ix) The alleged infringement was innocent (s.97(1)) in which case the claimant is not entitled to damages, without prejudice to any other remedy;
(x) Licences are available as of right under s.144 in respect of the copyright work and the defendant undertakes to take such a licence. The claimant is then restricted to damages or an account of profits not exceeding double the royalty rate with no injunction and no delivery up.

Sections 28 to 76A of the 1988 Act provide for acts which are permitted in relation to copyright works. In addition to general permitted acts there are provisions relating to education, libraries and archives, public administration, designs, typefaces, works in electronic form and miscellaneous provisions relating to sound recordings, films and computer programs, and broadcasts. Depending on the circumstances, it may be prudent to check whether a defence provided in the Act is compatible with the exhaustive list of exceptions and limitations provided in Directive 2001/29.[26]

Some of the more important permitted acts are fair dealing with a literary, dramatic, musical or artistic work for personal use (s.28B); research or private study (s.29); text and data analysis for non-commercial research (s.29A); fair dealing with any type of work for purposes of criticism or review whether of that work or another work and news reporting (s.30), provided a sufficient acknowledgement is given (see s.178); fair dealing for the purposes of caricature, parody or pastiche (s.30A); and the incidental inclusion of a work in an artistic work, sound recording, film, or broadcast (s.31).

The provisions relating to designs are of particular importance in relation to   **75-30**
artistic works. Reference should be made to the section on designs and in particular the parts relating to the effect of s.51. Note that s.52 has been repealed from 28 July

---

[26] Directive 2001/29/EC of the European Parliament and of the Council of 22 May 2001 on the harmonisation of certain aspects of copyright and related rights in the information society [2001] OJ L167/10.

2016 by the Enterprise and Regulatory Reform Act 2013, subject to certain savings in SI 2016/593, arts 4 and 5.

The pleading of the defence depends very much upon the individual facts of the case. However, where it is sought to rely upon any statutory defence the pleading should adhere closely to the words of the section relied upon. Further, by virtue of CPR, r.16.5(2), where the defendant denies an allegation, he must state his reasons for doing so and if he intends to put forward a different version of events from that given by the claimant, he must state his own version.

Moral Rights

75-31 **Grounds of defence** The four moral rights are each subject to limitations and qualifications which cut down the scope of the rights. Consequently, there are numerous possible defences. Those which apply generally to all four rights are:

(i) The right is not infringed;
(ii) Consent (s.87(1));
(iii) Formal waiver under the Act, which can be general or specific (s.87(2), (3));
(iv) Informal waiver under the common law, saved by s.87(4));
(v) The right does not apply;
(vi) The right has expired.

In addition, there are defences which are specific to a particular moral right and which can be identified from the applicable sections of the Act. Exceptions and qualifications to the moral rights are set out in the following sections:

(a) Right to be identified—need for right to be asserted (s.78); exceptions (s.79);
(b) Right of Integrity—exceptions to the right (s.81); qualification of the right (s.82); and
(c) Right to Privacy—exceptions s.85(2).

By way of example it is a defence to alleged infringement of the right to be identified if it can be proved that the right was not asserted so as to bind the defendant in relation to the act complained of (s.78). Examples of statements of case are given in paras 75-U19, 75-U20. In relation to specific defences the statement of case should adhere as closely as possible to the wording of the statute. In accordance with CPR r.16.5(2), where the defendant denies an allegation, he must state his reason for doing so, and if he intends to put forward a different version of events from that given by the claimant, he must state his own version.

Rights in Performance

75-32 **Grounds of defence** Having checked that the right claimed does apply and that there has been a qualifying performance the following defences can be considered:

(i) Consent, given either by the owner of the right or by someone from whom the right is derived, which may be specific or general (s.193);
(ii) Consent given by the Copyright Tribunal if the whereabouts or the identity of the performer cannot be ascertained by reasonable inquiry (s.190);
(iii) The alleged infringing act is a permitted act (Sch.2);
(iv) A belief on reasonable grounds that consent had been given results in no damages (ss.182(3) and 186(2)).

Schedule 2 provides for a number of permitted acts in relation to rights in performances. Generally, the permitted acts mirror the relevant acts which are permitted in relation to copyright and which are set out in ss.28 to 76 of the Act.

In relation to specific defences the statement of case should adhere as closely as possible to the wording of the statute. In accordance with CPR r.16.5(2), where the defendant denies an allegation he must state his reason for doing so, and if he intends to put forward a different version of events from that given by the claimant, he must state his own version. The defence must be verified by a statement of truth and relevant documents should be attached.

The Database Right

Grounds of defence The range of possible defences includes: 75-33

(i) No database right subsists in the database;
(ii) The database does not qualify for database right protection;
(iii) Database right has expired, or it was not possible by reasonable inquiry to ascertain the identity of the maker and it was reasonable to assume that the database right had expired (reg.21);
(iv) The alleged infringement was licensed by the database right owner;
(v) The defendant is a lawful user of a database which has been made available to the public in any manner and a substantial part of its contents was extracted for the purpose of illustration for teaching or research (and not for any commercial purpose) and the source was indicated (reg.20(1));
(vi) The alleged infringement is expressly permitted under Sch.1 to the Database Regulations (exceptions for public administration) (reg.20(2));
(vii) Actions by deposit libraries and those acting on their behalf (s.20A).

Where it is sought to rely upon any defence given by the Database Regulations the pleading should adhere closely to the words of the regulation relied upon. Further, by virtue of CPR r.16.5(2), where the defendant denies an allegation he must state his reasons for doing so and if he intends to put forward a different version of events from that given by the claimant, he must state his own version.[27]

COPYRIGHT—CLAIMS

CLAIM FOR INFRINGEMENT OF COPYRIGHT IN A LITERARY WORK

1. The Claimant is a writer, a British citizen and is domiciled and resident in the United Kingdom. 75-U1

2. The Claimant is the author of an original literary work, completed in or about [date], entitled "The History of Ruritania" and is the owner of the copyright which subsists in the work. A copy of the work can be inspected at the offices of the Claimant's solicitors.

3. The Defendant has infringed the Claimant's copyright by reproducing and authorising the reproduction of substantial parts of the Claimant's work in a material form, namely in a book entitled "Ruritanian History" published in or about

---

[27] Again, see generally, *Football Dataco Ltd v Sportradar GmbH* [2013] Bus. L.R. 837.

[date] without licence of the Claimant. A copy of the book can be inspected at the offices of the Claimant's solicitors.

Particulars

[Specify, by the page numbers of each book, or otherwise, the passages which are complained of.]

4. The Defendant has in his possession custody or control in the course of his business infringing copies of the Claimant's copyright work.

5. By reason of the matters aforesaid the Claimant has suffered loss and damage, and is entitled to, and claims, an inquiry into damages or (at the Claimant's sole discretion) an account of profits.

6. Unless restrained by this Honourable Court the Defendant threatens and intends to continue and repeat the acts of infringement complained of, whereby the Claimant will suffer further loss and damage.

7. The Claimant is entitled to interest pursuant to s.35A of the Senior Courts Act 1981 or under the equitable jurisdiction of the court.

AND the Claimant claims:
(1) An injunction to restrain the Defendant (whether acting by himself, his servants or agents, or any of them or otherwise howsoever) from infringing the Claimant's copyright in the literary work entitled "The History of Ruritania."
(2) An order for delivery up and forfeiture to the Claimant of all infringing copies of the Claimant's copyright work or in the alternative destruction upon oath of all such infringing copies.
(3) An inquiry as to damages for infringement of copyright or, at the option of the Claimant, an account of profits.
(4) An order for the payment of all sums found to be due to the Claimant upon taking of such inquiry account together with interest pursuant to s.35A of the Senior Courts Act 1981 or under the equitable jurisdiction of the court.
(5) Further or other relief.
(6) Costs.

CLAIM FOR INFRINGEMENT OF COPYRIGHT IN ARTISTIC WORKS

75-U2 1. The First Claimant is the author of an original artistic work consisting of a sculpture known as "The Arms of Venus," created in or about [date], and owns the copyright in the work. The work can be inspected at the First Claimant's studio.

2. The Second Claimant is the author and the owner of the copyright in an original artistic work consisting of a photograph of the First Claimant's sculpture, taken on or about [date]. A copy of the photograph is attached hereto as Annex 1.

3. Each Claimant is and at all the material times has been resident in the United Kingdom.

4. On a date, presently unknown to the Claimants, but prior to the issue of the claim form, the First Defendant has infringed the copyrights of each of the Claim-

ants by making a television programme entitled "Ancient Non-Art Part IV" in which the works of both the Claimants are reproduced and featured at length. A video of the television programme can be inspected at the offices of the Claimant's solicitors.

5. The Second Defendant has infringed the copyrights of each of the Claimants by broadcasting and thereby communicating to the public the television programme made by the first Defendant. A schedule of the occasions on which the television programme has been broadcast is attached hereto as Annex 2.

6. Each of the Defendants have within their possession in the course of their respective businesses copies of the television programme containing infringing copies of the copyright works of each of the Claimants.

7. The First Defendant has further infringed the copyrights of each of the Claimants by printing and issuing to the public copies of a book entitled "Ancient Non-Art" containing a reproduction of the photograph. A copy of the relevant page of the book is attached hereto as Annex 3.

8. The First Defendant has copies of the book in its possession in the course of its business containing infringing copies of the copyright works of each of the Claimants.

9. The First Defendant also has within its control lithograph plates being articles specifically designed for making such infringing copies in the knowledge that the plates have been and are to be used to make infringing copies.

Particulars of Knowledge
[Set out particulars relied upon]

10. All of the aforesaid acts of the Defendants were done without the licence of the Claimants or either of them.

11 By reason of the matters aforesaid each of the Claimants have suffered loss and damage.

12. The Defendants threaten and intend, unless restrained by this Honourable Court, to continue the acts specified in paragraphs 5 and 7 above whereby the Claimants will suffer further loss and damage.

13. The Claimants are entitled to interest pursuant to s.35A of the Senior Courts Act 1981 or under the equitable jurisdiction of the court.

AND the First Claimant claims:
(1) An injunction to restrain the Defendants and each of them (whether acting by their respective directors, officers, servants or agents, or any of them or otherwise howsoever) from infringing the copyright in the First Claimant's sculpture.

AND the Second Claimant claims:
(2) An injunction to restrain the Defendants and each of them (whether acting by their respective directors, officers, servants or agents, or any of them or

otherwise howsoever) from infringing the copyright in the Second Claimant's photograph.

AND both the Claimants claim:
(3) An order for delivery up and forfeiture to the Claimants of all infringing copies of the Claimants copyright works and of any articles specifically designed or adapted for making such copies or, in the alternative, destruction upon oath of all such infringing copies of all such articles.
(4) An inquiry as to damages for infringement of copyright or, at the option of the Claimants an account of profits.
(5) An order for the payment of all sums found to be due to the Claimants upon the taking of such inquiry or account together with interest pursuant to s.35A of the Senior Courts Act 1981 or under the equitable jurisdiction of the court.
(6) Further or other relief.
(7) Costs.

CLAIM BY THE OWNER AND AN EXCLUSIVE LICENSEE FOR INFRINGEMENT OF COPYRIGHT IN AN EXISTING DRAMATIC WORK

75-U3 1. The First Claimant is the author of an original dramatic work entitled "The Kitchen Sink" which he completed on [date]. A copy of the work is attached hereto as Annex 1.

2. Copyright subsists in the work. The First Claimant is the owner of that copyright.

3. The Second Claimant is the exclusive licensee of the right to perform the First Claimant's work in the public (under and by virtue of a licence in writing dated [date], granted to him by the First Claimant). A copy of the licence is attached hereto as Annex 2.

4. The Defendant carries on and at all material times has carried on the business of public entertainment at a theatre known as [..........] in [..........].

5. On or about [dates], the Defendant infringed the copyright in the First Claimant's dramatic work by performing or authorising the performance in public at the said theatre the First Claimant's dramatic work without the licence of the Claimants or either of them.

6. Further the Defendant infringed the Claimant's copyright by permitting his theatre to be used for the said performance without the licence of the Claimants or either of them.

7. By reason of the matters aforesaid the Claimants have suffered loss and damage, and they are entitled to, and claim, an inquiry into damages or (at the Claimants' sole discretion) an account of profits.

8. Unless restrained by this Honourable Court the Defendant threatens and intends to continue the acts complained of whereby the Claimants will suffer further loss and damage.

9. The Claimants are entitled to interest pursuant to s.35A of the Senior Courts Act 1981 or under the equitable jurisdiction of the court.

AND the Claimants claim:
(1) An injunction to restrain the Defendant (whether acting by himself, his servants or agents, or any of them or otherwise howsoever) from doing the following acts or any of them that is to say:
    (i) infringing the copyright in the First Claimant's dramatic work entitled "The Kitchen Sink".
    (ii) permitting the theatre known as [..........] at [..........], or any other theatre or place of public entertainment in respect of which the defendant is able to give permission for performances to take place, to be used for the performance in public of the Claimant's dramatic work without the licence of both Claimants.
(2) An inquiry as to damages for infringement of copyright or, at the option of the Claimants, and account of the profits made by the Defendant by reason of its infringement of copyright.
(3) An order for the payment of all sums found to be due to the Claimants upon the taking of such inquiry or account together with interest pursuant to s.35A of the Senior Courts Act 1981 or under the equitable jurisdiction of the court.
(4) Further or other relief.
(5) Costs.

CLAIM FOR SECONDARY INFRINGEMENT OF COPYRIGHT IN A PAINTING

1. The Claimant is a citizen of [..........] which is a country to which the provisions of Part 1 of the Copyright Designs and Patents Act 1988 have been applied.

75-U4

2. In or about [date], the Claimant painted an unpublished painting called "Meine Lisl" and is the owner of the copyright in the painting. The painting can be inspected at [address].

3. The Defendant has infringed the Claimant's copyright by importing, without the licence of the Claimant, infringing copies of the painting when the Defendant knew or had reason to believe that the same were infringing copies. An example of an infringing copy of the painting imported by the Defendant can be inspected at the offices of the Claimant's solicitors.

4. If the articles imported by the Defendant had been made in the United Kingdom they would have been made in infringement of the Claimant's copyright.

Particulars of Knowledge
[Set out particulars relied upon.]

Particulars of Importation
[State any particulars known of the alleged importation, e.g. the dates, the specific number of copies imported or sold, etc. If necessary add: The Claimant is unable at present to give particulars of the importations by the Defendant of infringing copies of the painting but will rely upon all infringements which come to light.]

5. Further or in the alternative, the Defendant has infringed the Claimant's

copyright by possessing, offering and exposing for sale, selling and distributing in the course of business infringing copies of the Claimant's painting when he knew or had reason to believe that the same were infringing copies.

Particulars of Infringement

Hereunder the Claimant relies upon the particulars of knowledge set out above and upon the following facts and matters:

Particulars of Knowledge

[Set out particulars relied upon.]

6. By reason of the matters aforesaid the Claimant has suffered loss and damage.

7. Unless restrained by this Honourable Court the Defendant threatens and intends to continue the acts complained of, whereby the Claimant will suffer further loss and damage.

8. The Claimant is entitled to interest pursuant to s.35A of the Senior Courts Act 1981 or under the equitable jurisdiction of the court.

AND the Claimant claims:
(1) An injunction to restrain the Defendant (whether acting by its directors, officers, servants or agents, or any of them or otherwise howsoever) from infringing the copyright in the First Claimant's painting called "Meine Lisl".
(2) Delivery up or destruction upon oath of all infringing copies (within the meaning of s.27 of the Copyright, Designs and Patents Act 1988) of the Claimant's painting.
(3) An inquiry as to damages for infringement of copyright or, at the option of the Claimant, an account of the profits made by the Defendant by reason of its infringement of copyright.
(4) An order for the payment of all sums found to be due to the Claimant upon the taking of such inquiry or account together with interest pursuant to s.35A of the Senior Courts Act 1981 or under the equitable jurisdiction of the court.
(5) Further or other relief.
(6) Costs.

CLAIM FOR ADDITIONAL DAMAGES FOR INFRINGEMENT OF COPYRIGHT

75-U5 1. The Claimant is the composer of an original musical work consisting of a song called "The Hot Air." A copy of the song is attached hereto as Annex 1.

2. The Claimant composed the work in or about [date] in the course of his employment with Hot Air Limited, a company organised and existing under the Companies Act.

3. By an assignment in writing of [date] Hot Air Limited assigned the copyright in the work to the Claimant together with all rights of action relating to the work. A copy of the assignment is attached hereto as Annex 2.

4. In the premises the Claimant is the owner of the copyright which subsists in the work.

5. The Defendant has infringed the Claimant's copyright by each of the following acts namely, by making an adaptation of the Claimant's song under the title "The Hot Pair," by authorising or causing the issue of copies of the same to the public and by authorising or causing the same to be broadcast and thereby communicated to the public and to be performed in public.

Particulars of Infringement

[Specify any particulars known, e.g. date and place of issue to the public; date and time of broadcast etc.]

6. Further, the Claimant is entitled to and claims additional damages pursuant to s.97(2) of the Copyright Designs and Patents Act 1998.

Particulars

Pending disclosure and/or further information the Claimant is unaware of all relevant facts including those demonstrating the infringement to be flagrant and/or the benefit accruing to the Defendant, but will rely at trial upon all such matters. Pending such the Claimant will rely upon the following:

[Specify any facts and matters relied upon to support the claim to additional damages, in particular due to the flagrancy of the infringement or the benefit accruing to the defendant]

7. By reason of the matters aforesaid the Claimant has suffered loss and damage, and is entitled to, and claims, an inquiry into damages or (at the Claimant's sole discretion) an account of profits.

8. Unless restrained by this Honourable Court the Defendant threatens and intends to continue the acts complained of, whereby the Claimant will suffer further loss and damage.

9. The Claimant is entitled to interest pursuant to s.35A of the Senior Courts Act 1981 or under the equitable jurisdiction of the court.

AND the Claimant claims:
(1) An injunction to restrain the Defendant (whether acting by its directors, officers, servants or agents, or any of them or otherwise howsoever) from further infringing the copyright in the Claimant's copyright in the song called "The Hot Air."
(2) An inquiry as to damages including additional damages for infringement of copyright or, at the option of the Claimant, an account of the profits made by the Defendant by reason of its infringement of copyright.
(3) An order for the payment of all sums found to be due to the Claimant upon the taking of such inquiry or account together with interest pursuant to s.35A of the Senior Courts Act 1981 or under the equitable jurisdiction of the court.
(4) Further or other relief.
(5) Costs.

Claim for infringement of copyright in a computer program

75-U6 1. The Claimant is a company organised and existing under the Companies Act. At all material times it has been and continues to be engaged in the business of the creation of computer software.

2. At all material times W, X, Y and Z were employees of the Claimant.

3. In or about [date], in the course of their employment W, X, Y and Z wrote a suite of computer programs entitled "The Squiffo Share Portfolio Manager." The suite consists of 17 computer programs. Listings of each program are attached hereto as Annex 1.

4. The suite of programs and each program in the suite comprises a literary work in which copyright subsists. All such copyrights are owned by the Claimant.

5. The Defendant has made or authorised the making of a computer software package under the name "Portfolio."

6. The computer programs contained in the Defendant's "Portfolio" reproduce a substantial part of 13 of the 17 programs which comprise the Claimant's "Squiffo" suite.

Particulars

Those parts of the Claimant's works alleged to have been reproduced are marked in the listings contained in Schedule A and are cross-referenced to the corresponding parts of the Defendant's works which are alleged to be reproductions, being marked in the listings attached hereto as Annex 2.

7. Thereby the Defendant has infringed the Claimant's copyrights in the Squiffo suite of programs and in each of the 13 programs in the suite which have been reproduced by the Defendant.

8. The Defendant has further infringed the copyrights of the Claimant identified in the preceding paragraph by, in the course of its business, possessing, offering for sale, selling, offering for hire, hiring and distributing its "Portfolio" computer package knowing or having reason to believe that the same contained infringing copies of each of the Claimant's works.

Particulars of Knowledge

[Set out particulars relied upon.]

9. By reason of the matters aforesaid the Claimant has suffered loss and damage.

10. Unless restrained by this Honourable Court the Defendant threatens and intends to continue the acts complained of, whereby the Claimant will suffer further loss and damage.

11. The Claimant is entitled to interest pursuant to s.35A of the Senior Courts Act 1981 or under the equitable jurisdiction of the court.

AND the Claimant claims:
(1) Injunctions to restrain the Defendant (whether acting by its directors, offic-

ers, servants or agents, or any of them or otherwise howsoever) from further infringing the Claimant's copyrights in any of the following:
    (i) its suite of computer programs entitled "the Squiffo Share Portfolio Manager"
    (ii) any of the 17 computer programs which comprise the suite.

(2) Delivery up to the Claimant, alternatively, destruction upon oath of all infringing copies of the Claimant's copyright works in the possession, custody or control of the Defendant.

(3) An inquiry as to damages [including additional damages (*as appropriate*)] for infringement of copyright or, at the option of the Claimant, an account of the profits made by the Defendant by reason of its infringement of copyright.

(4) An order for the payment of all sums found to be due to the Claimant upon the taking of such inquiry or account together with interest pursuant to s.35A of the Senior Courts Act 1981 or under the equitable jurisdiction of the court.

(5) Further or other relief.

(6) Cost.

Moral Rights—Claims

Claim for infringement of an author's right to be identified and right of Integrity

1. The Claimant is the author of the lyrics to a song entitled "Squiffo". The lyrics constitute a literary work consisting of words intended to be sung with music. A copy of the lyrics is attached hereto as Annex 1.

75-U7

2. The Claimant was the first owner of copyright which subsists in the work. By an assignment in writing dated [date], the Claimant assigned the copyright to the First Defendant. A copy of the assignment is attached hereto as Annex 2. Included in the assignment was a general assertion by the Claimant of her right to be identified as the author of the work.

3. The First Defendant is a film company. In or about [date] it issued copies of the film "Squiffo III" to the public and so that the film may be shown in public. The sound-track of the film includes a song which has lyrics which have been adapted from those written by the Claimant. A copy of the adapted lyrics is attached hereto as Annex 3.

4. In the film the Claimant is named as the author of the lyrics but in such a manner as to be unlikely to bring her identity to the notice of persons acquiring a copy of the film, being unclear and not reasonably prominent.

Particulars

[Set out the matters relied upon]

5. Thereby the First Defendant has infringed the Claimant's right to be identified as the author of the lyrics.

6. The Second Defendant is a record company. In or about [date] it issued to the public copies of a record entitled "The Squiffo Soundtrack." The record is a sound recording of an adaptation of the lyrics written by the Claimant. Neither the record nor its sleeve identify the Claimant as the author of the lyrics. Thereby the Second Defendant has infringed the Claimant's right to be identified as the author of the lyrics.

7. Further the adaptation of the Claimant's lyrics by the First Defendant amount to a distortion of the work and is prejudicial to the honour and reputation of the Claimant as an author of such works.

Particulars
[Set out the matters relied upon]

8. In the premises the First Defendant has subjected the Claimant's work to derogatory treatment and has issued to the public copies of the film "Squiffo III" which include the derogatory treatment of the work.

9. Thereby the First Defendant has infringed the Claimant's right not to have her work subjected to derogatory treatment.

10. The First Defendant has further infringed the Claimant's right not to have her work subjected to derogatory treatment by distributing in the course of its business of promoting the film free copies of the record "Squiffo III Soundtrack" in the knowledge that such records are infringing articles.

Particulars of Knowledge
[Set out particulars relied upon.]

11. By reason of their respective acts of infringement each of the first and Second Defendants are in breach of statutory duty owed to the Claimant.

12. Each of the first and Second Defendants threaten and intend to continue the acts complained of unless restraint by this Honourable Court.

13. By reason of the aforesaid matters the Claimant has suffered and is likely to suffer loss and damage.

14. The Claimant is entitled to interest pursuant to s.35A of the Senior Courts Act 1981 or under the equitable jurisdiction of the court.

AND the Claimant claims:
(1) An injunction to restrain the First Defendant (whether acting by its directors, officers, servants or agents, or any of them or otherwise howsoever) from doing the following acts or any of them that is to say:
    (i) infringing the Claimant's right to be identified as the author of the lyrics of a song entitled "Squiffo";
    (ii) infringing the Claimant's right not to have her work, being a song entitled "Squiffo," subjected to derogatory treatment.
(2) An injunction to restrain the Second Defendant (whether acting by its directors, officers, servants or agents, or any of them or otherwise howsoever) from doing the following acts or any of them that is to say:
    (i) infringing the Claimant's right to be identified as the author of the lyrics of a song entitled "Squiffo".

(3) As against each Defendant, an inquiry as to damages for breach of statutory duty.
(4) An order for payment of all sums found to be due to the claimant together with interest pursuant of s.35A of the Senior Courts Act 1981 or under the equitable jurisdiction of the court.
(5) Further or other relief.
(6) Costs.

Claims for infringement of a private photograph

75-U8

1. On or about [date], the Claimant commissioned a photographer named [..........] to take a series of photographs of the female members of his family. The commission was for private sale and domestic purposes. Copies of the photographs are attached hereto as Annex 1.

2. Copyright subsists in each of the photographs taken.

3. On or about [date], the Defendant published copies of a photograph from a series in its magazine and thereby issued copies of the photograph to the public.
A copy of the relevant page of the magazine is attached hereto as Annex 2.

4. Thereby the Defendant has infringed the Claimant's right not to have copies of his photograph issued to the public.

5. By reason of its acts of infringement the Defendant is in breach of statutory duty owed to the Claimant.

6. By reason of the aforesaid matters the Claimant has suffered loss and damage.

7. The Claimant is entitled to interest pursuant to s.35A of the Senior Courts Act 1981 or under the equitable jurisdiction of the court.

AND the Claimant claims:
(1) An injunction to restrain the Defendant (whether acting by its directors, officers, servants or agents, or any of them or otherwise howsoever) from issuing copies of the photograph to the public.
(2) Delivery up of all photographs, prints, negatives and any other material the issue of which to the public would offend against the foregoing injunction.
(3) An inquiry as to damages for breach of statutory duty or, at the option of the Claimant, an account of profits.
(4) An order for payment of all sums found to be due to the Claimant together with interest pursuant of s.35A of the Senior Courts Act 1981 or under the equitable jurisdiction of the court.
(5) Further or other relief.
(6) Costs.

Database Right—Claims

Claim for infringement of Database Right

75-U9

1. The Claimant is a company which provides stock market information to its customers.

2. In order to provide such information the Claimant has made a collection of companies, share prices and other information arranged in a systematic and methodical way and individually accessible by electronic means ("the Database").

3. The making of the Database has involved substantial investment in obtaining, verifying and presenting its contents.

Particulars

[Provide particulars of the investment of human, technical and financial resources in the Database.]

4. In the premises, the Database is a database in which a database right subsists.

5. The Claimant is and has at all material times been the owner of the database right in the Database.

Particulars

[Provide particulars of ownership, e.g. "The Claimant has taken the initiative in obtaining, verifying and presenting the contents of the Database and has assumed the risk of investing in that obtaining, verification or presentation."]

6. The Defendant carries on business as a stockbroker.

7. Prior to the issue of the Claim Form herein, the Defendant has infringed the Claimant's database right in the Database, by the extraction and/or re-utilisation of a substantial part or parts of the contents of the Database, without the consent of the Claimant.

Particulars

[Provide particulars of infringement.]

8. In the alternative, by performing the aforesaid acts the Defendant has infringed the Claimant's database right in the Database by the repeated and systematic extraction and/or re-utilisation of insubstantial parts of the contents of the Database.

9. By reason of the matters aforesaid, the Claimant has suffered loss and damage, and is entitled to, and claims, an inquiry into damages or (at the Claimant's sole discretion) an account of profits.

10. Unless restrained by this Honourable Court, the Defendant threatens and intends to continue the acts about which the Claimant complains in this action, whereby the Claimant will suffer further loss and damage.

11. The Claimant is entitled to and claims interest on all sums found to be due to it pursuant to s.35A of the Senior Courts Act 1981 or under the equitable jurisdiction of the Court.

AND the Claimant claims:
(1) An injunction to restrain the Defendant whether acting by its directors, officers, servants or agents or any of them or otherwise howsoever from infringing the Claimant's database right in the Database.
(2) The delivery up to the Claimant, alternatively destruction upon oath, of all documents, databases or other materials in the possession, custody or

control of the Defendant the creation or use of which involved an infringement of the Claimant's database rights in the Database.
(3) An inquiry as to damages for database right infringement or at the Claimant's option an account of profits.
(4) An order for payment to the Claimant of all sums found due to it upon the taking of such inquiry or account, together with interest thereon pursuant to s.35A of the Senior Courts Act 1981 or under the equitable jurisdiction of the Court.
(5) Further or other relief.
(6) Costs.

Copyright—Defences

Defence denying subsistence of copyright

75-U10

1. The Defendant denies that copyright subsists in the work referred to in the Particulars of Claim.

2. [Give reasons, e.g. "The work is a copy of an earlier work" or "The skill and labour involved in creating the work was insubstantial" or "the work is not an expression of the author's intellectual creation"]

Defence alleging that the work does not qualify for copyright

75-U11

1. The Defendant denies that copyright subsists in the work referred to in the Particulars of Claim.

2. The work was written by one AB who at the time when the work was made [or in the case of the published work, at the time when the work was first published] was not a qualifying person for the purposes of the Copyright, Designs and Patents Act 1988.

Or

2. The work was first published on [date], in Ruritania, a country to which the Copyright, Designs and Patents Act 1988 does not extend, more than 30 days before the date of first publication in the United Kingdom alleged in the Particulars of Claim.

Defence denying ownership of copyright

75-U12

1. The Defendant denies that the Claimant is [the author or] the owner of the copyright in the work referred to in the statement of claim as alleged therein or at all.

2. [Give reasons, e.g. provide details of the person alleged to be the author or owner of the copyright in the work.]

Defence alleging licence of the claimant

75-U13

1. The Defendant admits the Claimant is the owner of the copyright in the literary work referred to in the Particulars of Claim. The Defendant denies that the acts

complained of were done by him without the licence of the Claimant as alleged therein or at all.

2. By a written licence dated [date], [or as the case may be] in consideration of the royalties therein referred to, the Claimant licensed and authorised the Defendant to reproduce the literary work in a material form [or as the case may be]. A copy of the said licence is attached hereto.

DEFENCE ALLEGING ASSIGNMENT BY THE CLAIMANT

75-U14 1. By an assignment in writing dated [date], the Claimant assigned his copyright in the work referred to in the Particulars of Claim to XY, who on [date], published the work. By an assignment in writing dated [date], XY assigned his copyright in the work to the Defendant. Copies of the said assignments are attached hereto. In the premise it is denied that the Claimant is the owner of the copyright in the said work. To the contrary the Defendant is the owner thereof.

DEFENCE DENYING INFRINGEMENT OF COPYRIGHT

75-U15 1. The Defendant denies that he has infringed the alleged or any copyright of the Claimant as alleged in the Particulars of Claim or at all. *Or*, The Defendant admits that he copied or authorised the copying of [*or* printed *or* issued copies of the work to the public, *or* as the case may be following the allegations of infringement in the Particulars of Claim] the work referred to in the Particulars of Claim but he denies that he has thereby infringed the copyright of the Claimant as alleged therein or at all.

2. [Give reasons, e.g. the Defendant has not taken a substantial part *or* the allegedly infringing work was derived from a different source.]

DEFENCE ALLEGING FAIR DEALING FOR THE PURPOSES OF RESEARCH

75-U16 1. The acts complained of constituted fair dealing with the literary [*or* dramatic *or* musical *or* artistic as the case may be] work referred to in the Particulars of Claim for the purposes of research on which the Defendant *or* XY was at all material times, and is, engaged. The research consists of [set out full details of the research relied on.]

2. [Add, in the case of research done by someone other than the Defendant, as the case may be.] The Defendant did the acts complained of without knowing and with no reason to believe that his acts would result in copies of substantially the same material being provided to more than one person at substantially the same time and for substantially the same purpose.

3. In the premises it is denied that the Defendant has infringed the Claimant's copyright, whether as alleged or at all.

DEFENCE ALLEGING FAIR DEALING FOR THE PURPOSES OF CRITICISM OR REVIEW

75-U17 1. The Defendant admits that he copied or caused to be copied the following parts of work referred to in the Particulars of Claim: [set them out]. Save as aforesaid the

Defendant denies that he did or authorised any of the acts alleged in the Particulars of Claim.

2. The Defendant denies that he committed the alleged or any acts of infringement of copyright. The use which the Defendant made of the Claimant's work was solely for the purpose of criticism or review of the work [*or* of [..........] (identifying any other work, performance of a work or other matter)]. The criticism or review was accompanied by a sufficient acknowledgement of the Claimant's work.

3. In the premises such use constituted a fair dealing with the Claimant's work and did not constitute an infringement of the copyright therein.

DEFENCE ALLEGING INNOCENT INFRINGEMENT

1. The Defendant does not admit that he has committed any infringement of copyright in the work referred to in the Particulars of Claim as alleged therein or at all.   **75-U18**

2. If, which is not admitted, any such alleged infringement was committed than at the time of such infringement the Defendant did not know, and had no reason to believe, that copyright subsisted in the work.

3. In the premises the Defendant is not liable for damages in respect of such alleged infringement.

MORAL RIGHTS—DEFENCES

DEFENCE OF TREATMENT NOT BEING DEROGATORY—s.80(2)

1. It is admitted that the modifications to the Claimant's work by the Defendant constitute "treatment" within s.80(2)(a) of the Copyright, Design and Patents Act 1988.   **75-U19**

2. It is denied that the treatment of the Claimant's work was or is derogatory. The treatment by the Defendant neither distorted nor mutilated the Claimant's work nor was in any way prejudicial to the honour or reputation of the Claimant.

DEFENCE BASED UPON THE AUTHOR'S EMPLOYMENT—s.79(3) OR s.82(2)

1. The Claimant made the work in the course of her employment with X. Accordingly X was the first owner of copyright in the work and remains so.   **75-U20**

2. By letter dated [date], X authorised the Defendant to do the acts about which complaint is made.

3. In the premises the Defendant denies that the Claimant's right to be identified as author of her work applies to the acts about which complaint is made.

DATABASE RIGHT—DEFENCES

DEFENCE DENYING SUBSISTENCE OF DATABASE RIGHT

75-U21 1. The Defendant denies that database right subsists in the database referred to in the Particulars of Claim.

2. [Give reasons, e.g. "The investment in obtaining, verifying and presenting the contents of the said database was insubstantial."]

DEFENCE ALLEGING THAT THE DATABASE DOES NOT QUALIFY FOR DATABASE RIGHT

75-U22 1. The Defendant denies that database right subsists in the database referred to in the Particulars of Claim.

2. The said database was made by one AB who at the time when the database was made was not a national of an EEA state or habitually resident within the EEA.
Or

2. The said database was made by AB Co. Ltd which at the time when the database was made did not have its central administration or principal place of business or registered office within the EEA.

DEFENCE ALLEGING LAWFUL USER AND FAIR DEALING FOR THE PURPOSES OF TEACHING OR RESEARCH

75-U23 1. The Defendant is a lawful user of the database which has been made available to the public.

Particulars
[Provide particulars of lawful use, e.g. licence (see reg.12(1)).]

2. The acts about which complaint is made were carried out for the purpose of illustration for teaching [or research, as the case may be] and not for any commercial purpose and the source of the said database was indicated.

Particulars
[Provide particulars of the teaching or research relied upon and the manner in which the source was indicated.]

3. In the premises, such acts constituted fair dealing with the database and did not constitute an infringement of the database right therein.

Section 76:

DESIGNS

Table of Contents

Claim for Infringement of National or Community Registered Design	76-U1
Claim for Infringement of Copyright in a Design Drawing	76-U2
Claim for Infringement of National Unregistered Design Right	76-U3
Claim for Infringement of Community Unregistered Design Right	76-U4
Defence Denying Infringement of National or Community Registered Design	76-U5
Defence Denying Validity of National or Community Registered Design and Counterclaim for Rectification of the Register	76-U6
Grounds of Invalidity of a pre-Directive Registered Design	76-U7
Grounds of Invalidity of a post-Designs Directive Registered Design	76-U8
Grounds of Invalidity of a Community Registered Design	76-U9
Defence Denying Infringement of Copyright in a Design Drawing and Alleging Independent Design	76-U10
Defence to Claim for Infringement of National Unregistered Design Right	76-U11
Defence to a Claim for Infringement of a Community Unregistered Design Right	76-U12

Rights of action

76-01 A claim in "design right" covers a multitude of causes of action, both national and EU/Community based, which are quite different from each other in terms of the object, scope and extent of their protection. Up to five different rights may subsist in a design: two registered rights—derived from national and Community registered designs—and three types of unregistered rights—based upon UK copyright, and national and Community unregistered design law.

The legislation underlying each of these rights is as follows:

(1) National Registered Designs—under the Registered Designs Act 1949 (as amended from time to time);
(2) Community Registered Designs—under Community Regulation 6/2002 on Community designs;
(3) "Ordinary" copyright in works for designs—under the Copyright, Designs and Patents Act 1988;

(4) National Unregistered Design Right—under Part III of the Copyright, Designs and Patents Act 1988; and
(5) Community Unregistered Design Right—under Community Regulation 6/2002 on Community designs.

The law relating to both registered and unregistered design rights has been impacted by two pieces of EU/Community legislation—Directive 98/71 on the legal protection of designs (the Design Directive), and Community Regulation 6/2002 on Community designs (the Design Regulation).[1] The combined effect of these two instruments has been to substantively revise the law of registered designs, and to introduce a EU/Community unregistered design right. The Design Directive was implemented in the UK by the Registered Design Regulations 2001 (SI 2001/3949), which came into force on 9 December 2001. The Design Regulation, which has direct effect, came into force on 10 February 2002. Although these rights have been subsisting for a number of years now, they have been dogged by uncertainties and knotty problems.

76-02 **National Registered designs** These are statutory rights gained by registration at the Intellectual Property Office pursuant to the provisions of the 1949 Act. This Act has been subjected to two major revisions, by the 1988 Act and the Designs Directive. The 1988 Act came into force on 1 August 1989, and predating designs will now rarely find themselves before the court. Insofar as pre-1988 Act designs are of relevance, reference should be made to the 14th edition of this work.

Currently the major distinction in registered design law is between designs registered pursuant to applications made before the amendments introduced by the Designs Directive ("pre-Directive designs) and those made pursuant to later applications (post-Directive designs). Under the transitional provisions to the implementing statutory instrument, the validity of the registration of pre-Directive designs is governed by the 1949 Act as amended by the 1988 Act (the pre-Directive 1949 Act), whereas questions of infringement are to be determined under the 1949 Act as amended by the Designs Directive (the post-Directive 1949 Act). Post-Directive designs are governed in their entirety by the post-Directive 1949 Act.

Registration for pre-Directive designs can be obtained for original (in the sense of "new") industrial designs which have some degree of customer eye appeal, and which are registered in respect of a type of article for which aesthetic considerations are normally taken into account. The definition of "design" is broad, includes both surface and three-dimensional features, but only those which are applied by "any industrial process" (s.1(1)). For a further discussion see Grounds of Defence in para.76-14.

Post-Directive Designs are also registerable in respect of designs which are "new" and have "individual character". There is no need for the design to have eye appeal, nor for it to be registered in respect of articles for which aesthetic considerations are normally relevant. Also, the need for the design to be applied by an industrial process has been lost. Finally, unlike pre-Directive designs, post-Directive designs may be registered in respect of not just whole articles, but also parts thereof.

76-03 Unlike most other types of right in a design the right given under a valid registration is a true monopoly—it does not matter whether the defendant arrived at his

---

[1] Directive 98/71/EC on the legal protection of designs (the Design Directive) [1998] OJ L289/28, and Community Regulation 6/2002 on Community designs (the Design Regulation) [2002] OJ L3/1.

design by copying or through independent creation. Both pre- and post-Directive designs have a term of 25 years, made up of an initial five-year registration renewable for four periods of five years.

The statutory right given to the proprietor by registration is contained in s.7 of the post-Directive 1949 Act. It gives the registered proprietor:

> "the exclusive right to use the design and any design which does not produce on the informed user a different overall impression."

Under s.7(2) the "use" of a design includes

> "the making, offering, putting on the market, importing, exporting or using of a product in which the design is incorporated or to which it is applied ... or stocking such a product for those purposes."

There is a statutory right of action for unjustified threats of proceedings for infringement of a registered design (s.26).[2] The statutory threats regime has been updated, with effect from 1 October 2017, by the Intellectual Property (Unjustified Threats) Act 2017, leading to ss.26–26F being added to the Registered Designs Act 1949.

Community Registered Designs These are obtained by registration at the EU Intellectual Property Office (EUIPO) (previously known as the Office for Harmonisation in the Single Market or OHIM) in Alicante. The right is unitary across Europe, with decisions on validity and infringement having a pan-EU/Community effect. 76-04

The substantive law of Community registered designs is almost identical to that of (post-Directive) national registered designs—both of which are ultimately derived from the virtually identical provisions of the Design Directive and Regulation—and reference is made to the preceding section. The "design" (art.3) must be "new" (art.5) and have "individual character" (art.6). It subsists for up to five periods of five years (art.12), and gives the proprietor the right to object to the "using" of the design (art.19) or "any design which does not produce on the informed user a different overall impression" (art.10). There is a provision for actions in respect of threatened infringements of EU/Community registered designs, if they are permitted under national law (art.81) which has been implemented in the UK by virtue of art.2 of the Community Design Regulations 2005 (SI 2005/2339).[3]

"Ordinary copyright" under the 1988 Act Under the prior Copyright Act of 1956 it was established that the unlicensed three-dimensional reproduction (which required copying) of a copyright artistic work (normally a "drawing", though the work could be a "work of artistic craftsmanship", see *George Hensher Ltd v* 76-05

---

[2] See generally: *Cassie Creations Ltd v Blackmore* [2014] EWHC 2941 (Ch).
[3] For an analysis of the law of infringement see *Proctor & Gamble v Reckitt Benckiser (UK) Ltd* [2007] EWCA Civ 936; [2008] F.S.R. 8; *Samsung Electronics (UK) Ltd v Apple Inc* [2012] EWHC 1882 (Pat); *Whitby Specialist Vehicles Ltd v Yorkshire Specialist Vehicles Ltd* [2014] EWHC 4242 (Pat); and *Magmatic v PMS International* [2013] EWHC 1925 (Pat); [2013] E.C.C. 29 as to the legal approach, but noting that the actual finding was later overturned. See generally: *Scomadi Ltd v RA Engineering Co* [2017] EWHC 2658 (IPEC); [2018] F.S.R. 14 from [77]; and *PulseOn Oy v Garmin (Europe) Ltd* [2019] EWCA Civ 138; [2019] E.C.D.R. 8.

Restawhile Upholstery (Lancs) Ltd[4] for the meaning of this expression) was an infringement. The copying could be indirect, and particularly covered the case where the defendant copied the claimant's commercial article itself made from the copyright work.[5] In the case of purely functional designs the period of protection lasted for the full term of copyright (then 50 years from year of death of author) whilst in the case of "designs" within the meaning of the Registered Designs Act 1949 the period was 15 years from the date of first marketing of articles in accordance with the design (1956 Act s.10). In the case of pre-1956 designs the position was governed by the transitional provisions.[6]

Under the 1988 Act, however, the position changed. For works made before commencement, the foregoing position continued for 10 years from commencement, though for the last five years, licences of right were available (1988 Act Sch.1, para.19). For non-artistic works made after commencement *L.B. Plastics*-type infringement is abolished: by s.51 it is not an infringement of any copyright in a design document or model recording or embodying any design for anything other than an artistic work or typeface to make an article to the design or typeface or to copy an article made to the design. Thus, the anomalous position whereby copyright in a design drawing for a non-artistic work (e.g. an exhaust pipe as in *Leyland*) gave protection over that work, will no longer prevail. It is only in design documents for things which are themselves intended to be artistic works (e.g. sketches for a sculpture) which will continue to be protected in this way. Even then the period of protection for commercial exploitation will be limited to 25 years from first sale (s.52, but note that s.52 was repealed as from 28 July 2016 by the Enterprise and Regulatory Reform Act 2013, subject to certain savings in SI 2016/593 arts 4 and 5). The exclusion under s.51 does not, however, apply to aspects of "surface decoration", which remain covered by ordinary copyright—for a more detailed discussion of the interrelationship between surface decoration and design rights, see *Lambretta Clothing Co. Ltd v Teddy Smith (UK) Ltd and Flashing Badge Co Ltd v Groves*.[7] For a discussion as to the factors relevant to determining whether the work in question was for a sculpture or a work of artistic craftsmanship, see the decision of the Supreme Court in *Lucasfilm Ltd v Ainsworth*.[8]

So far as the subsistence and ownership of ordinary copyright in design drawings or models are concerned, the general rules applicable to artistic works apply (see Section 75: Copyright, Related Rights and the Database Right). The acts restricted by copyright are specified by ss.16, 17 and 18 and 18A for "primary" infringement (making, first issuing to the public, etc.). If the defendant is a dealer or importer, he will be liable under the "secondary" provisions contained in s.22 (importing), s.23 (dealing) and s.24 (other provisions). In the case of this type of infringement knowledge or "reason to believe" that the article concerned is an "infringing copy" (s.27) is an essential part of the wrong. For the interaction between copyright works and design documents see *Lambretta Clothing Co Ltd v Teddy Smith (UK) Ltd*.

An exclusive licensee under ordinary copyright is by s.100 given the right to sue and he is given the same remedies as the proprietor.

---

[4] *George Hensher Ltd v Restawhile Upholstery (Lancs) Ltd* [1976] A.C. 64.
[5] *L.B. Plastics v Swish* [1979] R.P.C. 551 and *British Leyland v Armstrong* [1986] A.C. 577.
[6] See *InterLego v Tyco* [1988] R.P.C. 343.
[7] *Lambretta Clothing Co. Ltd v Teddy Smith (UK) Ltd* [2004] EWCA Civ 886; [2005] R.P.C. 6 and *Flashing Badge Co Ltd v Groves* [2007] EWHC 1372.
[8] *Lucasfilm Ltd v Ainsworth* [2011] UKSC 39; [2012] 1 A.C. 208.

(National) design right This was a new right created by Pt III of the 1988 Act. **76-06**
It is unrelated to, and entirely distinct from, the Community law derived provisions of the post-Directive 1949 Act and Community unregistered design rights. It subsists in an original "design" (s.213(1)). Here "design" has a different meaning from that under the Registered Designs Act 1949 (whether pre- or post-Directive). Having been amended by the Intellectual Property Act 2014, it means "the design of the shape or configuration (whether internal or external) of the whole or part of an article" (s.213(2)). "Original" is not fully defined. By s.213(4) a design is not "original" if it is "commonplace in a qualifying country in the design field in question at the time of its creation." "Original" here should be given the same meaning as in ordinary copyright, i.e. meaning that the work is the creation of its author rather than it is absolutely new.[9] Whether a design is "commonplace" requires an objective assessment (*Farmers Build; DKH Retail*). The right does not subsist unless and until the design has been recorded in a design document or an article has been made to the design. The qualifications for subsistence and ownership are contained in ss.214–215. The term of the design right is governed by s.216. Essentially it has a period of the lesser of 15 years from creation, or 10 years from first marketing (s.216). Moreover, for the last five years of the 10-year period, the right is subject to licences of right (s.237). For designs created prior to 1 October 2014, practitioners should be aware of the changes made by the Intellectual Property Act 2014 to the wording of the subsections of s.213, particularly the removal of the words "any aspect of" from s.213(2), seemingly narrowing its scope. This was addressed in *Neptune (Europe) Ltd v Devol Kitchens Ltd*,[10] whereby Carr J held at [42]: "the amendment to remove 'any aspect of' a design from section 213(2) of the Act is not fully retrospective in that it does not extinguish accrued rights of action for infringements which occurred prior to 1 October 2014. However, it does apply to claims in respect of acts of infringement committed subsequent to that date."[11]

The owner of a design right has the exclusive right to reproduce the design for commercial purposes: (a) by making articles to that design; or (b) by making a design document recording the design for the purpose of enabling such articles to be made (s.226(1)). "Reproduction" includes substantial reproduction (s.226(2)). As in the case of ordinary copyright there is also a form of secondary infringement by importing or dealing, with knowledge or reason to believe that the articles infringe (s.227). An exclusive licensee is given an express right of action (s.225). For a discussion on using design rights in a "part of an article" to tailor the claim to catch the alleged infringement, see *Fulton (A.) Co Ltd v Totes Isotoner (UK) Ltd*.[12]

(EU/Community) unregistered design right This right was introduced by the **76-07**
Design Regulation. Its substantive law of subsistence and infringement closely parallels those of registered designs under the provisions of the post-Directive 1949

---

[9] *C&H Engineering v F Klucznik & Sons Ltd (No.1)* [1992] F.S.R. 421 and *Farmers Build Ltd (In Liquidation) v Carier Bulk Materials Handling Ltd* [1999] R.P.C. 461, CA. See further and generally: *G-Star Raw CV v Rhodi Ltd* [2015] EWHC 216 (Ch); *DKH Retail Ltd v H Young Operations Ltd* [2014] EWHC 4034 (IPEC).
[10] *Neptune (Europe) Ltd v Devol Kitchens Ltd* [2017] EWHC 2172 (Pat).
[11] This was considered/applied later in *Madine (t/a NICO) v Phillips (t/a Leanne Alexandra)* [2017] EWHC 3268 (IPEC).
[12] *Fulton (A) Co Ltd v Totes Isotoner (UK) Ltd* [2003] EWCA Civ 1514; [2004] R.P.C. 16. Again, see: *Neptune (Europe) Ltd*.

Act, to which reference is made. It subsists, however, without the need for any registration or other formality, and arises upon the first making available of the design to the public in the EU/Community (art.11). For a design to be "made available to the public within the Community" requires that it has been published "except where [the publication] could not reasonably have become known in the normal course of business to the circles specialised in the sector concerned, operating within the Community" (art.11(2)). Its duration is restricted to only three years from the date upon which the design was first made available to the public within the EU/Community, and the protection it provides is only from copying—it does not give a true monopoly (art.19(2)). For an analysis of the law of infringement, see *Procter & Gamble Co v Reckitt Benckiser (UK) Ltd*.[13]

76-08 **Procedure** Actions for infringement of registered designs are dealt with under CPR Pt 63 / PD63 (CPR rr.63.2(1)(a)(ii); 63.2(1)(b)(i)) and must be started in the Patents Court or the Intellectual Property Enterprise Court (IPEC). Actions for infringement of ordinary copyright or design right under the 1988 Act are also dealt with under CPR PD 63. Such proceedings should only be started in the High Court if the value of the claim is more than £100,000 and/or the complexity of the facts, legal issues, remedies and procedures and/or the importance of the claim to the public in general is such that the claim ought to be dealt with by the High Court (PD 7A para.2). Note the discussion at paras 72-01, 72-02 on the impact of the implementation of the Business & Property Courts under CPR PD 57A and 57AA.

When dealing with Community Registered Designs, note that the "seat" of the registration is the EUIPO, which has jurisdiction to determine the validity of such designs. The Design Regulation provides for a modified application of the Jurisdiction Regulation (i.e. what used to be the Brussels Convention). A party wishing to take the initiative to invalidate a Community Registered Design must apply for invalidation at the EUIPO. A Community design court must stay any later application for invalidity in favour of the earlier application to the EUIPO (or another Community design court), in the absence of special grounds—see art.91. See *Samsung Electronics (UK) Ltd v Apple Inc*,[14] where a claim for a declaration of non-infringement was allowed to proceed, but a counterclaim for infringement had to be stayed in the absence of any art.91 "special grounds".

Note also that declarations of non-infringement of community designs are generally to be brought in the courts allocated jurisdiction, pursuant to art.81 of the regulation.[15]

In IP cases, trials of liability and quantum are usually split. This is generally done pursuant to an order made at the case management conference (CMC). If this is to be done, it is normal for a claimant to assert suffering loss and damage in the particulars of claim in general terms, and to seek an inquiry as to damages or an account of profits.

If liability is established, the defendant is normally ordered to provide a measure of disclosure (see *Island Records v Tring*) to enable the claimant to make an informed election between an inquiry as to damages or the taking of an account of profits. The appropriate directions are usually given at handing down of the judg-

---

[13] *Procter & Gamble Co v Reckitt Benckiser (UK) Ltd* [2007] EWCA Civ 936; [2008] F.S.R. 8. See further: *Karen Millen Fashions Ltd v Dunnes Stores* (C-345/13) EU:C:2014:2013; [2014] Bus. L.R. 756; and *PulseOn Oy v Garmin (Europe) Ltd* [2019] EWCA Civ 138.
[14] *Samsung Electronics (UK) Ltd v Apple Inc* [2012] EWCA Civ 729; [2012] Bus. L.R. 1889.
[15] *Bayerische Motoren Werke AG v Acacia Srl* (C-433/16) EU:C:2017:550 [2018] Bus. L.R. 419.

ment on liability, or a form of order/subsequent relief hearing. Once the election has been made, the inquiry or account proceeds with points of claim, points of defence, and directions can then be given down to a substantive hearing, which is normally taken by a master. Cases of high value or complexity may well be heard by a judge.

Practitioners should bear in mind the further damages provisions of reg.3 of the Intellectual Property (Enforcement, etc.) Regulations 2006 (SI 2006/1028) as applicable.

Statements of Case

Generally, and whichever right is invoked, it is worth bearing in mind possible approaches to assist the court in identifying the relevant parts of a particular design or article in dispute, and those items which show, for example, a particular design is commonplace.[16]

76-09

National and EU/Community Registered designs The title of the claimant (namely that he is registered as proprietor) must be pleaded and the registration in question must be identified by number and its deemed date of registration. The appropriate form of infringement must be pleaded and the specific acts of infringement complained of set out. The alleged acts of infringement must have occurred on or after the date of the certificate of registration and before the claim form.

76-10

Ordinary copyright The general rules as to subsistence and title for ordinary copyright must be followed (see Section 75: Copyright, Related Rights and the Database Right). As to infringement, the specific acts alleged to constitute infringement must be pleaded, bearing in mind the appropriate type of infringement relied upon (particularly whether direct or indirect infringement is alleged).

76-11

Unregistered Design rights For claims under national and EU/Community unregistered design rights the claimant should identify as precisely as possible what is claimed to be the original design. The burden is on the claimant to identify all relevant parts, taking into account whether the claim is under the 1988 Act, the Regulation, or both. For example, whether (for national unregistered design rights): (a) the relevant shape or configuration of the article or part; and (b) what is original about the design.[17] It is important to plead these aspect with care: if phrased too broadly, the rights are more likely to be open to an attack on subsistence, and if too narrowly, then infringement may be harder to prove. The facts as to subsistence and title must be pleaded. As to infringement the position is the same as for ordinary copyright.

76-12

In accordance with the CPR the particulars of claim must be verified by a statement of truth and relevant documents (for example, the relevant design documents or photographs of the product incorporating the design) should be attached, as appropriate.

Relief claimed In the case of all types of national right in a design the relief claimed will normally include an injunction to restrain further infringement (the particulars of claim should contain an averment of a threat to continue infringe-

76-13

---

[16] See e.g. *Action Storage Systems Ltd v G-Force Europe.Com Ltd* [2016] EWHC 3151 (IPEC); [2017] F.S.R. 18 at [29]–[31], [37], [109]–[113], per HHJ Hacon.
[17] *Farmers Build Ltd (In Liquidation) v Carier Bulk Materials Handling Ltd* [1999] R.P.C. 461.

ment), delivery-up or destruction upon oath of infringing articles, damages or an account of profits and interest. So far as ordinary copyright is concerned the remedies available are set out in ss.96–97. Section 96 provides for the usual remedies for infringement of a proprietary right. By s.97(2) there is provision for statutory additional damages having regard to the flagrancy of the infringement and the benefit accruing to the defendant. If such damages are claimed, the facts giving rise thereto must be expressly pleaded and the claim so made (PD 63 para.22.1). Although these facts may be considered at trial, the final judgment on whether and in what sum to award additional damages falls to the judicial officer hearing the inquiry.[18] There is express provision for orders of delivery-up (not merely destruction upon oath), see s.99 and PD 63 para.23.1). There is a limited right to seize infringing copies directly (s.100). The remedies available for infringement of a national unregistered design right are the same as for infringement of ordinary copyright (see ss.229–231). Similar rights and remedies arise in relation to registered designs as a result of para.3 of Sch.1 to the Intellectual Property (Enforcement, etc) Regulations 2006 (SI 2006/1028) amending the RDA.

For infringement of the Community design rights, the court shall, unless there are special reasons for not doing so, grant an injunction, delivery up of infringing materials, the delivery up of materials or implements predominantly used in order to manufacture the infringing goods, and "any order imposing other sanction appropriate under the circumstances which are provided by the law of the Member State in which the acts of infringement or threatened infringement are committed" (Design Regulation art.89). The remedies ordered by the UK court in relation to Community design rights are, in practice, likely to mirror those granted for infringement of the corresponding national rights.

GROUNDS OF DEFENCE

76-14 The variety of rights which may now exist in a design makes it essential to identify which kind of right or rights upon which the claimant relies, for the grounds of defence available will depend upon that. Reference should be made to the heading "rights of action" for particulars of claim relating to designs for the various types of right.

76-15 **National Registered designs** The two principal grounds of defence are a denial of infringement and a denial of validity of the registration. So far as non-infringement is concerned, the defendant will normally be responsible for the acts alleged to constitute infringement (and thus can admit them) but he will deny that they amount to infringement. Further, with regard to designs under the pre-Directive 1949 Act, the registration will often contain a "statement of novelty", which in effect disclaims any novelty in features which are not mentioned therein— and which should, therefore, be excluded from any consideration of the novelty of the design as a whole.

The grounds of invalidity may take a number of forms. First, it may be alleged that the registration is not for a "design" within the meaning of the Act. For pre-Directive designs the statutory definition of "design" is contained in s.1(1) of the pre-Directive 1949 Act. A consideration of the meaning of "design" within the context of the pre-Directive Act necessarily requires a consideration of the 1949 Act

---

[18] *Brugger v Medicaid Ltd (No.1)* [1996] F.S.R. 362.

as it was prior to its amendment by the 1988 Act. In its unamended form the definition of a "design" had been the subject of considerable judicial consideration.[19] Essentially a design was not within the Act if it was purely functional and had no consumer eye appeal. The definition for post-1988 Act "designs" was somewhat different. "Eye appeal" still mattered, though the section now said "judged by the eye" rather than "judged solely by the eye"—representing a more liberal approach. However, the exceptions have been more carefully drawn, essentially excluding purely functional articles and articles which are shaped to fit other articles. Further, in relation to such registered designs, there was a specific provision that a design may not be registered for articles where aesthetic considerations are not normally taken into account by consumers (see s.1(3) of the pre-Directive 1949 Act).

Under the post-Directive 1949 Act the meaning of "design" has to be considered afresh—the amendment is not a consolidating amendment, but rather an implementation of EU/Community law. Accordingly, the usefulness of pre-Directive case law is limited. The term "design" has a very broad ambit (s.1 of the post-Directive 1949 Act), being:

> "the appearance of the whole or a part of a product resulting from features of, in particular, the lines, contours, colours, shape, texture or materials of the product or its ornamentation."

It is to be noted that for post-Directive registered designs there is no requirement for "eye appeal".

Further, both under the pre- and post-Directive 1949 Acts there are specific exceptions for features of the article to which the design is applied which are necessary to achieve a technical function, including to fit next to, inside or around another article (s.1(b)(i) of the pre-Directive 1949 Act and s.1C of the post-Directive 1949 Act). These are often referred to as the "must fit" and "technical function" exceptions. In addition the definition of "design" for pre-Directive designs specifically excludes features of the article which are dependent upon the appearance of another article of which the article is intended to form an integral part (s.1(b)(ii) of the pre-Directive 1949 Act); the "must match" exception.

In the case of pre-Directive Designs the Act required that the design be "new" (s.1(2)). In relation to post-Directive designs the design must be "new" and have "individual character" (s.1B). A pre-Directive design is not "new" if it is the same as an earlier design, or differs from such a design only in immaterial details or in features which are variants commonly used in the trade (s.1(4) of the pre-Directive 1949 Act). Post-Directive designs are "new" if no identical design or no design whose features differ only in immaterial details has been made available to the public before the application date of the design in suit (s.1B(2)). "Individual character" requires that the overall impression a design produces on an informed user differs from the overall impression produced on such a user by any design which has been made available to the public before the date of the application of the design in suit (s.1B(3)).

Novelty can be attacked either on the basis of a prior registration or a prior publication. For pre-Directive designs novelty can be destroyed by the prior use of the design (or a design differing only in immaterial details or in features which are variants commonly used in the trade) on any type of goods anywhere in the UK. Under the post-Directive 1949 Act, novelty can be attacked on the basis of designs

---

[19] *Amp v Utilux* [1972] R.P.C. 103; *Interlego v Tyco* [1988] R.P.C. 343.

which could "reasonably have become known before the relevant date in the normal course of business to persons carrying on business in the European Economic Area and specialising in the sector concerned". Thus a design introduced at a well-known trade fair in, say, the US might suffice to render a post-Directive design invalid; whereas a small publication in a more obscure part of the world may not. The use of an identical design on different goods will invalidate a later (post-Directive) design if goods bearing that earlier design had become known to users of *those* goods in the Community.[20]

Section 7A(2) provides a number of specific defences to a claim, in particular for acts which are done privately and for purposes which are not commercial, acts for experimental purposes, and acts of reproduction for teaching purposes.

There is also a limited defence of innocence to a claim for damages for infringement (s.24B). It does not protect against a claim for an account of profits or an injunction.

76-17 EU/Community registered designs The defences to these are virtually identical to those for post-Directive registered designs. The two principle defences will again be denial of infringement and denial of validity. In relation to non-infringement, see *Procter & Gamble Co v Reckitt Benckiser (UK) Ltd*; and *PulseOn Oy v Garmin (Europe) Ltd* for a recent consideration.

Validity can be attacked on the same lines as set out previously. It may be alleged that the registration is not for a "design", which is defined as "the appearance of the whole or a part of a product resulting from the features of, in particular, the lines, contours, colours, shape, texture and/or materials of the product itself and/or its ornamentation" (art.3). It may be alleged that the design is not "new" or does not have "individual character" (art.4). A design is not "new", if an identical design or a design differing only in immaterial details has been made available to the public before the date of filing of the application for registration or the priority date (art.5). A design does not have "individual character" if the overall impression it produces on the informed user does not differ from the overall impression produced on such a user by any design which has been made available to the public before the date of filing of the application for registration or the priority date (art.6). It may be alleged that the design consists of features of appearance of a product which are solely dictated by its technical function (art.8(1)). It may be alleged that the design consists of features of appearance of a product which must necessarily be reproduced in their exact form and dimensions in order to permit the product in which the design is incorporated or to which it is applied to be mechanically connected to or placed in, around or against another product so that either product may perform its function (art.8(2)), or that the design is contrary to public policy or to accepted principles of morality (art.9).

Article 20 provides additional defences for, among other things, acts done privately and for non-commercial purposes; acts done for experimental purposes and acts done for the purpose of making citations or of teaching. Whilst previously no defence of innocent infringement was available for the infringement of registered Community designs, see *J Choo (Jersey) Ltd v Towerstone Ltd*[21]; the passing of the Community Designs (Amendment) Regulations 2014 (SI 2014/

---

[20] See *Green Lane Products Ltd v PMS International Group Plc* [2008] EWCA Civ 358; [2008] F.S.R. 28; considered in *Gimex International Groupe Import Export v Chill Bag Co Ltd* [2012] EWPCC 31.

[21] *J Choo (Jersey) Ltd v Towerstone Ltd* [2008] EWHC 346 (Ch); [2008] F.S.R. 19.

2400) in tandem with the Intellectual Property Act 2014 has rectified this situation. As such, the Community Designs Regulations 2005 (SI 2005/2339) have been amended (s.1A(3)) to provide for an innocent infringement defence.

"Ordinary" copyright under the 1988 Act A variety of grounds of defence may be available. Major classes of defence are as follows: **76-18**

(1) the claimant may be put to proof of the subsistence of copyright or his title to it;
(2) a denial of "reproduction"—which may include a positive case of independent design;
(3) in the case of "indirect" infringement a denial of the requisite knowledge;
(4) note that the defence under s.52 (broadly to the effect that the "design" was first marketed by the copyright owner or with his licence more than 25 years ago), was repealed as from 28 July 2016 by the Enterprise and Regulatory Reform Act 2013, subject to certain savings in SI 2016/593 arts 4 and 5. Please consult the 18th edition of this work for a pleading of such a defence.

(National) unregistered design right As in the case of ordinary copyright the defendant may put the claimant to proof of the subsistence or ownership of the right, and deny infringement. Infringement requires that the allegedly infringing design was copied from the claimant's design, and that the alleged infringement is used so as to produce articles exactly or substantially to the design.[22] In addition the defendant may allege that the design is "commonplace in a qualifying country in the design field in question" (s.213(4)) or that the alleged right falls within s.213(3) ("method or principle of construction", "must-fit or must-match" or "surface decoration") and is not capable of being the subject of protection. In the last five years of the design right term the remedies available to the claimant may be limited by the availability of licences of right (see ss.237–239). Note that the Intellectual Property Act 2014 has created new defences of private acts, experiments and teaching (s.244A), and other defences related to overseas ships and aircraft (s.244B).   **76-19**

EU/Community unregistered design right Much like a defence to a claim for infringement of a post-Directive registered design, the claim can be attacked on the basis that the design is not "new" (art.5) or does not possess "individual character" (art.6), or that it falls foul of the exceptions for designs which have a technical function, must fit, or which are contrary to public morality (arts 8, 9). Further, as the unregistered Community right is not a true monopoly, the claim to infringement can be defeated by showing independent creation (art.19(2)). Conversely even if copied from the claimant's work, infringement will not be proved unless the offending design "does not produce upon the informed user a different overall impression" (art.10(1)). There are no provisions for the granting of licences of right.   **76-20**

Pre- and post-Directive registered designs Generally the defendant disputes validity. When he does so he normally counterclaims for rectification of the design registration. Whenever validity is disputed the defendant must serve separate "Grounds of Invalidity" (PD 63 para.4.2) and, where he counterclaims, this must   **76-21**

---

[22] 1988 Act s.226(2); see further *G-Star Raw CV v Rhodi Ltd* [2015] EWHC 216 (Ch) at [88].

be served on the Comptroller/Registrar who may take such part in the proceedings as they think fit (see the Registered Designs Act 1949 s.20(3); CPR rr.63.14, 63.15). Where prior user is pleaded, proper particulars are necessary (PD 63 paras 4.3(3), 4.4).

76-22 **"Ordinary" copyright and "Design right"** There are no special rules as to the pleading of a defence to these claims. See Section 75: Copyright, Related Rights and the Database Right for the general rules. In all cases, in accordance with the CPR, the defence must be verified by a statement of truth and relevant documents should be attached.

CLAIM FOR INFRINGEMENT OF NATIONAL OR COMMUNITY REGISTERED DESIGN

76-U1 1. The Claimant is the registered proprietor of Registered Design No. [..........] in respect of [state the subject of the design]. The said design was registered as of the [date], by a certificate of registration issued on the [date]. A copy of the certificate of registration is attached hereto as Annex 1.

2. The said registration is, and has at all material times been, subsisting.

3. The Defendants have, since the date on which the said certificate of registration was issued and before the issue of the claim form herein, infringed the Claimant's right in the said Registered Design [by making, offering, putting on the market, importing, exporting or using] a product in which the design or a design which does not produce on the informed user a different overall impression is incorporated or to which it is applied [or by stocking such a product for those purposes], without the consent of the Claimant. [include only those acts of infringement which are applicable]

Particulars

Pending disclosure and/or further information, the Claimant is unable to give particulars of all the Defendants' acts of infringement, but will seek to recover in respect of all such acts. In the interim the Claimant relies upon the following facts and matters:
[Here state the particular acts of use as may be relied on.]

4. In the premises the Claimant has suffered loss and damage, and is entitled to, and claims, an inquiry into damages or (at the Claimant's sole discretion) an account of profits.

5. Unless restrained by this Honourable Court the Defendant threatens and intends to continue and repeat the acts of infringement complained of, whereby the Claimant will suffer further loss and damage.

6. The Claimant is entitled to interest pursuant to s.35A of the Senior Courts Act 1981 or under the equitable jurisdiction of the Court.

AND the Claimant claims:
(1) An injunction to restrain the Defendants, whether acting by their directors, officers, servants, or agents or otherwise howsoever, from infringing the Claimant's Registered Design No. [..........].
(2) Delivery-up or destruction upon oath of all articles in the Defendants' possession custody or control which infringe the Claimant's Registered Design.

(3) An inquiry as to what damages the Claimant has suffered or, at the Claimant's option, an account of the profits made by the Defendants, by the infringement of the Claimant's Registered Design by the Defendants and an order for payment of all sums due with interest thereon pursuant to s.35A of the Senior Courts Act 1981 or under the equitable jurisdiction of the Court.
(4) Costs.
(5) Further or other relief.

A claim for infringement of a registered Community design right would follow a similar form. The prayer for relief may include an order for delivery up of all materials and implements predominantly used to manufacture infringing copies of the Claimant's registered design (see para.75-09 above).

Claim for Infringement of Copyright in a Design Drawing

76-U2 1. The Claimant is the owner of the copyright in an artistic work consisting of a design drawing numbered BKL 425C for a [state the subject of the design]. A copy of the design drawing is attached hereto as Annex 1.

Particulars

[Here provide particulars of subsistence and ownership of copyright (see Section 75: Copyright).]

2. Prior to the date of the claim form herein, the Defendant has infringed the Claimant's said copyright by making a copy of design drawing BKL 425C (and/or of a substantial part thereof), without the licence of the Claimant.

Particulars

Pending disclosure and/or further information, the Claimant is unable to give particulars of all the Defendant's acts of infringement, but will seek to recover in respect of all such acts. In the interim the Claimant relies upon the following facts and matters:

[Here state the particular acts that may be relied upon].

3. By reason of the matters aforesaid the Claimant has suffered loss and damage, and is entitled to, and claims, an inquiry into damages or (at the Claimant's sole discretion) an account of profits.

4. Unless restrained by this Honourable Court the Defendant threatens and intends to continue and repeat the acts of infringement complained of, whereby the Claimant will suffer further loss and damage.

5. Further, but without prejudice to the Claimant's said election, in all circumstances of the case and in particular the flagrancy of the infringement and the benefit accruing to the Defendant by reason of the infringement, the Claimant is entitled to and claims additional damages pursuant to s.97(2) of the Copyright, Designs and Patents Act 1988.

Particulars

Pending disclosure and/or further information, the Claimant is unable to give particulars of all the Defendant's acts of infringement, but will seek to recover in respect of all such acts. In the interim the Claimant relies upon the following facts and matters:

[Here set out the matters relied upon as supporting the claim to additional damages.]

6. The Claimant is entitled to interest pursuant to s.35A of the Senior Courts Act 1981 or under the equitable jurisdiction of the Court.

AND the Claimant claims:
(1) An injunction to restrain the Defendant whether acting by himself his servants agents or otherwise howsoever from infringing the Claimant's copyright in a drawing numbered BKL 425C.
(2) An order for delivery-up to the Claimant of all infringing copies of the Claimant's said drawing which are in the possession power custody or control of the Defendant.
(3) An inquiry as to the damage caused to the Claimant (including additional damages under s.97(2) of the Copyright, Designs and Patents Act 1988), alternatively at the Claimant's option an account of profits made by the Defendant, by infringement of the Claimant's said copyright and an order for payment of all sums due to the Claimant with interest thereon pursuant to s.35A to the Senior Courts Act 1981 or under the equitable jurisdiction of the Court.
(4) Further or other relief.
(5) Costs.

CLAIM FOR INFRINGEMENT OF NATIONAL UNREGISTERED DESIGN RIGHT

76-U3 1. The Claimant is [a company incorporated under the laws of England and Wales/a national of England and Wales] which is the owner of the design right pursuant to s.213 of the Copyright, Designs and Patents Act 1988 in an original design consisting of [here set out precisely in what article, e.g. the shape of the underside of a bath shower tray].

Particulars

[here set out the particular features of the article in which design rights are alleged to subsist, e.g. design rights subsist in the following features of shape and configuration of the said shower tray:
(1) the shape and configuration of the radial strengthening rays;
(2) the shape and configuration of the underside of the draining grooves in the tray;
(3) the shape and configuration of the outlet pipe from the shower tray;
(4) the combination of features (1) and (2) above;
(5) the shape and configuration of the whole of the underside of the shower tray.]

Particulars of Subsistence and Ownership

2. [Here set out the facts relied upon as establishing the subsistence and ownership of the right, e.g. The prototype shower tray embodying the said design was made on [date], by one H. Moore, an employee of the Claimant acting in the course of his employment using his original skill and labour. The said prototype is available for inspection.]

3. Prior to the claim herein the Defendant has infringed the Claimant's design

rights by, without the licence of the Claimant, making articles exactly or substantially to that design, further or alternatively by importing into the United Kingdom for commercial purposes, possessing for commercial purposes, and selling letting for hire offering or exposing for hire in the course of a business, articles exactly or substantially to that design knowing or having reason to believe them to be infringing articles.

Particulars

Pending disclosure and/or further information, the Claimant is unable to give particulars of all the Defendant's acts of infringement, but will seek to recover in respect of all such acts. In the interim the Claimant relies upon the following facts and matters:

[Here set out the particular acts relied upon.]

Particulars of knowledge and reason to believe

Pending disclosure and/or further information, the Claimant is unable to give particulars of all aspects of the Defendant's knowledge and reason to believe, but will seek to rely upon all such facts and matters. In the interim the Claimant relies upon the following:

[Here set out the Defendant's knowledge and reason to believe, including such matters as any letter before action in which the Claimant's rights were explained, and the common knowledge in the industry that designs are protected by rights, including Design Right]

4. By reason of the matters aforesaid the Claimant has suffered loss and damage and is entitled to, at its sole election, an account of profits or an inquiry into damages.

5. Unless restrained by this Honourable Court the Defendant threatens and intends to continue and repeat the acts of infringement complained of, whereby the Claimant will suffer further loss and damage.

6. Further, but without prejudice to the Claimant's said election, in all circumstances of the case and in particular the flagrancy of the infringement and the benefit accruing to the Defendant by reason of the infringement, the Claimant is entitled to and claims additional damages pursuant to s.229(3) of the Copyright, Designs and Patents Act 1988.

Pending disclosure and/or further information, the Claimant is unable to give particulars of all aspects of the flagrancy of, and the benefit obtained by, the Defendant's infringements, but will seek to rely upon all such facts and matters. In the interim the Claimant relies upon the following:

[Here set out the matters relied upon as supporting the claim to additional damages.]

7. The Claimant is entitled to interest pursuant to s.35A of the Senior Courts Act 1981 or under the equitable jurisdiction of the Court.

AND the Claimant claims:
(1) An injunction to restrain the Defendant (whether acting by himself, his servants or agents, or any of them or otherwise howsoever) from infringing the Claimant's design right in the underside of the said shower tray.
(2) An order for the delivery-up or destruction upon oath of all infringing copies of the said shower tray.

(3) An inquiry as to the damage caused to the Claimant (including additional damages under s.229(3) of the Copyright, Designs and Patents Act 1988), alternatively at the Claimant's option an account of profits made by the Defendant, by infringement of the Claimant's said design right and an order for payment of all sums due to the Claimant with interest thereon pursuant to s.35A to the Senior Courts Act 1981 or under the equitable jurisdiction of the Court.
(4) [Continue as in previous precedent].

CLAIM FOR INFRINGEMENT OF COMMUNITY UNREGISTERED DESIGN RIGHT

76-U4 1. The Claimant is [a company incorporated under the laws of England and Wales/a national of England and Wales] and is the owner of the Community design right pursuant to Council Regulation (EC) No 6/2002 on Community Designs in the design of a [here set out precisely in what article, e.g. the shower tray].

Particulars

[here set out the design right alleged to subsist e.g. design right subsists in the (e.g. shower tray) design by virtue of it being new and having individual character as:

no identical design has been made available to the public before the (date of protection claimed);

the overall impression it produces on the informed user differs from any previous shower tray design that has been made public in that....]

Particulars of Subsistence and Ownership

[Here set out the facts relied upon as establishing the subsistence and ownership of the right, e.g. The shower tray embodying the said design was made on [date], by one H. Moore, an employee of the Claimant acting in the course of his employment using his original skill and labour. The said prototype is available for inspection. Shower trays to the said design were first made available to the public within the Community on [date]]

2. Prior to the claim herein the Defendant has infringed the Claimant's design rights by, without the licence of the Claimant, using in the Community a product in which the Claimant's design (and/or a design which does not produce on the informed user a different overall impression) is incorporated or to which it is applied, further or alternatively by stocking such a product for those purposes, without the consent of the Claimant. [include only those acts of infringement which are applicable]

Particulars

Pending disclosure and/or further information, the Claimant is unable to give particulars of all the Defendant's acts of infringement, but will seek to recover in respect of all such acts. In the interim the Claimant relies upon the following facts and matters:

[Here set out the particular acts relied upon.]

3. By reason of the matters aforesaid the Claimant has suffered loss and damage and is entitled to, at its sole election, an account of profits or an inquiry into damages.

4. Unless restrained by this Honourable Court the Defendant threatens and intends

to continue and repeat the acts of infringement complained of, whereby the Claimant will suffer further loss and damage.

5. The Claimant is entitled to and does claim interest pursuant to s.35A of the Senior Courts Act 1981 or under the equitable jurisdiction of the Court.

AND the Claimant claims:
(1) An injunction to restrain the Defendant (whether acting by himself, his servants or agents, or any of them or otherwise howsoever) from infringing the Claimant's Community design right in the underside of a shower tray.
(2) An order for delivery up or destruction upon oath of all infringing copies of the said shower tray.
(3) An order for delivery up of all materials and implements predominantly used to manufacture infringing copies of the Claimant's Design.
(4) An inquiry as to the damage caused to the Claimant, alternatively at the Claimant's option an account of profits made by the Defendant, by infringement of the Claimant's said Community design right and an order for payment of all sums due to the Claimant with interest thereon pursuant to s.35A to the Senior Courts Act 1981 or under the equitable jurisdiction of the Court.
(5) [Continue as in previous precedent]

DEFENCE DENYING INFRINGEMENT OF NATIONAL OR COMMUNITY REGISTERED DESIGN

1. The Defendant admits that the Claimant is the registered proprietor of the Registered Design No. [..........] and that the same is valid and subsisting. **76-U5**

2. The Defendant further admits that he has [made, offered, put on the market, imported, exported and used] [identify the relevant product] [and stocked such a product for those purposes], but he denies that the said acts or any of them constitute an infringement of any of the Claimant's rights in the said Registered Design as alleged in the Particulars of Claim or at all. [include only those acts which the Defendant has committed]

Particulars

[Provide particulars in support of denial, e.g. those features of the registered design which are alleged to be absent and/or give a different overall impression in the alleged infringement.]

3. In the premises, the Claimant is not entitled to the relief claimed or any relief.

DEFENCE DENYING VALIDITY OF NATIONAL OR COMMUNITY REGISTERED DESIGN AND COUNTERCLAIM FOR RECTIFICATION OF THE REGISTER

1. The Defendant admits that the Claimant is the registered proprietor of Registered Design No. [..........] and that the same is subsisting. Save as aforesaid, paragraph [..........] of the Particulars of Claim is denied. **76-U6**

2. The Defendant further admits that he has [made, offered, put on the market, imported, exported and used] [identify the relevant product] [and stocked such a product for those purposes], but he denies that the said acts or any of them constitute

any infringement of any of the Claimant's rights in the said Registered Design as alleged in the Particulars of Claim or at all. [include only those acts which the Defendant has committed].

Particulars

[Provide particulars in support of denial, see precedent, above.]

3. Further or in the alternative, Registered Design No. [..........] is and always has been invalid for the reasons appearing in the Grounds of Invalidity served herewith.

4. In the premises the Claimant is not entitled to the relief claimed or to any relief.

Counterclaim

5. The Defendant repeats paragraph 3 above.

AND the Defendant counterclaims:
(1) For an order that the Register of Designs may be rectified by the cancellation therefrom of Registered Design No. [..........].
(2) For such further or other order as to this Honourable Court may seem fit.
(3) Costs.

GROUNDS OF INVALIDITY OF A PRE-DIRECTIVE REGISTERED DESIGN

76-U7   The following are the Grounds of Invalidity of Registered Design No. [..........] referred to in the Defence herein:

1. The said Registered Design was at the date of registration thereof not new having regard to the provisions of s.1(4) of the Registered Designs Act 1949 as amended by the Copyright, Designs and Patents Act 1988 and the matters particularised below.

Particulars

Hereunder the Defendants will rely upon:
(a) The registration of United Kingdom Registered Design No. [..........], registered as of [date].
(b) The publication by sale and open exposure for sale of [state the subject of the design] by AB of [..........] from [date] to [date]. A [..........] similar in all material respects to such [..........] may be inspected at the Claimants' solicitors' offices.
(c) The publication by deposit on the shelves of the National Library for Science and Invention of the issue of [date], of the Magazine [..........]. The Defendants will refer in particular to pages [..........] of the said issue.
(d) Common general knowledge. [If any particular documents are relied on, they should be identified.]

2. The said Registered Design does not comply with s.1 of the said Act as amended by the Copyright, Designs and Patents Act 1988. Without prejudice to the generality of the foregoing the said design is for a method or principle of construction, or is for features which are not judged by the eye, or is for features of shape or configuration which are dictated solely by the function which the article has to perform or are dependent on the appearance of another article, namely [], of which

the article is intended by the author of the design to form an integral part [include only relevant objections].

Particulars
Pending disclosure and/or further information herein, the Defendants will rely on the following facts and matters:
[provide particulars of the matters relied upon]

3. If (which is denied) the design as registered has any features of novelty, the Defendants will say that the same are purely matters of pattern or ornament and not of shape or configuration and the Defendants will rely upon the fact that the statement of novelty limits the design to [the shape or configuration of the said article–or any such other limitation inherent in the statement of novelty].

GROUNDS OF INVALIDITY OF A POST-DESIGNS DIRECTIVE REGISTERED DESIGN

The following are the Grounds of Invalidity of Registered Design No. [] referred to in the defence herein: **76-U8**

1. The said Registered Design was at the date on which the application for registration was made not new and/or did not have individual character having regard to the provisions of s.1B of the Registered Designs Act 1949 as amended by the Registered Designs Regulations ("the Act") and the matters particularised below.

Particulars
Pending disclosure and/or further information herein, the Defendants will rely on the following facts and matters:
[as in the previous precedent]

2. The said Registered Design does not comply with s.1C of the Act in that the design consists of features of appearance which are solely dictated by the product's technical function and/or which must necessarily be reproduced in their exact form and dimensions so as to permit the product in which the design is incorporated or to which it is applied to be mechanically connected to, or placed in, around or against, another product, namely [identify other product], so that either product may perform its function.

Particulars
Pending disclosure and/or further information herein, the Defendants will rely on the following facts and matters:
[provide particulars of the matters relied upon]

3. The said Registered Design does not comply with s.1D of the Act in that the design is contrary to public policy or to accepted principles of morality.

Particulars
Pending disclosure and/or further information herein, the Defendants will rely on the following facts and matters:
[provide particulars of the matters relied upon]

GROUNDS OF INVALIDITY OF A COMMUNITY REGISTERED DESIGN

The following are the Grounds of Invalidity to the validity of Registered Design No. [..........] referred to in the defence herein: **76-U9**

1. The said Registered Design was at the date on which the application for registration was made not new and/or did not have individual character having regard to the provisions of Articles 5 and 6 of Council Directive (6/2002) of 12 December 2001 on Community Designs ("the Regulation") and the matters particularised below.

Particulars

Pending disclosure and/or further information herein, the Defendants will rely on the following facts and matters:
[As in previous precedent.]

2. The said Registered Design does not comply with Article 8 of the Regulation in that the design consists of features of appearance which are solely dictated by the product's technical function and/or which must necessarily be reproduced in their exact form and dimensions so as to permit the product in which the design is incorporated or to which it is applied to be mechanically connected to, or placed in, around or against, another product, namely [identify other product], so that either product may perform its function.

Particulars

Pending disclosure and/or further information herein, the Defendants will rely on the following facts and matters:
[provide particulars of the matters relied upon]

3. The said Registered Design does not comply with Article 9 of the Regulation in that the design is contrary to public policy or to accepted principles of morality.

Particulars

Pending disclosure and/or further information herein, the Defendants will rely on the following facts and matters:
[provide particulars of the matters relied upon]

DEFENCE DENYING INFRINGEMENT OF COPYRIGHT IN A DESIGN DRAWING AND ALLEGING INDEPENDENT DESIGN

76-U10 **1.** The Defendant has no knowledge of and makes no admission as to the title or existence of the Claimant's alleged copyright or the plans in which such copyright is alleged to subsist as alleged in the Particulars of Claim or at all.

2. The making of the documents referred to in the Particulars of Claim at paragraphs XX to YY are admitted but the Defendant denies that the said acts or any of them were or are wrongful as alleged or at all.

3. The said documents constitute the original work of one XY, an employee of the Defendant, and was not derived wholly partly or at all from any document or documents of the Claimant.

4. Further or alternatively if, which is denied, the Defendant's said articles are derived from the Claimant's documents it is in any event denied that they are a copy of a substantial part thereof.

DEFENCE TO A CLAIM FOR INFRINGEMENT OF A COMMUNITY UNREGISTERED DESIGN RIGHT

5. In the premises it is denied that the Defendant has infringed the Claimant's alleged copyright, whether as alleged in the Particulars of Claim or at all.

DEFENCE TO CLAIM FOR INFRINGEMENT OF NATIONAL UNREGISTERED DESIGN RIGHT

1. It is denied that design right subsists in the design alleged to be the subject of such right in the Particulars of Claim. **76-U11**

2. Without prejudice to the foregoing denial, the Defendant will say that the below listed features in which design right is alleged to exist amounts to no more than a method or principle of construction or to features of shape or configuration of an article which enable the article to be connected to another article, namely [] so that the said article may perform its function [or as the case may be, see s.213].

Particulars

[Provide particulars of the features of shape and configuration that are alleged to fall within these objections.]

3. Further or alternatively the said design is not "original" and is commonplace in the design field in question.

Particulars

Hereunder the Defendants will rely upon:
(a) The registration of United Kingdom Registered Design No. [], registered as of [date].
(b) The publication by sale and open exposure for sale of [state the subject of the design] by AB of [] from [date] to [date]. A [state the subject of the design] similar in all material respects to such [state the subject of the design] may be inspected at the Claimants' solicitors' offices.
(c) The publication by deposit on the shelves of the National Library for Science and Invention of the issue of [date], of the Magazine []. The Defendant will refer in particular to pages [] of the said issue.
(d) Common general knowledge. [If any particular documents are relied on, they should be identified.]

4. Paragraph 2 of the Particulars of Claim is denied. Without prejudice to the generality of the foregoing, the Defendant's design is not made exactly or substantially to the Claimant's design. In the premises the Defendant has not infringed the Claimant's design, whether as alleged or at all.

5. Further or alternatively, if the alleged design right subsists and is infringed by the Defendant, which is denied, the alleged design right is in the last five years of its term and the Defendant is willing to take a licence on such terms as may be agreed or in default of agreement be settled by the Comptroller of Patents. In the premises the Claimant's claim to relief is limited by s.239 of the Copyright, Designs and Patents Act 1988.

DEFENCE TO A CLAIM FOR INFRINGEMENT OF A COMMUNITY UNREGISTERED DESIGN RIGHT

1. It is denied that unregistered Community design right subsists in the Claimant's Design as alleged in paragraph 1 of the Particulars of Claim. **76-U12**

2. Without prejudice to the foregoing denial, the Claimant's Design consists of features of appearance which are solely dictated by the product's technical function and/or which must necessarily be reproduced in their exact form and dimensions so as to permit the product in which the Claimant's Design is incorporated or to which it is applied to be mechanically connected to, or placed in, around or against, another product, namely [identify other product], so that either product may perform its function, or which are contrary to public policy or accepted principles of morality.

Particulars

[Provide particulars of the features of shape and configuration that are alleged to fall within these objections.]

3. Further or alternatively, the Claimant's Design was not new and/or did not have individual character at the date on which it was first made available to the public.

Particulars

Hereunder the Defendants will rely upon:
- (a) The registration of United Kingdom Registered Design No. [], registered as of [date].
- (b) The publication by sale and open exposure for sale of [state the subject of the design] by AB of [] from [date] to [date]. A [state the subject of the design] similar in all material respects to such [state the subject of the design] may be inspected at the Claimants' solicitors' offices.
- (c) The publication by deposit on the shelves of the National Library for Science and Invention of the issue of [date], of the Magazine []. The Defendant will refer in particular to pages [] of the said issue.
- (d) Common general knowledge. [If any particular documents are relied on, they should be identified.]

4. Paragraph 2 of the Particulars of Claim is denied. Without prejudice to the generality of the foregoing, the Defendant's design produces on the informed user a different overall impression than that produced by the Claimant's design. In the premises the Defendant has not infringed the Claimant's design.

5. Further or alternatively, the acts alleged to amount to an infringement of the Claimant's right in the Claimant's Design were done [privately and for non commercial purposes or for experimental purposes or for the purpose of making citations or of teaching, mention being made of the source] [delete as applicable].

6. Further or alternatively, the Defendant's product resulted from an independent work of creation by a designer, namely AB, who may be reasonably thought not to be familiar with the Claimant's Design.

Particulars

Pending disclosure and/or further information herein, the Defendant will rely on the following facts and matters: [Provide particulars in support of the allegation that AB was not familiar with the Claimant's Design.]

7. In the premises it is denied that the Defendant has infringed the rights (if any) of the Claimant, whether as alleged or at all.

Section 77:

REGISTERED TRADE MARKS

Table of Contents

Claim by registered proprietor for infringement of registered trade mark (s.10(1) of the 1994 Act)	77-U1
Claim by registered proprietor for infringement of registered trade mark (s.10(2) of the 1994 Act)	77-U2
Claim by registered proprietor for infringement of registered trade mark (s.10(3) of the 1994 Act)	77-U3
Claim by s.30 licensee for infringement of registered trade mark	77-U4
Claim by s.31 licensee and registered proprietor for infringement of registered trade mark and Community trade mark	77-U5
Claim in an action for threats	77-U6
Claim for an injunction under s.56 of the 1994 Act	77-U7
Claim for an injunction pursuant to s.57 of the 1994 Act	77-U8
Claim pursuant to s.60 of the 1994 Act	77-U9
Defence denying infringement under s.10(2) of the 1994 Act	77-U10
Defence denying infringement under s.10(3) of the 1994 Act	77-U11
Defence under ss.10(6) and 11(2) of the 1994 Act	77-U12
Defence under Schedule 3, paragraph 4 of the 1994 Act	77-U13
Defence and Counterclaim for an order for revocation of the registration and for a declaration of invalidity of the registration and for rectification of the register	77-U14
Defence of exhaustion of rights	77-U15
Particulars of Objection (Invalidity)	77-U16
Particulars of Objection (Revocation)	77-U17
Defence to an Action for Threats	77-U18

77-01 The law of registered trade marks is detailed and technical, and reference is required to a large number of CJEU rulings. For a detailed treatment of the law see Kerly's *Law of Trade Marks and Trade Names*.[1]

77-02 **Types of registered trade marks** At the time of writing, a person in the UK can own and sue on two types of registered trade marks:

(1) A domestic registered trade mark. Such marks are governed by the Trade Marks Act 1994 (the 1994 Act). The 1994 Act implemented First European

---

[1] *Kerly's Law of Trade Marks and Trade Names*, 16th edn (London: Sweet & Maxwell, 2018).

Council Directive 89/104, now codified as Directive 2008/95 (the Directive),[2] styled as and the first harmonisation of trade mark law across the European Community.

(2) A European Union Trade Mark (EUTM, formerly known as a Community trade mark). The system was created by European Council Regulation 40/94, now codified in the EU Trade Mark Regulation 2017/1001 (the Regulation).[3] The EUTM system is administered by the EU Intellectual Property Office (EUIPO), based in Alicante (formerly the Office for the Harmonisation of the Internal Market or OHIM). If or when the UK exits the EU, an EUTM will no longer extend to the UK. To avoid the loss of existing rights in the UK, the Trade Marks (Amendment etc.) (EU Exit) Regulations 2018 (which come into force on exit day) makes provision for EUTMs (and applications) to be treated as UK registered trade marks (and applications) as from exit day, without loss of seniority.

A claimant in the High Court can rely on both types of registered trade mark. The rights conferred by each type of mark are identical, although the 1994 Act does contain certain defences which do not apply to EUTMs. All marks are now called "trade marks", whether registered in respect of goods or services.

77-03 **Rights of Action** Registration of a trade mark gives the proprietor exclusive rights in the trade mark, which are infringed by the use of the trade mark in certain ways; the acts amounting to infringement (if done without the consent of the proprietor) are set out in s.10 of the 1994 Act, art.5 of the Directive and art.9(1) of the Regulation. Under the 1994 Act, licensees (both exclusive and non-exclusive) of registered trade marks have the right to bring an action for infringement provided certain conditions are fulfilled, which are set out in ss.30–31. The proprietor must be joined as a party in each case, but this does not affect the granting of interim remedies on an application by the licensee alone.

There are three types of infringement:

(1) Use of a sign in the course of trade which is identical to the trade mark in relation to goods or services which are identical to those for which the trade mark is registered (s.10 (1) of the 1994 Act and art.9(1)(a) of the Regulation).

(2) Use of a sign in the course of trade, where because: (i) the sign is identical with the trade mark and is used in relation to similar goods or services; or (ii) the sign is similar to the trade mark and is used in relation goods or services identical or similar to those for which the trade mark is registered, there exists a likelihood of confusion (s.10(2) of the 1994 Act and art.9(1)(b) of the Regulation).

(3) In the case of trade marks which have a reputation in the UK (or the Community in the case of a Community trade mark) use of a sign in the course of trade which, without due cause, takes unfair advantage of, or is

---

[2] First Council Directive 89/104/EEC of 21 December 1988 to approximate the laws of the Member States relating to trade marks [1989] OJ L40/1, now codified as Directive 2008/95/EC of the European Parliament and of the Council of 22 October 2008 to approximate the laws of the Member States relating to trade marks [2008] OJ L299/25 (the Directive).

[3] Council Regulation (EC) No 40/94 of 20 December 1993 on the Community trade mark [1994] OJ L11/1, now codified in the Regulation (EU) 2017/1001 of the European Parliament and of the Council of 14 June 2017 on the European Union trade mark [2017] OJ L154/1 (the Regulation).

detrimental to the distinctive character or repute of the trade mark (s.10(3) of the 1994 Act and art.9(1)(c) of the Regulation).

No action for an infringement of an unregistered trade mark will lie, but this provision does not affect the law of passing off (s.2(2) of the 1994 Act) which protects not property in a mark but goodwill (see Section 78: Passing Off). Frequently a claim for trade mark infringement and a claim for passing off are combined in the same action. Once a trade mark is registered the right of action dates back to the date of the application to register; but a claim form may not be issued until the trade mark is actually registered (s.9(3) of the 1994 Act; the position is different for EU trade marks—see art.9(3) of the Regulation).

Date of assessment of infringement claims In each case the defendant infringes the registered trade mark by the use of a "sign" which is identical or similar to the trade mark (as the case may be). The CJEU has held that the question whether the use of a sign infringes a trade mark falls to be assessed as at the date that the use of the sign was commenced.[4] The question of what the relevant date is can give rise to some difficulty in cases where the defendant has been using the sign for some time and/or where circumstances change during the course of the defendant's use.[5] 77-04

Infringement under s.10(1) The proprietor of a trade mark can only succeed in a claim under s.10(1) if six conditions are satisfied: (i) there must be use of a sign by a third party within the relevant territory; (ii) the use must be in the course of trade; (iii) it must be without the consent of the proprietor of the trade mark; (iv) it must be of a sign which is identical to the trade mark; (v) it must be in relation to goods or services which are identical to those for which the trade mark is registered; and (vi) it must affect, or be liable to affect, one of the functions of the trade mark.[6] 77-05

In assessing identity of the sign and the trade mark under s.10(1), insignificant differences that may go unnoticed by an average consumer can be ignored.[7]

The CJEU has held that use of a sign "in relation to" goods or services means use "for the purpose of distinguishing" the goods or services in question, that is to say, as a trade mark as such.[8]

For a full and informative review of the case law surrounding condition (vi) see the judgments of Arnold J in *L'Oreal SA v eBay International AG*, *Interflora Inc v Marks and Spencer Plc* and *Supreme Petfoods Ltd v Henry Bell &Co (Grantham) Ltd*.[9]

Infringement under s.10(2) A "likelihood of confusion" for the purpose of 77-06

---

[4] *Levi Strauss & Co v Casucci SpA* (C-145/05) [2006] E.C.R. I-3703.
[5] See discussion in *Stichting BDO v BDO Unibank Inc* [2013] EWHC 418 (Ch); [2013] E.T.M.R. 31.
[6] See in particular *Arsenal Football Plc v Reed* (C-206/01) [2002] E.C.R. I-10273 at [51]; *Anheuser-Busch Inc v Budejovicky Budvar Narodni Podnik* (C-245/02) [2004] E.C.R. I-10989 at [59]; *Adam Opel AG v Autec AG* (C-48/05) [2007] E.C.R. I-1017 at [18]-[22]; *Celine SARL v Celine SA* (C-17/06) [2007] E.C.R. I-7041 at [16]; *UDV North America Inc v Brandtraders NV* (C-62/08) [2009] E.C.R. I-1279 at [42] and *L'Oreal SA v Bellure NV* (C-487/07) [2009] E.C.R. I-5185 at [58][64].
[7] See *LTJ Diffusion SA v Sadas Vertbaudet SA* (C-291/00) [2002] E.T.M.R. 40; [2003] F.S.R. 1, at [50] to [54], and *Reed Executive Plc v Reed Business Information Ltd* [2004] EWCA Civ 159; [2004] R.P.C. 40.
[8] See *Bayerische Motorenwerke AG v Deenik* (C-63/97) [1999] E.C.R. I-905 at [38] and *Anhueser-Busch* at [64].
[9] *L'Oreal SA v eBay International AG* [2009] EWHC 1094 (Ch); [2009] E.T.M.R. 53; *Interflora Inc v Marks and Spencer Plc* [2009] EWHC 1095 (Ch); [2009] E.T.M.R. 54 and *Supreme Petfoods Ltd v Henry Bell &Co (Grantham) Ltd* [2015] EWHC 256 (Ch) at [86]-[164].

s.10(2) is defined in the legislation as "including a likelihood of association". The meaning of these words was explained in *Sabel BV v Puma AG* (C-251/95).[10] Confusion includes cases where the sign is mistaken for the trade mark; and a mistaken belief that the goods sold under the infringing sign emanate from the same source as goods sold under the registered trade mark. But if the allegedly infringing sign merely brings to mind the registered trade mark, that is not "confusion". In *Canon Kabushiki Kaisha v Metro-Goldwyn-Meyer Inc* (C-39/97)[11] at [29] the CJEU said that "the risk that the public might believe that the goods or services in question come from the same undertaking or, as the case may be, from economically linked undertakings, constitutes a likelihood of confusion". The manner in which the requirement of a likelihood of confusion should be interpreted and applied has been considered by the CJEU in a considerable number of decisions. For a summary of the principles established by these cases see the judgment of the Court of Appeal in *Specsavers International Healthcare Ltd v Asda Stores Ltd*.[12] In determining whether there is a likelihood of confusion under s.10(2) the court must take into account the precise context in which the sign has been used.[13]

77-07 **Infringement under s.10(3)** In order to establish infringement under s.10(3) nine conditions must be satisfied: (i) the trade mark must have a reputation in the relevant territory; (ii) there must be use of a sign by a third party within the relevant territory; (iii) the use must be in the course of trade; (iv) it must be without the consent of the proprietor of the trade mark; (v) it must be of a sign which is at least similar to the trade mark; (vi) it must be in relation to goods or services; (vii) it must give rise to a "link" between the sign and the trade mark in the mind of the average consumer; (viii) it must give rise to one of three types of injury, that is to say, (a) detriment to the distinctive character of the trade mark,[14] (b) detriment to the repute of the trade mark, or (c) unfair advantage being taken of the distinctive character or repute of the trade mark; and (ix) it must be without due cause. For a review of the relevant principles see *Enterprise Holdings Inc v Europcar Group UK Ltd*.[15] The concept of due cause was considered by the CJEU in *Leidseplein Beheer BV v Red Bull GmbH* (C-65/12).[16]

This subsection has found particular application in cases involving the hijacking of well-known brands as internet domain names or company names,[17] but also in other cases where unfair advantage is taken of an established brand.

77-08 **Parallel Imports** It is not an infringement of a registered trade mark to use the mark in relation to goods of the proprietor which have been put on the market in the EEA by him or with his consent—once this is done, the proprietor's rights are

---

[10] *Sabel BV v Puma AG* (C-251/95) [1997] E.C.R. I–6191.
[11] *Canon Kabushiki Kaisha v Metro-Goldwyn-Meyer Inc* (C-39/97) [1998] E.C.R. I–5507.
[12] *Specsavers International Healthcare Ltd v Asda Stores Ltd* [2012] EWCA Civ 24; [2012] EWCA Civ 24 at [52].
[13] *O2 Holdings Ltd v Hutchison 3G UK Ltd* (C-533/06) [2008] E.C.R. I–4231 at [64], *Specsavers* at [87] and *Specsavers International Healthcare Ltd v Asda Stores Ltd* (C-252/12) EU:C:2013:497 at [45].
[14] See *Intel Corp Inc v CPM United Kingdom Ltd* (C-252/07) [2008] E.C.R. I–8823 and *Environmental Manufacturing LLP v Office for Harmonisation in the Internal Market (Trade Marks and Designs) (OHIM)* (T-570/10) [2012] E.T.M.R. 54.
[15] *Enterprise Holdings Inc v Europcar Group UK Ltd* [2015] EWHC 17 (Ch); [2017] E.C.C. 11 at [118]–[127].
[16] *Leidseplein Beheer BV v Red Bull GmbH* (C-65/12) EU:C:2014:49 [2014] Bus. L.R. 280.
[17] *BT v One in a Million Ltd* [1999] F.S.R. 1.

"exhausted" (s.12 of the 1994 Act; art.7 of the Directive; art.13 of the Regulation). The principles were reviewed in *Bristol Myers Squibb v Paranova*, cases (C-427/93), (C-429/93) and (C-436/93).[18] Member States cannot extend the concept of exhaustion to goods put on the market anywhere in the world.[19] In some circumstances, an importer may re-label goods with a registered trade mark, in particular where it would be impracticable to market the goods in the market of importation in their original packaging.[20]

It is for the defendant to prove unequivocally that the proprietor has consented to the goods being marketed under the trade mark in the EEA. The mere act of placing goods on the market outside the EEA, even without any express restriction on where they may be resold, does not exhaust the proprietor's rights.[21]

Threats The statutory threats regime was updated, with effect from 1 October 2017, by the Intellectual Property (Unjustified Threats) Act 2017, leading to ss.21–21F being added to the Trade Marks Act 1994.

77-09

The main new features in ss.21–21F concern (a) no liability for threats made to "primary" infringers, even if the threat also refers to other acts of secondary infringement; (b) the creation of a "safe harbour" for bona fide communications with secondary infringers to discover if the right is being infringed and by whom; and (c) protection from liability for professional advisers acting in that capacity. Whilst it remains to be seen how the new provisions work out in practice, there has been an attempt (at least) to tackle many of the problems with the old s.21. The new provisions are lengthy and detailed with conditions attaching to each of those summary points.

The new provisions start, in s.21, by effectively defining when a communication contains a threat. Section 21A then defines those threats that are actionable by any person aggrieved by the threat. The basic rule is that any threat is actionable, subject to two broad and important categories of exception. The first exclusion concerns essentially acts of "primary" infringement, but is broader than that (see further in the following paragraphs). The second category of exclusion concerns a threat which is not an express threat if it is contained in a "permitted communication". Permitted communications are then defined in s.21B, by reference to the term "permitted purpose". In essence, a "permitted purpose" covers notification that the trade mark exists but also enquiries to find out the identity of primary infringers, provided the communications are limited to those purposes (for further detail, see s.21B). As before, there is the justification defence, i.e. it is a defence to show that the act in respect of which proceedings were threatened constitutes or would constitute an infringement of the registered trade mark, but there is also a defence where no primary infringer can be found, despite the taking of reasonable steps to do so. Remedies (e.g. a declaration that the threats are unjusti-

---

[18] *Bristol Myers Squibb v Paranova*, (C-427/93), (C-429/93) and (C-436/93) [1997] F.S.R. 102. See also *Mastercigars Direct Ltd v Hunters & Frankau Ltd* [2007] R.P.C. 24.

[19] *Silhouette International Schmied GmbH & Co KG v Hartlauer Handelsgesellschaft mbH* (C-355/96) [1998] E.C.R. I–4799, and the subsequent stages of this tortuous litigation: *Boehringer Ingelheim KG v Swingward Ltd* (C-348/04) [2007] E.T.M.R. 71 and [2008] EWCA Civ 83; [2008] 2 C.M.L.R. 22.

[20] *Boehringer Ingelheim KG v Swingward Ltd* [2002] F.S.R. 61, ECJ, and the subsequent stages of this tortuous litigation: *Boehringer Ingelheim KG v Swingward Ltd* (C-348/04) [2007] E.T.M.R. 71; and [2008] 2 C.M.L.R. 22.

[21] *Zino Davidoff v A & G Imports Ltd* (C-414/99), (C-415/99) and (C-416/99) [2001] E.C.R. I–8691, *Levi Strauss & Co v Tesco Stores Ltd* [2002] EWHC 1625; [2001] E.C.R. I–8691.

fied, an injunction to restrain further threats, or damages for the person aggrieved by the threats) and defences are provided in s.21C. There is a further and new exemption for regulated professional advisers in s.21D, provided they are acting in that capacity. Finally, there are supplementary provisions in s.21E, applying ss.21 and 21B to published applications, and in s.21F, to include proceedings for delivery up and/or disposal of infringing goods under ss.16 and 19 respectively.

The threats provisions apply to UK registered trade marks and EU trade marks (see reg.4 of the Community Trade Mark Regulations 1996 (SI 1996/1908)).

77-10 Other rights of action The 1994 Act also created more specialised rights of action provided under the Paris Convention. There are rights of action to protect well-known trade marks within the meaning of the Paris Convention (ss.56 and 60—the latter creating a right of action against an agent of a well-known trade mark who uses the mark or registers it in his own name); and the national emblems of foreign countries (s.57). These provisions refer only to relief by way of injunction. However, claims brought under s.60 (and possibly s.56) could involve real damage to the claimant and/or illegitimate profits being made by the defendant. It would be prudent to try to recover damages or profits, pending any decision as to whether they are recoverable.

If a company has been registered under a name that infringes a trade mark then an objection may be raised in the Company Names Tribunal under ss.69–174 of the Companies Act 2006. If an Internet domain name has been registered that infringes upon a trade mark then the World Intellectual Property Office and its affiliated organisations (Nominet in the UK) offer a dispute resolution service but the High Court have refused to hear appeals from a Nominet decision.[22]

77-11 Pleading In an infringement action, the claimant must plead his title to the registered trade mark (or his right to sue as a licensee); and that the defendant has done or is doing acts which amount to infringement. It may well be appropriate to plead infringement under one or more of ss.10(1)–(3) in the alternative. The claimant should also plead that the mark has a reputation if that assists the cause of action. It is not clear whether it is necessary to plead that the use of the sign is without the proprietor's consent (the ECJ's judgment in *Levi Strauss & Co v Tesco Stores Ltd*, suggests not), but it is common to do so.

If the claim is based upon a likelihood of confusion, particular matters claimed to give rise to it in the "global assessment" required by *Sabel v Puma*, should be pleaded. If actual instances of confusion have come to the claimant's attention, particulars of them should be pleaded.

Under s.10(3) it is for the claimant to prove the fact of unfair advantage, or detriment, or the serious risk of either occurring in the future, whereas if issue is taken as to "due cause" it is for the defendant to show that there is due cause for its use of the sign in question.[23]

Normally the claimant will plead damage or a likelihood of damage and a threat to continue the acts complained of so as to justify a claim to an injunction. It may be worthwhile to plead facts giving rise to an inference that the defendant is not honest, so as to justify wider injunctive relief.[24] In common with most intellectual

---

[22] *Toth v Emirates* [2012] EWHC 517 (Ch); [2012] 2 All E.R. (Comm) 1302.
[23] *Whirlpool Corp v Kenwood Ltd* [2009] EWCA Civ 753 at [95].
[24] *Microsoft Corp v Plato Technology Ltd, The Times,* 17 August 1999, CA.

property claims, liability is usually tried separately from quantum. Accordingly, particulars of damage are not normally included in the particulars of claim. However, and especially if the claim is essentially quia timet, following judgment on liability, the court may refuse to allow any claim to damages or profits to proceed, unless the claimant can show an arguable case for monetary relief.[25] Therefore, it may be sensible to plead heads of damage. Interest on financial relief is claimed in the usual way.

CPR r.63.13 requires that actions for infringement of a registered trade mark or a community trade mark must be brought in the Chancery Division of the High Court, the Intellectual Property Enterprise Court, or a County Court where there is also a Chancery District Registry.

Particulars The specific acts of infringement relied upon are normally given by way of particulars to a general allegation of infringement. They need not and probably should not be contained in a separate document.

77-12

Where the trade mark is alleged to have a reputation (or to be a well-known mark), but it is not a household name, the basis of the reputation (e.g. extensive use and/or advertising) should be particularised. Where pleading and proving reputation may prove to be unduly costly, it is sensible for the claimant to warn the defendant of the likely costs. If warned, the defendant may think it wise to make certain admissions.[26]

Relief claimed The normal remedies are an injunction, delivery-up (under s.16(1) of the 1994 Act), an inquiry as to damages or an account of profits and costs. *Norwich Pharmacal* relief is often claimed, for disclosure of suppliers and/or customers.[27] The form of the injunction is normally general—against "infringing registered trade mark no. [..........]" (but see *Microsoft Corp v Plato Technology Ltd*). In respect of a community trade mark, an injunction prohibiting its further infringement can extend to the entire area of the EU.[28] If the claimant wins the trial on liability, he may elect immediately between seeking damages or, more rarely, an account of profits. However, a claimant is normally entitled to some disclosure from the defendant to enable an informed election to be made.[29]

77-13

Grounds of Defence

With a few exceptions, the same defences apply to claims for infringement of United Kingdom registered trade marks (under the Trade Marks Act 1994) and EU trade marks (under Regulation 2017/2001). The potential defences available may be many and varied. They can be classified under three general heads:

77-14

(a) defences of non-infringement;
(b) defences by way of an application for invalidity;
(c) defences by way of an application for revocation.

Defences of non-infringement First, the defendant may deny the elements of the tort. If the claimant is not the registered proprietor (or entitled to sue as a licensee

77-15

---

[25] See, e.g. *Prince Plc v Prince Sports Group Inc* [1998] F.S.R. 21.
[26] Cf. *Mars v Teknowledge* [2000] F.S.R. 138 at 156.
[27] *Norwich Pharmacal Co v Customs & Excise Commissioners* [1974] A.C. 133.
[28] *DHL Express France SAS v Chronoplast SA* (C-235/09) [2011] E.T.M.R. 33.
[29] *Island Records Ltd v Tring International* [1995] F.S.R. 560.

under ss.30 or 31), the action will fail; but this rarely happens. Defences that the defendant is not responsible for the acts complained of are also rare. The most frequent defence in a claim under s.10(2) of the 1994 Act or art.9(b) of the Regulation is that there is no likelihood of confusion. For examples of the factors which can or cannot be taken into account see *Specsavers International Healthcare Ltd v Asda Stores Ltd* and *JW Spear & Sons Ltd v Zynga Inc.*[30] The most frequent defence in a claim under s.10(3) of the 1994 Act or art.9(c) of the Regulation are that the trade mark does not have a reputation[31] or that the use does not take unfair advantage of and is not detrimental to the distinctive character or repute of the trade mark.[32] A defence that the use of the mark is not "without due cause" is unlikely to succeed if the other elements are made out (*Premier Brands*, but note that the CJEU uses this concept to permit fair comparative advertising and fair adwords use).

Secondly, there are a number of statutory defences. These are set out in s.11 of the 1994 Act and art.14 of the Regulation. The most important of these are as follows. It is a defence that the sign is being used to indicate the kind, quality or some other characteristic of the goods or that the use of the trade mark is necessary to indicate the intended purpose of a product or service, for example as spare part for the goods of the proprietor (s.11(2)(b) and (c) or art.14(b) and (c)). There is also an "own name defence", which used to be available to both individuals and companies or other legal entities,[33] but has now been restricted to natural persons (see s.11(2)(b) (interpreted in accordance with art.14(1)(a) of Directive 2015/2436) and art.14(a) of the Regulation). A defence under s.11(2) or art.14 is available only if the use is in accordance with honest practices in industrial or commercial matters. A sign is not used in accordance with honest practices in industrial and commercial matters, where that use would give rise to a perception that the defendant is economically connected to the proprietor of the trade mark.[34]

There are further defences applying to UK registered trade marks only. A registered trade mark is not infringed by the use of another registered trade mark, although the claimant could simultaneous apply for the other trade mark to be declared invalid (s.11(1)). Where the defendant's use of the allegedly infringing sign began before the 1994 Act came into force, it is not an infringement to continue such use, if that use was not an infringement under the old law (Sch.3, para.4 of the 1994 Act). It is not an infringement of a trade mark registered under the 1994 Act to use it to refer to goods or services of the proprietor (an act which prima facie falls within s.10(1)) if such use is in accordance with honest practices in industrial and commercial matters.[35]

"Fair" comparative advertising permits the use of another's trade mark, but such advertising requires compliance with the conditions set out in art.4 of Directive 2006/114 concerning misleading and comparative advertising which require, inter alia, that the advertising is not misleading or confusing and does not take unfair advantage of the reputation of the trade mark in question, along with other conditions.

---

[30] *JW Spear & Sons Ltd v Zynga Inc* [2015] EWCA Civ 290; [2016] 1 All E.R. 226.
[31] *General Motors Corporation v Yplon* (C-375/97) [1999] E.T.M.R. 950.
[32] *Premier Brands UK v Typhoon Europe* [2000] F.S.R. 767.
[33] *Anheuser-Busch* [2005] E.T.M.R. 286 at [77]–[80] (s.11(2)(a) or art.12(a)).
[34] *BMW AG v Deenik* (C-63/97) [1999] ECR I–905. For a review of the relevant principles see *Maier v ASOS Plc* [2015] EWCA Civ 220; [2015] EWCA Civ 220 at [145]–[160].
[35] Section 10(6) and see *Levi Strauss & Co v Tesco Stores Ltd* [2003] R.P.C. 319 and *O2 Holdings Ltd (formerly O2 Ltd) v Hutchison 3G Ltd* [2007] R.P.C. 16.

As for parallel imports, it is a defence if the goods of which complaint is made have been put on the market in the EEA under the registered trade mark by the proprietor or with his consent—see *Parallel Imports*.

Defences by way of an application for invalidity   The registration of a trade mark is prima facie evidence of its validity (s.72). But the registration may nevertheless be attacked on more or less the same grounds that would have been available to an opponent to registration (see s.47 of the 1994 Act/arts 59 and 60 of the Regulation). If these grounds are made out, the registration may be declared to have been invalid. The consequence of invalidity is that the registration is deemed never to have been made. Hence any allegedly "infringing" acts do not constitute infringement. The main grounds of attack are as follows.

77-16

(1) That the registered trade mark is not a sign capable of being represented graphically.[36] For a review see *JW Spear &Sons Ltd v Zynga Inc* (the "tile" mark).

(2) That the registered trade mark is not a sign which is capable of distinguishing goods or services of one undertaking from those of another.[37]

(3) That the registered trade mark consists exclusively of signs or indications which may serve, in trade, to designate the kind, quality, quantity, intended purpose, value, geographical origin, the time of production of goods or of rendering of services, or other characteristics of goods or services; or indications which have become customary in the current language or in the bona fide and established practices of the trade; or that the registered trade mark is otherwise devoid of any distinctive character. But the registration may be saved if, in consequence of the use that has been made of it, it has acquired a distinctive character.[38]

(4) That the registered trade mark consists exclusively of the shape which results from the nature of the goods themselves, or the shape of the goods which is necessary to obtain a technical result, or the shape which gives substantial value to the goods.[39] However, the shape of goods can be a trade mark where the shape is accepted by the public as such. Mere use might not be enough, what must be shown is that following such use the average consumer has come to rely upon the shape as denoting trade origin.[40]

(5) That the registered trade mark is contrary to public policy or to accepted principles of morality.

(6) That the registered trade mark is of such a nature as to deceive the public

---

[36] See, e.g. *Ty Nant Spring Water's Application* [1999] E.T.M.R. 981; *Shield Mark BV v Kist (t/a Memex)* [2004] R.P.C. 17 (example of a sound sign) and *Libertel Groep BV v Benelux-Merkenbureau* [2004] F.S.R. 4 (example of a colour sign).

[37] *Koninklijke Philips Electronics NV v Remington Consumer Products Ltd* (C-299/9) [2002] E.C.R. I–5475.

[38] See *Windsurfing Chiemsee Produktions-und Vertriebs GmbH v Boots-und Segelzubehor Walter Huber* (C-108/97) and (C-109/97) [1999] E.C.R. I–2779; *West (t/a Eastenders) v Fuller Smith & Turner Plc* [2003] EWCA Civ 48; [2003] F.S.R. 44; *Proctor & Gamble Co. v Office for Harmonisation in the Internal Market (Trade Marks and Designs) (OHIM)* [2001] E.C.R. I–6251; *Linde AG v Rado Uhren AG* [2003] R.P.C. 45; and *OHIM v WM Wrigley Jr Company (Doublemint)* [2004] R.P.C. 18.

[39] *Koninklijke Philips Electronics NV v Remington Consumer Products Ltd* [2002] E.C.R. I–5475; *Koninklijke Philips Electronics NV v Remington Consumer Products Ltd* [2006] F.S.R. 30; and *Linde AG v Rado Uhren AG* [2003] R.P.C. 45.

[40] *Bongrain SA's Trade Mark Application (No.2134604)* [2004] EWCA Civ 1690; [2005] R.P.C. 14.

(for instance as to the nature, quality or geographical origin of the goods or service).

(7) That the application for the trade mark was made in bad faith. Bad faith is an autonomous concept of EU law.[41]

(8) That the registered trade mark conflicts with an earlier registered trade mark. The rules for conflicts of this sort are identical to the requirements for an infringement action (see s.5(1)–(3) of the 1994 Act; art.8(1) of the Regulation). So if the later trade mark infringes the earlier trade mark, it should not have been registered.

(9) That the use of the registered trade is liable to be prevented by an earlier right (s.5(4) of the 1994 Act). Commonly, this "earlier right" is the right of a person to prevent use of the mark by a claim for passing off; but it would include other rights, for example, that the use of the trade mark would be an infringement of copyright.

77-17 Defences by way of an application for revocation The grounds for revocation are set out in s.46 of the 1994 Act and art.58 of the Regulation. If any of them are made out, the registration must be revoked—the court has no discretion to keep the mark on the register (*Premier Brands*). Unlike a finding of invalidity, revocation takes effect only from the date of the application for revocation, or from such earlier date at which the court is satisfied that the grounds are made out. So a defendant may have to pay damages for past infringements occurring before the date at which revocation takes effect. The grounds are:

(1) Non-use. If the registered trade mark is not put to genuine use within the first five years after completion of the registration formalities, or if such use is suspended for an uninterrupted period of five years, and there are no proper reasons for such non-use, the registered trade mark may be revoked. The mark can be saved if use is started or resumed (as the case may be), but any use within the three months prior to the application for revocation is to be disregarded unless preparations had begun before the proprietor became aware that the application might be made. For a discussion as to what constitutes "genuine use", see *Laboratoires de la Mer Trade Marks*; *Ansul BV v Ajax Brandbereiliging BV*; *La Mer Technology Inc v Laboratiores Geomar SA*; *Imaginarium Trade Mark*, and *Specsavers International v Asda* (C-252/12).[42]

Where the mark has been used, but not for the full width of goods for which it has been registered, the court may in appropriate cases "cut down" the specification of goods to those in respect of which it has been used. For a summary and application of the principles see *Stichting BDO v BDO Unibank Inc*.[43]

(2) That in consequence of the acts or inactivity of the proprietor, the registered trade mark has become the common name in the trade for the product or

---

[41] See *Chocoladefabriken Lindt &Sprungli AG v Franz Hauswirth GmbH* (C-529/07) [2009] E.T.M.R. 56; *Malaysia Dairy Industries Pte Ltd v Ankenaevnet for Patenter og Varemaerker* (C-320/12) [2013] E.T.M.R. 36 and *Red Bull GmbH v Sun Mark Ltd* [2012] EWHC 1929 (Ch).

[42] *Laboratoires de la Mer Trade Marks* [2002] F.S.R. 51; *Ansul BV v Ajax Brandbereiliging BV* [2003] R.P.C. 40; *La Mer Technology Inc v Laboratiores Geomar SA* [2004] F.S.R. 38; *Imaginarium Trade Mark* [2004] R.P.C. 30; and *Specsavers International v Asda* (C-252/12).

[43] *Stichting BDO v BDO Unibank Inc* [2013] EWHC 418 (Ch); [2013] E.T.M.R. 31.

service for which it is registered. This would cover the case where the proprietor has failed to take infringement actions for so long, that the mark has become the common name for a product. See generally *Kornspitz* (C-409/12), where the CJEU applied its earlier *Bjornekella* ruling.[44]

(3) That in consequence of the use made of it by the proprietor, it is liable to mislead the public, particularly as to the nature, quality or geographical origin of the goods or services for which it is registered.[45]

Pleadings and Particulars There are no special rules as to pleading a defence of noninfringement; but under CPR r.16.5 the defendant should make clear the grounds on which infringement is denied. The defence should make clear to what extent the defendant admits carrying out the acts complained of, but denies that such acts amount to an infringement; and the extent to which he denies the acts themselves.

77-18

The defendant may put in issue the validity of the registration of the trade mark, and may apply by Pt 20 claim for an order for revocation of the registration or for a declaration of invalidity of the registration or for rectification of the register (CPR r.63.15). If he does so, he must serve a copy of his Pt 20 claim form on the Registrar, who is then entitled to take part in the proceedings (CPR PD 63 para.21.1). In practice he seldom does, only intervening if a point of important trade mark registry practice is involved.

It is no longer a requirement to serve a separate document containing the particulars of the objections to the validity of the registration or of any grounds for revocation or rectification, on which he relies. But in all such cases, the Defence and Pt 20 claim must contain the substantial allegations against validity and the detailed particulars relied upon in support.

CLAIM BY REGISTERED PROPRIETOR FOR INFRINGEMENT OF REGISTERED TRADE MARK
(s.10(1) OF THE 1994 ACT)

1. The Claimant is and at all material times was the registered proprietor of the registered trade mark SQUIFFO registered under no. 1,234,567 in Class 31 in respect of tea.

77-U1

2. At all material times the registered trade mark has been subsisting. A copy of the registration certificate is annexed.

3. Prior to the issue of the claim form herein, and subsequent to the date of registration, the Defendant has infringed the registered trade mark by the use in the course of trade of a sign which is identical to the registered trade mark in relation to goods which are identical to those for which the trade mark is registered.

Particulars of Infringement
[*State in full the particulars of the acts complained of*, e.g.The Defendant has since a date unknown to the Claimant sold packets of tea to retail outlets bearing

---

[44] *Backaldrin Osterreich The Kornspitz Co GmbH v Pfahnl Backmittel GmbH* (C-409/12) EU:C:2014:130; [2014] Bus. L.R. 320, where the CJEU applied its earlier *Bjornekulla Fruktindustrier AB v Procordia Food AB* (C-371/02) EU:C:2004:275 [2004] E.C.R. I–5791 ruling.

[45] See the speeches in the House of Lords in *Scandecor Development AB v Scandecor Marketing AB* [2002] F.S.R.7.

the mark SQUIFFO. In particular, the Claimant relies on the fact that such packets of tea were exposed for sale in such a retail outlet, namely [..........], on [date].]

4. The Claimant is unable to give particulars of each such act of infringement but at trial shall seek a remedy in respect of each such act.

5. By reason of the acts of the Defendant as aforesaid, the Claimant has suffered loss and damage. Unless restrained, the Defendant threatens and intends to continue such acts, whereby the Claimant will suffer further loss and damage.

6. The Claimant is entitled to and claims interests on all sums due to it from the Defendant pursuant to s.35A of the Senior Courts Act 1981 and/or the equitable jurisdiction of the Court.

AND the Claimant claims:
(1) An injunction to restrain the Defendant from infringing registered trade mark no.1,234,567.
(2) Delivery-up to the Claimant of all articles and documents the use of which by the Defendants in the course of trade would be a breach of the foregoing injunction, together with an order pursuant to s.16(1) of the Trade Marks Act 1994 for the delivery-up of all infringing goods, materials or articles.
(3) An inquiry as to damages, or at the election of the Claimant, an account of profits, for infringement of registered trade mark, together with an order for payment of all sums found due to the Claimant with interest thereon pursuant to s.35A of the Senior Courts Act 1981 and/or the equitable jurisdiction of the Court.
(4) Costs.
(5) Further or other relief.

CLAIM BY REGISTERED PROPRIETOR FOR INFRINGEMENT OF REGISTERED TRADE MARK
(s.10(2) OF THE 1994 ACT)

77-U2   [As in Precedent 77-U1 except for:]

3. Prior to the issue of the claim form herein, and subsequent to the date of registration, the Defendant has infringed the registered trade mark by the use in the course of trade of a sign where, because the sign is [similar/identical] to the registered trade mark and is used in relation goods [similar/identical] to those for which the registered trade mark is registered, there exists a likelihood of confusion.

Particulars of Infringement

[*State in full the particulars of the acts complained of*, e.g.The Defendant has since a date unknown to the Claimant sold packets of coffee to retail outlets bearing the mark Skwiffo. In particular, the Claimant relies on the fact that such packets of coffee were exposed for sale in such a retail outlet, namely [..........], on [date].]

Particulars of Confusion or its Likelihood

[If actual instances of confusion have come to light, they should be pleaded. Alternatively, if particular matters give rise to a likelihood of confusion, they should be set out.]

Claim by registered proprietor for infringement of registered trade mark (s.10(3) of the 1994 Act)

1.–2. [As in Precedent 77-U1, above.]   **77-U3**

3. The registered trade mark has a reputation in the United Kingdom. Hereunder, the Claimant relies on the following [set out, e.g. details of sales and/or advertising under the registered trade mark or other support for the claimed reputation].

4. Prior to the issue of the claim form herein, and subsequent to the date of registration, the Defendant has infringed the registered trade mark by the use in the course of trade of a sign which is [identical/similar] to the registered trade mark, where such use, being without due cause, takes unfair advantage of, or is detrimental to the distinctive character or repute of the trade mark.

Particulars of Infringement

[*State in full the particulars of the acts complained of*, e.g. The Defendant has since a date unknown to the Claimant sold kitchen scales to retail outlets bearing the mark SQUIFFO. In particular, the Claimant relies on the fact that such kitchen scales were exposed for sale in such a retail outlet, namely [..........], on [date].]

Particulars of Unfair Advantage [and/or] Detriment

[Set out particular matters giving rise to unfair advantage (including any specific matters relied upon in support of the allegation that the advantage obtained is unfair), detriment to distinctive character, and detriment to repute]

5. [Continue as in para.4 et seq. of Precedent 77-U1, above.]

Claim by s.30 licensee for infringement of registered trade mark

1. The Second Defendant is and at all material times was the registered proprietor of the registered trade mark SQUIFFO registered under no.1,234,567 in Class 31 in respect of tea.   **77-U4**

2. At all material times the registered trade mark has been subsisting. A copy of the registration certificate is annexed.

3. The Claimant has at all material times had a licence from the Second Defendant to use the registered trade mark in the United Kingdom. A copy of the said licence is annexed.

4. On [date] the Claimant called upon the Second Defendant to bring infringement proceedings against the First Defendant in respect of the acts of infringement complained of herein, by letter dated [date] (a copy of which is annexed). The Second Defendant has refused and failed to take such proceedings.

5. [Continue as in para.3 et seq. of Precedent 77-U1, above.]

Claim by s.31 licensee and registered proprietor for infringement of registered trade mark and Community trade mark

1. The First Claimant is and at all material times has been the registered proprietor of: **77-U5**

(a) United Kingdom registered trade mark SQUIFFO registered under no.1,234,567 in Class 36 in respect of insurance services; and
(b) Community trade mark SQUIFFO registered under no.12345 in class 36 in respect of motor insurance services.

2. At all material times both registrations have been subsisting. Copies of the registration certificates are annexed.

3. At all material times the Second Claimant has held an exclusive licence from the First Claimant to use both registered marks in the United Kingdom. The said licence provided that the Second Claimant was to have the same rights and remedies in respect of matters occurring after the grant of the licence as if the licence had been an assignment. A copy of the said licence is annexed.

4. [Continue as in Precedents 77-U1, 77-U2, or 77-U3 above, including both Claimants. If one of the Claimants has suffered particular damage, provide particulars.]

CLAIM IN AN ACTION FOR THREATS

77-U6   1. The Claimant carries on business supplying kitchen scales under and by reference to the mark SQUIFFO.

2. The Claimant's customers include (but are not limited to) the following retail outlets: [specify].

3. By letter dated [date] to the persons named in paragraph 2 above, the Defendant threatened those persons with proceedings for infringement of registered trade mark no.1,234,567 in respect of the sale and offering for sale of the Claimant's kitchen scales. A copy of the said letter is annexed.

4. Further, it is inferred and averred that the Defendant has made such threats to all of the Claimant's customers and to other persons who are potential customers of the Claimant. The Claimant is unable to give particulars of the making of each threat but at trial shall seek a remedy in respect of each threat.

In the premises the threats made by the Defendant are actionable and the Claimant is a person aggrieved by the threats.

5. By reason of the acts of the Defendant as aforesaid, the Claimant has suffered loss and damage. Unless restrained, the Defendant threatens and intends to continue such acts, whereby the Claimant will suffer further loss and damage.

6. The Claimant is entitled to and claims interests on all sums due to it from the Defendant pursuant to s.35A of the Senior Courts Act 1981 and/or the equitable jurisdiction of the Court.

AND the Claimant claims:
(1) A Declaration that the threats made by the Defendant in its letter of [date] are unjustified.
(2) An injunction to restrain the Defendant from continuing to make the said threats.

(3) An inquiry as to damages, or at the election of the Claimant, an account of profits, for groundless threats of infringement proceedings, together with an order for payment of all sums found due to the Claimant with interest thereon pursuant to s.35A of the Senior Courts Act 1981 and/or the equitable jurisdiction of the Court.
(4) Costs.
(5) Further or other relief.

See the revision of para.77-08 above and the new threats provisions in ss.21–21F of the Trade Marks Act 1994. When pleading a defence to a threats claim, practitioners are advised to use the statutory terminology e.g. when relying on a "permitted communication" or a "permitted purpose".

CLAIM FOR AN INJUNCTION UNDER S.56 OF THE 1994 ACT

1. The Claimant is a company incorporated under the laws of the United States of America, which country is a party to the Paris Convention for the Protection of Industrial Property. It is the proprietor of the trade mark SQUIFFO, which it uses in relation to its tea.

77-U7

2. The mark SQUIFFO is well-known in the United Kingdom as being the mark of the Claimant. In particular, the Claimant relies on the following:
(1) The Claimant's tea is very well-known in the United States of America so that the mark SQUIFFO is a household name. Very many residents of the United Kingdom visit the United States of America every year and the Claimant's tea would have come to the attention of very many of those persons.
(2) The Claimant's tea has featured in very many films shown in the United Kingdom and television programmes broadcast in the United Kingdom, for example: [specify].
(3) The Claimant has extensively advertised its tea in the following publications which are circulated in the United Kingdom: [specify].

3. The Defendant has used a trade mark which is identical to the Claimant's mark in relation to identical goods, where such use is likely to cause confusion.

Particulars of Infringement

[*State in full the particulars of the acts complained of*, e.g. The Defendant has since a date unknown to the Claimant sold packets of tea to retail outlets bearing the mark SQUIFFO. In particular, the Claimant relies on the fact that such packets of tea were exposed for sale in such a retail outlet, namely [..........], on [date].]

4. The Claimant is unable to give particulars of each such act but at trial shall seek a remedy in respect of each such act.

5. Unless restrained, the Defendant threatens and intends to continue the aforesaid acts.

AND the Claimant claims:
(1) An injunction to restrain the Defendant from the use in the course of trade of the mark SQUIFFO (or any mark colourably similar thereto) in relation to tea.

(2) Delivery-up to the Claimant of all articles and documents the use of which by the Defendants in the course of trade would be a breach of the foregoing injunction.
(3) Costs.
(4) Further or other relief.

CLAIM FOR AN INJUNCTION PURSUANT TO S.57 OF THE 1994 ACT

77-U8 1. The Claimant is the attorney-general of Jolandia, which country is a party to the Paris Convention for the Protection of Industrial Property. He is the competent authority of Jolandia within the meaning of s.57 of the Trade Marks Act 1994.

2. The national emblem of Jolandia is the device appearing at Annex 1 to these Particulars of Claim and is referred to herein as the Jolandian emblem.

3. The Defendant has used a trade mark which is identical to the Jolandian emblem.

Particulars of Infringement

[*State in full the particulars of the acts complained of*, e.g. The Defendant has since a date unknown to the Claimant sold packets of tea to retail outlets bearing the Jolandian emblem. In particular, the Claimant relies on the fact that such packets of tea were exposed for sale in such a retail outlet, namely [..........], on [date].]

4. The Claimant is unable to give particulars of each such act of infringement but at trial shall seek a remedy in respect of each such act.

5. Unless restrained, the Defendant threatens and intends to continue the aforesaid acts.

AND the Claimant claims:
(1) An injunction to restrain the Defendant from the use in the course of trade of Jolandian emblem (or any mark colourably similar thereto).
(2) Delivery-up to the Claimant of all articles and documents the use of which by the Defendants in the course of trade would be a breach of the foregoing injunction.
(3) Costs.
(4) Further or other relief.

CLAIM PURSUANT TO S.60 OF THE 1994 ACT

77-U9 1. The Claimant is the proprietor of the mark SQUIFFO for tea in a country which is a party to the Paris Convention for the Protection of Industrial Property, namely Jolandia.

2. The Defendant has since [date] been the representative of the Claimant in the United Kingdom for the purposes of the Claimant's trade in its tea.

3. The Defendant has registered in the United Kingdom the trade mark SQUIFFO under no.1,234,567 in Class 31 in respect of tea.

4. Further, the Defendant has used the mark SQUIFFO in relation to tea, not being tea of the Claimant.

Defence denying infringement under s.10(3) of the 1994 Act

Particulars of Infringement
[*State in full the particulars of the acts complained of*, e.g. The Defendant has since a date unknown to the Claimant sold packets of tea to retail outlets bearing the mark SQUIFFO. In particular, the Claimant relies on the fact that such packets of tea were exposed for sale in such a retail outlet, namely [..........], on [date].]

5. The Claimant is unable to give particulars of each such act but at trial shall seek a remedy in respect of each such act.

6. Unless restrained, the Defendant threatens and intends to continue such acts.

AND the Claimant claims:
(1) An order for rectification of the register of trade marks to substitute the name of the Claimant as the proprietor of registered trade mark no.1,234,567.
(2) An injunction to restrain the Defendant from the use in the course of trade of the mark SQUIFFO in relation to tea; or otherwise infringing registered trade mark no.1,234,567.
(3) Delivery-up to the Claimant of all articles and documents the use of which by the Defendants in the course of trade would be a breach of the foregoing injunction.
(4) An inquiry as to damages, or at the election of the Claimant, an account of profits, for infringement of the rights conferred by s.60 of the Trade Marks Act 1994, together with an order for payment of all sums found due to the Claimant with interest thereon pursuant to s.35A of the Senior Courts Act 1981 and/or the equitable jurisdiction of the Court.
(5) Costs.
(6) Further or other relief.

Defence denying infringement under s.10(2) of the 1994 Act

77-U10

1. The Defendant admits that the registered trade mark is registered in the name of the Claimant and is subsisting.

2. The Defendant admits that it has performed the acts set out under the Particulars of Infringement, but denies that such acts amount to an infringement of the registered trade mark as alleged or at all. In particular, the Defendant will say as follows:
   (a) It is admitted that the registered trade mark SQUIFFO is similar to the mark used by the Defendant.
   (b) It is denied that the coffee sold by the Defendant is similar to the goods for which the registered trade mark is registered.
   (c) It is denied in any event that there exists a likelihood of confusion by reason of the acts complained of or at all.

3. In the premises the Defendant is not entitled to the remedies claimed or any remedy.

Defence denying infringement under s.10(3) of the 1994 Act

77-U11

The Defendant admits that it has performed the acts set out under the Particulars of Infringement, but denies that such acts amount to an infringement of the

registered trade mark as alleged or at all. In particular, the Defendant will say as follows:
  (a) It is admitted that the registered trade mark has a reputation.
  (b) It is denied that the Defendant's use of the sign SQUIFFO gives rise to a link between the sign and the registered trade mark. It is further denied that the Defendant's use takes unfair advantage of, or is detrimental to the distinctive character or repute of the registered trade mark.

Defence under ss.10(6) and 11(2) of the 1994 Act

77-U12 [*Defences under these provisions should follow the wording of relevant provision in the 1994 Act and then give such further particulars as are necessary*, e.g: The use of the word SQUIFFO upon the Defendant's tea is the use of an indication concerning the geographical origin of goods. The Defendant's tea is grown on the slopes of Mount SQUIFFO in Kenya, and the Defendant uses the word SQUIFFO upon the packaging of its tea to indicate that fact.]

Defence under Schedule 3, paragraph 4 of the 1994 Act

77-U13 The Defendant has been using the mark SQUIFFO in relation to its coffee since before the commencement of the Trade Marks Act 1994. Such use did not infringe the registered trade mark under the Trade Marks Act 1938 and, by reason of the provisions of paragraph 4, Schedule 3 to the 1994 Act, such use cannot amount to infringement under the 1994 Act.

Defence and Counterclaim for an order for revocation of the registration and for a declaration of invalidity of the registration and for rectification of the register

77-U14 1. The Defendant admits the acts complained of in the Particulars of Claim.

2. The registration of the registered trade mark is and always has been invalid for the reasons set out in the Particulars of Objections annexed.

3. Further, the registered trade mark is liable to be revoked on the grounds set out in the Particulars of Objections annexed.

4. In the premises the Claimant is not entitled to the remedies claimed or any remedy.

Counterclaim

4. The Defendant repeats paragraphs 2 and 3 above.

AND the Defendant claims:
  (1) A declaration that registered trade mark no.1,234,567 is invalid.
  (2) An order for the rectification of the register of trade marks to remove the entry relating to registration no.1,234,567.
  (3) An order for the revocation of registered trade mark no.1,234,567.

(4) Further or other relief.
(5) Costs.

Defence of exhaustion of rights

The tea sold by the Defendant was tea previously put on the market with the consent of Claimant, by SQUIFFO GmbH (the German sister company of the Claimant), under the registered trade mark, in the EEA (in particular Germany and Austria). 77-U15

Particulars of Objection (Invalidity)

The following are the Particulars of Objection referred to in the Defence and Counterclaim to the validity of UK registered trade mark no.1,234,567 and to the validity of Community trade mark no.12345. 77-U16
[State in full detail the grounds relied upon, e.g.]

1. The word SQUIFFO has at all material times referred to a particular method of blending tea. In the premises, each of the registered marks consists exclusively of signs which may serve in trade to designate the kind, quality or other characteristics of the goods for which it is registered. Further, in the premises each of the registered trade marks is devoid of distinctive character.

2. Without prejudice to the generality of the foregoing, the Defendant will rely on the following uses of the word SQUIFFO to designate a method of blending tea, in trade manuals and periodicals: [identify documents]. Copies of the same are annexed.

3. Further or alternatively, the mark SQUIFFO has at all material times been extensively used by Princess Drinks Limited in relation to tea, such that Princess Drinks Limited had at the date of registration of the registered trade mark a right under the law of passing off to prevent the use of the registered trade mark.

Particulars of Objection (Revocation)

The following are the Particulars of Objection referred to in the Defence and Counterclaim, containing the grounds upon which UK registered trade mark no.1,234,567 should be revoked. 77-U17
[*State in full detail the grounds relied upon,*] e.g.

1. Up to the date of service of the Defence and Counterclaim herein, the Claimant had not put the registered trade mark to genuine use in the United Kingdom in relation to the goods for which it is registered for a period of 5 years or more. Alternatively, if there has been any such use, that use occurred within the 3 months before the service of the said Defence and Counterclaim and is to be disregarded.
Or

1. In consequence of the use made of the registered trade mark by the Claimant and with his consent in relation to the goods for which it is registered, it is liable to mislead the public, in particular as to the nature or quality of those goods.

Particulars

[Give particulars.]

DEFENCE TO AN ACTION FOR THREATS

77-U18 1. The Defendant admits the communications pleaded in Paragraph x of the Particulars of Claim.

2. None of those communications contain an actionable threat because [state the reason e.g. the communications were permitted communications made for a permitted purpose in that [e.g] the communications merely gave notice that the Defendant has rights in registered trade mark no. [x] and it was necessary to make all those entities who received the communications aware of the Defendant's rights to enable the Defendant to bring proceedings for infringement of registered trad mark [x] in respect of [specify the particular acts] …; the acts alleged to infringe consisted of the application of a sign to goods;

Section 78:

PASSING OFF[1]

Table of Contents

Claim for Passing Off the Defendant's Goods as the Claimant's Goods	78-U1
Claim for Passing Off one quality of Claimant's Goods for another	78-U2
Claim for Passing Off through registration and retention of an internet domain name	78-U3
Claim for Passing Off by Misrepresentation that a Celebrity has endorsed the Defendant's Products	78-U4
Defence Denying False Representation	78-U5
Partial Admission of Goodwill, Denial of the Remainder	78-U6
Defence Alleging Acquiescence	78-U7
Defence of Concurrent Right	78-U8

Right of action The modern statement of the law is that of Lord Oliver in *Reckitt & Colman Products Ltd v Borden Inc* (Jif),[2] who said "The law of passing off can be summarised in one short general proposition—no man may pass of his goods as those of another." He went on to say: 78-01

> "More specifically, it may be expressed in terms of the elements which the plaintiff in such an action has to prove in order to succeed. These are three in number. *First, he must establish a goodwill* or reputation attached to the goods or services which he supplies in the mind of the purchasing public by association with the identifying 'get-up' (whether it consists simply of a brand name or a trade description, or the individual features of labelling or packaging) under which his particular goods or services are offered to the public, such that the 'get-up' is recognised by the public as distinctive specifically of the plaintiff's goods and none other. *Secondly, he must demonstrate a misrepresentation* by the defendant to the public (whether or not intentional) leading or likely to lead the public to believe that goods or services offered by him are the goods or services of the claimant ... *Thirdly, he must demonstrate that he suffers or, in a qua timet action, that he is likely to suffer, damage* by reason of the erroneous belief engendered by the defendant's misrepresentation that the source of the defendant's goods or services is the same as those offered by the plaintiff." (Emphasis added.)"

Or, more pithily: "no man is entitled to steal another man's trade by deceit".[3]

If a company has been registered under a name that infringes on the goodwill of another business (even if it is not a registered company) then an objection may be raised in the Company Names Tribunal under ss.69–74 of the Companies Act 2006.

---

[1] For a detailed treatment of the law see *Kerly's Law of Trade Marks and Trade Names*, 16th edn (London: Sweet & Maxwell, 2018).
[2] *Reckitt & Colman Products Ltd v Borden Inc* [1990] 1 W.L.R. 491 (Jif).
[3] See also *Consorzio del Prosciutto do Parma v Marks & Spencer* [1991] R.P.C. 351 at 368.

Similarly, if an internet domain name has been registered that infringes upon the name or trading style of another business then the World Intellectual Property Office and its affiliated organisations (Nominet in the UK) offer a dispute resolution service but the High Court have refused to hear appeals from the a Nominet decision.[4]

78-02 **Goodwill** The action protects goodwill attaching to a trade mark, get-up, service mark, or business name. Registration or otherwise as a trade or service mark is irrelevant; but where the claimant is also the owner of a registered mark a claim for infringement will generally be available also. Where this is so the two claims can and must be combined in the same action. Many matters are common to the two rights of action so reference should also be made to Section 77: Registered Trade Marks.

In the normal case the claimant is the sole owner of the goodwill, but the tort is wide enough to protect the claimant when he is a member of a class which shares the goodwill. The latter include cases (sometimes referred to as "the extended form of passing off") where the claimant complains of the misapplication of a descriptive term in which there is substantial goodwill (e.g. Champagne).[5] Where the goodwill is shared it is possible for one co-owner to bring an action against the other.[6] As regards foreign claimants, a claimant must establish that is has actual goodwill in the UK, and that such goodwill involves the presence of clients or customers in the jurisdiction for the product or services in question. It is not enough where the claimant's business is abroad to show that people who are in the jurisdiction are customers of the claimant when they go abroad, if they are not customers of the claimant while they are in the jurisdiction.[7]

Where a name or trade mark is prima facie descriptive, the claimant must prove that it has come to have a secondary meaning as denoting his goods, and even then the court will readily accept small differences as enough to avoid deception.[8]

The relevant date for assessing a claimant's goodwill is the date that the activities complained of commenced.[9]

78-03 **Misrepresentation** It is essential that the defendant makes some sort of misrepresentation which is likely to deceive a substantial proportion of the public. Mere confusion, not amounting to deception, is not sufficient.[10] Whether there is a likelihood of deception is a "jury" type question.[11]

Thus it is not passing off if the defendant trades on the claimant's advertising

---

[4] *Toth v Emirates* [2012] EWHC 517 (Ch); [2012] 2 All E.R. (Comm) 1302.
[5] See *Consorzio del Prosciutto do Parma v Marks & Spencer Plc* [1991] R.P.C. 351 and *Chocossuisse Union des Fabricants Suisses de Chocolat v Cadbury* [1998] R.P.C. 117 and [1999] R.P.C. 826.
[6] *Sir Robert McAlpine Ltd v Alfred McAlpine* [2004] R.P.C. 36.
[7] See *Starbucks (HK) Ltd v British Sky Broadcasting Group Plc* [2015] UKSC 31; [2015] 1 W.L.R. 2628 at [47]–[52].
[8] *Office Cleaning Services v Westminster Window and General Cleaners* (1946) 63 R.P.C. 39 and *Radio Taxicabs (London) Ltd v Owner Drivers Radio Taxi Services Ltd* [2004] R.P.C. 19.a
[9] *Cadbury Schweppes Pty Ltd v Pub Squash Co Pty Ltd* [1981] W.L.R. 193; [1981] R.P.C. 429.
[10] *Marengo v Daily Sketch (1946)* [1992] F.S.R. 1; *HFC Bank Plc v HSBC Bank Plc (formerly Midland Bank Plc)* [2000] F.S.R. 176 and especially *Hodgkinson & Corby v Wards Mobility* [1995] F.S.R. 169 at 175.
[11] *Neutrogena Corp v Golden Ltd* [1996] R.P.C. 473 at 482.

without making a misrepresentation.[12] Nor is it passing off for the defendant to say (if it be the fact) that his goods are the same as those of the claimant.[13] However, if he falsely makes such a representation, and there is a clear difference between his goods and those of the claimant, the action will lie.[14] Similarly passing off will lie where the defendant falsely represents that he is selling goods of the claimant of one quality when in fact he is selling goods of the claimant of another quality.[15] It is not necessary that the misrepresentation be made intentionally; but if an intent by the defendant to deceive is proved, that will help the claimant considerably, for the court is apt to accept that the defendant has achieved what he intended.[16] It is passing off to enable passing off by others, as for instance, where the defendant's customers are retailers who will not be deceived (because they know from whom they are buying) but the ultimate consumers will be deceived.[17] Thus, injunctions are often framed so as to prevent the defendant from passing off or causing, enabling or assisting others to pass off. In this class of case the tort is complete when the goods are sold to the middleman.[18]

It was once thought necessary that there be a "common field of activity" between the claimant and defendant, but this is not so.[19] In that case it was established that it is passing off to use the image or name of a celebrity in advertising in such a way as to falsely suggest that he endorses the product being advertised; but the limits of this cause of action remain to be worked out. However, where the fields of activity are very different it may be more difficult to prove a misrepresentation.[20]

Further it is possible for an action in passing off to be founded on the basis that the use of the proprietor's marks or name in promotional material (such as election campaign advertisements) could misrepresent the proprietor as endorsing or supporting a cause to the detriment of the proprietor's reputation and goodwill.[21]

Instruments of Deception Since passing off is founded on deception, anything adapted or intended to be used for the purposes of passing off is an instrument of deception. An action will lie for injunctive relief against a defendant who has equipped himself or threatens to equip another with an instrument of deception.[22] This doctrine is particularly relevant where the defendant has registered either an internet domain name which is identical to the claimant's well-known mark or a company name which includes the well-known mark. Indeed, in appropriate circumstances, the mere registration of such a name amounts to passing off (see *British Telecommunications v One in a Million*).

78-04

---

[12] *Cadbury Schweppes Pty Ltd v Pub Squash to Pty Ltd* [1981] R.P.C. 429.
[13] *Broad v Graham* [1969] R.P.C. 285.
[14] *Combe v Scholl* [1980] R.P.C. 1.
[15] *Spalding v Gamage* (1915) 32 R.P.C. 273.
[16] *Slazenger v Feltham* (1889) 6 R.P.C. 531.
[17] *Reddaway v Banham* [1896] A.C. 199.
[18] *My Kinda Town v Soll* [1983] R.P.C. 15.
[19] See *Irvine v Talksport Ltd* [2002] F.S.R. 60.
[20] *Annabel's (Berkeley Square) Ltd v G Schock (t/a Annabel's Escort Agency)* [1972] R.P.C. 838 or damage *Harrods Ltd v Harrodian School Ltd* [1996] R.P.C. 697.
[21] *Unilever Plc v Griffin* [2010] EWHC 899 (Ch); [2010] F.S.R. 33.
[22] *British Telecommunications v One in a Million* [1999] F.S.R. 1.

Pleading

78-05 The particulars of claim must plead the essential ingredients of the tort. So it is first necessary to plead facts leading to the conclusion that the claimant is entitled to, or is entitled to share in, goodwill. Then the acts of the defendant (including threatened acts) leading to the conclusion that he is making a misrepresentation must be pleaded. The claimant must plead damage to his goodwill or business and, in the normal case where an injunction is required, a threat by the defendant to continue the acts complained of which will lead to further such damage.

The normal practice in passing off actions is to claim an inquiry as to damages, (in accordance with the practice of the Chancery Division, where such actions are usually brought). Accordingly, it is not necessary to plead or prove matters going to quantum of damage—though of course damage or the likelihood of damage must be pleaded and proved. If the claimant intends to allege that the defendant is deliberately making a false representation, this must be explicitly pleaded[23] though the court can consider the defendant's intentions without such a pleading.[24] It may be worthwhile to plead facts giving rise to an inference that the defendant is not honest, so as to justify the widest injunctive relief.[25]

Where the claim is that the defendant has falsely represented that a celebrity endorses the defendant's products (*Irvine v Talksport Ltd*), it may be necessary in such cases for the claimant celebrity to have a business in endorsing products, which could be damaged by the defendant's misrepresentation: this should be pleaded if applicable. Further, in practice such a business is usually conducted through a management company and it would be prudent to join that company as a claimant to avoid any argument as to who owns the relevant goodwill.

78-06 Particulars So far as proving the claimant's goodwill is concerned, it is normal to plead extensive use of the name or badge relied upon together with extensive advertising—though this may not be necessary if the name is a household name. Particulars of the use and advertising can often advantageously be pleaded initially and, in any event, will have to be given if the defendant is putting the claimant to proof of his goodwill. If the claimant intends to rely upon any instances of actual deception in support of his claim that the defendant is making a false representation, then he should give particulars of these. The same will apply to "trap orders" which must be executed with the greatest care and notified to the defendant as soon as possible.[26]

78-07 Relief claimed The normal relief claimed is an injunction, an inquiry as to damages or an account of profits, delivery-up or obliteration on oath of matter the use of which would lead to a breach of the injunction and costs. The court may in its discretion award a declaration with liberty to apply for an injunction.[27] The form of injunction can vary widely from case to case. In some cases it may take "absolute" form (e.g. "not to pass off by using the mark X or any colourable imita-

---

[23] *Claudius Ash v Invicta* (1912) 29 R.P.C 465 at 475.
[24] *HP Bulmer v J. Bollinger SA (No.3)* [1978] R.P.C. 79.
[25] *Microsoft Corp v Plato Technology Ltd* [1999] EWCA Civ 1854.
[26] *Cellular Clothing v White* (1953) 70 R.P.C. 9; *Showerings v Blackpool Tower* [1975] F.S.R. 40.
[27] *Treasure Cot v Hamley's* (1950) 67 R.P.C. 89.

tion thereof"[28]) whereas in others it may take a "qualified" form (e.g. "not to use the mark X without sufficiently distinguishing his goods from those of the claimant"). The latter form of order is, in practice, extremely difficult to comply with (for a successful instance see *Parker-Knoll v Knoll Overseas* and contrast an earlier failure, *Parker-Knoll v Knoll International*[29]).

In common with other intellectual property cases, the defendant may be ordered to make limited disclosure in order to allow the claimant to make an informed choice between an inquiry as to damages or an account of profits (cf. *Island Records Ltd v Tring International Plc*). Where a claimant elects for an inquiry as to damages the court will normally grant such an inquiry, but it retains a discretion to refuse when satisfied that no damage has occurred.[30] Where the claimant has a business of granting licenses to use his name or image, he may recover damages based on a notional licence fee; but it is not clear whether he can recover damages on this basis in other cases.[31] Damages are not confined to directly provable losses of sales. In particular, damages from wrongful association can be wider and cover damage to the exclusivity of the claimant's goodwill.[32]

GROUNDS OF DEFENCE

What really determines a passing off action is the evidence of the likelihood of deception, and a defendant usually has to wait and see what evidence the claimant has managed to obtain. If a claimant wishes to conduct a survey, the court's permission is now required for anything other than a pilot survey. Such permission is usually sought at the case management stage.[33] Some details (e.g. actual instances of deception) might have been included in the particulars of claim, but frequently the defendant is not in a position accurately to gauge the strength of the evidence until disclosure and service of witness statements. In the meantime, and particularly when pleading the defence, a defendant to a passing off claim usually wants to keep its options open, unless it has a positive defence to plead (see below). It was therefore common for a defendant to require the claimant to prove some or all parts of its case, making only limited admissions, for example, as to some obvious part of the claimed goodwill. Under the CPR the defendant ought to consider carefully the effect of its denials, particularly because of the requirement for a statement of truth of the defence (CPR r.22.1), and to put more reasoning into its defence as to why a particular allegation is being denied (CPR r.16.5(2)(a)).

78-08

The principal grounds of defence are concerned with the three basic elements of the tort: reputation/goodwill; misrepresentation; damage. Thus the claimant may deny that the claimant has any goodwill, or may admit goodwill but deny false representation. He may even admit both but deny damage.[34] Often the goodwill and

---

[28] See, e.g. *Montgomery v Thompson* [1891] A.C. 217.
[29] *Parker-Knoll v Knoll Overseas* [1985] F.S.R. 349 and contrast an earlier failure, *Parker-Knoll v Knoll International* [1962] R.P.C. 243.
[30] *McDonald's v Burger King* [1986] F.S.R. 45.
[31] See *Irvine v Talksport Ltd (No.2)* [2002] EWHC 539 (Ch).
[32] *Sir Robert McAlpine Ltd v Alfred McAlpine* [2004] R.P.C. 36.
[33] For guidance on surveys see *Interflora Inc v Marks and Spencer Plc* [2012] EWCA Civ 1501; [2013] F.S.R. 21; *Interflora Inc v Marks and Spencer Plc* [2013] EWCA Civ 319; [2013] F.S.R. 26 and *Zee Entertainment Enterprises Ltd v Zeebox Ltd* [2014] EWCA Civ 82; [2014] F.S.R. 26.
[34] As was the case in *Stringfellow v McCain* [1984] R.P.C. 501 and *Harrods v Harrodian School* [1996] R.P.C. 697.

reputation claimed by the claimant has been stretched somewhat to take account of the claim being made against the defendant. If so, it may be appropriate for the defendant to admit the part of the claimed goodwill that is really indisputable, making no admissions as to whether the claimant's reputation and goodwill extends as far as is claimed.

78-09 **Concurrent Right** The defendant may claim a positive defence of a concurrent right to continue to make honest use of the mark or brand complained of. If the defendant has been trading for very many years under the mark, so as to build up goodwill, the claimant will be unable to establish an essential ingredient of the tort, namely that the mark is taken to mean the claimant *and none other*: to some people it means the defendant, so the use of the mark is not a misrepresentation.[35]

78-10 **Use of own name** Although the law is not entirely clear, there may be a defence of honest use of the defendant's own name.[36]

78-11 **Acquiescence** The defendant can rely on the claimant's acquiescence or laches (*Bulmer v Bollinger* and *Habib Bank*—note that mere delay is not a defence unless it is inordinate).

CLAIM FOR PASSING OFF THE DEFENDANT'S GOODS AS THE CLAIMANT'S GOODS

78-U1 1. The Claimant has for many years manufactured and sold water pistols under and by reference to the mark "Squiffo".

Particulars of Use

Sales of "Squiffo" water pistols by the Claimant in the last five years have been as follows: [set them out].

2. Further, the Claimant has widely advertised and promoted its water pistols under and by reference to the mark "Squiffo".

Particulars of Advertisement and Promotion

[Give details.]

3. By reason of the aforesaid, the Claimant has built up and owns a valuable goodwill in the name "Squiffo" when used in relation to water pistols. Accordingly, whenever members of the public see water pistols sold or promoted under or by reference to the word "Squiffo", or anything colourably similar thereto, they take the same to be the water pistols of the Claimant and none other.

4. Upon a date unknown to the Claimant but shortly before issue of the claim form herein, the Defendant commenced using the mark "Stiffo" in relation to water pistols not being water pistols of the Claimant.

---

[35] See *Edge v Gallon* (1900) 17 R.P.C. 557 and *Habib Bank v Habib Bank AG Zurich* [1981] 1 W.L.R. 1265.
[36] See *Parker Knoll v Knoll International* [1962] R.P.C. 265; *Habib Bank; Asprey & Garrard Ltd v WRA (Guns) Ltd* [2002] F.S.R. 477; affirmed [2002] F.S.R. 487; and *Reed Executive Plc v Reed Business Information Ltd* [2004] R.P.C. 40.

Particulars of Defendant's Use

Pending disclosure and/or further information, the Claimant will rely upon the following acts of the Defendant.
 (1) The offer for sale of "Stiffo" water pistols in the [date] issue of "Water Pistol Wholesaler" magazine. A copy of the said advertisement is served herewith.
 (2) The offer for sale and/or supply, and sale and/or supply of such water pistols to retail outlets nationwide. In particular the Claimant relies on the fact that such water pistols were exposed for sale in such premises, namely World of Water, Unit 9, Pookside Shopping Centre, on [31 May 20.....]. A sample of such a water pistol is available for inspection.

5. The aforesaid acts of the Defendant were calculated to lead and are likely to lead members of the public to believe, contrary to the fact, that the Defendant's "Stiffo" water pistols are the goods of the Claimant or are otherwise connected with the Claimant.

6. At trial, the Claimant will rely on all instances of actual deception that have come to light including the following instances of which the Claimant is currently aware: [set them out].

7. In the premises, the Defendant has passed off and/or attempted to pass off and/or enabled, assisted, caused or procured others to pass off water pistols, not being goods of the Claimant, as and for the same.

8. In support of the aforesaid, and in particular the allegation that the mark "Stiffo" is calculated to deceive, the Claimant will rely on the fact that the mark "Stiffo" was adopted by the Defendant with the deliberate object of causing deception as aforesaid.

Particulars

Hereunder the best particulars the Claimant can give until after disclosure are that at the date of such adoption the name "Squiffo" was a very distinctive and well-known mark. The Defendant, who are in the trade, must have known that fact. Further the mark "Stiffo" has no natural connection with the Defendant or the goods concerned and has a considerable oral and visual similarity to "Squiffo" which, the Claimant says, in all the circumstances, must have been obvious to the Defendant.

9. By reason of the matters aforesaid the Claimant has suffered loss and damage. Further, unless restrained, the Defendant threatens and intends to continue the acts complained of, whereby the Claimant will suffer further loss and damage.

10. The Claimant is entitled to and claims interest on all sums due to it from the Defendant, pursuant to s.35A of the Senior Courts Act 1981 and/or the equitable jurisdiction of the Court.

AND the Claimant claims:
 (1) An injunction to restrain the Defendant (whether acting by himself, his servants, agents or otherwise howsoever) from doing any of the following acts, that is to say:
   (a) passing off water pistols, not being water pistols of the Claimant, as and for the same, whether by the use of the mark "Stiffo" or any other colourable imitation of the mark "Squiffo", or otherwise howsoever; or

    (b) enabling, assisting, causing, procuring or authorising others to do any of the acts aforesaid.
(2) An order for the delivery-up or destruction upon oath of all water pistols, printed or written matter, packaging, labels or other articles in the possession custody or control of the Defendant, the use of which would be a breach of the foregoing injunction.
(3) An inquiry as to damages or at the Claimant's option an account of profits; and an order for payment of all sums found due together with interest as aforesaid.
(4) Costs.
(5) Further or other relief.

CLAIM FOR PASSING OFF ONE QUALITY OF CLAIMANT'S GOODS FOR ANOTHER

78-U2   1. For many years the Claimant has used the mark "Squiffo de Lux" for its highest quality soap and the mark "Squiffo" (used alone) for its ordinary soap.

Particulars

[Give details.]

2. By reason of the aforesaid use the mark "Squiffo de Lux" has come to mean to the trade and public the Claimant's soap of the aforesaid highest quality.

2. The Defendant is a shopkeeper. In response to orders for "Squiffo de Lux" in the ordinary course of his trade he supplies the Claimant's ordinary "Squiffo" soap, thereby falsely representing such soap to be "Squiffo de Lux" soap.

Particulars

Hereunder the Claimant relies upon the following instances: [give details].

4. In the premises, the Defendant has passed off soap, not being the Claimant's "Squiffo de Lux" soap, as and for the same.

5. By reason of the aforesaid the Claimant has suffered loss and damage. Further, unless restrained, the Defendant threatens and intends to continue the acts complained of, whereby the Claimant will suffer further loss and damage.

6. The Claimant is entitled to and claims interest on all sums due to it from the Defendant, pursuant to s.35A of the Senior Courts Act 1981 and/or the equitable jurisdiction of the Court.

AND the Claimant claims:
(1) An injunction to restrain the Defendant (whether acting by himself, his servants, agents or otherwise howsoever) from doing any of the following acts, that is to say:
    (a) supplying in response to orders for "Squiffo de Lux" any soap (including in particular "Squiffo" soap) other than the Claimant's "Squiffo de Lux" soap; or
    (b) otherwise passing off soap, not being the Claimant's "Squiffo de Lux" soap, as and for the same.
(2) An inquiry as to damages or at the Claimant's option an account of profit; and an order for payment of all sums found due together with interest as aforesaid.

(3) Costs.
(4) Further or other relief.

CLAIM FOR PASSING OFF THROUGH REGISTRATION AND RETENTION OF AN INTERNET DOMAIN NAME

1–2. [As in Precedent 78-U1, above.]   78-U3

3. By reason of the aforesaid matters the Claimant has built up and owns a valuable goodwill in the name "Squiffo" when used in relation to water pistols. Further, the Claimant's mark "Squiffo" has become so well known to members of the public as being the name of the Claimant's water pistols, that when members of the public see the word "Squiffo", they take that to be a reference to the Claimant's water pistols and nothing else.

4. The Defendant has registered the domain names *www.squiffo.com* and *www.squiffo.co.uk*.

5. Unless owned or controlled by the Claimant, the domain names *www.squiffo.com* and *www.squiffo.co.uk* and each of them constitute instruments of deception. Hereunder the Claimant relies on the following facts and matters.
  (a) The Defendant has made a practice of registering domain names which comprise well-known names or brands which belong to others. Such domain names include the following: [set them out].
  (b) On [date] the Defendant offered the domain name *www.squiffo.com* for sale to the Claimant for the sum of £200,000, and accompanied such offer with a threat to sell the domain name to a third party if that offer was not accepted with 7 days. The Claimant will say that such conduct was attempted extortion by the Defendant.
  (c) Members of the public would believe that any internet website having the domain name *www.squiffo.com* or *www.squiffo.co.uk* was the domain name of the manufacturer of "Squiffo" water pistols. Accordingly, any realistic use of the domain name would amount to passing off.

6. Further, the registration of each of the said domain names exists in a publicly accessible register. Thereby the Defendant falsely represents himself to be the Claimant or connected or associated with the Claimant in the way of trade.

7. In the premises, the Defendant has passed himself off as being the Claimant or connected or associated with the Claimant in the way of trade. Further, the Defendant threatens and intends to pass off and/or enable others to pass off:
  (a) a website having the domain name *www.squiffo.com* or *www.squiffo.co.uk* as and for the website of the Claimant; and/or
  (b) goods or services offered through such a website, as and for the goods or services of the Claimant.

8. By reason of the aforesaid the Claimant has suffered loss and damage. Further, unless restrained, the Defendant threatens and intends to continue the acts complained of, whereby the Claimant will suffer further loss and damage.

9. The Claimant is entitled to and claims interest on all sums due to it from the

Defendant, pursuant to s.35A of the Senior Courts Act 1981 and/or the equitable jurisdiction of the Court.

AND the Claimant claims:
(1) An order that the Defendant do at once take all such steps as may be necessary to effect an assignment to the Claimant of the registration of the internet domain names www.squiffo.com and www.squiffo.co.uk and each of them, and of any other domain name containing the word "Squiffo" or a word colourably similar thereto registered in his name.
(2) An injunction to restrain the Defendants (whether acting by himself, his servants, agents or otherwise howsoever) from doing any of the following acts, that is to say:
   (a) using the internet domain names www.squiffo.com or www.squiffo.co.uk, or any other domain name containing the word "Squiffo" or a word colourably similar thereto;
   (b) establishing a website at any such domain name;
   (c) registering, offering for sale, selling or transferring to any person other than the Claimant any such domain name;
   (d) passing off goods or services, not being goods or services of the Claimant, as and for the same, whether by the use of the word "Squiffo" or a word colourably similar thereto or otherwise howsoever; or
   (e) enabling, assisting, causing, procuring or authorising any person other than the Claimant to do any of the acts aforesaid.
(3) An inquiry as to damages or at the Claimant's option an account of profits; and an order for payment of all sums found due together with interest thereon pursuant to s.35A of the Senior Courts Act 1981 and/or the equitable jurisdiction of the Court.
(4) Costs.
(5) Further or other relief.

CLAIM FOR PASSING OFF BY MISREPRESENTATION THAT A CELEBRITY HAS ENDORSED THE DEFENDANT'S PRODUCTS

78-U4 1. The First Claimant is a famous footballer and leading goal-scorer for Stoofington Rangers Football Club. The Second Claimant is the First Claimant's management company through which he conducts his business of endorsements as set out below.

2. The First Claimant and his image are very well known in this country as a result of extensive coverage of football in the media.

Particulars

[Give details, e.g. of television and newspaper coverage of the First Claimant]

3. Further, the First Claimant markets and exploits his name and image in this country and elsewhere through the Second Claimant by means of licensing, merchandising, endorsement and sponsorship deals.

Particulars

[Give details]

4. Yet further, there is a widespread practice whereby famous footballers such as

the First Claimant will licence the use of their name and/or image to third parties for the purpose of advertising or promotion, for reward. Members of the public are aware of this practice in a general way.

5. In the premises, the First and/or Second Claimant have built up and own a substantial goodwill and reputation in their business giving the First Claimant's endorsement to the products of others and otherwise licensing, merchandising and sponsoring the products of others.

6. The Defendant is an importer and distributor of tea.

7. From a date unknown to the Claimants but prior to the issue of the Claim Form herein, the Defendant has, without permission of the Claimants, used the First Claimant's image in connection with the advertising and promotion of its tea.

Particulars

Pending disclosure and/or further information, the Claimant will rely upon an advertisement placed by the Defendant in *The Times* newspaper, which appears to show the First Claimant drinking a cup of the Defendant's tea and smiling contentedly. A copy of the said advertisement is served herewith.

8. The aforesaid acts of the Defendant were calculated to lead and are likely to lead members of the public to believe, contrary to the fact, that the First Claimant has endorsed and/or recommended and/or approved or otherwise been involved in some commercial arrangement concerning the Defendant's tea.

9. The claimant will rely on the following instances of actual deception at trial: [set them out]

10. In the premises, the Defendant has passed off and/or attempted to pass off and/or enabled, assisted, caused or procured others to pass off its tea as being endorsed and/or recommended and/or approved by the First Claimant or otherwise involved in some commercial arrangement involving the Claimants.

11. By reason of the matters complained of above, the Claimants have suffered loss and damage. Further, unless restrained, the Defendant threatens and intends to continue the acts complained of, whereby the Claimants will suffer further loss and damage.

12. The Claimants are entitled to and claim interest on all sums due to them from the Defendant, pursuant to s.35A of the Senior Courts Act 1981 and/or the equitable jurisdiction of the court.

AND the Claimants claim:
(1) An injunction to restrain the Defendant (whether acting by himself, his servants, agents or otherwise howsoever) from passing off tea, not being endorsed and/or recommended and/or approved by the First Claimant or otherwise involved in some commercial arrangement involving the Claimants, as and for such tea.
(2) An order for the delivery up or destruction upon oath of all articles in the possession custody or control of the Defendant, the use of which would be a breach of the foregoing injunction.

(3) An inquiry as to damages or at the Claimants option an account of profits; and an order for payment of all sums found due together with interest as aforesaid.
(4) Costs.
(5) Further or other relief.

Defence Denying False Representation

78-U5 1. It is admitted that the Claimant is the owner of the goodwill alleged in the Particulars of Claim. It is further admitted that the Defendant has used the mark "Stiffo" as alleged, and intends to continue to do so.

2. It is denied that the Defendant's use of the mark "Stiffo" is likely to deceive the public as alleged or at all. Hereunder the Defendant will rely on the following facts and matters:
   (a) The Defendant's mark "Stiffo" and the Claimant's mark "Squiffo" are not sufficiently similar to be likely to deceive.
   (b) The respective marks are used on expensive and sophisticated goods; and those concerned to buy and deal in the same are well able to and do in fact distinguish between the two marks and the goods of the parties.
   (c) The Claimant has at all material times sold its goods under the mark "Squiffo" in bright orange packaging, whereas the Defendant uses deep blue packaging; so that persons wishing to purchase the Claimant's goods would know that the Defendant's goods were not Claimant's good's by reason of the said packaging.
   (d) The Claimant's goods and the Defendant's goods are not available from the same retail outlets.
   (e) The Defendant has used the mark "Stiffo" for over a year, and on a substantial scale, yet there have been no instances of deception known to the Defendant.

3. It is denied that the mark "Stiffo" was chosen with the object of causing deception. It is the name of the Defendant's cat.

4. It is denied that the Claimant has suffered loss or damage as alleged or at all. The Claimant is not entitled to the relief sought or any relief.

Partial Admission of Goodwill, Denial of the Remainder

78-U6 1. The Defendant admits that the Claimant has goodwill and reputation in the mark "Squiffo" in relation to plastic toy bricks. The Defendant denies that such goodwill or reputation extends to plastic injection moulded goods generally, as claimed. The Claimant has only ever marketed and sold plastic toy bricks and to equate such bricks with plastic injection moulded goods generally is an unreasonable generalisation.

Defence Alleging Acquiescence

78-U7 1. The Defendant has used and advertised the mark "Stiffo" on a very substantial scale since [date].

Particulars of Use

[Give particulars.]

2. At all material times the Claimant must have been and was aware of the aforesaid, by reason of the scale of such use and advertising, and by virtue of being a competitor of the Defendant. Until the letter from the Claimant's solicitors, dated [date], the Claimant made no complaint of such use and stood by allowing the Defendant to build up his goodwill in his mark "Stiffo".

3. Further, the Claimant has indicated by his conduct that he has no objection to such use.

Particulars

On various occasions the Claimant has purchased from the Defendant by reference to the name "Stiffo" water pistols and components therefore and has resold the same to customers.

4. In the premises the Defendant has at all material times relied upon the conduct of the Claimant and the Claimant is now estopped by such conduct from obtaining the relief sought or any relief.

Defence of Concurrent Right

1. It is admitted that the Claimant has used the name "Squiffo" in relation to its water pistols so as to build up a goodwill in that name.

2. It is further admitted that the Defendant has used the mark "Squiffo" as alleged, and intends to continue to doso. In fact, the Defendant has used and advertised the mark "Squiffo" on a very substantial scale since [date].

Particulars of Use

[Give particulars.]

3. By reasons of the aforesaid, the Defendant has built up and owns a goodwill in the name "Squiffo" when used in relation to water pistols. In the premises, it is denied that whenever members of the public see water pistols sold or promoted under and by reference to the word "Squiffo", they take the same to be the water pistols of the Claimant and none other.

4. In the premises, it is denied that the use of the mark "Squiffo" in the manner complained of in the Particulars of Claim amounts to a misrepresentation which is likely to deceive, whether asalleged or at all. Further or alternatively, the Defendant is entitled to continue to make honest use of the mark "Squiffo" and the internet domain name *www.squiffo.co.uk*.

PART V INVASION OF PRIVACY

SECTION 79:

INVASION OF PRIVACY

TABLE OF CONTENTS

Claim for compensation and an Injunction for misuse of personal information following publication	79-V1
Defence to claim for misuse of private information: no reasonable expectation of privacy	79-V2
Defence to claim for misuse of private information: public domain	79-V3
Defence to claim for misuse of private information: triviality/insufficient seriousness	79-V4
Defence to claim for misuse of private information: public interest	79-V5
Claim form in claim for an Injunction to restrain publication of private information	79-V6
Order for an Injunction to restrain publication of private information	79-V7
Claim for compensation, an Injunction, and blocking, erasure and destruction of data under the Data Protection Act 2018 and GDPR	79-V8
Defence to claim under the Data Protection Act 2018 and GDPR: exemption in relation to journalism, literature and art	79-V9
Defence to claim under the Data Protection Act 2018 and GDPR: denial of processing	79-V10

Introduction Prior to the coming into force of the Human Rights Act 1998 (HRA 1998) in October 2000 there was no generally available cause of action for invasion of privacy in English law.[1] However, in certain circumstances the courts had used the law of confidentiality to restrain the publication of matters such as private etchings,[2] matrimonial secrets[3] and information about sexual relationships.[4]

The present position in this still developing area of the law may be summarised as follows:

(i) Following the introduction of the HRA 1998 the courts have developed a new cause of action in tort called misuse of private information or unjustified publication of private information. This was achieved by absorbing

79-01

---

[1] See *Kaye v Robertson* [1991] F.S.R. 62; *Wainwright v Home Office* [2004] 2 A.C. 406 at [28]–[35]; and *McKennitt v Ash* [2006] EWCA Civ 1714; [2008] Q.B. 73 at [8(i)].
[2] *Prince Albert v Strange* (1849) 2 De G & Sm 652; 1 Mac & 25.
[3] *Argyll v Argyll* [1967] Ch. 302.
[4] *Stephens v Avery* [1988] 1 Ch. 449.

(ii) the values of arts 8 and 10 of the Convention into the existing cause of action for breach of confidence.
(ii) In addition, art.8 of the Convention may be enforced directly against public authorities whether or not the invasion of privacy involves the misuse of private information.
(iii) The Protection from Harassment Act 1997 provides a remedy for invasion of privacy which involves harassment causing distress.
(iv) The Data Protection Act 2018 read together with Regulation (EU) 2016/679 (the GDPR),[5] which replaced with effect from 25 May 2018 the Data Protection Act 1998, provides remedies where privacy is invaded, with or without publication of private information, by unlawful data processing, and those remedies have been expanded as a result of the inclusion of the right to the protection of personal data in the EU Charter of Fundamental Rights.
(v) Further development of the common law in cases which do not involve publication of private information, action by public authorities, harassment or data processing is likely following the decision of the European Court of Human Rights in *Wainwright v United Kingdom* (12350/04).[6]

These developing forms of protection against invasion of privacy are not mutually exclusive, and more than one may apply on the facts of a given case. Thus in *Naomi Campbell v MGN Ltd*[7] the claimant ultimately succeeded in claims for misuse of private information and breach of the Data Protection Act 1998. In *CC v AB*[8] claims were made for misuse of private information and under the Protection from Harassment Act 1997. It is, however, important to consider these developing forms of protection separately since the elements of the causes of action provided by them, and in some cases the remedies available, are different.

79-02 In *Wood v Commissioner of Police for the Metropolis* Laws LJ,[9] with whose judgment on this issue Dyson LJ and Lord Collins agreed, stated at [20] that "the central value" protected by the art.8 right is "the personal autonomy of every individual". At [22] Laws LJ continued:

"This cluster of values, summarised as the personal autonomy of every individual and taking concrete form as a presumption against interference with the individual's liberty, is a defining characteristic of a free society."

Laws LJ then identified three safeguards which prevent the impact of art.8 from becoming "unreal and unreasonable". First, that the invasion of an individual's personal autonomy must attain "a certain level of seriousness" before art.8 is engaged. Secondly, that art.8 is only engaged where the claimant enjoys on the facts a reasonable expectation of privacy. Thirdly, the breadth of art.8(1) may in many instances be greatly curtailed by the scope of the justifications available to the State

---

[5] Regulation (EU) 2016/679 of the European Parliament and of the Council of 27 April 2016 on the protection of natural persons with regard to the processing of personal data and on the free movement of such data, and repealing Directive 95/46/EC (General Data Protection Regulation) [2016] OJ L119/1 (the GDPR).
[6] *Wainwright v United Kingdom* (12350/04) (2007) 44 E.H.R.R. 40; 22 B.H.R.C. 287.
[7] *Naomi Campbell v MGN Ltd* [2004] 2 A.C. 457.
[8] *CC v AB* [2007] E.M.L.R. 11.
[9] *Wood v Commissioner of Police for the Metropolis* [2009] EWCA Civ 414; [2010] 1 W.L.R. 123 Laws LJ.

pursuant to art.8(2). This presumption, and these safeguards, can be seen at work in all of the strands of protection of privacy considered in this work.

Misuse of private information/unjustified publication of private information   **79-03**
Article 8 of the Convention provides for the right to respect for private and family life, home and correspondence. Article 10 of the Convention provides for the right to freedom of expression, including freedom to hold opinions and to receive and impart information and ideas. Both of these are qualified rights—see arts 8(2) and 10(2). Article 8 imposes not merely negative but also positive obligations on the State to respect, and therefore to promote, the interests of private and family life. This means that an individual can complain against the State about breaches of his or her private or family life committed by other individuals. Under s.6 of the HRA the court, as a public authority, is required not to act "in a way which is incompatible with a Convention right". The courts have responded to this obligation by absorbing the rights which arts 8 and 10 of the Convention protect into the existing cause of action for breach of confidence, thereby developing a right to protect private information.[10] The effect of this development is that arts 8 and 10 are no longer merely of persuasive or parallel effect but, "are the very content of the domestic tort that the English Court has to enforce": *McKennitt v Ash* at [11].

The ground-breaking domestic case was the decision of the House of Lords in *Naomi Campbell v MGN Ltd*, in which a number of identifiable matters of principle and approach were accepted by all members of the House:

(i)   The "development" of the existing law of breach of confidence into a cause of action for misuse of private information or unjustified publication of personal information has been achieved by shifting the focus of the cause of action away from the confidential relationship violated by the unauthorised disclosure of private information, and onto the nature of the information disclosed. The developed cause of action protects the values absorbed from art.8 of the Convention, and in particular recognises private information as "something worth protecting as an aspect of human autonomy and dignity" [50]. The developed cause of action also recognises the values absorbed from art.10 of the Convention. This cause of action may be available even if no publication of the information has occurred or is threatened—see *Tchenguiz v Imerman*.[11]

(ii)   The values absorbed from arts 8 and 10 are just as applicable in disputes between individuals, or between an individual and a non-Governmental body such as a newspaper or online publisher, as they are in disputes between individuals and public authorities [17], [50].

(iii)   The threshold test of whether art.8 is engaged by the publication, or threatened publication, of information in any given case is "whether in respect of the disclosed fact the person in question had a reasonable expectation of privacy" [21], [85], [96], [134].

(iv)   The publication of a photograph taken in a public street might be actionable under the developing law.

(v)   In any case involving disclosure of private information through the media, the art.10 right to freedom of expression will also be engaged.

---

[10] *A v B Plc* [2003] Q.B. 195 at [4]; *Douglas v Hello! Ltd (No.3)* [2006] Q.B. 125 at [53]; *McKennitt v Ash* [2008] Q.B. 73 at [9]–[11].
[11] *Tchenguiz v Imerman* [2011] Fam. 116.

(vi) There is no automatic or presumptive priority as between the art.8 right of the claimant and the art.10 of the defendant—they are both fundamental rights of equal value and importance in a modern democratic society [20], [55], [106], [111], [138].

(vii) Where both the art.8 right and the art.10 right are engaged, the balance is to be struck, or the competing requirements reconciled, by the application of the principle of proportionality [20], [55], [139]–[41]. This requires a focused and penetrating consideration of the value and proposed interference with the art.8 right if publication occurs without remedy, and the value and proposed interference with the art.10 right if a remedy is granted. There are different degrees of privacy, just as there are different orders of expression ranging in importance from political expression through educational or artistic expression to commercial expression [117], [144], [148].

(viii) The balance to be struck by the application of the principle of proportionality must afford the journalist or editor in a media case a "margin" or "degree of latitude" in deciding what to include in a particular article [28], [62], [112], [143], [167].

79-04 The principles established in *Naomi Campbell* were neatly summarised by Lord Steyn in the subsequent decision of the House of Lords in *Re S (a child) (identification: restrictions on publication)* at [17][12]:

> "What does, however, emerge clearly from the opinions [in *Naomi Campbell*] are four propositions. First, neither Article [8 or 10] has as such precedence over the other. Secondly, where the values under the two Articles are in conflict, an intense focus on the comparative importance of the specific rights being claimed in the individual case is necessary. Thirdly, the justifications for interfering with or restricting each right must be taken into account. Finally, the proportionality test must be applied to each. For convenience I will call this the ultimate balancing test."

There have been three recent significant decisions of the Supreme Court in relation to the tort of misuse of private information, all of which have upheld the two-stage analysis: (i) is there a reasonable expectation of privacy, and if so, (ii) how is the balance to be struck between art.8 and art.10.[13]

The application of the cause of action for misuse of private information/ unjustified publication of private information has also been considered by the Court of Appeal on a number of occasions. The most important cases are *McKennitt v Ash*; *HRH Prince of Wales v Associated Newspapers Ltd*; *Browne v Associated Newspapers Ltd*; *Murray v Express Newspapers*; and *Tchenguiz v Imerman*.[14] These cases have all adopted the same two-stage analysis, formulated in *McKennitt v Ash* at [11] as follows:

> "Accordingly, in a case such as the present, where the complaint is of wrongful publication of private information, the Court has to decide two things. First, is the information

---

[12] *Re S (a child) (identification: restrictions on publication)* [2005] A.C. 593.
[13] *Re JR38* [2015] UKSC 42; [2016] A.C. 1131; *PJS v News Group Newspapers Ltd* [2016] UKSC 26; [2016] A.C. 1081; and *Khuja (formerly PNM) v Times Newspapers Ltd* [2017] UKSC 49; [2019] A.C. 161.
[14] *HRH Prince of Wales v Associated Newspapers Ltd* [2006] EWCA Civ 1776; [2008] Ch. 57; *Browne v Associated Newspapers Ltd* [2007] EWCA Civ 295; [2008] Q.B. 103, *Murray v Express Newspapers* [2008] EWCA Civ 446; [2009] Ch. 481, and *Tchenguiz v Imerman* [2011] Fam. 116.

private in the sense that it is in principle protected by Article 8? If no, that is the end of the case. If yes, the second question arises: in all the circumstances, must the interest of the owner of the private information yield to the right of freedom of expression conferred on the publisher by Article 10? The latter enquiry is commonly referred to as the balancing exercise ...".

Stage 1—is Article 8 engaged? As noted earlier, the threshold test of whether art.8 is engaged is whether in respect of the disclosed information, the person in question had a reasonable expectation of privacy. A challenge to the first-stage test, which requires the claimant to establish a reasonable expectation of privacy in relation to the disclosed information, was rejected by a majority of the Supreme Court in *Re JR38*,[15] and it is now clearly established even where the claimant is a minor (although the claimant's age will be a relevant factor in assessing whether the test is satisfied). This question must be considered separately in relation to each item of disclosed information, including any photograph or sound recording.[16] It is important to emphasise that the information in question must "belong to" (i.e. relate to) the claimant—it is not sufficient that it impacts on the claimant's home or family life.[17] In addition, the manner in which the individual items of disclosed information, including any photograph or sound recording, inter-relate may also be important. A number of points which are capable of impacting on the assessment of whether a person has a reasonable expectation of privacy in relation to a particular item of disclosed information have been considered in the cases. The most important of these are as follows:

79-05

(i) The nature of the information—some types of information are nearer to core of art.8 and obviously private (e.g. information relating to sexuality, health, home life, family relationships, personal finances, etc.), whereas other types of information may be less obviously private (e.g. appearance, lifestyle, occupation) so that the content and context of the disclosure may be highly significant. In *J20 v Facebook Ireland Ltd*,[18] it was held that references to a person's religion are not necessarily private and the claimant must establish particular facts about such a disclosure in order to show a reasonable expectation of privacy. In *Mosley v News Group Newspapers Ltd*,[19] Eady J upheld a claim for damages arising out of unauthorised publication of photographs of the claimant engaging in sadomasochistic sexual activities and sexual role play. It was held that art.8 was engaged as there was a reasonable expectation of privacy in relation to lawful sexual activity between consenting adults on private property, however unorthodox or bizarre those activities were. In *Ali & Aslam v Channel 5 Broadcasting*[20] a claim for unauthorised broadcasting of footage taken within the claimants' home showing their lawful eviction was upheld.

(ii) One very important factor will be whether the information has been

---

[15] *Re JR38* [2016] A.C. 1131.
[16] See *Campbell v MGN Ltd* [2004] UKHL 22; [2004] 2 A.C. 457 and *MGN Ltd v United Kingdom* (39401/04) (2011) 29 B.H.R.C. 686 at [147]–[155].
[17] See *O v A* [2014] EWCA Civ 1277; [2015] E.M.L.R. 4 at [45] (this point was not in issue in the further appeal to the Supreme Court in that case).
[18] *J20 v Facebook Ireland Ltd* [2017] NICA 48.
[19] *Mosley v News Group Newspapers Ltd* [2008] EWHC 1777 (QB); [2008] E.M.L.R. 20.
[20] *Ali & Aslam v Channel 5 Broadcasting* [2018] EWHC 298 (Ch); [2018] E.M.L.R. 17 (upheld on appeal at [2019] EWCA Civ 677).

(iii) disclosed in breach of a relationship of confidence or an express obligation of confidence.[21]

(iii) It has been pointed out that because art.8 protects "respect for" private life, any interference with private life has to be of some seriousness before art.8 is engaged.[22] This threshold was articulated in *Vidal-Hall v Google Ind* at [81][23] as requiring the "resultant damage" to meet the threshold of seriousness, although query whether aspects of the infringement (as well as the resultant damage) may be relevant.[24] For this reason trivial or anodyne information may not call for legal protection. However, in *Douglas v Hello! Ltd (No.3)* at [291] Lord Walker observed that "The argument that information is trivial or anodyne carries much less weight in a case concerned with the facts about an individual's private life which he or she reasonably expects to be kept confidential."

(iv) Photographs may be particularly intrusive and their disclosure requires separate and specific justification—see, e.g. *Naomi Campbell* at [72] and *Douglas v Hello! (No.3)* at [84]. The same is true in relation to surreptitious tape recordings.[25] The publication of a photograph or sound recording will not necessarily be justified by factors which would justify a textual description of the image or recording. For an example see *Ali & Aslam v Channel 5 Broadcasting*, where a claim for unauthorised broadcasting of footage taken within the claimants' home showing their lawful eviction was upheld, even though it would have been lawful to broadcast the fact of the eviction.

(v) The extent to which an item of information is already available to the public is a relevant consideration—see s.12(4) of the HRA 1998—but is not decisive. In *Douglas v Hello! (No.3)* at [105] it was stated that whilst this applies generally to items of private information, it is less relevant to photographs where each publication may be a fresh intrusion of privacy. See now *PJS v News Group Newspapers Ltd* [2016] A.C. 1081.

(vi) The fact that the claimant has already made limited disclosures about a particular area or zone of his or her private life will not necessarily prevent a claim for further, unauthorised, publication—see, e.g. *McKennitt v Ash* at [53]–[55]. The reason for this is that it is a matter for the individual to decide what information he or she wishes to make publicly available and the authorised disclosures are an exercise of the individual's art.8 rights. However, it is reasonably clear that previous disclosure by the claimant may limit the scope of the reasonable expectation of privacy in a particular case.[26]

(vii) In some situations the fact that an experience was shared with another

---

[21] *McKennitt v Ash* [2008] Q.B. 73 at [15]–[24]; *Prince of Wales v Associated Newspapers Ltd* [2008] Ch. 27 at [27]–[30], [36]; *Browne v Associated Newspapers Ltd* [2008] Q.B. 103 at [25]–[33]; or taken from an obviously confidential document: *ZXC v Bloomberg LP* [2019] EWHC 970 (QB) (appeal pending).

[22] *M v Secretary of State for Work and Pensions* [2006] UKHL 11; [2006] 2 A.C. 91 at [83] and *McKennitt v Ash* [2008] Q.B. 73 at [12].

[23] *Vidal-Hall v Google Inc* [2015] EWCA Civ 311; [2016] Q.B. 1003 at [81].

[24] *Lloyd v Google LLC* [2019] EWCA Civ 1599.

[25] *D v L* [2004] E.M.L.R. 1 at [24].

[26] see, e.g. *X and Y v Persons Unknown* [2007] E.M.L.R. 10; and *Hutcheson v Newspaper Group Newspapers Ltd* [2011] EWCA Civ 80; [2012] E.M.L.R. 2.

(viii) person or persons may limit the reasonable expectation of privacy in relation to that experience. This was considered important in the case of transient sexual encounters in *A v B Plc*.²⁷ However, the same approach will not apply to information communicated during marriage or even a friendship: *McKennitt v Ash* at [28]–[32]. For an appropriate form of order where one party does not wish to have information about a transient sexual encounter published, see *NEJ v Wood*.²⁸

(viii) There is no bright line between personal information and business information, and information relating to an individual's working life may be protected in appropriate circumstances.²⁹ In *The author of a blog v The Times Newspapers Ltd*,³⁰ Eady J refused to grant an injunction restraining the newspaper from identifying the claimant as the author of a blog by a serving police officer. The primary reason for refusing the injunction was that publishing a blog "is essentially a public rather than a private activity", and therefore the claim failed at stage 1 [11]. A claim for misuse of private information by a commander of a warship removed of his command for bullying his subordinates was dismissed for the same reason in *Axon v MOD (News Group Newspapers Third Party)*³¹ (the judge expressed the view obiter that in any event the newspaper's art.10 rights would have outweighed the claimant's art.8 rights, if engaged). In *NT1, NT2 v Google LLC*³² (the "right to be forgotten" cases) it was held to be significant that the convictions of NT1 were for business crimes committed while he was running a public-facing business, rather than crimes arising out of private activities.

(ix) Unauthorised disclosure of personal information may be actionable even if the claimant contends that some or all of the information is false—see *McKennitt v Ash* at [78]–[80], [86]. However, if the allegedly false personal information is defamatory the court might refuse to grant an interim injunction if it thought that the application was an attempt to avoid the rule in *Bonnard v Perryman*³³ that an injunction will not usually be granted to restrain the publication of defamatory allegations which the defendant intends to justify—see *McKennitt v Ash* at [79]. This does not mean that damages for injury to reputation are necessarily irrecoverable in a claim for misuse of private information.³⁴ The limits on the recoverability of compensation for damage to reputation in misuse of private information cases are still being worked out.³⁵ The recognition of "false privacy" means that in practice it may be possible to combine claims for invasion of privacy and defamation in relation to the same publication. In *Khuja (formerly PNM) v Times Newspapers Ltd*³⁶ at [21]

---

²⁷ *A v B Plc* [2003] Q.B. 195 at [43(iii)].
²⁸ *NEJ v Wood* [2011] EWHC 1972 (QB).
²⁹ *Browne v Associated Newspapers Ltd* [2008] Q.B. 73 at [34].
³⁰ *The author of a blog v The Times Newspapers Ltd* [2009] E.M.L.R. 22.
³¹ *Axon v MOD (News Group Newspapers Third Party)* [2016] E.M.L.R. 20.
³² *NT1, NT2 v Google LLC* [2019] Q.B. 344; [2018] EWHC 799 (QB).
³³ *Bonnard v Perryman* [1891] 2 Ch. 269.
³⁴ See *Hannon and Dufour v News Group Newspapers Ltd* [2014] EWHC 1580 (Ch); [2015] E.M.L.R. 1.
³⁵ *Richard v BBC* [2019] Ch. 169 and *ZXC v Bloomberg LP* [2019] EWHC 970 (QB).
³⁶ *Khuja (formerly PNM) v Times Newspapers Ltd* [2019] A.C. 161; [2017] UKSC 49.

the majority of the Supreme Court observed that "The protection of reputation is the primary function of the law of defamation. But although the ambit of the right of privacy is wider, it provides an alternative means of protecting reputation which is available even when the matters published are true".

79-06 **Article 8 rights and public places** The disclosure of photographs taken in public places has been held to be actionable in *Peck v United Kingdom* (44647/98), *Naomi Campbell*, and *Von Hannover v Germany*.[37] In *Naomi Campbell* it was assumed that such a photograph would only be actionable if it showed its subject in a situation of humiliation or embarrassment, or if it was apparent from the photograph or its context that the activity captured in the image was private. However, in *Von Hannover* it was held that art.8 required a remedy against unauthorised publication of photographs of individuals, including celebrities, engaging in ordinary activities in public places. In *Murray v Express Newspapers Plc*[38] Patten J held that *Von Hannover* went further than present domestic law and that in domestic law there remains an area of routine or innocuous conduct in a public place (shopping, riding on buses) which does not raise a reasonable expectation of privacy.

Patten J struck out a claim for financial and injunctive relief arising from publication of a photograph taken in a public street in Edinburgh of JK Rowling, her husband and 18-month-old son. Patten J held that art.8 was not engaged, and that even after *Von Hannover* "there remains an area of innocuous conduct in a public place which does not raise a reasonable expectation of privacy". The Court of Appeal allowed an appeal by the claimant.[39] The Court of Appeal held that in the light of *Von Hannover* it was at least arguable that the infant claimant had a reasonable expectation of privacy "in the sense that a reasonable person in his position would feel that the photograph should not be published" [39]. The Court of Appeal regarded the fact that the sole claimant was the young son as a factor of some importance, and confined their attention to the son's expectation of privacy and not that of his parents or other family members [13]. The Court of Appeal held that the Judge had focused too much upon the parents and not enough upon the child [16]. The Judge was criticised for placing too much emphasis on the taking of the photograph, and not enough upon its publication [17]—although on this point see further *Wood v Commissioner of Police for the Metropolis* and *Reklos v Greece* (1234/05) discussed later.[40] The Court of Appeal also considered it important that the defendant must have known that consent for the photograph would have been refused [17], and attached importance to the fact that the unauthorised taking and publication of such a photograph was not an isolated occurrence [18]. This decision of the Court of Appeal shows the effect of *Von Hannover* on the first stage of the two stage approach. It has extended the reach of art.8 in domestic law. In *Douglas v Hello! Ltd (No.3)* all the members of the House accepted that privacy could be invaded by further publication of information or photographs already available to the public [122], [255]. The issue of whether someone has a reason-

---

[37] *Peck v United Kingdom* (44647/98) [2003] E.M.L.R. 15; (2003) 36 E.H.R.R. 41, *Naomi Campbell*, and *Von Hannover v Germany* (2005) 40 E.H.R.R. 1.
[38] In *Murray v Express Newspapers Plc* [2007] E.M.L.R. 22.
[39] *Murray v Express Newspapers Plc* [2008] EWCA Civ 446; [2009] Ch. 481.
[40] *Wood v Commissioner of Police for the Metropolis and Reklos v Greece* (1234/05) [2009] E.M.L.R. 16 discussed below.

able expectation of privacy whilst engaged in ordinary activities in a public place has since received further consideration in Strasbourg and in the domestic courts.

In *Reklos v Greece*[41] the European Court of Human Rights held that the mere taking of a photograph of an infant in a hospital setting without consent could amount to a violation of art.8. As noted, in *Wood v Commissioner of Police for the Metropolis*, it was held that the mere taking of a photograph in a public place would not engage art.8 in the absence of aggravating circumstances [36]. *Reklos* suggests that the mere taking of a photograph in a place in which there is a reasonable expectation of privacy will engage art.8. The extent to which "aggravating circumstances" may be present in a particular case remains to be explored. In *Wood* Laws LJ gave the following example of a case in which there would be such aggravating circumstances:

> "I would certainly acknowledge that the circumstances in which a photograph is taken in a public place may of themselves turn the event into one in which Article 8 is not merely engaged but grossly violated. The act of taking the picture, or more likely pictures, may be intrusive or even violent, conducted by means of hot pursuit, face-to-face confrontation, pushing, shoving, bright lights, barging into the affected person's home. The subject of the photographers' interest—in the case I am contemplating, there will usually be a bevy of picture takers—may be seriously harassed and perhaps assaulted. He or she may certainly feel frightened and distressed. Conduct of this kind is simply brutal. It may well attract other remedies, civil or criminal, under our domestic law. It would plainly violate Article 8(1), and I can see no public interest justification for it under Article 8(2)."

In *Von Hannover v Germany* (40660/08 and 60641/08)[42] the Grand Chamber held (rowing back from the earlier decision in *Von Hannover v Germany* (59320/00)[43]) that photos of the applicants in the middle of a street in St Moritz in winter were not "in themselves offensive to the point of justifying their prohibition". Complaints that the publication of photographs taken in public places violated the subject's art.8 rights were also rejected by the Strasbourg court in *Von Hannover v Germany (No.3)* (8772/10) and *Lillo-Stenberg and Saether v Norway*.[44] However, in *Weller v Associated Newspapers Ltd*,[45] Dingemans J upheld a claim brought on behalf of three infant claimants and held that the publication on Mailonline of innocuous photographs taken in the street in America was a misuse of their private information. An appeal to the Court of Appeal was dismissed,[46] holding that whilst an adult takes a risk when they go out in public that they may be photographed and the photograph published, the same is not necessarily true of children. The issue of art.8 rights and photographs taken in public places has also received further consideration in a non-media context. In *Kinloch (James) v HM Advocate*[47] the Supreme Court held (in the context of the admissibility of surveillance evidence in criminal proceedings) that a person who walks down a street has to expect that he will be visible to any member of the public who happens also to be present. So too if he crosses a pavement and gets into a motor car. He can also expect that a record may be made of his movements and to be the subject of monitoring on closed circuit television in public areas where he may go. The exposure of a person to measures of that kind

---

[41] *Reklos v Greece* [2009] E.C.H.R. 200.
[42] *Von Hannover v Germany* (40660/08 and 60641/08) [2012] E.M.L.R. 16; (2012) 55 E.H.R.R. 15.
[43] *Von Hannover v Germany* (59320/00) [2004] E.M.L.R. 21; (2005) 40 E.H.R.R. 1.
[44] *Lillo-Stenberg and Saether v Norway* (13258/09).
[45] *Weller v Associated Newspapers Ltd* [2014] EWHC 1163 (QB); [2014] E.M.L.R. 24.
[46] *Weller v Associated Newspapers Ltd* [2015] EWCA Civ 1176; [2016] 1 W.L.R. 1541.
[47] *Kinloch (James) v HM Advocate* [2012] UKSC 62; [2013] 2 A.C. 93.

will not amount to a breach of his rights under art.8. Similarly in *R. (on the application of Catt) v Association of Chief Police Officers of England, Wales and Northern Ireland*[48] (a case involving a database of photographs taken at public demonstrations) Lord Sumption JSC stated at [4] that where matters "occur in public and are patent to all the world ... observation cannot, save perhaps in extreme circumstances, engage article 8, but the systematic retention of information may do". The matter has received further consideration from the Supreme Court in *Re JR38's Application for Judicial Review*.[49] Certain of the cases suggest that the law will develop in such a way as to provide a kind of image right—the right to control the use of one's image—see, e.g. *Von Hannover* at [72] and *Douglas v Hello! Ltd (No.6)* in the Court of Appeal at [113]. However, in other cases it has been stated that English law does not recognise an image right.[50] The distinction between restraining publication of an innocuous photograph of a person taken in a public place and the enforcement of an image right may be considered a narrow one but it was accepted by Dingemans J and the Court of Appeal in *Weller v Associated Newspapers Ltd*, upheld on appeal.[51]

79-08 **Children** Children may enjoy an expectation of privacy in circumstances where an adult would not—see *Weller v Associated Newspapers Ltd*. In assessing the reasonable expectation of privacy of a child, the conduct of the responsible parent/s may impact upon or even compromise the child's reasonable expectation of privacy.[52]

79-09 **Stage 2—the balancing exercise** On the art.8 side of the scales the nature and value of the privacy interest and the extent of the interference or proposed interference must be assessed.

When weighing the free expression interests on the art.10 side of the scales the court will take into account the nature of the speech involved, which may range from political speech which merits a high degree of protection to "vapid tittle-tattle" which merits very little. This approach is particularly evident in *Von Hannover v Germany*, where it was said that "the decisive factor in balancing the protection of private life against freedom of expression should lie in the contribution that the published photos and articles make to a debate of general interest" [76]. Elsewhere in the judgment a debate of general interest was described as "a debate in a democratic society relating to politicians in the exercise of their functions", a "political or public debate", and a "debate of general interest to society" [63]–[65]. This approach was specifically adopted in domestic law by the Court of Appeal in *McKennitt v Ash* at [58]–[64]. However, later cases have held that contribution to a debate of general interest is simply "an initial essential criterion" (see para.79-11).

A factor which is always of importance in the balancing exercise is the extent of any public interest which favours disclosure. Although there is a public interest in the preservation of confidences and the protection of privacy that public interest

---

[48] *R. (on the application of Catt) v Association of Chief Police Officers of England, Wales and Northern Ireland* [2015] A.C. 1065.
[49] *Re JR38's Application for Judicial Review* [2015] UKSC 42; [2016] A.C. 1131.
[50] see *OBG Ltd v Allan* [2007] UKHL 21; [2008] 1 A.C. 1 at [124], [293] and *Fenty v Arcadia Group Brands Ltd* [2015] 1 W.L.R. 3291 at [29].
[51] *Weller v Associated Newspapers Ltd* [2014] EWHC 1163; [2014] E.M.L.R. 24, upheld on appeal at [2016] 1 W.L.R. 1541.
[52] See *AAA v Associated Newspapers Ltd* [2013] EWCA Civ 554.

may be outweighed by countervailing public interests which favour disclosure.[53] The first aspect of the public interest in favour of disclosure will always be the public interest in freedom of expression itself. This applies regardless of whether there is a specific public interest in the publication of the information in question.[54] This is recognised, for example, in s.12(4) of the HRA 1998 and in the Data Protection Act 2018 Sch.2 Pt 5 para.26(4). In *London Regional Transport v Mayor of London*[55] at [55] Sedley LJ identified a "public interest in the free flow of information and ideas". In addition to this general public interest in freedom of expression the courts have identified particular situations where there can be a strong public interest in favour of disclosure, including (although these are only examples):

(i) The disclosure of iniquity such as fraud or other illegal conduct.[56]
(ii) Exposing hypocrisy or false image. In *Naomi Campbell v MGN Ltd* the claimant's false public denials that she had taken drugs gave rise to an entitlement on the part of the media to correct the false image so presented. Other examples include *Beckham v News Group Newspapers*[57] where an injunction to restrain publication of marital communications was dismissed in part on public interest grounds on the basis that the information tended to correct a false image portrayed by the Beckhams of their marriage and private life, and *Harrods Ltd v The Times Newspapers Ltd*[58] where the information tended to correct an allegedly false public image as a benign employer. In *McKennitt v Ash* at [69], the Court of Appeal suggested that a very high degree of misbehaviour must be demonstrated in order to justify the disclosure of private information on the basis that the information tends to expose hypocrisy or a false image.
(iii) Exposing conduct of public figures relevant to a debate of general interest. Following *Van Hannover v Germany*, it was thought for a time that this aspect of the public interest will only arise where the public figure is a politician or someone who carries out public duties or functions, but later cases have taken a wider view of who is a public figure and what amounts to a debate of general interest (see para.79-11). Even those individuals who are public figures have a right to some "private space". In *Saaristo v Finland* (184/06), the Strasbourg court treated a press officer for a political campaign as a public figure, and see to similar effect *Trimingham v Associated Newspapers Ltd*.[59] In *HRH Prince of Wales v Associated Newspapers Ltd* at [139], the Court of Appeal upheld the judge's rejection of the newspaper's argument that there was a public interest in disclosing the private musings of the heir to the throne in his personal travel journals.

The decision of Eady J in *The author of a blog v The Times Newspapers Ltd* provides an illustration of the public interest in disclosing wrongdoing on the part of public officials. In that case the evidence suggested that

---

[53] See *Attorney General v Guardian Newspapers Ltd (No.2)* [1990] 1 A.C. 109 at 282.
[54] See *A v B Plc* [2002] EWCA Civ 337; [2003] Q.B. 195 at [11(iv), (v)].
[55] *London Regional Transport v Mayor of London* [2003] E.M.L.R. 4.
[56] See, e.g. *Gartside v Outram* (1856) 26 L.J. Ch.113 (defrauding of customers); *Initial Services Ltd v Putterill* [1968] 1 Q.B. 396 (unlawful restrictive practice); *Harrods Ltd v The Times Newspapers Ltd* [2006] E.M.L.R. 13 (serial breaches of employment law).
[57] *Beckham v News Group Newspapers* unreported 24 April 2005 Langley J.
[58] *Harrods Ltd v The Times Newspapers Ltd* [2006] E.M.L.R. 13.
[59] *Trimingham v Associated Newspapers Ltd* [2012] EWHC 1296 (QB); [2012] 4 All E.R. 717.

the claimant had acted in breach of the relevant Police (Conduct) Regulations, and his public law duty as a constable, by disclosing in his blog confidential information which came into his possession in the course of carrying out his duties as a police officer. At [20] Eady J observed:

> "There is much force in the argument that any wrongdoing by a public servant (save perhaps in trivial circumstances) is a matter which can legitimately be drawn to the attention of the public by journalists. There is a growing trend towards openness and transparency in such matters."

79-10 Public interest—is a reasonable belief sufficient? In *Mosley v News Group Newspapers Ltd*, the newspaper failed to establish that publication of the photographs was in the public interest. In particular, the newspaper failed to establish that its allegations of Nazi role play and mockery of Holocaust victims were true. Eady J took the view that if the newspaper had been able to establish the truth of those allegations there could have been a public interest in at least limited disclosure [122]. Eady J went on to consider, obiter, whether it might make a difference if the newspaper had published the articles in the genuine and reasonable belief that they were in the public interest. At [135] and [137] he held that on the current state of the authorities it is for the court to decide whether a particular publication was or was not in the public interest, and that there was little if any scope for considering the defendant's state of mind "because it is only the court's decision which counts on the central issue of public interest". He held that in any event the judgment of the journalists in the instant case was not reasonable but had been arrived at in a manner which could be characterised as casual and cavalier [170]–[171]. This approach to the relevance of a reasonable belief that publication is in the public interest may require further consideration. In the field of regulation of misuse of personal data by media defendants Parliament has expressly provided that the test for liability should be whether the media defendant acted in the reasonable belief that its processing of data was in the public interest, and not on whether it actually was in the public interest. See the Data Protection Act 2018 Sch.2 Pt 5 para.26(2)(b) and s.170(3)(c)(iii). These sections provide that in the case of both civil and criminal liability a media defendant may escape liability if it acts in the reasonable belief that in the particular circumstances of the case disclosure of the information in question was justified as being in the public interest. Since in these sections Parliament has struck a balance between arts 8 and 10 it may seem surprising that the judge made law of privacy should strike the balance differently in the same field.

79-11 Public figures/debates of general importance The austere limitations of *Von Hannover v Germany* have been substantially relaxed by two Grand Chamber decisions delivered on 12 February 2012 in *Axel Springer AG v Germany* (39954/08) and *Von Hannover v Germany (No.2)* (40660/08 and 60641/08).[60] These cases establish two key points in relation to the art.8/10 balancing exercise. First, that a debate of general interest can extend, for example, to the conduct of sportsmen and sportswomen, performing artists and others who make a contribution to public life—a debate of general interest is no longer limited to politicians and public officials and the exercise of their functions. Secondly, that sportsmen and sports-

---

[60] *Axel Springer AG v Germany* (39954/08) (2012) 32 B.H.R.C. 493 and *Von Hannover v Germany (No.2)* (40660/08 and 60641/08) (2012) 32 B.H.R.C. 527.

women, actors and others in the public eye who are not politicians or public officials can be "public figures". The court cited a definition of "public figure" from Resolution 1165 (1998) of the Parliamentary Assembly of the Council of Europe on the Right to Privacy, which, in para.7, adopts a strikingly broad definition: "Public figures are persons holding public office and/or using public resources and, more broadly speaking, all those who play a role in public life, whether in politics, the economy, the arts, the social sphere, sport or in any other domain." As noted above, these cases also suggest that it may be legitimate to publish inoffensive photographs of individuals taken in public places. Domestic cases in which the impact of *Axel Springer and Von Hannover (No.2)* has been apparent include, *Spelman v Express Newspapers* (17-year-old international sportsman, a public figure and information about his conduct contributed to a debate of general importance), and *McClaren v News Group Newspapers Ltd* (former England football manager a public figure, balance between arts 8 and 10 decisively in favour of publication).[61] However, in *PJS v News Group Newspapers Ltd*[62] the claimant, a prominent figure in the entertainment industry, obtained an injunction to restrain threatened publication by a newspaper in this jurisdiction of details of an extra-marital sexual relationship. This injunction was upheld even though details had been published on the internet and in foreign newspapers. The Supreme Court held that the claimant had a reasonable expectation of privacy, and that as the article would make no contribution to a debate of public importance, the newspaper's art.10 rights, if engaged at all, carried very little weight. The impact of publication on the claimant's children was an important factor.

A check-list in relation to the art.8/10 balancing exercise The *Von Hannover (No.2)* and *Axel Springer* cases also set out a list of five criteria relevant to the art.8/10 balancing exercise: 79-12

(a) Contribution to a debate of general interest—this is said to be "an initial essential criterion".
(b) How well-known is the person concerned and what is the subject of the report?
(c) Prior conduct of the person concerned.
(d) Content, form and consequences of the publication.
(e) Circumstances in which the information was obtained/photographs taken.

Children A number of cases have considered the privacy rights of children and the way in which this affects the art.8/10 balancing exercise.[63] 79-13

Arrested persons The privacy rights of arrested persons have also received 79-14

---

[61] *Spelman v Express Newspapers* [2012] EWHC 355 (QB) and *McClaren v News Group Newspapers Ltd* [2012] EWHC 2466 (QB); [2012] E.M.L.R. 33.
[62] *PJS v News Group Newspapers Ltd* [2016] A.C. 1081.
[63] See *ETK v News Group Newspapers Ltd* [2011] 1 W.L.R. 1827 (whilst the best interests of the child cannot be treated as a "trump card" in the sense that it will prevail over all considerations when conducting the balancing test it is a factor that must rank higher than any other); *Spelman v Express Newspapers* [2012] EWHC 355 (QB) (children enjoy no general right of privacy simply by reason of their age); and *AAA v Associated Newspapers Ltd* [2013] EWCA Civ 554; [2012] E.M.L.R. 2 (QB) ("considerable weight" to be attached to the child's interests but these are not to be regarded "as being so powerful as to override, without more, the competing interests involved in any balancing exercise"). And see *Weller v Associated Newspapers Ltd* [2016] 1 W.L.R. 1541 and *PJS v News Group Newspapers Ltd* [2016] A.C. 1081.

attention. In *Axel Springer AG v Germany* (39954/08), the Grand Chamber held that it was legitimate to publish details of the arrest of a famous actor known for his role as a police officer in a television series. Where the arrested person is not a public figure the position is likely to be different—in such a case the courts are likely to seek to protect the art.8 rights of the arrested person.[64]

79-15 **Blackmail** The impact on the balancing exercise of the fact that the threatened disclosure of the information amounted to blackmail has not been consistent.[65]

79-16 **Pre-existing relationship of confidence** A further factor of importance in the balancing exercise (as well as in relation to whether art.8 is engaged—see para.79-05) is the existence of a confidential relationship or an express obligation of confidence. See *Prince of Wales v Associated Newspapers Ltd* at [67]–[69]. In such a case the pre-existing relationship or obligation of confidence is "a significant element to be weighed in the balance" and "it is not enough to justify publication that the information in question is a matter of public interest". The court must ask itself whether, in all the circumstances, it is in the public interest that the duty of confidence should be breached. See also *Browne v Associated Newspapers Ltd* at [48][66] where the relationship of confidence was said to be "central to the question whether Article 8 was engaged in respect of particular items of information and how the balance between the Claimant's rights under Article 8 and the newspaper's rights under Article 10 should be struck".

79-17 **Remedies** If the claimant can establish that he or she has a reasonable expectation of privacy in relation to information which has been, or is about to be, disclosed, and that the art.8/art.10 balancing exercise favours the protection of privacy, the available remedies are compensation, injunctive relief, and declaratory relief.

In the early reported cases awards of compensation tended to be low. Naomi Campbell was awarded £3,500. Lady Archer was awarded £2,500 in a claim against her former secretary and PA.[67] Michael Douglas and Catherine Zeta-Jones were each awarded £3,750. Lorena McKennit was awarded £5,000. Aggravated damages may also be available in an appropriate case—see *Naomi Campbell* in the Court of Appeal. In *McGaughey v Sunday Newspapers Ltd*,[68] the Northern Ireland Court of Appeal reviewed the awards to date and held that the sums awarded should remain modest, and this approach was applied by Dingemans J in *Weller v Associated Newspapers Ltd*. However, awards of compensation in some recent English cases have been significantly higher.

The judgment following trial in the *Mosley* case awarded the claimant damages

---

[64] See *Leveson Inquiry Report* Volume II Part G Ch.3 para.2.39; *Judicial Response to Law Commission* Consultation Paper 209 4/3/13; *College of Policing Guidance on Relationships with the Media* (revised May 2017); *Hannon and Dufour v News Group Newspapers* [2015] E.M.L.R. 1; *PNM v Times Newspapers Ltd* [2014] E.M.L.R. 30; *ERY v Associated Newspapers Ltd* [2017] E.M.L.R. 9; *ZXC v Bloomberg LP* [2017] E.M.L.R. 21; *Jackson v BBC* [2017] NIQB 51 and NICA; *Khuja v Times Newspapers Ltd* [2019] A.C. 161; *Richard v BBC* [2019] Ch. 169; and *ZXC v Bloomberg LP* [2019] EWHC 970 (QB); [2019] E.M.L.R. 20 (appeal pending).
[65] Compare *SKA and PLM v CRH* [2012] EWHC 766 (QB) with *EWQ v GFD* [2012] EWHC 2182 (QB).
[66] *Browne v Associated Newspapers Ltd* [2008] Q.B. 103 at [48].
[67] *Lady Archer v Williams* [2003] E.M.L.R. 38.
[68] *McGaughey v Sunday Newspapers Ltd* [2011] NICA 51.

for invasion of privacy in the sum of £60,000. In *Cooper v Turrell*[69] the award in *Mosley* was regarded as a more appropriate guide to damages than the earlier cases. In *Gulati v MGN Ltd*,[70] very substantial awards ranging from £85,000 to £260,000 were made for sustained invasion of privacy through voicemail interception, and the publication of unlawfully obtained private information, over a number of years. The appeal in *Gulati* was dismissed by the Court of Appeal,[71] where the awards of damages made by the trial judge, and his reasoning, were upheld.

Where an application is made for an Injunction to restrain publication of private information it is for the claimant to establish, in respect of each category of information, that he is likely to establish at trial that publication should not be allowed. This is the effect of s.1(3) of the HRA 1998 as interpreted by the House of Lords in *Cream Holdings Ltd v Banerjee* at [22] and *Browne v Associated Newspapers Ltd* at [43].[72] In *Browne* the Court of Appeal explained the general approach to interim injunctions in privacy cases as follows:

"... it [is] for the Claimant to persuade the Judge, in respect of each category of information, that his prospects of success at the trial are sufficiently favourable to justify such an Order being made in the particular circumstances of the case, the general approach being that the Court should be 'exceedingly slow' to make interim restraint orders where the applicant has not satisfied the Court that he will probably ('more likely than not') succeed at trial. By 'succeed at trial' we ... mean that the Claimant is likely to succeed after the Court has carried out the relevant balance between the Claimant's rights under Article 8 and the newspaper's rights under Article 10."

This burden on the claimant may be particularly significant where there is a factual dispute about the truth of an allegation which the defendant intends to publish.

In *Mosley v News Group Newspapers Ltd* (the decision on the application for interim injunctive relief in the Mosley litigation) Eady J drew a distinction between two elements of the claim. The first was the complaint about publication of photographs of the claimant engaging in sexual activity. The second was the complaint that the newspaper had falsely published allegations of Nazi role play. In relation to the first of these the Judge applied the approach to injunctive relief laid down by the House of Lords in *Cream Holdings Ltd v Bannerjee* discussed in the text. However, in relation to the second the Judge applied the traditional approach to Injunctions restraining publication of defamatory allegations which the defendant intends to justify [15]–[17].

Miscellaneous points of practice and procedure The question whether the developing cause of action in misuse of private information/unjustified publication of private information is or is not a tort initially proved controversial. Certain judges viewed it as an equitable cause of action as a result of using the existing cause of action in breach of confidence to develop remedies for the protection of private information. See *Douglas v Hello! Ltd (No.3)* at [96]. Although this ruling was not affected by the appeal to the House of Lords in that case, some judges continued to refer to the developing cause of action as a tort—see e.g. *McKennitt*

79-18

---

[69] *Cooper v Turrell* [2011] EWHC 3269 (QB).
[70] *Gulati v MGN Ltd* [2016] F.S.R. 12.
[71] *Gulati v MGN Ltd* [2015] EWCA Civ 1291; [2017] Q.B. 149.
[72] *Cream Holdings Ltd v Banerjee* [2005] 1 A.C. 253 at [22] and *Browne v Associated Newspapers Ltd* [2008] Q.B. 103 at [43].

v Ash at [11] and *Browne v Associated Newspapers Ltd* at [22]. It has now been held by the CA to be a tort for the purposes of the law relating to service out of the jurisdiction, notwithstanding its equitable origins, in *Vidal-Hall v Google Inc*.

It is unclear whether privacy rights under the developing law should be regarded as property rights capable of transmission to a third party. In *Douglas v Hello! Ltd (No.3)* the Court of Appeal decided that such rights are not proprietary in nature [126]. It is unclear whether this ruling survived the appeal to the House of Lords where the majority of Their Lordships proceeded on the basis that the obligation of confidence imposed on the wedding guests was transmissible by contract.

In cases where private information is obtained abroad but published in this country English law will apply to determine whether such publication is lawful— see *Douglas v Hello! Ltd (No.3)* at [126].

Summary judgment may be available in privacy claims in appropriate cases.[73]

What has become known as a "friends and family proviso", although not contained in the Model Order annexed to the Practice Guidance issued by the Master of the Rolls in 2011.[74]

It is inappropriate to grant a privacy injunction until trial or further order because of the effect on third parties of interim injunctions and the need for active case management in cases impacting on freedom of expression.[75]

79-19 Where a defendant contends that publication is justified in the public interest he will, in an appropriate case, be able to obtain Orders for Disclosure and/or the provision of further information by the claimant to support his case. See *Harrods Ltd v The Times Newspapers Ltd*. This may assist a defendant in establishing that the claimant is guilty of the misconduct which the defendant claims to be entitled to expose.

The claimant in a privacy action should take care to avoid disclosing through the court proceedings the information he or she wishes to keep private. The claimant should consider applying to the court under CPR r.39.2 for the hearing to be held in private. This course was approved and applied in *McKennitt v Ash* and *Browne v Associated Newspapers Ltd* and has been taken in many privacy cases since then. The claimant should also consider whether the parties, or some of them should be anonymised and referred to by initials. This course is frequently taken in privacy claims although in *Browne v Associated Newspapers Ltd* at [3] the Court of Appeal indicated that this should "be avoided unless justice requires it". Detailed consideration of the way in which using pseudonyms and ciphers together with reporting restrictions may enable privacy cases to be heard in public even if certain information has to be included in a private annex to a public judgment was given in *NT1, NT2 v Google LLC*.[76] The court will also, in an appropriate case, make Orders restricting the entitlement of third parties to see the evidence relied on in applications for privacy injunctions—see CPR 25 PD para.9.2. The court may also be prepared to order that the claimant need not disclose information contained in confidential schedules to pleadings and orders—see CPR r.32.13(3)(d). For detailed

---

[73] See *P v Quigley* [2008] EWHC 1051 (QB) and *Tchenguiz v Imerman* [2010] EWCA Civ 908; [2011] Fam. 116.
[74] https://www.judiciary.uk/wp-content/uploads/JCO/Documents/Guidance/practice-guidance-civil-non-disclosure-orders-july2011.pdf is now commonly inserted into such orders allowing disclosure on a confidential basis to close friends, family and professional advisors. See *EWQ v GFD* [2012] EWHC 2182 (QB).
[75] See *JIH v NGN* [2012] EWHC 2179 (QB).
[76] *NT1, NT2 v Google LLC* [2018] EWHC 261 (QB).

guidance on the anonymisation of orders and judgments in privacy cases, see *H v News International Group Newspapers Ltd*[77] and the *Master of the Rolls Practice Guidance* published in August 2011.

Direct enforcement of Article 8 against public authorities Claims for breach of art.8 may be brought against public authorities under ss.6–8 of the HRA 1998. See Section 64 of this work for a commentary and precedents.   **79-20**

For an example of a successful claim against a public authority for breach of art.8 arising out of the disclosure of false private information about a stepfather's relationship with his stepdaughter see *W v Westminster City Council*.[78] The court held that an intense focus on the importance of the specific right claimed was required and that any interference must be necessary and proportionate.

Wood v Commissioner of Police for the Metropolis provides a good example of the approach taken in such cases. The claimant complained that his photograph had been taken by the police as he left a protest meeting in central London. The photographs were retained and stored on police computers. The Court of Appeal held that the claimant's art.8 rights had been infringed. Although the mere taking of the photographs is incapable of engaging art.8 in the absence of aggravating circumstances [36], the taking of the photographs with the intention of retaining and storing the same did engage art.8 [46]. The photographs were taken and stored in pursuit of a legitimate aim [48[,]79], but the interference with the art.8 rights was disproportionate since the photographs were stored for more than a few days when there was no real basis for suspecting that the claimant was likely to commit offences in the future [89], [97]. See further the cases of *Kinloch*, *Catt* and *JR38*.

Harassment The law relating to harassment may also provide a remedy for invasion of privacy in certain circumstances. See Section 63: Harassment for a commentary and precedents.   **79-21**

At common law intentional harassment which results in a recognised psychiatric injury may give rise to a remedy in tort.[79] However, where intentional harassment results in distress or anxiety short of a recognised psychiatric injury the common law provides no remedy.[80] An attempt by the Court of Appeal in *Khorasandjin v Bush*[81] to fashion a tort of causing distress by harassment through the development of the cause of action in private nuisance was overruled by the House of Lords in *Hunter v Canary Wharf Ltd*.[82]

The inability of the common law to provide a remedy for harassment causing distress was remedied by the enactment of the Protection from Harassment Act 1997. This Act provides that a person must not pursue "a course of conduct" which amounts to harassment of another, and which he knows or ought to know amounts to harassment of that other. "Harassment" is not defined by the Act but includes alarming another person or causing that person distress. A course of conduct must involve conduct on at least two occasions. The provisions of the 1997 Act apply to

---

[77] *H v News International Group Newspapers Ltd* [2011] 1 W.L.R. 1645.
[78] *W v Westminster City Council* [2005] 4 All E.R. 96.
[79] See *Wilkinson v Downton* [1897] 2 Q.B. 57 as explained in *O v Rhodes* [2015] UKSC 32; [2016] A.C. 219 (where the limits of this tort are discussed and it was held that it could not be used to restrain the publication of true autobiographical information).
[80] See *Wong v Parkside Health NHS Trust* [2003] 3 All E.R. 932, *Wainwright v Home Office* at [41] and *Mbasogo v Logo Ltd (No.1)* [2006] EWCA Civ 1370; [2007] Q.B. 846 at [90]–[100].
[81] *Khorasandjin v Bush* [1993] Q.B. 727.
[82] *Hunter v Canary Wharf Ltd* [1997] A.C. 655.

the news-gathering activities of journalists, and also to the publication of articles.[83] In that case Lord Phillips MR identified the concept of "harassment" as conduct targeted at an individual which is calculated to produce the consequences of alarm or distress and which is oppressive and unreasonable [30].

The inter-relationship between misuse of private information and harassment by the media was examined in detail in the judgment of Tugendhat J in *Trimingham v Associated Newspapers Ltd*.[84]

79-22 In *Merelie v Newcastle Primary Care Trust*,[85] Eady J identified certain characteristic elements of the statutory tort of harassment namely:

(i) a course of conduct (i.e. conduct on at least two occasions) that is targeted at the claimant;
(ii) such conduct being calculated to cause alarm or distress to the claimant; and
(iii) such conduct being, objectively judged, oppressive and unreasonable.

The requirement that the conduct must be targeted at the claimant was considered by the CA in *Levi v Bates*,[86] where it was held that other persons who are foreseeably and directly harmed by the course of conduct can also sue provided they can properly be described as victims of it and suffer alarm and distress rather than mere sympathy for the targeted individual.

A course of conduct consisting of intrusive questioning and unwanted touching which invades a person's privacy may amount to harassment for the purposes of the 1997 Act.[87]

79-23 The Data Protection Act 2018 and GDPR The Data Protection Act 1998 was enacted to give effect in domestic law to Council Directive 95/46/EC. In *Douglas v Hello! Ltd* at [56], Brooke LJ explained that the Directive was "self-avowedly concerned with the protection of an individual's Convention rights to privacy". See also *Stone v South East Coast Strategic Health Authority* at [56].[88] With effect from 25 May 2018, the DPA 1998 was replaced by the Data Protection Act 2018 read together with Regulation (EU) 2016/679 (the GDPR). Cases decided under the DPA 1998 are likely to remain of assistance for some time.

The Data Protection legislation provides extensive protection against interference with private information both in situations which involve publication of the information and in situations which do not. A complex interlocking set of "data protection principles" govern the "processing" of "personal data". The Court of Appeal initially gave the concept of "personal data" a narrow interpretation in *Durant v Financial Services Authority*[89]—essentially holding that information has to be biographical in nature and relate to the data subject's life events. Later cases have increasingly given a more expansive interpretation to "personal data"—see e.g. *Edem v Information Comr* at [21],[90] approving the Information Commissioner's guidance:

---

[83] See *Thomas v News Group Newspapers Ltd* [2002] E.M.L.R. 4.
[84] *Trimingham v Associated Newspapers Ltd* [2012] 4 All E.R. 717.
[85] *Merelie v Newcastle Primary Care Trust* [2004] EWHC 2554 (QB).
[86] *Levi v Bates* [2015] EWCA Civ 206; [2016] Q.B. 91.
[87] See *KD v Chief Constable of Hampshire* [2005] EWHC 2550 (QB).
[88] *Stone v South East Coast Strategic Health Authority* [2007] U.K.H.R.R. 137 at [56].
[89] *Durant v Financial Services Authority* [2004] F.S.R. 28.
[90] *Edem v Information Commissioner* [2014] EWCA Civ 92.

"It is important to remember that it is not always necessary to consider 'biographical significance' to determine whether data is personal data. In many cases data may be personal data simply because its content is such that it is 'obviously about' an individual. Alternatively, data may be personal data because it is clearly 'linked to' an individual because it is about his activities and is processed for the purpose of determining or influencing the way in which that person is treated. You need to consider 'biographical significance' only where information is not 'obviously about' an individual or 'clearly linked to' him",

and *Ittihadieh v 5-11 Cheyne Gardens RTM Co Ltd*.[91] "Processing" is defined extremely widely to embrace the obtaining, recording or holding of information or data as well as the organisation, adaptation or alteration, retrieval, consultation or use of the information or data and its disclosure. All "data controllers" have a statutory duty to comply with the "data protection principles" in relation to all of these operations.

"Processing" includes the publication of personal data through the print media—see *Naomi Campbell v MGN Ltd* in the Court of Appeal. Note, however, that in a set of operations comprising the retrieval of information from a computer, review and assessment of the information retrieved, and the recording of the outcome of the review and assessment on a computer, the review and assessment stage did not amount to processing for the purposes of the Act.[92]

The Court of Appeal in *Murray v Big Pictures (UK) Ltd*[93] allowed an appeal against the striking out of the DPA claim, holding that all issues in relation to that claim should go to trial.

The inter-relationship between the protection of art.8 rights of privacy through misuse of private information and through the Data Protection legislation has been considered in recent cases such as *Vidal-Hall v Google Inc*, *NT1, NT2 v Google LLC* (the "right to be forgotten" cases), *Stunt v Associated Newspapers Ltd*, and *Lloyd v Google LLC*.[94]

Further developments at common law On 26 September 2006 the European Court of Human Rights ruled in *Wainwright v The United Kingdom* (12350/04)[95] that a strip search of prison visitors which took place prior to the coming into force of the HRA 1998 had involved a violation of art.8, and that as English law did not make available a means of obtaining redress for the interference with the rights under art.8, there had also been a violation of art.13 of the Convention. This ruling is likely to be of particular significance in privacy cases where the defendant is not a public authority (so there can be no direct enforcement of art.8 under ss.6–8 of the HRA 1998), the invasion of privacy complained of does not involve the publication or other misuse of private information, there is no course of conduct amounting to harassment under the Protection from Harassment Act 1997, and no processing of data. In such cases the common law will need to be further adapted to provide a remedy. Whether this will require legislation remains to be seen.

79-24

---

[91] *Ittihadieh v 5-11 Cheyne Gardens RTM Co Ltd* [2017] EWCA Civ 121; [2018] Q.B. 256.
[92] See *Johnson v Medical Defence Union Ltd* (2007) 96 B.M.L.R. 99.
[93] *Murray v Big Pictures (UK) Ltd* [2009] Ch. 481.
[94] *Stunt v Associated Newspapers Ltd* [2018] EWCA Civ 1780; [2018] 1 W.L.R. 6060, and *Lloyd v Google LLC* [2018] EWHC 2599 (QB); [2019] 1 W.L.R. 1265 (judgment of CA [2019] EWCA Civ 1599).
[95] *Wainwright v The United Kingdom* (12350/04) (2006) 22 B.H.R.C. 287.

Claim for Compensation and an Injunction for Misuse of Personal Information Following Publication

79-V1   1.   The Claimant is a television presenter.

2. The Defendant is the publisher of the Daily Snoop, a national newspaper with a very substantial circulation throughout the jurisdiction.

3. On the front page of the issue of the Daily Snoop dated 1 July 2019 the Defendant published:
   - 3.1. An article headed "Holiday plans thwarted by mystery condition" containing the following words referring to the Claimant:

     > "Bubbly TV presenter Anita Lott has abandoned a planned holiday in the Maldives because of a mysterious condition which is causing her to pile on the pounds. A source at the £500 a day Lifestyle Adjustment Clinic in north London told the Snoop that Ms. Lott has been receiving treatment for a compulsive eating disorder since April 2015. According to the source 'Anita is obsessed with her weight and attends for two or three sessions of intensive therapy each week. She is ashamed of her appearance and determined to get back into a size 10 bikini before she takes another holiday.' Ms. Lott's former partner, tennis ace Simon Cad, told the Snoop that Ms. Lott has been on a cycle of binge and diet for years. 'She cannot resist junk food but she hates herself for it' he said."

   - 3.2. A series of photographs which had been taken surreptitiously of the Claimant getting out of a car in a side road adjacent to the Lifestyle Adjustment Clinic accompanied by the caption: "Turn sideways dear—Anita Lott rolls out of her chauffeur driven limousine outside the clinic yesterday."

4. The publication by the Defendant of the article and photographs referred to in paragraph 3 above was a misuse of and/or unjustified publication of private information and a breach of confidence.

PARTICULARS

- 4.1. Information about whether a person is receiving medical treatment or therapy, the place of the treatment or therapy, the length of the treatment or therapy and the person's reaction to it is obviously private and confidential. The Defendant knew or ought reasonably to have known from the nature of the information that it was fairly and reasonably to be regarded as private and confidential.
- 4.2. Further, the information published in the article referred to in paragraph 3.1 above was disclosed to the newspaper in breach of a relationship or obligation of confidence in that:
  - 4.2.1. any "source" at the clinic would owe to the Claimant an obligation of confidentiality in relation to any information concerning her treatment or therapy; and
  - 4.2.2. the Claimant's former partner, Mr Cad, owes an obligation of confidentiality to the Claimant in relation to any private information about the Claimant communicated to or acquired by him during his relationship with the Claimant; and
  - 4.2.3. the Defendant knew or ought reasonably to have known that the

information provided to it by the "source" at the clinic and/or by Mr Cad was provided to it in breach of a relationship or obligation of confidence.
4.3. The Defendant arranged to have the photographs referred to in paragraph 3.2 above taken surreptitiously, alternatively knew that they had been taken surreptitiously.
4.4. Further, the photographs showed the Claimant in a state of distress and embarrassment and/or engaging in the wholly private activity of attending for medical treatment or therapy.
4.5. In the circumstances, the publication by the Defendant of the article and photographs was a gross invasion of the Claimant's privacy and a breach of confidence.

5. By reason of the Defendant's misuse of and/or unjustified publication of her private information and/or breach of confidence the Claimant has suffered loss and damage.

Particulars of loss and damage

5.1. The Claimant suffered great distress, embarrassment and anxiety.
5.2. The Claimant's treatment was interrupted and rendered less effective.

6. Further, the Claimant claims aggravated damages.

Particulars relied on in support of the claim for aggravated damages

6.1. The language used in the article and caption belittled the Claimant and made fun of her condition. The Claimant relies in particular on the use by the Defendant of the expressions "pile on the pounds", "turn sideways dear" and "rolls out of her chauffeur driven limousine".
6.2. The Defendant's response to the Claimant's Solicitors' letter before claim complaining of the publication of the articles, photographs and caption was to publish in the issue of the Daily Snoop dated 7 July 2019 further photographs of the Claimant taken surreptitiously as she was leaving her house with the caption: "Why should we apologise—it isn't us that eat too much!"'.
6.3. These matters substantially increased the distress, embarrassment and anxiety suffered by the Claimant.

7. Unless restrained by Injunction the Defendant will continue to publish private information about the Claimant and photographs taken surreptitiously of the Claimant.

8. The Claimant is entitled to and claims interest on all compensation recovered pursuant to Section 35A of the Senior Courts Act 1981.

AND the Claimant Claims:
(1) Damages, including aggravated damages.
(2) Interest thereon.
(3) An Injunction to restrain the Defendant from publishing any further private information about the Claimant or any photographs of the Claimant which have been taken surreptitiously.
(4) Further or other relief.
(5) Costs.

Defence to claim for misuse of private information: no reasonable expectation of privacy

79-V2 1. It is admitted that the Defendant published the information and photograph complained of by the Claimant. The Defendant relies upon its Article 10 rights of free expression.

2. It is denied that the Claimant had any reasonable expectation of privacy in relation to the information or photograph published by the Defendant.

3. The information published by the Defendant consisted of a description of the Claimant's outfit and appearance on the occasion of a mid-morning shopping trip during which she visited a number of large department stores in Oxford Street, central London. The Claimant waved to and posed for photographers as she emerged from the shops. The photograph published by the Defendant was taken as she waved and posed.

Defence to claim for misuse of private information: public domain

79-V3 1. It is admitted that the Defendant published the information and photographs complained of by the Claimant. The Defendant relies upon its Article 10 rights of free expression.

2. It is denied that the Claimant had any reasonable expectation of privacy in the information or photographs published by the Defendant

3. The information published by the Defendant was a summary of information posted by the Claimant on her website and/or published in a newsletter sent to members of her fan club.

4. The photographs published by the Defendant have previously appeared on the Claimant's website and/or the website of her manager, Maxpromote Limited.

Defence to claim for misuse of private information: triviality/insufficient seriousness

79-V4 1. It is admitted that the Defendant published the information complained of by the Claimant. The Defendant relies upon its Article 10 rights of free expression.

2. It is denied that the Claimant had any reasonable expectation of privacy in relation to the information published by the Defendant.

3. The information published by the Defendant consisted of a list of the Claimant's favourite shops, restaurants and holiday destinations. The information is trivial and its publication insufficiently serious to engage Article 8 of the Convention.

Defence to claim for misuse of private information: public interest

79-V5 1. The Defendant admits that it published the information complained of by the Claimant. The Defendant relies upon its Article 10 rights of free expression.

2. The information published by the Defendant consisted of a description of the Claimant's role as Under-Secretary for Aviation in relation to the decision not to prosecute Undercarriage Airways Limited for offences under the Aviation (Environmental Impact) Regulations 2014. In the course of that description the Defendant referred to the fact of the Claimant's sexual relationship with the Chief Executive of Undercarriage Airways Limited and the fact that she has been provided with flights and holiday accommodation free of charge by Undercarriage Airways Limited.

3. The publication of the information by the Defendant was justified in the public interest.

PARTICULARS

3.1. There is a public interest in freedom of expression itself.
3.2. The article published by the Defendant was a responsible contribution to a debate of general public importance about the role of politicians generally, and the Claimant in particular, in relation to the decision not to prosecute Undercarriage Airways Limited.
3.3. The information published by the Defendant revealed the fact (but not the details) of the Claimant's sexual relationship with the Chief Executive of Undercarriage Airways Limited in order to make clear the Claimant's conflict of interest when the Claimant took part in the decision-making process which resulted in the decision not to prosecute Undercarriage Airways Limited.
3.4. The information published by the Defendant about the Claimant's holidays with the Chief Executive of Undercarriage Airways Limited also exposed the Claimant's false public denials that she had any personal interest in the business of Undercarriage Airways Limited. These false public denials were made by the Claimant in the Daily Record on 6 and 10 July 2019. In fact the true position was that the Claimant had received free flights and holiday accommodation paid for by Undercarriage Airways Limited.

CLAIM FORM IN CLAIM FOR AN INJUNCTION TO RESTRAIN PUBLICATION OF PRIVATE INFORMATION

The Claimant's claim is for: 79-V6

1. An Injunction to restrain the Defendant from publishing private information relating to the Claimant.

2. Compensation for misuse of private information together with interest thereon pursuant to Section 35A of the Senior Courts Act 1981 to be assessed.

3. Further or other relief.

4. Costs.

ORDER FOR AN INJUNCTION TO RESTRAIN PUBLICATION OF PRIVATE INFORMATION

[Penal Notice]
IMPORTANT:

Notice to the Respondents

79-V7 (1) This Order prohibits you from doing the acts set out in this Order. You should read the terms of the Order and the Guidance Notes very carefully. You are advised to consult a solicitor as soon as possible. You have a right to ask the Court to vary or discharge this Order.

(2) If you disobey this Order you may be found guilty of contempt of court and you may be sent to prison or fined or your assets may be seized.

The Order

An application was made on 17 July 2019 by Leading Counsel for the Applicant/Claimant to the Judge and was attended by Leading Counsel for the Respondent/Defendant. The Judge heard the application and read the evidence listed in Schedule 1 and accepted the undertakings in Schedule 2 at the end of this Order.

IT IS ORDERED that up to and including 14 August 2019 ("the Return Date") or further Order in the meantime:-

The Parties and the Action

1. There be permission for the Applicant/Claimant ("the Applicant") to be referred to in these proceedings as "XYZ".

2. These proceedings including the intended claim in respect of which the Applicant has given an undertaking to issue are to be known and listed as "XYZ v Daily News Limited". The Applicant has filed at Court a sealed envelope containing the name and address of "XYZ" which envelope must remain sealed and held within the Court Office subject only to further Order of a Judge or the Senior Master of the Queen's Bench Division.

3. Pursuant to CPR r.39.2(3)(a) (c) and (e), the hearing of the application to which this Order relates be heard in private and there be no reporting of the same.

4. The Applicant shall not be required pursuant to CPR 25 PD para.9.2 or otherwise to provide to any third party served with a copy of this Order the Witness Statement of .... or any information contained within it notwithstanding the fact that it was read by the Court and referred to at a hearing.

5. Any person who is not a party to the proceedings shall not be permitted to access the records of the Court in these proceedings including the intended Claim without the permission of the Court. Any application for permission must be made on notice to the Applicant's Solicitors in accordance with CPR Pt 23.

The Injunctions

6. Subject to paragraph 8 below the Respondents must not publish, communicate or disclose to any person (other than for the purposes of these proceedings) any private information about the Applicant obtained by the Respondents including any of the following:
  (a) The fact that the Applicant had any kind of relationship with the First Respondent.
  (b) Any photographs of the Applicant and the First Respondent together, whether including other persons or otherwise.
  (c) Any photographs of the Applicant's private residence or boat.
  (d) Any information or details relating to the internal layout, arrangement or appearance of the Applicant's private residence or boat.
  (e) Any details of conversations which took place at a private dinner attended by the Applicant and the First Respondent at the private residence of .... including, for the avoidance of doubt, any account or any discussion with .... about the Applicant's medical condition and any medical treatment which the Applicant has had or may receive.
  (f) The contents of the Witness Statement made in support of the Applicant's application herein or of any other document served upon the Respondents for the purposes of these proceedings.

7. Subject to paragraph 8 below the Respondents must not disclose the name of the Applicant in these proceedings or any other information from which the Applicant could be identified as connected with these proceedings or the nature of these proceedings or the relief sought and granted.

8. PROVIDED THAT nothing at paragraphs 6 and 7 above:
  (a) shall of itself prevent the publication of any information already lawfully in the public domain; and
  (b) prevents the Respondents and/or their legal advisers communicating with each other and/or the Applicant's Solicitors for the proper purposes of conducting these proceedings.

9. Pursuant to CPR r.31.22 until trial no use may be made by the Respondents or either of them of any documents or information referred to at paragraph 6 above save for the purposes of these proceedings.

Costs of the Application

10. The costs of this application are reserved to the Judge hearing the return date of this application.

[GUIDANCE NOTES]
[SCHEDULE 1]
[SCHEDULE 2]
DATED, etc.

Claim for Compensation, an Injunction, and Blocking, Erasure and Destruction of Data under the Data Protection Act 2018 and GDPR

79-V8

1. The Claimant is a health care professional.

2. The Defendant is the publisher of Medexpose, a journal with a wide circulation throughout the medical profession and those interested in the medical profession. The Defendant is also responsible for the publication of a website of the same name.

3. On page 3 of the issue of Medexpose dated 1 July 2019, and on its website, the Defendant published:
   3.1. An article purporting to contain a description of medical treatment received by the Claimant at a private clinic ("the Article").
   3.2. A copy of an extract from the medical records relating to the Claimant maintained by the clinic ("the Medical Records").
   3.3. A photograph of the Claimant ("the Photograph").

4. The Article, the Medical Records, and the Photograph all amount to or contain personal data for the purposes of GDPR and the Data Protection Act 2018, and the Article and Medical Records amount to or contain special category data for the purposes of Art.9 GDPR.

5. The Defendant is the data controller in respect of the personal data and sensitive personal data contained in the Article, the Medical Records and the Photograph for the purposes of the Act and the GDPR.

6. The obtaining, holding, preparation for publication and publication of the Article, Medical Records and Photograph amounted to processing of data for the purposes of the Act and the GDPR.

7. The Defendant by obtaining, preparing for publication and publishing the Article, Medical Records and Photograph without the consent of the Claimant acted in breach of its statutory duty under Art.5 of the GDPR in that:-
   7.1. The data was not processed fairly and lawfully in breach of Art.5(1)(a) GDPR. Without prejudice to the generality of this allegation the Claimant will contend that the obtaining and publication of the information contained in the Article, the Medical Records and the Photograph amounted to a misuse of her personal information and a breach of confidence and were therefore unlawful, and that the Photograph was taken surreptitiously and therefore unfairly.
   7.2. None of the conditions in Art.6 GDPR is met in breach of Art.5(1)(a) GDPR.
   7.3. None of the conditions in Art.9 GDPR is met in breach of Art.5(1)(a) GDPR.
   7.4. The personal data contained in the Article, Medical Records and Photograph was not obtained for a lawful purpose contrary to Art.5(1)(b) GDPR.

8. By reason of the Defendant's breach of Art.5(1)(a) and (b) GDPR the Claimant has suffered damage and/or distress and is entitled to compensation under Art.82 GDPR.

9. Unless restrained by the Court the Defendant will continue to process the Article, Medical Records and Photograph in breach of its duty under Art.5(1)(a) and (b) GDPR.

10. The Claimant is entitled to and claims interest on all sums recovered pursuant to Section 35A of the Senior Courts Act 1981.

AND the Claimant Claims:
(1) Compensation under Art.82 GDPR.
(2) An Injunction to restrain the Defendant from continuing to process the Article, Medical Records and Photograph in breach of its duty under Art.5(1)(a) and (b) GDPR.
(3) An Order under Art.21 GDPR for the blocking and/or erasure and/or destruction of the Article, Medical Records and Photograph held by the Defendant.
(4) Interest on all sums recovered pursuant to Section 35A of the Senior Courts Act 1981 to be assessed.
(5) Further or other relief.
(6) Costs.

Defence to claim under the Data Protection Act 2018 and GDPR: Exemption in relation to journalism, literature and art

1. It is admitted that the Defendant obtained, prepared for publication and published the information and photograph complained of by the Claimant.

79-V9

2. The Defendant relies on the exemption provided by Sched 2 Part 5 of the Data Protection Act 2018.

Particulars

2.1. The Defendant processed the information and photograph for the purposes of journalism.
2.2. That processing was undertaken with a view to the publication of journalistic material.
2.3. The Defendant reasonably believes that, having regard in particular to the special importance of the public interest in freedom of expression, publication of the information and photograph was in the public interest. Without prejudice to the generality of this allegation the Defendant will contend that it reasonably believed that publication was in the public interest because it exposed the fact that the Claimant, by continuing to drive public service vehicles after obtaining a driving licence by means of a declaration as to the state of his health which he knew to be false, was committing a criminal offence under Section 92(10) of the Road Traffic Act 1988.
2.4. The Defendant reasonably believes that, in all the circumstances, compliance with the provisions of the Act on which the Claimant relies was incompatible with the purposes of journalism.

3. In the circumstances it is denied that the Claimant is entitled to the relief claimed under the Data Protection Act 2018 and GDPR as alleged or at all.

Defence to claim under the Data Protection Act 2018 and GDPR: denial of processing

79-V10 1. It is admitted that the Claimant applied to the Defendant for the provision of services.

2. It is admitted that the Defendant's case review officer reviewed the information held by the Defendant in relation to the Claimant and, as a result of that review, rejected the Claimant's application.

3. It is denied that the carrying out of the review and/or the rejection of the Claimant's application amounted to processing of data for the purposes of the Data Protection Act 2018 and GDPR as alleged or at all.

4. In the circumstances it is denied that the Claimant is entitled to the relief claimed under the Data Protection Act 2018 and GDPR or to any other relief.

PART W JUDICIAL REVIEW

Section 80:

APPLICATIONS FOR JUDICIAL REVIEW

Table of Contents

Form N461: Judicial Review Claim Form 80-W1
Section 8 of Form N461: Statement of Facts Relied on 80-W2
Form JR2: Judicial Review Acknowledgement of Service . 80-W3
Section C of the Judicial Review Acknowledgment of
Service Form 80-W4
Form JR1 (T & C): Judicial Review Claim Form 80-W5
Form JRC1: Judicial Review Claim Form (CIC Case) 80-W6
Form JR1: Judicial Review Claim Form 80-W7

A vast number of review claims are brought in the Administrative Court in the **80-01**
Queen's Bench Division of the High Court and are governed by Pt 54 of the Civil Procedure Rules and its four accompanying practice directions. This should be read in conjunction with Pt 8 of the CPR and s.31 of the Senior Courts Act 1981. Dame Victoria Sharp is the current President of the Queen's Bench Division. Mr. Justice Supperstone is the current judge in charge of the Administrative Court.

As a result of legislative changes, a significant number of judicial review applications are now determined by the Upper Tribunal, for instance appeals arising out of the Criminal Injuries Compensation Scheme appeals, and importantly the majority of decisions made by the Secretary of State for the Home Department in the immigration context. The latter development is of some significance as over 50 per cent of the caseload of the Administrative Court historically related to challenges arising from immigration related decisions.[1] In addition to this, the Planning Court came into existence on 6 April 2014. Planning Court claims form a specialist list within the Queen's Bench Division.

The jurisdiction of the Administrative Court is unique: it is generally supervisory in nature. In *R. v Chief Constable of North Wales Ex p. Evans*[2] the court restated that a challenge by way of judicial review is, "not intended to take away from ... [the] authorities the powers and discretions properly vested in them by law and to substitute the Courts as the bodies making the decisions" (at 1160 E–H). It is well established that where the existence or non-existence of a fact is left to the judgment and discretion of a public body and that fact involves a broad spectrum ranging from the obvious to the debatable to the just conceivable, it is the duty of the court to leave the decision of that fact to the public body to whom Parliament has entrusted the decision-making power, save in a case where it is obvious that the public body, consciously or unconsciously, are acting perversely.[3]

---

[1] See further R. Thomas, "Mapping Immigration Judicial Review Litigation" [2015] P.L. 652.
[2] *R. v Chief Constable of North Wales Ex p. Evans* [1982] 1 W.L.R. 1155.
[3] *R. v Hillingdon LBC Exp. Puhlhofer* [1986] A.C. 484, 518 D–E.

Judicial review claims in the Administrative Court

80-02　　A claim for judicial review is a two-stage process. The claimant must first seek permission to apply for judicial review. This application for permission will generally be dealt with first on the papers by a judge of the Queen's Bench Division (Administrative Court), after the defendant has had an opportunity to serve its Acknowledgement of Service and Summary Grounds for Contesting the Claim. If permission on the papers is refused at the paper stage, the claimant may then renew his application at an oral hearing. However, where the court refuses permission to proceed and records that the application is totally without merit in accordance with CPR r.23.12, the claimant may not request that the decision be reconsidered at a hearing: CPR r.54.12(7). Where a permission hearing takes place, if permission is granted, the matter then proceeds to a substantive hearing, following service of further evidence by the parties and Detailed Grounds for Contesting the Claim.

For a detailed discussion of judicial review, see the leading textbooks such as De Smith, Woolf and Jowell, *Judicial Review of Administrative Action*; Patterson J and Karim, *Judicial Review: Law and Practice*; Wade and Forsyth, *Administrative Law*; Lewis, *Judicial Remedies in Public Law*; Fordham, *Judicial Review Handbook*.

Note also the 2019 updated Administrative Court Guide available at *https://www.gov.uk/government/publications/administrative-court-judicial-review-guide*, which is a very good source of practice guidance.

80-03　　**When to use Part 54**　　A claimant must use Pt 54 if he is seeking a mandatory order, a prohibiting order, a quashing order, or an injunction under s.30 of the Senior Courts Act 1981 to restrain a person from acting in any office in which he is not entitled to act: Senior Courts Act 1981 ss.30, 31(1), CPR r.54.2. This applies regardless as to whether or not the claimant is seeking any additional other remedy: r.54.3(1).

The court may grant a declaration or an injunction in a claim for judicial review if, having regard to the nature of the matters in respect of which relief may be granted by mandatory, prohibitory and quashing orders and the nature of the persons and bodies against whom relief may be granted by such orders and all the circumstances of the case it would be just and convenient for the declaration to be made or the injunction granted: Senior Courts Act 1981 s.31(2). A claimant may also use Pt 54 if he is seeking damages, restitution or the recovery of a sum due, but only if he is in addition seeking one or more of the other remedies mentioned above: r.54.3(2).

Rule 54.1(2)(a) defines a claim for judicial review as a claim to review the lawfulness of an enactment or of a decision, action or failure to act in relation to the exercise of a public function. If a claim contains some elements which fall within the definition of judicial review and some elements which fall outside it, the court will often let the claimant decide the choice of whether to use Pt 54.[4] However, it is important to bear in mind that the time limits for making an application for judicial review are short and that the procedure contains other important safeguards for defendants, such as the requirement for permission (see para.80-

---

[4] *O'Reilly v Mackman* [1983] 2 A.C. 237; *Roy v Kensington and Chelsea and Westminster Family Practitioner Committee* [1992] 1 A.C. 624; *Mercury Communications Ltd v Director General of Telecommunications* [1996] 1 W.L.R. 48; *Clark v University of Lincolnshire* [2000] 3 All E.R. 752; *Re 2019 Rail Franchising Litigation* [2019] EWHC 2047 (TCC).

20). Although the court now has power to transfer proceedings into and out of Pt 54 (r.54.20), a claimant who issues Pt 7 or Pt 8 proceedings in an attempt to circumvent the Pt 54 time limit requirements or other safeguards is liable to have the claim struck out for abuse of the process of the court.[5] It was considered that the service of a breach of condition notice was a purely public law act and the appropriate means of challenge to its validity was by way of judicial review, and not by private law proceedings.

The main parts of Pt 54 include:

- Rules 4, 10–13—The requirement for permission, the grant or refusal of permission, the right to renew the application for permission orally, and the prohibition on applications to set permission aside;
- Rule 5—The time limit;
- Rules 6 and 7—Contents and service of the claim form;
- Rules 8-9, 14—Defendant's acknowledgment of service, detailed response and evidence;
- Rule 15—Claimant requires permission to rely on additional grounds; on the need for properly formulated grounds and amendments, see *R. (F) v Wirral MBC*.[6]
- Rule 16—Evidence;
- Rule 17—Applications to intervene;
- Rule 18—Power to decide application without a hearing where all parties agree;
- Rule 19—Powers in respect of quashing orders; and
- Rule 20—Power to order claim to continue as if not brought by way of judicial review. There are four Practice Directions to supplement Pt 54 (as well as a prescribed pre-action protocol). Practice Direction 54C applies to references by the Legal Services Commission, Practice Direction 54D is concerned with the appropriate venue for judicial review proceedings under the regionalisation policy implemented in 2009; and Practice Direction 54E applies to Planning Court claims. The key associated practice directions to CPR Pt 54 are CPR PD 54A (Judicial Review Practice), CPR PD 54D (Venue for Claims), and CPR PD 54E (Planning Court). These practice directions are required reading for any litigant considering judicial proceedings.
- The general guidance on procedural matters is contained in Practice Direction 54A. The most important features of general application include paras 4 (date when grounds arise to challenge a judgment, order or conviction), 5.6 and 5.7 (documents to be filed with claim form), 8.5 and 8.6 (defendant not required to attend oral permission hearing and will not normally recover costs if it does so), 11 (minimum 7 days' notice of reliance on additional grounds), 12 (no obligation of disclosure unless court orders otherwise), 15 (skeleton arguments), 16 (bundles) and 17 (agreed final

---

[5] See *Clark v University of Lincolnshire; Jones v Powys Local Health Board* (2009) 12 C.C.L. Rep. 68; cf. *R. v Chief Constable of the British Transport Police Ex p. Farmer* [1998] C.O.D. 484. In *Trim v North Dorset DC* [2010] EWCA Civ 1446; [2011] 1 W.L.R. 1901, proceedings had been commenced by a landowner seeking declarations in respect of a breach of condition notice and were struck out as an abuse of process.

[6] *R. (F) v Wirral MBC* [2009] L.G.R. 905.

orders). A further Practice Statement[7] deals amongst other matters with the procedure for urgent cases at the permission stage, and another[8] with uncontested proceedings.

80-04 **Forms** CPR PD 4 lists the forms generally required to be used under the CPR. It contains 3 tables. Table 1 lists the "N forms" that are referred to and required by the CPR and the Practice Directions. Tables 2 and 3 list forms that are not relevant to this Guide. Other forms may be provided by the Administrative Court.

The N forms that are directly relevant to judicial review proceedings are:

- N461 Judicial Review claim form.
- N461PC Judicial Review claim form (Planning Court).
- N462 Judicial Review acknowledgment of service.
- N462PC Judicial Review acknowledgement of service (Planning Court).
- N463 Judicial Review—application for urgent consideration.
- N463PC Judicial Review—application for urgent consideration (Planning Court).

The following general N forms are also required in a judicial review application:

- N215 Certificate of service.
- N244 Application notice.
- N260 Statement of costs (Summary Assessment)
- N279 Notice of discontinuance.
- N434 Notice of change of legal representative.

80-05 **Time limits** An application for judicial review must be made promptly and in any event not later than three months after the grounds to make the claim first arose: r.54.5(1). The time limit cannot be extended by agreement between the parties: r.54.5(2). The time limit commences from date when the grounds of judicial review first arose, not when the claimant first became aware of the decision under challenge.[9] However, the point at which the claimant acquired the requisite knowledge may be material to any application for an extension of time.

This stringent time period is also subject to further restrictions (r.54.5(3)), in particular certain planning decisions must be filed within six weeks after the grounds to make the claim first arose, and also a claim for judicial review of certain procurement decisions must be filed within 30 days (in line with a challenge under the Public Contracts Regulations): r.54(5) and (6).

The requirement to proceed "promptly" may require proceedings to be brought within (and sometimes well within) the three-month period.[10] That is especially so where the defendant, or a third party, is likely to enter into commitments on the faith of the challenged decision; or where the striking down of that decision is likely to lead to substantial disruption affecting many persons.

80-06 If a claim is not made within time, the claimant can ask the court to extend time (r.3.1(2)(a)). The extension may be subject to conditions as the court considers appropriate (r.3.1(3)). The onus is on the claimant to show good cause for the delay.

---

[7] *Practice Statement* [2002] 1 W.L.R. 810.
[8] *Practice Direction (Admin Ct: Uncontested Proceedings)* [2008] 1 W.L.R. 1377.
[9] *R. (on the application of Nash) v Barnet LBC* [2013] EWHC 1067 (Admin) at [37], PD 54A para.4 and *R. (on the application of Presvac Engineering Ltd) v Secretary of State for Transport* (1991) 4 Ad. L.R. 121.
[10] see e.g. *R. v Independent Television Commission Ex p. TV NI, The Times,* 30 December 1991.

It is not for the defendant to show that the delay has caused him prejudice.[11] If the claimant does not bring the proceedings promptly and in any event not later than three months after the grounds to make the claim first arose but permission to proceed with the judicial review is granted, the defendant can at the substantive hearing contend that relief should be refused on the ground that its grant would be likely to cause substantial hardship to, or substantially prejudice the rights of, any person or would be detrimental to good administration.[12]

Possible grounds for extending time, or excusing what might otherwise be a lack of promptness, include excusable lack of knowledge of the decision when it was taken, difficulties in obtaining public funding, general public importance of the issue (although the importance will usually have to be substantial and clear), sensible pursuit of attempts to resolve the matter without litigation, and the continuing nature of any breach. See also *R. (on the application of Cukurova Finance International Ltd) v HM Treasury*,[13] which emphasises the importance of the apparent merit of the challenge as a factor to be taken into account alongside the length of the delay, the reasons for it, the importance of the case and the extent of any prejudice caused by the delay.

Encapsulating the salient points, Moses LJ stated in *R. (on the application of the Law Society) v Legal Services Commission* that[14]:

80-07

"The need for promptness in judicial review is well-known. Good public administration requires finality. This is because public authorities need to have certainty as to the legal validity of their decisions and actions, and third parties need to be able to rely on those decisions and actions. Promptness has been recognised to be particularly important where the interest of other parties is concerned: see for example *R v Monopolies and Mergers Commission, ex parte Argyll Group plc* [1986] 1 WLR 763 at 782-783; *R v Independent Television Commission, ex parte TVNI Limited* [1996] JR 60; and the authorities cited in Fordham's *Judicial Review Handbook*, Fifth Edition, 26.2.2." (at [116])

It is important for the purposes of time limits to identify the correct decision being challenged.[15] The decision in Burkett also left unanswered whether the provision in r.54.5(1) that the claim form must be filed promptly is sufficiently certain to comply with the right to a fair hearing within a reasonable time in art.6(1) of the European Convention on Human Rights. However, the Court of Appeal has since confirmed that the requirement for promptness is compatible with the requirements of art.6(1).[16]

In *Kigen v SSHD*,[17] the Court of Appeal held that delay in obtaining legal aid would not provide a good reason for delay in and of itself. There should be no expectation that an extension of time for judicial review would be granted merely

---

[11] *R. v Dairy Produce Quota Tribunal Ex p. Caswell* [1990] 2 A.C. 738.
[12] Senior Courts Act 1981 s.31(6); *R. v Criminal Injuries Compensation Board Ex p. A* [1999] 2 A.C. 330 and *Main v Swansea City Council, The Times,* 23 December 1981.
[13] *R. (on the application of Cukurova Finance International Ltd) v HM Treasury* [2008] EWHC 2567; [2009] Eu. L.R. 317.
[14] *R. (on the application of the Law Society) v Legal Services Commission* [2010] EWHC 2550 (Admin).
[15] See *R. (Burkett) v Hammersmith and Fulham LBC* [2002] 1 W.L.R. 1593 and. *R. (on the application of Nash) v Barnett LBC* [2013] EWHC 1067 (Admin).
[16] See *Hardy v Pembrokeshire CC (Permission to Appeal)* [2006] EWCA Civ 240; [2006] Env. L.R. 28; *Finn-Kelcey v Milton Keynes BC* [2008] EWHC 1650 (Admin); [2009] Env. L.R. 4; (subsequently affirmed by the Court of Appeal in *Finn-Kelcey v Milton Keynes BC* [2008] EWCA Civ 1067; [2009] Env. L.R. 17.
[17] *Kigen v SSHD* [2015] EWCA Civ 1286.

because of delays in funding—litigants and their solicitors would have to consider issuing protectively and awaiting a funding decision in due course.

80-08 **Pre-Action Protocol** It is incumbent that prior to commencing a claim for judicial review, the claimant should comply with the relevant provisions of the Pre-Action Protocol for Judicial Review (the protocol). The protocol need not apply for urgent cases or where the defendant has no legal power to change the decision under challenge. Examples are given such as immigration cases where the claimant is being removed from the jurisdiction or a housing case where an interim accommodation is being sought. Where applicable, the court will expect that the requirements have been followed and will take into account compliance or non-compliance when giving directions for case management of proceedings or when making orders for costs. However, even in emergency cases, it is good practice to provide the defendant the draft claim form which the claimant intends to issue. A claimant is also normally required to notify a defendant when an interim mandatory order is being sought.

The protocol does not affect the time limits specified by r.54.5, and compliance with the protocol alone is unlikely of itself to be sufficient to persuade a court to allow a late claim, although it should be a factor taken into account.

The protocol states that before making a claim, the claimant should send a letter to the defendant (para.14). The purpose of this letter is to identify the issues in dispute and establish whether they can be narrowed, or litigation can be avoided. Claimants should normally use the suggested standard format for the letter outlined at Annex A of the protocol. The letter should contain the date and details of the decision, act or omission being challenged and a clear summary of the facts on which the claim is based. The letter should outline what remedy is being sought (see model letter at Annex A). It should also contain the details of any relevant information that the claimant is seeking and an explanation of why this is considered relevant (see para.13). If the claim is considered to be an Aarhus Convention claim (Convention on Access to Information, Public Participation in Decision-making and Access to Justice in Environmental Matters), the letter should state this clearly and explain the reasons, since specific rules as to costs apply to such claims. If the claim is considered appropriate for allocation to the Planning Court and/or for classification as "significant" within that court, the letter should state this clearly and explain the reasons (para.16). In all cases, a copy of letter should be sent to all interested parties (para.17).

The information which should be included in the pre action letter is:

(a) Details of the claimant and defendant;
(b) Details of the identity of those within the public body who has been handling the dispute;
(c) The matter which is being challenged should be clearly set out;
(d) The issue in the claim should be set out—the date and details of the decision, act or omission, a brief clear summary of the facts and an explanation as to why it is contended to be wrong;
(e) Details of the action which the defendant is expected to take, including details of the remedy sought;
(f) Details of the legal advisors if any dealing with the claim;
(g) Details of any interested parties;
(h) Details of any information sought, including any request for a fuller explanation of the reasons for the decision;

(i) Details of any documents of which disclosure is sought, setting out why these are relevant and why disclosure is necessary;
(j) Address for reply and service of court documents;and
(k) Proposed reply date (usually 14 days, although a longer or shorter time may be appropriate in a particular case).

Defendants should normally respond within 14 days using the model letter at Annex B of the protocol. Failure to do so will be taken into account by the court and sanctions may be imposed unless there are good reasons. Where it is not possible to reply within the proposed time limit the defendant should send an interim reply and propose a reasonable extension. Where an extension is sought, reasons should be given and, where required, additional information requested. This will not affect the time limit for making a claim for judicial review nor will it bind the claimant where he or she considers this to be unreasonable. However, where the court considers that a subsequent claim is made prematurely it may impose sanctions. If the claim is being conceded in full, the reply should say so in clear and unambiguous terms. The reply should outline the defendant's response to the challenge and indicate whether it is being resisted in whole or in part.[18]

If the letter before claim has stated that the claim is an Aarhus Convention claim (Convention on Access to Information, Public Participation in Decision-making and Access to Justice in Environmental Matters) but the defendant does not accept this, the reply should state this clearly and explain the reasons. The response should be sent to all interested parties identified by the claimant and contain details of any other parties whom the defendant considers also have an interest.

80-09

Failure to comply with the protocol may affect the ability of a successful party to recover costs.[19]

In *Ewing* Lord Justice Brooke commented (at [54]):

> "Needless to say, if the claimant skips the pre-action protocol stage, he must expect to put his opponents to greater expense in preparing the summary of their grounds for contesting the claim, and this may be reflected in the greater order for costs that is made against him if permission is refused."

The Court of Appeal has—in *R. (Bahta) v Secretary of State for the Home Department*[20]—restated the importance of compliance with the pre-action protocol:

> "what is not acceptable is a state of mind in which the issues are not addressed by a defendant once an adequately formulated letter of claim is received by the defendant. In the absence of an adequate response, a claimant is entitled to proceed to institute proceedings. If the claimant then obtains the relief sought, or substantially similar relief, the claimant can expect to be awarded costs against the defendant. Inherent in that approach, is the need for a defendant to follow the Practice Direction (Pre-Action Conduct) or any relevant Pre-Action Protocol, an aspect of the conduct of the parties specially identified in CPR r. 44.3(5). The procedure is not inflexible; an extension of time may be sought, if supported by reasons."

---

[18] See *R. (on the application of Bahta) v Secretary of State for the Home Department* [2011] EWCA Civ 895; [2011] C.P. Rep. 43 at [59]–[71].

[19] *R. (on the application of Kemp) v Denbighshire Local Health Board* [2006] EWHC 181 (Admin) and *R. (on the application of Ewing) v Office of the Deputy Prime Minister* [2005] EWCA Civ 1583; [2006] 1 W.L.R. 1260.

[20] *R. (Bahta) v Secretary of State for the Home Department* [2011] EWCA Civ 895.

Also, in *M v Croydon LBC*,[21] where Lord Neuberger noted that "defendants sometimes concede claims in the Administrative Court simply because it is not worth the candle fighting the case, or because the claim is justified on a relatively technical ground", but "the defendants should make up their mind to concede the claim for such reasons before proceedings are issued. That is one of the main purposes of the Protocol, and, if defendants delay considering whether they should concede a claim, that should not be a reason for depriving the claimant of his costs".

80-10 **Urgent Cases** Where the circumstances of the case require urgent consideration of the application for permission to apply for judicial review and/or any interim relief (which is not so urgent that it has been sought pre-action, but still sufficiently urgent that the court is being asked to deal with it within a shortened timeframe), the claimant may apply for urgent consideration at the same time as issuing the claim form.[22] These situations will generally be those where some irreversible action will take place if the court does not act to prevent it, or where an expedited judicial review is required.

In the event that an urgent application needs to be made outside the sitting hours of the Administrative Court and the application cannot wait until the sitting hours recommence, then the claimant may make the application to the out of hours High Court Judge. A High Court Judge is on call at all times to deal with very urgent applications which cannot wait until the next working day. If a party needs to make an out of hours application to the court, the acting barrister or solicitors should telephone 0207 947 6000.

80-11 **Avoiding proceedings: alternative remedy, academic challenges and when outcome is unlikely to be substantially different.** The protocol states that the parties should consider whether some form of alternative dispute resolution procedure would be more suitable than litigation. This is of particular importance given the supervisory jurisdiction of the Administrative Court and the fact that any powers that are exercised by the court are discretionary in nature. Both claimant and defendant may be required by the court to provide evidence that alternative means of resolving the dispute were considered and the courts will have regard to this as well as the other parts of the protocol when determining costs. As well as following the pre-action protocol, parties should bear in mind the guidance of the Court of Appeal in *R. (Cowl) v Plymouth City Council—Practice Note*,[23] i.e. that a claim in judicial review should be one of last resort. This was endorsed and reiterated by the Court of Appeal in *R. (on the application of C) v Nottingham City Council*.[24]

There are examples when the court may refuse to grant a remedy when an alternative remedy exists.[25] If an alternative remedy does exist then the claim form should indicate why it has not been used.[26]

In *R. (on the application of Watch Tower Bible & Tract Society of Britain) v*

---

[21] *M v Croydon LBC* [2012] EWCA Civ 595; [2012] 1 W.L.R. 2607.
[22] *Practice Statement (Administrative Court: Listing and Urgent Cases)* [2002] 1 W.L.R. 810.
[23] *R. (Cowl) v Plymouth City Council—Practice Note* [2002] 1 W.L.R. 803.
[24] *R. (on the application of C) v Nottingham City Council* [2011] 1 F.C.R. 127.
[25] *R. (on the application of Chan) v Brentford General Cssrs* [1986] S.T.C. 46 and *R. v Birmingham City Council Ex p. Ferrero* [1993] 1 All E.R. 539.
[26] *R. v Humberside CC Ex p. Bogdal (No.2) The Times*, 1 June 1992; [1992] C.O.D. 467 and *R. v Secretary of State for the Home Department Ex p. Swati* [1986] 1 W.L.R. 477.

*Charity Commission*²⁷ at [19], Lord Dyson ME said,

> "It is only in a most exceptional case that a court will entertain an application for judicial review if other means of redress are conveniently and effectively available. The principles apply with particular force where Parliament has enacted a statutory scheme that enables persons against whom decisions are made and actions taken to refer the matter to a specialist tribunal".

Whether an alternative remedy is available, which is adequate and appropriate, requires consideration of the particular situation. In *R. (Wilford) v Financial Services Authority*,²⁸ Moore-Bick LJ at [37] emphasised that it was necessary to look at substance (the "real issue"), not merely form.

A statutory appeal may not be an alternative remedy preventing a judicial review, if it does not in fact offer a valid substitute means of redress. For instance in *Ahsan v SSHD* the Court of Appeal (applying the principle in *R. (otao Kiarie and Byndloss) v SSHD*²⁹) held that individuals whose immigration status had been terminated because of claimed cheating on a language exam, and who were entitled to an appeal exercisable only from outside the UK, did not have an alternative remedy which excluded judicial review:

> "With respect to the three appellants, whether, because they turned on a disputed question of (precedent) fact on which it had been necessary in the interests of justice that they be able to give oral evidence, and they would not be able to do so in an appeal from outside the country, the denial of an effective hearing was contrary to their rights both at common law and under art 8 of the European Convention on Human Rights."

In the same vein, in *Glencore Energy UK Ltd v Commissioners of HMRC*,³⁰ the court held that permission to apply for judicial review should be refused where there are alternative remedies available to a claimant which are in substance adequate and appropriate.

It is well established that the supervisory jurisdiction of the Administrative Court dictates that it is not to hear academic applications, save in very rare circumstances. In *R. (on the application of Raw) v Lambeth LBC*,³¹ Stadlen J stated at [68] that³²:

80-12

> "I have given anxious consideration to whether that is a course which I should follow in this case. I have come to the conclusion that it is not. My first concern is that as a matter of first principle given that part of the policy lying behind the general rule against entertaining academic claims is to discourage the proliferation of such claims, it seems to me that there is a risk of defeating that objective if, having declined to adjudicate upon a claim on the ground that it is academic the court proceeds to set out what its views would have been if it had adjudicated on it. Albeit such views would be of no binding effect, the fact that the court might be prepared to express them in the form of obiter dicta might nonetheless encourage future claims. Allied to this is the related consideration that on one view expressions of view by the court in the form of obiter dicta, after it has declined to

---

²⁷ *R. (on the application of Watch Tower Bible & Tract Society of Britain v Charity Commission* [2016] EWCA Civ 153.
²⁸ *R. (Wilford) v Financial Services Authority* [2013] EWCA Civ 677.
²⁹ *Ahsan v SSHD* [2017] EWCA Civ 2009; [2017] All E.R. (D) 19 the Court of Appeal (applying the principle in *R. (otao Kiarie and Byndloss) v SSHD* [2017] UKSC 42; [2017] 1 W.L.R. 2380.
³⁰ *Glencore Energy UK Ltd v Commissioners of HMRC* [2017] EWHC 1476 (Admin); [2017] B.T.C. 20.
³¹ *R. (on the application of Raw) v Lambeth LBC* [2010] EWHC 507 (Admin).
³² See also *BP v Secretary of State for the Home Department* [2011] EWCA Civ 276 at [36].

entertain a hypothetical claim, are potentially even more unsatisfactory than obiter dicta in the form of views expressed as part of such an adjudication. Such obiter dicta may place the losing party in the invidious position of deciding whether to ignore the court's views on the ground that they are obiter dicta, to implement them even though they consider them to be wrong or to incur the expense of seeking permission to appeal against them even though the outcome of such an appeal, even if favourable to that party, would still take the form of further obiter dicta."

Where the proceedings are considered academic, for instance because the defendant has decided to reconsider an impugned decision, *R. (on the application of Rathakrishnan) v Secretary of State for the Home Department*[33] is authority for the proposition that judicial review proceedings should not be stayed in circumstances where the claimant may argue that precisely the same point would apply to subsequent decisions involving the same claimant. The court considered that there was no need for proceedings to remain on foot on that basis because if the error was repeated it could be the subject of fresh proceedings.

In *R. (on the application of Roche Registration Ltd) v Secretary of State for Health* at [60]–[64],[34] it was deemed appropriate for the domestic courts to grant relief in judicial review proceedings where the claimant has the opportunity to challenge any penalty imposed pursuant to the EC Penalties Regulations in the appropriate EU courts, which will be able to give a determinative answer

"Where a claim is purely academic, that is to say that there is no longer a case to be decided which will directly affect the rights and obligations of the parties it will generally not be appropriate to bring judicial review proceedings. An example of such a scenario would be where the defendant has agreed to reconsider the decision challenged. Only in exceptional circumstances where two conditions are satisfied will the Court proceed to determine an academic issue. These conditions are: (1) a large number of similar cases exist or are anticipated, or at least other similar cases exist or are anticipated; and (2) the decision in a judicial review will not be fact-sensitive."

Authority for the latter assertion can be found in *R. (Zoolife International Ltd) v The Secretary of State for Environment, Food and Rural Affairs* at [36].[35] The decision in *Zoolife* was applied in *Tewkesbury BC v Secretary of State for Communities, Housing and Local Government*.[36]

80-13   The courts have in the past refused permission to apply for judicial review where the decision would be the same even if the public body had not made the error in question. Section 31(3C)–(3F) of the Senior Courts Act 1981 now provides that the courts must refuse permission to apply for judicial review if it appears to the court highly likely that the outcome for the claimant would not be substantially different even if the conduct complained about had not occurred. The court has discretion to allow the claim to proceed if there is an exceptional public interest in doing so.

---

[33] *R. (on the application of Rathakrishnan) v Secretary of State for the Home Department* [2011] EWHC 1406 (Admin).

[34] *R. (on the application of Roche Registration Ltd) v Secretary of State for Health* [2015] EWCA Civ 1311 at [60]–[64].

[35] *R. (Zoolife International Ltd) v The Secretary of State for Environment, Food and Rural Affairs* [2008] A.C.D. 44 at [36].

[36] *Tewkesbury BC v Secretary of State for Communities, Housing and Local Government* [2019] EWHC 1775 (Admin).

In *R. (Logan) v Havering London Borough Council*,[37] the claimant challenged a local authority's decision to adopt a council tax reduction scheme on the grounds that there had been a failure to comply with the public-sector equality. Blake J held that the public-sector equality duty had not been complied with, but that any consideration of whether the outcome was highly likely to have been the same should be based on the material in existence at the time of the decision, and not on post-decision speculation by the decision-maker, as any other approach would risk undermining the importance of compliance with procedural duties. He also suggested that the new provisions may well be directed only at "somewhat trivial procedural failings that could be said to be incapable of making a material difference to the decision made".

In *R. (Griffiths) v Care Quality Commission*, Edis J accepted a submission from one of the defendants that permission should be refused in accordance with s.31(3C). The claimants had complained of a lack of consultation in relation to a decision to close a hospital, but the Judge accepted that, because the relevant defendant did not have responsibility for the hospital at the relevant time, nothing that could have taken place by way of consultation could have affected the outcome for the claimants (who were not part of the group in respect of whom a duty to consult was said to lie).

The superior courts are the High Court, the Court of Appeal, and the Supreme Court. See the discussion of the differences between inferior and superior courts in *R. v Chancellor of St. Edmundsbury and Ipswich Diocese ex p. White*.[38] They cannot be subject to judicial review. Where the Crown Court is dealing with a trial on indictment it is a Superior Court and its actions are not subject to judicial review, ss.1, 29(3), and 46(1) of the Senior Courts Act 1981. Otherwise, its functions are subject to judicial review.

Standing and the "victim" test   A court may not grant permission to apply for judicial review unless the claimant has sufficient interest in the matter to which the claim relates: Senior Courts Act 1981 s.31(3). Whether a party has a sufficient interest is a mixed question of fact and law.[39] In this case, the House of Lords (as it then was) considered that it was generally undesirable for the courts to consider standing as a preliminary issue. If permission is granted, standing can be considered again at the substantive stage.

80-14

If the claimant's interest is not direct or personal but a serious issue of public importance has arisen by virtue of an administrative decision, the court is likely to recognise a challenge to it by a public-spirited citizen.[40] The courts have also permitted public interest organisations and pressure groups such as Help the Aged, World Development Movement Ltd and Greenpeace to bring proceedings.

A claimant does not have to be active in a public campaign to have an interest

---

[37] *R. (Logan) v Havering London Borough Council* [2016] P.T.S.R. 603.
[38] *R. v Chancellor of St. Edmundsbury and Ipswich Diocese Ex p. White* [1948] 1 K.B. 195.
[39] *R. (on the application of R. v Inland Revenue Commissioners Ex p. National Federation of Self Employed and Small Businesses Ltd* [1982] A.C. 617.
[40] *R. v Secretary of State for Foreign and Commonwealth Affairs Ex p. Lord Rees-Mogg* [1994] Q.B. 552. Also see *R. (on the application of Gillian Chandler) v Secretary of State for Children, Schools and Families* [2009] EWCA Civ 1011.

in its outcome provided he or she would be adversely affected by the administrative decision the subject of the campaign.[41]

A responsible pressure group has been deemed to have the necessary standing to apply for judicial review.[42] So too an individual whose concern is, for example, with the environment rather than with any personal interest of his own.[43] In *R. (on the application of Residents Against Waste Site Ltd v Lancashire CC*,[44] standing was afforded to a company, which had been formed by objectors to a proposed development, seemingly for the purpose of limiting their costs exposure in the litigation.

When the application for judicial review includes a claim that a public authority has acted or proposes to act in a way which is made unlawful under s.6 of the Human Rights Act 1998, the claimant must also establish that he is a "victim" of the unlawful act for the purposes of art.34 of the European Convention on Human Rights: see ss.7(1), (7) of the Human Rights Act 1998.[45]

80-15 **Venue** Practice Direction 54D is relevant in determining the correct venue at which a claim for judicial review should be issued. On 21 April 2009 the Administrative Court was "regionalised", i.e. claims for judicial review could be issued and determined at regional centres, now including Birmingham, Cardiff, Leeds, and Manchester. As a result, a claim for judicial review can now be issued either in the Queen's Bench Division (Administrative Court) at the Royal Courts of Justice in London or the said regional centres. A small number of specified types of claim, for example those relating to control orders, terrorism, extradition appeals and solicitors' discipline, as well as those requiring to be heard by a Divisional Court, may only be brought in London: PD 54D paras 2.1, 3.1.

The addresses for issuing claims are: Administrative Court Office, Room C315, Royal Courts of Justice, Strand, London, WC2A 2LL; Administrative Court Office in Wales, Cardiff Civil and Family Justice Centre, 2 Park Street, Cardiff, CF10 1ET; Administrative Court Office, Birmingham Civil and Family Justice Centre, Priory Courts, 33 Bull Street, Birmingham, B4 6DS; Administrative Court Office, Leeds Combined Court Centre, 1 Oxford Row, Leeds, LS1 3BG; Administrative Court Office, Manchester Civil and Family Justice Centre, 1 Bridge Street West, Manchester, M60 9DJ.

The general expectation is that proceedings will be administered and determined in the region with which the claimant has the closest connection, but the final choice of venue is subject to consideration of a number of matters, including the reasons given by the parties for preferring a particular venue; the region in which the defendant is based; the region in which the claimant's legal representative is based; the ease and cost of travel to a hearing; the availability and suitability of alternative means of attending a hearing (for example, by videolink); the extent and nature of media interest in the proceedings in any particular locality; the time within which

---

[41] *R. (on the application of Edwards) v The Environment Agency* [2004] EWHC 736 (Admin); [2012] EWHC 4557 (Admin and *R. (on the application of Barrett) v Lambeth LBC* [2012] EWHC 4557 (Admin).

[42] See e.g. *R. v Secretary of State for Foreign and Commonwealth Affairs Ex p. World Development Movement Ltd v Secretary of State for Foreign & Commonwealth Affairs* [1995] 1 W.L.R. 386.

[43] *R. v Somerset CC Ex p. Dixon* [1998] Env. L.R. 111, and *R. (on the application of Hammerton) v London Underground Ltd* [2002] EWHC 2307 (Admin).

[44] *R. (on the application of Residents Against Waste Site Ltd) v Lancashire CC* [2007] EWHC 2558 (Admin); [2008] Env. L.R. 27.

[45] See also *AXA General Insurance Ltd, Petitioners* [2011] UKSC 46 and *Lancashire CC v Taylor* [2005] 1 W.L.R. 2668.

it is appropriate for the proceedings to be determined; whether it is desirable to administer or determine the claim in another region in the light of the volume of claims issued at, and the capacity, resources and workload of, the court at which it is issued; whether the claim raises issues sufficiently similar to those in another outstanding claim to make it desirable that it should be determined together with, or immediately following, that other claim; and whether the claim raises devolution issues and for that reason whether it should more appropriately be determined in London or Cardiff: PD 54D para.5.2.

Any claim started in Birmingham will normally be determined at an appropriate court in the Midlands; in Cardiff in Wales; in Leeds in the North-East of England; at the Royal Courts of Justice in London; and in Manchester in the North-West of England.

80-16 The Court may of its own initiative or on the application of a party direct that a claim be determined in a region other than that to which it is currently assigned: PD 54D para.5.4. There are specific forms for applying for directions as to venue (Form N464) and for responding to such an application (Form N465).

Once assigned to a venue, the proceedings will be both administered from that venue and determined by a judge of the Administrative Court at a suitable court within that region, or, if the venue is in London, at the Royal Courts of Justice: PD 54D para.5.5.

Where an urgent application needs to be made to an Administrative Court outside London, during court hours it must be made to the judge designated to deal with such applications in the relevant District Registry. Any urgent application to the Administrative Court outside of court hours must be made to the duty out of hours High Court judge by telephoning 020 7947 6000: PD 54D paras 4.1, 4.2.

An application for judicial review cannot be made in the County Court: Pt 54.1(2)(g). The County Court does not have jurisdiction to hear a judicial review: Courts and Legal Services Act 1990 s.1(10).

Documents A claim for judicial review must be made on Form N461, Pt 54.6; **80-17** PD 54A; PD 4 Table 1. Part 54 and PD 54A contain a number of requirements as to the contents of the claim form and the accompanying documents. In particular:

(i) The claim form must contain the matters set out in Pt 8.2 and the claimant must also state:
 (a) the name and address of any person he considers to be an interested party;
 (b) that he is requesting permission to proceed with a claim for judicial review; and
 (c) any remedy (including any interim remedy) he is claiming; and
 (d) where appropriate, the grounds on which it is contended that the claim is an Aarhus Convention claim. Rule 54.6, PD 54A paras 5.1, 5.2.
(ii) Where the claimant is seeking to raise any issue under the Human Rights Act 1998, or seeks a remedy available under that Act, the claim form must include the information required by PD 16 para.15.
 PD 54A para.5.3.
(iii) Where the claimant intends to raise a devolution issue, the claim form must specify this; must identify the relevant provisions of the Government of Wales Act 2006, the Northern Ireland Act 1998 or the Scotland Act 1998; and must contain a summary of the facts, circumstances and points of law on the basis of which it is alleged that a devolution issue arises.

PD 54A paras 5.4, 5.5.
(iv) The claim form must include or be accompanied by:
(a) a detailed statement of the claimant's grounds for bringing the claim for judicial review;
(b) a statement of the facts relied on;
(c) any application to extend the time limit for filing the claim form;
(d) any application for directions.
Part 5.6, PD 54A para.5.6.
(v) In addition, the claim form must be accompanied by:
(1) any written evidence in support of the claim or application to extend time;
(2) a copy of any order that the claimant seeks to have quashed;
(3) where the claim for judicial review relates to a decision of a court or tribunal, an approved copy of the reasons for reaching that decision;
(4) copies of any documents on which the claimant proposes to rely;
(5) copies of any relevant statutory material; and
(6) a list of essential documents for advance reading by the court (with page references to the passages relied on).
Part 5.6, PD 54A para.5.7.
(vi) Where it is not possible to file all the documents required by PD 54A paras 5.6, 5.7 the claimant must indicate which have not been filed and the reasons why they are not currently available.
PD 54A para.5.8.

With the exception of information relating to devolution issues, these matters are all covered or referred to in the Claim Form N461.

The claimant must file one copy of a paginated and indexed bundle containing all the required documents unless the case is to be heard before a Divisional Court. For Divisional Court cases the number of bundles required will be one set for each judge hearing the case: PD 54A para.5.9.

In relation to the statement of fact and grounds, it is worthy of note the importance of preventing "the overloading of a case with hopeless points [which] simply operates potentially to devalue points which otherwise might be made to appear arguable".[46] See also *R. (Brookes) v Secretary of State for Work and Pensions*:

"An application for judicial review is an application to review one or more identifiable decisions on grounds of error of law. Both the decision and the alleged error must be identified with particularity in the claim. It is not acceptable for a claim for judicial review to consist of narrative, of unfocused complaint and of general reflections (good or bad) upon the nature of the legislation in question".[47]

In *R. (London College of Finance and Accounting) v Secretary of State for the Home Department*,[48] Cobb J gave the following guidance on evidence generally:

"(a) CPR 54.16, which provides that no written evidence may be relied on unless it has been served in accordance with any rule, or direction of the Court, or the court gives permission, must be strictly observed,

---

[46] *R (Naing) v IAT* [2003] EWHC 771 (Admin).
[47] *R. (Brookes) v Secretary of State for Work and Pensions* [2010] EWCA Civ 420; [2010] 1 W.L.R. 2448.
[48] *R. (London College of Finance and Accounting) v Secretary of State for the Home Department* [2015] EWHC 1688 (Admin).

(b) Orders, including interlocutory orders, for the filing and service of evidence must be complied with to the letter and on time; there is a public interest in enforcing compliance with court orders, particularly where the breach is serious and/or significant, and

(c) Any party in a judicial review claim who seeks to adduce evidence outside the parameters of CPR 54.16 is under an obligation to apply timeously to the court".

Service The claimant must serve the claim form on the defendant (r.54.7(a)) and, unless the court otherwise directs, any interested party within seven days after the date of issue (r.54.7(b)). An interested party means any person (other than the claimant or defendant) directly affected by the claim: r.54.1(2)(f). The test of direct effect is a strict one: *R. v Liverpool City Council Ex p. Muldoon* and *R. v Monopolies and Mergers Commission Ex p. Milk Marque Ltd* at para.5[49] per Moses J who stated that a decision is of "the utmost significance and importance" does not necessarily mean that the person is "directly affected".

However, r.54.7(b) contemplates that a party with a direct interest in the outcome of a judicial review need not inevitably be served with the claim form. That means that an interested party is not necessarily entitled to participate in a judicial review. It is a matter for the court in the exercise of its case management powers, having regard to the overriding objective to deal with cases justly.[50]

Where the claim relates to proceedings in a court or tribunal, any other parties to those proceedings must be named in the claim form as interested parties. For example, in a claim by a defendant in a criminal case in the Magistrates or Crown Court for judicial review of a decision in that case, the prosecution must always be named as an interested party: PD 54A paras 5.1, 5.2.

Acknowledgment of service The defendant, and any other person served with the claim form who wishes to take part in the judicial review, must file an acknowledgment of service (using the N462 form) not more than 21 days after service of the claim form, r.54.8(2)(a). The acknowledgment of service must be served on the claimant and, unless the court has directed otherwise pursuant to r.54.7(b), any other person named in the claim form as soon as practicable and, in any event, not later than seven days after it is filed: r.54.8(1) and (2). This time limit cannot be extended by agreement between the parties: r.54.8(3). A party who fails to file an acknowledgement of service may be precluded from taking part in any permission hearing, r.54.9(1)(a). See r.54.9(1)(b) in relation to substantive hearings. The failure to file an acknowledgment may be taken into account in relation to the principle of costs, r.54.9(2).

Where the person filing the acknowledgment of service intends to contest the claim, the acknowledgment of service must set out a summary of his grounds for doing so: r.54.8(4)(a)(i).[51] The acknowledgment should also contain the names and addresses of any person the defendant considers to be an interested party: r.54.8(4)(a)(ii). The acknowledgment may also contain an application for directions, r.54.8(4)(b).

Permission Any claimant must achieve the grant of permission before the ap-

80-18

80-19

80-20

---

[49] *R. v Liverpool City Council Ex p. Muldoon* [1996] 1 W.L.R. 1103 and *R. v Monopolies and Mergers Commission Ex p. Milk Marque Ltd* [2000] C.O.D. 329 at para.5.

[50] *Secretary of State for Foreign and Commonwealth Affairs v Assistant Deputy Coroner for Inner North London* [2013] EWHC 1786 (Admin).

[51] See *R. (on the application of Ewing) v Office of the Deputy Prime Minister* [2005] EWCA Civ 1583 per Carnwath LJ at [34] and Brooke LJ at [52] to [54].

plication is permitted to proceed for a full consideration at a substantive hearing. The courts will not normally grant permission to apply for judicial review where there is an adequate alternative remedy which the applicant could use or could have used.[52] It is necessary, therefore, for the applicant to show that he has exhausted all other available routes to gain the remedy sought, such as:

(a) Internal complaints procedures and rights of appeal;
(b) Alternative dispute resolution;
(c) Appeals to Ombudsmen; and
(d) Statutory appeals processes.

Permission should be granted if, without in depth inquiry, there is considered to be an arguable case for granting the relief the claimant is seeking, see *R. v Inland Revenue Commissioners Ex p. National Federation of Self Employed and Small Businesses Ltd* at 643[53] where Lord Diplock said the hurdle exists, "to prevent the time of the court being wasted by busybodies with misguided or trivial complaints of administrative error and to remove the uncertainty in which public authorities might be left". In *R. v Secretary of State for the Home Department Ex p. Begum (Angur)*,[54] the Court of Appeal indicated that permission should be granted where a point exists which requires investigation at a full hearing.

Permission is needed even if the proceedings are commenced as a private law claim and subsequently transferred to the Administrative Court: Senior Courts Act 1981 s.31(3), r.54.4. The question of permission will generally be considered without a hearing in the first instance: PD 54A para.8.4. The court will serve its decision on the parties: r.54.11.

If permission is refused, or is granted subject to conditions, the claimant may request that the decision be reconsidered at a hearing: r.54.12. Such a request must be filed within seven days after service of the court's reasoned decision refusing to give (unconditional) permission: r.54.12(4). A defendant or interested party who has not acknowledged service of the claim form in accordance with r.54.8 will not be allowed to take part in the permission hearing unless the court allows him to do so: r.54.9(1)(a).

No other party than the claimant need attend an oral renewal hearing unless the court directs otherwise: PD 54 para.8.5. If a party, other than the claimant attends, the court is unlikely to make a cost order against the claimant should permission be refused. For the principle and exceptions to this general rule see *R. (on the application of Mount Cook Land Ltd) v Westminster City Council*.[55] See also *Campaign to Protect Rural England—Kent Branch v Secretary of State for Communities and Local Government*[56] where it was held that there was no limit in planning cases on the number of parties who, served with a claim form, could recover their reasonable and proportionate costs of preparing and serving an acknowledgment of service and summary grounds if a judge, considering the documentation, refused permission to allow the claim for judicial review to continue..

---

[52] *R. (on the application of Cowl) v Plymouth City Council* [2001] EWCA Civ 1935; [2002] 1 W.L.R. 803.
[53] See *R. v Inland Revenue Commissioners Ex p. National Federation of Self Employed and Small Businesses Ltd* [1982] A.C. 617 at 643.
[54] In *R. v Secretary of State for the Home Department Ex p. Begum (Angur)* [1990] Imm. A.R. 1; [1990] C.O.D. 107.
[55] *R. (on the application of Mount Cook Land Ltd) v Westminster City Council* [2003] EWCA Civ 1346.
[56] *Campaign to Protect Rural England—Kent Branch v Secretary of State for Communities and Local Government* [2019] EWCA Civ 1230.

80-21 The standard time estimate for a renewed permission hearing is 30 minutes to include the court giving judgment, if that is appropriate, at the end of the hearing.

If permission is refused at the oral hearing, the claimant may apply to the Court of Appeal for permission to appeal: r.52.8(1). The claimant must use the appellant's notice N161: Pt 52A PD para.4.2. The application must be made within seven days of the Administrative Court decision: r.52.8(3). On the application, the Court of Appeal may, instead of giving permission to appeal, give permission to apply for judicial review: r.52.8(5). Where the Court of Appeal gives permission to apply for judicial review, the substantive hearing will be in the Administrative Court unless the Court of Appeal orders otherwise: r.52.8(6). If the Court of Appeal refuses permission to appeal, there is no further appeal to the Supreme Court: Access to Justice Act 1999 s.54(4).

Where the court grants permission to apply for judicial review, it may also give directions: r.54.10. The court will serve the order granting permission, and any directions, on the claimant, the defendant and on any other person who filed an acknowledgment of service: r.54.11.

Neither the defendant nor any interested party may apply to set aside the grant of permission: r.54.13.

80-22 **Totally without merit** Pursuant to CPR r.54.12(7), where permission to apply for judicial review is refused, the court may certify the claim as totally without merit, in which case the claimant may not renew the application for permission at an oral hearing.

The term "totally without merit" has been defined broadly, and applies to a case that it is bound to fail, not one that is necessarily abusive or vexatious, *R. (Grace) v Secretary of State for the Home Department*, and *Samia W v Secretary of State for the Home Department*.[57] In support of this conclusion, the court in *Grace* noted that the purpose of CPR r.54.12(7) was not just to prevent repetitive applications or the control of abusive or vexatious litigants, it was to deal with the significant number of hopeless applications for judicial review.

In *Grace*, the court went on to give the following further guidance:

"1. Judges should not certify applications as totally without merit as the automatic consequence of refusing permission; the criteria are different.
2. An application should not be certified as totally without merit unless the court is confident after careful consideration that the case truly is bound to fail. The court must have in mind the seriousness of the issue and the consequences of its decision in the particular case.
3. The potential value of an oral renewal hearing does not lie only in the power of oral advocacy. It is also an opportunity for the claimant to address the perceived weaknesses in the claim which have led the judge to refuse permission on the papers (and which should have been identified in the reasons).
4. Judges considering permission applications will quite commonly encounter cases (particularly where the claimant is unrepresented) in which the claim form/grounds and/or the supporting materials are too confused or inadequate to disclose a claim which justifies the grant of permission but where the judge nevertheless suspects that proper presentation might disclose an arguable basis of claim. In such cases he or she should not certify the application as totally without merit. The right course will usually be to refuse permission, with reasons which identify the nature

---

[57] *R. (Grace) v Secretary of State for the Home Department* [2014] 1 W.L.R. 3432, and *Samia W v Secretary of State for the Home Department* [2016] EWCA Civ 82.

of the problem, giving the claimant the opportunity to address it at an oral renewal hearing if he or she can; but there may sometimes be cases where the better course is to adjourn the permission application to an oral hearing, perhaps on an inter partes basis.

5. The court should not certify a claim as totally without merit on the basis of points raised in the summary grounds to which the claimant might have had an answer if given the opportunity, and"

80-23 **Response** The defendant and any other person served with the claim form who wishes to contest the claim or to support it on additional grounds must serve detailed grounds and any written evidence within 35 days after service of the order giving permission: r.54.14. There is no prescribed form for the detailed grounds. Where the party filing detailed grounds intends to rely on documents not already filed, he must file a paginated bundle of those documents when he files the detailed grounds: PD 54A para.10.1.

80-24 **Disclosure** Disclosure is not required unless the court orders otherwise: PD 54A para.12. Disclosure will be ordered to the extent that the justice of the case requires it.[58]

See also: *R. (on the application of Omar) v Secretary of State for Foreign and Commonwealth Affairs*[59] where the court granted permission to apply for judicial review seeking *Norwich Pharmacal* disclosure from the secretary of state where such disclosure was necessary in the circumstances of the case and where the information sought could potentially assist the applicant in defending a charge in Ugandan proceedings which, if proven against him, could result in the death penalty.

That said, the claimant is under a duty to disclose all material information in the claim form.[60] The court may pay regard to what information he would have known had he made a proper investigation before applying for permission.[61] The court may refuse to grant relief and award costs if there has been non-disclosure.[62]

The duty of candour also applies to the defendant and which applies to all information relevant to issues in the case.[63] In *R. (on the application of Al-Sweady) v Secretary of State for Defence*[64] it was made clear that legal representatives have a duty to ensure that proper disclosure is given where there is to be cross-examination or where the court is to make a finding of fact.

In *Bahamas Hotel Maintenance & Allied Workers v Bahamas Hotel Catering & Allied Workers*,[65] Lord Walker said at [23]: "judicial review proceedings are meant to be conducted with cooperation and candour", and Sir John Donaldson MR, in *R. v Lancashire County Council ex p. Huddleston*,[66] described judicial review as a "relationship between the courts and those who *derive their authority from the*

---

[58] *O'Reilly v Mackman* [1983] 2 A.C. 237.
[59] *R. (on the application of Omar) v Secretary of State for Foreign and Commonwealth Affairs* [2011] EWCA Civ 1587.
[60] *R. v Lloyd's of London Ex p. Briggs* [1993] 1 Lloyd's Rep. 176 and *R. (on the application of Burkett) v Hammersmith and Fulham LBC (No.1)* [2002] UKHL 23; [2002] 1 W.L.R. 1593 at para.50.
[61] *R. v Jockey Club Licensing Committee Ex p. Wright (Barrie John)* [1991] C.O.D. 306.
[62] *R. v Kensington Income Tax Commissioners Ex p. Princess Edmond de Polignac* [1917] 1 K.B. 486.
[63] *R. (on the application of Huddleston) v Lancashire County Council* [1986] All E.R. 941.
[64] *R. (on the application of Al-Sweady) v Secretary of State for Defence* [2009] EWHC 2387 (Admin).
[65] *Bahamas Hotel Maintenance & Allied Workers v Bahamas Hotel Catering & Allied Workers* [2011] UKPC 4.
[66] *R. v Lancashire County Council ex p. Huddleston* [1986] 2 All E.R. 941, 945c.

public law, one of partnership based on a common aim namely maintenance of the highest standards of public administration."

In *R. (Quark Fishing Ltd) v Secretary of State for the Foreign and Commonwealth Affairs*,[67] Laws LJ said, at [50] and [68]:

> "there is—of course—a very high duty on public authority respondents, not least central government, to assist the court with full and accurate explanations of all the facts relevant to the issue the court must decide ...
>
> I am constrained to say that the Secretary of State in this case has fallen short of those high standards of candour which are routinely adhered to by government departments faced with proceedings for judicial review.
>
> ...
>
> I feel constrained to add, and I do it with a sense of melancholy, that while for my part I have found nothing to demonstrate bad faith on the part of the Secretary of State, the history of this case has demonstrated to my mind that the approach taken to the public decisions that had to be made fell unhappily short of the high standards of fairness and openness which is now routinely attained by British government departments."

In *Abraha v Secretary of State for the Home Department*[68] at [111] and [144], the duty was described as an aspect of, and essential to, the rule of law. In *R. (on the application of Khan) v Secretary of State for the Home Department*,[69] the claimant's duty of candour was held to extend beyond the furnishing of relevant documentation and to include drawing to the attention of the court the significance of particular documents adverse to the claim.

The Government Legal Department's Guidance on Discharging the Duty of Candour and Disclosure in Judicial Review Proceedings, which outlines "values" declared at para.1.1:

> "*Values*
>
> - As a civil servant you must act in accordance with the core values of the Civil Service: integrity, honesty, objectivity and impartiality.
> - Information must be handled as openly as possible within the legal framework, in compliance with the law and upholding the administration of justice.
> - The facts and relevant issues must be set out truthfully based on a rigorous analysis of the evidence.
> - Errors must be corrected as soon as possible.
> - Inconvenient facts or relevant considerations must not be ignored.
> - Always act in a way that is professional including, in the case of lawyers, taking into account the duty held to the Court.

More recently in *R. (Citizens UK) v SSHD*,[70] the court summarised that the (a) the duty of candour and co-operation is to assist the court with full and accurate explanations of all the facts relevant to the issues, (b) witness statements must not deliberately or unintentionally be vague, and (c) the importance of non-disclosure of a material document/fact or by failing to identify the significance of a document/fact.

---

[67] *R. (Quark Fishing Ltd) v Secretary of State for the Foreign and Commonwealth Affairs* [2002] EWCA Civ 1409.
[68] *Abraha v Secretary of State for the Home Department* [2015] EWHC 1980 (Admin).
[69] *R. (on the application of Khan) v Secretary of State for the Home Department* [2016] EWCA Civ 416 at [42]–[47].
[70] *R. (Citizens UK) v SSHD* [2018] EWCA Civ 1812.

80-26 **Where claimant seeks to rely on additional grounds** A claimant who wishes to rely on grounds other than those on which he has been given permission to proceed requires the permission of the court: r.54.15. The claimant must notify the court, and any other person served with the claim form, no later than seven clear days before the hearing (or warned date where appropriate): PD 54A para.11.1.

In *R. (on the application of Bhatti) v Bury* at [41.2][71] the court refused to grant permission to amend the grounds where it was deemed that they bore no resemblance to the initially challenged decision.

80-27 **The substantive hearing** The claimant must file and serve a skeleton argument not less than 21 working [sic] days before the date of the hearing (or warned date): PD 54A para.15.1. For the defendant and any other party wishing to make representations at the hearing, the deadline is 14 working days before the hearing (or warned date): PD 54A para.15.2. Skeleton arguments must contain: (i) a time estimate; (ii) a list of issues; (iii) a list of the legal points to be taken, together with any relevant authorities with page references to the passages relied on; (iv) a chronology with page references to the bundle; (v) a list of essential documents for the advance reading of the court (with page references to the passages relied upon) and a time estimate for that reading; and (vi) a list of the persons referred to: PD 54A para.15.3.

The claimant must file a paginated indexed bundle of all relevant documents required for the hearing of the judicial review when he files his skeleton: PD 54A para.16.1. The bundle must include those documents required by the defendant and any other party who is to make representations at the hearing: PD 54 para.16.2.

Any person may apply for permission to file evidence or to make representations at the hearing of the judicial review: r.54.17(1). Such an application should be made promptly: r.54.17(2).

All hearings are to be conducted in public, subject to the general principles that justify one in private. The court considers whether the grounds on which the application for judicial review is sought are made out, and whether the court should exercise its discretionary power.

Where all the parties consent, the court may decide the claim for judicial review without an oral hearing: r.54.18.

Where the parties agree about the final order to be made, the claimant must file a document (with two copies) signed by all the parties setting out the terms of the proposed agreed order together with a short statement of the matters relied on as justifying the proposed agreed order and copies of any authorities or statutory provisions relied on: PD 54A para.17.1. If the agreement relates only to costs, the parties need only file a document signed by all the parties setting out the terms of the proposed order: PD 54A para.17.4. The court will consider the documents submitted. If the court is not satisfied that the order should be made, a hearing date will be set: PD 54A paras 17.2, 17.3.

80-28 **Rolled up hearing** This occurs when the judge has made no determination on the application for permission. Instead the application for permission will be considered in court with the substantive hearing to follow immediately if permission is granted. In practice, at the rolled up hearing the judge will not automatically consider permission then the substantive hearing one after another. It is more likely that the

---

[71] *R. (on the application of Bhatti) v Bury MBC* [2013] EWHC 3093 (Admin) at [41.2].

court will want to hear argument on both points together and give a single judgment, but the manner in which the hearing is dealt with is within the discretion of the judge.

Relief Where the court makes a quashing order, bearing in mind the Administrative Court's supervisory jurisdiction, it may remit the matter to the decision maker and direct it to reconsider the matter and reach a decision in accordance with the judgment of the court or, insofar as any enactment permits, substitute its own decision for the decision to which the claim relates: r.54.19(2), Senior Courts Act 1981 s.31. **80-29**

(a) Mandatory Order: an order the court can make to compel a public body to act in a particular way,
(b) Quashing Order: a quashing order quashes, or sets aside, the decision, thereby con confirming that the challenged decision has no lawful force and no legal effect,
(c) Prohibiting Order: prohibits a public body from taking an action that the public body has indicated an intention to take, but has not yet taken,
(d) Declarations: a statement by the court as to what the law on a particular point is or is not. Using the declaratory remedy the Administrative Court can examine an act (including an act announced but not yet taken) of a public body and formally declare that it is lawful, or unlawful,
(e) Declaration of incompatibility: If the court determines that any Act of Parliament is incompatible with a Convention right, that is a right derived from the European Convention on Human Rights 1950 which in incorporated into the law of the UK by the Human Rights Act 1998, it may make a declaration of incompatibility, and
(f) Injunctions: An injunction is an order to act in a particular way (a positive injunction) or to refrain from acting in a particular way (a negative injunction). It is a remedy that is not con ned to judicial review, although it is available in judicial review.

Costs Section 51 of the Senior Courts Act 1981 provides that the court has full discretion to determine the issue of costs pursuant to r.44.2. The following is relevant (for a detailed analysis see paras 3.74 to 3.82 of Patterson and Karim on Judicial Review: Law and Practice (2nd edn)[72]): **80-30**

(a) If permission is refused on the papers, the defendant or interested party is entitled to seek their costs of preparing the acknowledgement of service and/or any summary grounds of defence.
(b) The defendant or interested party is not usually entitled to seek their costs of attending a permission hearing; for the principle and exceptions to this general rule see *R. (on the application of Mount Cook Land Ltd) v Westminster City Council*.[73]
(c) Costs are usually not awarded to the claimant if permission is granted.
(d) At a substantive hearing, the general rule on costs applies, namely that the unsuccessful party will be ordered to pay the costs of the successful party.

---

[72] Patterson J & Karim, *Judicial Review: Law and Practice*, 2nd edn (Jordan, 2015).
[73] *R. (on the application of Mount Cook Land Ltd) v Westminster City Council* [2003] EWCA Civ 1346; [2017] P.T.S.R. 1166.

The court may decide to make a different order having regard to the circumstances of the case.

(e) When an application has been compromised, see the Guidance as to how the parties should assist the court when applications for costs are made following settlement of claims for judicial review—December 2013.

In deciding whether to make an order contrary to the general rule, the court must have regard to all the circumstances of the case, including the conduct of the parties and whether a party has succeeded on part of his or her case even if he/she has not been wholly successful. The conduct of the parties includes (but is not limited to) (a) conduct before as well as during the proceedings, and in particular the extent to which the parties followed the pre-action Protocol, (b) whether it was reasonable for a party to raise, pursue or contest a particular allegation or issue, and (c) the manner in which a party has pursued or defended his/her case and whether he/she has wholly or partly exaggerated his claim.[74]

Where a claim is compromised by the parties, Neuburger MR (as he then was) identified three distinct types of case which require different approaches in *R. (M) v Croydon London Borough Council*, those being (a) a claimant who has been wholly successful; (b) a claimant who has been partially successful; and (c) where a compromise has been reached which does not reflect the relief the claimant sought. Claims falling within (b) or (c) require a more nuanced approach. However, where a claim is compromised because it becomes otiose as a result of circumstances beyond the control of either party, the starting point will be no order as to costs. Where the claim is compromised, the parties are obliged to take all reasonable steps to agree an appropriate order for costs. Where that is not possible, the parties should include in their Consent Order a timetable for written submissions on costs in accordance with the guidance set out in the ACO Costs Guidance. Direction as to the contents of written submissions (which should not normally exceed two pages of A4) can also be found in the guidance.

A judicial review cost capping order (JRCCO) may only be granted after permission to apply for judicial review has been granted. A JRCCO may only be applied for by a claimant, not a defendant, interested party, or intervener, and the court may only make a JRCCO if it is satisfied that (a) the proceedings are public interest proceedings, and (b) in the absence of the order, the claimant would withdraw the application for judicial review or cease to participate in the proceedings and it would be reasonable to do so.

80-31 **Judicial review and public contracts** When a decision made under the Public Contract Regulations 2015 is challenged, claimants may consider it necessary to bring proceedings for judicial review in the Administrative Court as well as issuing a claim in the Technology and Construction Court (TCC). Where this occurs, the claim will, unless otherwise directed by the lead judge of the Administrative Court or of the TCC, proceed in the TCC before a TCC judge who is also designated to sit in the Administrative Court.

80-32 **Judicial review and planning** As outlined above, the Planning Court came into existence on 6 April 2014. Planning Court claims will form a specialist list within the Queen's Bench Division, see CPR r.54.22(1) inserted by the Civil Procedure (Amendment No.3) Rules 2014 r.3. Planning Court claims will be issued in the

---

[74] See generally, *R. (KR) v Secretary of State for the Home Department* [2012] EWCA Civ 1555.

Administrative Court Office, either in the Royal Courts of Justice or one of its regional/national centres: PD 54E para.2.1. The court is an evolution of the Planning Fast Track which was introduced into the Administrative Court in July 2013. The aim of the Fast Track was to ensure that important planning cases were heard quickly before specialist judges.

The new CPR r.54.21(2) sets the jurisdiction of the Planning Court by defining a "Planning Court claim" as:

"a judicial review or statutory challenge which—

(a) involves any of the following matters—
  (i) planning permission, other development consents, the enforcement of planning control and the enforcement of other statutory schemes;
  (ii) applications under the Transport and Works Act 1992;
  (iii) wayleaves;
  (iv) highways and other rights of way;
  (v) compulsory purchase orders;
  (vi) village greens;
  (vii) European Union environmental legislation and domestic transpositions, including assessments for development consents, habitats, waste and pollution control;
  (viii) national, regional or other planning policy documents, statutory or otherwise; or
  (ix) any other matter the judge appointed under rule 54.22(2);
  and
(b) has been issued or transferred to the Planning Court."

The Planning Liaison Judge will be able to categorise Planning Court claims as "significant": PD 54E para.3.1. It may be that this can be done by class as well as individually. According to the Practice Direction, significant Planning Court claims include claims which:

(a) relate to commercial, residential, or other developments which have significant economic impact either at a local level or beyond their immediate locality;
(b) raise important points of law;
(c) generate significant public interest; or
(c) by virtue of the volume or nature of technical material, are best dealt with by judges with significant experience of handling such matters.

One implication of being identified as significant is that the case should come before a specialist judge.

Judicial review claims in the Upper Tribunal

The Upper Tribunal (Administrative Appeals Chamber) has jurisdiction to deal with classes of claim specified by direction where certain other conditions are met: Tribunals, Courts and Enforcement Act 2007 ss.15, 18. Such a direction was issued by the Lord Chief Justice with effect from 4 November 2008, specifying two classes of judicial review claim to be dealt with in the Upper Tribunal, namely applications relating to decisions of the First-Tier Tribunal in certain Criminal Injuries Compensation Scheme appeals; and applications relating to certain decisions of the First-tier Tribunal (other than its Immigration and Asylum Chamber) where there is no right of appeal to the Upper Tribunal (unless, in either type of case, the ap-

80-33

plication seeks a declaration of incompatibility under s.4 of the Human Rights Act 1998): see Lord Chief Justice's Direction Classes of Cases Specified under s.18(6) of the Tribunals, Courts and Enforcement Act 2007.

In October 2011, the Upper Tribunal was empowered to hear what was then called a "fresh claim judicial review". A fresh claim judicial review related to a refusal by a Secretary of State of the Home Department to hear a fresh asylum or human rights claim based on similar facts that had already been considered. Such applications for judicial review on fresh claims could also include applications following a decision or direction to remove the applicant from the UK.

However, from 1 November 2013, fresh claim judicial review proceedings became "immigration judicial review proceedings" following further classes of case for the purposes of s.18(6) having been specified by the Lord Chief Justice (see the Practice Direction dated 21 August 2013), as follows:

"Any application for permission to apply for judicial review and any application for judicial review (including any application for ancillary relief and costs in such applications) that calls into question:

(a) A decision made under the Immigration Acts (as defined in Schedule 1 to the Interpretation Act 1978) or any instrument having effect (whether wholly or partly) under an enactment within the Immigration Acts, or otherwise relating to leave to enter or remain in the United Kingdom outside the immigration rules; or

(b) A decision of the Immigration and Asylum Chamber of the First-tier Tribunal, from which no appeal lies to the Upper Tribunal."

(i) However, this general transfer of immigration judicial reviews from the High Court to the Upper Tribunal does not apply to any application which comprises or includes: A challenge to the validity of primary or subordinate legislation (or of immigration rules);

(ii) A challenge to the lawfulness of detention (but an application does not do so by reason only of the fact that it challenges a decision in relation to bail);

(iii) A challenge to a decision concerning inclusion on the register of licenses Sponsors maintained by the United Kingdom Border Agency, or any authorisation of such Sponsors;

(iv) A challenge to a decision concerning inclusion on the register of licenses Sponsors maintained by the United Kingdom Border Agency, or any authorisation of such Sponsors;

(v) A challenge to a decision made under or by virtue of section 4 (accommodation centres) or Part VI (support for asylum seekers) of the Immigration and Asylum Act 1999;

(vi) A challenge to a decision made under or by virtue of Part II (accommodation centres) or Part III (other support and assistance) of the Nationality, Immigration and Asylum Act 2002;

(vii) A challenge to a decision of the Upper Tribunal;

(viii) A challenge to a decision of the Special Immigration Appeals Commission; or

(ix) An application for a declaration of incompatibility under section 4 of the Human Rights Act 1998.

In an attempt to draw the threads together:

(a) all fresh claim judicial reviews submitted to the Upper Tribunal must be determined by there, unless:
- the application also challenges another decision which is not a decision to remove or direct the removal of the applicant from the UK and is not a

failure to make a decision on submissions said to support an asylum or human rights claim;
- the judicial review seeks a declaration of incompatibility under s.4 Human Rights Act 1998.

(b) all fresh claim judicial review's submitted to the High Court must be transferred to the UT, unless:
- the judicial review also challenges another decision which is not a decision to remove or direct the removal of the applicant from the UK and is not a failure to make a decision on submissions said to support an asylum or human rights claim;
- the judicial review seeks a declaration of incompatibility under s.4 Human Rights Act 1998.

(c) age Dispute claims may be transferred to the Upper Tribunal, but need not be, as they are not specified in an order under s.18(6) of the 2007 Act or in accordance with Part 1 of Schedule 2 to the Constitutional Reform Act 2005. Nonetheless, in *R. (on the application of Z) v Croydon LBC*,[75] the Court of Appeal gave a strong indication that transfer would ordinarily be appropriate in an age dispute case.

Applications for judicial review or for permission to apply for judicial review specified under s.18(6) brought in the High Court which satisfy other specified conditions must be transferred to the Upper Tribunal and certain other such applications may be so transferred if it appears to the High Court just and convenient to do so: Senior Courts Act 1981 s.31A.

The Practice Direction for Fresh Claim Judicial Reviews in the Immigration and Asylum Chamber of the Upper Tribunal states that an application must be made using the designated form (T480), which is equivalent to Form N461 (para.3). Written evidence copies of relevant statutory material and a list of essential documents should accompany the claim form. Two copies of the paginated and indexed bundle containing all documents should be filed with the Tribunal (paras 4–5).

Judicial review claims in the Upper Tribunal follow a broadly equivalent procedure to those brought in the High Court, and are governed by the Tribunal Procedure (Upper Tribunal) Rules 2008 (SI 2008/2698) (the Upper Tribunal Rules). The person bringing the claim is referred to as the applicant: Upper Tribunal Rules r.1(3). There is a two-stage process, in which the applicant must first seek permission to apply for judicial review. The respondent has the opportunity to respond by serving an Acknowledgement of Service and summary of grounds for opposing the application. A judge of the Upper Tribunal on the papers usually considers permission first, and if permission is refused the applicant may renew his application at an oral hearing. If permission is granted, the matter proceeds to a substantive hearing, following the service of any further evidence by the parties and detailed grounds for contesting the claim.

An application for urgent consideration should be made on Form T483. In most fresh claim judicial reviews, the most common urgent application will seek an injunction restraining removal of the applicant pending resolution of the claim. The Upper Tribunal has the power to order such an injunction and it has the same effect as if ordered by the High Court, see s.15 of the Tribunal Courts and Enforcement Act 2007.

There are particular rules relating to cases where a claimant challenges a decision to remove him or her from the jurisdiction, see CPR PD 54A para.18. Such

---

[75] *R. (on the application of Z) v Croydon LBC* [2011] EWCA Civ 59.

challenges would now generally fall within the jurisdiction of Upper Tribunal. The Court has set out certain principles to be applied when such applications are made in *R. (Madan) v Secretary of State for the Home Department*.[76]

In *R. (on the application of SB (Afghanistan)) v Secretary of State for the Home Department*[77] the Court of Appeal gave further guidance regarding the proper approach to last-minute representations made on behalf of asylum seekers just before their removal.

80-35 **Time limits** The principal time limit for judicial review claims in the Upper Tribunal is equivalent to that in the High Court, that is to say applications must be made promptly and (unless a shorter time limit is specified an any other enactment) must be received by the Tribunal no later than three months after the date of the decision, action or omission to which the application relates: Upper Tribunal Rules r.28(2). However, an application for permission to bring judicial review proceedings challenging a decision of the First-tier Tribunal may be made later than that time if it is made within one month after the date on which the First-tier Tribunal sent written reasons for the decision or notification that an application for the decision to be set aside (itself made in time) has been unsuccessful: Upper Tribunal Rules r.28(3). The Upper Tribunal may extend time for bringing a judicial review claim: Upper Tribunal Rules r.5(3)(a). There is an equivalent provision to s.31(6) of the Senior Courts Act 1981 giving the Upper Tribunal power to refuse permission or to refuse any relief where it considers that there has been undue delay and that granting the relief would be likely to cause substantial hardship to, or substantially prejudice the rights of, any person or would be detrimental to good administration: Tribunals, Courts and Enforcement Act 2007 s.16(4), (5). See further para.80-05 in relation to High Court judicial review claims.

80-36 **Standing** As with the High Court, the Upper Tribunal may not grant permission to apply for judicial review unless the applicant has sufficient interest in the matter to which the application relates: Tribunals, Courts and Enforcement Act 2007 s.16(3). See further, para.80-14 in relation to High Court judicial review claims.

80-37 **Venue** Applications for judicial review in the Upper Tribunal can be made at
(a) the Upper Tribunal (Administrative Appeals Chamber), 5th Floor, Rolls Building, 7 Rolls Buildings, Fetter Lane, London, EC4A 1NL. In cases where the First-tier Tribunal hearing was in Wales or the applicant lives in Wales, theymay be sent to the London address or to the Upper Tribunal (Administrative Appeals Chamber), Civil Justice Centre, 2 Park Street, Cardiff, CF10 1ET. In urgent cases, the application can be faxed to the Upper Tribunal (Administrative Appeals Chamber) on 020 7071 5663; or
(b) the regional centres (managed by the regional centres of the Administrative Court) in Birmingham, Bristol, Cardiff, Manchester, and Leeds depending on the residential location of the applicant.

80-38 **Documents** By virtue of rr.28(4)–(7) of the Upper Tribunal Rules, the application must state:

---

[76] *R. (Madan) v Secretary of State for the Home Department* [2007] EWCA Civ 770.
[77] *R. (on the application of SB (Afghanistan)) v Secretary of State for the Home Department* [2018] EWCA Civ 215.

(a) the name and address of the applicant, the respondent and any other person whom the applicant considers to be an interested party (which, if the application relates to court or tribunal proceedings, must include each party to those proceedings who is not the applicant or a respondent);
(b) the name and address of the applicant's representative (if any);
(c) an address where documents for the applicant may be sent or delivered;
(d) details of the decision challenged (including the date, the full reference and the identity of the decision maker);
(e) that the application is for permission to bring judicial review proceedings;
(f) the outcome that the applicant is seeking; and
(g) the facts and grounds on which the applicant relies.

In addition, the applicant must send with the application:

(a) a copy of any written record of the decision in the applicant's possession or control; and
(b) copies of any other documents in the applicant's possession or control on which the applicant intends to rely.

If the application is out of time, it must also include a request for an extension of time and the reason why the application was not provided in time.

Service If the application relates to proceedings in a court or tribunal, the application must name as an interested party each party to those proceedings who is not the applicant or a respondent: Upper Tribunal Rules r.28(5). It is for the Upper Tribunal to send a copy of any application and accompanying documents in a judicial review claim to each person named as a respondent or an interested party: Upper Tribunal Rules r.28(8). 80-39

Special provisions for immigration proceedings The Upper Tribunal must not accept an application for permission to bring immigration proceedings unless it is either accompanied by any required fee or the Upper Tribunal accepts an undertaking that the fee will be paid. 80-40
Within 9 days of making an application, an applicant must provide:

(a) a copy of the application and any accompanying documents to each person named in the application as a respondent or an interested party; and
(b) the Upper Tribunal with a written statement of when and how this was done.

Acknowledgement of Service Any person who is sent a copy of an application for permission by the Upper Tribunal who wishes to take part in the proceedings must complete an acknowledgement of service, which must be received by the Upper Tribunal no later than 21 days after the date on which it sent a copy of the application to that person: Upper Tribunal Rules r.29(1). The acknowledgement of service should be on Upper Tribunal Form T482 in relation to Immigration Judicial Review proceedings. It must be in writing and must state whether the person intends to support or oppose the application for permission; the grounds for doing so, or any other submission or information which the person considers may assist the Upper Tribunal; and the name of any other person whom the person providing the acknowledgement of service considers to be an interested party: Upper Tribunal Rules r.29(2). A person who is sent a copy of an application for permission but does not provide an acknowledgement of service may not take part in the application for permission unless allowed to do so by the Upper Tribunal, but may take part in the 80-41 subsequent proceedings if the application is successful: Upper Tribunal Rules r.29(3).

80-42 **Permission** An applicant requires permission to proceed with a judicial review application in the Upper Tribunal: Tribunals, Courts and Enforcement Act 2007 s.16(2). The application for permission is usually considered on the papers first, and the Upper Tribunal is required to send to the applicant, each respondent and any other person who provided an acknowledgement of service (and may send to any other person who may have an interest in the proceedings) written notice of its decision and the reasons for any refusal, or any limitations or conditions on the grant of permission: Upper Tribunal Rules r.30(1).

If permission on the papers is refused, or granted on limited grounds or subject to conditions, the applicant may apply for the decision to be reconsidered at a hearing. Such an application must be made in writing and must be received by the Upper Tribunal within 14 days or in immigration proceedings 9 days after the date on which the Upper Tribunal sent written notice of its permission decision to the applicant: Upper Tribunal Rules r.30(4), (5). The parties entitled to attend the permission hearing must be given at least two working days' notice of the hearing: Upper Tribunal Rules r.36(2)(a).

80-43 **Responses** Any person to whom the Upper Tribunal sends notice of the grant of permission who wishes to contest the application or support it on additional grounds must provide detailed grounds for doing so in writing not more than 35 days after the Upper Tribunal sent such notice: Upper Tribunal Rules r.31(1), (2).

80-44 **Additional Grounds** The applicant may not rely on any grounds other than those on which permission has been granted without the consent of the Upper Tribunal: Upper Tribunal Rules r.32.

80-45 **The hearing** The Upper Tribunal may make any decision without a hearing, but must have regard to any view expressed by a party when deciding whether to hold a hearing: Upper Tribunal Rules r.34. Every party is entitled to attend a hearing and the Upper Tribunal must give the parties reasonable notice of the time and place of the hearing: Upper Tribunal Rules, rr.35(1), 36. The period of notice must be at least 14 days, unless the parties consent or the case is urgent or exceptional: Upper Tribunal Rules r.36(2). Every party, and, with the permission of the Upper Tribunal, any other person, may submit evidence, make representations at any hearing they are entitled to attend and make written representations where the decision is to be made without a hearing: Upper Tribunal Rules r.33.

Where the parties request it, the Upper Tribunal may, if it considers it appropriate, make a consent order disposing of the proceedings and making such other appropriate provision as the parties have agreed. There is no requirement to hold a hearing before making such a consent order: Upper Tribunal Rules r.39.

80-46 **Relief** The Upper Tribunal has power when determining judicial review cases to grant mandatory, prohibiting and quashing orders, declarations and injunctions. Where it grants such relief, this has the same effect as, and is enforceable as if it were, the corresponding relief granted by the High Court on an application for judicial review: Tribunals, Courts and Enforcement Act 2007 s.15(1), (3). In deciding whether to make such orders, the Upper Tribunal must apply the principles that the High Court would apply in deciding whether to grant such relief in a judicial review application: Tribunals, Courts and Enforcement Act 2007 s.15(4), (5).

The Upper Tribunal may also make an award of damages, restitution or the recovery of a sum due if the application includes such a claim and the Tribunal is satisfied that the High Court would have made such an award if the claim had been made in a High Court action: Tribunals, Courts and Enforcement Act 2007 s.16(6).

Where the Upper Tribunal makes a quashing order, it may remit the matter back to decision maker with a direction to reconsider the matter and reach a decision in accordance with the findings of the Upper Tribunal, or, in the case of the decision of a court or tribunal quashed on the ground that there has been an error of law, it may substitute its own decision where, without the error, there would have been only one decision that the court or tribunal could have reached: Tribunals, Courts and Enforcement Act 2007 s.17. A decision substituted by the Upper Tribunal has effect as if it were a decision of the relevant court or tribunal.

APPLICATIONS FOR JUDICIAL REVIEW

FORM N461: JUDICIAL REVIEW CLAIM FORM

80-W1

Judicial Review
Claim Form

In the High Court of Justice
Administrative Court

Help with Fees -
Ref no. (if applicable) **H W F** - ☐☐☐☐ - ☐☐☐

Notes for guidance are available which explain how to complete the judicial review claim form. Please read them carefully before you complete the form.

For Court use only	
Administrative Court Reference No.	
Date filed	

Seal

Is your claim in respect of refusal of an application for fee remission? ☐ Yes ☐ No

SECTION 1 Details of the claimant(s) and defendant(s)

Claimant(s) name and address(es)

name

address

Telephone no.   Fax no.

E-mail address

Claimant's or claimant's legal representatives' address to which documents should be sent.

name

address

Telephone no.   Fax no.

E-mail address

Claimant's Counsel's details

name

address

Telephone no.   Fax no.

E-mail address

1st Defendant

name

Defendant's or (where known) Defendant's legal representatives' address to which documents should be sent.

name

address

Telephone no.   Fax no.

E-mail address

2nd Defendant

name

Defendant's or (where known) Defendant's legal representatives' address to which documents should be sent.

name

address

Telephone no.   Fax no.

E-mail address

FORM N461

SECTION 2 Details of other interested parties

Include name and address and, if appropriate, details of DX, telephone or fax numbers and e-mail

name

address

Telephone no.   Fax no.

E-mail address

name

address

Telephone no.   Fax no.

E-mail address

SECTION 3 Details of the decision to be judicially reviewed

Decision:

Date of decision:

Name and address of the court, tribunal, person or body who made the decision to be reviewed.

name

address

SECTION 4 Permission to proceed with a claim for judicial review

I am seeking permission to proceed with my claim for Judicial Review.

Question	Yes	No
Is this application being made under the terms of Section 18 Practice Direction 54 (Challenging removal)?	☐	☐
Are you making any other applications? If Yes, complete Section 8.	☐	☐
Is the claimant in receipt of a Civil Legal Aid Certificate?	☐	☐
Are you claiming exceptional urgency, or do you need this application determined within a certain time scale? If Yes, complete Form N463 and file this with your application.	☐	☐
Have you complied with the pre-action protocol? If No, give reasons for non-compliance in the box below.	☐	☐

| Have you issued this claim in the region with which you have the closest connection? (Give any additional reasons for wanting it to be dealt with in this region in the box below). If No, give reasons in the box below. | ☐ Yes | ☐ No |

[477]

Does the claim include any issues arising from the Human Rights Act 1998?
If Yes, state the articles which you contend have been breached in the box below. ☐ Yes ☐ No

SECTION 5 Detailed statement of grounds

☐ set out below   ☐ attached

SECTION 6 Aarhus Convention claim

I contend that this claim is an Aarhus Convention claim ☐ Yes ☐ No

If Yes, indicate in the following box if you do not wish the costs limits under CPR 45.43 to apply.

If you have indicated that the claim is an Aarhus claim set out the grounds below, including (if relevant) reasons why you want to vary the limit on costs recoverable from a party.

SECTION 7 Details of remedy (including any interim remedy) being sought

SECTION 8 Other applications

I wish to make an application for:-

FORM N461

SECTION 9 Statement of facts relied on

Statement of Truth

I believe (The claimant believes) that the facts stated in this claim form are true.

Full name _____

Name of claimant's solicitor's firm _____

Signed _____ Position or office held _____
          Claimant ('s solicitor)   (if signing on behalf of firm or company)

SECTION 10 Supporting documents

If you do not have a document that you intend to use to support your claim, identify it, give the date when you expect it to be available and give reasons why it is not currently available in the box below.

Please tick the papers you are filing with this claim form and any you will be filing later.

☐ Statement of grounds	☐ included	☐ attached
☐ Statement of the facts relied on	☐ included	☐ attached
☐ Application to extend the time limit for filing the claim form	☐ included	☐ attached
☐ Application for directions	☐ included	☐ attached

☐ Any written evidence in support of the claim or application to extend time

☐ Where the claim for judicial review relates to a decision of a court or tribunal, an approved copy of the reasons for reaching that decision

☐ Copies of any documents on which the claimant proposes to rely

☐ A copy of the legal aid or Civil Legal Aid Certificate *(if legally represented)*

☐ Copies of any relevant statutory material

☐ A list of essential documents for advance reading by the court *(with page references to the passages relied upon)*

☐ Where a claim relates to an Aarhus Convention claim, a schedule of the claimant's significant assets, liabilities, income and expenditure.	☐ included	☐ attached

If Section 18 Practice Direction 54 applies, please tick the relevant box(es) below to indicate which papers you are filing with this claim form:

☐ a copy of the removal directions and the decision to which the application relates	☐ included	☐ attached
☐ a copy of the documents served with the removal directions including any documents which contains the Immigration and Nationality Directorate's factual summary of the case	☐ included	☐ attached
☐ a detailed statement of the grounds	☐ included	☐ attached

[480]

Reasons why you have not supplied a document and date when you expect it to be available:-

Signed _____ Claimant ('s Solicitor)_____

SECTION 8 OF FORM N461: STATEMENT OF FACTS RELIED ON

1. **The facts**

The Claimants are all residents of Fairview Old People's Home ("Fairview"), and are aged between 70 and 98 years old. They have resided at Fairview for up to 20

80-W2

years. They regard it as their home. Many of the Claimants have been told in the past that Fairview would be their home for life.

2. On 1 August 20.. the Council decided to close the home. The result of this decision is that residents would have to be moved either to other residential homes, or to sheltered accommodation.

3. Many of the medical practitioners responsible for the Claimants' physical and mental health have expressed considerable concern as to the impact of the closure on the Claimants' health, in particular in relation to the mental health of those suffering from senile dementia.

4. The first that the Claimants knew of the possibility of closure was on 1 May 20.., when the Council sent residents a letter informing them that closure was likely given the costs of repair, and inviting their views on the closure.

SECTION 5 OF FORM N461: DETAILED STATEMENT OF GROUNDS RELIED ON

5. Section 21(1) of the National Assistance Act 1948, as amended, provides:

>   (1) Subject to and in accordance with the provisions of this Part of this Act, a local authority may with the approval of the Secretary of State, and to such extent as he may direct shall, make arrangements for providing—
>   (a) residential accommodation for persons aged 18 or over who by reason of age, illness, disability or any other circumstances are in need of care and attention which is not otherwise available to them;"

6. Section 47 of the National Health Service and Community Care Act 1990 ("the 1990 Act") provides:

>   (1) Subject to subsections (5) and (6) below, where it appears to a local authority that any person for whom they may provide or arrange for the provision of community care services may be in need of any such services, the authority—
>   (a) shall carry out an assessment of his needs for those services; and
>   (b) having regard to the results of that assessment, shall then decide whether his needs call for the provision by them of any such services."

7. *Illegality: breach of s.47 of the 1990 Act:* prior to taking the decision, the Defendant failed to meet its duty under s.47 to assess the needs of the Claimants. It has unlawfully assumed that many of the residents will be able properly to be cared for through non-residential care.

8. *Irrationality and proportionality:* The only reason given to the residents for the closure is that Fairview requires works of repair to its fabric, which the Council is unable to afford. In fact, there is another similar sized home nearby ("The Oaks") which the Claimants understand needs even more work, yet which the Council proposes to keep open. It is thus *Wednesbury* irrational for the Council to have selected Fairview for closure.

9. Further, given that the decision interferes with the fundamental rights of the Claimants as set out further below, the Council was required to act proportionately so as to adopt the course that least interfered with those rights, for example by carrying out some repairs (even if the Council could not afford all of them), rather than closing the home: *R. (Daly) v Secretary of State for the Home Department* [2001] 2 A.C. 532.

10. *Procedural Unfairness: Inadequate Consultation:* The first that the Claimants knew of the possibility of closure was on 1 May 2010, when the Council sent residents a letter informing them that closure was likely given the costs of repair, and inviting their views on the closure. The Council's approach:
  (a) did not give any details as to the need for or cost of repair, nor what other options were being considered by the Council, and so did not allow the residents to give intelligent consideration to the proposals nor a meaningful response;
  (b) did not allow sufficient time for the Claimants to provide a response—the deadline set was one month later, 1 June 2010; and
  (c) was not undertaken with an open mind—the Claimants contend that the Council had in fact already made up its mind as to the fate of Fairview.
In these circumstances the requirements of proper consultation were not met: *R. v Devon CC Ex p. Baker* [1995] 1 All E.R. 73.

11. *Human Rights:* the Claimants' rights to a home and to a private and family life under Article 8(1) of the European Convention on Human Rights would be interfered with by the decision. In particular:
  (a) the Claimants, who have resided at Fairview for many years, regard it as their home;
  (b) many of them, in particular those who have little or no other family with whom they are in contact, regard the other residents and carers as their family; and
  (c) for many Claimants—particularly those who suffer from senile dementia—a move out of the home will impact upon their mental integrity to such as a degree as to affect their right to a private life.

SECTION 6 OF FORM N461: DETAILS OF REMEDY

The Claimants seek an order quashing the decision under challenge.

FORM JR2: JUDICIAL REVIEW ACKNOWLEDGEMENT OF SERVICE

80-W3

UPPER TRIBUNAL
TAX & CHANCERY CHAMBER

Judicial Review
Acknowledgment of Service

For Upper Tribunal use only	
Upper Tribunal Reference No.	
Applicant(s) *(including ref.)*	
Respondent	
Interested Parties	

Please
Use **black ink** and complete the form in **CAPITAL LETTERS** or typewriting.
Use another sheet of paper if there is not enough space for you to say everything. (Please put your full name at the top of the sheet).

SECTION 1

If you are an interested party tick one only of boxes 1, 2, or 3; if you are the respondent tick one only of boxes 4 or 5

1. I intend to oppose all of the application for permission. ☐ Complete sections 2, 3, 4 and 5
2. I intend to oppose part of the application for permission. ☐ Complete sections 2, 3, 4 and 5
3. I do not intend to oppose the application for permission. ☐ Complete section 5
4. The respondent tribunal **intends** to make a submission. ☐ Complete sections 2, 3 and 5
5. The respondent tribunal **does not intend** to make a submission. ☐ Complete sections 2 and 5

SECTION 2

Insert the name and address of any person you consider should be added as an interested party who has not already been named by the applicant.

Name	
Address	
Telephone No.	
Reference (if any)	
Fax No.	
E-mail address	

Form JR2 Judicial Review acknowledgment of service (03/10)

FORM JR2

Name	
Address	
Telephone No.		Reference (if any)	
Fax No.	
E-mail address	

SECTION 3 Summary of grounds for opposing the application for permission. If you are opposing only part of the application, set out which part before you give your grounds for opposing. If you are a tribunal filing a submission, please indicate that this is the case.

APPLICATIONS FOR JUDICIAL REVIEW

SECTION 4 Give details of any directions you will be asking the Upper Tribunal to make, or tick to indicate that a separate application notice is attached

☐ Set out below   ☐ attached

Form JR2 Judicial Review acknowledgment of service (03/10)   3

SECTION 5

*Delete as appropriate

*(I believe) (the respondent/interested party believes) that the facts stated in this form are true.
*I am duly authorised by the respondent/interested party to sign this statement.

Signed (to be signed by you or your representative)

Position or Office held (if signing on behalf of firm or company or tribunal)

Date

Give an address to which notices about this case can be sent.

Name

Address

Telephone No.

Reference (if any)

Fax No.

E-mail address

AFTER YOU HAVE COMPLETED THIS FORM please send it to:

The Upper Tribunal (Tax & Chancery Chamber)
45 Bedford Square
London
WC1B 3DN
Tel: 020 7612 9700
Fax: (for urgent cases) 020 7436 4151 please do not send forms by both post and fax

An Acknowledgment of Service must be received by the Upper Tribunal **no later than 21 days** after the date on which the office sent you a copy of the judicial review application form. **Further copies should be served on the Applicant(s), Respondent and Interested Parties within 7 days of lodgement with the Upper Tribunal.**

The Office will let you know when they have received this form. Contact the Upper Tribunal office if you are not told within a week that the form had been received.

Form JR2 Judicial Review acknowledgment of service (03/10)

Section C of the Judicial Review Acknowledgment of Service Form

The Defendant addresses each of the Claimant's grounds in the order in which they appear in the claim form.   **80-W4**

1. *Illegality:* the Council has made no assumption as to the needs of the Claimants. The decision under challenge was taken only in principle, and was subject to a full

assessment of the impact upon the residents of their having to move. Such a two-stage process is lawful: *R. (Cowl) v Plymouth City Council* [2002] 1 W.L.R. 803 at 807.

2. *Irrationality and proportionality:* The Council assessed the financial implications of keeping Fairview open and compared the position in relation to the Oaks. It could not afford to keep open both. On a long term basis, it concluded that it was more viable to carry out repairs on the Oaks and keep that home open. The Courts should be slow to interfere with decisions relating to allocation of scarce resources by local authorities: see, for example *R. (Birmingham Care Consortium) v Birmingham City Council* [2002] EWHC Admin 2118. Further, the limited repairs proposed by the Claimant (as a proportionate response to the acknowledged budgetary pressures) would not enable Fairview to meet the best practice standards set by the National Care Standards Commission. Further, the in-principle decision to close Fairview was driven by more than budgetary considerations, but was part of a policy (endorsed by the Department of Health) to promote a move away from reliance on long term residential care, and towards domiciliary care and sheltered housing.

3. *Consultation:* The Defendant accepts that the first the Claimants would have known about the proposal was by letter of May 1. However:
(a) The letter referred to the fact that further information was available at the Defendant's offices as to the need for and costs of the repair; and offered a meeting with any residents who wished to understand more about the reasons why the Defendant was considering closing Fairview. The residents were therefore in a position to give a fully informed response.
(b) The deadline of June 1, while expeditious, was not unfairly so. In any event, reasonable consideration would have been given to any resident's request for more time to provide a response: but no such request was received.
(c) It is accepted that the Council had, prior to the consultation, formed a preliminary view that Fairview should be closed. However it properly and conscientiously took into account the results of the consultation: for example by delaying the originally proposed closure date to await the opening of a new private home in the vicinity which many residents stated a wish to go to if Fairview closed. The need for consultation is not inconsistent with the legitimate potential for predisposition towards a particular outcome: *R. (The Mayor and Citizens of Westminster) v The Mayor of London* [2002] EWHC 2440 Admin.

4. *Article 8:* The Defendant took its decision on the basis that in some cases, the residents' rights under Article 8(1) would be interfered with to some extent. However it carried out the balancing exercise required of it under Article 8(2), and found that the decision to close the home was, given the financial and policy considerations referred to above, the only option open to it. The Courts should be slow to interfere with such an assessment: *R. (Phillips & Rowe) v Walsall MBC* [2001] EWHC (Admin); *R. v Madden v Bury MBC* [2002] EWHC 1992 (Admin).

5. *Alternative remedy:* as pointed out in the Defendant's letter dated 1 September 2010 (sent pursuant to the Judicial Review pre-action protocol in response to the Claimants' letter before claim), the Claimants have failed to pursue the Defendant's internal complaints procedure set up pursuant to s.7B of the Local Authority Social

Services Act 1970. This procedure would have enabled them to raise their present complaints. The Claimants in these proceedings would, even if successful, be able to achieve no more than they could had they followed the above procedure. For this additional reason, the Court should refuse to exercise its discretion to grant the Claimants permission to apply: see *R. (Cowl) v Plymouth City Council*, referred to above.

Form JR1 (T & C): Judicial Review Claim Form

UPPER TRIBUNAL
TAX & CHANCERY CHAMBER

Judicial Review claim form

For Upper Tribunal use only	
Upper Tribunal Reference No.	
Date received	

Notes for guidance are available which explain how to complete the judicial review claim form. Please read them carefully before you complete the form.

Please Use **black ink** and complete the form in **CAPITAL LETTERS or typewriting**
Use another sheet of paper if there is not enough space for you to say everything.
(Please put your full name at the top of the sheet.)

SECTION 1 Details of the applicant(s) and representative (if any)

Applicant(s): name(s) and address(es)

Name

Address

Telephone No.

Reference (if any)

Fax No.

E-mail address

Are you represented?
If so please give your representative's details below.

Name

Address

Telephone No.

Reference (if any)

Fax No.

E-mail address

SECTION 2 Details of the respondent

Please specify by ticking the appropriate box which Chamber made the decision you seek to review

Tax Chamber ☐

General Regulatory Chamber ☐

SECTION 3 Details of other interested parties *(any other party to the First-tier Tribunal proceedings)*

Include name and address and, if appropriate, details of DX, telephone or fax numbers and e-mail.

Name	
Address	
Telephone No.	
Reference (if any)	
Fax No.	
E-mail address	

Name	
Address	
Telephone No.	
Reference (if any)	
Fax No.	
E-mail address	

Form JR1(T&C) Judicial Review claim form (04/13)

FORM JR1 (T & C): JUDICIAL REVIEW CLAIM FORM

SECTION 4 Details of the decision to be judicially reviewed

Date of Decision and ref number

Specify the area of the decision you are challenging.

SECTION 5 Detailed statement of grounds and facts relied on

☐ Set out below   ☐ attached

SECTION 6 Details of outcome (including any interim remedy) being sought

SECTION 7 Other applications

I wish to make an application for the following *(please tick appropriate box)*

to extend the time for filing the claim form ☐

for urgent consideration of the judicial review claim ☐

for directions (set out below) ☐

Please give reasons

Form JR1(T&C) Judicial Review claim form (04/13)

FORM JR1 (T & C): JUDICIAL REVIEW CLAIM FORM

SECTION 8 Supporting documents

You MUST enclose a copy of the full reasons for the decision being challenged. If you do not do so your application may be delayed or not be admitted. *If you do not have, but expect to obtain, any other document that you intend to use to support your application, identify it, give the date when you expect it to be available and give reasons why it is not currently available in the box below.*

Please tick the papers you are filing with this form and those you wish to file later

☐	A copy of the full reasons for the decision being challenged	☐ included	
☐	Any written evidence in support of the claim or application to extend time	☐ included	☐ later
☐	Copies of any other documents on which the applicant proposes to rely	☐ included	☐ later

Reasons why you have not supplied a document and date when you expect it to be available

[ ]

SECTION 9 Statement of Truth and claim for judicial review

[493]

I believe that the facts stated in this claim form are true.

I seek permission to proceed with my application for judicial review and, if permission is granted, I make the claim for judicial review

I authorise my representative named in Section1 above to act on my behalf in all proceedings before the Upper Tribunal. *(Delete if you have no representative or you are a solicitor filling in this form on behalf of a client)*

Signed by applicant		Date	

AFTER YOU HAVE COMPLETED THIS FORM please send it to:

> The Upper Tribunal (Tax & Chancery Chamber)
> 45 Bedford Square
> London
> WC1B 3DN
> Tel: 020 7612 9700
> Fax: (for urgent cases) 020 7436 4151 please do not send forms by both post and fax

This form should be used only where the proceedings in the First-tier Tribunal took place in England or Wales. In Scotland an application for judicial review must be made to the Court of Session and in Northern Ireland the application must be made to the High Court.

The Office will let you know when they have received this form. Contact the Upper Tribunal office if you are not told within a week that the form had been received.

FORM JRC1: JUDICIAL REVIEW CLAIM FORM (CIC CASE)

80-W6

UPPER TRIBUNAL ADMINISTRATIVE APPEALS CHAMBER	*For Upper Tribunal use only*
	Upper Tribunal Reference No.
Judicial Review claim form (Criminal Injuries Compensation Case)	Date received

Notes for guidance are available which explain how to complete the judicial review claim form. Please read them carefully before you complete the form.

Please Use **black ink** and complete the form in **CAPITAL LETTERS**
Use another sheet of paper if there is not enough space for you to say everything.
(Please put your full name at the top of the sheet.)

SECTION 1 – IDENTIFICATION OF THE APPLICANT

This application for judicial review is made by – (Please tick the appropriate box)

☐ the claimant (i.e., the person who claimed criminal injuries compensation)

or

☐ the Criminal Injuries Compensation Authority

SECTION 2 – DETAILS OF THE CLAIMANT

Claimant's name: _____

Address: _____

Postcode: _____

Telephone No.: _____   Fax No.: _____

E-mail address: _____

Is the claimant represented? If so please give the representative's details below.

Representative's name: _____

Address: _____

Telephone No.: _____   Fax No.: _____

E-mail address: _____

APPLICATIONS FOR JUDICIAL REVIEW

SECTION 3 – DETAILS OF THE DECISION TO BE JUDICIALLY REVIEWED

What was the date of the First-tier Tribunal's decision?
(This will also be on the decision notice.)

What was the First-tier Tribunal's (and CICA's) reference number?

If the decision was made at or following a hearing, where did the hearing take place?

Do you have a written statement of reasons for the tribunal's decision?

Yes ☐ When did the tribunal send it to you? (This will be the date on the letter that came with it.)

No ☐ Please say why not.

If you want to say more, please use another sheet of paper

SECTION 4 – DETAILS OF ANY DELAY IN APPLYING FOR JUDICIAL REVIEW

Has more than three months passed since the date of the First-tier Tribunal's decision?
Yes ☐
No ☐

Has more than one month passed since the First-tier Tribunal sent you written reasons for the decision?
Yes ☐
No ☐

If the answer to both of the above questions is "yes" (or if the answer to the first question is "yes" and you have not been sent written reasons), please apply for an extension of time by explaining here the delay and giving any other reasons why you consider time should be extended.

If you want to say more, please use another sheet of paper.

Form JRC1 Judicial Review claim form (CIC Case) (updated 06/01/12)

SECTION 5 – DETAILED STATEMENT OF THE GROUNDS AND FACTS RELIED ON

Please set out, either here or in a separate document, the grounds and facts on which you rely in support of this application for judicial review.

If you want to say more, please use another sheet of paper.

APPLICATIONS FOR JUDICIAL REVIEW

SECTION 6 – DECLARATION AND CLAIM FOR JUDICIAL REVIEW

I believe that the facts stated in this claim form are true.

I seek permission to proceed with my application for Judicial Review and, if permission is granted, I make the claim for judicial review.

I authorise my representative named in Section 1 above to act on my behalf in all proceedings before the Upper Tribunal. *(Delete if you have no representative or you are a solicitor of barrister filling in this form on behalf of a client or if the Applicant is the Criminal Injuries Compensation Authority.)*

I enclose the following documents (tick boxes as appropriate) –

- the decision of the First-tier Tribunal that is being challenged ☐
- the statement of reasons of the First-tier Tribunal (if separate) ☐
- a certificate of public funding from the Legal Services Commission ☐
- other documents (You need not send a copy of the bundle of documents used at the hearing before the First-tier Tribunal because the Upper Tribunal will obtain a copy from the First-tier Tribunal itself.) ☐

Signed * _____ Date _____

* An applicant other than the Criminal Injuries Compensation Authority must sign this form personally unless it is signed on his or her behalf by a solicitor or barrister.

AFTER YOU HAVE COMPLETED THIS FORM please send it with the documents mentioned above to –

> The Upper Tribunal (Administrative Appeals Chamber),
> 5th floor, Rolls Building
> 7 Rolls Buildings, Fetter Lane
> London, EC4A 1NL
>
> Fax:(for urgent cases only) 0870 324 0028

If the First-tier Tribunal hearing was in **Wales**, or the claimant lives in **Wales**, you may **either** send the form to the London address **or** send it to:

> The Administrative Appeals Chamber of the Upper Tribunal (Wales),
> Civil Justice Centre,
> 2 Park Street,
> Cardiff,
> CF10 1ET.

The Upper Tribunal office will let you know when it has received this form. Contact the Upper Tribunal office if you are not told within a week that the form has been received.

Form JRC1 Judicial Review claim form (CIC Case) (updated 06/01/12)

FORM JR1: JUDICIAL REVIEW CLAIM FORM

80-W7

UPPER TRIBUNAL ADMINISTRATIVE APPEALS CHAMBER	For Upper Tribunal use only	
	Upper Tribunal Reference No.	
Claim Form for Judicial Review *(not for Criminal Injuries Compensation cases)*	Date received	

Notes for guidance are available which explain how to complete the judicial review claim form. Please read them carefully before you complete the form. *For criminal injuries cases use JRC1*

Please Use **black ink** and complete the form in **CAPITAL LETTERS**
Use another sheet of paper if there is not enough space for you to say everything.
(Please put your full name at the top of the sheet.)

SECTION 1 Details of the Applicant and the Applicant's representative (if any)

Applicant's name and address

Name	
Address	
Telephone No.		Fax No.	
E-mail address		DX	

Are you represented?

If so please give your representative's details below.

Name	
Address	
Telephone No.		Fax No.	
E-mail address		DX	

Form JR1 Judicial Review claim form (updated 28/10/11)

APPLICATIONS FOR JUDICIAL REVIEW

Address	
Telephone No.	Fax No.
E-mail address	

SECTION 3. Summary of grounds for opposing the application for permission. If you are opposing only part of the application set out which part before you give your grounds for opposing. If you are a tribunal filing a submission, please indicate that this is the case.

Form JR2 Judicial Review: acknowledgement of service (updated BM 28/10/11)

FORM JR1: JUDICIAL REVIEW CLAIM FORM

SECTION 4. Give details of any directions you will be asking the Upper Tribunal to make, or tick the indicate that a separate application notice is attached

☐ Set out below   ☐ attached

SECTION 5.

Delete as appropriate

*(I believe) (the respondent/interested party believes) that the facts stated in this form are true.
*I am duly authorised by the respondent/interested party to sign this statement.

Signed *(to be signed by you or your representative)*		Position or Office held *(if signing on behalf of firm or company or tribunal)*	
Date			

Give an address to which notices about this case can be sent.

Name	
Address	
Telephone No.	
Fax No.	
E-mail address	

AFTER YOU HAVE COMPLETED THIS FORM– please send it to

The Upper Tribunal (Administrative Appeals Chamber),
5th floor, Rolls Building
7 Rolls Buildings, Fetter Lane
London, EC4A 1NL

Fax:(for urgent cases only) 020 7071 5663

If the First-tier Tribunal hearing was in **Wales**, or you live in **Wales**, you may **either** send the form to the London address **or** send it to:

The Upper Tribunal (Wales),
Cardiff Civil Justice Centre
2 Park Street
Cardiff
CF10 1ET.
Tel: 029 2037 6460.

An Acknowledgment of Service must be received by the Upper Tribunal **no later than 21 days** after the date on which the office sent you a copy of the judicial review application form.

The Office will let you know when they have received this form. Contact the Upper Tribunal office if you are not told within a week that the form had been received.

PART X PERSONAL INJURY

SECTION 81:

PERSONAL INJURY

TABLE OF CONTENTS

Letter of claim	81-X1
Master Claim Form for Road Traffic Accident and for Fatal Accident	81-X2
Claim for road traffic accident—secondary victim	81-X3
Claim against the Motor Insurer Bureau	81-X4
Dangerous Animals	81-X5
Animals with wild characteristics	81-X6
Claim in contract and tort	81-X7
Claim of res ipsa loquitur	81-X8
Master claim form—Manual Handling Operations Regulations 1992, Management of Health and Safety Regulations 1999 and Manual Handling Directive	81-X9
Claim under Personal Protective Equipment Regulations 2002	81-X10
Claim under Personal Protective Equipment at Work Regulations 1992	81-X11
Claim relating to display screen equipment	81-X12
Claim under the Workplace (Health, Safety and Welfare) Regulations 1992—premises and conditions of work	81-X13
Claim under the Work At Height Regulations 2005	81-X14
Claim under the Provision and Use of Work Equipment Regulations 1998 (and 1992)—injuries from machinery	81-X15
Claim under the Construction Regulations	81-X16
Claim under the Lifting Operations and Lifting Equipment Regulations 1998	81-X17
Claim by nurse for lifting injury	81-X18
Claim for Stress at work—first breakdown	81-X19
Claim for Stress at work—second breakdown	81-X20
Claim For Stress And Or Bullying At Work	81-X21
Claim for Work-related Upper Limb Disorder	81-X22
Claim relating to Noise at work—deafness	81-X23
Claim relating to asbestos disease	81-X24
Claim relating to Vibration White Finger AND/OR Vibration	81-X25
Claim under Control of Substances Hazardous to Health Regulations 2002	81-X26
Claim relating to Dermatitis	81-X27
Claim for General negligence at work	81-X28
Claim under Highways Act 1980	81-X29
Claim relating to smoking in the workplace	81-X30

Claim under s.130 of the Highways Act 1980 .... 81-X31
Claim under New Roads and Street Works Act 1991 ..... 81-X32
Claim under Occupiers Liability Act 1957 .... 81-X33
Claim under Occupiers Liability Act 1984 .... 81-X34
Claim under Landlord and Tenant Act 1985 and Defective Premises Act 1972 .... 81-X35
Claim under Package Holiday Regulations 1992 .... 81-X36
Defence to road traffic accident claim—sudden and unexpected collapse 81-X37
Defence and counterclaim to road traffic accident claim—Ex turpi causa 81-X38
Defence to road traffic accident claim—Volenti non fit injuria 81-X39
Defence—Animals with wild characteristics 81-X40
Master defence to claim under Manual Handling Operation Regulations 1992, Management of Health and Safety Regulations 1999 and Manual Handling Directive 81-X41
Defence to claim under Personal Protective Equipment at Work Regulations 1992 (as amended by SI 1999/860) .. 81-X42
Defence to Claim Under the Work At Height Regulations . 81-X43
Defence to Noise at work claim 81-X44
Defence to claim under COSSH 2002 .... 81-X45
Defence to claim under the Construction Regulations 81-X46
Denial of psychiatric injury and apportionment defence ... 81-X47
Master defence to claim under Highways Act 1980 ...... 81-X48
Defence to occupier's liability—Independent contractors .. 81-X49
Defence to occupier's liability—Failure to take care when a workman 81-X50
Defence of limitation—accrual 81-X51
Defence of limitation—Article 16 of the Convention Relating to the Carriage of Passengers and their Luggage by Sea 1974 .... 81-X52
Reply to defence of Limitation 81-X53
Part 18 Request for further and better particulars 81-X54
Reply to Part 18 Request for further and better particulars . 81-X55
Thompstone/RH model order—for PPOs relating to future care and case management 81-X56
NHS LA Model order approved in RH v University Hospitals Bristol 81-X57

ORGANISATION OF THIS PART

81-01 Two principles govern the layout of this part of the work. The first is that it is necessary to have a coherent and consistent categorisation, despite the fact that claims in respect of injury may be brought:

(i) in different forums[1];

---

[1] The civil courts, for common law claims and those in respect of breach of statutory duty; the Employment Tribunal where the injury is a consequence of discrimination (and arguably where there has

(ii) in respect of different causes of action: principally the tort of negligence, contract, where there is a breach of a contractual duty to take care, and statutory duty[2] but also under other potential heads of claim[3];
(iii) in respect of different environments: the highway, workplace, hospital or premises;
(iv) in respect of injuries of very different sorts, from the short-lived and acute to the long-term and chronic; or
(v) in respect of injuries caused by a variety of different processes, from a sudden accidental occurrence to insidious long-term onset by constant exposure to harmful conditions.

All these distinctions may have to be borne in mind when drafting a statement of case.

The categorisation adopted here is by reference to the likely cause of the injury, expressed in general terms, for example lifting, asbestos, construction work, road traffic, premises or animals. It should be noted that in the interests of economy of space, examples of workplace injury claims are limited to the main types likely to arise.

The parties must draft not only the claimant's and defendant's statement of case, but also documentation required by the pre-action protocols. If this is not provided in the appropriate form or at all, litigants might find themselves suffering a costs penalty. An example of a pre-action letter from a prospective claimant is set out in para.81-X1.

81-02

The second principle is that it is essential in dealing with the circumstances of any individual case that the particulars illustrated here are adapted to suit. Guard against omitting anything of relevance—but guard even more strongly against a scattergun approach that confuses the relevant with the possibly relevant and the completely irrelevant. The practice of adopting a "belt, braces and boot straps" pleading was appropriate before the introduction of the CPR, but not since. The key word is: "focus".

HEADS OF LIABILITY IN PARTICULAR CASES

Independent Contractors and Vicarious Liability

This has been a key area of development in recent years. In *Woodland v Essex County Council*[4] the Supreme Court held that in certain cases a non-delegable duty may now be extended to make a principal liable for the tortious conduct of an independent contractor. In *Armes v Nottinghamshire County Council*[5] the Supreme Court rejected the argument that a local authority is under a non-delegable duty for

81-03

---

been a breach of the employer's duty of care which is causative of the termination of employment), both of which are within the scope of this work; and various statutory tribunals such as the Criminal Injuries Compensation Authority, or tribunals assessing social security, industrial injury and disablement benefits.

[2] Under statute, statutory instrument or European Directive. The latter applies only to a public authority (an "emanation of the State").

[3] Such as arising from discrimination under the Equality Act 2010, or in public nuisance, but *not* in the tort of private nuisance (*Hunter v Canary Wharf* [1997] A.C. 655) though there may still be some argument, though doubtful, in respect of *Rylands v Fletcher*.

[4] *Woodland v Essex County Council* [2013] UKSC 66; [2013] 3 W.L.R. 1227.

[5] *Armes v Nottinghamshire County Council* [2017] UKSC 60.

the safety of children under the care of foster parents. Liability was established under the principle of vicarious liability.

The two decisions of the Supreme Court in *Cox v Ministry of Justice* and *Mohamud v WM Morrison Supermarkets Plc*[6] have provided useful clarification on the test for vicarious liability and its scope. In *Mohamud* the court affirmed the "close connection" test set out in *Lister v Hesley Hall Ltd*.[7] In *Cox* the court endorsed the criteria set out in *Various Claimants v Catholic Child Welfare Society*[8] while emphasising that not all these criteria have equal weight.

Highways Cases

81-04 Liability against another road user (e.g. driver, pedestrian or cyclist) is in the tort of negligence. Liability for the state of repair of a public highway is under s.41 of the Highways Act 1980. There is a defence under s.58.

Particular points to watch when pleading in respect of a highways claim against another road user are that:

(i) specific breaches of the Highway Code should be pleaded;
(ii) if the defendant has been convicted of an offence which is relevant to the accident, particulars of that conviction must be given before it may be relied upon.

Particular points to note in pursuing a claim against a Highways Authority for disrepair include that the statutory duty is discharged by reasonable inspection, i.e. a sufficient inspection at intervals, often of several months, which will depend upon the nature of the road in question. It is helpful to anticipate this by pleading facts that demonstrate that any defect was either long-standing or would have been clearly apparent for a considerable time (if such is the case).

From October 2003, by the amendment of s.111 Railways and Transport Safety Act 2003, s.41(1A) was added to the Highways Act 1980 to ensure, so far as reasonably practicable, that safe passage along a highway is not endangered by snow or ice.

In relation to uninsured drivers, please note the case law dealing with the EU Motor Directives.[9]

The new MIB agreement for claims involving Untraced Drivers came into force on 1 March 2017, replacing the 2003 Agreement.

On 1 August 2016 the Third Parties (Rights against Insurers) Act 2010 came into force. This Act makes it easier for a third party to bring a claim against an insurer when the insured has become insolvent. The third party will only have to issue one set of proceedings against the insurer and will then ask the court to make declarations on the insured's and insurer's liability.

---

[6] *Cox v Ministry of Justice* [2016] UKSC 10; [2016] A.C. 660 and *Mohamud v WM Morrison Supermarkets PLC* [2016] UKSC 11; [2016] A.C. 677.
[7] *Lister v Hesley Hall Ltd* [2001] UKHL 22; [2002] 1 A.C. 215.
[8] *Various Claimants v Catholic Child Welfare Society* [2012] UKSC 56; [2013] 2 A.C. 1.
[9] See particularly: *R&S Pilling (t/a Phoenix Engineering) v UK Insurance Ltd* [2019] UKSC 16; [2019] 2 W.L.R. 1015; *Motor Insurance Bureau v Lewis* [2019] EWCA Civ 909; [2019] 3 All E.R. 1064; *Vnuk v Zavarovalnica Triglav dd* (C-162/13) EU:C:2014:2146; *Delaney v Secretary of State for Transport* [2015] EWCA Civ 172; [2015] 1 W.L.R. 5177; *Churchill Insurance Co Ltd v Wilkinson* [2012] EWCA Civ 1166; [2013] 1 W.L.R. 1776; and *Stych v Dibble* [2012] EWHC 1606 (QB); [2013] Lloyd's Rep. I.R. 80.

Clinical Negligence

The cause of action is normally in the tort of negligence, but may be in contract (especially where private medical services are concerned). The claimant's statement of case should be sufficiently informative both to enable the defendant to deal with the main factual allegations, but also to require the defendant to answer them. This necessitates making the main factual allegations in separate paragraphs or sub-paragraphs, in somewhat greater detail than appropriate in other personal injury pleadings.

81-05

Reference should also be made to any letters or apologies provided to the claimant under the healthcare provider's duty of candour (Health and Social Care Act 2008 (Regulated Activities) Regulations 2014 (SI 2014/2936) reg.20).

In an appropriate case a claim may be brought for the failure to obtain informed consent. Following *Montgomery v Lanarkshire Health Board*[10] medical professionals are under a duty to take reasonable care to ensure that patients are aware of all material risks of medical treatment. This echoes well-established guidance by the GMC.

Animals Act 1971

Liability is in the tort of negligence and for breach of statutory duty. Liability under the Animals Act 1971 for a dangerous animal is strict. The House of Lords confirmed the wide scope of the statutory tort for animals which are commonly domesticated in the UK in *Mirvahedy v Henley*.[11]

81-06

Intentional Torts

These speak for themselves. Damages claimed may however include:

81-07

(i) aggravated damages; and/or
(ii) exemplary damages, especially where, for example false imprisonment claims are pursued against such as the police, who may have abused their power so as to justify such an award.[12]

The limitation period is six years. Following the decision of the House of Lords in *A v Hoare*,[13] s.33 of the Limitation Act 1980 applies to intentional torts.

Premises and Occupiers

Liability is principally for breach of a common duty of care under the Occupier's Liability Act 1957, but may also be in general common law negligence, and occasionally in contract (e.g. for breach of a contractual licence where an express or implied term regulates the safety of the premises). It may also be in respect of the Occupier's Liability Act 1984, the Landlord and Tenant Act 1985 and/or the Defective Premises Act 1972. When drafting Particulars in respect of an Occupiers Liability Act 1957 case (a person who is on the land lawfully having received a direct or implied invitation or someone who is not trespassing), it is only

81-08

---

[10] *Montgomery v Lanarkshire Health Board* [2015] UKSC 11; [2015] A.C. 1430.
[11] *Mirvahedy v Henley* [2003] UKHL 16; [2003] 2 A.C. 491.
[12] See *McGregor on Damages* (London: Sweet & Maxwell) for a fuller exposition.
[13] *A v Hoare* [2008] UKHL 6; [2008] 1 A.C. 844.

necessary to set out that the claimant was a visitor and then to add to the allegation of negligence an allegation of breach of statutory duty, namely s.2 of the Occupier's Liability Act 1957. The Occupier's Liability Act 1984 is of relevance only to injured persons who are not visitors, for example as in para.81-X34.

When an accident occurs on school premises, reference may be made to the Education (School Premises) Regulations 1999.

Occupational/Employer's Liability

81-09 The principal heads of claim are in the tort of negligence (where *Wilsons & Clyde Coal v English*[14] establishes a duty on an employer at common law to take reasonable care for the health and safety of his employees, consisting of four alternative[15] elements: a duty to provide safe premises; a duty to provide safe plant and equipment; a duty to provide safe and competent fellow employees; and a duty to provide a safe system of work). Usually, contractual duties co-exist.[16]

For claims prior to 1 October 2013, s.47 of the Health & Safety at Work, etc. Act 1974 (HSWA 1974), effectively created strict liability for breaches of many regulations. However this was repealed by s.69 of the Enterprise and Regulatory Reform Act 2013 and the new s.47(2) provides that there is no right of action for a breach of a health and safety regulation unless the regulations expressly provide for this. There has been a general shift over time toward regulations being less prescriptive of individual circumstances and for detailed provision for such circumstances to be made in codes of guidance. These codes may be of two sorts: approved codes of practice (ACOP)[17] and general guidance. The distinction is that any contravention of an ACOP is admissible in criminal proceedings in respect of breach of the provision of the regulations to which that paragraph of the code relates. If it is proved that there was a failure to observe any provision of a code in a matter relevant to the prosecution, that matter is to be taken as proved unless the court is satisfied that the requirement or prohibition of the regulations was, in respect of that matter, complied with otherwise than by way of observance of the code. Given this express provision for criminal cases, breaches of an ACOP will be of considerable force in civil proceedings and should be identified and pleaded.

A "mere" code of guidance, though inevitably of lesser status than an ACOP, is likely to be regarded as setting the standard of reasonable conduct by the employer in the particular context. It is helpful to plead any particular guidance relied on.

It should be noted that under the Red Tape Challenge, numerous Regulations were repealed consolidated and amended. Care should be taken to ensure that the appropriate Regulations are pleaded according to that which was in force at the material time.

Per *Majrowski v Guy's & St Thomas's NHS Trust*,[18] an employer can be vicariously liable under s.1 of the Protection From Harassment Act 1997 for their employees' breach of s.3 of the Act. Foreseeability is not required.[19]

81-10 Further, the existence of the duty and its breach in occupational stress claims continues to be a very difficult area for claimants to establish. These practical dif-

---

[14] *Wilsons & Clyde Coal v English* [1938] A.C. 57.
[15] They are not mutually exclusive, and thus may also co-exist.
[16] *Matthews v Kuwait Bechtel* [1959] 2 Q.B. 57.
[17] HSWA 1974 s.16.
[18] *Majrowski v Guy's & St Thomas's NHS Trust* [2006] UKHL 34; [2007] 1 A.C. 224.
[19] *Jones v Ruth* [2011] EWCA Civ 804; [2012] 1 W.L.R. 1495.

ficulties have led to a more detailed Statement of Case and a third precedent in para.81-X19.[20] It can be used for bullying claims and should also be referred to by those using paras 81-X19 and 81-X20 as it contains the Working Time Regulations 1998, the Health and Safety (Consultation with Employees) Regulations 1996 and enhancements to the statement of case under the Management of Health and Safety At Work Regulations 1992 and 1999. A helpful overview of remoteness in stress claims can be found in *Yapp v FCO*.[21]

Further, where the defendant is a public authority (an "emanation of the State"), any European Union Council Directive relating to health and safety is directly actionable against that authority.[22]

If the defendant is a public authority in this specialised sense[23] then any relevant Directive itself should be pleaded in addition to the regulations.[24] It is arguable that although the regulations are intended to implement the Directives in domestic law,

---

[20] Grateful acknowledgment to Andrew Buchan for this statement of case.
[21] *Yapp v FCO* [2014] EWCA Civ 1512; [2015] I.R.L.R. 112.
[22] Authorities include a health authority, a publicly funded school, British Gas and a water authority, but have been held not to include manufacturers in whom the State formerly had a controlling interest such as Rolls Royce.
[23] For the appropriate test see *Foster v British Gas Plc* [1991] 1 Q.B. 405, ECJ; [1991] 2 A.C. 3096, HL; *Rolls Royce Plc v Doughty* [1992] I.C.R. 538, CA. cf. *Kampelmann v Landschaftsverband Westfalen-Lippe* [1998] I.R.L.R. 333, ECJ. On this, see further Supperstone, Goudie and Walker, *Judicial Review* at 4.13.
[24] The key Directives are the Framework Directive and its six daughter Directives. They are, together with their implementing regulations, as follows: (1) Framework Directive 89/391 (Council Directive 89/391/EEC of 12 June 1989 on the introduction of measures to encourage improvements in the safety and health of workers at work [1989] OJ L183/1): Management of Health and Safety at Work Regulations 1999; (2) Workplace (First) Directive 89/654 (Council Directive 89/654/EEC of 30 November 1989 concerning the minimum safety and health requirements for the workplace (first individual directive within the meaning of Article 16 (1) of Directive 89/391/EEC) [1989] OJ L393/1): Workplace (Health, Safety and Welfare) Regulations 1992; (3) Work Equipment Directive 89/655 (Council Directive 89/655/EEC of 30 November 1989 concerning the minimum safety and health requirements for the use of work equipment by workers at work (second individual Directive within the meaning of Article 16 (1) of Directive 89/391/EEC) [1989] OJ L393/13): Provision and Use of Work Equipment Regulations 1992 (replaced by the 1998 Regulations of the same name); (4) Personal Protective Equipment Directive 89/656 (Council Directive 89/656/EEC of 30 November 1989 on the minimum health and safety requirements for the use by workers of personal protective equipment at the workplace (third individual directive within the meaning of Article 16 (1) of Directive 89/391/EEC) [1989] OJ L393/18): Personal Protective Equipment at Work Regulations 1992; (5) Manual Handling of Heavy Loads Directive 90/269 (Council Directive 90/269/EEC of 29 May 1990 on the minimum health and safety requirements for the manual handling of loads where there is a risk particularly of back injury to workers (fourth individual Directive within the meaning of Article 16 (1) of Directive 89/391/EEC) [1990] OJ L156/9): Manual Handling Operations Regulations 1992; (6) Display Screen Equipment Directive 90/270 (Council Directive 90/270/EEC of 29 May 1990 on the minimum safety and health requirements for work with display screen equipment (fifth individual Directive within the meaning of Article 16 (1) of Directive 89/391/EEC) [1990] OJ L156/14): Health and Safety (Display Screen Equipment) Regulations 1992; (7) Carcinogens Directive 90/394 (Council Directive 90/394/EEC of 28 June 1990 on the protection of workers from the risks related to exposure to carcinogens at work (Sixth individual Directive within the meaning of Article 16 (1) of Directive 89/391/EEC) [1990] OJ L196/1): Control of Substances Hazardous to Health Regulations 2002; Control of Asbestos Regulations 2012). The daughter Directives should also be considered: Biological Agents 90/679 and 93/88; Construction 92/57; Safety Signs 92/58; Pregnant Women 92/85; Drilling 92/91; Mining 92/104. Other relevant Directives include (amongst others): Working Time 93/104 and 2003/88; Transport of Dangerous Goods by Road 94/55; Lifts 95/16; Dangerous Substances 96/54; Control of Major Accident Hazards 96/82; Personal Protective Equipment 96/58; Risks related to Chemical Agents at Work 98/24; Protection of Workers at Risk from Explosive Atmospheres 99/92; Risks from Vibration 02/44; Noise at Work 03/10. Also Artificial Optical Radiation 06/25; Use of Work Equipment 09/104; and Exposure to Asbestos 09/

they do not necessarily do so in every case. In particular, it was argued by some commentators that many of the regulations limit the duty they impose on UK employers by requiring only that they take such steps as are "reasonably practicable" (thus requiring a balance between the possibility of taking protective steps on the one hand, and the cost and inconvenience of doing so on the other), where this has no obvious counterpart in the Directives. They suggested the liability imposed by the Directives might be greater. However, the European Court has now rejected a claim that UK has failed sufficiently to implement the provisions of the relevant Directives of the *European Communities Commission v UK* (E127/05) judgment of 14 June 2007.

For reasons of space, this Part demonstrates the pleading of both Regulation and Directive only once, in respect of the Manual Handling Regulations 1992 and the Manual Handling Directive.

The scope of this work has been restricted to the most commonly breached statutory duties at work.[25] Note the amendments to various workplace Regulations.[26]

The Health and Safety (Miscellaneous Revocations) Regulations 2012 revoked a number of the relevant, if unusual, Regulations. See also the new amendment at para.81-09.

148.

[25] Consequently many Regulations have not been included but should be considered where appropriate, for example: The Equipment and Protective Systems Intended for Use in Potentially Explosive Atmospheres Regulations 1996, the Lifts Regulations 1997, the Fire Precautions Act 1971 including the Factories, Sub-Surface Railway Stations and Workplace Regulations 1997, the Control of Lead at Work Regulations 1998, regulations concerned with radiation, the Highly Flammable Liquids and Liquefied Petroleum Gases Regulations 1972, the Genetically Modified Organisms (Contained Use) Regulations (SI 1992/3217), the Offices, Shops and Railway Premises (Hoists and Lifts) Regulations 1968, the Railways (Safety Critical Work) Regulations 1994 and the Factories Act 1961 and its subordinate legislation (much of which is of historical interest only in respect of claims of continuous exposure to causes of occupational disease or injury over several years). The Pressure Systems Safety Regulations 2000, Ionising Radiations Regulations 1999, the Confined Spaces Regulations 1997, The Railway Safety (Miscellaneous Provisions) Regulations 1997, the Electrical Equipment (Safety) Regulations 1994, The Management and Administration of Safety and Health at Mines Regulations 1993, the Electricity at Work Regulations 1989, The Docks Regulations 1988, Mines (Safety of Exit) Regulations 1988, Mines (Shafts & Winding) Regulations 1993, the Mines and Quarries Act 1954, the Control of Lead at Work Regulations 2002, the Dangerous Substances and Explosive Atmospheres Regulations 2002, Carriage of Dangerous Goods and Use of Transportable Pressure Equipment Regulations 2004 and the Regulatory Reform (Fire Safety) Order 2005. Also omitted are the Control of Substances Hazardous to Health Regulations 2002, Regulatory Reform (Fire Safety) Order 2005; Control of Noise at Work Regulations 2005; Offshore Installations (Safety Case) Regulations 2005, Merchant Shipping Regulations 2006, the Carriage of Dangerous Goods and Use of Transportable Pressure Equipment Regulations 2007, Supply of Machinery (Safety) Regulations 2008, the Carriage of Dangerous Goods and Use of Transportable Pressure Equipment Regulations 2009, the Control of Artificial Optical Radiation at Work Regulations 2010, the Sunbeds (Regulation) Act 2010 and the Control of Asbestos Regulations 2012. When pleading, awareness should also be had of the Health Act 2006 and the Corporate Manslaughter and Corporate Homicide Act 2007.

[26] The Control of Asbestos Regulations 2012; The Reporting of Injuries, Diseases and Dangerous Occurrences (Amendment) Regulations 2012; The Merchant Shipping (Accident Reporting and Investigation) Regulations 2012; The Merchant Shipping and Fishing Vessels (Health and Safety at Work) (Chemical Agents) (Amendment) Regulations 2012; The Carriage of Dangerous Goods and Use of Transportable Pressure Equipment (Amendment) Regulations 2011; and The Supply of Machinery (Safety) (Amendment) Regulations 2011.

Asbestos and Mesothelioma There are frequently difficulties in tracing employers in these cases. In such circumstances, the Diffuse Mesothelioma Payment Scheme established under the Mesothelioma Act 2014 should be considered. 81-11

The Scope of Employer Liability Claims Regulation 3 of the Control of Asbestos at Work Regulations 2002, the Control of Substances Hazardous to Health Regulations 2002 and the Control of Lead at Work Regulations 2002 widen the scope of the regulations. 81-12

Subject to a few exceptions and in so far as is reasonably practicable, where a duty is owed by an employer that employer will be under a like duty in respect of any other person, whether at work or not, who may be affected by the work activity carried out. It is expected that this trend will continue and that the practitioner should be alive to the ability of those who are not employed to use the Regulations where they are injured by a business enterprise.

Principal texts Practitioners are referred to *Clerk & Lindsell on Torts*, *Charlesworth and Percy on Negligence* as leading texts; *Bingham's Motor Claim Cases* for information on highways cases; and *Halsbury's Laws*, and *Munkman on Employer's Liability* in respect of occupational injury. When settling detailed pleadings in relation to workplace actions, the *Encyclopaedia of Health and Safety Law* or Ford, *Redgrave's Health and Safety* are essential: each contains the detailed texts of regulations and Directives which may be necessary. For a wider range of personal injury pleadings than is contained here, see Curran, *Personal Injury Pleadings*.[27] 81-13

Beginning a Claim: Protocols

Before preparing their statements of case, both parties should comply with the relevant pre-action protocols.[28] Failure to do so is liable to expose a party to an order for payment of costs and may tell against them when the court comes to give directions for the management of proceedings. 81-14

The personal injury protocol essentially requires the claimant's legal representative to notify the defendant and/or their insurer as soon as it is known a claim is likely to be made, but before it is possible to send a detailed letter of claim. A letter of claim is then sent, specifying:

(a) the claimant's full name, address, their works reference/clock number (if relevant) and their employer's name and address[29];
(b) a statement of the class of accident (accident at work, road traffic accident etc.), its date and place;
(c) a brief outline of the circumstances of the accident;
(d) the reasons why the claimant alleges fault (in simple terms, e.g. "defective machine", "broken ground");

---

[27] *Clerk & Lindsell on Torts*, 22nd edn (London: Sweet & Maxwell, 2017); *Charlesworth and Percy on Negligence*, 14th edn (London: Sweet & Maxwell, 2018); *Bingham's Motor Claim Cases* (London: LexisNexis, 2018) for information on highways cases; and *Halsbury's Laws* (London: LexisNexis) and *Munkman on Employer's Liability* (London: LexisNexis); *Encyclopaedia of Health and Safety Law or Ford, Redgrave's Health and Safety; Curran, Personal Injury Pleadings*, 6th edn (London: Sweet & Maxwell, 2019).
[28] The pre-action protocols are available at: *http://www.justice.gov.uk/courts/procedure-rules/civil/protocol* [Accessed 1 October 2019].
[29] As to anonymity, see *JX MX v Dartford and Gravesham NHS Trust* [2015] EWCA Civ 96; [2015] 1 W.L.R. 3647.

(e) a brief outline of the claimant's injuries;
(f) where the claimant received treatment (if relevant);
(g) their employment, time off work and income;
(h) if an occupational claim, asking the employer for information about the claimant's earnings;
(i) the identity of anyone else to whom a letter of claim has been sent;
(j) requests for documents from the standard disclosure list; and
(k) enclosing a copy for the defendant to send to their insurers.[30]

The purpose of early disclosure of documents is to promote an early exchange of relevant information, to help to clarify or resolve issues in dispute: it is not to encourage a "fishing expedition".

Sufficient information should be given in the pre-action letter to enable the defendant's insurer/solicitor to begin investigation and put a broad valuation on the "risk". The defendant should reply within 21 calendar days of the date of posting of the letter. The defendant should identify the insurer, if any. If there is no reply, the claimant is entitled to issue proceedings. Although *acknowledgement* of the letter of claim should be within three weeks, *investigation* should take place within three months (this limit *may* be extended by agreement between the parties: defendants would be well advised not to rely upon it).

81-15 In the letter of response the defendant should state if liability is admitted or defended, and whether there is a defence under the Limitation act 1980.

The protocol also provides for the claimant to send the defendant a "Schedule of Special Damages with supporting documents" as soon as practicable and provisions in respect of the nomination of experts. The latter provide that:

(a) Any party should give the other a list of the name(s) of one or more experts in the relevant specialty whom he considers are suitable to instruct, *before instructing them.*
(b) The other party may indicate an objection within 14 days to one or more of the names. The first party should then instruct one who is mutually acceptable.
(c) If, however, the second party objects to all the names on the list, the parties may instruct experts of their own choice—but a court will subsequently review how reasonable the objections were.

It is important for a defendant to object if he has any significant objection. If he does not do so, he will not be entitled to rely upon his own expert evidence within the particular specialty without the agreement of the first party or direction of the court, save where the first party's expert report has been amended and the first party is not prepared to disclose the original report.

The protocol also provides for questions to be sent to an agreed expert.

The Claim Form and Particulars of Claim

81-16 The claimant's claim form must:

(a) contain a concise statement of the nature of the claim (CPR r.16.2(1)(a));
(b) specify the remedy which the claimant seeks (CPR r.16.2(1)(b)). In a

---

[30] For these documents please see the precedent of a pre-action letter at para.81-X1, and the footnotes thereto.

personal injury claim this will usually be damages, but see the commentary in para.81-25 as to a claim for provisional damages, which must be specifically claimed, as must a claim for aggravated/exemplary damages;
(c) if the particulars of claim are not contained in or are not served with the claim form, contain a statement that particulars will follow (CPR r.16.2(2));
(d) state any representative capacity of the claimant; if the defendant is sued in a representative capacity his capacity must also be stated (CPR r.16.2(3) and (4));
(e) state the value of the whole action—or whether it is worth (CPR r.16.3(2)):
    (i) not more than £10,000;
    (ii) more than £10,000 but not more than £25,000; or
    (iii) more than £25,000; or
    (iv) that the claimant cannot say how much he expects to recover.

In personal injury claims, the claimant must also state whether the amount which the claimant expects to recover as general damages for pain, suffering and loss of amenity is not more than £1,000 or more than £1,000 (CPR r.16.3(3)).

When considering the value of a claim, general damages are to be increased by 10 per cent where a CFA was entered after 1 April 2013.[31]

Valuations are performed by ignoring interest, costs, contributory deductions, counterclaims and set-offs when calculating the likely value of the action. The particulars of claim should:

(a) state the claimant's date of birth;
(b) give brief details of the claimant's personal injuries;
(c) annex a Schedule of any past *and future* expenses and losses claimed;
(d) where medical evidence is relied upon, attach a report from a medical practitioner about the personal injuries alleged;
(e) where the claim is in respect of a death, contain the particulars indicated under "Claims in respect of Death" at para.81-24;
(f) make a claim for interest. In injury claims this will almost always be statutory—pursuant to s.35A of the Senior Courts Act 1981 or s.69 of the County Courts Act 1984. However, where the claim is for the full rate of interest on any particular sum, from the date its loss was incurred, rather than the full rate from a midpoint between the date of the accident and the date of trial (which is more usual in injury claims[32]), the particular circumstances making it appropriate to claim this unusually high rate should be set out. Since 1 July 2009 the Special Account Interest Rate has been 0.5 per cent[33]; and
(g) It is good practice, though not strictly required, that any claim for damages

---

[31] *Simmons v Castle* [2012] EWCA Civ 1288; [2013] 1 W.L.R. 1239.
[32] See, e.g. *Jefford v Gee* [1970] 2 Q.B. 130.
[33] Prior to 1 February 2009, the Special Account Interest Rate was six per cent. It reduced to three per cent on 1 February 2009, to 1.5 per cent on 1 June 2009 and 0.5 per cent on 1 July 2009.

for disability on the open labour market (sometimes referred to as a "Smith v Manchester" award) should be expressly pleaded.[34]

81-17 **Statement of Truth** As with all other actions issued by claim form a statement of truth has to be appended to the statement of case and to the defence in default of which the claim or defence can be struck out.

Practical Advice on Statements of Case

81-18 Although the formal purpose of a statement of case is to identify and narrow the issues for trial (when set alongside the statement of case of the other party), it may also usefully serve the purpose of influencing the Judge by effective communication of a party's case. Furthermore it demonstrates to the other party that the case to be made is a strong one which might sensibly be settled (or abandoned, as the case may be). Note, therefore, that although the rules provide (CPR r.16.4(1)(a)) that the particulars of claim must include only a concise statement of the facts on which the claimant relies, the particulars can refer to law and documents may be attached to the particulars. Thus, an opportunity may be missed unless full allegations are made and, if necessary, supported by documentation.

This is particularly important where an aspect of the case is unusual or deals with a difficult point of law, for example non delegable duties, vicarious liability or secondary victims. In such cases it is worth pleading more fully to those issues.

A claimant's allegations and breaches of statutory duty should be focused. This enables any Pt 18 Requests made of the defendants to be pursued aggressively and a court may be more co-operative in visiting the defendants with sanctions in the event of a failure to meet the particulars fully. Each allegation or breach of statutory duty must be tailored to fit the allegation, so that the failures of the equipment or such like are set out in the particulars forcing the defendants to meet them.

Rule 16 of the Civil Procedure Rules forces the defendant to meet every allegation made by a claimant by admitting or denying it, save for those matters about which the defendant truly does not know. These it may "not admit".

Where a denial is made then Pt 18 requests can be used effectively by a claimant to open up the defence (see Precedent 81-X54). Similar requests can be used by a defendant to demonstrate the froth in a claimant's particulars of claim.

Defences

81-19 When settling a defence there is a choice of meeting each and every allegation in one of four ways by:
   (a) specifying which of the allegations in the particulars of claim are denied (CPR r.16.5(1)(a));
   (b) specifying which allegations the defendant is unable to admit or deny but which he wishes the claimant to prove (CPR r.16.5(1)(b));
   (c) specifying which allegations are admitted (CPR r.16.5(1)(c));
   (d) stating a positive case: if the defendant is to advance a positive case at trial which is different from the claimant's case, this must be set out (CPR r.16.5(2)(b)).

There is much to recommend the last of these four options where it can be adopted.

---

[34] *Chan Wai Tong and Another v Li Ping Sum* [1985] A.C. 446.

It is in the approach to defences where the CPR have effected the greatest changes. Early editions of this work had a number of specific forms of "bare" defences. A practitioner providing the court with a bare defence now is likely to be met only with an order striking out his defence and costs. Instructions must be obtained at an early stage in the proceedings so that, if appropriate, an aggressive and informative defence can be settled with full details of the positive case that will be asserted.

The information available to the user on settling the defence should be fuller than before the introduction of the CPR as a result of compliance with the Personal Injury Protocol(s). In a case where a protocol has not been followed (due, for instance, to the expiry of the limitation period or where the allegations go back several years as in an asbestos case), then extensions of time may be sought or the defence should allude to the fact that it can make no admissions as there is a lack of knowledge but that inquiries are continuing.

It is only in respect of damage where a defendant is not taken to admit a claim unless a specific admission is filed (CPR r.16.5(4)). Save for this exception and where the defendant fails to deal with an allegation but sets out his case in relation to the relevant issue (CPR r.15.5(3)) the defendant is taken to have admitted all other allegations which he has not dealt with (CPR r.16.5(5)). This is what makes it incumbent on a defendant to plead fully, rather than uninformatively.

Allegations of malingering or failure to mitigate should be set out in the body of the defence. Conventional teaching is that allegations of fraud must be pleaded expressly. However, following the introduction of Qualified One Way Costs Shifting (QOCS) on 1 April 2013, there have been a series of cases exploring the boundaries of the principle of fundamental dishonesty. The Court of Appeal in *Howlett v Davies*[35] has stated that fundamental dishonesty does not have to be pleaded in the defence.

Consider also the impact of the Insurance Act 2015 and *Hayward v Zurich Insurance Co Plc*,[36] concerning the right of an insurer to set aside a personal injury settlement when proof of fraud was discovered after settlement.

81-20

If the defendant disputes the valuation of the claim by the claimant he or she must say why he disputes it and put his own valuation on the form (CPR r.16.5(6)).

The defendant should state whether he agrees, disputes or neither agrees nor disputes but has no knowledge of, the matters contained in the medical report. Where the medical report is disputed the defendant should give in his defence his reasons for disputing it. Where the defendant has obtained his or her own medical report and wishes to rely on it, it should be attached to his defence.

Where a schedule of damages has been served upon the defendant, he or she should attach a counter-schedule and state with which of the items claimed by the claimant are agreed, disputes or neither agrees nor disputes but has no knowledge of. Where appropriate, the defendant should supply alternative figures of valuation. There is developing jurisprudence as to whether the claimant has (a) suffered a loss if equivalent state care would be provided or (b) if the claimant should give credit when state care is provided (sometimes referred to as the *Crofton* defence). Defend-

---

[35] *Howlett v Davies* [2017] EWCA Civ 1696; [2018] 1 W.L.R. 948.
[36] *Hayward v Zurich Insurance Co Plc* [2016] UKSC 48; [2017] A.C. 142.

ants must take this issue in their pleading and a precedent is set out in the Clinical Negligence section.[37]

REPLY

81-21 The claimant's statement of case should be so fully set out that a reply is not required save in respect of defences which plead limitation or which raise a counterclaim. As limitation is a defence that has to be raised (it is not a jurisdictional bar) it is still advisable not to deal with limitation in the claim form or particulars but to wait for the defendant to raise it.

PART 18 REQUESTS

81-22 The Civil Procedure Rules, and the authorities decided at appellate level since its introduction, stress the importance of co-operation. Courts no longer look favourably on parties who hide behind technicalities. Most Pt 18 requests or replies are straightforward. Some standard requests and replies are set out that have proved to be useful in practice. Claimants may use CPR r.16 to open up a defence and should always request a positive case be set out if met with bare denials of allegations. Defendants should always attack bare pleas referring to breaches of regulations as it is for the claimant to put a case forward and to set out that which was not "suitable and sufficient", etc. Both parties should be aware, however, that while requests often provoke a claimant or defendant to reassess their case and see it in its true light they can have the effect of notifying an opposing party of holes that must be filled and would not have been filled but for the request. Thus the extent of a Pt 18 request should be considered carefully and there may be a benefit in being minimal rather than extensive.

Documentation accompanying claims

81-23 There should be a schedule of special damage and a medical report accompanying most particulars of claim. Care should be taken to ensure that losses genuinely suffered are not overlooked.[38]

CLAIMS IN RESPECT OF DEATH

81-24 Where an accident or disease leads to a death, and where at the date of death the deceased had dependants within the meaning of the Fatal Accidents Act 1976,[39] the claimant must state:

(i) their capacity to bring the claim (as executor, administrator or dependant);
(ii) that it is brought under the Fatal Accidents Act 1976;
(iii) the dependants on whose behalf the claim is made;
(iv) the date of birth of each dependant; and
(v) details of the nature of each dependency claim.

Note that by statute all dependency claims must be brought in one action.

---

[37] The Court of Appeal in *Peters v East Midlands Strategic Health Authority* [2009] EWCA Civ 145; [2010] Q.B. 48 held that a claimant was entitled to opt for privately-funded care as opposed to local authority care.
[38] See *Personal Injury Schedules: Calculating Damages*, 4th edn (London: Bloomsbury, 2018) by Latimer Sayer QC for a fuller exposition.
[39] For further reference see *Kemp & Kemp* (London: Sweet & Maxwell).

In addition, there will be a claim on behalf of the estate of any deceased under the Law Reform (Miscellaneous Provisions) Act 1934, which should also be pleaded.

A fatal accident claim will include a claim not only for loss of dependency and for loss to the estate under the 1934 Act, but also a statutory claim for bereavement.

The Damages for Bereavement (Variation of Sum) (England and Wales) Order 2013 increased the fixed sum of damages arising out of a death on or after 1 April 2013 from £11,800 to £12,980.

An attempt to change the law to widen the categories of the bereaved under s.1A of the Fatal Accidents Act 1976 succeeded in *Smith v Lancashire Teaching Hospitals NHS Trust*[40] with the Court of Appeal holding that s.1A was incompatible with the claimant's art.8 rights. At the time of writing, the Ministry of Justice has announced proposal to change legislation to allow co-habiting couples to recover bereavement damages.

As a result of the Supreme Court's decision in *Knauer v Ministry of Justice*[41] when pleading a schedule of loss in a fatal accident claim, the multiplier now runs from the date of trial and not at the date of death.

Provisional Damages

81-25 Where a claimant fears that he or she may suffer some serious disease or serious deterioration in his or her physical or mental condition in the future, by reason of the defendant's default giving rise to their claim, they may claim an award of provisional damages. By this, the claimant asks the court to assess the damages at the date of trial on the footing that they will not suffer the development of the disease or deterioration which they fear, and to expressly reserve his or her right to return to court to claim a further award of damages if serious disease or deterioration materialises. In such a case, the claimant must state in the particulars of claim:

(a) That he or she is seeking an award of provisional damages under either s.32A of the Senior Courts Act 1981 or s.51 of the County Courts Act 1984;

(b) That there is a chance that at some future time the claimant will develop some serious disease or suffer some serious deterioration in his physical or mental condition; and

(c) The disease or type of deterioration in respect of which an application may be made at a future date.[42]

Periodical Payment Orders

81-26 A court may order that damages for future pecuniary loss in respect of personal injury should be paid by instalments, without any definite end date save for the date of the claimant's death.[43] The parties may also agree to the use of Periodical Payments (PPs).

Civil Procedure Rules r.14.5 enables either party to state whether they regard PPs or a lump sum as likely to be more appropriate for all or part of an award of dam-

---

[40] *Smith v (1) Lancashire Teaching Hospitals NHS Trust (2) Lancashire Care NHS Foundation Trust (3) Secretary of State for Justice* [2017] EWCA Civ 1916; [2018] Q.B. 804.
[41] *Knauer v Ministry of Justice* [2016] UKSC 9; [2016] A.C. 908.
[42] See Pt 41 and the Practice Direction supplementing it.
[43] See Damages Act 1996 s.2. This is a highly technical subject, and further consideration should be given to Latimer-Sayer QC, *Personal Injury Schedules: Calculation Damages*, 4th edn (2018).

ages for future loss. If it is stated, reasons should be given, or they may be asked for later. Where no indication is given in the pleadings, the court may order the parties to state one.

In a substantial case where periodical payments may be preferred by the claimant such a preference can be indicated in the schedule of loss but can also be included in the body of the pleading.

The claimant may seek an award of periodical payments in respect of future pecuniary loss for the following reasons:

(a) It is the preferred method for meeting the claimant's ongoing needs, providing secure reliable income and reducing the risk of over/under compensation;
(b) The claimant has significant ongoing needs and periodical payments will ensure that his or her needs are met and the money does not run out;
(c) They payment are tax-free and will rise by an appropriate index (the claimant reserves the right to argue that the payments, especially those relating to care and/or earnings, should be linked to an index other than the RPI);
(d) It removes the burden and associated risks of investment;
(e) It avoids the need for disputed life expectancy evidence; and
(f) There is no good reason against periodical payments in the absence of any deduction for contributory negligence.

When determining whether to order PPs, the court must consider what form of award will best meet the claimant's needs (CPR r.41.7). The Practice Direction sets out relevant factors. Agreeing to PPs, rather than having them ordered by the court may yield considerable advantages, in particular flexibility.

Any order for PPs by the court must comply with the requirements of CPR r.41.8. A model order regarding care is provided.[44] This was approved as a form of order providing indexation of care costs by reference to an index other than RPI.[45] There is also a model order for PP Orders for loss of earnings but this is not produced in this work for reasons of space.

A. Claims

Letter of claim

81-X1 Dear Sirs
Re: Mr C, d.o.b. [date]
Of: Grey Gables, Surrey.
Employed by you as a welder at your premises at Home Farm, Surrey.
PAYE Number 78569
We are instructed by the above named to claim damages in connection with an accident at work on [date]. Please confirm the identity of your insurers. Please note that the insurers will need to see this letter as soon as possible and it may affect your insurance cover and/or the conduct of any subsequent legal proceedings if you do not send this letter to them.

---

[44] See Precedent 81-X56.
[45] *Thompstone v Tameside Hospital NHS Foundation Trust* [2008] EWHC 2948 (QB); [2009] P.I.Q.R. P9; *RH v University Hospitals Bristol NHS Foundation Trust (formerly United Bristol Healthcare NHS Trust)* [2013] EWHC 299 (QB).

Our client was welding a sheet of metal to another when the perspex visor that he was using cracked and sparks from the Oxyacetylene torch hit his right eye.

You are at fault as you have a common law duty to provide our client with safe equipment. Further you are under a statutory duty to provide him with equipment under regulations 4, 5, 6, 7, 9 and 10 of the Personal Protective Equipment Regulations 1992, and regulations 4, 5, 6, 7, 8 and 9 of the Provision and Use of Work Equipment Regulations 1998.

Mr C is now blinded in his right eye and lacks the binocular vision to ever return to welding which has been his only occupation since leaving school at the age of 16. Mr C has been an inpatient for five days following the trauma of his injuries but the prognosis is that he will be blind in the right eye for the rest of his life.

Our client has not returned to his employment since the date of his accident and we understand that you continue to pay him at his full rate. As a matter of record we note that you have a duty under the Equality Act 2010 to make reasonable adjustments so that Mr C might return to his work.

Please provide us with the usual earnings details including overtime and any bonuses or other such irregular payments so that we will be able to calculate any loss of earnings.

At this stage of our inquiries we would expect the following documents to be disclosed:

(1) accident book entry, first aider report, foreman/supervisor accident report, safety representatives accident report, RIDDOR[46] report to HSE, other communications between defendants and HSE, minutes of Health and Safety Committee meeting(s) where the accident/matter was considered, report to DSS (B.I. 76), documents listed above relative to any previous accident/matter;

(2) earnings information;

(3) documents produced to comply with requirements of the Management of Health and Safety at Work Regulations 1992, namely:
   (a) Pre-accident Risk Assessment required by regulation 3.
   (b) Post-accident Re-Assessment required by regulation 3.
   (c) Accident Investigation Report prepared in implementing the requirements of regulations 4, 6 and 9.
   (d) Health Surveillance Records in appropriate cases required by regulation 5.
   (e) Information provided to employees under regulation 8.
   (f) Documents relating to the employees health and safety training required by regulation 11.

(4) Provision and Use of Work Equipment Regulations 1998:
   (a) Manufacturer's specifications and instructions in respect of relevant work equipment establishing its suitability to comply with regulation 5.
   (b) Maintenance log/maintenance records required to comply with regulation 6.
   (c) Documents providing information and instructions to employees to comply with regulation 8.
   (d) Documents provided to the employee in respect of training for use to comply with regulation 9.

---

[46] Reporting of Injuries, Disease and Dangerous Occurrences Regulations 1995 (SI 1995/3163).

(e) Any notice, sign or document relied upon as a defence to alleged breaches of regulations 14 to 18 dealing with controls and control systems.
(f) Instruction/training documents issued to comply with the requirements of regulation 22 in so far as it deals with maintenance operations where the machinery is not shut down.
(g) Copies of markings required to comply with regulation 23.
(h) Copies of warnings required to comply with regulation 24.

(5) Personal Protective Equipment at Work Regulations 1992:
(a) Documents relating to the assessment of the Personal Protective Equipment to comply with regulation 6.
(b) Documents relating to the maintenance and replacement of Personal Protective Equipment to comply with regulation 7.
(c) Record of maintenance procedures for Personal Protective Equipment to comply with regulation 7.
(d) Records of tests and examinations of Personal Protective Equipment to comply with regulation 7.
(e) Documents providing information, instruction and training in relation to the Personal Protective Equipment to comply with regulation 9.
(f) Instructions for use of Personal Protective Equipment to include the manufacturer's instructions to comply with regulation 10 contained in parts to be relevant to this action.

We wish to nominate Mr Caspar Ogling, the treating opthamological consultant, as the appropriate medical expert in this case, but if you prefer it we would be content to send instructions alternatively to Ms Bryony Langstaff or Mr Shaw Sited.

A copy of this letter is attached for you to send to your insurers. Finally we expect an acknowledgment of this letter within 21 days by yourselves or your insurers.

ROAD TRAFFIC ACCIDENT

MASTER CLAIM FORM FOR ROAD TRAFFIC ACCIDENT AND FOR FATAL ACCIDENT

81-X2 1. [47] The Claimant is the widow and executrix of the estate of C who died on [date]. The Claimant was granted probate on [date]. [*or* The Claimant is the widow and administratrix of the estate of C who died on [date]. The Claimant was granted letters of administration on [date],] [*or* The Claimant is a dependant of the deceased within the meaning of the Fatal Accidents Act 1976[48]]. She brings this action for the benefit of the dependants of the deceased, pursuant to the Fatal Accidents Act 1976 and for the benefit of the estate of the deceased pursuant to the Law Reform (Miscellaneous Provisions) Act 1934.

2. At about 3 p.m. on [date] the deceased was riding his bicycle on the nearside of Wymering Road, London W12 when Mr B, driving the Defendant's Lorry Registration Number R186 EDG in the course of his employment, attempted to overtake the deceased but left insufficient room and struck the deceased with the

---

[47] In a collision involving a Public Service Vehicle reference can be made to the Public Service Vehicles (Conduct of Drivers, Inspectors, Conductors and Passengers) Regulations 1990, as amended.
[48] In such a case, the claimant cannot advance a claim under the Law Reform (Miscellaneous Provisions) Act 1934. Only a personal representative of the deceased may do so.

nearside front of the vehicle pushing the deceased under the wheels of the truck, killing him.

3. The Claimant believes that the death was caused as result of the negligence of the driver of the Defendant's lorry who:

Particulars

[Omit as appropriate.]
(a) failed to heed rule 101 of the Highway Code:

> "When overtaking pedal cyclists give them at least as much room as you would give a car. Remember that cyclists may be unable to ride in a straight line."

(b) overtook when it was unsafe to do so;
(c) failed to give way to oncoming traffic, but instead kept too close to his nearside kerb giving the deceased insufficient space in which to cycle;
(d) failed to see the deceased;
(e) failed to heed the presence of the bicycle;
(f) failed so to brake, steer, swerve or manoeuvre his lorry as to avoid the collision that occurred;
(g) failed to blow his horn or otherwise alert the deceased to his presence so that the deceased might take avoiding action;
(h) drove at a speed excessive in the circumstances;
(i) drove when he had been drinking;
[If the Injured Party/Deceased was a pedestrian the following may be pleaded]
The Zebra, Pelican and Puffin Pedestrian Crossings Regulations and General Directions 1997
Pelican Crossing
(j) Failed to stop when the lights were amber in breach of Regulation 12(1)(c);
(k) Failed to stop when the lights were red in breach of Regulation 12(1)(d);
(l) Failed to accord the Claimant precedence when he was on the crossing when the lights were amber in breach of Regulation 12(1)(f) and Regulation 26;
Puffin Crossing
(m) Failed to stop when the lights were amber in breach of Regulation 13(1)(c);
(n) Failed to stop when the lights were red in breach of Regulation 13(1)(d);
(o) Failed to accord the Claimant precedence when he was on the crossing when the lights were amber in breach of Regulation 13(1)(f);
Overtaking
(p) Overtook another vehicle in the controlled area in breach of Regulation 24;
Zebra Crossing
(q) Failed to accord the Claimant precedence in breach of Regulation 25.

4. On [date] the Defendant was convicted of the offence of careless driving before the Magistrates sitting at West London Magistrates' Court, which conviction was related to the accident on [date]. The Claimant intends to rely upon this conviction in support of his allegation that the Defendant drove negligently.

5. As a result the deceased who was born on [date] sustained severe injuries from which he died some 3 months later. Thereby his estate and dependants have suffered loss and damage:

Particulars of Injury

[Omit if death is instantaneous.]

Crushing injuries. The deceased suffered seven broken ribs and a flail left chest leading to pneumothorax. His pelvis was broken in four places. He had fractures of both femurs and his left lateral malleolus was shattered. He had severe depressed fractures of both cheekbones and a right parietal fracture. He suffered extensive brain damage. Fuller particulars of these fatal injuries, and the attempted treatment, are contained in the report of Dr P. Athology attached hereto as Annex 1.

Particulars of Loss to the Estate

The deceased was in employment at the time of his death, earning £500 per week net. His estate claims for 13 weeks' loss of earnings: £6,500.

Cost of care provided by visits from friends and relatives during his stay in hospital: 100 hours at £6 per hour: £600.

Particulars pursuant to the Fatal Accidents Act 1976

(a) The action is brought for the benefit of:
  (i) the Claimant, widow of the deceased who was born on [date], and who married the deceased on [date];
  (ii) John C, son of the deceased, who was born on [date] (now aged 15).
(b) The dependants were dependent on the deceased for their maintenance, income and support. The deceased was in regular employment as a computer service engineer. He earned £25,000 gross per annum. He pooled his income with that of the Claimant (who earned some £8,000 gross per annum). He was a family man, who did not smoke and drank little, and devoted his spare time to his home, wife and child. The Claimant claims 80 per cent[49] of the net pooled income less her net earnings as the loss of dependency, due to the fact that the pooled earnings were low and they did nearly everything together so that a greater than normal amount would be spent for their joint benefit and that of his son.
(c) The Claimant was dependent also on the work and services the deceased provided for her and her son around the home. She shared a 3-bedroom detached house with the deceased.
  (i) He did the gardening of about two hours per week during 30 weeks of the year. The annual loss is about £300 per year.
  (ii) He decorated the interior of the house every 2–3 years; labour cost estimated at £500 per annum.
  (iii) He performed day-to-day maintenance which is estimated at about 10 hours per annum. The annual loss is about £50 per year.
(d) The Claimant claims [£12,980] for bereavement.

Full details are contained in the schedule of damages attached at Annex 1.

6. Further the Claimant claims funeral expenses in the sum of [£2,375].

7. Further the Claimant claims interest to be assessed upon such damages as may be awarded under s.35A of the Supreme Court Act 1935.

AND the Claimant claims:

---

[49] The conventional figure would be 75% where there is at least one child; 67% where there is a spouse alone: but these are only useful starting points.

(1) Damages.
   (a) under the Fatal Accidents Act 1976, as amended;
   (b) for bereavement under the Fatal Accidents Act 1976, as amended; in excess of £50,000.
(2) On behalf of the estate of the deceased, under the Law Reform (Miscellaneous Provisions) Act 1934, damages.
(3) Interest pusuant to s.35A of the Senior Courts Act 1981.

[Statement of truth]

Claim for Road Traffic Accident—Secondary Victim

1. The Claimant was driving his Ford Fiesta Registration F456 DFG on the M1 in convoy immediately behind his father's Land Rover Registration S348 JKG on [date]. His father was driving the Claimant's twin four-year-old sons, Michael and David, and the Claimant was driving with his parents-in-law. **81-X3**

2. The Defendant was driving the wrong way down the fast lane of the M1 when he collided with the Claimant's father's car killing the Claimant's father and Michael instantly and severely injuring David.

3. The Claimant rushed to the Land Rover where he saw that his father and his son, Michael, were dead and that David was dying. The Claimant cradled David in his arms surrounded by the debris and detritus of the crash and the noise of cooling metal. The Claimant held his son as he died.

Claim against the Motor Insurer Bureau

1. By the Uninsured Drivers agreement dated 3 July 2015, the Defendants and the Department of the Environment agreed that the Defendants would satisfy, subject to compliance with certain conditions, a judgment in respect of any relevant liability which was obtained against any person where that judgment was not satisfied within 7 days. **81-X4**

2. On [date] the Claimant obtained a judgment against X in Claim No [insert details]. Damages of £Y in respect of damages for personal injuries caused by the negligent driving of X and interests and costs in the sum of £Z were awarded to the Claimant.

Animals Act 1971

Dangerous Animals

1. The Defendant owned a Safari Park at Windsor and the Claimant was his neighbour. Two lions were kept by the Defendant at the Park. **81-X5**

2. The lions were wild animals and belonged to a dangerous species.

3. On [date] the lions escaped from the Park and broke into the Claimant's garden. They attacked the Claimant and mauled him.

Animals with Wild Characteristics

81-X6 1. The Defendant owned and kept a Labrador called "Bounder".

2. If Bounder bit a person he was likely to cause severe damage.

3. Bounder was kept fenced in within a small 10-foot-square garden. He had come to regard the garden as his own territory and would react aggressively when persons he did not know entered the garden.

4. The Defendant knew that Bounder had become excessively territorial as he had bitten 2 postmen in the previous year when they had entered the garden to deliver the post.

5. On [date] the Claimant, working as a postman, was delivering letters to the Defendant's house when Bounder attacked and bit him.

Contract and Negligence

Claim in Contract and Tort

81-X7 1. The Defendant carried on the business of a hairdresser at the premium end of the market at his salon at Home Farm, Surrey.

2. On [date] the Claimant went to the Defendant's salon for a consultation in respect of a hairstyle for her daughter's wedding on [date]. Once the Defendant had examined her hair they agreed that the Defendant would proceed to restyle her hair and put highlights into it.

3. On [date] the Claimant attended the salon for her hair to be restyled and for the insertion of highlights and paid the Defendant the sum of £150.

4. It was a statutory implied term by s.13 of the Supply and Sale of Goods Act 1982 that the Defendant would exercise reasonable care and skill in restyling and putting highlights into her hair.

5. The Claimant complained of a burning sensation when the Defendant applied chemicals to her hair but the Defendant said that the sensation was normal. When the Defendant then rinsed the Claimant's hair, clumps of the Claimant's hair fell out and her scalp had been burnt.

6. The Claimant believes that her injuries were caused by the Defendant's negligence and by his breach of s.3 of the Supply and Sale of Goods Act 1982 in that he:

Particulars of Negligence and Breach of Contract

(a) Failed to act with reasonable care and skill in that he:
  (i) mixed the chemicals to highlight the Claimant's hair so that they were 1,000-times stronger than they should have been;
  (ii) failed to heed the Claimant's complaints that her head was burning.

Res Ipsa Loquitur

Claim of res ipsa loquitur

1. On [date] the Claimant was visiting the Defendant's home at Home Farm, Surrey. **81-X8**

2. When the Claimant went to sleep the Defendant stayed downstairs and drank two bottles of wine. The Defendant then decided to see whether his copy of *The Times* would burn quicker than his copy of *The Sun*.

3. The Defendant lit both newspapers in the living room and the fire spread from both papers to the furniture and fittings setting light to the house.

4. The Claimant suffered burns escaping from the fire.

5. The only inference that can be drawn from the circumstances of this accident is that the Defendant was negligent.

Employer's Liability[50]

Master claim form—Manual Handling Operations Regulations 1992, Management of Health and Safety Regulations 1999 and Manual Handling Directive[51]

1. The Claimant was employed by the Defendants as a cleaner at their premises in the Town Hall, Middlesex. **81-X9**

2. The Management of Health and Safety at Work Regulations 1992 and 1999 and the Manual Handling Operations Regulations 1992 applied to the Claimant's work.

3. The Defendants are an emanation of the State and, accordingly, the Manual Handling Directive 90/269 has direct effect as against them.

4. The Claimant was required to clear away heavy metal boxes filled with waste in the course of his employment. The boxes were approximately 1m 30cm long, 30cm deep and 65cm wide. They weighed approximately 40kg. The Claimant had to place the boxes in a scrap skip which had sides about 1m high (photographs at Annex 1).

5. On [date] at about 9.15 a.m. the Claimant had to carry the box to where the skip was situated which was about 8m away.

6. When the Claimant began to lift the boxes he heard a click in his back and suffered a sharp and severe pain that required him to attend hospital immediately.

---

[50] See the important amendments at para.81-09 regarding the s.47 HSWA.
[51] As amended by the Health and Safety (Miscellaneous Amendments) Regulations 2002 (SI 2002/2174).

7. The Claimant believes that his accident was caused by the Defendants [breach of statutory duty and/or][52] negligence in that they:

Particulars of Negligence [and Breach of Statutory Duty][53]

The Claimant relies on the Regulations to evidence a breach of statutory duty insofar civil liability attaches. In the alternative, the Claimant will refer to the relevant Regulations as relevant to the standard to be expected of employers in the workplace, as evidence of negligence.

Manual Handling Operations Regulations 1992[54]

(1) Negligently and/or in breach of regulation 4(1)(a) failed to avoid the need for the Claimant to undertake any manual handling operations at work such as the lifting, carrying and the placement of the box in the scrap bin;

(2) Negligently and/or in breach of regulation 4(1)(b) failed to make a suitable and sufficient assessment of the task of handling the box, in particular failed to have regard to the following:
 (a) The task involved:
  (i) holding or manipulating the box at a distance from his trunk;
  (ii) unsatisfactory bodily movement or posture, especially twisting the trunk and stooping and reaching upwards;
  (iii) excessive movement of loads, especially excessive lifting, lowering and carrying distances;
  (iv) a risk of sudden movement of the contents and, therefore, the load;
  (v) frequent and prolonged physical effort;
  (vi) insufficient rest or recovery periods;
 (b) The box was:
  (i) heavy;
  (ii) bulky and unwieldy;
  (iii) difficult to grasp;
  (iv) unstable with contents likely to shift;
  (v) metal with sharp sides;
 (c) The task required unusual strength and height;
 (d) The task required special information and training for its safe performance;

(3) Negligently and/or in breach of regulation 4(1)(b) aforesaid failed to take appropriate steps to reduce the risk of injury to the Claimant arising out of him placing the box in the skip and not providing the Claimant with any proper assistance, mechanical or otherwise;

(4) Negligently and/or in breach of regulation 4(1)(b)(ii) failed to reduce the risk of injury to the Claimant to the lowest level by allocating more than one worker to lift the boxes and failed to provide appropriate straps;

(5) Negligently and/or in breach of regulation 4(1)(b)(iii) failed to take appropriate steps to mark the box with general indications as to the weight of the full box and which was the heaviest side of the box;

---

[52] See para.81-09.
[53] This is only applicable in a limited number of cases of accidents after October 1, 2013 cases. Delete as appropriate.
[54] As amended by the Health and Safety (Miscellaneous Amendments) Regulations 2002 (SI 2002/2174).

(6) In breach of regulation 4(3) failed to have regard to [amend as appropriate]
    (a) the physical suitability of the employee to carry out the operations;
    (b) the clothing, footwear or other personal effects the Claimant was wearing;
    (c) the Claimant's knowledge and training;
    (d) the results of any relevant risk assessment carried out pursuant to regulation 3 of the Management of Health and Safety at Work Regulations 1999;
    (e) whether the Claimant was within a group of employees identified by that assessment as being especially at risk;
    (f) the results of any health surveillance provided pursuant to regulation 6 of the Management of Health and Safety Regulations 1999;

Management of Health and Safety Regulations 1999[55]

(13) Failed to make a suitable and sufficient assessment of the risks to health and safety of his employees whilst at work in breach of Regulation 3(1);

(14) Failed to review the assessment set out above in breach of Regulation 3(3);

(15) Failed to record the significant findings of the assessment and any group of his employees identified by it as being especially at risk in breach of Regulation 3(6);

(16) Failed to
    1. avoid the risks;
    2. evaluate the risks which could not be avoided;
    3. combat the risks at source;
    4. adapt the work to the individual as regards the design of the workplace, the choice of work equipment and the choice of working and production methods;
    5. to adapt to technical progress;
    6. replace the dangerous by the non-dangerous or the less dangerous;
    7. develop a coherent overall prevention policy which covered technology, organisation for work, working conditions, social relationships and the influence of factors relating to the working environment;
    8. give collective protective measures priority over individual protective measures;
    9. failed to give appropriate instruction
in breach of Regulation 4;

(17) Failed to make and give effect to appropriate measures for the effective planning, organisation, control, monitoring and review of the preventive and protective measures in breach of Regulation 5(1);

(18) Failed to record the measures set out at Sub Para (17) above in breach of Regulation 5(2);

(19) Failed to ensure that the Claimant was provided with such health surveillance as appropriate in breach of Regulation 6;

(20) Failed to provide the claimant with information as to:
    1. the risks to his health and safety identified by the assessment;

---

[55] This statement of case does not include reference to young persons, pregnant women, fire regulations, danger areas and temporary workers which are also dealt with in the Regulations but are of only tangential relevance to the day to day PI practice.

2. the preventive and protective measures to be taken;
in breach of Regulation 10(1);
(21) Failed to take into account the Claimant's capabilities as regards health and safety before entrusting him with the task in breach of Regulation 13(1);
(22) Failed to provide the Claimant with adequate health and safety training on:
1. the Claimant's recruitment into the Defendant's business;
2. on the Claimant being transferred or given new responsibilities or the introduction of new work equipment or change in work equipment or the introduction of new technology or the introduction of a new system of work or a change in the system of work
in breach of Regulation 13(2);
(23) Failed to repeat the training periodically and or to adapt the training to take into account new and or changed risks to health and or to have the training in working hours in breach of Regulation 13(3);

The Manual Handling Directive 90/269
(24) In so far as the Defendant proves that it has performed the duties placed on it by the Manual Handling Regulations 1992 by showing that they have done that which was reasonably practicable the Claimant relies upon the provisions of the Directive which place an unqualified duty upon the Defendant;
(25) Failed to use appropriate means, in particular mechanical equipment in order to avoid the need for the Claimant to manually handle the metal boxes in breach of Article 3(1);
(26) Failed to make the handling of the metal boxes as safe as possible by particularly failing to:
   (a) assess the health and safety conditions of the type of work involved and the characteristics of the load; and
   (b) take care to avoid or reduce the risk of back injury to workers by taking appropriate measures considering in particular the characteristics of the working environment and the requirements of the activity taking into account the fact that[56]:
      (i) the load was heavy and large;
      (ii) the load was unwieldy and difficult to grasp;
      (iii) the load was unstable and its contents were likely to shift;
      (iv) the box was required to be positioned at a distance away from the trunk and with a bending or twisting of the trunk;
      (v) the contours of the box were likely to result in injury to workers;
      (vi) the work was strenuous;
      (vii) the work required the trunk to be twisted;
      (viii) the work was likely to result in a sudden movement of the back;
      (ix) the work was performed with the body in an unstable body posture;

---

[56] Annex 1 to the Directive sets out a list of important factors. The matters not covered in the list above are uneven floor presenting tripping hazards or a slippery floor in relation to the worker's footwear, variation in the level of the floor or the working surface, requiring the load to be manipulated on different levels, the floor or foot rest is unstable, the temperature, humidity or ventilation is unsuitable, an insufficient bodily rest or recovery period and a rate of work imposed by a process which cannot be altered by the worker.

(x) there was not enough room to carry out the lifting of the boxes into the skip;
(xi) the place of work and the environment prevented the handling of the boxes at a safe height or with good posture by the Claimant;
(xii) the work required over-frequent or over-prolonged physical effort involving in particular the spine;
(xiii) the work required the Claimant to perform excessive lifting and lowering and carrying over distance;
in breach of Article 4
(27) Failed to inform the Claimant or his representatives precise information or general indications as to the weight of the boxes[57] in breach of Article 6(1);
(28) Failed to give the Claimant proper training and information on how to handle the boxes correctly and the risks that they might be open to in breach of Article 6(2).

8. By reason of the above, the Claimant who was born on [date] suffered pain, injury, loss and expense.

Particulars of Injury
[Give brief details and add:]
Fuller particulars are contained in the report of Dr X attached hereto as Annex 1.

AND the Claimant claims
(1) Damages.
(2) Interest to be assessed thereon pursuant to s.35A of the Senior Courts Act 1981.

CLAIM UNDER PERSONAL PROTECTIVE EQUIPMENT REGULATIONS 2002

1. At all material times the Claimant was working on a building site and required a "HardasNuts" hard hat as an item of personal protective equipment which was first placed on the market after 30 June 1995.

81-X10

2. The Defendants are the manufacturer of [or its authorised representative] "HardasNuts" hard hats and are based in Germany [or the Defendants placed the "HardasNuts" hard hats on the market in the United Kingdom].

3. The Claimant was walking through a low doorway when he stumbled and bumped his head lightly on doorway. The hard hat split in half and fell off his head leaving the Claimant's head exposed to the sharp edge of the doorway which cut him.

4. The Claimant believes that his injuries were caused by the Defendant's [breach of statutory duty and/or][58] negligence in that they:
[Particulars of [Breach of Statutory Duty and/or] Negligence]
The Claimant relies on the following Regulations to evidence a breach of statutory duty insofar civil liability attaches. In the alternative, the Claimant will refer

---

[57] Further requirement for the centre of gravity to be notified if the weight is eccentrically loaded.
[58] See para.81-09.

to the relevant Regulations as relevant to the standard to be expected of employers in the workplace, as evidence of negligence.

Personal Protective Equipment at Work Regulations 2002

[Omit or include as best fits the facts.]

(1) Failed to ensure that the hard hat satisfied the basic health and safety requirements including the following [use Factors set out in Schedule 2 of the Regulations as appropriate on facts of the case] in breach of Regulation 8;

(2) Failed to ensure that the conformity assessment procedure had been carried out by the Defendants and or their agent in breach of Regulation 8;

(3) Failed to ensure that the hard hat did not compromise the safety of the Claimant in breach of Regulation 8;

(4) Supplied the personal protctive equipment which was not safe in breach of Regulation 9;

Claim under Personal Protective Equipment at Work Regulations 1992

81-X11 1. [59] At all material times the Claimant was employed by the Defendants and the Personal Protective Equipment at Work Regulations 1992 applied to the Claimant's work.

2. [Set out the facts giving rise to the accident.]

3. The Claimant believes that his injuries were caused by the Defendant's [breach of statutory duty and/or][60] negligence in that they:

Particulars of [Breach of Statutory Duty and] Negligence

The Claimant relies on the following Regulations to evidence a breach of statutory duty insofar civil liability attaches. In the alternative, the Claimant will refer to the relevant Regulations as relevant to the standard to be expected of employers in the workplace, as evidence of negligence.

Personal Protective Equipment at Work Regulations 1992

[Omit or include as best fits the facts.]

(1) Failed to ensure that suitable personal protective equipment was provided to the Claimant and particularly that:

   (a) The equipment was not appropriate for the risk or risks involved [and/or] the conditions at the place where exposure to the risk may occur [and/or] for the period for which it is worn [set out the risks, etc.];

   (b) The equipment did not take account of the ergonomic requirements and state of health of the Claimant [set out those matters which should have been taken into account];

   (c) The equipment did not fit the Claimant correctly [set out how];

   (d) The equipment was not effective to prevent or adequately control the risk involved in breach of regulation 4(1) and (3)[61] [set out why];

(2) Failed to ensure that the personal protective equipment was only for the use of the Claimant in breach of Regulation 4(4);

---

[59] As amended by SI 1999/860 & The Health and Safety (Miscellaneous Amendments) Regulations 2002 (SI 2002/2174).

[60] See para.81-09.

[61] Particular risks and requirements as to PPEW are enumerated within.

(3) Failed to ensure that the personal protective equipment was compatible with the other equipment and continued to be effective against the risk to which the Claimant was exposed to in breach of regulation 5(1) [set out why];
(4) Failed to make an assessment or an adequate assessment as to whether the equipment was suitable and particularly:
   (a) the risk or risks to health and safety which had not been avoided by other means[set them out];
   (b) a comparison between the characteristics that the equipment required to have by reason of the assessment against the characteristics that the equipment actually had [set the comparison out];
   (c) a comparison between the characteristics of the personal protective equipment available against the characteristics of the equipment required and those characteristics that the equipment actually had;
   (d) an assessment as to whether the personal protective equipment was compatible with other personal protective equipment which was in use and which the Claimant was required to wear simultaneously;
   in breach of regulation 6(1);
(5) Failed to review the assessment when there was reason to suspect that it was no longer valid or where there had been a significant change in the matters to which it related in breach of regulation 6(3) [set out the reason or change];
(6) Failed to ensure that the equipment was maintained in an efficient state, in efficient working order and in good repair and or replaced and or cleaned in breach of regulation 7(1) [set out the failures and/or consequences];
(7) Failed to provide appropriate accommodation for the overalls when they were not being used in breach of regulation 8(1) [set out the failures and/or consequences];
(8) Failed to provide both personal protective equipment and also ensure that the Claimant was provided (and that information was kept available to the Claimant) with such information, instruction and training as was adequate and appropriate to enable the Claimant:
   (a) to know the risks that personal protective equipment would avoid [set out what should have been done]; and
   (b) to know the purpose of the equipment and the manner in which the equipment was to be used [set out the purpose and manner]; and
   (c) to know any action as would keep the protective equipment in an efficient state, in efficient working order and in good repair [set out the actions required];
   in breach of regulation 9(1);
(9) Failed to ensure that the information or training set out above was comprehensible to the Claimant in breach of regulation 9(2);
(10) Failed to organise demonstrations in the wearing of personal protective equipment at suitable intervals in breach of Regulation 9(3);
(11) Failed to take all reasonable steps [set them out] to ensure that personal protective equipment was properly used [set out proper use unless referring to a breach above] in breach of regulation 10(1);
[Continue as in 81-X9.]

Claim Relating to Display Screen Equipment

81-X12 **1.** At all material times the Claimant was employed by the Defendant and the Health and Safety (Display Screen Equipment) Regulations 1992[62] applied to the work performed by the Claimant.

2. [Set out the facts that gave rise to the injuries].

3. The Claimant believes that his injuries were caused by the Defendant's [breach of statutory duty and/or][63] negligence in that they:

Particulars of [Breach of Statutory Duty and] Negligence

The Claimant relies on the Regulations to evidence a breach of statutory duty insofar civil liability attaches. In the alternative, the Claimant will refer to the relevant Regulations as relevant to the standard to be expected of employers in the workplace, as evidence of negligence.

[Omit or include as appropriate.]
(1) Failed to provide a screen where[64] [set out so many of breaches as are relevant and causative]:
   (a) the characters on the screen were well-defined and clearly formed, of adequate size and with adequate spacing between the characters and lines;
   (b) the image on the screen was stable, with no flickering or other forms of instability;
   (c) the brightness and the contrast between the characters and the background were easily adjustable by the Claimant, and also easily adjustable to the ambient conditions;
   (d) the screen would swivel and tilt easily and freely to suit the needs of the Claimant;
   (e) it was possible to use a separate base for the screen or an adjustable table;
   (f) the screen was free of reflective glare and reflections liable to cause discomfort to the Claimant;
   in breach of regulation 3(1);
(2) Failed to provide a keyboard which [set out so many of breaches as are relevant and causative]:
   (a) was tiltable and separate from the screen so as to allow the Claimant to find a comfortable working position avoiding fatigue in the arms or hands;
   (b) had space in front of it that was sufficient to provide support for the hands and arms of the Claimant;
   (c) had a matt surface to avoid reflective glare;
   (d) had an arrangement of the keyboard and the characteristics of the keys so as to facilitate the use of the keyboard;
   (e) had symbols on the keys which were adequately contrasted and legible from the design working position;
   in breach of regulation 3(1);

---

[62] As amended by the Health and Safety (Miscellaneous Amendments) Regulations 2002 (SI 2002/2174).
[63] See para.81-09.
[64] The contents of the schedule are set out in full but will NOT need to be set out in such detail.

(3) Failed to provide a work desk or work surface which had [set out so many of breaches as are relevant and causative]:
  (a) a sufficiently large, low-reflectance surface and allowed a flexible arrangement of the screen, keyboard, documents and related equipment;
  (b) a document holder that was stable and adjustable and in a position so as to minimise the need for uncomfortable head and eye movements;
  (c) adequate space for operators or users to find a comfortable position;
  (d) a work chair which:
    (i) was stable and allowed the Claimant easy freedom of movement and a comfortable position;
    (ii) was adjustable in both height and tilt;
    (iii) had a footrest available to the Claimant who expressed his wish for one;
  (e) a workstation which provided sufficient space for the Claimant to change position and vary movements;
  (f) lighting which ensured satisfactory lighting conditions and an appropriate contrast between the screen and the background environment, taking into account the type of work and the vision requirements of the Claimant;
  (g) lighting which prevented glare or reflection by co-ordinating the positioning and technical characteristics of the artificial light sources;
  (h) lighting which was so designed along with the workstations that sources of light, such as windows and other openings, transparent or translucent walls, and brightly coloured fixtures or walls caused no direct glare and no distracting reflections on the screen;
  in breach of regulation 3(1);
(4) Failed to provide windows fitted with a suitable system of adjustable covering to attenuate the daylight that fell on the workstation in breach of regulation 3(1);
(5) Failed to take into account noise emitted by equipment belonging to any workstation so that attention was distracted and speech was disturbed in breach of regulation 3(1);
(6) Failed to take into account the fact that the equipment belonging to the workstation produced excess heat which caused discomfort to the Claimant in breach of regulation 3(1);
(7) Failed to reduce all radiation to negligible levels from the point of view of the protection of the Claimant's health and safety in breach of regulation 3(1);
(8) Failed to maintain an adequate level of humidity in breach of regulation 3(1);
(9) Failed to take into account the following when designing, selecting, commissioning and modifying software, and in designing tasks using display screen equipment [set out so many of breaches as are relevant and causative]:
  (a) the software must be suitable for the task;
  (b) the software must be easy to use and, where appropriate, adaptable to the level of knowledge or experience of the Claimant; no quantitative or qualitative checking facility may be used without the knowledge of the Claimant;
  (c) systems must provide feedback to the Claimant on the performance of those systems;
  (d) systems must display information in a format and at a pace which were adapted to the Claimant;

(e) the principles of software ergonomics must be applied, in particular to human data processing;
   in breach of regulation 3(1);
(10) Failed to perform a suitable and sufficient analysis of the Claimant's workstations for the purpose of assessing the health and safety risks to which the Claimant was exposed in consequence of its use in breach of regulation 2(1) [set out any particular risks that would have been assessed];
(11) Failed to review the assessment when there was reason to suspect that it was no longer valid or there had been a significant change to the workstations in breach of regulation 2(2) [set out the facts giving rise to the need for a review and/or the consequences of failing to carry one out];
(12) Failed to make any changes required by the review in breach of regulation 2(2) [set out the changes];
(13) Failed to reduce the risks identified in consequence of the assessment in breach of regulation 2(3) [set out the steps that should have been taken];
(14) Failed to ensure that the Claimant's work was periodically interrupted by breaks or changes of activity as to reduce his workload at that equipment in breach of regulation 4 [set out the details of lack of breaks or the pace of the work];
(15) Failed to carry out an eyesight test when the Claimant requested one in breach of regulation 5(1);
(16) Failed to carry out an eyesight test by a competent person in breach of regulation 5(1);
(17) Failed to carry out further eyesight tests at regular intervals in breach of regulation 5(3);
(18) Failed to carry out an eyesight test when the Claimant experienced visual difficulties in breach of regulation 5(4);
(19) Failed to provide the Claimant with special corrective appliances appropriate for the work being done by the Claimant where normal corrective appliances could not be used in breach of regulation 5(5);
(20) Failed to ensure that the Claimant was provided with adequate health and safety training in the use of the workstation on which he was required to work in breach of regulation 6;
(21) Failed to provide the Claimant with adequate health and safety training when his workstation was substantially modified in breach of regulation 6(2);
(22) Failed to provide the Claimant with adequate information as to:
   (a) all aspects of health and safety relating to his workstation; and
   (b) such measures taken in compliance with the Defendant's duties under the regulations as relate to them and their work [set them out];
   in breach of regulation 7;
[Continue as in 81-X9.]

Claim under the Workplace (Health, Safety and Welfare) Regulations 1992—Premises and Conditions of Work[65]

1. At all material times:
    (1) the Defendants were the occupiers of an office block in Wymering Road, London;
    (2) the Claimant was employed by the Defendants as a secretary and was their visitor;
    (3) the Occupiers Liability Act 1957 and the Workplace (Health, Safety and Welfare) Regulations 1992 applied to the Claimant's work and workplace.

2. [Set out the facts giving rise to the accident.]

3. The Claimant believes that his accident was caused by the Defendants' breach of statutory duty and/or negligence in that they:

   Particulars of Breach of Statutory Duty and Negligence
   Occupiers Liability Act 1957, s.2
   The Workplace Regulations 1992[66]

The Claimant relies on the Regulations to evidence a breach of statutory duty insofar civil liability attaches. In the alternative, the Claimant will refer to the relevant Regulations as relevant to the standard to be expected of employers in the workplace, as evidence of negligence.

[Select as appropriate, bearing in mind that the damage claimed must be proved to have been caused or contributed to by the particular breach alleged.]

   (1) Failed to ensure that the building had a stability and solidity appropriate to the nature of the use of the workplace [amend as appropriate];
   (2) Failed to maintain and clean the workplace and equipment, devices and systems appropriately in an efficient state, in efficient working order and in good repair in breach of regulation 5(1) [set out the failures and edit the wording as appropriate][67];
   (3) Failed to subject the equipment, devices and systems to a suitable system of maintenance in breach of regulation 5(2) [set out the system that should have been adopted identifying the equipment, etc.];
   (4) Failed to ensure effective and suitable ventilation by a sufficient quantity of purified or fresh air in breach of regulation 6(1); [set out the system that should have been used];
   (5) Failed to provide equipment which supplied and/or purified air which was fitted with an effective device to give visible or audible warning should that equipment fail in breach of regulation 6(2);
   (6) Failed to ensure that the temperature was reasonable in breach of regulation 7;

---

[65] As amended by the Health and Safety (Miscellaneous Amendments) Regulations 2002 (SI 2002/2174) and the Work at Height Regulations 2005 (SI 2005/735).
[66] Many of the regulations are supplemented by provisions of an ACOP or Guidance which should be pleaded. See s.71. Note also that, in respect of the statutory forerunners to these regulations, the Factories Act 1961, a distinction was drawn between welfare provisions (no liability in damages for breach) and health and safety provisions (liability). It is arguable that the same approach might be taken to these regulations.
[67] Definition of reg.5(3) has been extended so that this Regulation now also extends to equipment and devices intended to prevent or reduce hazards.

(7) Failed to provide suitable and sufficient lighting in respect of the Claimant's workplace in breach of regulation 8;
(8) Failed to provide suitable and sufficient emergency lighting in breach of regulation 8(3);
(9) Failed to keep the workplace and the furniture, furnishing and fittings sufficient clean in breach of regulation 9(1) [set out the failings];
(10) Failed to ensure that the surfaces of the floors, walls and ceilings inside the workplace were capable of being kept sufficiently clean in breach of regulation 9(2) [set out the failings];
(11) Allowed waste materials to accumulate other than in suitable receptacles in breach of regulation 9(3) [set out the failings];
(12) Failed to provide the Claimant with a room with sufficient floor area, height and unoccupied space in breach of regulation 10(1);
(13) Failed to arrange the Claimant's workstation so that it was suitable for the work in breach of Regulation 11(1) [set out the unsuitability];
(14) Failed to arrange the Claimant's workstation outdoors so that:
  (a) it had protection from adverse weather;
  (b) it enabled the Claimant to leave it swiftly or to be assisted in the event of an emergency [specify which];
  (c) it ensured that the Claimant was not likely to slip or fall;
  in breach of regulation 11(2) [delete or amend as necessary];
(15) Failed to provide a suitable seat for the Claimant and particularly one that:
  (a) was suitable for the Claimant and the operations to be performed;
  (b) was provided with a suitable footrest;
  in breach of regulation 11(3) [set out the unsuitability and/or what should have been done];
(16) Failed to ensure that the floor of the traffic route was suitable and particularly that:
  (a) there was no hole or slope;
  (b) it was not uneven or slippery;
  (c) it had an effective means of drainage;
  in breach of regulation 12 [set out the traffic route if not already pleaded at paragraph 2 and its unsuitability];
(17) Failed to keep the floor free from obstructions and from any [article or substance] which caused the Claimant to slip/trip/fall in breach of regulation 12(3) [set out the article/substance];
(18) Failed to provide suitable and sufficient handrails or guards in breach of regulation 12(5); [set out where they should have been provided];
(19) Failed to fence securely or cover the tank/pit/structure which contained a dangerous substance[68] in breach of regulation 13(5) [specify the hazard];
(20) Failed to fence securely the traffic route over the tank/pit/structure which contained a dangerous substance in breach of regulation 13(6) [specify the hazard and traffic route if not already done so];
(21) Failed to ensure that the window or other transparent or translucent surface in a wall or partition and every transparent or translucent surface in a door or gate was:

---

[68] Defined as any substance likely to scald or burn, any poisonous substance, any corrosive substance, any fume, gas or vapour likely to overcome a person, any granular or free-flowing solid substance, any viscous substance which, in any case, is of a nature or quantity which is likely to cause danger to any person per reg.13(7).

CLAIM UNDER THE WORKPLACE (HEALTH, SAFETY AND WELFARE) REGS 1992

     (a) of safety material or protected against breakage of the transparent or translucent material; and
     (b) marked or had features so as, in either case, to make it apparent;
  in breach of regulation 14 [edit as appropriate to the particular circumstances of the injury];
(22) Failed to ensure that the Claimant could open, shut or adjust the window, skylight or ventilator without risk of injury in breach of regulation 15(1) [edit as appropriate];
(23) Failed to ensure that the Claimant would not be at risk of injury by the open window, skylight or ventilator in breach of regulation 15(2) [edit as appropriate];
(24) Failed to ensure that the windows and skylights were of a design or were so constructed so that they might be cleaned safely in breach of regulation 16(1);
(25) Failed to organise the workplace in such a way that pedestrians and vehicles could circulate safely in breach of regulation 17(1) [set out failings];
(26) Failed to provide suitable traffic routes, a suitable number, in suitable positions and of sufficient size for the persons or vehicles using them and failed, in particular, to ensure that suitable measures were taken to ensure that:
     (a) pedestrians or vehicles could use a traffic route without causing danger to the health or safety of persons near it;
     (b) there was sufficient separation between vehicles and doors or gates that led from pedestrian traffic routes;
     (c) there was sufficient separation between vehicles and pedestrians where they used the same traffic route;
  in breach of regulation 17(2) [edit as appropriate];
(27) Failed to indicate the traffic route by suitable signs in breach of regulation 17;
(28) Failed to provide suitably constructed doors and particularly failed to provide:
     (a) a device to prevent the sliding door coming off its track;
     (b) a device to prevent the upward opening hatch falling back;
     (c) suitable and effective features to prevent a powered door or gate or hatch from causing injury by trapping any person;
     (d) a manual operating system for the powered door or gate or hatch when power failed;
  in breach of regulation 18(1) [set out the unsuitability and/or edit above as necessary];
(29) Failed to ensure that the escalators or moving walkways would function safely, be equipped with necessary safety devices and be fitted with [an] emergency stop control[s] which were easily identifiable and accessible in breach of regulation 19 [edit as appropriate];
(30) Failed to provide suitable and sufficient sanitary conveniences at readily accessible places and particularly failed to ensure that:
     (a) they were adequately ventilated and lit;
     (b) they were kept in a clean and orderly condition;
     (c) there were separate rooms containing conveniences for men and women;
  in breach of regulation 20;
(31) Failed to provide suitable and sufficient washing facilities including showers at readily accessible places and in particular failed to ensure that they:

(a) were provided in the immediate vicinity of every sanitary convenience;
(b) were provided in the vicinity of any changing rooms required by these regulations;
(c) included a supply of clean hot and cold, or warm, water;
(d) included soap or other suitable means of cleaning;
(e) included towels or other suitable means of drying;
(f) were sufficiently ventilated and lit;
(g) were kept in a clean and orderly condition; and
(h) separate facilities were provided for men and women[69]

in breach of regulation 21;

(32) Failed to provide an adequate supply of wholesome drinking water which:
(a) was readily accessible at suitable places;
(b) was conspicuously marked by an appropriate sign;
(c) had a suitable number of drinking vessels[70];

in breach of regulation 22 [edit as appropriate];

(33) Failed to provide suitable and sufficient accommodation for the clothing of the Claimant at work which was not worn during working hours and for special clothing which was worn by any person at work but which was not taken home and failed to ensure that:
(a) there was suitable security for home clothing;
(b) it included separate accommodation for clothing worn at work and for other clothing;
(c) it allowed or included facilities for drying clothing;
(d) it was in a suitable location;

in breach of regulation 23;

(34) Failed to provide suitable and sufficient facilities and the facilities were easily accessible, of sufficient capacity and provided with seating for the Claimant at work to change clothing where:
(a) the Claimant had to wear special clothing for the purpose of work;
(b) the Claimant could not for reasons of health or propriety be expected to change in another room;

in breach of regulation 24;

(35) Failed to provide suitable and sufficient rest facilities in readily accessible places which:
(a) were provided in one or more rest rooms[71] or rest areas;
(b) included suitable facilities to eat meals[72];
(c) include suitable arrangements to protect non-smokers from discomfort caused by tobacco smoke [and/or] be equipped with an adequate number of tables and adequate seating with backs for the number of persons likely to use them at any one time [and/or] seating which was adequate for the number of disabled persons at work and suitable for them;
(d) provided the pregnant Claimant [who was a nursing mother] with suitable facilities to rest;

---

[69] Does not apply to washing hands, forearms and face only.
[70] Does not apply to a jet of water.
[71] Rest rooms are only required if necessary for health and safety.
[72] Necessary only where the food was likely to be contaminated.

(e) provided for the Claimant to eat meals when meals were regularly eaten in the workplace;
in breach of regulation 25 [edit as appropriate];
(36) Failed to organise those parts of the workplace including in particular [amend as appropriate] doors, passageways, stairs, showers, washbasins, lavatories and workstations to take into account the fact that they were used by the disabled Claimant;

4. Further the Defendants were negligent in that they:
[Add Particulars of Negligence.]
[Continue as in 81-X9]

Claim under the Work At Height Regulations 2005[73]

1. [Set out the employment relationship between the parties AND/OR the fact that the Claimant was carrying out work under the Defendant's control].

81-X14

2. The Claimant was carrying out work at height [set out the facts giving rise to the accident].

3. The Claimant believes that his accident was caused by the Defendants' [breach of statutory duty and/or][74] negligence in that they:

Particulars of [Breach of Statutory Duty and] Negligence

The Claimant relies on the Regulations to evidence a breach of statutory duty insofar civil liability attaches. In the alternative, the Claimant will refer to the relevant Regulations as relevant to the standard to be expected of employers in the workplace, as evidence of negligence.

(1) In breach of reg.4 and/or negligently failed to ensure that the work was:
   (a) properly planned;
   (b) appropriately supervised;
   (c) carried out in a manner that was safe;
(2) Caused, allowed or permitted the Claimant to carry out the work when the weather conditions jeopardised his health or safety in breach of reg.4;
(3) Failed to ensure that the Claimant/Claimant's fellow workers were competent and or supervised by a competent person in respect of [set out the activity which should fall with any activity including organisation, planning and supervision in relation to work at height or work equipment for use in such work] in breach of reg.5;
(4) Failed to take account of a risk assessment under reg.3 of the Management Of Health Safety and Welfare Regulations 1999 in breach of reg.6;
(5) Failed to ensure that work was not carried out at height in breach of reg.6;
(6) In breach of reg.6 failed to ensure that suitable and sufficient measures were taken to prevent the Claimant falling a distance liable to cause personal injury including either ensuring the work was carried out from an existing place of work which complies with Sch.1 OR [if compliance with Sch.1 is not reasonably practicable] providing sufficient work equipment to prevent a fall occurring;

---

[73] In force from April 6, 2005.
[74] See para.81-09.

(7) Failed to provide sufficient work equipment to minimise the distance and consequences of a fall in breach of reg.6;
(8) Failed to provide such additional training and instruction or take other additional suitable and sufficient measures to prevent the Claimant falling a distance in breach of reg.6;
(9) In breach of reg.7 failed to give collective protection measures priority over personal protection measures and take account of:
   (a) the working conditions and the risks to the safety of persons at the place where the work equipment is to be used;
   (b) [in the case of work equipment for access and egress] the distance to be negotiated;
   (c) the distance and consequences of a potential fall;
   (d) the duration and frequency of use;
   (e) the need for easy and timely evacuation and rescue in an emergency;
   (f) any additional risk posed by the use, installation or removal of that work equipment or by evacuation and rescue from it [set out such risk];
(10) In breach of reg.7 failed to select work equipment which was appropriate to the nature of the work to be performed and or the foreseeable loadings and or allow passage without risk and or was most suitable;
(11) In breach of reg.8 failed to ensure that in the case of [delete as necessary]
   a guard-rail, toe-board, barrier or similar collective means of protection (Sch.2) OR a working platform (Pt 1 of Sch.3) OR where scaffolding is provided (Pt 2 of Sch.3) OR a net, airbag or other collective safeguard for arresting falls which is not part of a personal fall protection system (Sch.4) OR a personal fall protection system (Pt 1 of Sch.5) OR in the case of a work positioning system (Pt 2 of Sch.5) OR in the case of rope access and positioning techniques (Pt 3 of Sch.5) OR in the case of a fall arrest system (Pt 4 of Sch.5) OR in the case of a work restraint system (Pt 5 of Sch.5) OR a ladder (Sch.6)[75]
   is complied with;
(12) Failed to ensure that no person passed across, near or works on, from or near, a fragile surface in breach of reg.9;
(13) Failed to ensure that suitable and sufficient platforms, coverings, guard rails or similar means of support or protection were provided and used and that loads were supported by such supports or borne by such protection in breach of reg.9;
(14) Failed to take suitable and sufficient measures to minimise the distances and consequences of the Claimant's fall in breach of reg.9;
(15) Failed to display prominent warning notices at the approach to the place where the fragile surface was situated or make the Claimant aware of it by other means in breach of reg.9;
(16) Failed to take suitable and sufficient steps to prevent the fall of any material or object in breach of reg.10;
(17) Failed to take suitable and sufficient steps to prevent the Claimant being struck by any falling material or object in breach of reg.10;

---

[75] It is beyond the scope of this work to set out the detail of each of the comprehensive schedules in full and reference should be made to the full statutory instrument.

(18) Failed to ensure that no material or object was thrown or tipped in breach of reg.10;
(19) Failed to ensure that materials and objects were stored in such a way as to prevent risk to any person arising from the collapse, overturning or unintended movement of such materials or objects in breach of reg.10;
(20) Failed to ensure that a danger area was equipped with devices preventing unauthorised persons from entering such area and that such an area was clearly indicated in breach of reg.11;
(21) Failed to inspect the work equipment in position in breach of reg.12[76];
(22) Failed to inspect the work equipment at suitable intervals and after an exceptional circumstance (set out the circumstance that was likely to jeopardise the safety of the work equipment) in breach of reg.12[77];
(23) Failed to ensure that the working platform was not used in any position unless it had been inspected in that position OR in the case of a mobile working platform, inspected on the site, within the previous 7 days in breach of reg.12[78];
(24) Failed to ensure that the surface and every parapet, permanent rail or other such fall protection measure of every place of work at height are checked on each occasion before the place is used in breach of reg.13;

CLAIM UNDER THE PROVISION AND USE OF WORK EQUIPMENT REGULATIONS 1998 (AND 1992)—INJURIES FROM MACHINERY[79]

1. At all material times the Claimant was employed by the Defendants and the Provision and Use of Work Equipment Regulations 1998[80] [1992] applied to the equipment that the Claimant was using.

81-X15

2. [Set out the facts giving rise to the accident.]

3. The Claimant believes that his accident was caused by the Defendants' [breach of statutory duty and][81] negligence in that they:

Particulars of [Breach of Statutory Duty and] Negligence

The Claimant relies on the Regulations to evidence a breach of statutory duty insofar civil liability attaches. In the alternative, the Claimant will refer to the relevant Regulations as relevant to the standard to be expected of employers in the workplace, as evidence of negligence.

Provision and Use of Work Equipment Regulations 1998 (and 1992)
(1) Failed to adapt the equipment so that it was suitable for the purpose for which it was used by not:
    (a) [set out details of what should have been done];
    in breach of regulation 4(1) [5(1)][82];

---

[76] Regulation 12 applies to reg.8 and Schs 2 to 6.
[77] Regulation 12 applies to reg.8 and Schs 2 to 6.
[78] Regulation 12 applies to reg.8 and Schs 2 to 6.
[79] As amended by the Health and Safety (Miscellaneous Amendments) Regulations 2002 (SI 2002/2174).
[80] The 1992 regulations were replaced by the 1998 regulations on 5 December 1998. There is a Code of Guidance, failures to observe which should be pleaded: see s.71.
[81] See para.81-09.
[82] Square brackets indicate the 1992 Regulations' numbering, where different from the 1998

(2) Failed to maintain the equipment in an efficient[83] state, in efficient working order and in good repair in breach of regulation 5(1) [6(1)] in that: [set out the material breaches if possible];
(3) Failed to keep the maintenance log up to date so that the Claimant would have known that the equipment needed to be overhauled in breach of regulation 5(2) [6(2)];
(4) Failed to inspect the equipment before putting it into service for the first time or once it had been assembled on a new site to ensure that it was safe to operate in breach of regulation 6(1);
(5) Failed to ensure that the equipment was inspected at suitable intervals to ensure that health and safety conditions were maintained and that any deterioration could be detected and remedied in good time in breach of regulation 6(2);
(6) Failed to restrict the use of the equipment to those persons given the task of using it where there was a specific risk of [set out risks] in breach of regulation 7(1)(a)[84];
(7) Failed to restrict the repairs, modifications, maintenance or servicing of the work equipment to those persons who were specifically designated to perform operations of that description in breach of regulation 7(1)(b) [provide details of those persons];
(8) Failed to provide the Claimant with:
    (a) adequate health and safety information [set out the information that should have been provided];
    (b) written instructions as to the use of the machine and, particularly as to:
        (i) [set out the matters which the written instructions should have dealt with];
    in breach of regulation 8(1);
(9) Failed to train the Claimant:
    (a) adequately for the purposes of health and safety [set out the training];
    (b) as to the safe method of using the equipment [set out method];
    (c) as to the risks which would be encountered such as [set out risks];
    (d) as to the precautions that should be taken when using the equipment [set out precautions];
    in breach of regulation 9(1), thereby causing him to [e.g. believe the machine was safe to adjust when it was not];
(10) Failed to ensure that the work equipment conformed in respect of requirements relating to the design and construction [set out the non-conformity] of the equipment of its type as provided by [refer to the instruments listed in Schedule 1 of the Regulations];
(11) Failed to ensure that measures were taken such as:
    (a) fixed guards enclosing every dangerous part or rotating stock-bar; and
    (b) the provision of other guards or protection devices; and
    (c) the provision of jigs, holders, push-sticks or similar protection appliances used in conjunction with the machinery; and

---

Regulations.
[83] "Efficient" means efficient for the purposes of health and safety.
[84] The numbering of both the 1992 and 1998 Regulations is identical save where indicated.

(d) the provision of such information, instruction, training and supervision;

to prevent the Claimant coming into contact with [set out the dangerous part of the machine] in breach of regulation 11(1) and (2);

(12) Failed to provide guards and protection devices at all particularly those:
   (a) suitable for their purpose;
   (b) of good construction, sound material and adequate strength;
   (c) maintained in an efficient state, in efficient working order and in good repair;
   (d) easily bypassed or disabled;
   (e) situated at a sufficient distance from the danger zone;
   (f) of a type not to unduly restrict the view of the operating cycle of the machinery;
   (g) of a type that allows maintenance work or other necessary operations only to the area where that work is to be carried out and without having to dismantle the guard
   in breach of regulation 11;

(13) Failed to take measures to prevent or adequately to control the Claimant's exposure to [select the appropriate one(s)] [articles or substances] falling or being ejected from the equipment/rupture or disintegration of parts of the equipment/the work equipment catching fire or overheating/the unintended or premature discharge of [any article] or of [any gas, dust, liquid, vapour] used [or stored] in the work equipment/the unintended or premature explosion of the work equipment or [any article or substance] produced [or used or stored in it] in breach of regulation 12 [specify the article or substances];

(14) Failed to ensure that the the work equipment [or parts of] the work equipment or its product or [any substance] used or stored at a high [or very low] temperature had protection so as to prevent injury to the Claimant by burn, scald or sear in breach of regulation 13;

(15) Failed to ensure the equipment was provided with controls that required a deliberate action for:
   (a) starting or re-starting the work equipment; or
   (b) controlling a change in the speed, pressure or other operating conditions of the work equipment;
   in breach of regulation 14;

(16) Failed to ensure that the equipment was provided with one or more readily accessible controls to stop the machine safely [and bring the machine to a complete stop and/or switch off all sources of energy] in breach of regulation 15;

(17) Failed to ensure that the equipment was provided with emergency stop controls in breach of regulation 16;

(18) Failed to ensure that all controls on the equipment were clearly visible and identifiable in breach of regulation 17;

(19) Failed to ensure that the operator of the equipment was able to ensure that the Claimant was not in a position where he would be injured as a result of the operation of the equipment or that there was a system to ensure that the Claimant would not be injured when the equipment started or that an audible, visible or other suitable warning was given in breach of regulation 17;

(20) Failed to ensure that the Claimant had sufficient time to avoid being injured in breach of regulation 17;

(21) Failed to ensure that the control systems of the equipment were safe and were chosen making due allowance for the failures, faults and constraints to be expected in the planned circumstances of use in breach of regulation 18;
(22) The control system was not safe in that:
    (a) it increased the risk of the Claimant being injured;
    (b) if it lost power there would be an increased risk of the Claimant being injured;
in breach of regulation 18;
(23) Failed to allow for the failures, faults and constraints that were to be expected in breach of regulation 18;
(24) Failed to ensure that the equipment was provided with suitable means and that those means were clearly identifiable and readily accessible to isolate it from all its sources of energy in breach of regulation 19;
(25) Failed to ensure that the equipment or any part of it was stabilised by clamping or otherwise in breach of regulation 20;
(26) Failed to ensure that suitable and sufficient lighting was provided which took into account the operations being performed in breach of regulation 21;
(27) Failed to ensure that the equipment was so constructed or adapted so that the maintenance operations carried out did not expose the Claimant to the risk of injury in breach of regulation 22;
(28) Failed to ensure that the equipment was marked in a clearly visible manner in breach of regulation 23;
(29) Failed to ensure that the equipment incorporated any warnings or warning devices which were not ambiguous and were easily perceived in breach of regulation 24;

Provision and Use of Work Equipment Regulations 1998 ONLY[85]

(30) Failed to ensure that the Claimant was not carried by unsuitable mobile work equipment in breach of regulation 25[86];
(31) Failed to minimise the risk of the equipment carrying the Claimant rolling over by [delete as appropriate]
    (a) stabilising the equipment;
    (b) providing a structure to ensure that the equipment did no more than fall on its side;
    (c) providing a structure giving sufficient clearance to the Claimant if it did more than fall on its side;
in breach of regulation 26;
(32) Failed to ensure that the Claimant was not crushed by the equipment by providing a suitable restraining system in breach of regulation 26[87];
(33) Failed to adapt or equip the forklift truck to reduce the risk to the Claimant of being injured by it overturning in breach of regulation 27;
(34) Failed to ensure that the self-propelled work equipment had:
    (a) facilities to prevent it being started by an untrained person;
    (b) facilities for minimising the consequences of a collision where there was more than one item of rail-mounted equipment in motion at the same time;

---

[85] The 1992 Regulations stop at reg.24.
[86] Commencement on 5 December 1998.
[87] This does not apply to forklift trucks which have structures as provided in the preceding particular.

(c) a device for braking and stopping;
(d) emergency facilities operated by readily accessible controls or automatic systems available for braking and stopping the equipment in the event of failure of the main facility;
(e) adequate devices for improving the driver's vision;
(f) lighting appropriate to the work to be carried out and was otherwise sufficiently safe for such use;
(g) appropriate fire-fighting equipment;
in breach of regulation 28;
(35) Failed to ensure that the remote-controlled self-propelled equipment:
(a) stopped automatically when it left its control range;
(b) incorporated features to guard against crushing or impact;
in breach of regulation 29;
(36) Failed to ensure that seizure of the drive shaft between mobile work equipment and its accessories or anything towed:.
(a) had a means of preventing such seizure; or
(b) or that every possible measure was taken to prevent the Claimant being injured;
in breach of regulation 30;
(37) Failed to ensure that the shaft had a system to safeguard the shaft from becoming soiled or damaged by contact with the ground while uncoupled in breach of regulation 30;
(38) Failed to ensure that the power press was not put into service for the first time after installation [or after assembly at a new site or in a new location] before it had been thoroughly examined to ensure that it:
(a) had been installed correctly; and
(b) would be safe to operate; and
(c) that any defect had been remedied;
in breach of regulation 32(1)[88];
(39) Failed to ensure that the guard was not put into service for the first time on the power press until it had been thoroughly examined when in position on that power press to ensure that it was effective and any defect had been remedied in breach of regulation 32(2);
(40) Failed to ensure that the part of the closed tool which was a fixed guard was not used on the power press until it had been thoroughly examined when in position on any power press in the workplace to ensure that it was effective for its purpose and any defect had been remedied in breach of regulation 32(3);
(41) Failed to ensure that the power press was thoroughly examined, and its guards and protection devices were thoroughly examined when in position on that power press at least every 12 months[89] and that any defect was remedied in breach of regulation 32(4);
(42) Failed to ensure that the power press, guard or protection device was thoroughly examined in accordance with the provisions of regulation 5(2)

---

[88] reg.31 refers to Sch.2 of the regulations which contains a list of power presses to which it does not apply.
[89] Where fixed guards, but at least six months in every other case and also each time that exceptional circumstances have occurred which were liable to jeopardise the safety of the power press or its protection devices.

of the Power Presses Regulations 1965 had it remained in force in breach of regulation 32(5);

(43) Used the power press after the setting, re-setting or adjustment of its tools when it had not inspected and tested every guard and protection device while in position by a person appointed in writing by the employer who was competent [or undergoing training for that purpose and acting under the immediate supervision of a competent person] and had signed a certificate confirming the inspection in breach of regulation 33(1);

(44) Used the power press after the expiration of the fourth hour of a working period when it had not inspected and tested every guard and protection device while in position on the power press by a person appointed in writing by the employer who was competent [or undergoing training for that purpose and acting under the immediate supervision of a competent person] and had signed a certificate confirming the inspection in breach of regulation 33(2);

[Conclude as in 81-X9 above.]

Claim under the Construction Regulations

81-X16 [Set out facts of the employment and accident and continue:]

1. The Construction (Design and Management) Regulations 2007 applied to the work that the Claimant was performing.[90]

2. The Claimant believes that his accident was caused by the Defendants' [breach of statutory duty and/or][91] negligence in that they:

Particulars of [Breach of Statutory Duty and] Negligence

The Claimant relies on the Regulations to evidence a breach of statutory duty insofar civil liability attaches. In the alternative, the Claimant will refer to the relevant Regulations as relevant to the standard to be expected of employers in the workplace, as evidence of negligence.

The Construction (Design and Management) Regulations 2007[92]

(7) Failed to provide the Claimant with suitable and sufficient safe access to and egress from his place of work and failed to maintain such access and egress so that the Claimant could use it without risk to his health and so that the access and egress was properly maintained in breach of regulation 26(1) [edit as appropriate];

---

[90] For accidents after April 6, 2015 the Construction (Design and Management) Regulations 2015 should be referred to. The Work at Height Regulations 2005 may also be relevant, see 81-X14. Note that the Construction (Design and Management) Regulations 1994 and the Construction (Health, Safety and Welfare) Regulations 1996 were revoked by the 2007 Regulations as of April 6, 2007. The Construction (Head Protection) Regulations 1989 were revoked by the Health and Safety (Miscellaneous Repeals, Revocations and Amendments) Regulations 2013 as of April 6, 2013. For claims prior to this date, see earlier editions of this work.

[91] See para.81-09.

[92] These regulations are extensive. The following pleading only exemplifies some of the potential relevant breaches. Reference should be made to the rest of the Regulations for any other relevant matters. Where the claimant is not employed, civil liability is limited: reg.45.

(8) Failed to provide the Claimant with a safe place of work in breach of regulation 26(2) [specify in what way the workplace was not safe];
(9) Failed to prevent the Claimant from having access to an unsafe place [specify] of work in breach of regulation 26(3);
(10) Failed to prevent the Claimant from gaining access to a place where he did not have suitable and sufficient safe access to and egress from in breach of regulation 26(3) [specify the place and why the access or egress was not safe];
(11) Failed to provide the Claimant with a workplace where there was sufficient working space and was so arranged that it was suitable for the Claimant in breach of regulation 26(4) [specify the insufficiency];
(12) Failed to ensure that the construction site was kept in good order and/or was in a reasonable state of cleanliness in breach of regulation 27(1) [specify the uncleanliness];
(13) Failed to identify the perimeter of the construction site with suitable signs in breach of regulation 27(2)(a);
(14) Failed to fenceoffthe construction site in breach of regulation 27(2)(b);
(15) Allowed timber to be used on the site which had projecting nails in breach of regulation 27(3);
(16) Failed to ensure that any new or existing structure would not collapse accidentally in breach of regulation 28(1) [set out what should have been done];
(17) Loaded a part of the structure so that it collapsed in breach of regulation 28(3);
(18) Failed to take suitable and sufficient steps to ensure that the demolition or dismantling of the structure was planned and carried out in such a manner so as to prevent the risk of injury to the Claimant in breach of regulation 29(1) [set out the steps];
(19) Failed to ensure that an explosive charge was stored, transported and/or used safely in breach of regulation 30(1);
(20) Fired or used an explosive charge without taking suitable and sufficient steps to ensure that the Claimant was not exposed to the risk of injury from the explosion or from projected or flying material in breach of regulation 30(2) [set out the steps to be taken];
(21) Failed to ensure that the excavation which was in a temporary state of weakness or instability did not collapse accidentally in breach of regulation 31(1)(a) [set out what should have been done];
(22) Failed sufficiently to support the side or roof of the excavation so as to protect the Claimant in breach of regulation 31(1)(b) [set out the support that should have been given];
(23) Failed to take suitable and sufficient steps to prevent the Claimant from being buried or trapped by a fall or dislodgment of any material in breach of regulation 31(1)(c) [set out the steps that should have been taken];
(24) Failed to take suitable and sufficient steps to prevent any person, work equipment or any accumulation of earth or other material from falling into the excavation in breach of regulation 31(2) [set out the steps];
(25) Failed to take any or all suitable steps to prevent the excavation and/or ground adjacent to it from being overloaded by work equipment or material in breach of regulation 31(3);
(26) Failed to ensure that the excavation and work equipment and materials had been inspected by a competent person in breach of regulation 31(4) [set out what they would have found];

(27) Continued to require the claimant to work on the excavation despite the inspector informing them that it was unsafe to do so in breach of regulation 31(5);
(28) Failed to provide a cofferdam or caisson of suitable design or suitable construction appropriately equipped for the purpose for which it was used and failed to maintain the cofferdam or caisson in breach of regulation 32(1) [set out the shortcomings and edit as appropriate];
(29) Failed to ensure that the cofferdam or caisson and any work equipment or materials had been inspected by a competent person in breach of regulation 32(2);
(30) Continued to require work to be carried out in the cofferdam or caisson despite the inspector informing them that it was unsafe to do so in breach of regulation 32(3);
(31) Failed to locate, check or clearly indicate electrical distribution installations in breach of regulation 34(1);
(32) Failed to direct electric power cables away from the area in which the claimant was required to work in breach of regulation 34(2)(a);
(33) Failed to isolate and/or earth the power cables in breach of regulation 34(2)(b);
(34) Failed to provide any or adequate warning notices and/or barriers and/or suitable measures to prevent the risk of injury from power cables and/or an underground service contrary to regulation 34(2) and/or (3);
(35) Failed to prevent the risk of the Claimant falling into water in breach of regulation 35;
(36) Failed to minimise the risk of the Claimant drowning if he should fall into water in breach of regulation 35 [set out that which should have been done];
(37) Failed to ensure that suitable rescue equipment was provided, maintained and used when the Claimant fell into the water in breach of regulation 35 [set out the equipment];
(38) Failed to take suitable and sufficient steps to ensure the safe transport of the Claimant when he was conveyed by water to or from his place of work in breach of regulation 35(2) [set out the steps];
(39) Failed to provide a vessel to convey the Claimant by water to or from his place of work which was suitable and not overcrowded or overloaded in breach of regulation 35(3) [edit and set out the shortcomings];
(40) Failed to organise the construction site so that pedestrians and vehicles could move safely and without risks to health in breach of regulation 36(1) [set out that which should have been done];
(41) Failed to provide suitable and sufficient traffic routes for the persons and vehicles on the site in breach of regulation 36(2) [set out the shortcomings];
(42) Failed to take suitable and sufficient steps to ensure that:
   (a) pedestrians or vehicles could use a traffic route without causing danger to the health or safety of persons near it;
   (b) the door or gate used by pedestrians that led to the traffic route was sufficiently separated from the traffic route to enable the Claimant to see any approaching vehicle or plant from a place of safety;
   (c) there was sufficient separation between vehicles and pedestrians to ensure safety;
   (d) there was a system for warning pedestrians that they were liable to be crushed or trapped by a vehicle;
   (e) there were other means for the protection of pedestrians; [set them out]

(f) there was an exit point from the loading bay for the exclusive use of pedestrians;
(g) there was a door for pedestrians close to the main vehicle entrance which was clearly marked and kept free from obstruction;
in breach of regulation 36(3);
(43) Allowed the vehicle to be driven on a traffic route which was obstructed and allowed insufficient clearance in breach of regulation 36(5);
(44) Failed to indicate the traffic route by suitable signs in breach of regulation 36(4);
(45) Failed to ensure that the traffic route was checked regularly or at all and/or properly maintained in breach of regulation 36(4);
(46) Failed to take suitable and sufficient steps to prevent the unintended movement of a vehicle in breach of regulation 37(1);
(47) Failed to take suitable and sufficient steps to ensure that the person having effective control of the vehicle gave warning to other persons who were liable to be at risk from the movement of the vehicle in breach of regulation 37(2);
(48) Failed to ensure that the vehicle was driven, operated or towed as was safe in the circumstances and that the vehicle was not loaded so that it could not be driven, operated or towed safely in breach of regulation 37(3);
(49) Required or permitted the Claimant to ride on the vehicle in an unsafe place in breach of regulation 37(4);
(50) Permitted or required the Claimant to remain on the vehicle during the loading or unloading of loose materials in breach of regulation 37(5);
(51) Failed to provide suitable and sufficient measures so that an excavating or tipping vehicle was prevented from falling into the excavation or pit or into water or overrunning the edge of an embankment or earthwork in breach of regulation 37(6);
(52) Failed to take suitable and sufficient steps to prevent the risk of injury arising from fire or explosion or flooding or any substance liable to cause asphyxiation in breach of regulation 38;
(53) Failed to provide a sufficient number of suitable emergency routes and exits to enable the Claimant to reach a place of safety quickly in the event of danger in breach of regulation 40;
(54) Failed to keep the emergency route and exit clear and free from obstruction and lit so that it may be used at any time in breach of regulation 40(3);
(55) Failed to provide emergency lighting for the emergency route or exit in breach of regulation 40(3);
(56) Failed to indicate emergency routes or exits by suitable signs in breach of regulation 40(5);
(57) Failed, in providing the emergency route and exit, to have regard to:
(a) the type of work for which the construction site was being used;
(b) the characteristics and size of the construction site and the number and location of the places of work;
(c) the plant and equipment being used;
(d) the number of persons present on the site at any one time;
(e) the physical and chemical properties of substances or materials on or likely to be on the site;
in breach of regulation 39;
(58) Failed to implement suitable and sufficient arrangements for dealing with

foreseeable emergencies and arranging procedures for evacuation of the site in breach of regulation 39(1);
(59) Failed to take suitable and sufficient steps to ensure that every person was familiar with the arrangements and they were tested by being put into effect at suitable intervals in breach of regulation 39(3);
(60) Failed to provide suitable and sufficient fire-fighting equipment and suitable and sufficient fire detectors and alarm systems in breach of regulation 41(1);
(61) Failed to maintain and subject to examination and testing the fire detector or alarm systems to ensure that they remained effective in breach of regulation 41(3);
(62) Failed to ensure that the fire-fighting equipment was easily accessible in breach of regulation 41(4);
(63) Failed to instruct the Claimant [or other persons at work on the construction site] in the correct use of the fire-fighting equipment in breach of regulation 41(5);
(64) Failed to instruct the Claimant suitably as to the particular risk of fire which arose from his work activity and/or allowed the Claimant to do such work without suitable instruction in breach of regulation 41(6);
(65) Failed to indicate the fire-fighting equipment by suitable signs in breach of regulation 41(7);
(66) Failed to take suitable and sufficient steps to ensure that there was sufficient fresh or purified air so that the place was safe and without risks to health in breach of regulation 42(1);
(67) Failed to provide equipment which supplied and/or purified the air which was fitted with an effective device to give visible or audible warning should that equipment fail in breach of regulation 42(2);
(68) Failed to take suitable and sufficient steps to ensure that the temperature was reasonable having regard to the purpose of the place of work in breach of regulation 43(1);
(69) Failed to ensure, when the Claimant was working outdoors, protection from adverse weather in breach of regulation 43(2);
(70) Failed to provide suitable and sufficient lighting in respect of the Claimant's place of work or approach thereto or traffic route in breach of regulation 44(1);
(71) Provided artificial lighting which adversely affected and changed the perception of any sign or signal provided for the Claimant's health and safety in breach of regulation 44(2) [set out the sign and signal and the way in which perception was altered];
(72) Failed to provide the Claimant with suitable and sufficient secondary lighting in the event of a failure of the primary artificial lighting in breach of regulation 44(3);
(73) Failed to ensure that specific health and safety requirements in Schedule 2 of the Regulations were complied with in breach of regulation 9;
(74) Failed to provide and/or make available suitable and sufficient sanitary conveniences in breach of para.1, Schedule 2;
(75) Failed to ensure that the sanitary conveniences were adequately ventilated and lit, in breach of para.1, Schedule 2;
(76) Failed to ensure that the sanitary conveniences were in a clean and orderly condition in breach of para.2, Schedule 2;
(77) Failed to provide separate sanitary conveniences for men and women, with the means to secure the door from the inside in breach of para.3, Schedule 2;

(78) Failed to provide suitable and sufficient washing facilities, including showers in breach of para.4, Schedule 2;
(79) Failed to provide washing facilities in the immediate vicinity of every sanitary convenience in breach of para.5, Schedule 2;
(80) Failed to ensure that the washing facilities had hot and cold water, soap and/or a means of drying in breach of para.6, Schedule 2;
(81) Failed to ensure that the washing facilities were clean and orderly and/or sufficiently ventilated and lit in breach of paras 7 and 8, Schedule 2;
(82) Failed to provide an adequate supply of wholesome drinking water or make the same readily accessible at suitable places in breach of para.11, Schedule 2;
(83) Failed to provide suitable and sufficient accommodation for the claimant's clothing which was not worn during work hours and for special clothing which was worn by the claimant on the construction site but which was not taken home in breach of para.14, Schedule 2;
(84) Failed to provide any or any adequate facilities to enable the claimant to dry the special clothing and/or his own clothing in breach of para.14(2), Schedule 2;
(85) Failed to provide the claimant with suitable and sufficient facilities for rest in breach of para.15(1), Schedule 2;
(86) Failed to protect the claimant from tobacco smoke when using rest facilities in breach of para.15(2)(a), Schedule 2;
(87) Provided inadequate number of tables and chairs in the rest facilities in breach of para.15(2)(b), Schedule 2;
(88) Failed to maintain the rest facilities at an appropriate temperature in breach of para.15(2)(f), Schedule 2;
(89) Failed to provide the claimant with a degree of supervision by a person;
(90) Allowed the Claimant to carry out the activity [specify the construction activity] without the training and/or technical knowledge and/or experience that was necessary to reduce the risk of injury in breach of regulation 4 [edit as necessary];
[Conclude as in 81-X9 above.][93]

Claim under the Lifting Operations and Lifting Equipment Regulations 1998[94]

1. At all material times the Claimant was employed by the Defendants and The Lifting Operations and Lifting Equipment Regulations 1998[95] applied to the Claimant's work.

81-X17

2. [Set out the facts giving rise to the accident.]

---

[93] Various duties regarding co-operation, co-ordination, information, appointment of contractors and designers and planning may also be relevant (regs 4–24). Relevant breaches should be pleaded.
[94] As amended by the Health and Safety (Miscellaneous Amendments) Regulations 2002 (SI 2002/2174) and the Supply of Machinery (Safety) (Amendment) Regulations 2005 (SI 2005/831).
[95] These Regulations repealed ss.22, 23 and 25 to 27 of the Factories Act 1961, s.85 of the Mines & Quarries Act 1954, The Construction (Lifting Operations) Regulations 1961, the Offices, Shops and Railway Premises (Hoists and Lifts) Regulations 1968.

3. The Claimant believes that his injuries were caused by the Defendants' [breach of statutory duty and/or][96] negligence in that they:

Particulars of [Breach of Statutory Duty and] Negligence

The Claimant relies on the Regulations to evidence a breach of statutory duty insofar civil liability attaches. In the alternative, the Claimant will refer to the relevant Regulations as relevant to the standard to be expected of employers in the workplace, as evidence of negligence.

Lifting Operations and Lifting Equipment Regulations 1998

(1) Failed to ensure that the lifting equipment [specify the equipment in each case] was of adequate strength and stability for the load having regard to the stress induced at its mounting or fixing point in breach of regulation 4;

(2) Failed to ensure that every part of the load and anything attached to it and used in the lifting was of adequate strength in breach of regulation 4;

(3) Failed to ensure that the lifting equipment for lifting persons was such as to prevent the Claimant from being crushed, trapped or stuck or falling from the carrier in breach of regulation 5(1)(a) [edit as appropriate];

(4) Failed to ensure that there were suitable devices to prevent the risk of the carrier falling in breach of regulation 5(1)(c);

(5) Failed to ensure that the Claimant trapped in the carrier was not exposed to danger and could be freed in breach of regulation 5(1)(d);

(6) Failed to ensure that the carrier had an enhanced safety co-efficient suspension rope or chain[97] and that the rope or chain was inspected by a competent person every day in breach of regulation 5(2);

(7) Failed to ensure that the lifting equipment was positioned or installed so as to reduce the risk of the lifting equipment or load striking a person or from a load drifting or falling freely or being released unintentionally and that it is otherwise safe in breach of regulation 6(1);

(8) Failed to ensure that there were suitable devices to prevent the Claimant from falling down a shaft or hoistway in breach of regulation 6(2);

(9) Failed to ensure that the machinery and accessories for lifting loads were clearly marked indicating safe working loads in breach of regulation 7(a);

(10) Failed to ensure[98] that the machinery was clearly marked to indicate its safe working load for the configuration in use or that the information that clearly indicated its safe working load for the configuration was kept with it in breach of regulation 7(b);

(11) Failed to mark the accessories for lifting in such a way that it was possible to identify the characteristics (namely [set out the characteristics]) necessary for their safe use in breach of regulation 7(c);

(12) Failed to ensure that lifting equipment which was designed for lifting persons was appropriately and clearly marked to that effect in breach of regulation 7(d);

(13) Failed to ensure that the lifting equipment was not used in error for lifting the Claimant and was clearly marked to that effect in breach of regulation 7(e);

(14) Failed to ensure that the lifting operation was properly planned by a competent

---

[96] See para.81-09.
[97] Necessary when there is a risk of the carrier falling.
[98] Applies where the safe working load of the machinery depends on its configuration.

person and appropriately supervised and carried out in a safe manner in breach of regulation 8(1);

(15) Failed to ensure that before the lifting equipment was put into service for the first time by him that it was thoroughly examined for any defect in breach of regulation 9(1);

(16) Failed to ensure that the lifting equipment[99] was thoroughly examined after installation and before being put into service for the first time [and/or after assembly and before being put into service at a new site or in a new location] and to ensure that it had been installed correctly and was safe to operate in breach of regulation 9(2);

(17) Failed to ensure that the lifting equipment or an accessory for lifting which was used for lifting persons which was exposed to [list the conditions causing deterioration] was thoroughly examined at least every 6 months[100] or in accordance with an examination scheme by a competent person so that any deterioration could be detected and remedied in breach of regulation 9(3);

(18) Failed to ensure that the lifting equipment and accessory for lifting was inspected by a competent person on the occurrence of an exceptional circumstance [set out the circumstance] so any deterioration could be detected and remedied in breach of regulation 9(3);

(19) Failed to detect and or remedy the deterioration in breach of regulation 9(3);

(20) Failed to ensure that the lifting equipment obtained from X Limited was used by the Defendants without it being accompanied by physical evidence that the last thorough examination required to be carried out under that regulation had been carried out in breach of regulation 9(4) [specify when the last thorough examination should have been carried out if possible];

(21) Failed to ensure that the lifting equipment was not used when they had been notified of a defect and that the defect had not been rectified in breach of regulation 10(3) [set out date of notification, etc. if not already done so above];

[Conclude as in 81-X9 above.]

CLAIM BY NURSE FOR LIFTING INJURY

81-X18

1. The Claimant was employed by the Defendants as a nursing auxiliary in their residential home in Swansea Road, Newport, Gwent.

2. The Manual Handling Operations Regulations 1992 applied to the work which the Claimant did for the Defendants.

3. On [date], the Claimant in the course of her employment was called to assist an elderly male resident, Mr Robinson, who weighed some 16 stone, from his bed into a wheelchair. She put her left arm round his back and his right arm over her neck and attempted to straighten her back to bring him to a standing position alongside his bed. As she did so, she felt a pain in her lower spine and suffered the injuries more fully set out below.

4. The Claimant believes that her injuries were caused by the negligence and/or breach of statutory duty on the part of the Defendants, their servants or agents.

---

[99] Applies where the safety of the lifting equipment depends on the installation conditions.
[100] In the case of other lifting equipment at least every 12 months.

Particulars of Negligence

[Adapt as required.]

The Defendants, their servants or agents, were negligent in that they:

(1) Failed to give any instruction or training to the Claimant as to methods and techniques of lifting safely;

(2) Failed in particular to advise the Claimant that if she had to handle a patient on her own in order to bring him to a standing position, she should stand in front of him, hook both her arms under his shoulders and gently rock backwards and forwards with him until he came easily to a standing posture;

(3) Failed to ensure that there was at least one other member of staff who could assist the Claimant: Mr Robinson was so heavy that he required at least two and sometimes three people to help lift him;

(4) Failed to provide any mechanical hoist, lift, sling or other suitable lifting equipment;

(5) Failed to provide a bed the end of which could be raised or lowered so as to assist a patient therein to a standing position;

(6) Caused or required the Claimant to attend patients on her own;

(7) Failed to provide any supervision: a competent supervisor would have shown the Claimant an appropriate technique of lifting Mr Robinson or would have assisted her in a lift;

(8) Failed to take any notice of accidents which happened in the course of lifting patients to Karen Welby (in about [date]), and Joan Stoppit (just a month before the accident complained of in these Particulars);

(9) Failed to heed statistics published in and since 1983 in respect of injuries caused to nurses in lifting and handling of patients;

(10) Failing to heed the contents of the publication The Handling of Patients (1st, 2nd, 3rd or 4th eds);

(11) Failed to heed the contents of a series of articles published in the Nursing Times between October 1992 and the date of the Claimant's accident in respect of the dangers of back injuries to nurses;

(12) Failed to heed a survey conducted by the Royal College of Nursing published in 1992, which revealed that 9 per cent or 27,000 qualified nurses had suffered back injuries at work;

(13) Failed to heed the contents of the publication The Code of Practice for Patient Handling, published by the Royal College of Nursing in 2002;

(14) Failed to make any proper risk assessment of the work, as required by the Management of Health and Safety at Work Regulations 1992, and by common sense;

(15) By reason of the matters identified above, required the Claimant to adopt an unsafe system of work;

Particulars of Breach of Statutory Duty

(16) In breach of regulation 4 of the Manual Handling Operations Regulations 1992, the Defendants failed to avoid the need for the Claimant to undertake a manual handling operation at work which involved a risk of her being injured;

(17) Alternatively, if the Defendants should establish that it was not reasonably practicable to avoid the need for the Claimant to undertake a manual handling operation, whether by providing mechanical assistance or otherwise, they failed in breach of regulation 4(1)(b) to make a suitable and sufficient assessment of the lifting and moving of patients having regard to the factors specified in the regulations;

(18) In further breach of regulation 4(1)(b)(ii) of the regulations, failed to take appropriate steps to reduce the risk of injury to the Claimant arising out of her undertaking a manual handling operation;
[Conclude as in 81-X9 above.]

Claim for Stress at work—first breakdown

1. The Claimant was employed by the Defendants as a probation officer at their secure young persons detention centre. **81-X19**

2. The Defendants owed the Claimant the following duties in both tort and contract:
  (1) the duty not to act so as without reasonable cause to damage or destroy the relationship of confidence and trust between them as employers and the claimant as employee;
  (2) the duty not to cause the employee psychiatric damage by reason of the volume or character of the work which the employee was required to perform;
  (3) the duty to set up and implement a safe system of work.

3. In or about the end of 1980 the Claimant joined the Defendants. He was initially appointed as an assistant helping a senior probation officer deal with two young persons.

4. On or about [date] the Claimant was promoted to the position of Supervising probation officer supervising two assistants dealing with 6 young persons. On [date] the Claimant was promoted to the Young Persons Sex Unit Manager supervising 7 probation officers and in overall charge of 28 young persons.

5. In or about 1995, 2 redundancies were made but the numbers of young persons in the Unit remained the same. Shortly after this time the Claimant's overtime budget was taken away.

6. Before the redundancies the Claimant was working approximately 50 hours per week. However, after the redundancies the Claimant was regularly working for 100 hours per week and usually worked between 80 and 90 hours per week.

7. On [date] and [date] two of the five probation officers who worked for the Claimant, Dave Roberts and Simon Temple, reported sick. They were seen by the occupational health physician and diagnosed as suffering from stress, fatigue and depression as a result of the amount of work and its character. The Defendants saw the reports of the occupational health physician and both officers were discharged from the Service on grounds of incapacity.

8. The young persons on the unit were very disturbed and aggressive. They required constant support. Providing this was very difficult and wearing. The young persons would regularly assault the probation officers and exhibit inappropriate sexual behaviour by, for instance, attempting to indecently assault the Claimant.

9. The Claimant regularly complained to his manager as to the amount of work that was expected from both him and his team but such complaints were ignored or met with the response that "it was difficult for everybody but the problem would soon pass".

Further the Claimant wrote 2 memos dated [date] and [date] to the head of the Young Persons Institution pointing out that:
(1) the unit was running at under half the original staffing levels;
(2) other officers had had breakdowns and that it was likely another officer would have a breakdown unless something was done;
(3) the Claimant was himself exhausted and wanted help on a day-to-day basis to ensure that he could cope with his workload;

There was no response to the memos.

11. In consequence of the above, the Claimant who was born on [date] suffered psychiatric injury and has been put to loss and expense.

Particulars of Injury

Further details are contained in the report of Dr X, attached hereto as Annex 1.

Particulars of Loss

Details are contained in the Schedule, attached hereto as Annex 2.

12. It is the Claimant's case that his psychiatric injury was foreseeable due to his excessive working hours, the prior breakdown of 2 colleagues, the type and nature of the work, the oppressive and bullying tactics of the Defendant management and the matters identified in his personal profile dated [date].

13. The Claimant believes that his injuries were caused by the negligence and/or breach of contract [and/or breach of statutory duty][101] of the Defendants in that they:

Particulars of [Breach of Statutory Duty and] Negligence and Breach of Contract

The Claimant relies on the Regulations to evidence a breach of statutory duty insofar civil liability attaches. In the alternative, the Claimant will refer to the relevant Regulations as relevant to the standard to be expected of employers in the workplace, as evidence of negligence.

(1) Failed to carry out an assessment of the risks associated with the Claimant's employment or alternatively act upon such an assessment contrary to regulation 3 of the Management of Health and Safety at Work Regulations 1999[102] (and 1992).
(2) Caused and permitted the Claimant to work excessive hours of work over a long-term period;
(3) Made 2 staff redundant and thereby imposed additional strain on remaining staff and exposed them to the risk of a further intolerable burden if any of them should be absent, for instance if sick;
(4) Did not authorise an overtime budget so that the Claimant could draft in other staff, especially when one was necessary because of the reduction in staffing levels mentioned above;
(5) Failed to heed the fact that 2 probation officers were dismissed from the service due to incapability resulting from sickness which had been caused by stress;
(6) Failed to respond or heed the memos from the Claimant dated [date] and [date];

---

[101] See para.81-09.
[102] See 81-X9.

(7) Failed to provide the Claimant with suitable training in stress management;
(8) Failed to provide the Claimant with a safe system of work;
(9) Failed to warn the Claimant of the dangers of working as aforesaid or otherwise to prevent him from so doing;
(10) Failed to have any or any adequate regard for the Claimant's safety and exposed him to an unnecessary risk of injury;

AND the Claimant claims ... [Continue as in 81-X9 above.]

Claim for Stress at work—second breakdown

81-X20

1. The Claimant is a Barrister and was employed by the Defendants on [date] to prosecute their tenancy fraud cases in the Magistrates' and County Courts.

2. The Defendants owed the Claimant the following duties in both tort and contract:
(1) the duty not so to act as to destroy or damage a relationship of confidence and trust between them;
(2) the duty not to cause the employee psychiatric damage by reason of the volume or character of the work which the employee was required to perform;
(3) the duty to set up and implement a safe system of work.

3. In [date] the Claimant was put in charge of 600 cases. The Claimant had no other lawyer to cover his work but had to rely upon his secretary.

4. The Claimant had to attend court every day. He had to negotiate with Defendants who had frequently been wrongly identified through the mistakes of the Defendants' servants or agents or who were being prosecuted for fraud of less than £5 or who were unrepresented and were angry, violent, aggressive and frustrated. The Claimant had to deal with up to 70 different instructing persons within the organisation including the tenant, housing officer, social security, police, the expert witnesses, other housing departments, sub-contractors and judges. The nature, character and volume of the work was very difficult, confrontational and stressful.

5. The Claimant did not control the pace of any of his work but deadlines were set either by the courts, which fact the Defendants knew or ought to have known, or by the Defendants.

6. On or around [date] the Claimant attended upon Mr Max in tears. He was complaining that he was about to take time off and that he thought that he was going to have a breakdown if the pace and amount of the work continued. Mr Max immediately referred the Claimant to an occupational health physician who diagnosed that the Claimant was suffering from Post Traumatic Stress Disorder brought on by various incidents of his work and that he was clinically depressed as a result of the pressures of his work.

7. The Claimant took 3 months off work and then returned to the litigation section after a return to work plan. The Defendants had increased the number of qualified lawyers in the department from 1 to 4 and the Claimant was well able to cope with his file load of 150.

8. As a result of the fact that the:
  (1) Claimant had suffered a previous mental illness when working in the Litigation Section; and
  (2) the Defendants knew that the Claimant's condition was related to the pressures of his work;
it was foreseeable that the Claimant might suffer a psychiatric injury because of the stress and pressures of his workload.

9. Over the course of the next 3 years the other temporary lawyers brought into the section left and by 1998 the Claimant was again handling 600 files in precisely the same circumstances that he had before. On [date] the Claimant suffered a panic attack in which he fainted. [Set out as at paragraph 11 of 81-X19 above.]

10. The Claimant believes that his injuries were caused by the negligence and/or breach of contract [and/or breach of statutory duty][103] of the Defendants in that they:

Particulars of [Breach of Statutory Duty and] Negligence and Breach of Contract
(1) Caused or permitted the Claimant to carry too heavy a caseload;
(2) Failed to heed the fact that the cause of the Claimant's first mental illness in 1995 had been the volume and character of his work, which fact they knew of as a result of the occupational health physician's report;
(3) Failed to replace any and each of the 3 lawyers who left the litigation department over a 3-year period;
(4) Required the Claimant to work in a system whereby:
  (a) he was chronically overloaded;
  (b) he was faced with confrontational and difficult work;
  (c) the volume and character of the work was such as to cause injury;
(5) Failed to set up and implement a system whereby the Claimant could cope with his workload;
(6) Failed to provide adequate cover for sickness and annual leave;
(7) Placed the Claimant in a position that the volume of urgent work (such as fixed dates for trials) engaged so much of his time that he was unable to perform the more routine and general aspects of his work;
(8) Set deadlines that the Claimant was unable to meet by reason of the volume and character of his workload, yet required him to meet them;
(9) Subjected the Claimant to a confused and constantly changing management structure with inadequate supervision;
(10) Failed to provide the Claimant with any stress management training;
(11) Failed to provide the Claimant with any stress counselling;
(12) Failed to carry out an assessment of the risks associated with the Claimant's employment or alternatively act upon such an assessment contrary to regulation 3 of the Management of Health and Safety at Work Regulations 1992. Such assessment would if properly conducted have demonstrated the risk to the Claimant's health and required remedial steps such as those set out above;
(13) Thereby failed to devise, institute and/or operate a safe system of work;
(14) Failed to have any or any adequate regard for the Claimant's safety by reason of the foregoing and exposed him to an unnecessary risk of injury.

---

[103] See para.81-09.

Claim For Stress And Or Bullying At Work

1. Repeat paras 1–9 of 81-X19 or paras 1–9 of 81-X20 and add factual details of bullying if appropriate. **81-X21**

2. Factors Informing Duty and Breach

Since 1995[104] the HSE has advised that stress should be treated like any other occupational health risk. An employer's Risk Assessment should include the risks of psychological as well as physical injury. Employers should carry out the risk assessment process by following the principles laid out in the HSE's publication *"Making the Stress Management Standards Work"*[105] and *"Real Solutions, Real People"*.[106] The five steps are (1) Identify the hazards; (2) Decide who might be harmed and how; (3) Evaluate the risk by Identifying what action is already being taken and deciding whether it is enough and if it is not, deciding what more needs to be done; (4) Record the significant findings of the assessment; and (5) Review the assessment at appropriate intervals.

3. The guidelines for the management of occupational stress are generic. They are common to most jobs. Employers should have a health and safety policy. This ought to refer to the risk of occupational stress and the system that the employer has in place for reporting and managing it.

4. The latest relevant guidance on the management of occupational stress from the HSE is *"How to tackle work-related stress - a guide for employers on making the Management Standards work"*[107]. This booklet, like the research and guidance published in 1993 and 2005 by the HSE, highlights seven risk factors that contribute to the risk of injury from occupational stress. These are, Culture, Demands, Control, Relationships, Change, Role, Support, Training and Factors unique to the individual.

5. The Claimant believes that his injuries were caused by the negligence and breach of contract [and the breach of statutory duty][108] of the Defendants in that they:

Particulars of [Breach of Statutory Duty and] Negligence and Breach of Contract

The Claimant will contend that the defendant is vicariously liable for the harassment of X, as set out above at para.10, pursuant to ss.1 and 3 of the Protection from Harassment Act 1997. In addition or alternatively, the Defendant is personally liable in that it:
(1) Caused the Claimant to be bullied and harassed whilst working with him;
(2) Failed to consult the Claimant pursuant to reg.3 of the Health and Safety (Consultation with Employees) Regulations 1996 and or negligently failed to heed the provisions of the regulations in particular with regard to:

---

[104] *"Stress at Work, a guide for employers"*, HSE 1995, HS(G)116, ISBN 0 717 60733 X.
[105] HSE Books, 2005
[106] ISBN 0717 627 675.
[107] HSE Books, 2009.
[108] See para.81-08.

(a) the introduction of any measures at the workplace which may substantially affect the health and safety of the Claimant;
(b) arrangements for appointing or (as the case may be) nominating persons in accordance with regs 6(1) and 7(1)(b) of the Management of Health and Safety at Work Regulations 1992;
(c) any health and safety information the Defendant was required to provide to the Claimant by or under the relevant statutory provisions which included any matters affecting his health and safety;
(d) the planning and organisation of the health and safety training the Defendant was required to provide to the Claimant by or under any relevant statutory provisions;
(e) the health and safety consequences of new technology;

(3) Failed to assess the risk of the work required to be performed by the Claimant as required by reg.3 of the Management of Health and Safety at Work Regulations 1992 and 1999 or under its duty as employers and the Approved Code of Practice (ACOP), paras 9, 10, 16, 23, 24, 25, 26 and 27.
(a) The Defendant was under this duty from 1st January 1993. It should have been clear to a competent person (reg.6) responsible for carrying out the suitable and sufficient risk assessment (following the guidelines set out in paras 12–27 of the ACOP) that after May 1995 and the publication of the Health and Safety Executive Guidelines on "*Stress at work, Guidelines for Employers*" there was a risk of psychological injury to the Claimant that needed to be assessed.
(b) The results should have been recorded in writing (ACOP, paras 23–27). Had the Defendant properly assessed the Claimant's work and reviewed (ACOP, para.10) that assessment when there was any material change to the Claimant's employment, it would have realised in good time that there was a potential risk of psychological injury.
(c) The ACOP requires the Defendant to have regard to the general principles of risk assessment, to have regard amongst other things to HSE guidance (ACOP, para.9). Guidelines were published by the HSE on "*How to tackle work related stress*" in 1998. A resource pack for Management training and development entitled "*Mental Well-being in the Workplace*" was published in 1998 by the HSE.
(d) Following the assessment the Defendant was under a duty to take the preventive and protective measures that had been identified (ACOP, para.27). It is the Claimant's case that any suitable and sufficient risk assessment would have identified the behaviour of the Defendant's servants or agents as giving rise to a risk of psychiatric injury. Preventative measures would or should have been taken and this would have avoided the Claimant's injuries;

(4) Failed to apply the principles of prevention set out in ACOP to the Management of Health and Safety at Work Regulations 1992 and Sch.1 and reg.4 of the 1999 Regulations;
(5) Failed to make and give effect to such arrangements as were appropriate for the effective planning, organisation, control, monitoring and review of measures to protect the Claimant pursuant to reg.4 of the Management of Health and Safety at Work Regulations 1992 (reg.5 of the 1999 Regulations) and the ACOP or under their duty as employers;
(6) Failed to provide the Claimant with such health surveillance as was ap-

propriate pursuant to reg.5 of the Health and Safety at Work Regulations 1992 (reg.6 of the 1999 Regulations) and the ACOP or under their duty as employers;
(7) Failed to establish and where necessary give effect to appropriate procedures to be followed in the event of the Claimant being exposed to a serious and imminent danger at work as required by reg.7 of the Management of Health and Safety at Work Regulations 1992 (reg.8 of the 1999 Regulations) and the ACOP or under their duty as employers;
(8) Failed to inform the Claimant of the risks to his health and safety identified by the assessments and the preventative and protective measures as required by reg.8 of the Management of Health and Safety at Work Regulations 1992 (reg.10 of the 1999 Regulations) and the ACOP or under their duty as employers;
(9) Failed to ensure that when entrusting tasks to the Claimant account was taken of his capabilities as regards health and safety, as required by reg.11(1) of the Management of Health and Safety at Work Regulations 1992 (reg.13 of the 1999 Regulations) and the ACOP or under their duty as employers;
(10) Failed to heed and/or act upon the Claimant's complaints pursuant to reg.12(2) of the Management of Health and Safety at Work Regulations 1992 (reg.14(2) of the 1999 Regulations);
(11) Failed to comply with the Working Time Regulations 1998 and/or negligently failed to heed the regulations and their provisions;
(12) Failed to limit the Claimant's maximum weekly working time to 48 hours as required by reg.4;
(13) Failed to provide the Claimant with daily rest breaks as required by reg.10;
(14) Failed to provide the Claimant with regular breaks as required by reg.12;
(15) Failed to provide a weekly rest period as required by reg.11;
(16) Failed to supply the Claimant with annual leave as required by reg.13;
(17) Failed to organise the Claimant's pattern of work so that it was safe as required by reg.8;
(18) Failed to provide the Claimant with approved posters or leaflets published by the Health and Safety Executive pursuant to the Health and Safety Information for Employees Regulations 1989, reg.4 or under their duty as employers.
(19) Culture
Failed to have a positive culture in that:
(a) work-related stress and health issues were not treated seriously and the organisation did not respond positively to any concerns;
(b) there was not good, open, communication between employees and between employees and management;
(c) staff were not consulted and were not able to participate in decisions that may affect them;
(d) staff were not supported emotionally and practically;
(e) problems were not recognised nor solved promptly;
(f) working long hours were not discouraged;
(g) staff were not discouraged from taking work home.
(20) Demands
Placed excessive demands on their employees in that:
(a) there were insufficient resources (in terms of ability, staff, time, or equipment) to cope with the work;
(b) did not heed the fact that the Claimant was working excessive hours;

(c) did not heed the fast pace at which the Claimant was required to work and the conflicting priorities which he had to resolve.

(21) Control
  (a) The Claimant was given little control in the distribution and amount of work;
  (b) The Claimant's complaints were ignored;
  (c) The Claimants role was changed without consultation.

(22) Relationships
  (a) The Defendant did insufficient to protect the Claimant who was bullied by X as set out at Paragraph 10 above: such bullying included [amend as appropriate] verbal abuse, insubordination, victimisation, humiliation or ridicule, libel, slander or malicious gossip, spying, pestering or other inappropriate intrusive questioning particularly into personal or domestic life, setting impossible or arbitrary objectives or deadlines, excessive supervision, unjustified fault finding, withholding information that the Claimant had a reasonable expectation of being given, exclusion from meetings that the employee had a reasonable expectation of attending or other forms of unreasonable ignoring of the employee, refusing without reasonable cause reasonable requests for leave or training, maliciously preventing career development;
  (b) Alternatively, the Defendant itself, acting through X in the ways set out above, directly bullied the Claimant
  (c) The bullying amounted to harassment.

(23) Change
  Changed the Claimant's status/reporting lines/job function/department/title without consultation;

(24) Role
  (a) The Claimant was put into role conflict by the demands of doing things which were not part of his job and/or by reporting to two different managers;
  (b) The Claimant's role was ambiguous in that he did not have a clear picture of his work objectives or expectations of him or responsibilities of his job;
  (c) The Claimant's complaints were ignored.

(25) Support, training and factors unique to the individual
  (a) The Claimant was not given enough training to feel competent doing his job;
  (b) The Claimant was only ever reprimanded when his work was not to the required standard rather than supported;
  (c) The Claimant was not supported.

CLAIM FOR WORK-RELATED UPPER LIMB DISORDER

81-X22 1. The Claimant was employed as a butcher from about 1997 to 2000 by the Defendant at his shop in Home Farm, Surrey.

2. In the course of his employment the Claimant was required to debone sheep's heads, cut sheep sides and cut up sheep. In the course of the average day the Claimant would debone between 150 and 200 sheep's heads, cut up sheep bellies and less often would cut up whole sheep for general resale. In order to debone a sheep's head

it was necessary to grip the head in one hand and use that hand to turn and manipulate the head as the other hand gripped a knife twisting, cutting and chopping the flesh on the head.

3. This work necessitated frequent and repetitive movements of the forearm, hands, wrists and fingers.

4. In or about [date] the Claimant complained of pain in his wrists and told the Defendant that the pain appeared to be at its worse at the end of a day when he had had to use his hands performing the same task repeatedly.

5. The Claimant believes that his injuries were caused by the Defendants' [breach of statutory duty and/or][109] negligence:

                Particulars of breach of statutory duty and negligence

The Claimant relies on the Regulations to evidence a breach of statutory duty insofar civil liability attaches. In the alternative, the Claimant will refer to the relevant Regulations as relevant to the standard to be expected of employers in the workplace, as evidence of negligence.

Workplace (Health, Safety and Welfare) Regulations 1992[110]
Personal Protective Equipment Regulations 1992[111]
Provision and Use of Work Equipment Regulations 1992[112]
Provision and Use of Work Equipment Regulations 1998[113]

Negligence Only

(1) Set the Claimant work which they knew or ought to have known was too fast, arduous and repetitive for him;

(2) Disregarded the risk of work related upper limb conditions, of which they knew or ought to have known. The Claimant in particular relies upon the fact that an upper limb condition such as tenosynovitis has been a prescribed industrial disease since at least the Workman's Compensation (Industrial Diseases) Consolidation Order 1929 and remains a prescribed disease for the purpose of industrial injury benefit;

(3) Failed to heed widely published reports in newspapers, safety bulletins, journals, from the mid-1970s that repetitive tasks such as the Claimant was performing were frequently the cause of upper limb disorders;

(4) Failed to heed guidance notes issued by the Health and Safety Executive in 1971, entitled *"Beat Conditions: Tenosynovitis"* and *"Guidance Note MS10"* in September 1977 in respect of tenosynovitis, referring to it as a common industrial disease caused by repetitive movements of the upper limbs;

(5) Failed to heed the Health and Safety Executive publication of

---

[109] See para.81-09.
[110] See 81-X13 above.
[111] See 81-X10 above.
[112] See 81-X15 above.
[113] See 81-X15 above.

October 1990 as to the risk of conditions being caused by repeated movements;[114]

(6) Failed to heed the Claimant's complaints in or around 1999 in respect of his symptoms and their association with his work;

(7) Allowed or permitted the Claimant to return to work after his complaints, thereby exacerbating his injuries so that they became chronic;

(8) Failed to instruct the Claimant to report any symptoms relating to his upper limbs while he worked for the Defendants;

(9) Failed to provide the Claimant with any or adequate breaks;

(10) Failed to vary or to instruct the Claimant to vary his work during the day so that he alternated arduous tasks with less arduous tasks involving the use of different movements and muscles;

(11) Placed the Claimant under severe time constraints in which to complete his work and set up a bonus system that required the Claimant to work too fast if he was to achieve any bonus;

(12) Failed to heed the fact that a fellow employee, Mr Jones, had suffered carpal tunnel syndrome in [date] and that he had had to retire from the Defendant's employment with an industrial injury.

CLAIM RELATING TO NOISE AT WORK—DEAFNESS

81-X23 1. The Claimant was employed by the Defendants as a welder in their factory at Home Farm, Surrey.

2. In the course of his employment from [date] to [date], the Claimant welded large pieces of sheet metal together in the metal shop. The Claimant worked in a part of the factory that was some 10m by 10m.

3. In this room there were three noise-producing machines:
   (1) a sheet metal press that would punch holes in the metal for about 8 hours per day;
   (2) a high pressure hose assembly that was used to clean the shavings off the metal for about 9 hours per day;
   (3) a hammering machine that was used for about 5 hours per day to correct defects in the metal.

4. In 1995 the noise in the room was measured at 95 d(B)A when all three machines were operating and at 90(d)(B)(a) when the metal press and the hose were working together, which they did on average for about 9 hours per day.

5. The Factories Act 1961, the Noise at Work Regulations 1989, the Workplace (Health, Safety and Welfare) Regulations 1992, the Personal Protective Equipment Regulations 1992, the Provision and Use of Work Equipment Regulations 1992, the Provision and Use of Work Equipment Regulations 1992 [or 1998] and

---

[114] For later causes of action, note should be taken of the following HSE publications: *"Assessment of Repetitive Tasks of the Upper Limbs"* (2010) and *"Upper Limb Disorders in the Workplace"* (2002).

the Control of Noise at Work Regulations 2005 applied to the work that the Claimant performed.

6. The Claimant's exposure to the noise damaged his hearing.

7. The Claimant's deafness was caused by the negligence [and/or breach of statutory duty][115] of the Defendants in that they:

Particulars of [Breach of Statutory Duty and] Negligence

The Claimant relies on the Regulations to evidence a breach of statutory duty insofar civil liability attaches. In the alternative, the Claimant will refer to the relevant Regulations as relevant to the standard to be expected of employers in the workplace, as evidence of negligence.

The Factories Act 1961
(1) Failed to provide the Claimant with a safe place of work by reason of the facts and matters particularised below in breach of s.29;

Noise At Work Regulations 1989
(2) Failed to make a noise assessment identifying that the Claimant was exposed to a daily personal noise level of above 85dB(A)[116] in breach of regulation 4(1);
(3) Failed to review[117] the assessment when a second high pressure hose was added to the Claimant's workplace in 1993 in breach of regulation 4(2) and or to make changes which the review required to be made;
(4) Failed to reduce the risk of damage to the hearing of the Claimant from exposure to noise in breach of regulation 6 by only allowing one machine to be used at a time;
(5) Failed to reduce the exposure of the Claimant to noise when the Claimant was exposed to a personal daily noise exposure of in excess of 90dB(A) and a peak level of 200 pascals in breach of regulation 7 by provision of:
    (a) sound barriers; or
    (b) sound insulation; or
    (c) by relocating the equipment; or
    (d) by using water to clean the metal rather than compressed air; or
    (e) by setting up a system so that the machines would not all be used together;
(6) Failed to provide the Claimant with any or any adequate personal ear protection when the Claimant asked for the same in breach of regulation 8(1);[118]
(7) Failed to provide the Claimant with any or any adequate personal ear protection when the Claimant was exposed to more than 90d(B)A;[119]
(8) Failed to identify that the area in which the Claimant worked was an ear protection zone in breach of regulation 9;
(9) Failed to demarcate the area in which the Claimant worked by means of signs specifying that the area was an ear protection zone and that the Claimant should wear personal ear protectors whilst in the zone and that the

---

[115] See para.81-09.
[116] The duty to make an assessment arises at the first action level which is 85d(B)A which is a daily dose level or when exposed to the peak action level which is a peak sound of 200 pascals.
[117] The review has to take place when there is reason to suspect that the original assessment is no longer valid or where there has been a significant change.
[118] Where the noise is less than 90d(B)A then a request has to be made before the duty arises.
[119] The duty also arises when the peak level is above 200 pascals.

Claimant was not to enter the zone unless he was wearing personal ear protectors in breach of regulation 9;

(10) [Failed to ensure that the system for reducing noise was fully and properly used in breach of regulation 10(1)[120];]

(11) Failed to inform the Claimant as to:
- (a) the risk of damage to the Claimant's hearing; and
- (b) the steps that the Claimant could have taken to minimise the risk to his hearing;
- (c) the steps that the Claimant should have taken in order to obtain personal ear protectors;
- (d) the employee's obligations under these regulations;

in breach of regulation 11;

The Control of Noise at Work Regulations[121]

(12) Failed to make a noise assessment identifying that the Claimant was exposed to a daily personal noise level above 80dB(A)[122] in breach of regulation 5(1);

(13) Failed to review the assessment when a further high pressure hose was added to the Claimant's workplace in 2006 in breach of regulation 5(4) and or to make changes which the review required to be made;

(14) Failed to eliminate the risk from exposure to noise or reduce it to as low a level as was reasonably practicable in breach of regulation 6(1);

(15) Failed to ensure that the Claimant was not exposed to noise above an exposure limit value in breach of regulation 6(4);

(16) Failed to reduce the exposure of the Claimant to noise when the Claimant was exposed to a personal daily noise exposure of in excess of 87dB(A) and a peak sound pressure of 140dB (C-weighted) in breach of regulation 6(4) by provision of:
- (a) sound barriers; or
- (b) sound insulation; or
- (c) by relocating the equipment; or
- (d) by using water to clean the metal rather than compressed air; or
- (e) by setting up a system so that the machines would not all be used together;

(17) Failed to provide the Claimant with any or any adequate ear protection when the Claimant asked for the same in breach of regulation 7(1);[123]

(18) Failed to provide the Claimant with any or any adequate personal ear protection when the Claimant was exposed to more than 85dB(A) in breach of regulation 7(2);[124]

(19) Failed to identify that the area in which the Claimant worked was an hearing protection zone in breach of regulation 7(3);

(20) Failed to demarcate the area in which the Claimant worked by means of signs specifying that the area was an ear protection zone and that the Claim-

---

[120] Not relevant to this statement of case on the facts as no system was set up or anything provided but inserted for illustrative purposes.

[121] These Regulations came into force on April 26, 2006, save that in the music and entertainment sectors they come into force on April 6, 2008.

[122] The duty to make an assessment arises at the lower exposure action value of 80dB(A) for daily noise exposure or peak sound pressure of 135dB.

[123] Where the noise is less than 85dB(A) then a request to be made before the duty arises.

[124] The duty also arises when the peak sound pressure is over 137dB(C).

ant should wear personal ear protectors whilst in the zone and that the Claimant was not to enter the zone unless he was wearing personal ear protectors in breach of regulation 7(3);
(21) [Failed to ensure that the system for reducing noise was fully and properly used in breach of regulation 8;][125]
(22) Failed to ensure that the Claimant was placed under suitable health surveillance in breach of regulation 9;
(23) Failed to inform the Claimant as to:
  (a) the nature of the risks from exposure;
  (b) the steps that the Claimant could have taken to minimise the risk to his hearing;
  (c) the steps that the Claimant should have taken in order to obtain personal ear protectors;
  (d) why and how to detect and report signs of hearing damage;
  (e) his entitlement to health surveillance;
  (f) the employees' obligations under these regulations;
in breach of regulation 10.

> Workplace (Health, Safety and Welfare) Regulations 1992[126]
> Personal Protective Equipment Regulations 1992[127]
> Provision and Use of Work Equipment Regulations 1992 or 1998[128]

Negligence Only

(24) Failed to provide any ear protection device until [date];
(25) Failed to reduce the noise levels by constructing barriers between the Claimant and the source of the noise;
(26) Failed to assess the risks to the Claimant arising out of his exposure to such excessive and continuous noise;
(27) Failed to test the Claimant's hearing;
(28) Failed to heed the contents of the publication *"Noise and the Worker"* published by the Department of Employment Safety, Health and Welfare No.25 in 1963 and particularly its provisions that:

> "It is generally agreed, however, that if workers are exposed for 8 hours a day, 5 days a week, to a continuous steady noise of 85 decibels or more in any octave band, in the speech range of frequency, it is desirable to introduce a programme of noise reduction or hearing conservation. (This is a level of noise in which normal speech cannot easily be heard; at a distance of a few feet communication can be achieved only by shouting.)";"

(29) Failed to provide the Claimant with ear plugs;
(30) Failed to heed the publication in 1971 of *"Noise and the Worker"* which gave 93dB(A) as a danger limit for 4 hours of exposure per day and 90dB(A) as a maximum sound level for 8 hours of exposure per day;
(31) Failed to heed the provisions of a Code of Practice reducing the exposure of employed persons to noise which was published in 1972;
(32) Failed to heed the publication of the ILO in Geneva as to the protection of

---

[125] For illustrative purposes as this is not relevant to the facts of this case.
[126] Refer to 81-X13.
[127] Refer to 81-X10.
[128] Refer to 81-X15.

workers against noise and vibration which gave a warning limit of 85dB(A) and a danger limit of 90dB(A) for noise;
(33) Failed to heed the Health and Safety Executive draft proposals for noise legislation in Great Britain in 1981;
(34) Failed to heed the Health and Safety Executive Consultative document published in 1987 in preparation for the 1989 Regulations entitled "Prevention of Damage to Hearing from Noise at Work" whereby it was set out that there is a quantifiable risk of hearing damage from exposure between 85 and 90dB(A);
(35) Failed to heed the Health and Safety Executive document entitled "*Controlling Noise at Work: Guidance on the Control of Noise at Work Regulations 2005*";
(36) Failed to provide training as to the need to wear such ear muffs and ear plugs;
(37) Failed to erect barriers and/or otherwise soundproofing to the Claimant's working environment;

[Continue as in 81-X9 above.]

CLAIM RELATING TO ASBESTOS DISEASE

81-X24 1. The Claimant was born on [16 August 1923]

2. The Claimant's work history is as follows:

1938–39	Apprentice carpenter for JY Timber Co Ltd., Bolton
1940–45	Driver, REME
1946–03	Labourer and part-time lagger in the service of the Defendants at their premises in Main Road, Walsall.

In none of the employments save that with the Defendants was the Claimant exposed to the inhalation of asbestos dust and fibre.

3. The following Acts and Regulations applied to the work that the Claimant performed and/or to his workplace [omit as appropriate]:
  (1) Factories Act 1939;
  (2) Asbestos Industry Regulations 1931;
  (3) Building (Safety, Health and Welfare) Regulations 1948;
  (4) Occupiers Liability Act 1957;
  (5) Ship-building and Ship-repairing Regulations 1960;
  (6) Factories Act 1961;
  (7) Construction (General Provisions) Regulations 1961;
  (8) Asbestos Regulations 1969;
  (9) Control of Asbestos at Work Regulations 1987;
  (10) Control of Asbestos at Work Regulations 2002. The Defendants were a dutyholder under the Regulations;
  (11) Workplace (Health, Safety and Welfare) Regulations 1992;
  (12) Personal Protective Equipment Regulations 1992;
  (13) Provision and Use of Work Equipment Regulations 1992;

(14) Provision and Use of Work Equipment Regulations 1998.[129]

4. In the course of his employment with the Defendants the Claimant worked in the boilerhouse nearly every day. Asbestos lagged the boilers and all the pipes.

5. Up until 1985 the Claimant was frequently exposed to the inhalation of airborne asbestos dust and fibre, particularly when working on installing and repairing boilers or stripping the boilers for insurance inspections.

6. From 1985 the Claimant worked around asbestos every day of his employment in that he would sweep up the dust left behind at the end of the day. The dust was so thick that it was sometimes hard to see the end of the broom which the Claimant was using. He would go home at the end of the working day with his overalls and his exposed skin covered in asbestos dust and would not remove it until he could take a bath.

7. Further, the rooms in which the Claimant worked had walls and an internal roof/ceiling made from asbestos sheeting. When nails were driven into the wall and/or moved because things were taken from them and/or when people brushed against the walls, asbestos dust came into the atmosphere.

8. No precautions were provided or taken by the Defendants to protect the Claimant from the inhalation of asbestos dust and fibre.

9. The Claimant believes that his injuries were caused by the Defendants' [breach of statutory duty and/or][130] negligence:

Particulars of [Breach of Statutory Duty and] Negligence

The Claimant relies on the Regulations to evidence a breach of statutory duty insofar civil liability attaches. In the alternative, the Claimant will refer to the relevant Regulations as relevant to the standard to be expected of employers in the workplace, as evidence of negligence.

The Asbestos Industry Regulations 1931
(1) Failed to prevent the escape of asbestos dust into the air of the Claimant's workplace by means of an exhaust draught in breach of regulation 1;
(2) Failed to provide an exhaust draught effected by mechanical means for suppression of asbestos dust in breach of regulation 2;
(3) Failed to keep floors, work benches and plant in a clean state and free from asbestos dust in breach of regulation 7(1);
(4) Used sacks as containers for the transport of asbestos that were not constructed of impermeable material nor kept in good repair in breach of regulation 8;

The Factories Act 1937
(5) Failed to remove accumulations of asbestos dust and refuse daily by a suitable method from the Claimant's place of work and failed to keep the factory premises at which the Claimant worked in a clean state, in breach of s.1;
(6) Failed to make effective and suitable provision for rendering harmless dust injurious to health that was generated in the course of work, in breach of s.4;

---

[129] The Control of Asbestos Regulations 2006 and 2012 may also be relevant in certain cases.
[130] See para.81-09.

(7) Failed to protect the Claimant against the inhalation of injurious dust and to prevent its accumulation in breach of s.47;
(8) Failed to provide the Claimant with a safe place of work by reason of the facts and matters particularised above in breach of s.26;

The Building (Safety, Health and Welfare) Regulations 1948
(9) Failed by adequate ventilation, by the provision and use of suitable respirators, or otherwise to prevent inhalation of dust likely to be injurious to the Claimant in breach of regulation 82;

The Occupiers Liability Act 1957
(10) Were in breach of their common duty of care under the Occupiers Liability Act 1957 s.2(1) in that they caused or permitted the Claimant to be exposed to conditions in which the Defendants knew or ought to have known that:
   (a) asbestos was present in visible quantities where the Claimant had to work; and
   (b) asbestos dust was injurious to health;

The Factories Act 1961
(11) Failed to secure and maintain a circulation of fresh air and adequate ventilation and failed to make effective and suitable provision for rendering harmless dust, injurious to health that was generated in the course of work, in breach of s.4;
(12) Failed to protect the Claimant against the inhalation of injurious dust and to prevent its accumulation in breach of s.63(1);
(13) Failed to provide the Claimant with a safe place of work by reason of the facts and matters particularised above in breach of s.29;
(14) Failed to prevent the escape of asbestos dust into the air of the Claimant's workplace by means of an exhaust draught in breach of regulation 1;

The Construction (General Provisions) Regulations 1961
(15) Failed to secure adequate ventilation or by the provision and use of suitable respirators or otherwise to prevent the inhalation of asbestos dust in breach of regulation 20;
(16) Failed to secure and maintain adequate ventilation of the Claimant's working environment in breach of regulation 21;

Asbestos Regulations 1969
(17) Failed to provide, maintain and use equipment producing such an exhaust draught that asbestos did not enter the air of the Claimant's place of work in breach of regulation 7;
(18) Failed to provide the Claimant with respiratory protective equipment and/or protective clothing in breach of regulation 8;
(19) Failed to keep walls, floors, ceilings and surfaces clean and free from asbestos dust and waste in breach of regulation 9;
(20) Failed to carry out cleaning by vacuum equipment or some other such suitable dustless method so that the asbestos dust neither escaped nor was discharged into the air of the workplace in breach of regulation 10;
(21) Failed to provide the Claimant with approved respiratory protective equipment and failed to clean forthwith any surface on which asbestos dust was deposited as a result of a cleaning process in breach of regulation 11;
(22) Failed to store all loose asbestos and asbestos waste in suitable closed receptacles which prevented the escape of asbestos dust in breach of regulation 15;

Control of Asbestos at Work Regulations 1987
(23) Permitted the work to be carried out when the same was liable to expose

employees to asbestos without having identified by analysis or otherwise the type of asbestos involved in the work in breach of regulation 5;

(24) Permitted the said work to be carried out when the same was liable to expose employees to asbestos without making any or any adequate assessment of such exposure in breach of regulation 5;

(25) Failed to carry out an assessment setting out the steps to be taken to prevent or reduce exposure in breach of regulation 5;

(26) Failed to review the assessment in breach of regulation 5;

(27) Undertook work removing asbestos from the building and structure without preparing a suitable written plan of work detailing how the work was to be carried out and particularly failed to consider:
   (a) the nature and probable duration of the work;
   (b) the location of the place where the work was to be carried out;
   (c) the methods to be applied where the work involved the handling of asbestos or material containing asbestos;
   (d) the characteristics of the equipment to be used for protection and decontamination of those carrying out the work and for the protection of other persons on or near the site;
   in breach of regulation 5A;

(28) Failed to ensure that adequate information, instruction and training was given to the Claimant and to other employees, when he was liable to be exposed to asbestos, so that he might be aware of the risks from the asbestos and the precautions which should be observed in breach of regulation 7;

(29) The information, instruction and training referred to above was not given at suitable intervals or adapted to take account of any significant changes in the type of work and the methods of carrying it out in breach of regulation 7(2)[131];

(30) Failed to prevent the exposure of the Claimant to asbestos in breach of regulation 8;

(31) Failed to reduce the Claimant's exposure to asbestos by measures other than the use of respiratory protective equipment (such as exhaust drafts and or damping down) in breach of regulation 8;

(32) Failed to reduce the Claimant's exposure to asbestos to a concentration below the control limits in breach of regulation 8[132];

(33) Failed to use a substance other than asbestos in the manufacturing process or in the installation of a product in breach of regulation 8;

(34) Failed to provide the Claimant with suitable respiratory protective equipment in breach of regulation 8(2);

(35) When asbestos escaped into the workplace, failed to ensure that only those persons who were responsible for carrying out repairs and other necessary work were permitted in the affected area and failed to provide the Claimant with appropriate respiratory protective equipment and protective clothing;

(36) Failed to ensure that any control measures, personal protective equipment or other thing provided were used by the Claimant in breach of regulation 9;

(37) Failed to maintain any control measures, personal protective equipment or

---

[131] As from February 1, per SI 1998/3235.
[132] ibid.

other thing or facility in a clean and efficient state, in efficient working order, and in good repair, and in the case of exhaust ventilation [and respiratory protective[133]] equipment was also regularly examined and tested at suitable intervals by a competent person in breach of regulation 10;
(38) Failed to provide the Claimant with adequate and suitable protective clothing that was adequately cleaned at suitable intervals in breach of regulation 11;
(39) Failed to clean the Claimant's normal work clothing in breach of regulation 11;
(40) Failed to prevent or reduce the spread of asbestos from any place where work with asbestos [under his control[134]] was carried out in breach of regulation 12;
(41) Failed to keep the workplace and the plant in a clean state and that both were thoroughly cleaned after the completion of the work in breach of regulation 13;
(42) Failed to ensure that the part of the workplace where the Claimant encountered asbestos dust was so designed and constructed so as to facilitate cleaning and that there was an adequate and suitable fixed vacuum cleaning system in breach of regulation 13;
(43) Failed to ensure that the area in which the Claimant worked was designated as an asbestos area or a respirator zone in breach of regulation 14(1);
(44) Failed to demarcate the areas in which the Claimant worked by notices indicating that the areas were respirator and or asbestos areas and that the exposure of the Claimant entering the respirator zone was liable to exceed a control limit and that respiratory protection must be worn;
(45) Failed to take steps to monitor the exposure of employees to asbestos in breach of regulation 15;
(46) Failed to ensure that a health record was kept of the Claimant in breach of regulation 16(1);
(47) Failed to ensure that the Claimant was under adequate medical surveillance and particularly that he was given a periodic medical examination at intervals of not more than 2 years and that the examination included the chest in breach of regulation 16(2);
(48) Failed to provide washing and changing facilities to the Claimant in breach of regulation 17;
(49) Failed to provide facilities for the storage of protective clothing and personal clothing not worn during working hours in breach of regulation 17;
(50) Failed to ensure that raw asbestos or waste containing asbestos was stored, received or distributed in a suitable and sealed container clearly marked in breach of regulation 18;
(51) Supplied the Claimant with asbestos products at work which were not labelled appropriately in breach of regulation 19;

The Asbestos (Prohibitions) Regulations 1992
(52) Used amphibole asbestos in breach of regulation 5;
(53) Used any product containing amphibole asbestos in breach of regulation 5

---

[133] ibid.
[134] ibid.

[or Used any product to which amphibole asbestos had intentionally been added[135]] in breach of regulation 5;
(54) Sprayed asbestos in breach of regulation 6;
(55) Used Chrysotile asbestos [or any product to which it had intentionally been added[136]] in breach of regulation 7;

Control of Asbestos at Work Regulations 2002
(56) Failed to ensure that a suitable and sufficient assessment was carried out as to whether asbestos was or was liable to be present in the premises in breach of Regulation 4;
(57) Failed to take into account the condition of the asbestos which was present in breach of Regulation 4(4);
(58) Failed to take into account the building plans and other relevant information [specify] and of the age of the premises in breach of Regulation 4(5);
(59) Failed to review the assessment when they suspected that the assessment was no longer valid and or there had been a significant change in the premises to which the assessment related in breach of Regulation 4(6);
(60) Failed to record the conclusion of the assessment/review in breach of Regulation 4(7);
(61) Failed to ensure that a determination of the risk from the asbestos which was present was made in breach of Regulation 4(9);
(62) Failed to ensure that a written plan identifying those parts of the premises concerned was prepared in breach of Regulation 4(9);
(63) Failed to ensure that measures such as:
    (a) monitoring the condition of any asbestos or any substance containing or suspected of containing asbestos;
    (b) ensuring any asbestos or any such substance was properly maintained or where necessary safely removed; and
    (c) ensuring that information about the location and condition of any asbestos or any such substance was provided to every person liable to disturb it and made available to the emergency services;
in breach of Regulation 4(9);
(64) Failed to review and revise the plan at regular intervals and or failed to review and revise the plan when there was reason to suspect that the plan was no longer valid or there had been significant change in the premises in breach of Regulation 4(10);
(65) Failed to ensure that measures specified in the plan were implemented; and or the measures taken to implement the plan were recorded in breach of Regulation 4(10);
(66) Carried out work which was liable to expose the Claimant to asbestos when they had not identified the type of asbestos involved in the work in breach of Regulation 5;
(67) Carried out work which was liable to expose the Claimant to asbestos when they had assumed that the asbestos was Chrysotile only in breach of Regulation 5;
(68) Carried out work which was liable to expose the Claimant to asbestos without:
    (a) making a suitable and sufficient assessment of the risk created by

---

[135] Amended by SI 1999/2373 from 24 November 1999.
[136] ibid.

that exposure to the health of those employees and of the steps that need to be taken to meet the requirements of these Regulations and particularly failed to have regard to:
   i. the type of asbestos to which employees were liable to be exposed;
   ii. the nature and degree of exposure which would occur in the course of the work;
   iii. the effect of control measures which have been or will be taken in accordance with regulation 10;
   iv. the results of monitoring of exposure;
   v. the steps taken to prevent that exposure or reduce it;
   vi. the results of relevant medical surveillance;
   vii. such additional information as the employer may need in order to complete the risk assessment;
   (b) recording the significt findings of that risk assessment after the risk assessment had been made
in breach of Regulation 6;
(69) Failed to review the risk assessment regularly and or failed to review and revise the risk assessment when there was reason to suspect that the risk assessment was no longer valid or there had been significant change in the premises or the results of any monitoring pursuant to Regulation 18 showed it to be necessary in breach of Regulation 6(3);
(70) Failed to implement the changes required as a result of the review at para.69 above in breach of Regulation 6(3);
(71) Undertook work without preparing a suitable plan of work detailing how that work was to be carried out including the following:
   (a) the nature and probable duration of the work;
   (b) the location of the place where the work was to be carried out;
   (c) the methods to be applied where the work involved the handling of asbestos or materials containing asbestos;
   (d) the characteristics of the equipment to be used for protection and decontamination of those carrying out the work and the protection of other persons on or near the worksite;
   (e) the measures which the employer intended to take in order to comply with the requirements of regulation 10
in breach of Regulation 7(1);
(72) Failed to ensure that the work was carried out in accordance with the plan in breach of Regulation 7(4);
(73) Failed to ensure that adequate information, instruction and training was given to the Claimant so that he was aware of:
   (a) the significant findings of the risk assessment;
   (b) the risks to health from asbestos;
   (c) the precautions which should be observed; and
   (d) the relevant control limit and action level;
in breach of Regulation 9(1);
(74) Further such information, instruction and training was not given at regular intervals and or was not adapted to take account of significant changes in the type of work carried out or methods of work used by the employer and or were not provided in a manner appropriate to the nature and degree of exposure identified by the risk assessment in breach of Regulation 9(2);

(75) Failed to prevent the Claimant from being exposed to asbestos in breach of Regulation 10;
(76) Failed to reduce the exposure of the Claimant to the lowest level other than by the use of respiratory protective equipment [and/or] failed to ensure the number of employees who were exposed to the asbestos was as low as was reasonably practicable [set out the number of employees who should have been exposed against the number who were] in breach of Regulation 10;
(77) Failed to substitute the asbestos with [specify the material] in breach of Regulation 10(2);
(78) Failed to use the design and use of appropriate work processes and or systems and engineering controls [and/or] the provision and use of suitable work equipment and materials in order to avoid or minimise the release of asbestos [and/or] failed to control the exposure at source, including adequate ventilation systems and appropriate organisational measures in breach of Regulation 10(3);
(79) Failed to provide the Claimant with suitable respiratory protective equipment which would have reduced the concentration of asbestos in the air inhaled by the Claimant to a low concentration and in any event below those control limits in breach of Regulation 10(4);
(80) Failed to take immediate steps to remedy the situation where the concentration of asbestos in air inhaled by the Claimant exceeded the relevant control limit in breach of Regulation 10(6);
(81) Failed to reduce the asbestos used in or produced by a work process in breach of Regulation 10(7);
(82) Failed to ensure that the control measure/other facility was properly used [set out details for instance of how the ventilation equipment was not used properly] in breach of Regulation 11;
(83) Failed to ensure that the control measure [e.g. respiratory protective equipment] was maintained in an efficient state, in efficient working order, in good repair and in a clean condition in breach of Regulation 12(1);
(84) Failed to ensure that thorough examinations and tests of exhaust ventilation equipment or respiratory protective equipment were carried out at suitable intervals by a competent person in breach of Regulation 12(2);
(85) Failed to provide adequate and suitable protective clothing for such of his employees as were exposed or were liable to be exposed to asbestos in breach of Regulation 13(1);
(86) Failed to ensure that the protective clothing was either disposed of as asbestos waste or adequately cleaned at suitable intervals in breach of Regulation 13(2);
(87) Failed to carry out the cleaning of the protective clothing on the premises which were suitably equipped for such cleaning or in a suitably equipped laundry in breach of Regulation 13(3);
(88) Failed to ensure that the protective clothing was packed in a suitable container and labelled as if it were a product containing asbestos or as waste containing asbestos in breach of Regulation 13(4);
(89) Failed to ensure that in an accident, incident or emergency:
   (a) procedures including the provision of relevant safety drills (which had been tested at regular intervals) were in place; and
   (b) information on emergency arrangements, including details of relevant work hazards and hazard identification arrangements, and

specific hazards likely to arise at the time of an accident, incident or emergency was available; and
  (c) suitable warning and other communication systems were established to enable an appropriate response, including remedial actions and rescue operations, to be made immediately when such an event occurs;
in breach of Regulation 14(1);
(90) Failed to ensure that only those persons who were responsible for the carrying out of repairs and other necessary work were permitted in the affected area and that they were provided with appropriate respiratory protective equipment and protective clothing, and any necessary specialised safety equipment and plant in breach of Regulation 14(3);
(91) Failed to prevent the spread of asbestos [and/or] to reduce the spread of asbestos from any place where work under his control is carried out in breach of Regulation 15;
(92) Failed to ensure that:
  (a) the premises, or those parts of premises where that work was carried out, and the plant used in connection with that work were kept in a clean state; and
  (b) where such work had been completed, the premises, or those parts of the premises where the work was carried out, were thoroughly cleaned;
in breach of Regulation 16(1);
(93) Failed to ensure that the building was so designed and constructed as to facilitate cleaning and was equipped with an adequate and suitable vacuum cleaning system which was a fixed system in breach of Regulation 16(2);
(94) Failed to ensure that the area in which the work was carried out was designated as an asbestos area and or a respirator zone in breach of Regulation 17(1);
(95) Failed to ensure that the asbestos area and or respirator zone was clearly and separately demarcated and identified by notices indicating
  (a) that the area was an asbestos area or a respirator zone or
  (b) [in the case of a respirator zone] that the exposure of the Claimant who entered it was liable to exceed a relevant control limit and respiratory protective equipment must be worn
in breach of Regulation 17(2);
(96) Permitted the Claimant to enter and or remain in an asbestos area and or respirator zone when his work did not require him to be in that area;
(97) Failed to ensure that the Claimant did not eat, drink or smoke in an area that had been designated as an asbestos area or a respirator zone and failed to ensure that arrangements were made for such employees to eat or drink in some other place in breach of Regulation 17(3);
(98) Failed to monitor the exposure of the Claimant to asbestos by measurement of asbestos fibres present in the air, at regular intervals and when a change occurred which might have affected that exposure, in breach of Regulation 18(1);
(99) Failed to keep a suitable record of monitoring carried out [and/or] failed to keep the reason for the decision where monitoring was not required in breach of Regulation 18(3);
(100) Failed to ensure that the Claimant was kept under adequate medical surveillance including:

(a) a medical examination not more than 2 years before the beginning of such exposure (including a specific examination of the chest); and

(b) periodic medical examinations at intervals of not more than 2 years or such shorter time as the relevant doctor [specify] may require while such exposure continues (including a specific examination of the chest)

in breach of Regulation 21;

(101) Failed, when it was found that the Claimant was suffering from an identifiable disease or adverse health effect which was considered by a relevant doctor to be the result of exposure to asbestos at work, to:

(a) ensure that a suitable person informed the Claimant accordingly and provided the Claimant with information and advice regarding further medical surveillance;

(b) review the risk assessment;

(c) review any measure taken to comply with regulation 10 of the Regulations, taking into account any advice given by a relevant doctor or by the Executive;

(d) consider assigning the Claimant to alternative work where there was no risk of further exposure to asbestos, taking into account any advice given by a relevant doctor; and

(e) provide for a review of the health of every other employee who has been similarly exposed, including a medical examination (which shall include a specific examination of the chest) where such an examination is recommended by a relevant doctor or by the Executive;

in breach of Regulation 21;

(102) Failed to ensure that the Claimant was provided with adequate washing and changing facilities in breach of Regulation 22(1);

(103) Failed to ensure that the Claimant was provided with adequate and, in each case, separate facilities for the storage of protective clothing and personal clothing not worn during working hours and, where he was required to provide respiratory protective equipment, adequate facilities for the storage of that equipment;

(104) Failed to ensure that raw asbestos or waste which contained asbestos was stored and or received into or despatched from any place of work and or distributed within any place of work, except in a totally enclosed distribution system unless it was in a sealed container clearly marked in accordance with either Schedule 2 of these Regulations or the Carriage of Dangerous Goods (Classification, Packaging and Labelling) and Use of Transportable Pressure Receptacles Regulations 1996 or the Carriage of Dangerous Goods by Road Regulations 1996 showing that it contained asbestos in breach of Regulation 23;

(105) Supplied a product which contained asbestos for use at work which was not labelled in accordance with the provisions of Schedule 2 of these regula-

tions in breach of Regulation 24;
Workplace (Health, Safety and Welfare) Regulations 1992[137]
Personal Protective Equipment Regulations 1992[138]
Provision and Use of Work Equipment Regulations 1992[139]
Provision and Use of Work Equipment Regulations 1998[140]
Negligence Only

(106) Failed to take any or any proper measures to protect the safety of its employees when it knew or ought to have known that asbestos was present in visible quantities where the Claimant had to work and that asbestos dust was injurious to health as a result of[141]:

   (a) various reports from HM Factory Inspectors from 1899 and 1928 and 1929 which referred to the research being undertaken for (b) below;
   (b) the *"Report on the Effects of Asbestos Dust on Lungs and Dust Suppression in the Asbestos Industry"* by Merewether & Price and [(insert this quotation if asbestos being used is outside the industry) particularly their comments that:

   "Apart from manufacture, certain work is carried on in premises subject to the Factory and Workshop Act, as well as in other premises, which involves use or manipulation of asbestos or products containing it. The insulating of boilers, pipes engines and parts of ships is the most important. Much of this work is done by contractors who employ a considerable outdoor staff."]

   (c) the Claimant would specifically refer to *Margereson v J.W. Roberts Ltd* [1996] P.I.Q.R. 358 in establishing the date of knowledge of the Defendants who were engaged in the asbestos industry;
   (d) further Annual Reports in 1938, 1943, 1947, 1949 and 1956 referring to the link between asbestos exposure and other diseases;
   (e) Wagner's 1960 paper on the association between exposure to asbestos and mesothelioma and that the condition could arise from relatively short, slight or non-occupational exposure to asbestos fibres;
   (f) Newhouse and Thompson's 1965 paper highlighting mesothelioma being contracted by those who had only been exposed to asbestos in the "domestic" setting and subsequent press reports such as *The Sunday Times* 31 October 1965, under the headline "Scientists Track Down Killer Dust Disease";
   (g) the Asbestosis Research Council's *"Recommended Code of Practice for Handling Asbestos Products used in Thermal Insulation"* in December 1966;

---

[137] See 81-X13 above.
[138] See 81-X11 above.
[139] See 81-X15 above.
[140] See 81-X15 above.
[141] The necessity of pleading this part in full depends on how large the defendants are and the extent to which they are involved in the asbestos industry. Further documents exist and should date of knowledge continue to be an issue after 1970 then one of the experienced engineers in this area can be asked to report specifically as to date of knowledge and those details should be set out in full if required.

(h) the Asbestosis Research Council's *"Recommended Code of Practice for Handling, Working and Fixing of Asbestos and Asbestos Cement Products in the Building and Construction Industries"* in April 1967;
(i) various further publications in or around 1969 including but not limited to *"Protective Equipment in the Asbestos Industry (Respiratory Equipment and Protective Clothing)"* issued by the Asbestosis Research Council in March 1970 and Health and Safety at Work Booklet 44 entitled *"Asbestos: Health Precautions in the Industry"* and the Annual Report for 1969 published in September 1970 which said that:

> "A brief exposure of one month may after half a century be associated with malignant mesothelioma or death may take place as young as 28 years of age in association with occupational exposure to asbestos";

(107) Failed to have any or adequate system for preventing the Claimant from working in an atmosphere of asbestos dust such as damping down the dust with water;
(108) Caused or permitted the Claimant to work in an atmosphere laden with and or contaminated by asbestos dust;
(109) Failed to keep the areas in which the Claimant worked in a clean state and free from asbestos waste and dust;
(110) Failed to provide the Claimant with any or adequate breathing apparatus or to instruct him adequately or at all to use breathing apparatus at all times when he ran the risk of inhaling asbestos dust;
(111) Failed to advise and/or insist that the Claimant wore any adequate mask or respirator when he ran the risk of inhaling asbestos dust;
(112) Failed to provide any sufficient and suitable protective clothing;
(113) Failed to lay down any sufficient system or to provide any or adequate equipment to render asbestos dust and fibre harmless to the Claimant;
(114) Failed to warn the Claimant of the known or suspected dangers of asbestos dust;
(115) Failed to provide information to the Claimant as to the methods that might be used to protect him from inhalation of asbestos dust and the need to employ them;
(116) Failed to make any or proper enquiry or to obtain proper and sufficient expert advice as to:

(a) the known or suspected dangers of asbestos dust: and/or
(b) methods or systems capable of protecting the Claimant against contracting an asbestos-related disease;

(117) Continued to employ the Claimant in successive tasks which exposed him to the inhalation of asbestos dust and fibre;

10. As a result the Claimant has developed asbestos related pleural disease, suffered pain and injury and he has suffered loss and damage.

Particulars of Injury
(1) The Claimant was born on [date].
(2) The Claimant has restriction and stiffness of the chest wall as a result of

multiple bilateral pleural plaques with calcification which contributes to an absolute disability of not more than 20 per cent.[142]
(3) There is a 2 per cent risk that the Claimant will suffer from mesothelioma.
(4) There is a 10 per cent risk that the Claimant's pleural disease will progress to produce a relevant further deterioration in pulmonary function and or diffuse pleural thickening.
(5) The Claimant is at risk of developing:
  (a) lung cancer and or bronchial carcinoma; and or
  (b) gastro-intestinal cancer; and or
  (c) larangeal cancer.
(6) The Claimant is at risk of developing asbestosis (i.e. a progressive massive interstitial fibrosis of the lungs).
(7) The Claimant has been rendered more anxious by the diagnosis.
(8) Further details of the Claimant's condition can be found by reference to the report of Dr Jones dated [date] attached hereto at Annex 1.
[Or (as appropriate)
(2) The Claimant has developed diffuse plural thickening associated with restriction of breathing/asbestosis/mesothelioma of the plura/peritoneal mesothelioma/asbestos-related carcinoma of the lung/throat/larynx]

Particulars of Special Damage
See attached Schedule at Annex 2.

11. The Claimant claims interest to be assessed pursuant to s.69 of the County Courts Act 1984 for such period and at such a rate as shall seem just to the Court.

AND the Claimant claims:
(1) Provisional damages, assessed on the basis that none of the risks set out in sub-paragraphs 7(3), (4), (5) and (6) above materialises in excess of £10,000 but limited to £15,000.[143]
(2) An order permitting the Claimant to return to court for a further award of damages that could exceed £100,000 and/or a further order for damages that could exceed £100,000 in the event that any one or more of the risks set out at sub-paragraphs 7(3), (4), (5) and (6) do materialise, such order to be unlimited in time during the Claimant's lifetime.
(3) Interest to be assessed on (1) above pursuant to s.69 of the County Courts Act 1984.

Claim relating to Vibration White Finger AND/OR Vibration

81-X25 **1.** At all material times the Claimant was employed by the Defendants as a coal miner.

2. In the course of his employment with the Defendants from about [date] to [date] the Claimant was required by them to work continuously with heavy tools and particularly with a pneumatic drill for approximately 8 hours per day.

---

[142] Pleural plaques in themselves do not constitute an injury: *Rothwell v Chemical and Insulating Co.* [2008] A.C. 281. There must be resultant symptoms.
[143] The risks require modification if a condition other than bilateral plural plaques is claimed.

3. The Management of Health and Safety at Work Regulations 1999 (and 1992), the Workplace (Health, Safety and Welfare) Regulations 1992, the Provision and Use of Work Equipment Regulations 1998 (and 1992), the Manual Handling Regulations 1992 and the Personal Protective Equipment Regulations 1992 applied to the Claimant's work and to the equipment that he was using.

4. By reason of his performance of the said work the Claimant was injured, in that he developed vibration-induced white finger disease, VWF.

5. The Defendant knew or ought to have known of the risks of injury associated with the prolonged use of vibrating tools and particularly ought to have known of the matters which it failed to heed as set out in paragraph 5 below.

6. The Claimant believes that his injuries were caused by the Defendants' [breach of statutory duty and/or][144] negligence in that they:

Particulars of [Breach of Statutory Duty and] Negligence
The Workplace (Health, Safety and Welfare) Regulations 1992[145]
The Provision and Use of Work Equipment Regulations 1998 [or 1992][146]
The Manual Handling Regulations 1992[147]

The Claimant relies on the Regulations to evidence a breach of statutory duty insofar civil liability attaches. In the alternative, the Claimant will refer to the relevant Regulations as relevant to the standard to be expected of employers in the workplace, as evidence of negligence.

(1) Failed to set up and institute a system so that tasks were rotated and the Claimant was not exposed to the prolonged use of vibrating tools;
(2) Allowed the Claimant to use machinery that caused severe and continuous vibrations;
(3) Failed to warn the Claimant about the risks of developing VWF;
(4) Failed to tell the Claimant of the warning signs of VWF including the intermittent tingling and numbness and blanching of fingers and and the importance of reporting them to the Defendants so that his working methods could be altered;
(5) Failed to provide the Claimant with sufficient breaks from his work;
(6) Failed to provide thick gloves or other safety equipment so that the vibration would be reduced;
(7) Failed to heed:
   (a) 1906 government inquiries made into the effects of the use of pneumatic hammers and other tools upon workmen;
   (b) reports of the Chief Inspector of Factories from 1925 referring to the risk of injury and particularly of VWF from the use of vibrating tools;
   (c) a report entitled VWF in Industry, published in or about December 1973;
   (d) a BSI publication Guide to the Evaluation of Exposure of the Human Hand-Arm System to Vibration published in 1975;

---

[144] See para.81-09.
[145] See 81-X13.
[146] See 81-X15.
[147] See 81-X9.

(8) Exposed the Claimant to a risk of VWF and to an unnecessary risk of injury; Workplace Regulations 1992
(9) Negligently and or in breach of regulation 5(1) failed to ensure that the drilling and other equipment was maintained in an efficient state, in efficient working order and in good repair;
    Provision and Use of Work Equipment Regulations 1992
(10) Failed to ensure that the drilling and other equipment was suitable for the purpose for which it was used in that the equipment was unsuitable for repetitive use for drilling into heavy materials such as a coal face in breach of regulation 5(1);
(11) Failed to have regard to the particular risks of:
    (a) the drilling equipment being used on hammer and drill mode repetitively;
    (b) the drilling equipment not being powerful enough for the work which it was used for;
    (c) heavy and repetitive and vibration type work requiring the flexing of the elbows;
    in breach of regulation 5(2);
(12) Allowed and or permitted the drilling and other equipment to be used for operations that were not suitable in breach of regulation 5(3);
(13) Failed to ensure that the drilling and other equipment was maintained in an efficient state, in efficient working order and in good repair in breach of regulation 6(1);
(14) Failed to ensure that the Claimant had adequate health and safety information and written instructions pertaining to the use of the drilling and other equipment in breach of regulation 8(1);
(15) Failed to ensure that any person who supervised the Claimant had available to him adequate health and safety information and written instructions pertaining to the use of the drilling and other equipment in breach of regulation 8(2);
(16) Failed to ensure that the Claimant received adequate training for the purposes of health and safety in the use of the drilling and other equipment in breach of regulation 9(1);
(17) Failed to ensure that any person who supervised the Claimant had adequate training in respect of health and safety in breach of regulation 9(2);
(18) Failed to mark clearly, in a visible manner any marking appropriate on the equipment for reasons of health and safety in breach of regulation 23;
(19) Failed to warn or fit warning devices to the drilling and other equipment in breach of regulation 24(1);
    Personal Protective Equipment at Work Regulations 1992
(20) Negligently and or in breach of regulation 4(1) failed to ensure that suitable personal protective equipment was provided to the Claimant;
(21) Negligently and or in breach of regulation 5(1) failed to ensure that the personal protective equipment provided continued to be effective against the risk involved in using this drilling and other equipment;
(22) Negligently and or in breach of regulation 6(1) failed to make an assessment as to those matters covered in regulation 6(2), namely the risk or risks to health and safety which had not been avoided by other means particularly when the drill could not easily drill the materials;
(23) Negligently and or in breach of regulation 9(1) failed to provide both personal protective equipment and also ensure that the Claimant was

provided with such information, instruction and training as was adequate and appropriate to enable the Claimant to know the risks that personal protective equipment would avoid;

(24) Negligently and or in breach of regulation 10(1) failed to take all reasonable steps to ensure that personal protective equipment was properly used;

Manual Handling Regulations 1992

(25) Failed to avoid the need for the Claimant to undertake any manual handling operations at work such as the use of the drill and the other equipment in breach of regulation 4(1)(a);

(26) Failed to make a suitable and sufficient assessment of all such manual handling operations including the use of the drill and the other equipment which use did involve a risk of the Claimant being injured in breach of regulation 4(1)(b);

(27) Failed to make a suitable and sufficient assessment of the task of handling the drill and the other equipment, in particular failing to have regard to the following:
  (a) the fact that the surfaces to be drilled were hard and the drill was small and inadequate;
  (b) the fact that such use was likely to involve unsatisfactory body movement or posture by the Claimant, especially in terms of bending and vibration to the elbows;
  (c) the fact that the Claimant would have to exert considerable pressure on the drill and other equipment;
  (d) the fact that the Claimant's work was heavy;
  (e) the fact that the Claimant's work included daily exposure to considerable vibration; in breach of regulation 4(1)(b);

(28) Failed to take appropriate steps to reduce the risk of injury to the Claimant arising out of him using the equipment and the drill by not having regard to providing the Claimant with any proper assistance, mechanical or otherwise in breach of regulation 4(1)(b);

[Continue as in 81-X9 above.]

The Control of Vibration at Work Regulations 2005[148]

(29) Exceeded the daily exposure limit for hand-arm vibration [or whole body vibration] and or failed to take action where the daily exposure action value was exceeded in breach of reg.4;

(30) In breach of reg.5 and/or negligently failed to carry out a suitable and sufficient assessment of the risk created by that work to the health and safety of those employees and particularly failed to assess the daily exposure to vibration by means of:
  (a) observation of specific working practices;
  (b) reference to relevant information on the probable magnitude of the vibration corresponding to the equipment used in the particular working conditions;
  (c) measurement of the magnitude of vibration to which his employees are liable to be exposed;

(31) In breach of reg.5 and/or negligently the risk assessment did not include consideration of:
  (a) the magnitude, type and duration of exposure, including any exposure to intermittent vibration or repeated shocks;

---

[148] In force from July 6, 2005, save in respect of paras (35) and (36) set out below.

(b) the effects of exposure to vibration on employees whose health is at particular risk from such exposure;
(c) any effects of vibration on the workplace and work equipment, including the proper handling of controls, the reading of indicators, the stability of structures and the security of joints;
(d) any information provided by the manufacturers of work equipment;
(e) the availability of replacement equipment designed to reduce exposure to vibration;
(f) any extension of exposure at the workplace to whole-body vibration beyond normal working hours, including exposure in rest facilities supervised by the employer;
(g) specific working conditions such as low temperatures;
(h) appropriate information obtained from health surveillance including, where possible, published information;

(32) Failed to review the risk assessment regularly and, in any event where it was suspected the assessment was no longer valid and or there had been a significant change in the work to which the assessment related in breach of reg.5;

(33) Failed to ensure that risk from the exposure of his employees to vibration was eliminated at source in breach of reg.6;

(34) In breach of reg.6 failed to reduce exposure to as low a level as was reasonably practicable by establishing and implementing a prrogramme of organisational and technical measures which were appropriate to the activity based on the principle of prevention and particularly:

(a) using other working methods which eliminated or reduced exposure to vibration;
(b) the choice of work equipment of appropriate ergonomic design which, taking account of the work to be done, produced the least possible vibration;
(c) the provision of auxiliary equipment which reduced the risk of injuries caused by vibration;
(d) appropriate maintenance programmes for work equipment, the workplace and workplace systems;
(e) the design and layout of workplaces, work stations and rest facilities;
(f) suitable and sufficient information and training for employees, such that work equipment was used correctly and safely, in order to minimise their exposure to vibration;
(g) limitation of the duration and magnitude of exposure to vibration;
(h) appropriate work schedules with adequate rest periods;
(i) the provision of clothing to protect employees from cold and damp;

(35) Failed to ensure that the Claimant was not exposed to vibration above the exposure limit value in breach of reg.6[149];

(36) In breach of reg.6[150] where the exposure limit was exceeded, failed forthwith to:

---

[149] This part of reg.6 was not in force until July 6, 2010 (in forestry and agriculture not in force until July 6, 2014) for work equipment provided prior to July 6, 2007, but employer needs to take into account latest technical advances and organisational measures set out above under reg.6.

[150] This part of reg.6 was not in force until July 6, 2010 (in forestry and agriculture not in force until

(a) reduce exposure to vibration to below the limit value;
(b) identify the reason for that limit being exceeded;
(c) modify the measures taken in accordance with paragraphs (a) and (b) to prevent it being exceeded again;

(37) Failed to ensure that the Claimant was placed under suitable health surveillance in breach of reg.7;

(38) Failed to ensure that a suitably qualified person informed the Claimant of the identifiable disease [set it out] and or adverse health effect and ensure that:

[set out as appropriate]
(a) information and advice was given to the Claimant in respect of further health surveillance;
(b) the Defendants informed themselves of the significant findings [set them out] from this assessment of the Claimant;
(c) a review of compliance measures in respect of reg.6 as set out above was undertaken;
(d) consideration was given to the Claimant being assigned to alternative work where there was no risk from further exposure to vibration;

(39) In breach of reg.8 failed to provide the Claimant with suitable and sufficient information, instruction and training and or to update that information, instruction and training including:
(a) the organisational and technical measures taken in order to comply with the requirements of reg.6;
(b) the exposure limit values and action values set out in reg.4;
(c) the significant findings of the risk assessment, including any measurements taken, with an explanation of those findings;
(d) why and how to detect and report signs of injury;
(e) entitlement to appropriate health surveillance under reg.7 and its purposes;
(f) safe working practices to minimise exposure to vibration;
(g) the collective results of any health surveillance undertaken in accordance with reg.7.

CLAIM UNDER CONTROL OF SUBSTANCES HAZARDOUS TO HEALTH REGULATIONS 2002

The regulations apply on or after November 21, 2002[151] **81-X26**

1. At all material times the Claimant was employed by the Defendants and the Control of Substances Hazardous to Health Regulations 2002 applied to his work.

2. [Set out the facts giving rise to the injuries.]

July 6, 2014) for work equipment provided prior to July 6, 2007, but employer needs to take into account latest technical advances and organisational measures set out above under reg.6.

[151] The Control of Substances Hazardous to Health Regulations 1999 are not included in this edition.

3. The Claimant believes that his accident was caused by the Defendants' [breach of statutory duty and/or][152] negligence in that they:

Particulars of [Breach of Statutory Duty and] Negligence

The Claimant relies on the Regulations to evidence a breach of statutory duty insofar civil liability attaches. In the alternative, the Claimant will refer to the relevant Regulations as relevant to the standard to be expected of employers in the workplace, as evidence of negligence.

Control of Substances Hazardous to Health Regulations 2002

(1) Failed to make a suitable and sufficient assessment of the risks created by the use of X and of the steps which needed to be taken to meet the requirements of the regulations and in particular failed to have regard to [amend as appropriate]:
  (a) the hazardous properties of the substance;
  (b) information on health effects provided by the supplier;
  (c) the level, type and duration of exposure;
  (d) the circumstances of the work including the amount of the substance involved;
  (e) activities such as maintenance, where there was the potential for a high level of exposure;
  (f) any relevant occupational exposure standard, maximum exposure limit or similar occupational exposure limit;
  (g) the effect of preventive or control measures;
  (h) the results of health surveillance;
  (i) the results of monitoring exposure;
  (j) the risk presented by exposure to substances in combination;
  (k) the approved classification of any biological agent;
  (l) such additional information [set it out] as the Defendant might need in order to complete the risk assessment;
  in breach of regulation 6(1);
(2) Failed to review the assessment when there was reason to suspect that it was no longer valid or that there had been a significant change in work to which the assessment related or the results of any monitoring showed it to be necessary in breach of regulation 6(3) [set out the reasons for suspicion and or change];
(3) Failed to make the required changes as a result of the assessment carried out under regulation 6(2) in breach of regulation 6(3) [set out the changes];
(4) Failed to prevent the Claimant's exposure to X or to control it adequately in breach of regulation 7(1);
(5) Failed to substitute X with Z [and/or] use a different process which eliminated or reduced the risk of health to the Claimant;
(6) Failed to comply with its duty of control by applying protection measures such as [amend as necessary and provide particulars]:
  (a) the design and use of appropriate work processes, systems and engineering controls and the provision and use of suitable work equipment and materials;
  (b) the control of exposure at source including adequate ventilation system and appropriate organisational measures;

---

[152] See para.81-09.

(c) the provision of suitable protective equipment in addition to the measures at (a) and (b);
(d) arrangements for the safe handling, storage and transport of substances hazardous to health and of waste containing such substances, at the workplace;
(e) the adoption of suitable maintenance procedures;
(f) reducing to the minimum required for the work concerned the number of employees subject to exposure [and/or] the level and duration of exposure [and/or] the quantity of substances hazardous to health present at the workplace [and/or] the control of the working environment including general ventilation [and/or] appropriate washing facilities;
(7) Exposed the Claimant to a carcinogen and failed to: [amend as appropriate]
    (a) totally enclose the process and handling system;
    (b) prohibit eating, drinking and smoking in areas contaminated by carcinogens;
    (c) clean floors, walls and other surfaces at regular intervals and whenever necessary;
    (d) use suitable and sufficient warning signs designating those areas that were or might be contaminated by carcinogens;
    (e) store and handle the carcinogens in safe, closed and clearly labelled containers;
in breach of regulation 7(5);
(8) Exposed the Claimant to a biological agent and failed to: [amend as appropriate]
    (a) display suitable and sufficient warning signs including the biohazard sign;
    (b) specify appropriate decontamination and disinfection procedures;
    (c) test for the presence outside the primary physical confinement of biological agents;
    (d) make available effective vaccines for the Claimant;
    (e) institute hygiene measures with the aim of preventing or reducing the accidental transfer or release of a biological agent including the provision of appropriate and adequate washing facilities [and/or] the prohibition of eating, drinking, smoking and the application of cosmetics in working areas where there was a risk of contamination by biological agents [and/or] where human patients or animals were or were suspected of being infected with a Group 3 or 4 biological agent, selecting the most suitable control and containment measures from those listed in Part II of Schedule 3 [set them out];
in breach of Regulation 7(6);
(9) Allowed or permitted the Claimant to inhale so much of X that it was above the maximum exposure limit [set out the exposure limit] in breach of Regulation 7(7);
(10) Allowed or permitted the Claimant to inhale so much of X that it was above the occupational exposure standard [set out the exposure standard] in breach of Regulation 7(7);
(11) Failed to provide the Claimant with personal protective equipment which was suitable for the purpose in breach of Regulation 7(9);
(12) Failed to ensure that the control measures were properly used or applied in breach of Regulation 8(1);
(13) Failed to ensure that the control measures were maintained in an efficient state,

in efficient working order, in good repair and in a clean condition in breach of Regulation 9(1);
(14) Failed to ensure that thorough examination and testing of the respiratory protective equipment was carried out at suitable intervals in breach of Regulation 9(3);
(15) Failed to monitor the exposure of the Claimant to X contrary to regulation 10(1) by means of a suitable procedure or otherwise;
(16) Failed to ensure that the Claimant was kept under suitable health surveillance, contrary to regulation 11;
(17) When the health surveillance showed that the Claimant [or another colleague] was found to have an identifiable disease or adverse health effect due to exposure to X failed to:
   (a) review the risk assessment;
   (b) review any other control measures;
   (c) consider assigning the Claimant to alternative work;
   (d) provide for a review of the Claimant who had been similarly exposed;
   in breach of Regulation 11(9);
(18) Failed to provide the Claimant with suitable and sufficient information, instruction and training including [edit as appropriate]:
   (a) the details of the substances hazardous to health to which the Claimant was exposed including the names of the substances and the risk which they presented to health [and/or] any relevant occupation exposure standard [and/or] any maximum exposure limits [and/or] any similar occupational exposure limit [and/or] access to any relevant safety data sheet [and/or] any other legislative provision which concern the hazardous properties of those substances;
   (b) the significant findings of the risk assessment;
   (c) the appropriate precautions and actions to be taken by the Claimant [or another work colleague] in order to safeguard himself and other work colleagues [or the Claimant] at the workplace;
   (d) the results of any monitoring;
   (e) information as to whether the maximum exposure limit had been exceeded in respect of X;
   in breach of regulation 12;
(19) Failed to adapt to take account of significant changes in the type of work carried out or the methods of work used by the employer in breach of Regulation 12;
(20) Failed to ensure that the contents of any container and or pipes were clearly identifiable in breach of Regulation 12(5);
(21) Failed to ensure that [amend as appropriate]:
   (a) procedures including the provision of first-aid facilities and relevant safety drills (which had been tested at regular intervals) and
   (b) information on emergency arrangements, including details of relevant work hazards and hazard identification arrangements [and/or] specific hazards likely to arise at the time of an accident, incident or emergency were available and
   (c) suitable warning and other communication systems were established to enable an appropriate response, including remedial actions and rescue operations, to be made immediately when such an event occurs;
   (d) that immediate steps were taken to mitigate the effects of the event,

restore the situation to normal and inform those of his employees who may be effected;
(e) only those persons who were essential for the carrying out of repairs and other necessary work were permitted in the affected area and that they were provided with appropriate personal protective equipment and or any necessary specialised safety equipment and plant;
(f) that the Claimant or his representatives were informed of the causes of the incident or accident and or the measures taken to rectify the situation [this only applies to the release of a biological agent which could cause severe human disease]
in breach of Regulation 13.

Claim relating to Dermatitis

1. At all material times: **81-X27**
(1) The Defendants occupied their premises at [address].
(2) The Claimant was employed by the Defendants as a scrap metal worker.
(3) The Personal Protective Equipment at Work Regulations 1992 and the Control of Substances Hazardous to Health Regulations 2002 applied to the Claimant's work.

2. The Claimant's job required him to take apart car engines, sort and then clean re-useable parts.

Particulars

(1) The Claimant would hammer the engine apart with a large break hammer;
(2) The Claimant was exposed to significant amounts of grease and oil throughout the process which would leak onto his overalls and onto the floor;
(3) The Claimant would lean against the vice to support himself and to get purchase when using the tools;
(4) The oil and grease would also soak onto his overalls;
(5) The tools used by the Claimant were put in a bucket of Agent X so that they could be cleaned;
(6) When they were picked up the Agent X would dribble down the Claimant's arms and onto and soak through his overalls;
(7) Agent X gave off foul vapours;

3. On or around [date] the Claimant developed a rash with broken skin and bleeding over his trunk, forearms and his lower legs which was diagnosed as contact dermatitis. The Claimant also had problems breathing.

4. The said rash was a result of an allergic contact dermatitis caused by the Claimant's exposure in the course of his employment to oil and or grease and or Agent X. The Claimant's breathing difficulties were due to his exposure to Agent X.

5. The Claimant believes that his injuries were caused by the Defendants' [breach of statutory duty and][153] negligence in that they:

---

[153] See para.81-09.

Particulars of [Breach of Statutory Duty and] Negligence

The Claimant relies on the Regulations to evidence a breach of statutory duty insofar civil liability attaches. In the alternative, the Claimant will refer to the relevant Regulations as relevant to the standard to be expected of employers in the workplace, as evidence of negligence.

Personal Protective Equipment at Work Regulations 1992[154]

Control of Substances Hazardous to Health Regulations 2003 or Control of Substances Hazardous to Health Regulations[155] 2002[156]

Negligence Only
(1) Failed to provide the Claimant with impervious overalls as dictated by the Control of Substances Hazardous to Health Agent X assessment sheet;
(2) Failed to provide the Claimant with enough overalls to allow him to change, regularly, out of his soiled overalls as dictated by the COSHH Brillo assessment sheet;
(3) Failed to instruct the Claimant to change his overalls when they were soiled by Agent X as dictated by the COSHH Agent X assessment sheet;
(4) Failed to institute or enforce any or any adequate system for the provision of appropriate or adequate protective clothing; in particular, to provide impermeable overalls. The Claimant will say that Agent X and or oil and or grease frequently splashed onto and soaked into his overalls;
(5) caused or permitted Agent X to be used as a cleaning agent when the same was well known to be a skin irritant;
(6) Caused the Claimant to come into contact with Agent X and or oil and or grease when they knew or ought to have known that exposure to these chemicals and substances was likely to cause contact dermatitis;
(7) Failed to warn the Claimant that contact dermatitis could result from Agent X and or oil and or grease if there was any prolonged or repeated contact with his skin;
(8) Failed to advise the Claimant either properly or at all of the need to keep his skin protected;
(9) Failed to provide any barrier creams or cleansers which were readily accessible and/or accessible to the Claimant;
(10) Failed to provide any or any adequate washing facilities particularly showers for the body, arms and chest;
(11) Failed to consider and take appropriate remedial action in light of the fact that other employees developed similar types of rashes from contact with Agent X and or oil and or grease;
(12) Failed to consider and take appropriate remedial action in light of the Claimant's report to his department health and safety representative that he was suffering from a rash on his hands and arms;
(13) Failed to investigate the Claimant's rash and/or to discontinue the Claimant's work in proximity to Agent X but, instead, allowing the

---

[154] See 81-X11 above.
[155] See 81-X26 above.
[156] Depending on the date of the work that gave rise to the injury refer to prior Control of Substances Hazardous to Health Regulations (SI 1988/1657) as amended by SI 1990/2026, SI 1991/2431, SI 1992/2382, SI 1992/2966, SI 1993/745 or SI 1994/3247, as amended by SIs 1996/1092, 1996/2092, 1997/1460, 1998/3106 and 1999/197.

Claimant to continue to work in another department and to be in contact with Agent X;
(14) Failed to put the Claimant onto different work and/or onto work which did not involve contact with Agent X;
(15) Instructed, caused or permitted the Claimant to return to work close to or with Agent X after the rash had cleared up;
(16) Failed to institute or enforce any or any adequate system of work whereby the Claimant was protected from contact with Agent X and or oil and or grease;
(17) Failed to heed the fact that Agent X evaporated more slowly than other cleaning agents and that oil and grease would not evaporate therefore soaking into the Claimant's overalls and thereby being in contact with his skin for long periods of time;
(18) Caused or permitted the Claimant to handle oily and dirty items continuously during his work when they knew or ought to have known that oil in contact with the skin could or would cause dermatitis;
(19) Failed to give the Claimant any or any adequate advice, instruction or warnings regarding the risks of contracting dermatitis in the circumstances aforesaid;
(20) Failed to consider and take appropriate remedial action in light of the fact that the Claimant was evidently suffering from dermatitis and/or the need to take him away from work involving contact with oil and or grease and or Agent X;
(21) Failed to provide the dip tank with any or adequate spill tray to prevent Agent X from spilling onto his overalls;
(22) Failed to take any or any adequate precautions for the safety of the Claimant while he was engaged in the work;
(23) Exposed the Claimant to a risk of damage or injury of which they knew or ought to have known;
(24) [Conclude as in Precedent 81-X28, below—General negligence.]

Claim for General Negligence at Work

Negligence Only

(1) Failed to set up and implement a safe system of work for the Claimant; **81-X28**
(2) Failed to provide the Claimant with a safe place of work;
(3) Failed to give the Claimant adequate instruction in how to perform his work;
(4) Failed to give the Claimant adequate training;
(5) Failed to give the Claimant adequate supervision;
(6) Failed to provide the Claimant with safe plant and equipment;
(7) Failed to provide the Claimant with safe fellow workers;
(8) Failed in all the circumstances to take reasonable care for the safety of the Claimant;
(9) Exposed the Claimant to an unnecessary risk of injury of which they knew or ought to have known [set out any specific reason(s) for inputting knowledge].

Highways

Claim under Highways Act 1980

81-X29 1. The Defendant is and was in 1998 the Highway Authority responsible for a highway known as Wymering Street, London W12.

2. Wymering Street is a busy residential area. In addition there are 4 neighbourhood shops at one end of the street and a 500-pupil primary school at the other end. Many pedestrians use it. The Defendants knew or ought to have known this.

3. On [date] the Claimant was walking across the pavement when she tripped over a defect on the pavement and fell onto her wrist.

4. The defect consisted of a broken paving stone some 40cm across and 18cm deep. The Claimant has attached photographs of the defect taken the day after the accident at Annex 1.

5. The Claimant's accident was caused by the Defendant's breach of its statutory duty under s.41 of the Highways Act 1980 to repair or maintain the street.

6. The Claimant believes that the accident was caused by the Defendant's breach of statutory duty and/or negligence in that they:

Particulars of Breach of Statutory Duty and Negligence
(1) Failed adequately or at all to repair and or maintain the street;
(2) Failed to institute and/or maintain any or any adequate regime for the inspection of the condition of the street;
(3) Failed to fence off or guard the defect;
(4) Failed to provide any warning of the existence of the defect;

7. Further or in the alternative, the defect constituted a nuisance which was caused or permitted by the Defendant, and Claimant's fall was caused by that nuisance.

8. As a result the Claimant suffered personal injuries, loss and damage.

Particulars of Personal Injuries

The Claimant was born on [date]. She suffered a dislocation of the distal ulna. An operation is required and, for that reason, the prognosis is necessarily uncertain. A detailed report on condition and prognosis will be available once the operation has taken place. Further details can be found in the medical report of Mr Johnston dated [date] and attached at Annex 2.

The Claimant has had to give up her job as a shelf stacker. She is unskilled and would have relied, principally, on work requiring manual dexterity or constant or heavy use of the hands which she is unable to do. She has worked variously at Burger King, Tesco's and Asda. She has suffered a reduced earning capacity, has lost earnings and is very seriously handicapped on the labour market.

Particulars of Special Damage and Future Losses
A Schedule is attached at Annex 3.

9. Further the Claimant claims interest pursuant to s.69 of the County Courts Act at the rate of:
(1) 2 per cent on General damages from the date of service of the Claim Form until the date of judgment; and
(2) upon special damages from the date such loss accrued to be assessed at 8% until judgment is satisfied as the Claimant has been denied the use of the said sums since the date such losses occurred, whereas the Defendant has enjoyed the use of the same throughout the said period.

AND the Claimant claims:
(1) General Damages in excess of £1,000 and damages of more than £25,000.
(2) Interest to be assessed thereon pursuant to s.69 of the County Courts Act 1984.

CLAIM RELATING TO SMOKING IN THE WORKPLACE

1. At all material times the Claimant was employed by the Defendant in their office in Lime Grove Studios, Leeds ("the premises").

81-X30

2. The Claimant worked on the premises for approximately 40 hours per week. Many of the employees working alongside the Claimant were smokers. They regularly smoked in the office, exposing the Claimant to tobacco smoke.

3. The premises were enclosed within section 2 of the Health Act 2006.[157] Consequently it was required that these premises were smoke free all of the time.

4. The Defendant knew or ought reasonably to have known that other employees were smoking in the office. Further on [date] the Claimant complained to his line manager, Mr Richard West that other employees were smoking. He informed Mr West that his asthma had deteriorated significantly because of his exposure to tobacco smoke.

5. The Claimant believes that his injuries were caused by the Defendant's [breach of statutory duty and/or][158] negligence in that they:
Management of Health and Safety at Work Regulations 1999;[159]
Workplace (Health, Safety and Welfare) Regulations 1992;[160]

Health Act 2006
(1) Failed to ensure that any or any adequate no smoking signs were displayed in the premises, in breach of section 6;
(2) Failed to cause the other employees to stop smoking within the premises, in breach of section 8(1);

Negligence only
(1) Failed to heed the contents of the Department of Health's publication "Report of the Scientific Committee on Tobacco and Health" 2004 which specifically highlighted the health risks caused by passive smoking;

---

[157] Provisions of the Health Act 2006 are not yet in force but are expected to come into force on July 1, 2007.
[158] See para.81-09.
[159] Refer to relevant section.
[160] Refer to relevant section.

(2) Failed to establish and or implement a system whereby smoking was prevented within the premises;
(3) Failed to discipline the relevant employees and or adequately enforce such system;
(4) Failed to provide an alternative indoor and or dry outdoor area in which employees could smoke;
(5) Failed to deal with the Claimant's complaint adequately or at all;

CLAIM UNDER S.130 OF THE HIGHWAYS ACT 1980

81-X31 1. The Defendants are the highway authority for Iffley Road which leads to Stamford Den Football ground. The Defendants owed duties to assert and protect the rights of the public to the use and enjoyment of the street and to prevent the stopping up or obstruction of the street.

2. The Defendants knew or ought to have known that after every football ground the 60,000 spectators would walk down Iffley Road depositing large quantities of glass and other rubbish in such quantities that the footway became difficult and treacherous to use.

3. On [date], the day after one such match, the Claimant was walking along the footway when she slipped and cut herself on rubbish and glass.

4. The Claimant believes that her accident was caused by the breach of statutory duty and negligence of the Defendants in that they:

Particulars of Breach of Statutory Duty and Negligence
(1) Failed to set up a system for the street to be cleaned immediately following a football match;
(2) Failed to heed 27 letters of complaint written to the Authority by various residents between [date] and [date];
(3) Failed to assert the public's right to enjoy the road;
(4) Failed to prevent the stopping up or obstruction of the street;
[Conclude as in 81-X29 above.]

CLAIM UNDER NEW ROADS AND STREET WORKS ACT 1991

81-X32 1. The Defendants were a cable television company who were installing cables on Wymering Street, W9 and were a statutory undertaker within the New Roads and Street Works Act 1991.[161]

2. The Defendants had dug a hole in the footway which was 2m by 3m and 50cm deep and accordingly had opened up the street [or broken up the street/sewer/tunnel under it/tunnelling or boring under the street].[162]

3. The Claimant was walking along Wymering Street when he fell into the hole and broke his arm.

---

[161] The Act does not give rise to civil liability.
[162] Together with opening up these are the qualifying words to ss.65, 66 and 67.

4. The Claimant believes that his injuries were caused by the negligence of the Defendants and by their failure to heed the provisions of the New Roads and Street Works Act 1991 (the Act) in that they:

Particulars of Negligence

(1) Failed adequately or at all to guard or light the hole in breach of s.65(1)(a) of the Act;
(2) Failed to place and maintain any traffic signs for the benefit of the Claimant who was using the footway in breach of s.65(1) of the Act;
(3) Failed to complete the work with all such dispatch in that the hole had been in the street for 2 weeks and it appeared that the Defendants had not touched it for 10 days before the accident in breach of s.66(1) of the Act;
(4) Failed to ensure that the execution of the works was supervised by a supervisor having the prescribed qualifications in breach of s.67(1) of the Act;
(5) [Failed to ensure that a trained operative with a prescribed qualification was on site when the works were in progress in breach of s.67(2) of the Act;
(6) Failed to reinstate the footway in breach of s.70(1) of the Act;[163]
(7) Failed to begin the reinstatement after the completion of the works and failed to complete the works with all such dispatch in breach of s.70(2);
(8) Failed to complete the interim reinstatement by [specify the time] and, in any event, within 6 months from the date of completion of the interim reinstatement in breach of s.70(4);
(9) Failed to ensure that the coloured cobbles at the kerb[164] were reinstated in breach of s.70(5);
(10) Failed to comply with [specify appropriate code of practice and list breaches] in breach of s.71(4) of the Act;
[Conclude as in 81-X29 above.]

PREMISES AND OCCUPIERS

CLAIM UNDER OCCUPIERS LIABILITY ACT 1957

1. On [date] the Claimant was eating in the Defendant's restaurant and was, accordingly, their visitor.

81-X33

2. The Claimant was making to leave the restaurant when he slipped and fell on a pool of liquid.

3. The Claimant believes that his injuries were caused by the Defendant's negligence and/or breach of statutory duty in that they:

Particulars of Breach of Statutory Duty and Negligence

(1) Failed to clean up the liquid;
(2) Failed to fence off or otherwise demarcate the spillage;
(3) Failed to warn the Claimant of the presence of the spillage;
(4) Failed to set up and operate any or any adequate system of inspection of the floor of the restaurant and its clearing up;

---

[163] Breaches in respect of reinstatement.
[164] The section is directed at reinstatement of features designed to assist people with a disability.

(5) Failed to heed the fact that the restaurant was crowded and the tables were close together so that the Claimant was unable to see where he was going;
(6) Failed in all the circumstances to discharge the common duty of care in breach of s.2 of the Occupiers Liability Act 1957.

Claim under Occupiers Liability Act 1984

81-X34 1. The Claimant was born on [date]. The Defendants occupy a depot at 7 Home Farm, Surrey where they keep building supplies including a large amount of alkali sand for mixing with concrete. The Defendants' depot is surrounded by a 1.5m fence and is entered through automatic gates which are electronically controlled.

2. On [date] the Claimant, who was 7 years old, was playing with 4 other boys on a children's playground adjacent to the Defendants' warehouse when they noticed a large pile of sand on the Defendants' forecourt.

3. The Defendants' gates had failed and they were stuck open. The Claimant and his friends entered onto the Defendants' forecourt and began playing in the sand and throwing it around when some entered the Claimant's eye causing a loss of acuity of vision to his right eye.

4. The Claimant's litigation friend believes that his injuries were caused by the Defendants' breach of statutory duty and/or negligence in that they:

Particulars of Breach of Statutory Duty and Negligence
(1) Failed to heed the fact that:
   (a) the sand was of a strongly alkaline nature and created a risk of personal injury to those coming into contact with it who were not provided with protective equipment and/or appropriate training;
   (b) the playground was adjacent to their premises which meant that a large number of children would play close to the Depot;
   (c) children would find a large heap of sand alluring and would want to play in or around it;
   (d) the sand was on the forecourt by the gates and would be easily accessible to any children;
(2) Failed to ensure, in all the circumstances and particularly the 4 matters set out above, that the gates were shut to keep the children out;
(3) Failed to put warning signs around the sand;
(4) Failed to cordon off or otherwise hinder access to the sand;
[Conclude as in 81-X29 above.]

Claim under Landlord and Tenant Act 1985 and Defective Premises Act 1972

81-X35 1. The Claimant was the tenant of a house at Meadow Farm, Surrey let to her by the First Defendant by a lease dated [date].

2. It was an express term of the lease (at clause 7) that the First Defendant should be responsible for repairing the premises.

3. A repairing covenant was also implied into the tenancy by virtue of the provisions of s.11A of the Landlord and Tenant Act 1985 that the Defendant would keep in repair the structure and exterior of the property.

4. On or around [date] the Claimant informed the Defendant orally on the telephone that the front door was loose in its frame, that it was defective, dangerous and that it needed to be fixed urgently [*or* the Defendant knew or ought to have known of the defect (set out how the knowledge or constructive knowledge arose)].

5. On [date], the Claimant opened the door normally when it fell on to her and pinned her to the ground.

6. The accident was caused by the Defendant's, his servant's or agent's:
  (1) breach of the said express or implied terms of the lease; and
  (2) breach of his statutory duty under s.11A of the Landlord and Tenant Act 1985; and
  (3) breach of s.4 of the Defective Premises Act 1972 in that they:

Particulars
(a) failed to set up a system of regular and reasonable inspection and maintenance;
(b) failed to act, despite notice given by the Claimant on [date] that the door was defective and needed to be repaired;
[Conclude as in 81-X29 above.]

Claim under Package Holiday Regulations 1992

1. [165] The Claimant was born on [date]. The 1st Defendants are a tour operator organising and selling package holidays to France. The Second Defendants own and operate a hotel called La Poubelle in Rue d'Or, Sarlat, France. **81-X36**

2. The Claimant contracted with the 1st Defendants to buy a package holiday including his flights, hotel accommodation and various activities. The accommodation was to be in the 2nd Defendant's hotel.

3. The Package Travel, Package Holidays and Package Tours Regulations 1992 applied to this contract ("the 1992 Regulations").

4. On [date] the Claimant was walking down the stone steps from the terrace restaurant to the pool. He noticed that the handrail was rotten and falling off the wall. Immediately he went to the reception and complained to the hotel's duty manager about the state of the handrail.

5. Shortly afterwards the tour operator representative came into the reception area and the Claimant also complained to her about the handrail.

6. On [date], two days later, the Claimant left the terrace restaurant and walked down the stone steps to return to his room. His foot slipped and he grabbed the

---

[165] A purely contractual claim should also be considered. Also consider the Package Travel and Linked Travel Arrangements Regulations 2018.

handrail. The handrail came off the wall immediately and the Claimant tumbled to the bottom of the steps.

7. The Claimant believes that his injuries were caused by the Defendants' negligence and / or breach of statutory duty in that they:

Breach of Statutory Duty

(1) In breach of Regulation 15(8) of the 1992 Regulations the First Defendant failed to make prompt efforts to find a solution after the Claimant complained about the state of the handrail;

Negligence only

(2) Failed to maintain the handrail in a safe and efficient working order;
(3) Failed to operate and or maintain any adequate system of inspection and maintenance;
(4) Failed to fence off the steps when they were unsafe to use;
(5) Failed to repair the handrail when they knew that it was defective;
(6) Failed to heed the Claimant's complaints regarding the handrail;

8. Furthermore consequent upon Regulation 15(1) of the 1992 Regulations, the First Defendants are strictly liable for all breaches by the Second Defendants.

B. Defences

Road Traffic Accident

Defence to road traffic accident claim—Sudden and unexpected collapse

81-X37 1. It is admitted that on [date] the Defendant's car struck the deceased's car and that the deceased died as a result of the injuries that he suffered in the accident.

2. It is denied that the Defendant was negligent as alleged.

3. The Defendant was a 47-year-old managing director who, prior to the accident, had been thought to have been in good health. The Defendant had no obvious symptoms of heart disease and had only seen his General Practitioner once in the previous year in relation to a bout of 'flu.

4. Twenty to thirty seconds before the accident the Defendant began to suffer a series of heart attacks during which he lost control of the car causing the collision. The effect of the heart attacks was either to render the Defendant unconscious or the pain was so severe that he was unable to move his foot to the brake or steer his car to a halt safely or at all.

Defence and counterclaim to road traffic accident claim—Ex turpi causa

81-X38 1. It is admitted that the Defendant ran the Claimant over on Basildon High Street when driving his Volkswagen Passat index number F234 XYR.

2. The Claimant was being chased by the Flying Squad at the time of the accident as he had just committed an armed robbery and ran across the street in an attempt to flee from the scene of his crime.

3. The Claimant cannot maintain an action that arises from an unlawful and antisocial course of conduct.

4. Further the Claimant caused or contributed to his injuries in that he:

Particulars of Negligence
(1) ran headlong across the High Street without looking;
(2) did not wait for the Defendant's vehicle to pass before he stepped into the road;
(3) did not wait for a gap in the traffic.

Counterclaim

5. The Defendant repeats paragraphs 1, 2 and 4 of the Defence.

6. As a result the Defendant suffered injuries [set out injuries as in 81-X25 above].

AND the Defendant counterclaims:
(1) damages;
(2) interest to be assessed thereon, pursuant to s.69 of the County Courts Act 1984.

Defence to road traffic accident claim—Volenti non fit injuria

1. The Defendant admits that on [date] he crashed an Alfa Romeo sports car index number S49 VGM into a tree in Datchet, Windsor severely injuring the Claimant. **81-X39**

2. It is admitted that the Defendant had 85ml of alcohol in his blood which was just over twice the legal limit.

3. The Claimant and the Defendant had met in a nightclub where they shared 2 bottles of champagne and the Claimant had asked the Defendant how quickly he could drive his new car.

4. The Claimant knew or ought to have known that the Defendant was unfit to drive because he was drunk but nevertheless got into the car with him. Further, when the Defendant drove unsteadily out of the car park and scraped the paint of the car against a gatepost the Claimant merely laughed and encouraged the Defendant to drive as quickly as he could and, in any event, faster than 100m.p.h.

5. The Claimant consented to the Defendant's course of conduct and no action lies against him in the circumstances.
[Continue to set out contributory negligence.]

Animals Act 1971

Defence—Animals with wild characteristics

1. It is admitted that the Defendant was the keeper of a Labrador called "Bounder" and that Bounder bit the Claimant on [date]. **81-X40**

2. It is denied that Bounder had bitten two other postmen or indeed anyone at all before he bit the Claimant. Further Bounder is a calm and gentle dog and is a Labrador.

3. The Defendant has never received any complaint in respect of Bounder biting or showing a wild or vicious nature and to his knowledge Bounder has never done so.

4. The Claimant was bitten by Bounder due to the fact that when he saw Bounder run to greet him in a friendly fashion the Claimant started shouting and lashed out at him with his feet as he wrongly thought that Bounder posed a danger to him.

Employer's Liability

Master defence to claim under Manual Handling Operation Regulations 1992, Management of Health and Safety Regulations 1999 and Manual Handling Directive

81-X41
1. It is admitted that
   (1) the Claimant was employed by the Defendants as a cleaner at their premises in the Town Hall, Middlesex;
   (2) the Manual Handling Operations Regulations 1992 applied to the Claimant's work.

2. It is denied that the Manual Handling Directive is directly effective as against the Defendants and, in any event, it will be contended that the duties therein are qualified by the domestic legislation and particularly the Manual Handling Operations Regulations 1992. [Further no civil liability attaches to the Manual Handling Operation Regulations 1992 and Management of Health and Safety Regulations 1999 in light of the amendment to s.47 HSWA 1974].[166]

3. Paragraphs 2 of the Particulars of Claim are admitted save that the Claimant's workplace is a 500-year-old building and is protected as a Grade I structure.

4. The Defendants are unable to say whether or not the facts in paragraphs 4 and 5 occurred but the Claimant is required to prove them.

5. The Defendants deny that they were negligent [or in breach of statutory duty as alleged by the domestic regulations] in that they:
   (1) Were unable to reduce manual handling of the boxes any further due to the constraints set by the building in that they:
       (a) were not permitted to install hoists by the planning authorities;
       (b) the floors were on so many levels that the use of a trolley was not practicable;
       (c) the passageways and corridors were so narrow and twisting that the only practicable method of carrying the boxes was to do so manually.
   (2) The Defendants did make an assessment of the task that the Claimant performed. Mr Jones observed the Claimant's work and filled in the assessment sheets annexed hereto.
   (3) As a result the Defendants set up a system whereby the Claimant, who was cleaning the first floor and Ms Johnson who was cleaning the ground floor would leave the movement of the boxes to the end of the shift. Then Ms

---

[166] See para.81-09.

Johnson would help the Claimant with the boxes on his floor and the Claimant would help Ms Johnson with the boxes on her floor. Both the Claimant and Ms Johnson had this system explained to them and both were instructed to use it. Mr Jones had observed the system working and being properly implemented by both the Claimant and Ms Johnson in the week before the accident.

(4) The specified risks set out in the Particulars of Claim were reduced as far as was practicable by the setting-up and implementation of a system whereby two employees would lift each box.

(5) The Defendants also provided an adjustable table by the skip whereby the Claimant was instructed to put the boxes on the table and then wind the handle until the box was lifted up above the lip of the skip whereupon the Claimant would tip the top of the table so that the box would slide safely into the skip. This system, the Claimant and the Defendants knew would take more time than merely lifting the box into the skip. Therefore the Claimant was given less cleaning duties to allow him more time to complete his task safely.

(6) It is admitted that the Defendants failed to mark the heaviest side of the box but the relevance of this breach to the pleaded damage is denied as it was the weight of the box and not its asymmetrical loading that caused the injury.

(7) The Defendants took care to reduce the risk of back injury to the Claimant as set out above.

6. The Defendants believe that the Claimant caused and contributed to the accident in that he:

Particulars of [Breach of Statutory Duty and] Negligence

The Defendant relies on the Regulations to evidence a breach of statutory duty and or to evidence the standard to be expected of employees in the workplace in relation to contributory negligence.

(1) Failed to heed the Defendants' instructions and warning as to the dangers of lifting a load by himself;

(2) In breach of regulation 5 of the Manual Handling Regulations 1992 failed to make full and proper use of the system, set out above, which the Defendants set up and instituted for the Claimant;

(3) Failed to wait for Ms Johnson to assist him in his lifting tasks;

(4) Failed to use the adjustable table to tip the load into the skip;

(5) Failed to take appropriate care for his own safety and particularly was in a rush to get home 30 minutes before the end of his shift in order that he could watch a football match.

Employer's Liability. See the important amendments at para.81-09.

Defence to claim under Personal Protective Equipment at Work Regulations 1992 (as amended by SI 1999/860)

1. The Defendant believes that the Claimant caused or contributed towards his injuries in that, [in breach of statutory duty and/or][167] negligently he: **81-X42**

Particulars of Breach of Statutory Duty and Negligence

---

[167] See para.81-09.

The Defendant relies on the Regulations to evidence a breach of statutory duty and or to evidence the standard to be expected of employees in the workplace in relation to contributory negligence.

(1) Failed to use the personal protective equipment provided to him [set it out] in breach of regulation 10(2), PPEW;
(2) Failed to heed the training [set out the details] in the use of the personal protective equipment given to him by the Defendants in breach of regulation 10(2);
(3) Failed to return the equipment to the accommodation provided for it after use [set out the consequences of the failure] in breach of regulation 10(3);
(4) Failed to report the loss or defect [set it out] of the personal protective equipment in breach of regulation 11;
(5) [Continue by taking the allegations in the Particulars and setting out a case, if possible, in respect of each of them.]

DEFENCE TO CLAIM UNDER THE WORK AT HEIGHT REGULATIONS

81-X43 1. The Defendant believes that the Claimant caused or contributed towards his injuries in that, [in breach of statutory duty and/or][168] negligently, he:

Particulars

The Defendant relies on the Regulations to evidence a breach of statutory duty and or to evidence the standard to be expected of employees in the workplace in relation to contributory negligence.

(1) Failed to report [insert activity] and/or defect relating to the work which the Claimant knew was likely to endanger his or another's safety in breach of Regulation 14;
(2) Failed to use the work equipment/safety device provided to him in accordance with any training in the use of the work equipment or device concerned which have been received by him AND/OR the instructions respecting that use which have been provided to him in breach of Regulation 14;
(3) [Continue by taking the allegations in the Particulars and setting out a case, if possible, in respect of each of them]

DEFENCE TO NOISE AT WORK CLAIM

81-X44 1. The Defendant believes that the Claimant caused or contributed towards his injuries in that, [in breach of statutory duty and/or][169] negligently, he:

Particulars of Breach of Statutory Duty and Negligence

(1) Failed fully and properly to use the personal ear protectors which were provided by the Defendant in breach of regulation 10(2), PPEW 1992;
(2) Failed to use the [noise cut out switches][170] provided by the Defendant in breach of regulation 10(2);
(3) Failed to report any defect in the personal ear protectors [or the noise cut out switches] to the Defendant forthwith in breach of regulation 10(2);

---

[168] See para.81-09.
[169] See para.81-09.
[170] Illustrative of "any other protective measures provided by the Defendants".

(4) [Continue by taking the allegations in the Particulars and setting out a case, if possible, in respect of each of them.]

Defence to claim under COSSH 2002

1. The Defendant did not expose the Claimant to a level of exposure greater than the occupational exposure standard of 2 parts per thousand in accordance with regulation 7(7) of COSHH 2002.
Or

81-X45

2. The occupational exposure standard was exceeded by reason of a power cut which affected the whole of Surrey whereupon the workplace was evacuated forthwith and the Claimant was not allowed to return to the workplace until the exhaust fans were functioning again in accordance with regulation 7(7) of COSHH 1999.

3. The Defendant believes that the Claimant caused or contributed towards his injuries in that, [in breach of statutory duty and/or][171] negligently, he:

Particulars of [Breach of Statutory Duty and] Negligence

The Defendant relies on the Regulations to evidence a breach of statutory duty and or to evidence the standard to be expected of employees in the workplace in relation to contributory negligence.
  (1) Failed to make full and proper use of any control measure, personal protective equipment or other thing or facility [specify what was provided] provided by the Defendant pursuant to the regulations, in breach of regulation 8(2);
  (2) Failed to take all reasonable steps to ensure that it [specify] was returned after use to the accommodation provided by the Defendant in breach of regulation 8(2);
  (3) Failed to report a defect in the control measure, personal protective equipment or other thing or facility [specify what was provided and its defect] forthwith to the Defendant in breach of regulation 8(2);
  (4) [Continue by taking the allegations in the Particulars and setting out a case, if possible, in respect of each of them.]

Defence to claim under the Construction Regulations

1. The accident arose out of circumstances which were unconnected to the Claimant's work or were highly unusual. Therefore it was not reasonably foreseeable that the Claimant's head would be injured.

81-X46

2. The Defendant believes that the Claimant caused or contributed towards his injuries in that, [in breach of statutory duty and/or][172] negligently, he:

Particulars of Breach of Statutory Duty and Negligence
(1) failed to wear the head protection when required to do so by rules made or directions given by the Defendant;

---

[171] See para.81-09.
[172] See para.81-09.

(2) failed to make full and proper use of the head protection provided by the Defendant [specify what was provided];
(3) failed to take all reasonable steps to ensure that it [specify] was returned after use to the accommodation provided by the Defendant;
(4) failed to take reasonable care of the head protection and or failed to report a defect in it and or failed to report its loss;
(5) [Continue by taking the allegations in the Particulars and setting out a case, if possible, in respect of each of them.]

Denial of Psychiatric Injury and Apportionment Defence

81-X47 1. It is denied that the Defendants caused or materially contributed to the psychiatric injury.

2. It is averred that:
   (a) the Claimant's psychiatric condition was caused or contributed to by [set out other factors];
   (b) the Claimant would have gone on, in any event, to suffer similar symptoms as a result of [set out factors];
   (c) if, which is not admitted, the Defendant's conduct had any causal connection with the psychiatric damage, it has only acted to exacerbate rather than cause the underlying condition;
   (d) if, which is not admitted, the Defendant's conduct had any causal connection with the psychiatric damage, the Defendant asserts that damages should be apportioned between that part of the damage which is causally connected to the Defendant's conduct and that part which is caused by [set out factors].

Highways

Master defence to claim under Highways Act 1980

81-X48 1. Paragraphs 1, 2, 3 and 4 of the Particulars of Claim are admitted.

2. Paragraphs 5, 6 and 7 of the Particulars of Claim are denied. It is the Defendants' case that the Claimant contributed towards her own accident and that the Defendants acted reasonably and also have a defence by reason of s.58 of the Highways Act 1981 as set out below.

3. The Defendants have 3 categories of Highway:
   (1) Category 1 Main Thoroughfare, inspected monthly;
   (2) Category 2 Heavy Use Residential, inspected twice a year;
   (3) Category 3 Residential, inspected annually.
   Wymering Street was graded as a Category 2 Highway.

4. When a street is inspected defects are classed as emergency or routine. An emergency defect is one where the defect is in excess of 20cm inch deep. A routine defect is one which is less than 15cm deep but more than 10cm deep.

5. Wymering Street was inspected on [date] and [date] and on [date]. All the inspections were carried out by Mr Henderson, an experienced highway inspector.

Copies of the inspection reports are attached hereto at Annex 1 from which it can be seen:
(1) on [date] 1 emergency defect was fixed within 24 hours and 4 other defects were fixed in one month;
(2) on [date] 2 emergency defects were noted and fixed within 24 hours;
(3) on [date] 1 emergency defect was fixed within 24 hours and 3 other defects were fixed within one month.

6. The Defendants intend to call Mr Michaels (report attached hereto at Annex 2), a civil engineer, to prove that the depression in the pavement was caused by a heavy vehicle running on the pavement some time between [date] and the date of the Claimant's accident.

7. The Defendants say that they instituted a reasonable system of inspection and maintenance in all the circumstances.

Particular facts on which the Defendant relies
(1) The Defendants had no notice of such a heavy truck using the street and were not informed of any heavy through traffic or works in the street.
(2) The Defendants could not reasonably have been expected to repair or fence off or warn the Claimant of the defect as the defect was caused less than a month before the accident and because they did not in fact know of it.
(3) The Defendants had arranged for a competent person to carry out or supervise the maintenance of the part of the highway to which the Claim relates by a system of regular inspections which were properly carried out.

8. It is denied that:
(1) the defect constituted a nuisance and that any nuisance was caused or permitted by the Defendant;
(2) the Claimant's accident was caused by any nuisance.

9. Further the Claimant wholly caused and or contributed to her injuries in failing to take reasonable care in that she:

Particulars of Negligence
(1) failed to heed the large defect on the pavement;
(2) failed to look where she was going;
(3) failed to take care where she was placing her feet;
(4) was reading a magazine as she walked along;
(5) was drunk.

10. It is admitted that the Claimant suffered the injuries set out in the Particulars of Claim. The Defendants rely upon the report of Mr Dickson attached hereto at Annex 3 and also await a post operative report on final condition and prognosis.

11. The Defendants' case is that the Claimant has failed to mitigate her losses properly in that:
(1) She has experience of working with children and is well qualified to do so.
(2) She could and should be working full time in a nursery whereby she could earn more than she did in her previous employment.
(3) The demand for nurseries is growing as a result of Government Policy and social changes and, therefore, the Claimant has no handicap on the labour

market as she is well qualified and experienced in a field which has:
  (a) very high demand for workers;
  (b) pays higher wages than the work that the Claimant used to perform.
A counter schedule is attached hereto at Annex1.

12. The Defendant assesses the value of the Claim as less than £25,000 in total, and it should be allocated to the Fast Track as there is no real continuing loss of earnings, the past loss claim is worth, at most, about £1,500 and the General Damages Claim is worth not more than £10,000 and more probably about £5,000.

[Statement of truth]

ANNEX 1 – COUNTER SCHEDULE

		Claimant	Defendant
A.	*Past Losses*		
1.	Taxi Fares 6X£2.00	£12.00	£12.00
2.	Jeans	£45.00	£40.00
3.	Extra hairdressing costs	£75.00	£50.00
4.	Loss of Earnings		
A claim for 3 months' loss of earnings is admitted. After that period the Claimant should have found more remunerative employment working in a nursery. 1 May 1998 — 1 August 1999 £100 X 13		£5,200	£1,352.00
B.	*Future Losses*		
5.	Future Loss of Earnings		
The Claimant should have found employment at a higher rate than she was previously earning		£24,377.60	£NIL
TOTAL		£27,709.60	£1,454

PREMISES AND OCCUPIERS

DEFENCE TO OCCUPIER'S LIABILITY—INDEPENDENT CONTRACTORS

81-X49 1. The Defendants' land is surrounded by a 2m-high fence. Every 10m along the fence a large sign is posted warning persons that the land is private, that they are to keep out and that there are numerous mining shafts contained within the ground that are dangerous.

2. Accordingly it is denied that the Claimant was a lawful visitor for the purposes of the Occupiers Liability Act 1957. The Claimant was a trespasser at the time of his accident.

3. It is admitted that the Claimant was walking over the top of a mine shaft that had been stopped up with concrete when the concrete gave way and the Claimant fell 10m to the bottom of the shaft.

4. The fall that the Claimant suffered was due to the fault of X Ltd, a firm of independent contractors and or Messrs A & B, a firm of chartered surveyors used by the Defendant.

5. In appointing the firm A & B, the Defendant obtained a list of qualified Chartered Surveyors from the Royal Institute of Chartered Surveyors. The most local firm was A & B which the Defendant contacted. A & B confirmed that they were experienced chartered surveyors who were able to manage the project of stopping up the mine shafts on the Defendant's land. A & B further assured the Claimant that they knew of a firm of independent contractors who were qualified and able to do the work. Only when the Defendant was satisfied that A & B were a firm of qualified chartered surveyors did he then delegate the work and management of the stopping up of the shafts to them and their contractor.

DEFENCE TO OCCUPIER'S LIABILITY—FAILURE TO TAKE CARE WHEN A WORKMAN

81-X50

1. The Claimant was an employee of an independent contractor who was used by the Defendant to stop up mineshaft sites on his land.

2. It is admitted that the Claimant was walking along when he fell over and into an open mineshaft.

3. The Defendant expected that the Claimant would appreciate that the mine shafts that he had been specifically employed to stop up would pose a danger until they were covered in concrete and expected the Claimant to take care of the special risks that were bound to occur in the performance of this task, such as falling down a shaft that had not yet been covered up.

LIMITATION

DEFENCE OF LIMITATION—ACCRUAL

81-X51

1. The Claimant began to suffer from pleural plaques as exhibited by a copy of an x-ray attached hereto at Annex 1. It is not admitted that these were causative of any symptoms so as to amount to an actionable duty, but if and insofar as they were the defendant relies on paragraphs (2) and (3) below.

2. The Claimant suffered an injury to his lungs amounting to personal injury on or before 4 June 1954 and accordingly his action is barred by s.21 of the Limitation Act 1939 and s.1 of the Public Authorities Protection Act 1893 and by the authority of *Arnold v Central Electricity Generating Board* [1987] A.C. 228.[173]

3. The Claimant also knew that his lung condition was significant and attributable to the alleged acts or omissions of the Defendant by 1979:

Particulars of Knowledge
(1) The Claimant became short of breath in 1979 and started to attend on his General Practitioner in October 1979.
(2) Between October 1979 and the date of his death the Claimant attended upon his General Practitioner 4 further times complaining of shortness of breath.

---

[173] A defendant must have been a public authority to take advantage of the *Arnold* defence.

COUNTER SCHEDULE

(3) After a chest x-ray in 1979 the Claimant was told by Dr Smith that he had an abnormal x-ray in that there were shadows around his left lung that he should take further medical advice and that exposure to asbestos was a probable cause of the shadows.
(4) The Claimant had to give up work partly due to his shortness of breath in 1997 and then applied for benefits from the Department of Social Security.

DEFENCE OF LIMITATION—ARTICLE 16 OF THE CONVENTION RELATING TO THE CARRIAGE OF PASSENGERS AND THEIR LUGGAGE BY SEA 1974

81-X52 1. The Claimant's claim was issued on [date], more than 2 years after the date on which the Claimant disembarked at Folkestone and, accordingly, the Claimant's claim is time-barred by operation of Article 16 of the Convention relating to the Carriage of Passengers and their Luggage by Sea 1974.

REPLY

REPLY TO DEFENCE OF LIMITATION

81-X53 1. With the exception of those matters which consist of admissions, the Claimant joins issue with the Defendants upon their Defence.

2. It is denied that the Deceased suffered any damage to his lungs amounting to personal injury on or before 4 June 1954 and the Defendants are put to strict proof of that allegation. The Deceased would not have suffered any damage until 1975 as is evidenced by the fact that his x-rays were clear until that year.

3. It is denied that the Deceased or the Claimant had the knowledge requisite for the purposes of s.14 of the Limitation Act 1980 and the limitation defence is not maintainable.

4. The Deceased did not know that his lung condition was significant and attributable to any act or omission of the Defendants until, at the earliest, January 1998.

Particulars
(1) The Defendants x-rayed the Deceased's chest annually;
(2) After his chest x-ray in 1979 the Deceased was told by the Defendants (by its agent one Dr Smith) that:
 (a) he had a shadow around his left lung;
 (b) it was nothing to worry about and was absolutely normal;
(3) The x-rays continued and the Deceased was told by the Defendants that there was nothing to worry about;
(4) The Deceased did not suffer from any symptoms until less than three years before issuing his claim;
(5) In 1997 the Deceased contacted a Mr Jonstone who advised him to apply for benefit from the Department of Social Security;
(6) In response to his application the Department of Social Security told him that he was not suffering from a disease and benefits were refused;
(7) In January 1998 an article referring to the asbestos industry and personal injury in his Union's newspaper provoked the Deceased to take further steps which have resulted in these proceedings;

5. If, and to the extent that it is proved at trial that, the Deceased (a) suffered an injury on a date more than three years before the commencement of these proceedings; and (b) had the knowledge requisite for the purposes of the Limitation Act 1980 that he had suffered such an injury, then the Claimant will seek the disapplication of the provisions of the Limitation Act by exercise of the Court's powers in that regard conferred by s.33 of the said Act, upon the following grounds:

Particulars

(1) The fact that no claim could reasonably have been brought when the Defendants' medical adviser whom the Deceased consulted specifically out of a concern for dust-related diseases expressed his opinion that the Deceased was not suffering from asbestos-related disease;
(2) The Defendants (through its agents) reassured the Deceased on the occasion of each x-ray that there was nothing to worry about;
(3) The Defendants, through its x-ray process held itself out to the Deceased as specialists and medically knowledgeable in the field of lung disease and the Deceased, a manual labourer, relied upon the Defendants' conduct and advice;
(4) The fact that the Defendants' agent, Dr Smith, did not advise the Deceased:
(a) to seek independent medical advice;
(b) to continue to have x-rays and regular check ups in the light of his radiological findings;
(5) The fact that the Department of Social Security told the Deceased that he was not suffering from a disease;
(6) The fact that the Deceased was a manual worker employed by the Defendants who are a large corporation with specialised expertise in the field of asbestos;
(7) If the Defendants allege that the cause of action accrued as a result of asbestos exposure at or around the time of the x-ray then their agent mislead the Deceased;
(8) The fact that the Defendants have had countless claims against them of this and similar natures and must have made substantial investigations into the working conditions, systems and compliance equipment that was used in this case in order to defend other similar cases so the evidence is more readily available to them;
(9) The Deceased left school at the age of 14 and immediately began working for the Defendants;
(10) The Deceased worked alongside his brothers who never showed any signs of illness;
(11) The Defendants provided the Deceased with an occupational health screening programme that included chest x-rays from 1965 to the end of his employment. The Defendants' servants or agents never told the Deceased of the precise result of the x-rays and he was informed of no reason for his breathlessness;
(12) The Defendants never alerted the Deceased to the possibility of asbestos nor set up any screening procedure specifically to alert him to the dangers of asbestos related illness;
(13) The Deceased's condition was not significant until he reported to his doctor 3 months before his death and was diagnosed as suffering from mesothelioma;
(14) The Claimant only knew that the deceased's condition was related to the

deceased's work after the post mortem and the inquest where the death was attributed to industrial disease on [date];
(15) That it would be just and equitable so to do.

[Statement of truth]

Further and Better Particulars

Part 18 Request for further and better particulars

Under the Defence

Under paragraph A

81-X54 Of "the Claimant's claim herein is statute barred and the Defendant will rely upon s.11 and 12 of the Limitation Act 1980".

Request

1. If and in so far as the Defendant makes any positive case as to the deceased's or the Claimant's date of knowledge for the purposes of the Limitation Act 1980 please state it.

Under paragraph B

"It is denied that the Defendant was negligent or breached the Manual Handling Regulations as alleged and it is denied that they have caused the Claimant to suffer any loss or damage."

2. Of the positive averment made by the denial that the Defendant breached regulation 4(1)(b) of the Manual Handling Regulations 1992:
  (1) please state when the risk assessment took place;
  (2) please state who carried out the assessment;
  (3) please state the method of the assessment and what precise risks were assessed and or taken into account referring to the Schedule of the regulations as appropriate;
  (4) please provide the completed risk assessment forms.

3. Of the positive averment made by the denial that the Defendant set up and implemented a safe system of work please state with as much particularity as will be relied on at the trial of this claim the particulars of the system that was set up and how it was implemented.

4. If the Defendant is still unable to advance any positive case at the service of this request then it is requested that the Defendant gives his reasons for the pleaded denials in accordance with CPR r.16.5(2)(a). If there are no proper reasons for maintaining the bare denials the Defendant is invited to submit a proposed amendment to the defective Defence in accordance with CPR r.16.5(1) for the Claimant to consider.

5. In so far as the Defendant advances any positive case or denies or fails to admit the Claimant's case the Defendant is invited to disclose all documents that they seek to rely upon and all those documents that adversely affect their case and or support the Claimant's case.

Under paragraph C

"It is denied that the Claimant was employed by the Defendant."

Request

6. In the light of the statement of truth signed by the Defendant please could the Defendant state which set of mutually inconsistent facts is true:
   (1) The Claimant did not work for the Defendant as pleaded in paragraph C.
   (2) The Claimant worked for the Defendant but under a safe system as pleaded in paragraph B.

Reply to Part 18 Request for further and better particulars

Where requests are made early in the proceedings before disclosure and the Defendant holds the information. **81-X55**

These requests are all premature and they are oppressive in their timing. The requests are not concise and are not strictly confined to matters which are reasonably necessary and proportionate to enable the Defendant to meet the Claimant's case. Where such requests are reasonably necessary then they should be made after disclosure. The Defendant is invited by the Claimant to co-operate in the duty of search and attempt to garner relevant documents that will better define the issues for both parties.
   (1) The request comes before any disclosure.
   (2) The deceased cannot be asked the questions raised in the request.
   (3) There can be no more serious type of personal injury case than a fatal accidents case. The duty of search in relation to disclosure for the Defendant is a relatively onerous one.
   (4) Any court, in doing justice between the parties may well consider that:
      (a) The deceased cannot assist. The Claimant never worked for the Defendant and never had the type of detailed knowledge that the Defendant now requests some 30 years later which factor is relevant under CPR r.1.1(2)(a).
      (b) Damages and the issue of causing death through negligence and/or breach of statutory duty are serious issues. Asbestos is dangerous and has been widely known to cause injury since 1899. The deceased inhaled the asbestos and that caused or materially contributed to his death which factors are relevant under CPR r.1.1(2)(c)(iii).
      (c) The Defendant is a large company and is insured which factors are relevant under CPR r.1.1(2)(c)(iv).
      (d) The action relates to events that occurred 30–40 odd years ago. Memories fade and the court is likely to consider that the documents that the Defendant holds or has access to would be relevant to answering these oppressive requests.
   (5) The request asks for a reply before the Defendant discloses the many relevant documents that they have in their possession.
   (6) The Defendant received a letter of claim in [date] (attached hereto at An-

nex 1) and a detailed letter of claim dated [date] (Annex 2). The Defendants knew that they were to face a claim involving fatal occupational injuries. Service of the Claim Form was on or around [date]. Yet the Claimant is faced with this request for information before any discovery by the Defendant.
(7) The Defendant has not, so far as the Claimant can tell, made any search for documents before raising these requests.
(8) The Defence is defective per CPR r.16.5 in that it denies and yet gives no reason for the denials. No positive case is asserted and mutually inconsistent sets of facts are advanced in the Defence in spite of the fact that a statement of truth has been signed.

Where a request is made of a Particular of Negligence or breach of statutory duty but the Defendant has merely denied all the Particulars.

The Defendant has denied this Paragraph in its entirety and, therefore, are taken to have made a positive implied averment which, in breach of CPR r.16.5(2)(a) and (b) they have not pleaded. No proper reason is given for the denial. The defence in this respect is bare and fails wholly to discharge both the letter and the spirit of the CPR. This request is then made for further particulars before the Defendant has even attempted to comply with Parts 16 or 31 thereby placing an unfair burden on the Claimant. By failing to comply with Part 16 the Defendant has failed to narrow issues and failed to address the issues properly. Requests are raised in respect of matters that the Defence does not properly put in issue. The Claimant supplies answers below in the spirit of cooperative litigation and in order to save costs.

Where a request is made in respect of an alleged Particular and you suspect that the Defendant may be trying to probe your case or you have to answer before an expert is instructed.

Proper measures is defined by reference to Particulars (b) through to and including (gg). This is a matter for expert evidence.

[Statement of truth]

Periodical Payments Orders

Thompstone/RH model order—for PPOs relating to future care and case management

Schedule to the Order

Part 1 of the Schedule to the order

81-X56 Each sum payable under part(s) 2 and 3 of this schedule is a "periodical payment" subject to the conditions set out in paragraphs 1–8 of this part.

1. Unless specifically stated, all the periodical payments under part(s) 2 and 3 of this schedule will continue during the lifetime of the Claimant

2. No minimum number of periodical payments under part(s) 2 and 3 of this schedule shall be made

3. Payment of the periodical payments under part(s) 2 and 3 of this schedule will cease on the death of the Claimant

4. The final periodical payment under part(s) 2 and 3 of this schedule will be pro-

rated for so much of the final year that the Claimant had survived and any balance owing to the NHS LA or its successor will be repayable to it out of the Claimant's estate, subject only to deduction by the Claimant's estate of such sums as the Claimant's estate may be liable for in respect of the termination of the employment of any persons employed to care for the Claimant

5. The NHS LA shall be entitled to require the Claimant to produce evidence in a form reasonably satisfactory to the NHS LA that the Claimant remains alive before making any periodical payment

6. The periodical payments under part(s) 2 and 3 of this schedule are to be made by BACS to the Court of Protection (or its successor) for the benefit of the Claimant under reference [] (where applicable)

7. Under part(s) 2 and 3 of this schedule the NHS LA shall provide to the Claimant and/or the Deputy in writing:
   7.1 At the time of each periodical payment an explanation of how it has been calculated;
   7.2 If reclassification or a change of methodology occurs within the meaning of part 3 of this Schedule then when a periodical payment is made or in the event of a deferred periodical payment as soon as practicable following such a reclassification or a change of methodology, the relevant calculation(s) under paragraph 6 and the numerical value of "AR" as defined in paragraph 7.1.4 of that part applicable to any current and/or future periodical payment to be made under that part.

8. The NHSLA shall pay the relevant annual sums set out in part[s] 2 and 3 of this schedule on December 15 of each year,[174] save that:
   8.1. If the Office for National Statistics ["ONS"] does not publish by 17th November in the relevant year all the relevant data and as a result the NHSLA is unable to perform the relevant calculations under part(s) 2 and 3 to recalculate the periodical payment(s) due to the Claimant before 15 December of the relevant year, the NHSLA shall on 15 December of the relevant year make the periodical payment(s): (a) in the same sum as that paid in the previous year; or (b) in the increased/ decreased sum recalculated in accordance with the relevant data for the previous year where in the relevant year the annual sum was due to be increased or decreased or commenced under the relevant sub-paragraph of paragraph 1 of part(s) 2 or 3.
   8.2. Any balancing payment due to the claimant or the NHSLA shall be made within 28 days after the publication of all the relevant data by the ONS.
   8.3. The NHSLA shall pay interest at the then applicable Judgment Act rate on any outstanding periodical payment or part of a periodical payment not paid on 15 December in any year from 16 December in that year until full payment is made, except that in the circumstances contemplated in paragraphs

---

[174] This restates the position whereby under the model order under parts 2–3 the obligation to pay is on 15 December of each year and sets out the circumstances in which the NHSLA is entitled to derogate from that provision which the existing paragraph 8 does not currently provide for. It also separates out two different circumstances in which interest is payable by the NHSLA: (1) where there is a failure to pay anything by 15 December of the relevant year and (2) a failure to make the balancing payment as a result of late publication.

8.1–2 interest due on any balancing payment shall only be payable by the NHSLA from 28 days after publication of all the relevant data until full payment is made.

9. For the period from [the date when the future loss period accrues assuming periodical payments relate only to future loss] to [14 December of the relevant year when the periodical payments will commence] to represent the periodical payment under part(s) 2 and 3 of this schedule for that period the Defendant do pay the sum of [£] ( ) due as the balance of the periodical payment for the above period and that sum shall be paid 4.00 pm on the [].

Part 2: The RPI-Linked Periodical Payments

1. The following present value[175] annual sums as recalculated in accordance with paragraph 3 shall be paid in advance:
- 1.1. The annual sum of [£] ( ) payable on the 15th of December in each year from 15th December [] until 15th December [] inclusive, with the first such payment to be made on 15th December []
- 1.2. The annual sum of [£] ( ) payable on the 15th of December in each year from 15th December [] until 15th December [] inclusive
- 1.3. The annual sum of [£] ( ) payable on 15th of December in each year from 15th December []

The expiry of one period and the commencement of another period under the above sub-paragraphs constitutes a "step change" under this Schedule

2. The index to be applied is the United Kingdom General Index of Retail Prices for all items ["RPI"] published by the ONS (January 1987 = 100) or any equivalent or comparable measure which in the parties' reasonable opinion replaces such index from time to time. In the event of a dispute between the parties as to the appropriate alternative measure and/or the formulae to be applied in the event of a rebasing of RPI the same shall be determined by the court[176]

3. Each periodical payment referred to in paragraph 1 [1.1 to 1.3] above shall be recalculated annually in November in each year prior to payment on 15th December of the same year from November [] in accordance with the following formula
$PP = C \times NF/A$
3.1. Where
- 3.1.1. "PP" = the amount payable by way of periodical payment in each year, the first PP being the payment made on 15th December []
- 3.1.2. "C" = the relevant annual sum set out in paragraph 1 [1.1 to 1.3] above respectively
- 3.1.3. "NF" = the index applicable to September in the year in which the calculation is being carried out, the first NF being in respect of September []
- 3.1.4. "A" = the index applicable to [the index applicable to three months prior to the date of settlement or judgment]

---

[175] The phrase "present value" is retained for the purposes of this draft but subject to the Court's ruling on the amendments proposed in the *Adams* case

[176] Prof. Makepeace has identified that RPI may be rebased as opposed to replaced and if it were then the formulae would need to be revisited.

Part 3: The ASHE 6115-Linked Periodical Payments

1. The following present value[177] annual sums as recalculated in accordance with paragraphs 3–10 shall be paid in advance
    1.1. The annual sum of [£] ( ) payable on 15th December in each year from [] until 15th December [] inclusive, with the first such payment to be made on 15th December []
    1.2. The annual sum of [£] ( ) payable on 15th December in each year from [] until 15th December [] inclusive
    1.3. The annual sum of [£] ( ) payable on 15th December in each year from []
    The expiry of one period and the commencement of another period under the above sub-paragraphs constitutes a "step change" under this Schedule

2. The relevant earnings data are the gross hourly pay for "*all*"[178] employees given by the present Standard Occupational Category ["SOC"] for (Care assistants and home carers) ["6115"] at the relevant percentile shown below (currently in table 14.5a at the tab for "all" employees) of the Annual Survey of Hours and Earnings in the United Kingdom ["ASHE"] published by the ONS.[179]
    The original relevant percentiles are:
    2.1. [] percentile shall be applied to paragraphs [] above
    2.2. [] percentile shall be applied to paragraphs [] above
    First payment of periodical payments under each step

First payment of periodical payments under each step

3. Unless paragraphs 5–10 below apply,[180] the annual periodical payments referred to in paragraph 1 [1.1 to 1.3] above shall be recalculated in November prior to payment on the 15th December of the same year from November [] in accordance with the following formula
    $PP = C \times NP/A$
    3.1. Where
        3.1.1. "*PP*" = the amount payable by way of periodical payment in each year being calculated in November and paid on the 15th of December the first "PP" being the payment on the 15th of December []
        3.1.2. "*C*" = the relevant annual sum set out in paragraph 1 [1.1 to 1.3] above respectively
        3.1.3. "*NP*" = the "first release" hourly gross wage rate published by the ONS for the relevant percentile of ASHE SOC 6115 for "all" employees for the year in which the calculation is being carried out,

---

[177] Again the phrase "present value" and the remainder of para 1 is retained for the purposes of this draft but subject to the Court's ruling on the amendments proposed in the *Adams* case
[178] To aid clarity of understanding "all" has been italicised so that the reader can see more clearly this can a special meaning in the context. The same has been done in relation to "first release" and "revised" gross wage rates as defined to make clear to the reader again these are terms of art. In the final model we think it would be helpful for a footnote to be provided that makes clear that "first release" and "revised" gross wage rates are terms of art drawn from the ONS website.
[179] The omitted text which was "Both the initial "first release" and the final "revised" data are used below" is explanatory and not necessary.
[180] This has been amended to address the court's concern that reclassification was neither defined at this point nor was it stated when it applies.

the first NP being the figure applicable to the year [] published in or around October []

3.1.4. "A" = the "revised" hourly gross wage rate for the relevant percentile of ASHE SOC 6115 for all employees applicable to [] and published by the ONS in or around October []. In the event of a correction by the ONS it will be the replacement "revised" figure issued by the ONS[181]

Subsequent payment of periodical payments under each step

4. Unless paragraphs 5–10 below apply, the annual periodical payments referred to in paragraph 1 *[1.1 to 1.3]* above shall be recalculated annually in subsequent years in November in each year prior to payment on the 15th December of the same year from November [] in accordance with the following formula

$PP = C \times NP + (NF - OP)/A$

4.1. Where in addition to the definitions previously set out

4.1.1. "NF" = the "revised" hourly gross wage rate published by the ONS for the relevant percentile of ASHE SOC 6115 for "all" employees for the year prior to the year in which the calculation is being carried out, the first NF being that applicable to the year [] and published in or around October []

4.1.2. "OP" = the "first release" hourly gross wage rate published by the ONS for the relevant percentile of ASHE SOC 6115 for "all" employees for the year prior to the year in which the calculation is being carried out, the first OP being the figure applicable to the year [] published in or around October [].[182]

Payments upon reclassification of the SOC or a change of methodology by the ONS

5. Reclassification for the purposes of paragraphs 6–9 below, and subject to paragraph 6.12, occurs when the ONS publishes for the same year *"revised"* hourly gross wage rates for both:

5.1. the previously applied SOC (for which the *"revised"* wage rate is defined as *"AF"* in paragraph 6.1.1 below) and

5.2. for a new SOC (for which the *"revised"* wage rate is defined as *"AR"* in paragraph 7.1.4 below) that includes those currently defined as *"home carers"* in ASHE SOC 6115.

Or alternatively, where the ONS publishes *AR* for a new SOC that includes those currently defined as "home carers" in the previously applied SOC but does not publish *AF* for the same year, then reclassification is nonetheless deemed to have occurred.

---

[181] The word "correction" has been used in the light of the court's concern that the word "revised" appears in the schedule in different places and has different meanings without being defined. The word "retrospectively" has been removed because it adds nothing.

[182] At the time of a step change there is no final adjustment made for the difference between NF and OP on the final payment made in the previous year for the previous periodical payment. This only applies in the year of the step change. This is addressed in the reports of Mr Cropper, Prof. Makepeace and Dr Wass.

Unless the Court otherwise orders pursuant to paragraph 11 below, in either event the new SOC shall be applied.[183]

6. The relevant annual sum referable to the sums at paragraph 1 [1.1 to 1.3] above following reclassification shall be known as "CR" and shall be calculated only in the year of reclassification[184], as follows in accordance with the following formula
$CR = C \times (AF/A)$

6.1. Where in addition to the definitions previously set out

    6.1.1. "AF" = the final published "revised" hourly gross wage rate for the relevant percentile of the previously applied SOC for "*all*" employees

    6.1.2. If, for the year of reclassification, the ONS does not publish AF, then the "*first release*" hourly gross wage rate published for the relevant percentile of the previously applied SOC for "*all*" employees (which is defined as "OPF" in paragraph 7.1.3 below) shall be applied in its place

    6.1.3. If reclassification has previously occurred then C will be the numerical value of CR calculated when reclassification last occurred

7. When reclassification occurs[185] the first payment only shall be
$PPR = [CR \times (NPR/AR)] + [C \times AF - (OPF/A)]$

The second bracket of the above formula shall not apply where at the time of reclassification, either (a) there has been no periodical payment made in the previous year or (b) where at that time a step change in the annual sum is due under paragraph 1 above and in those circumstances the first payment shall be calculated in accordance with the following formula[186]
$PPR = [CR \times (NPR/AR)]$

Where reclassification has occurred on more than one occasion prior to the first payment then successive applications of paragraph 6 above must be carried out first to arrive at the present numerical value of CR and C shall represent the numerical value of CR previously calculated

7.1. Where in addition to the definitions previously set out

    7.1.1. "PPR" = the amount payable by way of periodical payment in each year following reclassification

    7.1.2. "NPR" = the "first release" hourly gross wage rate published for the 15 relevant percentile of the new SOC following reclassification for the year in which the calculation is being carried out

    7.1.3. "OPF" = the final "first release" hourly gross wage rate published for the relevant percentile of the previously applied SOC for "*all*" employees

    7.1.4. "AR" = the "revised" hourly gross wage rate for the published percentile of the new SOC, which, when first published, which is closest to AF, and the relevant percentile of the new SOC shall be the percentile to which AR corresponds

---

[183] In the light of the court's concern that if paragraphs 5–9 are to be applied at all it was essential to define what was meant by reclassification for these purposes, the amendment set out is proposed.

[184] This change is solely to aid understanding.

[185] The amendments to this paragraph follow on from the definition of reclassification in paragraph 5 and remove the undefined shorthand term "reclassified revised data".

[186] This is addressed in Mr Cropper's report and the proposed revision has been approved by Prof. Makepeace.

8. Until further reclassification the formula for calculating subsequent values of *PPR* shall be
$$PPR = CR \times [NPR + (NFR - OPR)/AR]$$
   8.1. Where in addition to the definitions previously set out
        8.1.1. "*NFR*" = the "revised" hourly gross wage rate published for the relevant percentile of the new SOC following reclassification for the year prior to the year in which the calculation is being carried out
        8.1.2. "*OPR*"' = the "first release" hourly gross wage rate published for the relevant percentile in the new SOC following reclassification for the year prior to the year in which the calculation is being carried out

9. Further reclassifications shall be dealt with in the same way by the application of paragraphs 5–8 above.

10. For the purposes of this part a change of methodology[187] occurs when the ONS publishes two sets of data for the applied SOC. In that event, the same process as set out in paragraphs 6–9 above shall be undertaken. However, in these circumstances references to
   10.1. "*reclassification*" shall be treated as being a reference to "*a change of methodology*",
   10.2. "*the new SOC*" shall be treated as being a reference to "*the existing SOC using the new methodology*", and
   10.3. "*the previously applied SOC*" shall be treated as being a reference to "*the existing SOC using the old methodology*".[188]

Miscellaneous

11. In the event of a dispute between the parties arising out of the application of this Part, there be liberty to apply.

Note that following changes in ONS methodology, NHS LA cases now use the amended order appended to the judgment in *RH v University Hospitals Bristol* [2013] EWHC 299. This should also be considered in non-NHSLA matters.

NHS LA Model order approved in RH v University Hospitals Bristol

Schedule to the Order

Part 1 of the Schedule to the order

81-X57   Each sum payable under part(s) 2 and 3 of this schedule is a "periodical payment" subject to the conditions set out in paragraphs 1–8 of this part
   1.   Unless specifically stated, all the periodical payments under part(s) 2 and 3 of this schedule will continue during the lifetime of the Claimant
   2.   No minimum number of periodical payments under part(s) 2 and 3 of this schedule shall be made

---

[187] The deleted words which were "*creates a discontinuity in the data in the applied SOC*" are unnecessary.
[188] If this approach is taken to substitution then the deleted text which read "*AR shall represent the data under the new methodology and AF shall represent the data under the old methodology*" is unnecessary.

3. Payment of the periodical payments under part(s) 2 and 3 of this schedule will cease on the death of the Claimant
4. The final periodical payment under part(s) 2 and 3 of this schedule will be pro-rated for so much of the final year that the Claimant had survived and any balance owing to the NHS LA or its successor will be repayable to it out of the Claimant's estate, subject only to deduction by the Claimant's estate of such sums as the Claimant's estate may be liable for in respect of the termination of the employment of any persons employed to care for the Claimant
5. The NHS LA shall be entitled to require the Claimant to produce evidence in a form reasonably satisfactory to the NHS LA that the Claimant remains alive before making any periodical payment
6. The periodical payments under part(s) 2 and 3 of this schedule are to be made by BACS to the Court of Protection (or its successor) for the benefit of the Claimant under reference [] (where applicable)
7. Under part(s) 2 and 3 of this schedule the NHS LA shall provide to the Claimant and/or the Deputy in writing:
   7.1 At the time of each periodical payment an explanation of how it has been calculated;
   7.2 If reclassification or a change of methodology occurs within the meaning of part 3 of this Schedule then when a periodical payment is made or in the event of a deferred periodical payment as soon as practicable following such a reclassification or a change of methodology, the relevant calculation(s) under paragraph 6 and the numerical value of "AR" as defined in paragraph 7.1.4 of that part applicable to any current and/or future periodical payment to be made under that part.

8. The NHS LA shall pay the relevant annual sums set out in part(s) 2 and 3 of this schedule on 15 December of each year, save that:
   8.1 If the Office for National Statistics ["ONS"] does not publish by 17th November in the relevant year all the relevant data and as a result the NHS LA is unable to perform the relevant calculations under part(s) 2 and 3 to recalculate the periodical payment(s) due to the Claimant before 15 December of the relevant year, the NHS LA shall on 15 December of the relevant year make the periodical payment(s): (a) in the same sum as that paid in the previous year; or (b) in the increased/decreased sum recalculated in accordance with the relevant data for the previous year where in the relevant year the annual sum was due to be increased or decreased or commenced under the relevant sub-paragraph of paragraph 1 of part(s) 2 or 3.
   8.2 Any balancing payment due to the claimant or the NHS LA shall be made within 28 days after the publication of all the relevant data by the ONS.
   8.3 The NHS LA shall pay interest at the then applicable Judgment Act rate on any outstanding periodical payment or part of a periodical payment not paid on 15 December in any year from 16 December in that year until full payment is made, except that in the circumstances contemplated in paragraphs 8.1–2 interest due on any balancing payment shall only be payable by the NHS LA from 28 days after publication of all the relevant data until full payment is made.

9. The NHS LA shall pay interest at the then applicable Judgment Act rate on any outstanding periodical payment or part of a periodical payment not paid on 15 December in any year from 16 December in that year until full payment is made,

except that in the circumstances contemplated in paragraphs 8.1–2 interest due on any balancing payment shall only be payable by the NHS LA from 28 days after publication of all the relevant data until full payment is made.

Section 82:

CLINICAL NEGLIGENCE

Table of Contents

Straightforward claims against the NHS	82-X1
Claim against an NHS trust alleging a non-delegable duty of care where treatment provided by independent third party	82-X2
Claim arising in both contract and tort (i.e. in the private sector)	82-X3
Pleading a case on causation on the basis of Bolitho	82-X4
Claim against a general practitioner alleging delay in diagnosis and referral	82-X5
Failure to provide appropriate advice prior to treatment / procedure / surgery (Montgomery v Lanarkshire Health Board; Chester v Afsher)	82-X6
Pleading a positive case as to knowledge for the purposes of limitation	82-X7
Pleading positive case as to periodical payments	82-X8
Defence of NHS Trust setting out positive case as to causation in case of allegedly negligent failure to warn as to material risks	82-X9
Defence of NHS Trust and/or individual doctor setting out positive case as to causation	82-X10
Defence of NHS Trust and/or individual doctor setting out positive case as to breach of duty	82-X11
Defence of NHS Trust and/or individual doctor setting out positive case as to duty	82-X12
Defence of NHS Trust and/or individual doctor setting out positive case as to duty on basis that Defendant was retained by third party	82-X13
Defence of NHS Trust and/or individual doctor setting out positive case as to supervening cause	82-X14
Defence of NHS Trust and/or individual doctor setting out positive case as to loss and damage	82-X15
Defence of NHS Trust and/or individual doctor setting out case as to entitlement to state support	82-X16

Claims

The pleadings included in the clinical negligence section are, of necessity, variants on what would normally be expected in a personal injury action. However, there are a number of respects in which clinical negligence claims require different formulation and examples of this are given below. **82-01**

Identifying appropriate defendants

82-02 In clinical negligence cases it is, of course, of crucial importance (and has become increasingly difficult) to identify appropriate defendants both who are liable for the wrongs alleged and who carry suitable indemnity provision. In April 2013, there was significant restructuring of the NHS. Strategic Health Authorities and Primary Care Trusts were abolished. Clinical Commissioning Groups (CCGs) now control the contracting of most of the hospital and community NHS services in the areas for which they are responsible. These are led by local GPs and are subject to oversight by the national body, NHS England.

On 1 April 2019, two new indemnity schemes were introduced to cover claims in respect of NHS general practice and primary care. In England, the Clinical Negligence Scheme for General Practice (CNSGP) was introduced by NHS Resolution, and in Wales, the General Medical Practice Indemnity (GMPI) was introduced by NHS Wales. The two schemes are comprehensive in scope and will cover the majority of general practice, primary care and related services provided under the NHS. Given the almost universal scope of these indemnity schemes, the scope for disputes about the appropriate defendant to a claim is likely to be significantly reduced. However, these schemes are only applicable to negligent acts and omissions which occur on or after 1 April 2019. Accordingly, what is set out in the following paragraphs remains relevant for historic claims.

In the vast majority of cases the body responsible to meet a claim for clinical negligence, and therefore the appropriate defendant, will be an individual NHS Trust and/or a particular GP's practice. However, practitioners should be aware that whilst, as a matter of law, GPs in partnership are (i) jointly and severally liable as partners; and (ii) vicariously liable for any other doctors employed by the partnership, those GPs rarely carry pre-1 April 2019 indemnity that extends to such liability for other GPs who are each expected to carry their own individual indemnity.

Additionally, there is now much greater scope for the NHS to contract with private institutions and individuals for the delivery of care to NHS patients. This risks considerable uncertainty as to where liability will lie as between CCGs, NHS Trusts, private hospitals delivering care to NHS patients and the doctors delivering such care with resultant lacunae in indemnity provisions. In particular, the doctors providing the care may have the status of independent contractors rather than employees of the other institutions above, and these institutions will argue, therefore, that they are not vicariously liable for any negligent treatment.

However, where liability is denied by NHS bodies on the grounds that the relevant care was provided by an independent third party, it will be open to the claimant to argue that there was a non-delegable duty of care on the basis set out in *Woodland v Swimming Teachers Association*.[1] In *Woodland* it was held that an authority may be under a duty to ensure that reasonable care is taken in the performance of its functions regardless of to whom the performance of those functions may have been delegated.

82-03 Such a duty arises when the following conditions are met:

(a) The claimant is a patient or a child, or for some other reason is especially

---

[1] *Woodland v Swimming Teachers Association* [2013] UKSC 66; [2014] A.C. 537; [2013] 3 W.L.R. 1227.

vulnerable or dependent on the protection of the defendant against the risk of injury.
(b) There is an antecedent relationship between the claimant and the defendant, independent of the negligent act or omission itself, (i) which places the claimant in the actual care of the defendant, and (ii) from which it is possible to impute to the defendant the assumption of a positive duty to protect the claimant from harm, and not just a duty to refrain from conduct which will foreseeably damage the claimant.
(c) The claimant has no control over how the defendant chooses to perform those obligations.
(d) The defendant has delegated to a third party some function which is an integral part of the positive duty which he has assumed towards the claimant; and the third party is exercising, for the purpose of the function thus delegated to him, the defendant's care of the claimant and the element of control that goes with it.
(e) The third party has been negligent not in some collateral respect but in the performance of the very function assumed by the defendant and delegated by the defendant to him.

For an example of where the non-delegable duty of care was said to apply to a clinical negligence claim (albeit in the setting of a detention centre) see *GB v Home Office*.[2]

(For an example pleading of a direct non-delegable duty where the negligent treatment is provided by an independent third party see Precedent 82-X2.)

Regardless of any specific breach of duty by a medical practitioner (be it an independent contractor or an employee of, say, an NHS Trust) English courts have also clearly recognised that hospitals (whether private or NHS) have a duty to provide a safe system of delivering healthcare. This is a primary duty of care owed to patients and it should be specifically pleaded so as to include reference to the respects in which it is alleged that the defendant failed in this duty. This duty will be in addition to any duty argued to be owed pursuant to *Woodland*. In *Darnley v Croydon Health Services NHS Trust*[3] it was held that the NHS Trust was liable for the acts of non-clinical staff insofar as they impacted on the delivery of healthcare.

In respect of private care, the relevant defendants are likely to be more readily identifiable. Furthermore, such claims may often be brought in contract as well as tort. When a claim is brought in contract, the correct contracting party must, of course, be identified. It should be remembered that the court will be very reluctant to imply into the contract any guarantee of successful treatment.[4] Indeed in most cases the duty of care in tort is co-extensive with the contractual duty implied. However, a claim in contract may have other advantages from the point of view of limitation or quantum.

(For a pleading in both contract and tort see Precedent 82-X3.)

---

[2] *GB v Home Office* [2015] EWHC 819 (QB).
[3] *Darnley v Croydon Health Services NHS Trust* [2018] UKSC 50; [2019] A.C. 831; [2018] 3 W.L.R. 1153.
[4] See *Thake v Maurice* [1986] Q.B. 644; [1986] 2 W.L.R. 337.

Breach of duty

82-04 The courts generally approach the issue of breach of duty in cases of clinical negligence by reference to the *Bolam* test, i.e. the test formulated by McNair J in his direction to the jury in *Bolam v Friern Hospital Management Committee*.[5] The effect of the *Bolam* test, as interpreted by the House of Lords in *Bolitho (Deceased) v City and Hackney HA*,[6] is that the defendant must live up to the standard of the ordinary skilled man exercising and professing to have that special skill, and should not be found to be negligent if he has acted in accordance with a practice accepted as proper by a responsible body of medical men skilled in the particular art.

The existence of the practice is not, of itself, determinative of the question of negligence. The court has to subject the evidence from medical expert witnesses to scrutiny and analysis in order to decide whether it establishes that the practice or decision of the defendant was reasonable. The issue of reasonableness is ultimately for the court and not for the expert witnesses although the issue must be properly put to the expert witnesses for their comment.[7]

Causation

82-05 Conventionally, all injuries must be shown, on the balance of probabilities, to have been caused by the defendant's negligence. It is therefore necessary in pleading and in evidence to ensure that the causal link between the alleged negligence and the injury is fully articulated. Causation is assessed on the balance of probabilities.

In a clinical negligence action involving an allegedly negligent failure to take a particular step, causation is usually proved by showing that if the defendant had not been negligent (and had taken the relevant step) the claimant would, on a balance of probabilities, have avoided his ultimate injury. However, in *Bolitho*, a further layer of causation was considered. In that case the claimant argued that the defendant's failure to attend when called was negligent (a point accepted by the defendant) and that if the relevant doctor had attended she would and/or should have intubated him (this was accepted as being the only step which could have avoided his ultimate respiratory arrest). The doctor's evidence was that had she attended, she would not have intubated him (because she lacked the necessary expertise) and the defendant's expert evidence was that that failure to intubate would not have been negligent. Accordingly, in *Bolitho* the claimant had to show that if the doctor had attended and had not intubated, this was negligent. This necessitated the unconventional step of applying the *Bolam* test not only to the question of breach of duty (i.e. should the doctor have attended) but also to the question of causation (i.e. should she have intubated if she had attended). The House of Lords found on the facts that a failure to intubate, had she attended, would not have been negligent.

Further clarification of *Bolitho* is to be found in *Robbins v Bexley LBC*,[8] wherein, at [50], Vos LJ said the following:

"In this case, as in *Bolitho*, the Council's breach of duty was not doing anything, which compares to the doctor not attending. The facts, therefore, demanded that the judge go on

---

[5] in *Bolam v Friern Hospital Management Committee* [1957] 1 W.L.R. 582; [1957] 2 All E.R. 118.
[6] *Bolitho (Deceased) v City and Hackney HA* [1998] A.C. 232; [1997] 3 W.L.R. 1151.
[7] See *Burne v A* [2006] EWCA Civ 24.
[8] *Robbins v Bexley LBC* [2013] EWCA Civ 1233.

to ask what would have happened if the doctor, or in this case the Council, had done something, rather than nothing."

It is not known precisely how the *Bolitho* argument as to causation would apply where the party who it is alleged ought to have taken steps to avoid the claimant's injury is someone other than the defendant, for example, where the clinical negligence claim is against a GP for failure to refer a patient to a specialist and the enquiry for causation is whether or not the specialist would and/or should have diagnosed the claimant's condition. However, in *Gouldsmith v Mid Staffordshire General Hospitals NHS Trust*,[9] the claimant was able to demonstrate a negligent failure to refer. The expert evidence was that if the claimant had been referred, she would most likely have been operated on, preventing the injuries sustained, but that a decision not to operate would not have been negligent. A majority of the Court of Appeal held that in these circumstances, there was no need for the claimant to prove that "the hospital of reference would have been bound (in the *Bolam* sense) to have operated". The claimant having shown that most specialists would have been likely to operate on her, the evidential burden of proof was thereby transferred to the defendant to show that "the reference would be likely to have been to a particular specialist who would not have operated".[10]

82-06 Causation in cases of delay in providing treatment or diagnosis must be approached in accordance with the guidance from the courts as set out in *Tahir v Haringey HA*,[11] namely that the evidence must establish an identifiable injury caused or at least materially contributed to, by the negligence. Further guidance on causation in cases of delay was provided by the House of Lords in *Hotson v East Berkshire HA*[12] where it was held, on the facts of that case, that damages were not recoverable for loss of a chance of full recovery, as in that particular case, the evidence was that as at the time of the negligence the claimant did not have a chance of recovery as such. Rather, the evidence established that as at that time he would either have recovered, or not, and the difficulty was in ascertaining which category he would have been in. This principle that there can be no damages for loss of a chance of achieving a better outcome or avoiding a particular injury was confirmed by the House of Lords in *Gregg v Scott*.[13] In that case, however, it was said that a claim could be pursued for "lost years" based on a reduced life expectancy.[14] A claim arguing a reduction in life expectancy should be pleaded as an alternative to an argument that, but for the negligence, the claimant would have been cured. Such a claim is limited to loss of income and damages for suffering caused or likely to be caused to the claimant by awareness that his expectation of life has been so reduced, s.1 of the Administration of Justice Act 1982.

(For an example pleading of a case of delayed referral and treatment, see Precedent 82-X5.)

In certain cases, where medical science cannot establish the probability that "but for" an act of negligence the injury would not have happened, but can establish that the contribution of the negligent cause was more than negligible, the "but for" test

---

[9] *Gouldsmith v Mid Staffordshire General Hospitals NHS Trust* [2007] EWCA Civ 397.
[10] See also *Wright (A Child) v Cambridge Medical Group (A Partnership)* [2011] EWCA Civ 669; [2013] Q.B. 312; and *KA v East Midlands Ambulance Service NHS* [2015] EWHC 3930 (QB).
[11] *Tahir v Haringey HA* [1998] Lloyd's Rep. Med. 104.
[12] *Hotson v East Berkshire HA* [1987] A.C. 750; [1987] 3 W.L.R. 232.
[13] *Gregg v Scott* [2005] UKHL 2; [2005] 2 A.C. 176.
[14] See *JD v Mather* [2012] EWHC 3063 (QB) for an example of such a claim.

is modified, and the claimant will succeed.[15] It is necessary to identify whether the injury is divisible or indivisible. With a divisible injury, successive exposures to causative factors worsen the ultimate injury; in such cases it is necessary to show only that the tortious exposure materially contributed to the injury (e.g. *Bailey*). However, with an indivisible injury, although there have been multiple exposures to causative factors, only some (or one) are, in fact, responsible for the subsequent injury. Normal rules of causation generally apply; the claim will fail unless either: (i) the claimant can show that the tortious exposure was the probable cause (in such cases it is insufficient to show merely that the tortious event materially contributed to the risk that the injury would develop); or (ii) the case can be brought within the narrow exception to the normal rules of causation set out in *Fairchild v Glenhaven Funeral Services Ltd (t/a GH Dovener & Son)*.[16] See the Court of Appeal's very helpful discussion on these issues in *Heneghan v Manchester Dry Docks Ltd*.[17] In some cases of uncertain causation, the courts have taken the approach that a doubling of a risk is sufficient to establish causation.

Consent cases

82-07   Differing considerations apply in cases where the alleged negligence is said to be the failure to warn of the risks inherent in treatment or of the availability of other treatment options. Here, the *Bolam* test does not apply (i.e. it is not a defence to say that the information provided to the patient about risks and other options was in accordance with practice considered proper by a responsible body of medical opinion).

Instead, a doctor is "under a duty to take reasonable care to ensure that the patient is aware of any material risks involved in any recommended treatment, and of any reasonable alternative or variant treatments. The test of materiality is whether, in the circumstances of the particular case, a reasonable person in the patient's position would be likely to attach significance to the risk, or the doctor is or should reasonably be aware that the particular patient would be likely to attach significance to it."[18]

This duty extends not only to warnings about the risks of the treatment proposed but also to advice about other treatment options. In *Bayley v George Elliot Hospital NHS Trust*[19] it was held that in deciding what alternative options to put before a patient, the question was not whether a particular treatment was "material" (as it is in relation to risks) but whether the treatment option was a "reasonable" alternative. In assessing what was reasonable the court must consider not only the expert evidence, but all the particular facts and circumstances of any given case.

A doctor is not obliged to discuss the risks inherent in treatment with a person who makes it clear that she would prefer not to discuss the matter. The doctor must necessarily make a judgement as to how best to explain the risks to the patient, and

---

[15] *Bailey v Ministry of Defence* [2008] EWCA Civ 883; [2009] 1 W.L.R. 1052. Further clarification on this point was provided by the Court of Appeal in *B v Ministry of Defence* [2010] EWCA Civ 1317; (2011) 117 B.M.L.R. 101.
[16] *Fairchild v Glenhaven Funeral Services Ltd (t/a GH Dovener & Son)* [2002] UKHL 22; [2003] 1 A.C. 32.
[17] *Heneghan v Manchester Dry Docks Ltd* [2016] EWCA Civ 86; [2016] 1 W.L.R. 2036.
[18] *Montgomery v Lanarkshire Health Board* [2015] UKSC 11; [2015] 2 W.L.R. 768 at [87]. See, for further discussion on this topic, *Ollosson v Lee* [2019] EWHC 784 (QB); [2019] Med. L.R. 287.
[19] *Bayley v George Elliot Hospital NHS Trust* [2017] EWHC 3398 (QB).

that providing an effective explanation may require skill. "But the skill and judgment required are not of the kind with which the *Bolam* test is concerned" (*Montgomery* at [85]).

There is, however, a so called "therapeutic exception" to which the *Bolam* test remains relevant, which provides that a doctor is not required to make disclosures to his patient if, in the reasonable exercise of medical judgment, he considers that it would be seriously detrimental to the health of the patient to do so (*Montgomery* at [88]).

In *Diamond v Royal Devon and Exeter NHS Foundation Trust*,[20] the Court of Appeal upheld the High Court's finding that the claimant needed to show that, had the correct warnings been given, the patient would not have undergone the treatment. Indeed, failure to obtain informed consent and therefore invading a person's autonomy is not a separate, free-standing cause of action and neither does it give rise to its own head of damage. Such allegations fall under ordinary negligence or contractual breach of duty.[21] In *Correia v North Staffordshire University Hospital*[22] it was held that a negligent act in the course of an operation, that results in a procedure that differs from that to which the patient consented (in this case, a negligent failure to carry out the final stage of the procedure), does not vitiate the consent given.

82-08

When considering consent cases, strict rules of causation do not necessarily apply. In *Chester v Afshar*,[23] the House of Lords held that as a matter of policy, although not as a matter of traditional principles of causation, a claimant should be entitled to recover if she can establish that: (i) but for the negligent failure of the defendant to warn of a particular risk, she would not have consented to surgery taking place at the identical time and place; and (ii) the risk about which she should have been warned eventuated. However, the ratio of this particular case should not be taken to disturb the usual principle that the claimant must show that the breach caused the injury. *Chester* was clarified by the Court of Appeal in *Duce v Worcestershire Acute Hospitals NHS Trust*[24] wherein they stated that *Chester* did not set out a free-standing test but rather a guide to when the normal approach to causation could be modified. They re-iterated that "but-for" causation must still be made out by the claimant. In other words, "it is necessary to plead and prove that, if warned of the risk, the claimant would have deferred the operation". Arguably, the logic in *Chester* is only applicable to consent cases.[25]

In some cases, a healthcare professional may be under a duty to disclose confidential patient information even when consent to such a disclosure is withheld. It is arguable that such a circumstance may arise where a genetic condition is diagnosed that may have been inherited by the patient's close relatives.[26]

(For an example pleading of a case of failure to provide appropriate advice, see Precedent 82-X6.)

---

[20] *Diamond v Royal Devon and Exeter NHS Foundation Trust* [2019] EWCA Civ 585; [2019] P.I.Q.R. P12.
[21] *Shaw v Kovac* [2017] EWCA Civ 1028; [2017] 1 W.L.R. 4773.
[22] *Correia v North Staffordshire University Hospital* [2017] EWCA Civ 356; [2017] E.C.C. 37.
[23] *Chester v Afshar* [2004] UKHL 41; [2005] 1 A.C. 134.
[24] *Duce v Worcestershire Acute Hospitals NHS Trust* [2018] EWCA Civ 1307; [2018] P.I.Q.R. P18.
[25] *Pomphrey v Secretary of State for Health* [2019] 4 WLUK 483 where the claimant sought unsuccessfully to rely on *Chester* in a case about negligent delay in treatment.
[26] *ABC v St George's Healthcare NHS Trust* [2017] EWCA Civ 336; [2017] P.I.Q.R. P15.

HRA 1998 CLAIMS

82-09 The earlier discussion focuses on claims brought under the common law applying usual principles of tort (and, where applicable, contract) law. Potential claims under the HRA 1998 are most likely in relation to an alleged breach of art.2 (right to life), but claims could also be pursued in respect of art.3 (right not to suffer inhuman or degrading treatment) and/or art.8 (right to respect for privacy and family life). There is no automatic entitlement to compensation, but damages for pecuniary and/or non-pecuniary loss may be awarded by the court where causation is established and the court considers an award of damages to be just and appropriate (see s.8 of the HRA 1998).

There is a developing jurisprudence in claims against NHS bodies arising from alleged breaches of art.2. The leading case in this area is *Rabone v Pennine Care NHS Foundation Trust*.[27] Article 2 imposes, on the state, amongst other things, a positive duty to protect life in certain circumstance where there is a real and immediate[28] risk to the life of an identified individual. This has given rise to the so called "operational duty" which can arise where there has been an assumption of responsibility (including by the exercise of control) by the state for the individual's welfare and safety. In a healthcare setting, this typically arises when a patient is detained. An individual in care who lacks capacity and is subject to deprivation of liberty of safeguards (DOLS) under the Mental Capacity Act 2005 does not automatically fall to be treated as someone who is detained by the state.[29] In any event, detention is not the only consideration. Other relevant factors include the vulnerability of the victim and the nature of the risk.

A distinction is drawn between an "ordinary" risk (such as that inherent in any particular medical procedure) and an exceptional risk (such as a risk of suicide, which is the very risk the patient needs to be protected against). This duty is distinct from the duty in tort imposed on healthcare professionals to take reasonable care. In *Powell v United Kingdom (Admissibility)* (45305/99),[30] the ECtHR said that where the state has made adequate provision for securing high professional standards among health professionals and the protection of the lives of patients, matters such as error of judgment on the part of an individual professional or negligent coordination among professionals in the treatment of a particular patient are insufficient to engage art.2 obligations.

In *Savage v South Essex Partnership NHS Foundation Trust*[31] it was held that "casual acts of negligence" will not give rise to a breach of art.2. See also, *R. (Parkinson) v Kent Senior Coroner*,[32] wherein the Divisional Court said (at [88]) "... there may be exceptional cases which go beyond mere error or medical negligence, in which medical staff, in breach of their professional obligations, fail to provide emergency medical treatment despite being fully aware that a person's life would be put at risk if that treatment is not given. In such a case the failure will result from a dysfunction in the hospital's services and this will be a structural issue linked to the deficiencies in the regulatory framework." The court emphasised,

---

[27] *Rabone v Pennine Care NHS Foundation Trust* [2012] UKSC 2; [2012] 2 A.C. 72.
[28] Defined as "present and continuing" in *Re Officer L* [2007] UKHL 36; [2007] 1 W.L.R. 2135.
[29] *Maguire v Senior Coroner for Blackpool & Fylde* [2019] EWHC 1232 (Admin).
[30] *Powell v United Kingdom (Admissibility) (45305/99)* [2000] Inquest L.R. 19; (2000) 30 E.H.R.R. CD362.
[31] *Savage v South Essex Partnership NHS Foundation Trust* [2008] UKHL 74; [2009] 1 A.C. 681.
[32] *R. (Parkinson) v Kent Senior Coroner* [2018] EWHC 1501 (Admin); [2018] 4 W.L.R. 106.

however, that care should be taken to ensure that allegations of individual negligence are not dressed up as systemic failures.

In *R. (Scarfe) v HMP Woodhill*,[33] the Divisional Court held (at [54]) that the crucial legal issue was whether the deaths were "... a result of failure in the operation of the system, whether that be a failure by a prison officer or an administrator, or a failure of the system itself ... [T]hat analysis is not determined by whether there is one operational error or a series of such errors. What matters is not the number of errors, but their character."

82-10

A HRA claim may be available in circumstances where there is no remedy in conventional tort law. For example, a claim can be brought by family members who would have victim status under human rights jurisprudence but who do not fall within the limited class of claimants entitled to claim statutory bereavement pursuant to s.1A of the Fatal Accidents Act 1976. However, by accepting compensation in settlement of a domestic remedy, victim status is lost and no art.2 claim can be pursued. In *Rabone* it was held that in order for victim status to have been lost (i) the domestic law claim that was settled must have been made by the same person who seeks an art.2 remedy; and (ii) the head of loss embraced by the settlement must broadly cover the same loss which is the subject of the art.2 claim. Thus where a family member accepts settlement of a domestic claim on behalf of the deceased's estate, he could still pursue an art.2 claim in his own right.

Article 2 claims have tended to attract relatively modest awards of damages, although figures are rising. Although there is no hard and fast rule, damages are often in the region of £10,000 to £50,000.

In *Rabone* relevant considerations were said to be (i) the closeness of the family link between the victim and the deceased; (ii) the nature of the breach; and (iii) the seriousness of the non-pecuniary damage that the victim has suffered.

LIMITATION

Limitation may cause difficulties in clinical negligence cases. Patients may well expect to have unsuccessful clinical treatment and/or side effects. Accordingly, it will often not be readily apparent to them that they have suffered an "injury" as such. Particular care is needed when considering date of knowledge for the purposes of s.14 of the Limitation Act 1980. For those limited claims under HRA 1998 claimants should be aware that the time limit for bringing such a claim is twelve months from the act or omission complained of.

82-11

(The relevant pleading of knowledge for limitation is at 82-X7.)

PERIODICAL PAYMENTS

Pursuant to CPR r.41.5, each party in its statement of case may state whether it considers periodical payments or a lump sum is the more appropriate form for all or part of an award of damages, and where such statement is given it must provide relevant particulars of the circumstances which are relied on. Furthermore, the court may order a party to make such a statement or to provide further particulars in support of such a statement. The question of whether or not to make an order for periodical payments is a matter for the court and when considering the issue, the court is required to have regard to all the circumstances of the case (including the

82-12

---

[33] *R. (Scarfe) v HMP Woodhill* [2017] EWHC 1194 (Admin); [2017] A.C.D. 92.

factors set out in PD 41B) and in particular the form of award which best meets the claimant's needs (CPR r.41.7, see also s.2 of the Damages Act 1996). There is a model order annexed to the decision in *RH v University Hospitals Bristol NHS Foundation Trust*.[34]

(The relevant pleading advancing a case for an order for periodical payments is at 82-X8.)

"Peters" considerations

82-13   Claimants may be eligible for financial support from the housing and social services departments of their local authority. The Court of Appeal confirmed in *Crofton v NHS Litigation Authority*[35] (at [92]) that "if the court is satisfied that a claimant will seek and obtain payments which will enable him to pay for some or all of the services for which he needs care, there can be no doubt that those payments must be taken into account in the assessment of his loss". Defendants seeking to rely on receipt of, or eligibility for, local authority support should raise the point in the defence and in the counter-schedule. The local authority may need to be joined as a party to the proceedings. In particular, in considering whether it is entitled to make a means tested charge for care, a local authority is obliged to disregard any lump sum judgment or settlement, but can take into account any income such as from periodical payments.[36]

In *Peters v East Midlands*[37] it was held that there is no reason why a claimant who wishes to opt for self-funding and damages in preference to reliance on the statutory obligations of a public authority should not be entitled to do so as a matter of right. In the *Peters* case the possibility of double recovery arose; there remained a risk that a claimant might recover the costs of privately funded care but then opt to rely on state funded care. This was addressed by an undertaking limiting the extent of any applications for state funded care. The undertaking was to be policed by the Court of Protection. However, the Court of Protection has subsequently indicated that it is not the appropriate forum to adjudicate on such "*Peters* undertakings". The possibility of double recovery and the difficulties associated with *Peters* undertakings leaves the door open for defendants to continue to plead defences based on the availability of stated funded care and support, particularly where there is evidence that the claimant will in fact rely on state funded services.

In *R. (on the application of Booker) v NHS Oldham*[38] it was held that the state could not be relieved of the cost of care for the victims of torts regardless of whether the award included an element for the cost of private care. See also *R. (Tinsley) v Manchester City Council*[39] in relation to state-funded aftercare under s.117 of the Mental Health Act 1983.

(The relevant pleading is at 82-X16.)

---

[34] *RH v University Hospitals Bristol NHS Foundation Trust* [2013] EWHC 299 (QB); [2013] P.I.Q.R. P12.
[35] *Crofton v NHS Litigation Authority* [2007] EWCA Civ 71; [2007] 1 W.L.R. 923.
[36] *Nottinghamshire CC v Bottomley* [2010] EWCA Civ 756; [2010] Med. L.R. 407.
[37] *Peters v East Midlands SHA* [2009] EWCA Civ 145; [2010] Q.B. 48.
[38] *R. (on the application of Booker) v NHS Oldham* [2010] EWHC 2593 (Admin); (2011) 14 C.C.L. Rep. 315.
[39] *R. (Tinsley) v Manchester City Council* [2017] EWCA Civ 1704; [2018] Q.B. 767.

Pleading points

Clinical negligence claims necessarily make allegations of professional negligence against various healthcare practitioners. Such allegations must be supported (in writing) by a relevant professional with the necessary expertise. Indeed, pleading such allegations absent a supporting expert report may amount to misconduct.[40] In *Pantelli*, there was also criticism of the lack of detail pleaded in respect of the particulars of negligence. Coulson J said that it is "simply not good enough to turn a positive contractual obligation into an allegation of professional negligence by adding the words 'failing to' to the obligation …".

82-14

Defendants are required to plead an affirmative defence rather than a general denial (CPR r.16.5 (2)). Therefore, the defence should reflect the case arising on the defendants' expert and/or witness evidence as it stands at the date of service of the defence. Indeed, the attitude of openness reflected in and required by the Pre-Action Protocol for the Resolution of Clinical Disputes and the requirements of para.3.25 of the Protocol suggest also that defendants in clinical negligence claims should, if at all possible, set out their positive case in the letter of response at the pre-action stage. The early identification of issues encouraged by the Protocol should make it easier for defendants to conduct their own investigations of the matters alleged by the claimant well before the time for service of the defence.

Further, the courts expect "candid disclosure" from professionals, in particular in medical negligence claims.[41]

Standard orders for directions for clinical negligence cases (and other common causes of action) can be downloaded from *https://www.justice.gov.uk/courts/procedure-rules/civil/standard-directions/general/list-of-cases-of-common-occurance*.

Straightforward claims against the NHS

Particulars of Claim

1. The Defendant was, at all material times, the National Health Service Trust with responsibility for the administration, management and control of [the hospital, clinic etc] ("the Hospital"), and the employer of all [medical, surgical, nursing staff, etc… identify any specific categories relevant to the claim] and other staff working there including, [identify the individuals who were directly responsible for the negligence in question] and the junior/trainee doctors, surgeons, nurses [etc…] caring for [Mr X's or Ms Y's] patients.

82-X1

2. At all material times, the Claimant was a patient attending the Hospital and in the care of the Defendant. In the premises, the Defendant's staff, referred to above, were under a duty to exercise all due skill and care to be expected of skilled and competent [consultant physician, surgeon, nurse etc as appropriate] when [as the case may be (i) treating (ii) advising; (iii) carrying out surgical procedures etc]. The Defendant is liable for any breaches of the said duty.

3. *[In cases of a failure of systems within the institution other than individual acts*

---

[40] See *Pantelli Associates Ltd v Corporate City Developments Number Two Ltd* [2010] EWHC 3189 (TCC); [2011] P.N.L.R. 12.
[41] See the comments, albeit obiter, of Lord Donaldson MR in *Naylor v Preston AHA* [1987] 1 W.L.R. 958; [1987] 2 All E.R. 353.

of negligence] The Defendant was further under a duty at all times to take reasonable care to ensure that there was a safe system of healthcare provided at the Hospital. This duty comprised [..........].

4. On or about [set out history of development of condition/treatment, including references to medical records or nursing notes where relevant].

5. The matters set out above were caused by the negligence of the Defendant its employees or agents.

Particulars of Negligence

(a) [set out particulars;]
  ...
(b) in all the circumstances failed to provide a safe system for the provision of health care. For the avoidance of doubt it is the Claimant's case that such a system should have included:
  (i) [give details];

6. The Claimant's case as to causation is that:
  (a) [set out argument as to causation].

7. As a result of the above negligence, the Claimant suffered injury, loss and damage.

Particulars of Injury, Loss and Damage

The Claimant was born on [DOB] and is now aged [..........] years.

The Claimant suffered [summary of injuries].

The Claimant's work, hobbies, social, recreational and other activities have been adversely affected [delete as appropriate].

The Claimant may in the future require [..........].

The Claimant's claim includes a claim for handicap on the open labour market/ the cost of care that his wife has provided gratuitously to him on account of his injuries [delete one or both as appropriate].

Full particulars of the injuries, treatment and prognosis are set out in the reports of [..........] served with this Particulars of Claim, upon which the Claimant relies.

The claim for Special Damages is set out in the Schedule of Loss served with this Particulars of Claim.

8. The Claimant's claim includes a claim for interest pursuant to s.69 of the County Courts Act 1984 [or s.35A of the Senior Courts Act 1981 if in the High Court] for such periods and at such rates as the Court thinks fit.

AND the Claimant claims:
(1) Damages
(2) Interest thereon
(3) Costs

CLAIM AGAINST AN NHS TRUST ALLEGING A NON-DELEGABLE DUTY OF CARE WHERE TREATMENT PROVIDED BY INDEPENDENT THIRD PARTY

Particulars of Claim

82-X2 1. The Defendant was, at all material times, the National Health Service Trust with responsibility for the administration, management and control of [insert name]

Hospital ("the Hospital"), and the employer of all clinical and other staff working there.

2. At all material times, the Claimant was a patient attending the Hospital and in the care of the 2. Defendant. In the premises, the Defendant's staff, referred to above, were under a duty to exercise all due skill and care to be expected of skilled and competent clinicians. The Defendant is liable for any breaches of the said duty.

3. The Defendant was further under a duty at all times to take reasonable care to ensure that there was a safe system of health care provided at the Hospital. This duty included a requirement to ensure that there was a safe system to carry out and report on medical imaging and included a duty to ensure that such procedures were only performed and reported upon by staff competent so to do.

4. Further, in the circumstances set out below, the Defendant owed the Claimant a direct, non-delegable duty of care to ensure that reasonable care was at all times taken in relation to the medical, nursing and other care with which the Claimant was provided by or on behalf of the Hospital.

5. On 1 October 2019, the Claimant was admitted to the Hospital complaining of [e.g. severe abdominal pain]. The Claimant was placed under the care of Dr Bloggs, Consultant Physician. No complaint is raised regarding the care provided by Dr Bloggs and his team.

6. On 4 October 2019, Dr Bloggs advised that the Claimant should undergo an abdominal MRI scan. The Hospital did not have the facilities to perform such a scan. Accordingly, the Defendant arranged for the Claimant to be transferred from the Hospital, by ambulance, to the premises of ScansRUs Limited (In Administration) where the scan was carried out and reported upon by Dr Smith, an employee of ScansRUs Limited. Thereafter, the Claimant was returned to the Hospital, again by ambulance.

7. The scan was carried out and reported by Dr Smith negligently.

Particulars of Negligence

(a) [set out particulars;]

8. At all material times[42]:
   (a) The claimant was in a physically vulnerable state and a patient under the care of the Defendant and dependent on the protection of the Defendant against the risk of injury from negligent clinical care.
   (b) The care of the Claimant, by the Defendant, was ongoing prior to her transfer to the facilities of ScansRUs Limited. In the premises, and as a result of the need for the Claimant to be an inpatient in hospital not fit, on medical grounds, to leave, the Defendant had assumed a positive duty to protect the Claimant from the aforementioned harm.
   (c) As part of the care the Claimant required, the Defendant was under a duty to arrange for an MRI scan and the Claimant had no control over how the Defendant chose so to do.

---

[42] N.B. This is reference to the criteria set down in *Woodland v Essex County Council* [2013] UKSC 66.

(d) In the premises, the Defendant delegated to ScansRUs Limited and Dr Smith a function which was an integral part of the positive duty which the Defendant had assumed towards the Claimant; and ScansRUs Limited and Dr Smith were exercising, for the purpose of the function thus delegated to them, the Defendant's care of the Claimant and the element of control that went with it.

9. In the premises, the Defendant owed a duty to the Claimant which, although delegated in fact, it could not delegate, in law, to ScansRUs Limited and Dr Smith. Accordingly, the Defendant is liable for the above negligence of Dr Smith.

10. The Claimant's case as to causation is that:
  (a) [set out argument as to causation].

11. By reason of the above the Claimant has suffered pain injury loss and damage.

Particulars of Injury, Loss and Damage

The Claimant was born on [DOB] and is now aged [..........] years.

The Claimant suffered [summary of injuries].

The Claimant's work, hobbies, social, recreational and other activities have been adversely affected [delete as appropriate].

The Claimant may in the future require [..........].

The Claimant's claim includes a claim for handicap on the open labour market/ the cost of care that his wife has provided gratuitously to him on account of his injuries [delete one or both as appropriate].

Full particulars of the injuries, treatment and prognosis are set out in the reports of [..........] served with this Particulars of Claim, upon which the Claimant relies.

The claim for Special Damages is set out in the Schedule of Loss served with this Particulars of Claim.

12. The Claimant's claim includes a claim for interest pursuant to s.69 of the County Courts Act 1984 [or s.35A of the Senior Courts Act 1981 if in the High Court] for such periods and at such rates as the Court thinks fit.

AND the Claimant claims:
(1) Damages
(2) Interest thereon
(3) Costs

CLAIM ARISING IN BOTH CONTRACT AND TORT (I.E. IN THE PRIVATE SECTOR)

Particulars of Claim

82-X3 1. The Defendant was, at all material times, a [specialist] practising from his own independent premises ("the Clinic") and the Claimant was patient under the Defendant's care.

2. In the premises, the Defendant was under a duty to exercise all due skill and care to be expected of a skilled and competent [specialist] when [as the case may be (i) treating (ii) advising; (iii) carrying out surgical procedures etc].

3. Further, on or about [date] the Claimant and the Defendant entered into a contract whereby the Defendant agreed to provide the Claimant with [..........].

4. The contract was formed by reason of the following documents/discussions:
(a) [set out offer and acceptance;]

5. The contract included the following express terms:
(a) [specify;]

6. The contract also included the following implied terms:
(a) That the Defendant would at all times use reasonable care and skill in relation to the treatment that was provided to the Claimant, implied by the operation of s.49 of the Consumer Rights Act 2015 [or s.13 Supply of Goods and Services Act 1982 if pre-dates the the CRA 2015].
(b) [Any other implied terms.]

7. On or about [set out history of development of condition/treatment including references to medical records or nursing notes where relevant].

8. The matters set out above were caused by the negligence of the Defendant and/or were in breach of the contract between the parties.

Particulars of Breach of Contract
[set out particulars of breach of express and implied terms of the contract]
...

Particulars of Negligence
[set out allegations of negligence]

10. For the avoidance of doubt, the Claimant's case as to causation is that:
(a) [set out argument as to causation].

11. By reason of the above negligence and/or breach of contract, the Claimant has suffered pain injury loss and damage.

Particulars of Injury, Loss and Damage
The Claimant was born on [DOB] and is now aged [..........] years.
The Claimant suffered [summary of injuries].
The Claimant's work, hobbies, social, recreational and other activities have been adversely affected [delete as appropriate].
The Claimant may in the future require [..........].
The Claimant's claim includes a claim for handicap on the open labour market/the cost of care that his wife has provided gratuitously to him on account of his injuries [delete one or both as appropriate].
Full particulars of the injuries, treatment and prognosis are set out in the reports of [..........] served with this Particulars of Claim, upon which the Claimant relies.
The claim for Special Damages is set out in the Schedule of Loss served with this Particulars of Claim.

12. The Claimant's claim includes a claim for interest pursuant to s.69 of the County Courts Act 1984 [or s.35A of the Senior Courts Act 1981 if in the High Court] for such periods and at such rates as the Court thinks fit.
AND the Claimant claims:

(1) Damages
(2) Interest thereon
(3) Costs

Pleading a Case on Causation on the Basis of Bolitho

Particulars of Claim

82-X4   1.   The Defendant was, at all material times, the National Health Service Trust with responsibility for the administration, management and control of [the hospital, clinic etc] ("the Hospital"), and the employer of all [medical, surgical, nursing staff, etc… identify any specific categories relevant to the claim] and other staff working there including, [identify the individuals who were directly responsible for the negligence in question] and the junior/trainee doctors, surgeons, nurses [etc…] caring for [Mr X's or Ms Y's] patients.

2.   At all material times, the Claimant was a patient attending the Hospital and in the care of the Defendant. In the premises, the Defendant's staff, referred to above, were under a duty to exercise all due skill and care to be expected of skilled and competent [consultant physician, surgeon, nurse etc as appropriate] when [as the case may be (i) treating (ii) advising; (iii) carrying out surgical procedures etc]. The Defendant is liable for any breaches of the said duty.

3.   *[In cases of a failure of systems within the institution other than individual acts of negligence]* The Defendant was further under a duty at all times to take reasonable care to ensure that there was a safe system of healthcare provided at the Hospital. This duty comprised [……….].

4.   On or about [set out history of development of condition/treatment including references to medical records or nursing notes where relevant.]

5.   The matters set out above were caused by the negligence of the Defendant its employees or agents.

Particulars of Negligence

(a) [set out particulars];
    …
(c) in all the circumstances failing to provide a safe system for the provision of health care. For the avoidance of doubt it is the Claimant's case that such a system should have included:
    (i) [give details];

6.   The Claimant's case as to causation is that:
   (a) Had the Defendant taken reasonable care in [investigating the Claimant's condition/attending when called, etc.] then:
      (i) on the balance of probabilities the Defendant/[an identified individual]/[a qualified and suitable person of a particular post] would have [taken a particular step]; or
      (ii) the Defendant/[an identified individual]/[a qualified and suitable person of a particular post] should have [taken a particular step]; and
   (b) Had [that step been taken] on the balance of probabilities [set out what would then have happened], thereby preventing the [set out injury or part thereof as the case may be].

(c) Should the Defendant contend that [the following would have been done], it is the Claimant's case that this would have been negligent.

7. By reason of the Defendant's negligence, the Claimant has suffered pain injury loss and damage.

Particulars of Injury, Loss and Damage

The Claimant was born on [DOB] and is now aged [..........] years.

The Claimant suffered [summary of injuries].

The Claimant's work, hobbies, social, recreational and other activities have been adversely affected [delete as appropriate].

The Claimant may in the future require [..........].

The Claimant's claim includes a claim for handicap on the open labour market/ the cost of care that his wife has provided gratuitously to him on account of his injuries [delete one or both as appropriate].

Full particulars of the injuries, treatment and prognosis are set out in the reports of [..........] served with this Particulars of Claim, upon which the Claimant relies.

The claim for Special Damages is set out in the Schedule of Loss served with this Particulars of Claim.

8. The Claimant's claim includes a claim for interest pursuant to s.69 of the County Courts Act 1984 [or s.35A of the Senior Courts Act 1981 if in the High Court] for such periods and at such rates as the Court thinks fit.

AND the Claimant claims:
(1) Damages
(2) Interest thereon
(3) Costs

CLAIM AGAINST A GENERAL PRACTITIONER ALLEGING DELAY IN DIAGNOSIS AND REFERRAL

Particulars of Claim

1. At all material times, the Defendant was the Claimant's National Health Service general practitioner, who provided general medical services at his practice at [the Practice]. At all material times, the Claimant was a patient attending the Practice and in the care of the Defendant.

2. The Defendant owed the Claimant a duty of care duty to exercise all due skill and care to be expected of skilled and competent general practitioner when [as the case may be (i) treating (ii) advising; (iii) carrying out surgical procedures etc].

3. On or about [set out history of development of condition, attendances at the Defendant's practice and ultimate referral for specialist treatment, including references to medical records or nursing notes where relevant].

4. The delay in diagnosis and referral set out above was caused by the negligence of the Defendant.

Particulars of Negligence
(a) [set out particulars—i.e. the failures of and delays in assessment, investigation, diagnosis and referral]
(b) ...

5. The Claimant's case as to causation is that:
   (a) The Defendant ought to have diagnosed [condition] on [date] and by [date] referred the Claimant to [specialist/hospital etc].
   (b) Had such a referral been made [give details of the appropriate treatment and the likely progress of the disease]
   (c) Had such treatment been provided, then it is likely that this would have resulted in [cure/remission/better outcome etc.]

6. By reason of the above, the Claimant has suffered pain injury loss and damage.

Particulars of Injury, Loss and Damage

The Claimant was born on [DOB] and is now aged [..........] years.

The Claimant suffered [summary of injuries].

As a result of negligent delay outlined above, [disease] he is unlikely to survive beyond [date/age].

The Claimant's work, hobbies, social, recreational and other activities have been adversely affected [delete as appropriate].

The Claimant may in the future require [..........].

The Claimant's claim includes a claim for handicap on the open labour market/ the cost of care that his wife has provided gratuitously to him on account of his injuries [delete one or both as appropriate].

Full particulars of the injuries, treatment and prognosis are set out in the reports of [..........] served with this Particulars of Claim, upon which the Claimant relies.

The claim for Special Damages is set out in the Schedule of Loss served with this Particulars of Claim.

7. The Claimant's claim includes a claim for interest pursuant to s.69 of the County Courts Act 1984 [or s.35A of the Senior Courts Act 1981 if in the High Court] for such periods and at such rates as the Court thinks fit.

AND the Claimant claims:
(1) Damages
(2) Interest thereon
(3) Costs

FAILURE TO PROVIDE APPROPRIATE ADVICE PRIOR TO TREATMENT / PROCEDURE / SURGERY (MONTGOMERY v LANARKSHIRE HEALTH BOARD; CHESTER v AFSHER)

Particulars of Claim

82-X6

1. The Defendant was, at all material times, the National Health Service Trust with responsibility for the administration, management and control of [the hospital, clinic etc] ("the Hospital"), and the employer of all [medical, surgical, nursing, etc... identify any specific categories relevant to the claim] and other staff working there including, [identify the individuals who were directly responsible for the negligence in question] and the junior/trainee doctors, surgeons, nurses [etc...] caring for [Mr X's or Ms Y's] patients.

2. At all material times, the Claimant was a patient attending the Hospital and in the care of the Defendant. In the premises, the Defendant's staff, referred to above, were under a duty to exercise all due skill and care to be expected of skilled and competent [consultant physician, surgeon, nurse etc as appropriate] when [as the case may be (i) treating (ii) advising; (iii) carrying out surgical procedures etc]. The Defendant is liable for any breaches of the said duty.

3. [In cases of a failure of systems within the institution other than individual acts of negligence] The Defendant was further under a duty at all times to take reasonable care to ensure that there was a safe system of healthcare provided at the Hospital. This duty comprised [..........].

4. On or about [set out history of development of condition/treatment including references to medical records or nursing notes where relevant].

5. On or about [date] the Defendant advised the Claimant of the following matters:
   (a) [specify].

6. As a result of [not being told about a certain material risk or being provided with incorrect information], on or about [date] the Claimant agreed to undergo the [treatment] [include consent form if necessary].

7. At the time when this treatment was provided:
   (a) The material risks were [explain the risks].
   (b) Such risks were [set out the profession's state of knowledge of these risks at the material time, if relevant].
   (c) The reasonable alternative treatment options were [..........]
   (d) These material risks and reasonable alternative treatment options were matters to which the Claimant would have attached significance in coming to a decision about his treatment options.
[These could be deleted or augmented in appropriate cases.]

8. At no time prior to undergoing the treatment set out at paragraph 6 above was the Claimant informed of the following:
   (a) [give details].

9. The Defendant, its employees or agents owed a duty to the Claimant to advise him, in terms he could understand, of all material risks and reasonable alternative treatment options.

10. The matters set out above amounted to negligence on the part of the Defendant its employees or agents.

Particulars of Negligence

(a) [set out particulars—i.e. the failures to properly warn];
(b) [often, pleadings of negligence in failure to warn cases are alternative to pleadings of negligence in treatment];
(c) in all the circumstances failing to provide a safe system for the provision of health care. For the avoidance of doubt it is the Claimant's case that such a system should have included:
   (i) [give details];

11. The Claimant's case as to causation is that:
   (a) he was not properly informed of [..........] as set out above. Had the Claimant been so informed then: [Set out particulars of how the Claimant would have responded to the proper warnings. The intention is to be able to show that the procedure would not have taken place, alternatively would have taken place at a different time and/or in different circumstances. The fol-

lowing are possible examples.]
  (i) The Claimant would not have agreed to undergo the procedure;
  (ii) The Claimant would not have consented to the surgery taking place on [date];
  (iii) The Claimant would have delayed the procedure;
  (iv) The Claimant would have chosen a reasonable alternative procedure;
  (v) The Claimant would have further considered his options; and/or
  (vi) The Claimant would have sought a second opinion.
(b) The Claimant's injury occurred by reason of the occurrence of the material risk of [..........] which was within the scope of the duty owed to him by the Defendant, and breached as particularised above.
(c) In the circumstances, the Defendant caused the injuries from which the Claimant now suffers. [If pleading he would have delayed the operation, plead that: Had the procedure occurred at a different time then the Claimant would not have suffered [complication/injury].

12. By reason of the above negligence the Claimant has suffered pain injury loss and damage.

Particulars of Injury, Loss and Damage

The Claimant was born on [DOB] and is now aged [..........] years.

The Claimant suffered [summary of injuries].

The Claimant's work, hobbies, social, recreational and other activities have been adversely affected [delete as appropriate].

The Claimant may in the future require [..........].

The Claimant's claim includes a claim for handicap on the open labour market/ the cost of care that his wife has provided gratuitously to him on account of his injuries [delete one or both as appropriate].

Full particulars of the injuries, treatment and prognosis are set out in the reports of [..........] served with this Particulars of Claim, upon which the Claimant relies.

The claim for Special Damages is set out in the Schedule of Loss served with this Particulars of Claim.

13. The Claimant's claim includes a claim for interest pursuant to s.69 of the County Courts Act 1984 [or s.35A of the Senior Courts Act 1981 if in the High Court] for such periods and at such rates as the Court thinks fit.

AND the Claimant claims:
(1) Damages
(2) Interest thereon
(3) Costs

PLEADING A POSITIVE CASE AS TO KNOWLEDGE FOR THE PURPOSES OF LIMITATION

Particulars of Claim

82-X7 1. The Defendant was, at all material times, the National Health Service Trust with responsibility for the administration, management and control of [the hospital, clinic etc] ("the Hospital"), and the employer of all [medical, surgical, nursing staff, etc... identify any specific categories relevant to the claim] and other staff working there including, [identify the individuals who were directly responsible for the negligence in question] and the junior/trainee doctors, surgeons, nurses [etc...] caring for [Mr X's or Ms Y's] patients.

2. At all material times, the Claimant was a patient attending the Hospital and in the care of the Defendant. In the premises, the Defendant's staff, referred to above, were under a duty to exercise all due skill and care to be expected of skilled and competent [consultant physician, surgeon, nurse etc as appropriate] when [as the case may be (i) treating (ii) advising; (iii) carrying out surgical procedures etc]. The Defendant is liable for any breaches of the said duty.

3. *[In cases of a failure of systems within the institution other than individual acts of negligence]* The Defendant was further under a duty at all times to take reasonable care to ensure that there was a safe system of healthcare provided at the Hospital. This duty comprised [..........].

4. On or about [set out history of development of condition/treatment including references to medical records or nursing notes where relevant].

5. The matters set out above were caused by the negligence of the Defendant its employees or agents.

Particulars of Negligence
(a) [set out particulars];
...
(c) in all the circumstances failed to provide a safe system for the provision of health care. For the avoidance of doubt it is the Claimant's case that such a system should have included:
 (i) [give details];

6. The Claimant's case as to causation is that:
 (a) [set out argument as to causation].

7. By reason of the above the Claimant has suffered pain injury loss and damage.

Particulars of Injury, Loss and Damage
The Claimant was born on [DOB] and is now aged [..........] years.
The Claimant suffered [summary of injuries].
The Claimant's work, hobbies, social, recreational and other activities have been adversely affected [delete as appropriate].
The Claimant may in the future require [..........].
The Claimant's claim includes a claim for handicap on the open labour market/ the cost of care that his wife has provided gratuitously to him on account of his injuries [delete one or both as appropriate].
Full particulars of the injuries, treatment and prognosis are set out in the reports of [..........] served with this Particulars of Claim, upon which the Claimant relies.
The claim for Special Damages is set out in the Schedule of Loss served with this Particulars of Claim.

8. The Claimant's case as to limitation is that:
 (a) the Claimant had no knowledge that [he had suffered significant injury]/ [injury which was attributable to an omission of the Defendant]/[identity of the Defendant] until, at the earliest [date]. [If relevant, set out matters which gave Claimant relevant knowledge]; and/or
 (b) the Claimant could not reasonably have been expected to have attained the knowledge set out in (a) above before that date. [Set out matters relied on

in support of this allegation if relevant. Often, the Claimant will have reposed trust in the advice given by his treating clinician and won't attain the relevant knowledge until he has seen and is correctly advised by another clinician.]

(c) In the alternative, the Court is invited to exercise its discretion under s.33 of the Limitation Act 1980 to disapply the Limitation Period [set out reasons why you meet the criteria].

9. The Claimant's claim includes a claim for interest pursuant to s.69 of the County Courts Act 1984 [or s.35A of the Senior Courts Act 1981 if in the High Court] for such periods and at such rates as the Court thinks fit.

AND the Claimant claims:
(1) Damages
(2) Interest thereon
(3) Costs

PLEADING POSITIVE CASE AS TO PERIODICAL PAYMENTS

82-X8 [The following paragraphs can be included in any of the above precedents prior to the paragraph dealing with interest.]

The Claimant intends to seek an order for periodical payments in respect of [i.e. the costs of future care and case management]. An order for periodical payments is appropriate in the circumstances for the following reasons:

[Include any reasons as appropriate; the following are merely examples.]

(a) The Claimant has a long life expectancy. There is therefore a greater risk that any assumptions made in respect of calculating a lump sum will prove to be incorrect resulting in over- or under-compensation.

(b) There is a dispute as to the extent of the Claimant's life expectancy. An order for periodical payments will render that dispute otiose.

(c) There is uncertainty as to the rates chargeable for care in the future. An order for periodical payments linked to ASHE 6115[43] (or equivalent index) will address that uncertainty.

(d) The Claimant has had investment advice to the effect that the current discount rate risks over-estimating the potential long term returns on investment of any lump sum. An order for periodical payments would obviate the need for such investment.

(e) Given the potential size of any lump sum for future care and case management, there are likely to be significant costs associated with managing the investment of the fund. These costs will not be incurred in the event of an order for periodical payments.

(f) Any award will be funded by the National Health Service Litigation Authority. In the premises, the Court can be satisfied that the continuity of payment under such an order will be reasonably secure.

---

[43] The figures from the Annual Survey of Hours and Earnings for the occupational group of care assistants and home carers are now routinely allowed for indexing periodical payments in respect of future care costs (*Thompstone v Tameside & Glossop Acute Services NHS Trust* [2008] EWCA Civ 5; [2008] 1 W.L.R. 2207; [2008] 2 All E.R. 537).

(g) In open pre-action correspondence, the Defendant has indicated that it has no objection to such an order.

DEFENCE OF NHS TRUST SETTING OUT POSITIVE CASE AS TO CAUSATION IN CASE OF ALLEGEDLY NEGLIGENT FAILURE TO WARN AS TO MATERIAL RISKS

Defence

1. Paragraph 1 of the Particulars of Claim is admitted.

82-X9

2. The Defendant admits that there was a duty to take reasonable care in respect of the health care of the Claimant. No further admissions are made as to the scope or content of the duty.

3. It is admitted that the Defendant employed [..........] but as set out below it is denied that [..........] was negligent in the circumstances. Accordingly, it is denied that the Defendant is vicariously liable as alleged.

4. As to paragraphs 4 to 10 of the Particulars of Claim:
   (a) [set out in detail the Defendant's case as to the factual matters alleged, including references to medical records where appropriate;]
   ...
   (b) other than as set out above the matters set out in paragraphs 4 to 10 are neither admitted nor denied. They are not within the Defendant's knowledge and the Claimant is put to strict proof of these matters.

5. It is denied that the Defendant its employees or agents were negligent whether as alleged or at all or that the Claimant suffered any injury by reason thereof.
   (a) [Set out particulars of denial]
   ...

6. Further and without prejudice to the above denial, causation is denied.
   It is the Defendant's case that the Claimant would have consented to the treatment provided even if the Defendant had told the Claimant [..........]. At the time of the proposed treatment the Claimant was suffering from [..........]. The Claimant's personal and professional life was seriously affected by this condition. The Claimant told the Defendant [..........]. In the light of these matters it is denied that it is more likely than not that the Claimant would have [refused or delayed the treatment or further considered his options or sought a second opinion] even if the Defendant had told the Claimant [..........].

7. It is denied that the Claimant suffered any injury by reason of any negligence on the part of the Defendant and/or by reason of the treatment provided by the Defendant.

8. Further or in the alternative, if, which is denied, the Claimant would have delayed the [surgery], the likelihood is that he would have suffered the same injury as he ultimately suffered.

9. [Continue as for personal injury defence.]

Defence of NHS Trust and/or individual doctor setting out positive case as to causation

Defence

82-X10 1. Paragraph 1 of the Particulars of Claim is admitted.

2. The Defendant admits that a duty of care was owed to the Claimant but makes no admission as to the scope or content of this duty.

3. It is admitted that the Defendant employed [..........] but as set out below it is denied that [..........] was negligent in the circumstances. Accordingly, it is denied that the Defendant is vicariously liable as alleged.

4. As to paragraphs 4 to 10 of the Particulars of Claim:
   (a) [set out in detail the Defendant's case as to the factual matters alleged, including references to medical records where appropriate;]
   ...
   (d) other than as set out above the matters set out in paragraphs 4 to 10 are neither admitted nor denied. They are not within the Defendant's knowledge and the Claimant is put to strict proof of these matters.

5. It is denied that the Defendant, its employees or agents were negligent whether as alleged or at all or that the Claimant suffered any injury by reason thereof.
   (a) [Set out particulars of denial.]
   ...

6. Further or in the alternative, the Claimant's injury was caused or contributed to by her own negligence.

Particulars of Negligence
(a) [Set out allegations of negligence]
[It will only be in rare cases that allegations of contributory negligence can be made in clinical negligence cases. Examples might include a failure to return to hospital when advised, a failure to take appropriate medication, self-harm and cases where the need for treatment arose by reason of some negligence of the Claimant in which it might be arguable that the Claimant's own negligence was responsible for her ultimate injury. (However, see *St George v Home Office* [2008] EWCA Civ 1068; [2009] 1 W.L.R. 1670; [2008] 4 All E.R. 1039, wherein it was held that although the claimant was arguably "at fault" for becoming addicted to drugs and that, but for the addiction, the claimant would not have suffered his injury, his fault was too remote in time, place and circumstance and was not sufficiently connected with the defendant's negligence to be properly regarded as a cause of the injury.)]

7. The Defendant's case as to causation is as follows:
   (a) The Claimant was suffering from [..........] which, at the time of the alleged negligence, was [..........].
   (b) [Set out detailed case as to causation on the balance of probabilities and, if pleaded, as to the alternative Bolitho argument as to what ought to have happened.]

(c) [If it is alleged that the Claimant ought not to have had treatment at all, set out what the likely course of her condition would have been in the absence of any treatment.]
(d) [If it is alleged that the Claimant ought to have had different treatment: set out case as to whether or not that treatment would and/or should have been provided, and the balance of probabilities case if that treatment had been provided.]
(e) [If it is alleged that the Claimant was not given the opportunity to make a fully informed decision about treatment, set out facts and matters relied upon to suggest (if relevant) that the Claimant would have consented to the treatment even if she had been given the information which it is alleged she ought to have been given.]

8. It is denied that the Claimant suffered any injury by reason of the alleged negligence on the part of the Defendant [and/or by reason of the treatment provided by the Defendant].

9. [Continue as for personal injury defence.]

DEFENCE OF NHS TRUST AND/OR INDIVIDUAL DOCTOR SETTING OUT POSITIVE CASE AS TO BREACH OF DUTY

Defence

1.–5. [See paras 1–5 in Precedent 82-X10, above.]   82-X11

6. The Defendant's case as to the alleged negligence is as follows [only include if expert evidence is available in support]:
(a) At the material times it was acceptable medical practice for [..........]/given the matters set out above the decision of [..........] to [..........] was acceptable medical practice and would be supported by a responsible body of [name discipline].
(b) The leading textbook in use at the time expressed approval of the practice [..........].
(c) [Set out further details relying upon expert evidence.]
(d) In the circumstances, it is the Defendant's case that the Defendant had in place a safe system for the provision of healthcare services including [..........].

7.–8. [See paras 6 and 7 in Precedent 82-X10, above.]

9. [Continue as for personal injury defence.]

DEFENCE OF NHS TRUST AND/OR INDIVIDUAL DOCTOR SETTING OUT POSITIVE CASE AS TO DUTY

Defence

1. Paragraph 1 of the Particulars of Claim is admitted.   82-X12

2. The Defendant denies that such duty as the Defendant owed extended to the

Claimant as alleged in paragraph [..........] of the Particulars of Claim. The Defendant relies upon the following factors in support of this denial:
[The following are largely alternative and are merely suggestions of circumstances in which a duty might be denied.]
    (a) The Claimant has never been in a doctor-patient relationship with the Defendant.
    (b) It was not foreseeable that if the Defendant failed to exercise reasonable care as alleged (which is in any event denied) the individual Claimant would be injured. The Defendant had no prior knowledge of the Claimant's identity.
    (c) Further and without limiting the generality of the denial above, by reason of the following factors it would not be fair just and reasonable for a duty of care to be found:
        (i) the Claimant has only suffered economic loss;
        (ii) the Claim relates only to the birth of a healthy child. This is no personal injury.

3.–7. [See paragraphs 3–7 in Precedent 82-X10 above.]

8. [Continue as for personal injury defence.]

DEFENCE OF NHS TRUST AND/OR INDIVIDUAL DOCTOR SETTING OUT POSITIVE CASE AS TO DUTY ON BASIS THAT DEFENDANT WAS RETAINED BY THIRD PARTY

Defence

82-X13 **1.** Paragraph 1 of the Particulars of Claim is admitted.

2. The Defendant denies that such duty as the Defendant owed extended to the Claimant as alleged in paragraph [..........] of the Particulars of Claim. The Defendant relies upon the following factors in support of this denial:
    (a) The Claimant has never been in a doctor-patient relationship with the Defendant.
    (b) The Defendant was retained by [company name] to report solely for the purposes of [company name] in order to ascertain whether or not the Claimant was suitable for employment in [..........] capacity.
    (c) The Defendant has no direct relationship with the Claimant.
    (d) The purpose of the Defendant's examination of the Claimant was limited to ascertaining suitability as set out at (b) above. The Defendant was at no times acting as an advisor and/or treating doctor in relation to the Claimant.

3.–7. [See paragraphs 3–7 in Precedent 82-X10 above.]

8. [Continue as for personal injury defence.]

DEFENCE OF NHS TRUST AND/OR INDIVIDUAL DOCTOR SETTING OUT POSITIVE CASE AS TO SUPERVENING CAUSE

Defence

82-X14 **1.** Paragraph 1 of the Particulars of Claim is admitted.

2. The Defendant admits that a duty of care was owed in the circumstances alleged but makes no admissions as to the scope or content of the duty.

3.–6. [See paras 3–6 in Precedent 82-X10, above.]

7. It is denied that the Claimant suffered any injury by reason of any negligence on the part of the Defendant and/or by reason of the treatment provided by the Defendant.
  (a) On or about [date] the Claimant developed the condition of [..........].
  (b) The development of this condition was in no way caused by the matters alleged in these Particulars of Claim.
  (c) By reason of this condition the Claimant would in any event have suffered as follows:
      (i) [give details;]
  (d) Accordingly, it is denied that the disability and loss alleged [be more specific if possible] were caused by the matters alleged in the Particulars of Claim.

8. [Continue as for personal injury defence.]

DEFENCE OF NHS TRUST AND/OR INDIVIDUAL DOCTOR SETTING OUT POSITIVE CASE AS TO LOSS AND DAMAGE

Defence

1. Paragraph 1 of the Particulars of Claim is admitted.   82-X15

2. The Defendant admits that a duty of care was owed in the circumstances alleged but makes no admissions as to the scope or content of the duty.

3.–6. [See paras 3–6 in Precedent 82-X10, above.]

7. It is denied that the Claimant suffered any injury by reason of any negligence on the part of the Defendant and/or by reason of the treatment provided by the Defendant.
  (a) When the Claimant first attended the Defendant on or about [date] the Claimant was suffering from a condition known as [..........].
  (b) This condition would, [in the absence of treatment] [had correct treatment been given in a non-negligent manner], have developed as follows:
      (i) [give details;]
  (c) It is therefore the Defendant's case that even if the allegedly negligent treatment had not been provided the Claimant would in any event have suffered from the injury, loss and damage.
  (d) Accordingly, it is denied that the injury, loss and damage alleged [be more specific if possible] were caused by the matters alleged in these Particulars of Claim.

8. [Continue as for personal injury defence.]

Defence of NHS Trust and/or individual doctor setting out case as to entitlement to state support

82-X16 1. Paragraph 1 of the Particulars of Claim is admitted.

2.–8. [See Precedents 82-X9 to 82-X15 for case as to denial of duty, breach of duty and causation.]
[The following paragraphs could equally be included in the counter-schedule rather than the defence.]

9. Without prejudice to the Defendant's denial of breach of duty and causation, it is the Defendant's primary case that the Claimant's future health and social care needs should be met by the state and voluntary sectors.

10. The Claimant is under a duty to mitigate his loss and to make applications to the state and voluntary sectors and to challenge such responses that unreasonably refuse or limit care and assistance offered. The Claimant is put to proof of all applications that have been made and of the responses received. Insofar as applications have not been made, he is asked to explain this and, in the absence of a reasonable explanation, the Defendant will contend that he has failed to mitigate his loss.

[Where the Claimant is a minor] Prior to the age of 18 years the local authority is under a statutory duty to assess the Claimant who is a person in need of community care services and disabled.

From the age of 18 years the local authority will be under a continuing duty to provide for the Claimant's needs including provision of accommodation and care in a residential home, or domiciliary or day care services.

The Claimant is eligible for community care which may include [as appropriate] provision of practical assistance in the home, assistance with accessing various facilities, provision for outings or recreational activities, provision for or assistance with travel, provision of or assistance with home adaptation, facilitation of holidays including funding, provision of or assistance with a telephone and special equipment, provision of home help and laundry services. The local authority or the National Health Service may provide assistance with special equipment including wheelchairs. If there is a health need, this will be provided for by the National Health Service.

The Defendant will contend that the Claimant should avail himself of these services, most of which will be free of charge and that either he will not incur charges in respect of the same or it is unreasonable for him to have done so.

10. [Continue as for personal injury defence][44]

---

[44] Although the matter is not entirely closed, the extent to which such a defence may succeed is cast into considerable doubt following the Court of Appeal's decision in *Peters v East Midlands Strategic Health Authority* [2009] EWCA Civ 145 and, in particular, the obiter comments of Dyson LJ at para.89.

Section 83:

PRODUCT LIABILITY

Table of Contents

Claim for personal injury to a minor caused by defective toy	83-X1
Claim for personal injury caused by defective electrical household goods	83-X2
Claim for personal injury caused by defective motorcycle: claim brought against manufacturer	83-X3
Claim for personal injury caused by defective food: claim by purchaser against retailer and manufacturer	83-X4
Claim for personal injury to a minor caused by defective toy alleging breach of the Toys (Safety) Regulations 2011	83-X5
Defence to a claim made under the Consumer Protection Act	83-X6

Introduction

This section is concerned with the liability of a manufacturer or supplier of goods to those who suffer injury as a result of defective characteristics of those goods, whether in design or in manufacture. What follows is intended to be a necessarily brief overview of the law relating to such liability.   **83-01**

Legal liability for the manufacture or supply of defective products can be established by three separate routes: in contract; in tort at common law; and by statute—most importantly, pursuant to the Consumer Protection Act 1987. There are material differences between these three routes in particular as to: (i) what constitutes a breach/defect; (ii) against whom the party complaining has a right of action; (iii) whether damage needs to be suffered as a result; and (iv) the type and measure of damage recoverable.

The Causes of Action

Contract

What constitutes a breach? The obvious starting point is that the recipient of goods under a contract of supply may sue the supplier if the goods supplied are not in accordance with that contract. This does not necessarily mean "defect" in the common sense of that word; the goods may not comply with the express terms of the contract; or they may be in breach of implied terms.   **83-02**

Various statutorily-implied terms arise by operation of the Consumer Rights Act 2015. These apply only to business to consumer contracts made on or after 1 October 2015. For business to business contracts and consumer to consumer contracts and all contracts made before 1 October 2015, comparable provisions are to be found in the Sale of Goods Act 1979 and the Supply of Goods and Services

Act 1982. The provisions set out in the following apply (by operation of s.3 of the 2015 Act) to contracts for sale, hire, hire-purchase or other transfer of goods. Cases decided under the old statutory scheme are, broadly, applicable to the 2015 Act.

The purchaser may sue if the goods: (a) are not of satisfactory quality (in breach of the statutory term implied by s.9(1) of 2015 Act); which includes. by s.9(3)(a) of the 2015 Act. A requirement that the goods are fit for all the purposes for which goods of that kind are usually supplied; (b) are not fit for a particular purpose which the consumer, expressly or impliedly, brings to the attention of the trader (in breach of the statutory term implied by s.10(3) of 2015 Act); or (c) do not match any description (in breach of the statutory term implied by s.11 of the 2015 Act), sample (in breach of the statutory term implied by s.13 of the 2015 Act), or model (in breach of the statutory term implied by s.14 of the 2015 Act). Additionally, the goods do not conform to a contract to supply goods if (a) installation of the goods forms part of the contract, (b) the goods are installed by the trader or under the trader's responsibility, and (c) the goods are installed incorrectly.

Thus, again obviously, in order to found a cause of action in contract it is only necessary to show that the goods supplied were not in accordance with the contractual terms; it is not necessary for goods to be "defective" in the common sense of that word. Thus, while goods that are not of satisfactory quality may well be defective in that common sense, goods that are not fit for a particular purpose or otherwise not in accordance with the terms may not be defective in the common sense at all. Whether or not goods are of satisfactory quality may go beyond the intrinsic quality and condition of the goods to considerations such as their compliance with regulatory requirements.[1]

At first blush, it may appear difficult to distinguish between what may render a product unsatisfactory on the one hand and not fit for a particular purpose on the other. The distinction was explained in *Jewson Ltd v Kelly*.[2] The Court of Appeal held that the function of what is now s.9(1) is to establish a general standard which goods are required to reach, whereas what is now s.10(3) imposes a particular (higher) standard tailored to the particular circumstances of the case.

83-03 Section 9(4) of the 2015 Act provides that it cannot be asserted that goods are unsatisfactory in respect of any matter which is specifically drawn to the buyer's attention before the contract is made; where the buyer examines the goods before the contract is made and that examination ought to reveal the matter concerned; or in the case of a contract for sale by sample, where that matter would have been apparent on a reasonable examination of the sample. There is no corresponding provision for s.10(3). It follows that a warning, however clear and unambiguous, is not decisive when considering s.10(3); it is merely a relevant circumstance.[3]

The obligation under s.10(3) does not apply where the circumstances show that the consumer does not rely, or it is unreasonable for the consumer to rely, on the skill or judgment of the trader (s.10(4)).

In *BSS Group Plc v Makers (UK) Ltd*,[4] it was held that (i) reliance on the skill or judgment of the seller is normally inferred if the particular purpose is made

---

[1] See albeit obiter, on this point, *Webster Thompson Ltd v JG (Pears (Newark) Ltd* [2009] EWHC 1070 (Comm); [2009] 2 Lloyd's Rep 339.
[2] *Jewson Ltd v Kelly* [2003] EWCA Civ 1030; [2004] 1 Lloyd's Rep. 505.
[3] *Medivance Instruments Ltd v Gaslane Pipework Services Ltd, Vulcana Gas Appliances Ltd* [2002] EWCA Civ 500.
[4] *BSS Group Plc v Makers (UK) Ltd* [2011] EWCA Civ 809.

known to the seller; (ii) the purpose does not need to be expressly stated if the seller must have appreciated it from all the circumstances; and (iii) reliance upon the seller need not be exclusive; it is sufficient to show that there was some reliance upon the seller's skill and judgment even if reliance was also placed on the views of others.

In *Stoke-on-Trent College v Pelican Rouge Coffee Solutions Group Ltd*[5] the court considered whether the obligation to supply goods under a long-term contract of hire required the goods to be of satisfactory quality only at the point of delivery or whether there was a continuing obligation throughout the term. The court held that, in a typical long-term equipment hire contract, the statutorily implied terms of quality only impose an obligation at the time of the first hire. However, the ultimate answer must depend on a proper analysis of the contract in question and, in some cases, a different conclusion may be reached. In any event, the fact that the goods failed at some later date may well be evidence that they were not of satisfactory quality at the date of original supply.

An important distinction is to be drawn between a contract for supply of goods and one for the provision of a service. In respect of the latter, the statutory implied contractual duty to carry out the service with reasonable care and skill pursuant to s.49(1) of the 2015 Act is likely to be co-extensive with a like tortious duty. Accordingly, damages for breach of such a duty are amenable to reduction for contributory negligence pursuant to s.1 of the Law Reform (Contributory Negligence) Act 1945. This is most unlikely to be the case in respect of the statutory implied terms of quality or fitness in contracts for the supply of goods.

The distinction between a contract for the supply of goods and one for the provision of services may not be obvious. See, for example, *Trebor Bassett Holdings Ltd v ADT Fire and Security Plc*,[6] wherein it was held that a contract for the design, supply and installation of a bespoke fire suppression system was a contract for provision of services (and where damages were, accordingly, reduced for contributory negligence) notwithstanding that the supplied sensor was found not to be suitable for the installation in question. This is to be compared with *Lowe v W Machell Joinery Ltd*[7] wherein it was "*not in dispute*" that a contract for the provision of a bespoke staircase was a contract for the sale of goods, notwithstanding that the alleged breach was a failure to check that the design complied with building regulations. In *Trebor Bassett*, the court considered that the distinction was "*very largely a matter of impression*".

Who can sue whom? A claim in contract can obviously only arise as between the parties to that contract (unless the contract provides for third party rights). Thus, the ultimate seller of defective goods will be liable in contract to the purchaser even if the defect is not his fault; while the manufacturer will not be liable to that purchaser in contract even though it is his fault. The ultimate seller may well have a contractual remedy against his own supplier, and so on up the contractual chain to the manufacturer.

83-04

---

[5] *Stoke-on-Trent College v Pelican Rouge Coffee Solutions Group Ltd* [2017] EWHC 2829 (TCC).
[6] *Trebor Bassett Holdings Ltd v ADT Fire and Security Plc* [2012] EWCA Civ 1158; [2012] B.L.R. 441.
[7] *Lowe v W Machell Joinery Ltd* [2011] EWCA Civ 794; [2011] B.L.R. 591.

83-05 Loss: when does a cause of action arise? A cause of action arises in contract upon breach—here upon the wrongful supply of the goods; there is no need for any damage to have occurred.

83-06 Measure of Damage If damage has been suffered then there will be a claim in damages, the measure of damage will be the loss probably and naturally flowing from the breach, including purely economic losses, in accordance with normal contractual principles. In the absence of damage the claim will be for nominal damages and/or (possibly) rescission or discharge of the contract, i.e. return of the defective goods.[8]

Negligence at Common Law

83-07 Introduction The limitation of the cause of action in contract is obvious: it gives no right of action to anyone who did not acquire the product concerned by contract, and then only against the person with whom he contracted. Ever since the familiar case of the snail in the ginger beer bottle, *Donoghue v Stevenson*,[9] the common law has provided a separate, extra-contractual remedy for negligence.

83-08 What constitutes a breach? The principle is that a manufacturer or supplier of goods owes a common duty of care to those who may foreseeably be affected by the state of the goods he manufactures to take reasonable care to ensure that the goods that he passes on are reasonably safe to use, i.e. will not foreseeably give rise to harm to person or property. Thus, here the complainant must establish an element of culpability—negligence—not necessary for a cause of action in contract.

The negligence may result from a failure to warn of the dangers associated with a product. Whether negligence is established will depend upon an objective assessment of all the circumstances. (There is, however, no duty to warn of an obvious risk such as that of being scolded by the spillage of hot tea or coffee[10]) It should be noted that the normal strict rules of causation apply. Thus in *Coal Pension Properties Ltd v Nu-Way Ltd*[11] it was held that the manufacturer was not liable for its failure to give warnings about the risk of the product failing because it was unlikely that the warnings would have been heeded in any event.

83-09 Who may sue whom? The significance of the familiar principle set out above is that such a duty arises whether or not there is any contractual relationship between the party at fault and the party suffering damage. The manufacturer may be liable to anyone who foreseeably suffers damage if he is culpable; that is so (for example) however many other parties may be interposed between the manufacturer and the ultimate purchaser in a contractual chain of supply, and whether the complainant is that purchaser or is someone wholly unconnected to the contractual chain.

Likewise, a distributor such as a wholesaler or a retailer owes a duty to those who may be affected to take reasonable care to check the safety of the goods he sells. (In the case of the retailer, this will run concurrently with any duties to the consumer

---

[8] The 2015 Act provides for a number of novel consumer remedies which are outside the scope of this chapter.
[9] *Donoghue v Stevenson* (1932) A.C. 562.
[10] *B (A Child) v McDonalds* [2002] EWHC 490 (QB).
[11] *Coal Pension Properties Ltd v Nu-Way Ltd* [2009] EWHC 824; [2009] N.P.C. 65 (TCC).

in contract.) What constitutes reasonable steps in checking will vary dependent upon the background facts.

There is, however, a distinction to be drawn between private law rights and discretionary or policy decisions taken in the exercise of statutory powers or duties which are not justiciable in private law cases. It has thus been held that the Secretary of State for Health and the Committee on Safety of Medicines did not owe a common law duty to pass on warnings of the risks of administering aspirin to children.[12]

Loss: when does a cause of action arise? A cause of action arises in tort not upon breach but upon the suffering of damage. Therefore, the claim will only arise in the event that the complainant suffers physical damage to person or property. No claim at common law arises against a non-contracting party in the absence of such damage.   **83-10**

Measure of Damage The measure of damage will be the value in money terms of the loss suffered as a result of the defect, together with (in the case of personal injury) the pecuniary value ascribed to the injury by the law. Note that no claim in tort normally arises for losses of a purely economic nature; some damage at least to person or property must be proved.   **83-11**

Statute: The Consumer Protection Act 1987

Introduction The practical effect of the foregoing is that at common law a party who suffered loss as a result of a defective product was left with (a) a claim in negligence against the supplier and/or manufacturer of that product, which required proof of fault, and (b) if he himself purchased the product, a possible claim in contract against the person from whom he bought it.   **83-12**

While in the context of commercial arm's length contracts, these limitations were acceptable, they were not regarded as such in relation to consumer purchases, both because there might be difficulties in establishing fault against a manufacturer or distributor for the purposes of a claim in negligence, and because procedural cross-border jurisdictional problems might well arise in the modern trading world.

The Consumer Protection Act 1987 was enacted against this background, specifically in order to ensure compliance with the European Directive of July 1985 relating to liability for defective products. The effect of the Act is to remove the strict need for a person who has suffered damage as a result of a defective product (and who may not have bought the product himself and therefore may have no claim in contract against anyone) to prove negligence against those involved in its supply, by providing a direct cause of action of strict liability against those persons, subject to certain statutory defences.

What constitutes a breach? By s.1(2) of the Act, a product is defined as "any goods or electricity ..."; it has therefore to be a physical asset.   **83-13**

By s.3(1) a product is defective if "... the safety of the product is not such as persons generally are entitled to expect ...". Where there is a such a defect there

---

[12] *Smith v Secretary of State for Health* [2002] EWHC 200 (QB); (2002) Lloyd's Rep. Med. 333; (2002) 67 B.M.L.R. 34.

will be a strict liability (subject only to certain statutory defences provided by s.4 of the Act) for loss caused by any defect upon any of the parties identified by s.2.

This is the first significant point of the Act: there is no requirement to prove negligence; there is simply the need to prove that the product is not as safe as persons generally are entitled to expect. The defect is therefore defined by reference to the condition of the product itself, i.e. the product's failure to meet that level of safety, rather than by reference to some fault or deficiency in it: *Gee*[13] at [86]. The claimant must establish what it is about the state or behaviour of the product or the risks that it posed that led it to fall below the level of safety that persons generally were entitled to expect, although he need not prove the precise mechanisms by which it came to fall below that yardstick: *Gee* at [99]. Note also that the standard is what the public are *entitled* to expect—which may not match a person's actual expectation: *Gee* at [94].[14]

The test is not that of an absolute level of safety, nor is there an absolute liability for harm caused by a harmful characteristic. The 1987 Act does not impose a warranty of performance.[15] The public are not entitled to expect that a product which is known to have an inherently harmful or potentially harmful characteristic (such as the side effect of a drug) will not cause that harm: *Gee* at [110]. Equally, the foreseeability of the risk of harm is not the test, but consideration of foreseeability may feed into the test.[16]

Article 6 and s.3(2) provide that all the circumstances shall be taken into account. Those circumstances may differ depending on the product and the nature of the complaint about it. There is nothing in the Directive that compels the court to disregard a circumstance which may have a bearing on the level of safety which the public was entitled to expect: *Gee* at [160]. Thus, when considering whether a product (such as a drug or other medical product) is such as persons are generally entitled to expect, the relative risks and benefits of the product when compared to other products in the same class is a legitimate consideration:.[17] Likewise, whilst the ability or inability of the producer to eliminate the safety risk posed by a product is unlikely to have any relevance to an assessment of how safe the product is, it is possible to envisage circumstances in which it might legitimately form part of a holistic evaluation of whether that level of safety falls below the threshold set by the Act: *Gee* at [146]. The court, nevertheless, needs to be vigilant not to let notions of negligence or other irrelevant considerations creep into the assessment: *Gee* at [160].

A product may well be not of satisfactory quality within the meaning of the 2015 Act without being defective pursuant to the 1987 Act: *Busby*. Likewise, it may be easier to prove that a product is defective if it is out of specification, but the mere fact that it is out of specification may not be enough to prove that it lacks the requisite degree of safety: *Gee* at [159].

Equally, the fact that a product fails to comply with a relevant safety standard or

---

[13] *Gee v DePuy International Ltd* [2018] EWHC 1208 (QB); [2018] Med.L.R. 347 contains a very comprehensive review of the principles applicable to Part 1 of the 1987 Act. Full consideration of this case is advisable for anyone with an interest in product liability claims.

[14] Although *Gee* is a first instance decision, it (like *Wilkes*) heavily deprecates much of what was said in *A v National Blood Authority* and, in respect of those deprecated areas, the latter is best considered a case unique to its own set of facts.

[15] *Tesco Stores Ltd v Pollard* [2006] EWCA Civ 393.

[16] *Busby v Berkshire Bed Co Ltd* [2018] EWHC 2976 (QB).

[17] *Bailey v GlaxoSmithKline UK Ltd* [2019] EWHC 1167 (QB), *Gee* at [153], [164].

even with the manufacturer's own design standard does not necessarily mean that it is defective within the meaning of the Act. Thus, in *Pollard* it was held that the fact that a child resistant closure did not comply with the British Standard was not material to the test under s.3(1). What persons were generally entitled to expect of a child resistant closure was no more than that it would be more difficult to open than an ordinary screwtop.

In assessing the safety of a drug or other medical product, the focus must be on what the public generally are entitled to expect, not what clinicians are entitled to expect. Nevertheless, the latter may have a considerable bearing on the former: *Gee* at [169].

Statutory Defences Liability is subject to the statutory defences provided by s.4 of the Act. In particular, s.4(1)(e) of the 1987 Act, which corresponds to art.7(e) of the European Directive of July 1985, provides for a defence where the state of scientific or technical knowledge at the time when the product was put into circulation was not such as to enable the existence of the defect to be discovered.

83-14

Scientific and technical knowledge does not include data or records of previous accidents; thus knowledge of such previous accidents is not a necessary ingredient in proving a defect, nor does the absence of previous accidents give rise to the statutory defence.[18]

The existence of a learned intermediary (i.e. a doctor) between the producer of a product and the end "consumer" (i.e. a patient) does not provide a complete or automatic defence for a producer. However, the fact that there is a learned intermediary who has chosen a particular product for a particular patient and has available, not only his general professional knowledge, but also specific information regarding the product in question is a relevant circumstance for the purposes of s.3 of the 1987 Act.[19]

Who may sue whom? Any person suffering damage as a result of a defect in a product (whether he has a legal interest in that product or not) may sue any one of the persons specified by s.2 of the Act. Section 2(1) of the Act provides as follows:

83-15

> "Subject to the following provisions of this Part, where any damage is caused wholly or partly by a defect in a product, every person to whom subsection 2 applies shall be liable for the damage …".

That subsection applies that liability to: (a) the producer of the goods; (b) those who hold themselves out as producers of the goods (by reason of putting their name on the product or using a trade mark or other distinguishing mark in relation to the product); (c) importers of the goods[20]; and also (d) any supplier of the goods if, upon demand, they fail to identify to the claimant any such producer or importer within a reasonable time.

In terms of damage sustained outside the UK or EEA, it is insufficient that the defendant is resident in and manufactured the product in the UK or EEA. Consum-

---

[18] *Abouzaid v Mothercare (UK) Ltd* [2000] EWCA Civ 348; [2000] All E.R. (D) 246.
[19] *Wilkes v DePuy International Ltd* [2016] EWHC 3096 (QB); [2018] Q.B. 627; [2018] 2 W.L.R. 531.
[20] At the time of writing, the UK remained an EU Member State and the relevant importer for the purposes of s.2 of the 1987 Act is the person who first imports the goods into any Member State. On departure from the EU, it is proposed that s.2 be amended to refer to the person who imports the goods into the UK.

ers who suffer damages outside the EEA and who have no connection with the EEA, where marketing and supply of the defective product was outside the EEA are not within the scope of the 1987 Act even if English law is applicable.[21]

83-16 Loss: when does a cause of action arise? The rule here is the same as in negligence. The cause of action arises not upon breach but upon the suffering of damage. The normal personal injury limitation period (i.e. three years from the date the cause of action accrued or date of knowledge—whichever is the longer) applies. However, by virtue of s.11A of the Limitation Act 1980, no claim may be brought more than 10 years after the date of supply, even if, by that time, a cause of action has not yet accrued. This 10-year period acts as a cut-off beyond which no claim can be brought.

The 10-year limit is strict and cannot be defeated by rules that permit the substitution or addition of parties after the expiration of the limitation period. However, it may be permissible to substitute a producer where: (i) a supplier was sued in mistake for the producer within the 10-year limitation period; (ii) the supplier is a wholly-owned subsidiary of the producer; and (iii) the putting into circulation of the product by the supplier was in fact determined by the parent company which manufactured it. However, such circumstances would only arise when the subsidiary was so closely involved with parent producer that they could, in effect, be regarded as one and the claimant could, in any event, continue his action against the subsidiary as if it were a producer.[22]

83-17 Recoverable damage The measure of damage will be the same as in tort; pure economic loss is excluded as in negligence claims. As to causation, the courts have rejected the argument that once a defect is proved the damages should be reduced to reflect the chances that the damage would have occurred even had the producer, importer or supplier taken further safety measures.[23]

There are a number of other limitations:

(a) By s.5(2) the loss must be to property other than that which is defective; there is no liability under the Act for damage to the defective property itself. (This mirrors the position in common law negligence.) By s.5(3) there is no liability if the property damaged is not both "of a description ordinarily intended for private use, occupation or consumption", and also is in fact "intended by the person suffering the loss or damage" for such use, etc. Thus, business property damage is not covered.

(b) By s.5(4) there is no liability for damage worth less than £275.

83-18 Safety regulations Numerous safety regulations, dealing with specific classes of products, are made pursuant to s.11 of the 1987 Act (or take effect as if made under s.11). Consideration of the detail of these regulations is beyond the scope of this text. A general definition of "safe", for the purposes of such regulations, is to be found in s.19(1) of the 1987 Act.

By s.41 of the 1987 Act, an obligation imposed by safety regulations is a duty owed to any person who may be affected by a contravention of the obligation and, subject to any provision to the contrary in the regulations, a contravention of any

---

[21] *Allen v DePuy International Ltd* [2014] EWHC 753 (QB); [2015] 2 W.L.R. 442.
[22] *OB v Aventis Pasteur SA* [2010] UKSC 23; [2010] 1 W.L.R. 1412.
[23] *A v National Blood Authority (No.1)* [2001] 3 All E.R. 289.

such obligation is actionable as a breach of statutory duty. Furthermore, such liability cannot be limited or excluded by any contract term or notice.[24]

The cause of action for breach of safety regulations is a strict one; once the claimant proves that the defendant supplied goods which were unsafe and that damage was sustained as a result of the goods being unsafe, then liability follows: *Stoke-on-Trent College*.

Additionally, breach of safety regulations may amount to evidence of a product being not satisfactory, of negligence, or of defect.

Pleading the Causes of Action

The principles here are as set out below.   **83-19**

Contract The matters which must be pleaded are: **83-20**

(a) the contract, i.e. identification of the claimant and the defendant and the circumstances of the bargain made between them, when and how it was concluded (oral or written);
(b) any relevant terms of the contract;
(c) the alleged breaches of any of those terms;
(d) causation, i.e. the basis upon which loss is alleged to have flowed from those breaches;
(e) the losses themselves.

The importance of expressly pleading the statutory implied terms was emphasised in *Lowe*.

Negligence in tort The matters which must be pleaded are: **83-21**

(a) the duty owed by the defendant to the claimant in tort and the particular circumstances in which it arises;
(b) the alleged breaches of any such duty;
(c) causation, i.e. the basis upon which loss is alleged to have flowed from those breaches;
(d) the losses themselves.

The Consumer Protection Act 1987 The matters which must be pleaded are: **83-22**

(a) the circumstances in which the claimant came to use the product concerned;
(b) the nature of any defect in the product, i.e. that the safety of the product was not such as persons generally are entitled to expect, and the facts upon which that allegation is based;
(c) the capacity in which the defendant is alleged to be liable, i.e. (i) as producer, (ii) as someone who held himself out to be producer, (iii) as importer, or (iv) as supplier, and (in that event) that there has been a request for information by the claimant of the defendant as to the identity of the producer or importer, with which request the defendant has failed to comply within a reasonable time; and the facts upon which all those allegations are based;

---

[24] In the absence of any product-specific provisions, the General Product Safety Regulations 2005 apply. However, by reg.42 of those Regulations, they do not confer any right of civil action.

(d) causation, i.e. the basis upon which loss is alleged to have flowed from the defect;
(e) the losses themselves.

83-23 Breach of statutory duty The matters which must be pleaded are:
(a) the relevant safety regulation(s), the duties owed by the defendant to the claimant arising from those regulations, and the particular circumstances in which they arise;
(b) the alleged breaches of any such duties;
(c) causation, i.e. the basis upon which loss is alleged to have flowed from those breaches;
(d) the losses themselves.

STATEMENTS OF CASE

Claim Forms and Particulars of Claim

83-24 Introductory note to precedents What follows are intended to be a representative sample of combining claims in contract, in tort and/or under the Consumer Protection Act 1987; of course which of those causes of action are in fact available will depend on the facts.

For the sake of clarity of demonstration in each case there have been prepared separate wordings:

(a) for "Brief details of claim" as required in the Claim Form in any event, whether the Claim Form is served with or without Particulars of Claim; and
(b) for Particulars of Claim, to be served either with the Claim Form (or indeed, if practicable, set out within the Claim Form; see CPR Pt 16, PD para.3.1) or failing that, within 14 days of service of the Claim Form; generally see also CPR Pt 7 rr.1–6.

CLAIM FOR PERSONAL INJURY TO A MINOR CAUSED BY DEFECTIVE TOY

Brief details of Claim (for Claim Form)[25]

83-X1 [Claim Form should be in Form N1.]

The Claimant's claim is for damages arising out of personal injury caused on 25 December 2019 by defects in a soft toy, namely a cotton and plastic toy crocodile, which incorporated metal components which injured the Claimant while he was playing with it.

He claims against the Defendant as importer of the toy for the purposes of the Consumer Protection Act 1987.

He expects to recover [statement of value] as damages, including more than £1,000 for pain, suffering and loss of amenity.

---

[25] This has been pleaded as a claim simply as against an importer under the 1987 Act. This is intended graphically to show the advantage of the 1987 Act. Even in the absence of any contract (which is clearly unlikely in the case of a young child claimant), there is no need to show negligence or other culpability on the part of (say, as here) the importer, so long as the claimant can show a defect within the meaning of the Act and that loss has been incurred as a result. Particularly in the case of an importer, such might be difficult to prove. Of course where the evidence suggests that there is such negligence, then a claim in tort can lie as well.

Particulars of Claim

1. At all material times the Defendant has been in business as an importer of consumer goods, and in particular toys, from other jurisdictions including the United States.

2. During the course of 2019 the Defendant imported into the UK from the United States a consignment or consignments of soft toys known as "Cuddly Croc", for the purpose of onward sale to retailers and (ultimately) the public.

3. On or about 24 December 2019 the Claimant's father purchased a "Cuddly Croc" toy from Woolsbury's store in Romford, Essex, for the purpose of giving it to the Claimant for his third birthday the following day.

4. The toy concerned was imported into the United Kingdom from the United States by the Defendant, who was therefore the importer of the toy for the purposes of s.2 of the Consumer Protection Act 1987 ("the Act"), and therefore owed to the Claimant the strict duty provided by s.3 of the Act.

5. The Claimant duly received the toy as a present on 25 December 2019. Shortly thereafter, while he was playing with it, it fell apart. As a result its wire frame became exposed, and one of the ends of the wire caused severe cuts to the Claimant's face, arms and chest.

6. The safety of the toy was not such as persons generally were entitled to expect. In support of that averment the Claimant will rely upon the following:

    [summarise any expert or other evidence as to this].

There was therefore a defect in it for the purposes of s.3(1) of the Act; the Defendant is therefore liable under s.2 of the Act as importer of the toy for any damage sustained by the Claimant as a result of such defect.

7. As a result of the matters set out above, the Claimant suffered injury loss and damage for which the Defendant is liable as follows:
    (a) The Claimant, who was born on 25 December 2016 and is now aged 3, sustained severe lacerations to his face, arms and chest which have resulted in (among other things) permanent and unsightly scarring.
        See the medical report of [..........] annexed hereto.
    (b) The Claimant has suffered pecuniary loss and expense as set out in the Schedule of Loss also annexed hereto;

8. The Claimant claims interest pursuant to [s.35A of the Senior Courts Act 1981 / s.69 of the County Courts Act 1984] as follows:
    (a) Upon his damages for pain, suffering and loss of amenity, at the rate of 2% pa from the date of service herein.
    (b) Upon his pecuniary losses sustained to date of trial, at the prevailing Special Investment Account rate from the date of the incurring of those losses.

AND the Claimant claims:
(1) Damages.
(2) Interest as set out at paragraph 8 above.

[Name of Pleader]

[Statement of truth]

CLAIM FOR PERSONAL INJURY CAUSED BY DEFECTIVE ELECTRICAL HOUSEHOLD GOODS

Brief details of Claim (for Claim Form)[26]

83-X2 [Claim Form should be in Form N1.]

The Claimant's claim is for damages arising out of personal injury occurring on 1 February 2019 caused when his mother's vacuum cleaner which he was using exploded due to an electrical fault.

The vacuum cleaner was purchased by the Claimant's mother from the Defendant, who was therefore a supplier of it for the purposes of the Consumer Protection Act 1987. Solicitors acting for the Claimant have made repeated reasonable requests of the Defendant for the identity of any producer or importer of the vacuum cleaner for the purposes of that Act, but the Defendant has failed within a reasonable time to provide the same. Therefore the Defendant is itself liable to the Claimant as supplier for the purposes of the Act, and the Claimant claims against it accordingly.

The Claimant expects to recover [statement of value] as damages, including more than £1,000 for pain, suffering and loss of amenity.

Particulars of Claim

1. At all material times the Defendant has been involved in the retail sales of domestic appliances including, among other things, vacuum cleaners.

2. On or about 3 January 2019 the Claimant's mother purchased a Kleeneezee 5 vacuum cleaner from the Defendant's store in Brent Cross, London. The Defendant was therefore a supplier of the vacuum cleaner for the purposes of the Consumer Protection Act 1987 ("the Act").

3. On or about 1 February 2019 the Claimant was using the vacuum cleaner to clean his room (in accordance with instructions given to him by his mother) when it was subject to an electrical fire and exploded, causing him burns and other severe injuries as set out below.

4. The Claimant's case as to the reasons for the fire and explosion, will be as follows:
[set out expert evidence, etc.]

5. The Claimant's case will be that in the premises the safety of the vacuum cleaner was not such as persons generally were entitled to expect, and there was therefore a defect in it for the purposes of s.3(1) of the Act.

---

[26] This claim is also brought under the 1987 Act alone. This time it is brought against the supplier of a vacuum cleaner pursuant to the 1987 Act, given the failure upon demand of the supplier to identify the "producer", anyone holding himself out as producer, or any "importer". (If such identification had been given within a reasonable time of request the claimant's remedy under the 1987 Act would have been against the producer/person holding himself out as such/importer as the case may be.) In the absence of any evidence of culpable fault on the part of the supplier, or of any possibility of identifying the (prima facie tortiously culpable) manufacturer, no claim in tort is included against anyone. If the claimant had purchased the vacuum cleaner himself he would have had a claim in contract as well.

6. The Claimant's solicitors have by letters dated [dates] repeatedly requested of the Defendant the identity of the manufacturer and of any importer of the vacuum cleaner. No response has ever been received. In the premises the Defendant is liable to the Claimant pursuant to s.2(3) of the Act, as supplier of the vacuum cleaner, for any loss and damage he may have sustained as a result of the accident.

7. As a result of the matters pleaded at paragraph 3 above, the Claimant suffered injury loss and damage as follows:
(a) The Claimant, who was born on [date] and is now aged 18, sustained severe electrical and other burns, as a result of which he has suffered continuing physical and psychological problems.
   See the medical reports of [..........] annexed hereto.
(b) The Claimant has suffered pecuniary loss and expense as set out in the Schedule of Loss also annexed hereto.

8. The Claimant claims interest pursuant to [s.35A of the Senior Courts Act 1981 / s.69 of the County Courts Act 1984] as follows:
(a) Upon his damages for pain, suffering and loss of amenity, at the rate of 2% pa from the date of service herein.
(b) Upon his pecuniary losses sustained to date of trial, at the prevailing Special Investment Account rate from the date of the incurring of those losses.

AND the Claimant claims:
(1) Damages.
(2) Interest as set out at paragraph 8 above.

[Name of Pleader]
[Statement of truth]

CLAIM FOR PERSONAL INJURY CAUSED BY DEFECTIVE MOTORCYCLE: CLAIM BROUGHT AGAINST MANUFACTURER

Brief details of Claim (for Claim Form)[27]

[Claim Form should be in Form N1.]   83-X3

The Claimant's claim is for damages arising out of personal injury occurring on 1 January 2019 caused when an accident occurred involving the motorcycle on which she was travelling as a pillion passenger. The accident occurred when the front forks of the motorcycle collapsed.

The motorcycle was manufactured by the First Defendant in Japan and imported into the United Kingdom by the Second Defendant.

The Claimant therefore claims against the First Defendant as producer of the motorcycle for the purposes of the Consumer Production Act 1987 and in tort, and against the Second Defendant as importer of the motorcycle for the purposes of that Act.

---

[27] This is a claim brought by a pillion passenger who was not the owner of the motorcycle. It is brought against both the foreign manufacturer of the motorcycle and the importer of it into the UK under the 1987 Act. The manufacturer is also sued in tort. Pursuant to Rome II, English law would be applicable in such a claim. A claim brought by the owner/purchaser of the motorcycle would also lie in contract against the supplier.

The Claimant expects to recover [statement of value] as damages, including more than £1,000 for pain, suffering and loss of amenity.

Particulars of Claim

1. At all material times:
   (a) the First Defendant has been in business in Japan as the manufacturer of, among other things, motorcycles; and
   (b) the Second Defendant has been in business in the UK as an importer into the UK of the First Defendant's products, including motorcycles.

2. On or about 1 January 2019 the Claimant was travelling from London to Brighton as pillion passenger on her husband's Matakiti 950cc motorcycle when the front forks of the same collapsed, as a result of which there was an accident at speed as a result of which she suffered severe injury as set out below.

3. The Claimant's case as to the causes of this collapse will be as follows: [set out expert evidence as to the nature and cause of the failure].

4. The First Defendant was the producer, and the Second Defendant the importer, of the motorcycle for the purposes of s.2 of the Consumer Protection Act 1987 ("the Act"). They therefore each separately owed to the Claimant the strict duty provided by s.3 of the Act.

5. Further and in any event the First Defendant owed to all those who would or might travel on the motorcycle, including the Claimant, a common law duty of care in manufacturing it to take all reasonable steps to ensure that it was safely manufactured and would not be defective so as to cause injury to those who travelled upon it.

6. By reason of the matters set out above the safety of the motorcycle was not such as persons generally were entitled to expect, and there was therefore a defect in it for the purposes of s.3(1) of the Act. In the premises the First and Second Defendants are liable to the Claimant pursuant to s.2 of the Act, as producer and importer respectively of the motorcycle, for any loss and damage she may have sustained as a result of the accident.

7. Furthermore the First Defendant acted negligently and in breach of its common duty of care to the Claimant, in the following respects:

Particulars of Negligence

(a) The First Defendant acted negligently and in breach of its said duty of care to the Claimant in that:
   (i) it had a system of production which allowed the manufacture of dangerously weak front forks;
   (ii) it failed to institute, alternatively properly to operate, a proper system of checking the motorcycles and (in particular) the front forks for dangerous conditions.
   [and add any further relevant matters].
(b) Further and in any event, the Claimant will rely upon the collapse of the forks as itself evidence of negligence on the part of the First Defendant.

8. As a result of the matters pleaded at paragraphs 2 to 7 above, the Claimant suf-

fered injury loss and damage for which the Defendants are liable as follows:
(a) The Claimant, who was born on [date] and is now aged 27, sustained severe head and spinal injuries, as a result of which [..........].
See the medical report of [..........] annexed hereto.
(b) The Claimant has suffered pecuniary loss and expense as set out in the Schedule of Loss also annexed hereto.

9. The Claimant claims interest pursuant to [s.35A of the Senior Courts Act 1981 / s.69 of the County Courts Act 1984] as follows:
(a) Upon her damages for pain, suffering and loss of amenity, at the rate of 2% pa from the date of service herein.
(b) Upon her pecuniary losses sustained to date of trial, at the prevailing Special Investment Account rate from the date of the incurring of those losses.

AND the Claimant claims:
(1) Damages.
(2) Interest as set out at paragraph 9 above.

[Name of Pleader]
[Statement of Truth]

CLAIM FOR PERSONAL INJURY CAUSED BY DEFECTIVE FOOD: CLAIM BY PURCHASER AGAINST RETAILER AND MANUFACTURER

Brief details of Claim (for Claim Form)

[Claim Form should be in Form N1.]28   83-X4

The Claimant's claim is for damages arising out of personal injury occurring on 31 January 2019 caused by the consumption of unsafe food, namely a sausage which contained dangerously sharp pieces of metal, sold to him by the First Defendant and manufactured by the Second Defendant.

He claims against the First Defendant in contract, and against the Second Defendant in tort and as producer of the food for the purposes of the Consumer Protection Act 1987.

The Claimant expects to recover [statement of value] as damages, including more than £1,000 for pain, suffering and loss of amenity.

Particulars of Claim

1. At all material times:
(a) the First Defendant has been in business as a retail grocer, selling food to members of the public, from its premises at 72 High St, Boreham, London N3; and
(b) the Second Defendant has been in business as a manufacturer of food items including in particular sausages.

2. On or about 31 January 2019 the Claimant purchased from the First Defendant a packet of 12 "Tasty's Best", sausages manufactured by the Second Defendant.

---

[28] This is a more complicated pleading. The action is brought by the purchaser / consumer against both the retailer and the manufacturer. It has been pleaded against the retailer in contract (where there is no need to show culpability), and against the manufacturer (who has control over that which he produces—contrast the actions against the importer and the supplier sued alone above) also in tort.

3. By operation of section 9 of the Consumer Rights Act 2015, it was an implied term of the contract of sale effected thereby that the sausages would be of satisfactory quality and thereby fit for their purpose, which in each case meant (among other things) that they would be fit for human consumption and safe to eat.

4. The Second Defendant was the producer of those sausages for the purposes of s.2 of the Consumer Protection Act 1987 ("the Act"), and therefore owed to the Claimant the strict duty provided by s.3 of the Act.

5. In any event the Second Defendant owed to all those who would or might thereafter eat the sausages that it produced, including the Claimant, a common duty of care in manufacturing them to take all reasonable steps to ensure that they were fit for human consumption and in any case were safe to eat and would not cause injury to those who did so.

6. The Claimant ate one of those sausages that evening. It contained extraneous material, namely sharp chips of metal, which the Claimant swallowed, causing serious injury to the Claimant as particularised below.

7. By reason of the matters aforesaid, the First Defendant was in breach of the said contract of sale in that the sausages were not fit for human consumption and the First Defendant was in breach of the implied terms referred to above.

8. Further, by reason of the same matters the safety of the sausage was not such as persons generally were entitled to expect, and there was therefore a defect in it for the purposes of s.3(1) of the Act. In the premises the Second Defendant is liable under s.2 of the Act as producer of the sausage for any damage sustained by the Claimant as a result of such defect.

9. Further, by reason of the same matters the Second Defendant acted negligently and in breach of its common duty of care to the Claimant, in the following respects:

Particulars of Negligence

(a) The Second Defendant acted negligently and in breach of its said duty of care to the Claimant in that:
  (i) it had a system of production which allowed extraneous and dangerous material to be incorporated into some of its sausages;
  (ii) it failed to institute, alternatively properly to operate, a proper system of checking its produce for such extraneous and dangerous material; [and add any further relevant matters].
(b) Further and in any event, the Claimant will rely upon the presence of this extraneous and dangerous material as itself evidence of negligence on the part of the Second Defendant.

10. As a result of the matters pleaded at paragraphs 2 to 9 above, the Claimant suffered injury loss and damage for which the Defendants are jointly and severally liable as follows:
  (a) The Claimant, who was born on [date] and is now aged 43, sustained severe injuries to his stomach and colon, as a result of which [..........].
  See the medical report of [..........] annexed hereto.
  (b) The Claimant has suffered pecuniary loss and expense as set out in the Schedule of Loss also annexed hereto.

11. The Claimant claims interest pursuant to [s.35A of the Senior Courts Act 1981 / s.69 of the County Courts Act 1984] as follows:
   (a) Upon his damages for pain, suffering and loss of amenity, at the rate of 2% pa from the date of issue herein.
   (b) Upon his pecuniary losses sustained to date of trial, at the prevailing Special Investment Account rate from the date of the incurring of those losses.

AND the Claimant claims:
(1) Damages.
(2) Interest as set out at paragraph 11 above.

[Name of Pleader]
[Statement of truth]

CLAIM FOR PERSONAL INJURY TO A MINOR CAUSED BY DEFECTIVE TOY ALLEGING BREACH OF THE TOYS (SAFETY) REGULATIONS 2011

Brief details of Claim (for Claim Form)

[Claim Form should be in Form N1.][29]

83-X5

The Claimant's claim is for damages arising out of personal injury caused on 25 December 2019 by defects in a soft toy, namely a cotton and plastic toy crocodile, which incorporated metal components which injured the Claimant while he was playing with it.

He claims against the Defendant, as an importer of the toy, for breach of its statutory duty under the Toys (Safety) Regulations 2011.

He expects to recover [statement of value] as damages, including more than £1,000 for pain, suffering and loss of amenity.

Particulars of Claim

1. At all material times the Defendant has been in business as an importer of consumer goods, and in particular toys, from other jurisdictions including the United States.

2. During the course of 2019 the Defendant imported into the UK from the United States a consignment or consignments of soft toys known as "Cuddly Croc", for the purpose of onward supply to retailers and (ultimately) the public.

3. On or about 24 December 2019 the Claimant's father purchased a "Cuddly Croc" toy from Woolsbury's store in Romford, Essex, for the purpose of giving it to the Claimant for his third birthday the following day.

---

[29] This case arises from the same set of facts as 83-X1. The Toys (Safety) Regulations are safety regulations made pursuant to s.11 of the 1987 Act. This pleading is intended to show how a claim may be advanced for breach of such safety regulations. The details pleaded will, of course, vary depending on the particular regulations relied upon and the provisions therein. In practice, it is advisable to plead both a claim under the 1987 Act and breach of statutory duty wherever both such claims are properly arguable. Furthermore, failure to comply with specific regulatory requirements may well be evidence of negligence on the part of the producer (or possibly supplier).

4. The toy concerned was imported into the United Kingdom from the United States by the Defendant, who thereafter supplied it, by way of a UK distribution intermediary, to Woolsbury's store.

5. In the premises:
   (a) the Defendant was the importer for the purposes of the Toys (Safety) Regulations 2011 ("the Toys Regulations"); and
   (b) the toy was one to which the Toys Regulations applied.

6. The Claimant duly received the toy as a present on 25 December 2019. Shortly thereafter, while he was playing with it, it fell apart. As a result its wire frame became exposed, and one of the ends of the wire caused severe cuts to the Claimant's face, arms and chest.

7. The toy failed to satisfy the essential safety requirements. In particular:
   (a) the toy jeopardised the safety and health of its user (i.e. the Claimant) when used as intended or in a foreseeable way, bearing in mind the behaviour of children.
   (b) neither the toy nor its packaging bore any warning about the inherent hazards and risks of harm involved in using the toy; and the ways of avoiding such hazards and risks.
   (c) the toys and its parts did not have the requisite mechanical strength and stability to withstand the stresses to which they would be subjected during use without breaking or becoming liable to distortion at the risk of causing physical injury.
   (d) accessible edges, protrusions, cords, cables and fastenings on the toy were not designed and manufactured in such a way that the risks of physical injury from contact with them was reduced as far as possible.

8. In support of the above averments the Claimant will rely upon the following: [summarise any expert or other evidence as to this].

9. In breach of regulation 26 of the Toys Regulations, the Defendant placed the toy on the market, which did not meet the requirement of regulation 5 of the Toys Regulations (obligation to satisfy essential safety requirements).

10. To the extent that the Defendant contends that the toy bore a CE mark and is therefore rebuttably presumed to comply with regulation 5, it is averred that the matters set out above demonstrate that the opposite was in fact the case.

11. As a result of the Defendant's breach of statutory duty, the Claimant suffered injury loss and damage for which the Defendant is liable as follows:
    (a) The Claimant, who was born on 25 December 2016 and is now aged 3, sustained severe lacerations to his face, arms and chest which have resulted in (among other things) permanent and unsightly scarring. See the medical report of [..........] annexed hereto.
    (b) The Claimant has suffered pecuniary loss and expense as set out in the Schedule of Loss also annexed hereto.

12. The Claimant claims interest pursuant to [s.35A of the Senior Courts Act 1981 / s.69 of the County Courts Act 1984] as follows:

(a) Upon his damages for pain, suffering and loss of amenity, at the rate of 2% pa from the date of service herein.
(b) Upon his pecuniary losses sustained to date of trial, at the prevailing Special Investment Account rate from the date of the incurring of those losses.

AND the Claimant claims:
(1) Damages.
(2) Interest as set out at paragraph 12 above.

[Name of Pleader]
[Statement of truth]

DEFENCE TO A CLAIM MADE UNDER THE CONSUMER PROTECTION ACT

Defence of the First Defendant[30]

1. Paragraph 1 of the Particulars of Claim is admitted.

2. The First Defendant has no knowledge of the matters alleged at paragraph 2 of the Particulars of Claim and requires the Claimant to prove them.

3. The expert reports of [..........] are noted but not admitted. The First Defendant intends to obtain its own expert evidence and is unable to plead further in response until receipt of the same.

4. Paragraphs 4 and 5 of the Particulars of Claim are admitted.

5. Paragraph 6 is denied for the following reasons:
(a) At the time of production all forks were subject to individual testing by means of a ForkScan Test Rig. If any defects were detected the forks were rejected. In the premises, there was no defect in the motorcycle at the time the First Defendant supplied the motorcycle to the First Defendant. If, which is not admitted, there was a defect in the motorcycle that caused the Claimant's accident, it was not present in the motorcycle at the relevant time for the purposes of s.4(1)(d) of the Act and the First Defendant is not liable for it.
(b) At the time of the Claimant's accident, it was believed that defects of less than 3 microns in the steel tubing used to manufacture the forks would not represent any risk under normal driving conditions. The ForkScan Test Rig (which was the industry standard testing rig at the time) was incapable of detecting defects of less than 3 microns. Since the Claimant's accident, on 3 July 2010, an article in the International Journal of Transport Engineering has identified that defects of 1.5 microns or more may result in breakage of forks under certain driving conditions. If, which is not admitted, there was such a defect in the motorcycle, the state of scientific and technical

---

[30] This defence responds to the claim pleaded at 83-X3 and relies on two of the statutory defences pursuant to s.4 of the 1987 Act. These are that the defect did not exist in the product at the relevant time [s.4(1)(d)] and that the state of scientific and technical knowledge at the relevant time was not such that a producer of products of the same description as the product in question might be expected to have discovered the defect if it had existed in his products while they were under his control [s.4(1)(e)].

knowledge at the relevant time, for the purposes of s.4(1)(e) of the Act, was not such that the First Defendant might have been expected to have discovered the defect and the First Defendant is not liable for it.

7. It is denied that the First Defendant acted negligently and in breach of its duty of care to the Claimant whether as alleged in paragraph 7 of the Particulars of Claim or at all.

Particulars

(a) [Set out particulars of denial]
    ...
(d) For the reasons set out above, it is denied that the collapse of the forks amounts to evidence of negligence on the part of the First Defendant.

8. [Continue as for personal injury defence.]

Section 84:

MULTI-PARTY ACTIONS

Table of Contents

Specimen Case Management Order in Group Litigation ...	84-X1
Specimen Particulars of Claim in Pharmaceutical Multi-Party Action—Lead/Test Claim	84-X2
Specimen Defence to Claim in Pharmaceutical Multi-Party Action—Lead/Test Claim	84-X3
Specimen Reply in Pharmaceutical Multi Party Action—Lead/Test Claim	84-X4
Specimen Particulars of Claim in Institutional Abuse Multi-Party Action—Lead/Test Claim	84-X5
Specimen Defence to Claim in Institutional Abuse Multi-Party Action—Lead/Test Claim	84-X6

84-01 Multi-party actions arise in a number of different contexts from mass drug claims, such as the Benzodiazepine litigation, to investor disputes, such as the Lloyd's names litigation.[1] This section deals with precedents in the context of multi-party actions in personal injury claims, although the procedural aspects will be broadly comparable in other types of multi-party actions. Claims may arise against manufacturers of drugs or other products or may be a unitary case, such as a disaster case. In the former type of case there may be a panoply of claims raising a multitude of issues, some of them common and some of them individual. In the latter type of case the factual issues will be largely common. Over time the courts have developed flexible procedures to manage these claims without any framework of rules.[2] In 1995 the *Law Society in Group Actions Made Easier*[3] proposed a draft set of rules, which were then taken up by Lord Woolf MR in the *Access to Justice Report*.[4] Finally in May 2000 a set of rules specifically applying to group actions was introduced. The Civil Procedure Rules now provide a framework under r.19 for the case management of these type of claims and for costs under r.48.6A.[5]

---

[1] See Miller ed, *Product Liability and Safety Encyclopaedia* (London: Butterworths Lexis Nexis, 1991) Vol.1, section IIIA by Prof. Mildred for a close review of the history, case law and practice relating to multi-party actions.

[2] See the Opren litigation: *Davies v Eli Lilly* [1987] 1 W.L.R. 1137 where the first costs-sharing order was approved and a set of directions was constructed which formed the model for subsequent actions.

[3] *Law Society publication*, September 1995. The Law Society also has a Multi-party Action Information Service (MPAIS) which is located in the Law Society's office in Chancery Lane. Solicitors can consult the MPAIS to see what other cases may be relevant to the multi-party action. Details of any multi-party action in which a solicitor is involved may also be recorded with the MPAIS

[4] Chapter 17, HMSO, July 1996. The Access to Justice Report is commonly called the Woolf Report. A copy can be found on the now obsolete website of the Department of Constitutional Affairs (*https://www.dca.gov.uk*).

[5] It should be noted CPR r.19 III and r.48.6A cannot be treated as a comprehensive code for group

Group Litigation Order

84-02   A multi-party action or group litigation[6] is not defined anywhere in the Civil Procedure Rules. However, a multi-party action will qualify for a Group Litigation Order (GLO) for case management purposes where there are a number of claims which give rise to common or *related* issues of fact or law (the GLO issues).[7] This is a wide permissive power for group litigation. It is not necessary for there to be an identity of interests between claimants.[8] There are no minimum or maximum numbers required for a GLO to be regarded as appropriate. That said, in *Austin v Miller Argent (South Wales) Ltd* [[9] Jackson LJ opined that "far more than two claimants are necessary to constitute a viable group action"; whilst Kemp & Kemp suggest that "in practice GLOs have not been used where there are fewer than 20 claims".[10]

The unique selling point of the GLO is to require this dispute to be dealt with at the inception of the litigation by identification of at least the threshold GLO issues which will act as the qualifying criteria for entry of a claim onto a group register. Statements of case are then required to be pleaded by reference to those GLO issues. It is likely to still remain a vexed issue between the parties and for the court what the substantive GLO issues are and how they should be resolved, as opposed to threshold criteria for admission.[11]

In assessing whether or not to make a group litigation order, the focus of the court will be on CPR r.19.10 and, specifically, whether there are "common or related issues of fact or law." If so, the court will then want consider, whether the nature of those issues and the claims are such as to require the special regime of case management provided by r.19 III.[12] It has always been a vexed issue in group litigation whether there really are common issues which require the framework of a GLO.[13]

---

litigation, as some provisions affecting group litigation are to be found elsewhere. For instance, the court retains a power to join interested parties to group litigation, notwithstanding that r.19 III makes no such provision: *Coal Mining Contractors v Davies* [2006] EWCA Civ 1360; [2007] 1 W.L.R. 3232 at [11]–[16]. The wide, flexible and pragmatic construction of Part 19 therein was recently endorsed in *Hounslow LBC v Cumar* [2012] EWCA Civ 1426; [2013] H.L.R. 17.

6   See Carnwath LJ in *Snell v Robert Young and Co Ltd* [2002] EWCA Civ 1644; [2002] EWCA Civ 1644 at [57]–[59].
7   CPR r.19.10.
8   As distinct from representative actions where all claimants must have the same interest in the litigation: see CPR r.19.6; *Emerald Supplies Ltd v British Airways Plc* [2010] EWCA Civ 1284; [2011] Ch. 345 at [3]–[4], [60]–[65]. See also *Millharbour Management Ltd v Weston Homes Ltd* [2011] EWHC 661 (TCC); [2011] 3 All E.R. 1027 in which, at [18] et seq, the court helpfully analysed the guiding case law and principles.
9   *Austin v Miller Argent (South Wales) Ltd* [2011] EWCA Civ 928; [2011] Env. L.R. 32.
10 Kemp: *Law, Practice & Precedents* (London: Sweet & Maxwell) R.19: December 2014.
11 See *Tew v BoS (Shared Appreciation Mortgages) No.1 Plc* [2010] EWHC 203 (Ch) where the parties could neither agree whether a GLO should be made, what the threshold criteria were or the substantive ultimate common issues. Mann J identified a distinction between widely drawn threshold criteria for inclusion and the substantive issues and ordered a GLO.
12 Issues of reputational loss to a defendant if a GLO is made are prima facie not relevant: see *Anslow v Norton Aluminium Ltd* unreported 26 May 2010 Flaux J.
13 In *Hobson v Ashton Morton Slack* [2006] EWHC 1134 (QB) a GLO was refused because the common issues had not been precisely identified and the issues raised were fact specific. The comments of Sir Michael Turner at [76] serve a pertinent reminder against the over-enthusiastic use of the GLO procedure. The same is true of the more recent case of *Various v Barking, Havering & Redbridge University Hospitals NHS Trust* unreported 21 May 2014. The claimants in that case were

Defendants often assert that the claimants are in effect seeking an issue-led inquiry approach instead of concentrating on the individual facts of individual claims, whereas claimants may want the court to concentrate on the common issues.

Once the threshold in CPR r.19.10 is met, the decision whether to grant a GLO is a matter for the court's discretion.[14] In exercising this discretion in the era of budgetary restraint in which we now live, considerations of proportionality and cost will be paramount.

Thus, another common refrain is that GLOs will "increase costs and be used by the Claimants' solicitors as a vehicle for higher hourly rates and fees. It will be used as a shield for weak cases. Cases will not settle early".[15] Against this, claimants argue, funnily enough, quite the reverse: that the shared resources and avoidance of duplication in fact save costs.

The court also identified another factor which, post Jackson, is potentially relevant to the exercise of the court's discretion under Part 19 viz. whether a GLO "would enable claimants without the benefit of after-the-event insurance and those with low-value claims to have access to justice".[16]

A useful summary of these and other pros and cons of GLOs can be found in *Hutson v Tata Steel* at [12] and [26] onwards.

Additional provisions can include, and will in almost all multi-party actions, provision for: **84-03**

(a) transfer of qualifying claims to the management court, the stay of claims and the entry of transferred claims on the register[17];
(b) setting of a specified date from which qualifying claims should be started in the management court and entered on the group register; and
(c) publicising the GLO.[18]

CPR r.19.12 provides a mechanism by which judgments and orders are made binding on the parties on the register.[19] Such a provision is critical if GLOs are to be made to work effectively and to ensure that a court once seized of group litigation can ensure that it applies to all parties without a proliferation of sub-group claims, as has happened historically.[20]

CPR r.19.13 contains a permissive power for the management court to:

---

all former patients of the allegedly mismanaged Queen's Hospital. Master Leslie had grave doubts that the background context of "systemic failures" gave rise to the requisite commonality of issues; each case, after all, would stand or fall on its own merits. The court was also troubled by the availability of individual causation arguments which, no doubt, would need to be litigated whatever the outcome of a lead case or generic dispute under a GLO. See also *Durrheim v Ministry of Defence* [2014] EWHC 1960 (QB). All three cases need to be seen in the context of *Greene Wood McLean LLP (In Administration) v Templeton Insurance Ltd* [2010] EWHC 2679 (Comm); [2011] 2 Costs L.R. 205 which was the ensuing professional negligence action arising from the failed GLO application in Hobson where Cooke J in effect disagreed with the substance of the decision by Sir Michael Turner. See at [173]–[177], [194].

[14] *Austin v Miller Argent (South Wales) Ltd* per Jackson LJ at 35.
[15] Master Fontaine summarising the defendant's submissions in *Hutson v Tata Steel* [2016] EWHC 3031 (QB).
[16] *Hutson v Tata Steel UK Ltd (Formerly Corus UK Ltd)* [2016] EWHC 3031 (QB).
[17] See paras 9–10 of the practice direction in relation to the commencement of claims within the management court and the transfer of cases not commenced in the management court.
[18] See para.11 of the practice direction.
[19] See also para.12.1 of the practice direction.
[20] See the *Opren* litigation which spawned several sub-groups due to the application of cut off dates. The history of the litigation is set out in *Nash v Eli Lilly* [1993] 1 W.L.R. 782 at 788–9.

"(a) vary the GLO issues;
(b) provide for one or more claims on the group register to proceed as test claims [and under r.19.14 to substitute test cases];
(c) appoint lead solicitors for the claimants or defendants;
(d) specify the details to be included in a statement of case in order to show that the criteria for entry on the group register have been met;
(e) specify a cut-off date after which claims cannot be added to the group register without permission;[21] and
(f) for the entry on the group register of a qualifying claim.[22]"

The management court is also given power to remove claims from the register and to give directions about the future management of the claim.[23] A copy of the GLO once made must be supplied to the Law Society and the senior master.[24]

As well as contested litigation, governed by Pt 19, extrajudicial compensation schemes carry all the advantages of a GLO but can be tailored to meets the needs of the parties. By way of example following the well-publicised revelations about Jimmy Saville, over 140 potential claimants came forward; a number so great that compensation and litigation costs would dwarf his finite estate. A quicker, more cost-effective compensation scheme was designed by the executor working alongside creative claimant lawyers. The net result was a GLO-like mechanism by

---

[21] This was considered in *Holloway v Transform Medical Group (CS) Ltd* [2014] EWHC 1641 (QB). Mrs Justice Thirlwell, faced with applications on behalf of 17 claimants who had missed the cut-off date, found that CPR r.3.9—relief from sanctions—had been engaged: "were a cut off date not a sanction it would be difficult to see what purpose it serves in the management of group litigation". The applications were rejected in part because "the purpose of a cut off date is to secure the good management of the claims subject to the GLO". The claimants' solicitors failings having been rather egregious, however, that decision is perhaps of less import than the invocation of CPR r.3.9 with all that that, post-Mitchell, entails.

[22] See also paras 12–13 of the practice direction.

[23] CPR r.19.14. Such directions may include an order for an interim payment. In *Revenue and Customs Commissioners v GKN Group* [2012] EWCA Civ 57; [2012] EWCA Civ 57 it was said that nothing in CPR r.25.7(1) prevented a party to a GLO from making an application for an interim payment order. In the recent subsequent re-hearing in the Chancery Division, [2013] EWHC 108 (Ch), the Revenue argued that legal complexity and procedural flux occasioned by an appeal and reference to the CJEU rendered it inappropriate to entertain interim payment applications. Such applications/orders would inevitably have to be continually varied, dovetailing with "the legal landscape [as it] shifts at each stage of the appeals process". Mr Justice Henderson plainly had sympathy with the Revenue's position but it was ultimately rejected it, rhetorically asking "how it could be fair to deprive a non-test claimant of the opportunity to invoke the interim payment jurisdiction, which is of general application to claims of all kinds, merely because for good case management reasons the claimant has been enrolled in a GLO but has not been designated as a test claimant". It is clear that "very strong grounds would be needed to deprive a non-test claimant of the right to make such an application if the necessary conditions for an interim payment are satisfied".

[24] See para.11 of the practice direction. The Senior Master in the Queen's Bench Division arranged for the details of GLOs to be published. There is an archived page on the Department of Justice website: *http://www.justice.gov.uk/guidance/courts-and-tribunals/courts/group-litigation-orders.htm*, whether this will be maintained into the future is not known. The Law Society also has a Multi-Party Action Information Service (MPAIS). Solicitors can consult the MPAIS to see what other cases may be relevant to the multi-party action. Details of any multi-party action in which a solicitor is involved may also be recorded with the MPAIS. The web address cited is no longer operational. Details of GLOs in the Queen's Bench Division are now published at *http://www.justice.gov.uk/courts/rcj-rolls-building/queens-bench/group-litigation-orders*. The dates listed therein can be used to obtain further details on the HMCS internet archive.

which claims could be ventilated and compromised with costs of less than £60,000 per claim.[25]

In rare cases it is appropriate to discharge the GLO. *Jones v Secretary of State for Energy and Climate Change*[26] suggests that in circumstances where costs would not be materially increased by the continuing existence of the GLO the court will be slow to order discharge unless and until it is clear that there are no residual common or generic issues.

Lead/test case approach

Historically, group litigation has moved from a test case litigation approach[27] to a trial by lead action approach in an attempt to ensure that common issues are tried in identified lead actions for the benefit of the whole group, whether or not a claim fails on its own facts.[28] It is thought that the same approach should apply under CPR r.19 III, although the vocabulary of test cases is confusingly used; funding limitations on claimants may result in a resurgence of a test case approach.[29]

84-04

Disaster-type cases may not benefit from a trial of lead cases approach, where they arise out of one common factual event and raise a single liability issue which can be tried without elaborate selection of lead cases. The approach may be useful to provide a guide for settlement of damages by putting before the court a range of different types of injuries, so that in the event that the liability issue is won by the claimant group, the parties can compromise the other claims more easily. There may be occasions when there is a threshold liability issue even in a disaster case which requires resolution of that issue by a trial of lead cases approach, such as mass "nervous shock" claims.[30]

Where a lead case approach is selected by the management court, it is vital that lead claims are properly selected by the parties through the GLO mechanism to ensure that the GLO issues are appropriately put before the court through those claims. Depending on the nature of the common issues, the identification of sub-

---

[25] See *National Westminster Bank Plc v Lucas* [2014] EWHC 653 (Ch); [2014] B.P.I.R. 551 at first instance and, on appeal, [2014] EWCA Civ 1632.
[26] *Jones v Secretary of State for Energy and Climate Change* unreported 9 July 2013 QBD, available on request on Lawtel.
[27] See the Pertussis test case of *Kinnear v DHSS* unreported, as explained in *Loveday v Renton* [1990] 1 Med. L.R. 117 at 120. Recently, it has been suggested a test case as opposed to a GLO approach with public funding may be more appropriate in certain circumstances, see *Hobson v Ashton Morton Slack* [2006] EWHC 1134 (QB) at [38]–[39]. Public funding restrictions led to an unsuccessful attempt to attenuate the full lead case approach in *Multiple Claimants v Sanifo-Synthelabo Ltd* [2007] EWHC 1860 (QB). In *Tew v BoS (Shared Appreciation Mortgages) No.1 Plc*, Mann J rejected a common issue approach divorced from lead cases proposed by the claimants on grounds of cost on the basis it would produce flawed litigation.
[28] In *Varney v Ford Motor Company Ltd* [2013] EWHC 1226 (Ch) the issue was whether 10 "test" cases should be tried in their entirety or in respect of GLO issues only. The Court opted for the former. Mr Justice Aplin noted that in GLO cases the principles governing whether a preliminary issue should be ordered were "a little different from ... normal litigation". His reasoning, at [23] onwards, contains a helpful review of the relevant procedural rules and case law.
[29] CPR rr.19.13(b) and 19.15.
[30] This was attempted in the Hillsborough litigation, but in fact did not resolve all liability issues for all claimants—see *Alcock v Chief Constable of South Yorkshire Police* [1992] 1 A.C. 310. *Alcock v Chief Constable of South Yorkshire Police* was recently distinguished by *Monk v PC Harrington Ltd* [2008] EWHC 1879 (QB); [2009] P.I.Q.R. P3.

groups for trial by lead action may be required in order to manage the litigation effectively.[31] The GLO should provide a mechanism for nomination of lead cases.

JURISDICTION

84-05   A full discussion of the jurisdictional issues to which product liability group actions give rise is beyond the scope of this chapter.[32] In many cases however both applicable law and venue will be paramount. For creative lawyers the former, for example, offers—depending on one's point of view—a way into/around the CPA's strict liability regime; higher/lower damages; and/or a possible course away from/towards the EU Directive's limitation "longstop".

In *Allen v DePuy International Ltd*,[33] the claimants, none of whom resided in the UK, sought damages against a UK registered company, DePuy, in respect of products manufactured in the UK but implanted in the commonwealth.

The court held that:

(1) For the purposes of art.31 of the Parliament and Council Regulation (EC) No.864/2007,[34] the "event giving rise to damage" in each case should be the date of manufacture/distribution of the defective prostheses;

(2) That for the purposes of the Private International Law (Miscellaneous Provisions) Act 1995 the applicable law was that of, variously, New Zealand and South Africa; but that

(3) Had English law governed the dispute, the provisions of the Euro-centric Consumer Protection Act 1987 would not apply to "consumers who suffer damage outside the EEA and who have no connection with the EEA and where marketing and supply of the defective product was outside the EEA". Such consumers, it was held, "are not within the scope of the 1987 Act".

Likewise in *Kainz v Pantherwerke AG* (C-45/13),[35] a case dealing with both applicable law and venue, it was held that the place of the event giving rise to the damage was where the product in question had been manufactured (and not where the damage was subsequently suffered).

STATEMENTS OF CASE

84-06   It should be the objective of the statements of case in this class of litigation to identify as precisely as possible the GLO issues to be resolved by the court. The mechanism for doing this used to be by "master" statements of case. However, this practice has been overtaken, as such documents tended to be unwieldy. This should now be done by individual statements of case in the lead or test claims. The only circumstance where master statements of case may remain appropriate is where in essence there is only one claim arising out of a single event, such as a disaster case.

---

[31] This is what happened in the Tobacco litigation where an order for trial of limitation of those lead actions which relied on the exercise of discretion under s.33 of the Limitation Act 1980. Following the trial of limitation of that sub-group, *Hodgson v Imperial Tobacco Ltd* unreported 9 February 1999, Wright J, the rest of the group did not proceed.

[32] For a detailed analysis see APIL's *Personal Injury Law, Practice and Precedents*, A8: 18A.

[33] *Allen v DePuy International Ltd* [2014] EWHC 753; [2015] 2 W.L.R. 442; see also [2015] EWHC 926 (QB).

[34] Regulation (EC) No 864/2007 of the European Parliament and of the Council of 11 July 2007 on the law applicable to non-contractual obligations (Rome II) [2007] OJ L199/40.

[35] *Kainz v Pantherwerke AG* (C-45/13) EU:C:2014:7; [2015] Q.B. 34.

In such a case, it may be much easier for the court to have master statements of case and individual schedules of information that deal with the essential information necessary for the disposal of the individual claims. Confusingly, there appears to be a contradiction between the rules themselves which suggest individualised statements of case and the practice direction which suggests a master statement of case approach.[36] It is suggested that the former is now the preferred approach and that which is currently adopted by the judiciary.

Precedents are provided for statements of case where trial is by lead action in a drug action and in an institutional abuse case. A specimen case management order for a GLO is set out. This deals with all essential matters that will need to be dealt with in group litigation in the usual course of events.[37]

The Problems with defining Defect The wording of the Consumer Protection Act (CPA) is (deliberately) open ended and flexible. However, as we shall see later, there is a thin line between flexibility and vaguery. Indeed in a recent High Court case Mr Justice Hickinbottom (as he was then) remarked that "Few would demur from the learned authors of Miller & Goldberg, at paragraph 10.13, when they say: 'It is arguable that the definition of a "defect" is the single most difficult part of the ... Directive and Part I of the ... Act'."

84-07

The barometer of the whether a product is defective is whether "the safety of the product is not such as persons generally are entitled to expect". This, however, is arguably circular. As Professor Jane Stapleton puts it "The core theoretical problem with the definition ... is that it is circular. This is because what a person is entitled to expect is the very question a definition of defect should be answering".[38] It is hard to disagree with Professor Stapleton's analysis.

Further what exactly are "persons generally entitled to expect?" This question, in the words of Miller, is "fraught with difficulty".[39] If the case concerns an exploding toaster the answer may be obvious. If by contrast the case concerns a gradually (and unavoidably) deteriorating metal on metal hip prosthesis, the answer is anything but.

Likewise, if a case concerns a snail in a bottle, again, the answer may be obvious—bottles of ginger ale are not meant to have snails in them. However, it is far harder to assess the safety of so-called "standard" products i.e. products where the alleged defect is inherent in the product. To quote the APIL Guide to Personal Injury again "the classic example being prescription medicine. If the product that is said to cause the injury is exactly in the form and manner which the supplier intended to put into circulation then it is clearly somewhat harder to determine the level of safety that one would expect".

Finally, as stressed by Burton J in *A v National Blood Authority*,[40] the court is concerned with what the public is entitled to expect, judged objectively in all the circumstances. It is not to engage in an assessment of the actual expectation of any individual person, whether the claimant or otherwise.

---

[36] See CPR r.19.13(b) and (d) and the practice direction, para.14. The practice direction suggests that the specific facts relating to an individual claimant may be provided by way of questionnaire. Experience in past multi-party actions suggests this is not a wise innovation and that information provided by questionnaire is not reliable for court purposes.
[37] A more abbreviated form of order is provided by PF19 which can be used to initiate group litigation, although it may require adaption.
[38] *Product Liability* (Butterworths London 1994).
[39] Mark Goldberg: Medicinal Product Liability and Regulation.
[40] *A v National Blood Authority* [2001] 3 All E.R. 289.

84-08 Assessing Defect under the CPA The previous edition included two answers to this question, in parallel, one setting out the approach of Mr Justice Burton in *A v Bloods* and another setting out the approach of Mr Justice Higginbottom in *Wilkes*, both of which were High Court authorities and each of which appeared to endorse differing approaches to the assessment of defect under s.3 CPA. The next Section began by posing the vexed question "Where does that leave us? Which approach is correct?" Happily, that question can now be answered with tolerable certainty. The answer, in short, is the *Wilkes* approach. So ruled Mrs Justice Andrews in the course of a lengthy judgment in the case of in *Gee v DePuy International Ltd*,[41] otherwise known as the DePuy Pinnacle Metal on Metal Hip Litigation. The judgment included a detailed legal exegesis of defect in what is now, without question, the leading authority under the CPA.

Much needed clarification as to the correct approach to the assessment of defect has been provided by Mrs Justice Andrews.

The correct approach to the assessment of defect can now be summarised as follows:

1. The first step is for the claimant to identify/prove the defect, and not, as suggested in *A v National Blood Authority*, consideration of the "harmful characteristic" that caused the injury.[42]

    The risk of the latter approach is that any product with an inherent risk of harm or damage (such as a knife) could be found defective, Such a result is not only contrary to logic but also, as noted by Andrews J in *Gee*, unsustainable on consideration of the plain wording of the Directive:

    > "The public is not entitled to expect that a product which is known to have in inherently harmful or potentially harmful characteristic will not cause that harm especially if ... the product cannot be used for its intended purpose without incurring the risk of that harm materialising".[43]

    In so holding she aligned with Mr Justice Higgingbottom's criticism of the "harmful characteristic" approach at [58] of Wilkes:

    > "Burton J said at para 67 that 'The first step must be to identify the harmful characteristic which caused the injury'. Thus, in the words of Christopher Miller and Richard Goldberg in their book Product Liability, 2nd ed (2004), para 10.92 ('Miller & Goldberg'), Burton J appears to have '[identified] the primacy of causation before any investigation of defect can take place'. Leaving aside the practical problems to which the approach gives rise, to which Miller & Goldberg refer, in my respectful view, the approach is self-evidently circular: proof of a causal connection between defect and damage cannot rationally, or even conceptually, be attempted without ascertainment of whether there is a defect, and, if so what that defect might be. In any event, concentration at this early stage on causation is a distraction from the true focus of the Directive and the 1987 Act, which is on defect."

2. In order to prove a defect "a claimant must establish what it is about the state or behaviour of the product or the risks that it posed that led it to fall below

---

[41] *Gee v DePuy International Ltd* [2018] EWHC 1208 (QB).
[42] *Gee v DePuy International Ltd* [2018] EWHC 1208 (QB) at [67].
[43] *Gee v DePuy International Ltd* [2018] EWHC 1208 (QB) at [110].

the level of safety that persons generally were entitled to expect at the time the product entered the market ...".[44]

If the state or behaviour complained of is utterly outwith the normal functioning of the product,[45] it may be sufficient to prove its occurrence. However, if that state or behaviour could have arisen even on normal functioning of the product,[46] the claimant will have to prove that either the state or behaviour was due to an abnormality within that product, or that the product was associated with an unacceptably high risk of that state or behaviour occurring.[47]

3. The claimant is not required to prove the precise mechanism by which the state, behaviour or risk complained of occurred.[48]

This point, at least, has been settled for some years. In *Hufford v Samsung Electronics (UK) Ltd*,[49] a case concerning damage caused to a property when a fridge-freezer caught fire, the court held that "a claimant does not have to specify or identify with accuracy or precision the defect in the product he seeks to establish, and thus prove. It is enough for a claimant to prove the existence of a defect in broad or general terms, such as "a defect in the electrics of the Lexus (motor car)". This was also the approach taken in *Ide v ATB Sales Ltd* and *Baker v KTM Sportmotorcycle UK Ltd*[50] in which it was held that the claimant need not evince precisely how the defect came to pass; merely that it *caused* the injury in question.[51]

This makes sense. The precise nature (rather than fact) of the defect is in and of itself of no import. After all, if a car explodes in the course of ordinary use, it matters not, in a strict liability regime, whether the explosion was caused by the vehicle speed sensor, the throttle position sensor or the turbine speed sensor. Cars are not meant to explode and so it suffices to say that the explosion was caused by a defect in the electrics.

For this reason authorities such as *Foster v Biosil* and *Richardson v LRC Products Ltd*, long subject to criticism, have finally passed their shelf life. The effect is to bring UK law in line with that of Belgium, France, Italy and Spain.[52]

Nevertheless, exploding cars aside, in practice almost all product liability cases involve alternative possible causes of the claimant's loss and

---

[44] *Gee v DePuy International Ltd* [2018] EWHC 1208 (QB) at [99].
[45] Such an exploding fridge, or Hepatitis C virus in blood products.
[46] For example, as in *Gee*, a soft tissue reaction next to an implanted metal hip prosthesis, or a side effect exhibited by all members of a certain class of medications.
[47] As was found in *Boston Scientific Medizintechnick GmbH v AOK Sachsen-Anhalt* (C-503/13) and (C-504/13), two cases referred to the CJEU by the German courts concerning cardiac defibrillators and pacemakers with high failure rates.
[48] *Gee v DePuy International Ltd* [2018] Q.B. 627 [99].
[49] *Hufford v Samsung Electronics (UK) Ltd* [2014] EWHC 2956 (TCC); [2014] B.L.R. 633.
[50] *Ide v ATB Sales Ltd* [2008] EWCA Civ 424 and *Baker v KTM Sportmotorcycle UK Ltd* [2017] EWCA Civ 378.
[51] See also *GR v Greater Glasgow and Clyde Health Board* [2018] CSOH 109; 2019 S.L.T. 133 which held that nor was it for the claimant to set out what testing should have been carried out on the product, and what the results of such testing might have been. The question was whether the testing carried out was adequate, given the problems which the claimant averred the second defender was aware of when the product was put on the market. The claimant was not required to set out what warnings should have been given in the product's instructions or otherwise.
[52] Article 6(1) of the Directive and s.3(2) of the CPA.

this leads us back to the nature of the defect. Why? Because a court faced with competing causes will inevitably need to scrutinise the putative mechanism by which the defect caused the damage. The precise causal mechanism cannot be scrutinised without identifying the nature of the defect in a commensurately precise way. As a matter of law, then, the claimant need not identify the defect with precision, but it is always wise to strive to do so.

4. The question of defect is to be assessed on a holistic, flexible, case-by-case basis, by reference to all factually and legally-relevant circumstances.[53]

Particular consideration should be given to the circumstances expressly set out within CPA s.3(2):

"(a) the manner in which, and purposes for which, the product has been marketed, its get-up, the use of any mark in relation to the product and any instructions for, or warnings with respect to, doing or refraining from doing anything with or in relation to the product;

(b) what might reasonably be expected to be done with or in relation to the product; and

(c) the time when the product was supplied by its producer to another."

84-09 The holistic approach *may* also require consideration of factors such as the following:

(i) Whether the product in question met its specification and whether it was subjected to normal conditions of use when the state, behaviour or risk complained of arose.

This may be a useful starting point, although Burton J's suggestion that it is necessary to categorise a product as either "standard" or "non-standard"[54] for the purposes of analysis was rejected in both *Wilkes*[55] and *Gee*.[56]

(ii) The benefits of the product.

For example, if an individual complained of injury attributable to a known but rare side effect of a drug, it would be a relevant factor in the assessment of the level of safety that the public were *entitled* to expect of that drug if it were the only chemotherapeutic agent in existence proven to treat a certain cancer.

(iii) Whether a product complied with safety standards and/or the requirements of the applicable regulatory regime.[57]

In *A v National Blood Authority*, as well as in European cases such as *Scholten*,[58] it had been said that regulatory compliance had "no bearing" on liability. By contrast, Higginbottom J in *Wilkes* opined that compliance with appropriate mandatory standards, and the grant of regulatory approval, were capable of constituting "powerful evidence" of the level of

---

[53] Article 6(1) of the Directive and s.3(2) of the CPA.
[54] Where "standard" is a product that does perform in the manner the manufacturer intended, and "non-standard" where a product does not.
[55] Higginbottom J in *Wilkes v DePuy* [2017] 3 All E.R. 589 at [94]) regarded this classification "unnecessary and undesirable".
[56] *Gee v DePuy International Ltd* [2018] Q.B. 627 [158].
[57] Such as European Standards (ENs), or whether a medicine has met the product licensing requirements of the MHRA (Medicines and Healthcare products Regulatory Agency).
[58] *Scholten v Foundation Sanquin of Blood Supply* (Citation: H 98.0896).

safety that persons generally were entitled to expect.[59] In *Gee* Andrews J took a more measured line, holding that the weight to be ascribed to the fact of compliance with standards, or regulatory approval, will depend on the facts and circumstances of the individual case. This must be right. After all, one might expect different degrees of regulatory rigour in a chocolate bar as compared to, say, an aircraft. Likewise, it is submitted, the court must be prepared to look beyond the "label" of regulatory approval and examine the particular level of scrutiny to which a product has in fact been subjected. The court may therefore wish to hear evidence on the regulatory process and indeed its resources and remit: a regulatory regime, for instance, may be doing no more than supervising descriptive content ("this is chocolate") rather than assessing safety per se. In appropriate circumstances the court may also wish to examine the relationship between the regulator and the defendant. Lines can be blurrier than one would imagine or hope.

In both *Wilkes* and *Gee* the court stressed that, unlike the position in the US, regulatory approval should not be treated as prima facie evidence of the absence of defect.[60] Again, this must be right, if one looks at the sheer number of products which have been withdrawn from the market as unsafe after having initially been granted regulatory approval.

(iv) Whether the state, behaviour or risk complained of could have been avoided.

Contrary to the approach adopted in *A v National Blood Authority*, the ease and extent to which a risk can be eliminated or mitigated may be a circumstance that bears upon the issue of the level of safety that the public generally is entitled to expect. This is despite questions of fault being irrelevant within the strict liability regime set out by the Directive and the CPA.

(v) If theoretically avoidable, the financial cost of the same.

Prohibitive cost is no defence, but it is surely common sense to observe that whether avoiding a defect costs £1 or £1 billion must be capable of relevance.

Recent ECJ case law is few and far between, but one case worth digesting is *Boston Scientific Medizintechnick GmbH v AOK Sachsen-Anhalt* (C-503/13 and C-504/13)[61] which sheds yet further light on the meaning of "defect".

The question before the court was whether medical implant (a defibrillator or pacemaker) could properly be characterised as defective in circumstances where it not failed but where (a) it belonged to a class of products which had been recalled owing to high failure rates such that (b) it might fail and (c) the claimant had therefore been advised by treating clinicians to have it removed.

The ECJ ruled that such implants could be characterised as defective: "where it is found that products belonging to the same group or forming part of the same production series ... have a potential defect, such a product may be classified as defective without there being any need to establish that that product has such a defect".

On the face of it, classifying something that is potentially defective, without

---

[59] *Wilkes* [2017] 3 All E.R. 589 at [101].
[60] *Wilkes* [2017] 3 All E.R. 589 at [101]; *Gee v DePuy International Ltd* [2018] Q.B. 627 at [173].
[61] *Boston Scientific Medizintechnick GmbH v AOK Sachsen-Anhalt* (C-503/13) and (C-504/13).

more, as actually defective exceeds the bounds of permissible inference. It is submitted, however, that this was the correct decision. Given the gravity of the consequences of component failure in these cases (death) a patient informed of the recall can scarcely ignore the warning. In reality he or she is compelled to follow the advice of treating clinicians and have the implant replaced. Why? Because the risk, in and of itself, materialised or not, is enough to render it unsafe to do otherwise. It is then a short inference indeed from that proposition to the corollary that the "safety of the product is not such as persons generally are entitled to expect" (s.3 CPA). It would be lamentable indeed if the directive could not avail a claimant driven to undergo invasive surgery by the absence of the very thing it was enacted to protect and promote: consumer safety.

The precise remit and contours of the decision are yet to be explored. Central to the ECJ's reasoning was that, on these facts "in the light of their function and the particularly vulnerable situation of patients using such devices, the safety requirements for those devices which such patients are entitled to expect are particularly high". This is plainly true of a pacemaker; not so a toaster. The space in between is fecund territory for further litigation.

84-10 **The assessment of causation** While the conventional "but for" test applies, how the defect is pleaded may have profound implications for the burden of causation that the claimant bears in claims under the CPA and the directive. With reference to the distinction set out at para.84-09(2), where the state or behaviour complained of is utterly outwith the normal functioning of the product, causation may be relatively straightforward because it is implicit that if the particular state of affairs had not occurred, the damage would not have been sustained.[62]

In contrast, if the state or behaviour complained of could have arisen even on normal functioning of the product,[63] the claimant will not only have to prove "defect"[64] but also that the damage complained of would not have occurred but for that additional (tortious) abnormality within the product and/or but for the product's unacceptably high risk of that state of affairs occurring.[65] This can lead very quickly to the veritable vortex that is the case law on "more than doubling".

Where the product is treated as defective solely because of the information provided with the product, what the patient/prescriber would have done if the information had been different may be highly material to the question of proximate causation. Whether, this turns out to be so will have to await further court decision.[66] The use of epidemiological data to establish that the cause of the injury was the

---

[62] As was the case in *A v National Blood Authority*, where it was evident that the claimants' viral infections would not have occurred but for the viruses in the blood products. There was self-evident causation.
[63] For example, a known side effect of a class of medications.
[64] See para.84-09(2). In this scenario, "defect" is proved by establishing that the state or behaviour occurred due to an abnormality within that product, or that the product was associated with an unacceptably high risk of that state or behaviour occurring.
[65] In *Gee* [2018] EWHC 1208 (QB) at [186], Andrews J expressed doubt as to whether the "more than double the risk" principle, as applied in *Novartis Grimsby v Cookson* [2007] EWCA Civ 1216, but doubted in *Sienkiewicz v Greif (UK) Ltd* [2011] UKSC 10; [2011] 2 A.C. 229, should be adopted as a bright line test in such a situation.
[66] See also the wording of s.2(1) of the CPA and art.8(1) of the directive.

defect and not some other factor and would not have occurred in any event is controversial.[67]

Recent case law has focused on the pitfalls of Sherlock Holmes's logic that when the impossible is eliminated "whatever remains, however improbable, must be the truth".[68] The court's choice is not so bluntly disjunctive or binary. Rather "a trial judge was not compelled to choose between two theories, where the evidence was unsatisfactory; he could decide the case on the basis that the claimant had not proved his case ...". What a judge cannot therefore do is simply weigh up competing causation case theories and plump for the least unlikely.[69] Note, however, that where the defendant's competing cause is, in reality, a s.4(1)(d) defence i.e. an assertion that the defect did not exist in the product at the relevant time, then the burden of proof shifts.[70]

The assessment of the development risks defence It follows from the above that the pleader of particulars of claim in a CPA/directive claim does not need to take on the burden of proving whether the defect was avoidable by the taking of different steps by the manufacturer. The burden rests on the defendant to establish the development risks defence, namely whether applying the state of scientific and technical knowledge at the time the product was put into circulation the defect was discoverable.[71] The state of scientific and technical knowledge means the most advanced knowledge accessible to anyone at the relevant time. It is not concerned with the knowledge of the producer in question or other similar producers. If the defect was known at the time, then the development risks defence does not apply. It is treated as a known risk or defect for which the producer is liable. It only protects a defendant in respect of the unknown risk or defect which was not discoverable.[72] What remains for decision is whether accessible knowledge includes any information in fact discoverable or only that which was reasonably

84-11

---

[67] See the varying comments in the Supreme Court on the use of epidemiological data to prove causation and the approach to the use of such data in *XYZ v Schering Healthcare Ltd* [2002] All E.R. (D) 437 (where the claimants sought to prove causation in a product liability case by establishing a greater than doubling of the risk) in *Sienkiewicz v Grief* [2011] 2 A.C. 229 at [74]–[91], [93], [154]–[156], [163]–[164], [170]–[173] and [191]–[194], [204]–[206], [216]–[223]. The position in *Sienkiewicz* is considered in both *Garner v Salford City Council* [2013] EWHC 1573 (QB) at [25]–[26]; and *Jones v Secretary of State for Energy and Climate Change* [2012] EWHC 2936 (QB) at [564] onwards. This is to be contrasted with the position in Australia: see the recent case of *Merck Sharp & Dohme (Australia) PTY Ltd v Peterson* [2011] FCAFC 128 at [107]–[109]. See also *B v Ministry of Defence* [2010] EWCA Civ 1317, decided prior to *Sienkiewicz*, where it was assumed in the Atomic Veterans group litigation that the claimants would need to establish a greater than doubling of the risk to establish causation. As to the determination of the probable cause of an injury between a defect and some other alternative cause, standard tort causation principles apply: *Ide v ATB Sales Ltd* [2008] EWCA Civ 424; [2009] R.T.R. 8. See also the discussion of *McGlinchey v General Motors UK Ltd* [2012] CSIH 91 at [32]–[43].
[68] See e.g. See the recent Scots law case (applying materially identical CPA principles) of *McGlinchey v General Motors UK Ltd* [2012] CSIH 91 at [32]–[43].
[69] *Lexus Financial Services v Russell* [2007] EWCA Civ 1344 at [3]–[4]; *Hufford* [2014] B.L.R. 633 at [28] and following; *Rhesa Shipping Co SA v Edmunds (The Popi M)* [1985] 1 W.L.R. 948. See also the Scots law case (applying materially identical CPA principles) of *McGlinchey v General Motors UK Ltd* [2012] CSIH 91 at [32]–[43] albeit in *Love* [2014] EWHC 1057 (QB), the judge described this as a case "coloured by failures ... to prove a causative defect".
[70] See *Love v Halfords Ltd* [2014] EWHC 1057 (QB).
[71] Section 4(2) of the CPA.
[72] See *European Commission v UK* above ECJ and for commentary on the decision and the scope of the state of the development risks defence, see Mildred, "The decline and fall of strict liability" [1998], *Nottingham Law Journal* Vol.7, p.1. See also *A v National Blood Authority* [2001] 3 All E.R.

discoverable. This would have arisen for decision in the *Oral Contraceptive Litigation* had the claimants not lost on the preliminary issue of causation.[73]

84-12 The Jackson Reforms A full discussion of the reforms is beyond the scope of this chapter which accordingly focuses upon the impact on group litigation.[74]

It is submitted that three changes in particular have radically altered the group litigation landscape: (1) Qualified One Way Costs Shifting or QOCS; (2) Abolition of the recovery of success fees from the losing party; and (3) Proportionality.[75]

The new regime of QOCS is created by CPR r.44.13 as amended.[76] This dilutes the rule that costs follow the event. In this brave new world, the claimant is no longer automatically liable for the defendant's costs in the event of failure at trial. If successful, however, an entitlement to costs arises in the usual way: in other words the costs liability is shifted in direction—"one way"—only.

Now for the "Q" in QOCS, the qualification.

Part 36 trumps QOCS. Thus, a claimant who succeeds at trial but fails to beat an offer of settlement loses his or her costs protection. Importantly, however, any costs liability may not, without the permission of the court, exceed compensation.[77] The claimant thus risks going home with nothing, but not ending up out of pocket.[78]

There is no such cap on costs liabilities arising under rr.44.15–44.16. Under CPR r.44.15, QOCS is disapplied (without the permission of the court) where:

"(a) the claimant has disclosed no reasonable grounds for bringing the proceedings;
(b)   the proceedings are an abuse of the court's process; or
(c)   the conduct of—
      (i)   the claimant; or
      (ii) a person acting on the claimant's behalf and with the claimant's knowledge
            of such conduct, is likely to obstruct the just disposal of the proceedings."

Under CPR r.44.16, QOCS is also disapplied, this time only with the permission of the court, where:

"(1) … the claim is found on the balance of probabilities to be fundamentally dishonest.
(2)
      (a)   … the proceedings include a claim which is made for the financial benefit of
            a person other than the claimant or a dependant within the meaning of section 1(3) of the Fatal Accidents Act 1976 (other than a claim in respect of the
            gratuitous provision of care, earnings paid by an employer or medical
            expenses); or

---

289 at [48]–[49], [74]–[78] and Howells and Mildred. For an interesting discussion of how the Development Risk Defence is applied across different EU Member States, see the *4th EU Commission Report Com* (2011) 547 at p.8.

[73] *XYZ v Schering Health Care Ltd* [2002] All E.R. (D) 437.

[74] For a full discussion the reader is referred to *Butterworths Personal Injury Service* Ch.3001 and APIL Law, Practice and Precedents F21.

[75] To this one might add, with the benefit of the years which have now passed, costs budgeting. However the costs in relation to group actions can sometimes be sufficiently complex (and front loaded) that an interlocutory judge, with no background knowledge, is effectively unable to drill down into the requisite level of detail and, by extension, unable to budget: thus, mercifully, budgets can theoretically be dispensed with: see *Various Claimants v Ministry of Defence* [2016] EWHC 1221 (QB).

[76] By Section II of the Schedule to the Civil Procedure (Amendment) Rules 2013. See also the 60th Update—Practice Direction Amendments at [12].

[77] CPR r.44.14.

[78] At least not by reason of any costs liability to the other side. What the claimant has agreed in respect of his or her own legal fees/disbursements may be another matter.

(b) a claim is made for the benefit of the claimant other than a claim to which this Section applies."[79]

This marries up with the abolition of the recoverability of ATE insurance premiums pursuant to s.46 of the Legal Aid, Sentencing and Punishment of Offenders Act 2012. There is, so the theory goes, no need for ATE: because the costs liability insured against no longer exists.

There is no doubt that this has had and will have a profound impact upon personal injury group litigation.[80] One of the major impediments to such claims was finding a willing insurer who often baulked at the astronomical costs liabilities involved.[81]

84-13

There is another advantage to claimants. From the very outset, defendants will know that unless they make a Part 36 offer,[82] they will be footing the bill for their own costs. There is therefore an immediate incentive to settle. This has led Judge Michael Cook to ask whether "even the weakest case [will] now have a nuisance value? Will this be a blackmailer's charter?"[83]

Note that QOCS does not apply to intra-defendant disputes of a more commercial nature e.g. in respect of indemnification: "in medical negligence claims, a claimant may sue a doctor, a health authority and the manufacturer of some piece of medical equipment. It would be strange if there could be no costs orders enforced between the defendants".[84]

The second key change is abolition of the recovery of CFA uplifts from the losing party. This applies to all CFAs signed on or after 1 April 2013.[85] An uplift up to the value of 25% of past damages remains, in theory, recoverable from the claimant.[86] The quid pro quo so far as the client is concerned is a 10% increase in general damages[87]: This creates a bigger pot from which the uplift can be extracted.[88] The reality on the ground is different. Group actions are frequently risky affairs with compromise often reached at below full value. The ethical dilemma to which seeking monies from undercompensated clients gives rise, coupled with blunt market forces, is such that in most cases no uplift is likely to be available. This makes group litigation, with its risk, frontloaded disbursements,[89] high maintenance

---

[79] There is no doubt that these provisions are extremely problematic. Unresolved aporias include the precise interaction with Pt 36; how the regime applies to Appeals in the light of the new CPR r.52.9A; and terms of art hitherto unknown to English law e.g. "fundamentally dishonest". Years of satellite litigation appear likely. Again, a full discussion of these difficulties is outwith the scope of this chapter. Again, the reader is referred to the *Butterworths Personal Injury Service* Ch.3001.

[80] QOCS presently applies only to proceedings in respect of personal injury.

[81] In *AB v Ministry of Defence* [2013] 1 A.C. 78, for instance, the claimant's costs were said to be £17.5M. The defendant's costs would have been less (due to the absence of ATE premium and CFA uplift) but in all likelihood comparable.

[82] Or unless one of the conditions in CPR r.44.15–16 is met—but such cases will be rare.

[83] *Butterworths Personal Injury Service* at Ch.3086.

[84] *Wagenaar v Weekend Travel Ltd t/a SkiWeekend* [2014] EWCA Civ 1105; [2015] 1 W.L.R. 1968.

[85] Legal Aid, Sentencing and Punishment of Offenders Act 2012 s.44.

[86] Subject to the prohibition on success fees in excess of 100% of base costs which remains in force.

[87] *Simmons v Castle* [2012] EWCA Civ 1288; [2013] 1 W.L.R. 1239.

[88] Again, problems abound such as why compensatory damages should be inflated for the benefit of lawyers and how "past losses" are to be identified in circumstances where a global settlement is reached. Again a full discussion is outwith the scope of this chapter.

[89] The recent case of *Jones v Secretary of State for Energy and Climate Change* [2014] EWCA Civ 363; [2014] 3 All E.R. 956 is noteworthy for the Court of Appeal's approval of a first instance decision to award prejudgment interest [at 4 per cent above base rate] on disbursement costs. The claim-

and protracted timescales an unattractive proposition for all but the most experienced and cash-liquid solicitors.[90] There is little doubt that personal injury group litigation will experience a downturn and that that which remains will be conducted by a smaller cohort of niche solicitors.

The third key change is the new primacy, when costs fall to be determined, of "proportionality".[91] This applies only to work (a) carried out in respect of cases issued on or after 1 April 2013 and (b) conducted on or after the 1 April 2013.[92]

84-14 The effect of this is that costs which are reasonably—indeed necessarily—incurred will be allowed only to the extent that they are "proportionate" (CPR r.44.3(2)). This overrules prior Court of Appeal guidance in *Lownds v Home Office*[93] under which costs were deemed to be proportionate if both necessary and reasonable.

Proportionate, though, to what?

CPR r.44.3(5) refers to the relationship between costs and:

(a) the sums in issue in the proceedings;
(b) the value of any non-monetary relief in issue in the proceedings;
(c) the complexity of the litigation;
(d) any additional work generated by the conduct of the paying party; and
(e) any wider factors involved in the proceedings, such as reputation or public importance.[94]

The difficulty with proportionality, however, is that—in the words of Cook on Costs—"nobody knows what it means".[95]

Again, a full discussion of the problems this is likely to precipitate is outwith the scope of this chapter. Whatever, however, the precise demarcations of proportionality the impact upon group litigation is likely to be profound.[96]

Multi-party actions are notoriously expensive, yet rarely yield damages at the highest levels. The modesty of general damages,[97] age of the claimants[98] and as-

---

ants had borrowed money from their solicitors at a fixed rate of interest for the disbursements, and the judge was therefore correct to have regard to the Claimants' means rather than those of their solicitor.

[90] The December 2014 edition of Kemp & Kemp for example laments, in the context of toxic tort group actions, that "the huge expense of investigating liability and causation will no longer be met by legal aid since LASPO...[whilst] no one can afford to run them by CFA funding, unless success is virtually certain" (Kemp: *Law, Practice & Procedure* R.19). See also Alan Care's "A Toxic Issue" *APIL PI Focus* July 2014 p.20.

[91] Introduced by CPR r.44.3(2).

[92] Civil Procedure (Amendment No.2) Rules 2013 r.5.

[93] Lownds v Home Office [2002] EWCA Civ 365; [2002] 1 W.L.R. 2450.

[94] See also the "old" Costs Practice Direction esp. [11.1]–[11.3].

[95] *Cook on Costs* 2013 at [11.37].

[96] By way of example in *XYZ v Various Companies* [2013] EWHC 3643; [2014] 2 Costs L.O. 197 Mrs Justice Thirlwell rejected an application under CPR Pt 18 that the defendant provide information on the extent of its insurance cover. That was not a "matter which is in dispute in the proceedings". However, the level of insurance cover was relevant to case management, in part because the new overriding objective now mandates dealing with cases not only justly but "at proportionate cost". After all it is relevant to the proportionality or otherwise of costs incurred (as well as under CPR r.1.1(2)(e)) whether a case is going to run to term or abort by reason of the Defendant's impecuniosity. Accordingly the same application under CPR r.3.1(2)(m) succeeded.

[97] The previous edition gave the example of privacy damages in the phone hacking litigation. Following the recent awards against MGN of £1.2M including £260,000 to Sadie Frost a better example perhaps is the PIP Breast Implant Litigation; where each case is valued at approximately £13,000: *XYZ v Various* [2014] 2 Costs L.O. 197 at [2].

sessment of damages by reference to where injury was sustained[99] are just some of the reasons why costs might dwarf compensation. Readers finding themselves faced with any of these difficulties will benefit from consulting a copy of *Kalma v African Minerals Ltd*[100] which, as the headnote explains, makes clear that monetary value is only one factor and that the court should take "into account not just the value of the claims, but the complexity of the legal arguments, the public interest in the events, human rights considerations and reputational issues. Those wider factors weighed more heavily in the consideration of whether the costs were proportionate than the monetary value of the claims".

Kalma, however, is perhaps a glamorous outlier. In more prosaic everyday litigation what will a judge make of an argument that such costs remain proportionate to "complexity" or "public importance"? Will a drug defect group action be considered more complex than the clinical negligence cases which the reforms were designed to target? When will the resolution of a monetary dispute between parties—to which personal injury litigation is reducible—ever truly be of "public importance"?

One thing is clear: uncertainty abounds and group litigators must be prepared for detailed assessment or even a trip to the Court of Appeal. A previous edition closed with a question mark as to how QOCS interacted with the new provisions on appeal costs. This issue, at least, has now been resolved. *Akhtar v Boland*[101] is authority for the proposition that CPR r.52.9A cannot override CPR Pt 44 (including QOCS) to grant the Court of Appeal a discretion to order costs against an unsuccessful claimant.[102]

Specimen Case Management Order in Group Litigation

IN THE HIGH COURT OF JUSTICE QUEEN'S BENCH DIVISION BEFORE MRS JUSTICE Y   **84-X1**

Claim No.

BETWEEN:
AB and others

Claimant

and
XX LIMITED

Defendant

---

[98] Atomic Veterans or Mau Mau litigation.
[99] All international GLOs (i) to which Rome II Regulation applies and (ii) involving economies where the cost of living (in which special damages are incurred) is lower than that UK (where legal costs are incurred).
[100] *Kalma v African Minerals Ltd* [2017] EWHC 1471 (QB).
[101] *Akhtar v Boland* [2014] EWCA Civ 943,
[102] See especially [7]. See also *Manchester College v Hazel* [2013] EWCA Civ 281; [2013] EWCA Civ 281 at [33]; *JE (Jamaica) v Secretary of State for the Home Department* [2014] EWCA Civ 192 at [8]; and *Conlon v Royal Sun Alliance Insurance Plc* [2015] EWCA Civ 92; [2015] C.P. Rep. 23.

Case Management Order in Group Litigation[103]

An application was made on [date] by counsel for the Claimants [name of counsel/solicitor advocate] and was attended by [name of counsel/solicitor advocate] counsel for the Defendants.

Mrs Justice Y read the written evidence of [identify witness statements] filed [date]

IT IS ORDERED that[104]:

Definitions

1. "The Claimants" are those individuals who issue and whose details are added to the Group Register in the manner and under the terms set out in paragraphs 9–14 below.[105]

2. "the Claimant's lead solicitors" is [name of firm] responsible for the management and co-ordination of the Claimants' actions and the Group Register.[106]

3. "GLO issue" means an issue of common or related law or fact.

4. "Common issue" means a GLO issue which when decided whether alone or together with other such issues is likely to be dispositive of that issue in all or a significant number of the individual cases.[107]

5. "Lead action" means an action which has been fully pleaded and which alone or together with other such actions is intended to dispose, so far as possible, of issues (primarily but not limited to common issues) between the parties to this litigation.[108]

6. "The management court" is the Royal Courts of Justice, London.

---

[103] This case management order is modelled on the case management orders made in the Tobacco Litigation, Oral Contraceptive Pill Litigation, the Royal Liverpool Children's Litigation (Alder Hey) and the Nationwide Organ Retention Litigation. See also PF19.

[104] It should be noted to obtain a managing judge, an application must be made in conformity with para.3 of Practice Direction 19B which accompanies CPR r.19 III ["the practice direction"]. The court has power of its own motion to make a GLO. See para.4 of the practice direction.

[105] Miss the deadline for the Group Register at your peril in the post Mitchell era: see e.g. *Kimathi v Foreign and Commonwealth Office* [2017] EWHC 939 (QB).

[106] See CPR r.19.13(c) and para.2.2 of the practice direction. The exact nature of the relationship between the lead solicitors and a claimant instructing a non-lead solicitor is yet to be determined. It is suggested that to avoid disputes about confidentiality, liability for costs and rights to disclosure the nature of the relationship between the lead solicitor, non-lead solicitor and the general body of claimants should be defined in writing at the outset. This can either be done in the body of the order or by agreement between claimant solicitors.

[107] The management court should be invited to distinguish between GLO issues which are threshold issues, governing whether a claim should be admitted to the group litigation, and those substantive issues which are necessary to determine and which may be dispositive of all or a group of claims. See the approach of the court to this issue in *Tew v BoS (Shared Appreciation Mortgages) No.1 Plc* [2010] EWHC 203 (Ch).

[108] This is appropriate where lead actions as opposed to test cases are selected as the method of determining the common issues.

7. "The managing judge" is the judge nominated from time to time by the Lord Chief Justice to hear all pre-trial applications in this litigation.[109]

8. "The designated master" is Master X who will hear all pre-trial applications in this litigation that are not suitable to be dealt with by the managing judge.[110]

The Group Register

9. The Claimant's lead solicitors will establish a group register on [date], and thereafter keep,[111] on which the following details in respect of each Claimant who has served a claim form, whose claim meets the criteria set out in paragraph 15 below, and who has complied with the provisions of paragraph 11 below, will be recorded:
    9.1. the name of the claimant;
    9.2. the name of the defendant[s];
    9.3. the date of birth of the claimant;
    9.4. national insurance number of the claimant;
    9.5. dates of issue and service of the claim form[112];
    9.6. the claim form number;
    9.7. the name, reference, address, DX, fax, telephone number of the Claimant's solicitor;
    9.8. relevant particulars of funding.

10. Each quarter starting on [date] the Claimant's lead solicitors will file with the management court and serve the updated register for that quarter.

11. The Claimant shall after service of the claim form but before entering the claim on the Group Register, serve signed consent forms on the Defendant's solicitors in respect of the following classes of documents:
    11.1. [set out consent forms required].[113]

---

[109] Who appoints the managing judge depends on the type of court in which the GLO is applied for—see para.3.3–7 of the practice direction.

[110] In appropriate circumstances the managing judge may sit with a costs judge to determine cost related issues. See *AB v Leeds Teaching Hospital NHS Trust [the Nationwide Organ Group Litigation]* [2003] EWHC 1034 (QB). See also *Cunningham v Collett & Farmer (A Firm) (Costs)* [2006] EWHC 148.

[111] Paragraph 6.5 of the practice direction provides for the group register normally to be maintained and kept by the Court. Presently this is not practicable and usually this responsibility will fall to the Claimant's lead solicitors, but where there is no Claimant lead solicitor it may be the Defendant's solicitors.

[112] A claim form must be served prior to entry on the group register—see para.6.1A of the practice direction. It was suggested by Lord Woolf in *Boake Allen Ltd v Revenue & Customs Commissioners* [2006] UKHL 25 at [29]–[33] that there was no need for undue particularity as to the nature of the claim on an individual claim form in group litigation. The claim form is to be read together with the GLO and the register to determine what claims have been made. See to similar effect: *Europcar UK Ltd v Revenue and Customs Commissioners* [2008] EWHC 1363 at [30]–[31], [35] and [48]. As a matter of practice it is appropriate for the claim form to identify that the claim meets the qualifying criteria so that it can properly be entered on the group register.

[113] Defendants will want to ensure that they get proper access to records to assess whether the claim does raise the appropriate GLO issues and assess the strength and value of the claim. It will often not be appropriate where the claim is publicly funded to expect the Claimant to supply such documentation.

12. The parties shall be permitted to apply to remove a claim from the Group Register where necessary.[114]

13. From [date] all claims which meet the qualifying criteria set out in paragraph 15 below shall be issued in the management court.[115]

14. From [date] no claims shall be added to the Group Register unless the Court gives permission.[116]

The GLO issues

15. Each claim entered on the register must comply with the following criteria:
    15.1. [identify the qualifying criteria].

16. Each statement of case [or schedule of information] must specify that it meets the qualifying criteria.[117]

Publicity

17. The Claimant lead solicitors be permitted to place a notice in newspapers in the agreed terms set out in the schedule to this order prior to the date set out in paragraph 14 above.[118]

Lead action selection and statements of case

18. The Claimants to file and serve a list of [number] claims nominated to be lead actions, each to represent a specified common issue in conjunction with a preliminary list of common issues, by [date].

19. The Defendants do file and serve notice of objection in relation to any claim nominated under paragraph 18 above, the summary reasons for objection and any alternative claims nominated as lead actions and summary reasons for their nomination by [date] as lead actions.

20. The parties by [date] to confer as to whether they can agree lead action selection and in default of agreement the Court do determine any disputed lead case selection.[119]

---

[114] A procedure should be provided whereby a defendant can, without applying summary judgment or striking out, apply for a claim to be removed from the Group Register because it is not appropriate that such a claim be part of the group litigation and likewise, a claimant can do so. See CPR r.19.14 and para.6.4 of the practice direction.

[115] See CPR r.19.11(3)(b) and paras 9–10 of the practice direction.

[116] This allows the Court to specify a cut off date after which no case can be brought within the group. See CPR r.19.13(e) and para.13 of the practice direction. It should be noted that a claim can be brought outside of a GLO where the cut off date is not met, but such a claim will be managed in parallel with the GLO, may be stayed and subject to special cost orders. See *Taylor v Nugent Care Society* [2004] EWCA Civ. 51 at [15]–[19].

[117] See CPR r.19.13(d).

[118] This is designed to regulate the way in which any advertising in respect of a group action is permitted, which has been historically controversial. See CPR r.19.11(3)(c).

[119] This was the form of order made in relation to lead case selection in the *Alder Hey* and *Nationwide Organ Group Litigation*. Historically, both parties have been permitted to choose lead cases. The

21. The Claimants in the nominated lead actions to file and serve by [date] Particulars of Claim.

22. Defences to be filed and served by [date].

23. Replies to be filed and served by [date].

24. The parties are permitted to apply for further directions if either party considers it necessary, at the conclusion of this process, for:
  24.1. additional actions to be pleaded, on the basis that the existing lead actions do not adequately cover the common issues for the court to determine in the group, or
  24.2. for lead actions to be substituted.[120]

25. Any requests for further information in respect of the lead actions to be served within [number of days] days of the date of service of the relevant statement of case without the need for further order. The receiving party of a request for further information shall have permission to refer any disputed request for further information to the Court for adjudication under CPR r.18.1(1).

Non-lead actions

26. Any Claimant whose claim is not a lead action shall file and serve a schedule of information containing the following details:
  26.1. [set out particulars required].[121]

27. Once the claim has been entered on the Group Register and the schedule of information is filed and served, any such claim shall be stayed until further order.[122]

Common issues

28. Once statements of case have been filed and served in accordance with paragraphs 21–24 above and in any event by [date] the parties shall agree and file a final list of common issues and in default of agreement apply to the management court for further directions as to the common issues.[123]

---

result has been often more lead cases than are necessary and sometimes the selection of lead cases by defendants for tactical reasons. The advantage of this procedure is it forces the parties to try and select lead cases by reference to the common issues sought to be litigated and to do so in a co-operative fashion, thereby reducing tactical selection of lead cases.

[120] In the past, there have been problems with lead case selection in group actions with parties nominating cases as lead actions in respect of which it was subsequently realised they were not appropriate lead actions. Therefore, it is important to have in place a mechanism for substitution. Such a power has only been explicitly recognised in relation to lead actions which settle. See CPR r.19.15.

[121] Schedules of information have historically caused much procedural wrangling because claimant lawyers often cannot investigate each case with any degree of detail whilst the defendant lawyers want each case to set out in the greatest detail. Active case management ought at an early stage set out the limits of what is to be provided to minimise expense, but whilst ensuring that the management court is not inundated with inappropriate claims. See para.14 of the practice direction.

[122] See CPR r.19.11(3)(a)(ii).

[123] The management court has power to vary the GLO issues and indeed to decide that particular GLO issues are to be litigated separately. See CPR r.19.13(a) and (b). Filing a list of common issues assists the Court in actively case amanging the ambit of disclosure and expert evidence. The failure

Disclosure

29. The Claimants shall by [date] give standard disclosure by list in the relevant practice form relating to the common issues and the lead actions.

30. The Defendants shall by [date] give standard disclosure by list in the relevant practice form relating to the common issues and the lead actions.

31. Following the exchange of lists under paragraphs 29–30 above, the parties shall be entitled to request inspection of the documents, in electronic form. The parties shall provide copies of those documents requested from the lists within [number of days] working days in a searchable electronic format.[124]

Evidence

32. The parties shall file and exchange lists identifying the number of experts by name, discipline and issue[s] which that expert will address that they intend to call at the trial of the lead actions by [date].

33. A further case management hearing to take place on [date] to determine the number and discipline of experts the parties shall be permitted to call at the trial of the lead actions[125]

34. The parties do by [date] by way of simultaneous mutual exchange serve written statements of the oral evidence in relation to issues of fact applicable to the common issues and the lead actions.

---

to separately identify common issues, distinguish which claimants are interested in which issues and make separate costs-sharing orders where different groups are interested in some but not all issues can prove costly where some issues are won but others are lost. In *AB v Leeds Teaching Hospitals NHS Trust* [2004] EWHC 644 (QB) one category of claimant was successful and the other was not, all claimants were affected by the terms of the ultimate issue based costs order made by the court which did not distinguish between categories of claimants. If the common issues are appropriately identified this type of problem can be foreseen by the court and the parties. The courts are reluctant to exercise the power to try particular GLO issues except in clear cases where issues are truly severable: see *Multiple v Claimants Sanofo-Synthelabo Ltd* [2007] EWHC 1860 (QB); *T&N Ltd (in administration) v Royal & Sun Alliance Plc* [2002] EWCA Civ 1964. Summary judgment may be appropriate in group litigation, but compliance with CPR r.24.4 is essential: see *B v Ministry of Defence* [2010] EWCA Civ 1317.

[124] This is an important procedural innovation used in the Tobacco litigation which enables huge amounts of documentation to be reduced onto specially encrypted CDs for easier document handling. A similar approach was used in the Fetal Anti-Convulsant Litigation. See also the practice direction 31B to CPR r.31 which provides a comprehensive set of principles and rules dealing with disclosure of electronic documents, which will be highly material to disclosure in group litigation. See the order made in *Goodale v Ministry of Justice* [2010] EWHC B40 (QB). This requires discussion between the parties before the case management conference. It should be noted in this class of litigation rolling disclosure by date or topic is often ordered.

[125] Increasingly, managing judges are using their case management powers to restrict the ambit of expert evidence that can be called. Contrast the number of experts permitted within the same discipline called in the *Oral Contraceptive Pill Litigation* [2002] EWHC 1420 (QB) and in the Nationwide Organ Group Litigation, above. In these complex actions it is important to be clear as to exactly what experts are required and why.

Cost-sharing order

35. The liability of each party for and each party's entitlement to recover costs shall be several and not joint.[126]

36. Individual costs are those costs and disbursements incurred for and/or in respect of any individual Claimant in relation to matters which are particular and personal to each such Claimant excluding costs and disbursements incurred for the lead actions as from the date upon which each of them was nominated as a lead action.[127]

37. Common costs are all costs and disbursements other than individual costs, and for the avoidance of doubt shall (unless otherwise ordered) include costs and disbursements incurred in respect of the lead actions from the date of their respective nomination.

38. No work in relation to the common issues shall be undertaken by any legal representative other than by the lead solicitor, its servants or agents unless authorised by the lead solicitor and no liability for common costs in relation to such work in the absence of authorisation shall arise between the claimants or between the parties.[128]

39. The order for payment of common costs and disbursements between the parties following any trial of common issues whether by a trial of the lead actions or otherwise shall be determined by the managing judge at the conclusion of the trial taking into account all the circumstances and not depend upon the outcome of individual cases or of issues individual to the pleaded actions unless otherwise ordered.[129]

---

[126] This provision reflects CPR r.48.6A(3). The costs of the common issues must be shared by all claimants if a disproportionate burden is to be avoided by lead claimants. A practice has grown up of drawing up pre-emptive costs-sharing orders to deal with the distribution of liability of those common costs between claimants [*Davies v Eli Lilly* [1987] 1 W.L.R. 1136] and latterly between the parties [*Ward v Guinness Mahon Plc* [1996] 1 W.L.R. 894]. The latter authority makes plain that liability for an adverse costs order should be several and not joint. Common costs were apportioned on a per capita basis rather than a per defendant basis in *AB v Liverpool City Council* [2003] EWHC 1539 (QB). This emphasises the need for claimants to select defendants carefully. Any agreement between claimants should reflect the costs-sharing order, but where no costs-sharing order has been made and no agreement is made, recovery of common costs may still be possible: see *Brown v Russell Young and Co* [2007] EWCA Civ 43; [2008] 1 W.L.R. 525.

[127] See CPR r.48.6A(2)(a) and (b) which provisions define individual and common costs.

[128] Disputes can arise between the lead solicitor and other solicitors acting for claimants as to whether they are entitled to carry out work in relation to the common issues and render other claimants or the defendants liable for the work. It is therefore prudent for the lead solicitors and for the defendant solicitors to agree such a provision.

[129] The form of order to this was made in both the *Alder Hey* and *Nationwide Organ Group Litigation* by consent by Penry-Davey J. on 19 July 2001. A more prescriptive form of order was rejected on appeal by the Court of Appeal in *Sayers v SmithKline Beecham Plc (Costs Sharing Order)* [2001] EWCA Civ 2017; [2002] 1 W.L.R. 2274 at [14]–[15]. This was in the following form: "The order for payment of common costs and disbursements between the parties following any trial of common issues whether by a trial of the lead actions or otherwise shall follow the event and not depend upon the outcome of individual cases or of issues individual to the pleaded actions unless otherwise ordered". This was rejected on the ground that the court ought not to make an advance costs order as to what the order should be at trial. Importantly, the Court of Appeal did not rule out an issue led

40. The Claimants' common costs and disbursements shall be apportioned between them by taking the total costs incurred by or on behalf of the Claimants in respect of each quarter and dividing that sum by the number of Claimants on the Group Register during that quarter.[130]

41. The first quarter shall be deemed to run from [date].[131]

42. Any Claimant entered on the Group Register or subsequently commencing an action shall be deemed to have been a claimant from the beginning of the first quarter for the purposes of determining the amount of costs shared between Claimants pursuant to paragraph 40 above.[132]

43.43.1. If in any quarter a Claimant discontinues his/her claim against the Defendant or the claim is removed from the Group Register or it is dismissed by an order of the management court whereby that Claimant is ordered to pay the Defendant's costs then he/she will be liable for his/her individual costs. The liability of such a Claimant for common costs and disbursements shall be determined following the trial of the common issues, with permission to apply if such a trial does not take place.

43.2. If in any quarter a Claimant compromises his/her claim with the Defendant on terms which provide for the Defendant to pay to that Claimant his/her

---

common costs order at trial and the suggested provision as ordered in the *Alder Hey* litigation is perhaps an appropriate compromise. It ensures that the managing judge is made aware from an early stage that the desired costs regime is an issue led one. The rationale behind this formulation is that the funder can then recover all of the common costs in the event that the common issue is won, otherwise recovery of common costs may be made dependant on the resolution of the individual issues in a given lead or test case. An order along the lines set out was made in the BCCI litigation [but see the final order made in *BCCI v Ali (Costs BCCI Employees No.4)* (1999) 149 New L.J. 1734] and was the order made at trial by Turner J in the British Coal litigation [see also final order for costs in *Nationwide Building Society v Various Solicitors (No.4), Independent,* 25 October 1999, Blackburne J.]. CPR r.48.6A is silent on this issue, except that it states that the general rule is that "where a group litigant is the paying party, he will, in addition to any costs he is liable to pay... an equal proportion, together with all the other group litigants, of the common costs". This does not however deal with the prior question of whether if the common issue is won the common costs should follow that event rather than the individual result. In *Corby Group Litigation, Re* [2009] EWHC 2109 following the claimants' success on the GLO issues (liability judgment [2009] EWHC 1944), Akenhead J. ordered that the claimants should recover 90 per cent of common costs, reducing the claimants' recovery not because of lost individual actions (none were tried), but on the ground that the claimants took a "scattergun" approach to the common issues and trial time had been wasted. The Judge rejected an argument that common costs recovery should depend on the outcome of the individual cases which were yet to be determined. Thus, common costs recovery followed the event rather than the individual cases. See also *KR v Royal Sun Alliance Plc* [2006] EWCA Civ 1701 where an issue based common costs order was made.

[130] This will be so in the majority of cases however see *Greenwood v Goodwin* [2014] EWHC 227 (Ch) at [28]: "Where there is ... a very considerable disparity between the values of the claims of different parties, if they are all unsuccessful the default rule is unlikely to meet the requirement of fairness. It is not fair or equitable that an institutional investor with millions, in some cases hundreds of millions, at stake should pay an equal contribution as an individual claimant with claims in the hundreds, or even hundreds of thousands. Adoption of the default rule would tend to negate a primary purpose of GLOs".

[131] The parties will in this type of litigation have significant pre-issue costs relating to the common issue which they will want to recover.

[132] See CPR r.48.6A(6). The reason for this provision is that it is important that late entrants to the litigation are not given a more favourable position in relation to common costs than early entrants, where those costs should be incurred for the benefit of all.

costs then that Claimant shall be entitled to recover his/her individual costs and his/her several share of the common costs incurred by the Claimants up to the last day of that quarter.[133]

44. Common costs and disbursements ordered to be paid if not agreed shall be the subject of detailed assessment which shall not take place prior to the conclusion of the trial of lead actions.[134]

45. The lead solicitors and the Defendant solicitors shall file and serve upon each other each quarter an estimate of common costs incurred to date and to be incurred in the next quarter, commencing [date].[135]

---

[133] This is the preferred provision in the light of *Sayers v Merck and Smithkline Beecham Plc*, above. CPR r.48.6A(7) provides that a court may order that an early leaver be made liable for a proportion of the common costs incurred to date, but does not require that such an order be made. The rationale behind this provision (which has been historically preferred by the Legal Services Commission) is that it ensures that the funder of the claimants get full recovery of common costs in relation to a common issue won and that all claimants are made to bear the shared liability for common costs in relation to a common issue lost. With this type of order the defendant is made liable for the full extent of common costs and cannot artificially abate its potential liability for common costs, which by and large does not vary by reference to the number of claimants, by obtaining common cost orders in relation to early leavers. The rules do not resolve this dispute. The claimants in the Tobacco litigation sought but were refused an order preventing the defendants from making part 36 offers without the permission of the court and for common costs of such claimants to be determined at the trial of the lead actions. A variant of this type of order was made in *A v MOD* [2003] EWHC 849 (QB) at an early interlocutory hearing before Master Foster on 8 November 1999. Claimant lawyers might well wish to seek such orders to prevent attempts by defendants to tactically split a group of claimants and to ensure that settlements are on a group rather than selective basis. Such orders are resisted by defendants on the basis that they should be entitled to settle those cases they identify they ought to settle at the earliest opportunity without the potential for the court intervening. A claimant who succeeds on his or her individual facts where the group litigation fails may still be entitled be entitled to full costs recovery: see *Owen v Ministry of Defence* [2006] EWHC 990 (QB). In compromising a claim in group litigation it is vital to establish authority to settle the claim: see *Amalgamated Metal Corp Plc v Wragge & Co (A Firm)* [2011] EWHC 887 (Comm).

[134] In *B v Ministry of Defence* [2009] EWHC 1225 (Admin) the court refused an order for detailed assessment of the costs of a trial of the preliminary issue of limitation and strike out in the *Atomic Veterans Litigation*, which the claimants had won, which was being appealed, The Court of Appeal subsequently overturned the first instance decision on limitation ([2010] EWCA Civ 1317), permission to appeal has now been granted by the Supreme Court.

[135] This form of order was agreed in the Alder Hey and the Nationwide Organ Group Litigation prior to the settlement of the Alder Hey litigation. The purpose was to provide both parties with a sense of what costs had been incurred and would be incurred in future. This is particularly important where there are likely to be issues of cost-benefit and proportionality so that the parties can see at any given point what the costs are going to be. It will also assist in assessing the amount of any after the event costs cover that needs to be obtained. See para.6 of the Costs Practice Direction to CPR r.43. This is an important weapon in the armoury of the parties to group litigation to ensure that costs proportionate case management decisions are taken. Such an order was refused by Master Leslie in the *Fetal Anti-Convulsant Litigation* in April 2006. In the *Nationwide Organ Group Litigation* [2003] EWHC 1034 (QB) Gage J. went one step further to order a costs cap on the Claimants' common costs to trial [see also *Various Ledward Claimants v Kent and Medway Health Authority and East Kent Hospitals NHS Trust* [2003] EWHC 2551 (QB); *Claimants v Tui UK Ltd* unreported, Master Hurst Senior Costs Judge, 11 November 2005]. An attempt to apply a costs cap to a defendant failed in *Fetal Anti Convulsant Litigation* in April 2006 before Master Leslie and in the MMR litigation in *Sayers v Smith Kline Beecham* [2004] EWHC 1899 (QB). The principle of costs capping was agreed in the *Corby Group Litigation* and fixed by reference to costs estimates provided to the court: *Multiple Claimants v Corby BC* [2008] EWHC 619 (TCC). Following the new rules under CPR r.44.18 an application for costs capping was refused on the evidence put before the court in *Barr v*

46. Any common costs and disbursements ordered to be paid by the Defendant to the Claimants shall be paid to the Claimants lead solicitors.

47. The costs of this application be [specify order made].[136]

SPECIMEN PARTICULARS OF CLAIM IN PHARMACEUTICAL MULTI-PARTY ACTION—
LEAD/TEST CLAIM

84-X2 IN THE HIGH COURT OF JUSTICE QUEEN'S BENCH DIVISION

Claim No.

BETWEEN:
AB (a patient by his litigation friend CD)

Claimant

and

XX LIMITED

Defendant

Particulars of Claim

1. The Particulars of Claim are served pursuant to the Group Litigation Order ["GLO"] made by Mrs Justice Y on [insert date]. The Claimant meets the qualifying criteria set out in the GLO, as follows:
   1.1. [set out how the claimant meets those criteria].[137]

2. The Claimant is a protected party for the purposes of the Mental Capacity Act 2005 and CPR r.21.1 (2)(d) and brings his claim by his litigation friend and brother CD.

3. At all material times the Defendant was the manufacturer of Happy Pills, an anti-depressant.

4. The Claimant attended his general practitioner, Dr Z, practising at the Surgery [address], on 10 January 2008, complaining of feeling depressed for the last month following separation from his wife. The Claimant had previous short-term episodes of depression which had resolved without medication or other therapy as identified by his general practitioner records entries for 1 October 2006, 10 October 2006, 5 January 2007, 29 January 2007, 10 November 2007 and 10 December 2007. Dr Z took a history from the Claimant as set out in the first sentence of this paragraph

---

Biffa Waste Services Ltd [2009] EWHC 2444 (TCC); [2010] 3 Costs L.R. 317, albeit the court limited recovery of costs by the claimants to the level of their costs estimate, with permission to apply. In the event the claimants lost the group litigation ([2011] EWHC 1003 (TCC)). It is clear from the judgment that the damages that would have been awarded were so small as to be disproportionate to the costs that were in fact incurred. There are conflicting decisions as to whether a party is entitled to disclosure of an opposing party's after the event insurance policy as a prelude to a costs capping application in group litigation: see *Barr v Biffa Waste Services Ltd* [2009] EWHC 1033 (TCC); [2010] 3 Costs L.R. 291; *Arroyo v BP Exploration Co (Colombia) Ltd*, unreported 6 May 2010 QB Senior Master (available on Westlaw).

[136] If an order is not made at the hearing directing the proportion of costs that relate to individual and common costs, such an order may be made by the costs judge: CPR r.48.6A(5); practice direction 19B at para.16.2.

[137] See specimen case management GLO and CPR r.19 III.

and prescribed Happy Pills 10mgs to be taken three times per day in a supply of 90 tablets for his depression.

5. The Claimant took Happy Pills in the prescribed dosage for a month and returned to see Dr Z on 10 February 2008 who recorded that the Claimant was still depressed, had lost weight, was waking early every morning and was suffering from anxiety. He prescribed to the Claimant a further 90 tablets of Happy Pills 10 mgs to be taken three times per day. Thereafter, the Claimant received Happy Pills by repeat prescription from Dr Z on 9 March 2008, 6 April 2008 and 1 May 2008.[138]

6. The Claimant found after the first week of taking Happy Pills that he became tense, anxious and panicky between doses which feelings were only relieved by taking the next tablet. By early March 2008 he found that he woke early in the morning with a feeling of craving for his next Happy Pill. It is to be inferred from the pattern of repeat prescription from March to May 2008 that the Claimant began to increase the frequency with which he took Happy Pills to the point whereby in early May 2008 he was taking four tablets a day, according to Dr Z.[139]

7. On Sunday 21 May 2008 the Claimant ran out of Happy Pills. He became desperate and very depressed that night. On Monday 22 May 2008 in the early morning the Claimant was found in an unconscious state, having tried to hang himself. He was taken to hospital as an emergency and was treated as set out in the report of Dr EF referred to in paragraph 10 below. The Claimant has been left with brain damage.

8. It is the Claimant's case that:
   8.1. He became dependent on Happy Pills.
   8.2. He attempted to injure himself as a result of running out of Happy Pills on 21 May 2008 and would not have done so but for becoming dependent on Happy Pills.

---

[138] In drug prescription cases it is essential to ascertain who are the appropriate defendants to sue. Indiscriminate inclusion of prescriber and producer defendants can lead to significant problems and applications to strike out on the grounds of abuse of process (see *AB v John Wyeth & Brother Ltd* (1995) 5 Med. L.R. 149). The joinder of a prescriber will rarely make strategic sense either in the multi-party action itself as a whole or in the individual case. For instance, significant breach causation problems may be thrown up if the defect is classified as non-disclosure to patient and prescriber that Happy Pills were liable to cause dependency and should not be prescribed for more than one month without review (see para.9 below). If such information had been provided, would the prescriber have so prescribed anyway? If Dr Z was sued as well in respect of his prescribing practice, it might be evidentially very difficult to persuade the Court that he would have complied with a more stringent warning from the manufacturer. In such cases it is essential to filter out those cases where the appropriate defendant ought to be the prescriber rather than the manufacturer. This factual scenario would require a general practitioner expert opinion first.

[139] A witness statement from the prescriber may be required to prove what would have happened if appropriate warnings had been given to the prescriber (dependent on how the defect is classified). This was the view of Kennedy J. in the Benzodiazepine litigation, although Canadian authority suggests otherwise: *Buchan v Ortho Pharmaceuticals (Canada) Ltd* (1984) 8 D.L.R. (4th) 373, affd (1986) 25 D.L.R. (4th) 658. If such evidence is available, it would be sensible to obtain it in this type of lead claim. It should be remembered in group actions of this kind that medical defence organisations will often require a formal waiver before allowing facilities for the member to be interviewed. Hence, the importance of selecting the correct parties.

8.3. He suffered anoxic injury to his brain in the course of his attempt to injure himself.[140]

9. The Happy Pills supplied by the Defendant and taken by the Claimant were defective within the meaning of s.3 of the Consumer Protection Act 1987 ["the CPA"] and article 6 of the Product Liability Directive 85/374 ["the directive"].[141] The assessment of legitimate expectation of safety of persons generally for the purposes of section 3 of the CPA and article 6 of the directive is informed by the relevant circumstances set out below.[142] The product as supplied in the pleaded circumstances did not meet that legitimate expectation of safety in support of which the Claimant relies upon the following facts and matters:

Particulars

9.1. The chemical composition of Happy Pills was such that they were liable to induce dependence. This was not an inherent characteristic of Happy Pills. They would not have induced dependence in the user if the chemical composition had been altered in the following respect [set out particulars].

9.2. The product information leaflet ["PIL"] at the relevant time indicated, amongst other things, that:
  9.2.1. The maximum daily dose of Happy Pills was 30 mgs per day.
  9.2.2. The potential side effects were occasional habituation, anxiety and sleeplessness.

9.3. The PIL did not advise that Happy Pills were liable to induce dependence.

9.4. In the PIL patients were not advised not to take more Happy Pills than prescribed and what the signs of dependence were.[143]

9.5. Further or in the alternative, the claimant will rely upon the fact that the summary of product characteristics ["SPC"] and the Defendant's other product literature made available to prescribers did not:
  9.5.1. disclose that Happy Pills were dependence inducing, advise prescribers to only prescribe a maximum of 15 mgs per day of Happy Pills,
  9.5.2. advisor prescribing only a short course of the drug of one month or less, and monitor patients for signs of dependence, such as [set out particulars].

10. As a result of the matters set out the claimant who was born on [date] has sustained injury and suffered loss and damage.

---

[140] Whilst arguably it is no longer necessary to serve a medical report which sets out particulars of causation of the injury, it is probably advisable to serve a report that deals with the mechanism of injury, as here—drug dependence resulting in self-harm leading to anoxic brain injury in the course of the event: see CPR Pt 16 PD para.4.3. and *Nur v John Wyeth and Brother Ltd* (1992) P.I.Q.R. P72.

[141] In product liability cases it will rarely be relevant to pursue the producer in negligence and under the CPA and the directive. Indeed, such claims were abandoned in the *MMR vaccine litigation* and in the *Oral Contraceptive Pill litigation*.

[142] See section on Causation. Different causation consequences will flow depending on what was found to be the defect. See para.10.1–3 below.

[143] It should be remembered in these types of cases that there will often be a significant causation issue as to what the patient would have done had they been warned differently. This is a particular difficulty in cases where the product may be seen as a "last resort" product by the claimant, such as anti-acne medication or essential medication which has inherent harmful properties. Hence, the desire not to take on the burden of proof of what the patient would have done if different information had been provided.

Particulars of Causation

It will be contended that the fact Happy Pills induced dependency in the Claimant was the cause of his attempt to injure himself and his anoxic brain damage as set out in paragraph 8 above.[144]

[Alternative]:

In the alternative it is contended that:[145]

10.1. If the composition of Happy Pills had been altered in the manner described in paragraph 9.1 above, the Claimant would not have become dependent on Happy Pills and would not have harmed himself and would have avoided brain damage.[146]

10.2. If the Claimant had been advised in a PIL of the facts and matters set out in paragraph 9.3.5 above, he would not have increased his intake of Happy Pills, thereby reducing his dependence on Happy Pills, and would have been alert for signs of dependence and have reported the same to Dr Z with the same consequence as set out in paragraph 10.3 below.

10.3. If Dr Z been advised in the SPC or by other means, such as a dear doctor letter in the terms set out in paragraph 9.5 above, the Claimant would have:

10.3.1. prescribed Happy Pills in a dosage of a maximum of 15 mgs per day for one month only. Dr Z would then have reviewed the Claimant and not have made any further prescriptions of Happy Pills. In the premises, the Claimant would not have attempted to harm himself on 21 May 2008 as result of developing dependence on Happy Pills in the circumstances set out in paragraphs 7 and 8 above and thereby would have avoided brain damage; and/or

10.3.2. been monitored by Dr Z for signs of developing dependence in which event Dr Z would have withdrawn him from Happy Pills with appropriate anxiolytic medication and close supervision, minimising the risk of self-harm.[147]

Particulars of Injury

[summarise the nature of the injuries and append the medical report which supports the injuries][148]

---

[144] This formulation avoids the claimant taking on the burden of proving but for causation. However, if the defect is defined by reference to the circumstances pleaded in paragraph 9 then the claimant would be required to prove how the injury would have been avoided as set in para.10.1–3. It is suggested that arguably on current law the claimant does not need to plead and prove these further facts. Which is the required approach is subject to the resolution of the debate set out in the introduction.

[145] If this alternative approach is adopted it is important to set out fully how the claimant would have avoided the injury. This is often the critical battleground as to what the claimant and prescriber would have done if given different information by the manufacturer. Many procedural disputes arise in multi party actions as to how claimants frame their case on causation and the minimalist approach is likely to provoke lengthy requests for further information.

[146] In this formulation of defect, if established, proximate causation should prove relatively unproblematic, although whether there were other reasons for self-harm would always be a live issue in considering medical causation—did the taking of the pills cause the self-harm?

[147] As already noted, if the defect is defined as an informational defect, then potentially profound causation difficulties arise as to what the Claimant and/or the prescriber would have done.

[148] See CPR Pt 16 PD paras 4.1–4.3.

Particulars of Loss

see attached schedule of loss.[149]

11. The Claimant seeks interest pursuant to s.35A of the Senior Courts Act 1981 as follows:

Particulars of Interest

11.1. Interest on general damages from the date of service of the claim form to the date of judgment or earlier payment at 2% pa.

11.2. Interest on special damages from the date of injury as found at trial to the date of judgment or earlier payment. Interest is claimed on all non-recurring items of special damage at the full court special account rate in the special circumstances that the Claimant has been put to expense which will not be recoverable until judgment or earlier payment. Interest on all recurring items of special damage is claimed at half the full rate.

12. The Claimant expects to recover £50,000 or more in damages and he expects to recover general damages for pain, suffering and loss of amenity more than £1,000.

AND the Claimant seeks:
(1) Damages.
(2) Interest pursuant to s.35A of the Senior Courts Act 1981.

Statement of truth

I believe the facts stated in these particulars of claim are true.
[signed by the litigation friend]

SPECIMEN DEFENCE TO CLAIM IN PHARMACEUTICAL MULTI-PARTY ACTION—LEAD/ TEST CLAIM

84-X3 IN THE HIGH COURT OF JUSTICE QUEEN'S BENCH DIVISION

Claim No.

BETWEEN:

AB (a patient by his litigation friend CD)

Claimant

and

XX LIMITED

Defendant

Defence

1. Where allegations have not been admitted below, it is because the relevant allegations are not within the Defendant's knowledge and therefore, it is not in a position to admit or deny them.

1.1 The first sentence of paragraph 1 of the particulars of claim is admitted. It is denied that the Claimant meets the qualifying criteria set out in the GLO for the following reasons:

---

[149] The requirements of CPR Pt 16 PD para.4.2 in respect of schedules of loss may be conveniently dispensed with under the GLO.

1.1.1. [set out how the claimant does not meet the criteria, if so alleged].[150]
1.2. [Alternative: Paragraph 1 of the Particulars of Claim is admitted.]

2. Paragraph 2 of the particulars of claim is denied. The Claimant is not a protected party for the purposes of this litigation. He is capable of taking all relevant decisions in relation to the claim.[151] The claim is now statute barred.

3. Paragraph 3 of the Particulars of Claim is admitted.

4. The Defendant says as follows in relation to paragraph 4 of the Particulars of Claim:
    4.1. It is admitted that the Claimant attended his general practitioner ["GP"] on each of the occasions set out in paragraph 4 of the Particulars of Claim.
    4.2. The Defendant is not in a position to admit or deny the reason for the Claimant's presentation or what history was taken on 10 January 2008 as the recorded entry in the GP records simply notes the words "depressed. domestic difficulties. Happy Pills 10mgs tds 90."
    4.3. It is denied that any inference can be drawn from the entries in the GP records that the Claimant had only previous short-term episodes of depression which had resolved without medication or other therapy. It will be the Defendant's case at trial that:[152]
        4.3.1. the Claimant had been significantly depressed between October 2006 and January 2007;
        4.3.2. the proper inference to be drawn from the GP entries for:
            4.3.2.1. 5 January 2007, the material part of which read "Very gloomy again. Early morning waking, lost 8kgs over Xmas, suggested Amitriptyline. refused" is that the Claimant was significantly depressed and had biological symptoms of depression which required referral to a consultant psychiatrist.
            4.3.2.2. 29 January 2007, the material part of which read "Still depressed. Long chat. Advised referral. To come back in if

---

[150] See specimen case management order and CPR r.19.13(d). It will be important for a defendant to ensure that the GLO has specified with the greatest precision the qualifying criteria to ensure tight control of the issues to be litigated and the type of claimant who might meet those criteria. Circumstances in which a claimant might not meet the criteria would be where they had not used the target product or the product used was not manufactured by the defendant (this can happen with generic products) or the nature of the injury falls outside the qualifying criteria.

[151] For an application of the law under ss.2–3 of the Mental Capacity Act 2005 in this context: see *V v R* [2011] EWHC 822 (QB); *Saulle v Nouvet* [2007] EWHC 2902. The statutory approach overrides the approach in *Masterman-Lister v Brutton and Co.* [2002] EWCA Civ 1889 at [26]–[27]; see also *Maga v Birmingham Roman Catholic Archdiocese Trustees* [2009] EWHC 780 (QB) (confirmed on this issue, but not on vicarious liability, by the Court of Appeal [2010] EWCA Civ 256). As in all forms of litigation, it is important to assess the capacity of the claimant, not merely to assume incapacity and to bear in mind that the defendant may challenge any assertion that the claimant is a protected party.

[152] Too often in past multi-party litigation, defences have set out references in the records in a pro forma fashion without regard to relevance and without setting out the inferences sought to be drawn. It is submitted that in the light of CPR rr.16.4(1)(a) and 16.5, it is incumbent upon a pleader to set out only the relevant references relied on in the medical records and to set out the inferences that are sought to be drawn from those records. Critical to this exercise will be to obtain all medical records, including employer medical records and personnel records. See Specimen Case Management Order, above, at 84-X1.

wants to pursue" is that the Claimant remained depressed and was reluctant to undergo treatment or referral.

5. Paragraph 5 of the Particulars of Claim is admitted, except it is not admitted that the Claimant took Happy Pills in the prescribed dosage for a month. The Claimant is put to strict proof of that fact. It will be the Defendant's case at trial that Dr Z should have reviewed the Claimant before repeat-prescribing Happy Pills prior to the first or subsequent occasion he repeat-prescribed Happy Pills for the reasons set out in paragraphs 6.2, 9.16 and 11.4.2 below.[153]

6. Paragraph 6 of the Particulars of Claim is not admitted. It will be the Defendant's case at trial that:
   6.1. if the Claimant took four tablets per day by early May 2008 [which fact the Claimant is put to strict proof of], he did so in the full knowledge that the product information leaflet ["PIL"] warned patients not to exceed the stated dosage in any circumstances as set out in paragraph 9.4 below;
   6.2. Dr Z, if he had reviewed the patient prior to any of the repeat prescriptions and if on inquiry he had established that:
      6.2.1. the Claimant was becoming tense, anxious and/or panicky between doses which feelings were only relieved by taking the next tablet; and/or
      6.2.2. by early March 2008 the Claimant was finding that on waking early in the morning he had feelings of craving for his next Happy Pill; and/or
      6.2.3. the Claimant had began to increase the frequency with which he took Happy Pills from March 2008;
as alleged by the Claimant, would alternatively should have stopped prescribing Happy Pills and offered alternative treatment or referral.

7. The first three sentences of paragraph 7 of the Particulars of Claim are not admitted. It is admitted that the Claimant was taken to hospital as an emergency, that Dr EF in his report has set out accurately the sequence of his treatment in hospital and that the Claimant has been left with brain damage.

8. As to paragraph 8 of the Particulars of Claim:
   8.1. It is denied, if alleged, that Happy Pills are capable of making a patient

---

[153] It is open to a defendant to rely on two defences in this regard, which may overlap. First, it can be alleged that the clinician's conduct in prescribing the drug in question amounted to either a negligent or non-negligent intervening cause: see the authorities cited in *Clerk and Lindsell on Torts*, 20th edn, [2]–[115], but also see *Rahman v Arearose* [2001] Q.B. 351; *Webb v Barclays Bank Plc* [2001] EWCA Civ 1141; [2001] Lloyd's Rep. Med. 500. Secondly, a form of "learned intermediary" defence may arise to a claim under the Consumer Protection Act 1987 where the court concludes that the nature of any defect in the product is the absence of warnings, on the basis the product was not defective by reference to the test under s.3(1) of the CPA or article 6 of the directive because the doctor acted as an intermediary between the patient and the manufacturer and should have known of the matters which it is alleged the manufacturer should have warned about through his/her access to general medical knowledge: see, Miller and Goldberg, *Product Liability*, 2nd edn (2004, Oxford University Press), pp.452–458. This was an issue to be determined in the *Fetal Anti-Convulsant Litigation*, had that group action proceeded to trial. Whether such a defence will ultimately be available in what used to be called a "standard product" case, such as a prescription-only drug claim, must await further judicial decision.

become physiologically dependent[154] on them for the reasons set out in paragraph 9.8 below and, if it is alleged, that a patient would not be able to stop taking Happy Pills if he or she so chose to do so. For the avoidance of doubt, it is admitted that a patient can become habituated to Happy Pills if taken for a significant period of time. It is not admitted that the Claimant became dependent or habituated in the sense set out above. The Claimant is expressly invited to clarify without a formal request for further information under CPR Pt 18, what he means by dependence in this case.

8.2. If, which is otherwise not admitted, he attempted to injure himself, it is denied that he did so as a result of running out of Happy Pills on 21 May 2008. It will be the Defendant's case at trial that the probable reason for any attempt at self-harm was the Claimant's underlying depression and not any habituation to or dependence on Happy Pills that the Claimant proves.

8.3. It is admitted that the Claimant has developed brain damage as a result of cerebral anoxia, but it is not admitted that he suffered such injury in the course of his attempt to injure himself.

9. It is admitted that the Defendant as the sole manufacturer of Happy Pills supplied to the Claimant for the purposes of the Consumer Protection Act 1987 ["the CPA"] such pills as he proves he took as prescribed by Dr Z. It is denied that such Happy Pills were defective for the reasons set out below.

Particulars of Denial in Relation to Defect

9.1. It is denied that Happy Pills induce dependence as alleged in paragraph 9.1 of the Particulars of Claim. Happy Pills do not and did not induce physiological dependence. Habituation can occur in vulnerable patients. This is not a harmful characteristic of the Happy Pills, but occurs as result of psychological factors in the patient. The Defendant will rely upon the studies set out in paragraphs 9.12, 9.17, 10.2, 10.6 and 10.8 below.

9.2. Paragraph 9.2 of the particulars of claim is denied. The product as designed met the legitimate expectation of safety. There is no aspect of the chemical composition of Happy Pills that induces a physiological dependence. Habituation to the drug is not an inherent characteristic of Happy Pills, but is a psychological characteristic of the patient. It follows that there is no change in the chemical composition of Happy Pills which could prevent some vulnerable patients becoming habituated to the product. The changes to the chemical composition alleged in paragraph 9.2 of the particulars of claim would make no difference to habituation in some patients and further the changes would undermine the efficacy of Happy Pills for the following reasons:
[set out particulars].

9.3. Paragraph 9.3 of the particulars of claim is admitted.
9.3.1. [set out particulars relied upon].

9.4. Paragraphs 9.4–5 of the particulars of claim are denied. The product information leaflet ["PIL"], which is appended, complied with the relevant statutory requirements and was approved by the Medicines and Healthcare Products Regulatory Authority ["MHRA"]. The PIL made clear not to exceed the stated dosage, which warning probably would have been repeated on the printed

---

[154] These type of claims give rise to significant disputes in relation to whether a claimant is truly dependent on the drug in question, as occurred in the Benzodiazepine and Tobacco litigation, but which issues were never resolved.

information on each container of tablets dispensed to the Claimant. Further, the PIL set out the relevant side effects, which included habituation, anxiety and sleeplessness, and contained advice that if such symptoms persisted, the patient should return to his or her general practitioner. There were no grounds to give any further information as to habituation [it not being accepted that Happy Pills give rise to physiological dependence] or side effects in the PIL.

9.5. It is admitted that the Defendant did not warn Dr Z and prescribers in general in the summary of product characteristics ["SPC"] of the matters set out in paragraph 9.6 of the particulars of claim.

9.6. It is the Defendant's case that the information supplied to prescribers met the legitimate expectation of safety for the reasons that follow.

9.7. It communicated to prescribers in general by means only of SPC about the matters alleged.

9.8. The SPC at the material time, which is appended to this defence, was approved by the MHRA.

9.9. There was no justification to advise prescribers to prescribe only 15 mgs per day of Happy Pills. The maximum stipulated dosage of 30 mgs per day was and is a safe daily dosage. The SPC made clear that this was a maximum dosage not a minimum dosage. The actual dosage was a matter of clinical judgment.

9.10. Further, a lower dosage of Happy Pills of less than 15 mgs per day is not as efficacious in its anti-depressant properties as one of 30 mgs.

9.11. There is no relationship between the degree of habituation a patient might experience whilst on Happy Pills and the daily dosage of the pills ingested.

9.12 The Defendant will rely upon the following studies in support of the propositions set out at paragraphs 9.9 to 9.11 above:
    9.12.1. [set out][155]

9.13. In the premises, it would have been inappropriate to advise only 15 mgs per day of Happy Pills.

9.14. There was no justification to advise prescribers to prescribe only a course of one month or less. The SPC made clear to prescribers that the length of a course of Happy Pills was a matter of clinical judgment. The Defendant will rely on the relevant entry in the British National Formulary for 2008 to the same effect. Such advice was sufficient.

9.15. There was no justification to advise prescribers to monitor patients for any of signs set out at paragraph 9.6.2 of the particulars of claim. The SPC made clear that there were side effects, such as habituation, anxiety and sleeplessness and that monitoring of patients for side effects was a matter of clinical judgment. Such advice was sufficient.

9.16. The SPC invited the exercise of clinical judgment as to dosage, length of prescription and the need for review. Dr Z should have known from the patient's past history of depression that he would require close monitoring and

---

[155] As with the particulars of claim, the temptation to set out voluminous extracts from the literature is to be avoided and the contention derived should be set out succinctly. Much dispute has arisen historically in pre-trial hearings about non-specific statements of case that read like theses rather than a concise statement of the facts on which a party relies [CPR r.16.4]. If documents relating to specific tests or the literature relating to the particular drug or effect are relied upon, it obscures rather than illuminates to set out the whole of the document. The relevant contention should be set out and the reference, but not its contents and only if absolutely necessary appended.

should have monitored the Claimant with the probable consequences as set out above in paragraph 6.2 above.
9.17. Further, Dr Z and other prescribers had available to them at the material time the following literature:
9.17.1. [set out material relied upon].
9.18. The literature referred to is relied on for the following propositions:
9.18.1. [set out propositions derived].
9.19. The Defendant was entitled to assume that prescribers in general would be aware of the literature set out in paragraph 9.17 above and the propositions to be drawn there from when framing the terms of its SPC and the same was the subject of regulatory approval by the MHRA. The sufficiency of the information contained in the SPC is to be considered in the context of that literature in assessing whether it meets the legitimate expectation of safety.[156]
9.20. In the premises, the product information provided with Happy Pills to the Claimant and provided to prescribers met the legitimate expectation of safety and was not such as to make Happy Pills defective for the purposes of the CPA or the Product Liability Directive 85/374 ["the directive"].

10. In the event the Claimant establishes at trial (contrary to the Defendant's case) that:
(1) Happy Pills induce physiological dependence in the user, or
(2) If alleged that users should have been warned that Happy Pills could induce physiological dependence, or
(3) If alleged prescribers should have been advised that Happy Pills should only be prescribed at a maximum dosage of 15 mgs per day for one month or less and to monitor the patient for signs of dependence because they would otherwise cause physiological dependence, and

Any or all of the same constitute defects for the purposes of the CPA and/or the directive, the state of scientific knowledge and technical knowledge at the time of supply to the Claimant of Happy Pills was not such that a producer of a drug of the same description as Happy Pills might be expected to have discovered such defects.[157]

Particulars of Development Risks Defence

Pre-market testing

10.1. Happy Pills were first marketed in this jurisdiction by the Defendant in December 2004 following a marketing authorisation granted by the MHRA in March 2004.
10.2. The Defendant carried out the following pre-market testing, the results of which were disclosed to the MHRA as part of its application for marketing authorisation:
10.2.1. [set out studies relied upon].
10.3. There was no indication from pre-market testing that Happy Pills induce

---

[156] This is a form of learned intermediary defence whereby it can be alleged by the Defendant that the question of whether the drug was defective on the grounds of lack sufficient information has to be judged in the context of the information generally available to prescribers. See fn.59 above.

[157] This is the development risks defence set out in s.4(1)(e) of the CPA and art.7(e) of the directive. See introduction. It is suggested that the state of scientific and technical knowledge at the date the product was put into circulation must embrace such knowledge as would have been obtained at that time if the accessible state of scientific and technical knowledge had been applied at an earlier stage. This was, in effect, common (but ultimately untested) ground in *XYZ v Schering*, above.

physiological dependence in the user. Indeed, the studies set out at paragraph 10.2.1 demonstrated that Happy Pills did not induce physiological dependence when taken in daily dosage of 20 mgs for more than one month.

10.4. The pre-marketing studies referred to at paragraph 10.2 above demonstrate that:
10.4.1. a lower dosage of Happy Pills of less than 15 mgs per day would not be as efficacious in its anti-depressant properties; and
10.4.2. there is no relationship between the degree of habituation a patient experiences and the daily dosage of the pills ingested.

10.5. The MHRA raised no queries or concerns regarding any of the data submitted with the application for and specifically did not require the Defendant to carry out any further pre-market testing.

Post-marketing surveillance

10.6. The Defendant carried out the following post-marketing studies in conformity with the relevant regulatory requirements:
10.6.1. [set out].

10.7. It was not necessary for the Defendant to carry out post-marketing studies at any time up to any supply of Happy Pills to the Claimant going beyond the studies carried out. The studies carried out did not reveal any information which might suggest the need to conduct any study into whether Happy Pills induced physiological dependence in the user or whether there was a dose response relationship between the degree of habituation and the dose of Happy Pills ingested.

10.8. At all material times up to the date of supply, the state of accessible scientific and technical knowledge available to a producer of like products has been to the effect that Happy Pills do not induce physiological dependence, there is not a dose response relationship, and that there were no means of altering the chemical composition of Happy Pills so as to reduce the degree of, or to prevent, habituation or physiological dependence (which is otherwise denied). In addition to the literature set out at paragraphs 9.12, 9,17, 10.2 and 10.6 above, the Defendant will rely upon the following:
10.8.1. [set out].

10.9. Further or in the alternative, even if it is now asserted by the Claimant (and, which is denied) that there is now such evidence, it is the Defendant's case that:
10.9.1. A defect based on the capacity of Happy Pills to induce physiological dependence at a level above 15 mgs was not a discoverable defect within the meaning of section 4(1)(e) of the CPA and article 7(e) of the directive.
10.9.2. The state of accessible scientific and technical knowledge gave no grounds to so investigate such a hypothesis.
10.9.3. There was no known technique for altering the chemical composition of Happy Pills so as to reduce the degree of or to prevent habituation or physiological dependence (which is otherwise denied) without fundamentally reducing its efficacy as an anti-depressant. The Defendant will rely on the literature referred to in paragraph 9.2 above.

11. The fact that the Claimant has sustained brain damage and loss is admitted. The Defendant is not in a position to admit or deny the extent of the Claimant's injury as set out in the medical report appended to the particulars of claim or to admit or deny the extent of loss set out in the schedule of loss attached to the particulars of claim until its appointed medical experts have examined the Claimant. Accordingly, the Defendant does not plead to the medical report or to the schedule of loss. Causation of injury and loss is denied for the reasons set out below.

Particulars of Causation

11.1. Paragraphs 6, 8 and 9.1–2 above are repeated. Happy Pills do not and did not at the material time induce physiological dependence and any defect established by the Claimant which is otherwise denied was not the cause of the Claimant's injuries.

11.2. As to paragraph 10.1 of the particulars of claim, if, which is otherwise denied, it was possible to alter the chemical composition of Happy Pills in the manner contended for by the Claimant it would have exacerbated his depression because of the reduction in its efficacy and would have made him more likely to harm himself.

11.3. As to paragraph 10.2 of the particulars of claim the Claimant had been given sufficient information in the PIL as set out in paragraph 9.4 above. Further, he ignored the product information that was supplied to him. It is therefore unwarranted to draw the inferences sought at paragraph 10.2 of the particulars of claim if different information had been supplied.

11.4. As to paragraph 10.3 of the particulars of claim:

11.4.1. As set out above, it is denied that the Defendant ought to have advised in the terms set out in paragraph 9.6 of the particulars of claim.

11.4.2. As set out in paragraphs 6.2 and 9.16 above, it is the Defendant's case that Dr Z ought to have reviewed the Claimant in any event. Had he done so, then it is probable that the consequences set out at paragraph 6.2 above would have ensued. It is specifically denied that there would have been any need to withdraw the Claimant from Happy Pills in the sense contended for at paragraph 10.3.2 of the particulars of claim, although it is accepted that any habituation (that is proved by the Claimant) that had developed prior to review of the Claimant could have been controlled with appropriate medication and supervision.

11.5. Particulars of Contributory Negligence

The Claimant has caused in whole or in part his injury as result of his own negligence:[158]

11.5.1. If as alleged the Claimant took four tablets per day by early May 2008, he took in excess of the prescribed dose.

11.5.2. If as alleged the Claimant began to feel tense, anxious and panicky between doses and began to have cravings in the early mornings, he failed to make an appointment to see Dr Z or another general practitioner or seek other medical advice.

11.6. In the premises, the Defendant is not responsible for and did not cause the brain injury the Claimant has sustained.

---

[158] Contributory negligence is a defence under s.6(4) of the CPA and art.8(2) of the directive.

12. It is admitted that entitlement to interest will be as set out in paragraph 11 of the particulars of claim in the event that the Claimant establishes liability, but any interest on special damages will be at half the court special account rate.

13. Paragraph 12 of the Particulars of Claim is noted.

Statement of truth
I believe the facts stated in this defence are true.

SPECIMEN REPLY IN PHARMACEUTICAL MULTI PARTY ACTION—LEAD/TEST CLAIM

84-X4 IN THE HIGH COURT OF JUSTICE QUEEN'S BENCH DIVISION

Claim No.

BETWEEN:
AB (a patient by his litigation friend CD)

Claimant

and
XX LIMITED

Defendant

Reply

1. Except where admissions are made below, the Claimant joins issue with the defence.

2. As to paragraph 2 of the defence, the Claimant is not capable of taking any relevant decisions in relation to the claim and in due course will serve appropriate medical evidence in support. Further or in the alternative, the Claimant will rely upon ss.11A,14 and 33 of the Limitation Act 1980:
  2.1. [set out particulars in relation to limitation relied upon].

3. As to paragraph 8.1 of the Defence, the term "dependence" in this context means a craving or need to take the drug in the absence of which a user would develop the symptoms described at paragraph 9.6.2. of the particulars of claim.

4. As to paragraph 9.1 of the Defence, the Claimant will rely upon the following facts and matters in support of the proposition that Happy Pills do induce dependence:
  4.1. The following literature in 2009–10:
    4.1.1. [set out studies relied upon].[159]
  4.2. Case reports in the medical literature of an unusually large number of suicides associated with the use of Happy Pills in the United Kingdom in 2006. The references relied upon are, as follows:
    4.2.1. [set out particulars relied upon].
  4.3. Regulatory action taken by the Federal Drugs Agency in the United States of America in 2004 to withdraw the product licence for Happier pills, which drug was chemically the same drug manufactured by Happier Pills Inc, fol-

---

[159] There is nothing to stop a claimant relying on material post-dating supply to assert that a product is defective, although such material will raise issues as to discoverability under the development risks defence.

lowing a documentary on XTV on 10 May 2004, voicing concerns that the drug was inducing dependence in users and leading to suicides.[160]

4.4. Adverse drug reaction reports from prescribers in the United Kingdom, which were greater in number than for competitor anti-depressant drugs:
   4.4.1. [set out particulars relied upon].[161]

4.5. As to paragraph 9.2 of the defence, the changes to the chemical composition of Happy Pills referred to in paragraph 9.2 of the Particulars of Claim would not have the effect of reducing the efficacy of Happy Pills for the following reasons:
   4.5.1. [set out particulars relied upon].

4.6. In the alternative, any reduction of efficacy would not affect the legitimate expectation of safety. Persons generally were entitled to expect that Happy Pills did not cause dependence in comparison with other anti-depressants on the market at the time of supply, which did not do so and were as efficacious.[162]

4.7. As to paragraph 9.4 of the defence, Happy Pills could only be nondefective for the purposes of the CPA and the directive (in the alternative to the case set out at paragraph 9.1 of the particulars of claim), if there was full information communicated to the user about the risks posed by Happy Pills to the user and in particular the risks of dependence, which there was not.[163]

4.8. As to paragraph 9.8 of the defence the fact of approval by the MHRA does not:
   4.8.1. provide a defence to the claim in the absence of meeting the requirements of article 7(d) of the directive and s.4(1)(a) of the CPA. The MHRA at no point required the Defendant as a matter of legal obligation or otherwise not to advise users and/or prescribers of the facts and matters set out in paragraphs 9.4–9.6 of the particulars of claim.[164]
   4.8.2. affect the legitimate expectation of persons generally that full information about the risks posed by Happy Pills to users would be provided.

4.9. As to paragraph 9.9–11 of the defence, the Claimant relies upon the literature referred to in paragraphs 4.1–3 above in support of the

---

[160] Regulatory action or the absence of it may be influential in a court's decision whether a product was defective under the CPA and the directive, although it is difficult to see how it could provide a defence—see s.4(1)(a) of the CPA and article 7(d) of the directive. The relevance of regulatory approval and absence of requirement to carry out particular types of research or testing has yet to be tested in this jurisdiction: see Miller and Goldberg, op cit., at pp.480–482. See also: Mildred, "Pharmaceutical Products: The Relationship between Regulatory Approval and the Existence of a Defect" (2007) *European Business Law Review* 1276–1282.

[161] This type of data is rarely available in a manner that would enable claimants to make successful allegations. Adverse drug reaction forms will cover a multitude of reactions.

[162] In determining whether a product is defective a court is entitled to have regard to comparable products on the market at the same time. See *A v National Blood Authority*, above at [71].

[163] In *A v National Blood Authority*, above Burton J. concluded that in the absence of full knowledge of users, the blood products were defective. In certain circumstances, there may be an argument in relation to unavoidably harmful therapeutic agents that the risk posed must be known to the public at large with full information, must be a matter of public knowledge and socially accepted for a finding of non-defectiveness to be made. This argument is based on dicta in *A v National Blood Authority* at [31 (viii)], [55], [65(ii)] and [80]. This was a live issue in the *Fetal Anti-Convulsant Litigation*, but remains unresolved, given that the litigation did not proceed to trial.

[164] See fn.14 above.

propositions:

4.9.1. set out at paragraph 9.6.2 of the particulars of claim;

4.9.2. that there is a dose response relationship between the degree of dependence a patient experience and the daily dosage of Happy Pills ingested;

4.9.3. that a lower dosage of Happy Pills of less than 15 mgs per day is sufficiently efficacious in its anti-depressant properties (and in this context paragraph 4.6 above is repeated).

4.10. The Claimant notes the literature and other material referred to by the Defendant at paragraphs 9.12, 9.17, 10.2, 10.6 and 10.8 of the defence and will respond to the same in the expert evidence to be exchanged on the common issues. The propositions derived from such literature and other material by the Defendant are traversed below.[165]

4.11. As to paragraphs 9.14–15 of the defence, the issue is not one of clinical judgment in the context of an assessment of whether Happy Pills are defective, but what the legitimate expectation of safety requires. In view of the fact that Happy Pills are known to induce dependence and the facts and matters set out at paragraphs 4.1–4 above, there was a requirement to advise prescribers to prescribe only a course of one month or less and to monitor patients for any of signs set out at paragraph 9.6.2 of the particulars of claim.

4.12. As to paragraph 9.16 of the defence, a prescriber's knowledge of the individual characteristics of a patient cannot affect whether the drug prescribed was or was not defective.

4.13. As to paragraphs 9.17–18 of the defence:

4.13.1. It is not admitted that Dr Z knew of any or all of the material referred to and it will be for the Defendant to so prove at trial.

4.13.2. The propositions sought to be drawn from the pleaded material are responded to as follows:

[set out responses]

4.13.3. Knowledge of the material referred to cannot affect whether the drug prescribed was or was not defective and did not attenuate the legitimate expectation of safety in this regard, namely the provision of full information to the patient. The Claimant in this regard will rely upon articles 8(1) and 12 of the directive and sections 2(1) and 7 of the CPA.

5. The development risks defence is not available to the Defendant in this case. The Claimant reserves the right to add to the particulars set out below upon disclosure.[166]

---

[165] It is important to try not to get into lengthy recitation of expert evidence as to why a particular stance is taken on literature and to simply state reasons why a proposition is not accepted; otherwise statements of case on the common issues become over lengthy and difficult to follow.

[166] The development risks defence is likely to raise critical issues in relation to disclosure. It is important to limit the ambit of disclosure to that which is really necessary to determine the common issues raised and not to seek or provide disclosure of every last piece of paper and electronic document about the relevant product if such litigation is to be kept cost-effective. However, it is likely that the statements of case in relation to the development risks defence will be affected by disclosed materials. Therefore whilst a claimant at the time of preparing a reply is unlikely to have access to all of the relevant documentation, the defendant will. In the circumstances, voluntary particulars may be more appropriate and cost-effective than subsequent amendment, resulting in amendment of any

Particulars

A. *General response*

5.1. At the time of supply in this case as a result of the facts and matters set out at paragraphs 4.2–4.4 above it was known that Happy Pills might cause dependence.[167]

5.2. At all material times since marketing there was clear hypothesis that Happy Pills might cause dependence, the pharmacokinetics of such dependence was understood and the relevant techniques to modify the chemical composition of Happy Pills were known in the light of the following material:

    5.2.1. [set out material relied upon];

5.3. In the premises, the fact that such techniques which fell within the accessible state of scientific and technical knowledge, but remained unutilised by the Defendant, does not entitle it to rely on the development risks defence because they knew of the relevant risk.

5.4. In the alternative, if (which is otherwise denied) the defence is available notwithstanding the clear hypothesis that Happy Pills might cause dependence, then it is the Claimant's case that the Defendant could have established the facts and matters set out in paragraphs 9.1–9.2 and 9.4–9.6 of the particulars of claim prior to the date of supply by taking the following steps, including applying known relevant epidemiological techniques and pre- and post-marketing surveillance techniques:

    5.4.1. [set out steps relied upon].[168]

5.5. The fact that until the literature referred to in paragraph 4.1 above it was not established that Happy Pills:

    5.5.1. did in fact induce dependence;

    5.5.2. should only be prescribed at a maximum dosage of 15 mgs per day for one month or less;

does not entitle the Defendant to invoke the development risks defence in circumstances where it was known that Happy Pills might induce dependence and when the means to establish such knowledge as a matter of probability always existed by applying relevant epidemiological techniques and pre- and post-marketing surveillance techniques.

5.6. It is irrelevant for the Court to consider whether it was necessary or reasonable to conduct either pre or post marketing surveillance in relation to the defect as set out in paragraph 9.1–2 and 9.4 of the particulars of claim. The issue is if the Defendant establishes that the risk alternatively fact of dependence was not known of at the date of supply whether the Defendant can establish that the facts were not discoverable as a matter of practicality by the date of supply to make good the defence.

5.7. In view of the facts and matters set out at paragraph 5.4 above, it is the Claimant's case that the Defendant cannot discharge the burden of proof upon it.

---

rejoinder served.

[167] It is unresolved in the current case law with what degree of certainty the harmful characteristic needs to be known of. This was a live issue in the *Oral Contraceptive Litigation*, but never resolved because the Claimants lost on the preliminary issue.

[168] It is again an unresolved matter in the current case law whether it has to be shown that there were reasonable grounds to apply accessible knowledge in a particular way so as to discover the defect or merely that it would have been possible to so discover. This again was a live but unresolved issue in the *Oral Contraceptive Litigation*.

B. *Detailed pleading in reply*
5.8. Paragraphs 10.1–2 and 10.6 of the defence are admitted.
5.9. Paragraphs 10.3–4 of the defence are denied for the following reasons: [set out].
5.10. Paragraph 10.5 of the defence is irrelevant to the Court's assessment on this issue for the reasons already given at paragraph 4.8.1 above.
5.11. Paragraphs 10.7–8 of the defence are denied for the following reasons: [set out].
5.12. In relation to paragraph 10.9 of the defence, section A above is repeated.

6. As to paragraph 11 of the defence [set out reply as to averments on causation and contributory fault as required].

Statement of Truth
I believe the facts stated in this reply are true.

SPECIMEN PARTICULARS OF CLAIM IN INSTITUTIONAL ABUSE MULTI-PARTY ACTION—LEAD/TEST CLAIM

84-X5 IN THE HIGH COURT OF JUSTICE QUEEN'S BENCH DIVISION

Claim No.

BETWEEN:
AB (a child and a patient by his litigation friend CD)

Claimant

and

XX COUNTY COUNCIL

Defendant

Particulars of Claim

1. These Particulars of Claim are served pursuant to the Group Litigation Order ["GLO"] made by Mrs Justice Y on [insert date]. The Claimant meets the qualifying criteria set out in the GLO, as follows:
    1.1. [set out how the claimant meets those criteria.][169]

2. The Claimant is a child and brings his claim by his litigation friend and mother CD.

3. Between [date] and [date] the Claimant was a resident at Z Children's Home, [address] [hereafter "the home"] which was under the control and/or management of the Defendant, which is a public authority for the purposes of s.6 of the Human Rights Act 1998 [hereafter "the 1998 Act"].[170]

4. The Claimant whilst a resident at the home was cared for by servants or agents [hereafter "the staff"] in the course of their employment or engagement by the

---

[169] See case management GLO order and CPR r.19 III.
[170] In relation to acts of institutional abuse after the Human Rights Act 1998 relevant claims may arise under Arts 3 and 8 of the European Convention on Human Rights as set out in Sch.1 to the 1998 Act. Where the local authority has delegated its functions to a private company an issue may arise as to whether the private company for these purposes is a hybrid public authority liable under the 1998 Act: see *L v Birmingham City Council* [2007] UKHL 27; *R. (on the application of Weaver) v London & Quadrant Housing Trust* [2009] EWCA Civ 587; s.145, Health and Social Care Act 2008.

Defendant. Each act or omission set out in paragraphs 6, 8 and 9 below was an act or omission in the course of employment or engagement with the Defendant. In the premises, the Defendant is vicariously liable for any breach of duty of care, assault, misfeasance in a public office and/or infringement of the claimant's convention rights by its staff as particularised below.[171]

5. Further, the Defendant and the staff owed the Claimant a duty of care to:
   5.1. protect him from physical, sexual, psychological abuse and/or personal injury caused by the staff, other residents and/or third parties;
   5.2. detect and record in documentary form the same when it occurred and prevent its re-occurrence;
   5.3. report the occurrence or anticipated occurrence of physical, sexual, psychological abuse and/or personal injury to residents at the home;
   5.4. safeguard the physical, moral and educational development of residents at the home;
   5.5. treat and care for the Claimant with reasonable skill and care.

6. Between the material dates set out in paragraph 3 where on occasions the Claimant cannot further particularise (in view of his profound learning difficulties) he was assaulted by the staff and treated in a manner that was a breach of the duty of care particularised in paragraph 5 above by the Defendant and the staff.[172]

---

[171] Formerly recourse was often had in this class of claim to misfeasance in a public office to prevent successful reliance on a defence that an employee who abuses a resident does so outside the course of employment: see *Mankanjuola v Commissioner of Police* (1990) 2 Admin. L.R. 214; *Racz v The Home Office* [1995] 2 A.C. 45. The need to rely on misfeasance to short-circuit a such a defence may become less relevant where convention rights under the Human Rights Act 1998 are breached concurrently since a public authority cannot evade its responsibilities under s.6(1) of the 1998 Act where it has a positive duty to protect a claimant from infringement of his or her convention rights: see *Ireland v UK* (1979–1980) 2 E.H.R.R. 25 at [159]; *Van Der Mussele v Belgium* (1984) 6 E.H.R.R. 163 at [29]; *Lopez-Ostra v Spain* (1995) 20 E.H.R.R. 277 at [51]–[55]; *Osman v the UK* (1999) 5 B.H.R.C. 293 at [115]; *Z v the UK* (2002) 34 E.H.R.R. 3 at [73]; *Pretty v the UK* (2002) 35 E.H.R.R. at [49]–[51]; *E v the UK* (2003) 36 E.H.R.R. 31 at [92], [99]; *Kontrova v Slovakia*, ECtHR, judgment of 31 May 2005, at [49]–[50], [55]. Domestic jurisprudence follows this approach: *Van Colle v Chief Constable of the Hertfordshire Police* [2008] UKHL 50; [2009] 1 A.C. 225, HL at [35], [66]–[70], [86], [116]; *Mitchell v Glasgow City Council* [2009] UKHL 11; [2009] 1 A.C. 874 at [30]–[34]; *Officer L, Re* [2007] UKHL 36 at [19]–[21]; *Savage v South Essex Partnership NHS Foundation Trust* [2008] UKHL 74 at [67]–[72], [97], [103] (but see *Rabone v Pennine Care NHS Trust* [2010] EWCA Civ 698; [2010] P.I.Q.R. Q4); *R. (Q) v Secretary of State for the Home Department* [2003] EWCA Civ 364 at [52]–[55]. Further, domestic law in relation to vicarious liability has significantly moved in favour of a broader test of vicarious liability: *Lister v Hesley Hall* [2001] UKHL 22; [2001] 1 A.C. 215; *Maga v Birmingham Roman Catholic Archdiocese Trustees* [2010] EWCA Civ 256, *JGE v English Province of Our Lady of Charity* [2011] EWHC 2871 (QB) but see for the limits of this approach see *Various Claimants v Institute of the Brothers of the Christian Schools* [2010] EWCA Civ 1106. See further fn.82 below.

[172] It is not open to a claimant to establish vicarious liability in negligence where the abusing employee deliberately breaches a duty of care relating to safeguarding the welfare of a child or dependent adult in his/her care by abusing that person or fails to report his/own conduct or anticipated conduct: *Lister*, above at [29], [32], [54]–[55], [62], [82], [84]; *KR v Bryn Alyn Community (Holdings) Ltd (In Liquidation)* [2003] EWCA Civ 85 at [107]–[108]; Attempts to establish vicarious liability for deliberate breach of duty should no longer be relevant given that the decision in *Stubbings v Webb* [1993] A.C. 498 has been overturned by *A v Hoare* [2008] UKHL 6 applying ss.11 and 14 of the Limitation Act 1980 to a claim in trespass. Thus, subject to establishing vicarious liability and avoiding any limitation defence claims can be put on the basis of trespass: see *B v Nugent Care Society* [2009] EWCA Civ 827. See also Protection from Harassment Act 1997: *KD v Chief Constable of*

Particulars
6.1. [Set out particulars of assault, abuse, ill-treatment.]
Of the Defendant and its staff generally:
6.2. Failed sufficiently or at all to protect the Claimant from the assaults, abuse and ill-treatment set out in paragraph 6.1 above;
6.3. Failed in time or at all to detect the same. It is the Claimant's case that there was a pattern of injury to residents which should have indicated to the Defendant by [date] that residents were at risk of abuse by the staff.[173]
6.4. Failed to record the same in documentary form.
6.5. Failed sufficiently or at all to report the occurrence or anticipated occurrence of the assaults, abuse and ill-treatment set out in paragraph 6.1 above.
6.6. Failed sufficiently or at all to safeguard the physical, moral and educational development of residents at the home;
6.7. In consequence, failed to treat and care for the Claimant with reasonable skill and care.

7. It is to be inferred from the Claimant's disturbed behaviour since leaving the home that he was physically, sexually and psychologically abused on numerous other occasions by the staff whilst at the home which incidents were not documented contemporaneously because the Defendant and the staff failed to detect and record the same pursuant to the duty of care set out at paragraph 5.2–3 above.[174]

8. The staff in assaulting and treating the Claimant in the manner particularised in paragraph 6 above engaged in a misfeasance in a public office in that:
   8.1. they were employed or engaged by the Defendant to care for children and those with learning difficulties;
   8.2. they owed statutory and common law duties not to ill-treat or wilfully neglect the Claimant;
   8.3. they deliberately abused their authority whilst looking after the Claimant either maliciously or knowingly injuring him;
   8.4. malice or actual or constructive knowledge is to be inferred from the nature of the acts or omissions themselves as particularised above.[175]

9. Further or in the alternative, the Claimant's convention rights under the 1998 Act have been infringed:
   9.1. He has been subjected to inhuman and degrading treatment, as particularised under paragraph 6(1) above;[176]

Hampshire [2005] EWHC 2550 (QB); *Majrowski v Guy's and St Thomas's NHS Trust* [2006] UKHL 34; *S & D Property Investments Ltd v Nisbet* [2009] EWHC 1726 (Ch).

[173] In this class of case, it may be asserted that there is evidence from the cases taken together of a pattern of supposed accidental injury in excess of what was to be expected, over-sedation of residents and/or heterodox control and restraint methods that gives rise to a suspicion of abuse.

[174] There are often profound evidential problems in this class of group actions where claimants are alleged to be abused and may have profound learning difficulty and therefore, unable to provide evidence of what happened and when it happened. It is an unresolved issue as to what the court will do in this type of case where a failure by the defendant to ensure systematic recording of events has deprived the claimant of the very evidence he or she would wish to rely on.

[175] For the constituent elements of misfeasance in a public office, see *Three Rivers DC v Bank of England (No.3)* [2000] 2 W.L.R. 15.

[176] As to the content of article 3 obligation in this context, see: *Pretty*, above at [52]; *Ireland v UK*, above, at [162]; *X and Y v Netherlands* (1986) 8 E.H.R.R. 235 p.22 of the Commission report;

9.2. His right to respect for his private life has been breached in that the facts and matters set out under paragraph 6(1) above constitute a serious infringement of his moral and physical integrity;[177]

contrary to articles 3 and 8 of Schedule 1 of the 1998 Act. The Defendant is liable vicariously for the infringement of his convention rights by the staff and/or was under an obligation to secure the Claimant's convention rights and is thereby primarily liable for those infringements.[178]

10. As a result of the matters set out the Claimant has sustained injury and suffered loss and damage and is entitled to damages under s.8(3) of the 1998 Act.[179]

Particulars of Injury

[summarise the nature of the injuries and append the medical report which supports the injuries][180]

Particulars of Loss

see attached Schedule of Loss.[181]

Wainwright v UK ECtHR, September 26 2006, Application No.12350/04 at [41]. For recent domestic decisions: see *E (A Child), Re* [2008] UKHL 66 at [44]–[47]; *R. (on the application of Limbuela) v Secretary of State for the Home Department* [2005] UKHL 66 at [7]–[9], [46]–[48], [53]–[55], [77]–[78], [92]–[95]; *R. (Q)*, above at [60]–[63]; *Webster v Ridgeway Foundation School* [2010] EWHC 157 at [197]–[202]; [2010] EWHC 318; *A v Essex CC* [2007] EWHC 1652 (QB) at [84]–[87]; upheld by the Court of Appeal [2008] EWCA Civ 364 at [20]–[24], appealed to the Supreme Court on other issues on which A lost ([2010] UKSC 33).

[177] As to the content of the duty see *X and Y v the Netherlands* (1986) 8 E.H.R.R. 235 at [23]; *Roche v UK* ECtHR, 19 October 2005, Application No. 00032555/96 at [157]. See also *Anufrejiva v Southwark LBC* [2003] EWCA Civ 1406 at [15]–[20], [43]–[48] and [143]; *R. (on the application of McDonald) v Kensington and Chelsea RLBC* [2011] UKSC 33 at [16]–[19]; *Lawrence v Pembrokeshire CC* [2007] EWCA Civ 446 at [32]–[55], but see *MAK v United Kingdom* (45901/05) [2010] 2 F.L.R. 451; *AD v United Kingdom* (28680/06) [2010] 2 F.L.R. 1. Note the positive duty to protect a citizen's rights under article 8 does not extend as far as providing compensation per se: *August v UK* ECtHR, 21 January 2003, Application No. 00036505/02 (admissibility decision).

[178] See fn.81 above and in particular, see *Cyprus v Turkey* (1982) 4 E.H.R.R. 482 at [373]; *A v the UK* (1999) 27 E.H.R.R. 611 at [22]; *Costello-Roberts v the UK* (1995) 19 E.H.R.R. 112 at [25]–[28]. As to the nature of such a positive duty, see *DP v UK* (2003) 36 E.H.R.R. 14 at [109]–[114]; *R. (Adam)*, above at [53]–[55], [77]–[78], [92]–[93]; *Gezer v Secretary of State for the Home Department* [2004] EWCA Civ 1730 at [24], [27]–[29], [33], [41]–[43], [46]–[47] and [56]. For a recent application of the article 2 jurisprudence of the state's positive obligations in a personal injury context, see *Smith v Ministry of Defence* [2011] EWHC 1676; *Savage v South Essex Partnership NHS Foundation Trust* [2010] EWHC 865 (QB) following the decision of the House of Lords [2008] UKHL 74.

[179] Section8(3) of the 1998 Act limits the right to compensation to where it is necessary to afford just satisfaction to the claimant. The principles that will be applied as to whether damages should be paid and the amount of them under the 1988 Act is to be determined by reference to the jurisprudence under article 41 of the Convention; see s.8(4) of the 1998 Act. For domestic jurisprudence: *R. (Greenfield) v Secretary of State for the Home Department* [2005] UKHL 14 at [6], [9] and [19]–[20]; *Anufrijeva*, above at [52]–[78]; *P, Re* [2007] EWCA Civ 2 at [63]–[66], [70]; *Dobson v Thames Water Utilities Ltd* [2009] EWCA Civ 28 at [41]–[51]. The cases of *Bernard v Enfield LBC* [2002] EWHC 2282 at [58]–[60] and *KB v MHRT* [2003] EWHC 193 (Admin) at [53]–[54] need to be read in the light of *Greenfield* and *Anufrijeva*.

[180] See CPR Pt 16, PD paras 4.1–4.3.

[181] The requirements of CPR Pt 16 PD para.4.2 in respect of schedules of loss may be conveniently dispensed with under the GLO.

11. The Claimant claims and is entitled to exemplary and aggravated damages in respect of misfeasance in a public office and assault.[182]

Particulars

11.1. Paragraphs 6(1) and 8 above are repeated.
11.2. The Defendant and its staff engaged in oppressive and arbitrary conduct towards the Claimant.[183]
11.3. They aggravated the Claimant's injuries and damage by failing to detect and make amends for the matters complained of in paragraphs 6 and 8 above timeously or at all.

12. The Claimant seeks interest pursuant to s.35A of the Senior Courts Act 1981 as follows:

Particulars of Interest

12.1. Interest on general damages from the date of service of the claim form to the date of judgment or earlier payment at 2% per annum.
12.2. Interest on special damages from the date of injury as found at trial to the date of judgment or earlier payment. Interest is claimed on all non-recurring items of special damage at the full court special account rate in the special circumstances that the Claimant has been put to expense which will not be recoverable until judgment or earlier payment. Interest on all recurring items of special damage is claimed at half the full rate.

13. The Claimant expects to recover £50,000 or more in damages and he expects to recover general damages for pain, suffering and loss of amenity more than £1,000.

AND the Claimant claims:
(1) Damages.
(2) Interest pursuant to s.35A of the Senior Courts Act 1981.

Statement of truth

I believe the facts stated in these particulars of claim are true.
[signed by the litigation friend]

---

[182] The House of Lords have decided in *Kuddus v Chief Constable of Leicestershire* [2001] UKHL 29; [2002] 2 A.C. 122 that exemplary damages may lie for misfeasance in a public office and that the test should not be based on the cause of action but whether the criteria for such damages are met, although doubt was expressed as to whether such damages should lie in situations of vicarious liability. However, see *Rowlands v Chief Constable of Merseyside* [2006] EWCA Civ 1773. Exemplary damages do not lie for breach of a convention right: *Watkins v Home Office* [2006] UKHL 17 at [26], [32], [64] and [81]; *B v United Kingdom* (53760/00) (2004) 39 E.H.R.R. 30 at [36]; *Anufrijeva*, above at [55a].

[183] If a claim for exemplary and/or aggravated damages is going to be made, it must be specifically set out—see CPR r.16.4(1)(c).

Specimen Defence to Claim in Institutional Abuse Multi-Party Action—Lead/Test Claim

IN THE HIGH COURT OF JUSTICE QUEEN'S BENCH DIVISION 84-X6
Claim No.

BETWEEN:
AB (a patient by his litigation friend CD)

Claimant

and

XX COUNTY COUNCIL

Defendant

1. Where allegations have not been admitted below, it is because the relevant allegations are not within the Defendant's knowledge and therefore, it is not in a position to admit or deny them.
  1.1. The first sentence of paragraph 1 of the Particulars of Claim is admitted. It is denied that the Claimant meets the qualifying criteria set out in the GLO for the following reasons:
    1.1.1. [set out how the claimant does not meet the criteria, if so alleged.][184]
  1.2. [Alternative: Paragraph 1 of the Particulars of Claim is admitted.]

2. Paragraph 2 of the Particulars of Claim is admitted.

3. Paragraph 3 of the Particulars of Claim is admitted.

4. The first sentence of paragraph 4 of the Particulars of Claim is admitted. As to the balance of the paragraph, the Defendant says:
  4.1. If the Claimant proves the facts and matters set out in paragraph 6.1. of the particulars of claim to have occurred (as to which see paragraph 6.1.2. above), the relevant acts are not ones for which the Defendant can be made vicariously liable.
  4.2. Further, if such facts and matters are proved to amount to an infringement of the Claimant's convention rights, such infringement does not constitute an unlawful act by the Defendant within the meaning of s.6(1) of the Human Rights Act 1998 ["the 1998 Act"], being acts of the staff in a private capacity for which the Defendant bears no responsibility.[185]

5. It is admitted that the staff owed the Claimant the duties set out in paragraph 5 of the particulars of claim and it is contended that the Defendant's primary duty of care was limited to taking reasonable steps to ensure that the staff complied with the duties set out.[186]

---

[184] See specimen cases management order and CPR r.19.13(d).
[185] See footnotes 265 and 272 to the particulars of claim as to the scope of positive duties, but it is doubtful that the doctrine of positive duties modifies the domestic law concerning vicarious liability. See *Watkins*, above at [28], [64] and *Wainwright*, above at [33]. The doctrine of positive duties is probably best analogised, albeit in a different context, to the domestic law position of a principal in relation to non-delegable tortious duties: see *Clerk and Lindsell on Torts*, 20th edn, para.6–60; see also *Morgan v Ministry of Justice* [2010] EWHC 2248 (QB) at [30]–[39].
[186] In this class of case, the question of what reasonable steps should have been taken by the local authority to prevent employees abusing residents is likely to be the principal battleground. Where the home

6. In respect of paragraph 6 of the Particulars of Claim,
   6.1. The following is admitted:
      6.1.1. the claimant had profound learning difficulties;
      6.1.2. the claimant was assaulted on the following occasions: [set out particulars where admissions are made].
      Beyond the identified occasions, the Defendant has no way of knowing whether the facts and matters set out in paragraph 6.1 of the Particulars of Claim ever took place;
      6.1.3. the staff did not document the admitted acts of assault. The Defendant at all times reminded its employees of their obligations to record adverse events concerning residents: [set out particulars where admissions are made].
   6.2. It is denied that the Defendant:
      6.2.1. failed to ensure that the Claimant was protected from being assaulted, abused or ill-treated as set out in paragraph 6.1 of the Particulars of Claim;
      6.2.2. failed to detect the same in a timely fashion;
      6.2.3. failed to ensure the same was recorded and reported;
      6.2.4. failed to safeguard the physical, moral and educational development of the Claimant;
      6.2.5. failed to ensure that the Claimant was treated with reasonable care and skill.
   6.3. It is the Defendant's case that:
      6.3.1. it took reasonable steps to protect all residents of the home from being assaulted, abused or ill-treated: [set out particulars];
      6.3.2. as soon as the Defendant became aware on [date] that there were allegations of ill-treatment of residents, it investigated the same and called in the police to do the same: [set out particulars].
      If and in so far as it is suggested that the Defendant should have acted sooner, it is contended the Defendant was in no position to do so. The nature of the abuse uncovered by the investigation was clandestine and could not have been discovered sooner. Specifically, there was nothing suspicious

---

is run by a private company and the local authority places a child in a home, different considerations as to the scope of a local authority's duty may arise: see *Barrett v Enfield LBC* [2001] 2 A.C. 550; [1999] 3 W.L.R. 79; [1999] 3 All E.R. 193; *X v Bedfordshire CC* [1995] 2 A.C. 633; *Phelps v Hillingdon LBC* [2001] 2 A.C. 619; *D v East Berkshire Community Health NHS Trust* [2005] UKHL 23; *Mitchell v Glasgow City Council* [2009] UKHL 11 at [23], [27], [40]–[44], [69], [82]; *X v Hounslow LBC* [2009] EWCA Civ 286 at [60], [63]–[65], [90], [92]. See also *Van Colle*, above at [81], [82], [99], [136]–[138] where the Supreme Court declined a parallel duty of care where Convention rights under the 1998 Act provided a remedy. The tactics of deploying strike out on the grounds of no duty of care owed in the context of institutional abuse MPAs have oscillated in the light of *Barrett* and the cases that follow on in this context. The courts tend to lean towards determining the facts first: see *Kent v Griffiths* [2000] 2 All E.R. 474 at 484c–485c; *Thames Trains Ltd v Health and Safety Executive* [2003] EWCA Civ 720; *McLoughlin v Grovers* [2001] EWCA Civ 1743 at [66]; *Mutua v Foreign and Commonwealth Office* [2011] EWHC 1913 (QB) at [4]–[5], [138]–[140]. However, where matters are clear and not fact sensitive the courts have been prepared to strike out or give summary judgment: *Mitchell*, above at [13]; *A v Essex CC* [2010] UKSC 33 at [44]. As to the impact of article 13 of the Convention in this context, see *Z v the UK*, above at [108]–[111]; *DP v the UK* (2003) 36 E.H.R.R. 14 at [134]–[138]; see also *Wainwright v UK*, above at [55] where there was a finding that the refusal of the House of Lords to recognise a tortious claim for invasion of privacy was an infringement of article 13 (see *Wainwright v Secretary of State for the Home Department* [2003] UKHL 53 at [32]–[34] and [51]). The ECtHR found an infringement of article 8 which post-October 2000 would have resulted in a claim under a domestic law.

uncovered by the Defendant's managers when reviewing records of residents on a periodic basis.

6.3.3. the Defendant ensured that all residents, including the Claimant were seen regularly by a general practitioner, who would have been in a position to see any physical signs of abuse of the Claimant. No such signs were reported.[187]

6.4. In the circumstances, the Defendant took all reasonable steps that it could in accordance with its admitted duty of care as set out in paragraph 5 above and is not responsible in law for any or all of the acts complained of in paragraph 6.1 of the Particulars of Claim in so far as it is proved that they were committed by the staff.

7. It is admitted that the Claimant has been disturbed since leaving the home, but no inference can be drawn from that fact that he was abused on more occasions than set out in paragraph 6.1 that of the particulars of claim or that there were any further incidents which otherwise should have been documented as alleged in paragraph 7 of the Particulars of Claim. It is the Defendant's case that the Claimant's behaviour has always been disturbed and that any changes in his behaviour are the result of the effect of his underlying difficulties, his development and other life events.[188]

8. It is admitted that if the facts and matters set out in paragraph 6(1) of the particulars of claim are proved, the individuals concerned would be liable for misfeasance in a public office. However, the nature of the acts complained of are such that they were not committed in the course of employment or engagement and the Defendant could not be liable as a matter of law for such acts as an employer of those individuals.

9. It is denied that the Defendant is liable for any infringement of the Claimant's convention rights under the 1998 Act.

9.1. [*If appropriate*]: The claim under the 1998 Act is statute barred under s.7(5)(a) of the 1998 Act. In the alternative event that the Claimant contends under s.7(5)(b) of the 1998 Act that it would be equitable to disapply the limitation period, the Defendant will rely on the following particulars in opposition: [set out particulars].[189]

9.2. It is admitted that if the facts and matters set out under paragraph 6.1 of the

---

[187] Many local authority and private residential homes have a single general practitioner who is responsible for the care of all residents. There is often an issue as to whether such general practitioners should be joined to institutional abuse MPAs on the basis that there was a pattern of abuse that they ought to have detected.

[188] Psychiatric evidence may well demonstrate that disturbed behaviour is not a marker of abuse having taken place, but of the underlying difficulty that such a vulnerable individual may have.

[189] It is likely that disability would be a factor for the exercise of discretion under s.7(5)(b) of the 1998 Act, but time does not stop running as under s.28 of the Limitation Act 1980: see *T v An NHS Trust* [2009] EWCA Civ 409. As to the exercise of discretion under s.7(5)(b) of the 1998 Act, the phrase "all the circumstances" means that a defendant can rely on all the factors, where relevant, that it would rely on if the case were being decided under s.33(3) of the Limitation Act 1980 and limitation defences can be set out accordingly: see *Cameron v Network Rail Infrastructure Ltd* [2006] EWHC 1133 (QB) at [43] and [48]; *A v Essex CC* [2007] EWHC 1652 (QB) at [121]; in the latter case Field J. also invoked proportionality and public interest factors which would not arise conventionally under s.33(3) of the Limitation Act 1980 at [119], [123], [129], [132] and [141]. His approach was approved by the Supreme Court [2010] UKSC 33 at [168]–[169], but see dissenting

Particulars of Claim are proved, the Claimant's convention rights under articles 3 and 8[190] of Schedule 1 to the 1998 Act were infringed by the individuals responsible.

9.3. In such circumstances, the Defendant would not be vicariously liable for any such act committed by a member of the staff. Paragraph 4.2 above is repeated.

9.4. As to primary liability, the Defendant accepts that it was under an obligation to secure the Claimant's convention rights, but says that it fulfilled that obligation. Paragraph 6.1.3 and 6.3–4 above are repeated.[191]

10. It is not admitted that the Claimant has sustained injury and suffered loss and damage. It is denied that the Claimant has any entitlement to damages under s.8(3) of the 1998 Act. The Defendant is not in a position to admit or deny the extent of the Claimant's injury as set out in the medical report appended to the Particulars of Claim or to admit or deny the extent of loss set out in the schedule of loss attached to the Particulars of Claim until its appointed medical experts have examined the Claimant. Accordingly, the Defendant does not plead to the medical report or to the schedule of loss. The second sentence of paragraph 7 above is repeated.

11. It is denied that the Claimant is entitled from the Defendant to exemplary or aggravated damages.

11.1. Paragraphs 4, 6.1.3, 6.3, 6.4, and 8 above are repeated. The Defendant did not engage in any oppressive and arbitrary conduct towards the Claimant, took all reasonable steps to prevent it and is not vicariously liable for the acts of individuals whom the Claimant establishes did so behave.

11.2. There was no aggravation of damage in that the Defendant took timeous steps to detect abuse at the home as set out in paragraph 6(3)(b) above and cannot be held to aggravate injury by defending the claim made against it.

11.3. It is admitted that entitlement to interest will be as set out in paragraph 12 of the particulars of claim in the event that the Claimant establishes liability, but any interest on special damages will be at half the court special account rate.

12. Paragraph 13 of the Particulars of Claim is noted.

Statement of Truth

I believe the facts stated in this defence are true.

---

opinion of Lady Hale JSC at [112]–[120]. See also *Dobson v Thames Water Utilities* [2007] EWHC 2021 (TCC) at [245] (reversed in part on a different point: [2009] EWCA Civ 28), where the Court had regard to the circumstances surrounding a group action as relevant to the exercise of discretion. The width of the discretion under s.7(5)(b) is not to be fettered: *Dunn v Parole Board* [2008] EWCA Civ 374 at [30]–[34].

[190] Where appropriate, consideration needs to be given whether any restriction on an art.8 convention right can be defended on the basis of a proportionate application of the lawful restrictions under article 8(2). See *Wainwright v UK*, above at [48] which makes clear the exacting nature of demonstrating a proportionate application of a lawful restriction in the context of strip searches.

[191] The positive obligation to secure convention rights is not an absolute one and can give rise to resource allocation defences. See *Osman*, above at [116]; *Officer L, Re*, above at [21].

PART Y PROFESSIONAL NEGLIGENCE

SECTION 85:

PROFESSIONAL NEGLIGENCE

Table of Contents

Claim for damages for negligence against auditors	85-Y1
Claim for damages for negligence against a surveyor	85-Y2
Claim for damages for negligence against an architect	85-Y3
Claim for damages for negligence against an insurance broker	85-Y4
Claim for damages for negligence against a financial adviser	85-Y5
Claim for damages for negligence against a solicitor in relation to a personal injury action	85-Y6
Claim by bank against solicitor for breach of warranty of authority	85-Y7
Claim for damages for negligence against a solicitor	85-Y8
CPR, Part 20 claim for damages for negligence against a barrister	85-Y9
Defence alleging absence of causation in respect of the claim against a surveyor	85-Y10
Defence pleading contributory negligence in respect of the claim against an insurance broker	85-Y11
Defence relying on limitation in a claim against auditors ..	85-Y12
Defence pleading contractual estoppel in respect of the claim against a financial adviser	85-Y13

Available Causes of Action

85-01 Professional negligence claims can be brought in contract, tort, or (in some cases) under specific statutory provisions. For a specific discussion of clinical negligence, see Section 82: Clinical Negligence.

Claims in Contract

85-02 Often, the claimant contracted with the professional to provide the services in question. The starting point should be the express terms of the contract, but a term will normally be implied that services will be carried out with reasonable care and skill (s.13 Supply of Goods and Services Act 1982).

Where the claimant is a consumer (that is, an individual acting for purposes wholly or mainly outside their trade, business, craft or profession), the source of the implied term as to reasonable care and skill is s.49 Consumer Rights Act 2015. In such a case the claimant benefits from other rights under that Act, including an implied term making information provided about the services binding (s.50), a right

Claims in Tort

85-03 It is a question of law and fact as to whether or not a duty of care arises. There is no single test, but three approaches are used which "will usually lead to the same answer and can be used as cross-checks on one another"[1]:

- Whether the defendant assumed responsibility to the claimant;
- The threefold test identified in *Caparo Industries Plc v Dickman*[2] of whether (i) loss was a foreseeable consequence of the defendant's actions or inactions, (ii) the relationship of the parties was sufficiently proximate, and (iii) it would be fair, just and reasonable to impose a duty of care on the defendant towards the claimant; and
- "whether the addition to the existing categories of duty would be incremental rather than indefinable".[3]

When determining whether a duty of care is owed, the court will focus its attention on the detailed circumstances of the case and the particular relationship between the parties in the context of their legal and factual situation taken as a whole.[4]

In practice, in most cases of professional negligence, the existence of a duty in tort will already have been established and recourse to this open-textured framework will be unnecessary.

Claims Based on Statutory Provisions

85-04 In particular areas, statutory provisions may provide additional causes of action. This is particularly important in financial services cases, where s.138D Financial Services and Markets Act 2000 provides "private persons" (as defined in the Financial Services and Markets Act 2000 (Rights of Action) Regulations SI 2001/2256) with a right of action permitting direct reliance on most provisions in the *Financial Conduct Authority Handbook*.

Choosing Between Causes of Action

85-05 Accordingly, any pleading in this field must maintain a clear distinction between contract and tort so that the litigant can derive such benefits as the laws of contract and tort provide.

There are of course situations where a professional person will come under a duty of care to a claimant despite the absence of a contractual arrangement between them. In such case, only a claim in tort will be available. There may also be circumstances where the relationship between the claimant and the defendant,

---

[1] *Playboy Club London Ltd v Banca Nazionale del Lavoro SpA* [2016] EWCA Civ 457; [2016] 1 W.L.R. 3169 at [16]; decision affirmed at [2018] UKSC 43; [2018] 1 W.L.R. 4041.
[2] *Caparo Industries Plc v Dickman* [1990] 2 A.C. 605.
[3] As explained in *CGL Group Ltd v Royal Bank of Scotland plc* [2017] EWCA Civ 1073; [2018] 1 W.L.R. 2137 at [50].
[4] *Commissioners for Customs and Excise v Barclays Bank Plc* [2006] UKHL 28; [2007] 1 A.C. 181, HL.

although based on or originally derived from contract, develops or is extended in the circumstances which occur during the course of the relationship, and a duty of care is imposed by law in tort where the contract makes no provision for or does not extend to such development.

The cause of action in tort or breach of statutory duty may arise at a different time to the cause of action in contract, which will have limitation period consequences (see, for example, *Pech v Tilgals*[5]). In contract the cause of action accrues when breach occurs whether or not damage is suffered at that time, whereas in tort the cause of action accrues when the claimant suffers actionable damage (which may be later than the date when the breach of duty occurs).

Different causes of action may also provide:

- Possibly, differences in the measure of damages which a successful claim in contract or tort may give rise to.
- Possibly, the ability to satisfy the different grounds for justifying the service of a claim form out of the jurisdiction under CPR Pt 6.

STANDARD OF CARE

In general, the same standard of care is required of all professional men and women. It is that of "an ordinary skilled man exercising and professing to have that special skill. A man need not profess the highest expert skill, it is well established law that it is sufficient if he exercises the ordinary skill of a competent man exercising that particular art".[6] The standard expected is not dependent on the training and experience of the individual involved but is that of a person holding a particular rank or professing a particular specialism or, in a medical context, a specific post in a particular unit.[7] A firm may be liable for a failure to provide a practitioner of sufficient skill.

85-06

A doctor is not negligent if he or she acts "in accordance with a practice accepted as proper by a responsible body of medical men skilled in that particular art. ... Putting it the other way round, a man is not negligent, if he is acting in accordance with such a practice, merely because there is a body of opinion who would take a contrary view": *Bolam*. The same principles apply to all professions.[8] In other words, it is not appropriate for the court to determine which of two bodies of distinguished opinion it prefers.[9] The test also applies to causation where an issue as to standard of care arises. Where it is established what course would, but for the negligence, have been adopted and that the outcome would have been the same, the claimant has to prove that no responsible body of opinion would support such a course.[10] The test only applies to questions of professional skill or judgment (as opposed to those of pure fact).[11]

As to what constitutes a body of opinion sufficient to satisfy the *Bolam* test, Lord Browne-Wilkinson said in *Bolitho* at 243C, that it is not enough that a number of medical experts are genuinely of the opinion, the opinion must be reasonable and

---

[5] *Pech v Tilgals* (1994) 28 A.T.R. 197.
[6] *Bolam v Friern Hospital Management Committee* [1957] 1 W.L.R. 582.
[7] See *Wilsher v Essex Area Health Authority* [1987] Q.B. 730 (reversed by the House of Lords on a different point).
[8] *Saif Ali v Sydney Mitchell* [1980] A.C. 198, per Lord Diplock at 220D.
[9] *Whitehouse v Jordan* [1981] 1 W.L.R. 246.
[10] *Bolitho v City & Hackney Health Authority* [1998] A.C. 232.
[11] *Penney v East Kent Health Authority* [2000] Lloyd's Rep. Med. 41.

responsible. However, "it will very seldom be right for a judge to reach the conclusion that views genuinely held by a competent medical expert are unreasonable". He or she could only do so when satisfied that the opinion cannot be supported. In *Smith v Southampton University Hospital NHS Trust*,[12] the Court of Appeal indicated that, where the experts are largely in agreement as to what has gone wrong and only differ as to whether it amounts to negligence, the court should decide between them and not simply rely on the *Bolam* test.[13]

85-07 A different test applies where the professional requires his client's informed consent, or has to give advice on the risks of courses of action. This was first established in the medical context, where a doctor must take reasonable care to ensure the patient is aware of any material risks involved in any recommended treatment, and of any reasonable alternative or variant treatments.[14] Materiality, for the purposes of the *Montgomery* test, is "whether, in the circumstances of the particular case, a reasonable person in the patient's position would be likely to attach significance to the risk, or the doctor is or should be aware that the particular patient would be likely to attach significance to it" (*Montgomery* at [82]). The same approach has been applied to investment advisers,[15] and bankers giving advice.[16] It has also been applied to solicitors,[17] but as the Court of Appeal identified in *Barker v Baxendale-Walker Solicitors*,[18] in the legal context there is "no separation between the advice and any appropriate caveats as to risk".

The standard imposed is sensitive to the context in which the professional has been engaged and the task the professional has been asked to do. A solicitor engaged to put a settlement agreement in divorce proceedings in proper form had no duty to advise their client on the substantive merit of the settlement: *Minkin v Landsberg*.[19] In *Thomas v Hugh James Ford Simey*[20] the Court of Appeal noted "the need to adopt a realistic standard when assessing the performance of solicitors conducting litigation under a high volume, low cost commoditised scheme" (at [42]). In *Denning v Greenhalgh*[21] a financial adviser had no duty to revisit the merits of previous financial advice, where he was not being paid to do so.

CAUSATION AND LOSS

85-08 The burden is on the claimant to show that the breaches of duty alleged caused the losses complained of. Causation is often not straightforward in professional negligence cases and the courts are wary of claims which seek to make the defendant's insurers liable for all the problems which have befallen the claimant. For example, in *Galoo Ltd v Bright Grahame Murray*[22] the Court of Appeal differentiated between a breach which caused the loss, and one which merely provided

---

[12] *Smith v Southampton University Hospital NHS Trust* [2007] EWCA Civ 387; (2007) 96 B.M.L.R. 79.
[13] See also *Edward Wong Finance Co Ltd v Johnson Stokes & Master* [1984] A.C. 296 (a case on solicitors' negligence where the adoption of a widely used practice was held to be negligent).
[14] *Montgomery v Lanarkshire Health Board* [2015] UKSC 11; [2015] A.C. 1430 at [87].
[15] *O'Hare v Coutts & Co* [2016] EWHC 2224 (QB).
[16] *Thomas v Triodos Bank NV* [2017] EWHC 314 (QB); [2017] 1 C.L.C. 536.
[17] *Baird v Hastings* [2015] NICA 22.
[18] *Barker v Baxendale-Walker Solicitors* [2017] EWCA Civ 2056.
[19] *Minkin v Landsberg* [2015] EWCA Civ 1152; [2016] 1 W.L.R. 1489.
[20] *Thomas v Hugh James Ford Simey Solicitors* [2017] EWCA Civ 1303; [2018] E.C.C. 37.
[21] *Denning v Greenhalgh* [2017] EWHC 143 (QB); [2017] P.N.L.R. 19.
[22] *Galoo Ltd v Bright Grahame Murray* [1994] 1 W.L.R. 1360.

the occasion or opportunity for the subsequent suffering of the loss. Thus the mere fact that a negligent audit of a company's account which showed profits when they should have showed losses had the effect of enabling the company to remain trading (i.e. "but for" the negligence it would have stopped trading) does not mean that the auditors were liable for all the losses consequent upon that continued trading. Rather there had to be a specific and substantial link between the breach and the loss alleged. Although in the context of an accountant's failure to discover fraud, see *Sasea Finance Ltd v KPMG*.[23]

The courts are equally concerned to impose limits on the type and extent of losses which can be claimed. In *Banque Bruxelles Lambert SA v Eagle Star Insurance Co Ltd*[24] the important point was made that the kind of loss recoverable depends on the nature and scope of the duty alleged. The professional who gives advice as to which course of action to take may fairly be held responsible for all losses which flow from the taking of that course (subject, of course, to foreseeability). On the other hand, the professional who provides information which will then form part of a larger decision-making process undertaken by the claimant (e.g. the provision of a valuation to a bank) should not be held liable for all the losses flowing from the action taken in reliance upon that information (among other things). Thus the bank which decides to lend on security valued by a negligent valuer cannot claim from the valuer the losses arising from the diminution in value to the property due to a fall in the market, for such a loss is unconnected to the particular duty undertaken. See also *Gabriel v Little*,[25] where the Supreme Court confirmed that in an "information" case, the advisor is only liable for the financial consequences of the information itself being wrong, even if the client would, with the correct information, have refused to enter into the transaction or course of conduct giving rise to the loss.

Where the alleged negligence leads to the claimant losing the opportunity to pursue a particular course of action, damages may be awarded on a "loss of a chance" basis. In such a case, (i) the claimant must prove on the balance of probabilities what they would have done, but (ii) the actions of third parties or other fortuities are assessed on the basis of the likelihood of the desired result occurring.[26] One example of these claims is where a lawyer is sued for negligence for failing to issue proceedings on time or allowing them to be struck out, damages are to be valued on the basis of a loss of a chance of success in the "lost" action. A defendant to such a claim may wish to identify particular contingencies which he relies upon as making that chance of little value and may do this by cross-referring in his defence to the issues raised in the defence in the underlying action.[27]

It should be remembered that claimable losses may include wasted expenditure (often useful as an alternative to damages based on what would have happened in the absence of negligence which might be highly speculative) and also the costs of reasonable mitigation undertaken by the claimant even if unsuccessful. Damages

---

[23] *Sasea Finance Ltd v KPMG* [2000] 1 All E.R. 676, CA.
[24] *Banque Bruxelles Lambert SA v Eagle Star Insurance Co Ltd* [1997] A.C. 191.
[25] *Gabriel v Little* [2017] UKSC 21; [2018] A.C. 599.
[26] *Perry v Raleys Solicitors* [2019] UKSC 5; [2019] 2 W.L.R. 636.
[27] See the approach taken by Neuberger J in *Harrison v Bloom Camillin (No.2)* [2000] Lloyd's Rep. P.N. 404, where separate discounts were calculated for liability and causation and for a counterclaim and see the same judge's comments at an earlier stage in the same case (*Harrison v Bloom Camillin* [2000] Lloyd's Rep. P.N. 89) to the effect that, in relation to points of law, the court should be more ready to determine whether a claimant would have succeeded or failed.

may also include the fees paid to the professional, if their services have been rendered valueless by the breach.[28]

Applications to strike out or seek dismissal of a claim as having no real prospect of success are not infrequently made on behalf of defendants whose case on liability may be weak. Accordingly, it is necessary that the claimant's case on loss is analysed and then structured carefully prior to it being set out in the statement of case.

STATEMENTS OF CASE

85-09 It is not sufficient to assert that a duty of care was owed. The basis for the existence of a duty of care must be pleaded (e.g. the existence of a retainer or facts showing an assumption of responsibility towards the claimant). It will not always be appropriate to allege parallel duties in tort and contract. Where particular facts are relied upon as relevant to the standard of care, these should also be pleaded, for example, possession of a particular specialist skill or the fact that the circumstances were such that the consequences of a breach would be particularly serious:

> "If the skill that is warranted is a specialist skill, the client is entitled to the standard of work reasonably to be expected of a specialist professional possessed of that skill ... The standard of care is further to be measured by reference to the purpose for which the client required the advice. The magnitude of the loss that the client might suffer if the advice given turned out to be wrong is a material factor in setting the standard of professional care to be expected".[29]

Proper particulars need to be given of breach, setting out the respects in which it is said the defendant has fallen short of the standard to be expected of a reasonably competent professional in the relevant field of expertise. The onus of proving causation is on the claimant.[30] Causation of loss often involves more complex issues in a professional negligence case than in an ordinary negligence claim, making it generally necessary to set out the material facts relied upon as connecting the negligence to the damage suffered.

It has been suggested that before settling a professional negligence claim a pleader must have possession of an expert's written opinion supporting the allegation of negligence to be made,[31] but there is no immutable rule of practice to this effect and it will not always be necessary.[32] Nevertheless, it will frequently be advisable to seek expert input at an early stage.

85-10 For obvious reasons, it is relatively rare for a professional to allege that their client's damages stand to be reduced under the Law Reform (Contributory Negligence) Act 1945. However, there are cases where it will be appropriate to plead contributory negligence, for example in a negligent valuation case where the client is an institutional lender which has breached its own lending procedures in accepting the property as security. Contributory negligence is available as a plea where a professional's liability in contract is the same as any liability which would

---

[28] *Heywood v Wellers* [1976] Q.B. 446.
[29] *Nederlandse Reassurantie Groep Holding NV v Bacon & Woodrow* [1997] L.R.L.R. 678.
[30] *Wilsher v Essex Area Health Authority* [1988] A.C. 1074.
[31] *Pantelli Associates Ltd v Corporate City Developments Number Two Ltd* [2010] EWHC 3189 (TCC); [2011] P.N.L.R. 12.
[32] *ACD (Landscape Architects) Ltd v Overall* [2012] EWHC 100 (TCC); [2012] P.N.L.R. 19.

have arisen in tort, whether or not the claim is in fact brought in tort.[33] It is not available where the duty relied upon arises solely from the contract.

In a case involving several professionals, for example, a failed tax avoidance scheme, which would typically involve advice from both solicitors and accountants and perhaps also counsel, the defendants need to consider whether to bring claims for contribution inter se, and if so, whether to do so by way of Pt 20 notices within the existing proceedings or by a separate claim for contribution.

Historically some professionals enjoyed immunity by virtue of their status, but this has now generally been eradicated: in the light of the House of Lords' ruling in *Arthur JS Hall & Co v Simons*,[34] advocates no longer enjoy immunity from suit for negligence in the conduct of civil proceedings or criminal actions, and the immunity has also been removed in relation to expert witnesses.[35] Judicial immunity remains unaffected.

Pre-Action Protocol for Professional Negligence

The Pre-Action Protocol for Professional Negligence ("the Protocol") applies to all claims against a professional (other than construction professionals and healthcare providers) arising out of that professional's negligence (or equivalent breach of contract or breach of fiduciary duty). There are separate Protocols relating to Resolution of Clinical Disputes and Construction and Engineering Disputes.

85-11

The aim of the Protocol is to establish a framework in which there is an early exchange of information so that the claim can be fully investigated and, if possible, resolved without the need for litigation (see para.2.2 of the Protocol). The overarching expectation is that the parties should act reasonably when seeking to comply with the Protocol (para.3.2) and the court will take into account compliance or non-compliance with it when: (a) giving directions for the management of the case: CPR rr.3.1(4), 3.1(5) and 3.9(e); and (b) making orders for costs: CPR rr.44.3(5)(a).

The Protocol sets out four pre-action steps:

- The claimant should send the professional a *Preliminary Notice* (section 5) which should notify the professional of, and set out brief details in relation to, the intended claim. The professional should acknowledge receipt within 21 days.
- The Preliminary Notice should be followed by a *Letter of Claim* (section 6) which should set out the detailed grounds of the claim and the loss that it is said has been suffered. The Letter of Claim will normally be an open letter.
- The professional should send the claimant a *Letter of Acknowledgment* (section 7) acknowledging receipt of the Letter of Claim within 21 days of receiving it.
- The professional has three months from the date of the Letter of Acknowledgment to investigate the claim, following which a response should be sent to the claimant. That response may be by way of a *Letter of Response* (which should set out a detailed response to the claim) and/or a *Letter of Set-*

---

[33] *Forsikringsaktieselskapet Vesta v Butcher* [1989] A.C. 852.
[34] *Arthur JS Hall & Co v Simons* [2002] 1 A.C. 615. Note the immunity remains for counsel to an inquiry constituted under the Inquiries Act 2005 (see s.37).
[35] See *Jones v Kaney* [2011] UKSC 13; [2011] 2 A.C. 398.

tlement (which should set out proposals for settlement) (section 9). The Letter of Response will normally be an open letter, in contrast to the Letter of Settlement which will usually be without prejudice. If the Letter of Response denies the claim in its entirety and there is no Letter of Settlement, it is open to the claimant to commence proceedings. In any other circumstances, the professional and the claimant should commence negotiations with the aim of concluding those negotiations within six months of the date of the Letter of Acknowledgment. If the claim is not resolved within that period (and it is not extended by agreement), the claimant may commence proceedings (see para.14.1).

It should be noted that the Protocol does not alter the statutory time limits for starting court proceedings.

CLAIM FOR DAMAGES FOR NEGLIGENCE AGAINST AUDITORS

85-Y1
1. At all material times:
   (a) the Claimant carried on business as a manufacturer of widgets;
   (b) the Defendants were a firm of Chartered Accountants.

2. By an agreement made between the Claimant and the Defendants contained or evidenced in an engagement letter dated [date] [*or as the case may be*] the Defendants agreed to act as auditors to the Claimant in consideration of the payment of their fees ("the Agreement").

3. It was an implied term of the Agreement that the Defendants would discharge their engagement as auditors of the Claimant with reasonable skill and care, and in particular with that degree of skill, care and diligence to be expected of reasonably competent and prudent auditors.

4. Without prejudice to the generality of the term pleaded in paragraph 3 above, in pursuance of their obligation to act with reasonable skill and care, and/or as incidents of that obligation and/or of their role as auditors and/or by way of further implied terms of the Agreement, the Defendants owed the following specific duties to the Claimant:
   (a) To report to the members of the Claimant on the accounts examined by them, and on every balance sheet and profit and loss account laid before the members in general meeting.
   (b) To state in their report:
      (i) whether, in their opinion, the balance sheet and profit and loss account had been properly prepared in accordance with the Companies Act 2006 ("the Act"); and
      (ii) whether, in their opinion, a true and fair view was given, in the balance sheet, of the state of the Claimant's affairs, and in the profit and loss account, of the Claimant's profit or loss for the financial year;
   (c) To take reasonable care to satisfy themselves that the balance sheet gave a true and fair view of the state of the Claimant's affairs at the end of the financial year and that the profit and loss account gave a true and fair view of the profit or loss of the Claimant for the financial year.
   (d) To take reasonable care to satisfy themselves that the balance sheet and profit and loss account had been prepared in accordance with, and conformed to:

(i) the provisions of the Act; and
(ii) generally accepted accounting policies, principles and practice applicable in the United Kingdom, including, in particular, the provisions of SSAPs and FRSs; the Claimant will refer to the relevant SSAPs and FRSs at trial herein for their full terms, meaning and effect;
(e) In conducting the audit and in preparing the audit report, to act in accordance with the Act and the Auditing Standards in force at the time; the Claimant will refer to the relevant Auditing Standards and Guidelines at trial herein for their full terms, meaning and effect.
(f) In preparing the audit report, to carry out such investigations as would enable them to form an opinion as to whether, inter alia, proper accounting records were kept by the Claimant and whether its balance sheet and profit and loss account were in agreement with its accounting records.
(g) If they were of the view that proper accounting records had not been kept, or that the balance sheet and profit and loss account were not in agreement with the accounting records, to state that fact in their report.
(h) If they could not obtain all the information and explanations which, to the best of their knowledge and belief were necessary for the purposes of their audit, to state that fact in their report.
(i) To consider whether the information given in the Directors' report for the financial year for which the accounts were prepared was consistent with those accounts, and if not, to state that fact in their report.

5. Further, or in the alternative, the Defendants owed to the Claimant duties of care in tort of like content and to like effect as the duties and obligations set out in paragraphs 3 and 4 above ("the Duties of Care").

6. In purported pursuance of their obligations as auditors to the Claimant, the Defendants audited the Claimant's accounts for the year ended [date] ("the Accounts").

7. On or about [date], the Accounts were signed by [name] on behalf of the Directors of the Claimant, and the audit report thereon was signed by the Defendants as auditors who stated as follows:

> "We have audited the accounts at pages [..........] to [..........] in accordance with approved Auditing Standards. In our opinion the accounts give a true and fair view of the state of the Company's affairs at [date] and of its profit and source and application of funds for the year then ended and have been properly prepared in accordance with the Companies Act 2006."

8. In fact, the Accounts were materially misstated and in particular, the balance sheet did not give a true and fair view of the state of affairs of the Claimant as at [date], and the profit and loss account did not give a true and fair view of the profit or loss of the Claimant for the financial year ended [date].

Particulars of Misstatement

(a) No provision at all was made for any of the potential liabilities of the Claimant in relation to warranties given by the Claimant to all purchasers of widgets.
(b) No provision was made for the following debts of the Claimant which should have been regarded as bad debts: [specify].

(c) The following assets of the Claimant were overvalued: [specify].
(d) The Claimant's net profit was overstated by [specify] as a result of the following expenses not being taken into account: [specify].

9. Had the Accounts not been misstated as set out in paragraph 8 above, the balance sheet and profit and loss account would have appeared as set out in Schedule 1 hereto ("the Restated Accounts"). In particular:
   (a) instead of there being net profits of £[..........] as shown in the Accounts, there would have been net losses of £[..........]; and
   (b) instead of there being net assets of £[..........] as shown in the Accounts, there would have been net liabilities of £[..........].

10. In planning and/or preparing and/or conducting the audit of the Accounts and/or in the making of the audit report thereon, the Defendants acted in breach of the Agreement and/or in breach of the Duties of Care.

Particulars of Breach of Duty
(a) In relation to the Claimant's warranty liabilities:
   (i) the Defendants failed to obtain any or any sufficient relevant and reliable audit evidence to enable them to draw reasonable conclusions therefrom as to the existence and/or true nature and/or extent of such warranty liabilities;
   (ii) further or alternatively, the Defendants failed to take any or any adequate steps to understand the nature of the business carried on by the Claimant and in particular, its method of operation and/or the type of customers it had and/or the risks involved in that business and/or the industry in which it was involved.
(b) In relation to the Claimant's bad debts, the Defendants failed to make any or any proper investigation into or consideration or evaluation of the status and creditworthiness of the Claimant's customers and of the likelihood and extent of any bad debts on the part of such customers, and/or of the Claimant's assessment or system of assessment of the creditworthiness of its customers.
(c) In relation to the overvaluation of certain assets, the Defendants failed to obtain any or any sufficient relevant and reliable audit evidence to enable them to draw reasonable conclusions therefrom as to the value of the assets concerned and in particular they failed to obtain any or any proper valuation thereof.
(d) In relation to the expenses which were not taken into account, the Defendants failed to obtain any or any sufficient relevant and reliable audit evidence; in particular they failed to make any or any proper investigation of the Claimant's records or any or any proper inquiries of the Claimant in order to ascertain whether there might not be such expenses.
(e) Generally, the Defendants failed to take reasonable care in preparing the audit and reporting on the Accounts; the Claimant will say that had the Defendants acted prudently and competently they would not have stated that in their opinion, the Accounts showed a true and fair view and/or otherwise approved the same as auditors.

11. Accordingly, and by reason of the matters aforesaid, the Claimant has suffered loss and damage.

Particulars of Loss and Damage
(a) In reliance upon the Accounts, the Claimant paid:
  (i) £[..........] by way of dividends to its shareholders; and
  (ii) £[..........] by way of bonuses to the following directors: [specify].
(b) Had the Claimant been aware of its true financial position, as shown in the Restated Accounts, none of the payments referred to in subparagraph (a) would have been made.
(c) Accordingly, the Claimant has lost the total sum of £[..........].

12. Further, the Claimant claims interest upon all sums recovered pursuant to s.35A of the Senior Courts Act 1981 at such rate and for such period as the Court shall deem appropriate.

AND the Claimant claims:
(1) Damages pursuant to paragraph 11 above.
(2) Interest thereon pursuant to s.35A of the Senior Courts Act 1981 at such rate and for such period as the Court shall deem appropriate pursuant to paragraph 12 above, to be assessed.

[Statement of truth]

CLAIM FOR DAMAGES FOR NEGLIGENCE AGAINST A SURVEYOR

1. The Defendants are and were at all material times surveyors carrying on their practice at [address].   **85-Y2**

2. By an oral contract made on or about [date], between the Claimant and one XY acting on behalf of the Defendants [*or as the case may be*], the Claimant retained and employed the Defendants for payment to act as his surveyors to survey the freehold property situate at [address] and known as [name] and to report to him on its condition.

3. At all material times, the Defendants well knew that the Claimant required the survey and report for the purpose of considering whether to purchase the property and if so at what price and on what terms.

4. In the circumstances, it was a term and condition of the retainer and the Defendants thereby warranted, alternatively the Defendants were under a duty of care, that they would exercise all reasonable care and skill in carrying out the survey and in making the report, and in particular that they would observe and report all visible defects in the property and all other signs and matters from which the existence or probable or possible existence of defects ought reasonably to be inferred and what measures would be required to be taken to remedy such defects.

5. In purported performance of the retainer, the Defendants carried out a survey of the property, and submitted their report dated [date], to the Claimant.

6. Acting on the basis of the survey and report and in reliance thereon the Claimant on [date], purchased the property at the price of £[..........].

7. In carrying on the survey and in making the report, the Defendants, their servants or agents were guilty of breaches of the contract terms and conditions, and/or in breach of their duty of care in:

Particulars
(a) Failing to observe or to report to the Claimant that there was wet rot affecting the timber of the roof joists of the property.
(b) Failing to observe or to suspect or to report to the Claimant that it was probable or possible that wet rot might be affecting the rafters and the wooden lintels over the windows of the front and back bedrooms.
(c) Failing to observe or to suspect or to report to the Claimant that there were cracks at the back of the property through which it was reasonably probable or possible that water might be entering which would affect the timbers of the property.
(d) Stating in their report that there was no rot in the property.
(e) Stating in their report that "generally speaking the property was in a reasonably good state of repair" and advising the Claimant that except for a few minor matters, there was no reason why the Claimant should not proceed with the purchase of the property.
(f) In the circumstances, failing to exercise reasonable care and skill in carrying out the survey and making the report.

8. By reason of these matters the value of the property was in fact worth far less than its value as reported on by the Defendants, and the Claimant has incurred substantial costs and expenses in rectifying the defects, and he and his family have been put to much trouble, inconvenience and discomfort and he has thereby suffered loss and damage.

Particulars
[Set out in full detail the nature and extent of the loss and damage claimed.]

9. Further, the Claimant claims interest upon all sums recovered pursuant to s.35A of the Senior Courts Act 1981 at such rate and for such period as the Court shall deem appropriate.

AND the Claimant claims:
(1) Damages.
(2) Interest on damages pursuant to s.35A of the Senior Courts Act 1981.

[Statement of truth]

CLAIM FOR DAMAGES FOR NEGLIGENCE AGAINST AN ARCHITECT

85-Y3 1. The Defendant is and was at all material times an architect carrying on his practice under the name and style of [name] at [address].

2. At all material times, the Claimant was the owner of premises, being a residential home, situated at [address].

3. On or about [date], the parties entered into an agreement whereby the Defendant undertook for payment to design and supervise the construction of a warehouse.

4. The agreement between the parties was made partly orally and partly in writing. In so far as it was oral, certain terms and conditions were agreed on [date] between the Claimant and the Defendant, and in so far as it was in writing, it was contained

in or is evidenced by the letters dated [date] between the parties, and the outline plans and specifications enclosed which are dated [date].

5. The following were the material express, alternatively implied terms and conditions of the agreement, and the Defendant thereby warranted that:
  (a) he would exercise all reasonable care and skill, as an architect in and about the design and the supervision of the construction of the premises;
  (b) he would prepare all necessary plans, specifications, bills of quantities, forms of tender and contracts for the design and construction of the premises;
  (c) for the purposes of such preparations, he would make and carry out all the usual and necessary surveys, examinations and inquiries;
  (d) he would insert in the plans, specifications and contracts all proper and necessary provisions for the due execution of the work and for the safety, stability and utility of the premises as a warehouse for the storage of goods;
  (e) he would superintend the carrying out of the work of construction by the contractors employed for the purpose and would act as architect under the contract with such contractors.

6. In the circumstances, the Defendant was under a duty of care to the Claimant to ensure that he carried out his obligations with the reasonable care and skill to be expected of an architect.

7. At all material times, the Defendant well knew that the Claimant required the warehouse to be so designed and constructed that it might serve as a place storing antiques and furniture at a profit and the Claimant required that state-of-the-art and efficient air-conditioning, suitable for the safe storage of such items, be incorporated in the structure, and that the work of construction to be completed not later than [date] to enable him to open the warehouse on that date.

8. In purported performance of his employment, the Defendant prepared plans, specifications, bills of quantities, forms of tender and a contract under which Messrs XY Ltd, building contractors, agreed to carry out the work of construction of the premises, and the Defendant purported to superintend the carrying out of the work; and the Claimant paid the sum of £[..........] to Messrs XY Ltd in respect of the work carried out by them and the sum of £[..........] to the Defendant in respect of his fees.

9. The Defendant has acted in breach of the agreement and of its terms, conditions, and warranties, and he has been in breach of his duty of care in the performance of his services.

Particulars
(a) He designed the basement of the warehouse so that the same or the floor and part thereof were below the level of the sewers and below the level at which the soil was waterlogged and flooded.
(b) He failed to provide for any, or in the alternative, any proper or sufficient, means of keeping out the water and preventing the basement from being flooded.
(c) He failed to provide for any or any adequate or effective means of draining the basement or of getting rid of any water that accumulated or collected there.
(d) He designed the air-conditioning system of the building in a manner that they

failed to achieve the high standard required for the storage of antiques and furniture.
(e) He failed to incorporate in his design for the warehouse a state-of-the-art and efficient air-conditioning system, suitable for the safe storage of such items.
(f) He failed to superintend the construction of the works properly or at all or to ascertain and remedy the absence of effective means to carry out the necessary draining and the high standard of air-conditioning required.
(g) He failed to require the contractors to make any provision for keeping out and getting rid of water.
(h) He failed to provide any proper precaution against infiltration of water; the only provision he made in the specification was cement rendering, which would have been wholly ineffectual; and even this precaution he allowed the builder to omit.
(i) He failed to supervise properly or at all the installation of the airconditioning system, alternatively he failed to intervene and correct the builder at a time when the design in the air-conditioning system, or the method of its installation could have been remedied.
(j) During the course of the works, he substituted for one of the original plans another plan which omitted the cement rendering, which was the only precaution (if any) that he had provided against the water.
(k) He failed to insert in the contract a proper liquidated damages clause to provide that the contractors should pay damages if they delayed the works beyond a specified date.
(l) He failed to take any or any adequate steps to ensure that the work of reconstruction would be completed not later than [date].

10. In the circumstances, he failed to exercise any or any reasonable care and skill.

11. By reason of these matters, the premises as so designed and constructed under the supervision of the Defendant contained serious and substantial defects which prevented the premises from being used as a warehouse for the storage of antiques and furniture, and the works of construction were delayed for a period of 20 weeks beyond the date when they should have been completed.

Particulars of Defects
(a) The basement has been and is liable to be flooded and is useless, and no means, except pumping, existed for getting away the water.
(b) The joints in the brickwork were open, and the mortar had been and was being washed out.
(c) The air-conditioning system did not work at all, alternatively it did not work throughout the building, and/or where it did provide some air-conditioning, it was to an inadequate standard unsuited to the storage of antiques and furniture.

12. As a result of such breaches of contract and duty:
  (a) The builders delayed the completion of the works.
  (b) The failure of the air-conditioning system prevented the Claimant from opening the warehouse, as planned, a week after the building was supposed to have been completed.
  (c) A completely new air-conditioning system had to be designed and installed by specialist air-conditioning contractors, involving the builders in ad-

ditional work in re-opening and re-doing the work that had already been done.
(d) As a result, the opening of the warehouse for business was delayed by 6 months.
(e) A month after the Claimant commenced the business of warehousing antiques and furniture, a flood occurred in the basement destroying the goods there stored, and damaging the building itself.
(f) The Claimant has been unable to recover any liquidated damages from the builders by reason of their delay in the completion of the works.
(g) The Claimant has been compelled to employ and pay other contractors to reinstate the premises and tend to remedy the defects and the damage caused by the flooding.
(h) The Claimant has lost profits he would otherwise have made in carrying on the business of an antiques and furniture warehouse.
(i) The Claimant has lost the value of half the goods and furniture stored in the basement.
(j) The Claimant has been put to greater trouble, inconvenience and expense, and he has thereby suffered loss and damage.

Particulars of Loss and Damage
[Set out in full detail the nature and extent of the loss and damage claimed.]

9. Further, the Claimant claims interest upon all sums recovered pursuant to s.35A of the Senior Courts Act 1981 at such rate and for such period as the Court shall deem appropriate.

AND the Claimant claims:
(1) Damages.
(2) Interest on damages pursuant to s.35A of the Senior Courts Act 1981.

[Statement of truth]

CLAIM FOR DAMAGES FOR NEGLIGENCE AGAINST AN INSURANCE BROKER

1. At all material times: 85-Y4
(a) the Claimant carried on the business of the operation and management of [name and address] ("the Hotel"); and
(b) the Defendant carried on the business of insurance broking at [address].

2. By a letter dated [date] Claimant instructed the Defendant to procure for the Claimant a policy of fire and theft insurance in respect of the Hotel for a period of 12 months from [date] ("the Period") and by a letter dated [date] the Defendant confirmed to the Claimant that it had instructed underwriters to procure a policy of fire and theft insurance for the Period and that a cover note would be forwarded to the Claimant in respect of the same in the near future.

3. The contract between the Claimant and the Defendant evidenced by the letters pleaded in paragraph 2 above contained the following express, alternatively implied, terms:
(a) that in return for the payment of a premium by the Claimant to the Defendant the Defendant would procure a valid policy of fire and theft insurance in respect of the Hotel for the Period;

(b) that in the event that the Defendant was unable to effect fire and theft insurance in respect of the Hotel for the Period on the terms required by the Claimant or at all the Defendant would promptly notify the Claimant of the same; and
(c) that the Defendant would exercise reasonable care and skill throughout.

4. Further, or in the alternative, the Defendant was under a duty of care to the Claimant in like terms to the contractual duties pleaded in paragraph 3 above.

5. On [date] the Claimant paid to the Defendant the sum of £[..........], such sum representing the premium ("the Premium") in respect of the policy of fire and theft insurance that the Defendant had purported to effect in respect of the Hotel for the Period.

6. On [date] the Hotel was badly damaged by fire. On [date] the Claimant informed the Defendant of the same and on that date the Claimant notified the Defendant that it wished to make a claim under the policy of fire and theft insurance in respect of the loss and damage resulting from the said fire.

7. At all times since the said notification of the claim to the Defendant the Claimant has been informed that the Hotel was not covered by a valid policy of fire insurance for the Period but was only covered by a valid policy of theft insurance and the Claimant is accordingly unable to recover thereunder indemnity for the loss and damage that it has suffered as a result of the said fire at the Hotel.

8. In the premises, the Defendant is in breach of contract and/or duty of care as follows.

Particulars of Negligence

(a) In consideration of the payment of the Premium by the Claimant to the Defendant the Defendant failed to procure a valid policy of fire insurance in respect of the Hotel for the Period; and
(b) at all material times the Defendant failed to notify the Claimant promptly or at all that the Defendant had failed to procure a valid policy of fire insurance in respect of the Hotel for the Period and the Claimant was thereby prevented from itself procuring a policy of fire insurance in respect of the Hotel for the Period.

9. In the premises, as a result of the matters aforesaid the Claimant has suffered loss and damage.

Particulars of Loss and Damage

[Set out loss and damage suffered.]

10. Further, the Claimant claims interest pursuant to s.35A of the Senior Courts Act 1981 on the amount found to be due to the Claimant at such rate and for such period as the Court thinks fit.

AND the Claimant claims:
(1) Damages as aforesaid.
(2) Interest thereon pursuant to s.35A of the Senior Courts Act 1981.

[Statement of truth]

CLAIM FOR DAMAGES FOR NEGLIGENCE AGAINST A FINANCIAL ADVISER

1. At all material times:
   (a) the Defendant provided financial advice services and was a "firm" for the purposes of the FCA Handbook ("the Handbook"); and
   (b) the Claimant was a "retail client" for the purposes of the Handbook and a "private person" for the purposes of s.138D of the Financial Services and Markets Act 2000.

2. At a meeting ("the Meeting") held on or about [date] at the Defendant's offices and attended by the Claimant and the Defendant, the Claimant instructed the Defendant that he:
   (a) had received an inheritance of £120,000 ("the Sum") which he wished to invest;
   (b) did not want to expose the Sum to any significant risk of capital loss; and
   (c) wished to be able to withdraw the Sum from any investment on one month's notice.

3. At the Meeting the Defendant agreed to advise the Claimant in respect of the most suitable financial arrangements in respect of the Sum.

4. In the premises, it was an express, alternatively implied, term of the contractual retainer between the Claimant and the Defendant that:
   (a) the Defendant would advise the Claimant as to the most suitable financial arrangements in respect of the proposed investment of the Sum; and
   (b) the Defendant would exercise reasonable care and skill throughout.

5. Further, or in the alternative, the Defendant was under a duty of care to the Claimant in like terms to the contractual duties pleaded in paragraph 4 above.

6. In performing the duties identified in paragraphs 4 and 5 above, the Defendant was obliged to comply with its duties under the *Handbook's Conduct of Business Sourcebook* (COBS), which informed those duties, including:
   (a) to communicate in a fair, clear and not misleading manner (COBS 4.2.1R(1)); and
   (b) to take reasonable steps to ensure any recommendation was suitable for the Claimant (COBS 9.2.1R(1)).

7. By a letter dated [date] from the Defendant to the Claimant the Defendant expressly advised that:
   (a) the Claimant should invest in a "Superior Structured Return Bond" with Southfolk Capital ("the Product"); and
   (b) the Product was "virtually risk-free" and carried a "guaranteed minimum return" of 2% per annum.

85-Y5

8. In reliance on the advice set out in paragraph 7 above on [date] the Claimant invested the Sum in the Product.

9. The said advice was negligent and the Defendant is in breach of contract and/or duty of care and/or the regulatory duties pleaded at paragraph 6 above as follows.

Particulars of Negligence

(a) The Defendant failed to advise the Claimant that the minimum return on the Product was only guaranteed for years when the FTSE 100 Index did not fall by more than 5%;
(b) The Defendant failed to advise the Claimant that withdrawals from the Product were liable to be restricted if the underlying securities held by Southfolk Capital became illiquid and/or fell significantly in value;
(c) By reason of the matters aforesaid the descriptions of the Product pleaded at paragraph 7(b) above were misleading, alternatively not fair or clear;
(d) The Defendant failed to advise the Claimant that he could better achieve his investment objectives by placing the Sum on a time deposit with a reputable bank or building society.

10. Further, or in the alternative, the Claimant has an action for damages against the Defendant pursuant to s.138D of the Financial Services and Markets Act 2000 by reason of the Defendant's aforesaid breaches of the regulatory duties pleaded at paragraph 6 above.

11. In the premises, as a result of the matters aforesaid the Claimant has suffered loss and damage.

Particulars of Loss and Damage
[Set out loss and damage suffered.]

12. Further, the Claimant claims interest pursuant to s.35A of the Senior Courts Act 1981 on the amount found to be due to the Claimant at such rate and for such period as the Court thinks fit.

AND the Claimant claims:
(1) Damages as aforesaid.
(2) Interest thereon pursuant to s.35A of the Senior Courts Act 1981.

[Statement of truth]

CLAIM FOR DAMAGES FOR NEGLIGENCE AGAINST A SOLICITOR IN RELATION TO A
PERSONAL INJURY ACTION

85-Y6 **1.** The Defendants are and were at all material times a firm of solicitors practising from [address]. The Claimant is a model.

2. On or about [date] the Claimant suffered a broken arm, broken left cheekbone, cuts to her face and extensive bruising when the car in which she was a passenger was involved in a collision with another vehicle driven by A. That accident was caused by the negligence of A. Particulars of that negligence and of the Claimant's personal injuries and loss and damage are set out in the Claimant's Claim Form and Particulars of Claim in action [claim number] a copy of which is annexed.

3. On or about [date] the Claimant consulted B, who was at the material time a solicitor employed by the Defendants, at their offices. B advised the Claimant that she had a reasonable chance of success in a claim against A for personal injury caused by A's negligence and that she was likely to recover damages which would include her continuing loss of earnings as a model, as a result of the scarring to her face. Accordingly, the Claimant instructed B to act for her in connection with the said claim against A, which B, acting on behalf of the Defendants, agreed to do. The said retainer is evidenced by a letter dated [date] from the Defendants to the Claimant.

4. There were implied terms of the aforesaid retainer as follows:
  (a) that the Defendants would carry out the Claimant's instructions with reasonable diligence; and
  (b) that the Defendants would exercise reasonable skill and care in the performance of their duties pursuant to the said retainer.

5. Further, or in the alternative, the Defendants owed the Claimant a duty of care in tort to the like effect.

6. On [date] B sent a letter of claim to A, pursuant to the pre-action protocol for personal injury claims. On [date] B telephoned the Claimant and informed her that he had been contacted by solicitors instructed on behalf of A and that he was chasing them for a substantive response to the letter of claim.

7. The Claimant heard nothing more from the Defendants until some 18 months later, on or about [date], when B telephoned the Claimant and advised her that proceedings needed to be commenced against A by no later than [date] and that a medical expert should be instructed to prepare a report and a barrister should be instructed to settle the Particulars of Claim. The Claimant agreed to this.

8. In fact, although B stated in the course of the said telephone advice that the latest date for commencing proceedings was [date] this was erroneous. Pursuant to s.11 of the Limitation Act 1980, the primary limitation period for the Claimant's claim against A in fact expired on [date].

9. B did not instruct a medical expert until [date] and did not instruct a barrister to draft the Particulars of Claim until [date]. Proceedings were not instituted by the Defendants until [date], after expiry of the primary limitation period, when the Claim Form in action [claim number] was issued and, together with the Particulars of Claim, served on A's solicitors ("the original action").

10. By application notice dated [date] A applied to strike out the original action on the grounds that the same was statute barred. In an attempt to mitigate her losses, the Claimant instructed new solicitors and Counsel to resist that application. The Court refused to exercise its discretion under s.33 of the Limitation Act 1980 to disapply s.11 and struck out the original action, awarding A his costs, to be subject to detailed assessment if not agreed.

11. In breach of the implied terms pleaded in paragraph 4 hereof and/or negligently, the Defendants have failed to carry out the Claimant's instructions with reasonable diligence or to exercise reasonable skill and care in the performance of their duties pursuant to the said retainer.

Particulars of Negligence

(a) failing to progress the claim with reasonable diligence, in particular, failing to progress it within a reasonable time after the date of the letter of claim;
(b) failing to advise the Claimant at any time before [date] that steps should be taken to institute proceedings and/or that a medical expert and/or barrister should be instructed for that purpose and/or as to the risk that her claim might become time-barred;
(c) erroneously advising the Claimant that she had until [date] to institute proceedings, when B ought to have appreciated that the limitation period under s.11 of the Limitation Act 1980 would in fact expire on [date] and ought to have advised the Claimant accordingly;
(d) failing to instruct a medical expert at any time before [date];
(e) failing to instruct a barrister to settle proceedings at any time before [date] and then doing so on the erroneous basis that the limitation period would expire on [date];
(f) failing to issue proceedings against A within the primary limitation period;
(g) thereby causing or permitting the Claimant's claim against A to become time-barred.

12. By reason of the matters aforesaid the Claimant has suffered loss and damage for which the Defendants are liable.

Particulars of Loss and Damage

(a) The Claimant has lost the opportunity of recovering damages from A, which she had a reasonable prospect of recovering. The said damages, full particulars of which appear from the Particulars of Claim in the original action, attached hereto, would in summary have comprised:
  (i) damages for pain suffering and loss of amenity;
  (ii) items of special damage including past and future loss of earnings, as set out in schedule A to the said Particulars of Claim; and/or
(b) The sum which the Claimant has paid the Defendants on account of their costs, namely £[..........], which was wholly wasted as a result of the Defendants' negligence and/or for which the consideration has wholly failed.
(c) The costs which the Claimant was ordered to pay A, which were agreed between A's solicitors and the Claimant's new solicitors, Messrs X, in the sum of £[..........].
(d) The costs which the Claimant incurred in mitigating her damage, namely the costs of £[..........], including Counsel's fees, incurred in seeking advice from new solicitors and Counsel in relation to the strike out application and in resisting that application.

13. Further, the Claimant is entitled to and claims interest pursuant to s.35A of the Senior Courts Act 1981 on any sum which may be awarded herein for such period and at such rate as the Court shall think fit.

AND the Claimant claims:
(1) Damages.
(2) Interest pursuant to s.35A of the Senior Courts Act 1981 as aforesaid.

[Statement of truth]

Claim by Bank against Solicitor for Breach of Warranty of Authority

1. The Defendants are and were at all material times a firm of solicitors practising from [address]. The Claimant is and was at all material times a bank carrying on business, among other things, as a lender making loans secured on real property.

2. By a mortgage application dated [date], and purportedly signed by A and Mrs A ("the Mortgagees"), the Mortgagees applied for an advance of £[..........] to be secured against a property in their joint names situate at [address] ("the Property"). The purpose of the loan was stated to be home improvements.

3. B, a partner in the Defendants, was named in the said mortgage application as the Mortgagees' solicitor.

4. By a letter dated [date] the Claimant made the Mortgagees an offer of an advance of £[..........] to be secured by a mortgage over the Property and on the same day the Claimant retained the Defendants to act for it in perfecting its security for the said loan, in accordance with the terms of the said offer.

5. There were implied terms of the aforesaid retainer that the Defendants would exercise reasonable skill and care in the performance of their duties pursuant to the said retainer. Further or alternatively, the Defendants owed the Claimant a duty of care in tort to the like effect.

6. By a report on title dated [date] the Defendants confirmed that they had investigated title and that they considered the title to be good and marketable and that the Property could safely be accepted as security for the loan.

7. The Defendants thereby impliedly represented that they were authorised and instructed to act for both A and Mrs A in relation to the said advance and mortgage ("the warranty of authority").

8. In reliance on the said warranty of authority and on the said report on title, the Claimant advanced the sum of £[..........] secured by mortgage over the Property.

9. In fact:
   (a) Mrs A was at all material times living apart from her husband. She had in or about [date] telephoned C, a solicitor employed by the Defendants, with a view to consulting the Defendants as to the possibility of divorce and had been referred by the Defendants to another firm.
   (b) A had forged Mrs A's signature on the loan application and the mortgage deed and she had no knowledge of and had not consented to the loan or the mortgage.
   (c) A applied the sum advanced to clear his business overdraft with [name] Bank.

10. The Defendants were aware or ought to have been aware, through C their agent, of the matters set out at paragraph 9(a) above. The Defendants nevertheless acted, in relation to the said loan and mortgage, on the instructions of A alone, purporting to act on his own behalf and on behalf of Mrs A, and paid the sum advanced into an account in the name of A alone.

11. In breach of the said warranty of authority, the Defendants had no authority to act on behalf of Mrs A and she had not instructed them to act on her behalf.

12. Further or alternatively, the Defendants were in breach of the said implied term of the retainer and/or negligent:

Particulars of Negligence

(a) Failing, notwithstanding that the Defendants were or ought to have been aware of the matters set out at paragraph 9(a) above, to take any or any adequate steps to confirm that A was authorised to act on behalf of Mrs A or to verify their instructions directly with Mrs A.

(b) Paying the sum advanced to an account in the name of A alone.

13. By reason of the Defendants' breach of the said warranty of authority and/or breach of the retainer and/or negligence, the Claimant has suffered loss and damage.

Particulars of Loss and Damage
[Set out loss and damage.]

14. Further, the Claimant is entitled to and claims interest pursuant to s.35A of the Senior Courts Act 1981 on any sum which may be awarded herein for such period and at such rate as the Court shall think fit.

AND the Claimant claims:
(1) Damages.
(2) Interest pursuant to s.35A of the Senior Courts Act 1981 as aforesaid.

[Statement of truth]

Claim for damages for negligence against a solicitor

85-Y8   1. The Defendants are and were at all material times a firm of solicitors practising from [address].

2. On or about [date] the Claimant agreed "subject to contract" to purchase a property known as [name] and situated at [address] ("the Property"). The Claimant retained the Defendants and the Defendants agreed to act for him in relation to his purchase of the Property. The said retainer is evidenced by a letter dated [date] from the Defendants to the Claimant.

3. There were implied terms of the aforesaid retainer that the Defendants would exercise the care and skill to be expected of reasonably competent conveyancing solicitors in performing their duties pursuant to the said retainer. Further or alternatively, the Defendants owed the Claimant a duty of care in tort to that effect.

4. The Property comprised a two-storey house, a garden and an outbuilding which was located to the West side of the Property. The position of the outbuilding relative to the Property, the neighbouring building and the public highway is shown on the attached plan.

5. At the meeting at the Defendants' offices on [date] in the course of which the Claimant first retained the Defendants, the Claimant commented to B, the partner who was handling the conveyance on his behalf, that he had for some time been

looking for a house with a garage in the area in question, because he owned a classic car which he wished to store off the road, and that it was his intention to convert the outbuilding into a garage.

6. The Claimant's purchase of the Property was completed on [date], the Defendants having purportedly investigated title and completed all necessary searches.

7. The boundary between the Property and the plot belonging to the owners of the neighbouring building is shown in red on the attached plan. The outbuilding is located on the border of the Property and the land between the outbuilding and the public highway in fact belonged to the owners of the neighbouring property. The vendors of the Property did not have any right of vehicular access across that land. The Claimant was unaware of this at the time of completion of the purchase of the Property.

8. In breach of contract and/or negligently the Defendants failed to exercise the care and skill to be expected of reasonably competent conveyancing solicitors in performing their duties pursuant to the said retainer.

Particulars of Negligence

(a) failing to discover that the land between the outbuilding and the public highway did not form part of the Property;
(b) failing to make any or any adequate inquiry as to whether any vehicular right of access existed over that land;
(c) failing to advise the Claimant that the said land did not form part of the Property and/or that there were no such rights of access and/or that the outbuilding was in effect landlocked and therefore not suitable for the proposed use as a garage.

9. By reason of the matters aforesaid, the Claimant has suffered loss and damage.

Particulars of Loss and Damage

(a) the difference between the contract price of £[..........], which the Claimant had offered to and did pay in the belief that the outbuilding could be converted to a garage, and the market value of the Property without vehicular access to the outbuilding; and
(b) the Claimant's costs of obtaining legal advice from another firm of solicitors as to ownership of the land in question, in the sum of £[..........].

10. Further, the Claimant is entitled to and claims interest pursuant to s.35A of the Senior Courts Act 1981 on any sum which may be awarded herein for such period and at such rate as the Court shall think fit.

AND the Claimant claims:
(1) Damages.
(2) Interest pursuant to s.35A of the Senior Courts Act 1981 as aforesaid.

[Statement of truth]

CPR, Part 20 claim for damages for negligence against a barrister[36]

85-Y9 1. In this action the Claimant in the main action ("X") claims damages against the Defendants/ Part 20 Claimants[37] ("Messrs W") for breach of contract and negligence as appears from the Claim Form and Particulars of Claim in the main action, copies of which are served herewith.

2. If contrary to the Defence, Messrs W are found liable to X they will claim against the Part 20 Defendant ("Y") to be indemnified against X's claim and the costs of this action, or a contribution to the extent of the whole of X's claim or to such extent as the Court deems just.

3. Y was at all material times a barrister practising from chambers at [address].

4. On [date] Messrs W instructed Y to settle Particulars of Claim in an action to be brought by X against A in respect of the personal injuries referred to at paragraph [number] of the Particulars of Claim in the main action.

5. Y owed a duty of care in tort to X to exercise reasonable skill, care and diligence in performing his instructions.

6. In breach of the said duty of care and negligently Y:
   (a) failed to settle Particulars of Claim within a reasonable period, having regard to the impending expiry of the primary limitation period, and did not supply the same to Messrs W until [date];
   (b) failed to advise Messrs W that the limitation period in respect of X's claim against A expired on [date];
   (c) failed to pay any or any adequate regard to the application of the Limitation Act 1980 to X's claim;
   (d) thereby caused or permitted X's claim against A to become statute-barred.

7. In the premises, Messrs W are entitled to a contribution and/or indemnity pursuant to s.1(1) of the Civil Liability (Contribution) Act 1978.

AND the Part 20 Claimant claims:
(1) A contribution and/or indemnity pursuant to s.1(1) of the Civil Liability (Contribution) Act 1978.

[Statement of truth]

Defence alleging absence of causation in respect of the claim against a surveyor

85-Y10 The Defendants deny that they acted or were in breach of contract or breach of duty, either as alleged or at all. Alternatively, if (which is denied) it be held that they

---

[36] It should be noted that in the light of the House of Lords' ruling in *Arthur J S Hall & Co. v Simons* [2002] 1 A.C. 615, HL, advocates no longer enjoy immunity from suit for negligence in the conduct of civil proceedings or criminal actions (compare *Rondel v Worsley* [1969] 1 A.C. 191, HL; and *Saif Ali v Sydney Mitchell & Co.* [1980] A.C. 198, HL). The immunity has also recently been removed in relation to expert witnesses: see *Jones v Kaney* [2011] UKSC 13; [2011] 2 A.C. 398, SC.

[37] As to the titles of parties where there are additional claims under CPR Pt 20, see PD 20 paras 7.1–7.11.

acted in breach of contract or duty, the loss suffered by the Claimant was not caused by the alleged breaches by the Defendants in that:
(a) the Claimant placed no reliance on the survey and report of the Defendants and purchased the property independently of it; and/or
(b) the fall in value of the property was caused by events that arose subsequent to the purchase, and arises independently of the alleged defects in the property which are complained of by the Claimant.

[Statement of truth]

DEFENCE PLEADING CONTRIBUTORY NEGLIGENCE IN RESPECT OF THE CLAIM AGAINST AN INSURANCE BROKER

[*Further, or in the alternative,*] to the extent that the Claimant has suffered loss and damage (which the Defendant is unable to admit or deny and puts the Claimant to strict proof of the same) such loss and damage was caused or contributed to by the negligence of the Claimant. **85-Y11**

Particulars of Negligence

On or about [date] the Defendant forwarded to the Claimant the policy wording for the fire insurance in respect of the Hotel for the Period and at all times thereafter the Claimant failed to read the express terms of such policy wording either adequately or at all in that if the Claimant had done the same it would and/or should have been readily apparent that the Claimant had entered into a policy of theft insurance and not a policy of fire insurance.

[Statement of truth]

DEFENCE RELYING ON LIMITATION IN A CLAIM AGAINST AUDITORS

The cause of action in contract arose, and the loss complained of occurred, if at all, on or before [date], which is more than six years before the issue of the Claim Form herein. The claim is therefore barred by ss.2 and 5 of the Limitation Act 1980. **85-Y12**

[Statement of truth]

DEFENCE PLEADING CONTRACTUAL ESTOPPEL IN RESPECT OF THE CLAIM AGAINST A FINANCIAL ADVISER

The Defendant denies it acted as the Claimant's financial adviser as alleged or at all. By a Client Agreement entered into on [date] between the Claimant and the Defendant the Claimant represented and agreed that: **85-Y13**
[Set out details of contractual provisions relied on]
In the premises, the Claimant is estopped in contract from asserting that:
(a) the Defendant was acting as the Claimant's adviser;
(b) any statements made by the Defendant had the character of advice;
(c) the Claimant was relying on any statements made by the Defendant; or
(d) the Claimant did not understand and accept the terms, conditions and risk of the Product.

PART Z PROPERTY

Section 86:

INTRODUCTION

Contents of property law section Part Z covers landlord and tenant claims, subdivided for ease of reference, and all other real property claims. The treatment of mortgages in this section is restricted to claims for possession from mortgagors of dwellings. The following comments on procedure relate to claims which are dealt with in more than one or none of the following chapters. **86-01**

Procedure for possession claims The procedure for all claims for possession of land issued since 15 October 2001 is now contained in CPR Pt 55 and PD 55A, replacing almost all the previous rules. Claims for possession of land must now be brought in the County Court save in exceptional circumstances (CPR r.55.3 and PD 55A para.1). Many of the prescribed forms have been revised, and new forms have been prescribed, including a new N5 Claim Form for all possession claims, N5A for claims for relief from forfeiture, N119 for claims against residential tenants, and N121 for claims against trespassers. It is now possible to commence possession proceedings online in specified courts. Specific requirements for different types of claim are described in the appropriate chapters in this section. **86-02**

Claims against trespassers The rules governing procedure claims against trespass are set out in CPR Pt 55 and PD 55A. A prescribed form (N121) must be used for all "possession claims against trespassers", which appears to include any claim including a claim for the recovery of land against a trespasser. It appears that the prescribed form is required whether or not summary judgment is appropriate, and whether or not other relief such as damages or a declaration is also sought. **86-03**

Claims to enforce charging orders by sale Such claims should be brought using a Part 8 claim form. The supporting witness statement should contain the information must be set out in CPR r.73.10C, PD 73 para.4.3. **86-04**

Other mortgage claims RSC O88 and CCR 6.5 and 5A used to impose specific requirements not only for mortgage possession claims, but also claims for payment of monies secured by the mortgage. Those rules have been revoked, but no substitute provision is made for mortgage claims other than for possession, such as claims for payment or for sale. **86-05**

Landlord and Tenant claims CPR Pt 56 is headed "Landlord and Tenant claims and Miscellaneous Provisions". In fact, it does not apply to all landlord and tenant claims, but to claims under various statutes issued after 15 October 2001. There are specific requirements in CPR Pt 56 and PD 56 for "Landlord and Tenant Claims" defined as claims under the Landlord and Tenant Act 1927, the Leasehold Property (Repairs) Act 1938, the Landlord and Tenant Act 1954, the Landlord and Tenant Act **86-06**

INTRODUCTION

1985 and the Landlord and Tenant Act 1987, and also for claims under the Access to Neighbouring Land Act 1992, Chancel Repairs Act 1932, Leasehold Reform Act 1967, Leasehold Reform, Housing and Urban Development Act 1993, the Commonhold and Leasehold Reform Act 2002 and s.214 of the Housing Act 2004. The practice direction sets out the information and details required to be given in the different types of claim. Reference should be made to the rule and practice direction.

86-07 **Claims for injunctions or declarations** Where a claim is made for an injunction or declaration in respect of or relating to any land or the possession, occupation, use or enjoyment of any land the particulars of claim must state whether or not the injunction or declaration relates to residential premises and identify the land by reference to a plan where necessary. (PD 16 para.7.1.).

[752]

Section 87:

ADVERSE POSSESSION

Table of Contents

Defence alleging limitation as bar for possession of unregistered land claim	87-Z1
Reply alleging right of action accrued within 12 years because of limited owner's possession or forfeiture of lessee's lease	87-Z2
Defence to claim for possession of registered land and Counterclaim for registration of title under the transitional provisions in Schedule 12, paragraph 18 to the Land Registration Act 2002	87-Z3
Defence to claim for possession of registered land and Counterclaim for registration of title under Schedule 6 paragraphs 6 and 7 to and s.98 of the Land Registration Act 2002	87-Z4
Defence to claim for possession of registered land and Counterclaim for registration of title under Sch.6 paras 1 and 5(4) and ss.65 and 98 of the Land Registration Act 2002	87-Z5
Request for further information about basis of dispossession	87-Z6

The relevant law This commentary is on the basis that the provisions of the Land Registration Act 2002 are in force. For a discussion of the previous law readers should refer to the 14th edition of this work. 87-01

Unregistered Land No action may be brought by any person to recover possession of unregistered land after the expiry of 12 years from the date on which the cause of action accrued (Limitation Act 1980 s.15). For the date on which the cause of action is deemed to accrue see s.15 of and Sch.1 to the 1980 Act. In essence, the material date is that upon which the paper owner discontinues possession or is dispossessed by the trespasser and the trespasser enters into adverse possession. 87-02

The period of 12 years may be extended in cases of disability, fraud, concealment or mistake (ss.28, 32 of the 1980 Act). Where a limited owner or lessee is dispossessed, the cause of action against any superior title accrues when the inferior interest has either been extinguished by adverse possession, terminated or determined (Sch.1, para.4 to the 1980 Act—see Precedent 87-Z2). In such a case the time bar on claiming possession is not less than six years from the date when the inferior interest was extinguished or terminated, or 12 years therefrom where that inferior interest was a lease (s.5(2) of and Sch.1, para.4 to the 1980 Act).

Adverse possession requires factual possession and an intention to dispossess.[1] Factual possession means a sufficient degree of physical custody and control. An intention to possess is an intention to exercise such custody and control on one's own behalf and for one's own benefit.[2]

Whether or not the occupation of a trespasser amounts to adverse possession is a question of fact, depending upon the character of the land possessed in addition to the acts of the trespasser. The possession must be obvious to a person who visits the land.[3] As a general rule enclosure of land is regarded as strong evidence of adverse possession,[4] although it is not necessarily conclusive.[5]

87-03   The trespasser's state of mind is a question of fact.[6]. There is no requirement that the trespasser should intend to own the land. So, in *Ofulue v Bossert*[7] the House of Lords held that a squatter who erroneously believes that she occupies the property as a tenant can claim title by adverse possession. It is sufficient to occupy "for the time being", in the hope that the true owner will not assert his rights to possession.[8]

The possession of the squatter need not be inconsistent with the use of the land by the owner (*JA Pye (Oxford) Ltd v Graham*). Accordingly, the fact that the true owner has no present need of or use of the land does not of itself prevent possession from being adverse. If, however, the trespasser is aware of plans for the future use of the land the court is likely to require clear evidence that the trespasser had the requisite animus possidendi.[9]

Upon expiry of the limitation period the paper owner loses the right to recover possession of the land and his title is extinguished (s.17 of the 1980 Act). The trespasser obtains a new title based on his adverse possession.

87-04   **Registered Land**   The Land Registration Act 2002 is based on the principle that a registered title will be secure against a trespasser in most circumstances provided the registered proprietor objects when the trespasser first applies to be registered as owner and subsequently takes steps to evict the trespasser or regularise the occupation. The new regime is thought to better effect the certainty of title introduced by the system of land ownership involving compulsory registration (on which see Neuberger J in *JA Pye (Oxford) Ltd v Graham* at 709–710).

The common law definition of what amounts to adverse possession still applies, subject to some qualifications (Sch.6, para.11 to the 2002 Act). However, adverse possession itself does not extinguish title (s.96(1) of the 2002 Act). Rather, a trespasser may apply to be registered as proprietor after 10 years (60 years for Crown foreshore) of adverse possession (Sch.6, para.1(1) to the 2002 Act). The registered proprietor will be given notice of the application and must object within a prescribed period, failing which the trespasser will acquire title (Sch.6, paras 2–4 of the 2002 Act). The effect of registration is to make the trespasser the successor in title of the previous owner by way of a statutory assignment. If there is an objec-

---

[1] see *Buckinghamshire CC v Moran* [1990] Ch. 623 at 643, per Slade LJ.
[2] *JA Pye (Oxford) Ltd v Graham* [2002] UKHL 30; [2002] 3 W.L.R. 221.
[3] *Powell v McFarlane* (1977) P. & C.R. 452, 480, per Slade J.
[4] *Seddon v Smith* (1877) 36 L.T. 168.
[5] *George Wimpey & Co v Sohn* [1967] Ch. 487.
[6] *JA Pye (Oxford) Ltd v Graham* [2001] Ch. 804, 817, per Mummery LJ
[7] *Ofulue v Bossert* [2009] UKHL 16; [2009] 1 A.C. 990.
[8] *Ofulue v Bossert* [2009] 1 A.C. 990; *Lambeth LBC v Blackburn* (2001) 33 H.L.R. 74, 854, per Clarke LJ.
[9] *Buckinghamshire CC v Moran* [1990] Ch. 623 at 639, per Slade LJ.

tion the trespasser will only succeed if he can establish one of three conditions: (1) the registered proprietor is estopped from seeking to dispossess the trespasser; (2) the applicant has some other right to the land; or (3) the disputed land lies adjacent to the trespasser's land and he has made a reasonable mistake as to the position of the boundary (Sch.6, para.5 to the 2002 Act). Where the application is rejected but the trespasser remains in adverse possession for a further two years he is entitled to be registered as proprietor (s.98 of and Sch.6, paras 6 and 7 to the 2002 Act).

A trespasser may not make an application for registration of title: (1) if he is a defendant in proceedings which involve asserting a right to possession of the land; or (2) judgment for possession of the land has been given against him in the last two years (Sch.6, para.1(3) to the 2002 Act).

Transitional provisions apply in respect of those who had already acquired title by adverse possession at the commencement of the 2002 Act on 13 October 2003. Where a registered estate is held on trust for the trespasser under s.75(1) of the Land Registration Act 1925 immediately before the coming into force of s.97 of the 2002 Act he is entitled to be registered as proprietor. Accordingly he has a defence to an action for possession of the land and the court must order that he be registered as proprietor of the land (Sch.12, para.18 to the 2002 Act).

Pleading Generally, adverse possession is pleaded as a defence to a claim for possession (see Precedent 87-Z1 (unregistered land)). Where the defence is in respect of a claim for possession of registered land and relies upon the transitional provisions in the 2002 Act (87-Z3) or upon Sch.6 paras 6 and 7 to and s.98 of the 2002 Act (Precedent 87-Z4) it is convenient to include a counterclaim for declaratory relief and an order that the defendant be registered as proprietor. Often the precise basis of dispossession will not have been fully pleaded in which event a request for further information should be made in accordance with CPR Pt 18 (Precedent 87-Z5). **87-05**

DEFENCE ALLEGING LIMITATION AS BAR FOR POSSESSION OF UNREGISTERED LAND CLAIM

Defence

1. The Defendant was tenant to AB, the Claimant's predecessor in title, under an oral weekly tenancy granted on about [date], which tenancy was by virtue of the Limitation Act 1980 deemed to have determined more than 12 years before the issue of this claim. **87-Z1**

2. At all times since the deemed determination of the oral tenancy, the Defendant has been in exclusive possession of the land described in the Particulars of Claim without paying any rent or other sum for such possession or otherwise acknowledging any title of the Claimant or of AB.

3. Accordingly, the Claimant's title to the land was barred before the issue of the claim form.

[Statement of truth]

REPLY ALLEGING RIGHT OF ACTION ACCRUED WITHIN 12 YEARS BECAUSE OF LIMITED OWNER'S POSSESSION OR FORFEITURE OF LESSEE'S LEASE

Reply

87-Z2 1. AB was at all times from [date] until [date] in possession of the land described in the Particulars of Claim as a discretionary beneficiary under a trust of land, and accordingly the Claimant's right of action to recover possession of the land for the purposes of the Limitation Act 1980 did not accrue before [date].

Or

1. AB's lease of the land described in the Particulars of Claim was forfeited by action brought by the Claimant on [date], and the Claimant's right of action to recover possession of the land for the purposes of the Limitation Act 1980 did not accrue until that date.

[Statement of truth]

DEFENCE TO CLAIM FOR POSSESSION OF REGISTERED LAND AND COUNTERCLAIM FOR REGISTRATION OF TITLE UNDER THE TRANSITIONAL PROVISIONS IN SCHEDULE 12, PARAGRAPH 18 TO THE LAND REGISTRATION ACT 2002

87-Z3 1. It is admitted that the Claimant is the current registered proprietor of the Land but denied that he is entitled to possession thereof.

2. The Defendant has been in adverse possession of the Land at all material times since in or about January 1980.

Particulars

(a) In or about January 1980 the Defendant entered onto the Land and erected around it wooden fencing, clearly visible to bypassers.

(b) The Land has, since that time, been accessible only by means of a padlocked metal gate, the key to which is held by the Defendant.

(c) In or about February 1980 the Defendant caused to be erected on the Land a barn for the housing of livestock and/or the storage of hay.

(d) From in or about February 1980 to the beginning of 2000 the Defendant has used the Land to graze livestock during the winter and to take a cut of hay in the summer.

(e) From the beginning of 2000 to the present day the Defendant has used the Land for arable purposes, ploughing, fertilising and tending crops throughout the year.

3. Accordingly, at the date of commencement of the Land Registration Act 2002 the registered estate in the Land was held by the Claimant in trust for the Defendant by virtue of s.75(1) of the Land Registration Act 1925.

4. In the premises, the Defendant is entitled to be registered as proprietor of the Land by virtue of Schedule 12, paragraph 18 to the Land Registration Act 2002.

Counterclaim

5. The Defendant repeats paragraphs 1 to 4 hereof. And the remedies sought by the Defendant are:
   (1) A declaration that the Defendant is entitled to be registered as proprietor of the Land
   (2) An order for the rectification of the land register by registration of the Defendant as proprietor of the Land.

[Statement of truth]

DEFENCE TO CLAIM FOR POSSESSION OF REGISTERED LAND AND COUNTERCLAIM FOR REGISTRATION OF TITLE UNDER SCHEDULE 6 PARAGRAPHS 6 AND 7 TO AND S.98 OF THE LAND REGISTRATION ACT 2002

1. It is admitted that the Claimant is the current registered proprietor of the Land but denied that he is entitled to possession thereof.

2. The Defendant has been in adverse possession of the Land at all material times since in or about [date].

Particulars
[Insert particulars of adverse possession]

3. In or about [date], following a period of 10 years adverse possession, the Defendant applied to Her Majesty's Land Registry to be registered as proprietor of the Land ("the Application").

4. The Claimant objected to the Application and the Application was dismissed on or about [date].

5. From the date upon which the Application was dismissed to the present day, being a period of 2 years and 6 months the Defendant has remained in adverse possession of the Land,

6. Accordingly, on the date immediately preceding that on which the Claimant's claim for possession was brought the Defendant was entitled to make an application in accordance with Schedule 6, paragraphs 6 and 7 of the Land Registration Act 2002 ("the 2002 Act") to be registered as proprietor of the Land

7. In the premises, by virtue of s.98(3) of the 2002 Act the Defendant has a defence to the Claimant's claim.

Counterclaim

8. The Defendant repeats paragraphs 1 to 7 hereof. And the remedies sought by the Defendant are:
   (1) A declaration that the Defendant is entitled to be registered as proprietor of the Land
   (2) An order pursuant to s.98(5) of the 2002 Act for the rectification of the land register by registration of the Defendant as proprietor of the Land.

[Statement of truth]

Defence to claim for possession of registered land and Counterclaim for registration of title under Sch.6 paras 1 and 5(4) and ss.65 and 98 of the Land Registration Act 2002

87-Z5 1. It is admitted that the Claimant is the current registered proprietor of the Land but denied that he is entitled to possession thereof.

2. The Defendant has been in adverse possession of the Land at all material times since in or about [date].

Particulars

(a) The Land is adjacent to the Defendant's Land.
(b) The exact line of the boundary between the two has not been determined under rules under section 60 of the Land Registration Act 2002 ("the 2002 Act").
(c) On or about [date] the Defendant erected a fence on the Land in the reasonable belief that the Land formed part of his garden and has tended the Land as his garden at all material times thereafter.

3. The Land was registered more than one year before the date on which the Claimant's claim for possession was brought.

4. Accordingly on the date immediately preceding that on which the Claimant's claim for possession was brought the Defendant was entitled to make an application in accordance with Schedule 6, paragraph 5(4) of the 2002 Act to be registered as proprietor of the Land.

5. In the premises, by virtue of s.98(1) of the 2002 Act the Defendant has a defence to the Claimant's claim.

Counterclaim

6. The Defendant repeats paragraphs 1 to 5 hereof. And the remedies sought by the Defendant are:
   (1) A Declaration that the Defendant is entitled to be registered as proprietor of the Land
   (2) An Order pursuant to s.98(5) of the 2002 Act for the alteration of the land register by registration of the Defendant as proprietor of the Land.

[Statement of truth]

Request for further information about basis of dispossession

Request for further information pursuant to CPR, Part 18

87-Z6 The First Party requires the Second Party to answer the requests set out below by [date].

In relation to paragraph 2 of the Particulars of Claim

Of: "the Claimant dispossessed the Defendant of the land and has occupied it as of right continuously since that time and exercised all the rights of an owner over the land"

Requests

(1) State what act or acts the Claimant relies upon as amounting to dispossession of the Defendant in relation to the land.
(2) State whether it is alleged that the Claimant has occupied the whole of the land since the act of dispossession relied upon.
(3) If it is not so alleged, identify the part or parts of the land which the Claimant claims to have occupied from time to time, specifying the times in relation to each part so occupied.
(4) Specify all rights of an owner other than physical occupation which the Claimant claims to have exercised in relation to any part or parts of the land since the alleged dispossession.

Section 88:

BUSINESS TENANCIES

Table of Contents

Unopposed application by tenant for new business tenancy (Claim under CPR Pt 8)	88-Z1
Application for new business tenancy raising preliminary issue as to validity of s.25 notice (adapted from prescribed form N208)	88-Z2
Defence to application for new business tenancy in respect of a tenancy to which s.32 of the Landlord and Tenant Act 1954 applies, including an application for interim rent pursuant to s.24 thereof	88-Z3
Landlord's application for interim rent (adapted from prescribed form N244)	88-Z4
Application for Compensation upon quitting premises following Termination of Business Tenancy (Claim under CPR Pt 8)	88-Z5
Particulars of Claim for possession of business premises relying on agreement to exclude ss.24 to 28 of the Landlord and Tenant Act 1954	88-Z6
Particulars of claim for possession of business premises on tenant's failure to apply to court for a new tenancy	88-Z7
Prescribed form served by landlord prior to agreement pursuant to s.38A(1) excluding security of tenure (Sch.1 to the Regulatory Reform (Business Tenancies) (England and Wales) Order 2003)	88-Z8
Prescribed form served by landlord prior to agreement pursuant to s.38A(2) that the tenancy shall be surrendered (Sch.3 to the 2003 Order)	88-Z9

General This is a complex area of law which has many strict procedural requirements and has generated much case law. Practitioners should where necessary refer to Woodfall, *Law of Landlord and Tenant*, Vol.2 or Reynolds and Clark, *Renewal of Business Tenancies*.[1] The following is an overview only. **88-01**

Lease renewals Part II of the Landlord and Tenant Act 1954 applies upon the termination of a contractual business tenancy (see s.23). Section 24 of the 1954 Act provides that a tenancy to which Pt II of the Act applies shall not come to an end unless terminated in accordance with the provisions of Pt II of the Act. Instead, if **88-02**

---

[1] Woodfall, *Law of Landlord and Tenant,* loose-leaf (London: Sweet & Maxwell) Vol.2 or Reynolds and Clark, *Renewal of Business Tenancies,* looseleaf (London: Sweet & Maxwell).

certain conditions are satisfied, the tenancy continues upon the same terms as the contractual tenancy but with a statutory variation as to the mode of determination. There are notice procedures whereby both the landlord and the tenant may terminate (or prevent the creation of) the continuation tenancy (see ss.25 and 27 of the Act). Upon service of a s.25 or s.26 notice a landlord or tenant may apply to court for a new tenancy under s.24(1). A landlord may apply to the court for the determination of the continuation tenancy without the grant of a new tenancy if he has given a s.25 notice or a counter-notice to a tenant's s.26 notice opposing the grant of a new tenancy provided that the notice or counter-notice states that the landlord is opposed to the grant of a new tenancy on one or more of the grounds in s.30 of the Act: s.29(2).

Save where the parties agree otherwise, s.29A sets out the time limits for applications to court. An application by the landlord or tenant pursuant to s.24(1) of the Act must not be made before the end of the period of two months beginning with the date of the making of the request, unless the application is made after a landlord's s.26 counter-notice. Where notice under s.25 has been given an application under s.24 by a landlord or tenant or an application under s.29(2) by a landlord may be made immediately, no applications may be made after the end of the statutory period as defined in s.29A(2).

88-03 **Interim rent** Section 24A of the Act permits a landlord or tenant to apply for an interim rent following a landlord's notice to terminate the tenancy under s.25 or a tenant's request for a new tenancy while a tenancy is continued by virtue of s.24. The application must be made before the expiry of six months after the termination of the former tenancy. Upon such an application the court may order payment of an interim rent in accordance with s.24C or 24D of the Act. The interim rent is payable from the "appropriate date", i.e. the earliest date that could have been specified in the s.25 notice or s.26 request.

88-04 **Exclusion of provisions of Part II of the Landlord and Tenant Act 1954** Section 38(1) of the 1954 Act provides that any agreement relating to a tenancy to which Part II of the Act applies shall be void (except as provided by subs.4) in so far as it purports to preclude the tenant from making an application or request under Pt II of the Act or provides for the termination or the surrender of the tenancy in the event of his making such an application or request or the for the imposition of any penalty or disability on the tenant in that event. Section 38A provides that the persons who will be landlord and tenant in relation to a business tenancy to be granted for a term of years may agree that the provisions of ss.24 to 28 of the Act will be excluded in relation to that tenancy or make an agreement to surrender provided that certain procedural requirements are met. The procedural requirements are set out in the Regulatory Reform (Business Tenancies) (England and Wales) Order 2003 (SI 2003/3096). It is no longer a requirement that the court should authorise any exclusion by agreement.

88-05 **Compensation upon termination of tenancy** There are two types of compensation to which a tenant may be entitled at the end of his tenancy. The first is compensation for improvements under the Landlord and Tenant Act 1927 which is dealt with at Section 101: Repairs and Improvements, of this work. The second is compensation for disturbance. This is payable by the landlord where that landlord has served a notice under s.25 or a counter-notice to a s.26 request opposing the grant of a new tenancy on grounds (e), (f) or (g) of s.30(1) and no others and: (a) the tenant does not apply to court for a new tenancy; or (b) the tenant withdraws his application; or (c) the tenant applies to court and the court is precluded from ordering the grant of a new tenancy by one of those grounds and no other (s.30(1), (1A), (1B) and (1C); s.37).

Compensation is also payable where the landlord obtains an order for possession or the tenant quits the holding by reason of misrepresentation or concealment of material facts: s.37A.

The amount of compensation payable is the product of the "appropriate multiplier" and either: (a) the rateable value of the holding; or (b) twice the rateable value of the holding: see s.37(2). For the rateable value, see s.35(7). There are specific provisions relating to a holding comprising domestic property. The "appropriate multiplier" is such multiplier as the Secretary of State may prescribe by statutory instrument: see s.37(8). Where the s.25 or s.26 notice was served before 1 April 1990, the multiplier is 3 (Landlord and Tenant Act 1954 (Appropriate Multiplier) Order 1990 (SI 1990/363) reg.3). Where such notice is given on or after that date the appropriate multiplier is 1 unless the tenant elects to be paid compensation by reference to the rateable value of the holding on 31 March 1990 in which case the appropriate multiplier is 8 (reg.4). A tenant will be entitled to double compensation if during the whole of the 14 years immediately preceding the termination of the "current tenancy", premises being or comprised in the holding have been occupied by the tenant (or the former occupier if the new tenant succeeded to the business of his predecessor) for the purposes of a business: see s.37(3). The date of termination of the "current tenancy" is defined as meaning the date of termination specified in the relevant s.25 notice or s.26 request for a new tenancy. For authority on the circumstances in which the test of 14 years occupation will be satisfied, see *Bacchiochi v Academic Agency Ltd* and *Sight and Sound Education v Books Etc Ltd*.[2] If those conditions are satisfied in relation to part of the holding only, the compensation is the aggregate of sums calculated separately as compensation in respect of each part (s.37(3A)). Provision is also made for cases where the reversion is divided between different landlords (s.37(3B)).

The tenant is entitled to the compensation upon "quitting the holding": see s.37(1) of the Act.

Proceedings

The Civil Procedure Rules Part 56 (introduced by the Civil Procedure (Amendment) Rules 2001 (SI 2001/256) makes provision for "landlord and tenant claims", including claims under the Landlord and Tenant Act 1954, made on or after 15 October 2001. The rules of court in force immediately before that date apply to earlier claims as if they had not been amended or revoked (Civil Procedure (Amendment) Rules 2001 (SI 2001/256) para.31).

88-06

Landlord and tenant claims are brought using the procedure in CPR Pt 8 as modified by CPR Pt 56, save where the claim is for a new tenancy under s.24 of the Act in circumstances where the grant of a new tenancy is opposed or for the termination of a tenancy under s.29(2) of the Act in which event the appropriate procedure

---

[2] *Bacchiochi v Academic Agency Ltd* [1998] 2 All E.R. 241 and *Sight and Sound Education v Books Etc Ltd* [1999] 3 E.G.L.R. 45.

is that in CPR Pt 7 as modified by CPR Pt 56. Where the county court has jurisdiction such claims must be brought in a county court hearing centre (CPR r.56.2(1)). In exceptional circumstances, a landlord and tenant claim may be commenced in the High Court if the claimant files with his claim form a certificate stating the reasons for bringing the claim in that court verified by a statement of truth (CPR r.56.2(2)). "Exceptional circumstances" may exist, for example, where there are complicated issues of fact or points of law of general importance (CPR r.56.2(3); PD 56 paras 2.2, 2.4). The value of the property and the amount of any financial claim may be relevant circumstances but will not alone normally justify commencement in the High Court (PD 56 para.2.5). If a claimant starts a claim in the High Court and the court decides it should have been commenced in the county court, the court will ordinarily either strike out the claim or transfer it to the county court of its own initiative. The costs of starting the claim in the High Court and of transfer will usually be disallowed (PD 56 para.2.3).

Additional requirements apply where a party to any claim under the 1954 Act is a "pubs code tenant", i.e. a tied pub tenant whose immediate landlord is a property owner holding 500 or more tied pubs in England and Wales (see The Pubs Code etc. Regulations 2016 (SI 2016/790) and The Small Business, Enterprise and Employment Act 2015). In certain circumstances tied tenants have the right to apply for a rent reassessment if they haven't had a review for five years and to request a market rent only option to go free of tie. The latter procedure is triggered by service of a "Market Rent Only" (MRO) notice.

88-07 **Lease Renewals** In both opposed and unopposed claims the claim form must contain details of—

(a) the property to which the claim relates;
(b) the particulars of the current tenancy (including date, parties and duration), the current rent (if not the original rent) and the date and method of termination;
(c) every notice or request made under s.25 or 26 of the Act; and
(d) the expiry date of—
   (i) the statutory period under s.29A(2) of the Act; or
   (ii) any agreed extended period made under s.29B(1) or 29B(2) of the Act (PD 56 para.3.4).

Where a party is a pubs code tenant, in addition, the claim form must:

(a) state that the tenant is a pubs code tenant;
(b) whether the tenant—
   (i) has given an MRO notice in accordance with the Pubs Code;
   (ii) has requested a rent proposal
(c) Where the tenant has given an MRO notice or has requested a rent proposal, the claimant may choose to state the proposed terms of the new tenancy, but is not obliged to do so (PD 56 paras 3.22–3.24).

Where the claimant is the tenant making a claim for a new tenancy under s.24 of the Act, in addition the claim form must contain details of—

(a) the nature of the business carried on at the property;
(b) whether the claimant relies on s.23(1A), 41 or 42 of the Act and, if so, the basis on which he does so;

(c) whether the claimant relies on s.31A of the Act and, if so, the basis on which he does so;
(d) whether any, and if so what part, of the property comprised in the tenancy is occupied neither by the claimant nor by a person employed by the claimant for the purpose of the claimant's business;
(e) the claimant's proposed terms of the new tenancy; and
(f) the name and address of—
  (i) anyone known to the claimant who has an interest in the reversion in the property (whether immediate or in not more than 15 years) on the termination of the claimant's current tenancy and who is likely affected by the grant of a new tenancy;
  (ii) if the claimant does not know of anyone with such an interest, anyone who has a freehold interest in the property (PD 56 para.3.5) (a copy of the claim form must also be served on any person so named (PD 56 para.3.6)).

Where the claimant is the landlord making a claim for a new tenancy under s.24 of the Act, in addition the claim form must contain details of— **88-08**

(a) the claimant's proposed terms of the new tenancy;
(b) whether the claimant is aware that the defendant's tenancy is one to which s.32(2) of the Act applies and, if so, whether the claimant requires that any new tenancy shall be a tenancy of the whole of the property comprised in the current tenancy or just of the holding as defined by s.23(3) of the Act; and
(c) the name and address of—
  (i) anyone known to the claimant who has an interest in the reversion in the property (whether immediate or in not more than 15 years) on the termination of the claimant's current tenancy and who is likely affected by the grant of a new tenancy;
  (ii) if the claimant does not know of anyone with such an interest, anyone who has a freehold interest in the property (PD 56 para.3.7) (a copy of the claim form must also be served on any person so named (PD 56 para.3.8)).

Where the claimant is the landlord making an application for the termination of a tenancy under s.29(2) of the Act, in addition the claim form must contain details of—

(a) the claimant's grounds of opposition;
(b) full details of those grounds of opposition; and
(c) the terms of a new tenancy that the claimant proposes in the event that his claim fails (PD 56 para.3.9).

The usual rules as to service set out in CPR r.7 apply. In a case decided under the old rules the Court of Appeal expressed the view that a failure to serve within the two month period prescribed by the new rules is likely to be fatal.[3]

Where the claim is an unopposed claim and the claimant is the tenant, the acknowledgment of service must be in Form N210 and must state with particulars—

---

[3] *Chabba v Turbogame Ltd* [2001] EWCA Civ 1073; (2001) 82 P. & C.R. DG 24.

(a) whether, if a new tenancy is granted, the defendant objects to any of the terms proposed by the claimant and, if so—
   (i) the terms to which he objects; and
   (ii) the terms that he proposes insofar as they differ from those proposed by the claimant;
(b) whether the defendant is a tenant under a lease having less than 15 years unexpired at the date of the termination of the claimant's current tenancy and, if so, the name and address of any person who, to the knowledge of the defendant, has an interest in the reversion of the property expectant (whether immediate or in not more than 15 years from that date) on the termination of the defendant's tenancy;
(c) the name and address of any person having an interest in the property who is likely to be affected by the grant of a new tenancy; and
(d) if the claimant's current tenancy is one to which s.32(2) of the Act applies, whether the defendant requires that any new tenancy shall be a tenancy of the whole of the property comprised in the claimant's current tenancy.

88-09 Where the claim is an unopposed claim and the claimant is the landlord, the acknowledgment of service must be in Form N210 and must state with particulars—

(a) the nature of the business carried on at the property;
(b) if the defendant relies on s.23(1A), 41 or 42 of the Act, the basis on which he does so;
(c) whether any, and if so what part, of the property comprised in the tenancy is occupied neither by the tenant nor by a person employed by the defendant for the purposes of the defendant's business;
(d) the name and address of—
   (i) anyone known to the defendant who has an interest in the reversion in the property (whether immediate or in not more than 15 years) on the termination of the defendant's current tenancy and who is likely affected by the grant of a new tenancy;
   (ii) if the defendant does not know of anyone with such an interest, anyone who has a freehold interest in the property;
(e) whether, if a new tenancy is granted, the defendant objects to any of the terms proposed by the claimant and, if so—
   (i) the terms to which he objects; and
   (ii) the terms that he proposes insofar as they differ from those proposed by the claimant (PD 56 para.3.11).

Where a claim is an opposed claim and the claimant is the tenant the acknowledgment of service must be in Form N9 and, in his defence, the defendant must state with particulars—

(a) the defendant's grounds of opposition;
(b) full details of those grounds of opposition;
(c) whether, if a new tenancy is granted, the defendant objects to any of the terms proposed by the claimant and, if so—
   (i) the terms to which he objects; and
   (ii) the terms that he proposes insofar as they differ from those proposed by the claimant;
(d) whether the defendant is a tenant under a lease having less than 15 years unexpired at the date of the termination of the current tenancy and, if so, the

name and address of any person who, to the knowledge of the defendant, has an interest in the reversion in the property expectant (whether immediately or in not more than 15 years from that date) on the termination of the tenancy;
(e) the name and address of any person having an interest in the property who is likely to be affected by the grant of a new tenancy; and
(f) if the claimant's current tenancy is one to which s.32(2) of the Act applies, whether the defendant requires that any new tenancy shall be a tenancy of the whole of the property comprised in the current tenancy (PD 56 para.3.12).

In an unopposed claim where a pubs code tenant has given an MRO notice, following the filing of the acknowledgement of service, the court must consider whether to stay the claim pending the end of the MRO procedure (CPR PD 56 para.3.26).

Where the court has stayed proceedings, the claimant must notify the court within 28 days following the end of the MRO procedure—

(a) whether any tenancy has been accepted; and
(b) where a tenancy has been accepted—
(c) the terms of the new tenancy; and
(d) whether any part of the claim is left for the court to determine (such as interim rent) and if so, what those matters are; or
(e) where no tenancy has been accepted, whether any terms of a proposed tied tenancy have been the subject of determination by the pubs code adjudicator.

In every case the claimant must file at the same time a consent order for disposal of the proceedings or proposed directions for the further conduct of the proceedings indicating whether those directions have been agreed with the defendant (PD 56 para.3.27).

Where the claim is an opposed claim for the termination of a tenancy under s.29(2) of the Act and the claimant is the landlord the acknowledgment of service must be in Form N9 and the defendant must, in his defence, state with particulars—

(a) whether the defendant relies on s.23(1A), 41 or 42 of the Act and, if so, the basis on which he does so;
(b) whether the defendant relies on s.31A of the Act and, if so, the basis on which he does so; and
(c) the terms of the new tenancy that the defendant would propose in the event that the claim to terminate the current tenancy fails (PD 56 para.3.13).

A defendant who fails to file an acknowledgment of service may attend the hearing of the claim but may not take part in the hearing unless the court gives permission (CPR r.8.4).

In an unopposed claim where a pubs code tenant has given an MRO notice, following the filing of the acknowledgement of service, the court must consider whether to stay the claim pending the end of the MRO procedure (CPR PD 56 para.3.26).

Where the claim is an unopposed claim, no evidence need be filed unless and until the court directs it to be filed. Where the claim is an opposed claim evidence (including expert evidence) must be filed by the parties as the court directs and the landlord must in any event file his evidence first (PD 56 paras 3.14 and 3.15).

Unless in the circumstances it is unreasonable to do so, any grounds of opposition shall be tried as a preliminary issue (PD 56 para.3.16).

If the court dismisses the grounds of opposition in a claim where a party is a pubs code tenant who has given an MRO notice, the court must consider whether to stay the court proceedings pending the end of the MRO procedure (PD 56 para.3.28).

Where the court has stayed proceedings under paragraph, the claimant must notify the court within 28 days following the end of the MRO procedure—

(a) whether any tenancy has been accepted; and
(b) where a tenancy has been accepted—
(c) the terms of the new tenancy; and
(d) whether any part of the claim is left for the court to determine (such as interim rent) and if so, what those matters are; or
(e) where no tenancy has been accepted, whether any terms of a proposed tied tenancy have been the subject of determination by the pubs code adjudicator,

and in every case must file at the same time a consent order for disposal of the proceedings or proposed directions for the further conduct of the proceedings indicating whether those directions have been agreed with the defendant (PD 56 para.3.29).

88-11 **Interim Rent** Where proceedings have been commenced an application for interim rent may be made by the claim form, the acknowledgment of service or defence or application notice under CPR Pt 23 (in Form N244) (PD 56 para.3.17). Where no proceedings have been commenced or proceedings have been commenced but disposed of the application must be made under CPR Pt 8 (in Form N208) and the claim form must include details of—

(a) the property to which the claim relates;
(b) the particulars of the relevant tenancy (including date, parties and duration) and the current rent (if not the original rent);
(c) every notice or request given or made under s.25 or 26 of the Act;
(d) if the relevant tenancy has been terminated, the date and mode of termination; and
(e) if the relevant tenancy has been terminated and the landlord has granted a new tenancy of the property to the tenant—
   (i) particulars of the new tenancy (including date, parties and duration) and the rent; and
   (ii) in a case where s.24C(2) of the Act applies but the claimant seeks a different rent under s.24C(3) of the Act, particulars and matters on which the claimant relies as satisfying s.24C(3) (PD 56 para.3.17).

Where a claim contains an application for interim rent and a party is a pubs code tenant who has given an MRO notice, the court must consider whether to stay determination of the issue of interim rent pending the end of the MRO procedure (PD 56 para.3.30).

Where the court has stayed proceedings, the claimant must notify the court within 28 days following the end of the MRO procedure—

(a) whether the terms of a new tenancy have been accepted; and
(b) if accepted, the terms of the new tenancy;
(c) and in every case must file at the same time a consent order for disposal of

the proceedings or proposed directions for the further conduct of the proceedings indicating whether those directions have been agreed with the defendant (PD 56 para.3.31).

In a claim or application for interim rent where a party is a pubs code tenant who has given an MRO notice, if a party considers that s.24C(3) of the 1954 Act applies for the calculation of interim rent because an MRO tenancy has been granted, that party must provide the terms of the old tenancy and any other evidence it considers appropriate to satisfy the court that the conditions for that section to apply have been met (PD 56 para.3.32).

UNOPPOSED APPLICATION BY TENANT FOR NEW BUSINESS TENANCY (CLAIM UNDER CPR PT 8)

This claim [includes] [does not include] any issues under the Human Rights Act 1998.

88-Z1

Details of Claim

1. [I] [We] [..........] of [..........] apply to the court for the grant of a new tenancy pursuant to s.24 of the Landlord and Tenant Act 1954.

2. The premises to which this application relates are: [Give address of premises].

3. The nature of the business carried on at the premises is:

4. The following are the particulars of [my] [our] current tenancy of the premises:
    (a) (Date of lease or agreement for a lease or tenancy agreement)
    (b) (Names of parties to lease or agreement)
    (c) (Term granted by lease or agreement)
    (d) (Rent reserved by lease or agreement)
    (e) (Terms as to date and mode of termination of tenancy)
    (f) (Whether any, and if so, what part of the property comprised in the tenancy is occupied neither by the tenant, nor by a person employed by the tenant for the purposes of the business carried on by the tenant in the premises)

5. [I] [We] do not rely upon s.23(1A), 41 or 42 of the Landlord and Tenant Act 1954.

6. On [date] the Defendant served on [me] [us] a notice to terminate dated [date] in accordance with the provisions of s.25 of the Landlord and Tenant Act 1954 specifying [date] as the date for termination and stating that the Defendant would not oppose an application to this court for a new tenancy.
    Or
    On [date] [I] [we] served on the Defendant a request dated [date] for a new tenancy in accordance with the provisions of s.26 of the Landlord and Tenant Act 1954 specifying [date] as the date for commencement of the new tenancy.
    The Defendant has not served on [me] [us] any counter-notice.

7. The claim is unopposed, therefore [I] [we] do not rely upon s.31A of the Landlord and Tenant Act 1954.

8. The expiry date of the statutory period under s.29A(2) of the Landlord and Tenant Act 1954 is [date].

9. [I] [We] have not agreed an extended period under s.29B(1) or 29B(2) of the Landlord and Tenant Act 1954.

10. The following are [my] [our] proposals as to the period, rent and other terms of the new tenancy for which [I am] [we are] applying:

11. The following persons are to [my] [our] knowledge interested in the reversion in the premises on the termination of [my] [our] tenancy:
[Give names and addresses and nature of interest in the premises (whether immediately or in not more than 15 years), of persons likely to be affected by the grant of a new tenancy *or* of anyone who has a freehold interest in the property.]

12. The name and address of the Defendant on whom this application is intended to be served are:

13. [My] [Our] address for service is:

14. Part 8 of the Civil Procedure Rules 1998 applies to this claim.

[Statement of truth]

APPLICATION FOR NEW BUSINESS TENANCY RAISING PRELIMINARY ISSUE AS TO VALIDITY OF S.25 NOTICE (ADAPTED FROM PRESCRIBED FORM N208)

88-Z2   This claim [includes] [does not include] any issues under the Human Rights Act 1998.

Details of Claim

1. The Claimant [name] of [address] applies to court for a declaration that the notice dated [date] which purported to be a notice to terminate the Claimant's tenancy of the premises at [address] under s.25 of the Landlord and Tenant Act 1954 ("the 1954 Act") was not a valid notice for the purposes of that section because [state reason]. [The Claimant requests the Court to give directions for this matter to be determined as a preliminary issue].

2. Alternatively, if, which is denied, the said notice was valid the Claimant applies to court for the grant of a new tenancy pursuant to Part II of the 1954 Act.
   [Conclude as in Precedent 88-Z1, paras 2 to 12]

[Statement of truth]

DEFENCE TO APPLICATION FOR NEW BUSINESS TENANCY IN RESPECT OF A TENANCY TO WHICH S.32 OF THE LANDLORD AND TENANT ACT 1954 APPLIES, INCLUDING AN APPLICATION FOR INTERIM RENT PURSUANT TO S.24 THEREOF

88-Z3   1. The Defendant admits paragraphs [..........] of the Particulars of Claim.

2. The Defendant opposes the grant of a new tenancy on the following grounds stated in his notice under section [25] [26(6)] of the Landlord and Tenant Act 1954, namely:
(Set out grounds of opposition)

3. The details of those grounds of opposition are as follows:
(Set out full details of grounds)

4. [If a new tenancy is granted, the Defendant does not object to its being granted on the terms proposed by the Claimant.
Or
[If a new tenancy is granted, the Defendant objects to its being granted on the following terms proposed by the Claimant, namely:]
(Set out the terms objected to)
and the following are the Defendant's counter-proposals as to the period, rent and other terms of such new tenancy:]

Particulars of Counter-Proposals

(Set out the Defendant's counter-proposals)

5. [The Defendant is not a tenant under a lease having less than 15 years unexpired at the at the date of the termination of the Claimant's tenancy.]
Or
[The Defendant is a tenant under a lease having less than 15 years unexpired at the date of the termination of the Claimant's tenancy, and the name(s) and address(es) of the person(s) having an interest in the reversion expectant on the termination of the Defendant's tenancy immediately or in not more than 15 years of the date of such determination [is] [are]:]

Particulars of Interested Persons

(Set out the names and addresses of any reversioners)

6. The following persons are to the Defendant's knowledge likely to be affected by the grant of a new tenancy:

Particulars of Persons Likely to be Affected by Grant

(Set out the names and addresses of all persons who are likely to be affected and the nature of the interest of each such person.)

7. The Claimant's tenancy is one to which s.32(2) of the Landlord and Tenant Act 1954 applies and, accordingly, the Defendant requires that any new tenancy ordered to be granted shall be a tenancy of the whole of the property comprised in the Claimant's current tenancy.

8. The Defendant hereby applies to the Court under s.24A of the Landlord and Tenant Act 1954 to determine a rent which would be reasonable for the Claimant to pay while the tenancy continues by virtue of s.24 of the Landlord and Tenant Act 1954.

[Statement of Truth]

BUSINESS TENANCIES

LANDLORD'S APPLICATION FOR INTERIM RENT (ADAPTED FROM PRESCRIBED FORM N244)

Part A

88-Z4 1. The Defendant intends to apply for an order (a draft of which is attached) under s.24A of the Landlord and Tenant Act 1954 ("the 1954 Act") to determine a rent which it would be reasonable for the Claimant to pay while his tenancy continues by virtue of s.24 of the 1954 Act.

Part B

2. The Defendant wishes to rely upon [the attached witness statement] [the evidence set out in Part C in support of this application].

Part C

3. [The Defendant wishes to rely upon the following evidence in support of this application:]
(Set out evidence in support)

4. The Defendant wishes to have this application dealt with [at a hearing] [at a telephone conference] [without a hearing].

5. The Defendant's time estimate for the [hearing] [conference] is [hours] [minutes].

6. The matters set out in paragraphs 4 and 5 herein [are] [are not] agreed by all parties.

7. A date is fixed for trial of the Claimant's claim for a new tenancy on [date] before a [level of judge].

8. The parties to be served with this application are:
(State the names and addresses of the persons to be served with the application)

9. The address to which documents about this claim should be sent to the Defendant is [address].

[Statement of truth]

APPLICATION FOR COMPENSATION UPON QUITTING PREMISES FOLLOWING TERMINATION OF BUSINESS TENANCY (CLAIM UNDER CPR PT 8)

88-Z5 This claim [includes] [does not include] any issues under the Human Rights Act 1998.

Details of Claim

1. The Claimant seeks:
   1.1 £[..........] compensation for disturbance.

1.2 Interest.
1.3 Costs.

2. The Claimant is the former tenant of business premises known as [address]) ("the Property").

3. By a lease dated [date] the Defendant let to the Claimant the Property for a term of [..........] commencing on [date] and expiring on [date]. A copy of the lease is annexed hereto.

4. The Claimant's occupation of the Property for the purposes of his [newsagency] business commenced on [date] and continued thereafter until the events described in paragraph 5 below.

5. By a notice under s.25 of the Landlord and Tenant Act 1925 and dated [date] and sent by recorded delivery on the same date [vary as appropriate] the Defendant terminated the tenancy on [date]. In that notice the Defendant indicated that if the Claimant applied to the court under Part II of the Landlord and Tenant Act 1954 for the grant of a new tenancy, he would oppose it on the grounds mentioned in paragraphs [(e) *and/or* (f) *and/or* (g)] of s.30(1) of that Act (and not on any other ground specified in any other paragraph in that subsection).

6. On [date] the Claimant notified the Defendant in writing that he would be willing to give up possession on [date]. On [date] the Claimant did give up possession of the Property to the Defendant.

7. The rateable value of the Property on [date of termination specified in the landlord's s.25 notice or in tenant's s.26 notice as day from which new tenancy proposed to begin] was £[..........].

8. The appropriate multiplier for the purposes of s.37(8) of the Landlord and Tenant Act 1954 is [1].

9. [For the whole of the 14 years immediately preceding the termination of the current tenancy the Property was occupied for the purpose of a business carried on by the occupier.]

10. As a result of the matters pleaded above, the Claimant is entitled to compensation under s.37 of the Landlord and Tenant Act 1954, being the product of the appropriate multiplier and [twice] the rateable value of the holding.

Particulars

[Set out basis of calculation.]

11. By letters dated [date] the Claimant has requested the Defendant to pay him the said compensation but to date the Defendant has failed to do so.

12. Furthermore, the Claimant claims interest upon the sums owing to him pursuant to (s.69 of the County Courts Act 1984 or s.35A of the Senior Courts Act 1981) at the rate of 8 per cent per annum in the amount of £[..........] from the date of his quitting the Property to the date of this Particulars of Claim and continuing thereafter at the daily rate of £[..........] until judgment or sooner payment.

13. Part 8 of the CPR applies to this claim.

AND the remedies sought by the Claimant are:
(1) £[..........] compensation for disturbance.
(2) Interest.
(3) Costs.

[Statement of truth]

PARTICULARS OF CLAIM FOR POSSESSION OF BUSINESS PREMISES RELYING ON AGREEMENT TO EXCLUDE SS.24 TO 28 OF THE LANDLORD AND TENANT ACT 1954

88-Z6

1. The Claimant is the freehold owner and is entitled to possession of the property known as [..........] ("the Property").

2. No part of the Property consists of residential premises.

3. By a lease ("the Lease") dated [date] the Claimant let to the Defendant the Property for a term of [..........] at the rent of £[..........] per annum payable quarterly in advance on the usual quarter days. A copy of the Lease is annexed hereto.

4. Before the Lease was entered into the Claimant and Defendant entered into an agreement excluding the provisions of ss.24 to 28 inclusive of the Landlord and Tenant Act 1954 pursuant to s.38A thereof.

5. Clause [..........] of the Lease makes reference to the notice served by the Claimant before the Lease was entered into and to the said agreement.

6. The term demised by the Lease expired by effluxion of time on [date].

7. Thereafter, the Defendant remained and continues to remain in occupation of the Property as a trespasser.

8. To the best of the Claimant's knowledge and belief no person other than the Defendant is in possession of the Property.

9. The current market value of the Property is £[..........] per [..........] and the Claimant claims mesne profits from [date] at that rate.

10. Furthermore, the Claimant claims interest on the said mesne profits pursuant to (s.69 of the County Courts Act 1984 or s.35A of the Senior Courts Act 1981) at such rate and for such period as this Court considers fit.

PARTICULARS OF CLAIM FOR POSSESSION OF BUSINESS PREMISES ON TENANT'S FAILURE TO APPLY TO COURT FOR A NEW TENANCY

88-Z7

1. The Claimant is the freehold owner and is entitled to possession of the property known as [..........] ("the Property").

2. No part of the Property consists of residential premises.

3. By an agreement in writing dated [date] the Claimant let to the Defendant the Property for a term of [..........] at the rent of £[..........] per annum payable in quarterly in advance on the usual quarter days. A copy of the agreement is annexed hereto.

4. The term demised by the tenancy agreement expired by effluxion of time on [date].

5. Thereafter the Defendant remained in occupation the Property for the purposes of his business and his tenancy was continued by s.24 of the Landlord and Tenant Act 1954.

6. By a notice under s.25 of the Landlord and Tenant Act 1925 and dated [date] and sent by recorded delivery on the same date [amend as appropriate] the Claimant terminated the tenancy on [date].

7. Subsequently the Defendant did not make an application for a new tenancy before the date specified in the notice under s.25 of the Landlord and Tenant Act 1954.

8. Accordingly the tenancy terminated on [date] and the Defendant remains in occupation of the Property as a trespasser.

9. To the best of the Claimant's knowledge and belief no person other than the Defendant is in possession of the Property.

10. The current market value of the Property is £[..........] per [..........] and the Claimant claims mesne profits from [date] at that rate.

11. Furthermore, the Claimant claims interest on the said mesne profits pursuant to (s.69 of the County Courts Act 1984 or s.35A of the Senior Courts Act 1981) at such rate and for such period as this Court considers fit.

PRESCRIBED FORM SERVED BY LANDLORD PRIOR TO AGREEMENT PURSUANT TO
s.38A(1) EXCLUDING SECURITY OF TENURE (SCH.1 TO THE REGULATORY REFORM
(BUSINESS TENANCIES) (ENGLAND AND WALES) ORDER 2003)

Form of Notice that Sections 24 to 28 of the Landlord and Tenant Act 1954 are not to Apply to a Business Tenancy

88-Z8

To:

_____

_____

[Name and address of tenant]

From:

_____

_____

[Name and address of landlord]

PRESCRIBED FORM SERVED BY LANDLORD PRIOR TO AGREEMENT: S.38A(1)

IMPORTANT NOTICE

You are being offered a lease without security of tenure. Do not commit yourself to the lease unless you have read this message carefully and have discussed it with a professional adviser.

Business tenants normally have security of tenure – the right to stay in their business premises when the lease ends.

If you commit yourself to the lease you will be giving up these important legal rights.

- You will have **no right** to stay in the premises when the lease ends.

- Unless the landlord chooses to offer you another lease, you will need to leave the premises.

- You will be unable to claim compensation for the loss of your business premises, unless the lease specifically gives you this right.

- If the landlord offers you another lease, you will have no right to ask the court to fix the rent.

It is therefore important to get professional advice – from a qualified surveyor, lawyer or accountant - before agreeing to give up these rights.

If you want to ensure that you can stay in the same business premises when the lease ends, you should consult your adviser about another form of lease that does not exclude the protection of the Landlord and Tenant Act 1954.

If you receive this notice at least 14 days before committing yourself to the lease, you will need to sign a simple declaration that you have received this notice and have accepted its consequences, before signing the lease.

But if you do not receive at least 14 days' notice, you will need to sign a "statutory" declaration. To do so, you will need to visit an independent solicitor (or someone else empowered to administer oaths).

Unless there is a special reason for committing yourself to the lease sooner, you may want to ask the landlord to let you have at least 14 days to consider whether you wish to give up your statutory rights. If you then decided to go ahead with the agreement to exclude the protection of the Landlord and Tenant Act 1954, you would only need to make a simple declaration, and so you would not need to make a separate visit to an independent solicitor.

BUSINESS TENANCIES

PRESCRIBED FORM SERVED BY LANDLORD PRIOR TO AGREEMENT PURSUANT TO
S.38A(2) THAT THE TENANCY SHALL BE SURRENDERED (SCH.3 TO THE 2003 ORDER)

Form of Notice that an Agreement to Surrender a Business Tenancy is to be Made

88-Z9

To:

_____

_____

[*Name and address of tenant*]

From:

_____

_____

[*Name and address of landlord*]

[778]

PRESCRIBED FORM SERVED BY LANDLORD PRIOR TO AGREEMENT: S.38A(2)

IMPORTANT NOTICE FOR TENANT

Do not commit yourself to any agreement to surrender your lease unless you have read this message carefully and discussed it with a professional adviser.

Normally, you have the right to renew your lease when it expires. By committing yourself to an agreement to surrender, **you will be giving up this important statutory right**.

- You will **not** be able to continue occupying the premises beyond the date provided for under the agreement for surrender, **unless** the landlord chooses to offer you a further term (in which case you would lose the right to ask the court to determine the new rent). You will need to leave the premises.

- You will be unable to claim compensation for the loss of your premises, unless the lease or agreement for surrender gives you this right.

A qualified surveyor, lawyer or accountant would be able to offer you professional advice on your options.

You do not have to commit yourself to the agreement to surrender your lease unless you want to.

If you receive this notice at least 14 days before committing yourself to the agreement to surrender, you will need to sign a simple declaration that you have received this notice and have accepted its consequences, before signing the agreement to surrender.

But if you do not receive at least 14 days notice, you will need to sign a "statutory" declaration. To do so, you will need to visit an independent solicitor (or someone else empowered to administer oaths).

Unless there is a special reason for committing yourself to the agreement to surrender sooner, you may want to ask the landlord to let you have at least 14 days to consider whether you wish to give up your statutory rights. If you then decided to go ahead with the agreement to end your lease, you would only need to make a simple declaration, and so you would not need to make a separate visit to an independent solicitor.

Section 89:

COMMON, RIGHTS OF

Table of Contents

Particulars of Claim for disturbance of a right of common of pasture 89-Z1
Particulars of Claim by commoners seeking injunction to restrain surcharging 89-Z2
Particulars of Claim for proceedings in the county court for the removal of a fence from a common 89-Z3

Right of action

Preliminary Note The detailed law relating to rights of commons is complex and often archaic. Detailed consideration is outwith the scope of this work. Practitioners are advised to consult specialist texts. What follows is a summary of the position as it currently stands. 89-01

Historically, a right of common is a right, which one or more persons may have, to take or use some portion of that which another man's soil naturally produces.[1] The right is thus in the nature of a profit à prendre. There are a number of kinds of rights of common, exercisable in different ways. The five main classes are (1) common of pasture (feeding animals on the land of another); (2) common of piscary (fishing in another man's water); (3) common of turbary (digging turf or peat out of another's soil); (4) common of estovers (taking from another's land wood necessary for the sustenance of the commoner's house or agriculture); and (5) common in soil (taking sand, gravel, stone and minerals from another man's soil). The persons in whom the right of common is vested are termed "commoners".

The law relating to rights of common is founded in common law, but has been overhauled following statutory intervention, particularly the enactment of the Commons Act 1965. The law is to be fundamentally altered again by the Commons Act 2006, which received Royal Assent on 19 July 2006 but is not yet fully in force. The purpose of the 2006 Act is to reform the system of registration and management of common land and rights of common and, to a lesser extent, registration of town and village greens. At present, the law relating to rights of common is found in a mixture of common law, the 1965 Act and those provisions of the 2006 Act currently in force.

The 1965 Act defines "common land" as "land subject to rights of common whether those rights are exercisable at all times or only during limited periods; or waste land of a manor not subject to rights of common". The 2006 Act contains no such definition, however Annex A to the Explanatory Notes to the 2006 Act states:

---

[1] *Cooke's Inclosure Acts* (4th edn), p.5.

"In general, common land is owned by one person over which another person is entitled to exercise rights of common (such as grazing his animals) and these rights are generally exercisable in common with others. However, in legal terms, the situation is inevitably more complex. There is no single definition of the term 'common land' or indeed of 'common' or 'common rights'. The 1965 Act introduced a statutory definition of 'common land' but this is strictly relevant only for the purpose of deciding whether land was or was not eligible for registration under that Act".

89-02 The 2006 Act is divided into five parts. Part 1 replaces and improves the registration system under the 1965 Act, which was considered to be flawed. The requirement of registration remains (and is indeed of primary importance). Part 2 enables the appropriate national authority to establish commons councils with functions relating to the management of common land. Part 3 contains provisions to prohibit the carrying out of works on common land without consent, replacing s.194 of the Law of Property Act 1925, which is repealed. Part 4 contains provisions to prohibit the carrying out of works on common land without consent, replacing s.194 of the Law of Property Act 1925, which is repealed and contains provisions concerning powers of intervention to deal with activities that are detrimental to those with rights of common or to the public interest. It also preserves powers to enable local authorities to protect unclaimed common land and town and village greens from unlawful interference. Further amendments are made to the Commons Act 1899, which confers powers upon local authorities to make schemes for the regulation of commons. Part 5 contains amendments to other acts and repeals, and general provisions about commencement orders, regulations, etc.

The 2006 Act requires that all common registration authorities continue to maintain the registers of common land established under the 1965 Act. Registers must record common land and rights of common registered at the date of commencement of the 2006 Act and any such other rights as may be registered under the 2006 Act.

Registration is conclusive evidence of the matters registered, as at the date of registration, except where the registration is provisional (1965 Act s.10, repeated in the 2006 Act). However, the register is not conclusive as regards the absence of constraints on the exercise of a right of common if no such constraints are registered (2006 Act s.18(5). Registration means that rights of common may be exercised over the common land in accordance with the provisions of the 1965 Act and/or the 2006 Act; there is a restriction on the type of works which can be carried out on the land; and there may be public rights of access over the common land (2006 Act s.1).

The 2006 Act does not purport to increase rights or confer rights when none had existed prior to the commencement date.[2] Under the 2006 Act, rights of common can only be acquired in accordance with s.6. Such a right may not be acquired by prescription and may only be created by express grant or reservation if the land is not registered as a town or village green and the right is attached to, and therefore capable of benefiting identifiable land. In such circumstances the creation of the right only has effect if it complies with such requirements as to form and content as regulations may provide. In very limited circumstances, rights of common can be created by statute, such as where a compulsory purchase order includes the vesting of land in exchange for common land that is to be acquired (see e.g. s.19 of the

---

[2] *Dance v Savery* [2011] EWHC 16 (Ch); [2011] 2 P. & C.R. 1.

Acquisition of Land Act 1981). The 2006 Act abolishes any power of approvement and inclosure (ss.47, 48).

Moreover, the creation of a right of common by express grant does not operate at law until an application is made and the right is registered in a register of common land and, if the right is created over land not registered as common land, the land is registered in a register of common land.

Claims As against the owner of the common, a commoner is entitled to abate a nuisance preventing the enjoyment of a right of common only if the nuisance excludes him from exercising his rights. If the owner of the common erects a wall, gate, hedge or fence around the common the commoner may pull it down.[3]

89-03

In most cases it is advisable for a commoner to enforce his rights by an action for damages and/or a claim for an injunction. Court proceedings are the appropriate course of action where the owner surcharges the common with his own stock, or approves without leaving sufficiency of pasture or takes materials from the soil to the detriment of the pasturage. In an action against the owner the commoner must "state the surcharge", i.e. specific injury must be proved.[4]

A commoner is also entitled to take action against another commoner or stranger who interferes with his enjoyment of his rights. Where the act complained of is the act of a stranger an action will lie without proof of damage.[5]

Section 41(2) of the 2006 Act enables any person to apply to the county court for an order to remove unauthorised works carried out on common land (see s.38 applies: prohibition of works without consent. Part I Ch.3 of the Countryside and Rights of Way Act 2000 enables a commoner in certain circumstances to seek restrictions on access land, as defined, but does not confer any right of action in trespass.

The county court has jurisdiction in actions relating to the exercise of a right of common and may grant an order for damages, an injunction and/or a declaration: Commons Act 1876 s.30. Where appropriate proceedings may be brought in the High Court; the appropriate division is the Chancery Division. A claim should be brought under CPR Pt 7 except in cases in which there is unlikely to be a substantial dispute of fact: CPR r.8.1. In proceedings relating to rights of common it may be convenient to bring a representative action in accordance with CPR r.19.6.

PARTICULARS OF CLAIM FOR DISTURBANCE OF A RIGHT OF COMMON OF PASTURE

1. The Claimant is the owner and occupier of [..........] Farm ("the Farm").

89-Z1

2. The Claimant is entitled to a right of common of pasture for all the cattle upon the Farm over a waste or common known as [..........] Common ("the Common") at all times of the year.

3. The Common and the Claimant's rights over it been finally registered under the Commons Registration Act 1965 under registration number [..........].

---

[3] *Arlett v Ellis* 108 E.R. 752; (1827) 7 B. & C. 346.
[4] *Hobson v Todd* (1790) 4 T.R. 71.
[5] *Robertson v Hartopp* (1889) L.R. 43 Ch.D. 484.

4. Between [date] and [date] the Defendant wrongfully erected a fence upon and inclosed part of the Common and thereby prevented the Claimant from exercising his rights over that part of the Common.

Particulars
[Insert details.]

5. Furthermore, the Defendant threatens unless restrained by this court to erect further fencing upon the Common.

Particulars
[Insert details.]

6. By reason of the above, the Claimant has suffered loss and damage.

Particulars
[Insert details.]

7. Furthermore, the Claimant claims interest on such damages as are awarded to him from such date as may be just until judgment herein at the rate of [..........] per annum pursuant to s.69 of the County Courts Act 1984.

8. The Claimant expects to recover more than £10,000 but not more than £25,000.

AND the Claimant claims:
(1) An order that the Defendant shall remove the fencing on the Common.
(2) An injunction to restrain the Defendant by himself or by his servants agents or workmen or howsoever otherwise from fencing off or otherwise inclosing any part of the Common.
(3) Damages.
(4) Interest.

[Statement of truth]

PARTICULARS OF CLAIM BY COMMONERS SEEKING INJUNCTION TO RESTRAIN SURCHARGING

89-Z2 1. The Claimant is the owner and occupier of [..........] Farm("the Farm").

2. The Claimant is entitled to a right of common of pasture for all the cattle upon the Farm over a waste or common known as [..........] Common ("the Common") at all times of the year.

3. The Common has been finally registered under the Commons Registration Act 1965 under registration number [..........].

4. The Claimant has been finally registered as a person having a right of common of grazing not exceeding [..........] cattle pursuant to s.15 of the Commons Registration Act 1965.

5. The Defendant is finally registered as a person having a right of common of grazing not exceeding [..........] cattle pursuant to s.15 of the Commons Registration Act 1965.

6. Since approximately [date] the Defendant has grazed approximately [..........] cattle upon the Common and therefore unlawfully exceeded his entitlement.

7. The actions of the Defendant have interfered with the Claimant's exercise of his right of grazing.

Particulars

[Insert details.]

8. By a letter dated [date] XY solicitors on behalf of the Claimant advised the Defendant that his actions were unlawful and requested the Defendant to restrict the number of his cattle grazing upon the Common to [..........].

9. The Defendant has not replied to this letter. The Claimant believes that the Defendant threatens and intends, unless restrained by an order of this court to continue to graze cattle in excess of his entitlement.

AND the Claimant claims:
(1) An injunction to restrain the Defendant from grazing more than [..........] cattle upon the Common.

[Statement of truth]

PARTICULARS OF CLAIM FOR PROCEEDINGS IN THE COUNTY COURT FOR THE REMOVAL OF A FENCE FROM A COMMON

1. The Claimant is the owner and occupier of [..........] Farm ("the Farm").   **89-Z3**

2. The Farm is situated adjacent to a waste or common known as [..........] Common ("the Common").

3. ...

4. ...

5. On or about [..........] the Defendant erected or caused to be erected a fence upon the Common without the consent of the Secretary of State contrary to s.38(1) of the Commons Act 2006. As a result of the erection of the fence the Claimant has been deprived of access to the Common and has suffered loss and damage.

Particulars

[Insert details.]

6. Notwithstanding requests made by the Claimant the Defendant has refused and continues to refuse to remove the fence from the Common.

7. By reason of s.41(1) of the Commons Act 2006 the Claimant is entitled to apply to court for the removal of the fence from the Common.

8. Furthermore, the Claimant claims interest on such damages as are awarded to him from such date as may be just until judgment herein at the rate of [..........] per annum pursuant to s.69 of the County Courts Act 1984.

9. The Claimant expects to recover more than £10,000 but not more than £25,000.

AND THE Claimant claims:
(1) An Order pursuant to s.41(2) of the Commons Act 2006 that the Defendant removes the said fence from the Common
(2) Damages
(3) Interest

[Statement of truth]

Section 90:

CONSTRUCTION AND RENT REVIEW

Table of Contents

Claim for declaration of true effect of rent review clause	90-Z1
Part 8 Claim for declaration rent review implemented	90-Z2
Claim for permission to appeal on question of law: arbitration application	90-Z3
Defence to claim for rent on basis that time is not of the essence for appointment of arbitrator	90-Z4

Rent review is a specialised and complex area of law and valuation practice where principles of contract law, property law and arbitration law often interrelate. Reference should be made to *Bernstein and Reynolds' Handbook of Rent Review* for a more detailed analysis.[1] As a contract, a lease gives rise to issues of construction and effect similar to those which arise under any commercial contract. Usually, these are questions of the true construction of the words that the parties have used (see Precedent 90-Z1), and questions as to whether on the basis of (often undisputed) events that have happened some particular state of affairs predicated by the lease has come into existence (see Precedent 90-Z2 and 90-Z4). Although considered here in the context of rent review, the issues and approach are no different from construing the meaning and effect of any of the terms of the lease. Where an arbitration award has been made, one party may wish to seek permission to appeal under s.69 of the Arbitration Act 1996 on a question of law determined by the arbitrator (see Precedent 90-Z3), or may seek to challenge the award under s.68 of that Act on the ground of some serious irregularity affecting the tribunal, the proceedings or the award. **90-01**

Pleading Where a question is unlikely to involve a substantial dispute of fact, a claimant may use the Pt 8 procedure under the CPR r.8.1(2). Pt 8 claims must be brought using the Pt 8 Claim Form N208 (PD 8A para.4.2, 4PD). The claim form must include the matters set out at CPR r.8.2. Evidence in support of the claim must be filed and served with the claim form (CPR r.8.5(1),(2)). **90-02**

The procedure in respect of arbitration proceedings is contained in CPR Pt 62. Section 1 of that Part deals with arbitration applications under the Arbitration Act 1996. An arbitration claim must be started by the issue of an arbitration claim form in accordance with the Pt 8 procedure (CPR r.62.3(1)). Where the arbitration relates to a landlord and tenant dispute it must be issued in the Chancery Division of the High Court. The arbitration claim form must contain the particulars required by CPR r.62.4 and be substantially in the same form as Annex A to the practice direction (PD 62 para.2.2). Any evidence in support of the claim should be filed with the

---

[1] *Bernstein and Reynolds' Handbook of Rent Review*, looseleaf (London: Sweet & Maxwell,).

claim form (CPR r.8.5). The appropriate acknowledgment of service is in Form N15. Where permission to appeal is required the application for permission should also be made using the arbitration claim form, identifying the question of law and stating the grounds on which permission should be given (PD 62 para.12.1). The appeal or application for permission to appeal must be issued in the Civil Division of the Court of Appeal (PD 62 para.2.3A). Written evidence may be submitted in support (PD 62 para.12.4) in certain circumstances. An application under s.9 of the Arbitration Act 1996 to stay legal proceedings must be made by application notice to the court dealing with those proceedings (CPR r.62.3(2)).

CLAIM FOR DECLARATION OF TRUE EFFECT OF RENT REVIEW CLAUSE

90-Z1 This claim [does] [does not] include issues under the Human Rights Act 1998.

Details of claim

1. The Claimant's claim is for determination of the following questions of law:
   (a) Whether on a true construction of a lease of property known as XYZ made on [date] between EF and GH as lessee time is of the essence of the limitation in paragraph 4(2) of Schedule 5 to the lease for service of a tenant's counternotice objecting to the rent proposed by the landlord.
   (b) Whether on the true construction of the rent review provisions of the lease, the lease notionally granted on the review dates is of premises assumed to be fully fitted out for the hypothetical tenant's requirements and ready for immediate use and occupation, or of premises which are a shell and ready for tenant's fitting out works.

2. The Claimant is the tenant under the lease and the Defendant is the landlord under the lease.

3. This claim is made pursuant to CPR Part 8.

[Statement of truth]

PART 8 CLAIM FOR DECLARATION RENT REVIEW IMPLEMENTED

90-Z2 This claim [does] [does not] include issues under the Human Rights Act 1998.

Details of claim

[Insert details.]

1. The Claimant's claim is for the following remedies:
   (a) A declaration that upon the true construction of a lease of property known as XYZ made on [date] between EF as lessor and GH as lessee and in the events which have happened a notice dated [date] and served by the Claimant on the Defendant on [date] was validly served pursuant to clause 5(3)(b) of the lease.
   (b) A declaration that in consequence of the notice dated [date] and in the events which have happened the Claimant is entitled to call for a review of the rent payable by the Defendant under the lease with effect from [date].
   (c) Further or other relief.
   (d) Costs.

2. The basis of the Claimant's claim is that the Claimant is the tenant under the lease and the Defendant is the landlord under the lease, and that the parties have failed to agree on the effect of the notice dated [date] referred to above and on the true construction of the lease.

3. This claim is made pursuant to CPR Part 8.

[Statement of truth]

CLAIM FOR PERMISSION TO APPEAL ON QUESTION OF LAW: ARBITRATION APPLICATION

[This claim will be heard on [date and time] [This claim is made without notice] **90-Z3**
The names and addresses of the persons to be served with the claim form and their role in the arbitration are as follows:
[names and addresses]
[Insert names] are defendants.
The remedy claimed and the grounds on which the claim is made:

1. The remedy claimed by the Claimant is permission to appeal pursuant to s.69 of the Arbitration Act 1996 against that part of the award of [name] in which he decided that on the true construction of the rent review provisions of the lease of premises known as [name] made on [date] between [name] as lessor and [name] as lessee the term of the hypothetical lease was 25 years from the review date. The award was made on [name].

2. The grounds for the application are:
   (a) The Arbitrator was wrong in law and that on the true construction of the lease the term of the hypothetical lease is 25 years from the date of commencement of the actual lease. The Arbitrator found that if the Claimant's contention on the length of the term were correct, the rent payable on review would have been £15,000 per annum higher than the rent that he awarded.
   (b) Leave to appeal should be granted because:
      (i) the Arbitrator's decision on the true construction of the lease is obviously wrong;
      (ii) the appeal raises a question of law; and
      (iii) the rights of the Claimant will be substantially affected by a determination of the question in its favour, the increase in rent being £75,000 for the next 5 years of the lease and the same question being likely to suppress the rental value on further rent reviews under the lease.
   (c) The Defendant has refused to agree to an appeal being brought against this part of the Arbitrator's award. There is no available arbitral or statutory process available to the Claimant to appeal, review or correct the award.

3. Written evidence in support is annexed hereto.

4. The Claimant seeks an order for the costs of this application against the Respondent.

[Statement of truth]

DEFENCE TO CLAIM FOR RENT ON BASIS THAT TIME IS NOT OF THE ESSENCE FOR APPOINTMENT OF ARBITRATOR

90-Z4 1. It is denied that the sums claimed by the Claimant are due from the Defendant.

2. Although the Defendant failed within the time specified in clause [..........] of the Lease to serve on the Claimant a counternotice contesting the reviewed rent proposed by the Claimant in its notice, time for service of the counternotice is not of the essence, and accordingly the counternotice served by the Defendant on [date] was valid to refer the quantum of the reviewed rent to the determination of a surveyor.

3. Accordingly, the default provisions of clause [..........] of the Lease have not come into effect and rent at the rate stated in the Claimant's notice has not become payable under the Lease.

[Statement of truth]

Section 91:

CO-OWNERSHIP

TABLE OF CONTENTS

Part 8 Claim Form Details of Claim seeking declarations of co-ownership and extent of beneficial shares	91-Z1
Particulars of Claim seeking a declaration that property is held in trust for partners in equal shares under an express declaration of trust	91-Z2
Part 8 Claim Form Details of Claim seeking a declaration that property is held on a resulting trust	91-Z3
Particulars of Claim against Trustee by beneficiary solely entitled for conveyance to beneficiary of trust property .	91-Z4
Particulars of Claim asserting interest under resulting trust .	91-Z5
Particulars of Claim seeking a declaration that property is held under a constructive trust arising from express agreement and contributions	91-Z6
Defence raising presumption of advancement	91-Z7
Defence raising gift	91-Z8
Part 8 Claim Form Details of Claim seeking declaration that joint tenancy has been severed by notice	91-Z9
Part 8 Claim Form Details of Claim seeking order for sale pursuant to s.14 of the Trust of Land and Appointment of Trustees Act 1996	91-Z10

91-01 The law relating to co-ownership is a huge area and a work such as this can only touch the surface of the topic. The reader is invited to refer to a specialist work such as *Megarry & Wade's Law of Real Property* (9th edn), Chs. 10 and 13.[1]

91-02 **Joint tenants and tenants in common** Co-ownership arises when two or more persons hold concurrent interests in land. The two most important forms of co-ownership are the joint tenancy and the tenancy in common. After 1925 the only form of co-ownership which can exist in law is the joint tenancy; a tenancy in common can exist only in equity (Law of Property Act 1925 s.1(6)). The legal estate must always be considered separately from the equitable interest; frequently co-owners may be joint tenants holding the legal estate in trust for themselves (and perhaps others) as equitable tenants in common.

Joint tenants are, as against the rest of the world, in the position of a single owner. Each joint tenant has an identical interest in the whole land and every part of it. The two main features of a joint tenancy are the right of survivorship (*jus accrescendi*) and the four unities. Survivorship means that, on the death of a joint tenant, his

---

[1] *Megarry & Wade's Law of Real Property* 9th edn, (London: Sweet & Maxwell, 2019) Chs 10 and 13.

interest in the land passes automatically to the remaining joint tenants. The four unities of a joint tenant are the unities of possession, interest, title and time. Unity of possession means that each co-owner is entitled to possession of as much of the land as the others. Unity of interest requires that the interest of each joint tenant is the same in extent, nature and duration. Unity of title requires that each joint tenant claim title to the land under the same act or document. Unity of time means that the interest of each tenant must vest at the same time.

A legal joint tenancy cannot be severed, although one joint tenant may release his interest to others and there may be a severance in equity (Law of Property Act 1925 s.36(2)). Severance occurs: when a joint tenant alienates his beneficial interest voluntarily or involuntarily (by, for example, bankruptcy); by the mutual agreement of all the joint tenants; by a course of dealing sufficient to intimate that the interests of all were mutually treated as constituting a tenancy in common; by notice in writing (Law of Property Act 1925 s.36(2)); by the acquisition by the joint tenant of another estate in land; and if one joint tenant kills another.

Tenants in common hold in undivided shares so that, whilst the tenancy in common endures, no one is entitled to a distinct share in the land. Only unity of possession is required to create a tenancy in common. There is no survivorship amongst tenants in common and the share of a deceased tenant in common will pass with his estate.

At law, therefore, a tenancy in common will arise where any of the unities other than unity of possession are absent or where the grant contains express words of severance or otherwise indicates that a tenancy in common is intended. In equity there are a number of cases in which a tenancy in common may be created by way of a constructive or resulting trust.

91-03 **Resulting and Constructive Trusts** The basis for a resulting trust is the presumed intention of the parties. A resulting trust will arise where land is conveyed to one person, but the purchase money is provided in whole or in part by another. In such cases there is presumed to be a resulting trust in favour of the person who provided the purchase money. The presumption can be rebutted by evidence that the money was a gift or a loan or by the presumption of advancement which arises if the legal owner is the wife or child of the donor. Note, however, that the presumption of advancement is to be abolished on a date to be appointed (Equality Act 2010 s.199).

A constructive trust will be imposed in a number of situations. There are two circumstances which are of particular importance with regard to co-ownership of property. The first is where it would be inequitable to deny the claimant an interest in the property. A constructive trust was imposed, for example, upon a purchaser who gave an oral undertaking to the vendor that the vendor would retain a beneficial interest in the land after the transfer.[2] The second is where a person has acted to his detriment in reliance upon a common intention that he will acquire an interest in a property.[3] So, for example, a constructive trust may be imposed where one person purchases land and another claims an interest by reason of some contribution or having made some improvement.

91-04 **Property bought in joint names** In the case of joint legal ownership the starting point is to assume that equality follows the law. In proving the contrary the

---

[2] *Bannister v Bannister* [1948] 2 All E.R. 133.
[3] *Lloyds Bank Plc v Rosset* [1991] 1 A.C. 107.

presumption of resulting trust arising from the proportion of the parties' financial contributions is not, however, a rule of law. Instead the courts will seek the result that reflected what the parties must, in the light of their conduct, have intended.[4] Where there is evidence from which the parties' intentions could be identified, neither the presumption that a conveyance into joint names indicated a legal and beneficial joint tenancy unless the contrary were proved, nor the presumption of a resulting trust where the parties had contributed unequally to the purchase of property in their joint names, would prevail.[5] Further, whilst most disputes about co-ownership involve domestic property, it seems that the same principles apply to commercial investments (*Marr v Collie*).

Trust of Land Under the Trusts of Land and Appointment of Trustees Act 1996 (the 1996 Act) a trust of land is imposed where land is conveyed to or held by or on behalf of two or more persons beneficially entitled (Law of Property Act 1925 ss.34, 36 as amended by the 1996 Act). The 1996 Act entitles a beneficiary who is beneficially entitled to an interest in possession in the land to occupy it, subject to the trustees' powers to exclude or restrict such right (s.12 of the 1996 Act). In the event of a dispute as to whether to sell or retain land a trustee or any interested person may apply to court pursuant to s.14 of the 1996 Act for an order in relation to the exercise by the trustees of any of their functions. Trustees are given extensive powers to manage and sell the land, subject to a duty to consult with beneficiaries (s.6 of the 1996 Act). A purchaser need consider only the legal title to the land. The interests of the beneficiaries will be overreached if the purchase money is paid to at least two trustees or a trust corporation (Law of Property Act 1925 ss.2(1)(ii), 27(2) and s.25(1) of and Sch.3 to the 1996 Act).

91-05

Precedents Precedent 91-Z1 is a general claim seeking declarations as to co-ownership and the extent of beneficial shares. Precedent 91-Z2 deals with an express declaration of trust. Precedents 91-Z3 and 91-Z5 relate seek declarations that property is held on a resulting trust. Precedents 91-Z7 and 91-Z8 are defences to such a claim. Precedent 91-Z4 is a claim for property to be conveyed to the beneficiary solely entitled to the property under the rule in *Saunders v Vautier*.[6] Precedent 91-Z6 seeks a declaration that property is held under a constructive trust arising out of an express agreement and detrimental reliance upon that agreement.

91-06

Precedent 91-Z9 deals with severance of a joint tenancy. Precedent 91-Z10 seeks an order for sale of a jointly owned property pursuant to s.14 of the Trusts of Land and Appointment of Trustees Act 1996.

PART 8 CLAIM FORM DETAILS OF CLAIM SEEKING DECLARATIONS OF CO-OWNERSHIP AND EXTENT OF BENEFICIAL SHARES

1. The Claimant seeks:
   (1) A declaration that the residential property known as 17 Glidden Street, London W1 ("the property") is held by the First and Second Defendants on trust for the Claimant and Third Defendant as beneficial joint tenants or, in

91-Z1

---

[4] *Stack v Dowden* [2007] UKHL 17; [2007] 2 W.L.R. 831 (applying *Oxley v Hiscock* [2004] EWCA Civ 546; [2004] 3 W.L.R. 715).
[5] *Marr v Collie* [2017] UKPC 17; [2018] A.C. 631.
[6] *Saunders v Vautier* (1841) 4 Beav. 115.

the alternative, beneficial tenants in common in equal shares or in the further alternative, in such shares as the Court shall determine.
(2) A declaration as to the beneficial interests in the property.
(3) All necessary and consequential accounts, inquiries and directions.
(4) Further or other relief.
(5) An order that the costs of this claim be provided for.

PARTICULARS OF CLAIM SEEKING A DECLARATION THAT PROPERTY IS HELD IN TRUST FOR PARTNERS IN EQUAL SHARES UNDER AN EXPRESS DECLARATION OF TRUST

91-Z2   1.   By a Conveyance dated 13 January 1965 and made between Alexander Young as vendor and the First Defendant as purchaser, the residential property known as 12 McKenzie Road, London ("the property") which property is registered at H.M. Land Registry under Title No. HY12345 was transferred to the Defendant.

2. The property was purchased for £125,000, of which the First Defendant paid £25,000 and the remaining £100,000 was loaned by the Haliwide Building Society which took a Legal Charge over the property dated 13 January 1965.

3. The First Defendant has paid the instalments of interest and capital to the Haliwide Building Society under the terms of the Legal Charge.

4. By a Deed of Trust dated approximately October 1979, the First Defendant declared himself Trustee of the property, holding it on trust for the Claimant and the Second and Third Defendants in equal shares.

5. On 5 May 2018, the First Defendant wrote to the Claimant stating, amongst other matters, that the property belonged beneficially to the Second and Third Defendants only.

6. On 10 May 2018, the Claimant wrote to the First Defendant requesting sight of a copy of the Deed of Trust dated approximately October 1979. The First Defendant has refused to produce a copy of the Deed of Trust.

7. In the premises, the Claimant is entitled to and claims a declaration that the Defendant holds the property on trust for the Claimant, Second Defendant and Third Defendant in equal shares or alternatively in such shares as the Court shall determine.

8. Further, the Claimant claims an order that he or some other person to be determined by the Court be appointed Trustee of the trust jointly with the Defendant.

9. Further, the Claimant claims an order for sale of the property pursuant to s.14 of the Trusts of Land and Appointment of Trustees Act 1996 with the proceeds of sale being distributed according to the trust.

AND the Claimant claims:
(1) A declaration that the Defendant holds the property on trust for the Claimant, Second Defendant and Third Defendant in equal shares or alternatively in such shares as the Court shall determine.

(2) An order that the Claimant or some other person to be determined by the Court be appointed Trustee of the trust jointly with the Defendant.
(3) An order for sale of the property pursuant to s.14 of the Trusts of Land and Appointment of Trustees Act 1996 with the proceeds of sale being distributed according to the trust.
(4) Further or other relief.
(5) An order that the First Defendant do pay the Claimant's costs of this claim.

[Statement of truth]

Part 8 Claim Form Details of Claim seeking a declaration that property is held on a resulting trust

1. The Claimant seeks: 91-Z3
   (1) A declaration that the residential property known as 12 McKenzie Road, London SW4, registered at H.M. Land Registry under Title No. HY12345 in the name of the Defendant is held by the Defendant on trust for himself and the Claimant as tenants in common in equal shares, alternatively in such shares as the Court shall determine.
   (2) An order that the Claimant be appointed as trustee of the trust jointly with the Defendant.
   (3) An order that the Defendant do execute and deliver to the Claimant a conveyance of the property into the joint names of the Claimant and the Defendant.
   (4) Further or other relief.
   (5) An order that the Defendant do pay the Claimant's costs of this claim.

Particulars of Claim against Trustee by beneficiary solely entitled for conveyance to beneficiary of trust property

1. By a Conveyance dated 12 January 1991, the property known as 12 McKenzie Road, London SW4, registered at H.M. Land Registry under Title No. HY12345 ("the property") was conveyed to the Defendant and William Jardine to hold the property as joint legal owners. 91-Z4

2. By a Declaration of Trust of 12 January 1991 made between the Claimant, the Defendant and William Jardine, it was expressly declared that the property would be held by the Defendant and William Jardine as trustees for the Claimant and William Jardine as joint beneficial owners.

3. The joint beneficial ownership of the Defendant and William Jardine was not severed.

4. On 14 May 2018, William Jardine died.

5. In the premises, as from 14 May 2018 and by reason of the right of survivorship, the Defendant became the sole legal owner of the property and the Claimant became the sole beneficial owner of the property.

6. On 21 July 2018, the Claimant's solicitors wrote to the Defendant's Solicitors requiring the Defendant to convey the property to the Claimant who is absolutely and solely entitled to the benefit of the property.

7. On 23 August 2018, the Defendant's Solicitors replied that the Defendant was not prepared to convey the property to the Claimant.

8. In the premises, the Claimant is entitled to an order that the Defendant do forthwith convey the property to the Claimant absolutely.

AND the Claimant claims:
(1) An order that the Defendant do forthwith convey the property to the Claimant absolutely.
(2) An order that the Defendant do pay the Claimant's costs of this claim.

[Statement of truth]

PARTICULARS OF CLAIM ASSERTING INTEREST UNDER RESULTING TRUST

91-Z5 1. By a Conveyance dated 13 January 1965 and made between Alexander Young as vendor and the Defendant as purchaser, the property known as 12 McKenzie Road, London ("the property") which property is registered at H.M. Land Registry under Title No. HY12345 was transferred to the Defendant.

2. The property was purchased for £125,000, of which the Defendant paid £25,000, the Claimant paid £50,000 and the remaining £50,000 was loaned from the Nationfax Building Society which took a Legal Charge over the property dated 13 January 1965.

3. The Defendant has paid the instalments of interest and capital to the Nationfax Building Society under the terms of the Legal Charge.

4. In the premises, the beneficial interest in the property is owned by the Claimant and the Defendant in shares proportionate with their respective contributions to the purchase price.

5. On 5 May 2018, the Defendant's Solicitors wrote to the Claimant's solicitors stating, amongst other matters, that the property belonged beneficially to the Defendant solely.

6. On 10 May 2018, the Claimant's solicitors wrote to the Defendant's solicitors refuting the allegation that the property was owned solely by the Defendant and stating that the property was owned beneficially by the Claimant and the Defendant in shares proportionate to their respective contributions to the purchase price.

7. The Defendant's solicitors replied on 12 May 2018 stating that the Defendant did not accept that position.

8. In the premises, the Claimant is entitled to and claims a declaration that the Defendant holds the property on trust for the Claimant and the Defendant in shares which are proportionate to their respective contributions to the purchase price or alternatively in such shares as the Court shall determine.

9. Further, the Claimant claims an order that she or some other person to be determined by the Court be appointed Trustee of the trust jointly with the Defendant.

10. Further, the Claimant claims an order for sale of the property pursuant to s.14 of the Trusts of Land and Appointment of Trustees Act 1996 with the proceeds of sale being distributed according to the trust.

AND the Claimant claims:
(1) A declaration that the Defendant holds the property on trust for the Claimant and the Defendant in shares which are proportionate to their respective contributions to the purchase price or alternatively in such shares as the Court shall determine.
(2) An order that the Claimant or some other person to be determined by the Court be appointed Trustee of the trust jointly with the Defendant.
(3) An order for sale of the property pursuant to s.14 of the Trusts of Land and Appointment of Trustees Act 1996 with the proceeds of sale being distributed according to the trust.
(4) Further or other relief.
(5) An order that the Defendant do pay the Claimant's costs of this claim.

[Statement of truth]

PARTICULARS OF CLAIM SEEKING A DECLARATION THAT PROPERTY IS HELD UNDER A CONSTRUCTIVE TRUST ARISING FROM EXPRESS AGREEMENT AND CONTRIBUTIONS

1. In or around March 1994, the Claimant and the Defendant, who were at that time involved in a relationship with each other, became interested in purchasing a property with the express intention of their both moving to the property to live together.

91-Z6

2. During the course of two or more discussions in early 1994, it was orally agreed between the Claimant and the Defendant that the parties would purchase the property known as The Flogels, Hamilton Drive, Brunton for a consideration of £54,000.

3. It was further agreed during the course of the discussions that whilst the property would be conveyed into the sole name of the Defendant, the Claimant would contribute towards the purchase price of the property and would carry out improvements to the property at her own cost once it had been purchased.

4. By a Conveyance dated 31 March 1994, the property was conveyed into the name of the Defendant in accordance with the oral agreement between the parties.

5. Of the purchase price of £54,000, the Claimant contributed the sum of £6,000.

6. Further, between 1 April 1994 and approximately the end of 1994, the Claimant carried out the following works of improvement to the property at her own cost and using her own labour.

Particulars of works of improvement carried out
[Here, the Claimant would list the works of improvement carried out together with any actual cost to the Claimant of carrying out the works.]

7. The improvements referred to above added approximately £10,000 to the value of the property.

8. In December 2018, the relationship between the Claimant and the Defendant came to an end and the Claimant moved out of the property. The Defendant remained and remains at the property.

9. By a letter dated 3 February 2019, the Claimant's Solicitors asked the Defendant's solicitors to confirm that the Claimant had a beneficial interest in the property.

10. The Defendant's solicitors responded on 10 February 2019 that the Defendant did not recognise that the Claimant had any interest in the property whatsoever.

11. In the premises, the Claimant is entitled to a declaration that the Defendant holds the property on trust for the Claimant and the Defendant and an account or inquiry as to the beneficial ownership of the property.

12. Further, the Claimant claims an order for the sale of the property pursuant to s.14 of the Trusts of Land and Appointment of Trustees Act 1996 with the proceeds of sale being distributed according to the trust.

AND the Claimant claims:
(1) A declaration that the Defendant holds the property on trust for the Claimant and the Defendant.
(2) An account or inquiry as to the beneficial ownership of the property.
(3) An order for the sale of the property pursuant to s.14 of the Trusts of Land and Appointment of Trustees Act 1996 with the proceeds of sale being distributed according to the trust.
(4) Further or other relief.
(5) An order that the Defendant do pay the Claimant's costs of this claim.

[Statement of truth]

Defence raising presumption of advancement

91-Z7 1. Paragraphs [1 to 3] of the Particulars of Claim are admitted.

2. The Claimant is the Defendant's father.

3. The conveyance of the property was intended as an advance to the Defendant. The Claimant and Defendant intended by the conveyance that the Defendant should have the sole legal and beneficial ownership of the property.

4. In the premises, it is denied that the Claimant has any beneficial interest in the property either as alleged in the Particulars of Claim or at all.

5. Accordingly, it is denied that the Claimant is entitled to the relief sought in the Particulars of Claim or any relief whatsoever.

[Statement of truth]

Defence raising gift

91-Z8 1. Paragraphs [1 to 3] of the Particulars of Claim are admitted.

2. The Claimant was, between 6 July 1981 and 14 March 2006, married to the Defendant.

3. The conveyance of the property to the Defendant took place on 21 October 1984.

4. In around September 1984, the Claimant discussed the purchase of the property with the Defendant. The Claimant told the Defendant that the property was to be put into the Defendant's sole name as it was intended that the property should belong solely to the Defendant.

5. In the premises, the conveyance of the property into the name of the Defendant was intended as a gift from the Claimant to the Defendant.

6. The Defendant denies that the Claimant has any beneficial interest in the premises as alleged in the Particulars of Claim or at all.

7. Accordingly, it is denied that the Claimant is entitled to the relief sought in the Particulars of Claim or any relief whatsoever.

PART 8 CLAIM FORM DETAILS OF CLAIM SEEKING DECLARATION THAT JOINT TENANCY HAS BEEN SEVERED BY NOTICE

1. The Claimant seeks: **91-Z9**
  (1) A declaration that by the service of a notice of severance dated 23 July 2018 on the Defendant, the beneficial joint tenancy of the residential property known as "The Battles", Walker Street, London ("the property") formerly held by the Claimant and the Defendant has been validly and effectively severed.
  (2) A declaration that in the premises, the property is held by the Claimant and the Defendant on trust for themselves as beneficial tenants in common in equal shares.
  (3) Further or other relief.
  (4) An order that the costs of this claim be provided for.

PART 8 CLAIM FORM DETAILS OF CLAIM SEEKING ORDER FOR SALE PURSUANT TO S.14 OF THE TRUST OF LAND AND APPOINTMENT OF TRUSTEES ACT 1996

1. The Claimant seeks: **91-Z10**
  (1) A declaration that the Defendant holds the property on trust for himself and the Claimant as beneficial joint tenants or in the alternative, as beneficial tenants in common in equal shares or in such shares as the Court shall determine.
  (2) An order that the Claimant or some other person to be determined by the Court be appointed as Trustee under the trust jointly with the Defendant.
  (3) An order that the property be sold and that the Claimant or some other person to be determined by the Court be appointed to have the conduct of the sale of the property.
  (4) An account or inquiry as to what sums are due to the Claimant from the Defendant by way of rent or compensation for use and occupation.
  (5) An order that the Defendant do account to the Claimant for any sums found to be due to him.

(6) Any necessary or consequential accounts, inquiries and directions.
(7) Further or other relief.
(8) An order that the Defendant do pay the Claimant's costs of this claim.

Section 92:

RECOVERY OF UNPAID RENT: THE COMMERCIAL RENT ARREARS RECOVERY SCHEME

Table of Contents

Claim alleging illegal distress	92-Z1
Claim alleging illegal distress on ground of privilege	92-Z2
Claim by owner of chattels alleging illegal distress	92-Z3
Claim alleging irregular or excessive distress	92-Z4
Claim for double value of goods distrained and sold	92-Z5
Claim for treble damages for poundbreach	92-Z6
Claim in replevin	92-Z7
Defence alleging justification of entry	92-Z8
Defence alleging justification of entry to take goods fraudulently or clandestinely removed there to frustrate a distress	92-Z9
Defence to claim for poundbreach	92-Z10
Notice of enforcement prior to taking control of goods—application for notice period of less than the minimum period	92-Z11
Notice of enforcement prior to taking control of goods—application for notice period of less than the minimum period	92-Z12
Application by the debtor for a remedy in relation to goods taken into control	92-Z13

92-01 Prior to 6 April 2014, one of a landlord's remedies for non-payment of rent was found in the law of distress. It allowed a landlord to whom rent was owed to enter peaceably and without force upon the demised premises, acting either by himself or by a certified bailiff, and seize and impound goods found upon the premises to the value of the arrears and to sell them. If goods were impounded in an illegal distress, the tenant's remedy lay in a claim for damages or an action in replevin.

The law of distress for non-payment of rent had, for some time, been viewed as complex and archaic, and the levying of distress had been much criticised as a remedy on policy grounds.[1] There was also some doubt as to its compatibility with the European Convention on Human Rights, in particular arts 6 and 8 and art.1 of the First Protocol of the Convention.[2] Accordingly, after some deliberation, the right to distrain was abolished by the Tribunals, Courts and Enforcement Act 2007.

With effect from 6 April 2014, it is no longer possible to distrain for rent due from a residential tenant. In relation to commercial premises the remedy has been

---

[1] See, e.g. *Evans v South Ribble BC* [1992] 2 All E.R. 695; *Salford Van Hire v Bocholt Developments* [1995] 2 E.G.L.R. 50.
[2] See also *Fuller v Happy Shopper Markets Ltd* [2001] 1 W.L.R. 1681.

replaced by a new statutory procedure, the "Commercial Rent Arrears Recovery" scheme (CRAR).

A detailed treatment of CRAR is outwith the scope of this work and practitioners are advised to consult specialist texts. In general the CRAR procedure for seizing goods from commercial properties has many similarities to the previous remedy of Distress for Rent. Landlords are able to enter leased premises and remove and sell goods owned by the defaulting tenant. There are, however, restrictions. The procedure is only available for "pure" rent arrears; arrears of other payments, for example, service charges or insurance contributions, cannot be recovered. A minimum amount of rent must be due before the remedy becomes available, currently set at seven days. A landlord must first serve an enforcement notice on the defaulting tenant not less than seven days before enforcement takes place. Following expiry of the notice, only an enforcement agent can enter the leased premises to remove goods. Certain goods are also exempt from seizure.

Note also that the exercise of a landlord's rights under the CRAR has been held to be an unequivocal representation that the lease was continuing, so that the right to forfeit the lease was waived.[3]

Procedure: CRAR

92-02 The procedure to be followed is set out in the Taking Control of Goods Regulations 2013 (SI 2013/1894) and CPR Pts 84 and 85 and the Practice Directions thereto. Fees are dealt with in the Taking Control of Goods (Fees) Regulations 2014 (SI 2014/1). The regulations are mostly directed at enforcement agents but there are circumstances in which applications to court may be necessary. The circumstances range from, for example, applications to abridge or lengthen prescribed limits, disputes between co-owners as to the division of the value of goods seized, applications by the debtor for a remedy in relation to goods taken into control or applications by enforcement agents for exceptional disbursements. If necessary an application may be made for a warrant to enter premises or for a warrant allowing reasonable force in relation to goods on the highway. Provision is also made for applications by debtors for return of goods taken in breach of the regulations or pursuant to a defective instrument, or for damages in respect of loss suffered by the debtor as a result of the breach or of anything done under the defective instrument (CPR r.84.13).

CPR r.84.3 provides that applications referred to in CPR Pt 84 must be made in accordance with the procedure in Pt 23 as modified by that part. Where there are no pre-existing proceedings in the matter, an application must be made to the County Court. Where there are pre-existing proceedings, the application must be made to the High Court or the County Court in accordance with r.23.2.

The provisions of the 2007 Act and accompanying regulations do not apply to goods seized before 6 April 2014. Accordingly, remedies available to a tenant whose goods have been seized before that date remain relevant and will, it is presumed, do so for some time. The text below reflects the common law position prior to that date and Precedents 92-Z1 to 92-Z10 are appropriate where distress has been levied before the new regime came into force.

---

[3] *Thirunavukkrasu v Brar* [2018] EWHC 2461 (Ch); [2019] 1 P. & C.R. 11.

The law prior to 6 April 2014

Distress is a remedy for non-payment of rent. There is no right to distrain for sums other than, or reserved as, rent or for sums that have been quantified.[4] Where the lease has been assigned, the liability of the assignee for rent only arises in respect of rent due after the assignment. The landlord has no right to distrain for arrears of rent owed by the assignor against the goods of the assignee in whom the term is currently vested.[5] It allows a landlord to whom rent is owed to enter peaceably and without the use of force upon the demised premises, acting either himself or by a certificated bailiff, and seize and impound goods found upon the premises to the value of the arrears with a view to selling them. The process of distress consists of four stages: entry, seizure, impounding, and sale. The tenant must be served with notice, in the prescribed form where distress is levied by a certificated bailiff, which shows the goods impounded and the costs of the distress as well as the amount of rent in arrear.[6] Very often a "walking possession" agreement is made, whereby the goods are not physically removed from the demised premises or impounded on them, but are left in the possession of the tenant but subject to the landlord's rights to proceed to remove and sell them if the arrears of rent are not paid.

An illegal distress is one which is unlawful from the outset, e.g. where there was no tenancy or no rent arrears, or where an unlawful act was committed at the beginning of the levy, or where the person levying distress was neither the landlord nor a certificated bailiff.[7] A distress is also illegal if the leave of the court to levy distress is required and not obtained.[8] Where a distress is illegal, the landlord is a trespasser, and the acts complained of will also be a breach of the covenant for quiet enjoyment and an unlawful interference with the tenant's goods (see Precedent 92-Z1). The measure of the damages is the full value of the goods taken, and there is no set-off for any rent in arrear.[9] If the goods are returned, damages may be recovered for any damage done to them. A tenant may still recover damages for illegal distress even though he has had the use of the goods under a walking possession agreement.[10] But where goods are distrained and sold when no rent is in arrear, the tenant is entitled to recover double the value of the goods[11] (see Precedent 92-Z5).

The law protects from distress various categories of goods, including things in actual use, perishable goods, clothes and bedding belonging to the tenant and his family, tools of the tenant's trade[12] and certain livestock.[13] Since fixtures, including trade fixtures, are part of the realty until severed, distress cannot be levied upon fixtures[14] (see Precedent 92-Z2).

92-03

---

[4] *Concorde Graphics v Andromeda Investments SA* (1983) 265 E.G. 386.
[5] *Wharfland Ltd v South London Co-operative Building Co Ltd* [1995] 2 E.G.L.R 21.
[6] See *Davies v Reversionary Investment Corp* [1922] 2 K.B. 222; The Distress for Rent Rules 1988 r.12, Form 5 (as amended).
[7] *Symonds v Kurtz* (1889) 61 L.T. 559; Law of Distress Amendment Act 1888 s.7.
[8] Rent (Agriculture) Act 1976 s.8; Rent Act 1977 s.147; Insolvency Act 1986 ss.11, 128; Housing Act 1988 s.19.
[9] *Attack v Bramwell* (1863) 3 B. & S. 320.
[10] *Bayliss v Fisher* (1830) 7 Bing. 153.
[11] Distress for Rent Act 1689 s.4.
[12] Law of Distress Amendment Act 1888.
[13] Agricultural Holdings Act 1986 s.18.
[14] *Crossley Bros. v Lee* [1908] 1 K.B. 86.

92-04 Section 1 of the Law of Distress Amendment Act 1908 protects from distress the goods of certain lawful sub-tenants, lodgers, and any other person who is neither a tenant of the demised premises or any part of them nor has any beneficial interest in any such tenancy. The lawful sub-tenants who are exempted are those who pay by equal instalments not less often than quarterly a rent equal to the full annual value of the premises sub-let. Where a person is entitled to the protection of the Act of 1908, he is permitted to serve on the bailiff or landlord a declaration in writing stating that the immediate tenant has no interest in the goods distrained or sought to be distrained and that the goods are in the lawful possession of the protected person. Where the protected person is a sub-tenant or lodger, he must also state the amount of rent, if any, then due to his immediate landlord, the amount of any future rent and the times at which it is payable, and he must undertake to pay the rent to the superior landlord until such time as the arrears of rent for which distress was levied or threatened have been paid off. The declaration must be accompanied by an inventory of the goods claimed by the claimant (s.1). For a list of goods, including those held under hire-purchase contracts, which are not protected by the Act of 1908, see ss.4, 4A. Where the landlord has proceeded to distrain notwithstanding service of a declaration, a claim for damages and/or delivery up of the goods may be made (see Precedent 92-Z3), and the measure of the damages is the value of the goods taken (s.2).

An irregular distress is one which was lawful at its outset but where the proceedings after the levy have been conducted unlawfully (see Precedent 92-Z4). Such irregularity does not make the landlord a trespasser from the outset.[15] The irregularity may be failure to sell at the best price,[16] failure to leave an adequate notice of distress on the premises, proceeding with the distress if the arrears and costs are tendered prior to impounding,[17] or selling the goods within the period of five (or 15) days[18] allowed for replevin.[19] Here the normal measure of damage is the value of the goods sold less the amount of rent in arrear and the costs of the distress[20]; but actual damage must be proved (see *Lucas v Tarleton*). Similarly, no claim lies if the landlord has made an adequate tender of amends before action.[21]

Excessive distress is, as its name suggests, the unreasonable taking of excessive goods against the true amount of the arrears and the costs of the distress (see Precedent 92-Z4). Excessive distress is limited by s.4 of the Statute of Marlborough 1267. An exact calculation of the value of the goods distrained is not required, but the landlord must take care that no obviously excessive distress is levied.[22] If there is only one chattel on which to distrain, it may be taken whatever its value.[23] Again, the normal measure of damage is the value of the goods less the amount of rent in arrear and the costs of the distress,[24] and where the goods have not been sold it is

---

[15] Distress for Rent Act 1737 s.19.
[16] *Poynter v Buckley* 172 E.R. 1076; (1833) 5 Car. & P. 512.
[17] *Gulliver v Cosens* (1845) 1 C.B. 788.
[18] See Law of Distress Amendment Act 1888 s.6.
[19] *Lucas v Tarleton* (1858) 3 H. & N. 116. For an action in replevin, see para.92-05.
[20] *Biggins v Goode* (1832) 2 Cr. & J. 364; *Knight v Egerton* (1852) 7 Exch. 407.
[21] Distress for Rent Act 1737 s.20.
[22] See *Willoughby v Backhouse* (1824) 2 B. & C. 821, per Bayley J, and *Roden v Eyton* (1848) 6 C.B. 427.
[23] *Avenell v Croker* (1828) Mood. & M. 172.
[24] *Wells v Moody* (1835) 7 C. & P. 59.

the loss of use and enjoyment whilst impounded.[25] A claimant who cannot prove any actual damage is nevertheless entitled to nominal damages.[26]

Poundbreach is the taking of goods that have been lawfully impounded by someone with knowledge of the lawful impounding[27] (see Precedent 92-Z10). Under a walking possession agreement, removal of the goods from the premises will amount to poundbreach. Section 3 of the Distress for Rent Act 1689 gives a landlord the right to sue for treble damages for poundbreach, but such a claim is maintainable without proof of actual damage[28] (see Precedent 92-Z6).

92-05

The right course for recovery of goods impounded in an illegal distress is an action in replevin. The action does not lie where the distress was merely irregular or excessive.[29] This is a summary remedy whereby possession is restored to the claimant on a provisional basis pending trial. The claimant will accordingly be required to give security and to pursue a claim for damages in which the rights of the parties will be finally determined (see Precedent 92-Z7). The method of giving security is by a bond, with two sureties, conditioned to start and pursue an action against the distrainor and to return the goods to the distrainor if so ordered by the court.[30] Damages in an action on a replevin may be assessed as in an action for unlawful interference with goods and the damages may include an element for annoyance.[31]

Where a tenant fraudulently or clandestinely removes his goods from the demised premises in order to prevent the landlord distraining them, the landlord or his agent may, within 30 days of such removal, seize the goods wherever they are, and sell them as if they had been distrained upon the demised premises unless they have been sold to a third party in good faith and for valuable consideration.[32] The removal must have been after the rent in arrear fell due,[33] and there must be no sufficient distress on the demised premises at the time of the seizure.[34] The goods seized must be those in the possession of the tenant, and not any sub-tenant or lodger of his[35] (see Precedent 92-Z9).

When a landlord distrains, the tenant is entitled to raise an equitable right of set-off, where he has claims which are sufficiently closely connected with the landlord's claim, e.g. a claim for damages for breach of covenant.[36] It is possible for a tenant to contract out of its right of set off provided that sufficiently clear words are used.[37] An injunction may be sought by a tenant to restrain an actual or threatened wrongful distress.[38] However, unless the case is a flagrant one, these authorities suggest that injunctive relief should be subject to a condition that the amount claimed for rent to be paid into court.

---

[25] *Pigott v Birtles* (1836) 1 M. & W. 441.
[26] *Chandler v Doulton* (1865) 3 H. & C. 553.
[27] *Abingdon RDC v O'Gorman* [1968] 2 Q.B. 811.
[28] *Kemp v Christmas* (1898) 79 L.T. 233.
[29] *London CC v Hackney BC* [1928] 2 K.B. 588.
[30] County Courts Act 1984 Sch.1, para.2.
[31] *Smith v Enright* (1893) 63 L.J.Q.B. 220.
[32] Distress for Rent Act 1737 s.1.
[33] *Rand v Vaughan* (1835) 1 Bing. N.C. 767.
[34] *Parry v Duncan* (1831) 7 Bing. 243.
[35] *Thornton v Adams* (1816) 5 M.& S. 38.
[36] *Eller v Grovecrest Investments Ltd* [1995] Q.B. 272; [1994] 2 E.G.L.R. 45; *Fuller v Happy Shopper Markets Ltd* [2001] 1 W.L.R. 1681; [2001] L. & T.R. 16.
[37] *Connaught Restaurants Ltd v Indoor Leisure Ltd* [1994] 1 W.L.R. 501.
[38] *Steel Linings Ltd v Bibby & Co* [1993] RA 27; *Shaw v Earl of Jersey* (1879) 4 C.P.D. 359, 559.

Pleading: Distress

92-06 The particulars of claim should always give details of the ground on which it is alleged that the distress was unlawful (see precedents 92-Z1, 92-Z2 and 92-Z3). In the case of a claim for irregular distress, actual damage must be pleaded and proved[39]; similarly for excessive distress if more than nominal damages are to be recovered.

Claim alleging illegal distress
Particulars of Claim

92-Z1 1. The Claimant is and has at all material times been the tenant of the property known as XYZ and the reversion immediately expectant on the termination of the tenancy is and has at all material times been vested in the Defendant.

2. The tenancy contains a covenant for quiet enjoyment on the part of the Defendant. A copy of the tenancy agreement is attached to these Particulars of Claim.

3. On [date] the Defendant, acting by his servant or agent AB, wrongfully entered the property and wrongfully removed from the property chattels belonging to the Claimant and sold them.

Particulars
[List the items taken.]

4. The Defendant wrongfully claims to have been entitled to remove the chattels as distress for rent payable by the Claimant and in arrear at the date of the purported distress.

5. The purported distress was illegal because in fact no rent under the tenancy was in arrear at that date [*or* because AB was not a certificated bailiff *or* because the Defendant did not obtain the leave of the Court to levy distress under s.19 of the Housing Act 1988 *or* s.11 of the Insolvency Act 1986].

6. Accordingly, the Defendant trespassed upon the property and was in breach of the covenant for quiet enjoyment.

7. The trespass and breach of covenant have caused the Claimant loss and damage.

Particulars
[Specify losses caused, including value of removed chattels.]

8. The Claimant expects to recover more than £10,000 but not more than £25,000.

AND the Claimant claims:
(1) Damages.

---

[39] Distress for Rent Act 1737 s.19.

(2) Interest on damages pursuant to s.69 of the County Courts Act 1984 for such period and at such rate as the Court thinks fit.

[Statement of truth]

CLAIM ALLEGING ILLEGAL DISTRESS ON GROUND OF PRIVILEGE

Particulars of Claim

[Paragraphs 1 and 2 as in Precedent 92-Z1.]   92-Z2

3. On [date] the Defendant, acting by his servant or agent AB, wrongfully entered the property and wrongfully removed from the property plant and machinery which were affixed to the property and which were and are tenant's fixtures and therefore privileged from seizure by distress.

Particulars

[List the plant, etc., taken.]

4. Further, the Defendant has wrongfully deprived the Claimant of the use of the plant and machinery and wrongfully refuses to return the same to the Claimant.

5. Accordingly, the Defendant trespassed upon the property and upon the plant and machinery, and is in breach of the covenant for quiet enjoyment.

6. The trespasses and breach of covenant have caused the Claimant loss and damage.

Particulars

[Specify losses caused.]

7. The Claimant expects to recover more than £100,000.

AND the Claimant claims:
(1) Damages.
(2) An order for delivery up to the Claimant of the plant and machinery listed above.
(3) Interest on damages pursuant to s.35A of the Senior Courts Act 1981 for such period and at such rate as the Court thinks fit.

[Statement of truth]

CLAIM BY OWNER OF CHATTELS ALLEGING ILLEGAL DISTRESS

Particulars of Claim

1. The Claimant is and was at all material times the owner and entitled to possession of chattels which were stored in a warehouse at XYZ.   92-Z3

Particulars

[List chattels.]

2. On about [date] the Defendant purporting to exercise a right to distrain for arrears of rent due from AB, the Defendant's tenant of XYZ, levied distress upon the Claimant's chattels, seized them and removed them from XYZ.

3. On [date] the Claimant served on the Defendant a declaration and inventory pursuant to s.1 of the Law of Distress Amendment Act 1908 stating that the chattels were the property and in the possession of the Claimant, that AB had no property or interest in the chattels, and that the Claimant was not the tenant of XYZ nor had any beneficial interest in any tenancy of XYZ or any part of it.

4. The Defendant nevertheless proceeded with the distress and accordingly is guilty pursuant to the Act of 1908 of an illegal distress.

5. By reason of the illegal distress the Claimant has been deprived of the use and enjoyment of the chattels and has suffered loss and damage.

Particulars

[Specify the losses suffered.]

6. The Defendant has wrongfully refused to return the chattels to the Claimant despite letters requesting their return dated [date] and [date], and has wrongfully sold them.

7. The Claimant expects to recover more than £25,000.

AND the Claimant claims:
(1) Damages
(2) Interest on damages pursuant to s.69 of the County Courts Act 1984 for such period and at such rate as the Court thinks fit.

[Statement of truth]

Claim alleging irregular or excessive distress

Particulars of Claim

92-Z4 1. The Claimant is and has at all material times been the tenant of the premises known as XYZ and the Defendant is the landlord under the tenancy.

2. On [date] there was due and owing from the Claimant to the Defendant the sum of £[..........] arrears of rent, and on that date the Defendant acting by a certificated bailiff levied distress on the Claimant's goods on the premises.

3. The distress was irregular in that:
   (a) the Defendant sold the goods distrained upon without having served on the Claimant notice of the distress with an inventory of the goods contrary to rule 12 of the Distress for Rent Rules 1988; and/or
   (b) the Defendant sold the goods less than 5 days after the date of the distress contrary to s.1 of the Distress for Rent Act 1689 [or the Claimant by written request dated [date] requested the Defendant pursuant to s.6 of the Law of Distress Amendment Act 1888 to extend to 15 days from the date of distress the period in which the Claimant would be entitled to replevy the goods, and notwithstanding the request the Defendant sold the goods within that period contrary to s.1 of the Distress for Rent Act 1689]; and/or
   (c) the Defendant sold the goods notwithstanding that the Claimant had before the date of sale, namely on [date], tendered to the Defendant the rent in arrear and his costs of the distress; and/or

(d) the Defendant sold the goods for less than the best price that could reasonably have been obtained for them contrary to s.1 of the Distress for Rent Act 1689.

Particulars

[Specify amounts realised and amounts that should have been realised.]
Or

[3. The Defendant wrongfully distrained goods of an excessive and unreasonable quantity, contrary to the Statute of Marlborough 1267. The goods distrained by the Defendant had a value of not less than £[..........].

Particulars

[State the goods distrained and their individual values.]]

4. By reason of the irregular [*or* wrongful] distress, the sale of the goods [*or* the excessive distress] was an unlawful interference with the Claimant's goods and that unlawful interference has caused the Claimant loss and damage.

Particulars

[State the special damage suffered.]

5. The Claimant expects to recover more than £100,000.

AND the Claimant claims:
(1) Damages.
(2) Interest on damages pursuant to s.35A of the Senior Courts Act 1981 for such period and at such rate as the Court thinks fit.

[Statement of truth]

CLAIM FOR DOUBLE VALUE OF GOODS DISTRAINED AND SOLD

Particulars of Claim

1. The Claimant is and has at all material times been the tenant of the property known as XYZ and the Defendant is and has been the landlord under the tenancy.

92-Z5

2. On [date] at a time when none of the rent payable under the tenancy was in arrear the Defendant wrongfully purported to distrain upon the Claimant's goods on the property, falsely alleging that the rent was in arrear; and on [date] the Defendant wrongfully sold the goods.

3. The Claimant is accordingly entitled to recover from the Defendant double the value of the goods pursuant to the Distress for Rent Act 1689.

Particulars

[Identify goods distrained and state their value.]

4. The Claimant expects to recover more than £25,000.

AND the Claimant seeks:
(1) Damages for trespass and breach of the covenant of quiet enjoyment.
(2) £[..........], being double the value of the goods distrained.

[809]

(3) Interest on damages pursuant to s.69 of the County Courts Act 1984 for such period and at such rate as the Court thinks fit.

[Statement of truth]

CLAIM FOR TREBLE DAMAGES FOR POUNDBREACH

Particulars of Claim

92-Z6 1. The Claimant is and has at all material times been entitled to the interest immediately expectant on the determination of a lease of premises known as XYZ made on [date] between AB as landlord and CD as tenant. By the lease, the premises were let for a term of [..........] years from [date] at an annual rent of £[..........] payable by equal quarterly instalments on the usual quarter days.

2. On [date], when the rent was £[..........] in arrear, the Claimant, acting by a certificated bailiff, distrained upon goods on the premises including a motor car [description] and impounded the car on the premises.

3. On [date], with knowledge that the motor car had been impounded, the Defendant broke the pound by taking and driving away the motor car.

Particulars of Knowledge

[Give full particulars of how Defendant must have known of distress and impounding.]

4. The Claimant has accordingly lost the value of the distress, namely £[..........], as a result of the poundbreach.

5. The Claimant is entitled to recover treble damages pursuant to s.3 of the Distress for Rent Act 1689.

6. The Claimant expects to recover more than £25,000.

AND the Claimant claims:
(1) Treble damages.
(2) Interest on damages pursuant to s.69 of the County Courts Act 1984 for such period and at such rate as the Court thinks fit.

[Statement of truth]

CLAIM IN REPLEVIN

Particulars of Claim

92-Z7 1. By a lease made on [date], the Defendant let to AB the property known as XYZ for a term of 21 years from [date] at an annual rent of £[..........] payable by equal quarterly instalments in advance on the usual quarter days, subject to review.

2. The lease was assigned to the Claimant by AB on [date].

3. The rent was reviewed to the annual sum of £[..........] with effect from [date].

4. The Claimant has duly paid the rent at the rate of £[..........] up to and includ-

ing the instalment due on [date] to CD, the Defendant's agent who was authorised to and did receive the rent.

Particulars of Payment

[Give dates and amounts.]

5. On [date], when no rent was in arrear, the Defendant by EF, a certificated bailiff, wrongfully entered and trespassed upon the property and seized and removed as a purported distress for rent various goods of the Claimant then on the property.

Particulars of Goods

[List]

6. The Defendant refused to return any of the goods to the Claimant until [date] when they were returned to the Claimant under proceedings taken by the Claimant in replevin and pursuant to a bond given to the Defendant as security for the goods, a condition of which was that the Claimant would start these proceedings for damages.

7. The Claimant lost the use of the goods for the period identified above, and was put to expense in seeking to replevy them.

Particulars

[Give details of expenses and any special damages.]

8. The Claimant expects to recover more than £10,000 but not more than £25,000.

AND the Claimant claims:
(1) Damages for trespass, breach of the covenant for quiet enjoyment, illegal distress, and unlawful interference with the goods identified above.
(2) Payment of the expenses of recovering the goods on an indemnity basis.
(3) Cancellation of the bond.
(4) Interest on the damages pursuant to s.69 of the County Courts Act 1984 at such rate and for such period as the Court thinks fit.

[Statement of truth]

DEFENCE ALLEGING JUSTIFICATION OF ENTRY

Defence

1. The entry, seizure and sale of of the goods identified in the Particulars of Claim are each admitted.

2. The Claimant was at all material times the Defendant's tenant of the premises pursuant to a tenancy agreement made on [date]. The rent payable under the tenancy was at all material times £[..........] per month, payable in advance on the first day of each month. A copy of the tenancy agreement is annexed to this Defence.

3. The rent was £[..........] in arrear on [date] when the Defendant entered upon the premises and lawfully levied distress on the goods, acting by a certificated bailiff. Accordingly the distress and sale of the goods was lawful and the Claimant has no valid claim to damages.

[Statement of truth]

DEFENCE ALLEGING JUSTIFICATION OF ENTRY TO TAKE GOODS FRAUDULENTLY OR CLANDESTINELY REMOVED THERE TO FRUSTRATE A DISTRESS

Defence

92-Z9   1.   At the time of the alleged trespasses, AB was the tenant of the premises known as XYZ and the Defendant was the landlord under the tenancy.

2.   AB had at that time failed to pay rent under the tenancy amounting to £[..........].

3.   On a day unknown to the Defendant but believed to be fewer than 30 days before the date of the alleged trespasses, AB fraudulently or clandestinely removed all the chattels from XYZ leaving no sufficient distress there for the rent arrears and for the purpose of frustrating distress upon them, and conveyed the chattels to the property referred to in the Particulars of Claim.

4.   The Defendant entered the property and there lawfully distrained on the chattels pursuant to the Distress for Rent Act 1737, and accordingly the Claimant's claim in trespass is denied.

[Statement of truth]

DEFENCE TO CLAIM FOR POUNDBREACH

Defence

92-Z10   1.   The Defendant cannot admit or deny that the goods were the subject of a lawful distress or that, as against the Defendant, they were impounded, and the Claimant is required to prove both.

2.   If the goods were the subject of a lawful distress and were impounded, the Defendant had no knowledge of those facts.

3.   Accordingly, while the Defendant admits that he took the goods as alleged in the Particulars of Claim, he denies that by doing so he was guilty of poundbreach.

[Statement of truth]

NOTICE OF ENFORCEMENT PRIOR TO TAKING CONTROL OF GOODS—APPLICATION FOR NOTICE PERIOD OF LESS THAN THE MINIMUM PERIOD[40]

Defence

92-Z11   1.   My name is John Smith.

2.   I am the Claimant.

3.   I am asking the court to make an order under regulation 6(3) of the Taking

---

[40]   CPR r.84.4.

Control of Goods Regulations 2013 that a shorter notice period than the minimum period for taking control of goods set out in regulation 6(1) of those Regulations be given to the Defendant.[41]

4. I request a shorter notice period of not more than 3 clear days. I make my request on the basis that, if the order is not made, it is likely that the goods of the Defendant will be moved or otherwise disposed of, in order to avoid the enforcement agent taking control of the goods.[42]

5. A draft of the order that I am applying for is attached hereto.

6. I want to have this application dealt with at a telephone hearing.

7. I think that the hearing will last for 1 hour.

8. The time estimate is not agreed by all parties.

9. There are no pre-existing proceedings in this matter.

10. The hearing needs a District Judge.

11. The Defendant and enforcement agent[43] should be served with this application.

12. The service address of the enforcement agent is 1 Elm Street, Ipswich IP1 5YZ.

13. The information that I rely on in support of this application is set out in the witness statement annexed hereto.[44]

Statement of truth
I believe that the facts stated in this section are true.
Signed:
Dated:
Full name:

14. Signature and address details
Applicant's address to which documents about this application should be sent:
Phone no.:
Fax no.:
Ref no.:
E-mail address:

---

[41] The prescribed minimum period of notice is not less than 7 clear days: the Taking Control of Goods Regulations 2013 reg.6.
[42] CPR r.84.4(b) requires an application to be accompanied by evidence demonstrating that if the order is not made, it is likely that the tenant's goods will be moved or otherwise disposed of, in order to avoid the enforcement agent taking control of the goods.
[43] The rules do not require an application by a landlord pursuant to regulation 6 of the 2013 Regulations to be served on the enforcement agent but it may be expedient to do so.
[44] CPR Pt 32 and PD 32 set out the requirements for witness statements.

NOTICE OF ENFORCEMENT PRIOR TO TAKING CONTROL OF GOODS—APPLICATION FOR NOTICE PERIOD OF LESS THAN THE MINIMUM PERIOD[45]

Application Notice (Adapted from Form N244: CPR Pt 23)

92-Z12 1. My name is John Smith.

2. I am the Applicant.

3. I am asking the court to make an order under regulation 6(3) of the Taking Control of Goods Regulations 2013 that a shorter notice period than the minimum period for taking control of goods set out in regulation 6(1) of those Regulations be given to the Defendant[46].

4. I request a shorter notice period of not more than 3 clear days. I make my request on the basis that, if the order is not made, it is likely that the goods of the Defendant will be moved or otherwise disposed of, in order to avoid the enforcement agent taking control of the goods[47].

5. A draft of the order that I am applying for is attached hereto.

6. I want to have this application dealt with at a telephone hearing.

7. I think that the hearing will last for 1 hour.

8. The time estimate is not agreed by all parties.

9. There are no pre-existing proceedings in this matter.

10. The hearing needs a District Judge.

11. The Defendant and enforcement agent[48] should be served with this application.

12. The service address of the enforcement agent is 1 Elm Street, Ipswich IP1 5YZ.

13. The information that I rely on in support of this application is set out in the witness statement annexed hereto[49].

---

[45] CPR r.84.4.
[46] The prescribed minimum period of notice is not less than 7 clear days: the Taking Control of Goods Regulations 2013 r. 6.
[47] CPR r.84.4(b) requires an application to be accompanied by evidence demonstrating that if the order is not made, it is likely that the tenant's goods will be moved or otherwise disposed of, in order to avoid the enforcement agent taking control of the goods.
[48] The rules do not require an application by a landlord pursuant to regulation 6 of the 2013 Regulations to be served on the enforcement agent but it may be expedient to do so by a
[49] CPR Pt 32 and PD 32 set out the requirements for witness statements.

Statement of truth
I believe that the facts stated in this section are true.
Signed:
Dated:
Full name:

14. Signature and address details
Signed:
Dated:
Applicant's address to which documents about this application should be sent:
Phone no.:
Ref no.:
E-mail address:

APPLICATION BY THE DEBTOR FOR A REMEDY IN RELATION TO GOODS TAKEN INTO CONTROL[50]

Application Notice (Adapted from Form N244: CPR Pt 23)

1. My name is Claire Wilson. 92-Z13

2. I am the Applicant.

3. I am the lessee of premises known as 5 Crown Street, Ipswich IP1 5SX under a lease ("the Lease) dated 5th October 2018 for a term of 6 years at a rent of $25,000 per annum.

4. The lease is a business lease protected by Pt II of the Landlord and Tenant Act 1954.

5. The First Defendant, Adam Potts, is my lessor under the Lease.

6. The Second Defendant, Lee Thompson, purports to be an enforcement officer within the meaning of paragraph 2(1) of Schedule 12 to the Tribunals Courts and Enforcement Act 2007

7. I am asking the court to make an order under paragraph 66 of Schedule 12 to the 2007 Act for breach of a provision of Schedule 12.

8. Contrary to regulation 13 of the Taking Control of Goods Regulations 2013 the Second Defendant, with the permission of the First Defendant, entered onto my

---

[50] CPR r.84.4.

leasehold premises and seized control of goods outside the permitted hours of 6am to 9pm, namely at midnight.

9. The remedy that I seek is return of the goods wrongly seized.

10. A draft of the order that I am applying for is attached hereto.

11. I want to have this application dealt with at an oral hearing.

12. I think that the hearing will last for 1 hour.

13. The time estimate is not agreed by all parties.

14. There are no pre-existing proceedings in this matter.

15. The hearing needs a District Judge.

16. The First and Second Defendants should be served with this application.

17. The service address of the First Defendant is 4 Commercial Street, Norwich NR2 7BX.

18. The service address of the enforcement agent is 1 Elm Street, Ipswich IP1 5YZ.

19. The information that I rely on in support of this application is set out in the witness statement annexed hereto[51].

Statement of truth
I believe that the facts stated in this section are true.
Signed:
Dated:
Full name:

20. Signature and address details
Signed:
Dated:
Applicant's address to which documents about this application should be sent:
Phone no.:
Ref no.:
E-mail address:

---

[51] CPR Pt 32 and PD 32 set out the requirements for witness statements.

SECTION 93:

EASEMENTS AND DRAINAGE

TABLE OF CONTENTS

Claim for damages for obstruction of right to light claimed by prescription or under grant	93-Z1
Claim for damages by reversioner for obstruction of ancient lights	93-Z2
Claim for injunction to prevent obstruction of right to light	93-Z3
Claim for injunction and damages for obstruction of right of way	93-Z4
Claim for declaration of right of drainage	93-Z5
Defence denying Claimant's possession of premises in respect of which right to light claimed	93-Z6
Defence denying ancient lights	93-Z7
Defence denying obstruction of right to light	93-Z8
Defence denying prescriptive enjoyment of right to light	93-Z9
Defence alleging interruption of enjoyment of right to light	93-Z10
Defence alleging enjoyment of right to light by consent	93-Z11
Defence justifying trespass to remove obstruction to ancient lights	93-Z12
Defence denying title to right of way and alleging user was not of right	93-Z13
Defence justifying trespass and removal of fences under claim to right of way under Prescription Act 1832, at common law, under doctrine of lost modern grant	93-Z14
Defence justifying trespass under right of way of necessity	93-Z15
Defence justifying trespass under public right of way	93-Z16
Defence on basis no right as drainage unlawful	93-Z17

The law of easements is a highly complex and, in many ways, archaic area of property law. It does, however, have frequent and often important application to diverse types of real property relationships: commercial, development, agricultural and even residential. The purpose of this narrative is not to rehearse or even to summarise the law, but to introduce the subject matter of the 17 precedents that follow. These have been selected as some of the more common forms of claim or defence that arise. For a more comprehensive analysis of the law of easements, reference should be made in the first instance to Megarry and Wade's *The Law of Real Property*, 9th edn (2019), and for a more detailed study, to *Gale on Easements*, 20th edn (2016).[1]

93-01

---

[1] *Megarry and Wade's The Law of Real Property*, 9th edn (London: Sweet & Maxwell, 2019), and for a more detailed study, to *Gale on Easements*, 20th edn (London: Sweet & Maxwell, 2016).

Rights of Light and Air

93-02 An owner of land has no right of light at common law. Such an easement must either have been granted or reserved, or acquired by prescription under the Prescription Act 1832 or at common law since time immemorial. The grant of an easement may be express, implied or presumed. Generally, rights of light are acquired by prescription under Prescription Act 1832 s.3, by 20 years' actual and uninterrupted enjoyment of light through a defined aperture in the building of the dominant owner without the consent in writing of the servient owner.[2] An interruption for the purposes of the Act means an adverse obstruction lasting for at least a year, not a mere discontinuance or voluntary cessation of use[3] (see Precedent 93-Z10). These rights of light so acquired are traditionally referred to as "ancient lights". If a building is altered so that the windows are moved, the rights of light are not lost provided there is some substantial correlation between the former position of the ancient lights and the position of the new windows.[4]

A right to the access and passage of air through channels over the servient property into buildings of the dominant owner may be created as a result of long enjoyment, under the fiction of lost grant, by express or implied grant, or by prescription under Prescription Act 1832 s.2, or at common law since time immemorial.

In order to maintain a claim for obstruction of a right of light, there must be (or be threatened) a diminution of light entering the premises such as to make them substantially less fit for the purposes of business or occupation. Thus, the true question to be asked is how much light is left, rather than how much has been taken away. As to the standard of light required to survive in order to eliminate the existence of a nuisance, see *Fishenden v Higgs* (dwelling) and *Charles Semon &Co Ltd v Bradford Corp* (business premises).[5] Whether interference amounts to a nuisance does not depend exclusively on past use of the dominant tenement, but also on possible future uses.[6] The modern trend has been to require a higher standard of lighting. The claimant may claim either damages, or an injunction, or both. Where the obstructing building has been built, damages may be the appropriate remedy (see Precedent 93-Z1), whereas an injunction to restrain a threatened nuisance by construction of a building must be applied for in good time (see Precedent 93-Z3) although in *HKRUK II (CHC) Ltd v Heaney*[7] a mandatory injunction was granted notwithstanding that the development was partially occupied. The principles to be followed in determining whether an injunction should be granted are set out in *Regan v Paul Properties DPF No 1 Ltd*.[8] The court may grant damages in lieu of injunctive relief,[9] and in many cases the claimant will be satisfied with pecuniary compensation which reflects the amount for which the necessary rights might have been sold as, in effect, "ransom" rights far exceeding loss of amenity.[10] The owner

---

[2] As to consent, see *Willoughby v Eckstein* [1937] Ch. 167, and Precedent 93-Z11.
[3] *Smith v Baxter* [1900] 2 Ch. 138 at 143.
[4] *Barnes v Loach* (1879) 4 Q.B.D. 494; *Pendarves v Monro* [1892] 1 Ch. 611.
[5] See *Fishenden v Higgs* (1935) L.T. 128 (dwelling) and *Charles Semon &Co Ltd v Bradford Corp* [1922] 2 Ch. 737 (business premises).
[6] *Carr-Saunders v Dick McNeal Associates* [1986] 1 W.L.R. 922.
[7] *HKRUK II (CHC) Ltd v Heaney* [2010] EWHC 2245 (Ch); [2010] 44 E.G. 126.
[8] *Regan v Paul Properties DPF No 1 Ltd* [2006] EWCA Civ 1319; [2006] 46 E.G. 210.
[9] *Leeds Industrial Co-operative Society v Slack* [1924] A.C. 851.
[10] See *Tamares (Vincent Square) Ltd v Fairpool Properties (Vincent Square) Ltd* [2007] EWHC 212

of a reversion on a lease of the dominant tenement may bring a claim for damages (see Precedent 93-Z2), or for injunctive relief.

Where the owner of the ancient lights resorts to self-help to abate a nuisance obstructing the lights, it is considered reasonable to give notice.[11] The burden of proof is upon the defendant to show that he had a right in law to deal with the obstruction (see Precedent 93-Z12).

Where it is sought to prevent a right of light being acquired, there is a statutory process of registering an obstruction notice under the Rights of Light Act 1959.[12]

Rights of way

The owner of a private right of way is entitled to maintain an action and recover nominal damages for an obstruction, although no special damage is proved, as may a reversioner where the obstruction is of a permanent character and injurious to his reversion.[13] Similarly, injunctive relief may be claimed to abate a nuisance caused by an obstruction of a right of way (see Precedent 93-Z4). Obstruction of a right of way does not occur without the existence of an actionable nuisance, and there is no nuisance if the way can conveniently be exercised even though part of its width is obstructed.[14] However, there are cases in which an interference with a right of way can be actionable even if an access point remains. The test is whether there is an interference with the reasonable use of the right of way and not whether the servient owner's action would amount to a reasonable sufficient obstruction to justify a remedy.[15]

93-03

Like a right of light, a right of way may be expressly or impliedly granted, or its grant may be presumed by reason of long user, or it may be acquired by prescription under the Prescription Act 1832 s.2, or at common law as user since time immemorial. The use required by the Prescription Act must be such as to raise a reasonable inference of a fairly continuous enjoyment of the right claimed, and use on infrequent and special occasions only is not sufficient.[16] Further, the enjoyment required by s.2 of the Act must be "as of right", and not by force or by permission or secretively. There is no use as of right where the enjoyment is under an agreement in return for a payment. Where the use is insufficient to support a prescriptive right under the Prescription Act, as where there has been an interruption of enjoyment within the statutory period or where enjoyment ceased before the commencement of the action, a defence of a right of way may be sustained under the doctrine of lost modern grant. Such a grant may be presumed from acts of ownership or of enjoyment for 20 years and more, consistent with the grant alleged (see Precedent 93-Z14). Such a grant will not be presumed if it would be contrary to the provisions of a statute.[17] However there is no requirement of public policy that prevents the acquisition of an easement by long and uninterrupted use in breach of a statutory prohibition where it would have been lawful for the landowner to make

---

(Ch); [2007] 14 E.G. 106.
[11] *Commissioners of Sewers v Glasse* (1872) 7 Ch. App. 456.
[12] *Bowring Services v Scottish Widows Fund and Life Assurance Society* [1995] 1 E.G.L.R. 158.
[13] *Kidgell v Moore* (1850) 9 C.B. 364.
[14] *Keefe v Amor* [1965] 1 Q.B. 334; *Celsteel v Alton House Holdings* [1985] 1 W.L.R. 204.
[15] *Emmett v Sisson* [2014] EWCA Civ 64; [2014] 2 P. & C.R. 3.
[16] *Hollins v Verney* (1884) 13 Q.B.D. 304.
[17] *Neaverson v Peterborough RDC* [1902] 1 Ch. 557 (letting herbage in breach of the Enclosure Acts).

such a grant and where such a grant would have removed the criminality of user.[18] The evidential presumption of a lost modern grant can be rebutted by proof that the use had been with the permission of the servient owner but not by proof that there had not been an actual grant prior to the commencement of use.[19]

A right of way of necessity is an incident to a grant of land, where there is no access to the land granted except over remaining land of the grantor; and such a right may exist where there is, conversely, no access to the remaining land of the grantor save over the land granted ("an easement of necessity is one without which the property cannot be retained at all, and not one merely necessary to the reasonable enjoyment of that property.[20]") But mere necessity, apart from the relationship of grantor and grantee, does not give any right of way over the land of another[21]; and a defence on the ground of a right of way of necessity must show how it arises by way of grant[22] (see Precedent 93-Z15). The right is limited to that which is necessary at the time of grant.[23] A right of way may also be implied, by reason of necessity, upon the conveyance of lands in several parcels.[24]

93-04 An easement will also arise upon sale of part of a parcel of land in the circumstances set out in s.62 of the Law of Property Act 1925 or under the rule in *Wheeldon v Burrows*. Section 62 provides that where a landowner is disposing of part of his land, any quasi-easements enjoyed at the time of the conveyance are converted into full easements over the retained land unless the conveyance provides otherwise. However, s.62 does not apply unless either there was diversity of occupation of the two parcels of land prior to the conveyance, (such as where the plot conveyed is tenanted) or the quasi-easement was "continuous and apparent.[25]

The rule in *Wheeldon v Burrows*[26] provides that when that is subject to a quasi-easement is disposed of to a third party, then the quasi-easement is normally converted into an easement if: (1) it is "continuous and apparent"; (2) it is necessary for the reasonable enjoyment of the land being sold; and (3) the rule has not been excluded by express provision or by implication.

There will be a defence to a claim of trespass if the defendant was exercising a public right of way. A public highway generally must lead from one public place to another.[27] It will therefore be difficult to infer dedication from use of a cul-de-sac.[28] At common law, the dedication of a public right of way can be presumed from uninterrupted user by the public as of right.[29] By Highways Act 1980 s.31, where

---

[18] *Bakewell Management Ltd v Brandwood* [2004] UKHL 14; [2004] 2 W.L.R. 955 (holding that the decision in *Hanning v Top Deck Travel Group Ltd* [1994] 68 P. & C.R. 14 (no grant presumed where driving on a common without permission contrary to s.193 of the Law of Property Act 1925) was wrong.
[19] *R. (on the application of Lewis) v Redcar & Cleveland BC* [2010] UKSC 11; [2010] 2 A.C. 70; followed by *Welford v Graham* [2017] UKUT 297 (TCC).
[20] *Union Lighterage Co v London Graving Dock Co* [1902] 2 Ch. 557 at 573. See also *Sweet v Sommer* [2004] EWHC 1504 (Ch) [2004] 4 All E.R. 288, affirmed [2005] EWCA Civ 227; [2005] 2 All E.R. 6.
[21] *Bullard v Harrison* [1815] 4 M. & S. 387.
[22] *Proctor v Hodgson* (1855) 10 Ex. 824.
[23] *London Corp v Riggs* (1880) 13 Ch. D. 798.
[24] *Pearson v Spencer* (1861) 1 B. & S. 571; 3 B. & S. 761.
[25] See *P&S Platt Ltd v Crouch* [2003] EWCA Civ 1110; [2004] 1 P. & C.R. 18.
[26] *Wheeldon v Burrows* (1879) 12 Ch. D. 31.
[27] *Att. Gen. v Antrobus* [1905] 2 Ch. 188.
[28] *Oldham v Sheffield Corporation* (1927) 43 T.L.R. 222.
[29] See *Poole v Huskinson* 152 E.R. 1039; (1843) 11 M. & W. 827; *Attorney General v Dyer* [1947] 1

there has been user as of right and without interruption for a period of 20 years, the way is deemed to have been dedicated as the highway unless there is sufficient evidence that there was no intention during the period to dedicate the way as to which see *R. (on the application of Godmanchester Town Council) v Secretary of State for the Environment, Food and Rural Affairs*.[30] Thus, a single act of interruption may be of significant weight.[31] The owner must, however, overtly prevent people from using the right of way; evidence that the owner was merely tolerating use and did not intend to dedicate is insufficient.[32] The Act provides that the erection by the owner of the land of a suitably visible notice inconsistent with dedication is, in the absence of proof of contrary intention, sufficient evidence to negative dedication. The statutory presumption does not prevent a common law dedication being inferred.[33]

Rights of drainage

93-05

A right of drainage may be created or acquired in essentially the same way as a right of way. But where a grant would have been contrary to some public law (as distinct from a private right of ownership), for example drainage of sewage effluent into a stream which flows into a river without a licence from the appropriate water authority, the law will not presume a lost modern grant of such a right[34] (see Precedent 93-Z17).

Pleading

93-06

The allegation that windows are "ancient lights" used sufficiently to indicate that the claimant was entitled to the right by prescription, but now it is proper and advisable to insert a specific allegation to that effect. Where a claim is based on express or implied grant, or upon a lost grant, or even upon prescription at common law, the basis on which it arises should be distinctly pleaded. It is not, however, necessary to allege that enjoyment was "as of right" in the case of an easement of light.[35] If a defendant disputes the claimant's possession or his property interest, this should be expressly denied (see Precedent 93-Z6). Where the particulars of claim assert prescription under the Act of 1832, the defendant cannot and should not merely generally deny the right, but should specifically deny any facts that he wishes to dispute as giving rise to the right claimed (see Precedent 93-Z9), and plead specifically matters on which he relies as negativing the effect of the facts (see Precedent 93-Z10) or as justifying any obstruction.

Similarly, in actions for obstruction of private rights of way, the basis on which

---

Ch. 67.
[30] *R. (on the application of Godmanchester Town Council) v Secretary of State for the Environment, Food and Rural Affairs* [2007] UKHL 28; [2007] 3 W.L.R. 85.
[31] *Lewis v Thomas* [1950] 1 K.B. 438 at 446.
[32] *Cumbernauld and Kilsyth DC v Dollar Land (Cumbernauld) Ltd* [1992] S.L.T. 1035; *R. (on the application of Beresford) v Sunderland City Council* [2001] EWCA Civ 1218; [2002] 1 P. & C.R. 32.
[33] *Merstham Manor v Coulsdon UDC* [1937] 2 K.B. 77.
[34] *Neaverson v Peterborough RDC* [1902] 1 Ch. 557, a case in which, on the facts, the owners of the soil would not have been able to release the restriction; cf. *Bakewell Management Ltd v Brandwood* [2004] UKHL 14; [2004] 2 W.L.R. 955 where the owner of the common would have been able to grant the easements.
[35] *Truscott v The Master and Wardens of The Merchant Tailors' Co* (1856) 11 Ex. 855; *Colls v Home & Colonial Stores* [1904] A.C. 179 at 205.

the claimant claims to make out his title to the way should be specifically pleaded. Where a lost modern grant is relied upon, no particulars of the grant need be pleaded or may be asked for.[36] In order that a statement of truth may properly be signed in relation to a claim based upon the doctrine of lost modern grant (which involves a legal fiction, to the effect that at some time in the past a competent grantor expressly granted an easement in favour of the dominant owner using a deed that has since been lost) the pleading should be preceded by the words "It is to be taken at law that [long before the alleged trespass etc]..." (see Precedent 93-Z14). Of course, no such words are required for the rare case of an express grant by deed which is, in fact, believed to have been lost or destroyed by accident. The point of outset and the end point of the way (usually referred to as the *terminus a quo and the terminus ad quem*) should be pleaded, as should the kind of way (i.e. whether a way on foot or with vehicles) and any qualifications (e.g. a right for particular times of the year or for particular purposes) (see Precedent 93-Z4). In actions for obstructing a right of way, the defendant should make specific denials of the facts alleged and not merely put the claim of right generally in issue (see Precedent 93-Z13). Where a defendant justifies a claim of trespass on the ground of a private right of way, he must show on what grounds he claims to be entitled to the right, including full particulars of the nature of the right of way (see Precedent 93-Z14). A defence justifying trespass on the ground of an express grant of a way must be fully pleaded and, if the defendant was not the original grantee, must show how he derives title from the grantee. Where a trespass is justified on the basis of a public right of way, the defendant must give particulars of the nature and the dates of any specific acts of dedication or specific declarations of intention to dedicate on which he relies and the names of the persons by whom they were done or made[37] (see Precedent 93-Z16). In pleading a public right of way, however, it is not necessary to state the point of outset or the end point of the way.

Where an issue arises as to entitlement to an easement, the modern approach (where time allows) is to apply for declaratory relief rather than resort to self help. If the dispute is over the construction of a deed, a Pt 8 claim will be appropriate (CPR r.8.1(2)). Where the facts giving rise to the claimed easement are in dispute, a normal claim form (CPR Pt 7) will be more suitable (see Precedent 93-Z7). A marked plan should always be annexed to the claim form identifying the dominant and servient tenements and the location or route of the claimed easement.

CLAIM FOR DAMAGES FOR OBSTRUCTION OF RIGHT TO LIGHT CLAIMED BY PRESCRIPTION OR UNDER GRANT

93-Z1 1. The Claimant is the owner of a dwelling-house, known as [..........], at [address], and having [..........] windows on its [west] side.

2. The Claimant is entitled by prescription under the Prescription Act 1832 [*or* by prescription from time immemorial or under a grant by the Defendant's predecessor in title made in writing on [date]], to the access and use of light [and air] to and for the house through the windows.

3. In [date], the defendant erected, and has ever since maintained [and still

---

[36] *Tremayne v English Clays Lovering Pochin & Co* [1972] 1 W.L.R. 657.
[37] *Spedding v Fitzpatrick* [1889] 38 Ch. D. 410.

maintains], a high wall near to the windows which prevents and obstructs the light [and air] from entering the house by the windows.

4. The wall is a nuisance to the Claimant's house and has rendered it dark [and unwholesome].

5. In consequence of these matters, the Claimant has been greatly disturbed in the enjoyment of his house, and he and members of his family have been subjected to much inconvenience and discomfort and the value of the said house has been greatly diminished, causing the Claimant loss and damage.

Particulars
[State particulars of the loss and damage sustained.]

6. Furthermore, the Claimant claims interest on such damages as are awarded from such date as may be just until judgment herein at the rate of [..........] per annum pursuant to s.35A of the Senior Courts Act 1981.

7. The Claimant expects to recover more than £100,000.

AND the Claimant claims:
(1) Damages.
(2) Interest.

[Statement of truth]

CLAIM FOR DAMAGES BY REVERSIONER FOR OBSTRUCTION OF ANCIENT LIGHTS

1. The Claimant was and is the owner of the house No. [..........], [..........] Street, [..........], now in occupation of AB, as tenant thereof to the Claimant under a lease for a term of which [..........] years are still unexpired.

2. There are in the house the following ancient lights: [state the same].

3. The Defendant has erected a building of a permanent character which materially diminishes the light coming through the windows, and is a nuisance to the said house and to all who occupy or will occupy the same.

4. In consequence of these matters, the value of the Claimant's reversion in the house has been greatly reduced, causing the Claimant loss and damage.

Particulars
[State particulars of the loss and damage sustained.]

5. Furthermore, the Claimant claims interest on such damages as are awarded from such date as may be just until judgment herein at the rate of [..........] per annum pursuant to s.35A of the Senior Courts Act 1981.

6. The Claimant expects to recover more than £100,000.

AND the Claimant claims:
(1) Damages.
(2) Interest.

[Statement of truth]

Claim for Injunction to Prevent Obstruction of Right to Light

93-Z3   1.   The Claimant is the owner [*or* lessee] and occupier of a house known as [..........] in which there are the following ancient lights:
  (a) The kitchen window in the basement on the south side.
  (b) The two back dining-room windows on the ground floor on the south side.
  (c) The landing window and back drawing-room window on the south side.

2. The Defendant is erecting a building [on the south side of the Claimant's house] which will, if not stopped, materially diminish the light coming through the windows.

3. The erection will be a nuisance to the Claimant, and deprive him of the enjoyment of the house and cause him to suffer serious and irreparable damage.

4. The Defendant intends, unless restrained by this Court, to continue with the erection of the new building.

AND the Claimant claims:
(1) An injunction to restrain the Defendant, by himself or by his contractors, servants or workmen, or otherwise howsoever, from continuing to erect the said building.
(2) An order, if necessary, to have the building pulled down, alternatively.
(3) Damages in lieu for the injury the Claimant will sustain if the building is completed and not pulled down.

[Statement of truth]

Claim for Injunction and Damages for Obstruction of Right of Way

93-Z4   1.   The Claimant is the owner [*or* lessee under a lease from E F dated [date]] and occupier [*or* was and is possessed] of a property known as [..........], at [..........], and is entitled to a right of way from the property over a field called [..........] to a public highway called the [..........] Road, and back again from the highway over the field to the property, for himself and his servants, on foot [and with horses, vehicles, and cattle], at all times of the year. [Describe the way claimed so as to show its position and termini. It is often convenient to incorporate in the Particulars of Claim, or to refer to, a plan or map.]

2. The Claimant is entitled to the right of way by reason of having enjoyed it for 20 [*or* 40] years before this action as of right and without interruption [*or* by prescription from time immemorial, *or* by the grant thereof from E F, then the owner of the field, by deed dated [date].

3. On [date], the Defendant wrongfully obstructed the way [by placing a fence in the field, blocking up the way].

4. The Defendant has ever since maintained, and intends to continue to maintain, the obstruction.

5. In consequence of these matters, the Claimant has been greatly disturbed in the enjoyment of his right of way and has suffered loss and damage.

Particulars

[State particulars of the loss and damage sustained.]

6. Furthermore, the Claimant claims interest on such damages as are awarded from such date as may be just until judgment herein at the rate of [..........] per annum pursuant to s.69 of the County Courts Act 1984.

7. The Claimant expects to recover more than £25,000.

AND the Claimant claims:
(1) Damages.
(2) An injunction ordering the Defendant to remove the fence, restraining the Defendant, by himself or by his servants or agents, or otherwise howsoever, from the repetition or continuance of the acts above complained of or of similar acts obstructing the Claimant's right of way.
(3) Interest.

[Statement of Truth]

CLAIM FOR DECLARATION OF RIGHT OF DRAINAGE

1. The Claimant is the owner of a house known as [..........] ("the Property") edged red on the plan marked "C1" served with this Claim Form.

2. The Property was conveyed to the Claimant on [date] by the predecessor in title of the Defendant, who at the time of the conveyance was the owner of the Property and of the land now owned by the Defendant and edged blue on the plan

3. At the date of the conveyance, the foul drainage from the Property was through a pipe coloured brown on the plan, leading over the Defendant's land and into a manhole on the east side of that land and so marked on the plan, and the vendor used the pipe at all times for drainage from the Property.

4. The existence of the pipe was well known to the vendor and drainage through it was reasonably necessary for the enjoyment of the Property as a residence.

5. The Defendant denies that the Claimant has the right appurtenant to the Property to drain through the pipe into the manhole.

AND the Claimant claims:
(1) A declaration that the Claimant has the right appurtenant to the Property to drain foul drainage through the pipe lying on the Defendant's land and into the manhole as marked on the plan.

[Statement of truth]

EASEMENTS AND DRAINAGE

DEFENCE DENYING CLAIMANT'S POSSESSION OF PREMISES IN RESPECT OF WHICH RIGHT TO LIGHT CLAIMED

93-Z6 [38] Paragraph [..........] of the Particulars of Claim is denied. At the time of the alleged grievances the Claimant was not [or was not and is not] the owner or occupier [or lessee or occupier] of the house [or is not or was not] possessed of the Premises.

[Statement of truth]

DEFENCE DENYING ANCIENT LIGHTS

93-Z7 1. It is denied that the Claimant has enjoyed light through the windows for 20 years before action [or since time immemorial].

2. [*State the basis on which enjoyment is denied*, e.g. The windows were only created in [date], *or* No light could have entered the house through the widows before [date] because until [date] a wall existed adjacent to the wall of the house which blocked the access of light through the windows.]

[Statement of truth]

DEFENCE DENYING OBSTRUCTION OF RIGHT TO LIGHT

93-Z8 1. The Defendant denies that the building erected by him has obstructed or diminished the access of light to the Claimant's windows or that the building is a nuisance to the Claimant's house as alleged in paragraph [..........] of the Particulars of Claim or at all.

2. The Defendant denies that the Claimant's light has been or will be materially interfered with by the Defendant's building as alleged or at all.

[Statement of truth]

DEFENCE DENYING PRESCRIPTIVE ENJOYMENT OF RIGHT TO LIGHT

93-Z9 [39] The access and use of light through the window to and for the benefit of the house has not been enjoyed therewith for the said period of 20 years [or was not enjoyed therewith for the statutory period of 20 years] within the meaning of the Prescription Act 1832 ss.3 and 4.

[Statement of truth]

---

[38] *Pleading.* The Claimant's possession, or his property in the reversion if he sues as reversioner, must, if disputed, be expressly denied.

[39] *Pleading.* Where the statement of claim alleges that the lights are ancient, or that the right is claimed under the Prescription Act 1832, the Defendant cannot rely upon a mere general denial of the right as covering all the grounds of defence referred to by that section, and should therefore specifically deny such allegations of the facts constituting the right as he wishes to dispute, and plead specially the particular matters on which he relies as negativing the effect of those facts or as justifyng the obstruction.

Defence alleging interruption of enjoyment of right to light

1. [40] The alleged enjoyment of the lights during the statutory period of 20 years was interrupted by [*state how and when*, e.g. the Defendant erecting on his land a wooden hoarding in front of the Claimant's windows in [date], and maintaining the hoarding so erected until [date].

2. The Claimant submitted to and acquiesced in the interruption for more than one year from the time of his having notice of the interruption and of the Defendant being the person who made it or authorised it to be made.

[Statement of truth]

93-Z10

Defence alleging enjoyment of right to light by consent

The access and use of the light through the windows during the 20 years [*or* from [date], to [date],] was enjoyed by consent expressly given for that purpose by the Defendant [*or* AB, the Defendant's predecessor in title] to the Claimant [*or* the Claimant's predecessors in title] by a deed [*or* writing] dated [date].

[Statement of truth]

93-Z11

Defence justifying trespass to remove obstruction to ancient lights

1. At the time of the alleged trespass, the Defendant was possessed of a house [called [..........], *describing it*] adjoining the Claimant's land, and was entitled [*state how*, e.g. by prescription under the Prescription Act 1832] to the access and use of light to and for the house through an ancient window, namely the [library window on the ground floor of the house].

2. The Claimant wrongfully erected and subsequently maintained a [hoarding] in violation of the prescriptive right, and wrongfully prevented the light from entering the house through the window so as to be a nuisance to the house.

3. By letter dated [date] [*or as the case may be*], the Defendant requested the Claimant to remove the [hoarding] and to cease obstructing the access of light to the house, but the Claimant has failed [*or* refused orally, *or as the case may be*] to do so.

4. Thereupon, the Defendant on [date] entered the Claimant's land and pulled down the [hoarding] in order to remove the obstruction, doing no more than was necessary for that purpose.

5. The entry and pulling down of the [hoarding] was accordingly no trespass.

[Statement of truth]

93-Z12

---

[40] *Ground of defence.* "Interruption" in the Prescription Act means an adverse obstruction, not a mere discontinuance or voluntary cessation of user (*Smith v Baxter* [1900] 2 Ch. 138 at 143; *Carr v Foster* (1842) 3 Q.B. 581; *Smith v Brudenell-Bruce* [2002] 2 P. & C.R. 4).

Defence denying title to right of way and alleging user was not of right

93-Z13 1. The Claimant was not [and is not] entitled to the right of way alleged.

2. The Claimant and his predecessors in title have not enjoyed the right of way for 20 [*or* 40] years before this action.

3. If they have so enjoyed it, such enjoyment has not been as of right, but has been a secret enjoyment without the knowledge of the Defendant, who is the owner of the land, or of his predecessors in title [*or* was an enjoyment by the permission and licence of the Defendant, who is the owner of the land, and of his predecessors in title].

Particulars of permission and licence
[*State full particulars relied on.*]

[Statement of truth]

Defence justifying trespass and removal of fences under claim to right of way under Prescription Act 1832, at common law, under doctrine of lost modern grant

93-Z14 1. At all materials times, the Defendant was the owner and occupier of certain land, namely a farm called [..........], situate at [..........].

2. The occupiers of the said farm for the period of 20 years [*or* 40 years, *or* since time immemorial *as the case may be*] before this action enjoyed as of right, and without interruption, a way [for themselves and their servants] on foot and with cattle [*or* with horses and vehicles etc., *as the case may be*] from a public highway called [..........], in the parish of [..........], over the Claimant's land to the land of the Defendant and from the land of the Defendant over the Claimant's land to the highway [at all times of the year], for the more convenient occupation of the land of the Defendant.
Or

[2. It is to be taken at law that long before the alleged trespass, by a deed which has been lost or destroyed by accident, [JK], the then freehold owner of the land now owned by the Claimant, granted to [LM], the then freehold owner of the farm a way on foot and with horses and carriages from a public highway called [..........] over the land of the Claimant to the farm, and from the farm over the land of the Claimant to the highway [at all times of the year] for the more convenient occupation of the farm.]

3. The Defendant as owner of the farm entered the land of the Claimant for the purpose of using the way, and in using the same necessarily trod down the grass growing, and because there were then [fences and gates] wrongfully obstructing the way, the Defendant necessarily broke down and destroyed the [fences and gates] for the purpose of using the way, doing no more damage than was necessary.

4. Accordingly, the Defendant denies that any of the acts complained of in the Particulars of Claim was wrongful as alleged or at all.

[Statement of truth]

Defence justifying trespass under right of way of necessity

1. At the time of the alleged trespass and before the alleged trespass the Defendant was the freehold owner of a close, called Greenacre, immediately adjoining the close of the Claimant.   **93-Z15**

2. On [date], JK was the freehold owner of both the closes, and by a deed made on that day he granted and conveyed the close of the Claimant to LM, and his successors in title.

3. JK had not, at the time of the conveyance, or at any time afterwards, nor had the Defendant or any other person having the close called Greenacre at any time, any way to or from the close called Greenacre otherwise than by a certain way leading from or to a public highway over the close of the Claimant.

4. Accordingly, JK, and the Defendant, and all other persons having the estate of JK in Greenacre, from the time of the conveyance, had of necessity a right of way on foot and with horses and vehicles from the public highway over the close of the Claimant to Greenacre, and from Greenacre over the close of the Claimant to the public highway at all times of the year, for the necessary use and occupation of Greenacre, the way being the nearest and most convenient way over the close of the Claimant to and from Greenacre.

5. The alleged trespass was a use by the Defendant of the way.

[Statement of truth]

Defence justifying trespass under public right of way

1. At all material times there was a common and public highway over the land of the Claimant for all persons to go and return on foot and with horses, cattle, and vehicles [at all times of the year] at their free will and pleasure.   **93-Z16**

2. The highway was dedicated to the use of the public in or about the year [date], by GK the father of the Claimant and his predecessor in title of the land across which the highway runs.

Particulars
[*Here state particulars of any specific acts of dedication, or specific declarations of intention to dedicate, if any are known to the Defendant.*]

3. The Defendant on all the dates mentioned in the particulars of claim had occasion to use the highway and entered upon the land of the Claimant and passed along the highway, then using the same as he lawfully might do. [A wall [*or* fence] had then been wrongfully erected on the highway, which obstructed the same, and the Defendant necessarily pulled down the wall [*or* fence] for the purpose of using the highway, doing no unnecessary damage in that behalf.]

4. In the premises, the Defendant denies that any of the acts complained of was wrongful as alleged in the statement of claim or at all.

[Statement of truth]

DEFENCE ON BASIS NO RIGHT AS DRAINAGE UNLAWFUL

93-Z17 It is denied that the Claimant has an easement of drainage as claimed on the ground that the discharge of sewage effluent into the stream on the Defendant's land was at all times unlawful in that at no material time could the Defendant or its predecessors in title have lawfully made such a grant.

[Statement of truth]

Section 94:

FENCES, BOUNDARIES AND ACCESS TO NEIGHBOURING LAND

Table of Contents

Claim for not repairing a Fence between Fields	94-Z1
Particulars of Claim in boundary dispute seeking declaration as to ownership of unregistered land	94-Z2
Particulars of Claim in boundary dispute seeking declaration as to ownership of registered land and alteration of the Land Register	94-Z3
Particulars of Claim seeking access order under Access to Neighbouring Land Act 1992	94-Z4
Defence alleging that the proposed works are not reasonably necessary for the preservation of the whole or any part of the dominant land	94-Z5
Defence alleging that the proposed works can be carried out without entry upon the servient land	94-Z6
Defence alleging that the proposed access order would cause the Defendant to suffer disturbance of his use or enjoyment of his land to the extent that it would be unreasonable to make the order	94-Z7

Fences and Fencing

94-01 The owner of land may be bound to maintain a fence for the benefit of adjoining land, who may have a corresponding right to have the fence so maintained and repaired. There is no general obligation at common law upon a landowner to fence his land. The duty or right may arise by covenant or grant[1] by prescription usually by proof of immemorial user or by the doctrine of lost modern grant.[2] In addition an obligation to fence or to keep a fence in repair may be imposed by statute.

Once there is established an immemorial usage of fencing against a common as a matter of obligation, the duty to fence is proven, provided always it can be shown that such a duty could have arisen from a lawful origin (*Egerton v Harding*). Occasional acts of repair do not in themselves prove either a contract to repair[3] or a prescriptive obligation to do so (*Jones v Price*).

The right to have a fence kept in repair by a neighbour is in the nature of an easement[4] although since it requires the expenditure of money by the dominant owner it has been described as a "spurious" easement (*Egerton v Harding*). In *Churston*

---

[1] *Jones v Price* [1965] 2 Q.B. 618 at 639.
[2] *Egerton v Harding* [1975] Q.B. 62.
[3] *Boyle v Tamlyn* (1827) 6 B. & C. 329.
[4] *Crow v Wood* [1971] 1 Q.B. 77.

Golf Club Ltd v Haddock[5] the Court of Appeal found that a clause in a conveyance whereby the purchaser of land covenanted to maintain a fence took effect as a covenant. Such obligations were not easements; they did not give the dominant owner the right to do anything on the servient tenement, but simply imposed on the servient owner an obligation that could be enforced by the dominant owner.

94-02 The duty to fence is usually satisfied by maintaining a fence in the manner usual in the country and so as to keep out ordinary cattle rather than cattle with unusual jumping powers[6] or in unusual numbers.[7]

In the absence of an obligation to repair each of two neighbouring owners has at common law a duty to take care that his cattle do not enter the land of the other.[8] The common law obligations have been replaced by the Animals Act 1971 (1971 Act). Where livestock belonging to any person strays onto land in the owner-ship or occupation of another and damage is done by the livestock to the land or any property on it which is in the ownership or possession of the other person, the person to whom the livestock belongs is liable for the damage except as otherwise provided by the Act (1971 Act s.4(1)). The Act does not make provision for liability for personal injuries, and accordingly *Wormald v Cole*[9] has been overruled. Section 5(1) provides that a person is not liable under s.4 for any damage which is wholly due to the fault of the person suffering it. But s.5(6) provides that the damage is not to be treated as due to the fault of the person suffering it merely because he could have prevented it by fencing. However, a person is not liable for straying livestock where it is proved that the straying of the livestock onto the land would not have occurred but for a breach by any other person of a duty to fence.

94-03 **Right of action** If the claimant's cattle escape from his own land through a defect in a fence which the defendant is liable to repair, the claimant may recover for damage done to his cattle or to cattle belonging to third parties, but which the claimant kept on his own land.[10] But if the claimant's cattle were trespassing upon the land before they escaped through the fence, the defendant is not liable, even though he would have been liable as against the owner of the land.[11] So where the defendant is bound to repair a fence separating his land from the highway, the claimant must show that his cattle were lawfully using the highway.[12] The mere fact that a person's land abuts the highway does not raise a presumption that he is bound to fence it.[13]

The action must be brought against the person who has the liability to fence. That person is usually the occupier rather than the owner.[14] The words "owner and proprietor" do not necessarily import that the party is the occupier.[15] Occupation must therefore be specifically alleged.

---

[5] *Churston Golf Club Ltd v Haddock* [2019] EWCA Civ 544; [2019] 4 W.L.R. 60.
[6] *Coaker v Willcocks* [1911] 2 K.B. 124.
[7] *Cooper v Railway Executive* [1953] 1 W.L.R. 223.
[8] *Churchill v Evans* (1809) 1 Taunt. 529.
[9] *Wormald v Cole* [1954] 1 Q.B. 614.
[10] *Rooth v Wilson* (1817) 1 B. & Aid. 59.
[11] *Ricketts v The East and West India Docks and Birmingham Junction Railway Company* (1852) 12 C.B. 160.
[12] *Hickman v Maisey* [1900] 1 Q.B. 752.
[13] *Searle v Wallbank* [1947] A.C. 341.
[14] *Cheetham v Hampson* (1794) 4 T.R. 318.
[15] *Russell v Shenton* (1842) 3 Q.B. 449.

Boundary disputes

94-04 Disputes relating to registered land usually arise where the plan annexed to the land register is unclear or contains a mistake. The courts had a general power to order the rectification of a register of title where appropriate: see ss.82 and 138 of the Land Registration Act 1925. Changes brought into force by the Land Registration Act 2002 mean that the power of rectification has been changed to that of "alteration": Land Registration Act 2002 s.65 and Sch.4. Disputes relating to unregistered land usually occur where the title documents of the parties are unclear.

The law relating to boundary disputes and land registration is too complex to be summarised in a work of this nature and reference should be had to practitioners' texts. It should be noted that in disputes of this nature allegations of adverse possession are often raised. For problems of construction of conveyances, reference should be had to K. Lewison QC, *The Interpretation of Contracts*.[16]

Proceedings may be issued in the Chancery Division of the High Court or the country court. Almost all boundary disputes involve issues of mixed fact and law, and accordingly a claim form under CPR Pt 7 is most likely to be appropriate. However, if the issue is only one of construction of a document, a Pt 8 claim form can be used. It is usual for a detailed plan of the site in question to be annexed to the pleading.

Access to Neighbouring Land

94-05 **Availability of access orders** It is now well established that a landowner's right to access neighbouring land to maintain his own property is capable of being an easement.[17] Issues arise, however, in determining the scope of any such rights. Often it is more convenient to rely upon the rights of access given by statute. The Access to Neighbouring Land Act 1992 came into force on 31 January 1993. It is not possible to contract out of this Act: see s.4(4).

Section 1(1) of the Act provides that a person who, for the purpose of carrying out works to any land ("the dominant land"), desires to enter upon any adjoining land or adjacent land ("the servient land") and who needs, but does not have, the consent of some other person to that entry, may make an application to the court for an order. Section 1(2) of the Act provides that upon an application to the country court, the court will make an access order if, and only if, it is satisfied that: (a) the works are reasonably necessary for the preservation of the whole or any part of the dominant land; and (b) that they cannot be carried out, or would be substantially more difficult to carry out, without the entry upon the servient land. However, s.1(3) of the Act goes on to provide that the court will not make an access order in any case where it is satisfied that were it to make such an order: (a) the respondent or any other person would suffer interference with, or disturbance of, his use or enjoyment of the servient land; or (b) the respondent or any other person in occupation of the whole or any part of the servient land, would suffer hardship to such a degree that it would be unreasonable to make the order. For the purposes of s.1(3) of the

---

[16] K. Lewison QC, *The Interpretation of Contracts*, 6th edn (London: Sweet & Maxwell, 2015).
[17] See e.g. *Ward v Kirkland* [1967] Ch. 194 (concerning repairs to plaintiff's cottage wall abutting onto defendant's farmyard) and *Risegold Ltd v Escala Ltd* [2008] EWCA Civ 1180; [2009] 2 P. & C.R. 1 (in which it was held that a right of entry for purposes of "rebuilding or renewal" entitled entry for the purpose of prior demolition and substantial redevelopment.

Act the court is entitled to take into account disturbance or hardship not caused by the entry on the land but which would result from the carrying out of the proposed works.

Where the court is satisfied on an application under this section that it is reasonably necessary to carry out any basic preservation works to the dominant land, those works will be taken to be reasonably necessary for the preservation of the land: see s.1(4) of the Act. "Basic preservation works" mean: (a) the maintenance, repair or renewal of any part of a building or structure; (b) the clearance, repair or renewal of any drain, sewer, pipe or cable; (c) the treatment, cutting back, felling, removal or replacement of any hedge, tree, shrub or "other growing thing" which is in danger of becoming damaged, diseased, dangerous, insecurely rooted or dead; and/or (d) the filling in, or clearance, of any ditch. If the court considers it fair and reasonable in all the circumstances of the case, works may be regarded for the purposes of the Act as being reasonably necessary for the preservation of any land notwithstanding that those works incidentally involve the making of some alteration, adjustment or improvement to the land or the demolition of the whole or any building or structure comprised or situate upon the land: see s.1(5) of the Act.

The Act contains no definition of land (other than excluding highways in s.8(3)). In one of the few reported cases dealing with this legislation, *Dean v Walker*,[18] the Court of Appeal held that the definition of land was that contained in Sch.1 to the Interpretation Act 1978 (including buildings and other structures, land covered with water, and any estate, interest, easement, servitude or right in or over land) and was therefore wide enough to include a party wall. The case preceded, however, the Party Wall etc. Act 1996 and did not deal with the interaction between the two Acts, which remains unclear.

94-06 **Terms and Conditions of Access Orders** There is a broad range of terms and conditions that the court may impose upon making an access order. These are found in s.2 of the Act. An access order shall specify the works to the dominant land that may be carried out by entering upon the servient land, the particular areas of servient land that may be entered, and the date upon which or the period during which the land may be so entered: s.2(1). The order may impose conditions for the purpose of restricting any loss, damage, injury, inconvenience or loss of privacy: s.2(2). Without prejudice to the generality of s.2(2), the order may deal with the manner in which the works are to be carried out, the days on which, and hours between which, the works may be executed, the identity of the persons who may carry out the works and/or specify precautions which must be taken: s.2(3) of the Act. The court may impose conditions to secure compensation for the respondent or any other affected party (which may include the securing of insurance and/or creating a record of the condition of the servient land): s.2(4). The access order may also include provision requiring the applicant to pay the respondent such sum by way of consideration for the privilege of entering the servient land in pursuance of the order as appears to the court to be fair and reasonable having regard to all the circumstances of the cease, including the likely financial advantage of the order to the applicant and any person connected with him and (b) the degree of inconvenience likely to be cause to the respondent or any other person by the entry. Section 6 of the Act provides for the terms of the order to be discharged, varied, suspended

---

[18] *Dean v Walker* (1997) 73 P. & C.R. 366.

and revived. Furthermore, it provides that if any party contravenes or fails to comply with any requirement of the access order, the court may make an award in damages payable to any other person affected by the contravention or relief.

Applications for access orders   All applications under s.1 of the Act must be made in the County Court, as the High Court and County Courts Jurisdiction Order 1991 (SI 1991/724), (as amended by the High Court and County Courts Jurisdiction (Amendment) Order 2014 (SI 2014/821) art.6A remains in force. An application for an access order is a Pt 8 claim (PD 56 para.11.1) and should be made on a completed Form N208. For the requirements of a Pt 8 Claim, see CPR r.8.2. The specific requirements of the application are set out at CPR PD 56 para.11.2, which provide that the application must include 94-07

(1) details of the dominant and servient land involved and whether the dominant land includes or consists of residential property;
(2) the work required;
(3) why entry to the servient land is required with plans (if applicable);
(4) the names and addresses of the persons who will carry out the work; and
(5) the proposed date when the work will be carried out; and
(6) what (if any) provision has been made by way of insurance in the event of possible injury to persons or damage to property arising out of the proposed work.

The owner and occupier of the servient land must be defendants to the claim: PD 56 para.11.3.

The provisions of CPR Pt 15 (Defence and Reply) do not apply to claims brought under CPR Pt 8 (CPR r.8.9(a)(ii)). Nonetheless it is considered that it will often be expedient to file and serve a Defence to a claim for an access order.

FENCES

CLAIM FOR NOT REPAIRING A FENCE BETWEEN FIELDS

1.   The Claimant is the owner and occupier of the field known as Long Meadow (OS No. [..........]) at [..........] and the Defendant is the owner and occupier of the adjoining field known as [..........] (OS No. [..........]). 94-Z1

2.   The Defendant is bound by prescription [*or by local custom dating from time immemorial or as the case may be*] to repair and keep in repair the fence between the two said fields so as to prevent cattle lawfully being in either field from escaping out of the one into the other through defects in the said fence [or as the case may be, stating the extent of the obligation].

3.   The Defendant in breach of this said duty has failed to keep the fence in repair.

Particulars

[State them.]

4.   By reason of this breach of duty cattle belonging to the Claimant and lawfully in the Claimant's field on the [date], escaped through the fence into the Defendant's field and were lost [*or injured or as the case may be*].

Particulars
[Specify them.]

5. Further on or about [date] cattle belonging to the Defendant escaped through the fence from the Defendant's field into the Claimant's field and trod down and consumed the grass therein.

6. By reason of the foregoing the Claimant has suffered loss and damage.

Particulars
[Specify the special damage suffered.]

7. Furthermore, the Claimant claims interest on such damages as are awarded from such date as may be just until judgment herein at the rate of [..........] per annum pursuant to s.69 of the County Courts Act 1984.

And the Claimant claims:
(1) Damages.
(2) Interest.

[Statement of truth]

BOUNDARY DISPUTES

PARTICULARS OF CLAIM IN BOUNDARY DISPUTE SEEKING DECLARATION AS TO OWNERSHIP OF UNREGISTERED LAND

94-Z2

1. The Claimant is the freehold owner of the unregistered land known as [..........] ("the Claimant's Land"). The Claimant's Land is shown edged red on the plan annexed hereto ("the Plan") and includes the land hatched yellow on the Plan.

2. The Defendant is the freehold owner and occupier of a property adjoining the Claimant's Land, namely [..........] ("the Defendant's Land") which is shown edged blue on the Plan. The Defendant's Land is also unregistered.

3. There is no fence or other boundary feature between the Claimant's Land and the Defendant's Land. The Claimant contends that the boundary between the two properties lies along the line marked between points A and B on the Plan.

4. On or about [date] the Defendant made preparations to excavate a trench so as to build a double garage encroaching upon the Claimant's Land hatched yellow on the Plan.

5. By a letter dated [date] XY solicitors on behalf of the Claimant advised the Defendant that the land hatched yellow on the Plan belonged to the Claimant and requested the Defendant to reinstate the said land to its former condition.

6. Since that date the Defendant has caused the building work to continue and proceed rapidly.

7. The Defendant threatens and intends, unless restrained by an order of this court to continue to build the double garage upon the land hatched yellow on the Plan.

8. Furthermore, by reason of the matters aforesaid the Claimant has suffered loss and damage.

Particulars

[Provide particulars.]

9. The Defendant expects to recover [not more than £10,000 *or* more than £10,000 but not more than £25,000 *or* more than £25,000] *or* [The Defendant cannot say how much he expects to recover].

10. Further, the Claimant claims interest pursuant to s.69 of the County Courts Act 1984 on any sum found due at such rate and for such period as this Court shall think fit.

11. The declaration and injunction sought relate to land adjoining residential premises.

AND the remedies sought by the Claimant are:
(1) A declaration that the boundary between the Claimant's Land and the Defendant's Land lies along the line marked between points A and B on the Plan.
(2) A declaration that the Claimant is the owner of the land hatched yellow on the Plan.
(3) An order that the Claimant remove forthwith the parts of the double garage as lie upon the Claimant's Land and reinstate the Claimant's Land to its former condition.
(4) Damages.
(5) Interest.
(6) Costs.

[Statement of truth]

PARTICULARS OF CLAIM IN BOUNDARY DISPUTE SEEKING DECLARATION AS TO OWNERSHIP OF REGISTERED LAND AND ALTERATION OF THE LAND REGISTER

94-Z3

1. The Claimant is the freehold owner of the unregistered land known as [address] ("the Claimant's Land") which is shown edged red on the plan annexed hereto ("the Plan") and includes the land hatched yellow on the Plan.

2. The Defendant is the registered proprietor and occupier of the freehold land and dwelling house known as and situate at [address] shown edged blue on the plan annexed hereto ("the Plan"). The Claimant's Land is registered at HM Land Registry under title number [..........].

3. [Unknown to the Claimant], when the Defendant's Land was registered in [date], the land hatched yellow was wrongly included in the plan filed under title number [..........].

4. Since approximately [date] the Defendant has occasionally parked his car on the land hatched yellow on the Plan, but the Claimant has at all times remained in possession of the land.

5. By a letter dated [date] XY solicitors on behalf of the Claimant advised the Defendant that the land hatched yellow on the Plan belonged to the Claimant and requested the Defendant to refrain from parking upon it.

6. By a letter dated [date] AB solicitors on behalf of the Defendant claimed that the land hatched yellow on the Plan belonged to the Defendant.

7. As a consequence, the Claimant made enquiries of H.M. Land Registry and discovered that the land hatched yellow on the Plan was wrongly registered under Title Number [..........].

8. The Claimant applies for alteration of title number [..........] pursuant to s.65 of the Land Registration Act 2002.

9. The declaration sought does not relate to residential premises.

AND the Claimant claims:
(1) A declaration that the Claimant is the owner of the land hatched yellow on the Plan.
(2) Alteration of the land register to remove the land hatched yellow on the Plan from title number [..........].
(3) Costs.

[Statement of truth]

ACCESS TO NEIGHBOURING LAND

PARTICULARS OF CLAIM SEEKING ACCESS ORDER UNDER ACCESS TO NEIGHBOURING LAND ACT 1992

94-Z4 1. Part 8 of the CPR applies to this claim.

2. The remedy which the Claimant is seeking is an order pursuant to s.1 of the Access to Neighbouring Land Act 1992 ("the 1992 Act") requiring the Defendant to allow him to have access to the property of the Defendant known as [address] for the purpose of carrying out works reasonably necessary for the preservation of the Claimant's property, namely [address] and which [cannot be carried out *or* which would be substantially more difficult to carry out] without entry onto the Defendant's property.

3. The legal basis for the claim is that:
(1) The Claimant is the owner and occupier of the property known as [address] ("the Claimant's Land") which is residential land and is shown edged blue on the plan annexed hereto ("the Plan").
(2) The Defendant is the owner and occupier of the property known as [address] ("the Defendant's Land") which is also residential land and is shown edged red on the Plan.
(3) The work set out in the schedule dated [date] prepared by [name] and annexed hereto is reasonably necessary for the preservation of [a specified part of] the Claimant's Land.
(4) This work [cannot be carried out *or* would be substantially more difficult to carry out] without entry onto the Defendant's Land.

Particulars

[Provide reasons.]
(5) The area of the Defendant's Land to which access is required is shown hatched green on the Plan.

(6) The name of the person who will be carrying out the works is [name and address] [*alternatively* not yet known].
(7) [The following provisions have been made by way of insurance in the event of possible injury to persons or damage to property arising out of the proposed works *or* No provisions have yet been made by way of insurance in the event of possible injury to persons or damage to property arising out of the proposed works].

[Statement of truth]

Defence alleging that the proposed works are not reasonably necessary for the preservation of the whole or any part of the dominant land

It is denied that the Claimant is entitled to the access order sought in that the proposed works are not reasonably necessary for the preservation of the whole or any part of the dominant land (or incidental to that purpose).   **94-Z5**

Particulars

[Provide details.]

Defence alleging that the proposed works can be carried out without entry upon the servient land

It is denied that the Claimant is entitled to the access order sought in that the proposed works can be carried out without entry upon the Defendant's land [without any substantial difficulty].   **94-Z6**

Particulars

[Provide details.]

Defence alleging that the proposed access order would cause the Defendant to suffer disturbance of his use or enjoyment of his land to the extent that it would be unreasonable to make the order

It is denied that the Claimant should be granted the access order sought because the Defendant would suffer interference with and/or disturbance of his use and enjoyment of the servient land to such a degree that it would be unreasonable to make the order.   **94-Z7**

Particulars

[Provide details.]

Section 95:

LANDLORD AND TENANT—COVENANTS AGAINST ASSIGNMENT

Table of Contents

Particulars of Claim for damages and injunction to re-assign for breach of covenant not to assign without consent ...	95-Z1
Defence that no assignment	95-Z2
Defence that licence given	95-Z3
Part 8 Claim Form Details of Claim seeking declaration that licence to assign unreasonably withheld	95-Z4
Particulars of Claim seeking a declaration that consent unreasonably withheld and damages	95-Z5
Defence denying consent unreasonably withheld	95-Z6
Reply to allegation that consent withheld for reasons expressly provided for in the Lease on grounds set out in section 19(1C) of the Landlord and Tenant Act 1927 ...	95-Z7
Part 8 Claim Form Details of Claim seeking declaration that a proviso in a lease is void under s.19(1) of the Landlord and Tenant Act 1927	95-Z8

At common law, a tenant has a right to assign his lease or to sub-let unless restrained by the terms of his lease from doing so.[1] **95-01**

Often, however, a lease will contain specific terms as to the circumstances in which the tenant may assign, sub-let or part with possession of the demised premises. In certain types of tenancies, provisions relating to alienation will be implied, e.g. secure tenancies under the Housing Act 1985, assured tenancies under the Housing Act 1988 and agricultural tenancies under the Agricultural Holdings Act 1986.

Covenants prohibiting alienation, which run with the land, are either absolute containing an absolute prohibition on alienation or qualified containing a prohibition on alienation subject to conditions. Often, such a condition will be that the premises cannot be assigned or sub-let without the consent of the landlord. If the consent of the landlord is required, it is for the assignor to obtain such consent prior to the assignment taking place.[2]

By s.19(1) of the Landlord and Tenant Act 1927, there is implied into every qualified covenant against assignment, sub-letting, charging or parting with possession without the landlord's consent, a proviso to the effect that such licence or consent cannot be unreasonably withheld. The section does not apply to absolute covenants against alienation.[3] Nor does it apply to leases of agricultural holdings within the meaning of the Agricultural Holdings Act 1986 or farm business tenancies within

---

[1] *Doe d. Mitchinson v Carter* (1798) 8 Term. Rep. 57.
[2] *Lloyd v Crispe* (1813) 5 Taunt. 249; *Davis v Nisbett* (1861) 10 C.B. (N.S.) 752.
[3] *Woolworth & Co. v Lambert* [1937] Ch. 37.

the meaning of the Agricultural Tenancies Act 1995 (see s.19(4) of the 1927 Act); assured periodic tenancies (Housing Act 1988 s.15(2)); or to a covenant entered into to give effect to the Leasehold Reform Act 1967 (ss.30(2),(5) of the 1967 Act). Further, where a landlord is entitled to insist on approved guarantors for an assignee, there is no statutory requirement that the landlord should act reasonably, although requests made by the landlord for information about the proposed guarantors must be genuinely intended to ensure his financial security.[4]

95-02 The parties to a lease "cannot by the terms of their contract abrogate the right and duty of the court, in the event of a dispute as to the reasonableness of the withholding of consent where consent is required by the terms of the lease, to decide by an objective standard whether or not the refusal is reasonable. Thus if the parties by their contract purport to say that in such and such circumstances the landlord may withhold his consent, that term of the contract is invalid and is to be disregarded. The court decides whether, in the circumstances which actually existed the refusal of consent is reasonable".[5] In *Level Properties Ltd v Balls Brothers Ltd*[6] the court held that a provision in a business lease that provided that licence to assign was not to be unreasonably withheld "subject to compliance with the following requirements" was not contrary to s.19(1). In respect of "qualifying leases" i.e. new leases pursuant to the Landlord and Tenant (Covenants) Act 1995, the position has changed. Section 19(1A) of the 1927 Act allows new leases (as defined in s.1 of the 1995 Act) to contain specific reasons or conditions upon which the landlord may rely to refuse consent.

If a landlord unreasonably refuses his consent, the tenant may simply assign or sub-let, although in doing so, he runs the risk that he is incorrect about the unreasonableness of the refusal. A safer course is to seek a declaration from the court that the refusal is unreasonable and a declaration that in the circumstances, the tenant is free to assign or sub-let.

A claim under the 1927 Act is a "landlord and tenant claim" within the meaning of CPR Pt 56. Such a claim must be brought under Pt 8 of the CPR as modified by Pt 56 thereto.

95-03 The landlord now has a statutory duty to deal with an application for consent under the Landlord and Tenant Act 1988. Under that Act, the landlord has a duty, within a reasonable time, to provide a written response to a written application for consent either giving consent unless it is reasonable to withhold consent or stating that he will not give consent and his reasons for refusal. It is for the landlord to show that the reasons given by him for refusal or the conditions imposed by him are reasonable.[7] Where, however, the question is not whether consent has been unreasonably withheld but whether a condition precedent to the triggering of the landlord's duty has been fulfilled, the burden of proof remains on the tenant.[8] A landlord who breaches his duties under the 1988 Act may additionally be liable for damages for breach of statutory duty. The landlord may only rely upon those reasons for refusal which he relied upon in his written response under the Act, even

---

[4] *Mount Eden Land Ltd v Towerstone Ltd* [2002] 27 E.G. 97.
[5] *Bocardo v S & M Hotels* [1980] 1 W.L.R. 17.
[6] *Level Properties Ltd v Balls Brothers Ltd* [2007] EWHC 744; [2008] 1 P & CR 1.
[7] See s.1(6)(c) of the 1988 Act and *Footwear Corp Ltd v Amplight Properties Ltd* [1999] 1 W.L.R. 551, approved in *Go West Ltd v Spigarolo* [2003] Q.B. 1140.
[8] *Allied Dunbar Assurance Plc v Homebase Ltd* [2002] E.G.L.R. 23; *Crestfort Ltd v Tesco Stores Ltd* [2005] EWHC 805 (Ch); [2005] 3 E.G.L.R. 25.

if it later transpires that he had a good reason upon which he did not rely.[9] A landlord who breaches his statutory duty may be held liable for exemplary damages if he embarks on a deliberate policy to make a profit by unreasonably delaying or refusing consent.[10]

As to the test to be employed to discover whether a reason for refusal is reasonable, see *International Drilling Fluids v Louisville Investments (Uxbridge)*; *Roux Restaurants v Jaison Property Development*; *Ashworth Frazer v Gloucester City Council*; *NCR Ltd v Riverland Portfolio No 1 Ltd*; and *Norwich Union Life and Pensions v Linpac Mouldings Ltd*.[11]

Where the clause prohibits assignment, a parting with possession by licence or a sharing of possession will not be a breach of the covenant.

A breach of the covenant prohibiting alienation may give rise to forfeiture proceedings or a claim to damages. In some circumstances, a landlord may obtain an injunction requiring the assignee to assign the lease back to the assignor.[12]

Precedents Precedents 95-Z1 to 95-Z3 deal with simple situations where a covenant prohibiting alienation has been breached. Precedent 95-Z1 incorporates a claim to an injunction. Precedent 95-Z2 is a defence based on the fact that there has been no breach of covenant. Precedents 95-Z4 to 95-Z7 deal with the withholding of consent. Precedents 95-Z6 and 95-Z7 apply to new tenancies pursuant to the Landlord and Tenant (Covenants) Act 1995 in respect of which ss.19(1A) and (1C) of the Landlord and Tenant Act 1927 apply. Precedent 95-Z8 deals with a situation where the issue for the court is whether a condition in a lease is void pursuant to s.19(1) of the 1927 Act.

95-04

PARTICULARS OF CLAIM FOR DAMAGES AND INJUNCTION TO RE-ASSIGN FOR BREACH OF COVENANT NOT TO ASSIGN WITHOUT CONSENT

1. By a lease dated 31 January 2002 and made between the Claimant and the First Defendant ("the Lease"), the premises known as and situated at 58 Fountainhall Road, West Richmond, London ("the premises") were let to the First Defendant for a term of 20 years from 24 December 2002. A copy of the Lease is attached to these Particulars of Claim as "Appendix A".

95-Z1

2. By clause 2(14) of the Lease, the First Defendant covenanted not to assign or underlet the premises or any part of the premises without the consent in writing of the Claimant such consent not to be unreasonably withheld.

3. On 17 May 2013, the First Defendant assigned the remainder of the term created by the Lease to the Second Defendant.

---

[9] *Footwear Corp v Amplight Properties* [1999] 1 W.L.R. 551.
[10] *Design Progression Ltd v Thurloe Properties Ltd* [2004] EWHC 324 (Ch); [2004] 1. E.G.L.R 121.
[11] *International Drilling Fluids v Louisville Investments (Uxbridge)* [1986] Ch. 513 and *Roux Restaurants v Jaison Property Development* (1996) 74 P. & C.R. 357; *Ashworth Frazer v Gloucester City Council* [2001] 1 W.L.R. 2180; *NCR Ltd v Riverland Portfolio No 1 Ltd* [2005] EWCA Civ 312; [2005] 2 P. & C.R. 27; and *Norwich Union Life and Pensions v Linpac Mouldings Ltd* [2009] EWHC 1602 (Ch); [2010] 1 P. & C.R. 11.
[12] *Esso Petroleum v Kingswood Motors (Addlestone)* [1974] Q.B. 142; *Hemingway Securities v Dunraven* (1994) 71 P. & C.R. 30 (sub-letting).

4. The assignment was in breach of clause 2(14) of the Lease because the consent in writing of the Claimant had neither been sought nor obtained.

5. On 21 May 2013, the Claimant wrote to the Second Defendant requiring the Second Defendant to assign the remainder of the term created by the Lease back to the First Defendant.

6. On 23 May 2013, the Second Defendant wrote to the Claimant stating that he would not re-assign the Lease to the First Defendant.

7. In the premises, the Claimant is entitled to an order that the remainder of the term created by the Lease be re-assigned by the Second Defendant to the First Defendant.

8. Further and/or in the alternative, the Claimant has suffered loss and damage as a result of the breach of clause 2(14).

Particulars of Loss and Damage

[Here, the Claimant would set out any loss and damage he had suffered as a result of the breach.]

9. The Claimant is also entitled to interest on any damages found to be due to it pursuant to [s.35A of the Senior Courts Act 1981 / s.69 of the County Courts Act 1984] at such rate and for such period as the Court thinks fit.

10. The relief sought herein does not relate to residential premises.

11. The Claimant expects to recover [..........].

AND the Claimant claims:
(1) An order that the Second Defendant do forthwith assign the remainder of the term created by the Lease to the First Defendant.
(2) Further and/or in the alternative, damages for breach of clause 2(14) of the Lease.
(3) Interest on the damages as set out in Paragraph 9 above.

[Statement of truth]

Defence that no assignment

95-Z2 1. Paragraphs 1 and 2 of the Particulars of Claim are admitted.

2. Paragraph 3 of the Particulars of Claim is denied. On or about 17 May 2013, the First Defendant [permitted the Second Defendant to share the premises with it/ granted the Second Defendant a licence to occupy the premises]. The [sharing of the premises/occupation of the premises pursuant to a licence to occupy] is not prohibited by clause 2(14) of the Lease or by any other provision of the Lease.

3. In the premises, paragraph 4 of the Particulars of Claim is denied.

4. Paragraphs 5 and 6 of the Particulars of Claim are admitted. The letter dated 23 May 2013 and referred to in paragraph 6 of the Particulars of Claim stated that the [First Defendant had permitted the Second Defendant to share the premises with

it/First Defendant had granted the Second Defendant a licence to occupy the premises].

5. In the premises, the Claimant is not entitled to the relief claimed in paragraphs 7 to 9 inclusive of the Particular of Claim or any relief whatsoever.

[Statement of truth]

DEFENCE THAT LICENCE GIVEN

1. Paragraphs 1 to 3 inclusive of the Particulars of Claim are admitted.

2. By a letter dated 16 May 2013, the Claimant's agents, Messrs. Billy Brown and Co. gave their consent in writing to the assignment to the Second Defendant. The consent was given on behalf of and with the authority of the Claimant. In the premises, paragraph 4 of the Particulars of Claim is denied.

3. Paragraphs 5 and 6 of the Particulars of Claim are admitted. The letter dated 23 May 2013 and referred to in paragraph 6 of the Particulars of Claim stated that the consent of the Claimant had been given in the circumstances referred to in paragraph 2 above.

4. In the premises, the Claimant is not entitled to the relief claimed in paragraphs 7 to 9 inclusive or any relief whatsoever.

[Statement of truth]

PART 8 CLAIM FORM DETAILS OF CLAIM SEEKING DECLARATION THAT LICENCE TO ASSIGN UNREASONABLY WITHHELD

1. The Claimant seeks:
   (1) A declaration that the Defendant, by his letter to the Claimant dated 3 September 2013, was unreasonably withholding his consent to the assignment of a lease of 58 Fountainhall Road, West Richmond, London dated 21 January 2002 to Stephanie Adam, consent to such an assignment having been requested in a letter to the Defendant dated 31 August 2007.
   (2) A declaration that, notwithstanding the terms of the lease which prohibit assignment of the lease without the consent in writing of the Defendant, the Claimant is free lawfully to assign the remainder of the term created by the lease to Stephanie Adam.
   (3) An order that the Defendant do pay the Claimant's costs of this claim.

PARTICULARS OF CLAIM SEEKING A DECLARATION THAT CONSENT UNREASONABLY WITHHELD AND DAMAGES[13]

1. By a lease dated 17 September 1999 and made between the Claimant as tenant and the Defendant as landlord ("the Lease"), the premises known as and situated at 58 Fountainhall Road, West Richmond, London ("the premises") were let

---

[13] It is considered that as a claim for statutory damages under s.1 of the Landlord and Tenant 1988 and ancillary relief is not a landlord and tenant claim within the meaning of CPR Pt 56 this claim may be brought under CPR Pt 7.

to the Claimant for a term of 20 years from 31 August 2013. A copy of the Lease is attached to these Particulars of Claim as Appendix "A".

2. By clause 2(14) of the Lease, the Claimant covenanted not to assign or underlet the premises or any part of the premises without the consent in writing of the Defendant such consent not to be unreasonably withheld.

3. By a letter dated 1 July 2013, the Claimant requested the consent of the Defendant to assign the remainder of the term created by the Lease to Stephanie Adam. The letter enclosed references for Ms Adam from her bank and her accountant.

4. Upon receipt of the letter dated 1 July 2013, the Defendant owed the Claimant a duty pursuant to s.1(3) of the Landlord and Tenant 1988 within a reasonable time to give consent except in a case where consent could reasonably be withheld and to serve on the Claimant a written notice of his decision whether or not to give consent specifying the reasons for withholding consent.

5. On 12 August 2013, the Defendant wrote to the Claimant stating that he was refusing consent to assign the remainder of the term created by the Lease to Stephanie Adam on the grounds that Ms Adam would not be in a position to meet the financial commitments under the Lease.

6. The reason stated for the refusal of consent to assign was unreasonable. In the premises, the Defendant has unreasonably withheld his consent to an assignment of the Lease to Ms Adam. The unreasonable withholding of consent constitutes a breach of the statutory duty referred to in paragraph 4 above.

7. Accordingly, the Claimant is entitled to and claims a declaration that the Defendant, by his letter to the Claimant dated 12 August 2013, was unreasonably withholding his consent to the assignment of the Lease of the premises to Stephanie Adam.

8. Further, the Claimant is entitled to and claims a declaration that, notwithstanding clause 2(14) of the Lease, the Claimant is free lawfully to assign the remainder of the term created by the lease to Stephanie Adam.

9. Furthermore, by reason of his breach of statutory duty, the Defendant has caused the Claimant loss and damage.

Particulars of Claim

Had the Defendant complied with his statutory duty and given consent to assign the Lease to Ms Adam, the Claimant would have been relieved of his obligation to pay rent at an earlier date. The assignment would have been completed by 1 August 2010. Accordingly, the Claimant is entitled to claim damages equivalent to the rent payable under the Lease for the period 1 August 2013 until the Lease is assigned to Ms Adam.

10. The Claimant is also entitled to interest on any damages found to be due to him pursuant to [s.35A of the Senior Courts Act 1981 / s.69 of the County Courts Act 1984] at such rate and for such period as the Court thinks fit.

11. The relief sought herein relates to residential premises.

12. The Claimant expects to recover [..........].

AND the Claimant claims:
(1) A declaration that the Defendant, by his letter to the Claimant dated 12 August 2013, was unreasonably withholding his consent to the assignment of a lease of 58 Fountainhall Road, West Richmond, London dated 17 September 1999 to Stephanie Adam.
(2) A declaration that, notwithstanding the terms of the Lease, the Claimant is free lawfully to assign the remainder of the term created by the lease to Stephanie Adam.
(3) Damages for breach of statutory duty.
(4) Interest on the damages as set out in paragraph 10 above.

[Statement of truth]

DEFENCE DENYING CONSENT UNREASONABLY WITHHELD[14]

1. Paragraphs 1 to 5 of the Particulars of Claim are admitted.   95-Z6

2. It is denied that the reason put forward for refusing consent to assign to Ms Adam was unreasonable. It is averred that Ms. Adam would not be able to meet the financial commitments under the Lease.

3. Further, clause 2(14) of the Lease contains an agreement for the purposes of s.19(1A) of the Landlord and Tenant Act 1927. The agreement provides that it is reasonable for the Defendant to withhold his consent to a proposed assignment of the Lease unless the proposed assignee lodges with the Defendant a deposit against rent of a size to be determined by the Defendant.

4. On 8 July 2013, the Defendant wrote to Ms Adam's Solicitors requesting them to lodge such a deposit in the sum of £10,000.

5. On 16 July 2013, Ms Adam's Solicitors wrote to the Defendant stating that they were not in a position to lodge such a deposit.

6. In the premises and by reason of s.19(1A), the Defendant's refusal to grant consent to the assignment of the Lease to Ms Adam was reasonable and lawful and in the premises, paragraph 6 of the Particulars of Claim is denied.

7. Accordingly, the Claimant is not entitled to the relief sought in paragraphs 7 to 10 inclusive of the Particulars of Claim or any relief whatsoever.

[Statement of truth]

---

[14] This is the appropriate method of response to Precedent 95-Z5 above, being a claim brought under CPR Pt 7. Where, however, a claim is a "landlord and tenant claim" made under the Landlord and Tenant Act 1927, no provision is made for the filing and service of a defence and reply (CPR r.8.9(a)(ii)). In such circumstances the appropriate form of response is an acknowledgment of service (CPR r.8.3).

REPLY TO ALLEGATION THAT CONSENT WITHHELD FOR REASONS EXPRESSLY PROVIDED FOR IN THE LEASE ON GROUNDS SET OUT IN SECTION 19(1C) OF THE LANDLORD AND TENANT ACT 1927

95-Z7 See note 1 to Forms 95-Z5 and 95-Z6 above.

1. Save in so far as it consists of admissions and save where the contrary is expressly stated in this Reply, the Claimant joins issue with the Defendant upon his Defence.

2. Paragraphs 4 and 5 of the Defence are admitted.

3. It is denied that the Defendant is entitled to rely upon the agreement referred to in Paragraph 3 of the Defence because:
   (a) the determination of the size of the deposit required by the Defendant is not required to be exercised reasonably; and
   (b) the Claimant is not given an unrestricted right to have the determination of the size of the deposit required reviewed by a person independent of both the Claimant and the Defendant and whose identity is ascertainable by reference to the agreement.

4. In the premises, the Claimant repeats paragraphs 6 to 10 inclusive of the Particulars of Claim.

[Statement of truth]

PART 8 CLAIM FORM DETAILS OF CLAIM SEEKING DECLARATION THAT A PROVISO IN A LEASE IS VOID UNDER S.19(1) OF THE LANDLORD AND TENANT ACT 1927

95-Z8 1. The Claimant seeks:
   (1) A declaration that the proviso attached to clause 2(14) of a Lease dated 31 January 2002 of premises known as 58 Fountainhall Road, West Richmond, London and made between the Claimant and the Defendant ("the Lease") which proviso purports to reserve to the Defendant the right to refuse his consent to an assignment "if in his opinion the proposed assignee is for any reason in his discretion undesirable as an occupant or tenant" is invalid and of no effect pursuant to s.19(1) of the Landlord and Tenant Act 1927.
   (2) A declaration that, in the premises, the Defendant, by his letter to the Claimant dated 3 September 2013, was unreasonably withholding his consent to the assignment of the Lease to Stephanie Adam, consent to such an assignment having been requested in a letter to the Defendant dated 31 August 2013.
   (3) A declaration that the Claimant is free lawfully to assign the remainder of the term created by the lease to Stephanie Adam.
   (4) An order that the Defendant do pay the Claimant's costs of this claim.

SECTION 96:

LANDLORD AND TENANT—OTHER COVENANTS

TABLE OF CONTENTS

Particulars of Claim for an injunction to restrain a change of use without consent and for damages	96-Z1
Defence raising construction of user clause/licence given	96-Z2
Particulars of Claim seeking a declaration that landlord unreasonably withholding consent to change of use	96-Z3
Defence claiming reasonable to withhold consent on the grounds of good estate management	96-Z4
Particulars of Claim for damages for failure to insure	96-Z5
Particulars of Claim for an injunction to restrain unlawful alterations without consent and damages	96-Z6
Defence raising construction of alteration clause	96-Z7
Particulars of Claim for damages for breach of the covenant for quiet enjoyment	96-Z8
Defence raising express licence to enter	96-Z9
Particulars of Claim for damages and injunction for breach of covenant not to derogate from grant	96-Z10
Defence denying derogation from grant	96-Z11

96-01 The variety of covenants contained in leases is potentially infinite. The parties can by agreement regulate their relationship in almost any way they see fit.

However, there are a number of covenants which are implied into every lease or which appear in leases almost without exception.

96-02 **Use** Often, a landlord will wish to dictate how the premises can be used. The value of a landlord's interest may be at risk if the premises are not used in a manner which is in accordance with good estate management. Residential tenancies will almost invariably contain a covenant restricting use for trade or business purposes. Use covenants run with the land so that they bind assigns of the term and reversion.

Use covenants can be positive (requiring the tenant to use the premises as, say, a supermarket) or negative (restraining the tenant from using the premises for anything other than, say, residential use). Further, covenants can be absolute or qualified, a change of use usually being subject to landlord's consent. Section 19(3) of the Landlord and Tenant Act 1927 makes it unlawful to demand a fine in return for the grant of consent to a change of use.

If the covenant permits a change of use with the consent of the landlord not to be unreasonably withheld, then the test of reasonableness is similar to that for assignments.[1]

---

[1] Section 95: Landlord and Tenant—Covenants Against Assignment and *International Drilling Fluids*

The burden of establishing an unreasonable refusal of consent to a change of use remains, however, on the tenant.[2]

The landlord can obtain damages for breach or, in the case of a negative covenant, an injunction to restrain a breach. The landlord may also choose to forfeit the lease for breach of the use covenant.

96-03 **Insurance** Usually, the lease will make provision for either the landlord or the tenant to insure the building. Often, the lease will also contain obligations on the insuring party to reinstate the building if it is destroyed by an insured risk. Where a tenant has covenanted to do so, a failure to insure, even for a short period, is a breach of covenant even if no insured risk occurs during that period.[3] In the case of a premium recoverable as part of a service charge in a residential lease, the sum will not be recoverable unless it is reasonable in amount: Landlord and Tenant Act 1985 s.19.

96-04 **Alteration** Leases commonly contain tenant's covenants against altering the premises. Covenants may be absolute or qualified, usually requiring the landlord's consent. Often, covenants are hybrid so that the landlord's consent is required for structural works of alteration but not for non-structural work.

Section 19(2) of the Landlord and Tenant Act 1927 implies into some qualified covenants against making improvements a proviso that the landlord's consent is not to be unreasonably withheld. An "improvement" for the purposes of s.19(2) is any alteration which is an improvement to the premises from the point of view of the tenant.[4] The proviso is not implied into leases of agricultural holdings, farm business tenancies or mining leases (s.19(4) of the 1927 Act). Separate statutory codes apply to protected and statutory tenancies (Housing Act 1980 s.81) and to secure tenancies (Housing Act 1985 s.97).

In the context of a qualified covenant against the making of alterations, the following guidelines have been given by the Court of Appeal[5]:

(a) The purpose of the covenant is to protect the landlord from the tenant effecting alterations and additions that could damage the property interests of the landlord.

(b) A landlord is not entitled to refuse consent on grounds that have nothing to do with its property interests.

(c) It is for the tenant to show that the landlord has unreasonably withheld its consent to the proposals that the tenant has put forward. Implicit in that is the necessity for the tenant to make it sufficiently clear what its proposals are, so that the landlord knows whether it should refuse or give consent to the alterations or additions.

(d) It is not necessary for the landlord to prove that the conclusions that led it to refuse consent were justified if they were conclusions that might have been reached by a reasonable landlord in the particular circumstances.

(e) It might be reasonable for the landlord to refuse consent to an alteration or

---

v Louisville Investments (Uxbridge) [1986] Ch. 513.
[2] *Luminar Leisure v Apostole* [2001] 42 E.G. 140; *Kalford v Peterborough City Council* [2001] E.G.C.S. 42.
[3] *Penniall v Harborne* (1848) 11 Q.B. 368; *Heckman v Isaac* (1862) 6 L.T. 383.
[4] *Lambert v Woolworth & Co* [1938] Ch. 883.
[5] *Iqbal v Thakrar* [2004] EWCA Civ 592; [2004] 3 E.G.L.R. 21.

addition to be made for the purpose of converting the premises for a proposed use even if not forbidden by the lease. But whether such refusal would be reasonable will depend upon all the circumstances. For example, it might be unreasonable if the proposed use was a permitted use and the intention of the tenant in acquiring the premises to use them for that purpose was known to the freeholder when they acquired the freehold.

(f) Although a landlord will usually need to consider its own interests, there might be cases where it would be disproportionate for a landlord to refuse consent, having regard to the effects upon it and upon the tenant respectively.

(g) Consent cannot be refused on grounds of pecuniary loss alone. The proper course for the landlord to adopt in such circumstances is to ask for a compensatory payment.

(h) In each case it will be a question of fact, dependant upon all the circumstances, as to whether the landlord, having regard to the actual reasons that impelled it to refuse consent, had acted reasonably.

Iqbal v Thrakrar was followed in *Mount Eden Land Ltd v Bolsover Investments Ltd*.[6]

96-05

An unreasonable refusal of consent will entitle the tenant to proceed to carry out the improvement without obtaining the consent of the landlord or to seek a declaration from the court that the landlord has unreasonably withheld his consent. The tenant is not entitled to damages.

Part I of the Landlord and Tenant Act 1927 enables a tenant of business premises to carry out improvements if he follows the correct procedure and either the landlord does not object to the works within a specified time or the court decides that the works proposed constitute a proper improvement (s.3 of the 1927 Act). In such circumstances even an absolute covenant against alteration may be overridden. A tenant who has complied with the procedural requirements may also claim compensation for the improvements at the end of his tenancy (s.1 of the 1927 Act).

A claim under the 1927 Act is a "landlord and tenant claim" within the meaning of CPR Pt 56. Such a claim must be brought under Pt 8 of the CPR as modified by Pt 56 thereto.

Quiet Enjoyment There is implied into every lease a covenant on the part of the landlord not to interfere with the tenant's quiet possession of the demised property. The implied term extends to the landlord and persons claiming under the landlord.[7]

96-06

The covenant is broken if the landlord or someone claiming under him does anything which substantially interferes with the tenant's title or possession of the demised property or with his ordinary or lawful enjoyment of them. Physical interference will normally be a breach, though such interference is not essential. An omission may amount to a breach if the landlord is also in breach of some independent duty to the tenant such as an obligation to repair. Where a lease imposes repairing obligations on the landlord and it carries out necessary repairs in performance of those obligations causing disturbance to the tenant the landlord is not in breach

---

[6] *Mount Eden Land Ltd v Bolsover Investments Ltd* [2014] EWHC 3523 (Ch).
[7] *Kenny v Preen* [1962] 1 Q.B. 499.

of its covenant for quiet enjoyment for failing to take all possible rather than reasonable precautions.[8]

The landlord is liable under the covenant in respect of a nuisance committed by another of his lessees if he actively participates in the acts, authorises them or continues or adapts the acts. He will not be liable merely because he knows of the acts and takes no steps to prevent them, nor for the unlawful acts committed by persons claiming under him.[9]

96-07 Derogation from Grant A landlord may not derogate from his grant. Such an obligation will be implied into every lease. In other words, he may not by his voluntary acts prejudice any rights which he has created—having given a thing with one hand, he is not to take it away with the other.[10]

The obligation not to derogate from grant and the covenant for quiet enjoyment are substantially the same: it has been said that there is little, if any, difference between the two.[11] Accordingly, the two will often be pleaded together.

The doctrine of derogation from grant is usually invoked specifically where the property is let for a particular purpose and the acts of the landlord substantially interfere with the use of the property for that purpose.[12]

For the principles underlying the obligation not to derogate from a grant see *Platt v London Underground Ltd*, followed in *Carter v Cole*.[13]

96-08 Precedents Precedents 96-Z1 to 96-Z4 relate to user provisions. Precedent 96-Z5 relates to a failure to insure. Precedents 96-Z6 and 96-Z7 relate to a covenant not to alter. Precedents 96-Z8 and 96-Z9 relate to a covenant for quiet enjoyment and Precedents 96-Z10 and 96-Z11 relate to the obligation not to derogate from grant.

PARTICULARS OF CLAIM FOR AN INJUNCTION TO RESTRAIN A CHANGE OF USE WITHOUT CONSENT AND FOR DAMAGES

96-Z1 1. By a lease dated 13 December 2007 ("the Lease") and made between the Claimant and the Defendant, the premises known as and situated at 21 Jackson Avenue, London W23 ("the premises") were let to the Defendant for a term of 20 years from 10 December 2007. A copy of the Lease is attached to these Particulars of Claim as Appendix "A".

2. By clause 2(23) of the Lease, the Defendant covenant with the Claimant:

"not to use the premises otherwise than as a cafe, bar or restaurant without the consent in writing of the Landlord".

3. In breach of clause 2(23) of the Lease, the Defendant has, in or around February 2018, commenced using the premises as a nightclub under the name "Juanjo's"

---

[8] *Goldmile Properties Ltd v Lechouritis* [2003] EWCA Civ 49; [2003] 2 P. & C.R. 1.
[9] *Matania v National Provincial Bank* [1936] 2 All.E.R. 633; *Mowan v Wandsworth London Borough Council* (2001) H.L.R. 56; *Southwark LBC v Mills* [1999] 4 All E.R. 449; *Octavia Hill Housing Trust v Brumby* [2010] EWHC 1793 (QB); *Coventry v Lawrence* [2014] UKSC 46; [2015] A.C. 106.
[10] *Birmingham Dudley & District Banking Company v Ross* (1888) 38 Ch. D. 295.
[11] *Southwark London Borough Council v Mills* [1999] 4 All E.R. 449.
[12] *Aldin v Latimer Clark Muirhead & Co* [1894] 2 Ch. 437; *Harmer v Jumbil (Nigeria) Tin Areas Ltd* [1921] 1 Ch. 200.
[13] *Platt v London Underground Ltd* [2001] 2 E.G.L.R. 121; [2001] 20 E.G. 227, followed in *Carter v Cole* [2009] EWCA Civ 410; [2009] 2 E.G.L.R. 15.

Defence raising construction of user clause/licence given

4. On 27 March 2018, the Claimant's solicitors wrote to the Defendant's solicitors requiring the Defendant to cease using the premises as a nightclub in breach of clause 2(23) of the Lease.

5. The Defendant has not ceased using the premises as a nightclub and unless restrained by the Court will continue to do so in breach of clause 2(23) of the Lease.

6. By reason of the breach of clause 2(23), the Claimant has suffered loss and damage in that the premiums payable by the Claimant for insurance of the premise against fire have increased by £300. The Claimant has paid the increased premium to its insurers but has no contractual right to recover such sum from the Defendant pursuant to the Lease.

7. Further, the Claimant is also entitled to interest on any damages found to be due to him pursuant to [s.35A of the Senior Courts Act 1981 / s.69 of the County Courts Act 1984] at such rate and for such period as the Court thinks fit.

8. The relief sought herein does not relate to residential premises.

9. The Claimant expects to recover [].

AND the Claimant claims:
(1) An injunction restraining the Defendant, whether by himself or by his servants or agents or otherwise howsoever from carrying on a nightclub from the premises or from using them otherwise as a cafe, bar or restaurant.
(2) Damages for breach of clause 2(23) of the Lease.
(3) Interest on the damages as set out in paragraph 7 above.

[Statement of truth]

Defence raising construction of user clause/licence given

1. Paragraphs 1 and 2 of the Particulars of Claim are admitted. **96-Z2**

2. It is admitted that the Defendant has used the premises as a winebar called "Juanjo's" since February 2018.

3. However, on a true construction of clause 2(23) of the Lease, it is denied that such a use constitutes a breach of covenant as the premises are essentially used as a cafe and bar. For the avoidance of doubt, it is denied that the premises are used as a nightclub.

4. In any event, by a letter dated 30 January 2018, the Claimant gave its consent to the use of the premises as a winebar. The business known as "Juanjo's" was very carefully explained and set out in the letter requesting such consent dated 3 January 2018. In the premises, in giving its consent to the use of the premises for "Juanjo's", the Claimant has expressly waived any breach of covenant which may be said to exist, though for the avoidance of doubt, it is denied that there is such a breach of clause 2(23).

5. Paragraph 4 of the Particulars of Claim is admitted.

6. As to paragraph 5 of the Particulars of Claim, it is denied that the Defendant

is using the premises or has used the premises as a nightclub. It is admitted that the Defendant is using and has not ceased to use the premises as a winebar. However, for the reasons set out above, such a use is not in breach of clause 2(23) of the Lease and the Defendant is under no obligation to cease such use.

7. It is admitted that the Claimant's insurance premiums for the premises have increased by £300 per annum. However, it is denied that such an increase represents a loss to the Claimant attributable to the Defendant, either because:

   (a) the Defendant is not in breach of covenant; or
   (b) if, which is denied, the Defendant is in breach of covenant, the Claimant was well aware of the Defendant's plans for the premises before they were put into operation and therefore ought to have been aware of the risk that the insurance premiums would increase.

8. In the premises, it is denied that the Claimant is entitled to the relief claimed in the Particulars of Claim or any relief whatsoever.

[Statement of truth]

PARTICULARS OF CLAIM SEEKING A DECLARATION THAT LANDLORD UNREASONABLY WITHHOLDING CONSENT TO CHANGE OF USE

96-Z3
1. By a lease dated 13 December 2007 ("the Lease") and made between the Claimant as tenant and the Defendant as landlord, the premises known as and situated at 21 Jackson Avenue, London W23 ("the premises") were let to the Claimant for a term of 20 years from 10 December 2007. A copy of the Lease is attached to these Particulars of Claim as Appendix "A".

2. By clause 2(23) of the Lease, the Claimant covenant with the Defendant:

   "not to use the premises otherwise than as a cafe, bar or restaurant without the consent in writing of the Landlord, such consent not to be unreasonably withheld".

3. On 16 April 2018, the Claimant wrote to the Defendant's agents, Messrs Grant & Murray requesting consent to change the use of the premises to that of a retail shop for the sale of garden gnomes.

4. On 21 April 2018, the Defendant's agents wrote to the Claimant stating that they were refusing consent to the proposed change of use on the grounds that the use proposed would lead to financial difficulties for the Claimant which would, in turn, diminish the value of the Defendant's reversion.

5. The refusal of consent to the proposed change of use was on grounds which are unreasonable. The Claimant avers that on the information currently available to him, the Claimant will make more profit from the premises than he does currently as a restaurant.

6. In the premises, the Claimant is entitled to and claims a declaration that the Defendant has unreasonably withheld his consent to the proposed change of use and a declaration that the Claimant is entitled to use the premises for the proposed use notwithstanding clause 2(23) of the Lease.

7. Further, by reason of the Defendant's unreasonable withholding of consent to the proposed change of use, the Claimant has suffered loss and damage.

Particulars of Loss and Damage

[Details of the Claimant's loss and damage, based on the additional profit which the Claimant alleges he would have made from the notional date by which, consent having been granted, the change of use could have been effected.]

8. Further, the Claimant is also entitled to interest on any damages found to be due to him pursuant to [s.35A of the Senior Courts Act 1981 / s.69 of the County Courts Act 1984] at such rate and for such period as the Court thinks fit.

9. The relief sought herein does not relate to residential premises.

10. The Claimant expects to recover [].

AND the Claimant claims:
(1) A declaration that the Defendant has unreasonably withheld his consent to a change of use of the premises as requested in a letter dated 16 April 2018.
(2) A declaration that the Claimant is forthwith entitled to use the premises for the proposed use notwithstanding clause 2(23) of the Lease.
(3) Damages for breach of clause 2(23) of the Lease.
(4) Interest as set out at paragraph 8 above.

[Statement of truth]

DEFENCE CLAIMING REASONABLE TO WITHHOLD CONSENT ON THE GROUNDS OF GOOD ESTATE MANAGEMENT

1. Paragraphs 1 to 4 inclusive of the Particulars of Claim are admitted.

96-Z4

2. Paragraph 5 is denied. It is averred that the Defendant was entitled to withhold his consent to the proposed change of user on the grounds of good estate management.

3. In particular, if the proposed change of use were permitted, the value of the Defendant's interest in the reversion of the premises and of the adjoining premises in the parade known as 19/31 Jackson Avenue, London W23, the reversionary interest in that whole parade being owned by the Defendant, would be diminished.

4. In the premises it is denied that the Claimant is entitled to the relief sought in paragraphs 6 to 8 inclusive of the Particulars of Claim or any relief whatsoever.

[Statement of truth]

PARTICULARS OF CLAIM FOR DAMAGES FOR FAILURE TO INSURE

1. By a lease dated 13 December 2007 ("the Lease") and made between the Claimant as tenant and the Defendant as landlord, the premises known as and situated at 21 Jackson Avenue, London W23 ("the premises") were let to the Claimant for a term of 20 years from 10 December 2007. A copy of the Lease is attached to these Particulars of Claim as Appendix "A".

96-Z5

2. By clause 3(3) of the Lease, the Defendant covenants with the Claimant:

"to insure the premises in respect of the insured risks in an insurance office of repute …".

3. By clause 1(4), the "insured risks" included fire.

4. In breach of clause 3(3) of the Lease, the Defendant failed to insure the premises against fire so that the premises were not insured against that risk from 1 April 2018.

5. On 17 April 2018, a fire broke out at the premises. The fire was contained but caused damage to the premises making them uninhabitable.

6. As a result of the Defendant's breach of covenant, the Claimant has suffered loss and damage.

Particulars of Loss and Damage

The Claimant has been forced to vacate the premises whilst they are repaired. The Claimant has accordingly suffered distress and inconvenience. The Claimant has also lost profits as a result of not being able to trade from the ground floor of the premises.

7. Further, the Claimant is also entitled to interest on any damages found to be due to him pursuant to [s.35A of the Senior Courts Act 1981 / s.69 of the County Courts Act 1984] at such rate and for such period as the Court thinks fit.

8. The Claimant expects to recover [].

AND the Claimant claims:
(1) Damages for breach of clause 3(3) of the Lease.
(2) Interest as set out in paragraph 7 above.

[Statement of truth]

PARTICULARS OF CLAIM FOR AN INJUNCTION TO RESTRAIN UNLAWFUL ALTERATIONS WITHOUT CONSENT AND DAMAGES

96-Z6 1. By a lease dated 13 December 2007 ("the Lease") and made between the Claimant and the Defendant, the premises known as and situated at 21 Jackson Avenue, London W23 ("the premises") were let to the Defendant for a term of 20 years from 10 December 2007. A copy of the Lease is attached to these Particulars of Claim as Appendix "A".

2. By clause 2(17), the Defendant covenanted with the Claimant:

"not without the consent in writing of the Landlord to carry out any alterations to the premises either externally or internally and not to alter the layout of the premises provided always that the Tenant may erect non-structural partitions in the premises …".

3. On or around 17 November 2018, the Claimant became aware that the Defendant planned to erect various walls in the property and to carry out alterations to the layout of the property.

4. The Defendant has not sought nor obtained the consent of the Claimant for the carrying out of such works.

5. The erection of the walls and alterations to the layout of the premises constitute, in the absence of such consent, a breach of clause 2(17).

6. The Defendant intends, unless restrained by the Court, to carry out the said works.

7. In the premises, the Claimant is entitled to an injunction restraining the Defendant, whether by himself or by his servants or agents or otherwise howsoever, from carrying out the works referred to in paragraph 3 above or any other works of alteration to the premises without first obtaining the consent in writing of the Claimant or from otherwise breaching clause 2(17) of the Lease.

8. In the alternative, the Claimant is entitled to damages in respect of the diminution in the value of the Claimant's reversion which would occur if the works were carried out.

9. Further, the Claimant is also entitled to interest on any damages found to be due to him pursuant to [s.35A of the Senior Courts Act 1981 / s.69 of the County Courts Act 1984] at such rate and for such period as the Court thinks fit.

10. The relief sought herein relates to residential premises.

11. The Claimant expects to recover [].

AND the Claimant claims:
(1) An injunction restraining the Defendant, whether by himself or by his servants or agents or otherwise howsoever, from carrying out the works referred to in paragraph 3 above or any other works of alteration to the premises without first obtaining the consent in writing of the Claimant or from otherwise breaching clause 2(17) of the Lease.
(2) In the alternative, damages for breach of clause 2(17) of the Lease.
(3) Interest as set out at paragraph 9 above.

[Statement of truth]

Defence raising construction of alteration clause

1. Paragraphs 1 and 2 of the Particulars of Claim are admitted.

2. It is admitted that the Defendant plans to carry out the erection of non-structural partitions at the premises ("the works"). The proposed locations of the said partitions are shown on the plan annexed to this Defence as Appendix A.

3. Paragraph 4 of the Particulars of Claim is admitted. It is denied that the consent of the Claimant is required pursuant to clause 2(17) of the Lease. On 16 November 2018, the Defendant wrote to the Claimant informing the Claimant that he intended to carry out the works.

4. Paragraph 5 of the Particulars of Claim is denied. The works constitute the erection of non-structural partitions only. On a true construction of clause 2(17) of the Lease, the consent of the Claimant is not required and the Defendant is free to carry out such works even if they have the effect of altering the layout of the premises.

5. Paragraph 6 of the Particulars of Claim is admitted.

6. Paragraph 7 is denied. For the reasons given above, the works could not constitute a breach of clause 2(17) of the Lease.

7. In the premises, it is denied that the Claimant is entitled to the relief claimed in paragraphs 7 to 9 inclusive of the Particulars of Claim or any relief whatsoever.

[Statement of truth]

PARTICULARS OF CLAIM FOR DAMAGES FOR BREACH OF THE COVENANT FOR QUIET ENJOYMENT

96-Z8

1. By a lease dated 13 December 2007 ("the Lease") and made between the Claimant as tenant and the Defendant as landlord, the premises known as and situated at 21 Jackson Avenue, London W23 ("the premises") were let to the Claimant for a term of 20 years from 10 December 2007. A copy of the Lease is attached to these Particulars of Claim as Appendix "A".

2. By clause 3(3) of the Lease, the Defendant covenant with the Claimant:

"to permit the Tenant to peaceably and quietly hold the premises during the term without interruption or any claim or demand to the contrary by the Landlord, his successors or assigns or any person rightfully claiming under him".

3. In breach of clause 3(3) of the Lease, the Defendant has, on several occasions between 21 March 2018 and 10 July 2018, entered the property uninvited and without the permission of the Claimant.

4. Further, on occasions too numerous to mention individually between approximately March 2018 and July 2018, the Defendant systematically knocked on the front door and windows of the Claimant's premises with the result that the Defendant often felt threatened and frightened in her home.

5. The Defendant's actions constitute a trespass and a breach of clause 3(3) of the Lease.

6. The Claimant is entitled to and claims damages for trespass and for the breaches of clause 3(3).

Particulars of Loss and Damage

[The Claimant would here set out the loss and damage she had suffered as a result of the trespasses and breaches of covenant for quiet enjoyment.]

7. Further, the Claimant is also entitled to interest on any damages found to be due to him pursuant to [s.35A of the Senior Courts Act 1981 / s.69 of the County Courts Act 1984] at such rate and for such period as the Court thinks fit.

8. The Claimant expects to recover [].

AND the Claimant claims:
(1) Damages for trespass and/or breach of the covenant for quiet enjoyment.
(2) Interest as set out in paragraph 7 above.

[Statement of truth]

Defence raising express licence to enter

1. Paragraphs 1 and 2 of the Particulars of Claim are admitted.

2. The Lease also contained an express term at clause 2(15) whereby the Claimant covenanted with the Defendant that the Claimant would permit the Defendant to obtain access to the premises on reasonable notice for the purpose of inspecting the premises and carrying out any works of repair which were the Defendant's responsibility under the Lease.

3. It is admitted that on a number of occasions between 21 March 2018 and 10 July 2018, the Defendant obtained entry to the premises. On each occasion, the Defendant obtained entry to the premises pursuant to his right to enter the premises provided by clause 2(15) of the Lease.

4. In the premises, it is denied that the Defendant was, on any of these occasions a trespasser on the premises or in breach of clause 3(3) of the Lease.

5. It is denied that the Defendant has knocked on the doors or windows of the premises on occasions too numerous to mention although the Defendant admits that he has knocked on the door and window of the premises on approximately 6 occasions in order to try to obtain access pursuant to his right to obtain access provided by clause 2(15) of the Lease. On each occasion, in breach of clause 2(15) of the Lease, the Claimant refused access to the Defendant.

6. In the premises, it is denied that the Defendant was, on any of these occasions a trespasser on the premises or in breach of clause 3(3) of the Lease.

7. Accordingly, it is denied that the Claimant is entitled to the relief sought in the Particulars of Claim or any relief whatsoever.

8. If, which is denied, the Claimant is entitled to damages for trespass or breach of the covenant for quiet enjoyment, no admissions are made as to whether the Claimant has suffered the alleged or any loss or damage.

[Statement of truth]

Particulars of Claim for damages and injunction for breach of covenant not to derogate from grant

1. By a lease dated 5 April 1996 and made between the Claimant and the Defendant, the Defendant let to the Claimant the premises known as Unit 14, Wales Shopping Centre, Kirkstone ("the premises") for a term of 25 years from 1 April 1996 ("the Lease"). A copy of the Lease is attached to these Particulars of Claim as Appendix "A".

2. It was an implied term of the Lease that the Claimant would be permitted to

occupy and trade from the premises and that the Defendant would not derogate from its grant to the Claimant.

3. On 17 March 2018, the Defendant commenced works to the common parts of the Wales Shopping Centre of which the premises forms part.

4. The works involved erecting a hoarding across Mackay Walk, the pedestrian walkway which runs immediately outside the frontage of the premises. The effect of erecting such a hoarding was to prevent members of the public from obtaining access to the premises.

5. The erection of the hoarding was a breach of the implied term not to derogate from the grant.

6. As a result of the breach of the covenant not to derogate from grant, the Claimant has suffered loss and damage.

Particulars of Loss and Damage
[Here, the Claimant would set out its loss and damage.]

7. Further, the Claimant is also entitled to interest on any damages found to be due to him pursuant to [s.35A of the Senior Courts Act 1981 / s.69 of the County Courts Act 1984] at such rate and for such period as the Court thinks fit.

8. The relief sought herein does not relate to residential premises.

9. The Claimant expects to recover [].

AND the Claimant claims:
(1) An injunction requiring the Defendant, whether by himself or by his servants or agents or otherwise howsoever to remove the hoarding forthwith.
(2) Damages for breach of the covenant not to derogate from grant.
(3) Interest as set out in paragraph 7 above.

[Statement of truth]

Defence denying derogation from grant

96-Z11
1. Paragraphs 1 to 4 inclusive of the Particulars of Claim are admitted.

2. Paragraph 5 of the Particulars of Claim is denied. It was an express term of the Lease, contained in clause 4(2), that the Defendant would be entitled to carry out works to the common parts of the Wales Shopping Centre even though those works might interfere with the Claimant's quiet enjoyment of the premises.

3. It is averred that the covenant not to derogate from grant is subject to the express terms of clause 4(2).

4. In the premises, it is denied that the Claimant is entitled to the relief sought in the Particulars of Claim or any relief whatsoever.

5. If, which is denied, the Claimant is entitled to damages for breach of the covenant not to derogate from grant, no admissions are made as to whether the Claimant has suffered the alleged or any loss or damage.

[Statement of truth]

SECTION 97:

LANDLORD AND TENANT—FLATS

TABLE OF CONTENTS

Part 8 Claim Form Details of Claim seeking declaration that premises are excluded premises for the purposes of s.1 of the Landlord and Tenant Act 1987 .... 97-Z1
Part 8 Claim Form Details of Claim seeking declaration that a proposed disposal is not a relevant disposal for the purposes of s.4 of the Landlord and Tenant Act 1987 ... 97-Z2
Part 8 Claim Form seeking injunction restraining landlord from disposing of interest without having served offer notice under s.5 of the Landlord and Tenant Act 1987 .. 97-Z3
Part 8 Claim Form seeking a declaration that a Notice served pursuant to s.5 of the Landlord and Tenant Act 1987 is not valid and an injunction restraining landlord from disposing of interest 97-Z4
Grounds of dispute of claim seeking injunction restraining landlord from disposing of interest without having served offer notice under s.5 of the Landlord and Tenant Act 1987 .... 97-Z5
Part 8 Claim Form seeking an order that a landlord comply with a notice under s.12B of the Landlord and Tenant Act 1987 requiring the landlord to dispose of the property to the tenant's nominee 97-Z6
Leasehold 2: Application by a tenant for the appointment of a manager or for the variation or discharge of an order appointing a manager
Application to the First-Tier Tribunal (Property Chamber) seeking the appointment of a manager pursuant to Part II of the Landlord and Tenant Act 1987 .... 97-Z8
Part 8 Claim Form Details of Claim seeking an acquisition order under Part III of the Landlord and Tenant Act 1987 . 97-Z9
Part 8 Claim Form Details of Claim seeking a variation of lease terms pursuant to Part IV of the Landlord and Tenant Act 1987 .... 97-Z10
Part 8 Claim Form Details of Claim seeking declaration that initial notice under s.13 of the Leasehold Reform Housing and Urban Development Act 1993 is invalid because the premises are not subject to the Act 97-Z11
Part 8 Claim Form Details of Claim seeking declaration that initial notice served under s.[13/42] of the Leasehold Reform Housing and Urban Development Act 1993 is invalid because [the internal floor area of non-residential

parts of the premises exceeds 25 per cent/the tenant does
not comply with the residence qualification] 97-Z12
Part 8 Claim Form Details of Claim seeking declaration that
initial notice under s.42 of the Leasehold Reform Housing
and Urban Development Act 1993 is invalid because it
fails to specify a premium which the tenant proposes to
pay which is reasonable or genuine 97-Z13
Particulars of Claim seeking declaration that the right to a
new lease not exercisable due to the landlord's intention
to redevelop 97-Z14
Part 8 Claim Form Details of Claim for an order pursuant to
s.[24(3)/48(3)] of the Leasehold Reform Housing and
Urban Development Act 1993 providing for the interest to
be acquired by the nominee purchaser 97-Z15
Part 8 Claim Form Details of Claim seeking a declaration
pursuant to s.[25/49] of the Leasehold Reform Housing
and Urban Development Act 1993 that the interest be
transferred in accordance with the proposals in the initial
notice 97-Z16
Part 8 Claim From Details of Claim seeking declaration that
the initial notice is deemed withdrawn pursuant to s.[29/
53] of the Leasehold Reform Housing and Urban
Development Act 1993 . . . . 97-Z17
Particulars of Claim seeking a declaration that the initial
notice is deemed withdrawn under s.43(3) of the
Leasehold Reform Housing and Urban Development Act
1993 . . . . 97-Z18

97-01 This section relates predominantly to long leaseholders of flats, although some of the provisions discussed below apply equally to tenants under short term or periodic agreements.

Over the past 15 years or so a wide variety of legislation has been passed affording rights and protection to flat owners over a broad spectrum. Thus, although the contractual position between a lessor and lessee of a flat remains governed by the terms of the lease, that position is now subject to substantial statutory intervention. A full treatment of the relevant statutes is outwith the remit of this work and reference should be made to specialist texts such as *Woodfall on Landlord and Tenant*. The following is a brief summary of the main provisions.

In a number of matters relating to disputes falling within this Section the appropriate forum was the leasehold valuation tribunal. The jurisdiction of the leasehold valuation tribunal in England was, however, transferred to the First-tier Tribunal (Property Chamber) as from 1 July 2013. Part 1 of the Tribunals, Courts and Enforcement Act 2007 (c.15) established a new tribunal structure comprising a First-tier Tribunal and an Upper Tribunal. Functions of existing tribunals have been transferred into these Tribunals and assigned to chambers within the new tribunals: see the Transfer of Tribunal Functions Order 2013 (SI 2013/1036).

The law of service charges is dealt with elsewhere in this work. For present purposes, however, the statutory restrictions imposed upon the right of landlords to recover service charges from residential tenants by the Landlord and Tenant Act 1985 are of particular importance to long leaseholders of flats. For example, service charges are recoverable only if reasonably incurred and if the matters charged for are performed to a reasonable standard. Certain costs are recoverable if the landlord has entered into prior consultation with the tenants and not otherwise. The Landlord and Tenant Act 1985 is most recently amended by the Commonhold and Leasehold Reform Act 2002, the relevant provisions of which are now mostly in force. The broad effect of the amendments is to increase the protection afforded to leaseholders, for example widening the definition of "service charge" to include the cost of improvements in addition to maintenance and repair.

The Landlord and Tenant Act 1987 (as amended by the Housing Act 1996) is divided into four Parts. Part I thereof confers upon qualifying tenants of flats the right of first refusal enabling them to purchase the interest of their landlord in the event that he seeks to dispose of it. Parts II, III and IV of the 1987 Act are concerned with the management of multi-occupied buildings. Part II of the 1987 Act allows tenants to apply to the leasehold valuation tribunal for the appointment of a manager to carry out such management functions as it thinks fit in the event that the landlord breaches his management obligations. Under Pt III of the 1987 Act leaseholders are given rights in respect of continuing breach of obligation. Amendments introduced by the Commonhold and Leasehold Reform Act 2002 recognise that a third person other than a landlord may have management obligations towards tenants, but restricts the circumstances in which a compulsory acquisition order will be made to acts and omissions on behalf of the landlord himself. The amendments came into force on 26 July 2002 subject to transitional provisions. Part IV of the 1987 Act makes provision for leaseholders to apply to court to vary their leases on the grounds that inadequate provision is made therein for the provision of services, etc. or the computation or recovery of service charges. The 2002 Act amends that Part by increasing the grounds upon which an application may be made and transferring jurisdiction to the First-tier Tribunal (Property Chamber).

97-02

The Leasehold Reform Housing and Urban Development Act 1993 gives "qualifying tenants" the power to collectively purchase the buildings in which their flats are situated or to individually extend their current leases for a term of 90 years. Broadly, a qualifying tenant was a tenant under a long lease at a low rent or for a particularly long term. Collective enfranchisement was only possible where not less than one half of the requisite number of qualifying tenants seeking to enfranchise occupied their flats as their only or principal homes for the last 12 months or for periods amounting to three years in the last 10 years. Further a tenant could only acquire a new lease if he occupied the flat as his only or principal home for the last three years or for periods amounting to three years in the last 10 years. Substantial amendments have been introduced by the Commonhold and Leasehold Reform Act 2002. Generally, the purpose of the amendments is to make the rights of acquisition more readily exercisable and to increase the number of tenants entitled to exercise the rights. For example, the requirement that a lease be at a low rent or for a particularly long term has been removed and the residence requirements altered. Procedural changes require that the initial notice given by tenants informing the landlord of the proposals to collectively enfranchise be given by a "Right to Enfranchise Company" made up at least in part of qualifying tenants. Changes are also made to the calculation of the purchase price payable on collective enfranchisement or the acquisition of a new lease.

Under the Housing Act 1996, inter alia, a landlord's right to forfeit a long lease for nonpayment of service charge is restricted and lessees may apply to the First-tier Tribunal (Property Chamber) for a determination of disputed service charges.

97-03

In some circumstances lessees are also entitled to appoint a surveyor to advise on service charges. The Commonhold and Leasehold Reform Act 2002 amends the restrictions on the right to forfeit and extends them to include sums described as "administration charges".

In addition to amending earlier acts, the Commonhold and Leasehold Reform Act 2002 introduces a number of new provisions. A tenant under a long lease of a dwelling is not liable to make a payment of rent under the lease unless the landlord has given him a notice in prescribed form specifying the payment and the date on which it must be made. The landlord of such a tenant is further prohibited from exercising a right of forfeiture in respect of unpaid rent, service charges or administration charges unless the sum unpaid exceeds a prescribed amount or consists of or includes an amount which has been payable for more than a prescribed period. Additional protection is also given to long leaseholders against forfeiture proceedings other than for non-payment of rent, service charges or administration charges in that no notice may be served under s.146 of the Law of Property Act 1925 unless it has finally been determined that the breach has occurred or the tenant has admitted the breach. Part II of the 2002 Act conveys upon leaseholders of flats a right to manage the building containing their flats. Lessees are enabled to carry out repairs, maintenance and improvement via a "Right to Manage Company" without purchasing the freehold of the block or proving fault on the part of the lessor. Finally, Pt I of the 2002 Act offers an alternative to leasehold tenure (and its perceived disadvantages particularly relating to the management of buildings) by the introduction of commonhold, a new form of shared ownership.

Claims brought under the Landlord and Tenant Act 1985 and the Landlord and Tenant Act 1987 are defined as "landlord and tenant claims" and are governed by CPR Pt 56 and the Practice Direction thereto (CPR r.56.1). Claims under the Leasehold Reform, Housing and Urban Development Act 1993 are not included in the definition of landlord and tenant claims. CPR Pt 56 Pt II and the Practice Direction thereto does make provision for some such claims (CPR r.56.4; PD 56 para.14). Other 1993 Act claims are brought under CPR Pt 7 or Pt 8 as appropriate. CPR PD56 para.15 makes provision for the transfer of issues to the leasehold valuation tribunal for determination under the Commonhold and Leasehold Reform Act 2002 where the issues fall within its jurisdiction (although the functions of the leasehold valuation tribunal have now been transferred to the First-tier Tribunal (Property Chamber).

It seems that all landlord and tenant claims must be brought by Pt 8 claim form in accordance with CPR Pt 8 and PD 8 irrespective of the remedy sought and notwithstanding that there may be substantial disputes of fact (PD 56 paras 2.1, 14), save in relation to certain claims under the Landlord and Tenant Act 1954 (PD 56 para.2.1(A) (dealt with elsewhere in this work). No provision is made in the rules for a defence to a claim brought under CPR Pt 56 and CPR rr.8.3 and 8.5 respectively require the defendant to file and serve an acknowledgment of service and any written evidence upon which he intends to rely. A form of acknowledgment of service is prescribed (Form N210: see PD 8A para.5.2). Accordingly, in the absence of express provision to the contrary, it may be convenient for a defendant who contests a claim to set out his case by way of particulars to the acknowledgment of service (see Form 97-Z5).

97-04 Save in limited cases, a landlord and tenant claim must be started in a county court hearing centre for the district in which the land is situated unless exceptional circumstances justify commencement in the High Court, and the claimant files with his claim form a certificate stating the reasons for bringing the claim in that court, verified by a statement of truth (CPR r.56.2). Exceptional circumstances may include where there are complicated issues of fact or points of law of general importance (PD 56 para.2.4). The value of the property and the amount of any financial claim may be relevant circumstances, but will not alone normally justify starting the claim in the High Court (PD 56 para.2.5). If a claimant starts a claim in the High Court and the court decides that it should have been brought in the county court, the court will usually either strike the claim out or transfer it to the county court on its own initiative. The costs of starting the claim in the High Court and of any transfer will normally be disallowed (PD 56 para.2.3). A landlord and tenant claim started in the High Court must be brought in the Chancery Division (PD 56 para.2.6).

The Tribunal Procedure (First-tier Tribunal) (Property Chamber) Rules (SI 2013/1169) (as amended) govern the practice and procedure to be followed in cases falling within the Property Chamber's jurisdiction. An application to the Tribunal must comply with the requirements set out in r.26 of the 2013 Rules. An applicant must start proceedings by a notice of application. The application must be signed and dated and, unless a practice direction makes different provision, include the following:

(1) The name and address of the applicant;
(2) The name and address of the applicant's representative (if any);
(3) An address where documents for the applicant may be sent or delivered;
(4) The name and address of each respondent;
(5) The address of the premises or property to which the application relates;
(6) The applicant's connection with the premises or property;
(7) The name and address of any landlord or tenant of the premises to which the application relates;
(8) The result the applicant is seeking;
(9) The applicant's reasons for making the application;
(10) A statement that the applicant believes that the facts stated in the application are true;
(11) The name and address of every person who appears to the applicant to be an interested person, with reasons for that person's interest;
(12) In agricultural land and drainage cases, a description of the land or holding to which the application relates;
(13) In agricultural land and drainage cases relating to succession under the Agricultural Holdings Act 1986:
  (a) Confirmation that the applicant has given prior notice of the application to the landlord of the holding and has brought the application to the notice of other persons interested in the outcome of the application; and
  (b) The names and addresses of each person to whom the applicant has provided such notice;
(14) All further information or documents required by a practice direction.

Where an application is made to which a paragraph in a practice direction relating to residential property cases or leasehold cases applies, it must be accompanied by the particulars and documents specified in the relevant paragraph. Further any application relating to an appeal must be accompanied by a copy of any written record of the decision and statement of reasons for that decision that the applicant has or can reasonably obtain. The applicant must also provide with any application notice any fee payable to the Tribunal.

Forms may be found on HM Courts and Tribunal Services website.

97-05 **The Precedents** The precedents relate to two of the statutes referred to above. Precedents relating to service charge matters have been dealt with separately.

Precedents 97-Z1 to 96-Z6 relate to the "right of first refusal" under the Landlord and Tenant Act 1987. Precedent 97-Z7 is a claim to the First-tier Tribunal (Property Chamber) for the appointment of a manager under Pt II of the 1987 Act. This precedent includes the matters set out in the Tribunal Procedure (First-tier Tribunal) (Property Chamber) Rules. Precedent 97-Z8 seeks an acquisition order under Pt III of the 1987 Act and Precedent 97-Z9 seeks the variation of lease terms under Pt IV of that Act.

Precedents 97-Z10 to 97-Z17 relate to enfranchisement under the Leasehold Reform Housing and Urban Development Act 1993. Precedent 97-Z12 deals with the situation which arose in *Cadogan v Morris*.[1] Precedent 97-Z17 deals with the situation which arose in *Aldavon v Deverill*,[2] a county court case mentioned recently in *Villarosav Ryan*.[3]

Applications for the appointment of a manager in relation to premises situated in England must now be made to the First-tier Tribunal (Property Chamber) in accordance with the procedure set out in The First-tier Tribunal (Property Chamber) Rules 2013.

PART 8 CLAIM FORM DETAILS OF CLAIM SEEKING DECLARATION THAT PREMISES ARE EXCLUDED PREMISES FOR THE PURPOSES OF S.1 OF THE LANDLORD AND TENANT ACT 1987

97-Z1 1. The Claimant seeks:
(1) A declaration that by reason of:
    (a) the fact that the number of flats held by qualifying tenants is less than 50 per cent of the total number of flats contained in the premises, there being 20 flats of which only 7 are occupied by qualifying tenants; and/or
    (b) the fact that the internal floor area of those parts of the premises not intended to be occupied for residential purposes exceeds 50 per cent of the internal floor area of the premises taken as a whole; and/or
    (c) the fact that the Claimant is a resident landlord within the meaning of s.58(2) of the Landlord and Tenant Act 1987 ("the 1987 Act"),
the premises known as Niemi's Court, McKenzie Road, London are not premises to which Part I of the 1997 Act applies for the purposes of s.1 of the 1987 Act.
(2) An order that the Defendants do pay the Claimant's costs of this claim.

---

[1] *Cadogan v Morris* [1999] 1 E.G.L.R. 59.
[2] *Aldavon v Deverill* [1999] 2 E.G.L.R. 69.
[3] *Villarosav Ryan* [2018] EWHC 1914 (Ch); [2019] 1 W.L.R. 515.

PART 8 CLAIM FORM DETAILS OF CLAIM SEEKING DECLARATION THAT A PROPOSED
DISPOSAL IS NOT A RELEVANT DISPOSAL FOR THE PURPOSES OF S.4 OF THE LANDLORD
AND TENANT ACT 1987

1. The Claimant seeks: **97-Z2**
   (1) A declaration that the proposed disposal by the Claimant to Wardhaugh Properties Limited of the premises known as Flat 23, Niemi's Court, McKenzie Road, London is not a relevant disposal for the purposes of s.4 of the Landlord and Tenant Act 1987 in that the disposal comprises the grant of a tenancy under which the demised premises consist of a single flat.
   Or
   (1) A declaration that the proposed disposal by the Claimant to Wardhaugh Properties Limited of the premises known as Niemi's Court, McKenzie Road, London is not a relevant disposal for the purposes of s.4 of the Landlord and Tenant Act 1987 in that the sale is [a disposal by way of gift to a charity] [a disposal by a body corporate to a company which has been an associated company of that body for a period of two years].
   (2) An order that the Defendants do pay the Claimant's costs of this claim.

PART 8 CLAIM FORM SEEKING INJUNCTION RESTRAINING LANDLORD FROM DISPOSING
OF INTEREST WITHOUT HAVING SERVED OFFER NOTICE UNDER S.5 OF THE LANDLORD
AND TENANT ACT 1987

This claim [includes] [does not include] any issues under the Human Rights Act 1998. **97-Z3**

Details of Claim

3. Part 8 of the Civil Procedure Rules 1998, as modified by Part 56 thereof, applies to this claim.

4. This claim is made under Part I of the Landlord and Tenant Act 1987 ("the 1987 Act").

5. The Claimant [name and address] applies for:
   (a) An injunction restraining the Defendant [name and address] from disposing of its freehold interest in the property known as Niemi's Court, McKenzie Road, London ("the Property") without first having complied with the 1987 Act and, without prejudice to the generality of the foregoing, with s.5 of the 1987 Act.
   (b) An order that the Defendant do pay the Claimant's costs of this claim.

6. The grounds of this claim are as follows:
   (a) The Claimant is the leasehold owner of a flat known as Flat 23, Niemi's Court, McKenzie Road, London ("the Flat") and the qualifying tenant of the Flat for the purposes of s.3 of the 1987 Act. The Flat forms part of the Property.
   (b) The Defendant is the freehold owner of the Property and is the immediate landlord of the Claimant.
   (c) By a letter dated 17 February 2010 from the Defendant to each of the leasehold owners of the flats comprising the Property, a copy of which let-

ter was received by the Claimant on 18 February 2010, the Defendant intimated that it was proposing to sell its freehold interest in the Property to an unspecified purchaser.

(d) By a letter dated 20 February 2010 from the Claimant's solicitors, Messrs. MacDonald and Jardine to the Defendant, the Claimant's solicitors requested the Defendant within 24 hours to provide an undertaking not to dispose of its interest in the Property without first complying with s.5 of the 1987 Act by serving on the qualifying tenants of the flats contained in the Property an offer notice pursuant to that section.

(e) The Defendant has not responded to the letter dated 20 February 2010 within 24 hours or at all.

(f) The Claimant avers that, unless restrained from doing so, the Defendant intends to and will dispose of its interest in the Property without first complying with s.5 of the 1987 Act as described above.

7. The Claimant relies upon the evidence contained in and filed with this claim form and upon the witness statement appended as Appendix "[..........]" to this claim[4].

[Statement of truth]

PART 8 CLAIM FORM SEEKING A DECLARATION THAT A NOTICE SERVED PURSUANT TO s.5 OF THE LANDLORD AND TENANT ACT 1987 IS NOT VALID AND AN INJUNCTION RESTRAINING LANDLORD FROM DISPOSING OF INTEREST

97-Z4 This claim [includes] [does not include] any issues under the Human Rights Act 1998.

Details of Claim

1. This claim is made under Part I of the Landlord and Tenant Act 1987 ("the 1987 Act").

2. The Claimant [name and address] applies for:
   (a) A declaration that the notice purportedly served on 3 March 2010 by the Defendant pursuant to s.5A of the 1987 Act stating that it intended to dispose of its interest in the block of flats known as Niemi's Court, McKenzie Road, London ("the Property") to Wardhaugh Properties Limited was invalid and of no effect on the grounds that:
      (i) it failed to contain particulars of the principal terms of the contract, namely the deposit payable and the consideration required;
      (ii) it failed to state that the notice constituted an offer by the Defendant to enter into a contract on those terms which may be accepted by the requisite majority of qualifying tenants of the constituent flats of the property; and
      (iii) it failed to specify a period of at least two months for acceptance of the Defendant's offer, the period specified being less than one month.

---

[4] The claimant must file any written evidence on which he intends to rely when he files his claim form and the claimant's evidence must be served on the defendant with the claim form (CPR r.8.5).

(b) An injunction restraining the Defendant from disposing of its interest in the Property without first having complied with the 1987 Act and without prejudice to the generality of the foregoing, with s.5A of the 1987 Act.
(c) An order that the Defendant do pay the Claimant's costs of this claim.

3. The grounds of this claim are as follows:
   (a) The Claimant is the leaseholder of a flat known as Flat 23, Niemi's Court, McKenzie Road, London ("the Flat") and is the qualifying tenant of the Flat for the purposes of s.3 of the 1987 Act. The Flat forms part of the Property.
   (b) The Defendant is the freehold owner of the Property and the immediate landlord of the Claimant.
   (c) By a letter dated 17 February 2010 from the Defendant to each of the leasehold owners of the flats in the Property, a copy of which letter was received by the Claimant on 18 February 2010, the Defendant intimated that it was proposing to sell its freehold interest in the Property to an unspecified purchaser.
   (d) On 3 March 2010, the Defendant purported to serve a notice pursuant to s.5A of the 1987 Act. The notice stated that the Defendant intended to dispose of its interest in the Property to Wardhaugh Properties Limited.
   (e) The notice was invalid in that, contrary to the requirements of s.5A of the 1987 Act:
       (i) It failed to contain particulars of the principal terms of the contract, namely the deposit payable and the consideration required;
       (ii) it failed to state that the notice constituted an offer by the Defendant to enter into a contract on those terms which may be accepted by the requisite majority of qualifying tenants of the constituent flats; and
       (iii) it failed to specify a period of at least two months for acceptance of the Defendant's offer, the period specified being less than one month.
   (f) By a letter dated 15 March 2010 the Claimant's solicitors wrote to the Defendant pointing out that the notice was invalid for the reasons referred to in paragraph 4(e) above.
   (g) To date neither the Claimant nor his solicitors have received any reply to the letter dated 15 March 2010.
   (h) The Claimant seeks, and is entitled to a declaration that the notice purportedly served on 3 March 2010 by the Defendant was invalid and of no effect for the reasons set out in paragraph 4(e) above.
   (i) Further, the Claimant avers that unless restrained from doing so, the Defendant intends to and will dispose of its interest in the Property without first complying with s.5A of the 1987 Act as described above.

4. The Claimant relies upon the evidence contained in and filed with this claim form and upon the witness statement appended as Appendix "[..........]" to this claim.

5. Part 8 of the Civil Procedure Rules 1998, as modified by Part 56 thereof, applies to this claim.

[Statement of truth]

GROUNDS OF DISPUTE OF CLAIM SEEKING INJUNCTION RESTRAINING LANDLORD FROM DISPOSING OF INTEREST WITHOUT HAVING SERVED OFFER NOTICE UNDER S.5 OF THE LANDLORD AND TENANT ACT 1987

97-Z5 The Defendant [name] of [address] contests the Claimant's [name] claim for an injunction restraining landlord from disposing of its interest without having served an offer notice under s.5 of the Landlord and Tenant Act 1987 ("the 1987 Act") on the following grounds:

1. The premises known as Niemi's Court, McKenzie Road, London ("the Property") are not premises to which Part I of the 1987 Act applies because:
   (a) only 12 out of 30 flats within the Property are held by qualifying tenants within the meaning of s.3 of the 1987 Act and, therefore, s.1(2) of the 1987 Act is not satisfied; and, or alternatively,
   (b) the Property comprises 5,600 square feet of which 3,000 square feet comprises a part not intended to be occupied for residential purposes, namely retail units on the ground floor, and, therefore, s.1(3) of the 1987 Act is not satisfied.

2. The Defendant admits receiving the letter referred to in paragraph 3(d) of the Claim Form but avers, for the reasons given above, that the Defendant is entitled to dispose of the premises and is not prevented from doing so by the 1987 Act or for any other reason.

3. The Defendant relies upon the evidence contained in and filed with this acknowledgment of service and upon the witness statement appended as Appendix "[..........]" to this claim.

4. The Defendant's address for service is [address].

[Statement of truth]

PART 8 CLAIM FORM SEEKING AN ORDER THAT A LANDLORD COMPLY WITH A NOTICE UNDER S.12B OF THE LANDLORD AND TENANT ACT 1987 REQUIRING THE LANDLORD TO DISPOSE OF THE PROPERTY TO THE TENANT'S NOMINEE

97-Z6 This claim [includes] [does not include] any issues under the Human Rights Act 1998.

Details of Claim

1. This claim is made under Part I of the Landlord and Tenant Act 1987 ("the 1987 Act").

2. The Claimant [name and address] applies for:
   (a) An order pursuant to s.19 of the Landlord and Tenant Act 1987[5] ("the 1987 Act") requiring the Defendant to dispose of the freehold interest in the premises known as Wales House, Kirk Street, Hilltree ("the Premises") to

---

[5] The court's power is discretionary therefore the tenant must pursue his claim speedily: *Michaels v Harley House (Marylebone) Ltd* [2000] Ch. 104, CA

the Claimant as the person nominated by a majority of the qualifying tenants of flats in the Premises for the purposes of s.12B of the 1987 Act.
  (b) An order that the Defendant do pay the Claimant's costs of this claim.

3. The grounds of this claim are as follows:
  (a) The Premises are a block of flats to which Part I of the 1987 Act applies.
  (b) The Claimant is the person nominated by a majority of the qualifying tenants of flats in the Premises for the purposes of s.12B of the 1987 Act.
  (c) Until 31 May 2010 the freehold interest in the Premises was owned by Roosbag Enterprises Limited ("Roosbag").
  (d) On 31 May 2010, unknown to the tenants of the flats in the Premises, Roosbag transferred the freehold interest in the Premises to the Defendant.
  (e) Roosbag did not at any time prior to or on 31 May 2010 serve any notice pursuant to s.5D of the 1987 Act upon any of the tenants of any of the flats in the Premises.
  (f) On 10 June 2010, the Defendant wrote to each of the tenants of the flats in the Premises, informing them that the Defendant had purchased the freehold interest in the Premises and that the ground rent and service charges should thereafter be paid to the Defendant.
  (g) On 31 August 2010, the requisite majority of the qualifying tenants of the flats in the Premises served on the Defendant a notice pursuant to s.11A of the 1987 Act requiring the Defendant to give particulars of the terms on which the disposal of the freehold interest to the Defendant was made and the date upon which it was made.
  (h) The notice specified the Claimant as the person to whom the particulars were to be given.
  (i) On 19 September 2010, the Defendant served upon the Claimant the requisite particulars requested in the s.11A notice.
  (j) On 21 October 2010 the Claimant served upon the Defendant a notice pursuant to s.12B of the 1987 Act requiring the Defendant to dispose of the freehold interest in the premises to the Claimant on the terms upon which the original disposal was made to the Defendant.
  (k) On 14 November 2010 the Claimant served a notice pursuant to s.19 of the 1987 Act requiring the Defendant to comply with the s.12B notice. A copy of the said s.19 notice is filed and served with this claim form.
  (l) At the date of issue of this claim the Defendant has not complied with the s.12B notice and has indicated that unless required to do so by the Court, will refuse to comply with the s.12B notice.

4. The Claimant relies upon the evidence contained in and filed with this claim form and upon the witness statement appended as Appendix "[..........]" to this claim.

5. Part 8 of the Civil Procedure Rules 1998, as modified by Part 56 thereof, applies to this claim.

[Statement of truth]

LANDLORD AND TENANT—FLATS

LEASEHOLD 2: APPLICATION BY A TENANT FOR THE APPOINTMENT OF A MANAGER OR FOR THE VARIATION OR DISCHARGE OF AN ORDER APPOINTING A MANAGER

97-Z7

First-tier Tribunal Property Chamber
(Residential Property)

Ref no. (for office use only)

Application by a tenant for the appointment of a manager or for the variation or discharge of an order appointing a manager

Section 24 of the Landlord and Tenant Act 1987

It is important that you read the notes below carefully before you complete this form.

This is the correct form to use if you want to ask the Tribunal to appoint a manager under section 24 of the Landlord and Tenant Act 1987, or to discharge or vary an order that has already been made. This form also allows you to ask for a dispensation of the requirement to serve a notice under section 22 of the 1987 Act.

A fee is payable for this application (see section 15 for Help with Fees). Please note that fee changes were made on 25 July 2016 in respect of all applications made on or after that date. The new fees are set out in this form.

Please send your completed application form and fee (if applicable), together with the documents listed in section 15 of this form to the appropriate regional Tribunal. (See the Annex to this form for regional office addresses). Please do not send any other documents. If and when further evidence is needed, you will be asked to send it in separately.

If you have any questions about how to fill in this form, the fee payable, or the procedures the Tribunal will use, please call the appropriate regional office.

[872]

If you are completing this form by hand please use BLOCK CAPITAL LETTERS.

1. DETAILS OF APPLICANT(S) (if there are multiple applicants please continue on a separate sheet)

Name: [   ]

Address (including postcode):
[   ]

Address for correspondence (if different from above):
[   ]

Telephone:
Day: [   ]   Evening: [   ]   Mobile: [   ]

Email address: [   ]   Fax: [   ]

Representative name and address, and other contact details: Where details of a representative have been given, all correspondence and communications will be with them until the Tribunal is notified that they are no longer acting for you.

Name: [   ]

Reference no. (if any) [   ]

Address (including postcode):
[   ]

Telephone:
Day: [   ]   Mobile: [   ]

Email address: [   ]   Fax: [   ]

Note: The Tribunal may copy the application form to other appropriate persons (e.g. other service charge paying leaseholders in the building or development). If you do not want your telephone/fax number or email address to be disclosed to other such persons please omit those details from Box 1 and attach them on a separate sheet.

Where details of a representative have been given, all correspondence and communications will be with them until the Tribunal is notified that they are no longer acting.

2. ADDRESS (including postcode) of SUBJECT PROPERTY (if not already given)

3. BRIEF DESCRIPTION OF BUILDING (e.g. purpose built block of flats)

4. DETAILS OF RESPONDENT (S) the person against whom an applicant seeks determination from the tribunal – this will only be the landlord's managing agent if they are a party to the lease. If there are multiple respondents, please continue on a separate sheet.

Name:

Capacity

Address (including postcode):

Reference no. (if any)

Address for correspondence (if different from above):

Telephone:
Day: Evening: Mobile:

Email address: Fax:

LEASEHOLD 2

Note: This form asks you to provide the details of parties to the application. (For example the landlord and any management company which owes management obligations to you under your tenancy). Additionally, the Tribunal needs to know the names and addresses of other people who may be significantly affected by the application such as other lessees in the building. Please provide a list of the names and addresses of any such person(s). If this is not possible or is impractical, then a written statement should be provided with this application.

5. DETAILS OF LANDLORD (if not already given)

Name

Address (*including postcode*):

Reference no. (if any)

Telephone:
Day: Evening: Mobile:

Email address: Fax:

6. DETAILS OF ANY RECOGNISED TENANTS' ASSOCIATION (if known)

Name of Secretary

Address (*including postcode*):

Telephone:
Day: Evening: Mobile:

Email address: Fax:

[875]

7. ORDER SOUGHT

Applications where no manager yet appointed by a Court or a Leasehold Valuation Tribunal or the First-tier Tribunal

Are you asking for the Tribunal to appoint a manager?	☐ Yes	☐ No
If so, have you served a section 22 notice?	☐ Yes	☐ No
If not, are you seeking a dispensation? (*see Guidance Note*)	☐ Yes	☐ No

Applications where a manager has previously been appointed by a Court or a Leasehold Valuation Tribunal or the First-tier Tribunal

What is the date of the order appointing a manager and when is the order due to expire? _____

Do you seek a variation of the order?	☐ Yes	☐ No
Do you want the order to be discharged?	☐ Yes	☐ No

Please complete the section entitled **'GROUNDS FOR APPLICATION'**

Please note

No application for the appointment of a manager may be made to the Tribunal unless a notice under section 22 of the 1987 Act has first been served. Service of such a notice may only be dispensed with by the Tribunal if it is satisfied that it would not be reasonably practicable to serve such a notice.

8. MANAGER TO BE APPOINTED

If you are making an application to appoint a manager or to vary an order appointing a manager by the substitution of a new manager, please give details of the person you wish to have appointed.

Name

Professional qualification (if any)

Address (including postcode):

Telephone: Fax:

9. OTHER APPLICATIONS

Do you know of any other cases involving either: (a) related or similar issues about the management of this property; or (b) the same landlord or tenant or property as in this application? ☐ Yes ☐ No

If Yes, please give details

10. LIMITATION OF COSTS

Some leases allow a landlord to include costs they have incurred in connection with proceedings before a Tribunal (eg. costs of using a professional representative) as part of a service charge. If you want to apply to the Tribunal for those costs to be limited, you need to complete a separate application form – Leasehold 7 (no fee payable).

11. CAN WE DEAL WITH YOUR APPLICATION WITHOUT A HEARING?

If the Tribunal thinks it is appropriate, and all the parties and others notified of their right to attend a hearing consent, it is possible for your application to be dealt with entirely on the basis of written representations and documents and without the need for parties to attend and make oral representations. ('A paper determination').

Please let us know if you would be content with a paper determination if the Tribunal thinks it appropriate. ☐ Yes ☐ No

Note: Even if you have asked for a paper determination the Tribunal may decide that a hearing is necessary. Please complete the remainder of this form on the assumption that a hearing will be held. Where there is to be a hearing, a fee of £200 will become payable by you when you receive notice of the hearing date.

12. TRACK PREFERENCES

We need to decide whether to deal with the case on the Fast Track or the Standard Track (see Guidance Note for an explanation of what a track is). Please let us know which track you think appropriate for this case.

☐ Fast Track
☐ Standard Track

Is there any special reason for urgency in this case?   ☐ Yes   ☐ No

If Yes, please explain how urgent it is and why:

Note

The Tribunal will normally deal with a case in one of three ways: on paper (see section 11 above) or 'fast track', or 'standard track'. The fast track is designed for cases that need a hearing but are very simple and will not generate a great deal of paperwork or argument. A fast track case will usually be heard within 10 weeks of your application. You should indicate here if you think your case is very simple and can be easily dealt with. The standard track is designed for more complicated cases where there may be numerous issues to be decided or where for example, a lot of documentation is involved. A standard track case may involve the parties being invited to a Case Management Conference which is a meeting at which the steps that need to be taken to bring the case to a final hearing can be discussed.

13. AVAILABILITY

If there are any dates or days we must avoid during the next four months (either for your convenience or the convenience of any expert you may wish to call) please list them here.

Please list the dates on which you will NOT be available:

14. VENUE REQUIREMENTS

Please provide details of any special requirements you or anyone who will be coming with you may have (e.g. the use of a wheelchair and/or the presence of a translator):

Applications handled by the London regional office are usually heard in Alfred Place, which is fully wheelchair accessible. Elsewhere, hearings are held in local venues which are not all so accessible and the case officers will find it useful to know if you or anyone you want to come to the hearing with you has any special requirements of this kind.

15. CHECKLIST

Please check that you have completed this form fully. The Tribunal will not process your application until this has been done. Please ensure that the following are enclosed with your application:

A copy of the section 22 notice (if any) is enclosed.	☐
A copy of the previous order appointing a manager (if applicable) is enclosed)	☐
A list of the names and addresses of persons who might be significantly affected by this application is enclosed	☐
A crossed cheque or postal order for the application fee of £100 (if applicable) is enclosed. Please put your name and address on the back of any cheque you send.	☐

DO NOT send cash under any circumstances. Cash payment will not be accepted.

Fees should be paid by a crossed cheque made payable to, or a postal order drawn in favour of, HM Courts and Tribunals Service.

Please note where there is to be a hearing, a fee of £200 will become payable by you when you receive notice of the hearing date.

Help with Fees
If you think you may be entitled to a reduced fee, the guide EX160A 'Apply for help with court, tribunal and probate fees' outlines how you can submit an application for Help with Fees.

You can submit your Help with Fees application online at www.gov.uk/help-with-court-fees or by completing the form EX160 'Apply for help with fees'. You can get a copy of the 'Apply for help with fees' form online at www.gov.uk/government/publications/apply-for-help-with-court-and-tribunal-fees or from your regional tribunal office.

If you have completed an online application for Help with Fees please enter the reference number you have been given here.

H	W	F	-					-				

If you have completed form EX160 "Apply for Help with Fees" it must be included with your application.

The 'Apply for help with fees' form will not be copied to other parties.

16. STATEMENT OF TRUTH

The statement of truth must be signed and dated.
I believe that the facts stated in this application are true.

Signed: _____ Dated: _____

GROUNDS FOR APPLICATION

Please use the space below to summarise the ground(s) of your application.

You will be given an opportunity later to give further details of your case and to supply the Tribunal with any documents that support it. At this stage you should give a clear outline of your case so that the Tribunal understands what your application is about. Please continue on a separate sheet if necessary.

Please select as appropriate:

This is an application for the appointment of a manager ☐

and/or

Dispensation from the need to serve a notice under section 22 ☐

An application for the discharge of an order appointing a manager ☐

An application for the variation of an order appointing a manager ☐

Now complete the rest of this form:

The grounds for the application are as follows

ANNEX: Addresses of Tribunal Regional Offices

NORTHERN REGION

HM Courts & Tribunals Service
First-tier Tribunal (Property Chamber) Residential Property, 1st Floor, Piccadilly Exchange, Piccadilly Plaza, Manchester M1 4AH

Telephone: 01612 379491
Fax: 01264 785 128

This office covers the following Metropolitan districts: Barnsley, Bolton, Bradford, Bury, Calderdale, Doncaster, Gateshead, Kirklees, Knowsley, Leeds, Liverpool, Manchester, Newcastle-upon-Tyne, Oldham, Rochdale, Rotherham, St. Helens, Salford, Sefton, Sheffield, Stockport, Sunderland, Tameside, Trafford, Tyneside (North & South), Wakefield, Wigan and Wirral.

It also covers the following unitary authorities: Hartlepool, Middlesbrough, Redcar and Cleveland, Darlington, Halton, Blackburn with Darwen, Blackpool, Kingston-upon-Hull, East Riding of Yorkshire, Northeast Lincolnshire, North Lincolnshire, Stockton-on-Tees, Warrington and York.

It also covers the following Counties: Cumbria, East Cheshire, Durham, Lancashire, Lincolnshire, Northumberland, North Yorkshire and West Cheshire.

MIDLAND REGION

HM Courts & Tribunals Service
First-tier Tribunal (Property Chamber) Residential Property, Centre City Tower, 5-7 Hill Street, Birmingham, B5 4UU

Telephone: 0121 600 7888
Fax: 01264 785 122

This office covers the following Metropolitan districts: Birmingham, Coventry, Dudley, Sandwell, Solihull, Walsall and Wolverhampton.

It also covers the following unitary authorities: Derby, Leicester, Rutland, Nottingham, Herefordshire, Telford and Wrekin and Stoke-on-Trent.

It also covers the following Counties: Derbyshire, Leicestershire, Nottinghamshire, Shropshire, Staffordshire, Warwickshire and Worcestershire.

EASTERN REGION

HM Courts & Tribunals Service
First-tier Tribunal (Property Chamber) Residential Property, Cambridge County Court, 197 East Road Cambridge, CB1 1BA

Telephone: 01223 841 524
Fax: 01264 785 129
DX 97650 Cambridge 3

This office covers the following unitary authorities: Bracknell Forest, West Berkshire, Reading, Slough, Windsor and Maidenhead, Wokingham, Luton, Peterborough, Milton Keynes, Southend-on-Sea and Thurrock.

It also covers the following Counties: Bedfordshire, Berkshire, Buckinghamshire, Cambridgeshire, Essex, Hertfordshire, Norfolk, Northamptonshire, Oxfordshire and Suffolk.

SOUTHERN REGION

HM Courts & Tribunals Service
First-tier Tribunal (Property Chamber) Residential Property, Havant Justice Centre, The Court House, Elmleigh Road, Havant, Hants, PO9 2AL

Telephone: 01243 779 394
Fax: 0870 7395 900

This office covers the following unitary authorities: Bath and Northeast Somerset, Bristol, North Somerset, South Gloucestershire, Bournemouth, Plymouth, Torbay, Poole, Swindon, Medway, Brighton and Hove, Portsmouth, Southampton and the Isle of Wight.

It also covers the following Counties: Cornwall and the Isles of Scilly, Devon, Dorset, East Sussex, Gloucestershire, Hampshire, Kent, Somerset, Surrey, West Sussex and Wiltshire.

LONDON REGION	
HM Courts & Tribunals Service First-tier Tribunal (Property Chamber) Residential Property, 10 Alfred Place, London WC1E 7LR	**Telephone:** 020 7446 7700 **Fax:** 01264 785 060 DX 134205 Tottenham Court Road 2
This office covers all the London boroughs.	

The Ministry of Justice and HM Courts and Tribunals Service processes personal information about you in the context of tribunal proceedings.

For details of the standards we follow when processing your data, please visit the following address https://www.gov.uk/government/organisations/hm-courts-and-tribunals-service/about/personal-information-charter

To receive a paper copy of this privacy notice, please call 0300 123 1024/ Textphone 18001 0300 123 1024.

APPLICATION TO THE FIRST-TIER TRIBUNAL (PROPERTY CHAMBER) SEEKING THE APPOINTMENT OF A MANAGER PURSUANT TO PART II OF THE LANDLORD AND TENANT ACT 1987[6]

97-Z8   1.   The Applicant applies to the Leasehold Valuation Tribunal for the appointment of a manager pursuant to s.24 of the Landlord and Tenant Act 1987.

2. The particulars of the Applicant's application as required by paragraph 26 of the Tribunal Procedure (First-tier Tribunal) (Property Chamber) Rules 2013 are as follows:

(1) The address of the property to which the application relates is Pressley Court, Stevens Road, Wilmington ("the premises").

(2) The Applicant relies upon the following grounds of the application for the appointment of a manager:

　(a) the Landlord is in breach of an obligation owed by him to the Applicant under his tenancy and relating to the management of the premises in question, namely the Landlord's repairing obligations under the Applicant's Lease of Flat 2, Pressley Court dated 16 May 1998; and

　(b) unreasonable service charges are likely to be made in that the items for which they are payable are of an insufficient standard with the result that additional service charges may be incurred; and

　(c) other circumstances exist which make it just and convenient for the Leasehold Valuation Tribunal to make an order appointing a manager.

(3) The person it is desired to be appointed manager is:
Billy Brown FRICS
Brown & Co.
34 Fulton Way Wilmington

(4) It is desired that that person should be appointed:

　(a) to receive the rents and profits of the premises; and

　(b) to manage the premises in accordance with the rights and obligations of the person entitled to the reversion expectant on the scheme of long residential leases demising flats in the premises.

(5) The Applicant's name and address is:
Gary Naysmith
Flat 2
Pressley Court
Stevens Road
Wilmington

(6) The Applicant's representative's name, address and occupation is:
Christopher O'Neill
O'Neill, Milne and Neilson
34 High Street
Wilmington
Solicitor

(7) The Respondent Landlord's name and address is:
Roosbag Enterprises Limited
24 Robbeau Gardens
London W1

---

[6] Where the application is made or proceedings transferred to a LVT on or after 30 September 2003 (England) or 31 March 2004 (Wales), it was required to comply with the requirements of the Commonhold and Leasehold Reform Act 2002, ss.173 to 176 and Sch.12 and the Leasehold Valuation Tribunals (Procedure) (England) Regulations 2003 (SI 2003/2099) or the Leasehold Valuation Tribunals (Procedure) (Wales) Regulations 2004 (SI 2004/681 (W.69)). As from 1 July 2013 the relevant tribunal of the First-tier Tribunal (Property Chamber) and procedure is governed by the Tribunal Procedure (First-tier Tribunal) (Property Chamber) Rules 2013.

(8) The names and addresses of persons who are likely to be affected by this application are listed in Schedule 1 to this Application. Part I of Schedule 1 comprises a list of names and addresses of other tenants of flats contained in the premises. Part II of Schedule 1 contains the name and address of the recognised tenant's association in respect of the property.
(9) A copy of the Applicant's Lease of Flat 2, Pressley Court is appended as Appendix A to this Application.
(10) A copy of the preliminary notice served upon the Respondent pursuant to s.22 of the Landlord and Tenant Act 1987 is appended as Appendix B to this Application. No document was received in response to that notice.
(11) The Applicant's statement of grounds upon which the Leasehold Valuation Tribunal will be asked to make the order and the matters which will be relied upon by the Applicant for the purpose of establishing those grounds is appended as Appendix C to this Application.
(12) This Application does not include an application for reduction or waiver of fees.
(13) This Application is dated 26 May 2010.

Statement of truth

The Applicant believes that the facts stated in the Application are true.
Signed:
Dated:

PART 8 CLAIM FORM DETAILS OF CLAIM SEEKING AN ACQUISITION ORDER UNDER PART III OF THE LANDLORD AND TENANT ACT 1987[7]

97-Z9   1. The Claimants seek:
(1) An order that the Claimants be entitled to acquire the Defendant's interest in the premises known as Pressley Court, Stevens Road, Wilmington on such terms as may be determined:
    (a) by agreement between the Defendant and the Claimants; or
    (b) in default of agreement by a rent assessment committee pursuant to s.31 of the Landlord and Tenant Act 1987; [such order to be suspended on terms that within 6 weeks of the date of the Order, the Defendant do carry out and complete to the reasonable satisfaction of the Claimant's Surveyor, the works of repair specified in the Schedule served on the Defendant under separate cover on 31 May 2010.]
(2) An order that the Defendant pays the Claimant's costs of this claim. This claim is made pursuant to s.28 of the Landlord and Tenant Act 1987.

---

[7] PD 56 para.8 makes provision for the contents of the claim form and the procedure to be followed in respect of a claim for an acquisition order under s.28 of the 1987 Act. In addition to stating the remedy sought the claim form must: 1) Identify the property to which the claim relates 2) give details of the claimants to show they constitute the majority of the qualifying tenants 3) state the names and addresses of the claimants and of the landlord of the property 4) state the name and address of: a) the person nominated by the claimants for the purposes of Part III of the 1987 Act b) every person known to the claimants who is likely to be affected by the application 5) state the grounds of the claim

PT 8 CLAIM FORM: DECLARATION THAT INITIAL NOTICE SERVED UNDER THE 1993 ACT IS INVALID

PART 8 CLAIM FORM DETAILS OF CLAIM SEEKING A VARIATION OF LEASE TERMS PURSUANT TO PART IV OF THE LANDLORD AND TENANT ACT 1987[8]

1. The Claimant seeks: 97-Z10
   (1) An order varying the leases of each of the flats contained within Pressley Court, Stevens Road, Wilmington by substituting in the place of the service charge percentage payable under each of the leases, the following service charge percentages:
            Flat 1-9.7%
            Flat 2-7.5%
            [and so on]
   (2) In the alternative, an order varying the leases of each of the flats contained within Pressley Court, Stevens Road, Wilmington so as to make such other satisfactory provision with respect to the computation of service charge payable under them as the Court thinks fit.
   (3) In the further alternative, an order varying the lease of the Claimant's flat, Flat 2, Pressley Court by substituting in place of the service charge percentage payable under the lease, namely 8.75%, the figure of 7.5%.
   (4) In any event, an order that the Defendant do pay the Claimant's costs of the claim.

PART 8 CLAIM FORM DETAILS OF CLAIM SEEKING DECLARATION THAT INITIAL NOTICE UNDER S.13 OF THE LEASEHOLD REFORM HOUSING AND URBAN DEVELOPMENT ACT 1993 IS INVALID BECAUSE THE PREMISES ARE NOT SUBJECT TO THE ACT

1. The Claimant seeks: 97-Z11
   (1) A declaration that a notice dated 3 August 2010 purported to be served by the Defendants pursuant to s.13 of the Leasehold Reform Housing and Urban Development Act 1993 ("the 1993 Act") is not valid because the premises are not premises to which the 1993 Act applies in that:
        (a) the premises to which the notice relates do not consist of a self-contained building or part of a building; and
        (b) the total number of flats in the premises is 21 and only 8 of the qualifying tenants thereof purported to give the notice.
   (2) An order that the Defendants do pay the Claimant's costs of the claim.

PART 8 CLAIM FORM DETAILS OF CLAIM SEEKING DECLARATION THAT INITIAL NOTICE SERVED UNDER S.[13/42] OF THE LEASEHOLD REFORM HOUSING AND URBAN DEVELOPMENT ACT 1993 IS INVALID BECAUSE [THE INTERNAL FLOOR AREA OF NON-RESIDENTIAL PARTS OF THE PREMISES EXCEEDS 25 PER CENT/THE TENANT DOES NOT COMPLY WITH THE RESIDENCE QUALIFICATION]

1. The Claimant seeks: 97-Z12
   (1) A declaration that a notice dated 3 August 2010 purported to be served by

---

[8] PD 56 para.9 makes provision for the contents of the claim form and the procedure to be followed in respect of a claim for an order varying a lease under ss.38 or 40 of the 1987 Act. The claim form must state: (1) the name and address of the claimant and of the other current parties to the lease or leases to which the claim relates (2) the date of the lease or leases, the property to which they relate, any relevant terms and the variation sought (3) the name and address of any person known to the claimant who is likely to be affected by the claim (4) the grounds of the claim.

the Defendant[s] pursuant to s.[13 / 42] of the Leasehold Reform Housing and Urban Development Act 1993 ("the 1993 Act") is invalid because, as at 3 August 2010,
In respect of a collective enfranchisement claim:
[the internal floor area of the parts of the premises not occupied or intended to be occupied for residential purposes and not comprised in any common parts was 30 per cent of the internal floor area of the premises taken as a whole.]
Or, in respect of a claim to a new lease:
[the Defendant had not, at that date, been a qualifying tenant of the flat for two years and did not, accordingly, satisfy the qualification contained in s.39 of the 1993 Act as amended by the Commonhold and Leasehold Reform Act 2002.]
(2) An order that the Defendant[s] do[es] pay the Claimant's costs of the claim.

PART 8 CLAIM FORM DETAILS OF CLAIM SEEKING DECLARATION THAT INITIAL NOTICE UNDER S.42 OF THE LEASEHOLD REFORM HOUSING AND URBAN DEVELOPMENT ACT 1993 IS INVALID BECAUSE IT FAILS TO SPECIFY A PREMIUM WHICH THE TENANT PROPOSES TO PAY WHICH IS REASONABLE OR GENUINE

97-Z13 1. The Claimant seeks:
(1) A declaration that a notice dated 3 April 2010 purported to be served by the Defendant pursuant to s.42 of the Leasehold Reform Housing and Urban Development Act 1993 ("the 1993 Act") is invalid because it purports to state, pursuant to s.42(3)(c) of the 1993 Act, that the premium which the Defendant proposes to pay for the new lease to be granted pursuant to the 1993 Act is £250, a figure which is neither reasonable nor genuine.
(2) An order that the Defendant does pay the Claimant's costs of the claim.

PARTICULARS OF CLAIM SEEKING DECLARATION THAT THE RIGHT TO A NEW LEASE NOT EXERCISABLE DUE TO THE LANDLORD'S INTENTION TO REDEVELOP[9]

97-Z14 1. By a notice dated 3 April 2010 served by the Defendant on the Claimant, the Defendant served notice of his claim to exercise his right to a new lease of the flat known as Flat 2, Pressley Court, Steven Road, Wilmington ("the flat") pursuant to s.42 of the Leasehold Reform Housing and Urban Development Act 1993 ("the 1993 Act").

2. By a counternotice dated 29 May 2010 served by the Claimant on the Defendant, the Claimant admitted that the Defendant had, on the relevant date, the right to acquire such a new lease of the flat. The notice stated that the Claimant intended to make an application for an order under s.47(1) of the 1993 Act on the grounds that the Claimant intends to redevelop the premises in which the flat is contained.

3. The Defendant's lease of Flat 2 is dated 11 April 1933 and is for a term of 77 years from 25 March 1933. The Lease would otherwise expire by effluxion of time on 24 March 2010, a period of less than 5 years from the relevant date.

---

[9] PD 56 para.14.2 imposes additional procedural requirements in respect of an application under s.23(1) by a person other than the reversioner to defeat a tenant's claim for enfranchisement on the ground of intention to redevelop.

4. At the termination of the Lease, the Claimant intends to carry out substantial works of construction on the whole of the premises in which the flat is contained.

Particulars of works

The Claimant intends to carry out the following works:

[A summary of the works intended should be set out.]

Full particulars of the works to be carried out are contained in the report of the Claimant's architect, Mr John Cumming, which is attached to these Particulars of Claim.

5. The works of construction could not reasonably be carried out without obtaining possession of the flat.

6. In the premises, the Claimant seeks declarations pursuant to s.47(1) of the 1993 Act that:
   (a) the Defendant's right to a new lease of the flat shall not be exercisable; and
   (b) the notice dated 3 April 2010 shall cease to have effect.

AND the Claimant claims:
(1) A declaration that the Defendant's right to a new lease shall of the flat not be exercisable.
(2) A declaration that the notice dated 3 April 2010 and referred to in paragraph 1 above shall cease to have effect.
(3) An order that the Defendant does pay the Claimant's costs of the claim.

[Statement of truth]

PART 8 CLAIM FORM DETAILS OF CLAIM FOR AN ORDER PURSUANT TO S.[24(3)/ 48(3)] OF THE LEASEHOLD REFORM HOUSING AND URBAN DEVELOPMENT ACT 1993 PROVIDING FOR THE INTEREST TO BE ACQUIRED BY THE NOMINEE PURCHASER[10]

1. The Claimant seeks: 97-Z15
   (1) A declaration that the Claimant and the Defendant have agreed all of the terms of acquisition of the property known as [Flat 2] Pressley Court, Steven Road, Wilmington for the purposes of s.[24(3)(b) / 48(3)(b)] of the Leasehold Reform Housing and Urban Development Act 1993 ("the 1993 Act").
   (2) An order pursuant to s.[24(3) / 48(3)] of the 1993 Act [vesting the freehold interest in the property in the Claimant on the terms referred to in paragraph (1) above] *or* [requiring the Defendant within 14 days of the date of the Order to grant to the Claimant the new lease of Flat 2 on the terms referred to in paragraph (1) above].
   [(3) An order that if the Defendant fails to grant the new lease of Flat 2 to the Claimant within 14 days of the Order referred to in paragraph (2) above, the Claimant be at liberty to apply without notice to the Court to have the new lease executed by a person nominated by the Court on behalf of the Defendant and that the lease shall be effective to vest the flat in the Claimant for

---

[10] Commonhold and Leasehold Reform Act 2002 s.121 amends s.13 of the 1993 Act to the effect that, on a date to be appointed, the initial notice under that section must be given by a Right to Enfranchise Company.

the term set out in the new lease in accordance with the terms of the new lease].

(4) An order that the Defendant does pay the Claimant's costs of the claim. This claim is made pursuant to s.[24(3) / 48(3)] of the 1993 Act.

PART 8 CLAIM FORM DETAILS OF CLAIM SEEKING A DECLARATION PURSUANT TO s.[25/49] OF THE LEASEHOLD REFORM HOUSING AND URBAN DEVELOPMENT ACT 1993 THAT THE INTEREST BE TRANSFERRED IN ACCORDANCE WITH THE PROPOSALS IN THE INITIAL NOTICE

97-Z16 1. The Claimant seeks:
(1) An declaration pursuant to s.[25(3) / 49(2)] of the Leasehold Reform Housing and Urban Development Act 1993 ("the 1993 Act") that the Claimant was, at the relevant date, entitled to [exercise the right to collective enfranchisement in relation to Pressley Court, Stevens Road, Wilmington] or [acquire a new lease of Flat 2, Pressley Court, Stevens Road, Wilmington].
(2) An declaration pursuant to s.[25(1) / 49(1)] of the 1993 Act that the Claimant is entitled to [exercise the right referred to in paragraph (1) above] or [acquire the new lease referred to in paragraph (1) above] in accordance with the proposals contained in the Claimant's initial notice dated 3 August 2010 and served pursuant to s.[13 / 42] of the 1993 Act.
(3) An order that the Defendant does pay the Claimant's costs of the claim.

PART 8 CLAIM FROM DETAILS OF CLAIM SEEKING DECLARATION THAT THE INITIAL NOTICE IS DEEMED WITHDRAWN PURSUANT TO S.[29/53] OF THE LEASEHOLD REFORM HOUSING AND URBAN DEVELOPMENT ACT 1993

97-Z17 1. The Claimant seeks:
(1) A declaration that, no application for an order pursuant to s.[22(1) / 48(1)] of the Leasehold Reform Housing and Urban Development Act 1993 ("the 1993 Act") having been made by the Defendant within the period specified by s.[22(2) / 48(2)] of the 1993 Act, the initial notice pursuant to s.[13 / 42] of the 1993 Act dated 3 August 2010 and relating to [Flat 2] Pressley Court, Stevens Road, Wilmington and served by the Defendant is deemed withdrawn pursuant to s.[29 / 53] of the 1993 Act.
(2) An order that the Defendant does pay the Claimant's costs of the claim.

PARTICULARS OF CLAIM SEEKING A DECLARATION THAT THE INITIAL NOTICE IS DEEMED WITHDRAWN UNDER S.43(3) OF THE LEASEHOLD REFORM HOUSING AND URBAN DEVELOPMENT ACT 1993

97-Z18 1. The Claimant is the freehold owner of the bock of flats known as Pressley Court, Stevens Road, Wilmington ("the block").

2. By a notice dated 17 January 2010, the registered owner of Flat 2 within the block, Mr Darren Jackson, served on the Claimant a notice pursuant to s.42 of the Leasehold Reform Housing and Urban Development Act 1993 ("the 1993 Act") claiming a right to a new lease of Flat 2.

3. By a contract dated 18 January 2010, Mr Jackson agreed to sell Flat 2 to the

Defendant and the Defendant agreed to purchase Flat 2 for a consideration of £250,000.

4. By a counternotice dated 15 March 2010 and served pursuant to s.45 of the 1993 Act, the Claimant admitted the right to claim a new lease.

5. The Defendant completed the purchase of Flat 2 on 21 March 2010.

[6. The Conveyance of Flat 2 dated 21 March 2010 contained no transfer of the benefit of the notice referred to in paragraph 2 above].
Or

[6. The Conveyance of Flat 2 dated 21 March 2010 contained a transfer of the benefit of the notice referred to in paragraph 2 above, such transfer to take effect on the date of the Conveyance, namely 21 March 2010].

7. The Defendant was registered as proprietor of the leasehold interest in Flat 2 on 11 April 2010.

8. By virtue of s.58 of the Land Registration Act 2002, the legal interest in the leasehold interest in Flat 2 was vested in the Defendant on 11 April 2010. The legal interest in the benefit of the notice referred to in paragraph 2 above [has, to date not been vested in the Defendant] *or* [was vested in the Defendant on 21 March 2010].

9. Accordingly, the benefit of the notice referred to in paragraph 2 above was between 21 March 2010 and 11 April 2010 separate from the legal interest in the leasehold in Flat 2.[11]

10. Pursuant to s.43(3) of the 1993 Act, the notice referred to in paragraph 2 above was therefore deemed withdrawn on 21 March 2010 and the Claimant is entitled to and seeks a declaration to that effect.

11. By a letter dated 21 April 2010, the Claimant invited the Defendant to admit that the notice referred to in paragraph 2 above had been deemed withdrawn on 21 March 2010 for the reason referred to above.

12. By a letter dated 4 May 2010, the Defendant's solicitors replied that they did not accept that the notice referred to in paragraph 2 above had been withdrawn. They did not give any reason for holding that view.

AND the Claimant claims:
(1) A declaration that the notice dated 17 January 2010 served by Mr Darren Jackson on the Claimant seeking a new lease of Flat 2, Pressley Court, Stevens Road, Wilmington is deemed to be withdrawn on 21 March 2010 pursuant to s.43(3) of the 1993 Act.
(2) An order that the Defendant pay the Claimant's costs of the claim.

[Statement of truth]

---

[11] It has been held in the county court that s.43(3) requires that the assignment of the lease and benefit of the notice must occur at the same time: *Aldavon Co Ltd v Deverill* [1999] 32 E.G. 92.

Section 98:

LANDLORD AND TENANT—POSSESSION PROCEEDINGS

Table of Contents

Claim form for Possession of Property	98-Z1
Claim form for relief against forfeiture	98-Z2
Claim form for possession of property (Accelerated Procedure)	98-Z3
Particulars of Claim (Rented Residential Premises)	98-Z4
Particulars of claim for possession (rented residential premises) other than where a demotion or suspended order is sought.	98-Z5
Particulars of Claim (Mortgaged Residential Premises)	98-Z6
Particulars of Claim (Trespassers)	98-Z7
Application for interim possession order	98-Z8
Defence (other than in claims in respect of residential premises)	98-Z9
Defence to claim for possession (rented residential premises)	98-Z10
Defence to claim for possession (assured shorthold tenancy accelerated possession procedure)	98-Z11
Defence to claim for possession (mortgaged residential premises)	98-Z12
Witness Statement of Defendant to oppose the making of an interim possession order	98-Z13
Particulars of Claim for possession (rented residential premises)	98-Z14
Particulars of Claim by the owner of premises claiming possession following the expiry of a notice to quit	98-Z15
Particulars of Claim by landlord claiming possession of business premises, relying on agreement to exclude sections 24 to 28 of the Landlord and Tenant Act 1954	98-Z16
Particulars of Claim for possession of residential premises under discretionary grounds under Rent Act 1977, Schedule 15, Part I	98-Z17
Particulars of Claim for possession of residential premises under mandatory grounds, Rent Act 1977 under Part II, Schedule 15	98-Z18
Particulars of Claim for possession of residential accommodation let under the Rent Act 1977 on ground that suitable alternative accommodation is available for the tenant	98-Z19
Particulars of Claim for possession of residential accommodation occupied by a protected occupier under the	

Rent (Agriculture) Act 1976 .... 98-Z20
Particulars of Claim for possession of residential premises
  occupied by service occupier whose employment has
  terminated 98-Z21
Particulars of Claim for Possession of residential premises
  let on an assured tenancy on mandatory grounds under the
  Housing Act 1988, Schedule 2, Part I 98-Z22
Particulars of Claim for possession of residential premises let
  on an assured tenancy on discretionary grounds under the
  Housing Act 1988, Schedule 2, Part II 98-Z23
Defences 98-Z24
Defence to claim for possession denying expiry of tenancy . 98-Z25
Defence to claim for possession denying validity of notice to
  quit 98-Z26
Defence to claim for possession relying on statutory security
  of tenure 98-Z27
Defence to claim for possession relying on waiver of notice
  to quit 98-Z28
Defence to claim for possession based on suitable alternative
  accommodation, section 98 Rent Act 1977/Ground 9,
  Schedule 2, Housing Act 1988 .... 98-Z29
Defence to claim for possession by a member of the family
  of a deceased tenant of residential premises 98-Z30
Particulars of claim for possession of premises on forfeiture
  of lease for non-payment of rent 98-Z31
Claim for possession on forfeiture of lease for breaches of
  covenant (service charges/repairs/use): neither party
  original party to lease 98-Z32
Defence and Counterclaim denying rent arrears, asserting a
  right of set-off and counterclaiming damages for breach
  of covenant and relief against forfeiture 98-Z33
Defence to claim for forfeiture denying breach of covenant . 98-Z34
Defence to claim for forfeiture of lease disputing validity of
  section 146 notice/asserting remedy of breach 98-Z35
Defence to claim for possession admitting breach of
  covenant but relying on waiver of forfeiture 98-Z36
Particulars of Claim for relief against forfeiture following
  landlord's peaceable re-entry 98-Z37

98-01 This introductory note is intended to identify those matters which it is necessary to plead in order to maintain an action, or defence, to a claim for possession of land or premises: it is not intended as a comprehensive guide to the law of landlord and tenant as it relates to possession proceedings. For a detailed treatment of the subject reference should be made to the standard general work Woodfall, *Landlord and Tenant*, or to the major textbooks on specific types of tenancies including Megarry, The Rent Acts, and *Assured Tenancies* and Reynolds and Clark, *Renewal of Business Tenancies*.[1]

---

[1] Woodfall, *Landlord and Tenant*, looseleaf (London: Sweet & Maxwell) or to the major textbooks

Pleading a Claim for Possession

The use of certain claim forms, particulars of claim and forms of defence is required in possession proceedings (CPR r.55.3(5), PD 55A para.1.5, PD 4).[2] The forms are prescribed for use in both the High Court and county court. As a general rule, however, a claim for possession must be started in the county court (PD 55A para.1.1). Such a claim may, and usually should be, commenced in any county court hearing centre (CPR r.55.3(1)). A claim may be commenced in the High Court only in exceptional circumstances and if the claimant files with his claim form a certificate stating the reasons for bringing the claim in that court verified by a statement of truth (CPR rr.55.3(2), (3)). "Exceptional circumstances" may include cases in which there are complicated disputes of fact, or points of law of general importance or, where the claim is against trespassers, there is a substantial risk of public disturbance or of serious harm to persons or property which properly require immediate determination (PD 55A para.1.3).

98-02

The claim forms relevant for these purposes are:

(a) N5 (claim form for possession);
(b) N5A (claim form for relief from forfeiture); and
(c) N5B (claim for possession of property—accelerated possession procedure in respect of an assured shorthold tenancy).

The forms of particulars of claim relevant for these purposes are:

(a) N119 (rented residential premises);
(b) N120 (mortgaged residential premises);
(c) N121 (trespassers)[3];
(d) N122 (claim for demotion or suspension of the right to buy);

Prescribed forms of defence are:

(a) N11R (defence form—rented residential premises);
(b) N11 (defence form); and
(c) N11B (defence form—accelerated possession procedure in respect of an assured shorthold tenancy);
(d) N11D (defence form—demotion of tenancy)
(e) N11M (defence form—mortgaged residential premises).

The forms prescribed in relation to interim possession orders are:

(a) N130 (application for interim possession order);
(b) N133 (witness statement of defendant to oppose the making of an interim possession order).

In an action for possession, once the claimant proves a paper title to the land, it is for the person in possession to set up a right to continue in possession.[4] Strictly therefore, all that a claimant need plead is his paper title. However, in practice a

---

on specific types of tenancies including Megarry, *The Rent Acts*, (London: Sweet & Maxwell); Megarry, *Assured Tenancies* (London: Sweet & Maxwell); and Reynolds and Clark, *Renewal of Business Tenancies* (London: Sweet & Maxwell).

[2] CPR Pt 55 and the Practice Direction thereto apply to all possession claims issued on or after 15 October 2001.
[3] The particulars must be filed and served with the claim form (CPR r.55.4).
[4] *Portland Managements Ltd v Harte* [1977] Q.B. 306.

claimant seeking to recover possession from a former tenant should plead and prove:

(a) that he was the original landlord or has acquired the reversion;
(b) that the defendant was the original tenant or acquired the tenancy or claims under the tenant;
(c) that the tenancy agreement has been terminated;
(d) that the defendant remains in occupation of the property.

If a claim for mesne profits or use and occupation is made, the fair letting value of the property should also be pleaded.

The particulars of claim must include, in accordance with the general rule, the matters set out in CPR r.16.4 and a copy of any written agreement upon which the claim is based should be attached to and served with the particulars of claim (PD 16 para.7.3(1)).

98-03 In addition, Pt 55 of the Civil Procedure Rules 1998 and the practice direction thereto impose further requirements in a claim for the recovery of possession of land. The particulars of claim must:

(a) identify the land to which the claim relates;
(b) state whether the claim relates to residential property;
(c) state the ground on which possession is claimed;
(d) give full details of any mortgage or tenancy agreement; and
(e) give details of every person who, to the best of the claimant's knowledge, is in possession of the property (PD 55A para.2.1).

If the claim relates to residential property let on a tenancy and includes a claim for nonpayment of rent, the particulars of claim must also contain:

(a) the amount due at the start of proceedings;
(b) in schedule form, the dates when the arrears of rent arose, all amounts of rent due, the dates and amounts of all payments made under the tenancy agreement for a period of two years immediately preceding the date of issue, or if the first date of default occurred less than two years before the date of issue from the first default and a running total of the arrears;
(c) the daily rate of rent and interest;
(d) any previous steps taken to recover the arrears of rent with full details of any court proceedings;
(e) any relevant information about the defendant's circumstances, in particular whether he is in receipt of social security benefits and whether any payments are made on his behalf directly to the claimant under the Social Security Contributions and Benefits Act 1992 (PD 55A para.2.3);
(f) whether the claimant wishes to rely on a history of arrears which is longer than two years (in which case a full schedule must be exhibited to a witness statement);
(g) if the claim relates to residential premises and the claimant knows of any person (including a mortgagee) entitled to claim relief against forfeiture as underlessee under s.146(4) of the Law of Property Act 1925 (or in accordance with s.38 of the Senior Courts Act 1981 or s.138(9C) of the County Courts Act 1984) the name and address of that person (PD 55A para.2.4).

If the claim for possession relates to the conduct of the tenant, the particulars of claim must also state details of the conduct alleged (PD 55A r.2.4A).

If the claim for possession relies on a statutory ground or grounds for possession, the particulars of claim must also specify the statutory ground or grounds relied on (PD 55A r.2.4B).

Where the claim is a possession claim by a mortgagee, the particulars of claim must also: **98-04**

(a) if the claim relates to residential property, state whether a class F land charge has been registered under s.2(7) of the Matrimonial Homes Act 1983, whether a notice registered under ss.2(8) or 8(3) of the Matrimonial Homes Act or s.31(10) of the Family Law Act 1996 has been entered in either case and on whose behalf and, if so, state that the claimant will serve notice of the claim on the persons on whose behalf the land charge is registered or the notice or caution entered;

(b) give details of the state of the mortgage by including:
   (i) the amount of the advance, any periodic repayment and the payment of interest required to be made;
   (ii) the amount which would have been paid (after taking into account any adjustment for early settlement) in order to redeem the mortgage at a stated date not more than 14 days after the claim started and the amount of solicitor's costs and administration charges which would be payable;
   (iii) if the loan which is secured by the mortgage is a regulated consumer credit agreement, the total amount outstanding under the terms of the mortgage;
   (iv) the rate of interest payable at the commencement of the mortgage, immediately before any arrears referred to at (c) below accrued; and at the commencement of the proceedings

(c) if the claim is brought because of failure to pay periodic payments, give details in schedule form the dates and amounts of all payments due and payments made under the mortgage for a period of two years immediately preceding the date of issue or, if the first date of default occurred less than two years before the date of issue from the first date of default and a running total of the arrears and details of:
   (i) any other payments required to be made as a term of the mortgage (such as insurance, legal costs, etc.);
   (ii) any other sums claimed together with a statement of the nature and amount of each such charge; and
   (iii) whether any of these payments is in arrears and whether or not it is included in the amount of any periodic payment;

(d) state whether or not the loan secured by the mortgage is a regulated consumer credit agreement and, if it is, specify the date on which any notice required by ss.76 or 87 of the Consumer Credit Act was given;

(e) give details, if appropriate, to show that the property is not one to which s.141 of the Consumer Credit Act 1974 applies;

(f) contain any relevant information about the defendant's circumstances, in particular whether the defendant is in receipt of social security benefits and whether any payments are made directly to the claimant under the Social Security Contributions and Benefits Act 1992;

(g) give details of any tenancy entered into between the mortgagor and mortgagee (including any notices served);

(h) state any previous steps which the claimant has taken to recover the money secured by the mortgage or the mortgaged property and, in the case of court proceedings state the dates on which the proceedings started and concluded and the dates and terms of any orders made (PD 55A para.2.5);

(i) state if the claimant wishes to rely on a history of arrears which is longer than two years (in which case a full schedule must be exhibited to a witness statement) (PD 55A para.2.5A).

If a defendant to a claim to which the Consumer Credit Act 1974 applies wishes to apply for a time order under s.129 of that Act, he may do so in his defence or by application notice in the proceedings.

In a possession claim against trespassers the particulars of claim must state the claimant's interest in the land or the bases of his right to claim possession and the circumstances in which it has been occupied without licence or consent (PD 55A para.2.6).

98-05 An alternative procedure for possession against trespassers, known as an interim possession order is available in strictly limited circumstances. In essence, it enables someone with an immediate right to possession of land to obtain an urgent order making it a criminal offence to remain on land more than 48 hours after service of the order. A hearing date is then set where the court determines whether a final order should be given (CPR rr.55.11–28).

If the claim is a possession claim under s.143D of the Housing Act 1996 (possession claim in relation to a demoted tenancy where the landlord is a housing action trust or a local housing authority), the particulars of claim must have attached to them a copy of the notice to the tenant served under s.143E of the 1996 Act (PD 55A para.2.7).

An accelerated procedure for possession is available in certain circumstances against assured shorthold tenants within the meaning of the Housing Act 1988 (CPR rr.55.11–55.19). It is restricted, among other things to written agreements and where the only remedy sought is that of possession following the giving of notice under s. 21 of the 1988 Act (so, for example, it does not enable recovery of unpaid rent).

Where a claim is made for an injunction or declaration in respect of or relating to any land or the possession, occupation, use or enjoyment of any land the particulars of claim must:

(a) state whether or not the injunction or declaration relates to residential premises; and

(b) identify the land (by reference to a plan where necessary) (PD 16 para.7.1).

It is also possible for claimants to start certain possession claims in the county court online by requesting the issue of a claim form electronically via the Possession Claims Online website (CPR r.55.10A). A claim may be started online if it is a possession claim by a landlord or mortgagee solely on the grounds of nonpayment of rent or default in payment of sums due under a mortgage.

In such cases the particulars of claim must be included in the online claim form and must set out the following (PD 55B):

(a) subject to paragraph (b) below, a history of the rent or mortgage account in schedule form the dates and amounts of all payments due and payments made under the tenancy agreement or mortgage either from the first date of default if that date occurred less than two years before the date of issue or for a period of two years immediately preceding the date of issue and a running total of arrears;

(b) in replace of the above information a summary only of the arrears containing at least the amount of arrears as stated in the notice of seeking possession or the date of the claimant's letter before action, the dates and amounts of the last three payments in cleared funds made by the defendant, or if less than three payments have been made, the dates and amounts of all payments made and the arrears at the date of issue if the claimant has already provided the defendant with a statement containing the information required in paragraph (a) above or has provided the information required by MCOB 13.4.1 and MCOB 13.4.4 of the Mortgages: Conduct of Business Rules issued by the Financial Services Authority;

(c) state if the claimant wishes to rely on a history of arrears which is longer than two years (in which case a full schedule must be exhibited to a witness statement).

If the particulars of claim include a summary only of the arrears the claimant is required to serve on the defendant not more than seven days after issue a full arrears history and either make a witness statement confirming the he has done so or give oral evidence to that effect at the hearing (PD 55B para.6.3C).

The prescribed forms contain all the information required by PD 55 and may be varied, if necessary on the facts of a particular case, provided that information or guidance given by the form to the recipient is not omitted: CPR rr.4(2), (3). It may be convenient, therefore, to provide additional particulars in a separate document annexed to the particulars of claim and to include in the particulars of claim a statement that you have done so.

Effluxion of time

A tenancy granted for a fixed term will expire by effluxion of time at the end of the fixed term, unless the tenant is entitled to statutory protection such as under the Landlord and Tenant Act 1954 (business tenancies), the Agricultural Holdings Act 1986 (agricultural tenancies), the Rent Act 1977 (protected tenancies), the Housing Act 1988 (assured tenancies) or the Housing Act 1985 (secure tenancies). 98-06

Notice to quit

General A tenancy determined by notice to quit ends on the expiration of the notice. Subject to the detailed terms of the tenancy, notice to quit may be given by either party; when once given it can only be withdrawn by assent of both parties.[5] A notice to quit need not be given by the landlord himself. It may be given by an agent of the landlord. However, the agent must have been authorised to serve the notice at the date when it was served; if he had no such authority at the date of service, the notice cannot be validated by subsequent ratification.[6] At common law a notice to determine a periodic tenancy given by one of several joint landlords or one of several joint tenants is effective.[7] The service of a notice to quit by one joint tenant does not amount to a breach of the other tenant's human rights under arts 6 or 8 of the European Convention on Human Rights.[8] That might not be the case, 98-07

---

[5] *Blyth v Dennett* (1853) 13 C.B. 178.
[6] *Doe d. Lyster v Goldwin* (1841) 2 Q.B. 143 at 146; *Jones v Phipps* (1868) L.R. 3 Q.B. 567 at 573.
[7] *Hammersmith and Fulham LBC v Monk* [1992] 1 A.C. 478.
[8] *Harrow LBC v Qazi* [2004] 1 A.C. 983; *Newham London Borough Council v Kibata* [2003] EWCA

however, where a local authority has taken an active part in the service of notice to quit,[9] although private landlords need not be concerned with the issue.[10]

98-08 **Form of notice** At common law there is no special form of notice. If the tenancy was created orally the notice may be oral.[11] The notice must not be vague[12] and it must relate to the whole of the premises comprised in the tenancy.[13] The test is whether a reasonable tenant could have been misled by it.[14] In the case of lettings of dwelling-houses, the notice to quit must be in the form prescribed by regulations made under s.5 of the Protection from Eviction Act 1977. The regulations currently in force are the Notices to Quit (Prescribed Information) Regulations 1988 (SI 1988/2201).

98-09 **Length of notice** At common law a periodic tenancy, other than an annual tenancy, may be determined by notice equal to one complete period of the tenancy, expiring at the end of one such complete period.[15] Thus a weekly tenancy may be determined by a week's notice, a monthly tenancy by a month's notice, and a quarterly tenancy by a quarter's notice. An annual tenancy may be determined by six months' notice, expiring on the anniversary of the creation of the tenancy.[16] Statute has, however, intervened. A notice to quit a dwelling-house is invalid unless it is given not less than four weeks before the date on which it is to take effect (Protection from Eviction Act 1977 s.5). And except in certain circumstances a notice to quit an agricultural holding is invalid if it purports to terminate the tenancy before the expiry of 12 months from the end of the then current year of the tenancy (Agricultural Holdings Act 1986 s.25) and Agricultural Tenancies Act 1995 s.6).

98-10 **Waiver of notice** Acceptance of rent after the expiry of a notice to quit gives rise to a defence to a claim for possession only if it can be inferred that the parties intended to create a new tenancy. The question is with what intention the rent was paid and received.[17] It is nowadays a purely open question: is it right and proper to infer from all the circumstances of the case, including the payments, that the parties had reached an agreement for a new tenancy?[18] This defence is often pleaded but rarely proved.

Most proceedings for possession of residential premises will involve a claim based on some statutory ground for possession (e.g. under the Rent Act 1977 or Housing Act 1988). Particularly large or valuable residential premises may exceed the financial limits for the application of the Rent Acts (see Precedent 98-Z13). Proceedings in which the only issue relates to the valid termination of a tenancy to which no statutory security of tenure attaches are rare, and will usually involve

---

Civ 1785; [2004] 1 F.L.R. 690; *Birmingham City Council v Bradney* [2003] EWCA Civ 1783; *Fletcher v Brent LBC* [2006] EWCA Civ 960; *Doherty v Birmingham City Council* [2009] 1 A.C. 367.

[9] *McCann v United Kingdom* [2008] 28 E.G. 114.
[10] *McDonald v McDonald* [2016] UKSC 28; [2017] A.C. 273.
[11] *Bird v Defonville* (1846) 2 Car. & Kir. 415 at 420.
[12] *Addis v Burrows* [1948] 1 K.B. 445.
[13] *Woodward v Earl of Dudley* [1954] Ch. 283.
[14] *Mannai Investment Co Ltd v Eagle Star Life Assurance Co Ltd* [1997] A.C. 749 applying *Carradine Properties Ltd v Aslam* [1976] 1 W.L.R. 442.
[15] *Lemon v Lardeur* [1946] K.B. 615.
[16] *Sidebotham v Holland* [1895] 1 Q.B. 378.
[17] *Clarke v Grant* [1950] 1 K.B. 104.
[18] *Longrigg Burrough & Trounson v Smith* [1979] 2 E.G.L.R. 42; *Javad v Aqil* [1991] 1 W.L.R. 1007.

premises which are used neither as a residence nor for the purposes of a trade or business (see Precedent 98-Z14). Alternatively, in the case of business premises, security of tenure under Pt II of the Landlord and Tenant Act 1954 may have been excluded by agreement (Precedent 98-Z15).

Right of action for forfeiture

98-11 Most written leases or tenancies contain forfeiture clauses entitling the landlord to forfeit the lease in the event of arrears of rent or breach of covenant by the tenant. Some forfeiture clauses are capable of implementation in other events too, such as the insolvency of the tenant, or of a surety. In an action for forfeiture the claimant must plead and prove:

(a) that he is the original landlord or has acquired the reversion;
(b) that the defendant is the original tenant or an assignee of the original tenancy or claims under the tenant;
(c) the arrears of rent or breach of covenant relied on;
(d) the existence of a proviso for re-entry;
(e) that the claimant has complied with s.146 of the Law of Property Act 1925 where applicable;
(f) that the defendant has not complied with the notice served under that section;
(g) any loss which the claimant has suffered by reason of the breach;
(h) if mesne profits are claimed, the fair letting value of the property.

98-12 Proviso for re-entry However the proviso for re-entry is framed, its effect is usually to put the landlord to his election whether to treat the lease as at an end. Thus even where the proviso states that the lease shall become void on breach of covenant by the tenant, it is construed as rendering the lease voidable at the landlord's option.[19]

98-13 Compliance with section 146 of the Law of Property Act 1925 Section 146(1) of the Law of Property Act 1925 provides that a right of re-entry or forfeiture for breach of covenant or condition in the lease is not enforceable by action or otherwise, unless and until the lessor serves on the lessee a notice:

(a) specifying the particular breach complained of; and
(b) if the breach is capable of remedy, requiring the lessee to remedy the breach; and
(c) in any case, requiring the lessee to make compensation in money for the breach;

and the lessee fails within a reasonable time thereafter, to remedy the breach, if it is capable of remedy and to make reasonable compensation in money, to the satisfaction of the lessor, for the breach. The section does not apply to forfeiture for non-payment of rent (s.146(11)) or in other specified cases (s.146(8)–(10)).

98-14 Restrictions on the right to forfeit Special provisions apply to forfeiture for breach of repairing covenants. Where the lease is one to which the Leasehold Property (Repairs) Act 1938 applies, the notice under s.146 must contain a state-

---

[19] *Davenport v R.* (1878) 3 App. Cas. 115.

ment in character no less conspicuous than those used in any other part of the document, to the effect that the lessee is entitled to serve a counter-notice on the landlord claiming the benefit of the Act, and a similar statement specifying the time within which and the manner in which a counter-notice may be served and the name and address for service of the lessor (Leasehold Property (Repairs) Act 1938 s.1(4)). Where the lessee gives a counter-notice claiming the benefit of the Act no action for forfeiture or for damages for breach of covenant to repair may be begun without the leave of the court. A separate application for leave is made supported by a witness statement proving one of the grounds under which the court may give leave under s.1(5) of the Act. The standard of proof is that of an ordinary civil action, namely proof on the balance of probabilities.[20]

A landlord under a long-lease of a dwelling is prevented from exercising a right of reentry or forfeiture for failure by a tenant to pay an amount consisting of rent, unless the unpaid amount either exceeds the prescribed sum or consists of, or includes, an amount which has been payable for more than a prescribed period (s.167 of the Commonhold and Leasehold Reform Act 2002). The prescribed sum is presently £350 and the prescribed period is three years.

A landlord may not forfeit a lease of premises let as a dwelling for non-payment of service charges (within the meaning of ss.18(1) and 27 of the Landlord and Tenant Act 1985) unless either the amount outstanding has been admitted or agreed by the tenant or determined by the court, the First-tier Tribunal (Property Chamber) or an arbitral tribunal (ss.81 and 82 of the Housing Act 1996).

Further, a landlord under a long lease of a dwelling may not serve a notice under the Law of Property Act 1925 s.146 in respect of a breach by a tenant of a covenant or condition in the lease (other than to pay rent, service charges or administrative charges) unless (a) it has been finally determined on an application by the landlord to the First-tier Tribunal (Property Chamber) that the breach has occurred; (b) the tenant has admitted the breach, or a court in any proceedings; or (c) an arbitral tribunal in proceedings pursuant to a post-dispute arbitration agreement, has finally determined that the breach has occurred (s.168 of the Commonhold and Leasehold Reform Act 2002).

Where conditions (a) or (c) are satisfied, notice may not be given until after the end of the period of 14 days beginning with the day after that on which the final determination is made.

Where the Insolvency Act 1986 applies, in certain circumstances, forfeiture proceedings may not be commenced without the leave of the court.

98-15 **Waiver** Since a breach of covenant by the tenant puts the landlord to his election whether to treat the lease as forfeit, it follows that he may elect not to do so, but to treat the lease as continuing. Such an election is irrevocable, and is known as waiver. The landlord will waive the right to forfeit if, with knowledge of the breach of covenant, he does something which is consistent only with the continued existence of the lease. Thus acceptance of rent accruing due after the date of the breach will amount to waiver[21] and so, probably, will a demand for such rent.[22] Other acts, if sufficiently unequivocal, may also operate as a waiver. Waiver is a

---

[20] *Associated British Ports v C.H. Bailey Plc* [1990] 2 A.C. 703.
[21] *Oak Properties v Chapman* [1947] K.B. 886 (although see *Osibanjo v Seahive Investments Ltd* [2008] EWCA Civ 1282; [2009] E.G. 194).
[22] *David Blackstone Ltd v Burnetts (West End) Ltd* [1973] 1 W.L.R. 1487, but see *Expert Clothing Service and Sales Ltd v Hillgate House Ltd* [1986] Ch. 340; *Greenwood Reversions Ltd v World*

defence to a claim for forfeiture, and so the particulars of claim need not show that the breach has not been waived. It is for the defendant to plead and prove that it has, see Precedent 98-Z34.

Rent/mesne profits The expression "mesne profits" is only another term for damages for trespass arising from the particular relationship of landlord and tenant.[23] The measure of damages is in normal cases the letting value of the property and damages are recoverable without proof that the landlord could or would have let the premises during the period of the trespass.[24] It is the service of the proceedings claiming forfeiture (rather than its mere issue) which constitutes the notional re-entry, and therefore the proper practice is to claim the rent up to the date of service of the proceedings and mesne profits from that date to the delivery of possession.[25] An action for mesne profits can be brought subsequent to the recovery of judgment for possession, unless in the circumstances it is an abuse of process.[26]

98-16

Environmental Foundation Ltd [2009] L. & T.R. 2 (in which the point was left open).
[23] *Bramwell v Bramwell* [1942] 1 K.B. 370.
[24] *Swordheath Properties Ltd v Tabet* [1979] 1 W.L.R. 285.
[25] *Canas Property Co Ltd v KL Television Services Ltd* [1970] 2 Q.B. 433.
[26] *Farrar v Leongreen* [2017] EWCA Civ 2211; [2018] 1 P.&C.R. 17.

LANDLORD AND TENANT—POSSESSION PROCEEDINGS

CIVIL PROCEDURE FORMS

CLAIM FORM FOR POSSESSION OF PROPERTY

98-Z1 Form N5 is the prescribed claim form for possession.

Claim form for possession of property

In the
Claim no.
Fee Account no.

You may be able to issue your claim online and it may save you time and money. Go to www.possessionclaim.gov.uk to find out more.

Claimant
(name(s) and address(es))

SEAL

Defendant(s)
(name(s) and address(es))

The claimant is claiming possession of :

which (includes) (does not include) residential property. Full particulars of the claim are attached. (The claimant is also making a claim for money).

This claim will be heard on: 20   at   am/pm

at

At the hearing
- The court will consider whether or not you must leave the property and, if so, when.
- It will take into account information the claimant provides and any you provide.

What you should do
- Get help and advice immediately from a solicitor or an advice agency.
- Help yourself and the court by **filling in the defence form** and **coming to the hearing** to make sure the court knows all the facts.

Defendant's name and address for service

Court fee
Legal representative's costs
Total amount

Issue date

Find out how HM Courts and Tribunals Service uses personal information you give them when you fill in a form: https://www.gov.uk/government/organisations/hm-courts-and-tribunals-service/about/personal-information-charter

N5 Claim form for possession of property (07.18)   © Crown copyright 2018

Claim form for Possession of Property

Claim No. _____

Grounds for possession
The claim for possession is made on the following ground(s):

☐ rent arrears (online issue available)
☐ other breach of tenancy
☐ forfeiture of the lease
☐ mortgage arrears (online issue available)
☐ other breach of the mortgage
☐ trespass
☐ other *(please specify)* _____

Anti-social behaviour
The claimant is alleging:

☐ actual or threatened anti-social behaviour
☐ actual or threatened use of the property for unlawful purposes

Is the claimant claiming demotion of tenancy? ☐ Yes ☐ No

Is the claimant claiming an order suspending the right to buy? ☐ Yes ☐ No

See full details in the attached particulars of claim

Does, or will, the claim include any issues under the Human Rights Act 1998? ☐ Yes ☐ No

Statement of Truth

*(I believe)(The claimant believes) that the facts stated in this claim form are true.
* I am duly authorised by the claimant to sign this statement.

signed_____ date_____
*(Claimant)(Litigation friend *(where the claimant is a child or a patient)*)(Claimant's legal representative)
*delete as appropriate

Full name _____
Name of claimant's legal representative's firm _____
position or office held _____
(if signing on behalf of firm or company)

Claimant's or claimant's legal representative's address to which documents or payments should be sent if different from overleaf.

Postcode

if applicable
Ref. no. _____
fax no. _____
DX no. _____
e-mail _____
Tel. no. _____

[Print form] [Reset form]

LANDLORD AND TENANT—POSSESSION PROCEEDINGS

CLAIM FORM FOR RELIEF AGAINST FORFEITURE

98-Z2 Form N5A is the prescribed claim form for relief from forfeiture.

Claim form for relief against forfeiture

In the	
Claim no.	
Fee Account no.	

Claimant

SEAL

Defendant(s)

The claimant is interested in the lease dated   20   , of the property:

The defendant, as the person entitled to the reversion on the lease, on   20   , forfeited or served notice of intention to forfeit the lease.

The claimant seeks relief from that forfeiture so that the lease can continue.

Full particulars of the claim are [overleaf][attached].

The claim will be heard on: 20   at   am/pm

at

Defendant's name and address (including postcode) for service		
	Court fee	£
	Legal Representative's Costs	£
	Total amount	£
	Issue date	

N5A Claim form for relief against forfeiture (05.14)   © Crown Copyright. Reproduced by Thomson Reuters (Professional) UK Ltd.

Claim form for relief against forfeiture

Claim no.	

Particulars of Claim [are attached]

Statement of Truth

*(I believe)(The claimant believes) that the facts stated in this claim form are true.
* I am duly authorised by the claimant to sign this statement.

signed _____ date _____
*(Claimant)(Litigation friend)(Claimant's legal representative)

Full name _____

Name of claimant's legal representative's firm _____

position or office held _____

Claimant's or claimant's legal representative's address to which documents should be sent if different from overleaf.

Postcode

	If applicable
Ref. no.	
fax no.	
DX no.	
e-mail	
Tel. no.	

LANDLORD AND TENANT—POSSESSION PROCEEDINGS

CLAIM FORM FOR POSSESSION OF PROPERTY (ACCELERATED PROCEDURE)

98-Z3 Form N5B is the prescribed claim form for possession of an assured shorthold tenancy using the accelerated procedure in CPR Pt 55, Part II.

Claim form for possession of a property located in England
(accelerated procedure)
(assured shorthold tenancy)

Name of court

Claim no.

Fee Account no.

Help with Fees - Ref no. (if applicable) H W F -

Is the property you are claiming possession of located wholly or partly in England? ☐ Yes ☐ No

If No, and the property is located wholly in Wales, use form **'N5B WALES'**.

Seal

Claimant — *(name(s) and address(es))*

Postcode

Defendant(s) — *(name(s) and address(es))*

Postcode

The claimant is claiming possession of:

Postcode

for the reasons given in the following pages.

☐ The claimant is also asking for an order that you pay the costs of the claim.

IMPORTANT – TO THE DEFENDANT(S)

This claim means that the court will decide whether or not you have to leave the premises and, if so, when. There will not normally be a court hearing. You must act immediately.

Get help and advice from an advice agency or a solicitor.

Read all the pages of this form and the papers delivered with it.

Fill in the defence form (N11B ENGLAND) and return it **within 14 days** of receiving this form.

Defendant's name and address for service

Postcode

Court fee £

Legal representative's costs £

Total amount £

Issue date

N5B ENGLAND Claim form for possession of a property located in England (accelerated procedure) (assured shorthold tenancy) (07.18) © Crown copyright 2018

CLAIM FORM FOR POSSESSION OF PROPERTY (ACCELERATED PROCEDURE)

If you are a registered social landlord or a private registered provider of social housing claiming possession of premises let under a demoted assured shorthold tenancy, you should complete **only** sections 1 and 5 —13.

1. The claimant seeks an order that the defendant(s) give possession of:
   (If the premises of which you seek possession are part of a building identify the part eg. Flat 3, Rooms 6 and 7)

   Postcode

   ('the premises') which is ☐ a dwelling house ☐ part of a dwellinghouse

   Is it a demoted tenancy? ☐ Yes ☐ No

   If Yes, complete the following:

   On the ⬜ , the County Court at ⬜

   made a demotion order. A copy of the most recent (assured) (secure) tenancy agreement marked '**A**' and a copy of the demotion order marked '**B**' is attached to this claim form. The defendant was previously (an assured) (a secure) tenant.

2. On the ⬜ , the claimant entered into a written tenancy agreement with the defendant(s).

   A copy of it, marked '**A**' is attached to this claim form. The tenancy did not immediately follow an assured tenancy which was not an assured shorthold tenancy.

   [One or more subsequent written tenancy agreements have been entered into. A copy of the most recent one, made on ⬜ , marked '**A1**', is also attached to this claim form.]

3. Both the [first] tenancy and the agreement for it were made on or after 28 February 1997.
   (a) No notice was served on the defendant stating that the tenancy would not be, or continue to be, an assured shorthold tenancy.
   (b) There is no provision in the tenancy agreement which states that it is not an assured shorthold tenancy.
   (c) The 'agricultural worker condition' defined in Schedule 3 to the Housing Act 1988 is not fulfilled with respect to the property.

   (or)

   Both the [first] tenancy and the agreement for it were made on or after 15 January 1989.

   (a) The [first] tenancy agreement was for a fixed term of not less than six months.
   (b) There was no power for the landlord to end the tenancy earlier than six months after it began.
   (c) On the ⬜ (before the tenancy began) a notice in writing, stating that the tenancy was to be an assured shorthold tenancy, was served on the defendant(s). It was served by:
   ⬜
   (d) Attached to this claim form is a copy of that notice marked '**B**' [and proof of service marked '**B1**'].

4. Whenever a new tenancy agreement has replaced the first tenancy agreement or has replaced a replacement tenancy agreement,
   a) has it been of the same, or substantially the same, premises? ☐ Yes ☐ No ☐ N/A
   b) were the landlord and tenant the same people at the start of the replacement tenancy as the landlord and tenant at the end of the tenancy which it replaced? ☐ Yes ☐ No ☐ N/A

N5B ENGLAND

LANDLORD AND TENANT—POSSESSION PROCEEDINGS

5. On the ☐☐☐☐☐☐☐☐ , a notice in writing (under s.21 of the Housing Act 1988), saying that possession of the premises was required, was served upon the defendant(s). It was served by (state how, when and by whom the notice was sent or delivered):

[   ]

The notice expired on the ☐☐☐☐☐☐☐☐

Attached to this claim form is a copy of that notice marked 'C' [and proof of service marked 'C1'].

6. Is the property part of a house in multiple occupation? ☐ Yes ☐ No
   If Yes, complete the following:
   (a) The property is part of a house in multiple occupation and is required to be licensed under part 2 of the Housing Act 2004 and has a valid licence.

   The licence was issued by [   ] on ☐☐☐☐☐☐☐☐
   (name of authority)

   If the licence application is outstanding with the local housing authority, evidence of the application should be attached to this claim form marked 'D'.

   Is the property required to be licensed under Part 3 of the Housing Act 2004? ☐ Yes ☐ No
   If Yes, complete the following:

   (b) The property is licensed under part 3 of the Housing Act.

   The licence was issued by [   ] on ☐☐☐☐☐☐☐☐
   (name of authority)

   If the licence application is outstanding with the local housing authority, evidence of the application should be attached to this claim form marked 'E'.

7. **The following section must be completed in all cases.**
   (a) Was a money deposit received in relation to the tenancy or in relation to a tenancy directly or indirectly replaced? ☐ Yes ☐ No

   If Yes, complete the following:

   (b) on what date did the fixed term come to an end? ☐☐☐☐☐☐☐☐

   (c) has the landlord protected the deposit by lodging it in a Tenancy Deposit Scheme(TDS) authorised under Part 6 of the Housing Act 2004? ☐ Yes ☐ No

   (d) when was the deposit lodged? ☐☐☐☐☐☐☐☐

   (e) what is the deposit reference number? [   ]

   (f) is a copy of the TDS certificate attached? ☐ Yes ☐ No

   (g) has the landlord given the tenant the prescribed information in relation to the deposit and the operation of the TDS? ☐ Yes ☐ No

   (h) on what date was the prescribed information given? ☐☐☐☐☐☐☐☐

   (i) has the deposit been repaid to the tenant? ☐ Yes ☐ No

   If Yes, on what date was it repaid ☐☐☐☐☐☐☐☐

N5B ENGLAND

Claim form for possession of property (Accelerated Procedure)

8. Has the Claimant been served with a relevant notice in relation to the condition of the property or relevant common-parts under s.11 or 12 or 40(7) of the Housing Act 2004? ☐ Yes ☐ No

If Yes –

(a) on what date was the notice served? ☐☐☐☐☐☐☐☐

(b) has the operation of the relevant notice been suspended? ☐ Yes ☐ No

If Yes –

has the period of suspension ended? ☐ Yes ☐ No

on what date did the suspension end? ☐☐☐☐☐☐☐☐

(c) has the relevant notice been revoked under s.16 of the Housing Act 2004? ☐ Yes ☐ No

(d) has the relevant notice been quashed under paragraph 15 of Schedule 1 of the HA 2004? ☐ Yes ☐ No

(e) has a decision of the local housing authority not to revoke the relevant notice been reversed under paragraph 18 of Schedule 1 to the HA 2004? ☐ Yes ☐ No

(f) has a decision of the housing authority to take the action to which the relevant notice relates been reversed under s.45 of the HA 2004? ☐ Yes ☐ No

(g) did the tenant complain or try to complain about the relevant condition of the property or the common-parts to the landlord before the notice was given? ☐ Yes ☐ No

(h) is the relevant condition of the property or common-parts due to the breach of duty or contract on the part of the tenant? ☐ Yes ☐ No

(i) is the property genuinely on the market for sale with intent to sell to an independent person not associated with the landlord? ☐ Yes ☐ No

(j) is the landlord a private registered provider of social housing? ☐ Yes ☐ No

(k) is the Claimant a mortgagee whose mortgage pre-dated the tenancy and who requires vacant possession to sell the property under an existing power of sale? ☐ Yes ☐ No

9. Has a valid energy performance certificate been given free of charge to the tenant? ☐ Yes ☐ No

If Yes –

(a) when was the tenant given the certificate? ☐☐☐☐☐☐☐☐

10. Is there any relevant gas fitting (including any gas appliance or installation pipework) installed or serving the premises? ☐ Yes ☐ No

    If Yes –
    (a) has a copy of the gas safety record been provided to the tenant? ☐ Yes ☐ No

    (b) when was the tenant given a copy of the gas safety record? ☐☐☐☐☐☐☐☐

    (c) if there is no relevant gas appliance in any room occupied by the tenant has the landlord displayed in a prominent position in the premises a copy of the gas safety record with a statement endorsed on it that the tenant is entitled to have their own copy of the gas safety record on request to the landlord at an address specified in the statement? ☐ Yes ☐ No

11. Is the landlord a private registered provider of social housing? ☐ Yes ☐ No

    If No –
    (a) has the tenant been given a copy of the then current document 'How to Rent: the checklist for renting in England'? ☐ Yes ☐ No

    (b) **If the answer to (a) is Yes –**
    (i) when was the document provided? ☐☐☐☐☐☐☐☐
    (ii) how was the document provided? ☐ Hard copy ☐ Email

12. If the defendant(s) seek(s) postponement of possession on the grounds of exceptional hardship, is the claimant content that the request be considered without a hearing? ☐ Yes ☐ No

13. The claimant asks the court to order that the defendant(s)
    deliver up possession of the property ☐
    to pay the costs of this claim ☐

NSB ENGLAND

CLAIM FORM FOR POSSESSION OF PROPERTY (ACCELERATED PROCEDURE)

Proceedings for contempt of court may be brought against a person who makes or causes to be made, a false statement in a document verified by a statement of truth.

Statement of Truth

*(I believe)(The claimant believes) that the facts stated in this claim form (and any attached sheets) are true.
* I am duly authorised by the claimant to sign this statement.

Signed		Date	

*(Claimant)(Litigation friend *(where claimant is a child or a protected party)*)
(Claimant's Legal representative as defined by CPR 2.3(1))
*delete as appropriate

Full name	
Name of claimant's Legal representative's firm	
Position or office held *(if signing on behalf of firm or company)*	

Claimant's or claimant's legal representative's address to which documents should be sent if different from that on the front page.

Postcode

	If applicable
Ref. no	
Fax no.	
DX no.	
e-mail	
Tel. no.	

CERTIFICATE OF SERVICE *(completed on court copy only)*

I certify that the claim form of which this is a true copy was served by me on

by posting it to the defendant(s) on

at the address stated on the first page of the claim form.

OR

The claim form has not been served for the following reasons:

Officer of the Court

You may qualify for legal aid.
Visit www.gov.uk/legal-aid for more information or a citizens advice at www.adviceguide.org.uk

Returning the forms
Send your completed form and other documents to the court office at:

Telephone:

Fax:

For further details of the courts www.gov.uk/find-court-tribunal. When corresponding with the Court, please address forms or letters to the Manager and always quote the claim number.

N5B ENGLAND

[911]

Please tick the boxes to show which documents you have attached in support of the claim

☐ Copy of the most recent (assured) (secure) tenancy agreement marked 'A'
☐ Copy of the demotion order marked 'B'

Question 1
See page 2

☐ Copy of the most recent written tenancy agreement marked 'A'
☐ Where one or more tenancy agreements have been entered into a copy of the most recent one marked 'A1'

Question 2
See page 2

☐ Copy of the notice in writing, stating that the tenancy was to be an AST marked 'B'
☐ Proof service of the document of the notice marked 'B1'

Question 3
See page 2

☐ Copy of the notice saying that possession was required marked 'C'
☐ Proof of service of the notice requiring possession marked 'C1'

Question 5
See page 3

☐ Evidence of any outstanding licence application under Part 2 of the Housing Act 2004 marked 'D'
☐ Evidence of any outstanding licence application under Part 3 of the Housing Act 2004 marked 'E'

Question 6
See page 3

▶ Print form   ▶ Reset form

Find out how HM Courts and Tribunals Service uses personal information you give them when you fill in a form: https://www.gov.uk/government/organisations/hm-courts-and-tribunals-service/about/personal-information-charter

N5B ENGLAND

PARTICULARS OF CLAIM (RENTED RESIDENTIAL PREMISES)

98-Z4 Form N119 is prescribed for use in all claims for possession in respect of rented residential premises.

PARTICULARS OF CLAIM (RENTED RESIDENTIAL PREMISES)

Particulars of claim for possession
(rented residential premises)

Name of court	Claim No.
Name of Claimant	
Name of Defendant	

1. The claimant has a right to possession of:

2. To the best of the claimant's knowledge the following persons are in possession of the property:

About the tenancy

3. (a) The premises are let to the defendant(s) under a(n)   tenancy which began on

   (b) The current rent is £   and is payable each (week) (fortnight) (month).
   (*other*   )

   (c) Any unpaid rent or charge for use and occupation should be calculated at £   per day.

4. The reason the claimant is asking for possession is:
   (a) because the defendant has not paid the rent due under the terms of the tenancy agreement.
   (Details are set out below)(Details are shown on the attached rent statement)

   (b) because the defendant has failed to comply with other terms of the tenancy.
   Details are set out below.

   (c) because: (including any (other) statutory grounds)

N119 Particulars of claim for possession (rented residential premises) (08.18)   © Crown copyright 2018

[913]

5. The following steps have already been taken to recover any arrears:

6. The appropriate (notice to quit) (notice of breach of lease) (notice seeking possession) (notice seeking a demotion order) (*other*   ) was served on the defendant on   20   .

About the defendant

7. The following information is known about the defendant's circumstances:

About the claimant

8. The claimant is asking the court to take the following financial or other information into account when making its decision whether or not to grant an order for possession:

Forfeiture

9. (a) There is no underlessee or mortgagee entitled to claim relief against forfeiture.

   or (b)   of

   is entitled to claim relief against forfeiture as underlessee or mortgagee.

PARTICULARS OF CLAIM (RENTED RESIDENTIAL PREMISES)

What the court is being asked to do:

10. The claimant asks the court to order that the defendant(s):

    (a) give the claimant possession of the premises;

    (b) pay the unpaid rent and any charge for use and occupation up to the date an order is made;

    (c) pay rent and any charge for use and occupation from the date of the order until the claimant recovers possession of the property;

    (d) pay the claimant's costs of making this claim.

11. In the alternative to possession, is the claimant asking the court to make a demotion order or an order suspending the right to buy?

    ☐ Yes   ☐ No

Demotion/Suspension claim
This section must be completed if the claim includes a claim for demotion of tenancy or suspension order in the alternative to possession

12. The (demotion) (suspension) claim is made under:

    ☐ section 82A(2) of the Housing Act 1985

    ☐ section 6A(2) of the Housing Act 1988

    ☐ section 121A of the Housing Act 1985

13. The claimant is a:

    ☐ local authority   ☐ housing action trust

    ☐ registered social landlord   ☐ other please specify (suspension claims only)
    or a private registered provider
    of social housing

(Demotion claims only)

14. Has the claimant served on the tenant a statement of express terms of the tenancy which are to apply to the demoted tenancy?

    ☐ Yes   ☐ No

    If Yes, please give details:

15. The claimant is claiming delete as appropriate (demotion of tenancy) (and) (an order suspending the right to buy) because: *State details of the conduct alleged and **any** other matters relied upon.*

Statement of Truth
*(I believe)(The claimant believes) that the facts stated in these particulars of claim are true.
* I am duly authorised by the claimant to sign this statement.

signed _____ date _____
(Claimant)(Litigation friend(where claimant is a child or a patient)*)(Claimant's solicitor)
*delete as appropriate

Full name _____

Name of claimant's solicitor's firm _____

position or office held _____
  (if signing on behalf of firm or company)

Click here to print form

Find out how HM Courts and Tribunals Service uses personal information you give them when you fill in a form:
https://www.gov.uk/government/organisations/hm-courts-and-tribunals-service/about/personal-information-charter

PARTICULARS OF CLAIM FOR POSSESSION (RENTED RESIDENTIAL PREMISES) OTHER THAN WHERE A DEMOTION OR SUSPENDED ORDER IS SOUGHT.

(These Particulars follow the requirements of N119) 98-Z5
Claimant
Defendant

1. The claimant has a right to possession of:
[Give the address of the property the claimant wishes the defendant to leave. If a plan of the property is attached, say so.]

2. To the best of the claimant's knowledge the following persons are in possession of the property: [Give the names of any persons known to be in the property. If a copy of a written tenancy agreement is attached, say so.]

3. About the tenancy

(a) The premises are let to the defendant(s) under a(n) tenancy which began on
  [Describe the tenancy e.g. protected, assured, common law fixed term or periodic and give the date of commencement.]
(b) The current rent is £ and is payable each (week) (fortnight) (month).
  (*other*)
  [Give the current rent and when it is payable.]
(c) Any unpaid rent or charge for use and occupation should be calculated at £ per day
  [Give the daily rate at which unpaid rent should be calculated]

4. The reason the claimant is asking for possession is:
(a) because the defendant has not paid the rent due under the terms of the tenancy agreement.
  (Details are set out below) (Details are shown on the attached rent statement)
  [Delete this paragraph if the claim is not based upon failure to pay rent. If it is, say how much rent is outstanding up to the date the claim is issued and, in schedule form, the dates and amounts of all payments due and payments made under the tenancy agreement for a period of two years immediately preceding the date of issue, or if the first date of default occurred less than two years before the date of issue from the first day of default. If the claimant wishes to rely on a history of arrears which is longer than two years this should be stated and a longer schedule attached.If a schedule is attached to the particulars of claim, say so.]
(b) because the defendant has failed to comply with other terms of the tenancy.
  Details are set out below
  [Delete this paragraph if the claim for possession is based upon rent arrears only or other statutory grounds. Otherwise, give details of any failure to comply with the tenancy agreement.]
(c) because: (including any (other) statutory grounds)
  [Specify any other grounds (including statutory grounds) relied upon in the claim for possession. If no such grounds are relied upon delete this paragraph.]

5. The following steps have already been taken to recover any arrears:

[Delete this paragraph if the claim is not based upon non-payment of rent. If it is give details of all steps taken to recover the arrears, including full particulars of any previous court hearings.]

6. The appropriate (notice to quit) (notice of breach of lease) (notice seeking possession) (other) was served on the defendant on [].
[Indicate what type of notice (if any) has been served and the date of service.]

7. About the defendant

The following information is known about the defendant's circumstances:
[Give details of the defendant's financial and other circumstances. State whether the defendant is in receipt of social security benefits and whether any payments are made on the defendant's behalf directly to the claimant under the Social Security Contributions and Benefits Act 1992.]

8. About the claimant

The claimant is asking the court to take the following financial or other information into account when making its decision whether or not to grant an order for possession:
[Delete this paragraph if you do not wish to give details of the claimant's financial and other circumstances to support the claim for possession.]

Forfeiture
   (a)   There is no underlessee or mortgagee entitled to claim relief against forfeiture

9. or
   (b)   [Give the name of the person entitled to relief] of [Give the address of the person entitled to claim relief]
is entitled to claim relief against forfeiture as underlessee or mortgagee.

10. What the court is being asked to do:

The claimant asks the court to order that the defendant(s):
   (a)   give the claimant possession of the premises;
   (b)   pay the unpaid rent and any charge for use and occupation up to the date an order is made;
   (c)   pay rent and any charge for use and occupation from the date of the order until the claimant recovers possession of the property;
   (d)   pay the claimant's costs of making this claim.
[Delete as appropriate]

[Statement of truth]

Particulars of Claim (Mortgaged Residential Premises)

Form N120 is prescribed for use in all claims for possession in respect of mortgaged residential premises.

98-Z6

Particulars of claim for possession (mortgaged residential premises)	In the	Claim No.
[Click here to clear all fields]		Claimant
		Defendant

1. The claimant has a right to possession of:

About the mortgage

2. On _____ the claimant(s) and the defendant(s) entered into a mortgage of the above premises.

3. To the best of the claimant's knowledge the following persons are in possession of the property:

[Delete (a) or (b) as appropriate]

4. (a) The agreement for the loan secured by the mortgage (or at least one of them) is a regulated consumer credit agreement. Notice of default was given to the defendant(s) on _____ 20___ .

   (b) The agreement for the loan secured by the mortgage is not (or none of them is) a regulated consumer credit agreement.

5. The claimant is asking for possession on the following ground(s):

   (a) the defendant(s) (has)(have) not paid the agreed repayments of the loan and interest.
   Give details (as required under paragraph 2.5 of Practice Direction accompanying Part 55 of the Civil Procedure Rules):

[919]

(b) because:

6. (a) The amount loaned was £

   (b) The current terms of repayment are: *(include any current periodic repayment and any current payment of interest)*

   (c) The total amount required to pay the mortgage in full as at   20   (not more than 14 days after the claim was issued) would be £   taking into account any adjustment for early settlement. This includes £   payable for solicitor's costs and administration charges.

   (d) The following additional payments are also required under the terms of the mortgage:

£	for	[not] included in 6(c)
£	for	[not] included in 6(c)
£	for	[not] included in 6(c)

   (e) Of the payments in paragraph 6(d), the following are in arrears:

   arrears of £

   arrears of £

   arrears of £

   [(f) The total amount outstanding under the regulated loan agreement secured by the mortgage is £   ]

   (g) Interest rates which have been applied to the mortgage:

   (i) at the start of the mortgage   % p.a.

   (ii) immediately before any arrears were accrued   % p.a.

   (iii) at the start of the claim   % p.a.

Particulars of Claim (Mortgaged Residential Premises)

7. The following steps have already been taken to recover the money secured by the mortgage:

About the defendant(s)

8. The following information is known about the defendant's circumstances:
   (*in particular say whether the defendant(s) (is)(are) in receipt of social security benefits and whether any payments are made directly to the claimant*)

[Delete either (a) or (b) as appropriate]

9. (a) There is no one who should be given notice of these proceedings because of a registered interest in the property under section 31(10) of the Family Law Act 1996 or section 2(8) or 8(3) of the Matrimonial Homes Act 1983 or section 2(7) of the Matrimonial Homes Act 1967.

   (b) Notice of these proceedings will be given to   who has a registered interest in the property.

Tenancy

10. A tenancy was entered into between the mortgagor and the occupier named in paragraph 3 above

    with the authorisation of the mortgagee *(delete if not applicable)*
    Or
    without the authorisation of the mortgagee *(delete if not applicable)*.

    If a tenancy was entered into with the authorisation of the mortgagee explain what if any steps the mortgagee intends should be taken in respect of that tenancy.

What the court is being asked to do

11. The claimant asks the court to order that the defendant(s):
    (a) give the claimant possession of the premises;
    (b) pay to the claimant the total amount outstanding under the mortgage.

Statement of Truth

*(I believe)(The claimant believes) that the facts stated in these particulars of claim are true.
* I am duly authorised by the claimant to sign this statement.

signed _____ date _____

*(Claimant)(Litigation friend *(where claimant is a child or a patient)*)(Claimant's solicitor)
delete as appropriate

Full name _____

Name of claimant's solicitor's firm _____

position or office held _____
(if signing on behalf of firm or company)

Find out how HM Courts and Tribunals Service uses personal information you give them when you fill in a form:
https://www.gov.uk/government/organisations/hm-courts-and-tribunals-service/about/personal-information-charter

Particulars of Claim (Trespassers)

Form N121 is the prescribed form of particulars of claim in all claims for possession in respect of trespassers (save in claims for interim possession orders).

98-Z7

Particulars of claim for possession
(trespassers)

In the

Claim No.

Claimant

Defendant(s)

1. The claimant has a right to possession of:

   which is occupied by the defendant(s) who entered or (has)(have) remained on the land without the claimant's consent or licence.

2. The defendant(s) (has)(have) never been a tenant or sub-tenant of the land.

3. The land mentioned at paragraph 1 does (not) include residential property.

4. The claimant's interest in the land (or the basis of the claimant's right to claim possession) is
   Give details:

5. The circumstances in which the land has been occupied are
   Give details:

N121 Particulars of claim for possession (trespassers)(October 2001)   Crown Copyright. Reproduced by Sweet & Maxwell Ltd

6. The claimant does not know the name(s) of (all) the defendant(s).

7. The claimant asks the court to order that the defendant(s):

   (a) give the claimant possession of the land;

   (b) pay the claimant's costs of making this claim.

Statement of Truth

*(I believe)(The claimant believes) that the facts stated in these particulars of claim are true.
* I am duly authorised by the claimant to sign this statement.

signed _____ date _____

*(Claimant)(Litigation friend *(where claimant is a child or a patient)*)(Claimant's solicitor)
delete as appropriate

Full name _____

Name of claimant's solicitor's firm _____

position or office held _____
         (if signing on behalf of firm or company)

Application for Interim Possession Order

Form N130 is the prescribed form of application notice in all claims of interim possession orders.

98-Z8

Application for an interim possession order

In the	
Claim no.	
Fee Account no.	

Claimant's full name and address

Address for service (if different from above) Ref / Tel No.

Defendant's name (if known including title e.g. Mr, Mrs or Miss) and address

Seal

The claimant is claiming possession of

on the grounds that the claimant has an immediate right to possession and that the person(s) in occupation of the premises is (are) in occupation without consent.

Application issued on

The court will consider whether an interim possession order should be made on

at   am/pm

at

Service

Insert time, day and date 24 hours after time of issue

For this notice to be valid it **must** be served before   am/pm on   the   day of 20   . It must be **affixed** to the main door or another conspicuous part of the premises and, if practicable, inserted through the letterbox in a sealed transparent envelope addressed to 'the occupiers'. In addition it may be attached to stakes in the ground in conspicuous parts of the adjoining land if this is appropriate.

N130 Application for possession including application for interim possession order (05.14)   © Crown Copyright. Reproduced by Thomson Reuters (Professional) UK Ltd.

What you should do

- if you have no right to occupy the premises you must leave.

- if you think you have a right to occupy the premises or you believe that the applicant is not entitled to an interim possession order you may file a witness statement at the court before the date and time shown on this notice. The form you must use is attached to this notice.

- if you need advice you should go to a Solicitor, Legal Advice Centre or Citizens Advice Bureau. Court staff are unable to give legal advice.

If you give a false or misleading information in your witness statement you will be guilty of a criminal offence and on conviction you may be sent to prison and/or fined.

What can happen next

- if the court makes an interim possession order you will have 24 hours from the time it is served on you to leave the premises. It will be served on you in the same way that this notice was – it does not have to be served on you personally. The interim possession order must be served within 48 hours of its being approved by the court.

- after you have left the premises you may apply to the court for the interim possession order to be set aside. If you wish to do so, you should go to a Solicitor, Legal Advice Centre or Citizens Advice Bureau.

- if you do not obey an interim possession order (by leaving the premises within 24 hours) you may be arrested and on conviction sent to prison and/or fined.

- a date for hearing (when the claim for possession will be considered) will be shown on the interim possession order. You have a right to attend that hearing.

- if the court does not make an interim possession order you will be told in writing.

Further Information

- a leaflet is available free of charge from any county court office.

APPLICATION FOR INTERIM POSSESSION ORDER

Statement to support an application for possession and for an interim possession order

Paragraph 1
Insert your full name, address and occupation of person making this statement.

☐ I

make this statement in support of the claim for possession and for an interim possession order

Paragraph 2
Give the address of the premises

☐ I

have an immediate right to possession of

Give a description of the premises (house, flat, shop etc)

which is a

and have had this right since

Paragraph 3
Give details of proof of interest (deeds, lease etc)

☐ Proof of my interest in the premises is in the form of

Paragraph 4
Give the date when you found out that the premises were being occupied illegally. Explain how you found out and why you could not have been expected to find out sooner

☐ I

first knew of the occupation of the premises on the   day of   20   by
and could not reasonably have been aware of this earlier because

[927]

☐ The defendant(s) entered the premises without my consent and without the consent of anyone who on the date of entry had an immediate right to possession of the premises. Since that date I have not granted the defendant(s) any such consent.

Paragraph 6
Delete if you do not know the names of any of the occupier(s)

☐ As well as the defendant(s) named in this application there are (no) other occupiers whose names I do not know.

Paragraph 7
Give the names of those people and which part of the building they occupy.
Delete the words in brackets as appropriate.

☐ There are (no) other people who are entitled to possession of other parts of the building in which the premises are situated (and they are:)

Paragraph 8
The court must take into account whether or not you have given undertakings when deciding whether to make an interim possession order.
Delete any undertakings you are not prepared to give.

☐ I hereby give the following undertakings:

(a) **to re-instate the defendant, if so ordered by the court**

(b) **to pay such damages as the court may order**

AND

(c) **before the claim for possession is finally decided, not to damage the premises**

(d) **not to grant a right of occupation to any other person**

(e) **not to damage or dispose of any of the defendant's property**

Application for Interim Possession Order

☐ I ask the court to grant me an interim possession order in relation to the premises described at paragraph 2.
I also ask the court to grant me possession of the premises.

☐ I understand the undertaking(s) I have given, and that if I break any of my promises to the court I may be sent to prison for contempt of court and/or fined.

☐ I understand that if I make a false or misleading statement without an honest belief in its truth proceedings for contempt of court may be brought against me.

Statement of truth

I believe that the facts stated in this statement are true.

Signed   Date

LANDLORD AND TENANT—POSSESSION PROCEEDINGS

DEFENCE (OTHER THAN IN CLAIMS IN RESPECT OF RESIDENTIAL PREMISES)

98-Z9 Form N11 is the form of defence prescribed for use in all claims for possession other than in respect of rented residential premises.

Defence form   In the

Claim No.

Claimant

Defendant(s)

I dispute the claimant's claim because:-

Statement of Truth

*(I believe)(The defendant(s) believe(s)) that the facts stated in this defence form (and any continuation sheets) are true.
* I am duly authorised by the defendant(s) to sign this reply form.

signed _____ date _____

(Defendant(s))(Litigation friend(where the defendant is a child or a protected party)*)(Defendant's solicitor)
*delete as appropriate

Defendant's date of birth D D M M Y Y Y Y

Full name _____

Name of defendant's solicitor's firm _____

position or office held _____
       (if signing on behalf of firm or company)

Defendant's or defendant's solicitor's address to which documents should be sent.

Postcode

if applicable

Ref. no.
fax no.
DX no.
e-mail
Tel. no.

N11 Defence form (12.07)   © Crown copyright 2007. Reproduced by ThomsonReuters (Professional) UK Ltd

DEFENCE TO CLAIM FOR POSSESSION (RENTED RESIDENTIAL PREMISES)

DEFENCE TO CLAIM FOR POSSESSION (RENTED RESIDENTIAL PREMISES)

Form N11R is the prescribed form of defence in all claims for possession of **98-Z10** rented residential premises.

Defence form
(rented residential premises)

Name of court	Claim No.
Name of Claimant	
Name of Defendant	
Date of hearing	

Personal details

1. Please give your:

   Title ☐ Mr ☐ Mrs ☐ Miss ☐ Ms ☐ Other

   First name(s) in full

   Last name

   Date of birth D D | M M | Y Y Y Y

   Address *(if different from the address on the claim form)*

   Postcode

Disputing the claim

2. Do you agree with what is said about the premises and the tenancy agreement?   ☐ Yes   ☐ No

   If No, set out your reasons below:

   Did you receive the notice from the claimant referred to at paragraph 6 of the particulars of claim?   ☐ Yes   ☐ No

3. If Yes, when:

N11R Defence form (rented residential premises) (April 2006)   Crown Copyright. Reproduced by Sweet & Maxwell Ltd

4. Do you agree that there are arrears of rent as stated in the particulars of claim? ☐ Yes   ☐ No

    If No, state how much the arrears are: £_____   ☐ None

5. If the particulars of claim give any reasons for possession other than rent arrears, do you agree with what is said?   ☐ Yes   ☐ No

    If No, give details below:

6. Do you have a money or other claim (a counterclaim) against your landlord?   ☐ Yes   ☐ No

    If Yes, give details:

Arrears

7. Have you paid any money to your landlord since the claim was issued?   ☐ Yes   ☐ No

    If Yes, state how much you have paid and when: £_____   date_____

8. Have you come to any agreement with your landlord about repaying the arrears since the claim was issued?   ☐ Yes   ☐ No

    I have agreed to pay £_____ each (week)(month)

9. If you have not reached an agreement with your landlord, do you want the court to consider allowing you to pay the arrears by instalments?   ☐ Yes   ☐ No

10. How much can you afford to pay in addition to the current rent?   £_____ per (week)(month)

DEFENCE TO CLAIM FOR POSSESSION (RENTED RESIDENTIAL PREMISES)

About yourself

State benefits

11. Are you receiving Income Support? ☐ Yes ☐ No

12. Have you applied for Income Support? ☐ Yes ☐ No

    If Yes, when did you apply? _____

13. Are you receiving housing benefit? ☐ Yes ☐ No

    If Yes, how much are you receiving? £ _____ per (week)(month)

14. Have you applied for housing benefit? ☐ Yes ☐ No

    If Yes, when did you apply? _____

15. Is the housing benefit paid ☐ to you ☐ to your landlord

Dependants *(people you look after financially)*

16. Have you any dependant children? ☐ Yes ☐ No

    If Yes, give the number in each age group below:

    ☐ under 11   ☐ 11-15   ☐ 16-17   ☐ 18 and over

Other dependants

17. Give details of any other dependants for whom you are financially responsible:

Other residents

18. Give details of any other people living at the premises for whom you are not financially responsible:

[933]

	Money you receive		Weekly	Monthly
19.	Usual take-home pay or income if self-employed *including overtime, commission, bonuses*	£	☐	☐
	Job Seekers allowance	£	☐	☐
	Pension	£	☐	☐
	Child benefit	£	☐	☐
	Other benefits and allowances	£	☐	☐
	Others living in my home give me	£	☐	☐
	I am paid maintenance for myself (or children) of	£	☐	☐
	Other income	£	☐	☐
	Total income	£	☐	☐

Bank accounts and savings

20. Do you have a current bank or building society account?   ☐ Yes   ☐ No

   If Yes, is it

   ☐ in credit? If so, by how much?   £_____

   ☐ overdrawn? If so, by how much? £_____

21. Do you have a savings or deposit account?   ☐ Yes   ☐ No

   If Yes, what is the balance?   £_____

Money you pay out

22. Do you have to pay any court orders or fines?

Court	Claim/Case number	Balance owing	Instalments paid
		Total Instalments paid £	per month

23. Give details if you are in arrears with any of the court payments or fines:

Defence to claim for possession (rented residential premises)

24. Do you have any loan or credit debts? ☐ Yes ☐ No

Loan/credit from	Balance owing	Instalments paid
	Total Instalments £	per month

25. Give details if you are in arrears with any loan / credit repayments:

Regular expenses

(Do not include any payments made by other members of the household out of their own income)

26. What regular expenses do you have?
    (List below)

		Weekly	Monthly
Council tax	£	☐	☐
Gas	£	☐	☐
Electricity	£	☐	☐
Water charges	£	☐	☐
TV rental & licence	£	☐	☐
Telephone	£	☐	☐
Credit repayments	£	☐	☐
Mail order	£	☐	☐
Housekeeping, food, school meals	£	☐	☐
Travelling expenses	£	☐	☐
Clothing	£	☐	☐
Maintenance payments	£	☐	☐
Other	£	☐	☐
Total expenses	£	☐	☐

Priority debts

27. This section is for **arrears** only. **Do not** include regular expenses listed at Question 26.

		Weekly	Monthly
Council tax arrears	£_____	☐	☐
Water charges arrears	£_____	☐	☐
Gas account	£_____	☐	☐
Electricity account	£_____	☐	☐
Maintenance arrears	£_____	☐	☐

Others *(give details below)*

	£_____	☐	☐
	£_____	☐	☐
	£_____	☐	☐

28. If an order for possession were to be made, would you have somewhere else to live?   ☐ Yes   ☐ No

If Yes, say when you would be able to move in: _____

29. Give details of any events or circumstances which have led to your being in arrears of rent *(for example divorce, separation, redundancy, bereavement, illness, bankruptcy)* or any other particular circumstances affecting your case. If there are any reasons why the date any possession order takes effect should be delayed, give them here. If you believe you would suffer exceptional hardship by being ordered to leave the property immediately, say why.

Defence to claim for possession (rented residential premises)

You need only answer question 30 if the claim form includes a claim for demotion or suspension of right to buy.

30. Do you agree with what is said about your conduct or use of the property? ☐ Yes ☐ No

    If No, set out your reasons below:

Statement of Truth

*(I believe)(The defendant(s) believe(s)) that the facts stated in this defence form are true.
* I am duly authorised by the defendant(s) to sign this statement.

signed _____ date _____

(Defendant)(Litigation friend(where defendant is a child or a patient)*)(Defendant's solicitor)
delete as appropriate

Full name _____

Name of defendant's solicitor's firm _____

position or office held _____
            (if signing on behalf of firm or company)

LANDLORD AND TENANT—POSSESSION PROCEEDINGS

DEFENCE TO CLAIM FOR POSSESSION (ASSURED SHORTHOLD TENANCY ACCELERATED POSSESSION PROCEDURE)

98-Z11 Form N11B is the prescribed form of defence to a claim to possession of an assured shorthold tenancy under the accelerated procedure set out in CPR Pt 55, Part II.

Defence form
(accelerated possession procedure) (assured shorthold tenancy) where the property is located wholly or partly in England

Name of court	Claim No.
Name of Claimant	
Name of Defendant(s)	

To the Defendant

Please read the claim form and all papers delivered with it before completing this form.

Some of the questions in this form refer to numbered sections in the claim form. You will find it helpful to have that open as you answer them.

Please note that if section 1 of the claim form has been completed because you are a tenant of premises let under a demoted assured shorthold tenancy, you need only answer questions 1 and 6 onwards.

If you cannot give exact dates, make it clear that the dates given are approximate.

In all cases you **must** complete and sign the statement of truth.

Please write clearly and in black ink. If there is not enough room for an answer, continue on the last page.

1. Are you the tenant(s) named in the tenancy agreement, marked 'A' (or 'A1'), attached to the claim form? ☐ Yes ☐ No

    Does that tenancy agreement (or do both) set out the present terms of your tenancy (except for any changes in the rent or the length of the tenancy)? ☐ Yes ☐ No

    If No, say what terms have changed and what the changes are:

2. Do you agree the date, in section 2 of the claim form, when the claimant says the tenancy began? ☐ Yes ☐ No

    If No, on what date did it begin?

3. If the claimant has completed section 3 of the claim form, did you receive the notice (a copy of which is attached to the claim form and marked 'B') and, if so, when? ☐ Yes ☐ No ☐ Not applicable

    If Yes, please give date

N11B ENGLAND Defence form (accelerated possession procedure)(assured shorthold tenancy) (08.17) © Crown copyright 2017

[938]

DEFENCE TO CLAIM FOR POSSESSION (ASSURED SHORTHOLD TENANCY ACCELERATED POSSESSION PROCEDURE)

4. Do you agree with the rest of what is said in section 3 of the claim form? ☐ Yes ☐ No

   If No, what do you disagree with and why?

5. Do you agree that what is said in section 4 of the claim form is correct? ☐ Yes ☐ No

   If No, what do you disagree with and why?

6. Did you receive the notice referred to in section 5 of the claim form, (a copy of which is attached to the claim form and marked 'C')? ☐ Yes ☐ No

   If Yes, please give date

7. Do you agree that what is said in section 6 of the claim form is correct? ☐ Yes ☐ No

   If No, what do you disagree with and why?

8. Do you agree that what is said in section 7 of the claim form is correct? ☐ Yes ☐ No

   If No, what do you disagree with and why?

9. Do you agree that what is said in section 8 of the claim form is correct? ☐ Yes ☐ No

   If No, what do you disagree with and why?

10. Do you agree that what is said in section 9 of the claim form is correct? ☐ Yes ☐ No

   If No, what do you disagree with and why?

   [ ]

11. Do you agree that what is said in section 10 of the claim form is correct? ☐ Yes ☐ No

   If No, what do you disagree with and why?

   [ ]

12. Do you agree that what is said in section 11 of the claim form is correct? ☐ Yes ☐ No

   If No, what do you disagree with and why?

   [ ]

13. If there is some other reason, not covered above, why you say the claimant is not entitled to recover possession of the property, please explain it here.

   [ ]

Postponement of possession

14. Are you asking the court, if it makes a possession order, to allow you longer than 14 days to leave the premises because you would suffer exceptional hardship? ☐ Yes ☐ No

   If Yes, please explain why the hardship you would suffer would be exceptional.

   [ ]

   Say how long you wish to be allowed to remain in the premises. up to _____ 20____
   (The court cannot allow more than 42 days after the order is made.)

DEFENCE TO CLAIM FOR POSSESSION (ASSURED SHORTHOLD TENANCY ACCELERATED POSSESSION PROCEDURE)

Payment of costs

15. If the court orders you to give possession, do you agree that you should be ordered to pay the claimant's costs? ☐ Yes ☐ No

If No, what do you disagree with and why?

16. If the court orders you to pay the claimant's costs, do you ask it to allow you more than 14 days to pay? ☐ Yes ☐ No

If Yes, give details of your means *(continue onto last page if necessary)*

Statement of Truth

*(I believe)(The defendant(s) believe(s)) that the facts stated in this claim form (and any attached sheets) are true.
* I am duly authorised by the defendant(s) to sign this statement.

Signed _____ Date _____

(Defendant)(Litigation friend(where claimant is a child or a protected party)*)(Defendant's solicitor)
*delete as appropriate

Defendant's date of birth _____

Full name _____

Name of defendant's solicitor's firm _____

Position or office held _____
(if signing on behalf of firm or company)

Defendant's or defendant's solicitor's address to which documents should be sent.		If applicable	
		Ref. no	
		Fax no.	
		DX no.	
		e-mail	
Postcode		Tel. no.	

	Claim No.	

Additional Information
(Include the number of the section which is being continued or to which the information relates)

Signed _____ Date | D | D | M | M | Y | Y | Y | Y |

(Continue on a separate sheet if necessary, remembering to sign and date it and heading it with the Claim Number)

N11B ENGLAND

DEFENCE TO CLAIM FOR POSSESSION (MORTGAGED RESIDENTIAL PREMISES)

Form N11M is the prescribed form of defence of a claim in respect of mortgaged residential premises

98-Z12

Defence form
(mortgaged residential premises)

Name of court	Claim No.
Name of Claimant	
Name of Defendant	
Date of hearing	

Personal details

1. Please give your:

   Title ☐ Mr ☐ Mrs ☐ Miss ☐ Ms ☐ Other

   First name(s) in full

   Last name

   Date of birth

   Address *(if different from the address on the claim form)*

   Postcode

Disputing the claim

2. Do you agree with what is said about the property and the mortgage agreement in the particulars of claim?   ☐ Yes ☐ No

   If No, set out your reasons below:

3. Do you agree that there are arrears of mortgage repayments as stated in the particulars of claim?   ☒ Yes ☐ No

   If No, state how much the arrears are: £_____ ☐ None

N11M Defence form (mortgaged residential premises) (April 2006)   Crown Copyright. Reproduced by Sweet & Maxwell Ltd

4. If the particulars of claim give any reasons for possession other than arrears of mortgage repayments, do you agree with what is said?   ☐ Yes   ☐ No

   If No, give details below:

   (Only answer these questions if the loan secured by the mortgage (or part of it) is a regulated consumer credit agreement)

5. Do you want the court to consider whether or not the terms of your original loan agreement are fair?   ☐ Yes   ☐ No

6. Do you intend to apply to the court for an order changing the terms of your loan agreement (a time order)?   ☐ Yes   ☐ No

Arrears

7. Have you paid any money to your mortgage lender since the claim was issued?   ☐ Yes   ☐ No

   If Yes, state how much you have paid and when: £_____   date_____

8. Have you come to any agreement with your mortgage lender about repaying the arrears since the claim was issued?   ☐ Yes   ☐ No

   I have agreed to pay £_____ each (week)(month).

9. If you have not reached an agreement with your mortgage lender, do you want the court to consider allowing you to pay the arrears by instalments?   ☐ Yes   ☐ No

10. How much can you afford to pay in addition to the current instalments?   £_____ per (week)(month)

DEFENCE TO CLAIM FOR POSSESSION (MORTGAGED RESIDENTIAL PREMISES)

About yourself

State benefits

11. Are you receiving Income Support? ☐ Yes ☐ No

12. Have you applied for Income Support? ☐ Yes ☐ No

    If Yes, when did you apply? _____

13. Does the Department of Social Security pay your mortgage interest? ☐ Yes ☐ No

Dependants (people you look after financially)

14. Have you any dependant children? ☐ Yes ☐ No

    If Yes, give the number in each age group below:

    ☐ under 11   ☐ 11-15   ☐ 16-17   ☐ 18 and over

Other dependants

15. Give details of any other dependants for whom you are financially responsible:

Other residents

16. Give details of any other people living at the premises for whom you are not financially responsible:

Money you receive

		Weekly	Monthly
17. Usual take-home pay or income if self-employed *including overtime, commission, bonuses*	£	☐	☐
Job Seekers allowance	£	☐	☐
Pension	£	☐	☐
Child benefit	£	☐	☐
Other benefits and allowances	£	☐	☐
Others living in my home give me	£	☐	☐
I am paid maintenance for myself (or children) of	£	☐	☐
Other income	£	☐	☐
Total income	£	☐	☐

Bank accounts and savings

18. Do you have a current bank or building society account?   ☐ Yes   ☐ No

    If Yes, is it

    ☐ in credit? If so, by how much?   £_____

    ☐ overdrawn? If so, by how much? £_____

19. Do you have a savings or deposit account?   ☐ Yes   ☐ No

    If Yes, what is the balance?   £_____

Money you pay out

20. Do you have to pay any court orders or fines?   ☐ Yes   ☐ No

Court	Claim/Case number	Balance owing	Instalments paid
		Total instalments paid £	per month

21. Give details if you are in arrears with any of the court payments or fines:

22. Do you have any loan or credit debts?   ☐ Yes   ☐ No

Loan/credit from	Balance owing	Instalments paid
	Total instalments paid £	per month

23. Give details if you are in arrears with any loan / credit repayments:

Regular expenses
(Do not include any payments made by other members of the household out of their own income)

24. What regular expenses do you have?
(List below)

		Weekly	Monthly
Council tax	£	☐	☐
Gas	£	☐	☐
Electricity	£	☐	☐
Water charges	£	☐	☐
TV rental & licence	£	☐	☐
Telephone	£	☐	☐
Credit repayments	£	☐	☐
Mail order	£	☐	☐
Housekeeping, food, school meals	£	☐	☐
Travelling expenses	£	☐	☐
Clothing	£	☐	☐
Maintenance payments	£	☐	☐
Other mortgages	£	☐	☐
Other	£	☐	☐
Total expenses	£	☐	☐

Priority debts

25. This section is for arrears only. Do not include regular expenses listed at Question 24.

		Weekly	Monthly
Council tax arrears	£	☐	☐
Water charges arrears	£	☐	☐
Gas account	£	☐	☐
Electricity account	£	☐	☐
Maintenance arrears	£	☐	☐

Others (give details below)

	£	☐	☐
	£	☐	☐
	£	☐	☐

26. If an order for possession were to be made, would you have somewhere else to live? ☐ Yes ☐ No

    If Yes, say when you would be able to move in: _____

27. Give details of any events or circumstances which have led to your being in arrears with your mortgage (for example divorce, separation, redundancy, bereavement, illness, bankruptcy). If you believe you would suffer exceptional hardship by being ordered to leave the property immediately, say why.

Statement of Truth

*(I believe)(The defendant believes) that the facts stated in this defence form are true.
* I am duly authorised by the defendant to sign this statement.

signed _____ date _____
*(Defendant)(Litigation friend(where defendant is a child or a patient))(Defendant's solicitor)
*delete as appropriate

Full name _____

Name of defendant's solicitor's firm _____

position or office held _____
      (if signing on behalf of firm or company)

WITNESS STATEMENT OF DEFENDANT TO OPPOSE THE MAKING OF AN INTERIM POSSESSION ORDER

Form N133 is the prescribed form for witness statement of defendant to oppose the making of an interim possession order.

98-Z13

Witness statement of the defendant to oppose the making of an interim possession order

Witness statement of (defendant)

made on _____

completed by defendant

Between _____ Claimant

and _____ Defendant

the occupier(s) of

Claim No. _____

In the _____ County Court

For completion by the court

Appointment on _____ 20

at _____ am/pm

(1) Insert full name, address and occupation of witness

I, (1) _____

make oath and say as follows:

(2) Insert address of premises

1. I consider that I have a right to occupy the premises at (2)

2. I have been in occupation since

   Give date

3. The claimant (name) _____ was aware of my occupation of the premises. I know this because

N133 Witness statement of the defendant to oppose the making of an interim possession order (December 2002) Crown Copyright. Reproduced by Sweet & Maxwell Ltd

[949]

LANDLORD AND TENANT—POSSESSION PROCEEDINGS

(3) Give name, address and date

4. I was told by [3]

   of

   on   that I could occupy the premises named in paragraph 1.

(4) Say who this person is and describe any documents they showed you

I believe that he/she had the right to allow me to occupy the premises because [4]

5. I have written evidence to show my right of occupation. It is in the form of

   (eg rent book, tenancy agreement) and a copy is

(5) Delete if you have no written evidence

attached and marked 'A' [5]

6. The claimant is **not** entitled to an interim possession order because

7. **I understand that if I have made a false or misleading statement in this witness statement I will be guilty of a criminal offence and on conviction may be sent to prison or fined or both.**

Statement of Truth

*(I believe)(The defendant(s) believe(s)) that the facts stated in this witness statement (and any continuation sheets) are true.
* I am duly authorised by the defendant(s) to sign this form.

signed _____ date _____

*(Defendant(s))(Litigation friend *(where the defendant is a child or a patient)*)(Defendant's solicitor)
delete as appropriate

Full name _____

Name of defendant's solicitor's firm _____

position or office held _____
   (if signing on behalf of firm or company)

Defendant's or defendant's solicitor's address to which documents should be sent.		*if applicable*	
		Ref. no.	
		Tel. no.	
		fax no.	
		e-mail	
	Postcode	DX no.	

Common Law Claims

Particulars of Claim for Possession (Rented Residential Premises)

Particulars of Claim

1. The claimant has a right to possession of: The Old Hall, Oldbury, Berkshire [all of which are shown edged in red on the plan attached to these particulars of claim].

2. To the best of the claimant's knowledge the following persons are in possession of the property:
   The Defendant

3. **About the tenancy**

   (a) The premises are let to the defendant (s) under a (n) common law tenancy for a fixed term of twenty five years which began on 25 March 1993. A copy of the lease is attached to the particulars of claim.
   (b) The current rent is £100,000 per annum and is payable each (week) (fortnight) (month).
   (other quarter in advance on the usual quarter days)
   (c) Any unpaid rent or charge for use and occupation should be calculated at £273 per day

4. The reason the claimant is asking for possession is:
   (a) because the defendant has not paid the rent due under the terms of the tenancy agreement.
   (Details are set out below) (Details are shown on the attached rent statement)
   (b) because the defendant has failed to comply with other terms of the tenancy.
   (Details are set out below)
   (c) because: (including any (other) statutory grounds)
   The fixed term of the tenancy expired on 25 March 2018. Since the expiry of the lease the defendant has remained on the premises as a trespasser, having refused a request by the claimant for possession of the premises, such request being contained in a letter dated 1 April 2018 from the claimant's solicitors. A copy of the letter is attached to the particulars of claim.

5. The following steps have already been taken to recover any arrears:

6. The appropriate (notice to quit) (notice of breach of lease) (notice seeking possession) (other) was served on the defendant on 20 April 2018.

7. **About the defendant**

   The following information is known about the defendant's circumstances:
   The defendant is a single man who resides alone in the premises.

8. **About the claimant**

   The claimant is asking the court to take the following financial or other information into account when making its decision whether or not to grant an order for possession:
   Forfeiture
   (a) There is no underlessee or mortgagee entitled to claim relief against forfeiture.
   (b) [JK] is entitled to claim relief against forfeiture as underlessee or mortgagee.

9. What the court is being asked to do:

The claimant asks the court to order that the defendant(s):
(a) give the claimant possession of the premises;
(b) pay the unpaid rent and any charge for use and occupation up to the date an order is made;
(c) pay rent and any charge for use and occupation from the date of the order until the claimant recovers possession of the property;
(d) pay the claimant's costs of making this claim.

[Statement of truth]

PARTICULARS OF CLAIM BY THE OWNER OF PREMISES CLAIMING POSSESSION FOLLOWING THE EXPIRY OF A NOTICE TO QUIT

Particulars of Claim

98-Z15

1. The Claimant is the long leasehold owner, entitled to possession, of a lock up garage situated at and known as [..........].

2. By an Agreement made on 29 September 2010 between the Claimant as Landlord and the Defendant as Tenant the garage was let to the Defendant from year to year from that date at a rent of £1,200 a year payable by equal monthly instalments on the first day of each month. A copy of the Agreement is attached to these Particulars of Claim.

3. The Claimant terminated the Agreement on 29 September 2018 by 6 months' notice to quit in writing served personally on the Defendant by the Claimant on 20 March 2018. A copy of the notice to quit served on the Defendant is attached to these Particulars of Claim.

4. The Defendant has remained in occupation of the garage as a trespasser since the termination of the Agreement.

5. This claim does not relate to residential premises.

6. At the date of termination of the Agreement the Defendant had failed to pay the 6 instalments of rent, totalling £600, which fell due between 20 March 2018 and 29 September 2018.

7. The Claimant claims interest pursuant to s.69 of the County Courts Act 1984 on the sum of £600 due to him as arrears of rent, at the rate of [8%] a year from the first day of each month on which the instalment fell due until the date of commencement of these proceedings on [date] totalling £[..........] and continuing at the daily rate of £[..........] until judgment.

AND the Claimant claims:
(1) Possession of the Premises.
(2) Arrears of rent totalling £600.
(3) Mesne profits from 30 September 2018 until the Defendant delivers possession of the Premises totalling £[..........] at the date of commencement of these proceedings and continuing at the daily rate of £[..........].

The Claimant expects to recover less than £10,000.

[Statement of truth]

PARTICULARS OF CLAIM BY LANDLORD CLAIMING POSSESSION OF BUSINESS PREMISES, RELYING ON AGREEMENT TO EXCLUDE SECTIONS 24 TO 28 OF THE LANDLORD AND TENANT ACT 1954

Particulars of Claim

1. The Claimant is the freehold owner entitled to possession of business premises comprising a lock-up shop at [..........] ("the Premises").

2. By a Lease dated 2 January 2012 made between John Smith as Landlord and the Defendant as Tenant ("the Lease") the Premises were let to the Defendant for a term of 6 years from 25 December 2012 at a rent of £3,000 a year, subject to review at the end of the third year of the term. A copy of the Lease is attached to these Particulars of Claim.

3. The reversion immediately expectant on the expiry of the term created by the Lease has been vested in the Claimant at all times since 24 December 2018.

4. Before the Lease was entered into the Claimant and Defendant entered into an agreement excluding the provisions of ss.24 to 28 inclusive of the Landlord and Tenant Act 1954 pursuant to s.38A thereof.

5. Clause [..........] of the Lease makes reference to the notice served by the Claimant before the Lease was entered into and to the said agreement.

6. The term created by the Lease expired on 25 December 2018 and, by reason of the Order the tenancy created by the Lease did not continue under s.24 of the Act.

7. The Defendant has refused to give up possession of the Premises and has occupied them as a trespasser at all times since the termination of the Lease.

8. Before the termination of the Lease the rent payable under it had been increased to £5,000 a year (equal to £[13.70] a day) and the Claimant is entitled to claim that sum as mesne profits from 25 December 2018 until possession is given up by the Defendant.

9. The Claimant is also entitled to claim interest on such sum as he is awarded as mesne profits under s.69 of the County Courts Act 1984 at such a rate and for such a period as the Court thinks appropriate.

AND the Claimant claims:
(1) Possession of the Premises.
(2) Mesne profits at the rate of £[13.70] a day from 25 December 2018 until the date of this Claim Form totalling £13.70 and continuing thereafter at the same rate until possession of the Premises is recovered.
(3) Interest on such mesne profits under s.69 of the County Courts Act 1984.
    The Claimant expects to recover less than £10,000.

[Statement of truth]

Particulars of Claim for Possession of Residential Premises under Discretionary Grounds under Rent Act 1977, Schedule 15, Part I

Particulars of Claim

98-Z17 [Use prescribed form N119. The address of the premises to the possession of which the claimant is entitled and the details of the tenancy agreement should be inserted as appropriate and any relevant written agreement attached, as in paragraphs 1 to 3 of 98-Z4 above.]

4. The reason the claimant is asking for possession is:
   (a) because the defendant has not paid the rent due under the terms of the tenancy agreement.
   (Details are set out below) (Details are shown on the attached rent statement)
   (b) because the defendant has failed to comply with other terms of the tenancy.
   (Details are set out below)
   (c) because: (including any (other) statutory grounds)
   Case [..........] in Part I of Schedule 15 to the Rent Act 1977 is satisfied:
   [Give full details of the ground of possession in paragraph 4, as set out below. Where necessary, use a separate sheet annexed to the particulars of claim and include a statement that you have done so.]

Grounds for Possession

Case 2[27]
(a) The [Defendant/Defendant's son] [name] who resides with her in the Premises] has been guilty of conduct which is a nuisance or annoyance to adjoining occupiers.
(b) The [Defendant/Defendant's son] persistently plays music on the Premises at loud volume and late at night so that it can be heard by the occupiers of adjoining houses.
(c) The Defendant has refused reasonable requests by [name], the occupier of [address] to reduce the volume of music played on the Premises.
(d) On [date] the [Defendant/Defendant's son] assaulted [name] immediately outside the Premises, pushing him over and threatening to injure him.
(e) [Other details of acts of nuisance or annoyance].
   Or
(a) The Defendant has been convicted of using the Premises for an immoral or illegal purpose, namely, [prostitution/the receipt of stolen goods].
(b) On [date] the Defendant was convicted at the Snaresbrook Crown Court on seven counts of [living off immoral earnings/receiving stolen goods on the Premises].
Case 3
(a) The condition of the Premises has deteriorated owing to acts of waste by the

---

[27] The matters to be considered when deciding whether to make an order for possession have been analysed a number of times in the Court of Appeal, for example in *Moat Housing Group South v Harris and Hartless* [2005] EWCA Civ 287; [2005] H.L.R. 33, CA. Essentially, the court must balance the detriment of making an order against the benefit to those affected by the anti-social behaviour from having the source of the behaviour removed.

Particulars of Claim for Possession of Residential Premises under Discretionary Grounds

Defendant or persons residing with the Defendant or by the neglect or default of the Defendant or persons residing with the Defendant.
(b) On [date] the kitchen at the Premises was badly damaged by a fire caused when the cooker was left unattended and oil heating in a pan ignited.
(c) The damage to the Premises was caused by the neglect or default of the Defendant or another person residing with the Defendant.

Case 4
(a) The Premises were let fully furnished to the Defendant.
(b) The condition of the furniture provided for the use of the Defendant has deteriorated owing to ill treatment by the Defendant's lodger.
(c) The Defendant has failed to take any steps to remove his lodger from the Premises.

Case 5
(a) On [date] the Defendant gave notice to quit to the Claimant, which notice expired on [date]. A copy of the Defendant's notice to quit is attached to these Particulars of Claim.
(b) On [date], after receiving the Defendant's notice to quit, the Claimant entered into a contract with [name] to sell the Premises with vacant possession ("the Contract"). A copy of the Contract is attached to these Particulars of Claim.
(c) The Defendant failed to give possession of the Premises to the Claimant on the expiry of the notice to quit.
(d) The Claimant has been unable to complete the Contract.
(e) The Claimant will be seriously prejudiced if he cannot obtain possession of the Premises, in that he will be liable to pay damages to the purchaser under the Contract.

Case 6
On a date unknown to the Claimant, except that it was before [date], the Defendant sub-let the whole of the Premises to [name] without the consent of the Claimant.
Or
(a) On or about [date] the Claimant sub-let part of the Premises, comprising the basement rooms, without the consent of the Claimant at a time when the remainder of the Premises was already sub-let.
(b) The Defendant no longer occupies any part of the Premises as his residence for the purposes of s.2(1) of the Act.
(c) Accordingly, the statutory tenancy of the Premises has terminated and the Claimant is entitled to possession.
(d) Alternatively, the Claimant is entitled to possession of the Premises under Case 6 of Schedule 15 to the Act.

Case 8
(a) The Premises were let to the Defendant by [the Claimant/A.B., the Claimant's predecessor in title] in consequence of his employment by [the Claimant/A.B.] as a gardener.
(b) The Defendant ceased to be employed by [the Claimant/A.B.] on [date].
(c) The Premises are reasonably required by the Claimant for occupation as a residence by C.D. who is engaged in whole-time employment by the Claimant.
Or
The Claimant has entered into a contract to employ C.D. full time, such contract being conditional on the Claimant providing housing for C.D. and the Premises are reasonably required by the Claimant for that purpose.

Case 9
(a) The Premises are reasonably required by the Claimant for occupation as a residence for [himself/his daughter [name] who is over 18 years of age/his mother [name]].
(b) The Claimant did not become landlord of the Defendant by purchasing the Premises.
(c) The Claimant will contend that greater hardship will be caused if the Court refuses to make an order for possession in his favour than if the Court makes such an order, and the Claimant will rely on [the fact that his daughter, whom the Claimant wishes to occupy the Premises, is currently homeless].

Case 10
(a) The Tenancy includes a self-contained flat on the lower floor of the Premises ("the Flat").
(b) On [date] a rent of £[...........] a week was registered as the fair rent for the Flat under Part III of the Act.
(c) The Defendant sublet the Flat to A.B. on or about [date] at a rent of £[...........] a week, being a sum in excess of the registered rent which, by s.44 of the Act, is the maximum rent for the time being recoverable for the Flat.

[Conclude as in paragraphs 5 to 10 inclusive of 98-Z4 above, deleting text as appropriate and including any information about the defendant or claimant which might affect the exercise of the court's discretion in considering whether to grant possession.]

PARTICULARS OF CLAIM FOR POSSESSION OF RESIDENTIAL PREMISES UNDER MANDATORY GROUNDS, RENT ACT 1977 UNDER PART II, SCHEDULE 15

Particulars of Claim

98-Z18 1. [Use prescribed form N119. The address of the premises to the possession of which the claimant is entitled and the details of the tenancy agreement should be inserted as appropriate and any relevant written agreement attached, as in paragraphs 1 to 3 of 98-Z4 above.]

4. The reason the claimant is asking for possession is:
   (a) because the defendant has not paid the rent due under the terms of the tenancy agreement.
      (Details are set out below) (Details are shown on the attached rent statement)
   (b) because the defendant has failed to comply with other terms of the tenancy.
      (Details are set out below)
   (c) because: (including any (other) statutory grounds)
   Case [..........] in Part II of Schedule 15 to the Rent Act 1977 is satisfied: [Give full details of the ground of possession in paragraph 4, as set out below. Where necessary, use a separate sheet annexed to the particulars of claim and include a statement that you have done so.]

   Case 11
   (a) Before the commencement of the Tenancy the Claimant occupied the Premises as his residence.
   (b) On [a date before the commencement of the Tenancy] the Claimant gave to the Defendant a notice in writing to the effect that possession of the

Premises might be recovered by him under Case 11 of Schedule 15 to the Act. A copy of the notice is attached to this Claim Form.
Or
(b) [Before the commencement of the Tenancy the Claimant informed the Defendant that the Premises had been his home for 20 years, that he now intended to work abroad but would return and that when he did return he would wish to resume living at the Premises and would require the Defendant to give up possession. No written notice was given to the Defendant for the purpose of Case 11 of Schedule 15 to the Act but the Claimant will invite the Court to dispense with the requirement of written notice on the ground that it would be just and equitable to make an order for possession in the circumstances of this case.]
(c) The Premises are required by the Claimant as a residence for [himself/his daughter [name]] who resided with him in the Premises when he last occupied them as his residence.
Or
(c) [The Premises are not suitable to the needs of the Claimant, having regard to his place of work, namely [place], and the Claimant requires the Premises for the purposes of disposing of them with vacant possession and of using the proceeds of that disposal in acquiring, as his residence, a dwellinghouse which is more suitable to those needs.]

Case 12
(a) Before the commencement of the tenancy the Claimant gave to the Defendant a notice in writing to the effect that possession of the Premises might be recovered by him under Case 12 in Part II of Schedule 15 to the Act. A copy of the notice is attached to this Claim Form.
(b) The Claimant has retired from regular employment and requires the Premises as a residence.

Case 19
(a) The Tenancy was a protected shorthold tenancy under the Housing Act 1980.
Or
(a) [Before the grant of the Tenancy the Premises were occupied by the Defendant under a protected shorthold tenancy under the Housing Act 1980 granted to him by the Claimant on [date]. A copy of the protected shorthold tenancy agreement is attached to this Claim Form.]
(b) On [date, not less than three months before commencement of proceedings and within the three months before the anniversary of the expiry of the protected shorthold tenancy] the Claimant served on the Defendant an appropriate notice for the purposes of paragraph (b) of Case 19, in Schedule 15 to the Act. A copy of the notice is attached to this Claim Form.
(c) These proceedings for possession were commenced not later than three months from the expiry of that notice.

[Conclude as in paragraphs 5 to 10 inclusive of 98-Z4 above, deleting text as appropriate.]

PARTICULARS OF CLAIM FOR POSSESSION OF RESIDENTIAL ACCOMMODATION LET UNDER THE RENT ACT 1977 ON GROUND THAT SUITABLE ALTERNATIVE ACCOMMODATION IS AVAILABLE FOR THE TENANT

Particulars of Claim

[Use prescribed form N119. The address of the premises to possession of which   **98-Z19** the claimant is entitled and the details of the tenancy agreement should be inserted as appropriate and any relevant written agreement attached, as in paragraphs 1 to 3 of 98-Z4 above.]

4. The reason the claimant is asking for possession is:
   (a) because the defendant has not paid the rent due under the terms of the tenancy agreement.
   (Details are set out below) (Details are shown on the attached rent statement)
   (b) because the defendant has failed to comply with other terms of the tenancy.
   (Details are set out below)
   (c) because: (including any (other) statutory grounds)
   Suitable alternative accommodation [is available to the defendant or will be available to the defendant when any Order for possession made in these proceedings takes effect] pursuant to s.98 of the Rent Act 1977:
   (i) The accommodation available to the defendant is Flat Number 7, Grove House, 23 High Street, Anytown ("the Flat") which comprises one bedroom, a living room, kitchen and bathroom.
   (ii) [The Flat is similar in rental and extent to the accommodation provided by the Anytown Borough Council, the local housing authority, for single people whose needs are similar to those of the defendant as evidenced by a certificate of the Anytown Borough Council dated [date] a copy of which is attached to these Particulars of Claim.]
   (iii) The claimant is the long leasehold owner of the Flat.
   (iv) By letter dated [date] the claimant offered to grant to the defendant an assured tenancy of the Flat at the same rent and on the same terms as those contained in the present tenancy agreement, but the defendant has declined to accept the claimant's offer.

[Give full details of the accommodation available in paragraph 4, as set out above. Where necessary, use a separate sheet annexed to the particulars of claim and include a statement that you have done so.]

[Conclude as in paragraphs 5 to 10 inclusive of 98-Z4 above, deleting text as appropriate and including any information about the defendant or claimant which might have affect the exercise of the court's discretion in considering whether to grant possession.]

PARTICULARS OF CLAIM FOR POSSESSION OF RESIDENTIAL ACCOMMODATION OCCUPIED BY A PROTECTED OCCUPIER UNDER THE RENT (AGRICULTURE) ACT 1976

Particulars of Claim for Possession

98-Z20   [Use Prescribed form N119]

1. The claimant has a right to possession of:
Number 1 Valley Farm Cottages, Valley Farm, Downbridge, Shropshire.

2. To the best of the claimant's knowledge the following persons are in possession of the property:
The defendant resides in the property alone.

3. About the tenancy

(a) The premises are let to the defendant under a statutory tenancy pursuant to the Rent (Agriculture) Act 1976 which began on or about 1951
(b) The current rent is £ nil and is payable each (week) (fortnight) (month). (other)
(c) Any unpaid rent or charge for use and occupation should be calculated at £ per day

4. The reason the claimant is asking for possession is:
   (a) because the defendant has not paid the rent due under the terms of the tenancy agreement.
   (Details are set out below) (Details are shown on the attached rent statement)
   (b) because the defendant has failed to comply with other terms of the tenancy. Details are set out below
   (c) because: (including any (other) statutory grounds)
   Suitable alternative accommodation has been made available to the defendant by the local housing authority, namely Shropshire County Council ("the Authority"), in accordance with Case II in Part I of Schedule 4 to the Rent (Agriculture) Act 1976 and the defendant has unreasonably refused to accept such accommodation.

Particulars

[Where necessary, use a separate sheet annexed to the particulars of claim and include a statement that you have done so.]

(i) At all times since about 1980 the Defendant has occupied the premises under an oral licence granted to him by the claimant's father and continued by the claimant when he acquired title to the premises in 1995.
(ii) At all times from 1980 to his retirement on 1 April 2018 the defendant was employed full time in agriculture, as a stock man, first by the claimant's father and then by the claimant.
(iii) On 1 April 2018 the defendant retired.
(iv) Following the defendant's retirement the claimant requires the premises to provide accommodation for a replacement stockman [name].
(v) The claimant is unable to provide, by any reasonable means, suitable alternative accommodation for the defendant.
(vi) On [date], following an application by the claimant, the Authority determined that in the interests of efficient agriculture alternative accommodation ought to be provided for the defendant.
(vii) On [date] the Authority offered alternative accommodation to the defendant comprising a two bedroom house at 45 Old Street, Midtown, Shropshire.
(viii) The defendant has unreasonably refused to accept the accommodation offered to him by the Authority.

5. The following steps have already been taken to recover any arrears:

6. The appropriate (notice to quit) (notice of breach of lease) (notice seeking possession) (other) was served on the defendant on 1 April 2018.

About the defendant

7. The following information is known about the defendant's circumstances:

The defendant is retired. The claimant has no further information as to his financial circumstances.

8. About the claimant

The claimant is asking the court to take the following financial or other information into account when making its decision whether or not to grant an order for possession:

The claimant requires the premises to house another agricultural worker.

Forfeiture

(a) There is no underlessee or mortgagee entitled to claim relief against forfeiture.

9. or

(b) [Give the name of the person entitled to relief] of [Give the address of the person entitled to claim relief]

is entitled to claim relief against forfeiture as underlessee or mortgagee.

10. The claimant asks the court to order that the defendant(s):
(a) give the claimant possession of the premises;
(b) pay the unpaid rent and any charge for use and occupation up to the date an order is made;
(c) pay rent and any charge for use and occupation from the date of the order until the claimant recovers possession of the property;
(d) pay the claimant's costs of making this claim.

[Statement of truth]

PARTICULARS OF CLAIM FOR POSSESSION OF RESIDENTIAL PREMISES OCCUPIED BY SERVICE OCCUPIER WHOSE EMPLOYMENT HAS TERMINATED

Particulars of Claim

98-Z21   1. The Claimant[28] is the freehold/leasehold owner entitled to possession of residential premises at [address] ("the Premises").

2. From about June 2005 until 31 December 2018 the Defendant was employed by the Claimant as [a housekeeper].

3. By an agreement in writing dated [date] the Claimant granted the Defendant a licence to occupy the Premises for so long as she should continue in the Claimant's employment. A copy of the agreement is attached to these Particulars of Claim.

4. It was an express term of the Defendants contract of employment that she was required to occupy the Premises, such occupation being for better performance of the Defendant's duties under her contract of employment.

Or

---

[28] A claim against a former licensee falls within the definition of a possession claim against trespassers (CPR r.55.1(b)). Accordingly, such a claim may be brought as trespasser proceedings using the prescribed form of particulars of claim N121: see further Section 9: Trespass to Land. It is considered, however, that this form of claim is more appropriate.

PARTICULARS OF CLAIM FOR POSSESSION OF RESIDENTIAL PREMISES LET ON ASSURED TENANCY

4. [It was essential for the proper performance of the Defendant's duties as housekeeper that she should occupy the Premises.]

5. By notice dated 31 December 2018 the Claimant terminated the Defendant's employment summarily.

6. The Defendant occupied the Premises in her capacity as the Claimant's employee and accordingly on the termination of her employment she ceased to have any right to occupy the Premises.

7. Notwithstanding the termination of her employment the Defendant has remained in occupation of the Premises as a trespasser.

8. The reasonable letting value of the Premises is £70 per week and the Claimant claims mesne profits at that rate from 31 December 2018 until possession of the Premises is given up by the Defendant.

9. The Claimant claims interest on such mesne profits under s.69 of the County Courts Act 1984 at the rate of 8% per annum totalling £[..........] on [date] or at such other rate as the Court may think appropriate.

AND the Claimant claims:
(1) Possession of the Premises.
(2) Mesne profits totalling £[..........] at the date of commencement of these proceedings and continuing at the rate of £10 a day until possession of the Premises is given up by the Defendant.
(3) Interest on such mesne profits under s.69 of the County Courts Act 1984, at the rate of 8% a year, totalling £[..........] at the date of commencement of proceedings, and continuing at the daily rate of £[..........] until judgment or earlier payment.

The Claimant expects to recover less than £10,000.

[Statement of truth]

PARTICULARS OF CLAIM FOR POSSESSION OF RESIDENTIAL PREMISES LET ON AN ASSURED TENANCY ON MANDATORY GROUNDS UNDER THE HOUSING ACT 1988, SCHEDULE 2, PART I

[Use prescribed form N119. The address of the premises to the possession of **98-Z22** which the claimant is entitled and the details of the tenancy agreement should be inserted as appropriate and any relevant written agreement attached, as in paragraphs 1 to 3 of 98-Z4 above.]

4. The reason the claimant is asking for possession is:
   (a) because the defendant has not paid the rent due under the terms of the tenancy agreement.
       (Details are set out below) (Details are shown on the attached rent statement)
   (b) because the defendant has failed to comply with other terms of the tenancy.
       (Details are set out below)
   (c) because: (including any (other) statutory grounds)
   [Ground 1 of Part I Schedule 2 of the Housing Act 1988 (owner occupation) is satisfied:

Particulars

[Where necessary, use a separate sheet annexed to the particulars of claim and include a statement that you have done so.]

(a) On [date], before the commencement of the tenancy agreement, the claimant served on the defendant a notice in writing informing him that possession might be recovered under Ground 1.

Or

(a) Before the commencement of the tenancy agreement the claimant informed the defendant that the premises were the claimant's home and that he would eventually require possession of the premises when he wished to return to live there. The claimant did not give the defendant a notice in writing to that effect but the claimant will invite the Court to dispense with the requirement of such a notice on the basis that it would be just and equitable to do so.

(b) Before the commencement of the tenancy agreement the claimant occupied the premises as his only [or principal] home for [..........] years.

(c) The claimant requires the premises for use as his only [*or* principal] home

Or

Ground 6 of Part 1, Schedule 2 to the Housing Act 1988 (redevelopment) is satisfied:

Particulars

The Claimant intends to demolish or reconstruct the whole or a substantial part of the premises [or to carry out substantial works on the premises] and the intended work cannot reasonably be carried out without the defendant giving up possession of the premises.

Schedule of intended works

[Insert schedule]

[Conclude as in paragraphs 5 to 10 inclusive of 98-Z4 above. Delete text as appropriate and include in the new paragraph 6 details of service of notice under s.8 of the Housing Act 1988]

PARTICULARS OF CLAIM FOR POSSESSION OF RESIDENTIAL PREMISES LET ON AN ASSURED TENANCY ON DISCRETIONARY GROUNDS UNDER THE HOUSING ACT 1988, SCHEDULE 2, PART II

98-Z23 [Use prescribed form N119. The address of the premises to possession of which the claimant is entitled and the details of the tenancy agreement should be inserted as appropriate and any relevant written agreement attached, as in paragraphs 1 to 3 of 98-Z4 above.]

4. The reason the claimant is asking for possession is:
  (a) because the defendant has not paid the rent due under the terms of the tenancy agreement.

  (Details are set out below) *(Details are shown on the attached rent statement)*

  The Claimant seeks possession pursuant to Ground 11 in Schedule 2 to the Housing Act 1988 on the basis that the defendant has persistently delayed paying rent which has become due under the tenancy agreement, as evidenced in the schedule of arrears annexed hereto. [The schedule should set out the dates and amounts of all payments due and payments

made under the tenancy for a period of two years immediately preceding the date of issue, or if the first date of default occurred less than two years before the date of issue from the first date of default and a running total of arrears.]
(b) because the defendant has failed to comply with other terms of the tenancy. (Details are set out below)
(c) because: (including any (other) statutory grounds)
Or

4. The reason the claimant is asking for possession is:
(a) because the defendant has not paid the rent due under the terms of the tenancy agreement.
(Details are set out below) (Details are shown on the attached rent statement)
(b) because the defendant has failed to comply with other terms of the tenancy. (Details are set out below)
(c) because: (including any (other) statutory grounds)
Ground 14 of Part II to Schedule 2 of the Housing Act 1988 is satisfied:

Schedule of arrears/particulars

[Where rent arrears are relied upon give details of rental payments in schedule form, annexed to the particulars of claim.

Where Ground 14 of Schedule 2 to the Housing Act is relied upon give full details of the nuisance or annoyance or the immoral or illegal use alleged in paragraph 4; see the particulars provided in connection with Case 2 of Schedule 15 to the Rent Act 1977 in Precedent 98-Z12 above for an example.

Where necessary, use a separate sheet annexed to the particulars of claim and include a statement that you have done so.]

[Conclude as in paragraphs 5 to 10 inclusive of 98-Z4 above. Delete text as appropriate. Include in the new paragraph 6 details of service of notice under s.8 of the Housing Act 1988 and in the new paragraphs 7 and 8 any information about the defendant or claimant relevant to the exercise of the court's discretion in considering whether to grant possession.]

Defences

The forms of defence set out in 98-Z25 to 98-Z28 below are appropriate if the premises of which possession is sought are not residential premises. Form N11 set out at 98-Z9 is the prescribed form of defence but may be varied if (as it is considered to be here) the variation is required by the circumstances of a particular case: CPR r.4.4(2). If the premises are residential premises the pleaded matters should be incorporated into prescribed form N11R, for which see 98-Z10 above. In the introductory notes to the forms replace CPR r.4.4(2) with CPR r.4(2). **98-Z24**

DEFENCE TO CLAIM FOR POSSESSION DENYING EXPIRY OF TENANCY

Defence

1. The Defendant admits that the Claimant is the owner of the freehold interest in the Premises but denies that the Claimant is entitled to possession against the Defendant. **98-Z25**

2. The Defendant denies that the agreement under which the Premises were let to the Defendant was for a tenancy for a term of one year as pleaded in paragraph 2 of the Particulars of Claim.

3. The Premises were let to the Defendant by the Claimant on [date] for a term of 2 years.

4. Accordingly the term of the tenancy under which the Defendant occupies the Premises has not yet expired and the Claimant is not entitled to possession.

5. The Defendant admits that he has not paid for occupation of the Premises since [date] as alleged in paragraph [..........] of the Particulars of Claim but denies that he has thereby been at fault. The Defendant has tendered the sum due as rent under the oral agreement on the due date but on each occasion the Claimant has refused to accept payment.

[Statement of truth]

See note at 98-Z24 above.

DEFENCE TO CLAIM FOR POSSESSION DENYING VALIDITY OF NOTICE TO QUIT

Defence

98-Z26 1. The Defendant admits the Claimants title pleaded in paragraph 1 and the Tenancy Agreement pleaded in paragraph 2 of the Particulars of Claim, but denies that the Claimant is entitled to possession of the premises against him.

2. The Defendant admits that the notice to quit referred to in paragraph 3 of the Particulars of Claim was served on him but denies that the notice was valid to determine his tenancy of the premises.

3. The notice to quit was of no effect because it purported to terminate the Defendant's tenancy of the premises on 29 December 2018 whereas the anniversary of the term of the tenancy was 25 December 2018 [*or as the case may be*].

[Statement of truth]

See note at 98-Z24 above.

DEFENCE TO CLAIM FOR POSSESSION RELYING ON STATUTORY SECURITY OF TENURE

Defence

98-Z27 1. The Defendant does not admit the Claimant's title to the premises because the Tenancy Agreement dated [date] under which the Defendant occupies the premises was made between the Defendant and A.B. Ltd and not between the Defendant and the Claimant. The Claimant has provided no explanation to the Defendant of the circumstances in which it claims to be entitled to the reversion expectant on the termination of the Tenancy Agreement.

2. The Defendant admits the tenancy Agreement referred to in paragraph [..........] of the Particulars of Claim but denies that the tenancy created by that Agreement has terminated as alleged in paragraph [..........] of the Particulars of Claim.

3. The Defendant occupies the premises for the purposes of a business carried on by him, namely as a garden centre. The tenancy created by the Agreement was accordingly a tenancy to which Part II, Landlord and Tenant Act 1954 ("the Act") applied.

4. By virtue of s.24(1) of the Act the tenancy created by the Agreement did not come to an end on the expiry of the contractual term on [date] but was continued in accordance with the provisions of Part II of the Act.

5. No notice for the purposes of s.25 of the Act has been served on the Defendant and accordingly the tenancy created by the Agreement has not been terminated and the Defendant is entitled to possession of the premises.

[Statement of truth]

See note at 98-Z24 above.

DEFENCE TO CLAIM FOR POSSESSION RELYING ON WAIVER OF NOTICE TO QUIT

Defence

1. The Defendant admits that the Claimant is the freehold owner of the premises referred to in the Particulars of Claim but denies that the Claimant is entitled to possession of the premises against the Defendant. **98-Z28**

2. The Defendant admits service on him of the notice to quit referred to in paragraph [..........] of the Particulars of Claim.

3. The notice to quit was waived by the Claimant before it expired by a demand issued on 21 September 2018 for the quarter's rent due on 29 September 2018, being the date of expiry of the notice to quit. On 23 September 2018 the Defendant tendered the quarter's rent so demanded and the Claimant accepted the rent.

[Statement of truth]

DEFENCE TO CLAIM FOR POSSESSION BASED ON SUITABLE ALTERNATIVE ACCOMMODATION, SECTION 98 RENT ACT 1977/GROUND 9, SCHEDULE 2, HOUSING ACT 1988

Defence

[Use prescribed form N11R. The defendant's full name, date of birth and address should be given and the defendant should indicate whether the details given by the claimant as to the tenancy agreement and service of the appropriate notice (if any) are correct, as in paragraphs 1–3 of 98-Z10. Delete paragraph 4 of 98-Z10.] **98-Z29**

5. If the particulars of claim give any reasons for possession other than rent arrears, do you agree with what is said?
No
If No, give details below:

Particulars

[Where necessary use a separate sheet annexed to the defence and state in the defence that you have done so.]
(a) The alternative accommodation offered is not suitable.
(b) The alternative accommodation is a two bedroom flat and is not large enough for the needs of the defendant and her three children (two daughters aged 6 and 12, and a son aged 13).
(c) The alternative accommodation is not suitable for the defendant's needs having regard to her place of employment at [..........] because the distance between the two is seven miles, there is no convenient public transport and the defendant cannot drive.
(d) The alternative accommodation is not suitable for the defendant's needs having regard to its character in that it is situated in an unattractive area, opposite a derelict warehouse and adjacent to a railway line, and having no playground or other facilities within easy reach for the defendant's children.
(e) The alternative accommodation has been offered to the defendant on the terms of an assured shorthold which will not afford to the defendant security of tenure reasonably equivalent to the security afforded by the defendant's current tenancy.
(f) Alternatively, even if the Court is satisfied that the alternative accommodation is suitable, the defendant will contend that the Court should refuse to make an order for possession against her on the basis that it would not be reasonable to do so.

[Conclude as in paragraphs 6 to 30 of 98-Z10, deleting text as appropriate].

DEFENCE TO CLAIM FOR POSSESSION BY A MEMBER OF THE FAMILY OF A DECEASED
TENANT OF RESIDENTIAL PREMISES

Defence

98-Z30 [Use prescribed form N11R. The defendant's full name, date of birth and address should be given and the defendant should indicate whether the details given by the claimant as to the tenancy agreement and service of the appropriate notice (if any) are correct, as in paragraphs 1–3 of 98-Z10. Delete paragraph 4 of 98-Z10]

5. If the particulars of claim give any reasons for possession other than rent arrears, do you agree with what is said?
No
If No, give details below:

Particulars

[Where necessary use a separate sheet annexed to the defence and state in the defence that you have done so.]
(a) Until her death on [date] the premises were occupied by the defendant's wife, [name], under a weekly tenancy granted in or about [date]. The terms of the tenancy were contained in [a rent book/a written tenancy agreement] a copy of which is attached to this defence.
(b) The tenancy under which the defendant's wife occupied the premises was [a statutory tenancy/an assured tenancy] under the [Rent Act 1977 / Housing Act 1988].

(c) Immediately before the death of his wife the defendant occupied the premises as his residence.
(d) Accordingly, on the death of his wife the defendant became a statutory tenant by reason of paragraph 2 of Schedule 1 to the Rent Act 1977.

Or

Accordingly, on the death of the defendant's wife, the assured tenancy under which she had occupied the premises became vested in the defendant by reason of s.17(1) of the Housing Act 1988.

6. The defendant is entitled to remain in occupation of the premises.
[Conclude as in paragraphs 6 to 30 of 98-Z10, deleting text as appropriate].

Forfeiture Proceedings

Particulars of Claim for Possession of Premises on Forfeiture of Lease for Non-Payment of Rent

Particulars of Claim

98-Z31

1. The Claimant is the freehold owner entitled to possession of office premises situated at [..........] ("the Premises").

2. By a lease made on [date] between the Claimant's predecessor in title, [..........], and the Defendant the Premises were demised to the Defendant for a term of 25 years at a rent of £[..........] a year payable by equal quarterly instalments on the usual quarter days. A copy of the lease is attached to this Claim Form.

3. The rent payable under the lease was subject to review at five yearly intervals and with effect from [date] the rent was increased to £[..........].

4. The Defendant has failed to pay the rent due under the lease since [date] and arrears totalling £[..........] have accrued.

Particulars

[Set out the dates on which payments were due, any sums paid and a running total of arrears. If the particulars are lengthy include them in a separate schedule.]

5. The lease includes at clause 4(4) a proviso for re-entry entitling the Claimant to forfeit the lease in the event that the rent is unpaid.

6. Accordingly the Claimant is entitled to forfeit the lease and by the service of these proceedings the lease is forefeited to the Claimant.

7. The Claimant is entitled to interest under clause 4(5) of the lease at a rate 4% above the base rate for the time being of Barclays Bank plc. Attached to this Claim Form is a schedule setting out the variations in the rate of interest payable under the lease and the amount of interest payable on the accumulating arrears of rent. At the date of this Claim Form interest totalling £[..........] had accrued.

8. The daily rate of rent payable under the Lease is £[..........].

9. The Premises do not include residential premises.

10.   The Claimant does not know the name of any person entitled to claim relief against forfeiture.

AND the Claimant claims:
(1) Possession of the Premises.
(2) £[..........] arrears of rent.
(3) Mesne profits at the rate of £[..........] a day from the date of service of this Claim Form until possession is given up.
(4) Interest pursuant to clause 4(5) of the lease at the rates and for the periods specified in the schedule attached to this Claim Form totalling £[..........] and continuing at the rate of [..........] until judgment or sooner payment.

The claimant expects to recover more than £10,000 but less than £25,000.

[Statement of truth]

This claim for possession is brought in the High Court and must, therefore, be accompanied by a certificate stating the reasons for so doing, verified by a statement of truth in accordance with CPR r.22.1(1): CPR r.55.3(2). Only exceptional circumstances justify starting a claim for possession in the High Court, e.g. if there are complex issues of fact or points of law of general importance or the claim is against trespassers and there is a substantial risk of public disturbance or of serious harm to persons or property which properly require immediate attention: PD 55A paras 1.2, 1.3. The value of the property and the amount of any financial claim may be relevant circumstances, but these factors alone will not justify starting the claim in the High Court: PD 55A para.1.4.

CLAIM FOR POSSESSION ON FORFEITURE OF LEASE FOR BREACHES OF COVENANT
(SERVICE CHARGES/REPAIRS/USE): NEITHER PARTY ORIGINAL PARTY TO LEASE

98-Z32   1.   By a lease made on [date] between Force Profit Ltd as Lessor and Top Staff Employment Agency Ltd as Lessee business premises comprising a shop on the ground floor with offices on two upper floors situated at 23 High Street, Anywhere ("the Premises") were let for a term of 25 years from [date] at a rent of £[..........] a year payable by equal quarterly instalments on the usual quarter days. A copy of the Lease is served together with this Claim Form.

2.   The benefit of the Lease became vested in the Defendant in or about [date] and the reversion immediately expectant on the termination of the Lease became vested in the Claimant on [date].

3.   The Lease includes the following covenants on the part of the Lessee, binding on the Defendant, which are relevant to these proceedings:
(a) by clause 3(2) the Lessee covenanted to reimburse the Lessor in respect of such sums as the Lessor might expend in insuring the Premises;
(b) by clause 3(5) the Lessor covenanted to keep the Premises in good repair and condition;
(c) By clause 3(17) the Lessor covenanted not to use the Premises otherwise than as an employment agency without first obtaining the consent in writing of the Lessor.
[or as the case may be.]

4.   The Lease also includes a proviso for re-entry at clause 4(4) entitling the Lessor to forfeit the lease in the event of any breach of covenant by the Lessee.

5.   In the financial year ending 4 April 2018 the Claimant incurred expenditure totalling £[..........] in insuring the Premises.

6. The Defendant has informed the Claimant that it considers the cost incurred by the Claimant in insuring the Premises to be unreasonable and, in breach of clause 3(2) of the Lease, the Defendant has refused to reimburse the Claimant in respect of its expenditure.

7. In breach of clause 3(5) of the Lease the Defendant has failed to keep the Premises in good repair and condition. Full particulars of the wants of repair are contained in an interim schedule of dilapidations prepared by the Claimant's surveyor, Mr John Smith FRICS, a copy of which is served together with this Claim Form.

8. In breach of clause 3(17) of the Lease the Defendant has used the Premises as a mini-cab office without the consent of the Claimant.

9. On or about [date] the Claimant served on the Defendant a notice in accordance with s.146 of the Law of Property Act 1925 (accompanied by a copy of the interim schedule of dilapidations referred to in paragraph 7 above) specifying the breaches of covenant here complained of and requiring the Defendant to remedy such breaches within a reasonable period.

10. The Defendant has failed to comply with the requirements of the s.146 notice and the breaches complained of are continuing.

11. The Defendant failed within 28 days of the service on it of the s.146 notice to give a counter-notice claiming the benefit of the Leasehold Property (Repairs) Act 1938.
Or
[On [date] Master [..........] gave the Claimant permission under s.1 of the Leasehold Property (Repairs) Act 1938 to commence proceedings for the forfeiture of the Lease and for damages.]

12. Accordingly, the Claimant is entitled to forfeit the lease and by the service of these proceedings the Claimant forfeits the Lease is forefeited to the Claimant.

13. Further, by reason of the Defendant's breaches of covenant the Claimant has suffered loss and damage and the value of its reversion has been diminished.

14. The Claimant is entitled to claim interest pursuant to s.35A, Senior Courts Act 1981 on the sum of £[..........] referred to in paragraph 5 above at the rate of [8%] from the date on which payment was due totalling £[..........] at the date of this Claim Form together with further interest at the same rate on such sums as may be awarded to it in damages.

15. The Premises do not include residential premises.

16. The daily rate of rent payable under the Lease is £[..........].

17. The Claimant is aware of the following persons who may be entitled to claim relief against forfeiture:
[Give the names and addresses of any sub-lessees or mortgagees entitled to claim relief against forfeiture.]

AND the Claimant claims:

(1) Possession of the Premises.
(2) £[..........] claimed under paragraph 5 above.
(3) Damages for breach of covenant.
(4) Mesne profits at the rate of £[..........] a day from the date of service of this Claim Form until possession is given up.
(5) Interest pursuant to statute at the rate of [8%] a year on the sum of £[..........] totalling £[..........] on the date of this Claim Form together with further interest thereafter including interest on such other sums as the Claimant may be awarded in damages at the rate of [8%] a year until judgment or sooner payment.

The Claimant expects to recover more than £100,000.

[Statement of truth]

The forms of the Defence set out in 98-Z33 to 98-Z36 below are appropriate if the premises of which possession is sought are not residential premises. Form N11 set out at 98-Z9 is the prescribed form of defence but may be varied if (as it is considered to be here) the variation is required by the circumstances of a particular case: CPR r.4.4(2). If the premises are residential premises the pleading should be adapted into prescribed form N11R, for which see 98-Z10 above. In the introductory notes to the forms replace CPR r.4.4(2) with CPR r.4(2).

DEFENCE AND COUNTERCLAIM DENYING RENT ARREARS, ASSERTING A RIGHT OF SET-OFF AND COUNTERCLAIMING DAMAGES FOR BREACH OF COVENANT AND RELIEF AGAINST FORFEITURE

Defence

98-Z33 1. The Defendant admits the Lease and the terms of the Lease pleaded in paragraphs 1 and 2 of the Particulars of Claim.

2. The Defendant admits that the sums claimed in paragraph 3 of the Particulars of Claim as arrears of rent have not been paid to the Claimant but denies that such sums are due.

3. The Defendant has a right to set off the sums which he is entitled to as damages for breach of the covenant for quiet enjoyment contained in the Lease, full particulars of which are contained in the Counterclaim below, against the sums which would otherwise be due as rent under the Lease.

4. The sums to which the Defendant is entitled in damages exceed the arrears of rent claimed by the Claimant and accordingly the Defendant denies that the Lease has been forfeited as alleged in paragraph 4 of the Particulars of Claim.

5. The Defendant denies that the Claimant is entitled to mesne profits and interest as alleged in paragraph 5and 6 of the Particulars of Claim.

Counterclaim

6. By clause 4(1) of the Lease, the Claimant covenanted with the Defendant that, for so long as the Defendant paid the rent and complied with his covenants under the Lease, the Defendant might peaceably and quietly possess and enjoy the Premises without any lawful interruption or disturbance from the Claimant or any person claiming under him.

7. In breach of clause 4(1) of the Lease, on or about 1 April 2018 the Claimant caused scaffolding to be erected in front of the demised premises, with the intention that such scaffolding would be used by the Claimant's building contractors while carrying out repairs to the guttering and roof of the building of which the demised premises form part.

8. The scaffolding remained in position for fourteen weeks until about 25 September 2014 although it was used by the Claimant's contractors for periods totalling only about three weeks.

9. The presence of the scaffolding seriously interfered with the Defendant's use and enjoyment of the demised premises in that:
   (a) light was excluded from the interior, especially from the ground floor trading area;
   (b) access to the demised premises was obstructed and displays in the windows were obscured;
   (c) the pavement immediately outside the demised premises was blocked and rendered impassable to pedestrians who were directed to cross to the opposite side of the road, thereby substantially reducing the passing trade on which the Defendant's business relies.

10. By reason of the Claimant's breaches of covenant the Defendant has suffered loss and damage. The Defendant's takings for the 14 week period of interruption were only £12,500, whereas in the same 14 week period in 2017 the Defendant's takings were £22,500.

11. The Defendant claims interest pursuant to s.69 of the County Courts Act 1984, on such sums as are awarded to him in damages, from 1 April 2010 until the date of this Counterclaim, at the rate of [8%] a year.

12. Further, if the Defendant is not entitled to damages equal to or greater than the arrears of rent claimed by the Claimant so that the Lease has been forfeited, the Defendant claims relief against forfeiture on such terms as may be just.

AND the Defendant counterclaims:
(1) Damages for breach of covenant.
(2) Interest.
(3) So far as may be necessary, relief against forfeiture.

[Statement of truth]

DEFENCE TO CLAIM FOR FORFEITURE DENYING BREACH OF COVENANT

Defence

1. The Defendant admits paragraphs 1 to 4 of the Particulars of Claim.   98-Z34

2. The Defendant admits that A.B. Ltd is in occupation of the Premises but denies that he has assigned the Lease in breach of covenant as alleged in paragraph 5 of the Particulars of Claim.

3. A.B. Ltd shares occupation of the Premises with the Defendant under the terms of an agreement comprised in an exchange of letters between the Defendant and the A.B. Ltd dated [date]. Copies of the letters are attached to this Defence.

4. Under the terms of the agreement A.B. Ltd does not have exclusive possession of any part of the Premises and accordingly no underletting of the Premises or assignment of the benefit of the Lease has taken place.

5. Accordingly the Defendant denies that he has committed any breach of covenant.

[Statement of truth]

DEFENCE TO CLAIM FOR FORFEITURE OF LEASE DISPUTING VALIDITY OF SECTION 146 NOTICE/ASSERTING REMEDY OF BREACH

Defence

98-Z35 1. The Defendant admits paragraphs 1 to 4 of the Particulars of Claim.

2. The Defendant admits that, in breach of covenant and as alleged in paragraph 5 of the Particulars of Claim, he failed to redecorate the Premises during the seventh year of the term, as required by clause 2(16) of the Lease.

3. The Defendant admits service upon him of the notice under s.146 of the Law of Property Act 1925 referred to in paragraph 6 of the Particulars of Claim, but denies that the notice was valid.

4. The notice given by the Claimant omitted to inform the Defendant of his rights under the Leasehold Property (Repairs) Act 1938, and accordingly the Defendant had no right to commence proceedings for forfeiture of the Lease.

5. Further, the period of 2 months specified in the s.146 notice was not a reasonable period within which to require the Defendant to remedy the breach of covenant complained of and accordingly the s.146 notice was invalid.

6. Further, before the commencement of these proceedings, the Defendant remedied the breach complained of by completing the redecoration of the Premises.

7. Accordingly the Defendant denies that the Lease has been forfeited.
[If appropriate include a counterclaim for relief from forfeiture as in Precedent 98-Z22 above.]

[Statement of truth]

DEFENCE TO CLAIM FOR POSSESSION ADMITTING BREACH OF COVENANT BUT RELYING ON WAIVER OF FORFEITURE

Defence

98-Z36 1. The Defendant admits paragraphs 1 to 4 of the Particulars of Claim.

2. The Defendant admits that, in breach of clause 2(15) of the Lease, he carried out structural alterations to the demised Premises without first obtaining the consent in writing of the Claimant as alleged in paragraph 5 of the Particulars of Claim.

3. Before the commencement of these proceedings the Claimant waived the right to forfeit the Lease on the grounds now relied on.

Particulars

(a) On or about [date] the Claimant's managing agent, A.B., visited the Premises and observed the Defendant's works in progress at a stage when the dividing wall between the front and rear rooms on the ground floor of the Premises had just been removed and the consequential plastering and redecorating work was about to be started. A.B. commented that the Premises looked much bigger now that the wall had been removed.

(b) Following the visit of A.B. to the Premises, on 23 September 2018 the Claimant sent the Defendant a demand for payment of the rent due on 29 September 2018.

(c) On 29 September 2018 the Defendant paid the rent demanded by cheque which was subsequently presented by the Claimant.

4. Accordingly it is denied that the Lease is liable to be forfeited.

[Include an alternative counterclaim for relief from forfeiture as in Precedent 98-Z28 above.]

[Statement of truth]

PARTICULARS OF CLAIM FOR RELIEF AGAINST FORFEITURE FOLLOWING LANDLORD'S PEACEABLE RE-ENTRY

Particulars of Claim

98-Z37

1. By a Lease[29] made on [date] between the Claimant as Tenant and the Defendant as Landlord a lock up shop situated at [..........] was demised to the Claimant for a term of 15 years from [date] at a rent of £[..........] a year payable by equal quarterly instalments in advance on the usual quarter days. A copy of the Lease is attached to this Claim Form.

2. The Lease includes, at clause 4(4), a proviso for re-entry entitling the Defendant to forfeit in the event that rent due under the Lease should be in arrear for 21 days or more after becoming due.

3. The Claimant failed to pay the rent due on 25 December 2018.

4. On or about 1 February 2019 the Defendant exercised the right of re-entry reserved to him by the Lease by physically re-entering the demised premises, changing the locks and displaying a notice to the effect that the Lease had been terminated.

---

[29] For a claim form for relief against forfeiture see prescribed form N5A at 98-Z2 above. Particulars of claim may be included in the claim form or attached thereto. If the particulars of claim are to be served separately from the claim form the claimant must state on the claim form that the particulars of claim will follow: CPR r.16.2(1) (2).

5. The Claimant is ready, willing and able to pay the arrears of rent due to the Defendant and by letter dated [date] from his solicitors to the Defendant the Claimant offered to pay the sum due, but the Defendant has refused to accept it.

AND the Claimant claims:
Relief against forfeiture on such terms as may be just and equitable.

[Statement of truth]

Section 99:

LANDLORD AND TENANT—PROTECTION FROM EVICTION

Table of Contents

Claim for an injunction restraining threatened unlawful eviction	99-Z1
Claim for an injunction requiring restoration of tenant to possession following unlawful eviction with claims for damages at common law and under Housing Act 1988	99-Z2
Defence to claim for damages under Housing Act 1988 relying on tenant's unreasonable behaviour/offer of reinstatement	99-Z3

Unlawful eviction Every lease or tenancy agreement includes an express or implied covenant for quiet enjoyment by the landlord. Where the ordinary and lawful enjoyment of demised premises is substantially interfered with by the acts of the landlord, or those claiming under him, there will be a breach of this covenant, even though the tenant is not deprived of possession. In such cases proceedings for an injunction to restrain further breaches of covenant may be necessary (see Precedent 99-Z1). In extreme cases a tenant may be entirely excluded from the premises by the deliberate act of his landlord. In such circumstances the tenant will have claims against the landlord both for breach of contract and for the tort of trespass. The eviction of the tenant will not bring the tenancy to an end and the tenant will remain entitled to possession; in such cases proceedings for an injunction requiring the landlord to restore the tenant to possession will be appropriate (see Precedent 99-Z2). Residential tenants who are wholly excluded from the premises will also have a claim for damages under the Housing Act 1988 which creates a statutory tort of unlawful eviction. **99-01**

Damages At common law the measure of damages for breach of a covenant for quiet enjoyment is the amount of damage sustained and, in an appropriate case, this will include the value of the term lost, the cost of alternative accommodation or loss of profits if the eviction was from commercial premises. An action for breach of the covenant for quiet enjoyment is an action for breach of contract, therefore the usual contractual principles apply.[1] Accordingly, no damages can be recovered for injured feelings or mental distress, nor may exemplary damages be awarded.[2] It has been held that damages for mental suffering maybe awarded where the mental suffering is a direct consequence of physical inconvenience and discomfort caused by the breach[3] but, it is considered, such cases are questionable. Damages for distress cannot usually be awarded in contract unless the contract is one whose object is the giv- **99-02**

---

[1] *Branchett v Beaney* [1992] 3 All E.R. 910.
[2] *Crawfordsburn Inn Ltd v Graham* [2013] NIQB 79.
[3] *Watts v Morrow* [1991] 4 All E.R. 937.

ing of pleasure or the prevention of distress.[4] A covenant for quiet enjoyment is not a contract of this kind (*Branchett v Beaney*). In addition to a claim for damages for breach of contract, a tenant who has been unlawfully evicted will have a claim in tort for trespass and in some cases may have claims for assault. Damages in tort may include aggravated or exemplary damages. Where the manner of eviction has been such as to cause injury to the tenant's feelings of dignity or pride, aggravated damages may be awarded, although these will be compensatory rather than punitive.[5] Exemplary damages, designed to strip a landlord of the profit which he hoped to make as a result of the eviction, will be awarded where the landlord has shown a cynical disregard for the tenant's rights and has calculated that the profit to be made will exceed the damages likely to be awarded against him[6] (see Precedent 99-Z2).

99-03 **Claims under the Housing Act 1988**   Since June 1988 residential occupiers have had a statutory remedy in tort where a landlord or any person acting on behalf of a landlord either: (a) unlawfully deprives the occupier of his occupation of the whole or part of the premises, or attempts to do so; or (b) knowing or having reasonable grounds to believe that his conduct will cause the residential occupier to give up occupation of the premises or to refrain from exercising any right or pursuing any remedy in respect of them, does acts which are likely to interfere with the peace or comfort of the occupier or members of his household, or persistently withdraws services and, as a result, the residential occupier gives up occupation of the premises as a residence (Housing Act 1988 s.27). Residential occupiers include licensees and in such cases the court will determine the period of notice that would have been reasonable to determine the licence.[7]

Damages under the 1988 Act are designed to deprive the wrongdoer of the profit which he might otherwise have expected to make as a result of the unlawful eviction, and are calculated by comparing the value of the landlord's interest free of the tenancy with the value of his interest encumbered with the tenancy.[8] In assessing damages the statutory assumption that the tenant has "the same right" to occupy means that the possibility of a change in security of tenure on a hypothetical sale by a public sector landlord to a private sector landlord must be ignored.[9] The availability of exemplary damages is not altogether clear.[10] It is considered that the correct approach is that taken in *Francis*. In that case the Court of Appeal held that where an award of damages under the 1988 Act was made there was no scope for an award of exemplary damages because the statutory damages removed the profit element from the wrongful acts. Aggravated damages may be appropriate but must be set off against statutory damages.[11]

The statutory measure of damages is not available where the tenant has been restored to possession following the eviction, or is so restored following an order of the court. A tenant must elect at trial whether to seek statutory damages or a

---

[4] *Woodar Investment Development v Wimpey Construction UK* [1980] 1 W.L.R. 277; *Biss v South East Thames Regional Health Authority* [1985] I.R.L.R. 308.
[5] *Ramdath v Daley* [1993] 1 E.G.L.R. 82.
[6] *Rookes v Barnard* [1964] A.C. 1129.
[7] *Mehta v Royal Bank of Scotland* [1999] 3 E.G.L.R. 153.
[8] *Jones & Lee v Miah & Miah* (1992) 24 H.L.R. 578.
[9] *Lambeth LBC v Loveridge* [2014] UKSC 65; [2014] 1 W.L.R. 4516.
[10] *Sampson v Wilson* (1994) 26 H.L.R. 468; *Nwokorie v Mason* (1994) 26 H.L.R. 60; *Francis v Brown* (1998) 30 H.L.R. 143.
[11] *Nwokorie v Mason* (1993) 26 H.L.R. 60.

continuing right to possession; he is not entitled to both.[12] Thus it may be appropriate, where the tenant seeks reinstatement but may not obtain it, to plead claims in the alternative for exemplary and/or aggravated damages and damages under s.28 of the 1988 Act (see Precedent 99-Z2).

The 1988 Act provides certain defences both as to liability and as to quantum (see Precedent 99-Z3). A landlord will avoid liability if he believed and had reasonable cause to believe that the residential occupier had ceased to reside in the premises at the time of the eviction or acts complained of. A mistake of law as to the validity of a notice to quit served short by one joint tenant to determine a tenancy does not amount to a reasonable belief that the other tenant had ceased to reside in the premises (*Osei-Bonsu v Wandsworth London Borough Council*). Damages may be mitigated if it seems to the court to be reasonable to do so, on account of the conduct of the former residential occupier or any person living with him in the premises; damages may be reduced if the former occupier has unreasonably refused an offer of reinstatement to the premises in question.

Pleading The appropriate venue for proceedings for damages under the Housing Act 1988 or generally for claims concerning eviction from residential premises is the county court. The tenant's particulars of claim should plead the relevant terms of the lease or tenancy agreement including the express or implied covenant for quiet enjoyment and short but specific particulars should be provided of the acts complained of. The nature of any damages claimed should be pleaded, identifying whether a claim is maintained for exemplary or aggravated damages, or for damages under the 1988 Act; if the possessions of the tenant have been lost or damaged as a result of the eviction these should be itemised in a schedule and damages claimed in respect of their loss either in trespass or conversion. Where valuation advice has been obtained before the commencement of the action the difference between the value of the landlord's interest encumbered and unencumbered by the tenancy should be pleaded. A landlord's defence should take issue with any factual matters in dispute and plead precisely the basis of any statutory defence.

99-04

CLAIM FOR AN INJUNCTION RESTRAINING THREATENED UNLAWFUL EVICTION

Particulars of Claim

1. By a written Tenancy Agreement made on [date] between the Claimant as Tenant and the Defendant as Landlord residential premises at [..........] were let to the Claimant from month to month. A copy of the Tenancy Agreement is served with this Claim Form.

99-Z1

2. The Claimant has occupied the premises as his home at all times since the commencement of the letting.

3. The Tenancy Agreement includes a covenant for quiet enjoyment given by the Defendant to the Claimant.

---

[12] *Osei-Bonsu v Wandsworth London Borough Council* [1999] 1 All E.R. 265; [1999] 1 E.G.L.R. 26.

4. In breach of the covenant for quiet enjoyment the Defendant has, since [date], embarked on a campaign of harassment against the Claimant with the intention of forcing the Claimant to give up possession of the premises.

Particulars

(a) On [date] the Defendant visited the Claimant at the premises and told him that he had a week to leave the premises and that, unless he left voluntarily, the Defendant would force him out.
(b) On [date] at about 11.30 pm the Defendant arrived at the premises with two other men and hammered repeatedly on the Claimant's door, but the Claimant refused to admit him and telephoned the police.
(c) On [date] the Defendant emptied the contents of several rubbish bins immediately outside the premises.

5. The Defendant threatens and intends, unless restrained by the Court from so doing, to continue the breaches of covenant and acts of intimidation pleaded above until the Claimant is forced to leave the premises.

6. Further, the Defendant's breaches of covenant have caused loss and damage to the Claimant including special damages of £100 being the cost of new locks installed by the Claimant at the premises.

7. The Claimant claims interest under s.69 of the County Courts Act 1984 on such damages as he is awarded at such rate and for such period as the Court thinks fit.

AND the Claimant claims:
(1) An injunction to restrain the Defendant, whether personally or by any agent, employee or other person whomsoever, from committing any further breach of the covenant for quiet enjoyment in the Tenancy Agreement.
(2) Damages for breach of covenant.
(3) Interest on such damages under statute.
The Claimant expects to recover less than £10,000.

[Statement of truth]

CLAIM FOR AN INJUNCTION REQUIRING RESTORATION OF TENANT TO POSSESSION FOLLOWING UNLAWFUL EVICTION WITH CLAIMS FOR DAMAGES AT COMMON LAW AND UNDER HOUSING ACT 1988

99-Z2 **1.** [As in paragraphs 1 to 4 of 99-Z1 above, or as the case may be.]

2. During the afternoon of [date], while the Claimant was absent from the premises, the Defendant unlawfully evicted the Claimant from the premises by removing the Claimant's possessions into the garden and changing the locks on the front and back doors.

3. The Claimant has demanded to be restored to possession of the premises by letters from his solicitors to the Defendant dated [date] but the Defendant has failed to respond to those demands.

4. The Defendant will continue to refuse the Claimant possession of the premises until compelled to do so by an order of the Court.

CLAIM FOR INJUNCTION REQUIRING RESTORATION OF TENANT TO POSSESSION

5. By reason of the Defendant's breaches of covenant the Claimant has suffered loss and damage. In addition to general damages for breach of covenant the Claimant seeks aggravated damages for the fear and injury to his dignity and feelings which he has suffered and special damages. The best particulars the Claimant can currently give of the special damage he claims are as follows.

Particulars

(a) The Claimant has been put to the expense of finding alternative accommodation in a guesthouse at a cost of £[..........] per night, so far totalling £[..........] but continuing.
(b) The Claimant, who is a self employed graphic designer who works from home, has been unable to work while attempting to regain possession of the premises and is suffering a loss of earnings at the rate of £250 per day totalling £[..........] to the date of this Claim Form and continuing.
(c) Many of the Claimant's belongings, including electrical equipment, books and clothes, were damaged by rain when they were removed from the premises and left outside. A full list of damaged items will be provided after the Claimant is restored to possession.

6. Additionally, the Defendant's conduct in evicting the Claimant from the premises was motivated by the calculation on the Defendant's part that the compensation which he would be required to pay to the Claimant, if any, would be less than the profit which the Defendant would make from selling the premises free of the Claimant's rights. Accordingly the Claimant claims exemplary damages.

7. Alternatively, in the event that the Claimant is not restored to possession of the premises, he reserves the right to claim damages under ss.27 and 28 of the Housing Act 1988 equal to the difference between the value of the premises subject to the Defendant's interest determined on the assumption that the Claimant's tenancy had continued, and the value of that interest on the assumption that the Claimant's tenancy has terminated. Full particulars of the damages claimed under this head will be provided, if appropriate, at a later date.

8. The Claimant claims interest under s.69 of the County Courts Act 1984 on all sums awarded to him in damages at such rate and for such period as the Court thinks fit.

AND the Claimant claims:
(1) An injunction requiring the Defendant immediately to restore the Claimant to possession of the premises and thereafter restraining the Defendant whether personally or by any agent, employee or other person whomsoever, from committing any further breach of the covenant for quiet enjoyment in the Tenancy Agreement.
(2) Damages for breach of covenant including aggravated and special damages.
(3) Exemplary damages.
(4) Alternatively, damages under ss 27 to28, Housing Act 1988.
(5) Interest under s.69 of the County Courts Act 1984.

The Claimant expects to recover more than £25,000.

[Statement of truth]

Defence to claim for damages under Housing Act 1988 relying on tenant's unreasonable behaviour/offer of reinstatement

99-Z3

1. The Defendant admits that the Claimant was the tenant of the Premises under an assured tenancy within the Housing Act 1988 as alleged in paragraphs [..........] to [..........] of the Particulars of Claim [or as the case may be.]

2. The Defendant denies that the Claimant was unlawfully evicted from the Premises as alleged in paragraph [..........] of the Particulars of Claim.

3. On [date] the Defendant gave the Claimant notice terminating his tenancy of the Premises on [date].

4. On [date] the Defendant attended at the Premises and found them empty, except for a few items belonging to the Claimant.

5. The Defendant reasonably assumed that the Claimant had left the Premises and that the possessions remaining in the Premises had been abandoned. Accordingly the Defendant removed the remaining items belonging to the Claimant and changed the locks on the door to the Premises.

6. The Defendant will contend that the tenancy of the Premises had come to an end by reason of the Claimant ceasing to occupy the Premises as his only or principal home.

7. If, which is denied, the tenancy of the Premises was subsisting on [..........] when the Defendant resumed possession, the Defendant admits that the Claimant was unlawfully evicted from the Premises and that the Claimant has suffered loss and damage as a result of the Defendant's breach of covenant, but the Defendant denies that such loss is as pleaded in paragraph [..........] of the Particulars of Claim.

8. All of the personal items removed by the Defendant from the Premises and referred to in paragraph [..........] of the Particulars of Claim have been stored, undamaged, by the Defendant and are available to be collected by the Claimant. Accordingly it is denied that the Claimant has is entitled to recover the cost of replacing those items.

9. As to the Claimant's claim for damages under s.27 of the Housing Act 1988 the Defendant will contend that such damages, if any, should be reduced under s.27(7)(a) of the Act to reflect the conduct of the Claimant before the events complained of in these proceedings on the grounds that such conduct makes it reasonable to mitigate the damages for which the Defendant would otherwise be liable.

Particulars

(a) On [date] when the Defendant resumed possession of the Premises the Claimant had failed to pay rent for three months and arrears totalling £[..........] had accumulated.

(b) The Claimant caused damage to the Premises by [provide details].

(c) The Claimant caused nuisance and annoyance to other residential occupiers in the block of flats of which the Premises form part by playing loud music late at night [or as the case may be].

10. Further or alternatively, the Defendant will contend that such damages, if any, as the court may award the Claimant under s.27 of the Housing Act 1988, should be reduced under s.27(7)(b) of the Act.

Particulars

(a) On [date] the Defendant was contacted by a solicitor acting for the Claimant who informed him that the Claimant alleged that he had been unlawfully evicted from the Premises by the Defendant.

(b) Immediately on being contacted by the Claimant's solicitor, and before the commencement of these proceedings, the Defendant wrote to the Claimant offering to reinstate him in occupation of the Premises.

(c) On [date] the Claimant telephoned the Defendant and refused the offer of reinstatement, saying that he would "see [the Defendant] in Court".

(d) The Claimant's refusal to accept the offer of reinstatement was unreasonable.

11. Accordingly, the Defendant denies that the Claimant is entitled to the relief claimed or any relief.

[Statement of truth]

Section 100:

LANDLORD AND TENANT—RENT AND SERVICE CHARGES

Table of Contents

Particulars of Claim for unpaid rent	100-Z1
Particulars of Claim for rent after rent review	100-Z2
Defence alleging rent paid to superior landlord	100-Z3
Defence alleging satisfaction by distress	100-Z4
Defence alleging continuing distress	100-Z5
Defence denying implementation of rent review	100-Z6
Defence alleging termination of tenancy by notice	100-Z7
Defence alleging surrender of tenancy by operation of law	100-Z8
Defence alleging termination of tenancy upon peaceable re-entry	100-Z9
Defence alleging claim time-barred	100-Z10
Claim for declaration as to true effect of service charge provision	100-Z11
Particulars of Claim for unpaid service charge	100-Z12
Defence alleging landlord's failure to comply with provisions in lease	100-Z13
Defence alleging implied term that service charge should be fair and reasonable	100-Z14
Defence alleging service charge irrecoverable by virtue of Section 20B of the Landlord and Tenant Act 1985	100-Z15
Defence alleging that Section 20 of the Landlord and Tenant Act 1985 not complied with	100-Z16
Defence alleging costs not reasonably incurred	100-Z17
Defence alleging services or works not of a reasonable standard	100-Z18
Application to the First-tier Tribunal (Property Chamber) for declaration under Section 20C of the Landlord and Tenant Act 1985 that the costs incurred by the landlord in connection with court or First-tier Tribunal (Property Chamber)are not recoverable through the service charge Section 100: Landlord and Tenant—Rent and Service Charges	100-Z19
Application for declaration under Section 20C of the Landlord and Tenant Act 1985 that the costs incurred by the landlord in connection with court or First-tier Tribunal (Property Chamber) are not recoverable through the service charge (adapted from Form 7)	100-Z20
Application to the First-tier Tribunal (Property Chamber) for a determination of liability to pay and reasonableness of service charges	100-Z21

Application to the First-tier Tribunal (Property Chamber) for the dispensation of all or any of the consultation requirements provided for by section 20 of the Landlord and Tenant Act 1985 .... 100-Z22

100-01 A full consideration of the law relating to rent and service charges is outwith the scope of this work and reference should be made to specialist texts such as *Woodfall's Law of Landlord and Tenant*. What follows is a brief explanation of the main principles and provisions.

Rent was defined as a periodical sum issuing out of the land paid by the tenant to the landlord for the exclusive possession of the land out of which it issues and for non-payment of which distress may be levied.[1]

Until recently, rent could be recovered by distress or by action. Claims for rent are actions for a contractual debt. Distress allowed a landlord to secure the payment of rent by seizing goods and chattels found upon the premises in respect of which the rent is due. The limitation period in respect of an action brought or a distress made to recover arrears of rent is six years from the date on which the arrears became due (Limitation Act 1980 s.19).

The remedy of distress was abolished by the Tribunals, Courts and Enforcement Act 2007. As from 6 April 2014 there is no longer any right to distrain in relation to residential premises and the remedy has been replaced by a statutory regime, Commercial Rent Arrears Recovery provided for by Pt 3 of and Sch.12 to the 2007 Act.

The law of distress remains relevant in relation to goods distrained before 6 April 2014 (2007 Act s.66; the Tribunals, Court and Enforcement Act 2007 (Commencement No.11) Order 2014 (SI 2014/768). Accordingly, defences alleging satisfaction by distress and continuing distress are retained in the text. Section 92 of this work deals further with CRAR and the old law of distress.

Although claims for rent are largely a matter of contract law there are some statutory restrictions upon the right of recovery. For example, various insolvency procedures impact upon liability for rent and proceedings to recover rent. Further protection is given to residential tenants. Sections 46(1) and 48 of the Landlord and Tenant Act 1987 impose notice requirements upon a landlord of a tenant of premises consisting of or including a dwelling and not held under a tenancy to which Pt II of the Landlord and Tenant Act 1954 applies. Where the tenant of such premises has not been supplied with an address in England and Wales at which notices may be served by the tenant upon the landlord, any rent (or service charge) otherwise due from the tenant shall be treated for all purposes as not being payable. Upon service of an appropriate notice arrears of rent which have fallen due prior to the notice will be recoverable.[2]

100-02 Claims for service charges are also a matter of contract law and there are a large number of reported cases on the construction of service charge provisions. Again, however, there has been statutory intervention in respect of service charges payable by tenants of dwellings. The Landlord and Tenant Act 1985 contains most of the relevant provisions. The Commonhold and Leasehold Reform Act 2002, extends

---

[1] *Escalus Properties Ltd v Robinson* [1995] 2 E.G.L.R. 23.
[2] *Hussain v Singh* [1993] 31 E.G. 75; *Lindsey Trading Properties Inc v Dallhold Estates (UK) Property Ltd* (1995) 70 P. & C.R. 332, CA; *Rogan v Woodfield Building Services Ltd* [1995] 20 E.G. 132; *Morgan v Hamid-Zadeh* [1999] 2 E.G.L.R. 13.

the definition of service charge in s.18 of the 1985 Act to include improvements. Section 19(1) of the 1985 Act provides that service charges are recoverable (a) only to the extent that they are reasonably incurred and (b) where they are incurred in the provision of services or the carrying out of works, only if the services or works are of a reasonable standard. Where a service charge is due before expenditure is incurred, only a reasonable amount is payable.

Sections 20 and 20ZA impose consultation requirements in relation to proposed "qualifying works" or "qualifying long term agreements". Qualifying works are works to premises where the costs result in the contribution of any tenant exceeding the prescribed limit (currently £250: see the Service Charges (Consultation Requirements) (England) Regulations 2003 (SI. 2003/1987) r.6) Qualifying long term agreements are agreements of more than 12 months (e.g. a contract with a managing agent) if the costs incurred under the agreement in any 12 month period will result in the contribution of any tenant, in respect of that period, being more than the prescribed limit (currently £100: SI 2003/1987 r.4(1)). Some agreements of more than 12 months are excepted, such as contracts of employment.

The First-tier Tribunal (Property Chamber) (referred to below as the Tribunal) can, on application by the landlord, make an order dispensing with the requirements if it is satisfied that it is reasonable to make such an order: s.20(1) of the 1985 Act and see *Daejan Investments Ltd v Benson*.[3]

Otherwise, if a landlord fails to comply with the consultation requirements the amount that he can recover from each tenant is capped at the prescribed limit, currently £250 and £100 respectively.

100-03

Sections 20A, 20B and 20C of the Landlord and Tenant Act 1985 impose further restrictions upon the amount of service charge recoverable. Section 20A requires a landlord to give credit in respect of works qualifying for certain grants. Under s.20B a service charge demand may not include costs incurred more than 18 months before the demand is served on the tenant unless, within those 18 months, he was notified in writing that the costs had been incurred and he would be required to pay for them in due course. Section 20C allows a tenant to apply for an order that all or any of the legal costs incurred by the landlord in connection with proceedings under the Landlord and Tenant Act 1985 are irrecoverable as service charge. For a case setting out the matters to which consideration must be given in determining a s.20C application see *Conway v Jam Factory Freehold Ltd*.[4]

The Landlord and Tenant Act 1985 ss.21 and 22 provide that a tenant may require the landlord to supply a written summary of costs recoverable as service charge and to allow him to inspect supporting accounts in respect of any summary so supplied. The Commonhold and Leasehold Reform Act 2002 substituted ss.21 and 22 and inserted ss.21A and 21B. The new s.21 imposes upon the landlord an obligation to supply tenants with a written statement of account for each accounting period together with an accountant's certificate dealing with specified matters. Under s.21B the statement must include a summary of the tenant's rights and obligations. The Service Charges (Summary of Rights and Obligations, and Transitional Provisions) (England) Regulations 2007 make provision for the contents of a demand for payment of a service charge in relation to s.21B to take effect from 1 October 2007. In the absence of compliance with those provisions a tenant may, under s.21A, with-

---

[3] *Daejan Investments Ltd v Benson* [2013] UKSC 14; [2013] 1 W.L.R. 854.
[4] *Conway v Jam Factory Freehold Ltd* [2013] UKUT 592 (LC); [2014] 1 E.G.L.R. 111.

hold payment of a service charge up to a prescribed amount unless the Tribunal determines that a landlord has a reasonable excuse for his default. The new s.22 modifies the procedure in respect of inspection of documents to bring it in line with the new s.21.

The effect of s.48 of the Landlord and Tenant Act 1987 on the recoverability of rent and service charges has already been mentioned. Under s.47 of that Act, a written demand for rent or other sums made by a landlord to a residential tenant must contain the name and address of the landlord in England and Wales. Any claim for service charges is treated as not being due at any time before the landlord complies with the requirement (liability for rent is not affected). The provision is suspensory, so service charges become due if the omission is rectified.[5] Further, s.42 of the Landlord and Tenant Act 1987 provides that where tenants of two or more dwellings are required under the terms of their leases to contribute to the same costs by the payment of service charges (as defined in s.18 of the Landlord and Tenant Act 1985) the monies are to be held under a statutory trust. The Commonhold and Leasehold Reform Act 2002 inserts new ss.42A and 42B requiring such trust fund to be held in a designated account at a relevant financial institution and imposing sanctions for breach of that requirement. To date ss.42A and 42B are brought into force only insofar as they confer power to make regulations.

100-04 In addition to the Tribunal's (sole) jurisdiction in applications to dispense with consultation requirements, section 27A of the 1985 Act (as inserted by the Commonhold and Leasehold Reform Act 2002) confers jurisdiction upon the Tribunal to determine disputes as to reasonableness, whether a service charge is or will be payable and to whom, by whom, when and how such a payment is to be made. The Tribunal's remit includes jurisdiction to consider the reasonableness of service charges which have been paid, including services charges paid before s.27A came into force on 30 September 2003.[6]

The Tribunal has limited powers to award costs. It can make an order but only if a person has acted unreasonably in bringing, defending or conducting proceedings. Establishing "unreasonableness" is difficult and, in practice, parties before the Tribunal must usually expect to bear their own costs.[7]

The courts retain concurrent jurisdiction in relation to the matters set out in s.27A of the 1985 Act so most service charge disputes can be commenced in the county court. It is suggested, however, that in many cases the Tribunal will be a more appropriate venue. The Tribunal has expertise, dealing with such cases on a daily basis and the restrictions on awards of costs make it more accessible, particularly to tenants. Moreover, where there is a landlord's claim for dispensation of consultation requirements, the Tribunal has (as previously stated) sole jurisdiction. An application for dispensation is often accompanied by a number of additional issues better considered at the same time as the application.

The court has power to transfer proceedings commenced in the court to the Tribunal where an issue arises for determination that falls within the Tribunal's jurisdiction. The court may then dispose of all or any remaining proceedings, or

---

[5] *Roberts v Countryside Residential (South West) Ltd* [2017] UKUT 386 (LC); *Skelton v DBS Homes (King's Hill) Ltd* [2017] EWCA Civ 1139; [2018] 1 W.L.R. 362.
[6] See *Sinclair Gardens Investments (Kensington) Ltd v Wang* 23 May 2006 per HHJ Huskinson, Lands Tribunal.
[7] The Tribunal, Courts and Enforcement Act 2007 s.29; The Tribunal Procedure (First-tier Tribunal) (Property Chamber) Rules 2013 (SI 2013/1169) r.13(1)(b).

Pleading   For a claim for rent or service charges to be brought in the High Court, the claimant must be able to state that they expect to recover more than £100,000 (CPR r.16.3(5)(a)). A claim for arrears of rent or service charges may be commenced in either the Queen's Bench Division or the Chancery Division.   100-05

A claim for rent or service charges is made under CPR Pt 7. The particulars of claim may be written upon or attached to the claim form or served separately within 14 days after the claim form is served: PD 16 paras 3.1, 3.2.

The claim form must contain a concise statement of the nature of the claim, specify the remedy sought, contain a statement of value and contain such other matters as may be set out in a Practice Direction: see CPR r.16.2 It is good practice for the titles or status of the parties to the claim to be set out in the first paragraphs of any particulars of claim, and any relevant assignments or transfers of interests should be pleaded. If interest is claimed, the basis of the claim and of the calculation must be pleaded: CPR r.16.4(2).

PD 16 para.7.3 suggests a copy of the relevant lease(s) should be annexed. A statement of truth is required.

CPR r.16.5 and PD 16 para.13 set out the matters required to be set out in a defence.

Where a question is unlikely to involve a substantial dispute of fact, a claimant may use the Pt 8 procedure under the Civil Procedure Rules (CPR r.8.1). The claim form is required to contain particular statements (CPR Pt 8.2), and the evidence in support of the claim must be filed and served with the Pt 8 claim form (CPR Pt 8.5(1), (2)).

As stated above, the Tribunal has jurisdiction to determine the construction of a service charge provision: s.27A of the Landlord and Tenant Act 1985. If a claim is made to the Tribunal, the First-tier Tribunal (Property Chamber) Rules 2013 (SI 2013/1169) contain the particulars to be provided in applications under the Landlord and Tenant Act 1985. There are also prescribed forms.

PARTICULARS OF CLAIM FOR UNPAID RENT

1.   By an tenancy agreement in writing dated [date] the Claimant let to the Defendant the property known as [..........] at the rent of £[..........] per month payable in advance on the [..........] day of each month. A copy of the tenancy agreement is annexed hereto.   100-Z1

2.   By clause [..........] of the tenancy agreement the Defendant covenanted with the Claimant to pay the rent in the manner aforesaid [and to pay any interest on any arrears of rent at the rate of [..........] % above the base rate from time to time of [..........] Bank plc].

3.   The said rent is £[..........] in arrear.

                              Particulars
   [Provide details or annex schedule.]

4. Furthermore, the Claimant claims interest on the arrears of rent pursuant to s.69 of the County Courts Act 1984 at the rate of 8% per annum from [date] until the date of payment, amounting to £[..........] to the date of this Claim Form and continuing thereafter at the daily rate of £[..........]. The Claimant expects to recover more than £10,000 but less than £25,000.

AND the remedies sought by the Claimant are:
(1) £[..........].
(2) Interest.
(3) Costs.

[Statement of truth]

Particulars of Claim for Rent after Rent Review

100-Z2   1. By a lease made on [date], the Claimant demised to the Defendant the property known as [..........] for a term of [..........] years from [date] at an initial annual rent (subject to review) of £[..........] payable by equal quarterly instalments in advance on the usual quarter days. A copy of the lease is annexed hereto.

2. By clause [..........] of the lease the Defendant covenanted with the Claimant to pay the rent in the manner aforesaid and to pay interest on any arrears of rent at the rate of £[..........] % above the base rate from time to time of [..........] Bank plc.

3. Clause [..........] of the lease entitled the Claimant by notice in writing to require a review of the rent with effect from the fifth anniversary of the commencement of the term [vary as appropriate].

4. Clause [..........] of the lease provided that in default of agreement the rent should be determined by an expert to be appointed in default of agreement by the President for the time being of the Royal Institute of Chartered Surveyors.

5. By a notice dated [date] and served by the Claimant pursuant to clause [..........] of the lease the Claimant required a review of the rent.

6. On or about [date] Mr [..........] FRICS was appointed by the said President as expert to determine the rent.

7. On [date] Mr [..........] FRICS published his determination of the rent in the sum of £[..........] per annum.

8. Accordingly, the rent is payable with effect from [date] at the rate of £[..........] per annum.

9. At present the rent payable under the lease is in arrear and the arrears amount to £[..........].

Particulars

[Provide details or annex schedule.]

10. Furthermore, the Claimant claims interest on the arrears of rent pursuant to s.69 of the County Courts Act 1984 at the rate of 8% per annum from [date] until

the date of payment, amounting to £[..........] to the date of this Claim Form and continuing thereafter at the daily rate of £[..........].

11. The Claimant expects to recover more than £25,000.

AND the remedies sought by the Claimant are:
(1) £[..........].
(2) Interest.
(3) Costs.

[Statement of truth]

Defence alleging rent paid to superior landlord

1. The Claimant is the head lessee of [..........] pursuant to a lease ("the Headlease") dated [date] and made between XY and the Claimant for a term of [..........] years from [date]. **100-Z3**

2. By a letter dated [date], XY served upon the Defendant a notice pursuant to s.6 of the Law of Distress Amendment Act 1908 informing the Defendant that the Claimant was in arrears of rent under the Headlease and requiring all further payments of rent under the Defendant's sub-lease, whether already accrued due or not, to be made to XY until such time as the arrears of rent due under the Headlease had been paid.

3. The effect of the said notice was to transfer to XY the right to recover such rent and give a discharge for such rent.

4. On [date] the Defendant paid the rent claimed in these proceedings directly to XY.

5. Accordingly, the Claimant is not entitled to the sum claimed.

Defence alleging satisfaction by distress

While the rent claimed was in arrear, the Claimant on or about [date] caused a Section 100: Landlord and Tenant—Rent and Service Charges certificated bailiff to distrain certain goods upon the premises for the arrears. The goods were sold by auction on or about [date] and the Claimant has satisfied the said arrears out of the proceeds of that sale. **100-Z4**

Defence alleging continuing distress

While the rent was in arrear the Claimant, on or about [date] caused a certificated bailiff to distrain certain goods on the premises for the said rent. He still holds those goods as a distress for the rent.[8] **100-Z5**

---

[8] *Ground of Defence*: When a landlord distrains for rent and does not sell the goods, he cannot bring an action for the rent so long as he holds the distress, though it be insufficient to satisfy the rent (*Lehain v Philpott* (1874-75) L.R. 10 Ex. 242).

Defence denying implementation of rent review

100-Z6 1. The Defendant admits paragraphs [..........] to [..........] of the Particulars of Claim.

2. Upon the true construction of clause [..........] of the lease time was the essence of the time limit for the service of the landlord's notice calling for a rent review.

3. The Claimant failed within the time limited by that clause to serve notice on the Defendant as aforesaid, and consequently lost the right to call for a rent review.

4. The Defendant admits that the President of the Royal Institution of Chartered Surveyors purported to appoint Mr [..........] FRICS as expert to determine the rent but denies that the said President was empowered to make the appointment.

5. The Defendant admits that Mr [..........] FRICS purported to determine the rent in the sum of £[..........] per annum but denies that determination is binding on the Defendant.

6. The Defendant has paid rent at the rate reserved by the lease, and contends that the Claimant is not entitled to any further sum.

Defence alleging termination of tenancy by notice

100-Z7 1. Before any part of the rent claimed fell due the Defendant's tenancy was determined by a written notice to quit [*or* a notice under s.25 of the Landlord and Tenant Act 1954 *or* a notice given pursuant to clause [..........] of the lease] served on the Defendant on [date] and terminating the tenancy on [date].

2. In reliance upon the said notice the Defendant quit the demised property on [date].

Defence alleging surrender of tenancy by operation of law

100-Z8 Before any part of the rent claimed allegedly fell due the demised property was surrendered to the Claimant by operation of law.

Particulars

[State in full the facts relied upon to constitute the surrender.]

e.g. On or about [date] the Defendant returned the keys of the property to the Claimant who accepted them and thereafter resumed possession of the property.

Or

With the knowledge and consent of the Defendant the Claimant on or about [date] relet the property to AB who has thereafter remained in possession.

Defence alleging termination of tenancy upon peaceable re-entry

100-Z9 Before any part of the rent claimed allegedly fell due the lease of the demised property was forfeited by the landlord by peaceable re-entry.

Particulars

[Insert details.]

DEFENCE ALLEGING CLAIM TIME-BARRED

The rent claimed in the Particulars of Claim accrued due on or before [date], that is more than six years before the commencement of these proceedings. Accordingly, the Claimant's right of action is barred by s.19 of the Limitation Act 1980.[9]

100-Z10

CLAIM FOR DECLARATION AS TO TRUE EFFECT OF SERVICE CHARGE PROVISION

1. [10] The Claimant's claim is for determination of a question of law, namely whether on the true construction of clause [..........] of a lease of property known as XYZ made on [date] between EF as lessor and GH as lessee, by which the service charges payable under the lease are to be "ascertained and certified by the lessor's managing agents acting as experts and not as arbitrators", the managing agent must be a person other than the lessor.

100-Z11

2. The Claimant is the tenant under the lease and the Defendant is the landlord under the lease.

3. This claim is made pursuant to CPR Pt 8.

[Statement of truth]

PARTICULARS OF CLAIM FOR UNPAID SERVICE CHARGE

1. The Claimant is and has at all material times been the freehold owner of property situate at and known as [..........] ("the Premises").

100-Z12

2. By a lease ("the Lease") dated [date] the Claimant let the Premises to the Defendant for a term of [..........] years from [date]. A copy of the lease is annexed hereto.

3. By clause [..........] of the Lease the Claimant covenanted that he would at all times during the term demised by the Lease keep [..........] ("the Building") insured against loss or damage by fire and usual comprehensive risks [amend as necessary].

4. By clause [..........] of the Lease, the Defendant covenanted to contribute and pay to the Claimant five-eighths of the total costs of, among other things, insuring the Building and to make such payments within 21 days of demand in writing.

5. On [date] the Claimant paid £[..........] in respect of the insurance for the Building for the year [..........].

6. By a letter dated [date] the Claimant, by his solicitors, sent a letter to the

---

[9] Ground of Defence: No action for rent can be brought to recover arrears of rent after the expiry of six years from the date on which the arrears became due: see s.19 of the Limitation Act 1980.

[10] The jurisdiction to determine issues of the construction of service charge provisions was transferred from the Leasehold Valuation Tribunal to the First-tier Tribunal (Property Chamber) with effect from 1 July 12013: see The Transfer of Tribunal Functions Order 2013.

Defendant at the Premises demanding payment of £[..........], being five-eighths of the total insurance payment for the Building for the year [..........].

7. The said £[..........] has not been paid either as demanded or at all.

8. Furthermore, the Claimant claims interest on the arrears of rent pursuant to s.69 of the County Courts Act 1984 at the rate of 8% per annum from [date] until the date of payment, amounting to £[..........] to the date of this Claim Form and continuing thereafter at the daily rate of £[..........].

9. The Claimant expects to recover not more than £10,000.

AND the Claimant claims:
(1) £[..........] unpaid insurance premium.
(2) Interest.
(3) Costs.

[Statement of truth]

Defence alleging landlord's failure to comply with provisions in lease

100-Z13   1. By clause [..........] of the Lease, the Defendant covenanted to contribute and pay to the Claimant five-eighths of the total costs of, among other things, insuring the Building and to make such payments within 21 days of demand in writing.

2. The sums claimed at paragraph [..........] of the Particulars of Claim have never been demanded of the Defendant in writing and accordingly the Defendant is under no obligation to pay the said sums.

Defence alleging implied term that service charge should be fair and reasonable

100-Z14   1. It is admitted that the lease contains a clause [..........] as set out at paragraphs [..........] of the Particulars of Claim.

2. However, it is an implied term of clause [..........], in order to give the contract business efficacy and/or to represent the obvious intention of the parties to the contract, that the costs claimed will be fair and reasonable.

3. The costs claimed are not fair and reasonable.

Particulars
[Insert details. This may be done in tabular form with separate headings for (a) item; (b) cost claimed; (c) fair and reasonable cost with reasons where appropriate.]

4. In the circumstances, the Claimant is not entitled to the sums claimed (but only to a reasonable sum which the Defendant contends is £[..........]).

Defence alleging service charge irrecoverable by virtue of Section 20B of the Landlord and Tenant Act 1985

100-Z15   1. The costs claimed in the Particulars of Claim were incurred between [date] and [date].

2. The first demand for payment of these costs through the service charge provisions in the Defendant's lease was served the Defendant on [date].

3. Since the costs were incurred more than 18 months before a demand for payment of the service charge was served on the Defendant, the Defendant is not liable to pay the service charge by virtue of s.20B of the Landlord and Tenant Act 1985.

DEFENCE ALLEGING THAT SECTION 20 OF THE LANDLORD AND TENANT ACT 1985 NOT COMPLIED WITH

The Claimant did not comply with the requirements of s.20 of the Landlord and Tenant Act 1985 (in respect of [..........]) in that [insert details]. Accordingly, the sum recoverable in respect of the works carried out (in respect of [..........]) by the Claimant is limited to [£250 (qualifying works) or £100 (qualilfying long term agreements)] and the Defendant is not liable to pay the Claimant any sum in excess of this amount.

100-Z16

DEFENCE ALLEGING COSTS NOT REASONABLY INCURRED

It is admitted that the [e.g. boiler was replaced] in [date] but denied that the costs of [e.g. replacing the boiler] were reasonably incurred for the purposes of s.19(1)(a) of the Landlord and Tenant Act 1985 in that [e.g. the old boiler was only installed 5 years ago and was not in need of replacement]. Accordingly, the Defendant denies that he is liable to pay the sum claimed or any part of it.

100-Z17

DEFENCE ALLEGING SERVICES OR WORKS NOT OF A REASONABLE STANDARD

1. It is admitted that [e.g. the exterior of the property was painted] in [date] but denied that the [e.g. painting] was carried out to a reasonable standard for the purposes of s.19(1)(b) of the Landlord and Tenant Act 1985.

100-Z18

Particulars
[Insert details. e.g. The contractors failed properly to prime the surfaces of the exterior and/or used paint suitable for interior application only. As a consequence, the paint is already peeling.]

2. Accordingly, the Defendant denies that he is liable to pay the sum claimed or any part of it.

LANDLORD AND TENANT—RENT AND SERVICE CHARGES

APPLICATION TO THE FIRST-TIER TRIBUNAL (PROPERTY CHAMBER) FOR DECLARATION UNDER SECTION 20C OF THE LANDLORD AND TENANT ACT 1985 THAT THE COSTS INCURRED BY THE LANDLORD IN CONNECTION WITH COURT OR FIRST-TIER TRIBUNAL (PROPERTY CHAMBER)ARE NOT RECOVERABLE THROUGH THE SERVICE CHARGE SECTION 100: LANDLORD AND TENANT—RENT AND SERVICE CHARGES[11]

100-Z19

First-tier Tribunal Property Chamber
(Residential Property)

Ref no. (for office use only)

Application for an order under section 20C of the Landlord and Tenant Act 1985

It is important that you read the notes below very carefully before you complete this form.

This is the correct form to use if you wish to apply to the Tribunal for an order under section 20C of the Landlord and Tenant Act 1985, if you have not already applied for such an order as part of the other tribunal proceedings to which your application relates.

Please send your completed application form together with any specified documents to the appropriate regional Tribunal office. (See the Annex to this form for regional office details). **Please do not send any other documents.** If and when further evidence is needed you will be asked to send it in separately.

If you have any questions about how to fill in this form or the procedures the Tribunal will use please call the appropriate regional office.

NOTE: Section 20C of the Landlord & Tenant Act 1985 ('the 1985 Act') provides that a tenant may apply to the Tribunal for an order that all or any of the costs incurred, or to be incurred, by the landlord in connection with proceedings before a Tribunal are not to be regarded as relevant costs to be taken into account in determining the amount of any service charge payable by the tenant or any other person or persons specified in the application.

If you are completing this form by hand please use BLOCK CAPITAL LETTERS.

1. DETAILS OF APPLICANT(S) (if there are multiple applicants please continue on a separate sheet)

Name:

Address (*including postcode*):

Address for correspondence (*if different from above*):

Telephone:
 Day: Evening: Mobile:
Email address: Fax:

Representative name and address, and other contact details: Where details of a representative have been given, all correspondence and communications will be with them until the Tribunal is notified that they are no longer acting for you.

Name:

Leasehold 7 Application for an order under section 20C of the Landlord and Tenant Act 1985 (08.18)

[11] An application under s.20C of the Landlord and Tenant Act 1985 must now comply with The First-tier Tribunal (Property Chamber) Rules 2013. If the tenant has not already applied for such an order in other proceedings to which the application relates the appropriate form is Leasehold 7.

APPLICATION TO FIRST-TIER TRIBUNAL (PROPERTY CHAMBER) FOR DECLARATION UNDER S.20C

Reference no. (if any)

Address (*including postcode*):

Telephone:
Day: Mobile:

Email address: Fax:

2. OTHER AFFECTED PERSONS

Are you seeking an order that is also for the benefit of any other person or persons? (e.g. other tenants in the same block or development)?   ☐ Yes   ☐ No

If Yes, please specify and provide the names and addresses of those persons if available). If this is not possible or is impractical, then a written statement to that effect should be provided with this application.

3. ADDRESS (including postcode) OF SUBJECT PROPERTY

4. BRIEF DESCRIPTION OF PROPERTY (*e.g.2 Bedroom flat in purpose built block with 12 flats*)

5. DETAILS OF RESPONDENT (S) (if there are multiple respondents, please continue on a separate sheet)

Name:

Address (*including postcode*):

Reference no. (if any)

Address for correspondence (*if different from above*):

Telephone:
Day: Evening: Mobile:

Email address: Fax:

6. DETAILS OF LANDLORD (if not already given)

Name:

Address (*including postcode*):

Reference no. (if any)

Telephone:
Day: Evening: Mobile:

Email address: Fax:

7. OTHER APPLICATIONS

Are you, or have you been involved in any other application to the Tribunal or are you aware of any other application involving the same landlord or property as in this application?   ☐ Yes   ☐ No

If Yes, please give details including the case reference number and the date of the decision (where relevant):

APPLICATION TO FIRST-TIER TRIBUNAL (PROPERTY CHAMBER) FOR DECLARATION UNDER S.20C

8. CAN WE DEAL WITH YOUR APPLICATION WITHOUT A HEARING?

If the Tribunal thinks it is appropriate, and all the parties and others notified of their right to attend a hearing consent, it is possible for your application to be dealt with entirely on the basis of written representations and documents and without the need for parties to attend and make oral representations. (A "paper determination").

Please let us know if you would be content with a paper determination if the Tribunal thinks it appropriate.   ☐ Yes   ☐ No

Note: Even if you have asked for a paper determination the Tribunal may decide that a hearing is necessary. Please complete the remainder of this form on the assumption that a hearing will be held

9. AVAILABILITY

If there are any dates or days we must avoid during the next four months (either for your convenience or the convenience of any expert you may wish to call) please list them here.

Please list the dates on which you will NOT be available:

10. VENUE REQUIREMENTS

Please provide details of any special requirements you or anyone who will be coming with you may have (e.g. the use of a wheelchair and/or the presence of a translator):

Applications handled by the London regional office are usually heard in Alfred Place, which is fully wheelchair accessible. Elsewhere, hearings are held in local venues which are not all so accessible and the case officers will find it useful to know if you or anyone you want to come to the hearing with you has any special requirements of this kind.

11. CHECKLIST

Please check that you have completed this form fully.

Please supply a copy of the lease and where the application relates to the costs of concluded tribunal proceedings, a copy of the decision in those proceedings, if available.

The Tribunal will not process your application until this has been done.

A copy of the lease is enclosed. ☐

A copy of the decision where the application relates to the costs of concluded tribunal proceedings is enclosed ☐

A copy of the decision where the application relates to the costs of concluded tribunal proceedings is not available ☐

12. STATEMENT OF TRUTH

The statement of truth must be signed and dated.
I believe that the facts stated in this application are true.

Signed: _____   Dated: _____

13. GROUNDS OF APPLICATION

Please use the space below to summarise the grounds on which you are making this application.

ANNEX 1: Addresses of Tribunal Regional Offices

NORTHERN REGION

HM Courts & Tribunals Service
First-tier Tribunal (Property Chamber) Residential Property, 1st Floor, Piccadilly Exchange, Piccadilly Plaza, Manchester M1 4AH

Telephone: 01612 379491
Fax: 01264 785 128

This office covers the following Metropolitan districts: Barnsley, Bolton, Bradford, Bury, Calderdale, Doncaster, Gateshead, Kirklees, Knowsley, Leeds, Liverpool, Manchester, Newcastle-upon-Tyne, Oldham, Rochdale, Rotherham, St. Helens, Salford, Sefton, Sheffield, Stockport, Sunderland, Tameside, Trafford, Tyneside (North & South), Wakefield, Wigan and Wirral.

It also covers the following unitary authorities: Hartlepool, Middlesbrough, Redcar and Cleveland, Darlington, Halton, Blackburn with Darwen, Blackpool, Kingston-upon-Hull, East Riding of Yorkshire, Northeast Lincolnshire, North Lincolnshire, Stockton-on-Tees, Warrington and York.

It also covers the following Counties: Cumbria, Durham, East Cheshire, Lancashire, Lincolnshire, Northumberland, North Yorkshire and West Cheshire.

MIDLAND REGION

HM Courts & Tribunals Service
First-tier Tribunal (Property Chamber) Residential Property, 15th Floor, Centre City Tower, 5-7 Hill Street, Birmingham, B5 4UU

Telephone: 0121 600 7888
Fax: 01264 785 122

This office covers the following Metropolitan districts: Birmingham, Coventry, Dudley, Sandwell, Solihull, Walsall and Wolverhampton.

It also covers the following unitary authorities: Derby, Leicester, Rutland, Nottingham, Herefordshire, Telford and Wrekin and Stoke-on-Trent.

It also covers the following Counties: Derbyshire, Leicestershire, Nottinghamshire, Shropshire, Staffordshire, Warwickshire and Worcestershire.

EASTERN REGION

HM Courts & Tribunals Service
First-tier Tribunal (Property Chamber) Residential Property, Cambridge County Court, 197 East Road Cambridge, CB1 1BA

Telephone: 01223 841 524
Fax: 01264 785 129
DX 97650 Cambridge 3

This office covers the following unitary authorities: Bracknell Forest, West Berkshire, Reading, Slough, Windsor and Maidenhead, Wokingham, Luton, Peterborough, Milton Keynes, Southend-on-Sea and Thurrock.

It also covers the following Counties: Bedfordshire, Berkshire, Buckinghamshire, Cambridgeshire, Essex, Hertfordshire, Norfolk, Northamptonshire, Oxfordshire and Suffolk.

SOUTHERN REGION

HM Courts & Tribunals Service
First-tier Tribunal (Property Chamber) Residential Property, Havant Justice Centre, The Court House, Elmleigh Road, Havant, Hants, PO9 2AL

Telephone: 01243 779 394
Fax: 0870 7395 900

This office covers the following unitary authorities: Bath and Northeast Somerset, Bristol, North Somerset, South Gloucestershire, Bournemouth, Plymouth, Torbay, Poole, Swindon, Medway, Brighton and Hove, Portsmouth, Southampton and the Isle of Wight.

It also covers the following Counties: Cornwall and the Isles of Scilly, Devon, Dorset, East Sussex, Gloucestershire, Hampshire, Kent, Somerset, Surrey, West Sussex and Wiltshire.

APPLICATION TO FIRST-TIER TRIBUNAL (PROPERTY CHAMBER) FOR DECLARATION UNDER S.20C

LONDON REGION
HM Courts & Tribunals Service
First-tier Tribunal (Property Chamber) Residential Property, 10 Alfred Place, London WC1E 7LR

Telephone: 020 7446 7700
Fax: 01264 785 060

DX 134205 Tottenham Court Road 2

This office covers all the London boroughs.

The Ministry of Justice and HM Courts and Tribunals Service processes personal information about you in the context of tribunal proceedings.

For details of the standards we follow when processing your data, please visit the following address https://www.gov.uk/government/organisations/hm-courts-and-tribunals-service/about/personal-information-charter

To receive a paper copy of this privacy notice, please call 0300 123 1024/ Textphone 18001 0300 123 1024.

[1001]

APPLICATION FOR DECLARATION UNDER SECTION 20C OF THE LANDLORD AND TENANT ACT 1985 THAT THE COSTS INCURRED BY THE LANDLORD IN CONNECTION WITH COURT OR FIRST-TIER TRIBUNAL (PROPERTY CHAMBER) ARE NOT RECOVERABLE THROUGH THE SERVICE CHARGE (ADAPTED FROM FORM 7)

100-Z20 I apply to the First-tier Tribunal (Property Chamber) under s.20C of the Landlord and Tenant Act 1985 that the costs of the proceedings whereby [give details] should not be recoverable through my service charge.[12]

1. The address of the property in respect of which the service charge is payable is [..........]. (It is a two bedroom flat in purpose built block containing 12 flats.)

2. The name and address of the applicant is [..........]. [The name, address and occupation of the applicant's representative is [..........]].

3. The name and address of the respondent landlord is [..........] [and, an address in England and Wales at which notices may be served is [..........]].

4. [The name and address of every other party to the proceedings in respect of which the tenant seeks an order that the landlord's costs incurred in proceedings before the tribunal are not to be regarded as relevant costs to be taken into account in determining the amount of any service charge payable by the tenant or any other person or persons specified in the application are [..........]].

5. [The name and address of every person known to the applicant who is or may be liable by way of service charge for any part of the costs are [..........].

6. [A recognised tenants' association exists in respect of the property to which the service charge which is the subject of the application relates and the name and address of the secretary of the association is [..........]].

7. A copy of the service charge demand including the landlord's costs incurred in the proceedings is attached.

8. A copy of the lease or other document under which the service charge including the landlord's costs incurred in proceedings before the First-tier Tribunal (Property Chamber) is payable is attached.

9. A copy of the decision of the tribunal in the proceedings in respect of which the costs incurred by the landlord are included or are to be included in the service charge and in respect of which the applicant seeks an order is attached.

10. The matters upon which the applicant intends to rely in support of his application are: [insert details and copies of any documents relied upon must be attached].

11. The date of the application is [date].

12. The applicant would not be content with a paper determination.

13. The following are dates falling within the next three months when the applicant and expert are not available [..........].

14. The applicant knows of no special requirements of any persons attending the hearing.

[Statement of truth]

---

[12] It is assumed that this format is only prescribed where the application is not made at the hearing (although the 2013 regulations do not contain a provision equivalent to art.2(2) of SI 1997/1853, the statutory predecessor).

APPLICATION TO FIRST-TIER TRIBUNAL: DETERMINATION OF LIABILITY TO PAY

APPLICATION TO THE FIRST-TIER TRIBUNAL (PROPERTY CHAMBER) FOR A
DETERMINATION OF LIABILITY TO PAY AND REASONABLENESS OF SERVICE CHARGES

100-Z21

First-tier Tribunal Property Chamber
(Residential Property)

Ref no. (for office use only)

Application for a determination of liability to pay and reasonableness of service charges
Section 27A of the Landlord and Tenant Act 1985

It is important that you read the notes below very carefully before you complete this form. This is the correct form to use if you want to ask the Tribunal to determine whether a variable service charge is payable. If so the Tribunal can also determine:

- the person by whom it is payable
- the person to whom it is payable
- the amount which is payable (this is limited to what is reasonable)
- the date at or by which it is payable

A fee is payable for this application (see section 15 for Help with Fees). The fees are set out in this form.

Please send your completed application form and fee (if applicable), together with a copy of the lease to the appropriate regional Tribunal. (See the Annex to this form for regional office addresses). Please do not send any other documents. If and when further evidence is needed, you will be asked to send it in separately.

If you have any questions about how to fill in this form, the fee payable, or the procedures the Tribunal will use please call the appropriate regional office.

If you are completing this form by hand please use BLOCK CAPITAL LETTERS.

1. DETAILS OF APPLICANT(S) (if there are multiple applicants please continue on a separate sheet)

Name:

Capacity:

Address (*including postcode*):

Address for correspondence (*if different from above*):

Telephone:
Day: Evening: Mobile:

Email address: Fax:

Leasehold 3 Application for a determination of liability to pay and reasonableness of service charges (08.18)

[1003]

LANDLORD AND TENANT—RENT AND SERVICE CHARGES

Representative name and address, and other contact details: Where details of a representative have been given, all correspondence and communications will be with them until the Tribunal is notified that they are no longer acting for you.

Name:

Reference no. (if any)

Address (*including postcode*):

Telephone:
Day: Mobile:

Email address: Fax:

Note: The Tribunal may copy the application form to other appropriate persons (e.g. other service charge paying leaseholders in the building or development). If you are a leaseholder and do not want your telephone/fax number or email address to be disclosed to other such persons please omit those details from Box 1 and attach them on a separate sheet.

Where details of a representative have been given, all correspondence and communications will be with them until the Tribunal is notified that they are no longer acting.

2. ADDRESS (including postcode) of SUBJECT PROPERTY (if not already given)

3. BRIEF DESCRIPTION OF BUILDING (*e.g. 2 Bedroom flat in purpose built block of flats*)

[1004]

APPLICATION TO FIRST-TIER TRIBUNAL: DETERMINATION OF LIABILITY TO PAY

4. DETAILS OF RESPONDENT(S) the person against whom an applicant seeks determination from tribunal – this will not be the landlord's managing agent unless they are a party to the lease. If there are multiple respondents, please continue on a separate sheet.

Name:

Capacity

Address (*including postcode*):

Address for correspondence (*if different from above*):

Telephone:
- Day:
- Evening:
- Mobile:

Email address:

Fax:

Representative name and address, and other contact details: Where details of a representative have been given, all correspondence and communications will be with them until the Tribunal is notified that they are no longer acting for you.

Name:

Reference no. (if any)

Address (*including postcode*):

Telephone:
- Day:
- Mobile:

Email address:

Fax:

[1005]

LANDLORD AND TENANT—RENT AND SERVICE CHARGES

Note

This form asks the applicant to provide the details of parties to the application. Additionally, the Tribunal needs to know the names and addresses of other people who may be significantly affected by the application such as other lessees in the building. Please provide a list of the names and addresses of any such person(s). If this is not possible or is impractical, then a written statement should be provided with this application.

If you are the landlord/management company making the application please omit, if known, the telephone/fax numbers and email address of the respondent(s) when completing Box 4 and include them on a separate sheet. This is because the application form may be copied by the Tribunal to other appropriate persons (e.g. other service charge paying leaseholders in the building or development).

5. DETAILS OF LANDLORD (if not already given)

Name:

Address (*including postcode*):

Reference no. (if any)

Telephone:
Day: Evening: Mobile:

Email address: Fax:

6. DETAILS OF ANY RECOGNISED TENANTS' ASSOCIATION (if known)

Name of Secretary

Address (*including postcode*):

Telephone:
Day: Evening: Mobile:

Email address: Fax:

7. SERVICE CHARGES TO BE CONSIDERED BY THE TRIBUNAL

A. Service charges for past years.

Please list years for which a determination is sought.

1. _____   4. _____
2. _____   5. _____
3. _____   6. _____

For each service charge year, fill in one of the sheets of paper entitled **SERVICE CHARGES IN QUESTION**

B. Service charges for current or future years.

Please list years for which a determination is sought.

1. _____   4. _____

2. _____   5. _____

3. _____   6. _____

For each service charge year, fill one of the sheets of paper entitled **SERVICE CHARGES IN QUESTION**

Total value of dispute £

8. OTHER APPLICATIONS

Do you know of any other cases involving either: (a) related or similar issues about the management of this property; or (b) the same landlord or tenant or property as in this application?   ☐ Yes   ☐ No

If Yes, please give details

9. IMPORTANT – S20C LANDLORD AND TENANT ACT 1985 – APPLICATION FOR AN ORDER LIMITING PAYMENT OF LANDLORD'S COSTS

Some leases allow a landlord to include costs incurred in connection with proceedings before the Tribunal as part of a service charge. Section 20C of the Landlord and Tenant Act 1985 gives the Tribunal power, on an application by a tenant, to make an order that such costs are not to be included in the amount of any service charge payable by the tenant or any other persons specified in the section 20C application.

If you are a tenant do you wish to make a section 20C application? ☐ Yes ☐ No

If you have answered "Yes" then please specify any other persons to be included in the section 20C application by providing their names and addresses in the box immediately below.

Note: Even if you have applied for an order under section 20C the Tribunal may refuse to make one.

10. IMPORTANT – PARAGRAPH 5A OF SCHEDULE 11 – APPLICATION FOR AN ORDER LIMITING PAYMENT OF LANDLORD'S COSTS

Paragraph 5A of Schedule 11 to the Commonhold and Leasehold Reform Act 2002 ('the 2002 Act') provides that a tenant may apply to the Tribunal for an order for a court or tribunal which reduces or extinguishes the tenant's liability to pay an "administration charge in respect of litigation costs" ie contractual costs in a lease.

Do you want to make an application under Paragraph 5A of Sch11 to the 2002 Act ☐ Yes ☐ No

APPLICATION TO FIRST-TIER TRIBUNAL: DETERMINATION OF LIABILITY TO PAY

11. CAN WE DEAL WITH YOUR APPLICATION WITHOUT A HEARING?

If the Tribunal thinks it is appropriate, and all the parties and others notified of their right to attend a hearing consent, it is possible for your application to be dealt with entirely on the basis of written representations and documents and without the need for parties to attend and make oral representations. ('A paper determination').

Please let us know if you would be content with a paper determination if the Tribunal thinks it appropriate.   ☐ Yes   ☐ No

Note: Even if you have asked for a paper determination the Tribunal may decide that a hearing is necessary. Please complete the remainder of this form on the assumption that a hearing will be held. Where there is to be a hearing, a fee of £200 will become payable by you when you receive notice of the hearing date.

12. TRACK PREFERENCES

We need to decide whether to deal with the case on the Fast Track or the Standard Track (see Guidance Note for an explanation of what a track is). Please let us know which track you think appropriate for this case.

☐ Fast Track
☐ Standard Track

Is there any special reason for urgency in this case?   ☐ Yes   ☐ No

If Yes, please explain how urgent it is and why:

Note

The Tribunal will normally deal with a case in one of three ways: on paper (see section 11 above) or 'fast track', or 'standard track'. The fast track is designed for cases that need a hearing but are very simple and will not generate a great deal of paperwork or argument. A fast track case will usually be heard within 10 weeks of your application. You should indicate here if you think your case is very simple and can be easily dealt with. The standard track is designed for more complicated cases where there may be numerous issues to be decided or where for example, a lot of documentation is involved. A standard track case may involve the parties being invited to a Case Management Conference which is a meeting at which the steps that need to be taken to bring the case to a final hearing can be discussed.

[1009]

13. AVAILABILITY

If there are any dates or days we must avoid during the next four months (either for your convenience or the convenience of any witness or expert you may wish to call) please list them here.

Dates on which you will NOT be available:

14. VENUE REQUIREMENTS

Please provide details of any special requirements you or anyone who will be coming with you may have (e.g. the use of a wheelchair and/or the presence of a translator):

Applications handled by the London regional office are usually heard in Alfred Place, which is fully wheelchair accessible. Elsewhere, hearings are held in local venues which are not all so accessible and the case officers will find it useful to know if you or anyone you want to come to the hearing with you has any special requirements of this kind.

APPLICATION TO FIRST-TIER TRIBUNAL: DETERMINATION OF LIABILITY TO PAY

15. CHECKLIST

Please check that you have completed this form fully. The Tribunal will not process your application until this has been done and it has both a copy of the lease and the application fee (if applicable):

A copy of the lease(s) is/are enclosed. ☐

A crossed cheque or postal order for the application fee of £100 (if applicable) is ☐
enclosed. Please put your name and address on the back of any cheque you send.

DO NOT send cash under any circumstances. Cash payment will not be accepted.

Fees should be paid by a crossed cheque made payable to, or a postal order drawn in favour of, HM Courts and Tribunals Service.

Please note where there is to be a hearing, a fee of £200 will become payable by you when you receive notice of the hearing date.

Help with Fees
If you think you may be entitled to a reduced fee, the guide EX160A 'Apply for help with court, tribunal and probate fees' outlines how you can submit an application for Help with Fees.

You can submit your Help with Fees application online at www.gov.uk/help-with-court-fees or by completing the form EX160 'Apply for help with fees'. You can get a copy of the 'Apply for help with fees' form online at www.gov.uk/government/publications/apply-for-help-with-court-and-tribunal-fees or from your regional tribunal office.

If you have completed an online application for Help with Fees please enter the reference number you have been given here.

| H | W | F | - | | | | - | | |

If you have completed form EX160 "Apply for Help with Fees" it must be included with your application.

The 'Apply for help with fees' form will not be copied to other parties.

If you are making several applications at the same time, even if you are using different application forms or the applications relate to different parts of the Tribunal's jurisdiction, you do not have to pay a separate fee for each application. The overall fee will be the biggest of the fees payable for each application on its own.

16. STATEMENT OF TRUTH

The statement of truth must be signed and dated.
I believe that the facts stated in this application are true.

Signed: _____ Dated: _____

[1011]

SERVICE CHARGES IN QUESTION

Please use the space below to provide information regarding each of the years mentioned in section 7 of the main application form.

You will be given an opportunity later to give further details of your case and to supply the Tribunal with any documents that support it. At this stage you should give a clear outline of your case so that the Tribunal understands what your application is about. **Please use one sheet per year.**

The year in question _____

A list of the items of service charge that are in issue (or relevant) and their value

Description of the question(s) you wish the Tribunal to decide:

Any further comments you may wish to make:

APPLICATION TO FIRST-TIER TRIBUNAL: DETERMINATION OF LIABILITY TO PAY

ANNEX: Addresses of Tribunal Regional Offices

NORTHERN REGION

HM Courts & Tribunals Service
First-tier Tribunal (Property Chamber) Residential Property, 1st Floor, Piccadilly Exchange, Piccadilly Plaza, Manchester M1 4AH

Telephone: 01612 379491
Fax: 01264 785 128

This office covers the following Metropolitan districts: Barnsley, Bolton, Bradford, Bury, Calderdale, Doncaster, Gateshead, Kirklees, Knowsley, Leeds, Liverpool, Manchester, Newcastle-upon-Tyne, Oldham, Rochdale, Rotherham, St. Helens, Salford, Sefton, Sheffield, Stockport, Sunderland, Tameside, Trafford, Tyneside (North & South), Wakefield, Wigan and Wirral.

It also covers the following unitary authorities: Hartlepool, Middlesbrough, Redcar and Cleveland, Darlington, Halton, Blackburn with Darwen, Blackpool, Kingston-upon-Hull, East Riding of Yorkshire, Northeast Lincolnshire, North Lincolnshire, Stockton-on-Tees, Warrington and York.

It also covers the following Counties: Cumbria, Durham, East Cheshire, Lancashire, Lincolnshire, Northumberland, North Yorkshire and West Cheshire.

MIDLAND REGION

HM Courts & Tribunals Service
First-tier Tribunal (Property Chamber) Residential Property, Centre City Tower, 5-7 Hill Street, Birmingham, B5 4UU

Telephone: 0121 600 7888
Fax: 01264 785 122

This office covers the following Metropolitan districts: Birmingham, Coventry, Dudley, Sandwell, Solihull, Walsall and Wolverhampton.

It also covers the following unitary authorities: Derby, Leicester, Rutland, Nottingham, Herefordshire, Telford and Wrekin and Stoke-on-Trent.

It also covers the following Counties: Derbyshire, Leicestershire, Nottinghamshire, Shropshire, Staffordshire, Warwickshire and Worcestershire.

EASTERN REGION

HM Courts & Tribunals Service
First-tier Tribunal (Property Chamber) Residential Property, Cambridge County Court, 197 East Road Cambridge, CB1 1BA

Telephone: 01223 841 524
Fax: 01264 785 129
DX 97650 Cambridge 3

This office covers the following unitary authorities: Bracknell Forest, West Berkshire, Reading, Slough, Windsor and Maidenhead, Wokingham, Luton, Peterborough, Milton Keynes, Southend-on-Sea and Thurrock.

It also covers the following Counties: Bedfordshire, Berkshire, Buckinghamshire, Cambridgeshire, Essex, Hertfordshire, Norfolk, Northamptonshire, Oxfordshire and Suffolk.

SOUTHERN REGION

HM Courts & Tribunals Service
First-tier Tribunal (Property Chamber) Residential Property, Havant Justice Centre, The Court House, Elmleigh Road, Havant, Hants, PO9 2AL

Telephone: 01243 779 394
Fax: 0870 7395 900

This office covers the following unitary authorities: Bath and Northeast Somerset, Bristol, North Somerset, South Gloucestershire, Bournemouth, Plymouth, Torbay, Poole, Swindon, Medway, Brighton and Hove, Portsmouth, Southampton and the Isle of Wight.

It also covers the following Counties: Cornwall and the Isles of Scilly, Devon, Dorset, East Sussex, Gloucestershire, Hampshire, Kent, Somerset, Surrey, West Sussex and Wiltshire.

[1013]

LONDON REGION
HM Courts & Tribunals Service
First-tier Tribunal (Property Chamber) Residential
Property, 10 Alfred Place, London WC1E 7LR

Telephone: 020 7446 7700
Fax: 01264 785 060

DX 134205 Tottenham Court Road 2

This office covers all the London boroughs.

The Ministry of Justice and HM Courts and Tribunals Service processes personal information about you in the context of tribunal proceedings.

For details of the standards we follow when processing your data, please visit the following address https://www.gov.uk/government/organisations/hm-courts-and-tribunals-service/about/personal-information-charter

To receive a paper copy of this privacy notice, please call 0300 123 1024/ Textphone 18001 0300 123 1024.

APPLICATION TO FIRST-TIER TRIBUNAL: DISPENSATION OF S.20 CONSULTATION REQUIREMENTS

APPLICATION TO THE FIRST-TIER TRIBUNAL (PROPERTY CHAMBER) FOR THE DISPENSATION OF ALL OR ANY OF THE CONSULTATION REQUIREMENTS PROVIDED FOR BY SECTION 20 OF THE LANDLORD AND TENANT ACT 1985

100-Z22

First-tier Tribunal Property Chamber
(Residential Property)

Ref no. (for office use only)

Application for the dispensation of all or any of the consultation requirements provided for by section 20 of the Landlord and Tenant Act 1985

Section 20ZA of the Landlord and Tenant Act 1985

It is important that you read the notes below carefully before you complete this form.

This is the correct form to use if you want to ask the Tribunal to dispense with all or any of the consultation requirements set out in section 20 of the Landlord and Tenant Act 1985 and in the Service Charges (Consultation Requirements)(England) Regulations 2003.

A fee is payable for this application (see section 13 for Help with Fees). Please note that fee changes were made on 25 July 2016 in respect of all applications made on or after that date. The new fees are set out in this form.

Please send your completed application form and fee (if applicable), together with the documents listed in section 13 of this form to the appropriate regional Tribunal. (See the Annex to this form for regional office addresses). **Please do not send any other documents.** If and when further evidence is needed, you will be asked to send it in separately.

If you have any questions about how to fill in this form, the fee payable, or the procedures the Tribunal will use, please call the appropriate regional office.

If you are completing this form by hand please use BLOCK CAPITAL LETTERS.

1. DETAILS OF APPLICANT(S) (if there are multiple applicants please continue on a separate sheet)

Name:

Capacity

Address (*including postcode*):

Address for correspondence (*if different from above*):

Telephone:
Day: Evening: Mobile:

Email address: Fax:

Representative name and address, and other contact details: Where details of a representative have been given, all correspondence and communications will be with them until the Tribunal is notified that they are no longer acting for you.

Leasehold 5 Application for the dispensation of all or any of the consultation requirements provided for by section 20 of the Landlord and Tenant Act 1985 (08.18)

[1015]

LANDLORD AND TENANT—RENT AND SERVICE CHARGES

Name:	
Reference no. (if any)	
Address (*including postcode*):	
Telephone:	
Day:	Mobile:
Email address:	Fax:

2. ADDRESS (including postcode) of SUBJECT PROPERTY (if not already given)

3. BRIEF DESCRIPTION OF BUILDING (*e.g.2 bedroom flat in purpose built block of 12 flats*)

4. DETAILS OF RESPONDENT (S) the person against whom an applicant seeks determination from the tribunal – this will only be the landlord's managing agent if they are a party to the lease. If there are multiple respondents, please continue on a separate sheet.

Name:	
Capacity	

Leasehold 5 Application for the dispensation of all or any of the consultation requirements provided for by section 20 of the Landlord and Tenant Act 1985 (08.18)

[1016]

APPLICATION TO FIRST-TIER TRIBUNAL: DISPENSATION OF S.20 CONSULTATION REQUIREMENTS

Address (*including postcode*):

Reference no. for correspondence (if any)

Address for correspondence (*if different from above*):

Telephone:
- Day:
- Evening:
- Mobile:

Email address:
Fax:

Note: If this is an application by a landlord, then usually all tenants liable to pay a service charge for the costs in question should be joined as respondents. If tenants are not joined in this way, the landlord should provide the Tribunal with a list of the names and addresses of service charge payers. If this is not possible or is impractical, then a written explanation must be provided with this application.

If you are the landlord/management company making the application please omit, if known, the telephone/fax numbers and email address of the respondent(s) when completing Box 4 and include them on a separate sheet. This is because the application form may be copied by the tribunal to other appropriate persons (e.g. other service charge paying leaseholders in the building or development).

5. DETAILS OF LANDLORD (if not already given)

Name:

Address (*including postcode*):

Reference no. for correspondence (if any)

Telephone:
- Day:
- Evening:
- Mobile:

Email address:
Fax:

Leasehold 5 Application for the dispensation of all or any of the consultation requirements provided for by section 20 of the Landlord and Tenant Act 1985 (08.18)

[1017]

6. DETAILS OF ANY RECOGNISED TENANTS' ASSOCIATION (if known)

Name of Secretary:

Address (*including postcode*):

Telephone:
Day: Evening: Mobile:

Email address: Fax:

7. DISPENSATION SOUGHT

Applicants may seek a dispensation of all or any of the consultation requirements in respect of either qualifying works or long-term agreements.

Does the application concern qualifying works?	☐ Yes	☐ No
If Yes, have the works started/been carried out?	☐ Yes	☐ No
Does the application concern a qualifying long-term agreement?	☐ Yes	☐ No
If Yes, has the agreement already been entered into?	☐ Yes	☐ No

For each set of qualifying works and/or qualifying long-term agreements please complete one of the sheets of paper entitled **'GROUNDS FOR SEEKING DISPENSATION'**

8. OTHER APPLICATIONS

Do you know of any other cases involving either: (a) related or similar issues about the management of this property; or (b) the same landlord or tenant or property as in this application?   ☐ Yes   ☐ No

If Yes, please give details

Leasehold 5 Application for the dispensation of all or any of the consultation requirements provided for by section 20 of the Landlord and Tenant Act 1985 (08.18)

APPLICATION TO FIRST-TIER TRIBUNAL: DISPENSATION OF S.20 CONSULTATION REQUIREMENTS

9. CAN WE DEAL WITH YOUR APPLICATION WITHOUT A HEARING?

If the Tribunal thinks it is appropriate, and all the parties and others notified of their right to attend a hearing consent, it is possible for your application to be dealt with entirely on the basis of written representations and documents and without the need for parties to attend and make oral representations. ('A paper determination').

Please let us know if you would be content with a paper determination if the Tribunal thinks it appropriate. ☐ Yes ☐ No

Note: Even if you have asked for a paper determination the Tribunal may decide that a hearing is necessary. Please complete the remainder of this form on the assumption that a hearing will be held. Where there is to be a hearing, a fee of £200 will become payable by you when you receive notice of the hearing date.

10. TRACK PREFERENCES

We need to decide whether to deal with the case on the Fast Track or the Standard Track (see Guidance Note for an explanation of what a track is). Please let us know which track you think appropriate for this case.

☐ Fast Track
☐ Standard Track

Is there any special reason for urgency in this case? ☐ Yes ☐ No

If Yes, please explain how urgent it is and why:

Note

The Tribunal will normally deal with a case in one of three ways: on paper (see section 10 above) or 'fast track' or 'standard track'. The fast track is designed for cases that need a hearing but are very simple and will not generate a great deal of paperwork or argument. A fast track case will usually be heard within 10 weeks of your application. You should indicate here if you think your case is very simple and can be easily dealt with. The standard track is designed for more complicated cases where there may be numerous issues to be decided or where for example, a lot of documentation is involved. A standard track case may involve the parties being invited to a Case Management Conference which is a meeting at which the steps that need to be taken to bring the case to a final hearing can be discussed.

11. AVAILABILITY

If there are any dates or days we must avoid during the next four months (either for your convenience or the convenience of any expert you may wish to call) please list them here.

Please list the dates on which you will NOT be available:

Leasehold 5 Application for the dispensation of all or any of the consultation requirements provided for by section 20 of the Landlord and Tenant Act 1985 (08.18)

[1019]

12. VENUE REQUIREMENTS

Please provide details of any special requirements you or anyone who will be coming with you may have (e.g. the use of a wheelchair and/or the presence of a translator):

Applications handled by the London regional office are usually heard in Alfred Place, which is fully wheelchair accessible. Elsewhere, hearings are held in local venues which are not all so accessible and the case officers will find it useful to know if you or anyone you want to come to the hearing with you has any special requirements of this kind.

[1020]

APPLICATION TO FIRST-TIER TRIBUNAL: DISPENSATION OF S.20 CONSULTATION REQUIREMENTS

13. CHECKLIST

Please check that you have completed this form fully. The Tribunal will not process your application until this has been done and it has the following documents together with the application fee (if applicable).

A copy of the lease(s). ☐

A statement that service charge payers have been named as respondents or a list of names and addressses of service charge payers ☐

A crossed cheque or postal order for the application fee of £100 (if applicable) is enclosed. ☐

DO NOT send cash under any circumstances. Cash payment will not be accepted.

Fees should be paid by a crossed cheque made payable to, or a postal order drawn in favour of, HM Courts and Tribunals Service.

Please note where there is to be a hearing, a fee of £200 will become payable by you when you receive notice of the hearing date.

Help with Fees
If you think you may be entitled to a reduced fee, the guide EX160A 'Apply for help with court, tribunal and probate fees' outlines how you can submit an application for Help with Fees.

You can submit your Help with Fees application online at www.gov.uk/help-with-court-fees or by completing the form EX160 'Apply for help with fees'. You can get a copy of the 'Apply for help with fees' form online at www.gov.uk/government/publications/apply-for-help-with-court-and-tribunal-fees or from your regional tribunal office.

If you have completed an online application for Help with Fees please enter the reference number you have been given here.

| H | W | F | - | | | | - | | | |

If you have completed form EX160 "Apply for Help with Fees" it must be included with your application.

The 'Apply for help with fees' form will not be copied to other parties.

14. STATEMENT OF TRUTH

The statement of truth must be signed and dated.
I believe that the facts stated in this application are true.

Signed: _____   Dated: _____

[1021]

GROUNDS FOR SEEKING DISPENSATION

Please use the space below to provide information mentioned in section 7 of this form.

You will be given an opportunity later to give further details of your case and to supply the Tribunal with any documents that support it. At this stage you should give a clear outline of your case so that the Tribunal understands what your application is about. Please continue on a separate sheet if necessary.

1. Describe the qualifying works or qualifying long-term agreement concerned, stating when the works were carried out or planned to be carried out or in the case of a long-term agreement, the date that agreement was entered into or the proposed date it is to be entered into.

2. Describe the consultation that has been carried out or is proposed to be carried out.

3. Explain why you seek dispensation of all or any of the consultation requirements.

Leasehold 5 Application for the dispensation of all or any of the consultation requirements provided for by section 20 of the Landlord and Tenant Act 1985 (08.18)

APPLICATION TO FIRST-TIER TRIBUNAL: DISPENSATION OF S.20 CONSULTATION REQUIREMENTS

ANNEX: Addresses of Tribunal Regional Offices

NORTHERN REGION

HM Courts & Tribunals Service
First-tier Tribunal (Property Chamber) Residential Property, 1st Floor, Piccadilly Exchange, Piccadilly Plaza, Manchester M1 4AH

Telephone: 01612 379491
Fax: 01264 785 128

This office covers the following Metropolitan districts: Barnsley, Bolton, Bradford, Bury, Calderdale, Doncaster, Gateshead, Kirklees, Knowsley, Leeds, Liverpool, Manchester, Newcastle-upon-Tyne, Oldham, Rochdale, Rotherham, St. Helens, Salford, Sefton, Sheffield, Stockport, Sunderland, Tameside, Trafford, Tyneside (North & South), Wakefield, Wigan and Wirral.

It also covers the following unitary authorities: Hartlepool, Middlesbrough, Redcar and Cleveland, Darlington, Halton, Blackburn with Darwen, Blackpool, Kingston-upon-Hull, East Riding of Yorkshire, Northeast Lincolnshire, North Lincolnshire, Stockton-on-Tees, Warrington and York.

It also covers the following Counties: Cumbria, Durham, East Cheshire, Lancashire, Lincolnshire, Northumberland, North Yorkshire and West Cheshire.

MIDLAND REGION

HM Courts & Tribunals Service
First-tier Tribunal (Property Chamber) Residential Property, Centre City Tower, 5-7 Hill Street, Birmingham, B5 4UU

Telephone: 0121 600 7888
Fax: 01264 785 122

This office covers the following Metropolitan districts: Birmingham, Coventry, Dudley, Sandwell, Solihull, Walsall and Wolverhampton.

It also covers the following unitary authorities: Derby, Leicester, Rutland, Nottingham, Herefordshire, Telford and Wrekin and Stoke-on-Trent.

It also covers the following Counties: Derbyshire, Leicestershire, Nottinghamshire, Shropshire, Staffordshire, Warwickshire and Worcestershire.

EASTERN REGION

HM Courts & Tribunals Service
First-tier Tribunal (Property Chamber) Residential Property, Cambridge County Court, 197 East Road Cambridge, CB1 1BA

Telephone: 01223 841 524
Fax: 01264 785 129
DX 97650 Cambridge 3

This office covers the following unitary authorities: Bracknell Forest, West Berkshire, Reading, Slough, Windsor and Maidenhead, Wokingham, Luton, Peterborough, Milton Keynes, Southend-on-Sea and Thurrock.

It also covers the following Counties: Bedfordshire, Berkshire, Buckinghamshire, Cambridgeshire, Essex, Hertfordshire, Norfolk, Northamptonshire, Oxfordshire and Suffolk.

SOUTHERN REGION

HM Courts & Tribunals Service
First-tier Tribunal (Property Chamber) Residential Property, Havant Justice Centre, The Court House, Elmleigh Road, Havant, Hants, PO9 2AL

Telephone: 01243 779 394
Fax: 0870 7395 900

This office covers the following unitary authorities: Bath and Northeast Somerset, Bristol, North Somerset, South Gloucestershire, Bournemouth, Plymouth, Torbay, Poole, Swindon, Medway, Brighton and Hove, Portsmouth, Southampton and the Isle of Wight.

It also covers the following Counties: Cornwall and the Isles of Scilly, Devon, Dorset, East Sussex, Gloucestershire, Hampshire, Kent, Somerset, Surrey, West Sussex and Wiltshire.

[1023]

LONDON REGION

HM Courts & Tribunals Service
First-tier Tribunal (Property Chamber) Residential Property, 10 Alfred Place, London WC1E 7LR

Telephone: 020 7446 7700
Fax: 01264 785 060

DX 134205 Tottenham Court Road

This office covers all the London boroughs.

The Ministry of Justice and HM Courts and Tribunals Service processes personal information about you in the context of tribunal proceedings.

For details of the standards we follow when processing your data, please visit the following address https://www.gov.uk/government/organisations/hm-courts-and-tribunals-service/about/personal-information-charter

To receive a paper copy of this privacy notice, please call 0300 123 1024/ Textphone 18001 0300 123 1024.

Section 101:

LANDLORD AND TENANT—REPAIRS AND IMPROVEMENTS

Table of Contents

Application for leave to proceed under Leasehold Property (Repairs) Act 1938	101-Z1
Claim for damages where leave granted under Leasehold Property (Repairs) Act 1938	101-Z2
Claim for damages for terminal dilapidations	101-Z3
Claim during term in debt for expenditure on repair	101-Z4
Claim by tenant for breach of Landlord and Tenant Act 1985 s.11 obligations	101-Z5
Application under Landlord and Tenant Act 1927 s.3	101-Z6
Claim for declaration consent unreasonably withheld to improvements, or conditions unreasonable	101-Z7
Defence to dilapidations claim relying on Landlord and Tenant Act 1927 s.18 (both limbs)	101-Z8
Defence denying dilapidations	101-Z9
Defence asserting consent reasonably withheld, or not improvement, or work adversely affecting other property of landlord	101-Z10
Claim for specific enforcement of tenant's [or landlord's] repairing obligations	101-Z11

Liability of tenants for disrepair

101-01 Tenants' liabilities to keep or put premises in repair may be enforced during the term of the lease either by a claim for specific performance,[1] by a claim for damages, by proceeding to forfeit the lease, or, if the lease so provides, by entering onto the premises to carry out the works and claim the cost back from the tenant as a debt.[2] The normal measure of damages is the difference between the value of the landlord's interest in the premises in their actual condition and the value the interest would have had if the premises were in repair in compliance with the covenants (see Precedent 101-Z8). The first limb of s.18(1) of the Landlord and Tenant Act 1927 caps damages for breach of a covenant to keep or put premises in repair during the currency of a lease, to not more than the amount (if any) by which the value of the landlord's reversion is diminished owing to the breach. Similarly, where the term of the lease has some years unexpired and the tenant (or any assignee) is solvent, any diminution in value may be difficult to prove unless, for some reason, specific performance of the repairing obligations is unlikely to be obtained (see

---

[1] *Rainbow Estates v Tokenhold* [1998] 2 E.G.L.R. 34.
[2] *Jervis v Harris* [1996] Ch. 195.

Rainbow v Tokenhold) and the tenant refuses to comply with his obligations. A claim in debt is not subject to the statutory cap.

In the case of certain leases, the landlord's right to forfeit or claim damages is restricted by the Leasehold Property (Repairs) Act 1938, as amended by the Landlord and Tenant Act 1954. The Act of 1938 applies to any lease (except where the demised premises are an agricultural holding) granted for a term of years certain of not less than seven years, where the claim is started at a time when three years or more of the term remain unexpired.[3] Where the Act of 1938 applies, the landlord may not forfeit or claim damages without having first served on the tenant a notice under s.146 of the Law of Property Act 1925 in a special form (s.1(2), (4)). The tenant may by counter-notice served within 28 days after service of the notice claim the benefit of the Act (s.1(1)). If he does not do so, the landlord may proceed to claim forfeiture or disrepair. If the tenant does claim the benefit of the Act, no action for forfeiture or for disrepair for breach of covenant to repair may be started without the leave of the court. A separate application for leave must be made. A mortgagee in possession is not entitled to claim the benefit of the Act because he does not fall within the definition of "lessee.[4]

A claim under the 1938 Act is a "landlord and tenant" claim within the meaning of CPR Pt 56: CPR r.56.1. Such a claim is brought using the CPR Pt 8 procedure, supported by a witness statement proving one or more of the grounds upon which the court may give leave under s.1(5) of the 1938 Act. Section 6 of the 1938 Act provides that the appropriate court in which to bring an application for leave is the county court unless the proceedings by action for which leave may be given would have to be taken in a court other than a county court. Claims falling within CPR Pt 56 should, in any event, normally be brought in the county court. Only exceptional circumstances justify starting a claim in the High Court: CPR PD 56 para.2.2. No more than one of the grounds need be proved.[5] The standard of proof is that of an ordinary civil action, i.e. proof on the balance of probabilities.[6] Both the breach and the ground under the Act must be proved by admissible evidence.[7] The relevant date upon which the landlord must prove the relevant grounds is normally the date of hearing of the application for leave to bring forfeiture proceedings, although ground (e) gives the court an overriding discretion.[8] If a ground is proved, the court has a discretion whether to grant or refuse leave, and has power to impose conditions on the landlord or the tenant either on grant or refusal of leave. A claim in debt for the cost of repairs carried out during the term (Precedent 101-Z4) is not subject to the restrictions on the Act of 1938.[9]

101-02 After the expiry of the lease the landlord's remedy lies in damages. At common law it seems that the landlord is entitled to recover the reasonable cost of the works needed to remedy the disrepair even if he has no intention of carrying the work out.[10] The landlord's claim may also include consequential losses such as loss of rent, liability for empty property rates or compensation for loss of use of the

---

[3] *Baker v Sims* [1959] 1 Q.B. 114.
[4] *Smith v Spaul* [2003] Q.B. 983.
[5] *Phillips v Price* [1959] Ch. 181.
[6] *Associated British Ports v CH Bailey* [1990] 2 A.C. 703.
[7] *Jackson v Charles A Pilgrim* (1975) 29 P. & C.R. 328.
[8] *Landmaster Properties Ltd v Thackeray Property Services* [2003] 35 E.G. 83.
[9] *Jervis v Harris* [1996] Ch. 195.
[10] *Joyner v Weeks* [1891] 2 Q.B. 31; *Tiger Aspect Holdings v Sunlife Europe Properties* [2013] EWCA Civ 1656; [2014] 1 E.G.L.R. 30.

premises while the repairs are being carried out[11] if he has actually suffered such loss.[12]

As with claims for damages for disrepair made during the term of the first limb of s.18(1) of the Landlord and Tenant Act 1927, the measure of damages for disrepair for terminal dilapidations, is limited to the amount (if any) by which the landlord's reversionary interest is diminished in value. The second limb of s.18(1) provides that no damages are recoverable for terminal dilapidations where the premises are to be pulled down or structural alterations are to be carried out at or shortly after the term date. Where the landlord has actually carried out the work (Precedent 101-Z3), the cost of repair is invariably the starting point (and is often the best evidence) for quantifying diminution in value.[13] Further, the court is entitled to infer diminution in value to the reversion in the absence of expert evidence from the estimated costs of any repairs to be done by an outgoing tenant which a landlord actually carries out.[14] Where the landlord has not done, but intends to do the remedial works, the cost of the intended works can be prima facie evidence of diminution in value.[15] Where the landlord has not done, and does not intend to do the works, it will be for the landlord to establish that he has nonetheless suffered a diminution in the value of the premises.[16] Quantification of diminution of value may be difficult where there is little evidence of market activity (*Craven (Builders) v Secretary of State for Health*).

Where business sub-tenants were entitled to new leases from the landlord under the Landlord and Tenant Act 1954, Pt II, and renewed their tenancies at market rents which assume that the premises were in repair, the landlord was held to have suffered no loss.[17] The date of valuation is the date of termination of the lease. If a new tenant, with no existing right to a tenancy, takes a new lease of the premises and agrees to carry out the repairs, that is irrelevant to the assessment of the landlord's loss.[18]

LIABILITY OF LANDLORDS FOR DISREPAIR

A landlord's obligation to repair depends primarily upon the terms of the lease. **101-03**
A tenant's remedy for disrepair is in an action for damages or specific performance and there are no statutory restrictions upon enforceability or recovery such as in respect of tenants' repairing covenants. Damages recovered may be substantial. In *Credit Suisse v Beegas Nominees*,[19] e.g. the commercial tenant was awarded the whole of the rent for the residue of the term because the landlord's breach had made the premises unusable and the lease unassignable. It is a general principle that a covenant to keep premises in repair requires the landlord to keep them in repair at all times, irrespective of notice.[20] Where, however, the relevant defect is in the

---

[11] *Drummond v S&U Stores* (1980) 258 E.G. 1293.
[12] *Pgf II v Royal Sun Alliance Insurance Plc* [2010] EWHC 1459 (TCC); [2011] 1 P. & C.R. 11.
[13] *Jones v Herxheimer* [1950] 2 K.B. 106; *Smiley v Townshend* [1950] 2 K.B. 311.
[14] *Latimer v Carney* [2006] EWCA Civ 1417; [2006] 3 E.G.L.R. 13.
[15] *Craven (Builders) v Secretary of State for Health* [2000] 1 E.G.L.R. 128.
[16] *Car Giant v Hammersmith LBC* [2017] EWHC 197 (TCC).
[17] *Family Management v Gray* (1979) 253 E.G. 369; and see *Crown Estate Commissioners v Town Investments* [1992] 1 E.G.L.R. 61.
[18] *Haviland v Long* [1952] 2 Q.B. 80.
[19] *Credit Suisse v Beegas Nominees* [1994] 4 All E.R. 803.
[20] *British Telecom v Sun Life Assurance Society* [1996] Ch. 69.

demised premises or the obligation to repair is implied by statute, the landlord's obligation is subject to the implied condition that he is not liable until he has been given reasonable notice.[21]

There are implied by statute into certain leases of residential premises landlords' covenants to repair. The most important are those implied under s.11 of the Landlord and Tenant Act 1985 (as amended by the Housing Act 1996) (Precedent 101-Z5). Section 11 applies to a lease of a dwelling-house granted for a term of less than seven years. Where the tenancy is entered into before 15 January 1989 the obligation is to keep in repair the structure and exterior of the dwelling-house and to keep in repair and proper working order certain installations in the dwelling-house. Where the tenancy was granted on or after 15 January 1989 and the dwelling-house forms part of a building, the obligation is extended to include the structure and exterior of any part of the building and specified installations which serve the dwelling-house and (1) form part of a building in which the landlord has an estate or interest; or (2) is owned by the landlord or under his control: s.11(1A). In such cases the defects for which the landlord is potentially liable may be within premises not in the possession of either party. The issue, therefore, is whether the extended obligation depends upon the landlord having notice of the defect. It was generally considered that notice was required (*McCarrick v Liverpool Corp*; *O'Brien v Robinson*). Doubt was cast upon the established view by the Court of Appeal in *Edwards v Kumarasamy*.[22] The Supreme Court overturned that decision, holding that there are circumstances in which liability does depend on notice.[23]

Damages may be assessed in terms of compensation for discomfort and inconvenience or of diminution in value of the premises.[24] Where a tenant remains in occupation of the premises the prima facie measure is diminution in value to the tenant, which may equate to what the tenant would have spent in carrying out the repairs himself together with general damages for inconvenience and discomfort.[25] When assessing general damages for discomfort and inconvenience arising from a landlord's breach of the repairing covenant, implied by s.11 of the Act, the usual rule is that a court should not award damages in excess of the rent payable during the breach (*Wallace v Manchester City Council*). If the court makes an award in excess of the rent payable during the breach, clear reasons for the departure from the general rule must be given.[26]

If the tenant has found the defective condition of the premises to be intolerable and has reasonably taken alternative accommodation at reasonable cost, then the cost of this alternative accommodation should be included in the damages recoverable, together with the cost of redecorating (and making good other damage to the tenant's property) and also an award of general damages for all the unpleasantness of occupying the defective premises as they deteriorated until they became uninhabitable (*Calabar Properties v Stitcher*).

Section 11(1A) does not impose liability, however, where a sub-lessor does not

---

[21] *Makin v Watkinson* (1870) L.R. 6 Exch. 25; *McCarrick v Liverpool Corporation* [1947] A.C. 219; *O'Brien v Robinson* [1973] A.C. 912; *Edwards v Kumarasamy* [2016] UKSC 40; [2016] A.C. 1334.
[22] *Edwards v Kumarasamy* [2015] EWCA Civ 20; [2015] Ch. 484.
[23] *Edwards v Kumarasamy* [2016] A.C. 1334.
[24] *Wallace v Manchester City Council* [1998] 3 E.G.L.R. 38.
[25] *Calabar Properties Ltd v Stitcher* [1984] 1 W.L.R. 287.
[26] *English Churches Housing Group v Shine* [2004] EWCA Civ 434; [2004] H.L.R. 42.

have an interest in part of a building that contains items of disrepair.[27] A legal easement is an interest for the purposes of that section: *Edwards v Kumarasamy*.

Awards of damages in cases other than those brought in reliance on s.11 may be based upon a notional reduction of rent where the premises are commercial.[28]

IMPROVEMENTS

Leases generally restrict the making of additions to or alterations of the demised premises by the tenant. Often this restriction is qualified by the use of the words "not without the consent of the landlord", or similar words. Section 19(2) of the Landlord and Tenant Act 1927 provides that in all leases containing a covenant against the making of improvements without consent, the consent is not to be unreasonably withheld (Precedent 101-Z7). The sub-section applies even though the word "improvement" does not appear in the covenant, if its effect is to prevent the making of improvements without consent.[29] Whether work amounts to an improvement is to be judged from the point of view of the tenant. When the tenant applies for consent to improvements the landlord is entitled to be informed as to the substance of the proposals.[30] The landlord is also entitled, as a condition of consent, to require the payment of a reasonable sum in respect of any damage to or diminution in the value of the demised premises or any neighbouring premises of his, and of reasonable expenses in connection with the grant of consent. Further, if the improvement does not add to the letting value of the premises, the landlord may impose a condition of reinstatement, if reasonable so to do (see Precedent 101-Z10). Guidelines have been given by the Court of Appeal as to the permissible approach as to when consent can and cannot properly be withheld.[31]

101-04

The machinery of Pt I of the Landlord and Tenant Act 1927 enables some business tenants to make improvements notwithstanding an express clause to the contrary in the lease and to obtain compensation upon quitting the premises. The provisions apply to premises held under a lease and used wholly or partly for the carrying on of any trade or business other than a mining lease, a tenancy of an agricultural holding or a holding let to a tenant as the holder of any office, appointment or employment from the landlord for so long as he holds it. The tenant must serve upon the landlord notice of his intentions together with a specification and plan showing the proposed improvement (LTA 1927 s.3(1)). If the landlord does not object within three months of service of the notice the tenant may lawfully carry out the improvements. If the landlord objects in time the tenant may apply to court for a certificate that the improvements are appropriate to be made (LTA 1927 ss.3(1), (4) (Precedent 101-Z6)). The landlord may avoid liability for compensation by offering to carry out the improvements himself in return for a reasonable increase in rent. If so, the court must not grant a certificate to the tenant unless it is shown that the landlord has failed to carry out his undertaking. If the tenant changes its mind and decides not to proceed with the works, the tenant cannot be compelled

---

[27] *Niazi Services Ltd v Van der Loo* [2004] EWCA Civ 53; [2004] 1 E.G.L.R. 62.
[28] *Electricity Supply Nominees Ltd v National Magazine Co Ltd* (2000) 2 T.C.L.R. 169; [1999] 1 E.G.L.R. 130 or let under a long lease *Earle v Charalambous* [2006] EWCA Civ 1090; [2007] H.L.R. 8.
[29] *FW Woolworth & Co v Lambert* [1937] Ch. 37; *Lambert v FW Woolworth & Co* [1938] Ch. 883.
[30] *Kalford v Peterborough City Council* [2001] 13 E.G.C.S. 150.
[31] *Iqbal v Thakrar* [2004] EWCA Civ 592; [2004] 3 E.G.L.R. 21.

to accept carrying out of improvements.[32] If a certificate is granted and the tenant duly carries out the improvement he may require the landlord to give him a certificate of due execution in default of which he may apply for such a certificate to the court. Whether or not he obtains such a certificate he may then claim compensation within a prescribed period of the determination of his tenancy (LTA 1927 s.1(1)). Claims for a certificate and/or compensation are "landlord and tenant" claims and must be brought in accordance with CPR Pt 56, on which see para.101-01.

PLEADING

101-05 Where a tenant of residential premises claims an order requiring his landlord to carry out repairs or other works to the premises, the claimant must state in the claim form the following two matters. First, whether the estimated costs of the repairs or works are not more than £1,000 or more than that sum; and secondly, whether the financial value of any other claim for damages is not more than £1,000 or more than that sum (CPR Pt 16.3(4)).

On the face of it a claim from breach of a landlord's implied repairing covenants under s.11 of the Landlord and Tenant Act 1985 is a "landlord and tenant claim" under CPR Pt 56. The author considers, however, that such an action is not appropriate to be brought under CPR Pt 8. The Precedent at 101-Z5 is therefore appropriate to a claim under CPR Pt 7.

A claim under the Leasehold Property (Repairs) Act 1938 must be brought in Form N208 and state:

1. that Part 8 applies;
2. the question which the claimant wants the court to decide or the remedy which the claimant is seeking and the legal basis for the claim to that remedy;
3. that the claim is brought under the 1938 Act;
4. if the claimant is claiming in a representative capacity, what that capacity is; and
5. if the defendant is sued in a representative capacity what that capacity is.

A claim for compensation for improvements under the Landlord and Tenant Act 1927 must comply with the requirements of PD 56 para.5.2. The claim form must be in Form N208 and must include details of:

1. the nature of the claim or the matter to be determined;
2. the property to which the claim relates;
3. the nature of the business carried on at the property;
4. particulars of the lease or the agreement for the tenancy including:
   (a) the names and addresses of the parties to the lease or agreement;
   (b) its duration;
   (c) the rent payable;
   (d) details of any assignment or other devolution of the lease or agreement;
5. the date and mode of termination of the tenancy;
6. if the claimant has left the property, the date on which he did so;

---

[32] *Norfolk Capital Group Ltd v Cadogan Estates Ltd* [2004] EWHC 384 (Ch); [2004] 2 E.G.L.R. 50.

7. particulars of the improvement or proposed improvement to which the claim relates;
8. if the claim is for payment of compensation, the amount claimed.

APPLICATION FOR LEAVE TO PROCEED UNDER LEASEHOLD PROPERTY (REPAIRS) ACT 1938

The Claimant claims: 101-Z1
(1) An order pursuant to s.1(3) of the Leasehold Property (Repairs) Act 1938 that he be at liberty to enforce against the Defendant a right of reentry contained in a lease of premises known as [..........] made on [date] between EF as lessor and CD as lessee for breaches of the repairing covenants contained in clauses [..........] and [..........] of the lease.
(2) An order pursuant to the same section that the Claimant be at liberty to bring a claim against the Defendant for damages for breach of those covenants.
(3) A direction that the Claimant have the benefit of s.146(3) of the Law of Property Act 1925.
(4) An order that the Defendant pay the costs of this claim.
This claim is made under CPR Pt 8, in accordance with CPR Pt 56.

[Statement of truth]

CLAIM FOR DAMAGES WHERE LEAVE GRANTED UNDER LEASEHOLD PROPERTY (REPAIRS) ACT 1938

1. By a lease made on [date], the Claimant demised to the Defendant the property known as [..........] for a term of 21 years from [date].   101-Z2

2. By clause 2(vii) of the Lease, the Defendant covenanted to put and keep in good repair the premises demised by the Lease throughout the term.

3. In breach of that covenant, the Defendant has allowed the property to fall into disrepair, full particulars of which were given to the Defendant in a schedule of dilapidations dated [date] and served on the Defendant on [date], and which is annexed to this Claim Form.

4. By order made on [date] District Judge [..........] gave the Claimant leave pursuant to s.1(3) of the Leasehold Property (Repairs) Act 1938 to claim damages for breach of covenant.

5. In consequence of the breaches of covenant set out in the Schedule of Dilapidations, the Claimant has suffered loss and damage, namely the diminution in value of its reversionary interest in the property and in neighbouring property owned by the Claimant.

6. The Claimant further claims interest on damages awarded to it pursuant to s.69 of the County Courts Act 1984, at such rate and for such period as the Court may think fit.

The Claimant expects to recover more than £10,000 but not more than £25,000.
The remedies sought by the Claimant are:
(1) Damages.
(2) Interest pursuant to statute.

(3) Further or other relief.
(4) Costs.

[Statement of truth]

CLAIM FOR DAMAGES FOR TERMINAL DILAPIDATIONS

101-Z3 1. By a lease made on [date], the Claimant let to the Defendant the property known as [..........] for a term of [..........] years from [date].

2. By clauses [..........] of the Lease, the Defendant covenanted as follows:
   (a) to keep the demised premises in good and substantial repair;
   (b) to paint the exterior of the demised premises with three coats of good quality paint in every third year and in the last year of the term;
   (c) to yield up the demised premises so repaired and painted as provided at the expiry or sooner determination of the term.

3. The term expired by effluxion of time on [date] [or the term was determined on [date] by notice given pursuant to s.27(2) of the Landlord and Tenant Act 1954, [or as the case may be]].

4. In breach of the covenants, the Defendant failed to keep the property in repair, failed to decorate the exterior of the property in the last year of the term, and failed to deliver it up to the Claimant in good repair and painted as provided. Particulars of the breaches of covenant are contained in a Schedule of Dilapidations dated [date] which was served on the Defendant on [date].

5. The Claimant has carried out the work necessary to remedy the dilapidations listed in the Schedule at a cost of £[..........] plus VAT, and has incurred professional fees for supervision of the work in the sum of £[..........] plus VAT.

6. The works of repair and decoration took 12 weeks to complete, during which time the Claimant was deprived of the use of the property.

7. The weekly letting value of the property is not less that £[..........].

8. In consequence of the breaches of covenant, the Claimant has suffered loss and damage in an amount equal to the aggregate of the amounts pleaded in paragraphs 5 and 12 weeks' loss of income amounting to £[..........]. The value of the Claimant's reversion in the property was diminished by an amount equal to that total sum.

The Claimant expects to recover more than £100,000.
The remedies sought by the Claimant are:
(1) Damages.
(2) Interest pursuant to s.35A of the Senior Courts Act 1981 on any damages awarded at such rate and for such period as to the Court may seem just.

[Statement of truth]

CLAIM DURING TERM IN DEBT FOR EXPENDITURE ON REPAIR

101-Z4 1. By a lease made on [date], the Claimant demised to the Defendant the property known as [..........] for a term of [..........] years from [date].

2. By clauses [..........] of the lease the Defendant covenanted:
   (a) to keep the demised premises in good and substantial repair;
   (b) to permit the Claimant to enter the demised premises to inspect their state and condition and to leave notice for the tenant of all wants of repair found for which the tenant is liable, and within 2 months after such notice to carry out all works necessary to remedy the disrepair notified, provided that if the tenant failed to carry out the repairs within the 2-month period the Claimant would be entitled to enter the demised premises to carry out the necessary works and then recover the costs of and incurred in performing the works as a debt due from the tenant to the Claimant payable on demand.

3. On [date], the Claimant by his surveyor, AB, inspected the property and left notice for the Defendant of all items of disrepair there found which were the responsibility of the Defendant under the terms of the lease. A copy of the notice is annexed to this Claim Form.

4. The Defendant did not within 2 months make good all the items of disrepair specified in the notice, and in particular items [..........] were not remedied.

5. On [date], the Claimant caused to be carried out the work necessary to remedy those items at a cost of £[..........]. Full particulars of the cost are contained in the final account of the contractors, [..........], a copy of which is also annexed.

6. The Claimant demanded payment in the sum of £[..........] on [date], but the Defendant has failed to pay any part of that sum to the Claimant.

7. Clause [..........] of the lease provides that all sums due under the lease and unpaid shall carry interest at the rate of 4% above the base rate of [..........] Bank plc from time to time from the date when the sums became due until the date of payment.

The Claimant expects to recover more than £10,000 but less than £25,000.

The remedies sought by the Claimant are:
   (1) The sum of £[..........].
   (2) Interest on that sum at the rate of [..........]

[Statement of truth]

CLAIM BY TENANT FOR BREACH OF LANDLORD AND TENANT ACT 1985 s.11 OBLIGATIONS

101-Z5

1. By an agreement made in writing on [date], the Defendant let the upper floor flat at [..........] to the Claimant on a monthly tenancy at a rent of £[..........] per month.

2. Above the ceilings of the flat is the structure of the roof of the building in which the flat is situate, and in particular a flat roof over the bedroom of the flat.

3. By the tenancy agreement, the Claimant agreed to keep the flat in good repair and condition during the tenancy. That agreement was void in so far as it related to, amongst other things, keeping in good repair the structure and exterior of the flat and of the building.

4. By virtue of s.11 of the Landlord and Tenant Act 1985, the Defendant was liable under the tenancy agreement to keep the flat roof in repair.

5. From [date] the flat roof has leaked water, which has entered the Claimant's flat and damaged the decorations of the flat and the furniture and bedding, and has made the bedroom of the flat so unfit for use that the Claimant has had to sleep on the sitting room floor for [..........] weeks.

6. The Claimant notified the Defendant of the disrepair of the flat roof orally on [date], and in writing on [date] and [date], but the Defendant has failed to carry out any works of repair to the roof, which still leaks water.

7. The Defendant is accordingly in breach of his implied repairing covenant, and in consequence of this breach the Claimant has suffered loss and damage, including diminution in the enjoyment of his occupation of the flat.

Particulars of special damages
[List all clothes, bedding, etc. damaged or destroyed by water ingress, and sums expended on redecorating the flat, etc.]

8. On [date], and by reason of the disrepair, the Claimant served notice to quit the flat, and his tenancy terminated on [date], and the Claimant thereupon incurred costs of £[..........] in removing from the flat and setting up a new home at [..........].
The Claimant expects to recover not more that £10,000.
The remedies sought by the Claimant are:
(1) Damages.
(2) Interest pursuant to s.69 of the County Courts Act 1984 on any damages awarded at such rate and for such period as the Court thinks fit.

[Statement of truth]

APPLICATION UNDER LANDLORD AND TENANT ACT 1927 s.3

101-Z6 1. The Claimant claims:
(1) A certificate pursuant to s.3(1) of the Landlord and Tenant Act 1927 that the improvement described below and proposed to be made by the Claimant to premises known as [..........] demised to it under a lease made on [date] between CD as landlord and AB as tenant is a proper improvement to be made.
The holding for the purposes of Part I of the Act of 1927 is the premises described above, and the business carried on there by the Claimant is that of an architect.
The improvement proposed to be made is the construction of a mezzanine floor between the ground and first floors of the holding, as identified in the specification and plan annexed to this Claim Form.
This claim is made pursuant to CPR Pt 8 in accordance with CPR Pt 56.

[Statement of truth]

CLAIM FOR DECLARATION CONSENT UNREASONABLY WITHHELD TO IMPROVEMENTS, OR CONDITIONS UNREASONABLE

101-Z7 1. The Claimant claims:
(1) A declaration that the Defendant has unreasonably withheld consent to the improvements proposed to be made to the premises known as [..........] and demised to the Claimant by a lease made on [date] between CD as lessor and AB as landlord, namely those identified in the specification dated [date] annexed to the witness statement of [..........] served with this Claim Form.

(2) A further declaration that the Claimant is entitled, not withstanding clause [..........] of the lease, to proceed to carry out the works in the specification without payment to the Defendant and without undertaking to reinstate the premises at the expiry of the term.
(3) Further or other relief.
(4) Costs.
This claim is made pursuant to CPR Pt 8 in accordance with CPR Pt 56.

[Statement of truth]

DEFENCE TO DILAPIDATIONS CLAIM RELYING ON LANDLORD AND TENANT ACT 1927 s.18 (BOTH LIMBS)

1. Paragraphs [..........] to [..........] of the Particulars of Claim are admitted. **101-Z8**

2. The damages which the Claimant is entitled to recover are limited by s.18(1) of the Landlord and Tenant Act 1927 to at most the amount by which the value of the Claimant's reversion has been diminshed owing to the breach of covenant.

3. It is denied that the value of the Claimant's reversion was dimished at the date of expiry of the lease [because the Claimant had no intention to carry out the works of repair to remedy the dilapidations and because the building was worth no more in repair than out of repair, *or as the case may be*.]
Or

3. [The Claimant intended regardless of the condition of the demised premises to pull down the building and rebuild on the site at the expiry of the lease [*or* The Claimant intended in any event at the expiry of the lease to carry out structural alterations to the building which would have rendered valueless any repairs carried out by the Defendant], and accordingly is not entitled to any damages by virtue of s.18(1) of the Landlord and Tenant Act 1927.]

[Statement of truth]

DEFENCE DENYING DILAPIDATIONS

1. Paragraphs [..........] and [..........] of the Particulars of Claim are admitted. **101-Z9**

2. It is denied that the Defendant failed to deliver up the premises to the Claimant in good and substantial repair within the meaning of the covenant. [The standard of repair appropriate is only that with which a reasonably minded tenant likely to take a lease of the premises at the date of grant of the Defendant's lease would be satisfied, *or as the case may be*].

3. In particular:
[Plead specifically to the particular breaches alleged, by way of schedule if more than a few breaches alleged.]

[Statement of truth]

DEFENCE ASSERTING CONSENT REASONABLY WITHHELD, OR NOT IMPROVEMENT, OR WORK ADVERSELY AFFECTING OTHER PROPERTY OF LANDLORD[33]

101-Z10 1. The Defendant admits that he refused consent to the proposed alterations [unless the Claimant paid compensation for injurious affection], but denies that the refusal was unreasonsable.

2. The alterations proposed to be made are structural and do not fall within the scope of the covenant [or The alterations proposed are not improvements within the meaning of s.19(2) of the Landlord and Tenant Act 1927].
Or

2. [The alterations proposed to be made will diminish the value of the adjoining premises owned by the Defendant, and accordingly the Defendant lawfully required the Claimant to pay £[..........] compensation for such diminution in value as a condition of granting consent to the proposed works, but the Claimant has refused to pay such compensation.]

[Statement of truth]

CLAIM FOR SPECIFIC ENFORCEMENT OF TENANT'S [OR LANDLORD'S] REPAIRING OBLIGATIONS

101-Z11 1. By a lease made on [date], the Claimant let the premises known as [..........] to the Defendant [or the Defendant let the premises known as [..........] to the Claimant] for a term of [..........] years from [date].

2. The Lease contained a covenant on the part of the Defendant to keep the demised premises [or the structure and exterior of the demised premises] in good and substantial repair throughout the term of [..........] years.

3. In breach of the covenant, the Defendant has allowed the demised premises to fall into serious disrepair. Full particulars of the breaches of covenant are set out in a schedule of dilapidations dated [date] which was served on the Defendant on [date] and which is annexed to this Claim Form.

4. The works necessary to remedy the dilapidations are described in the last column of the schedule of dilapidations in respect of each item of disrepair.

5. The Defendant has refused and will fail to carry out the repairs necessary to remedy the dilapidations unless ordered to do so by the Court.

[6. The estimated costs of the works identified in the schedule are more than £1,000].[34]

7. Further or alternatively by reason of the matters above the Claimant has suffered loss and damage.

---

[33] Although no provision is made for service and filing of a defence to claims under CPR Pt 56 it is thought that, in circumstances such as these, it is appropriate to do so.
[34] Include only in case of claim by tenant of residential premises: CPR r.16.3(4).

Particulars of Damage

[8. The financial value of the claim for damages is not more than £1,000][35]
The remedies sought by the Claimant are:
(1) An order that the Defendant do within [6 weeks] from the date of the order cause to be carried out the works specified in the last column of the schedule of dilapidations annexed to the Claim Form.
(2) Alternatively, damages in lieu of an order to carry out the works.

[Statement of truth]

---

[35] ibid.

Section 102:

LANDLORD AND TENANT—THIRD PARTY RIGHTS AND OBLIGATIONS

Table of Contents

Claim by assignee of reversion to rent or damages	102-Z1
Claim by landlord against "former tenant"	102-Z2
Claim by landlord against "former tenant" for increased rent following Review	102-Z3
Claim by landlord against assignee of term	102-Z4
Defence by surety: variation of lease affecting rent payable	102-Z5
Lessee's defence of release of tenant	102-Z6
Defence of guarantor sued under authorised guarantee agreement: agreement void/terminated	102-Z7
Claim by lessee against assignee under indemnity covenant	102-Z8
Claim to overriding lease	102-Z9
Defence of lessee to claim by management company	102-Z10
Defence of tenant: landlord assigned reversion	102-Z11

102-01 A lease is a contract made in general between two parties: a lessor and a lessee. But on occasions others, usually management companies and sureties, are parties to the initial contract. In addition to being a contract, a lease creates an interest in land, and usually the interests of the lessor and lessee are each assignable. Thus, actions in a landlord and tenant context often involve claims by or against parties other than the original lessor and lessee, and frequently involve those original parties after they have assigned their respective interests. These are the "third parties" with whom this section is concerned.

102-02 **The old law** For leases granted before 1996, both lessors and lessees remain liable under all the terms of the contract for the duration of the term of years even though they may have assigned their interests in land.[1] Either by statute (Law of Property Act 1925 ss.141, 142) or under the doctrine of privity of estate, assignees of term and reversion are entitled to the benefit and subject to the burden of those covenants of the lease which have reference to the demised premises. Thus, for example, an assignee of the reversion can sue the tenant for rent arrears whether they accrued before or after the assignment (Precedent 102-Z1); and the lessor could sue an assignee of the term, but only for rent accruing after the date of the assignment (Precedent 102-Z4). The right of the assignee of the reversion to sue for pre-assignment rent arrears is subject to the lessee's right to set off in respect of accrued liabilities under the lease against the assignor.[2] An assignor of the reversion loses his right to sue for rent arrears accrued or breaches of covenant occurring

---

[1] *Baynton v Morgan* (1889) L.R. 22 QBD 74.
[2] *Muscat v Smith* [2003] EWCA Civ 962; [2003] 1 W.L.R. 2853.

before the assignment unless the right of action is reserved to him as a term of the assignment[3] (Precedent 102-Z11).

102-03 **The new law** Almost all leases granted on or after 1 January 1996 are governed by the new regime for transmission of benefit and burden on leasehold covenants contained in the Landlord and Tenant (Covenants) Act 1995 (for the exceptional cases, see s.1 of the Act). Almost all leases granted before that date remain governed by the old law for the residue of the term of years. The Act abolishes (for "new" tenancies) the doctrine of "touching and concerning", or covenants having "reference to" the demised premises (s.2); and all landlord and tenant covenants (other than covenants expressed to be personal and other exceptional cases) pass with the reversion and the term respectively (s.3). Lessees (and subsequent tenants) are automatically released from the tenant covenants and lose the benefit of landlord covenants upon lawful assignment of the term (s.5). Lessors (and subsequent landlords) have the right to apply for similar release (ss.6 to 8). If it is reasonable to do so, or if the lease so provides, a landlord may require a tenant to guarantee by an "authorised guarantee agreement" the obligations of his immediate assignee only (s.16) (see Precedent 102-Z7). Upon the assignment of the reversion on a new tenancy, the right to sue for arrears of rent or breaches of covenant pre-dating the assignment remains with the assignor, but a right to re-enter in respect of such arrears or breaches passes to the assignee (s.23). A lessee cannot set off a claim for damages in respect of pre-assignment breaches against an assignee's claim for future rent.[4]

The Landlord and Tenant (Covenants) Act 1995 also introduces changes in the law which apply to "old" and "new" tenancies alike and which restrict the rights of landlords to call upon former tenants and guarantors of former tenants to remedy defaults by the current tenant. There is now a six-month time limit for serving a notice on a former tenant or his guarantor in respect of monies due from the tenant under the lease, and failing timeous service the former tenant and guarantor cannot be sued for those monies (s.17) (see Precedent 102-Z2). The Supreme Court has determined that, where a sum is unascertained, such as a sum becoming payable following the completion of a rent review, it is not "due" for the purpose of s.17(2), even though it will be treated as having accrued due retrospectively when the new rent is agreed or determined.[5] No notice need therefore be served in relation to such an unascertained sum until such time as the amount has been ascertained. Former tenants and their guarantors are not liable for any sum due to the extent that it is attributable to a voluntary variation of the lease made by the landlord after the former tenant assigned it (s.18) (see Precedent 102-Z5). Former tenants and their guarantors who are called upon by, and pay in response to, a s.17 notice are given the right to call for a concurrent, "overriding", lease to be granted to them, which makes them the immediate landlord of the defaulting tenant (ss.19 and 20) (see Precedent 102-Z9).

Save in relation to authorised guarantee agreements, there is no right to contract out of the Act, and any agreement which purports to do so is, to that extent, void[6]

---

[3] *Robinson v Gray* [1963] Ch. 459.
[4] *Edlington Properties Ltd v JH Fenner & Co Ltd* [2006] EWCA Civ 403; [2006] 1 W.L.R. 1583.
[5] *Scottish & Newcastle Plc v Raguz* [2008] UKHL 65; [2008] 1 W.L.R. 2494.
[6] Landlord and Tenant (Covenants) Act 1995 s.25; *K/S Victoria Street v House of Fraser (Stores Management) Ltd* [2011] EWCA Civ 904; [2012] Ch. 497, 904.

(Precedent 102-Z7). However, a lease can, as a matter of bargain, limit the obligations of one or both of the parties, so that they come to an end if the parties transfer their interest in the property although this is rarely done.[7]

The Landlord and Tenant (Covenants) Act 1995 applies to tenancies of incorporeal property and to tenancies of incorporeal rights such as rights of parking and access.[8]

For a detailed analysis of the old law and the new law, see T.M. Fancourt, *Enforceability of Landlord and Tenant Covenants*.[9]

Sureties At common law, a surety is wholly discharged from liability by a variation made to the contract he guaranteed unless either he agreed to the variation or it is plain without inquiry into the facts that the variation cannot detrimentally affect his position as guarantor.[10] This principle is unaffected by s.18 of the Act of 1995. Section 18 will therefore apply to those sureties who, for some particular reason, cannot avail themselves of the common law defence. Unlike that defence, the limitation in s.18 is only in respect of any additional liability attributable to the variation and does not release the surety in full (Precedent 102-Z5). 102-04

Management companies These are often created and made parties to leases of blocks of flats or commercial premises in multiple occupation for the purpose of collecting rent and service charge, or enforcing tenant covenants, or performing the landlord covenants in the leases. Under the old law, their rights and liabilities depended largely on a contractual analysis, though the benefit of such a company's covenants that touch and concern the demised premises could pass with the interests of the other parties.[11] In the case of "new" leases granted after 1 January 1996, however, such third party covenants are treated as if they were tenant covenants or landlord covenants as required to preserve the enforceability of the benefit and burden of them between all parties (s.12) (see Precedent 102-Z10). 102-05

Pleading Most importantly, the titles or status of the parties to the claim should be set out in the first paragraphs of any particulars of claim, and any relevant assignments or transfers of interests should be pleaded. Where the claim is a money claim, the amount that the claimant expects to recover (exclusive of interest and costs) must be stated in compliance with CPR r.16.3(2). For such a claim to be brought in the High Court, the claimant must be able to state that he expects to recover more than £100,000 (r.16.3(5)(a)). If interest is claimed, the basis of the claim and of the calculation must be pleaded: CPR r.16.4(2). Claims by or against third parties are not "landlord and tenant" claims under CPR r.56.1 as they are not made under any of the legislation set out therein. Therefore the specialised procedure in CPR Pt 56 does not apply to such claims. 102-06

---

[7] *London Diocesan Fund v Phithwa (Avonridge Property Co Ltd, Part 20 defendant)* [2005] UKHL 70; [2005] 1 W.L.R. 3956.
[8] *Wembley National Stadium Ltd v Wembley (London) Ltd* [2007] EWHC 756 (Ch); [2008] 1 P. & C.R. 3.
[9] T.M. Fancourt, *Enforceability of Landlord and Tenant Covenants*, 3rd edn (London: Sweet & Maxwell, 2014).
[10] *Holme v Brunskill* (1878) 3 Q.B.D. 495; but see *Metropolitan Properties Co. (Regis) v Bartholomew* [1996] 1 E.G.L.R. 82, where the variation was independent of the contractual liability which the surety had agreed to guarantee, and did not affect that liability.
[11] By analogy with *Swift (P&A) Investments v Combined English Stores Group* [1989] A.C. 632.

CLAIM BY ASSIGNEE OF REVERSION TO RENT OR DAMAGES

Particulars of Claim

102-Z1 1. The Defendant is the lessee of premises known as XYZ under a lease made on [24 June 2015] for a term of 10 years from that date at an annual rent of £10,000 payable quarterly in advance on the usual quarter days.

2. The reversion immediately expectant on the lease was assigned to the Claimant by deed made on [29 September 2019].
Or

[2. On [29 September 2019], the Claimant was registered at H.M. Land Registry under title no WK100000 as proprietor of the land which is the reversion immediately expectant on the lease.]

3. The Defendant has failed to pay £1,000 of the rent due on [29 September 2019] and the whole of the rent due on [25 December 2019].
Or

[3. In breach of clause 3.32 of the lease, the Defendant is using the premises as an auction house, which has caused and is causing the Claimant loss and damage by reducing the value of the Claimant's adjoining property at TUV.]

4. The Claimant claims interest under clause 5.2 of the lease at the rate of 4% above the base rate of Barclays Bank plc from time to time, alternatively pursuant to s.69 of the County Courts Act 1984, on the arrears of rent [or on the damages awarded to it], amounting to £245.08 under the lease (alternatively £178.90 pursuant to statute) to the date of this Statement of Case and continuing at the daily rate of £3.78 (alternatively £2.99) until judgment or sooner payment.

The remedies sought by the Claimant are:
(1) Judgment for £3,500 [*or* damages].
(2) Judgment for interest as claimed in paragraph 4 above.
The Claimant expects to recover not more than £10,000.

[Statement of truth]

CLAIM BY LANDLORD AGAINST "FORMER TENANT"

Particulars of Claim

102-Z2 1. The Claimant is the lessor and the Defendant is the lessee of premises known as XYZ under a lease made on [24 June 2015] for a term of 10 years from that date at an annual rent of £10,000 payable quarterly in advance on the usual quarter days.

2. On or about [28 July 2017], the Defendant assigned the lease by deed to AB but the Defendant remains liable under the tenant covenants of the lease including the covenant to pay the rent.

3. AB has failed to pay any part of the rent due under the lease on [24 December 2017] and on [25 March 2018].

4. On [30 April 2019], the Claimant gave the Defendant notice pursuant to s.17

of the Landlord and Tenant (Covenants) Act 1995 that the rent for the December and March quarter days was due and that the Claimant intended to recover from the Defendant £10,000 for arrears of rent and interest under the lease at the rate of 4% above the base rate of Barclays Bank plc from time to time.

The remedies sought by the Claimant are:
(1) Judgment for £10,000.
(2) Judgment for interest under the lease amounting to [£] to the date of this Statement of Case and continuing thereafter at the daily rate of [£] until judgment or sooner payment.

The Claimant expects to recover not more than £10,000.[12]

[Statement of truth]

CLAIM BY LANDLORD AGAINST "FORMER TENANT" FOR INCREASED RENT FOLLOWING REVIEW

Particulars of Claim

1. The Claimant is the lessor and the Defendant is the original lessee of premises known as XYZ under a lease made on [24 June 2005] for a term of 20 years from that date at an initial annual rent of £20,000 (subject to review in accordance with the Fifth Schedule) payable quarterly in advance on the usual quarter days.

102-Z3

2. On or about [28 July 2014], the Defendant assigned the lease by deed to AB but the Defendant remains liable under the tenant covenants of the lease including the covenant to pay the rent.

3. Under the Fifth Schedule to the lease, the rent was subject to review with effect from 24 June 2015 in accordance with the provisions thereof. On [12 February 2016] the reviewed annual rent was determined in the sum of £28,000.

4. Whilst AB has paid £5,000 towards the rent due on each usual quarter day from 24 June 2015, AB has failed to pay any part of the annual increase in rent of £8,000.

5. On b0 June 2017, the claimant gave the defendant notice pursuant to s.17(2) of the Act that the claimant intended to recover from the defendant £32,000 for arrears of rent and interest under the lease at the rate of 4 per cent above the base rate of Barclays Bank Plc from time to time.

The remedies sought by the Claimant are:
(1) Judgment for £32,000
(2) Judgment for interest under the lease amounting to [£] at the date of this Statement of Case and continuing thereafter at the daily rate of [£] until judgment or sooner payment.

The Claimant expects to recover more than £25,000.

[Statement of truth]

---

[12] See CPR r.16.3(6)(a)(i). When calculating the amount the Claimant expects to recover he must disregard, inter alia, any expected award of interest or costs.

CLAIM BY LANDLORD AGAINST ASSIGNEE OF TERM
Particulars of Claim

102-Z4 1.   By a lease made on [22 June 2005], the Claimant let the premises known as XYZ to AB for a term of 21 years from [25 December 2004] at a rent of £24,000 per annum (subject to review with effect from [25 December 2014]) payable by equal quarterly instalments in advance on the usual quarter days.

2.   By deed made on [3 April 2009], AB assigned the lease to the Defendant for the residue of the term of years.

3.   The Claimant remains entitled to the reversion immediately expectant on the term of years.

4.   The Defendant has failed to pay the rent due on 25 March 2019, namely £6,000.

5.   The Claimant claims interest under clause 5.2 of the lease at the rate of 4% above the base rate of Barclays Bank Plc from time to time, alternatively pursuant to s.69 of the County Courts Act 1984, on the arrears of rent, amounting to [£] under the lease (alternatively [£] pursuant to statute) to the date of this Statement of Case and continuing thereafter at the daily rate of [£] (alternatively [£] until judgment or sooner payment).

The remedies sought by the Claimant are:
(1)   Judgment for £6,000.
(2)   Judgment for interest as claimed in paragraph 5 above.

The Claimant expects to recover not more than £10,000.

[Statement of truth]

DEFENCE BY SURETY: VARIATION OF LEASE AFFECTING RENT PAYABLE
Defence

102-Z5 1.   On [20 May 2019], the terms of the lease were varied by a deed made on that date between the Claimant and AB as assignee of the lease. The variation was made without the agreement of the Defendant and was not selfevidently one which could not harm the Defendant's interests, and accordingly the Defendant's liability as guarantor of the principal was discharged by the deed.

2.   Alternatively, if the Defendant's liability was not entirely discharged, the Defendant is not liable to pay any amount by which the rent on review was increased by virtue of the variation of the terms of the lease effected by the deed, and the Defendant will rely in this regard on s.18 of the Landlord and Tenant (Covenants) Act 1995.

3.   But for the variation of the terms of the lease, the rent payable on review would have been determined at the rate of £48,000 per annum, and accordingly if the Defendant's liability was not entirely discharged the Defendant accepts that it will be liable for £24,000.

Lessee's defence of release of tenant

Defence

1. Before the date of the deed pleaded in the next paragraph, the Defendant and AB were severally but not cumulatively liable to pay the rent due under the Lease.

2. By a deed made on [3 July 2018] by the Claimant as landlord and AB as tenant ("the Deed"), AB's liability as tenant for rent due under the Lease was terminated with effect from [25 December 2018].

3. The Deed did not contain any express or implied reservation of the Claimant's rights against the Defendant in respect of the rent, and accordingly the release of AB's liability to pay the rent also released the Defendant's liability.

[Statement of truth]

102-Z6

Defence of guarantor sued under authorised guarantee agreement: agreement void/terminated

Defence

1. The Deed was not an authorised guarantee agreement within the meaning of s.16 of the Landlord and Tenant (Covenants) Act 1995 because it is a guarantee by the Defendant of the liability of all future assignees of the Lease [or it is a guarantee by the Defendant of all future liabilities of the assignee (including under a future authorised guarantee agreement) in relation to the Lease; or the Lease did not require the Defendant to enter into an authorised guarantee agreement and the condition that the Defendant make such an agreement was unreasonably and therefore unlawfully imposed upon the giving of consent to the assignment of the Lease].

2. Accordingly, the Defendant's guarantee was void as having effect (apart from s.25 of the Act of 1995) to exclude, modify or otherwise frustrate the provisions of s.5 of the Act of 1995.

Or

[2. On [24 October 2018], AB further assigned the Lease to CD, and the Defendant's guarantee of AB's performance of the tenant covenants of the Lease thereupon terminated.]

[Statement of truth]

102-Z7

Claim by lessee against assignee under indemnity covenant

Particulars of Claim

1. By a deed made on [2 June 2010] between the Claimant as assignor and the Defendant as assignee ("the Deed"), the Claimant assigned to the Defendant the residue of the term of years created by an underlease of XYZ made on [26 May 2007] ("the Underlease").

2. By clause 4 of the Deed, the Defendant covenanted to indemnify and save the

102-Z8

Claimant harmless against any breach of the tenant covenants of the Underlease after the date of the Deed.
Or

[2. By virtue of s.77(1)(C) of and Part IX of Schedule 2 to the Law of Property Act 1925,[13] there was implied in the Deed a covenant by the Defendant with the Claimant that, amongst other matters, the Defendant would at all times from the date of the Deed duly pay the rent becoming due under the Underlease.]

3. On [25 February 2016], AB, the landlord under the Underlease, gave the Claimant notice pursuant to s.17(2) of the Landlord and Tenant (Covenants) Act 1995 of his intention to recover from the Claimant the sum of £26,000 as rent overdue in respect of the [December 2015] quarter day's instalment.[14]

4. On [3 March 2016], the Claimant paid AB on demand the sum of £26,000 as rent overdue in respect of the [December 2016] quarter day's instalment.

5. Accordingly the Defendant is liable to indemnify the Claimant in the sum of £24,000 and interest at the annual rate of 6% which the Claimant would otherwise have received on that sum from [3 March 2016] until the date of payment [*or* is in breach of the implied covenant which has caused the Claimant losses amounting to £24,000 and lost interest on that sum at the annual rate of 6% from [3 March 2016] until judgment or sooner payment].

6. By letter dated [6 April 2016] the Claimant demanded payment of £26,000 and lost interest from the Defendant but the Defendant has failed to pay any part of those sums to the Claimant.

The remedies sought by the Claimant are:
(1) Judgment for £[amount] (including interest to the date of this claim form, and thereafter until judgment or sooner payment at the daily rate of £[amount]).
Or
[(1) Damages.]
The claimant expects to recover more than £25,000.

[Statement of truth]

CLAIM TO OVERRIDING LEASE

Particulars of Claim

102-Z9   1. The Claimant is the former tenant of the premises known as XYZ ("the Premises") under a lease made on [24 June 2010] ("the Lease") and the Defendant is the landlord of the Premises.

2. On [13 November 2018] and in response to a notice served on him pursuant to s.17 of the Landlord and Tenant (Covenants) Act 1995, the Claimant made full

---

[13] Which still apply in relation to "old" tenancies notwithstanding their repeal: Landlord and Tenant (Covenants) Act 1995 ss.30(2), (3), 31(1), Sch.2.
[14] If by virtue of the Landlord and Tenant (Covenants) Act 1995 s.17(2) the lessor was not entitled to recover the sums against the original tenant, the assignee is not obliged to indemnify the original tenant in respect of those payments (*MW Kellogg Ltd v Tobin* [1999] L. & T.R. 513).

payment to the Defendant of the arrears of rent under the Lease specified in the notice, and interest.

3. By written request made to the Defendant on [16 November 2018], the Claimant claimed to exercise the right to an overriding lease of the Premises under s.19 of the Act of 1995, and the Defendant thereupon became subject to a duty to grant the Claimant an overriding lease in the terms specified in subsections (2), (3) and (4) of s.19.

4. Despite a written reminder sent to the Defendant by the Claimant on [1 February 2019], the Claimant has failed to grant and deliver to the Claimant an overriding lease of the Premises and has denied liability to do so.

5. The Claimant is ready, willing and able (upon engrossment of the deed) to execute and deliver to the Defendant a counterpart of an overriding lease and to pay to the Defendant its reasonable costs of and incidental to the grant.

The remedies sought by the Claimant are:
(1) Specific performance of the Defendant's statutory obligation to grant to the Claimant an overriding lease of the Premises.
(2) All necessary and consequential accounts and inquiries, including if necessary settlement of the terms of the overriding lease by the court.
(3) Damages for breach of statutory duty.
(4) Further or other relief.
(5) Costs.

The Claimant expects to recover more than £25,000

[Statement of truth]

DEFENCE OF LESSEE TO CLAIM BY MANAGEMENT COMPANY

Defence

1. On [14 August 2018] the Defendant lawfully assigned the Lease to AB. 102-Z10

2. The Defendant's liability to pay service charge to the Claimant is treated as a tenant covenant of the Lease by virtue of s.12(3) of the Landlord and Tenant (Covenants) Act 1995.

3. Accordingly the Defendant was released from further liability under the covenant upon the assignment and with effect from [14 August 2018], and the Defendant is not indebted to the Claimant for the sum claimed or any part of that sum.

[Statement of truth]

DEFENCE OF TENANT: LANDLORD ASSIGNED REVERSION

Defence

1. On a date unknown to the Defendant but before the issue of the claim form, the Claimant assigned the reversion immediately expectant on the determination of the Lease to AB. 102-Z11

2. By virtue of s.141 of the Law of Property Act 1925, the Claimant is no longer entitled to recover rent from the Defendant.[15]

[Statement of truth]

---

[15] But in relation to "new tenancies" within the meaning of the Landlord and Tenant (Covenants) Act 1995, the right to recover rent accrued before the date of the assignment remains with the assignor, and so the defence here would not apply.

Section 103:

MESNE PROFITS AND USE AND OCCUPATION

Table of Contents

Claim by landlord for tenant's holding over/failure to yield
    up with vacant possession 103-Z1
Claim by landlord for mesne profits on restitutionary basis . 103-Z2
Claim by tenant("the lease") for landlord's unlawful entry . 103-Z3
Claim by owner for use and occupation 103-Z4
Claim for double value under Landlord and Tenant Act
    1730 . . . . 103-Z5
Claim for double rent under Distress for Rent Act 1737 . . . 103-Z6
Defence alleging statutory protection/failure to terminate
    tenancy 103-Z7
Defence alleging no implied promise to pay 103-Z8
Defence to claim for double value 103-Z9
Defence to claim for double rent 103-Z10
Defence denying claim on restitutionary basis 103-Z11

The law Mesne profits is the name given to damages for trespass sought by a **103-01** landlord against his tenant for failing to quit the demised premises upon termination of the lease.[1] A tenant's claim for damages for trespass against his landlord (Precedent 103-Z3) is not called mesne profits, but is similarly a claim for damages for trespass to land. No mesne profits are payable, nor is a tenant in breach of his covenant to deliver up vacant possession at the expiry of the term, where the tenant has a right to continue in possession under a continuation or statutory emanation of his tenancy (e.g. a continuing business tenancy under Landlord and Tenant Act 1954 Pt II, or a statutory tenancy under the Rent Act 1977) or under a new contractual tenancy deemed to be granted to him (e.g. a statutory periodic assured tenancy under Housing Act 1988 Pt I). But a statutory bar on enforcement of the right to possession, such as Protection from Eviction Act 1977 s.3, does not give any defence to a claim for mesne profits.

The amount for which a tenant is liable is the ordinary letting value of the property without the need to prove that he could or would have let the premises during the period of the trespass.[2] Where the premises would not have been let and the landlord would have suffered no loss, it may be appropriate for damages to be based on restitution of the benefit conferred on the tenant by the unlawful occupation.[3] In any ordinary case, the two bases will be the same. Further, although usually based

---

[1] *Bramwell v Bramwell* [1942] 1 K.B. 370.
[2] *Swordheath Properties v Tabet* [1979] 1 W.L.R. 285; *Inverugie v Hackett* [1995] 1 W.L.R. 713. See Precedent 103-Z1.
[3] *Ministry of Defence v Ashman* (1993) 25 H.L.R. 513; (1993) 66 P. & C.R. 195; *Ministry of Defence v Thompson* [1993] 2 E.G.L.R. 107. See Precedent 103-Z2.

upon letting value, damages may be assessed as a percentage of capital value or by reference to a rate of return on diminution in capital value.[4] In *Horsford v Bird* the Privy Council assessed mesne profits in relation to the value of the land encroached upon (the encroachment in that case being permanent) taking into account the special value of the land to the defendant.

Where the lease is terminated by forfeiture, mesne profits are claimed from the date of service of the claim form[5] or, where peaceable re-entry is effected, from the date of physical entry. In other cases (e.g. effluxion of time or notice to quit), mesne profits are claimed from the day after the termination of the tenancy.

103-02 A contract to pay reasonable compensation for use and occupation is implied by law from the fact that land belonging to the claimant has been occupied by the defendant with the claimant's permission. An action for use and occupation lies whenever there is a relationship or an intended relationship of landlord and tenant[6] except where there is a valid and continuing lease, in which case the landlord's entitlement is to the rent payable under it.

> "In order to recover in the action for use and occupation, the plaintiff must prove the existence of an agreement express or implied between him and the defendant to the effect that the latter shall at least be the tenant at will of the former of the lands or premises occupied, and shall pay for that occupation."[7]

There is no requirement for there to be express permission; permission may be implied.[8] In the absence of express agreement, the claimant may only recover "a reasonable satisfaction" for the land occupied.[9] In such a case, the amount of compensation depends on the value of the premises occupied and the duration of the occupation (see *Attorney General v De Keyser's Royal Hotel*). In determining what the occupation is worth, the court will examine what it was actually worth to the particular occupier.[10] Value to the tenant does not mean commercial value but the value the tenant has chosen to enjoy. Ordinarily that will be the open market rental value.[11] As soon as the occupation ceases, the implied contract to pay ends; and as no express time for payment is specified, the compensation accrues from day to day.[12]

Under the Landlord and Tenant Act 1730 s.1, a landlord has the right to claim double the value of the land where a tenant holds over after the determination of his tenancy and after demand made by notice in writing for possession to be delivered up (Precedent 103-Z5). The demand and notice may either be served before the expiration of the term or within a reasonable time thereafter. The operation of the statute is confined to "tenants for any term of life, lives or years". It therefore does not apply to weekly tenants[13] or to periodic tenants for less than a

---

[4] *Horsford v Bird* [2006] UKPC 3; [2006] 15 E.G. 136; *Ramzan v Brookwide Ltd* [2011] EWCA Civ 985; [2012] 1 All E.R. 903.
[5] *Canas Property Co. v KL Television Services* [1970] 2 Q.B. 433.
[6] *Morris v Tarrant* [1971] 2 Q.B. 143. See Precedent 103-Z4.
[7] *Attorney General v De Keyser's Royal Hotel* [1920] A.C. 508 at 533, where the authorities are reviewed.
[8] *Beverley v Lincoln Gas Light and Coke Co* (1837) 6 A & E 829.
[9] See *Churchward v Ford* (1857) 2 H. & N. 446 at 449.
[10] See *Dean & Chapter of Canterbury Cathedral v Whitbread* (1995) 72 P. & C.R. 117.
[11] See *Lewisham LBC v Masterson* [2000] 1 E.G.L.R. 134.
[12] *Gibson v Kirk* (1841) 1 Q.B. 850; *Churchward v Ford* (1857) 2 H. & N. 446.
[13] *Lloyd v Rosbee* (1810) 2 Camp. 453.

year,[14] but it does apply to a tenant from year to year.[15] The holding over by the tenant must be wilful; in other words, the tenant must have no genuine belief that he is entitled to hold over.[16] If the tenant wrongly but genuinely believes that he is entitled to remain in possession, the Act does not apply.[17] If the demand and notice are served before the expiration of the term then double value will be calculated from the expiration date.[18] However, if they are served after the expiration date then entitlement to double value will run from the date of the demand.[19] In the case of a tenancy from year to year, a valid notice to quit is sufficient to satisfy s.1.[20] Possible defences to an action for double value would thus include a mistaken belief on the part of the tenant that he was entitled to hold over, or the tenancy being a weekly tenancy and so not being subject to s.1, or the inadequacy of the notice in writing (see Precedent 103-Z9).

103-03 Where a tenant gives notice to quit but does not give up possession when the tenancy expires pursuant to that notice, the landlord is entitled to double rent under s.18 of the Distress for Rent Act 1737 (Precedent 103-Z6). This section applies only if the tenancy is capable of determination by a notice to quit given by the tenant, if the notice itself is valid and if the landlord treats the notice as valid, thereby electing to treat the tenant as a trespasser.[21] Unlike the action for double value, s.18 applies to all tenancies capable of termination by notice to quit. Furthermore, there is no requirement that the holding over by the tenant be wilful. Section 18 itself does not require the notice to quit to be in writing, but it must be sufficient to determine the tenancy and therefore will have to comply with any formal requirements for termination of the particular tenancy (see, e.g. Protection from Eviction Act 1977 s.5(1) (notice to quit any premises let as a dwelling to be in writing)). Possible defences would therefore include an invalid notice to quit or the landlord contending that the notice was invalid (see Precedent 103-Z10).

103-04 **Pleading** In a claim for mesne profits or use and occupation, the claimant's title and either the tenancy or the defendant's occupation or entry with the claimant's permission (as the case might be) should be pleaded. In an action for use and occupation, the claimant must plead and prove an entry on to the land owned by the claimant.[22] If there is an express agreement as to the amount of the compensation for occupation, this should be pleaded.

Where an exact sum of money is claimed, e.g. double rent or an agreed rate of licence fee, interest should be calculated and pleaded in conformity with CPR r.16.4(2).

---

[14] *Wilkinson v Hall* 132 E.R. 506; (1837) 3 Bing. N.C. 508.
[15] *Doe d. Hull v Wood* (1845) 14 M. & W. 682.
[16] See *Swinfen v Bacon* (1861) 6 H. & N. 846 at 848.
[17] *French v Elliott* [1959] 3 All E.R. 866.
[18] See *Soulsby v Neving* (1808) 9 East 310.
[19] *Cobb v Stokes* (1807) 8 East 358.
[20] *Wilkinson v Colley* (1771) 5 Burr. 2694.
[21] See *Oliver Ashworth (Holdings) v Ballard (Kent)* [1999] 2 All E.R. 791 at 809.
[22] *Edge v Strafford* (1831) 1 C. & J. 391.

MESNE PROFITS AND USE AND OCCUPATION

CLAIM BY LANDLORD FOR TENANT'S HOLDING OVER/FAILURE TO YIELD UP WITH VACANT POSSESSION

103-Z1 1. By a lease dated [date] ("the Lease"), the Claimant let the premises known as [..........] ("the Premises") to the Defendant for a term of [..........] years commencing on [date] at a rent of £[..........] per annum. A copy of the Lease is attached to this claim form.[23]

2. By clause [..........] of the Lease, the Defendant covenanted to deliver up the Premises in good condition and with vacant possession at the expiry or sooner determination of the term.

3. On [date] the term expired by effluxion of time.

4. In breach of clause [..........], the Defendant failed to vacate and continued to occupy the Premises until [date].

5. By reason of the Defendant's breach of covenant, the Claimant has suffered loss and damage.

6. At the date of termination of the term, a reasonable rent for the Premises would have been £[..........] per annum.

7. The Claimant is entitled to and claims interest on all sums recovered pursuant to s.35A of the Senior Courts Act 1981 at such rate and for such period as the Court thinks fit.

8. The Claimant expects to recover more than £100,000.

AND the remedies sought by the Claimant are:
(1) Mesne profits at the rate of £[..........] per annum running from [date of expiry of term] until [date possession recovered].
(2) Interest pursuant to statute.

[Statement of truth]

CLAIM BY LANDLORD FOR MESNE PROFITS ON RESTITUTIONARY BASIS

103-Z2 1. By a lease dated [date] ("the Lease"), the Claimant let the premises known as [..........] ("the Premises") to the Defendant for a term of [..........] years commencing on [date] at a rent of £[..........] per annum. A copy of the Lease is attached to this claim form marked "[..........]".

2. By clause [..........] of the Lease, the Defendant covenanted to deliver up the Premises in good condition and with vacant possession at the expiry or sooner determination of the term.

3. On [date] the term expired by effluxion of time.

---

[23] PD 16 para.7.3 requires that where a claim is based upon a written agreement a copy of the agreement should be attached to and served with the particulars of claim. In this case the particulars are included in the claim form.

CLAIM BY TENANT("THE LEASE") FOR LANDLORD'S UNLAWFUL ENTRY

4. In breach of clause [..........], the Defendant failed to vacate the Premises on [date] and continued in occupation until [date].

5. The value of the benefit to the Defendant was £[..........] per annum, being the rent which would have been payable on the open market for a lease of similar property at the date of termination of the tenancy.

6. The Claimant is entitled to and claims interest on all sums recovered pursuant to s.69 of the County Courts Act 1984 at such rate and for such period as the Court thinks fit.
The Claimant expects to recover not more than £10,000.

7. AND the remedies sought by the Claimant are:
   (1) Mesne profits at the rate of £[..........] per annum from [date of expiry of term] until [date possession recovered].
   (2) Interest pursuant to statute.

[Statement of truth]

CLAIM BY TENANT("THE LEASE") FOR LANDLORD'S UNLAWFUL ENTRY

1. By a lease made on [date] between AB as lessor and CD as lessee, the premises known as XYZ were demised for a term of years expiring on [date] at a rent of £[..........] per annum. A copy of the Lease is attached to this claim form marked "[..........]".

103-Z3

2. At the date of the event pleaded below, the interest of the tenant under the lease was vested in the Claimant and the interest of the landlord in the Defendant. The Claimant carries on in the premises the trade of a tailor.

3. On [date], the Defendant acting by his employee or agent, Smith, entered on the premises claiming that the Defendant had terminated the lease for breach of covenant, and evicted the Claimant from occupation.

4. The entry and eviction was unlawful and a trespass in that, even if (which the Claimant denies) the Claimant was in breach of any tenant covenant of the lease, the Defendant had not served on the Claimant any notice pursuant to s.146(1) of the Law of Property Act 1925 prior to re-entering the premises and had not otherwise lawfully terminated the lease.

5. The Defendant refused to allow the Claimant into possession of the premises until [..........] days after the eviction, during which time the Claimant was unable to carry on his business and consequently suffered loss and damage caused by the eviction.

6. The Claimant is entitled to and claims interest on all sums recovered pursuant to s.35A of the Senior Courts Act at such rate and for such periods as the Court thinks fit.

7. The Claimant expects to recover more than £100,000.

AND the remedies sought by the Claimant are:

(1) Damages for trespass.
(2) Interest pursuant to statute.

CLAIM BY OWNER FOR USE AND OCCUPATION

103-Z4 1. By the permission of the Claimant given orally on [*or* by letter dated [date]] [*or* With the implied licence of the Claimant] while the Claimant and the Defendant were in negotiation for the grant of a lease by the Claimant to the Defendant, the Defendant used and occupied the property owned by the Claimant known as [..........] for a period of [..........] days from [date] until [date]. A copy of the letter is attached to this claim form.

2. It was an express term of the permission that the Defendant would pay the Claimant the sum of £[..........] per week [*or* it was an implied term of the permission [*or* it was implicit in the licence] that the Defendant would pay the Claimant a reasonable amount] for such use and occupation.

3. A reasonable amount would be £[..........] per week.

4. In breach of the express [*or* the implied] term, the Defendant has made no payment for his use and occupation and there is now due and owing to the Claimant the sum of £[..........], calculated on the basis of [..........] days at £[..........] per day.

5. The Claimant is entitled to and claims interest on that sum pursuant to s.69 of the County Courts Act 1984 at the rate of 8% per annum from [date] until the date of payment amounting to £[..........] to the date of this Claim Form and continuing thereafter at the daily rate of £[..........].

6. The Claimant expects to recover more than £10,000 but not more than £25,000.

AND the remedies sought by the Claimant are:
(1) The sum of £[..........].
(2) Interest on that sum pursuant to statute as aforesaid.

[Statement of truth]

CLAIM FOR DOUBLE VALUE UNDER LANDLORD AND TENANT ACT 1730

103-Z5 1. Prior to the determination of his tenancy, the Defendant was the Claimant's tenant of property known as [..........] under a written agreement dated [date]. A copy of the written agreement is attached to this claim form.

2. The tenancy was terminated on [date].

3. Following the determination of the tenancy, the Claimant demanded possession of the property from the Defendant by written notice dated [date] and given to the Defendant on [date].

4. Notwithstanding the written demand, the Defendant without any right to do so wilfully held over possession of the property from [date] until [date].

5. Accordingly, the Claimant is entitled to recover from the Defendant double the yearly value of the property for that period of time.

6. The yearly value of the property at the date of the written demand was £[..........] per annum.

7. The Claimant is entitled to and claims interest on that sum pursuant to s.69 of the County Courts Act 1984 at the rate of 8% per annum from [..........] until the date of payment amounting to £[..........] to the date of this Claim Form and continuing thereafter at the daily rate of £[..........].

8. The Claimant expects to recover more than £10,000 but not more than £25,000.

AND the remedies sought by the Claimant are:
(1) Double the value of property at the rate of £[..........] per annum from [date] to [date], amounting to £[..........].
(2) Interest on that sum pursuant to statute as aforesaid.

[Statement of truth]

Claim for double rent under Distress for Rent Act 1737

1. The Defendant was the Claimant's tenant of the property known as [..........] upon a quarterly tenancy at a rent of £[..........] per quarter, payable quarterly in advance on the usual quarter days.   **103-Z6**

2. On [date] the Defendant gave the Claimant notice to quit the property, determining the tenancy on [date].

3. The Defendant did not upon such termination deliver up possession of the property to the Claimant but remained in possession until [date].

4. In consequence, the Claimant is entitled to claim double rent from the Defendant from [date of termination] until [date of quitting], amounting to £[..........].

5. The Claimant is entitled to and claims interest on that sum pursuant to s.69 of the County Courts Act 1984 at the rate of 8% per annum from [..........] until the date of this Claim Form and continuing thereafter at the daily rate of £[..........].

6. The Claimant expects to recover less than £10,000.

AND the remedies sought by the Claimant are:
(1) £[..........].
(2) Interest on that sum pursuant to statute as aforesaid.

[Statement of truth]

Defence alleging statutory protection/failure to terminate tenancy

1. The Defendant admits the Lease and its terms. The tenancy created was an assured shorthold tenancy within the meaning of the Housing Act 1988.   **103-Z7**

2. It is admitted that the contractual term of the Lease expired on [date]; however, pursuant to s.5(2) of the Housing Act 1988, a new contractual monthly [*or* weekly, *as the case might be*] tenancy came into existence on that date on terms the same as those of the Lease.

3. Consequently, it is denied that the Defendant has breached clause [..........] of the Lease.

4. It is further denied that the Defendant is liable to pay mesne profits at the rate claimed or at all. Under the new contractual tenancy, the Defendant is liable only for rent at the rate of £[..........] per month [or week], being the rate of rent payable under the Lease.

[Statement of truth]

DEFENCE ALLEGING NO IMPLIED PROMISE TO PAY

103-Z8 1. It is admitted that the Defendant and the Claimant were negotiating the grant of a lease of the property, but denied that the Defendant entered upon the property on the terms of any agreement to pay for use and occupation, express or otherwise.

2. The Defendant entered upon the property on the basis expressly agreed between AB on behalf of the Claimant and CD on behalf of the Defendant that if no planning consent for change of use of the property was obtained within [..........] months from [date], the Defendant would promptly vacate the property and would not be liable to pay anything for its occupation to that date.
Or

[2. It is denied that it was implicit in the permission of the Claimant to enter the property that the Defendant would make payment for its occupation. The Defendant entered the property pending agreement on a lease in order to provide security for the property and to discharge the liability for rates, *or as the case might be*.]

[Statement of truth]

DEFENCE TO CLAIM FOR DOUBLE VALUE

103-Z9 1. The Defendant held over in the premises in the belief that its tenancy had not been validly terminated, and not wilfully and contumaciously [*or* because it mistakenly believed that the lease terminated on [date] and not on [date], *or* because its employee, AB, did not bring the written notice relied upon to the attention of the proper officer of the Defendant, *or as the case may be*].

Particulars

[Set out all facts relied on.]

[Statement of truth]

DEFENCE TO CLAIM FOR DOUBLE RENT

103-Z10 1. The Defendant denies that he gave the Claimant notice to quit as alleged or at all.
Or

[1. The notice to quit relied upon in the Particulars of Claim was invalid because it specified a date for termination which was not the expiry of a full period of the Defendant's tenancy.]
Or

[1. The Claimant denied the validity of the Defendant's notice to quit and claimed that his tenancy had not been terminated.]

2. Accordingly, the Defendant's tenancy continues as a subsisting quarterly tenancy and the Defendant has paid the rent due on the [..........] quarter day.
Or

[2. Accordingly, the Claimant is not entitled to maintain a claim for double rent.]

[Statement of truth]

Defence denying claim on restitutionary basis

1. It is denied that the Defendant obtained the financial benefit alleged from her occupation of the dwelling-house. The Defendant was obliged to remain in possession of the dwelling-house pending re-housing by the local housing authority.

2. The rent of equivalent local authority housing was not more than £[..........] per week.

[Statement of truth]

103-Z11

Section 104:

MORTGAGES AND CHARGES

Table of Contents

N5 Claim form for possession of property	104-Z1
N120 Particulars of claim for possession (mortgaged residential premises)	104-Z2
N11M Defence form (mortgaged residential premises)	104-Z3
N7 Notes for defendant—mortgaged residential premises	104-Z4
Defence by mortgagor alleging non-execution of mortgage and non est factum	104-Z5
Defence by mortgagor denying debts due	104-Z6
Defence by mortgagor alleging O'Brien/undue influence defence	104-Z7
Defence by occupier alleging overriding interest	104-Z8
Defence claiming relief under Administration of Justice Acts	104-Z9

This chapter does not cover mortgages of chattels at all, and deals with the subject of charges only in so far as a charge is a species of mortgage, i.e. a "charge of land by deed expressed to be by way of legal mortgage" which gives the mortgagee (chargee) the same rights and remedies as if he had a term of 3,000 years.[1] **104-01**

This section does not purport to deal with the notoriously complicated substantive law of mortgages and charges, but highlights the pleading issues in the context of the CPR. For a full exposition of the law relating to mortgages and charges, the texts to consult are *Fisher and Lightwood's Law of Mortgage*, 15th edn, *Halsbury's Laws*, Vol.32 and *Halsbury's Statutes*, Vol.37, Real Property.[2]

This narrative will cover the essential elements of the cause of action for a mortgage claim and the most common defences to a mortgage claim. The comments are designed to assist the pleader to identify these essential elements.

The traditional jurisdiction of the Chancery Division in respect of mortgages has been radically affected by Pt 55 and to a lesser extent by Pt 73.

Parts 55(1)(c) and 55.10 of the Civil Procedure Rules (in particular the important Practice Direction at PD 55A para 2.5) and Pt 73 are essential reading before any pleading in relation to a mortgage claim is embarked upon.

---

[1] See Law of Property Act 1925 s.87.
[2] *Fisher and Lightwood's Law of Mortgage*, 15th edn (London: LexisNexis Butterworths, 2019); *Halsbury's Laws* (London: LexisNexis Butterworths) Vol.32 and *Halsbury's Statutes* (London: LexisNexis Butterworths) Vol.37, Real Property.

Mortgage action

104-02 Where the relevant loan which is secured by the mortgage was made pursuant to an agreement which is governed and regulated by the Consumer Credit Act 1974, special considerations will apply to the mortgage action by reason of that Act and these types of regulated agreement are not dealt with in this section. See further, Section 20: Credit, Finance and Leasing.

The overwhelming majority of claims by mortgagees of land are for two forms of remedy, namely (1) payment of moneys secured by the mortgage of land; and (2) delivery of possession of the mortgaged property. Claims for redemption or foreclosure are not dealt with in this work as these claims are now rare.

Note that a claim to payment of money secured by a mortgage falls within the definition of a mortgage action only if the claimant is in fact relying on the mortgage in order to make his claim.[3] If, for example, the claimant bank claims in respect of overdraft liabilities which are secured by a mortgage, but does not wish to rely on the mortgage, and claims only on the debt, this is not a mortgage action, but an ordinary debt action which would have none of the procedural requirements of a mortgage action. A contractual claim for payment of a loan secured by the mortgage is independent of the remedies available to a mortgagee and hence not dependent upon the validity of the mortgage.[4]

Mortgage possession action

104-03 This is an action where the claimant mortgagee, usually a bank or building society, claims possession of land which includes a dwelling house. It should be noted that when instituting proceedings under a mortgage, it is possible for the claimant to decide to claim only for a money judgment for the sums due, rather than claiming for possession in addition.

The mortgagee's right to possession

104-04 In the absence of any contractual or statutory constraints, the mortgagee (lender) is entitled to possession of the mortgaged property "before the ink is dry on the mortgage",[5] i.e. from the moment the mortgage has been executed, notwithstanding the absence of any fault. This is of course unless there is a term expressed or necessarily implied into the contract of mortgage that the mortgagee has limited that right.

In practice, the terms of the mortgage deed of the lender will often state that the lender may only seek an order for possession where the mortgagor/borrower is a certain number of months in arrears with repayments. Care must be taken always to read the terms of the mortgage deed or legal charge and to plead all the material terms that are relied upon.

---

[3] *National Westminster Bank v Kitch* [1996] 1 W.L.R. 1316.
[4] *Barclay's Private Bank Ltd v Austin* [2003] EWCA Civ 1502.
[5] *Fourmaids Ltd v Dudley Marshall (Properties) Ltd* [1957] 2 All E.R. 35 at 36.

Pleadings points for a mortgage claim

General Note that the claimant cannot get judgment in default or summary judgment in relation to possession proceedings. **104-05**

Ensure that the mortgage claim is brought in respect of all debts, accounts, agreements and/or liabilities secured by the mortgage or charge to avoid the kinds of problems which occurred in *Lloyds Bank v Hawkins*,[6] where it was held that a subsequent action on a guarantee was precluded by an earlier judgment on a claim on an all monies charge. The principle that a contract merges in any money judgment obtained may limit principle sums recovered under an all monies charge. So in *Commercial First Business Ltd v Munday*[7] the mortgagee executed two charges in relation to a lender each of which charged the relevant property with repayment of all monies advanced to the lender. The mortgagee obtained a money judgment in respect of one loan and was thus unable to rely upon an all monies charge in relation to the premises to which that particular charge related.

Procedure Whereas before county court mortgage possession actions were brought under CPR Pt 8, they are now governed by CPR Pt 55 and PD 55A para.2.5. CPR r.55.2 provides that it applies where the claim includes a possession claim brought by a mortgagee. CPR r.55.1(c) defines "mortgage" as a legal or equitable mortgage and a legal or equitable charge and "mortgagee" is to be interpreted accordingly. **104-06**

The effect of Pt 55 is to remove from the High Court all new mortgage possession claims whether in respect of residential or commercial property, save in respect of the relatively small number of cases where either the county court has no jurisdiction or where the claimant can certify, verified by a statement of truth, his reasons for bringing the claim in the High Court.

PD 55A emphasises that issuing proceedings in the High Court is to be regarded as exceptional and that while the value of the property and the size of the claim may well be relevant circumstances they will not, taken alone, justify the issue of proceedings in the High Court. High Court proceedings may, however, be justified where there are complicated disputes of fact or where a claim gives rise to points of law of general importance. The provisions of Pt 55 will apply to mortgage possession claims issued in the High Court.

The most common instance where notwithstanding Pt 55, the Chancery Division will retain jurisdiction in a mortgage possession case is where proceedings are brought seeking an order under an equitable charge, ordinarily that created by a charging order, but where part of the relief claimed ancillary to the order for sale is an order for possession. Although Pt 73 now provides that proceedings to enforce charging orders by sale should be made in the court in which the charging order was made that provision is expressly subject to that court having jurisdiction. The jurisdiction of the county court to enforce charging orders is expressly confined to those cases where the amount secured by the charge falls within the relevant court limit (currently £350,000: see the County Courts Act 1984 s.23; County Court Jurisdiction Order 2014 (SI 2014/503)) and it follows that in many cases where judgments have been obtained in county courts and charging orders made, enforce-

---

[6] *Lloyds Bank v Hawkins* [1998] 3 E.G.L.R. 109.
[7] *Commercial First Business Ltd v Munday* [2014] EWCA Civ 1296; [2015] 1 P. & C.R. 7.

ment will nevertheless require proceedings in the High Court. The previous limit was, however, £30,000 and it is anticipated that a much greater proportion of cases will be brought before the county court. The evidence required in support of such proceedings is set out in para.4.3 of PD 73.

All proceedings issued in the High Court will be transferred to the Chancery Division.

104-07 **N5 (Claim Form)** In mortgage possession proceedings claimants and defendants must use the forms prescribed by CPR Pt 4 (N120: particulars of claim for possession (mortgaged residential premises) and N11M: Defence Form: Mortgaged residential premises). The prescribed forms are, it is suggested, more suitable in relation to claims for possession of property. In particular, Form N11M is more of a response than a defence, containing detailed questions on the defendant's financial means. In other cases, it might be convenient to plead particulars of claim and defence separately; taking care, of course, to provide all of the information required in the Civil Procedure Rules 1998 (as amended).

Under Pt 55, particulars of claim must:

(1) comply with CPR Pt 16. This means that they must contain a concise statement of facts and, if interest is sought, give details;
(2) identify the land to which the claim relates (PD 55A para.2.1(1));
(3) state whether it is residential or commercial property (PD 55A para.2.1(2));
(4) state the grounds upon which possession is claimed (PD 55A para.2.1(3));
(5) give full details of mortgage (PD 55A para.2.1(4); and
(6) give details of any person who, to the best of the claimant's knowledge, is in possession of the property (PD 55A para.2.1(5)).

If the claim relates to a mortgage of residential premises, the particulars of claim must also (PD 55A para.2.5):

(7) specify whether a Class F Land Charge has been registered under s.2(7) of the Matrimonial Homes Act 1967, or whether a notice under ss.2(8) or 8(3) of the Matrimonial Homes Act 1983 has been entered or whether a notice under s.31(10) of the Family Law Act 1996 has been registered. If this is the case, the claimant must serve notice of the proceedings on any such person;
(8) give details as to the state of the mortgage account, including the amount of the advance, periodic payments and any payment of interest provided for; and
(9) give details of the amount which would have to be paid (after taking into account any adjustment for early settlement) in order to redeem the mortgage at a stated date not more than 14 days after the claim started, specifying the amount of solicitor's costs and administration charges which would be payable.

104-08 If the mortgage is a regulated consumer credit agreement, the particulars of claim must also state:

(10) the total amount outstanding; and the rate of interest payable at the commencement of the mortgage, the rate immediately before any arrears accrued and the rate at the commencement of the proceedings.

If the claim is based on arrears the failure to pay the periodic payments due under the terms of the mortgage must also set out:

(11) in schedule form, the dates and amounts of all payments due and payments made under the mortgage agreement or mortgage deed for a period of two years immediately preceding the date of issue, or if the first date of default occurred less than two years before the date of issue from the first date of default and a running total of the arrears;
(12) details of any other payments required to be made as a term of the mortgage (such as for insurance premiums, legal costs, default interest, penalties, administrative or other charges); any other sums claimed and stating the nature and amount of each such charge; and whether any of these payments is in arrears and whether or not it is included in the amount of any periodic payment;
(13) whether or not the loan which is secured by the mortgage is a regulated consumer credit agreement and, if so, specify the date on which any notice required by ss.76 or 87 of the Consumer Credit Act 1974 was given;
(14) if appropriate, details that show the property is not one to which s.141 of the Consumer Credit Act 1974 applies;
(15) details of all other payments to be made and claimed;
(16) details of any tenancy entered into between the mortgagor and mortgagee;
(17) any relevant information about the defendant's circumstances, including details about benefits and payments direct; and
(18) any previous steps taken to recover arrears, with full details of any court proceedings.

If the claimant wishes to rely on a history of arrears which is longer than two years, he should state this in his particulars and exhibit a full (or longer) schedule to a witness statement.

The above information relating to the state of the account between the parties is required to enable the court to exercise its discretion under s.36 of the Administration of Justice Act 1970.

Hearing date

The court should fix a hearing date when it issues the claim form. The time between service of the claim form and the hearing must be at least 21 days. Pt 55 also provides that the hearing date will not be less than 28 days from the date of issue (r.55.5(3)(a)) and that the standard period between issue and the hearing will not be more than eight weeks (r.55.5(3)(b)).

104-09

Defendant's response

Under Pt 55, a defendant need not acknowledge service. A defendant who wishes to defend must file a defence within 14 days (CPR r.15.4) after the service of the particulars of claim but a defendant who fails to do so is not prevented from taking part in the proceedings. Failure to file a defence within the time specified in r.15.4 may be taken into account in deciding what order to make about costs (r.55.7(3)).

104-10

Evidence

All witness statements must be filed and served at least two days before the hearing and should include details of the arrears up to the date of the hearing, if necessary by including the daily rate.

104-11

Section 67 of the Land Registration Act 2002 provides that office copies of the register and of documents filed in the Land Registry, including original charges, are admissible in evidence to the same extent as the originals.

In claims relating to mortgaged residential premises, the claimant should, not less than 14 days before the hearing, send a notice addressed "to the occupiers" of the property giving details of the hearing. The claimant should also produce a copy and evidence of service at the hearing (CPR r.55.10)

ADMINISTRATION OF JUSTICE ACT 1970 s.36; ADMINISTRATION OF JUSTICE ACT 1973 s.8; AND MORTGAGE REPOSSESSIONS (PROTECTION OF TENANTS ETC) ACT 2010

104-12 If the court is satisfied that the mortgagee/lender is entitled to possession under the terms of the mortgage it must generally go on to consider s.36(1) to (4) of the AJA 1970 which allows the court a certain limited discretion to adjourn the proceedings or make the possession order subject to a stay or suspension or postponement for a "reasonable" period. Conversely, the court cannot suspend an order for possession under s.36, however hard the circumstances, if there is no prospect, on the evidence, of the mortgagor reducing the arrears.[8] This may be made subject to conditions as to payment of outstanding capital sums or arrears, as the court thinks fit.

The court may exercise this discretion if it has before it evidence that the mortgagor is likely to be able to pay any sums due under the mortgage within a "reasonable" period.

There is much case law on the exercise by the court of this discretion, and it should be consulted in order to see how the discretion is applied in practice.[9]

Also, in certain cases, s.8(1), (2) and (4) of the AJA 1973 must be borne in mind. This allows the court to treat the sums due under the mortgage in certain types of mortgage (under an instalment mortgage for example), as being only those sums that are in arrears, even if there is a clause in the mortgage which triggers repayment of the whole amount outstanding upon default of an instalment. For the operation of this discretion in practice, see the cases of *Habib Bank v Tailor*; *Bank of Scotland v Grimes*; *Cheltenham and Gloucester Building Society v Norgan*; *Cheltenham and Gloucester Building Society v Krausz*; and *Jameer v Paratus AMC*.[10]

The 2010 Act gives courts additional, discrete, powers to postpone the delivery of possession of a dwelling if there are specified categories of unauthorised tenants in occupation. The tenant must be an assured, protected or statutory tenant (within the meaning of the Housing Act 1988 and the Rent Act 1977) which is not binding on the mortgagee. It also imposes notice requirements where a mortgagee

---

[8] *Abbey National v Bernard* (1996) 71 P. & C.R. 257; *Abbey National Building Society v Mewton* [1995] 9 C.L. 346.

[9] See for example *Western Bank v Schindler* [1977] Ch. 1; *Cheltenham and Gloucester Plc v Norgan* [1996] 1 W.L.R. 343; *National and Provincial Building Society v Lloyd* [1996] 1 All E.R. 630; *Cheltenham and Gloucester Building Society v Krausz* [1997] 1 W.L.R. 1558; *Ropaigelach v Barclays Bank Plc* [1999] 3 W.L.R. 17; *Zinda v Bank of Scotland Plc* [2011] EWCA Civ 706; [2012] 1 W.L.R. 728.

[10] *Habib Bank v Tailor* [1982] 1 W.L.R. 1218; *Bank of Scotland v Grimes* [1985] 2 All E.R. 254; *Cheltenham and Gloucester Building Society v Norgan* [1996] 1 W.L.R. 343; *Cheltenham and Gloucester Building Society v Krausz* [1997] 1 W.L.R. 1558: *Jameer v Paratus AMC* [2012] EWCA Civ 1924; [2013] H.L.R. 18.

applies to court for a warrant for possession of the property: see Dwelling Houses (Execution of Possession Orders by Mortgagees) Regulations 2010 (SI 2010/1809).

Costs

A lender who is successful in the mortgage action is almost invariably entitled to add the costs CPR r.44.4(1).[11] of the action to his security under the terms of the mortgage.[12]   **104-13**

Counterclaims

Generally, the existence of a counterclaim for a sum of money where the counterclaim is for (1) unliquidated damages or (2) liquidated damages which do not (even if proved) exceed the amount of the mortgage debt, does not defeat the mortgagee/lender's claim to possession.[13] The existence of such a claim may, however, be taken into account by the court in deciding whether to exercise its statutory powers for adjournment or suspension of an order for possession of a dwelling-house.[14] It is as yet undecided whether or not a counterclaim to a liquidated sum which exceeds the mortgage debt is sufficient to discharge the debt altogether and prevent the mortgagor from obtaining possession under the mortgage or charge.   **104-14**

Defences: setting aside the mortgage or charge

Defences of undue influence or misrepresentation (by either the lender or a third party in circumstances where the lender had notice) may, if established, allow the mortgage to be set aside. For leading cases see *Barclays Bank Plc v O'Brien*; *CICB Mortgages Plc v Pitt*; and *Royal Bank of Scotland Plc v Etridge (No.2)*.[15] Precedent 104-Z7 addresses an "*O'Brien* defence". Defences based upon undue influence and misrepresentation are dealt with comprehensively in other sections of this work: see Section 18 on Undue Influence and Section 58 on Fraudulent Misrepresentation or Deceit.   **104-15**

In certain circumstances, an occupier of mortgaged property, who has not consented to the execution of the mortgage in favour of the mortgagee/lender, may establish that he has an "overriding interest"[16] which takes priority to that of the lender. For this reason, the lender will usually obtain the consent to the mortgage (in writing) of any non-borrowing spouse or other "occupier" of a mortgaged property at the time of the execution of the mortgage. If this consent has not been

---

[11] Subject to the costs being reasonably incurred and reasonable in amount: CPR r.44.5.
[12] *Gomba Holdings (UK) Ltd v Minories Finance Ltd (No.2)* [1992] 4 All E.R. 588; *Chaplair v Kuman* [2015] EWCA Civ 798; [2015] C.P. Rep. 46.
[13] *Ashley Guarantee v Zacaria* [1993] 1 W.L.R. 62; *National Westminster Bank v Skelton* [1993] 1 W.L.R. 72; *Day v Tiuta International Ltd* [2014] EWCA Civ 1246; [2015] 1 P. & C.R. DG10.
[14] *Ashley Guarantee v Zacaria* [1993] 1 W.L.R. 62; *National Westminster Bank v Skelton* [1993] 1 W.L.R. 72.
[15] *Barclays Bank Plc v O'Brien* [1994] 1 A.C. 180; *CICB Mortgages Plc v Pitt* [1994] 1 A.C. 200; *Royal Bank of Scotland Plc v Etridge (No.2)* [2001] UKHL 44; [2002] 2 A.C. 773.
[16] Within the meaning under Sch.3 para.2 to the Land Registration Act 2002.

obtained, difficulties may arise in attempting to enforce the mortgage against the occupier.[17]

Note These forms should be verified by a statement of truth.

---

[17] See the cases of *Williams and Glynn's Bank Ltd v Boland* [1980] 2 All E.R. 408; *City of London Building Society v Flegg* [1987] 3 All E.R. 435; *Woolwich Building Society v Dickman* [1996] 3 All E.R. 204; *State Bank of India v Sood* [1997] Ch. 276 for problems caused for mortgagees by overriding interests.

Claim form for possession of property

104-Z1

In the	
Claim no.	
Fee Account no.	

SEAL

You may be able to issue your claim online and it may save you time and money. Go to www.possessionclaim.gov.uk to find out more.

Claimant
(name(s) and address(es))

Defendant(s)
(name(s) and address(es))

The claimant is claiming possession of :

which (includes) (does not include) residential property. Full particulars of the claim are attached.
(The claimant is also making a claim for money).

This claim will be heard on: 20   at   am/pm

at

At the hearing
- The court will consider whether or not you must leave the property and, if so, when.
- It will take into account information the claimant provides and any you provide.

What you should do
- Get help and advice immediately from a solicitor or an advice agency.
- Help yourself and the court by **filling in the defence form** and **coming to the hearing** to make sure the court knows all the facts.

Defendant's name and address for service			
		Court fee	
		Legal representative's costs	
		Total amount	
		Issue date	

Find out how HM Courts and Tribunals Service uses personal information you give them when you fill in a form:
https://www.gov.uk/government/organisations/hm-courts-and-tribunals-service/about/personal-information-charter

N5 Claim form for possession of property (07.18)   © Crown copyright 2018

	Claim No.

Grounds for possession
The claim for possession is made on the following ground(s):

- ☐ rent arrears (online issue available)
- ☐ other breach of tenancy
- ☐ forfeiture of the lease
- ☐ mortgage arrears (online issue available)
- ☐ other breach of the mortgage
- ☐ trespass
- ☐ other *(please specify)* _____

Anti-social behaviour
The claimant is alleging:

- ☐ actual or threatened anti-social behaviour
- ☐ actual or threatened use of the property for unlawful purposes

Is the claimant claiming demotion of tenancy? ☐ Yes ☐ No

Is the claimant claiming an order suspending the right to buy? ☐ Yes ☐ No

See full details in the attached particulars of claim

Does, or will, the claim include any issues under the Human Rights Act 1998? ☐ Yes ☐ No

Statement of Truth

*(I believe)(The claimant believes) that the facts stated in this claim form are true.
* I am duly authorised by the claimant to sign this statement.

signed_____ date_____

*(Claimant)(Litigation friend *(where the claimant is a child or a patient)*)(Claimant's legal representative)
*delete as appropriate

Full name _____

Name of claimant's legal representative's firm _____

position or office held _____
        (if signing on behalf of firm or company)

Claimant's or claimant's legal representative's address to which documents or payments should be sent if different from overleaf.

Postcode

if applicable	
Ref. no.	
fax no.	
DX no.	
e-mail	
Tel. no.	

▶ Print form ▶ Reset form

N120 Particulars of claim for possession (mortgaged residential premises)

104-Z2

Particulars of claim for possession
(mortgaged residential premises)

In the

Claim No.

Claimant

Defendant

1. The claimant has a right to possession of:

About the mortgage

2. On   the claimant(s) and the defendant(s) entered into a mortgage of the above premises.

3. To the best of the claimant's knowledge the following persons are in possession of the property:

[Delete (a) or (b) as appropriate]

4. (a) The agreement for the loan secured by the mortgage (or at least one of them) is a regulated consumer credit agreement. Notice of default was given to the defendant(s) on   20 .

   (b) The agreement for the loan secured by the mortgage is not (or none of them is) a regulated consumer credit agreement.

5. The claimant is asking for possession on the following ground(s):

   (a) the defendant(s) (has)(have) not paid the agreed repayments of the loan and interest.
   Give details (as required under paragraph 2.5 of Practice Direction accompanying Part 55 of the Civil Procedure Rules):

Mortgages and Charges

(b) because:

6. (a) The amount loaned was £

   (b) The current terms of repayment are: *(include any current periodic repayment and any current payment of interest)*

   (c) The total amount required to pay the mortgage in full as at   20   (not more than 14 days after the claim was issued) would be £   taking into account any adjustment for early settlement. This includes £   payable for solicitor's costs and administration charges.

   (d) The following additional payments are also required under the terms of the mortgage:

£	for	[not] included in 6(c)
£	for	[not] included in 6(c)
£	for	[not] included in 6(c)

   (e) Of the payments in paragraph 6(d), the following are in arrears:

   arrears of £

   arrears of £

   arrears of £

   [(f) The total amount outstanding under the regulated loan agreement secured by the mortgage is £   ]

   (g) Interest rates which have been applied to the mortgage:

   (i) at the start of the mortgage   % p.a.

   (ii) immediately before any arrears were accrued   % p.a.

   (iii) at the start of the claim   % p.a.

N120 Particulars of Claim for Possession (Mortgaged Residential Premises)

7. The following steps have already been taken to recover the money secured by the mortgage:

About the defendant(s)

8. The following information is known about the defendant's circumstances:
   (*in particular say whether the defendant(s) (is)(are) in receipt of social security benefits and whether any payments are made directly to the claimant*)

[Delete either (a) or (b) as appropriate]

9. (a) There is no one who should be given notice of these proceedings because of a registered interest in the property under section 31(10) of the Family Law Act 1996 or section 2(8) or 8(3) of the Matrimonial Homes Act 1983 or section 2(7) of the Matrimonial Homes Act 1967.

   (b) Notice of these proceedings will be given to   who has a registered interest in the property.

Tenancy

10. A tenancy was entered into between the mortgagor and the occupier named in paragraph 3 above

    with the authorisation of the mortgagee *(delete if not applicable)*

    Or

    without the authorisation of the mortgagee *(delete if not applicable)*.

    If a tenancy was entered into with the authorisation of the mortgagee explain what if any steps the mortgagee intends should be taken in respect of that tenancy.

MORTGAGES AND CHARGES

What the court is being asked to do

11. The claimant asks the court to order that the defendant(s):
    (a) give the claimant possession of the premises;
    (b) pay to the claimant the total amount outstanding under the mortgage.

Statement of Truth

*(I believe)(The claimant believes) that the facts stated in these particulars of claim are true.
* I am duly authorised by the claimant to sign this statement.

signed_____ date _____
*(Claimant)(Litigation friend *(where claimant is a child or a patient)*)(Claimant's solicitor)
delete as appropriate

Full name _____

Name of claimant's solicitor's firm _____

position or office held _____
          (if signing on behalf of firm or company)

Find out how HM Courts and Tribunals Service uses personal information you give them when you fill in a form:
https://www.gov.uk/government/organisations/hm-courts-and-tribunals-service/about/personal-information-charter

Defence form
(mortgaged residential premises)

104-Z3

Name of court	Claim No.
Name of Claimant	
Name of Defendant	
Date of hearing	

Personal details

1. Please give your:

    Title ☐ Mr ☐ Mrs ☐ Miss ☐ Ms ☐ Other

    First name(s) in full

    Last name

    Date of birth

    Address *(if different from the address on the claim form)*

    Postcode

Disputing the claim

2. Do you agree with what is said about the property and the mortgage agreement in the particulars of claim?   ☐ Yes   ☐ No

    If No, set out your reasons below:

3. Do you agree that there are arrears of mortgage repayments as stated in the particulars of claim?   ☑ Yes   ☐ No

    If No, state how much the arrears are: £_____   ☐ None

N11M Defence form (mortgaged residential premises) (April 2006)

Crown Copyright. Reproduced by Sweet & Maxwell Ltd

MORTGAGES AND CHARGES

4. If the particulars of claim give any reasons for possession other than arrears of mortgage repayments, do you agree with what is said? ☐ Yes ☐ No

   If No, give details below:

   (Only answer these questions if the loan secured by the mortgage (or part of it) is a regulated consumer credit agreement)

5. Do you want the court to consider whether or not the terms of your original loan agreement are fair? ☐ Yes ☐ No

6. Do you intend to apply to the court for an order changing the terms of your loan agreement (a time order)? ☐ Yes ☐ No

Arrears

7. Have you paid any money to your mortgage lender since the claim was issued? ☐ Yes ☐ No

   If Yes, state how much you have paid and when: £_____ date _____

8. Have you come to any agreement with your mortgage lender about repaying the arrears since the claim was issued? ☐ Yes ☐ No

   I have agreed to pay £_____ each (week)(month).

9. If you have not reached an agreement with your mortgage lender, do you want the court to consider allowing you to pay the arrears by instalments? ☐ Yes ☐ No

10. How much can you afford to pay in addition to the current instalments? £_____ per (week)(month)

N11M Defence form (mortgaged residential premises)

About yourself

State benefits

11. Are you receiving Income Support? ☐ Yes ☐ No

12. Have you applied for Income Support? ☐ Yes ☐ No

    If Yes, when did you apply? _____

13. Does the Department of Social Security pay your mortgage interest? ☐ Yes ☐ No

    Dependants (people you look after financially)
14. Have you any dependant children? ☐ Yes ☐ No

    If Yes, give the number in each age group below:

    ☐ under 11   ☐ 11-15   ☐ 16-17   ☐ 18 and over

    Other dependants
15. Give details of any other dependants for whom you are financially responsible:

    Other residents
16. Give details of any other people living at the premises for whom you are not financially responsible:

Money you receive

		Weekly	Monthly
17. Usual take-home pay or income if self-employed *including overtime, commission, bonuses*	£	☐	☐
Job Seekers allowance	£	☐	☐
Pension	£	☐	☐
Child benefit	£	☐	☐
Other benefits and allowances	£	☐	☐
Others living in my home give me	£	☐	☐
I am paid maintenance for myself (or children) of	£	☐	☐
Other income	£	☐	☐
Total income	£	☐	☐

Mortgages and Charges

Bank accounts and savings

18. Do you have a current bank or building society account? ☐ Yes ☐ No

    If Yes, is it

    ☐ in credit? If so, by how much? £_____

    ☐ overdrawn? If so, by how much? £_____

19. Do you have a savings or deposit account? ☐ Yes ☐ No

    If Yes, what is the balance? £_____

Money you pay out

20. Do you have to pay any court orders or fines? ☐ Yes ☐ No

Court	Claim/Case number	Balance owing	Instalments paid
		Total instalments paid £	per month

21. Give details if you are in arrears with any of the court payments or fines:

22. Do you have any loan or credit debts? ☐ Yes ☐ No

Loan/credit from	Balance owing	Instalments paid
	Total instalments paid £	per month

23. Give details if you are in arrears with any loan / credit repayments:

[1076]

N11M Defence form (mortgaged residential premises)

Regular expenses
(Do not include any payments made by other members of the household out of their own income)

24. What regular expenses do you have?
    (List below)

		Weekly	Monthly
Council tax	£	☐	☐
Gas	£	☐	☐
Electricity	£	☐	☐
Water charges	£	☐	☐
TV rental & licence	£	☐	☐
Telephone	£	☐	☐
Credit repayments	£	☐	☐
Mail order	£	☐	☐
Housekeeping, food, school meals	£	☐	☐
Travelling expenses	£	☐	☐
Clothing	£	☐	☐
Maintenance payments	£	☐	☐
Other mortgages	£	☐	☐
Other	£	☐	☐
Total expenses	£	☐	☐

Priority debts

25. This section is for arrears only. Do not include regular expenses listed at Question 24.

		Weekly	Monthly
Council tax arrears	£	☐	☐
Water charges arrears	£	☐	☐
Gas account	£	☐	☐
Electricity account	£	☐	☐
Maintenance arrears	£	☐	☐

Others (give details below)

		Weekly	Monthly
	£	☐	☐
	£	☐	☐
	£	☐	☐

Mortgages and Charges

26. If an order for possession were to be made, would you have somewhere else to live? ☐ Yes ☐ No

    If Yes, say when you would be able to move in: _____

27. Give details of any events or circumstances which have led to your being in arrears with your mortgage (for example divorce, separation, redundancy, bereavement, illness, bankruptcy). If you believe you would suffer exceptional hardship by being ordered to leave the property immediately, say why.

Statement of Truth

*(I believe)(The defendant believes) that the facts stated in this defence form are true.
* I am duly authorised by the defendant to sign this statement.

signed_____ date_____
*(Defendant)(Litigation friend(where defendant is a child or a patient))(Defendant's solicitor)
*delete as appropriate

Full name _____

Name of defendant's solicitor's firm _____

position or office held _____
            (if signing on behalf of firm or company)

Notes for defendant - mortgaged residential premises

The claimant has asked the court to make an order that you give up possession of the premises mentioned in the claim form. You should note that no-one can evict you from the property unless the court says that they can; the court will not make a decision before the hearing date. What you do may affect the court's decision. You should therefore take action immediately. These notes explain in more detail what you can do.

You should:
- get help and advice immediately from a solicitor or advice agency (see 'Getting help' below);
- fill in the attached defence form and return it to the court within 14 days of receiving the claim form;
- attend the hearing, even if you have agreed about repayment of any arrears with your mortgage lender.

What will happen at the hearing?

A judge will decide whether or not to make an order for possession. In making this decision, the judge will take account of the information provided by the claimant. The judge will also take account of any information you provide, such as details of your personal and financial circumstances, any proposal you have made to pay off any arrears, and any dispute you have about the amount owing. But the judge can only take the information into account if you provide it. Fill in these details on the defence form and attend the hearing. It is in your best interests to do both.

What kind of orders can the judge make?

The judge can:
- decide not to make an order
- make an order for possession but suspend it. This means that you will not have to give up possession so long as you can pay off any arrears in a reasonable time (the judge will decide how long) and pay the instalments as well;
- make a possession order for some future date to allow you time to move out or find somewhere else to live; or
- make an order that you give up possession a very short time ahead.
- if the loan agreement is 'regulated' (see paragraph 4 of the particulars of claim) the judge can make other orders which may help you.

Getting help

You should get help and advice immediately from a solicitor or an advice agency. This is particularly important whether or not you disagree with the claim since these notes cannot cover every different type of tenancy. You may qualify for help with the costs of legal advice or getting someone to speak or negotiate for you from Civil Legal Aid. For further information please refer to www.gov.uk/legal-aid Court staff can only help you complete the defence form and tell you about court procedures. **They cannot give legal advice.**

Replying to the claim

Although you should normally fill in the defence form and return it to the court within 14 days, the court will accept your defence at any time before, or even at, the hearing. You should note, however, that if you do return the form after the 14-day period, the court may order you to pay any costs caused by the delay.

Regulated consumer credit agreements

If you intend to apply to the court to consider or change the terms of your agreement, you should get advice immediately.

Paying any arrears

The court cannot accept payments. If you want to pay all or part of any arrears, send them to the claimant at the address for payment shown on the claim form, quoting the claimant's reference number, if one is given. Make sure you get receipts for all payments made. Proof may be required if there is any disagreement. Make sure you include on your defence form details of any payments you have made since the claim was issued, saying how much was paid, to whom and when.

Enforcement of a possession order

Where the court makes a possession order, the claimant can ask a bailiff or enforcement officer to evict you if:
- you do not give up possession on the date given in the order for possession; or
- you do not make payments in accordance with the suspended order for possession.

If your circumstances change after the possession order is made, you may apply to the court for the order to be varied. Use application form N244, which is available from any court office. You may have to pay a fee to make the application.

Registration of judgments

If a county court makes a money judgment (e.g. for the balance due under the mortgage) your name and address will be entered in the Register of Judgments, Orders and Fines if the claimant has to take steps to enforce the judgment. This may make it difficult for you to obtain credit.

DEFENCE BY MORTGAGOR ALLEGING NON-EXECUTION OF MORTGAGE AND NON EST FACTUM

104-Z5 1. The Defendant admits that he signed the mortgage dated [date] and appended to the Particulars of Claim for Possession at "A" ("the Mortgage").

2. However, the Defendant denies that the mortgage was executed as alleged by the Claimant ("the Bank") or at all.

3. The Defendant's case is as follows:
   (i) On about [date] the Defendant had several discussions with Mr C of the Bank about the question of providing the Bank with additional security for the overdraft liabilities of the Defendant's business, X Limited, to the Bank.
   (ii) However, the Defendant was reluctant to provide a mortgage over his matrimonial home at [address] for the overdraft liabilities of X Limited. The Bank had already taken as security a legal charge over two other properties belonging to the Defendant.
   (iii) The overdraft facilities of X Limited were due to be reviewed by the Bank, and Mr C of the Bank indicated to the Defendant at a meeting which was held on or about [date] to discuss the renewal of facilities, that the overdraft facilities would only be renewed if the further security in the form of the Mortgage was given by the Defendant.
   (iv) The Defendant wished to take advice from his lawyer before giving the additional security, but, as a sign of good faith, and in order to ensure that the overdraft facilities were renewed by the Bank, the Defendant agreed to sign the Mortgage in blank.
   (v) It was agreed between the Defendant and Mr C that the Defendant would meet his lawyer and then telephone Mr C within a few days to authorise him to complete the mortgage documentation and to execute it on the Defendant's instructions. The Mortgage was to be held by the Bank and not used by them until those instructions were given.
   (vi) Mr C agreed to this and the Defendant accordingly signed the Mortgage deed in blank.
   (vii) Contrary to the agreement set out above, Mr C completed the Mortgage deed and executed the Mortgage on [date] without the authority or instructions of the Defendant and before the Defendant had had an opportunity to consult his lawyer.
   (viii) Further, the Bank subsequently refused to renew the overdraft facilities for X Limited.

4. For the reasons set out above, the Mortgage deed was to be held by the Bank in escrow pending the fulfilment of the conditions agreed between Mr C and the Defendant, namely that (1) the Bank agree to renew X Limited's over-draft facilities and (2) that the Bank complete the Mortgage documents only in accordance with the Defendant's authority and telephone instructions. Neither of these conditions was fulfilled.

5. Accordingly the Mortgage was never in fact executed by the Defendant.

6. The Defendant relies in addition on the doctrine of non est factum on the grounds set out above in that the details in the Mortgage deed were not completed with the authority or consent of the Defendant.

7. The Defendant denies that the Bank is entitled to rely on the Mortgage.[18]

---

[18] A counterclaim for a declaration that the Mortgage is void and for delivery up of the Mortgage and

Defence by mortgagor denying debts due

104-Z6 1. The Defendant admits that he signed the mortgage dated [date] and appended to the Particulars of Claim for Possession at "A" ("the Mortgage").

2. However, the Defendant denies that the sums alleged by the Claimant ("the Bank") to be due under the Mortgage are due as alleged in the Particulars of Claim or at all. The Defendant avers that he has repaid the sums due under the Mortgage.

3. The Mortgage was executed to secure the overdraft liabilities of X Limited to the Bank on account number [..........].

4. On [date], the Defendant sold another one of his properties, namely the property at [address]. The net sale proceeds amounted to £[..........].

5. On or about [date] the Defendant transferred the net sale proceeds of £[..........] into the overdraft account of X Limited, account number [..........] in order to repay the overdraft liabilities thereby extinguishing the debt on account number [..........].

6. The Defendant asked Mr C, his branch manager at the Bank, to release the security in relation to the property at [address] and Mr C on behalf of the Bank agreed that the Mortgage would be cancelled as the overdraft liability had been paid in full.

7. However, the Bank have subsequently wrongfully refused to release the Mortgage deed.

8. For the reasons set out above, the Defendant denies that there are any debts due under the Mortgage.[19]

Defence by mortgagor alleging O'Brien/undue influence defence

104-Z7 1. The Defendant is the wife of AB, the sole director of and shareholder in a company, G Limited ("the Company"). AB was a customer of the [..........] branch of B Bank and the Company's accounts were held at the same branch.

2. The Defendant entrusted the financial affairs of the family to her husband, AB, in whom she placed trust and confidence at all times in relation to her financial affairs. Throughout their marriage of 28 years, AB has taken care of all financial matters and has always discouraged the Defendant from taking any interest in the finances of the family.

3. It is admitted that on or about [date], the Defendant executed an all monies legal charge ("the Mortgage") over the property at [address], which was the matrimonial

---

its cancellation may be inserted here; see the precedent below: Defence by mortgagor alleging *O'Brien* defence: *Barclays' Bank Plc v O'Brien* [1994] 1 A.C. 180.

[19] The pleader may wish to repeat the defence in a counterclaim, with a claim in the prayer for delivery up and cancellation of the mortgage deed. See in this respect the precedent below: Defence by mortgagor alleging *O'Brien* defence *Barclays' Bank Plc v O'Brien* [1994] 1 A.C. 180.

home. A copy of the Mortgage[20] is attached to the Particulars of Claim and marked "A". The Mortgage secured all the liabilities of AB to the Bank, including his liabilities to the Bank under a guarantee dated [date] for the debts of G Limited to the Bank.

4. The execution of the Mortgage by the Defendant was procured by the undue influence of AB over his wife, the Defendant.[21]

Particulars of undue influence

Set out in full detail, in short and simple sentences the actual undue influence exerted on the Defendant and why it can be said to be undue and to state why it is that the Defendant had no means to resist the influence, e.g. the defendant relying upon his influence over the Claimant, wrongly told her that the transaction was in the financial interests of the family and that, without it, the family home would be in jeopardy.

5. At no time has the Defendant been a director of or a shareholder in the Company. The Mortgage transaction was manifestly disadvantageous to the Defendant in that the Mortgage was unlimited in scope or amount and (although the Defendant did not know this when she executed the Mortgage) the liabilities of G Limited amounted to £750,000 at the date of execution of the Mortgage, which was far more than the value of the equity in the matrimonial home.

6. B Bank had constructive notice of the actual and/or presumed influence exercised by AB over his wife, the Defendant.

Particulars of constructive notice

The Bank had met AB and the Defendant on several occasions at the Bank's premises and knew that they were husband and wife, shared a relationship of trust and confidence and co-habited in the matrimonial home.

7. The Bank did not take reasonable steps to discharge the constructive notice. At no time was the Defendant advised by the Bank to take independent legal advice. At no time before executing the Mortgage did the Defendant in fact take any independent legal advice.

Counterclaim

8. The Defendant is entitled to and does claim rescission of the Mortgage in that the Bank had constructive notice of the circumstances giving rise to the presumed undue influence exercised by AB over the Defendant in order to procure the execution of the Mortgage by the Defendant.

AND the Defendant counterclaims:
(1) A declaration that the Mortgage ought to be rescinded/set aside as having

---

[20] If the documents relied on are not attached to the particulars of claim, they should be appended to the Defence.
[21] In husband and wife cases it must be proved that there was actual undue influence. A presumption only arises in certain relationships such as that of parent and child, solicitor and client or medical adviser and patient. Whilst there is no automatic presumption, however, it may be possible to establish a de facto relationship of trust and confidence which gives rise to a presumption: *Royal Bank of Scotland Plc v Etridge (No. 2)* [2001] UKHL 44.

been procured by actual undue influence of the husband over the Defendant, and that the Bank had constructive notice of the undue influence.

(2) An order that the Bank do deliver up the Mortgage to be cancelled forthwith.

DEFENCE BY OCCUPIER ALLEGING OVERRIDING INTEREST

104-Z8 1. It is admitted that the mortgagor, AB, executed a mortgage dated [date] ("the Mortgage") over the property at [address] in favour of the Claimant ("the Bank"). It is admitted that the Bank advanced a loan of £[..........] to AB which was secured by the Mortgage.

2. The Defendant is the father of AB and contributed £10,000 to the deposit when the property was first purchased by AB. In addition, the Defendant has paid regular contributions to AB for the maintenance and upkeep of the property. The Defendant has a beneficial interest in the property.

3. Further, since AB is the eldest son, the Defendant has always resided with AB and his family. The Defendant has therefore been in occupation at the property at all material times, and, in particular, was in occupation of the property at the date of execution of the Mortgage.

4. The mortgagee/Bank did not at any time seek the consent of the Defendant to the Mortgage and nor did the Defendant give any such consent. In fact, until the start of the possession proceedings, the Defendant was unaware that any mortgage had been executed by his son, AB.

5. In these circumstances, the Defendant has an overriding interest in the property and the Bank's rights are subject to the Defendant's rights of occupation of the property. The Defendant relies on Sch.3, para.2 to the Land Registration Act 2002. The Bank is not entitled to possession of the property as against the Defendant.

DEFENCE CLAIMING RELIEF UNDER ADMINISTRATION OF JUSTICE ACTS[22] [23]

104-Z9 1. The Defendant admits that he executed the Mortgage appended to the Particulars of Claim as "A". The Defendant admits the amount claimed by the Bank under the Mortgage.

2. The Defendant is in the process of marketing the mortgaged property and copies of the estate agent's marketing material are appended at "D" and "E" to this Defence. The asking price for the property is £[..........] and the estimated time to completion of a sale, according to the estate agents' reports is 6 weeks.

3. Further, it is in the interests of both the Defendant and the Bank for the sale of the property to be at the highest possible price. The sale price is likely to be higher

---

[22] There is no inconsistency between the common law rights of the mortgagee, as mitigated by s.36 of the AJA 1970 and s.8 of the AJA 1973 and the Convention Rights under arts 8 or 1 of the First Protocol: *Barclays Bank v Alcorn* [2002] EWCA Civ 817; *Horsham Properties Group Ltd v Clark* [2008] EWHC 2327 (Ch); [2009] 1 W.L.R. 1255.

[23] Note that the court will consider the discretion under the AJAs even if there is no pleading by the mortgagor specifically raising this.

if the property is sold by the Defendant than if the property were to be repossessed by the Bank and sold as a forced sale.

4. In the time until the date of completion of any sale of the property, the Defendant is willing and able to pay monthly instalments of £[..........] to cover the interest repayments on the outstanding loan amount.

5. In these circumstances the Defendant would ask that the Court accept that the Defendant will be in a position to repay its debts to the Claimant within a reasonable time from the sale proceeds of the property.

6. In the interim, the Bank suffers no prejudice from the delay in obtaining a possession order, since the Defendant will pay monthly instalments of interest as set out above.

7. The Defendant requests that the Court exercise discretion under [insert here the relevant provisions of the Administration of Justice Acts 1970 and 1973].

Section 105:

RESTRICTIVE COVENANTS

Table of Contents

Part 8 Claim Form Details of Claim seeking declaration as to existing rights under restrictions	105-Z1
Particulars of Claim for injunction and damages for breach of restrictive Covenant	105-Z2
Defence alleging no breach of covenant/covenant positive in substance	105-Z3
Defence alleging that the Claimant has no locus to enforce restrictive Covenant	105-Z4
Form LPA (Application under s.84 of the Law of Property Act 1925 to discharge or modify a restrictive covenant)	105-Z5
Form LPB (Restrictive Covenant Application: Publicity Notice)	105-Z6
Form LPD (Notice of an objection to a Restrictive Covenant Application)	105-Z7

The law relating to restrictive covenants is lengthy and complex. This introduction provides a bare outline and the reader is well advised to consult a specialist text such as *Preston & Newsom's Restrictive Covenants.*[1] **105-01**

Restrictive covenants are always enforceable between the original covenantor and covenantee and, by s.56 of the Law of Property Act 1925, a person with whom the contract is purported to be made may also sue upon the covenant. Issues as to enforceability arise, however, upon assignment of the land to which the benefit or burden of the covenant is attached. For these purposes a distinction must be drawn between enforceability at common law and in equity.

Upon disposal of land the benefit of a restrictive covenant may be expressly assigned or it may run with the land. The benefit of the covenant will run with the land at common law if: (1) it touches and concerns the land of the covenantee and the covenantor; and (2) the assignees each have a legal estate in the land benefited. The benefit of most covenants entered into after 1925 passes by virtue of statutory annexation: see s.78 of the Law of Property Act 1925 and the decision in *Federated Homes Ltd v Mill Lodge Properties Ltd.*[2] That will not apply if either expressly or by necessary implication the covenant is intended only to pass by express assignment. (For a case in which there was no evidence of contrary intention see *89 Holland Park (Management) Ltd v Hicks.*[3]) Further, in *Crest Nicholson Residential (South) Ltd v McAllister*[4] it was decided that, unless the land intended

---

[1] *Preston & Newsom's Restrictive Covenants*, 10th edn (London: Sweet & Maxwell, 2013).
[2] *Federated Homes Ltd v Mill Lodge Properties Ltd* [1980] 1 W.L.R. 594.
[3] *89 Holland Park (Management) Ltd v Hicks* [2013] EWHC 391 (Ch).
[4] *Crest Nicholson Residential (South) Ltd v McAllister* [2004] 24 E.G. 150; [2004] EWCA Civ 410.

to be benefited can be clearly identified s.78 will not allow a party to claim the benefit of a covenant.[5] However the fact that not all of the land which benefited from a negative covenant could be identified did not preclude the owners of the identifiable land from claiming the benefit of the covenant: *Coventry School Foundation Trustees v Whitehouse*.[6]

The benefit of the covenant will run with the land in equity if: (1) it touches and concerns the land of the covenantee (who may have a lesser estate than a legal estate); and (2) the benefit of the covenant has passed to the claimant. The benefit may pass by annexation, by assignment or by reason of the principles relating to schemes of development. Again, following the decision in Federated Homes the benefit of covenants entered into after 1925 will pass by s.78 of the 1925 Act unless intended to be expressly assigned. The benefit of a covenant passes under a building scheme where land is to be disposed of in lots and restrictive covenants are imposed on each purchaser for the benefit of the estate generally. There must be reciprocity of obligation between the purchasers and the estate to be benefited must be clearly defined.[7]

105-02 The burden of a covenant does not run with the land at common law.[8] Following the decision in *Tulk v Moxhay*,[9] the burden of a covenant may run in equity if: (1) it is negative in substance; (2) it is made for the protection of land retained by the covenantee (subject to some exceptions, such as where there is a scheme of development); and (3) it is intended to run with the covenantor's land. Today the burden will run with the land unless a contrary intention appears: by s.79 of the Law of Property Act 1925 covenants in respect of land are deemed to have been made by the covenantor on behalf of himself, his successors in title, and the persons deriving title under them in the absence of such contrary intention. The presumption is rebuttable; see e.g. *Morrells of Oxford Ltd v Oxford United Football Club Ltd*,[10] where the court declined to impose s.79 in relation to the covenant in question.

An application may be made to court for a declaration as to whether freehold land is or would be affected by any restriction and, if so, the nature, extent and enforceability of it: s.84(2) of the Law of Property Act 1925. A declaration that the land is not subject to a restrictive covenant is an order in rem (unlike general applications for declarations, which bind only the parties to the proceedings) and the court will only make such an order in cases where the evidence is cogent.[11] The jurisdiction under s.84(2) is considered not to be appropriate where there are substantial issues of fact or arguments of fact and degree, and is more suited, for example, in cases where there are arguments on the construction of a restriction,[12] or the validity of a building scheme.[13]

Applications must be made in accordance with the Civil Procedure Rules 1998 (as amended) (s.203(2) of the 1925 Act). It is considered that any such application

---

5 See also *Sugarman v Porter* [2006] EWHC 331 (Ch); [2006] 2 P. & C.R.14.
6 *Coventry School Foundation Trustees v Whitehouse* [2013] EWCA Civ 885; [2014] 1 P. & C.R. 4.
7 *Jamaica Mutual Life Assurance Society v Hillsborough Ltd* [1989] 1 W.L.R. 1101; *Birdlip Ltd v Hunter* [2016] EWCA Civ 603; [2017] 1 P. & C.R. 1 (allowing an appeal by *Birdlip* from the judgment of the High Court [2015] EWHC 808 (Ch)).
8 *Rhone v Stephens* [1994] 2 A.C. 310.
9 *Tulk v Moxhay* (1848) 2 Ph. 774.
10 *Morrells of Oxford Ltd v Oxford United Football Club Ltd* [2001] Ch. 459.
11 *Re 6, 8, 10 and 12 Elm Avenue, New Milton* [1984] 1 W.L.R. 1398.
12 See e.g. *Re MCA East Ltd* [2002] EWHC 1684 (Ch); [2003] 1 P. & C.R. 9.
13 See e.g. *Re BS Wembley Park Estate Co Ltd's Transfer* [1968] Ch. 491.

should generally be brought under CPR Pt 8 as it is unlikely involve a substantial issue of fact (CPR r.8.1). It is also thought that the appropriate tribunal is the Chancery Division of the High Court (both conclusions based upon the current equivalent of the requirement in s.84(2)(a), which requires that "every application to the court under this Act shall, save as otherwise expressly provided, be by summons at chambers"). The claim form should state: that Pt 8 applies; that the claim is being made under s.84(2) of the 1925 Act; and the remedy the claimant is seeking. The claim form should also state any consequential order sought in relation to alteration of the Land Registry and whether costs are claimed. The claimant must file and serve on the defendant any written evidence on which he intends to rely when he files his claim form. The defendant is required to file an acknowledgment of service not more than 14 days after service of the claim form. Any evidence upon which he wishes to rely must be filed and served with the acknowledgment of service. A defendant who fails to file an acknowledgment of service may attend the hearing of the claim but may not take part in the hearing unless the court gives permission.

The Upper Tribunal (Lands Chamber) (Upper Tribunal) has a discretionary power to modify or discharge a restrictive covenant with or without payment of compensation on statutory grounds: s.84(1) of the Law of Property Act 1925. The grounds upon which the discretion may be exercised are: (1) the restriction ought to be deemed obsolete; (2) it confers no practical benefit of substantial value or is contrary to the public interest and any loss can be adequately compensated in money; (3) the persons entitled to the benefit of the covenant have agreed the discharge or modification; or (4) the discharge or modification will not injure the persons entitled to the benefit of the covenant. So, for example, a covenant requiring plans to be approved by the vendor or his surveyor has been held to be obsolete upon the original vendor's death.[14] That is not so when the approval is, on a true construction of the covenant, capable of being given by the vendor's successor in title.[15] The balancing act required of the Upper Tribunal in determining an application for discharge or modification is well illustrated by the case of *Shephard v Turner*.[16]

105-03

The Procedure (Upper Tribunal) (Lands Chamber) Rules 2010/2600 Pt 6 (as amended) make provision for the procedure to be followed in an application to discharge or modify a restrictive covenant. The 2010 Rules set out the matters that an application must contain. There are no prescribed forms, but it is considered that it is convenient to use Form T379 (available on the Lands Tribunal website). The information required in order to complete the form covers all of the information required by the Rules.

Remedies for breach of a restrictive covenant are an injunction or damages in lieu. The usual remedy is an injunction, however, in certain circumstances the court may award damages in lieu. For the matters a court should take into account in determining whether an injunction should be granted, see *Shelfer v City of London Electric Lighting Co (No.1)*.[17] The court can take into account the public interest, the grant or otherwise of planning permission and the comparative effect of the

---

[14] *Re Havering College of Further and Higher Education* [2006] P.L.S.C.S. 215; *Churchill v Temple* [2010] EWHC 3369 (Ch); [2011] 17 E.G. 72.
[15] *Mahon v Sims* [2005] 3 E.G.L.R. 67.
[16] *Shephard v Turner* [2006] 20 E.G. 294; [2006] EWCA Civ 8.
[17] *Shelfer v City of London Electric Lighting Co (No.1)* [1895] 1 Ch. 287

proposed injunction on the parties.[18] As to damages in lieu, in *Wrotham Park Estate Co Ltd v Parkside Homes Ltd*[19] the court determined that damages should be based upon a hypothetical negotiation between the parties as to the amount that might be paid and accepted for the release of the covenant.[20] The principle of awarding damages based upon a hypothetical negotiation was, however, considered by the Supreme Court in *Morris-Garner v One Step (Support) Ltd*[21] and was held not to be the appropriate basis of damages in all circumstances. "Negotiating damages" are appropriate where the loss suffered by the claimant is appropriately measured by reference to the economic value of the right (considered as an asset) which has been breached. Such a fee is not itself the measure of loss in all cases. The object of the exercise is to ascertain the financial loss the claimant has actually sustained. It is for the trial judge to consider how best such as assessment is carried out. If evidence is led in relation to a hypothetical release fee, it is for the judge to determine its relevance and weight, if any.

105-04 **Precedents** Precedent 105-Z1 seeks a declaration as to the existence of a restrictive covenant. Precedents 105-Z2 and 105-Z3 relate to a breach of a restrictive covenant. Precedent 105-Z5 seeks to deny that the benefit of a covenant is annexed to land.

PART 8 CLAIM FORM DETAILS OF CLAIM SEEKING DECLARATION AS TO EXISTING RIGHTS UNDER RESTRICTIONS

105-Z1 1. The Claimant seeks:
  (1) A declaration that the freehold land known as Severin's Field comprised in a conveyance dated 11 April 1968 and made between John Robertson and James Jefferies are no longer subject to any of the restrictive covenants referred to in that conveyance.
  (2) In the alternative, a declaration as to which, if any, of the restrictive covenants referred to in that conveyance are now enforceable and if so, by whom.
  (3) That the costs of this claim be provided for.
This claim is made under s.84(2) of the Law of Property Act 1925.

PARTICULARS OF CLAIM FOR INJUNCTION AND DAMAGES FOR BREACH OF RESTRICTIVE COVENANT

105-Z2 1. By a conveyance dated 11 April 1968 and made between John Robertson and James Jefferies ("the Conveyance") the property known as 98 Cameron Street ("the Property") was conveyed to James Jefferies subject to the covenants contained in the Conveyance. A copy of the Conveyance is annexed to these Particulars of Claim together with a plan upon which the Property is shown, edged in blue.

2. The Property was registered at H.M. Land Registry under Title No. HPM 12345.

---

[18] *Coventry (t/a RDC Promotions) v Lawrence* [2014] UKSC 13; [2014] A.C. 822.
[19] *Wrotham Park Estate Co Ltd v Parkside Homes Ltd* (1974) 1 W.L.R. 798.
[20] That case was followed in *Amec Developments Ltd v Jury's Hotel Management (UK) Ltd* [2001] 07 E.G. 163.
[21] *Morris-Garner v One Step (Support) Ltd* [2018] UKSC 20; [2019] A.C. 649.

3. By clause 2 of the Conveyance, James Jefferies convenanted with John Robertson [for the benefit and protection of the adjoining land belonging to John Robertson edged in red on the plan or any part of that land, and] so as to bind (as far as possible) the Property no matter into whose hands the Property might be conveyed, that James Jefferies and all persons deriving title under him would at all times observe and perform the following restrictions set out in the Schedule to the Conveyance, namely:
   (a) not to carry on or permit to be carried on at the Property any trade or business; and
   (b) not to use the Property otherwise than as a single private dwelling house occupied by a single household.

4. The covenants set out above were noted in the Charges Register of the Title to the Property, registered as referred to in paragraph 2 above.

5. On 11 April 1968, John Robertson was the freehold owner of a dwelling house adjoining the Property, namely 100 Cameron Street. The Claimant will aver as a matter of necessary implication that 100 Cameron Street was the intended beneficiary of the covenants set out above.

6. By a conveyance dated 19 July 1996 and made between John Robertson and the Claimant, the freehold property known as 100 Cameron Street was conveyed to the Claimant.

7. By a conveyance dated 31 August 2018 and made between James Jefferies and the Defendant, the Property was conveyed to the Defendant. The Defendant acquired the Property subject to the covenants set out in paragraph 3 above.

8. In breach of the covenants set out in paragraph 3 above, the Defendant has, since 21 November 2018 conducted a business at the Property, namely a restaurant known as "The Golden Fish" and has failed to use the Property as a single private dwelling house.

9. By reason of the Defendant's breaches of covenant, the Claimant has suffered loss and damage. The Claimant's use and enjoyment of 100 Cameron Street has been seriously disturbed.

Particulars of Loss and Damage
[Full particulars of loss and damage should be set out here.]

10. The Claimant is entitled to interest on any damages awarded to him pursuant to s.35A of the Senior Courts Act 1981 at such rate and for such period as the Court thinks fit.

11. Further, the Defendant threatens and intends unless restrained by this Court to continue to breach the covenants referred to by continuing to carry on the said restaurant business.

12. The Claimant expects to recover more than £100,000.

AND the Claimant claims:
(1) An injunction restraining the Defendant by himself or by his servants or

agents or otherwise from carrying on or permitting to be carried on at the Property the business of a restaurant or any other trade or business or from using the Property otherwise than as a single private dwelling house occupied by a single household.

(2) Further or in the alternative, damages to be assessed.

(3) Interest as claimed in paragraph 10 above.

[Statement of truth]

Defence alleging no breach of covenant/covenant positive in substance

105-Z3 1. Paragraphs 1 to 4 and 7 of the Particulars of Claim are admitted.

2. Paragraphs 5 and 6 of the Particulars of Claim are not admitted. The Claimant is put to proof of his title to the property known as 100 Cameron Street.

3. Paragraph 8 of the Particulars of Claim is denied. The Defendant is not and has not been carrying on a business from the premises. The Defendant enjoys entertaining guests at the Property on a regular basis for dinner. However, the Defendant is not carrying on a business as a restaurant or any other trade or business at the Property. Neither is the Defendant using the Property for any purpose other than as a single private dwelling house for the use of the Defendant and his family.

4. If, which is denied, the Defendant has used the Property for the purposes of carrying on a trade or business or has used the Property otherwise than as a single private dwelling house occupied by a single household, then, in any event, the covenants set out at paragraph 3 of the Particulars of Claim are such that, on a true construction of those covenants, they impose positive obligations with the effect that the benefit of the covenants does not run with the land.

5. Accordingly, the benefit of the covenants did not pass to the Claimant upon the Claimant's purchase of 100 Cameron Street.

6. It is denied that the Claimant has suffered the loss and damage alleged in paragraph 9 of the Particulars of Claim or any loss and damage.

7. In the premises, it is denied that the Claimant is entitled to the relief sought or any relief whatsoever.

[Statement of truth]

Defence alleging that the Claimant has no locus to enforce restrictive Covenant

105-Z4 1. Paragraphs 1 to 4 of the Particulars of Claim are admitted.

2. By the Conveyance, the benefit of the covenants referred to in paragraph 3 of the Particulars of Claim was not expressly or by implication annexed to any defined land belonging to John Robertson. The Defendant will refer to the Conveyance for its full terms and effect.

3. Accordingly, whilst it is admitted that John Robertson conveyed the property known as 100 Cameron Street to the Claimant on 19 July 1996, it is denied that the

FORM LPA

benefit of the covenants was annexed to 100 Cameron Street and it is accordingly denied that the Claimant is entitled to enforce any of the covenants.

[Statement of truth]

FORM LPA (APPLICATION UNDER S.84 OF THE LAW OF PROPERTY ACT 1925 TO DISCHARGE OR MODIFY A RESTRICTIVE COVENANT)

105-Z5

UPPER TRIBUNAL (LANDS CHAMBER)

Application under Section 84 of the Law of Property Act 1925 to discharge or modify a restrictive covenant

▶ Reset form

For office use only
Office stamp (date received)
LP / /

- Tick boxes where applicable and provide the relevant information for your application.

1. Applicant's details

Name	
Address	
Postcode	
Telephone number(s) (if not represented)	
Fax number (if not represented)	
Email address (optional)	

2. Applicant's representative/address for service of documents

If this section is completed all communications regarding this application will be sent or delivered to the representative.

Name	
Address	
Postcode	
Telephone number(s)	
Fax number	
DX number	
Email address (optional)	
Professional capacity in which the representative acts, if any	

State whether a solicitor, surveyor or other professional qualification

T379 - Application under Section 84 of the Law of Property Act 1925 to discharge or modify a restrictive covenant (01.16)   © Crown copyright 2016

Alternative address for service of documents

If the applicant is not represented and wishes to have all communications sent or delivered to the applicant's address, leave this section blank.

Name

Address

Postcode

Telephone number(s)

Fax number

Email address (optional)

3. Application land

Postal address
(or OS number) and area

Postcode

Land Registry title number

Also provide:
- a recent copy of the Land Registry entry
- a plan with the application land marked in **red**
- an Ordnance Survey plan site-centred showing all land within 200 meters of the application land to the scale of 1:1250

4. Applicant's interest in the application land

The applicant's interest in the application land is:

☐ Freehold

☐ Leasehold (provide the name and address of the landlord)

Name

Address

Postcode

☐ Contractual (enclose a copy of the contract)

FORM LPA

5. Other person(s) with an interest in the application land

(tick as appropriate)

☐ There are **no** other interest holders

☐ There are other interest holders (complete the following details and attach additional sheets if required)

Name	
Address	
Postcode	
Nature of interest	
Name	
Address	
Postcode	
Nature of interest	

6. Confirmation

I confirm that:

(tick as appropriate)

☐ a) This is a joint application of all persons with a legal or beneficial interest in the land or is made with their consent

☐ I enclose signed consents

☐ b) This application is made without the consent of the following interest holders:

Name	
Name	
Name	

[1095]

RESTRICTIVE COVENANTS

7. Adjacent/nearby land in which the applicant has an interest

(tick as appropriate)

☐ Not applicable

☐ The adjacent/nearby land in which the applicant has an interest is:

☐ Freehold
☐ Leasehold

Postal address (or OS number) and area	
Postcode	☐☐☐☐ ☐☐☐
Land Registry title number	

Also provide:
- a recent copy of the Land Registry entry
- a plan with the additional land marked in **green**

8. The additional land subject to the burden of the restrictive covenants is:

(tick as appropriate)

☐ Not applicable

☐ The additional land also subject to the burden of the restriction(s) should be described below and outlined in **blue** on the attached plan:

9A. The land to which the benefit of the covenant may attach is:

The benefited land should be marked in **yellow** or **brown** on the plan, and the names if known, and addresses of all those believed to be entitled to the benefit of the covenant should be listed. Attach additional sheets if needed.

Any statement made by the applicant under this heading is without prejudice to contentions the applicant may later advance as to the entitlement of particular objectors.

If there is uncertainty about the extent of the benefited land the Tribunal will assume until the matter is clarified that the benefit attaches to all land in the immediate neighbourhood of the application land)

Name	
Address	
Postcode	☐☐☐☐ ☐☐☐
Land Registry title number	

FORM **LPA**

Name	
Address	
Postcode	
Land Registry title number	

9B. To identify the benefited land and owners I have taken the following steps:

10. The restriction was imposed by the following instrument(s):

Identify the deed, conveyance, transfer or other document that imposed the restriction(s) **including its date and the parties to it**. If there is more than one instrument, a copy of each must be attached including a coloured copy of any attached plan. If a copy of any document is unavailable please explain what steps were taken to obtain a copy and attach other documentary evidence of the restriction(s) imposed by it.

1.

2.

3.

11. The restriction(s) the subject of this application:

Set out in full, word for word, the text of each restriction to be discharged or modified. Do not include any preamble or other restrictions and use the same numbering for each relevant restriction as used in the instrument that imposed the restriction. If the restrictions were imposed by different instruments, for each restriction or set of restrictions identify which document imposed it or them.

Restrictions means covenants that restrict the landowner's use of the land or buildings. The Tribunal has no powers regarding positive covenants (generally speaking, ones that require action or expenditure by the landowner) so these must not be included in the application.

12. Is the application in breach of any of the restrictions?

☐ Yes If yes, give details below   ☐ No

If yes, is the application being made following a stay of proceedings under section 84(9) of the Law of Property Act 1925?

☐ Yes If yes, give details below   ☐ No

13. Planning permission

Provide details of planning permissions applied for, granted or refused relating to the application land in the last 5 years (enclose a copy of any current approval):

FORM LPA

14. The application

The application is for:
(tick as appropriate)

☐ **Discharge** (complete section 15)

☐ **Modification** (complete section 16)

☐ **Discharge or modification in the alternative** (complete sections 15 and 16)

15. The application for discharge

(tick as appropriate)

A. ☐ **The application is for discharge of the restriction(s) on the following ground(s):**
Law of Property Act 1925 subsection 84(1) –
Choose all relevant options. Applicants should satisfy themselves that the grounds set out can be relied on in the circumstances of the case. It will be rare, for instance, for ground (aa) to be relevant to an application to discharge.

☐ (a)   ☐ (aa)   ☐ (b)   ☐ (c)   ☐ Not applicable

B. ☐ I attach a statement of case in which I provide details and evidence of all the facts relied upon to establish each of the grounds on which I rely for the discharge of the restriction(s) and the reasons for considering that that ground or those grounds apply.

Note: relevant particulars will include some or all of the following:

(a) changes in the character of the property; changes in the character of the neighbourhood; other circumstances by reason of which the restriction ought to be deemed obsolete.

(aa) the reasonable user that is impeded by the restriction; the relevant provisions of the development plan; a current planning permission; planning permissions or refusals of planning permission showing a pattern for the relevant area; the period at which and the context in which the restriction was imposed; other circumstances; if money is said to be adequate compensation.

(b) express agreements to discharge; acts or omissions that imply agreement to discharge or modification.

(c) any matters relied on as showing that there would be no injury.

16. The application for modification

(tick as appropriate)

A. ☐ **The application is for modification of the restriction on the following ground(s):**
Law of Property Act 1925 subsection 84(1) –
Choose all relevant options. Applicants should satisfy themselves that the grounds set out can be relied on in the circumstances of the case. Ground (a), for instance, will not usually be relevant to an application to modify.
Note: This is not to be combined with 15 above.

☐ (a)   ☐ (aa)   ☐ (b)   ☐ (c)   ☐ Not applicable

B. ☐ I apply to have the restriction(s) modified:

to permit (provide details)

| |
| |

or

as follows: (provide details)

| |
| |

C. ☐ I attach a statement of case in which I provide details and evidence of all the facts relied upon to establish each of the grounds on which I rely for the modification of the restriction(s) and the reasons for considering that that ground or those grounds apply.

Note: relevant particulars will include some or all of (a), (aa), (b), (c) as set out above.

RESTRICTIVE COVENANTS

Checklist for enclosures

I have enclosed with this notice:

(tick as appropriate)

- ☐ a plan marked in different colours to show the application land, any additional land in which the applicant has an interest, any additional burdened land and the benefited
- ☐ a recent copy of all relevant Land Registry entries
- ☐ a copy of the deed, conveyance, transfer or other document that imposed the restriction including a coloured copy of any attached plan, or if unavailable, alternative documentary evidence of the restriction
- ☐ a copy of any current planning permission
- ☐ an Ordnance Survey plan site-centered showing all land within 200 meters of the application land to the scale of 1:1250
- ☐ plans of proposed development
- ☐ a statement of case

Fees

I have also enclosed a cheque payable to the 'HM Courts & Tribunals Service' (not the Lands Chamber) for:

- ☐ the filing fee of £880

Declaration, signature and date

(attached additional sheet if required)

I am/we are:

(tick as appropriate)

- ☐ the applicant(s)
- ☐ the solicitor for the applicant(s)
- ☐ the agent of the applicant(s) (enclose authority to act signed by the applicant(s))

I/We have paid the setting-down fee of £880 and accept responsibility for the conduct of the case and the payment of later fees.

Signed		Dated	
Name			

Signed		Dated	
Name			

[1100]

FORM LPA

Send or deliver this application and all enclosures to:
(keep a copy for yourself and note that you may be required to provide a copy to potential objectors)

The Registrar
Upper Tribunal (Lands Chamber)
5th Floor
Rolls Building
7 Rolls Building
Fetter Lane
London
EC4A 1NL

DX: 160042 Strand 4

Tel: 020 7612 9710
Fax: 0870 761 7751

Please visit our website to see:
- the Rules and Practice Directions governing procedure in the Tribunal
- the Fees Rules showing the fees payable during the proceedings
- the Restrictive Covenants Procedure Flowchart summarising the procedure for applications
- the Explanatory Leaflet with information about potential costs liability and other matters to assist parties.

If you do not have internet access, these documents may be requested from the Tribunal.

[1101]

RESTRICTIVE COVENANTS

FORM LPB (RESTRICTIVE COVENANT APPLICATION: PUBLICITY NOTICE)

105-Z6

Lands Chamber
Form LPB

Form of Publicity Notice
(Please copy this format when producing your publicity notice. A copy may be downloaded from the Lands Chamber website. Do not insert hand written or typed responses on this document. Please do not include the italicised instructions on your notice.)

LP/............. / ....

Restrictive Covenant Application: Publicity notice

Take notice that an application under section 84 of the Law of Property Act 1925 to [discharge/modify/discharge or modify] *[please select one option here.]* a restrictive covenant affecting the land referred to below has been made to the Tribunal. If you are legally entitled to the benefit of the covenant and you wish to object to the application, you should object within 1 month of the date of this notice.

The application relates to land at ....

The applicant is ....

of ....

The covenant contained in a *[insert type of document/instrument, eg conveyance]* dated *[insert date of instrument]* made between *[insert names of all parties to the instrument]* in respect of which the application is made contains the following restriction:
[e.g. to use the land as a private dwelling house only. Please note that the restriction must be set out in full and not paraphrased or abbreviated]
....

*Set out **either** A **or** B (deleting the one that does not apply) **or set out both**; do not combine the two sections into one.*
A. The application seeks the **discharge** of the restriction on the following grounds *[omit grounds that do not apply. Please do not add additional information]*:

(a) that the restriction ought to be deemed obsolete;
(aa) that unless discharged the covenant would impede the use of the land as *[insert planned use e.g. the land to be used for offices]* ....; that such use is a reasonable use; that in impeding that use the restriction does not secure to the persons entitled to the benefit of it any practical benefits of substantial value or advantage; and that money will be an adequate compensation for the loss or disadvantage (if any) which any such person will suffer from the discharge;
(b) that the persons of full age and capacity entitled to the benefit of the restriction have agreed, expressly or by implication, by their acts or omissions to the discharge of the restriction;
(c) that the proposed discharge will not injure the persons entitled to the benefit of the restriction.

B. The application seeks the **modification** of the restriction so as to permit *[insert planned use e.g. the land to be used for offices]*.................. Modification is sought on the following grounds *[omit grounds that do not apply. Please do not add additional information]*:

(a) that the restriction ought to be deemed obsolete;
(aa) that unless modified the covenant would impede the use of the land as *[insert planned use]*........; that such use is a reasonable use; that in impeding that use the restriction does not secure to the persons entitled to the benefit of it any practical benefits of substantial value or advantage; and that money will be an adequate compensation for the loss or disadvantage (if any) which any such person will suffer from the modification;

FORM LPB (RESTRICTIVE COVENANT APPLICATION: PUBLICITY NOTICE)

Lands Chamber
Form LPB

(b) that the persons of full age and capacity entitled to the benefit of the restriction have agreed, expressly or by implication, by their acts or omissions to the modification of the restriction;

(c) that the proposed modification will not injure the persons entitled to the benefit of the restriction.

You may inspect the application, plan and other documents at ....
[the application land or an address conveniently near application land, for example not further than 2 miles from the application land if it is in an urban area, or 10 miles in the countryside] during office working hours. A copying charge may be payable if copies are required.

If you are a person legally entitled to the benefit of the restrictive covenant and you wish to object to the application, you may download a Notice of Objection form from the Lands Chamber website or contact: **The Registrar, Lands Chamber, 5th Floor, Rolls Building, 7 Rolls Building, Fetter Lane, London EC4A 1NL** (or telephone 020 7612 9710) and ask for a form of objection (Form LPD). The form should be completed and signed and sent to the Tribunal and to the applicant(s) or, if they are represented, their solicitors **within 1 month of the date of this notice. You may apply for an extension of this time period.**

Persons who file objections become parties to the case, and, provided they are entitled to object, they may appear at the hearing of the application, if there is one. Objecting to an application is the assertion of a property right. The Applicant will be asked whether it accepts that the person giving notice of objection is entitled to the benefit of the restriction of which discharge or modification is sought. If it does not accept this, it will be for the Tribunal to determine whether or not the objector appears to be so entitled and should therefore be admitted to oppose the application. If such a determination has to be made the general rule is that the unsuccessful party will pay the costs of the party in whose favour the determination is made.

Regarding the application to discharge or modify a restrictive covenant, when there is a person or people entitled to its benefit the applicant is seeking to have a property right removed from them. For this reason, successful objectors may normally expect to have their legal costs paid by the unsuccessful applicant. Likewise, although they will usually pay their own costs, unsuccessful objectors will not normally be ordered to pay the costs of successful applicants. Only an objector who acts unreasonably may be required to pay some or all of the applicant's costs.

The applicant may rely on a lack of objections, or a failure on the part of any particular person to object, in support of the application.

If you are unsure of your position you should seek legal advice.

Signed .... Date ....

Status *[Applicant/ Applicant's Solicitor/Agent]* ....

Address (including postcode)	
Telephone	
Fax	

[1103]

RESTRICTIVE COVENANTS

FORM LPD (NOTICE OF AN OBJECTION TO A RESTRICTIVE COVENANT APPLICATION)

105-Z7

Upper Tribunal (Lands Chamber)
Form LPD

Notice of objection to a Restrictive Covenant application

Case number LP/ /

Concerning the application to discharge or modify a restrictive covenant:

- made by (applicant)
- concerning (land)

Objector(s) (attach a list if necessary)

Name	
Address (including postcode)	
Telephone (if not represented)	
Fax (if not represented)	
Email (optional)	
Status (individual, partnership, etc)	

Address for service (Note if you are represented all documents must be sent or delivered to your representative)

Name	
Address (including postcode)	
Telephone	
Fax	
Email (optional)	

T381 form LPD (10.14)

Page 1 of 4

[1104]

FORM LPD (NOTICE OF AN OBJECTION TO A RESTRICTIVE COVENANT APPLICATION)

Upper Tribunal (Lands Chamber)
Form LPD

Objector's(s') representative/ address for service of documents
(If this section is completed all communications from the Tribunal and other parties will be sent or delivered to the representative.)

Name	
Address (including postcode)	
Telephone	
Fax	
DX	
Email (optional)	

Professional capacity in which the representative acts, if any: (state whether solicitor, surveyor or other professional qualification. A representative who is not a solicitor must enclose an authority to act signed by the objector(s))

Claim for compensation

If the application is successful, is this also a claim for compensation from the applicant   Yes ☐   No ☐

Approximate amount of compensation claimed: £

(This figure is provisional and will not be binding)

Legal entitlement to the benefit of the restrictive covenant
(You may object to an application to discharge or modify restrictive covenants only if you have a legal entitlement to the benefit of the covenant(s). You may need to provide evidence of your entitlement. If you are unsure about your entitlement you should seek legal advice.)

Basis of claim to be legally entitled to the benefit of the restriction (tick one only)

☐   The objector is the original covenantee
☐   The covenant(s) were created to benefit land owned by the objector and are enforceable by the objector

Grounds of objection

Is this an objection to the discharge of the restrictive covenant(s)?   Yes ☐   No ☐

If yes, give a brief statement of the objector's response to the grounds of the application for discharge ((a),(aa),(b) or (c) as the case may be, attach an extra sheet if needed)

RESTRICTIVE COVENANTS

Upper Tribunal (Lands Chamber)
Form LPD

Is this an objection to the modification of the restrictive covenant(s)?   Yes ☐   No ☐

If yes, give a brief statement of the objector's response to the grounds of the application for modification ((a),(aa),(b) or (c) as the case may be, attach an extra sheet if needed)

Any other reasons why the objector opposes the application

Important notes

- An objector whose entitlement to the benefit of the covenant(s) is not accepted will need to provide evidence that they own land that has the benefit of the covenant(s) so that they are legally entitled to enforce the covenant(s) and should be admitted to oppose the application. If there needs to be a hearing to decide this issue an objector who fails to establish that they should be admitted may be ordered to pay the legal costs of the applicant(s) in relation to that issue.
- An objector whose entitlement is accepted or proven is unlikely to be ordered to pay the applicant's costs in relation to the application to discharge or modify the covenant(s). In those circumstances in asking the Tribunal to discharge or modify a restrictive covenant, the applicant is seeking to have a property right removed from the benefited owner(s). For this reason, successful objectors may normally expect to have their legal costs paid by the unsuccessful applicant. Likewise, although they will usually pay their own costs, unsuccessful objectors will not normally be ordered to pay the costs of successful applicants. An objector may be required to pay some or all of the applicant's costs only if they behaved unreasonably in the course of the proceedings, in rejecting a reasonable offer to settle made by the applicant, or in objecting to the proposed change.
- If there are no objections by people entitled to enforce the covenant the applicant may rely on the lack of objections in support of the application.
- If you have any questions about these issues you should seek legal advice.

Signature and date

Signed _____   Date _____

Name _____

I am:

the objector(s) ☐   the solicitor for the objector(s) ☐   the agent of the objector(s) ☐
(enclose authority to act signed by the objector(s))

T381 form LPD (10.14)

[1106]

FORM LPD (NOTICE OF AN OBJECTION TO A RESTRICTIVE COVENANT APPLICATION)

Upper Tribunal (Lands Chamber)
Form LPD

What to do next
Once completed and signed, keep a copy of your objection form for your records and send a copy both to the applicant(s) (or to any known solicitor or representative of the applicant(s)) and to:

**The Registrar
Upper Tribunal (Lands Chamber)
5th Floor, Rolls Building
7 Rolls Building
Fetter Lane
London
EC4A 1NL**

DX: 160042 Strand 4

Tel: 020 7612 9710
Fax: 0870 761 7751

There is no fee for filing an objection. It should be sent or delivered within one month of the date of the publicity notice or receipt of a copy of the application otherwise it is necessary to apply for an extension of time. If you have internet access please visit our website for further information about proceedings in the Tribunal and the rules that apply, otherwise contact the Tribunal office.

[1107]

Section 106:

SALE OF LAND

Table of Contents

Particulars of Claim by a vendor for a declaration as to the existence of a written contract for the sale of land	106-Z1
Defence by purchaser denying formation of contract and compliance with section 2 of the Law of Property (Miscellaneous Provisions) Act 1989	106-Z2
Particulars of Claim by vendor for rescission of contract and declaration that deposit has been forfeited	106-Z3
Particulars of Claim by purchaser for rescission and return of deposit on grounds of misrepresentation	106-Z4
Particulars of Claim by vendor for failure to complete auction contract	106-Z5
Particulars of Claim by vendor for damages for delay in completion	106-Z6
Particulars of Claim by a purchaser for damages for breach of vendor's covenants for title	106-Z7
Particulars of Claim by Vendor for specific performance	106-Z8
Particulars of Claim by purchaser for specific performance with abatement of purchase price	106-Z9
Defence to purchaser's claim for specific performance alleging inability of purchaser to complete and rescission	106-Z10
Defence to vendor's claim for specific performance alleging defects in title, with Counterclaim for return of deposit	106-Z11
Particulars of Claim for specific performance of contract for sale arising on exercise of option	106-Z12
Defence to claim for specific performance denying validity of option to purchase due to non-registration	106-Z13
Defence to claim for declaration that option to purchase land has been validly exercised	106-Z14

106-01 Most contracts of sale are now made on standard conditions of sale containing detailed provisions regulating the rights and obligations of the parties. Most commonly encountered in practice are the Standard Conditions of Sale, although other forms or variants are used (for example for sales by auction).

106-02 **Formation of contracts** By s.2(1) of the Law of Property (Miscellaneous Provisions) Act 1989 a contract for the sale or other disposition of an interest in land after 27 September 1989 can only be made in writing and only by incorporating all the terms which the parties have expressly agreed in one document or, where contracts are exchanged, in each. Contracts which do not comply with the provisions of s.2

are not merely unenforceable by action, but ineffective.[1] Three exceptions are provided by s.2(5), namely contracts for the grant of short leases mentioned in s.54(2) of the Law of Property Act 1925 (i.e. leases of less than three years duration, taking effect in possession and at the best rent obtainable); contracts made in the course of a public auction; or contracts regulated under the Financial Services and Markets Act 2000 other than a regulated mortgage contract, a regulated home reversion plan, a regulated home purchase plan or a regulated sale and rent back agreement. The former requirements of s.40 of the Law of Property Act 1925, that to be enforceable a contract for the sale or disposition of an interest in land must be in writing or evidenced by a sufficient written memorandum, and the complex exceptions in favour of contracts supported by acts of part performance, are now of historic interest only. As a result, the issues which arise in litigation concerning the formation of contracts for the sale of land are relatively straightforward (see Precedents 106-Z1 and 106-Z2).

106-03 **Delay in completion** Time is not usually of the essence of a contract for the sale of land, and consequently a delay in completion will not usually amount to a repudiation of the contract. Most contracts now contain express provisions entitling one party to serve notice on the other "making time of the essence of the contract", for example under condition 6.8 of the *Standard Conditions of Sale* (5th edn, 2018 revision). Where the contract contains no such express provisions it is open to a party who is ready and willing to perform its obligations to give notice to a party in default under the contract, requiring the defaulting party to complete the contract within a reasonable time. The notice may be served immediately that the defaulting party fails to complete.[2] It is then a question of fact whether the time allowed by the notice is a reasonable time within which to complete.[3] The validity of a notice is to be assessed by reference to the facts at the time of service.[4] It is also important to note that the presumption as to time being of the essence is reversed in the case of exercise of an option to purchase land: there, time is usually of the essence.[5]

Even where time is not of the essence of a contract for the sale of land, failure to complete on the contractual completion date is still a breach of contract, and damages may be recovered for the breach.[6] Damages representing interest may be recovered as special damage if it is shown that it was in the contemplation of the parties at the date of the contract that delay would cause the injured party to incur interest charges.[7] The measure of damages to which the purchaser will be entitled is "such damages as may reasonably be said to have naturally arisen from the delay, or which may reasonably be supposed to have been in the contemplation of the parties as likely to arise from the partial breach of the contract".[8] Damages for loss of

---

[1] *Rollerteam v Riley* [2016] EWCA Civ 1291; [2017] Ch. 109.
[2] *Behzadi v Shaftesbury Hotels Ltd* [1992] Ch. 1, referred to and adopted in *Urban 1 (Bonk Street) v Ayres* [2013] EWCA Civ 816; [2014] 1 W.L.R. 756.
[3] *Stickney v Keeble* [1915] A.C. 386; *United Scientific Holdings Ltd v Burnley BC* [1978] A.C. 904; *North Eastern Properties Ltd v Coleman & Quinn Conveyancing* [2010] EWCA Civ 277; [2010] 1 W.L.R. 2715; and *SK Properties (Midlands) Ltd v Byrne* [2018] UKUT 394 (LC).
[4] *Cantt Pak Ltd v Pak Southern China Property Investment Ltd* [2018] EWHC 2564 (Ch).
[5] *United Dominions Trust (Commercial) Ltd v Eagle Aircraft Services Ltd* [1968] 1 W.L.R. 74; *United Scientific Holdings Ltd v Burnley BC*; *Di Luca v Juraise (Springs) Ltd* [2000] 79 P. & C.R. 193.
[6] *Raineri v Miles* [1981] A.C. 1050.
[7] *Wadsworth v Lydell* [1981] 1 W.L.R. 59. See Precedent 106-Z6.
[8] *Jacques v Miller* (1877) 6 Ch. D. 153.

some special use may be recovered if the vendor knew at the date of the contract that the purchaser intended to put the property to that use.[9]

Failure to complete   A delay in completion must be distinguished from a failure to complete in circumstances in which the failure to complete amounts to a fundamental breach of contract, going to the very heart of the agreement. A failure to complete in a contract for the sale of land when time is of the essence (whether on a construction of the terms of the contract or time having become of the essence following service of notice to complete) is a fundamental breach of contract. If the vendor fails to complete on the date specified, the purchaser may accept the repudiation of the contract and rescind. The purchaser may also sue for damages for breach of contract[10] and recover the deposit.   **106-04**

The same applies if it is the purchaser who fails to complete on time. The vendor may rescind the contract and forfeit the deposit.[11] The vendor has the same rights to claim damages, although if he does so he must give credit for the deposit.

Damages for failure to complete   The measure of damages is the injury sustained by the claimant (be he vendor or purchaser) by reason of the defendant not having performed their contract. The issue is how much the claimant is worse off by diminution in the value of the land, or the loss of the purchase money by reason of the failure to complete (not by how much the defendant had gained), as the case may be.[12]   **106-05**

The vendor may claim the difference between the contract price and the market value of the land at the time fixed for completion, although, where there is a resale within a reasonable period of the breach that has been taken in preference to market price,[13] together with the costs incurred in a resale if one is achieved.[14] The damages must take into account any deposit paid[15] even if the contract contained a stipulation that, if the purchaser failed to comply with the condition, the deposit should be forfeited.[16]

The purchaser may also claim such damages as are occasioned by the breach, which are likely to be the difference between market value of the land at the contractual time for completion and the contract price, together with such claims as the cost of temporary accommodation (in a residential case) and damages for distress, anguish and inconvenience.[17] Damages for loss of profits may be recovered where the purchaser was intending to use the property for a particular purpose which was made known to the vendor at the date of the contract.[18]

---

[9] *Diamond v Campbell-Jones* [1961] Ch. 22; *Cochrane (Decorators) v Sarabandi* (1983) 133 N.L.J. 588; and see Precedent 106-Z6
[10] *Scandinavian Trading Tanker Co AB v Flota Petrolera Ecuatoriana (The Scaptrade)* [1983] 2 A.C. 694; [1983] 2 All E.R. 763; *Union Eagle Ltd v Golden Achievement Ltd* [1997] A.C. 514.
[11] *Hall v Burnell* [1911] 2 Ch. 551.
[12] *Laird v Pim* 151 E.R. 852; (1841) 7 M. & W. 474; *Surrey CC v Bredero Homes Ltd* [1993] 25 E.G. 14.
[13] *Noble v Edwardes* (1877) 5 Ch. D. 378; *Keck v Faber* (1915) 60 S.J. 253.
[14] *Ockenden v Henley* 120 E.R. 590; (1858) El. Bl. & El. 485; *Janred Properties v ENIT* [1989] 2 All E.R. 444. See Precedent 106-Z5.
[15] *Ng v Ashley King (Developments) Ltd* [2010] EWHC 456 (Ch); [2011] Ch. 115.
[16] *Howe v Smith* (1884) 27 Ch.D. 89; *Shuttleworth v Clews* [1910] 1 Ch. 176. See Precedent 106-Z5.
[17] *Raineri v Miles* [1981] A.C. 1050; [1980] 2 All E.R. 14.
[18] *Cottrill v Steyning & Littlehampton Building Society* [1966] 1 W.L.R. 753.

The rule in *Bain v Fothergill*,[19] which provided that where a sale went off because of the vendor's inability to show title, the purchaser's damages were limited to the cost of investigating title, was abolished by the Law of Property (Miscellaneous Provisions) Act 1989 s.3.

Where the innocent party reasonably presses for the contract to be completed, or where it is otherwise necessary to avoid injustice, damages may be assessed by reference to a date other than the date of breach.[20] So, in *Hooper v Oates*,[21] damages were assessed not at the date of breach (which the court determined applied when there was an immediate market for the asset at the date of breach) but rather when the vendors took back the property for their own use. Where the contract is made on one of the various Standard Conditions of Sale, there will usually be an express term of the contract prescribing the measure of damages recoverable by the vendor, although some Standard Conditions do not limit the damages to those so prescribed.

106-06 Specific performance A claim for specific performance is an equitable remedy and therefore discretionary. However, the discretion is now based on settled principles, and in a case of sale of land, an order will generally be given.[22] Although it is usual to serve a notice to complete before beginning an action for specific performance, it is not necessary to do so.[23] A claim for specific performance may even be validly commenced before the contractual completion date has arrived, although it will be necessary to adduce evidence as to why proceedings were thought necessary and no order will be made before the completion date.[24] In every case, the party claiming the remedy must show that he is ready willing and able to complete.[25] Compensation may be ordered in addition to or in lieu of specific performance, such compensation taking the form of an abatement of the purchase price in the case of an order in favour of the purchaser.[26]

It is usual in a specific performance action to include a claim for all necessary accounts and inquiries to be taken. It may be necessary for an inquiry into the vendor's title to be made, if the purchaser has not yet accepted it, and an account of what is due to the vendor may be taken. If, despite an order for specific performance, the vendor refuses to transfer, the court may direct that the transfer be executed by the Master or the District Judge on his behalf or may award damages in lieu of specific performance (*Johnson v Agnew*).

106-07 Damages in lieu of specific performance Alternatively, the court may award damages in lieu of specific performance (*Johnson v Agnew*). It is rare for the court to adopt the latter course; specific performance would, in these circumstances, be the remedy of choice. Where damages are awarded in lieu of specific performance

---

[19] *Bain v Fothergill* (1874) L.R. 7 H.L. 158.
[20] *Johnson v Agnew* [1980] A.C. 367; [1979] 1 All E.R. 883; *Domb v Isoz* [1980] Ch. 548; [1980] 1 All E.R. 942.
[21] *Hooper v Oates* [2013] EWCA Civ 91; [2014] Ch. 287.
[22] *Hexter v Pearce* [1900] 1 Ch. 341 at 346; *Rudd v Lascelles* [1900] 1 Ch. 815 at 817; *Amec Properties Ltd v Planning Research & Systems Plc* [1992] 13 E.G. 109.
[23] *Marks v Lilley* [1959] 1 W.L.R. 749.
[24] *Hasham v Zenab* [1960] A.C. 316.
[25] *Hynes v Vaughan* (1985) 50 P. & C.R. 444. See Precedents 106-Z8 and 106-Z9.
[26] *Rutherford v Acton-Adams* [1915] A.C. 866; *Frasers Islington Ltd v Hanover Trustee Co Ltd* [2010] EWHC 1514 (Ch); [2010] 27 E.G. 85 (C.S.).

they may be assessed by reference to values prevailing at the date of the hearing, rather than at the date of the breach.[27]

The deposit A deposit is generally paid as a guarantee of performance of the contract: its principal purpose is to prevent the purchaser from unreasonably failing to proceed with the contract. At common law the purchaser is not entitled to the return of a deposit where the sale goes off as a result of his default.[28] Indeed, as rights acquired before the contract is rescinded survive rescission for default, it has been held that the vendor is entitled to recover the balance of any unpaid deposit.[29] Where the contract is terminated because of a breach by the vendor, the purchaser is entitled to sue for the recovery of the deposit as a debt, for which he also has an equitable lien on the land.[30] Where both the vendor and the purchaser are in default, the court is still likely to forfeit the deposit, because it is known and expected, as a commercial reality, that if the buyer does not complete he will lose his deposit.[31] A deposit paid in advance of a contract, where no contract is ever concluded, has also been held to be recoverable.[32]

106-08

A distinction must be made between true deposits and sums labelled as deposits but paid as part of the purchase price. In terms of the latter it seems that the parties' respective rights depend upon the terms of the contract for sale. Where a contract provided for the payment of the purchase price by way of a "deposit"(stated to be forfeit if the purchaser defaulted) and subsequent instalments, the vendor was able to retain the deposit but ordered to repay the subsequent payments.[33]

The court has a statutory jurisdiction under s.49(2) of the Law of Property Act 1925, to order the return of a deposit (see Precedent 106-Z3). The power may be used in any circumstances where repayment of the deposit is the fairest course of action between the parties and can mitigate a vendor's right at common law to retain (or sue for the outstanding balance of) the deposit.[34] The factors relevant to the exercise of the wide discretion include the conduct of the parties, the gravity of the matters in question and the amount of the deposit.[35]

In order for the court to exercise its discretion under s.49(2), there needs to be something special or exceptional to justify overriding the ordinary contractual expectations of the parties that the seller can retain the deposit if the buyer defaults.[36]

The parties to a contract for the sale of land cannot agree to exclude the provision of s.49(2) as to do so would amount to an attempt to oust the jurisdiction of

---

[27] *Wroth v Tyler* [1974] Ch. 30.
[28] *Workers Trust & Merchant Bank Ltd v Dojap Investments Ltd* [1993] A.C. 573. See Precedent 106-Z3.
[29] *Hardy v Griffiths* [2014] EWHC 3947 (Ch); [2015] 2 W.L.R. 1239.
[30] *Whitbread v Watt* [1901] 1 Ch. 911. See Precedent 106-Z4.
[31] *Omar v El-Wakil* [2001] EWCA Civ 1090; [2002] 2 P. & C.R. 3;*Midill (97PL) Ltd v Park Lane Estates Ltd* [2008] EWCA Civ 1227; [2009] 1 W.L.R. 2460.
[32] *Chillingworth v Esche* [1924] 1 Ch. 97; and see *Lane v Robinson* [2010] EWCA Civ 384.
[33] *Mayson v Clouet* [1924] A.C. 980.
[34] *Universal Corp v Five Ways Properties Ltd* [1979] 1 All E.R. 552.
[35] *Universal Corp v Five Ways Properties Ltd* [1979] 1 All E.R. 552; *Country and Metropolitan Homes Surrey Ltd v Topclaim Ltd* [1996] Ch. 307; [1997] 1 All E.R. 254;*Aribisala v St James Homes (Grosvenor Dock) (No.2)* [2009] 1 W.L.R. 1089.
[36] *Midill (97PL) Ltd v Park Lane Estates Ltd* [2008] EWCA Civ 1227; [2009] 1 W.L.R. 2460.

the court and, as such, would be void and of no effect on the ground of public policy.[37]

A deposit that is determined to be a penalty may prevent a vendor from forfeiting the sum, in which case he would be limited to claiming his actual loss.[38] The general rule was thought to be that anything in excess of 10 per cent of the purchase price may be seen as a penalty (*Workers Trust and Merchant Bank Ltd v Dojap Investments Ltd*). The question of the "penalty rule" has, however, been re-examined by the Supreme Court in two appeals decided together.[39] It was said that the true test was one of proportion, namely whether the clause imposes a detriment on the contract-breaker out of all proportion to any legitimate interest of the innocent party in the enforcement of the primary contract (in this case the contract for sale of land). The only proper interest of the innocent party was in the performance of the contract, or in some appropriate alternative to performance. The courts should proceed upon the basis that the innocent party can have no proper interest in simply punishing the defaulter; his interest is in performance or in some appropriate alternative to performance.

106-09 Covenants for title By s.1(4) of the Law of Property (Miscellaneous Provisions) Act 1994, certain covenants for title will be implied into any instrument made after June 1995, which effects or purports to effect a disposition of property if the disposition is expressed to be made with either full or limited title guarantee. For details of the extent and effect of the covenants for title reference should be made to the 1994 Act itself, or to *Megarry & Wade's Law of Real Property*, 9th edn (2019). A vendor will be liable for breach of covenant if the land is subject to any charges, encumbrances or third party rights other than those of which he neither knew nor could reasonably be expected to know. The measure of damages is prima facie the difference between the value of the property as purported to be conveyed and its value as the vendor has power to convey.[40]

106-10 Options and Rights of Pre-emption An option to purchase has been described as an offer to sell irrevocable during the period stated.[41] There must be a binding contract to keep the offer open, which means that it must be by deed or for valuable consideration. In any event it must be made by signed writing, pursuant to s.2 of the Law of Property (Miscellaneous Provisions) Act 1989. The terms of an option must be sufficiently certain. The fact that the parties clearly intend an option to be binding is not enough.[42] Consideration may, it seems, be nominal.[43] An option to purchase a legal estate must be registered in order to bind a purchaser of the land as an estate contract (unregistered land) or notice or caution unless the option holder is in actual occupation (registered land). Conditions precedent to the exercise

---

[37] *Aribisala v St James Homes (Grosvenor Dock) Ltd* [2007] EWHC 1694 (Ch); [2007] 3 E.G.L.R. 39.
[38] *Workers Trust and Merchant Bank Ltd v Dojap Investments Ltd* [1993] A.C. 573; [1993] 2 All E.R. 370.
[39] *Cavendish Square Holding BV v Makdessi* and *ParkingEye Ltd v Beavis* [2015] UKSC 67; [2016] A.C. 1172.
[40] *Turner v Moon* [1901] 2 Ch. 825. See Precedent 106-Z7.
[41] *Beesly v Hallwood Estates Ltd* [1960] 1 W.L.R. 549; *Mountford v Scott* [1975] Ch. 258.
[42] *Teekay Tankers Ltd v STX Offshore & Shipbuilding Co Ltd* [2017] 1 Lloyd's Rep 387; [2018] 1 All E.R. (Comm) 279.
[43] *Mountford v Scott* [1975] Ch. 258; *Midland Bank Trust Co Ltd v Green* [1981] A.C. 513.

of the option must be strictly fulfilled.[44] In particular, time is of the essence of the exercise of an option.[45] It has been said that the person exercising the option must do so with clear and unambiguous words.[46] It now seems that the person exercising the option must give notice that is sufficiently clear so as to leave a reasonable recipient, with knowledge of the contract, in no reasonable doubt that the right reserved is being exercised.[47] When the offer contained in the option is accepted, a contract for the sale of land arises, so regard must be had to the relevant rules on formalities.[48] Unless provision is made to the contrary in the option contract itself, the exercise of the option will create an open contract: it is, however, rare for one form or another of Standard Conditions of Sale not to be incorporated.

A right of pre-emption or a right of first refusal obliges the grantor to offer the property first to the grantee at a fixed or ascertainable price if he decides to sell.[49] Any such right granted on or after 13 October 2003 in relation to registered land takes effect as an interest in land from the time of creation, and is capable of binding successors in title in accordance with the rules of priority applicable to registered land: s.115 of the Land Registration Act 2002: (Land Registration Act (Commencement No.4) Order 2003). As regards all other such rights the matter is governed by the common law. At common law a right of pre-emption does not create an equitable interest at its inception, but is merely a contractual right.[50] That is because the grantee cannot require the grantor to sell the land to him. It remains somewhat uncertain whether a right of pre-emption may become an interest in land, depending it seems upon the terms on which the right was granted. So, for example, if the offer is made for a specified period, it will create an equitable interest, analogous to an option, for the period during which it cannot be revoked. If however the grantor is free to withdraw the offer before acceptance, it constitutes a mere contract (Chadwick LJ in *Bircham & Co Ltd v Worrell Holdings Ltd*). It is also possible that the proposal to sell the land, thus triggering the right, only obliges the landowner to notify the grantee leaving it to the grantee to make any offer to purchase. In such circumstances it has been held that no equitable interest is created until such an offer has been made and accepted.[51] Further, a right of pre-emption is not a restrictive covenant even though it implies a negative obligation on the owner not to part with the land so as to frustrate the right. A restrictive covenant is concerned with restricting the use of land, and not with restraints on alienation.[52]

---

[44] *West Country Cleaners (Falmouth) Ltd v Saly* [1966] 3 All E.R. 210; *Hare v Nicoll* [1966] 2 Q.B. 130.
[45] *United Dominions Trust (Commercial) Ltd v Eagle Aircraft Services Ltd* [1968] 1 W.L.R. 74; *United Scientific Holdings Ltd v Burnley BC* [1978] A.C. 904; *Di Luca v Juraise (Springs) Ltd* (2000) 79 P. & C.R. 193.
[46] *Marseille Fret SA v D Oltmann Schiffarts GmbH & Co KG (The Trado)* [1982] 1 Lloyd's Rep. 157.
[47] *Mannai Investment Co v Eagle Star Assurance Co* [1997] A.C. 749; *Peaceform Ltd v Cussens* [2006] 47 E.G. 1182.
[48] *Spiro v Glencrown Properties Ltd* [1991] Ch. 537; [1991] 1 All E.R. 600.
[49] See per Chadwick LJ in *Bircham & Co Ltd v Worrell Holdings Ltd* (2001) 82 P. & C.R. 34.
[50] *Pritchard v Briggs* [1980] Ch. 338 (applied in *Cosmichome Ltd v Southampton City Council* [2013] EWHC 1378 (Ch); [2013] 1 W.L.R. 2436).
[51] *Speciality Shops Ltd v Yorkshire and Metropolitan Estates Ltd* [2002] EWHC 2969 (Ch); [2003] 2 P. & C.R. 31.
[52] *University of East London Higher Education Corpn v Barking and Dagenham LBC* [2004] EWHC 2710 (Ch); [2005] Ch. 354.

Sale of Land

Both options and rights of pre-emption are governed by the rule against perpetuities.

Contracts of Sale

Particulars of Claim by a Vendor for a Declaration as to the Existence of a Written Contract for the Sale of Land

106-Z1 1. The Claimant is the owner of all that freehold property comprising land and buildings situated at and known as [..........] registered at H.M. Land Registry under Title Number [..........].

2. By an agreement in writing made between the Claimant and the Defendant on [date] the Claimant agreed to sell and the Defendant agreed to purchase the property at a purchase price of £[..........].

3. The agreement for the sale of the property was contained in a document entitled "Heads of Agreement" incorporating all of the terms expressly agreed and signed by both parties.

4. A copy of the agreement is attached to this Claim Form.

5. Since the making of the agreement the Defendant has informed the Claimant that he does not consider the agreement to be legally binding and does not intend to comply with its terms.

6. The property comprised in the agreement does not include residential premises.

AND the Claimant claims:
(1) A declaration that there exists between the Claimant and the Defendant a contract for the sale of the property referred to in paragraph 1 above on the terms of the Heads of Agreement attached to this Claim Form.
(2) Further or other relief.
(3) Costs.

[Statement of truth]

Defence by Purchaser Denying Formation of Contract and Compliance with Section 2 of the Law of Property (Miscellaneous Provisions) Act 1989

106-Z2 1. The Defendant admits the Claimant's title to the property referred to in paragraph 1 of the Particulars of Claim.

2. The Defendant denies the existence of the contract alleged in paragraph [..........] of the Particulars of Claim.

3. The Defendant admits that the terms referred to in paragraph [..........] of the Particulars of Claim were discussed between the Claimant and the Defendant, and were subsequently said in correspondence to have been agreed but the Defendant denies that any enforceable agreement came into existence.

4. At all times during the oral negotiations between the parties it was understood

and agreed that the conclusion of a final agreement would be subject to the execution of a formal contract. This understanding was confirmed by the correspondence between the parties which was expressly marked "subject to contract".

5. Further or alternatively, at no time has there come into existence a document incorporating all of the terms agreed between the parties and signed by or on behalf of each party, as required by s.2 of the Law of Property (Miscellaneous Provisions) Act 1989.

6. Accordingly no contract for the sale of the property exists between the Claimant and the Defendant and the Claimant is not entitled to the relief claimed in the Particulars of Claim or any relief.

[Statement of truth]

PARTICULARS OF CLAIM BY VENDOR FOR RESCISSION OF CONTRACT AND DECLARATION THAT DEPOSIT HAS BEEN FORFEITED

106-Z3

1. By an Agreement in writing incorporating the Standard Conditions of Sale [..........] edition) made on [date] the Claimant agreed to sell and the Defendant agreed to buy the long leasehold property known as [..........] at a purchase price of £[..........].

2. A copy of the Agreement, and the Standard Conditions of Sale, is attached to this Claim Form.

3. In accordance with clause [..........] of the Agreement the Defendant paid the sum of £[..........] as a deposit to the Claimant's solicitors as stakeholders.

4. Under special condition [..........] of the Agreement, completion of the sale was due to take place on [date].

5. Under condition [..........] of the Agreement, if completion did not take place on the contractual completion date, either party being then ready able and willing to complete might after that date serve on the other party notice to complete the transaction in accordance with the terms of the Agreement.

6. Under condition [..........] of the Agreement, on service of a notice to complete it became a term of the Agreement that the transaction should be completed within [..........] days and that in respect of that period time should be of the essence of the Agreement.

7. Under condition [..........] of the Agreement it was provided that if the purchaser did not comply with a notice to complete the vendor should be entitled to treat himself as discharged from the Agreement and to retain any deposit which had been paid.

8. On [date] the Claimant, who was ready able and willing to complete his own outstanding obligations under the Agreement, served on the Defendant a notice to complete in accordance with condition [..........].

9. The Defendant failed to complete the purchase before the notice to complete expired on [date].

10. Accordingly the Claimant was entitled to accept the Defendant's failure to complete as a repudiation of the Agreement and by letter dated [date] from the Claimant's solicitor to the Defendant's solicitor the Claimant accepted the repudiation.

11. Accordingly, the Claimant is discharged from his obligations under the Agreement and is entitled to retain the deposit paid by the Defendant.

12. The property comprised in the Agreement includes residential property.

AND the Claimant claims:
(1) A declaration that he is discharged from further performance of the Agreement.
(2) A declaration that he is entitled to retain the deposit paid by the Defendant.
(3) Further or other relief.
(4) Costs.

[Statement of truth]

PARTICULARS OF CLAIM BY PURCHASER FOR RESCISSION AND RETURN OF DEPOSIT ON GROUNDS OF MISREPRESENTATION

106-Z4 1. By an Agreement in writing dated [date] made between the Claimant and the Defendant the Claimant agreed to buy and the Defendant agreed to sell freehold property comprising a public house situated at and known as [..........] at a price of £[..........]. A copy of the Agreement is attached to this Claim Form.

2. In accordance with clause [..........] of the Agreement on [date] the Claimant paid the sum of £[..........] as a deposit to the Defendant's solicitors as stakeholders.

3. The Agreement was induced by misrepresentation on the part of the Defendant.

4. In answer to preliminary inquiries raised by the Claimant before the Agreement was executed the Defendant informed the Claimant on [date] that no complaints had been made by any person regarding noise coming from the premises.

5. The answer given by the Defendant was given to induce the Claimant to enter into the Agreement.

6. In reliance on the Defendant's answer the Claimant entered into the Agreement.

7. The answer given by the Defendant was false in that written complaints had been made on [date] and [date] to the Environmental Health Officer of [..........] District Council concerning noise created by the business conducted from the premises with the result that on [date] the Environmental Health Officer served a noise abatement notice on the Defendant.

8. By reason of the misrepresentation the Claimant was entitled to rescind the Agreement and by letter dated [date] to the Defendant's solicitors the Claimant rescinded the Agreement and demanded the return of the deposit together with any interest which had accrued on it.

9. In addition to the return of the deposit the Claimant is entitled to interest pursuant to s.35A of the Senior Courts Act 1981 on the sum £[..........] at the rate of [8%] from the date of rescission until return of the deposit totalling £[..........] up to the date of this Claim Form and continuuing at the daily rate of £[..........] until judgment or sooner payment.

10. The Claimant is entitled to a lien on the property comprised in the Agreement for return of the deposit.

AND the Claimant claims:
(1) A declaration that the agreement has been rescinded.
(2) Return of the deposit of £[..........].
(3) A declaration that the Claimant is entitled to a lien on the property comprised in the Agreement for the return of the deposit.
(4) Interest on the deposit totalling £[..........] at the date of this Claim Form and continuing at the daily rate of [..........].
(5) Further or other relief.

The Claimant expects to recover more than £100,000.

[Statement of truth]

PARTICULARS OF CLAIM BY VENDOR FOR FAILURE TO COMPLETE AUCTION CONTRACT

1. The Claimant was at all material times the owner of the property known as [..........]. **106-Z5**

2. The Claimant caused the property to be offered for sale by Messrs A.B., Auctioneers & Valuers, by public auction on [date].

3. The Conditions of Sale printed in the auction catalogue included the following terms:
(a) clause [..........] provided that the highest bidder should be the purchaser;
(b) clause [..........] provided that the successful purchaser should pay a deposit of 10% of the hammer price immediately after the sale;
(c) clause [..........] provided that completion of the purchase should take place on [date];
(d) clause [..........] provided that if the purchase should not be completed on the contractual completion date either party should be entitled to serve notice on the other requiring completion of the contract within [..........] working days;
(e) clause [..........] provided that if the purchaser failed to complete in conformity with clause [..........] then without prejudice to any other remedy available to the vendor the vendor should be entitled to forfeit the deposit and if the vendor resold the property within 12 months of the expiry of the notice served under clause [..........] he should be entitled (on crediting the deposit) to recover from the purchaser the amount of any loss occasioned to the vendor by the expenses of or incidental to such resale or diminution in the price.
[Or as the case may be.]

4. A copy of the relevant pages of the auction catalogue containing the conditions of sale is attached to this Claim Form.

5. The Defendant was the highest bidder at the auction and the property was knocked down to him at the hammer price of £[..........] in accordance with the conditions of sale.

6. The Defendant paid a deposit of £[..........] and signed a memorandum of sale acknowledging himself to be the purchaser of the property at the price of £[..........].

7. The Defendant failed to complete the purchase of the property on the date fixed by the conditions of sale, and on [date] the Claimant served notice on the Defendant under clause [..........] of the conditions of sale requiring him to complete the contract by [date].

8. The Defendant failed to complete the contract by the date specified in the notice and so repudiated the contract.

9. By letter dated [date] the Claimant accepted the Defendant's repudiation and forfeited the deposit.

10. The Claimant caused the property to be resold by Messrs A.B. by public auction on [date]. The property was sold to the highest bidder for the sum of £[..........].

11. The Claimant incurred expenses in connection with the resale of the property totalling £[..........], as follows [provide particulars].

12. By letter dated [date] the Claimant, by his solicitors, gave notice to the Defendant of the diminution in the purchase price and the expenses which had been incurred, and, having credited the deposit, required payment of the balance totalling £[..........]. The Defendant has failed to pay the sum due.

13. The Claimant is entitled to interest under s.35A of the Senior Courts Act 1981 on the sum of £[..........] at the rate of [8%] totalling £[..........] up to the date of this Claim Form and continuing at the daily rate of £[..........] until judgment or sooner payment.

AND the Claimant claims:
(1) Damages.
(2) Interest totalling £[..........] up to the date of this Claim Form and continuing at the daily rate of £[..........].
(3) Further or other relief.

The claimant expects to recover more than £100,000.

[Statement of truth]

PARTICULARS OF CLAIM BY VENDOR FOR DAMAGES FOR DELAY IN COMPLETION

106-Z6 1. By an Agreement in writing made on [date] the Claimant agreed to sell and the Defendant agreed to buy the residential property known as [..........] at a price of £[..........].

2. A copy of the Agreement is attached to this Claim Form.

3. When the Agreement was made the Claimant had already entered into a

contract with A.B. on [date] to purchase another house for himself ("the Purchase Contract").

4. When the Agreement was made the Defendant was aware that the sale of the property to him was part of a chain and that the Claimant intended to use the proceeds of sale to purchase another house. The Defendant was so aware because the Claimant explained the position to him when the price was agreed between them on [date].

5. Under special condition [..........] of the Agreement completion of the sale was to take place on [date].

6. Wrongfully and in breach of the Agreement the Defendant failed to complete the Agreement on the contractual completion date and completion did not take place until [date].

7. By reason of the Defendant's breach of the Agreement the Claimant has suffered loss and damage.

Particulars
(a) On [date] the Claimant completed the Purchase Contract.
(b) In order to complete the Purchase Contract it was necessary for the Claimant to borrow the sum of £[..........] from the [..........] Bank at an interest rate of [..........] % a year, with an arrangement fee of £[..........] which the Claimant paid on [date].
(c) From the date of completion of the Purchase Contract until the date of completion of the Agreement the Claimant incurred interest under the loan totalling £[..........].

8. The Claimant claims interest under s.69 of the County Courts Act 1984 at the rate of [8%] a year on the following sums:
  (a) on the arrangement fee of £[..........] from the date of payment, [date], until the date of completion of the Agreement, [..........], totalling £[..........]; and
  (b) on the aggregate of the arrangement fee and the interest charges, totalling £[..........], from the date of completion of the Agreement until the date of this Claim Form totalling £[..........] and continuing at the daily rate of £[..........] until judgment or sooner payment.

AND the Claimant claims:
(1) Damages.
(2) Interest under statute totalling £[..........] at the date of this Claim Form and continuing at the daily rate of £[..........] until judgment or sooner payment.
The Claimant expects to recover more than £10,000 but not more than £25,000.

[Statement of truth]

PARTICULARS OF CLAIM BY A PURCHASER FOR DAMAGES FOR BREACH OF VENDOR'S COVENANTS FOR TITLE

1. By a transfer dated [date] the Defendant transferred to the Claimant the freehold property known as [..........] and registered at H.M. Land Registry under Title

106-Z7

Number [..........] for the sum of £[..........] paid by the Claimant to the Defendant. A copy of the Transfer is attached to this Claim Form.

2. The Transfer was expressed to be made with full title guarantee.

3. By ss.1 and 3(1) of the Law of Property (Miscellaneous Provisions) Act 1994 there was implied in the Transfer a covenant on the part of the Defendant that the Defendant was disposing of the property transferred free from all charges and incumbrances (whether monetary or not) and free from all other rights exercisable by third parties other than charges, incumbrances or rights which the Defendant did not and could not reasonably be expected to know about.

4. In breach of the covenant the property was subject to the following right exercisable by A.B., the occupier of land adjacent to the property on its western boundary known as [..........] (all of which is shaded blue on the plan attached to this Claim Form), namely, a right of way across the property from A.B.'s land to the public highway by the route shown by a red line on the plan, such right having been acquired by A.B. by prescription.

5. The right of way acquired by A.B. was a right which the Defendant either knew of, or could reasonably be expected to know of because:
   (a) the route of the right of way is visible from the principal house forming part of the property; and
   (b) A.B. has exercised the right openly for more than 30 years; and
   (c) during the whole of the period of 30 years referred to, the Defendant was the owner of the property.

6. By reason of the Defendant's breach of covenant the Claimant has suffered loss and damage, in that the value of the property was reduced by £[..........] at the date of the Transfer by reason of the right of way.

7. In addition the Claimant has incurred expenses by reason of the Defendant's breach of covenant including [solicitors' fees totalling £[..........] paid to the Claimant's solicitors for advice given to the Claimant in connection with A.B.'s claim *or other special damage*].

8. The Claimant claims interest under s.35A of the Senior Courts Act 1981 on such damages as he is awarded at the rate of [8%] a year from the date of the Transfer to the date of this Claim Form totalling £[..........] in respect of the sums referred to in paragraph 7 above and continuing at the daily rate of £[..........] until judgment or sooner payment.

   AND the Claimant claims:
   (1) Damages.
   (2) Interest under paragraph 8 above.
   The Claimant expects to recover more than £100,000.

[Statement of truth]

Specific Performance

Particulars of Claim by Vendor for specific performance

1. By an Agreement in writing dated [date] and made between the Claimant and the Defendant, the Claimant agreed to sell and the Defendant agreed to purchase the freehold residential property situated at [..........] and known as [..........] for the sum of £[..........]. A copy of the Agreement is attached to this Claim Form.

106-Z8

2. The Agreement incorporated the Standard Conditions of Sale ([..........] edition), a copy of which is attached to this Claim Form.

3. Special condition [..........] of the Agreement provided that the purchase should be completed on [date].

4. Although the time fixed by the Agreement for completion of the purchase has passed the Defendant has failed and refused to take any steps to complete the purchase.

5. At all material times the Claimant has been and remains ready willing and able to perform his obligations under the Agreement.

6. By reason of the above the Claimant has suffered loss and damage.

Particulars of Damage

7. The Claimant claims interest under s.35A of the Senior Courts Act 1981 on such damages as he is awarded for such period and at such rate as the court thinks fit.

8. The Claimant expects to recover more than £100,000.

AND the Claimant claims:
(1) Specific performance of the Agreement.
(2) All necessary and consequential accounts directions and inquiries.
(3) Damages for breach of contract in addition to or in lieu of specific performance.
(4) Further or other relief.
(5) Costs.

[Statement of truth]

Particulars of Claim by Purchaser for specific performance with abatement of purchase price

1. By an Agreement in writing dated [date] and made between the Claimant and the Defendant, the Claimant agreed to purchase and the Defendant agreed to sell all that freehold property comprising 74 acres or thereabouts situated at [..........] and known as [..........] for the sum of £[..........]. A copy of the Agreement is attached to this Claim Form and the property comprised in the Agreement is shown edged in red on the plan attached to the Agreement.

106-Z9

2. The Agreement incorporated the Standard Conditions of Sale ([..........] edition), a copy of which is attached to this Claim Form.

3. The date fixed by special condition [..........] of the Agreement for the completion of the sale was [date].

4. By special condition [..........] it was a term of the Agreement that the property would be transferred to the Claimant free of any rights enjoyed by third parties except such as had been disclosed to the Claimant by the Defendant before the making of the Agreement.

5. Before [date] the Claimant investigated the Claimant's title to the property comprised in the Agreement and discovered that the property is subject to a right of way in favour of A.B., the vendor of the property to the Defendant under a conveyance dated [date], which had not been disclosed to the Claimant before the Agreement was made.

6. The Claimant is prepared to complete the purchase of the property with an abatement of the purchase price by £[..........], but the Defendant has refused to agree such an abatement.

7. By reason of the aforesaid the Claimant has suffered loss and damage.
Particulars of damage.

8. At all material times the Claimant has been and remains ready willing and able to complete the purchase of the property on the terms of the Agreement subject to the abatement requested.

9. The Claimant claims interest under s.35A of the Senior Courts Act 1981 on such damages as he is awarded at such rate and for such period as the Court thinks fit.

10. The relief sought herein does not relate to residential premises.

11. The Claimant expects to recover more than £100,000.

AND the Claimant claims:
(1) Specific performance of the Agreement with an abatement of £[..........] in the purchase price.
(2) Damages for breach of contract in lieu of or in addition to specific performance.
(3) Interest on any such damages awarded (4) Further or other relief.
(5) Costs.

[Statement of truth]

DEFENCE TO PURCHASER'S CLAIM FOR SPECIFIC PERFORMANCE ALLEGING INABILITY OF PURCHASER TO COMPLETE AND RESCISSION

106-Z10 1. The Defendant admits the Agreement and the terms referred to in paragraphs [..........] to [..........] of the Particulars of Claim.

DEFENCE TO VENDOR'S CLAIM FOR SPECIFIC PERFORMANCE ALLEGING DEFECTS IN TITLE

2. The Defendant denies that the Claimant is entitled to specific performance of the Agreement.

3. On [date], the date fixed by the Agreement for completion of the purchase, the Claimant was not ready and willing to complete the purchase of the property.

4. By notice to complete served on the Claimant's solicitor on [date] in accordance with clause [..........] of the Agreement the Defendant called upon the Claimant to complete the purchase of the property in accordance with the terms of the Agreement on or before [date] but the Claimant failed to do so.

5. As a result of the Claimant's failure to complete the purchase of the property, the Defendant gave notice to the Claimant rescinding the Agreement by letter dated [date].

6. Accordingly it is denied that the Claimant is entitled to the relief claimed in the Particulars of Claim.

[Statement of truth]

DEFENCE TO VENDOR'S CLAIM FOR SPECIFIC PERFORMANCE ALLEGING DEFECTS IN TITLE, WITH COUNTERCLAIM FOR RETURN OF DEPOSIT

1. The Defendant admits the Agreement referred to in paragraphs [..........] to [..........] of the Particulars of Claim.

106-Z11

2. The Defendant admits that he has refused to complete the purchase of the property but denies that he is thereby in breach of the Agreement as alleged in paragraph [..........] of the Particulars of Claim.

3. On [date], the date fixed by the Agreement for completion of the purchase, the Claimant did not have a good and marketable title to the property, in that [a strip of land 5 metres wide and running along the whole of the western boundary of the property (as shown coloured blue on the plan attached to this Defence) had previously been compulsorily acquired by the Highway Agency and no longer belonged to the Claimant [or as the case may be].

4. Accordingly the Claimant was unable to complete the sale of the property in accordance with the terms of the Agreement, and the Defendant is not obliged to complete.

Counterclaim

5. The Defendant repeats paragraphs 3 and 4 of the Defence above.

6. On [date] the Defendant paid the sum of £[..........] to the Claimant's solicitors, A.B., as stakeholders, as a deposit towards the purchase price payable under the Agreement.

7. Because of the Claimant's inability to show good title to the property the Defendant is entitled to the return of his deposit.

AND the Defendant counterclaims:

(1) A declaration that he is entitled to the return of the deposit held by the Claimant's solicitors.
(2) Further or other relief.
(3) Costs.

[Statement of truth]

OPTIONS AND RIGHTS OF PRE-EMPTION

PARTICULARS OF CLAIM FOR SPECIFIC PERFORMANCE OF CONTRACT FOR SALE ARISING ON EXERCISE OF OPTION

106-Z12
1. By an Agreement in writing made on [date] between the Claimant and the Defendant, the Defendant granted the Claimant an option to purchase freehold agricultural land situated at [..........] and known as [..........].

2. A copy of the Agreement, together with a plan showing the land subject to the Agreement edged in red, are attached to these Particulars of Claim.

3. The following are relevant terms of the Agreement:
    (a) By clause [..........] the Claimant was required to pay to the Defendant the sum of £10,000 in consideration of the grant of the option.
    (b) By clause [..........] the option was exercisable by the Claimant by giving notice in writing to the Defendant at any time after [date].
    (c) By clause [..........] the price payable by the Claimant was to be agreed between the parties within 56 days of the exercise of the option, or in default of agreement was to be determined by an arbitrator in accordance with valuation criteria specified in clause [..........].
    (d) By clause [..........] completion of the sale of the land was to take place fourteen days after the agreement or determination of the purchase price.

4. On [date] the Claimant gave notice in writing to the Defendant of the exercise of the option, whereupon there came into existence a binding contract for the sale of the land by the Defendant to the Claimant at a price ascertained in accordance with clause [..........] of the Agreement.

5. On [date] the price payable for the land was determined by Mr [..........], the arbitrator appointed under clause [..........] of the Agreement to be £[..........].

6. At all material times the Claimant has been ready willing and able to perform its own outstanding obligations under the Agreement.

7. The Defendant failed to complete the sale of the land to the Claimant on [date] in accordance with the terms of the Agreement and despite requests by the Claimant's solicitors has subsequently refused to complete.

8. By reason of the above the Claimant has suffered loss and damage.

Particulars of damage

9. Further the Claimant claims interest under s.35A of the Senior Courts Act 1981 on such damages as he is awarded at

AND the Claimant claims:
(1) Specific performance of the Agreement.
(2) All necessary accounts and inquiries.
(3) Damages for breach of contract in lieu of or in addition to specific performance.
(4) Interest.
(5) Further or other relief.
(6) Costs.

[Statement of truth]

DEFENCE TO CLAIM FOR SPECIFIC PERFORMANCE DENYING VALIDITY OF OPTION TO PURCHASE DUE TO NON-REGISTRATION

1. The Defendant admits the Agreement and the terms pleaded in paragraphs 1 to 3 of the Particulars of Claim.

2. In addition to the terms pleaded in the Particulars of Claim the Agreement included a further term at clause [..........] which provided that the option would be void in the event that option was not registered by the Claimant as a land charge under the Land Charges Act 1972 within 28 days of the execution of the Agreement.

3. The Agreement was executed on [date] and accordingly the time within which the option was required to be registered as a land charge expired on [date].

4. The Claimant failed to register the option as a land charge [by [date] *or* at all or until [date]] and accordingly the option created by the Agreement is void and unenforceable against the Defendant.
   Or

2. The Agreement was not made by the Claimant with the Defendant but was made by the Claimant and A.B. Ltd, an associated company of the Defendant.

3. The Defendant acquired the land subject to the Agreement by a conveyance from A.B.Ltd on [date] in consideration of a payment of £[..........] made by the Defendant to A.B. Ltd.

4. Prior to the conveyance to the Defendant the Claimant had failed to register the option created by the Agreement as a land charge under s.2(4) of the Land Charges Act 1972.

5. Accordingly on the conveyance of the land by A.B. Ltd to the Defendant on [date] the option became unenforceable against the Defendant.

6. The Defendant denies that the Claimant is entitled to the remedies claimed in the Particulars of Claim or to any remedies.

[Statement of truth]

SALE OF LAND

DEFENCE TO CLAIM FOR DECLARATION THAT OPTION TO PURCHASE LAND HAS BEEN VALIDLY EXERCISED

106-Z14 1. The Defendant admits the Agreement and the terms pleaded in paragraphs [..........] to [..........] of the Particulars of Claim.

2. The Defendant admits the notice referred to in paragraph [..........] of the Particulars of Claim but denies that the Claimant validly exercised the option by service of the notice.

3. By clause [..........] of the Agreement the option was exercisable by the Claimant giving to the Defendant notice in writing of its desire to exercise the option, such notice to be given not later than 1 month after the grant of a satisfactory planning permission (as defined by clause [..........] of the Agreement). The Defendant attaches to this Defence a copy of the relevant parts of the Agreement, clauses [..........], [..........] and [..........].

4. On [date] the Claimant was granted outline planning permission for the construction of two- three- and four-bedroom houses on the land ("the outline planning permission"). The outline planning permission was subject to reserved matters approval in respect of the detailed design of the houses, the arrangements for drainage and the layout of the site.

5. On [date] the Claimant was granted reserved matters approval for all relevant outstanding matters in connection with the development of the site.

6. The Defendant will contend that the outline planning permission granted to the Claimant on [date] was a satisfactory planning permission in accordance with clause [..........] of the Agreement.

7. On the basis that the outline planning permission was a satisfactory planning permission the time for service of notice to exercise the option under clause [..........] of the Agreement expired on [date] and accordingly the notice served by the Claimant on [date] (following the grant of reserved matters approval) was of no effect.

8. The Defendant denies that the Claimant is entitled to the remedy claimed or any remedy.

[Statement of truth]

Section 107:

TRESPASS TO LAND

Table of Contents

Particulars of Claim for damages for trespass	107-Z1
Particulars of Claim for Aggravated Damages for Trespass .	107-Z2
Particulars of Claim for a Declaration as to ownership, injunction, damages	107-Z3
Defence claiming title to unregistered land by adverse possession	107-Z4
Defence and Counterclaim claiming title to registered land by adverse possession	107-Z5
Defence claiming prescriptive easement	107-Z6
Defence claiming lease or licence to occupy	107-Z7
Defence justifying occupation by statutory powers	107-Z8

Trespass Trespass to land is a tort comprising physically entering or remaining on land in the possession of the claimant or placing an object on or projecting over the land in the possession of the claimant. Obviously, in each case, the act must be carried out without the licence or consent of the claimant. **107-01**

The act must be a physical interference with the claimant's land but can be committed by placing an object upon or even up against the claimant's land[1] or, for instance, by placing a sign or crane which projects over the claimant's land.[2]

Furthermore, an act which was formerly lawful can become a trespass if a right to enter land was for a particular time period or if a licence to remain on land is revoked. In such circumstances, the formerly lawful occupier of premises will become a trespasser.[3]

A person who, without authorisation, enters an area that has been designated a safety zone by a public authority, is a trespasser.[4]

Equally, a person who has licence to enter lands for a particular purpose will be a trespasser if he enters the land for another purpose.

In order to maintain a claim for trespass, the claimant must normally have an immediate right to occupy the land.[5] Hence, where the land is let, it is the tenant and not the landlord who possesses the right to bring a claim in trespass. The landlord in that situation does not have an immediate right to possession of the land. The landlord may have a right to damages if he can show that as a result of physical

---

[1] *Gregory v Piper* 109 E.R. 220; (1829) 9 B. & C. 591.
[2] *Kelsen v Imperial Tobacco* [1957] 2 Q.B. 334; *Anchor Brewhouse Developments v Berkeley House (Docklands Developments) Ltd* [1987] 2 E.G.L.R. 173.
[3] *Hillen v ICI (Alkali) Ltd* [1936] A.C. 65.
[4] *Sheffield City Council v Fairhall* [2017] EWHC 2121 (QB); [2018] R.T.R. 11.
[5] *Wuta-Ofei v Danquah* [1961] 1 W.L.R. 1238; *Fowley Marine (Emsworth) Ltd v Gafford* [1968] 2 Q.B. 618.

damage to the property, the value of his reversionary interest has been diminished. A licensee or lodger who has no exclusive possession of the land has no right to bring a claim in trespass, although the terms of the licence may confer a right of possession sufficient to bring a claim.[6]

Actual possession of the land is presumptive proof of ownership and is sufficient against a trespasser who cannot show any better title or authority.[7]

107-02 The continuation of a trespass constitutes a fresh right of action notwithstanding that damages may already have been recovered for the original trespass.[8]

Damages for trespass are recoverable, even though the claimant has suffered no loss, although in such a case are likely to be nominal[9] and an injunction may be more appropriate.[10] The measure of damages generally depends upon the nature and consequence of the trespass. Where there is physical damage, damages are based upon the loss in value of the land caused by the trespass. An alternative measure increasingly used is based upon a hypothetical contract between the parties and what the defendant would have paid to use the land in the manner complained of had a fee been negotiated in advance.[11] Damages can be awarded on the hypothetical negotiation approach even where the trespassing party has obtained no advantage.[12] The "hypothetical negation" is also appropriate when the court is considering the measure of damages awarded in lieu of an injunction.[13]

Aggravated damages may be claimed where the trespass is accompanied by high-handed, insulting or oppressive conduct.[14] Such conduct must have occurred when the trespass is committed; aggravated damages are not appropriate where the high-handed conduct occurs in the course of litigation.[15] Exemplary damages may only be awarded where the trespass is an oppressive, arbitrary or unconstitutional action by servants of the government, or where the defendant's conduct has been calculated to make a profit exceeding the compensation payable to the claimant.[16] In the latter case it also seems that the defendant's behavior must be "sufficiently outrageous to merit punishment".[17] The distinction between aggravated and exemplary damages is often difficult to draw. So, where a landlord resorted to trespass to wrongfully evict a tenant the Court of Appeal upheld an award of

---

[6] *Manchester Airport Plc v Dutton* [2000] Q.B. 133.
[7] *Browne v Dawson* 113 E.R. 950; (1840) 12 Ad. & El. 624; *Delaney v TP Smith Ltd* [1946] K.B. 393.
[8] *Bowyer v Cook* 136 E.R. 496; (1847) 4 C.B. 236.
[9] *Hanina v Morland* (2000) 97(47) L.S. Gaz. 41.
[10] *Patel v WH Smith (Eziot) Ltd* [1987] 1 W.L.R. 853.
[11] *Bocardo SA v Star Energy UK Onshore Ltd* [2010] UKSC 35; [2011] 1 A.C. 380 (a compulsory purchase case); *Stadium Capital Holdings (No.2) Ltd v St Marylebone Property Co Plc* [2011] EWHC 2856 (Ch); [2012] 1 P. & C.R. 7; *Swordheath Properties Ltd v Tabet* [1979] 1 W.L.R. 285.
[12] *Field Common Ltd v Elmbridge Borough Council* [2008] EWHC 2079 (Ch); [2009] 1 P. & C.R. 1.
[13] *Attorney General v Blake* [2001] 1 A.C. 268; *Amec Developments Ltd v Jury Hotel Management (UK) Ltd* [2001] 1 E.G.L.R. 81; and *WWF World Wide Fund for Nature v World Wrestling Federation Inc* [2006] EWHC 184 (Ch); [2006] F.S.R. 38 (upheld on that issue by the Court of Appeal at [2007] EWCA Civ 286; [2008] 1 W.L.R. 445).
[14] *Horsford v Bird* [2006] UKPC 3; [2006] 1 E.G.L.R 75; followed in *Eaton Mansions (Westminister) Ltd v Stinger Compania de Inversion SA* [2013] EWCA Civ 1308; [2014] H.L.R. 4.
[15] *Horsford v Bird* [2006] UKPC 3; [2006] 1 E.G.L.R 75.
[16] *Rookes v Barnard* [1964] A.C. 1129.
[17] *Eaton Mansions (Westminster) Ltd v Stinger Compania de Inversion SA* [2012] EWHC 3354 (Ch); [2012] 49 E.G. 66 (C.S.), per Bartley Jones QC (the question of exemplary damages was not pursued on appeal: [2013] EWCA Civ 1308; [2014] H.L.R. 4).

exemplary damages, although two members of the court saw the award as one of aggravated damages.[18]

For the provisions as to limitation of the right to recover possession of land in unregistered and registered land see Section 87: Adverse Possession.

It is a defence to a claim in trespass that the acts complained of are authorised, either by means of a lease or licence granted by the owner of the land, by means of an easement or by virtue of a statutory power authorising the person to enter the land.

The Pleadings Precedents 107-Z1 and 107-Z2 are relatively straightforward claims to damages for trespass. Precedent 107-Z3 reflects the fact that trespass is often used as a means of determining extent of ownership or boundaries of ownership of land; trespass is a convenient means of testing whether an occupier has a right to occupy. Precedents 107-Z4 to 107-Z7 are defences giving an indication of common defences to such a claim. **107-03**

It should be noted that possession claims are dealt with in other sections of this work. All possession claims are now brought under CPR Pt 55 and must be commented in the county court unless exceptional circumstances justify commencement in the High Court. Such instances will be rare.

PARTICULARS OF CLAIM FOR DAMAGES FOR TRESPASS

1. The Claimant is the freehold [leasehold] owner and is entitled to possession of the land known as Blackacre registered at H.M. Land Registry under Title No. XYZ 12345 ("the premises"). **107-Z1**

2. On or about 18 February 2019, the Defendant entered on to the land without the licence or consent of the Claimant.

3. The Defendant is a trespasser on the land.

4. By entering on to the land as referred to above, the Defendant has caused the Claimant to suffer loss and damage.

Particulars of Loss and Damage
[Full particulars of loss and damage should be set out here.]

5. The Claimant claims interest under s.69 of the County Courts Act 1984 on such damages as he is awarded at such rate and for such period as the Court thinks fit.

6. The Claimant expects to recover more than £10,000 but not more than £25,000.

AND the Claimant claims:
(1) Damages for trespass.
(2) Interest.
(3) Costs.

[Statement of truth]

---

[18] *Drane v Evangelou* [1978] 1 W.L.R. 455.

TRESPASS TO LAND

PARTICULARS OF CLAIM FOR AGGRAVATED DAMAGES FOR TRESPASS

107-Z2 1. The Claimant is the freehold [leasehold] owner and is entitled to possession of the property known as 45 Gorgie Avenue registered at H.M. Land Registry under Title No. XYZ 12345 ("the premises").

2. On or about 18 February 2019, the Defendant entered on to the front garden of the premises without the licence or consent of the Claimant. The Defendant was carrying what appeared to be an effigy of the Claimant which he stuck into the ground and proceeded to burn, as a result of which a bed of roses in the Claimant's front garden was completely destroyed.

3. The Defendant carried out the acts referred to above maliciously and out of spite for the Claimant and with the intention of humiliating the Claimant and injuring his feelings and causing him to be ridiculed by his family, friends and neighbours.

4. As a result of the acts referred to above, the Claimant has been subjected to anguish and mental distress and he has suffered loss and damage.

Particulars of Loss and Damage
[Full particulars of loss and damage should be set out here.]

5. The Claimant claims interest under s.69 of the County Courts Act 1984 on such damages as are awarded at such rate and for such period as the Court thinks fit.

6. The Claimant expects to recover more than £10,000 but not more than £25,000.

AND the claimant claims:
(1) Damages for trespass including aggravated damages.
(2) Interest.
(3) Costs.

[Statement of truth]

PARTICULARS OF CLAIM FOR A DECLARATION AS TO OWNERSHIP, INJUNCTION, DAMAGES

107-Z3 1. The Claimant is the freehold [leasehold] owner of the commercial property known as 17 Rousset Road, Tynecastle ("the premises"). The Claimant occupies the premises for the purposes of his business as a shoe retailer.

2. The premises comprise a building together with a gravelled driveway eight feet wide which adjoins the building on its western side.

3. The Defendant is the freehold owner of the adjoining property known as 19 Rousset Road.

4. Since around April 2019, the Defendant has on many occasions trespassed on the gravelled driveway by driving over the gravelled driveway and parking his motor vehicle on the gravelled driveway. The Defendant has also encouraged or permitted his wife and visitors to 19 Rousset Road to trespass by driving over and parking motor vehicles on the gravelled driveway.

5. As a result of the matters set out above, the Claimant has suffered loss and damage as on many occasions, the entrance to the premises has been blocked with the result that the Claimant has been unable to take delivery of boxes of shoes for use in his business.

6. By a letter dated 17 May 2019 from the Defendant's solicitor to the Claimant's solicitor, a true copy of which is annexed to these Particulars of claim, the Defendant wrongfully claimed to have a right of way to use the gravelled driveway with motor vehicles and to park motor vehicles on the gravelled driveway. The letter stated that the Defendant intended to continue to use the gravelled driveway for those purposes.

7. The Defendant threatens and intends unless restrained by the Court to repeat the acts referred to above.

AND the Claimant claims:
(1) A declaration that the Defendant is not entitled to enter, use or park upon the gravelled driveway with or without motor vehicles.
(2) An injunction restraining the Defendant whether by himself or by his servants or agents from entering, using or parking upon the gravelled driveway with or without motor vehicles.
(3) Damages for trespass.
(4) Interest on the said damages pursuant to s.69 of the County Courts Act 1984 at such rate and for such period as the Court thinks is reasonable.

[Statement of truth]

DEFENCE CLAIMING TITLE TO UNREGISTERED LAND BY ADVERSE POSSESSION

107-Z4

1. The Defendant admits that the Claimant was formerly the freehold owner of Blackacre ("the Premises") and avers that title to the Premises is unregistered.

2. The Defendant has, for a period in excess of 12 years prior to the commencement of this claim, been in uninterrupted occupation of the premises to the exclusion of the Claimant and with the intention of continuing to occupy the premises as his own to the exclusion of the Claimant and the world at large.

3. Accordingly, the Claimant holds the premises on trust for the Defendant pursuant to s.75 of the Land Registration Act 1925.

4. It is therefore denied that the Claimant is entitled to possession of the premises and denied that the Claimant is entitled to damages for trespass.

DEFENCE AND COUNTERCLAIM CLAIMING TITLE TO REGISTERED LAND BY ADVERSE POSSESSION

107-Z5

1. The Defendant admits that the Claimant was formerly the freehold owner of premises known as Blackacre and registered at H. M. Land Registry under title no. [] ("the Premises").

2. For the reasons set out below the Defendant is entitled to and does rely upon s.98(1) of the Land Registration Act 2002 in defence of this claim for possession.

3. The Defendant avers that he has been in continuous and exclusive possession of part of the Premises, namely the strip lying on the western boundary of the Premises as is more particularly delineated on the plan annexed hereto ("the Strip") since [].

Particulars of Continuous and Exclusive Possession
[Give particulars of acts relied upon]

4. The Strip is adjacent to land known as Whiteacre and belonging to the Defendant.

5. The exact line of the boundary between the Strip and Whiteacre has not been determined under the rules purusant to s.60 of the Land Registration Act 2002.

6. For the entirety of the Defendant's continuous and exclusive possession of the Strip the Defendant reasonably believed that the Strip belonged to him in that [give particulars].

7. The Defendant admits that the Premises were registered more than one year and one day before the commencement of these proceedings.

8. Accordingly the Claimant is not entitled to an order for possession or to any other relief.

Counterclaim

9. The Defendant repeats paragraphs 1 to 8 above.

10. The Defendant avers that he was, on the day immediately preceding the issue of this claim, entitled to make an application under paragraph 1 of Schedule 6 to the Land Registration Act 2002 to be registered as proprietor of the Strip.

AND the Defendant counterclaims:
(1) declaration that he is the freehold owner of the Strip;
(2) an order that he be registered as proprietor of the Strip.

DEFENCE CLAIMING PRESCRIPTIVE EASEMENT

107-Z6 **1.** The Defendant admits paragraphs 1 to 3 inclusive.

2. The Defendant admits that since April 1980 he has on many occasions driven over the gravelled driveway and parked his motor vehicle on the gravelled driveway. The Defendant admits that he has also permitted his wife and visitors to 19 Rousset Road to drive over and park motor vehicles on the gravelled driveway.

3. The Defendant claims that he was and continues to be entitled to do so.

4. For a period commencing not later than April 1980 and in any event for a period in excess of 20 years immediately before the commencement of this claim, the Defendant and his predecessors as owners of 19 Rousset Road have driven motor vehicles over the gravelled driveway and have parked their cars on the gravelled driveway openly and as of right and accordingly are entitled to continue to do so.

5. Further or alternatively, the Defendant's predecessors as owners of 19 Rousset Road were granted a right to drive motor vehicles over the gravelled driveway and to park motor vehicles on the gravelled driveway by a deed made between the necessary parties but which has since been accidentally lost or destroyed.

6. It is therefore denied that the Claimant is entitled to possession of the premises and denied that the Claimant is entitled to damages for trespass.

Defence claiming lease or licence to occupy

1. The Defendant admits that the Claimant is the freehold owner of Blackacre ("the premises") and that the Claimant is registered as proprietor of the premises at H.M. Land Registry under Title No. XYZ 12345.   107-Z7

2. For the reasons which follow, it is denied that the Claimant is entitled to possession of the premises.

3. By an oral agreement made on 4 April 2019, the Claimant and the Defendant agreed that the Defendant could occupy the premises for a period of 2 years at a yearly rent of £10,000 payable monthly in advance on the 4th of each month.

4. That agreement created a tenancy between the Claimant and the Defendant. That tenancy has not been brought to an end.

5. In the alternative, that agreement created a licence between the Claimant and the Defendant. That licence has not been brought to an end.

6. In either case, the Defendant is entitled to continue to occupy the premises and the Claimant is not entitled to possession of the premises or to damages for trespass.

Defence justifying occupation by statutory powers

1. The Defendant admits that the Claimant is the freehold owner of Blackacre ("the premises") and that the Claimant is registered as proprietor of the premises at HM Land Registry under Title No. XYZ 12345.   107-Z8

2. For the reasons which follow, it is denied that the Claimant is entitled to possession of the premises.

3. The Defendant is in occupation of the land under and by virtue of and in pursuance of the powers conferred upon it by section [X] of the ABC Act 2000 which confers a power upon the Defendant to enter on to the premises to carry out works of [here the Defendant would set out the terms of the relevant statute].

4. The Defendant is currently engaged in carrying out works of [here, the Defendant would set out the works being carried out] on the premises.

5. Accordingly, the Claimant is not entitled to possession of the premises.

PART ZA RESTITUTION

Section 108:

RESTITUTION

Table of Contents

Claim for the recovery of a payment made under mistake	108-ZA1
Claim for the recovery of an indirect enrichment	108-ZA2
Claim for the recovery of a non-money benefit conferred by mistake	108-ZA3
Claim for payment for a freely accepted non-money benefit	108-ZA4
Claim for the recovery of a payment made pursuant to a contract discharged by breach by the "innocent" party to the contract	108-ZA5
Claim for the recovery of a non-money benefit made pursuant to a contract discharged by breach by the "guilty" party to the contract	108-ZA6
Claim for the recovery of a payment made pursuant to a contract discharged by frustration	108-ZA7
Claim for the recovery of a benefit made pursuant to a contract which does not materialise	108-ZA8
Claim for the recovery of a benefit made pursuant to a transaction that is unenforceable, void or ineffective	108-ZA9
Claim for contribution by one surety against another	108-ZA10
Claim for recoupment	108-ZA11
Defence of estoppel	108-ZA12
Defence of change of position	108-ZA13
Defence of ministerial receipt	108-ZA14
Defence of public policy	108-ZA15
Defence of bona fide purchase	108-ZA16
Claim for the recovery of a benefit obtained by the commission of a tort	108-ZA17
Claim for the recovery of a benefit obtained by the commission of a breach of fiduciary duty	108-ZA18

108-01 Restitution is a remedy aimed at returning gains made by a defendant to the claimant. It is possible to conceive of all restitutionary claims as involving the enrichment of a defendant at the expense of a claimant in circumstances where it is unjust for the defendant to retain that enrichment. However, it is important to distinguish the two main cases in which restitution is granted: namely, restitution for unjust enrichment and restitution for wrongdoing (such as torts, breaches of contract or equitable wrongs).[1] Restitution for unjust enrichment is considered at

---

[1] See, *Sempra Metals Ltd v IRC* [2007] UKHL 34; [2008] 1 A.C. 561 at [116] and [231], and see gener-

paras 108-02 to 108-22. Restitution for wrongs is considered at paras 108-23 to 108-28.

Unjust Enrichment

108-02 The law of unjust enrichment is designed to correct normatively defective transfers of value.[2] A claim in unjust enrichment can be usefully analysed by reference to four sequential questions: (i) Has the defendant benefited in the sense of being enriched? (ii) Was the enrichment at the claimant's expense? (iii) Was the enrichment unjust? (iv) Are there any defences?[3] While these questions are not legal tests and may overlap, they each require separate consideration.[4]

Enrichment

108-03 The enrichment of a defendant may arise in several different ways, including:

(1) Where the enrichment is in the form of money.[5]
(2) Where the enrichment is in the form of the receipt of services.[6]
(3) Where the enrichment is a release of the defendant from a debt or liability.[7]
(4) Where the enrichment is the acquisition of a right, such as a contractual right,[8] or a right to land or chattels.[9]
(5) Where the enrichment is the use value of land or chattels.[10]

108-04 Being a medium of exchange and store of value, the receipt of money incontrovertibly benefits a defendant.

---

ally, Goff & Jones, *The Law of Unjust Enrichment*, edited by C. Mitchell, P. Mitchell and S. Watterson, 9th edn (London: Sweet & Maxwell, 2016), Ch.1. A. Burrows, *Restatement of the English Law of Unjust Enrichment* (London: Oxford University Press, 2012), Parts 1–3.

[2] *Bank of Cyprus UK Ltd v Menelaou* [2015] UKSC 66; [2016] A.C. 176 at [23]; *Investment Trust Companies v Revenue and Customs Commissioners* [2017] UKSC 29; [2018] A.C. 275 at [42].

[3] *Investment Trust Companies v Revenue and Customs Commissioners* [2017] UKSC 29; [2018] A.C. 275 at [24]; *Swynson Ltd v Lowick Rose LLP* [2017] UKSC 32; [2018] A.C. 313 at [56] and [110].

[4] *Investment Trust Companies v Revenue and Customs Commissioners* [2017] UKSC 29; [2018] A.C. 275 at [41].

[5] To be enriched by a sum of money, the defendant must be the beneficial owner of that money. Hence a sum of money paid into a solicitors' client account, which was held on trust for the client, was not an enrichment of the solicitors: *Challinor v Juliet Bellis & Co* [2015] EWCA Civ 59 at [114]. It may be that where full consideration is given for the money received there is no enrichment: *DD Growth Premium 2X Fund (in liquidation) v RMF Market Neutral Strategies (Master) Ltd* [2017] UKPC 36; [2018] Bus L.R. 1595 at [62].

[6] *Crown Prosecution Service v Eastenders Group* [2014] UKSC 26; [2015] 1 A.C. 1 at [101]. Where the services create a residual product of value (e.g. a planning permission) the enrichment is measured by the value of the services and not the value of the residual product: *Cobbe v Yeoman's Row Management Ltd* [2008] UKHL 55; [2008] 1 W.L.R. 1752 at [41].

[7] *Swynson Ltd v Lowick Rose LLP* [2017] UKSC 32; [2018] A.C. 313 at [57] and [113]. In *Richards v Worcestershire County Council* [2017] EWCA Civ 1998; [2018] P.T.S.R. 1563 at [80]–[84], the Court of Appeal considered it arguable that a public authority is enriched where a person pays for services it was the authority's statutory duty to pay.

[8] For example, wherever a claimant pays a defendant through the banking system, so that the defendant acquires a contractual right against the bank.

[9] *Cressman v Coys of Kensington (Sales) Ltd* [2004] EWCA Civ 47; [2004] 1 W.L.R. 2775.

[10] *Mayor of Thetford v Tyler* (1845) 8 Q.B. 95 at 100; *Dimond v Lovell* [2002] 1 A.C. 384. The Supreme Court held in *Sempra Metals Ltd v IRC* [2007] UKHL 34; [2008] 1 A.C. 561 that the use value of money constitutes an enrichment for these purposes, but this was doubted in *Prudential Assurance Co Ltd v Revenue and Customs Commissioners* [2018] UKSC 39; [2018] 3 W.L.R. 652 at [80].

In the case of non-money benefits, while the starting point for determining the value of any benefit received is an objective valuation, because different values can be placed on non-money benefits a defendant can "subjectively devalue" them to show either that no benefit has been received or to reduce the value such benefits.[11] To resist subjective devaluation, a claimant can prove that the defendant has been "incontrovertibly benefited",[12] or that the benefit was requested or freely accepted. It is not possible for a claimant to argue that a benefit should be subjectively increased according to the defendant's own perception of its value (save perhaps in the most exceptional circumstances).[13]

At the Claimant's Expense

A defendant's enrichment is at the expense of a claimant only when there has been a transfer of value from the claimant to the defendant in the sense that the claimant has suffered a loss through his provision of the benefit, although not necessarily a loss in the same sense as in the law of damages.[14] However, a but-for causal connection between the claimant's being worse off and the defendant's being better off is not sufficient to constitute a transfer of value: in particular, there has been no transfer of value where the claimant's provision of a benefit to the defendant is merely an incidental or collateral result of his expenditure.[15]

A transfer of value usually involves a claimant directly enriching the defendant (for example by directly paying money or providing services to the defendant). However, there are situations in which a claimant may have suffered loss through the provision of a benefit without directly dealing with the defendant. For example[16]:

---

[11] *Benedetti v Sawiris* [2013] UKSC 50; [2014] A.C. 938 at [29]–[34], [120]–[123] and [195]–[200].
[12] The term "incontrovertible benefit" was adopted with approval by Hirst J in *Procter & Gamble Phillipine Manufacturing Corp v Peter Cremer GmbH & Co (The Manila) (No.2)* [1988] 3 All E.R. 843 at 855. Even if he has not realised the financial value of the benefit and has no intention of doing so, a defendant who has received a benefit which is readily returnable but who chooses not to retransfer it on request can hardly deny that he has been enriched by it: *Cressman v Coys of Kensington (Sales) Ltd* [2004] EWCA Civ 47 at [37]–[40]; [2004] 1 W.L.R. 2775 at 2791A–2792C. A similar approach has influenced the consideration of "free acceptance" (see further at fn.23). The cases discussing this principle state that acceptance will only arise where the recipient has had an opportunity to reject the benefit advanced, but has decided to keep it: Chief *Constable of Greater Manchester v Wigan Athletic AFC Ltd* [2008] EWCA Civ 1449; [2009] 1 W.L.R. 1580 at [47]; *Benedetti v Sawiris* [2014] A.C. 938 at [25]–[26] and [117]–[118].
[13] *Benedetti v Sawiris* [2014] A.C. 938 at [27]–[30], [120]–[121] and [193]–[200].
[14] *Investment Trust Companies v Revenue and Customs Commissioners* [2017] UKSC 29; [2018] A.C. 275 at [43]–[45]. For example, the "loss" may be the provision of services. In the *ITC* case, the Supreme Court also rejected a number of other tests for whether an enrichment is at the expense of the claimant which had been endorsed by various members of the *Court in Bank of Cyprus UK Ltd v Menelaou* [2015] UKSC 66; [2016] A.C. 176 and in several cases in the Court of Appeal.
[15] *Investment Trust Companies v Revenue and Customs Commissioners* [2017] UKSC 29; [2018] A.C. 275 at [52]–[58], overruling *TFL Management Services Ltd v Lloyds TSB Bank Plc* [2013] EWCA Civ 1415; [2014] 1 W.L.R. 2006. The *ITC* case was followed in *Swynson Ltd v Lowick Rose LLP* [2017] UKSC 32; [2018] A.C. 313, in which all the members of the court appear to have held that the enrichment was merely incidental to the claimant's expenditure and so the claimant was not entitled to be subrogated to the company's claim against the defendant: see [20], [88]–[89] and [115]–116].
[16] *Investment Trust Companies v Revenue and Customs Commissioners* [2017] UKSC 29; [2018] A.C. 275 at [48] per Lord Reed, giving the judgment of the court. Compare Burrows, *Restatement of the English Law of Unjust Enrichment* (2012), at [8].

(1) where the agent of one of the parties is interposed between them[17];
(2) where the right to restitution is assigned;
(3) where an intervening transaction is found to be a sham[18];
(4) where a set of coordinated transactions have been treated as forming a single transaction on the basis that considering each transaction separately would be unrealistic[19];
(5) where the defendant receives property from a third party into which the claimant can trace an interest[20]; and
(6) where the claimant discharges a debt owed to the defendant by a third party.

Despite previous authority to the contrary, where a defendant receives money from the claimant, the ongoing benefit of having the use value of the money is not a further enrichment at the claimant's expense.[21]

Unjust

108-06 Not all enrichments at the expense of a claimant are "unjust". As Professor Burrows writes, "in general, an enrichment is not unjust if the benefit was owed to the defendant by the claimant under a valid contractual, statutory or other legal obligation."[22] Moreover, the law of restitution recognises certain categories of "unjust" enrichment. These unjust factors are considered in more detail at paras 108-07 to 108-13.[23]

---

[17] See, for example, *Argyle UAE Limited v Par-La-Ville Hotel and Residences Ltd (in provisional liquidation)* [2018] EWCA Civ 1762 at [48]–[50].

[18] As in *Relfo Ltd (In Liquidation) v Varsani* [2014] EWCA Civ 360; [2015] 1 B.C.L.C. 14

[19] As in *Argyle UAE Ltd v Par-La-Ville Hotel and residences Ltd (In Provisional Liquidation)* [2018] EWCA Civ 1762 at [37], approving the decision at first instance. See also the discussion of restitutio in integrum arising in the context of rescission in *UBS AG v Kommunale Wasserwerke Leipzig GMBH* [2017] EWCA Civ 1567; [2017] 2 C.L.C. 584 at [306]–[309].

[20] See for example the situation in *Bank of Cyprus UK Ltd v Menelaou* [2015] UKSC 66; [2016] A.C. 176, where the claimant bank released a charge it held over a property owned by the defendant's parents, on the basis that the property would be sold and used to finance the purchase of a new property for their daughter, which would be subject to a fresh charge. When that charge was set aside, because the daughter had not been given notice of the charge, the bank claimed against the daughter for the imposition of an equitable charge over the new property by way of subrogation. That claim succeeded before the Supreme Court.

[21] *Prudential Assurance Co Ltd v Revenue and Customs Commissioners* [2018] UKSC 39; [2018] 3 W.L.R. 652, overturning *Sempra Metals Ltd v IRC* [2007] UKHL 34; [2008] 1 A.C. 561.

[22] Burrows, *Restatement of the English Law of Unjust Enrichment* (2012), at section 3(6), cited with approval and applied by the Privy Council in *Fairfield Sentry Ltd v Migani* [2014] UKPC 9; [2014] 1 C.L.C. 611, at [18] and *DD Growth Premium 2X Fund (in liquidation) v RMF Market Neutral Strategies (Master) Ltd* [2017] UKPC 36; [2018] Bus L.R. 1595 at [62]. This includes payments made pursuant to orders of the court: *Gibbs v Lakeside Developments Ltd* [2018] EWCA Civ 2874; [2019] 4 W.L.R. 6.

[23] While not considered further, there may be a head of restitution known as "free acceptance" which at one and the same time shows that the defendant has been enriched and that the enrichment was unjust. This has received some judicial recognition as a cause of action: *Dry Bulk Handy Holding Inc v Fayette International Holdings Ltd (The Bulk Chile)* [2012] EWHC 2107 (Comm); [2013] 1 All E.R. (Comm) 177 at [81]–[82]; *Diamandis v Wills* [2015] EWHC 312 (Ch) at [82]; and *Peacock v Imagine Property Developments Ltd* [2018] EWHC 1113 (TCC) at [81]–[91]. However, the higher courts have only discussed its availability in principle: *Chief Constable of the Greater Manchester Police v Wigan Athletic AFC Ltd* [2008] EWCA Civ 1449; [2009] 1 W.L.R. 1580 at [47]; *Benedetti v Sawiris* [2014] A.C. 938 at [25]–[26] and [114]–[119].

In the second edition of his book *Unjust Enrichment*,[24] the late Professor Birks suggested that the list of categories of "unjust" enrichment represented a wrong turn, and that the true basis for a restitutionary remedy lay (as is civilian jurisdictions) in the fact that an enrichment had been conferred for no legally recognisable reason or "without basis"[25]:

"They [i.e. civilian jurisdictions] begin from the proposition that every enrichment at another's expense has an explanation known to law or has not. Enrichments are received with the purpose of discharging an obligation or, if without obligation, to achieve some other objective as for instance the making of a gift, the satisfaction of a condition, or the coming into being of a new contract. These outcomes succeeding, the enrichment is sufficiently explained. An enrichment which turns out to have no such explanation is inexplicable and cannot be retained. The recipient is not entitled to it. The shorthand for this, in Latin, is *"sine causa"*. The inexplicable enrichment lacks a *causa*. In English that reduces to "no basis". Enrichment *sina causa* is enrichment with no explanatory basis."

This approach is obviously controversial, and cannot be said to represent English law as it stands at the moment. It was considered by Lord Hoffmann in *Deutsche Morgan Grenfell Group Plc v IRC*,[26] who felt it unnecessary to reach a concluded view, although his speech has subsequently been held to have confirmed the traditional approach.[27] Nonetheless, given the extent to which restitution in English law has been developed through academic work—particularly the work of Professor Birks—it cannot be overlooked.[28]

Mistake

Originally,[29] restitution for a mistakenly conferred benefit was restricted in two ways. First, it was necessary for the claimant to satisfy a "supposed liability" test,[30] in that recovery would only be sanctioned where the claimant's mistake was such that (if true) he would have been *liable* to make the payment. Secondly, a claimant could only recover for a mistake of fact, rather than a mistake of law.[31]

108-07

Neither of these restrictions exists any longer. The distinction between mistakes of law and mistakes of fact was abrogated by the decision of the House of Lords in *Kleinwort Benson Ltd v Lincoln City Council*.[32] The "supposed liability" test has (probably) been replaced by a "causation" test: the claimant must establish that the benefit conferred by him was conferred as *a result of* his mistake, irrespective of

---

[24] See P. Birks, *Unjust Enrichment*, 2nd edn (London: Clarendon Press, 2005), Chs 5–6.
[25] P. Birks, *Unjust Enrichment*, 2nd edn (London: Clarendon Press, 2005), pp.102–103.
[26] *Deutsche Morgan Grenfell Group Plc v IRC* [2006] UKHL 49; [2007] 1 A.C. 558.
[27] Albeit with a more flexible application; see *Marine Trade SA v Pioneer Freight Futures Co Ltd BVI* [2009] EWHC 2656 (Comm); [2009] 2 C.L.C. 657 at [62]–[65]. See also *Patel v Mirza* [2016] UKSC 42; [2017] A.C. 417 at [246] per Lord Sumption.
[28] A pleading basis on this ground would simply involve an averment that there was "no basis" for the payment or other enrichment conferred.
[29] See, generally, Goff & Jones, *The Law of Unjust Enrichment*, 9th edn (2016), para.9-01.
[30] See *Aiken v Short* 156 E.R. 1180; (1856) 1 Hurl. & N. 210 at 215: "In order to entitle a person to recover back money paid under a mistake of fact, the mistake must be as to a fact which, if true, would make the person paying liable to pay the money; not where, if true, it would merely make it desirable that he should pay the money."
[31] The rule in *Bilbie v Lumley* 102 E.R. 448; (1802) 2 East 469.
[32] *Kleinwort Benson Ltd v Lincoln City Council* [1999] 2 A.C. 349.

whether the claimant believed himself to be liable to confer the benefit[33] (and whether or not the benefit was conferred as a result of a mistake of law).

However, there are three other requirements that restrict the type of mistake that will give rise to a remedy in restitution. First, while some doubt as to the legal or factual position is consistent with mistake, the doubt must not overwhelm the mistake in the sense that the claimant takes the risk that he is wrong.[34] Second, if the restitutionary claim is brought in equity, the mistake must be of sufficient gravity to make it unjust for the payee to retain the benefit.[35] Third, the mistake must not be a misprediction, i.e. a present belief or assumption about a future state of affairs which is subsequently falsified.[36]

Moreover, in *Barclays Bank v Simms*,[37] Robert Goff J made it clear that recovery in mistake cases would be precluded where:

(1) the claimant intended that the payee should have the benefit at all events (whether the premises for the payment were correct or incorrect)[38];
(2) the payment was made for good consideration (particularly if the money discharged a debt owed by the defendant);
(3) the defendant had changed his position.[39]

It is clear law, however, that negligence in the conferring of the benefit does not prevent recovery.[40]

In *Pitt v Holt*[41] the Supreme Court held, in respect of equity's jurisdiction to set aside a voluntary transaction for spontaneous mistake, that mere ignorance of the legal or factual position will not suffice for a mistake, whereas incorrect conscious beliefs and tacit assumptions will. It is not clear whether this is also the position for a common law claim in unjust enrichment.[42] In terms of pleading such a case, however, Precedents 108-ZA1 and 108-ZA3 would be appropriate.

---

[33] This was the approach taken by Robert Goff J in *Barclays Bank Ltd v WJ Simms, Son & Cooke (Southern) Ltd* [1980] Q.B. 677; see also *Nurdin & Peacock Plc v DB Ramsden & Co Ltd* [1999] 1 W.L.R. 1249.
[34] *Deutsche Morgan Grenfell Group Plc v IRC* [2007] 1 A.C. 558 at [25]–[31] and [64]–[65]. While there is uncertainty as to the extent of doubt consistent with mistake, the simple approach adopted in *Marine Trade SA v Pioneer Freight Futures Co Ltd BVI* [2009] 2 C.L.C. 657 at [76] and *Jazztell Plc v Revenue and Customs Commissioners* [2017] EWHC 677 (Ch); [2017] S.T.C. 1422 at [30(ii)] was that a mistake can exist provided the level of subjective doubt remains below 50%.
[35] See *Pitt v Holt* [2013] UKSC 26; [2013] 2 A.C. 108 at [121]–[128] where the Supreme Court held that the question of gravity should not be approached by the application of rigid rules, but by looking at the matter in the round; note that if the claim is brought at common law then this requirement is fulfilled simply by showing that there was a mistake and that it caused the payment: *Marine Trade SA v Pioneer Freight Futures Co Ltd BVI* [2009] 2 C.L.C. 657 at [65].
[36] *Dextra Bank & Trust Co Ltd v Bank of Jamaica* [2001] UKPC 50; [2002] 1 All E.R. (Comm) 193; *Leslie v Farrar Construction Ltd* [2016] EWCA Civ 1041; [2017] B.L.R. 21 at [36].
[37] *Barclays Bank v Simms* [1980] Q.B. 677.
[38] In particular, if a claimant voluntarily makes a payment to the defendant knowing that it may be more than he owes, but choosing not to ascertain the correct amount due, then (absent fraud or misrepresentation) he cannot recover that overpayment: *Leslie v Farrar Construction Limited* [2017] B.L.R. 21 at [40].
[39] A defence considered further in para.108-17.
[40] See *Kelly v Solari* (1841) 9 M. & W. 54.
[41] *Pitt v Holt* [2013] 2 A.C. 108.
[42] See The Goff & Jones, *The Law of Unjust Enrichment*, 9th edn (2016), paras 9-41 to 9-54.

Contracts discharged by breach

108-08 In order for such a claim to succeed,[43] it is necessary for the claimant to demonstrate:

(1) That the contract has been brought to an end. Where breach of contract is alleged, it is necessary to show that there has been a breach of condition, or a breach of an innominate term going to the root of the contract.

(2) That there has been a total failure of consideration.[44] At its most stringent, this requires that the claimant has received no part of the benefits which the claimant bargained for under the contract, a rule that can operate harshly. It is now clear, however, that the English courts will not apply this rule stringently, and will allow a restitutionary claim at least in those cases where apportionment can be carried out without difficulty.[45]

The claimant may be either the "innocent" or the "guilty" party to the contract.[46] The claim may be for recovery of a money or a non-money benefit.[47] (See Precedents 108-ZA5 and 108-ZA6.)

Contracts discharged by frustration

108-09 The Law Reform (Frustrated Contracts) Act 1943[48] governs restitutionary claims arising where a contract is discharged by frustration. The operation of this statute was extensively considered by Goff J in *BP Exploration (Libya) Ltd v Hunt (No.2)*.[49]

Essentially, the Act provides for the recovery of money paid and valuable non-

---

[43] Goff & Jones, *The Law of Unjust Enrichment*, 9th edn (2016), Ch.3; paras 12–16 onwards.

[44] Failure of consideration may include failure of the promised counter-performance or the failure of a fundamental state of affairs on which the contract was premised. See *Crown Prosecution Service v Eastenders Group* [2014] UKSC 26; [2015] A.C. 1, discussed further at fn.52. However, the Supreme Court emphasised in that case that not every failure of expectation would give rise to a restitutionary claim: at [115].

[45] See *Crown Prosecution Service v Eastenders Group* [2015] A.C. 1, at [114]; *Goss v Chilcott* [1996] A.C. 788; Goff & Jones, *The Law of Unjust Enrichment*, 9th edn (2016), paras 12–26 onwards. Nonetheless, an illustration of the difficulties still created by this doctrine is found in *Giedo van der Garde BV v Force India Formula One Team Ltd (formerly Spyker F1 Team Ltd (England))* [2010] EWHC 2373 (QB). In that case, Stadlen J made every effort to apportion consideration so as to facilitate the restitutionary claim: see [304]. He also held that, when assessing total failure of consideration, benefits provided under a contract can be disregarded if they do not go to the essential bargain (following *Rover International Ltd v Cannon Film Sales Ltd* [1989] 1 W.L.R. 912). However, the restitutionary claim still failed, leading Stadlen J to express his dissatisfaction with the present state of the law in this area: [267].

[46] See, for instance, *Dies v British and International Mining and Finance Corp Ltd* [1939] 1 K.B. 724 and *Newland Shipping and Forwarding Ltd v Toba Trading FZC* [2014] EWHC 661 (Comm), at [75].

[47] However, a restitutionary claim in quantum meruit for work done will not lie where the claimant was entitled to be paid for such work only upon the satisfaction of certain conditions which were not met when the contract was terminated: see *Howes Percival LLP v Page* [2013] EWHC 4104 (Ch), at [307]–[312].

[48] See Goff & Jones, *The Law of Unjust Enrichment*, 9th edn (2016), Ch.15.

[49] *BP Exploration (Libya) Ltd v Hunt (No.2)* [1979] 1 W.L.R. 783. Note that a frustrated contract may still be used as evidence of the value of a consequent restitutionary claim, although this will not be true in all cases: *Benedetti v Sawiris* [2014] A.C. 938 at [31].

money benefits conferred pursuant to a contract that has been frustrated.[50] (See Precedent 108-ZA7.)

Failure of Consideration Without Contract

108-10 Where contracts are discharged for breach or frustration and restitution is awarded, the unjust factor is said to be a failure of consideration (or a failure of basis). Restitution can also be awarded for failure of consideration where there is no contract.

For such a claim to succeed, the claimant must identify the basis on which it provided the benefit and show that this basis has failed. As in the contractual context, the failure of consideration may include failure of a promised counter-performance or failure of a fundamental state of affairs on which the transfer of value was premised. The basis on which the benefit was provided is determined objectively.[51]

In a non-contractual context, a failure of basis may occur:

(1) Where no contract was in consideration at all[52]; or
(2) Where the benefit was provided in anticipation of a contract which did not materialise.[53] It is unlikely that there will be a failure of consideration where the benefits were provided as part of the normal tendering for the contract,[54] or where a tender has been accepted "subject to contract".[55] However, restitution may be granted where benefits were provided as accelerated performance under the anticipated contract,[56] or where the benefits go beyond the benefits normally provided in estimating or tendering for the contract.[57] (See Precedent 108-ZA8.)

Benefits conferred pursuant to unenforceable transactions

108-11 The reasons[58] why a transaction may be unenforceable are varied. They include: lack of capacity[59]; lack of formality[60]; "vitiating factors", such as misrepresentation, duress and undue influence[61]; fraud[62]; and illegality.[63]

---

[50] See, in particular, s.1(2) dealing with recovery of payments, and s.1(3) dealing with non-money benefits.
[51] *Killen v Horseworld Ltd* [2011] EWHC 1600 (QB) at [48].
[52] Thus, in *Crown Prosecution Service v Eastenders Group* [2015] A.C. 1, a receiver was appointed by the court over a group of companies, on the application of the Crown Prosecution Service. The fundamental basis on which the receiver was approached by the CPS and agreed to act was that he would have rights over the companies' assets. The order appointing the receiver was subsequently quashed on appeal. Although there was no contract with the CPS which had been breached or frustrated, the Supreme Court held there was a total failure of consideration and the receiver was entitled to receive his proper remuneration and expenses from the CPS for the work done and expenses incurred in providing the benefit they had sought from him (see [99], [101], [114]–[116]).
[53] For example, *Cobbe v Yeoman's Row Management Ltd* [2008] 1 W.L.R. 1752. For a discussion of many of the key cases see *Astra Asset Management UK Ltd v The Co-operative Bank Plc* [2019] EWHC 897 (Comm). See also Goff & Jones, *The Law of Unjust Enrichment*, 9th edn (2016), Ch.16.
[54] *MSM Consulting Ltd v United Republic of Tanzania* [2009] EWHC 121 (QB); 123 Con. L.R. 154 at [171].
[55] *Regalian Properties Plc v London Docklands Development Corp* [1995] 1 W.L.R. 212
[56] *British Steel Corp v Cleveland Bridge and Engineering Co Ltd* [1984] 1 All E.R. 504
[57] *William Lacey (Hounslow) Ltd v Davis* [1957] 1 W.L.R. 932, especially 935.
[58] See Goff & Jones, *The Law of Unjust Enrichment*, 9th edn (2016), Chs 12 and 13.
[59] See for example *Haugesund Kommune v Depfa ACS Bank* [2010] EWCA Civ 579; [2010] 1 C.L.C.

Often, the unenforceable, void or ineffective transaction in question is a contract. However, that need not necessarily be the case: a benefit can equally well be conferred under duress or undue influence where there is *no* contract. (See Precedent 108-ZA9.)

Unlawfully Levied Tax

108-12 Many of the recent developments in the law of unjust enrichment have taken place in the context of claims for restitution of unlawfully exacted taxes. Such claims may rely on the unjust factors of mistake, duress or failure of consideration. However, there is also a separate self-standing unjust factor, known as the *Woolwich* principle, which allows for the restitution of taxes for which there was no lawful basis.[64] Such a claim does not require there to have been a demand for the tax,[65] nor any mistake on the part of the taxpayer.

Recoupment and contribution

108-13 A restitutionary[66] remedy lies against a debtor (or joint debtor) whose debt has been discharged by the claimant. To succeed in such a claim (known as a claim for recoupment or contribution), the claimant must show:

(1) that he was compelled, or was compellable, to make the payment;
(2) that he did not "officiously" expose himself to the liability to make the payment; and
(3) that his payment discharged a liability of the defendant. It should be noted that payment to a creditor by a third party does not necessarily discharge a debtor's obligations. As a general rule, under English law, a person who makes a voluntary payment intending to discharge another's debt will *not* do so.[67]

So far as common liabilities are concerned, sureties, joint-contractors, trustees, directors, partners, insurers, mortgagors and co-owners can generally claim contribution from their co-obligors if they satisfy more than their proper share of the common debt.

770.
[60] See e.g. *Sharma v Simposh Ltd* [2011] EWCA Civ 1383; [2013] Ch. 23.
[61] See *Smith v Cooper* [2010] EWCA Civ 722; [2011] 1 P. & C.R. DG1 at [110] for a case of undue influence which underscores the need for restitution to do practical justice between the parties.
[62] See *Sinclair Investments (UK) Ltd v Versailles Trade Finance Ltd (In Administration)* [2011] EWCA Civ 347; [2012] Ch. 453. Where a transaction is voidable for fraud, the claimant/victim may have a proprietary claim against the proceeds of the fraud upon the rescission of the contract, irrespective of whether the transaction was induced by fraud or is affected at a later time by supervening fraud: *National Crime Agency v Robb* [2014] EWHC 4384 (Ch); [2015] Ch. 520, at [43]–[51].
[63] See *Patel v Mirza* [2016] UKSC 42; [2017] A.C. 467 where the claimant was allowed to recover payment made under an illegal agreement that had been wholly frustrated.
[64] *Woolwich Equitable Building Society v Inland Revenue Commissioners* [1993] A.C. 70.
[65] *Test Claimants in the FII Group Litigation v Revenue Customs Commissioners* [2012] UKSC 19; [2012] 2 A.C. 337 at [10], [79] and [172]–[174].
[66] See Goff & Jones, *The Law of Unjust Enrichment*, 9th edn (2016), Chs 19–21.
[67] Goff & Jones, *The Law of Unjust Enrichment*, 9th edn (2016), para.5-54 onwards, and the authorities there cited; see also *Fortis Bank SA/NV v Overseas Indian Bank* [2011] EWHC 538 (Comm); [2011] 2 Lloyd's Rep. 190 at [55].

108-14 Recoupment arises where (in the words of Cockburn CJ in *Moule v Garrett*[68]):

> "the plaintiff has been compelled by law to pay, or being compellable to by law, has paid money which the defendant was ultimately liable to pay, so that the latter obtains the benefit of the payment by the discharge of his liability; under such circumstances the defendant is held indebted to the plaintiff in the amount."

(See Precedents 108-ZA10 and 108-ZA11.)

Defences

108-15 Essentially, the following are defences to a claim in unjust enrichment:
(1) estoppel (see Precedent 108-ZA12);
(2) change of position (see Precedent 108-ZA13);
(3) ministerial receipt (see Precedent 108-ZA14);
(4) public policy (see Precedent 108-ZA15); and
(5) illegality.

Estoppel

108-16 There is a close relationship between estoppel and change of position. For the defence of estoppel to succeed, a defendant must show that a representation of fact was made by the claimant to the defendant, in reliance upon which the defendant has so changed his position that it is inequitable for the claimant to go back on his representation. Provided the defendant could demonstrate the existence of the representation and his reliance thereon, he had a defence to the *entirety* of the claimant's claim, although the absoluteness of this defence is not as secure as it once seemed. In both *Scottish Equitable Plc v Derby* and *National Westminster Bank Plc v Somer International (UK) Ltd*,[69] the trial judges and the Court of Appeal all held that the facts fell within "the exception recognised by all three members of [the Court of Appeal] in the *Avon CC v Howlett case* [1983] 1 W.L.R. 605"[70] so that the establishment of a defence of estoppel did not on the facts enable the defendant "to rely upon an estoppel ... to achieve a result which can fairly be regarded as unconscionable".[71]

Change of Position

108-17 Even before the defence of change of position was recognised by the English courts, estoppel was only rarely successful as a defence to restitutionary claims. The defence of change of position is likely to make a successful estoppel defence still rarer. It was accepted by the House of Lords in *Lipkin Gorman (a firm) v Karpnale Ltd*[72] that change of position was a general defence to restitutionary claims. In order to establish a change of position defence, there is no need to establish any

---

[68] *Moule v Garrett* (1872) L.R. 7 Ex. 101 at 104.
[69] *Scottish Equitable Plc v Derby* [2001] EWCA Civ 369; [2001] 3 All E.R. 818 and *National Westminster Bank Plc v Somer International (UK) Ltd* [2001] EWCA Civ 970; [2002] Q.B. 1286.
[70] Robert Walker LJ in *Scottish Equitable* [2001] EWCA Civ 369 at [44]; [2001] 3 All E.R. 818 at [830].
[71] Clarke LJ in *National Westminster Bank Plc v Somer* [2001] EWCA Civ 970 at [59]; [2002] Q.B. 1286 at [1308]–[1309].
[72] *Lipkin Gorman (a firm) v Karpnale Ltd* [1991] 2 A.C. 548.

representation on the part of the claimant. It is sufficient to show that the defendant has bona fide[73] changed his position as a result of the enrichment he has received from the claimant.[74] To the extent that the defendant would be prejudiced by having to restore the enrichment, the defendant will have a defence to the claim.

The scope of the defence of change of position was considered in *Abou-Rahmah v Abacha*.[75] More recently, in *The Test Claimants in the FII Group Litigation v Commissioners for Her Majesty's Revenue and Customs*,[76] it was held that the defence was available to public authorities in a mistake claim, but not in a *Woolwich*-type claim.[77] By contrast, the change of position defence will not be available where a defendant has taken the risk of not being able to repay the sums that are the subject of the claim.[78]

Ministerial Receipt

The defence of "ministerial receipt" may be seen as an early example of the change of position defence. It arises where an agent (the defendant) has received

108-18

---

[73] The submission that in cases in which the defendant invokes the defence of change of position it is necessary to balance the respective faults of the two parties was rejected in *Dextra Bank & Trust Co Ltd v Bank of Jamaica* [2002] 1 All E.R. (Comm) 193 PC at [40]–[46], the Privy Council regarding good faith on the part of the recipient as a sufficient requirement in this context. In *Niru Battery Manufacturing Co v Milestone Trading Ltd* [2002] EWHC 1425 (Comm); [2002] 2 All E.R. (Comm) 705, Moore-Bick J said that bad faith extended beyond subjective dishonesty and "is capable of embracing a failure to act in a commercially acceptable way and sharp practice of a kind that falls short of outright dishonesty as well as dishonesty itself." This statement was endorsed on appeal: [2003] EWCA Civ 1446 at [164]; [2004] Q.B. 985 at 1004E; and the principle was approved in *Haugesund Kommune v Depfa ACS Bank* [2010] EWCA Civ 579; [2010] 1 C.L.C. 770 at [122]. Bad faith does not include negligence (*Dextra Bank & Trust Co Ltd v Bank of Jamaica* [2002] 1 All E.R. (Comm) 193), but does include turning a blind eye to what should be obvious (*Harrison v Madejski* [2014] EWCA Civ 361). In *Re Hampton Capital Ltd* [2015] EWHC 1905 (Ch); [2016] 1 B.C.L.C. 374 the test for knowledge in a claim for knowing receipt was used as the test for bad faith for the purposes of a change of position defence: see [67]. In *Barros Mattos Junior v MacDaniels Ltd* [2004] EWHC 1188; [2005] 1 W.L.R. 247, Laddie J held that the court had no discretion to allow a change of position defence where the change of position involved illegality (regardless of what the defendant knew about the source of their enrichment). However, it is doubtful that this remains good law after *Patel v Mirza* [2016] UKSC 42; [2017] A.C. 467, in which the Supreme Court held that whether illegality bars recovery in unjust enrichment is a matter for judicial discretion guided by the application of a number of factors identified by the Court. See Goff and Jones, *The Law of Unjust Enrichment*, 9th edn (2016), pp.27–53.

[74] The change of position can be anticipatory: *Dextra Bank & Trust Co Ltd v Bank of Jamaica* [2002] 1 All E.R. (Comm) 193, PC at [35]–[39].

[75] *Abou-Rahmah v Abacha* [2006] EWCA Civ 1492; [2007] 1 Lloyd's Rep. 115.

[76] *The Test Claimants in the FII Group Litigation v Commissioners for Her Majesty's Revenue and Customs* [2008] EWHC 2893 (Ch); [2009] S.T.C. 254.

[77] Although note that the Court of Appeal refused to comment on the accuracy of this position on appeal: [2010] EWCA Civ 103; [2010] S.T.C. 1251 at [189]–[193], and the issue was ignored altogether by the Supreme Court. Later, in *Test Claimants in the FII Group Litigation v Revenue and Customs Commissioners* [2014] EWHC 4302 (Ch); [2015] B.T.C. 3, Henderson J accepted that the reason why the change of position defence was not available in a *Woolwich*-type claim was because it would otherwise defeat the very policy considerations behind allowing a *Woolwich*-type claim (i.e. to prohibit unlawful demands by public authorities): see [309]–[315].

[78] See *Haugesund Kommune v Depfa ACS Bank* [2010] EWCA Civ 579; [2010] 1 C.L.C. 770 at [124]–[125]; where sums advanced under ultra vires loans had been invested and lost by the Kommunes, and it was held that the Kommunes had borne the risk of being unable to repay the loans.

an enrichment from the claimant, but has passed that enrichment on to his principal. In such cases, the defendant has a defence to the claimant's claim.[79]

Public Policy

108-19 A new defence of public policy was recognised in *Haugesund Kommune v Depfa ACS Bank*.[80] This defence operates to defeat a claim for restitution where that claim is contrary to public policy, such as where it runs counter to the objective of a statute which had rendered a contract void.[81] This principle will even extend to foreign statutes.[82]

Illegality

108-20 The illegality defence, as explained by the majority in *Patel v Mirza*,[83] is in many respects similar. The defence operates against claims that are in some way tainted by illegality so that upholding them would be contrary to the public interest by being harmful to the integrity of the legal system.[84] A number of factors must be considered to determine whether the defence applies, including the purpose of the prohibition which has been transgressed, any countervailing public policy and the proportionality of denying the claim. Further, it must be emphasised that a claim in unjust enrichment will not usually be denied merely because the benefits were provided for an unlawful purpose.[85]

In most cases, where restitution is granted for unjust enrichment, the claimant will have to provide counter-restitution for benefits it has received.[86] It is thus a defence that counter-restitution is impossible.[87] However, in equity, the courts have always taken a pragmatic, flexible approach to counter-restitution, allowing it to be provided by payment of a monetary sum,[88] and the same is now likely to be true at common law.[89]

---

[79] See *Jones v Churcher* [2009] EWHC 722 (QB); [2009] 2 Lloyd's Rep. 94 at [67]–[69]; note that the defence is only available once the sums have been irreversibly paid over from the agent to the principal, not simply where the agent has made the funds available. In *The High Commissioner for Pakistan in the United Kingdom v Prince Mukkaram Jah* [2016] EWHC 1465 (Ch); [2016] W.T.L.R. 1763, Henderson J held that it was arguable with real prospects of success that a bank that received a payment for a client and merely credited the client's account did not have a defence of ministerial receipt. Compare Burrows, *Restatement of the English Law of Unjust Enrichment* (2012), pp.124–126 and Goff and Jones, *The Law of Unjust Enrichment*, 9th edn (2016), 28-15 to 28-18.
[80] *Haugesund Kommune v Depfa ACS Bank* [2010] 1 C.L.C. 770.
[81] *Haugesund Kommune v Depfa ACS Bank* [2010] 1 C.L.C. 770 at [92]–[96] and [150]–[151].
[82] *Haugesund Kommune v Depfa ACS Bank* [2010] 1 C.L.C. 770 at [97]–[102]; although the statute will be judged in light of English public policy.
[83] *Patel v Mirza* [2016] UKSC 42; [2017] A.C. 467.
[84] *Patel v Mirza* [2017] A.C. 467: [99]–[101], [120].
[85] *Patel v Mirza* [2017] A.C. 467 at [116], [121] and, per Lord Mance, [194]–[198].
[86] Counter-restitution may not be required where the unjust factor is duress and the benefit provided by the defendant was not required (see *Halpern v Halpern* [2007] EWCA Civ 291; [2008] Q.B. 195 at [74]), or where the benefit provided by the defendant is incidental (see *Rover International Ltd v Cannon Film Sales Ltd* [1989] 1 W.L.R. 912 at 924–925).
[87] *Glasgow and South Western Railway Co v Boyd & Forrest* [1915] A.C. 526
[88] *Erlanger v New Sombrero Phosphate Co* (1878) 3 App Cas 1218, 1278–79
[89] *Halpern v Halpern* [2008] Q.B. 195 at [70]–[76].

Tracing and proprietary restitution

Tracing is a process whereby assets are identified.[90] The House of Lords reviewed the processes of tracing and following, and their relationship to the law of unjust enrichment, in *Foskett v McKeown*.[91]

Lord Millett, speaking for the majority, stated[92] that:

> "tracing and following ... are both exercises in locating assets which are or may be taken to represent an asset belonging to the plaintiffs and to which they assert ownership. The processes of following and tracing are, however, distinct. Following is the process of following the same asset as it moves from hand to hand. Tracing is the process of identifying a new asset as the substitute for the old".

On that authority, tracing is the process by which a claimant identifies proceeds which represent his property,[93] and which he can substitute for the original asset as the subject matter of his claim.[94] Traditionally, it has been thought that there are different legal and equitable rules in relation to tracing, and in particular that while in equity money can still be traced once it has been mixed with other money, in common law it cannot.

That understanding has been criticised academically,[95] and in *Foskett v McKeown* their Lordships (obiter) commented that there appeared to be nothing inherently legal or equitable about the tracing exercise.[96] However, because of the different rules governing the way legal and equitable title to intangible property can be held, there is a firm basis in principle for maintaining the distinction.[97] Specialist works[98] should be consulted in relation to the detailed rules as to the extent to which a claimant can trace into an attachment, mixture or newly created product.

Academics have suggested that if the claimant can identify particular chattels which he owned before and after they were received by the defendant, his claim is

---

[90] Lord Browne-Wilkinson, *Foskett v McKeown* [2001] 1 A.C. 102 at 109D.
[91] *Foskett v McKeown* [2001] 1 A.C. 102.
[92] Lord Millett (with whom Lords Browne-Wilkinson and Hoffmann agreed) in *Foskett v McKeown* [2001] 1 A.C. 102 at 127B.
[93] A claimant is not necessarily required to identify each transactional link in the chain as a result of which the defendant's asset can be taken to represent his asset. In appropriate circumstances, evidential gaps can be filled by inference. See *Relfo Ltd v Varsani* [2014] EWCA Civ 360; [2015] 1 B.C.L.C. 14 at [36]–[37] and [56]–[57].
[94] There has been much academic discussion concerning the correct basis of the tracing process, in particular as to whether a proprietary restitutionary claim can be distinguished from claims in unjust enrichment. However, following the decision in *Armstrong DLW GmbH v Winnington Networks Ltd* [2012] EWHC 10 (Ch); [2013] Ch. 156, at [62]–[98], it would appear that the present position of English law is to recognise that proprietary restitutionary claims, which vindicate a claimant's persisting legal rights to property, are separate and distinct from claims in unjust enrichment. This is consistent with Lord Millett's approach in *Foskett v McKeown*.
[95] e.g. by Professor P. Birks in "The Necessity of a Unitary Law of Tracing" in *Making Commercial Law, Essays in Honour of Roy Goode* (Oxford: Clarendon Press, 1997), p.239.
[96] Lord Millett at [128G], Lord Steyn at [113D–E], Lord Browne-Wilkinson in *Foskett v McKeown* [2001] 1 A.C. 102 at [109D].
[97] See M. Smith and N. Leslie, *The Law of Assignment*, 3rd edn (London: Oxford University Press, 2018) at para.27.17. Indeed, the case law would appear to confirm that the distinction remains in English law, although there are dicta going both ways: see *Shalson v Russo* [2003] EWHC 1637 (Ch); [2005] Ch. 281 at [102]–[104]; see also Goff & Jones, *The Law of Unjust Enrichment*, 9th edn (2016) at Ch.7, fn.36 for a list of dicta on this issue.
[98] e.g. L. Smith, *The Law of Tracing* (Oxford: Clarendon Press, 1997). Goff & Jones, *The Law of Unjust Enrichment*, 9th edn (2016) at Ch.7, Burrows, *Restatement of the English Law of Unjust Enrichment* (2012) at Section 9, Smith & Leslie, *The Law of Assignment*, 3rd edn (2018) at Ch.29.

probably not best considered as being part of the law of restitution. By contrast, it has been argued that a claim can be viewed as a restitutionary one where the claimant asserts a proprietary right over property which did not originally belong to him but which (by using the tracing rules) he can show is a substitute for an asset which he did previously own in equity.

108-22 *Foskett v McKeown* represents a set-back for that expansionary view of the role of restitution. The majority of their Lordships considered that:

> "The transmission of a claimant's property rights from one asset to its traceable proceeds is part of our law of property, not of the law of unjust enrichment. ... the plaintiffs seek to vindicate their property rights, not to reverse unjust enrichment. ... The two causes of action have different requirements and may attract different defences. A plaintiff who brings an action in unjust enrichment must show that the defendant has been enriched at the plaintiff's expense, for he cannot have been unjustly enriched if he has not been enriched at all. But the plaintiff is not concerned to show that the defendant is in receipt of property belonging beneficially to the plaintiff or its traceable proceeds. The fact that the beneficial ownership of the property has passed to the defendant provides no defence; indeed it is usually the very fact which founds the claim. Conversely, a plaintiff who brings an action like the present must show that the defendant is in receipt of property which belongs beneficially to him or its traceable proceeds, but he need not show that the defendant has been enriched by its receipt. He may, for example, have paid full value for the property, but he is still required to disgorge it if he received it with notice of the plaintiff's interest. Furthermore, a claim in unjust enrichment is subject to a change of position defence, which usually operates by reducing or extinguishing the element of enrichment. An action like the present is subject to the bona fide purchaser for value defence, which operates to clear the defendant's title."[99]

Save for the possible development of exceptions, *Investment Trust Companies v Revenue and Customs Commissioners*,[100] suggests that restitutionary claims can be essentially confined to cases of direct enrichment or situations which the law treats as equivalent to a direct transfer ("direct claims", in which "the difference from the direct provision of a benefit by the claimant to the defendant is more apparent than real"—see para.108-06 and Lord Reed at [47]–[50]). Lord Reed emphasised the uncertainty created in seeking to define, by reference to tests like "sufficient link" or "economic connection", when an indirect enrichment might be said to exist. It is submitted that the requisite certainty is provided (i) by confining claims in unjust enrichment to "direct claims" and (ii) by relying on the rules of property law (rather than the law of obligations) to articulate when C holds A's property, that property having passed through the hands of B. Lord Reed also noted (at [51]) that if (a) the defendant has not received a benefit directly from the claimant, (b) no question of agency arises, and (c) the benefit does not consist of property in which the claimant has or can trace an interest, "it is generally difficult to maintain the defendant has been enriched at the claimant's expense." Considering for a moment the situation where the claimant can trace his interest into property held by a third party, it is not clear what it adds for him to frame his claim for his property as a claim in unjust enrichment. The better view is that a claim in unjust enrichment cannot be framed as a proprietary claim at all.

---

[99] Lord Millett at 127E, 129D–G.
[100] *Investment Trust Companies v Revenue and Customs Commissioners* [2017] UKSC 29; [2018] A.C. 275.

For a tracing precedent, the reader should see Precedent 42-L5 in Section 42. A defence of bona fide purchase is set out at Precedent 108-ZA16.

Restitution for Wrongs

Both at common law and in equity the courts may grant "gains based" remedies, i.e. monetary remedies quantified with reference to the defendant's gain, in response to a wrong. Such remedies can be granted in response to torts, breaches of contract and equitable wrongs. This section outlines the availability of gains-based remedies, although it is now unclear which of them are properly called "restitutionary".[101]   **108-23**

Common Law

At common law, the monetary remedy granted in response to a wrong is almost always aimed at compensating the claimant for a loss which has been suffered. Gains based remedies are sometimes awarded, but the relevant law can be fairly described as "developing".[102]   **108-24**

Tort

A person upon whom a tort has been committed and who brings an action for the benefits received by the tortfeasor has traditionally been said to "waive the tort".[103] The decision to bring a restitutionary claim was not said to affirm the tort as rightful, but merely represents one of two alternative remedies available to the claimant, the other being a right to compensation in tort.[104] Clearly, a tort can only be "waived" where the tortfeasor has received some identifiable benefit.   **108-25**

Thus, where a defendant has converted the claimant's property, a claim for money had and received may lie.[105] Such a remedy is indisputably restitutionary. (See Precedent 108-Z17.)

Where rights in tangible property have been invaded, such as in cases of conversion, trespass to land,[106] or detinue,[107] user-damages (measured by what a reasonable person would have paid for the right of user) or negotiating damages (measured by what a reasonable person would pay for the relaxation of the right infringed) may be awarded. These damages are also available for breaches of intellectual property

---

[101] It is unclear which of these "gains based" remedies are properly called "restitutionary". As explained later, the Supreme Court has held that almost all awards of damages for torts and breach of contract are essentially compensatory: *Morris-Garner v One Step (Support) Ltd* [2018] UKSC 20; [2018] 2 W.L.R. 1353. Further, while an account of profits is clearly a non-compensatory remedy, it is arguably not restitutionary either: since the profits made by the defendant may not have been obtained through any transaction with the claimant, an account of profits doesn't necessarily return gains made by a defendant to a claimant: see *Devenish Nutrition Ltd v Sanofi-Aventis SA (France) Ltd* [2008] EWCA Civ 1086; [2009] Ch. 390 at [144] per Longmore LJ.
[102] As the Rt Hon Lord Hoffmann remarks in the foreword to Salzedo & Singla, *Accountants' Negligence and Liability* (London: Bloomsbury Professional, 2016), "developing" is a "judicial euphemism for muddled and uncertain".
[103] See Burrows, *The Law of Restitution*, 3rd edn (2010), Chs 23–25.
[104] See *United Australia Bank Ltd v Barclays Bank Ltd* [1941] A.C. 1.
[105] See e.g. *United Australia Bank Ltd v Barclays Bank Ltd* [1941] A.C. 1.
[106] See e.g. *Powell v Rees* (1837) 7 Ad. & E. 426; *Ministry of Defence v Ashman* [1993] 2 E.G.L.R. 102
[107] *Strand Electric and Engineering Co Ltd v Brisford Entertainments Ltd* [1952] 2 Q.B. 246.

rights.[108] However, for non-proprietary torts and nuisance, it would appear that such damages are not available.[109]

In *Morris-Garner v One Step (Support) Ltd*,[110] the Supreme Court held (albeit obiter) that while user damages and negotiating damages can be said to be measured in relation to a benefit obtained by the defendant, they are both compensatory in nature, since they compensate the claimant for the objective value of the loss of the use of the property.[111] Importantly, it is therefore not open to a claimant to elect between damages on a compensatory or "restitutionary" basis, because on a true analysis these are simply two sides of the same coin: they are different ways of assessing the true value of the damage done to the claimant that requires compensation.[112] However, it will not be every case where user damages (for example by reference to a notional licence fee) will be appropriate, for example where the defendant has not in fact derived any relevant benefit from its breach of duty.[113] It is for the court to determine what is the appropriate measure of the claimant's loss on the facts of any particular case,[114] and it should not be deterred from performing that exercise by its difficulty in any particular case.[115]

108-26 It is also important to bear in mind that user damages and negotiating damages are conceptually distinct from an account of profits and should not be seen as falling on a sliding scale of partial and total disgorgement of profits.[116] Unlike user damages and negotiating damages, while an account of profits can be awarded for breaches of intellectual property rights, it does not appear to be available for any other torts,[117] despite its availability (in exceptional cases) for breach of contract.

In response to a tort, damages might also be awarded in lieu of an injunction (under s.50 of the Senior Courts Act 1981, known as Lord Cairns Act damages). In such cases the court is exercising its equitable jurisdiction and in the exercise of its discretion as to the appropriate way to quantify damages may award user dam-

---

[108] *General Tire Co v Firestone Tyre Co Ltd* [1975] 1 W.L.R. 819.
[109] There are no cases awarding such damages for non-proprietary torts. The Court of Appeal in *Stoke-on-Trent City Council v W&J Wass Ltd* [1988] 1 W.L.R. 1406 held that such damages were not available in a case of nuisance, where no loss had been suffered.
[110] *Morris-Garner v One Step (Support) Ltd* [2018] UKSC 20; [2018] 2 W.L.R. 1353.
[111] *Morris-Garner v One Step (Support) Ltd* [2018] 2 W.L.R. 1353 at [95(4)]. Contra Lord Nicholls in *Attorney General v Blake* [2001] 1 A.C. 268, 279 and Hoffmann LJ, as he then was, in *Ministry of Defence v Ashman* [1993] 2 E.G.L.R. 102 at 105.
[112] *Morris-Garner v One Step (Support) Ltd* [2018] 2 W.L.R. 1353 at [96].
[113] *Marathon Asset Management LLP v Seddon* [2017] EWHC 300 (Comm); [2017] 2 C.L.C. 182 at [254]–[262].
[114] As is the position in relation to negotiating damages for breach of contract. See para.108-26.
[115] *Morris-Garner v One Step (Support) Ltd* [2018] 2 W.L.R. 1353 at [96].
[116] *Morris-Garner v One Step (Support) Ltd* [2018] 2 W.L.R. 1353 at [81].
[117] See *Forsyth-Grant v Allen* [2008] EWCA Civ 505; [2008] Env. L.R. 41, where the Court of Appeal noted that there was no decided case where an account of profits had been awarded in lieu of damages for nuisance and held that the trial judge had been entitled to reject such a claim on the basis that it was not an available remedy for nuisance. In *Devenish Nutrition Ltd v Sanofi-Aventis SA (France) Ltd* [2008] EWCA Civ 1086; [2009] Ch. 390, the Court of Appeal held that an account of profits was not an available remedy for a breach of statutory duty.

ages or negotiating damages.[118] However, there is some doubt as to whether this would be appropriate in cases of nuisance[119] or non-proprietary torts.

Contract

Negotiating damages are available for breach of contract "where the loss suffered by the claimant is appropriately measured by reference to the economic value of the right which has been breached, considered as an asset" such as where "the breach of contract results in the loss of a valuable asset created or protected by the right which was infringed".[120] As previously noted, since negotiating damages are compensatory, a claimant cannot elect such damages; nor does the court have a discretion as to whether to award them.[121] The court can only award them where they are the appropriate way to measure the claimant's loss.[122]

108-27

In *Attorney General v Blake*,[123] the House of Lords held that in exceptional circumstances, where the remedies of damages, specific performance and injunction, coupled with the characterisation of some contractual obligations as fiduciary, would not provide an adequate response, an account of profits is a possible remedy for a breach of contract. It was said that a useful general guide to whether this would be appropriate is whether the claimant had a legitimate interest in preventing the defendant's profit-making activity and hence in depriving him of his profit.[124] The award of an account of profits is always a discretionary matter for the court.[125]

Where a court awards damages in lieu of specific performance or an injunction,

---

[118] *Jaggard v Sawyer* [1995] 1 W.L.R. 269.
[119] In *Lawrence v Fen Tigers Ltd* [2014] UKSC 13; [2014] A.C. 822 the Supreme Court left open the question as to whether, in lieu of an injunction, damages could be awarded based on the benefit obtained by the defendant: see [128]–[131], [172] and [248].
[120] *Morris-Garner v One Step (Support) Ltd* [2018] 2 W.L.R. 1353 [92] and [95] (at point (10)).
[121] *Morris-Garner v One Step (Support) Ltd* [2018] 2 W.L.R. 1353 at [95] and [96].
[122] Contrary to Court of Appeal authority prior to the *One Step* case, in considering whether to award negotiating damages, it is irrelevant whether: (a) loss or damage may be difficult to measure; (b) the breach of contract was deliberate; (c) the party in breach benefited from his conduct, or (d) the claimant has a "legitimate interest" in preventing an activity carried out in breach of contract: see *One Step* at [90].
[123] *Attorney General v Blake* [2001] 1 A.C. 268.
[124] But this factor alone will not be decisive. See *Esso Petroleum Co Ltd v Niad Ltd* [2001] EWHC 6 (Ch); [2001] All E.R. (D) 324, where Morritt VC ordered an account of profits in a commercial context. That was considered in *Experience Hendrix LLC v PPX Enterprise Inc* [2003] EWCA Civ 323; [2003] 1 All E.R. (Comm) 830, in which the Court of Appeal did not consider the circumstances were exceptional to the point where the court should order a full account of all profits, although: (1) the breach was deliberate; (2) the claimant would have difficulty in establishing financial loss; and (3) the claimant had a legitimate interest in preventing the defendant's profit-making activity carried out in breach of its contractual obligations (para.58). The Court of Appeal emphasised (at para.38) that unlike in *Esso v Niad* it was not shown that PPX's breaches went to the root of Experience Hendrix's programme or gave the lie to its integrity. See A. Burrows, *Remedies for Torts, Breach of Contract, and Equitable Wrongs*, 4th edn (London: Oxford University Press, 2019), pp.321–332.
[125] *Walsh v Shanahan* [2013] EWCA Civ 411; [2013] 2 P. & C.R. DG7 at [63]–[64]. See also *Vercoe v Rutland Fund Management Ltd* [2010] EWHC 424 (Ch); [2010] Bus. L.R. D141 at [341]–[343]; *Jones v Ricoh UK Ltd* [2010] EWHC 1743 (Ch); [2010] U.K.C.L.R. 1335 at [88]–[89]; and *Luxe Holding Ltd v Midland Resources Holding Ltd* [2010] EWHC 1908 (Ch) at [55]. The emphasis in these cases is that there must be a special need for protection of the claimant's interests.

the award of damages is also discretionary and the court may award negotiating damages.[126]

Equity

108-28   In equity, the rules are more wide-ranging. Thus, a trustee who purchases trust property or a beneficial interest for his own gain, exploits trust property or diverts an opportunity which would otherwise have accrued to his beneficiaries will be held to account. (See Precedent 108-Z18.) A defendant who dishonestly assists a fiduciary to breach his fiduciary obligations may be ordered to disgorge his wrongful profits, even if trust property is not involved.[127]

An order for restitutio in integrum may aim to prevent the defendant from being unjustly enriched, even if the result is to place the claimant in a more favourable position than if the wrong had not been committed.[128]

Interest

108-29   Under s.35A of the of the Senior Courts Act 1981, simple interest is payable on amounts awarded in restitutionary claims, whether the claim is in unjust enrichment or for wrongdoing.

At common law, compound interest is also available in a claim for damages, where such interest is a measure of the loss foreseeably suffered by the claimant from the loss of their use of funds.[129] This would appear to include claims for user-damages, negotiation damages and other gains-based damages which the Supreme Court has held are essentially compensatory.[130]

However, compound interest is not available in a claim for unjust enrichment where restitution is sought for money paid to the defendant. In *Sempra Metals Ltd v IRC*,[131] a majority of the House of Lords had held that compound interest was available in such circumstances, on the grounds that part of the benefit conferred on the defendant was the opportunity to use the money paid by the claimant. The Supreme Court overturned this aspect of the decision in *Prudential Assurance Co Ltd v Revenue and Customs Commissioners* at [42]–[80],[132] as both wrong in principle and contrary to more than 200 years of prior authority.

---

[126] *Wrotham Park Estate Co Ltd v Parkside Homes Ltd* [1974] 1 W.L.R. 798.
[127] See *Novoship (UK) Ltd v Mikhaylyuk* [2014] EWCA Civ 908; [2015] 2 W.L.R. 526, at [66]–[93]. There must be a sufficiently direct causal link between the dishonest assistance and the profits [114]–[115] and the ordering of the account is not automatic, but discretionary, such that for example it may be withheld if an account of profits would be disproportionate in relation to the particular form and extent of wrongdoing: [119], approved by the Privy Council in *Central Bank of EquadorEquadorEcuador v Conticorp SA* [2015] UKPC 11; [2016] 1 B.C.L.C. 26 (judgment on interest and costs) at [9]
[128] See *Banwaitt v Dewji* [2014] EWCA Civ 67, at [81]–[86]; *Novoship (UK) Ltd v Mikhaylyuk* [2015] 2 W.L.R. 526 at [71].
[129] *Sempra Metals Ltd v IRC* [2007] UKHL 34; [2008] 1 A.C. 561.
[130] *Morris-Garner v One Step (Support) Ltd* [2018] UKSC 20; [2018] 2 W.L.R. 1353; *Prudential Assurance Co Ltd v Revenue and Customs Commissioners* [2018] UKSC 39; [2018] 3 W.L.R. 652 at [47].
[131] *Sempra Metals Ltd v IRC* [2007] UKHL 34; [2008] 1 A.C. 561.
[132] *Prudential Assurance Co Ltd v Revenue and Customs Commissioners* [2018] UKSC 39; [2018] 3 W.L.R. 652 at [42]–[80].

Claim for the Recovery of a Payment Made Under Mistake

1. On or about [date], the Claimant paid to the Defendant the sum of £[insert amount of payment and the manner in which payment was made].

2. The Claimant made the payment to the Defendant as a result of a mistake [describe the mistake].

3. The Claimant discovered the mistake on or about [date] and demanded repayment of the sum on [date and details of the demand]. The Defendant had failed to repay to the Claimant all or any part of the sum.

4. In the premises, the Claimant is entitled to repayment of the sum of £[..........].

5. Further, the claimant is entitled to and claims interest on the said sum pursuant to s.35A of the Senior Courts Act 1981 at such rate and for such period as the Court in its discretion considers fit.[133]

AND the Claimant claims against the Defendant:
(1) The sum of £[..........].
(2) Interest as aforesaid.

[Statement of truth]

108-ZA1

Claim for the Recovery of an Indirect Enrichment

1. On or about [date], the Claimant agreed to release its registered legal charge over Mr X's property, which secured the sum of £[insert amount of sum secured] which Mr X owed to the Claimant.

2. The Claimant agreed to release its charge on the understanding that Mr X's property would be sold and part of the sale monies used to purchase a smaller property for his daughter, the Defendant, over which the Claimant would be provided with a charge [describe the circumstances of this agreement].

3. The charge was released, and Mr X's property sold for less than the sum charged.

4. The Defendant exchanged contracts on a smaller property, and paid a deposit. A proportion of the sale monies from Mr X's property was paid by Mr X to complete the purchase on behalf of the Defendant and extinguish the vendor's lien [describe circumstances of sale].

5. Subsequent to that purchase, the Defendant refused to provide a charge over the new property on the grounds that she was unaware of the arrangement between the Claimant and Mr X.

6. Nonetheless:
   a. The Defendant received a valuable benefit, being the monies released from Mr X's property and used to purchase her new property;

108-ZA2

---

[133] Or s.69 of the County Courts Act 1984.

b. The purchase of the new property could only proceed because of the Claimant's agreement to release its charge over Mr X's property;
c. Accordingly, the sale of the old property and the purchase of the new property were in reality part of one composite transaction, there was a close causal connection between the benefit received by the Defendant and the loss suffered by the Claimant (the release of its security), and the Defendant was unjustly enriched at the Claimant's expense.

7. The Claimant hereby claims for the right to be subrogated to the vendor's lien over the Defendant's property that was extinguished via the monies paid by Mr X, up to the amount of £[value of subrogated rights].

AND the Claimant claims against the Defendant:
(1) Relief by way of subrogation to the vendor's lien over the Defendant's property sum, up to the value of £[..........].

[Statement of truth]

CLAIM FOR THE RECOVERY OF A NON-MONEY BENEFIT CONFERRED BY MISTAKE

108-ZA3 1. On or about [date], the Claimant [describe the nature of the benefit conferred by the claimant, and the manner in which it was conferred].

2. This benefit was conferred by the Claimant and received by the Defendant under a mistake [describe the mistake].

3. The benefit conferred on the Defendant was a valuable benefit. In the premises, the Defendant was incontrovertibly benefited by the Claimant in the amount of £[..........].

4. The Claimant discovered the mistake on or about [date] and demanded restitution of the benefit on [date and details of the demand]. The Defendant had failed to make such restitution, whether in whole or in part.

5. Further, the Claimant is entitled to and claims interest on the said sum pursuant to s.35A of the Senior Courts Act 1981 at such rate and for such period as the Court in its discretion considers fit.

AND the Claimant claims against the Defendant:
(1) The sum of £[..........].
(2) Interest as aforesaid.

[Statement of truth]

CLAIM FOR PAYMENT FOR A FREELY ACCEPTED NON-MONEY BENEFIT

108-ZA4 1. In or around 27 November 2009, the Defendant requested that the Claimant security company provide security for his horseracing event.

2. By an oral agreement reached on 28 November 2009, the Claimant agreed to provide the Defendant with 5 security guards, at a rate of £100 per guard.

3. In due performance of the agreement, the Claimant provided 5 guards to the

Defendant's horseracing event, which took place on 29 November 2009. However, on account of the large number of spectators on the day, the Claimant considered it necessary to call for 5 extra guards in order to control the crowds.

4. The 5 extra guards arrived and started work. The Defendant was informed of these developments shortly after the guards' arrival and had every opportunity to reject their services. However, he allowed them to stay and to provide security for the event.

5. In the premises, the parties agreed by conduct to vary their original agreement. The varied agreement covered the 5 extra guards, at a rate of £100 per guard. Alternatively, the Defendant freely accepted the services provided by these guards. The reasonable value of these services was £100 per guard.

6. The Claimant therefore claims £1,000, being £500 for the original 5 guards and £500 for the 5 extra guards.

7. Further, the Claimant is entitled to and claims interest on the said sum pursuant to s.35A of the Senior Courts Act 1981 at such rate and for such period as the Court in its discretion considers fit.

AND the Claimant claims against the Defendant:
(1) The sum of £1,000.
(2) Interest as aforesaid.

[Statement of truth]

CLAIM FOR THE RECOVERY OF A PAYMENT MADE PURSUANT TO A CONTRACT DISCHARGED BY BREACH BY THE "INNOCENT" PARTY TO THE CONTRACT

1. By a contract made in writing dated 15 May 2000, the Claimant agreed to buy and the Defendant agreed to sell 1,000 widgets for a total price of £10,000.

2. The following were conditions of the contract:
(1) That the Claimant pay to the Defendant the sum of £1,000, on 15 May 2000.
(2) That the Defendant deliver the widgets at the Claimant's premises at Blackacre on 15 June 2000.
(3) That the Claimant pay the balance of the purchase price on 30 June 2000.

3. Pursuant to the contract, the Claimant paid to the Defendant the sum of £1,000 on 15 May 2000.

4. In breach of contract, the Defendant failed to deliver 1,000 widgets on 15 June 2000 or at all. By his conduct, the Defendant evinced an intention no longer to be bound by the contract and has repudiated the same.

5. The Claimant, as it was entitled to do, accepted the Defendant's repudiation by a letter dated 25 June 2000.

6. In the premises, the consideration for the payment of the said sum of £1,000 has wholly failed and the Claimant is entitled to repayment of this sum.

7. Further, the Claimant is entitled to and claims interest on the said sum pursuant to s.35A of the Senior Courts Act 1981 at such rate and for such period as the Court in its discretion considers fit.[134]

AND the Claimant claims against the Defendant:
(1) The sum of £1,000.
(2) Interest as aforesaid.

[Statement of truth]

CLAIM FOR THE RECOVERY OF A NON-MONEY BENEFIT MADE PURSUANT TO A CONTRACT DISCHARGED BY BREACH BY THE "GUILTY" PARTY TO THE CONTRACT

108-ZA6 1. By a contract made in writing dated 15 May 2000, the Claimant agreed to sell and the Defendant agreed to buy 1,000 widgets for a total price of £10,000.

2. The following were conditions of the contract:
(1) That the Claimant deliver 500 widgets at the Defendant's premises at Blackacre on 15 June 2000 and 500 widgets at the Defendant's premises at Whiteacre on 15 July 2000.
(2) That the Defendant pay to the Claimant the purchase price by 30 July 2000.

3. Pursuant to the contract, the Claimant delivered 500 widgets at the Defendant's premises at Blackacre on 15 June 2000. However, the Claimant did not deliver 500 widgets at the Defendant's premises at Whiteacre.

4. The Defendant accepted the Claimant's repudiatory breach by a letter dated 25 June 2000 and the contract was discharged on that date. The Claimant has received no part of the price of £10,000.

6. In the premises, the consideration for the 500 widgets delivered on 15 June 2000 has wholly failed and the Claimant is entitled to the sum of £[..........].

7. Further, the Claimant is entitled to and claims interest on the said sum pursuant to s.35A of the Senior Courts Act 1981 at such rate and for such period as the Court in its discretion considers fit.[135]

AND the Claimant claims against the Defendant:
(1) The sum of £[..........].
(2) Interest as aforesaid.

[Statement of truth]

CLAIM FOR THE RECOVERY OF A PAYMENT MADE PURSUANT TO A CONTRACT DISCHARGED BY FRUSTRATION

108-ZA7 1. By a contract made orally on 15 May 2000 between the Claimant and the Defendant, the Defendant agreed to paint and redecorate the Claimant's premises at Whiteacre for £1,000, which the Claimant agreed to pay.

---

[134] Or s.69 of the County Courts Act 1984.
[135] Or s.69 of the County Courts Act 1984.

CLAIM FOR THE RECOVERY OF A BENEFIT MADE PURSUANT TO A CONTRACT WHICH DOES NOT MATERIALISE

2. On or about 25 May 2000, the Claimant paid to the Defendant the sum of £500 on account in respect of the said painting and redecoration.

3. On or about 2 June 2000, the Claimant's premises at Whiteacre were wholly destroyed by fire.

4. By reason of the matters aforesaid, the contract became impossible to perform and was frustrated.

5. In the premises, the Claimant is entitled to recover the sum of £500 from the Defendant pursuant to s.1(2) of the Law Reform (Frustrated Contracts) Act 1943.[136]

6. Further, the Claimant is entitled to and claims interest on the said sum pursuant to s.35A of the Senior Courts Act 1981 at such rate and for such period as the Court in its discretion considers fit.[137]

AND the Claimant claims against the Defendant:
(1) The sum of £[..........].
(2) Interest as aforesaid.

[Statement of truth]

CLAIM FOR THE RECOVERY OF A BENEFIT MADE PURSUANT TO A CONTRACT WHICH DOES NOT MATERIALISE

1. The Claimant is a property developer. 108-ZA8

2. Until 10 October 2018, the Defendant was the owner of land known as Blackacre ("the Property").

3. In the course of oral discussions in or about June 2018, the Claimant and Defendant agreed, subject to contract, that the Claimant would apply on the Defendant's behalf for planning permission to build two houses on the Property and, if permission was granted, build the houses and market them for sale. If the houses sold for more than a combined total of £2,000,000, the Defendant would pay the Claimant £1,000,000.

4. In anticipation of the contract, and with the Defendant's express encouragement, the Claimant prepared and submitted an application for planning permission on 10 July 2018, which was granted on 1 September 2018.

5. After the planning application was submitted, the Defendant refused to discuss the contract with the Claimant and no contract has been executed.

6. The Defendant sold the Property to a third party on 10 October 2018.

---

[136] In the case of non-money benefits, Precedent 108-ZA2 should be adapted. The relevant section of the Act is s.1(3).
[137] Or s.69 of the County Courts Act 1984.

6. In the premises, the Defendant has been incontrovertibly benefited by the services provided by the Claimant to the value of £[..........].[138]

7. Further, the Claimant is entitled to and claims interest on the said sum pursuant to s.35A of the Supreme Court Act 1981 at such rate and for such period as the Court in its discretion sees fit.[139]

AND the Claimant claims against the Defendant
(1) The sum of £[..........]
(2) Interest as aforesaid

[Statement of truth]

CLAIM FOR THE RECOVERY OF A BENEFIT MADE PURSUANT TO A TRANSACTION THAT IS UNENFORCEABLE, VOID OR INEFFECTIVE

108-ZA9 1. The Claimants are the executors of Mr XYZ, deceased.

2. The Defendant is, and at all material times was, a member and one of the leaders of a religious order known as [..........] ("the Order").

3. In July 1999, Mr XYZ was 72 years old, frail and in poor health. At this time, he encountered the Defendant, who persuaded him to enter the Order. Mr XYZ did so, commencing "training" as a novice in August 1999. Training involved full-time residence at the Defendant's premises and seeing noone apart from the Defendant and other members of the Order. Mr XYZ remained at the Defendant's premises until his death on 14 May 2000.

4. By reason of the foregoing, the Defendant acquired dominion over the mind of Mr XYZ. [Set out particulars.]

5. In the period commencing August 1999 until his death, Mr XYZ made the following payments to the Defendant:
(1) £10,000 on 1 September 1999.
(2) £23,000 on 2 May 2000.

6. The said payments were in substance gifts to the Defendant procured by his undue influence over Mr XYZ.

7. In the premises, the Claimants are entitled to the sum of £33,000.

8. Further, the Claimants are entitled to and claim interest on the said sum pursuant to s.35A of the Senior Courts Act 1981 at such rate and for such period as the Court in its discretion considers fit.[140]

AND the Claimants claim against the Defendant:

---

[138] The benefit obtained by the defendant is the value of the services provided, including any application fees paid out, not the increase in the value of the Property as a result of the planning permission being granted.
[139] Or s.69 of the County Courts Act 1984.
[140] Or s.69 of the County Courts Act 1984.

(1) The sum of £[..........].
(2) Interest as aforesaid.

[Statement of truth]

CLAIM FOR CONTRIBUTION BY ONE SURETY AGAINST ANOTHER

1. By a loan agreement dated 20 July 1999, ABC Bank lent the sum of £10,000 to Mr XYZ. 108-ZA10

2. It was an express term of the loan agreement that the loan was repayable on demand.

3. The loan of £10,000 was secured by the following guarantees:
(1) a guarantee from the Claimant, guaranteeing the principal sum of £10,000, plus interest and costs;
(2) a guarantee from the Defendant, guaranteeing the principal sum of £10,000, plus interest and costs.

4. On or about 18 January 2000, ABC Bank made demand on Mr XYZ seeking repayment of the sum of £10,000, plus interest in the sum of £1,500. Mr XYZ did not pay the sum demanded or any sum.

5. On or about 31 January 2000, ABC Bank made demand on the Claimant under the guarantee given by him in the sum of £10,000, plus interest in the sum of £1,500. The Claimant paid £11,500 to ABC Bank in full settlement of this demand.

6. In the premises, the Claimant is entitled to a contribution from the Defendant in the sum of £5,750, being 50% the sum paid by the Claimant to ABC Bank.

7. Further, the Claimant is entitled to and claims interest on the said sum pursuant to s.35A of the Senior Courts Act 1981 at such rate and for such period as the Court in its discretion considers fit.[141]

AND the Claimant claims against the Defendant:
(1) The sum of £5,750.
(2) Interest as aforesaid.

[Statement of truth]

CLAIM FOR RECOUPMENT

1. By a loan agreement dated 20 July 1999, ABC Bank lent the sum of £10,000 to the Defendant. 108-ZA11

2. It was an express term of the loan agreement that the loan was repayable on demand.

3. The loan of £10,000 was secured by a guarantee from the Claimant, guaranteeing the principal sum of £10,000, plus interest and costs.

---

[141] Or s.69 of the County Courts Act 1984.

4. On or about 18 January 2000, ABC Bank made demand on the Defendant seeking repayment of the sum of £10,000, plus interest in the sum of £1,500. The Defendant did not pay the sum demanded or any sum.

5. On or about 31 January 2000, ABC Bank made demand on the Claimant under the guarantee given by him in the sum of £10,000, plus interest in the sum of £1,500. The Claimant paid £11,500 to ABC Bank in full settlement of this demand.

6. In the premises, the Claimant is entitled to recoupment from the Defendant of all sums paid by the claimant to ABC Bank.

7. Further, the Claimant is entitled to and claims interest on the said sum pursuant to s.35A of the Senior Courts Act 1981 at such rate and for such period as the Court in its discretion considers fit.[142]

AND the Claimant claims against the Defendant:
(1) The sum of £11,500.
(2) Interest as aforesaid.

[Statement of truth]

Defence of Estoppel

[Set out in numbered paragraphs admissions, non-admissions or denials of the material allegations in the particulars of claim.]

1. The Claimant is, and at all material times was, an insurance company providing (amongst other things) critical illness cover. In particular, the Claimant provided a form of critical illness cover that paid out a lump sum in the event of an insured being afflicted by one of a number of specified illnesses and/or conditions.

2. The Defendant was a policyholder of the Claimant subscribing to the Claimant's critical illness cover. The lump sum for which the Defendant was insured in the event of a critical illness occurring was £100,000.

3. In June 2000, the Defendant was diagnosed as being HIV positive.

4. On 10 July 2000, the Defendant submitted a claim to the Claimant under the critical illness cover taken out by him.

5. By a letter dated 15 August 2000, the Claimant wrote to the Defendant, enclosing a cheque in the sum of £100,000, and stating that this payment was made in satisfaction of his claim of 10 July 2000.

6. It is not admitted and the Defendant requires the Claimant to prove that:
   (1) The letter to the Defendant dated 15 August 2000, and the payment enclosed therewith, were sent by the Claimant to the Defendant in error.
   (2) The Defendant was not entitled to any payment under the critical illness cover taken out by him on the ground that his condition was a "condition subsisting prior to the inception of cover".

---

[142] Or s.69 of the County Courts Act 1984.

7. If, contrary to the Defendant's non-admissions, the letter and the payment were sent by mistake, and the Defendant was not entitled to the sum of £100,000, the Defendant contends as follows:
   (1) The letter of 15 August 2000 constituted an unequivocal representation by the Claimant that the Defendant was entitled under the critical illness cover taken out by him and that the payment of £100,000 was in satisfaction of his claim.
   (2) The Defendant relied upon the representation made by the Claimant in that [here set out the particulars of the reliance].

8. In the circumstances, it is inequitable for the Claimant to go back on its representation and the Claimant is not entitled to the relief claimed by it, or any relief.

[Statement of truth]

Defence of change of position

[Set out in numbered paragraphs admissions, non-admissions or denials of the material allegations in the particulars of claim.]   108-ZA13

1. The Defendant bona fide changed his position as a result of receiving the payment from the Claimant, in that:
[Here set out the particulars of the change of position.]

2. In the premises, the Claimant is not entitled to recovery [specify what sums the claimant is precluded from recovering, bearing in mind that change of position is only a pro tanto and not a complete defence].

[Statement of truth]

Defence of ministerial receipt

[Set out in numbered paragraphs admissions, non-admissions or denials of the material allegations in the particulars of claim.]   108-ZA14

1. The Defendant admits that he received the sum of £[..........] referred to in paragraph 1 of the Particulars of Claim.

2. The Claimant is, and at all material times was, the agent of [identify principal].

3. The Defendant received the sum of £[..........] as agent and paid the money to his principal before receiving notice of the Claimant's claim.

4. In the circumstances, the Claimant is not entitled to the relief claimed by him, or any relief.

[Statement of truth]

Defence of public policy

1. The Defendant, a local authority in Ruritania, accepts that under a loan agreement dated 5 July 2006 it borrowed the sum of £100,000 from ABC Bank.   108-ZA15

2. The Defendant also accepts that this loan agreement was void under the terms of s.50 of the Ruritanian Local Government Act 2002.

3. The Defendant further accepts that ABC Bank is prima facie entitled to some measure of restitution of the money it advanced under the loan agreement.

4. However, the Defendant avers that the public policy behind s.50 of the Ruritanian Local Government Act 2002 is such as to protect local authorities in Ruritania from restitutionary claims arising out of ultra vires transactions. The statutory intent behind s.50 is evidenced by [provide factual and/or expert evidence].

5. In the premises, ABC Bank is not entitled to recovery [specify what sums the claimant is precluded from recovering, bearing in mind that the public policy defence is dependent on the court's discretion and will only operate to the extent that the court deems appropriate].

DEFENCE OF BONA FIDE PURCHASE

[Set out in numbered paragraphs admissions, non-admissions or denials of the material allegations in the particulars of claim.]

1. It is denied that the Claimant is the owner of the goods.

2. On or about [date] Mr ABC sold the goods to the Defendant for the sum of £[..........]. The Defendant paid the said sum and received the goods in good faith and without notice of any interest of the Claimant in the goods.

[Statement of truth]

CLAIM FOR THE RECOVERY OF A BENEFIT OBTAINED BY THE COMMISSION OF A TORT

1. The Claimant carries on business as a supplier of building materials from his premises at Whiteacre.

2. The Defendant has at all material times been employed as a warehouseman at the Claimant's premises.

3. On various dates unknown to the Claimant (but before 20 May 2000), the Defendant, without the Claimant's knowledge or consent, removed building materials from the Claimant's premises, sold them to persons other than the Claimant's customers and retained the proceeds.

4. The Defendant has received and applied to his own use payments received in respect of the said sales of building materials, namely:
   (1) the sale of 50 bags of cement during September 1999 for the sum of £500;
   (2) the sale of 1,000 bricks during October 1999 for the sum of £200.

5. By reason of the aforesaid facts and matters, the Claimant claims the sum of £700 as money had and received by the Defendant to the Claimant's use.

6. In the alternative, by reason of the aforesaid facts and matters, the Defendant wrongfully deprived the Claimant of the use and possession of the said building materials and has converted the same to his own use.

7. Further, the Claimant is entitled to and claims interest on the said sum pursuant to s.35A of the Senior Courts Act 1981 at such rate and for such period as the Court in its discretion considers fit.[143]

AND the Claimant claims against the Defendant:
(1) The sum of £700.
(2) Alternatively, damages for conversion.
(3) Interest as aforesaid.

[Statement of truth]

CLAIM FOR THE RECOVERY OF A BENEFIT OBTAINED BY THE COMMISSION OF A BREACH OF FIDUCIARY DUTY

1. The Claimant is, and at all material times was, a company carrying on business as [..........].

2. The Defendant is, and at all material times was, a director of the Claimant.

3. In or about May 2000, the board of directors of the Claimant resolved that the Claimant should take steps to acquire certain property at Whiteacre.

4. Negotiations took place between representatives of the Claimant and representatives of the owners of Whiteacre during May/June 2000. By an agreement made in writing dated 10 July 2000, it was agreed that the Claimant would buy and the owners would sell Whiteacre for the sum of £1 million.

5. Whiteacre was conveyed to the Claimant on 15 August 2000.

6. The Defendant was entitled at all material times prior to the said agreement between the Claimant and the owners of Whiteacre to an option to purchase Whiteacre from its owners for the sum of £800,000.

7. The said option was released by the Defendant on 9 July 2000 in consideration of a payment of £75,000 from the owners of Whiteacre, which payment was made on or about 9 July 2000.

8. At no time prior to 15 August 2000 did the Defendant disclose (nor was the Claimant otherwise aware of) the following facts, namely:
(1) the existence of the option in the Defendant's favour;
(2) the release of the option by the Defendant;
(3) the payment of £75,000 to the Defendant by the owners of Whiteacre.

9. Further the Claimant is entitled to and claims interest under the equitable jurisdiction of the Court, alternatively under s.35A of the Senior Courts Act 1981 at such rate and for such period as the Court thinks fit.[144]

AND the Claimant claims against the Defendant:

---

[143] Or s.69 of the County Courts Act 1984.
[144] Or s.69 of the County Courts Act 1984.

(1) An account of what is due to it in respect of secret profits received by the Defendant in respect of the acquisition of Whiteacre by the Claimant.
(2) Payment of the amount found due on the taking of the said account.
(3) Interest as aforesaid.
(4) Further or other relief.

[Statement of truth]

PART ZB SPORT

SECTION 109:

SPORTS LAW

TABLE OF CONTENTS

Claim by sports participant for damages for breach of contract against agent alleging failure to promote interests 109-ZB1
Claim by sports participant for damages for breach of contract against sponsor alleging improper termination 109-ZB2
Claim by agent for damages for breach of contract against sports participant for unpaid remuneration 109-ZB3
Claim by employer for declaration of lawful termination of contract against sports participant alleging failure to obey reasonable instructions 109-ZB4
Claim by sports participant for damages for personal injuries against participant alleging negligence 109-ZB5
Claim by sports participant for damages for personal injuries alleging vicarious liability 109-ZB6
Claim by sports participant for damages for personal injuries against match official alleging negligence 109-ZB7
Claim by sports participant for damages for personal injuries against occupier of premises alleging breach of statutory duty 109-ZB8
Claim by spectator for damages for personal injuries against occupier of premises alleging breach of statutory duty . 109-ZB9
Claim by sports participant for damages for personal injuries against medical practitioner/physiotherapist alleging negligence and vicarious liability 109-ZB10
Defence by sports participant to employer's claim denying reasonableness of instructions and alleging wrongful dismissal 109-ZB11
Defence by sports participant to fellow participant's claim denying negligence and alleging contributory negligence 109-ZB12
Defence by sports participant to fellow participant's claim denying negligence and alleging acceptance of risk of injury 109-ZB13
Defence by employer to sports participant's claim of vicarious liability for negligence of fellow competitor 109-ZB14
Defence by match official to sports participant's claim denying negligence 109-ZB15

  Defence by occupier of premises to spectator's claim denying breach of statutory duty and alleging adequate warning 109-ZB16
  Defence by employer to sports participant's claim of vicarious liability for negligent medical treatment and alleging appointment of reasonably competent medical practitioner/physiotherapist 109-ZB17

109-01 The nature and development of sports law There is nothing new about the existence of disputes between parties involved in sporting activities. However, the inclusion of a sports law section in this established work reflects the exponential increase over the last 20 years in litigation and in particular arbitration concerning organised sport.

During that period the volume of commercial and media activity in sport has increased dramatically. Many contracts concerning TV distribution rights, agency, sponsorship, ticketing, commercial data and employment involving sport are, quite simply, significant commercial agreements.[1] The significance and potential of sport (e.g. professional football) as an "economic activity" was reflected, most prominently in the well-known decision of the European Court of Justice in *Union Royale Belge des Societes de Football Association (ASBL) v Bosman* (C-415/93) and *Meca-Medina & Majcen v Commission for European Communities*.[2]

In addition, during a similar period, there has been a parallel increase in awareness that loss and injuries sustained as a consequence of sporting activities may constitute the basis of a successful legal action. In *Middlesborough Football & Athletic Club (1986) Ltd v Liverpool Football Athletic Grounds Plc*,[3] the Court of Appeal said:

> "That success on the field brings financial reward cannot be doubted. Professional football is a business like any other. If a club is wrongfully deprived of a valuable player the courts ought not simply to throw up their hands and say that its loss is incalculable and so in law must be regarded as speculative and irrecoverable. Rather, they must value it as best they can using for the purpose all the opportunities afforded by the conventional processes of litigation."

This change has been reflected in the availability and cost of relevant public and employer's liability insurance policies and the growth of actions brought by alternative funding arrangements.

In more recent years, the developments have been in inter partes and disciplinary proceedings concerning integrity issues (including corruption, match-fixing and

---

[1] See e.g. *Football Association Premier League Ltd v British Telecommunications Plc* [2017] EWHC 480 (Ch); [2017] E.C.C. 17; *Constantin Medien AG v Ecclestone* [2014] EWHC 387 (Ch); *Force India Formula One Team Ltd v Etihad Airways PJSC* [2010] EWCA Civ 1051; [2011] E.T.M.R. 10; *Rugby Football Union v Viagogo Ltd* [2011] EWHC 764 (QB); *International Management Group (UK) Ltd v Simmonds* [2003] EWHC 177 (Comm); [2004] Lloyd's Rep. I.R. 247 and *Attheraces Ltd v British Horseracing Board Ltd* [2005] EWHC 3015 (Ch); [2006] U.K.C.L.R. 167.

[2] *Union Royale Belge des Societes de Football Association (ASBL) v Bosman* (C-415/93) [1995] E.C.R. I-4921 and *Meca-Medina & Majcen v Commission for European Communities* EU:T:2004:282; [2004] E.C.R. II-3291; [2004] 3 C.M.L.R. 60.

[3] *Middlesborough Football & Athletic Club (1986) Ltd v Liverpool Football Athletic Grounds Plc* [2002] EWCA Civ 1929.

doping), governance, safeguarding, equalities and gender verification/ hyperandrogenism.

There has been appreciable growth in litigation and/or arbitration activity in: **109-02**

(1) player-agent claims[4];
(2) challenges to anti-doping decisions[5];
(3) challenges to disciplinary and integrity decisions[6];
(4) claims for breach of intellectual property and database rights[7];
(5) negligence claims against fellow participants[8];
(6) claims against match officials[9];
(7) claims against supervisory and/or regulatory bodies[10];
(8) professional negligence claims in respect of medical treatment and advice[11];
(9) claims against schools and/or organising bodies[12]; and
(10) environmental/nuisance claims.

Judicial review in sport The present state of the law is that parties to sports law **109-03** disputes are limited to private law procedures and remedies. Judicial review is not available to challenge the decision of a sporting body.[13] In the final analysis, a party's right to proceed by way of judicial review will depend upon the nature of the right infringed. Following the *Aga Khan* decision, this requirement will present a claimant with an uphill task. There is no present indication that the Supreme Court is dissatisfied with this position. Hoffman LJ in *Aga Khan* said "I do not think that one should try to patch up the remedies available against domestic bodies by pretending that they are organs of government." In an appropriate case, the court may imply a term that the sporting body is under a contractual duty to the claimant to act fairly.[14] However, the prevailing resistance of the English courts to "interfere" with decisions of disciplinary tribunals is exemplified by the approach

---

[4] See e.g. *McGill v Sports and Entertainment Media Group* [2016] EWCA Civ 1063; [2017] 1 W.L.R. 989; *Bony v Kacou* [2017] EWHC 2146 (Ch).
[5] See e.g. *Modahl v British Athletic Federation Ltd* [2001] EWCA Civ 1447; [2002] 1 W.L.R. 1192; *Chambers v British Olympic Association* [2008] EWHC 2028 (QB).
[6] See e.g. *Kaneria v England and Wales Cricket Board* [2014] EWHC 1348 (Comm).
[7] See e.g. *PulseOn Oy v Garmin (Europe) Ltd* [2019] EWCA Civ 138; *Football Dataco ltd v Sportradar GmbH* [2013] EWCA Civ 27; [2013] Bus. L.R. 837.
[8] See e.g. *Caldwell v Maguire* [2001] EWCA Civ 1054; [2002] P.I.Q.R. P6; *Gravil v Carroll* [2008] EWCA Civ 689; [2008] I.C.R. 1222 (tortious assault); *Collett v Smith* [2009] EWCA Civ 583.
[9] See e.g. *Smoldon v Whitworth & Nolan* [1997] P.I.Q.R. P133; *Vowles v Evans* [2003] EWCA Civ 318; [2003] 1 W.L.R. 1607.
[10] See e.g. *Watson (Michael) v British Boxing Board of Control Ltd* [2001] Q.B. 1134; *Aberavon & Port Talbot RFC v Welsh Rugby Union Ltd* [2003] EWCA Civ 584; *Wattleworth v Goodwood Road Racing Co Ltd* [2004] EWHC 140 (QB); [2004] P.I.Q.R. P25.
[11] See e.g. *Hall v Everton Football Club Co Ltd* [2013] EWHC 1625 (QB); *Hamed v Tottenham Hotspur FC Ltd* [2015] EWHC 298 (QB).
[12] See e.g. *Chittock v Woodbridge School* [2002] EWCA Civ 915; [2002] E.L.R. 735; *Mountford v Newlands School* [2007] EWCA Civ 21; [2007] E.L.R. 256; *Gouldbourn v Balkan Holidays Ltd* [2010] EWCA Civ 372; *Blair-Ford v CRS Adventures Ltd* [2012] EWHC 2360 (QB).
[13] *R. v Disciplinary Committee of the Jockey Club Ex p. Aga Khan* [1993] 1 W.L.R. 909 and, e.g. *R. v Football Association Ltd Ex p. Football League Ltd* [1993] 2 All E.R. 833 (approved in *Aga Khan*, *R. v International Sailing Federation Ex p. International RSX Class Association Ltd* [2013] EWHC (Admin).
[14] *Bradley v The Jockey Club* [2005] EWCA Civ 1056; [2006] L.L.R. 1.

of the Court of Appeal in *National Greyhound Racing Club Ltd v Flaherty* and Eady J in *Baker v British Boxing Board of Control*.[15]

109-04 The impact of Human Rights Act 1998 The Human Rights Act 1998 provides that "public authorities" (including courts and tribunals) should not act contrary to the provisions of the European Convention on Human Rights; see Sch.1 to the Act. By way of example, art.6 of the Convention provides:

> "In the determination of his civil rights and obligations or of any criminal charge against him, everyone is entitled to a fair and public hearing within a reasonable time by an independent and impartial tribunal established by law. Judgment shall be pronounced publicly but the press and public may be excluded from all or part of the trial in the interests of morals, public order or national security in a democratic society, where the interests of juveniles or the protection of private life of the parties so require, or to the extent strictly necessary in the opinion of the court in special circumstances where publicity would prejudice the interests of justice."

The Act (s.6(5)) excludes from the definition of "public authority" a person who is performing a private act. It follows from the commentary above that, unless and until the *Aga Khan* decision is refined or reconsidered, the provisions of the European Convention will not by virtue of the Act bite on sporting bodies exercising, for example, disciplinary proceedings.

The courts have had no difficulty rejecting the argument that submission to arbitration conducted under the auspices of a sporting organisation subject to the supervision of the courts under provisions of Arbitration Act 1996 is inconsistent with a party's Convention right to a fair and public hearing.[16] Further, a party waiving his right to litigate a dispute in a compromise agreement will be held to his bargain: *Leeds Utd 2007 Ltd v The Football League Ltd* (Rule K arbitration 01/05/2008). Subject to the above, issues relevant to art.6 may include: composition of the disciplinary tribunal, procedural delay and delivery of a reasoned decision.[17]

109-05 Alternative dispute resolution Experience over the last decade or so has shown that parties to sports law disputes have become increasingly willing to refer their disputes to arbitration, mediation and other forms of alternative dispute resolution (ADR). In a number of instances this development has been facilitated and encouraged by the greater incorporation of contractual arbitration and mediation clauses and some ex post facto agreements to refer disputes to ADR.[18] In the *Stretford* decision, the court was keen to emphasise the positive public policy of encouraging organisations to use binding arbitration to resolve disputes arising within their sport. Typical examples are FA Rule K and FAPL Rules X-Z. The courts' supportive approach to sports arbitration mechanisms, tribunals and their awards is exemplified by *Kaneria v England and Wales Cricket Board Ltd* and *Smith v British Boxing Board of Control Ltd*.[19] In an appropriate case, the courts will also restrain a party to an arbitration agreement from appealing or challenging an adverse award; e.g.

---

[15] *National Greyhound Racing Club Ltd v Flaherty* [2005] EWCA Civ 1117; [2005] L.L.R. 571 and Eady J in *Baker v British Boxing Board of Control* [2014] EWHC 2074 (QB).

[16] *Stretford v Football Association Ltd* [2007] EWCA Civ 238; [2007] 2 All E.R. (Comm) 1.

[17] *Marta Stefan v General Medical Council* [2002] UKPC 10.

[18] *Keegan v Newcastle United Football Co Ltd* [2010] I.R.L.R. 94; *Athletic Union of Constantinople v National Basketball Association* [2002] EWCA Civ 830; [2002] 1 W.L.R. 2863.

[19] *Kaneria v England and Wales Cricket Board Ltd* [2014] EWHC 1348 (Comm) and *Smith v British Boxing Board of Control Ltd* 13 April 2015 (QB).

by reference to the Court of Arbitration for Sport in Lausanne.[20] The relative merits and demerits of ADR are outside the scope of this commentary. The precedents in this section are for use principally in litigation. However, it is suggested that their use or adaptation will assist a party in effective presentation of its case in any form of ADR.

A. Claims

Contract

CLAIM BY SPORTS PARTICIPANT FOR DAMAGES FOR BREACH OF CONTRACT AGAINST AGENT ALLEGING FAILURE TO PROMOTE INTERESTS

Particulars of Claim

1. By an agreement[21] made in writing dated [date] ("the Agreement") contained in or evidenced by the following documents:[22]   109-ZB1
    [List full details of all relevant document(s), including date(s).]
    [Append copies of all relevant document(s).]
the Claimant engaged the Defendant as his/her agent to promote his/her professional interests in [insert nature of sport].

2. It was an [express or implied] term of the Agreement that the Defendant would use [all his/her professional time and] his/her best endeavours to promote the Claimant's professional interests in [insert nature of sport].

3. Further or in the alternative at common law the Defendant owed the Claimant the duty set out in paragraph 2 above.

4. In breach of contract and/or negligently, the Defendant has failed to use [all his/her professional time and] his/her best endeavours to promote the Claimant's professional interests in [insert nature of sport].

Particulars
[Specify, in the greatest detail possible and in descending order of importance, the date(s) and other particulars of the alleged breaches of duty.]

5. By reason of the Defendant's breach of contract and/or negligence, the Claimant has sustained loss and damage.

Particulars
[Specify, in the greatest detail possible, the nature and extent of loss and damage claimed.]
[Consider appending selected number of relevant documents.]

6. [Contractual interest[23] The Claimant is entitled to and claims contractual interest in accordance with clause [..........] of the Agreement on all sums due from the

---

[20] *Sheffield Utd FC Ltd v West Ham Utd FC Plc* [2008] EWHC 2855 (Comm); [2009] 1 Lloyd's Rep. 167.
[21] For convenience, the term "sportsman" is used to include "sportswoman".
[22] See generally CPR Pt 16 (Statements of Case) and Practice Direction PD 16.
[23] CPR r.16.4 and PD 16 para.3.6.

Defendant. The claim is made from [insert date]. The relevant rate of interest at the date of issue is [..........] 0er year. The sum claimed to the date of issue is £[..........]. The daily rate is £[..........]. See Schedule A annexed to this pleading [insert schedule].]

Statutory interest

[Alternatively,] the Claimant is entitled to and claims statutory interest on all sums due from the Defendant pursuant to s.35A of the Senior Courts Act 1981. The claim is made from [date]. The relevant rate of interest is [..........] per year. The sum claimed to the date of issue is £[..........] and at the daily rate is £[..........].

AND the Claimant claims:
(1) Damages for breach of contract.
(2) Interest as set out in paragraph 6 above.

[Statement of truth[24]]

Statement of value[25]

The Claimant claims and will recover a sum in excess of £25,000.

[Insert Claimant's address for service.]

CLAIM BY SPORTS PARTICIPANT FOR DAMAGES FOR BREACH OF CONTRACT AGAINST SPONSOR ALLEGING IMPROPER TERMINATION

Particulars of Claim

109-ZB2 1. By an agreement made in writing dated [insert date] ("the Agreement") contained in or evidenced by the following documents:

[List full details of all relevant document(s), including date(s)].

[Append copies of all relevant document(s).]

the Defendant agreed to provide the Claimant with the following commercial sponsorship:

[Insert details of sponsorship]

2. It was an [express or implied] term of the Agreement that the Defendant was entitled to terminate the Agreement only after giving the Claimant [..........] months' notice in writing of his/her intention to do so.

3. Further or in the alternative at common law the Defendant was required to give the Claimant reasonable notice in writing of his/her intention to terminate the Agreement. In this case, reasonable notice was [..........] months.

4. In breach of contract and/or duty at common law, the Defendant has terminated the Agreement improperly and/or prematurely.

Particulars

[Insert full particulars of date and circumstances of termination.]

5. By reason of the Defendant's breach of contract and/or common law duty, the Claimant has sustained loss and damage:

Particulars

---

[24] PD 16 para.3.4.
[25] CPR r.16.3(5). Insert if in High Court.

[Specify, in the greatest detail possible, the nature and extent of loss and damage claimed].
[Consider appending selected number of relevant documents].

6. [As in paragraph 6 of Precedent 109-ZB1].
[Conclude as in Precedent 109-ZB1].

CLAIM BY AGENT FOR DAMAGES FOR BREACH OF CONTRACT AGAINST SPORTS PARTICIPANT FOR UNPAID REMUNERATION

Particulars of Claim

1. By an agreement made in writing dated [insert date] ("the Agreement") contained in or evidenced by the following documents:
    [List full details of all relevant document(s), including date(s)].
    [Append copies of all relevant document(s).]
the Claimant agreed to act as the Defendant's agent to promote his/her professional interests in [insert nature of sport)].

109-ZB3

2. It was an [express or implied] term of the Agreement that the Defendant would pay the Claimant [weekly/monthly in advance or in arrears] [£ per week/month/year] or [..........]% of his/her gross receipts before tax] for his/her services.

3. In breach of contract, the Defendant has failed to pay the Claimant whether as set out in the Agreement or at all.

Particulars

[Set out, by reference to dated/numbered invoices if available, each and every failure to pay the Claimant as contractually required].
[Append copies of all relevant invoices.]

4. By reason of the Defendant's breach of contract, the Claimant has sustained loss and damage and the Defendant is indebted to the Claimant.

Particulars

[Set out full particulars of loss and damage if ascertainable without account/inquries].

5. [As in paragraph 6 of Precedent 109-ZB1].
[Conclude as in Precedent 109-ZB1 adding claim for accounts/inquiries if appropriate[26]].

CLAIM BY EMPLOYER FOR DECLARATION OF LAWFUL TERMINATION OF CONTRACT AGAINST SPORTS PARTICIPANT ALLEGING FAILURE TO OBEY REASONABLE INSTRUCTIONS

Particulars of Claim

1. By an agreement made in writing dated [insert date] ("the Agreement") contained in or evidenced by the following documents:
    [List full details of all relevant document(s), including date(s)].
    [Append copies of all relevant document(s).]

109-ZB4

---

[26] See generally, CPR r.16.2(5).

the Claimant employed the Defendant as a professional [insert nature of sport] player.

2. It was an [express or implied] term of the Agreement that the Defendant would follow all reasonable and lawful instructions issued by or on behalf of the Claimant concerning his/her work.

3. In breach of contract, the Defendant failed, in spite of repeated oral and written instructions and warnings, to attend training and/or practice sessions at the Defendant's premises [insert address] and attend the Defendant's medical staff in order to verify the stated reasons for his/her absences.

Particulars

[Set out each and every absence and stated reason for the same].

4. By reason of the Defendant's breach of contract, the Claimant was entitled to terminate the Agreement and did so by letter dated [date] sent to the Claimant [and his solicitors].

AND the Claimant claims:
(1) A declaration that it has lawfully terminated the Agreement.

TORT

CLAIM BY SPORTS PARTICIPANT FOR DAMAGES FOR PERSONAL INJURIES AGAINST PARTICIPANT ALLEGING NEGLIGENCE

Particulars of Claim

109-ZB5 1. At the time of the pleaded accident, the Claimant and the Defendant were professional [football/rugby players, etc.] and were playing for [..........] [FC/RFC] and [..........] [FC/RFC] respectively.

2. On [insert date] the Claimant and the Defendant were playing on opposing sides in a [Premier League/First Division, etc.] at [insert address of ground]. About [..........] minutes into the match the Claimant and the Defendant challenged for possession of the [football/rugby ball] in the course of which the Defendant's boot struck the Claimant's knee and injured him.

3. At all material times the Defendant owed the Claimant a duty at common law to abide by the laws of the game and to take reasonable care to avoid causing the Claimant physical injury.

4. The accident pleaded in paragraph 2 above was caused by the Defendant's negligence.

Particulars
(a) causing and/or or permitting his boot to strike the Claimant's knee;
(b) failing to pay any or any adequate attention to the position of the Claimant's knee and/or the [football/rugby ball];
(c) raising his boot too high above the ground and/or the [football/rugby ball];
(d) failing to pay any or adequate attention as to where he was placing his boot.
The Claimant will rely upon the fact that the match referee [insert name] im-

mediately cautioned the Defendant for his conduct in the pleaded tackle by showing him/her a yellow card.

5. By reason of the Defendant's negligence, the Claimant has suffered injury, loss and damage.

Particulars of injury

The Claimant,[27] who was born on [date][28] sustained [insert a brief description of the injury caused]; fuller particulars of which are set out in the medical report dated [date] from Mr/Ms [..........] Consultant [insert discipline] appended to this Statement of Case and marked A.[29]

Particulars of past and future loss and damage

[Insert full schedule of all past and future losses.][30]

6. The Claimant is entitled to and claims pursuant to s.35A of the Senior Courts Act 1981 interest at the rate of [..........]% per year on all sums found due. [Conclude as in Precedent 109-ZB1.]

Statement of Value [Insert if in High Court]

The Claimant expects to recover more than £50,000.[31]

CLAIM BY SPORTS PARTICIPANT FOR DAMAGES FOR PERSONAL INJURIES ALLEGING VICARIOUS LIABILITY

Particulars of Claim

1. At the time of the pleaded accident, the Claimant and [insert name of player/ First Defendant] were professional [football/rugby players, etc.] and were employed by and playing for [..........] [FC/RFC] and the [Second] Defendant respectively.

109-ZB6

2. In the premises, the [Second] Defendant was and is vicariously liable for the acts and omissions of [insert name of player/player First Defendant] during the pleaded match.

3. [Conclude as in Precedent 109-ZB5.]

CLAIM BY SPORTS PARTICIPANT FOR DAMAGES FOR PERSONAL INJURIES AGAINST MATCH OFFICIAL ALLEGING NEGLIGENCE

Particulars of Claim

1. At the time of the pleaded accident, the Claimant was a professional [football/ rugby player, etc.] playing for [..........] [FC/RFC] in a match against [FC/RFC] at [insert address of ground] ("the Match") The Defendant was a [FIFA/RFU] registered referee and was the Match referee.

109-ZB7

---

[27] PD 16 para.4.1.
[28] PD 16 para.4.1.
[29] PD 16 para.4.3.
[30] PD 16 para.4.2.
[31] CPR r.16.3(5).

2. During the course of the Match the Claimant was persistently fouled by [insert name] one of his opponents. Despite cautioning [insert name] on no fewer than [..........] occasions for foul play against the Claimant and others, the Defendant took no disciplinary action against him/her whether by caution or exclusion from the Match. About [..........] minutes into the match the Claimant and [insert name] challenged for possession of the [football/rugby ball] in the course of which [insert name] brought his elbow into contact with the Claimant's face causing him serious injury.

3. At all material times the Defendant owed the Claimant a duty at common law to referee the Match with reasonable care and diligence to protect the Claimant from sustaining physical injury by foul play from other players.

4. The accident pleaded in paragraph 2 above was caused by the Defendant's negligence.

Particulars
(a) Failing to caution and/or exclude [insert name] from the Match.
(b) Failing to warn [insert name] with adequate force or at all that his persistent foul play was not acceptable and must cease forthwith.
(c) Failing to give any or any adequate consideration to the likelihood of further dangerous foul play by [insert name] in spite of observing and noting such conduct.

5. [Conclude as in Precedent 109-ZB5.]

CLAIM BY SPORTS PARTICIPANT FOR DAMAGES FOR PERSONAL INJURIES AGAINST OCCUPIER OF PREMISES ALLEGING BREACH OF STATUTORY DUTY

Particulars of Claim

109-ZB8 1. At the time of the pleaded accident on [insert date], the Claimant was a professional [football/rugby player, etc.] and was playing for [..........] [FC/RFC] in a match against [..........] [FC/RFC] taking place at the Defendant's ground at [insert address] ("the Premises").

2. The Defendant was and is the owner and/or occupier of the Premises within the meaning of Occupiers Liability Act 1957 ("the 1957 Act"). The Defendant owed the Claimant a duty under the 1957 Act (the common duty of care) to take such care as in all the circumstances of the case was reasonable to ensure that the Claimant was reasonably safe whilst using the Premises.

3. About [..........] minutes into the pleaded match the Claimant was in possession of the [football/rugby ball] at the extreme [north/south etc] edge of the pitch when he was tackled by [insert name] of the opposing team, forced off the playing surface and into contact with wooden advertising hoardings situated approximately [..........] metres from the touchline causing him injury.

4. The accident pleaded in paragraph 3 above was caused by the Defendant's breach of statutory duty:

Particulars

(a) Causing and/or permitting wooden advertising hoardings to be situated approximately [..........] metres from the touchline.
(b) Failing to inspect the position of the pleaded hoardings before the match and require their removal.
(c) Failing to conduct any or any adequate pre-match inspection of the position of the pleaded hoardings.
(d) Failing to ensure that the pleaded hoardings were covered in padding and/or other material that would cushion any person making forceful contact with the same.

5. [Conclude as in Precedent 109-ZB5.]

CLAIM BY SPECTATOR FOR DAMAGES FOR PERSONAL INJURIES AGAINST OCCUPIER OF PREMISES ALLEGING BREACH OF STATUTORY DUTY

Particulars of Claim

1. At the time of the pleaded accident on [date], the Claimant was a paying spectator at a [insert nature of sport] match taking place at the Defendant's ground at [insert address] ("the Premises").

109-ZB9

2. The Defendant was and is the owner and/or occupier of the Premises within the meaning of Occupiers Liability Act 1957 ("the 1957 Act"). The Claimant was a visitor within the meaning of that Act. The Defendant owed the Claimant a duty under the 1957 Act (the common duty of care) to take such care as in all the circumstances of the case was reasonable to ensure that the Claimant was reasonably safe whilst using the Premises.

3. Shortly after the final whistle of the pleaded match the Claimant rose from his/her seat to applaud the participating teams as they left the pitch. As the Claimant sat down, the hinge of his/her seat broke causing him/her to fall to the ground and land heavily on his/her back thereby injuring him/herself.

4. The accident pleaded in paragraph 3 above was caused by the Defendant's breach of statutory duty:

Particulars

(a) Causing and/or permitting the hinge of the Claimant's seat to be in a defective condition.
(b) Causing or permitting the Claimant to sit on a defective seat.
(c) Failing to inspect the Defendant's seat and require its removal and/or repair.
(d) Failing to conduct any or any adequate pre-match inspection of the position of the pleaded seat.

CLAIM BY SPORTS PARTICIPANT FOR DAMAGES FOR PERSONAL INJURIES AGAINST MEDICAL PRACTITIONER/PHYSIOTHERAPIST ALLEGING NEGLIGENCE AND VICARIOUS LIABILITY

Particulars of Claim

109-ZB10 1. By an agreement made in writing dated [date] ("the Agreement") contained in or evidenced by the following documents:

[List full details of all relevant document(s), including date(s)].

[Append copies of all relevant document(s).]

the Defendant employed the Defendant as a professional [insert nature of sport] player.

2. It was an [express or implied] term of the Agreement that the Defendant by its medical staff (including its employed physiotherapist and retained General Practitioner) would provide [exclusive] medical care and supervision for the Claimant and refer the Claimant as and when reasonably indicated to an independent medical specialist, including an orthopaedic surgeon.

3. At all material times the Defendant employed [insert name] as a physiotherapist and retained [insert name] as the club's General Practitioner. In the premises the Defendant was and is vicariously liable for the acts and omissions of these two individuals.

4. During the period from [date]–[date] the Claimant repeatedly complained to [insert name] the Defendant's physiotherapist that he was experiencing pain and stiffness in his right knee following a twisting injury sustained in a match on [date]. The Defendant's physiotherapist declined to refer the Claimant to the Defendant's General Practitioner until [date] by which time the Claimant had played or attempted to play in a further [..........] matches. The Defendant's General Practitioner saw the Claimant on [date] but declined to refer him to an independent medical specialist and advised him to resume training.

5. On [date] the Claimant was under transfer from the Defendant's employment and underwent a medical examination by independent medical staff who located a serious ligament problem in his knee that had been aggravated by the delay in treatment and the absence of rest and treatment.

6. The Claimant was unable to play competitive [insert sport] for [..........] months as a result of the pleaded aggravation of his knee injury. He has missed an important season in his career and the development of that career has been adversely affected.

Particulars

(a) Failing by its physiotherapist and/or its General Practitioner to examine the Claimant with any or any adequate care.

(b) Failing by its physiotherapist to refer the Claimant promptly to its General Practitioner.

(c) By its physiotherapist and/or its General Practitioner, advising and/or requiring the Claimant to train and participate in matches.

(d) Failing by its General Practitioner to refer the Claimant promptly to an independent medical specialist such as an orthopaedic surgeon.

B. Defences

Contract

Defence by sports participant to employer's claim denying reasonableness of instructions and alleging wrongful dismissal

Defence

1. Paragraphs 1 and 2 of the Particulars of Claim are admitted. 109-ZB11

2. Paragraph 3 of the Particulars of Claim is denied.[32]
   (1) It is admitted that the Defendant did not attend the following training and practice sessions at the Defendant's premises at [insert address]. The Defendant avers that he was unable to attend for the medical reasons set out below:
   [Insert table of dates, sessions and reasons for absence.]
   (2) It is denied that the Defendant's instructions to attend these sessions were reasonable. The Defendant was at all times incapacitated and unable to leave his home as the Defendant's wife informed the Claimant's coach [insert name] by telephone shortly before each of the sessions referred to.
   (3) It is admitted that the Defendant did not attend the Defendant's medical staff to verify the reason for his absence. At all times before the termination of his employment with the Claimant on [date], he was medically unable to make any such visit.

3. The Defendant admits and avers the Claimant's summary termination of his contract of employment on [date]. The Defendant denies that such termination was lawful. The Defendant is contractually entitled to [..........] months pay in lieu of notice and counterclaims the sum of £[..........] ([..........] months × {£[..........] net per month).

4. [Conclude as in paragraph 6 of Precedent 109-ZB1.]

[Statement of truth[33]]

Tort

Defence by sports participant to fellow participant's claim denying negligence and alleging contributory negligence

Defence

1. Paragraphs 1 to 3 of the Particulars of Claim are admitted. 109-ZB12

2. Paragraph 4 of the Particulars of Claim is denied. It is denied that the Defendant was negligent whether as pleaded or at all.
   (1) The referee did not caution or sanction the Defendant for his part in the pleaded accident but only for dissent following the event.

---

[32] See generally, CPR r.16.5.
[33] PD 16 para.13.1.

(2) At all material times, the Defendant was reasonably challenging the Claimant for possession of the [football/rugby ball]. The ball was loose, bouncing on the ground and in a position where both parties were entitled to challenge for possession of it with their feet/legs.

3. Further or in the alternative the Claimant caused or contributed to the pleaded accident by his own negligence:

Particulars

(a) Challenging with the Defendant for possession of a loose and bouncing ball.
(b) Mis-timing his challenge so that his knee and not his foot was in the immediate vicinity of the ball.
(c) Failing to pay any or any adequate attention as to where he was placing his knee/leg.
(d) Failing to pay any or any adequate attention to the position of the Defendant in the challenge.

4. As to paragraph 5 of the Particulars of Claim:
   (1) The Defendant [agrees/disputes/has no knowledge of] the matters contained in the Claimant's medical report.[34]
   [If Defendant's medical report is available, append to Defence and set out particulars of positive case on injury.][35]
   (2) The Defendant's reply to the Claimant's Schedule is set out in the Counter Schedule appended to this statement of case.[36]

DEFENCE BY SPORTS PARTICIPANT TO FELLOW PARTICIPANT'S CLAIM DENYING NEGLIGENCE AND ALLEGING ACCEPTANCE OF RISK OF INJURY

Defence

109-ZB13 1. Paragraphs 1 to 3 of the Particulars of Claim are admitted.

2. [As in paragraph 4 of 109-ZB12.]

3. Further or in the alternative the pleaded accident was an unfortunate but normal incident in the game of [insert sport]. By his/her participation in the pleaded match, the Claimant accepted the risk of such injury.

DEFENCE BY EMPLOYER TO SPORTS PARTICIPANT'S CLAIM OF VICARIOUS LIABILITY FOR NEGLIGENCE OF FELLOW COMPETITOR

Defence

109-ZB14 1. Paragraph 1 of the Particulars of Claim is admitted.

2. As to paragraph 2 of the Particulars of Claim:
   (1) The Defendant admits only that it was and is vicariously liable for the acts and omissions of [insert name/the First Defendant] whilst acting in the

---

[34] PD 16, r.14.1.
[35] PD 16, r.14.1(3).
[36] PD 16 para.14.2.

course of his employment and whilst playing as a member of its team in the pleaded match.
(2) The Defendant avers that the Claimant alleges that [insert name/the First Defendant] injured him by pushing him to the ground in the players' tunnel as their teams walked from the pitch to their respective changing rooms.
(3) It is averred that the pleaded act constituted an assault for which the Defendant was and is not vicariously liable.
(4) It is further averred that the pleaded assault took place only after personal and insulting words were exchanged between the Claimant and [insert name/the First Defendant].
(5) In the premises, [insert name/the First Defendant] was acting outside the course of his employment at the material time.

DEFENCE BY MATCH OFFICIAL TO SPORTS PARTICIPANT'S CLAIM DENYING NEGLIGENCE

Defence

1. Paragraph 1 of the Particulars of Claim is admitted. The Defendant avers that at all material times he/she had been a [FIFA/RFU] registered referee since [insert date] and had officiated over [..........] [Premier League/First Division] matches and [..........] [FIFA/RFU] recognised international matches.

2. As to paragraph 2 of the Particulars of Claim:
   (1) It is admitted that the Claimant sustained a [facial/leg, etc.] injury during the course of the [First/Second] half of the Match.
   (2) It is further admitted that the Claimant's injury was sustained as a result of a challenge with [insert name] for possession of the [football/rugby ball].
   (3) It is denied that [insert name] fouled the Claimant at the time of the pleaded challenge and the Claimant is put to strict proof of his version of the circumstances causing his injury.[37]
   (4) It is admitted and averred that the Defendant cautioned [insert name] for foul play on [..........] occasion(s) before the pleaded accident. It is averred in addition, that the Defendant had cause to caution the Claimant himself for foul play in the [..........] minute of the Match.

4. The Defendant avers that at all material times he was through no fault of his own situated behind the Claimant and [insert name] and was unable to see whether [insert name] used his elbows improperly. The Defendant was at all times assisted by [insert names], the referee's assistants, who gave no indication to him that any foul had been committed in the pleaded challenge.

DEFENCE BY OCCUPIER OF PREMISES TO SPECTATOR'S CLAIM DENYING BREACH OF STATUTORY DUTY AND ALLEGING ADEQUATE WARNING

Defence

1. Paragraphs 1 and 2 of the Particulars of Claim are admitted.

2. Paragraph 3 of the Particulars of Claim is admitted and averred.

---

[37] CPR r.16.5.

(1) The Defendant avers that the Claimant fell and was injured when he/she jumped over a line of orange bollards linked by red and white tape and ran down an alleyway under repair in an attempt to take a short-cut out of the Premises at the end of the match.

(2) It is averred that Defendant had at all material times provide adequate and reasonable warning of the potential dangers of walking and/or running down the alleyway. The Defendant repeats paragraph 2(1) above and avers that the Claimant walked and/or ran past and ignored a large sign [insert metric dimensions] situated at the mouth of the alleyway stating "DANGER— CONSTRUCTION WORKS". [Append colour copy photograph of sign]. The Defendant will rely on the provisions of s.2(4)(a) of the 1957 Act.

DEFENCE BY EMPLOYER TO SPORTS PARTICIPANT'S CLAIM OF VICARIOUS LIABILITY FOR NEGLIGENT MEDICAL TREATMENT AND ALLEGING APPOINTMENT OF REASONABLY COMPETENT MEDICAL PRACTITIONER/PHYSIOTHERAPIST

Defence

109-ZB17 1. Paragraphs 1 and 2 of the Particulars of Claim are admitted.

2. As to paragraph 2 of the Particulars of Claim:
   (1) It is averred that [insert name] qualified as a Chartered Physiotherapist on [insert date] and had before the pleaded events worked for the following clubs:
   [Insert, as a schedule if appropriate, the brief details of the physiotherapist's relevant work experience.]
   It is averred that at all material times [insert name] was and acted as a reasonably competent physiotherapist. The Defendant will rely upon the expert report dated [date] by [insert name of liability expert] appended to this statement of case.[38]
   (2) It is averred that [insert name] acted at all times as an independent General Practitioner. It is denied that the Defendant was and/or is vicariously liable for his acts and omissions.
   (3) Without prejudice to paragraph 2(2) above, it is averred that at all material times [insert name] was and acted as a reasonably competent General Practitioner.
   (4) The Defendant proposes to call evidence from the individuals referred to in this paragraph.[39]

3. As to paragraph 4 of the Particulars of Claim:
   (1) It is admitted and averred that the Claimant attended on [insert name] for physiotherapy advice and/or treatment on the following occasions during the pleaded period:
   [Insert table of dates, stated reasons for attendance and advice/treatment provided.]
   [Append copy of physiotherapist's diary/attendance records, if available: PD 16 para.16.3(3)].

---

[38] PD 16 para.16.3(3).
[39] PD 16 para.16.3(2).

(2) It is averred that the Claimant attended for the variety of reasons set out in paragraph 2(1) above including muscle strains in the right leg.

(3) It is denied that there was any indication that the Claimant had the pleaded ligament problem in his right knee until [date] at the earliest at which time [insert name] referred him to (insert name), General Practitioner.

(4) Without prejudice to paragraph 2(2) above the Defendant denies that there was any indication before [insert name] that he/she should refer the Claimant to an independent medical specialist. During his/her examination of the Claimant, [insert name], the Claimant said on a number of occasions that had beenable to play in [..........] matches during the pleaded period and felt able to continue playing with only general physiotherapy treatment.

INDEX

This index has been prepared using Sweet & Maxwell's Legal Taxonomy. Main index entries conform to keywords provided by the Legal Taxonomy except where references to specific documents or non-standard terms (denoted by quotation marks) have been included. These keywords provide a means of identifying similar concepts in other Sweet & Maxwell publications and online services to which keywords from the Legal Taxonomy have been applied. Readers may find some minor differences between terms used in the text and those which appear in the index. Suggestions to *sweetandmaxwell.taxonomy@tr.com*.

Abatement
  purchase price, of, 25-F23
Absolute privilege
  defences, 37-J12—37-J13
  generally, 37-41
  pleading, 37-42
Abuse of dominant position
  claim for breach of Art.102 TFEU, 29-G3
  defence to claim for breach of Art.102 TFEU, 29-G4
  generally, 28-03
Abuse of process
  generally, 5-19
Acceleration clauses
  defence, 20-F9
Acceptance
  sale of goods, 25-12
  sports, 109-ZB13
Access orders
  applications, 94-07
  availability, 94-05
  precedents
    claim, 94-Z4
    defences, 94-Z5—94-Z7
  terms and conditions, 94-06
Account
  constructive trusts, on basis of, 55-O3
  generally, 55-01
  goods received, and, 55-O1
  money and goods received, 55-O1
  precedents, 55-O1—55-O3
  share of profits, of, 55-O2
Account of profits
  bribery, 61-07
  copyright infringement, 75-12
  private nuisance, 47-19
Accrual
  limitation, 81-X51
Acquiescence
  passing off
    generally, 78-11
    precedent, 78-U7
Acquisition of property
  flats
    generally, 97-01—97-05
    precedents, 97-Z8
Action for price
  sale of goods, 25-16

Adjournment
  mortgage action, 15-12
Adjudication (construction law)
  enforcement of award
    generally, 36-04
    particulars of claim, 36-I2
  generally, 36-01—36-03
  notice, 36-I1
Administrative Court
  judicial review, and
    academic challenges, 80-11—80-13
    acknowledgment of service, 80-19
    additional grounds, 80-26
    alternative remedy, 80-11—80-13
    claim form, 80-17
    costs, 80-30
    disclosure, 80-24—80-25
    documents, 80-17
    forms, 80-04
    hearing, 80-27—80-28
    introduction, 80-02
    permission, 80-20—80-21
    planning law, 80-32
    pre-action protocol, 80-08—80-09
    precedents, 80-W1—80-W4
    procedure, 80-02—80-30
    public contracts, 80-31
    relevant orders, 80-01
    relief, 80-29
    response, 80-23
    rolled up hearing, 80-28
    service, 80-18
    standing, 80-14
    supporting documents, 80-17
    time limits, 80-05—80-07
    totally without merit, 80-22
    urgent cases, 80-10
    use, 80-03
    venue of proceedings, 80-15—80-16
    'victim' test, 80-14
Advancement
  co-ownership, 91-Z7
Adverse possession
  counterclaims
    registration of land, for, 87-Z3—87-Z5
  defences
    introduction, 87-05

[1189]

INDEX

possession of registered land claim,
  87-Z3—87-Z5
possession of unregistered land claim,
  87-Z1
pleading, 87-05
registered land, 87-04
relevant law, 87-01
requests for further information, 87-Z6
trespass to land
  registered land, 107-Z5
  unregistered land, 49-N10, 107-Z4
  unregistered land, 87-02—87-03
Affirmation
life insurance, 71-T6
undue influence, 18-08
Age discrimination
  see also Discrimination (employment)
direct discrimination, 44-L1
generally, 44-03
victimisation, 44-L9
Agency
employment tribunal
  claim, 40-L54
  defence to claim, 40-L55
trade unions, 43-05
undue influence, 18-09
Agents
  see also Commission agents
fraudulent misrepresentation, 58-08—58-09
Aggravated damages
defamation
  claim, 37-J2
  defence, 37-J10
  pleading to, 37-54
personal injury claims, 81-07
trespass, 49-N5, 107-Z2
wrongful arrest by police, 5-B17
Agricultural occupancy
possession claims, 98-Z19
Air
  see Right to air
Airports (charges)
claim, 7-D2
defence, 7-D9
generally, 7-07
Allocation of business
financial services, 12-13
Alterations
construction of clause, 96-Z7
generally, 96-04
injunctions, 96-Z6
precedents, 96-Z6—96-Z7
Alternative accommodation
  see Possession claims
Alternative dispute resolution
sports, 109-05
Amendments
statements of case, 1-42—1-44
Ancient lights
obstruction
  claim, 93-Z2
  defence justifying trespass to remove,
    93-Z12

denial of right, 93-Z7
Animals
claim forms
  particulars, 81-16
  practical issues, 81-18
  statements of truth, 81-17
claims, 81-X5—81-X6
commencement of proceedings, 81-14—81-15
dangerous animals, 81-X5
defences
  generally, 81-19—81-20
  precedent, 81-X40
exemplary damages, 81-07
further information
  generally, 81-22
  reply to request, 81-X55
  request, 81-X54
heads of liability, 81-06
introduction, 81-01
letters of claim, 81-X1
limitation, 81-X53
medical reports, 81-23
pre-action protocols, 81-14—81-15
precedents
  claims, 81-X5—81-X6
  defence, 81-X40
  further information requests,
    81-X54—81-X55
  letters of claim, 81-X1
principal texts, 81-13
provisional damages, 81-25
reply, 81-21
res ipsa loquitur, 81-X8
schedule of special damage, 81-23
wild characteristics, animals with
  claim, 81-X6
  defence, 81-X40
Annoyance
private nuisance, 47-15
Annual leave
claim, 40-L45
defence, 40-L48
payments
  claim, 40-L46
  defence, 40-L49
Antecedent debt
  see Cheques
Anti-competitive practices
claim for breach of Art.101 TFEU, 29-G1
defence to claim for breach of Art.101 TFEU,
  29-G2
generally, 28-02
Anti-suit injunctions
arbitration awards
  claim form, 4-A1
  interim order without notice, 4-A3
  introduction, 4-01
  jurisdiction, 4-02
  principles, 4-03
  procedure, 4-04
  witness statement, 4-A2
Apologies
defamation, 37-50

Index

Appeals
  arbitration awards (s 69 AA 1996)
    claim form, 3-A1
    introduction, 3-01
    leave, 3-02
    procedure, 3-03
    security for costs, 4-05
    security for the claim, 4-06—4-07
    skeleton argument, 3-A2
    witness statement, 3-A3
  Competition Appeal Tribunal, to
    CAT Guide, 32-03
    CAT Rules, 32-03
    grounds of appeal, 32-02
    introduction, 32-01
    notice of appeal, 32-G1
    pleading, 32-04
    procedure, 32-03
    time limits, 32-03
  human rights, 64-17
  rent review, 90-Z3
Appointments
  receivers
    generally, 56-01
    precedents, 56-O1
Apportionment
  employers' liability, 81-X47
Approval
  see Sale or return
Arbitration awards
  anti-suit injunctions
    claim form, 4-A1
    interim order without notice, 4-A3
    introduction, 4-01
    jurisdiction, 4-02
    principles, 4-03
    procedure, 4-04
    witness statement, 4-A2
  appeals on points of law (s 69 AA 1996)
    claim form, 3-A1
    introduction, 3-01
    leave, 3-02
    procedure, 3-03
    security for costs, 4-05
    security for the claim, 4-06—4-07
    skeleton argument, 3-A2
    witness statement, 3-A3
  challenges (s 67 AA 1996)
    additional evidence, 2-05
    appeals, 2-10
    awards, 2-03
    claim form, 2-A1
    grounds, 2-06
    introduction, 2-01
    procedure, 2-08
    rehearing, 2-04
    security for costs, 4-05
    security for the claim, 4-06—4-07
    service, 2-09
    substantive jurisdiction, 2-02
    timing, 2-07
  challenges (s 68 AA 1996)
    appeals, 2-19

    approach to relief, 2-14
    claim form, 2-A2
    early intervention in Commercial Court, 2-18
    introduction, 2-11
    procedure, 2-16
    security for costs, 4-05
    security for the claim, 4-06—4-07
    serious irregularity, 2-12
    service, 2-17
    threshold, 2-13
    timing, 2-15
  security for costs
    generally, 4-05
    order, 4-A4
  security for the claim
    generally, 4-06—4-07
    order, 4-A4
Arrears
  consumer credit agreements (instalments)
    generally, 20-25
    regulated agreements, 20-F6
    unregulated agreements, 20-F7
  consumer credit agreements (rent)
    regulated agreements, 20-F11
    unregulated agreements, 20-F12
Artistic works
  copyright infringement, 75-U2
Asbestosis
  employers' liability
    claim, 81-X24
    generally, 81-11
Assault
  breach of Data Protection Act 1998, and
    claim, 5-B9
    defence, 5-B10
  causes of action, 5-01—5-04
  defences
    generally, 5-05
    precedents, 5-B3—5-B7
  ex turpi causa, 5-05
  excessive use of force by police
    claim, 5-B2
    defence, 5-B6
    denial of vicarious liability, 5-B7
  former serving police officers, by, 5-B8
  pleading, 5-26—5-27
  police officers, by
    claim, 5-B1
    defence of contributory fault, 5-B5
    defence of factual denial, 5-B3
    defence of self-defence, 5-B4
    denial of vicarious liability, 5-B7
  precedents
    claims, 5-B1—5-B2
    defences, 5-B3—5-B7
  vicarious liability
    claims, 5-B1—5-B2
    defences, 5-B3—5-B7
Assignment
  see also Assignment (contractual rights);
    Consent to assignment
  copyright infringement, 75-U14

INDEX

marine insurance
  claim, 70-T3
  generally, 70-14
set-off, 24-F3
Assignment (contractual rights)
  chose incapable of assignment
    defence, 6-C3
    generally, 6-17
  claim by assignee
    equitable assignment, under, 6-C1
    LPA 1925, s.136, under, 6-C2
  contractual rights
    choses in action, as, 6-01—6-03
    methods of transfer, 6-04
  defences
    assignee takes subject to equities, 6-14—6-16
    chose incapable of assignment, 6-17
    deficient assignment, 6-18
    generally, 6-13—6-18
    precedents, 6-C3—6-C4
  deficient assignment
    defence, 6-C4
    generally, 6-18
  equitable assignment, under
    claim, 6-C1
    generally, 6-05—6-08
  LPA 1925, s.136, under
    claim, 6-C2
    generally, 6-09—6-10
  precedents
    claims, 6-C1—6-C2
    defences, 6-C3—6-C4
  promise to assign, by, 6-11—6-12
Assignment of proceedings
  see Allocation of business
Assured shorthold tenancies
  possession claims
    claim forms, 98-Z3
    defence, 98-Z10
Assured tenancies
  possession claims
    discretionary grounds, 98-Z22
    mandatory grounds, 98-Z21
Auctions
  bids by seller, 25-43
  claims, 25-F26—25-F31
  Consumer Rights Act 2015, and, 25-44
  generally, 25-41
  reserve prices, 25-42
Authorised persons
  financial services, 12-07
Authorship (musical works)
  claim, 45-M11
  defences
    band member, of, 45-M12
    publisher, of, 45-M13
  generally, 45-09
Average loss
  see also General average
Aviation
  see also Carriage by air
  airport charges

    claim, 7-D2
    defence, 7-D9
    generally, 7-07
  articles dropped from aircraft
    claim, 7-D3
    generally, 7-04
  collisions on the ground
    claim, 7-D1
    generally, 7-06
  drones, 7-03
  mid-air collision
    claim, 7-D6
    generally, 7-05
  nuisance
    claim, 7-D5
    generally, 7-01—7-02
    statutory defence, 7-D8
  overflight
    claim, 7-D5
    generally, 7-01—7-02
    statutory defence, 7-D8
  precedents
    claims, 7-D1—7-D7
    defences, 7-D8—7-D10
  psychiatric damage
    claim, 7-D7
    defence, 7-D10
  surface collisions
    claim, 7-D1
    generally, 7-06
  surface damage by aircraft in flight
    claim, 7-D3
    generally, 7-04
  trespass
    claim, 7-D5
    generally, 7-01—7-02
    statutory defence, 7-D8
  unmanned aerial vehicles, 7-03
  watching air crash
    claim, 7-D7
    defence, 7-D10
  wrongful interference
    claim, 7-D2
    defence, 7-D9
    generally, 7-07
  wrongful landing
    claim, 7-D4
    generally, 7-04
Bad character
  defamation, 37-52
Baggage
  see Luggage
Bailees
  conversion
    claim, 26-F8
    introduction, 26-08
Balance of moneys due
  see Consumer credit agreements
Band names
  see Entertainment
Banking services
  see also Financial services
  account charges, 9-06

accounts in credit
    claim, 9-E2
    defence, 9-E3
    generally, 9-04
banker/customer relationship, 9-03
bills of exchange
    generally, 10-02—10-12
    pleading, 10-22—10-29
    precedents, 10-E1—10-E15
bonds
    generally, 11-01—11-05
    precedents, 11-E1—11-E10
breach of duty of care
    claim, 9-E5
    generally, 9-11
breach of mandate
    claim, 9-E4
    generally, 9-09
change of position, 9-E11
charges
    generally, 15-01—15-15
    precedents, 15-E1—15-E5
cheques
    generally, 10-17—10-21
    precedents, 10-E16—10-E22
constructive trustees
    bank as advisor, 9-20
    breach of contract, 9-22
    claim, 9-E12
    defence, 9-E13
    disclaimer, 9-24
    dishonest assistance, 9-19
    fiduciary duty, 9-25
    generally, 9-16
    knowing receipt, 9-17—9-18
    negligent advice, 9-21
    negligent misrepresentation, 9-23
    regulatory duties, 9-26
credit in account
    claim, 9-E2
    defence, 9-E3
    generally, 9-04
estoppel, 9-E11
forged signatures
    claim, 9-E6
    defence, 9-E7—9-E8
    generally, 9-09
guarantees
    generally, 13-01—13-16
    precedents, 13-E1—13-E5
interest, 9-07
introduction, 9-01—9-02
loans
    generally, 14-01—14-07
    precedents, 14-E1—14-E9
ministerial receipt, 9-E13
mistaken payments
    claim, 9-E10
    conditions for recovery, 9-14
    defence, 9-E11
    defences, 9-15
    generally, 9-13
money lent
    generally, 14-01—14-07
    precedents, 14-E1—14-E9
mortgages
    generally, 15-01—15-15
    precedents, 15-E1—15-E5
notices of fraud
    claim, 9-E5
    generally, 9-11
overdrawn accounts
    claim, 9-E1
    generally, 9-05
    precedents, 9-E1—9-E13
promissory notes
    generally, 10-13—10-16
    precedents, 10-E23—10-E28
set-off
    defence, 9-E3
    generally, 9-08
share sales
    generally, 16-01—16-06
    precedents, 16-E1—16-E4
stockbrokers
    generally, 17-01—17-04
    precedents, 17-E1—17-E5
unauthorised payments
    breach of mandate, 9-09
    defences, 9-10
    forged signatures, 9-09
    notices of fraud, 9-11
undue influence
    generally, 18-01—18-11
    precedents, 18-E1—18-E8
wrongful debit
    claim, 9-E6
    defence, 9-E7—9-E8
    generally, 9-09
wrongful dishonour
    claim, 9-E9
    generally, 9-12

Belief discrimination
    see also Discrimination (employment)
    claims, 44-L5
    generally, 44-09

Bills of exchange
    conditional delivery, 10-E13
    conditional payment, 10-29
    consideration, 10-08
    cross claims, 10-27
    defences, 10-26
    definition, 10-03
    delivery, 10-07
    discharge by payment, 10-E14
    dishonour by non-acceptance
        claim, 10-E1
        defence, 10-E6
    drawers, 10-E2
    failure of consideration, 10-E9
    forged signatures, 10-E5
    holders in due course
        claim, 10-E3
        defence, 10-E8
        generally, 10-09
    introduction, 10-01

liabilities, 10-04
material alterations, 10-E8
misrepresentation, 10-E10
no value given, 10-E12
notices of dishonour
  claim, 10-E1
  defence, 10-E7
  generally, 10-12
parties, 10-04—10-06
payees
  acceptor, against, 10-E1
  against drawer, against, 10-E2
pleading
  conditional payment, 10-29
  cross claims, 10-27
  defences, 10-26
  general, 10-22—10-23
  other relief, 10-28
  relief claimed, 10-24—10-25
precedents
  claims, 10-E1—10-E4
  defences, 10-E5—10-E15
presentment for acceptance, 10-10
presentment for payment, 10-11
relief claimed, 10-24—10-25
renunciation in writing, 10-E15
set-off, 24-04
sources of law, 10-02
statements of case, 10-22—10-23
time given to acceptor, 10-E11
total failure of consideration, 10-E9
transferee, claims by, 10-E4
Bills of sale
liens, and, 23-01
Block exemptions
competition law, 28-02
Blocking orders
data protection, 79-V8
Bona fide purchase
see Purchasers without notice
Bonds
common money bonds
  claim, 11-E1
  defence, 11-E6
  generally, 11-02
discharge
  claim, 11-E10
  generally, 11-04
injunction to restrain payment
  claim, 11-E5
  generally, 11-05
introduction, 11-01
material alterations
  claim, 11-E10
  generally, 11-04
payment into court
  claim, 11-E9
  generally, 11-04
penalty, 11-E8
performance bonds
  general claim, 11-E3
  injunction to restrain payment on, 11-E4
precedents

claims, 11-E1—11-E5
defences, 11-E6—11-E10
restraining payment
  claim, 11-E5
  generally, 11-05
special condition bonds
  claim, 11-E2
  defence, 11-E7
  generally, 11-03
tender and payment into court
  claim, 11-E9
  generally, 11-04
Boundary disputes
generally, 94-04
precedents, 94-Z2—94-Z3
Breach of authority
professional negligence, 85-Y7
Breach of collateral warranty
see Collateral warranties
Breach of condition
life insurance, 71-T5
Breach of contract
consumer credit agreements
  defences, 20-F42—20-F43
  reply, 20-F44
inducing
  breach of contract, 60-05
  categories, 60-02
  claim, 60-P1
  damage, 60-06
  defences, 60-07
  elements, 60-03—60-06
  industrial action, and, 42-02
  intention to cause breach, 60-04
  introduction, 60-02
  knowledge of contracts, 60-03
  overview, 60-01
industrial action, 42-02
information technology
  defects, 33-05
  delay, 33-06
  precedents, 33-H1—33-H4
  termination for, 33-11
  time of performance, 33-06
injunctions, 51-O2
procuring
  breach of contract, 60-05
  categories, 60-02
  claim, 60-P1
  damage, 60-06
  defences, 60-07
  elements, 60-03—60-06
  industrial action, and, 42-02
  intention to cause breach, 60-04
  introduction, 60-02
  knowledge of contracts, 60-03
  overview, 60-01
professional negligence, 85-02
restitution
  claims, 108-ZA5—108-ZA6
  generally, 108-08
sale of goods
  claims, 25-F15—25-F21

defences, 25-54, 25-F32—25-F33
denials, 25-F39—25-F44
generally, 25-21—25-22
measure of damages, 25-40
set-off, 25-F61
sports
   failure of agent to promote interests, 109-ZB1
   failure of sportsperson to obey reasonable instructions, 109-ZB4
   improper termination by sponsor, 109-ZB2
   unpaid remuneration of agent, 109-ZB3
trade unions, 43-L1
Breach of covenant
injunction, 51-O3
Breach of discipline
see Trade unions
Breach of duty of care
claim, 9-E5
generally, 9-11
professional negligence, 85-03
public authorities
   claim, 64-R3
   defence, 64-R4
   generally, 64-07
   nature of authority, 64-09
   proceedings fro breach, 64-16
   qualified rights, 64-08
Breach of fiduciary duty
conspiracy, 59-P1
restitution
   claims, 108-ZA18
   generally, 108-27—108-28
Breach of instructions
see Commercial agents
Breach of mandate
see Banking services
Breach of statutory duty
financial services
   claim, 12-E2
   generally, 12-14
   incidents of the cause of action, 12-15
sports
   spectator, to, 109-ZB9
   sportsperson, to, 109-ZB8
Breach of warranty
consumer credit agreements
   collateral warranty, 20-F39
   generally, 20-F29
insurance, 67-19
professional negligence, 85-Y7
Brexit
financial services, 12-08
references to the European Court of Justice, 65-01
Bribery
account of profits, 61-07
action against agent and third party, 61-P1
'bribe', 61-03
cause of action, 61-01
claim, 61-P1
conflict of interests, 61-02
constructive trust, 61-08

damages, 61-06
defences
   generally, 61-12
   precedent, 61-P2
defendants, 61-04
elements, 61-01—61-02
jurisdiction, 61-11
persons liable, 61-04
post-transaction gift, 61-P2
precedents
   claim, 61-P1
   defence, 61-P2
principal's knowledge, 61-P2
remedies
   account of profits, 61-07
   constructive trust, 61-08
   damages, 61-06
   introduction, 61-04
   rescission, 61-09—61-10
   restitution, 61-06
rescission, 61-09—61-10
restitution, 61-06
secrecy, 61-02
secret commission, 61-03
Bullying
school
   claim, 39-K1
   defence, 39-K2
workplace, 81-X21
Burden of proof
marine insurance
   generally, 70-05
   non-disclosure allegation, 70-06
   scuttling allegation, 70-06
undue influence, 18-07
Business and Property Courts
inteleectual property claims, 72-01
Business law
see Commercial law
Business tenancies
compensation upon termination
   application, 88-Z5
   introduction, 88-05
exclusion of provisions
   introduction, 88-04
   prescribed form served by landlord, 88-Z8
interim rent
   application, 88-Z3—88-Z4
   introduction, 88-03
   procedure, 88-11
introduction, 88-01
possession
   relying on agreement to exclude ss.24—28, 88-Z6
   tenant's failure to apply for new tenancies, 88-Z7
precedents, 88-Z1—88-Z9
procedure
   interim rent, 88-11
   introduction, 88-06
   lease renewals, 88-07—88-10
renewal of lease, 88-07—88-10
surrender prior to agreement, 88-Z9

unopposed application by tenant, 88-Z1
validity of s.25 notice, 88-Z2
Buyers in possession
conversion, 26-F24
Cancellable agreements
consumer credit agreements, 20-F58
Capability
employment
claim, 40-L4—40-L5
defence, 40-L10—40-L11
Capacity
set-off, 24-09
Cargo
damage during flight
claim, 8-D8
defences, 8-D14—8-D17
delay, 8-D9
financial limits, 8-15
loss during flight
claim, 8-D8
defences, 8-D14—8-D17
successive carriers claims, 8-18
Carriage by air
see also Aviation
baggage
damage, 8-D7
financial limits, 8-15
loss, 8-D7
cargo
damage, 8-D8, 8-D14—8-D17
delay, 8-D9
financial limits, 8-15
loss, 8-D14—8-D17
carrier's liability, 8-06—8-12
charges for carriage of goods, 8-D2
contracting out restriction, 8-16
contributory negligence, 8-D12
damage to baggage during flight, 8-D7
damage to cargo during flight
claim, 8-D8
defences, 8-D14—8-D17
death of passenger, 8-D6
defences
generally, 8-25
Montreal Convention, 8-25
precedents, 8-D10—8-D17
Warsaw Convention, 8-24
delay of cargo, 8-D9
delay to passenger
claim, 8-D3A
defence, 8-D10
denied boarding, 8-D3
EU Regulation 261/2004
claims, 8-D3—8-D3A
defence, 8-D10
delay, 8-D3A
denied boarding, 8-D3
exceptional circumstances, 8-D10
exoneration, 8-D13
financial limits
baggage, 8-15
cargo, 8-15
passengers, 8-13—8-14

generally, 8-01
Guadalajara Convention, 8-01
hire of aircraft and crew, 8-D1
interest, 8-19
international carriage, 8-04
loss of baggage during flight, 8-D7
loss of cargo during flight
claim, 8-D8
defences, 8-D14—8-D17
luggage
damage, 8-D7
financial limits, 8-15
loss, 8-D7
Montreal Convention
defence to cargo claim, 8-D17
defences, 8-25
generally, 8-22—8-23
introduction, 8-01
non-Warsaw Convention regime, 8-02
passengers
death, 8-D6
delay, 8-D3A, 8-D10
denied boarding, 8-D3
financial limits, 8-13
personal injuries caused by in-flight accident
claim, 8-D4
claim by minor, 8-D5
defence, 8-D11
precedents
claims, 8-D1—8-D9
defences, 8-D10—8-D17
rights of action
carrier's liability, 8-06—8-12
generally, 8-05
successive carriers claims
baggage, 8-18
cargo, 8-18
passengers, 8-17
time limits, 8-20
tour operators, 8-21
Warsaw Convention
carrier's liability, 8-06—8-12
contracting out restriction, 8-16
defences, 8-24
financial limits for baggage, 8-15
financial limits for cargo, 8-15
financial limits for passengers, 8-13
international carriage, 8-04
introduction, 8-03
regime structure, 8-01
rights of action, 8-05
successive carriers claims, 8-17—8-18
Case management
generally, 1-21
multi-party disputes, 84-X1
Causation
clinical negligence
Bolitho basis, 82-X4
Chester v Afshar basis, 82-X6
nuisance, 47-13
professional negligence
defence, 85-Y12
introduction, 85-08

INDEX

Causes of action
financial services, 12-15
fraud, 57-01
product liability
  common law negligence, at, 83-07—83-11
  contracts, under, 83-02—83-06
  pleading, 83-19—83-22
  statute, under, 83-12—83-18
professional negligence
  choice between, 85-05
  contract, 85-02
  introduction, 85-01
  statutory provision, 85-04
  tort, 85-03

Causing loss by unlawful means
claim, 60-P3
conspiracy, and, 59-P1
damage, 60-12
elements, 60-08
intention to cause loss, 60-11
interference, 60-10
introduction, 60-08
overview, 60-01
unlawful means, 60-09

Celebrities
passing off, 78-U4

Change of position
banking services, 9-E11
restitution
  generally, 108-17
  precedent, 108-ZA13

Change of use
generally, 96-02
injunctions to restrain
  claim, 96-Z1
  defence, 96-Z2
precedents, 96-Z1—96-Z4
unreasonably withholding consent
  claim, 96-Z3
  defence, 96-Z4

Charges
see also Fees
claim forms, 104-Z1—104-Z4
debts not due, 104-Z6
defences, 104-14
denial of debt, 15-E2
foreclosure, 15-03
generally, 15-01, 104-01
guarantees
  claim, 13-E2
  defence, 13-E4
mortgage actions, 15-02, 104-02
mortgage possession actions
  adjournment, 15-12, 104-12
  claim forms, 15-08, 104-07—104-08
  costs, 15-13, 104-13
  counterclaims, 15-14, 104-14
  defendant's response, 15-15, 104-10
  evidence, 104-11
  forms, 15-15
  generally, 15-03, 104-02
  hearing date, 104-09
  introduction, 86-05
  notices before hearing, 15-11
  particulars of claim, 15-09—15-10
  pleading points, 15-05, 104-05
  pre-action protocol, 15-06
  right to possession, 15-04, 104-04
  setting aside mortgage, 15-15, 104-15
  suspension of order, 15-12, 104-12
  venue for proceedings, 15-07
non est factum, 15-E1, 104-Z5
non-execution, 15-E1, 104-Z5
overriding interests, 15-E4, 104-Z8
pleadings, 104-05
precedents
  CPR forms, 104-Z1—104-Z4
  defences, 15-E1—15-E5, 104-Z5—104-Z9
redemption, 15-03
relief under AJA
  defence, 15-E5
  generally, 15-12, 104-Z9
setting aside, 15-15, 104-14
undue influence, 15-E3, 104-Z7

Charging orders
enforcement by sale, 86-04

Chattels
consumer hire agreements
  claims, 20-F11—20-F12
  generally, 20-12

Cheques
antecedent debt, 10-E18
conditional delivery, 10-E19
conversion, 10-20—10-21
discharge by payment, 10-E22
drawers, 10-E18
generally, 10-17—10-19
misrepresentation, 10-E21
partial failure of consideration, 10-E20
payee against drawers, 10-E16—10-E17
precedents
  claims, 10-E16—10-E18
  defences, 10-E19—10-E22
set-off, 24-04

CIF contracts
claim, 25-F5
denial, 25-F59

Civil partnerships
discrimination in employment, 44-06

Civil Procedure Rules
generally, 1-01
historical perspective, 1-03—1-04
overriding objective, 1-02
Woolf reforms, 1-05—1-06

Claim forms
generally, 1-35

Clinical negligence
breach of duty, 82-04
causation
  Bolitho basis, 82-X4
  Chester v Afshar basis, 82-X6
  generally, 82-05—82-06
claim forms
  particulars, 81-16
  practical issues, 81-18
  statements of truth, 81-17

claims, 82-01
consent cases, 82-07—82-08
contracts and tort, in, 82-X3
defences, 82-X9—82-X16
defendants, 82-02—82-03
delay by GP in diagnosis and referral, 82-X5
exemplary damages, 81-07
failure to disclose risk, 82-X6
failure to provide appropriate advice prior to treatment, 82-X6
further information
  generally, 81-22
  reply to request, 81-X55
  request, 81-X54
heads of liability, 81-05
human rights, and, 82-09—82-10
identifying defendants, 82-02—82-03
knowledge, 82-X7
letters of claim, 81-X1
limitation
  generally, 82-11
  precedent, 81-X53
medical reports, 81-25
National Health Service, within, 82-X1
non-delegable duty of care, 82-X2
periodical payments
  generally, 82-12
  precedent, 82-X8
'Peters' considerations, 82-13
pleading points, 82-14
pre-action protocols, 81-14—81-15
precedents
  claims, 82-X1—82-X8
  defences, 82-X9—82-X16
principal texts, 81-13
private sector, in, 82-X3
professional negligence
  claim against GP, 85-Y10
  defence of limitation, 85-Y12
provisional damages, 81-25
reply, 81-21
res ipsa loquitur, 81-X8
schedule of special damage, 81-23
starting proceedings, 81-14—81-15
treatment provided by independent third party, 82-X2
Collateral warranties
consumer credit agreements, 20-F39
Commercial agents
breach of instructions, 21-F8
breach of sole agency agreement, 21-F4
commission and account
  generally, 21-F2
  outside Regulations, 21-F1
  settlement by agent, 21-F10
  settlement by principal, 21-F14
compensation for termination, 21-F6
denial
  agency, of, 21-F12
  provision of services, of, 21-F13
generally, 21-01—21-03
indemnity
  claim, 21-F5

defence, 21-F16
introduction, 20-02
limitation defence, 21-F16
lost opportunity to earn commission, 21-F3
precedents
  claims by agent, 21-F1—21-F6
  claims by principal, 21-F7—21-F9
  defences, 21-F10—21-F16
quantum meruit, 21-F2
receipt of secret profits
  claim, 21-F9
  defence, 21-F11
remuneration, 20-02
repudiation of contract, 21-F15
restraint of trade, 20-02
secret profits
  claim, 21-F9
  defence, 21-F11, 21-F15
settled account, 21-F14
sole agency agreement, 21-F4
sums due to principal, 21-F7
termination of agency, 20-02
wrongful termination
  claim, 21-F6
  defence, 21-F16
  introduction, 20-02
Commercial contracts
rectification, 53-O1
Commercial law
business law, and, 19-06
commission agents
  generally, 21-01—21-03
  precedents, 21-F1—21-F16
credit, finance and leasing
  conditional sale, 20-07
  credit-sale, 20-08
  credit-tokens, 20-11
  defences, 20-53—20-56
  distance selling, 20-14
  doorstep sales, 20-15
  hire of chattels, 20-12
  hire-purchase, 20-05—20-06
  introduction, 20-01—20-02
  lease of chattels, 20-12
  loans, 20-09—20-10
  precedents, 20-F1—20-F71
  procedure, 20-35—20-52
  security, 20-13
  statutory controls, 20-03—20-04
  statutory framework, 20-16—20-30
factoring
  generally, 22-01—22-02
  precedents, 22-F1—22-F5
interest, 19-12
introduction, 19-01—19-02
liens
  generally, 23-01—23-05
  precedents, 23-F1—23-F2
meaning, 19-06
pleading
  pre-action conduct, 19-10
  rules, 19-11
pre-action protocols, 19-09

recent developments, 19-08
sale of goods
  generally, 25-01—25-55
  precedents, 25-F1—25-F73
set-off
  generally, 24-01—24-10
  precedents, 24-F1—24-F4
statutory framework
  generally, 19-07
  recent developments, 19-08
sureties
  generally, 27-01—27-13
  introduction, 19-03
  precedents, 27-F1—27-F14
terminology, 19-06
torts against goods
  generally, 26-01—26-21
  introduction, 19-04
  precedents, 26-F1—26-F32
use of term, 19-06

Commercial rent arrears recovery
application notices
  period of less than minimum period, for, 92-Z11
  remedy as to goods taken into control, for, 92-Z12
generally, 92-01
precedents
  application notices, 92-Z11—92-Z12
procedure, 92-02

Commission
commission agents
  generally, 21-F2
  outside Regulations, 21-F1
  settlement by agent, 21-F10
  settlement by principal, 21-F14
financial services, 12-E3
sale of goods, 25-F26
stockbrokers, 17-E1

Commission agents
see Commercial agents

Common in soil
see Profits in soil

Common interest legal privilege
defamation, 37-J14

Common money bonds
see Bonds

Common of estovers
see Profits of estovers

Common of pasture
see Profits of pasture

Common of piscary
see Profits of piscary

Common of turbary
see Profits of turbary

Commons
claims, 89-03
disturbance of pasture, 89-Z1
generally, 89-01—89-02
injunctions to restrain surcharging, 89-Z2
precedents, 89-Z1—89-Z3
removal of erection from common, 89-Z3

Comparative law
Australia, 1-10—1-11
European Court of Justice, 1-07—1-09
New Zealand, 1-12
US federal procedure, 1-13—1-14

Compensation
business tenancies
  application, 88-Z5
  introduction, 88-05
commercial agents, 21-F6

Compensatory damages
defamation, 37-24

Competition Act 1998
abuse of dominant position, 28-03
anti-competitive practices, 28-02

Competition Appeal Tribunal
appeals
  CAT Guide, 32-03
  CAT Rules, 32-03
  grounds of appeal, 32-02
  introduction, 32-01
  notice of appeal, 32-G1
  pleading, 32-04
  procedure, 32-03
  time limits, 32-03
binding nature of decisions, 29-02
follow-on claims
  generally, 28-04
  introduction, 31-01
generally, 28-04
private actions
  additional claims, 31-09
  additional claims form, 31-G3
  CAT Guide, 31-05
  CAT Rules, 31-05
  claim forms, 31-G1—31-G2
  commencement, 31-07
  contribution claim, 31-G3
  generally, 28-04
  introduction, 31-01
  legal basis, 31-02
  limitation, 31-06
  need for a decision, 31-03
  need for permission, 31-04
  pleading, 31-07
  responses, 31-08
procedure, 32-03
review of decisions
  application, 32-G1
  CAT Guide, 32-03
  CAT Rules, 32-03
  introduction, 32-01
  notice of appeal, 32-G1
  pleading, 32-04
stand-alone claims
  generally, 28-04
  introduction, 31-01
time limits, 32-03

Competition law
abuse of dominant position
  claim for breach of Art.102 TFEU, 29-G3
  defence to claim for breach of Art.102 TFEU, 29-G4

INDEX

generally, 28-03
anti-competitive practices
    claim for breach of Art.101 TFEU, 29-G1
    defence to claim for breach of Art.101
        TFEU, 29-G2
    generally, 28-02
appeals to CAT
    CAT Guide, 32-03
    CAT Rules, 32-03
    grounds of appeal, 32-02
    introduction, 32-01
    notice of appeal, 32-G1
    pleading, 32-04
    procedure, 32-03
    time limits, 32-03
Art.101 TFEU
    claim for breach, 29-G1
    defence to claim for breach, 29-G2
    generally, 28-02
Art.102 TFEU
    claim for breach, 29-G3
    defence to claim for breach, 29-G4
    generally, 28-03
block exemptions, 28-02
Chapter I prohibition
    claim for breach, 29-G3
    defence to claim for breach, 29-G4
    generally, 28-03
Chapter II prohibition
    claim for breach, 29-G1
    defence to claim for breach, 29-G2
    generally, 28-02
Competition Act 1998
    abuse of dominant position, 28-03
    anti-competitive practices, 28-02
Competition Appeal Tribunal
    appeals, 32-01—32-04
    binding nature of decisions, 29-02
    generally, 28-04
    private actions, 31-01—31-09
    review of decisions, 32-01—32-04
criminal proceedings, 28-04
Euro-defences, 28-04
Financial Conduct Authority
    binding nature of decisions, 29-02
    generally, 28-04
follow-on claims
    generally, 28-04
    introduction, 31-01
introduction, 28-01
judicial review
    generally, 30-01
    introduction, 28-04
litigation contexts, 28-04
pleadings, 28-05
private actions in CAT
    additional claims, 31-09
    additional claims form, 31-G3
    CAT Guide, 31-05
    CAT Rules, 31-05
    claim forms, 31-G1—31-G2
    commencement, 31-07
    contribution claim, 31-G3

generally, 28-04
introduction, 31-01
legal basis, 31-02
limitation, 31-06
need for a decision, 31-03
need for permission, 31-04
pleading, 31-07
responses, 31-08
private law claims in High Court
    binding nature of regulatory decisions, 29-02
    claim for breach of Art.101 TFEU, 29-G1
    introduction, 29-01
review of decisions
    application, 32-G1
    CAT Guide, 32-03
    CAT Rules, 32-03
    introduction, 32-01
    pleading, 32-04
sectoral regulators
    binding nature of decisions, 29-02
    generally, 28-04
state aid, 28-01
Compromise agreements
failure to consult, 40-L62
form, 40-L56
generally, 40-07
Computer programs
see Software
Concurrent rights
see Passing off
Conditional delivery
bills of exchange, 10-E13
cheques, 10-E19
Conditional sale agreements
acceleration clauses, 20-F9
claims, 20-F1—20-F9
defences, 25-50
generally, 25-13
introduction, 20-07
Conditions
sale of goods, 25-22
Conditions precedent
notification of loss, 67-22
particulars of loss, 67-23
Conduct
employment
    claim, 40-L6—40-L7
    defence, 40-L12
private nuisance, 47-20
Confidential information
business relationships, 74-06
claims, 74-U1—74-U2
damages for breach
    ex-employee, against, 74-U2
    generally, 74-U1
defences
    disclosure of sources, 74-21
    introduction, 74-19
    precedents, 74-U3—74-U8
    public interest, 74-20
denials
    information not confidential, 74-U3

no duty of confidence, 74-U4
no misuse of information, 74-U5
disclosure of sources
  generally, 74-18
  precedent, 74-U8
  restriction, 74-21
employment, 74-08—74-09
information, 74-03
injunctions
  ex-employee, against, 74-U2
  generally, 74-U1
no duty of confidence, 74-U4
no misuse of information, 74-U5
non-commercial information, 74-U3
obligation of confidence
  business relationships, 74-06
  employment, 74-08—74-09
  introduction, 74-04
  nature of test, 74-12
  personal relationships, 74-10
  professional advisers, 74-07
  third party recipients, 74-11
  trading relationships, 74-05
other influences, 74-13
particulars, 74-15
personal relationships, 74-10
pleading
  introduction, 74-14
  particulars, 74-15
  relief, 74-16—74-17
precedents
  claims, 74-U1—74-U2
  defences, 74-U3—74-U8
professional advisers, 74-07
public interest defence
  generally, 74-20
  precedent, 74-U7
quality of confidence, 74-03
relevant information, 74-03
relief, 74-16—74-17
right of action, 74-01—74-02
third party recipients, 74-11
trading relationships, 74-05
Consent to assignment
breach of covenant
  claim, 95-Z1
  defence, 95-Z2—95-Z3
"consent unreasonably withheld"
  claim, 95-Z5
  defence, 95-Z6
  reply, 95-Z7
generally, 95-01—95-04
injunctions, 95-Z1
licence to assign unreasonably withheld, 95-Z4
precedents, 95-Z1—95-Z8
proviso in lease is void, 95-Z8
"Consent unreasonably withheld"
assignment
  claim, 95-Z5
  defence, 95-Z6
  reply, 95-Z7
change of use

claim, 96-Z3
defence, 96-Z4
improvements
  claim, 101-Z7
  defences, 101-Z10
Consideration
bills of exchange, 10-08
guarantees, 13-04
promissory notes, 10-E26
sureties, 27-F5
Conspiracy
agreement, 59-03
breach of fiduciary duty, 59-P1
categories, 59-01
causing loss by unlawful means, 59-P1
claims, 59-P1—59-P2
combination, 59-03
damage, 59-07
defences
  generally, 59-08
  precedents, 59-P3—59-P4
denial, 59-P3
dishonest assistance, 59-P1
elements
  combination or agreement, 59-03
  damage, 59-06
  intention to injure, 59-04
  introduction, 59-02
  knowledge of unlawfulness, 59-05
  unlawful means, 59-06
good faith, 59-P4
industrial action, and, 42-03
intention to injure, 59-04
knowing receipt, 59-P1
knowledge of unlawfulness, 59-05
precedents
  claims, 59-P1—59-P2
  defences, 59-P3—59-P4
secret profits, 59-P1
types, 59-01
unlawful means, 59-06
Construction (Health, Safety and Welfare) Regulations 1996
claim, 81-X16
defence, 81-X46
Construction law
adjoining owners
  party wall disputes, 35-04
adjudication
  enforcement of award, 36-04
  generally, 36-01—36-03
  notice, 36-I1
  particulars of claim, 36-I2
construction contracts, 34-05
contractors
  generally, 34-04
  types of claims brought, 34-05
  unpaid invoice claims, 34-I1—34-I2
defects claims against contractors
  generally, 35-02—35-03
  particulars of claim, 35-I1
employers
  generally, 34-04

types of claims brought, 34-06
homeowners
  defects claims against contractors, 35-02—35-03
  introduction, 35-01
  party wall disputes, 35-04
interest, 34-08
introduction, 34-01—34-03
party wall disputes, 35-04
payment of unpaid invoice
  defence, 34-I2
  particulars of claim, 34-I1
precedents
  adjudication, 36-I1—36-I2
  defects claims against contractors, 35-I1
  unpaid invoice, 34-I1—34-I2
repudiation, 34-07
Constructive dismissal
claim, 40-L9
defence, 40-L14
Constructive notice
undue influence
  influence of husband over wife, 18-E5
  reasonable steps, 18-E8
  rescission of security, 18-E4
Constructive total loss
ships
  claim, 70-T2
  generally, 70-18
  introduction, 70-16
Constructive trustees
banking services
  bank as advisor, 9-20
  breach of contract, 9-22
  claim, 9-E12
  defence, 9-E13
  disclaimer, 9-24
  dishonest assistance, 9-19
  fiduciary duty, 9-25
  generally, 9-16
  knowing receipt, 9-17—9-18
  negligent advice, 9-21
  negligent misrepresentation, 9-23
  regulatory duties, 9-26
Constructive trusts
account, 55-O3
bribery, 61-08
co-ownership
  declaration, 91-Z6
  generally, 91-03
dishonest assistance
  assistance, 62-12
  breach of trust of fiduciary obligation, 62-11
  claim, 62-P2
  conspiracy, 59-P1
  dishonesty, 62-13
  generally, 62-10
  introduction, 62-01
  loss, 62-15
  pleading, 62-14
  precedent, 62-P2
  remedies, 62-16

introduction, 62-01
knowing receipt
  claim, 62-P1
  company property, 62-03
  constructive trust, 62-05
  disposal of assets in breach of trust or fiduciary duty, 62-06
  generally, 62-02
  introduction, 62-01
  knowledge, 62-08
  no beneficial receipt, 62-P4
  no knowledge, 62-P3
  property subject to a trust, 62-05
  receipt, 62-07
  remedies, 62-09
  unauthorised profits acquired, 62-04
order for account, 55-O3
tracing, 62-17—62-18
Consultation
failure to consult under TULR(C)A 1992
  claim, 40-L56
  defence, 40-L57
failure to consult under TUPE Regulations 2006
  claim under reg 11, 40-L58
  claim under regs 13 and 14, 40-L59
  defence under reg 11, 40-L60
  defence under regs 13 and 14, 40-L61
  settlement agreement, 40-L62
Consumer credit agreements
absence of licence
  defence, 20-F48
  generally, 20-19
  reply, 20-F49
acceleration clauses, 20-F9
arrears of instalments
  generally, 20-25
  regulated agreements, 20-F6
  unregulated agreements, 20-F7
arrears of rent
  regulated agreements, 20-F11
  unregulated agreements, 20-F12
authorisation
  defence, 20-F48
  generally, 20-19
  reply, 20-F49
balance of moneys due, 20-F16
breach of collateral warranty, 20-F39
breach of contract
  defences, 20-F42—20-F43
  reply, 20-F44
breach of warranties, 20-F29
cancelled agreement, 20-F58
case categories, 20-39—20-52
caution, and, 20-23
chattels hire agreement
  claims, 20-F11—20-F12
  generally, 20-12
claims
  assignees, by, 20-F19—20-F21
  creditor against debtor or hirer, by, 20-F1—20-F10

creditor against supplier, by,
   20-F24—20-F29
debtor against credit-broker, by, 20-F41
debtor against creditor, by,
   20-F33—20-F37
debtor against supplier, by, 20-F39
hirer against creditor, by, 20-F30—20-F32
hirer against supplier, by, 20-F40
owner, by, 20-F11—20-F18
conditional sale
   acceleration clauses, 20-F9
   claims, 20-F1—20-F10
   generally, 20-07
Consumer Credit Act 1974
   arrears, 20-25
   caution, 20-23
   enforcement, 20-26
   exempt agreements, 20-18
   extortionate credit bargains, 20-30
   faulty goods and services, 20-33—20-34
   financial limits, 20-18
   formalities of agreement, 20-21—20-22
   high net worth debtors and hirers, 20-18
   introduction, 20-16
   licensing, 20-19
   negotiable instruments, 20-29
   new cause of action, 20-32
   pawn, 20-28
   pre-contractual negotiations, 20-20
   scheme, 20-17
   small agreements, 20-18
   statements, 20-24
   termination, 20-27
   unfair relationships, 20-31
credit-sale, 20-08
credit-tokens
   balance of moneys due, 20-F16
   claims, 20-F16—20-F18
   introduction, 20-11
   misuse, 20-F18
   return, 20-F17
defences
   contractual, 20-53
   creditor, by, 20-F46—20-F67
   debtor, by, 20-F42—20-F45
   distance selling, 20-F66
   doorstep sales, 20-F67
   statutory, 20-54
   supplier, by, 20-F70
   sureties, by, 20-F69
   unfair relationships, 20-F68
delivery of goods (assignee claims), 20-F19
delivery of goods (creditor/owner claims)
   arrears of rent, 20-F11—20-F12
   minimum payment clause, 20-F12
   non-payment of hire and termination,
      20-F1—20-F3
   other breaches, 20-F4
   termination by hirer, 20-F5
distance selling
   defence, 20-F66
   generally, 20-14
doorstep sales

defence and counterclaim, 20-F67
   generally, 20-15
enforcement orders
   application, 20-F22
   particulars of claim, 20-F23
exempt agreements, 20-18
extortionate credit bargains, 20-30
failure of agreement to contain prescribed
   terms
   defences, 20-F52—20-F54
   reply, 20-F55
failure to give information during currency of
   contracts, 20-F60
failure to give notice of change of rate of
   interest, 20-F61
failure to keep goods in proper condition,
   20-F8
failure to serve default notice, 20-F62
faulty goods and services
   creditor's liability, 20-34
   generally, 20-33
financial limits, 20-18
formalities of agreement, 20-21—20-22
high net worth debtors and hirers, 20-18
hire of chattels
   claims, 20-F11—20-F12
   generally, 20-12
hire-purchase
   claims, 20-F1—20-F10
   definition, 20-06
   generally, 20-05
injunctions, 20-F17
instalment arrears
   generally, 20-25
   regulated agreements, 20-F6
   unregulated agreements, 20-F7
instalment loan
   regulated agreements, 20-F13—20-F14
   unregulated agreements, 20-F15
interest, 20-56
introduction, 20-01—20-02
lease of chattels, 20-12
licensing
   defence, 20-F48
   generally, 20-19
   reply, 20-F49
loan contracts
   categories, 20-10
   claims, 20-F13—20-F15
   generally, 20-09
minimum payment clause
   claim, 20-F12
   defence, 20-F47
misrepresentation
   claim by creditor against supplier,
      20-F24—20-F25
   claim by debtor against supplier, 20-F39
   claim by hirer against creditor, 20-F31
   defence by debtor, 20-F46
misuse of credit-token, 20-F18
moneys due
   acceleration clauses, 20-F9
   instalment loan, 20-F13—20-F15

negotiable instruments, 20-29
new cause of action, 20-32
non-application of the Act, 20-F45
non-payment of hire
   assignee claims, 20-F19
   creditor/owner claims, 20-F1—20-F3
notice of withdrawal, 20-F59
open-end agreements, 20-F63
Part 7 procedure, 20-40—20-41
pawn agreement
   claims, 20-F37
   introduction, 20-28
pleadings, 20-37
pre-action protocol, 20-38
pre-action protocols, 20-38
precedents
   claims by assignees, 20-F19—20-F21
   claims by creditor against debtor,
     20-F1—20-F10
   claims by creditor against supplier,
     20-F24—20-F29
   claims by debtor against credit-broker,
     20-F41
   claims by debtor against creditor,
     20-F33—20-F37
   claims by debtor against supplier, 20-F39
   claims by hirer against creditor,
     20-F30—20-F32
   claims by hirer against supplier, 20-F40
   claims by owner, 20-F11—20-F18
   defences by creditor or owner,
     20-F46—20-F67
   defences by debtor or hirer,
     20-F42—20-F45
   defences by sureties, 20-F69
   distance selling, 20-F66
   doorstep sales, 20-F67
   enforcement applications, 20-F22—20-F23
   time order application, 20-F38
   unfair relationships, 20-F68
pre-contractual negotiations, 20-20
procedure
   case categories, 20-39—20-52
   introduction, 20-35
   Part 7 procedure, 20-40—20-41
   pleadings, 20-37
   pre-action protocol, 20-38
   relevant court, 20-36
rent arrears
   regulated agreements, 20-F11
   unregulated agreements, 20-F12
repudiation of contracts, 20-F28
return of credit-token, 20-F17
s.27 Hire Purchase Act 1964
   defence, 20-F71
   reply, 20-F70
s.57 CCA 1974, 20-F50
s.59 CCA 1974
   defence, 20-F50
   reply, 20-F51
s.61 CCA 1974
   defences, 20-F52—20-F54
   reply, 20-F55

s.62 CCA 1974, 20-F56
s.63 CCA 1974, 20-F56
s.65 CCA 1974, 20-F57
s.66A CCA 1974, 20-F59
s.73 CCA 1974, 20-F40
s.75 CCA 1974 (creditor claims)
   lack of title, 20-F26—20-F27
   misrepresentation, 20-F24—20-F25
s.75 CCA 1974 (debtor claims)
   damages only, 20-F34
   generally, 20-F33
   rescission and damages, 20-F35
s.78A CCA 1974, 20-F61
s.88 CCA 1974, 20-F62
S.91 CCA 1974
   claims by debtor against creditor, 20-F36
   claims by hirer against creditor, 20-F32
s.92 CCA 1974, 20-F36
s.93 CCA 1974, 20-F64
s.98A CCA 1974, 20-F63
s.127 CCA 1974
   application, 20-F22
   particulars of claim, 20-F23
s.155 CCA 1974, 20-F41
security, 20-13
small agreements, 20-18
ss.67-73 CCA 1974, 20-F58
ss.105 and 111 CCA 1974, 20-F69
ss.123 and 124 CCA 1974, 20-F65
ss.140A to 140D CCA 1974
   defence, 20-F68
   generally, 20-31
statements, 20-24
statutory controls, 20-03—20-04
statutory framework, 20-16—20-30
sureties, 27-09—27-11
termination of agreement, 20-27
time orders
   application, 20-F38
   generally, 20-55
unfair relationships
   defence, 20-F68
   generally, 20-31
wrongful repossession of goods
   claims by debtor against creditor, 20-F36
   claims by hirer against creditor, 20-F32
Consumer guarantees
see also Guarantees
claim, 25-F24
generally, 25-37
Contemporaneous reports of court proceedings
see Defamation
Continuing acts
trespass, 49-03
Contracting out
set-off, 24-07
Contractors (construction contracts)
defects claims by homeowners
   generally, 35-02—35-03
   particulars of claim, 35-I1
generally, 34-04
interest, 34-08

introduction, 34-01—34-03
payment of unpaid invoice
    defence, 34-I2
    particulars of claim, 34-I1
repudiation, 34-07
types of claims brought, 34-05
Contracts for differences
broker, against, 17-E3
broker, by, 17-E2
Contracts of indemnity
insurance, 67-03
Contribution
restitution
    claims, 108-ZA10
    generally, 108-13
Contributory negligence
carriage by air, 8-D12
professional negligence, 85-Y13
sports, 109-ZB12
Control of Substances Hazardous to Health Regulations 2002
claims, 81-X26
defence, 81-X45
Convention rights
see Human rights
Conversion
bailees, by
    claim, 26-F8
    introduction, 26-08
cheques, 10-20—10-21
competing rights, 26-F20
damages, 26-13—26-14
denials
    acts complained of, 26-F17
    claimant not owner of goods, 26-F16
destruction, by, 26-F5, 26-F10—26-F11
detention, by
    claim, 26-F4, 26-F9
    introduction, 26-05—26-06
extinction of title, 26-F21
interpleader, 26-F20
jus tertii, 26-F19
liens
    defence, 26-F28
    introduction, 26-F8
limitation of action, 26-F27
miscellaneous, 26-07
mitigation by improvement, 26-F31
nature, 26-02
precedents
    claims, 26-F1—26-F11
    defences based on loss of title, 26-F22—26-F29
    defences denying right to sue, 26-F16—26-F21
    purchase from buyer in possession, 26-F24
    purchase from mercantile agent, 26-F25
    purchase from seller
        possession, in, 26-F23
        voidable title, with, 26-F22
relief, 26-12
return of goods, 26-F18
right to sue

defences denying, 26-F16—26-F21
introduction, 26-10—26-11
s.27 Hire Purchase Act 1964, 26-F26
stoppage in transit, 26-F29
subject-matter, 26-09
taking, by
    claim, 26-F1
    introduction, 26-03
transfer, by
    claim, 26-F7
    claim (delivery), 26-F3
    claim (sale), 26-F2
    introduction, 26-04
Convictions
defamation
    defence, 37-J10
    generally, 37-37
Co-ownership
constructive trusts
    declaration, 91-Z3
    generally, 91-03
conveyance of trust property to beneficiary, 91-Z4
declarations
    co-ownership, 91-Z1
    property held in trust in equal shares, 91-Z2
    property held on resulting trust, 91-Z3
    property held under constructive trusts, 91-Z6
    severance by notice, 91-Z9
extent of beneficial shares, 91-Z1
gift, 91-Z8
interest under resulting trust, 91-Z5
introduction, 91-01
order for sale, 91-Z10
precedents
    claims, 91-Z1—91-Z6
    defences, 91-Z7—91-Z10
    introduction, 91-06
presumption of advancement, 91-Z7
property bought in joint names, 91-04
resulting trusts
    declaration, 91-Z3
    generally, 91-03
    severance by notice, 91-Z9
trespass, 49-06
trust of land, 91-05
types, 91-02
Copyright
see also Copyright (infringement)
designs
    defences, 76-18
    generally, 76-05
    introduction, 76-01
    pleading, 76-22
    precedents, 76-U2, 76-U10
    procedure, 76-08
    relief, 76-13
    statements of case, 76-09—76-13
legislative framework, 75-01
ownership, 75-06
ownership of musical works
    claim, 45-M11

defences, 45-M12—45-M13
  generally, 45-09
relief, 76-13
rights of action, 75-07
statements of case
  generally, 76-11
  introduction, 76-09
  relief, 76-13
subsistence, 75-05
types of work, 75-04
Copyright (infringement)
account of profits, 75-12
additional damages, 75-U5
artistic works, in, 75-U2
assignment by claimant, 75-U14
computer programs, in, 75-U6
damages, 75-11
defences
  generally, 75-29—75-30
  precedents, 75-U10—75-U18
delivery up, 75-13
denial of ownership
  generally, 75-06
  precedent, 75-U12
denial of subsistence
  generally, 75-05
  precedents, 75-U10—75-U11
dramatic works, in, 75-U3
fair dealing
  criticism or review, for, 75-U17
  research purposes, for, 75-U16
generally, 75-07
injunctions, 75-10
innocent infringement, 75-U18
Intellectual Property Office services, 75-02
legislative framework, 75-01
licence, 75-U13
literary works, in, 75-U1
painting, in, 75-U4
pleading
  generally, 75-08—75-09
  relief, 75-10—75-13
precedents
  claims, 75-U1—75-U6
  defences, 75-U10—75-U18
procedure, 75-03
rights of action, 75-07
statements of case, 75-08—75-09
Correspondence with description
see Description correspondence
Correspondence with sample
see Sample correspondence
Costs
judicial review, 80-30
mortgage action, 15-13
Co-sureties
sureties, 27-F4
Counterclaims
see also Part 20 claims
guarantees, 13-08
mortgage action, 15-14
set-off, 24-F1
undue influence, 18-E6

Course of conduct
harassment, 63-05—63-06
"Covenants against assignment"
breach of covenant
  claim, 95-Z1
  defence, 95-Z2—95-Z3
"consent unreasonably withheld"
  claim, 95-Z5
  defence, 95-Z6
  reply, 95-Z7
generally, 95-01—95-04
injunctions, 95-Z1
licence to assign unreasonably withheld, 95-Z4
precedents, 95-Z1—95-Z8
proviso in lease is void, 95-Z8
Covenants for title
claim, 106-Z7
generally, 106-09
CRAR scheme
see Commercial rent arrears recovery
Credit
bank accounts, and
  claim, 9-E2
  defence, 9-E3
  generally, 9-04
fraudulent misrepresentation
  claim, 58-P2
  defences, 58-P6—58-P7
  generally, 58-07
Credit, finance and leasing agreements
see Consumer credit agreements; Leasing
Credit tokens
balance of moneys due, 20-F16
claims, 20-F16—20-F18
introduction, 20-11
misuse, 20-F18
return, 20-F17
Creditors
see also Consumer credit agreements
sureties, 27-F1
Credit-sale agreements
consumer credit agreements, 20-08
sale of goods
  defences, 25-50
  generally, 25-13
Criminal convictions
see Convictions
Cross-claims
bills of exchange, 10-27
sureties, 27-F9
Cross-undertakings
inquiry as to damages, 51-O6
Daily rest
see Working time
Damage
baggage during flight, 8-D7
cargo
  claim, 70-T5
  defence, 70-T10
cargo during flight
  claim, 8-D8
  defences, 8-D14—8-D17

conspiracy, 59-06
defamation, 37-08
environmental claims, 46-06
fraudulent misrepresentation, 58-06
inducing breach of contract, 60-06
malicious falsehood, 38-11
ships, 70-T4
trespass to goods
    claims, 26-F6, 26-F12
    introduction, 26-18

Damages
bribery, 61-06
confidential information
    ex-employee, against, 74-U2
    generally, 74-U1
copyright infringement, 75-11
defamation
    compensatory, 37-24
    exemplary, 37-25
eviction, 99-02
failure to complete, 106-05
industrial action, 42-09
information technology, 33-12
private nuisance
    claims, 47-N1—47-N4
    defences, 47-N5—47-N7
    generally, 47-18—47-19
sale of land
    failure to complete, 106-05
    specific performance, 106-07
specific performance, 106-07
stockbrokers, 17-E5
trespass
    claims, 49-N1—49-N5
    generally, 49-08
    particulars of claim, 107-Z1

Dangerous animals
see also Animals
claim, 81-X5

Data protection
see also Privacy
assault, and
    claim, 5-B9
    defence, 5-B10
claim, 79-V8
defences
    denial of processing, 79-V10
    journalism, literature and art, 79-V9
false imprisonment, and
    claim, 5-B9
    defence, 5-B10
introduction, 79-23

Database right
defences
    database not qualify for right, 75-U22
    denying subsistence of right, 75-U21
    fair dealing, 75-U23
    generally, 75-33
    lawful user, 75-U23
    precedents, 75-U21—75-U23
    use for purposes of teaching or research, 75-U23
definition, 75-24

denying subsistence of right, 75-U21
fair dealing for research or teaching, 75-U23
infringement
    defences, 75-33
    generally, 75-26
    precedents, 75-U21—75-U23
    remedies, 75-27
    right of action, 75-27
    statements of case, 75-28
introduction, 75-23
non-qualifying database, 75-U22
ownership, 75-25
precedents
    claim, 75-U9
    defences, 75-U21—75-U23
qualification, 75-25
remedies, 75-27
right of action, 75-27
statements of case, 75-28

Deafness
employers' liability, 81-X23

Death (passengers)
carriage by air, 8-D6

Deceit
agents, by, 58-08—58-09
damage, 58-06
defence, as
    generally, 58-10
    precedent, 58-P8
dishonesty, 58-03
elements
    damage, 58-06
    dishonesty, 58-03
    inducement, 58-04—58-05
    introduction, 58-01
    representation, 58-02
inducement, 58-04—58-05
jurisdiction, 58-11
precedents, 58-P8—58-P9
reply, 58-P9
representation, 58-02

Declarations of incompatibility
claim, 64-R2
generally, 64-05

Declarations of non-infringement
claim, 73-U6
defence, 73-19
generally, 73-07

Defamation
absolute privilege
    defence, 37-J12—37-J13
    generally, 37-41
    pleading, 37-42
academic journals
    peer-reviewed statements, 37-45
aggravated damages
    claim, 37-J2
    defence, 37-J10
    pleading to, 37-54
apology and payment into court, 37-50
bad character, 37-52
categories, 37-06
circumstances of publication, 37-52

common or corresponding interest, 37-J14
compensatory damages, 37-24
contemporaneous reports of court
    proceedings, 37-J12
criminal convictions
    defence, 37-J10
    generally, 37-37
damage
    denial of, 37-51
    generally, 37-08
damages
    compensatory, 37-24
    exemplary, 37-25
defences
    absolute privilege, 37-41—37-42
    alternative meaning, 37-32
    apology and payment into court, 37-50
    denial of damage, 37-51
    denial of intention to repeat, 37-55
    evidence of other awards, 37-53
    generally, 37-33
    honest opinion, 37-38
    intermediaries, 37-49
    leave and licence, 37-46—37-48
    mitigation of damages, 37-52
    offer of amends, 37-50
    precedents, 37-J9—37-J20
    publication on matter of public interest,
        37-39—37-40
    publication, reference and meaning, 37-31
    qualified privilege, 37-42—37-45
    serious harm, 37-30
    truth, 37-37
    website operators, 37-J22
denial of damage, 37-51
denial of intention to repeat
    defence, 37-J9
    generally, 37-55
evidence of other awards, 37-53
exemplary damages
    claim, 37-J3
    defence, 37-J10
    generally, 37-25
    pleading to, 37-54
extent of publication
    defence, 37-J9
    libel, 37-16
    slander, 37-17
fair comment, 37-38
false innuendoes, 37-18
foreign language
    generally, 37-21
    precedent, 37-J7
foreign publication
    claim, 37-J4
    generally, 37-12
    particulars of claim, 37-20
honest opinion
    defence, 37-J11
    generally, 37-38
    replies to, 37-56—37-58
injunctions
    claims, 37-J3, 37-J5—37-J6

generally, 37-27
innocent dissemination
    defence, 37-J18
    generally, 37-09
innuendoes
    claims, 37-J1
    generally, 37-18
intermediaries, 37-49
internet service providers
    defence, 37-J18
    generally, 37-J6
introduction, 37-01
justification, 37-38
leave and licence
    defence, 37-J17
    generally, 37-46—37-48
libel
    defences, 37-30—37-55
    generally, 37-06—37-07
    introduction, 37-06
    meaning, 37-07
    particulars of claim, 37-14—37-22
    publication, 37-09—37-13
    remedies, 37-23—37-29
    replies, 37-56—37-62
limitation period, 37-02
local newspaper, 37-J2
malice
    generally, 37-56
    reply, 37-J21
meaning of the statement complained of,
    37-04
mitigation of damages, 37-52
national newspaper, 37-J3
nature of publication
    libel, 37-16
    slander, 37-17
offer of amends
    defence, 37-J20
    generally, 37-50
operators of websites, 37-J22
opinion, 37-J21
particulars of claim
    extent of publication, 37-16—37-17
    false innuendoes, 37-18
    foreign language, 37-21
    foreign publication, 37-20
    innuendoes, 37-18
    nature of publication, 37-16—37-17
    precedents, 37-J1—37-J8
    reference to the claimant, 37-19
    remedies, 37-23—37-29
    serious harm, 37-22
    words to be set out, 37-14—37-15
parties, 37-05
peer-reviewed statements in scientific or
    academic journal, 37-45
precedents
    claims, 37-J1—37-J8
    defences, 37-J9—37-J20
    replies, 37-J21—37-J22
privilege
    absolute, 37-41—37-42

qualified, 37-42—37-45
public interest
  generally, 37-39—37-40
  precedent, 37-J16
publication
  circumstances of, 37-52
  defence, 37-31
  foreign publication, 37-12
  generally, 37-09
  libel, 37-10
  outside the jurisdiction, 37-12
  reference to the claimant, 37-13
  republication, 37-11
publication of summary of judgment, 37-28
publication on matter of public interest
  generally, 37-39—37-40
  precedent, 37-J16
published letter, 37-J1
qualified privilege
  common law, at, 37-43
  defences, 37-J12, 37-J14—37-J16
  peer-reviewed statements, 37-45
  pleading, 37-42
  replies to, 37-56—37-57
  reply, 37-J21
  Reynolds defence, 37-39—37-40
  statute, under, 37-44—37-45
radio broadcast, 37-J4
rebutting offer to make amends made, 37-59
reference to the claimant
  defence, 37-31, 37-J9
  generally, 37-13
  particulars of claim, 37-19
  precedent, 37-J2
rejoinders, 37-61
remedies
  cease distribution, 37-29
  compensatory damages, 37-24
  exemplary damages, 37-25
  injunctions, 37-27
  introduction, 37-23
  publication of summary of judgment, 37-28
  removal of statement, 37-29
  special damage, 37-26
removal of statement, 37-29
replies
  fact not comment, 37-57
  honest opinion defence, 37-58
  'knew or had reason to believe', 37-59
  malice, 37-56
  precedent, 37-J21—37-J22
  rebutting offer to make amends made, 37-59
  rejoinders, 37-61
  settlement, 37-62
  spent convictions, 37-60
  truth defence, 37-58
  website operators, 37-J22
republication
  claims, 37-J6
  defence, 37-J10
  generally, 37-11
Reynolds defence

  defence, 37-J16
  generally, 37-39—37-40
scientific journals
  peer-reviewed statements, 37-45
serious harm
  generally, 37-03
  pleading, 37-22, 37-30
settlement, 37-62
slander
  defences, 37-30—37-55
  generally, 37-06—37-08
  introduction, 37-06
  particulars of claim, 37-14—37-22
  publication, 37-09—37-13
  remedies, 37-23—37-29
  replies, 37-56—37-62
special damage
  claim, 37-J8
  generally, 37-26
spent convictions, 37-60
statements in scientific or academic journal, 37-45
television broadcast, 37-J5
trade or business, 37-J8
truth
  criminal convictions, 37-37
  defence, 37-J10—37-J11
  generally, 37-34—37-36
  replies to, 37-58
website operators
  defence, 37-J19
  generally, 37-47
  reply, 37-J22
words to be set out
  libel, 37-14
  slander, 37-15

Defective products
see also Product liability
causes of action
  common law negligence, at, 83-07—83-11
  contracts, under, 83-02—83-06
  pleading, 83-19—83-22
  statute, under, 83-12—83-18
introduction, 83-01
multi-party disputes
  assessment of product defect, 84-08—84-09
  causation, 84-10
  'defect', 84-07
  development risks defence, 84-11
  precedents, 83-X1—83-X6
  statements of case, 83-24

Defects
see also Sale of goods
construction law
  generally, 35-02—35-03
  particulars of claim, 35-I1
information technology
  claim, 33-H1
  defence, 33-H2
  introduction, 33-05

Defences
see also Set-off
generally, 1-37
personal injury claims
  generally, 81-19—81-20
  precedents, 81-X37—81-X53
possession on forfeiture
  generally, 98-Z31
  precedents, 98-Z32—98-Z34
restitution
  change of position, 108-17
  estoppel, 108-16
  generally, 108-15
  illegality, 108-20
  Ministerial receipt, 108-18
  precedents, 108-ZA12—108-ZA16
  public policy, 108-19
Delay
cargo, 8-D9
completion
  claim, 106-Z6
  generally, 106-03
information technology
  claim, 33-H3
  defence, 33-H4
  introduction, 33-06
Delivery
bills of exchange, 10-07
consumer credit agreements (assignee claims), 20-F19
consumer credit agreements (creditor/owner claims)
  arrears of rent, 20-F11—20-F12
  minimum payment clause, 20-F12
  non-payment of hire and termination, 20-F1—20-F3
  other breaches, 20-F4
  termination by hirer, 20-F5
sale of goods
  claim, 25-F13
  introduction, 25-10—25-11
Delivery up
copyright infringement, 75-13
interim orders
  claim, 26-F14
  generally, 26-20
Denial
commission agents
  agency, of, 21-F12
  provision of services, of, 21-F13
conspiracy, 59-P3
conversion
  acts complained of, 26-F17
  claimant not owner of goods, 26-F16
defamation
  damage, 37-51
  intention to repeat, 37-55
factoring, 22-F5
intention to repeat
  generally, 37-55
  precedent, 37-J9
loans, 14-E3
sale of goods

breach of condition or warranty, 25-F39
buyer unwilling to pay, 25-F55
condition or warranty, 25-F38—25-F44
delivery, 25-F53
late delivery, 25-F33
making contracts of sale, 25-F52
misrepresentation, 25-F38
non-delivery, 25-F32
price due, 25-F54
right to reject, 25-F45—25-F46
sureties
  absence of consideration, 27-F5
  default by principal debtor, 27-F7
undue influence, 18-E7
Dermatitis
employers' liability, 81-X27
Derogation from grant
generally, 96-07
injunctions, 96-Z10
precedents, 96-Z10—96-Z11
Description correspondence
claim, 25-F21
denials, 25-F44
generally, 25-25
Design right
Community, 76-07
defences
  generally, 76-19—76-20
  precedents, 76-U11—76-U12
infringement
  Community unregistered right, 76-U12
  national unregistered right, 76-U11
introduction, 76-01
national, 76-06
pleading
  generally, 76-22
  relief, 76-13
precedents
  claims, 76-U3—76-U4
  defences, 76-U11—76-U12
procedure, 76-08
relief, 76-13
statements of case
  generally, 76-12
  introduction, 76-09
  relief, 76-13
Designs
copyright
  defences, 76-18
  generally, 76-05
  introduction, 76-01
  pleading, 76-22
  precedents, 76-U2, 76-U10
  procedure, 76-08
  relief, 76-13
  statements of case, 76-11
design right
  Community, 76-07
  defences, 76-19—76-20
  introduction, 76-01
  national, 76-06
  pleading, 76-22

[1210]

precedents, 76-U3—76-U4,
   76-U11—76-U12
procedure, 76-08
relief, 76-13
statements of case, 76-12
registered designs
  Community, 76-04
  defences, 76-15—76-17
  introduction, 76-01
  national, 76-02—76-03
  pleading, 76-21
  precedents, 76-U1, 76-U5—76-U9
  procedure, 76-08
  relief, 76-13
  statements of case, 76-10
unregistered design right
  Community, 76-07
  defences, 76-19—76-20
  introduction, 76-01
  national, 76-06
  pleading, 76-22
  precedents, 76-U3—76-U4,
    76-U11—76-U12
  procedure, 76-08
  relief, 76-13
  statements of case, 76-12

Destruction of property
conversion, 26-F5, 26-F10—26-F11

Detention
conversion
  claim, 26-F4, 26-F9
  introduction, 26-05—26-06

Development risks
product liability, 84-11

Deviation
marine insurance, 70-T12

Differences
see Contracts for differences

Digital content
sale of goods
  additional rights, 25-36
  generally, 25-32
  precedent, 25-F25

Direct discrimination
see also Discrimination (employment)
age, 44-L1
disability, 44-L11
gender reassignment, 44-L3
generally, 44-13—44-14
maternity, 44-L4
precedents, 44-L1—44-L6
pregnancy, 44-L4
race, 44-L6
religion or belief, 44-L5
sexual orientation, 44-L2

Directors' liabilities
patent infringement
  generally, 73-05
  precedent, 73-U5

Disability discrimination
see also Discrimination (employment)
direct discrimination, 44-L11
discrimination arising from, 44-L14

failure to make adjustments, 44-L12—44-L13
generally, 44-04
precedents, 44-L11—44-L14
pre-employment enquiries, 44-L11
prohibited conduct, 44-20—44-22
public sector duty, 44-L12
reasonable adjustments, 44-23—44-25

Disability-related harassment
generally, 63-08—63-14

Discharge
bills of exchange, 10-E14
bonds
  claim, 11-E10
  generally, 11-04
cheques, 10-E22
guarantees
  giving time, by, 13-14
  release of principal debtor, by, 13-15
restitution
  claims, 108-ZA5—108-ZA7
  generally, 108-08—108-09
sureties
  principal debtor, of, 27-F8
  release of security, by, 27-F10

Disciplinary procedures
trade unions
  breach of rules, 43-L2
  complaint alleging unjustifiable action,
    43-L4

Disclosure
confidential information
  generally, 74-18
  precedent, 74-U8
  restriction, 74-21
marine insurance
  material facts, 70-08
  ship's papers, 70-25
sources of information
  generally, 74-18
  precedent, 74-U8
  restriction, 74-21

Discrimination (employment)
absence from work
  gender reassignment, 44-15
  pregnancy and maternity, 44-16
age
  direct discrimination, 44-L1
  generally, 44-03
  victimisation, 44-L9
ancillary provisions, 44-28
ask and response process, 44-38
belief, 44-09
characteristics protected
  age, 44-03
  belief, 44-09
  civil partnerships, 44-06
  disability, 44-04
  gender reassignment, 44-05
  marriage, 44-06
  maternity, 44-07
  pregnancy, 44-07
  race, 44-08
  religion, 44-09

Index

sex, 44-10
sexual orientation, 44-11
civil partnership, 44-06
claim forms
  generally, 44-30—44-32
  precedents, 44-L1—44-L14
comparators, and, 44-L4
conduct prohibited
  absence from work, 44-15
  direct discrimination, 44-13—44-14
  disability-related discrimination,
    44-20—44-22
  indirect discrimination, 44-17—44-18
  introduction, 44-12
  pregnancy and maternity, 44-16
  victimisation, 44-19
direct discrimination
  age, 44-L1
  disability, 44-L11
  gender reassignment, 44-L3
  generally, 44-13—44-14
  maternity, 44-L4
  precedents, 44-L1—44-L6
  pregnancy, 44-L4
  race, 44-L6
  religion or belief, 44-L5
  sexual orientation, 44-L2
disability
  direct discrimination, 44-L11
  discrimination arising from, 44-L14
  failure to make adjustments,
    44-L12—44-L13
  generally, 44-04
  precedents, 44-L11—44-L14
  pre-employment enquiries, 44-L11
  prohibited conduct, 44-20—44-22
  public sector duty, 44-L12
  reasonable adjustments, 44-23—44-25
Equality Act 2010
  ancillary provisions, 44-28
  generally, 44-01
  pre-employment health enquiries, 44-26
  prohibited conduct, 44-12—44-26
  protected characteristics, 44-03—44-11
  relevant fields, 44-27
  structure, 44-02
forms of
  absence from work, 44-15
  direct discrimination, 44-13—44-14
  disability-related discrimination,
    44-20—44-22
  indirect discrimination, 44-17—44-18
  introduction, 44-12
  pregnancy and maternity, 44-16
  victimisation, 44-19
forum, 44-29
gender reassignment
  absence from work, 44-15
  direct discrimination, 44-L3
  generally, 44-05
genuine occupational requirement, 44-L6
indirect discrimination
  generally, 44-17—44-18

  precedents, 44-L7
  race, 44-L7
  sex, 44-L8
introduction, 44-01
marriage, 44-06
maternity
  direct discrimination, 44-L4
  generally, 44-07
precedents
  direct discrimination, 44-L1—44-L6
  disability, 44-L11—44-L14
  indirect discrimination, 44-L7—44-L8
  victimisation, 44-L9—44-L10
pre-employment health enquiries
  generally, 44-26
  precedent, 44-L11
pregnancy
  direct discrimination, 44-L4
  generally, 44-07
procedure
  ask and response process, 44-38
  claim forms, 44-30—44-32
  forum, 44-29
  remedies, 44-33
  responses, 44-36—44-37
  time limits, 44-34—44-35
prohibited conduct
  absence from work, 44-15
  direct discrimination, 44-13—44-14
  disability-related discrimination,
    44-20—44-22
  indirect discrimination, 44-17—44-18
  introduction, 44-12
  pregnancy and maternity, 44-16
  victimisation, 44-19
protected characteristics
  age, 44-03
  belief, 44-09
  civil partnerships, 44-06
  disability, 44-04
  gender reassignment, 44-05
  marriage, 44-06
  maternity, 44-07
  pregnancy, 44-07
  race, 44-08
  religion, 44-09
  sex, 44-10
  sexual orientation, 44-11
questions and answers forms, 44-38
race
  direct discrimination, 44-L6
  generally, 44-08
  indirect discrimination, 44-L7
religion or belief
  claims, 44-L5
  generally, 44-09
remedies, 44-33
responses to claims, 44-36—44-37
sex
  generally, 44-10
  indirect discrimination, 44-L8
  victimisation, 44-L10
sexual orientation

claims, 44-L2
generally, 44-11
time limits for claims, 44-34—44-35
victimisation
    age, 44-L9
    generally, 44-19
    precedents, 44-L9—44-L10
    sex, 44-L10
work, 44-27
Dishonest assistance
    assistance, 62-12
    breach of trust of fiduciary obligation, 62-11
    claim, 62-P2
    conspiracy, 59-P1
    dishonesty, 62-13
    generally, 62-10
    introduction, 62-01
    loss, 62-15
    pleading, 62-14
    precedent, 62-P2
    remedies, 62-16
Dishonesty
    fraudulent misrepresentation, 58-03
Dishonour of cheques
    non-acceptance
        claim, 10-E1
        defence, 10-E6
Display Screen Equipment Regulations
    employers' liability, 81-X11
Distance selling
    credit, finance and leasing
        defence, 20-F66
        generally, 20-14
    defence, 25-F71
    generally, 25-14
Distress
    double value of goods distrained and sold, 92-Z5
    excessive distress
        claim, 92-Z4
        generally, 92-04
    generally, 92-03—92-05
    illegal distress
        generally, 92-Z1
        grounds of privilege, on, 92-Z2
        owner of chattels, by, 92-Z3
    introduction, 92-01
    irregular distress
        claim, 92-Z4
        generally, 92-04
    justification of entry defence
        generally, 92-Z8
        goods fraudulently removed to frustrate distress, 92-Z9
    law, 92-03—92-05
    pleading, 92-06
    poundbreach
        claim, 92-Z6
        defence, 92-Z10
        generally, 92-05
    precedents
        claims, 92-Z1—92-Z7
        defences, 92-Z8—92-Z10

protected goods, 92-03—92-04
replevin
    claim, 92-Z7
    generally, 92-05
set-off, 92-05
walking possession, 92-05
Domain names
    passing off, 78-U3
Domestic insurance
    see Household insurance
Doorstep sales
    credit, finance and leasing
        defence, 20-F67
        generally, 20-15
    defences
        contract cancelled, 25-F73
        contract unenforceable, 25-F72
    generally, 25-15
Double rent
    mesne profits
        claim, 103-Z6
        defence, 103-Z10
Double value
    distress, 92-Z5
    mesne profits
        claim, 103-Z5
        defence, 103-Z9
Drafting
    statements of case
        brevity, 1-26
        consistency, 1-33
        direct, not evasive, 1-28
        facts, 1-30
        fraud, 1-34
        generally, 1-25
        layout, 1-29
        plain English, 1-27
        reference to evidence, 1-32
        reference to law, 1-31
Drainage
    see Rights of drainage
Dramatic works
    copyright infringement, 75-U3
Drones
    generally, 7-03
Drugs (multi-party disputes)
    assessment of product defect, 84-08—84-09
    case management order, 84-X1
    causation, 84-10
    'defect', 84-07
    development risks defence, 84-11
    group litigation orders, 84-02—85-03
    introduction, 84-01
    Jackson reforms, 84-12—84-14
    jurisdiction, 84-05
    lead case approach, 85-04
    precedents
        defence, 84-X3
        particulars of claim, 84-X2
        reply, 84-X4
    qualified one-way costs shifting, 84-12—84-14
    statements of case, 84-06

test case approach, 84-04
Dust
  private nuisance
    claim, 47-N3
    defence, 47-N6
Duty of care
  information technology, 33-10
  professional negligence, 85-03
Duty of fair presentation
  insurance contracts
    generally, 67-11
    remedy for failure to comply, 67-17
Easements
  generally, 93-01
  pleading, 93-06
  precedents
    claims, 93-Z1—93-Z5
    defences, 93-Z6—93-Z17
  prescriptive easements, 49-N8, 107-Z6
  right to air, 93-02
  rights of drainage
    claim, 93-Z5
    defence, 93-Z17
    generally, 93-05
  rights of light
    claims, 93-Z1—93-Z3
    defences, 93-Z6—93-Z12
    generally, 93-02
  rights of way
    claim, 93-Z4
    defences, 93-Z13—93-Z16
    generally, 93-03—93-04
  trespass, 49-N8, 107-Z6
Economic torts
  causing loss by unlawful means
    claim, 60-P3
    conspiracy, 59-P1
    damage, 60-12
    elements, 60-08
    intention to cause loss, 60-11
    interference, 60-10
    introduction, 60-08
    unlawful means, 60-09
  inducing or procuring breach of contract
    breach of contract, 60-05
    categories, 60-02
    claim, 60-P1
    damage, 60-06
    defences, 60-07, 60-P2
    intention to cause breach, 60-04
    introduction, 60-02
    knowledge of contracts, 60-03
  introduction, 60-01
Education
  bullying
    claim, 39-K1
    defence, 39-K2
  introduction
    private law claims, 39-01—39-03
    public law claims, 39-04—39-07
  judicial review
    acknowledgment of service, 39-K6
    claim forms, 39-K3

    grounds for resisting claim, 39-K6
    introduction, 39-04
    reading list, 39-K5
    statements of facts, 39-K3
    witness statement, 39-K4
  negligent provision of education,
    39-01—39-03
  personal injuries, 39-01—39-03
  precedents
    bullying, 39-K1—39-K2
    judicial review, 39-K3—39-K6
  underachievement, 39-01—39-03
  university courses, 39-03
Effluxion of time
  possession claims, 98-06
Electrical equipment
  product liability, 83-X2
Employee representatives
  employment tribunals, 40-L16
Employers' liability
  apportionment, 81-X47
  asbestosis
    claim, 81-X24
    generally, 81-11
  bullying, 81-X21
  claim forms
    particulars, 81-16
    practical issues, 81-18
    precedents, 81-X2—81-X36
    statements of truth, 81-17
  Construction Regulations
    claim, 81-X16
    defence, 81-X46
  COSHH Regulations
    claim, 81-X26
    defence, 81-X45
  deafness, 81-X23
  defences
    generally, 81-19—81-20
    precedents, 81-X37—81-X52
  dermatitis, for, 81-X27
  Display Screen Equipment Regulations,
    81-X12
  exemplary damages, 81-07
  further information
    generally, 81-22
    reply to request, 81-X55
    request, 81-X54
  general negligence, 81-X28
  hazardous substances, 81-X26
  heads of liability
    asbestos, 81-11
    generally, 81-09—81-10
    mesothelioma, 81-11
    scope of claims, 81-12
  Health Safety and Welfare Regulations,
    81-X13
  introduction, 81-01
  letters of claim, 81-X1
  Lifting Operations and Equipment Regulations
    generally, 81-X17
    nurse, by, 81-X18

limitation, 81-X53
Manual Handling Operation Regulations
   claim, 81-X9
   defence, 81-X41
medical reports, 81-25
mesothelioma, 81-11
negligence, 81-X28
noise at work, for
   claim, 81-X23
   defence, 81-X44
Personal Protective Equipment Regulations
   1992 Regulations, 81-X11
   2002 Regulations, 81-X10
   defence, 81-X42
pre-action protocols, 81-14—81-15
principal texts, 81-13
Provision and Use of Work Equipment
   Regulations, 81-X15
provisional damages, 81-25
psychiatric injury, 81-X47
reply, 81-21
res ipsa loquitur, 81-X8
schedule of special damage, 81-23
scope, 81-12
smoking in the workplace, 81-X30
starting proceedings, 81-14—81-15
stress
   first breakdown, 81-X19
   generally, 81-X21
   second breakdown, 81-X20
vibration white finger, 81-X25
Work at Height Regulations, under
   claim, 81-X14
   defence, 81-X43
work-related upper limb disorders, 81-X22

Employment
   see also Employment (civil proceedings);
      Employment tribunals
court proceedings
   introduction, 41-01
   precedents, 41-L1—41-L10
   references, 41-03
   restrictive covenants, 41-05
   springboard injunctions, 41-07
   steps to compete, 41-06
   stigma damages, 41-04
   wrongful dismissal, 41-02
discrimination
   ancillary provisions, 44-28
   introduction, 44-01—44-02
   precedents, 44-L1—44-L14
   procedure for claims, 44-29—44-38
   prohibited conduct, 44-12—44-26
   protected characteristics, 44-03—44-11
   relevant fields, 44-27
employment tribunals
   ACAS Code of Practice, 40-04
   breach of contract claims, 40-06
   early conciliation, 40-03
   fees, 40-02
   generally, 40-01
   non-pecuniary loss, 40-05
   precedents, 40-L1—40-L56

   settlement agreements, 40-07
industrial action
   claims, 42-06
   damages, 42-09
   industrial torts, 42-02—42-03
   injunctions, 42-07—42-08
   introduction, 42-01—42-03
   liability, 42-10
   meaning, 42-01
   particulars of claim, 42-L2
   picketing, 42-11
   precedents, 42-L1—42-L8
   statutory protection, 42-04—42-05
trade unions
   dissolution, 43-10
   human rights, 43-02
   legal status, 43-01
   members' rights, 43-06—43-08
   membership contracts, 43-04—43-05
   parties, as, 43-03
   precedents, 43-L1—43-L4
   property, 43-09

Employment (civil proceedings)
breach of contract
   claim, 41-L1
   defence and counterclaims, 41-L2
   generally, 41-02
injury to feelings, 41-02
introduction, 41-01
negligent references
   claim, 41-L3
   defence, 41-L4
   generally, 41-03
post-contractual restraint
   claim, 41-L7
   defence, 41-L8
   generally, 41-05
precedents
   negligent reference, 41-L3—41-L4
   post-contractual restraint, 41-L7—41-L8
   springboard injunctions, 41-L9—41-L10
   stigma damages, 41-L5—41-L6
   wrongful dismissal, 41-L1—41-L2
references
   claim, 41-L3
   defence, 41-L4
   generally, 41-03
restrictive covenants
   claim, 41-L7
   defence, 41-L8
   generally, 41-05
springboard injunctions
   claim, 41-L9
   defence, 41-L10
   generally, 41-07
steps to compete, 41-06
stigma damages
   claim, 41-L5
   defence, 41-L6
   generally, 41-04
wrongful dismissal
   claim, 41-L1
   defence and counterclaims, 41-L2

INDEX

generally, 41-02
Employment tribunals
ACAS Code of Practice, 40-04
agency workers
  claim, 40-L54
  defence, 40-L55
agreement to refrain from instituting
  proceedings, 40-L56
annual leave
  claim, 40-L45
  defence, 40-L48
annual leave payment
  claim, 40-L46
  defence, 40-L49
breach of contract claims, 40-06
capability
  claim, 40-L4—40-L5
  defence, 40-L10—40-L11
claims
  capability, 40-L4—40-L5
  conduct, 40-L6—40-L7
  constructive dismissal, 40-L9
  employee representatives, 40-L16
  generally, 40-01
  ill-health, 40-L4
  job performance, 40-L5
  minimum wage, 40-L17
  redundancy, 40-L8
  trade union membership/activities, 40-L15
  transfer of undertaking, 40-L18, 40-L22
claims by employee
  generally, 40-01
  precedent, 40-L1
claims by employer
  generally, 40-01
  precedent, 40-L2
compensatory award limits
  unfair dismissal, 40-08
compromise agreements
  failure to consult, 40-L62
  form, 40-L56
  generally, 40-07
conduct
  claim (at work), 40-L6
  claim (away from work), 40-L7
  defence, 40-L12
constructive dismissal
  claim, 40-L9
  defence, 40-L14
consultation
  failure to consult under TULR(C)A 1992, 40-L56—40-L57
  failure to consult under TUPE Regulations 2006, 40-L58—40-L62
daily rest
  claim, 40-L43
  defence, 40-L47
defence to claims
  capability, 40-L10—40-L11
  constructive dismissal, 40-L14
  ill-health, 40-L10
  job performance, 40-L11
  misconduct, 40-L12

redundancy, 40-L13
early conciliation, 40-03
employee representatives, 40-L16
excluded class of employment, 40-L28
failure to consult under TULR(C)A 1992
  claim, 40-L56
  defence, 40-L57
failure to consult under TUPE Regulations 2006
  claim under reg 11, 40-L58
  claim under regs 13 and 14, 40-L59
  defence under reg 11, 40-L60
  defence under regs 13 and 14, 40-L61
  settlement agreement, 40-L62
fees, 40-02
fixed-term workers (statements of reasons)
  claim, 40-L52
  defence, 40-L53
generally, 40-01
health and safety, 40-L31
holiday pay, 40-11
ill-health
  claim, 40-L6
  defence, 40-L10
industrial action
  defence, 40-L29
job performance
  claim, 40-L5
  defence, 40-L11
jurisdictional defences
  excluded class of employment, 40-L28
  industrial action, 40-L29
  protected disclosure resulting in detriment and dismissal, 40-L24
  qualifying period, 40-L26
  status of claimant, 40-L25
  time limit for complaint, 40-L27
  work outside Great Britain, 40-L28
minimum wage
  claim, 40-L17
  defence, 40-L21
misconduct, 40-L12
national minimum wage
  claim, 40-L17
  defence, 40-L21
non-pecuniary loss, 40-05
part-time workers (statements of reasons)
  claim, 40-L50
  defence, 40-L51
precedents
  action short of dismissal, 40-L30—40-L36
  agency work, 40-L54—40-L55
  claim, 40-L4—40-L9
  claim by employee, 40-L1
  claim by employer, 40-L2
  compromise agreements, 40-L56
  defence, 40-L10—40-L14
  jurisdictional defences, 40-L25—40-L29
  miscellaneous, 40-L50—40-L56
  special cases, 40-L15—40-L24
  statements of reasons for dismissal, 40-L3
  time off, 40-L37—40-L42
  working time, 40-L43—40-L49

[1216]

pregnancy claims, 39-03
public interest disclosure
   claims, 40-L19—40-L20, 40-L32—40-L33
   defences, 40-L23—40-L24,
     40-L34—40-L36
   employer, to, 40-L19—40-L20,
     40-L23—40-L24, 40-L32, 40-L34
   generally, 40-09—40-10
   other cases, in, 40-L36
   prescribed person, to, 40-L33, 40-L35
qualifying period, 40-L26
redundancy
   claim, 40-L8
   defence, 40-L13
settlement agreements
   failure to consult, 40-L62
   form, 40-L56
   generally, 40-07
shared parental leave, 40-12
statements of reasons for dismissal
   fixed-term work, 40-L52—40-L53
   generally, 40-L3
   part-time work, 40-L50—40-L51
status of claimant, 40-L25
time limit for complaint, 40-L27
time off work with pay
   ante-natal care, 40-L39
   public duties, 40-L41
   redundant employee seeking new
     employment, 40-L38
   trade union activities, 40-L40
   trade union official, 40-L37
trade union membership/activities
   action short of dismissal, 40-L30
   unfair dismissal, 40-L15
transfer of undertaking
   claim, 40-L18
   defence, 40-L22
TUPE Regulation 2006
   failure to consult, 40-L58—40-L62
types of claim, 39-03
unfair dismissal
   compensatory award limits, 40-08
unlawful deduction from wages, 40-L42
weekly rest
   claim, 40-L44
   defence, 40-L47
whistleblowing
   claims, 40-L19—40-L20, 40-L32—40-L33
   defences, 40-L23—40-L24,
     40-L34—40-L36
   employer, to, 40-L19—40-L20,
     40-L23—40-L24, 40-L32, 40-L34
   generally, 40-09—40-10
   other cases, in, 40-L36
   prescribed person, to, 40-L33, 40-L35
work outside Great Britain, 40-L28
working time
   annual leave, 40-L45—40-L46
   daily rest, 40-L43
   defences, 40-L47—40-L49
   weekly rest, 40-L44

Encroachment
tree roots
   claim, 47-N4
   introduction, 47-15
Enforcement
charging orders, 86-04
factoring, 22-F1
financial services agreements, 12-E4
Enforcement orders
application, 20-F22
particulars of claim, 20-F23
Enfranchisement
flats
   generally, 97-01—97-05
   precedents, 97-Z10—97-Z17
Entertainment
authorship in musical work
   claim, 45-M11
   defences, 45-M12—45-M13
   generally, 45-09
band members, 45-M12
band names, 45-10
breach of fiduciary duty
   claim, 45-M7
   defence, 45-M8
   generally, 45-06—45-07
copyright ownership
   claim, 45-M11
   defence, 45-M12—45-M13
   generally, 45-09
fiduciary duty
   claim, 45-M7
   defence, 45-M8
   generally, 45-06—45-07
introduction, 45-01—45-02
joint authorship of works
   claim, 45-M11
   defences, 45-M12—45-M13
   generally, 45-09
management disputes
   claim, 45-M5
   defence, 45-M6
   generally, 45-05
oral agreement
   claim, 45-M5
   defence, 45-M6
partnership
   claim, 45-M10
   defence, 45-M9
   generally, 45-08
precedents
   fiduciary duty, 45-M7—45-M8
   management disputes, 45-M5—45-M6
   partnership, 45-M9—45-M10
   restraint of trade, 45-M3—45-M4
   undue influence, 45-M1—45-M2
publishers, 45-M13
quantum meruit
   claim, 45-M5
   defence, 45-M6
restraint of trade
   claim, 45-M3
   defence, 45-M4

generally, 45-03
undue influence
  claim, 45-M1
  defence, 45-M2
  generally, 45-04
Environmental liability
costs, 46-04
damage, 46-06
group actions, 46-02—46-03
nuisance
  causal effect, 47-13
  character of neighbourhood, 47-05
  consent, 47-04
  foreseeability of damage, 47-12
  introduction, 47-01—47-02
  isolated act, 47-11
  negligence, 47-07—47-09
  precedents, 47-N1—47-N7
  reasonable care, 47-07—47-09
  reasonable foreseeability of damage, 47-12
  reasonable user, 47-03
  standard of comfort, 47-06
  state of affairs, 47-11
  statutory authority, 47-10
  type of damage, 47-12
private nuisance
  account of profits, 47-19
  acts intending to annoy, 47-15
  claimants, 47-16
  conduct of claimant, 47-20
  damages, 47-18—47-19
  defendants, 47-17
  examples, 47-14
  introduction, 47-01—47-13
  precedents, 47-N1—47-N7
  trespasser's act, 47-21
public nuisance
  generally, 47-22—47-23
  injunctions, 47-25—47-26
  introduction, 47-01—47-13
  precedents, 47-N1—47-N7
  relator action, 47-21
quia timet injunctions, 46-07
Rylands v Fletcher
  escape, 48-04
  introduction, 48-01
  liability, 48-02
  non-natural user, 48-05
  precedents, 48-N1—48-N2
  strict liability, 48-03
trespass
  affected property, 49-04
  claimants, 49-05
  continuing acts, 49-03
  co-owners, 49-06
  damages, 49-08
  limitation, 49-09
  meaning, 49-01
  precedents, 49-N1—49-N12
  relevant acts, 49-02
  summary possession, 49-07
venue of proceedings, 46-01

Equitable liens
generally, 23-05
Equitable remedies
account
  generally, 55-01
  precedents, 55-O1—55-O3
appointment of receivers
  generally, 56-01
  precedents, 56-O1
injunctions
  generally, 51-01—51-02
  precedents, 51-O1—51-O6
introduction, 50-01
rectification
  generally, 53-01—53-02
  precedents, 53-O1—53-O2
rescission
  generally, 54-01—54-02
  precedents, 54-O1—54-O2
specific performance
  generally, 52-01—52-02
  precedents, 52-O1—52-O2
Equitable set-off
arising out of related breach, 24-F4
arising upon an assignment, 24-F3
generally, 24-03
Erasure orders
data protection, 79-V8
Escape
Rylands v Fletcher, 48-04
Estoppel
banking services, 9-E11
life insurance, 71-T6
restitution
  generally, 108-16
  precedent, 108-ZA12
Estovers
see Profits of estovers
European Court of Human Rights
references to, 64-20
European Court of Justice
references to
  application for order for questions to be referred, 65-R1
  Article 234 EC Treaty, 65-02
  commencement, 65-04
  doctrine of acte clair, 65-03
  expedited procedure, 65-06
  introduction, 65-01
  preliminary ruling, for, 65-06
  transmission, 65-05
Eviction
damages, 99-02
injunctions
  restoration of evicted tenant, 99-Z2
  restraint of threatened eviction, 99-Z1
introduction, 99-01
offer of reinstatement, 99-Z2
pleading, 99-04
precedents, 99-Z1—99-Z3
statutory claims, 99-03
unreasonable behaviour, 99-Z2

Ex turpi causa
  assault, 5-05
  road traffic accident claims, 81-X38
Excessive distress
  see Distress
Excessive use of force
  see Reasonable force
Exclusion clauses
  information technology, 33-07—33-08
  sale of goods
    defences, 25-F50—25-F51, 25-F70
    generally, 25-38
    introduction, 25-51
Exemplary damages
  defamation
    claim, 37-J3
    defence, 37-J10
    generally, 37-25
    pleading to, 37-54
  personal injury claims, 81-07
  wrongful arrest by police, 5-B17
Exempt agreements
  consumer credit agreements, 20-18
Exemption clauses
  see Exclusion clauses
Exhaustion of rights
  trade marks, 77-U15
Expiry
  notices of quit
    claim, 98-Z14
    defences, 98-Z23—98-Z26
Extinguishment
  conversion, 26-F21
Extortionate credit bargains
  consumer credit agreements, 20-30
Factoring
  denial debt payable, 22-F5
  enforcement of debt, 22-F1
  generally, 22-01—22-02
  indemnity, 22-F3
  no notices of assignment, 22-F4
  precedents
    claims, 22-F1—22-F3
    defences, 22-F4—22-F5
  reassignment of bad debt, 22-F2
Failure of consideration
  bills of exchange, 10-E9
  information technology, 33-11
Failure to complete
  see Sale of land
Fair comment
  see Honest opinion
Fair dealing
  copyright
    criticism or review, for, 75-U17
    research purposes, for, 75-U16
  database right, 75-U23
False imprisonment
  aggravated damages, 5-B17
  breach of Data Protection Act 1998, and
    claim, 5-B9
    defence, 5-B10
  causes of action, 5-06—5-11

  curfew monitoring company, 5-B27
  exemplary damages, 5-B17
  exercise of discretion to arrest
    claim, 5-B12
    defence, 5-B22
  failure to inform person of facts of and
    grounds for arrest
    claim, 5-B14
    defence, 5-B24
  no reasonable grounds
    claim, 5-B11
    defence, 5-B21
  non-arrestable offence
    claim, 5-B13
    defence, 5-B23
  parole release, 5-B27
  pleading, 5-26—5-27
  police powers of arrest, 5-12—5-15
  precedents
    claims, 5-B11—5-B20
    defences, 5-B21—5-B26
  unnecessarily lengthy detention
    claim, 5-B15
    defence, 5-B25
  wrongful arrest
    court, by, 5-B20
    instigation of defendant, at, 5-B18
    police, by, 5-B11—5-B17
    ship, on, 5-B19
  wrongful arrest by police
    exercise of discretion to arrest, 5-B12
    failure to inform person of facts of and
      grounds for arrest, 5-B14
    no reasonable grounds, 5-B11
    non-arrestable offence, 5-B13
  wrongful exercise of discretion to arrest
    claim, 5-B12
    defence, 5-B22
  wrongful refusal of bail
    claim, 5-B16
    defence, 5-B26
False representations
  see Misrepresentation
Falsely and maliciously
  see Defamation
Fatal accident claims
  claim, 81-X38
  generally, 81-24
Faulty goods and services
  see Consumer credit agreements
Fees
  airports
    claim, 7-D2
    defence, 7-D9
    generally, 7-07
  carriage of goods, 8-D2
Fences
  generally, 94-01—94-02
  precedents, 94-Z1
  right of action, 94-03
Fidelity insurance
  claim, 69-T7
  defence, 69-T8

INDEX

reply, 69-T9
Fiduciary duty
  entertainment law
    claim, 45-M7
    defence, 45-M8
    generally, 45-06—45-07
Financial advisers
  negligence
    claim, 85-Y5
    defence of contractual estoppel, 85-Y13
Financial Conduct Authority
  see also Financial services
  competition law
    binding nature of decisions, 29-02
    generally, 28-04
  generally, 12-02
Financial services
  see also Banking services
  assignment of proceedings, 12-13
  authorised persons, 12-07
  breach of statutory duty
    claim, 12-E2
    generally, 12-14
    incidents of the cause of action, 12-15
  Brexit, and, 12-08
  causes of action, 12-15
  commission, 12-E3
  defences
    introduction, 12-17
    precedent, 12-E3
  enforcement of agreement, 12-E4
  exempt persons, 12-07
  Financial Conduct Authority, 12-02
  financial promotion, 12-06
  generally, 12-01—12-02
  investments, 12-05
  negligence of financial advisers
    claim, 85-Y5
    defence of contractual estoppel, 85-Y1
  parties to proceedings, 12-16
  precedents
    claims, 12-E1—12-E2
    defences, 12-E3
    reply, 12-E4
  'private person', 12-09
  proceedings covered, 12-09—12-12
  regulated activity, 12-03—12-04
  unauthorised persons, 12-E1
  unlawful communications, 12-11
First refusal
  see Rights of first refusal
Fitness for purpose
  claim, 25-F18—25-F20
  denials, 25-F42—25-F43
  information technology, 33-03—33-04
  introduction, 25-28
Fixed-term workers
  statements of reasons
    claim, 40-L52
    defence, 40-L53
FOB contracts
  claim, 25-F6
  denial, 25-F59

Food
  product liability, 83-X4
Foreclosure
  mortgages, 15-03
Foreign language
  defamation
    generally, 37-21
    precedent, 37-J7
Foreign publications
  see Defamation
Forfeiture
  generally, 98-11
  possession claims
    breaches of covenant, 98-Z30
    defence and counterclaims, 98-Z31
    defences, 98-Z32—98-Z34
    non-payment of ret, 98-Z29
  relief
    claim forms, 98-Z2
    particulars of claim, 98-Z35
  restrictions on right, 98-14
  s.146 notices, 98-13
  waiver, 98-15
Forgery (signatures)
  banking services
    claim, 9-E6
    defence, 9-E7—9-E8
    generally, 9-09
  bills of exchange, 10-E5
Fraud
  bribery
    action against agent and third party, 61-P1
    'bribe', 61-03
    claim, 61-P1
    conflict of interests, 61-02
    defences, 61-12
    defendants, 61-04
    elements, 61-01—61-02
    persons liable, 61-04
    post-transaction gift, 61-P2
    precedents, 61-P1—61-P2
    principal's knowledge, 61-P2
    remedies, 61-04—61-10
    secrecy, 61-02
    secret commission, 61-03
  causes of action, 57-01
  conspiracy
    categories, 59-01
    damage, 59-07
    defences, 59-08
    elements, 59-02—59-06
    precedents, 59-P1—59-P4
  constructive trusts
    dishonest assistance, 62-10—62-18
    introduction, 62-01
    knowing receipt, 62-02—62-09
    precedents, 62-P1—62-P4
  deceit
    agents, by, 58-08—58-09
    credit, as to, 58-07
    defence, as, 58-10
    elements, 58-01—58-06
    jurisdiction, 58-11

pleading, 58-12
precedents, 58-P8—58-P9
dishonest assistance
  assistance, 62-12
  breach of trust of fiduciary obligation, 62-11
  claim, 62-P2
  conspiracy, 59-P1
  dishonesty, 62-13
  generally, 62-10
  introduction, 62-01
  loss, 62-15
  pleading, 62-14
  precedent, 62-P2
  remedies, 62-16
fraudulent misrepresentation
  agents, by, 58-08—58-09
  credit, as to, 58-07
  defence, as, 58-10
  elements, 58-01—58-06
  jurisdiction, 58-11
  pleading, 58-12
  precedents, 58-P1—58-P7
introduction, 57-01
knowing receipt
  claim, 62-P1
  company property, 62-03
  constructive trust, 62-05
  disposal of assets in breach of trust or fiduciary duty, 62-06
  generally, 62-02
  introduction, 62-01
  knowledge, 62-08
  no beneficial receipt, 62-P4
  no knowledge, 62-P3
  property subject to a trust, 62-05
  receipt, 62-07
  remedies, 62-09
  tracing, 62-17—62-18
  unauthorised profits acquired, 62-04
marine insurance, 70-24
misrepresentation, 57-05
non-fraudulent misrepresentations, 57-06
pleading, 57-02—57-03
pre-emptive remedies, 57-04
Fraudulent misrepresentation
agents, by, 58-08—58-09
claims, 58-P1—58-P2
credit, as to
  claim, 58-P2
  defences, 58-P6—58-P7
  generally, 58-07
damage
  defence, 58-P5
  generally, 58-06
defences, 58-P3—58-P8
dishonesty, 58-03
elements
  damage, 58-06
  dishonesty, 58-03
  inducement, 58-04—58-05
  introduction, 58-01
  representation, 58-02

inducement
  defence, 58-P4
  generally, 58-04—58-05
jurisdiction, 58-11
pleading, 58-12
precedents
  claims, 58-P1—58-P2
  defences, 58-P3—58-P7
representation
  claim, 58-P1
  defences, 58-P3
  generally, 58-02
rescission, 58-P1
Freedom of expression
generally, 64-12
introduction, 64-11
Freedom of thought, conscience and religion
generally, 64-13
Freight
set-off, 24-05
Frustration
restitution
  claims, 108-ZA7
  generally, 108-09
Further information
generally, 1-40—1-41
personal injury claims
  generally, 81-22
  reply to request, 81-X55
  request, 81-X54
Future claims
see Private nuisance
Gender reassignment
see also Discrimination (employment)
absence from work, 44-15
direct discrimination, 44-L3
generally, 44-05
General average
claims, 70-T7
defence, 70-T14
generally, 70-19
General practitioners
negligence
  claim, 109-ZB10
  defence, 109-ZB17
Gifts
co-ownership, 91-Z8
loans, 14-E5
"Giving of time"
guarantees, 13-14
promissory notes, 10-E27
Good faith
conspiracy, 59-P4
Group litigation
assessment of product defect, 84-08—84-09
case management orders, 84-X1
causation, 84-10
'defect', 84-07
development risks defence, 84-11
environmental claims, 46-02—46-03
group litigation orders, 84-02—85-03
institutional abuse action
  defence, 84-X6

[1221]

INDEX

particulars of claim, 84-X5
introduction, 84-01
jurisdiction, 84-05
lead case approach, 84-04
pharmaceutical actions
   defence, 84-X3
   particulars of claim, 84-X2
   reply, 84-X4
precedents, 84-X1—84-X6
statements of case, 84-06
test case approach, 84-04

Guarantees
see also Sureties
consideration, 13-04
contracts, 13-03
counterclaims, 13-08
defendants, 13-07
discharge
   giving time, by, 13-14
   release of principal debtor, by, 13-15
failure to disclose special features, 13-E5
formalities, 13-05
introduction, 13-01
limitation of actions, 13-10
misrepresentation,
   defence, 13-E4
   generally, 13-12
mortgage debts
   claim, 13-E2
   defence, 13-E4
nature, 13-02
non-disclosure, 13-13
pleading, 13-16
precedents
   claims, 13-E1—13-E2
   defences, 13-E3—13-E5
price of goods sold and supplied
   claim, 13-E1
   defence, 13-E3
revocation, 13-11
sale of goods, 25-37
set-off, 13-08
Statute of Frauds, 13-05
subrogation, 13-09
sureties, 27-02
time of liability, 13-06

Guarantors
cancellation from principal agreement, 27-F14
consideration, 27-F6
consumer credit agreements, 27-09—27-11
co-sureties, 27-F4
creditor, claim by, 27-F1
cross-claims, 27-F9
defences
   generally, 27-12
   precedents, 27-F5—27-F14
denials
   absence of consideration, 27-F5
   default by principal debtor, 27-F7
discharge
   principal debtor, of, 27-F8
   release of security, by, 27-F10
formalities

defence, 27-F6
introduction, 27-07
generally, 27-01
guarantee, 27-02
indemnity
   claim, 27-F2
   contract, by, 27-04
   implication, by, 27-05—27-06
   introduction, 27-03
   operation of law, by, 27-05
introduction, 19-03
lack of consideration, 27-F5
negligent realisation of security, 27-F11
operation of law, by, 27-05
precedents
   claims by creditors, 27-F1—27-F2
   claims by sureties, 27-F3—27-F4
   defences of sureties, 27-F5—27-F14
principal debtor, claim against, 27-F3
revocation of security, 27-F13
rights, 27-13
variation of principal contracts, 27-F12
withdrawal from principal agreement, 27-F14

Harassment
course of conduct was reasonable
   generally, 63-05—63-06
   precedent, 63-Q3
defence, 63-Q3
disability-related harassment, 63-08—63-14
discrimination, and
   education, 63-14
   generally, 63-08—63-10
   premises, 63-12
   public functions, 63-11
   services, 63-11
   work, 63-13
education, 63-14
employment tribunal claim, 63-Q4
injunctions
   generally, 63-06
   procedure, 63-07
   witness statement in support, 63-Q1
introduction, 63-01
invasion of privacy, 79-21—79-22
nuisance, 63-01
precedents
   defence, 63-Q3
   employment tribunal claim, 63-Q4
   racial harassment, 63-Q5
   sexual harassment, 63-Q6
   statement of case, 63-Q2
   witness statement in support of interim injunction, 63-Q1
premises, 63-12
public functions, 63-11
racial harassment
   generally, 63-08—63-14
   statement of case, 63-Q5
services, 63-11
sexual harassment
   generally, 63-08—63-14
   statement of case, 63-Q6
statements of case

general, 63-Q2
  racial harassment, 63-Q5
  sexual harassment, 63-Q6
statutory basis, 63-02—63-07
witness statement in support of interim injunction, 63-Q1
work, 63-13
Hazardous substances
employers' liability, 81-X26
Health and safety at work
employer tribunal proceedings, 40-L31
Health Safety and Welfare Regulations 1992
employers' liability, 81-X13
Heave
see Subsidence
High net worth individuals
generally, 20-18
Highways
claim forms
  particulars, 81-16
  practical issues, 81-18
  statements of truth, 81-17
claims, 81-X29—81-X32
defences
  generally, 81-19—81-20
  precedents, 81-X48
exemplary damages, 81-07
further information
  generally, 81-22
  reply to request, 81-X55
  request, 81-X54
heads of liability, 81-04
Highways Act 1980, under
  defence, 81-X48
  generally, 81-X29
  s.130, 81-X31
introduction, 81-01
limitation, 81-X53
medical reports, 81-25
New Roads and Street Works Act 1991, under, 81-X32
pre-action protocols, 81-14—81-15
principal texts, 81-13
provisional damages, 81-25
reply, 81-21
res ipsa loquitur, 81-X8
schedule of special damage, 81-23
starting proceedings, 81-14—81-15
Hire
aircraft and crew, 8-D1
chattels
  claims, 20-F11—20-F12
  generally, 20-12
Hire purchase
claims, 20-F1—20-F10
definition, 20-06
generally, 20-05
Holders in due course
claim, 10-E3
defence, 10-E8
generally, 10-09

Holding over
claim, 103-Z1
defence, 103-Z7
Holiday pay
generally, 40-11
Honest opinion
generally, 37-38
precedent, 37-J11
replies to, 37-56—37-58
Household insurance
subsidence, landslip or heave
  claim, 69-T2
  defence, 69-T4
theft
  claim, 69-T1
  defence, 69-T3
Human rights
appeals, 64-17
breach of duty by public authorities
  claim, 64-R3
  defence, 64-R4
  generally, 64-07
  nature of authority, 64-09
  proceedings, 64-16
  qualified rights, 64-08
  relief, 64-07—64-09
citing jurisprudence, 64-19
complaints by victims, 64-20
Convention rights, 64-03
declarations of incompatibility
  claim, 64-R2
  generally, 64-05
domestic approach pre-HRA, 64-02
freedom of assembly and association, 43-02
freedom of expression
  generally, 64-12
  introduction, 64-11
freedom of thought, conscience and religion, 64-13
industrial action, 42-03
interpretation of legislation
  generally, 64-04
  pleading, 64-R1
introduction, 64-01
invasion of privacy
  balancing exercise, 79-09—79-12
  children, 79-08
  generally, 79-03—79-04
  introduction, 79-01—79-02
  public places, 79-07—79-08
  threshold test, 79-05
judicial acts, 64-18
judicial remedies, 64-14
notice to the Crown, 64-06
pleading, 64-15
precedents, 64-R1—64-R4
pre-HRA 1988 approach, 64-02
privacy, 79-01—79-02
references to European Court of Human Rights, 64-20
right to respect for private and family life
  balancing exercise, 79-09—79-12
  children, 79-08

generally, 79-03—79-04
introduction, 79-01—79-02
public places, 79-07—79-08
threshold test, 79-05
sports law, 109-04
trade unions, 43-02
victims, 64-10
Illegal distress
see Distress
Ill-health
employment
claim, 40-L6
defence, 40-L10
Immigration decisions
appeals
appellant's notice, 66-10
generally, 66-04—66-05
grounds of appeal, 66-S1
Home Office decision, against, 66-07
IAFT-1 form, 66-07
IAFT-4 form, 66-08
In-country decision, against, 66-07
onward, 66-06
permission to appeal, 66-08—66-09
Upper Tribunal, to, 66-08
appellant's notice, 66-10
details of remedy, 66-S3
facts relied on, 66-S2
grounds of appeal, 66-S1
IAFT-1 form, 66-07
IAFT-4 form, 66-08
IAUT-1 form, 66-09
introduction, 66-01
judicial review (High Court)
claim form, 66-14
generally, 66-06
judicial review (Upper Tribunal)
application for urgent consideration, 66-12
claim form, 66-11
generally, 66-06
statement of facts, 66-S2
statement under Rule 28A, 66-13
legal framework
appeals, 66-04—66-05
generally, 66-01—66-02
judicial review, 66-06
operation, 66-03
permission to appeal
First-tier Tribunal, from, 66-09
Upper Tribunal, to, 66-08
precedents
details of remedy, 66-S3
grounds of appeal, 66-S1
statement of facts, 66-S2
statement of facts relied on, 66-S2
statement under Upper Tribunal Rule 28A, 66-13
structure of law, 66-01—66-02
Implied terms
correspondence with description, 25-25
correspondence with sample, 25-30
exclusion, 25-38
generally, 25-22

information technology, 33-03—33-04
non-conformity with contract, 25-24
quiet possession, 25-23
reasonable fitness, 25-28
satisfactory quality, 25-27
title, 25-23
trivial defects, 25-33
Improvements
generally, 101-04
unreasonably withheld consent
claim, 101-Z7
defences, 101-Z10
In-country right of appeal
see also Immigration decisions
generally, 66-01
Indemnity
commission agents
claim, 21-F5
defence, 21-F16
introduction, 21-02—21-03
factoring, 22-F3
sale of goods, 25-F28
sureties
claim, 27-F2
contracts, by, 27-04
implication, by, 27-05—27-06
introduction, 27-03
operation of law, by, 27-05
Independent advice
undue influence, 18-05
Independent contractors
vicarious liability, and, 81-03
Indirect discrimination
see also Discrimination (employment)
generally, 44-17—44-18
precedents, 44-L7
race, 44-L7
sex, 44-L8
Inducement
fraudulent misrepresentation, 58-04—58-05
Inducing breach of contract
see Procuring breach of contract
Industrial action
application notices, 42-L4—42-L6
breach of contract, 42-01
claim forms, 42-L1
claims, 42-06
conspiracy, 42-03
damages, 42-09
deductions from wages, 42-01
defence, 42-L3
draft orders, 42-L8
human rights, and, 42-03
inducing breach of contract, 42-02
industrial torts, 42-02—42-03
injunctions, 42-07—42-08
intimidation, 42-03
introduction, 42-01—42-03
liability, 42-10
meaning, 42-01
particulars of claim, 42-L2
picketing, 42-11
precedents

application notices, 42-L4—42-L6
claim forms, 42-L1
defence, 42-L3
draft orders, 42-L8
particulars of claim, 42-L2
witness statements, 42-L7
statutory protection
  generally, 42-04
  procedural requirements, 42-05
trade unions, and, 42-02
unfair dismissal defence
  generally, 42-01
  precedent, 40-L29
wage deductions, 42-01
witness statements, 42-L7
Inertia selling
see Unsolicited goods
In-flight injuries
see Aviation
Information technology
appropriate court, 33-14
breach of contract
  defects, 33-05
  delay, 33-06
  precedents, 33-H1—33-H4
  termination for, 33-11
  time of performance, 33-06
breach of licence
  claim, 33-H5
  defence, 33-H6
damages, 33-12
defects
  claim, 33-H1
  defence, 33-H2
  introduction, 33-05
delay
  claim, 33-H3
  defence, 33-H4
  introduction, 33-06
duty of care, 33-10
exclusion clauses, 33-07—33-08
express contractual terms, 33-02
implied contractual terms, 33-03—33-04
introduction, 33-01
limitation of liability clauses, 33-07—33-08
misrepresentations, 33-09
negligence, 33-10
precedents, 33-H1—33-H6
rejection of goods, 33-11
software licences, 33-13
termination for breach of contract, 33-11
total failure of consideration, 33-11
venue for proceedings, 33-14
Infringement (copyright)
account of profits, 75-12
additional damages, 75-U5
artistic works, in, 75-U2
assignment by claimant, 75-U14
computer programs, in, 75-U6
damages, 75-11
defences
  generally, 75-29—75-30
  precedents, 75-U10—75-U18

delivery up, 75-13
denial of ownership
  generally, 75-06
  precedent, 75-U12
denial of subsistence
  generally, 75-05
  precedents, 75-U10—75-U11
dramatic works, in, 75-U3
fair dealing
  criticism or review, for, 75-U17
  research purposes, for, 75-U16
  generally, 75-07
injunctions, 75-10
innocent infringement, 75-U18
Intellectual Property Office services, 75-02
legislative framework, 75-01
licence, 75-U13
literary works, in, 75-U1
painting, in, 75-U4
pleading
  generally, 75-08—75-09
  relief, 75-10—75-13
precedents
  claims, 75-U1—75-U6
  defences, 75-U10—75-U18
procedure, 75-03
rights of action, 75-07
statements of case, 75-08—75-09
Infringement (patents)
application of CPR, 73-13
declarations of non-infringement
  claim, 73-U6
  defence, 73-U14
  generally, 73-07
  pleading, 73-16
directors' liabilities
  generally, 73-05
  precedent, 73-U5
foreign suppliers or manufacturers' liability, 73-06
FRAND terms, 73-04
introduction, 73-02—73-03
invalidity
  generally, 73-17
  precedent, 73-U11
licence
  generally, 73-18
  precedent, 73-U12
Patents Opinion Service, 73-08
pleading, 73-11
precedents
  claims, 73-U1—73-U5
  defences, 73-U9—73-U12
relief, 73-12
revocation
  generally, 73-09
  precedent, 73-U10
Standard Essential Patents, 73-04
unjustified threats
  claim, 73-U7
  defence, 73-U13
  generally, 73-10

[1225]

INDEX

Injunctions
  alterations without consent, 96-Z6
  breach of contract, 51-O2
  breach of restrictive covenants, 51-O3
  change of use
    claim, 96-Z1
    defence, 96-Z2
  commission of a tort, 51-O1
  confidential information
    ex-employee, against, 74-U2
    generally, 74-U1
  consumer credit agreements, 20-F17
  copyright infringement, 75-10
  covenants against assignment, 95-Z1
  data protection, 79-V8
  defamation
    claims, 37-J3, 37-J5—37-J6
    generally, 37-27
  derogation from grant, 96-Z10
  environmental liability, 46-07
  eviction
    restoration of evicted tenant, 99-Z2
    restraint of threatened eviction, 99-Z1
  generally, 51-01—51-02
  industrial action, 42-07—42-08
  invasion of privacy
    misuse of private information, 79-V1—79-V5
    publication of private information, 79-V6—79-V7
  mandatory injunctions, 51-O4
  precedents, 51-O1—51-O6
  private nuisance
    claims, 47-N1, 47-N3
    defences, 47-N5—47-N6
  property, 86-07
  public nuisance, 47-25—47-26
  restrain surcharging on common, 89-Z2
  restrictive covenants, 105-Z2
  rights of light, 93-Z3
  rights of way, 93-Z4
  sale of business, 51-O3
  torts, 51-O1
  tracing injunctions, 51-O5
  trade marks
    s 56 Patents Act 1994, under, 77-U7
    s 57 Patents Act 1994, under, 77-U8
  trespass, 49-N3—49-N4
  trespass to goods, 26-F15
  trespass to land, 107-Z3
Injury to feelings
  employment, 41-02
Innocent dissemination
  defence, 37-J18
  generally, 37-09
Innocent infringement
  copyright infringement, 75-U18
Innuendos
  claims, 37-J1
  generally, 37-18
Instalments
  consumer credit agreements
    generally, 20-25

  regulated agreements, 20-F6
  unregulated agreements, 20-F7
  loans
    regulated agreements, 20-F13—20-F14
    unregulated agreements, 20-F15
  sale of goods, 25-F9
Institute clauses
  claim, 70-T5
  generally, 70-20
Institutional abuse
  see Group litigation
Instruments of deception
  see Passing off
Insurable interest
  generally, 67-05
  marine insurance, 70-09
Insurance
  breach of warranty, 67-19
  categories, 67-03
  conditions precedent to liability
    notification of loss, 67-22
    particulars of loss, 67-23
    right of action, 67-24
  consumer insurance contracts, 67-07
  contracts of indemnity, 67-03
  covenants
    generally, 96-03
    precedents, 96-Z5
  defence to non-compliance with terms, 67-20
  domestic household insurance
    subsidence, landslip or heave, 69-T2, 69-T4
    theft, 69-T1, 69-T3
  duty of fair presentation
    generally, 67-11
    remedy for failure to comply, 67-17
  duty of insured's broker, 67-09
  failure to insure
    generally, 96-03
    precedents, 96-Z5
  fair presentation
    generally, 67-11
    remedy for failure to comply, 67-17
  fidelity insurance
    claim, 69-T7
    defence and counterclaim, 69-T8
    reply, 69-T9
  indemnity contract, 67-03
  inducement, 67-12—67-13
  insurable interest, 67-05
  insurance actions
    forum, 67-28
    pleading, 67-27
  introduction, 67-01
  late payment by insurer, 67-25
  liability insurance
    claim, 69-T5
    defence, 69-T6
  life insurance
    generally, 71-01—71-02
    precedents, 71-T1—71-T6
  limitation of actions, 67-24
  marine insurance
    generally, 70-01—70-25

[1226]

precedents, 70-T1—70-T14
materiality, 67-12—67-13
misrepresentation, 67-18
motor insurance
  generally, 68-01—68-05
  precedents, 68-T1—68-T7
nature, 67-02
non-compliance with terms, 67-20
non-consumer insurance contracts, 67-08
non-disclosure
  duty of fair presentation, 67-11
  generally, 67-10
  materiality, 67-12—67-13
  remedies, 67-15—67-16
  waiver, 67-14
non-marine insurance
  domestic household, 69-T1—69-T4
  fidelity, 69-T7—69-T9
  introduction, 69-01
  liability, 69-T5—69-T6
pleading, 67-27
post-contractual obligations, 67-21
right of action, 67-24
satisfaction of judgments
  MIB, against, 68-T4
  third party's insurers, against, 68-T3
specialist introductions, 67-29
subrogation, 67-04
subsidence, landslip or heave
  claim, 69-T2
  defence, 69-T4
theft
  claim, 69-T1
  defence, 69-T3
third party rights, 67-26
utmost good faith
  consumer insurance contracts, 67-07
  duty of fair presentation, 67-11
  duty of insured's broker, 67-09
  generally, 67-06—67-16
  inducement, 67-12—67-13
  materiality, 67-12—67-13
  non-consumer insurance contracts, 67-08
  non-disclosure, 67-10—67-16
  post-contractual obligations, 67-21
  waiver, 67-14
waiver, 67-14

Intellectual property claims
Business and Property Courts, 72-01
confidential information
  defences, 74-19—74-21
  generally, 74-03—74-13
  pleading, 74-14—74-17
  precedents, 74-U1—74-U8
  right of action, 74-01—74-02
copyright
  defences, 75-29—75-30
  generally, 75-03—75-06
  Intellectual Property Office services, 75-02
  legislative framework, 75-01
  pleading, 75-08—75-13
  precedents, 75-U1—75-U6,
    75-U10—75-U18

rights of action, 75-07
copyright in designs
  defences, 76-18
  generally, 76-05
  introduction, 76-01
  pleading, 76-22
  precedents, 76-U2, 76-U10
  procedure, 76-08
  relief, 76-13
  statements of case, 76-11
database right
  defences, 75-33
  definition, 75-24
  generally, 75-23—75-26
  infringement, 75-26
  ownership, 75-25
  pleading, 75-28
  precedents, 75-U9, 75-U21—75-U23
  qualification, 75-25
  remedies, 75-27
  right of action, 75-27
  statements of case, 75-28
designs
  defences, 76-14—76-20
  design right, 76-06—76-07
  introduction, 76-01
  'ordinary' copyright, 76-05
  pleading, 76-21—76-22
  precedents, 76-U1—76-U12
  procedure, 76-08
  registered designs, 76-02—76-04
  relief, 76-13
  statements of case, 76-09—76-13
introduction, 72-01—72-02
moral rights
  defences, 75-31
  generally, 75-14
  infringement, 75-15
  introduction, 75-14
  pleading, 75-17
  precedents, 75-U7—75-U8,
    75-U19—75-U20
  remedies, 75-16
passing off
  defence, 78-08—78-11
  generally, 78-02—78-04
  pleading, 78-05—78-07
  precedents, 78-U1—78-U8
  right of action, 78-01
patents
  CPR, 73-13
  defences, 73-15—73-19
  further pleadings, 73-14
  generally, 73-02—73-10
  pleading, 73-11
  precedents, 73-U1—73-U15
  rights of action, 73-01
rights in performance
  defences, 75-32
  definitions, 75-19
  generally, 75-18—75-20
  infringement, 75-20
  pleading, 75-22

remedies, 75-21
statements of case, 75-22
types, 75-18
trade marks
  date of assessment of claims, 77-04
  defences, 77-14—77-18
  infringement, 77-05—77-07
  introduction, 77-01
  invalidity, 77-16
  non-infringement, 77-15
  other rights of action, 77-10
  parallel imports, 77-08
  particulars of infringing acts, 77-12
  pleading, 77-11
  precedents, 77-U1—77-U17
  relief, 77-13
  revocation, 77-17
  rights of action, 77-03
  threats, 77-09
  types, 77-02
trade secrets
  defences, 74-19—74-21
  generally, 74-03—74-13
  pleading, 74-14—74-17
  precedents, 74-U1—74-U8
  right of action, 74-01—74-02

Intentional torts
  causing loss by unlawful means, 60-11
  conspiracy, 59-04
  procuring breach of contract, 60-04

Interest
  assault, 5-27
  banking services, 9-07
  consumer credit agreements, 20-56
  generally, 19-12
  loans
    challenges to rates, 14-04
    claim, 14-E2
    generally, 14-03
  malicious prosecution, 5-27
  restitution, 108-29
  sale of goods, 25-48
  successive carriers claims, 8-19

Interference with goods
  conversion
    bailees, by, 26-08
    claims, 26-F1—26-F11
    damages, 26-13—26-14
    defences based on loss of title, 26-F22—26-F29
    defences denying right to sue, 26-F16—26-F21
    detention, by, 26-05—26-06
    miscellaneous, 26-07
    nature, 26-02
    relief, 26-12
    right to sue, 26-10—26-11
    subject-matter, 26-09
    taking, by, 26-03
    transfer, by, 26-04
  generally, 26-01
  inertia selling
    defence, 26-F32
    generally, 26-21
  interim delivery up
    claims, 26-F14
    generally, 26-20
  introduction, 19-04
  negligence, 26-18
  other torts, 26-19
  precedents
    claims, 26-F1—26-F15
    defences, 26-F16—26-F32
  trespass to goods
    application for injunctions, 26-F15
    claims, 26-F6, 26-F12—26-F13
    damages, 26-17
    defence, 26-F30
    generally, 26-15
    relief, 26-17

Interim orders
  delivery up
    claim, 26-F14
    generally, 26-20

Interim possession orders
  prescribed form, 98-Z7
  witness statement in opposition, 98-Z12

Interim rent
  application, 88-Z3—88-Z4
  introduction, 88-03
  procedure, 88-11

Internet service providers
  defamation
    claim, 37-J6
    defence, 37-J18
  passing off, 78-U3

Interpleader proceedings
  conversion, 26-F20

Interpretation
  legislation
    generally, 64-04
    pleading, 64-R1

Intervening events
  sale of goods, 25-F34

Invalidity
  see Validity

Invasion of privacy
  see Privacy

Investments
  financial services, 12-05

Irregular distress
  see Distress

Job performance
  see Employment Tribunals

Joint ventures
  specific performance, 52-O2

Judicial remedies
  see Human rights

Judicial review
  academic challenges, 80-11—80-13
  acknowledgment of service
    Administrative Court, 80-19, 80-W3—80-W4
    Upper Tribunal, 80-41, 80-W7
  additional grounds
    Administrative Court, 80-26

INDEX

Upper Tribunal, 80-44
Administrative Court, in
  acknowledgment of service, 80-W3—80-W4
  claim forms, 80-W1—80-W2
  procedure, 80-02—80-30
Administrative Court procedure
  academic challenges, 80-11—80-13
  acknowledgment of service, 80-19
  additional grounds, 80-26
  alternative remedy, 80-11—80-13
  claim form, 80-17
  costs, 80-30
  disclosure, 80-24—80-25
  documents, 80-17
  forms, 80-04
  hearing, 80-27—80-28
  introduction, 80-02
  permission, 80-20—80-21
  pre-action protocol, 80-08—80-09
  relevant orders, 80-01
  relief, 80-29
  response, 80-23
  rolled up hearing, 80-28
  service, 80-18
  standing, 80-14
  supporting documents, 80-17
  time limits, 80-05—80-07
  totally without merit, 80-22
  use, 80-03
  venue of proceedings, 80-15—80-16
  'victim' test, 80-14
alternative remedy, 80-11—80-13
claim forms
  Administrative Court, 80-W1—80-W2
  generally, 80-17
  Upper Tribunal, 80-W5—80-W6
competition law
  generally, 30-01
  introduction, 28-04
costs, 80-30
criminal injuries compensation case
  claim form, 80-W6
disclosure, 80-24—80-25
documents
  Administrative Court, 80-17
  Upper Tribunal, 80-38
education claims
  acknowledgment of service, 39-K6
  claim forms, 39-K3
  grounds for resisting claim, 39-K6
  introduction, 39-04
  reading list, 39-K5
  statements of facts, 39-K3
  witness statement, 39-K4
emergencies, 80-10
forms, 80-04
hearing
  Administrative Court, 80-27—80-28
  Upper Tribunal, 80-45
immigration decisions (High Court)
  claim form, 66-14
  generally, 66-06

immigration decisions (Upper Tribunal)
  application for urgent consideration, 66-12
  claim form, 66-11
  generally, 66-06
  statement of facts, 66-S2
  statement under Rule 28A, 66-13
introduction, 80-01
permission
  Administrative Court, 80-20—80-21
  Upper Tribunal, 80-42
planning law, 80-32
pre-action protocol, 80-08—80-09
precedents
  Administrative Court, 80-W1—80-W4
  Upper Tribunal, in, 80-W5—80-W7
public contracts, 80-31
relevant orders, 80-01
relief
  Administrative Court, 80-29
  Upper Tribunal, 80-46
response
  Administrative Court, 80-23
  Upper Tribunal, 80-43
rolled up hearing, 80-28
service
  Administrative Court, 80-18
  Upper Tribunal, 80-39
sports law, 109-03
standing
  Administrative Court, 80-14
  Upper Tribunal, 80-36
statements of facts, 80-W2
supporting documents, 80-17
time limits
  Administrative Court, 80-05—80-07
  Upper Tribunal, 80-35
totally without merit, 80-22
Upper Tribunal, in
  acknowledgment of service, 80-W7
  claim forms, 80-W5—80-W6
  procedure, 80-33—80-46
Upper Tribunal procedure
  acknowledgment of service, 80-41
  additional grounds, 80-44
  applications, 80-38
  documents, 80-38
  hearing, 80-45
  immigration cases, and, 80-40
  introduction, 80-33—80-34
  permission, 80-42
  relief, 80-46
  response, 80-43
  service, 80-39
  standing, 80-36
  time limits, 80-35
  venue of proceedings, 80-37
urgent cases, 80-10
use, 80-03
venue of proceedings
  Administrative Court, 80-15—80-16
  Upper Tribunal, 80-37
'victim' test, 80-14

Jus tertii
  conversion, 26-F19
  trespass, 49-N9
Justification
  distress
    generally, 92-Z8
    goods fraudulently removed to frustrate distress, 92-Z9
  trespass
    joint tenant, as, 49-N12
    statutory powers, under, 49-N11
Knowing receipt
  claim, 62-P1
  company property, 62-03
  conspiracy, 59-P1
  constructive trust, 62-05
  defences
    generally, 62-13—62-14
    no beneficial receipt, 62-P4
    no knowledge, 62-P3
    precedents, 62-P3—62-P4
  disposal of assets in breach of trust or fiduciary duty, 62-06
  generally, 62-02
  introduction, 62-01
  knowledge, 62-08
  no beneficial receipt, 62-P4
  no knowledge, 62-P3
  precedents
    claim, 62-P1
    defences, 62-P3—62-P4
  property subject to a trust, 62-05
  receipt, 62-07
  remedies, 62-09
  tracing, 62-17—62-18
  unauthorised profits acquired, 62-04
Lack of consideration
  see Consideration
Land drainage
  claim, 93-Z5
  defence, 93-Z17
  generally, 93-05
Landlord and tenant claims
  acquisition orders (flats)
    generally, 97-01—97-05
    precedents, 97-Z8
  alterations covenants
    generally, 96-04
    precedents, 96-Z6—96-Z7
  appointment of manager
    generally, 97-02
    precedent, 97-Z7
  covenants against assignment
    introduction, 95-01—95-03
    precedents, 95-Z1—95-Z8
  derogations from grant of lease
    generally, 96-07
    precedents, 96-Z10—96-Z11
  enfranchisement (flats)
    generally, 97-01—97-05
    precedents, 97-Z10—97-Z17
  eviction, protection from
    damages, 99-02
    introduction, 99-01
    pleading, 99-04
    precedents, 99-Z1—99-Z3
    statutory claims, 99-03
  failure to insure
    generally, 96-03
    precedents, 96-Z5
  management of multi-occupied flats, 97-02
  notice to quit
    duration, 98-09
    form, 98-08
    generally, 98-07
    waiver, 98-10
  possession claims
    effluxion of time, 98-06
    forfeiture, 98-11
    introduction, 98-01
    mesne profits, 98-16
    notice to quit, 98-07—98-10
    pleading, 98-02—98-05
    precedents, 98-Z1—98-Z30
    procedure, 86-02
    re-entry, 98-12
    restrictions on right, 98-14
    s.146 notices, 98-13
    waiver, 98-15
  precedents, 97-05
  procedure, 86-06
  protection from eviction
    damages, 99-02
    introduction, 99-01
    pleading, 99-04
    precedents, 99-Z1—99-Z3
    statutory claims, 99-03
  quiet enjoyment covenants
    generally, 96-06
    precedents, 96-Z8—96-Z9
  rent
    defences, 100-05
    generally, 100-01—100-04
    pleading, 100-05
    precedents, 100-Z1—100-Z20
  repairs
    improvements, 101-04
    introduction, 101-01—101-03
    pleading, 101-05
    precedents, 101-Z1—101-Z11
  right of first refusal (flats)
    generally, 97-01—97-05
    precedents, 97-Z1—97-Z6
  service charges
    defences, 100-05
    generally, 100-01—100-04
    pleading, 100-05
    precedents, 100-Z1—100-Z20
  third party rights and obligations
    introduction, 102-01—102-03
    management companies, 102-05
    pleading, 102-06
    precedents, 102-Z1—102-Z11
    sureties, 102-04
  user covenants
    generally, 96-02

[1230]

precedents, 96-Z1—96-Z4
variation of lease of flats
  generally, 97-01—97-05
  precedents, 97-Z9
Landslip
see Subsidence
Late delivery
  defences, 25-53
  denial, 25-F33
  generally, 25-20
Late payments
  insurers, 67-25
Leases
  chattels, 20-12
Leasing
  absence of licence
    defence, 20-F48
    generally, 20-19
    reply, 20-F49
  acceleration clauses, 20-F9
  arrears of instalments
    generally, 20-25
    regulated agreements, 20-F6
    unregulated agreements, 20-F7
  arrears of rent
    regulated agreements, 20-F11
    unregulated agreements, 20-F12
  authorisation
    defence, 20-F48
    generally, 20-19
    reply, 20-F49
  balance of moneys due, 20-F16
  breach of collateral warranty, 20-F39
  breach of contract
    defences, 20-F42—20-F43
    reply, 20-F44
  breach of warranties, 20-F29
  cancelled agreement, 20-F58
  case categories, 20-39—20-52
  chattels hire agreement
    claims, 20-F11—20-F12
    generally, 20-12
  claims
    assignees, by, 20-F19—20-F21
    creditor against debtor or hirer, by,
      20-F1—20-F10
    creditor against supplier, by,
      20-F24—20-F29
    debtor against credit-broker, by, 20-F41
    debtor against creditor, by,
      20-F33—20-F37
    debtor against supplier, by, 20-F39
    hirer against creditor, by, 20-F30—20-F32
    hirer against supplier, by, 20-F40
    owner, by, 20-F11—20-F18
  conditional sale
    acceleration clauses, 20-F9
    claims, 20-F1—20-F10
    generally, 20-07
  Consumer Credit Act 1974
    arrears, 20-25
    enforcement, 20-26
    exempt agreements, 20-18

    extortionate credit bargains, 20-30
    faulty goods and services, 20-33—20-34
    financial limits, 20-18
    formalities of agreement, 20-21—20-22
    high net worth debtors and hirers, 20-18
    introduction, 20-16
    licensing, 20-19
    negotiable instruments, 20-29
    new cause of action, 20-32
    pawn, 20-28
    pre-contractual negotiations, 20-20
    scheme, 20-17
    small agreements, 20-18
    statements, 20-24
    termination, 20-27
    unfair relationships, 20-31
  credit-sale, 20-08
  credit-tokens
    balance of moneys due, 20-F16
    claims, 20-F16—20-F18
    introduction, 20-11
    misuse, 20-F18
    return, 20-F17
  defences
    contractual, 20-53
    creditor, by, 20-F46—20-F67
    debtor, by, 20-F42—20-F45
    distance selling, 20-F66
    doorstep sales, 20-F67
    statutory, 20-54
    supplier, by, 20-F71
    sureties, by, 20-F69
    unfair relationships, 20-F68
  delivery of goods (assignee claims), 20-F19
  delivery of goods (creditor/owner claims)
    arrears of rent, 20-F11—20-F12
    minimum payment clause, 20-F12
    non-payment of hire and termination,
      20-F1—20-F3
    other breaches, 20-F4
    termination by hirer, 20-F5
  distance selling
    defence, 20-F66
    generally, 20-14
  doorstep sales
    defence and counterclaim, 20-F67
    generally, 20-15
  enforcement orders
    application, 20-F22
    particulars of claim, 20-F23
  exempt agreements, 20-18
  extortionate credit bargains, 20-30
  failure of agreement to contain prescribed
    terms
    defences, 20-F52—20-F54
    reply, 20-F55
  failure to give information during currency of
    contracts, 20-F60
  failure to give notice of change of rate of
    interest, 20-F61
  failure to keep goods in proper condition,
    20-F8
  failure to serve default notice, 20-F62

Index

faulty goods and services
   creditor's liability, 20-34
   generally, 20-33
financial limits, 20-18
formalities of agreement, 20-21—20-22
high net worth debtors and hirers, 20-18
hire of chattels
   claims, 20-F11—20-F12
   generally, 20-12
hire-purchase
   claims, 20-F1—20-F10
   definition, 20-06
   generally, 20-05
injunctions, 20-F17
instalment arrears
   generally, 20-25
   regulated agreements, 20-F6
   unregulated agreements, 20-F7
instalment loan
   regulated agreements, 20-F13—20-F14
   unregulated agreements, 20-F15
interest, 20-56
introduction, 20-01—20-02
lease of chattels, 20-12
licensing
   defence, 20-F48
   generally, 20-19
   reply, 20-F49
loan contracts
   categories, 20-10
   claims, 20-F13—20-F15
   generally, 20-09
minimum payment clause
   claim, 20-F12
   defence, 20-F47
misrepresentation
   claim by creditor against supplier, 20-F24—20-F25
   claim by debtor against supplier, 20-F39
   claim by hirer against creditor, 20-F31
   defence by debtor, 20-F46
misuse of credit-token, 20-F18
moneys due
   acceleration clauses, 20-F9
   instalment loan, 20-F13—20-F15
negotiable instruments, 20-29
new cause of action, 20-32
non-application of the Act, 20-F45
non-payment of hire
   assignee claims, 20-F19
   creditor/owner claims, 20-F1—20-F3
notice of withdrawal, 20-F59
open-end agreements, 20-F63
Part 7 procedure, 20-40—20-41
pawn agreement
   claims, 20-F37
   generally, 20-28
pleadings, 20-37
pre-action protocol, 20-38
precedents
   claims by assignees, 20-F19—20-F21
   claims by creditor against debtor, 20-F1—20-F10

   claims by creditor against supplier, 20-F24—20-F29
   claims by debtor against credit-broker, 20-F41
   claims by debtor against creditor, 20-F33—20-F37
   claims by debtor against supplier, 20-F39
   claims by hirer against creditor, 20-F30—20-F32
   claims by hirer against supplier, 20-F40
   claims by owner, 20-F11—20-F18
   defences by creditor or owner, 20-F46—20-F67
   defences by debtor or hirer, 20-F42—20-F45
   defences by sureties, 20-F69
   distance selling, 20-F66
   enforcement applications, 20-F22—20-F23
   time order application, 20-F38
   unfair relationships, 20-F68
pre-contractual negotiations, 20-20
procedure
   case categories, 20-39—20-52
   introduction, 20-35
   Part 7 procedure, 20-40—20-41
   pleadings, 20-37
   pre-action protocol, 20-38
   relevant court, 20-36
rent arrears
   regulated agreements, 20-F11
   unregulated agreements, 20-F12
repudiation of contracts, 20-F28
return of credit-token, 20-F17
s.27 Hire Purchase Act 1964
   defence, 20-F71
   reply, 20-F70
s.57 CCA 1974, 20-F50
s.59 CCA 1974
   defence, 20-F50
   reply, 20-F51
s.61 CCA 1974
   defences, 20-F52—20-F54
   reply, 20-F55
s.62 CCA 1974, 20-F56
s.63 CCA 1974, 20-F56
s.65 CCA 1974, 20-F57
s.66A CCA 1974, 20-F59
s.73 CCA 1974, 20-F40
s.75 CCA 1974 (creditor claims)
   lack of title, 20-F26—20-F27
   misrepresentation, 20-F24—20-F25
s.75 CCA 1974 (debtor claims)
   damages only, 20-F34
   generally, 20-F33
   rescission and damages, 20-F35
s.78A CCA 1974, 20-F61
s.88 CCA 1974, 20-F62
s.92 CCA 1974, 20-F36
s.93 CCA 1974, 20-F64
s.98A CCA 1974, 20-F63
s.127 CCA 1974
   application, 20-F22
   particulars of claim, 20-F23

s.155 CCA 1974, 20-F41
security, 20-13
small agreements, 20-18
ss.67-73 CCA 1974, 20-F58
ss.105 and 111 CCA 1974, 20-F69
ss.123 and 124 CCA 1974, 20-F65
ss.140A to 140D CCA 1974
  defence, 20-F68
  generally, 20-31
statements, 20-24
statutory controls, 20-03—20-04
statutory framework, 20-16—20-30
termination of agreement, 20-27
time orders
  application, 20-F38
  generally, 20-55
unfair relationships
  defence, 20-F68
  generally, 20-31
wrongful repossession of goods
  claims by debtor against creditor, 20-F36
  claims by hirer against creditor, 20-F32
"Leave and licence"
generally, 37-46—37-48
precedent, 37-J17
Leave to enter
see also Immigration decisions
generally, 66-01—66-06
Leave to remain
see also Immigration decisions
generally, 66-01—66-06
Letters of claim
personal injuries, 81-X1
Liability insurance
indemnity against third party claim
  claim, 69-T5
  defence, 69-T6
Libel
see also Defamation
defences, 37-30—37-55
generally, 37-06—37-07
introduction, 37-06
meaning, 37-07
particulars of claim, 37-14—37-22
publication, 37-09—37-13
remedies, 37-23—37-29
replies, 37-56—37-62
Licences
consumer credit agreements
  defence, 20-F48
  generally, 20-19
  reply, 20-F49
copyright, 75-U13
defamation
  generally, 37-46—37-48
  precedent, 37-J17
information technology
  claim, 33-H5
  defence, 33-H6
patents
  generally, 73-18
  precedent, 73-U12
software, 33-13

trade marks
  s 30 Patents Act 1994, under, 77-U4
  s 31 Patents Act 1994, under, 77-U5
trespass to land, 107-Z7
Liens
common law, at
  general liens, 23-03
  introduction, 23-02
  particular liens, 23-04
conversion
  defence, 26-F28
  introduction, 26-F8
equitable liens, 23-05
general liens, 23-03
introduction, 23-01
particular liens, 23-04
possession, 23-02
precedents, 23-F1—23-F2
sale of goods, 25-F36—25-F37
stockbroker's general lien
  defence, 23-F1
  generally, 23-03
unpaid commission, 23-F1
unpaid work, 23-F2
Life insurance
affirmation, 71-T6
breach of condition, 71-T5
estoppel, 71-T6
generally, 71-01—71-02
non-disclosure of material fact, 71-T3
personal representative, claim by, 71-T1
precedents
  claims, 71-T1—71-T2
  defence and counterclaims, 71-T3—71-T5
  reply, 71-T6
suicide, 71-T4
third party's life, claim on, 71-T2
waiver, 71-T6
Lifting Operations and Lifting Equipment Regulations 1998
generally, 81-X17
Light
see Right to light
Limit of liability
information technology, 33-07—33-08
Limitation periods
accrual, 81-X51
clinical negligence, 85-Y12
conversion, 26-F27
defamation, 37-02
guarantees, 13-10
insurance, 67-24
malicious falsehood, 38-02
personal injury claims
  defence, 81-X51—81-X52
  reply, 81-X53
professional negligence, 85-Y12
trespass, 49-09
Literary works
copyright infringement, 75-U1
Loans
claims, 14-E1—14-E2
consumer credit agreements

Index

categories, 20-10
  claims, 20-F13—20-F15
  generally, 20-09
contracts, 14-02
  defences, 14-E3—14-E9
  denial of loan, 14-E3
  generally, 14-01
  gift, 14-E5
  interest
    challenges to rates, 14-04
    claim, 14-E2
    generally, 14-03
  novation
    defence, 14-E8
    generally, 14-06
  payment
    defence, 14-E4
    generally, 14-07
  precedents
    claims, 14-E1—14-E2
    defences, 14-E3—14-E9
  premature action, 14-E9
  repayment, 14-E6
  substitution of third party debtor, 14-E8
  sum lent less than claimed, 14-E4
  tender before action
    defence, 14-E4
    generally, 14-07
  unfair relationships
    defence, 14-E7
    generally, 14-05

Loss
  baggage during flight, 8-D7
  cargo during flight
    claim, 8-D8
    defences, 8-D14—8-D17
  professional negligence, 85-08

Loss of chance
  commercial agents, 21-F3

Loss of reputation
  claim, 41-L5
  defence, 41-L6
  generally, 41-04

Lost modern grant
  rights of way, 93-Z14

Lost opportunity
  see Loss of chance

Luggage
  damage during flight, 8-D7
  financial limits, 8-15
  loss during flight, 8-D7
  successive carriers claims, 8-17

Malice
  defamation
    generally, 37-56
    precedent, 37-J21
  malicious falsehood
    generally, 38-07—38-08
    pleading, 38-11

Malicious falsehood
  claim, 38-J1
  damage, 38-12
  defences

    generally, 38-14
    precedent, 38-J4
  introduction, 38-01
  limitation period, 38-02
  malice
    generally, 38-07—38-08
    pleading, 38-11
  meaning of words complained of, 38-10
  mere puffs, 38-06
  pecuniary damage, 38-12
  pleading
    falsity complained of, 38-10
    malice, 38-11
    pecuniary damage, 38-12
    remedies, 38-13
    special damage, 38-13
    words complained of, 38-10
  precedents
    claim, 38-J1
    defence, 38-J4
  presumption of damage, 38-05
  reference to claimant or his business, 38-03
  special damage
    generally, 38-04
    pleading, 38-13
  words complained of, 38-10

Malicious prosecution
  causes of action, 5-16—5-18
  claim, 5-B28
  following conviction and acquittal on appeal, 5-B29
  instigation of third party, at, 5-B30
  pleading, 5-26—5-27
  precedents
    claims, 5-B28—5-B31
    defences, 5-B32
  presentation of winding-up petition, by, 5-B31

Management companies
  defence, 102-Z10
  generally, 102-05

Management/artist disputes
  see Entertainment

Mandatory injunctions
  generally, 51-02
  precedent, 51-O4

Manifest disadvantage
  see Undue influence

Manual Handling Operation Regulations 1992
  claim, 81-X9
  defence, 81-X41

Marine insurance
  assignment
    claim, 70-T3
    generally, 70-14
  average loss
    claims, 70-T7
    defence, 70-T14
    generally, 70-19
  burden of proof
    generally, 70-05
    non-disclosure allegation, 70-06
    scuttling allegation, 70-06

claims
  general procedure, 70-11
  parties, 70-12
  precedents, 70-T1—70-T8
constructive total loss of ship
  claim, 70-T2
  generally, 70-18
  introduction, 70-16
damage to cargo
  claim, 70-T5
  defence, 70-T10
damage to ship, 70-T4
defences
  generally, 70-23
  precedents, 70-T9—70-T14
deviation, 70-T12
disclosure of material facts, 70-08
disclosure of ship's papers, 70-25
effecting a policy, 70-10
fraud, 70-24
general average
  claims, 70-T7
  defence, 70-T14
  generally, 70-19
Institute clauses
  claim, 70-T5
  generally, 70-20
insurable interest
  claims procedure, 70-11
  effecting a policy, 70-10
  generally, 70-09
insured risk
  generally, 70-02
  open cover, 70-03
introduction, 70-01
non-disclosure allegation, 70-06
open cover, 70-03
particulars of claim, 70-22
parties, 70-12
precedents
  claims, 70-T1—70-T8
  defences, 70-T9—70-T14
premium, 70-13
scuttling allegation, 70-06
seaworthiness, 70-15
statements of case
  defence, 70-23
  introduction, 70-21
  particulars of claim, 70-22
total loss of freight
  claims, 70-T6
  defence, 70-T13
  generally, 70-17
total loss of ship
  claims, 70-T1—70-T3
  constructive, 70-18
  defence, 70-T10
  generally, 70-17
  introduction, 70-16
unseaworthiness, 70-15
unvalued policies, 70-04
valued policies, 70-04
war risks clause, 70-T8

wilful casting away of vessel, 70-T9
wilful misconduct, 70-24
Marriage
  discrimination in employment, 44-06
Match officials
  see Referees
"Material alterations"
  bills of exchange, 10-E8
  bonds
    claim, 11-E10
    generally, 11-04
Maternity
  see also Discrimination (employment)
  direct discrimination, 44-L4
  generally, 44-16
Measure of damages
  product liability
    common law negligence, 83-11
    contract, under, 83-06
  sale of goods
    breach of contractual terms, 25-40
  share sales
    lender, against, 16-05
    purchaser, against, 16-04
    vendor, against, 16-03
Medical negligence
  see Clinical negligence
Medical practitioners
  see General practitioners
Medical reports
  personal injury claims, 81-25
Mercantile agents
  conversion, 26-F25
Mere puffs
  see Puffs
Mesne profits
  double rent
    claim, 103-Z6
    defence, 103-Z10
  double value
    claim, 103-Z5
    defence, 103-Z9
  failure to yield up with vacant possession
    claim, 103-Z1
    defence, 103-Z7
  generally, 103-01—103-03
  holding over by tenant
    claim, 103-Z1
    defence, 103-Z7
  pleading, 103-04
  possession claims, 98-16
  precedents, 103-Z1—103-Z11
  restitutionary basis
    claim, 103-Z2
    defence, 103-Z11
  unlawful entry by landlord, 103-Z3
  use and occupation
    claim, 103-Z4
    defence, 103-Z8
Mesothelioma
  employer's liability, 81-11
Mid-air collisions
  see Aviation

Minimum payment clauses
claim, 20-F12
defence, 20-F47
Minimum wage
see National minimum wage
Ministerial receipt
banking services, 9-E13
restitution
generally, 108-18
precedent, 108-ZA14
Misconduct
employer tribunal proceedings, 40-L12
Misfeasance in public office
generally, 5-20—5-21
pleading, 5-26—5-27
Misrepresentation
bills of exchange, 10-E10
cheques, 10-E21
consumer credit agreements
claim by creditor against supplier, 20-F24—20-F25
claim by debtor against supplier, 20-F39
claim by hirer against creditor, 20-F31
defence by debtor, 20-F46
fraud, 57-05
guarantees
defence, 13-E4
generally, 13-12
information technology, 33-09
insurance, 67-18
non-fraudulent, 57-06
passing off
generally, 78-03
precedent, 78-U5
rescission
generally, 54-01—54-02
precedents, 54-O2
sale of goods
claim, 25-F17
defence, 25-F38
Mistake
payments
claim, 9-E10
conditions for recovery, 9-14
defence, 9-E11
defences, 9-15
generally, 9-13
rescission
generally, 54-01—54-02
precedents, 54-O1
restitution
claims, 108-ZA1, 108-ZA3
generally, 108-07
Misuse
credit-tokens, 20-F18
Misuse of private information
arrested persons, 79-14
Article 8 ECHR
arrested persons, 79-14
balancing exercise, 79-09—79-12
blackmail, 79-15
children, 79-08, 79-13
direct enforcement against public

authorities, 79-20
generally, 79-03—79-04
introduction, 79-01—79-02
practice and procedure, 79-18—79-19
pre-existing relationship of confidence, 79-16
public places, 79-07—79-08
remedies, 79-17
threshold test, 79-05
balancing exercise, 79-09—79-12
blackmail, 79-15
blocking, erasure and destruction of data, 79-V8
children, 79-08, 79-13
common law developments, 79-24
compensation
Data Protection Act 1998, under, 79-V8
misuse of private information, 79-V1—79-V5
Data Protection Act 1998
claim, 79-V8
defences, 79-V9—79-V10
denial of processing, 79-V10
introduction, 79-23
journalism, literature and art exemption, 79-V9
defences
Data Protection Act 1998, under, 79-V9—79-V10
insufficient seriousness, 79-V4
no reasonable expectation of privacy, 79-V2
public domain, 79-V3
public interest, 79-V5
triviality, 79-V4
direct enforcement of Article 8 against public authorities, 79-20
generally, 79-03—79-04
harassment, 79-21—79-22
Human Rights Act 1998, 79-01—79-02
injunctions
Data Protection Act 1998, under, 79-V8
misuse of private information, 79-V1—79-V5
publication of private information, 79-V6—79-V7
introduction, 79-01—79-02
practice and procedure, 79-18—79-19
precedents
claims, 79-V1
defences, 79-V2—79-V5
pre-existing relationship of confidence, 79-16
public places, 79-07—79-08
publication of private information
balancing exercise, 79-09—79-12
children, 79-08
claim forms, 79-V6
generally, 79-03—79-04
order for injunctions, 79-V7
public places, 79-07—79-08
threshold test, 79-05
remedies, 79-17
threshold test, 79-05

[1236]

Mitigation
  conversion, 26-F31
  defamation, 37-52
"Money due"
  acceleration clauses, 20-F9
  instalment loans
    regulated agreements, 20-F13—20-F14
    unregulated agreements, 20-F15
Money lent
  see Loans
Montreal Convention
  defences
    cargo claim, to, 8-D17
    generally, 8-25
  generally, 8-22—8-23
  introduction, 8-01
Moral rights
  author's right to be identified, 75-U7
  defences
    author's employment, 75-U20
    generally, 75-31
    treatment not derogatory, 75-U19
  generally, 75-14
  infringement, 75-15
  integrity of work, 75-U7
  Intellectual Property Office services, 75-02
  introduction, 75-14
  legislative framework, 75-01
  precedents
    claims, 75-U7—75-U8
    defences, 75-U19—75-U20
  privacy in photograph, 75-U8
  procedure, 75-03
  remedies, 75-16
  statements of case, 75-17
Mortgage claims
  adjournment, 15-12, 104-12
  claim forms, 15-08, 104-07—104-08
  costs, 15-13, 104-13
  counterclaims, 15-14, 104-14
  defendant's response, 15-15, 104-10
  evidence, 104-11
  forms, 15-15
  generally, 15-03, 104-02
  hearing date, 104-09
  introduction, 86-05
  notices before hearing, 15-11
  particulars of claim, 15-09—15-10
  pleading points, 15-05, 104-05
  pre-action protocol, 15-06
  right to possession, 15-04, 104-04
  setting aside mortgage, 15-15, 104-15
  suspension of order, 15-12, 104-12
  venue for proceedings, 15-07
Mortgaged residential premises
  see Possession claims
Mortgages
  claim forms, 104-Z1—104-Z4
  debts not due, 104-Z6
  defences, 104-14
  denial of debt, 15-E2
  foreclosure, 15-03
  generally, 15-01, 104-01

  guarantees
    claim, 13-E2
    defence, 13-E4
  mortgage actions, 15-02, 104-02
  mortgage possession actions
    adjournment, 15-12, 104-12
    claim forms, 15-08, 104-07—104-08
    costs, 15-13, 104-13
    counterclaims, 15-14, 104-14
    defendant's response, 15-15, 104-10
    evidence, 104-11
    forms, 15-15
    generally, 15-03, 104-02
    hearing date, 104-09
    introduction, 86-05
    notices before hearing, 15-11
    particulars of claim, 15-09—15-10
    pleading points, 15-05, 104-05
    pre-action protocol, 15-06
    right to possession, 15-04, 104-04
    setting aside mortgage, 15-15, 104-15
    suspension of order, 15-12, 104-12
    venue for proceedings, 15-07
  non est factum, 15-E1, 104-Z5
  non-execution, 15-E1, 104-Z5
  overriding interests, 15-E4, 104-Z8
  pleadings, 104-05
  precedents
    CPR forms, 104-Z1—104-Z4
    defences, 15-E1—15-E5, 104-Z5—104-Z9
  redemption, 15-03
  relief under AJA
    defence, 15-E5
    generally, 15-12, 104-Z9
  setting aside, 15-15, 104-14
  undue influence, 15-E3, 104-Z7
Motor insurance
  Fourth EC Motor Insurance Directive, 68-03
  insured seeking indemnity, 68-T1
  introduction, 68-01
  non payment of premium, 68-T5
  obligations of MIB, 68-04—68-05
  precedents
    claims, 68-T1—68-T4
    defences, 68-T5—68-T7
  satisfaction of judgment claims
    MIB, against, 68-T4
    third party's insurers, against, 68-T3
  statutory provisions, 68-02
  third party's insurers, claims against
    generally, 68-T2
    satisfaction of judgment, for, 68-T3
  use of vehicle outside scope of contracts, 68-T6
Motor Insurers' Bureau
  claim, 81-X4
  generally, 68-04—68-05
  satisfaction of judgment
    claims, 68-T4
    defence, 68-T7
Motorcycles
  product liability, 83-X3

[1237]

Index

Multi-party disputes
assessment of product defect, 84-08—84-09
case management order, 84-X1
causation, 84-10
'defect', 84-07
development risks defence, 84-11
environmental claims, 46-02—46-03
group litigation orders, 84-02—85-03
institutional abuse action
  defence, 84-X6
  particulars of claim, 84-X5
introduction, 84-01
Jackson reforms, 84-12—84-14
jurisdiction, 84-05
lead case approach, 84-04
pharmaceutical actions
  defence, 84-X3
  particulars of claim, 84-X2
  reply, 84-X4
precedents, 84-X1—84-X6
qualified one-way costs shifting, 84-12—84-14
statements of case, 84-06
test case approach, 84-04

Multiple occupation
management of multi-occupied flats, 97-02

National minimum wage
claim, 40-L17
defence, 40-L21

Necessity
rights of way, 93-Z15

Negligence
see also Clinical negligence; *Professional negligence*
education, 39-01—39-03
information technology, 33-10
police, 5-22—5-25
private nuisance, 47-N2
realisation of security, 27-F11
references
  claim, 41-L3
  defence, 41-L4
  generally, 41-03
sureties, 27-F11

Negotiable instruments
consumer credit agreements, 20-29

Negotiations
consumer credit agreements, 20-20

Neighbourhood character
nuisance, 47-05

Newspapers
defamation, 37-J2—37-J3

Noise
private nuisance
  claim, 47-N3
  defence, 47-N6
workplace
  claim, 81-X23
  defence, 81-X44

Non est factum
mortgages, 15-E1, 104-Z5

Non-acceptance
sale of goods
  claim, 25-F7
  counterclaims, 25-F35
  introduction, 25-17
share sales, 16-E4

Non-compliance
sale of goods, 25-24

Non-delivery
claims, 25-F10—25-F12, 25-F31
counterclaims, 25-F35
damages, 25-F11—25-F12
defences, 25-53
denial, 25-F32
generally, 25-20
recovery of price, 25-F10
special damage on resale, 25-F12

Non-disclosure
guarantees, 13-13
life insurance, 71-T3

Non-natural user
Rylands v Fletcher, 48-05

Non-payment
hire charges
  assignee claims, 20-F19
  creditor/owner claims, 20-F1—20-F3
motor insurance, 68-T5

Non-pecuniary loss
employer tribunal proceedings, 40-05

Notices of assignment
factoring, 22-F4

Notices of dishonour
claim, 10-E1
defence, 10-E7
generally, 10-12

Notices to quit
duration, 98-09
form, 98-08
generally, 98-07
waiver, 98-10

Novation (loans)
defence, 14-E7
generally, 14-06

Noxious substances
private nuisance, 47-N1

Nuisance
aircraft
  claim, 7-D5
  statutory defence, 7-D8
causal effect, 47-13
character of neighbourhood, 47-05
consent, 47-04
damages
  claims, 47-N1—47-N3
  defences, 47-N5—47-N7
declaration, 47-N2
dust
  claim, 47-N3
  defence, 47-N6
encroachment of tree roots, 47-N4
foreseeability of damage, 47-12
future claims
  claim, 47-N2

defence, 47-N7
harassment, 63-01
injunctions
    claims, 47-N1, 47-N3
    defences, 47-N5—47-N6
introduction, 47-01—47-02
isolated act, 47-11
negligence
    claims, 47-N2
    generally, 47-07—47-09
noise
    claim, 47-N3
    defence, 47-N6
noxious manufacture, 47-N1
precedents
    claims, 47-N1—47-N4
    defences, 47-N5—47-N7
private nuisance
    account of profits, 47-19
    acts intending to annoy, 47-15
    claimants, 47-16
    conduct of claimant, 47-20
    damages, 47-18—47-19
    defendants, 47-17
    examples, 47-14
    introduction, 47-01—47-13
    trespasser's act, 47-21
public nuisance
    generally, 47-22—47-23
    injunctions, 47-25—47-26
    introduction, 47-01—47-13
    relator action, 47-21
reasonable care, 47-07—47-09
reasonable foreseeability of damage, 47-12
reasonable user, 47-03
Rylands v Fletcher
    escape, 48-04
    introduction, 48-01
    liability, 48-02
    non-natural user, 48-05
    precedents, 48-N1—48-N2
    strict liability, 48-03
standard of comfort, 47-06
state of affairs, 47-11
statutory authority, 47-10
type of damage, 47-12
vibration
    claim, 47-N3
    defence, 47-N6

Occupational stress
first breakdown, 81-X19
general, 81-X21
second breakdown, 81-X20

Occupiers' liability
claim forms
    particulars, 81-16
    practical issues, 81-18
    statements of truth, 81-17
claims, 81-X33—81-X35
Defective Premises Act 1972, under, 81-X35
defences
    generally, 81-19—81-20
    precedents, 81-X49—81-X50

exemplary damages, 81-07
failure to take care, 81-X50
further information
    generally, 81-22
    reply to request, 81-X55
    request, 81-X54
heads of liability, 81-08
independent contractors, 81-X49
introduction, 81-01
Landlord and Tenant Act 1985, under, 81-X35
letters of claim, 81-X1
limitation
    defence, 81-X52
    reply, 81-X53
medical reports, 81-25
Occupiers Liability Acts, under
    1957 Act, 81-X33
    1984 Act, 81-X34
    defences, 81-X49—81-X50
Package Holiday Regulations 1992, under, 81-X36
pre-action protocols, 81-14—81-15
precedents
    claims, 81-X33—81-X35
    defences, 81-X49—81-X50
    further information, 81-X54—81-X55
    letters of claim, 81-X1
principal texts, 81-13
provisional damages, 81-25
reply, 81-21
res ipsa loquitur, 81-X8
schedule of special damage, 81-23
sports law
    claims, 109-ZB8—109-ZB9
    defence, 109-ZB16
starting proceedings, 81-14—81-15

Offer of amends
generally, 37-50
precedent, 37-J20

Office of Fair Trading
generally, 28-04

Options to buy
claim, 106-Z12
defence, 106-Z13—106-Z14
generally, 106-10

Overdrafts
claim, 9-E1
generally, 9-05

Overflight
claim, 7-D5
generally, 7-01—7-02
statutory defence, 7-D8

Overriding interests
mortgages, 15-E4, 104-Z8

Package Holiday Regulations 1992
claim, 81-X36

Paintings
copyright infringement, 75-U4

Parallel imports
trade marks, 77-08

Part 20 claims
generally, 1-39
professional negligence, 85-Y9

INDEX

Particulars of claim
generally, 1-36
Partnerships
entertainment law
claim, 45-M10
defence, 45-M9
generally, 45-08
Part-time workers
statements of reasons for dismissal
claim, 40-L50
defence, 40-L51
Party walls
disputes, 35-04
Passengers
death, 8-D6
delay, 8-D3A, 8-D10
denied boarding, 8-D3
financial limits
generally, 8-13
loss, 8-14
successive carriers, 8-17
Passing of property
sale of goods, 25-08
Passing of title
see Transfer of title
Passing off
acquiescence
generally, 78-11
precedent, 78-U7
celebrity endorsement, 78-U4
concurrent right
generally, 78-09
precedent, 78-U8
defences
acquiescence, 78-11
concurrent right, 78-09
introduction, 78-08
precedents, 78-U5—78-U8
use of own name, 78-10
false representation, 78-U5
goodwill, 78-02
instruments of deception, 78-04
Internet domain names, 78-U3
misrepresentation, 78-03
pleading
generally, 78-05
particulars, 78-06
relief, 78-07
precedents
claims, 78-U1—78-U4
defences, 78-U5—78-U8
quality of claimant's goods, 78-U2
right of action, 78-01
use of own name, 78-10
Pasture
see Profits of pasture
Patents
costs prior to registration, 73-21
CPR
further pleadings, 73-14
generally, 73-13
declarations of non-infringement
claim, 73-U6

defence, 73-U14
generally, 73-07
defences
introduction, 73-15
invalidity, 73-17
non-infringement, 73-16
other, 73-18
pleading, 73-19
precedents, 73-U9—73-U15
validity, 73-17
directors' liabilities for infringement
claim, 73-U5
generally, 73-05
EU patent law, and, 73-20
FRAND terms, 73-04
further pleadings, 73-14
infringement
claims, 73-U1—73-U5
defences, 73-U9—73-U12
directors' liabilities, 73-05
foreign suppliers or manufacturers' liability, 73-06
introduction, 73-02—73-03
Patents Opinion Service, 73-08
pleading, 73-11
Intellectual Property Enterprise Court, 73-22
invalidity
generally, 73-17
precedent, 73-U11
licence
generally, 73-18
precedent, 73-U12
non-infringement
generally, 73-16
precedent, 73-U9
Patents Opinion Service, 73-08
pleading
defences, 73-19
infringement claims, 73-11
relief, 73-12
precedents
claims, 73-U1—73-U8
defences, 73-U9—73-U15
proceedings in Intellectual Property Enterprise Court, 73-22
revocation claims
generally, 73-09
precedent, 73-U10
rights of action, 73-01
royalties under licence agreement, 73-U8
Standard Essential Patents, 73-04
threats of infringement proceedings
claim, 73-U7
defence, 73-U13
generally, 73-10
UK/EU patent law relationship, 73-20
Unified Patent Court, 73-20
validity, 73-17
Patents (infringement)
application of CPR, 73-13
declarations of non-infringement
claim, 73-U6
defence, 73-U14

[1240]

generally, 73-07
pleading, 73-16
directors' liabilities
  generally, 73-05
  precedent, 73-U5
foreign suppliers or manufacturers' liability, 73-06
FRAND terms, 73-04
introduction, 73-02—73-03
invalidity
  generally, 73-17
  precedent, 73-U11
licence
  generally, 73-18
  precedent, 73-U12
Patents Opinion Service, 73-08
pleading, 73-11
precedents
  claims, 73-U1—73-U5
  defences, 73-U9—73-U12
relief, 73-12
revocation
  generally, 73-09
  precedent, 73-U10
Standard Essential Patents, 73-04
unjustified threats
  claim, 73-U7
  defence, 73-U13
  generally, 73-10

Pawn receipts
claims, 20-F37
introduction, 20-28

Penalties
bonds, 11-E8

Performance bonds
generally, 11-E3—11-E4

Performance rights
see Rights in performances

Periodical payments orders
generally, 81-26
NHS LA Model order, 81-X57
Thompstone model order, 81-X56

Personal injury claims
aggravated damages, 81-07
animals
  claims, 81-X5—81-X6
  defences, 81-X40
  heads of liability, 81-06
claim forms
  particulars, 81-16
  practical issues, 81-18
  statements of truth, 81-17
claims
  animals, 81-X5—81-X6
  clinical negligence, 82-X1—82-X8
  contracts and negligence, 81-X7
  employers' liability, 81-X9—81-X28
  highways claims, 81-X29—81-X32
  letters of claim, 81-X1
  occupiers' liability, 81-X33—81-X35
  package holidays, 81-X36
  product liability, 83-X1—83-X6
  res ipsa loquitur, 81-X8

road traffic accidents, 81-X2—81-X4
smoking in the workplace, 81-X30
clinical negligence
  breach of duty, 82-04
  causation, 82-05—82-06
  claims, 82-01
  consent cases, 82-07—82-08
  defendants, 82-02—82-03
  human rights, and, 82-09—82-10
  identifying defendants, 82-02—82-03
  limitation, 82-11
  periodical payments, 82-12
  'Peters' considerations, 82-13
  pleading points, 82-14
  precedents, 82-X1—82-X16
contracts and negligence, 81-X7
defence precedents
  animals, 81-X40
  clinical negligence, 82-X9—82-X16
  employers' liability, 81-X41—81-X47
  highways claims, 81-X48
  limitation, 81-X51—81-X53
  occupiers' liability, 81-X49—81-X50
  road traffic accidents, 81-X37—81-X39
defences
  generally, 81-19—81-20
  precedents, 81-X37—81-X53
education claims, 39-01—39-03
employers' liability
  asbestos, 81-11
  claims, 81-X9—81-X28
  defences, 81-X41—81-X47
  heads of liability, 81-09—81-11
  mesothelioma, 81-11
  scope of claims, 81-12
exemplary damages, 81-07
fatal accident claims, 81-24
further information
  generally, 81-22
  reply to request, 81-X55
  request, 81-X54
heads of liability
  animals, 81-06
  clinical negligence, 81-05
  employers' liability, 81-09—81-13
  highways cases, 81-04
  independent contractors, 81-03
  intentional torts, 81-07
  occupational liability, 81-09—81-11
  premises and occupiers, 81-08
  road traffic accidents, 81-04
  vicarious liability, 81-03
highways cases
  claims, 81-X29—81-X32
  defences, 81-X48
  heads of liability, 81-04
independent contractors
  vicarious liability, and, 81-03
intentional torts, 81-07
introduction, 81-01
letters of claim, 81-X1
limitation
  defence, 81-X51—81-X52

reply, 81-X53
medical reports, 81-25
multi-party disputes
   'defect', 84-07—84-11
   group litigation orders, 84-02—85-03
   introduction, 84-01
   Jackson reforms, 84-12—84-14
   jurisdiction, 85-05
   lead case approach, 84-04
   precedents, 84-X1—84-X6
   statements of case, 85-06
   test case approach, 85-04
occupiers' liability
   claims, 81-X33—81-X35
   defences, 81-X49—81-X50
   heads of liability, 81-08
package holidays, 81-X36
periodical payments orders
   generally, 81-26
   NHS LA Model order, 81-X57
   Thompstone model order, 81-X56
pre-action protocols, 81-14—81-15
precedents
   claims, 81-X1—81-X36
   defences, 81-X37—81-X52
   further information requests, 81-X54—81-X55
   letters of claim, 81-X1
   periodical payments orders, 81-X56—81-X57
   reply, 81-X53
principal texts, 81-13
product liability
   common law negligence, at, 83-07—83-11
   contracts, under, 83-02—83-06
   introduction, 83-01
   pleading, 83-19—83-22
   precedents, 83-X1—83-X6
   statements of case, 83-24
   statute, under, 83-12—83-18
professional negligence, 85-Y6
provisional damages, 81-25
reply, 81-21
res ipsa loquitur, 81-X8
road traffic accident claims
   claims, 81-X2—81-X4
   defences, 81-X37—81-X39
   heads of liability, 81-04
schedule of special damage, 81-23
smoking in the workplace, 81-X30
sports law
   defences, 109-ZB12—109-ZB17
   fellow competitor, against, 109-ZB5
   match official, against, 109-ZB7
   medical practitioner, against, 109-ZB10
   occupier of premises, against, 109-ZB8—109-ZB9
   physiotherapist, against, 109-ZB10
   vicarious liability, 109-ZB6
starting proceedings, 81-14—81-15
vicarious liability, and, 81-03

Personal Protective Equipment Regulations 1992 and 2002
claims
   1992 Regulations, 81-X11
   2002 Regulations, 81-X10
defence, 81-X42
Personal representatives
life insurance, 71-T1
Pharmaceuticals (multi-party disputes)
assessment of product defect, 84-08—84-09
case management order, 84-X1
causation, 84-10
'defect', 84-07
development risks defence, 84-11
group litigation orders, 84-02—85-03
introduction, 84-01
Jackson reforms, 84-12—84-14
jurisdiction, 84-05
lead case approach, 84-04
precedents
   defence, 84-X3
   particulars of claim, 84-X2
   reply, 84-X4
qualified one-way costs shifting, 84-12—84-14
statements of case, 84-06
test case approach, 84-04
Picketing
see also Industrial action
generally, 42-11
Piscary
see Profits of piscary
Planning
judicial review, 80-32
Pleadings
see also Statements of case
comparative perspective
   Australia, 1-10—1-11
   European Court of Justice, 1-07—1-09
   New Zealand, 1-12
   US federal procedure, 1-13—1-14
generally, 1-01
historical perspective, 1-03—1-04
Woolf reforms, 1-05—1-06
"Points of claim"
inquiry as to damages, 51-O6
Police officers
assaults by
   claim, 5-B1
   defence of contributory fault, 5-B5
   defence of factual denial, 5-B3
   defence of self-defence, 5-B4
   denial of vicarious liability, 5-B7
   negligence, 5-22—5-25
Possession
liens, 23-02
Possession claims
accelerated procedure
   claim forms, 98-Z3
   defence, 98-Z10
adverse possession
   introduction, 87-01—87-05
   registered land claim, 87-Z3—87-Z5

unregistered land claim, 87-Z1
agricultural occupancy, against, 98-Z19
alternative accommodation
  claim, 98-Z18
  defence, 98-Z27
assured shorthold tenancies
  claim forms, 98-Z3
  defence, 98-Z10
assured tenancies
  discretionary grounds, 98-Z22
  mandatory grounds, 98-Z21
business tenancies
  relying on agreement to exclude ss.24—28, 88-Z6, 98-Z15
  tenant's failure to apply for new tenancies, 88-Z7
claim (CPR) forms
  N5, 98-Z1
  N5A, 98-Z2
  N5B, 98-Z3
  N11, 98-Z8
  N11B, 98-Z10
  N11M, 98-Z11
  N11R, 98-Z9
  N33, 98-Z12
  N119, 98-Z4
  N120, 98-Z5
  N121, 98-Z6
  N134, 98-Z7
discretionary grounds
  assured tenancies, 98-Z22
  Rent Act tenancies, 98-Z16
effluxion of time, 98-06
expiry of notices to quit
  claim, 98-Z14
  defences, 98-Z23—98-Z26
forfeiture
  generally, 98-11
  precedents, 98-Z29—98-Z35
  proviso for re-entry, 98-12
  restrictions on right, 98-14
  s.146 notices, 98-13
  waiver, 98-15
interim possession order
  prescribed form, 98-Z7
  witness statement in opposition, 98-Z12
introduction, 98-01
mandatory grounds
  assured tenancies, 98-Z21
  Rent Act tenancies, 98-Z17
member of family of deceased tenant, 98-Z28
mesne profits, 98-16
mortgaged residential premises
  claim forms, 98-Z5
  defence, 98-Z11
notices to quit
  duration, 98-09
  form, 98-08
  generally, 98-07
  waiver, 98-10
pleading, 98-02—98-05
precedents
  CPR forms, 98-Z1—98-Z12

defences, 98-Z23—98-Z28
forfeiture, 98-Z29—98-Z30
particulars of claim, 98-Z13—98-Z22
procedure, 86-02
re-entry
  generally, 98-12
  s.146 notices, 98-13
Rent Act tenancies
  discretionary grounds, 98-Z16
  mandatory grounds, 98-Z17
rented residential premises
  claim forms, 98-Z4
  defence, 98-Z9
  particulars of claim, 98-Z13
service occupier, against, 98-Z20
suitable alternative accommodation
  claim, 98-Z18
  defence, 98-Z27
trespass, 49-N2
trespassers
  claims, 49-N2
  defence, 107-Z4—107-Z8
  introduction, 107-01—107-02
  particulars of claim, 107-Z1—107-Z3
  pleadings, 107-03
  precedents, 107-Z1—107-Z8
  prescribed form, 98-Z6
  procedure, 86-03
waiver, 98-15
Post-contractual restraint
see Restrictive covenants
Pound breach
  claim, 92-Z6
  defence, 92-Z10
  generally, 92-05
Pre-action protocols
  consumer credit agreements, 20-38
  consumer law, 19-09
  judicial review, 80-08—80-09
  mortgage possession actions, 15-06
  personal injury claims, 81-14—81-15
  professional negligence, 85-11
Pre-contractual negotiations
see Negotiations
Pre-employment health enquiries
see Discrimination (employment)
Pre-emption rights
  claim, 106-Z12
  defence, 106-Z13—106-Z14
  generally, 106-10
Pregnancy discrimination
see also Discrimination (employment)
  direct discrimination, 44-L4
  generally, 44-16
Prescription
  rights of light
    claim, 93-Z1
    defence, 93-Z9
Prescriptive easements
see Easements
Presentment for acceptance
  bills of exchange, 10-10

[1243]

Presentment for payment
bills of exchange, 10-11
Presumptions
advancement, 91-Z7
Price
sale of goods
claim, 25-F3
denial, 25-F57
Price reductions
sale of goods
Consumer Rights Act, 25-35—25-36
Sale of Goods Act, 25-34
Pricing
agreed to be sold, 25-F2
fixed by valuation, 25-F3
guarantees
claim, 13-E1
defence, 13-E3
instalments, 25-F9
introduction, 25-07
reasonable sum, 25-F3
sale or return, 25-F4
shares sold and transferred, 16-E1
sold and delivered, 25-F1
sold on approval, 25-F4
sold under CIF contracts, 25-F5
sold under FOB contracts, 25-F6
Principal debtors
see Sureties
Privacy
arrested persons, 79-14
Article 8 ECHR
arrested persons, 79-14
balancing exercise, 79-09—79-12
blackmail, 79-15
children, 79-08, 79-13
direct enforcement against public authorities, 79-20
generally, 79-03—79-04
introduction, 79-01—79-02
practice and procedure, 79-18—79-19
pre-existing relationship of confidence, 79-16
public places, 79-07—79-08
remedies, 79-17
threshold test, 79-05
balancing exercise, 79-09—79-12
blackmail, 79-15
blocking, erasure and destruction of data, 79-V8
children, 79-08, 79-13
common law developments, 79-24
compensation
Data Protection Act 1998, under, 79-V8
misuse of private information, 79-V1—79-V5
Data Protection Act 1998
claim, 79-V8
defences, 79-V9—79-V10
denial of processing, 79-V10
introduction, 79-23
journalism, literature and art exemption, 79-V9

defences
Data Protection Act 1998, under, 79-V9—79-V10
insufficient seriousness, 79-V4
no reasonable expectation of privacy, 79-V2
public domain, 79-V3
public interest, 79-V5
triviality, 79-V4
direct enforcement of Article 8 against public authorities, 79-20
generally, 79-03—79-04
harassment, 79-21—79-22
Human Rights Act 1998, 79-01—79-02
injunctions
Data Protection Act 1998, under, 79-V8
misuse of private information, 79-V1—79-V5
publication of private information, 79-V6—79-V7
introduction, 79-01—79-02
misuse of private information
balancing exercise, 79-09—79-12
children, 79-08
claim forms, 79-V1
defences, 79-V2—79-V5
generally, 79-03—79-04
public places, 79-07—79-08
threshold test, 79-05
practice and procedure, 79-18—79-19
precedents
claims, 79-V1
defences, 79-V2—79-V5
pre-existing relationship of confidence, 79-16
public places, 79-07—79-08
publication of private information
balancing exercise, 79-09—79-12
children, 79-08
claim forms, 79-V1
defences, 79-V2—79-V5
generally, 79-03—79-04
public places, 79-07—79-08
threshold test, 79-05
remedies, 79-17
threshold test, 79-05
Private actions
see Competition law
Private nuisance
account of profits, 47-19
acts intending to annoy, 47-15
causal effect, 47-13
character of neighbourhood, 47-05
claimants, 47-16
conduct of claimant, 47-20
damage, 47-12
damages
claims, 47-N1—47-N3
defences, 47-N5—47-N7
generally, 47-18—47-19
declarations
claim, 47-N2
defence, 47-N7
defendants, 47-17

[1244]

dust
   claim, 47-N3
   defence, 47-N6
encroachment of tree roots
   claim, 47-N4
   introduction, 47-15
examples, 47-14
foreseeability of damage, 47-12
future claims
   claim, 47-N2
   defence, 47-N7
injunctions
   claims, 47-N1, 47-N3
   defences, 47-N5—47-N6
introduction
   causal effect, 47-13
   character of neighbourhood, 47-05
   consent, 47-04
   foreseeability of damage, 47-12
   generally, 47-01—47-02
   isolated act, 47-11
   negligence, 47-07—47-09
   reasonable care, 47-07—47-09
   reasonable foreseeability of damage, 47-12
   reasonable user, 47-03
   standard of comfort, 47-06
   state of affairs, 47-11
   statutory authority, 47-10
   type of damage, 47-12
isolated act, 47-11
negligence
   claim, 47-N2
   generally, 47-07—47-09
noise
   claim, 47-N3
   defence, 47-N6
noxious manufacture, 47-N1
precedents
   claims, 47-N1—47-N4
   defences, 47-N5—47-N7
reasonable care, 47-07—47-09
reasonable foreseeability of damage, 47-12
reasonable user, 47-03
standard of comfort, 47-06
state of affairs, 47-11
statutory authority, 47-10
tree roots
   claim, 47-N4
   introduction, 47-15
trespasser's act, 47-21
type of damage, 47-12
vibration
   claim, 47-N3
   defence, 47-N6
Privilege
defamation
   absolute, 37-41—37-42
   qualified, 37-43—37-45
Procuring breach of contract
breach of contract, 60-05
categories, 60-02
claim, 60-P1
damage, 60-06

defences
   generally, 60-07
   precedent, 60-P2
elements
   breach of contract, 60-05
   damage, 60-06
   intention to cause breach, 60-04
   introduction, 60-02
   knowledge of contracts, 60-03
industrial action, and, 42-02
intention to cause breach, 60-04
introduction, 60-02
knowledge of contracts, 60-03
overview, 60-01
Product liability
breach of safety regulations
   claim, 83-X5
   introduction, 83-23
   strict liability, 83-18
breach of statutory duty, 83-23
causation, 84-10
causes of action
   common law negligence, 83-10
   contract, under, 83-05
claim forms
   particulars, 81-16
   practical issues, 81-18
   statements of truth, 81-17
claimants
   common law negligence, 83-09
   contract, under, 83-04
common law negligence
   causes of action, 83-10
   claimants, 83-09
   introduction, 83-07
   loss, 83-10
   measure of damage, 83-11
   nature of breach, 83-08
   pleading, 83-21
contract, under
   causes of action, 83-05
   claimants, 83-04
   forms, 83-04
   loss, 83-05
   measure of damage, 83-06
   nature of breach, 83-02—83-03
   pleading, 83-20
   urgent cases, 83-04
defence to claim made under CPA, 83-X6
development risks defence, 84-11
electrical equipment, 83-X2
exemplary damages, 81-07
food, 83-X4
forms, 83-04
further information
   generally, 81-22
   reply to request, 81-X55
   request, 81-X54
introduction, 83-01
letters of claim, 81-X1
limitation, 81-X53
loss
   common law negligence, 83-10

contract, under, 83-05
measure of damages
　common law negligence, 83-11
　contract, under, 83-06
medical reports, 81-25
motorcycles, 83-X3
multi-party disputes
　assessment of product defect,
　　84-08—84-09
　causation, 84-10
　'defect', 84-07
　development risks defence, 84-11
nature of breach
　common law negligence, 83-08
　contract, under, 83-02—83-03
pleading
　breach of statutory duty, 83-23
　common law negligence, 83-21
　contract, under, 83-20
　introduction, 83-19
　statute, 83-22
pre-action protocols, 81-14—81-15
precedents
　claims, 83-X1—83-X5
　defence, 83-X6
　introduction, 83-24
principal texts, 81-13
provisional damages, 81-25
reply, 81-21
res ipsa loquitur, 81-X8
safety regulations, 83-18
schedule of special damage, 81-23
starting proceedings, 81-14—81-15
statements of case, 83-24
strict liability
　causes of action, 83-16
　claimants, 83-15
　defences, 83-14
　introduction, 83-12
　loss, 83-16
　nature of breach, 83-13
　pleading, 83-22
　recoverable damage, 83-17
　safety regulations, 83-18
toys causing injury to minor
　breach of Toys (Safety) Regulations 1995,
　　83-X5
　general claim, 83-X1
urgent cases, 83-04
Professional negligence
architect, 85-Y3
auditors, 85-Y1
barrister, 85-Y9
breach of authority, 85-Y7
breach of contract, 85-02
breach of duty, 85-03
breach of warranty of authority, 85-Y7
causation
　defence, 85-Y12
　introduction, 85-08
causes of action
　choice between, 85-05
　contract, 85-02

introduction, 85-01
statutory provision, 85-04
tort, 85-03
clinical negligence
　claim against GP, 85-Y10
　defence of limitation, 85-Y12
　introduction, 85-01
contractual claims, 85-02
contractual estoppel, 85-Y1
contributory negligence, 85-Y13
duty of care, 85-03
financial advisers
　claim, 85-Y5
　defence of contractual estoppel, 85-Y1
General Practitioners
　claim, 85-Y10
　defence of limitation, 85-Y12
insurance broker, 85-Y4
introduction, 85-01
limitation, 85-Y12
loss, 85-08
negligence
　architect, 85-Y3
　auditors, 85-Y1
　barrister, 85-Y9
　financial adviser, 85-Y5
　GP, 85-Y10
　insurance broker, 85-Y4
　NHS Trust, 85-Y11
　solicitor, 85-Y6—85-Y8
　surveyors, 85-Y2
NHS Trust, 85-Y11
Part 20 claims, 85-Y9
personal injury claims, 85-Y6
pre-action protocols, 85-11
precedents
　claims, 85-Y1—85-Y11
　defences, 85-Y10—85-Y13
solicitor, 85-Y6—85-Y8
standard of care, 85-06—85-07
statements of case, 85-09—85-10
statutory claims, 85-04
surveyors, 85-Y2
tort claims, 85-03
Profits a prendre
claims, 89-03
generally, 89-01—89-02
Profits in soil
claims, 89-03
generally, 89-01—89-02
Profits of estovers
claims, 89-03
generally, 89-01—89-02
Profits of pasture
claims, 89-03
generally, 89-01—89-02
precedents, 89-Z1
Profits of piscary
claims, 89-03
generally, 89-01—89-02
Profits of turbary
claims, 89-03
generally, 89-01—89-02

INDEX

Promissory notes
  consideration, 10-E26
  debt not yet due, 10-E28
  definition, 10-14—10-16
  drawers
    maker of note, against, 10-E23
  generally, 10-13
  giving of time, 10-E27
  indorsee, claims by
    maker of note, against, 10-E24
  lack of consideration, 10-E26
  payee, by
    maker of note, against, 10-E25
  precedents
    claims, 10-E23—10-E25
    defences, 10-E26—10-E28
  short form endorsement, 10-E23

Property
  access orders
    applications, 94-07
    availability, 94-05
    precedents, 94-Z4—94-Z7
    terms and conditions, 94-06
  acquisition order (flats)
    generally, 97-01—97-05
    precedents, 97-Z8
  adverse possession
    pleading, 87-05
    precedents, 87-Z1—87-Z6
    registered land, 87-04
    relevant law, 87-01
    unregistered land, 87-02—87-03
  alterations covenants
    generally, 96-04
    precedents, 96-Z6—96-Z7
  boundary disputes
    generally, 94-04
    precedents, 94-Z2—94-Z3
  business tenancies
    compensation upon termination, 88-05
    exclusion of provisions, 88-04
    interim rent, 88-03
    introduction, 88-01
    lease renewals, 88-02
    precedents, 88-Z1—88-Z9
    procedure, 88-06—88-11
  charges
    defences, 104-14
    generally, 104-01
    mortgage actions, 104-02
    mortgage possession actions, 104-03
    pleadings, 104-05
    precedents, 104-Z1—104-Z9
    procedure, 104-06—104-15
  commercial rent arrears recovery
    generally, 92-01
    precedents, 92-Z11—92-Z12
    procedure, 92-02
  commons
    claims, 89-03
    generally, 89-01—89-02
    precedents, 89-Z1—89-Z3
  co-ownership
    constructive trusts, 91-03
    introduction, 91-01
    precedents, 91-Z1—91-Z10
    resulting trusts, 91-03
    trust of land, 91-05
    types, 91-02
  covenants against assignment
    introduction, 95-01—95-03
    precedents, 95-Z1—95-Z8
  declarations, 86-07
  derogations from grant of lease
    generally, 96-07
    precedents, 96-Z10—96-Z11
  distress
    introduction, 92-01
    law, 92-03—92-05
    pleading, 92-06
    precedents, 92-Z1—92-Z10
  easements
    generally, 93-01
    pleading, 93-06
    precedents, 93-Z1—93-Z17
    right to air, 93-02
    rights of drainage, 93-05
    rights of light, 93-02
    rights of way, 93-03—93-04
  enforcement of charging orders, 86-04
  enfranchisement (flats)
    generally, 97-01—97-05
    precedents, 97-Z10—97-Z17
  eviction
    damages, 99-02
    introduction, 99-01
    pleading, 99-04
    precedents, 99-Z1—99-Z3
    statutory claims, 99-03
  fences and fencing
    generally, 94-01—94-02
    precedents, 94-Z1
    right of action, 94-03
  injunctions, 86-07
  insurance covenants
    generally, 96-03
    precedents, 96-Z5
  introduction, 86-01
  landlord and tenant claims
    covenants against assignment, 95-01—95-04
    eviction, 99-01—99-04
    flats, 97-01—97-05
    other covenants, 96-01—96-08
    possession proceedings, 98-01—98-16
    procedure, 86-06
    rent, 100-01—100-05
    repairs, 101-01—101-05
    service charges, 100-01—100-05
    third party rights, 102-01—102-06
  management of multi-occupied flats, 97-02
  mesne profits
    generally, 103-01—103-03
    pleading, 103-04
    precedents, 103-Z1—103-Z11
  mortgage claims, 86-05

mortgages
  defences, 104-14
  generally, 104-01
  mortgage actions, 104-02
  mortgage possession actions, 104-03
  pleadings, 104-05
  precedents, 104-Z1—104-Z9
  procedure, 104-06—104-15
notice to quit
  duration, 98-09
  form, 98-08
  generally, 98-07
  waiver, 98-10
possession claims
  effluxion of time, 98-06
  forfeiture, 98-11
  introduction, 98-01
  mesne profits, 98-16
  notice to quit, 98-07—98-10
  pleading, 98-02—98-05
  precedents, 98-Z1—98-Z30
  procedure, 86-02
  re-entry, 98-12
  restrictions on right, 98-14
  s.146 notices, 98-13
  waiver, 98-15
protection from eviction
  damages, 99-02
  introduction, 99-01
  pleading, 99-04
  precedents, 99-Z1—99-Z3
  statutory claims, 99-03
quiet enjoyment covenants
  generally, 96-06
  precedents, 96-Z8—96-Z9
rent
  defences, 100-05
  generally, 100-01—100-04
  pleading, 100-05
  precedents, 100-Z1—100-Z20
rent review
  generally, 90-01—90-02
  precedents, 90-Z1—90-Z4
repairs
  improvements, 101-04
  introduction, 101-01—101-03
  pleading, 101-05
  precedents, 101-Z1—101-Z11
restrictive covenants
  generally, 105-01—105-04
  precedents, 105-Z1—105-Z4
  Tribunal Service forms, 105-Z5—105-Z7
right of first refusal (flats)
  generally, 97-01—97-05
  precedents, 97-Z1—97-Z6
sale of land
  covenants for title, 106-09
  delay in completion, 106-03
  deposit, 106-08
  failure to complete, 106-04—106-05
  formation of contracts, 106-02
  introduction, 106-01
  options, 106-10

precedents, 106-Z1—106-Z14
specific performance, 106-06—106-07
service charges
  defences, 100-05
  generally, 100-01—100-04
  pleading, 100-05
  precedents, 100-Z1—100-Z20
third party rights and obligations
  introduction, 102-01—102-03
  management companies, 102-05
  pleading, 102-06
  precedents, 102-Z1—102-Z11
  sureties, 102-04
trade unions
  generally, 43-09
  unlawful application, 43-L3
trespass to land
  introduction, 107-01—107-02
  pleadings, 107-03
  precedents, 107-Z1—107-Z8
trespassers, 86-03
user covenants
  generally, 96-02
  precedents, 96-Z1—96-Z4
variation of lease of flats
  generally, 97-01—97-05
  precedents, 97-Z9
Proportionality
  multi-party disputes, 84-12—84-14
Protected disclosures
  employer, to
    claim, 40-L19—40-L20, 40-L32
    defence, 40-L23—40-L24, 40-L34
    generally, 40-09—40-10
    other cases, 40-L36
  prescribed person, to
    claim, 40-L33
    defence, 40-L35
Protection from eviction
  damages, 99-02
  injunctions
    restoration of evicted tenant, 99-Z2
    restraint of threatened eviction, 99-Z1
  introduction, 99-01
  offer of reinstatement, 99-Z2
  pleading, 99-04
  precedents, 99-Z1—99-Z3
  statutory claims, 99-03
  unreasonable behaviour, 99-Z2
Provision and Use of Work Equipment Regulations 1998
  employers' liability, 81-X15
Provisional damages
  personal injury claims, 81-25
Psychiatric harm
  watching air crash
    claim, 7-D7
    defence, 7-D10
Public contracts
  judicial review, 80-31
Public domain
  invasion of privacy, 79-V3

Public interest
  confidential information
    generally, 74-20
    precedent, 74-U7
  defamation, 37-J16
  invasion of privacy, 79-V5
Public interest disclosure
  see Protected disclosures
Public nuisance
  causal effect, 47-13
  character of neighbourhood, 47-05
  consent, 47-04
  foreseeability of damage, 47-12
  generally, 47-22—47-23
  injunctions, 47-25—47-26
  introduction, 47-01—47-02
  isolated act, 47-11
  negligence, 47-07—47-09
  precedents, 47-N1—47-N7
  reasonable care, 47-07—47-09
  reasonable foreseeability of damage, 47-12
  reasonable user, 47-03
  relator action, 47-21
  standard of comfort, 47-06
  state of affairs, 47-11
  statutory authority, 47-10
  type of damage, 47-12
Public policy
  restitution
    generally, 108-19
    precedent, 108-ZA15
Publication
  defamation
    defence, 37-31
    generally, 37-09
    libel, 37-10
  private information
    balancing exercise, 79-09—79-12
    children, 79-08
    claim forms, 79-V1
    defences, 79-V2—79-V5
    generally, 79-03—79-04
    order for injunctions, 79-V7
    public places, 79-07—79-08
    threshold test, 79-05
Puffs
  malicious falsehood, 38-06
Purchasers without notice
  generally, 108-22
  precedent, 108-ZA16
Qualified one-way costs shifting
  multi-party disputes, 84-12—84-14
Qualified privilege
  common law, at, 37-43
  peer-reviewed statements in scientific or academic journal, 37-45
  pleading, 37-42
  precedents
    defences, 37-J12, 37-J14—37-J16
    reply, 37-J21
  replies to, 37-56—37-57
  Reynolds defence
    defence, 37-J16

    generally, 37-39—37-40
    statute, under, 37-44—37-45
Quality
  claim, 25-F17—25-F19
  denials, 25-F42—25-F43
  digital content, 25-F25
  generally, 25-27
  information technology, 33-03—33-04
  passing off, 78-U2
Quantum meruit
  commercial agents, 21-F2
Quia timet actions
  environmental liability, 46-07
Quiet enjoyment
  generally, 96-06
  precedents, 96-Z8—96-Z9
Quiet possession
  claim, 25-F16
  generally, 25-23
Race discrimination
  see also Discrimination (employment)
  direct discrimination, 44-L6
  generally, 44-08
  indirect discrimination, 44-L7
Racial harassment
  generally, 63-08—63-14
  statement of case, 63-Q5
Radio
  defamation, 37-J4
Reasonable care
  nuisance, 47-07—47-09
Reasonable fitness
  see Fitness for purpose
Reasonable force
  claim, 5-B2
  defence, 5-B6
  denial of vicarious liability, 5-B7
Reasonable price
  see Price
Reasonable user
  nuisance, 47-03
Receivers
  appointment
    generally, 56-01
    precedents, 56-O1
Rectification
  commercial contracts, 53-O1
  generally, 53-01—53-02
  precedents, 53-O1—53-O2
  unilateral document, 53-O2
Redemption
  mortgages, 15-03
Reduction of price
  see Price reductions
Redundancy
  claim, 40-L8
  defence, 40-L13
Re-entry proviso
  see Rights of re-entry
Referees
  negligence
    claim, 109-ZB7
    defence, 109-ZB15

[1249]

INDEX

References (employment)
  negligence
    claim, 41-L3
    defence, 41-L4
    generally, 41-03
References to European Court
  see also European Court of Human Rights
  acte clair doctrine, 65-03
  application for order for questions to be referred, 65-R1
  Article 234 EC Treaty, 65-02
  Brexit, and, 65-01
  commencement, 65-04
  doctrine of acte clair, 65-03
  expedited procedure, 65-06
  introduction, 65-01
  preliminary ruling, for, 65-06
  transmission, 65-05
Registered designs
  Community designs
    defences, 76-17
    generally, 76-04
    infringement, 76-U5
    invalidity, 76-U9
  defences
    generally, 76-15—76-17
    introduction, 76-14
    precedents, 76-U5—76-U9
  infringement
    Community design, 76-U5
    national design, 76-U5
  introduction, 76-01
  invalidity
    Community design, 76-U9
    post-Directive design, 76-U8
    pre-Directive design, 76-U7
  national designs, 76-02—76-03
  pleading
    generally, 76-21
    relief, 76-13
  precedents
    claims, 76-U1
    defences, 76-U5—76-U9
  procedure, 76-08
  rectification of register, 76-U6
  relief, 76-13
  statements of case
    generally, 76-10
    introduction, 76-09
    relief, 76-13
  validity
    Community unregistered right, 76-U6
    national unregistered right, 76-U6
Registered trade marks
  see Trade marks
Regulated activities
  financial services, 12-03—12-04
Rejection
  acceptance, after, 25-F45
  defences, 25-F60, 25-F62, 25-F64—25-F68
  denial, 25-F46
  generally, 25-34
  information technology, 33-11

Relator proceedings
  public nuisance, 47-21
Reliance
  sale of goods
    affirmation, 25-F45
    public statements, 25-F65
Relief
  forfeiture, against
    claim forms, 98-Z2
    particulars of claim, 98-Z35
Religious discrimination
  see also Discrimination (employment)
  direct discrimination, 44-L5
  generally, 44-09
Remuneration
  sale of goods, 25-F27
Renewal of lease
  see Business tenancies
Rent
  consumer credit agreements, and
    regulated agreements, 20-F11
    unregulated agreements, 20-F12
  continuing distress, 100-Z5
  defences, 100-05
  generally, 100-01
  payment to superior landlord, 100-Z3
  pleading, 100-05
  precedents
    claims, 100-Z1—100-Z2
    defences, 100-Z3—100-Z10
  review, after, 100-Z2
  satisfaction by distress, 100-Z4
  set-off
    defence, 24-F2
    generally, 24-06
  surrender of tenancies by operation of law, 100-Z8
  termination of tenancies
    notice, by, 100-Z7
    peaceable re-entry, upon, 100-Z9
    surrender, by, 100-Z8
  time-barred claim, 100-Z10
  unpaid rent, 100-Z1
Rent Act (tenancies)
  possession claims
    discretionary grounds, 98-Z16
    mandatory grounds, 98-Z17
Rent arrears
  consumer credit agreements
    regulated agreements, 20-F11
    unregulated agreements, 20-F12
Rent reviews
  appeal on question law, 90-Z3
  declarations
    implementation of review, 90-Z2
    true effect of clause, 90-Z1
  generally, 90-01
  pleading, 90-02
  precedents, 90-Z1—90-Z4
  time not of the essence, 90-Z4
Rented residential premises
  see Possession claims

INDEX

"Renunciation"
  bills of exchange, 10-E15
Repair or replacement of goods
  Consumer Rights Act, 25-35—25-36
  defences, 25-F47—25-F48
  Sale of Goods Act, 25-34
Repairs
  improvements, 101-04
  liability
    landlord, of, 101-03
    tenants, of, 101-01
  pleading, 101-05
  precedents
    application for leave to proceed, 101-Z1
    claim for enforcement of obligation, 101-Z11
    claims, 101-Z2—101-Z7
    defences, 101-Z8—101-Z10
  terminal dilapidations
    claim, 101-Z3
    defences, 101-Z8—101-Z9
  unreasonably withheld consent
    claim, 101-Z7
    defences, 101-Z10
Repayments
  undue influence, 18-E1
Replevin
  claim, 92-Z7
  generally, 92-05
Replies
  generally, 1-38
  personal injury claims, 81-21
Representations
  fraudulent misrepresentation
    claim, 58-P1
    defences, 58-P3—58-P5
    generally, 58-02
Republication
  claims, 37-J6
  defence, 37-J10
  generally, 37-11
Repudiation
  consumer credit agreements, 20-F28
  sale of goods, 25-F8—25-F9
Res ipsa loquitur
  personal injury claims, 81-X8
Resale
  sale of goods, 25-F37
Rescission
  bribery, 61-09—61-10
  generally, 54-01—54-02
  misrepresentation, 54-O2
  mistake, 54-O1
  precedents, 54-O1—54-O2
  sale of goods, 25-F23
  stockbrokers, 17-E5
  undue influence
    irrebuttable presumption, 18-E3
    no presumptions applying, 18-E2
    rebuttable presumption, 18-E4
Reserve prices
  claim, 25-F30
  introduction, 25-42

Rest periods
  annual leave
    claim, 40-L45
    defence, 40-L48
  daily rest
    claim, 40-L43
    defence, 40-L47
  weekly rest
    claim, 40-L44
    defence, 40-L47
Restitution
  benefits conferred pursuant to unenforceable transactions
    generally, 108-11
    precedent, 108-ZA9
  benefits made pursuant to contract not materialise
    claims, 108-ZA8
    generally, 108-10
  bona fide purchase
    generally, 108-22
    precedent, 108-ZA16
  bribery, 61-06
  change of position
    generally, 108-17
    precedent, 108-ZA13
  contracts dischared by frustration
    claims, 108-ZA7
    generally, 108-09
  contracts discharged by breach
    claims, 108-ZA5—108-ZA6
    generally, 108-08
  contribution
    claims, 108-ZA10
    generally, 108-13
  defences
    change of position, 108-17
    estoppel, 108-16
    generally, 108-15
    illegality, 108-20
    Ministerial receipt, 108-18
    precedents, 108-ZA12—108-ZA16
    public policy, 108-19
  estoppel
    generally, 108-16
    precedent, 108-ZA12
  failure of consideration without contract
    claims, 108-ZA8
    generally, 108-10
  illegality, 108-20
  indirect enrichment
    claims, 108-ZA2
    generally, 108-22
  interest, 108-29
  introduction, 108-01
  mesne profits
    claim, 103-Z2
    defence, 103-Z11
  Ministerial receipt
    generally, 108-18
    precedent, 108-ZA14
  mistake
    claims, 108-ZA1, 108-ZA3

generally, 108-07
non-money benefit
  claims, 108-ZA3—108-ZA4
  generally, 108-04
precedents
  claims, 108-ZA1—108-ZA11
  defences, 108-ZA12—108-ZA16
public policy
  generally, 108-19
  precedent, 108-ZA15
recoupment
  claims, 108-ZA11
  generally, 108-13—108-14
tax, 108-12
tracing, 108-21—108-22
unjust enrichment
  benefits conferred pursuant to unenforceable transactions, 108-11
  change of position, 108-17
  claimant's expense, at, 108-05
  claims, 108-ZA2
  contracts discharged by breach, 108-08
  contracts discharged by frustration, 108-09
  contribution, 108-13
  defences, 108-15—108-20
  enrichment, 108-03—108-05
  estoppel, 108-16
  failure of consideration without contract, 108-10
  forms of enrichment, 108-03
  illegality, 108-20
  interest, 108-29
  introduction, 108-02
  Ministerial receipt, 108-18
  mistake, 108-07
  money, 108-04
  non-money benefits, 108-04
  public policy, 108-19
  recoupment, 108-13—108-14
  tracing, 108-21—108-22
  unjust, 108-06
  unlawfully levied tax, 108-12
wrongs, for
  claims, 108-ZA17—108-ZA18
  common law, at, 108-24—108-27
  contract, 108-27
  equity, in, 108-28
  generally, 108-23
  interest, 108-29
  torts, 108-25—108-26
Restraint of trade
commercial agents, 21-02
entertainment law
  claim, 45-M3
  defence, 45-M4
  generally, 45-03
Restrictive covenants
commercial agents, 21-02
employment
  claim, 41-L7
  defence, 41-L8
  generally, 41-05
injunctions to restrain breach, 51-O3

land
  claims, 105-Z1—105-Z2
  declaration as to rights, 105-01
  defences, 105-Z3—105-Z4
  generally, 105-01—105-04
  injunctions, 105-Z2
  precedents, 105-Z1—105-Z4
  Tribunal Service forms, 105-Z5—105-Z7
Resulting trusts
co-ownership
  declaration, 91-Z3
  generally, 91-03
Return of goods
conversion, 26-F18
Return of property
undue influence, 18-E1
Revocation
guarantees, 13-11
patents
  generally, 73-09
  precedent, 73-U10
security, 27-F2
trade marks
  defence, 77-U14
  particulars of objection, 77-U17
Reynolds defence
defamation
  defence, 37-J16
  generally, 37-39—37-40
Right to air
generally, 93-02
Right to light
ancient lights, obstruction of
  claim, 93-Z2
  defence justifying trespass to remove, 93-Z12
  denial of right, 93-Z7
denial of obstruction, 93-Z8
denial of possession, 93-Z6
enjoyment by consent, 93-Z11
generally, 93-02
grant, under, 93-Z1
injunctions to prevent obstruction, 93-Z3
interruption of enjoyment, 93-Z10
obstruction of
  claim for damages, 93-Z1—93-Z2
  defence, 93-Z8
precedents
  claims, 93-Z1—93-Z3
  defences, 93-Z6—93-Z12
prescription, by
  claim, 93-Z1
  defence, 93-Z9
Rights in performances
defences, 75-32
definitions, 75-19
infringement, 75-20
Intellectual Property Office services, 75-02
introduction, 75-18
legislative framework, 75-01
procedure, 75-03
remedies, 75-21
statements of case, 75-22

types, 75-18
Rights of common
see Commons
Rights of drainage
see Land drainage
Rights of first refusal
flats
generally, 97-01—97-05
precedents, 97-Z1—97-Z6
Rights of re-entry
generally, 98-12
s.146 notices, 98-13
Rights of way
generally, 93-03—93-04
injunctions, 93-Z4
justification of trespass
doctrine of lost modern grant, under, 93-Z14
necessity, on basis of, 93-Z15
public right of way, under, 93-Z16
precedents
claim, 93-Z4
defences, 93-Z13—93-Z16
user not of right, 93-Z13
Road traffic accidents
claim forms
particulars, 81-16
practical issues, 81-18
statements of truth, 81-17
claims, 81-X2—81-X4
defences
generally, 81-19—81-20
precedents, 81-X37—81-X39
ex turpi causa, 81-X38
exemplary damages, 81-07
fatal accident claims, 81-X1
further information
generally, 81-22
reply to request, 81-X55
request, 81-X54
heads of liability, 81-04
intentional torts, 81-07
introduction, 81-01
letters of claim, 81-X1
limitation, 81-X53
Master Claim forms, 81-X2
medical reports, 81-25
Motor Insurers' Bureau, against, 81-X4
pre-action protocols, 81-14—81-15
precedents
claims, 81-X2—81-X4
defences, 81-X37—81-X39
letters of claim, 81-X1
principal texts, 81-13
provisional damages, 81-25
reply, 81-21
res ipsa loquitur, 81-X8
schedule of special damage, 81-23
secondary victim, by, 81-X3
starting proceedings, 81-14—81-15
sudden and unexpected collapse, 81-X37
volenti non fit injuria, 81-X39

Royalties
patents, 73-U8
Rylands v Fletcher liability
escape, 48-04
introduction, 48-01
liability, 48-02
non-natural user, 48-05
precedents
claim, 48-N1
defence, 48-N2
strict liability, 48-03
Sale of goods
abatement of purchase price, 25-F23
acceptance, 25-12
action for price, 25-16
additional rights
consumer guarantees, 25-37
generally, 25-34
allowance for use, 25-F49
approval, on
claim, 25-F4
denial, 25-F58
auctions
bids by seller, 25-43
claims, 25-F26—25-F31
Consumer Rights Act 2015, and, 25-44
generally, 25-41
reserve prices, 25-42
breach of contractual terms
claims, 25-F15—25-F21
defences, 25-54, 25-F32—25-F33
denials, 25-F39—25-F44
digital content, 25-F25
generally, 25-21—25-22
measure of damages, 25-40
set-off, 25-F61
'business', 25-03
CIF contracts
claim, 25-F5
denial, 25-F59
claims by buyer
breach of condition or warranty, 25-21—25-22
generally, 25-19
non-delivery, 25-20
claims by seller
action for price, 25-16
non-acceptance, 25-17
other remedies, 25-18
commission, 25-F26
condition of the goods
comparison between provisions, 25-29
generally, 25-26
reasonable fitness, 25-28
satisfactory quality, 25-27
conditional sale
defences, 25-50
generally, 25-13
conditions and warranties
correspondence with description, 25-25
correspondence with sample, 25-30
exclusion, 25-38
generally, 25-22

[1253]

information technology, 33-03—33-04
non-conformity with contract, 25-24
quiet possession, 25-23
reasonable fitness, 25-28
satisfactory quality, 25-27
title, 25-23
trivial defects, 25-33
'consumer', 25-03
consumer guarantees
    claim, 25-F24
    generally, 25-37
contract of sale
    definition, 25-04
    denial, 25-F52
correspondence with description
    claim, 25-F21
    denials, 25-F44
    generally, 25-25
correspondence with sample
    claim, 25-F21
    denials, 25-F44
    generally, 25-30
credit-sale
    defences, 25-50
    generally, 25-13
damages
    breach of contractual terms, for, 25-40
    non-acceptance, for, 25-F7
    repudiation of sale contracts, for, 25-F8
defences
    breach of condition or warranty, to, 25-54
    buyer, by, 25-55
    conditional sale, 25-50
    credit-sale, 25-50
    distance selling, 25-F71
    doorstep selling, 25-F72—25-F73
    exemption clauses, 25-51
    generally, 25-49
    late delivery, to, 25-53
    non-delivery, to, 25-53
    seller, by, 25-52—25-54
definitions
    'business', 25-03
    'consumer', 25-03
    'contract of sale', 25-04
    'goods', 25-05
    'guarantor', 25-03
    'producer', 25-03
    'things in action', 25-05
    'trader', 25-03
delivery
    claim, 25-F13
    generally, 25-10—25-11
denial
    breach of condition or warranty, 25-F39
    buyer unwilling to pay, 25-F55
    condition or warranty, 25-F38—25-F44
    delivery, 25-F53
    late delivery, 25-F33
    making contracts of sale, 25-F52
    misrepresentation, 25-F38
    non-delivery, 25-F32
    price due, 25-F54

right to reject, 25-F45—25-F46
description correspondence
    claim, 25-F21
    denials, 25-F44
    generally, 25-25
digital content
    additional rights, 25-36
    generally, 25-32
    precedent, 25-F25
distance selling
    defence, 25-F71
    generally, 25-14
doorstep sales
    contract cancelled, 25-F73
    contract unenforceable, 25-F72
    generally, 25-15
exemption clauses
    defences, 25-F50—25-F51, 25-F70
    generally, 25-38
    introduction, 25-51
failure to pay for and remove goods, 25-F29
fitness for purpose
    claim, 25-F18—25-F20
    denials, 25-F42—25-F43
    digital content, 25-F25
    generally, 25-28
FOB contracts
    claim, 25-F6
    denial, 25-F59
framework, 25-02
generally, 25-01
'goods', 25-05
guarantees, 25-37
'guarantor', 25-03
implied terms
    correspondence with description, 25-25
    correspondence with sample, 25-30
    exclusion, 25-38
    generally, 25-22
    installation, 25-31
    non-conformity with contract, 25-24
    quiet possession, 25-23
    reasonable fitness, 25-28
    satisfactory quality, 25-27
    title, 25-23
    trivial defects, 25-33
indemnity against loss, 25-F28
information technology, 33-01
installation, 25-31
instalment payments, 25-F9
interest, 25-48
late delivery
    defences, 25-53
    denial, 25-F33
    generally, 25-20
liens, 25-F36—25-F37
meaning, 25-04
measure of damages
    breach of contractual terms, 25-40
misrepresentation
    claim, 25-F17
    defence, 25-F38
non-acceptance

[1254]

claim, 25-F7
  generally, 25-17
non-conformity with contracts, 25-24
non-delivery
  claims, 25-F10—25-F12, 25-F31
  counterclaims, 25-F35
  damages, 25-F11—25-F12
  defences, 25-53
  denial, 25-F32
  generally, 25-20
  recovery of price, 25-F10
  special damage on resale, 25-F12
parties to sale, 25-03
passing of property, 25-08
passing of title, 25-09
pleading
  buyer's actions, 25-47
  generally, 25-45
  interest, 25-48
  seller's actions, 25-46
precedents
  claims against auctioneers, 25-F30—25-F31
  claims by auctioneers, 25-F26—25-F29
  claims by buyers, 25-F10—25-F21
  claims by consumers, 25-F22—25-F24
  claims by sellers, 25-F1—25-F9
  defences by buyers, 25-F52—25-F73
  defences by sellers, 25-F32—25-F51
price, 25-07
price of goods
  agreed to be sold, 25-F2
  fixed by valuation, 25-F3
  instalments, 25-F9
  reasonable sum, 25-F3
  sale or return, 25-F4
  sold and delivered, 25-F1
  sold on approval, 25-F4
  sold under CIF contracts, 25-F5
  sold under FOB contracts, 25-F6
price reduction
  Consumer Rights Act, 25-35—25-36
  Sale of Goods Act, 25-34
'producer', 25-03
quality
  claim, 25-F17—25-F19
  denials, 25-F42—25-F43
  digital content, 25-F25
  generally, 25-27
quiet possession, warranty of
  claim, 25-F16
  generally, 25-23
reasonable fitness
  claim, 25-F18—25-F20
  denials, 25-F42—25-F43
  generally, 25-28
reasonable price
  claim, 25-F3
  denial, 25-F57
recovery of price, 25-F10
reduction of price
  Consumer Rights Act, 25-35—25-36
  Sale of Goods Act, 25-34

refusal by seller to deliver, 25-F56
rejection
  Consumer Rights Act, 25-35—25-36
  defence, 25-F60, 25-F62, 25-F64—25-F65, 25-F68
  denials, 25-F46
  Sale of Goods Act, 25-34
rejection after acceptance, 25-F45
reliance on affirmation, 25-F45
reliance on public statements, 25-F65
remedies
  Consumer Rights Act, 25-35—25-36
  Sale of Goods Act, 25-34
remuneration for work done and expense incurred, 25-F27
repair or replacement of goods
  Consumer Rights Act, 25-35—25-36
  defence, 25-F47—25-F48
  Sale of Goods Act, 25-34
repudiation of sale contracts, 25-F8—25-F9
resale of goods, 25-F37
rescission, 25-F23
reserve prices
  claim, 25-F30
  generally, 25-42
sale on approval
  claim, 25-F4
  denial, 25-F58
sale or return
  claim, 25-F4
  denial, 25-F58
sample correspondence
  claim, 25-F21
  denials, 25-F44
  generally, 25-30
satisfactory quality
  claims, 25-F17—25-F19
  denials, 25-F42—25-F43
  digital content, 25-F25
  generally, 25-27
seller's obligations, 25-06
set-off, 25-F61, 25-F63, 25-F66—25-F67, 25-F69
specific performance
  claim by buyers who are consumers, 25-F22
  general claim, 25-F14
statutory framework, 25-02
stoppage in transit, 25-F37
supervening event, 25-F34
tender, 25-F56
'things in action', 25-05
title
  claim, 25-F15
  denials, 25-F39
  generally, 25-23
'trader', 25-03
trivial defects
  denials, 25-F46
  generally, 25-33
unauthorised warranties, 25-F30
unpaid seller's liens, 25-F36
use allowance, 25-F49

waiver, 25-F32—25-F33
wrongful refusal to accept delivery, 25-F35
Sale of land
breach of covenants for title
claim, 106-Z7
generally, 106-09
delay in completion
claim, 106-Z6
generally, 106-03
deposit, 106-08
failure to complete
claims, 106-Z3—106-Z5
damages, 106-05
generally, 106-04
formation of contracts
claim, 106-Z1
defence, 106-Z2
generally, 106-02
introduction, 106-01
options
claim, 106-Z12
defence, 106-Z13—106-Z14
generally, 106-10
precedents, 106-Z1—106-Z14
pre-emption rights
claim, 106-Z12
defence, 106-Z13—106-Z14
generally, 106-10
specific performance
claims, 52-O1, 106-Z8—106-Z9
damages in lieu, 106-07
defences, 106-Z10—106-Z11
generally, 106-06
Sale or return
claim, 25-F4
denial, 25-F58
Sample correspondence
claim, 25-F21
denials, 25-F44
generally, 25-30
Sanctions
failure to comply, 1-19
Satisfactory quality
claims, 25-F17—25-F19
denials, 25-F42—25-F43
digital content, 25-F25
generally, 25-27
Schedule of special damage
see Personal injury claims
Secondary victims
road traffic accident claims, 81-X3
Secret commission
bribery, 61-03
Secret profits
commission agents
claim, 21-F9
defence, 21-F11, 21-F15
conspiracy, 59-P1
Security for costs
arbitration awards
generally, 4-05
order, 4-A4

Sellers in possession
conversion, 26-F23
Service charges
declaration as to true effect, 100-Z11
defences, 100-05
failure to comply with provisions of lease, 100-Z13
generally, 100-02—100-04
pleading, 100-05
precedents
application for declaration, 100-Z19—100-Z20
claims, 100-Z11—100-Z12
defences, 100-Z13—100-Z18
reasonableness of charge, 100-Z14
time-barred demand, 100-Z15
unpaid charge, 100-Z12
unreasonably incurred costs, 100-Z17
works not of reasonable standard, 100-Z18
Service occupancies
possession claims, 98-Z20
Set-off
assignment, 24-F3
banking services
defence, 9-E3
generally, 9-08
bills of exchange, 24-04
capacity, 24-09
cheques, 24-04
claim, against, 24-F1
contracting out, 24-07
counterclaims, 24-F1—24-F2
date of, 24-10
defences, 24-F1—24-F4
distress, 92-05
equitable set-off
arising out of related breach, 24-F4
arising upon an assignment, 24-F3
generally, 24-03
exceptions
bills of exchange, 24-04
cheques, 24-04
freight under voyage charter, 24-05
rent, 24-06
exclusion, 24-01
fairness, 24-01
freight under voyage charter, 24-05
guarantees, 13-08
historical background, 24-02
introduction, 24-01
law, at, 24-02
meaning, 24-01
precedents, 24-F1—24-F4
procedure, 24-08
rent, against
defence, 24-F2
generally, 24-06
sale of goods, 25-F61, 25-F63, 25-F66—25-F67, 25-F69
statutory basis, 24-02
unfair contract terms, and, 24-01
voyage charter, 24-05

[1256]

Setting aside
  mortgages, 15-15, 104-14
Settlement
  defamation, 37-62
Settlement agreements
  failure to consult, 40-L62
  form, 40-L56
  generally, 40-07
Severance
  co-ownership, 91-Z9
Sewers and drains
  claim, 93-Z5
  defence, 93-Z17
  generally, 93-05
Sex discrimination
  see also Discrimination (employment)
  generally, 44-10
  indirect discrimination, 44-L8
  victimisation, 44-L10
Sexual harassment
  generally, 63-08—63-14
  statement of case, 63-Q6
Sexual orientation discrimination
  see also Discrimination (employment)
  direct discrimination, 44-L2
  generally, 44-11
Share of profits
  order for account, 55-O2
Share sales
  contractual rights, 16-02
  generally, 16-01
  measure of damages
    lender, against, 16-05
    purchaser, against, 16-04
    vendor, against, 16-03
  non-acceptance of shares, 16-E4
  precedents
    claims, 16-E1—16-E4
    minute of order, 16-E3
  price of shares sold and transferred, 16-E1
  specific performance
    claims, 16-E2
    generally, 16-06
    minute of order, 16-E3
  stock lending, 16-05
Shared parental leave
  generally, 40-12
Signatures (forgery)
  banking services
    claim, 9-E6
    defence, 9-E7—9-E8
    generally, 9-09
  bills of exchange, 10-E5
Slander
  see also Defamation
  defences, 37-30—37-55
  generally, 37-06—37-08
  introduction, 37-06
  particulars of claim, 37-14—37-22
  publication, 37-09—37-13
  remedies, 37-23—37-29
  replies, 37-56—37-62

Slander of goods
  introduction, 38-01
  precedent, 38-J2
Slander of title
  generally, 38-09
  introduction, 38-01
  precedent, 38-J3
Small agreements
  consumer credit agreements, 20-18
Software
  see also Information technology
  copyright infringement, 75-U6
  licences, 33-13
Soil
  see Profits in soil
Special condition bonds
  see Bonds
Special damage
  defamation
    claim, 37-J8
    generally, 37-26
  malicious falsehood
    generally, 38-04
    pleading, 38-13
  personal injury claims, 81-23
Specialist proceedings
  generally, 1-45
Specific performance
  generally, 52-01—52-02
  joint venture company, 52-O2
  precedents, 52-O1—52-O2
  sale of goods
    claim by buyers who are consumers, 25-F22
    general claim, 25-F14
  sale of land
    claims, 52-O1, 106-Z8—106-Z9
    damages in lieu, 106-07
    defences, 106-Z10—106-Z11
    generally, 106-06
  share sales
    claims, 16-E2
    generally, 16-06
    minute of order, 16-E3
Spent convictions
  defamation, 37-60
Sports
  acceptance of risk of injury, 109-ZB13
  alternative dispute resolution, 109-05
  breach of contract
    failure of agent to promote interests, 109-ZB1
    failure of sportsperson to obey reasonable instructions, 109-ZB4
    improper termination by sponsor, 109-ZB2
    unpaid remuneration of agent, 109-ZB3
  breach of statutory duty
    spectator, to, 109-ZB9
    sportsperson, to, 109-ZB8
  contributory negligence, 109-ZB12
  failure of agent to promote interests, 109-ZB1
  failure of sportsperson to obey reasonable instructions

claim, 109-ZB4
defence, 109-ZB11
fellow competitor's negligence
  claim, 109-ZB5
  defences, 109-ZB12—109-ZB14
human rights, 109-04
improper termination by sponsor, 109-ZB2
introduction, 109-01—109-02
judicial review, 109-03
match official's negligence
  claim, 109-ZB7
  defence, 109-ZB15
medical practitioner's negligence
  claim, 109-ZB10
  defence, 109-ZB17
occupier of premises, negligence of
  claims, 109-ZB8—109-ZB9
  defence, 109-ZB16
personal injuries claims
  defences, 109-ZB12—109-ZB17
  fellow competitor, against, 109-ZB5
  match official, against, 109-ZB7
  medical practitioner, against, 109-ZB10
  occupier of premises, against, 109-ZB8—109-ZB9
  physiotherapist, against, 109-ZB10
  vicarious liability, 109-ZB6
precedents
  claims, 109-ZB1—109-ZB10
  defences, 109-ZB11—109-ZB17
unpaid remuneration of agent, 109-ZB3
vicarious liability
  claim, 109-ZB6
  defences, 109-ZB14
wrongful dismissal, 109-ZB11

Springboard injunctions
claim, 41-L9
defence, 41-L10
generally, 41-07

Standard of care
professional negligence, 85-06—85-07

Standard of comfort
nuisance, 47-06

State of affairs
see Nuisance

"Statement of reasons for dismissal"
fixed-term workers
  claim, 40-L52
  defence, 40-L53
  generally, 40-L5
part-time workers
  claim, 40-L50
  defence, 40-L51

Statements of case
amendment, 1-42—1-44
bills of exchange, 10-22—10-23
case management, 1-21
claim forms, 1-35
comparative perspective
  Australia, 1-10—1-11
  European Court of Justice, 1-07—1-09
  New Zealand, 1-12
  US federal procedure, 1-13—1-14

conclusion, 1-46
defence, 1-37
drafting
  brevity, 1-26
  consistency, 1-33
  direct, not evasive, 1-28
  facts, 1-30
  fraud, 1-34
  generally, 1-25
  layout, 1-29
  plain English, 1-27
  reference to evidence, 1-32
  reference to law, 1-31
form, 1-18
further information, 1-40—1-41
generally, 1-01
historical perspective, 1-03—1-04
importance, 1-15—1-16
old case law, 1-17
parameter, as, 1-22
Part 20 claims, 1-39
particulars of claim, 1-36
professional negligence, 85-09—85-10
relationship with other trial documents, 1-24
reply, 1-38
sanctions for failure to comply, 1-19
specialist proceedings, 1-45
statements of truth, 1-23
striking out, 1-20
third party claims, 1-39
types
  claim forms, 1-35
  defence, 1-37
  further information, 1-40—1-41
  Part 20 claims, 1-39
  particulars of claim, 1-36
  reply, 1-38
Woolf reforms, 1-05—1-06

Statements of truth
generally, 1-23

Statute of Frauds 1677
guarantees, 13-05
sureties, 27-07—27-08

Statutory authority
nuisance, 47-10
trespass, 49-N11, 107-Z8

"Stigma damages"
claim, 41-L5
defence, 41-L6
generally, 41-04

Stockbrokers
commission, 17-E1
differences
  broker, against, 17-E3
  broker, by, 17-E2
generally, 17-01—17-04
liens
  defence, 23-F1
  generally, 23-03
money paid, 17-E1
precedents, 17-E1—17-E5
rescission, 17-E5
statutory damages, 17-E5

INDEX

wrongful closing of account, 17-E4
Stoppage in transit
  conversion, 26-F29
  sale of goods, 25-F37
Stress
  first breakdown, 81-X19
  general, 81-X21
  second breakdown, 81-X20
Strict liability
  Rylands v Fletcher, 48-03
Strikes
  application notices, 42-L4—42-L6
  breach of contract, 42-01
  claim forms, 42-L1
  claims, 42-06
  conspiracy, 42-03
  damages, 42-09
  deductions from wages, 42-01
  defence, 42-L3
  draft orders, 42-L8
  human rights, and, 42-03
  inducing breach of contract, 42-02
  industrial torts, 42-02—42-03
  injunctions, 42-07—42-08
  intimidation, 42-03
  introduction, 42-01—42-03
  liability, 42-10
  meaning, 42-01
  particulars of claim, 42-L2
  picketing, 42-11
  precedents
    application notices, 42-L4—42-L6
    claim forms, 42-L1
    defence, 42-L3
    draft orders, 42-L8
    particulars of claim, 42-L2
    witness statements, 42-L7
  statutory protection
    generally, 42-04
    procedural requirements, 42-05
  trade unions, andf, 42-02
  unfair dismissal defence
    generally, 42-01
    precedent, 40-L29
  wage deductions, 42-01
  witness statements, 42-L7
Striking out
  generally, 1-20
Subrogation
  guarantees, 13-09
  insurance, 67-04
Subsidence
  claim, 69-T2
  defence, 69-T4
Success fees
  multi-party disputes, 84-12—84-14
Successive carriers
  baggage, 8-18
  cargo, 8-18
  passengers, 8-17
Suicide
  life insurance, 71-T4

Suitable alternative accommodation
  claim, 98-Z18
  defence, 98-Z27
Summary possession
  trespass, 49-07
Supervening events
  see Intervening events
Surcharges
  injunctions by commoners to restrain, 89-Z2
Sureties
  cancellation from principal agreement, 27-F14
  consideration, 27-F6
  consumer credit agreements, 27-09—27-11
  co-sureties, 27-F4
  creditor, claim by, 27-F1
  cross-claims, 27-F9
  defences
    generally, 27-12
    precedents, 27-F5—27-F14
  denials
    absence of consideration, 27-F5
    default by principal debtor, 27-F7
  discharge
    principal debtor, of, 27-F8
    release of security, by, 27-F10
  formalities
    defence, 27-F6
    introduction, 27-07
  generally, 27-01
  guarantee, 27-02
  indemnity
    claim, 27-F2
    contract, by, 27-04
    implication, by, 27-05—27-06
    introduction, 27-03
    operation of law, by, 27-05
  introduction, 19-03
  lack of consideration, 27-F5
  negligent realisation of security, 27-F11
  operation of law, by, 27-05
  precedents
    claims by creditors, 27-F1—27-F2
    claims by sureties, 27-F3—27-F4
    defences of sureties, 27-F5—27-F14
    principal debtor, claim against, 27-F3
  revocation of security, 27-F13
  rights, 27-13
  variation of principal contracts, 27-F12
  withdrawal from principal agreement, 27-F14
Surface collisions
  see Aviation
Surface damage
  see Aviation
Suspended possession orders
  generally, 15-12
Television
  defamation, 37-J5
Tender
  bonds
    claim, 11-E9
    generally, 11-04
  loans
    defence, 14-E4

generally, 14-07
sale of goods, 25-F56
Termination
commercial agents, 21-02
consumer credit agreements, 20-27
information technology, 33-11
Theft (insurance)
domestic insurance
claim, 69-T1
defence, 69-T3
fidelity insurance
claim, 69-T7
defence, 69-T8
reply, 69-T9
Third parties
life insurance
generally, 71-T2
satisfaction of judgment, for, 68-T3
undue influence, 18-06
Third party rights
insurance, 67-26
Third party rights (land)
assignees of reversion
rent or damages, to, 102-Z1
assignment of reversion, 102-Z11
authorised guarantee agreements, 102-Z7
introduction, 102-01—102-03
landlords
assignee of term, against, 102-Z4
former tenant, against, 102-Z2—102-Z3
lessees
assignee under indemnity covenant, against, 102-Z8
management companies
defence, 102-Z10
generally, 102-05
overriding leases, 102-Z9
pleading, 102-06
precedents, 102-Z1—102-Z11
release of tenant, 102-Z6
sureties, 102-04
variation of lease affecting rent, 102-Z5
Threats
patents
claim, 73-U7
defence, 73-U13
generally, 73-10
trade marks
claim, 77-U6
generally, 77-09
Time limits
discrimination in employment, 44-34—44-35
employer tribunal proceedings, 40-L27
Time of the essence
rent review, 90-Z4
Time off work
ante-natal care, 40-L39
public duties, 40-L41
redundant employee seeking new employment, 40-L38
trade union activities, 40-L40
trade union official, 40-L37

Time orders
application, 20-F38
generally, 20-55
Title to goods
claim, 25-F15
denials, 25-F39
generally, 25-23
Title to sue
trespass, 49-N6
Torts
conversion
bailees, by, 26-08
claims, 26-F1—26-F11
damages, 26-13—26-14
defences based on loss of title, 26-F22—26-F29
defences denying right to sue, 26-F16—26-F21
detention, by, 26-05—26-06
miscellaneous, 26-07
nature, 26-02
relief, 26-12
right to sue, 26-10—26-11
subject-matter, 26-09
taking, by, 26-03
transfer, by, 26-04
generally, 26-01
inertia selling
defence, 26-F32
generally, 26-21
interim delivery up
claims, 26-F14
generally, 26-20
introduction, 19-04
negligence, 26-18
other torts, 26-19
precedents
claims, 26-F1—26-F15
defences, 26-F16—26-F32
trespass to goods
application for injunctions, 26-F15
claims, 26-F6, 26-F12—26-F13
damages, 26-17
defence, 26-F30
generally, 26-15
relief, 26-17
right to sue, 26-16
"Total failure of consideration"
bills of exchange, 10-E9
information technology, 33-11
Tour operators
claim by minor, 8-D5
generally, 8-21
Toys
product liability
breach of Toys (Safety) Regulations 1995, 83-X5
general claim, 83-X1
Tracing
generally, 62-17—62-18
injunctions, 51-O5
restitution, 108-21—108-22

[1260]

Trade marks
defences
  introduction, 77-14
  invalidity, 77-16
  non-infringement, 77-15
  pleading of, 77-18
  precedents, 77-U10—77-U15
  revocation, 77-17
exhaustion of rights, 77-U15
infringement claims
  s 10(1) Patents Act 1994, under, 77-U1
  s 10(2) Patents Act 1994, under, 77-U2
  s 10(3) Patents Act 1994, under, 77-U3
  s 30 Patents Act 1994, under, 77-U4
  s 31 Patents Act 1994, under, 77-U5
injunctions
  s 56 Patents Act 1994, under, 77-U7
  s 57 Patents Act 1994, under, 77-U8
introduction, 77-01
invalidity
  defence, 77-U14
  introduction, 77-16
  particulars of objection, 77-U16
licensee's claims
  s 30 Patents Act 1994, under, 77-U4
  s 31 Patents Act 1994, under, 77-U5
non-infringement, 77-15
objections
  invalidity, 77-U16
  revocation, 77-U17
other rights of actions, 77-10
parallel imports, 77-08
pleading
  defences, 77-18
  generally, 77-11
  particulars, 77-12
  relief, 77-13
precedents
  claims, 77-U1—77-U9
  defences, 77-U10—77-U15
  objections, 77-U16—77-U17
registered proprietors' action
  claims, 77-U1—77-U3
  defences, 77-U10—77-U13
revocation
  defence, 77-U14
  introduction, 77-17
  particulars of objection, 77-U17
rights of action, 77-03
threats of proceedings
  claim, 77-U6
  generally, 77-09
  types, 77-02
Trade or business
see Defamation
Trade secrets
business relationships, 74-06
claims, 74-U1—74-U2
damages for breach
  ex-employee, against, 74-U2
  generally, 74-U1
defences
  disclosure of sources, 74-21

  introduction, 74-19
  precedents, 74-U3—74-U8
  public interest, 74-20
denials
  information not confidential, 74-U3
  no duty of confidence, 74-U4
  no misuse of information, 74-U5
disclosure of sources
  generally, 74-18
  precedent, 74-U8
  restriction, 74-21
employment, 74-08—74-09
information, 74-03
injunctions
  ex-employee, against, 74-U2
  generally, 74-U1
no duty of confidence, 74-U4
no misuse of information, 74-U5
non-commercial information, 74-U3
obligation of confidence
  business relationships, 74-06
  employment, 74-08—74-09
  introduction, 74-04
  nature of test, 74-12
  personal relationships, 74-10
  professional advisers, 74-07
  third party recipients, 74-11
  trading relationships, 74-05
other influences, 74-13
particulars, 74-15
personal relationships, 74-10
pleading
  introduction, 74-14
  particulars, 74-15
  relief, 74-16—74-17
precedents
  claims, 74-U1—74-U2
  defences, 74-U3—74-U8
professional advisers, 74-07
public interest defence
  generally, 74-20
  precedent, 74-U7
quality of confidence, 74-03
relevant information, 74-03
relief, 74-16—74-17
right of action, 74-01—74-02
third party recipients, 74-11
trading relationships, 74-05
Trade union activities
action short of dismissal, 40-L30
unfair dismissal, 40-L15
Trade union membership
action short of dismissal, 40-L30
unfair dismissal, 40-L15
Trade unions
see also Industrial action
agency, 43-05
breach of disciplinary rules, 43-L2
breach of membership contracts, 43-L1
claim to enforce member rights, 43-L1
disciplinary action
  breach of rules, 43-L2

[1261]

complaint alleging unjustifiable action, 43-L4
dissolution, 43-10
human rights, 43-02
industrial action, and, 42-02
legal status, 43-01
members' rights
  claim to enforce, 43-L1
  contracts, under, 43-07
  generally, 43-06
  statute, under, 43-08
membership contracts
  agency, 43-05
  generally, 43-04
parties, as, 43-03
precedents, 43-L1—43-L4
property
  claim, 43-L3
  generally, 43-09
unlawful application of property, 43-L3

Transfer
conversion
  claim, 26-F7
  claim (delivery), 26-F3
  claim (sale), 26-F2
  introduction, 26-04

Transfer of title
sale of goods, 25-09

Transfer of undertakings
claim, 40-L18
defence, 40-L22
failure to consult under TUPE Regulations 2006
  claim under reg 11, 40-L58
  claim under regs 13 and 14, 40-L59
  defence under reg 11, 40-L60
  defence under regs 13 and 14, 40-L61
  settlement agreement, 40-L62

Transferees
bills of exchange, 10-E4

Trees
encroachment of roots
  claim, 47-N4
  introduction, 47-15

Trespass
acts of
  continuing, 49-03
  generally, 49-02
adverse possession (registered land), 107-Z5
adverse possession (unregistered land)
  claims, 49-N10
  particulars of claim, 107-Z4
affected property, 49-04
aggravated damages
  claims, 49-N5
  particulars of claim, 107-Z2
claimants, 49-05
continuing acts, 49-03
co-owners, 49-06
damages
  claims, 49-N1—49-N5
  generally, 49-08
  particulars of claim, 107-Z1

declaration as to ownership
  claims, 49-N4
  particulars of claim, 107-Z3
denial of trespass, 49-N6
injunctions
  claims, 49-N3—49-N4
  particulars of claim, 107-Z3
introduction, 107-01—107-02
jus tertii, 49-N9
justification
  joint tenant, as, 49-N12
  statutory powers, under, 49-N11
licence to occupy, 107-Z7
limitation, 49-09
meaning, 49-01
overflight
  claims, 7-D5
  generally, 7-01—7-02
  statutory defence, 7-D8
pleadings, 107-03
possession claims
  claims, 49-N2
  defence, 107-Z4—107-Z8
  introduction, 107-01—107-02
  particulars of claim, 107-Z1—107-Z3
  pleadings, 107-03
  precedents, 107-Z1—107-Z8
  prescribed form, 98-Z6
  procedure, 86-03
prescriptive easement
  claims, 49-N8
  particulars of claim, 107-Z6
procedure, 86-03
relevant acts, 49-02
rights of way
  doctrine of lost modern grant, under, 93-Z14
  necessity, on basis of, 93-Z15
  public right of way, under, 93-Z16
statutory authority to occupy
  claims, 49-N11
  particulars of claim, 107-Z8
summary possession, 49-07
title to sue, 49-N6

Trespass to goods
application for injunctions, 26-F15
damage to goods
  claims, 26-F6, 26-F13
  introduction, 26-18
damages, 26-17
destruction of goods, 26-F13
generally, 26-15
precedents
  claims, 26-F6, 26-F12—26-F13
  defence, 26-F30
relief, 26-17
right to sue, 26-16
taking goods, 26-F12

Trespass to land
adverse possession (registered land), 107-Z5
adverse possession (unregistered land)
  claims, 49-N10
  particulars of claim, 107-Z4

affected property, 49-04
aggravated damages
  claims, 49-N5
  particulars of claim, 107-Z2
claimants, 49-05
continuing actss, 49-03
co-owners, 49-06
damages
  claims, 49-N1—49-N5
  generally, 49-08
  particulars of claim, 107-Z1
declaration as to ownership
  claims, 49-N4
  particulars of claim, 107-Z3
injunctions
  claims, 49-N3—49-N4
  particulars of claim, 107-Z3
introduction, 107-01—107-02
jus tertii, 49-N9
justification
  joint tenant, as, 49-N12
  statutory powers, under, 49-N11
licence to occupy, 107-Z7
limitation, 49-09
meaning, 49-01
overflight
  claims, 7-D5
  generally, 7-01—7-02
  statutory defence, 7-D8
pleadings, 107-03
possession claims
  claims, 49-N2
  defence, 107-Z4—107-Z8
  introduction, 107-01—107-02
  particulars of claim, 107-Z1—107-Z3
  pleadings, 107-03
  precedents, 107-Z1—107-Z8
  prescribed form, 98-Z6
  procedure, 86-03
prescriptive easement
  claims, 49-N8
  particulars of claim, 107-Z6
procedure, 86-03
relevant acts, 49-02
rights of way
  doctrine of lost modern grant, under, 93-Z14
  necessity, on basis of, 93-Z15
  public right of way, under, 93-Z16
statutory authority to occupy
  claims, 49-N11
  particulars of claim, 107-Z8
summary possession, 49-07
title to sue, 49-N6

Trespassers
private nuisance, 47-21

Trivial defects
see Sale of goods

Truth
defamation
  criminal convictions, 37-37
  generally, 37-34—37-36
  precedents, 37-J10—37-J11
  replies to, 37-58

Turbary
see Profits of turbary

"Unauthorised payments"
breach of mandate, 9-09
defences, 9-10
forged signatures, 9-09
notices of fraud, 9-11

Underachievement
see Education

Undue influence
affirmation, 18-08
agency, 18-09
burden of proof, 18-07
classes, 18-03
constructive notice
  influence of husband over wife, 18-E5
  reasonable steps, 18-E8
  rescission of security, 18-E4
contract calling for explanation, 18-04
counterclaims, 18-E6
defences
  introduction, 18-11
  precedents, 18-E6—18-E8
denial, 18-E7
doctrine, 18-02
entertainment law
  claim, 45-M1
  defence, 45-M2
  generally, 45-04
generally, 18-01—18-02
independent legal advice, 18-05
manifest disadvantage, 18-04
mortgages, 15-E3, 104-Z7
pleading points, 18-10
precedents
  claims, 18-E1—18-E5
  defences, 18-E6—18-E8
repayment of money, 18-E1
rescission of security
  irrebuttable presumption, 18-E3
  no presumptions applying, 18-E2
  rebuttable presumption, 18-E4
return of property, 18-E1
third parties, 18-06

Unfair dismissal
see also Employment tribunals
compensatory award limits, 40-08

Unfair relationships
defence, 20-F68
generally, 20-31
loans, 14-05

Unilateral contracts
rectification, 53-O2

Universities
course teaching and administration, 39-03

Unjust enrichment
benefits conferred pursuant to unenforceable transactions
  generally, 108-11
  precedent, 108-ZA9
benefits made pursuant to contract not materialise

claims, 108-ZA8
generally, 108-10
bona fide purchase
  generally, 108-22
  precedent, 108-ZA16
change of position
  generally, 108-17
  precedent, 108-ZA13
claimant's expense, at, 108-05
contracts dischared by frustration
  claims, 108-ZA7
  generally, 108-09
contracts discharged by breach
  claims, 108-ZA5—108-ZA6
  generally, 108-08
contribution
  claims, 108-ZA10
  generally, 108-13
defences
  change of position, 108-17
  estoppel, 108-16
  generally, 108-15
  illegality, 108-20
  Ministerial receipt, 108-18
  precedents, 108-ZA12—108-ZA16
  public policy, 108-19
enrichment, 108-03—108-05
estoppel
  generally, 108-16
  precedent, 108-ZA12
failure of consideration without contract
  claims, 108-ZA8
  generally, 108-10
illegality, 108-20
indirect enrichment
  claims, 108-ZA2
  generally, 108-22
interest, 108-29
introduction, 108-02
Ministerial receipt
  generally, 108-18
  precedent, 108-ZA14
mistake
  claims, 108-ZA1, 108-ZA3
  generally, 108-07
money, 108-04
non-money benefit
  claims, 108-ZA3—108-ZA4
  generally, 108-04
precedents
  claims, 108-ZA1—108-ZA11
  defences, 108-ZA12—108-ZA16
public policy
  generally, 108-19
  precedent, 108-ZA15
recoupment
  claims, 108-ZA11
  generally, 108-13—108-14
tax, 108-12
tracing, 108-21—108-22
unjust, 108-06
unlawfully levied tax, 108-12

Unlawful interference with trade
see Causing loss by unlawful means
Unmanned aerial vehicles
see Drones
"Unpaid commission"
liens, 23-F1
sports law, 109-ZB3
Unpaid sellers
sale of goods, 25-F36
Unpaid work
see Liens
Unreasonably withheld consent
see "Consent unreasonably withheld"
Unregistered design right
Community
  defences, 76-20
  generally, 76-07
  infringement, 76-U12
defences
  generally, 76-19—76-20
  precedents, 76-U11—76-U12
infringement
  Community right, 76-U12
  national right, 76-U11
introduction, 76-01
national
  defences, 76-19
  generally, 76-06
  infringement, 76-U11
pleading
  generally, 76-22
  relief, 76-13
precedents
  claims, 76-U3—76-U4
  defences, 76-U11—76-U12
procedure, 76-08
relief, 76-13
statements of case
  generally, 76-12
  introduction, 76-09
  relief, 76-13
Unsolicited goods
defence, 26-F32
generally, 26-21
Upper Tribunal
judicial review, and
  acknowledgment of service, 80-41
  additional grounds, 80-44
  applications, 80-38
  documents, 80-38
  hearing, 80-45
  immigration cases, and, 80-40
  introduction, 80-33—80-34
  permission, 80-42
  precedents, 80-W5—80-W7
  relief, 80-46
  response, 80-43
  service, 80-39
  standing, 80-36
  time limits, 80-35
  venue of proceedings, 80-37

Use and occupation
claim, 103-Z4
defence, 103-Z8
User
generally, 96-02
injunctions to restrain change of use
  claim, 96-Z1
  defence, 96-Z2
precedents, 96-Z1—96-Z4
unreasonably withholding consent
  claim, 96-Z3
  defence, 96-Z4
Utmost good faith
consumer insurance contracts, 67-07
duty of fair presentation
  generally, 67-11
  remedy for failure to comply, 67-17
duty of insured's broker, 67-09
generally, 67-06—67-16
inducement, 67-12—67-13
materiality, 67-12—67-13
non-consumer insurance contracts, 67-08
non-disclosure
  duty of fair presentation, 67-11
  generally, 67-10
  materiality, 67-12—67-13
  remedies, 67-15—67-16
  waiver, 67-14
post-contracts obligations, 67-21
waiver, 67-14
Validity
patents
  generally, 73-17
  precedent, 73-U11
trade marks, 77-U1
Variation
lease of flats
  generally, 97-01—97-05
  precedents, 97-Z9
principal contracts, 26-11
Vibration
private nuisance
  claim, 47-N3
  defence, 47-N6
Vibration white finger
employers' liability, 81-X25
Vicarious liability
assault by police
  claims, 5-B1—5-B2
  defences, 5-B3—5-B7
independent contractors, 81-03
sports law
  claim, 109-ZB6
  defences, 109-ZB14
Victimisation
see also Discrimination (employment)
age, 44-L9
generally, 44-19
precedents, 44-L9—44-L10
sex, 44-L10
Victims
human rights, 64-10
judicial review, 80-15—80-16

Volenti non fit injuria
road traffic accident claims, 81-X39
Waiver
forfeiture, 98-15
insurance
  life insurance, 71-T6
  utmost good faith, 67-14
sale of goods, 25-F32—25-F33
Walking possession
distress, 92-05
Warsaw Convention
carrier's liability, 8-06—8-12
contracting out restriction, 8-16
defences, 8-24
financial limits
  baggage, for, 8-15
  cargo, for, 8-15
  passengers, for, 8-13—8-14
international carriage, 8-04
introduction, 8-03
regime structure, 8-01
rights of action, 8-05
successive carriers claims, 8-17—8-18
Website operators
defamation
  defence, 37-J19
  generally, 37-47
  reply, 37-J22
Weekly rest
see Working time
Whistleblowing
generally, 40-09—40-10
public interest disclosure in other cases,
  40-L36
public interest disclosure to employer
  claim, 40-L19—40-L20, 40-L32
  defence, 40-L23—40-L24, 40-L34
public interest disclosure to prescribed person
  claim, 40-L33
  defence, 40-L35
Wild animals
see Animals
Winding-up petitions
malicious prosecution, 5-B31
Work at Height Regulations 2005
claim, 81-X14
defence, 81-X43
Working time
annual leave
  claim, 40-L45
  defence, 40-L48
annual leave payment
  claim, 40-L46
  defence, 40-L49
daily rest
  claim, 40-L43
  defence, 40-L47
weekly rest
  claim, 40-L44
  defence, 40-L47
Workplace (Health Safety and Welfare) Regulations 1992
employers' liability, 81-X13

Work-related upper limb disorders
  employers' liability, 81-X22
Wrongful arrest
  causes of action, 5-06—5-11
  court, by, 5-B20
  exercise of discretion to arrest
    claim, 5-B12
    defence, 5-B22
  failure to inform person of facts of and
      grounds for arrest
    claim, 5-B14
    defence, 5-B24
  instigation of defendant, at, 5-B18
  no reasonable grounds
    claim, 5-B11
    defence, 5-B21
  non-arrestable offence
    claim, 5-B13
    defence, 5-B23
  pleading, 5-26—5-27
  police, by
    exercise of discretion to arrest, 5-B12
    failure to inform person of facts of and
        grounds for arrest, 5-B14
    no reasonable grounds, 5-B11
    non-arrestable offence, 5-B13
  police powers of arrest, 5-12—5-15
  precedents
    claims, 5-B11—5-B20

  defences, 5-B21—5-B26
  refusal of bail
    claim, 5-B16
    defence, 5-B26
  ship, on, 5-B19
  unnecessarily lengthy detention
    claim, 5-B15
    defence, 5-B25
"Wrongful debit"
  claim, 9-E6
  defence, 9-E7—9-E8
  generally, 9-09
Wrongful dishonour
  see Banking services
Wrongful dismissal
  claim, 41-L1
  defence and counterclaims, 41-L2
  generally, 41-02
  sports law, 109-ZB11
Wrongful interference with aircraft
  see Aviation
Wrongful interference with goods
  see Interference with goods
Wrongful landing
  see Aviation
Wrongful refusal of goods
  sale of goods, 25-F35
Wrongs
  see Restitution

5